BERG UND SINN

MICHAEL HOLZER
KLAUS HASELBÖCK

BERG UND SINN

Im Nachstieg von Viktor Frankl

Sämtliche Angaben in diesem Werk erfolgen trotz sorgfältiger
Bearbeitung ohne Gewähr. Eine Haftung der Autoren bzw.
Herausgeber und des Verlages ist ausgeschlossen.

3. Auflage 2021
© 2019 Bergwelten Verlag bei Benevento Publishing Salzburg – München
eine Marke der Red Bull Media House GmbH, Wals bei Salzburg

Alle Rechte vorbehalten, insbesondere das des öffentlichen Vortrags,
der Übertragung durch Rundfunk und Fernsehen sowie der Übersetzung,
auch einzelner Teile. Kein Teil des Werkes darf in irgendeiner Form
(durch Fotografie, Mikrofilm oder andere Verfahren) ohne schriftliche
Genehmigung des Verlages reproduziert oder unter Verwendung
elektronischer Systeme verarbeitet, vervielfältigt oder verbreitet werden.
Gesetzt aus der Palatino, Quan, Clarendon

Medieninhaber, Verleger und Herausgeber:
Red Bull Media House GmbH
Oberst-Lepperdinger-Straße 11–15
5071 Wals bei Salzburg, Österreich

Zitat S. 87f.: Frankl V.E. (1961) Psychologie und Psychiatrie des Konzentrationslagers.
In: Cruickshank E.K. et al. (Hrsg.) *Soziale und angewandte Psychiatrie. Psychiatrie der Gegenwart*
(Forschung und Praxis), vol 3. Springer, Berlin, Heidelberg

Satz: b3K design, Andrea Schneider, diceindustries
Umschlaggestaltung: b3K design, Andrea Schneider, diceindustries
Lektorat: Arnold Klaffenböck, Maria-Christine Leitgeb
Illustrationen: Artur Bodenstein/carolineseidler.com
Coverbild: Frankl beim Klettern in den Stubaier Alpen, um 1948.
Viktor Frankl Archiv/Imagno/picturedesk.com
Alle Fotos: Viktor Frankl Archiv/Imagno/picturedesk.com,
außer: Bergführerabzeichen S. 81: Viktor Frankl Zentrum Wien;
Postkarten S. 90/91: ÖAV Archiv Nachlass Rudolf Reif und S. 129: Viktor Frankl Archiv
Autorenfoto S. 180: Felix Tschurtschenthaler

Printed by Finidr, Czech Republic
ISBN 978-3-7112-0004-4

Inhalt

Vorwort 7

1. Kapitel
In der Mizzi-Langer-Wand oder die Trotzmacht des Geistes 15

2. Kapitel
Auf dem Peilstein oder die Selbstermächtigung 29

3. Kapitel
Auf der Hohen Wand oder die Seilschaft als Verantwortung ... 51

4. Kapitel
Die Rax oder der Sinn des Lebens 71

5. Kapitel
Der Schneeberg oder die Weltsicht der Wirklichkeit 99

6. Kapitel
Der Dachstein oder die Ambivalenz der Aussöhnung 119

7. Kapitel
Auf die Große Zinne oder der letzte Sinn 143

Epilog
Frankl und die Berge. Ein Beitrag von Elisabeth Lukas 163

Weiterlesen 177

Steigbuch 181

Dank 182

Vorwort

Unsere erste Route führt uns 57 Stufen durch das Stiegenhaus einer berühmten Wiener Adresse. Mariannengasse 1, neunter Bezirk: Hier wird der geistige Nachlass einer wissenschaftlichen Weltkarriere verwaltet, die ein halbes Jahr nach Ende des Zweiten Weltkriegs in einer der Altbauwohnungen begann. Damals hausten 28 Menschen – Ausgebombte, Kriegsheimkehrer, Flüchtlinge – in den Zimmern und blickten durch zerborstene Fenster mit Scheiben aus Pappkarton in das Antlitz einer zerbombten Stadt. Eine Frau wohnt noch immer hier: Es ist Elli Frankl, 94, die Witwe des großen Österreichers, an den eine Gedenktafel am Eingang erinnert. Das »Viktor-Frankl-Zentrum« und das »Viktor-Frankl-Museum« sind im ersten Stock des Hauses untergebracht und bewahren dem geistigen Vermächtnis ihres Namensgebers ein sinnvolles Andenken.

Heute sind wir der Besuch der alten Dame. Elli Frankl erwartet uns an der Wohnungstür: »Hereinspaziert, meine Herren! Bitte, schauen Sie sich gern überall um.«

»Frau Frankl, sollen wir die Schuhe …?« »… anlassen, bitte. Ich tu heute noch staubsaugen«, winkt sie ab und freut sich über die Blumen. Diese Verschmitztheit in ihrem Lächeln, diese Leichtigkeit in ihren Bewegungen, die Festigkeit ihrer Stimme lässt die Frau um gut zwei Jahrzehnte jünger wirken. Als sie uns durch all die Räume der weitläufigen Mietwohnung führt, erfasst uns diese besondere Schwingung, die man an geschichtsträchtigen Plätzen spürt: Man ist zum ersten Mal hier und trotzdem kommt einem alles vertraut vor. Andächtig stehen wir in Viktor Frankls Arbeitszimmer mit dem Erker, den er gelegentlich »Halbkreissaal« nannte, weil er hier so viele Gedanken, große Gedanken, zur Welt gebracht hat. Der Schreibtisch, die Wand mit den 29 Ehrendoktoraten renommierter Universitäten, das volle Bücherregal – hier ist noch immer alles so wie immer, das Ambiente, das wir von Fotos kennen, die vom Neurologen, Psychiater und Psychotherapeuten von Wien aus um die Welt gingen.

Elli Frankl bittet uns ins Wohnzimmer. Auf dem Couchtisch hat sie Brötchen und Orangenlimonade als »kleinen Imbiss« schön drapiert. Der Philodendron neben der offenen Flügeltür im angrenzenden Durchgangszimmer hat über die Jahrzehnte den Plafond erreicht: »Unser einziges Hochzeitsgeschenk, in einem ganz kleinen Blumentopf«, sagt Frau Frankl über das immergrüne Symbol einer Liebe, die nie zu wachsen aufgehört hat. »Uns hat man hier im Haus ja nicht die Frankls genannt, sondern die siamesischen Zwillinge. Viktor und ich haben alles gemeinsam gemacht. Es war eine wunderbare Ehe, getragen von einer großen Liebe. Eh unglaublich eigentlich, weil bei uns ja alles auf verschiedenen Ebenen war. Angefangen vom Altersunterschied, über die Bildung – Liebe hat ja keinen Intelligenzquotienten.« Ein großer Satz. Frau Frankl bringt die Dinge auf den Punkt, genauso wie ihr Mann es konnte.

Ein bettelarmes Kind aus Wien-Kaisermühlen sei sie gewesen, das ab dem zehnten Lebensjahr immer mehrere Jobs gleichzeitig hatte. »Ich war Klofrau am Wiener Trabrennplatz, habe Taschen geflochten, bis die Finger blutig waren, und in der Mariahilfer Straße Fenster geputzt. Das mach ich heute noch, Fensterputzen, warum auch nicht, wenn ich mich sicher fühle?« »Sie putzen Ihre Fenster auch von außen?« »Sicher, wer denn sonst?

Ich steig aufs Fensterbrett und putze. Früher habe ich bei anderen geputzt, jetzt putz ich meinen eigenen Dreck!« Wieder dieses erfrischende Kichern. »Sind Sie gesichert?« »Geh! Ich hätte zwar noch irgendwo ein Seil vom Klettern, aber es ist ja nur der erste Stock, früher war ich auch nie angebunden ...«

KLETTERN. Jetzt ist das Stichwort gefallen, dessentwegen wir hier sind und warum uns Elli Frankls Schwiegersohn Franz Vesely den Besuch bei der alten Dame ermöglicht hat. »Ich glaube, ohne das Klettern wäre Viktor nicht am Leben geblieben. Er hat das gebraucht, nach allem, was er erlebt hatte. Es war schön zu sehen, dass er wieder lachen, sich wieder freuen kann. In den Bergen war er ein anderer Mensch. Dort war er glücklich und einfach nur der Viktor. Sonst war er ein gehetzter Mann, der den ganzen Tag hier hinter seinem Schreibtisch gesessen ist und gearbeitet hat«, erzählt sie. Dass sie auch sehr viel gemeinsam geklettert sind, war Teil ihrer Seelenseilschaft. Und ein Geschenk aus Liebe: »Allein wäre ich nie auf die Idee gekommen. Ich konnte mir unter Klettern gar nix vorstellen, ich war nie auf einem Berg, bevor ich ihn kennenlernte. Ich bin ja an der Alten Donau aufgewachsen und war immer nur im Wasser.«

Diese Frau verströmt mit ihren 94 Jahren noch immer den mädchenhaften Charme von wild, frech und wunderbar. »Ihr Mann war Bergführer: Hat er Ihnen erklärt, worauf es beim Klettern ankommt?« »Ja, ja, alles ganz genau. ›Elli, das musst du so machen und das so.‹ Ich war sehr frech und hab gesagt: ›Halt den Mund!‹ Und auch in der Wand habe ich gekeppelt wie nur, die ganze Zeit. Er hat nie in einen Zirkus gehen müssen, den hat er mit mir gehabt. Aber wenn ich oben war – dann war ich jedes Mal stolz. Es war eine schöne Zeit. Kletterer sind besondere Menschen.« Viktor und Elli Frankl haben gemeinsam die Welt gesehen, und die Berge natürlich, die in der Nähe der Metropolen waren, in denen er Vorträge hielt.

Die weise Welt des Viktor Frankl bestand nicht nur aus hoher Geistigkeit. »Es ist schon ein Geschenk, mit einem Mann beisammen zu sein, der nicht nur ein Hirn hat, sondern auch ein Herz«, sagt Elli Frankl, macht eine Pause und fügt hinzu: »Und das hatte Viktor.« Hirn und Herz: Er dozierte an der Eliteuniversität in Harvard und scherzte derb mit Kletterkumpanen nach einer gelungenen Tour. Er dinierte mit Staatschefs und servierte Getränke in der Neuen Seehütte auf der Rax. Er war ein Wissenschaftler von Weltruf und liebte doch die Einfachheit in den Bergen am allermeisten. Viktor Frankl kannte das Leben in all seinen Facetten. Es war ein volles Leben, dessen Zeitlinie sich über mehr als neun Jahrzehnte durch das 20. Jahrhundert und über alle Kontinente der Erde erstreckte. »Der größte noch lebende Österreicher«, hatte Rudolf Kirchschläger, der einstige österreichische Bundespräsident einmal über ihn gesagt – und das war er wohl auch, gemessen an seiner Erfahrung, seiner Lebensleistung und dem, was davon geblieben ist. Die Monarchie, zwei Weltkriege und den Holocaust hat Frankl überlebt, und über die Freiheit des Willens und den Willen zum Sinn für Millionen Menschen Wege zum Sinn des Lebens aufgezeigt.

Dem publizistischen Gesamtwerk mit zahllosen Titeln, die Viktor Frankl gewidmet sind, möchte dieses Buch eine Nahaufnahme aus einer neuen Perspektive hinzufügen. Es geht um seine große Liebe zu den Bergen und zum Klettern – nicht um wissenschaftliche oder therapeutische Interpretationen. Dazu ist schon viel geschrieben worden und dafür gibt es auch Berufenere, wie Professor Elisabeth Lukas, seine berühmte Schülerin,

Plateauwanderung: Elli und Viktor Frankl auf ihrem Lieblingsberg, der Rax, 1976.

die freundlicherweise einen Beitrag für unser Buch verfasst hat. Dieses Buch ist auch keine Biografie im engeren Sinne, vielmehr haben wir mehrere Stränge miteinander verknüpft, um einen neuen Bezugsrahmen für Viktor Frankls große Passion zu schaffen.

In den folgenden sieben Kapiteln binden wir uns in eine Seilschaft mit ihm ein, überbrücken Zeit und Raum, steigen durch Felslinien, die er vor vierzig, sechzig oder neunzig Jahren geklettert ist. Wir folgen seinen Spuren in sieben Destinationen – von der Mizzi-Langer-Wand, einem mittlerweile verwaisten Klettergarten im Süden Wiens, bis auf die Große Zinne, dem Herzstück der Dolomiten. Über den gemeinsam berührten Fels, ein denkbar archaisches Speichermedium, und bei langen Wanderungen etwa über sein geliebtes Rax-Plateau haben sich seine Erlebnisse mit unseren verwoben. Große Themen seines Lebens, die verblüffend eng mit den alpinen Orten verbunden sind, haben wir nach Jahren intensiver Beschäftigung mit seinem Werk und Wirken neu erkannt, verstanden und in den sieben Kapiteln zusammengeführt. In seinem biografisch-alpinistischen Nachstieg haben wir Touren gewählt, die ihm wichtig und – jede auf ihre Art – für ihn charakteristisch waren. Im Anhang zu jedem Kapitel gibt es einen kurzen Steckbrief von diesen und weiteren Routen, die zu Frankls Zeit passen.

Über das Klettern sind wir ihm sehr nahe gekommen. Denn die Berge scheinen die Inspiration seiner Besucher über die Äonen zu bewahren und sie jederzeit abrufbereit zu halten für jeden, der sich ihrer Resonanz öffnen will. In dieser gemeinsamen Seilschaft sind wir tiefer in Frankls Leben und Lehre eingestiegen und seinen Sehnsüchten und Träumen gefolgt. Gespräche mit Zeitzeugen, mit seiner Witwe Elli Frankl, mit seinem Freund Giselher Guttmann, mit seinem Enkel Alexander Vesely waren ein wertvoller Beitrag, um das Kolorit seiner Persönlichkeit und seines Menschenbildes noch fassbarer zu machen. Es sind schöne Farben, und es war alles dabei auf dieser langen Reise entlang seiner langen Sinnspur: Wir atmeten die Verbundenheit unter Bergsteigern, genossen wie er die Momente großer Glückseligkeit auf stillen Zustiegen, in den Wänden oder auf den Graten und den innigen, geselligen Austausch danach.

Was haben wir gelernt, erfahren und was davon bleibt wichtig? Nun: Das reduzierte Leben in den Bergen, das Viktor Frankl über alle Maßen geschätzt hat, wartet dort oben immer auf uns. Es beschenkt uns mit einem Reichtum, der stets da, aber nie selbstverständlich ist. Es bringt uns Sinnerfahrungen und neue Perspektiven auf die großen Fragen des Lebens. Da ging es uns bei all den Touren nicht anders als unserem prominenten Vorsteiger. Auch selbst als es dann irgendwann galt, all das auf Papier zu bringen, fühlten wir uns ihm tief verbunden: Es waren viele, viele Stunden bei bestem Sommerwetter, die wir mit Schreiben, Zweifeln, Umschreiben vor dem Schreibtisch verbracht haben. Wie der brillante Rhetoriker zu seinen Lebzeiten, der immer von sich sagte, er habe leicht reden, aber schwer schreiben. Es ist einfacher, den Sinn des Bergsteigens zu erleben, als ihm eine Sprache zu geben. Unser Glück war, dass Viktor Frankl schon sehr viel Vorarbeit geleistet hat. Wir sind ihm nur nachgestiegen. Wenn daraus auch für andere Menschen eine Inspiration für die Berge entsteht, dann war es jede Minute und jeden Schweißtropfen dieses Weges wert. Oder wie Elli Frankl über unsere Idee zu diesem Buch sagt: »Der Viktor hätt eine Riesenfreude.«

In diesem Sinn verabschieden wir uns von ihr.
»Sie haben ja gar nicht gegessen oder getrunken, meine Herren.«
»Weil es so spannend war mit Ihnen, Frau Frankl.«
»Wo kann ich mir denn dieses Buch kaufen?«
»Wir bringen Ihnen persönlich eines vorbei, wenn wir dürfen.«

In der Mizzi-Langer-Wand oder die Trotzmacht des Geistes

*»Man muss sich ja nicht alles von sich gefallen lassen.
Man kann auch stärker sein als die Angst.«*
Viktor Frankl

Vor uns liegen steile Wege und Orte des Gedenkens. Für gewöhnlich wird uns bei gemeinsamen Autofahrten die Zeit zu kurz, weil wir immer viel zu bereden haben. Diesmal ist das ganz anders – wir sind still, gesammelt, gespannt. Es fühlt sich nicht an, als wären wir einfach nur unterwegs zum Klettern wie schon so oft. Eher, als wären wir zu einer Testamentseröffnung geladen, weil der letzte Wille eines Menschen ein Auftrag an uns ist, den wir zu erfüllen haben. Hier und jetzt beginnt eine Reise, die nicht nur ein Ziel, sondern auch eine Widmung hat.

Bei Rodaun, einem Stadtteil des 23. Gemeindebezirks, hört Wien auf, Großstadt zu sein. Im nahen Wienerwald, der das Urbane aus grüner Lunge lüftet, beginnen die Alpen. Flankiert von der Pannonischen Tiefebene im Osten, schichten sich zaghaft erste Hügel auf. Je weiter man nach Süden kommt, desto markanter durchfurchen Täler die liebliche Landschaft, die Maler wie Ferdinand Georg Waldmüller erschaffen haben könnten.

Hier hat die Natur schon einen Hauch von Schroffheit. Drei Tagesmärsche wären es bis zum ersten richtigen Berg, dem 2076 Meter hohen Schneeberg. Klettern kann man jedoch, man möchte es kaum glauben, auch schon hier, am Rande der Stadt. Hier, zwischen Blumenwiesen und Föhrenwäldern, zwischen Heurigenlokalen, Parkanlagen und einem Netz von Straßen, das bald schon in eine der großen Verkehrsschlagadern des Landes, die Südautobahn, mündet.

Die Mizzi-Langer-Wand, an sich ein unscheinbar und verlassen wirkender Steinbruch, galt über weite Strecken des 20. Jahrhunderts als Epizentrum der Wiener Kletterszene. Einst war sie einen Tagesausflug mit der Straßenbahn von Wien entfernt, heute parken wir das Auto in der nahen Willergasse, oberhalb der Kaltenleutgebner Straße. Wir wohnen im Westen des Wienerwalds. Der Digitalanzeige entnehmen wir: 24 Minuten haben wir für die 21 Kilometer bis zum ersten Originalschauplatz auf unserer Spurensuche gebraucht, die uns in den kommenden Wochen und Monaten von hier aus bis nach Südtirol, in die Sextener Dolomiten, führen wird.

Wir tasten uns einen stillen, dicht verwachsenen Waldweg entlang – und sehen zunächst einmal die Wand vor lauter Bäumen nicht. Die bis zu vierzig Meter hohen Felsen am Südabhang des Zugbergs können wir bloß erahnen, ihre Präsenz nur von der weithin sichtbaren Abbruchkante ableiten. Irgendwo dort müssen sie sein. Außer unseren Schritten, unserem Atem und den gedämpften Geräuschen unserer Ausrüstung im Rucksack hört man hier nur das Flüstern der Natur.

Die Klettergenerationen vor uns haben den Klettergarten im Süden der Stadt gänzlich anders erlebt. Wer zwischen den Weltkriegen und in den Jahren danach zu den Routen unterwegs war, hat spätestens hier, auf dem kurzen Waldweg, das Johlen und Scherzen der Freunde, die Geräusche, wenn Ledersohlen am Fels reiben, und die Seilkommandos vernommen. Es war ein buntes Treiben rund um die Felswand, die sich wie ein grau schattiertes Band über die Wiese zieht und als Drachenrücken in den Himmel sticht. Das »Anklettern« im Frühjahr galt bis weit in die Siebzigerjahre des vorigen Jahrhunderts als Pflichttermin für alle, die die Vertikale liebten. Die Touren waren der Tanzboden der Wiener Kletterer. An der »Akademikerplatte« zu bouldern, bodennah ohne Seilsicherung die Bewegungskombinationen des Kletterns zu üben, oder den »Pfeilerweg« zu durchsteigen, war die Pflicht, ehe es zur Kür hinaus an die Wände des Peilsteins, an die Rax oder ins Gesäuse und zum Dachstein ging. Hier wurde nicht nur geklettert – hier lief der Wiener Schmäh, hier lebte man, im Gras liegend, essend und trinkend, den Gemeinschaftsgeist unter Gleichgesinnten, hier wurden kühne Pläne für immer neue Kletterabenteuer geschmiedet.

Dass Viktor Emil Frankl an der Mizzi-Langer-Wand die allerersten alpinistischen Erfahrungen gemacht und damit den Grundstein für eine lebenslange Passion gelegt hat, war alles andere als vorgezeichnet. Zum ersten Mal kam er als Schüler der siebenten Klasse des Sperlgymnasiums im zweiten Wiener Gemeindebezirk im Jahr 1923 zu den Felsen der Vorstadt. Frankl begleitete einen seiner Freunde nur deshalb, weil dieser sonst niemanden gehabt hätte, der ihn hätte abseilen können. Die Absicht, selbst zu klettern, hatte Viktor anfangs gar nicht. Sie stellte sich vermutlich auch nicht ein, als er beim Sichern seines Kameraden – das machte man damals von oben – ganz bis an die Kante einer der senkrecht abfallenden Wände gelangte und zum ersten Mal in seinem Leben aus einer solchen Höhe in die Tiefe blickte. Denn in der Beklemmung des Augenblicks wurde ihm bewusst, dass er offensichtlich an Höhenangst litt.

Diese grenzwertige Situation war ein Schlüsselerlebnis in Frankls Leben. Nicht nur, was seine alpinistischen Ambitionen betraf, sondern auch seinen weiteren Lebensweg als Arzt, Therapeut und Wissenschaftler von Weltruf, den er im Jahr darauf schon einschlagen sollte. Dieser Blick in den Abgrund der Mizzi-Langer-Wand, die Konfrontation mit seinen eigenen Ängsten, brachte den siebzehnjährigen Gymnasiasten erstmals mit jener höheren geistigen Essenz in Kontakt, die uns Menschen zu Menschen macht. Mit der Freiheit nämlich, unsere innere Einstellung zu äußeren Bedingungen des Lebens in jeder Situation wählen zu können, mit der Freiheit des Willens selbst: Sie wurde zu Frankls Lebensmaxime, zum bestimmenden Grundton seines Menschenbilds, zum zentralen Postulat seiner Logotherapie und Existenzanalyse, als deren Begründer er dann später in die Geschichte eingehen sollte. Diese Freiheit des Willens versetzt uns erst in die Lage, den mentalen Reflex in uns zu aktivieren, den Viktor Frankl »Trotzmacht des Geistes« nannte. »Man muss sich ja nicht alles von sich gefallen lassen. Man kann auch stärker sein als die Angst.« So reflektierte er später sein eigenes »... trotzdem Ja zum Klettern sagen« als Sinnbild für die uns allen innewohnende Fähigkeit, inneren Widerständen und äußeren Schwierigkeiten die Stirn zu bieten.

Als wir vor dem »Großen Dreieck« stehen, einer markanten, nachgerade künstlich anmutenden Felsformation, ist wieder diese Stille auffällig. Vom einstigen Treiben – heute sind wir die Einzigen hier, und es ist ein Sonntag im Mai mit idealem Kletterwetter – zeugen noch die Haken, die erst ab den Siebzigerjahren zu Sicherungszwecken in den Felsen getrieben worden sind und die er nun nach und nach wieder auszuspucken scheint. Im Gras beim Wandfuß finden wir ein solches rostiges Eisenteil, wie zur Ruhe gebettet.

Das kleine Kletterrevier ist benannt nach der 1872 geborenen Maria Langer-Kauba. Die Wienerin war selbst ambitionierte Bergsteigerin, nahm 1905 als einzige Frau beim ersten Skirennen der Welt in Lilienfeld teil und führte das erste Sportgeschäft in der Hauptstadt der Monarchie. Heute wirkt die Mizzi-Langer-Wand wie ein verlassener Ballsaal, in dem in den goldenen Epochen ausgelassen getanzt und gefeiert worden ist. Jetzt sind die Räume leer. Die illustre Gesellschaft ist weitergezogen an Peilstein-Ausläufer wie den Thalhofergrat bei Alland in Niederösterreich oder die Nasenwand nahe Dürnstein in der Wachau. Wer es noch anspruchsvoller will, zeigt sein Können heute in den Adlitzgräben im Süden des Bundeslandes. Die Community ist nicht nur leistungsfähiger und braucht einen immer höheren Grad an Schwierigkeit, um an ihre Grenzen zu kommen – sie ist auch mobiler geworden. Das Zillertal in Tirol, Routen in Arco in Italien oder die Sinterfelsen von Kalymnos in Griechenland gelten mittlerweile als gut erreichbare Kletterziele. Auch das Material hat sich verändert: Statt der genagelten Lederschuhe von einst nehmen wir heute Kletterschuhe mit Hightech-Gummisohlen aus dem Rucksack, die wie Socken am Fuß anliegen und selbst auf ganz schmalen Leisten und kleinsten Tritten sicheren Halt geben. Wir legen einen extraleichten, anatomisch geschnittenen Sportkletter-Sitzgurt an. Und anstelle eines Hanfseils, das von den Vorgängern in unserem Sport um den Oberkörper geschlungen wurde und weiten Stürzen kaum standhalten konnte, binden wir uns in ein Neun-Millimeter-Seil mit einem dynamischen Kunststoffkern ein. Schlingen mit Leichtmetallkarabinern werden wir als Zwischensicherung in die Bohrhaken einklinken, um uns ganz aufs Klettern konzentrieren zu können.

Wir sind im Nachstieg Frankls unterwegs, jedoch die Ausrüstung und damit auch der Grad des Risikos ist nicht mehr vergleichbar mit dem zu seiner Zeit. Den Sport auszuüben, bedeutet heute nicht mehr, in latenter Lebensgefahr zu sein. Kletterer in unseren Tagen sind Ausrüstungskaiser, eine ganze Industrie hat sich der Inspiration von »raus und rauf« verschrieben.

Nicht einmal die Touren an sich sind dieselben geblieben: Denn die Trotzmacht des Geistes – von Viktor Frankl und seinen Klettergefährten hier schon vor rund einem Jahrhundert tausende Male ausexerziert – hat auch den Kalkstein in der Mizzi-Langer-Wand geprägt. Wir erleben das unmittelbar, als wir uns das »Große Dreieck«, einen Uralt-Klassiker, hinauftasten. Schon unten wartet die Schlüsselstelle in Form eines schmierigen Griffs, bei dem ein Weiterkommen fast undenkbar erscheint. Zunächst, denn all die Kletterer, die die Route vor uns durchstiegen haben, bürgen dafür, dass es eine Möglichkeit geben muss, um nach oben zu kommen.

Die Trotzmacht des Geistes im Sinne Frankls hat eine andere Qualität als der Trotz, den wir umgangssprachlich meinen. Sie ist eine höhere, zentrierte Kraft in uns, der wir uns überantworten können, die uns die erforderlichen mentalen Ressourcen bereitstellt. Als Beharrlichkeit, Stärke und Wille verordnet sie unserem Körper in der Senkrechten, sich nicht der Schwerkraft zu beugen, sich nicht von Zweifeln oder Ängsten lähmen zu lassen, sondern sich auf den nächsten Griff, den nächsten Tritt, den Weg nach oben zu beziehen.

Der Schweiß, der in all den Dekaden hier geflossen ist, manifestiert sich im Gestein der Mizzi-Langer-Wand. Jedes Mal Zupacken hat die scharfen Kanten ein kleines bisschen gerundet und dem Kalk die Rauigkeit genommen. Glänzend poliert wirkende Stellen im Gestein zeugen von der ewigen Faszination, sich im Fels selbst zu überwinden.

Für uns Nachkommende wird die Route durch den »Speck« in der Wand zwar nicht einfacher, wir haben jedoch das Wissen, dass das Hinauf möglich ist. Der Berg oder vielmehr die Wand ist ein Synonym für die Herausforderung, die es zu überwinden gilt: Damals wie heute gibt der Geist die Linie vor, und der Körper steigt sie nach. Gerade dort, wo es aufs erste Hinsehen gar keine Haltepunkte zu geben scheint, wo man maximal Eidechsen einen Weg durch die Vertikale zutrauen würde, braucht es die Kreativität, machbare Routen zu erkennen, aber auch das Können, sich Zug um Zug, Tritt für Tritt am Fels hinaufzuarbeiten.

Wiener Kletterkarrieren haben nicht nur an der Mizzi-Langer-Wand begonnen. Schräg vis-à-vis, fast in Steinwurfweite, liegt die um ein gutes Drittel niedrigere Lutterwand. Eine weitere geschichtsträchtige Oase am Rande der Großstadt inmitten einer Wiese, die wie geschaffen für Familienpicknicks ist. Ein rothaariges Mädchen, höchstens sieben, acht Jahre alt, steigt mit behänder Leichtigkeit in Turnschuhen den gut strukturierten Felsen hinauf. Sein Vater, der von unten sichert, gibt Tipps für Griff- und Schrittkombinationen. Er bestärkt seine Tochter, dass das Klettern in erster Linie ein Steigen aus den Beinen ist und erst in zweiter Linie ein Ziehen mit den Armen. Nach ein paar Versuchen schafft sie auch eine knifflige Stelle, an der sie vollkommen darauf vertrauen muss, dass ihre Schuhsohle sie für einen Moment lang nur durch Reibung am Fels halten wird –

für diesen einen, kleinen, aber entscheidenden Schritt nach oben. Eine wichtige Erfahrung, als Kletterer fast eine Initiation: Das Kind strahlt vor Glück, als es den obersten Haken berührt, an dem das Seil umgelenkt wird. »Super, Große«, ruft Papa mit hörbarem Stolz in der Stimme seiner Tochter zu. Ein kleiner Gipfelsieg, ein großer Moment der Selbstüberwindung und Selbstermächtigung. Sie tänzelt die Wand nach unten, als der Vater sie abseilt. Frei von Angst und voller Lebendigkeit.

»Noch einmal!?«

»Jaaa, bitte noch einmal, Papa!«

Für uns als Beobachter ist diese für Klettergärten heute so typische Szenerie ein inspirierender Moment. Sie zeigt ein Miteinander der Generationen, wie es sein kann – wie geteilte Hingabe die doppelte Begeisterung erzeugt.

Ein Vorbild durch Vorleben von Bergbegeisterung wie dieses kleine Mädchen hatte der 1905 geborene Viktor Emil Frankl nicht. Er war ein Stadtkind, von schmächtiger Statur, aber äußerst wach im Geiste. Sein großes Interesse galt schon früh dem Verstehen menschlicher Phänomene in Medizin, Psychologie und Philosophie. Schon als Dreijähriger artikulierte Viktor deutlich, was er später einmal zu werden gedachte: Schiffsarzt.

Von der Weite des Meeres wusste der Knirps freilich ebenso wenig wie von der alpinen Natur. Seine Felsen waren die Pflastersteine der Monarchie-Metropole, sein Naturbezug in der Kindheit beschränkte sich auf Nachmittage mit seiner Mutter Elsa sowie den Geschwistern Walter und Stella im Prater. Und an den Wochenenden auf Familienwanderungen durch den Wienerwald, auf die Frankls Vater Gabriel, er war persönlicher Sekretär des Ministers für Kinderschutz und Jugendfürsorge Joseph Maria von Baernreither, bestand. Er selbst unternahm vereinzelt auch Bergwanderungen im Salzkammergut. Seinen Sohn Viktor zum Mitgehen in den Wienerwald zu überreden, soll hingegen einer Extra-Portion Motivation bedurft haben – meist in Form seiner geliebten Schaumrollen als Belohnung für die nicht ganz freiwillig auf sich genommene Anstrengung.

Gemessen am verbreiteten Erziehungsmodell der frühen Zwanzigerjahre, das durch Sittenstrenge, Demütigung, Missbrauch und drakonische Bestrafungen gekennzeichnet war, wuchs Viktor in seiner Familie behütet auf. Bei Eltern, die ihn zwar zur Höflichkeit anhielten und zur Einhaltung von Regeln und Pflichtbewusstsein, aber ihn nicht auf blinde Obrigkeitshörigkeit drillten, sondern Selbstbewusstsein und kritische Urteilskraft förderten. Geradezu diametral zum vorherrschenden pädagogischen Prinzip von Zucht und Ordnung, das nur darauf abzielte, Kinder und Jugendliche gefügig zu machen. Diese schwarze Pädagogik sollte sich später rächen und zur wesentlichen Erfüllungsbedingung für den tragischen Lauf der Geschichte werden: Als Erwachsene waren die auf diese Weise sozialisierten Kinder anfällig für Ideologien, durch den Nationalsozialismus verführbar und so willfährige Mitläufer in die Katastrophe.

Viktor hatte bei seinen Eltern in seiner kindlichen Entwicklung deutlich mehr Spielraum. Innerhalb der Familie kam ihm jene Freigeistrolle zu, wie man sie bei den Zweitgeborenen häufig beobachten kann. »Bocki« nannte ihn seine Mutter liebevoll und selbsterklärend, wohl weil er im Entdecken der »Trotzmacht des Geistes« schon früh großes Engagement gezeigt hatte. Doch anders als andere in seinem Alter hemmte Viktor niemand in der Entfaltung seiner Individualität und Kreativität.

Gelebte Trotzmacht: Viktor Frankl steigt mit fast 70 Jahren durch die Lutterwand.

Eine frühe Neigung zum Klettern und Bergsteigen ist aus Viktor Frankls Kindheitstagen nicht überliefert. Erwähnenswert ist vielleicht, dass die kleine Wohnung der Familie Frankl im Haus Czerningasse 6 in Wien-Leopoldstadt, Tür 25, im fünften Stock lag – ohne Lift klarerweise. So bekam der spätere Begründer der Höhenpsychologie, verteilt über die Zeit seiner Kindheit und Jugend, im eigenen Stiegenhaus eine erkleckliche Anzahl an Höhenmetern in die Beine. Noch eine Bergsteigerqualität lernte Frankl en passant als Kind und mitten in der Stadt: die Verbindlichkeit einer »Seilschaft«. Wenn er seinen Vater von dessen Büro im ersten Bezirk, wo die Wollzeile den Ring erreicht, abholte, passierten die beiden auf dem Nachhauseweg einen schmalen Betonabsatz. Dieser befand sich direkt vor dem Museum für angewandte Kunst, und dort spielte sich dann immer dasselbe Ritual ab: Viktor balancierte über den Sockel, er hielt sich dabei am Knauf des Gehstocks seines Vaters fest und war so mit ihm wie in einer Seilschaft verbunden. Gleichzeitig musste er darauf achten, auf der äußerst schmalen Linie entlang des »urbanen Felsgrats« das Gleichgewicht zu halten. Um diese beiden Aspekte geht es ja schließlich beim Klettern – um die richtige Linie auch auf ganz schmalen Graten und um das Gleichgewicht.

Auf den Spuren der Anfänge Viktor Frankls als Kletterer wählen wir zwei gemütliche Routen in der Lutterwand: das »Sanduhrenparadies« und die »Lutterplatte«. Beide mit dem dritten, vierten Schwierigkeitsgrad bewertet, im linken Bereich, wo auch schon früher viel geklettert worden ist. Auch, weil der Anspruch dem entspricht, was Viktor Frankl für sich stets als das persönlich richtige Maß in der Balance zwischen Genuss und Herausforderung interpretiert hat.

Griffige Schuppen, große Felswulste und solide Trittstrukturen bilden hier jeweils die Basis für eine schöne, jeweils knapp 15 Meter lange Kletterei. Dass die ausgiebigen Regenfälle zuletzt viel Sand in die Wand gespült haben, der erst langsam auftrocknet, stört angesichts der Kompaktheit des Gesteins wenig. Die Maßeinheit der Selbstüberwindung ist auch an der Lutterwand die eigene Körpergröße: Solange man sie nicht in Richtung Ausstieg überwindet, hat man sich auch nicht selbst überwunden. Werden währenddessen die Hände schweißnass – durch Anstrengung oder Aufregung –, so kann man den inneren Schweinehund vielleicht auch mit einem Griff in das Chalk Bag etwas zähmen. Auch das ist so ein neuzeitliches Utensil für Fans der Felsen: In dem kleinen Beutel, den man auf der Rückseite des Klettergurts trägt, befindet sich weißes Pulver namens Magnesiumkarbonat. Den »Kalk« hat man dabei, um die Feuchtigkeit der Finger zu binden. Für viele Kletterer ist der Griff in das Chalk Bag auch ein Ritual, um das eigene Nervenkostüm zu stärken. Hier in der Lutterwand kommt es gar nicht so weit, sie ist ein sicheres Laboratorium. Auf dem Foto aus dem Jahr 1974 ist dokumentiert, wie der damals 69-jährige Viktor Frankl die Lutterplatte klettert und dabei entschlossen nach oben blickt. Damals hatte er mit seiner Höhenpsychologie, die die Freiheit des Menschen zu Entscheidungen in den Mittelpunkt stellt, längst die Welt erobert. Sich durch den Fels zu bewegen, sich geistig über innere Barrieren und die Schwierigkeiten einer Wand hinwegzusetzen, um so über sich selbst hinauszuwachsen, hat ihm zeitlebens seelisch Kraft gegeben – weil die »Trotzmacht des Geistes« ein zeitloses Geschenk des Lebens ist.

Im Nachstieg Frankls

Mizzi-Langer-Wand
Zugang: Die Ketzergasse und Hochstraße im Süden von Wien nehmen und in die Kaltenleutgebner Straße abbiegen. Dann über die Willergasse in Richtung Westen durch den Wald zur Wand.
Beste Jahreszeit: Klettern ist oft ganzjährig möglich. Im Sommer kann es durch die südseitige Ausrichtung zu heiß sein. Manche der stark polierten Griffe sind dann kaum zu halten.
Empfehlenswerte Routen: Pfeilerweg (4+), Rhinozeroshaut (3), Großes Dreieck (4+), Sepp-Bauer-Platte/Akademikerplatte (6)

Lutterwand
Zugang: Über die Ketzergasse und Hochstraße im Süden von Wien in die Kaltenleutgebner Straße abbiegen. Dann in die Sonnbergstraße und nach dem Bahnübergang rechts in die Waldmühlgasse. Vor deren Ende auf kurzem Weg zur Wand.
Beste Jahreszeit: Frühjahr, Sommer und Herbst sind für die nord- und westseitig gelegenen Felsen vom Sonnenstand her ideal.
Empfehlenswerte Routen: Lutterplatte (4), Sanduhrenparadies (3+), Kleine Schuppe (2+), Verschneidung (3)

Auf dem Peilstein
oder die Selbstermächtigung

*»Das Spannendste sind für mich das Roulettespiel,
eine Hirnoperation und eine Erstbegehung.«*
Viktor Frankl

Unser Lebensweg ist ein Wahlgang. In jedem Augenblick stehen wir vor Entscheidungen – und trachten danach, sie jeweils so zu treffen, dass wir danach auch hinter unseren Entscheidungen und ihren Konsequenzen stehen können. Das fällt uns vielfach gar nicht auf – und manchmal sehr schwer. Es gehört zum Kontinuum des Lebens wie das Atmen. Jede Entscheidung ist ein Unikat. Selbst wenn Milliarden anderer schon analog entschieden haben, ist das so, weil jeder Mensch einzigartig in seiner Person und einmalig in seiner Situation agiert. Wenn seit einem Jahrzehnt zehn unterschiedliche Jahrgänge eine standardisierte Zentralmatura ablegen – und pro Jahrgang sämtliche teilnehmenden Schülerinnen und Schüler zeitgleich exakt dieselben Aufgaben lösen mussten –, bleibt dennoch jede einzelne Matura ein einzigartiges Ereignis. Selbst bei identen Antworten, gleicher Punkteanzahl und gleichem Ergebnis bleiben die subjektiven Erfahrungen unterschiedlich. Wahrscheinlich allerdings mit der Übereinstimmung, dass die Matura in jener Lebensphase, in der der Übergang in ein eigenständigeres Leben erfolgt, für jeden ein wichtiger Akt der Selbstermächtigung ist.

Diese Kriterien von subjektiver Entscheidung und Erfahrung lassen sich auf alles umlegen – auch auf das Klettern, wobei der Narrativ einer Erstbegehung wie jede Pionierleistung als Kür der Passion gilt. Als Erster durch eine große Wandflucht steigen. Als Erster auf einem Gipfel stehen, auf dem zuvor noch nie jemand gestanden ist. Als Erster eine neue Linie in einem Felsbereich erkunden und ihn zu durchklettern …

Dabei ist eine Erstbegehung viel mehr als eine rein körperliche Höchstleistung. Sie ist eine Genesis, ein Prozess, der nicht nur das eigentliche Ereignis umfasst. Zunächst braucht es Fantasie, einen schöpferischen Blick auf eine Wand und die Vorstellungsgabe, um das Mögliche zu erkennen, während wir noch unten am Wandfuß stehen. Dann kommt der Mut ins Spiel, diesen Weg auch tatsächlich zu gehen. Wir treffen unsere Entscheidung im Abgleich zwischen Realität und Idealität, zwischen Sein und Sollen, zwischen dem, was uns eine neue Tour, eine Pioniertat in der Vertikalen, abverlangen wird und dem, was wir für unser persönliches Können halten. Wir unterziehen die eigene Vision einem Reality Check. Erstbegehungen am Fels sind also keine reinen Gedankengebäude – die Tour ist schon mit allen Sinnen begangen, mit jeder Zelle antizipiert, bevor sie überhaupt beginnt. Dann erst tritt der Plan in Aktion, dann erst wird alles zu unmittelbarem Erleben – die Hingabe genauso wie die innere Bereitschaft zum Risiko – und zum Scheitern. Erstbegehungen, das macht ihre Faszination aus, haben einen Preis: Erfolg ist auch und gerade auf dem Berg ein Bejahen von Risiko, und das Risiko ist die Konfrontation mit den Möglichkeiten außerhalb der Komfortzone, mit Verletzung bis Tod. Dies gilt zwar für Erstbegeher im ganz besonderen Maße, aber nicht minder für jeden Kletterer, der nachfolgt – die Einzigartigkeit der Person und die Einmaligkeit der Situation machen jede Klettertour zu einer Erstbegehung in eigener Sache. Und das macht das Klettern zur Parabel für das Leben.

1924 stand Viktor Frankl – als angehender oder frischgebackener Maturant, vielleicht auch schon als neu inskribierter Medizinstudent an der Universität Wien – zum ersten Mal in seinem Leben am Wandfuß des Peilsteins und am Einstieg einer der damaligen Touren. Minutiös rekonstruieren lässt sich die zeitliche Abfolge seiner Anfänge als Kletterer nicht mehr, aber immerhin historisch kontextualisieren durch kleinteilige Puzzlestücke unserer Recherchen. Dass Frankl »dem Klettern ab dem Jahr 1924 verfallen war«, hielt er in seinen Memoiren fest. Sein Debüt am Fels war für ihn viel mehr als nur ein neues Hobby: Mit dem Klettern gab er sich eine Selbstermächtigung, die sein gesamtes weiteres Leben, sein Wirken, sein Werk und seine Widerstandskraft »in der Weißglut des Leidens« bei großen Schicksalsprüfungen beeinflussen und begünstigen sollte.

Zunächst erlebte er den Peilstein aber als das, was er für viele in der Zwischenkriegszeit war: als ein Refugium für die Suche nach Neuland in der Vertikalen. Das variantenreiche Gebiet im Südosten von Wien steht wie ein alpines Monument inmitten einer hügelig-bewaldeten Lieblichkeit, die sich auf die vier niederösterreichischen Gemeinden Alland, Schwarzensee, Neuhaus und Nöstach verteilt. Die Reste des Urozeans Parathetys haben den Peilstein schon vor 35 Millionen Jahren in seiner Schroffheit aus der Erdkruste geschliffen. Sein Name, der zwischen dem Harz und Südtirol recht häufig zu finden ist, stammt vom altdeutschen Wort bîl und bezeichnete in der Jägersprache den Ort, an dem die Hundemeute bei der Jagd das Wild bei einer Felsformation stellt. Das passt, denn der »Sta«, wie die Einheimischen den Peilstein nennen, ist auch kein singulärer Zahn, sondern ein ganzes Felsgebiss, das in die Landschaft fletscht und Kletterer herausfordert.

Die glänzend weißen Türme, die aus den Wäldern der sanften Landschaft ragen, waren schon früh ein Spielplatz der Helden. Die ersten »Kletterschulen« im Wiener Raum entstanden bereits in den 1870er- und 1880er-Jahren mit dem »Matterhörndl« im Anningergebiet und den Felsen der Hinterbrühl. Auf ihrer Suche nach mehr, nach größeren Wänden und Herausforderungen, pilgerten die jungen Kletterpioniere bald danach in Nachtmärschen zum stattlichen Kalkriff im Wienerwald. An Sonntagen – bis inklusive Samstag wurde gearbeitet – frönten sie ihrem neuen Sport. Später konnten sie die Anreise bis zur Peilsteinhütte zumindest auf fünf, sechs Stunden verkürzen, wenn sie mit der Straßenbahn bis zur Endstation in Mauer fuhren. Der Rückweg zu Fuß blieb ihnen jedoch nicht erspart.

Im Nachstieg Viktor Frankls haben wir es da wesentlich einfacher: Über die Allander Autobahn fahren wir direkt zum Gasthof am Holzschlag hinauf, stellen das Auto ab, werfen uns das Seil über die Schultern und schlendern hinüber zu den Felsen. Mehr als 30 Sektoren zählt man allein an den Hauptwänden, dazu kommen die Gebiete im nahegelegenen Arnstein und Holzschlag sowie der Thalhofergrat. Mit »Matterhorn«, »Cimone«, »Große Zinne« tragen die Touren hier klingende Namen, die die große Welt der Alpen früh in die Nähe der Metropole holten. Heute führen Sportkletterrouten aller Schwierigkeitsgrade himmelwärts, in Summe sind 1400 Linien dokumentiert. Im Jahr 1949 waren es immerhin 280, oder 280 plus 20, um genau zu sein. Doch auch dazu später mehr.

Unser heutiges Ziel in der Wand liegt auf der Hand: Wir sind unterwegs zur »Prof.-Viktor-Frankl-Kante«, die ein Teil des Bereichs »Luckerte Wand« ist. Der Einstieg ist mit signalroter Schrift markiert, die durch Witterungseinflüsse an Kontur verloren hat und allmählich zu einem Lückenrätsel für die Insider wird. »Klassische, vielfältige Route, abgeschmiert; unangenehme Leistenquerung«, vermerkt der Kletterführer von Ewald Gauster und Kurt Schall über die 17 Meter lange Kletterlinie im fünften Schwierigkeitsgrad. Zugegeben: Als wir in diese Route einsteigen, sind wir froh, dass Ewald Gauster, »Hausmeister« des Peilsteins, die Klettertouren auf dem »Sta« seit 1984 in mehreren Wellen saniert, mit Bohrhaken versehen und damit den heute geltenden Sicherheitsstandards angepasst hat. Das engmaschige Auffangnetz im wahrsten Sinn des Wortes felsenfest verbohrter, verschraubter und verklebter Haken macht dieses Klettergebiet zu einem Erlebnisraum, der den Genuss in den Mittelpunkt stellt.

Seinerzeit gab es in den Routen am Peilstein fast keine Zwischensicherungen. Bei den niedrigen Übungsfelsen kam das Seil ohnehin von oben, während in den alpinen Routen bis zum vierten und beginnenden fünften Grad die Haken-Abstinenz geradezu ein Markenzeichen der »Wiener Schule« des Kletterns war. Selbst bei den schwierigen Peilstein-Routen war vom Seilersten eine sehr stabile Moral gefragt: So musste man etwa beim 33 Meter langen »Fickertriss«, heute mit Schwierigkeitsgrad 6+ bewertet, mit zwei geschlagenen Haken zum Sichern auskommen! Wer es wagte, zusätzliche Lebensversicherungen in eine Felsritze zu hämmern, wurde argwöhnisch beäugt und als Stümper geächtet. Toleriert wurden hingegen zusätzliche Schlingen, die man über Felsspitzen legte oder – wenn es der Fels zuließ – durch Löcher im Gestein fädelte. Mehr nicht.

Klettern war damals nicht der sympathisch-bunte Schulsport, der überall freudvolle Gesichter produziert und eine Einladung an Jung und Alt ausspricht. Es galt als verwegene Tätigkeit und hatte in der Gesellschaft nicht das trendige Image von heute. Abseits eingeschworener Kreise durfte man als Bergsteiger keine gesteigerte Wertschätzung erwarten. Auch nicht, wenn man wie Viktor Frankl als angehender Neurologe und Psychiater ein »G'studierter« war: Klettern war etwas für Individualisten mit Hang zum Heroismus, und die Menschen hatten nach dem Ersten Weltkrieg andere Sorgen und Nöte, als sich für den Lifestyle junger Wilder zu begeistern.

Selbst in Routen, die wir heute als »Sportklettern« klassifizieren, war damals ein Abrutschen nicht angesagt, da dies unweigerlich Verletzungen nach sich gezogen hätte. Denn die Schultersicherung, bis in die 1970er-Jahre der übliche Weg, um den Partner in seinem Fallen zu bremsen, erwies sich oft als ohnmächtige Methode, um den auftretenden Kräften bei einem Sturz zu trotzen. Somit war klar, dass man sein eigenes Potenzial besser nicht völlig ausreizte. Lieber blieb man innerhalb der eigenen Kompetenzzone, wenn man mit schweren Schuhen oder barfuß in die noch unberührten Wände stieg oder sich rittlings an Graten fortbewegte. Regelmäßig verletzten sich Kletterer bei diesen Felsabenteuern inmitten der pittoresken Wienerwald-Szenerie – und der Weg ins nächste Spital nach Baden war sehr weit. Nicht selten war er zu weit.

Eingedenk dieser erheblichen Unterschiede zwischen den Anfängen und heute steigen wir in die »Prof.-Viktor-Frankl-Kante« ein. Den fünften Schwierigkeitsgrad bekommt sie durch eine schon etwas polierte Stelle im unteren Wandteil. Im seinerzeitigen Verständnis der Bewertung von Touren galt alles, was jenseits des sechsten Grades war, als »unmöglich«, und dementsprechend viel musste in die Skala hineingepackt werden.

Dass Viktor Frankl die nach ihm benannte Tour jemals selbst geklettert ist, scheint eher unwahrscheinlich, bilanziert sie doch hart an der Obergrenze dessen, was ihm im Fels nach eigenen Angaben möglich war. Wie seine beiden Kindheitsträume, ein Fahrrad zu besitzen oder Pfadfinder zu werden, ließ sich auch sein großer Wunsch nach einer Erstbegehung als junger Erwachsener nicht erfüllen. »Das Spannendste«, schrieb er einmal, »sind für mich das Roulettespiel, eine Hirnoperation und eine Erstbegehung.« Das mit dem Casinobesuch hätte sich wohl einrichten lassen. An Hirnoperationen wagte sich Frankl später in den Wirren des Krieges heran – notgedrungen ohne konkrete Ausbildung als Autodidakt. Die Erstbegehung blieb ihm leider verwehrt. In den 1930er-Jahren war er zwar einmal zu einer Tour eingeladen, die die erstmalige Durchsteigung einer neuen Route vorsah. Weil Frankl aber Dienst als Arzt hatte, musste er für die alpinistische Pioniertat passen.

Jedem Erstbegeher kommt das Recht zu, seine Schöpfung auch selbst zu benennen. Sosehr sich Frankl darüber gefreut hätte, dies zu tun, seinen eigenen Namen hätte er dafür wohl nicht verwendet. »Seine« Kante wurde Viktor Frankl gewidmet, und zwar 1955 von Rudolf Reif – der darüber schrieb:

»Nach dem berühmten Philosophen, Neurologen, Univ. Prof. u. was weiß ich noch was benannt. Er ist mein gelegentlicher Gefährte u. die Benennung trug mir 4 Flaschen orig. Grinzinger ein. Ich suche nun andererwärts Routen, die ich nach ihm benennen kann, denn der Wein war gut u. ich könnte noch einige Flaschen vertragen.«

Reif, ein drahtiger, kleiner Mann mit Brille, galt zu seiner Zeit als Koryphäe unter Kletterern. Alle Versuche seines Vaters, ihn davon abzuhalten, bewirkten das Gegenteil. 1891 in Mähren geboren, übersiedelte Reif um die Jahrhundertwende mit seiner Familie in die Hauptstadt der Monarchie. Mit 15 Jahren erstand er sein erstes Kletterseil und zwei Paar Bergschuhe für sich und seinen Freund. Wenig später saß er dann als mutmaßlicher Einbrecher auf der Polizeistation – Passanten hatten eine Abseilübung am Donaukanal missdeutet. Einmal löste er auf der Rax eine Suchexpedition nach ihm aus, über die sogar in der Zeitung zu lesen war: Reif hatte seinen Kletteraufenthalt kurzerhand verlängert, aber vergessen, seinen Eltern Bescheid zu geben.

Für den jungen Frankl war der 716 Meter hohe Peilstein biografisch ein Meilenstein. Setzt man die Puzzleteile seiner Entwicklung zum Bergsteiger zusammen, ergibt sich folgendes Bild: Bei seiner – eher zufälligen – Teilnahme an Abseilübungen im Bereich Lutter- und Mizzi-Langer-Wand am Stadtrand von Wien hatte der Gymnasiast erkannt, dass ihm die Höhe und der Blick in den Abgrund mental sehr zu schaffen machten. Wie dargestellt, hat er vor dieser »Schwäche der eigenen Seele« aber nicht resigniert, sondern, im Gegenteil, sich ihr gestellt. Er hat sich mithilfe seiner Trotzmacht des Geistes über die eigene Angst gestellt und erste persönliche Klettererfahrungen gesammelt. Dem Ausprobieren auf den Kletterfelsen im Wiener Nahbereich folgte dann auf dem Peilstein die ernsthafte Ambition – seine Sinnsuche in der Herausforderung, ein Balanceausgleich zwischen Realität und Idealität, zwischen seinem überaus virtuosen Geist und seinem notorisch unterforderten, nicht gerade kraftstrotzenden Körper.

Im Unterschied zu anderen in seinem Alter hatte sich der heranwachsende Viktor nämlich stets über seine geistigen Fähigkeiten definiert, nie über körperliche Kompetenzen. Das rührte wohl noch aus seiner Kindheit her, wo Ärzte seiner Mutter Elsa geraten hatten, ihren Sohn wegen seiner spindeldürren Beine tunlichst vom Fußballspielen abzuhalten. Einmal soll es ihm allerdings gelungen sein, beim Ringen im nahegelegenen Prater den Klassenkräftigsten »zu legen« und in den Schwitzkasten zu nehmen. Ansonsten aber teilte der kleine, schmächtige und schwächliche Bursche die Interessen von Gleichaltrigen kaum. Umgekehrt brachte er Klassenkameraden mit rhetorischem Geschick und seiner Eigenart, offene Fragen mit wirkungsvoller Spannung in den Raum zu stellen, dazu ihm zuzuhören. Medizin, Psychologie, Philosophie – der Rest, die meisten anderen Schulfächer inklusive, interessierte ihn eher nur am Rande.

In den Wissensgebieten, die ihn faszinierten, war Viktor nach heutiger Diktion durchaus als Hochbegabter einzustufen, als seelisch überaus herausgeforderter Hochbegabter. Die ständige Auseinandersetzung mit großen Fragen des Lebens, seine intensive Beschäftigung mit Werken nihilistischer Gelehrter, dazu die von politischen Spannungen und wirtschaftlichen Problemen geprägte Zeit – all das hatte ihn in seiner Reifezeit in eine dramatische existenzielle Verunsicherung gebracht. Später reflektierte er diese in großer Offenheit, beispielsweise in einem Gespräch mit Franz Kreuzer, der in den 1970er-Jahren das Fernseh-Diskussionsformat »Club 2« leitete und später Gesundheits- und Unterrichtsminister war. Frankl: »Ich glaube, man könnte sagen, dass ich meine Lehre zunächst einmal für mich entwickelt habe. Man sagt ja für gewöhnlich, dass jeder, der ein System der Psychotherapie begründet hat, letzten Endes seine eigene Krankengeschichte geschrieben und darin niedergelegt hat. Man weiß, dass Sigmund Freud an kleineren Phobien gelitten hat, man weiß, dass Alfred Adler darunter gelitten hat, dass er als Kind nicht besonders kräftig und gesund war. So kam Freud zu seiner Lehre vom Ödipuskomplex und Adler zu seiner Lehre vom Minderwertigkeitsgefühl. Ich muss sagen, dass ich keine Ausnahme von dieser Regel bin. Ich bin mir dessen bewusst, dass ich als junger Mensch in den Reifejahren sehr mit dem Gefühl zu ringen hatte, dass letzten Endes doch vielleicht alles gänzlich sinnlos sei. Und dieses Ringen hat dann schließlich zu einem Sich-Durchringen geführt. Und ich habe gegen den eigenen Nihilismus ein Gegengift entwickelt.« Ohne selbst jemals erfahren zu haben, wie schwer die existenziellen Sinnzweifel auf der eigenen Seele lasten können, hätte er in späteren Jahren weder eine eigenständige Psychotherapieform entwickeln noch Therapeut von Weltruf werden können. Das innere Ringen, aus dem letztlich ein Sich-Durchringen wird, ein Akt der Selbstermächtigung, der Selbstüberwindung, bei dem einem die innere Trotzmacht des Geistes in den entscheidenden Situationen bereitstellt, was für deren Bewältigung vonnöten ist: Hier wird das Klettern zum Gleichnis für das Leben und auch umgekehrt.

Wie befreiend und bereichernd muss es also für Viktor Frankl gewesen sein, sich diese neue Dimension des Lebens über die Vertikale zu erschließen, endlich durch körperliche Aktivität einen Ausgleich zur Vergeistigung und eine Ablenkung zum Belastenden gefunden zu haben, und endlich auch einmal mit anderen männlichen Bezugspersonen zusammenzukommen als mit denjenigen, die er in seinen studentisch-wissenschaftlichen Kreisen tagtäglich antraf. Bei Kletterabenteuern mit Gleichgesinnten auf dem Peilstein durchpulste ihn die Lebendigkeit des

Abenteuers, erdete ihn der Wiener Schmäh, fand er die Antwort auf die Nestroy'sche Frage »Jetzt bin ich wirklich neugierig, wer stärker ist: Ich oder ich?«, indem er seine Ängste Schritt für Schritt überwand und so immer mehr über sich hinauswuchs als Mann und als Mensch, der nach Großem strebte.

Naheliegenderweise trat Frankl, der auch in der Sozialistischen Jugend engagiert war, zunächst den Naturfreunden bei. Dort hatte sich Anfang der 1920er-Jahre die Alpinistengilde etabliert, und zwar in ihrem selbstbewussten Selbstverständnis, »nur für Naturfreunde-Mitglieder, die Lust haben und Eignung besitzen, über das Mittelmaß hinausragende Fels- und Eisfahrten auszuführen«, zu sein. Der Peilstein war damals die von Wien aus nächstgelegene Ausbildungsstätte für ambitionierte Kletterer, und zu ihnen zählte auch Viktor Frankl. Es ist anzunehmen, dass er immer wieder während seiner Studentenzeit – er approbierte 1930 als Arzt – an Fahrten mit seinen Kletterfreunden und Alpinkursen auf der Rax, dem Schneeberg, der Hohen Wand oder im Gesäuse teilgenommen hat. Eindeutige Belege dafür ließen sich jedoch bei den Recherchen weder in einschlägigen Archiven noch im Privatnachlass finden. Wohl aber legt sein damals umfangreiches Engagement nahe – er baute etwa ehrenamtlich ein Netz aus Suizidpräventionsstellen für verzweifelte Schüler und arbeitslose Jugendliche in Wien und anderen Städten auf –, dass seine verfügbare Zeit für solche Ausflüge begrenzt war. Gerade deshalb dürfte der Peilstein in Viktors alpinistischen Anfängen jenes Gebiet gewesen sein, das er am häufigsten frequentierte: Denn es bot ihm eine Vielfalt und war von Wien aus noch vergleichsweise schnell und einfach erreichbar.

Verbrieft ist allerdings, dass der junge Psychiater wie die meisten jüdischen Bergsteiger seiner Generation spätestens nach dem politischen Verbot der Naturfreunde 1934 ein Mitglied im Alpenverein Donauland war, dem damals letzten alpinistischen Rückzugsraum für Juden. Dort lernte er mit Rudolf Reif die prägende Figur für seine weitere Entwicklung zum Alpinisten kennen.

Bergkameraden: Viktor Frankl (links) 1936 mit Freunden vom Alpenverein Donauland auf dem Weg in die Berge.

Anders als Viktor Frankl mit seinem anerzogenen Pflichtgefühl und seinem seelischen Tiefgang war Rudi Reif ein Draufgänger und Freigeist. Nichts und niemand blieb verschont von seinem scharfen Humor. Ihr geistreicher Witz, ihre Liebe zum Geschichtenerzählen und ihre glühende Begeisterung für das Klettern verband die beiden. Eine Schilderung Frankls illustriert, dass es die beiden trotz schwieriger Zeiten sehr lustig miteinander hatten: »Wenn der Klub mit ihm und mit mir Klettertouren machte, pflegte er mich – den Psychiater – immer als Narrendoktor zu apostrophieren. Ich war damals Anstaltsarzt in der Irrenanstalt Am Steinhof. Jedenfalls nannte er mich nie Doktor, sondern eben nur Narrendoktor. Bis ich eines Tages mit meiner Geduld am Ende war und ich ihm vor allen Klubmitgliedern sagte: ›Passen Sie auf, Herr Reif, wenn Sie mich weiterhin Narrendoktor nennen – wissen Sie, wie ich Sie dann nennen werde: „Steinhof-Reif"!‹«

Sie waren per Sie und dennoch befreundet. Mehr noch: Der erfahrene Alpinist Rudolf Reif war Frankls Mentor und vermittelte ihm als sein Kletterausbildner die elementaren Kenntnisse des Bergsteigens. Dazu gehörte das komplette Set an mentalen Kompetenzen, die der Alpinismus verlangt. Und nicht nur der Alpinismus, sondern synonym die Kunst, sein Leben begeistert zu leben: Risikobereitschaft, Mut, Konzentration, Zentrierung, Zielfokussierung, Durchhaltevermögen, Frustrationstoleranz, also wesentliche Statikelemente im psychischen Fundament Viktor Frankls, die sich in weiterer Folge noch in mehrfacher Hinsicht als wertvolle Ressource für sein Leben herausstellen sollten – im wahrsten Sinne des Wortes auch für sein Überleben. Frankl erwarb unter Reifs Obhut das Führerabzeichen, dem später noch tragische Bewandtnis zukommen sollte.

Im Unterschied zu dem pflichtbewussten Arzt war der Humorist und Alpinist Reif ein Mann mit leichtem Gepäck, nicht nur im Gebirge, sondern bei allem, was er tat. Um seine Frau Hedwig Eitelberger, eine Christin, heiraten zu können, trat er ohne großes Federlesen aus der jüdischen Glaubensgemeinschaft aus. Wie er dann den Einmarsch Hitlers erlebte und auf die politischen Umwälzungen in seiner Heimat reagierte, steht in einem seiner Tourenbücher, die im Museum des Österreichischen Alpenvereins erhalten sind:

»2. bis 12. März 1938 leitete ich einen Skikurs im Bundschuhgebiet. Teilnehmer Frau Haber, Schneider aus Krumau, Sissy u. noch 2 Jünglinge. Am 10. III. traf ich auf der Abfahrt einen Jäger, der mich mit ›Heil Hitler!‹ begrüßte. Meine Antwort war: ›Kusch! Idiot!‹ Im Standquartier angelangt, erfuhr ich, dass die Deutschen in Wien einmarschieren. Konsternierung unsererseits. Meine Teilnehmer fuhren sofort nach Wien. Ich blieb noch 2 Tage. Als ich im Tal anlangte: überall Hakenkreuzfahnen, der kleinste Knabe u. der älteste Mann trugen Hakenkreuzabzeichen. Im Eisenbahnzug bereits verhaftete Nazigegner – – Aus – ! Am 2. Dezember 1938 fuhr ich nach Shanghai, China.«

In den Pogromen der von den Nazis inszenierten und gesteuerten »Reichskristallnacht« von 9. auf 10. November 1938 entlud sich der über Jahre geschürte Antisemitismus in einer Orgie der Gewalt durch SA, SS und aufgehetzte Teile der Bevölkerung. Allein in Wien wurden 30 Juden ermordet, 7800 verhaftet, 4000 deportiert, ihre Häuser und Wohnungen geplündert, enteignet, Synagogen niedergebrannt, darunter auch das Gebetshaus in der Tempelgasse, das die Frankls immer besucht hatten. Der Holocaust in seiner systematischen Entrechtung, Entwürdigung und Vernichtung der Juden hatte begonnen.

Während Rudi Reif drei Wochen später zusammen mit seiner Frau vor dem Regime der Nazis ins sichere Ausland flüchtete, harrte Viktor Frankl in Wien aus. Es war nicht Naivität, vielmehr hielten ihn sein unerschütterliches Pflichtgefühl, die Loyalität und Liebe zu seinen alten Eltern, vielleicht auch die aus seinem tiefen Glauben genährte Schicksalsergebenheit in seiner Heimat. Zwar erwog er die Emigration nach Amerika, um dort frei von

Repressalien sein »geistiges Kind«, die Logotherapie und Existenzanalyse, weiterentwickeln und in seinem Buch »Ärztliche Seelsorge« vervollständigen zu können, doch als ihm später tatsächlich ein Visum für die USA zugesprochen wurde, ließ er es verfallen, weil er seine Eltern nicht sich selbst überlassen wollte. Es war wieder eine dieser Sequenzen in Frankls Biografie gewesen, in der aus dem Ringen mit sich selbst letztlich ein Sich-Durchringen zu einer weitreichenden Entscheidung geworden war. Frankl traf sie, einem Wink des Schicksals folgend, am Abend bevor er sein Visum in der Botschaft der Vereinigten Staaten hätte abholen sollen. Hin- und hergerissen zwischen den Optionen von Gehen und Bleiben hatte er an jenem Abend bei einem Orgelkonzert im Stephansdom um einen Fingerzeig des Himmels gebeten, doch es blieb ihm unmöglich, sich fest-

Männerseilschaft: Rudi Reif und Viktor Frankl nach dem Krieg erstmals wieder gemeinsam unterwegs.

zulegen. Dann ging er nach Hause. Auf dem Tisch lag ein Stück Marmor, das Viktor Frankls Vater in den Ruinen der gebrandschatzten Synagoge gefunden hatte. Es war ein Bruchstück der Gesetzestafeln, wie der eingemeißelte hebräische Buchstabe verriet. »Wenn es dich interessiert, kann ich dir sagen, zu welchem der zehn Gebote dieser Buchstabe gehört«, sagte Gabriel Frankl zu seinem Sohn und löste das Rätsel: »Ehre deinen Vater und deine Mutter, auf dass du lange lebest im Land.« – Das war der Fingerzeig des Himmels, und er blieb. Wann immer er später auf diesen Augenblick zu sprechen kam, rührte ihn die Erinnerung daran zu Tränen. Weinen ist nichts, wofür man sich als erwachsener Mann zu schämen hätte, im Gegenteil, es ist ein Zeichen von Kongruenz. Auch diese Ermutigung verdanken wir Viktor Frankl, aus einer Zeit, als das noch nicht en vogue war.

Als die Seilgefährten Viktor Frankl und Rudi Reif sich vor dessen Ausreise nach Shanghai im Dezember 1938 verabschiedeten, war ihnen klar, dass es ein Abschied auf unbestimmte Zeit, vielleicht sogar für immer sein würde. Hier, an diesem zeitgeschichtlich neuralgischen Punkt, trennten sich ihre Wege und führten beide auf ihre Schicksalsspur voller Härten, Entbehrungen und unmenschlicher Prüfungen.

Viktor Frankl hatte in Wien nach dem »Anschluss« noch vier Jahre »Schonfrist«, ehe dann seine persönliche Tragödie ihren Lauf nahm. Für Reif und dessen Frau, die wenigstens nicht an Leib und Leben persönlich bedroht waren, zerschlug sich die Hoffnung auf ein besseres Leben 1941: Der Angriff der Japaner auf Pearl Harbor machte ihren Traum von einer Emigration in die USA oder nach Australien jäh zunichte – und die vermeintliche Zwischenstation Shanghai wurde zu einer Endstation Sehnsucht. Die europäischen Emigranten wurden in ein Getto im

Stadtteil Hongkou verfrachtet, die Verpflegung drastisch rationiert. Wann immer Reif von der Sehnsucht nach seinen österreichischen Bergen geplagt wurde, kletterte er im Geiste den »Wiener Neustädter Steig« auf der Rax, eine seiner Lieblingsrouten. »Hirnklettern« nannte er diese Visualisierungen, die an Stefan Zweigs »Schachnovelle« erinnern. Er lebte sich so sehr in diese Tour ein, dass jeder Tritt, jeder Griff real schienen. An der Schlüsselstelle, dem Büchlriss (oberhalb liegt das Steigbuch), einer engen, zehrenden Passage, hielt er sich dabei stets an einer kleinen Vertiefung fest, die er allerdings nur als Produkt seiner Fantasie erachtete. Nach seiner glücklichen Rückkehr im Jahr 1949 fand er diese Stelle tatsächlich vor. In seinem Buch »Ein Stück vom Himmel« bemerkte der Wiener Bergsteiger Karl Lukan zu dieser erstaunlichen Episode: »Die Erinnerung hat den Griff vergessen – das Unterbewusstsein nicht.«

Klettern nur in der Vorstellung – auch in diesem Punkt hatten die Seilgefährten Reif und Frankl etwas gemeinsam. Wie seinen Kletterlehrer im Exil in Shanghai sollte diese mentale Technik auch Viktor Frankl in aussichtslosen Situationen während seiner Zeit in insgesamt vier Konzentrationslagern psychisch aufrecht und in letzter Konsequenz auch physisch am Leben erhalten. »Seine Erinnerungsbilder waren so stark, dass sie ihm geholfen haben, das Schlimmste zu überleben«, hat Reinhold Messner, der berühmteste Bergsteiger der Welt, einmal in einem Interview über Viktor Frankl gesagt. Tatsächlich verdankte er sein Überleben dieser Selbstanwendung einer zentralen Technik seines Therapiekonzepts, die auf der exklusiv menschlichen Fähigkeit beruht, sich von sich selbst und äußeren Bedingungen geistig distanzieren und auf diese Weise frei Stellung beziehen zu können. Ein Schutzprogramm der Seele gegen die Widrigkeiten des Lebens.

Die Tour der Passion: Die Seilgefährten Viktor Frankl und Rudi Reif auf dem Drei-Enzian-Steig.

Was muss es für diese beiden Bergbegeisterten für ein überwältigendes Gefühl gewesen sein, als sich ihre Sehnsüchte Jahre später und gegen jede Chance erfüllten – und sie erstmals wieder gemeinsam klettern konnten. Beide hatten den Holocaust überlebt. Im Juni 1949 waren Frankl und Reif mit ihren Ehefrauen Elli und Hedwig zum allerersten Mal seit ihrer Zeit am Peilstein wieder gemeinsam in den Bergen. Reifs Tourenbuch verzeichnet den »Akademikersteig« und den »Wachthüttelkamm« auf der Rax, die Erste von vielen gemeinsamen Unternehmungen nach dem Krieg.

1949 war es auch, als Rudolf Reif die Hoffnungen Hubert Peterkas und der Bergsteigergruppe des Österreichischen Gebirgsvereins zerstörte, sie hätten einen »Peilsteinführer für alle Zeiten« herausgegeben. Peterka, einer der versiertesten Alpinisten seiner Zeit mit mehr als 500 Erstbegehungen in den Gesäuse-Bergen, dem Dachstein und den Hohen Tauern, wollte bei der Bearbeitung des Führers von Leopold Landl aus dem Jahr 1928 alle noch möglichen Linien von seiner Sektion begangen und damit in diesem Buch abgedeckt sehen. »Was am Peilstein noch an Neutouren zu machen ist, das machen wir selber«, sagte Peterka damals im Gebirgsverein. »Damit nicht nachher ein Herr Gschisti oder Gschasti eine Erstbegehung macht und unser Führer nimmer auf dem letzten Stand ist.«

Er hatte seine Rechnung ohne Reif gemacht: Denn nach seiner Zeit in der Emigration holte der Alpen-Humorist alles auf, was er versäumt hatte. In der Kletterabstinenz war er nur noch besser geworden. Nach Erscheinen von Peterkas *Peilsteinführer für alle Zeiten,* der 280 Routen enthielt, legte Reif dort gleich 20 Erstbegehungen nach. Insgesamt fünfzigmal ist es ihm gelungen, bergsteigerisches Neuland zu erkunden und nach freien Stücken zu benennen, so wie etwa die »Prof.-Viktor-Frankl-Kante«.

Reif starb 1958 in der Wiener Poliklinik. Frankl hat ihn als Leiter der dortigen Neurologischen Abteilung wohl noch auf seiner letzten, großen Tour begleitet und um 39 Jahre überlebt. Er blieb seinem Klettermentor und Freund zeitlebens und darüber hinaus für die alpinistische Widmung auf dem Peilstein dankbar. Wie ihn überhaupt der Umstand, dass nach ihm auch auf der Rax zwei Touren benannt sind (eine im Bereich der Vormäuer, eine im Törl-Klettergarten), genauso, wenn nicht mehr freute wie die internationale Anerkennung als Wissenschaftler mit 29 Ehrendoktoraten.

Im Nachstieg Frankls

Peilstein

Zugang: Von Autobahn A21 bei Mayerling (von Wien Süd kommend) oder Alland abfahren und über Raisenmarkt nach Holzschlag.
Vom großen Parkplatz (ganz in der Nähe des Gasthauses am Holzschlag) dem Weg zum Peilsteinhaus folgen und nach der Wiese im Wald weiter zum Wandfußsteig.
Beste Jahreszeit: Frühjahr, Sommer und Herbst; die Kletterrouten sind nordwestseitig gelegen.
Empfehlenswerte Routen:
Luckerte Wand: Prof.-Viktor-Frankl-Kante (5)
Vegetarierwand: Vegetariersteig (3), Vegetarierkante (4)
Kleiner Zinnenkessel: Hahnenkammgrat (3)

Auf der Hohen Wand oder die Seilschaft als Verantwortung

»Als ich damals wieder den Fels in meinen Pratzen gespürt habe, da habe ich ihn geküsst.«
Viktor Frankl

Seilschaft, das ist ein großes Wort. So groß, dass es als Synonym für eine wechselseitig fördernde Verbindung aus dem alpinistischen in den politischen Sprachgebrauch entfremdet worden ist. Doch die Tiefe des Begriffs lässt sich nur in der Höhe ermessen und nur im ursprünglichen, bergsteigerischen Sinne verstehen und erfahren: als eine der verbindlichsten Verbindungen, die Menschen überhaupt im Übergangsbereich zwischen Erde und Himmel eingehen können.

Sobald wir das sichere Terrain des festen Bodens unter unseren Füßen verlassen haben, sobald unsere Wege in die Vertikale führen, wir über ausgesetzte Grate, durch große Wände gehen, wird das Seil zur einzigen und letzten Rückversicherung. Im Angesicht von Schönheit und Gefahr, von Staunen und Angst erleben wir in der intimen Gemeinschaft die radikale Reduktion auf unser existenzielles Fundament, die Gleichzeitigkeit eines Zurückgeworfenseins auf uns selbst und des Gefühls tiefer Verbundenheit mit anderen. Also eine metaphorische Verdichtung des Menschseins, in der abstrakte Werte wie Freiheit, Verantwortung, Vertrauen ganz konkret werden: Bei einem Sturz in der Wand hält ein Partner den anderen, bremst durch entschlossenes Zupacken dessen Fall und verhindert so schwere Verletzungen oder gar den Tod. Die Verbindlichkeit entsteht aus der Tatsache, dass das Leben des einen in jedem Augenblick von der Aufmerksamkeit des anderen abhängt. Jede Tour ist ein Wagnis, das man als Kletterer bewusst und freiwillig eingeht. Sobald man als Seilschaft unterwegs ist, bleibt in der Wand kein Raum für Tagträume. Klettern bedeutet, in die Selbstüberwindung und in die Selbstermächtigung zu gehen, sowie sich dem Seilpartner bedingungslos anzuvertrauen. Zwischen Abgrund und Gipfel entführen uns die Berge in eine Intensität, die nicht alltäglich ist.

Während des Zustiegs zu einer Tour oder beim Wandern in den Bergen konnte Viktor Frankl seinem Geist weiten Raum für neue Ideen geben. In der Wand beanspruchte das Klettern seine ungeteilte Aufmerksamkeit. Die Omnipräsenz der Gefahr unterbrach die Schleifen seines analytischen Denkens und zwang ihn in den Augenblick. Dieses Freiheitsgefühl und die Verbindlichkeit seiner Seilschaften gaben Frankl – sprichwörtlich – Berge. Und von all den Klettertouren, die er im Laufe seines Lebens unternommen hat, kommt wohl dem Kanzelgrat auf der Hohen Wand emotional die höchste Bedeutung zu.

Die Linie im südlichen Teil der Hohen Wand ist schon von Weitem zu erkennen. Sie liegt dort, wo der Felsriegel, vom 50 Kilometer entfernten Wien aus gesehen, fast schon wieder endet. Der zackige Grat dürfte schon lange großen Zauber auf die Kletterer ausgeübt haben – gehörte er doch zu den ersten Bereichen, die dort ab dem Jahr 1880 erschlossen wurden. Acht Kilometer ist die Hohe Wand lang, sie schwingt sich bis auf

1000 Meter Höhe auf, und heute warten dort auf Kletterer mehr als 1500 Touren. Von hier blickt man hinüber zum Schneeberg, dem letzten markanten Gipfel im äußersten Osten der Alpen, hinaus ins Wiener Becken und hinein in die Pannonische Tiefebene. Dieser fast mediterrane Hauch ist spürbar, als wir im Nachstieg von Viktor Frankl in dieser nunmehr dritten Destination unterwegs sind. Von der Pension Seiser in Grünbach aus gehen wir durch Wald- und Wiesenabschnitte zum Wandfußsteig.

Paul Preuß, das aus dem steirischen Altaussee stammende Klettergenie jüdischer Herkunft, ist hier um die Jahrhundertwende unterwegs gewesen, als der Erschließer der Hohen Wand gilt jedoch der »Bergsteigerpfarrer« Alois Wildenauer. Der Wiener Priester und promovierte Doktor der Philosophie betreute von 1911 bis 1921 die Pfarre in Grünbach am Schneeberg und nützte seine freie Zeit hinlänglich für kühne Erstbegehungen: Neben immer noch populären Touren wie dem Tirolersteig, dem Grafenbergsteig oder dem Hamburgersteig, die er in anderen Bereichen der Hohen Wand als Erster durchstiegen hat, hat er vor allem am Kanzelgrat seine Spuren hinterlassen.

Entlang des blau markierten Wandfußsteigs, horizontal zu den Kletterrouten, passieren wir den einfachen und beliebten Kanzelsteig. Von unten stellt er sich eher als felsiges Gehgelände denn als Kletterterrain dar. Auch den Wienersteig, den Wildenauer 1910/11 erschlossen hat, passieren wir und sinnieren einmal mehr, welche Route Viktor Frankl damals genommen hat. »Wir hatten uns für den Kanzelgrat entschieden«, schrieb er später eher lapidar über diese für ihn so bedeutsame Tour. Im heutigen Verständnis ist damit ein Gebiet auf der Hohen Wand, nicht aber eine bestimmte Linie gemeint.

Als wir schließlich zum Fredsteig kommen, sehen wir ein trauriges Mahnmal einer anderen Seilschaft: Der 22-jährige Jus-Student Alfred Neugebauer diente, wie einer Erinnerungstafel zu entnehmen ist, im Ersten Weltkrieg als Kadett des 2. Ulanen-Regiments und hat am 13. September 1915 an der Spitze seines Zuges durch einen Herzschuss »den Heldentod gefunden«. Wildenauer, der gemeinsam mit seinem Bergkameraden Franz Weninger diese Tour im Oktober 1915 erstmals durchstieg, widmete sie seinem jungen Freund und hielt dazu fest: »Ihm, der für hohe Ideale starb, soll ein unvergängliches und gewaltiges Denkmal in diesem zu reinen Höhen führenden Idealsteige gesetzt sein.« Außerdem sei die Tour, die heute ein Top-Klassiker auf der Hohen Wand ist, der »wahre und eigentliche Kanzelgrat«.

Hier fühlen auch wir uns richtig und in unserer Wahl – zumindest symbolisch – bestätigt. Mit neun Seillängen zählt der Fredsteig zu den längsten Klettertouren auf der Hohen Wand und führt über teils großartigen Fels hinauf zur berüchtigten Frednase, einem besonders steilen Abschnitt. Die Route endet nach 200 Meter Höhendifferenz bei der Großen Kanzel. Dort oben, wo die Felslinie nahe der Wilhelm-Eichert-Hütte in das Plateau übergeht, ist dem Bergpfarrer Wildenauer ein weithin sichtbares Gedenkkreuz gewidmet.

Die Griffe und Tritte im Kalkstein des Kanzelgrats lassen nicht nur an Wildenauer, Weninger und Neugebauer denken. Sie sind stumme Speichermedien einer Begebenheit, die Viktor Frankl gemeinsam mit seinem besten Jugend- und Kletterfreund Hubert Gsur 1941 in diesen Wänden erlebt hat. Um diese Tour rankt sich die berührende Geschichte einer tiefen Verbundenheit zweier Männer, die Geschichte einer Seilschaft, in der Vertrauen, Zuversicht, Können, Risiko, Mut und Menschlichkeit in einer unmenschlichen Zeit die verbindenden Elemente waren. Um die Symbolkraft dieser gemeinsamen Klettertour über den Kanzelgrat besser zu verstehen, lohnt es sich, ihre Bezugspunkte deutlich zu machen.

Das Leben Frankls hat sich in Stufen vollzogen, die mit der Geschichte des 20. Jahrhunderts korrelieren: Seine Kindheit und Volksschulzeit fielen in die Spätphase der Donaumonarchie, als Wien noch eine Weltstadt der Kunst, Kultur und Wissenschaft war. Während des Ersten Weltkrieges war er Gymnasiast und erlebte die Armut und den Zerfall des Habsburger Reiches.

Familienmenschen: Die Frankls um 1926 – von links nach rechts: Viktor, sein Vater Gabriel, seine Mutter Elsa und seine Geschwister Stella und Walter.

In den 1920er-Jahren studierte er Medizin und ab 1930 bis zum »Anschluss« Österreichs an das Großdeutsche Reich galt er als aufstrebender Neurologe und Psychiater. Das passte exakt zu seiner Karrieredisposition: Schon in seiner Kindheit war für Frankl festgestanden, dass er Arzt werden wollte. Es mag dabei auch eine Rolle gespielt haben, dass sein Vater Gabriel im Jahr 1883 ein Medizinstudium kurz vor dem Rigorosum wegen Geldmangels hatte abbrechen müssen. Als Verwaltungsbeamter im Ministerium für Jugendschutz hatte Gabriel Frankl öfters im neunten Wiener Gemeindebezirk zu tun und nahm seinen Sohn dorthin mit. Vor dem Anatomischen Institut in der Währinger Straße wird er ihm von Sezierkursen erzählt haben, an denen er als Student teilgenommen hatte. Bezeichnenderweise ekelte sich Viktor, der damals gerade sieben, acht Jahre alt war, nicht vor dem beißenden Geruch des Formaldehyds, der aus offenen Fenstern der Sezierräume im Keller drang. Ganz im Gegenteil: Er zog seinen Vater förmlich in die Formaldehyd-Wolke hinein und ließ sich nicht die geringste Reaktion anmerken – ein frühes mentales Selbstexperiment und ein weiteres Beispiel für seine »Trotzmacht des Geistes«, die später eine entscheidende Rolle in seinem Leben spielen und die eine tragende Säule in seinem Theoriegebäude werden sollte.

Während der Volksschüler Frankl seine frühe Berufung zum Mediziner kindlich und freudvoll entdeckte, war in Wien ein anderer endgültig daran gescheitert, seine vermeintliche Berufung tatsächlich zum Beruf zu machen. Zweimal hatte der Mann sich an der Wiener Kunstakademie beworben, zweimal war er abgewiesen worden. Mühsam hielt er sich sechs Jahre lang mit selbst gemalten Ansichtskarten und Gelegenheitsarbeiten über Wasser. Schließlich war er mittellos, 3,4 Kilometer von der Wohnung der Frankls in der Czerningasse entfernt, im Männerwohnheim Meldemannstraße untergekommen. Sein Scheitern kompensierte er mit krudem Fanatismus. In den Aufenthaltsräumen der

Meldemannstraße schwadronierte er vor Obdachlosen. Bis er im Mai 1913 seiner Tristesse entfloh, indem er sich in Österreich-Ungarn dem Wehrdienst entzog und illegal nach München ging. Sein Name: Adolf Hitler.

Zum frühen, klar umrissenen Berufswunsch kam bei Viktor Frankl die zielstrebige Art, diesen auch zu verwirklichen. Ungewöhnlich jung vertiefte er sich am Sperlgymnasium in Themen, die keine Schulfächer waren. Neben allen medizinischen Inhalten beschäftigten ihn Einsichten der Naturphilosophen. Besonders die neue Disziplin der Psychologie fesselte ihn so sehr, dass er oft an Wochenenden an Kursen in der Volkshochschule Ottakring teilnahm. Mit 16 Jahren hielt er dort seinen ersten Vortrag mit dem richtungsweisenden Titel »Über den Sinn des Lebens«.

Die Heimat Wien war in den Zwanzigerjahren Weltmetropole der Psychotherapie; angesichts der Rigidität, Prüderie und der seelischen Kollateralschäden nach dem Ersten Weltkrieg war das kein Zufall. Der Psychiater Sigmund Freud hatte hier in der Berggasse 19 – die berühmte Adresse ist Titel eines Buches und eines Films – die Psychoanalyse entwickelt. Alfred Adler, Freuds Berufskollege, wie er Jude und einige Zeit dessen engster Gefolgsmann, begründete nach einem Zerwürfnis mit Freud die Individualpsychologie. Der junge Viktor Frankl stand mit beiden Grandseigneurs der Seelenheilkunde in persönlichem Kontakt. Was eine seiner zentralen Qualitäten zeigt: Frankl verstand es, im Leben »Seilpartner« zu finden und sie als Mentoren für sich zu gewinnen. Noch in seiner Zeit als Gymnasiast sandte er Freud regelmäßig Briefe, die dieser mit handgeschriebenen Postkarten beantwortete. Auch seine erste wissenschaftliche Publikation verdankte Frankl Freud: In der siebenten Klasse schickte er dem Psychoanalytiker von Weltruf einen seiner Schulaufsätze. Thema: »Zur mimischen Bejahung und Verneinung«. Der renommierte Professor veranlasste den Abdruck in der *Internationalen Zeitschrift für Psychoanalyse*. Persönlich begegnet sind die beiden einander nur einmal, und zwar zufällig: Frankl studierte damals schon Medizin und meinte, in einem älteren, gebückten Herrn mit Silberknauf am Spazierstock sein Vorbild Sigmund Freud, das er bis dato ja nur auf Fotos gesehen hatte, zu erkennen. Er folgte ihm und stellte sich in der Berggasse mit Namen vor. Darauf antwortete Freud: »Einen Moment, nur einen Moment: Viktor Frankl, 2. Bezirk, Czerningasse 6, Tür Nummer 25. Stimmt das!?« Der Professor hatte sich an die Korrespondenz mit dem jungen Frankl erinnert, obwohl bei dieser ersten und einzigen persönlichen Begegnung der anfänglich so vielversprechend verlaufene briefliche Kontakt zwischen Freund und Frankl nicht mehr bestand. Denn bei allem gebührenden Respekt vor dem Psychoanalytiker machten Frankl trotz seiner Jugend zwei Dinge skeptisch: Zum einen war es die despektierliche Art, mit der ihn ein Mitarbeiter Freuds zu einer langwierigen und kostspieligen Psychoanalyse nötigen wollte. Diese wäre die Bedingung für die Aufnahme in die »Psychoanalytische Vereinigung« gewesen. Dieses für ihn irritierende Erlebnis mag ein Mitgrund gewesen sein, warum Frankl zeitlebens dem Thema »Selbsterfahrung« in der Logotherapie ablehnend gegenüberstehen sollte. Überhaupt hatte er – bei aller Wertschätzung für Freuds Verdienst – große Vorbehalte gegen dessen Fazit, der Mensch sei im Wesentlichen nicht mehr als ein von unbewussten Sexualtrieben gesteuertes Subjekt. Dieser Art von Vereinfachung konnte schon der junge Viktor Frankl nichts abgewinnen, selbst wenn sie von einem Genie wie Sigmund Freud kam. Also zog der Student für sich die Konsequenzen – und einfach weiter.

1924, im Jahr seiner Matura, in dem er auch seine Faszination für das Klettern entdeckte, lernte er dann Alfred Adler kennen, den er für weniger dogmatisch hielt, und wurde in dessen innersten Kreis der »Gesellschaft für Individualpsychologie« geladen. Adler muss das aufstrebende Talent in Frankl erkannt und einen potenziell gehorsamen Jünger seiner Lehre in ihm gesehen haben. Drei Jahre bemühte der Individualpsychologe sich persönlich um den Jungspund, der sich so für die Tiefen der menschlichen Seele interessierte. Freilich nur so lange, als dieser keine von Adlers Prinzipien abweichenden, eigenen Gedanken artikulierte. Doch genau dies tat Frankl: Viel zu mechanistisch und reduziert schien ihm auch das Menschenbild in der Individualpsychologie zu sein, in ihrer Grundannahme, der Mensch sei im Wesentlichen über seine verdrängten Minderwertigkeitsgefühle erklärbar. Als Frankl 1927 anregte, die Individualpsychologie in eine humanistischere Richtung weiterzuentwickeln, und sich außerdem für zwei bei Adler in Ungnade gefallene Kollegen stark machte, brach sein Mentor prompt den Stab über ihm: Er sprach kein Wort mehr mit Frankl und ekelte ihn unehrenhaft aus seiner Vereinigung – im Prinzip war das alles eine Reinszenierung der Überwerfung, die Adler mit Freud erlebt hatte. Viktor Frankl musste das Erscheinen seiner Zeitschrift »Der Mensch im Alltag« einstellen, die sich mit Inhalten der Individualpsychologie beschäftigt hatte.

Rückblickend verstanden, war der Lohn dieser Zäsur für Frankl höher als ihr Preis. Zwar war er durch den unsanften Rauswurf entwurzelt und tief enttäuscht, gleichzeitig hatte er aber zwei wesentliche Lektionen für sein späteres Fortkommen gelernt: Verantwortungsgefühl seinem eigenen Gewissen gegenüber und die gesunde innere Distanz zum Establishment der psychotherapeutischen Zunft. Dass die renommiertesten Menschenkenner ihrer Zeit auf einer persönlichen Ebene auch nur mit Wasser kochten, bewies ihr Umgang miteinander. Fachliche Auffassungsunterschiede hatten die beiden prominenten Schulgründer nicht kollegialer aufzulösen vermocht, als sie in einer erbitterten Feindschaft mit dem Resultat des vollkommenen Bruches eskalieren zu lassen. Auch das war für Frankl eine Erfahrung: Dass Verhaltensauffälligkeit nicht zwangsläufig nur ein Vorrecht der Patienten war.

Was er mit den großen Namen seines Faches erlebt hatte, bestärkte den Studenten darin, hinsichtlich seiner weiteren Orientierung das zu tun, was er beim Klettern in jeder freien Minute praktizierte – seine eigene Linie zu finden, ihr zu vertrauen und mutig seine eigene Route zu wählen. Seine Ideallinie für seine berufliche Zukunft antizipierte er im Verschneidungsbereich zwischen der Philosophie und einer humanen Psychotherapie. Dieser gesunde Selbstbezug tat ihm gut – und gab ihm auch menschlich Kontur: Die eigenen Sinnzweifel, die ihn die Reifejahre hindurch auf dem schmalen Grat zwischen den nihilistischen und optimistischen Vertretern des Existenzialismus immer wieder aus der Balance geworfen hatten, schwanden allmählich. Sein seelisches Straucheln machte ihn trittsicherer im eigenen Leben. Denker wie Gabriel Marcel, Karl Jaspers oder Martin Buber gaben seinem Welt- und Menschenbild eine positive und humanistische Grundierung.

Schon im Jahr 1926 hatte er in einem öffentlichen Vortrag erstmals den Begriff Logotherapie als von ihm begründetes, eigenständiges Therapiekonzept postuliert. Diese sollte nach Freuds Psychoanalyse und Adlers Individualpsychologie zur dritten Wiener Schule der Psychotherapie werden. Gegen Ende seines

Medizinstudiums – den Doktortitel bekam er 1930 – organisierte er kostenlose, anonyme Beratungsstellen für suizidgefährdete Schüler und Jugendliche in Wien. So sammelte Frankl wertvolle methodische Erfahrungen für eine therapeutische Aktivierung der Sinnperspektive in verzweifelten jungen Menschen. Auch wenn die Zeiten wirtschaftlich und politisch äußerst schwierig waren: Für Frankl begann in den kommenden Jahren das, was man heute eine Bilderbuchkarriere nennt. Nach der Facharztausbildung zum Neurologen und Psychiater wurde er mit der Leitung des »Selbstmörderinnen-Pavillons« im Psychiatrischen Krankenhaus am Wiener Steinhof betraut, wo er in den Jahren zwischen 1933 und 1937 rund 12 000 Patientinnen behandelte. Die enorme Anzahl an Fallstudien war für den jungen Arzt und die Weiterentwicklung seiner Logotherapie von größtem Wert. Im Unterschied zum damals gängigen Klischee der »Götter in Weiß« begegnete Frankl psychisch angeschlagenen Patientinnen nicht nur auf Augenhöhe, sondern sah in ihnen hinter oder unter allen Störungen immer das, was in der Seele heil geblieben war. Das war revolutionär: ein Nervenarzt, der auf das Gesunde fokussiert war. Er tat zwischen sich und den Psychiatriepatientinnen keine Kluft auf, im Gegenteil, er baute eine Brücke und experimentierte mit Interventionstechniken, die sich als überaus wirkungsvoll herausstellten. So arbeitete er beispielsweise mit der Paradoxen Intention, einer der bekanntesten Methoden aus der Logotherapie. Wenn er Patientinnen fragte »Würden Sie sich noch einmal umbringen?«, antworteten diese für gewöhnlich mit »Nein!«, allein schon um aus der Anstalt entlassen zu werden. Ob dies zu verantworten war, stellte Frankl dann mit der scheinbar paradoxen Frage »Warum nicht?« fest. Führten die Frauen etwas Sinnvolles in der Zukunft ins Treffen, eine Aufgabe oder Menschen, die auf sie warten würden, hatten sie ihre Verzweiflung bezwungen. Verklärten sie die Vergangenheit, war weiterhin Suizidgefahr im Verzug. Auf die Weise verfeinerte Frankl seine Wahrnehmungsfähigkeit für die Sorgen und Nöte der Menschen. Diese schienen das zu spüren und gaben die Wertschätzung ihres Psychiaters in entwaffnender Ehrlichkeit zurück, was wiederum Frankl sehr an seinen Patientinnen mochte. Mitunter konnte diese Vertrautheit auch zu skurrilen bis tragikomischen Situationen führen. So antwortete eine seiner Patientinnen auf die Anamnesefrage »Hatten Sie schon einmal Geschlechtsverkehr?« mit »Mein Gott, Herr Doktor, grad nur wenn ich vergewaltigt werde, ich komm ja nirgends hin.« Durch die Erfahrungen am Steinhof kristallisierte sich Frankls Lehre immer deutlicher heraus. In Nachtdiensten schrieb er sie in das Manuskript zu seinem ersten Buch »Ärztliche Seelsorge«. Im Jahr 1937 eröffnete Viktor Frankl eine Privatpraxis für Neurologie und Psychiatrie in der Alser Straße, unweit der Universitätsklinik. Die Praxis war in der Wohnung seiner Schwester Stella untergebracht. Sein Bruder Walter, Handwerker und Innenarchitekt, hatte eigens einen Schreibtisch und Bücherregale für die Ordination gezimmert. Die wenigen freien Stunden, die ihm neben Beruf und Berufung blieben, verbrachte Frankl, der in dieser Zeit im Alpenverein Donauland die Ausbildung zum Bergführer absolvierte, mit seiner Lieblingsbeschäftigung: dem Klettern mit Freunden in der Mizzi-Langer-Wand, auf dem Peilstein, der Hohen Wand, der Rax und am Schneeberg.

Frankls schneller beruflicher Erfolg, amouröse Beziehungen mit Krankenschwestern, die rare, aber schöne Zeit mit Kletterkameraden hatten den Anschein eines Lebens ganz nach Plan. Doch all das war nur ein flüchtiges, trügerisches Glück: Während er als jüdischer Arzt im zunehmend antisemitisch aufgeladenen Wien Karriere machte, kam ausgerechnet der einstige Agitator aus dem Obdachlosenheim Meldemannstraße in eine gefährliche Machtposition. Getrieben von Machtrausch und Skrupellosigkeit, protegiert durch unglücksselige historische Entwicklungen, wurde Adolf Hitler zum Auslöser einer der größten Tragödien der Menschheitsgeschichte. Der Einmarsch der deutschen Wehrmacht, der »Wiedereintritt seiner Heimat in das Großdeutsche Reich«, wie Hitler den »Anschluss« Österreichs am 15. März 1938 auf dem Wiener Heldenplatz verkündete, waren nur der Beschleuniger für den Brand, der weite Teile Europas in Schutt und Asche legen und 80 Millionen Todesopfer fordern sollte. Der »Führer« hielt seine umjubelte Rede zehn Tage nach Viktor Frankls 33. Geburtstag. Für ihn und viele andere bedeutete dies den Anfang vom Ende eines Lebens in Frieden und Freiheit.

Mitten in dieser beklemmenden Zeit erlebte Viktor Frankl nur selten Gipfel persönlichen Glücks. Einen solchen bescherte ihm stets die Seilschaft mit seinem sieben Jahre jüngeren Freund Hubert Gsur. Wo und wann die beiden einander kennengelernt hatten – ob in der Sozialistischen Jugend oder über das Klettern bei den Naturfreunden und nach 1934 in der Alpenvereinssektion Donauland –, wissen wir nicht. Dass Gsur Wehrmachtssoldat war, tat ihrer Freundschaft keinen Abbruch. Wie das Gros seiner jüdischen Kollegen verlor auch Frankl seine berufliche Position, er musste seine Privatordination schließen, weil die Wohnung »arisiert« wurde und er offiziell jetzt nur noch als »Judenbehandler für Neurologie und Psychiatrie« in der Wohnung seiner Eltern praktizieren durfte.

1940 ernannte man ihn überraschend zum Leiter der Neurologischen Abteilung im Rothschild-Spital. Während des Krieges war es das einzige Krankenhaus in Wien, in dem Juden überhaupt noch medizinisch behandelt wurden. Frankls vorübergehende Duldung als Stationsarzt durch die Gestapo bot ihm und seinen Eltern – seine Schwester war in Australien, sein Bruder entging der Judenverfolgung zunächst in Italien – vorerst einen gewissen Schutz vor der Deportation. In diesen Wirren begegnete Viktor Frankl auch seiner ersten großen Liebe Tilly Grosser, einer Stationsschwester im Rothschild-Spital. Die beiden heirateten Ende 1941 als letztes jüdisches Paar in Wien. Nach ihrer Trauung gab es eine bescheidene Hochzeitsfeier nur zu sechst in der Frankl-Wohnung. Auf dem Foto, das damals entstand, sind auch Hubert Gsur und seine Frau Erna zu sehen.

Die Vernichtungsmaschinerie der Nazis war damals längst angelaufen. Die noch in Wien verbliebenen Juden mussten den markanten gelben Stern mit der Aufschrift »Jude« sichtbar auf ihrer Kleidung tragen. So auch Viktor Frankl. Die Teilnahme am gesellschaftlichen Leben war Juden untersagt, auch Bergtouren waren strengstens verboten. Nicht nur sie lebten unter dem Damoklesschwert der Deportation – auch Menschen, die ihnen Schutz boten, drohte Gefahr. Anonyme Anzeigen, etwa durch missliebige Nachbarn, konnten ausreichen, selbst »Arier« ins KZ oder unter das Fallbeil im Hinrichtungsraum des Wiener Landesgerichts zu bringen. In der Angststarre dieser Jahre ging Frankl seiner Arbeit als Arzt im Rothschild-Spital nach – und immer wieder das beträchtliche Risiko ein, Diagnosen für psychisch Kranke so zu verfälschen, dass diese Hitlers Euthanasieprogramm entgingen. Frankl und seine junge Frau Tilly traf die Ideologie dieser Zeit bald nach ihrer Hochzeit mit ihrer ganzen

Härte: Tilly musste ihr gemeinsames Kind, sie hätten es so gerne Marion oder Harald genannt, abtreiben lassen. Die einzige Alternative zu einem Schwangerschaftsabbruch wäre die Deportation ins Konzentrationslager gewesen.

Wir, die im Nachstieg Viktor Frankls und seiner Generation leben, können die Schrecken von damals nicht einmal erahnen. Bergtouren waren für Frankl stets eine so ergiebige Quelle innerer Freude gewesen. 1941 hatte er bereits mehr als ein volles Jahr verstreichen lassen müssen, ohne den Fels unter seinen Fingerkuppen zu spüren. Denn er wagte es nicht, gegen die bestehenden Rassengesetze zu verstoßen. Seine Sehnsucht ließ ihn immer wieder von den Bergen träumen, bis zum besagten Tag, an dem sein bester Freund Hubert Gsur zu ihm sagte: »Pass auf, Vikerl, du reißt dir den Judenstern vom G'wand und wir gehen morgen auf die Hohe Wand klettern.« Um keinen Verdacht zu erwecken, trug Gsur bei der illegalen Tour seine Wehrmachtsuniform. Sie überhaupt zu unternehmen, war für beide Kletterer viel riskanter als die Route selbst.

Deren genaues Datum ist weder bekannt noch wichtig. Entscheidend war, wie diese Klettertour auf der Hohen Wand die Freundschaft der beiden Männer vertiefte und Frankl Kraft gab. Denn die Erinnerungen an diese drei, vier Stunden am Kanzelgrat ließen ihn im Konzentrationslager das lebensgefährliche Fleckfieber überstehen, indem er die Route im Geist wieder und immer wieder kletterte und sich vorstellte, wie er in Zukunft wieder durch Felswände steigen würde. Damit verhinderte er, dass er in der Nacht einschlief und so der Krankheit erlag. Was Frankl in dieser lebensbedrohlichen Phase nutzte, war die »Selbstdistanzierung«, eine von ihm entwickelte Methode aus der Logotherapie, die der Fähigkeit gleichkommt, psychischen oder körperlichen Leiden gegenüber geistig in Opposition zu gehen oder auch eine positive Zukunftsvorstellung zu evozieren.

Sein Leben lang berührten ihn die Zivilcourage Hubert Gsurs und dieser besondere Moment, als er damals ohne Judenstern am Fuß der Hohen Wand stand, zutiefst: »Als ich damals wieder den Fels in meinen Pratzen gespürt habe, da habe ich ihn geküsst«, beschrieb er die Bedeutung dieser Glückserfahrung inmitten des kollektiven Wahnsinns. Es sei einer der emotionalsten Momente seines Lebens gewesen.

Das Momentum des Kletterns liegt immer im Entschluss, sich auf die Unwägbarkeiten der Elemente einzulassen. Zu den Unwägbarkeiten des Berges kamen damals 1941 noch jene der Zeit: das Seil als Verbindung zwischen zwei Männern, als Symbol für die Verbindung mit dem Leben, mit dem Überleben – und damit als Symbol für die Verantwortung innerhalb einer Seilschaft.

Nach jenem gemeinsamen Bergerlebnis sollte Viktor Frankl und Hubert Gsur nicht mehr viel Zeit bleiben, ihre Freundschaft zu pflegen. Der Tag der Deportation hatte sich durch Frankls Tätigkeit als Arzt im Rothschild-Spital und andere glückliche Zufälle hinausgeschoben, Ende September 1942 war er jedoch für ihn, seine Eltern, seine Frau und deren Mutter gekommen. Frankl blieb gerade noch Zeit, einem freundlichen Nachbarn in der Czerningasse 6 zu sagen, er könne sich aus der Wohnung nehmen, was er wolle: das 30-Meter-Kletterseil, zwei Floretts, einen Egon-Schiele-Druck, den er einmal erstanden hatte, und die Bücher. Mehr besaß er ohnehin nicht.

Sammelplatz für die Deportation war das Sperlgymnasium, seine ehemalige Schule. Auf diese Reise ins Ungewisse nahm Viktor Frankl als persönlichsten Wertgegenstand nur sein geliebtes

Bergführerabzeichen mit. Das Original seines Buchmanuskripts von »Ärztliche Seelsorge«, in dem er die Grundelemente der Logotherapie mit einer alten Schreibmaschine niedergeschrieben hatte, war in den Saum seines Mantels eingenäht. Zwei Durchschläge auf Kohlepapier hatte er noch bei Freunden in Wien hinterlegt, falls die Originalfassung verloren gehen sollte, was in der Desinfektionskammer des Konzentrationslagers Auschwitz dann tatsächlich passierte.

Einer dieser Durchschläge war der letzte, wenngleich indirekte Freundschaftsdienst, den Frankl Hubert Gsur erweisen konnte: Denn der Wehrmachtssoldat gehörte der Widerstandsgruppe 40 an, die sich aus als Fremdarbeiter getarnten Kommunisten zusammensetzte, die noch während des Krieges aus Frankreich nach Österreich zurückgekehrt waren. Frankls Jugendfreund und Seilgefährte wurde mit seiner Frau Erna am 28. August 1943 von der Gestapo verhaftet. Die Anklage: Gsur hätte einen Vervielfältigungsapparat instandgesetzt und illegale kommunistische Flugblätter hergestellt. Erna Gsur wurde nach Auschwitz deportiert und überlebte. Ihr Ehemann wartete im Wiener Landesgericht 60 Wochen lang auf seinen Prozess – am 26. Oktober 1944 wurde er wegen »Vorbereitung zum Hochverrat« und »Wehrkraftzersetzung« schließlich zum Tode verurteilt. Nach der Urteilsverkündung gelang es einem gemeinsamen Freund, Frankls fast fertiges Manuskript in die Todeszelle von Hubert Gsur zu schmuggeln. Es soll ihn getröstet und zu einem letzten Gedicht inspiriert haben, das er »Abschied« nannte. Die erste Strophe: »Nun bin ich nur noch eine kleine Weile auf eurem Weg. Schon schweigt der erste Stern. Und wie ich noch mit eurem Schatten eile, bin ich euch schon um tausend Träume fern.«

Hubert Gsur wurde am 5. Dezember 1944 im Keller des Wiener Landesgerichtes enthauptet – wie 600 andere Widerstandsangehörige, die in den Jahren 1938 bis 1944 durch das Fallbeil den Tod fanden.

Viktor Frankl selbst erfuhr erst etwa ein halbes Jahr später, nach seiner Befreiung aus dem KZ und seiner Rückkehr nach Wien, vom tragischen Schicksal seines besten Freundes. »Die Besten haben nicht überlebt« – mit diesem Satz nahm er immer wieder Bezug auf Hubert, dem er sein Buch *Die Existenzanalyse und die Probleme der Zeit* widmete. Mit Gsurs Witwe Erna gab es hingegen nach dem Krieg ein Wiedersehen, die Freundschaft bestand über viele Jahre weiter. Die Seilschaft, die Viktor Frankl und Hubert Gsur verbunden hatte, hielt in Gedanken ein Leben lang.

Im Nachstieg Frankls

Hohe Wand
Zugang: Von der Autobahn A2 bei Wiener Neustadt West abfahren und über Weikersdorf weiter nach Höflein oder Grünbach zu den südlichen Anstiegen fahren. Den zentralen Wandteil erreicht man via Stollhof und über die Autobahnabfahrt Wöllersdorf und Dreistetten. Hier geht es zu den nördlichen Bereichen der Hohen Wand.
Beste Jahreszeit: Frühjahr, Sommer und Herbst; die Kletterrouten sind nordwestseitig gelegen.
Empfehlenswerte Routen:
Kanzelgrat: Fredsteig (4), Kanzelsteig (2+), Wienersteig (3+)
Untere Naglplatte: Grafenbergsteig (3)
Weningerturm: Weningersteig (3+)
Völlerin: Tirolersteig (3)
Draschgrat: Draschgrat (4–5)

Die Rax oder
der Sinn des Lebens

*»Was also ist der Mensch? Er ist das Wesen,
das immer entscheidet, was es ist.«*

Viktor Frankl

Die meisten von uns haben, bewusst oder unbewusst, Sehnsuchtsorte. Plätze auf dieser Welt, zu denen wir tief in der Seele eine besondere Resonanz spüren. Solche Sehnsuchtsorte können, sie müssen aber nicht identisch sein mit jenen geografischen Koordinaten, mit denen wir »unser Zuhause« oder »unsere Heimat« assoziieren. Im Gegenteil, mitunter sind sie sogar weit davon entfernt und ziehen uns über die Distanz magisch an. Aber immer, wenn wir dort ankommen, ist es auch ein Ankommen bei uns selbst, und wir fühlen uns wie zu Hause, ohne dies begründen zu können – ein inneres Wissen sagt uns, dass wir richtig sind. Diese geheime Anziehungskraft kann von ganzen Ländern ausgehen, von Regionen, pulsierenden Metropolen oder verträumten Orten. Oft geht sie von bestimmten Plätzen in der Natur aus: Küsten, Seen, Wäldern, Flüssen oder Wasserfällen. Für Viktor Frankl waren Berge Inbegriff eines Sehnsuchtsorts. Unter allen Gipfeln, die er jemals bestiegen hat, und all den Gebirgen, wo er sich gerne aufhielt, genoss die Rax eine Sonderstellung. Sie war sein Fluchtpunkt im wörtlichen und übertragenen Sinne, jener perspektivische Punkt also, an dem all die vielen parallel führenden Linien seines Lebens immer wieder neu zusammenliefen.

Das Alpine und die Rax im Besonderen waren für Frankl auch der persönliche Erfahrungsraum, in dem er in sich selbst jenes Wesensmerkmals im Menschen gewahr wurde, für das er in seiner Anthropologie den Begriff »Selbsttranszendenz« geprägt hatte. »Menschsein verweist über sich selbst hinaus immer auf etwas, das nicht wieder es selbst ist – auf etwas oder jemanden: auf einen Sinn, den da ein Mensch erfüllt oder auf mitmenschliches Sein, dem er da begegnet. Nur in dem Maße, in dem der Mensch sich solcherart transzendiert, verwirklicht er auch sich selbst: im Dienst an einer Sache oder in der Liebe zu einer anderen Person. Ganz er selbst wird er, wo er sich selbst übersieht und vergisst«, postulierte Viktor Frankl. Damit machte er klar, dass wir Menschen uns niemals selbst genügen, sondern erst in der Ergänzung durch andere und anderes ganz werden. Die Selbsttranszendenz hat als innere Voraussetzung die Selbstdistanzierung – unsere Fähigkeit, geistig eine Beobachterposition zu uns selbst einnehmen zu können. Als äußere Orientierungshilfe dienen uns unsere Werte, also was wir für moralisch gut und erstrebenswert halten. Beides zusammen macht Menschen überhaupt erst begegnungs- und dialogfähig. Soweit die Theorie. Denn die Crux in unserem Leben und unseren Beziehungen ist ja, Wertvorstellungen, die voneinander abweichen, in Einklang zu bringen – das beginnt schon im Dialog mit uns selbst und gilt für jede Form des zwischenmenschlichen Miteinanders.

Frankls Vermächtnis, die Logotherapie und Existenzanalyse, ist untrennbar mit seinem persönlichen Sinnbegriff verknüpft, für den seine eigene Biografie prägend war. Zudem war sein Denken von der Werteethik des Philosophen Max Scheler ebenso gespeist wie von Friedrich Nietzsche, Søren Kierkegaard, Karl Jaspers, Martin Heidegger und Martin Buber. Aus ihren Lehren zog Viktor Frankl seine eigenen und formte so vor dem Hintergrund seiner persönlichen Erfahrungen seine Weltanschauung, den Blick, mit dem er die Welt und den Menschen anschaute. Er setzte dabei, gegen den Strom anderer philosophischer Tendenzen, schon eine prinzipielle Sinnhaftigkeit der Welt als gegeben voraus. Dieser Sinn sei für uns zwar nicht immer auf Anhieb sichtbar, aber in jeder Situation verborgen, mit der uns das Leben konfrontiert. Ihn zu entdecken und dem Leben auf diese Art zu antworten, sei unsere Verantwortung, an der auch die menschliche Würde anknüpfe: »Leben heißt letztlich eben nichts anderes als Verantwortung tragen für die rechte Beantwortung der Lebensfragen, für die Erfüllung der Aufgaben, die jedem Einzelnen das Leben stellt, für die Forderung der Stunde.«

Tun, was gerade dran ist, und in jeder Situation getreu dem eigenen Gewissen die beste Möglichkeit wählen: Viktor Frankl beschrieb den Weg zum Sinn konkret und lebensnah mit drei »Hauptrouten«. Wir können durch die Verwirklichung schöpferischer Werte Sinn finden. Also entweder, indem wir eine Tat setzen, uns beispielsweise für andere einbringen, oder indem wir ein Werk schaffen, durch das etwas Wertvolles in der Welt entsteht. Deshalb ist es auch so wichtig, einem Beruf nachzugehen, der nicht nur unsere Zeit, sondern unser Leben auch mit Sinn ausfüllt. Die zweite Route zum Sinn sind Erlebniswerte: Aktivitäten, die wir mit positiven Gefühlen verbinden, die für uns spannend, interessant, lustig oder berührend sind – insbesondere zwischenmenschliche Begegnungen fallen laut Frankl ebenfalls in diese Kategorie einer Sinnchance. Und als Drittes noch Einstellungswerte, die selbst dann noch zum Tragen kommen, wenn wir uns im Leben in unabänderlichen, aussichtslosen, schicksalshaften Situationen wiederfinden. Nur wir Menschen haben die geistige Freiheit, unseren inneren Zugang zu äußeren Bedingungen zu wählen. Das befähigt uns, schwierige Herausforderungen wie Unfälle oder unheilbare Krankheit, Tod oder Trennungen von geliebten Menschen zu meistern, indem wir eine Haltung bewahren, die einen tieferen Sinn selbst in Schuld, Leid und Tod – Frankl nennt das die tragische Trias – entdecken kann. »Der Sinn«, sagte Frankl, »ist der Wächter der Qualität unseres Handelns« – und das Leben macht unter allen Umständen Sinn, durch das Gestalten einer Situation oder im tapferen Ertragen des Unabänderlichen.

Viktor Frankl stand freilich nicht außerhalb seiner eigenen Grundannahmen, ganz im Gegenteil. Seinen Sinn fand er in der Liebe zu und im Dienst an den Menschen, in der innigen Hingabe an seine Berufung als Neurologe und Psychiater. Nichts jedoch ermöglichte ihm die Verwirklichung seiner Werte so sehr wie der selbsttranszendente Akt des Kletterns und Bergsteigens, der seine Seele nährte, wie es auch Generationen von Gleichgesinnten vor und nach ihm erlebt haben und erleben.

Große Bedeutung für sein Werk und Wirken kommt auch seinen persönlichen Krisen und Erschütterungen, den tragischen Schicksalsschlägen und harten Proben, die er durchlebt hat, zu. Sie haben ihn nicht zerrissen, sondern die Unerschütterlichkeit seines Glaubens an einen letzten Sinn erst entstehen lassen und letztendlich gestärkt.

Vor diesem Hintergrund begeben wir uns an die vierte Destination im Nachstieg Viktor Frankls. Nach welchem Zeitraum er zur Begeisterung für das Klettern auch seine Liebe zur Rax entdeckt hat, lässt sich aus biografischen Fakten nicht detailliert rekonstruieren. Erste Fahrten dorthin hat er vermutlich schon in seinen frühen Studienjahren ab 1924 unternommen – damals musste er noch zu Fuß von den Talorten Reichenau, Hirschwang und Prein auf- und absteigen. Denn die Komfortvariante auf den 80 Kilometer südlich von Wien gelegenen Berg stand erst ab 1927 zur Verfügung und sollte einen Rax-Boom auslösen: Nachdem Österreichs erste Kabinenbahn ihren Betrieb aufgenommen hatte, konnten Kletterer aus Wien ganz bequem mit der Eisenbahn nach Reichenau reisen. Von dort ging es dann per Autobus nach Hirschwang zur Talstation der Bergbahn und in nur zehn Minuten waren die 1018 Höhenmeter auf das Rax-Plateau überwunden. Die Wände der Rax, zusammen mit dem Schneeberg das nächstgelegene »echte« Gebirge, waren damit von der Hauptstadt aus in knapp zwei Stunden erreichbar. Vor der Zeit des Individualverkehrs muss das eine Sensation gewesen sein. Die viel schnelleren Wege, die Stadtbewohner jetzt in die Berge hatten, waren auch der Grund, warum ausgerechnet auf der Rax, nach einem Unglück am Reißtalersteig im Jahr 1896, die erste Bergrettungsstelle der Welt als Vorbild für alle derartigen alpinen Organisationen gegründet wurde.

Eingedenk all dessen, besteigen wir die traditionsreiche Bergseilbahn. Die rustikale Blechdose von damals ist einer modernen Komfortgondel mit Panoramascheiben gewichen. Auf unserer Spurensuche schweben wir sanft zur Bergstation, Fichtenwipfel bleiben im Steilgelände unter uns zurück. Wir haben den erhabenen Blick von Vögeln und aus der luftigen Position weitet sich unsere Perspektive auf Rax und Schneeberg, die mit dem nahen Semmering den Inbegriff der »Wiener Hausberge« bilden, wobei Rax und Schneeberg meist in einem Atemzug genannt werden: Sie wirken gleichsam wie siamesische Zwillinge der Erdkruste, die der scharfe Schnitt des Wassers getrennt hat. Fast 20 Kilometer lang zieht sich das Höllental wie eine tiefe Narbe zwischen ihnen dahin, ganz unten umspült die Schwarza Felsflanken und Kiesbänke. Ihrem Verlauf folgt seit 1873 eine wichtige Lebensader der Bundeshauptstadt: die Erste Wiener Hochquellwasserleitung. Regen, der langsam durch das Kalkgestein von Schneeberg und Rax sickert, wird bei Kaiserbrunn gefasst. Reinstes Trinkwasser für Wien, ein Privileg und Inbegriff der Qualität.

Als wir mit der Seilbahn sanft an der Kante des Plateaus landen, haben wir die Kernzone von Frankls alpinem Universum erreicht. Die Rax findet mit der 2007 Meter hohen Heukuppe ihre höchste Erhebung und ist damit ein bisschen niedriger als das 2076 Meter hohe Klosterwappen auf dem Schneeberg. Das weitläufige Rax-Massiv, das sich auf die Bundesländer Niederösterreich und Steiermark aufteilt, lässt sich, anders als die markante Silhouette des Schneebergs, in seinem Charakter nicht mit einem Blick erfassen. Mit fast 900 Anstiegen – vom Wanderweg bis zur kräfteraubenden Kletterroute – macht die Rax den Weg zum Ziel, bietet sanfte Wiesen und monumentale Wände, breite Wege und schmale Steige über lange Schotterfelder. Ein Berg, so facettenreich, überraschend und abgründig wie die Seele des Menschen.

Dieser Kosmos, der sich zwischen dem Höllental im Osten, der kleinen Ortschaft Naßwald im Norden, den Kahlmäuern im Westen und dem Preiner Gscheid im Süden ausbreitet, bot für die Forschernatur Viktor Frankls alles, was einen Sehnsuchtsort auszeichnet. Seine Besuche auf der Rax waren so häufig, seine Liebe zu ihr so groß, dass er sich sogar im Gasthof, der Teil der Bergstation ist, als Dauermieter einquartierte.

Zimmer 2 war seine Zuflucht für Jahrzehnte, und wann immer es seine Zeit erlaubte. Eine Stiege hinter der Schank führt uns hinauf in den ersten Stock. Behutsam öffnen wir die Tür und treten langsam ein. Wir flüstern nur miteinander, um die Intimität dieses Zimmers nicht zu verletzen. Der schlichte, großzügige, etwas verwinkelte Raum mit Waschgelegenheit atmet noch den Geist von damals; wir erleben hier dieselbe Unmittelbarkeit wie in der Wohnung der Frankls in Wien. Zimmer 2 wird nicht mehr vergeben, ganz so, als wäre das Gedenken an diesen großen Österreicher jetzt der neue Dauermieter. Wir blicken aus dem Fenster über die steilen Abbrüche hinweg nach Süden in eine klare und sonnige Weite. Und tun das, was Viktor Frankl an solchen Tagen tat: Wir brechen zu seiner geliebten Preinerwand auf.

Diese Felskaskade belehrt all jene eines Besseren, die meinen, im Osten Österreichs gäbe es gar keine richtigen Wände zum Klettern. Bis zu 400 Meter hoch reckt sie sich in den Himmel. Ihr Herzstück ist die Preinerwandplatte, eine pultartige Felstafel von geradezu konsternierender Glattheit. Im Kontrast zur klammen Gedrungenheit des Höllentals ist die Szenerie hier offener, freundlicher, freier. Veteranen wie Rudolf Klose und Fritz Schmid fanden in den 1930er-Jahren – dank verbesserter Sicherungstechnik – die ersten Wege durch die Preinerwandplatte und bald darauf auch in den nahen Lechnermauern am Rax-Plateau.

Die Selbstermächtigung, die Frankl an der Mizzi-Langer-Wand in Wien und am Peilstein ursprünglich zum Klettern gebracht hatte, lebte er hier gemeinsam mit seinen Freunden wie Hubert Gsur und Rudi Reif in einer alpineren Dimension aus. Nur mit seinem Herzensmenschen, seiner Ehefrau Tilly, konnte er seine Bergleidenschaft kein einziges Mal teilen, so wichtig ihm dies gewesen wäre. Denn seit die Nazis die Herrschaft übernommen hatten, war den Juden das Bergsteigen verboten. Die zwei einzigen und für Jahre letzten Bergtouren Frankls während der Zeit des NS-Regimes – eine 1939 über den Stadelwandgrat auf den Schneeberg und die im vorigen Kapitel beschriebene über den Kanzelgrat der Hohen Wand – waren schon im Ansinnen lebensgefährlich gewesen.

Als wir im Sonnenschein auf dem Rax-Plateau in Richtung Preinerwand unterwegs sind und zum Schneeberg hinüberblicken, werden wir uns einer tragischen Analogie bewusst: Auf dieselbe Weise, auf die das Höllental einen tiefen Einschnitt in die Natur darstellt, markierte jener schicksalhafte 24. September 1942, ein Donnerstag, einen Einschnitt in Frankls Leben, das Höllental seiner Biografie: An diesem Tag wurde er gemeinsam mit Ehefrau Tilly, Mutter Elsa, Schwiegermutter Emma und seinem Vater Gabriel nach Theresienstadt deportiert.

Zug IV/11, den Familie Frankl an jenem Abend mit 1295 anderen Menschen besteigen musste, rollte nicht nach Süden zu den Sehnsuchtsorten geliebter Berge, sondern nach Norden. Ein jüdischer Mentor Frankls hatte ihn der SS als ärztlichen Betreuer für psychisch Kranke im Zug nach Theresienstadt anempfohlen. Was den Vorteil brachte, dass er und seine Angehörigen in einem Abteil sitzen durften, anstatt mit anderen in Frachtwaggons gepfercht zu sein. Beinahe hätte das Privileg tödlich geendet: Als er nächtens durch den Zug ging, um Kranke zu visitieren, blickte er plötzlich in den Gewehrlauf eines SS-Mannes, der einen

Fluchtversuch wähnte. Es war die erste von zahllosen Situationen in den darauffolgenden 946 Tagen, in der das Überleben Viktor Frankls nicht wie bei Kletterpartien an einem festen Hanfseil hing, sondern an einem seidenen Faden.

Das Getto Theresienstadt war keine Endstation, sondern ein Umverteilungszentrum für die Vernichtungslager. In den früheren Garnisonsgebäuden für 4000 Soldaten harrten im Jahr 1942 bereits 53 000 Juden unter unwürdigen Bedingungen aus. Krankheiten grassierten, es herrschte Hunger, willkürliche Gewalt war an der Tagesordnung. Frankl überstand den ersten Kontakt mit einem seiner Bewacher mit 32 Verletzungen. Dennoch blieb inmitten der bizarren Situation zunächst ein rudimentärer Rest von Normalität: Tagsüber konnte er seine Frau und seine Eltern sehen und unter Zensur war es ihm sogar noch möglich, vereinzelt Post zu bekommen oder zu versenden. Frankl arbeitete als Arzt, tat dabei sein Möglichstes, um den psychischen Schock der Neuankömmlinge zu lindern. Halb legal hielt er auch Vorträge vor verzweifelten Insassen, gab psychologische Tipps und bemühte sich, den Menschen Sinnperspektiven aufzuzeigen.

Zwei seiner Vortragsthemen wählte er wohl, um mit seinem eigenen Optimismus in Kontakt zu bleiben – »Psychologie des Alpinismus« und »Rax und Schneeberg«.

Denn die »Normalität« im Lager war in Wirklichkeit, und das war Frankl vollkommen bewusst, eine Normopathie, eine zwanghafte Anpassung an eine abnormale Realität, wie überhaupt die NS-Zeit insgesamt. Dass viele Insassen in ihren Gesprächen im Getto häufig ihr früheres Leben in der Heimat trotz der Repressalien der Nazis als »schöne Zeit« verklärten, wo sie »nur« Anfeindungen auszuhalten und einen Judenstern zu tragen gehabt hatten, war der Beweis für diese Wahrnehmungsverschiebung. Viktor Frankl hatte derartige Rückgriffe auf eine geschönte Vergangenheit – als Schutzreflex der Seele gegen die grausame Gegenwart – bei Mithäftlingen häufig beobachtet und sich immer wieder bemüht, deren Aufmerksamkeit auf lohnende Ziele zu lenken, die vor ihnen lagen.

In Wahrheit bedeutete Theresienstadt meist nur eine Verzögerung des Unvermeidlichen. Es war nicht die Frage, ob, sondern nur wann sich der eigene Name auf einer der Transportlisten in eines der Vernichtungslager im Dritten Reich finden würde. Jeder Abschied konnte potenziell ein Abschied für immer sein. Eine derartige Zerreißprobe zwischen tiefer Angst und verhaltener Hoffnung stellt einen für uns heute nicht nachvollziehbaren psychischen Dauerstress dar. Zumal auch niemand der Betroffenen annähernd eine konkrete Vorstellung hatte, um wie viel schrecklicher die Bedingungen in den Konzentrationslagern sein würden, auch Frankl nicht.

Im Oktober 1944 schließlich, nach mehr als zwei Jahren in Theresienstadt und sechs Monate vor Kriegsende, stand Frankls Name auf einer dieser Listen. Seine Frau, als Zwangsarbeiterin einer Munitionsfabrik zugeteilt und damit an sich von KZ-Transporten ausgeschlossen, meldete sich freiwillig, um ihn zu begleiten. Aus Liebe und gegen seinen ausdrücklichen Willen. So wurde dieser 19. Oktober zu jenem Tag, an dem Viktor Frankl alles verlieren sollte, was ihm lieb und teuer gewesen war. Bevor er mit Tilly den Zug ins Vernichtungslager nach Auschwitz-Birkenau bestieg, verabschiedete er sich von seiner Mutter. Und als letzte Erinnerung an seine Ehefrau blieb ihm die entsetzlich wehmütige Sequenz von der Ankunft in Auschwitz: Auf SS-Befehl mussten sie alles in einen großen Sack fallen lassen, was sie

Symbol der Freiheit: Viktor Frankls Bergführerabzeichen – in Auschwitz wurde es ihm weggenommen, nach dem Krieg bekam er es erneut verliehen.

noch an persönlicher Habe besessen hatten – ihre Eheringe, Tillys Uhr, Viktors Bergführerabzeichen. Dann wurden beide getrennt. Das letzte Mal, dass sie einander tief in die Augen sahen.

Unmittelbar danach dirigierte Dr. Josef Mengele, der Todesengel von Auschwitz, den Wiener Arzt Viktor Frankl per Fingerzeig zu einer großen Menschenmenge mit Alten, Frauen und Kindern auf der linken Seite der Rampe. Sie wurden, wie fast alle Neuankömmlinge, in die Gaskammern eskortiert. Aus einer Intuition heraus und weil er in der anderen Gruppe junge Mitinsassen erkannt hatte, wechselte Frankl hinter Mengeles Rücken die Seite und ging nach rechts. So überlebte er Mengeles Todesroulette. Als Frankl kurz danach seine Kleidung gegen die Lumpen eines Toten tauschen musste, war auch seine wertvollste geistige Schöpfung dahin: das Originalmanuskript seines ersten Buches *Ärztliche Seelsorge*. Dieses hatte er, eingenäht in das Mantelfutter, bis hierher gerettet, und dort fand sich folgender Satz, den Frankl bereits zu Papier gebracht hatte: »Das Leiden, die Not gehört zum Leben dazu, wie das Schicksal und der Tod. Sie alle lassen sich vom Leben nicht abtrennen, ohne dessen Sinn nachgerade zu zerstören. Not und Tod, das Schicksal und das Leiden vom Leben abzulösen, hieße dem Leben die Gestalt, die Form nehmen. Erst unter den Hammerschlägen des Schicksals, in der Weißglut des Leidens an ihm, gewinnt das Leben Form und Gestalt.« Dank der in Wien verbliebenen Abschrift konnte die Passage später veröffentlicht werden. Sie spiegelt Frankls Geisteshaltung wider und lässt erahnen, wie sie ihn seelisch befähigte, an Tagen wie diesem 19. Oktober und vielen folgenden nicht an der Wucht des Schicksals zu zerbrechen, sondern daran zu wachsen, seelisch über sich hinauszuwachsen. Alles, was er bis dahin – in seiner Arbeit als Psychiater und in den Bergen – an »Trotzmacht des Geistes« entwickelt hatte, war jetzt sein Rüstzeug für das nackte Überleben.

»Das Leben hat einen Sinn und behält ihn unter allen Umständen auch im Leiden«, war Frankls Überzeugung. Jetzt, in den vier Tagen Zwischenaufenthalt in Auschwitz-Birkenau und sechs kalten, endlosen Monaten in den bayerischen Konzentrationslagern Kaufering und Türkheim, sollte der unbedingte Wille zum Sinn des Häftlings 119 104 noch auf härteste Proben gestellt werden.

Zufall? Glück? Schicksal? Es war alles und oft alles gleichzeitig, das Viktor Frankl am Leben hielt, inmitten dieses Grauens und sinnlosen Sterbens. Was er selbst beitragen konnte, war, sich die letzte aller menschlichen Freiheiten zu nehmen, seine Einstellung zu den Dingen selbst zu bestimmen. Was vielfach darin bestand, auf Methodik und Interventionen seiner Logotherapie zurückzugreifen. Oder anderen Lagerinsassen zu helfen, ihr Leiden in Leistung zu verwandeln, ihre Aufmerksamkeit auf Menschen und Aufgaben zu lenken, die auf sie warteten. Mitunter bediente sich Frankl derselben mentalen Technik, die sein Kletterpartner Rudi Reif im Exil in Shanghai immer wieder zum Trost praktizierte und »Hirnklettern« nannte. Diese Rückbesinnung auf seine Passion als Alpinist und das tranceartige Eintauchen in die eigenen Bergerfahrungen war oft der letzte wärmende Funke an Menschlichkeit. Einmal musste Frankl im Winter mit einer Eisenstange in eisiger Kälte eine Straßenuntertunnelung in den gefrorenen Boden schlagen. Um sich von der Quälerei innerlich zu distanzieren und diese überhaupt zu überleben, vertiefte er sich in die Imagination, wie sich der sonnenerwärmte Fels der Preinerwand in seinen Händen anfühlen würde, wenn er dereinst wieder dort klettern würde. Manchmal kam die stärkende Assoziation auch von außen: Als Frankl mit anderen Ärzten einen Holzkarren, der mit schwerkranken KZ-Insassen beladen war, zu einem Krankenlager ziehen musste, da meinte sein Hintermann zu ihm: »Frankl, ich sehe an Ihrem Gang, dass Sie Ihre Kräfte sparen, wenn Sie sie nicht brauchen, wie ein Bergführer.«

Solch ein Aufflackern von menschlicher Wärme konnte in dieser schieren Ausweglosigkeit viel bewirken. Es kam mitunter völlig überraschend auch von jenen, von denen es nicht zu erwarten war: von den Kapos, KZ-Insassen, die mit Privilegien ausgestattet waren, oder vereinzelt, und auch das verschwieg Frankl in seiner Allparteilichkeit nie, sogar von SS-Leuten. Die Erlebnisse in den vier Konzentrationslagern brachten ihn zur tiefen Überzeugung, für die er zeit seines Lebens eintrat: dass es in jedem Volk nur zwei »Rassen« gäbe, die Anständigen und die Unanständigen.

Dass er auch noch die letzten 16 seiner 946 Tage als Holocaust-Häftling überlebte, verdankte Frankl seinem fundierten Wissen als Arzt. Als er an Fleckfieber erkrankt war, galt für ihn exakt dasselbe Gebot wie für Alpinisten im Notbiwak: unter allen Umständen in der Nacht wach und in Bewegung bleiben, um nicht ins Delirium zu fallen, nicht einzuschlafen, nicht zu sterben. Wieder obsiegte die »Trotzmacht des Geistes«: Anstatt sich der völligen Erschöpfung hinzugeben, rekonstruierte Frankl auf Papierschnipseln in Steno-Symbolen sein Manuskript.

Nach der Befreiung des Lagers verbesserte sich sein Zustand rasch. Das Erste, was er nach den Tagen, Monaten und Jahren KZ-Haft tat: Er marschierte kilometerweit durch die offene Landschaft. »Du weißt in diesem Augenblick nicht viel von dir und nicht viel von der Welt, du hörst in dir nur einen Satz und immer wieder denselben Satz: ›Aus der Enge rief ich den Herrn und er antwortete mir im freien Raum.‹ – Wie lange du dort gekniet hast, wie oft du diesen Satz wiederholt hast, die Erinnerung vermag es nicht mehr zu sagen. Aber an jenem Tage, zu dieser Stunde begann dein neues Leben – das weißt du. Und Schritt für Schritt, nicht anders, trittst du in dieses neue Leben, wirst du wieder Mensch.« Mit diesen Worten beschrieb Viktor Frankl später, wie sich die wiedererlangte Freiheit für ihn angefühlt hatte.

Es waren kleine Schritte, mit denen er wieder ins Leben zurückging, zunächst noch getragen von der Hoffnung, seine Frau, seine Mutter, seinen Bruder Walter, seine Freunde bald wieder in die Arme schließen zu können. Sein Vater war unter seiner ärztlichen Begleitung bereits 1943 im Getto Theresienstadt gestorben. Einzig von seiner Schwester Stella wusste er, dass sie es nach Australien geschafft hatte und dort sicher war. Zunächst arbeitete er im Auftrag der US-Armee wieder als Arzt in einem Krankenhaus in Bad Wörishofen. Weil er aber unbedingt nach Wien zurück und Gewissheit über den Verbleib seiner Familie haben wollte, quittierte er nach zwei Monaten den Dienst.

Er kam für ein paar Wochen bei der Familie einer Krankenschwester in München unter, lieferte Radiobeiträge zu den psychologischen Herausforderungen des Wiederaufbaus und stand mit einem Mal selbst vor der größten psychischen Herausforderung seines bisherigen Lebens: Nach der umständlichen Rückkehr durch die Besatzungszonen fand er seine Heimatstadt Wien als Trümmerfeld vor. Und bald wurde zur Gewissheit, wogegen er sich mit der Trotzmacht seines Geistes stets so vehement gestemmt hatte – Viktor Frankl hatte als Einziger überlebt! Seine Ehefrau Tilly war unmittelbar nach ihrer Befreiung aus dem Lager Bergen-Belsen gestorben. Seine Mutter war mit einem der letzten Todestransporte nach Auschwitz gebracht und in der Gaskammer ermordet worden. Seine Schwiegermutter ebenso. Sein Bruder Walter und dessen Frau waren auf der Flucht in Italien von Nazis aufgegriffen worden und im KZ ums Leben gekommen. Sein bester Freund Hubert Gsur war als Widerstandskämpfer im Wiener Landesgericht enthauptet worden.

Es ist unmöglich, sich in eine derart tragische Wucht einzufühlen. Aus Viktor Frankl, der selbst so viel durchlitten und sich in größter Verzweiflung am Gedanken aufgerichtet hatte, dass jemand und etwas auf ihn warten würde, der für die Hoffnung auf einen guten Ausgang so lange stark geblieben war, wich angesichts der Wirklichkeit alle Kraft. Jetzt hatte er, der Tausenden von verzweifelten Menschen seelisch Beistand geleistet hatte, selbst Selbstmordgedanken.

Doch Frankl fing sich rasch wieder in seiner existenziellen Krise. Auch, weil Freunde ihn auffingen. Allen voran der spätere SPÖ-Vorsitzende und Vizekanzler Bruno Pittermann, der ihm eine alte Schreibmaschine für die Bearbeitung seines Manuskripts von *Ärztliche Seelsorge* besorgte, ihn in der Wohnung Mariannengasse 1/14 im neunten Bezirk als Hauptmieter einsetzte und überdies initiierte, dass Viktor Frankl sich als neuer Leiter der Neurologischen Abteilung in der Wiener Poliklinik wieder beruflich etablieren konnte.

Anfänglich war es, wie er Nahestehenden anvertraute, nur die Pflicht, die ihn hielt. Eher ein menschliches Funktionieren aus dem Pflichtbewusstsein heraus, mit dem der Neurologe sich in die Arbeit stürzte. Mehreren Sekretärinnen diktierte er im Schichtdienst innerhalb von nur neun Tagen sein zweites Buch *Ein Psycholog erlebt das Konzentrationslager* und arbeitete seine eigenen traumatischen Erlebnisse auf diese Weise auf. Erst auf Drängen seiner Freunde war er bereit, das Buch unter seinem eigenen Namen zu veröffentlichen, ab der zweiten Auflage trug es dann den Titel ... *trotzdem Ja zum Leben sagen!* – und wurde zum Welterfolg: Die renommierte Library of Congress in den USA bewertete den dokumentarischen Bericht später als eines der zehn bedeutendsten Bücher des 20. Jahrhunderts. Im Englischen erschien Viktor Frankls Buch als *Man's Search For Meaning*, bis heute wurde es in 26 Sprachen übersetzt und auf der ganzen Welt millionenfach verkauft.

So beklemmend sich das Protokoll Viktor Frankls aus seiner Zeit in vier Konzentrationslagern auch liest, so beeindruckend ist sein zeitloser Charakter als Appell an die Menschlichkeit.

Ohne die Prinzipien seiner Logotherapie auf dem ausgesetzten Grat seines eigenen Schicksals erlebt, überlebt und ertragen zu haben, hätte das Leben Frankl wohl nicht zu seiner Exzellenz geführt, die ihn ausmachte: weder als Mensch noch als Wissenschaftler noch als Arzt oder Therapeut.

In einem Text von 1961 für eine deutsche Psychiatrie-Zeitschrift kommt er mit etwas Abstand zu folgender Conclusio: »Wenn man so will, war das Konzentrationslager nichts weiter als eine mikrokosmische Spiegelung der Menschenwelt im Großen. Das Leben im Konzentrationslager ließ einen Abgrund in die äußersten Tiefen des Menschen aufbrechen. Soll es uns da wundern, dass in diesen Tiefen auch wieder nur das Menschliche sichtbar wurde? Das Menschliche als das, was es ist – als eine Legierung von Gut und Böse! Der Riss, der durch alles Menschsein hindurchgeht und zwischen Gut und Böse scheidet, reicht auch noch bis in die tiefsten Tiefen und wird eben auf dem Grunde auch noch dieses Abgrundes, den das Konzentrationslager darstellt, offenbar. So wird das Leben im Konzentrationslager zu einem Mikrokosmos – zu einem ›Modell‹, um mit Adler zu sprechen, der die Psychologie des Lagers in Theresienstadt ›jenseits des schneidenden Widerspruchs von weißer Unschuld der Opfer und schwarzer Schuld der Verfolger‹ schildert; ›weil es kaum je einen Ort gab, in dem sich zeitliche Geschichte in so verkürztem Ablauf vollzog. Paradigmatisch und in einer seltenen Konzentration enthält das Werden, Geschehen und Vergehen des Lagers die Summe der Leiden und Übel, die sonst mehr verteilt und weniger sichtbar in allen anderen Gemeinschaften wirken können und auch wahrhaftig wirken. Es ist ja das Besondere an dem Lager, dass alles Schiefe, Gefährliche, Närrische und Gemeine, was in Menschen und menschlichen Institutionen wuchert, hier unheimlich und unbarmherzig nackt sich so hervorwagt. Hier sehen wir die dämonische Karikatur einer allgemein möglichen, vielleicht sogar wirklichen Verwaltung vor uns, ein menschenunwürdiges Dasein in pseudokollektiver Vermassung, in Hörigkeit oder Sklaverei.‹ Wohl haben uns die vergangenen Jahre ernüchtert; aber sie haben uns auch gezeigt, dass das Menschliche gilt, sie haben uns gelehrt, dass alles auf den Menschen ankommt. Denn er blieb auch übrig im Erlebnis des Konzentrationslagers.

Ich will hier nur jenen Lagerführer aus dem Lager, in dem ich zuletzt war und aus dem ich befreit wurde, erwähnen. Er war SS-Mann. Nach der Befreiung des Lagers stellte sich jedoch heraus, wovon bis dahin nur der Lagerarzt (selbst ein Häftling) wusste: Der Lagerführer hatte aus eigener Tasche nicht geringe Geldbeträge insgeheim hergegeben, um aus der Apotheke des nahen Marktfleckens Medikamente für seine Lagerinsassen besorgen zu lassen! Der Lagerälteste eben dieses Lagers jedoch, also ein Häftling, war schärfer als alle SS-Wachen des Lagers zusammen; er schlug die Häftlinge, wann und wo und wie er nur konnte, während beispielsweise der Lagerführer meines Wissens kein einziges Mal die Hand gegen einen ›seiner‹ Häftlinge erhoben hat. Auf den Menschen kam es eben an! Was blieb, war der Mensch. Durchglüht vom Schmerz, wurde der Mensch eingeschmolzen auf das Wesentliche an ihm. Fragen wir uns nach der Grunderfahrung, die uns in den Konzentrationslagern zuteilwurde – in diesem Dasein im Abgrund –, dann lässt sich aus all dem von uns Erlebten als dessen Quintessenz herausstellen: Wir haben den Menschen kennengelernt wie vielleicht bisher noch keine einzige Generation. Was also ist der Mensch? Er ist das Wesen, das immer entscheidet, was es ist. Er ist das Wesen, das die Gaskammern erfunden hat, aber zugleich ist er auch das Wesen, das in die Gaskammern gegangen ist mit stolz erhobenem Haupt und mit dem Vaterunser auf den Lippen oder dem Sch'ma Jisrael.«

Im Außen vollzog sich Frankls Weg zurück in ein neues Leben schneller als in seiner inneren Welt. Weniger als ein Jahr nach Ende seines Martyriums hatte er zwar eine Wohnung und war als Leiter der Neurologischen Abteilung in der Poliklinik beruflich wieder erfolgreich. Auch seinen Wunsch, als Autor und Vortragender zu reüssieren, konnte er sich nach seiner Rückkehr schnell erfüllen. Dennoch zweifelte er selbst daran, dass die Zeit seine seelischen Wunden der erlittenen Verluste würde heilen können. Unter Pflichtbewusstsein und Arbeitswut schwelte eine tiefe Trauer, wie aus einem Gedicht hervorgeht, das er am 31. März 1946 in der Poliklinik auf einen Zettel schrieb:

»Da ich noch wartete auf meinen Frühling,
wurde mit jedem März schwerer das Herz.
Ungeduld fragte: ›Wann kommt endlich
der Frühling für mich?‹
Jetzt aber, wo ich gelassener bin,
jetzt aber: wo ich verlassener bin –
lächle ich über die Frühlinge hin,
weiß ich: kein einziger blühte für mich.
Einer blüht wieder? Verblüht er? – Für sich.«

Sein Frühling kam. Mit allen seinen Farben und nur zwei Wochen später. Er kam in Gestalt von Elli Schwindt, einer zwanzigjährigen, hübschen, quirligen Frau. Für ihn war es Liebe auf den ersten Blick, als diese junge Krankenschwester aus der Station für Zahn- und Kieferheilkunde beim neuen Leiter der Neurologischen Abteilung wegen eines freien Krankenbettes vorsprach. Für sie war es Liebe auf den zweiten Blick, als der Primarius später ihr gegenüber Zahnschmerzen vortäuschte, um mit ihr in Kontakt zu kommen. Für sie beide war es eine Liebe fürs Leben und über den Tod hinaus. Als hätte es in Viktor Frankls Logotherapie noch des Nachweises bedurft, dass in der Hingabe an einen geliebten Menschen Selbsttranszendenz, Sinn und Seelenheil zu finden sind. Mit dem Tag, an dem Elli in sein Leben getreten war, wurden seine Schritte zurück in sein neues Leben leichter. Trotz und auch wegen ihres Altersunterschiedes von gut 20 Jahren. Sie nahm ihn, auf gut Wienerisch, beim »Schmäh«, und er nahm sie an der Hand und zeigte ihr seinen Sehnsuchtsort, die Rax – und später die ganze Welt. In einem Brief an seine Schwester Stella in

Post von der Rax: Viktor Frankl zeichnete in dieser Postkarte an seine Kollegen der Neurologischen Abteilung die Kletterrouten der Preinerwand ein.

Australien schrieb er im August des Jahres 1946: »Vor einer Woche kam ich von einem 2-wöchigen Urlaub zurück, den ich auf der Rax (Ottohaus) verbracht habe, gemeinsam mit meinem Girlfriend. Wir hatten wunderbares Wetter, genug zum Essen – freilich nur, weil ich meine ganzen Konservenbestände mitgenommen hatte. Ich war in der zweiten Woche auch klettern und habe, Gott sei's gedankt, schließlich den Malersteig (1–2er) trotz Regen und daher ohne Brille, ohne Kletterschuhe (nur in Socken), und belastet mit 35 m Seil (allerdings ohne Rucksack) als Erster (also vorangehend) gemacht, in Begleitung eines gemieteten Führers natürlich; und ich bin ruhig und sicher gegangen und war dann gar nicht müde – nach 5 Jahren Unterbrechung, mit 41 Jahren am Buckel, davon 7 Jahre Hitler, 3 Jahre Konzentrationslager und einer wahrscheinlichen kleinen Herzmuskelschädigung durchs Fleckfieber!«

Fortan war er also wieder unterwegs auf dem Parkett, auf dem er am allerliebsten tanzte, auf dem Fels der Preinerwand. Und jetzt, nachdem er sein persönliches Höllental durchlitten und durchschritten hatte, konnte er seine Begeisterung endlich auch mit der Frau, die er liebte, teilen. Fast jedes freie Wochenende verbrachten sie im Gebirge. Auf Ellis Wunsch standen als Kontrast zum Klettern manchmal auch Strandbesuche im Gänsehäufel-Bad an der Alten Donau auf dem Programm. Sein Metier war der Fels, ihres das Wasser.

Für den stets getriebenen, international gefragten Wissenschaftler, der kaum freie Zeit kannte, bot die Zeit auf der Rax die rare Gelegenheit, innerlich etwas zur Ruhe zu kommen. Er genoss das alpine Ambiente auf der Hochebene, verfolgte neue Ideen, schmiedete Pläne und ließ dabei gehen, was ihm aus seiner schweren Zeit noch nachhing. »Jedenfalls gehe ich in die Berge (wie andere in die Wüste), um mich zu sammeln, auf einsamen Wegen, sagen wir über das Plateau der Rax. Es gibt kaum wichtige Entschlüsse, oder wichtige Entscheidungen, die ich nicht auf solchen einsamen Wanderungen dort droben gefasst und getroffen hätte«, schrieb er später in seiner Autobiografie.

Auf der Rax fühlte er sich zu Hause, dort lebte und pflegte er seine Freundschaften, dort kam es 1949 auch zum Wiedersehen mit dem Mann, der ihm das Klettern beigebracht hatte: Als einer der letzten Heimkehrer waren auch der Alpinist Rudolf Reif und seine Frau aus dem Exil in Shanghai wieder in Österreich eingetroffen. Öfter verbrachten die beiden Paare Wochenenden auf dem Plateau.

War die Rax sein Lebensberg, so fand Frankl im Drei-Enzian-Steig jene Kletterstrecke, die für ihn auch über die Jahrzehnte nie an Faszination verlieren sollte. Im Jahr 1945 eröffnet, braucht es vier, fünf Seillängen im zweiten bis dritten Schwierigkeitsgrad, um diese eher unscheinbare, 150 Meter lange Route in der Oberen Preinerwand zu durchsteigen. Am Wandfuß startet sie steil und spektakulär mit schönen Metern an verlässlichem Fels. Im etwas grasigen, hin und her mäandernden Mittelteil ist für Neulinge Spürsinn gefragt, um den blauen Punkten des Steigs

Der Sinn der Berge: Beim Klettern am geliebten Fels der Rax erlebte Viktor Frankl die Selbsttranszendenz in ihrer freiesten Form.

zu folgen. Hängt man an den heute gut abgesicherten Ständen, spürt man die saugende Tiefe der Preinerwand. Man wähnt sich irgendwo in einem mächtigen Gebirge. Und viel zu schnell endet die Tour danach auf einer Rampe, dem Kronich-Band, benannt nach dem langjährigen Hüttenwirt des Ottohauses. Von dort quert man sehr behutsam – ein Absturz wäre nicht zu überleben – hinaus zur Kante des Plateaus, ehe es wieder in einer schönen Wanderung zurück zum Gasthof bei der Bergstation der Seilbahn geht.

Wie oft Frankl seine Lieblingsroute kletterte, ist nicht überliefert. Im Steigbuch, das in einer Blechkiste im oberen Bereich des Drei-Enzian-Steigs zu finden ist, soll es in Frankls aktivsten Zeiten kaum eine Seite gegeben haben, auf der sein Name nicht gestanden wäre. Der Wiener Autor Karl Lukan verweist gar auf einen humorigen Vermerk, den ein anderer Kletterer hinterlassen hatte: »Wir beantragen ein eigenes Steigbuch für Viktor Frankl.« Es ging so weit, dass sich Rax-Kletterer Sorgen um den Gesundheitszustand des berühmten »Doktors« machten, wenn es mal längere Zeit keinen Eintrag von ihm gab.

Uns ist auch nicht bekannt, was Frankl, der einige Steige auf der Rax gegangen ist, genau an dieser Tour so besonders fasziniert hat. Warum er den Drei-Enzian-Steig so ritualhaft durchstiegen hat, ohne seiner überdrüssig zu werden. Vielleicht gab er ihm, dem Stammgast der Rax, die Möglichkeit, im Vertrauten zu bleiben und im vermeintlich Wohlbekannten immer wieder neue Aspekte zu sehen? Immer tiefere Schichten der Wahrnehmung in sich zu berühren und immer neue Bezüge herzustellen? Von den Zen-Mönchen, die im Klosteralltag immer wieder dieselben einfachen Arbeiten mit klarem Bewusstsein und hoher Achtsamkeit erfüllen, wissen wir, dass die vordergründig öde Wiederholung der Wiederholung stets Initialzündung neuer Erkenntnis sein kann. In jedem Fall führt das Meditative zu einem tieferen Verständnis unserer Existenz. Es ist eine Reise zum Wesenskern unseres Seins, unseres Sinns, ein Weg zur Meisterschaft.

Hier tritt eine Analogie zwischen Alpinismus und Wissenschaft zutage: Frankl stieg schließlich nicht nur als Kletterer, sondern stets auch als Begründer der Logotherapie durch die Wände, als Wissenschaftler von Weltruf. Gerade der perspektivische Schwenk zwischen den Realitäten seines Lebens erlaubte es ihm, in den Nuancen des vertrauten Kleinen immer neue Blickwinkel auf das größere Ganze zu entdecken, die Welt und den Menschen holistischer zu verstehen und so seine Weltanschauung zu erweitern.

Seinen Langzeitbergführer, den Himalaya-Besteiger Ignaz Gruber, überraschte Viktor Frankl am 26. März 1985 am Einstieg des Drei-Enzian-Steigs mit der Bemerkung: »Heute führe ich.« Zwar verfügte der weltbekannte Nervenarzt für die Tour, die heute auch nach ihm »Viktor-Frankl-Steig« genannt wird, über ausreichend Routine – jedoch war es sein 80. Geburtstag und seine Sehkraft hatte sich bereits immens verschlechtert. Gruber war besorgt um seinen prominenten Kletterpartner. Allerdings wusste er aus vielen gemeinsamen Touren auch: »Wenn der Herr Doktor sich etwas einbildet, dann macht er das auch.« Unter dem Vorwand, »nur Haken kontrollieren zu wollen«, bereitete Gruber die Seilsicherung so vor, dass ein gefahrloser Durchstieg möglich war.

Nachher gestand der Reichenauer Bergführer dem Wiener Rax-Veteranen zu: »Von Ihnen könnte man sogar das Klettern lernen.« Denn Frankl, der von seiner Grundkonstitution nie ein

Athlet gewesen war, machte – erst recht in den fortgeschrittenen Jahren – das Nachlassen seiner physischen Kraft durch eine ausgefeilte Technik wett. Aus der Wiederholung heraus konnte er sich immer besser dem Fels anpassen, ihn lesen und verstehen, mit ihm eins werden: So zog er sich nicht an Griffen empor, sondern drückte sich – ganz das Prinzip der modernen Kletterschule – geschickt und kraftsparend jeweils aus den Beinen heraus nach oben.

Das Miteinander am Berg von Viktor Frankl und Ignaz Gruber war symbiotisch. Beide konnten voneinander lernen: »Viktor Frankl war ein fertiger Bergsteiger«, resümiert Gruber heute. Nach einer Gelbsucht-Erkrankung, die er sich bei einer Expedition in Pakistan zugezogen hatte, stellte er selbst seinen Kletterstil »auf Frankl« um und gab fortan nicht der Kraft, sondern der Technik den Vorzug.

Glück definierte Frankl als »Nebenwirkung von Sinnerfüllung«. In den Bergen, vor allem auf der Rax, erlebte er viele solcher Momente. Gerade auch im Miteinander mit den Menschen an diesem für ihn so speziellen Ort. Gerade die Neue Seehütte, unmittelbar bei den Ausstiegen der Preinerwand-Touren gelegen, liebte er für die Möglichkeit, in der Normalität und Anonymität »unterzutauchen«. In diesem traditionsreichen Schutzhaus, das keine Übernachtungsplätze bietet, hatte er seinen Platz direkt in der Küche. Er genoss das bunte Treiben, den Humor und die oft derben Scherze der anderen Kletterer, den Austausch mit Gleichgesinnten. War Not am Mann, servierte er – unerkannt – den Gästen Speisen und Getränke. Bekam er Trinkgeld, brachte ihn das in Verlegenheit. Hier erfüllte sich Frankl eine tiefe Sehnsucht: Teil des einfachen Lebens zu sein.

»Ich glaube, dass er die Rax gebraucht hat«, sagte sein langjähriger Kletterpartner Fritz Zawadil retrospektiv über Frankls Leben und ihre gemeinsame Zeit auf dem bekannten Wiener Hausberg. Zwar war der »Sinnsucher« bergsteigerisch auch in viel spektakuläreren Klettergebieten der Welt unterwegs – von den Dolomiten in Italien über den Tafelberg in Kapstadt bis zum amerikanischen Yosemite Valley. Aber für die pure Hingabe an seine Sache, für das Verstehen ihrer Essenz, waren Status, Namen und Schwierigkeit von Bergen nicht die entscheidende Kategorie. Vom Sinn des Lebens und vom Glück als Nebeneffekt kann man sich überall finden lassen, vor allem beim Klettern. Auch und vor allem auf der Rax.

Im Nachstieg Frankls

Rax
Zugang: Von der Autobahn A2 beim Knoten Seebenstein abfahren und weiter über Gloggnitz bis nach Hirschwang an der Rax.
Mit der Seilbahn auf das Plateau und von dort bis zu der Preinerwand bei der Neuen Seehütte (2 Stunden) wandern.
Beste Jahreszeit: Frühjahr, Sommer und Herbst; die Kletterrouten sind südwest- und westseitig gelegen.
Empfehlenswerte Routen: Drei-Enzian-Steig (3), Malersteig (3-), Westweg (3+), Direkte Preinerwandplatte (5)

Der Schneeberg oder die Weltsicht der Wirklichkeit

»*Wie froh ist doch der Kletterer, wenn er in der Wand eine schwierige – eine noch schwierigere – Variante findet.*«
Viktor Frankl

Warum steigen wir auf Berge? Auf diese Frage gibt es vermutlich ebenso viele Antworten wie Menschen. Jeder hat seine Prägung, seine Geschichte, seine Erfahrungen und Sehnsüchte, sein persönliches Warum. So individuell unsere Motivationen sind, das Gebirge als Sehnsuchtsort zu erwählen, so sehr erliegen wir dort einer kollektiven Faszination: Die alpine Natur beschenkt uns mit einem Reichtum an Perspektiven wie kein anderer Ort dieser Welt.

So gesehen, ist jede Tour eine Aussicht auf Einsicht. Die geistige Annäherung an einen Berg geschieht zunächst durch die Betrachtung des großen Ganzen, so, als schauten wir auf ihn durch ein Fernglas. Zur Einstimmung studieren wir Abbilder: aus günstigen Blickwinkeln der Totalen aufgenommene Fotos, Landkarten oder topografische Beschreibungen bestimmter Routen. Sie erzeugen in uns Bilder, die uns, um es mit Reinhold Messner zu sagen, immer wieder zur selben Entscheidungsfrage führen: für mich möglich oder unmöglich? »Selbsteinschätzung« nennen wir die innere Hochrechnung, die tatsächlich nur eine Schätzung, ein hochkomplexer Vorgang unserer Wahrnehmung ist. Wir gleichen die wenigen abstrakten Informationen wie Gipfelhöhe, Länge und Schwierigkeitsgrad einer Aufstiegsvariante mit unserem Erfahrungswissen ab – und entscheiden uns auf Basis dieser Parameter, ob eine Tour für uns machbar ist oder nicht. Doch die Landkarte ist nicht das Gebiet, wie wir seit Alfred Korzybski, dem Begründer der Allgemeinen Semantik, wissen. Im Leben und im Besonderen für das Bergsteigen gilt: Unsere Welt der Sprache und Symbole ist nur eine Abstraktion der realen Erfahrungswelt da draußen – und niemals mit ihr identisch. Wie wir also einen Berg einschätzen, den wir gar nicht kennen, und wie wir uns zu ihm in Bezug setzen, das ist nur die innere Landkarte. Es ist deshalb wichtig, schon beim mentalen Kartografieren für ein bevorstehendes Bergabenteuer eine möglichst hohe Übereinstimmung zwischen der eigenen Vorstellung und der äußeren Wirklichkeit zu finden. Wir sehen also: Auch beim Bergsteigen kommt es auf unsere Weltanschauung an. Viktor Frankl erachtete die persönliche Weltsicht der Wirklichkeit für einen bedeutenden psychohygienischen Faktor bei Menschen, denn sie zeichnet die inneren Landkarten, wie wir unsere Erfahrungen interpretieren und einordnen. Woraus folgt, wie sehr der Alpinismus auch in diesem Punkt als Lernraum für das Leben dient: Weder eine zu skeptische noch eine zu naive Weltanschauung sind eine gute Voraussetzung. Bei zu großer Skepsis erlebt man weder auf dem Berg noch im Leben große Momente, bei zu großer Naivität bringt man sich unnütz in Gefahr. Der gute Mittelweg verläuft zwischen positiver Grundeinschätzung und Wirklichkeitsnähe.

Als wir im Nachstieg Viktor Frankls zu unserer fünften Tour an der Reichenauer Seite des Schneebergs unterwegs sind, zweifeln wir nicht an der Machbarkeit unseres Vorhabens. Behangen mit den Versatzstücken des modernen Alpinkletterns – mit Gurt, Helm, Seil, Express-Schlingen, Klemmkeilen und Kletterschuhen –, gehen wir von einem unscheinbaren Parkplatz im Höllental am rechten Ufer der Schwarza los. Wir wollen zum »Richterweg«. Der traditionsreichste Anstieg der Stadelwand ist mit langen, spektakulären Routen gesegnet und gilt als Evergreen am Alpenostrand: 1914 ist diese Linie erstmals durchstiegen worden, 1942 wurde bereits ihre tausendste Begehung vermeldet. Wir fühlen uns nicht als Pioniere, während wir dem Zustieg, einem einsamen, aber gut ausgetretenen Pfad durch den Wald, folgen. Er führt vorbei an mächtigen Buchen, windet sich um vermooste Steinblöcke aller Größen und Formen: Der enge Talschluss könnte ein Originalschauplatz für die Verfilmung von »Herr der Ringe« gewesen sein. Zudem sind wir die Einzigen an jenem sonnigen Freitag, die sich auf den Weg zu den Wänden machen. An diesem heutigen Freitag, dem 26. Juli 2019, ist es auf den Tag genau 93 Jahre her, dass Viktor Frankl hier in der Gegend unterwegs war, konnten wir recherchieren. Vielleicht ja sogar auch auf diesem Weg zur Stadelwand? Jedenfalls ist er im »Weichtalhaus« der Wiener Naturfreunde, dem traditionellen Basislager für Kletterer im Höllental, eingekehrt und hat dort eine Ansichtskarte erstanden. Sie zeigt die Schutzhütte in vergilbtem Schwarzweiß, und auf ihr ist handschriftlich das Datum »26. VII 1926« vermerkt. Die Karte ist ein Glücksfall, denn sie ist eines der raren alpinistischen Originaldokumente, die im Familienarchiv erhalten geblieben sind.

Die Stille des Zustiegs wird nur durch metallische Geräusche unserer Ausrüstung untermalt, mit etwas Fantasie klingen wir wie ein Windspiel auf vier Beinen. Wanderer verschlägt es kaum zur Stadelwand. Von hier aus auf den Gipfel des Schneebergs zu marschieren, ist möglich, aber unnötig weit, viel zu steil und daher viel zu mühsam. Angenehm breite Wege wie auf der Rax, wo man sich teilweise wie auf einem Golfplatz fühlt, fehlen hier ebenso wie eine Berghütte, die etwas Entspannung ins eindrucksvolle Naturerlebnis bringt. Die Stadelwand ist eine Freiluft-Kletterhalle ursprünglichen Zuschnitts, eine antike Felsarena, die Geschichten aus sämtlichen Kletterepochen kennt.

Als wir aus dem schattigen Wald heraustreten, öffnet sich der Bühnenvorhang dieses alpinen Amphitheaters. Oberhalb der Schotterbänke ragen fünf der Wand vorgelagerte Pfeiler in den Himmel. Dem Wow-Effekt folgt die Frage aller Fragen: Welcher dieser Türme ist jetzt bitte unserer? Also, wo genau ist der Richterweg? Die Landkarte ist eben nicht das Gebiet, das sie abbildet, und das Gebiet ist hier auch nicht mit fürsorglichen Wegmarkierungen zur sicheren Orientierung versehen, wie man es auf Wanderstrecken in den Ostalpen sonst voraussetzen darf. Zur vorbereitenden Kartografie des Kletterers gehört auch das nahezu geheimbündlerische Wissen um die konkreten Einstiegspunkte in die eigentliche Tour. Das dritte Schotterfeld, an dessen Scheitelpunkt wir ihren Beginn vermuten, ist so lang wie steil, dass man es am besten gleich im Kriechgang bewältigt. Sieht zwar lustig aus, aber nach längerer Suche müssen wir uns schweißüberströmt eingestehen, dass der Richterweg nicht dort ist, wo wir ihn vermutet haben. Die weitere Suche nach dem Einstieg sollte uns an diesem Tag noch fast genauso viel Schweiß abverlangen wie die Tour im vierten und fünften Schwierigkeitsgrad selbst. Und uns einmal mehr ein Phänomen bewusst machen, das so typisch für den Alpinismus ist: Den Berg, auf den wir gehen, können wir letztlich nicht sehen. Sobald wir einer Tour näherkommen, spätestens, wenn wir mittendrin sind, verändert sich im Fernglas unserer Wahrnehmung auch die Brennweite und damit die Perspektive auf das große Ganze. Schritt für Schritt treten wir in die alpine Wirklichkeit ein und nehmen den Berg, den wir vorab in seiner Gesamtheit studiert haben, plötzlich nur noch als Ausschnittvergrößerung in Nahaufnahme wahr. Jeder Schritt, jeder Tritt, jeder Griff am Fels wird zum hochaufgelösten Fragment. Der perspektivische Wechsel vom Panoramablick zur Mikroskopaufnahme vollzieht sich fließend und begleitet uns auf der inneren Reise näher zu uns selbst. Der Atem ist unser Taktgeber für eine wundersame Wandlung, die gleichzeitig Vitalisierung und Harmonisierung bewirkt. Entlang der Windungen eines Zustiegswegs, der sich verändernden Vegetation und Landschaft gehen wir immer mehr in der Umgebung auf. Die Luft wird dünner, die Gedanken werden klarer, freier. Die Rumination, das Grübeln über Missgeschicke, Ängste und Sorgen in unserem alltäglichen Leben, lässt nach und löst sich schließlich völlig auf. Trotz Anstrengung sind wir beim Bergsteigen von einer inneren Zuversicht getragen, weil wir ständig Belastendes unter uns lassen – und irgendwann ganz hinter uns wissen. Wir werden Teil dieses größeren Zusammenhanges, in dem wir uns selbst vergessen. Es ist ein stetes Hineinsinken in die Selbsttranszendenz, wie Viktor Frankl diesen Zustand als Logotherapeut benannt und als Bergsteiger immer wieder selbst erlebt hat. Auch bei uns tut sich jene nach innen zentrierende Perspektive auf. Frankl hatte deren Wirkung gerne anhand des Sehvorgangs beschrieben: Das gesunde Auge sieht sich selbst nicht. Es ist nur dann gesund, wenn es von sich absieht. Tauchen aber Wölkchen, Schatten oder Punkte in unserem Blickfeld auf, so stimmt etwas mit dem Auge, mit unserem Fernglas in die Welt, nicht. Mit unseren Augen ist alles gut. Den Einstieg in unsere Tour sehen wir trotzdem nicht. Würde sich diese Szene auf dem Weg bei einem dringenden Termin in der Stadt abspielen, träte an die Stelle heiterer Erschöpfung jetzt wohl grimmiger Unmut. Gebirge aber erschaffen ein gänzlich anderes Bewusstseinsfeld. Um dessen besondere Qualität zu betreten, ist Frankl – wie die Generation an Kletterern vor oder nach ihm – in die Berge gegangen. Zwischen Wäldern und Wänden lernen wir einen positiven Umgang mit der eigenen Frustration und wir lernen, der Entbehrung ihren Wert zu geben. So löst sich beim Bergsteigen die typische Plus-Minus-Differenzierung zwischen »unangenehm« und »angenehm« auf, weil wir alles unserem höheren Ziel – dem Weg und dem Gipfel – unterordnen und uns in alles einordnen, was diesem Ziel dient. Eine wertvolle Lebensschule: Viktor Frankl nahm diese Pädagogik der Berge auch in seinen normalen Alltag mit und handelte nach der Maxime, das Unangenehme immer zuerst und genauso gewissenhaft und schnell wie Angenehmes zu erledigen. Eine nützliche Prämisse, gerade am Berg, denn die Aufgabe ist klar: Hinauf! Wir wollen sie erledigen, ohne aus inneren Bewertungen zusätzliche Hindernisse zu erfinden. Die freie Wahl der inneren Einstellung zu äußeren Gegebenheiten ist nicht nur eine Grundvoraussetzung, sondern schon ein Teil der Antwort auf die Sinnfrage des Bergsteigens, das existenziell so aufgeladen ist wie kaum ein anderer Sport. Unsere Motive, warum wir unbedingt hinaufwollen, mögen unterschiedlich sein: »Weil der Berg da ist« (wie Mount-Everest-Pionier George

Mallory meinte) oder »Weil der Grenzgang ein Selbstzweck ist« (wie Messner postulierte). Frankl brachte es so auf den Punkt: In den Bergen werden wir vom Sinn gefunden, ohne ihn suchen zu müssen.

Irgendwann an diesem Freitag war sie dann plötzlich doch da, die richtige Gedenktafel an dem richtigen Baum – zwei diskrete Hinweise, dass nun endlich der richtige Pfeiler und damit diese prominente Tour erreicht waren. Okay, kann losgehen. Wir ziehen uns die engen Schuhe über die Fersen, legen die Klettergurte an, verbinden uns zu einer Seilschaft, obwohl in diesem unteren Teil des ursprünglichen Richterwegs noch keine silbernen Bohrhaken aus der Wand blitzen – ein Luxus, den Frankl und seine Klettergefährten ohnehin nicht kannten. Wählt man nicht die 2008 hinzugekommene schwerere, dafür aber modern abgesicherte Einstiegsvariante, so gilt es zum Start eine kurze Reifeprüfung abzulegen, die auch Frankl hier bestanden haben muss: Sie führt in leichter, aber freier Kletterei über den Wandfuß in einen trichterförmigen, mit Geröll gefüllten Kessel. Die Weltsicht der Wirklichkeit braucht hier durchaus Herz und Fokus, Zögern zieht nicht in diesen ersten Felspassagen, die auf den fast 300 Höhenmeter langen, begehrten Grat führen.

Dann wird die Linie eindeutig. Die Stadelwand mit ihren Routen und Varianten gerinnt in einer Spur von Tritten, Griffen und Felsstrukturen. So unterschiedlich und einzigartig sie in Form und Charakter sind, bilden sie doch eine logische Abfolge in der vertikalen Bewegung. Je höher die Schwierigkeit einer Tour, desto zwingender die Kombinationen, desto größer die Ausschnittvergrößerung der einzelnen Sequenzen, die zentimeterweise wie ein geheimer Code im Fels entschlüsselt werden. Alles außerhalb unseres Fokus, auch das, was vielleicht noch aus dem Alltag überdauert hat, verliert seine Kontur endgültig in der Unschärfe der Bedeutungslosigkeit für den Moment. Die Schlüsselstellen dieses Klassikers, wie etwa die Richterplatte, machen deutlich, dass der Untertitel unseres Buches wörtlich zu nehmen ist: Viktor Frankl ist hier in den 1920er-Jahren und nach dem Ende des Zweiten Weltkrieges wohl nicht anders gestiegen als wir heute. Er hat kaum anders gegriffen und in den kniffligen Passagen wohl dieselben Tritte benutzt. Genau wie wir musste er auf dieser ausgesetzten Tour mitunter wohl die Trotzmacht des Geistes bemühen und hat hier ganz ähnliche Momente des Respekts, des Stolzes und der Freude erlebt. Diese Verbindung über Raum und Zeit hinweg wird lebendig, wenn wir Routen früherer Generationen von Kletterern nachsteigen – Klettern ist auch eine Erfahrungsseilschaft im weitesten Sinn.

Kaum verändert hat sich in den vergangenen Jahrzehnten auch der Blick hinüber zur Rax, die vom Richterweg mit jedem vertikalen Meter weiter aus dem Boden wächst. Das dunkelgrüne, felsdurchsetzte Plateau, das Frankl so geliebt hat, wird vom Schneeberg aus sichtbar und mit ihm die Abbrüche ins Höllental und die schroffen Lechnermauern. Die beiden Gebirgsstöcke stehen einander gegenüber, als blickten sie einander tief in die Augen. Zwar war Viktor Frankls Lebens- und Lieblingsberg ganz klar die Rax, und dort hat er auch den viel größeren Teil seiner Zeit verbracht, was er von dort aus jedoch sah, war stets ihr imposantes Pendant auf der anderen Seite des Höllentals: der Schneeberg auf Reichenauer Seite. Von Frankls erhabener Perspektive vis-à-vis wirkt er sanft, und er bot die alpine Kulisse für meditative Wanderungen zwischen seinem Dauerquartier in der Bergstation der Rax-Seilbahn, dem Ottohaus und der Preinerwand.

Der Höhenpsychologe: Viktor Frankl fand in den Bergen die körperliche Herausforderung als Kontrast zur Denkarbeit, hier 1960 an der Rax.

Der Schneeberg hatte, bis Landvermesser am Anfang des 19. Jahrhunderts zuverlässigere Daten lieferten, kraft seiner Wucht als einer der höchsten Berge der Monarchie überhaupt gegolten. Die monumentale Komposition aus Felsrinnen, Graten und Schneefeldern, die den 2076 Meter hohen Kalkstock oft bis in den Sommer hinein begleiten und von Weitem sichtbar sind, fesseln den Blick auf Puchberger Seite seit jeher. »Da steht er, der Schneeberg, so mächtig und weiß – aus Felsen die Krone, das Stirnband von Eis«, hatte der Dichter Franz Grillparzer sein Staunen einst in Worte gefasst. Nicht nur auf Maler und Literaten übte das majestätische Massiv eine Faszination aus, sondern auch auf Majestäten der Habsburger Monarchie hatte er eine starke Anziehungskraft: Schon 1574 entsandte Maximilian II. seinen Arzt und Hofbotaniker Charles de l'Écluse als ersten namentlich erwähnten Besteiger auf den Schneeberg. Und an die beiden Besteigungen von Kaiser Franz I. erinnert der Kaiserstein, mit 2061 Metern die zweithöchste Erhebung. Erzherzog Johann ließ in dieser Phase übrigens eine erste behelfsmäßige Hütte auf dem Plateau errichten.

Pioniere wie Joseph August Schultes, Franz Xaver Embel und Alois Schmidl brachten Anfang des 19. Jahrhunderts lebendige Erfahrungsberichte vom Berg. Das Gros der Besteigungen fand von Reichenau aus statt, da sich der Ort über die Südbahnstrecke und Gloggnitz von Wien aus schon früh leicht erreichen ließ. Dazu kam, dass Erzherzog Carl Ludwig 1872 das in Reichenau gelegene Schloss Wartholz zum Sommersitz der kaiserlichen Familie machte. Der Ort, der den Blick auf die Rax richtet und die viel weniger spektakuläre Südseite des Schneebergs zeigt, zog fortan geistige Eliten, Künstler und Adel an. In Reichenau entstanden ganze Villenviertel, die Sommerfrische boomte. Auch

Sigmund Freud zählte Ende des 19. Jahrhunderts zu den illustren Gästen. Sogar seine allererste Psychoanalyse-Sitzung ging von hier aus später als Fallstudie in die psychotherapeutische Weltliteratur ein: der »Fall Katharina«. Die Tochter der Pächterin des Ottohauses offenbarte Freud damals ihre Ängste.

Hat der Umstand, dass sein frühes Vorbild Sigmund Freud Dauergast auf der Rax war, Viktor Frankl bei der Wahl seines alpinen Basislagers beeinflusst? Lag es daran, dass er seine ersten hochalpinen Klettererfahrungen als junger Student hier gemacht hat? Oder ist die Preinerwand, verglichen mit den Grat-Routen, die von Puchberg aus auf den Schneeberg führen, einfach nur das bessere Klettergebiet? Sein Motiv lässt sich aus heutiger Perspektive nicht mehr eindeutig nachvollziehen. Puchberg hatte den großen Schneeberg-Blick, war an die Eisenbahnverbindung von Wien aus über Wiener Neustadt angekoppelt, und die Zahnradbahn führte bereits seit dem Jahr 1897, also 30 Jahre vor der Rax-Seilbahn, auf den Hochschneeberg. Mit den Orten am Fuße der Rax konnte es als Sommerfrische-Ziel dennoch nicht mithalten. Daran vermochten selbst Schneeberg-Besuche von Kaiser Franz Joseph I. und anderer Honoritäten der Monarchie, unter ihnen auch Minister Joseph Maria von Baernreither, dessen persönlicher Sekretär Frankls Vater Gabriel gewesen war, nichts zu ändern. Der Schneeberg lässt mondänen Charme vermissen. Visionäre Pläne aus den 1930er-Jahren, wie der Bau einer Horizontal-Seilbahn über das Höllental, die Rax und Schneeberg miteinander verbunden hätte, und die Bewerbung für Olympische Winterspiele wurden nie realisiert. So ist der Schneeberg bis heute vornehmlich Ziel für Tagesausflügler und die Stadelwand in seinem Hinterhof ein elitärer Treff für Kletter-Individualisten geblieben.

Je mehr wir an ihrer Außenkante an Höhe gewinnen, desto endloser scheint der Richterweg zu werden: Eine Rampe folgt auf die nächste, dazwischen Bäume mit kurzem Gehgelände, ein Plateau ist trotzdem nicht in Sicht. Stattdessen ein weiterer Felsabschnitt und danach erneut ein Aufschwung. Wir tanzen uns schwindlig an der herrlichen Kalksäule, die Kletterern seit mehr als 100 Jahren so viel Freude macht. Der namensgebende Erschließer hat sich nicht nur hier, sondern auch einige Felsrippen weiter mit der »Richterkante« ein steinernes Denkmal gesetzt. Diese Route, etwas anspruchsvoller als der Richterweg, wurde durch eine Sanierung im Jahr 2002 vom Staub der Zeit befreit und wird seitdem wieder von den Kletterern geliebt. Denn nicht nur das Wie des Kletterns – ob man sich an Haken hochzieht oder diese nur zur Sicherung verwendet beispielsweise – änderte sich über die Jahrzehnte, auch das Image der Touren selbst unterliegt Zeitgeisterscheinungen, die sich aus den sich verändernden persönlichen Präferenzen wie Routenführung, Schwierigkeit und Gesteinsqualität ergeben. In diesem Bereich zieht auch der 220 Meter lange Reifweg nach oben, dessen Erstbegehung durch Frankls alpinen Mentor im Jahr 1920 stattfand. Angesichts der tiefen Verbundenheit der beiden darf davon ausgegangen werden, dass die beiden Männer die Route auch als Seilschaft erlebt haben. Für die heutigen Kletterer spielt die mit dem oberen vierten Schwierigkeitsgrad bewertete Linie keine Rolle mehr – zu lang ist der Weg dorthin angesichts der mäßig lohnenden Kletterstellen, die geboten werden. Zu hoch ist der Anspruch. Die Karawane ist weitergezogen zu den modernen Routen in der Vorderen Stadelwand. Der vorgelagerte Wandteil, der erst in den letzten Jahrzehnten konsequent erschlossen worden ist, punktet mit einem kürzeren Zustieg, besserer Absicherung und einem festen Fels, der durch die vielen Begehungen bis auf Weiteres auch vegetationsfrei bleiben sollte.

Ein weiterer, schon von Frankl geliebter Oldie-but-Goldie ist hingegen der »Stadelwandgrat«. Schon seit 1899 hält er sich beständig in den alpinen Charts: Elegant ist seine Linienführung, die ein Architekt nicht gefälliger hätte skizzieren können, moderat die Schwierigkeit – geklettert wird maximal im dritten Grad –, verführerisch der feste, weißlich schimmernde Fels. Die Route setzt zudem genau dort an, wo der Richterweg endet. Reiht man beide aneinander, macht das in Summe eine 450 Meter lange Tour, die einmal mehr das Gefühl bestärkt, über die Stadelwand könne man direkt in den Himmel steigen. Wir gehören an diesem Freitag allerdings nicht zu den Glücklichen, die das tun: Angesichts einer merklich sinkenden Sonne zwingen wir uns, aus der Trance des Steigens und Greifens herauszutreten und es für heute gut sein zu lassen. Ja, hätten wir bloß den Einstieg nicht so lange gesucht! Aber diese Wenn-dann-Schleife ersparen wir uns. Der Konjunktiv war noch nie ein guter Seilgefährte und die Brechstange kein brauchbares Werkzeug in alpinen Gefilden.

Den Richterweg verlassen wir über den letzten u-förmigen Einschnitt, klettern ab und queren hinunter zu einem Felsbalkon. Das weiche Licht lädt die Landschaft mit warmen Rottönen auf und macht uns still. Das Höllental und die Rax kommen ins Blickfeld. Und wieder ist der Berg, den wir sehen, nicht der Berg, auf dem wir stehen. Schon ist der nächste Gipfel felsgewordener Ausdruck unserer neuen Sehnsucht. Wir passieren windzerzauste Föhren, die wie trotzige Zen-Meister am Wegesrand ausharren. Sie sind stumme Zeugen für die Scharen an bergbegeisterten Passanten, die hier über die Jahre gekommen und gegangen sind und sich an den Pfeilern, Platten und Wänden des

Schneebergs versucht haben, die gelacht und gescherzt haben, begeistert oder verzweifelt waren und nach einer gelungenen Route – wie wir – bereits von den nächsten Abenteuern geträumt haben.

»Der Sportler, etwa der Kletterer, der sich Aufgaben sucht, schafft sich die Schwierigkeiten sogar selbst: Wie froh ist doch der Kletterer, wenn er in der Wand eine schwierige – eine noch schwierigere – Variante findet«, sagte Viktor Frankl bei einer Vortragsreihe im Jahr 1946 an der Volkshochschule in Wien-Ottakring. Das Aufstrebende – im Tun und im Denken – ist die Urmotivation der Bergsteiger. Dieses symbolische »Mehr« ist der nächste Schritt zum Gipfel, genauso wie das Sich-hingezogen-Fühlen zu einer nächsten Herausforderung, einem höheren Berg, einer schwierigeren Route oder einer kniffligeren Stelle im Fels. Die Vertikale bringt uns in ein permanentes Spannungsfeld zwischen dem Wunsch, unserem inneren Impuls zu folgen, höher hinaus und hinauf zu streben, aber auch – im Sinne des fernöstlichen Ideals – das Glück im Moment sehen und finden zu können.

Wie ist der »Sinnsucher« Viktor Frankl mit dem scheinbaren Widerspruch umgegangen? Hätte er an solch einem Tag dafür plädiert, den Stadelwandgrat auch noch »mitzunehmen«? Oder wäre er – wie wir – mit dem »Richterweg« als Erlebniswert zufrieden gewesen? Frankl scheint nicht nur als Mensch, sondern auch als Alpinist viel Augenmaß gehabt zu haben. Laut Alfried Längle, einem seiner langjährigen Mitarbeiter, sei ihm immer wichtig gewesen, dass er bei seinen Bergtouren »bis an den Rand der Erschöpfung« kam. In dieser Formulierung verbirgt sich auch Frankls Dringlichkeit in eigener Sache, einen Balanceausgleich zwischen seiner unermüdlichen Denkarbeit und einer körperlichen Anstrengung zu schaffen. »Ich glaube, der Viktor hat die Herausforderung gebraucht«, bestätigte uns auch Elli Frankl. »Er ist sonst den ganzen Tag hier in der Wohnung gesessen, hat immer nur gearbeitet, immer nur geistig gearbeitet.«

Die physische Erschöpfung, das Ausreizen körperlicher Kapazitäten auf dem Berg, war für Frankl der gelebte Ausdruck seiner tiefen therapeutischen Überzeugung, dass der Mensch nicht nur nach Spannungsfreiheit sucht, sondern, im Gegenteil, auch dynamische Anspannung, gesunden Stress, für seine seelische Ausgeglichenheit braucht. Entsprechend ausgewogen war auch seine Routenwahl vom Drei-Enzian-Steig bis zum Stadelwandgrat: für ihn gut machbare Felslinien, die ihn körperlich forderten, denen er aber dank seiner langjährigen alpinistischen Erfahrung technisch gewachsen war. Um den Modebegriff zu gebrauchen: Viktor Frankl kletterte Routen, die ihn in den Flow brachten, also in die gute Mitte zwischen Unter- und Überforderung.

In unserem heutigen Verständnis des Alpinismus, das stark von Extremleistungen und großem Hang zum Hochrisiko geprägt ist, war Frankl kein Grenzgänger. Kein Adrenalinjunkie, der Gefahrenmomente suchte, um sich zu »spüren«. Und er ging auch nicht in die Wände, um sich im Tal Applaus abzuholen und für seinen Mut bewundert zu werden. Auf seine alpinistischen Leistungen verwies er stets stolz und dennoch bescheiden. Wichtiger als das Rampenlicht war ihm die therapeutische Intention, auch andere für »seine« Berge zu begeistern, sie zu inspirieren, den Wert dieses Selbstermächtigungsraumes für sich entdecken und nützen zu können. Dies tat er in seiner eigenen Familie, vor allem bei seiner Ehefrau Elli, weniger erfolgreich auch bei seiner Tochter Gabriele und seinen Enkelkindern Katharina und

Alexander. Eigentlich hätte ihn die Rax-Schneeberg-Region als Tourismus-Botschafter engagieren müssen: Frankl promotete die Berge seines Herzens auf der ganzen Welt, in seinen Vorträgen, Interviews und Publikationen, in der täglichen Arbeit mit Patienten und Klienten, in Gesprächen mit Freunden. Das Bergsteigen als Metapher auf das Menschsein, als freudvolle Aufgabe mit Hingabe, hielt Viktor Frankl zeit seines Lebens als Sinnperspektive hoch.

Besonders dankbar dafür ist ihm der Psychologe, Therapeut und Universitätsprofessor Giselher Guttmann, früher Dekan der Philosophischen Fakultät an der Uni Wien, später dann auch der Gründungsdekan der Sigmund Freud Privatuniversität. Die beiden verbanden Erstbegehungen, die ebenerdig stattfanden: Frankls erste Vorlesung als frischgebackener Universitätsprofessor 1955 war auch die allererste, die der um 29 Jahre jüngere Student Guttmann besuchte. »Ich las Logotherapie, dachte mir, interessant, das hörst du dir einmal an und war beeindruckt«, verriet Guttmann in einem Gespräch für dieses Buch. »Doch persönlich in Kontakt gekommen sind wir dann erst 15 Jahre danach, als Viktor Frankl sich an mich wandte, weil er die Logotherapie empirisch untersuchen lassen wollte.« Guttmann wählte damals Elisabeth Lukas als allererste Dissertantin zur Logotherapie überhaupt aus. Sie erfand unter anderem den Logo-Test, das ist ein psychologisches Testverfahren, das später in 14 Sprachen übersetzt und auf der ganzen Welt angewendet wurde. Das große Sampling an Befragten verdankte sie ihrem Einfallsreichtum, bei einem Volksfest einen Stand mit der Aufschrift »Was ist der Sinn des Lebens?« aufzustellen.

Aus der zunächst beruflichen Verbindung zwischen Frankl und Guttmann entstand eine enge Freundschaft. Die beiden Kollegen hatten mit den Bergen auch eine gemeinsame Leidenschaft. Allerdings war Giselher Guttmann seinem Vater im Wort, es beim Bergwandern zu belassen – und nicht zu klettern. Ein Onkel Guttmanns im steirischen Aflenz war ein draufgängerischer Kletterer gewesen. »Seine Seile und Felshaken haben die Neugierde in mir entfacht«, erinnert sich der anerkannte Fachmann für Gehirnforschung und Psychotherapie. Diese Geschichte hat er im Frühjahr 1968 auch Viktor Frankl erzählt, woraufhin sein väterlicher Freund und Mentor erwiderte: »Weißt was, Gisi: Morgen kommst mit mir auf die Rax, und wir gehen miteinander den Drei-Enzian-Steig.« Auf so eine Absolution hatte Guttmann gewartet: »Es war für mich der entscheidende Trigger zu meiner ganz großen Leidenschaft, die bis heute anhält. Ich bin jetzt 85 Jahre alt, und kleine Touren mache ich noch immer«, so der hochdekorierte Wissenschaftler.

Allerdings blieb diese »Erstbegehung zur Selbstermächtigung« die einzige gemeinsame Tour, die Frankl und Guttmann je miteinander unternahmen. Die Klettererwelt von damals war klein, gut vernetzt und flexibel. So war an jenem Frühlingstag in der Preinerwand auch Fritz Zawadil mit von der Partie, ein Wiener Buchhalter und sehr guter Kletterer, der damals oft mit Frankl ging. Kennengelernt hatte er den Professor, weil er als dessen Bewunderer am Richterweg eine Visitenkarte gefunden und ihn auf Anraten von Frankls Klettermentor Rudi Reif einfach angerufen hatte. Ab dem Tag dieser Dreiertour über den Drei-Enzian-Steig kletterte Zawadil auch regelmäßig mit Guttmann, und zwar sehr schwierige, technische Touren mit Trittleitern, oft in der Stadelwand. Giselher Guttmann war prädestiniert fürs Klettern, ihm gelang noch im selben Jahr seine erste Route im sechsten Schwierigkeitsgrad. Im Rückblick sagt er: »Viktor hat das mit etwas Wehmut zur Kenntnis genommen, dass ich mein eigenes Ding gemacht habe.«

Wie dürfen wir uns Viktor Frankl als Alpinist vorstellen?

Guttmann: »Er war ehrgeizig. Und er war wirklich gut. Bei Fritz Zawadil ist er auch immer wieder im Vorstieg geklettert.« Seinem Wiener Seilgefährten Zawadil hatte Frankl zudem anvertraut, warum er keine der ihm angebotenen Dauerprofessuren in Amerika übernehmen wollte: »Die haben ja dort weder eine Rax noch einen Schneeberg.«

Im Nachstieg Frankls

Schneeberg/Stadelwand
Zugang: Von der Autobahn A2 beim Knoten Seebenstein abfahren und weiter über Gloggnitz bis zum Parkplatz beim Stadelwandgraben (nach der Hochstegbrücke) und rund 1,5 Kilometer vor dem Weichtalhaus.
Beste Jahreszeit: Frühjahr, Sommer und Herbst;
die Kletterrouten sind süd- und südwestseitig gelegen.
Empfehlenswerte Routen: Richterweg (5-), Richterkante (5+), Stadelwandgrat (3), Plattenführe (4+/Vordere Stadelwand)

Der Dachstein oder die Ambivalenz der Aussöhnung

»*Wenn ich es mir aussuchen kann, ob mich die Leute bis Passau kennen – oder ab Passau, dann nehme ich Zweiteres.*«
Viktor Frankl

Das Leben ist eine Bergtour durch viele Ebenen und abschnittsweise kein Spaziergang. Im Nachstieg der Generationen sind wir Erstbegeher auf unserem persönlichen Entwicklungsweg, im Vorstieg aller, die nachkommen. Ist unser Lebensweg vorgezeichnet? Das wissen wir nicht. Wir gehen vorausschauend und verstehen rückblickend: Schritt für Schritt bewegen wir uns über einen schmalen Grat unserer Entscheidungen, der das endlose Panorama aus Gegensätzen und Widersprüchen in uns und in der Welt durchzieht. Immer wieder geraten wir auf ihm aus dem Gleichgewicht und gewinnen dadurch an Trittsicherheit im permanenten Wechselspiel zwischen »entweder – oder« und »sowohl – als auch«. Vielleicht zieht es uns deshalb in die Berge: weil sie uns beibringen, die Ambivalenz als Bedingung des Lebens leichter zu akzeptieren.

Berge ermöglichen uns große, ja unvergessliche Momente: im ersten zarten Morgenlicht auf einem Gipfel zu stehen, den frischen Atem der Natur im Gesicht zu spüren, während wir dem

Alltäglichen entsteigen. Dort oben, in den Felsen, dort können wir über uns hinauswachsen, scheinbar Unmögliches möglich werden lassen, Schlüsselstellen meistern, innere Widerstände überwinden. Und wenn wir uns am Ziel einer erfolgreichen Tour dankbar in die Arme fallen, ist alles gut, und wir spüren, wie schön das Leben ist.

Die Berge lehren uns auch, dass unser inneres Idealbild nicht immer deckungsgleich mit der äußeren Wirklichkeit ist. Sie sind keine künstliche Studiokulisse romantisch-kitschiger Heimatfilme, in deren Abspann immer »Happy End« steht. Nie gibt es als Gegenwert zum Risiko eine Garantie für ein wohlbehaltenes Nachhausekommen. In der alpinen Natur kann sich aus dem Nichts die Sonne verdüstern und unsere Routen zu tückischen Labyrinthen machen; wir können uns im Nebel verirren, in Gewitter geraten, von Steinen getroffen werden, abstürzen oder uns wegen Nichtigkeiten mit Gefährten überwerfen. Die Historie des Bergsteigens ist voller Lehrgeschichten für das Leben. Sie zeigt, wie eng Triumph und Tragödie in jedem Moment beisammenliegen, wie glorreiche Erstbegehungen durch minimale Unachtsamkeit oder einfach »Pech« plötzlich im Desaster enden und wie Menschen – trotz ihrer Erfahrung, ihres Könnens, ihrer Umsicht, ihres Engagements, ihres Willens, ihres Optimismus – tragisch scheitern können.

Die Ambivalenz, der wir zwischen Himmel und Abgrund ausgesetzt sind, ist unmittelbarer als jene im Tal. Diese Ehrlichkeit ist es, die wir an Bergen lieben, weil sie uns die Konsequenzen unserer Entscheidungen und unseres Handelns unmittelbar rückmelden und uns so mit unserer Eigenverantwortung in Kontakt halten. Quid pro quo, dies für das: Die alpine Natur kennt und akzeptiert nur das Gesetz von Ursache und Wirkung.

Ist es kalt und wir haben keine Jacke, frieren wir. Verlieren wir uns in Gedanken und sind unaufmerksam, stolpern wir. Sind wir nachlässig gesichert und stürzen, sterben wir. So einfach ist es in den Bergen.

Haben wir unsere Tour gut geplant, ist zumindest klar, wohin der Weg führt. Wir müssen beim Klettern also »nur« den Einstieg finden, »nur« den ersten Schritt machen, und können uns dann einer bereits erkundeten Linie anvertrauen. Unsere Wahlmöglichkeiten beschränken sich auf Wesentliches. Diese Einfachheit ist eine Sehnsucht, die uns wieder und wieder in die Berge treibt. Die Variablen des Lebens sind dort oben auf unser Können, auf Wind und Wetter und das gute Zusammenspiel mit unserem Seilpartner reduziert. Klar: Auch im alpinen Kosmos müssen wir agieren, reagieren, funktionieren, wir müssen bereit sein, Risiko zu nehmen und uns manchmal bewusst dagegen entscheiden, weil unser Leben und unsere Gesundheit auf dem Spiel stehen. Doch unterm Strich sind Gefahren und Chancen in der Höhe klarer auszumachen als in unserem Alltag, wie er in zahllosen Grauschattierungen zu ebener Erde stattfindet.

Keine von Viktor Frankls Touren macht die Ambivalenz zwischen Berg und Tal deutlicher als jene durch die Südwand des 2995 Meter hohen Dachsteins. Es ist unsere sechste Destination der alpinistischen Spurensuche, und hier spüren wir eine neue, größere Dimension im Frankl'schen Alpinuniversum. Bisher fielen unsere Touren in seinem Nachstieg immer in die Kategorie »Tagesausflug auf die Wiener Hausberge«. Der Dachstein hingegen ist für uns schon eine kleine Expedition. Anreise am Vortag, um vier Uhr früh aus dem Bett, weil knappe zwei Stunden Zustieg und mehr als 20 Seillängen an Kletterei auf uns warten. Mit den Wiener Hausbergen liegt der Dachstein zwar geologisch auf einer Linie, er überragt sie aber in der Höhe gleich um ein Drittel! Er ist der Publikumsstar unter den heimischen Bergen: Ein Beliebtheitsranking der Austria Presseagentur reiht den Dachstein zum größten unter 2000 Bergen, obwohl er gar nicht der höchste ist – auf keinen anderen nehmen Menschen in ihren Beiträgen in Sozialen Medien mit hunderttausenden Postings, Selfies und Hashtags dermaßen begeistert Bezug. Das liegt am besonderen Charisma dieses Gebirgsmassivs und an seiner Vielschichtigkeit: Ganz im Westen, noch im Bundesland Salzburg, hebt es mit der Bischofsmütze an, findet im Hohen Dachstein seine Krönung und läuft 30 Kilometer weiter im Osten mit dem Stoderzinken aus. Während im Norden, in Richtung des oberösterreichischen Seengebiets, Gletscher mit Felsgraten und ein Karstplateau bestimmend sind, bricht das Dachstein-Gebirge auf steirischer Seite, nach Süden hin, bis zu 1000 Meter tief ab. Der Gipfel des Massivs ist vom Gosaugletscher aus über den Westgrat im Jahr 1832 erstmals bestiegen worden. Um Gästen dessen Besteigung zu erleichtern, organisierte der aus Böhmen stammende, in Wien lebende Geograf Friedrich Simony, der »Dachstein-Professor«, 1877 den Bau von Versicherungen bis ganz nach oben. Verwegene Kletterer aber beschäftigte schon zu dieser Zeit vor allem die Frage, ob auch ein Weg durch die Dachstein-Südwand möglich sei.

Wer direkt vor dem Hohen Dachstein auf dem Parkplatz der Hunerkogel-Seilbahn steht, muss den Kopf weit ins Genick werfen, damit er dieses unfassbar mächtige Felsschild überblicken kann. Es sieht im Jahr 2019 wohl nicht weniger einschüchternd und fordernd aus als in früheren Zeiten. Aber es sind einfache, klare Herausforderungen, mit denen uns die Wand konfrontieren wird. Quid pro quo, dies für das, Schritt für Schritt.

In Viktor Frankls Biografie steht das so geschlossen wirkende Massiv hingegen als Symbol dafür, wie das Komplexe, Vielschichtige und Verworrene aus den Tälern und Städten auf die Berge kommt. Wie Berge Menschen auch entzweien, verletzen und gegeneinander aufwiegeln können. Dass uns Bergsteigen nämlich an sich zu besseren, geläuterten Menschen machen würde, ist eine romantische Vorstellung, die in der Realität leider nicht hält. Genauso wenig treffen einander dort nur Menschen, die ihre Liebe zu den Bergen verbindet und ihre gemeinsame Begeisterung für das Klettern im Herzen eint. So einfach war es nie, ist es nicht. Bestenfalls bieten uns Berge eine Chance, mit den Widersprüchen in uns selbst gelassener umzugehen. Am Berg fällt – und er selbst war dafür der beste Beweis – die Frankl'sche Selbstdistanzierung leichter, eine stellare Perspektive zu unserer terrestrischen Position einzunehmen. Genauso stimmt aber: Wo immer wir hingehen, nehmen wir uns selbst mit – mit allen Nöten, die wir in uns tragen, mit unseren Ängsten, Schmerzen und Zweifeln. Bergsteigen ist vieles, eine Therapie ist es nicht. Auch dafür ist der Dachstein ein Symbol.

Noch in der Dunkelheit kurven wir die Mautstraße hinauf zur Talstation der Hunerkogel-Seilbahn. Wir sehen die gigantische Wandflucht, die allein zwischen dem Torstein im Westen und dem Koppenkarstein im Osten sechs Kilometer breit ist, nur in ihren Umrissen. Im Schein der Stirnlampe sortieren wir auf dem großen Parkplatz auf 1700 Meter Höhe unsere Ausrüstung. Beim Packen sind wir akkurater als sonst, nehmen bloß das Allernötigste mit, um ja nicht unnützes Gewicht zu schultern: Vor uns liegen ein steiler Weg und ein langer Tag. Wir sprechen nicht, atmen nur im Takt dieses Meditativen, das auch Frankl so liebte, wenn er zu Klettertouren zustieg. Als wir in der kühlen Morgenluft die Südwandhütte passieren, herrscht drinnen noch Nachtruhe. Ein zartes Rosa am Horizont kündigt den beginnenden Tag an. Gut so, denn der Weg wird alpiner, braucht bald den Einsatz von Füßen und Händen. Den Pfad zum westlich ansetzenden »Steinerweg« lassen wir links liegen, auch der Startpunkt des »Johann« ist nicht unserer. Was hatte dieser Klettersteig durch die Südwand in den späten 1990er-Jahren doch für hitzige Diskussionen entfacht! Entweihung und Untergang des klassischen Bergsteigens waren – wieder einmal – befürchtet worden. Dank des durchgehend versicherten Eisenweges war die elitäre Dachstein-Südwand demokratisiert worden, nun konnte sie »jeder« durchsteigen. Dabei haben Elitegedanken noch nie zu etwas Gutem geführt. Und schon gar nicht hier auf dem Dachstein.

Über seine Historie lässt sich nämlich auch jene von jüdischen Bergsteigern wie Viktor Frankl im Alpenverein nacherzählen und nachvollziehen. Das Dachstein-Massiv liegt im Norden der Steiermark, im Süden Oberösterreichs, im Osten Salzburgs – aber in der Pionierzeit war die alpine Welt ein Dorf, besser gesagt: ein Wiener Vorort. Drei Studenten haben in Wien mit dem Österreichischen Alpenverein den ersten Bergsteigerverband auf europäischem Festland gegründet. Erst sieben Jahre später entstand in München, damals der alpine Kontrapart zu Wien, der Deutsche Alpenverein, 1873 kam es zur Zusammenführung beider Vereine, bis 1945. Gute jüdische Bergsteiger waren in den großen Sektionen von Anfang an vertreten. Wer meint, dass deren Ächtung und Ausgrenzung erst im Jahr des Zusammenschlusses von Deutschland und Österreich begonnen hätte oder vielleicht schon 1933 mit der Machtübernahme Adolf Hitlers, irrt. Der Keim des Antisemitismus trieb im Alpinismus schon vor der Jahrhundertwende aus: Die Akademische Sektion Graz unternahm 1891 als Erste den Vorstoß, in ihren Statuten einen »Arier-Paragrafen« zu verankern, der die Aufnahme jüdischer Mitglieder verhindern sollte. Da der Zentralausschuss in Wien das nicht billigte, benannten sich die Steirer einfach in »deutsch-akademische Sektion« um, was jüdische Studenten von vornherein abhalten sollte, überhaupt um Aufnahme anzusuchen. Zunächst wurden Versuche, im Alpenverein einen »Arier-Paragrafen« festzuschreiben, von liberalen Kräften abgeblockt. Das Hadern mit dem verlorenen Ersten Weltkrieg und die Suche nach Schuldigen dafür öffneten dem antisemitischen Gedankengut jedoch wieder Tür und Tor. Aus dieser Situation heraus entstand ein Dominoeffekt der Verfemung: 1920 wurde den Alpenvereinssektionen ein Ausschluss von »Nicht-Ariern« zugestanden, viele unter ihnen – bizarrerweise vor allem solche, die ohnehin nie Juden in den Reihen gehabt hatten – machten davon Gebrauch. Als schließlich auch in der Sektion Austria, der Gründungszelle des Alpenvereins und Inhaberin der ältesten Hütte auf dem Dachstein, beschlossen wurde, die jüdischen Mitglieder auszuschließen, fiel eine große Bastion der Menschlichkeit.

Besonders unrühmlich hatte sich dabei ein gewisser Eduard Pichl als erster Vorsitzender der Sektion, hervorgetan. Dabei hätte dieser athletische Mann als Alpinist durchaus nach Viktor Frankls Geschmack sein können: Der 1872 geborene Wiener war kräftig, kühn, ein Pionier am Fels. Obwohl er erst mit 22 Jahren zum Klettern gefunden hatte, hinterließ er in praktisch jedem Gebirge, das er erkundete, ein Vermächtnis an Erstbegehungen: auf der Rax den Akademikersteig, im Gesäuse die Planspitze-Nordwand, in den Dolomiten die Langkofel-Nordkante, am Ortler den Rothböckgrat. Selbst am Mont Blanc eröffnete er einen neuen Weg vom Dôme-Gletscher. Das war die eine

Seite Edmund Pichls. Die andere war seine Verblendung. »Pichl hat im Bergsteigerleben und in den alpinen Vereinen, denen er angehört, allzeit in Wort und Schrift den deutschen Gedanken betont und gilt als einer der Hauptvertreter des deutschvölkischen Gedankens im Alpenverein.« Dieser Satz entstammt nicht dem Bericht einer Historikerkommission, nein: Pichl, als Student schlagender Burschenschafter, selbst hatte sich als Mitautor des Buches *Wiens Bergsteigertum* auf diese Weise verewigt. Wie Hitler verehrte er den Nazi-Vordenker Georg von Schönerer, verfasste über diesen eine sechsbändige Biografie und förderte deutschnationale, sogar paramilitärische Vereinigungen. Wie tief Pichl verstrickt war in seinem völkisch-rassistischen Gedankengut, zeigte sich während seiner Internierung im russischen Kriegsgefangenenlager Krasnojarsk als Soldat des Ersten Weltkrieges: Er gründete dort einen Turnverein, dem allerdings nur »arische« Kriegsgefangene angehören durften.

Unter ihm hatten Juden keine Zukunft mehr in »ihrer« Sektion Austria. Also gründeten sie die Sektion Donauland des Alpenvereins für nichtarische Mitglieder und alle, wie im Antrag stand, »die mit der Tendenz und dem Hineintragen der Politik in die alpinen Vereine nicht einverstanden sind«. Pichl reagierte postwendend: »Unsere Mitglieder mögen versichert sein, dass die Angelegenheit ›Donauland‹ nicht eher zur Ruhe kommen werde, als bis sie in unserem, also in deutschem Sinn erledigt sein werde.« Gemeinsam mit Getreuen ließ er nicht locker, gründete 1922 im Alpenverein den Deutsch-Völkischen Bund, dem sich – die Welle des Bösen baute sich immer rasanter auf – die meisten österreichischen und Münchner Sektionen anschlossen. Irgendwann hatten sich die extremistischen gegen die liberalen Kräfte im Alpenverein vollkommen durchgesetzt, die Sektion

Donauland wurde verbannt. Der Aufschrei in den Medien mit Schlagzeilen wie »Der Terror hat gesiegt« oder »Eine Kulturschande« verhallte. Auch die Mahnung von Johann Stüdl, dem prominenten Ehrenmann des österreichischen Alpinismus und Ehrenmitglied der Sektion Donauland, vom »Fluch der bösen Tat« führte zu keinem Umdenken. Ausgerechnet der eigentlich parteilose Alpenverein fungierte als ein »Vorreiter des Antisemitismus«, wie Martin Achrainer, dessen heutiger Archivar, in einer Rückschau vermerkt – die offene Aufarbeitung der ambivalenten Alpenvereinsgeschichte erfolgte erst Jahrzehnte später.

Die beschriebenen Vorkommnisse mit all ihren Verbindungen und Verstrickungen liegen lange Zeit zurück. Doch sind sie eine geistige Landkarte des Gebiets, in dem wir unterwegs sind, und geben ihm einen historischen Hintergrund.

Kalt ist es hier, diese mächtige Wand hat einen kühlen Atem – selbst im Sommer. Aus dem meditativen Hinaufspazieren ist ein achtsames Zusteigen im hochalpinen Gelände geworden. Mehr als eineinhalb Stunden sind wir schon unterwegs. Passagenweise sind wir etwas langsamer gegangen, um uns immer wieder gedanklich auszutauschen und auf die biografisch-räumliche Verortung einzulassen.

Wir sind fast da. Umso mehr gilt es vorsichtig zu sein: Erst diesen Sommer hat beim Zustieg zur Südwand eine Schneebrücke unter einer guten Bekannten von uns – einer versierten Alpinistin, die alle Viertausender der Alpen bestiegen hat – nachgegeben. Tausendmal ist nichts passiert … und dann: zum Glück nur eine Platzwunde und ein paar blaue Flecken. Es gibt hier oben keine Garantie, nie. Auch die Schneefelder sind noch da und durchgefroren. Sie kennen kaum ein Sommerloch und sind tückisch. Wir holen die leichten Alu-Steigeisen aus unseren

Rucksäcken, um sicher queren zu können, und nutzen die Pause, um genau zu rekapitulieren, unter welchen Begleitumständen Viktor Frankl vor 82 Jahren diese Stelle bei seiner Dachstein-Besteigung passiert hat.

Rudi Reif ist einer von vielen ambitionierten jüdischen Bergsteigern, die vom antisemitischen Schwenk des Alpenvereins persönlich betroffen waren. Entmutigen ließ er sich davon nicht. Nach dem politischen Verbot der Naturfreunde 1934 während des Austrofaschismus wechselte auch Frankl in den »Alpenverein Donauland«, der seit 1925 Rückzugsort und alpinistisches Exil für Alpinisten in der Heimat war. Dort tat Rudolf Reif hauptberuflich genau das, was er schon in der vormaligen Sektion Donauland getan hatte: Er gab dem Zusammenschluss von Bergbegeisterten über einen starken Geist der Gemeinschaft den Charakter einer Verschworenheit. Er bot Kletterkurse an, gründete eine Vereinigung für Hochtouren und unternahm mehr als 100 Sektionstouren pro Jahr.

Wie die Auswertung der Tourenbücher aus seinem Nachlass ergab, war Reif 1927, 1928 und Anfang Oktober 1937 auf dem Dachstein gewesen. Für die Rekonstruktion relevant ist der Herbst 1937: Die Dachstein-Tour, auf die sich Viktor Frankl in der Auflistung alpinistischer Höhepunkte immer wieder bezog, kann nur zu einem Zeitpunkt stattgefunden haben, als er bereits als Facharzt am Steinhof arbeitete, in der Wohnung seiner Schwester eine Privatordination eröffnet hatte und Bergführeranwärter war. Uns fehlte nur lange das letzte Puzzlestück, wir wussten nicht, welche Tour genau die beiden gegangen waren: den 850 Meter langen Direktdurchstieg der Südwand, den die Ramsauer Brüder Georg »Irg« und Franz Steiner im Jahr 1909 geschafft hatten, oder den kürzeren und leichteren Weg durch

Tour der Ambivalenz: Auf dieser Postkarte ist der »Pichlweg« durch die Dachsteinsüdwand eingezeichnet, den Viktor Frankl 1937 mit Rudi Reif geklettert ist.

den Ostteil der Wand? Auf der Suche nach Informationen fand Alexander Vesely, der in den USA lebende Filmemacher und Enkelsohn Viktor Frankls, eine alte Dachstein-Postkarte ohne Datum. Dafür hatte sein Großvater darauf die Route eingezeichnet, die er 1937 im Rahmen seiner Bergführerausbildung mit Reif geklettert war. Wieder zeigt sich die Ambivalenz der Alpingeschichte: Auch der zweite Klassiker durch die Dachstein-Südwand ist nach seinem Erstbesteiger benannt – nach Eduard Pichl.

Das mussten wir erst einmal sacken lassen. Die ausgegrenzten jüdischen Bergsteiger Viktor Frankl und Rudi Reif wählten ausgerechnet jenen Weg, den der erbitterte Antisemit eröffnet hatte? Das wirft natürlich Fragen auf: War Frankl damals – wie man heute sagen würde – so »schmerzbefreit«? Gab es 1937 das heute gängige Verständnis politischer Korrektheit nicht, eine Tour, die einem deklarierten Gegner zugeordnet war, selbstverständlich *nicht* zu gehen? Die Tour des Wiener Bergsteigers, den nichts mehr umzutreiben schien, als jüdische Alpinisten aus den Bergen zu jagen? Nun: So einfach ist es nicht und war es nie. Viktor Frankl, mit seinem differenzierten altruistischen Blick auf Menschen und ihre seelischen Ambivalenzen mit Stärken und Schwächen, hätte auf solche Fragen wohl nicht knapp mit »Ja« oder »Nein« geantwortet – sondern das »Sowohl-als-auch« gesehen. Möglicherweise hätte er sogar Positives zu Pichl ins Treffen geführt: Immerhin hatte der zu verhindern geholfen, dass nach dem Ersten Weltkrieg Bergsteiger dauerhaft aus dem Rax-Schneeberg-Gebiet ausgesperrt worden waren – was auch Frankl persönlich hart getroffen hätte. Oder Pichls Idee, ehemalige Frontsteige in den Karnischen Alpen als touristische Wege zu nutzen – der beliebte Karnische Höhenweg existiert bis heute. Oder seine alpinistische Lebensleistung insgesamt. Was Viktor Frankl auch immer durch den Kopf gegangen sein mag, als er mit der »Randkluft«, wie wir heute, den Einstieg zum Pichlweg erreicht hatte, er verzichtete offensichtlich auf jede Geste der Aversion, ließ Pichl Pichl sein – vielleicht nach dem Motto: Was kann die Wand für ihren Erstbesteiger? Stattdessen bezog er sich auf den Sinnhorizont, der nun vor und über ihm lag, auf die Tour gemeinsam mit Rudi Reif.

Die startete gleich mit der Schlüsselstelle, einer Rissstruktur im vierten Grad, die wir komplikationslos meistern. Wir lösen damit die Eintrittskarte für genussvolle Seillängen, die dritte führt durch den »Schwarzen Kamin«, wieder so eine Analogie. Gut fünf Stunden werden wir mit den 700 Höhenmetern beschäftigt sein. Die Sonne ist mittlerweile auf unserer Seite und wärmt den rauen Dachsteinkalk. Rund 120 Meter haben wir in der Vertikalen zurückgelegt, als wir in den »Pichlkessel« gelangen. Wir müssen uns jetzt auf die Linie konzentrieren. Hier wird die Tour ein wenig zu einer Rätselrallye für Erwachsene, und die Navigation erfordert Einfühlungsvermögen. Wir rasten, halten inne und blicken uns um. In dieser mächtigen Wand fühlt man sich sehr ausgesetzt und sehr geborgen zugleich. Was haben Frankl und Reif hier gesehen? Und was hat Pichl hier bewegt, als er mit 29 Jahren diese Route als Erster ging? Den pensionierten Hofrat des Münzamtes vermochte die Weite der Berge zeitlebens nicht aus der Enge seiner Geisteshaltung zu befreien: »Ich blicke zurück auf ein langes Leben, und stünde ich am Anfang desselben, ich würde es wieder so leben wollen«, diktierte er in sein Testament. Zwei Monate vor Unterzeichnung des Staatsvertrags starb er am 15. März 1955 im Dachsteinhaus.

Wir bewegen uns weiter nach oben, hinauf zu diesem Wahrzeichen Österreichs. Wir sind gut in der Zeit, und es ist wenig los. Den Jausenplatz, wir sind schon weit in der zweiten Hälfte der Tour, nützen wir wieder für Reflexionen. Denn in Wahrheit erzählt diese Dachstein-Besteigung Frankls auf Pichls Spuren eine noch weitaus größere Geschichte. Österreichische Geschichte. Miteinander verbunden, bilden die alpinistisch-biografischen Bezugspunkte ein Fraktal, ein Teilelement, in dem sich das große Ganze in seinem Wesenskern widerspiegelt. Wie der Berg im Stein, der Baum im Blatt, das Meer im Tropfen, so changieren Irrungen und Katastrophen, Verdrängung und Verantwortung, Depression und Prosperität seiner österreichischen Heimat auch in Frankls Lebensgeschichte, die sich über neun wechselvolle Jahrzehnte des vergangenen Jahrhunderts erstreckt hat. Über weite Strecken ist die größte Herausforderung dieser Heimat die Suche nach Identität inmitten der Ambivalenz der eigenen Geschichte geblieben. Und ob es uns bewusst ist oder nicht: Daraus ist das Netz gesponnen, auf dem wir alle schwingen. Diese Ambivalenz bringt mitunter typisch österreichische Paradoxien hervor, etwa den eigenwilligen Umgang mit großen Töchtern und Söhnen. Echte Nähe zu ihnen vermag dieses Österreich – es sei denn, es handelt sich um Sänger simpler Texte oder Skifahrer – meist nur über die Distanz zu entwickeln. Sind sie entweder räumlich weit weg oder schon länger tot, dann erst öffnet sich für manche von ihnen das sentimentale rot-weiß-rote Gemüt. Bleiben sie allerdings, wie Frankl, selbst nachdem er vier Konzentrationslager überlebt und seine Familie verloren hatte, aus Liebe zur Heimat im Land, so hält es Große wie ihn auf eine subtile Weise klein. Bewusst unbewusst? Vielleicht.

Sein persönliches Schicksal als Überlebender, sein Umgang mit dem, was er in seinem Werk die tragische Trias aus Leid, Schuld und Tod nannte, verliehen Viktor Frankl Glaubwürdigkeit als Vorbild für den kompetenten Umgang mit einer schwierigen Geschichte. Trotz allem, was er durchgemacht hatte, weigerte er sich, sich selbst als stumme Anklage zu stilisieren. Er war überzeugt, dass es nach dieser historischen und persönlichen Tragödie zwischen den Extremen von Verdrängung, Verleugnung und Verachtung nur einen gangbaren Ausweg geben konnte – die Aussöhnung über den Glauben an einen höheren Sinn. Diese Weltanschauung postulierte er, publizierte er, praktizierte er. In der Welt wurde das gesehen, in Österreich nicht. Eher im Gegenteil: Für seine differenzierte Sichtweise und seine kategorische Verneinung, wonach alle Österreicher in der Zeit des Nationalsozialismus einen kaum je wieder abtragbaren Berg an kollektiver Schuld auf sich geladen hätten, wurde er von den einen stumm ignoriert, von den anderen offen angefeindet. Denn mit Frankls Interpretation von persönlicher Integrität konnten hierzulande lange Zeit weder Täter noch Opfer umgehen. Nicht im Großen, wenn er in seinen authentischen Erfahrungsberichten beispielsweise vereinzelt von menschlichen SS-Leuten und unmenschlichen jüdischen Kapos sprach, nicht im Kleinen, wenn er seine Patienten an einen Facharzt-Kollegen überwies, wissentlich, dass dieser einmal NSDAP-Mitläufer gewesen war. Frankl sah im Menschen den Menschen, das ließ er sich als Humanist nicht nehmen. Und wenn er auf einen Menschen schaute, dann schaute er auf dessen Potenzial und nicht, wie es in der Psychotherapie lange Zeit üblich gewesen war – auf Defizite und Störungen. Das ließ er sich als Arzt und Therapeut nicht nehmen. Bei all dem war Frankl nie ein Ja-Sager, ein Diplomat oder ein Opportunist gewesen. Das ließ er sich als Mensch nicht nehmen.

Die Ambivalenz Frankl gegenüber zeigte sich deutlich, als Ärzte und Wissenschaftler nach der Besatzungszeit aus dem Exil auf ihre Posten und Lehrstühle nach Wien zurückkehrten. Frankl war keiner der Auserwählten im Kreis der Koryphäen, denen nunmehr Kliniken oder Forschungsfelder samt entsprechender budgetärer Möglichkeiten – mitunter durchaus im Sinne angemessener Wiedergutmachung – überantwortet wurden. Giselher Guttmann, langjähriger Universitätsdekan für Philosophie und Psychologie, jener schon beschriebene Frankl-Freund, der ihm die Absolution zum Klettern verdankt, schildert diesen Umstand so: »Damals wurden von den Verantwortlichen nicht nur Steckenpferde für Kollegen geschaffen, das waren mitunter Brauereirösser.« Frankl war nie Teil dieses Establishments. Er mochte Menschen, respektierte Sachkompetenz, schätzte Unterstützung – aber er verbog sich nicht und verleugnete nicht seine Überzeugungen, nur um den Preis, irgendwo dazuzugehören. Weder als junger »Auserwählter« seiner beiden Lebensabschnittsmentoren Sigmund Freud und Alfred Adler hatte er das getan, noch irgendwann danach. Er war nie Mainstream gewesen, wie man das heute zu umschreiben pflegt, er ging seinen eigenen Weg – es blieb ihm in der Heimat auch nichts anderes übrig.

Seinen Lebensjob als Leiter der Neurologischen Abteilung in der Wiener Poliklinik hatte ihm, wie im Buch schon erwähnt, nach dem Krieg der Sozialdemokrat Bruno Pittermann verschafft. Auf Basis einer alten, persönlichen Freundschaft aus gemeinsamen Tagen in der Sozialistischen Schülerbewegung der Zwischenkriegszeit wohlgemerkt, nicht weil das offizielle Österreich ein Symbol der Wertschätzung für angemessen gehalten hätte. Die chronische Zurschaustellung kaum verhüllter Ignoranz kann mit allem zu tun gehabt haben, außer mit Frankls fachlicher Exzellenz. Denn er schuf mit seiner Logotherapie und Existenzanalyse etwas, das außer Freud und Adler in österreichischen Fachkreisen niemand vorzuweisen hatte: eine Therapierichtung, die er, gewissermaßen als Start-up für Sinn und Seele, gemeinsam mit seiner Frau Elli als One-Couple-Show zu einem Welterfolg machte.

Seine Bücher waren längst internationale Bestseller in allen Sprachen, seine Logotherapie auf allen Kontinenten bekannt, die renommiertesten Universitäten rund um den Globus verliehen ihm Ehrendoktorate, und Medien weltweit berichteten über ihn, weil seine Sinnlehre Millionen Menschen aus ihrer Sinnleere geholfen hatte. Doch selbst dann noch ließ man in Frankls Heimatstadt Wien die Arme distanziert verschränkt, anstatt wenigstens leise zu applaudieren. Dabei hätte man diesen kleinen

Mann mit seinem großen Geist wegen seiner Erfahrung und seiner Integrität gut brauchen können in dieser Republik, nicht zuletzt auch für eine probate Aufarbeitung der ambivalenten Geschichte. Doch irgendwie passte dieser große Sohn Österreichs jahrzehntelang nicht so recht in dessen kleine Raster. Als Karl Schranz 1972 in Sapporo von den Olympischen Spielen wegen eines Verstoßes gegen Werbebestimmung ausgeschlossen wurde, säumten bei seiner Rückkehr mehr als 100 000 Menschen den Ballhausplatz. Über Viktor Frankl stand vier Jahre später, am 10. November 1976, eine Punktmeldung in der Arbeiterzeitung mit dem Titel »Endlich ein Preis für Frankl«. Der mit 100.000 Schilling dotierte Preis der Donaulandstiftung war – sieht man von einer Ehrung für Volksbildung (1956) und der Verleihung des Kardinal-Innitzer-Preises der Erzdiözese Wien ab, die erste relevante Anerkennung. Seit Frankl nach dem Krieg in Wien wieder neu angefangen hatte, waren 30 Jahre vergangen.

In den 1970er-Jahren steigerte sich die öffentliche Wahrnehmung Frankls in seiner Heimat ein wenig, blieb aber im Wesentlichen auf die österreichische Wertschätzungsrichtlinie von »Nicht geschimpft ist gelobt genug« beschränkt. Und selbst das nicht immer: Über die Beweggründe von Frankls Treffen mit dem einflussreichen deutschen Philosophen Martin Heidegger wurde viel moniert, wobei dessen antisemitische Gesinnung und Nazi-Kollaboration erst vor einigen Jahren publik geworden sind. Wäre es früher der Fall gewesen, ist trotzdem die Frage, ob das Frankl jemals von einem privaten Philosophicum mit Heidegger abgehalten hätte – wahrscheinlich nicht. Er sprach einfach gerne mit Menschen auf seinem intellektuellen Niveau. So wie er auch gerne in die Berge ging, in den Schutzhütten ordinäre Lieder mitsang und einfach nur der Viktor war. So wie er den Pichlweg auf den Dachstein nicht aus Protest *nicht* ging. Außerhalb fachlicher Diskussion vergeudete er keine Zeit fürs Rechthaben, verstrickte er sich nicht in Kleingeistiges. Frankl äußerte sich nicht politisch und verzichtete prinzipiell auf Justament-Gesten, auch wenn diese von ihm erwartet worden wären, wie das während der Waldheim-Affäre der Fall gewesen war. Als der spätere Bundespräsident während seiner Kandidatur für das höchste Amt im Staate 1986 von seiner Vergangenheit in der SA eingeholt wurde und es weltweite Protest gab, stand Frankl trotzdem zu ihm. Später nahm er das »Große Silberne Ehrenzeichen mit dem Stern« von Waldheim an, anstatt – wie es von ihm gefordert wurde – abzulehnen. War Frankl solchen Vorgängen gegenüber naiv, gleichgültig oder stand er – als denkbar unpolitischer Mensch und kraft seiner Lebenserfahrung – einfach über den Dingen? Dass sein Verhalten bei seinen Kritikern mitunter nicht gut ankam, das nahm er hin. Genauso wie den Umstand, dass das öffentliche Interesse an ihm und seiner Arbeit hier in Österreich weitaus geringer war als sonst wo. »Wenn ich es mir aussuchen kann, ob mich die Leute bis Passau kennen – oder ab Passau, dann nehme ich Zweiteres«, sagte er einmal, und ein wenig Sarkasmus klang durch.

Freilich war auch Viktor Frankl, bei all seiner menschlichen Größe und Integrität, persönlich nicht völlig frei von Ambivalenz. Von ihm das Bild des allumfassend Friedliebenden zu zeichnen, wäre zu einseitig, obwohl ihm die Fähigkeit zu hassen fehlte. Aber er konnte, ganz besonders im fachlichen Diskurs, auch streitbar sein, impulsiv und intensiv. Ein Beleg dafür findet sich beispielsweise in seiner Biografie »Dem Leben Antwort geben«, wo er an einer Stelle ausführt, was ihn motiviert hätte, eigene eigenständige Therapie zu entwickeln: »Wenn man aber nach den letzten Ursachen und tiefsten Wurzeln, dem verborgensten Grund meiner Motivation, die Logotherapie zu kreieren, fragt, dann kann ich nur einen nennen, der mich dazu bewogen hat und unermüdlich weiterarbeiten lässt: das Erbarmen mit den Opfern des zeitgenössischen Zynismus, wie er sich in der Psychotherapie breitmacht, in dieser miesen Branche. Mit ›Branche‹ will ich das Kommerzialisierte andeuten und mit ›mies‹ das wissenschaftlich Unsaubere. Wenn die Leute vor einem sitzen, die nicht nur psychisch Leidende sind, sondern durch die Psychotherapie Geschädigte, dann greift es einem ans Herz. Tatsächlich ist der Kampf gegen die depersonalisierenden und dehumanisierenden Tendenzen, die vom Psychologismus in der Psychotherapie ausgehen, ein roter Faden, der sich durch meine Arbeiten hindurchzieht.«

So klingt kein Angepasster, keiner, der Konflikte scheut oder Gegenwind fürchtet. So klang es, wenn Viktor Frankl Klartext redete – und jede andere Sprache war ihm fremd, egal, in welcher Fremdsprache er sich artikulierte. Seine geschliffene Rhetorik, geschärft durch die Brillanz in Verknappung und Humor, eingepegelt im breiten Frequenzspektrum zwischen Enthusiasmus und Realismus, war sein mächtigstes Werkzeug. Das wusste er auch. Viktor Frankl hatte Ecken und Kanten, die Geradlinigkeit, oft Schonungslosigkeit, waren Teil seines Charakters. »Er war einer zum Gernhaben – nicht für alle, das habe ich an ihm besonders gern gehabt«, sagt Giselher Guttmann über seinen Freund. Und schildert eine Begebenheit, die sich einmal rund um den Weltkongress der Psychotherapie in Wien zugetragen hat. Frankl war damals als Keynote, als Hauptvortragender, groß angekündigt gewesen. Man schätzte, von 5000 Teilnehmerinnen und Teilnehmern aus aller Welt würde die Hälfte nur anreisen, um den Altmeister zu hören. Doch dann passierte etwas, was dem Veranstalter einen herben Schock versetzte: Der Weltstar der Psychotherapie sagte kurzfristig ab! Daraufhin läutete das Telefon bei Giselher Guttmann, mit beschwörenden Bitten des Organisators, er, Guttmann, möge auf Frankl einwirken und ihn umstimmen. Guttmann: »Ich habe ihn gleich angerufen und gesagt: ›Viktor, das kannst du doch nicht machen, der ganze Kongress ist auf dich aufgebaut …‹« Die Antwort sei gewesen: »Das ist mir wurscht, Gisi. Ich habe schon alles tausendmal gesagt.« Er hätte seinen väterlichen Freund aber dann so lange und eindringlich gebeten, doch aufzutreten, bis dieser einlenkte: »Also gut. Aber ich halte keinen Vortrag, du interviewst mich«, willigte Frankl ein. Legitimerweise wollte Guttmann wissen: »Viktor, was soll ich dir denn beim Kongress für Fragen stellen?« Die etwas grummelige Antwort: »Diese schon einmal nicht! Ich will mir das nicht überlegen. Wir setzen uns hin und reden einfach.« Einigermaßen ratlos wandte sich Guttmann, ein Freund der ganzen Familie, hilfesuchend an Elli Frankl, die sofort den Familienrat – also alle, mit Ausnahme ihres Mannes – einberief. »Wir sind einen ganzen Nachmittag gesessen und haben den Fragenkatalog zusammengestellt – das Thema nicht, das schon, das nicht. Es war sehr lustig. Jedenfalls haben wir es dann so gemacht, wie vereinbart. Ich habe Fragen gestellt, Viktor hat geantwortet, der Kongress war ein voller Erfolg und alle waren zufrieden.«

1987, als ihn der Alpenverein zum 125-Jahr-Jubiläum als Redner lud, da drohten im Vorfeld 40 Funktionäre an, den Saal zu verlassen. Frankl sprach, sagte philosophische Dinge über das Bergsteigen und nahm auch auf die antisemitischen Verstrickungen 60 Jahre davor Bezug. Mit dem für ihn typischen versöhnlichen Fazit, dass auch im Alpenverein das Kollektiv nicht für das

Fehlverhalten einzelner Funktionäre haftbar gemacht werden könne. Statt offenem Protest gab es stehenden Applaus. Erst ein weiterer Anlass, Frankls vielbeachtete Gedenkrede anlässlich des 50. Jahrestages von Hitlers Einmarsch, schien ihn den Österreichern mehr ins Bewusstsein zu rücken. Am 15. März 1988 auf dem Wiener Rathausplatz stellte er die Bedeutung der Versöhnung einmal mehr in den Mittelpunkt seiner Worte. »Der Nationalsozialismus hat den Rassenwahn aufgebracht«, sagte der damals 83 Jahre alte Frankl. »Aber wenn ich Ihnen verraten darf, wie ich darüber denke, dann lautet meine Antwort so: Es gibt eigentlich nur zwei Typen von Menschenrassen, und das ist die Rasse der anständigen Menschen und die Rasse der unanständigen Menschen, und die Rassentrennung geht quer hindurch alle Nationen und innerhalb jeder Nation quer hindurch, durch alle Parteien und alle Gruppierungen sonstiger Art.« Für Viktor Frankl waren seine Äußerungen keine Anbiederungen an das offizielle Österreich, sondern entsprachen seiner tief humanistischen Grundhaltung. Dass er sich als Jude mit dieser Positionierung nicht nur Freunde machte, sondern harsche Kritik erntete, lag auch auf der Hand.

Warum gerade er den Mut aufbringe und sich öffentlich gegen pauschales Verurteilen wende, fragte ihn einmal ein Universitätsprofessor, der ehemals Offizier bei der SS war, mit Tränen in den Augen: »Sie können's nicht«, antwortete er ihm: »Sie würden pro domo sprechen. Ich aber bin der ehemalige Häftling Nr. 119104, und als solcher kann ich es sehr wohl tun, und daher *muss* ich es auch tun.«

Der einstige Bundespräsident Rudolf Kirchschläger sagte über ihn, er halte ihn für den größten noch lebenden Österreicher. Was im Jahr 1995 darauf prompt eine – auf gut Wienerisch:

»hatscherte« – Koinzidenz nach sich zog. Mit dem einzigen österreichischen Politiker, der umstrittener war als seinerzeit Kurt Waldheim, mit Jörg Haider. Frankl, im fortgeschrittenen Alter von 90 Jahren, praktisch blind und auch sonst nicht bei allerbester Gesundheit, hatte das Enfant terrible auf einer Veranstaltung kennengelernt – und just am selben Abend eine Kreislaufschwäche erlitten. Haider kümmerte sich persönlich um den gebrechlichen Professor, begleitete ihn ins Spital – man kann sich weder Erstbegeher noch Ersthelfer aussuchen. Ausgerechnet auf Betreiben Haiders setzte die FPÖ in Wien durch, was der regierenden Sozialdemokratie scheinbar in all den Jahren nicht von selbst in den Sinn gekommen war: Viktor Frankl die Ehrenbürgerschaft zu verleihen. Es kam am Ende zu einer der typisch österreichischen Polit-Peinlichkeiten: Haider stand damals gerade wegen seiner Rede vor SS-Veteranen in Krumpendorf am Pranger. Wie es seine Art war, hielt er bei einem Fernsehauftritt effektvoll etwas in die Kamera – eine Buchwidmung Viktor Frankls: »Für meinen Freund Jörg Haider«. Er pflegte seine Bücher häufig in diesem Wortlaut persönlich zu widmen. Die Aufwallung nötigte den greisen Viktor Frankl zu einer öffentlichen Klarstellung: Er bedankte sich per Presseaussendung für Haiders Hilfestellung bei seinem Schwächeanfall, distanzierte sich aber von dessen Aussagen zur SS: »Man wird verstehen, dass ich nun nicht öffentlich Wortklaubereien darüber anstelle, ob es sich dabei nur um die Hilfsbereitschaft eines Bekannten oder schon um einen Beweis von Freundschaft handelte. Das wäre unwürdig für alle Beteiligten.«

In diese Kategorie fiel auch Frankls letzter Kontakt zum offiziellen Österreich. Seine Witwe Elli erzählt die Geschichte noch heute mit Entrüstung. Als Viktor Frankl spürte, dass sein Ende nahte, ließ er sich einen Termin beim damaligen Wiener Bürgermeister Helmut Zilk geben. Wie bekannt ist, war Zilk 1993 bei einem Briefbombenanschlag selbst Opfer eines rechtsradikalen Fanatikers geworden. Frankl kam in Begleitung seiner Frau in das Rathaus und fragte Zilk, ob denn seitens der Gemeinde Wien nach seinem Ableben geplant sei, seinem Werk und Wirken ein Andenken zu setzen, was der Bürgermeister laut Elli Frankl so kommentiert haben soll: »Herr Professor, jetzt simma uns ehrlich: Wenn Sie die Augen zu machen, interessiert sich kein Hund mehr für Sie.« Frankl stand auf, bedankte sich für die Zeit, nahm Elli an der Hand und sagte im Stiegenhaus zu ihr: »Bitte versprich mir, nie wieder in dieses Haus zu gehen.« Wie sich herausstellen sollte, lag Zilk falsch.

Die letzte Seillänge in der Südwand. Die Zeit im Pichlweg ist schnell vergangen. Vielleicht, weil diese Route so viel Geschichte hat und so viele Geschichten erzählt. Jetzt sind wir oben. Wir fallen einander in die Arme. Inniger als sonst? Ein Panoramablick im warmen Licht, wenn die Sonne im Zenit steht. Das Leben ist gut. Von oben betrachtet, verändern die Dinge ihre Gestalt und man kann über sie hinaussehen.

Im Nachstieg Frankls

Dachstein

Zugang: Über die Tauernautobahn (A10) von Salzburg aus oder die Ennstalstraße (B320) via Liezen nach Ramsau. Von dort über die mautpflichtige Dachsteinstraße bis zur Talstation der Hunerkogel-Seilbahn.
Beste Jahreszeit: Sommer und Herbst; die Kletterrouten sind südseitig gelegen, wichtig ist, auf die Schneeverhältnisse zu achten.
Empfehlenswerte Routen: Steinerweg (5-), Pichlweg (4)

Auf die Große Zinne oder der letzte Sinn

»*Die Situation entbehrt jedweder Tragik.*«
Viktor Frankl

Wie hoch muss ein Berg sein, damit er zu einem bleibenden Erlebnis wird? Wie schwierig eine Route? Braucht es unbedingt den Mount Everest, um ein Bergsteigerleben komplett zu machen? Taugen Höhenmeter und Schwierigkeitsgrade überhaupt als skalierbarer Maßstab für das Glück eines Alpinisten? Oder lernen wir über die beiden Parameter, dass der Sinn des Lebens immer nur eine relative Größe ist? Weil reich zu sterben nicht prinzipiell bedeutet, auch glücklich gelebt zu haben? Die Berge sind auch ein Sinnanruf an uns, dass wir uns diese Fragen stellen.

Eine gängige Darstellung für unser menschliches Wachsen, Werden und Weiten ist die Helix – dieser Trichter des Lebens, der nach oben hin offen ist, in dem wir in immer weiter werdenden, spiralförmigen Umlaufbahnen an Höhe, also an Einsicht und Erfahrung, gewinnen. In unserer Vorbereitung auf diese siebente und letzte Station unserer Spurensuche im Nachstieg Viktor Frankls kam uns in den Sinn: Ein Berg ist die Umkehrung der Entwicklungshelix – ein Trichter, der auf dem Kopf steht. Er ruht mit seinem größten Umfang auf der Erde und verjüngt sich nach oben hin bis zum Gipfel. Wie man den Gedanken auch dreht und wendet: Für das Ende entscheidend bleibt doch immer der eigene Weg, den wir gehen, die Art, wie wir ihn gehen, und dass wir ihn bewusst gehen. Reflexionen wie diese haben uns beschäftigt, als wir die Große Zinne in den Sextener Dolomiten in Italien repräsentativ für Viktor Frankls gesamtes alpinistisches Vermächtnis im In- und Ausland ausgewählt haben. Die Drei Zinnen sind ein Weltkulturerbe. Ein Monument aus Fels, ein umgekehrter Trichter der Einsicht, an dem sich Geschichte, Lebensgeschichte, Entwicklungsgeschichte schreiben lässt – bar jeder Beliebigkeit. Die Zinnen zu besteigen, war, ist und bleibt – und zwar vollkommen unabhängig vom Schwierigkeitsgrad der Variante, die man sich dafür erwählt – ein großer Lebensmoment.

Doch über weite Strecken seines Lebens hatte ihm die Rax, vor allem der Drei-Enzian-Steig in der Oberen Preinerwand, alles gegeben, was er sich von einem Berg und von einer Klettertour wünschte. All die von ihm benannten Spannpunkte für ein erfülltes Leben, die er lehrte – dort oben gaben sie ihm selbst den Halt. Die Verwirklichung schöpferischer Werte, weil jede Bergtour ein Werk ist, eine Tat, eine gemeisterte Herausforderung, eine Verausgabung. Auch Erlebniswerte sammelte er auf seinem Lebensberg, das Schöne, Wahre und Gute, das sich mit jeder Besteigung des Drei-Enzian-Steigs in seinem Leben vermehrte und erneuerte. Und es mag auch Situationen gegeben haben, in denen es auf seine Einstellungswerte ankam, Situationen, in denen er sich diesem Größeren anvertrauen musste, das wir nicht zu enträtseln vermögen. Alles miteinander bedeutet, in der Hingabe zu einer Sache aufzugehen, auch in der Liebe zu anderen, wenn wir Seilpartner haben – das ist, was uns Menschen zu Menschen macht. Das Oszillieren zwischen dem, was Frankl in seinen Schriften und Vorträgen mit der Welt teilte, und dem, was er selbst lebte und immer wieder in Erfahrungswissen transformierte, das war die Basis seiner Authentizität, Glaubwürdigkeit und Integrität.

Die aktive Mitgestaltung unseres Lebens und unserer Welt liegt in der Freiheit der permanenten Wahl, zu der wir aufgerufen sind, in der Qualität der Entscheidungen, die wir treffen. Das wird beim Bergsteigen besonders deutlich: Unsere Entscheidungen sind immer nach oben gerichtet. Nicht nur zum nächsten Griff, sondern auch zur nächsten, schwierigeren Route, zu einem noch spektakuläreren Berg. Diese Faszination am »immer Mehr« freilich bringt uns in ein Dilemma: Das eigene Œuvre an Besteigungen, ob Erstbegehungen oder nachgestiegene Touren, ob leicht oder anspruchsvoll, wird nie komplett sein. Je mehr Wände wir durchsteigen und auf je mehr Gipfeln wir stehen, desto mehr drängen sich ins Bewusstsein und scheinen uns – sprichwörtlich – zu rufen. Allein in Österreich warten mehr als 900 Dreitausender, in den Alpen sind es 82 Viertausender, in Asien – in der ganz großen Dimension – stehen 14 Achttausender. Weltweit gibt es die »Seven Summits«, also die jeweils höchsten Berge der sieben Kontinente, und dann noch deren zweit- oder die dritthöchsten Gipfel. Jedes Projekt kann, für sich genommen, schon eine Lebensaufgabe oder zumindest eine Beschäftigung für viele Jahre sein.

Genau wie in der Entwicklung seiner Psychotherapie, im Aufbau seiner Karriere als Neurologe, Psychiater und Wissenschaftler, hatte Frankl in den Bergen den traditionellen Weg durchlaufen und auf homogenes Wachstum gesetzt. Wenn man diese Analogie weiterführen will, dann waren die Mizzi-Langer-Wand die Volksschule und die großen Berge in seinem Leben die Universität, seine Ausbildung zum Bergführer in diesem

Bild quasi das Doktorat. Auch vom methodischen Zugang zur Entwicklung eigener Kompetenzen können wir von ihm lernen. Waren sein Können und Wissen gefestigt, ging es für ihn zur Famulatur: Als Arzt zog es ihn zur Neurologie, um die Tiefen der Seele auszuleuchten – als Bergsteiger stieg er in die Dolomiten und auf den Wilden Kaiser, um den Sinn der Höhe zu spüren. Mithin zwei der ganz großen Hotspots der Alpen, wo das Klettern Kunst und jede Wand, jede Kante, jeder Grat Alpingeschichte ist.

Diese größere Welt des Bergsteigens bereiste Viktor Frankl erst, als in seinem kleinen Kosmos alles zur Ruhe und in Frieden gekommen war, ab den 1950er-Jahren. Nun war er beruflich als Primarius der Neurologie in der Polyklinik etabliert, er hatte mit seiner Frau Elli ein zweites Mal eine Liebe fürs Leben und diesmal endgültig sein privates Glück gefunden, und sein Stern als Begründer der Logotherapie und Existenzanalyse begann, hell in die Welt zu strahlen. Seine Touren in den Wiener Hausbergen sollten ihm zwar bis in sein hohes Alter von 80 Jahren Kraftelixier für die Seele bleiben, dennoch scheint sich aber in der Retrospektive über die Zeit ihre Rolle verändert zu haben. In seinen Anfängen, bei den Unternehmungen mit Seilkameraden wie Hubert Gsur und Rudi Reif, waren Peilstein, Rax, Schneeberg und die Hohe Wand für ihn so etwas wie Lehrtherapeuten: Dort hatte er dem Nihilismus abgeschworen und seinem Leben Sinn gegeben, dort hatte er sein Mannsein gestärkt und die mentalen Fähigkeiten entwickelt, auf die er zeitlebens zurückgreifen konnte. Als er dann nach Kriegsende wieder fest in Wien etabliert war, war er auch frei, er konnte reisen, Gast sein und ohne speziellen inneren Auftrag seinen Aktionsradius sukzessive erweitern und neue Berge genießen. Gemeinsam mit seiner

Frau Elli bestieg er bald nach der Hochzeit den fast 3000 Meter hohen Hochkönig im Salzburger Land, eine anspruchsvolle, da sehr lange und steile Wanderung, die Trittsicherheit und Ausdauer voraussetzt. Zudem war damals noch die Überquerung eines kleinen Gletschers – der mittlerweile auf ein Schneefeld geschrumpft ist – notwendig. Wirklich klettern mussten er und seine Frau am Hochkönig aber nicht.

Den Wunsch nach großen Klettererlebnissen fern der Heimat erfüllte er sich in den Dolomiten, sie wurden für das Ehepaar zu einer Urlaubsdestination, später nahmen sie auch ihre Tochter Gaby dorthin mit.

Frankl hatte als erfolgreicher Wissenschaftler mittlerweile selbst den Status und die finanziellen Mittel, um mit herausragenden Alpinisten seiner Zeit unterwegs zu sein. Auf der Großen Zinne, den Sella-Türmen am Grödnerjoch, wo er den Trenkerriss kletterte, war Frankl mit dem – wie er ihn nannte – »berühmten Innerkofler« unterwegs, und am Totenkirchl, dem bedeutsamen Klettergipfel auf der Nordostseite des Wilden Kaisers in Tirol, mit Himalaya-Veteran Peter Aschenbrenner.

Die großen Gipfel hatten für Viktor Frankl persönlich auch hohe Bedeutung. Das beweist der Umstand, dass er diese großen Bergabenteuer bei allen sich anbietenden Gelegenheiten – und die gab es im Leben des immer gefragteren Publizisten und Redners genug – immer mit seinem natürlichen Gespür für wirkungsvolles Understatement erwähnte. Anlässlich der 125-Jahr-Feier des Österreichischen Alpenvereins etwa: »Ich kann Ihnen auch nicht mit alpinistischen Großtaten dienen«, schränkte er zu Beginn seiner Rede mit einem Hauch von Koketterie ein, kraft seiner alpinistischen Genese wusste er natürlich um den realen Stellenwert seiner Touren. Lediglich erlaubte er

Das Glück zu dritt: Viktor Frankl mit seiner Frau Elli und Tochter Gabriele bei einem Familienurlaub in den Dolomiten, um 1960.

sich die Freude, den Verve seiner Rhetorik ein bisschen in eigener Sache, in eigener Bergsteiger-Sache, zu nützen, gerade vor fachkundigem Publikum. Musste man die Klettereien im Osten den West-Österreichern immer wieder von Grund auf erklären, bedurften die Touren in den Dolomiten oder am Wilden Kaiser keiner weiteren Erläuterung, denn sie sprachen für sich.»Ich höre Sie sagen: Auch schon was«, fasste Frankl diesen Umstand 1987 bei seiner Alpenvereins-Ansprache in der Wiener Hofburg knapp zusammen.

Dass er nun das Klettern in der Ferne und nicht ausschließlich in den Wiener Hausbergen leben konnte, passte auch zu seiner persönlichen Entwicklung, bei der das Berufliche und das Private ja stets eng miteinander verwoben waren. Die erste große Vortragstournee für die Logotherapie war gleichzeitig seine erste Fernreise jenseits Europas und führte ihn 1954 nach Argentinien – bei der Konferenz in Buenos Aires wurde auch die erste Gesellschaft für Logotherapie der Welt gegründet, weitere folgten. Als Trägerrakete für Viktor Frankls internationale Popularität aber erwies sich die englische Übersetzung seines KZ-Berichtes ... *trotzdem Ja zum Leben sagen* unter dem Titel *Man's Search For Meaning*. In der Heimat war die zweite Auflage des Werks nach Anfangserfolgen liegen geblieben, in Amerika begeisterte sie ein Millionenpublikum. Mit der Konsequenz, dass Frankl im Jahr 1961 eine Gastprofessur an der renommierten Harvard University erhielt. Mehr als 100 Vortragsreisen führten ihn und seine Frau allein nur in die Vereinigten Staaten. In Washington löste der Ansturm zu einem seiner Vorträge einmal sogar ein Verkehrschaos aus. An mehr als 200 Universitäten in Amerika, Afrika, Asien und Australien hielt Viktor Frankl Vorlesungen und Vorträge – vier Reisen im Dienst der Logotherapie und Existenzanalyse führten ihn rund um den Globus. »Da ich ja ostwärts flog, gewann ich einen ganzen Tag, und so kam es, dass ich an 14 Abenden 15 Vorträge halten konnte«, resümierte er später die Jahre, in denen er als Psychotherapeut einen Tourneeplan wie ein Popstar hatte – und vielerorts auch die Beliebtheit.

»Frankls Aktivitäten haben immer schon eine Tendenz zum Internationalismus gehabt«, schreibt sein langjähriger Schüler und Mitarbeiter Alfried Längle. Er verweist auf die ersten Publikationen Frankls, die schon in den 1920er-Jahren in internationalen Zeitschriften erschienen. Damals hielt er seine ersten Vorträge in Frankfurt am Main, Prag, Berlin und Budapest – was für einen gerade mal zwanzigjährigen Medizinstudenten aus Wien allemal bemerkenswert war.

Der Verbindungsfaden zu Wien riss nie, nicht einmal auf dem Gipfel der Große Zinne. Auch dort war er im historischen Nachstieg eines Wiener Bergsteigers unterwegs, wenngleich unter viel positiveren Vorzeichen als seinerzeit auf dem Pichlweg am Dachstein. Paul Grohmann, der gemeinsam mit zwei anderen Studenten den Österreichischen Alpenverein gegründet hatte, reiste im August 1869 mit einem klaren Ziel in den Norden Südtirols: Er wollte als Erster auf der Spitze der Großen Zinne stehen. Damals hieß es: »Auf die Große Zinne kann nur ein Vogel fliegen.« Zuvor hatte der Wiener Bergsteiger aber bereits »unmögliche« Berge wie die Marmolada, den höchsten Gipfel der Dolomiten, den mächtigen Olperer im Zillertal oder das Wahrzeichen des Grödnertals, den Langkofel, möglich gemacht. Auf dem Langkofel war er mit dem Gamsjäger Peter Salcher und Franz Innerkofler, Bergführer aus Sexten, erfolgreich gewesen. Acht Tage später nahm das Dreier-Dreamteam die Große Zinne in Angriff und überließ dabei nichts dem Zufall. Grohmann vertraute auf besonders weiches, von italienischen Schustern gefertigtes Schuhwerk, während die Bergführer in Socken unterwegs waren. Die robuste und warme Loden-Bekleidung der Bauern, Hüte als Sonnenschutz und den groben Alpenstock hatten alle drei dabei. Nach lediglich drei Stunden standen sie auf dem Gipfel, dem nur ein Meter auf die begehrte Dreitausender-Marke fehlt. Mit diesem Triumph krönte der Wiener Grohmann, den Reinhold Messner als den »großen Dolomiten-Erschließer« sieht, sein alpinistisches Lebenswerk. Das Trio konnte damals nur deshalb so schnell steigen, weil der findige Franz Innerkofler den Weg nach oben bereits vorab ausgekundschaftet hatte. Aus dieser Dynastie an Bergführern aus dem Südtiroler Sexten stammte auch Frankls Guide auf die Zinne.

Unser Innerkofler der Neuzeit im Nachstieg Viktor Frankls heißt Felix Tschurtschenthaler, ein versierter Bergführer aus Sexten und dazu noch ein akademischer Künstler. Seinen weltberühmten Hausberg kennt er in- und auswendig – zwanzig- bis dreißigmal pro Jahr steht er auf dessen Spitze. Nicht immer gelangt er über den Normalweg dorthin, er kennt auch die teils wesentlich anspruchsvolleren Kletterrouten, die auf die Große, die Kleine und die Westliche Zinne führen. Wir aber halten es heute mit Erstbesteiger Grohmann und mit Viktor Frankl und wählen an diesem sonnigen Montag im August die klassische Route inmitten des »fantastischen Dreigestirns«, wie der Schriftsteller und Alpinist Gunther Langes die Drei Zinnen nannte.

Die drei Felsspitzen sind echte Südländer und haben alles, damit diese Grandezza, die man auf manchem höheren Berg in den Ostalpen vermisst, wirken kann. Schon aus der Ferne sorgen sie für die Dramatik, die für große Geschichten immer wichtig ist: drei verkehrte Trichter, mächtig wie gigantische Megafone aus Fels, die die Götter irrtümlich auf der Erde haben stehen lassen.

Vom großen Parkplatz aus sieht man die Naturbühne in Nahaufnahme, auf der sich der Berg präsentiert. Breite, fast ebenerdige Wege sind es, über die man zu den drei Zacken gemächlich, aber als Kletterer doch beeindruckt hinüberspaziert. Der Zustieg ist nur marginal, es bleibt keine Zeit zur Kontemplation. Die Senkrechte schießt viel schneller als erwartet gen Himmel, unten werden Wanderer und Familien rasch zu Miniaturen. Und wir für sie.

Am Berg selbst haben die Südtiroler Guides den Verkehr für italienische Verhältnisse äußerst effizient geregelt. Sie wissen, wer überholen darf, wo die möglichen Staupunkte am Normalweg wie am besten zu umgehen sind und wann es im Interesse aller sinnvoll ist, andere vorzulassen. So erleben wir einen Kletterflow an festem Dolomit-Gestein. Ziehen, Steigen, Stützen: Genuss in der Vertikalen, weil Felix uns ruckfrei durch das magische Labyrinth aus Rampen, Kaminen und Scharten lotst. Ohne Felix im Vorstieg bräuchte es in diesen Strukturen wohl detektivische Fähigkeiten, um die Linie zu finden. Mehr, als man aus der Totalen oder, von unten aus gesehen, vermuten würde.

Wie schon einst Grohmann stehen wir in knapp drei Stunden auf 2999 Metern. Episch ist dieser Blick hinüber zur Westlichen und etwas abgesenkt zur Kleinen Zinne. Die steinerne Weite der Dolomiten macht uns staunen und schweigen, surreal schön ist es hier. Und doch, nach 20 Minuten, wird uns auch diesmal bewusst: Der Gipfel ist kein Hauptwohnsitz, wir sind hier nur zu Gast. Das ist der Unterschied zwischen der Krönung des Kletterns in den Dolomiten und der Vertrautheit der Wiener

Hausberge. Hier stellt nicht nur der Aufstieg eine einzigartige Klettertour dar, sondern auch der Abstieg. Wir brauchen einen Bergführer, einen Übersetzer und Kenner aller Linien, einen, der weiß, wo es der allgegenwärtige Steinschlag brenzlig macht, wo moderate Passagen verlaufen, die nicht in einem gefährlichen, brüchigen Nirgendwo enden, sondern der Weg sind, den es zu gehen gilt. In den Dolomiten ist keine Tour mit dem Gipfel zu Ende. Während man beim Pichlweg am Dachstein nur ein kurzes Stück hinunter muss, um zur Seilbahn hinüber zu queren oder nach der Preinerwand auf der Rax lediglich noch eine angenehme Plateauwanderung vor sich hat, bedeutet der Rückweg von der Großen Zinne ständiges Abseilen und Abklettern. Letzteres war im Alpinismus vor 100 Jahren gang und gäbe. Der Kletterer Paul Preuß, der Anfang des 20. Jahrhunderts das Klettern auf ein neues Niveau gehoben und mehrere seiner 150 Erstbegehungen in den Dolomiten gemacht hat, empfand es als gänzlich unstatthaft, Haken zur Fortbewegung und Sicherheit beim Klettern zu benutzen. Er postulierte: Wer es hinauf schafft, muss auch ohne Hilfsmittel wieder hinunter kommen. Dafür braucht es nicht nur ein hohes Klettterkönnen und mentale Stärke, sondern auch eine überaus solide Kenntnis der Route. Manchmal eine millimetergenaue Kenntnis. Der Wiener Grohmann war diesbezüglich eher ein Pragmatiker wie die meisten Alpen-Erschließer, die aus europäischen Städten kamen. Er wollte große Linien erleben, ohne sie suchen zu müssen, und vertraute deshalb auf einheimische Pfadfinder. Genauso wie Viktor Frankl. Und genau wie wir an diesem Montag auf der Großen Zinne, an dem uns Felix über geheime Pfade sicher und staufrei wieder zum Fuß der Felsmegafone bringt.

Dass das Sicherheitsfeature, sich einen Bergführer zu leisten, lohnend ist, wusste Viktor Frankl zeitlebens. Vor allem später, als er berufliche Reisen gemeinsam mit Elli jeweils für Abstecher in das nächstgelegene Gebirge nützte. Zu den monumentalen Granitwänden des Yosemite Valleys beispielsweise, auf den Tafelberg in Kapstadt oder in die Hohe Tatra in der Slowakei. Da genoss es der Bergführer Viktor Frankl, einfach nur Gast zu sein und sich einheimischen Kollegen anzuvertrauen, sich führen zu lassen. Im Yosemite hatte bei seinem Besuch gerade die erste Kletterschule eröffnet, und auf den Tafelberg ließ es sich der Präsident des südafrikanischen Kletterklubs nicht nehmen, in Frankls Vorstieg zu gehen. Elli Frankl hat im Gespräch für dieses Buch erzählt, dass ihr Mann bei Vortragsanfragen gerne nach simplen Kriterien entschied: »Das Honorar, das er für einen Vortrag bekam, drückte er am nächsten Tag einem Bergführer in die Hand. Egal, wo wir waren, und wir waren meistens in der Nähe von Bergen, danach hat Viktor seine Vorträge ja primär ausgewählt.«

Das sagt viel über Viktor Frankls Einstellung zum Leben und seine Einstellung zu Geld. Seine Sinn-Mission war, anderen ihren Weg zum Sinn im Leben zu zeigen, seine Logotherapie und Existenzanalyse zu verbreiten und für möglichst viele Menschen nutzbar zu machen. Aber als Geschäftsmodell sah er seinen inneren Auftrag nie: Konnten sich lokale Veranstalter die 10.000 Dollar für einen Frankl-Vortrag nicht leisten, trat er eben kostenlos auf. Für Therapiesitzungen nahm er prinzipiell kein Geld, und die Wohnung in der Mariannengasse im neunten Bezirk ist bis heute eine Mietwohnung mit günstigem Zins. Über seinen Bezug zum Geld schrieb Frankl: »An sich interessiert es mich herzlich wenig, höchstens insofern, als ich der Ansicht bin, man solle Geld zwar

Weltweite Faszination: Viktor Frankl nahm gerne dort Vorträge an, wo er auch klettern konnte – wie hier im Yosemite Valley, USA (um 1970).

besitzen, aber der wahre Wert von Geldbesitz liegt darin, dass man es sich leisten kann, an Geld – nicht denken zu müssen ...«.

Nicht am Materiellen richtete er sein Leben aus, sondern viel mehr an der Verwirklichung von schöpferischen Werten und von Erlebnissen. Als Gründervater der Höhenpsychologie hatte er dabei ein Faible für die große Perspektive von oben – nicht nur beim Bergsteigen, auch als Pilot. Den Flugschein machte er im Alter von 67 Jahren in Kalifornien, unternahm bald gemeinsam mit seiner Elli Solo-Flüge und wie gerne hätte er im fortgeschrittenen Alter auch noch das Fallschirmspringen erlernt. So als hätte er sich selbst immer wieder aufs Neue zeigen wollen, das seine »Trotzmacht des Geistes« nie aufgibt. Alles geht sich niemals aus, nicht einmal in einem erfüllten Leben. So blieb neben der Erstbegehung auf einen Berg auch der freie Fall aus einem Flugzeug ein unerfüllter Traum – Arzt-Kollegen hatten ihm dringend vom Fallschirmspringen abgeraten, weil zu befürchten war, dass die schwache Konstitution seiner Knöchel einer Landung nicht standgehalten hätte.

Natürlich hätte auch dieses Abenteuer seine facettenreiche Biografie bereichert, und doch wäre es nicht mehr als eine Fußnote gewesen: Sein Leben hatte vom Wien der Kaiserzeit bis in die Neunzigerjahre des vergangenen Jahrhunderts gedauert, die Schrecken zweier Weltkriege beinhaltet und die seltene Chance, in den Geschichtsbüchern der Wissenschaft verewigt zu sein. Der deutsche Philosoph Martin Heidegger schrieb Frankl in sein Gästebuch: »Das Vergangene geht. Das Gewesene kommt.« Große Worte, und so passend für die Art, wie Viktor Frankl das Leben verstand, wie die tiefsten Tiefen und die höchsten Höhen in der Gegenwart zusammenkamen und die Zukunft begründeten. Ebenso schätzte er die Gnade seiner reifen Jahre, wie ein

Ausschnitt aus seiner Rede beim Alpenverein nachempfinden lässt: »Wenn wir, die Alten unter uns, die wir die Schwelle zum neunten Jahrzehnt überschritten haben, auf die Erlebnisse zurückblicken, die wir all den Bergen und Wänden und Graten verdanken, dann mag uns wehmütig ums Herz sein; aber es gibt ein tröstliches Dichterwort, das da lautet: ›Was du erlebt, kann keine Macht der Welt dir rauben.‹ Ich selbst würde sagen, wir haben es hineingerettet ins Vergangen-sein, und das Vergangen-sein ist auch noch eine Weise des Seins, vielleicht sogar die sicherste; denn nichts und niemand kann es rückgängig machen, kann es ungeschehen machen, kann es aus der Welt schaffen – in seinem Vergangen-sein ist es geborgen, ist es aufbewahrt und vor der Vergänglichkeit – bewahrt. Zugegeben: für gewöhnlich sehen wir nur, wenn ich so sagen darf, die Stoppelfelder der Vergänglichkeit in einem. Damit übersehen wir aber nur allzu oft die vollen Scheunen des Vergangen-seins, in die wir längst schon unsere Lebensernte eingebracht haben: die Werke, die wir geschaffen, die Taten, die wir gesetzt, die Lieben, die wir geliebt, und die Leiden, die wir mit Würde und Tapferkeit gelitten haben.«

Diese Scheunen können nach ein paar Jahren in den Bergen reich gefüllt sein. Oft reichen wenige Erlebnisse für ein befriedigtes Seinsgefühl und Dankbarkeit wegen der persönlichen Ernte. Dieses innerliche Erfüllt-Sein hängt nicht am Mehr von allem, eher am Mehr von weniger, ein schmaler Grat, auf dem wir Alpinisten balancieren, auf dem wir immer auch herausgefordert sind, nicht zu viel zu wollen, aber auch nicht zu wenig. Frankl definierte Sinn als »wertvollste Möglichkeit in jeder Situation«. Der konkrete Sinn, den eine konkrete Person in jeder konkreten Situation für sich findet, macht am Ende die absolute

Größe dieses Menschen aus. Voraussetzung dafür ist immer die Suche, die Bereitschaft – wie man es vom Bergsteigen kennt –, längere und herausfordernde Wege auf sich zu nehmen, zu irren und geduldig zu bleiben, um an Ziele zu gelangen.

Gerade am Berg wird man in den vielen, gleichermaßen anstrengenden wie schönen Stunden mit einer reichen Palette an Erlebnissen und Eindrücken beschenkt und dieser Reichtum wird zu einem inneren Wissen für das Warum des Bergsteigens.

In den Bergen, wo man mit einer vordergründig völlig sinnlosen Tätigkeit einen tiefen persönlichen Lebenssinn finden kann, kommt man unweigerlich auch zur Frage nach dem »Sinn des Ganzen«.

Die Suche nach Antworten berührt auch die Grenzen des Kognitiven. »Je umfassender der Sinn ist, umso weniger fasslich ist er auch«, beschreibt Frankl dieses Paradoxon. Und: »Wo es gar um den letzten Sinn geht, entzieht er sich zumindest einem bloß intellektuellen Zugriff vollends. Was un-wiss-bar ist, braucht aber nicht un-glaub-lich zu sein.«

Die Begegnung mit dem Religiösen, dem Göttlichen, markierte auch für ihn eine Grenze, die nicht nur sprachlicher Natur war: 1949 hatte er in Philosophie promoviert und als Dissertation sein Buch »Der unbewußte Gott« eingereicht. Über seinen doppelten akademischen Abschluss sagte er einmal scherzhaft: »Wissen Sie, meine Damen und Herren, ich besitze nicht nur ein medizinisches, sondern auch ein philosophisches Doktorat, aber für gewöhnlich unterschlage ich es. Denn wie ich meine Wiener Kollegen kenne, wird niemand sagen, der Frankl ist ein doppelter Doktor, sondern man würde sagen, er ist nur ein halber Arzt.«

Gerne für sich behalten hat Frankl zeitlebens nicht nur sein zweites Doktorat, auch sein Umgang mit den letzten großen Fragen des Lebens und mit seiner Spiritualität war für ihn Privatsache: »Angesichts der Frage, ob alles einen, wenn auch verborgenen Sinn hat oder aber die Welt ein einziger Unsinn ist, muss das Wissen das Feld räumen – es ist der Glaube, der da zu einer Entscheidung aufgerufen ist.« Laut denen, die ihn kannten, war Viktor Frankl ein religiöser Mensch: Er beging die Fasttage, las Psalmen, lebte die jüdische Geisteshaltung, betete und ließ in seinem Werk kaum Interpretation offen, welche Instanz für ihn die Welt zusammenhielt: »... so dass vielleicht jede Wahrheit, zu Ende gedacht, Gott meint; und alle Schönheit, zu Ende geliebt, schaut Gott; und jeder Gruß, richtig verstanden, grüßt Gott.« Als »Partner unserer intimsten Selbstgespräche« definierte er seinen Gottesbegriff, den Glauben ordnete er der Gefühlsebene und damit der Intimität zu. Denn drei essenziell humane Dinge waren für ihn, der im Zeitalter von Autorität und bedingungsloser Pflichterfüllung als höchster Qualität menschlichen Daseins aufgewachsen war, unter keinen Umständen für die Öffentlichkeit bestimmt: Lieben, Sterben und Beten. »Ich kann nicht als Betender ganz Gott hingegeben sein, wenn ein Scheinwerferlicht auf mich fällt und ich weiß, dass gefilmt wird«, sagte er. Der Glaube lag für ihn im persönlichen Hoheitsgebiet jedes Einzelnen. Und war eine Angelegenheit, die – einmal offengelegt oder gar diskutiert – nur an ideeller Qualität verlieren konnte. So wie er es liebte, in der Neuen Seehütte auf der Rax nicht der gefeierte Psychiater, sondern anonymer Teil einer Gemeinschaft zu sein, löste sich für ihn auch der letzte Sinn auf: Die Beziehung zu Gott war für ihn der ultimative Akt der Selbsttranszendenz, des von sich selbst vollkommenen Absehens: »›Ahnungslos‹, ›nichts‹ ahnend: das Nichts ahnend – setzt der Mensch Gott voraus.«

Erstaunlich irdisch, fast schon mit einer politischen Dimension, erlebten Viktor und Elli Frankl hingegen 1970 eine Sonderaudienz bei Papst Paul VI. in Rom. Der Heilige Vater der Katholiken rühmte die Bedeutung der Logotherapie für die Welt und er äußerte Wertschätzung für Frankls Verhalten im Konzentrationslager. Beim Abschied bat der Papst auf Deutsch: »Bitte beten Sie für mich!« In seiner Biografie schrieb Frankl über jenen Moment: »Ich kann nur sagen, was ich in diesem Zusammenhang immer wieder sage, dass man dem Mann die Qual der Nächte ansah, in denen er mit seinem Gewissen sich Entscheidungen abringt, dass sie nicht nur ihn, sondern die ganze katholische Kirche unpopulär machen.«

Das Gewissen. Viktor Frankl nannte es das menschliche Sinn-Organ. »Lebe so, als ob du bereits zum zweiten Mal lebtest und das erste Mal alles so falsch gemacht hättest, wie du im Begriffe bist, es zu tun.« Diesen Satz hatte er als Jugendlicher geträumt und im Aufwachen auf ein Blatt Papier geschrieben. Er blieb eine Art elftes Gebot seines Lebens, durch alle Gezeiten, und ihrer gab es zahllos viele in seiner Biografie. Von den historisch so bewegten Jahren seiner Kindheit, durch die Sinnkrise seiner Jugend, seine persönliche Tragödie des Holocaust, die schrittweise Rückkehr in ein Leben, das sich schließlich über ein halbes Jahrhundert dauerhaft zum Guten wendete. »An der Größe eines Augenblicks lässt sich die Größe eines Lebens messen: die Höhe einer Bergkette wird ja auch nicht nach der Höhe irgendeiner Talsohle bemessen, sondern ausschließlich nach der Höhe des höchsten Berggipfels.«

Viktor Emil Frankl, dieser große Österreicher, der uns allen ein zeitloses Vermächtnis angewandter Menschlichkeit hinterlassen hat, ist auf so manchem Gipfel gestanden. Er hat die Berge geliebt, die Menschen und das Leben. Er war in Frieden mit sich, mit der Welt und mit dem letzten Sinn. Mit dem Satz »Die Situation entbehrt jedweder Tragik« hat er sich am 2. September 1997 bei seinen Liebsten für immer verabschiedet.

Es war uns eine Ehre, in seinem Nachstieg zu klettern.

Im Nachstieg Frankls

Die Große Zinne/Dolomiten
Zugang: Über Lienz nach Toblach, weiter auf der SS51 nach Schluderbach und bis zum Ortsbeginn von Misurina. Die mautpflichtige Drei-Zinnen-Straße führt direkt zum großen Parkplatz des Rifugio Auronzo.
Beste Jahreszeit: Sommer und bis in den Frühherbst; die Kletterroute ist südseitig gelegen.
Empfehlenswerte Routen: Normalweg Große Zinne (3/3+), Normalweg Westliche Zinne (3+), Normalweg Kleine Zinne (4/4+)

Frankl und die Berge

EIN BEITRAG VON ELISABETH LUKAS

Frankls Menschenbild

Genies sind nicht von Geburt an Genies. Sie entwickeln sich im Laufe ihres Lebens dazu. Wobei es nicht ihre Entwicklungsumstände sind, die sie zu Genies machen, sondern vielmehr ihr persönliches Geschick ist, ihre jeweiligen Entwicklungsumstände auf konstruktive Weise zu nützen.

Bei Viktor E. Frankl gab es eine Menge Entwicklungsumstände, die ihn bei seiner Karriere als begnadeter Seelenarzt enorm hätten behindern können. Häusliche Armut, schmächtiger Körperbau, Antisemitismus, Wirtschaftsflaute und nicht zuletzt zwei dramatische Weltkriege überschatteten die erste Hälfte seines Lebens – und das ist eine lange Zeit. Doch Frankl schöpfte gerade aus diesen Faktoren Erkenntnisse, die sich für die Wissenschaftslehre der Psychotherapie als bahnbrechend erweisen sollten. Es gelang ihm nachzuweisen, dass der Mensch in jedem bewussten Augenblick *aktiver Mitgestalter seiner Umstände* und nicht bloß *passives Opfer seiner Umstände* ist, und dass er daher stets eine Wahl hat, wie er mit seinen jeweiligen Lebenssituationen umgeht. Je sinnvoller solche Wahlen sind, je weltoffener und verantwortlicher er sie trifft, desto besser glückt sein Leben. Frankl richtete den Akzent der von ihm begründeten Therapierichtung »Logotherapie« darauf aus, ratsuchende und in Konflikte verstrickte Menschen zu sinnvollen Wahlen zu motivieren.

Frankls »Gebirgsinspirationen«

Es kann schon sein, dass die Leidenschaft des jungen Frankl für das Bergsteigen und Klettern ihn zu seinen Theorien inspiriert hat. Hoch oben in den Felsen entscheidet jeder einzelne Schritt und Tritt, jede einzelne Handbewegung über den Fortgang des Unternehmens. »Sinnvolle oder weniger sinnvolle Wahlen« sind Herren über Leben und Tod. Ausreden auf missliche Umstände wie glatte Wände oder schlechtes Wetter nützen dem Kletterer gar nichts. Gefährliche Gletscherspalten, Stürme und Kälte sind eben sorgfältig einzukalkulieren, und Risiken sind rechtzeitig zu minimieren. Die Frage, ob eine bestimmte Tour für eine bestimmte Person sinnvoll ist oder nicht, muss mit Vernunft und Gewissen verhandelt werden. Es ist nicht viel anders als im normalen Alltag, nur steht mehr auf dem Spiel. Aber auch inmitten unserer täglichen Routine muss immer wieder neu entschieden werden, was *jetzt gerade* zu tun oder zu unterlassen ist, was der Augenblick von uns verlangt. Wer sich dem verwehrt, stürzt leicht ab ...

Frankls Kritik an Sigmund Freud

Es ist kein Wunder, dass der junge Frankl in den frühen 1920er-Jahren von den Thesen Sigmund Freuds, dem damaligen »Psychotherapiepapst«, abgerückt ist, obwohl dieser die Begabung Frankls erkannt hat und ihn zu fördern geneigt war. Doch zwischen beiden, dem alternden und dem aufstrebenden Genie, stand der Pandeterminismus wie ein unüberbrückbarer Abgrund. Für Freud gab es praktisch weder freie Wahlen noch Sinn. Die Qualität der erlebten Kindheit und Triebgeschichte determinierte Freuds Meinung nach eines Menschen Schicksal, und »wer nach Sinn fragte, war seelisch krank«. Es klang, als würde man behaupten, dass der Start eines Bergsteigers Allmacht habe über dessen weiteren Weg und es folglich illusorisch wäre, nach passenden Routen zu suchen. Die Startvariablen würden den Bergsteiger unweigerlich einholen. Dem widersprach Frankl vehement. Schlechte Ausgangsbedingungen sind zwar bedauerlich, so Frankl, aber in fast jedem Hier und Jetzt kann der bedächtige Bergsteiger noch eine Route finden, die ihn an das Ziel bzw. heil nach Hause bringt.

Frankls Konzept zur Angstbewältigung

Frankl entwarf das Menschenbild des »unbedingten Menschen«, der seinen Bedingungen trotzen kann, wenn es nottut. Wohlgemerkt: *kann* und nicht *muss*. Zum Beispiel war es bezüglich Frankls Höhenangst klug, ihr Widerstand zu leisten. Hätte er sie wuchern lassen, hätte sie ihm viele vergnügte Stunden in seinen geliebten Bergen verdorben. Sie hätte ihm schöne und triumphale Erfahrungen geraubt und sein Leben beschwert. Solche unnötigen und einer Sachlage nicht angemessenen Ängste bezeichnet man als »irrational«.

Nicht wenige Menschen leiden unter irrationalen Ängsten, die sich bis zu Panikattacken aufschaukeln können. Die Geplagten fürchten ziemlich unwahrscheinliche Bedrohungen, wie in kleinen Räumen zu ersticken, von Spinnen gebissen zu werden, sich auf Partys gruselig zu blamieren, in Kaufhäusern zu kollabieren etc. Frankl erkannte schon sehr bald, dass es wenig hilfreich ist, nach möglichen Ursachen derartiger Überbesorgnisse zu fahnden. Heute weiß man, dass eine bunte Mischung aus Erbmaterial, Umwelteinflüssen und Eigenanteilen daran beteiligt ist. Physisches, Psychisches und Soziales ist eng miteinander vernetzt. Die geistige Person jedoch, Träger all dieser Vernetzungen, kann sich ein Stück weit darüber erheben. Sie kann sich selbst etwas abtrotzen, im Extremfall sogar, sich lächelnd vorzunehmen, den nächsten »Urlaub« just in kleinen Räumen zu verbringen, Freundschaft mit sämtlichen Spinnen zu schließen, Partygäste mit tollen Narreteien zu unterhalten oder versäumten Schlaf in Form von erholsamen Ohnmachten im Kaufhaus nachzuholen ... Nichts hebt uns so hoch über uns selbst hinaus wie der Humor!

Frankls Sinnbegriff

Allerdings ist keineswegs jede Angst irrational. Viele Ängste wachen schützend über uns, und niemand weiß das besser als die tüchtigen Männer von der Bergrettung, die sich hauptsächlich um jene Leichtsinnigen kümmern müssen, die ihren »rationalen« Ängsten kein Gehör geschenkt haben. Wenn sich jemand fürchtet, in Shorts und Sandalen ins Gebirge aufzubrechen, dann ist das eine ausgezeichnete Angst, der diese Person wahrlich nicht trotzen sollte. Wenn sich jemand fürchtet, mit einem Kleinkind an der Hand in den Nebel hinauszuwandern, ist Trotz ebenfalls nicht angesagt. Die »Trotzmacht des Geistes«, von der Frankl sprach, und die er nicht nur bei sich selbst, sondern auch bei seinen Patienten erfolgreich zu mobilisieren verstand, bleibt Situationen vorbehalten, *die sie wirklich erfordern*. Und sie hat schweigend zu warten in Situationen, die Gehorsam, Fügung, Anpassung und Unterwerfung erfordern. Der Skifahrer hat sich der Gewalt »Lawinengefahr« zu beugen. Die Verletzte hat sich dem ärztlichen Verdikt »Operation unumgänglich« zu fügen. Wir Menschen kommen an Grenzen, und wo wir sie nicht mutig hinausschieben können, dort haben wir sie demütig zu akzeptieren.

Wer entscheidet aber, ob Mut oder Demut das Gebot der Stunde ist? Ob die Mobilisierung eines heroischen Trotzes oder die schlichte Annahme einer Unerfreulichkeit an der Reihe ist? Der Schiedsrichter ist *der Sinn*. Nicht irgendein willkürlich ausfantasierter Sinn, den man selbstherrlich nach eigenen Wünschen »machen« könnte (auch wenn das moderne Schlagwort vom »Sinn machen« umgeht). Nein, es ist der Sinn, den man nicht *erfinden*, sondern nur *finden* kann, weil er in den verschiedenen Lebenskonstellationen verschlüsselt liegt und sich einzig dem ehrlich und gewissenhaft Suchenden erschließt. Als Frankl zu der Überzeugung kam, dass – im Gegensatz zu Freuds Ansicht – »geistig rege und mündig ist, wer nach Sinn fragt«, war der Spatenstich zu seiner sinnzentrierten Psychotherapieform getan.

Frankls Umgang mit Stress

Innere Ausgeglichenheit ist zweifellos eine wichtige Zutat im Gepäck jedes Bergsteigers. Losrennen, keuchend dahinstolpern, erschöpft rasten und erneut wild umherirren ist nicht professionell. Leider gleicht ein solcher Modus vielen Zeitgenossen, die sich bis zum Burn-out-Syndrom verausgaben und dann deprimiert auf der Strecke bleiben.

Frankl war in der zweiten Hälfte seines Lebens gut beschäftigt. Von außen betrachtet könnte man sein Beschäftigungsausmaß sogar als »gigantisch« definieren. Er leitete die Neurologische Abteilung der Poliklinik in Wien, hatte eine ständige Professur und zahlreiche Gastprofessuren inne, schrieb exzellente Fachbücher, hielt Vorträge im In- und Ausland und war nicht zuletzt ein liebevoller Ehemann und Vater (was bekanntlich auch Zeit kostet). Doch niemals wäre er bei alledem »ausgebrannt«. So wie die erfolgreichen Gipfelstürmer gemächlich und konstant voranschreiten und sich weder ablenken noch total auspowern lassen, so verfolgte Frankl beharrlich seinen Lebenspfad und schuf Stück für Stück ein Werk, das einer »Erstbegehung« durchaus ähnelt. Keiner vor ihm ist in solch geistige Höhen der Psychotherapie vorgedrungen. Keiner hat die Seelenheilkunde auf ein philosophisch so anspruchsvolles Niveau gestellt und mit traditionellen Weisheiten aus dem kulturellen Menschheitsschatz verknüpft wie er. Und doch wusste Frankl sich bei all diesen Superleistungen vor hektischer Überarbeitung zu hüten und sich und den Seinen ein friedliches und fröhliches Miteinander zu bewahren. Vielleicht war *das* unter dem Strich die allergrößte Leistung, die er vollbracht hat!

Frankls Erholungsgebiet

Können wir uns diesbezüglich etwas von ihm abschauen? Gewiss! Frankl war ein zutiefst bescheidener Mann, der auf überflüssigen Luxus verzichtete. Er baute sich keine Galavilla mit Swimmingpool, er kaufte sich keine Jacht und er mochte es nicht, von Fans angehimmelt zu werden. Stattdessen betrieb er Psychohygiene vom Feinsten. An freien Wochenenden begab er sich auf seinen »Hausberg«, die Rax, um innere Ruhe zu tanken. Die körperliche Aktivität des Kletterns bot ihm einen idealen Ausgleich zu seiner anstrengenden kognitiven Aktivität während der Woche. Die Bewegung auf dem Rax-Plateau war sein Ausgleich zum Sitzen in der Arztpraxis und zum Stehen im Hörsaal. Die Lärmfreiheit und die frische Luft in der Höhe waren der reinste Genuss gegenüber dem städtischen Krach und Gestank. In einer austarierten Abwechslung von Spannung und Entspannung fand Frankl die seelische Balance, die es ihm gestattete, Verkrampfungen und Engpässe zu vermeiden und Kritiken von Neidern großzügig wegzustecken. Der Blick über Wolken und Landschaften weitet die Brust und wischt kleine Ärgernisse von der Stirn. Nirgendwo gewinnt man so viel Distanz zu den Talsohlen menschlicher Kleinkrämerei wie am Berg. Frankl hat mir selbst einmal erzählt, dass er seine brillantesten Ideen in der Einsamkeit auf der Rax entwickelt hat.

Frankls Rat, in die Natur zu gehen

Jeder von uns sollte sich ein ähnliches Refugium schaffen. Die Kids von heute spazieren mehr durch virtuelle Räume als durch die Realität. Das entfremdet sie von den Heilgärten der Natur. Durch die ununterbrochene Online-Kommunikation verlernen sie es, Stille auszuhalten und mit sich selbst allein zu sein. Es muss nicht das grandiose Panorama der Berge sein, das sie wieder mit sich und ihrem innersten Selbst in Einklang bringt, es könnten auch Wälder, Seen, Heidefluren oder das nächtliche Firmament sein, die sie eindrücklich berühren. Aber gelegentliche Stille und Innehalten im Alltagsgetriebe ist notwendig, um sich buchstäblich zu be-sinn-en. Um den eigenen Kurs zu überprüfen und bei Bedarf zu korrigieren. *Wohin* soll unsere Reise gehen? *Wer* wollen wir schlussendlich sein und geworden sein? Die Maschinen werden immer intelligenter, doch solche existenziellen Fragen können sie uns nicht beantworten. Da müssen wir schon unsere individuellen Antworten ausbuchstabieren und ausformulieren.

Frankls Rat, sich für eine Aufgabe zu engagieren

Frankl hat darauf hingewiesen, dass es nicht nur psychosomatische Krankheiten, sondern auch eine »psychosomatische Gesundheit« gibt, insofern, als uns der Organismus genügend Kräfte gewährt, um eine wichtige Aufgabe, die wir uns gesetzt haben, zu erfüllen. Vorausgesetzt freilich, dass diese Aufgabe unserem Ressourcenrahmen entspricht. Wie schon Goethe erkannt hat, wächst der Mensch mit seinen Aufgaben – und stagniert mit fehlenden Aufgaben. Frankl wurde nicht müde, vor den Folgen eines »existenziellen Vakuums«, das sich in Stumpfheit, Langeweile, Gleichgültigkeit, Ohnmachts- und Leeregefühlen äußert, zu warnen.

Wenn Menschen sich ausgeliefert fühlen, sei es an dominierende Obrigkeiten, sei es an leidvolle Ereignisse oder andere Gewalten, reduzieren sie ihre Initiativen und lassen sich hilflos treiben. »Wer sein Schicksal für besiegelt hält, ist außerstande, es zu besiegen«, hat Frankl doziert. Wer sich hingegen einer selbst erkundeten Aufgabe widmet, legt sofort an Elan zu. Demnach empfiehlt es sich, bis an das Lebensende kleine persönliche Aufgaben zu übernehmen. Sie halten Körper und Gemüt fit.

Dennoch soll eine Aufgabe, die man erfüllen möchte, nicht für eigene Zwecke instrumentalisiert werden. Frankl erläuterte diese Einsicht am Beispiel *Sport*. Siege im Sport stehen und fallen mit der Intention, mit der sie angepeilt werden. Wobei es stets zwei Regeln zu beherzigen gilt: Erstens, rivalisiere mit niemandem außer mit dir selbst! Zweitens, strebe nicht nach Siegen, sondern handle nach deinem besten Vermögen! Was wollte Frankl uns mit diesen zwei Regeln mitteilen?

Frankls Sportregel Nr. 1

Zu Regel Nr. 1: Ein Konkurrenzkampf ist nicht so »belebend«, wie ihn Wirtschaftsbosse gerne deuten. Konkurrenzdenken ist von Eifersucht, Gegnerschaft und nicht selten von schäbigen Diffamierungen und Hinterhältigkeiten geprägt. Respekt und Wertschätzung werden dem Rivalen versagt. Das ist des Menschen und schon gar des Sportlers nicht würdig, der eigentlich Fairness auf seine Fahnen geschrieben haben sollte. Im Unterschied dazu ist es ein Zeichen von seelischer Reife und Souveränität, einem Gegner den Sieg zu *gönnen*, wenn er ihn verdient. Überhaupt ist es ein Merkmal charakterlicher Stärke, sich mit dem Glück anderer Menschen mitfreuen zu können und es ihnen nicht heimlich »wegzuwünschen«.

Wer selbstsicher in sich ruht, vergleicht sich nicht andauernd sehnsüchtig mit anderen, denen es eine Spur besser geht als ihm, die eine Wenigkeit mehr besitzen als er, kurz, die ein bisschen mehr »Sonnenseite« abkriegen als er. Wer ferner gescheit genug ist, vergisst nie, dass es millionenfach andere auf unserem Planeten gibt, die wesentlich schlechter dran sind als er, und die ihr Dasein auf der »Schattenseite« fristen müssen, was traurig genug ist. Vergleiche sind im Prinzip unfruchtbar, weil jeder

Mensch auf seine Weise einzigartig und einmalig ist und mit seinen eigenen Trägheiten und Verführbarkeiten zu ringen hat, die ihn in seiner positiven Entfaltung einbremsen könnten, und nicht mit Konkurrenten aus der Nachbarschaft.

Frankls Sportregel Nr. 2

Mit Regel Nr. 2 wollte Frankl in seiner Eigenschaft als Psychiater das Problem der »Hyperreflexion« ausleuchten. »Eine Hyperreflexion verunmöglicht das Intendierte«, pflegte er zu sagen. Unter einer Hyperreflexion versteht man ein übermäßiges gedankliches Kreisen um sich selbst und sein Begehr. Im Fall des Sportlers ein Hängen- und Klebenbleiben seiner Gedanken am einzuheimsenden Sieg. Zahlreiche Studien bestätigen: Je mehr es jemandem um seinen Sieg geht, desto eher versäumt er ihn. Das ist hirntechnisch leicht zu erklären. Hauptteile der zerebralen Energie werden für das verbissene Erzwingen-Möchten des Sieges verwendet und stehen für die Hingabe an die zu bewältigende Aufgabe nicht mehr zur Verfügung. Zusätzlich schleicht sich noch eine vage Ängstlichkeit durch die Hintertüre ein und macht den Betreffenden schlapp. Denn wer um jeden Preis siegen will, der muss vor einer Niederlage zittern.

Die *rechte Intention* ist unweigerlich mit Selbstvergessenheit gekoppelt. Sie ist auf eine gute Sache gerichtet, auf einen zu verwirklichenden Wert, auf eine geliebte Person, auf einen Beitrag zum Gelingen der Gemeinschaft, der man angehört. Nie ist der Mensch so intensiv bei sich, nie so frei vom nervösen Geflunker in seiner Seele, als wenn er sich an etwas Größeres verschenkt, als er selbst ist. Etwaige Siege, Erfolge, Belobigungen usw. sind *unangestrebte Nebeneffekte* selbstüberschreitender Intentionen. Das ist keineswegs nur bei den Sportlern so. Das ist ein Generalrezept für uns alle.

Frankls »tragischer Optimismus«

In einem Interview mit Franz Kreuzer, das 1986 in der Serie Piper veröffentlicht worden ist, erinnerte sich der damals 81-jährige Frankl an folgende Begebenheit:

»Ich bin einmal durch die Preiner Wand geklettert, und der Gruber-Naz hat mich geführt, und während er dort sitzt und sichert und mich nachkommen lässt am Seil, sagt er: ›Sind'S mir net bös, Herr Professor, aber wann i eana so zuaschau, Sie haben überhaupt ka Kraft mehr. Aber wissen'S, wie Sie das wettmachen durch raffinierte Technik, Klettertechnik, i muass schon sagen, von eana kann man klettern lernen.‹ Stellen Sie sich vor, das sagt mir ein Mann, der soeben von einer Himalaya-Expedition zurückgekommen ist!«

Ja, das war Frankls Kunst: Das Wettmachen von Unzulänglichkeiten durch überlegene Taktiken. Diese Kunst hat er auch seine Patienten gelehrt, und sie haben es ihm gedankt. Die meisten von ihnen hatten ein ähnliches Kraftdefizit wie Frankl in der Preiner Wand, nämlich kaum mehr die Kraft, ihr Leben zu bejahen. Sie waren nach üblen Wirrsalen gestrandet, mit Neurosen, Psychosen oder Nervenkrankheiten geschlagen, durch Unfälle ins Elend geraten, aus sämtlichen Haltegriffen herausgepurzelt ... sehr oft verzweifelte Menschen. Das dämpfte Frankls »tragischen Optimismus« nicht. Er sah in jedem von ihnen eine wertvolle, geistige Person, urwillkommen im Reigen der Schöpfung und fähig, den auf sie wartenden Part mit Bravour zu übernehmen.

Frankls Akzentuierung der Gegenwart

Frankl dachte nicht daran, alte Dramen wieder aufzuwärmen und seinen Patienten die Gespenster ihrer Vergangenheit ins Bewusstsein zu rufen. Eine Auseinandersetzung mit den Geschehnissen von Gestern und Vorgestern hat keinen Vorrang in der Logotherapie. Er operierte in der *Gegenwart* seiner Schützlinge, denn nur die Gegenwart ist lenkbar und gestaltbar. In ihr schlummert der »Sinn des Augenblicks«, den einzufangen Frankl sich in seinen therapeutischen Gesprächen bemühte. Er zeigte den

Patienten, dass sie trotz ihres Elends allerhand zu geben hatten, und sei es bloß ihr Vorbild, ihre Botschaft, ihre Ausstrahlung auf die Mitwelt. Er verwies auf die Bedeutung ihrer inneren Einstellungen, die allemal geändert werden können, selbst wenn alles Übrige unabänderlich ist. Vorsichtig zog er ihre Aufmerksamkeit vom Selbstmitleid und vom »Schmoren im eigenen Saft« ab und öffnete die Patienten für neue Perspektiven. Zaghafte begannen, ihre Zaghaftigkeit auszulachen, Wütende begannen, ihren Feinden zu vergeben, Strapazierte begannen, ihren Lebensstil zu revidieren, Zwangskranke begannen, ihre Zwänge zu ironisieren, Schlafgestörte begannen, ihre nächtlichen Qualen zu ignorieren, Sexualfrustrierte begannen, sich ihren Partnern zärtlich zuzuwenden ... Ihr Leben gewann zusehends an Bejahenswürdigkeit.

Frankl bevorzugte bei seinen Interventionen den »sokratischen Dialog«, das heißt, ein indirektes Geleit zur Problemlösung. Doch wenn sein Gegenüber erhebliche Verstehensschwierigkeiten hatte, spendete er ihm auch ein wenig »Seilhilfe«; eine Metapher, die er selbst vor seinen Studenten benutzte. Er bezog sich darauf, dass ein sichernder Kletterteilnehmer seinen nachsteigenden Kameraden normalerweise nicht am Seil zu sich hinaufzieht, sondern nur im Abrutschfall hält. Kommt sein Kamerad aber plötzlich nicht mehr von der Stelle, kann ein kleiner Ruck am Seil ein Malheur verhindern.

Frankls Sichtweise von der Zukunft

War schließlich ein Patient wieder in der Lage, seine Gegenwart zu meistern, dann rückte Frankl dessen *nähere Zukunft* in den Fokus der therapeutischen »Plaudereien«. (Auch der Kletterer, der seinen aktuellen Stand gefunden hat, schwenkt ja zur Vorausschau auf den nächsten zu überwindenden Felsgrat über.) Was war es also, was auf diesen oder jenen Patienten warten könnte? Wofür war er »aufgehoben« worden, wofür wäre er »perfekt ausgestattet«? Albträume wandelten sich in Träume. Enttäuschungen in Hoffnungen. Traumata in Kompetenzen. Pläne wurden geschmiedet und Vorhaben gekürt. Das Glück ist nicht, dass jemand sagen kann: »Mir geht es gut«, sondern vielmehr, dass jemand sagen kann: »Ich bin für etwas gut«. Ausnahmslos kann jeder Mensch auf Erden »für etwas gut sein«, er muss es nur entdecken. Frankl trug das Nietzsche-Wort »Wer ein Warum zu leben hat, erträgt fast jedes Wie« an seine Patienten heran. Ihr Warum und Wofür wurde mit ihnen erarbeitet und in ihr Morgen eingeschweißt.

Es stimmt, dass man sich Visionen innerlich vorwegnehmend minutiös ausmalen kann und sich dadurch in schlimmsten Leidenszuständen noch aus dem Sog von Resignation und Apathie freizustrampeln vermag. Frankl hat sich beispielsweise in der Hölle des Holocaust nicht nur »mental« auf luftigen Felszinnen gesehen, sondern auch in einem warmen, hellen Vortragssaal am Pult stehend, wo er über die Psychologie des Konzentrationslagers referiert. Natürlich werden nicht alle Imaginationen wahr, aber schon als Vision heizen sie den Überlebenswillen an, und sollten sie sich später tatsächlich verwirklichen, ist das ein besonderes Gnadengeschenk.

Frankls Sichtweise von der Vergangenheit

Tauchte bei einem Patienten eine Indikation zur Rückschau auf dessen *Vergangenheit* auf, scheute Frankl davor nicht zurück, nur verschob er die Rückschau auf einen nachrangigen Platz. (Auch der versierte Kletterer wird ja erst dann in die Tiefe unter ihm zurückblicken, wenn er auf einem festen Sitz gelandet ist, entspannt und locker.)

In seinen Richtlinien zur Lebensrückschau benutzte Frankl erneut eine Metapher aus der Bergwelt. Er wies darauf hin, dass sich Bergketten nach ihren höchsten Spitzen bemessen und nicht nach irgendwelchen Tälern dazwischen. Staunend vernimmt man etwa, dass es in den Küstenkordilleren den 6960 Meter hohen Aconcagua gibt. Dass es in den Anden daneben etliche rund 700 oder 800 Meter hohe Täler geben mag, ist von weitaus geringerem Interesse. Genauso, argumentierte Frankl, bemesse sich ein Menschenleben nach seinen höchsten Gipfeln, seinen imposantesten Errungenschaften, seinen beseligenden Erlebnissen, seinen glorreichsten Einfällen, seinen tapfersten Bewährungen. Deshalb mahnte er, nicht am Beweinen der »Täler« voller Kümmernisse und Schuldbegängnisse, die man durchkrochen hat, festzukrallen. *Primär* möge sich die Rückschau an den »Highlights« des eigenen Lebens orientieren und das Herz mit Stolz, Zufriedenheit und Freude fluten. Konfrontiert man sich *danach* mit den negativen Schluchten der eigenen Lebensgeschichte, ist es leichter, diese »Täler« rückwärtig aufzufüllen mit generöser Versöhnung, ehrlicher Reue und – wenn möglich – Gottvertrauen.

Frankls seelenärztlicher Trost

Für Frankls trauernde Patienten war diese Metapher ungemein tröstlich. Sie, die den Verlust eines geliebten Menschen zu beklagen hatten, richteten sich bei dem Gedanken auf, dass ihnen diese Liebesbeziehung immerhin eine Zeit lang gewährt gewesen war. Dass das Erlebte wie ein unverrückbares Bergmassiv zur Kette ihrer Lebensgeschichte dazugehörte und ihnen einst emotionale Höhenflüge erlaubt hat. Keine Macht der Welt kann ihnen die Erklimmung dieses Bergmassivs mehr absprechen. Sie haben sozusagen *ihren* Aconcagua gehabt! Die Tränen über das Verlorene versickern in der Dankbarkeit über das Gewesene …

Überhaupt plädierte Frankl dafür, dass niemand seine Augen für immer schließen solle, ohne vorher das Beste seines Lebens noch einmal Revue passieren zu lassen. Ihm schwebte dabei das Bild vom »Alpenglühen« in den Dolomiten vor, bei dem die untergehende Sonne die Felsformationen hoch über der Baumgrenze rotgülden anstrahlt, während die Niederungen darunter längst schon in der Abenddämmerung versunken sind. Am Ende wird zählen *und nur zählen*, was an Sinnvollem in einem Menschenleben gewirkt hat und bewirkt worden ist, so Frankls Credo.

Über die Autorin

Elisabeth Lukas, geboren 1942 in Wien, ist Schülerin von Viktor E. Frankl. Sie spezialisierte sich auf die praktische Anwendung der von ihm begründeten Logotherapie, die sie methodisch weiterentwickelte. Ihre mehr als 30-jährige Erfahrung als Klinische Psychologin und approbierte Psychotherapeutin kam ihr bei ihrer Lehrtätigkeit auf Einladung von ca. 50 Universitäten zugute. Sie hat nicht nur hunderten Patientinnen und Patienten Beistand und »Lebenshilfe« geleistet, sondern auch als Dozentin eine ganze Generation an logotherapeutischen Fachkräften ausgebildet. Ihre zahlreichen Vorträge sowie Publikationen in 18 Sprachen machten sie international bekannt. Ihr Werk ist mit der Ehrenmedaille der Santa-Clara-Universität in Kalifornien, mit dem Großen Preis des Viktor-Frankl-Fonds der Stadt Wien und mit einer Ehrenprofessur an der Universität Moskau ausgezeichnet worden.

Weiterlesen

Ausgewählte Bücher zum Thema

Thomas Behm: *Führer auf die Hohe Wand. 750 Anstiege von 1 bis 6+.*
Verlag Thomas Behm/Österreichischer Touristenklub, Ausgabe 2012

Thomas Behm: *Kletterführer Höllenthal, Rax und Schneeberg.*
2.000 Routen von 2 bis 11.
Verlag Thomas Behm, Wiener Neustadt 2006

Thomas Behm, Robert Gruber, Bernd Schwanda: *Keltenkalk 3.*
4.000 Kletterrouten und Boulder vom Wienerwald bis zum Semmering.
Schwanda Verlag, Wien 2012

Gebhard Bendler: *Wilder Kaiser.*
Von Sommerfrischlern, Kletterlegenden, Skipionieren und dem Bergdoktor.
Tyrolia Verlag, Innsbruck 2016.

Viktor E. Frankl: *Ärztliche Seelsorge.*
Grundlagen der Logotherapie und Existenzanalyse.
DTV-Verlag, München 2018

Viktor E. Frankl: *Bergerlebnis und Sinnerfahrung.*
Tyrolia Verlag, Innsbruck 2013

Viktor E. Frankl: *Das Leiden am sinnlosen Leben. Psychotherapie für heute.*
Herder/Kreuz, Freiburg im Breisgau 2015.

Viktor E. Frankl: *Der leidende Mensch.*
Anthropologische Grundlagen der Psychotherapie.
Hans Huber, Bern 2005

Viktor E. Frankl: *Der Mensch vor der Frage nach dem Sinn.*
Eine Auswahl aus dem Gesamtwerk.
Piper Verlag, München 2019

Viktor E. Frankl: *Der unbewußte Gott. Psychotherapie und Religion.*
DTV, München 2017

Viktor E. Frankl: *Der Wille zum Sinn. Ausgewählte Vorträge über Logotherapie.*
Hogrefe, Bern 2016.

Viktor E. Frankl: *Dem Leben Antwort geben. Autobiographie.*
Beltz Verlag, Weinheim 2017

Viktor E. Frankl: *Es kommt der Tag, da bist du frei.*
Unveröffentlichte Briefe, Texte und Reden.
Kösel-Verlag, München 2015

Viktor E. Frankl: *Grundkonzepte der Logotherapie.*
Facultas Verlag, Wien 2015

Viktor E. Frankl: *Psychotherapie für den Alltag.*
Rundfunkvorträge über Seelenheilkunde.
Kreuz Verlag, Freiburg im Breisgau 2015

Viktor E. Frankl: *… trotzdem Ja zum Leben sagen.*
Ein Psychologe erlebt das Konzentrationslager.
Penguin Verlag, München 2019

Viktor E. Frankl: *Wer ein Warum zu leben hat. Lebenssinn und Resilienz*
(Neuausgabe von: Logotherapie und Existenzanalyse.
Texte aus sechs Jahrzehnten). Beltz Verlag, Weinheim 2019

Ewald Gausterer, Kurt Schall: *Peilstein Kletterführer.*
Schall Verlag, Alland 2013

Josef Hasitschka, Ernst Kren, Adi Mokrejs: *Gesäuse Pioniere.*
Alpingeschichte aus der Universität des Bergsteigens.
Schall Verlag, Alland 2008

Klaus Hoi, Kurt Schall u.a.: *Kletterarena Dachstein West & Süd.*
Schall Verlag, Alland 2019

Alexander Huber, Willi Schwenkmeier: *Drei Zinnen.*
Klettern in den Dolomiten.
Piper Verlag, München 2014

Haddon Klingberg, Jr.: *Viktor und Elly Frankl.*
Die Geschichte zweier außergewöhnlicher Menschen.
Facultas Verlag, Wien 2013

Alfried Längle: *Viktor Frankl. Ein Porträt.*
Piper Verlag, München 1998

Hanno Loewy, Gerhard Milchram (Hrsg.):
Hast du meine Alpen gesehen? Eine jüdische Beziehungsgeschichte.
Bucher Verlag, Hohenems 2009

Karl Lukan: *Ein Stück vom Himmel.*
Als das Bergsteigen noch wild und gefährlich war.
Tyrolia Verlag, Innsbruck 2013

Elisabeth Lukas: *Der Schlüssel zu einem sinnvollen Leben.*
Die Höhenpsychologie Viktor E. Frankls.
Kösel Verlag, München 2011

Elisabeth Lukas: *Der Seele Heimat ist der Sinn.*
Kösel Verlag, München 2005

Elisabeth Lukas: *Lebensstil und Wohlbefinden.*
Seelisch gesund bleiben – Anregungen aus der Logotherapie.
Profil Verlag, München 2010

Elisabeth Lukas: *Sinnzentrierte Psychotherapie.*
Die Logotherapie von Viktor E. Frankl in Theorie und Praxis.
Profil Verlag, München 2015

Elisabeth Lukas: *Sehnsucht nach Sinn.*
Logotherapeutische Antworten auf existentielle Fragen.
Profil Verlag, München 2018

Gernot Schuster, Peter Zöchbauer (Hrsg.):
Haltestelle Puchberg. Portraits berühmter Gäste und Gönner.
Berger Verlag, Wien/Horn 1997

Ganz oben: Klaus Haselböck (links) und Michael Holzer am Gipfel der Großen Zinne.

Steigbuch

Eine Seilschaft verbindet Gegensätzlichkeit und Gemeinsamkeit zu einem Wir.

Im Fall der beiden Autoren – zwei Niederösterreicher aus Puchberg am Schneeberg und Krems an der Donau, die in Wien studiert und miteinander 100 Jahre Lebens- und 60 Jahre Berufserfahrung im Rucksack haben.

Michael Holzer
begleitet als Berater und Coach erfolgreiche Persönlichkeiten zu ihren Sinnperspektiven.

Klaus Haselböck
lebt den Berg beruflich, ist Gründungs-Chefredakteur der Zeitschrift *Bergwelten* und Autor zu Alpinthemen.

Gemeinsam kreieren sie innovative Erlebnisformate in der Natur, in denen Frankl-Themen wie die »Trotzmacht des Geistes« und die »Selbsttranszendenz« eine Basis für persönliche Entwicklungsschritte bilden.

Die intuitive Dreier-Seilschaft mit Viktor Frankl hat ihre Freundschaft vertieft und ein neues Verständnis für das Menschsein an sich bewirkt. Berg und Sinn gehören zusammen: ein Raum der Inspiration, der uns allen offensteht.

Dank

Wir sind nie allein geklettert. Und auch nie allein zu zweit. Ohne all die Seilgefährtinnen und Seilgefährten wäre es uns nie gelungen, dass aus dem Nachstieg Viktor Frankls dieses Buch wird. Jetzt, am Gipfel angelangt, ist es Zeit, das zu würdigen.

Wir danken ...

... **der Familie Frankl:** Franz und Alexander Vesely (Viktor Frankls Schwiegersohn und Enkel) haben uns wohlwollend und tatkräftig unterstützt, Archive durchforstet und uns die unvergessliche Begegnung mit der Grande Dame Elli Frankl ermöglicht. Unser ganz besonderer Dank gilt ihr: für ihre Offenheit, für die lebendigen Schilderungen ihrer Liebe, ihrer Ehe und ihrer Zeit mit Viktor Frankl in den Bergen.

... **allen Frankl-Freunden:** Neben Viktor Frankls eigenem Werk haben die Menschen, die ihn gut kannten und uns bereitwillig für Gespräche zur Verfügung standen, den größten Anteil an diesem Buch: Wir danken Elisabeth Lukas für den inspirierenden Austausch und die Ehre, dass sie uns einen Beitrag zu *Berg und Sinn* beigesteuert hat. Wir danken Giselher Guttmann für das wunderbare Gespräch unter Bergsteigern in der Sigmund Freud Privatuniversität und Alfried Längle für die wertschätzenden Reflexionen in seiner Privatpraxis. Danke auch an Franz Eggl von der Neuen Seehütte sowie Ewald Putz, Ignaz Gruber und Lutz Maurer für das Teilen ihrer Erinnerungen.

... **den Berg-Koryphäen:** Wer im alpinen Neuland unterwegs ist, nimmt sich besser einen Bergführer. Für dieses Projekt haben wir gleich mehrere gebraucht – am Berg wie im Tal. Vielen Dank Martin Achrainer, dem kompetenten, hilfsbereiten Archivar des Österreichischen Alpenvereins, der das Buch mit Informationen zu Rudi Reif und der Sektion Donauland sehr bereichert hat. Adi Mokrejs gab uns sein Wissen zur Historie des Kletterns und den Wiener Hausbergen weiter. Als Dolomiten-Kenner standen uns Felix Tschurtschenthaler und Hanspeter Eisendle mit Rat und Tat zur Seite, Gerti Reinisch-Indrich, Vize-Präsidentin des Alpenklubs, unterstützte uns bei der Suche nach Zeitzeugen.

… **den Frankl-Bewahrern:** Einem geistigen Vermächtnis mit viel Hingabe ein würdiges Andenken bewahren – im »Viktor-Frankl-Zentrum« (franklzentrum.org) und im »Viktor-Frankl-Museum« erlebt man, wie das gelingt. Danke und Respekt an die Menschen, die in Viktor Frankls Sinne sinnvoll wirken.

… **dem Bergwelten Verlag:** Dirk Rumberg, Christoph Loidl und Sophia Angerer haben von Anfang an an das Potenzial unserer Idee geglaubt und uns auf dem Weg – der nicht immer Gehgelände war – motiviert und bestärkt. Ihr positives Feedback hat uns über manche Schlüsselstelle geholfen. Volker Viechtbauer, Leiter Recht und Personal bei Red Bull und ausgewiesener Frankl-Kenner, gab uns wertvolle Impulse für die Linienwahl, unsere beiden Lektoren Arnold Klaffenböck und Maria-Christine Leitgeb haben uns sicher bis auf den Gipfel gebracht.

… **unseren Nächsten und Liebsten:** Tja, jetzt wird's emotional. Die Expedition war fordernd – und während unserer kleinen Heldenreise haben gerade die Nächsten und Liebsten in unserem persönlichen Umfeld die meiste Geduld aufbringen müssen. Danke unseren Familien und Freunden, die uns erst über Monate nur in Büchern versunken fanden, dann sehr oft weg in den Bergen wussten und am Ende tage- und nächtelang nur unsere Hinterköpfe vor dem Bildschirm gesehen haben. Wir sind wieder da! Danke den Chefs, Kolleginnen und Kollegen, Kundinnen und Kunden in unseren Brotjobs: für das Teilen unserer Begeisterung und das Verständnis, das es da oder dort brauchte.

Danke an alle, die etwas beigetragen haben: Es ist auch euer Buch!

THE GREEK NEW TESTAMENT

A Reader's Edition

Revised Edition

Based on the text of
THE GREEK NEW TESTAMENT,
Sixth Revised Edition (UBS6)

Edited by
HOLGER STRUTWOLF, HUGH HOUGHTON, CHRISTOS KARAKOLIS, DAVID PARKER,
STEPHEN PISANO, DAVID TROBISCH, KLAUS WACHTEL

RUNNING GREEK-ENGLISH DICTIONARY

Compiled by
BARCLAY M. NEWMAN

DEUTSCHE BIBELGESELLSCHAFT
UNITED BIBLE SOCIETIES

The Greek New Testament. A Reader's Edition
Revised Edition 2025

Greek Bible Text: The Greek New Testament, Sixth revised edition,
© 2025 Deutsche Bibelgesellschaft, Stuttgart, Germany

Running Greek-English Dictionary: Compiled by Barclay M. Newman,
© 2025 Deutsche Bibelgesellschaft, Stuttgart, Germany

The German Bible Society is a not for profit religious foundation. Its mission, in collaboration with other members of the United Bible Societies, is to promote biblical research and worldwide Bible translation work in order to make the Bible available to everybody in their own language.

ISBN 978-3-438-05311-4

The Greek New Testament. A Reader's Edition
© 2025 Deutsche Bibelgesellschaft Stuttgart
Design and Typesetting: 2K/DENMARK

Information on product safety: Deutsche Bibelgesellschaft,
Balinger Str. 31A, 70567 Stuttgart, Germany,
product-safety@dbg.de

Printed in Germany
All rights reserved

06.2025

TABLE OF CONTENTS

Introduction
   The Text of the Edition VII
   The Running Greek-English Dictionary VIII

Symbols and Abbreviations
   Symbols Used in the Biblical Text X
   Abbreviations Used in the Running Dictionary X

Text and Running Greek-English Dictionary
   Κατὰ Μαθθαῖον 1
   Κατὰ Μᾶρκον 82
   Κατὰ Λουκᾶν 133
   Κατὰ Ἰωάννην 222
   Πράξεις Ἀποστόλων 277
   Ἰακώβου 363
   Πέτρου α΄ 373
   Πέτρου β΄ 383
   Ἰωάννου α΄ 389
   Ἰωάννου β΄ 396
   Ἰωάννου γ΄ 397
   Ἰούδα 399
   Πρὸς Ῥωμαίους 402
   Πρὸς Κορινθίους α΄ 433
   Πρὸς Κορινθίους β΄ 460
   Πρὸς Γαλάτας 481
   Πρὸς Ἐφεσίους 491
   Πρὸς Φιλιππησίους 502
   Πρὸς Κολοσσαεῖς 510
   Πρὸς Θεσσαλονικεῖς α΄ 518
   Πρὸς Θεσσαλονικεῖς β΄ 524
   Πρὸς Ἑβραίους 528
   Πρὸς Τιμόθεον α΄ 555

TABLE OF CONTENTS

Πρὸς Τιμόθεον β΄ 565
Πρὸς Τίτον 572
Πρὸς Φιλήμονα 576
Ἀποκάλυψις Ἰωάννου 578

Index of Quotations 619

Definitions of Words that Occur
more than 30 Times in the New Testament 625

INTRODUCTION

The Text of the Edition

The Greek text of this edition is identical to the text of the 6th edition of the UBS *Greek New Testament* (UBS6) and the 29th edition of the Nestle-Aland *Novum Testamentum Graece* (NA29). At the time of going to press, these two editions are still in preparation, so this Reader's Edition is the first edition of this Greek text.

Like UBS6 and NA29, the Reader's Edition follows the *Editio Critica Maior* (ECM) of the Greek New Testament insofar as volumes of this edition are already available. This applies to the Gospel of Mark, the Acts of the Apostles, the Catholic Letters, and Revelation. In the other parts of the New Testament the text remains identical to NA28 and UBS5. The ECM is the major critical edition of the Greek New Testament, which is being edited at the Institute for New Testament Textual Research in Münster in co-operation with international teams of scholars. The link to the ECM ensures that the Reader's Edition represents the current state of scholarly research into the text of the Greek New Testament.

One change compared with previous editions will immediately catch the reader's eye when leafing through the book: the sequence of the 27 New Testament writings has changed in parts. The Catholic Epistles now appear between the Acts of the Apostles and the Pauline Letters, and Hebrews is placed after 2 Thessalonians and before the Pastoral Epistles. In this way, the sequence of writings has been brought into closer agreement with the early Greek manuscript tradition. The order known from older editions of the Nestle-Aland, the UBS *Greek New Testament* and, in fact, from almost all modern Bible translations, goes back to Erasmus in the early 16th century. It therefore does not fit well with an edition whose aim is to come as close as possible to the origin of the text's history.

The following typographical features appear in the Greek text:

[ ] *Brackets* in the text indicate particular doubt of the editors as to whether the enclosed word, words, or parts of words are to be reconstructed as the earliest form of text.

[ ] *Double brackets* in the text indicate that the enclosed passages are not considered by the editors to be a part of the earliest text, but an addition at an early stage of the tradition. Unlike in earlier editions of the Nestle-Aland and the UBS *Greek New Testament*, including the Reader's Edition, all verses assigned a number within the New Testament are now integrated into the text in double brackets. Previously this was only the case for individual passages which traditionally enjoyed an exceptional position in the church (e.g. Mk 16.9–20; Jn 7.53–8.11).

Quotations from the Old Testament are marked **in bold type**, and a list of references can be found in an appendix.

The Running Greek-English-Dictionary

The running Greek-English Dictionary was compiled by Barclay M. Newman, the author of *A Concise Greek-English Dictionary on the Greek New Testament*. It was originally based on the text of the 4th edition of the UBS *Greek New Testament*, which was the latest edition when the Reader's Edition was first published. The adaptation to the current Greek text was carried out at the German Bible Society by Florian Voss.

The glosses at the bottom of each page comprise translations of all words that occur 30 times or fewer in the New Testament, except for personal and place names. In addition, morphological parsing of Greek verbs is often provided even if these words occur more than 30 times.

The following rules have been applied:
(1) Each word that is accompanied by a definition is identified in the text with the corresponding number provided in the list of definitions at the bottom of the same page on which the word occurs. These numbers begin anew on each page of text.
(2) If a word occurs more than once in a paragraph, it is usually defined only on its initial occurrence.
(3) Word definitions are based on what is appropriate for the context, thus enabling the reader to make immediate sense of a passage without struggling through a series of unnecessary definitions. The intention is to provide easily accessible definitions that are clear, concise, and contextual.
(4) When a word is used with a meaning decidedly different from its other New Testament occurrences, the broader meaning is also often provided.
(5) Where significant differences of opinion exist regarding the meaning of a word in a given context, alternative definitions are included.

INTRODUCTION

(6) Occasionally, idiomatic word combinations are defined, especially where the combined meaning is difficult to determine on the basis of the individual word meanings.

(7) When an unusual form of a word (especially of verbs) occurs in the text, its root form is identified and defined. (For a list of abbreviations used, see p. X.)

(8) In the dictionary, the different parts of speech appear (with a few exceptions) as follows:

Verbs: Present indicative active first-person singular, except where only passive and/or middle forms occur in the New Testament.

Nouns: Lexical form, genitive ending, article.

Adjectives: Lexical form, nominative endings for each gender.

Adverbs, prepositions, and particles: Fixed form.

An appendix offers definitions of words occurring more than 30 times.

SYMBOLS AND ABBREVIATIONS

Symbols Used in the Greek Text

[ ]   enclose words whose presence or position in the Greek Bible text is regarded by the editors as disputed

⟦ ⟧   enclose passages which are regarded by the editors as later additions to the text

Abbreviations Used in the Running Dictionary

1	first person	lit	literal
2	second person	m	masculine
3	third person	mid	middle
acc	accusative	mng	meaning
act	active	n	neuter
adj	adjective	nom	nominative
adv	adverb	opt	optative
aor	aorist	p	plural
comp	comparative	pas	passive
conj	conjunction	pf	perfect
dat	dative	pl	plural
f	feminine	plpf	pluperfect
fut	future	prep	preposition
gen	genitive	pres	present
ind	indicative	pro	pronoun
inf	infinitive	ptc	participle
impers	impersonal	s	singular
impf	imperfect	sub	subjunctive
impv	imperative	super	superlative
interj	interjection	trans	transitive
intrans	intransitive	w/o	without

ΚΑΤΑ ΜΑΘΘΑΙΟΝ

The Genealogy of Jesus Christ (Lk 3.23-38)

1 Βίβλος¹ γενέσεως² Ἰησοῦ Χριστοῦ υἱοῦ Δαυὶδ υἱοῦ Ἀβραάμ.
2 Ἀβραὰμ ἐγέννησεν τὸν Ἰσαάκ, Ἰσαὰκ δὲ ἐγέννησεν τὸν Ἰακώβ, Ἰακὼβ δὲ ἐγέννησεν τὸν Ἰούδαν καὶ τοὺς ἀδελφοὺς αὐτοῦ, 3 Ἰούδας δὲ ἐγέννησεν τὸν Φάρες καὶ τὸν Ζάρα ἐκ τῆς Θαμάρ, Φάρες δὲ ἐγέννησεν τὸν Ἑσρώμ, Ἑσρὼμ δὲ ἐγέννησεν τὸν Ἀράμ, 4 Ἀρὰμ δὲ ἐγέννησεν τὸν Ἀμιναδάβ, Ἀμιναδὰβ δὲ ἐγέννησεν τὸν Ναασσών, Ναασσὼν δὲ ἐγέννησεν τὸν Σαλμών, 5 Σαλμὼν δὲ ἐγέννησεν τὸν Βόες ἐκ τῆς Ῥαχάβ, Βόες δὲ ἐγέννησεν τὸν Ἰωβὴδ ἐκ τῆς Ῥούθ, Ἰωβὴδ δὲ ἐγέννησεν τὸν Ἰεσσαί, 6 Ἰεσσαὶ δὲ ἐγέννησεν τὸν Δαυὶδ τὸν βασιλέα.

Δαυὶδ δὲ ἐγέννησεν τὸν Σολομῶνα ἐκ τῆς τοῦ Οὐρίου, 7 Σολομὼν δὲ ἐγέννησεν τὸν Ῥοβοάμ, Ῥοβοὰμ δὲ ἐγέννησεν τὸν Ἀβιά, Ἀβιὰ δὲ ἐγέννησεν τὸν Ἀσάφ, 8 Ἀσὰφ δὲ ἐγέννησεν τὸν Ἰωσαφάτ, Ἰωσαφὰτ δὲ ἐγέννησεν τὸν Ἰωράμ, Ἰωρὰμ δὲ ἐγέννησεν τὸν Ὀζίαν, 9 Ὀζίας δὲ ἐγέννησεν τὸν Ἰωαθάμ, Ἰωαθὰμ δὲ ἐγέννησεν τὸν Ἀχάζ, Ἀχὰζ δὲ ἐγέννησεν τὸν Ἑζεκίαν, 10 Ἑζεκίας δὲ ἐγέννησεν τὸν Μανασσῆ, Μανασσῆς δὲ ἐγέννησεν τὸν Ἀμώς, Ἀμὼς δὲ ἐγέννησεν τὸν Ἰωσίαν, 11 Ἰωσίας δὲ ἐγέννησεν τὸν Ἰεχονίαν καὶ τοὺς ἀδελφοὺς αὐτοῦ ἐπὶ τῆς μετοικεσίας³ Βαβυλῶνος.

12 Μετὰ δὲ τὴν μετοικεσίαν Βαβυλῶνος Ἰεχονίας ἐγέννησεν τὸν Σαλαθιήλ, Σαλαθιὴλ δὲ ἐγέννησεν τὸν Ζοροβαβέλ, 13 Ζοροβαβὲλ δὲ ἐγέννησεν τὸν Ἀβιούδ, Ἀβιοὺδ δὲ ἐγέννησεν τὸν Ἐλιακίμ, Ἐλιακὶμ δὲ ἐγέννησεν τὸν Ἀζώρ, 14 Ἀζὼρ δὲ ἐγέννησεν τὸν Σαδώκ, Σαδὼκ δὲ ἐγέννησεν τὸν Ἀχίμ, Ἀχὶμ δὲ ἐγέννησεν τὸν Ἐλιούδ, 15 Ἐλιοὺδ δὲ ἐγέννησεν τὸν Ἐλεάζαρ, Ἐλεάζαρ δὲ ἐγέννησεν τὸν Ματθάν, Ματθὰν δὲ ἐγέννησεν τὸν Ἰακώβ, 16 Ἰακὼβ δὲ ἐγέννησεν τὸν Ἰωσὴφ τὸν ἄνδρα Μαρίας, ἐξ ἧς ἐγεννήθη Ἰησοῦς ὁ λεγόμενος Χριστός.

17 Πᾶσαι οὖν αἱ γενεαὶ ἀπὸ Ἀβραὰμ ἕως Δαυὶδ γενεαὶ δεκατέσσαρες⁴, καὶ ἀπὸ Δαυὶδ ἕως τῆς μετοικεσίας Βαβυλῶνος γενεαὶ δεκατέσσαρες, καὶ ἀπὸ τῆς μετοικεσίας Βαβυλῶνος ἕως τοῦ Χριστοῦ γενεαὶ δεκατέσσαρες.

---

¹ βίβλος, -ου f, book
² γένεσις, -εως f, genealogy/birth
³ μετοικεσία, -ας f, exile/deportation
⁴ δεκατέσσαρες, fourteen

The Birth of Jesus Christ (Lk 2.1-7)

18 Τοῦ δὲ Ἰησοῦ Χριστοῦ ἡ γένεσις¹ οὕτως ἦν. μνηστευθείσης² τῆς μητρὸς αὐτοῦ Μαρίας τῷ Ἰωσήφ, πρὶν³ ἢ συνελθεῖν⁴ αὐτοὺς εὑρέθη⁵ ἐν γαστρὶ⁶ ἔχουσα ἐκ πνεύματος ἁγίου. **19** Ἰωσὴφ δὲ ὁ ἀνὴρ αὐτῆς, δίκαιος ὢν καὶ μὴ θέλων αὐτὴν δειγματίσαι⁷, ἐβουλήθη λάθρᾳ⁸ ἀπολῦσαι αὐτήν. **20** ταῦτα δὲ αὐτοῦ ἐνθυμηθέντος⁹ ἰδοὺ ἄγγελος κυρίου κατ᾽ ὄναρ¹⁰ ἐφάνη¹¹ αὐτῷ λέγων· Ἰωσὴφ υἱὸς Δαυίδ, μὴ φοβηθῇς παραλαβεῖν Μαρίαν τὴν γυναῖκά σου· τὸ γὰρ ἐν αὐτῇ γεννηθὲν ἐκ πνεύματός ἐστιν ἁγίου. **21** τέξεται¹² δὲ υἱόν, καὶ καλέσεις τὸ ὄνομα αὐτοῦ Ἰησοῦν· αὐτὸς γὰρ σώσει τὸν λαὸν αὐτοῦ ἀπὸ τῶν ἁμαρτιῶν αὐτῶν. **22** τοῦτο δὲ ὅλον γέγονεν ἵνα πληρωθῇ τὸ ῥηθὲν¹³ ὑπὸ κυρίου διὰ τοῦ προφήτου λέγοντος·

23 ἰδοὺ ἡ παρθένος¹⁴ ἐν γαστρὶ¹⁵ ἕξει καὶ τέξεται υἱόν,

καὶ καλέσουσιν τὸ ὄνομα αὐτοῦ Ἐμμανουήλ,

ὅ ἐστιν μεθερμηνευόμενον¹⁶ μεθ᾽ ἡμῶν ὁ θεός. **24** ἐγερθεὶς¹⁷ δὲ ὁ Ἰωσὴφ ἀπὸ τοῦ ὕπνου¹⁸ ἐποίησεν ὡς προσέταξεν¹⁹ αὐτῷ ὁ ἄγγελος κυρίου καὶ παρέλαβεν τὴν γυναῖκα αὐτοῦ, **25** καὶ οὐκ ἐγίνωσκεν αὐτὴν ἕως οὗ ἔτεκεν²⁰ υἱόν· καὶ ἐκάλεσεν τὸ ὄνομα αὐτοῦ Ἰησοῦν.

The Visit of the Magi

2 Τοῦ δὲ Ἰησοῦ γεννηθέντος ἐν Βηθλέεμ τῆς Ἰουδαίας ἐν ἡμέραις Ἡρῴδου τοῦ βασιλέως, ἰδοὺ μάγοι²¹ ἀπὸ ἀνατολῶν²² παρεγένοντο²³ εἰς Ἱεροσόλυμα **2** λέγοντες· ποῦ ἐστιν ὁ τεχθεὶς²⁴ βασιλεὺς τῶν Ἰουδαίων; εἴδομεν γὰρ αὐτοῦ τὸν ἀστέρα²⁵ ἐν τῇ ἀνατολῇ²⁶ καὶ ἤλθομεν προσκυνῆσαι αὐτῷ. **3** ἀκούσας δὲ ὁ βασιλεὺς Ἡρῴδης ἐταράχθη²⁷ καὶ πᾶσα Ἱεροσόλυμα μετ᾽ αὐτοῦ, **4** καὶ συναγαγὼν πάντας τοὺς ἀρχιερεῖς καὶ γραμματεῖς τοῦ λαοῦ ἐπυνθάνετο²⁸ παρ᾽ αὐτῶν ποῦ ὁ χριστὸς

---

1 γένεσις, -εως f, birth
2 μνηστεύω aor pas ptc f s gen, pas be promised in marriage
3 πρίν and πρὶν ἤ conj, before
4 συνέρχομαι aor act inf, be married/have marital relationships
5 εὑρίσκω 3s aor pas ind, find
6 γαστήρ, -τρός f, womb (ἐν γ. ἔχω be pregnant)
7 δειγματίζω aor act inf, disgrace
8 λάθρᾳ, adv, secretly
9 ἐνθυμέομαι aor pas ptc m s gen, think about
10 ὄναρ, n, dream (κατ᾽ ὄναρ in a dream)

11 φαίνω 3s aor pas ind, mid & pas appear
12 τίκτω 3s fut mid ind, give birth to
13 λέγω aor pas ptc n s nom, say
14 παρθένος, -ου f, virgin
15 γαστήρ, -τρός f, womb (ἐν γ. ἔχω be pregnant)
16 μεθερμηνεύω pres pas ptc n s nom, translate (ὅ ἐστιν μεθ. which means)
17 ἐγείρω aor pas ptc m s nom, intrans pas wake/get up
18 ὕπνος, -ου m, sleep
19 προστάσσω 3s aor act ind, command

20 τίκτω 3s aor act ind, give birth to
21 μάγος, -ου m, wise man/astrologer
22 ἀνατολή, -ῆς f, pl east
23 παραγίνομαι 3p aor mid ind, come
24 τίκτω aor pas ptc m s nom, pas be born
25 ἀστήρ, -έρος m, star
26 ἀνατολή, -ῆς f, rising (of a star)
27 ταράσσω 3s aor pas ind, trouble
28 πυνθάνομαι 3s impf mid ind, ask/find out (by asking)

γεννᾶται. 5 οἱ δὲ εἶπαν αὐτῷ· ἐν Βηθλέεμ τῆς Ἰουδαίας· οὕτως γὰρ γέγραπται διὰ τοῦ προφήτου·

6 καὶ σὺ Βηθλέεμ, γῆ Ἰούδα,
οὐδαμῶς¹ ἐλαχίστη² εἶ ἐν τοῖς ἡγεμόσιν³ Ἰούδα·
ἐκ σοῦ γὰρ ἐξελεύσεται⁴ ἡγούμενος⁵,
ὅστις ποιμανεῖ⁶ τὸν λαόν μου τὸν Ἰσραήλ.

7 Τότε Ἡρῴδης λάθρᾳ⁷ καλέσας τοὺς μάγους⁸ ἠκρίβωσεν⁹ παρ' αὐτῶν τὸν χρόνον τοῦ φαινομένου ἀστέρος¹⁰, 8 καὶ πέμψας αὐτοὺς εἰς Βηθλέεμ εἶπεν· πορευθέντες ἐξετάσατε¹¹ ἀκριβῶς¹² περὶ τοῦ παιδίου· ἐπὰν¹³ δὲ εὕρητε¹⁴, ἀπαγγείλατέ¹⁵ μοι, ὅπως κἀγὼ ἐλθὼν προσκυνήσω αὐτῷ. 9 οἱ δὲ ἀκούσαντες τοῦ βασιλέως ἐπορεύθησαν καὶ ἰδοὺ ὁ ἀστήρ¹⁶, ὃν εἶδον ἐν τῇ ἀνατολῇ¹⁷, προῆγεν¹⁸ αὐτούς, ἕως ἐλθὼν ἐστάθη¹⁹ ἐπάνω²⁰ οὗ²¹ ἦν τὸ παιδίον. 10 ἰδόντες δὲ τὸν ἀστέρα ἐχάρησαν²² χαρὰν μεγάλην σφόδρα²³. 11 καὶ ἐλθόντες εἰς τὴν οἰκίαν εἶδον τὸ παιδίον μετὰ Μαρίας τῆς μητρὸς αὐτοῦ, καὶ πεσόντες²⁴ προσεκύνησαν αὐτῷ καὶ ἀνοίξαντες τοὺς θησαυροὺς²⁵ αὐτῶν προσήνεγκαν²⁶ αὐτῷ δῶρα²⁷, χρυσὸν²⁸ καὶ λίβανον²⁹ καὶ σμύρναν³⁰. 12 καὶ χρηματισθέντες³¹ κατ' ὄναρ³² μὴ ἀνακάμψαι³³ πρὸς Ἡρῴδην, δι' ἄλλης ὁδοῦ ἀνεχώρησαν³⁴ εἰς τὴν χώραν³⁵ αὐτῶν.

The Flight to Egypt

13 Ἀναχωρησάντων³⁶ δὲ αὐτῶν ἰδοὺ ἄγγελος κυρίου φαίνεται κατ' ὄναρ³⁷ τῷ Ἰωσὴφ λέγων· ἐγερθεὶς³⁸ παράλαβε τὸ παιδίον καὶ τὴν μητέρα αὐτοῦ καὶ φεῦγε³⁹ εἰς Αἴγυπτον καὶ ἴσθι⁴⁰ ἐκεῖ ἕως ἂν εἴπω⁴¹ σοι· μέλλει γὰρ Ἡρῴδης ζητεῖν τὸ παιδίον

---

¹ οὐδαμῶς, *adv*, by no means
² ἐλάχιστος, least (super of μικρός)
³ ἡγεμών, -όνος *m*, ruler
⁴ ἐξέρχομαι 3s fut mid ind, come
⁵ ἡγέομαι pres mid ptc m s nom, lead/rule
⁶ ποιμαίνω 3s fut act ind, tend like a shepherd
⁷ λάθρᾳ, *adv*, secretly
⁸ μάγος, -ου *m*, wise man/astrologer
⁹ ἀκριβόω 3s aor act ind, find out
¹⁰ ἀστήρ, -έρος *m*, star
¹¹ ἐξετάζω 2p aor act impv, search
¹² ἀκριβῶς, *adv*, carefully
¹³ ἐπάν, *conj*, when
¹⁴ εὑρίσκω 2p aor act sub, find
¹⁵ ἀπαγγέλλω 2p aor act impv, tell
¹⁶ ἀστήρ, -έρος *m*, star
¹⁷ ἀνατολή, -ῆς *f*, rising (of a star)
¹⁸ προάγω 3s impf act ind, go ahead of
¹⁹ ἵστημι 3s aor pas ind, pas stop
²⁰ ἐπάνω, *prep + gen*, over
²¹ οὗ, *adv*, where
²² χαίρω 3p aor pas ind, be glad
²³ σφόδρα, *adv*, greatly
²⁴ πίπτω aor act ptc m p nom, fall (to one's knees)
²⁵ θησαυρός, -οῦ *m*, treasure box
²⁶ προσφέρω 3p aor act ind, give
²⁷ δῶρον, -ου *n*, gift
²⁸ χρυσός, -οῦ *m*, gold
²⁹ λίβανος, -ου *m*, frankincense
³⁰ σμύρνα, -ης *f*, myrrh
³¹ χρηματίζω aor pas ptc m p nom, warn
³² ὄναρ, *n*, dream (κατ' ὄναρ in a dream)
³³ ἀνακάμπτω aor act inf, return
³⁴ ἀναχωρέω 3p aor act ind, leave
³⁵ χώρα, -ας *f*, country
³⁶ ἀναχωρέω aor act ptc m p gen, leave
³⁷ ὄναρ, *n*, dream (κατ' ὄναρ in a dream)
³⁸ ἐγείρω aor pas ptc m s nom, intrans pas get up
³⁹ φεύγω 2s pres act impv, run away
⁴⁰ εἰμί 2s pres act impv, stay
⁴¹ λέγω 1s aor act sub, tell

τοῦ ἀπολέσαι¹ αὐτό. 14 ὁ δὲ ἐγερθεὶς² παρέλαβεν τὸ παιδίον καὶ τὴν μητέρα αὐτοῦ νυκτὸς³ καὶ ἀνεχώρησεν εἰς Αἴγυπτον, 15 καὶ ἦν ἐκεῖ ἕως τῆς τελευτῆς⁴ Ἡρῴδου· ἵνα πληρωθῇ τὸ ῥηθὲν⁵ ὑπὸ κυρίου διὰ τοῦ προφήτου λέγοντος·
ἐξ Αἰγύπτου ἐκάλεσα τὸν υἱόν μου.

The Slaughter of the Infants

16 Τότε Ἡρῴδης ἰδὼν ὅτι ἐνεπαίχθη⁶ ὑπὸ τῶν μάγων⁷ ἐθυμώθη⁸ λίαν⁹, καὶ ἀποστείλας¹⁰ ἀνεῖλεν¹¹ πάντας τοὺς παῖδας¹² τοὺς ἐν Βηθλέεμ καὶ ἐν πᾶσιν τοῖς ὁρίοις¹³ αὐτῆς ἀπὸ διετοῦς¹⁴ καὶ κατωτέρω¹⁵, κατὰ τὸν χρόνον ὃν ἠκρίβωσεν¹⁶ παρὰ τῶν μάγων¹⁷. 17 τότε ἐπληρώθη τὸ ῥηθὲν¹⁸ διὰ Ἰερεμίου τοῦ προφήτου λέγοντος·
18 φωνὴ ἐν Ῥαμὰ ἠκούσθη,
κλαυθμὸς ¹⁹ καὶ ὀδυρμὸς²⁰ πολύς·
Ῥαχὴλ κλαίουσα τὰ τέκνα αὐτῆς,
καὶ οὐκ ἤθελεν παρακληθῆναι²¹,
ὅτι οὐκ εἰσίν.

The Return from Egypt

19 Τελευτήσαντος²² δὲ τοῦ Ἡρῴδου ἰδοὺ ἄγγελος κυρίου φαίνεται κατ᾽ ὄναρ²³ τῷ Ἰωσὴφ ἐν Αἰγύπτῳ 20 λέγων· ἐγερθεὶς²⁴ παράλαβε τὸ παιδίον καὶ τὴν μητέρα αὐτοῦ καὶ πορεύου εἰς γῆν Ἰσραήλ· τεθνήκασιν²⁵ γὰρ οἱ ζητοῦντες τὴν ψυχὴν τοῦ παιδίου. 21 ὁ δὲ ἐγερθεὶς παρέλαβεν τὸ παιδίον καὶ τὴν μητέρα αὐτοῦ καὶ εἰσῆλθεν εἰς γῆν Ἰσραήλ. 22 Ἀκούσας δὲ ὅτι Ἀρχέλαος βασιλεύει²⁶ τῆς Ἰουδαίας ἀντὶ²⁷ τοῦ πατρὸς αὐτοῦ Ἡρῴδου ἐφοβήθη ἐκεῖ ἀπελθεῖν²⁸· χρηματισθεὶς²⁹ δὲ κατ᾽ ὄναρ ἀνεχώρησεν³⁰ εἰς τὰ μέρη τῆς Γαλιλαίας, 23 καὶ ἐλθὼν κατῴκησεν³¹ εἰς πόλιν λεγομένην Ναζαρέτ· ὅπως πληρωθῇ τὸ ῥηθὲν³² διὰ τῶν προφητῶν ὅτι Ναζωραῖος κληθήσεται³³.

---

[1] ἀπόλλυμι *aor act inf*, kill
[2] ἐγείρω *aor pas ptc m s nom*, intrans pas wake/get up
[3] νύξ, νυκτός f, night
[4] τελευτή, -ῆς f, death
[5] λέγω *aor pas ptc n s nom*, say
[6] ἐμπαίζω *3s aor pas ind*, trick
[7] μάγος, -ου m, wise man/astrologer
[8] θυμόω *3s aor pas ind, pas* be angry
[9] λίαν, adv, very
[10] ἀποστέλλω *aor act ptc m s nom*, send
[11] ἀναιρέω *3s aor act ind*, kill
[12] παῖς, παιδός m & f, child
[13] ὅριον, -ου n, region
[14] διετής, -ές, two years old
[15] κατωτέρω, *adv*, less
[16] ἀκριβόω *3s aor act ind*, find out
[17] μάγος, -ου m, wise man/astrologer
[18] λέγω *aor pas ptc n s nom*, say
[19] κλαυθμός, -οῦ m, bitter crying
[20] ὀδυρμός, -οῦ m, mourning
[21] παρακαλέω *aor pas inf*, encourage
[22] τελευτάω *aor act ptc m s gen*, die
[23] ὄναρ, n, dream (κατ᾽ ὄναρ in a dream)
[24] ἐγείρω *aor pas ptc m s nom*, intrans pas get up
[25] θνῄσκω *3p pf act ind*, die
[26] βασιλεύω *3s pres act ind*, rule
[27] ἀντί, *prep + gen*, in place of
[28] ἀπέρχομαι *aor act inf*, leave
[29] χρηματίζω *aor pas ptc m s nom*, warn
[30] ἀναχωρέω *3s aor act ind*, return
[31] κατοικέω *3s aor act ind*, live
[32] λέγω *aor pas ptc n s nom*, say
[33] καλέω *3s fut pas ind*, call

The Preaching of John the Baptist (Mk 1.1-8; Lk 3.1-9, 15-17; Jn 1.19-28)

3 Ἐν δὲ ταῖς ἡμέραις ἐκείναις παραγίνεται Ἰωάννης ὁ βαπτιστής¹ κηρύσσων ἐν τῇ ἐρήμῳ τῆς Ἰουδαίας **2** [καὶ] λέγων· μετανοεῖτε· ἤγγικεν² γὰρ ἡ βασιλεία τῶν οὐρανῶν. **3** οὗτος γάρ ἐστιν ὁ ῥηθεὶς³ διὰ Ἠσαΐου τοῦ προφήτου λέγοντος·

φωνὴ βοῶντος⁴ ἐν τῇ ἐρήμῳ·
ἑτοιμάσατε τὴν ὁδὸν κυρίου,
εὐθείας⁵ ποιεῖτε τὰς τρίβους⁶ αὐτοῦ.

4 αὐτὸς δὲ ὁ Ἰωάννης εἶχεν τὸ ἔνδυμα⁷ αὐτοῦ ἀπὸ τριχῶν⁸ καμήλου⁹ καὶ ζώνην¹⁰ δερματίνην¹¹ περὶ τὴν ὀσφὺν¹² αὐτοῦ, ἡ δὲ τροφὴ¹³ ἦν αὐτοῦ ἀκρίδες¹⁴ καὶ μέλι¹⁵ ἄγριον¹⁶. **5** τότε ἐξεπορεύετο πρὸς αὐτὸν Ἱεροσόλυμα καὶ πᾶσα ἡ Ἰουδαία καὶ πᾶσα ἡ περίχωρος¹⁷ τοῦ Ἰορδάνου, **6** καὶ ἐβαπτίζοντο ἐν τῷ Ἰορδάνῃ ποταμῷ¹⁸ ὑπ' αὐτοῦ ἐξομολογούμενοι¹⁹ τὰς ἁμαρτίας αὐτῶν.

7 Ἰδὼν δὲ πολλοὺς τῶν Φαρισαίων καὶ Σαδδουκαίων ἐρχομένους ἐπὶ τὸ βάπτισμα²⁰ αὐτοῦ εἶπεν αὐτοῖς· γεννήματα²¹ ἐχιδνῶν²², τίς ὑπέδειξεν²³ ὑμῖν φυγεῖν²⁴ ἀπὸ τῆς μελλούσης ὀργῆς; **8** ποιήσατε οὖν καρπὸν ἄξιον τῆς μετανοίας²⁵ **9** καὶ μὴ δόξητε²⁶ λέγειν ἐν ἑαυτοῖς· πατέρα ἔχομεν τὸν Ἀβραάμ. λέγω γὰρ ὑμῖν ὅτι δύναται ὁ θεὸς ἐκ τῶν λίθων τούτων ἐγεῖραι τέκνα τῷ Ἀβραάμ. **10** ἤδη δὲ ἡ ἀξίνη²⁷ πρὸς τὴν ῥίζαν²⁸ τῶν δένδρων²⁹ κεῖται³⁰· πᾶν οὖν δένδρον μὴ ποιοῦν καρπὸν καλὸν ἐκκόπτεται³¹ καὶ εἰς πῦρ βάλλεται.

11 Ἐγὼ μὲν ὑμᾶς βαπτίζω ἐν ὕδατι εἰς μετάνοιαν³², ὁ δὲ ὀπίσω μου ἐρχόμενος ἰσχυρότερός³³ μού ἐστιν, οὗ οὐκ εἰμὶ ἱκανὸς τὰ ὑποδήματα³⁴ βαστάσαι³⁵· αὐτὸς ὑμᾶς βαπτίσει ἐν πνεύματι ἁγίῳ καὶ πυρί· **12** οὗ τὸ πτύον³⁶ ἐν τῇ χειρὶ αὐτοῦ καὶ διακαθαριεῖ³⁷ τὴν ἅλωνα³⁸ αὐτοῦ καὶ συνάξει τὸν σῖτον³⁹ αὐτοῦ εἰς τὴν ἀποθήκην⁴⁰, τὸ δὲ ἄχυρον⁴¹ κατακαύσει⁴² πυρὶ ἀσβέστῳ⁴³.

---

¹ βαπτιστής, -οῦ m, Baptist/baptizer
² ἐγγίζω 3s pf act ind, come near
³ λέγω aor pas ptc m s nom, say
⁴ βοάω pres act ptc m s gen, shout
⁵ εὐθύς, -εῖα/ύ, straight
⁶ τρίβος, -ου f, path
⁷ ἔνδυμα, -τος n, clothing
⁸ θρίξ, τριχός f, hair
⁹ κάμηλος, -ου f, camel
¹⁰ ζώνη, -ης f, belt
¹¹ δερμάτινος, -η/ον, made of leather
¹² ὀσφῦς, -ύος f, waist
¹³ τροφή, -ῆς f, food
¹⁴ ἀκρίς, -ίδος f, locust/grasshopper
¹⁵ μέλι, -ιτος n, honey
¹⁶ ἄγριος, -α/ον, wild
¹⁷ περίχωρος, -ου f, surrounding region
¹⁸ ποταμός, -οῦ m, river
¹⁹ ἐξομολογέω pres mid ptc m p nom, confess
²⁰ βάπτισμα, -τος n, baptism
²¹ γέννημα, -τος n, offspring
²² ἔχιδνα, -ης f, snake
²³ ὑποδείκνυμι 3s aor act ind, warn
²⁴ φεύγω aor act inf, run
²⁵ μετάνοια, -ας f, repentance
²⁶ δοκέω 2p aor act sub, think
²⁷ ἀξίνη, -ης f, axe
²⁸ ῥίζα, -ης f, root
²⁹ δένδρον, -ου n, tree
³⁰ κεῖμαι 3s pres mid ind, be ready
³¹ ἐκκόπτω 3s pres pas ind, chop down
³² μετάνοια, -ας f, repentance
³³ ἰσχυρός, powerful (comp)
³⁴ ὑπόδημα, -τος n, sandal
³⁵ βαστάζω aor act inf, carry
³⁶ πτύον, -ου n, winnowing shovel
³⁷ διακαθαρίζω 3s fut act ind, clean out
³⁸ ἅλων, -ος f, threshing floor
³⁹ σῖτος, -ου m, grain/wheat
⁴⁰ ἀποθήκη, -ης f, barn
⁴¹ ἄχυρον, -ου n, chaff
⁴² κατακαίω 3s fut act ind, burn
⁴³ ἄσβεστος, -ον, unquenchable

The Baptism of Jesus (Mk 1.9-11; Lk 3.21-22)

13 Τότε παραγίνεται ὁ Ἰησοῦς ἀπὸ τῆς Γαλιλαίας ἐπὶ τὸν Ἰορδάνην πρὸς τὸν Ἰωάννην τοῦ βαπτισθῆναι ὑπ' αὐτοῦ. 14 ὁ δὲ Ἰωάννης διεκώλυεν[1] αὐτὸν λέγων· ἐγὼ χρείαν ἔχω ὑπὸ σοῦ βαπτισθῆναι, καὶ σὺ ἔρχῃ πρός με; 15 ἀποκριθεὶς δὲ ὁ Ἰησοῦς εἶπεν πρὸς αὐτόν· ἄφες[2] ἄρτι, οὕτως γὰρ πρέπον[3] ἐστὶν ἡμῖν πληρῶσαι πᾶσαν δικαιοσύνην. τότε ἀφίησιν αὐτόν. 16 βαπτισθεὶς δὲ ὁ Ἰησοῦς εὐθὺς ἀνέβη[4] ἀπὸ τοῦ ὕδατος[5]· καὶ ἰδοὺ ἠνεῴχθησαν[6] [αὐτῷ] οἱ οὐρανοί, καὶ εἶδεν [τὸ] πνεῦμα [τοῦ] θεοῦ καταβαῖνον ὡσεὶ[7] περιστερὰν[8] [καὶ] ἐρχόμενον ἐπ' αὐτόν· 17 καὶ ἰδοὺ φωνὴ ἐκ τῶν οὐρανῶν λέγουσα· οὗτός ἐστιν ὁ υἱός μου ὁ ἀγαπητός, ἐν ᾧ εὐδόκησα[9].

The Temptation of Jesus (Mk 1.12-13; Lk 4.1-13)

4 Τότε ὁ Ἰησοῦς ἀνήχθη[10] εἰς τὴν ἔρημον ὑπὸ τοῦ πνεύματος πειρασθῆναι ὑπὸ τοῦ διαβόλου. 2 καὶ νηστεύσας[11] ἡμέρας τεσσεράκοντα[12] καὶ νύκτας τεσσεράκοντα, ὕστερον[13] ἐπείνασεν[14]. 3 καὶ προσελθὼν[15] ὁ πειράζων εἶπεν αὐτῷ· εἰ υἱὸς εἶ τοῦ θεοῦ, εἰπὲ ἵνα οἱ λίθοι οὗτοι ἄρτοι γένωνται. 4 ὁ δὲ ἀποκριθεὶς εἶπεν· γέγραπται· οὐκ ἐπ' ἄρτῳ μόνῳ ζήσεται[16] ὁ ἄνθρωπος, ἀλλ' ἐπὶ παντὶ ῥήματι ἐκπορευομένῳ διὰ στόματος θεοῦ.

5 Τότε παραλαμβάνει αὐτὸν ὁ διάβολος εἰς τὴν ἁγίαν πόλιν καὶ ἔστησεν[17] αὐτὸν ἐπὶ τὸ πτερύγιον[18] τοῦ ἱεροῦ 6 καὶ λέγει αὐτῷ· εἰ υἱὸς εἶ τοῦ θεοῦ, βάλε[19] σεαυτὸν κάτω[20]· γέγραπται γὰρ ὅτι

τοῖς ἀγγέλοις αὐτοῦ ἐντελεῖται[21] περὶ σοῦ
καὶ ἐπὶ χειρῶν ἀροῦσίν[22] σε,
μήποτε[23] προσκόψῃς[24] πρὸς λίθον τὸν πόδα σου.

7 ἔφη αὐτῷ ὁ Ἰησοῦς· πάλιν γέγραπται· οὐκ ἐκπειράσεις[25] κύριον τὸν θεόν σου.

8 Πάλιν παραλαμβάνει αὐτὸν ὁ διάβολος εἰς ὄρος ὑψηλὸν[26] λίαν[27] καὶ δείκνυσιν[28] αὐτῷ πάσας τὰς βασιλείας τοῦ κόσμου καὶ τὴν δόξαν αὐτῶν 9 καὶ εἶπεν αὐτῷ·

---

[1] διακωλύω 3s impf act ind, impf try to stop
[2] ἀφίημι 2s aor act impv, let (something) be
[3] πρέπον pres act ptc n s nom, be fitting (π. ἐστίν it is fitting)
[4] ἀναβαίνω 3s aor act ind, come up
[5] ὕδωρ, ὕδατος n, water
[6] ἀνοίγω 3p aor pas ind, open
[7] ὡσεί, particle of comparison, like/as
[8] περιστερά, -ᾶς f, dove/pigeon
[9] εὐδοκέω 1s aor act ind, be pleased
[10] ἀνάγω 3s aor pas ind, lead
[11] νηστεύω aor act ptc m s nom, fast
[12] τεσσεράκοντα, forty
[13] ὕστερον, adv, (and) afterwards
[14] πεινάω 3s aor act ind, be hungry
[15] προσέρχομαι aor act ptc m s nom, come/go to
[16] ζάω 3s fut mid ind, live
[17] ἵστημι 3s aor act ind, place
[18] πτερύγιον, -ου n, highest point
[19] βάλλω 2s aor act impv, throw
[20] κάτω, adv, down
[21] ἐντέλλομαι 3s fut mid ind, give orders
[22] αἴρω 3p fut act ind, lift up
[23] μήποτε, conj, so that ... will not
[24] προσκόπτω 2s aor act sub, hit
[25] ἐκπειράζω 2s fut act ind, put to the test/tempt
[26] ὑψηλός, -ή/όν, high
[27] λίαν, adv, very
[28] δείκνυμι 3s pres act ind, show

ταῦτά σοι πάντα δώσω¹, ἐὰν πεσὼν² προσκυνήσῃς μοι. **10** τότε λέγει αὐτῷ ὁ Ἰησοῦς· ὕπαγε, σατανᾶ· γέγραπται γάρ· κύριον τὸν θεόν σου προσκυνήσεις καὶ αὐτῷ μόνῳ λατρεύσεις³. **11** τότε ἀφίησιν⁴ αὐτὸν ὁ διάβολος, καὶ ἰδοὺ ἄγγελοι προσῆλθον⁵ καὶ διηκόνουν αὐτῷ.

The Beginning of the Galilean Ministry (Mk 1.14-15; Lk 4.14-15)

12 Ἀκούσας δὲ ὅτι Ἰωάννης παρεδόθη⁶ ἀνεχώρησεν⁷ εἰς τὴν Γαλιλαίαν. **13** καὶ καταλιπὼν⁸ τὴν Ναζαρὰ ἐλθὼν κατῴκησεν⁹ εἰς Καφαρναοὺμ τὴν παραθαλασσίαν¹⁰ ἐν ὁρίοις¹¹ Ζαβουλὼν καὶ Νεφθαλίμ· **14** ἵνα πληρωθῇ τὸ ῥηθὲν¹² διὰ Ἠσαΐου τοῦ προφήτου λέγοντος·

15 γῆ Ζαβουλὼν καὶ γῆ Νεφθαλίμ,
ὁδὸν θαλάσσης, πέραν¹³ τοῦ Ἰορδάνου,
Γαλιλαία τῶν ἐθνῶν,
16 ὁ λαὸς ὁ καθήμενος¹⁴ ἐν σκότει
φῶς εἶδεν μέγα,
καὶ τοῖς καθημένοις ἐν χώρᾳ¹⁵ καὶ σκιᾷ¹⁶ θανάτου
φῶς ἀνέτειλεν¹⁷ αὐτοῖς.

17 Ἀπὸ τότε ἤρξατο¹⁸ ὁ Ἰησοῦς κηρύσσειν καὶ λέγειν· μετανοεῖτε· ἤγγικεν¹⁹ γὰρ ἡ βασιλεία τῶν οὐρανῶν.

The Calling of Four Fishermen (Mk 1.16-20; Lk 5.1-11)

18 Περιπατῶν δὲ παρὰ τὴν θάλασσαν τῆς Γαλιλαίας εἶδεν δύο ἀδελφούς, Σίμωνα τὸν λεγόμενον Πέτρον καὶ Ἀνδρέαν τὸν ἀδελφὸν αὐτοῦ, βάλλοντας ἀμφίβληστρον²⁰ εἰς τὴν θάλασσαν· ἦσαν γὰρ ἁλιεῖς²¹. **19** καὶ λέγει αὐτοῖς· δεῦτε²² ὀπίσω μου, καὶ ποιήσω ὑμᾶς ἁλιεῖς ἀνθρώπων. **20** οἱ δὲ εὐθέως ἀφέντες²³ τὰ δίκτυα²⁴ ἠκολούθησαν αὐτῷ. **21** καὶ προβὰς²⁵ ἐκεῖθεν²⁶ εἶδεν ἄλλους δύο ἀδελφούς, Ἰάκωβον τὸν τοῦ Ζεβεδαίου καὶ Ἰωάννην τὸν ἀδελφὸν αὐτοῦ, ἐν τῷ πλοίῳ μετὰ Ζεβεδαίου

---

¹ δίδωμι 1s fut act ind, give
² πίπτω aor act ptc m s nom, fall down
³ λατρεύω 2s fut act ind, serve
⁴ ἀφίημι 3s pres act ind, leave
⁵ προσέρχομαι 3p aor act ind, come/go to
⁶ παραδίδωμι 3s aor pas ind, arrest
⁷ ἀναχωρέω 3s aor act ind, go away
⁸ καταλείπω aor act ptc m s nom, leave
⁹ κατοικέω 3s aor act ind, live
¹⁰ παραθαλάσσιος, -α/ον, by the sea
¹¹ ὅριον, -ου n, region
¹² λέγω aor pas ptc n s nom, say
¹³ πέραν, prep + gen, across
¹⁴ κάθημαι pres mid ptc m s nom, live
¹⁵ χώρα, -ας f, land
¹⁶ σκιά, -ᾶς f, shadow
¹⁷ ἀνατέλλω 3s aor act ind, shine
¹⁸ ἄρχω 3s aor mid ind, mid begin
¹⁹ ἐγγίζω 3s pf act ind, come near
²⁰ ἀμφίβληστρον, -ου n, casting-net
²¹ ἁλιεύς, -έως m, fisherman
²² δεῦτε, interj, Come!
²³ ἀφίημι aor act ptc m p nom, leave
²⁴ δίκτυον, -ου n, fishing-net
²⁵ προβαίνω aor act ptc m s nom, go on
²⁶ ἐκεῖθεν, adv, from there

τοῦ πατρὸς αὐτῶν καταρτίζοντας¹ τὰ δίκτυα αὐτῶν, καὶ ἐκάλεσεν αὐτούς. **22** οἱ δὲ εὐθέως ἀφέντες τὸ πλοῖον καὶ τὸν πατέρα αὐτῶν ἠκολούθησαν αὐτῷ.

Ministering to a Great Multitude (Lk 6.17-19)

23 Καὶ περιῆγεν² ἐν ὅλῃ τῇ Γαλιλαίᾳ διδάσκων ἐν ταῖς συναγωγαῖς αὐτῶν καὶ κηρύσσων τὸ εὐαγγέλιον τῆς βασιλείας καὶ θεραπεύων πᾶσαν νόσον³ καὶ πᾶσαν μαλακίαν⁴ ἐν τῷ λαῷ.

24 Καὶ ἀπῆλθεν ἡ ἀκοὴ⁵ αὐτοῦ εἰς ὅλην τὴν Συρίαν· καὶ προσήνεγκαν⁶ αὐτῷ πάντας τοὺς κακῶς⁷ ἔχοντας ποικίλαις⁸ νόσοις⁹ καὶ βασάνοις¹⁰ συνεχομένους¹¹ [καὶ] δαιμονιζομένους¹² καὶ σεληνιαζομένους¹³ καὶ παραλυτικούς¹⁴, καὶ ἐθεράπευσεν αὐτούς. **25** καὶ ἠκολούθησαν αὐτῷ ὄχλοι πολλοὶ ἀπὸ τῆς Γαλιλαίας καὶ Δεκαπόλεως καὶ Ἱεροσολύμων καὶ Ἰουδαίας καὶ πέραν¹⁵ τοῦ Ἰορδάνου.

The Sermon on the Mount   Matthew 5–7

5 Ἰδὼν¹⁶ δὲ τοὺς ὄχλους ἀνέβη¹⁷ εἰς τὸ ὄρος, καὶ καθίσαντος αὐτοῦ προσῆλθαν¹⁸ αὐτῷ οἱ μαθηταὶ αὐτοῦ· **2** καὶ ἀνοίξας τὸ στόμα αὐτοῦ ἐδίδασκεν αὐτοὺς λέγων·

The Beatitudes (Lk 6.20-23)

3 μακάριοι οἱ πτωχοὶ τῷ πνεύματι,
  ὅτι αὐτῶν ἐστιν ἡ βασιλεία τῶν οὐρανῶν.
4 μακάριοι οἱ πενθοῦντες¹⁹,
  ὅτι αὐτοὶ παρακληθήσονται²⁰.
5 μακάριοι οἱ πραεῖς²¹,
  ὅτι αὐτοὶ κληρονομήσουσιν²² τὴν γῆν.
6 μακάριοι οἱ πεινῶντες²³ καὶ διψῶντες²⁴ τὴν δικαιοσύνην,
  ὅτι αὐτοὶ χορτασθήσονται²⁵.

---

¹ καταρτίζω *pres act ptc m p acc*, mend
² περιάγω *3s impf act ind*, go around
³ νόσος, -ου *f*, disease
⁴ μαλακία, -ας *f*, sickness
⁵ ἀκοή, -ῆς *f*, news
⁶ προσφέρω *3p aor act ind*, bring
⁷ κακῶς, *adv*, badly (κ. ἔχω be sick)
⁸ ποικίλος, -η/ον, all kinds of
⁹ νόσος, -ου *f*, disease
¹⁰ βάσανος, -ου *f*, pain
¹¹ συνέχω *pres pas ptc m p acc, pas* suffer with
¹² δαιμονίζομαι *pres pas ptc m p acc*, be demon possessed
¹³ σεληνιάζομαι *pres pas ptc m p acc*, be an epileptic
¹⁴ παραλυτικός, -οῦ *m*, person unable to walk
¹⁵ πέραν, *prep + gen*, across
¹⁶ ὁράω *aor act ptc m s nom*, see
¹⁷ ἀναβαίνω *3s aor act ind*, go up
¹⁸ προσέρχομαι *3p aor act ind*, come/go to
¹⁹ πενθέω *pres act ptc m p nom*, experience sorrow
²⁰ παρακαλέω *3p fut pas ind*, comfort
²¹ πραΰς, πραεῖα, πραΰ, humble/gentle
²² κληρονομέω *3p fut act ind*, receive
²³ πεινάω *pres act ptc m p nom*, hunger (for)
²⁴ διψάω *pres act ptc m p nom*, thirst (for)
²⁵ χορτάζω *3p fut pas ind*, satisfy

7 μακάριοι οἱ ἐλεήμονες¹,
ὅτι αὐτοὶ ἐλεηθήσονται².
8 μακάριοι οἱ καθαροὶ³ τῇ καρδίᾳ,
ὅτι αὐτοὶ τὸν θεὸν ὄψονται⁴.
9 μακάριοι οἱ εἰρηνοποιοί⁵,
ὅτι αὐτοὶ υἱοὶ θεοῦ κληθήσονται⁶.
10 μακάριοι οἱ δεδιωγμένοι⁷ ἕνεκεν⁸ δικαιοσύνης,
ὅτι αὐτῶν ἐστιν ἡ βασιλεία τῶν οὐρανῶν.
11 μακάριοί ἐστε
ὅταν ὀνειδίσωσιν⁹ ὑμᾶς καὶ διώξωσιν καὶ εἴπωσιν¹⁰ πᾶν πονηρὸν καθ᾽ ὑμῶν ψευδόμενοι¹¹ ἕνεκεν¹² ἐμοῦ. **12** χαίρετε καὶ ἀγαλλιᾶσθε¹³, ὅτι ὁ μισθὸς¹⁴ ὑμῶν πολὺς ἐν τοῖς οὐρανοῖς· οὕτως γὰρ ἐδίωξαν τοὺς προφήτας τοὺς πρὸ ὑμῶν.

Salt and Light (Mk 9.50; Lk 14.34-35)

13 Ὑμεῖς ἐστε τὸ ἅλας¹⁵ τῆς γῆς· ἐὰν δὲ τὸ ἅλας μωρανθῇ¹⁶, ἐν τίνι ἁλισθήσεται¹⁷; εἰς οὐδὲν ἰσχύει¹⁸ ἔτι εἰ μὴ βληθὲν¹⁹ ἔξω καταπατεῖσθαι²⁰ ὑπὸ τῶν ἀνθρώπων.
14 Ὑμεῖς ἐστε τὸ φῶς τοῦ κόσμου. οὐ δύναται πόλις κρυβῆναι²¹ ἐπάνω²² ὄρους κειμένη²³· **15** οὐδὲ καίουσιν²⁴ λύχνον²⁵ καὶ τιθέασιν²⁶ αὐτὸν ὑπὸ τὸν μόδιον²⁷ ἀλλ᾽ ἐπὶ τὴν λυχνίαν²⁸, καὶ λάμπει²⁹ πᾶσιν τοῖς ἐν τῇ οἰκίᾳ. **16** οὕτως λαμψάτω τὸ φῶς ὑμῶν ἔμπροσθεν τῶν ἀνθρώπων, ὅπως ἴδωσιν³⁰ ὑμῶν τὰ καλὰ ἔργα καὶ δοξάσωσιν τὸν πατέρα ὑμῶν τὸν ἐν τοῖς οὐρανοῖς.

Teaching about the Law

17 Μὴ νομίσητε³¹ ὅτι ἦλθον καταλῦσαι³² τὸν νόμον ἢ τοὺς προφήτας· οὐκ ἦλθον καταλῦσαι ἀλλὰ πληρῶσαι. **18** ἀμὴν γὰρ λέγω ὑμῖν· ἕως ἂν παρέλθῃ³³ ὁ οὐρανὸς

---

¹ ἐλεήμων, -ον, gen -ονος, merciful
² ἐλεέω/ἐλεάω 3p fut pas ind, have mercy, pas receive mercy
³ καθαρός, -ά/όν, pure
⁴ ὁράω 3p fut mid ind, see
⁵ εἰρηνοποιός, -οῦ m, peacemaker
⁶ καλέω 3p fut pas ind, call
⁷ διώκω pf pas ptc m p nom, persecute
⁸ ἕνεκα, prep + gen, because of
⁹ ὀνειδίζω 3p aor act sub, insult
¹⁰ λέγω 3p aor act sub, say
¹¹ ψεύδομαι pres mid ptc m p nom, lie
¹² ἕνεκα, prep + gen, because of
¹³ ἀγαλλιάω 2p pres mid impv, be glad
¹⁴ μισθός, -οῦ m, reward
¹⁵ ἅλας, -ατος n, salt
¹⁶ μωραίνω 3s aor pas sub, pas become tasteless
¹⁷ ἁλίζω 3s fut pas ind, restore flavor
¹⁸ ἰσχύω 3s pres act ind, be useful
¹⁹ βάλλω aor pas ptc n s acc, throw
²⁰ καταπατέω pres pas inf, trample under foot
²¹ κρύπτω aor pas inf, hide
²² ἐπάνω, prep + gen, on
²³ κεῖμαι pres mid ptc f s nom, be located
²⁴ καίω 3p pres act ind, light
²⁵ λύχνος, -ου m, lamp
²⁶ τίθημι 3p pres act ind, put
²⁷ μόδιος, -ου m, basket
²⁸ λυχνία, -ας f, lampstand
²⁹ λάμπω 3s pres act ind, give light
³⁰ ὁράω 3p aor act sub, see
³¹ νομίζω 2p aor act sub, think
³² καταλύω aor act inf, do away with
³³ παρέρχομαι 3s aor act sub, pass away

καὶ ἡ γῆ, ἰῶτα¹ ἓν ἢ μία κεραία² οὐ μὴ παρέλθῃ ἀπὸ τοῦ νόμου, ἕως ἂν πάντα γένηται. **19** ὃς ἐὰν οὖν λύσῃ μίαν τῶν ἐντολῶν τούτων τῶν ἐλαχίστων³ καὶ διδάξῃ οὕτως τοὺς ἀνθρώπους, ἐλάχιστος κληθήσεται⁴ ἐν τῇ βασιλείᾳ τῶν οὐρανῶν· ὃς δ' ἂν ποιήσῃ καὶ διδάξῃ, οὗτος μέγας κληθήσεται ἐν τῇ βασιλείᾳ τῶν οὐρανῶν. **20** Λέγω γὰρ ὑμῖν ὅτι ἐὰν μὴ περισσεύσῃ ὑμῶν ἡ δικαιοσύνη πλεῖον⁵ τῶν γραμματέων καὶ Φαρισαίων, οὐ μὴ εἰσέλθητε⁶ εἰς τὴν βασιλείαν τῶν οὐρανῶν.

Teaching about Anger

21 Ἠκούσατε ὅτι ἐρρέθη⁷ τοῖς ἀρχαίοις⁸· **οὐ φονεύσεις**⁹· ὃς δ' ἂν φονεύσῃ, ἔνοχος¹⁰ ἔσται τῇ κρίσει. **22** ἐγὼ δὲ λέγω ὑμῖν ὅτι πᾶς ὁ ὀργιζόμενος¹¹ τῷ ἀδελφῷ αὐτοῦ ἔνοχος ἔσται τῇ κρίσει· ὃς δ' ἂν εἴπῃ τῷ ἀδελφῷ αὐτοῦ· ῥακά¹², ἔνοχος ἔσται τῷ συνεδρίῳ¹³· ὃς δ' ἂν εἴπῃ· μωρέ¹⁴, ἔνοχος ἔσται εἰς τὴν γέενναν¹⁵ τοῦ πυρός. **23** ἐὰν οὖν προσφέρῃς τὸ δῶρόν¹⁶ σου ἐπὶ τὸ θυσιαστήριον¹⁷ κἀκεῖ¹⁸ μνησθῇς¹⁹ ὅτι ὁ ἀδελφός σου ἔχει τι κατὰ σοῦ, **24** ἄφες²⁰ ἐκεῖ τὸ δῶρόν σου ἔμπροσθεν τοῦ θυσιαστηρίου καὶ ὕπαγε πρῶτον διαλλάγηθι²¹ τῷ ἀδελφῷ σου, καὶ τότε ἐλθὼν πρόσφερε τὸ δῶρόν σου. **25** ἴσθι²² εὐνοῶν²³ τῷ ἀντιδίκῳ²⁴ σου ταχύ²⁵, ἕως ὅτου εἶ μετ' αὐτοῦ ἐν τῇ ὁδῷ, μήποτέ²⁶ σε παραδῷ²⁷ ὁ ἀντίδικος τῷ κριτῇ²⁸ καὶ ὁ κριτὴς τῷ ὑπηρέτῃ²⁹ καὶ εἰς φυλακὴν βληθήσῃ³⁰· **26** ἀμὴν λέγω σοι, οὐ μὴ ἐξέλθῃς³¹ ἐκεῖθεν³², ἕως ἂν ἀποδῷς³³ τὸν ἔσχατον κοδράντην³⁴.

Teaching about Adultery

27 Ἠκούσατε ὅτι ἐρρέθη³⁵· **οὐ μοιχεύσεις**³⁶. **28** ἐγὼ δὲ λέγω ὑμῖν ὅτι πᾶς ὁ βλέπων γυναῖκα πρὸς τὸ ἐπιθυμῆσαι³⁷ αὐτὴν ἤδη ἐμοίχευσεν αὐτὴν ἐν τῇ καρδίᾳ αὐτοῦ.

---

1 ἰῶτα, iota (= yod, smallest letter in Hebrew alphabet)
2 κεραία, -ας f, stroke (of a pen)
3 ἐλάχιστος, least (super of μικρός)
4 καλέω 3s fut pas ind, call
5 πολύς, much (comp)
6 εἰσέρχομαι 2p aor act sub, enter
7 λέγω 3s aor pas ind, say
8 ἀρχαῖος, -α/ον, old, (τοῖς ἀ. to our ancestors)
9 φονεύω 2s fut act ind, murder
10 ἔνοχος, -ον, liable
11 ὀργίζω pres pas ptc m s nom, pas be angry
12 ῥακά, fool
13 συνέδριον, -ου n, council/ Sanhedrin

14 μωρός, -ά/όν, (worthless) fool
15 γέεννα, -ης f, hell
16 δῶρον, -ου n, gift
17 θυσιαστήριον, -ου n, altar
18 κἀκεῖ, = καὶ ἐκεῖ, and there
19 μιμνῄσκομαι 2s aor pas sub, remember
20 ἀφίημι 2s aor act impv, leave
21 διαλλάσσομαι 2s aor pas impv, make peace with
22 εἰμί 2s pres act impv, be
23 εὐνοέω pres act ptc m s nom, make friends
24 ἀντίδικος, -ου m, opponent at law
25 ταχύς, adv, quickly
26 μήποτε, conj, so that ... will not

27 παραδίδωμι 3s aor act sub, hand over
28 κριτής, -οῦ m, judge
29 ὑπηρέτης, -ου m, guard
30 βάλλω 2s fut pas ind, throw
31 ἐξέρχομαι 2s aor act sub, go out
32 ἐκεῖθεν, adv, from there
33 ἀποδίδωμι 2s aor act sub, repay
34 κοδράντης, -ου m, quadrans (Roman copper coin worth 1/64 denarius)
35 λέγω 3s aor pas ind, say
36 μοιχεύω 2s fut act ind, commit adultery
37 ἐπιθυμέω aor act inf, lust for

29 εἰ δὲ ὁ ὀφθαλμός σου ὁ δεξιὸς σκανδαλίζει[1] σε, ἔξελε[2] αὐτὸν καὶ βάλε[3] ἀπὸ σοῦ· συμφέρει[4] γάρ σοι ἵνα ἀπόληται[5] ἓν τῶν μελῶν σου καὶ μὴ ὅλον τὸ σῶμά σου βληθῇ[6] εἰς γέενναν[7]. **30** καὶ εἰ ἡ δεξιά σου χεὶρ σκανδαλίζει σε, ἔκκοψον[8] αὐτὴν καὶ βάλε ἀπὸ σοῦ· συμφέρει γάρ σοι ἵνα ἀπόληται ἓν τῶν μελῶν σου καὶ μὴ ὅλον τὸ σῶμά σου εἰς γέενναν ἀπέλθῃ[9].

Teaching about Divorce (Mt 19.9; Mk 10.11-12; Lk 16.18)

31 Ἐρρέθη[10] δέ· ὃς ἂν ἀπολύσῃ τὴν γυναῖκα αὐτοῦ, δότω[11] αὐτῇ ἀποστάσιον[12]. **32** ἐγὼ δὲ λέγω ὑμῖν ὅτι πᾶς ὁ ἀπολύων τὴν γυναῖκα αὐτοῦ παρεκτὸς[13] λόγου πορνείας[14] ποιεῖ αὐτὴν μοιχευθῆναι[15], καὶ ὃς ἐὰν ἀπολελυμένην γαμήσῃ[16], μοιχᾶται[17].

Teaching about Oaths

33 Πάλιν ἠκούσατε ὅτι ἐρρέθη[18] τοῖς ἀρχαίοις[19]· οὐκ ἐπιορκήσεις[20], ἀποδώσεις[21] δὲ τῷ κυρίῳ τοὺς ὅρκους[22] σου. **34** ἐγὼ δὲ λέγω ὑμῖν μὴ ὀμόσαι[23] ὅλως[24]· μήτε ἐν τῷ οὐρανῷ, ὅτι θρόνος ἐστὶν τοῦ θεοῦ, **35** μήτε ἐν τῇ γῇ, ὅτι ὑποπόδιόν[25] ἐστιν τῶν ποδῶν αὐτοῦ, μήτε εἰς Ἱεροσόλυμα, ὅτι πόλις ἐστὶν τοῦ μεγάλου βασιλέως, **36** μήτε ἐν τῇ κεφαλῇ σου ὀμόσῃς, ὅτι οὐ δύνασαι μίαν τρίχα[26] λευκὴν[27] ποιῆσαι ἢ μέλαιναν[28]. **37** ἔστω[29] δὲ ὁ λόγος ὑμῶν ναὶ ναί, οὒ οὔ· τὸ δὲ περισσὸν[30] τούτων ἐκ τοῦ πονηροῦ ἐστιν.

Teaching about Retaliation (Lk 6.29-30)

38 Ἠκούσατε ὅτι ἐρρέθη· ὀφθαλμὸν ἀντὶ[31] ὀφθαλμοῦ καὶ ὀδόντα[32] ἀντὶ ὀδόντος. **39** ἐγὼ δὲ λέγω ὑμῖν μὴ ἀντιστῆναι[33] τῷ πονηρῷ· ἀλλ' ὅστις σε ῥαπίζει[34] εἰς τὴν δεξιὰν σιαγόνα[35] [σου], στρέψον[36] αὐτῷ καὶ τὴν ἄλλην· **40** καὶ τῷ θέλοντί σοι

---

[1] σκανδαλίζω 3s pres act ind, cause to sin
[2] ἐξαιρέω 2s aor act impv, pull (something) out
[3] βάλλω 2s aor act impv, throw
[4] συμφέρω 3s pres act ind, impers it is better
[5] ἀπόλλυμι 3s aor mid sub, lose
[6] βάλλω 3s aor pas sub, throw
[7] γέεννα, -ης f, hell
[8] ἐκκόπτω 2s aor act impv, cut off
[9] ἀπέρχομαι 3s aor act sub, go
[10] λέγω 3s aor pas ind, say
[11] δίδωμι 3s aor act impv, give
[12] ἀποστάσιον, -ου n, written notice of divorce
[13] παρεκτός, prep + gen, except
[14] πορνεία, -ας f, sexual immorality
[15] μοιχεύω aor pas inf, commit adultery
[16] γαμέω 3s aor act sub, marry
[17] μοιχάω 3s pres pas ind, pas commit adultery
[18] λέγω 3s aor pas ind, say
[19] ἀρχαῖος, -α/ον, old (τοῖς ἀ. to our ancestors)
[20] ἐπιορκέω 2s fut act ind, break a promise
[21] ἀποδίδωμι 2s fut act ind, keep (a promise)
[22] ὅρκος, -ου m, promise
[23] ὀμνύω aor act inf, make a promise
[24] ὅλως, adv, at all
[25] ὑποπόδιον, -ου n, footstool
[26] θρίξ, τριχός f, hair
[27] λευκός, -ή/όν, white
[28] μέλας, -αινα/αν, gen -ανος -αίνης -ανος, black
[29] εἰμί 3s pres act impv, be
[30] περισσός, -ή/όν, more (than)
[31] ἀντί, prep + gen, in place of
[32] ὀδούς, -όδόντος m, tooth
[33] ἀνθίστημι aor act inf, resist
[34] ῥαπίζω 3s pres act ind, hit
[35] σιαγών, -όνος f, cheek
[36] στρέφω 2s aor act impv, turn

κριθῆναι¹ καὶ τὸν χιτῶνά² σου λαβεῖν, ἄφες³ αὐτῷ καὶ τὸ ἱμάτιον· **41** καὶ ὅστις σε ἀγγαρεύσει⁴ μίλιον⁵ ἕν, ὕπαγε μετ' αὐτοῦ δύο. **42** τῷ αἰτοῦντί σε δός⁶, καὶ τὸν θέλοντα ἀπὸ σοῦ δανίσασθαι⁷ μὴ ἀποστραφῇς⁸.

Love for Enemies (Lk 6.27-28, 32-36)

43 Ἠκούσατε ὅτι ἐρρέθη⁹· ἀγαπήσεις τὸν πλησίον¹⁰ σου καὶ μισήσεις τὸν ἐχθρόν σου. **44** ἐγὼ δὲ λέγω ὑμῖν· ἀγαπᾶτε τοὺς ἐχθροὺς ὑμῶν καὶ προσεύχεσθε ὑπὲρ τῶν διωκόντων ὑμᾶς, **45** ὅπως γένησθε¹¹ υἱοὶ τοῦ πατρὸς ὑμῶν τοῦ ἐν οὐρανοῖς, ὅτι τὸν ἥλιον αὐτοῦ ἀνατέλλει¹² ἐπὶ πονηροὺς καὶ ἀγαθοὺς καὶ βρέχει¹³ ἐπὶ δικαίους καὶ ἀδίκους¹⁴. **46** ἐὰν γὰρ ἀγαπήσητε τοὺς ἀγαπῶντας ὑμᾶς, τίνα μισθὸν¹⁵ ἔχετε; οὐχὶ καὶ οἱ τελῶναι¹⁶ τὸ αὐτὸ ποιοῦσιν; **47** καὶ ἐὰν ἀσπάσησθε τοὺς ἀδελφοὺς ὑμῶν μόνον, τί περισσὸν¹⁷ ποιεῖτε; οὐχὶ καὶ οἱ ἐθνικοὶ¹⁸ τὸ αὐτὸ ποιοῦσιν; **48** ἔσεσθε¹⁹ οὖν ὑμεῖς τέλειοι²⁰ ὡς ὁ πατὴρ ὑμῶν ὁ οὐράνιος τέλειός ἐστιν.

Teaching about Almsgiving

6 Προσέχετε²¹ [δὲ] τὴν δικαιοσύνην ὑμῶν μὴ ποιεῖν ἔμπροσθεν τῶν ἀνθρώπων πρὸς τὸ θεαθῆναι²² αὐτοῖς· εἰ δὲ μή γε²³, μισθὸν²⁴ οὐκ ἔχετε παρὰ τῷ πατρὶ ὑμῶν τῷ ἐν τοῖς οὐρανοῖς. **2** ὅταν οὖν ποιῇς ἐλεημοσύνην²⁵, μὴ σαλπίσῃς²⁶ ἔμπροσθέν σου, ὥσπερ οἱ ὑποκριταὶ²⁷ ποιοῦσιν ἐν ταῖς συναγωγαῖς καὶ ἐν ταῖς ῥύμαις²⁸, ὅπως δοξασθῶσιν ὑπὸ τῶν ἀνθρώπων· ἀμὴν λέγω ὑμῖν, ἀπέχουσιν²⁹ τὸν μισθὸν αὐτῶν. **3** σοῦ δὲ ποιοῦντος ἐλεημοσύνην μὴ γνώτω³⁰ ἡ ἀριστερά³¹ σου τί ποιεῖ ἡ δεξιά σου, **4** ὅπως ᾖ σου ἡ ἐλεημοσύνη ἐν τῷ κρυπτῷ³²· καὶ ὁ πατήρ σου ὁ βλέπων ἐν τῷ κρυπτῷ ἀποδώσει³³ σοι.

---

[1] κρίνω *aor pas inf, pas* sue
[2] χιτών, -ῶνος *m*, shirt (generally of the garment worn next to the skin)
[3] ἀφίημι *2s aor act impv*, give
[4] ἀγγαρεύω *3s fut act ind*, force (to go)
[5] μίλιον, -ου *m*, mile
[6] δίδωμι *2s aor act impv*, give
[7] δανείζω *aor mid inf*, mid borrow
[8] ἀποστρέφω *2s aor pas sub*, refuse
[9] λέγω *3s aor pas ind*, say
[10] πλησίον, *prep + gen*, near (ὁ π. neighbor/friend)
[11] γίνομαι *2p aor mid sub*, become
[12] ἀνατέλλω *3s pres act ind*, cause to rise
[13] βρέχω *3s pres act ind*, send rain
[14] ἄδικος, -ον, evil
[15] μισθός, -οῦ *m*, reward
[16] τελώνης, -ου *m*, tax-collector
[17] περισσός, -ή/όν, more
[18] ἐθνικός, -ή/όν, pagan
[19] εἰμί *2p fut mid ind*, be
[20] τέλειος, -α, -ον, perfect
[21] προσέχω *2p pres act impv*, make certain (to do)
[22] θεάομαι *aor pas inf*, see
[23] γέ, *emphatic particle*
[24] μισθός, -οῦ *m*, reward
[25] ἐλεημοσύνη, -ης *f*, giving money to a needy person
[26] σαλπίζω *2s aor act sub*, sound a trumpet
[27] ὑποκριτής, -οῦ *m*, hypocrite
[28] ῥύμη, -ης *f*, street
[29] ἀπέχω *3p pres act ind*, receive in full
[30] γινώσκω *3s aor act impv*, know
[31] ἀριστερός, -ά/όν, left (ἡ ἀ. left hand)
[32] κρυπτός, -ή/όν, secret
[33] ἀποδίδωμι *3s fut act ind*, repay

Teaching about Prayer (Lk 11.2-4)

5 Καὶ ὅταν προσεύχησθε, οὐκ ἔσεσθε ὡς οἱ ὑποκριταί[1], ὅτι φιλοῦσιν[2] ἐν ταῖς συναγωγαῖς καὶ ἐν ταῖς γωνίαις[3] τῶν πλατειῶν[4] ἑστῶτες[5] προσεύχεσθαι, ὅπως φανῶσιν[6] τοῖς ἀνθρώποις· ἀμὴν λέγω ὑμῖν, ἀπέχουσιν[7] τὸν μισθὸν αὐτῶν. 6 σὺ δὲ ὅταν προσεύχῃ, εἴσελθε[8] εἰς τὸ ταμεῖόν[9] σου καὶ κλείσας[10] τὴν θύραν σου πρόσευξαι τῷ πατρί σου τῷ ἐν τῷ κρυπτῷ[11]· καὶ ὁ πατήρ σου ὁ βλέπων ἐν τῷ κρυπτῷ ἀποδώσει[12] σοι.

7 Προσευχόμενοι δὲ μὴ βατταλογήσητε[13] ὥσπερ οἱ ἐθνικοί[14], δοκοῦσιν γὰρ ὅτι ἐν τῇ πολυλογίᾳ[15] αὐτῶν εἰσακουσθήσονται[16]. 8 μὴ οὖν ὁμοιωθῆτε[17] αὐτοῖς· οἶδεν γὰρ ὁ πατὴρ ὑμῶν ὧν χρείαν ἔχετε πρὸ τοῦ ὑμᾶς αἰτῆσαι αὐτόν.

9 Οὕτως οὖν προσεύχεσθε ὑμεῖς·

πάτερ ἡμῶν ὁ ἐν τοῖς οὐρανοῖς·
ἁγιασθήτω[18] τὸ ὄνομά σου·
10 ἐλθέτω[19] ἡ βασιλεία σου·
γενηθήτω[20] τὸ θέλημά σου,
ὡς ἐν οὐρανῷ καὶ ἐπὶ γῆς·
11 τὸν ἄρτον ἡμῶν τὸν ἐπιούσιον[21] δὸς[22] ἡμῖν σήμερον·
12 καὶ ἄφες[23] ἡμῖν τὰ ὀφειλήματα[24] ἡμῶν,
ὡς καὶ ἡμεῖς ἀφήκαμεν[25] τοῖς ὀφειλέταις[26] ἡμῶν·
13 καὶ μὴ εἰσενέγκῃς[27] ἡμᾶς εἰς πειρασμόν[28],
ἀλλὰ ῥῦσαι[29] ἡμᾶς ἀπὸ τοῦ πονηροῦ.

14 Ἐὰν γὰρ ἀφῆτε[30] τοῖς ἀνθρώποις τὰ παραπτώματα[31] αὐτῶν, ἀφήσει καὶ ὑμῖν ὁ πατὴρ ὑμῶν ὁ οὐράνιος[32]. 15 ἐὰν δὲ μὴ ἀφῆτε τοῖς ἀνθρώποις, οὐδὲ ὁ πατὴρ ὑμῶν ἀφήσει τὰ παραπτώματα ὑμῶν.

---

[1] ὑποκριτής, -οῦ m, hypocrite
[2] φιλέω 3p pres act ind, love
[3] γωνία, -ας f, corner
[4] πλατεῖα, -ας f, wide street
[5] ἵστημι pf act ptc m p nom, stand
[6] φαίνω 3p aor pas sub, pas be seen
[7] ἀπέχω 3p pres act ind, receive in full
[8] εἰσέρχομαι 2s aor act impv, go in
[9] ταμεῖον, -ου n, private room
[10] κλείω aor act ptc m s nom, shut
[11] κρυπτός, -ή/όν, secret
[12] ἀποδίδωμι 3s fut act ind, reward
[13] βατταλογέω 2p aor act sub, use many words
[14] ἐθνικός, -ή/όν, pagan
[15] πολυλογία, -ας f, many words
[16] εἰσακούω 3p fut pas ind, hear
[17] ὁμοιόω 2p aor pas sub, be like
[18] ἁγιάζω 3s aor pas impv, make holy
[19] ἔρχομαι 3s aor act impv, come
[20] γίνομαι 3s aor pas impv, take place
[21] ἐπιούσιος, -ον, for today/for the coming day/necessary for existence
[22] δίδωμι 2s aor act impv, give
[23] ἀφίημι 2s aor act impv, forgive
[24] ὀφείλημα, -τος n, wrongdoing
[25] ἀφίημι 1p aor act ind, forgive
[26] ὀφειλέτης, -ου m, debtor
[27] εἰσφέρω 2s aor act sub, bring in
[28] πειρασμός, -οῦ m, temptation/time of testing
[29] ῥύομαι 2s aor mid impv, rescue/protect
[30] ἀφίημι 2p aor act sub, forgive
[31] παράπτωμα, -τος n, wrongdoing
[32] οὐράνιος, -ον, in heaven

Teaching about Fasting

16 Ὅταν δὲ νηστεύητε¹, μὴ γίνεσθε ὡς οἱ ὑποκριταὶ² σκυθρωποί³, ἀφανίζουσιν⁴ γὰρ τὰ πρόσωπα αὐτῶν ὅπως φανῶσιν⁵ τοῖς ἀνθρώποις νηστεύοντες· ἀμὴν λέγω ὑμῖν, ἀπέχουσιν⁶ τὸν μισθὸν αὐτῶν. **17** σὺ δὲ νηστεύων ἄλειψαί⁷ σου τὴν κεφαλὴν καὶ τὸ πρόσωπόν σου νίψαι⁸, **18** ὅπως μὴ φανῇς τοῖς ἀνθρώποις νηστεύων ἀλλὰ τῷ πατρί σου τῷ ἐν τῷ κρυφαίῳ⁹· καὶ ὁ πατήρ σου ὁ βλέπων ἐν τῷ κρυφαίῳ ἀποδώσει¹⁰ σοι.

Treasure in Heaven (Lk 12.33-34)

19 Μὴ θησαυρίζετε¹¹ ὑμῖν θησαυροὺς¹² ἐπὶ τῆς γῆς, ὅπου σὴς¹³ καὶ βρῶσις¹⁴ ἀφανίζει¹⁵ καὶ ὅπου κλέπται¹⁶ διορύσσουσιν¹⁷ καὶ κλέπτουσιν¹⁸· **20** θησαυρίζετε δὲ ὑμῖν θησαυροὺς ἐν οὐρανῷ, ὅπου οὔτε σὴς οὔτε βρῶσις ἀφανίζει καὶ ὅπου κλέπται οὐ διορύσσουσιν οὐδὲ κλέπτουσιν· **21** ὅπου γάρ ἐστιν ὁ θησαυρός σου, ἐκεῖ ἔσται καὶ ἡ καρδία σου.

The Light of the Body (Lk 11.34-36)

22 Ὁ λύχνος¹⁹ τοῦ σώματός ἐστιν ὁ ὀφθαλμός. ἐὰν οὖν ᾖ ὁ ὀφθαλμός σου ἁπλοῦς²⁰, ὅλον τὸ σῶμά σου φωτεινὸν²¹ ἔσται· **23** ἐὰν δὲ ὁ ὀφθαλμός σου πονηρὸς ᾖ, ὅλον τὸ σῶμά σου σκοτεινὸν²² ἔσται. εἰ οὖν τὸ φῶς τὸ ἐν σοὶ σκότος ἐστίν, τὸ σκότος πόσον²³;

God and Mammon (Lk 16.13)

24 Οὐδεὶς δύναται δυσὶ κυρίοις δουλεύειν²⁴· ἢ γὰρ τὸν ἕνα μισήσει καὶ τὸν ἕτερον ἀγαπήσει, ἢ ἑνὸς ἀνθέξεται²⁵ καὶ τοῦ ἑτέρου καταφρονήσει²⁶. οὐ δύνασθε θεῷ δουλεύειν καὶ μαμωνᾷ²⁷.

---

[1] νηστεύω 2p pres act sub, fast
[2] ὑποκριτής, -οῦ m, hypocrite
[3] σκυθρωπός, -ή/όν, sad
[4] ἀφανίζω 3p pres act ind, make unsightly
[5] φαίνω 3p aor pas sub, pas be seen
[6] ἀπέχω 3p pres act ind, receive in full
[7] ἀλείφω 2s aor mid impv, put (olive) oil on
[8] νίπτω 2s aor mid impv, wash
[9] κρυφαῖος, -α/ον, secret
[10] ἀποδίδωμι 3s fut act ind, reward
[11] θησαυρίζω 2p pres act impv, store up
[12] θησαυρός, -οῦ m, treasure
[13] σής, σητός m, moth
[14] βρῶσις, -εως f, rust
[15] ἀφανίζω 3s pres act ind, ruin
[16] κλέπτης, -ου m, thief
[17] διορύσσω 3p pres act ind, dig through
[18] κλέπτω 3p pres act ind, steal
[19] λύχνος, -ου m, lamp
[20] ἁπλοῦς, -ῆ/οῦν, healthy
[21] φωτεινός, -ή/όν, full of light
[22] σκοτεινός, -ή/όν, in darkness
[23] πόσος, -η/ον, how much
[24] δουλεύω pres act inf, serve
[25] ἀντέχομαι 3s fut mid ind, be loyal to
[26] καταφρονέω 3s fut act ind, despise
[27] μαμωνᾶς, -ᾶ m, money

Care and Anxiety (Lk 12.22-34)

25 Διὰ τοῦτο λέγω ὑμῖν· μὴ μεριμνᾶτε[1] τῇ ψυχῇ ὑμῶν τί φάγητε[2] [ἢ τί πίητε[3]], μηδὲ τῷ σώματι ὑμῶν τί ἐνδύσησθε[4]. οὐχὶ ἡ ψυχὴ πλεῖόν[5] ἐστιν τῆς τροφῆς[6] καὶ τὸ σῶμα τοῦ ἐνδύματος[7]; 26 ἐμβλέψατε[8] εἰς τὰ πετεινὰ[9] τοῦ οὐρανοῦ ὅτι οὐ σπείρουσιν οὐδὲ θερίζουσιν[10] οὐδὲ συνάγουσιν εἰς ἀποθήκας[11], καὶ ὁ πατὴρ ὑμῶν ὁ οὐράνιος[12] τρέφει[13] αὐτά· οὐχ ὑμεῖς μᾶλλον διαφέρετε[14] αὐτῶν; 27 τίς δὲ ἐξ ὑμῶν μεριμνῶν[15] δύναται προσθεῖναι[16] ἐπὶ τὴν ἡλικίαν[17] αὐτοῦ πῆχυν[18] ἕνα; 28 καὶ περὶ ἐνδύματος τί μεριμνᾶτε; καταμάθετε[19] τὰ κρίνα[20] τοῦ ἀγροῦ πῶς αὐξάνουσιν[21]· οὐ κοπιῶσιν[22] οὐδὲ νήθουσιν[23]. 29 λέγω δὲ ὑμῖν ὅτι οὐδὲ Σολομὼν ἐν πάσῃ τῇ δόξῃ αὐτοῦ περιεβάλετο[24] ὡς ἓν τούτων. 30 εἰ δὲ τὸν χόρτον[25] τοῦ ἀγροῦ σήμερον ὄντα καὶ αὔριον[26] εἰς κλίβανον[27] βαλλόμενον ὁ θεὸς οὕτως ἀμφιέννυσιν[28], οὐ πολλῷ μᾶλλον ὑμᾶς, ὀλιγόπιστοι[29]; 31 μὴ οὖν μεριμνήσητε λέγοντες· τί φάγωμεν[30]; ἤ· τί πίωμεν[31]; ἤ· τί περιβαλώμεθα[32]; 32 πάντα γὰρ ταῦτα τὰ ἔθνη ἐπιζητοῦσιν[33]· οἶδεν γὰρ ὁ πατὴρ ὑμῶν ὁ οὐράνιος[34] ὅτι χρῄζετε[35] τούτων ἁπάντων. 33 ζητεῖτε δὲ πρῶτον τὴν βασιλείαν [τοῦ θεοῦ] καὶ τὴν δικαιοσύνην αὐτοῦ, καὶ ταῦτα πάντα προστεθήσεται[36] ὑμῖν. 34 μὴ οὖν μεριμνήσητε εἰς τὴν αὔριον[37], ἡ γὰρ αὔριον μεριμνήσει ἑαυτῆς· ἀρκετὸν[38] τῇ ἡμέρᾳ ἡ κακία[39] αὐτῆς.

Judging Others (Lk 6.37-38, 41-42)

7 Μὴ κρίνετε, ἵνα μὴ κριθῆτε[40]· 2 ἐν ᾧ γὰρ κρίματι[41] κρίνετε κριθήσεσθε, καὶ ἐν ᾧ μέτρῳ[42] μετρεῖτε[43] μετρηθήσεται[44] ὑμῖν. 3 τί δὲ βλέπεις τὸ κάρφος[45] τὸ ἐν τῷ ὀφθαλμῷ τοῦ ἀδελφοῦ σου, τὴν δὲ ἐν τῷ σῷ[46] ὀφθαλμῷ δοκὸν[47] οὐ κατανοεῖς[48];

[1] μεριμνάω 2p pres act impv, worry about
[2] ἐσθίω 2p aor act sub, eat
[3] πίνω 2p aor act sub, drink
[4] ἐνδύω 2p aor mid sub, mid wear
[5] πολύς, much (comp)
[6] τροφή, -ῆς f, food
[7] ἔνδυμα, -τος n, clothing
[8] ἐμβλέπω 2p aor act impv, consider
[9] πετεινόν, -οῦ n, bird
[10] θερίζω 3p pres act ind, reap
[11] ἀποθήκη, -ης f, barn
[12] οὐράνιος, -ον, in heaven
[13] τρέφω 3s pres act ind, provide with food
[14] διαφέρετε 2p pres act ind, be worth more (than)
[15] μεριμνάω pres act ptc m s nom, worry about
[16] προστίθημι aor act inf, add
[17] ἡλικία, -ας f, height/span of life
[18] πῆχυς, -εως m, cubit (about 18 inches or 46.2 centimeter)
[19] καταμανθάνω 2p aor act impv, consider
[20] κρίνον, -ου n, attractive wild flower
[21] αὐξάνω 3p pres act ind, grow
[22] κοπιάω 3p pres act ind, work hard
[23] νήθω 3p pres act ind, spin (of thread)
[24] περιβάλλω 3s aor mid ind, dress
[25] χόρτος, -ου m, grass
[26] αὔριον, adv, tomorrow
[27] κλίβανος, -ου m, oven/fire
[28] ἀμφιέννυμι 3s pres act ind, clothe
[29] ὀλιγόπιστος, -ον, of little faith
[30] ἐσθίω 1p aor act sub, eat
[31] πίνω 1p aor act sub, drink
[32] περιβάλλω 1p aor mid sub, wear
[33] ἐπιζητέω 3p pres act ind, desire/go after
[34] οὐράνιος, -ον, in heaven
[35] χρῄζω 2p pres act ind, need
[36] προστίθημι 3s fut pas ind, give
[37] αὔριον, adv, tomorrow
[38] ἀρκετός, -ή/όν, enough
[39] κακία, -ας f, evil
[40] κρίνω 2p aor pas sub, judge
[41] κρίμα, -τος n, judgment
[42] μέτρον, -ου n, measure
[43] μετρέω 2p pres act ind, measure out
[44] μετρέω 3s fut pas ind, measure out
[45] κάρφος, -ους n, speck
[46] σός, σή, σόν, your
[47] δοκός, -οῦ f, log
[48] κατανοέω 2s pres act ind, consider

4 ἢ πῶς ἐρεῖς¹ τῷ ἀδελφῷ σου· ἄφες² ἐκβάλω³ τὸ κάρφος ἐκ τοῦ ὀφθαλμοῦ σου, καὶ ἰδοὺ ἡ δοκὸς ἐν τῷ ὀφθαλμῷ σοῦ; **5** ὑποκριτά⁴, ἔκβαλε πρῶτον ἐκ τοῦ ὀφθαλμοῦ σοῦ τὴν δοκόν, καὶ τότε διαβλέψεις⁵ ἐκβαλεῖν τὸ κάρφος ἐκ τοῦ ὀφθαλμοῦ τοῦ ἀδελφοῦ σου.

6 Μὴ δῶτε⁶ τὸ ἅγιον τοῖς κυσὶν⁷ μηδὲ βάλητε⁸ τοὺς μαργαρίτας⁹ ὑμῶν ἔμπροσθεν τῶν χοίρων¹⁰, μήποτε¹¹ καταπατήσουσιν¹² αὐτοὺς ἐν τοῖς ποσὶν αὐτῶν καὶ στραφέντες¹³ ῥήξωσιν¹⁴ ὑμᾶς.

Ask, Seek, Knock (Lk 11.9-13)

7 Αἰτεῖτε καὶ δοθήσεται¹⁵ ὑμῖν, ζητεῖτε καὶ εὑρήσετε¹⁶, κρούετε¹⁷ καὶ ἀνοιγήσεται ὑμῖν· **8** πᾶς γὰρ ὁ αἰτῶν λαμβάνει καὶ ὁ ζητῶν εὑρίσκει καὶ τῷ κρούοντι ἀνοιγήσεται. **9** ἢ τίς ἐστιν ἐξ ὑμῶν ἄνθρωπος, ὃν αἰτήσει ὁ υἱὸς αὐτοῦ ἄρτον, μὴ λίθον ἐπιδώσει¹⁸ αὐτῷ; **10** ἢ καὶ ἰχθὺν¹⁹ αἰτήσει, μὴ ὄφιν²⁰ ἐπιδώσει αὐτῷ; **11** εἰ οὖν ὑμεῖς πονηροὶ ὄντες οἴδατε δόματα²¹ ἀγαθὰ διδόναι²² τοῖς τέκνοις ὑμῶν, πόσῳ²³ μᾶλλον ὁ πατὴρ ὑμῶν ὁ ἐν τοῖς οὐρανοῖς δώσει²⁴ ἀγαθὰ τοῖς αἰτοῦσιν αὐτόν.

12 Πάντα οὖν ὅσα ἐὰν θέλητε ἵνα ποιῶσιν ὑμῖν οἱ ἄνθρωποι, οὕτως καὶ ὑμεῖς ποιεῖτε αὐτοῖς· οὗτος γάρ ἐστιν ὁ νόμος καὶ οἱ προφῆται.

The Narrow Gate (Lk 13.24)

13 Εἰσέλθατε²⁵ διὰ τῆς στενῆς²⁶ πύλης²⁷· ὅτι πλατεῖα²⁸ ἡ πύλη καὶ εὐρύχωρος²⁹ ἡ ὁδὸς ἡ ἀπάγουσα³⁰ εἰς τὴν ἀπώλειαν³¹ καὶ πολλοί εἰσιν οἱ εἰσερχόμενοι δι' αὐτῆς· **14** τί στενὴ ἡ πύλη καὶ τεθλιμμένη³² ἡ ὁδὸς ἡ ἀπάγουσα³³ εἰς τὴν ζωὴν καὶ ὀλίγοι εἰσὶν οἱ εὑρίσκοντες αὐτήν.

---

[1] λέγω 2s fut act ind, say
[2] ἀφίημι 2s aor act impv, let
[3] ἐκβάλλω 1s aor act sub, take out
[4] ὑποκριτής, -οῦ m, hypocrite
[5] διαβλέπω 2s fut act ind, see clearly
[6] δίδωμι 2p aor act sub, give
[7] κύων, κυνός m, dog
[8] βάλλω 2p aor act sub, throw
[9] μαργαρίτης, -ου m, pearl
[10] χοῖρος, -ου m, pig
[11] μήποτε, conj, so that ... will not
[12] καταπατέω 3p fut act ind, trample under foot
[13] στρέφω aor pas ptc m p nom, intrans pas turn
[14] ῥήγνυμι/ρήσσω 3p aor act sub, attack
[15] δίδωμι 3s fut pas ind, give
[16] εὑρίσκω 2p fut act ind, find
[17] κρούω 2p pres act impv, knock (at a door)
[18] ἐπιδίδωμι 3s fut act ind, give
[19] ἰχθύς, -ύος m, fish
[20] ὄφις, -εως f, snake
[21] δόμα, -τος n, gift
[22] δίδωμι pres act inf, give
[23] πόσος, -η/ον, how much
[24] δίδωμι 3s fut act ind, give
[25] εἰσέρχομαι 2p aor act impv, go in
[26] στενός, -ή/όν, narrow
[27] πύλη, -ης f, gate
[28] πλατύς, -εῖα/ύ, wide
[29] εὐρύχωρος, -ον, wide
[30] ἀπάγω pres act ptc f s nom, lead
[31] ἀπώλεια, -ας f, destruction
[32] θλίβω pf pas ptc f s nom, make narrow
[33] ἀπάγω pres act ptc f s nom, lead

A Tree Known by Its Fruit (Lk 6.43-44)

15 Προσέχετε¹ ἀπὸ τῶν ψευδοπροφητῶν², οἵτινες ἔρχονται πρὸς ὑμᾶς ἐν ἐνδύμασιν³ προβάτων, ἔσωθεν⁴ δέ εἰσιν λύκοι⁵ ἅρπαγες⁶. **16** ἀπὸ τῶν καρπῶν αὐτῶν ἐπιγνώσεσθε αὐτούς. μήτι⁷ συλλέγουσιν⁸ ἀπὸ ἀκανθῶν⁹ σταφυλὰς¹⁰ ἢ ἀπὸ τριβόλων¹¹ σῦκα¹²; **17** οὕτως πᾶν δένδρον¹³ ἀγαθὸν καρποὺς καλοὺς ποιεῖ, τὸ δὲ σαπρὸν¹⁴ δένδρον καρποὺς πονηροὺς ποιεῖ. **18** οὐ δύναται δένδρον ἀγαθὸν καρποὺς πονηροὺς ποιεῖν οὐδὲ δένδρον σαπρὸν καρποὺς καλοὺς ποιεῖν. **19** πᾶν δένδρον μὴ ποιοῦν καρπὸν καλὸν ἐκκόπτεται¹⁵ καὶ εἰς πῦρ βάλλεται. **20** ἄρα γε¹⁶ ἀπὸ τῶν καρπῶν αὐτῶν ἐπιγνώσεσθε αὐτούς.

I Never Knew You (Lk 13.25-27)

21 Οὐ πᾶς ὁ λέγων μοι· κύριε κύριε, εἰσελεύσεται¹⁷ εἰς τὴν βασιλείαν τῶν οὐρανῶν, ἀλλ' ὁ ποιῶν τὸ θέλημα τοῦ πατρός μου τοῦ ἐν τοῖς οὐρανοῖς. **22** πολλοὶ ἐροῦσίν¹⁸ μοι ἐν ἐκείνῃ τῇ ἡμέρᾳ· κύριε κύριε, οὐ τῷ σῷ¹⁹ ὀνόματι ἐπροφητεύσαμεν²⁰, καὶ τῷ σῷ ὀνόματι δαιμόνια ἐξεβάλομεν²¹, καὶ τῷ σῷ ὀνόματι δυνάμεις πολλὰς ἐποιήσαμεν; **23** καὶ τότε ὁμολογήσω²² αὐτοῖς ὅτι οὐδέποτε²³ ἔγνων²⁴ ὑμᾶς· ἀποχωρεῖτε²⁵ ἀπ' ἐμοῦ οἱ ἐργαζόμενοι τὴν ἀνομίαν²⁶.

The Two Foundations (Lk 6.47-49)

24 Πᾶς οὖν ὅστις ἀκούει μου τοὺς λόγους τούτους καὶ ποιεῖ αὐτούς, ὁμοιωθήσεται²⁷ ἀνδρὶ φρονίμῳ²⁸, ὅστις ᾠκοδόμησεν αὐτοῦ τὴν οἰκίαν ἐπὶ τὴν πέτραν²⁹. **25** καὶ κατέβη³⁰ ἡ βροχὴ³¹ καὶ ἦλθον οἱ ποταμοὶ³² καὶ ἔπνευσαν³³ οἱ ἄνεμοι καὶ προσέπεσαν³⁴ τῇ οἰκίᾳ ἐκείνῃ, καὶ οὐκ ἔπεσεν³⁵, τεθεμελίωτο³⁶ γὰρ ἐπὶ τὴν πέτραν. **26** καὶ πᾶς ὁ ἀκούων μου τοὺς λόγους τούτους καὶ μὴ ποιῶν αὐτοὺς ὁμοιωθήσεται ἀνδρὶ

---

[1] προσέχω 2p pres act impv, watch out (for)
[2] ψευδοπροφήτης, -ου m, false prophet
[3] ἔνδυμα, -τος n, clothing
[4] ἔσωθεν, adv, inwardly
[5] λύκος, -ου m, wolf
[6] ἅρπαξ, -αγος, savage
[7] μήτι, usually expects a negative reply
[8] συλλέγω 3p pres act ind, gather
[9] ἄκανθα, -ης f, thorn plant
[10] σταφυλή, -ῆς f, (bunch of) grapes
[11] τρίβολος, -ου m, briar
[12] σῦκον, -ου n, fig
[13] δένδρον, -ου n, tree
[14] σαπρός, -ά/όν, bad
[15] ἐκκόπτω 3s pres pas ind, chop down
[16] γέ, emphatic particle
[17] εἰσέρχομαι 3s fut mid ind, enter
[18] λέγω 3p fut act ind, say
[19] σός, σή, σόν, your
[20] προφητεύω 1p aor act ind, proclaim God's message
[21] ἐκβάλλω 1p aor act ind, force out
[22] ὁμολογέω 1s fut act ind, say plainly
[23] οὐδέποτε, adv, never
[24] γινώσκω 1s aor act ind, know
[25] ἀποχωρέω 2p pres act impv, go away
[26] ἀνομία, -ας f, evil
[27] ὁμοιόω 3s fut pas ind, pas be like
[28] φρόνιμος, -ον, wise
[29] πέτρα, -ας f, rock
[30] καταβαίνω 3s aor act ind, pour down
[31] βροχή, -ῆς f, rain
[32] ποταμός, -οῦ m, river
[33] πνέω 3p aor act ind, blow
[34] προσπίπτω 3p aor act ind, beat against
[35] πίπτω 3s aor act ind, fall
[36] θεμελιόω 3s plpf pas ind, build

μωρῷ¹, ὅστις ᾠκοδόμησεν αὐτοῦ τὴν οἰκίαν ἐπὶ τὴν ἄμμον². **27** καὶ κατέβη ἡ βροχὴ καὶ ἦλθον οἱ ποταμοὶ καὶ ἔπνευσαν οἱ ἄνεμοι καὶ προσέκοψαν³ τῇ οἰκίᾳ ἐκείνῃ, καὶ ἔπεσεν καὶ ἦν ἡ πτῶσις⁴ αὐτῆς μεγάλη. **28** Καὶ ἐγένετο ὅτε ἐτέλεσεν⁵ ὁ Ἰησοῦς τοὺς λόγους τούτους, ἐξεπλήσσοντο⁶ οἱ ὄχλοι ἐπὶ τῇ διδαχῇ⁷ αὐτοῦ· **29** ἦν γὰρ διδάσκων αὐτοὺς ὡς ἐξουσίαν ἔχων καὶ οὐχ ὡς οἱ γραμματεῖς αὐτῶν.

The Cleansing of a Leper (Mk 1.40-45; Lk 5.12-16)

8 Καταβάντος⁸ δὲ αὐτοῦ ἀπὸ τοῦ ὄρους ἠκολούθησαν αὐτῷ ὄχλοι πολλοί. **2** καὶ ἰδοὺ λεπρὸς⁹ προσελθὼν¹⁰ προσεκύνει αὐτῷ λέγων· κύριε, ἐὰν θέλῃς δύνασαί με καθαρίσαι. **3** καὶ ἐκτείνας¹¹ τὴν χεῖρα ἥψατο¹² αὐτοῦ λέγων· θέλω, καθαρίσθητι¹³· καὶ εὐθέως ἐκαθαρίσθη αὐτοῦ ἡ λέπρα¹⁴. **4** καὶ λέγει αὐτῷ ὁ Ἰησοῦς· ὅρα μηδενὶ εἴπῃς¹⁵, ἀλλ᾽ ὕπαγε σεαυτὸν δεῖξον¹⁶ τῷ ἱερεῖ καὶ προσένεγκον¹⁷ τὸ δῶρον¹⁸ ὃ προσέταξεν¹⁹ Μωϋσῆς, εἰς μαρτύριον²⁰ αὐτοῖς.

The Healing of a Man with Leprosy (Lk 7.1-10; Jn 4.43-54)

5 Εἰσελθόντος δὲ αὐτοῦ εἰς Καφαρναοὺμ προσῆλθεν²¹ αὐτῷ ἑκατόνταρχος²² παρακαλῶν αὐτὸν **6** καὶ λέγων· κύριε, ὁ παῖς²³ μου βέβληται²⁴ ἐν τῇ οἰκίᾳ παραλυτικός²⁵, δεινῶς²⁶ βασανιζόμενος²⁷. **7** καὶ λέγει αὐτῷ· ἐγὼ ἐλθὼν θεραπεύσω αὐτόν. **8** καὶ ἀποκριθεὶς ὁ ἑκατόνταρχος ἔφη· κύριε, οὐκ εἰμὶ ἱκανὸς ἵνα μου ὑπὸ τὴν στέγην²⁸ εἰσέλθῃς²⁹, ἀλλὰ μόνον εἰπὲ³⁰ λόγῳ, καὶ ἰαθήσεται³¹ ὁ παῖς μου. **9** καὶ γὰρ ἐγὼ ἄνθρωπός εἰμι ὑπὸ ἐξουσίαν, ἔχων ὑπ᾽ ἐμαυτὸν στρατιώτας³², καὶ λέγω τούτῳ· πορεύθητι, καὶ πορεύεται, καὶ ἄλλῳ· ἔρχου, καὶ ἔρχεται, καὶ τῷ δούλῳ μου· ποίησον τοῦτο, καὶ ποιεῖ. **10** ἀκούσας δὲ ὁ Ἰησοῦς ἐθαύμασεν καὶ εἶπεν τοῖς ἀκολουθοῦσιν· ἀμὴν λέγω ὑμῖν, παρ᾽ οὐδενὶ τοσαύτην³³ πίστιν ἐν τῷ Ἰσραὴλ εὗρον³⁴.

---

1 μωρός, -ά/όν, foolish
2 ἄμμος, -ου f, sand
3 προσκόπτω 3p aor act ind, beat against
4 πτῶσις, -εως f, fall
5 τελέω 3s aor act ind, finish
6 ἐκπλήσσω 3p impf pas ind, amaze
7 διδαχή, -ῆς f, teaching
8 καταβαίνω aor act ptc m s gen, go down
9 λεπρός, -οῦ m, leper/person with a skin disease
10 προσέρχομαι aor act ptc m s nom, come/go to
11 ἐκτείνω aor act ptc m s nom, reach out
12 ἅπτω 3s aor mid ind, mid touch
13 καθαρίζω 2s aor pas impv, make clean
14 λέπρα, -ας f, leprosy/skin disease
15 λέγω 2s aor act sub, say
16 δείκνυμι 2s aor act impv, show
17 προσφέρω 2s aor act impv, give
18 δῶρον, -ου n, gift
19 προστάσσω 3s aor act ind, command
20 μαρτύριον, -ου n, evidence
21 προσέρχομαι 3s aor act ind, come/go to
22 ἑκατοντάρχης, -ου m, centurion/officer (of the Roman army)
23 παῖς, παιδός m & f, child
24 βάλλω 3s pf pas ind, throw down (β. ... παραλυτικός lie paralyzed)
25 παραλυτικός, -οῦ m, person unable to walk
26 δεινῶς, adv, terribly
27 βασανίζω pres pas ptc m s nom, torment
28 στέγη, -ης f, roof
29 εἰσέρχομαι 2s aor act sub, go in
30 λέγω 2s aor act impv, say
31 ἰάομαι 3s fut pas ind, heal
32 στρατιώτης, -ου m, soldier
33 τοσοῦτος, -αύτη/οῦτον, so much
34 εὑρίσκω 1s aor act ind, find

11 λέγω δὲ ὑμῖν ὅτι πολλοὶ ἀπὸ ἀνατολῶν[1] καὶ δυσμῶν[2] ἥξουσιν[3] καὶ ἀνακλιθήσονται[4] μετὰ Ἀβραὰμ καὶ Ἰσαὰκ καὶ Ἰακὼβ ἐν τῇ βασιλείᾳ τῶν οὐρανῶν, **12** οἱ δὲ υἱοὶ τῆς βασιλείας ἐκβληθήσονται[5] εἰς τὸ σκότος τὸ ἐξώτερον[6]· ἐκεῖ ἔσται ὁ κλαυθμὸς[7] καὶ ὁ βρυγμὸς[8] τῶν ὀδόντων[9]. **13** καὶ εἶπεν ὁ Ἰησοῦς τῷ ἑκατοντάρχῃ· ὕπαγε, ὡς ἐπίστευσας γενηθήτω[10] σοι. καὶ ἰάθη[11] ὁ παῖς [αὐτοῦ] ἐν τῇ ὥρᾳ ἐκείνῃ.

The Healing of Many People (Mk 1.29-34; Lk 4.38-41)

14 Καὶ ἐλθὼν ὁ Ἰησοῦς εἰς τὴν οἰκίαν Πέτρου εἶδεν τὴν πενθερὰν[12] αὐτοῦ βεβλημένην[13] καὶ πυρέσσουσαν[14]. **15** καὶ ἥψατο[15] τῆς χειρὸς αὐτῆς, καὶ ἀφῆκεν[16] αὐτὴν ὁ πυρετός, καὶ ἠγέρθη[17] καὶ διηκόνει αὐτῷ.

16 Ὀψίας[18] δὲ γενομένης προσήνεγκαν[19] αὐτῷ δαιμονιζομένους[20] πολλούς· καὶ ἐξέβαλεν[21] τὰ πνεύματα λόγῳ καὶ πάντας τοὺς κακῶς[22] ἔχοντας ἐθεράπευσεν, **17** ὅπως πληρωθῇ τὸ ῥηθὲν[23] διὰ Ἡσαΐου τοῦ προφήτου λέγοντος·

αὐτὸς τὰς ἀσθενείας[24] ἡμῶν ἔλαβεν
καὶ τὰς νόσους[25] ἐβάστασεν[26].

The Would-be Followers of Jesus (Lk 9.57-62)

18 Ἰδὼν δὲ ὁ Ἰησοῦς ὄχλον περὶ αὐτὸν ἐκέλευσεν[27] ἀπελθεῖν[28] εἰς τὸ πέραν[29]. **19** καὶ προσελθὼν[30] εἷς γραμματεὺς εἶπεν αὐτῷ· διδάσκαλε, ἀκολουθήσω σοι ὅπου ἐὰν ἀπέρχῃ. **20** καὶ λέγει αὐτῷ ὁ Ἰησοῦς· αἱ ἀλώπεκες[31] φωλεοὺς[32] ἔχουσιν καὶ τὰ πετεινὰ[33] τοῦ οὐρανοῦ κατασκηνώσεις[34], ὁ δὲ υἱὸς τοῦ ἀνθρώπου οὐκ ἔχει ποῦ τὴν κεφαλὴν κλίνῃ[35]. **21** ἕτερος δὲ τῶν μαθητῶν [αὐτοῦ] εἶπεν αὐτῷ· κύριε, ἐπίτρεψόν[36] μοι πρῶτον ἀπελθεῖν[37] καὶ θάψαι[38] τὸν πατέρα μου. **22** ὁ δὲ Ἰησοῦς λέγει αὐτῷ· ἀκολούθει μοι καὶ ἄφες[39] τοὺς νεκροὺς θάψαι τοὺς ἑαυτῶν νεκρούς.

---

[1] ἀνατολή, -ῆς f, pl east
[2] δυσμή, -ῆς f, pl west
[3] ἥκω 3p fut act ind, come
[4] ἀνακλίνω 3p fut pas ind, pas sit at table
[5] ἐκβάλλω 3p fut pas ind, throw out
[6] ἐξώτερος, outer (comp)
[7] κλαυθμός, -οῦ m, bitter crying
[8] βρυγμός, -οῦ m, gritting
[9] ὀδούς, ὀδόντος m, tooth
[10] γίνομαι 3s aor pas impv, happen
[11] ἰάομαι 3s aor pas ind, heal
[12] πενθερά, -ᾶς f, mother-in-law
[13] βάλλω pf pas ptc f s acc, pf pas ptc lie (down)
[14] πυρέσσω pres act ptc f s acc, be sick with fever
[15] ἅπτω 3s aor mid ind, mid touch
[16] ἀφίημι 3s aor act ind, leave
[17] ἐγείρω 3s aor pas ind, intrans pas get up
[18] ὀψίας, -α/ον, late (ἡ ὀψία f, evening)
[19] προσφέρω 3p aor act ind, bring
[20] δαιμονίζομαι pres pas ptc m p acc, be demon possessed
[21] ἐκβάλλω 3s aor act ind, force out
[22] κακῶς, adv, badly (κ. ἔχω be sick)
[23] λέγω aor pas ptc n s nom, say
[24] ἀσθένεια, -ας f, illness
[25] νόσος, -ου f, disease
[26] βαστάζω 3s aor act ind, bear
[27] κελεύω 3s aor act ind, give orders
[28] ἀπέρχομαι aor act inf, go
[29] πέραν, prep + gen across (τὸ π. the other side)
[30] προσέρχομαι aor act ptc m s nom, come/go to
[31] ἀλώπηξ, -εκος f, fox
[32] φωλεός, -οῦ m, hole/den
[33] πετεινόν, -οῦ n, bird
[34] κατασκήνωσις, -εως f, nest
[35] κλίνω 3s pres act sub, lay
[36] ἐπιτρέπω 2s aor act impv, let
[37] ἀπέρχομαι aor act inf, go
[38] θάπτω aor act inf, bury
[39] ἀφίημι 2s aor act impv, let

The Calming of a Storm (Mk 4.35-41; Lk 8.22-25)

23 Καὶ ἐμβάντι¹ αὐτῷ εἰς τὸ πλοῖον ἠκολούθησαν αὐτῷ οἱ μαθηταὶ αὐτοῦ. 24 καὶ ἰδοὺ σεισμὸς² μέγας ἐγένετο ἐν τῇ θαλάσσῃ, ὥστε τὸ πλοῖον καλύπτεσθαι³ ὑπὸ τῶν κυμάτων⁴, αὐτὸς δὲ ἐκάθευδεν⁵. 25 καὶ προσελθόντες⁶ ἤγειραν⁷ αὐτὸν λέγοντες· κύριε, σῶσον, ἀπολλύμεθα⁸. 26 καὶ λέγει αὐτοῖς· τί δειλοί⁹ ἐστε, ὀλιγόπιστοι¹⁰; τότε ἐγερθεὶς¹¹ ἐπετίμησεν¹² τοῖς ἀνέμοις καὶ τῇ θαλάσσῃ, καὶ ἐγένετο γαλήνη¹³ μεγάλη. 27 οἱ δὲ ἄνθρωποι ἐθαύμασαν λέγοντες· ποταπός¹⁴ ἐστιν οὗτος ὅτι καὶ οἱ ἄνεμοι καὶ ἡ θάλασσα αὐτῷ ὑπακούουσιν¹⁵;

The Demons and the Pigs (Mk 5.1-20; Lk 8.26-39)

28 Καὶ ἐλθόντος αὐτοῦ εἰς τὸ πέραν¹⁶ εἰς τὴν χώραν¹⁷ τῶν Γαδαρηνῶν ὑπήντησαν¹⁸ αὐτῷ δύο δαιμονιζόμενοι¹⁹ ἐκ τῶν μνημείων ἐξερχόμενοι, χαλεποὶ²⁰ λίαν²¹, ὥστε μὴ ἰσχύειν²² τινὰ παρελθεῖν²³ διὰ τῆς ὁδοῦ ἐκείνης. 29 καὶ ἰδοὺ ἔκραξαν λέγοντες· τί ἡμῖν καὶ σοί, υἱὲ τοῦ θεοῦ; ἦλθες ὧδε πρὸ καιροῦ βασανίσαι²⁴ ἡμᾶς; 30 ἦν δὲ μακρὰν²⁵ ἀπ' αὐτῶν ἀγέλη²⁶ χοίρων²⁷ πολλῶν βοσκομένη²⁸. 31 οἱ δὲ δαίμονες²⁹ παρεκάλουν αὐτὸν λέγοντες· εἰ ἐκβάλλεις ἡμᾶς, ἀπόστειλον³⁰ ἡμᾶς εἰς τὴν ἀγέλην τῶν χοίρων. 32 καὶ εἶπεν αὐτοῖς· ὑπάγετε. οἱ δὲ ἐξελθόντες ἀπῆλθον εἰς τοὺς χοίρους· καὶ ἰδοὺ ὥρμησεν³¹ πᾶσα ἡ ἀγέλη κατὰ τοῦ κρημνοῦ³² εἰς τὴν θάλασσαν καὶ ἀπέθανον ἐν τοῖς ὕδασιν. 33 οἱ δὲ βόσκοντες³³ ἔφυγον³⁴, καὶ ἀπελθόντες εἰς τὴν πόλιν ἀπήγγειλαν³⁵ πάντα καὶ τὰ τῶν δαιμονιζομένων. 34 καὶ ἰδοὺ πᾶσα ἡ πόλις ἐξῆλθεν εἰς ὑπάντησιν³⁶ τῷ Ἰησοῦ καὶ ἰδόντες αὐτὸν παρεκάλεσαν ὅπως μεταβῇ³⁷ ἀπὸ τῶν ὁρίων³⁸ αὐτῶν.

---

1 ἐμβαίνω *aor act ptc m s dat*, get into
2 σεισμός, -οῦ *m*, storm
3 καλύπτω *pres pas inf*, cover
4 κῦμα, -τος *n*, wave
5 καθεύδω *3s impf act ind*, sleep
6 προσέρχομαι *aor act ptc m p nom*, come/go to
7 ἐγείρω *3p aor act ind*, wake
8 ἀπόλλυμι *1p pres mid ind*, mid die/drown
9 δειλός, -ή/όν, afraid
10 ὀλιγόπιστος, -ον, of little faith
11 ἐγείρω *aor pas ptc m s nom*, intrans pas get up
12 ἐπιτιμάω *3s aor act ind*, rebuke
13 γαλήνη, -ης *f*, calm
14 ποταπός, -ή/όν, what kind of
15 ὑπακούω *3p pres act ind*, obey
16 πέραν, *prep + gen*, across (τὸ π. the other side)
17 χώρα, -ας *f*, region
18 ὑπαντάω *3p aor act ind*, meet
19 δαιμονίζομαι *pres pas ptc m p nom*, be demon possessed
20 χαλεπός, -ή/όν, fierce
21 λίαν, *adv*, very
22 ἰσχύω *pres act inf*, be able
23 παρέρχομαι *aor act inf*, pass
24 βασανίζω *aor act inf*, punish/torture
25 μακράν, *adv*, at some distance
26 ἀγέλη, -ης *f*, herd
27 χοῖρος, -ου *m*, pig
28 βόσκω *pres pas ptc f s nom*, pas feed
29 δαίμων, -ονος *m*, demon
30 ἀποστέλλω *2s aor act impv*, send
31 ὁρμάω *3s aor act ind*, rush
32 κρημνός, -οῦ *m*, steep bank
33 βόσκω *pres act ptc m p nom*, tend
34 φεύγω *3p aor act ind*, run away
35 ἀπαγγέλλω *3p aor act ind*, tell
36 ὑπάντησις, -εως *f*, meeting
37 μεταβαίνω *3s aor act sub*, leave
38 ὅριον, -ου *n*, region

The Healing of a Paralysed Man (Mk 2.1-12; Lk 5.17-26)

9 Καὶ ἐμβὰς¹ εἰς πλοῖον διεπέρασεν² καὶ ἦλθεν εἰς τὴν ἰδίαν πόλιν. 2 Καὶ ἰδοὺ προσέφερον αὐτῷ παραλυτικὸν³ ἐπὶ κλίνης⁴ βεβλημένον⁵. καὶ ἰδὼν ὁ Ἰησοῦς τὴν πίστιν αὐτῶν εἶπεν τῷ παραλυτικῷ· θάρσει⁶, τέκνον, ἀφίενταί⁷ σου αἱ ἁμαρτίαι. 3 καὶ ἰδού τινες τῶν γραμματέων εἶπαν ἐν ἑαυτοῖς· οὗτος βλασφημεῖ. 4 καὶ ἰδὼν ὁ Ἰησοῦς τὰς ἐνθυμήσεις⁸ αὐτῶν εἶπεν· ἱνατί⁹ ἐνθυμεῖσθε¹⁰ πονηρὰ ἐν ταῖς καρδίαις ὑμῶν; 5 τί γάρ ἐστιν εὐκοπώτερον¹¹, εἰπεῖν· ἀφίενταί σου αἱ ἁμαρτίαι, ἢ εἰπεῖν· ἔγειρε καὶ περιπάτει; 6 ἵνα δὲ εἰδῆτε¹² ὅτι ἐξουσίαν ἔχει ὁ υἱὸς τοῦ ἀνθρώπου ἐπὶ τῆς γῆς ἀφιέναι ἁμαρτίας – τότε λέγει τῷ παραλυτικῷ· ἐγερθεὶς¹³ ἆρόν¹⁴ σου τὴν κλίνην καὶ ὕπαγε εἰς τὸν οἶκόν σου. 7 καὶ ἐγερθεὶς ἀπῆλθεν εἰς τὸν οἶκον αὐτοῦ. 8 ἰδόντες δὲ οἱ ὄχλοι ἐφοβήθησαν καὶ ἐδόξασαν τὸν θεὸν τὸν δόντα¹⁵ ἐξουσίαν τοιαύτην τοῖς ἀνθρώποις.

The Calling of Matthew (Mk 2.13-17; Lk 5.27-32)

9 Καὶ παράγων¹⁶ ὁ Ἰησοῦς ἐκεῖθεν¹⁷ εἶδεν ἄνθρωπον καθήμενον ἐπὶ τὸ τελώνιον¹⁸, Μαθθαῖον λεγόμενον, καὶ λέγει αὐτῷ· ἀκολούθει μοι. καὶ ἀναστὰς¹⁹ ἠκολούθησεν αὐτῷ.

10 Καὶ ἐγένετο αὐτοῦ ἀνακειμένου²⁰ ἐν τῇ οἰκίᾳ, καὶ ἰδοὺ πολλοὶ τελῶναι²¹ καὶ ἁμαρτωλοὶ ἐλθόντες συνανέκειντο²² τῷ Ἰησοῦ καὶ τοῖς μαθηταῖς αὐτοῦ. 11 καὶ ἰδόντες οἱ Φαρισαῖοι ἔλεγον τοῖς μαθηταῖς αὐτοῦ· διὰ τί μετὰ τῶν τελωνῶν καὶ ἁμαρτωλῶν ἐσθίει ὁ διδάσκαλος ὑμῶν; 12 ὁ δὲ ἀκούσας εἶπεν· οὐ χρείαν ἔχουσιν οἱ ἰσχύοντες²³ ἰατροῦ²⁴ ἀλλ' οἱ κακῶς²⁵ ἔχοντες. 13 πορευθέντες δὲ μάθετε²⁶ τί ἐστιν· ἔλεος²⁷ θέλω καὶ οὐ θυσίαν²⁸· οὐ γὰρ ἦλθον καλέσαι δικαίους ἀλλ' ἁμαρτωλούς.

The Question about Fasting (Mk 2.18-22; Lk 5.33-39)

14 Τότε προσέρχονται αὐτῷ οἱ μαθηταὶ Ἰωάννου λέγοντες· διὰ τί ἡμεῖς καὶ οἱ Φαρισαῖοι νηστεύομεν²⁹ [πολλά], οἱ δὲ μαθηταί σου οὐ νηστεύουσιν; 15 καὶ εἶπεν

---

¹ ἐμβαίνω *aor act ptc m s nom*, get into
² διαπεράω *3s aor act ind*, cross over
³ παραλυτικός, -οῦ *m*, person unable to walk
⁴ κλίνη, -ης *f*, mat
⁵ βάλλω *pf pas ptc m s acc, pf pas ptc* lie (down)
⁶ θαρσέω *2s pres act impv*, Cheer up!
⁷ ἀφίημι *3p pres pas ind*, forgive
⁸ ἐνθύμησις, -εως *f*, thought
⁹ ἱνατί, why?
¹⁰ ἐνθυμέομαι *2p pres mid ind*, think
¹¹ εὔκοπος, easy (comp)
¹² οἶδα *2p pf act sub*, know
¹³ ἐγείρω *aor pas ptc m s nom, intrans pas* get up
¹⁴ αἴρω *2s aor act impv*, take up
¹⁵ δίδωμι *aor act ptc m s acc*, give
¹⁶ παράγω *pres act ptc m s nom*, leave
¹⁷ ἐκεῖθεν, *adv*, from there
¹⁸ τελώνιον, -ου *n*, tax office
¹⁹ ἀνίστημι *aor act ptc m s nom*, get up
²⁰ ἀνάκειμαι *pres mid ptc m s gen*, be seated at table
²¹ τελώνης, -ου *m*, tax collector
²² συνανάκειμαι *3p impf mid ind*, sit (for a meal) with
²³ ἰσχύω *pres act ptc m p nom*, be well
²⁴ ἰατρός, -οῦ *m*, doctor
²⁵ κακῶς, *adv*, badly (κ. ἔχω be sick)
²⁶ μανθάνω *2p aor act impv*, learn
²⁷ ἔλεος, -ους *n*, mercy
²⁸ θυσία, -ας *f*, sacrifice
²⁹ νηστεύω *1p pres act ind*, fast

αὐτοῖς ὁ Ἰησοῦς· μὴ δύνανται οἱ υἱοὶ τοῦ νυμφῶνος[1] πενθεῖν[2] ἐφ' ὅσον μετ' αὐτῶν ἐστιν ὁ νυμφίος[3]; ἐλεύσονται[4] δὲ ἡμέραι ὅταν ἀπαρθῇ[5] ἀπ' αὐτῶν ὁ νυμφίος, καὶ τότε νηστεύσουσιν. **16** οὐδεὶς δὲ ἐπιβάλλει[6] ἐπίβλημα[7] ῥάκους[8] ἀγνάφου[9] ἐπὶ ἱματίῳ παλαιῷ[10]· αἴρει γὰρ τὸ πλήρωμα[11] αὐτοῦ ἀπὸ τοῦ ἱματίου καὶ χεῖρον[12] σχίσμα[13] γίνεται. **17** οὐδὲ βάλλουσιν οἶνον νέον[14] εἰς ἀσκοὺς[15] παλαιούς· εἰ δὲ μή γε[16], ῥήγνυνται[17] οἱ ἀσκοὶ καὶ ὁ οἶνος ἐκχεῖται[18] καὶ οἱ ἀσκοὶ ἀπόλλυνται· ἀλλὰ βάλλουσιν οἶνον νέον εἰς ἀσκοὺς καινούς, καὶ ἀμφότεροι[19] συντηροῦνται[20].

The Ruler's Daughter and the Woman Who Touched Jesus' Garment (Mk 5.21-43; Lk 8.40-56)

18 Ταῦτα αὐτοῦ λαλοῦντος αὐτοῖς, ἰδοὺ ἄρχων εἷς ἐλθὼν προσεκύνει αὐτῷ λέγων ὅτι ἡ θυγάτηρ[21] μου ἄρτι ἐτελεύτησεν[22]· ἀλλ' ἐλθὼν ἐπίθες[23] τὴν χεῖρά σου ἐπ' αὐτήν, καὶ ζήσεται[24]. **19** καὶ ἐγερθεὶς[25] ὁ Ἰησοῦς ἠκολούθησεν αὐτῷ καὶ οἱ μαθηταὶ αὐτοῦ.

20 Καὶ ἰδοὺ γυνὴ αἱμορροοῦσα[26] δώδεκα ἔτη προσελθοῦσα[27] ὄπισθεν[28] ἥψατο[29] τοῦ κρασπέδου[30] τοῦ ἱματίου αὐτοῦ· **21** ἔλεγεν γὰρ ἐν ἑαυτῇ· ἐὰν μόνον ἅψωμαι τοῦ ἱματίου αὐτοῦ σωθήσομαι[31]. **22** ὁ δὲ Ἰησοῦς στραφεὶς[32] καὶ ἰδὼν αὐτὴν εἶπεν· θάρσει[33], θύγατερ· ἡ πίστις σου σέσωκέν σε. καὶ ἐσώθη ἡ γυνὴ ἀπὸ τῆς ὥρας ἐκείνης.

23 Καὶ ἐλθὼν ὁ Ἰησοῦς εἰς τὴν οἰκίαν τοῦ ἄρχοντος καὶ ἰδὼν τοὺς αὐλητὰς[34] καὶ τὸν ὄχλον θορυβούμενον[35] **24** ἔλεγεν· ἀναχωρεῖτε[36], οὐ γὰρ ἀπέθανεν τὸ κοράσιον[37] ἀλλὰ καθεύδει[38]. καὶ κατεγέλων[39] αὐτοῦ. **25** ὅτε δὲ ἐξεβλήθη[40] ὁ ὄχλος

---

[1] νυμφών, -ῶνος *m*, wedding hall (οἱ υἱοὶ τοῦ ν. wedding guests)
[2] πενθέω *pres act inf*, be sad
[3] νυμφίος, -ου *m*, bridegroom
[4] ἔρχομαι *3p fut mid ind*, come
[5] ἀπαίρω *3s aor pas sub*, take away
[6] ἐπιβάλλω *3s pres act ind*, sew on
[7] ἐπίβλημα, -τος *n*, piece
[8] ῥάκος, -ους *n*, cloth
[9] ἄγναφος, -ον, new/unshrunken
[10] παλαιός, -ά/όν, old
[11] πλήρωμα, -τος *n*, patch
[12] χείρων, worse (comp of κακός)
[13] σχίσμα, -τος *n*, tear (of cloth)
[14] νέος, -α/ον, new
[15] ἀσκός, -οῦ *m*, wineskin
[16] γέ, *emphatic particle*
[17] ῥήγνυμι/ῥήσσω *3p pres pas ind*, pas burst
[18] ἐκχέω *3s pres pas ind*, spill out
[19] ἀμφότεροι, -αι/α, both
[20] συντηρέω *3p pres pas ind*, keep safe
[21] θυγάτηρ, -τρός *f*, daughter
[22] τελευτάω *3s aor act ind*, die
[23] ἐπιτίθημι *2s aor act impv*, place
[24] ζάω *3s fut mid ind*, live
[25] ἐγείρω *aor pas ptc m s nom, intrans pas* get up
[26] αἱμορροέω *pres act ptc f s nom*, suffer chronic bleeding
[27] προσέρχομαι *aor act ptc f s nom*, come/go to
[28] ὄπισθεν, *adv*, behind
[29] ἅπτω *3s aor mid ind, mid* touch
[30] κράσπεδον, -ου *n*, edge
[31] σῴζω *1s fut pas ind*, make well
[32] στρέφω *aor pas ptc m s nom, intrans pas* turn
[33] θαρσέω *2s pres act impv*, Cheer up!
[34] αὐλητής, -οῦ *m*, flute player
[35] θορυβέω *pres pas ptc m s acc*, pas be in an uproar
[36] ἀναχωρέω *2p pres act impv*, go
[37] κοράσιον, -ου *n*, girl
[38] καθεύδω *3s pres act ind*, sleep
[39] καταγελάω *3p impf act ind*, laugh at
[40] ἐκβάλλω *3s aor pas ind*, send out

εἰσελθὼν ἐκράτησεν τῆς χειρὸς αὐτῆς, καὶ ἠγέρθη[1] τὸ κοράσιον. 26 καὶ ἐξῆλθεν ἡ φήμη[2] αὕτη εἰς ὅλην τὴν γῆν ἐκείνην.

The Healing of Two Blind Men

27 Καὶ παράγοντι[3] ἐκεῖθεν[4] τῷ Ἰησοῦ ἠκολούθησαν [αὐτῷ] δύο τυφλοὶ κράζοντες καὶ λέγοντες· ἐλέησον[5] ἡμᾶς, υἱὸς Δαυίδ. 28 ἐλθόντι δὲ εἰς τὴν οἰκίαν προσῆλθον[6] αὐτῷ οἱ τυφλοί, καὶ λέγει αὐτοῖς ὁ Ἰησοῦς· πιστεύετε ὅτι δύναμαι τοῦτο ποιῆσαι; λέγουσιν αὐτῷ· ναὶ κύριε. 29 τότε ἥψατο[7] τῶν ὀφθαλμῶν αὐτῶν λέγων· κατὰ τὴν πίστιν ὑμῶν γενηθήτω[8] ὑμῖν. 30 καὶ ἠνεῴχθησαν[9] αὐτῶν οἱ ὀφθαλμοί. καὶ ἐνεβριμήθη[10] αὐτοῖς ὁ Ἰησοῦς λέγων· ὁρᾶτε μηδεὶς γινωσκέτω. 31 οἱ δὲ ἐξελθόντες διεφήμισαν[11] αὐτὸν ἐν ὅλῃ τῇ γῇ ἐκείνῃ.

The Healing of a Mute Man

32 Αὐτῶν δὲ ἐξερχομένων ἰδοὺ προσήνεγκαν[12] αὐτῷ ἄνθρωπον κωφὸν[13] δαιμονιζόμενον[14]. 33 καὶ ἐκβληθέντος[15] τοῦ δαιμονίου ἐλάλησεν ὁ κωφός. καὶ ἐθαύμασαν οἱ ὄχλοι λέγοντες· οὐδέποτε[16] ἐφάνη[17] οὕτως ἐν τῷ Ἰσραήλ. 34 οἱ δὲ Φαρισαῖοι ἔλεγον· ἐν τῷ ἄρχοντι τῶν δαιμονίων ἐκβάλλει τὰ δαιμόνια.

The Compassion of Jesus

35 Καὶ περιῆγεν[18] ὁ Ἰησοῦς τὰς πόλεις πάσας καὶ τὰς κώμας[19] διδάσκων ἐν ταῖς συναγωγαῖς αὐτῶν καὶ κηρύσσων τὸ εὐαγγέλιον τῆς βασιλείας καὶ θεραπεύων πᾶσαν νόσον[20] καὶ πᾶσαν μαλακίαν[21].
36 Ἰδὼν δὲ τοὺς ὄχλους ἐσπλαγχνίσθη[22] περὶ αὐτῶν, ὅτι ἦσαν ἐσκυλμένοι[23] καὶ ἐρριμμένοι[24] ὡσεὶ[25] πρόβατα μὴ ἔχοντα ποιμένα.[26] 37 τότε λέγει τοῖς μαθηταῖς αὐτοῦ· ὁ μὲν θερισμὸς[27] πολύς, οἱ δὲ ἐργάται[28] ὀλίγοι· 38 δεήθητε[29] οὖν τοῦ κυρίου τοῦ θερισμοῦ ὅπως ἐκβάλῃ[30] ἐργάτας εἰς τὸν θερισμὸν αὐτοῦ.

---

[1] ἐγείρω 3s aor pas ind, intrans pas get up
[2] φήμη, -ης f, news
[3] παράγω pres act ptc m s dat, leave
[4] ἐκεῖθεν, adv, from there
[5] ἐλεέω/ἐλεάω 2s aor act impv, have mercy on
[6] προσέρχομαι 3p aor act ind, come/go to
[7] ἅπτω 3s aor mid ind, mid touch
[8] γίνομαι 3s aor pas impv, happen
[9] ἀνοίγω 3p aor pas ind, open
[10] ἐμβριμάομαι 3s aor pas ind, strictly warn
[11] διαφημίζω 3p aor act ind, spread around
[12] προσφέρω 3p aor act ind, bring
[13] κωφός, -ή/όν, unable to talk
[14] δαιμονίζομαι pres pas ptc m s acc, be demon possessed
[15] ἐκβάλλω aor act pas ptc n s gen, force out
[16] οὐδέποτε, adv, never
[17] φαίνω 3s aor pas ind, pas be seen
[18] περιάγω 3s impf act ind, go around
[19] κώμη, -ης f, village
[20] νόσος, -ου f, disease
[21] μαλακία, -ας f, sickness
[22] σπλαγχνίζομαι 3s aor pas ind, have pity
[23] σκύλλω pf pas ptc m p nom, pf pas ptc exhausted
[24] ῥίπτω pf pas ptc m p nom, throw down (ἐρριμμένοι helpless)
[25] ὡσεί, particle of comparison, like/as
[26] ποιμήν, -ένος m, shepherd
[27] θερισμός, -οῦ m, harvest
[28] ἐργάτης, -ου m, worker
[29] δέομαι 2p aor pas impv, pray
[30] ἐκβάλλω 3s aor act sub, send out

The Mission of the Twelve (Mk 3.13-19; Lk 6.12-16)

10 Καὶ προσκαλεσάμενος¹ τοὺς δώδεκα μαθητὰς αὐτοῦ ἔδωκεν αὐτοῖς ἐξουσίαν πνευμάτων ἀκαθάρτων ὥστε ἐκβάλλειν αὐτὰ καὶ θεραπεύειν πᾶσαν νόσον² καὶ πᾶσαν μαλακίαν³.

2 Τῶν δὲ δώδεκα ἀποστόλων τὰ ὀνόματά ἐστιν ταῦτα· πρῶτος Σίμων ὁ λεγόμενος Πέτρος καὶ Ἀνδρέας ὁ ἀδελφὸς αὐτοῦ, καὶ Ἰάκωβος ὁ τοῦ Ζεβεδαίου καὶ Ἰωάννης ὁ ἀδελφὸς αὐτοῦ, **3** Φίλιππος καὶ Βαρθολομαῖος, Θωμᾶς καὶ Μαθθαῖος ὁ τελώνης⁴, Ἰάκωβος ὁ τοῦ Ἁλφαίου καὶ Θαδδαῖος, **4** Σίμων ὁ Καναναῖος⁵ καὶ Ἰούδας ὁ Ἰσκαριώτης ὁ καὶ παραδοὺς⁶ αὐτόν.

The Commissioning of the Twelve (Mk 6.7-13; Lk 9.1-6)

5 Τούτους τοὺς δώδεκα ἀπέστειλεν ὁ Ἰησοῦς παραγγείλας⁷ αὐτοῖς λέγων· εἰς ὁδὸν ἐθνῶν μὴ ἀπέλθητε⁸ καὶ εἰς πόλιν Σαμαριτῶν μὴ εἰσέλθητε⁹· **6** πορεύεσθε δὲ μᾶλλον πρὸς τὰ πρόβατα τὰ ἀπολωλότα¹⁰ οἴκου Ἰσραήλ. **7** πορευόμενοι δὲ κηρύσσετε λέγοντες ὅτι ἤγγικεν¹¹ ἡ βασιλεία τῶν οὐρανῶν. **8** ἀσθενοῦντας θεραπεύετε, νεκροὺς ἐγείρετε, λεπροὺς¹² καθαρίζετε, δαιμόνια ἐκβάλλετε· δωρεὰν¹³ ἐλάβετε, δωρεὰν δότε¹⁴. **9** μὴ κτήσησθε¹⁵ χρυσὸν¹⁶ μηδὲ ἄργυρον¹⁷ μηδὲ χαλκὸν¹⁸ εἰς τὰς ζώνας¹⁹ ὑμῶν, **10** μὴ πήραν²⁰ εἰς ὁδὸν μηδὲ δύο χιτῶνας²¹ μηδὲ ὑποδήματα²² μηδὲ ῥάβδον²³· ἄξιος γὰρ ὁ ἐργάτης²⁴ τῆς τροφῆς²⁵ αὐτοῦ. **11** εἰς ἣν δ᾽ ἂν πόλιν ἢ κώμην²⁶ εἰσέλθητε²⁷, ἐξετάσατε²⁸ τίς ἐν αὐτῇ ἄξιός ἐστιν· κἀκεῖ²⁹ μείνατε³⁰ ἕως ἂν ἐξέλθητε³¹. **12** εἰσερχόμενοι δὲ εἰς τὴν οἰκίαν ἀσπάσασθε αὐτήν· **13** καὶ ἐὰν μὲν ᾖ ἡ οἰκία ἀξία, ἐλθάτω³² ἡ εἰρήνη ὑμῶν ἐπ᾽ αὐτήν, ἐὰν δὲ μὴ ᾖ ἀξία, ἡ εἰρήνη ὑμῶν πρὸς ὑμᾶς ἐπιστραφήτω³³. **14** καὶ ὃς ἂν μὴ δέξηται ὑμᾶς μηδὲ ἀκούσῃ τοὺς λόγους ὑμῶν,

---

¹ προσκαλέομαι *aor mid ptc m s nom*, call to oneself
² νόσος, -ου *f*, disease
³ μαλακία, -ας *f*, sickness
⁴ τελώνης, -ου *m*, tax-collector
⁵ Καναναῖος, -ου *m*, Cananaean (probably Zealot, member of a Jewish nationalistic sect)
⁶ παραδίδωμι *aor act ptc m s nom*, betray
⁷ παραγγέλλω *aor act ptc m s nom*, command
⁸ ἀπέρχομαι *2p aor act sub*, go
⁹ εἰσέρχομαι *2p aor act sub*, go in/into
¹⁰ ἀπόλλυμι *pf act ptc n p acc*, be lost
¹¹ ἐγγίζω *3s pf act ind*, come near
¹² λεπρός, -οῦ *m*, leper/person with a skin disease
¹³ δωρεάν, *adv*, without cost
¹⁴ δίδωμι *2p aor act impv*, give
¹⁵ κτάομαι *2p aor mid sub*, take (along)
¹⁶ χρυσός, -οῦ *m*, gold coin
¹⁷ ἄργυρος, -ου *m*, silver coin
¹⁸ χαλκός, -οῦ *m*, copper coin
¹⁹ ζώνη, -ης *f*, money belt
²⁰ πήρα, -ας *f*, bag (either a traveler's bag or a money bag)
²¹ χιτών, -ῶνος *m*, shirt (generally of the garment worn next to the skin)
²² ὑπόδημα, -τος *n*, sandal
²³ ῥάβδος, -ου *f*, walking stick
²⁴ ἐργάτης, -ου *m*, worker
²⁵ τροφή, -ῆς *f*, food
²⁶ κώμη, -ης *f*, village
²⁷ εἰσέρχομαι *2p aor act sub*, go in
²⁸ ἐξετάζω *2p aor act impv*, find
²⁹ κἀκεῖ = καὶ ἐκεῖ, and there
³⁰ μένω *2p aor act impv*, stay
³¹ ἐξέρχομαι *2p aor act sub*, leave
³² ἔρχομαι *3s aor act impv*, rest
³³ ἐπιστρέφω *3s aor pas impv*, come back

ἐξερχόμενοι ἔξω τῆς οἰκίας ἢ τῆς πόλεως ἐκείνης ἐκτινάξατε¹ τὸν κονιορτὸν² τῶν ποδῶν ὑμῶν. **15** ἀμὴν λέγω ὑμῖν, ἀνεκτότερον³ ἔσται γῇ Σοδόμων καὶ Γομόρρων ἐν ἡμέρᾳ κρίσεως ἢ τῇ πόλει ἐκείνῃ.

Coming Persecutions (Mk 13.9-13; Lk 21.12-17)

16 Ἰδοὺ ἐγὼ ἀποστέλλω ὑμᾶς ὡς πρόβατα ἐν μέσῳ λύκων⁴· γίνεσθε οὖν φρόνιμοι⁵ ὡς οἱ ὄφεις⁶ καὶ ἀκέραιοι⁷ ὡς αἱ περιστεραί⁸.

17 Προσέχετε⁹ δὲ ἀπὸ τῶν ἀνθρώπων· παραδώσουσιν¹⁰ γὰρ ὑμᾶς εἰς συνέδρια¹¹ καὶ ἐν ταῖς συναγωγαῖς αὐτῶν μαστιγώσουσιν¹² ὑμᾶς· **18** καὶ ἐπὶ ἡγεμόνας¹³ δὲ καὶ βασιλεῖς ἀχθήσεσθε¹⁴ ἕνεκεν¹⁵ ἐμοῦ εἰς μαρτύριον¹⁶ αὐτοῖς καὶ τοῖς ἔθνεσιν.

19 ὅταν δὲ παραδῶσιν¹⁷ ὑμᾶς, μὴ μεριμνήσητε¹⁸ πῶς ἢ τί λαλήσητε· δοθήσεται¹⁹ γὰρ ὑμῖν ἐν ἐκείνῃ τῇ ὥρᾳ τί λαλήσητε· **20** οὐ γὰρ ὑμεῖς ἐστε οἱ λαλοῦντες ἀλλὰ τὸ πνεῦμα τοῦ πατρὸς ὑμῶν τὸ λαλοῦν ἐν ὑμῖν.

21 Παραδώσει²⁰ δὲ ἀδελφὸς ἀδελφὸν εἰς θάνατον καὶ πατὴρ τέκνον, καὶ ἐπαναστήσονται²¹ τέκνα ἐπὶ γονεῖς²² καὶ θανατώσουσιν²³ αὐτούς. **22** καὶ ἔσεσθε²⁴ μισούμενοι ὑπὸ πάντων διὰ τὸ ὄνομά μου· ὁ δὲ ὑπομείνας²⁵ εἰς τέλος οὗτος σωθήσεται.

23 Ὅταν δὲ διώκωσιν ὑμᾶς ἐν τῇ πόλει ταύτῃ, φεύγετε²⁶ εἰς τὴν ἑτέραν· ἀμὴν γὰρ λέγω ὑμῖν, οὐ μὴ τελέσητε²⁷ τὰς πόλεις τοῦ Ἰσραὴλ ἕως ἂν ἔλθῃ²⁸ ὁ υἱὸς τοῦ ἀνθρώπου.

24 Οὐκ ἔστιν μαθητὴς ὑπὲρ τὸν διδάσκαλον οὐδὲ δοῦλος ὑπὲρ τὸν κύριον αὐτοῦ. **25** ἀρκετὸν²⁹ τῷ μαθητῇ ἵνα γένηται ὡς ὁ διδάσκαλος αὐτοῦ καὶ ὁ δοῦλος ὡς ὁ κύριος αὐτοῦ. εἰ τὸν οἰκοδεσπότην³⁰ Βεελζεβοὺλ ἐπεκάλεσαν³¹, πόσῳ³² μᾶλλον τοὺς οἰκιακοὺς³³ αὐτοῦ.

---

¹ ἐκτινάσσω 2p aor act impv, shake off
² κονιορτός, -οῦ m, dust
³ ἀνεκτός, easy (comp)
⁴ λύκος, -ου m, wolf
⁵ φρόνιμος, -ον, wise
⁶ ὄφις, -εως m, snake
⁷ ἀκέραιος, -ον, innocent
⁸ περιστερά, -ᾶς f, dove/pigeon
⁹ προσέχω 2p pres act impv, watch out (for)
¹⁰ παραδίδωμι 3p fut act ind, hand over
¹¹ συνέδριον, -ου n, council/Sanhedrin
¹² μαστιγόω 3p fut act ind, beat with a whip
¹³ ἡγεμών, -όνος, ruler
¹⁴ ἄγω 2p fut pas ind, bring
¹⁵ ἕνεκα, prep + gen, because of
¹⁶ μαρτύριον, -ου n, witness
¹⁷ παραδίδωμι 3p aor act sub, arrest/hand over
¹⁸ μεριμνάω 2p aor act sub, worry about
¹⁹ δίδωμι 3s fut pas ind, give
²⁰ παραδίδωμι 3s fut act ind, betray/hand over
²¹ ἐπανίστημι 3p fut mid ind, turn against
²² γονεύς, -έως m, parent
²³ θανατόω 3p fut act ind, (have someone) put to death
²⁴ εἰμί 2p fut mid ind, be
²⁵ ὑπομένω aor act ptc m s nom, remain faithful
²⁶ φεύγω 2p pres act impv, run
²⁷ τελέω 2p aor act sub, finish (going through)
²⁸ ἔρχομαι 3s aor act sub, come
²⁹ ἀρκετός, -ή/όν, (it is) enough
³⁰ οἰκοδεσπότης, -ου m, head of a family
³¹ ἐπικαλέω 3p aor act ind, call
³² πόσος, -η/ον, how much
³³ οἰκιακός, -οῦ m, family member

Whom to Fear (Lk 12.2-7)

26 Μὴ οὖν φοβηθῆτε αὐτούς· οὐδὲν γάρ ἐστιν κεκαλυμμένον[1] ὃ οὐκ ἀποκαλυφθήσεται[2] καὶ κρυπτὸν[3] ὃ οὐ γνωσθήσεται. **27** ὃ λέγω ὑμῖν ἐν τῇ σκοτίᾳ[4] εἴπατε[5] ἐν τῷ φωτί, καὶ ὃ εἰς τὸ οὖς ἀκούετε κηρύξατε ἐπὶ τῶν δωμάτων[6]. **28** καὶ μὴ φοβεῖσθε ἀπὸ τῶν ἀποκτεννόντων[7] τὸ σῶμα, τὴν δὲ ψυχὴν μὴ δυναμένων ἀποκτεῖναι· φοβεῖσθε δὲ μᾶλλον τὸν δυνάμενον καὶ ψυχὴν καὶ σῶμα ἀπολέσαι[8] ἐν γεέννῃ[9]. **29** οὐχὶ δύο στρουθία[10] ἀσσαρίου[11] πωλεῖται[12]; καὶ ἓν ἐξ αὐτῶν οὐ πεσεῖται[13] ἐπὶ τὴν γῆν ἄνευ[14] τοῦ πατρὸς ὑμῶν. **30** ὑμῶν δὲ καὶ αἱ τρίχες[15] τῆς κεφαλῆς πᾶσαι ἠριθμημέναι[16] εἰσίν. **31** μὴ οὖν φοβεῖσθε· πολλῶν στρουθίων διαφέρετε[17] ὑμεῖς.

Confessing Christ (Lk 12.8-9)

32 Πᾶς οὖν ὅστις ὁμολογήσει[18] ἐν ἐμοὶ ἔμπροσθεν τῶν ἀνθρώπων, ὁμολογήσω[19] κἀγὼ ἐν αὐτῷ ἔμπροσθεν τοῦ πατρός μου τοῦ ἐν [τοῖς] οὐρανοῖς· **33** ὅστις δ' ἂν ἀρνήσηταί[20] με ἔμπροσθεν τῶν ἀνθρώπων, ἀρνήσομαι κἀγὼ αὐτὸν ἔμπροσθεν τοῦ πατρός μου τοῦ ἐν [τοῖς] οὐρανοῖς.

Not Peace, but a Sword (Lk 12.51-53; 14.26-27)

34 Μὴ νομίσητε[21] ὅτι ἦλθον βαλεῖν[22] εἰρήνην ἐπὶ τὴν γῆν· οὐκ ἦλθον βαλεῖν εἰρήνην ἀλλὰ μάχαιραν[23]. **35** ἦλθον γὰρ διχάσαι[24] ἄνθρωπον κατὰ τοῦ πατρὸς αὐτοῦ καὶ θυγατέρα[25] κατὰ τῆς μητρὸς αὐτῆς καὶ νύμφην[26] κατὰ τῆς πενθερᾶς[27] αὐτῆς, **36** καὶ ἐχθροὶ τοῦ ἀνθρώπου οἱ οἰκιακοὶ[28] αὐτοῦ.

37 Ὁ φιλῶν[29] πατέρα ἢ μητέρα ὑπὲρ ἐμὲ οὐκ ἔστιν μου ἄξιος, καὶ ὁ φιλῶν υἱὸν ἢ θυγατέρα ὑπὲρ ἐμὲ οὐκ ἔστιν μου ἄξιος· **38** καὶ ὃς οὐ λαμβάνει τὸν σταυρὸν[30] αὐτοῦ καὶ ἀκολουθεῖ ὀπίσω μου, οὐκ ἔστιν μου ἄξιος. **39** ὁ εὑρὼν[31] τὴν ψυχὴν αὐτοῦ ἀπολέσει[32] αὐτήν, καὶ ὁ ἀπολέσας τὴν ψυχὴν αὐτοῦ ἕνεκεν[33] ἐμοῦ εὑρήσει αὐτήν.

---

[1] καλύπτω pf pas ptc n s nom, hide
[2] ἀποκαλύπτω 3s fut pas ind, reveal
[3] κρυπτός, -ή/όν, secret
[4] σκοτία, -ας f, darkness
[5] λέγω 2p aor act impv, say
[6] δῶμα, -τος n, housetop
[7] ἀποκτείνω/ἀποκτέννω pres act ptc m p gen, kill
[8] ἀπόλλυμι aor act inf, destroy
[9] γέεννα, -ης f, hell
[10] στρουθίον, -ου n, sparrow
[11] ἀσσάριον, -ου n, assarion (Roman coin worth 1/16 denarius)
[12] πωλέω 3s pres pas ind, sell
[13] πίπτω 3s fut mid ind, fall
[14] ἄνευ, prep + gen, apart from the knowledge and will of
[15] θρίξ, τριχός f, hair
[16] ἀριθμέω pf pas ptc f p nom, count
[17] διαφέρετε 2p pres act ind, be worth more (than)
[18] ὁμολογέω 3s fut act ind, admit (ὁ. ἐν ἐμοὶ admit to be my follower)
[19] ὁμολογέω 1s fut act ind, admit (ὁ. κἀγὼ ἐν αὐτῷ admit that person is my follower)
[20] ἀρνέομαι 3s aor mid sub, disown
[21] νομίζω 2p aor act sub, think
[22] βάλλω aor act inf, bring
[23] μάχαιρα, -ης f, sword
[24] διχάζω aor act inf, turn against
[25] θυγάτηρ, -τρός f, daughter
[26] νύμφη, -ης f, daughter-in-law
[27] πενθερά, -ᾶς f, mother-in-law
[28] οἰκιακός, -οῦ m, family member
[29] φιλέω pres act ptc m s nom, love
[30] σταυρός, -οῦ m, cross
[31] εὑρίσκω aor act ptc m s nom, find
[32] ἀπόλλυμι 3s fut act ind, lose
[33] ἕνεκα, prep + gen, because of

Rewards   (Mk 9.41)

40 Ὁ δεχόμενος ὑμᾶς ἐμὲ δέχεται, καὶ ὁ ἐμὲ δεχόμενος δέχεται τὸν ἀποστείλαντά[1] με. **41** ὁ δεχόμενος προφήτην εἰς ὄνομα προφήτου μισθὸν[2] προφήτου λήμψεται[3], καὶ ὁ δεχόμενος δίκαιον εἰς ὄνομα δικαίου μισθὸν δικαίου λήμψεται. **42** καὶ ὃς ἂν ποτίσῃ[4] ἕνα τῶν μικρῶν τούτων ποτήριον ψυχροῦ[5] μόνον εἰς ὄνομα μαθητοῦ, ἀμὴν λέγω ὑμῖν, οὐ μὴ ἀπολέσῃ[6] τὸν μισθὸν αὐτοῦ.

11 Καὶ ἐγένετο ὅτε ἐτέλεσεν[7] ὁ Ἰησοῦς διατάσσων[8] τοῖς δώδεκα μαθηταῖς αὐτοῦ, μετέβη[9] ἐκεῖθεν[10] τοῦ διδάσκειν καὶ κηρύσσειν ἐν ταῖς πόλεσιν αὐτῶν.

The Messengers from John the Baptist   (Lk 7.18-35)

2 Ὁ δὲ Ἰωάννης ἀκούσας ἐν τῷ δεσμωτηρίῳ[11] τὰ ἔργα τοῦ Χριστοῦ πέμψας[12] διὰ τῶν μαθητῶν αὐτοῦ **3** εἶπεν αὐτῷ· σὺ εἶ ὁ ἐρχόμενος ἢ ἕτερον προσδοκῶμεν[13]; **4** καὶ ἀποκριθεὶς ὁ Ἰησοῦς εἶπεν αὐτοῖς· πορευθέντες ἀπαγγείλατε[14] Ἰωάννῃ ἃ ἀκούετε καὶ βλέπετε·

5 τυφλοὶ ἀναβλέπουσιν[15] καὶ χωλοὶ[16] περιπατοῦσιν,
λεπροὶ[17] καθαρίζονται καὶ κωφοὶ[18] ἀκούουσιν,
καὶ νεκροὶ ἐγείρονται καὶ πτωχοὶ εὐαγγελίζονται·
6 καὶ μακάριός ἐστιν ὃς ἐὰν μὴ σκανδαλισθῇ[19] ἐν ἐμοί.

7 Τούτων δὲ πορευομένων ἤρξατο[20] ὁ Ἰησοῦς λέγειν τοῖς ὄχλοις περὶ Ἰωάννου· τί ἐξήλθατε εἰς τὴν ἔρημον θεάσασθαι[21]; κάλαμον[22] ὑπὸ ἀνέμου σαλευόμενον[23]; **8** ἀλλὰ τί ἐξήλθατε ἰδεῖν; ἄνθρωπον ἐν μαλακοῖς[24] ἠμφιεσμένον[25]; ἰδοὺ οἱ τὰ μαλακὰ φοροῦντες[26] ἐν τοῖς οἴκοις τῶν βασιλέων εἰσίν. **9** ἀλλὰ τί ἐξήλθατε ἰδεῖν; προφήτην; ναὶ λέγω ὑμῖν, καὶ περισσότερον[27] προφήτου. **10** οὗτός ἐστιν περὶ οὗ γέγραπται·

ἰδοὺ ἐγὼ ἀποστέλλω τὸν ἄγγελόν μου πρὸ προσώπου σου,
ὃς κατασκευάσει[28] τὴν ὁδόν σου ἔμπροσθέν σου.

---

[1] ἀποστέλλω aor act ptc m s acc, send
[2] μισθός, -οῦ m, reward
[3] λαμβάνω 3s fut mid ind, receive
[4] ποτίζω 3s aor act sub, give to drink
[5] ψυχρός, -ά/όν, cold
[6] ἀπόλλυμι 3s aor act sub, lose
[7] τελέω 3s aor act ind, finish
[8] διατάσσω pres act ptc m s nom, give instructions
[9] μεταβαίνω 3s aor act ind, leave
[10] ἐκεῖθεν, adv, from there
[11] δεσμωτήριον, -ου n, jail
[12] πέμπω aor act ptc m s nom, send
[13] προσδοκάω 1p pres act sub or ind, look for
[14] ἀπαγγέλλω 2p aor act impv, tell
[15] ἀναβλέπω 3p pres act ind, regain one's sight
[16] χωλός, -ή/όν, lame
[17] λεπρός, m, leper/person with a skin disease
[18] κωφός, -ή/όν, deaf
[19] σκανδαλίζω 3s aor pas sub, pas with ἐν: reject
[20] ἄρχω 3s aor mid ind, mid begin
[21] θεάομαι aor mid inf, see
[22] κάλαμος, -ου m, reed
[23] σαλεύω pres pas ptc m s acc, shake
[24] μαλακός, -ή/όν, fine
[25] ἀμφιέννυμι pf pas ptc m s acc, dress
[26] φορέω pres act ptc m s nom, wear
[27] περισσότερος, more (comp of περισσός)
[28] κατασκευάζω 3s fut act ind, prepare

11 Ἀμὴν λέγω ὑμῖν· οὐκ ἐγήγερται¹ ἐν γεννητοῖς² γυναικῶν μείζων³ Ἰωάννου τοῦ βαπτιστοῦ⁴· ὁ δὲ μικρότερος⁵ ἐν τῇ βασιλείᾳ τῶν οὐρανῶν μείζων αὐτοῦ ἐστιν. **12** ἀπὸ δὲ τῶν ἡμερῶν Ἰωάννου τοῦ βαπτιστοῦ ἕως ἄρτι ἡ βασιλεία τῶν οὐρανῶν βιάζεται⁶ καὶ βιασταὶ⁷ ἁρπάζουσιν⁸ αὐτήν. **13** πάντες γὰρ οἱ προφῆται καὶ ὁ νόμος ἕως Ἰωάννου ἐπροφήτευσαν⁹· **14** καὶ εἰ θέλετε δέξασθαι¹⁰, αὐτός ἐστιν Ἠλίας ὁ μέλλων ἔρχεσθαι. **15** ὁ ἔχων ὦτα¹¹ ἀκουέτω.

16 Τίνι δὲ ὁμοιώσω¹² τὴν γενεὰν ταύτην; ὁμοία ἐστὶν παιδίοις καθημένοις ἐν ταῖς ἀγοραῖς¹³ ἃ προσφωνοῦντα¹⁴ τοῖς ἑτέροις **17** λέγουσιν·

ηὐλήσαμεν¹⁵ ὑμῖν καὶ οὐκ ὠρχήσασθε¹⁶,
ἐθρηνήσαμεν¹⁷ καὶ οὐκ ἐκόψασθε¹⁸.

18 ἦλθεν γὰρ Ἰωάννης μήτε ἐσθίων μήτε πίνων, καὶ λέγουσιν· δαιμόνιον ἔχει. **19** ἦλθεν ὁ υἱὸς τοῦ ἀνθρώπου ἐσθίων καὶ πίνων, καὶ λέγουσιν· ἰδοὺ ἄνθρωπος φάγος¹⁹ καὶ οἰνοπότης²⁰, τελωνῶν²¹ φίλος²² καὶ ἁμαρτωλῶν. καὶ ἐδικαιώθη ἡ σοφία ἀπὸ τῶν ἔργων αὐτῆς.

Woes to Unrepentant Cities (Lk 10.13-15)

20 Τότε ἤρξατο²³ ὀνειδίζειν²⁴ τὰς πόλεις ἐν αἷς ἐγένοντο αἱ πλεῖσται²⁵ δυνάμεις αὐτοῦ, ὅτι οὐ μετενόησαν· **21** οὐαί σοι, Χοραζίν, οὐαί σοι, Βηθσαϊδά· ὅτι εἰ ἐν Τύρῳ καὶ Σιδῶνι ἐγένοντο αἱ δυνάμεις αἱ γενόμεναι ἐν ὑμῖν, πάλαι²⁶ ἂν ἐν σάκκῳ²⁷ καὶ σποδῷ²⁸ μετενόησαν. **22** πλὴν λέγω ὑμῖν, Τύρῳ καὶ Σιδῶνι ἀνεκτότερον²⁹ ἔσται ἐν ἡμέρᾳ κρίσεως ἢ ὑμῖν. **23** καὶ σύ, Καφαρναούμ, μὴ ἕως οὐρανοῦ ὑψωθήσῃ³⁰; ἕως ᾅδου³¹ καταβήσῃ³²· ὅτι εἰ ἐν Σοδόμοις ἐγενήθησαν³³ αἱ δυνάμεις αἱ γενόμεναι ἐν σοί, ἔμεινεν³⁴ ἂν μέχρι³⁵ τῆς σήμερον. **24** πλὴν λέγω ὑμῖν ὅτι γῇ Σοδόμων ἀνεκτότερον ἔσται ἐν ἡμέρᾳ κρίσεως ἢ σοί.

---

¹ ἐγείρω 3s pf pas ind, intrans pas rise (of prophets)
² γεννητός, -ή/όν, born
³ μέγας, great (comp)
⁴ βαπτιστής, -οῦ m, Baptist/baptizer
⁵ μικρός, small (comp)
⁶ βιάζω 3s pres pas ind, pas suffer violence
⁷ βιαστής, -οῦ m, violent person
⁸ ἁρπάζω 3p pres act ind, take by force
⁹ προφητεύω 3p aor act ind, prophesy
¹⁰ δέχομαι aor mid inf, accept
¹¹ οὖς, ὠτός n, ear
¹² ὁμοιόω 1s fut act ind, compare
¹³ ἀγορά, -ᾶς f, market place
¹⁴ προσφωνέω pres act ptc n p nom, call to
¹⁵ αὐλέω 1p aor act ind, play a flute
¹⁶ ὀρχέομαι 2p aor act ind, dance
¹⁷ θρηνέω 1p aor act ind, sing a dirge
¹⁸ κόπτω 2p aor act ind, mourn
¹⁹ φάγος, -ου m, glutton
²⁰ οἰνοπότης, -ου m, drunkard
²¹ τελώνης, -ου m, tax-collector
²² φίλος, -ου m, friend
²³ ἄρχω 3s aor mid ind, mid begin
²⁴ ὀνειδίζω pres act inf, denounce
²⁵ πολύς, much (super)
²⁶ πάλαι, adv, long ago
²⁷ σάκκος, -ου m, sackcloth
²⁸ σποδός, -οῦ m, ashes
²⁹ ἀνεκτός, easy (comp)
³⁰ ὑψόω 2s fut pas ind, exalt
³¹ ᾅδης, -ου m, hell
³² καταβαίνω 2s fut mid ind, go down
³³ γίνομαι 3p aor pas ind, happen
³⁴ μένω 3s aor act ind, remain
³⁵ μέχρι, prep + gen, until

Come to Me and Rest (Lk 10.21-22)

25 Ἐν ἐκείνῳ τῷ καιρῷ ἀποκριθεὶς ὁ Ἰησοῦς εἶπεν· ἐξομολογοῦμαί[1] σοι, πάτερ, κύριε τοῦ οὐρανοῦ καὶ τῆς γῆς, ὅτι ἔκρυψας[2] ταῦτα ἀπὸ σοφῶν[3] καὶ συνετῶν[4] καὶ ἀπεκάλυψας[5] αὐτὰ νηπίοις[6]· **26** ναὶ ὁ πατήρ, ὅτι οὕτως εὐδοκία[7] ἐγένετο ἔμπροσθέν σου. **27** πάντα μοι παρεδόθη[8] ὑπὸ τοῦ πατρός μου, καὶ οὐδεὶς ἐπιγινώσκει τὸν υἱὸν εἰ μὴ ὁ πατήρ, οὐδὲ τὸν πατέρα τις ἐπιγινώσκει εἰ μὴ ὁ υἱὸς καὶ ᾧ ἐὰν βούληται ὁ υἱὸς ἀποκαλύψαι[9]. **28** Δεῦτε[10] πρός με πάντες οἱ κοπιῶντες[11] καὶ πεφορτισμένοι[12], κἀγὼ ἀναπαύσω[13] ὑμᾶς. **29** ἄρατε[14] τὸν ζυγόν[15] μου ἐφ᾽ ὑμᾶς καὶ μάθετε[16] ἀπ᾽ ἐμοῦ, ὅτι πραΰς[17] εἰμι καὶ ταπεινὸς[18] τῇ καρδίᾳ, καὶ εὑρήσετε[19] ἀνάπαυσιν[20] ταῖς ψυχαῖς ὑμῶν· **30** ὁ γὰρ ζυγός μου χρηστὸς[21] καὶ τὸ φορτίον[22] μου ἐλαφρόν[23] ἐστιν.

Plucking Grain on the Sabbath (Mk 2.23-28; Lk 6.1-5)

12 Ἐν ἐκείνῳ τῷ καιρῷ ἐπορεύθη ὁ Ἰησοῦς τοῖς σάββασιν διὰ τῶν σπορίμων[24]· οἱ δὲ μαθηταὶ αὐτοῦ ἐπείνασαν[25] καὶ ἤρξαντο[26] τίλλειν[27] στάχυας[28] καὶ ἐσθίειν. **2** οἱ δὲ Φαρισαῖοι ἰδόντες εἶπαν αὐτῷ· ἰδοὺ οἱ μαθηταί σου ποιοῦσιν ὃ οὐκ ἔξεστιν ποιεῖν ἐν σαββάτῳ. **3** ὁ δὲ εἶπεν αὐτοῖς· οὐκ ἀνέγνωτε[29] τί ἐποίησεν Δαυὶδ ὅτε ἐπείνασεν καὶ οἱ μετ᾽ αὐτοῦ, **4** πῶς εἰσῆλθεν εἰς τὸν οἶκον τοῦ θεοῦ καὶ τοὺς ἄρτους τῆς προθέσεως[30] ἔφαγον[31], ὃ οὐκ ἐξὸν[32] ἦν αὐτῷ φαγεῖν οὐδὲ τοῖς μετ᾽ αὐτοῦ εἰ μὴ τοῖς ἱερεῦσιν μόνοις; **5** ἢ οὐκ ἀνέγνωτε ἐν τῷ νόμῳ ὅτι τοῖς σάββασιν οἱ ἱερεῖς ἐν τῷ ἱερῷ τὸ σάββατον βεβηλοῦσιν[33] καὶ ἀναίτιοί[34] εἰσιν; **6** λέγω δὲ ὑμῖν ὅτι τοῦ ἱεροῦ μεῖζόν[35] ἐστιν ὧδε. **7** εἰ δὲ ἐγνώκειτε[36] τί ἐστιν· ἔλεος[37] θέλω καὶ οὐ θυσίαν[38], οὐκ ἂν κατεδικάσατε[39] τοὺς ἀναιτίους. **8** κύριος γάρ ἐστιν τοῦ σαββάτου ὁ υἱὸς τοῦ ἀνθρώπου.

---

[1] ἐξομολογέω 1s pres mid ind, mid praise/thank
[2] κρύπτω 2s aor act ind, hide
[3] σοφός, -ή/όν, wise
[4] συνετός, -ή/όν, intelligent
[5] ἀποκαλύπτω 2s aor act ind, reveal
[6] νήπιος, -α/ον, infant
[7] εὐδοκία, -ας f, good will
[8] παραδίδωμι 3s aor pas ind, give
[9] ἀποκαλύπτω aor act inf, reveal
[10] δεῦτε, interj, Come!
[11] κοπιάω, pres act ptc m p nom or voc, grow weary
[12] φορτίζω pf pas ptc m p nom or voc, burden (someone)
[13] ἀναπαύω 1s fut act ind, give rest
[14] αἴρω 2p aor act impv, take
[15] ζυγός, -οῦ m, yoke
[16] μανθάνω 2p aor act impv, learn
[17] πραΰς, -εῖα/ΰ, gentle
[18] ταπεινός, -ή/όν, humble
[19] εὑρίσκω 2p fut act ind, find
[20] ἀνάπαυσις, -εως f, rest
[21] χρηστός, -ή/όν, easy to bear
[22] φορτίον, -ου n, burden
[23] ἐλαφρός, -ά/όν, light (of weight)
[24] σπόριμος, -ων n, grainfields
[25] πεινάω 3p aor act ind, be hungry
[26] ἄρχω 3p aor mid ind, mid begin
[27] τίλλω pres act inf, pick
[28] στάχυς, -υος m, head of grain/wheat
[29] ἀναγινώσκω 2p aor act ind, read
[30] πρόθεσις, -εως f, presentation (ἄρτοι τῆς π. bread offered to God)
[31] ἐσθίω 3p aor act ind, eat
[32] ἔξεστιν pres act ptc n s nom, impers it is proper/fitting
[33] βεβηλόω 3p pres act ind, desecrate
[34] ἀναίτιος, -ον, not guilty
[35] μέγας, great (comp)
[36] γινώσκω 2p plpf act ind, know
[37] ἔλεος, -ους f, mercy
[38] θυσία, -ας f, sacrifice
[39] καταδικάζω 2p aor act ind, condemn

The Man with a Withered Hand (Mk 3.1-6; Lk 6.6-11)

9 Καὶ μεταβὰς¹ ἐκεῖθεν² ἦλθεν εἰς τὴν συναγωγὴν αὐτῶν· 10 καὶ ἰδοὺ ἄνθρωπος χεῖρα ἔχων ξηράν³. καὶ ἐπηρώτησαν αὐτὸν λέγοντες· εἰ ἔξεστιν τοῖς σάββασιν θεραπεῦσαι; ἵνα κατηγορήσωσιν⁴ αὐτοῦ. 11 ὁ δὲ εἶπεν αὐτοῖς· τίς ἔσται ἐξ ὑμῶν ἄνθρωπος ὃς ἕξει πρόβατον ἓν καὶ ἐὰν ἐμπέσῃ⁵ τοῦτο τοῖς σάββασιν εἰς βόθυνον⁶, οὐχὶ κρατήσει αὐτὸ καὶ ἐγερεῖ⁷; 12 πόσῳ⁸ οὖν διαφέρει⁹ ἄνθρωπος προβάτου. ὥστε ἔξεστιν τοῖς σάββασιν καλῶς ποιεῖν. 13 τότε λέγει τῷ ἀνθρώπῳ· ἔκτεινόν¹⁰ σου τὴν χεῖρα. καὶ ἐξέτεινεν καὶ ἀπεκατεστάθη¹¹ ὑγιής¹² ὡς ἡ ἄλλη. 14 ἐξελθόντες δὲ οἱ Φαρισαῖοι συμβούλιον¹³ ἔλαβον κατ' αὐτοῦ ὅπως αὐτὸν ἀπολέσωσιν¹⁴.

The Chosen Servant

15 Ὁ δὲ Ἰησοῦς γνοὺς¹⁵ ἀνεχώρησεν¹⁶ ἐκεῖθεν¹⁷. καὶ ἠκολούθησαν αὐτῷ [ὄχλοι] πολλοί, καὶ ἐθεράπευσεν αὐτοὺς πάντας 16 καὶ ἐπετίμησεν¹⁸ αὐτοῖς ἵνα μὴ φανερὸν¹⁹ αὐτὸν ποιήσωσιν, 17 ἵνα πληρωθῇ τὸ ῥηθὲν²⁰ διὰ Ἡσαΐου τοῦ προφήτου λέγοντος·

18 ἰδοὺ ὁ παῖς²¹ μου ὃν ᾑρέτισα²²,
ὁ ἀγαπητός μου εἰς ὃν εὐδόκησεν²³ ἡ ψυχή μου·
θήσω²⁴ τὸ πνεῦμά μου ἐπ' αὐτόν,
καὶ κρίσιν τοῖς ἔθνεσιν ἀπαγγελεῖ.
19 οὐκ ἐρίσει²⁵ οὐδὲ κραυγάσει²⁶,
οὐδὲ ἀκούσει τις ἐν ταῖς πλατείαις²⁷ τὴν φωνὴν αὐτοῦ.
20 κάλαμον²⁸ συντετριμμένον²⁹ οὐ κατεάξει³⁰
καὶ λίνον³¹ τυφόμενον³² οὐ σβέσει³³,
ἕως ἂν ἐκβάλῃ³⁴ εἰς νῖκος³⁵ τὴν κρίσιν.
21 καὶ τῷ ὀνόματι αὐτοῦ ἔθνη ἐλπιοῦσιν³⁶.

---

¹ μεταβαίνω aor act ptc m s nom, leave
² ἐκεῖθεν, adv, from there
³ ξηρός, -ά/όν, paralyzed
⁴ κατηγορέω 3p aor act sub, accuse
⁵ ἐμπίπτω 3s aor act sub, fall into
⁶ βόθυνος, -ου m, ditch
⁷ ἐγείρω 3s fut act ind, lift out
⁸ πόσος, -η/ον, how much
⁹ διαφέρω 3s pres act ind, be worth more (than)
¹⁰ ἐκτείνω 2s aor act impv, reach out
¹¹ ἀποκαθίστημι 3s aor pas ind, make well
¹² ὑγιής, -ές, healthy
¹³ συμβούλιον, -ου n, plan (συμ. λαμβάνω plan)
¹⁴ ἀπόλλυμι 3p aor act sub, kill
¹⁵ γινώσκω aor act ptc m s nom, know
¹⁶ ἀναχωρέω 3s aor act ind, leave
¹⁷ ἐκεῖθεν, adv, from there
¹⁸ ἐπιτιμάω 3s aor act ind, order
¹⁹ φανερός, -ά/όν, known
²⁰ λέγω aor pas ptc n s nom, say
²¹ παῖς, παιδός m & f, servant/son
²² αἱρετίζω 1s aor act ind, choose
²³ εὐδοκέω 3s aor act ind, be pleased
²⁴ τίθημι 1s fut act ind, place
²⁵ ἐρίζω 3s fut act ind, quarrel
²⁶ κραυγάζω 3s fut act ind, shout
²⁷ πλατεῖα, -ας f, street
²⁸ κάλαμος, -ου m, reed/cane
²⁹ συντρίβω pf pas ptc m s acc, bend/bruise
³⁰ κατάγνυμι 3s fut act ind, break
³¹ λίνον, -ου n, wick
³² τύφω pres pas ptc n s acc, smolder
³³ σβέννυμι 3s fut act ind, put out (of something smoldering)
³⁴ ἐκβάλλω 3s aor act sub, send out (ἐ. εἰς νῖκος τὴν κρίσιν make sure justice is done)
³⁵ νῖκος, -ους n, victory
³⁶ ἐλπίζω 3p fut act ind, hope

Jesus and Beelzebul (Mk 3.20-30; Lk 11.14-23; 12.10)

22 Τότε προσηνέχθη[1] αὐτῷ δαιμονιζόμενος[2] τυφλὸς καὶ κωφός[3], καὶ ἐθεράπευσεν αὐτόν, ὥστε τὸν κωφὸν λαλεῖν καὶ βλέπειν. 23 καὶ ἐξίσταντο[4] πάντες οἱ ὄχλοι καὶ ἔλεγον· μήτι[5] οὗτός ἐστιν ὁ υἱὸς Δαυίδ; 24 οἱ δὲ Φαρισαῖοι ἀκούσαντες εἶπον· οὗτος οὐκ ἐκβάλλει τὰ δαιμόνια εἰ μὴ ἐν τῷ Βεελζεβοὺλ ἄρχοντι τῶν δαιμονίων. 25 εἰδὼς[6] δὲ τὰς ἐνθυμήσεις[7] αὐτῶν εἶπεν αὐτοῖς· πᾶσα βασιλεία μερισθεῖσα[8] καθ' ἑαυτῆς ἐρημοῦται[9] καὶ πᾶσα πόλις ἢ οἰκία μερισθεῖσα καθ' ἑαυτῆς οὐ σταθήσεται[10]. 26 καὶ εἰ ὁ σατανᾶς τὸν σατανᾶν ἐκβάλλει, ἐφ' ἑαυτὸν ἐμερίσθη[11]· πῶς οὖν σταθήσεται ἡ βασιλεία αὐτοῦ; 27 καὶ εἰ ἐγὼ ἐν Βεελζεβοὺλ ἐκβάλλω τὰ δαιμόνια, οἱ υἱοὶ ὑμῶν ἐν τίνι ἐκβάλλουσιν; διὰ τοῦτο αὐτοὶ κριταὶ[12] ἔσονται ὑμῶν. 28 εἰ δὲ ἐν πνεύματι θεοῦ ἐγὼ ἐκβάλλω τὰ δαιμόνια, ἄρα ἔφθασεν[13] ἐφ' ὑμᾶς ἡ βασιλεία τοῦ θεοῦ. 29 ἢ πῶς δύναταί τις εἰσελθεῖν εἰς τὴν οἰκίαν τοῦ ἰσχυροῦ[14] καὶ τὰ σκεύη[15] αὐτοῦ ἁρπάσαι[16], ἐὰν μὴ πρῶτον δήσῃ[17] τὸν ἰσχυρόν; καὶ τότε τὴν οἰκίαν αὐτοῦ διαρπάσει[18]. 30 ὁ μὴ ὢν μετ' ἐμοῦ κατ' ἐμοῦ ἐστιν, καὶ ὁ μὴ συνάγων μετ' ἐμοῦ σκορπίζει[19].

31 Διὰ τοῦτο λέγω ὑμῖν, πᾶσα ἁμαρτία καὶ βλασφημία[20] ἀφεθήσεται[21] τοῖς ἀνθρώποις, ἡ δὲ τοῦ πνεύματος βλασφημία οὐκ ἀφεθήσεται. 32 καὶ ὃς ἐὰν εἴπῃ[22] λόγον κατὰ τοῦ υἱοῦ τοῦ ἀνθρώπου, ἀφεθήσεται αὐτῷ· ὃς δ' ἂν εἴπῃ κατὰ τοῦ πνεύματος τοῦ ἁγίου, οὐκ ἀφεθήσεται αὐτῷ οὔτε ἐν τούτῳ τῷ αἰῶνι οὔτε ἐν τῷ μέλλοντι.

A Tree and Its Fruits (Lk 6.43-45)

33 Ἢ ποιήσατε τὸ δένδρον[23] καλὸν καὶ τὸν καρπὸν αὐτοῦ καλόν, ἢ ποιήσατε τὸ δένδρον σαπρὸν[24] καὶ τὸν καρπὸν αὐτοῦ σαπρόν· ἐκ γὰρ τοῦ καρποῦ τὸ δένδρον γινώσκεται. 34 γεννήματα[25] ἐχιδνῶν[26], πῶς δύνασθε ἀγαθὰ λαλεῖν πονηροὶ ὄντες; ἐκ γὰρ τοῦ περισσεύματος[27] τῆς καρδίας τὸ στόμα λαλεῖ. 35 ὁ ἀγαθὸς ἄνθρωπος ἐκ τοῦ ἀγαθοῦ θησαυροῦ[28] ἐκβάλλει ἀγαθά, καὶ ὁ πονηρὸς ἄνθρωπος ἐκ τοῦ πονηροῦ θησαυροῦ ἐκβάλλει πονηρά. 36 λέγω δὲ ὑμῖν ὅτι πᾶν ῥῆμα ἀργὸν[29] ὃ λαλήσουσιν

---

[1] προσφέρω 3s aor pas ind, bring to
[2] δαιμονίζομαι pres mid ptc m s nom, be demon possessed
[3] κωφός, -ή/όν, unable to talk
[4] ἐξίστημι 3p impf mid ind, mid be amazed
[5] μήτι, usually expects a negative reply; here expresses doubt
[6] οἶδα pf act ptc m s nom, know
[7] ἐνθύμησις, -εως f, thought
[8] μερίζω aor pas ptc f s nom, divide
[9] ἐρημόω 3s pres pas ind, destroy
[10] ἵστημι 3s fut pas ind, mid & pas stand
[11] μερίζω 3s aor pas ind, divide
[12] κριτής, -οῦ m, judge
[13] φθάνω 3s aor act ind, come (upon)
[14] ἰσχυρός, -ά/όν, strong
[15] σκεῦος, -ους n, thing
[16] ἁρπάζω aor act inf, steal
[17] δέω 3s aor act sub, tie up
[18] διαρπάζω 3s fut act ind, plunder
[19] σκορπίζω 3s pres act ind, scatter
[20] βλασφημία, -ας f, blasphemy
[21] ἀφίημι 3s fut pas ind, forgive
[22] λέγω 3s aor act sub, say
[23] δένδρον, -ου n, tree
[24] σαπρός, -ά/όν, bad
[25] γέννημα, -τος n, offspring (γ. ἐχιδνῶν you snakes!)
[26] ἔχιδνα, -ης f, snake
[27] περίσσευμα, -τος n, abundance
[28] θησαυρός, -οῦ m, treasure
[29] ἀργός, -ή/όν, careless

οἱ ἄνθρωποι ἀποδώσουσιν[1] περὶ αὐτοῦ λόγον ἐν ἡμέρᾳ κρίσεως· **37** ἐκ γὰρ τῶν λόγων σου δικαιωθήσῃ, καὶ ἐκ τῶν λόγων σου καταδικασθήσῃ[2].

The Demand for a Sign (Mk 8.11-12; Lk 11.29-32)

38 Τότε ἀπεκρίθησαν αὐτῷ τινες τῶν γραμματέων καὶ Φαρισαίων λέγοντες· διδάσκαλε, θέλομεν ἀπὸ σοῦ σημεῖον ἰδεῖν. **39** ὁ δὲ ἀποκριθεὶς εἶπεν αὐτοῖς· γενεὰ πονηρὰ καὶ μοιχαλὶς[3] σημεῖον ἐπιζητεῖ[4], καὶ σημεῖον οὐ δοθήσεται[5] αὐτῇ εἰ μὴ τὸ σημεῖον Ἰωνᾶ τοῦ προφήτου. **40** ὥσπερ γὰρ ἦν Ἰωνᾶς ἐν τῇ κοιλίᾳ[6] τοῦ κήτους[7] **τρεῖς ἡμέρας καὶ τρεῖς νύκτας**, οὕτως ἔσται ὁ υἱὸς τοῦ ἀνθρώπου ἐν τῇ καρδίᾳ τῆς γῆς τρεῖς ἡμέρας καὶ τρεῖς νύκτας. **41** ἄνδρες Νινευῖται ἀναστήσονται[8] ἐν τῇ κρίσει μετὰ τῆς γενεᾶς ταύτης καὶ κατακρινοῦσιν[9] αὐτήν, ὅτι μετενόησαν εἰς τὸ κήρυγμα[10] Ἰωνᾶ, καὶ ἰδοὺ πλεῖον[11] Ἰωνᾶ ὧδε. **42** βασίλισσα[12] νότου[13] ἐγερθήσεται[14] ἐν τῇ κρίσει μετὰ τῆς γενεᾶς ταύτης καὶ κατακρινεῖ αὐτήν, ὅτι ἦλθεν ἐκ τῶν περάτων[15] τῆς γῆς ἀκοῦσαι τὴν σοφίαν Σολομῶνος, καὶ ἰδοὺ πλεῖον Σολομῶνος ὧδε.

The Return of the Unclean Spirit (Lk 11.24-26)

43 Ὅταν δὲ τὸ ἀκάθαρτον πνεῦμα ἐξέλθῃ[16] ἀπὸ τοῦ ἀνθρώπου, διέρχεται δι' ἀνύδρων[17] τόπων ζητοῦν ἀνάπαυσιν[18] καὶ οὐχ εὑρίσκει. **44** τότε λέγει· εἰς τὸν οἶκόν μου ἐπιστρέψω ὅθεν[19] ἐξῆλθον· καὶ ἐλθὸν εὑρίσκει σχολάζοντα[20] σεσαρωμένον[21] καὶ κεκοσμημένον[22]. **45** τότε πορεύεται καὶ παραλαμβάνει μεθ' ἑαυτοῦ ἑπτὰ ἕτερα πνεύματα πονηρότερα ἑαυτοῦ καὶ εἰσελθόντα κατοικεῖ ἐκεῖ· καὶ γίνεται τὰ ἔσχατα τοῦ ἀνθρώπου ἐκείνου χείρονα[23] τῶν πρώτων. οὕτως ἔσται καὶ τῇ γενεᾷ ταύτῃ τῇ πονηρᾷ.

The Mother and Brothers of Jesus (Mk 3.31-35; Lk 8.19-21)

46 Ἔτι αὐτοῦ λαλοῦντος τοῖς ὄχλοις ἰδοὺ ἡ μήτηρ καὶ οἱ ἀδελφοὶ αὐτοῦ εἱστήκεισαν[24] ἔξω ζητοῦντες αὐτῷ λαλῆσαι. [**47** εἶπεν δέ τις αὐτῷ· ἰδοὺ ἡ μήτηρ σου καὶ οἱ ἀδελφοί σου ἔξω ἑστήκασιν ζητοῦντές σοι λαλῆσαι.] **48** ὁ δὲ ἀποκριθεὶς εἶπεν τῷ

---

[1] ἀποδίδωμι 3p fut act ind, give (back) (ἀ. λόγον give an account)
[2] καταδικάζω 2s fut pas ind, condemn
[3] μοιχαλίς, -ίδος f, unfaithful
[4] ἐπιζητέω 3s pres act ind, want
[5] δίδωμι 3s fut pas ind, give
[6] κοιλία, -ας f, stomach
[7] κῆτος, -ους n, large sea creature
[8] ἀνίστημι 3p fut mid ind, stand up
[9] κατακρίνω 3p fut act ind, condemn
[10] κήρυγμα, -τος n, message
[11] πολύς, great (comp)
[12] βασίλισσα, -ης f, queen
[13] νότος, -ου m, south
[14] ἐγείρω 3s fut pas ind, intrans pas stand up
[15] πέρας, -ατος n, boundary
[16] ἐξέρχομαι 3s aor act sub, go out
[17] ἄνυδρος, -ον, waterless
[18] ἀνάπαυσις, -εως f, resting place
[19] ὅθεν, adv, from where
[20] σχολάζω pres act ptc m s acc, be empty
[21] σαρόω pf pas ptc m s acc, sweep
[22] κοσμέω pf pas ptc m s acc, put in order
[23] χείρων, worse (comp of κακός)
[24] ἵστημι 3p plpf act ind, intrans stand

λέγοντι αὐτῷ· τίς ἐστιν ἡ μήτηρ μου καὶ τίνες εἰσὶν οἱ ἀδελφοί μου; **49** καὶ ἐκτείνας¹ τὴν χεῖρα αὐτοῦ ἐπὶ τοὺς μαθητὰς αὐτοῦ εἶπεν· ἰδοὺ ἡ μήτηρ μου καὶ οἱ ἀδελφοί μου. **50** ὅστις γὰρ ἂν ποιήσῃ τὸ θέλημα τοῦ πατρός μου τοῦ ἐν οὐρανοῖς αὐτός μου ἀδελφὸς καὶ ἀδελφὴ² καὶ μήτηρ ἐστίν.

The Parable of the Sower (Mk 4.1-9; Lk 8.4-8)

13 Ἐν τῇ ἡμέρᾳ ἐκείνῃ ἐξελθὼν ὁ Ἰησοῦς τῆς οἰκίας ἐκάθητο³ παρὰ τὴν θάλασσαν· **2** καὶ συνήχθησαν⁴ πρὸς αὐτὸν ὄχλοι πολλοί, ὥστε αὐτὸν εἰς πλοῖον ἐμβάντα⁵ καθῆσθαι⁶, καὶ πᾶς ὁ ὄχλος ἐπὶ τὸν αἰγιαλὸν⁷ εἱστήκει⁸. **3** Καὶ ἐλάλησεν αὐτοῖς πολλὰ ἐν παραβολαῖς λέγων· ἰδοὺ ἐξῆλθεν ὁ σπείρων τοῦ σπείρειν. **4** καὶ ἐν τῷ σπείρειν αὐτὸν ἃ μὲν ἔπεσεν⁹ παρὰ τὴν ὁδόν, καὶ ἐλθόντα τὰ πετεινὰ¹⁰ κατέφαγεν¹¹ αὐτά. **5** ἄλλα δὲ ἔπεσεν ἐπὶ τὰ πετρώδη¹² ὅπου οὐκ εἶχεν γῆν πολλήν, καὶ εὐθέως ἐξανέτειλεν¹³ διὰ τὸ μὴ ἔχειν βάθος¹⁴ γῆς· **6** ἡλίου δὲ ἀνατείλαντος¹⁵ ἐκαυματίσθη¹⁶ καὶ διὰ τὸ μὴ ἔχειν ῥίζαν¹⁷ ἐξηράνθη¹⁸. **7** ἄλλα δὲ ἔπεσεν ἐπὶ τὰς ἀκάνθας¹⁹, καὶ ἀνέβησαν²⁰ αἱ ἄκανθαι καὶ ἔπνιξαν²¹ αὐτά. **8** ἄλλα δὲ ἔπεσεν ἐπὶ τὴν γῆν τὴν καλὴν καὶ ἐδίδου²² καρπόν, ὃ μὲν ἑκατόν²³, ὃ δὲ ἑξήκοντα²⁴, ὃ δὲ τριάκοντα²⁵. **9** ὁ ἔχων ὦτα ἀκουέτω.

The Purpose of the Parables (Mk 4.10-12; Lk 8.9-10)

10 Καὶ προσελθόντες²⁶ οἱ μαθηταὶ εἶπαν αὐτῷ· διὰ τί ἐν παραβολαῖς λαλεῖς αὐτοῖς; **11** ὁ δὲ ἀποκριθεὶς εἶπεν αὐτοῖς· ὅτι ὑμῖν δέδοται²⁷ γνῶναι²⁸ τὰ μυστήρια²⁹ τῆς βασιλείας τῶν οὐρανῶν, ἐκείνοις δὲ οὐ δέδοται. **12** ὅστις γὰρ ἔχει, δοθήσεται³⁰ αὐτῷ καὶ περισσευθήσεται· ὅστις δὲ οὐκ ἔχει, καὶ ὃ ἔχει ἀρθήσεται³¹ ἀπ' αὐτοῦ. **13** διὰ τοῦτο ἐν παραβολαῖς αὐτοῖς λαλῶ, ὅτι βλέποντες οὐ βλέπουσιν καὶ ἀκούοντες οὐκ ἀκούουσιν οὐδὲ συνίουσιν³², **14** καὶ ἀναπληροῦται³³ αὐτοῖς ἡ προφητεία³⁴ Ἡσαΐου ἡ λέγουσα·

---

¹ ἐκτείνω *aor act ptc m s nom*, reach out (ἐκτ. τὴν χεῖρα point to)
² ἀδελφή, -ῆς f, sister
³ κάθημαι *3s impf mid ind*, sit down
⁴ συνάγω *3p aor pas ind, pas* come together
⁵ ἐμβαίνω *aor act ptc m s acc*, get into
⁶ κάθημαι *pres mid inf*, sit down
⁷ αἰγιαλός, -οῦ m, shore
⁸ ἵστημι *3s plpf act ind*, stand
⁹ πίπτω *3s aor act ind*, fall
¹⁰ πετεινόν, -οῦ n, bird
¹¹ κατεσθίω *3s aor act ind*, eat up
¹² πετρώδης, -ους n, rocky ground
¹³ ἐξανατέλλω *3s aor act ind*, spring up
¹⁴ βάθος, -ους n, depth
¹⁵ ἀνατέλλω *aor act ptc m s gen*, rise
¹⁶ καυματίζω *3s aor pas ind*, scorch
¹⁷ ῥίζα, -ης f, root
¹⁸ ξηραίνω *3s aor pas ind*, dry up
¹⁹ ἄκανθα, -ης f, thorn plant
²⁰ ἀναβαίνω *3p aor act ind*, come up
²¹ πνίγω *3p aor act ind*, choke
²² δίδωμι *3s impf act ind*, produce (of seed)
²³ ἑκατόν, one hundred
²⁴ ἑξήκοντα, sixty
²⁵ τριάκοντα, thirty
²⁶ προσέρχομαι *aor act ptc m p nom*, come/go to
²⁷ δίδωμι *3s pf pas ind*, give
²⁸ γινώσκω *aor act inf*, know
²⁹ μυστήριον, -ου f, secret
³⁰ δίδωμι *3s fut pas ind*, give
³¹ αἴρω *3s fut pas ind*, take away
³² συνίημι *3p pres act ind*, understand
³³ ἀναπληρόω *3s pres pas ind, pas* come true
³⁴ προφητεία, -ας f, prophecy

ἀκοῇ[1] ἀκούσετε καὶ οὐ μὴ συνῆτε[2],
καὶ βλέποντες βλέψετε καὶ οὐ μὴ ἴδητε[3].
15 ἐπαχύνθη[4] γὰρ ἡ καρδία τοῦ λαοῦ τούτου,
καὶ τοῖς ὠσὶν[5] βαρέως[6] ἤκουσαν
καὶ τοὺς ὀφθαλμοὺς αὐτῶν ἐκάμμυσαν[7],
μήποτε[8] ἴδωσιν[9] τοῖς ὀφθαλμοῖς
καὶ τοῖς ὠσὶν ἀκούσωσιν
καὶ τῇ καρδίᾳ συνῶσιν[10]
καὶ ἐπιστρέψωσιν καὶ ἰάσομαι[11] αὐτούς.
16 ὑμῶν δὲ μακάριοι οἱ ὀφθαλμοὶ ὅτι βλέπουσιν καὶ τὰ ὦτα ὑμῶν ὅτι ἀκούουσιν.
17 ἀμὴν γὰρ λέγω ὑμῖν ὅτι πολλοὶ προφῆται καὶ δίκαιοι ἐπεθύμησαν[12] ἰδεῖν ἃ βλέπετε καὶ οὐκ εἶδαν, καὶ ἀκοῦσαι ἃ ἀκούετε καὶ οὐκ ἤκουσαν.

The Parable of the Sower Explained (Mk 4.13-20; Lk 8.11-15)

18 Ὑμεῖς οὖν ἀκούσατε τὴν παραβολὴν τοῦ σπείραντος. 19 παντὸς ἀκούοντος τὸν λόγον τῆς βασιλείας καὶ μὴ συνιέντος[13] ἔρχεται ὁ πονηρὸς καὶ ἁρπάζει[14] τὸ ἐσπαρμένον[15] ἐν τῇ καρδίᾳ αὐτοῦ, οὗτός ἐστιν ὁ παρὰ τὴν ὁδὸν σπαρείς. 20 ὁ δὲ ἐπὶ τὰ πετρώδη[16] σπαρείς, οὗτός ἐστιν ὁ τὸν λόγον ἀκούων καὶ εὐθὺς μετὰ χαρᾶς λαμβάνων αὐτόν, 21 οὐκ ἔχει δὲ ῥίζαν[17] ἐν ἑαυτῷ ἀλλὰ πρόσκαιρός[18] ἐστιν, γενομένης δὲ θλίψεως ἢ διωγμοῦ[19] διὰ τὸν λόγον εὐθὺς σκανδαλίζεται[20]. 22 ὁ δὲ εἰς τὰς ἀκάνθας[21] σπαρείς, οὗτός ἐστιν ὁ τὸν λόγον ἀκούων, καὶ ἡ μέριμνα[22] τοῦ αἰῶνος καὶ ἡ ἀπάτη[23] τοῦ πλούτου[24] συμπνίγει[25] τὸν λόγον καὶ ἄκαρπος[26] γίνεται. 23 ὁ δὲ ἐπὶ τὴν καλὴν γῆν σπαρείς, οὗτός ἐστιν ὁ τὸν λόγον ἀκούων καὶ συνιείς[27], ὃς δὴ[28] καρποφορεῖ[29] καὶ ποιεῖ ὃ μὲν ἑκατόν[30], ὃ δὲ ἑξήκοντα[31], ὃ δὲ τριάκοντα[32].

---

[1] ἀκοή, -ῆς f, hearing
[2] συνίημι 2p aor act sub, understand
[3] ὁράω 2p aor act sub, understand
[4] παχύνω 3s aor pas ind, pas be insensitive
[5] οὖς, ὠτός n, ear
[6] βαρέως, adv, with difficulty
[7] καμμύω 3p aor act ind, close
[8] μήποτε, conj, so that ... will not
[9] ὁράω 3p aor act sub, see
[10] συνίημι 3p aor act sub, understand
[11] ἰάομαι 1s fut mid ind, heal
[12] ἐπιθυμέω 3p aor act ind, long (for)
[13] συνίημι pres act ptc m s gen, understand
[14] ἁρπάζω 3s pres act ind, take by force
[15] σπείρω pf pas ptc n s acc, sow
[16] πετρώδης, -ους n, rocky ground
[17] ῥίζα, -ης f, root
[18] πρόσκαιρος, -ον, not lasting
[19] διωγμός, -οῦ m, persecution
[20] σκανδαλίζω 3s pres pas ind, offend
[21] ἄκανθα, -ης f, thorn plant
[22] μέριμνα, -ης f, concern
[23] ἀπάτη, -ης f, deception
[24] πλοῦτος, -ου m, wealth
[25] συμπνίγω 3s pres act ind, choke out
[26] ἄκαρπος, -ον, unfruitful
[27] συνίημι pres act ptc m s nom, understand
[28] δή, particle for emphasis, indeed
[29] καρποφορέω 3s pres act ind, bear fruit
[30] ἑκατόν, one hundred
[31] ἑξήκοντα, sixty
[32] τριάκοντα, thirty

The Parable of the Weeds among the Wheat

24 Ἄλλην παραβολὴν παρέθηκεν[1] αὐτοῖς λέγων· ὡμοιώθη[2] ἡ βασιλεία τῶν οὐρανῶν ἀνθρώπῳ σπείραντι καλὸν σπέρμα ἐν τῷ ἀγρῷ αὐτοῦ. 25 ἐν δὲ τῷ καθεύδειν[3] τοὺς ἀνθρώπους ἦλθεν αὐτοῦ ὁ ἐχθρὸς καὶ ἐπέσπειρεν[4] ζιζάνια[5] ἀνὰ[6] μέσον τοῦ σίτου[7] καὶ ἀπῆλθεν. 26 ὅτε δὲ ἐβλάστησεν[8] ὁ χόρτος[9] καὶ καρπὸν ἐποίησεν, τότε ἐφάνη[10] καὶ τὰ ζιζάνια. 27 προσελθόντες[11] δὲ οἱ δοῦλοι τοῦ οἰκοδεσπότου[12] εἶπον αὐτῷ· κύριε, οὐχὶ καλὸν σπέρμα ἔσπειρας ἐν τῷ σῷ[13] ἀγρῷ; πόθεν[14] οὖν ἔχει ζιζάνια; 28 ὁ δὲ ἔφη αὐτοῖς· ἐχθρὸς ἄνθρωπος τοῦτο ἐποίησεν. οἱ δὲ δοῦλοι λέγουσιν αὐτῷ· θέλεις οὖν ἀπελθόντες συλλέξωμεν[15] αὐτά; 29 ὁ δέ φησιν· οὔ, μήποτε[16] συλλέγοντες τὰ ζιζάνια ἐκριζώσητε[17] ἅμα[18] αὐτοῖς τὸν σῖτον. 30 ἄφετε[19] συναυξάνεσθαι[20] ἀμφότερα[21] ἕως τοῦ θερισμοῦ[22], καὶ ἐν καιρῷ τοῦ θερισμοῦ ἐρῶ[23] τοῖς θερισταῖς[24]· συλλέξατε πρῶτον τὰ ζιζάνια καὶ δήσατε[25] αὐτὰ εἰς δέσμας[26] πρὸς τὸ κατακαῦσαι[27] αὐτά, τὸν δὲ σῖτον συναγάγετε[28] εἰς τὴν ἀποθήκην[29] μου.

The Parables of the Mustard Seed and the Yeast (Mk 4.30-32; Lk 13.18-21)

31 Ἄλλην παραβολὴν παρέθηκεν[30] αὐτοῖς λέγων· ὁμοία ἐστὶν ἡ βασιλεία τῶν οὐρανῶν κόκκῳ[31] σινάπεως[32], ὃν λαβὼν ἄνθρωπος ἔσπειρεν ἐν τῷ ἀγρῷ αὐτοῦ· 32 ὃ μικρότερον[33] μέν ἐστιν πάντων τῶν σπερμάτων, ὅταν δὲ αὐξηθῇ[34] μεῖζον[35] τῶν λαχάνων[36] ἐστὶν καὶ γίνεται δένδρον[37], ὥστε ἐλθεῖν τὰ πετεινὰ[38] τοῦ οὐρανοῦ καὶ κατασκηνοῦν[39] ἐν τοῖς κλάδοις[40] αὐτοῦ.

33 Ἄλλην παραβολὴν ἐλάλησεν αὐτοῖς· ὁμοία ἐστὶν ἡ βασιλεία τῶν οὐρανῶν ζύμῃ[41], ἣν λαβοῦσα[42] γυνὴ ἐνέκρυψεν[43] εἰς ἀλεύρου[44] σάτα[45] τρία ἕως οὗ ἐζυμώθη[46] ὅλον.

---

[1] παρατίθημι 3s aor act ind, put before/tell
[2] ὁμοιόω 3s aor pas ind, pas be like
[3] καθεύδω pres act inf, sleep
[4] ἐπισπείρω 3s aor act ind, scatter
[5] ζιζάνιον, -ου n, weed
[6] ἀνά, prep + acc, each (ἀνὰ μέσον among)
[7] σῖτος, -ου m, grain/wheat
[8] βλαστάνω 3s aor act ind, sprout
[9] χόρτος, -ου m, plant
[10] φαίνω 3s aor pas ind, mid & pas appear
[11] προσέρχομαι aor act ptc m p nom, come/go to
[12] οἰκοδεσπότης, -ου m, land owner
[13] σός, σή, σόν, your
[14] πόθεν, adv, why?
[15] συλλέγω 1p aor act sub, gather
[16] μήποτε, conj, so that … will not
[17] ἐκριζόω 2p aor act sub, uproot
[18] ἅμα, prep + dat, together with
[19] ἀφίημι 2p aor act impv, let
[20] συναυξάνω pres pas inf, pas grow together
[21] ἀμφότεροι, -αι/α, both
[22] θερισμός, -οῦ m, harvest
[23] λέγω 1s fut act ind, say
[24] θεριστής, -οῦ m, harvest worker
[25] δέω 2p aor act impv, tie up
[26] δέσμη, -ης f, bundle
[27] κατακαίω aor act inf, burn up
[28] συνάγω 2p aor act impv, gather
[29] ἀποθήκη, -ης f, barn
[30] παρατίθημι 3s aor act ind, put before/tell
[31] κόκκος, -ου m, seed/grain
[32] σίναπι, -εως n, mustard
[33] μικρός, small (comp)
[34] αὐξάνω 3s aor pas sub, intrans grow
[35] μέγας, large (comp)
[36] λάχανον, -ου n, garden plant
[37] δένδρον, -ου n, tree
[38] πετεινόν, -οῦ n, bird
[39] κατασκηνόω pres act inf, nest
[40] κλάδος, -ου m, branch
[41] ζύμη, -ης f, yeast
[42] λαμβάνω aor act ptc f s nom, take
[43] ἐγκρύπτω 3s aor act ind, mix in
[44] ἄλευρον, -ου n, wheat flour
[45] σάτον, -ου n, saton (a dry measure = about 13 liters or 21.6 pints)
[46] ζυμόω 3s aor pas ind, pas rise

The Use of Parables (Mk 4.33-34)

34 ταῦτα πάντα ἐλάλησεν ὁ Ἰησοῦς ἐν παραβολαῖς τοῖς ὄχλοις καὶ χωρὶς παραβολῆς οὐδὲν ἐλάλει αὐτοῖς, **35** ὅπως πληρωθῇ τὸ ῥηθὲν[1] διὰ τοῦ προφήτου λέγοντος·
ἀνοίξω ἐν παραβολαῖς τὸ στόμα μου,
ἐρεύξομαι[2] κεκρυμμένα[3] ἀπὸ καταβολῆς[4] [κόσμου].

The Parable of the Weeds Explained

36 Τότε ἀφεὶς[5] τοὺς ὄχλους ἦλθεν εἰς τὴν οἰκίαν. καὶ προσῆλθον[6] αὐτῷ οἱ μαθηταὶ αὐτοῦ λέγοντες· διασάφησον[7] ἡμῖν τὴν παραβολὴν τῶν ζιζανίων[8] τοῦ ἀγροῦ. **37** ὁ δὲ ἀποκριθεὶς εἶπεν· ὁ σπείρων τὸ καλὸν σπέρμα ἐστὶν ὁ υἱὸς τοῦ ἀνθρώπου, **38** ὁ δὲ ἀγρός ἐστιν ὁ κόσμος, τὸ δὲ καλὸν σπέρμα οὗτοί εἰσιν οἱ υἱοὶ τῆς βασιλείας· τὰ δὲ ζιζάνιά εἰσιν οἱ υἱοὶ τοῦ πονηροῦ, **39** ὁ δὲ ἐχθρὸς ὁ σπείρας αὐτά ἐστιν ὁ διάβολος, ὁ δὲ θερισμὸς[9] συντέλεια[10] αἰῶνός ἐστιν, οἱ δὲ θερισταὶ[11] ἄγγελοί εἰσιν. **40** ὥσπερ οὖν συλλέγεται[12] τὰ ζιζάνια καὶ πυρὶ [κατα]καίεται[13], οὕτως ἔσται ἐν τῇ συντελείᾳ τοῦ αἰῶνος· **41** ἀποστελεῖ ὁ υἱὸς τοῦ ἀνθρώπου τοὺς ἀγγέλους αὐτοῦ, καὶ συλλέξουσιν ἐκ τῆς βασιλείας αὐτοῦ πάντα τὰ σκάνδαλα[14] καὶ τοὺς ποιοῦντας τὴν ἀνομίαν[15] **42** καὶ βαλοῦσιν[16] αὐτοὺς εἰς τὴν κάμινον[17] τοῦ πυρός· ἐκεῖ ἔσται ὁ κλαυθμὸς[18] καὶ ὁ βρυγμὸς[19] τῶν ὀδόντων[20]. **43** τότε οἱ δίκαιοι ἐκλάμψουσιν[21] ὡς ὁ ἥλιος ἐν τῇ βασιλείᾳ τοῦ πατρὸς αὐτῶν. ὁ ἔχων ὦτα[22] ἀκουέτω.

Three Parables

44 Ὁμοία ἐστὶν ἡ βασιλεία τῶν οὐρανῶν θησαυρῷ[23] κεκρυμμένῳ[24] ἐν τῷ ἀγρῷ, ὃν εὑρὼν[25] ἄνθρωπος ἔκρυψεν[26], καὶ ἀπὸ τῆς χαρᾶς αὐτοῦ ὑπάγει καὶ πωλεῖ[27] πάντα ὅσα ἔχει καὶ ἀγοράζει τὸν ἀγρὸν ἐκεῖνον.
45 Πάλιν ὁμοία ἐστὶν ἡ βασιλεία τῶν οὐρανῶν ἀνθρώπῳ ἐμπόρῳ[28] ζητοῦντι καλοὺς μαργαρίτας[29]. **46** εὑρὼν[30] δὲ ἕνα πολύτιμον[31] μαργαρίτην ἀπελθὼν πέπρακεν[32] πάντα ὅσα εἶχεν καὶ ἠγόρασεν αὐτόν.

---

[1] λέγω *aor pas ptc n s nom*, say
[2] ἐρεύγομαι *1s fut mid ind*, speak
[3] κρύπτω *pf pas ptc n p acc*, hide
[4] καταβολή, -ῆς *f*, beginning/creation
[5] ἀφίημι *aor act ptc m s nom*, leave
[6] προσέρχομαι *3p aor act ind*, come/go to
[7] διασαφέω *2s aor act impv*, explain
[8] ζιζάνιον, -ου *n*, weed
[9] θερισμός, -οῦ *m*, harvest
[10] συντέλεια, -ας *f*, end
[11] θεριστής, -οῦ *m*, harvest worker
[12] συλλέγω *3s pres pas ind*, gather
[13] κατακαίω *3s pres pas ind*, burn up
[14] σκάνδαλον, -ου *n*, something that causes stumbling
[15] ἀνομία, -ας *f*, evil
[16] βάλλω *3p fut act ind*, throw
[17] κάμινος, -ου *f*, furnace
[18] κλαυθμός, -οῦ *m*, bitter crying
[19] βρυγμός, -οῦ *m*, gritting
[20] ὀδούς, ὀδόντος *m*, tooth
[21] ἐκλάμπω *3p fut act ind*, shine
[22] οὖς, ὠτός *n*, ear
[23] θησαυρός, -οῦ *m*, treasure
[24] κρύπτω *pf pas ptc m s dat*, hide
[25] εὑρίσκω *aor act ptc m s nom*, find
[26] κρύπτω *3s aor act ind*, hide
[27] πωλέω *3s pres act ind*, sell
[28] ἔμπορος, -ου *m*, merchant
[29] μαργαρίτης, -ου *m*, pearl
[30] εὑρίσκω *aor act ptc m s nom*, find
[31] πολύτιμος, -ον, of great value
[32] πιπράσκω *3s pf act ind*, sell

47 Πάλιν ὁμοία ἐστὶν ἡ βασιλεία τῶν οὐρανῶν σαγήνῃ[1] βληθείσῃ[2] εἰς τὴν θάλασσαν καὶ ἐκ παντὸς γένους[3] συναγαγούσῃ· **48** ἣν ὅτε ἐπληρώθη ἀναβιβάσαντες[4] ἐπὶ τὸν αἰγιαλὸν[5] καὶ καθίσαντες[6] συνέλεξαν[7] τὰ καλὰ εἰς ἄγγη[8], τὰ δὲ σαπρὰ[9] ἔξω ἔβαλον[10]. **49** οὕτως ἔσται ἐν τῇ συντελείᾳ[11] τοῦ αἰῶνος· ἐξελεύσονται[12] οἱ ἄγγελοι καὶ ἀφοριοῦσιν[13] τοὺς πονηροὺς ἐκ μέσου τῶν δικαίων **50** καὶ βαλοῦσιν[14] αὐτοὺς εἰς τὴν κάμινον[15] τοῦ πυρός· ἐκεῖ ἔσται ὁ κλαυθμὸς[16] καὶ ὁ βρυγμὸς[17] τῶν ὀδόντων[18].

Treasures New and Old

51 Συνήκατε[19] ταῦτα πάντα; λέγουσιν αὐτῷ· ναί. **52** ὁ δὲ εἶπεν αὐτοῖς· διὰ τοῦτο πᾶς γραμματεὺς μαθητευθεὶς[20] τῇ βασιλείᾳ τῶν οὐρανῶν ὅμοιός ἐστιν ἀνθρώπῳ οἰκοδεσπότῃ[21], ὅστις ἐκβάλλει ἐκ τοῦ θησαυροῦ[22] αὐτοῦ καινὰ καὶ παλαιά[23].

The Rejection of Jesus at Nazareth (Mk 6.1-6; Lk 4.16-30)

53 Καὶ ἐγένετο ὅτε ἐτέλεσεν[24] ὁ Ἰησοῦς τὰς παραβολὰς ταύτας, μετῆρεν[25] ἐκεῖθεν[26]. **54** καὶ ἐλθὼν εἰς τὴν πατρίδα[27] αὐτοῦ ἐδίδασκεν αὐτοὺς ἐν τῇ συναγωγῇ αὐτῶν, ὥστε ἐκπλήσσεσθαι[28] αὐτοὺς καὶ λέγειν· πόθεν[29] τούτῳ ἡ σοφία αὕτη καὶ αἱ δυνάμεις; **55** οὐχ οὗτός ἐστιν ὁ τοῦ τέκτονος[30] υἱός; οὐχ ἡ μήτηρ αὐτοῦ λέγεται Μαριὰμ καὶ οἱ ἀδελφοὶ αὐτοῦ Ἰάκωβος καὶ Ἰωσὴφ καὶ Σίμων καὶ Ἰούδας; **56** καὶ αἱ ἀδελφαὶ[31] αὐτοῦ οὐχὶ πᾶσαι πρὸς ἡμᾶς εἰσιν; πόθεν οὖν τούτῳ ταῦτα πάντα; **57** καὶ ἐσκανδαλίζοντο[32] ἐν αὐτῷ. ὁ δὲ Ἰησοῦς εἶπεν αὐτοῖς· οὐκ ἔστιν προφήτης ἄτιμος[33] εἰ μὴ ἐν τῇ πατρίδι καὶ ἐν τῇ οἰκίᾳ αὐτοῦ. **58** καὶ οὐκ ἐποίησεν ἐκεῖ δυνάμεις πολλὰς διὰ τὴν ἀπιστίαν[34] αὐτῶν.

---

[1] σαγήνη, -ης f, dragnet
[2] βάλλω aor pas ptc f s dat, throw
[3] γένος, -ους n, sort
[4] ἀναβιβάζω aor act ptc m p nom, drag
[5] αἰγιαλός, -οῦ m, shore
[6] καθίζω aor act ptc m p nom, sit down
[7] συλλέγω 3p aor act ind, gather
[8] ἄγγος, -ους n, container
[9] σαπρός, -ά/όν, bad
[10] βάλλω 3p aor act ind, throw
[11] συντέλεια, -ας f, end
[12] ἐξέρχομαι 3p fut mid ind, come
[13] ἀφορίζω 3p fut act ind, separate
[14] βάλλω 3p fut act ind, throw
[15] κάμινος, -ου f, furnace
[16] κλαυθμός, -οῦ m, bitter crying
[17] βρυγμός, -οῦ m, gritting
[18] ὀδούς, ὀδόντος m, tooth
[19] συνίημι 2p aor act ind, understand
[20] μαθητεύω aor pas ptc m s nom, pas be a disciple
[21] οἰκοδεσπότης, -ου m, home owner
[22] θησαυρός, -οῦ m, treasure box/storeroom
[23] παλαιός, -ά/όν, old
[24] τελέω 3s aor act ind, finish
[25] μεταίρω 3s aor act ind, leave
[26] ἐκεῖθεν, adv, from there
[27] πατρίς, -ίδος f, hometown
[28] ἐκπλήσσω pres pas inf, pas be amazed
[29] πόθεν, adv, from where?
[30] τέκτων, -ονος m, carpenter
[31] ἀδελφή, -ῆς f, sister
[32] σκανδαλίζω 3p impf pas ind, offend
[33] ἄτιμος, -ον, without honor
[34] ἀπιστία, -ας f, unbelief

The Death of John the Baptist (Mk 6.14-29; Lk 9.7-9)

14 Ἐν ἐκείνῳ τῷ καιρῷ ἤκουσεν Ἡρῴδης ὁ τετραάρχης[1] τὴν ἀκοὴν[2] Ἰησοῦ, **2** καὶ εἶπεν τοῖς παισὶν[3] αὐτοῦ· οὗτός ἐστιν Ἰωάννης ὁ βαπτιστής[4]· αὐτὸς ἠγέρθη[5] ἀπὸ τῶν νεκρῶν καὶ διὰ τοῦτο αἱ δυνάμεις ἐνεργοῦσιν[6] ἐν αὐτῷ. **3** Ὁ γὰρ Ἡρῴδης κρατήσας τὸν Ἰωάννην ἔδησεν [αὐτὸν] καὶ ἐν φυλακῇ ἀπέθετο[7] διὰ Ἡρῳδιάδα τὴν γυναῖκα Φιλίππου τοῦ ἀδελφοῦ αὐτοῦ· **4** ἔλεγεν γὰρ ὁ Ἰωάννης αὐτῷ· οὐκ ἔξεστίν σοι ἔχειν αὐτήν. **5** καὶ θέλων αὐτὸν ἀποκτεῖναι ἐφοβήθη τὸν ὄχλον, ὅτι ὡς προφήτην αὐτὸν εἶχον. **6** Γενεσίοις[8] δὲ γενομένοις τοῦ Ἡρῴδου ὠρχήσατο[9] ἡ θυγάτηρ[10] τῆς Ἡρῳδιάδος ἐν τῷ μέσῳ καὶ ἤρεσεν[11] τῷ Ἡρῴδῃ, **7** ὅθεν[12] μεθ᾽ ὅρκου[13] ὡμολόγησεν[14] αὐτῇ δοῦναι[15] ὃ ἐὰν αἰτήσηται. **8** ἡ δὲ προβιβασθεῖσα[16] ὑπὸ τῆς μητρὸς αὐτῆς· δός[17] μοι, φησίν, ὧδε ἐπὶ πίνακι[18] τὴν κεφαλὴν Ἰωάννου τοῦ βαπτιστοῦ. **9** καὶ λυπηθεὶς[19] ὁ βασιλεὺς διὰ τοὺς ὅρκους καὶ τοὺς συνανακειμένους[20] ἐκέλευσεν[21] δοθῆναι[22], **10** καὶ πέμψας[23] ἀπεκεφάλισεν[24] [τὸν] Ἰωάννην ἐν τῇ φυλακῇ. **11** καὶ ἠνέχθη[25] ἡ κεφαλὴ αὐτοῦ ἐπὶ πίνακι καὶ ἐδόθη[26] τῷ κορασίῳ[27], καὶ ἤνεγκεν[28] τῇ μητρὶ αὐτῆς. **12** καὶ προσελθόντες[29] οἱ μαθηταὶ αὐτοῦ ἦραν[30] τὸ πτῶμα[31] καὶ ἔθαψαν[32] αὐτὸ[ν] καὶ ἐλθόντες ἀπήγγειλαν[33] τῷ Ἰησοῦ.

The Feeding of the Five Thousand (Mk 6.30-44; Lk 9.10-17; Jn 6.1-14)

13 Ἀκούσας δὲ ὁ Ἰησοῦς ἀνεχώρησεν[34] ἐκεῖθεν[35] ἐν πλοίῳ εἰς ἔρημον τόπον κατ᾽ ἰδίαν[36]· καὶ ἀκούσαντες οἱ ὄχλοι ἠκολούθησαν αὐτῷ πεζῇ[37] ἀπὸ τῶν πόλεων. **14** καὶ ἐξελθὼν εἶδεν πολὺν ὄχλον καὶ ἐσπλαγχνίσθη[38] ἐπ᾽ αὐτοῖς καὶ ἐθεράπευσεν τοὺς ἀρρώστους[39] αὐτῶν.

---

[1] τετραάρχης, -ου m, tetrarch (a petty ruler with less authority than a king)
[2] ἀκοή, -ῆς f, news
[3] παῖς, παιδός m & f, servant
[4] βαπτιστής, -οῦ m, Baptist/baptizer
[5] ἐγείρω 3s aor pas ind, raise
[6] ἐνεργέω 3p pres act ind, work
[7] ἀποτίθημι 3s aor mid ind, put
[8] γενέσια, -ων n, pl birthday celebration
[9] ὀρχέομαι 3s aor mid ind, dance
[10] θυγάτηρ, -τρός f, daughter
[11] ἀρέσκω 3s aor act ind, please
[12] ὅθεν, adv, and so
[13] ὅρκος, -ου m, vow
[14] ὁμολογέω 3s aor act ind, promise
[15] δίδωμι aor act inf, give
[16] προβιβάζω aor pas ptc f s nom, prompt
[17] δίδωμι 2s aor act impv, give
[18] πίναξ, -ακος f, serving plate
[19] λυπέω aor pas ptc m s nom, pas be sad
[20] συνανάκειμαι pres mid ptc m p acc, sit at table with (ὁ σ. guest)
[21] κελεύω 3s aor act ind, order
[22] δίδωμι aor pas inf, give
[23] πέμπω aor act ptc m s nom, send
[24] ἀποκεφαλίζω 3s aor act ind, behead
[25] φέρω 3s aor pas ind, bring
[26] δίδωμι 3s aor pas ind, give
[27] κοράσιον, -ου n, girl
[28] φέρω 3s aor act ind, bring
[29] προσέρχομαι aor act ptc m p nom, come/go to
[30] αἴρω 3p aor act ind, take away
[31] πτῶμα, -τος n, body
[32] θάπτω 3p aor act ind, bury
[33] ἀπαγγέλλω 3p aor act ind, tell
[34] ἀναχωρέω 3s aor act ind, leave
[35] ἐκεῖθεν, adv, from there
[36] ἴδιος, -α/ον, one's own (κατ᾽ ἰδίαν privately)
[37] πεζῇ, adv, on foot
[38] σπλαγχνίζομαι 3s aor pas ind, have pity
[39] ἄρρωστος, -ον, sick

15 Ὀψίας¹ δὲ γενομένης προσῆλθον² αὐτῷ οἱ μαθηταὶ λέγοντες· ἔρημός ἐστιν ὁ τόπος καὶ ἡ ὥρα ἤδη παρῆλθεν³· ἀπόλυσον τοὺς ὄχλους, ἵνα ἀπελθόντες εἰς τὰς κώμας⁴ ἀγοράσωσιν ἑαυτοῖς βρώματα⁵. **16** ὁ δὲ [Ἰησοῦς] εἶπεν αὐτοῖς· οὐ χρείαν ἔχουσιν ἀπελθεῖν⁶, δότε⁷ αὐτοῖς ὑμεῖς φαγεῖν⁸. **17** οἱ δὲ λέγουσιν αὐτῷ· οὐκ ἔχομεν ὧδε εἰ μὴ πέντε ἄρτους καὶ δύο ἰχθύας⁹. **18** ὁ δὲ εἶπεν· φέρετέ μοι ὧδε αὐτούς. **19** καὶ κελεύσας¹⁰ τοὺς ὄχλους ἀνακλιθῆναι¹¹ ἐπὶ τοῦ χόρτου¹², λαβὼν τοὺς πέντε ἄρτους καὶ τοὺς δύο ἰχθύας, ἀναβλέψας¹³ εἰς τὸν οὐρανὸν εὐλόγησεν καὶ κλάσας¹⁴ ἔδωκεν τοῖς μαθηταῖς τοὺς ἄρτους, οἱ δὲ μαθηταὶ τοῖς ὄχλοις. **20** καὶ ἔφαγον¹⁵ πάντες καὶ ἐχορτάσθησαν¹⁶, καὶ ἦραν¹⁷ τὸ περισσεῦον τῶν κλασμάτων¹⁸ δώδεκα κοφίνους¹⁹ πλήρεις²⁰. **21** οἱ δὲ ἐσθίοντες ἦσαν ἄνδρες ὡσεὶ²¹ πεντακισχίλιοι²² χωρὶς γυναικῶν καὶ παιδίων.

Walking on the Water (Mk 6.45-52; Jn 6.15-21)

22 Καὶ εὐθέως ἠνάγκασεν²³ τοὺς μαθητὰς ἐμβῆναι²⁴ εἰς τὸ πλοῖον καὶ προάγειν²⁵ αὐτὸν εἰς τὸ πέραν²⁶, ἕως οὗ ἀπολύσῃ τοὺς ὄχλους. **23** καὶ ἀπολύσας τοὺς ὄχλους ἀνέβη²⁷ εἰς τὸ ὄρος κατ' ἰδίαν προσεύξασθαι. ὀψίας²⁸ δὲ γενομένης μόνος ἦν ἐκεῖ. **24** τὸ δὲ πλοῖον ἤδη σταδίους²⁹ πολλοὺς ἀπὸ τῆς γῆς ἀπεῖχεν³⁰ βασανιζόμενον³¹ ὑπὸ τῶν κυμάτων³², ἦν γὰρ ἐναντίος³³ ὁ ἄνεμος. **25** τετάρτῃ³⁴ δὲ φυλακῇ τῆς νυκτὸς ἦλθεν πρὸς αὐτοὺς περιπατῶν ἐπὶ τὴν θάλασσαν. **26** οἱ δὲ μαθηταὶ ἰδόντες αὐτὸν ἐπὶ τῆς θαλάσσης περιπατοῦντα ἐταράχθησαν³⁵ λέγοντες ὅτι φάντασμά³⁶ ἐστιν, καὶ ἀπὸ τοῦ φόβου ἔκραξαν. **27** εὐθὺς δὲ ἐλάλησεν [ὁ Ἰησοῦς] αὐτοῖς λέγων· θαρσεῖτε³⁷, ἐγώ εἰμι· μὴ φοβεῖσθε. **28** ἀποκριθεὶς δὲ αὐτῷ ὁ Πέτρος εἶπεν· κύριε, εἰ σὺ εἶ, κέλευσόν³⁸ με ἐλθεῖν πρός σε ἐπὶ τὰ ὕδατα. **29** ὁ δὲ εἶπεν· ἐλθέ³⁹. καὶ καταβὰς⁴⁰

---

[1] ὄψιος, -α/ον, late (ἡ ὀψία evening)
[2] προσέρχομαι 3p aor act ind, come/go to
[3] παρέρχομαι 3s aor act ind, pass
[4] κώμη, -ης f, village
[5] βρῶμα, -τος n, food
[6] ἀπέρχομαι aor act inf, go
[7] δίδωμι 2p aor act impv, give
[8] ἐσθίω aor act inf, eat
[9] ἰχθύς, -ύος m, fish
[10] κελεύω aor act ptc m s nom, order
[11] ἀνακλίνω aor pas inf, pas sit down
[12] χόρτος, -ου m, grass
[13] ἀναβλέπω aor act ptc m s nom, look up
[14] κλάω aor act ptc m s nom, break
[15] ἐσθίω 3p aor act ind, eat
[16] χορτάζω 3p aor pas ind, satisfy
[17] αἴρω 3p aor act ind, take up
[18] κλάσμα, -τος n, piece
[19] κόφινος, -ου m, basket (perhaps smaller than a σπυρίς, see Mt 15.37)
[20] πλήρης, -ες, full
[21] ὡσεί, particle of comparison, about
[22] πεντακισχίλιοι, -αι/α, five thousand
[23] ἀναγκάζω 3s aor act ind, make (someone do something)
[24] ἐμβαίνω aor act inf, get into
[25] προάγω pres act inf, go ahead of
[26] πέραν, prep + gen, across (τὸ π. the other side)
[27] ἀναβαίνω 3s aor act ind, go up
[28] ὄψιος, -α/ον, late (ἡ ὀψία f evening)
[29] στάδιον, -ου m, stadion (about 607 feet or 185 meters)
[30] ἀπέχω 3s impf act ind, be distant
[31] βασανίζω pres pas ptc n s nom, toss about
[32] κῦμα, -τος n, wave
[33] ἐναντίος, -α/ον, against
[34] τέταρτος, -η/ον, fourth
[35] ταράσσω 3p aor pas ind, frighten
[36] φάντασμα, -τος n, ghost
[37] θαρσέω 2p pres act impv, Cheer up!
[38] κελεύω 2s aor act impv, order
[39] ἔρχομαι 2s aor act impv, come
[40] καταβαίνω aor act ptc m s nom, go down

ἀπὸ τοῦ πλοίου [ὁ] Πέτρος περιεπάτησεν ἐπὶ τὰ ὕδατα καὶ ἦλθεν πρὸς τὸν Ἰησοῦν. **30** βλέπων δὲ τὸν ἄνεμον [ἰσχυρὸν¹] ἐφοβήθη, καὶ ἀρξάμενος² καταποντίζεσθαι³ ἔκραξεν λέγων· κύριε, σῶσόν με. **31** εὐθέως δὲ ὁ Ἰησοῦς ἐκτείνας⁴ τὴν χεῖρα ἐπελάβετο⁵ αὐτοῦ καὶ λέγει αὐτῷ· ὀλιγόπιστε⁶, εἰς τί ἐδίστασας⁷; **32** καὶ ἀναβάντων⁸ αὐτῶν εἰς τὸ πλοῖον ἐκόπασεν⁹ ὁ ἄνεμος. **33** οἱ δὲ ἐν τῷ πλοίῳ προσεκύνησαν αὐτῷ λέγοντες· ἀληθῶς¹⁰ θεοῦ υἱὸς εἶ.

The Healing of the Sick in Gennesaret (Mk 6.53-56)

34 Καὶ διαπεράσαντες¹¹ ἦλθον ἐπὶ τὴν γῆν εἰς Γεννησαρέτ. **35** καὶ ἐπιγνόντες¹² αὐτὸν οἱ ἄνδρες τοῦ τόπου ἐκείνου ἀπέστειλαν¹³ εἰς ὅλην τὴν περίχωρον¹⁴ ἐκείνην καὶ προσήνεγκαν¹⁵ αὐτῷ πάντας τοὺς κακῶς¹⁶ ἔχοντας **36** καὶ παρεκάλουν αὐτὸν ἵνα μόνον ἅψωνται¹⁷ τοῦ κρασπέδου¹⁸ τοῦ ἱματίου αὐτοῦ· καὶ ὅσοι ἥψαντο διεσώθησαν¹⁹.

The Tradition of the Elders (Mk 7.1-23)

15 Τότε προσέρχονται τῷ Ἰησοῦ ἀπὸ Ἱεροσολύμων Φαρισαῖοι καὶ γραμματεῖς λέγοντες· **2** διὰ τί οἱ μαθηταί σου παραβαίνουσιν²⁰ τὴν παράδοσιν²¹ τῶν πρεσβυτέρων; οὐ γὰρ νίπτονται²² τὰς χεῖρας [αὐτῶν] ὅταν ἄρτον ἐσθίωσιν. **3** ὁ δὲ ἀποκριθεὶς εἶπεν αὐτοῖς· διὰ τί καὶ ὑμεῖς παραβαίνετε τὴν ἐντολὴν τοῦ θεοῦ διὰ τὴν παράδοσιν ὑμῶν; **4** ὁ γὰρ θεὸς εἶπεν· **τίμα²³ τὸν πατέρα καὶ τὴν μητέρα**, καί· **ὁ κακολογῶν²⁴ πατέρα ἢ μητέρα θανάτῳ τελευτάτω²⁵**. **5** ὑμεῖς δὲ λέγετε· ὃς ἂν εἴπῃ²⁶ τῷ πατρὶ ἢ τῇ μητρί· δῶρον²⁷ ὃ ἐὰν ἐξ ἐμοῦ ὠφεληθῇς²⁸, **6** οὐ μὴ τιμήσει τὸν πατέρα αὐτοῦ· καὶ ἠκυρώσατε²⁹ τὸν λόγον τοῦ θεοῦ διὰ τὴν παράδοσιν ὑμῶν. **7** ὑποκριταί³⁰, καλῶς ἐπροφήτευσεν³¹ περὶ ὑμῶν Ἠσαΐας λέγων·

---

[1] ἰσχυρός, -ά/όν, strong
[2] ἄρχω aor mid ptc m s nom, mid begin
[3] καταποντίζω pres pas inf, pas sink
[4] ἐκτείνω aor act ptc m s nom, reach out
[5] ἐπιλαμβάνομαι 3s aor mid ind, take hold of
[6] ὀλιγόπιστος, -ον, of little faith
[7] διστάζω 2s aor act ind, doubt
[8] ἀναβαίνω aor act ptc m p gen, go/come up
[9] κοπάζω 3s aor act ind, stop
[10] ἀληθῶς, adv, really
[11] διαπεράω aor act ptc m p nom, cross over
[12] ἐπιγινώσκω aor act ptc m p nom, recognize
[13] ἀποστέλλω 3p aor act ind, send
[14] περίχωρος, -ου f, surrounding region
[15] προσφέρω 3p aor act ind, bring
[16] κακῶς, adv, badly (κ. ἔχω be sick)
[17] ἅπτω 3p aor mid sub, mid touch
[18] κράσπεδον, -ου n, fringe
[19] διασῴζω 3p aor pas ind, heal
[20] παραβαίνω 3p pres act ind, disobey
[21] παράδοσις, -εως f, tradition
[22] νίπτω 3p pres mid ind, wash
[23] τιμάω 2s pres act impv, honor
[24] κακολογέω pres act ptc m s nom, speak evil of
[25] τελευτάω 3s pres act impv, die (θανάτῳ τ. put to death)
[26] λέγω 3s aor act sub, say
[27] δῶρον, -ου n, a gift for God
[28] ὠφελέω 2s aor pas sub, benefit (someone)
[29] ἀκυρόω 2p aor act ind, disregard
[30] ὑποκριτής, -οῦ m, hypocrite
[31] προφητεύω 3s aor act ind, prophesy

8 ὁ λαὸς οὗτος τοῖς χείλεσίν¹ με τιμᾷ²,
ἡ δὲ καρδία αὐτῶν πόρρω³ ἀπέχει⁴ ἀπ' ἐμοῦ·
9 μάτην⁵ δὲ σέβονταί⁶ με
διδάσκοντες διδασκαλίας⁷ ἐντάλματα⁸ ἀνθρώπων.
10 καὶ προσκαλεσάμενος⁹ τὸν ὄχλον εἶπεν αὐτοῖς· ἀκούετε καὶ συνίετε¹⁰· **11** οὐ τὸ εἰσερχόμενον εἰς τὸ στόμα κοινοῖ¹¹ τὸν ἄνθρωπον, ἀλλὰ τὸ ἐκπορευόμενον ἐκ τοῦ στόματος τοῦτο κοινοῖ τὸν ἄνθρωπον.

12 Τότε προσελθόντες¹² οἱ μαθηταὶ λέγουσιν αὐτῷ· οἶδας ὅτι οἱ Φαρισαῖοι ἀκούσαντες τὸν λόγον ἐσκανδαλίσθησαν¹³; **13** ὁ δὲ ἀποκριθεὶς εἶπεν· πᾶσα φυτεία¹⁴ ἣν οὐκ ἐφύτευσεν¹⁵ ὁ πατήρ μου ὁ οὐράνιος¹⁶ ἐκριζωθήσεται¹⁷. **14** ἄφετε¹⁸ αὐτούς· τυφλοί εἰσιν ὁδηγοὶ¹⁹ [τυφλῶν]· τυφλὸς δὲ τυφλὸν ἐὰν ὁδηγῇ²⁰, ἀμφότεροι²¹ εἰς βόθυνον²² πεσοῦνται²³.

15 Ἀποκριθεὶς δὲ ὁ Πέτρος εἶπεν αὐτῷ· φράσον²⁴ ἡμῖν τὴν παραβολὴν [ταύτην].
16 ὁ δὲ εἶπεν· ἀκμὴν²⁵ καὶ ὑμεῖς ἀσύνετοί²⁶ ἐστε; **17** οὐ νοεῖτε²⁷ ὅτι πᾶν τὸ εἰσπορευόμενον²⁸ εἰς τὸ στόμα εἰς τὴν κοιλίαν²⁹ χωρεῖ³⁰ καὶ εἰς ἀφεδρῶνα³¹ ἐκβάλλεται; **18** τὰ δὲ ἐκπορευόμενα ἐκ τοῦ στόματος ἐκ τῆς καρδίας ἐξέρχεται, κἀκεῖνα κοινοῖ³² τὸν ἄνθρωπον. **19** ἐκ γὰρ τῆς καρδίας ἐξέρχονται διαλογισμοὶ³³ πονηροί, φόνοι³⁴, μοιχεῖαι³⁵, πορνεῖαι³⁶, κλοπαί³⁷, ψευδομαρτυρίαι³⁸, βλασφημίαι³⁹. **20** ταῦτά ἐστιν τὰ κοινοῦντα τὸν ἄνθρωπον, τὸ δὲ ἀνίπτοις⁴⁰ χερσὶν φαγεῖν⁴¹ οὐ κοινοῖ τὸν ἄνθρωπον.

The Canaanite Women's Faith   (Mk 7.24-30)

21 Καὶ ἐξελθὼν ἐκεῖθεν⁴² ὁ Ἰησοῦς ἀνεχώρησεν⁴³ εἰς τὰ μέρη Τύρου καὶ Σιδῶνος.
22 καὶ ἰδοὺ γυνὴ Χαναναία ἀπὸ τῶν ὁρίων⁴⁴ ἐκείνων ἐξελθοῦσα ἔκραζεν λέγουσα·

---

¹ χεῖλος, -ους n, lip
² τιμάω 3s pres act ind, honor
³ πόρρω, adv, far away
⁴ ἀπέχω 3s pres act ind, be distant
⁵ μάτην, adv, in vain
⁶ σέβομαι 3p pres mid ind, worship
⁷ διδασκαλία, -ας f, teaching
⁸ ἔνταλμα, -τος n, rule
⁹ προσκαλέομαι aor mid ptc m s nom, call to oneself
¹⁰ συνίημι 2p pres act impv, understand
¹¹ κοινόω 3s pres act ind, make unclean
¹² προσέρχομαι aor act ptc m p nom, come/go to
¹³ σκανδαλίζω 3p aor pas ind, offend
¹⁴ φυτεία, -ας f, plant
¹⁵ φυτεύω 3s aor act ind, plant
¹⁶ οὐράνιος, -ον, in heaven
¹⁷ ἐκριζόω 3s fut pas ind, uproot
¹⁸ ἀφίημι 2p aor act impv, stay away from
¹⁹ ὁδηγός, -οῦ m, guide
²⁰ ὁδηγέω 3s pres act sub, lead
²¹ ἀμφότεροι, -αι/α, both
²² βόθυνος, -ου m, ditch
²³ πίπτω 3p fut mid ind, fall
²⁴ φράζω 2s aor act impv, explain
²⁵ ἀκμήν, adv, still
²⁶ ἀσύνετος, -ον, without understanding
²⁷ νοέω 2p pres act ind, understand
²⁸ εἰσπορεύομαι pres mid ptc n s nom, go into
²⁹ κοιλία, -ας f, stomach
³⁰ χωρέω 3s pres act ind, go out
³¹ ἀφεδρών, -ῶνος m, sewer
³² κοινόω 3s pres act ind, make unclean
³³ διαλογισμός, -οῦ m, thought
³⁴ φόνος, -ου m, murder
³⁵ μοιχεία, -ας f, adultery
³⁶ πορνεία, -ας f, sexual immorality
³⁷ κλοπή, -ῆς f, theft
³⁸ ψευδομαρτυρία, -ας f, telling lies
³⁹ βλασφημία, -ας f, insulting talk
⁴⁰ ἄνιπτος, -ον, unwashed
⁴¹ ἐσθίω aor act inf, eat
⁴² ἐκεῖθεν, adv, from there
⁴³ ἀναχωρέω 3s aor act ind, go
⁴⁴ ὅριον, -ου n, region

ἐλέησόν¹ με, κύριε υἱὸς Δαυίδ· ἡ θυγάτηρ² μου κακῶς³ δαιμονίζεται⁴. **23** ὁ δὲ οὐκ ἀπεκρίθη αὐτῇ λόγον. καὶ προσελθόντες⁵ οἱ μαθηταὶ αὐτοῦ ἠρώτουν αὐτὸν λέγοντες· ἀπόλυσον αὐτήν, ὅτι κράζει ὄπισθεν⁶ ἡμῶν. **24** ὁ δὲ ἀποκριθεὶς εἶπεν· οὐκ ἀπεστάλην⁷ εἰ μὴ εἰς τὰ πρόβατα τὰ ἀπολωλότα⁸ οἴκου Ἰσραήλ. **25** ἡ δὲ ἐλθοῦσα προσεκύνει αὐτῷ λέγουσα· κύριε, βοήθει⁹ μοι. **26** ὁ δὲ ἀποκριθεὶς εἶπεν· οὐκ ἔστιν καλὸν λαβεῖν τὸν ἄρτον τῶν τέκνων καὶ βαλεῖν¹⁰ τοῖς κυναρίοις¹¹. **27** ἡ δὲ εἶπεν· ναὶ κύριε, καὶ γὰρ τὰ κυνάρια ἐσθίει ἀπὸ τῶν ψιχίων¹² τῶν πιπτόντων ἀπὸ τῆς τραπέζης¹³ τῶν κυρίων αὐτῶν. **28** τότε ἀποκριθεὶς ὁ Ἰησοῦς εἶπεν αὐτῇ· ὦ¹⁴ γύναι, μεγάλη σου ἡ πίστις· γενηθήτω σοι ὡς θέλεις. καὶ ἰάθη¹⁵ ἡ θυγάτηρ αὐτῆς ἀπὸ τῆς ὥρας ἐκείνης.

The Healing of Many People

29 Καὶ μεταβὰς¹⁶ ἐκεῖθεν¹⁷ ὁ Ἰησοῦς ἦλθεν παρὰ τὴν θάλασσαν τῆς Γαλιλαίας, καὶ ἀναβὰς¹⁸ εἰς τὸ ὄρος ἐκάθητο ἐκεῖ. **30** καὶ προσῆλθον¹⁹ αὐτῷ ὄχλοι πολλοὶ ἔχοντες μεθ' ἑαυτῶν χωλούς²⁰, τυφλούς, κυλλούς²¹, κωφούς²², καὶ ἑτέρους πολλοὺς καὶ ἔρριψαν²³ αὐτοὺς παρὰ τοὺς πόδας αὐτοῦ, καὶ ἐθεράπευσεν αὐτούς· **31** ὥστε τὸν ὄχλον θαυμάσαι βλέποντας κωφοὺς λαλοῦντας, κυλλοὺς ὑγιεῖς²⁴ καὶ χωλοὺς περιπατοῦντας καὶ τυφλοὺς βλέποντας· καὶ ἐδόξασαν τὸν θεὸν Ἰσραήλ.

The Feeding of the Four Thousand (Mk 8.1-10)

32 Ὁ δὲ Ἰησοῦς προσκαλεσάμενος²⁵ τοὺς μαθητὰς αὐτοῦ εἶπεν· σπλαγχνίζομαι²⁶ ἐπὶ τὸν ὄχλον, ὅτι ἤδη ἡμέραι τρεῖς προσμένουσίν²⁷ μοι καὶ οὐκ ἔχουσιν τί φάγωσιν²⁸· καὶ ἀπολῦσαι αὐτοὺς νήστεις²⁹ οὐ θέλω, μήποτε³⁰ ἐκλυθῶσιν³¹ ἐν τῇ ὁδῷ. **33** καὶ λέγουσιν αὐτῷ οἱ μαθηταί· πόθεν³² ἡμῖν ἐν ἐρημίᾳ³³ ἄρτοι τοσοῦτοι³⁴ ὥστε χορτάσαι³⁵ ὄχλον τοσοῦτον; **34** καὶ λέγει αὐτοῖς ὁ Ἰησοῦς· πόσους³⁶ ἄρτους ἔχετε;

---

1 ἐλεέω/ἐλεάω 2s aor act impv, have mercy on
2 θυγάτηρ, -τρός f, daughter
3 κακῶς, adv, badly
4 δαιμονίζομαι 3s pres pas ind, be demon possessed
5 προσέρχομαι aor act ptc m p nom, come/go to
6 ὄπισθεν, prep + gen, behind
7 ἀποστέλλω 1s aor pas ind, send
8 ἀπόλλυμι pf act ptc n p acc, lose
9 βοηθέω 2s pres act impv, help
10 βάλλω aor act inf, throw
11 κυνάριον, -ου n, dog
12 ψιχίον, -ου n, crumb
13 τράπεζα, -ης f, table
14 ὦ, interj, O!
15 ἰάομαι 3s aor pas ind, heal
16 μεταβαίνω aor act ptc m s nom, leave
17 ἐκεῖθεν, adv, from there
18 ἀναβαίνω aor act ptc m s nom, go up
19 προσέρχομαι 3p aor act ind, come to
20 χωλός, -ή/όν, lame
21 κυλλός, -ή/όν, crippled
22 κωφός, -ή/όν, unable to talk
23 ῥίπτω 3p aor act ind, place
24 ὑγιής, -ές, well
25 προσκαλέομαι aor mid ptc m s nom, call to oneself
26 σπλαγχνίζομαι 1s pres pas ind, have pity
27 προσμένω 3p pres act ind, stay with
28 ἐσθίω 3p aor act sub, eat
29 νῆστις, -ιδος m & f (acc pl νήστεις) hungry
30 μήποτε, conj, so that ... will not
31 ἐκλύομαι 3p aor pas sub, faint
32 πόθεν, adv, where
33 ἐρημία, -ας f, desert
34 τοσοῦτος, -αύτη/οῦτον, so much/enough
35 χορτάζω aor act inf, satisfy
36 πόσος, -η/ον, how many

ΚΑΤΑ ΜΑΘΘΑΙΟΝ

οἱ δὲ εἶπαν· ἑπτὰ καὶ ὀλίγα ἰχθύδια[1]. 35 καὶ παραγγείλας[2] τῷ ὄχλῳ ἀναπεσεῖν[3] ἐπὶ τὴν γῆν 36 ἔλαβεν τοὺς ἑπτὰ ἄρτους καὶ τοὺς ἰχθύας καὶ εὐχαριστήσας ἔκλασεν[4] καὶ ἐδίδου[5] τοῖς μαθηταῖς, οἱ δὲ μαθηταὶ τοῖς ὄχλοις. 37 καὶ ἔφαγον[6] πάντες καὶ ἐχορτάσθησαν. καὶ τὸ περισσεῦον τῶν κλασμάτων[7] ἦραν[8] ἑπτὰ σπυρίδας[9] πλήρεις[10]. 38 οἱ δὲ ἐσθίοντες ἦσαν τετρακισχίλιοι[11] ἄνδρες χωρὶς γυναικῶν καὶ παιδίων. 39 Καὶ ἀπολύσας τοὺς ὄχλους ἐνέβη[12] εἰς τὸ πλοῖον καὶ ἦλθεν εἰς τὰ ὅρια[13] Μαγαδάν.

The Demand for a Sign (Mk 8.11-13; Lk 12.54-56)

16 Καὶ προσελθόντες[14] οἱ Φαρισαῖοι καὶ Σαδδουκαῖοι πειράζοντες ἐπηρώτησαν[15] αὐτὸν σημεῖον ἐκ τοῦ οὐρανοῦ ἐπιδεῖξαι[16] αὐτοῖς. 2 ὁ δὲ ἀποκριθεὶς εἶπεν αὐτοῖς· [ὀψίας[17] γενομένης λέγετε· εὐδία[18], πυρράζει[19] γὰρ ὁ οὐρανός· 3 καὶ πρωΐ[20]· σήμερον χειμών[21], πυρράζει γὰρ στυγνάζων[22] ὁ οὐρανός. τὸ μὲν πρόσωπον τοῦ οὐρανοῦ γινώσκετε διακρίνειν[23], τὰ δὲ σημεῖα τῶν καιρῶν οὐ δύνασθε;] 4 γενεὰ πονηρὰ καὶ μοιχαλὶς[24] σημεῖον ἐπιζητεῖ[25], καὶ σημεῖον οὐ δοθήσεται[26] αὐτῇ εἰ μὴ τὸ σημεῖον Ἰωνᾶ. καὶ καταλιπὼν[27] αὐτοὺς ἀπῆλθεν.

The Yeast of the Pharisees and Sadducees (Mk 8.14-21)

5 Καὶ ἐλθόντες οἱ μαθηταὶ εἰς τὸ πέραν[28] ἐπελάθοντο[29] ἄρτους λαβεῖν. 6 ὁ δὲ Ἰησοῦς εἶπεν αὐτοῖς· ὁρᾶτε καὶ προσέχετε[30] ἀπὸ τῆς ζύμης[31] τῶν Φαρισαίων καὶ Σαδδουκαίων. 7 οἱ δὲ διελογίζοντο[32] ἐν ἑαυτοῖς λέγοντες ὅτι ἄρτους οὐκ ἐλάβομεν. 8 γνοὺς[33] δὲ ὁ Ἰησοῦς εἶπεν· τί διαλογίζεσθε ἐν ἑαυτοῖς, ὀλιγόπιστοι[34], ὅτι ἄρτους οὐκ ἔχετε; 9 οὔπω[35] νοεῖτε[36], οὐδὲ μνημονεύετε[37] τοὺς πέντε ἄρτους τῶν πεντακισχιλίων[38] καὶ

---

[1] ἰχθύδιον, -ου n, fish
[2] παραγγέλλω aor act ptc m s nom, order
[3] ἀναπίπτω aor act inf, sit
[4] κλάω 3s aor act ind, break
[5] δίδωμι 3s impf act ind, give
[6] ἐσθίω 3p aor act ind, eat
[7] κλάσμα, -τος n, piece
[8] αἴρω 3p aor act ind, pick up
[9] σπυρίς, -ίδος f, basket (perhaps larger than a κόφινος, see Mt 14.20)
[10] πλήρης, -ες, full
[11] τετρακισχίλιοι, -αι/α, four thousand
[12] ἐμβαίνω 3s aor act ind, get into
[13] ὅριον, -ου n, region
[14] προσέρχομαι aor act ptc m p nom, come to
[15] ἐπερωτάω 3p aor act ind, ask
[16] ἐπιδείκνυμι aor act inf, show
[17] ὄψιος, -α/ον, late (ἡ ὀψία f evening)
[18] εὐδία, -ας f, fair weather
[19] πυρράζω 3s pres act ind, be red
[20] πρωΐ, adv, in the morning
[21] χειμών, -ῶνος m, storm
[22] στυγνάζω pres act ptc m s nom, be overcast
[23] διακρίνω aor act inf, interpret
[24] μοιχαλίς, -ίδος f, unfaithful (person)
[25] ἐπιζητέω 3s pres act ind, want
[26] δίδωμι 3s fut pas ind, give
[27] καταλείπω aor act ptc m s nom, leave
[28] πέραν, prep + gen, across (τὸ π. the other side)
[29] ἐπιλανθάνομαι 3p aor mid ind, forget
[30] προσέχω 2p pres act impv, watch out (for)
[31] ζύμη, -ης f, yeast
[32] διαλογίζομαι 3p impf mid ind, discuss
[33] γινώσκω aor act ptc m s nom, know
[34] ὀλιγόπιστος, -ον, of little faith
[35] οὔπω, not yet
[36] νοέω 2p pres act ind, understand
[37] μνημονεύω 2p pres act ind, remember
[38] πεντακισχίλιοι, -αι/α, five thousand

πόσους¹ κοφίνους² ἐλάβετε; 10 οὐδὲ τοὺς ἑπτὰ ἄρτους τῶν τετρακισχιλίων³ καὶ πόσας σπυρίδας⁴ ἐλάβετε; 11 πῶς οὐ νοεῖτε⁵ ὅτι οὐ περὶ ἄρτων εἶπον ὑμῖν; προσέχετε δὲ ἀπὸ τῆς ζύμης τῶν Φαρισαίων καὶ Σαδδουκαίων. 12 τότε συνῆκαν⁶ ὅτι οὐκ εἶπεν προσέχειν ἀπὸ τῆς ζύμης τῶν ἄρτων ἀλλ' ἀπὸ τῆς διδαχῆς⁷ τῶν Φαρισαίων καὶ Σαδδουκαίων.

Peter's Declaration about Jesus (Mk 8.27-30; Lk 9.18-21)

13 Ἐλθὼν δὲ ὁ Ἰησοῦς εἰς τὰ μέρη Καισαρείας τῆς Φιλίππου ἠρώτα τοὺς μαθητὰς αὐτοῦ λέγων· τίνα λέγουσιν οἱ ἄνθρωποι εἶναι τὸν υἱὸν τοῦ ἀνθρώπου; 14 οἱ δὲ εἶπαν· οἱ μὲν Ἰωάννην τὸν βαπτιστήν, ἄλλοι δὲ Ἠλίαν, ἕτεροι δὲ Ἰερεμίαν ἢ ἕνα τῶν προφητῶν. 15 λέγει αὐτοῖς· ὑμεῖς δὲ τίνα με λέγετε εἶναι; 16 ἀποκριθεὶς δὲ Σίμων Πέτρος εἶπεν· σὺ εἶ ὁ χριστὸς ὁ υἱὸς τοῦ θεοῦ τοῦ ζῶντος. 17 ἀποκριθεὶς δὲ ὁ Ἰησοῦς εἶπεν αὐτῷ· μακάριος εἶ, Σίμων Βαριωνᾶ, ὅτι σὰρξ καὶ αἷμα οὐκ ἀπεκάλυψέν⁸ σοι ἀλλ' ὁ πατήρ μου ὁ ἐν τοῖς οὐρανοῖς. 18 κἀγὼ δέ σοι λέγω ὅτι σὺ εἶ Πέτρος, καὶ ἐπὶ ταύτῃ τῇ πέτρᾳ⁹ οἰκοδομήσω μου τὴν ἐκκλησίαν καὶ πύλαι¹⁰ ᾅδου¹¹ οὐ κατισχύσουσιν¹² αὐτῆς. 19 δώσω¹³ σοι τὰς κλεῖδας¹⁴ τῆς βασιλείας τῶν οὐρανῶν, καὶ ὃ ἐὰν δήσῃς¹⁵ ἐπὶ τῆς γῆς ἔσται δεδεμένον ἐν τοῖς οὐρανοῖς, καὶ ὃ ἐὰν λύσῃς ἐπὶ τῆς γῆς ἔσται λελυμένον ἐν τοῖς οὐρανοῖς. 20 τότε διεστείλατο¹⁶ τοῖς μαθηταῖς ἵνα μηδενὶ εἴπωσιν¹⁷ ὅτι αὐτός ἐστιν ὁ χριστός.

Jesus Foretells His Death and Resurrection (Mk 8.31-33; Lk 9.22)

21 Ἀπὸ τότε ἤρξατο¹⁸ ὁ Ἰησοῦς δεικνύειν¹⁹ τοῖς μαθηταῖς αὐτοῦ ὅτι δεῖ αὐτὸν εἰς Ἱεροσόλυμα ἀπελθεῖν²⁰ καὶ πολλὰ παθεῖν²¹ ἀπὸ τῶν πρεσβυτέρων καὶ ἀρχιερέων καὶ γραμματέων καὶ ἀποκτανθῆναι²² καὶ τῇ τρίτῃ ἡμέρᾳ ἐγερθῆναι²³. 22 καὶ προσλαβόμενος²⁴ αὐτὸν ὁ Πέτρος ἤρξατο ἐπιτιμᾶν²⁵ αὐτῷ λέγων· ἵλεώς²⁶ σοι, κύριε· οὐ μὴ ἔσται σοι τοῦτο. 23 ὁ δὲ στραφεὶς²⁷ εἶπεν τῷ Πέτρῳ· ὕπαγε ὀπίσω μου, σατανᾶ· σκάνδαλον²⁸ εἶ ἐμοῦ, ὅτι οὐ φρονεῖς²⁹ τὰ τοῦ θεοῦ ἀλλὰ τὰ τῶν ἀνθρώπων.

---

¹ πόσος, -η/ον, how many
² κόφινος, -ου f, basket (perhaps smaller than a σπυρίς)
³ τετρακισχίλιοι, -αι/α, four thousand
⁴ σπυρίς, -ίδος f, basket (perhaps larger than a κόφινος)
⁵ νοέω 2p pres act ind, understand
⁶ συνίημι 3p aor act ind, understand
⁷ διδαχή, -ῆς f, teaching
⁸ ἀποκαλύπτω 3s aor act ind, reveal
⁹ πέτρα, -ας f, rock
¹⁰ πύλη, -ης f, gate
¹¹ ᾅδης, -ου m, death/world of the dead
¹² κατισχύω 3p fut act ind, have power over
¹³ δίδωμι 1s fut act ind, give
¹⁴ κλείς, κλειδός f, key
¹⁵ δέω 2s aor act sub, bind/forbid
¹⁶ διαστέλλω 3s aor mid ind, mid order
¹⁷ λέγω 3p aor act sub, tell
¹⁸ ἄρχω 3s aor mid ind, mid begin
¹⁹ δεικνύω pres act inf, explain
²⁰ ἀπέρχομαι aor act inf, go
²¹ πάσχω aor act inf, suffer
²² ἀποκτείνω aor pas inf, kill
²³ ἐγείρω aor pas inf, raise (from death)
²⁴ προσλαμβάνω aor mid ptc m s nom, take aside
²⁵ ἐπιτιμάω pres act inf, rebuke
²⁶ ἵλεως, -ων, merciful (ἵλεώς σοι May God not allow this to happen to you!)
²⁷ στρέφω aor pas ptc m s nom, intrans pas turn
²⁸ σκάνδαλον, -ου n, stumbling block
²⁹ φρονέω 2s pres act ind, think

A Call to Discipleship (Mk 8.34–9.1; Lk 9.23-27)

24 Τότε ὁ Ἰησοῦς εἶπεν τοῖς μαθηταῖς αὐτοῦ· εἴ τις θέλει ὀπίσω μου ἐλθεῖν, ἀπαρνησάσθω[1] ἑαυτὸν καὶ ἀράτω[2] τὸν σταυρὸν[3] αὐτοῦ καὶ ἀκολουθείτω μοι. 25 ὃς γὰρ ἐὰν θέλῃ τὴν ψυχὴν αὐτοῦ σῶσαι ἀπολέσει[4] αὐτήν· ὃς δ' ἂν ἀπολέσῃ τὴν ψυχὴν αὐτοῦ ἕνεκεν[5] ἐμοῦ εὑρήσει[6] αὐτήν. 26 τί γὰρ ὠφεληθήσεται[7] ἄνθρωπος ἐὰν τὸν κόσμον ὅλον κερδήσῃ[8] τὴν δὲ ψυχὴν αὐτοῦ ζημιωθῇ[9]; ἢ τί δώσει[10] ἄνθρωπος ἀντάλλαγμα[11] τῆς ψυχῆς αὐτοῦ; 27 μέλλει γὰρ ὁ υἱὸς τοῦ ἀνθρώπου ἔρχεσθαι ἐν τῇ δόξῃ τοῦ πατρὸς αὐτοῦ μετὰ τῶν ἀγγέλων αὐτοῦ, καὶ τότε ἀποδώσει[12] ἑκάστῳ κατὰ τὴν πρᾶξιν[13] αὐτοῦ. 28 ἀμὴν λέγω ὑμῖν ὅτι εἰσίν τινες τῶν ὧδε ἑστώτων[14] οἵτινες οὐ μὴ γεύσωνται[15] θανάτου ἕως ἂν ἴδωσιν[16] τὸν υἱὸν τοῦ ἀνθρώπου ἐρχόμενον ἐν τῇ βασιλείᾳ αὐτοῦ.

The Transfiguration of Jesus (Mk 9.2-13; Lk 9.28-36)

17 Καὶ μεθ' ἡμέρας ἓξ[17] παραλαμβάνει ὁ Ἰησοῦς τὸν Πέτρον καὶ Ἰάκωβον καὶ Ἰωάννην τὸν ἀδελφὸν αὐτοῦ καὶ ἀναφέρει[18] αὐτοὺς εἰς ὄρος ὑψηλὸν[19] κατ' ἰδίαν[20]. 2 καὶ μετεμορφώθη[21] ἔμπροσθεν αὐτῶν, καὶ ἔλαμψεν[22] τὸ πρόσωπον αὐτοῦ ὡς ὁ ἥλιος, τὰ δὲ ἱμάτια αὐτοῦ ἐγένετο λευκὰ[23] ὡς τὸ φῶς. 3 καὶ ἰδοὺ ὤφθη[24] αὐτοῖς Μωϋσῆς καὶ Ἠλίας συλλαλοῦντες[25] μετ' αὐτοῦ. 4 ἀποκριθεὶς δὲ ὁ Πέτρος εἶπεν τῷ Ἰησοῦ· κύριε, καλόν ἐστιν ἡμᾶς ὧδε εἶναι· εἰ θέλεις, ποιήσω ὧδε τρεῖς σκηνάς[26], σοὶ μίαν καὶ Μωϋσεῖ μίαν καὶ Ἠλίᾳ μίαν. 5 ἔτι αὐτοῦ λαλοῦντος ἰδοὺ νεφέλη[27] φωτεινὴ[28] ἐπεσκίασεν[29] αὐτούς, καὶ ἰδοὺ φωνὴ ἐκ τῆς νεφέλης λέγουσα· οὗτός ἐστιν ὁ υἱός μου ὁ ἀγαπητός, ἐν ᾧ εὐδόκησα[30]· ἀκούετε αὐτοῦ.

6 Καὶ ἀκούσαντες οἱ μαθηταὶ ἔπεσαν[31] ἐπὶ πρόσωπον αὐτῶν καὶ ἐφοβήθησαν σφόδρα[32]. 7 καὶ προσῆλθεν[33] ὁ Ἰησοῦς καὶ ἁψάμενος[34] αὐτῶν εἶπεν· ἐγέρθητε[35]

---

[1] ἀπαρνέομαι 3s aor mid impv, disown
[2] αἴρω 3s aor act impv, take up
[3] σταυρός, -οῦ m, cross
[4] ἀπόλλυμι 3s fut act ind, lose
[5] ἕνεκα, prep + gen, because of
[6] εὑρίσκω 3s fut act ind, find
[7] ὠφελέω 3s fut pas ind, profit
[8] κερδαίνω 3s aor act sub, gain
[9] ζημιόω 3s aor pas sub, pas lose
[10] δίδωμι 3s fut act ind, give
[11] ἀντάλλαγμα, -τος n, something offered in exchange
[12] ἀποδίδωμι 3s fut act ind, give
[13] πρᾶξις, -εως f, what one does
[14] ἵστημι pf act ptc m p gen, intrans stand
[15] γεύομαι 3p aor mid sub, experience
[16] ὁράω 3p aor act sub, see
[17] ἕξ, six
[18] ἀναφέρω 3s pres act ind, take
[19] ὑψηλός, -ή/όν, high
[20] ἴδιος, -α/ον, one's own (κατ' ἰδίαν privately)
[21] μεταμορφόω 3s aor pas ind, pas be changed in form
[22] λάμπω 3s aor act ind, shine
[23] λευκός, -ή/όν, white
[24] ὁράω 3s aor pas ind, pas appear
[25] συλλαλέω pres act ptc m p nom, talk with
[26] σκηνή, -ῆς f, temporary shelter
[27] νεφέλη, -ης f, cloud
[28] φωτεινός, -ή/όν, bright
[29] ἐπισκιάζω 3s aor act ind, overshadow/pass over
[30] εὐδοκέω 1s aor act ind, be pleased
[31] πίπτω 3p aor act ind, fall
[32] σφόδρα, adv, greatly
[33] προσέρχομαι 3s aor act ind, come to
[34] ἅπτω aor mid ptc m s nom, mid touch
[35] ἐγείρω 2p aor pas impv, intrans pas stand up

καὶ μὴ φοβεῖσθε. 8 ἐπάραντες¹ δὲ τοὺς ὀφθαλμοὺς αὐτῶν οὐδένα εἶδον εἰ μὴ αὐτὸν Ἰησοῦν μόνον.

9 Καὶ καταβαινόντων αὐτῶν ἐκ τοῦ ὄρους ἐνετείλατο² αὐτοῖς ὁ Ἰησοῦς λέγων· μηδενὶ εἴπητε τὸ ὅραμα³ ἕως οὗ ὁ υἱὸς τοῦ ἀνθρώπου ἐκ νεκρῶν ἐγερθῇ⁴. 10 καὶ ἐπηρώτησαν⁵ αὐτὸν οἱ μαθηταὶ λέγοντες· τί οὖν οἱ γραμματεῖς λέγουσιν ὅτι Ἠλίαν δεῖ ἐλθεῖν πρῶτον; 11 ὁ δὲ ἀποκριθεὶς εἶπεν· Ἠλίας μὲν ἔρχεται καὶ ἀποκαταστήσει⁶ πάντα· 12 λέγω δὲ ὑμῖν ὅτι Ἠλίας ἤδη ἦλθεν, καὶ οὐκ ἐπέγνωσαν⁷ αὐτὸν ἀλλ᾽ ἐποίησαν ἐν αὐτῷ ὅσα ἠθέλησαν· οὕτως καὶ ὁ υἱὸς τοῦ ἀνθρώπου μέλλει πάσχειν ὑπ᾽ αὐτῶν. 13 τότε συνῆκαν⁸ οἱ μαθηταὶ ὅτι περὶ Ἰωάννου τοῦ βαπτιστοῦ εἶπεν αὐτοῖς.

The Healing of a Boy with a Demon (Mk 9.14-29; Lk 9.37-43a)

14 Καὶ ἐλθόντων πρὸς τὸν ὄχλον προσῆλθεν⁹ αὐτῷ ἄνθρωπος γονυπετῶν¹⁰ αὐτὸν 15 καὶ λέγων· κύριε, ἐλέησόν¹¹ μου τὸν υἱόν, ὅτι σεληνιάζεται¹² καὶ κακῶς¹³ πάσχει· πολλάκις¹⁴ γὰρ πίπτει εἰς τὸ πῦρ καὶ πολλάκις εἰς τὸ ὕδωρ. 16 καὶ προσήνεγκα¹⁵ αὐτὸν τοῖς μαθηταῖς σου, καὶ οὐκ ἠδυνήθησαν αὐτὸν θεραπεῦσαι. 17 ἀποκριθεὶς δὲ ὁ Ἰησοῦς εἶπεν· ὦ¹⁶ γενεὰ ἄπιστος¹⁷ καὶ διεστραμμένη¹⁸, ἕως πότε¹⁹ μεθ᾽ ὑμῶν ἔσομαι; ἕως πότε ἀνέξομαι²⁰ ὑμῶν; φέρετέ μοι αὐτὸν ὧδε. 18 καὶ ἐπετίμησεν²¹ αὐτῷ ὁ Ἰησοῦς καὶ ἐξῆλθεν ἀπ᾽ αὐτοῦ τὸ δαιμόνιον καὶ ἐθεραπεύθη ὁ παῖς²² ἀπὸ τῆς ὥρας ἐκείνης.

19 Τότε προσελθόντες²³ οἱ μαθηταὶ τῷ Ἰησοῦ κατ᾽ ἰδίαν²⁴ εἶπον· διὰ τί ἡμεῖς οὐκ ἠδυνήθημεν ἐκβαλεῖν²⁵ αὐτό; 20 ὁ δὲ λέγει αὐτοῖς· διὰ τὴν ὀλιγοπιστίαν²⁶ ὑμῶν· ἀμὴν γὰρ λέγω ὑμῖν, ἐὰν ἔχητε πίστιν ὡς κόκκον²⁷ σινάπεως²⁸, ἐρεῖτε²⁹ τῷ ὄρει τούτῳ· μετάβα³⁰ ἔνθεν³¹ ἐκεῖ, καὶ μεταβήσεται· καὶ οὐδὲν ἀδυνατήσει³² ὑμῖν. 〚21 τοῦτο δὲ τὸ γένος οὐκ ἐκπορεύεται εἰ μὴ ἐν προσευχῇ καὶ νηστείᾳ.〛

---

¹ ἐπαίρω *aor act ptc m p nom*, lift up
² ἐντέλλομαι *3s aor.mid ind*, give orders
³ ὅραμα, -τος *n*, vision
⁴ ἐγείρω *3s aor pas sub*, raise
⁵ ἐπερωτάω *3p aor act ind*, ask
⁶ ἀποκαθίστημι *3s fut act ind*, restore
⁷ ἐπιγινώσκω *3p aor act ind*, recognize
⁸ συνίημι *3p aor act ind*, understand
⁹ προσέρχομαι *3s aor act ind*, come to
¹⁰ γονυπετέω *pres act ptc m s nom*, kneel

¹¹ ἐλεέω/ἐλεάω *2s aor act impv*, have mercy on
¹² σεληνιάζομαι *3s pres pas ind*, be an epileptic
¹³ κακῶς, *adv*, terribly
¹⁴ πολλάκις, *adv*, often
¹⁵ προσφέρω *1s aor act ind*, bring
¹⁶ ὦ, *interj*, O!
¹⁷ ἄπιστος, -ον, unbelieving
¹⁸ διαστρέφω *pf pas ptc f s nom or voc, pas* be misguided
¹⁹ πότε, *adv*, when? (ἕως πότε how long?)
²⁰ ἀνέχομαι *1s fut mid ind*, put up with
²¹ ἐπιτιμάω *3s aor act ind*, rebuke

²² παῖς, παιδός *m & f*, boy
²³ προσέρχομαι *aor act ptc m p nom*, come to
²⁴ ἴδιος, -α/ον, one's own (κατ᾽ ἰδίαν privately)
²⁵ ἐκβάλλω *aor act inf*, force out
²⁶ ὀλιγοπιστία, -ας *f*, littleness of faith
²⁷ κόκκος, -ου *m*, seed/grain
²⁸ σίναπι, -εως *n*, mustard
²⁹ λέγω *2p fut act ind*, say
³⁰ μεταβαίνω *2s aor act impv*, move
³¹ ἔνθεν, *adv*, from here
³² ἀδυνατέω *3s fut act ind*, be impossible

Jesus Again Foretells His Death and Resurrection   (Mk 9.30-32; Lk 9.43b-45)

22 Συστρεφομένων¹ δὲ αὐτῶν ἐν τῇ Γαλιλαίᾳ εἶπεν αὐτοῖς ὁ Ἰησοῦς· μέλλει ὁ υἱὸς τοῦ ἀνθρώπου παραδίδοσθαι² εἰς χεῖρας ἀνθρώπων, **23** καὶ ἀποκτενοῦσιν³ αὐτόν, καὶ τῇ τρίτῃ ἡμέρᾳ ἐγερθήσεται⁴. καὶ ἐλυπήθησαν⁵ σφόδρα⁶.

Payment of the Temple Tax

24 Ἐλθόντων δὲ αὐτῶν εἰς Καφαρναοὺμ προσῆλθον⁷ οἱ τὰ δίδραχμα⁸ λαμβάνοντες τῷ Πέτρῳ καὶ εἶπαν· ὁ διδάσκαλος ὑμῶν οὐ τελεῖ⁹ [τὰ] δίδραχμα; **25** λέγει· ναί. καὶ ἐλθόντα εἰς τὴν οἰκίαν προέφθασεν¹⁰ αὐτὸν ὁ Ἰησοῦς λέγων· τί σοι δοκεῖ, Σίμων; οἱ βασιλεῖς τῆς γῆς ἀπὸ τίνων λαμβάνουσιν τέλη ἢ κῆνσον¹¹; ἀπὸ τῶν υἱῶν αὐτῶν ἢ ἀπὸ τῶν ἀλλοτρίων¹²; **26** εἰπόντος δέ· ἀπὸ τῶν ἀλλοτρίων, ἔφη αὐτῷ ὁ Ἰησοῦς· ἄρα γε¹³ ἐλεύθεροί¹⁴ εἰσιν οἱ υἱοί. **27** ἵνα δὲ μὴ σκανδαλίσωμεν¹⁵ αὐτούς, πορευθεὶς εἰς θάλασσαν βάλε¹⁶ ἄγκιστρον¹⁷ καὶ τὸν ἀναβάντα πρῶτον ἰχθὺν¹⁸ ἆρον, καὶ ἀνοίξας τὸ στόμα αὐτοῦ εὑρήσεις¹⁹ στατῆρα²⁰· ἐκεῖνον λαβὼν δὸς²¹ αὐτοῖς ἀντὶ²² ἐμοῦ καὶ σοῦ.

The Greatest in the Kingdom   (Mk 9.33-37; Lk 9.46-48)

18 Ἐν ἐκείνῃ τῇ ὥρᾳ προσῆλθον²³ οἱ μαθηταὶ τῷ Ἰησοῦ λέγοντες· τίς ἄρα μείζων²⁴ ἐστὶν ἐν τῇ βασιλείᾳ τῶν οὐρανῶν; **2** καὶ προσκαλεσάμενος²⁵ παιδίον ἔστησεν²⁶ αὐτὸ ἐν μέσῳ αὐτῶν **3** καὶ εἶπεν· ἀμὴν λέγω ὑμῖν, ἐὰν μὴ στραφῆτε²⁷ καὶ γένησθε ὡς τὰ παιδία, οὐ μὴ εἰσέλθητε²⁸ εἰς τὴν βασιλείαν τῶν οὐρανῶν. **4** ὅστις οὖν ταπεινώσει²⁹ ἑαυτὸν ὡς τὸ παιδίον τοῦτο, οὗτός ἐστιν ὁ μείζων ἐν τῇ βασιλείᾳ τῶν οὐρανῶν. **5** καὶ ὃς ἐὰν δέξηται ἓν παιδίον τοιοῦτο ἐπὶ τῷ ὀνόματί μου, ἐμὲ δέχεται.

---

¹ συστρέφω pres pas ptc m p gen, come together
² παραδίδωμι pres pas inf, betray/hand over
³ ἀποκτείνω 3p fut act ind, kill
⁴ ἐγείρω 3s fut pas ind, raise (from death)
⁵ λυπέω 3p aor pas ind, pas be sad
⁶ σφόδρα, adv, greatly
⁷ προσέρχομαι 3p aor act ind, come to
⁸ δίδραχμον, -ου n, didrachma (Greek coin worth about two denarii)
⁹ τελέω 3s pres act ind, pay
¹⁰ προφθάνω 3s aor act ind, come before (π. αὐτὸν ὁ Ἰησοῦς λέγων Jesus spoke to him first)
¹¹ κῆνσος, -ου m, tax
¹² ἀλλότριος, -α/ον, belonging to another
¹³ γέ, emphatic particle
¹⁴ ἐλεύθερος, -α/ον, free (from taxes)
¹⁵ σκανδαλίζω 1p aor act sub, offend
¹⁶ βάλλω 2s aor act impv, throw
¹⁷ ἄγκιστρον, -ου n, fishhook
¹⁸ ἰχθύς, -ύος m, fish
¹⁹ εὑρίσκω 2s fut act ind, find
²⁰ στατήρ, -ῆρος n, stater (Greek coin worth two didrachmas or four denarii)
²¹ δίδωμι 2s aor act impv, give
²² ἀντί, prep + gen, in behalf of
²³ προσέρχομαι 3p aor act ind, come/go to
²⁴ μέγας, great (comp)
²⁵ προσκαλέομαι aor mid ptc m s nom, call to oneself
²⁶ ἵστημι 3s aor act ind, place
²⁷ στρέφω 2p aor pas sub, intrans pas change
²⁸ εἰσέρχομαι 2p aor act sub, go in
²⁹ ταπεινόω 3s fut act ind, humble

Temptations to Sin (Mk 9.42-48; Lk 17.1-2)

6 Ὃς δ' ἂν σκανδαλίσῃ¹ ἕνα τῶν μικρῶν τούτων τῶν πιστευόντων εἰς ἐμέ, συμφέρει² αὐτῷ ἵνα κρεμασθῇ³ μύλος⁴ ὀνικὸς⁵ περὶ τὸν τράχηλον⁶ αὐτοῦ καὶ καταποντισθῇ⁷ ἐν τῷ πελάγει⁸ τῆς θαλάσσης. **7** οὐαὶ τῷ κόσμῳ ἀπὸ τῶν σκανδάλων⁹· ἀνάγκη¹⁰ γὰρ ἐλθεῖν τὰ σκάνδαλα, πλὴν οὐαὶ τῷ ἀνθρώπῳ δι' οὗ τὸ σκάνδαλον ἔρχεται. **8** εἰ δὲ ἡ χείρ σου ἢ ὁ πούς σου σκανδαλίζει σε, ἔκκοψον¹¹ αὐτὸν καὶ βάλε¹² ἀπὸ σοῦ· καλόν σοί ἐστιν εἰσελθεῖν εἰς τὴν ζωὴν κυλλὸν¹³ ἢ χωλὸν¹⁴ ἢ δύο χεῖρας ἢ δύο πόδας ἔχοντα βληθῆναι¹⁵ εἰς τὸ πῦρ τὸ αἰώνιον. **9** καὶ εἰ ὁ ὀφθαλμός σου σκανδαλίζει σε, ἔξελε¹⁶ αὐτὸν καὶ βάλε ἀπὸ σοῦ· καλόν σοί ἐστιν μονόφθαλμον¹⁷ εἰς τὴν ζωὴν εἰσελθεῖν ἢ δύο ὀφθαλμοὺς ἔχοντα βληθῆναι εἰς τὴν γέενναν¹⁸ τοῦ πυρός.

The Parable of the Lost Sheep (Lk 15.3-7)

10 Ὁρᾶτε μὴ καταφρονήσητε¹⁹ ἑνὸς τῶν μικρῶν τούτων· λέγω γὰρ ὑμῖν ὅτι οἱ ἄγγελοι αὐτῶν ἐν οὐρανοῖς διὰ παντὸς βλέπουσιν τὸ πρόσωπον τοῦ πατρός μου τοῦ ἐν οὐρανοῖς. [**11**ἦλθεν γὰρ ὁ υἱὸς τοῦ ἀνθρώπου σῶσαι τὸ ἀπολωλός²⁰.]

12 Τί ὑμῖν δοκεῖ; ἐὰν γένηταί τινι ἀνθρώπῳ ἑκατὸν²¹ πρόβατα καὶ πλανηθῇ ἓν ἐξ αὐτῶν, οὐχὶ ἀφήσει²² τὰ ἐνενήκοντα²³ ἐννέα²⁴ ἐπὶ τὰ ὄρη καὶ πορευθεὶς ζητεῖ τὸ πλανώμενον; **13** καὶ ἐὰν γένηται εὑρεῖν²⁵ αὐτό, ἀμὴν λέγω ὑμῖν ὅτι χαίρει ἐπ' αὐτῷ μᾶλλον ἢ ἐπὶ τοῖς ἐνενήκοντα ἐννέα τοῖς μὴ πεπλανημένοις. **14** οὕτως οὐκ ἔστιν θέλημα ἔμπροσθεν τοῦ πατρὸς ὑμῶν τοῦ ἐν οὐρανοῖς ἵνα ἀπόληται²⁶ ἓν τῶν μικρῶν τούτων.

Two or Three Witnesses (Lk 17.3)

15 Ἐὰν δὲ ἁμαρτήσῃ [εἰς σὲ] ὁ ἀδελφός σου, ὕπαγε ἔλεγξον²⁷ αὐτὸν μεταξὺ²⁸ σοῦ καὶ αὐτοῦ μόνου. ἐάν σου ἀκούσῃ, ἐκέρδησας²⁹ τὸν ἀδελφόν σου· **16** ἐὰν δὲ μὴ ἀκούσῃ, παράλαβε³⁰ μετὰ σοῦ ἔτι ἕνα ἢ δύο, ἵνα **ἐπὶ στόματος δύο μαρτύρων**

---

¹ σκανδαλίζω 3s aor act sub, cause someone to stumble/sin
² συμφέρω 3s pres act ind, impers it is better
³ κρεμάννυμι 3s aor pas sub, hang
⁴ μύλος, -ου m, millstone (μ. ὀνικός large millstone drawn by a donkey)
⁵ ὀνικός, -ή/όν, of a donkey
⁶ τράχηλος, -ου m, neck
⁷ καταποντίζω 3s aor pas sub, drown
⁸ πέλαγος, -ους n, depths
⁹ σκάνδαλον, -ου n, stumbling block
¹⁰ ἀνάγκη, -ης f, something inevitable
¹¹ ἐκκόπτω 2s aor act impv, cut off
¹² βάλλω 2s aor act impv, throw
¹³ κυλλός, -ή/όν, crippled
¹⁴ χωλός, -ή/όν, lame
¹⁵ βάλλω aor pas inf, throw
¹⁶ ἐξαιρέω 2s aor act impv, pull out
¹⁷ μονόφθαλμος, -ον, having only one eye
¹⁸ γέεννα, -ης f, hell
¹⁹ καταφρονέω 2p aor act sub, treat with contempt
²⁰ ἀπόλλυμι aor act ptc m s nom, lose
²¹ ἑκατόν, one hundred
²² ἀφίημι 3s fut act ind, leave
²³ ἐνενήκοντα, ninety
²⁴ ἐννέα, nine
²⁵ εὑρίσκω aor act inf, find
²⁶ ἀπόλλυμι 3s aor mid sub, mid be lost
²⁷ ἐλέγχω 2s aor act impv, point out someone's fault
²⁸ μεταξύ, prep + gen, between
²⁹ κερδαίνω 2s aor act ind, win over
³⁰ παραλαμβάνω 2s aor act impv, take

ἢ τριῶν σταθῇ¹ πᾶν ῥῆμα· 17 ἐὰν δὲ παρακούσῃ² αὐτῶν, εἰπὲ τῇ ἐκκλησίᾳ· ἐὰν δὲ καὶ τῆς ἐκκλησίας παρακούσῃ, ἔστω³ σοι ὥσπερ ὁ ἐθνικὸς⁴ καὶ ὁ τελώνης⁵. 18 ἀμὴν λέγω ὑμῖν· ὅσα ἐὰν δήσητε⁶ ἐπὶ τῆς γῆς ἔσται δεδεμένα⁷ ἐν οὐρανῷ, καὶ ὅσα ἐὰν λύσητε ἐπὶ τῆς γῆς ἔσται λελυμένα ἐν οὐρανῷ.

19 Πάλιν [ἀμὴν] λέγω ὑμῖν ὅτι ἐὰν δύο συμφωνήσωσιν⁸ ἐξ ὑμῶν ἐπὶ τῆς γῆς περὶ παντὸς πράγματος⁹ οὗ ἐὰν αἰτήσωνται, γενήσεται αὐτοῖς παρὰ τοῦ πατρός μου τοῦ ἐν οὐρανοῖς. 20 οὗ¹⁰ γάρ εἰσιν δύο ἢ τρεῖς συνηγμένοι¹¹ εἰς τὸ ἐμὸν ὄνομα, ἐκεῖ εἰμι ἐν μέσῳ αὐτῶν.

The Parable of the Unforgiving Servant

21 Τότε προσελθὼν¹² ὁ Πέτρος εἶπεν αὐτῷ· κύριε, ποσάκις¹³ ἁμαρτήσει εἰς ἐμὲ ὁ ἀδελφός μου καὶ ἀφήσω¹⁴ αὐτῷ; ἕως ἑπτάκις¹⁵; 22 λέγει αὐτῷ ὁ Ἰησοῦς· οὐ λέγω σοι ἕως ἑπτάκις ἀλλ' ἕως ἑβδομηκοντάκις¹⁶ ἑπτά.

23 Διὰ τοῦτο ὡμοιώθη¹⁷ ἡ βασιλεία τῶν οὐρανῶν ἀνθρώπῳ βασιλεῖ, ὃς ἠθέλησεν συνᾶραι¹⁸ λόγον μετὰ τῶν δούλων αὐτοῦ. 24 ἀρξαμένου¹⁹ δὲ αὐτοῦ συναίρειν προσηνέχθη²⁰ αὐτῷ εἷς ὀφειλέτης²¹ μυρίων²² ταλάντων²³. 25 μὴ ἔχοντος δὲ αὐτοῦ ἀποδοῦναι²⁴ ἐκέλευσεν²⁵ αὐτὸν ὁ κύριος πραθῆναι²⁶ καὶ τὴν γυναῖκα καὶ τὰ τέκνα καὶ πάντα ὅσα ἔχει, καὶ ἀποδοθῆναι²⁷. 26 πεσὼν²⁸ οὖν ὁ δοῦλος προσεκύνει αὐτῷ λέγων· μακροθύμησον²⁹ ἐπ' ἐμοί, καὶ πάντα ἀποδώσω³⁰ σοι. 27 σπλαγχνισθεὶς³¹ δὲ ὁ κύριος τοῦ δούλου ἐκείνου ἀπέλυσεν αὐτὸν καὶ τὸ δάνειον³² ἀφῆκεν³³ αὐτῷ. 28 ἐξελθὼν δὲ ὁ δοῦλος ἐκεῖνος εὗρεν³⁴ ἕνα τῶν συνδούλων³⁵ αὐτοῦ, ὃς ὤφειλεν αὐτῷ ἑκατὸν³⁶ δηνάρια³⁷, καὶ κρατήσας αὐτὸν ἔπνιγεν³⁸ λέγων· ἀπόδος³⁹ εἴ τι ὀφείλεις. 29 πεσὼν⁴⁰ οὖν ὁ σύνδουλος αὐτοῦ παρεκάλει αὐτὸν λέγων· μακροθύμησον

---

1 ἵστημι 3s aor pas sub, confirm
2 παρακούω 3s aor act sub, refuse to listen
3 εἰμί 3s pres act impv, be
4 ἐθνικός, -ή/όν, pagan
5 τελώνης, -ου m, tax-collector
6 δέω 2p aor act sub, bind/forbid
7 δέω pf pas ptc n p nom, bind/forbid
8 συμφωνέω 3p aor act sub, agree
9 πρᾶγμα, -τος n, matter
10 οὗ, adv, where
11 συνάγω pf pas ptc m p nom, come together
12 προσέρχομαι aor act ptc m s nom, come/go to
13 ποσάκις, adv, how often?
14 ἀφίημι 1s fut act ind, forgive
15 ἑπτάκις, adv, seven times
16 ἑβδομηκοντάκις, adv, seventy times (ἑ. ἑπτά seventy-seven times/seventy times seven)
17 ὁμοιόω 3s aor pas ind, pas be like
18 συναίρω aor act inf, settle (σ. λόγον settle an account)
19 ἄρχω aor mid ptc m s gen, mid begin
20 προσφέρω 3s aor pas ind, bring
21 ὀφειλέτης, -ου m, debtor
22 μύριοι, -αι/α, ten thousand
23 τάλαντον, -ου n, talent (Greek coin worth 5000-6000 denarii)
24 ἀποδίδωμι aor act inf, pay
25 κελεύω 3s aor act ind, order
26 πιπράσκω aor pas inf, sell
27 ἀποδίδωμι aor pas inf, pay
28 πίπτω aor act ptc m s nom, fall (to one's knees)
29 μακροθυμέω 2s aor act impv, be patient
30 ἀποδίδωμι 1s fut act ind, pay
31 σπλαγχνίζομαι aor pas ptc m s nom, have pity
32 δάνειον, -ου n, debt
33 ἀφίημι 3s aor act ind, forgive
34 εὑρίσκω 3s aor act ind, find
35 σύνδουλος, -ου m, fellow servant
36 ἑκατόν, one hundred
37 δηνάριον, -ου n, denarius (Roman silver coin = laborer's daily wage)
38 πνίγω 3s impf act ind, choke
39 ἀποδίδωμι 2s aor act impv, pay
40 πίπτω aor act ptc m s nom, fall (to one's knees)

ἐπ' ἐμοί, καὶ ἀποδώσω σοι. **30** ὁ δὲ οὐκ ἤθελεν ἀλλ' ἀπελθὼν ἔβαλεν¹ αὐτὸν εἰς φυλακὴν ἕως ἀποδῷ² τὸ ὀφειλόμενον. **31** ἰδόντες οὖν οἱ σύνδουλοι αὐτοῦ τὰ γενόμενα ἐλυπήθησαν³ σφόδρα⁴ καὶ ἐλθόντες διεσάφησαν⁵ τῷ κυρίῳ ἑαυτῶν πάντα τὰ γενόμενα. **32** τότε προσκαλεσάμενος⁶ αὐτὸν ὁ κύριος αὐτοῦ λέγει αὐτῷ· δοῦλε πονηρέ, πᾶσαν τὴν ὀφειλὴν⁷ ἐκείνην ἀφῆκά⁸ σοι, ἐπεὶ⁹ παρεκάλεσάς με· **33** οὐκ ἔδει καὶ σὲ ἐλεῆσαι¹⁰ τὸν σύνδουλόν σου, ὡς κἀγὼ σὲ ἠλέησα; **34** καὶ ὀργισθεὶς¹¹ ὁ κύριος αὐτοῦ παρέδωκεν αὐτὸν τοῖς βασανισταῖς¹² ἕως οὗ ἀποδῷ πᾶν τὸ ὀφειλόμενον. **35** οὕτως καὶ ὁ πατήρ μου ὁ οὐράνιος¹³ ποιήσει ὑμῖν, ἐὰν μὴ ἀφῆτε¹⁴ ἕκαστος τῷ ἀδελφῷ αὐτοῦ ἀπὸ τῶν καρδιῶν ὑμῶν.

Teaching about Divorce (Mk 10.1-12)

19 Καὶ ἐγένετο ὅτε ἐτέλεσεν¹⁵ ὁ Ἰησοῦς τοὺς λόγους τούτους, μετῆρεν¹⁶ ἀπὸ τῆς Γαλιλαίας καὶ ἦλθεν εἰς τὰ ὅρια¹⁷ τῆς Ἰουδαίας πέραν¹⁸ τοῦ Ἰορδάνου. **2** καὶ ἠκολούθησαν αὐτῷ ὄχλοι πολλοί, καὶ ἐθεράπευσεν αὐτοὺς ἐκεῖ. **3** Καὶ προσῆλθον¹⁹ αὐτῷ Φαρισαῖοι πειράζοντες αὐτὸν καὶ λέγοντες· εἰ ἔξεστιν ἀνθρώπῳ ἀπολῦσαι τὴν γυναῖκα αὐτοῦ κατὰ πᾶσαν αἰτίαν²⁰; **4** ὁ δὲ ἀποκριθεὶς εἶπεν· οὐκ ἀνέγνωτε²¹ ὅτι ὁ κτίσας²² ἀπ' ἀρχῆς **ἄρσεν**²³ **καὶ θῆλυ**²⁴ ἐποίησεν αὐτούς; **5** καὶ εἶπεν· **ἕνεκα**²⁵ **τούτου καταλείψει**²⁶ **ἄνθρωπος τὸν πατέρα καὶ τὴν μητέρα καὶ κολληθήσεται**²⁷ **τῇ γυναικὶ αὐτοῦ, καὶ ἔσονται οἱ δύο εἰς σάρκα μίαν**. **6** ὥστε οὐκέτι εἰσὶν δύο ἀλλὰ σὰρξ μία. ὃ οὖν ὁ θεὸς συνέζευξεν²⁸ ἄνθρωπος μὴ χωριζέτω²⁹. **7** λέγουσιν αὐτῷ· τί οὖν Μωϋσῆς ἐνετείλατο³⁰ δοῦναι³¹ βιβλίον ἀποστασίου³² καὶ ἀπολῦσαι [αὐτήν]; **8** λέγει αὐτοῖς ὅτι Μωϋσῆς πρὸς τὴν σκληροκαρδίαν³³ ὑμῶν ἐπέτρεψεν³⁴ ὑμῖν ἀπολῦσαι τὰς γυναῖκας ὑμῶν, ἀπ' ἀρχῆς δὲ οὐ γέγονεν οὕτως.

---

¹ βάλλω 3s aor act ind, throw
² ἀποδίδωμι 3s aor act sub, pay
³ λυπέω 3p aor pas ind, pas be sad
⁴ σφόδρα, adv, greatly
⁵ διασαφέω 3p aor act ind, tell
⁶ προσκαλέομαι aor mid ptc m s nom, call
⁷ ὀφειλή, -ῆς f, debt
⁸ ἀφίημι 1s aor act ind, forgive
⁹ ἐπεί, conj, because
¹⁰ ἐλεέω/ἐλεάω aor act inf, have mercy on
¹¹ ὀργίζω aor pas ptc m s nom, pas be angry
¹² βασανιστής, -οῦ m, jailer/ torturer
¹³ οὐράνιος, -ον, in heaven

¹⁴ ἀφίημι 2p aor act sub, forgive
¹⁵ τελέω 3s aor act ind, finish
¹⁶ μεταίρω 3s aor act ind, leave
¹⁷ ὅριον, -ου n, region
¹⁸ πέραν, prep + gen, across (τὸ π. the other side)
¹⁹ προσέρχομαι 3p aor act ind, come/go to
²⁰ αἰτία, -ας f, reason
²¹ ἀναγινώσκω 2p aor act ind, read
²² κτίζω aor act ptc m s nom, create
²³ ἄρσην, -εν, gen -ενος, adj = noun, male/man
²⁴ θῆλυς, -εια/υ, adj = noun, female/woman

²⁵ ἕνεκα, prep + gen, because of
²⁶ καταλείπω 3s fut act ind, leave
²⁷ κολλάομαι 3s fut pas ind, unite with
²⁸ συζεύγνυμι 3s aor act ind, join together
²⁹ χωρίζω 3s pres act impv, separate
³⁰ ἐντέλλομαι 3s aor mid ind, command
³¹ δίδωμι aor act inf, give
³² ἀποστάσιον, -ου n, written notice of divorce (with or without βιβλίον)
³³ σκληροκαρδία, -ας f, stubbornness
³⁴ ἐπιτρέπω 3s aor act ind, let

9 λέγω δὲ ὑμῖν ὅτι ὃς ἂν ἀπολύσῃ τὴν γυναῖκα αὐτοῦ μὴ ἐπὶ πορνείᾳ[1] καὶ γαμήσῃ[2] ἄλλην μοιχᾶται[3]. 10 Λέγουσιν αὐτῷ οἱ μαθηταὶ [αὐτοῦ]· εἰ οὕτως ἐστὶν ἡ αἰτία[4] τοῦ ἀνθρώπου μετὰ τῆς γυναικός, οὐ συμφέρει[5] γαμῆσαι. 11 ὁ δὲ εἶπεν αὐτοῖς· οὐ πάντες χωροῦσιν[6] τὸν λόγον [τοῦτον] ἀλλ' οἷς δέδοται[7]. 12 εἰσὶν γὰρ εὐνοῦχοι[8] οἵτινες ἐκ κοιλίας[9] μητρὸς ἐγεννήθησαν οὕτως, καὶ εἰσὶν εὐνοῦχοι οἵτινες εὐνουχίσθησαν[10] ὑπὸ τῶν ἀνθρώπων, καὶ εἰσὶν εὐνοῦχοι οἵτινες εὐνούχισαν ἑαυτοὺς διὰ τὴν βασιλείαν τῶν οὐρανῶν. ὁ δυνάμενος χωρεῖν[11] χωρείτω.

Little Children Blessed (Mk 10.13-16; Lk 18.15-17)

13 Τότε προσηνέχθησαν[12] αὐτῷ παιδία ἵνα τὰς χεῖρας ἐπιθῇ[13] αὐτοῖς καὶ προσεύξηται· οἱ δὲ μαθηταὶ ἐπετίμησαν[14] αὐτοῖς. 14 ὁ δὲ Ἰησοῦς εἶπεν· ἄφετε[15] τὰ παιδία καὶ μὴ κωλύετε[16] αὐτὰ ἐλθεῖν πρός με, τῶν γὰρ τοιούτων ἐστὶν ἡ βασιλεία τῶν οὐρανῶν. 15 καὶ ἐπιθεὶς τὰς χεῖρας αὐτοῖς ἐπορεύθη ἐκεῖθεν[17].

The Rich Young Man (Mk 10.17-31; Lk 18.18-30)

16 Καὶ ἰδοὺ εἷς προσελθὼν[18] αὐτῷ εἶπεν· διδάσκαλε, τί ἀγαθὸν ποιήσω ἵνα σχῶ[19] ζωὴν αἰώνιον; 17 ὁ δὲ εἶπεν αὐτῷ· τί με ἐρωτᾷς περὶ τοῦ ἀγαθοῦ; εἷς ἐστιν ὁ ἀγαθός· εἰ δὲ θέλεις εἰς τὴν ζωὴν εἰσελθεῖν, τήρησον τὰς ἐντολάς. 18 λέγει αὐτῷ· ποίας; ὁ δὲ Ἰησοῦς εἶπεν· τὸ **οὐ φονεύσεις**[20], **οὐ μοιχεύσεις**[21], **οὐ κλέψεις**[22], **οὐ ψευδομαρτυρήσεις**[23], 19 τίμα[24] τὸν πατέρα καὶ τὴν μητέρα, καὶ ἀγαπήσεις τὸν πλησίον[25] σου ὡς σεαυτόν. 20 λέγει αὐτῷ ὁ νεανίσκος[26]· πάντα ταῦτα ἐφύλαξα[27]· τί ἔτι ὑστερῶ[28]; 21 ἔφη αὐτῷ ὁ Ἰησοῦς· εἰ θέλεις τέλειος[29] εἶναι, ὕπαγε πώλησόν[30] σου τὰ ὑπάρχοντα καὶ δὸς[31] [τοῖς] πτωχοῖς, καὶ ἕξεις θησαυρὸν[32] ἐν οὐρανοῖς, καὶ δεῦρο[33]

---

[1] πορνεία, -ας f, sexual immorality
[2] γαμέω 3s aor act sub, marry
[3] μοιχάω 3s pres pas ind, pas commit adultery
[4] αἰτία, -ας f, situation
[5] συμφέρω 3s pres act ind, impers it is better
[6] χωρέω 3p pres act ind, accept
[7] δίδωμι 3s pf pas ind, give
[8] εὐνοῦχος, -ου m, eunuch
[9] κοιλία, -ας f, womb (ἐκ κ. μητρός from birth)
[10] εὐνουχίζω 3p aor pas ind, castrate/make a eunuch of
[11] χωρέω pres act inf, accept
[12] προσφέρω 3p aor pas ind, bring
[13] ἐπιτίθημι 3s aor act sub, place
[14] ἐπιτιμάω 3p aor act ind, rebuke
[15] ἀφίημι 2p aor act impv, let
[16] κωλύω 2p pres act impv, (try to) stop
[17] ἐκεῖθεν, adv, from there
[18] προσέρχομαι aor act ptc m s nom, come/go to
[19] ἔχω 1s aor act sub, have
[20] φονεύω 2s fut act ind, murder
[21] μοιχεύω 2s fut act ind, commit adultery
[22] κλέπτω 2s fut act ind, steal
[23] ψευδομαρτυρέω 2s fut act ind, give false evidence
[24] τιμάω 2s pres act impv, honor
[25] πλησίον, prep + gen, near (ὁ π. neighbor/friend)
[26] νεανίσκος, -ου m, young man
[27] φυλάσσω 1s aor act ind, obey
[28] ὑστερέω 1s pres act ind, lack
[29] τέλειος, -α/ον, perfect
[30] πωλέω 2s aor act impv, sell
[31] δίδωμι 2s aor act impv, give
[32] θησαυρός, -οῦ m, treasure
[33] δεῦρο, interj, Come!

ἀκολούθει μοι. 22 ἀκούσας δὲ ὁ νεανίσκος τὸν λόγον ἀπῆλθεν λυπούμενος[1]· ἦν γὰρ ἔχων κτήματα[2] πολλά.

23 Ὁ δὲ Ἰησοῦς εἶπεν τοῖς μαθηταῖς αὐτοῦ· ἀμὴν λέγω ὑμῖν ὅτι πλούσιος[3] δυσκόλως[4] εἰσελεύσεται[5] εἰς τὴν βασιλείαν τῶν οὐρανῶν. 24 πάλιν δὲ λέγω ὑμῖν, εὐκοπώτερόν[6] ἐστιν κάμηλον[7] διὰ τρυπήματος[8] ῥαφίδος[9] διελθεῖν ἢ πλούσιον εἰσελθεῖν εἰς τὴν βασιλείαν τοῦ θεοῦ. 25 ἀκούσαντες δὲ οἱ μαθηταὶ ἐξεπλήσσοντο[10] σφόδρα[11] λέγοντες· τίς ἄρα δύναται σωθῆναι; 26 ἐμβλέψας[12] δὲ ὁ Ἰησοῦς εἶπεν αὐτοῖς· παρὰ ἀνθρώποις τοῦτο ἀδύνατόν[13] ἐστιν, παρὰ δὲ θεῷ πάντα δυνατά.

27 Τότε ἀποκριθεὶς ὁ Πέτρος εἶπεν αὐτῷ· ἰδοὺ ἡμεῖς ἀφήκαμεν[14] πάντα καὶ ἠκολουθήσαμέν σοι· τί ἄρα ἔσται ἡμῖν; 28 ὁ δὲ Ἰησοῦς εἶπεν αὐτοῖς· ἀμὴν λέγω ὑμῖν ὅτι ὑμεῖς οἱ ἀκολουθήσαντές μοι ἐν τῇ παλιγγενεσίᾳ[15], ὅταν καθίσῃ ὁ υἱὸς τοῦ ἀνθρώπου ἐπὶ θρόνου δόξης αὐτοῦ, καθήσεσθε καὶ ὑμεῖς ἐπὶ δώδεκα θρόνους κρίνοντες τὰς δώδεκα φυλὰς τοῦ Ἰσραήλ. 29 καὶ πᾶς ὅστις ἀφῆκεν[16] οἰκίας ἢ ἀδελφοὺς ἢ ἀδελφὰς[17] ἢ πατέρα ἢ μητέρα ἢ τέκνα ἢ ἀγροὺς ἕνεκεν[18] τοῦ ὀνόματός μου, ἑκατονταπλασίονα[19] λήμψεται[20] καὶ ζωὴν αἰώνιον κληρονομήσει[21]. 30 πολλοὶ δὲ ἔσονται πρῶτοι ἔσχατοι καὶ ἔσχατοι πρῶτοι.

The Workers in the Vineyard

20 Ὁμοία γάρ ἐστιν ἡ βασιλεία τῶν οὐρανῶν ἀνθρώπῳ οἰκοδεσπότῃ[22], ὅστις ἐξῆλθεν ἅμα[23] πρωΐ[24] μισθώσασθαι[25] ἐργάτας[26] εἰς τὸν ἀμπελῶνα[27] αὐτοῦ. 2 συμφωνήσας[28] δὲ μετὰ τῶν ἐργατῶν ἐκ δηναρίου[29] τὴν ἡμέραν ἀπέστειλεν[30] αὐτοὺς εἰς τὸν ἀμπελῶνα αὐτοῦ. 3 καὶ ἐξελθὼν περὶ τρίτην ὥραν εἶδεν ἄλλους ἑστῶτας ἐν τῇ ἀγορᾷ[31] ἀργοὺς[32] 4 καὶ ἐκείνοις εἶπεν· ὑπάγετε καὶ ὑμεῖς εἰς τὸν ἀμπελῶνα, καὶ ὃ ἐὰν ᾖ δίκαιον δώσω[33] ὑμῖν. 5 οἱ δὲ ἀπῆλθον. πάλιν [δὲ] ἐξελθὼν περὶ ἕκτην[34] καὶ ἐνάτην[35] ὥραν ἐποίησεν ὡσαύτως[36]. 6 περὶ δὲ τὴν

[1] λυπέω pres pas ptc m s nom, pas be sad
[2] κτῆμα, -τος n, possession
[3] πλούσιος, -α/ον, rich
[4] δυσκόλως, adv, with difficulty
[5] εἰσέρχομαι 3s fut mid ind, enter
[6] εὔκοπος, easy (comp)
[7] κάμηλος, -ου m & f, camel
[8] τρύπημα, -ατος n, eye (of a needle)
[9] ῥαφίς, -ίδος f, needle
[10] ἐκπλήσσω 3p impf pas ind, pas be amazed
[11] σφόδρα, adv, greatly
[12] ἐμβλέπω aor act ptc m s nom, look straight at
[13] ἀδύνατος, -ον, impossible
[14] ἀφίημι 1p aor act ind, leave
[15] παλιγγενεσία, -ας f, future world
[16] ἀφίημι 3s aor act ind, leave
[17] ἀδελφή, -ῆς f, sister
[18] ἕνεκα, prep + gen, because of
[19] ἑκατονταπλασίων, -ον, a hundred times as much
[20] λαμβάνω 3s fut mid ind, receive
[21] κληρονομέω 3s fut act ind, be given (something)
[22] οἰκοδεσπότης, -ου m, home owner
[23] ἅμα, prep + dat, at the same time (ἅμα πρωΐ early in the morning)
[24] πρωΐ, adv, (early) morning
[25] μισθόω aor mid inf, mid hire
[26] ἐργάτης, -ου m, worker
[27] ἀμπελών, -ῶνος m, vineyard
[28] συμφωνέω aor act ptc m s nom, agree (with)
[29] δηνάριον, -ου n, denarius (Roman silver coin = laborer's daily wage)
[30] ἀποστέλλω 3s aor act ind, send
[31] ἀγορά, -ᾶς f, market place
[32] ἀργός, -ή/όν, idle
[33] δίδωμι 1s fut act ind, give
[34] ἕκτος, -η/ον, sixth
[35] ἔνατος, -η/ον, ninth
[36] ὡσαύτως, adv, in the same way

ἑνδεκάτην[1] ἐξελθὼν εὗρεν[2] ἄλλους ἑστῶτας[3] καὶ λέγει αὐτοῖς· τί ὧδε ἑστήκατε[4] ὅλην τὴν ἡμέραν ἀργοί; **7** λέγουσιν αὐτῷ· ὅτι οὐδεὶς ἡμᾶς ἐμισθώσατο[5]. λέγει αὐτοῖς· ὑπάγετε καὶ ὑμεῖς εἰς τὸν ἀμπελῶνα. **8** ὀψίας[6] δὲ γενομένης λέγει ὁ κύριος τοῦ ἀμπελῶνος τῷ ἐπιτρόπῳ[7] αὐτοῦ· κάλεσον τοὺς ἐργάτας καὶ ἀπόδος[8] αὐτοῖς τὸν μισθὸν[9] ἀρξάμενος[10] ἀπὸ τῶν ἐσχάτων ἕως τῶν πρώτων. **9** καὶ ἐλθόντες οἱ περὶ τὴν ἑνδεκάτην ὥραν ἔλαβον ἀνὰ[11] δηνάριον. **10** καὶ ἐλθόντες οἱ πρῶτοι ἐνόμισαν[12] ὅτι πλεῖον[13] λήμψονται[14]· καὶ ἔλαβον [τὸ] ἀνὰ δηνάριον καὶ αὐτοί. **11** λαβόντες δὲ ἐγόγγυζον[15] κατὰ τοῦ οἰκοδεσπότου **12** λέγοντες· οὗτοι οἱ ἔσχατοι μίαν ὥραν ἐποίησαν, καὶ ἴσους[16] ἡμῖν αὐτοὺς ἐποίησας τοῖς βαστάσασιν[17] τὸ βάρος[18] τῆς ἡμέρας καὶ τὸν καύσωνα[19]. **13** ὁ δὲ ἀποκριθεὶς ἑνὶ αὐτῶν εἶπεν· ἑταῖρε[20], οὐκ ἀδικῶ[21] σε· οὐχὶ δηναρίου συνεφώνησάς[22] μοι; **14** ἆρον[23] τὸ σὸν[24] καὶ ὕπαγε. θέλω δὲ τούτῳ τῷ ἐσχάτῳ δοῦναι[25] ὡς καὶ σοί· **15** [ἢ] οὐκ ἔξεστίν μοι ὃ θέλω ποιῆσαι ἐν τοῖς ἐμοῖς; ἢ ὁ ὀφθαλμός σου πονηρός ἐστιν ὅτι ἐγὼ ἀγαθός εἰμι; **16** οὕτως ἔσονται οἱ ἔσχατοι πρῶτοι καὶ οἱ πρῶτοι ἔσχατοι.

A Third Time Jesus Foretells His Death and Resurrection (Mk 10.32-34; Lk 18.31-34)

17 Καὶ ἀναβαίνων ὁ Ἰησοῦς εἰς Ἱεροσόλυμα παρέλαβεν[26] τοὺς δώδεκα [μαθητὰς] κατ' ἰδίαν[27] καὶ ἐν τῇ ὁδῷ εἶπεν αὐτοῖς· **18** ἰδοὺ ἀναβαίνομεν εἰς Ἱεροσόλυμα, καὶ ὁ υἱὸς τοῦ ἀνθρώπου παραδοθήσεται[28] τοῖς ἀρχιερεῦσιν καὶ γραμματεῦσιν, καὶ κατακρινοῦσιν[29] αὐτὸν θανάτῳ **19** καὶ παραδώσουσιν αὐτὸν τοῖς ἔθνεσιν εἰς τὸ ἐμπαῖξαι[30] καὶ μαστιγῶσαι[31] καὶ σταυρῶσαι, καὶ τῇ τρίτῃ ἡμέρᾳ ἐγερθήσεται[32].

The Request for James and John (Mk 10.35-45)

20 Τότε προσῆλθεν[33] αὐτῷ ἡ μήτηρ τῶν υἱῶν Ζεβεδαίου μετὰ τῶν υἱῶν αὐτῆς προσκυνοῦσα καὶ αἰτοῦσά τι ἀπ' αὐτοῦ. **21** ὁ δὲ εἶπεν αὐτῇ· τί θέλεις; λέγει αὐτῷ·

[1] ἑνδέκατος, -η/ον, eleventh
[2] εὑρίσκω 3s aor act ind, find
[3] ἵστημι pf act ptc m p acc, intrans stand
[4] ἵστημι 2p pf act ind, intrans stand
[5] μισθόω 3s aor mid ind, mid hire
[6] ὀψίος, -α/ον, late (ἡ ὀψία f evening)
[7] ἐπίτροπος, -ου m, foreman
[8] ἀποδίδωμι 2s aor act impv, pay
[9] μισθός, -οῦ m, wages
[10] ἄρχω aor mid ptc m s nom, mid begin
[11] ἀνά, prep + acc, each (one)
[12] νομίζω 3p aor act ind, think
[13] πολύς, much (comp)
[14] λαμβάνω 3p fut mid ind, receive
[15] γογγύζω 3p impf act ind, grumble
[16] ἴσος, -η/ον, equal
[17] βαστάζω aor act ptc m p dat, bear
[18] βάρος, -ους n, burden
[19] καύσων, -ωνος m, (scorching) heat
[20] ἑταῖρος, -ου m, friend
[21] ἀδικέω 1s pres act ind, mistreat
[22] συμφωνέω 2s aor act ind, agree (with)
[23] αἴρω 2s aor act impv, take
[24] σός, σή, σόν, yours
[25] δίδωμι aor act inf, give
[26] παραλαμβάνω 3s aor act ind, take
[27] ἴδιος, -α/ον, one's own (κατ' ἰδίαν privately)
[28] παραδίδωμι 3s fut pas ind, betray/hand over
[29] κατακρίνω 3p fut act ind, condemn
[30] ἐμπαίζω aor act inf, make fun of
[31] μαστιγόω aor act inf, beat with a whip
[32] ἐγείρω 3s fut pas ind, raise (from death)
[33] προσέρχομαι 3s aor act ind, come/go to

εἰπὲ ἵνα καθίσωσιν οὗτοι οἱ δύο υἱοί μου εἷς ἐκ δεξιῶν σου καὶ εἷς ἐξ εὐωνύμων[1] σου ἐν τῇ βασιλείᾳ σου. **22** ἀποκριθεὶς δὲ ὁ Ἰησοῦς εἶπεν· οὐκ οἴδατε τί αἰτεῖσθε. δύνασθε πιεῖν τὸ ποτήριον ὃ ἐγὼ μέλλω πίνειν; λέγουσιν αὐτῷ· δυνάμεθα. **23** λέγει αὐτοῖς· τὸ μὲν ποτήριόν μου πίεσθε, τὸ δὲ καθίσαι ἐκ δεξιῶν μου καὶ ἐξ εὐωνύμων οὐκ ἔστιν ἐμὸν [τοῦτο] δοῦναι[2], ἀλλ' οἷς ἡτοίμασται ὑπὸ τοῦ πατρός μου. **24** Καὶ ἀκούσαντες οἱ δέκα[3] ἠγανάκτησαν[4] περὶ τῶν δύο ἀδελφῶν. **25** ὁ δὲ Ἰησοῦς προσκαλεσάμενος[5] αὐτοὺς εἶπεν· οἴδατε ὅτι οἱ ἄρχοντες τῶν ἐθνῶν κατακυριεύουσιν[6] αὐτῶν καὶ οἱ μεγάλοι κατεξουσιάζουσιν[7] αὐτῶν. **26** οὐχ οὕτως ἔσται ἐν ὑμῖν, ἀλλ' ὃς ἐὰν θέλῃ ἐν ὑμῖν μέγας γενέσθαι ἔσται ὑμῶν διάκονος[8], **27** καὶ ὃς ἂν θέλῃ ἐν ὑμῖν εἶναι πρῶτος ἔσται ὑμῶν δοῦλος· **28** ὥσπερ ὁ υἱὸς τοῦ ἀνθρώπου οὐκ ἦλθεν διακονηθῆναι ἀλλὰ διακονῆσαι καὶ δοῦναι τὴν ψυχὴν αὐτοῦ λύτρον[9] ἀντὶ[10] πολλῶν.

The Healing of Two Blind Men   (Mk 10.46-52; Lk 18.35-43)

29 Καὶ ἐκπορευομένων αὐτῶν ἀπὸ Ἰεριχὼ ἠκολούθησεν αὐτῷ ὄχλος πολύς. **30** καὶ ἰδοὺ δύο τυφλοὶ καθήμενοι παρὰ τὴν ὁδὸν ἀκούσαντες ὅτι Ἰησοῦς παράγει[11], ἔκραξαν λέγοντες· ἐλέησον[12] ἡμᾶς, [κύριε,] υἱὸς Δαυίδ. **31** ὁ δὲ ὄχλος ἐπετίμησεν[13] αὐτοῖς ἵνα σιωπήσωσιν[14]· οἱ δὲ μεῖζον[15] ἔκραξαν λέγοντες· ἐλέησον ἡμᾶς, κύριε, υἱὸς Δαυίδ. **32** καὶ στὰς[16] ὁ Ἰησοῦς ἐφώνησεν αὐτοὺς καὶ εἶπεν· τί θέλετε ποιήσω ὑμῖν; **33** λέγουσιν αὐτῷ· κύριε, ἵνα ἀνοιγῶσιν οἱ ὀφθαλμοὶ ἡμῶν. **34** σπλαγχνισθεὶς[17] δὲ ὁ Ἰησοῦς ἥψατο[18] τῶν ὀμμάτων[19] αὐτῶν, καὶ εὐθέως ἀνέβλεψαν[20] καὶ ἠκολούθησαν αὐτῷ.

The Triumphal Entry into Jerusalem   (Mk 11.1-11; Lk 19.28-38; Jn 12.12-19)

21 Καὶ ὅτε ἤγγισαν[21] εἰς Ἱεροσόλυμα καὶ ἦλθον εἰς Βηθφαγὴ εἰς τὸ ὄρος τῶν ἐλαιῶν[22], τότε Ἰησοῦς ἀπέστειλεν[23] δύο μαθητὰς **2** λέγων αὐτοῖς· πορεύεσθε εἰς τὴν κώμην[24] τὴν κατέναντι[25] ὑμῶν, καὶ εὐθέως εὑρήσετε[26] ὄνον[27] δεδεμένην[28] καὶ πῶλον[29] μετ' αὐτῆς· λύσαντες ἀγάγετέ[30] μοι. **3** καὶ ἐάν τις ὑμῖν εἴπῃ[31]

---

[1] εὐώνυμος, -ον, left (opposite right)
[2] δίδωμι *aor act inf*, give
[3] δέκα, ten
[4] ἀγανακτέω *3p aor act ind*, be angry
[5] προσκαλέομαι *aor mid ptc m s nom*, call to oneself
[6] κατακυριεύω *3p pres act ind*, have power over
[7] κατεξουσιάζω *3p pres act ind*, exercise authority over
[8] διάκονος, -ου *m & f*, servant
[9] λύτρον, -ου *n*, means of release
[10] ἀντί, *prep + gen*, for/in behalf of
[11] παράγω *3s pres act ind*, pass by
[12] ἐλεέω/ἐλεάω *2s aor act impv*, have mercy on
[13] ἐπιτιμάω *3s aor act ind*, rebuke
[14] σιωπάω *3p aor act sub*, be silent
[15] μεῖζον, *adv*, louder
[16] ἵστημι *aor act ptc m s nom*, *intrans* stand
[17] σπλαγχνίζομαι *aor pas ptc m s nom*, have pity
[18] ἅπτω *3s aor mid ind*, *mid* touch
[19] ὄμμα, -τος *n*, eye
[20] ἀναβλέπω *3p aor act ind*, regain one's sight
[21] ἐγγίζω *3p aor act ind*, come near
[22] ἐλαία, -ας *f*, olive
[23] ἀποστέλλω *3s aor act ind*, send
[24] κώμη, -ης *f*, village
[25] κατέναντι, *prep + gen*, opposite
[26] εὑρίσκω *2p aor act ind*, find
[27] ὄνος, -ου *m & f*, donkey
[28] δέω *pf pas ptc f s acc*, tie up
[29] πῶλος, -ου *m*, colt
[30] ἄγω *2p aor act impv*, bring
[31] λέγω *3s aor act sub*, say

τι, ἐρεῖτε¹ ὅτι ὁ κύριος αὐτῶν χρείαν ἔχει· εὐθὺς δὲ ἀποστελεῖ αὐτούς. **4** τοῦτο δὲ γέγονεν ἵνα πληρωθῇ τὸ ῥηθὲν² διὰ τοῦ προφήτου λέγοντος·
5 εἴπατε τῇ θυγατρὶ³ Σιών·
ἰδοὺ ὁ βασιλεύς σου ἔρχεταί σοι
πραῢς⁴ καὶ ἐπιβεβηκὼς⁵ ἐπὶ ὄνον⁶
καὶ ἐπὶ πῶλον υἱὸν ὑποζυγίου⁷.

6 πορευθέντες δὲ οἱ μαθηταὶ καὶ ποιήσαντες καθὼς συνέταξεν⁸ αὐτοῖς ὁ Ἰησοῦς **7** ἤγαγον⁹ τὴν ὄνον καὶ τὸν πῶλον καὶ ἐπέθηκαν¹⁰ ἐπ' αὐτῶν τὰ ἱμάτια, καὶ ἐπεκάθισεν¹¹ ἐπάνω¹² αὐτῶν. **8** ὁ δὲ πλεῖστος¹³ ὄχλος ἔστρωσαν¹⁴ ἑαυτῶν τὰ ἱμάτια ἐν τῇ ὁδῷ, ἄλλοι δὲ ἔκοπτον¹⁵ κλάδους¹⁶ ἀπὸ τῶν δένδρων¹⁷ καὶ ἐστρώννυον ἐν τῇ ὁδῷ. **9** οἱ δὲ ὄχλοι οἱ προάγοντες¹⁸ αὐτὸν καὶ οἱ ἀκολουθοῦντες ἔκραζον λέγοντες·
ὡσαννὰ¹⁹ τῷ υἱῷ Δαυίδ·
εὐλογημένος ὁ ἐρχόμενος ἐν ὀνόματι κυρίου·
ὡσαννὰ ἐν τοῖς ὑψίστοις²⁰.

10 Καὶ εἰσελθόντος αὐτοῦ εἰς Ἱεροσόλυμα ἐσείσθη²¹ πᾶσα ἡ πόλις λέγουσα· τίς ἐστιν οὗτος; **11** οἱ δὲ ὄχλοι ἔλεγον· οὗτός ἐστιν ὁ προφήτης Ἰησοῦς ὁ ἀπὸ Ναζαρὲθ τῆς Γαλιλαίας.

The Cleansing of the Temple   (Mk 11.15-19; Lk 19.45-48; Jn 2.13-22)

12 Καὶ εἰσῆλθεν Ἰησοῦς εἰς τὸ ἱερὸν καὶ ἐξέβαλεν²² πάντας τοὺς πωλοῦντας²³ καὶ ἀγοράζοντας ἐν τῷ ἱερῷ, καὶ τὰς τραπέζας²⁴ τῶν κολλυβιστῶν²⁵ κατέστρεψεν²⁶ καὶ τὰς καθέδρας²⁷ τῶν πωλούντων τὰς περιστεράς²⁸, **13** καὶ λέγει αὐτοῖς· γέγραπται·
ὁ οἶκός μου οἶκος προσευχῆς κληθήσεται,
ὑμεῖς δὲ αὐτὸν ποιεῖτε σπήλαιον²⁹ λῃστῶν³⁰.
14 καὶ προσῆλθον³¹ αὐτῷ τυφλοὶ καὶ χωλοὶ³² ἐν τῷ ἱερῷ, καὶ ἐθεράπευσεν αὐτούς.
15 ἰδόντες δὲ οἱ ἀρχιερεῖς καὶ οἱ γραμματεῖς τὰ θαυμάσια³³ ἃ ἐποίησεν καὶ τοὺς

¹ λέγω 2p fut act ind, say
² λέγω aor pas ptc n s nom, say
³ θυγάτηρ, -τρός f, daughter
⁴ πραΰς, πραεῖα, πραΰ, humble/gentle
⁵ ἐπιβαίνω pf act ptc m s nom, ride
⁶ ὄνος, -ου m & f, donkey
⁷ ὑποζύγιον, -ου n, donkey
⁸ συντάσσω 3s aor act ind, instruct
⁹ ἄγω 3p aor act ind, bring
¹⁰ ἐπιτίθημι 3p aor act ind, place
¹¹ ἐπικαθίζω 3s aor act ind, sit
¹² ἐπάνω, prep + gen, on
¹³ πολύς, large (super)
¹⁴ στρώννυμι 3p aor act ind, spread
¹⁵ κόπτω 3p impf act ind, cut
¹⁶ κλάδος, -ου m, branch
¹⁷ δένδρον, -ου n, tree
¹⁸ προάγω pres act ptc m p nom, go ahead of
¹⁹ ὡσαννά, Aramaic word, hosanna/Please save us!
²⁰ ὕψιστος, highest (ἐν τοῖς ὑ. in the highest heaven)
²¹ σείω 3s aor pas ind, stir up
²² ἐκβάλλω 3s aor act ind, force out
²³ πωλέω pres act ptc m p acc, sell
²⁴ τράπεζα, -ης f, table
²⁵ κολλυβιστής, -οῦ m, money-changer
²⁶ καταστρέφω 3s aor act ind, overturn
²⁷ καθέδρα, -ας f, seat
²⁸ περιστερά, -ᾶς f, dove/pigeon
²⁹ σπήλαιον, -ου n, hideout
³⁰ λῃστής, -οῦ m, robber
³¹ προσέρχομαι 3p aor act ind, come/go to
³² χωλός, -ή/όν, lame
³³ θαυμάσιος, -α/ον, wonderful (thing)

παῖδας¹ τοὺς κράζοντας ἐν τῷ ἱερῷ καὶ λέγοντας· ὡσαννὰ τῷ υἱῷ Δαυίδ, ἠγανάκτησαν² 16 καὶ εἶπαν αὐτῷ· ἀκούεις τί οὗτοι λέγουσιν; ὁ δὲ Ἰησοῦς λέγει αὐτοῖς· ναί. οὐδέποτε³ ἀνέγνωτε⁴ ὅτι

ἐκ στόματος νηπίων⁵ καὶ θηλαζόντων⁶ κατηρτίσω⁷ αἶνον⁸;

17 καὶ καταλιπὼν⁹ αὐτοὺς ἐξῆλθεν ἔξω τῆς πόλεως εἰς Βηθανίαν καὶ ηὐλίσθη¹⁰ ἐκεῖ.

The Cursing of the Fig Tree (Mk 11.12-14, 20-24)

18 Πρωΐ¹¹ δὲ ἐπανάγων¹² εἰς τὴν πόλιν ἐπείνασεν¹³. 19 καὶ ἰδὼν συκῆν¹⁴ μίαν ἐπὶ τῆς ὁδοῦ ἦλθεν ἐπ' αὐτὴν καὶ οὐδὲν εὗρεν¹⁵ ἐν αὐτῇ εἰ μὴ φύλλα¹⁶ μόνον, καὶ λέγει αὐτῇ· μηκέτι¹⁷ ἐκ σοῦ καρπὸς γένηται εἰς τὸν αἰῶνα. καὶ ἐξηράνθη¹⁸ παραχρῆμα¹⁹ ἡ συκῆ.

20 Καὶ ἰδόντες οἱ μαθηταὶ ἐθαύμασαν λέγοντες· πῶς παραχρῆμα ἐξηράνθη ἡ συκῆ; 21 ἀποκριθεὶς δὲ ὁ Ἰησοῦς εἶπεν αὐτοῖς· ἀμὴν λέγω ὑμῖν, ἐὰν ἔχητε πίστιν καὶ μὴ διακριθῆτε²⁰, οὐ μόνον τὸ τῆς συκῆς ποιήσετε, ἀλλὰ κἂν²¹ τῷ ὄρει τούτῳ εἴπητε· ἄρθητι²² καὶ βλήθητι²³ εἰς τὴν θάλασσαν, γενήσεται²⁴. 22 καὶ πάντα ὅσα ἂν αἰτήσητε ἐν τῇ προσευχῇ πιστεύοντες λήμψεσθε²⁵.

The Authority of Jesus Questioned (Mk 11.27-33; Lk 20.1-8)

23 Καὶ ἐλθόντος αὐτοῦ εἰς τὸ ἱερὸν προσῆλθον²⁶ αὐτῷ διδάσκοντι οἱ ἀρχιερεῖς καὶ οἱ πρεσβύτεροι τοῦ λαοῦ λέγοντες· ἐν ποίᾳ ἐξουσίᾳ ταῦτα ποιεῖς; καὶ τίς σοι ἔδωκεν τὴν ἐξουσίαν ταύτην; 24 ἀποκριθεὶς δὲ ὁ Ἰησοῦς εἶπεν αὐτοῖς· ἐρωτήσω ὑμᾶς κἀγὼ λόγον ἕνα, ὃν ἐὰν εἴπητέ μοι κἀγὼ ὑμῖν ἐρῶ²⁷ ἐν ποίᾳ ἐξουσίᾳ ταῦτα ποιῶ· 25 τὸ βάπτισμα²⁸ τὸ Ἰωάννου πόθεν²⁹ ἦν; ἐξ οὐρανοῦ ἢ ἐξ ἀνθρώπων; οἱ δὲ διελογίζοντο³⁰ ἐν ἑαυτοῖς λέγοντες· ἐὰν εἴπωμεν³¹· ἐξ οὐρανοῦ, ἐρεῖ³² ἡμῖν· διὰ τί οὖν οὐκ ἐπιστεύσατε αὐτῷ; 26 ἐὰν δὲ εἴπωμεν· ἐξ ἀνθρώπων, φοβούμεθα τὸν ὄχλον, πάντες γὰρ ὡς προφήτην ἔχουσιν τὸν Ἰωάννην. 27 καὶ ἀποκριθέντες τῷ Ἰησοῦ εἶπαν· οὐκ οἴδαμεν. ἔφη αὐτοῖς καὶ αὐτός· οὐδὲ ἐγὼ λέγω ὑμῖν ἐν ποίᾳ ἐξουσίᾳ ταῦτα ποιῶ.

---

1 παῖς, παιδός m & f, child
2 ἀγανακτέω 3p aor act ind, be angry
3 οὐδέποτε, adv, never
4 ἀναγινώσκω 2p aor act ind, read
5 νήπιος, -α/ον, adj = noun, infant
6 θηλάζω pres act ptc m p gen, nurse (ὁ θ. unweaned child)
7 καταρτίζω 2s aor mid ind, mid bring about
8 αἶνος, -ου m, praise
9 καταλείπω aor act ptc m s nom, leave
10 αὐλίζομαι 3s aor pas ind, spend the night
11 πρωΐ, adv, (early) morning
12 ἐπανάγω pres act ptc m s nom, return
13 πεινάω 3s aor act ind, be hungry
14 συκῆ, -ῆς f, fig tree
15 εὑρίσκω 3s aor act ind, find
16 φύλλον, -ου n, leaf
17 μηκέτι, adv, no longer
18 ξηραίνω 3s aor pas ind, dry up
19 παραχρῆμα, adv, at once
20 διακρίνω 2p aor pas sub, pas doubt
21 κἂν, = καὶ ἐάν, and if
22 αἴρω 2s aor pas impv, take up
23 βάλλω 2s aor pas impv, throw
24 γίνομαι 3s fut mid ind, happen
25 λαμβάνω 2p fut mid ind, receive
26 προσέρχομαι 3p aor act ind, come/go to
27 λέγω 1s fut act ind, tell
28 βάπτισμα, -τος n, baptism
29 πόθεν, adv, from where?
30 διαλογίζομαι 3p impf mid ind, discuss
31 λέγω 1p aor act sub, say
32 λέγω 3s fut act ind, say

The Parable of the Two Sons

28 Τί δὲ ὑμῖν δοκεῖ; ἄνθρωπος εἶχεν τέκνα δύο. καὶ προσελθὼν¹ τῷ πρώτῳ εἶπεν· τέκνον, ὕπαγε σήμερον ἐργάζου ἐν τῷ ἀμπελῶνι². **29** ὁ δὲ ἀποκριθεὶς εἶπεν· οὐ θέλω, ὕστερον³ δὲ μεταμεληθεὶς⁴ ἀπῆλθεν. **30** προσελθὼν δὲ τῷ ἑτέρῳ εἶπεν ὡσαύτως⁵. ὁ δὲ ἀποκριθεὶς εἶπεν· ἐγώ, κύριε, καὶ οὐκ ἀπῆλθεν. **31** τίς ἐκ τῶν δύο ἐποίησεν τὸ θέλημα τοῦ πατρός; λέγουσιν· ὁ πρῶτος. λέγει αὐτοῖς ὁ Ἰησοῦς· ἀμὴν λέγω ὑμῖν ὅτι οἱ τελῶναι⁶ καὶ αἱ πόρναι⁷ προάγουσιν⁸ ὑμᾶς εἰς τὴν βασιλείαν τοῦ θεοῦ. **32** ἦλθεν γὰρ Ἰωάννης πρὸς ὑμᾶς ἐν ὁδῷ δικαιοσύνης, καὶ οὐκ ἐπιστεύσατε αὐτῷ, οἱ δὲ τελῶναι καὶ αἱ πόρναι ἐπίστευσαν αὐτῷ· ὑμεῖς δὲ ἰδόντες οὐδὲ μετεμελήθητε ὕστερον τοῦ πιστεῦσαι αὐτῷ.

The Parable of the Vineyard and the Tenants (Mk 12.1-12; Lk 20.9-19)

33 Ἄλλην παραβολὴν ἀκούσατε. ἄνθρωπος ἦν οἰκοδεσπότης⁹ ὅστις ἐφύτευσεν¹⁰ ἀμπελῶνα¹¹ καὶ φραγμὸν¹² αὐτῷ περιέθηκεν¹³ καὶ ὤρυξεν¹⁴ ἐν αὐτῷ ληνὸν¹⁵ καὶ ᾠκοδόμησεν πύργον¹⁶ καὶ ἐξέδετο¹⁷ αὐτὸν γεωργοῖς¹⁸ καὶ ἀπεδήμησεν¹⁹. **34** ὅτε δὲ ἤγγισεν²⁰ ὁ καιρὸς τῶν καρπῶν, ἀπέστειλεν²¹ τοὺς δούλους αὐτοῦ πρὸς τοὺς γεωργοὺς λαβεῖν τοὺς καρποὺς αὐτοῦ. **35** καὶ λαβόντες οἱ γεωργοὶ τοὺς δούλους αὐτοῦ ὃν μὲν ἔδειραν²², ὃν δὲ ἀπέκτειναν, ὃν δὲ ἐλιθοβόλησαν²³. **36** πάλιν ἀπέστειλεν ἄλλους δούλους πλείονας²⁴ τῶν πρώτων, καὶ ἐποίησαν αὐτοῖς ὡσαύτως²⁵. **37** ὕστερον²⁶ δὲ ἀπέστειλεν πρὸς αὐτοὺς τὸν υἱὸν αὐτοῦ λέγων· ἐντραπήσονται²⁷ τὸν υἱόν μου. **38** οἱ δὲ γεωργοὶ ἰδόντες τὸν υἱὸν εἶπον ἐν ἑαυτοῖς· οὗτός ἐστιν ὁ κληρονόμος²⁸· δεῦτε²⁹ ἀποκτείνωμεν αὐτὸν καὶ σχῶμεν³⁰ τὴν κληρονομίαν³¹ αὐτοῦ, **39** καὶ λαβόντες αὐτὸν ἐξέβαλον³² ἔξω τοῦ ἀμπελῶνος καὶ ἀπέκτειναν. **40** ὅταν οὖν ἔλθῃ³³ ὁ κύριος τοῦ ἀμπελῶνος, τί ποιήσει τοῖς γεωργοῖς ἐκείνοις; **41** λέγουσιν αὐτῷ· κακοὺς κακῶς³⁴ ἀπολέσει³⁵ αὐτοὺς καὶ τὸν ἀμπελῶνα ἐκδώσεται ἄλλοις γεωργοῖς, οἵτινες ἀποδώσουσιν³⁶ αὐτῷ τοὺς καρποὺς ἐν τοῖς καιροῖς αὐτῶν.

---

¹ προσέρχομαι *aor act ptc m s nom*, come/go to
² ἀμπελών, -ῶνος *m*, vineyard
³ ὕστερον, *adv*, later
⁴ μεταμέλομαι *aor pas ptc m s nom*, change one's mind
⁵ ὡσαύτως, *adv*, in the same way
⁶ τελώνης, -ου *m*, tax-collector
⁷ πόρνη, -ης *f*, prostitute
⁸ προάγω *3p pres act ind*, go ahead of
⁹ οἰκοδεσπότης, -ου *m*, land owner
¹⁰ ἐφύτευσεν *3s aor act ind*, plant
¹¹ ἀμπελών, -ῶνος *m*, vineyard
¹² φραγμός, -οῦ *m*, wall
¹³ περιτίθημι *3s aor act ind*, put around
¹⁴ ὀρύσσω *3s aor act ind*, dig
¹⁵ ληνός, -οῦ *f*, wine press
¹⁶ πύργος, -ου *m*, tower
¹⁷ ἐκδίδωμι *3s aor mid ind*, rent (out)
¹⁸ γεωργός, -οῦ *m*, farmer
¹⁹ ἀποδημέω *3s aor act ind*, leave (the country)
²⁰ ἐγγίζω *3s aor act ind*, come near
²¹ ἀποστέλλω *3s aor act ind*, send
²² δέρω *3p aor act ind*, beat
²³ λιθοβολέω *3p aor act ind*, stone
²⁴ πολύς, many (comp)
²⁵ ὡσαύτως, *adv*, in the same way
²⁶ ὕστερον, *adv*, later
²⁷ ἐντρέπω *3p fut pas ind*, pas respect
²⁸ κληρονόμος, -ου *m*, heir
²⁹ δεῦτε, *interj*, Come!
³⁰ ἔχω *1p aor act sub*, get
³¹ κληρονομία, -ας *f*, property
³² ἐκβάλλω *3p aor act ind*, throw out
³³ ἔρχομαι *3s aor act sub*, come
³⁴ κακῶς, *adv*, in some horrible way
³⁵ ἀπόλλυμι *3s fut act ind*, kill
³⁶ ἀποδίδωμι *3p fut act ind*, give

42 Λέγει αὐτοῖς ὁ Ἰησοῦς· οὐδέποτε¹ ἀνέγνωτε² ἐν ταῖς γραφαῖς·
λίθον ὃν ἀπεδοκίμασαν³ οἱ οἰκοδομοῦντες,
οὗτος ἐγενήθη εἰς κεφαλὴν γωνίας⁴·
παρὰ κυρίου ἐγένετο αὕτη
καὶ ἔστιν θαυμαστὴ⁵ ἐν ὀφθαλμοῖς ἡμῶν;
43 διὰ τοῦτο λέγω ὑμῖν ὅτι ἀρθήσεται⁶ ἀφ᾿ ὑμῶν ἡ βασιλεία τοῦ θεοῦ καὶ δοθήσεται⁷ ἔθνει ποιοῦντι τοὺς καρποὺς αὐτῆς. [**44** καὶ ὁ πεσὼν⁸ ἐπὶ τὸν λίθον τοῦτον συνθλασθήσεται⁹· ἐφ᾿ ὃν δ᾿ ἂν πέσῃ λικμήσει¹⁰ αὐτόν.]
45 Καὶ ἀκούσαντες οἱ ἀρχιερεῖς καὶ οἱ Φαρισαῖοι τὰς παραβολὰς αὐτοῦ ἔγνωσαν¹¹ ὅτι περὶ αὐτῶν λέγει· **46** καὶ ζητοῦντες αὐτὸν κρατῆσαι ἐφοβήθησαν τοὺς ὄχλους, ἐπεὶ¹² εἰς προφήτην αὐτὸν εἶχον.

The Parable of the Marriage Feast (Lk 14.15-24)

22 Καὶ ἀποκριθεὶς ὁ Ἰησοῦς πάλιν εἶπεν ἐν παραβολαῖς αὐτοῖς λέγων· **2** ὡμοιώθη¹³ ἡ βασιλεία τῶν οὐρανῶν ἀνθρώπῳ βασιλεῖ, ὅστις ἐποίησεν γάμους¹⁴ τῷ υἱῷ αὐτοῦ. **3** καὶ ἀπέστειλεν¹⁵ τοὺς δούλους αὐτοῦ καλέσαι τοὺς κεκλημένους εἰς τοὺς γάμους, καὶ οὐκ ἤθελον ἐλθεῖν. **4** πάλιν ἀπέστειλεν ἄλλους δούλους λέγων· εἴπατε τοῖς κεκλημένοις· ἰδοὺ τὸ ἄριστόν¹⁶ μου ἡτοίμακα, οἱ ταῦροί¹⁷ μου καὶ τὰ σιτιστὰ¹⁸ τεθυμένα¹⁹ καὶ πάντα ἕτοιμα²⁰. δεῦτε²¹ εἰς τοὺς γάμους. **5** οἱ δὲ ἀμελήσαντες²² ἀπῆλθον, ὃς μὲν εἰς τὸν ἴδιον ἀγρόν, ὃς δὲ ἐπὶ τὴν ἐμπορίαν²³ αὐτοῦ· **6** οἱ δὲ λοιποὶ κρατήσαντες τοὺς δούλους αὐτοῦ ὕβρισαν²⁴ καὶ ἀπέκτειναν. **7** ὁ δὲ βασιλεὺς ὠργίσθη²⁵ καὶ πέμψας²⁶ τὰ στρατεύματα²⁷ αὐτοῦ ἀπώλεσεν²⁸ τοὺς φονεῖς²⁹ ἐκείνους καὶ τὴν πόλιν αὐτῶν ἐνέπρησεν³⁰. **8** τότε λέγει τοῖς δούλοις αὐτοῦ· ὁ μὲν γάμος ἕτοιμός ἐστιν, οἱ δὲ κεκλημένοι οὐκ ἦσαν ἄξιοι· **9** πορεύεσθε οὖν ἐπὶ τὰς διεξόδους³¹ τῶν ὁδῶν καὶ ὅσους ἐὰν εὕρητε³² καλέσατε εἰς τοὺς γάμους. **10** καὶ ἐξελθόντες οἱ δοῦλοι ἐκεῖνοι εἰς τὰς ὁδοὺς συνήγαγον

---

[1] οὐδέποτε, *adv*, never
[2] ἀναγινώσκω 2*p aor act ind*, read
[3] ἀποδοκιμάζω 3*p aor act ind*, reject
[4] γωνία, -ας *f*, corner (κεφαλὴ γ. main corner stone)
[5] θαυμαστός, -ή/όν, marvelous
[6] αἴρω 3*s fut pas ind*, take away
[7] δίδωμι 3*s fut pas ind*, give
[8] πίπτω *aor act ptc m s nom*, fall
[9] συνθλάω 3*s fut pas ind*, smash to pieces
[10] λικμάω 3*s fut act ind*, crush
[11] γινώσκω 3*p aor act ind*, know
[12] ἐπεί, *conj*, because
[13] ὁμοιόω 3*s aor pas ind*, *pas* be like
[14] γάμος, -ου *m*, wedding banquet
[15] ἀποστέλλω 3*s aor act ind*, send
[16] ἄριστον, -ου *n*, banquet
[17] ταῦρος, -ου *m*, ox
[18] σιτιστός, -ή/όν, fattened (τὰ σ. fattened calves)
[19] θύω *pf pas ptc n p nom*, slaughter
[20] ἕτοιμος, -η/ον, ready
[21] δεῦτε, *interj*, come
[22] ἀμελέω *aor act ptc m p nom*, disregard
[23] ἐμπορία, -ας *f*, business
[24] ὑβρίζω 3*p aor act ind*, mistreat
[25] ὀργίζω 3*s aor pas ind*, *pas* be angry
[26] πέμπω *aor act ptc m s nom*, send
[27] στράτευμα, -τος *n*, troops
[28] ἀπόλλυμι 3*s aor act ind*, kill
[29] φονεύς, -έως *m*, murderer
[30] ἐμπίμπρημι 3*s aor act ind*, burn down
[31] διέξοδος, -ου *f*, street crossing (δ. τῶν ὁδῶν *perhaps* where the roads leave the city/the main roads)
[32] εὑρίσκω 2*p aor act sub*, find

πάντας οὓς εὗρον, πονηρούς τε καὶ ἀγαθούς· καὶ ἐπλήσθη¹ ὁ γάμος ἀνακειμένων².
11 εἰσελθὼν δὲ ὁ βασιλεὺς θεάσασθαι³ τοὺς ἀνακειμένους εἶδεν ἐκεῖ ἄνθρωπον οὐκ ἐνδεδυμένον⁴ ἔνδυμα⁵ γάμου, 12 καὶ λέγει αὐτῷ· ἑταῖρε⁶, πῶς εἰσῆλθες ὧδε μὴ ἔχων ἔνδυμα γάμου; ὁ δὲ ἐφιμώθη⁷. 13 τότε ὁ βασιλεὺς εἶπεν τοῖς διακόνοις⁸· δήσαντες⁹ αὐτοῦ πόδας καὶ χεῖρας ἐκβάλετε¹⁰ αὐτὸν εἰς τὸ σκότος τὸ ἐξώτερον¹¹· ἐκεῖ ἔσται ὁ κλαυθμὸς¹² καὶ ὁ βρυγμὸς¹³ τῶν ὀδόντων¹⁴. 14 πολλοὶ γάρ εἰσιν κλητοί¹⁵, ὀλίγοι δὲ ἐκλεκτοί¹⁶.

Paying Taxes to Caesar (Mk 12.13-17; Lk 20.20-26)

15 Τότε πορευθέντες οἱ Φαρισαῖοι συμβούλιον¹⁷ ἔλαβον ὅπως αὐτὸν παγιδεύσωσιν¹⁸ ἐν λόγῳ. 16 καὶ ἀποστέλλουσιν αὐτῷ τοὺς μαθητὰς αὐτῶν μετὰ τῶν Ἡρῳδιανῶν¹⁹ λέγοντες· διδάσκαλε, οἴδαμεν ὅτι ἀληθής²⁰ εἶ καὶ τὴν ὁδὸν τοῦ θεοῦ ἐν ἀληθείᾳ διδάσκεις καὶ οὐ μέλει²¹ σοι περὶ οὐδενός· οὐ γὰρ βλέπεις εἰς πρόσωπον ἀνθρώπων, 17 εἰπὲ οὖν ἡμῖν τί σοι δοκεῖ· ἔξεστιν δοῦναι κῆνσον²² Καίσαρι ἢ οὔ; 18 γνοὺς²³ δὲ ὁ Ἰησοῦς τὴν πονηρίαν²⁴ αὐτῶν εἶπεν· τί με πειράζετε, ὑποκριταί²⁵; 19 ἐπιδείξατέ²⁶ μοι τὸ νόμισμα²⁷ τοῦ κήνσου. οἱ δὲ προσήνεγκαν²⁸ αὐτῷ δηνάριον²⁹. 20 καὶ λέγει αὐτοῖς· τίνος ἡ εἰκὼν³⁰ αὕτη καὶ ἡ ἐπιγραφή³¹; 21 λέγουσιν αὐτῷ· Καίσαρος. τότε λέγει αὐτοῖς· ἀπόδοτε³² οὖν τὰ Καίσαρος Καίσαρι καὶ τὰ τοῦ θεοῦ τῷ θεῷ. 22 καὶ ἀκούσαντες ἐθαύμασαν, καὶ ἀφέντες³³ αὐτὸν ἀπῆλθαν.

The Question about the Resurrection (Mk 12.18-27; Lk 20.27-40)

23 Ἐν ἐκείνῃ τῇ ἡμέρᾳ προσῆλθον³⁴ αὐτῷ Σαδδουκαῖοι, λέγοντες μὴ εἶναι ἀνάστασιν, καὶ ἐπηρώτησαν αὐτὸν 24 λέγοντες· διδάσκαλε, Μωϋσῆς εἶπεν· ἐάν τις ἀποθάνῃ³⁵ μὴ ἔχων τέκνα, ἐπιγαμβρεύσει³⁶ ὁ ἀδελφὸς αὐτοῦ τὴν γυναῖκα αὐτοῦ

---

¹ πίμπλημι 3s aor pas ind, fill
² ἀνάκειμαι pres mid ptc m p gen, be a dinner guest
³ θεάομαι aor mid inf, see
⁴ ἐνδύω pf mid ptc m s acc, mid wear
⁵ ἔνδυμα, -τος n, clothing
⁶ ἑταῖρος, -ου m, friend
⁷ φιμόω 3s aor pas ind, pas be speechless
⁸ διάκονος, -ου m & f, servant
⁹ δέω aor act ptc m p nom, tie up
¹⁰ ἐκβάλλω 2p aor act impv, throw out
¹¹ ἐξώτερος, outer (comp)
¹² κλαυθμός, -οῦ m, bitter crying
¹³ βρυγμός, -οῦ m, gritting
¹⁴ ὀδούς, ὀδόντος m, tooth
¹⁵ κλητός, -ή/όν, invited
¹⁶ ἐκλεκτός, -ή/όν, chosen
¹⁷ συμβούλιον, -ου n, plan (συμ. λαμβάνω plan)
¹⁸ παγιδεύω 3p aor act sub, trap
¹⁹ Ἡρῳδιανοί, -ῶν m, Herodians (partisans of the Herodian family)
²⁰ ἀληθής, -ές, honest
²¹ μέλει 3s pres act ind, impers it is of concern
²² κῆνσος, -ου m, tax
²³ γινώσκω aor act ptc m s nom, know
²⁴ πονηρία, -ας f, evil intention
²⁵ ὑποκριτής, -οῦ m, hypocrite
²⁶ ἐπιδείκνυμι 2p aor act impv, show
²⁷ νόμισμα, -τος n, coin
²⁸ προσφέρω 3p aor act ind, bring to
²⁹ δηνάριον, -ου n, denarius (Roman silver coin = laborer's daily wage)
³⁰ εἰκών, -όνος f, picture
³¹ ἐπιγραφή, -ῆς f, name
³² ἀποδίδωμι 2p aor act impv, give
³³ ἀφίημι aor act ptc m p nom, leave
³⁴ προσέρχομαι 3p aor act ind, come/go to
³⁵ ἀποθνῄσκω 3s aor act sub, die
³⁶ ἐπιγαμβρεύω 3s fut act ind, marry

καὶ ἀναστήσει σπέρμα τῷ ἀδελφῷ αὐτοῦ. 25 ἦσαν δὲ παρ' ἡμῖν ἑπτὰ ἀδελφοί· καὶ ὁ πρῶτος γήμας[1] ἐτελεύτησεν[2], καὶ μὴ ἔχων σπέρμα ἀφῆκεν[3] τὴν γυναῖκα αὐτοῦ τῷ ἀδελφῷ αὐτοῦ· 26 ὁμοίως[4] καὶ ὁ δεύτερος καὶ ὁ τρίτος ἕως τῶν ἑπτά. 27 ὕστερον[5] δὲ πάντων ἀπέθανεν ἡ γυνή. 28 ἐν τῇ ἀναστάσει οὖν τίνος τῶν ἑπτὰ ἔσται γυνή; πάντες γὰρ ἔσχον[6] αὐτήν. 29 ἀποκριθεὶς δὲ ὁ Ἰησοῦς εἶπεν αὐτοῖς· πλανᾶσθε μὴ εἰδότες[7] τὰς γραφὰς μηδὲ τὴν δύναμιν τοῦ θεοῦ· 30 ἐν γὰρ τῇ ἀναστάσει οὔτε γαμοῦσιν[8] οὔτε γαμίζονται[9], ἀλλ' ὡς ἄγγελοι ἐν τῷ οὐρανῷ εἰσιν. 31 περὶ δὲ τῆς ἀναστάσεως τῶν νεκρῶν οὐκ ἀνέγνωτε[10] τὸ ῥηθὲν[11] ὑμῖν ὑπὸ τοῦ θεοῦ λέγοντος· 32 ἐγώ εἰμι ὁ θεὸς Ἀβραὰμ καὶ ὁ θεὸς Ἰσαὰκ καὶ ὁ θεὸς Ἰακώβ; οὐκ ἔστιν ὁ θεὸς νεκρῶν ἀλλὰ ζώντων. 33 καὶ ἀκούσαντες οἱ ὄχλοι ἐξεπλήσσοντο[12] ἐπὶ τῇ διδαχῇ[13] αὐτοῦ.

The Great Commandment   (Mk 12.28-34; Lk 10.25-28)

34 Οἱ δὲ Φαρισαῖοι ἀκούσαντες ὅτι ἐφίμωσεν[14] τοὺς Σαδδουκαίους συνήχθησαν[15] ἐπὶ τὸ αὐτό, 35 καὶ ἐπηρώτησεν εἷς ἐξ αὐτῶν [νομικὸς[16]] πειράζων αὐτόν· 36 διδάσκαλε, ποία ἐντολὴ μεγάλη ἐν τῷ νόμῳ; 37 ὁ δὲ ἔφη αὐτῷ· ἀγαπήσεις κύριον τὸν θεόν σου ἐν ὅλῃ τῇ καρδίᾳ σου καὶ ἐν ὅλῃ τῇ ψυχῇ σου καὶ ἐν ὅλῃ τῇ διανοίᾳ[17] σου. 38 αὕτη ἐστὶν ἡ μεγάλη καὶ πρώτη ἐντολή. 39 δευτέρα δὲ ὁμοία αὐτῇ· ἀγαπήσεις τὸν πλησίον[18] σου ὡς σεαυτόν. 40 ἐν ταύταις ταῖς δυσὶν ἐντολαῖς ὅλος ὁ νόμος κρέμαται[19] καὶ οἱ προφῆται.

The Question about David's Son   (Mk 12.35-37; Lk 20.41-44)

41 Συνηγμένων[20] δὲ τῶν Φαρισαίων ἐπηρώτησεν[21] αὐτοὺς ὁ Ἰησοῦς 42 λέγων· τί ὑμῖν δοκεῖ περὶ τοῦ χριστοῦ; τίνος υἱός ἐστιν; λέγουσιν αὐτῷ· τοῦ Δαυίδ. 43 λέγει αὐτοῖς· πῶς οὖν Δαυὶδ ἐν πνεύματι καλεῖ αὐτὸν κύριον λέγων·

44 εἶπεν κύριος τῷ κυρίῳ μου·
   κάθου[22] ἐκ δεξιῶν μου,
   ἕως ἂν θῶ[23] τοὺς ἐχθρούς σου
   ὑποκάτω[24] τῶν ποδῶν σου;

---

[1] γαμέω aor act ptc m s nom, marry
[2] τελευτάω 3s aor act ind, die
[3] ἀφίημι 3s aor act ind, leave
[4] ὁμοίως, adv, in the same way
[5] ὕστερον, adv, finally
[6] ἔχω 3p aor act ind, have
[7] οἶδα pf act ptc m p nom, know
[8] γαμέω 3p pres act ind, marry
[9] γαμίζω 3p pres pas ind, give (a bride) in marriage
[10] ἀναγινώσκω 2p aor act ind, read
[11] λέγω aor pas ptc n s acc, say
[12] ἐκπλήσσω 3p impf pas ind, pas be amazed
[13] διδαχή, -ῆς f, teaching
[14] φιμόω 3s aor act ind, put to silence
[15] συνάγω 3p aor pas ind, pas come together
[16] νομικός, -ή/όν, pertaining to the (Jewish) Law (ὁ ν. expert in the Jewish Law)
[17] διάνοια, -ας f, mind
[18] πλησίον, prep + gen, near (ὁ π. neighbor/friend)
[19] κρεμάννυμι 3s pres pas ind, pas depend
[20] συνάγω pf pas ptc m p gen, pas come together
[21] ἐπερωτάω 3s aor act ind, ask
[22] κάθημαι 2s pres mid impv, sit
[23] τίθημι 1s aor act sub, put
[24] ὑποκάτω, prep + gen, under

45 εἰ οὖν Δαυὶδ καλεῖ αὐτὸν κύριον, πῶς υἱὸς αὐτοῦ ἐστιν; **46** καὶ οὐδεὶς ἐδύνατο ἀποκριθῆναι αὐτῷ λόγον οὐδὲ ἐτόλμησέν¹ τις ἀπ' ἐκείνης τῆς ἡμέρας ἐπερωτῆσαι αὐτὸν οὐκέτι.

The Denouncing of the Scribes and Pharisees (Mk 12.38-40; Lk 11.37-52; 20.45-47)

23 Τότε ὁ Ἰησοῦς ἐλάλησεν τοῖς ὄχλοις καὶ τοῖς μαθηταῖς αὐτοῦ **2** λέγων· ἐπὶ τῆς Μωϋσέως καθέδρας² ἐκάθισαν³ οἱ γραμματεῖς καὶ οἱ Φαρισαῖοι. **3** πάντα οὖν ὅσα ἐὰν εἴπωσιν⁴ ὑμῖν ποιήσατε καὶ τηρεῖτε, κατὰ δὲ τὰ ἔργα αὐτῶν μὴ ποιεῖτε· λέγουσιν γὰρ καὶ οὐ ποιοῦσιν. **4** δεσμεύουσιν⁵ δὲ φορτία⁶ βαρέα⁷ [καὶ δυσβάστακτα⁸] καὶ ἐπιτιθέασιν ἐπὶ τοὺς ὤμους⁹ τῶν ἀνθρώπων, αὐτοὶ δὲ τῷ δακτύλῳ¹⁰ αὐτῶν οὐ θέλουσιν κινῆσαι¹¹ αὐτά. **5** πάντα δὲ τὰ ἔργα αὐτῶν ποιοῦσιν πρὸς τὸ θεαθῆναι¹² τοῖς ἀνθρώποις· πλατύνουσιν¹³ γὰρ τὰ φυλακτήρια¹⁴ αὐτῶν καὶ μεγαλύνουσιν¹⁵ τὰ κράσπεδα¹⁶, **6** φιλοῦσιν¹⁷ δὲ τὴν πρωτοκλισίαν¹⁸ ἐν τοῖς δείπνοις¹⁹ καὶ τὰς πρωτοκαθεδρίας²⁰ ἐν ταῖς συναγωγαῖς **7** καὶ τοὺς ἀσπασμοὺς²¹ ἐν ταῖς ἀγοραῖς²² καὶ καλεῖσθαι ὑπὸ τῶν ἀνθρώπων ῥαββί²³.

8 Ὑμεῖς δὲ μὴ κληθῆτε²⁴ ῥαββί· εἷς γάρ ἐστιν ὑμῶν ὁ διδάσκαλος, πάντες δὲ ὑμεῖς ἀδελφοί ἐστε. **9** καὶ πατέρα μὴ καλέσητε ὑμῶν ἐπὶ τῆς γῆς, εἷς γάρ ἐστιν ὑμῶν ὁ πατὴρ ὁ οὐράνιος²⁵. **10** μηδὲ κληθῆτε καθηγηταί²⁶, ὅτι καθηγητὴς ὑμῶν ἐστιν εἷς ὁ Χριστός. **11** ὁ δὲ μείζων²⁷ ὑμῶν ἔσται ὑμῶν διάκονος²⁸. **12** ὅστις δὲ ὑψώσει²⁹ ἑαυτὸν ταπεινωθήσεται³⁰ καὶ ὅστις ταπεινώσει ἑαυτὸν ὑψωθήσεται.

13 Οὐαὶ δὲ ὑμῖν, γραμματεῖς καὶ Φαρισαῖοι ὑποκριταί³¹, ὅτι κλείετε³² τὴν βασιλείαν τῶν οὐρανῶν ἔμπροσθεν τῶν ἀνθρώπων· ὑμεῖς γὰρ οὐκ εἰσέρχεσθε οὐδὲ τοὺς εἰσερχομένους ἀφίετε³³ εἰσελθεῖν.

[**14** Οὐαὶ δὲ ὑμῖν, γραμματεῖς καὶ Φαρισαῖοι ὑποκριταί, ὅτι κατεσθίετε³⁴ τὰς οἰκίας τῶν χηρῶν³⁵ καὶ προφάσει³⁶ μακρὰ³⁷ προσευχόμενοι· διὰ τοῦτο λήμψεσθε³⁸ περισσότερον³⁹ κρίμα⁴⁰.]

¹ τολμάω 3s aor act ind, dare
² καθέδρα, -ας f, seat
³ καθίζω 3p aor act ind, sit
⁴ λέγω 3p aor act sub, say
⁵ δεσμεύω 3p pres act ind, tie (up)
⁶ φορτίον, -ου n, burden
⁷ βαρύς, -εῖα/ύ, heavy
⁸ δυσβάστακτος, -ον, hard to carry
⁹ ὦμος, -ου m, shoulder
¹⁰ δάκτυλος, -ου m, finger
¹¹ κινέω aor act inf, move
¹² θεάομαι aor pas inf, see
¹³ πλατύνω 3p pres act ind, enlarge
¹⁴ φυλακτήριον, -ου n, phylactery (small case containing scripture verses worn on the arm and forehead)
¹⁵ μεγαλύνω 3p pres act ind, extend
¹⁶ κράσπεδον, -ου n, fringe
¹⁷ φιλέω 3p pres act ind, love
¹⁸ πρωτοκλισία, -ας f, place of honor
¹⁹ δεῖπνον, -ου n, banquet
²⁰ πρωτοκαθεδρία, -ας f, front seat
²¹ ἀσπασμός, -οῦ m, greeting
²² ἀγορά, -ᾶς f, market place
²³ ῥαββί, rabbi/teacher
²⁴ καλέω 2p aor pas sub, call
²⁵ οὐράνιος, -ον, in heaven
²⁶ καθηγητής, -οῦ m, teacher
²⁷ μέγας, great (comp)
²⁸ διάκονος, -ου m & f, servant
²⁹ ὑψόω 3s fut act ind, exalt
³⁰ ταπεινόω 3s fut pas ind, humble
³¹ ὑποκριτής, -οῦ m, hypocrite
³² κλείω 2p pres act ind, shut
³³ ἀφίημι 2p pres act ind, let
³⁴ κατεσθίω 2p pres act ind, devour
³⁵ χήρα, -ας f, widow
³⁶ πρόφασις, -εως f, pretense
³⁷ μακρός, adv, long (μ. προσευχόμενοι praying long prayers)
³⁸ λαμβάνω 2p fut mid ind, receive
³⁹ περισσότερος, much worse (comp of περισσός)
⁴⁰ κρίμα, -τος n, condemnation

15 Οὐαὶ ὑμῖν, γραμματεῖς καὶ Φαρισαῖοι ὑποκριταί, ὅτι περιάγετε[1] τὴν θάλασσαν καὶ τὴν ξηρὰν[2] ποιῆσαι ἕνα προσήλυτον[3], καὶ ὅταν γένηται ποιεῖτε αὐτὸν υἱὸν γεέννης[4] διπλότερον[5] ὑμῶν. **16** Οὐαὶ ὑμῖν, ὁδηγοὶ[6] τυφλοὶ οἱ λέγοντες· ὃς ἂν ὀμόσῃ[7] ἐν τῷ ναῷ, οὐδέν ἐστιν· ὃς δ' ἂν ὀμόσῃ ἐν τῷ χρυσῷ[8] τοῦ ναοῦ, ὀφείλει. **17** μωροὶ[9] καὶ τυφλοί, τίς γὰρ μείζων[10] ἐστίν, ὁ χρυσὸς ἢ ὁ ναὸς ὁ ἁγιάσας[11] τὸν χρυσόν; **18** καί· ὃς ἂν ὀμόσῃ ἐν τῷ θυσιαστηρίῳ[12], οὐδέν ἐστιν· ὃς δ' ἂν ὀμόσῃ ἐν τῷ δώρῳ[13] τῷ ἐπάνω[14] αὐτοῦ, ὀφείλει. **19** τυφλοί, τί γὰρ μεῖζον, τὸ δῶρον ἢ τὸ θυσιαστήριον τὸ ἁγιάζον τὸ δῶρον; **20** ὁ οὖν ὀμόσας[15] ἐν τῷ θυσιαστηρίῳ ὀμνύει ἐν αὐτῷ καὶ ἐν πᾶσιν τοῖς ἐπάνω αὐτοῦ· **21** καὶ ὁ ὀμόσας ἐν τῷ ναῷ ὀμνύει ἐν αὐτῷ καὶ ἐν τῷ κατοικοῦντι αὐτόν, **22** καὶ ὁ ὀμόσας ἐν τῷ οὐρανῷ ὀμνύει ἐν τῷ θρόνῳ τοῦ θεοῦ καὶ ἐν τῷ καθημένῳ ἐπάνω αὐτοῦ.

23 Οὐαὶ ὑμῖν, γραμματεῖς καὶ Φαρισαῖοι ὑποκριταί[16], ὅτι ἀποδεκατοῦτε[17] τὸ ἡδύοσμον[18] καὶ τὸ ἄνηθον[19] καὶ τὸ κύμινον[20] καὶ ἀφήκατε[21] τὰ βαρύτερα[22] τοῦ νόμου, τὴν κρίσιν καὶ τὸ ἔλεος[23] καὶ τὴν πίστιν· ταῦτα [δὲ] ἔδει ποιῆσαι κἀκεῖνα μὴ ἀφιέναι[24]. **24** ὁδηγοὶ τυφλοί, οἱ διϋλίζοντες[25] τὸν κώνωπα[26], τὴν δὲ κάμηλον[27] κατα- πίνοντες[28].

25 Οὐαὶ ὑμῖν, γραμματεῖς καὶ Φαρισαῖοι ὑποκριταί, ὅτι καθαρίζετε τὸ ἔξωθεν[29] τοῦ ποτηρίου καὶ τῆς παροψίδος[30], ἔσωθεν[31] δὲ γέμουσιν[32] ἐξ ἁρπαγῆς[33] καὶ ἀκρασίας[34]. **26** Φαρισαῖε τυφλέ, καθάρισον πρῶτον τὸ ἐντὸς[35] τοῦ ποτηρίου, ἵνα γένηται καὶ τὸ ἐκτὸς[36] αὐτοῦ καθαρόν[37].

27 Οὐαὶ ὑμῖν, γραμματεῖς καὶ Φαρισαῖοι ὑποκριταί, ὅτι παρομοιάζετε[38] τάφοις[39] κεκονιαμένοις[40], οἵτινες ἔξωθεν μὲν φαίνονται ὡραῖοι[41], ἔσωθεν δὲ γέμουσιν

---

[1] περιάγω *2p pres act ind, intrans* travel over
[2] ξηρός, -ά/όν, dry (ἡ ξηρά the land)
[3] προσήλυτος, -ου *m*, proselyte (convert to Judaism)
[4] γέεννα, -ης *f*, hell
[5] διπλοῦς, *adv*, twice as much
[6] ὁδηγός, -οῦ *m*, guide
[7] ὀμνύω *3s aor act sub*, make a promise
[8] χρυσός, -οῦ *m*, gold
[9] μωρός, -ά/όν, fool(ish) (ὁ μωρός fool)
[10] μέγας, great (comp)
[11] ἁγιάζω *aor act ptc m s nom*, make holy
[12] θυσιαστήριον, -ου *n*, altar
[13] δῶρον, -ου *n*, gift
[14] ἐπάνω, *prep + gen*, on
[15] ὀμνύω *aor act ptc m s nom*, make a promise
[16] ὑποκριτής, -οῦ *m*, hypocrite
[17] ἀποδεκατόω *2p pres act ind*, give a tenth
[18] ἡδύοσμον, -ου *n*, mint
[19] ἄνηθον, -ου *n*, dill
[20] κύμινον, -ου *n*, cummin
[21] ἀφίημι *2p aor act ind*, neglect
[22] βαρύς, important (comp)
[23] ἔλεος, -ους *n*, mercy
[24] ἀφίημι *pres act inf*, neglect
[25] διυλίζω *pres act ptc m p nom or voc*, strain out
[26] κώνωψ, -ωπος *m*, gnat
[27] κάμηλος, -ου *m & f*, camel
[28] καταπίνω *pres act ptc m p nom or voc*, swallow
[29] ἔξωθεν, *prep + gen*, outside (τὸ ἔξ. the outside)
[30] παροψίς, -ίδος *f*, plate
[31] ἔσωθεν, *adv*, inside
[32] γέμω *3p pres act ind*, be full
[33] ἁρπαγή, -ῆς *f*, greed
[34] ἀκρασία, -ας *f*, selfishness
[35] ἐντός, *prep + gen*, within (τὸ ἐν. the inside)
[36] ἐκτός, *prep + gen*, outside (τὸ ἐντὸς the outside)
[37] καθαρός, -ά/όν, clean
[38] παρομοιάζω *2p pres act ind*, be like
[39] τάφος, -ου *m*, tomb
[40] κονιάω *pf pas ptc m p dat*, whitewash
[41] ὡραῖος, -α/ον, beautiful

ὀστέων[1] νεκρῶν καὶ πάσης ἀκαθαρσίας[2]. **28** οὕτως καὶ ὑμεῖς ἔξωθεν μὲν φαίνεσθε τοῖς ἀνθρώποις δίκαιοι, ἔσωθεν δέ ἐστε μεστοὶ[3] ὑποκρίσεως[4] καὶ ἀνομίας[5].

29 Οὐαὶ ὑμῖν, γραμματεῖς καὶ Φαρισαῖοι ὑποκριταί, ὅτι οἰκοδομεῖτε τοὺς τάφους τῶν προφητῶν καὶ κοσμεῖτε[6] τὰ μνημεῖα τῶν δικαίων, **30** καὶ λέγετε· εἰ ἤμεθα ἐν ταῖς ἡμέραις τῶν πατέρων ἡμῶν, οὐκ ἂν ἤμεθα αὐτῶν κοινωνοὶ[7] ἐν τῷ αἵματι τῶν προφητῶν. **31** ὥστε μαρτυρεῖτε ἑαυτοῖς ὅτι υἱοί ἐστε τῶν φονευσάντων[8] τοὺς προφήτας. **32** καὶ ὑμεῖς πληρώσατε τὸ μέτρον[9] τῶν πατέρων ὑμῶν. **33** ὄφεις[10], γεννήματα[11] ἐχιδνῶν[12], πῶς φύγητε[13] ἀπὸ τῆς κρίσεως τῆς γεέννης[14];

34 Διὰ τοῦτο ἰδοὺ ἐγὼ ἀποστέλλω πρὸς ὑμᾶς προφήτας καὶ σοφοὺς[15] καὶ γραμματεῖς· ἐξ αὐτῶν ἀποκτενεῖτε[16] καὶ σταυρώσετε καὶ ἐξ αὐτῶν μαστιγώσετε[17] ἐν ταῖς συναγωγαῖς ὑμῶν καὶ διώξετε ἀπὸ πόλεως εἰς πόλιν· **35** ὅπως ἔλθη[18] ἐφ᾽ ὑμᾶς πᾶν αἷμα δίκαιον ἐκχυννόμενον[19] ἐπὶ τῆς γῆς ἀπὸ τοῦ αἵματος Ἄβελ τοῦ δικαίου ἕως τοῦ αἵματος Ζαχαρίου υἱοῦ Βαραχίου, ὃν ἐφονεύσατε[20] μεταξὺ[21] τοῦ ναοῦ καὶ τοῦ θυσιαστηρίου[22]. **36** ἀμὴν λέγω ὑμῖν, ἥξει[23] ταῦτα πάντα ἐπὶ τὴν γενεὰν ταύτην.

The Lament over Jerusalem (Lk 13.34-35)

37 Ἰερουσαλὴμ Ἰερουσαλήμ, ἡ ἀποκτείνουσα τοὺς προφήτας καὶ λιθοβολοῦσα[24] τοὺς ἀπεσταλμένους[25] πρὸς αὐτήν, ποσάκις[26] ἠθέλησα ἐπισυναγαγεῖν[27] τὰ τέκνα σου, ὃν τρόπον[28] ὄρνις[29] ἐπισυνάγει τὰ νοσσία[30] αὐτῆς ὑπὸ τὰς πτέρυγας[31], καὶ οὐκ ἠθελήσατε. **38** ἰδοὺ ἀφίεται[32] ὑμῖν ὁ οἶκος ὑμῶν ἔρημος. **39** λέγω γὰρ ὑμῖν, οὐ μή με ἴδητε[33] ἀπ᾽ ἄρτι ἕως ἂν εἴπητε[34]·
  εὐλογημένος ὁ ἐρχόμενος ἐν ὀνόματι κυρίου.

---

[1] ὀστέον, -ου n, bone
[2] ἀκαθαρσία, -ας f, filth
[3] μεστός, -ή/όν, full
[4] ὑπόκρισις, -εως f, hypocrisy
[5] ἀνομία, -ας f, evil
[6] κοσμέω 2p pres act ind, decorate
[7] κοινωνός, -οῦ m & f, partner
[8] φονεύω aor act ptc m p gen, murder
[9] μέτρον, -ου n, measure
[10] ὄφις, -εως f, snake
[11] γέννημα, -τος n, offspring
[12] ἔχιδνα, -ης f, snake
[13] φεύγω 2p aor act sub, run
[14] γέεννα, -ης f, hell
[15] σοφός, -ή/όν, wise
[16] ἀποκτείνω 2p fut act ind, kill
[17] μαστιγόω 2p fut act ind, beat with a whip
[18] ἔρχομαι 3s aor act sub, come
[19] ἐκχύννω pres pas ptc n s nom, pour out
[20] φονεύω 2p aor act ind, murder
[21] μεταξύ, prep + gen, between
[22] θυσιαστήριον, -ου n, altar
[23] ἥκω 3s fut act ind, come
[24] λιθοβολέω pres act ptc f s nom or voc, stone
[25] ἀποστέλλω pf pas ptc m p acc, send
[26] ποσάκις, adv, how often
[27] ἐπισυνάγω aor act inf, gather together
[28] τρόπος, -ου m, way (ὃν τ. in the same way as)
[29] ὄρνις, -ιθος f, hen
[30] νοσσίον, -ου n, young chicken
[31] πτέρυξ, -υγος f, wing
[32] ἀφίημι 3s pres pas ind, leave
[33] ὁράω 2p aor act sub, see
[34] λέγω 2p aor act sub, say

The Destruction of the Temple Foretold (Mk 13.1-2; Lk 21.5-6)

24 Καὶ ἐξελθὼν ὁ Ἰησοῦς ἀπὸ τοῦ ἱεροῦ ἐπορεύετο, καὶ προσῆλθον[1] οἱ μαθηταὶ αὐτοῦ ἐπιδεῖξαι[2] αὐτῷ τὰς οἰκοδομὰς[3] τοῦ ἱεροῦ. 2 ὁ δὲ ἀποκριθεὶς εἶπεν αὐτοῖς· οὐ βλέπετε ταῦτα πάντα; ἀμὴν λέγω ὑμῖν, οὐ μὴ ἀφεθῇ[4] ὧδε λίθος ἐπὶ λίθον ὃς οὐ καταλυθήσεται[5].

Signs of the End of the Age (Mk 13.3-13; Lk 21.7-19)

3 Καθημένου δὲ αὐτοῦ ἐπὶ τοῦ ὄρους τῶν ἐλαιῶν[6] προσῆλθον αὐτῷ οἱ μαθηταὶ κατ' ἰδίαν[7] λέγοντες· εἰπὲ[8] ἡμῖν, πότε[9] ταῦτα ἔσται καὶ τί τὸ σημεῖον τῆς σῆς[10] παρουσίας[11] καὶ συντελείας[12] τοῦ αἰῶνος; 4 Καὶ ἀποκριθεὶς ὁ Ἰησοῦς εἶπεν αὐτοῖς· βλέπετε μή τις ὑμᾶς πλανήσῃ· 5 πολλοὶ γὰρ ἐλεύσονται[13] ἐπὶ τῷ ὀνόματί μου λέγοντες· ἐγώ εἰμι ὁ χριστός, καὶ πολλοὺς πλανήσουσιν. 6 μελλήσετε δὲ ἀκούειν πολέμους[14] καὶ ἀκοὰς[15] πολέμων· ὁρᾶτε μὴ θροεῖσθε[16]· δεῖ γὰρ γενέσθαι, ἀλλ' οὔπω[17] ἐστὶν τὸ τέλος. 7 ἐγερθήσεται[18] γὰρ ἔθνος ἐπὶ ἔθνος καὶ βασιλεία ἐπὶ βασιλείαν καὶ ἔσονται λιμοὶ[19] καὶ σεισμοὶ[20] κατὰ τόπους· 8 πάντα δὲ ταῦτα ἀρχὴ ὠδίνων[21].

9 Τότε παραδώσουσιν[22] ὑμᾶς εἰς θλῖψιν καὶ ἀποκτενοῦσιν[23] ὑμᾶς, καὶ ἔσεσθε μισούμενοι ὑπὸ πάντων τῶν ἐθνῶν διὰ τὸ ὄνομά μου. 10 καὶ τότε σκανδαλισθήσονται[24] πολλοὶ καὶ ἀλλήλους παραδώσουσιν καὶ μισήσουσιν ἀλλήλους· 11 καὶ πολλοὶ ψευδοπροφῆται[25] ἐγερθήσονται[26] καὶ πλανήσουσιν πολλούς· 12 καὶ διὰ τὸ πληθυνθῆναι[27] τὴν ἀνομίαν[28] ψυγήσεται[29] ἡ ἀγάπη τῶν πολλῶν. 13 ὁ δὲ ὑπομείνας[30] εἰς τέλος οὗτος σωθήσεται. 14 καὶ κηρυχθήσεται[31] τοῦτο τὸ εὐαγγέλιον τῆς βασιλείας ἐν ὅλῃ τῇ οἰκουμένῃ[32] εἰς μαρτύριον[33] πᾶσιν τοῖς ἔθνεσιν, καὶ τότε ἥξει[34] τὸ τέλος.

---

[1] προσέρχομαι 3p aor act ind, come/go to
[2] ἐπιδείκνυμι aor act inf, point out
[3] οἰκοδομή, -ῆς f, building
[4] ἀφίημι 3s aor pas sub, leave
[5] καταλύω 3s fut pas ind, tear down
[6] ἐλαία, -ας f, olive
[7] ἴδιος, -α/ον, one's own (κατ' ἰδίαν privately)
[8] λέγω 2s aor act impv, say
[9] πότε, adv, when?
[10] σός, σή, σόν, your
[11] παρουσία, -ας f, coming
[12] συντέλεια, -ας f, end
[13] ἔρχομαι 3p fut mid ind, come
[14] πόλεμος, -ου m, war
[15] ἀκοή, -ῆς f, rumor
[16] θροέω 2p pres pas impv, pas be afraid
[17] οὔπω, adv, not yet
[18] ἐγείρω 3s fut pas ind, intrans pas rise against
[19] λιμός, -οῦ f, famine
[20] σεισμός, -οῦ m, earthquake
[21] ὠδίν, -ῖνος f, suffering
[22] παραδίδωμι 3p fut act ind, betray/hand over
[23] ἀποκτείνω 3p fut act ind, kill
[24] σκανδαλίζω 3p fut pas ind, turn away
[25] ψευδοπροφήτης, -ου m, false prophet
[26] ἐγείρω 3p fut pas ind, intrans pas appear
[27] πληθύνω aor pas inf, increase
[28] ἀνομία, -ας f, lawlessness
[29] ψύχω 3s fut pas ind, pas grow cold
[30] ὑπομένω aor act ptc m s nom, remain faithful
[31] κηρύσσω 3s fut pas ind, preach
[32] οἰκουμένη, -ης f, world
[33] μαρτύριον, -ου n, witness
[34] ἥκω 3s fut act ind, come

The Great Tribulation (Mk 13.14-23; Lk 21.20-24)

15 Ὅταν οὖν ἴδητε τὸ βδέλυγμα[1] τῆς ἐρημώσεως[2] τὸ ῥηθὲν[3] διὰ Δανιὴλ τοῦ προφήτου ἑστὸς[4] ἐν τόπῳ ἁγίῳ, ὁ ἀναγινώσκων νοείτω[5], 16 τότε οἱ ἐν τῇ Ἰουδαίᾳ φευγέτωσαν[6] εἰς τὰ ὄρη, 17 ὁ ἐπὶ τοῦ δώματος[7] μὴ καταβάτω[8] ἆραι[9] τὰ ἐκ τῆς οἰκίας αὐτοῦ, 18 καὶ ὁ ἐν τῷ ἀγρῷ μὴ ἐπιστρεψάτω[10] ὀπίσω ἆραι τὸ ἱμάτιον αὐτοῦ. 19 οὐαὶ δὲ ταῖς ἐν γαστρὶ[11] ἐχούσαις καὶ ταῖς θηλαζούσαις[12] ἐν ἐκείναις ταῖς ἡμέραις. 20 Προσεύχεσθε δὲ ἵνα μὴ γένηται ἡ φυγὴ[13] ὑμῶν χειμῶνος[14] μηδὲ σαββάτῳ. 21 ἔσται γὰρ τότε θλῖψις μεγάλη οἵα[15] οὐ γέγονεν ἀπ' ἀρχῆς κόσμου ἕως τοῦ νῦν οὐδ' οὐ μὴ γένηται. 22 καὶ εἰ μὴ ἐκολοβώθησαν[16] αἱ ἡμέραι ἐκεῖναι, οὐκ ἂν ἐσώθη πᾶσα σάρξ· διὰ δὲ τοὺς ἐκλεκτοὺς[17] κολοβωθήσονται αἱ ἡμέραι ἐκεῖναι. 23 Τότε ἐάν τις ὑμῖν εἴπῃ[18]· ἰδοὺ ὧδε ὁ χριστός, ἤ· ὧδε, μὴ πιστεύσητε· 24 ἐγερθήσονται[19] γὰρ ψευδόχριστοι[20] καὶ ψευδοπροφῆται[21] καὶ δώσουσιν[22] σημεῖα μεγάλα καὶ τέρατα[23] ὥστε πλανῆσαι, εἰ δυνατόν, καὶ τοὺς ἐκλεκτούς. 25 ἰδοὺ προείρηκα[24] ὑμῖν. 26 ἐὰν οὖν εἴπωσιν[25] ὑμῖν· ἰδοὺ ἐν τῇ ἐρήμῳ ἐστίν, μὴ ἐξέλθητε[26]· ἰδοὺ ἐν τοῖς ταμείοις[27], μὴ πιστεύσητε· 27 ὥσπερ γὰρ ἡ ἀστραπὴ[28] ἐξέρχεται ἀπὸ ἀνατολῶν[29] καὶ φαίνεται ἕως δυσμῶν[30], οὕτως ἔσται ἡ παρουσία[31] τοῦ υἱοῦ τοῦ ἀνθρώπου· 28 ὅπου ἐὰν ᾖ τὸ πτῶμα[32], ἐκεῖ συναχθήσονται[33] οἱ ἀετοί[34].

The Coming of the Son of Man (Mk 13.24-27; Lk 21.25-28)

29 Εὐθέως δὲ μετὰ τὴν θλῖψιν τῶν ἡμερῶν ἐκείνων
    ὁ ἥλιος σκοτισθήσεται[35],
    καὶ ἡ σελήνη[36] οὐ δώσει[37] τὸ φέγγος[38] αὐτῆς,

---

[1] βδέλυγμα, -τος n, something detestable
[2] ἐρήμωσις, -εως f, desolation
[3] λέγω aor pas ptc n s acc, say
[4] ἵστημι pf act ptc n s acc, intrans stand
[5] νοέω 3s pres act impv, understand
[6] φεύγω 3p pres act impv, run
[7] δῶμα, -τος n, roof/housetop
[8] καταβαίνω 3s aor act impv, go down
[9] αἴρω aor act inf, take
[10] ἐπιστρέφω 3s aor act impv, come/go back
[11] γαστήρ, -τρός f, womb (ἐν γ. ἔχω be pregnant)
[12] θηλάζω pres act ptc f p dat, nurse (of a mother breast feeding her child)
[13] φυγή, -ῆς f, running away
[14] χειμών, -ῶνος m, winter
[15] οἷος, -α/ον, rel pro, such as
[16] κολοβόω 3p aor pas ind, cut short
[17] ἐκλεκτός, -ή/όν, chosen
[18] λέγω 3s aor act sub, say
[19] ἐγείρω 3p fut pas ind, intrans pas appear
[20] ψευδόχριστος, -ου m, false Christ/messiah
[21] ψευδοπροφήτης, -ου m, false prophet
[22] δίδωμι 3p fut act ind, give
[23] τέρας, -ατος n, a wonder
[24] προλέγω 1s pf act ind, tell in advance
[25] λέγω 3p aor act sub, say
[26] ἐξέρχομαι 2p aor act sub, come/go out
[27] ταμεῖον, -ου n, inner room
[28] ἀστραπή, -ῆς f, lightning
[29] ἀνατολή, -ῆς f, pl east
[30] δυσμή, -ῆς f, pl west
[31] παρουσία, -ας f, coming
[32] πτῶμα, -τος n, body
[33] συνάγω 3p fut pas ind, pas come together
[34] ἀετός, -οῦ m, eagle/vulture
[35] σκοτίζομαι 3s fut pas ind, become dark
[36] σελήνη, -ης f, moon
[37] δίδωμι 3s fut act ind, give
[38] φέγγος, -ους n, light

καὶ οἱ ἀστέρες¹ πεσοῦνται² ἀπὸ τοῦ οὐρανοῦ,
καὶ αἱ δυνάμεις τῶν οὐρανῶν σαλευθήσονται³.

30 καὶ τότε φανήσεται⁴ τὸ σημεῖον τοῦ υἱοῦ τοῦ ἀνθρώπου ἐν οὐρανῷ, καὶ τότε κόψονται⁵ πᾶσαι αἱ φυλαὶ τῆς γῆς καὶ ὄψονται⁶ τὸν υἱὸν τοῦ ἀνθρώπου ἐρχόμενον ἐπὶ τῶν νεφελῶν⁷ τοῦ οὐρανοῦ μετὰ δυνάμεως καὶ δόξης πολλῆς· **31** καὶ ἀποστελεῖ τοὺς ἀγγέλους αὐτοῦ μετὰ σάλπιγγος⁸ μεγάλης, καὶ ἐπισυνάξουσιν⁹ τοὺς ἐκλεκτοὺς¹⁰ αὐτοῦ ἐκ τῶν τεσσάρων ἀνέμων ἀπ' ἄκρων¹¹ οὐρανῶν ἕως [τῶν] ἄκρων αὐτῶν.

The Lesson of the Fig Tree (Mk 13.28-31; Lk 21.29-33)

32 Ἀπὸ δὲ τῆς συκῆς¹² μάθετε¹³ τὴν παραβολήν· ὅταν ἤδη ὁ κλάδος¹⁴ αὐτῆς γένηται ἁπαλὸς¹⁵ καὶ τὰ φύλλα¹⁶ ἐκφύῃ¹⁷, γινώσκετε ὅτι ἐγγὺς τὸ θέρος¹⁸· **33** οὕτως καὶ ὑμεῖς, ὅταν ἴδητε¹⁹ πάντα ταῦτα, γινώσκετε ὅτι ἐγγύς ἐστιν ἐπὶ θύραις. **34** ἀμὴν λέγω ὑμῖν ὅτι οὐ μὴ παρέλθῃ²⁰ ἡ γενεὰ αὕτη ἕως ἂν πάντα ταῦτα γένηται. **35** ὁ οὐρανὸς καὶ ἡ γῆ παρελεύσεται²¹, οἱ δὲ λόγοι μου οὐ μὴ παρέλθωσιν²².

The Unknown Day and Hour (Mk 13.32-37; Lk 17.26-30, 34-36)

36 Περὶ δὲ τῆς ἡμέρας ἐκείνης καὶ ὥρας οὐδεὶς οἶδεν, οὐδὲ οἱ ἄγγελοι τῶν οὐρανῶν οὐδὲ ὁ υἱός, εἰ μὴ ὁ πατὴρ μόνος. **37** Ὥσπερ γὰρ αἱ ἡμέραι τοῦ Νῶε, οὕτως ἔσται ἡ παρουσία²³ τοῦ υἱοῦ τοῦ ἀνθρώπου. **38** ὡς γὰρ ἦσαν ἐν ταῖς ἡμέραις [ἐκείναις] ταῖς πρὸ τοῦ κατακλυσμοῦ²⁴ τρώγοντες²⁵ καὶ πίνοντες, γαμοῦντες²⁶ καὶ γαμίζοντες²⁷, ἄχρι ἧς ἡμέρας εἰσῆλθεν Νῶε εἰς τὴν κιβωτόν²⁸, **39** καὶ οὐκ ἔγνωσαν ἕως ἦλθεν ὁ κατακλυσμὸς καὶ ἦρεν²⁹ ἅπαντας, οὕτως ἔσται [καὶ] ἡ παρουσία τοῦ υἱοῦ τοῦ ἀνθρώπου. **40** τότε δύο ἔσονται ἐν τῷ ἀγρῷ, εἷς παραλαμβάνεται καὶ εἷς ἀφίεται³⁰· **41** δύο ἀλήθουσαι³¹ ἐν τῷ μύλῳ³², μία παραλαμβάνεται καὶ μία ἀφίεται.

---

1 ἀστήρ, -έρος m, star
2 πίπτω 3p fut mid ind, fall
3 σαλεύω 3p fut pas ind, shake
4 φαίνω 3s fut pas ind, mid & pas appear
5 κόπτω 3p fut mid ind, mid mourn
6 ὁράω 3p fut mid ind, see
7 νεφέλη, -ης f, cloud
8 σάλπιγξ, -ιγγος f, trumpet blast
9 ἐπισυνάγω 3p fut act ind, gather together
10 ἐκλεκτός, -ή/όν, chosen
11 ἄκρον, -ου n, boundary
12 συκῆ, -ῆς f, fig tree
13 μανθάνω 2p aor act impv, learn
14 κλάδος, -ου m, branch
15 ἁπαλός, -ή/όν, sprouting
16 φύλλον, -ου n, leaf
17 ἐκφύω 3s pres act sub, put out
18 θέρος, -ους n, summer
19 ὁράω 2p aor act sub, see
20 παρέρχομαι 3s aor act sub, pass away
21 παρέρχομαι 3s fut mid ind, pass away
22 παρέρχομαι 3p aor act sub, pass away
23 παρουσία, -ας f, coming
24 κατακλυσμός, -οῦ m, flood
25 τρώγω pres act ptc m p nom, eat
26 γαμέω pres act ptc m p nom, marry
27 γαμίζω pres act ptc m p nom, give (a bride) in marriage
28 κιβωτός, -οῦ f, boat
29 αἴρω 3s aor act ind, take away
30 ἀφίημι 3s pres pas ind, leave
31 ἀλήθω pres act ptc f p nom, grind (of grain)
32 μύλος, -ου m, mill

42 Γρηγορεῖτε¹ οὖν, ὅτι οὐκ οἴδατε ποίᾳ ἡμέρᾳ ὁ κύριος ὑμῶν ἔρχεται. **43** ἐκεῖνο δὲ γινώσκετε ὅτι εἰ ᾔδει² ὁ οἰκοδεσπότης³ ποίᾳ φυλακῇ ὁ κλέπτης⁴ ἔρχεται, ἐγρηγόρησεν⁵ ἂν καὶ οὐκ ἂν εἴασεν⁶ διορυχθῆναι⁷ τὴν οἰκίαν αὐτοῦ. **44** διὰ τοῦτο καὶ ὑμεῖς γίνεσθε ἕτοιμοι⁸, ὅτι ᾗ οὐ δοκεῖτε ὥρᾳ ὁ υἱὸς τοῦ ἀνθρώπου ἔρχεται.

Watchful Slaves (Lk 12.41-48)

45 Τίς ἄρα ἐστὶν ὁ πιστὸς δοῦλος καὶ φρόνιμος⁹ ὃν κατέστησεν¹⁰ ὁ κύριος ἐπὶ τῆς οἰκετείας¹¹ αὐτοῦ τοῦ δοῦναι¹² αὐτοῖς τὴν τροφὴν¹³ ἐν καιρῷ; **46** μακάριος ὁ δοῦλος ἐκεῖνος ὃν ἐλθὼν ὁ κύριος αὐτοῦ εὑρήσει¹⁴ οὕτως ποιοῦντα· **47** ἀμὴν λέγω ὑμῖν ὅτι ἐπὶ πᾶσιν τοῖς ὑπάρχουσιν αὐτοῦ καταστήσει αὐτόν. **48** ἐὰν δὲ εἴπῃ ὁ κακὸς δοῦλος ἐκεῖνος ἐν τῇ καρδίᾳ αὐτοῦ· χρονίζει¹⁵ μου ὁ κύριος, **49** καὶ ἄρξηται¹⁶ τύπτειν¹⁷ τοὺς συνδούλους¹⁸ αὐτοῦ, ἐσθίῃ δὲ καὶ πίνῃ μετὰ τῶν μεθυόντων¹⁹, **50** ἥξει²⁰ ὁ κύριος τοῦ δούλου ἐκείνου ἐν ἡμέρᾳ ᾗ οὐ προσδοκᾷ²¹ καὶ ἐν ὥρᾳ ᾗ οὐ γινώσκει, **51** καὶ διχοτομήσει²² αὐτὸν καὶ τὸ μέρος αὐτοῦ μετὰ τῶν ὑποκριτῶν²³ θήσει²⁴· ἐκεῖ ἔσται ὁ κλαυθμὸς²⁵ καὶ ὁ βρυγμὸς²⁶ τῶν ὀδόντων²⁷.

The Parable of the Ten Virgins

25 Τότε ὁμοιωθήσεται²⁸ ἡ βασιλεία τῶν οὐρανῶν δέκα²⁹ παρθένοις³⁰, αἵτινες λαβοῦσαι³¹ τὰς λαμπάδας³² ἑαυτῶν ἐξῆλθον εἰς ὑπάντησιν³³ τοῦ νυμφίου³⁴. **2** πέντε δὲ ἐξ αὐτῶν ἦσαν μωραὶ³⁵ καὶ πέντε φρόνιμοι³⁶. **3** αἱ γὰρ μωραὶ λαβοῦσαι τὰς λαμπάδας αὐτῶν οὐκ ἔλαβον μεθ' ἑαυτῶν ἔλαιον³⁷. **4** αἱ δὲ φρόνιμοι ἔλαβον ἔλαιον ἐν τοῖς ἀγγείοις³⁸ μετὰ τῶν λαμπάδων ἑαυτῶν. **5** χρονίζοντος³⁹ δὲ τοῦ νυμφίου ἐνύσταξαν⁴⁰ πᾶσαι καὶ ἐκάθευδον⁴¹. **6** μέσης δὲ νυκτὸς κραυγὴ⁴²

---

[1] γρηγορέω 2p pres act impv, be alert
[2] οἶδα 3s plpf act ind, know
[3] οἰκοδεσπότης, -ου m, home owner
[4] κλέπτης, -ου m, thief
[5] γρηγορέω 3s aor act ind, be alert
[6] ἐάω 3s aor act ind, let
[7] διορύσσω aor pas inf, break in
[8] ἕτοιμος, -η/ον, ready
[9] φρόνιμος, -ον, wise
[10] καθίστημι 3s aor act ind, put in charge
[11] οἰκετεία, -ας f, household (of servants)
[12] δίδωμι aor act inf, give
[13] τροφή, -ῆς f, food
[14] εὑρίσκω 3s fut act ind, find
[15] χρονίζω 3s pres act ind, delay
[16] ἄρχω 3s aor mid sub, mid begin
[17] τύπτω pres act inf, beat
[18] σύνδουλος, -ου m, fellow servant
[19] μεθύω pres act ptc m p gen, be drunk
[20] ἥκω 3s fut act ind, come
[21] προσδοκάω 3s pres act ind, expect
[22] διχοτομέω 3s fut act ind, cut in pieces/punish severely
[23] ὑποκριτής, -οῦ m, hypocrite
[24] τίθημι 3s fut act ind, put
[25] κλαυθμός, -οῦ f, bitter crying
[26] βρυγμός, -οῦ m, gritting
[27] ὀδούς, ὀδόντος m, tooth
[28] ὁμοιόω 3s fut pas ind, pas be like
[29] δέκα, ten
[30] παρθένος, -ου f, virgin/young woman
[31] λαμβάνω aor act ptc f p nom, take
[32] λαμπάς, -άδος f, lamp
[33] ὑπάντησις, -εως f, meeting
[34] νυμφίος, -ου m, bridegroom
[35] μωρός, -ά/όν, foolish
[36] φρόνιμος, -ον, wise
[37] ἔλαιον, -ου n, olive oil
[38] ἀγγεῖον, -ου n, container
[39] χρονίζω pres act ptc m s gen, delay
[40] νυστάζω 3p aor act ind, grow drowsy
[41] καθεύδω 3p impf act ind, sleep
[42] κραυγή, -ῆς f, shout

γέγονεν· ἰδοὺ ὁ νυμφίος, ἐξέρχεσθε εἰς ἀπάντησιν¹ [αὐτοῦ]. 7 τότε ἠγέρθησαν² πᾶσαι αἱ παρθένοι ἐκεῖναι καὶ ἐκόσμησαν³ τὰς λαμπάδας ἑαυτῶν. 8 αἱ δὲ μωραὶ ταῖς φρονίμοις εἶπαν· δότε⁴ ἡμῖν ἐκ τοῦ ἐλαίου ὑμῶν, ὅτι αἱ λαμπάδες ἡμῶν σβέννυνται⁵. 9 ἀπεκρίθησαν δὲ αἱ φρόνιμοι λέγουσαι· μήποτε⁶ οὐ μὴ ἀρκέσῃ⁷ ἡμῖν καὶ ὑμῖν· πορεύεσθε μᾶλλον πρὸς τοὺς πωλοῦντας⁸ καὶ ἀγοράσατε⁹ ἑαυταῖς. 10 ἀπερχομένων δὲ αὐτῶν ἀγοράσαι ἦλθεν ὁ νυμφίος, καὶ αἱ ἕτοιμοι¹⁰ εἰσῆλθον μετ' αὐτοῦ εἰς τοὺς γάμους¹¹ καὶ ἐκλείσθη¹² ἡ θύρα. 11 ὕστερον¹³ δὲ ἔρχονται καὶ αἱ λοιπαὶ παρθένοι¹⁴ λέγουσαι· κύριε κύριε, ἄνοιξον¹⁵ ἡμῖν. 12 ὁ δὲ ἀποκριθεὶς εἶπεν· ἀμὴν λέγω ὑμῖν, οὐκ οἶδα ὑμᾶς. 13 γρηγορεῖτε¹⁶ οὖν, ὅτι οὐκ οἴδατε τὴν ἡμέραν οὐδὲ τὴν ὥραν.

The Parable of the Talents (Lk 19.11-27)

14 Ὥσπερ γὰρ ἄνθρωπος ἀποδημῶν¹⁷ ἐκάλεσεν τοὺς ἰδίους δούλους καὶ παρέδωκεν αὐτοῖς τὰ ὑπάρχοντα αὐτοῦ, 15 καὶ ᾧ μὲν ἔδωκεν πέντε τάλαντα¹⁸, ᾧ δὲ δύο, ᾧ δὲ ἕν, ἑκάστῳ κατὰ τὴν ἰδίαν δύναμιν, καὶ ἀπεδήμησεν. εὐθέως 16 πορευθεὶς ὁ τὰ πέντε τάλαντα λαβὼν ἠργάσατο¹⁹ ἐν αὐτοῖς καὶ ἐκέρδησεν²⁰ ἄλλα πέντε· 17 ὡσαύτως²¹ ὁ τὰ δύο ἐκέρδησεν ἄλλα δύο. 18 ὁ δὲ τὸ ἓν λαβὼν ἀπελθὼν ὤρυξεν²² γῆν καὶ ἔκρυψεν²³ τὸ ἀργύριον²⁴ τοῦ κυρίου αὐτοῦ. 19 μετὰ δὲ πολὺν χρόνον ἔρχεται ὁ κύριος τῶν δούλων ἐκείνων καὶ συναίρει²⁵ λόγον μετ' αὐτῶν. 20 καὶ προσελθὼν²⁶ ὁ τὰ πέντε τάλαντα λαβὼν προσήνεγκεν²⁷ ἄλλα πέντε τάλαντα λέγων· κύριε, πέντε τάλαντά μοι παρέδωκας· ἴδε²⁸ ἄλλα πέντε τάλαντα ἐκέρδησα. 21 ἔφη αὐτῷ ὁ κύριος αὐτοῦ· εὖ²⁹, δοῦλε ἀγαθὲ καὶ πιστέ, ἐπὶ ὀλίγα ἧς πιστός, ἐπὶ πολλῶν σε καταστήσω³⁰· εἴσελθε³¹ εἰς τὴν χαρὰν τοῦ κυρίου σου. 22 προσελθὼν [δὲ] καὶ ὁ τὰ δύο τάλαντα εἶπεν· κύριε, δύο τάλαντά μοι παρέδωκας· ἴδε ἄλλα δύο τάλαντα ἐκέρδησα. 23 ἔφη αὐτῷ ὁ κύριος αὐτοῦ· εὖ, δοῦλε ἀγαθὲ καὶ πιστέ, ἐπὶ ὀλίγα ἧς πιστός, ἐπὶ πολλῶν σε καταστήσω· εἴσελθε εἰς τὴν χαρὰν τοῦ κυρίου σου. 24 προσελθὼν δὲ

---

1 ἀπάντησις, -εως f, meeting
2 ἐγείρω 3p aor pas ind, intrans pas get up
3 κοσμέω 3p aor act ind, trim (of a lamp)
4 δίδωμι 2p aor act impv, give
5 σβέννυμι 3p pres pas ind, go out (of a flame)
6 μήποτε, conj, so that … will not
7 ἀρκέω 3s aor act sub, be enough
8 πωλέω pres act ptc m p acc, sell
9 ἀγοράζω 2p aor act impv, buy
10 ἕτοιμος, -η/ον, ready
11 γάμος, -ου m, wedding feast
12 κλείω 3s aor pas ind, shut
13 ὕστερον, adv, later
14 παρθένος, -ου f, virgin/young woman
15 ἀνοίγω 2s aor act impv, open
16 γρηγορέω 2p pres act impv, be alert
17 ἀποδημέω pres act ptc m s nom, leave on a journey
18 τάλαντον, -ου n, talent (Greek coin worth 5000-6000 denarii)
19 ἐργάζομαι 3s aor mid ind, intrans invest
20 κερδαίνω 3s aor act ind, earn
21 ὡσαύτως, adv, in the same way
22 ὀρύσσω 3s aor act ind, dig a hole in
23 κρύπτω 3s aor act ind, hide
24 ἀργύριον, -ου n, money
25 συναίρω 3s pres act ind, settle (συν. λόγον settle accounts)
26 προσέρχομαι aor act ptc m s nom, come/go to
27 προσφέρω 3s aor act ind, bring
28 ἴδε, interj, Look!
29 εὖ, adv, Well done!
30 καθίστημι 1s fut act ind, put in charge
31 εἰσέρχομαι 2s aor act impv, enter

καὶ ὁ τὸ ἓν τάλαντον εἰληφὼς¹ εἶπεν· κύριε, ἔγνων σε ὅτι σκληρὸς² εἶ ἄνθρωπος, θερίζων³ ὅπου οὐκ ἔσπειρας καὶ συνάγων ὅθεν⁴ οὐ διεσκόρπισας⁵, 25 καὶ φοβηθεὶς ἀπελθὼν ἔκρυψα τὸ τάλαντόν σου ἐν τῇ γῇ· ἴδε⁶ ἔχεις τὸ σόν⁷. 26 ἀποκριθεὶς δὲ ὁ κύριος αὐτοῦ εἶπεν αὐτῷ· πονηρὲ δοῦλε καὶ ὀκνηρέ⁸, ᾔδεις⁹ ὅτι θερίζω ὅπου οὐκ ἔσπειρα καὶ συνάγω ὅθεν οὐ διεσκόρπισα; 27 ἔδει σε οὖν βαλεῖν τὰ ἀργύριά μου τοῖς τραπεζίταις¹⁰, καὶ ἐλθὼν ἐγὼ ἐκομισάμην¹¹ ἂν τὸ ἐμὸν σὺν τόκῳ¹². 28 ἄρατε¹³ οὖν ἀπ' αὐτοῦ τὸ τάλαντον καὶ δότε¹⁴ τῷ ἔχοντι τὰ δέκα¹⁵ τάλαντα· 29 τῷ γὰρ ἔχοντι παντὶ δοθήσεται¹⁶ καὶ περισσευθήσεται, τοῦ δὲ μὴ ἔχοντος καὶ ὃ ἔχει ἀρθήσεται¹⁷ ἀπ' αὐτοῦ. 30 καὶ τὸν ἀχρεῖον¹⁸ δοῦλον ἐκβάλετε εἰς τὸ σκότος τὸ ἐξώτερον¹⁹· ἐκεῖ ἔσται ὁ κλαυθμὸς²⁰ καὶ ὁ βρυγμὸς²¹ τῶν ὀδόντων²².

The Judgment of the Nations

31 Ὅταν δὲ ἔλθῃ²³ ὁ υἱὸς τοῦ ἀνθρώπου ἐν τῇ δόξῃ αὐτοῦ καὶ πάντες οἱ ἄγγελοι μετ' αὐτοῦ, τότε καθίσει²⁴ ἐπὶ θρόνου δόξης αὐτοῦ· 32 καὶ συναχθήσονται²⁵ ἔμπροσθεν αὐτοῦ πάντα τὰ ἔθνη, καὶ ἀφορίσει²⁶ αὐτοὺς ἀπ' ἀλλήλων, ὥσπερ ὁ ποιμὴν²⁷ ἀφορίζει τὰ πρόβατα ἀπὸ τῶν ἐρίφων²⁸, 33 καὶ στήσει²⁹ τὰ μὲν πρόβατα ἐκ δεξιῶν αὐτοῦ, τὰ δὲ ἐρίφια ἐξ εὐωνύμων³⁰. 34 τότε ἐρεῖ ὁ βασιλεὺς τοῖς ἐκ δεξιῶν αὐτοῦ· δεῦτε³¹ οἱ εὐλογημένοι τοῦ πατρός μου, κληρονομήσατε³² τὴν ἡτοιμασμένην³³ ὑμῖν βασιλείαν ἀπὸ καταβολῆς³⁴ κόσμου. 35 ἐπείνασα³⁵ γὰρ καὶ ἐδώκατέ μοι φαγεῖν³⁶, ἐδίψησα³⁷ καὶ ἐποτίσατέ³⁸ με, ξένος³⁹ ἤμην καὶ συνηγάγετέ⁴⁰ με, 36 γυμνὸς⁴¹ καὶ περιεβάλετέ⁴² με, ἠσθένησα⁴³ καὶ ἐπεσκέψασθέ⁴⁴ με, ἐν φυλακῇ ἤμην καὶ ἤλθατε πρός με. 37 τότε ἀποκριθήσονται αὐτῷ οἱ δίκαιοι λέγοντες· κύριε, πότε⁴⁵ σε εἴδομεν πεινῶντα⁴⁶ καὶ ἐθρέψαμεν, ἢ διψῶντα καὶ ἐποτίσαμεν; 38 πότε

---

¹ λαμβάνω pf act ptc m s nom, receive
² σκληρός, -ά/όν, difficult
³ θερίζω pres act ptc m s nom, reap
⁴ ὅθεν, adv, where
⁵ διασκορπίζω 2s aor act ind, scatter (of seed)
⁶ ἴδε, interj, Look!
⁷ σός, -ά/όν, yours
⁸ ὀκνηρός, -ά/όν, lazy
⁹ οἶδα 2s plpf act ind, know
¹⁰ τραπεζίτης, -ου m, banker
¹¹ κομίζω 1s aor mid ind, mid receive
¹² τόκος, -ου m, interest
¹³ αἴρω 2p aor act impv, take away
¹⁴ δίδωμι 2p aor act impv, give
¹⁵ δέκα, ten
¹⁶ δίδωμι 3s fut pas ind, give
¹⁷ αἴρω 3s fut pas ind, take away

¹⁸ ἀχρεῖος, -ον, worthless
¹⁹ ἐξώτερος, -ον (comp)
²⁰ κλαυθμός, -οῦ m, bitter crying
²¹ βρυγμός, -οῦ m, gritting
²² ὀδούς, ὀδόντος m, tooth
²³ ἔρχομαι 3s aor act sub, come
²⁴ καθίζω 3s fut act ind, sit
²⁵ συνάγω 3p fut pas ind, gather
²⁶ ἀφορίζω 3s fut act ind, separate
²⁷ ποιμήν, -ένος m, shepherd
²⁸ ἔριφος, -ου m, goat
²⁹ ἵστημι 3s fut act ind, place
³⁰ εὐώνυμος, -ον, left (opposite right)
³¹ δεῦτε, interj, Come!
³² κληρονομέω 2p aor act impv, receive
³³ ἑτοιμάζω pf pas ptc f s acc, prepare

³⁴ καταβολή, -ῆς f, creation
³⁵ πεινάω 1s aor act ind, be hungry
³⁶ ἐσθίω aor act inf, eat
³⁷ διψάω 1s aor act ind, be thirsty
³⁸ ποτίζω 2p aor act ind, give to drink
³⁹ ξένος, -η/ον, strange (ὁ ξ. stranger)
⁴⁰ συνάγω 2p aor act ind, welcome
⁴¹ γυμνός, -ή/όν, naked
⁴² περιβάλλω 2p aor act ind, give clothes
⁴³ ἀσθενέω 1s aor act ind, be sick
⁴⁴ ἐπισκέπτομαι 2p aor mid ind, care for
⁴⁵ πότε, adv, when?
⁴⁶ πεινάω pres act ptc m s acc, be hungry

δέ σε εἴδομεν ξένον καὶ συνηγάγομεν, ἢ γυμνὸν καὶ περιεβάλομεν; **39** πότε δέ σε εἴδομεν ἀσθενοῦντα ἢ ἐν φυλακῇ καὶ ἤλθομεν πρός σε; **40** καὶ ἀποκριθεὶς ὁ βασιλεὺς ἐρεῖ αὐτοῖς· ἀμὴν λέγω ὑμῖν, ἐφ' ὅσον ἐποιήσατε ἑνὶ τούτων τῶν ἀδελφῶν μου τῶν ἐλαχίστων[1], ἐμοὶ ἐποιήσατε. **41** τότε ἐρεῖ καὶ τοῖς ἐξ εὐωνύμων· πορεύεσθε ἀπ' ἐμοῦ [οἱ] κατηραμένοι[2] εἰς τὸ πῦρ τὸ αἰώνιον τὸ ἡτοιμασμένον τῷ διαβόλῳ καὶ τοῖς ἀγγέλοις αὐτοῦ. **42** ἐπείνασα γὰρ καὶ οὐκ ἐδώκατέ μοι φαγεῖν, ἐδίψησα καὶ οὐκ ἐποτίσατέ με, **43** ξένος ἤμην καὶ οὐ συνηγάγετέ με, γυμνὸς καὶ οὐ περιεβάλετέ με, ἀσθενὴς καὶ ἐν φυλακῇ καὶ οὐκ ἐπεσκέψασθέ[3] με. **44** τότε ἀποκριθήσονται καὶ αὐτοὶ λέγοντες· κύριε, πότε σε εἴδομεν πεινῶντα ἢ διψῶντα ἢ ξένον ἢ γυμνὸν ἢ ἀσθενῆ ἢ ἐν φυλακῇ καὶ οὐ διηκονήσαμέν σοι; **45** τότε ἀποκριθήσεται αὐτοῖς λέγων· ἀμὴν λέγω ὑμῖν, ἐφ' ὅσον οὐκ ἐποιήσατε ἑνὶ τούτων τῶν ἐλαχίστων, οὐδὲ ἐμοὶ ἐποιήσατε. **46** καὶ ἀπελεύσονται[4] οὗτοι εἰς κόλασιν[5] αἰώνιον, οἱ δὲ δίκαιοι εἰς ζωὴν αἰώνιον.

The Plot to Kill Jesus (Mk 14.1-2; Lk 22.1-2; Jn 11.45-53)

26 Καὶ ἐγένετο ὅτε ἐτέλεσεν[6] ὁ Ἰησοῦς πάντας τοὺς λόγους τούτους, εἶπεν τοῖς μαθηταῖς αὐτοῦ· **2** οἴδατε ὅτι μετὰ δύο ἡμέρας τὸ πάσχα[7] γίνεται, καὶ ὁ υἱὸς τοῦ ἀνθρώπου παραδίδοται εἰς τὸ σταυρωθῆναι.

3 Τότε συνήχθησαν[8] οἱ ἀρχιερεῖς καὶ οἱ πρεσβύτεροι τοῦ λαοῦ εἰς τὴν αὐλὴν[9] τοῦ ἀρχιερέως τοῦ λεγομένου Καϊάφα **4** καὶ συνεβουλεύσαντο[10] ἵνα τὸν Ἰησοῦν δόλῳ[11] κρατήσωσιν καὶ ἀποκτείνωσιν· **5** ἔλεγον δέ· μὴ ἐν τῇ ἑορτῇ[12], ἵνα μὴ θόρυβος[13] γένηται ἐν τῷ λαῷ.

The Anointing at Bethany (Mk 14.3-9; Jn 12.1-8)

6 Τοῦ δὲ Ἰησοῦ γενομένου ἐν Βηθανίᾳ ἐν οἰκίᾳ Σίμωνος τοῦ λεπροῦ[14], **7** προσῆλθεν αὐτῷ γυνὴ ἔχουσα ἀλάβαστρον[15] μύρου[16] βαρυτίμου[17] καὶ κατέχεεν[18] ἐπὶ τῆς κεφαλῆς αὐτοῦ ἀνακειμένου[19]. **8** ἰδόντες δὲ οἱ μαθηταὶ ἠγανάκτησαν[20] λέγοντες· εἰς τί ἡ ἀπώλεια[21] αὕτη; **9** ἐδύνατο γὰρ τοῦτο πραθῆναι[22] πολλοῦ καὶ δοθῆναι[23]

---

[1] ἐλάχιστος, least (super of μικρός)
[2] καταράομαι pf pas ptc m p nom or voc, place a curse on
[3] ἐπισκέπτομαι 2p aor mid ind, care for
[4] ἀπέρχομαι 3p fut mid ind, go
[5] κόλασις, -εως f, punishment
[6] τελέω 3s aor act ind, finish
[7] πάσχα, n, Passover
[8] συνάγω 3p aor pas ind, pas come together
[9] αὐλή, -ῆς f, palace
[10] συμβουλεύω 3p aor mid ind, mid make plans
[11] δόλος, -ου m, deceit
[12] ἑορτή, -ῆς f, festival
[13] θόρυβος, -ου m, riot
[14] λεπρός, -οῦ m, leper/person with a skin disease
[15] ἀλάβαστρος, -ου m & n, alabaster jar
[16] μύρον, -ου n, perfume/ointment
[17] βαρύτιμος, -ον, very expensive
[18] καταχέω 3s aor act ind, pour (over)
[19] ἀνάκειμαι pres mid ptc m s gen, be seated at table
[20] ἀγανακτέω 3p aor act ind, be angry
[21] ἀπώλεια, -ας f, waste
[22] πιπράσκω aor pas inf, sell
[23] δίδωμι aor pas inf, give

πτωχοῖς. 10 γνοὺς¹ δὲ ὁ Ἰησοῦς εἶπεν αὐτοῖς· τί κόπους² παρέχετε³ τῇ γυναικί; ἔργον γὰρ καλὸν ἠργάσατο εἰς ἐμέ· 11 πάντοτε γὰρ τοὺς πτωχοὺς ἔχετε μεθ' ἑαυτῶν, ἐμὲ δὲ οὐ πάντοτε ἔχετε· 12 βαλοῦσα⁴ γὰρ αὕτη τὸ μύρον τοῦτο ἐπὶ τοῦ σώματός μου πρὸς τὸ ἐνταφιάσαι⁵ με ἐποίησεν. 13 ἀμὴν λέγω ὑμῖν, ὅπου ἐὰν κηρυχθῇ⁶ τὸ εὐαγγέλιον τοῦτο ἐν ὅλῳ τῷ κόσμῳ, λαληθήσεται καὶ ὃ ἐποίησεν αὕτη εἰς μνημόσυνον⁷ αὐτῆς.

Judas' Agreement to Betray Jesus (Mk 14.10-11; Lk 22.3-6)

14 Τότε πορευθεὶς εἷς τῶν δώδεκα, ὁ λεγόμενος Ἰούδας Ἰσκαριώτης, πρὸς τοὺς ἀρχιερεῖς 15 εἶπεν· τί θέλετέ μοι δοῦναι⁸, κἀγὼ ὑμῖν παραδώσω⁹ αὐτόν; οἱ δὲ ἔστησαν¹⁰ αὐτῷ τριάκοντα¹¹ ἀργύρια¹². 16 καὶ ἀπὸ τότε ἐζήτει εὐκαιρίαν¹³ ἵνα αὐτὸν παραδῷ.

The Passover with the Disciples (Mk 14.12-21; Lk 22.7-14, 21-23; Jn 13.21-30)

17 Τῇ δὲ πρώτῃ τῶν ἀζύμων¹⁴ προσῆλθον οἱ μαθηταὶ τῷ Ἰησοῦ λέγοντες· ποῦ θέλεις ἑτοιμάσωμέν σοι φαγεῖν¹⁵ τὸ πάσχα¹⁶; 18 ὁ δὲ εἶπεν· ὑπάγετε εἰς τὴν πόλιν πρὸς τὸν δεῖνα¹⁷ καὶ εἴπατε αὐτῷ· ὁ διδάσκαλος λέγει· ὁ καιρός μου ἐγγύς ἐστιν, πρὸς σὲ ποιῶ τὸ πάσχα μετὰ τῶν μαθητῶν μου. 19 καὶ ἐποίησαν οἱ μαθηταὶ ὡς συνέταξεν¹⁸ αὐτοῖς ὁ Ἰησοῦς καὶ ἡτοίμασαν τὸ πάσχα.

20 Ὀψίας¹⁹ δὲ γενομένης ἀνέκειτο²⁰ μετὰ τῶν δώδεκα. 21 καὶ ἐσθιόντων αὐτῶν εἶπεν· ἀμὴν λέγω ὑμῖν ὅτι εἷς ἐξ ὑμῶν παραδώσει²¹ με. 22 καὶ λυπούμενοι²² σφόδρα²³ ἤρξαντο²⁴ λέγειν αὐτῷ εἷς ἕκαστος· μήτι²⁵ ἐγώ εἰμι, κύριε; 23 ὁ δὲ ἀποκριθεὶς εἶπεν· ὁ ἐμβάψας²⁶ μετ' ἐμοῦ τὴν χεῖρα ἐν τῷ τρυβλίῳ²⁷ οὗτός με παραδώσει. 24 ὁ μὲν υἱὸς τοῦ ἀνθρώπου ὑπάγει καθὼς γέγραπται περὶ αὐτοῦ, οὐαὶ δὲ τῷ ἀνθρώπῳ ἐκείνῳ δι' οὗ ὁ υἱὸς τοῦ ἀνθρώπου παραδίδοται· καλὸν ἦν αὐτῷ εἰ οὐκ ἐγεννήθη ὁ ἄνθρωπος ἐκεῖνος. 25 ἀποκριθεὶς δὲ Ἰούδας ὁ παραδιδοὺς²⁸ αὐτὸν εἶπεν· μήτι ἐγώ εἰμι, ῥαββί²⁹; λέγει αὐτῷ· σὺ εἶπας.

---

1 γινώσκω aor act ptc m s nom, know
2 κόπος, -ου m, trouble
3 παρέχω 2p pres act ind, cause
4 βάλλω aor act ptc f s nom, put
5 ἐνταφιάζω aor act inf, prepare for burial
6 κηρύσσω 3s aor pas sub, preach
7 μνημόσυνον, -ου n, memory
8 δίδωμι aor act inf, give
9 παραδίδωμι 1s fut act ind, betray/hand over
10 ἵστημι 3p aor act ind, pay
11 τριάκοντα, thirty
12 ἀργύριον, -ου n, silver coin
13 εὐκαιρία, -ας f, opportunity
14 ἄζυμος, -ον, without yeast (τὰ ἄζυμα Jewish Festival of Unleavened Bread)
15 ἐσθίω aor act inf, eat
16 πάσχα, n, Passover meal
17 δεῖνα, m & f, a certain one
18 συντάσσω 3s aor act ind, instruct
19 ὄψιος, -α/ον, late (ἡ ὀψία evening)
20 ἀνάκειμαι 3s impf mid ind, be seated at table
21 παραδίδωμι 3s fut act ind, betray/hand over
22 λυπέω pres pas ptc m p nom, pas be sad
23 σφόδρα, adv, greatly
24 ἄρχω 3p aor mid ind, mid begin
25 μήτι, usually expects a negative reply
26 ἐμβάπτω aor act ptc m s nom, dip
27 τρύβλιον, -ου n, dish
28 παραδίδωμι pres act ptc m s nom, betray/hand over
29 ῥαββί, rabbi/teacher

The Institution of the Lord's Supper (Mk 14.22-26; Lk 22.15-20; 1 Cor 11.23-25)

26 Ἐσθιόντων δὲ αὐτῶν λαβὼν ὁ Ἰησοῦς ἄρτον καὶ εὐλογήσας ἔκλασεν[1] καὶ δοὺς[2] τοῖς μαθηταῖς εἶπεν· λάβετε φάγετε[3], τοῦτό ἐστιν τὸ σῶμά μου. **27** καὶ λαβὼν ποτήριον καὶ εὐχαριστήσας ἔδωκεν αὐτοῖς λέγων· πίετε[4] ἐξ αὐτοῦ πάντες, **28** τοῦτο γάρ ἐστιν τὸ αἷμά μου τῆς διαθήκης τὸ περὶ πολλῶν ἐκχυννόμενον[5] εἰς ἄφεσιν[6] ἁμαρτιῶν. **29** λέγω δὲ ὑμῖν, οὐ μὴ πίω[7] ἀπ' ἄρτι ἐκ τούτου τοῦ γενήματος[8] τῆς ἀμπέλου[9] ἕως τῆς ἡμέρας ἐκείνης ὅταν αὐτὸ πίνω μεθ' ὑμῶν καινὸν ἐν τῇ βασιλείᾳ τοῦ πατρός μου. **30** καὶ ὑμνήσαντες[10] ἐξῆλθον εἰς τὸ ὄρος τῶν ἐλαιῶν[11].

Peter's Denial Foretold (Mk 14.27-31; Lk 22.31-34; Jn 13.36-38)

31 Τότε λέγει αὐτοῖς ὁ Ἰησοῦς· πάντες ὑμεῖς σκανδαλισθήσεσθε[12] ἐν ἐμοὶ ἐν τῇ νυκτὶ ταύτῃ, γέγραπται γάρ·
    πατάξω[13] τὸν ποιμένα[14],
    καὶ διασκορπισθήσονται[15] τὰ πρόβατα τῆς ποίμνης[16].
32 μετὰ δὲ τὸ ἐγερθῆναί[17] με προάξω[18] ὑμᾶς εἰς τὴν Γαλιλαίαν. **33** ἀποκριθεὶς δὲ ὁ Πέτρος εἶπεν αὐτῷ· εἰ πάντες σκανδαλισθήσονται[19] ἐν σοί, ἐγὼ οὐδέποτε[20] σκανδαλισθήσομαι. **34** ἔφη αὐτῷ ὁ Ἰησοῦς· ἀμὴν λέγω σοι ὅτι ἐν ταύτῃ τῇ νυκτὶ πρὶν[21] ἀλέκτορα[22] φωνῆσαι τρὶς[23] ἀπαρνήσῃ[24] με. **35** λέγει αὐτῷ ὁ Πέτρος· κἂν[25] δέῃ με σὺν σοὶ ἀποθανεῖν[26], οὐ μή σε ἀπαρνήσομαι. ὁμοίως[27] καὶ πάντες οἱ μαθηταὶ εἶπαν.

The Prayer in Gethsemane (Mk 14.32-42; Lk 22.39-46)

36 Τότε ἔρχεται μετ' αὐτῶν ὁ Ἰησοῦς εἰς χωρίον[28] λεγόμενον Γεθσημανὶ καὶ λέγει τοῖς μαθηταῖς· καθίσατε αὐτοῦ[29] ἕως [οὗ] ἀπελθὼν ἐκεῖ προσεύξωμαι. **37** καὶ παραλαβὼν τὸν Πέτρον καὶ τοὺς δύο υἱοὺς Ζεβεδαίου ἤρξατο[30] λυπεῖσθαι[31] καὶ ἀδημονεῖν[32]. **38** τότε λέγει αὐτοῖς· περίλυπός[33] ἐστιν ἡ ψυχή μου ἕως θανάτου·

---

[1] κλάω 3s aor act ind, break
[2] δίδωμι aor act ptc m s nom, give
[3] ἐσθίω 2p aor act impv, eat
[4] πίνω 2p aor act impv, drink
[5] ἐκχύννω pres pas ptc n s nom, pour out
[6] ἄφεσις, -εως f, forgiveness
[7] πίνω 1s aor act sub, drink
[8] γένημα, -τος n, product
[9] ἄμπελος, -ου f, grapevine
[10] ὑμνέω aor act ptc m p nom, sing a hymn
[11] ἐλαία, -ας f, olive
[12] σκανδαλίζω 2p fut pas ind, turn away
[13] πατάσσω 1s fut act ind, strike down
[14] ποιμήν, -ένος m, shepherd
[15] διασκορπίζω 3p fut pas ind, scatter
[16] ποίμνη, -ης f, flock
[17] ἐγείρω aor pas inf, raise (from death)
[18] προάγω 1s fut act ind, go ahead of
[19] σκανδαλίζω 3p fut pas ind, turn away
[20] οὐδέποτε, adv, never
[21] πρίν, conj, before
[22] ἀλέκτωρ, -ορος m, rooster
[23] τρίς, adv, three times
[24] ἀπαρνέομαι 2s fut mid ind, disown
[25] κἄν, = καὶ ἐάν, even if
[26] ἀποθνήσκω aor act inf, die
[27] ὁμοίως, adv, in the same way
[28] χωρίον, -ου n, place
[29] αὐτοῦ, adv, here
[30] ἄρχω 3s aor mid ind, mid begin
[31] λυπέω pres pas inf, pas be sad
[32] ἀδημονέω pres act inf, be troubled
[33] περίλυπος, -ον, very sad

μείνατε¹ ὧδε καὶ γρηγορεῖτε² μετ' ἐμοῦ. **39** καὶ προελθὼν³ μικρὸν ἔπεσεν⁴ ἐπὶ πρόσωπον αὐτοῦ προσευχόμενος καὶ λέγων· πάτερ μου, εἰ δυνατόν ἐστιν, παρελθάτω⁵ ἀπ' ἐμοῦ τὸ ποτήριον τοῦτο· πλὴν οὐχ ὡς ἐγὼ θέλω ἀλλ' ὡς σύ. **40** καὶ ἔρχεται πρὸς τοὺς μαθητὰς καὶ εὑρίσκει αὐτοὺς καθεύδοντας⁶, καὶ λέγει τῷ Πέτρῳ· οὕτως οὐκ ἰσχύσατε⁷ μίαν ὥραν γρηγορῆσαι⁸ μετ' ἐμοῦ; **41** γρηγορεῖτε καὶ προσεύχεσθε, ἵνα μὴ εἰσέλθητε⁹ εἰς πειρασμόν¹⁰· τὸ μὲν πνεῦμα πρόθυμον¹¹ ἡ δὲ σὰρξ ἀσθενής¹². **42** πάλιν ἐκ δευτέρου ἀπελθὼν προσηύξατο¹³ λέγων· πάτερ μου, εἰ οὐ δύναται τοῦτο παρελθεῖν¹⁴ ἐὰν μὴ αὐτὸ πίω¹⁵, γενηθήτω τὸ θέλημά σου. **43** καὶ ἐλθὼν πάλιν εὗρεν αὐτοὺς καθεύδοντας, ἦσαν γὰρ αὐτῶν οἱ ὀφθαλμοὶ βεβαρημένοι¹⁶. **44** καὶ ἀφεὶς¹⁷ αὐτοὺς πάλιν ἀπελθὼν προσηύξατο ἐκ τρίτου τὸν αὐτὸν λόγον εἰπὼν πάλιν. **45** τότε ἔρχεται πρὸς τοὺς μαθητὰς καὶ λέγει αὐτοῖς· καθεύδετε [τὸ] λοιπὸν καὶ ἀναπαύεσθε¹⁸· ἰδοὺ ἤγγικεν¹⁹ ἡ ὥρα καὶ ὁ υἱὸς τοῦ ἀνθρώπου παραδίδοται εἰς χεῖρας ἁμαρτωλῶν. **46** ἐγείρεσθε²⁰ ἄγωμεν· ἰδοὺ ἤγγικεν ὁ παραδιδούς με.

The Betrayal and Arrest of Jesus (Mk 14.43-50; Lk 22.47-53; Jn 18.3-12)

47 Καὶ ἔτι αὐτοῦ λαλοῦντος ἰδοὺ Ἰούδας εἷς τῶν δώδεκα ἦλθεν καὶ μετ' αὐτοῦ ὄχλος πολὺς μετὰ μαχαιρῶν²¹ καὶ ξύλων²² ἀπὸ τῶν ἀρχιερέων καὶ πρεσβυτέρων τοῦ λαοῦ. **48** ὁ δὲ παραδιδοὺς αὐτὸν ἔδωκεν αὐτοῖς σημεῖον λέγων· ὃν ἂν φιλήσω²³ αὐτός ἐστιν, κρατήσατε αὐτόν. **49** καὶ εὐθέως προσελθὼν²⁴ τῷ Ἰησοῦ εἶπεν· χαῖρε, ῥαββί²⁵, καὶ κατεφίλησεν²⁶ αὐτόν. **50** ὁ δὲ Ἰησοῦς εἶπεν αὐτῷ· ἑταῖρε²⁷, ἐφ' ὃ πάρει²⁸. τότε προσελθόντες ἐπέβαλον²⁹ τὰς χεῖρας ἐπὶ τὸν Ἰησοῦν καὶ ἐκράτησαν αὐτόν. **51** καὶ ἰδοὺ εἷς τῶν μετὰ Ἰησοῦ ἐκτείνας³⁰ τὴν χεῖρα ἀπέσπασεν³¹ τὴν μάχαιραν αὐτοῦ καὶ πατάξας³² τὸν δοῦλον τοῦ ἀρχιερέως ἀφεῖλεν³³ αὐτοῦ τὸ ὠτίον³⁴. **52** τότε λέγει αὐτῷ ὁ Ἰησοῦς· ἀπόστρεψον³⁵ τὴν μάχαιράν σου εἰς τὸν τόπον

---

¹ μένω 2p aor act impv, stay
² γρηγορέω 2p pres act impv, be alert
³ προέρχομαι aor act ptc m s nom, go farther
⁴ πίπτω 3s aor act ind, fall
⁵ παρέρχομαι 3s aor act impv, pass
⁶ καθεύδω pres act ptc m p acc, sleep
⁷ ἰσχύω 2p aor act ind, be able
⁸ γρηγορέω aor act inf, stay awake
⁹ εἰσέρχομαι 2p aor act sub, enter
¹⁰ πειρασμός, -οῦ m, temptation/time of testing
¹¹ πρόθυμος, -ον, willing
¹² ἀσθενής, -ές, weak
¹³ προσεύχομαι 3s aor mid ind, pray
¹⁴ παρέρχομαι aor act inf, pass
¹⁵ πίνω 1s aor act sub, drink
¹⁶ βαρέω pf pas ptc m p nom, weigh down
¹⁷ ἀφίημι aor act ptc m s nom, leave
¹⁸ ἀναπαύω 2p pres mid ind, mid rest
¹⁹ ἐγγίζω 3s pf act ind, come near
²⁰ ἐγείρω 2p pres pas impv, intrans pas get up
²¹ μάχαιρα, -ης f, sword
²² ξύλον, -ου n, club
²³ φιλέω 1s aor act sub, kiss
²⁴ προσέρχομαι aor act ptc m s nom, come/go to
²⁵ ῥαββί, rabbi/teacher
²⁶ καταφιλέω 3s aor act ind, kiss
²⁷ ἑταῖρος, -ου m, friend
²⁸ πάρειμι 2s pres act ind, be here (ἐφ' ὃ πάρει Why are you here?/Do what you came here for!)
²⁹ ἐπιβάλλω 3p aor act ind, place (on)
³⁰ ἐκτείνω aor act ptc m s nom, reach out
³¹ ἀποσπάω 3s aor act ind, draw (of a sword)
³² πατάσσω aor act ptc m s nom, strike
³³ ἀφαιρέω 3s aor act ind, cut off
³⁴ ὠτίον, -ου n, ear
³⁵ ἀποστρέφω 2s aor act impv, put back

αὐτῆς· πάντες γὰρ οἱ λαβόντες μάχαιραν ἐν μαχαίρῃ ἀπολοῦνται¹. 53 ἢ δοκεῖς ὅτι οὐ δύναμαι παρακαλέσαι τὸν πατέρα μου, καὶ παραστήσει² μοι ἄρτι πλείω³ δώδεκα λεγιῶνας⁴ ἀγγέλων; 54 πῶς οὖν πληρωθῶσιν αἱ γραφαὶ ὅτι οὕτως δεῖ γενέσθαι; 55 ἐν ἐκείνῃ τῇ ὥρᾳ εἶπεν ὁ Ἰησοῦς τοῖς ὄχλοις· ὡς ἐπὶ λῃστὴν⁵ ἐξήλθατε μετὰ μαχαιρῶν καὶ ξύλων συλλαβεῖν⁶ με; καθ' ἡμέραν ἐν τῷ ἱερῷ ἐκαθεζόμην⁷ διδάσκων καὶ οὐκ ἐκρατήσατέ με. 56 τοῦτο δὲ ὅλον γέγονεν ἵνα πληρωθῶσιν αἱ γραφαὶ τῶν προφητῶν. τότε οἱ μαθηταὶ πάντες ἀφέντες⁸ αὐτὸν ἔφυγον⁹.

Jesus before the Council (Mk 14.53-65; Lk 22.54-55, 63-71; Jn 18.13-14, 19-24)

57 Οἱ δὲ κρατήσαντες τὸν Ἰησοῦν ἀπήγαγον¹⁰ πρὸς Καϊάφαν τὸν ἀρχιερέα, ὅπου οἱ γραμματεῖς καὶ οἱ πρεσβύτεροι συνήχθησαν¹¹. 58 ὁ δὲ Πέτρος ἠκολούθει αὐτῷ ἀπὸ μακρόθεν¹² ἕως τῆς αὐλῆς¹³ τοῦ ἀρχιερέως καὶ εἰσελθὼν ἔσω¹⁴ ἐκάθητο μετὰ τῶν ὑπηρετῶν¹⁵ ἰδεῖν τὸ τέλος.

59 Οἱ δὲ ἀρχιερεῖς καὶ τὸ συνέδριον¹⁶ ὅλον ἐζήτουν ψευδομαρτυρίαν¹⁷ κατὰ τοῦ Ἰησοῦ ὅπως αὐτὸν θανατώσωσιν¹⁸, 60 καὶ οὐχ εὗρον¹⁹ πολλῶν προσελθόντων²⁰ ψευδομαρτύρων²¹. ὕστερον²² δὲ προσελθόντες δύο 61 εἶπαν· οὗτος ἔφη· δύναμαι καταλῦσαι²³ τὸν ναὸν τοῦ θεοῦ καὶ διὰ τριῶν ἡμερῶν οἰκοδομῆσαι. 62 καὶ ἀναστὰς²⁴ ὁ ἀρχιερεὺς εἶπεν αὐτῷ· οὐδὲν ἀποκρίνῃ τί οὗτοί σου καταμαρτυροῦσιν²⁵; 63 ὁ δὲ Ἰησοῦς ἐσιώπα²⁶. καὶ ὁ ἀρχιερεὺς εἶπεν αὐτῷ· ἐξορκίζω²⁷ σε κατὰ τοῦ θεοῦ τοῦ ζῶντος ἵνα ἡμῖν εἴπῃς²⁸ εἰ σὺ εἶ ὁ χριστὸς ὁ υἱὸς τοῦ θεοῦ. 64 λέγει αὐτῷ ὁ Ἰησοῦς· σὺ εἶπας. πλὴν λέγω ὑμῖν· ἀπ' ἄρτι ὄψεσθε τὸν²⁹ **υἱὸν τοῦ ἀνθρώπου** καθήμενον ἐκ δεξιῶν τῆς δυνάμεως καὶ **ἐρχόμενον ἐπὶ τῶν νεφελῶν**³⁰ τοῦ οὐρανοῦ. 65 τότε ὁ ἀρχιερεὺς διέρρηξεν³¹ τὰ ἱμάτια αὐτοῦ λέγων· ἐβλασφήμησεν· τί ἔτι χρείαν ἔχομεν μαρτύρων; ἴδε³² νῦν ἠκούσατε τὴν βλασφημίαν³³. 66 τί ὑμῖν δοκεῖ; οἱ δὲ ἀποκριθέντες εἶπαν· ἔνοχος³⁴ θανάτου ἐστίν.

---

¹ ἀπόλλυμι 3p fut mid ind, mid die
² παρίστημι 3s fut act ind, to put at someone's disposal
³ πολύς, many (comp)
⁴ λεγιών, -ῶνος f, legion (Roman army unit of 5000-6000 men)
⁵ λῃστής, -οῦ m, criminal
⁶ συλλαμβάνω aor act inf, arrest
⁷ καθέζομαι 1s impf mid ind, sit
⁸ ἀφίημι aor act ptc m p nom, leave
⁹ φεύγω 3p aor act ind, run
¹⁰ ἀπάγω 3p aor act ind, lead
¹¹ συνάγω 3p aor pas ind, pas come together
¹² μακρόθεν, adv, far off (ἀπό μ. at a distance)
¹³ αὐλή, -ῆς f, courtyard
¹⁴ ἔσω, adv, inside
¹⁵ ὑπηρέτης, -ου m, guard
¹⁶ συνέδριον, -ου n, council/Sanhedrin
¹⁷ ψευδομαρτυρία, -ας f, false testimony
¹⁸ θανατόω 3p aor act sub, put to death
¹⁹ εὑρίσκω 3p aor act ind, find
²⁰ προσέρχομαι aor act ptc m p gen, come (forward)
²¹ ψευδομάρτυς, -υρος m, dishonest witness
²² ὕστερον, adv, finally
²³ καταλύω aor act inf, tear down
²⁴ ἀνίστημι aor act ptc m s nom, stand up
²⁵ καταμαρτυρέω 3p pres act ind, testify against
²⁶ σιωπάω 3s impf act ind, be silent
²⁷ ἐξορκίζω 1s pres act ind, place under oath
²⁸ λέγω 2s aor act sub, tell
²⁹ ὁράω 2p fut mid ind, see
³⁰ νεφέλη, -ης f, cloud
³¹ διαρρήσσω 3s aor act ind, tear
³² ἴδε, interj, Look!
³³ βλασφημία, -ας f, blasphemy
³⁴ ἔνοχος, -ον, guilty

67 Τότε ἐνέπτυσαν¹ εἰς τὸ πρόσωπον αὐτοῦ καὶ ἐκολάφισαν² αὐτόν, οἱ δὲ ἐράπισαν³ **68** λέγοντες· προφήτευσον⁴ ἡμῖν, χριστέ, τίς ἐστιν ὁ παίσας⁵ σε;

Peter's Denial of Jesus (Mk 14.66-72; Lk 22.56-62; Jn 18.15-18, 25-27)

69 Ὁ δὲ Πέτρος ἐκάθητο ἔξω ἐν τῇ αὐλῇ⁶· καὶ προσῆλθεν⁷ αὐτῷ μία παιδίσκη⁸ λέγουσα· καὶ σὺ ἦσθα⁹ μετὰ Ἰησοῦ τοῦ Γαλιλαίου. **70** ὁ δὲ ἠρνήσατο¹⁰ ἔμπροσθεν πάντων λέγων· οὐκ οἶδα τί λέγεις. **71** ἐξελθόντα δὲ εἰς τὸν πυλῶνα¹¹ εἶδεν αὐτὸν ἄλλη καὶ λέγει τοῖς ἐκεῖ· οὗτος ἦν μετὰ Ἰησοῦ τοῦ Ναζωραίου. **72** καὶ πάλιν ἠρνήσατο μετὰ ὅρκου¹² ὅτι οὐκ οἶδα τὸν ἄνθρωπον. **73** μετὰ μικρὸν δὲ προσελθόντες οἱ ἑστῶτες¹³ εἶπον τῷ Πέτρῳ· ἀληθῶς¹⁴ καὶ σὺ ἐξ αὐτῶν εἶ, καὶ γὰρ ἡ λαλιά¹⁵ σου δῆλόν¹⁶ σε ποιεῖ. **74** τότε ἤρξατο¹⁷ καταθεματίζειν¹⁸ καὶ ὀμνύειν¹⁹ ὅτι οὐκ οἶδα τὸν ἄνθρωπον. καὶ εὐθέως ἀλέκτωρ²⁰ ἐφώνησεν.

75 καὶ ἐμνήσθη²¹ ὁ Πέτρος τοῦ ῥήματος Ἰησοῦ εἰρηκότος²² ὅτι πρὶν²³ ἀλέκτορα φωνῆσαι τρὶς²⁴ ἀπαρνήσῃ²⁵ με· καὶ ἐξελθὼν ἔξω ἔκλαυσεν πικρῶς²⁶.

Jesus Brought before Pilate (Mk 15.1; Lk 23.1-2; Jn 18.28-32)

27 Πρωΐας²⁷ δὲ γενομένης συμβούλιον²⁸ ἔλαβον πάντες οἱ ἀρχιερεῖς καὶ οἱ πρεσβύτεροι τοῦ λαοῦ κατὰ τοῦ Ἰησοῦ ὥστε θανατῶσαι²⁹ αὐτόν· **2** καὶ δήσαντες³⁰ αὐτὸν ἀπήγαγον³¹ καὶ παρέδωκαν Πιλάτῳ τῷ ἡγεμόνι³².

The Death of Judas (Ac 1.18-19)

3 Τότε ἰδὼν Ἰούδας ὁ παραδιδοὺς αὐτὸν ὅτι κατεκρίθη³³, μεταμεληθεὶς³⁴ ἔστρεψεν³⁵ τὰ τριάκοντα³⁶ ἀργύρια³⁷ τοῖς ἀρχιερεῦσιν καὶ πρεσβυτέροις **4** λέγων· ἥμαρτον

---

¹ ἐμπτύω 3p aor act ind, spit (on)
² κολαφίζω 3p aor act ind, hit (with a fist)
³ ῥαπίζω 3p aor act ind, slap
⁴ προφητεύω 2s aor act impv, prophesy
⁵ παίω aor act ptc m s nom, strike
⁶ αὐλή, -ῆς f, courtyard
⁷ προσέρχομαι 3s aor act ind, come to
⁸ παιδίσκη, -ης f, servant girl
⁹ εἰμί 2s impf mid ind, be
¹⁰ ἀρνέομαι 3s aor mid ind, deny
¹¹ πυλών, -ῶνος f, gate
¹² ὅρκος, -ου m, oath
¹³ ἵστημι pf act ptc m p nom, intrans stand
¹⁴ ἀληθῶς, adv, really
¹⁵ λαλιά, -ᾶς f, accent
¹⁶ δῆλος, -η/ον, evident (ἡ λαλιά σου δ. σε ποιεῖ your accent gives you away)
¹⁷ ἄρχω 3s aor mid ind, mid begin
¹⁸ καταθεματίζω pres act inf, curse
¹⁹ ὀμνύω pres act inf, swear
²⁰ ἀλέκτωρ, -ορος m, rooster
²¹ μιμνήσκομαι 3s aor pas ind, remember
²² λέγω pf act ptc m s gen, say
²³ πρίν, conj, before
²⁴ τρίς, adv, three times
²⁵ ἀπαρνέομαι 2s fut mid ind, disown
²⁶ πικρῶς, adv, bitterly
²⁷ πρωΐα, -ας f, morning
²⁸ συμβούλιον, -ου n, plan (συμ. λαμβάνω plan)
²⁹ θανατόω aor act inf, put to death
³⁰ δέω aor act ptc m p nom, tie up
³¹ ἀπάγω 3p aor act ind, lead away
³² ἡγεμών, -όνος m, governor
³³ κατακρίνω 3s aor pas ind, condemn
³⁴ μεταμέλομαι aor pas ptc m s nom, be sorry
³⁵ στρέφω 3s aor act ind, return
³⁶ τριάκοντα, thirty
³⁷ ἀργύριον, -ου n, silver coin

παραδοὺς¹ αἷμα ἀθῷον². οἱ δὲ εἶπαν· τί πρὸς ἡμᾶς; σὺ ὄψῃ³. 5 καὶ ῥίψας⁴ τὰ ἀργύρια εἰς τὸν ναὸν ἀνεχώρησεν⁵, καὶ ἀπελθὼν ἀπήγξατο⁶. 6 οἱ δὲ ἀρχιερεῖς λαβόντες τὰ ἀργύρια εἶπαν· οὐκ ἔξεστιν βαλεῖν αὐτὰ εἰς τὸν κορβανᾶν⁷, ἐπεὶ⁸ τιμὴ αἵματός ἐστιν. 7 συμβούλιον⁹ δὲ λαβόντες ἠγόρασαν ἐξ αὐτῶν τὸν ἀγρὸν τοῦ κεραμέως¹⁰ εἰς ταφὴν¹¹ τοῖς ξένοις¹². 8 διὸ ἐκλήθη¹³ ὁ ἀγρὸς ἐκεῖνος ἀγρὸς αἵματος ἕως τῆς σήμερον. 9 τότε ἐπληρώθη τὸ ῥηθὲν¹⁴ διὰ Ἰερεμίου τοῦ προφήτου λέγοντος· **καὶ ἔλαβον τὰ τριάκοντα ἀργύρια, τὴν τιμὴν τοῦ τετιμημένου**¹⁵ **ὃν ἐτιμήσαντο ἀπὸ υἱῶν Ἰσραήλ, 10 καὶ ἔδωκαν αὐτὰ εἰς τὸν ἀγρὸν τοῦ κεραμέως, καθὰ**¹⁶ **συνέταξέν**¹⁷ **μοι κύριος.**

Jesus Questioned by Pilate (Mk 15.2-5; Lk 23.3-5; Jn 18.33-38)

11 Ὁ δὲ Ἰησοῦς ἐστάθη¹⁸ ἔμπροσθεν τοῦ ἡγεμόνος· καὶ ἐπηρώτησεν αὐτὸν ὁ ἡγεμὼν λέγων· σὺ εἶ ὁ βασιλεὺς τῶν Ἰουδαίων; ὁ δὲ Ἰησοῦς ἔφη· σὺ λέγεις. 12 καὶ ἐν τῷ κατηγορεῖσθαι¹⁹ αὐτὸν ὑπὸ τῶν ἀρχιερέων καὶ πρεσβυτέρων οὐδὲν ἀπεκρίνατο. 13 τότε λέγει αὐτῷ ὁ Πιλᾶτος· οὐκ ἀκούεις πόσα²⁰ σου καταμαρτυροῦσιν²¹; 14 καὶ οὐκ ἀπεκρίθη αὐτῷ πρὸς οὐδὲ ἓν ῥῆμα, ὥστε θαυμάζειν τὸν ἡγεμόνα λίαν²².

Jesus Sentenced to Death (Mk 15.6-15; Lk 23.13-25; Jn 18.39–19.16)

15 Κατὰ δὲ ἑορτὴν²³ εἰώθει²⁴ ὁ ἡγεμὼν ἀπολύειν ἕνα τῷ ὄχλῳ δέσμιον²⁵ ὃν ἤθελον. 16 εἶχον δὲ τότε δέσμιον ἐπίσημον²⁶ λεγόμενον [Ἰησοῦν] Βαραββᾶν. 17 συνηγμένων²⁷ οὖν αὐτῶν εἶπεν αὐτοῖς ὁ Πιλᾶτος· τίνα θέλετε ἀπολύσω ὑμῖν, [Ἰησοῦν τὸν] Βαραββᾶν ἢ Ἰησοῦν τὸν λεγόμενον χριστόν; 18 ᾔδει²⁸ γὰρ ὅτι διὰ φθόνον²⁹ παρέδωκαν αὐτόν.

19 Καθημένου δὲ αὐτοῦ ἐπὶ τοῦ βήματος³⁰ ἀπέστειλεν³¹ πρὸς αὐτὸν ἡ γυνὴ αὐτοῦ λέγουσα· μηδὲν σοὶ καὶ τῷ δικαίῳ ἐκείνῳ· πολλὰ γὰρ ἔπαθον³² σήμερον κατ' ὄναρ³³ δι' αὐτόν.

---

¹ παραδίδωμι *aor act ptc m s nom*, betray
² ἀθῷος, -ον, innocent
³ ὁράω *2s fut mid ind*, see to (something) (σὺ ὄψῃ that's your problem)
⁴ ῥίπτω *aor act ptc m s nom*, throw down
⁵ ἀναχωρέω *3s aor act ind*, leave
⁶ ἀπάγχω *3s aor mid ind*, mid hang oneself
⁷ κορβανᾶς, -ᾶ *m*, temple treasury
⁸ ἐπεί, *conj*, because
⁹ συμβούλιον, -ου *n*, plan (συμ. λαμβάνω plan)
¹⁰ κεραμεύς, -έως *m*, potter
¹¹ ταφή, -ῆς *f*, burial place
¹² ξένος, -η/ον, strange (ὁ ξ. foreigner/stranger)
¹³ καλέω *3s aor pas ind*, call
¹⁴ λέγω *aor pas ptc n s nom*, say
¹⁵ τιμάω *pf pas ptc m s gen*, set a price on
¹⁶ καθά, *conj*, just as
¹⁷ συντάσσω *3s aor act ind*, instruct
¹⁸ ἵστημι *3s aor pas ind*, intrans stand
¹⁹ κατηγορέω *pres pas inf*, accuse
²⁰ πόσος, -η/ον, how many
²¹ καταμαρτυρέω *3p pres act ind*, testify against
²² λίαν, *adv*, greatly
²³ ἑορτή, -ῆς *f*, (Passover) festival
²⁴ εἴωθα *3s plpf act ind*, be accustomed
²⁵ δέσμιος, -ου *m*, prisoner
²⁶ ἐπίσημος, -ον, notorious
²⁷ συνάγω *pf pas ptc m p gen, pas* come together
²⁸ οἶδα *3s plpf act ind*, know
²⁹ φθόνος, -ου *m*, jealousy
³⁰ βῆμα, -τος *n*, judicial bench
³¹ ἀποστέλλω *3s aor act ind*, send
³² πάσχω *1s aor act ind*, suffer
³³ ὄναρ, *n*, dream (κατ' ὄναρ in a dream)

20 Οἱ δὲ ἀρχιερεῖς καὶ οἱ πρεσβύτεροι ἔπεισαν[1] τοὺς ὄχλους ἵνα αἰτήσωνται τὸν Βαραββᾶν, τὸν δὲ Ἰησοῦν ἀπολέσωσιν[2]. **21** ἀποκριθεὶς δὲ ὁ ἡγεμὼν[3] εἶπεν αὐτοῖς· τίνα θέλετε ἀπὸ τῶν δύο ἀπολύσω ὑμῖν; οἱ δὲ εἶπαν· τὸν Βαραββᾶν. **22** λέγει αὐτοῖς ὁ Πιλᾶτος· τί οὖν ποιήσω Ἰησοῦν τὸν λεγόμενον χριστόν; λέγουσιν πάντες· σταυρωθήτω. **23** ὁ δὲ ἔφη· τί γὰρ κακὸν ἐποίησεν; οἱ δὲ περισσῶς[4] ἔκραζον λέγοντες· σταυρωθήτω.

24 Ἰδὼν δὲ ὁ Πιλᾶτος ὅτι οὐδὲν ὠφελεῖ[5] ἀλλὰ μᾶλλον θόρυβος[6] γίνεται, λαβὼν ὕδωρ ἀπενίψατο[7] τὰς χεῖρας ἀπέναντι[8] τοῦ ὄχλου λέγων· ἀθῷός[9] εἰμι ἀπὸ τοῦ αἵματος τούτου· ὑμεῖς ὄψεσθε[10]. **25** καὶ ἀποκριθεὶς πᾶς ὁ λαὸς εἶπεν· τὸ αἷμα αὐτοῦ ἐφ' ἡμᾶς καὶ ἐπὶ τὰ τέκνα ἡμῶν. **26** τότε ἀπέλυσεν αὐτοῖς τὸν Βαραββᾶν, τὸν δὲ Ἰησοῦν φραγελλώσας[11] παρέδωκεν ἵνα σταυρωθῇ.

The Soldiers Mock Jesus (Mk 15.16-20; Jn 19.2-3)

27 Τότε οἱ στρατιῶται τοῦ ἡγεμόνος[12] παραλαβόντες τὸν Ἰησοῦν εἰς τὸ πραιτώριον[13] συνήγαγον ἐπ' αὐτὸν ὅλην τὴν σπεῖραν[14]. **28** καὶ ἐκδύσαντες[15] αὐτὸν χλαμύδα[16] κοκκίνην[17] περιέθηκαν[18] αὐτῷ, **29** καὶ πλέξαντες[19] στέφανον[20] ἐξ ἀκανθῶν[21] ἐπέθηκαν[22] ἐπὶ τῆς κεφαλῆς αὐτοῦ καὶ κάλαμον[23] ἐν τῇ δεξιᾷ αὐτοῦ, καὶ γονυπετήσαντες[24] ἔμπροσθεν αὐτοῦ ἐνέπαιξαν[25] αὐτῷ λέγοντες· χαῖρε, βασιλεῦ τῶν Ἰουδαίων, **30** καὶ ἐμπτύσαντες[26] εἰς αὐτὸν ἔλαβον τὸν κάλαμον καὶ ἔτυπτον[27] εἰς τὴν κεφαλὴν αὐτοῦ. **31** καὶ ὅτε ἐνέπαιξαν αὐτῷ, ἐξέδυσαν[28] αὐτὸν τὴν χλαμύδα καὶ ἐνέδυσαν[29] αὐτὸν τὰ ἱμάτια αὐτοῦ καὶ ἀπήγαγον[30] αὐτὸν εἰς τὸ σταυρῶσαι.

The Crucifixion of Jesus (Mk 15.21-32; Lk 23.26-43; Jn 19.17-27)

32 Ἐξερχόμενοι δὲ εὗρον[31] ἄνθρωπον Κυρηναῖον ὀνόματι Σίμωνα, τοῦτον ἠγγάρευσαν[32] ἵνα ἄρῃ[33] τὸν σταυρὸν[34] αὐτοῦ.

---

[1] πείθω 3p aor act ind, convince
[2] ἀπόλλυμι 3p aor act sub, kill
[3] ἡγεμών, -όνος m, governor
[4] περισσῶς, adv, all the more
[5] ὠφελέω 3s pres act ind, gain
[6] θόρυβος, -ου m, riot
[7] ἀπονίπτω 3s aor mid ind, wash
[8] ἀπέναντι, prep + gen, in front of
[9] ἀθῷος, -ον, innocent
[10] ὁράω 2p fut mid ind, see to something (ὑμεῖς ὄ. that's your problem)
[11] φραγελλόω aor act ptc m s nom, beat with a whip
[12] ἡγεμών, -όνος m, governor
[13] πραιτώριον, -ου n, fortress/palace (residence of the Roman governor)
[14] σπεῖρα, -ης f, company (of soldiers)
[15] ἐκδύω aor act ptc m p nom, strip
[16] χλαμύς, -ύδος f, robe (as worn by Roman soldiers)
[17] κόκκινος, -η/ον, scarlet
[18] περιτίθημι 3p aor act ind, put on
[19] πλέκω aor act ptc m p nom, twist together
[20] στέφανος, -ου m, crown
[21] ἄκανθα, -ης f, thorn plant
[22] ἐπιτίθημι 3p aor act ind, put
[23] κάλαμος, -ου m, reed/cane
[24] γονυπετέω aor act ptc m p nom, kneel
[25] ἐμπαίζω 3p aor act ind, make fun of
[26] ἐμπτύω aor act ptc m p nom, spit (on)
[27] τύπτω 3p impf act ind, beat
[28] ἐκδύω 3p aor act ind, strip
[29] ἐνδύω 3p aor act ind, put on
[30] ἀπάγω 3p aor act ind, lead away
[31] εὑρίσκω 3p aor act ind, find
[32] ἀγγαρεύω 3p aor act ind, force
[33] αἴρω 3s aor act sub, take
[34] σταυρός, -οῦ m, cross

33 Καὶ ἐλθόντες εἰς τόπον λεγόμενον Γολγοθᾶ, ὅ ἐστιν Κρανίου[1] Τόπος λεγόμενος, **34** ἔδωκαν αὐτῷ πιεῖν[2] οἶνον μετὰ χολῆς[3] μεμιγμένον[4]· καὶ γευσάμενος[5] οὐκ ἠθέλησεν πιεῖν. **35** σταυρώσαντες δὲ αὐτὸν **διεμερίσαντο**[6] **τὰ ἱμάτια αὐτοῦ βάλλοντες κλῆρον**[7], **36** καὶ καθήμενοι ἐτήρουν αὐτὸν ἐκεῖ. **37** καὶ ἐπέθηκαν[8] ἐπάνω[9] τῆς κεφαλῆς αὐτοῦ τὴν αἰτίαν[10] αὐτοῦ γεγραμμένην·
οὗτός ἐστιν Ἰησοῦς ὁ βασιλεὺς τῶν Ἰουδαίων.
38 Τότε σταυροῦνται σὺν αὐτῷ δύο λῃσταί[11], εἷς ἐκ δεξιῶν καὶ εἷς ἐξ εὐωνύμων[12]. **39** οἱ δὲ παραπορευόμενοι[13] ἐβλασφήμουν αὐτὸν κινοῦντες[14] τὰς κεφαλὰς αὐτῶν **40** καὶ λέγοντες· ὁ καταλύων[15] τὸν ναὸν καὶ ἐν τρισὶν ἡμέραις οἰκοδομῶν, σῶσον σεαυτόν, εἰ υἱὸς εἶ τοῦ θεοῦ, [καὶ] κατάβηθι[16] ἀπὸ τοῦ σταυροῦ. **41** ὁμοίως[17] καὶ οἱ ἀρχιερεῖς ἐμπαίζοντες[18] μετὰ τῶν γραμματέων καὶ πρεσβυτέρων ἔλεγον· **42** ἄλλους ἔσωσεν, ἑαυτὸν οὐ δύναται σῶσαι· βασιλεὺς Ἰσραήλ ἐστιν, καταβάτω[19] νῦν ἀπὸ τοῦ σταυροῦ καὶ πιστεύσομεν ἐπ᾽ αὐτόν. **43 πέποιθεν**[20] **ἐπὶ τὸν θεόν, ῥυσάσθω**[21] **νῦν εἰ θέλει αὐτόν**· εἶπεν γὰρ ὅτι θεοῦ εἰμι υἱός. **44** τὸ δ᾽ αὐτὸ καὶ οἱ λῃσταὶ οἱ συσταυρωθέντες[22] σὺν αὐτῷ ὠνείδιζον[23] αὐτόν.

The Death of Jesus (Mk 15.33-41; Lk 23.44-49; Jn 19.28-30)

45 Ἀπὸ δὲ ἕκτης[24] ὥρας σκότος ἐγένετο ἐπὶ πᾶσαν τὴν γῆν ἕως ὥρας ἐνάτης[25]. **46** περὶ δὲ τὴν ἐνάτην ὥραν ἀνεβόησεν[26] ὁ Ἰησοῦς φωνῇ μεγάλῃ λέγων·
ηλι[27] ηλι λεμα[28] σαβαχθανι[29];
τοῦτ᾽ ἔστιν· **θεέ μου θεέ μου, ἱνατί**[30] **με ἐγκατέλιπες**[31]; **47** τινὲς δὲ τῶν ἐκεῖ ἑστηκότων[32] ἀκούσαντες ἔλεγον ὅτι Ἠλίαν φωνεῖ οὗτος. **48** καὶ εὐθέως δραμὼν[33] εἷς ἐξ αὐτῶν καὶ λαβὼν σπόγγον[34] πλήσας[35] τε ὄξους[36] καὶ περιθεὶς[37] καλάμῳ[38]

---

[1] κρανίον, -ου n, skull
[2] πίνω aor act inf, drink
[3] χολή, -ῆς f, gall (of something bitter)
[4] μίγνυμι pf pas ptc m s acc, mix
[5] γεύομαι aor mid ptc m s nom, taste
[6] διαμερίζω 3p aor mid ind, divide
[7] κλῆρος, -ου m, lot (of something thrown or drawn to reach a decision)
[8] ἐπιτίθημι 3p aor act ind, put
[9] ἐπάνω, prep + gen, above
[10] αἰτία, -ας f, charge/accusation
[11] λῃστής, -οῦ m, criminal
[12] εὐώνυμος, -ον, left (opposite right)
[13] παραπορεύομαι pres mid ptc m p nom, pass by
[14] κινέω pres act ptc m p nom, shake
[15] καταλύω pres act ptc m s nom or voc, tear down
[16] καταβαίνω 2s aor act impv, come down
[17] ὁμοίως, adv, in the same way
[18] ἐμπαίζω pres act ptc m p nom, make fun of
[19] καταβαίνω 3s aor act impv, come down
[20] πείθω 3s pf act ind, trust
[21] ῥύομαι 3s aor mid impv, rescue
[22] συσταυρόω aor pas ptc m p nom, be crucified (with)
[23] ὀνειδίζω 3p impf act ind, insult
[24] ἕκτος, -η/ον, sixth
[25] ἔνατος, -η/ον, ninth
[26] ἀναβοάω 3s aor act ind, shout
[27] ηλι, my God (Aramaic word)
[28] λεμα, why (Aramaic word)
[29] σαβαχθανι, you have forsaken me (Aramaic word)
[30] ἱνατί, why?
[31] ἐγκαταλείπω 2s aor act ind, forsake
[32] ἵστημι pf act ptc m p gen, intrans stand
[33] τρέχω aor act ptc m s nom, run
[34] σπόγγος, -ου m, sponge
[35] πίμπλημι aor act ptc m s nom, fill
[36] ὄξος, -ους n, sour wine
[37] περιτίθημι aor act ptc m s nom, put on
[38] κάλαμος, -ου m, reed/cane

ἐπότιζεν¹ αὐτόν. **49** οἱ δὲ λοιποὶ ἔλεγον· ἄφες² ἴδωμεν³ εἰ ἔρχεται Ἠλίας σώσων αὐτόν. **50** ὁ δὲ Ἰησοῦς πάλιν κράξας φωνῇ μεγάλῃ ἀφῆκεν⁴ τὸ πνεῦμα.

51 Καὶ ἰδοὺ τὸ καταπέτασμα⁵ τοῦ ναοῦ ἐσχίσθη⁶ ἀπ' ἄνωθεν⁷ ἕως κάτω⁸ εἰς δύο καὶ ἡ γῆ ἐσείσθη⁹ καὶ αἱ πέτραι¹⁰ ἐσχίσθησαν, **52** καὶ τὰ μνημεῖα ἀνεῴχθησαν¹¹ καὶ πολλὰ σώματα τῶν κεκοιμημένων¹² ἁγίων ἠγέρθησαν¹³, **53** καὶ ἐξελθόντες ἐκ τῶν μνημείων μετὰ τὴν ἔγερσιν¹⁴ αὐτοῦ εἰσῆλθον εἰς τὴν ἁγίαν πόλιν καὶ ἐνεφανίσθησαν¹⁵ πολλοῖς.

54 Ὁ δὲ ἑκατόνταρχος¹⁶ καὶ οἱ μετ' αὐτοῦ τηροῦντες τὸν Ἰησοῦν ἰδόντες τὸν σεισμὸν¹⁷ καὶ τὰ γενόμενα ἐφοβήθησαν σφόδρα¹⁸, λέγοντες· ἀληθῶς¹⁹ θεοῦ υἱὸς ἦν οὗτος.

55 Ἦσαν δὲ ἐκεῖ γυναῖκες πολλαὶ ἀπὸ μακρόθεν²⁰ θεωροῦσαι, αἵτινες ἠκολούθησαν τῷ Ἰησοῦ ἀπὸ τῆς Γαλιλαίας διακονοῦσαι αὐτῷ· **56** ἐν αἷς ἦν Μαρία ἡ Μαγδαληνὴ καὶ Μαρία ἡ τοῦ Ἰακώβου καὶ Ἰωσὴφ μήτηρ καὶ ἡ μήτηρ τῶν υἱῶν Ζεβεδαίου.

The Burial of Jesus (Mk 15.42-47; Lk 23.50-56; Jn 19.38-42)

57 Ὀψίας²¹ δὲ γενομένης ἦλθεν ἄνθρωπος πλούσιος²² ἀπὸ Ἀριμαθαίας, τοὔνομα²³ Ἰωσήφ, ὃς καὶ αὐτὸς ἐμαθητεύθη²⁴ τῷ Ἰησοῦ· **58** οὗτος προσελθὼν²⁵ τῷ Πιλάτῳ ᾐτήσατο τὸ σῶμα τοῦ Ἰησοῦ. τότε ὁ Πιλᾶτος ἐκέλευσεν²⁶ ἀποδοθῆναι²⁷. **59** καὶ λαβὼν τὸ σῶμα ὁ Ἰωσὴφ ἐνετύλιξεν²⁸ αὐτὸ [ἐν] σινδόνι²⁹ καθαρᾷ³⁰ **60** καὶ ἔθηκεν³¹ αὐτὸ ἐν τῷ καινῷ αὐτοῦ μνημείῳ ὃ ἐλατόμησεν³² ἐν τῇ πέτρᾳ καὶ προσκυλίσας³³ λίθον μέγαν τῇ θύρᾳ τοῦ μνημείου ἀπῆλθεν. **61** ἦν δὲ ἐκεῖ Μαριὰμ ἡ Μαγδαληνὴ καὶ ἡ ἄλλη Μαρία καθήμεναι ἀπέναντι³⁴ τοῦ τάφου³⁵.

---

¹ ποτίζω 3s impf act ind, give to drink
² ἀφίημι 2s aor act impv, wait
³ ὁράω 1p aor act sub, see
⁴ ἀφίημι 3s aor act ind, give up (something)
⁵ καταπέτασμα, -τος n, curtain
⁶ σχίζω 3s aor pas ind, tear
⁷ ἄνωθεν, adv, from above
⁸ κάτω, adv, down (ἀπ' ἄνωθεν ἕως κάτω from top to bottom)
⁹ σείω 3s aor pas ind, shake
¹⁰ πέτρα, -ας f, rock
¹¹ ἀνοίγω 3p aor pas ind, open
¹² κοιμάομαι pf pas ptc m p gen, die
¹³ ἐγείρω 3p aor pas ind, raise (from death)
¹⁴ ἔγερσις, -εως f, resurrection
¹⁵ ἐμφανίζω 3p aor pas ind, pas appear
¹⁶ ἑκατοντάρχης, -ου m, centurion/officer (of the Roman army)
¹⁷ σεισμός, -οῦ m, earthquake
¹⁸ σφόδρα, adv, very
¹⁹ ἀληθῶς, adv, really
²⁰ μακρόθεν, adv, far off (ἀπὸ μ. at a distance)
²¹ ὄψιος, -α/ον, late (ἡ ὀψία evening)
²² πλούσιος, -α/ον, rich
²³ τοὔνομα, = τὸ ὄνομα, named
²⁴ μαθητεύω 3s aor pas ind, pas be a disciple
²⁵ προσέρχομαι aor act ptc m s nom, come/go to
²⁶ κελεύω 3s aor act ind, order
²⁷ ἀποδίδωμι aor pas inf, give
²⁸ ἐντυλίσσω 3s aor act ind, wrap in
²⁹ σινδών, -όνος f, linen cloth
³⁰ καθαρός, -ή/όν, clean
³¹ τίθημι 3s aor act ind, put
³² λατομέω 3s aor act ind, cut
³³ προσκυλίω aor act ptc m s nom, roll against
³⁴ ἀπέναντι, prep + gen, across from
³⁵ τάφος, -ου m, tomb

The Guard at the Tomb

62 Τῇ δὲ ἐπαύριον¹, ἥτις ἐστὶν μετὰ τὴν παρασκευήν², συνήχθησαν³ οἱ ἀρχιερεῖς καὶ οἱ Φαρισαῖοι πρὸς Πιλᾶτον 63 λέγοντες· κύριε, ἐμνήσθημεν⁴ ὅτι ἐκεῖνος ὁ πλάνος⁵ εἶπεν ἔτι ζῶν· μετὰ τρεῖς ἡμέρας ἐγείρομαι. 64 κέλευσον⁶ οὖν ἀσφαλισθῆναι⁷ τὸν τάφον ἕως τῆς τρίτης ἡμέρας, μήποτε⁸ ἐλθόντες οἱ μαθηταὶ αὐτοῦ κλέψωσιν⁹ αὐτὸν καὶ εἴπωσιν¹⁰ τῷ λαῷ· ἠγέρθη¹¹ ἀπὸ τῶν νεκρῶν, καὶ ἔσται ἡ ἐσχάτη πλάνη¹² χείρων¹³ τῆς πρώτης. 65 ἔφη αὐτοῖς ὁ Πιλᾶτος· ἔχετε κουστωδίαν¹⁴· ὑπάγετε ἀσφαλίσασθε¹⁵ ὡς οἴδατε. 66 οἱ δὲ πορευθέντες ἠσφαλίσαντο¹⁶ τὸν τάφον¹⁷ σφραγίσαντες¹⁸ τὸν λίθον μετὰ τῆς κουστωδίας.

The Resurrection of Jesus (Mk 16.1-8; Lk 24.1-12; Jn 20.1-10)

28 Ὀψὲ¹⁹ δὲ σαββάτων, τῇ ἐπιφωσκούσῃ²⁰ εἰς μίαν σαββάτων ἦλθεν Μαριὰμ ἡ Μαγδαληνὴ καὶ ἡ ἄλλη Μαρία θεωρῆσαι τὸν τάφον²¹. 2 καὶ ἰδοὺ σεισμὸς²² ἐγένετο μέγας· ἄγγελος γὰρ κυρίου καταβὰς²³ ἐξ οὐρανοῦ καὶ προσελθὼν²⁴ ἀπεκύλισεν²⁵ τὸν λίθον καὶ ἐκάθητο ἐπάνω²⁶ αὐτοῦ. 3 ἦν δὲ ἡ ἰδέα²⁷ αὐτοῦ ὡς ἀστραπὴ²⁸ καὶ τὸ ἔνδυμα²⁹ αὐτοῦ λευκὸν³⁰ ὡς χιών³¹. 4 ἀπὸ δὲ τοῦ φόβου αὐτοῦ ἐσείσθησαν³² οἱ τηροῦντες καὶ ἐγενήθησαν³³ ὡς νεκροί. 5 ἀποκριθεὶς δὲ ὁ ἄγγελος εἶπεν ταῖς γυναιξίν· μὴ φοβεῖσθε ὑμεῖς, οἶδα γὰρ ὅτι Ἰησοῦν τὸν ἐσταυρωμένον ζητεῖτε· 6 οὐκ ἔστιν ὧδε, ἠγέρθη³⁴ γὰρ καθὼς εἶπεν· δεῦτε³⁵ ἴδετε τὸν τόπον ὅπου ἔκειτο³⁶. 7 καὶ ταχὺ³⁷ πορευθεῖσαι εἴπατε τοῖς μαθηταῖς αὐτοῦ ὅτι ἠγέρθη ἀπὸ τῶν νεκρῶν, καὶ ἰδοὺ προάγει³⁸ ὑμᾶς εἰς τὴν Γαλιλαίαν, ἐκεῖ αὐτὸν ὄψεσθε³⁹· ἰδοὺ εἶπον ὑμῖν.

---

1 ἐπαύριον, adv, (the) next day
2 παρασκευή, -ῆς f, day of preparation
3 συνάγω 3p aor pas ind, pas come together
4 μιμνήσκομαι 1p aor pas ind, remember
5 πλάνος, -ον, deceitful (ἐκεῖνος ὁ π. that liar)
6 κελεύω 2s aor act impv, order
7 ἀσφαλίζω aor pas inf, make secure
8 μήποτε, conj, so that ... will not
9 κλέπτω 3p aor act sub, steal
10 λέγω 3p aor act sub, say
11 ἐγείρω 3s aor pas ind, raise
12 πλάνη, -ης f, lie
13 χείρων, worse (comp of κακός)
14 κουστωδία, -ας f, a guard (of soldiers)
15 ἀσφαλίζω 2p aor mid impv, make secure
16 ἀσφαλίζω 3p aor mid ind, make secure
17 τάφος, -ου m, tomb
18 σφραγίζω aor act ptc m p nom, secure with a seal
19 ὀψέ, prep + gen after, late (Ὀψὲ δὲ σαββάτων after the Sabbath)
20 ἐπιφώσκω pres act ptc f s dat, dawn (τῇ ἐ. εἰς μίαν σαββάτων as the first day of the week was dawning)
21 τάφος, -ου m, tomb
22 σεισμός, -οῦ m, earthquake
23 καταβαίνω aor act ptc m s nom, come down
24 προσέρχομαι aor act ptc m s nom, come/go to
25 ἀποκυλίω 3s aor act ind, roll away
26 ἐπάνω, prep + gen, on
27 εἰδέα, -ας f, appearance
28 ἀστραπή, -ῆς f, lightning
29 ἔνδυμα, -τος n, clothing
30 λευκός, -ή/όν, white
31 χιών, -όνος f, snow
32 σείω 3p aor pas ind, tremble
33 γίνομαι 3p aor pas ind, be/become
34 ἐγείρω 3s aor pas ind, intrans pas rise (from death)
35 δεῦτε, interj, Come!
36 κεῖμαι 3s impf mid ind, lie
37 ταχύς, adv, quickly
38 προάγω 3s pres act ind, go ahead of
39 ὁράω 2p fut mid ind, see

8 Καὶ ἀπελθοῦσαι ταχὺ¹ ἀπὸ τοῦ μνημείου μετὰ φόβου καὶ χαρᾶς μεγάλης ἔδραμον² ἀπαγγεῖλαι³ τοῖς μαθηταῖς αὐτοῦ. **9** καὶ ἰδοὺ Ἰησοῦς ὑπήντησεν⁴ αὐταῖς λέγων· χαίρετε. αἱ δὲ προσελθοῦσαι⁵ ἐκράτησαν αὐτοῦ τοὺς πόδας καὶ προσεκύνησαν αὐτῷ. **10** τότε λέγει αὐταῖς ὁ Ἰησοῦς· μὴ φοβεῖσθε· ὑπάγετε ἀπαγγείλατε τοῖς ἀδελφοῖς μου ἵνα ἀπέλθωσιν⁶ εἰς τὴν Γαλιλαίαν, κἀκεῖ⁷ με ὄψονται⁸.

The Report of the Guard

11 Πορευομένων δὲ αὐτῶν ἰδού τινες τῆς κουστωδίας⁹ ἐλθόντες εἰς τὴν πόλιν ἀπήγγειλαν¹⁰ τοῖς ἀρχιερεῦσιν ἅπαντα τὰ γενόμενα. **12** καὶ συναχθέντες¹¹ μετὰ τῶν πρεσβυτέρων συμβούλιόν¹² τε λαβόντες ἀργύρια¹³ ἱκανὰ ἔδωκαν τοῖς στρατιώταις¹⁴ **13** λέγοντες· εἴπατε ὅτι οἱ μαθηταὶ αὐτοῦ νυκτὸς ἐλθόντες ἔκλεψαν¹⁵ αὐτὸν ἡμῶν κοιμωμένων¹⁶. **14** καὶ ἐὰν ἀκουσθῇ τοῦτο ἐπὶ τοῦ ἡγεμόνος¹⁷, ἡμεῖς πείσομεν¹⁸ [αὐτὸν] καὶ ὑμᾶς ἀμερίμνους¹⁹ ποιήσομεν. **15** οἱ δὲ λαβόντες τὰ ἀργύρια²⁰ ἐποίησαν ὡς ἐδιδάχθησαν. καὶ διεφημίσθη²¹ ὁ λόγος οὗτος παρὰ Ἰουδαίοις μέχρι²² τῆς σήμερον [ἡμέρας].

The Commissioning of the Disciples (Mk 16.14-18; Lk 24.36-49; Jn 20.19-23; Ac 1.6-8)

16 Οἱ δὲ ἕνδεκα²³ μαθηταὶ ἐπορεύθησαν εἰς τὴν Γαλιλαίαν εἰς τὸ ὄρος οὗ²⁴ ἐτάξατο²⁵ αὐτοῖς ὁ Ἰησοῦς, **17** καὶ ἰδόντες αὐτὸν προσεκύνησαν, οἱ δὲ ἐδίστασαν²⁶. **18** καὶ προσελθὼν²⁷ ὁ Ἰησοῦς ἐλάλησεν αὐτοῖς λέγων· ἐδόθη²⁸ μοι πᾶσα ἐξουσία ἐν οὐρανῷ καὶ ἐπὶ [τῆς] γῆς. **19** πορευθέντες οὖν μαθητεύσατε²⁹ πάντα τὰ ἔθνη, βαπτίζοντες αὐτοὺς εἰς τὸ ὄνομα τοῦ πατρὸς καὶ τοῦ υἱοῦ καὶ τοῦ ἁγίου πνεύματος, **20** διδάσκοντες αὐτοὺς τηρεῖν πάντα ὅσα ἐνετειλάμην³⁰ ὑμῖν· καὶ ἰδοὺ ἐγὼ μεθ' ὑμῶν εἰμι πάσας τὰς ἡμέρας ἕως τῆς συντελείας³¹ τοῦ αἰῶνος.

---

1 ταχύς, *adv*, quickly
2 τρέχω *3p aor act ind*, run
3 ἀπαγγέλλω *aor act inf*, tell
4 ὑπαντάω *3s aor act ind*, meet
5 προσέρχομαι *aor act ptc f p nom*, come/go to
6 ἀπέρχομαι *3p aor act sub*, go
7 κἀκεῖ = καὶ ἐκεῖ, and there
8 ὁράω *3p fut mid ind*, see
9 κουστωδία, -ας *f*, a guard (of soldiers)
10 ἀπαγγέλλω *3p aor act ind*, tell
11 συνάγω *aor pas ptc m p nom*, pas come together
12 συμβούλιον, -ου *n*, plan (συμ- τε λαβόντες they planned)
13 ἀργύριον, -ου *n*, money
14 στρατιώτης, -ου *m*, soldier
15 κλέπτω *3p aor act ind*, steal
16 κοιμάομαι *pres pas ptc m p gen*, be asleep
17 ἡγεμών, -όνος *m*, governor
18 πείθω *1p fut act ind*, persuade
19 ἀμέριμνος, -ον, free from worry
20 ἀργύριον, -ου *n*, money
21 διαφημίζω *3s aor pas ind*, spread around
22 μέχρι, *prep + gen*, until
23 ἕνδεκα, eleven
24 οὗ, *adv*, where
25 τάσσω *3s aor mid ind*, tell
26 διστάζω *3p aor act ind*, doubt
27 προσέρχομαι *aor act ptc m s nom*, come/go to
28 δίδωμι *3s aor pas ind*, give
29 μαθητεύω *2p aor act impv*, make a disciple of
30 ἐντέλλομαι *1s aor mid ind*, command
31 συντέλεια, -ας *f*, end

ΚΑΤΑ ΜΑΡΚΟΝ

The Preaching of John the Baptist (Mt 3.1-12; Lk 3.1-9, 15-17; Jn 1.19-28)

1 Ἀρχὴ τοῦ εὐαγγελίου Ἰησοῦ Χριστοῦ υἱοῦ τοῦ θεοῦ. **2** Καθὼς γέγραπται ἐν τῷ Ἠσαΐᾳ τῷ προφήτῃ·
ἰδοὺ ἐγὼ ἀποστέλλω τὸν ἄγγελόν μου πρὸ προσώπου σου
ὃς κατασκευάσει[1] τὴν ὁδόν σου·
3 φωνὴ βοῶντος[2] ἐν τῇ ἐρήμῳ·
ἑτοιμάσατε τὴν ὁδὸν κυρίου,
εὐθείας[3] ποιεῖτε τὰς τρίβους[4] αὐτοῦ,
4 ἐγένετο Ἰωάννης βαπτίζων ἐν τῇ ἐρήμῳ καὶ κηρύσσων βάπτισμα[5] μετανοίας[6] εἰς ἄφεσιν[7] ἁμαρτιῶν. **5** καὶ ἐξεπορεύετο πρὸς αὐτὸν πᾶσα ἡ Ἰουδαία χώρα[8] καὶ οἱ Ἱεροσολυμῖται πάντες, καὶ ἐβαπτίζοντο ὑπ᾽ αὐτοῦ ἐν τῷ Ἰορδάνῃ ποταμῷ[9] ἐξομολογούμενοι[10] τὰς ἁμαρτίας αὐτῶν. **6** καὶ ἦν ὁ Ἰωάννης ἐνδεδυμένος[11] τρίχας[12] καμήλου[13] καὶ ζώνην[14] δερματίνην[15] περὶ τὴν ὀσφὺν[16] αὐτοῦ καὶ ἐσθίων ἀκρίδας[17] καὶ μέλι[18] ἄγριον[19].
7 Καὶ ἐκήρυσσεν λέγων· ἔρχεται ὁ ἰσχυρότερός[20] μου ὀπίσω μου οὗ οὐκ εἰμὶ ἱκανὸς κύψας[21] λῦσαι τὸν ἱμάντα[22] τῶν ὑποδημάτων[23] αὐτοῦ. **8** ἐγὼ ἐβάπτισα[24] ὑμᾶς ὕδατι, αὐτὸς δὲ βαπτίσει ὑμᾶς ἐν πνεύματι ἁγίῳ.

The Baptism of Jesus (Mt 3.13-17; Lk 3.21-22)

9 Καὶ ἐγένετο ἐν ἐκείναις ταῖς ἡμέραις, ἦλθεν Ἰησοῦς ἀπὸ Ναζαρὲτ τῆς Γαλιλαίας καὶ ἐβαπτίσθη εἰς τὸν Ἰορδάνην ὑπὸ Ἰωάννου. **10** καὶ εὐθὺς ἀναβαίνων ἐκ τοῦ ὕδατος[25] εἶδεν σχιζομένους[26] τοὺς οὐρανοὺς καὶ τὸ πνεῦμα ὡς περιστερὰν[27]

---

[1] κατασκευάζω 3s fut act ind, prepare
[2] βοάω pres act ptc m s gen, shout
[3] εὐθύς, -εῖα/ύ, straight
[4] τρίβος, -ου f, path
[5] βάπτισμα, -τος n, baptism
[6] μετάνοια, -ας f, repentance
[7] ἄφεσις, -εως f, forgiveness
[8] χώρα, -ας f, region
[9] ποταμός, -οῦ m, river
[10] ἐξομολογέω pres mid ptc m p nom, confess
[11] ἐνδύω pf mid ptc m s nom, mid wear
[12] θρίξ, τριχός f, hair
[13] κάμηλος, -ου m & f, camel
[14] ζώνη, -ης f, belt
[15] δερμάτινος, -η/ον, of leather
[16] ὀσφῦς, -ύος f, waist
[17] ἀκρίς, -ίδος f, locust
[18] μέλι, -ιτος n, honey
[19] ἄγριος, -α/ον, wild
[20] ἰσχυρός, strong (comp)
[21] κύπτω aor act ptc m s nom, stoop down
[22] ἱμάς, -άντος m, strap
[23] ὑπόδημα, -τος n, sandal
[24] βαπτίζω 1s aor act ind, baptize
[25] ὕδωρ, ὕδατος n, water
[26] σχίζω pres pas ptc m p acc, split open
[27] περιστερά, -ᾶς f, dove/pigeon

καταβαῖνον εἰς αὐτόν· 11 καὶ φωνὴ ἐγένετο ἐκ τῶν οὐρανῶν· σὺ εἶ ὁ υἱός μου ὁ ἀγαπητός, ἐν σοὶ εὐδόκησα¹.

The Temptation of Jesus (Mt 4.1-11; Lk 4.1-13)

12 Καὶ εὐθὺς τὸ πνεῦμα αὐτὸν ἐκβάλλει εἰς τὴν ἔρημον. 13 καὶ ἦν ἐν τῇ ἐρήμῳ τεσσεράκοντα² ἡμέρας πειραζόμενος ὑπὸ τοῦ σατανᾶ καὶ ἦν μετὰ τῶν θηρίων, καὶ οἱ ἄγγελοι διηκόνουν αὐτῷ.

The Beginning of the Galilean Ministry (Mt 4.12-17; Lk 4.14-15)

14 Μετὰ δὲ τὸ παραδοθῆναι³ τὸν Ἰωάννην ἦλθεν ὁ Ἰησοῦς εἰς τὴν Γαλιλαίαν κηρύσσων τὸ εὐαγγέλιον τοῦ θεοῦ 15 καὶ λέγων ὅτι πεπλήρωται ὁ καιρὸς καὶ ἤγγικεν⁴ ἡ βασιλεία τοῦ θεοῦ· μετανοεῖτε καὶ πιστεύετε ἐν τῷ εὐαγγελίῳ.

The Calling of Four Fishermen (Mt 4.18-22; Lk 5.1-11)

16 Καὶ παράγων⁵ παρὰ τὴν θάλασσαν τῆς Γαλιλαίας εἶδεν Σίμωνα καὶ Ἀνδρέαν τὸν ἀδελφὸν Σίμωνος ἀμφιβάλλοντας⁶ ἐν τῇ θαλάσσῃ· ἦσαν γὰρ ἁλιεῖς⁷. 17 καὶ εἶπεν αὐτοῖς ὁ Ἰησοῦς· δεῦτε⁸ ὀπίσω μου, καὶ ποιήσω ὑμᾶς γενέσθαι ἁλιεῖς ἀνθρώπων. 18 καὶ εὐθὺς ἀφέντες⁹ τὰ δίκτυα¹⁰ ἠκολούθησαν αὐτῷ. 19 καὶ προβὰς¹¹ ὀλίγον εἶδεν Ἰάκωβον τὸν τοῦ Ζεβεδαίου καὶ Ἰωάννην τὸν ἀδελφὸν αὐτοῦ καὶ αὐτοὺς ἐν τῷ πλοίῳ καταρτίζοντας¹² τὰ δίκτυα 20 καὶ εὐθὺς ἐκάλεσεν αὐτούς. καὶ ἀφέντες τὸν πατέρα αὐτῶν Ζεβεδαῖον ἐν τῷ πλοίῳ μετὰ τῶν μισθωτῶν¹³ ἀπῆλθον ὀπίσω αὐτοῦ.

The Man with an Unclean Spirit (Lk 4.31-37)

21 Καὶ εἰσπορεύονται¹⁴ εἰς Καφαρναούμ· καὶ εὐθὺς τοῖς σάββασιν εἰσελθὼν εἰς τὴν συναγωγὴν ἐδίδασκεν. 22 καὶ ἐξεπλήσσοντο¹⁵ ἐπὶ τῇ διδαχῇ¹⁶ αὐτοῦ· ἦν γὰρ διδάσκων αὐτοὺς ὡς ἐξουσίαν ἔχων καὶ οὐχ ὡς οἱ γραμματεῖς. 23 Καὶ εὐθὺς ἦν ἐν τῇ συναγωγῇ αὐτῶν ἄνθρωπος ἐν πνεύματι ἀκαθάρτῳ καὶ ἀνέκραξεν¹⁷ 24 λέγων· τί ἡμῖν καὶ σοί, Ἰησοῦ Ναζαρηνέ; ἦλθες ἀπολέσαι¹⁸ ἡμᾶς; οἶδά σε τίς εἶ, ὁ ἅγιος τοῦ θεοῦ. 25 καὶ ἐπετίμησεν¹⁹ αὐτῷ ὁ Ἰησοῦς λέγων· φιμώθητι²⁰ καὶ

---

¹ εὐδοκέω 1s aor act ind, be pleased
² τεσσεράκοντα, forty
³ παραδίδωμι aor pas inf, pas be arrested
⁴ ἐγγίζω 3s pf act ind, come near
⁵ παράγω pres act ptc m s nom, pass by
⁶ ἀμφιβάλλω pres act ptc m p acc, cast a fishnet
⁷ ἁλιεύς, -έως m, fisherman
⁸ δεῦτε, interj, Come!
⁹ ἀφίημι aor act ptc m p nom, leave
¹⁰ δίκτυον, -ου n, fishnet
¹¹ προβαίνω aor act ptc m s nom, go on
¹² καταρτίζω pres act ptc m p acc, mend
¹³ μισθωτός, -οῦ m, hired worker
¹⁴ εἰσπορεύομαι 3p pres mid ind, come/go in
¹⁵ ἐκπλήσσω 3p impf pas ind, amaze
¹⁶ διδαχή, -ῆς f, teaching
¹⁷ ἀνακράζω 3s aor act ind, shout
¹⁸ ἀπόλλυμι aor act inf, destroy
¹⁹ ἐπιτιμάω 3s aor act ind, rebuke
²⁰ φιμόω 2s aor pas impv, pas be silent

ἔξελθε¹ ἐξ αὐτοῦ. 26 καὶ σπαράξαν² αὐτὸν τὸ πνεῦμα τὸ ἀκάθαρτον καὶ φωνῆσαν φωνῇ μεγάλῃ ἐξῆλθεν ἐξ αὐτοῦ. 27 καὶ ἐθαμβήθησαν³ ἅπαντες ὥστε συζητεῖν⁴ πρὸς ἑαυτοὺς λέγοντας· τί ἐστιν τοῦτο; διδαχὴ καινὴ κατ' ἐξουσίαν· καὶ τοῖς πνεύμασιν τοῖς ἀκαθάρτοις ἐπιτάσσει⁵, καὶ ὑπακούουσιν⁶ αὐτῷ. 28 καὶ ἐξῆλθεν ἡ ἀκοὴ⁷ αὐτοῦ εὐθὺς πανταχοῦ⁸ εἰς ὅλην τὴν περίχωρον⁹ τῆς Γαλιλαίας.

The Healing of Many People (Mt 8.14-17; Lk 4.38-41)

29 Καὶ εὐθὺς ἐκ τῆς συναγωγῆς ἐξελθόντες ἦλθον εἰς τὴν οἰκίαν Σίμωνος καὶ Ἀνδρέου μετὰ Ἰακώβου καὶ Ἰωάννου. 30 ἡ δὲ πενθερὰ¹⁰ Σίμωνος κατέκειτο¹¹ πυρέσσουσα¹², καὶ εὐθὺς λέγουσιν αὐτῷ περὶ αὐτῆς. 31 καὶ προσελθὼν¹³ ἤγειρεν αὐτὴν κρατήσας τῆς χειρός· καὶ ἀφῆκεν¹⁴ αὐτὴν ὁ πυρετός¹⁵, καὶ διηκόνει αὐτοῖς.

32 Ὀψίας¹⁶ δὲ γενομένης ὅτε ἔδυ¹⁷ ὁ ἥλιος, ἔφερον πρὸς αὐτὸν πάντας τοὺς κακῶς¹⁸ ἔχοντας καὶ τοὺς δαιμονιζομένους¹⁹· 33 καὶ ἦν ὅλη ἡ πόλις ἐπισυνηγμένη²⁰ πρὸς τὴν θύραν. 34 καὶ ἐθεράπευσεν πολλοὺς κακῶς ἔχοντας ποικίλαις²¹ νόσοις²² καὶ δαιμόνια πολλὰ ἐξέβαλεν²³ καὶ οὐκ ἤφιεν²⁴ λαλεῖν τὰ δαιμόνια, ὅτι ᾔδεισαν²⁵ αὐτόν.

A Preaching Tour (Lk 4.42-44)

35 Καὶ πρωῒ²⁶ ἔννυχα²⁷ λίαν²⁸ ἀναστὰς²⁹ ἐξῆλθεν καὶ ἀπῆλθεν εἰς ἔρημον τόπον κἀκεῖ³⁰ προσηύχετο. 36 καὶ κατεδίωξεν³¹ αὐτὸν Σίμων καὶ οἱ μετ' αὐτοῦ, 37 καὶ εὗρον³² αὐτὸν καὶ λέγουσιν αὐτῷ ὅτι πάντες ζητοῦσίν σε. 38 καὶ λέγει αὐτοῖς· ἄγωμεν ἀλλαχοῦ³³ εἰς τὰς ἐχομένας κωμοπόλεις³⁴, ἵνα καὶ ἐκεῖ κηρύξω· εἰς τοῦτο γὰρ ἐξῆλθον. 39 καὶ ἦλθεν κηρύσσων εἰς τὰς συναγωγὰς αὐτῶν εἰς ὅλην τὴν Γαλιλαίαν καὶ τὰ δαιμόνια ἐκβάλλων.

---

¹ ἐξέρχομαι 2s aor act impv, come/go out
² σπαράσσω aor act ptc n s nom, shake violently
³ θαμβέομαι 3p aor pas ind, be amazed
⁴ συζητέω pres act inf, argue/discuss
⁵ ἐπιτάσσω 3s pres act ind, order
⁶ ὑπακούω 3p pres act ind, obey
⁷ ἀκοή, -ῆς f, news
⁸ πανταχοῦ, adv, everywhere
⁹ περίχωρος, -ου f, surrounding region
¹⁰ πενθερά, -ᾶς f, mother-in-law
¹¹ κατάκειμαι 3s impf mid ind, lie (in bed)
¹² πυρέσσω pres act ptc f s nom, be sick with fever
¹³ προσέρχομαι aor act ptc m s nom, go to
¹⁴ ἀφίημι 3s aor act ind, leave
¹⁵ πυρετός, -οῦ m, fever
¹⁶ ὄψιος, -α/ον, late (ἡ ὀψία f evening)
¹⁷ δύνω 3s aor act ind, set (of the sun)
¹⁸ κακῶς, adv, badly (κ. ἔχω be sick)
¹⁹ δαιμονίζομαι pres pas ptc m p acc, be demon possessed
²⁰ ἐπισυνάγω pf pas ptc f s nom, gather
²¹ ποικίλος, -η/ον, all kinds of
²² νόσος, -ου f, disease
²³ ἐκβάλλω 3s aor act ind, force out
²⁴ ἀφίημι 3s impf act ind, let
²⁵ οἶδα 3p plpf act ind, know
²⁶ πρωΐ, adv, early
²⁷ ἔννυχος, adv, in the night (ἔ. λίαν long before daylight)
²⁸ λίαν, adv, very much
²⁹ ἀνίστημι aor act ptc m s nom, get up
³⁰ κἀκεῖ, = καὶ ἐκεῖ, and there
³¹ καταδιώκω 3s aor act ind, search for diligently
³² εὑρίσκω 3p aor act ind, find
³³ ἀλλαχοῦ, adv, elsewhere
³⁴ κωμόπολις, -εως f, town

The Healing of a Man with Leprosy (Mt 8.1-4; Lk 5.12-16)

40 Καὶ ἔρχεται πρὸς αὐτὸν λεπρὸς[1] παρακαλῶν αὐτὸν καὶ γονυπετῶν[2] καὶ λέγων αὐτῷ ὅτι ἐὰν θέλῃς δύνασαί με καθαρίσαι[3]. 41 καὶ σπλαγχνισθεὶς[4] ἐκτείνας[5] τὴν χεῖρα αὐτοῦ ἥψατο[6] καὶ λέγει αὐτῷ· θέλω, καθαρίσθητι· 42 καὶ εὐθὺς ἀπῆλθεν ἀπ' αὐτοῦ ἡ λέπρα[7], καὶ ἐκαθαρίσθη. 43 καὶ ἐμβριμησάμενος[8] αὐτῷ εὐθὺς ἐξέβαλεν[9] αὐτὸν 44 καὶ λέγει αὐτῷ· ὅρα, μηδενὶ μηδὲν εἴπῃς, ἀλλ' ὕπαγε σεαυτὸν δεῖξον[10] τῷ ἱερεῖ καὶ προσένεγκε[11] περὶ τοῦ καθαρισμοῦ[12] σου ἃ προσέταξεν[13] Μωϋσῆς, εἰς μαρτύριον[14] αὐτοῖς. 45 ὁ δὲ ἐξελθὼν ἤρξατο[15] κηρύσσειν πολλὰ καὶ διαφημίζειν[16] τὸν λόγον, ὥστε μηκέτι[17] αὐτὸν δύνασθαι φανερῶς[18] εἰς πόλιν εἰσελθεῖν, ἀλλ' ἔξω ἐπ' ἐρήμοις τόποις ἦν· καὶ ἤρχοντο πρὸς αὐτὸν πάντοθεν[19].

The Healing of a Paralysed Man (Mt 9.1-8; Lk 5.17-26)

2 Καὶ εἰσελθὼν πάλιν εἰς Καφαρναοὺμ δι' ἡμερῶν ἠκούσθη ὅτι ἐν οἴκῳ[20] ἐστίν. 2 καὶ συνήχθησαν[21] πολλοὶ ὥστε μηκέτι[22] χωρεῖν[23] μηδὲ τὰ πρὸς τὴν θύραν, καὶ ἐλάλει αὐτοῖς τὸν λόγον. 3 καὶ ἔρχονται φέροντες πρὸς αὐτὸν παραλυτικὸν[24] αἰρόμενον ὑπὸ τεσσάρων. 4 καὶ μὴ δυνάμενοι προσενέγκαι[25] αὐτῷ διὰ τὸν ὄχλον ἀπεστέγασαν[26] τὴν στέγην[27], ὅπου ἦν, καὶ ἐξορύξαντες[28] χαλῶσιν[29] τὸν κράβαττον[30], ὅπου ὁ παραλυτικὸς κατέκειτο[31]. 5 καὶ ἰδὼν ὁ Ἰησοῦς τὴν πίστιν αὐτῶν λέγει τῷ παραλυτικῷ· τέκνον, ἀφίενταί[32] σου αἱ ἁμαρτίαι. 6 ἦσαν δέ τινες τῶν γραμματέων ἐκεῖ καθήμενοι καὶ διαλογιζόμενοι[33] ἐν ταῖς καρδίαις αὐτῶν· 7 τί οὗτος οὕτως λαλεῖ; βλασφημεῖ· τίς δύναται ἀφιέναι[34] ἁμαρτίας εἰ μὴ εἷς ὁ θεός; 8 καὶ εὐθὺς ἐπιγνοὺς[35] ὁ Ἰησοῦς τῷ πνεύματι αὐτοῦ ὅτι οὕτως διαλογίζονται ἐν ἑαυτοῖς λέγει αὐτοῖς· τί ταῦτα διαλογίζεσθε ἐν ταῖς καρδίαις ὑμῶν; 9 τί ἐστιν εὐκοπώτερον[36],

---

[1] λεπρός, -οῦ m, leper/person with a skin disease
[2] γονυπετέω pres act ptc m s nom, kneel
[3] καθαρίζω aor act inf, make clean
[4] σπλαγχνίζομαι aor pas ptc m s nom, have pity
[5] ἐκτείνω aor act ptc m s nom, stretch out
[6] ἅπτω 3s aor mid ind, mid touch
[7] λέπρα, -ας f, leprosy/skin disease
[8] ἐμβριμάομαι aor mid ptc m s nom, strictly warn
[9] ἐκβάλλω 3s aor act ind, send away
[10] δείκνυμι 2s aor act impv, show
[11] προσφέρω 2s aor act impv, offer
[12] καθαρισμός, -οῦ m, cleansing
[13] προστάσσω 3s aor act ind, command
[14] μαρτύριον, -ου n, evidence
[15] ἄρχω 3s aor mid ind, mid begin
[16] διαφημίζω pres act inf, spread around
[17] μηκέτι, adv, no longer
[18] φανερῶς, adv, openly
[19] πάντοθεν, adv, from everywhere
[20] οἶκος, -ου m, home/house (ἐν οἴκῳ at home)
[21] συνάγω 3p aor pas ind, gather
[22] μηκέτι, adv, no longer
[23] χωρέω pres act inf, have room for
[24] παραλυτικός, -οῦ m, person unable to walk
[25] προσφέρω aor act inf, bring
[26] ἀποστεγάζω 3p aor act ind, remove (a roof)
[27] στέγη, -ης f, roof
[28] ἐξορύσσω aor act ptc m p nom, dig out
[29] χαλάω 3p pres act ind, lower
[30] κράβαττος, -ου m, mat
[31] κατάκειμαι 3s impf mid ind, lie (in bed)
[32] ἀφίημι 3p pres pas ind, forgive
[33] διαλογίζομαι pres mid ptc m p nom, question
[34] ἀφίημι pres act inf, forgive
[35] ἐπιγινώσκω aor act ptc m s nom, know
[36] εὔκοπος, easy (comp)

εἰπεῖν τῷ παραλυτικῷ· ἀφίενταί σου αἱ ἁμαρτίαι, ἢ εἰπεῖν· ἔγειρε καὶ ἆρον[1] τὸν κράβαττόν σου καὶ περιπάτει; 10 ἵνα δὲ εἰδῆτε[2] ὅτι ἐξουσίαν ἔχει ὁ υἱὸς τοῦ ἀνθρώπου ἀφιέναι ἁμαρτίας ἐπὶ τῆς γῆς – λέγει τῷ παραλυτικῷ· 11 σοὶ λέγω, ἔγειρε, ἆρον τὸν κράβαττόν σου καὶ ὕπαγε εἰς τὸν οἶκόν σου. 12 καὶ ἠγέρθη[3] καὶ εὐθὺς ἄρας τὸν κράβαττον ἐξῆλθεν ἐναντίον[4] πάντων, ὥστε ἐξίστασθαι[5] πάντας καὶ δοξάζειν τὸν θεὸν λέγοντας ὅτι οὕτως οὐδέποτε[6] εἴδομεν.

The Calling of Levi (Mt 9.9-13; Lk 5.27-32)

13 Καὶ ἐξῆλθεν πάλιν παρὰ τὴν θάλασσαν, καὶ πᾶς ὁ ὄχλος ἤρχετο πρὸς αὐτόν, καὶ ἐδίδασκεν αὐτούς. 14 καὶ παράγων[7] εἶδεν Λευὶν τὸν τοῦ Ἀλφαίου καθήμενον ἐπὶ τὸ τελώνιον[8] καὶ λέγει αὐτῷ· ἀκολούθει μοι. καὶ ἀναστὰς[9] ἠκολούθησεν αὐτῷ.

15 Καὶ γίνεται κατακεῖσθαι[10] αὐτὸν ἐν τῇ οἰκίᾳ αὐτοῦ, καὶ πολλοὶ τελῶναι[11] καὶ ἁμαρτωλοὶ συνανέκειντο[12] τῷ Ἰησοῦ καὶ τοῖς μαθηταῖς αὐτοῦ· ἦσαν γὰρ πολλοὶ καὶ ἠκολούθουν αὐτῷ. 16 καὶ οἱ γραμματεῖς τῶν Φαρισαίων ἰδόντες ὅτι ἐσθίει μετὰ τῶν ἁμαρτωλῶν καὶ τελωνῶν ἔλεγον τοῖς μαθηταῖς αὐτοῦ ὅτι μετὰ τῶν τελωνῶν καὶ ἁμαρτωλῶν ἐσθίει; 17 καὶ ἀκούσας ὁ Ἰησοῦς λέγει αὐτοῖς ὅτι οὐ χρείαν ἔχουσιν οἱ ἰσχύοντες[13] ἰατροῦ[14] ἀλλ' οἱ κακῶς[15] ἔχοντες· οὐκ ἦλθον καλέσαι δικαίους ἀλλ' ἁμαρτωλούς.

The Question about Fasting (Mt 9.14-17; Lk 5.33-39)

18 Καὶ ἦσαν οἱ μαθηταὶ Ἰωάννου καὶ οἱ Φαρισαῖοι νηστεύοντες[16]. καὶ ἔρχονται καὶ λέγουσιν αὐτῷ· διὰ τί οἱ μαθηταὶ Ἰωάννου καὶ οἱ μαθηταὶ τῶν Φαρισαίων νηστεύουσιν, οἱ δὲ σοὶ μαθηταὶ οὐ νηστεύουσιν; 19 καὶ εἶπεν αὐτοῖς ὁ Ἰησοῦς· μὴ δύνανται οἱ υἱοὶ τοῦ νυμφῶνος[17] ἐν ᾧ ὁ νυμφίος[18] μετ' αὐτῶν ἐστιν νηστεύειν; ὅσον χρόνον ἔχουσιν τὸν νυμφίον μετ' αὐτῶν, οὐ δύνανται νηστεύειν. 20 ἐλεύσονται[19] δὲ ἡμέραι, ὅταν ἀπαρθῇ[20] ἀπ' αὐτῶν ὁ νυμφίος, καὶ τότε νηστεύσουσιν ἐν ἐκείνῃ τῇ ἡμέρᾳ. 21 οὐδεὶς ἐπίβλημα[21] ῥάκους[22] ἀγνάφου[23] ἐπιράπτει[24] ἐπὶ ἱμάτιον παλαιόν[25]· εἰ δὲ

---

[1] αἴρω 2s aor act impv, take up
[2] οἶδα 2p pf act sub, know
[3] ἐγείρω 3s aor pas ind, intrans pas get up
[4] ἐναντίον, prep + gen, in the sight of
[5] ἐξίστημι pres mid inf, intrans be amazed
[6] οὐδέποτε, adv, never
[7] παράγω pres act ptc m s nom, pass by
[8] τελώνιον, -ου n, tax office
[9] ἀνίστημι aor act ptc m s nom, get up
[10] κατάκειμαι pres mid inf, sit (for a meal)
[11] τελώνης, -ου m, tax-collector
[12] συνανάκειμαι 3p impf mid ind, sit (for a meal) with
[13] ἰσχύω pres act ptc m p nom, be well
[14] ἰατρός, -οῦ m, doctor
[15] κακῶς, adv, badly (κ. ἔχω be sick)
[16] νηστεύω pres act ptc m p nom, fast
[17] νυμφών, -ῶνος m, wedding hall (υἱὸς του v. wedding guest)
[18] νυμφίος, -ου m, bridegroom
[19] ἔρχομαι 3p fut mid ind, come
[20] ἀπαίρω 3s aor pas sub, take away
[21] ἐπίβλημα, -τος n, piece/patch
[22] ῥάκος, -ους n, piece of cloth
[23] ἄγναφος, -ον, new/unshrunken
[24] ἐπιράπτω 3s pres act ind, sew on
[25] παλαιός, -ά/όν, old

μή, αἴρει τὸ πλήρωμα¹ ἀπ' αὐτοῦ τὸ καινὸν τοῦ παλαιοῦ, καὶ χεῖρον² σχίσμα³ γίνεται. **22** καὶ οὐδεὶς βάλλει οἶνον νέον εἰς ἀσκοὺς⁴ παλαιούς· εἰ δὲ μή, ῥήξει⁵ ὁ οἶνος τοὺς ἀσκοὺς καὶ ὁ οἶνος ἀπόλλυται καὶ οἱ ἀσκοί· ἀλλ' οἶνον νέον εἰς ἀσκοὺς καινούς.

Plucking Grain on the Sabbath (Mt 12.1-8; Lk 6.1-5)

23 Καὶ ἐγένετο αὐτὸν ἐν τοῖς σάββασιν παραπορεύεσθαι⁶ διὰ τῶν σπορίμων⁷, καὶ οἱ μαθηταὶ αὐτοῦ ἤρξαντο⁸ ὁδὸν ποιεῖν τίλλοντες⁹ τοὺς στάχυας¹⁰. **24** καὶ οἱ Φαρισαῖοι ἔλεγον αὐτῷ· ἴδε¹¹ τί ποιοῦσιν τοῖς σάββασιν ὃ οὐκ ἔξεστιν; **25** καὶ λέγει αὐτοῖς· οὐδέποτε¹² ἀνέγνωτε¹³ τί ἐποίησεν Δαυὶδ, ὅτε χρείαν ἔσχεν καὶ ἐπείνασεν¹⁴ αὐτὸς καὶ οἱ μετ' αὐτοῦ, **26** πῶς εἰσῆλθεν εἰς τὸν οἶκον τοῦ θεοῦ ἐπὶ Ἀβιαθὰρ ἀρχιερέως καὶ τοὺς ἄρτους τῆς προθέσεως¹⁵ ἔφαγεν¹⁶ οὓς οὐκ ἔξεστιν φαγεῖν εἰ μὴ τοὺς ἱερεῖς, καὶ ἔδωκεν καὶ τοῖς σὺν αὐτῷ οὖσιν; **27** καὶ ἔλεγεν αὐτοῖς· τὸ σάββατον διὰ τὸν ἄνθρωπον ἐγένετο καὶ οὐχ ὁ ἄνθρωπος διὰ τὸ σάββατον· **28** ὥστε κύριός ἐστιν ὁ υἱὸς τοῦ ἀνθρώπου καὶ τοῦ σαββάτου.

The Man with a Withered Hand (Mt 12.9-14; Lk 6.6-11)

3 Καὶ εἰσῆλθεν πάλιν εἰς τὴν συναγωγήν. καὶ ἦν ἐκεῖ ἄνθρωπος ἐξηραμμένην¹⁷ ἔχων τὴν χεῖρα. **2** καὶ παρετήρουν¹⁸ αὐτὸν εἰ τοῖς σάββασιν θεραπεύσει αὐτόν, ἵνα κατηγορήσωσιν¹⁹ αὐτοῦ. **3** καὶ λέγει τῷ ἀνθρώπῳ τῷ τὴν ξηρὰν²⁰ χεῖρα ἔχοντι· ἔγειρε εἰς τὸ μέσον. **4** καὶ λέγει αὐτοῖς· ἔξεστιν τοῖς σάββασιν ἀγαθὸν ποιῆσαι ἢ κακοποιῆσαι²¹, ψυχὴν σῶσαι ἢ ἀποκτεῖναι; οἱ δὲ ἐσιώπων²². **5** καὶ περιβλεψάμενος²³ αὐτοὺς μετ' ὀργῆς, συλλυπούμενος²⁴ ἐπὶ τῇ πωρώσει²⁵ τῆς καρδίας αὐτῶν λέγει τῷ ἀνθρώπῳ· ἔκτεινον²⁶ τὴν χεῖρα. καὶ ἐξέτεινεν καὶ ἀπεκατεστάθη²⁷ ἡ χεὶρ αὐτοῦ. **6** καὶ ἐξελθόντες οἱ Φαρισαῖοι εὐθὺς μετὰ τῶν Ἡρῳδιανῶν²⁸ συμβούλιον²⁹ ἐδίδουν³⁰ κατ' αὐτοῦ ὅπως αὐτὸν ἀπολέσωσιν³¹.

---

[1] πλήρωμα, -τος n, patch (of cloth)
[2] χείρων, worse (comp of κακός)
[3] σχίσμα, -τος n, tear (of cloth)
[4] ἀσκός, -οῦ m, wine-skin
[5] ῥήγνυμι/ῥήσσω 3s fut act ind, burst
[6] παραπορεύομαι pres mid inf, go through
[7] σπόριμος, -ων m, grainfield
[8] ἄρχω 3p aor mid ind, mid begin
[9] τίλλω pres act ptc m p nom, pick
[10] στάχυς, -υος m, head of grain
[11] ἴδε, interj, Look!
[12] οὐδέποτε, adv, never
[13] ἀναγινώσκω 2p aor act ind, read
[14] πεινάω 3s aor act ind, be hungry
[15] πρόθεσις, -εως f, something offered to God (ἄρτοι τῆς π. bread offered to God)
[16] ἐσθίω 3s aor act ind, eat
[17] ξηραίνω pf pas ptc f s acc, pas be paralyzed
[18] παρατηρέω 3p impf act ind, watch closely
[19] κατηγορέω 3p aor act sub, accuse
[20] ξηρός, -ά/όν, paralyzed
[21] κακοποιέω aor act inf, do evil
[22] σιωπάω 3p impf act ind, be silent
[23] περιβλέπω aor mid ptc m s nom, look around
[24] συλλυπέω pres pas ptc m s nom, feel sorry for
[25] πώρωσις, -εως f, stubbornness
[26] ἐκτείνω 2s aor act impv, stretch out
[27] ἀποκαθίστημι 3s aor pas ind, heal
[28] Ἡρῳδιανοί, -ῶν m, Herodians (partisans of the Herodian family)
[29] συμβούλιον, -ου n, plan (σ. ἐδίδουν they made plans)
[30] δίδωμι 3p impf act ind, give
[31] ἀπόλλυμι 3p aor act sub, kill

The Crowds by the Sea

7 Καὶ ὁ Ἰησοῦς μετὰ τῶν μαθητῶν αὐτοῦ ἀνεχώρησεν[1] πρὸς τὴν θάλασσαν, καὶ πολὺ πλῆθος ἀπὸ τῆς Γαλιλαίας ἠκολούθησεν, καὶ ἀπὸ τῆς Ἰουδαίας **8** καὶ ἀπὸ Ἱεροσολύμων καὶ ἀπὸ τῆς Ἰδουμαίας καὶ πέραν[2] τοῦ Ἰορδάνου καὶ περὶ Τύρον καὶ Σιδῶνα πλῆθος πολὺ ἀκούοντες ὅσα ἐποίει ἦλθον πρὸς αὐτόν. **9** καὶ εἶπεν τοῖς μαθηταῖς αὐτοῦ ἵνα πλοιάριον[3] προσκαρτερῇ[4] αὐτῷ διὰ τὸν ὄχλον ἵνα μὴ θλίβωσιν[5] αὐτόν· **10** πολλοὺς γὰρ ἐθεράπευσεν, ὥστε ἐπιπίπτειν[6] αὐτῷ ἵνα αὐτοῦ ἅψωνται[7] ὅσοι εἶχον[8] μάστιγας[9]. **11** καὶ τὰ πνεύματα τὰ ἀκάθαρτα, ὅταν αὐτὸν ἐθεώρουν, προσέπιπτον[10] αὐτῷ καὶ ἔκραζον λέγοντα ὅτι σὺ εἶ ὁ υἱὸς τοῦ θεοῦ. **12** καὶ πολλὰ ἐπετίμα[11] αὐτοῖς ἵνα μὴ αὐτὸν φανερὸν[12] ποιήσωσιν.

The Choosing of the Twelve (Mt 10.1-4; Lk 6.12-16)

13 Καὶ ἀναβαίνει εἰς τὸ ὄρος καὶ προσκαλεῖται[13] οὓς ἤθελεν αὐτός, καὶ ἀπῆλθον πρὸς αὐτόν. **14** καὶ ἐποίησεν δώδεκα ἵνα ὦσιν μετ' αὐτοῦ καὶ ἵνα ἀποστέλλῃ αὐτοὺς κηρύσσειν **15** καὶ ἔχειν ἐξουσίαν ἐκβάλλειν τὰ δαιμόνια· **16** καὶ ἐπέθηκεν[14] ὄνομα τῷ Σίμωνι Πέτρον, **17** καὶ Ἰάκωβον τὸν τοῦ Ζεβεδαίου καὶ Ἰωάννην τὸν ἀδελφὸν τοῦ Ἰακώβου καὶ ἐπέθηκεν αὐτοῖς ὀνόματα Βοανηργές, ὅ ἐστιν υἱοὶ βροντῆς[15]· **18** καὶ Ἀνδρέαν καὶ Φίλιππον καὶ Βαρθολομαῖον καὶ Μαθθαῖον καὶ Θωμᾶν καὶ Ἰάκωβον τὸν τοῦ Ἀλφαίου καὶ Θαδδαῖον καὶ Σίμωνα τὸν Καναναῖον[16] **19** καὶ Ἰούδαν Ἰσκαριώθ, ὃς καὶ παρέδωκεν αὐτόν.

Jesus and Beelzebul (Mt 12.22-32; Lk 11.14-23; 12.10)

20 Καὶ ἔρχεται εἰς οἶκον· καὶ συνέρχεται[17] πάλιν ὄχλος, ὥστε μὴ δύνασθαι αὐτοὺς μηδὲ ἄρτον φαγεῖν[18]. **21** καὶ ἀκούσαντες οἱ παρ' αὐτοῦ ἐξῆλθον κρατῆσαι αὐτόν· ἔλεγον γὰρ ὅτι ἐξέστη.[19]

22 Καὶ οἱ γραμματεῖς οἱ ἀπὸ Ἱεροσολύμων καταβάντες[20] ἔλεγον ὅτι Βεελζεβοὺλ ἔχει καὶ ὅτι ἐν τῷ ἄρχοντι τῶν δαιμονίων ἐκβάλλει τὰ δαιμόνια.

---

[1] ἀναχωρέω 3s aor act ind, withdraw
[2] πέραν, prep + gen, on the other side
[3] πλοιάριον, -ου n, boat
[4] προσκαρτερέω 3s pres act sub, be ready
[5] θλίβω 3p pres act sub, crush
[6] ἐπιπίπτω pres act inf, crowd around
[7] ἅπτω 3p aor mid sub, mid touch
[8] ἔχω 3p impf act ind, have
[9] μάστιξ, -ιγος f, illness
[10] προσπίπτω 3p impf act ind, fall down before someone
[11] ἐπιτιμάω 3s impf act ind, order
[12] φανερός, -ά/όν, known
[13] προσκαλέομαι 3s pres mid ind, call
[14] ἐπιτίθημι 3s aor act ind, give
[15] βροντή, -ῆς f, thunder
[16] Καναναῖος, -ου m, Cananaean (probably Zealot, member of a Jewish nationalistic sect)
[17] συνέρχομαι 3s pres mid ind, gather
[18] ἐσθίω aor act inf, eat
[19] ἐξίστημι 3s aor act ind, be out of one's mind
[20] καταβαίνω aor act ptc m p nom, come (down)

ΚΑΤΑ ΜΑΡΚΟΝ

23 Καὶ προσκαλεσάμενος¹ αὐτοὺς ἐν παραβολαῖς ἔλεγεν αὐτοῖς· πῶς δύναται σατανᾶς σατανᾶν ἐκβάλλειν; **24** καὶ ἐὰν βασιλεία ἐφ' ἑαυτὴν μερισθῇ², οὐ δύναται σταθῆναι³ ἡ βασιλεία ἐκείνη· **25** καὶ ἐὰν οἰκία ἐφ' ἑαυτὴν μερισθῇ, οὐ δυνήσεται ἡ οἰκία ἐκείνη σταθῆναι. **26** καὶ εἰ ὁ σατανᾶς ἀνέστη⁴ ἐφ' ἑαυτὸν καὶ ἐμερίσθη, οὐ δύναται στῆναι ἀλλὰ τέλος ἔχει. **27** ἀλλ' οὐ δύναται οὐδεὶς εἰς τὴν οἰκίαν τοῦ ἰσχυροῦ⁵ εἰσελθὼν τὰ σκεύη⁶ αὐτοῦ διαρπάσαι⁷, ἐὰν μὴ πρῶτον τὸν ἰσχυρὸν δήσῃ⁸, καὶ τότε τὴν οἰκίαν αὐτοῦ διαρπάσει. **28** Ἀμὴν λέγω ὑμῖν ὅτι πάντα ἀφεθήσεται⁹ τοῖς υἱοῖς τῶν ἀνθρώπων τὰ ἁμαρτήματα¹⁰ καὶ αἱ βλασφημίαι¹¹ ὅσα ἐὰν βλασφημήσωσιν· **29** ὃς δ' ἂν βλασφημήσῃ εἰς τὸ πνεῦμα τὸ ἅγιον, οὐκ ἔχει ἄφεσιν¹² εἰς τὸν αἰῶνα, ἀλλ' ἔνοχός¹³ ἐστιν αἰωνίου ἁμαρτήματος. **30** ὅτι ἔλεγον· πνεῦμα ἀκάθαρτον ἔχει.

The Mother and Brothers of Jesus (Mt 12.46-50; Lk 8.19-21)

31 Καὶ ἔρχεται ἡ μήτηρ αὐτοῦ καὶ οἱ ἀδελφοὶ αὐτοῦ καὶ ἔξω στήκοντες¹⁴ ἀπέστειλαν¹⁵ πρὸς αὐτὸν καλοῦντες αὐτόν. **32** καὶ ἐκάθητο¹⁶ περὶ αὐτὸν ὄχλος, καὶ λέγουσιν αὐτῷ· ἰδοὺ ἡ μήτηρ σου καὶ οἱ ἀδελφοί σου ἔξω ζητοῦσίν σε. **33** καὶ ἀποκριθεὶς αὐτοῖς λέγει· τίς ἐστιν ἡ μήτηρ μου καὶ οἱ ἀδελφοί μου; **34** καὶ περιβλεψάμενος¹⁷ τοὺς περὶ αὐτὸν κύκλῳ¹⁸ καθημένους λέγει· ἴδε¹⁹ ἡ μήτηρ μου καὶ οἱ ἀδελφοί μου. **35** ὃς γὰρ ἂν ποιήσῃ τὸ θέλημα τοῦ θεοῦ, οὗτος ἀδελφός μου καὶ ἀδελφὴ καὶ μήτηρ ἐστίν.

The Parable of the Sower (Mt 13.1-9; Lk 8.4-8)

4 Καὶ πάλιν ἤρξατο²⁰ διδάσκειν παρὰ τὴν θάλασσαν· καὶ συνάγεται πρὸς αὐτὸν ὄχλος πλεῖστος²¹, ὥστε αὐτὸν εἰς πλοῖον ἐμβάντα²² καθῆσθαι²³ ἐν τῇ θαλάσσῃ, καὶ πᾶς ὁ ὄχλος πρὸς τὴν θάλασσαν ἐπὶ τῆς γῆς ἦσαν. **2** καὶ ἐδίδασκεν αὐτοὺς ἐν παραβολαῖς πολλὰ καὶ ἔλεγεν αὐτοῖς ἐν τῇ διδαχῇ²⁴ αὐτοῦ· **3** Ἀκούετε. ἰδοὺ ἐξῆλθεν ὁ σπείρων σπεῖραι. **4** καὶ ἐγένετο ἐν τῷ σπείρειν ὃ μὲν ἔπεσεν²⁵ παρὰ τὴν ὁδόν, καὶ ἦλθεν τὰ πετεινὰ²⁶ καὶ κατέφαγεν²⁷ αὐτό. **5** καὶ ἄλλο

---

[1] προσκαλέομαι *aor mid ptc m s nom*, call to oneself
[2] μερίζω *3s aor pas sub*, divide
[3] ἵστημι *aor pas inf, intrans pas* stand
[4] ἀνίστημι *3s aor act ind*, rebel
[5] ἰσχυρός, -ά/όν, strong
[6] σκεῦος, -ους *n*, thing
[7] διαρπάζω *aor act inf*, plunder
[8] δέω *3s aor act sub*, tie up
[9] ἀφίημι *3s fut pas ind*, forgive
[10] ἁμάρτημα, -τος *n*, sin
[11] βλασφημία, -ας *f*, blasphemy
[12] ἄφεσις, -εως *f*, forgiveness
[13] ἔνοχος, -ον, guilty
[14] στήκω *pres act ptc m p nom*, stand
[15] ἀποστέλλω *3p aor act ind*, send
[16] κάθημαι *3s impf mid ind*, sit
[17] περιβλέπω *aor mid ptc m s nom*, look around
[18] κύκλῳ, *adv*, in a circle
[19] ἴδε, *interj*, Look!
[20] ἄρχω *3s aor mid ind, mid* begin
[21] πολύς, large (super)
[22] ἐμβαίνω *aor act ptc m s acc*, get into
[23] κάθημαι *pres mid inf*, sit
[24] διδαχή, -ῆς *f*, teaching
[25] πίπτω *3s aor act ind*, fall
[26] πετεινόν, -οῦ *n*, bird
[27] κατεσθίω *3s aor act ind*, eat up

ἔπεσεν ἐπὶ τὸ πετρῶδες¹ ὅπου οὐκ εἶχεν γῆν πολλήν, καὶ εὐθὺς ἐξανέτειλεν² διὰ τὸ μὴ ἔχειν βάθος³ γῆς· **6** καὶ ὅτε ἀνέτειλεν⁴ ὁ ἥλιος ἐκαυματίσθη⁵ καὶ διὰ τὸ μὴ ἔχειν ῥίζαν⁶ ἐξηράνθη⁷. **7** καὶ ἄλλο ἔπεσεν εἰς τὰς ἀκάνθας⁸, καὶ ἀνέβησαν⁹ αἱ ἄκανθαι καὶ συνέπνιξαν¹⁰ αὐτό, καὶ καρπὸν οὐκ ἔδωκεν. **8** καὶ ἄλλα ἔπεσεν εἰς τὴν γῆν τὴν καλὴν καὶ ἐδίδου καρπὸν ἀναβαίνοντα καὶ αὐξανόμενα¹¹ καὶ ἔφερεν ἓν τριάκοντα¹² καὶ ἓν ἑξήκοντα¹³ καὶ ἓν ἑκατόν¹⁴. **9** καὶ ἔλεγεν· ὃς ἔχει ὦτα¹⁵ ἀκούειν ἀκουέτω.

The Purpose of the Parables (Mt 13.10-17; Lk 8.9-10)

10 Καὶ ὅτε ἐγένετο κατὰ μόνας, ἠρώτων αὐτὸν οἱ περὶ αὐτὸν σὺν τοῖς δώδεκα τὰς παραβολάς. **11** καὶ ἔλεγεν αὐτοῖς· ὑμῖν τὸ μυστήριον¹⁶ δέδοται¹⁷ τῆς βασιλείας τοῦ θεοῦ· ἐκείνοις δὲ τοῖς ἔξω ἐν παραβολαῖς τὰ πάντα γίνεται,

12 ἵνα βλέποντες βλέπωσιν καὶ μὴ ἴδωσιν¹⁸,
καὶ ἀκούοντες ἀκούωσιν καὶ μὴ συνιῶσιν¹⁹,
μήποτε²⁰ ἐπιστρέψωσιν²¹ καὶ ἀφεθῇ²² αὐτοῖς.

The Parable of the Sower Explained (Mt 13.18-23; Lk 8.11-15)

13 Καὶ λέγει αὐτοῖς· οὐκ οἴδατε τὴν παραβολὴν ταύτην, καὶ πῶς πάσας τὰς παραβολὰς γνώσεσθε; **14** ὁ σπείρων τὸν λόγον σπείρει. **15** οὗτοι δέ εἰσιν οἱ παρὰ τὴν ὁδόν· ὅπου σπείρεται ὁ λόγος καὶ ὅταν ἀκούσωσιν, εὐθὺς ἔρχεται ὁ σατανᾶς καὶ αἴρει τὸν λόγον τὸν ἐσπαρμένον²³ ἐν αὐτοῖς. **16** καὶ οὗτοί εἰσιν ὁμοίως²⁴ οἱ ἐπὶ τὰ πετρώδη σπειρόμενοι, οἳ ὅταν ἀκούσωσιν τὸν λόγον εὐθὺς μετὰ χαρᾶς λαμβάνουσιν αὐτόν, **17** καὶ οὐκ ἔχουσιν ῥίζαν ἐν ἑαυτοῖς ἀλλὰ πρόσκαιροί²⁵ εἰσιν, εἶτα²⁶ γενομένης θλίψεως ἢ διωγμοῦ²⁷ διὰ τὸν λόγον εὐθὺς σκανδαλίζονται²⁸. **18** καὶ ἄλλοι εἰσὶν οἱ εἰς τὰς ἀκάνθας²⁹ σπειρόμενοι· οὗτοί εἰσιν οἱ τὸν λόγον ἀκούσαντες, **19** καὶ αἱ μέριμναι³⁰ τοῦ αἰῶνος καὶ ἡ ἀπάτη³¹ τοῦ πλούτου³² καὶ αἱ περὶ τὰ λοιπὰ ἐπιθυμίαι εἰσπορευόμεναι³³ συμπνίγουσιν³⁴ τὸν λόγον καὶ ἄκαρπος³⁵ γίνεται. **20** καὶ ἐκεῖνοί εἰσιν οἱ ἐπὶ

---

¹ πετρώδης, -ους *n*, rocky ground
² ἐξανατέλλω 3*s aor act ind*, spring up
³ βάθος, -ους *n*, depth
⁴ ἀνατέλλω 3*s aor act ind*, rise
⁵ καυματίζω 3*s aor pas ind*, scorch
⁶ ῥίζα, -ης *f*, root
⁷ ξηραίνω 3*s aor pas ind*, dry up
⁸ ἄκανθα, -ης *f*, thorn plant
⁹ ἀναβαίνω 3*p aor act ind*, grow up
¹⁰ συμπνίγω 3*p aor act ind*, choke
¹¹ αὐξάνω *pres pas ptc n p nom*, grow
¹² τριάκοντα, thirty
¹³ ἑξήκοντα, sixty
¹⁴ ἑκατόν, one hundred
¹⁵ οὖς, ὠτός *n*, ear
¹⁶ μυστήριον, -ου *n*, secret
¹⁷ δίδωμι 3*s pf pas ind*, give
¹⁸ ὁράω 3*p aor act sub*, see
¹⁹ συνίημι 3*p pres act sub*, understand
²⁰ μήποτε, *conj*, otherwise
²¹ ἐπιστρέφω 3*p aor act sub*, turn to (God)
²² ἀφίημι 3*s aor pas sub*, forgive
²³ σπείρω *pf pas ptc m s acc*, sow
²⁴ ὁμοίως, *adv*, likewise
²⁵ πρόσκαιρος, -ον, not lasting
²⁶ εἶτα, *adv*, then
²⁷ διωγμός, -οῦ *m*, persecution
²⁸ σκανδαλίζω 3*p pres pas ind*, turn away
²⁹ ἄκανθα, -ης *f*, thorn plant
³⁰ μέριμνα, -ης *f*, care
³¹ ἀπάτη, -ης *f*, deception
³² πλοῦτος, -ου *m & f*, wealth
³³ εἰσπορεύομαι *pres mid ptc f p nom*, come/go in
³⁴ συμπνίγω 3*p pres act ind*, choke
³⁵ ἄκαρπος, -ον, unfruitful

τὴν γῆν τὴν καλὴν σπαρέντες, οἵτινες ἀκούουσιν τὸν λόγον καὶ παραδέχονται[1] καὶ καρποφοροῦσιν[2] ἓν τριάκοντα[3] καὶ ἓν ἑξήκοντα[4] καὶ ἓν ἑκατόν[5].

A Lamp on a Lampstand   (Lk 8.16-18)

21 Καὶ ἔλεγεν αὐτοῖς· μήτι[6] ἔρχεται ὁ λύχνος[7] ἵνα ὑπὸ τὸν μόδιον[8] τεθῇ[9] ἢ ὑπὸ τὴν κλίνην[10]; οὐχ ἵνα ἐπὶ τὴν λυχνίαν[11] τεθῇ; **22** οὐ γάρ ἐστιν κρυπτὸν[12] ἐὰν μὴ ἵνα φανερωθῇ, οὐδὲ ἐγένετο ἀπόκρυφον[13] ἀλλ' ἵνα ἔλθῃ[14] εἰς φανερόν[15]. **23** εἴ τις ἔχει ὦτα[16] ἀκούειν ἀκουέτω. **24** καὶ ἔλεγεν αὐτοῖς· βλέπετε τί ἀκούετε. ἐν ᾧ μέτρῳ[17] μετρεῖτε[18] μετρηθήσεται[19] ὑμῖν καὶ προστεθήσεται[20] ὑμῖν. **25** ὃς γὰρ ἔχει, δοθήσεται[21] αὐτῷ· καὶ ὃς οὐκ ἔχει, καὶ ὃ ἔχει ἀρθήσεται[22] ἀπ' αὐτοῦ.

The Parable of the Growing Seed

26 Καὶ ἔλεγεν· οὕτως ἐστὶν ἡ βασιλεία τοῦ θεοῦ ὡς ἄνθρωπος βάλῃ[23] τὸν σπόρον[24] ἐπὶ τῆς γῆς, **27** καὶ καθεύδῃ[25] καὶ ἐγείρηται[26] νύκτα καὶ ἡμέραν, καὶ ὁ σπόρος βλαστᾷ[27] καὶ μηκύνηται[28] ὡς οὐκ οἶδεν αὐτός. **28** αὐτομάτη[29] ἡ γῆ καρποφορεῖ[30], πρῶτον χόρτον[31] εἶτα[32] στάχυν[33] εἶτα πλήρης[34] σῖτον[35] ἐν τῷ στάχυϊ. **29** ὅταν δὲ παραδοῖ[36] ὁ καρπός, εὐθὺς ἀποστέλλει τὸ δρέπανον[37], ὅτι παρέστηκεν[38] ὁ θερισμός[39].

The Parable of the Mustard Seed   (Mt 13.31-32; Lk 13.18-19)

30 Καὶ ἔλεγεν· πῶς ὁμοιώσωμεν[40] τὴν βασιλείαν τοῦ θεοῦ ἢ ἐν τίνι αὐτὴν παραβολῇ θῶμεν[41]; **31** ὡς κόκκον[42] σινάπεως[43], ὃς ὅταν σπαρῇ[44] ἐπὶ τῆς γῆς, μικρότερον[45] ὂν πάντων τῶν σπερμάτων τῶν ἐπὶ τῆς γῆς, **32** καὶ ὅταν σπαρῇ, ἀναβαίνει

---

[1] παραδέχομαι 3p pres mid ind, accept
[2] καρποφορέω 3p pres act ind, bear fruit
[3] τριάκοντα, thirty
[4] ἑξήκοντα, sixty
[5] ἑκατόν, one hundred
[6] μήτι, usually expects a negative reply
[7] λύχνος, -ου m, lamp
[8] μόδιος, -ου m, basket
[9] τίθημι 3s aor pas sub, put
[10] κλίνη, -ης f, bed
[11] λυχνία, -ης f, lampstand
[12] κρυπτός, -ή/όν, hidden
[13] ἀπόκρυφος, -ον, secret
[14] ἔρχομαι 3s aor act sub, come
[15] φανερός, -ά/όν, known
[16] οὖς, ὠτός n, ear

[17] μέτρον, -ου n, measure
[18] μετρέω 2p pres act ind, measure out
[19] μετρέω 3s fut pas ind, measure out
[20] προστίθημι 3s fut pas ind, add to
[21] δίδωμι 3s fut pas ind, give (more)
[22] αἴρω 3s fut pas ind, take away
[23] βάλλω 3s aor act sub, sow
[24] σπόρος, -ου m, seed
[25] καθεύδω 3s pres act sub, sleep
[26] ἐγείρω 3s pres pas sub, intrans pas get up
[27] βλαστάνω 3s pres act sub, sprout
[28] μηκύνω 3s pres mid sub, grow
[29] αὐτόματος, -η/ον, on its own
[30] καρποφορέω 3s pres act ind, bear fruit

[31] χόρτος, -ου m, blade
[32] εἶτα, adv, then
[33] στάχυς, -υος m, head of grain
[34] πλήρης, -ες, full-grown
[35] σῖτος, -ου m, grain
[36] παραδίδωμι 3s aor act sub, permit (ὅταν π. ὁ καρπός when the crop is ripe)
[37] δρέπανον, -ου n, sickle
[38] παρίστημι 3s pf act ind, come
[39] θερισμός, -οῦ m, harvest season
[40] ὁμοιόω 1p aor act sub, compare
[41] τίθημι 1p aor act sub, describe
[42] κόκκος, -ου m, seed
[43] σίναπι, -εως n, mustard
[44] σπείρω 3s aor pas sub, sow
[45] μικρός, small (comp)

καὶ γίνεται μεῖζον¹ πάντων τῶν λαχάνων² καὶ ποιεῖ κλάδους³ μεγάλους, ὥστε δύνασθαι ὑπὸ τὴν σκιὰν⁴ αὐτοῦ τὰ πετεινὰ⁵ τοῦ οὐρανοῦ κατασκηνοῦν⁶.

The Use of Parables (Mt 13.34-35)

33 Καὶ τοιαύταις παραβολαῖς πολλαῖς ἐλάλει αὐτοῖς τὸν λόγον καθὼς ἠδύναντο ἀκούειν· **34** χωρὶς δὲ παραβολῆς οὐκ ἐλάλει αὐτοῖς, κατ' ἰδίαν⁷ δὲ τοῖς ἰδίοις μαθηταῖς ἐπέλυεν⁸ πάντα.

The Calming of a Storm (Mt 8.23-27; Lk 8.22-25)

35 Καὶ λέγει αὐτοῖς ἐν ἐκείνῃ τῇ ἡμέρᾳ ὀψίας⁹ γενομένης· διέλθωμεν¹⁰ εἰς τὸ πέραν¹¹. **36** καὶ ἀφέντες¹² τὸν ὄχλον παραλαμβάνουσιν αὐτὸν ὡς ἦν ἐν τῷ πλοίῳ, καὶ ἄλλα πλοῖα ἦν μετ' αὐτοῦ. **37** καὶ γίνεται λαῖλαψ¹³ μεγάλη ἀνέμου καὶ τὰ κύματα¹⁴ ἐπέβαλλεν¹⁵ εἰς τὸ πλοῖον, ὥστε ἤδη γεμίζεσθαι¹⁶ τὸ πλοῖον. **38** καὶ αὐτὸς ἦν ἐν τῇ πρύμνῃ¹⁷ ἐπὶ τὸ προσκεφάλαιον¹⁸ καθεύδων¹⁹. καὶ ἐγείρουσιν αὐτὸν καὶ λέγουσιν αὐτῷ· διδάσκαλε, οὐ μέλει²⁰ σοι ὅτι ἀπολλύμεθα; **39** καὶ διεγερθεὶς²¹ ἐπετίμησεν²² τῷ ἀνέμῳ καὶ εἶπεν τῇ θαλάσσῃ· σιώπα²³, πεφίμωσο²⁴. καὶ ἐκόπασεν²⁵ ὁ ἄνεμος καὶ ἐγένετο γαλήνη²⁶ μεγάλη. **40** καὶ εἶπεν αὐτοῖς· τί δειλοί²⁷ ἐστε; οὔπω²⁸ ἔχετε πίστιν; **41** καὶ ἐφοβήθησαν φόβον μέγαν καὶ ἔλεγον πρὸς ἀλλήλους· τίς ἄρα οὗτός ἐστιν ὅτι καὶ ὁ ἄνεμος καὶ ἡ θάλασσα ὑπακούει²⁹ αὐτῷ;

The Demons and the Pigs (Mt 8.28-34; Lk 8.26-39)

5 Καὶ ἦλθον εἰς τὸ πέραν³⁰ τῆς θαλάσσης εἰς τὴν χώραν³¹ τῶν Γερασηνῶν. **2** καὶ ἐξελθόντος αὐτοῦ ἐκ τοῦ πλοίου εὐθὺς ὑπήντησεν³² αὐτῷ ἐκ τῶν μνημείων ἄνθρωπος ἐν πνεύματι ἀκαθάρτῳ, **3** ὃς τὴν κατοίκησιν³³ εἶχεν ἐν τοῖς μνήμασιν³⁴, καὶ οὐδὲ ἁλύσει³⁵ οὐκέτι οὐδεὶς ἐδύνατο αὐτὸν δῆσαι³⁶ **4** διὰ τὸ αὐτὸν πολλάκις³⁷

---

1 μέγας, large (comp)
2 λάχανον, -ου n, garden plant
3 κλάδος, -ου m, branch
4 σκιά, -ᾶς f, shade
5 πετεινόν, -οῦ n, bird
6 κατασκηνόω pres act inf, nest
7 ἴδιος, -α/ον, one's own (κατ' ἰδίαν privately)
8 ἐπιλύω 3s impf act ind, explain
9 ὄψιος, -α/ον, late (ἡ ὀψία f evening)
10 διέρχομαι 1p aor act sub, cross over
11 πέραν, prep + gen, across (τὸ π. the other side)
12 ἀφίημι aor act ptc m p nom, leave
13 λαῖλαψ, -απος f, storm
14 κῦμα, -τος n, wave
15 ἐπιβάλλω 3s impf act ind, beat against
16 γεμίζω pres pas inf, fill
17 πρύμνα, -ης f, stern
18 προσκεφάλαιον, -ου n, pillow
19 καθεύδω pres act ptc m s nom, sleep
20 μέλει 3s pres act ind, impers it is of concern
21 διεγείρω aor pas ptc m s nom, get/wake up
22 ἐπιτιμάω 3s aor act ind, rebuke
23 σιωπάω 2s pres act impv, calm down
24 φιμόω 2s pf pas impv, pas be silent
25 κοπάζω 3s aor act ind, stop
26 γαλήνη, -ης f, calm
27 δειλός, -ή/όν, afraid
28 οὔπω, adv, not yet
29 ὑπακούω 3s pres act ind, obey
30 πέραν, prep + gen, across (τὸ π. the other side)
31 χώρα, -ας, f, region
32 ὑπαντάω 3s aor act ind, meet
33 κατοίκησις, -εως f, home
34 μνῆμα, -τος n, tomb
35 ἅλυσις, -εως f, chain
36 δέω aor act inf, tie up
37 πολλάκις, adv, often

πέδαις¹ καὶ ἁλύσεσιν δεδέσθαι καὶ διεσπάσθαι² ὑπ' αὐτοῦ τὰς ἁλύσεις καὶ τὰς πέδας συντετρῖφθαι³, καὶ οὐδεὶς ἴσχυεν⁴ αὐτὸν δαμάσαι⁵· **5** καὶ διὰ παντὸς νυκτὸς καὶ ἡμέρας ἐν τοῖς μνήμασιν καὶ ἐν τοῖς ὄρεσιν ἦν κράζων καὶ κατακόπτων⁶ ἑαυτὸν λίθοις. **6** καὶ ἰδὼν τὸν Ἰησοῦν ἀπὸ μακρόθεν⁷ ἔδραμεν⁸ καὶ προσεκύνησεν αὐτῷ **7** καὶ κράξας⁹ φωνῇ μεγάλῃ λέγει· τί ἐμοὶ καὶ σοί, Ἰησοῦ υἱὲ τοῦ θεοῦ τοῦ ὑψίστου¹⁰; ὁρκίζω¹¹ σε τὸν θεόν, μή με βασανίσῃς¹². **8** ἔλεγεν γὰρ αὐτῷ· ἔξελθε¹³ τὸ πνεῦμα τὸ ἀκάθαρτον ἐκ τοῦ ἀνθρώπου. **9** καὶ ἐπηρώτα¹⁴ αὐτόν· τί ὄνομά σοι; καὶ λέγει αὐτῷ· λεγιὼν¹⁵ ὄνομά μοι, ὅτι πολλοί ἐσμεν. **10** καὶ παρεκάλει αὐτὸν πολλὰ ἵνα μὴ αὐτὰ ἀποστείλῃ¹⁶ ἔξω τῆς χώρας¹⁷. **11** ἦν δὲ ἐκεῖ πρὸς τῷ ὄρει ἀγέλη¹⁸ χοίρων¹⁹ μεγάλη βοσκομένη²⁰· **12** καὶ παρεκάλεσαν αὐτὸν λέγοντες· πέμψον ἡμᾶς εἰς τοὺς χοίρους, ἵνα εἰς αὐτοὺς εἰσέλθωμεν²¹. **13** καὶ ἐπέτρεψεν²² αὐτοῖς. καὶ ἐξελθόντα τὰ πνεύματα τὰ ἀκάθαρτα εἰσῆλθον εἰς τοὺς χοίρους, καὶ ὥρμησεν²³ ἡ ἀγέλη κατὰ τοῦ κρημνοῦ²⁴ εἰς τὴν θάλασσαν, ὡς δισχίλιοι²⁵, καὶ ἐπνίγοντο²⁶ ἐν τῇ θαλάσσῃ.

14 Καὶ οἱ βόσκοντες αὐτοὺς ἔφυγον²⁷ καὶ ἀπήγγειλαν²⁸ εἰς τὴν πόλιν καὶ εἰς τοὺς ἀγρούς· καὶ ἦλθον ἰδεῖν τί ἐστιν τὸ γεγονὸς²⁹ **15** καὶ ἔρχονται πρὸς τὸν Ἰησοῦν καὶ θεωροῦσιν τὸν δαιμονιζόμενον³⁰ καθήμενον³¹ ἱματισμένον³² καὶ σωφρονοῦντα³³, τὸν ἐσχηκότα³⁴ τὸν λεγιῶνα, καὶ ἐφοβήθησαν. **16** καὶ διηγήσαντο³⁵ αὐτοῖς οἱ ἰδόντες πῶς ἐγένετο τῷ δαιμονιζομένῳ καὶ περὶ τῶν χοίρων. **17** καὶ ἤρξαντο³⁶ παρακαλεῖν αὐτὸν ἀπελθεῖν³⁷ ἀπὸ τῶν ὁρίων³⁸ αὐτῶν.

18 Καὶ ἐμβαίνοντος³⁹ αὐτοῦ εἰς τὸ πλοῖον παρεκάλει αὐτὸν ὁ δαιμονισθεὶς⁴⁰ ἵνα μετ' αὐτοῦ ᾖ. **19** καὶ οὐκ ἀφῆκεν⁴¹ αὐτόν, ἀλλὰ λέγει αὐτῷ· ὕπαγε εἰς τὸν οἶκόν σου πρὸς τοὺς σοὺς⁴² καὶ ἀπάγγειλον αὐτοῖς ὅσα ὁ κύριός σοι πεποίηκεν καὶ

---

¹ πέδη, -ης f. chain (for feet)
² διασπάω pf pas inf, tear apart
³ συντρίβω pf pas inf, break in pieces
⁴ ἰσχύω 3s impf act ind, be able
⁵ δαμάζω aor act inf, control
⁶ κατακόπτω pres act ptc m s nom, cut
⁷ μακρόθεν, adv, far off (ἀπὸ μ. at a distance)
⁸ τρέχω, 3s aor act ind, run
⁹ κράζω aor act ptc m s nom, shout
¹⁰ ὕψιστος, highest (ὁ ὔ the Most High [God])
¹¹ ὁρκίζω 1s pres act ind, beg (ὁ. τὸν θεόν beg in the name of God)
¹² βασανίζω 2s aor act sub, torture
¹³ ἐξέρχομαι 2s aor act impv, come/go out
¹⁴ ἐπερωτάω 3s impf act ind, ask
¹⁵ λεγιών, -ῶνος f, legion (Roman military unit of 5000-6000 troops/figurative for a large number)
¹⁶ ἀποστέλλω 3s aor act sub, send out
¹⁷ χώρα, -ας f, country
¹⁸ ἀγέλη, -ης f, herd
¹⁹ χοῖρος, -ου m, pig
²⁰ βόσκω, pres pas ptc f s nom, feed
²¹ εἰσέρχομαι 1p aor act sub, come/go in
²² ἐπιτρέπω 3s aor act ind, let
²³ ὁρμάω 3s aor act ind, rush
²⁴ κρημνός, -οῦ m, steep bank
²⁵ δισχίλιοι, -αι/α, two thousand
²⁶ πνίγω 3p impf pas ind, drown
²⁷ φεύγω 3p aor act ind, run
²⁸ ἀπαγγέλλω 3p aor act ind, tell
²⁹ γίνομαι pf act ptc n s nom, happen
³⁰ δαιμονίζομαι pres pas ptc m s acc, be demon possessed
³¹ κάθημαι pres mid ptc m s acc, sit
³² ἱματίζω pf pas or mid ptc m s acc, clothe
³³ σωφρονέω pres act ptc m s acc, be in one's right mind
³⁴ ἔχω pf act ptc m s acc, have
³⁵ διηγέομαι 3p aor mid ind, tell
³⁶ ἄρχω 3p aor mid ind, mid begin
³⁷ ἀπέρχομαι aor act inf, go/come out
³⁸ ὅριον, -ου n, region
³⁹ ἐμβαίνω pres act ptc m s gen, get into
⁴⁰ δαιμονίζομαι aor pas ptc m s nom, be demon possessed
⁴¹ ἀφίημι 3s aor act ind, let
⁴² σός, σή, σόν, your (family/friends)

ἠλέησέν¹ σε. 20 καὶ ἀπῆλθεν καὶ ἤρξατο² κηρύσσειν ἐν τῇ Δεκαπόλει ὅσα ἐποίησεν αὐτῷ ὁ Ἰησοῦς, καὶ πάντες ἐθαύμαζον.

Jairus' Daughter and the Woman Who Touched Jesus' Garment (Mt 9.18-26; Lk 8.40-56)

21 Καὶ διαπεράσαντος³ τοῦ Ἰησοῦ ἐν τῷ πλοίῳ πάλιν εἰς τὸ πέραν⁴ συνήχθη⁵ ὄχλος πολὺς ἐπ' αὐτόν, καὶ ἦν παρὰ τὴν θάλασσαν. 22 καὶ ἔρχεται εἷς τῶν ἀρχισυναγώγων⁶, ὀνόματι Ἰάϊρος, καὶ ἰδὼν αὐτὸν πίπτει πρὸς τοὺς πόδας αὐτοῦ 23 καὶ παρακαλεῖ αὐτὸν πολλὰ λέγων ὅτι τὸ θυγάτριόν⁷ μου ἐσχάτως⁸ ἔχει, ἵνα ἐλθὼν ἐπιθῇς⁹ τὰς χεῖρας αὐτῇ ἵνα σωθῇ καὶ ζήσῃ. 24 καὶ ἀπῆλθεν μετ' αὐτοῦ. καὶ ἠκολούθει αὐτῷ ὄχλος πολὺς καὶ συνέθλιβον¹⁰ αὐτόν.

25 Καὶ γυνὴ οὖσα ἐν ῥύσει¹¹ αἵματος δώδεκα ἔτη 26 καὶ πολλὰ παθοῦσα¹² ὑπὸ πολλῶν ἰατρῶν¹³ καὶ δαπανήσασα¹⁴ τὰ παρ' αὐτῆς πάντα καὶ μηδὲν ὠφεληθεῖσα¹⁵ ἀλλὰ μᾶλλον εἰς τὸ χεῖρον¹⁶ ἐλθοῦσα, 27 ἀκούσασα περὶ τοῦ Ἰησοῦ, ἐλθοῦσα ἐν τῷ ὄχλῳ ὄπισθεν¹⁷ ἥψατο¹⁸ τοῦ ἱματίου αὐτοῦ· 28 ἔλεγεν γὰρ ὅτι ἐὰν ἄψωμαι κἂν¹⁹ τῶν ἱματίων αὐτοῦ σωθήσομαι. 29 καὶ εὐθὺς ἐξηράνθη²⁰ ἡ πηγὴ²¹ τοῦ αἵματος αὐτῆς καὶ ἔγνω²² τῷ σώματι ὅτι ἴαται²³ ἀπὸ τῆς μάστιγος²⁴. 30 καὶ εὐθὺς ὁ Ἰησοῦς ἐπιγνοὺς²⁵ ἐν ἑαυτῷ τὴν ἐξ αὐτοῦ δύναμιν ἐξελθοῦσαν ἐπιστραφεὶς²⁶ ἐν τῷ ὄχλῳ ἔλεγεν· τίς μου ἥψατο τῶν ἱματίων; 31 καὶ ἔλεγον αὐτῷ οἱ μαθηταὶ αὐτοῦ· βλέπεις τὸν ὄχλον συνθλίβοντά²⁷ σε καὶ λέγεις· τίς μου ἥψατο; 32 καὶ περιεβλέπετο²⁸ ἰδεῖν τὴν τοῦτο ποιήσασαν. 33 ἡ δὲ γυνὴ φοβηθεῖσα καὶ τρέμουσα²⁹, εἰδυῖα³⁰ ὃ γέγονεν αὐτῇ, ἦλθεν καὶ προσέπεσεν³¹ αὐτῷ καὶ εἶπεν αὐτῷ πᾶσαν τὴν ἀλήθειαν. 34 ὁ δὲ εἶπεν αὐτῇ· θυγάτηρ³², ἡ πίστις σου σέσωκέν³³ σε· ὕπαγε εἰς εἰρήνην καὶ ἴσθι³⁴ ὑγιής³⁵ ἀπὸ τῆς μάστιγός σου.

---

¹ ἐλεέω/ἐλεάω 3s aor act ind, have mercy
² ἄρχω 3s aor mid ind, mid begin
³ διαπεράω aor act ptc m s gen, cross over
⁴ πέραν, prep + gen, across (τὸ π. the other side)
⁵ συνάγω 3s aor pas ind, gather
⁶ ἀρχισυνάγωγος, -ου m, synagogue leader
⁷ θυγάτριον, -ου n, (little) daughter
⁸ ἐσχάτως, adv, finally (ἐ. ἔχω be dying)
⁹ ἐπιτίθημι 2s aor act sub, place
¹⁰ συνθλίβω 3p impf act ind, crowd (around)

¹¹ ῥύσις, -εως f, flow
¹² πάσχω aor act ptc f s nom, suffer
¹³ ἰατρός, -οῦ m, doctor
¹⁴ δαπανάω aor act ptc f s nom, spend
¹⁵ ὠφελέω aor pas ptc f s nom, help
¹⁶ χείρων, worse (comp of κακός)
¹⁷ ὄπισθεν, adv, from behind
¹⁸ ἅπτω 3s aor mid ind, mid touch
¹⁹ κἄν, = καὶ ἐάν, just
²⁰ ξηραίνω 3s aor pas ind, pas stop
²¹ πηγή, -ῆς f, flow (π. τοῦ αἵματος severe bleeding)
²² γινώσκω 3s aor act ind, know
²³ ἰάομαι 3s pf pas ind, heal
²⁴ μάστιξ, -ιγος f, illness

²⁵ ἐπιγινώσκω aor act ptc m s nom, know
²⁶ ἐπιστρέφω aor pas ptc m s nom, turn (around)
²⁷ συνθλίβω pres act ptc m s acc, crowd (around)
²⁸ περιβλέπω 3s impf mid ind, look around
²⁹ τρέμω pres act ptc f s nom, tremble
³⁰ οἶδα pf act ptc f s nom, know
³¹ προσπίπτω 3s aor act ind, fall down before someone
³² θυγάτηρ, -τρός f, daughter
³³ σῴζω 3s pf act ind, make well
³⁴ εἰμί 2s pres act impv, be
³⁵ ὑγιής, -ές, cured

35 Ἔτι αὐτοῦ λαλοῦντος ἔρχονται ἀπὸ τοῦ ἀρχισυναγώγου[1] λέγοντες ὅτι ἡ θυγάτηρ[2] σου ἀπέθανεν· τί ἔτι σκύλλεις[3] τὸν διδάσκαλον; **36** ὁ δὲ Ἰησοῦς παρακούσας[4] τὸν λόγον λαλούμενον λέγει τῷ ἀρχισυναγώγῳ· μὴ φοβοῦ, μόνον πίστευε. **37** καὶ οὐκ ἀφῆκεν[5] οὐδένα μετ' αὐτοῦ συνακολουθῆσαι[6] εἰ μὴ τὸν Πέτρον καὶ Ἰάκωβον καὶ Ἰωάννην τὸν ἀδελφὸν Ἰακώβου. **38** καὶ ἔρχονται εἰς τὸν οἶκον τοῦ ἀρχισυναγώγου, καὶ θεωρεῖ θόρυβον[7] καὶ κλαίοντας καὶ ἀλαλάζοντας[8] πολλά, **39** καὶ εἰσελθὼν λέγει αὐτοῖς· τί θορυβεῖσθε[9] καὶ κλαίετε; τὸ παιδίον οὐκ ἀπέθανεν ἀλλὰ καθεύδει[10]. **40** καὶ κατεγέλων[11] αὐτοῦ. αὐτὸς δὲ ἐκβαλὼν πάντας παραλαμβάνει τὸν πατέρα τοῦ παιδίου καὶ τὴν μητέρα καὶ τοὺς μετ' αὐτοῦ καὶ εἰσπορεύεται[12] ὅπου ἦν τὸ παιδίον. **41** καὶ κρατήσας τῆς χειρὸς τοῦ παιδίου λέγει αὐτῇ· ταλιθα[13] κουμ[14], ὅ ἐστιν μεθερμηνευόμενον[15]· τὸ κοράσιον[16], σοὶ λέγω, ἔγειρε. **42** καὶ εὐθὺς ἀνέστη τὸ κοράσιον καὶ περιεπάτει· ἦν γὰρ ἐτῶν δώδεκα. καὶ ἐξέστησαν[17] εὐθὺς ἐκστάσει[18] μεγάλῃ. **43** καὶ διεστείλατο[19] αὐτοῖς πολλὰ ἵνα μηδεὶς γνοῖ[20] τοῦτο, καὶ εἶπεν δοθῆναι[21] αὐτῇ φαγεῖν[22].

The Rejection of Jesus at Nazareth   (Mt 13.53-58; Lk 4.16-30)

6 Καὶ ἐξῆλθεν ἐκεῖθεν[23] καὶ ἔρχεται εἰς τὴν πατρίδα[24] αὐτοῦ, καὶ ἀκολουθοῦσιν αὐτῷ οἱ μαθηταὶ αὐτοῦ. **2** καὶ γενομένου σαββάτου ἤρξατο[25] διδάσκειν ἐν τῇ συναγωγῇ, καὶ πολλοὶ ἀκούοντες ἐξεπλήσσοντο[26] λέγοντες· πόθεν[27] τούτῳ ταῦτα, καὶ τίς ἡ σοφία ἡ δοθεῖσα[28] τούτῳ, καὶ αἱ δυνάμεις τοιαῦται διὰ τῶν χειρῶν αὐτοῦ γινόμεναι; **3** οὐχ οὗτός ἐστιν ὁ τέκτων[29], ὁ υἱὸς τῆς Μαρίας καὶ ἀδελφὸς Ἰακώβου καὶ Ἰωσῆτος καὶ Ἰούδα καὶ Σίμωνος; καὶ οὐκ εἰσὶν αἱ ἀδελφαὶ[30] αὐτοῦ ὧδε πρὸς ἡμᾶς; καὶ ἐσκανδαλίζοντο[31] ἐν αὐτῷ. **4** καὶ ἔλεγεν αὐτοῖς ὁ Ἰησοῦς ὅτι οὐκ ἔστιν προφήτης ἄτιμος[32] εἰ μὴ ἐν τῇ πατρίδι αὐτοῦ καὶ ἐν τοῖς συγγενεῦσιν[33] αὐτοῦ καὶ ἐν τῇ οἰκίᾳ αὐτοῦ. **5** καὶ οὐκ ἐδύνατο ἐκεῖ ποιῆσαι οὐδεμίαν δύναμιν, εἰ μὴ ὀλίγοις

---

[1] ἀρχισυνάγωγος, -ου m, synagogue leader
[2] θυγάτηρ, -τρός f, daughter
[3] σκύλλω 2s pres act ind, trouble
[4] παρακούω aor act ptc m s nom, overhear/ignore
[5] ἀφίημι 3s aor act ind, let
[6] συνακολουθέω aor act inf, follow along
[7] θόρυβος, -ου m, uproar
[8] ἀλαλάζω pres act ptc m p acc, cry loudly
[9] θορυβέω 2p pres pas ind, pas be in an uproar
[10] καθεύδω 3s pres act ind, sleep
[11] καταγελάω 3p impf act ind, laugh at
[12] εἰσπορεύεται 3p pres mid ind, come/go in
[13] ταλιθα, girl (Aramaic word)
[14] κουμ, stand up (Aramaic word)
[15] μεθερμηνεύω pres pas ptc n s nom, translate (ὅ ἐστιν μ. which means)
[16] κοράσιον, -ου n, girl
[17] ἐξίστημι 3p aor act ind, intrans be amazed
[18] ἔκστασις, -εως f, amazement
[19] διαστέλλω 3s aor mid ind, mid order (δ. πολλά give strict orders)
[20] γινώσκω 3s aor act sub, know
[21] δίδωμι aor pas inf, give
[22] ἐσθίω aor act inf, eat
[23] ἐκεῖθεν, adv, from there
[24] πατρίς, -ίδος f, hometown
[25] ἄρχω 3s aor mid ind, mid begin
[26] ἐκπλήσσω 3p impf pas ind, amaze
[27] πόθεν, adv, from where
[28] δίδωμι aor pas ptc f s nom, give
[29] τέκτων, -ονος m, carpenter
[30] ἀδελφή, -ῆς f, sister
[31] σκανδαλίζω 3p impf pas ind, offend
[32] ἄτιμος, -ον, without honor
[33] συγγενής, -οῦς m, dat pl συγγενεῦσιν, relative

ἀρρώστοις¹ ἐπιθεὶς² τὰς χεῖρας ἐθεράπευσεν. 6 καὶ ἐθαύμαζεν διὰ τὴν ἀπιστίαν³ αὐτῶν. καὶ περιῆγεν⁴ τὰς κώμας⁵ κύκλῳ⁶ διδάσκων.

The Mission of the Twelve (Mt 10.1, 5-15; Lk 9.1-6)

7 Καὶ προσκαλεῖται⁷ τοὺς δώδεκα καὶ ἤρξατο⁸ αὐτοὺς ἀποστέλλειν δύο δύο καὶ ἐδίδου αὐτοῖς ἐξουσίαν τῶν πνευμάτων τῶν ἀκαθάρτων, 8 καὶ παρήγγειλεν αὐτοῖς ἵνα μηδὲν αἴρωσιν εἰς ὁδὸν εἰ μὴ ῥάβδον⁹ μόνον, μὴ ἄρτον, μὴ πήραν¹⁰, μὴ εἰς τὴν ζώνην¹¹ χαλκόν¹², 9 ἀλλ' ὑποδεδεμένους¹³ σανδάλια¹⁴, καὶ μὴ ἐνδύσησθε¹⁵ δύο χιτῶνας¹⁶. 10 καὶ ἔλεγεν αὐτοῖς· ὅπου ἐὰν εἰσέλθητε¹⁷ εἰς οἰκίαν, ἐκεῖ μένετε ἕως ἂν ἐξέλθητε¹⁸ ἐκεῖθεν¹⁹. 11 καὶ ὃς ἂν τόπος μὴ δέξηται ὑμᾶς μηδὲ ἀκούσωσιν ὑμῶν, ἐκπορευόμενοι ἐκεῖθεν ἐκτινάξατε²⁰ τὸν χοῦν²¹ τὸν ὑποκάτω²² τῶν ποδῶν ὑμῶν εἰς μαρτύριον²³ αὐτοῖς. 12 καὶ ἐξελθόντες ἐκήρυξαν ἵνα μετανοῶσιν, 13 καὶ δαιμόνια πολλὰ ἐξέβαλλον²⁴, καὶ ἤλειφον²⁵ ἐλαίῳ²⁶ πολλοὺς ἀρρώστους²⁷ καὶ ἐθεράπευον.

The Death of John the Baptist (Mt 14.1-12; Lk 9.7-9)

14 Καὶ ἤκουσεν ὁ βασιλεὺς Ἡρῴδης, φανερὸν²⁸ γὰρ ἐγένετο τὸ ὄνομα αὐτοῦ, καὶ ἔλεγον ὅτι Ἰωάννης ὁ βαπτίζων ἐγήγερται²⁹ ἐκ νεκρῶν καὶ διὰ τοῦτο ἐνεργοῦσιν³⁰ αἱ δυνάμεις ἐν αὐτῷ. 15 ἄλλοι δὲ ἔλεγον ὅτι Ἠλίας ἐστίν· ἄλλοι δὲ ἔλεγον ὅτι προφήτης ὡς εἷς τῶν προφητῶν. 16 ἀκούσας δὲ ὁ Ἡρῴδης ἔλεγεν· ὃν ἐγὼ ἀπεκεφάλισα³¹ Ἰωάννην, οὗτος ἠγέρθη³². 17 Αὐτὸς γὰρ ὁ Ἡρῴδης ἀποστείλας³³ ἐκράτησεν τὸν Ἰωάννην καὶ ἔδησεν³⁴ αὐτὸν ἐν φυλακῇ διὰ Ἡρῳδιάδα τὴν γυναῖκα Φιλίππου τοῦ ἀδελφοῦ αὐτοῦ, ὅτι αὐτὴν ἐγάμησεν³⁵· 18 ἔλεγεν γὰρ ὁ Ἰωάννης τῷ Ἡρῴδῃ ὅτι οὐκ ἔξεστίν σοι ἔχειν τὴν γυναῖκα τοῦ ἀδελφοῦ σου. 19 ἡ δὲ Ἡρῳδιὰς ἐνεῖχεν³⁶ αὐτῷ καὶ ἤθελεν αὐτὸν

1 ἄρρωστος, -ον, sick
2 ἐπιτίθημι aor act ptc m s nom, place on
3 ἀπιστία, -ας f, unbelief
4 περιάγω 3s impf act ind, intrans travel around
5 κώμη, -ης f, village
6 κύκλῳ, adv, neighboring
7 προσκαλέομαι 3s pres mid ind, call to oneself
8 ἄρχω 3s aor mid ind, mid begin
9 ῥάβδος, -ου f, walking stick
10 πήρα, -ας f, bag (either a traveler's bag or a beggar's bag)
11 ζώνη, -ης f, money belt
12 χαλκός, -οῦ m, money
13 ὑποδέω pf mid ptc m p acc, wear (of sandals)
14 σανδάλιον, -ου n, sandal
15 ἐνδύω 2p aor mid sub, wear (of clothes)
16 χιτών, -ῶνος m, shirt (generally of the garment worn next to the skin)
17 εἰσέρχομαι 2p aor act sub, come/go in
18 ἐξέρχομαι 2p aor act sub, come/go out
19 ἐκεῖθεν, adv, from there
20 ἐκτινάσσω 2p aor act impv, shake off
21 χοῦς, χοός m, acc χοῦν, dust
22 ὑποκάτω, prep + gen, under
23 μαρτύριον, -ου n, witness
24 ἐκβάλλω 3p impf act ind, force out
25 ἀλείφω 3p impf act ind, anoint
26 ἔλαιον, -ου n, olive oil
27 ἄρρωστος, -ον, sick
28 φανερός, -ά/όν, known
29 ἐγείρω 3s pf pas ind, raise
30 ἐνεργέω 3p pres act ind, be at work
31 ἀποκεφαλίζω 1s aor act ind, behead
32 ἐγείρω 3s aor pas ind, raise (from death)
33 ἀποστέλλω aor act ptc m s nom, send
34 δέω 3s aor act ind, tie up
35 γαμέω 3s aor act ind, marry
36 ἐνέχω 3s impf act ind, have a grudge against

ἀποκτεῖναι, καὶ οὐκ ἠδύνατο· **20** ὁ γὰρ Ἡρῴδης ἐφοβεῖτο τὸν Ἰωάννην, εἰδὼς[1] αὐτὸν ἄνδρα δίκαιον καὶ ἅγιον, καὶ συνετήρει[2] αὐτόν, καὶ ἀκούσας αὐτοῦ πολλὰ ἠπόρει[3], καὶ ἡδέως[4] αὐτοῦ ἤκουεν.

21 Καὶ γενομένης ἡμέρας εὐκαίρου[5] ὅτε Ἡρῴδης τοῖς γενεσίοις[6] αὐτοῦ δεῖπνον[7] ἐποίησεν τοῖς μεγιστᾶσιν[8] αὐτοῦ καὶ τοῖς χιλιάρχοις[9] καὶ τοῖς πρώτοις τῆς Γαλιλαίας, **22** καὶ εἰσελθούσης τῆς θυγατρὸς[10] αὐτοῦ Ἡρῳδιάδος καὶ ὀρχησαμένης[11] ἤρεσεν[12] τῷ Ἡρῴδῃ καὶ τοῖς συνανακειμένοις[13]. ὁ δὲ βασιλεὺς εἶπεν τῷ κορασίῳ[14]· αἴτησόν με ὃ ἐὰν θέλῃς, καὶ δώσω σοι· **23** καὶ ὤμοσεν[15] αὐτῇ ὅ τι ἐάν με αἰτήσῃς δώσω σοι ἕως ἡμίσους[16] τῆς βασιλείας μου. **24** καὶ ἐξελθοῦσα εἶπεν τῇ μητρὶ αὐτῆς· τί αἰτήσωμαι; ἡ δὲ εἶπεν· τὴν κεφαλὴν Ἰωάννου τοῦ βαπτίζοντος. **25** καὶ εἰσελθοῦσα εὐθὺς μετὰ σπουδῆς[17] πρὸς τὸν βασιλέα ᾐτήσατο λέγουσα· θέλω ἵνα ἐξαυτῆς[18] δῷς[19] μοι ἐπὶ πίνακι[20] τὴν κεφαλὴν Ἰωάννου τοῦ βαπτιστοῦ[21]. **26** καὶ περίλυπος[22] γενόμενος ὁ βασιλεὺς διὰ τοὺς ὅρκους[23] καὶ τοὺς ἀνακειμένους[24] οὐκ ἠθέλησεν ἀθετῆσαι[25] αὐτήν· **27** καὶ εὐθὺς ἀποστείλας[26] ὁ βασιλεὺς σπεκουλάτορα[27] ἐπέταξεν[28] ἐνέγκαι[29] τὴν κεφαλὴν αὐτοῦ. καὶ ἀπελθὼν ἀπεκεφάλισεν[30] αὐτὸν ἐν τῇ φυλακῇ **28** καὶ ἤνεγκεν[31] τὴν κεφαλὴν αὐτοῦ ἐπὶ πίνακι καὶ ἔδωκεν αὐτὴν τῷ κορασίῳ, καὶ τὸ κοράσιον ἔδωκεν αὐτὴν τῇ μητρὶ αὐτῆς. **29** καὶ ἀκούσαντες οἱ μαθηταὶ αὐτοῦ ἦλθον καὶ ἦραν[32] τὸ πτῶμα[33] αὐτοῦ καὶ ἔθηκαν[34] αὐτὸ ἐν μνημείῳ.

The Feeding of the Five Thousand (Mt 14.13-21; Lk 9.10-17; Jn 6.1-14)

30 Καὶ συνάγονται[35] οἱ ἀπόστολοι πρὸς τὸν Ἰησοῦν καὶ ἀπήγγειλαν[36] αὐτῷ πάντα ὅσα ἐποίησαν καὶ ὅσα ἐδίδαξαν. **31** καὶ λέγει αὐτοῖς· δεῦτε[37] ὑμεῖς αὐτοὶ

---

[1] οἶδα pf act ptc m s nom, know
[2] συντηρέω 3s impf act ind, protect
[3] ἀπορέω 3s impf act ind, be confused
[4] ἡδέως, adv, gladly
[5] εὔκαιρος, -ον, suitable
[6] γενέσια, -ων n, pl birthday celebration
[7] δεῖπνον, -ου n, banquet
[8] μεγιστάν, -ᾶνος m, person of high status
[9] χιλίαρχος, -ου m, officer
[10] θυγάτηρ, -τρός f, daughter
[11] ὀρχέομαι aor mid ptc f s gen, dance
[12] ἀρέσκω 3s aor act ind, please
[13] συνανάκειμαι pres mid ptc m p dat, sit at table (with)
[14] κοράσιον, -ου n, girl
[15] ὀμνύω 3s aor act ind, make a promise
[16] ἥμισυς, -εια/υ, gen ἡμίσους, half
[17] σπουδή, -ῆς f, speed (μετὰ σ. quickly)
[18] ἐξαυτῆς, adv, at once
[19] δίδωμι 2s aor act sub, give
[20] πίναξ, -ακος f, serving plate
[21] βαπτιστής, -οῦ m, Baptist/baptizer
[22] περίλυπος, -ον, very sorry
[23] ὅρκος, -ου m, promise
[24] ἀνάκειμαι pres mid ptc m p acc, be seated at table
[25] ἀθετέω aor act inf, break (of a promise)
[26] ἀποστέλλω aor act ptc m s nom, send
[27] σπεκουλάτωρ, -ορος m, soldier/executioner
[28] ἐπιτάσσω 3s aor act ind, give orders
[29] φέρω aor act inf, bring
[30] ἀποκεφαλίζω 3s aor act ind, behead
[31] φέρω 3s aor act ind, bring
[32] αἴρω 3p aor act ind, take
[33] πτῶμα, -τος n, body
[34] τίθημι 3p aor act ind, put
[35] συνάγω 3p pres pas ind, pas gather around/return to
[36] ἀπαγγέλλω 3p aor act ind, tell
[37] δεῦτε, interj, Come!

κατ' ἰδίαν¹ εἰς ἔρημον τόπον καὶ ἀναπαύσασθε² ὀλίγον. ἦσαν γὰρ οἱ ἐρχόμενοι καὶ οἱ ὑπάγοντες πολλοί, καὶ οὐδὲ φαγεῖν³ εὐκαίρουν⁴. **32** Καὶ ἀπῆλθον ἐν τῷ πλοίῳ εἰς ἔρημον τόπον κατ' ἰδίαν. **33** καὶ εἶδον αὐτοὺς ὑπάγοντας καὶ ἐπέγνωσαν⁵ πολλοὶ καὶ πεζῇ⁶ ἀπὸ πασῶν τῶν πόλεων συνέδραμον⁷ ἐκεῖ καὶ προῆλθον⁸ αὐτούς.

34 Καὶ ἐξελθὼν εἶδεν πολὺν ὄχλον καὶ ἐσπλαγχνίσθη⁹ ἐπ' αὐτούς, ὅτι ἦσαν ὡς πρόβατα μὴ ἔχοντα ποιμένα¹⁰, καὶ ἤρξατο¹¹ διδάσκειν αὐτοὺς πολλά.

35 Καὶ ἤδη ὥρας πολλῆς γενομένης προσελθόντες¹² αὐτῷ οἱ μαθηταὶ αὐτοῦ ἔλεγον ὅτι ἔρημός ἐστιν ὁ τόπος καὶ ἤδη ὥρα πολλή· **36** ἀπόλυσον¹³ αὐτούς, ἵνα ἀπελθόντες εἰς τοὺς κύκλῳ¹⁴ ἀγροὺς καὶ κώμας¹⁵ ἀγοράσωσιν ἑαυτοῖς τί φάγωσιν¹⁶. **37** ὁ δὲ ἀποκριθεὶς εἶπεν αὐτοῖς· δότε¹⁷ αὐτοῖς ὑμεῖς φαγεῖν¹⁸. καὶ λέγουσιν αὐτῷ· ἀπελθόντες ἀγοράσωμεν δηναρίων¹⁹ διακοσίων²⁰ ἄρτους καὶ δώσομεν²¹ αὐτοῖς φαγεῖν; **38** ὁ δὲ λέγει αὐτοῖς· πόσους²² ἄρτους ἔχετε; ὑπάγετε ἴδετε. καὶ γνόντες²³ λέγουσιν· πέντε, καὶ δύο ἰχθύας²⁴. **39** καὶ ἐπέταξεν²⁵ αὐτοῖς ἀνακλῖναι²⁶ πάντας συμπόσια²⁷ συμπόσια ἐπὶ τῷ χλωρῷ²⁸ χόρτῳ²⁹. **40** καὶ ἀνέπεσαν³⁰ πρασιαὶ³¹ πρασιαὶ ἀνὰ ἑκατὸν³² καὶ ἀνὰ πεντήκοντα³³. **41** καὶ λαβὼν τοὺς πέντε ἄρτους καὶ τοὺς δύο ἰχθύας ἀναβλέψας³⁴ εἰς τὸν οὐρανὸν εὐλόγησεν καὶ κατέκλασεν³⁵ τοὺς ἄρτους καὶ ἐδίδου³⁶ τοῖς μαθηταῖς αὐτοῦ ἵνα παρατιθῶσιν³⁷ αὐτοῖς, καὶ τοὺς δύο ἰχθύας ἐμέρισεν³⁸ πᾶσιν. **42** καὶ ἔφαγον³⁹ πάντες καὶ ἐχορτάσθησαν⁴⁰, **43** καὶ ἦραν⁴¹ κλάσματα⁴² δώδεκα κοφίνων⁴³ πληρώματα⁴⁴ καὶ ἀπὸ τῶν ἰχθύων. **44** καὶ ἦσαν οἱ φαγόντες⁴⁵ τοὺς ἄρτους πεντακισχίλιοι⁴⁶ ἄνδρες.

---

[1] ἴδιος, -α/ον, one's own (κατ' ἰδίαν privately)
[2] ἀναπαύω 2p aor mid impv, mid rest
[3] ἐσθίω aor act inf, eat
[4] εὐκαιρέω 3p impf act ind, have time
[5] ἐπιγινώσκω 3p aor act ind, recognize
[6] πεζῇ, adv, on foot
[7] συντρέχω 3p aor act ind, run
[8] προέρχομαι 3p aor act ind, arrive ahead of
[9] σπλαγχνίζομαι 3s aor pas ind, have pity
[10] ποιμήν, -ένος m, shepherd
[11] ἄρχω 3s aor mid ind, mid begin
[12] προσέρχομαι aor act ptc m p nom, come/go to
[13] ἀπολύω 2s aor act impv, send away
[14] κύκλῳ, adv, neighboring
[15] κώμη, -ης f, village
[16] ἐσθίω 3p aor act sub, eat
[17] δίδωμι 2p aor act impv, give
[18] ἐσθίω aor act inf, eat
[19] δηνάριον, -ου n, denarius (Roman silver coin = day's wages of a common laborer)
[20] διακόσιοι, -αι/α, two hundred
[21] δίδωμι 1p fut act ind, give
[22] πόσος, -η/ον, how many
[23] γινώσκω aor act ptc m p nom, find out
[24] ἰχθύς, -ύος m, fish
[25] ἐπιτάσσω 3s aor act ind, give orders
[26] ἀνακλίνω aor act inf, sit down
[27] συμπόσιον, -ου n, group (συμ. συμ. in groups)
[28] χλωρός, -ά/όν, green
[29] χόρτος, -ου m, grass
[30] ἀναπίπτω 3p aor act ind, sit
[31] πρασιά, -ᾶς f, group (πρα. πρα. in groups)
[32] ἑκατόν, one hundred
[33] πεντήκοντα, fifty
[34] ἀναβλέπω aor act ptc m s nom, look up
[35] κατακλάω 3s aor act ind, break
[36] δίδωμι 3s impf act ind, give
[37] παρατίθημι 3p pres act sub, distribute
[38] μερίζω 3s aor act ind, divide
[39] ἐσθίω 3p aor act ind, eat
[40] χορτάζω 3p aor pas ind, satisfy
[41] αἴρω 3p aor act ind, pick up
[42] κλάσμα, -τος n, piece
[43] κόφινος, -ου m, basket (perhaps smaller than a σπυρίς, see Mk 8.8)
[44] πλήρωμα, -τος n, fullness
[45] ἐσθίω aor act ptc m p nom, eat
[46] πεντακισχίλιοι, -αι/α, five thousand

Walking on the Water (Mt 14.22-23; Jn 6.15-21)

45 Καὶ εὐθὺς ἠνάγκασεν[1] τοὺς μαθητὰς αὐτοῦ ἐμβῆναι[2] εἰς τὸ πλοῖον καὶ προάγειν[3] εἰς τὸ πέραν[4] πρὸς Βηθσαϊδάν, ἕως αὐτὸς ἀπολύει τὸν ὄχλον. **46** καὶ ἀποταξάμενος[5] αὐτοῖς ἀπῆλθεν εἰς τὸ ὄρος προσεύξασθαι. **47** καὶ ὀψίας[6] γενομένης ἦν τὸ πλοῖον ἐν μέσῳ τῆς θαλάσσης, καὶ αὐτὸς μόνος ἐπὶ τῆς γῆς. **48** καὶ ἰδὼν αὐτοὺς βασανιζομένους[7] ἐν τῷ ἐλαύνειν[8], ἦν γὰρ ὁ ἄνεμος ἐναντίος[9] αὐτοῖς, περὶ τετάρτην φυλακὴν τῆς νυκτὸς ἔρχεται πρὸς αὐτοὺς περιπατῶν ἐπὶ τῆς θαλάσσης καὶ ἤθελεν παρελθεῖν[10] αὐτούς. **49** οἱ δὲ ἰδόντες αὐτὸν ἐπὶ τῆς θαλάσσης περιπατοῦντα ἔδοξαν ὅτι φάντασμά[11] ἐστιν, καὶ ἀνέκραξαν[12]· **50** πάντες γὰρ αὐτὸν εἶδον καὶ ἐταράχθησαν[13]. ὁ δὲ εὐθὺς ἐλάλησεν μετ᾽ αὐτῶν, καὶ λέγει αὐτοῖς· θαρσεῖτε[14], ἐγώ εἰμι· μὴ φοβεῖσθε. **51** καὶ ἀνέβη[15] πρὸς αὐτοὺς εἰς τὸ πλοῖον καὶ ἐκόπασεν[16] ὁ ἄνεμος, καὶ λίαν[17] ἐκ περισσοῦ[18] ἐν ἑαυτοῖς ἐξίσταντο[19]· **52** οὐ γὰρ συνῆκαν[20] ἐπὶ τοῖς ἄρτοις, ἀλλ᾽ ἦν αὐτῶν ἡ καρδία πεπωρωμένη[21].

The Healing of the Sick in Gennesaret (Mt 14.34-36)

53 Καὶ διαπεράσαντες[22] ἐπὶ τὴν γῆν ἦλθον εἰς Γεννησαρὲτ καὶ προσωρμίσθησαν[23]. **54** καὶ ἐξελθόντων αὐτῶν ἐκ τοῦ πλοίου εὐθὺς ἐπιγνόντες[24] αὐτὸν **55** περιέδραμον[25] ὅλην τὴν χώραν[26] ἐκείνην καὶ ἤρξαντο[27] ἐπὶ τοῖς κραβάττοις[28] τοὺς κακῶς[29] ἔχοντας περιφέρειν[30] ὅπου ἤκουον ὅτι ἐστίν. **56** καὶ ὅπου ἂν εἰσεπορεύετο[31] εἰς κώμας[32] ἢ εἰς πόλεις ἢ εἰς ἀγρούς, ἐν ταῖς ἀγοραῖς[33] ἐτίθεσαν[34] τοὺς ἀσθενοῦντας καὶ παρεκάλουν αὐτὸν ἵνα κἂν[35] τοῦ κρασπέδου[36] τοῦ ἱματίου αὐτοῦ ἅψωνται[37]· καὶ ὅσοι ἂν ἥψαντο αὐτοῦ ἐσῴζοντο.

---

[1] ἀναγκάζω 3s aor act ind, make (someone do something)
[2] ἐμβαίνω aor act inf, get into
[3] προάγω pres act inf, go on ahead
[4] πέραν, prep + gen, across (τὸ π. the other side)
[5] ἀποτάσσομαι aor mid ptc m s nom, say goodbye
[6] ὄψιος, -α/ον, late (ἡ ὀψία f evening)
[7] βασανίζω pres pas ptc m p acc, struggle hard
[8] ἐλαύνω pres act inf, row
[9] ἐναντίος, -α/ον, against
[10] παρέρχομαι aor act inf, pass by
[11] φάντασμα, -τος n, ghost
[12] ἀνακράζω 3p aor act ind, shout
[13] ταράσσω 3p aor pas ind, terrify
[14] θαρσέω 2p pres act impv, Cheer up!
[15] ἀναβαίνω 3s aor act ind, come/go up
[16] κοπάζω 3s aor act ind, stop
[17] λίαν, adv, greatly
[18] περισσός, -ή/όν, very much (λίαν ἐκ π. completely)
[19] ἐξίστημι 3p impf mid ind, intrans be amazed
[20] συνίημι 3p aor act ind, understand
[21] πωρόω pf pas ptc f s nom, pas be without feeling
[22] διαπεράω aor act ptc m p nom, cross over
[23] προσορμίζω 3p aor pas ind, bring to shore
[24] ἐπιγινώσκω aor act ptc m p nom, recognize
[25] περιτρέχω 3p aor act ind, run about
[26] χώρα, -ας f, region
[27] ἄρχω 3p aor mid ind, mid begin
[28] κράβαττος, -ου m, mat
[29] κακῶς, adv, badly (κ. ἔχω be sick)
[30] περιφέρω pres act inf, bring
[31] εἰσπορεύομαι 3s impf mid ind, come/go in
[32] κώμη, -ης f, village
[33] ἀγορά, -ᾶς f, market place
[34] τίθημι 3p impf act ind, place
[35] κἄν, = καὶ ἐάν, just
[36] κράσπεδον, -ου n, edge
[37] ἅπτω 3p aor mid sub, mid touch

The Tradition of the Elders (Mt 15.1-20)

7 Καὶ συνάγονται¹ πρὸς αὐτὸν οἱ Φαρισαῖοι καί τινες τῶν γραμματέων ἐλθόντες ἀπὸ Ἱεροσολύμων. 2 καὶ ἰδόντες τινὰς τῶν μαθητῶν αὐτοῦ ὅτι κοιναῖς² χερσίν, τοῦτ' ἔστιν ἀνίπτοις³, ἐσθίουσιν τοὺς ἄρτους 3 — οἱ γὰρ Φαρισαῖοι καὶ πάντες οἱ Ἰουδαῖοι ἐὰν μὴ πυγμῇ⁴ νίψωνται⁵ τὰς χεῖρας οὐκ ἐσθίουσιν, κρατοῦντες τὴν παράδοσιν⁶ τῶν πρεσβυτέρων, 4 καὶ ἀπ' ἀγορᾶς⁷ ἐὰν μὴ βαπτίσωνται οὐκ ἐσθίουσιν, καὶ ἄλλα πολλά ἐστιν ἃ παρέλαβον κρατεῖν, βαπτισμοὺς⁸ ποτηρίων καὶ ξεστῶν⁹ καὶ χαλκίων¹⁰ καὶ κλινῶν ¹¹ — 5 καὶ ἐπερωτῶσιν αὐτὸν οἱ Φαρισαῖοι καὶ οἱ γραμματεῖς· διὰ τί οὐ περιπατοῦσιν οἱ μαθηταί σου κατὰ τὴν παράδοσιν τῶν πρεσβυτέρων, ἀλλὰ κοιναῖς χερσὶν ἐσθίουσιν τὸν ἄρτον;

6 Ὁ δὲ εἶπεν αὐτοῖς· καλῶς ἐπροφήτευσεν¹² Ἠσαΐας περὶ ὑμῶν τῶν ὑποκριτῶν¹³, ὡς γέγραπται·

οὗτος ὁ λαὸς τοῖς χείλεσίν¹⁴ με τιμᾷ¹⁵,
ἡ δὲ καρδία αὐτῶν πόρρω¹⁶ ἀπέχει¹⁷ ἀπ' ἐμοῦ·
7 μάτην¹⁸ δὲ σέβονταί¹⁹ με
διδάσκοντες διδασκαλίας²⁰ ἐντάλματα²¹ ἀνθρώπων.

8 ἀφέντες²² τὴν ἐντολὴν τοῦ θεοῦ κρατεῖτε τὴν παράδοσιν τῶν ἀνθρώπων. 9 καὶ ἔλεγεν αὐτοῖς· καλῶς ἀθετεῖτε²³ τὴν ἐντολὴν τοῦ θεοῦ, ἵνα τὴν παράδοσιν ὑμῶν τηρήσητε. 10 Μωϋσῆς γὰρ εἶπεν· τίμα τὸν πατέρα σου καὶ τὴν μητέρα σου, καί· ὁ κακολογῶν²⁴ πατέρα ἢ μητέρα θανάτῳ τελευτάτω²⁵. 11 ὑμεῖς δὲ λέγετε· ἐὰν εἴπῃ²⁶ ἄνθρωπος τῷ πατρὶ ἢ τῇ μητρί· κορβᾶν²⁷, ὅ ἐστιν δῶρον²⁸, ὃ ἐὰν ἐξ ἐμοῦ ὠφεληθῇς²⁹, 12 καὶ οὐκέτι ἀφίετε³⁰ αὐτὸν οὐδὲν ποιῆσαι τῷ πατρὶ ἢ τῇ μητρί, 13 ἀκυροῦντες³¹ τὸν λόγον τοῦ θεοῦ τῇ παραδόσει ὑμῶν ᾗ παρεδώκατε· καὶ παρόμοια³² τοιαῦτα πολλὰ ποιεῖτε.

---

[1] συνάγω 3p pres pas ind, gather
[2] κοινός, -ή/όν, unclean
[3] ἄνιπτος, -ον, unwashed
[4] πυγμή, -ῆς f, fist (πυγμῇ of doubtful mng with the fist/to the wrist/in the proper way)
[5] νίπτω 3p aor mid sub, wash
[6] παράδοσις, -εως f, tradition
[7] ἀγορά, -ᾶς f, market place
[8] βαπτισμός, -οῦ m, ritual washing
[9] ξέστης, -ου m, pitcher
[10] χαλκίον, -ου n, (copper) bowl
[11] κλίνη, -ης f, bed
[12] προφητεύω 3s aor act ind, prophesy
[13] ὑποκριτής, -οῦ m, hypocrite
[14] χεῖλος, -ους n, lip
[15] τιμάω 3s pres act ind, honor
[16] πόρρω, adv, far away
[17] ἀπέχω 3s pres act ind, be distant
[18] μάτην, adv, in vain
[19] σέβομαι 3p pres mid ind, worship
[20] διδασκαλία, -ας f, teaching
[21] ἔνταλμα, -τος n, rule
[22] ἀφίημι aor act ptc m p nom, disobey
[23] ἀθετέω 2p pres act ind, reject
[24] κακολογέω pres act ptc m s nom, speak evil of
[25] τελευτάω 3s pres act impv, die (θανάτῳ τ. let that one be put to death)
[26] λέγω 3s aor act sub, say
[27] κορβᾶν, corban (Hebrew term for a gift set aside for God)
[28] δῶρον, -ου n, gift
[29] ὠφελέω 2s aor pas sub, help
[30] ἀφίημι 2p pres act ind, let
[31] ἀκυρόω pres act ptc m p nom, nullify/ignore
[32] παρόμοιος, -ον, similar

14 Καὶ προσκαλεσάμενος¹ πάλιν τὸν ὄχλον ἔλεγεν αὐτοῖς· ἀκούσατέ μου πάντες καὶ σύνετε². **15** οὐδέν ἐστιν ἔξωθεν³ τοῦ ἀνθρώπου εἰσπορευόμενον⁴ εἰς αὐτὸν ὃ δύναται κοινῶσαι⁵ αὐτόν, ἀλλὰ τὰ ἐκ τοῦ ἀνθρώπου ἐκπορευόμενά ἐστιν τὰ κοινοῦντα τὸν ἄνθρωπον. ⟦**16** εἴ τις ἔχει ὦτα ἀκούειν ἀκουέτω.⟧ **17** Καὶ ὅτε εἰσῆλθεν εἰς οἶκον ἀπὸ τοῦ ὄχλου, ἐπηρώτων αὐτὸν οἱ μαθηταὶ αὐτοῦ τὴν παραβολήν. **18** καὶ λέγει αὐτοῖς· οὕτως καὶ ὑμεῖς ἀσύνετοί⁶ ἐστε; οὐ νοεῖτε⁷ ὅτι πᾶν τὸ ἔξωθεν εἰσπορευόμενον εἰς τὸν ἄνθρωπον οὐ δύναται αὐτὸν κοινῶσαι **19** ὅτι οὐκ εἰσπορεύεται αὐτοῦ εἰς τὴν καρδίαν ἀλλ' εἰς τὴν κοιλίαν⁸, καὶ εἰς τὸν ἀφεδρῶνα⁹ ἐκπορεύεται, καθαρίζων πάντα τὰ βρώματα¹⁰; **20** ἔλεγεν δὲ ὅτι τὸ ἐκ τοῦ ἀνθρώπου ἐκπορευόμενον, ἐκεῖνο κοινοῖ τὸν ἄνθρωπον. **21** ἔσωθεν¹¹ γὰρ ἐκ τῆς καρδίας τῶν ἀνθρώπων οἱ διαλογισμοὶ¹² οἱ κακοὶ ἐκπορεύονται, πορνεῖαι¹³, κλοπαί¹⁴, φόνοι¹⁵, **22** μοιχεῖαι¹⁶, πλεονεξίαι¹⁷, πονηρίαι¹⁸, δόλος¹⁹, ἀσέλγεια²⁰, ὀφθαλμὸς πονηρός²¹, βλασφημία²², ὑπερηφανία²³, ἀφροσύνη²⁴· **23** πάντα ταῦτα τὰ πονηρὰ ἔσωθεν ἐκπορεύεται καὶ κοινοῖ τὸν ἄνθρωπον.

The Syrophoenician Woman's Faith (Mt 15.21-28)

24 Ἐκεῖθεν²⁵ δὲ ἀναστὰς²⁶ ἀπῆλθεν εἰς τὰ ὅρια²⁷ Τύρου. καὶ εἰσελθὼν εἰς οἰκίαν οὐδένα ἤθελεν γνῶναι²⁸, καὶ οὐκ ἠδυνήθη λαθεῖν²⁹. **25** ἀλλ' εὐθὺς ἀκούσασα γυνὴ περὶ αὐτοῦ, ἧς εἶχεν τὸ θυγάτριον³⁰ αὐτῆς πνεῦμα ἀκάθαρτον, ἐλθοῦσα προσέπεσεν³¹ πρὸς τοὺς πόδας αὐτοῦ· **26** ἡ δὲ γυνὴ ἦν Ἑλληνίς, Συροφοινίκισσα τῷ γένει³²· καὶ ἠρώτα αὐτὸν ἵνα τὸ δαιμόνιον ἐκβάλῃ³³ ἐκ τῆς θυγατρὸς αὐτῆς. **27** καὶ ἔλεγεν αὐτῇ· ἄφες³⁴ πρῶτον χορτασθῆναι³⁵ τὰ τέκνα, οὐ γάρ ἐστιν καλὸν λαβεῖν τὸν ἄρτον τῶν τέκνων καὶ τοῖς κυναρίοις³⁶ βαλεῖν³⁷. **28** ἡ δὲ ἀπεκρίθη καὶ λέγει αὐτῷ· κύριε· καὶ τὰ κυνάρια ὑποκάτω³⁸ τῆς τραπέζης³⁹ ἐσθίουσιν ἀπὸ τῶν ψιχίων⁴⁰ τῶν

---

¹ προσκαλέομαι *aor mid ptc m s nom*, call to oneself
² συνίημι *2p aor act impv*, understand
³ ἔξωθεν, *prep + gen*, outside
⁴ εἰσπορεύομαι *pres mid ptc n s nom*, come/go in
⁵ κοινόω *aor act inf*, make unclean
⁶ ἀσύνετος, -ον, without understanding
⁷ νοέω *2p pres act ind*, understand
⁸ κοιλία, -ας *f*, stomach
⁹ ἀφεδρών, -ῶνος *m*, sewer
¹⁰ βρῶμα, -τος *n*, food
¹¹ ἔσωθεν, *adv*, within
¹² διαλογισμός, -οῦ *m*, thought
¹³ πορνεία, -ας *f*, sexual immorality
¹⁴ κλοπή, -ῆς *f*, theft
¹⁵ φόνος, -ου *m*, murder
¹⁶ μοιχεία, -ας *f*, adultery
¹⁷ πλεονεξία, -ας *f*, greed
¹⁸ πονηρία, -ας *f*, evil
¹⁹ δόλος, -ου *m*, deceit
²⁰ ἀσέλγεια, -ας *f*, indecency
²¹ πονηρός, -ά/όν, evil (ὀφθαλμὸς π. envy)
²² βλασφημία, -ας *f*, insulting talk
²³ ὑπερηφανία, -ας *f*, pride
²⁴ ἀφροσύνη, -ης *f*, foolishness
²⁵ ἐκεῖθεν, *adv*, from there
²⁶ ἀνίστημι *aor act ptc m s nom*, get up
²⁷ ὅριον, -ου *n*, region
²⁸ γινώσκω *aor act inf*, find out
²⁹ λανθάνω *aor act inf*, be hidden
³⁰ θυγάτριον, -ου *n*, (little) daughter
³¹ προσπίπτω *3s aor act ind*, fall down before someone
³² γένος, -ους *n*, race (τῷ γ. by birth)
³³ ἐκβάλλω *3s aor act sub*, force out
³⁴ ἀφίημι *2s aor act impv*, let
³⁵ χορτάζω *aor pas inf*, feed
³⁶ κυνάριον, -ου *n*, dog
³⁷ βάλλω *aor act inf*, throw
³⁸ ὑποκάτω, *prep + gen*, under
³⁹ τράπεζα, -ης *f*, table
⁴⁰ ψιχίον, -ου *n*, crumb

παιδίων. **29** καὶ εἶπεν αὐτῇ· διὰ τοῦτον τὸν λόγον ὕπαγε, ἐξελήλυθεν¹ ἐκ τῆς θυγατρός σου τὸ δαιμόνιον. **30** καὶ ἀπελθοῦσα εἰς τὸν οἶκον αὐτῆς εὗρεν² τὸ παιδίον βεβλημένον³ ἐπὶ τὴν κλίνην⁴ καὶ τὸ δαιμόνιον ἐξεληλυθός⁵.

The Healing of a Deaf Man

31 Καὶ πάλιν ἐξελθὼν ἐκ τῶν ὁρίων⁶ Τύρου ἦλθεν διὰ Σιδῶνος εἰς τὴν θάλασσαν τῆς Γαλιλαίας ἀνὰ⁷ μέσον τῶν ὁρίων Δεκαπόλεως. **32** καὶ φέρουσιν αὐτῷ κωφὸν⁸ καὶ μογιλάλον⁹ καὶ παρακαλοῦσιν αὐτὸν ἵνα ἐπιθῇ¹⁰ αὐτῷ τὴν χεῖρα. **33** καὶ ἀπολαβόμενος¹¹ αὐτὸν ἀπὸ τοῦ ὄχλου κατ' ἰδίαν¹² ἔβαλεν¹³ τοὺς δακτύλους¹⁴ αὐτοῦ εἰς τὰ ὦτα¹⁵ αὐτοῦ καὶ πτύσας¹⁶ ἥψατο¹⁷ τῆς γλώσσης αὐτοῦ, **34** καὶ ἀναβλέψας¹⁸ εἰς τὸν οὐρανὸν ἐστέναξεν¹⁹ καὶ λέγει αὐτῷ· εφφαθα²⁰, ὅ ἐστιν διανοίχθητι²¹. **35** καὶ ἠνοίγησαν²² αὐτοῦ αἱ ἀκοαί²³, καὶ ἐλύθη ὁ δεσμὸς²⁴ τῆς γλώσσης αὐτοῦ καὶ ἐλάλει ὀρθῶς²⁵. **36** καὶ διεστείλατο²⁶ αὐτοῖς ἵνα μηδενὶ λέγωσιν· ὅσον δὲ αὐτοῖς διεστέλλετο, αὐτοὶ μᾶλλον περισσότερον²⁷ ἐκήρυσσον. **37** καὶ ὑπερπερισσῶς²⁸ ἐξεπλήσσοντο²⁹ λέγοντες· καλῶς πάντα πεποίηκεν, καὶ τοὺς κωφοὺς ποιεῖ ἀκούειν καὶ ἀλάλους³⁰ λαλεῖν.

The Feeding of the Four Thousand (Mt 15.32-39)

8 Ἐν ἐκείναις ταῖς ἡμέραις πάλιν πολλοῦ ὄχλου ὄντος καὶ μὴ ἐχόντων τί φάγωσιν³¹, προσκαλεσάμενος³² τοὺς μαθητὰς λέγει αὐτοῖς· **2** σπλαγχνίζομαι³³ ἐπὶ τὸν ὄχλον, ὅτι ἤδη ἡμέραι τρεῖς προσμένουσίν³⁴ μοι καὶ οὐκ ἔχουσιν τί φάγωσιν· **3** καὶ ἐὰν ἀπολύσω αὐτοὺς νήστεις³⁵ εἰς οἶκον αὐτῶν, ἐκλυθήσονται³⁶ ἐν τῇ ὁδῷ· καί τινες αὐτῶν ἀπὸ μακρόθεν³⁷ ἥκασιν³⁸. **4** καὶ ἀπεκρίθησαν αὐτῷ οἱ μαθηταὶ

---

1 ἐξέρχομαι 3s pf act ind, come/go out
2 εὑρίσκω 3s aor act ind, find
3 βάλλω pf pas ptc n s acc, place (pf pas ptc lying)
4 κλίνη, -ης f, bed
5 ἐξέρχομαι pf act ptc n s acc, come/go out
6 ὅριον, -ου n, region
7 ἀνά, prep + acc, each (ἀνὰ μέσον through)
8 κωφός, -ή/όν, deaf
9 μογιλάλος, -ον, having difficulty talking
10 ἐπιτίθημι 3s aor act sub, place
11 ἀπολαμβάνω aor mid ptc m s nom, take aside
12 ἴδιος, -α/ον, one's own (κατ' ἰδίαν privately)
13 βάλλω 3s aor act ind, put
14 δάκτυλος, -ου m, finger
15 οὖς, ὠτός n, ear
16 πτύω aor act ptc m s nom, spit
17 ἅπτω 3s aor mid ind, mid touch
18 ἀναβλέπω aor act ptc m s nom, look up
19 στενάζω 3s aor act ind, groan
20 εφφαθα, be opened! (Aramaic word)
21 διανοίγω 2s aor pas impv, open
22 ἀνοίγω 3p aor pas ind, open
23 ἀκοή, -ῆς f, ear
24 δεσμός, -οῦ m, bond
25 ὀρθῶς, adv, clearly
26 διαστέλλω 3s aor mid ind, mid order
27 περισσότερος, adv, more (μᾶλλον π. all the more)
28 ὑπερπερισσῶς, adv, completely
29 ἐκπλήσσω 3p impf pas ind, amaze
30 ἄλαλος, -ον, unable to talk
31 ἐσθίω 3p aor act sub, eat
32 προσκαλέομαι aor mid ptc m s nom, call to oneself
33 σπλαγχνίζομαι 1s pres pas ind, have pity
34 προσμένω 3p pres act ind, stay with
35 νῆστις, -ιδος m & f, acc pl νήστεις, hungry
36 ἐκλύομαι 3p fut pas ind, faint
37 μακρόθεν, adv, far off (ἀπὸ μ. at a distance)
38 ἥκω 3p pres or pf act ind, have come

αὐτοῦ ὅτι πόθεν¹ τούτους δυνήσεταί τις ὧδε χορτάσαι² ἄρτων ἐπ' ἐρημίας³; **5** καὶ ἠρώτα αὐτούς· πόσους⁴ ἔχετε ἄρτους; οἱ δὲ εἶπαν· ἑπτά. **6** καὶ παραγγέλλει τῷ ὄχλῳ ἀναπεσεῖν⁵ ἐπὶ τῆς γῆς· καὶ λαβὼν τοὺς ἑπτὰ ἄρτους εὐχαριστήσας ἔκλασεν⁶ καὶ ἐδίδου⁷ τοῖς μαθηταῖς αὐτοῦ ἵνα παρατιθῶσιν⁸, καὶ παρέθηκαν τῷ ὄχλῳ. **7** καὶ εἶχον⁹ ἰχθύδια¹⁰ ὀλίγα· καὶ εὐλογήσας αὐτὰ εἶπεν καὶ ταῦτα παρατιθέναι¹¹. **8** καὶ ἔφαγον¹² καὶ ἐχορτάσθησαν¹³, καὶ ἦραν¹⁴ περισσεύματα¹⁵ κλασμάτων¹⁶ ἑπτὰ σπυρίδας¹⁷. **9** ἦσαν δὲ ὡς τετρακισχίλιοι¹⁸. καὶ ἀπέλυσεν αὐτούς.
10 Καὶ εὐθὺς ἐμβὰς¹⁹ εἰς τὸ πλοῖον μετὰ τῶν μαθητῶν αὐτοῦ ἦλθεν εἰς τὰ μέρη Δαλμανουθά.

The Demand for a Sign (Mt 16.1-4)

11 Καὶ ἐξῆλθον οἱ Φαρισαῖοι καὶ ἤρξαντο²⁰ συζητεῖν²¹ αὐτῷ, ζητοῦντες παρ' αὐτοῦ σημεῖον ἀπὸ τοῦ οὐρανοῦ, πειράζοντες αὐτόν. **12** καὶ ἀναστενάξας²² τῷ πνεύματι αὐτοῦ λέγει· τί ἡ γενεὰ αὕτη ζητεῖ σημεῖον; ἀμὴν λέγω ὑμῖν, εἰ δοθήσεται²³ τῇ γενεᾷ ταύτῃ σημεῖον. **13** καὶ ἀφεὶς²⁴ αὐτοὺς πάλιν ἐμβὰς²⁵ ἀπῆλθεν εἰς τὸ πέραν²⁶.

The Yeast of the Pharisees and of Herod (Mt 16.5-12)

14 Καὶ ἐπελάθοντο²⁷ λαβεῖν ἄρτους καὶ εἰ μὴ ἕνα ἄρτον οὐκ εἶχον μεθ' ἑαυτῶν ἐν τῷ πλοίῳ. **15** καὶ διεστέλλετο²⁸ αὐτοῖς λέγων· ὁρᾶτε, βλέπετε ἀπὸ τῆς ζύμης²⁹ τῶν Φαρισαίων καὶ τῆς ζύμης Ἡρῴδου. **16** καὶ διελογίζοντο³⁰ πρὸς ἀλλήλους ὅτι ἄρτους οὐκ ἔχουσιν. **17** καὶ γνοὺς³¹ λέγει αὐτοῖς· τί διαλογίζεσθε ὅτι ἄρτους οὐκ ἔχετε; οὔπω³² νοεῖτε³³ οὐδὲ συνίετε³⁴; πεπωρωμένην³⁵ ἔχετε τὴν καρδίαν ὑμῶν;
18 ὀφθαλμοὺς ἔχοντες οὐ βλέπετε
καὶ ὦτα³⁶ ἔχοντες οὐκ ἀκούετε;

---

[1] πόθεν, *adv*, how?/from where?
[2] χορτάζω *aor act inf*, feed
[3] ἐρημία, -ας *f*, desert
[4] πόσος, -η/ον, how many
[5] ἀναπίπτω *aor act inf*, sit
[6] κλάω *3s aor act ind*, break
[7] δίδωμι *3s impf act ind*, give
[8] παρατίθημι *3p pres act sub*, distribute
[9] ἔχω *3p impf act ind*, have
[10] ἰχθύδιον, -ου *n*, small fish
[11] παρατίθημι *pres act inf*, distribute
[12] ἐσθίω *3p aor act ind*, eat
[13] χορτάζω *3p aor pas ind*, satisfy
[14] αἴρω *3p aor act ind*, pick up
[15] περίσσευμα, -τος *n*, amount
[16] κλάσμα, -τος *n*, piece
[17] σπυρίς, -ίδος *f*, basket (perhaps larger than a κόφινος, see Mk 6.43)
[18] τετρακισχίλιοι, -αι/α, four thousand
[19] ἐμβαίνω *aor act ptc m s nom*, get into
[20] ἄρχω *3p aor mid ind*, mid begin
[21] συζητέω *pres act inf*, argue
[22] ἀναστενάζω *aor act ptc m s nom*, sigh deeply
[23] δίδωμι *3s fut pas ind*, give
[24] ἀφίημι *aor act ptc m s nom*, leave
[25] ἐμβαίνω *aor act ptc m s nom*, get into
[26] πέραν, *prep + gen*, across (τὸ π. the other side)
[27] ἐπιλανθάνομαι *3p aor mid ind*, forget
[28] διαστέλλω *3s impf mid ind*, warn
[29] ζύμη, -ης *f*, yeast
[30] διαλογίζομαι *3p impf mid ind*, discuss
[31] γινώσκω *aor act ptc m s nom*, know
[32] οὔπω, *adv*, not yet
[33] νοέω *2p pres act ind*, understand
[34] συνίημι *2p pres act ind*, comprehend
[35] πωρόω *pf pas ptc f s acc, pas* be without feeling
[36] οὖς, ὠτός *n*, ear

καὶ οὐ μνημονεύετε¹, **19** ὅτε τοὺς πέντε ἄρτους ἔκλασα² εἰς τοὺς πεντακισχιλίους³, πόσους⁴ κοφίνους⁵ κλασμάτων⁶ πλήρεις⁷ ἤρατε⁸; λέγουσιν αὐτῷ· δώδεκα. **20** ὅτε τοὺς ἑπτὰ εἰς τοὺς τετρακισχιλίους⁹, πόσων σπυρίδων¹⁰ πληρώματα¹¹ κλασμάτων ἤρατε; καὶ λέγουσιν αὐτῷ· ἑπτά. **21** καὶ ἔλεγεν αὐτοῖς· οὔπω¹² συνίετε¹³;

The Healing of a Blind Man at Bethsaida

22 Καὶ ἔρχονται εἰς Βηθσαϊδάν. καὶ φέρουσιν αὐτῷ τυφλὸν καὶ παρακαλοῦσιν αὐτὸν ἵνα αὐτοῦ ἅψηται¹⁴. **23** καὶ ἐπιλαβόμενος¹⁵ τῆς χειρὸς τοῦ τυφλοῦ ἐξήνεγκεν¹⁶ αὐτὸν ἔξω τῆς κώμης¹⁷ καὶ πτύσας¹⁸ εἰς τὰ ὄμματα¹⁹ αὐτοῦ, ἐπιθεὶς²⁰ τὰς χεῖρας αὐτῷ ἐπηρώτα²¹ αὐτόν· εἴ τι βλέπεις; **24** καὶ ἀναβλέψας²² ἔλεγεν· βλέπω τοὺς ἀνθρώπους ὅτι ὡς δένδρα²³ ὁρῶ περιπατοῦντας. **25** εἶτα²⁴ πάλιν ἐπέθηκεν τὰς χεῖρας ἐπὶ τοὺς ὀφθαλμοὺς αὐτοῦ, καὶ διέβλεψεν²⁵ καὶ ἀπεκατέστη²⁶ καὶ ἐνέβλεπεν²⁷ τηλαυγῶς²⁸ ἅπαντα. **26** καὶ ἀπέστειλεν αὐτὸν εἰς οἶκον αὐτοῦ λέγων· μηδὲ εἰς τὴν κώμην εἰσέλθῃς²⁹.

Peter's Declaration about Jesus   (Mt 16.13-20; Lk 9.18-21)

27 Καὶ ἐξῆλθεν ὁ Ἰησοῦς καὶ οἱ μαθηταὶ αὐτοῦ εἰς τὰς κώμας³⁰ Καισαρείας τῆς Φιλίππου· καὶ ἐν τῇ ὁδῷ ἐπηρώτα τοὺς μαθητὰς αὐτοῦ λέγων αὐτοῖς· τίνα με λέγουσιν οἱ ἄνθρωποι εἶναι; **28** οἱ δὲ εἶπαν αὐτῷ λέγοντες ὅτι Ἰωάννην τὸν βαπτιστήν³¹, καὶ ἄλλοι Ἠλίαν, ἄλλοι δὲ ὅτι εἷς τῶν προφητῶν. **29** καὶ αὐτὸς ἐπηρώτα³² αὐτούς· ὑμεῖς δὲ τίνα με λέγετε εἶναι; ἀποκριθεὶς ὁ Πέτρος λέγει αὐτῷ· σὺ εἶ ὁ χριστός. **30** καὶ ἐπετίμησεν³³ αὐτοῖς ἵνα μηδενὶ λέγωσιν περὶ αὐτοῦ.

---

[1] μνημονεύω 2p pres act ind, remember
[2] κλάω 1s aor act ind, break
[3] πεντακισχίλιοι, -αι/α, five thousand
[4] πόσος, -η/ον, how many
[5] κόφινος, -ου m, basket (perhaps smaller than a σπυρίς)
[6] κλάσμα, -τος n, piece
[7] πλήρης, -ες, full
[8] αἴρω 2p aor act ind, pick up
[9] τετρακισχίλιοι, -αι/α, four thousand
[10] σπυρίς, -ίδος f, basket (perhaps larger than a κόφινος)
[11] πλήρωμα, -τος n, fullness
[12] οὔπω, adv, not yet
[13] συνίημι 2p pres act ind, understand
[14] ἅπτω 3s aor mid sub, mid touch
[15] ἐπιλαμβάνομαι aor mid ptc m s nom, take hold of
[16] ἐκφέρω 3s aor act ind, lead out
[17] κώμη, -ης f, village
[18] πτύω aor act ptc m s nom, spit
[19] ὄμμα, -τος n, eye
[20] ἐπιτίθημι aor act ptc m s nom, place
[21] ἐπερωτάω 3s impf act ind, ask
[22] ἀναβλέπω aor act ptc m s nom, look up
[23] δένδρον, -ου f, tree
[24] εἶτα, adv, then
[25] διαβλέπω 3s aor act ind, look intently
[26] ἀποκαθίστημι 3s aor act ind, be healed
[27] ἐμβλέπω 3s impf act ind, see
[28] τηλαυγῶς, adv, clearly
[29] εἰσέρχομαι 2s aor act sub, go
[30] κώμη, -ης f, village
[31] βαπτιστής, -οῦ m, Baptist/baptizer
[32] ἐπερωτάω 3s impf act ind, ask
[33] ἐπιτιμάω 3s aor act ind, order

Jesus Foretells His Death and Resurrection (Mt 16.21-23; Lk 9.22)

31 Καὶ ἤρξατο¹ διδάσκειν αὐτοὺς ὅτι δεῖ τὸν υἱὸν τοῦ ἀνθρώπου πολλὰ παθεῖν² καὶ ἀποδοκιμασθῆναι³ ὑπὸ τῶν πρεσβυτέρων καὶ τῶν ἀρχιερέων καὶ τῶν γραμματέων καὶ ἀποκτανθῆναι⁴ καὶ μετὰ τρεῖς ἡμέρας ἀναστῆναι⁵· 32 καὶ παρρησίᾳ τὸν λόγον ἐλάλει. καὶ προσλαβόμενος⁶ ὁ Πέτρος αὐτὸν ἤρξατο ἐπιτιμᾶν⁷ αὐτῷ. 33 ὁ δὲ ἐπιστραφεὶς⁸ καὶ ἰδὼν τοὺς μαθητὰς αὐτοῦ ἐπετίμησεν Πέτρῳ καὶ λέγει· ὕπαγε ὀπίσω μου, σατανᾶ, ὅτι οὐ φρονεῖς⁹ τὰ τοῦ θεοῦ ἀλλὰ τὰ τῶν ἀνθρώπων.

A Call to Discipleship (Mt 16.24-28; Lk 9.23-27)

34 Καὶ προσκαλεσάμενος¹⁰ τὸν ὄχλον σὺν τοῖς μαθηταῖς αὐτοῦ εἶπεν αὐτοῖς· εἴ τις θέλει ὀπίσω μου ἀκολουθεῖν, ἀπαρνησάσθω¹¹ ἑαυτὸν καὶ ἀράτω¹² τὸν σταυρὸν¹³ αὐτοῦ καὶ ἀκολουθείτω μοι. 35 ὃς γὰρ ἐὰν θέλῃ τὴν ψυχὴν αὐτοῦ σῶσαι ἀπολέσει¹⁴ αὐτήν· ὃς δ' ἂν ἀπολέσῃ τὴν ψυχὴν αὐτοῦ ἕνεκεν¹⁵ ἐμοῦ καὶ τοῦ εὐαγγελίου σώσει αὐτήν. 36 τί γὰρ ὠφελεῖ¹⁶ ἄνθρωπον κερδῆσαι¹⁷ τὸν κόσμον ὅλον καὶ ζημιωθῆναι¹⁸ τὴν ψυχὴν αὐτοῦ; 37 τί γὰρ δοῖ¹⁹ ἄνθρωπος ἀντάλλαγμα²⁰ τῆς ψυχῆς αὐτοῦ; 38 ὃς γὰρ ἐὰν ἐπαισχυνθῇ²¹ με καὶ τοὺς ἐμοὺς λόγους ἐν τῇ γενεᾷ ταύτῃ τῇ μοιχαλίδι²² καὶ ἁμαρτωλῷ, καὶ ὁ υἱὸς τοῦ ἀνθρώπου ἐπαισχυνθήσεται αὐτόν, ὅταν ἔλθῃ²³ ἐν τῇ δόξῃ τοῦ πατρὸς αὐτοῦ μετὰ τῶν ἀγγέλων τῶν ἁγίων.

9 Καὶ ἔλεγεν αὐτοῖς· ἀμὴν λέγω ὑμῖν ὅτι εἰσίν τινες τῶν ὧδε ἑστηκότων²⁴ οἵτινες οὐ μὴ γεύσωνται²⁵ θανάτου, ἕως ἂν ἴδωσιν τὴν βασιλείαν τοῦ θεοῦ ἐληλυθυῖαν²⁶ ἐν δυνάμει.

The Transfiguration of Jesus (Mt 17.1-13; Lk 9.28-36)

2 Καὶ μετὰ ἡμέρας ἓξ²⁷ παραλαμβάνει ὁ Ἰησοῦς τὸν Πέτρον καὶ τὸν Ἰάκωβον καὶ τὸν Ἰωάννην καὶ ἀναφέρει²⁸ αὐτοὺς εἰς ὄρος ὑψηλὸν²⁹ κατ' ἰδίαν³⁰ μόνους. καὶ

---

¹ ἄρχω 3s aor mid ind, mid begin
² πάσχω aor act inf, suffer
³ ἀποδοκιμάζω aor pas inf, reject
⁴ ἀποκτείνω aor pas inf, kill
⁵ ἀνίστημι aor act inf, intrans rise (from death)
⁶ προσλαμβάνω aor mid ptc m s nom, take aside
⁷ ἐπιτιμάω pres act inf, rebuke
⁸ ἐπιστρέφω aor pas ptc m s nom, turn around
⁹ φρονέω 2s pres act ind, think
¹⁰ προσκαλέομαι aor mid ptc m s nom, call to oneself
¹¹ ἀπαρνέομαι 3s aor mid impv, disown
¹² αἴρω 3s aor act impv, carry
¹³ σταυρός, -οῦ m, cross
¹⁴ ἀπόλλυμι 3s fut act ind, lose
¹⁵ ἕνεκα, prep + gen, for the sake of
¹⁶ ὠφελέω 3s pres act ind, profit
¹⁷ κερδαίνω aor act inf, gain
¹⁸ ζημιόω aor pas inf, pas lose
¹⁹ δίδωμι 3s aor act sub, give
²⁰ ἀντάλλαγμα, -τος n, something offered in exchange
²¹ ἐπαισχύνομαι 3s aor pas sub, be ashamed of
²² μοιχαλίς, -ίδος f, unfaithful
²³ ἔρχομαι 3s aor act sub, come
²⁴ ἵστημι pf act ptc m p gen, intrans pf stand
²⁵ γεύομαι 3p aor mid sub, experience
²⁶ ἔρχομαι pf act ptc f s acc, come
²⁷ ἕξ, six
²⁸ ἀναφέρω 3s pres act ind, take up
²⁹ ὑψηλός, -ή/όν, high
³⁰ ἴδιος, -α/ον, one's own (κατ' ἰδίαν privately)

μετεμορφώθη[1] ἔμπροσθεν αὐτῶν, 3 καὶ τὰ ἱμάτια αὐτοῦ ἐγένετο στίλβοντα[2] λευκὰ[3] λίαν[4] οἷα[5] γναφεὺς[6] ἐπὶ τῆς γῆς οὐ δύναται οὕτως λευκᾶναι[7]. 4 καὶ ὤφθη[8] αὐτοῖς Ἠλίας σὺν Μωϋσεῖ, καὶ ἦσαν συλλαλοῦντες[9] τῷ Ἰησοῦ. 5 καὶ ἀποκριθεὶς ὁ Πέτρος λέγει τῷ Ἰησοῦ· ῥαββί[10], καλόν ἐστιν ἡμᾶς ὧδε εἶναι, καὶ ποιήσωμεν τρεῖς σκηνάς[11], σοὶ μίαν καὶ Μωϋσεῖ μίαν καὶ Ἠλίᾳ μίαν. 6 οὐ γὰρ ᾔδει[12] τί ἀποκριθῇ[13], ἔκφοβοι[14] γὰρ ἐγένοντο. 7 καὶ ἐγένετο νεφέλη[15] ἐπισκιάζουσα[16] αὐτοῖς, καὶ ἐγένετο φωνὴ ἐκ τῆς νεφέλης· οὗτός ἐστιν ὁ υἱός μου ὁ ἀγαπητός, ἀκούετε αὐτοῦ. 8 καὶ ἐξάπινα[17] περιβλεψάμενοι[18] οὐκέτι οὐδένα εἶδον, ἀλλὰ τὸν Ἰησοῦν μόνον μεθ᾽ ἑαυτῶν.

9 Καὶ καταβαινόντων αὐτῶν ἐκ τοῦ ὄρους διεστείλατο[19] αὐτοῖς ἵνα μηδενὶ ἃ εἶδον διηγήσωνται[20], εἰ μὴ ὅταν ὁ υἱὸς τοῦ ἀνθρώπου ἐκ νεκρῶν ἀναστῇ[21]. 10 καὶ τὸν λόγον ἐκράτησαν πρὸς ἑαυτοὺς συζητοῦντες[22] τί ἐστιν τὸ ἐκ νεκρῶν ἀναστῆναι.

11 Καὶ ἐπηρώτων[23] αὐτὸν λέγοντες ὅτι λέγουσιν οἱ γραμματεῖς ὅτι Ἠλίαν δεῖ ἐλθεῖν πρῶτον; 12 ὁ δὲ ἔφη αὐτοῖς· Ἠλίας μὲν ἐλθὼν πρῶτον ἀποκαθιστάνει[24] πάντα· καὶ πῶς γέγραπται ἐπὶ τὸν υἱὸν τοῦ ἀνθρώπου ἵνα πολλὰ πάθῃ[25] καὶ ἐξουδενηθῇ[26]; 13 ἀλλὰ λέγω ὑμῖν ὅτι καὶ Ἠλίας ἐλήλυθεν[27], καὶ ἐποίησαν αὐτῷ ὅσα ἤθελον, καθὼς γέγραπται ἐπ᾽ αὐτόν.

The Healing of a Boy with a Demon (Mt 17.14-20; Lk 9.37-43a)

14 Καὶ ἐλθόντες πρὸς τοὺς μαθητὰς εἶδον ὄχλον πολὺν περὶ αὐτοὺς καὶ γραμματεῖς συζητοῦντας[28] πρὸς αὐτούς. 15 καὶ εὐθὺς πᾶς ὁ ὄχλος ἰδόντες αὐτὸν ἐξεθαμβήθησαν[29] καὶ προστρέχοντες[30] ἠσπάζοντο αὐτόν. 16 καὶ ἐπηρώτησεν αὐτούς· τί συζητεῖτε πρὸς αὐτούς; 17 καὶ ἀπεκρίθη αὐτῷ εἷς ἐκ τοῦ ὄχλου· διδάσκαλε, ἤνεγκα[31] τὸν υἱόν μου πρὸς σέ ἔχοντα πνεῦμα ἄλαλον[32]· 18 καὶ ὅπου ἐὰν αὐτὸν καταλάβῃ[33]

---

[1] μεταμορφόω 3s aor pas ind, pas be changed in form
[2] στίλβω pres act ptc n p nom, shine
[3] λευκός, -ή/όν, white
[4] λίαν, adv, very
[5] οἷος, -α/ον, rel pro, such as
[6] γναφεύς, -έως m, one who bleaches (cloth)
[7] λευκαίνω aor act inf, bleach
[8] ὁράω 3s aor pas ind, pas appear
[9] συλλαλέω pres act ptc m p nom, talk with
[10] ῥαββί, rabbi/teacher (honorary title of address)
[11] σκηνή, -ῆς f, temporary shelter
[12] οἶδα 3s plpf act ind, know
[13] ἀποκρίνομαι 3s aor pas sub, answer
[14] ἔκφοβος, -ον, terribly frightened
[15] νεφέλη, -ης f, cloud
[16] ἐπισκιάζω pres act ptc f s nom, overshadow/pass over
[17] ἐξάπινα, adv, suddenly
[18] περιβλέπω aor mid ptc m p nom, look around
[19] διαστέλλω 3s aor mid ind, mid order
[20] διηγέομαι 3p aor mid sub, tell
[21] ἀνίστημι 3s aor act sub, intrans rise
[22] συζητέω pres act ptc m p nom, discuss/question
[23] ἐπερωτάω 3p impf act ind, ask
[24] ἀποκαθίστημι 3s pres act ind, restore/make ready
[25] πάσχω 3s aor act sub, suffer
[26] ἐξουδενέω 3s aor pas sub, reject
[27] ἔρχομαι 3s pf act ind, come
[28] συζητέω pres act ptc m p acc, argue/discuss
[29] ἐκθαμβέω 3p aor pas ind, be greatly surprised
[30] προστρέχω pres act ptc m p nom, hurry over
[31] φέρω 1s aor act ind, bring
[32] ἄλαλος, -ον, unable to talk
[33] καταλαμβάνω 3s aor act sub, attack

ρήσσει¹ αὐτὸν καὶ ἀφρίζει² καὶ τρίζει³ τοὺς ὀδόντας⁴ καὶ ξηραίνεται⁵. καὶ εἶπα τοῖς μαθηταῖς σου ἵνα αὐτὸ ἐκβάλωσιν⁶, καὶ οὐκ ἴσχυσαν⁷. 19 ὁ δὲ ἀποκριθεὶς αὐτοῖς λέγει· ὦ⁸ γενεὰ ἄπιστος⁹, ἕως πότε¹⁰ πρὸς ὑμᾶς ἔσομαι; ἕως πότε ἀνέξομαι¹¹ ὑμῶν; φέρετε αὐτὸν πρός με. 20 καὶ ἤνεγκαν¹² αὐτὸν πρὸς αὐτόν. καὶ ἰδὼν αὐτὸν τὸ πνεῦμα εὐθὺς συνεσπάραξεν¹³ αὐτόν, καὶ πεσὼν¹⁴ ἐπὶ τῆς γῆς ἐκυλίετο¹⁵ ἀφρίζων¹⁶. 21 καὶ ἐπηρώτησεν¹⁷ τὸν πατέρα αὐτοῦ· πόσος¹⁸ χρόνος ἐστὶν ὡς τοῦτο γέγονεν αὐτῷ; ὁ δὲ εἶπεν· ἐκ παιδιόθεν¹⁹· 22 καὶ πολλάκις²⁰ καὶ εἰς πῦρ αὐτὸν ἔβαλεν²¹ καὶ εἰς ὕδατα, ἵνα ἀπολέσῃ²² αὐτόν· ἀλλ' εἴ τι δύνῃ, βοήθησον²³ ἡμῖν σπλαγχνισθεὶς²⁴ ἐφ' ἡμᾶς. 23 ὁ δὲ Ἰησοῦς εἶπεν αὐτῷ· τὸ εἰ δύνῃ²⁵ – πάντα δυνατὰ τῷ πιστεύοντι. 24 εὐθὺς κράξας ὁ πατὴρ τοῦ παιδίου ἔλεγεν· πιστεύω, βοήθει μου τῇ ἀπιστίᾳ²⁶. 25 ἰδὼν δὲ ὁ Ἰησοῦς ὅτι ἐπισυντρέχει²⁷ ὄχλος ἐπετίμησεν²⁸ τῷ πνεύματι τῷ ἀκαθάρτῳ λέγων αὐτῷ· τὸ ἄλαλον²⁹ καὶ κωφὸν³⁰ πνεῦμα, ἐγὼ ἐπιτάσσω³¹ σοι· ἔξελθε³² ἐξ αὐτοῦ καὶ μηκέτι³³ εἰσέλθῃς³⁴ εἰς αὐτόν. 26 καὶ κράξας καὶ πολλὰ σπαράξας³⁵ ἐξῆλθεν· καὶ ἐγένετο ὡσεὶ³⁶ νεκρός, ὥστε τοὺς πολλοὺς λέγειν ὅτι ἀπέθανεν. 27 ὁ δὲ Ἰησοῦς κρατήσας τῆς χειρὸς αὐτοῦ ἤγειρεν αὐτόν, καὶ ἀνέστη³⁷. 28 Καὶ εἰσελθόντος αὐτοῦ εἰς οἶκον οἱ μαθηταὶ αὐτοῦ κατ' ἰδίαν³⁸ ἐπηρώτων αὐτόν· ὅτι ἡμεῖς οὐκ ἠδυνήθημεν ἐκβαλεῖν³⁹ αὐτό; 29 καὶ εἶπεν αὐτοῖς· τοῦτο τὸ γένος⁴⁰ ἐν οὐδενὶ δύναται ἐξελθεῖν εἰ μὴ ἐν προσευχῇ.

Jesus Again Foretells His Death and Resurrection (Mt 17.22-23; Lk 9.43b-45)

30 Κἀκεῖθεν⁴¹ ἐξελθόντες παρεπορεύοντο⁴² διὰ τῆς Γαλιλαίας, καὶ οὐκ ἤθελεν ἵνα τις γνοῖ⁴³· 31 ἐδίδασκεν γὰρ τοὺς μαθητὰς αὐτοῦ καὶ ἔλεγεν αὐτοῖς ὅτι ὁ υἱὸς τοῦ

---

¹ ῥήγνυμι/ῥήσσω 3s pres act ind, dash to the ground
² ἀφρίζω 3s pres act ind, foam at the mouth
³ τρίζω 3s pres act ind, grit
⁴ ὀδούς, ὀδόντος m, tooth
⁵ ξηραίνω 3s pres pas ind, pas become stiff
⁶ ἐκβάλλω 3p aor act sub, force out
⁷ ἰσχύω 3p aor act ind, be able
⁸ ὦ, interj, O!
⁹ ἄπιστος, -ον, unbelieving
¹⁰ πότε, adv, when
¹¹ ἀνέχομαι 1s fut mid ind, put up with
¹² φέρω 3p aor act ind, bring
¹³ συσπαράσσω 3s aor act ind, throw into convulsions
¹⁴ πίπτω aor act ptc m s nom, fall
¹⁵ κυλίω 3s impf mid ind, roll around
¹⁶ ἀφρίζω pres act ptc m s nom, foam at the mouth
¹⁷ ἐπερωτάω 3s aor act ind, ask
¹⁸ πόσος, -η/ον, how much
¹⁹ παιδιόθεν, adv, from childhood
²⁰ πολλάκις, adv, often
²¹ βάλλω 3s aor act ind, throw
²² ἀπόλλυμι 3s aor act sub, kill
²³ βοηθέω 2s aor act impv, help
²⁴ σπλαγχνίζομαι aor pas ptc m s nom, have pity
²⁵ δύναμαι 2s pres pas ind, can
²⁶ ἀπιστία, -ας f, unbelief
²⁷ ἐπισυντρέχω 3s pres act ind, gather fast
²⁸ ἐπιτιμάω 3s aor act ind, rebuke
²⁹ ἄλαλος, -ον, unable to talk
³⁰ κωφός, -ή/όν, deaf
³¹ ἐπιτάσσω 1s pres act ind, order
³² ἐξέρχομαι 2s aor act impv, come/go out
³³ μηκέτι, adv, no longer
³⁴ εἰσέρχομαι 2s aor act sub, go into
³⁵ σπαράσσω aor act ptc m s nom, throw into convulsions
³⁶ ὡσεί, particle of comparison, like/as
³⁷ ἀνίστημι 3s aor act ind, get up
³⁸ ἴδιος, -α/ον, one's own (κατ' ἰδίαν privately)
³⁹ ἐκβάλλω aor act inf, force out
⁴⁰ γένος, -ους n, kind
⁴¹ κἀκεῖθεν, = καὶ ἐκεῖθεν, and from there
⁴² παραπορεύομαι 3p impf mid ind, go (through)
⁴³ γινώσκω 3s aor act sub, know

ἀνθρώπου παραδίδοται εἰς χεῖρας ἀνθρώπων, καὶ ἀποκτενοῦσιν[1] αὐτόν, καὶ ἀποκτανθεὶς μετὰ τρεῖς ἡμέρας ἀναστήσεται[2]. **32** οἱ δὲ ἠγνόουν[3] τὸ ῥῆμα καὶ ἐφοβοῦντο αὐτὸν ἐπερωτῆσαι.

Who is the Greatest? (Mt 18.1-5; Lk 9.46-48)

33 Καὶ ἦλθον εἰς Καφαρναούμ. καὶ ἐν τῇ οἰκίᾳ γενόμενος ἐπηρώτα αὐτούς· τί ἐν τῇ ὁδῷ διελογίζεσθε[4]; **34** οἱ δὲ ἐσιώπων[5]· πρὸς ἀλλήλους γὰρ διελέχθησαν[6] ἐν τῇ ὁδῷ τίς μείζων[7]. **35** καὶ καθίσας ἐφώνησεν τοὺς δώδεκα καὶ λέγει αὐτοῖς· εἴ τις θέλει πρῶτος εἶναι, ἔσται πάντων ἔσχατος καὶ πάντων διάκονος[8]. **36** καὶ λαβὼν παιδίον ἔστησεν[9] αὐτὸ ἐν μέσῳ αὐτῶν καὶ ἐναγκαλισάμενος[10] αὐτὸ εἶπεν αὐτοῖς· **37** ὃς ἂν ἓν τῶν τοιούτων παιδίων δέξηται ἐπὶ τῷ ὀνόματί μου ἐμὲ δέχεται· καὶ ὃς ἂν ἐμὲ δέχηται, οὐκ ἐμὲ δέχεται, ἀλλὰ τὸν ἀποστείλαντά[11] με.

Whoever is Not against Us is for Us (Lk 9.49-50)

38 Ἔφη αὐτῷ ὁ Ἰωάννης· διδάσκαλε, εἴδομέν τινα ἐν τῷ ὀνόματί σου ἐκβάλλοντα δαιμόνια καὶ ἐκωλύομεν[12] αὐτόν, ὅτι οὐκ ἠκολούθει ἡμῖν. **39** ὁ δὲ Ἰησοῦς εἶπεν· μὴ κωλύετε αὐτόν· οὐδεὶς γάρ ἐστιν ὃς ποιήσει δύναμιν ἐπὶ τῷ ὀνόματί μου καὶ δυνήσεται ταχὺ[13] κακολογῆσαί[14] με· **40** ὃς γὰρ οὐκ ἔστιν καθ' ἡμῶν, ὑπὲρ ἡμῶν ἐστιν. **41** Ὃς γὰρ ἂν ποτίσῃ[15] ὑμᾶς ποτήριον ὕδατος ἐν ὀνόματι ὅτι Χριστοῦ ἐστε – ἀμὴν λέγω ὑμῖν ὅτι οὐ μὴ ἀπολέσῃ[16] τὸν μισθὸν[17] αὐτοῦ.

Temptations to Sin (Mt 18.6-9; Lk 17.1-2)

42 Καὶ ὃς ἂν σκανδαλίσῃ[18] ἕνα τῶν μικρῶν τούτων τῶν πιστευόντων εἰς ἐμέ καλόν ἐστιν αὐτῷ μᾶλλον, εἰ περίκειται[19] μύλος[20] ὀνικὸς[21] περὶ τὸν τράχηλον[22] αὐτοῦ καὶ βέβληται[23] εἰς τὴν θάλασσαν. **43** καὶ ἐὰν σκανδαλίζῃ σε ἡ χείρ σου, ἀπόκοψον[24] αὐτήν· καλόν ἐστίν σε κυλλὸν[25] εἰσελθεῖν εἰς τὴν ζωὴν ἢ τὰς δύο χεῖρας ἔχοντα ἀπελθεῖν[26] εἰς τὴν γέενναν[27] εἰς τὸ πῦρ τὸ ἄσβεστον[28], ⟦**44** ὅπου ὁ σκώληξ[29] αὐτῶν

---

[1] ἀποκτείνω *3p fut act ind*, kill
[2] ἀνίστημι *3s fut mid ind, intrans* rise (from death)
[3] ἀγνοέω *3p impf act ind*, fail to understand
[4] διαλογίζομαι *2p impf mid ind*, discuss/argue
[5] σιωπάω *3p impf act ind*, be silent
[6] διαλέγομαι *3p aor pas ind*, argue
[7] μέγας, great (comp)
[8] διάκονος, -ου *m & f*, servant
[9] ἵστημι *3s aor act ind*, place
[10] ἐναγκαλίζομαι *aor mid ptc m s nom*, put one's arms round

[11] ἀποστέλλω *aor act ptc m s acc*, send
[12] κωλύω *1p impf act ind*, tell (someone) to stop
[13] ταχύς, *adv*, soon
[14] κακολογέω *aor act inf*, speak evil of
[15] ποτίζω *3s aor act sub*, give to drink
[16] ἀπόλλυμι *3s aor act sub*, lose
[17] μισθός, -οῦ *m*, reward
[18] σκανδαλίζω *3s aor act sub*, cause someone to sin

[19] περίκειμαι *3s pres mid ind*, be placed around
[20] μύλος, -ου *m*, millstone
[21] ὀνικός, -ή/όν, of a donkey (μύλος ὁ. large millstone drawn by a donkey)
[22] τράχηλος, -ου *m*, neck
[23] βάλλω *3s pf pas ind*, throw
[24] ἀποκόπτω *2s aor act impv*, cut off
[25] κυλλός, -ή/όν, crippled
[26] ἀπέρχομαι *aor act inf*, go
[27] γέεννα, -ης *f*, hell
[28] ἄσβεστος, -ον, unquenchable
[29] σκώληξ, -ηκος *m*, worm

οὐ τελευτᾷ¹ καὶ τὸ πῦρ οὐ σβέννυται².⟧ 45 καὶ ἐὰν ὁ πούς σου σκανδαλίζῃ σε, ἀπόκοψον αὐτόν· καλόν ἐστίν σε εἰσελθεῖν εἰς τὴν ζωὴν χωλὸν³ ἢ τοὺς δύο πόδας ἔχοντα βληθῆναι⁴ εἰς τὴν γέενναν, ⟦46 ὅπου ὁ σκώληξ αὐτῶν οὐ τελευτᾷ καὶ τὸ πῦρ οὐ σβέννυται.⟧ 47 καὶ ἐὰν ὁ ὀφθαλμός σου σκανδαλίζῃ σε, ἔκβαλε⁵ αὐτόν· καλόν σέ ἐστιν μονόφθαλμον⁶ εἰσελθεῖν εἰς τὴν βασιλείαν τοῦ θεοῦ ἢ δύο ὀφθαλμοὺς ἔχοντα βληθῆναι εἰς τὴν γέενναν, 48 ὅπου ὁ σκώληξ αὐτῶν οὐ τελευτᾷ καὶ τὸ πῦρ οὐ σβέννυται.
49 Πᾶς γὰρ πυρὶ ἁλισθήσεται⁷. 50 καλὸν τὸ ἅλας⁸· ἐὰν δὲ τὸ ἅλας ἄναλον⁹ γένηται, ἐν τίνι αὐτὸ ἀρτύσετε¹⁰; ἔχετε ἐν ἑαυτοῖς ἅλα καὶ εἰρηνεύετε¹¹ ἐν ἀλλήλοις.

Teaching about Divorce (Mt 19.1-12)

10 Καὶ ἐκεῖθεν¹² ἀναστὰς¹³ ἔρχεται εἰς τὰ ὅρια¹⁴ τῆς Ἰουδαίας καὶ πέραν¹⁵ τοῦ Ἰορδάνου, καὶ συμπορεύονται¹⁶ πάλιν ὄχλοι πρὸς αὐτόν, καὶ, ὡς εἰώθει¹⁷, πάλιν ἐδίδασκεν αὐτούς.

2 Καὶ προσελθόντες Φαρισαῖοι ἐπηρώτων αὐτὸν εἰ ἔξεστιν ἀνδρὶ γυναῖκα ἀπολῦσαι πειράζοντες αὐτόν. 3 ὁ δὲ ἀποκριθεὶς εἶπεν αὐτοῖς· τί ὑμῖν ἐνετείλατο¹⁸ Μωϋσῆς; 4 οἱ δὲ εἶπαν· ἐπέτρεψεν¹⁹ Μωϋσῆς βιβλίον ἀποστασίου²⁰ γράψαι καὶ ἀπολῦσαι. 5 ὁ δὲ Ἰησοῦς εἶπεν αὐτοῖς· πρὸς τὴν σκληροκαρδίαν²¹ ὑμῶν ἔγραψεν ὑμῖν τὴν ἐντολὴν ταύτην. 6 ἀπὸ δὲ ἀρχῆς κτίσεως²² **ἄρσεν²³ καὶ θῆλυ²⁴ ἐποίησεν** αὐτούς· 7 **ἕνεκεν²⁵ τούτου καταλείψει²⁶ ἄνθρωπος τὸν πατέρα αὐτοῦ καὶ τὴν μητέρα καὶ προσκολληθήσεται²⁷ πρὸς τὴν γυναῖκα αὐτοῦ,** 8 **καὶ ἔσονται οἱ δύο εἰς σάρκα μίαν,** ὥστε οὐκέτι εἰσὶν δύο ἀλλὰ μία σάρξ. 9 ὃ οὖν ὁ θεὸς συνέζευξεν²⁸ ἄνθρωπος μὴ χωριζέτω²⁹.

10 Καὶ εἰς τὴν οἰκίαν πάλιν οἱ μαθηταὶ περὶ τούτου ἐπηρώτων αὐτόν. 11 καὶ λέγει αὐτοῖς· ὃς ἂν ἀπολύσῃ τὴν γυναῖκα αὐτοῦ καὶ γαμήσῃ³⁰ ἄλλην μοιχᾶται³¹ ἐπ' αὐτήν· 12 καὶ ἐὰν αὐτὴ ἀπολύσασα τὸν ἄνδρα αὐτῆς γαμήσῃ ἄλλον, μοιχᾶται.

---

¹ τελευτάω 3s pres act ind, die
² σβέννυμι 3s pres pas ind, put out (of fire)
³ χωλός, -ή/όν, lame
⁴ βάλλω aor pas inf, throw
⁵ ἐκβάλλω 2s aor act impv, pull (something) out
⁶ μονόφθαλμος, -ον, one-eyed
⁷ ἁλίζω 3s fut pas ind, salt
⁸ ἅλας, -ατος n, salt
⁹ ἄναλος, -ον, without saltness
¹⁰ ἀρτύω 2p fut act ind, restore flavor
¹¹ εἰρηνεύω 2p pres act impv, be at peace
¹² ἐκεῖθεν, adv, from there
¹³ ἀνίστημι aor act ptc m s nom, leave
¹⁴ ὅριον, -ου n, region
¹⁵ πέραν, prep + gen, beyond/across
¹⁶ συμπορεύομαι 3p pres mid ind, gather around
¹⁷ εἴωθα 3s plpf act ind, be accustomed
¹⁸ ἐντέλλομαι 3s aor mid ind, command
¹⁹ ἐπιτρέπω 3s aor act ind, let
²⁰ ἀποστάσιον, -ου n, written notice of divorce
²¹ σκληροκαρδία, -ας f, stubbornness
²² κτίσις, -εως f, creation
²³ ἄρσην, -εν, male
²⁴ θῆλυς, -εια/υ, female
²⁵ ἕνεκα, prep + gen, because of
²⁶ καταλείπω 3s fut act ind, leave
²⁷ προσκολλάω 3s fut pas ind, pas be united
²⁸ συζεύγνυμι 3s aor act ind, join together
²⁹ χωρίζω 3s pres act impv, separate
³⁰ γαμέω 3s aor act sub, marry
³¹ μοιχάω 3s pres pas ind, pas commit adultery

Little Children Blessed (Mt 19.13-15; Lk 18.15-17)

13 Καὶ προσέφερον αὐτῷ παιδία, ἵνα αὐτῶν ἅψηται[1]· οἱ δὲ μαθηταὶ ἐπετίμησαν[2] αὐτοῖς. **14** ἰδὼν δὲ ὁ Ἰησοῦς ἠγανάκτησεν[3] καὶ εἶπεν αὐτοῖς· ἄφετε[4] τὰ παιδία ἔρχεσθαι πρός με, μὴ κωλύετε[5] αὐτά· τῶν γὰρ τοιούτων ἐστὶν ἡ βασιλεία τοῦ θεοῦ. **15** ἀμὴν λέγω ὑμῖν, ὃς ἂν μὴ δέξηται τὴν βασιλείαν τοῦ θεοῦ ὡς παιδίον οὐ μὴ εἰσέλθῃ[6] εἰς αὐτήν. **16** καὶ ἐναγκαλισάμενος[7] αὐτὰ κατευλόγει[8] τιθεὶς[9] τὰς χεῖρας ἐπ᾽ αὐτά.

The Rich Man (Mt 19.16-30; Lk 18.18-30)

17 Καὶ ἐκπορευομένου αὐτοῦ εἰς ὁδὸν προσδραμὼν[10] εἷς καὶ γονυπετήσας[11] αὐτὸν ἐπηρώτα αὐτόν· διδάσκαλε ἀγαθέ, τί ποιήσω, ἵνα ζωὴν αἰώνιον κληρονομήσω[12]; **18** ὁ δὲ Ἰησοῦς εἶπεν αὐτῷ· τί με λέγεις ἀγαθόν; οὐδεὶς ἀγαθὸς εἰ μὴ εἷς ὁ θεός. **19** τὰς ἐντολὰς οἶδας· μὴ φονεύσῃς[13], μὴ μοιχεύσῃς[14], μὴ κλέψῃς[15], μὴ ψευδομαρτυρήσῃς[16], μὴ ἀποστερήσῃς[17], τίμα[18] τὸν πατέρα σου καὶ τὴν μητέρα. **20** ὁ δὲ ἔφη αὐτῷ· διδάσκαλε, ταῦτα πάντα ἐφυλαξάμην ἐκ νεότητός[19] μου. **21** ὁ δὲ Ἰησοῦς ἐμβλέψας[20] αὐτῷ ἠγάπησεν αὐτὸν καὶ εἶπεν αὐτῷ· ἕν σε ὑστερεῖ[21]· ὕπαγε, ὅσα ἔχεις πώλησον[22] καὶ δὸς[23] τοῖς πτωχοῖς καὶ ἕξεις θησαυρὸν[24] ἐν οὐρανῷ καὶ δεῦρο[25] ἀκολούθει μοι. **22** ὁ δὲ στυγνάσας[26] ἐπὶ τῷ λόγῳ ἀπῆλθεν λυπούμενος[27]· ἦν γὰρ ἔχων κτήματα[28] πολλά.

23 Καὶ περιβλεψάμενος[29] ὁ Ἰησοῦς λέγει τοῖς μαθηταῖς αὐτοῦ· πῶς δυσκόλως[30] οἱ τὰ χρήματα[31] ἔχοντες εἰς τὴν βασιλείαν τοῦ θεοῦ εἰσελεύσονται[32]. **24** οἱ δὲ μαθηταὶ ἐθαμβοῦντο[33] ἐπὶ τοῖς λόγοις αὐτοῦ. ὁ δὲ Ἰησοῦς πάλιν ἀποκριθεὶς λέγει αὐτοῖς· τέκνα, πῶς δύσκολόν ἐστιν εἰς τὴν βασιλείαν τοῦ θεοῦ εἰσελθεῖν· **25** εὐκοπώτερόν[34]

---

[1] ἅπτω 3s aor mid sub, mid touch
[2] ἐπιτιμάω 3p aor act ind, rebuke
[3] ἀγανακτέω 3s aor act ind, be angry
[4] ἀφίημι 2p aor act impv, let
[5] κωλύω 2p pres act impv, (try to) stop
[6] εἰσέρχομαι 3s aor act sub, come/go in
[7] ἐναγκαλίζομαι aor mid ptc m s nom, put one's arms round
[8] κατευλογέω 3s impf ind act, bless
[9] τίθημι pres act ptc m s nom, place
[10] προστρέχω aor act ptc m s nom, run up (to someone)
[11] γονυπετέω aor act ptc m s nom, kneel
[12] κληρονομέω 1s aor act sub, receive
[13] φονεύω 2s aor act sub, murder
[14] μοιχεύω 2s aor act sub, commit adultery
[15] κλέπτω 2s aor act sub, steal
[16] ψευδομαρτυρέω 2s aor act sub, give false evidence
[17] ἀποστερέω 2s aor act sub, cheat
[18] τιμάω 2s pres act impv, honor
[19] νεότης, -ητος f, youth
[20] ἐμβλέπω aor act ptc m s nom, look straight at
[21] ὑστερέω 3s pres act ind, lack
[22] πωλέω 2s aor act impv, sell
[23] δίδωμι 2s aor act impv, give
[24] θησαυρός, -οῦ m, treasure
[25] δεῦρο, interj, Come!
[26] στυγνάζω aor act ptc m s nom, be gloomy
[27] λυπέω pres pas ptc m s nom, pas be sad
[28] κτῆμα, -τος n, possession
[29] περιβλέπω aor mid ptc m s nom, look around
[30] δυσκόλως, adv, with difficulty (πῶς δ. how difficult it is)
[31] χρῆμα, -τος n, wealth
[32] εἰσέρχομαι 3p fut mid ind, go into
[33] θαμβέω 3p impf pas ind, pas be shocked
[34] εὔκοπος, easy (comp)

ἐστιν κάμηλον¹ διὰ τῆς τρυμαλιᾶς² τῆς ῥαφίδος³ εἰσελθεῖν ἢ πλούσιον⁴ εἰς τὴν βασιλείαν τοῦ θεοῦ εἰσελθεῖν. 26 οἱ δὲ περισσῶς⁵ ἐξεπλήσσοντο⁶ λέγοντες πρὸς ἑαυτούς· καὶ τίς δύναται σωθῆναι; 27 ἐμβλέψας⁷ αὐτοῖς ὁ Ἰησοῦς λέγει· παρὰ ἀνθρώποις ἀδύνατον⁸, ἀλλ' οὐ παρὰ θεῷ· πάντα γὰρ δυνατὰ παρὰ τῷ θεῷ. 28 Ἤρξατο⁹ λέγειν ὁ Πέτρος αὐτῷ· ἰδοὺ ἡμεῖς ἀφήκαμεν¹⁰ πάντα καὶ ἠκολουθήσαμέν σοι. 29 ἔφη ὁ Ἰησοῦς· ἀμὴν λέγω ὑμῖν· οὐδείς ἐστιν ὃς ἀφῆκεν¹¹ οἰκίαν ἢ ἀδελφοὺς ἢ ἀδελφὰς¹² ἢ μητέρα ἢ πατέρα ἢ τέκνα ἢ ἀγροὺς ἕνεκεν¹³ ἐμοῦ καὶ ἕνεκεν τοῦ εὐαγγελίου, 30 ἐὰν μὴ λάβῃ¹⁴ ἑκατονταπλασίονα¹⁵ νῦν ἐν τῷ καιρῷ τούτῳ οἰκίας καὶ ἀδελφοὺς καὶ ἀδελφὰς καὶ μητέρας καὶ τέκνα καὶ ἀγροὺς μετὰ διωγμῶν¹⁶ καὶ ἐν τῷ αἰῶνι τῷ ἐρχομένῳ ζωὴν αἰώνιον. 31 πολλοὶ δὲ ἔσονται¹⁷ πρῶτοι ἔσχατοι καὶ οἱ ἔσχατοι πρῶτοι.

A Third Time Jesus Foretells His Death and Resurrection (Mt 20.17-19; Lk 18.31-34)

32 Ἦσαν δὲ ἐν τῇ ὁδῷ ἀναβαίνοντες εἰς Ἱεροσόλυμα, καὶ ἦν προάγων¹⁸ αὐτοὺς ὁ Ἰησοῦς, καὶ ἐθαμβοῦντο¹⁹· οἱ δὲ ἀκολουθοῦντες ἐφοβοῦντο. καὶ παραλαβὼν πάλιν τοὺς δώδεκα ἤρξατο²⁰ αὐτοῖς λέγειν τὰ μέλλοντα αὐτῷ συμβαίνειν²¹ 33 ὅτι ἰδοὺ ἀναβαίνομεν εἰς Ἱεροσόλυμα, καὶ ὁ υἱὸς τοῦ ἀνθρώπου παραδοθήσεται²² τοῖς ἀρχιερεῦσιν καὶ τοῖς γραμματεῦσιν, καὶ κατακρινοῦσιν²³ αὐτὸν θανάτῳ καὶ παραδώσουσιν²⁴ αὐτὸν τοῖς ἔθνεσιν 34 καὶ ἐμπαίξουσιν²⁵ αὐτῷ καὶ ἐμπτύσουσιν²⁶ αὐτῷ καὶ μαστιγώσουσιν²⁷ αὐτὸν καὶ ἀποκτενοῦσιν²⁸, καὶ μετὰ τρεῖς ἡμέρας ἀναστήσεται²⁹.

The Request of James and John (Mt 20.20-28)

35 Καὶ προσπορεύονται³⁰ αὐτῷ Ἰάκωβος καὶ Ἰωάννης οἱ υἱοὶ Ζεβεδαίου λέγοντες αὐτῷ· διδάσκαλε, θέλομεν ἵνα ὃ ἐὰν αἰτήσωμέν σε ποιήσῃς ἡμῖν. 36 ὁ δὲ εἶπεν αὐτοῖς· τί θέλετέ με ποιήσω ὑμῖν; 37 οἱ δὲ εἶπαν αὐτῷ· δὸς³¹ ἡμῖν ἵνα εἷς σου

---

1 κάμηλος, -ου m & f, camel
2 τρυμαλιά, -ᾶς f, eye (of a needle)
3 ῥαφίς, -ίδος f, needle
4 πλούσιος, -α/ον, rich
5 περισσῶς, adv, even more
6 ἐκπλήσσω 3p impf pas ind, amaze
7 ἐμβλέπω aor act ptc m s nom, look straight at
8 ἀδύνατος, -ον, impossible
9 ἄρχω 3s aor mid ind, mid begin
10 ἀφίημι 1p aor act ind, leave
11 ἀφίημι 3s aor act ind, verlassen
12 ἀδελφή, -ῆς f, sister
13 ἕνεκα, prep + gen, because of
14 λαμβάνω 3s aor act sub, receive
15 ἑκατονταπλασίων, -ον, a hundred times as much
16 διωγμός, -οῦ m, persecution
17 εἰμί 3p fut mid ind, be
18 προάγω pres act ptc m s nom, go ahead of
19 θαμβέω 3p impf pas ind, pas be amazed
20 ἄρχω 3s aor mid ind, mid begin
21 συμβαίνω pres act inf, happen
22 παραδίδωμι 3s fut pas ind, hand over
23 κατακρίνω 3p fut act ind, condemn
24 παραδίδωμι 3p fut act ind, hand over
25 ἐμπαίζω 3p fut act ind, make fun of
26 ἐμπτύω 3p fut act ind, spit on
27 μαστιγόω 3p fut act ind, beat with a whip
28 ἀποκτείνω 3p fut act ind, kill
29 ἀνίστημι 3s fut mid ind, intrans rise (from death)
30 προσπορεύομαι 3p pres mid ind, come to
31 δίδωμι 2s aor act impv, let

ἐκ δεξιῶν καὶ εἷς ἐξ ἀριστερῶν¹ καθίσωμεν ἐν τῇ δόξῃ σου. 38 ὁ δὲ Ἰησοῦς εἶπεν αὐτοῖς· οὐκ οἴδατε τί αἰτεῖσθε. δύνασθε πιεῖν² τὸ ποτήριον ὃ ἐγὼ πίνω ἢ τὸ βάπτισμα³ ὃ ἐγὼ βαπτίζομαι βαπτισθῆναι; 39 οἱ δὲ εἶπαν αὐτῷ· δυνάμεθα. ὁ δὲ Ἰησοῦς εἶπεν αὐτοῖς· τὸ ποτήριον ὃ ἐγὼ πίνω πίεσθε⁴ καὶ τὸ βάπτισμα ὃ ἐγὼ βαπτίζομαι βαπτισθήσεσθε, 40 τὸ δὲ καθίσαι ἐκ δεξιῶν μου ἢ ἐξ εὐωνύμων⁵ οὐκ ἔστιν ἐμὸν δοῦναι⁶, ἀλλ' οἷς ἡτοίμασται. 41 Καὶ ἀκούσαντες οἱ δέκα⁷ ἤρξαντο⁸ ἀγανακτεῖν⁹ περὶ Ἰακώβου καὶ Ἰωάννου. 42 καὶ προσκαλεσάμενος¹⁰ αὐτοὺς ὁ Ἰησοῦς λέγει αὐτοῖς· οἴδατε ὅτι οἱ δοκοῦντες ἄρχειν τῶν ἐθνῶν κατακυριεύουσιν¹¹ αὐτῶν καὶ οἱ μεγάλοι αὐτῶν κατεξουσιάζουσιν¹² αὐτῶν. 43 οὐχ οὕτως δέ ἐστιν ἐν ὑμῖν, ἀλλ' ὃς ἂν θέλῃ μέγας γενέσθαι ἐν ὑμῖν ἔσται ὑμῶν διάκονος¹³ 44 καὶ ὃς ἂν θέλῃ ἐν ὑμῖν εἶναι πρῶτος ἔσται πάντων δοῦλος· 45 καὶ γὰρ ὁ υἱὸς τοῦ ἀνθρώπου οὐκ ἦλθεν διακονηθῆναι, ἀλλὰ διακονῆσαι καὶ δοῦναι τὴν ψυχὴν αὐτοῦ λύτρον¹⁴ ἀντὶ¹⁵ πολλῶν.

The Healing of Blind Bartimaeus (Mt 20.29-34; Lk 18.35-43)

46 Καὶ ἔρχονται εἰς Ἰεριχώ. καὶ ἐκπορευομένου αὐτοῦ ἀπὸ Ἰεριχὼ καὶ τῶν μαθητῶν αὐτοῦ καὶ ὄχλου ἱκανοῦ ὁ υἱὸς Τιμαίου Βαρτιμαῖος, τυφλὸς προσαίτης¹⁶, ἐκάθητο παρὰ τὴν ὁδόν. 47 καὶ ἀκούσας ὅτι Ἰησοῦς ὁ Ναζαρηνός ἐστιν ἤρξατο¹⁷ κράζειν καὶ λέγειν· υἱὲ Δαυὶδ Ἰησοῦ, ἐλέησόν¹⁸ με. 48 καὶ ἐπετίμων¹⁹ αὐτῷ πολλοί, ἵνα σιωπήσῃ²⁰· ὁ δὲ πολλῷ μᾶλλον ἔκραζεν· υἱὲ Δαυίδ, ἐλέησόν με. 49 καὶ στὰς²¹ ὁ Ἰησοῦς εἶπεν· φωνήσατε αὐτόν. καὶ φωνοῦσιν τὸν τυφλὸν λέγοντες αὐτῷ· θάρσει²², ἔγειρε, φωνεῖ σε. 50 ὁ δὲ ἀποβαλὼν²³ τὸ ἱμάτιον αὐτοῦ ἀναπηδήσας²⁴ ἦλθεν πρὸς τὸν Ἰησοῦν. 51 καὶ ἀποκριθεὶς αὐτῷ ὁ Ἰησοῦς εἶπεν· τί σοι θέλεις ποιήσω; ὁ δὲ τυφλὸς εἶπεν αὐτῷ· ραββουνι²⁵, ἵνα ἀναβλέψω²⁶. 52 καὶ ὁ Ἰησοῦς εἶπεν αὐτῷ· ὕπαγε, ἡ πίστις σου σέσωκέν σε. καὶ εὐθὺς ἀνέβλεψεν καὶ ἠκολούθει αὐτῷ ἐν τῇ ὁδῷ.

---

[1] ἀριστερός, -ά/όν, left
[2] πίνω aor act inf, drink
[3] βάπτισμα, -τος n, baptism
[4] πίνω 2p fut mid ind, drink
[5] εὐώνυμος, -ον, left
[6] δίδωμι aor act inf, give
[7] δέκα, ten
[8] ἄρχω 3p aor mid ind, mid begin
[9] ἀγανακτέω pres act inf, be angry
[10] προσκαλέομαι aor mid ptc m s nom, call to oneself
[11] κατακυριεύω 3p pres act ind, have power over
[12] κατεξουσιάζω 3p pres act ind, exercise authority over
[13] διάκονος, -ου m & f, servant
[14] λύτρον, -ου n, means of release
[15] ἀντί, prep + gen, for/in behalf of
[16] προσαίτης, -ου m, beggar
[17] ἄρχω 3s aor mid ind, mid begin
[18] ἐλεέω/ἐλεάω 2s aor act impv, have mercy
[19] ἐπιτιμάω 3p impf act ind, rebuke
[20] σιωπάω 3s aor act sub, be silent
[21] ἵστημι aor act ptc m s nom, stop and stand
[22] θαρσέω 2s pres act impv, Cheer up!
[23] ἀποβάλλω aor act ptc m s nom, throw off
[24] ἀναπηδάω aor act ptc m s nom, jump up
[25] ραββουνι = ραββι teacher (Aramaic word)
[26] ἀναβλέπω 1s aor act sub, be able to see

The Triumphal Entry into Jerusalem (Mt 21.1-11; Lk 19.28-40; Jn 12.12-19)

11 Καὶ ὅτε ἐγγίζουσιν εἰς Ἱεροσόλυμα, εἰς Βηθφαγὴ καὶ Βηθανίαν πρὸς τὸ ὄρος τῶν ἐλαιῶν[1], ἀποστέλλει δύο τῶν μαθητῶν αὐτοῦ **2** καὶ λέγει αὐτοῖς· ὑπάγετε εἰς τὴν κώμην[2] τὴν κατέναντι[3] ὑμῶν, καὶ εὐθὺς εἰσπορευόμενοι[4] εἰς αὐτὴν εὑρήσετε[5] πῶλον[6] δεδεμένον[7] ἐφ' ὃν οὐδεὶς οὔπω[8] ἀνθρώπων ἐκάθισεν· λύσατε αὐτὸν καὶ φέρετε. **3** καὶ ἐάν τις ὑμῖν εἴπῃ[9]· τί ποιεῖτε τοῦτο; εἴπατε[10] ὅτι· ὁ κύριος αὐτοῦ χρείαν ἔχει καὶ εὐθὺς αὐτὸν ἀποστέλλει πάλιν ὧδε. **4** καὶ ἀπῆλθον καὶ εὗρον[11] πῶλον δεδεμένον πρὸς θύραν ἔξω ἐπὶ τοῦ ἀμφόδου[12] καὶ λύουσιν αὐτόν. **5** καί τινες τῶν ἐκεῖ ἑστηκότων[13] ἔλεγον αὐτοῖς· τί ποιεῖτε λύοντες τὸν πῶλον; **6** οἱ δὲ εἶπαν αὐτοῖς καθὼς εἶπεν ὁ Ἰησοῦς καὶ ἀφῆκαν[14] αὐτούς. **7** καὶ φέρουσιν τὸν πῶλον πρὸς τὸν Ἰησοῦν καὶ ἐπιβάλλουσιν[15] αὐτῷ τὰ ἱμάτια αὐτῶν, καὶ ἐκάθισεν ἐπ' αὐτόν. **8** καὶ πολλοὶ τὰ ἱμάτια αὐτῶν ἔστρωσαν[16] εἰς τὴν ὁδόν, ἄλλοι δὲ στιβάδας[17] κόψαντες[18] ἐκ τῶν ἀγρῶν. **9** καὶ οἱ προάγοντες[19] καὶ οἱ ἀκολουθοῦντες ἔκραζον·

ὡσαννά[20]·

εὐλογημένος ὁ ἐρχόμενος ἐν ὀνόματι κυρίου·

10 εὐλογημένη ἡ ἐρχομένη βασιλεία τοῦ πατρὸς ἡμῶν Δαυίδ·

ὡσαννὰ ἐν τοῖς ὑψίστοις[21].

11 Καὶ εἰσῆλθεν εἰς Ἱεροσόλυμα εἰς τὸ ἱερὸν καὶ περιβλεψάμενος[22] πάντα ὀψίας[23] ἤδη οὔσης τῆς ὥρας, ἐξῆλθεν εἰς Βηθανίαν μετὰ τῶν δώδεκα.

The Cursing of the Fig Tree (Mt 21.18-19)

12 Καὶ τῇ ἐπαύριον[24] ἐξελθόντων αὐτῶν ἀπὸ Βηθανίας ἐπείνασεν[25]. **13** καὶ ἰδὼν συκῆν[26] ἀπὸ μακρόθεν[27] ἔχουσαν φύλλα[28] ἦλθεν εἰ ἄρα τι εὑρήσει[29] ἐν αὐτῇ, καὶ ἐλθὼν ἐπ' αὐτὴν οὐδὲν εὗρεν εἰ μὴ φύλλα· ὁ γὰρ καιρὸς οὐκ ἦν σύκων[30]. **14** καὶ ἀποκριθεὶς εἶπεν αὐτῇ· μηκέτι[31] εἰς τὸν αἰῶνα ἐκ σοῦ μηδεὶς καρπὸν φάγοι[32]. καὶ ἤκουον οἱ μαθηταὶ αὐτοῦ.

---

[1] ἐλαία, -ας f, olive
[2] κώμη, -ης f, village
[3] κατέναντι, prep + gen opposite, in front of
[4] εἰσπορεύομαι pres mid ptc m p nom, come/go in
[5] εὑρίσκω 2p fut act ind, find
[6] πῶλος, -ου m, young donkey
[7] δέω pf pas ptc m s acc, tie up
[8] οὔπω, adv, not yet
[9] λέγω 3s aor act sub, say
[10] λέγω 2p aor act impv, say
[11] εὑρίσκω 3p aor act ind, find
[12] ἄμφοδον, -ου n, street
[13] ἵστημι pf act ptc m p gen, stand
[14] ἀφίημι 3p aor act ind, let
[15] ἐπιβάλλω 3p pres act ind, place on
[16] στρώννυμι 3p aor act ind, spread
[17] στιβάς, -άδος f, leafy branch
[18] κόπτω aor act ptc m p nom, cut
[19] προάγω pres act ptc m p nom, go ahead of
[20] ὡσαννά, hosanna (Aramaic word of praise Please save us!)
[21] ὕψιστος, highest (ἐν τοῖς ὑ. in the highest heaven)
[22] περιβλέπω aor mid ptc m s nom, look around
[23] ὄψιος, -α/ον, late (ἡ ὀψία f evening)
[24] ἐπαύριον, adv, the next day
[25] πεινάω 3s aor act ind, be hungry
[26] συκῆ, -ῆς f, fig tree
[27] μακρόθεν, adv, far off (ἀπὸ μ. at a distance)
[28] φύλλον, -ου n, leaf
[29] εὑρίσκω 3s fut act ind, find
[30] σῦκον, -ου n, fig
[31] μηκέτι, adv, no longer
[32] ἐσθίω 3s aor act opt, eat

The Cleansing of the Temple (Mt 21.12-17; Lk 19.45-48; Jn 2.13-22)

15 Καὶ ἔρχονται εἰς Ἱεροσόλυμα. καὶ εἰσελθὼν εἰς τὸ ἱερὸν ἤρξατο[1] ἐκβάλλειν τοὺς πωλοῦντας[2] καὶ τοὺς ἀγοράζοντας ἐν τῷ ἱερῷ καὶ τὰς τραπέζας[3] τῶν κολλυβιστῶν[4] καὶ τὰς καθέδρας[5] τῶν πωλούντων τὰς περιστερὰς[6] κατέστρεψεν[7] 16 καὶ οὐκ ἤφιεν[8] ἵνα τις διενέγκῃ[9] σκεῦος[10] διὰ τοῦ ἱεροῦ. 17 καὶ ἐδίδασκεν καὶ ἔλεγεν αὐτοῖς· οὐ γέγραπται ὅτι

ὁ οἶκός μου οἶκος προσευχῆς κληθήσεται[11]
πᾶσιν τοῖς ἔθνεσιν;

ὑμεῖς δὲ πεποιήκατε αὐτὸν σπήλαιον[12] λῃστῶν[13].

18 Καὶ ἤκουσαν οἱ ἀρχιερεῖς καὶ οἱ γραμματεῖς καὶ ἐζήτουν πῶς αὐτὸν ἀπολέσωσιν[14]· ἐφοβοῦντο γὰρ αὐτόν· πᾶς γὰρ ὁ ὄχλος ἐξεπλήσσετο[15] ἐπὶ τῇ διδαχῇ αὐτοῦ.

19 Καὶ ὅταν ὀψὲ[16] ἐγένετο, ἐξεπορεύοντο ἔξω τῆς πόλεως.

The Lesson from the Withered Fig Tree (Mt 21.20-22)

20 Καὶ παραπορευόμενοι[17] πρωΐ[18] εἶδον τὴν συκῆν[19] ἐξηραμμένην[20] ἐκ ῥιζῶν[21]. 21 καὶ ἀναμνησθεὶς[22] ὁ Πέτρος λέγει αὐτῷ· ῥαββί[23], ἴδε[24] ἡ συκῆ ἣν κατηράσω[25] ἐξήρανται. 22 καὶ ἀποκριθεὶς ὁ Ἰησοῦς λέγει αὐτοῖς· ἔχετε πίστιν θεοῦ. 23 ἀμὴν γὰρ λέγω ὑμῖν ὅτι ὃς ἂν εἴπῃ[26] τῷ ὄρει τούτῳ· ἄρθητι[27] καὶ βλήθητι[28] εἰς τὴν θάλασσαν, καὶ μὴ διακριθῇ[29] ἐν τῇ καρδίᾳ αὐτοῦ, ἀλλὰ πιστεύῃ ὅτι ὃ λαλεῖ γίνεται ἔσται αὐτῷ. 24 διὰ τοῦτο λέγω ὑμῖν· πάντα ὅσα προσεύχεσθε καὶ αἰτεῖσθε πιστεύετε ὅτι ἐλάβετε, καὶ ἔσται ὑμῖν. 25 καὶ ὅταν στήκετε[30] προσευχόμενοι, ἀφίετε[31] εἴ τι ἔχετε κατά τινος, ἵνα καὶ ὁ πατὴρ ὑμῶν ὁ ἐν τοῖς οὐρανοῖς ἀφῇ[32] ὑμῖν τὰ παραπτώματα[33] ὑμῶν. 〚26 εἰ δὲ ὑμεῖς οὐκ ἀφίετε, οὐδὲ ὁ πατὴρ ὑμῶν ὁ ἐν τοῖς οὐρανοῖς ἀφήσει τὰ παραπτώματα ὑμῶν.〛

---

[1] ἄρχω 3s aor mid ind, mid begin
[2] πωλέω pres act ptc m p acc, sell
[3] τράπεζα, -ης f, table
[4] κολλυβιστής, -οῦ m, money-changer
[5] καθέδρα, -ας f, seat
[6] περιστερά, -ᾶς f, dove/pigeon
[7] καταστρέφω 3s aor act ind, overturn
[8] ἀφίημι 3s impf act ind, let
[9] διαφέρω 3s aor act sub, carry through
[10] σκεῦος, -ους n, (any)thing
[11] καλέω 3s fut pas ind, call
[12] σπήλαιον, -ου n, hideout
[13] λῃστής, -οῦ m, robber
[14] ἀπόλλυμι 3p aor act sub, kill
[15] ἐκπλήσσω 3s impf pas ind, amaze
[16] ὀψέ, adv, late = evening
[17] παραπορεύομαι pres mid ptc m p nom, pass by
[18] πρωΐ, adv, (early) morning
[19] συκῆ, -ῆς f, fig tree
[20] ξηραίνω pf pas ptc f s acc, dry up
[21] ῥίζα, -ης f, root
[22] ἀναμιμνῄσκω aor pas ptc m s nom, remember
[23] ῥαββί, rabbi/teacher
[24] ἴδε, interj, Look!
[25] καταράομαι 2s aor mid ind, place a curse upon
[26] λέγω 3s aor act sub, say
[27] αἴρω 2s aor pas impv, take up
[28] βάλλω 2s aor pas impv, throw
[29] διακρίνω 3s aor pas sub, aor pas doubt
[30] στήκω 2p pres act ind, stand
[31] ἀφίημι 2p pres act ind, forgive
[32] ἀφίημι 3s aor act sub, forgive
[33] παράπτωμα, -τος n, sin/wrongdoing

ΚΑΤΑ ΜΑΡΚΟΝ   11.27–12.9

The Authority of Jesus Questioned   (Mt 21.23-27; Lk 20.1-8)

27 Καὶ ἔρχονται πάλιν εἰς Ἱεροσόλυμα. καὶ ἐν τῷ ἱερῷ περιπατοῦντος αὐτοῦ ἔρχονται πρὸς αὐτὸν οἱ ἀρχιερεῖς καὶ οἱ γραμματεῖς καὶ οἱ πρεσβύτεροι 28 καὶ ἔλεγον αὐτῷ· ἐν ποίᾳ ἐξουσίᾳ ταῦτα ποιεῖς; ἢ τίς σοι ἔδωκεν τὴν ἐξουσίαν ταύτην ἵνα ταῦτα ποιῇς; 29 ὁ δὲ Ἰησοῦς εἶπεν αὐτοῖς· ἐπερωτήσω ὑμᾶς ἕνα λόγον, καὶ ἀποκρίθητέ[1] μοι, καὶ ἐρῶ[2] ὑμῖν ἐν ποίᾳ ἐξουσίᾳ ταῦτα ποιῶ· 30 τὸ βάπτισμα[3] τὸ Ἰωάννου ἐξ οὐρανοῦ ἦν ἢ ἐξ ἀνθρώπων; ἀποκρίθητέ μοι. 31 καὶ διελογίζοντο[4] πρὸς ἑαυτοὺς λέγοντες· ἐὰν εἴπωμεν[5]· ἐξ οὐρανοῦ, ἐρεῖ[6]· διὰ τί οὖν οὐκ ἐπιστεύσατε αὐτῷ; 32 ἀλλ᾽ εἴπωμεν· ἐξ ἀνθρώπων; — ἐφοβοῦντο τὸν λαόν· ἅπαντες γὰρ εἶχον τὸν Ἰωάννην ὄντως[7] ὅτι προφήτης ἦν — 33 καὶ ἀποκριθέντες τῷ Ἰησοῦ λέγουσιν· οὐκ οἴδαμεν. καὶ ὁ Ἰησοῦς λέγει αὐτοῖς· οὐδὲ ἐγὼ λέγω ὑμῖν ἐν ποίᾳ ἐξουσίᾳ ταῦτα ποιῶ.

The Parable of the Vineyard and the Tenants   (Mt 21.33-46; Lk 20.9-19)

12 Καὶ ἤρξατο[8] αὐτοῖς ἐν παραβολαῖς λαλεῖν· ἀμπελῶνα[9] ἄνθρωπος ἐφύτευσεν[10] καὶ περιέθηκεν[11] φραγμὸν[12] καὶ ὤρυξεν[13] ὑπολήνιον[14] καὶ ᾠκοδόμησεν πύργον[15] καὶ ἐξέδετο[16] αὐτὸν γεωργοῖς[17] καὶ ἀπεδήμησεν[18]. 2 καὶ ἀπέστειλεν[19] πρὸς τοὺς γεωργοὺς τῷ καιρῷ δοῦλον, ἵνα παρὰ τῶν γεωργῶν λάβῃ[20] ἀπὸ τῶν καρπῶν τοῦ ἀμπελῶνος· 3 καὶ λαβόντες αὐτὸν ἔδειραν[21] καὶ ἀπέστειλαν κενόν[22]. 4 καὶ πάλιν ἀπέστειλεν πρὸς αὐτοὺς ἄλλον δοῦλον· κἀκεῖνον ἐκεφαλίωσαν[23] καὶ ἠτίμασαν[24]. 5 καὶ ἄλλον ἀπέστειλεν· κἀκεῖνον ἀπέκτειναν καὶ πολλοὺς ἄλλους, οὓς μὲν δέροντες, οὓς δὲ ἀποκτέννοντες[25]. 6 ἔτι ἕνα εἶχεν υἱὸν ἀγαπητόν· ἀπέστειλεν αὐτὸν ἔσχατον πρὸς αὐτοὺς λέγων ὅτι ἐντραπήσονται[26] τὸν υἱόν μου. 7 ἐκεῖνοι δὲ οἱ γεωργοὶ πρὸς ἑαυτοὺς εἶπαν ὅτι οὗτός ἐστιν ὁ κληρονόμος[27]· δεῦτε[28] ἀποκτείνωμεν αὐτόν, καὶ ἡμῶν ἔσται ἡ κληρονομία[29]. 8 καὶ λαβόντες ἀπέκτειναν αὐτὸν καὶ ἐξέβαλον[30] αὐτὸν ἔξω τοῦ ἀμπελῶνος. 9 τί οὖν ποιήσει ὁ κύριος τοῦ ἀμπελῶνος;

---

[1] ἀποκρίνομαι 2p aor pas impv, answer
[2] λέγω 1s fut act ind, say
[3] βάπτισμα, -τος n, baptism
[4] διαλογίζομαι 3p impf mid ind, discuss/argue
[5] λέγω 1p aor act sub, say
[6] λέγω 3s fut act ind, say
[7] ὄντως, adv, really
[8] ἄρχω 3s aor mid ind, mid begin
[9] ἀμπελών, -ῶνος m, vineyard
[10] φυτεύω 3s aor act ind, plant
[11] περιτίθημι 3s aor act ind, put around
[12] φραγμός, -οῦ m, wall
[13] ὀρύσσω 3s aor act ind, dig
[14] ὑπολήνιον, -ου m, trough placed under a wine press
[15] πύργος, -ου m, tower
[16] ἐκδίδωμι 3s aor mid ind, rent (out)
[17] γεωργός, -οῦ m, tenant farmer
[18] ἀποδημέω 3s aor act ind, leave the country
[19] ἀποστέλλω 3s aor act ind, send
[20] λαμβάνω 3s aor act sub, receive
[21] δέρω 3p aor act ind, beat
[22] κενός, -ή/όν, empty-handed
[23] κεφαλιόω 3p aor act ind, beat over the head
[24] ἀτιμάζω 3p aor act ind, treat shamefully
[25] ἀποκτείνω/ἀποκτέννω pres act ptc m p nom, kill
[26] ἐντρέπω 3p fut pas ind, pas respect
[27] κληρονόμος, -ου m, heir
[28] δεῦτε, interj, Come!
[29] κληρονομία, -ας f, property
[30] ἐκβάλλω 3p aor act ind, throw out

ἐλεύσεται¹ καὶ ἀπολέσει² τοὺς γεωργοὺς καὶ δώσει³ τὸν ἀμπελῶνα ἄλλοις. 10 οὐδὲ τὴν γραφὴν ταύτην ἀνέγνωτε⁴·

λίθον ὃν ἀπεδοκίμασαν⁵ οἱ οἰκοδομοῦντες,
οὗτος ἐγενήθη⁶ εἰς κεφαλὴν γωνίας⁷·
11 παρὰ κυρίου ἐγένετο αὕτη
καὶ ἔστιν θαυμαστὴ⁸ ἐν ὀφθαλμοῖς ἡμῶν;

12 καὶ ἐζήτουν αὐτὸν κρατῆσαι, καὶ ἐφοβήθησαν τὸν ὄχλον· ἔγνωσαν⁹ γὰρ ὅτι πρὸς αὐτοὺς τὴν παραβολὴν εἶπεν. καὶ ἀφέντες¹⁰ αὐτὸν ἀπῆλθον.

Paying Taxes to Caesar   (Mt 22.15-22; Lk 20.20-26)

13 Καὶ ἀποστέλλουσιν πρὸς αὐτόν τινας τῶν Φαρισαίων καὶ τῶν Ἡρῳδιανῶν¹¹, ἵνα αὐτὸν ἀγρεύσωσιν¹² λόγῳ. 14 καὶ ἐλθόντες λέγουσιν αὐτῷ· διδάσκαλε, οἴδαμεν ὅτι ἀληθὴς¹³ εἶ καὶ οὐ μέλει¹⁴ σοι περὶ οὐδενός· οὐ γὰρ βλέπεις εἰς πρόσωπον ἀνθρώπων, ἀλλ᾽ ἐπ᾽ ἀληθείας τὴν ὁδὸν τοῦ θεοῦ διδάσκεις· ἔξεστιν δοῦναι κῆνσον¹⁵ Καίσαρι ἢ οὔ; δῶμεν¹⁶ ἢ μὴ δῶμεν; 15 ὁ δὲ εἰδὼς¹⁷ αὐτῶν τὴν ὑπόκρισιν¹⁸ εἶπεν αὐτοῖς· τί με πειράζετε; φέρετέ μοι δηνάριον¹⁹ ἵνα ἴδω²⁰. 16 οἱ δὲ ἤνεγκαν²¹. καὶ λέγει αὐτοῖς· τίνος ἡ εἰκὼν²² αὕτη καὶ ἡ ἐπιγραφή²³; οἱ δὲ εἶπαν αὐτῷ· Καίσαρος. 17 ὁ δὲ Ἰησοῦς εἶπεν αὐτοῖς· τὰ Καίσαρος ἀπόδοτε²⁴ Καίσαρι καὶ τὰ τοῦ θεοῦ τῷ θεῷ. καὶ ἐξεθαύμαζον²⁵ ἐπ᾽ αὐτῷ.

The Question about the Resurrection   (Mt 22.23-33; Lk 20.27-40)

18 Καὶ ἔρχονται Σαδδουκαῖοι πρὸς αὐτόν οἵτινες λέγουσιν ἀνάστασιν μὴ εἶναι καὶ ἐπηρώτων αὐτὸν λέγοντες· 19 διδάσκαλε, Μωϋσῆς ἔγραψεν ἡμῖν ὅτι ἐάν τινος ἀδελφὸς ἀποθάνῃ²⁶ καὶ καταλίπῃ²⁷ γυναῖκα καὶ μὴ ἀφῇ²⁸ τέκνον, ἵνα λάβῃ²⁹ ὁ ἀδελφὸς αὐτοῦ τὴν γυναῖκα καὶ ἐξαναστήσῃ³⁰ σπέρμα τῷ ἀδελφῷ αὐτοῦ. 20 ἑπτὰ ἀδελφοὶ ἦσαν· καὶ ὁ πρῶτος ἔλαβεν γυναῖκα καὶ ἀποθνῄσκων οὐκ ἀφῆκεν³¹

---

[1] ἔρχομαι 3s fut mid ind, come
[2] ἀπόλλυμι 3s fut act ind, kill
[3] δίδωμι 3s fut act ind, give
[4] ἀναγινώσκω 2p aor act ind, read
[5] ἀποδοκιμάζω 3p aor act ind, reject
[6] γίνομαι 3s aor pas ind, become
[7] γωνία, -ας f, corner (κεφαλὴ γ. main corner stone)
[8] θαυμαστός, -ή/όν, amazing
[9] γινώσκω 3p aor act ind, know
[10] ἀφίημι aor act ptc m p nom, leave
[11] Ἡρῳδιανοί, -ῶν m, Herodians (partisans of the Herodian family)
[12] ἀγρεύω 3p aor act sub, trap
[13] ἀληθής, -ές, honest
[14] μέλει 3s pres act ind, impers it is of concern
[15] κῆνσος, -ου m, tax
[16] δίδωμι 1p aor act sub, pay (of taxes)
[17] οἶδα pf act ptc m s nom, know
[18] ὑπόκρισις, -εως f, hypocrisy
[19] δηνάριον, -ου n, denarius (Roman silver coin = day's wages of a common laborer)
[20] ὁράω 1s aor act sub, see
[21] φέρω 3p aor act ind, bring
[22] εἰκών, -όνος f, picture
[23] ἐπιγραφή, -ῆς f, inscription
[24] ἀποδίδωμι 2p aor act impv, give
[25] ἐκθαυμάζω 3p impf act ind, be completely amazed
[26] ἀποθνῄσκω 3s aor act sub, die
[27] καταλείπω 3s aor act sub, leave behind
[28] ἀφίημι 3s aor act sub, leave
[29] λαμβάνω 3s aor act sub, take
[30] ἐξανίστημι 3s aor act sub, raise up (ἔξα. σπέρμα have children)
[31] ἀφίημι 3s aor act ind, leave

σπέρμα· **21** καὶ ὁ δεύτερος ἔλαβεν αὐτὴν καὶ ἀπέθανεν μὴ καταλιπών¹ σπέρμα· καὶ ὁ τρίτος ὡσαύτως²· **22** καὶ οἱ ἑπτὰ οὐκ ἀφῆκαν³ σπέρμα. ἔσχατον πάντων καὶ ἡ γυνὴ ἀπέθανεν. **23** ἐν τῇ ἀναστάσει ὅταν ἀναστῶσιν⁴, τίνος αὐτῶν ἔσται γυνή; οἱ γὰρ ἑπτὰ ἔσχον αὐτὴν γυναῖκα. **24** ἔφη αὐτοῖς ὁ Ἰησοῦς· οὐ διὰ τοῦτο πλανᾶσθε μὴ εἰδότες⁵ τὰς γραφὰς μηδὲ τὴν δύναμιν τοῦ θεοῦ; **25** ὅταν γὰρ ἐκ νεκρῶν ἀναστῶσιν, οὔτε γαμοῦσιν⁶ οὔτε γαμίζονται⁷, ἀλλ' εἰσὶν ὡς ἄγγελοι ἐν τοῖς οὐρανοῖς. **26** περὶ δὲ τῶν νεκρῶν ὅτι ἐγείρονται οὐκ ἀνέγνωτε⁸ ἐν τῇ βίβλῳ⁹ Μωϋσέως ἐπὶ τοῦ βάτου¹⁰ πῶς εἶπεν αὐτῷ ὁ θεὸς λέγων· ἐγὼ ὁ θεὸς Ἀβραὰμ καὶ ὁ θεὸς Ἰσαὰκ καὶ ὁ θεὸς Ἰακώβ; **27** οὐκ ἔστιν θεὸς νεκρῶν, ἀλλὰ ζώντων· πολὺ πλανᾶσθε.

The Great Commandment (Mt 22.34-40; Lk 10.25-28)

28 Καὶ προσελθὼν¹¹ εἷς τῶν γραμματέων ἀκούσας αὐτῶν συζητούντων¹² ἰδὼν ὅτι καλῶς ἀπεκρίθη αὐτοῖς ἐπηρώτησεν αὐτόν· ποία ἐστὶν ἐντολὴ πρώτη πάντων; **29** ἀπεκρίθη ὁ Ἰησοῦς ὅτι πρώτη ἐστίν· ἄκουε, Ἰσραήλ, κύριος ὁ θεὸς ἡμῶν κύριος εἷς ἐστιν, **30** καὶ ἀγαπήσεις κύριον τὸν θεόν σου ἐξ ὅλης τῆς καρδίας σου καὶ ἐξ ὅλης τῆς ψυχῆς σου καὶ ἐξ ὅλης τῆς διανοίας¹³ σου καὶ ἐξ ὅλης τῆς ἰσχύος¹⁴ σου. **31** δευτέρα αὕτη· ἀγαπήσεις τὸν πλησίον¹⁵ σου ὡς σεαυτόν. μείζων¹⁶ τούτων ἄλλη ἐντολὴ οὐκ ἔστιν. **32** καὶ εἶπεν αὐτῷ ὁ γραμματεύς· καλῶς, διδάσκαλε, ἐπ' ἀληθείας εἶπες ὅτι εἷς ἐστιν καὶ οὐκ ἔστιν ἄλλος πλὴν αὐτοῦ· **33** καὶ τὸ ἀγαπᾶν αὐτὸν ἐξ ὅλης τῆς καρδίας καὶ ἐξ ὅλης τῆς συνέσεως¹⁷ καὶ ἐξ ὅλης τῆς ἰσχύος καὶ τὸ ἀγαπᾶν τὸν πλησίον ὡς ἑαυτὸν περισσότερόν¹⁸ ἐστιν πάντων τῶν ὁλοκαυτωμάτων¹⁹ καὶ θυσιῶν²⁰. **34** καὶ ὁ Ἰησοῦς ἰδὼν αὐτὸν ὅτι νουνεχῶς²¹ ἀπεκρίθη εἶπεν αὐτῷ· οὐ μακρὰν²² εἶ ἀπὸ τῆς βασιλείας τοῦ θεοῦ. καὶ οὐδεὶς οὐκέτι ἐτόλμα²³ αὐτὸν ἐπερωτῆσαι.

The Question about David's Son (Mt 22.41-46; Lk 20.41-44)

35 Καὶ ἀποκριθεὶς ὁ Ἰησοῦς ἔλεγεν διδάσκων ἐν τῷ ἱερῷ· πῶς λέγουσιν οἱ γραμματεῖς ὅτι ὁ χριστὸς υἱὸς Δαυίδ ἐστιν; **36** αὐτὸς Δαυὶδ εἶπεν ἐν τῷ πνεύματι τῷ ἁγίῳ·
εἶπεν ὁ κύριος τῷ κυρίῳ μου·
κάθου²⁴ ἐκ δεξιῶν μου,

---

¹ καταλείπω aor act ptc m s nom, leave
² ὡσαύτως, adv, in the same way
³ ἀφίημι 3p aor act ind, leave
⁴ ἀνίστημι 3p aor act sub, intrans rise (from death)
⁵ οἶδα pf act ptc m p nom, know
⁶ γαμέω 3p pres act ind, marry
⁷ γαμίζω 3p pres pas ind, give (a bride) in marriage
⁸ ἀναγινώσκω 2p aor act ind, read
⁹ βίβλος, -ου m & f, book
¹⁰ βάτος, -ου m & f, bush
¹¹ προσέρχομαι aor act ptc m s nom, come/go to
¹² συζητέω pres act ptc m p gen, argue/discuss
¹³ διάνοια, -ας f, mind
¹⁴ ἰσχύς, -ύος f, strength
¹⁵ πλησίον, prep + gen, near (ὁ π. fellow human being)
¹⁶ μέγας, great (comp)
¹⁷ σύνεσις, -εως f, understanding
¹⁸ περισσότερος, more important (comp of περισσός)
¹⁹ ὁλοκαύτωμα, -τος n, whole burnt offering
²⁰ θυσία, -ας f, sacrifice
²¹ νουνεχῶς, adv, wisely
²² μακράν, adv, far
²³ τολμάω 3s impf act ind, dare
²⁴ κάθημαι 2s pres mid impv, sit

ἕως ἂν θῶ¹ τοὺς ἐχθρούς σου
ὑποκάτω ²τῶν ποδῶν σου.
37 αὐτὸς Δαυὶδ λέγει αὐτὸν κύριον, καὶ πόθεν³ αὐτοῦ ἐστιν υἱός;
Καὶ ὁ πολὺς ὄχλος ἤκουεν αὐτοῦ ἡδέως⁴.

The Denouncing of the Scribes (Mt 23.1-36; Lk 20.45-47)

38 Καὶ ἐν τῇ διδαχῇ⁵ αὐτοῦ ἔλεγεν· βλέπετε ἀπὸ τῶν γραμματέων τῶν θελόντων ἐν στολαῖς⁶ περιπατεῖν καὶ ἀσπασμοὺς⁷ ἐν ταῖς ἀγοραῖς⁸ **39** καὶ πρωτοκαθεδρίας⁹ ἐν ταῖς συναγωγαῖς καὶ πρωτοκλισίας¹⁰ ἐν τοῖς δείπνοις¹¹· **40** οἱ κατεσθίοντες¹² τὰς οἰκίας τῶν χηρῶν¹³ καὶ προφάσει¹⁴ μακρὰ¹⁵ προσευχόμενοι οὗτοι λήμψονται¹⁶ περισσότερον¹⁷ κρίμα¹⁸.

The Widow's Offering (Lk 21.1-4)

41 Καὶ καθίσας κατέναντι¹⁹ τοῦ γαζοφυλακίου²⁰ ἐθεώρει πῶς ὁ ὄχλος βάλλει χαλκὸν²¹ εἰς τὸ γαζοφυλάκιον. καὶ πολλοὶ πλούσιοι²² ἔβαλλον²³ πολλά· **42** καὶ ἐλθοῦσα μία χήρα²⁴ πτωχὴ ἔβαλεν λεπτὰ²⁵ δύο, ὅ ἐστιν κοδράντης²⁶. **43** καὶ προσκαλεσάμενος²⁷ τοὺς μαθητὰς αὐτοῦ εἶπεν αὐτοῖς· ἀμὴν λέγω ὑμῖν ὅτι ἡ χήρα αὕτη ἡ πτωχὴ πλεῖον²⁸ πάντων ἔβαλεν τῶν βαλλόντων εἰς τὸ γαζοφυλάκιον· **44** πάντες γὰρ ἐκ τοῦ περισσεύοντος αὐτοῖς ἔβαλον, αὕτη δὲ ἐκ τῆς ὑστερήσεως²⁹ αὐτῆς πάντα ὅσα εἶχεν ἔβαλεν, ὅλον τὸν βίον³⁰ αὐτῆς.

---

[1] τίθημι 1s aor act sub, put
[2] ὑποκάτω, prep + gen, under
[3] πόθεν, adv, how
[4] ἡδέως, adv, gladly
[5] διδαχή, -ῆς f, teaching
[6] στολή, -ῆς f, long robe
[7] ἀσπασμός, -οῦ m, greeting
[8] ἀγορά, -ᾶς f, market place
[9] πρωτοκαθεδρία, -ας f, best seat
[10] πρωτοκλισία, -ας f, place of honor
[11] δεῖπνον, -ου n, banquet
[12] κατεσθίω pres act ptc m p nom, cheat (someone out of something)
[13] χήρα, -ας f, widow
[14] πρόφασις, -εως f, pretense
[15] μακρός, adv, long (μ. προσευχόμενοι praying long prayers)
[16] λαμβάνω 3p fut mid ind, receive
[17] περισσότερος, much worse (comp of περισσός)
[18] κρίμα, -τος n, condemnation
[19] κατέναντι, prep + gen, in front of
[20] γαζοφυλάκιον, -ου n, offering box
[21] χαλκός, -οῦ m, money
[22] πλούσιος, -α/ον, rich
[23] βάλλω 3p aor act ind, put
[24] χήρα, -ας f, widow
[25] λεπτόν, -ου n, lepton (copper coin worth 1/2 quadrans or 1/128 denarius)
[26] κοδράντης, -οῦ m, quadrans (Roman copper coin worth 1/64 denarius)
[27] προσκαλέομαι aor mid ptc m s nom, call to oneself
[28] πολύς, much (comp)
[29] ὑστέρησις, -εως f, poverty
[30] βίος, -ου m, livelihood

The Destruction of the Temple Foretold (Mt 24.1-2; Lk 21.5-6)

13 Καὶ ἐκπορευομένου αὐτοῦ ἐκ τοῦ ἱεροῦ λέγει αὐτῷ εἷς τῶν μαθητῶν αὐτοῦ· διδάσκαλε, ἴδε[1] ποταποὶ[2] λίθοι καὶ ποταπαὶ οἰκοδομαί[3]. **2** καὶ ὁ Ἰησοῦς εἶπεν αὐτῷ· βλέπεις ταύτας τὰς μεγάλας οἰκοδομάς; οὐ μὴ ἀφεθῇ[4] ὧδε λίθος ἐπὶ λίθον ὃς οὐ μὴ καταλυθῇ[5].

The Beginning of Woes (Mt 24.3-14; Lk 21.7-19)

3 Καὶ καθημένου αὐτοῦ εἰς τὸ ὄρος τῶν ἐλαιῶν[6] κατέναντι[7] τοῦ ἱεροῦ ἐπηρώτα αὐτὸν κατ᾿ ἰδίαν[8] Πέτρος καὶ Ἰάκωβος καὶ Ἰωάννης καὶ Ἀνδρέας· **4** εἰπὸν ἡμῖν, πότε[9] ταῦτα ἔσται καὶ τί τὸ σημεῖον, ὅταν μέλλῃ ταῦτα συντελεῖσθαι[10] πάντα; **5** ὁ δὲ Ἰησοῦς ἤρξατο[11] λέγειν αὐτοῖς· βλέπετε μή τις ὑμᾶς πλανήσῃ· **6** πολλοὶ ἐλεύσονται[12] ἐπὶ τῷ ὀνόματί μου λέγοντες ὅτι ἐγώ εἰμι, καὶ πολλοὺς πλανήσουσιν. **7** ὅταν δὲ ἀκούσητε πολέμους[13] καὶ ἀκοὰς[14] πολέμων, μὴ θροεῖσθε[15]· δεῖ γενέσθαι, ἀλλ᾿ οὔπω[16] τὸ τέλος. **8** ἐγερθήσεται[17] γὰρ ἔθνος ἐπ᾿ ἔθνος καὶ βασιλεία ἐπὶ βασιλείαν, ἔσονται σεισμοὶ[18] κατὰ τόπους, ἔσονται[19] λιμοί[20]· ἀρχὴ ὠδίνων[21] ταῦτα.

9 Βλέπετε δὲ ὑμεῖς ἑαυτούς· παραδώσουσιν[22] ὑμᾶς εἰς συνέδρια[23], καὶ εἰς συναγωγὰς δαρήσεσθε[24] καὶ ἐπὶ ἡγεμόνων[25] καὶ βασιλέων σταθήσεσθε[26] ἕνεκεν[27] ἐμοῦ εἰς μαρτύριον[28] αὐτοῖς. **10** καὶ εἰς πάντα τὰ ἔθνη πρῶτον δεῖ κηρυχθῆναι[29] τὸ εὐαγγέλιον. **11** καὶ ὅταν ἄγωσιν ὑμᾶς παραδιδόντες, μὴ προμεριμνᾶτε[30] τί λαλήσητε, ἀλλ᾿ ὃ ἐὰν δοθῇ[31] ὑμῖν ἐν ἐκείνῃ τῇ ὥρᾳ τοῦτο λαλεῖτε· οὐ γάρ ἐστε ὑμεῖς οἱ λαλοῦντες, ἀλλὰ τὸ πνεῦμα τὸ ἅγιον. **12** καὶ παραδώσει[32] ἀδελφὸς ἀδελφὸν εἰς θάνατον καὶ πατὴρ τέκνον, καὶ ἐπαναστήσονται[33] τέκνα ἐπὶ γονεῖς[34] καὶ θανατώσουσιν[35] αὐτούς· **13** καὶ ἔσεσθε[36] μισούμενοι ὑπὸ πάντων διὰ τὸ ὄνομά μου. ὁ δὲ ὑπομείνας[37] εἰς τέλος οὗτος σωθήσεται.

---

[1] ἴδε, interj, Look!
[2] ποταπός, -ή/όν, what wonderful
[3] οἰκοδομή, -ῆς f, building
[4] ἀφίημι 3s aor pas sub, leave
[5] καταλύω 3s aor pas sub, tear down
[6] ἐλαία, -ας f, olive
[7] κατέναντι, prep + gen, opposite
[8] ἴδιος, -α/ον, one's own (κατ᾿ ἰδίαν privately)
[9] πότε, adv, when
[10] συντελέω pres pas inf, pas happen
[11] ἄρχω 3s aor mid ind, mid begin
[12] ἔρχομαι 3p fut mid ind, come
[13] πόλεμος, -ου m, war
[14] ἀκοή, -ῆς f, rumor
[15] θροέω 2p pres pas impv, pas be alarmed
[16] οὔπω, adv, not yet
[17] ἐγείρω 3s fut pas ind, intrans pas rise against
[18] σεισμός, -οῦ m, earthquake
[19] εἰμί 3p fut mid ind, be
[20] λιμός, -οῦ m & f, famine
[21] ὠδίν, -ῖνος f, trouble
[22] παραδίδωμι 3p fut act ind, hand over
[23] συνέδριον, -ου n, council
[24] δέρω 2p fut pas ind, beat
[25] ἡγεμών, -όνος m, ruler
[26] ἵστημι 2p fut pas ind, intrans pas stand
[27] ἕνεκα, prep + gen, because of
[28] μαρτύριον, -ου n, witness
[29] κηρύσσω aor pas inf, preach
[30] προμεριμνάω 2p pres act impv, worry
[31] δίδωμι 3s aor pas sub, give
[32] παραδίδωμι 3s fut act ind, betray
[33] ἐπανίστημι 3p fut mid ind, turn against
[34] γονεύς, -έως m, parent
[35] θανατόω 3p fut act ind, kill
[36] εἰμί 2p fut mid ind, be
[37] ὑπομένω aor act ptc m s nom, remain faithful

The Great Tribulation (Mt 24.15-28; Lk 21.20-24)

14 Ὅταν δὲ ἴδητε¹ τὸ βδέλυγμα² τῆς ἐρημώσεως³ ἑστηκότα⁴ ὅπου οὐ δεῖ, ὁ ἀναγινώσκων νοείτω⁵, τότε οἱ ἐν τῇ Ἰουδαίᾳ φευγέτωσαν⁶ εἰς τὰ ὄρη, 15 ὁ δὲ ἐπὶ τοῦ δώματος⁷ μὴ καταβάτω⁸ μηδὲ εἰσελθάτω⁹ ἆραι¹⁰ τι ἐκ τῆς οἰκίας αὐτοῦ, 16 καὶ ὁ εἰς τὸν ἀγρὸν μὴ ἐπιστρεψάτω¹¹ εἰς τὰ ὀπίσω ἆραι¹² τὸ ἱμάτιον αὐτοῦ. 17 οὐαὶ δὲ ταῖς ἐν γαστρὶ¹³ ἐχούσαις καὶ ταῖς θηλαζούσαις¹⁴ ἐν ἐκείναις ταῖς ἡμέραις.

18 Προσεύχεσθε δὲ ἵνα μὴ γένηται χειμῶνος¹⁵· 19 ἔσονται γὰρ αἱ ἡμέραι ἐκεῖναι θλῖψις οἵα¹⁶ οὐ γέγονεν τοιαύτη ἀπ' ἀρχῆς κτίσεως¹⁷ ἣν ἔκτισεν¹⁸ ὁ θεὸς ἕως τοῦ νῦν καὶ οὐ μὴ γένηται. 20 καὶ εἰ μὴ ἐκολόβωσεν¹⁹ κύριος τὰς ἡμέρας, οὐκ ἂν ἐσώθη πᾶσα σάρξ· ἀλλὰ διὰ τοὺς ἐκλεκτοὺς²⁰ οὓς ἐξελέξατο²¹ ἐκολόβωσεν τὰς ἡμέρας.

21 Καὶ τότε ἐάν τις ὑμῖν εἴπῃ²²· ἴδε²³ ὧδε ὁ χριστός, ἴδε ἐκεῖ, μὴ πιστεύετε· 22 ἐγερθήσονται²⁴ γὰρ ψευδόχριστοι²⁵ καὶ ψευδοπροφῆται²⁶ καὶ δώσουσιν²⁷ σημεῖα καὶ τέρατα²⁸ πρὸς τὸ ἀποπλανᾶν²⁹ εἰ δυνατὸν τοὺς ἐκλεκτούς. 23 ὑμεῖς δὲ βλέπετε· προείρηκα³⁰ ὑμῖν πάντα.

The Coming of the Son of Man (Mt 24.29-31; Lk 21.25-28)

24 Ἀλλ' ἐν ἐκείναις ταῖς ἡμέραις μετὰ τὴν θλῖψιν ἐκείνην

ὁ ἥλιος σκοτισθήσεται³¹,

καὶ ἡ σελήνη³² οὐ δώσει³³ τὸ φέγγος³⁴ αὐτῆς,

25 καὶ οἱ ἀστέρες³⁵ ἔσονται ἐκ τοῦ οὐρανοῦ πίπτοντες,

καὶ αἱ δυνάμεις αἱ ἐν τοῖς οὐρανοῖς σαλευθήσονται³⁶.

26 καὶ τότε ὄψονται³⁷ τὸν υἱὸν τοῦ ἀνθρώπου ἐρχόμενον ἐν νεφέλαις³⁸ μετὰ δυνάμεως πολλῆς καὶ δόξης. 27 καὶ τότε ἀποστελεῖ τοὺς ἀγγέλους καὶ ἐπισυνάξει³⁹

---

1 ὁράω 2p aor act sub, see
2 βδέλυγμα, -τος n, something detestable
3 ἐρήμωσις, -εως f, desolation
4 ἵστημι pf act ptc n s acc, intrans stand
5 νοέω 3s pres act impv, understand
6 φεύγω 3p pres act impv, run
7 δῶμα, -τος n, housetop
8 καταβαίνω 3s aor act impv, come (down)
9 εἰσέρχομαι 3s aor act impv, come/go in
10 αἴρω aor act inf, take
11 ἐπιστρέφω 3s aor act impv, turn back
12 αἴρω aor act inf, take
13 γαστήρ, -τρός f, womb (ἐν γ. ἔχω be pregnant)

14 θηλάζω pres act ptc f p dat, nurse (of a mother breast feeding her child)
15 χειμών, -ῶνος m, winter
16 οἷος, -α/ον rel pro, such as
17 κτίσις, -εως f, creation
18 κτίζω 3s aor act ind, create
19 κολοβόω 3s aor act ind, shorten
20 ἐκλεκτός, -ή/όν, chosen
21 ἐκλέγομαι 3s aor mid ind, choose
22 λέγω 3s aor act sub, say
23 ἴδε, interj, Look!
24 ἐγείρω 3p fut pas ind, intrans pas get up
25 ψευδόχριστος, -ου m, false Christ/messiah
26 ψευδοπροφήτης, -ου m, false prophet

27 δίδωμι 3p fut act ind, give
28 τέρας, -ατος n, wonder
29 ἀποπλανάω pres act inf, deceive
30 προλέγω 1s pf act ind, tell in advance
31 σκοτίζομαι 3s fut pas ind, become dark
32 σελήνη, -ης f, moon
33 δίδωμι 3s fut act ind, give
34 φέγγος, -ους n, light
35 ἀστήρ, -έρος m, star
36 σαλεύω 3p fut pas ind, shake
37 ὁράω 3p fut mid ind, see
38 νεφέλη, -ης f, cloud
39 ἐπισυνάγω 3s fut act ind, gather

τοὺς ἐκλεκτοὺς αὐτοῦ ἐκ τῶν τεσσάρων ἀνέμων ἀπ' ἄκρου[1] γῆς ἕως ἄκρου οὐρανοῦ.

The Lesson of the Fig Tree (Mt 24.32-35; Lk 21.29-33)

28 Ἀπὸ δὲ τῆς συκῆς[2] μάθετε[3] τὴν παραβολήν· ὅταν ἤδη ὁ κλάδος[4] αὐτῆς ἁπαλὸς[5] γένηται καὶ ἐκφύῃ[6] τὰ φύλλα[7], γινώσκετε ὅτι ἐγγὺς τὸ θέρος[8] ἐστίν· 29 οὕτως καὶ ὑμεῖς, ὅταν ἴδητε[9] ταῦτα γινόμενα, γινώσκετε ὅτι ἐγγύς ἐστιν ἐπὶ θύραις. 30 Ἀμὴν λέγω ὑμῖν ὅτι οὐ μὴ παρέλθῃ[10] ἡ γενεὰ αὕτη μέχρις[11] οὗ ταῦτα πάντα γένηται. 31 ὁ οὐρανὸς καὶ ἡ γῆ παρελεύσονται[12], οἱ δὲ λόγοι μου οὐ μὴ παρελεύσονται.

The Unknown Day and Hour (Mt 24.36-44)

32 Περὶ δὲ τῆς ἡμέρας ἐκείνης ἢ τῆς ὥρας οὐδεὶς οἶδεν, οὐδὲ οἱ ἄγγελοι ἐν οὐρανῷ οὐδὲ ὁ υἱός, εἰ μὴ ὁ πατήρ. 33 Βλέπετε, ἀγρυπνεῖτε[13]· οὐκ οἴδατε γὰρ πότε[14] ὁ καιρός ἐστιν. 34 ὡς ἄνθρωπος ἀπόδημος[15] ἀφεὶς[16] τὴν οἰκίαν αὐτοῦ καὶ δοὺς[17] τοῖς δούλοις αὐτοῦ τὴν ἐξουσίαν, ἑκάστῳ τὸ ἔργον αὐτοῦ, καὶ τῷ θυρωρῷ[18] ἐνετείλατο[19] ἵνα γρηγορῇ[20]. 35 γρηγορεῖτε οὖν· οὐκ οἴδατε γὰρ πότε ὁ κύριος τῆς οἰκίας ἔρχεται, ἢ ὀψὲ[21] ἢ μεσονύκτιον[22] ἢ ἀλεκτοροφωνίας[23] ἢ πρωΐ[24], 36 μὴ ἐλθὼν ἐξαίφνης[25] εὕρῃ[26] ὑμᾶς καθεύδοντας[27]. 37 ὃ δὲ ὑμῖν λέγω πᾶσιν λέγω· γρηγορεῖτε[28].

The Plot to Kill Jesus (Mt 26.1-5; Lk 22.1-2; Jn 11.45-53)

14 Ἦν δὲ τὸ πάσχα[29] καὶ τὰ ἄζυμα[30] μετὰ δύο ἡμέρας. καὶ ἐζήτουν οἱ ἀρχιερεῖς καὶ οἱ γραμματεῖς πῶς αὐτὸν ἐν δόλῳ[31] κρατήσαντες ἀποκτείνωσιν· 2 ἔλεγον γάρ· μὴ ἐν τῇ ἑορτῇ[32], μήποτε[33] ἔσται θόρυβος[34] τοῦ λαοῦ.

---

[1] ἄκρον, -ου n, most distant boundary
[2] συκῆ, -ῆς f, fig tree
[3] μανθάνω 2p aor act impv, learn
[4] κλάδος, -ου m, branch
[5] ἁπαλός, -ή/όν, tender
[6] ἐκφύω 3s pres act sub, put out
[7] φύλλον, -ου n, leaf
[8] θέρος, -ους n, summer
[9] ὁράω 2p aor act sub, see
[10] παρέρχομαι 3s aor act sub, pass away
[11] μέχρι, prep + gen, until
[12] παρέρχομαι 3p fut mid ind, pass away
[13] ἀγρυπνέω 2p pres act impv, be ready
[14] πότε, adv, when
[15] ἀπόδημος, -ον, away on a journey
[16] ἀφίημι aor act ptc m s nom, leave
[17] δίδωμι aor act ptc m s nom, give
[18] θυρωρός, -οῦ m & f, doorkeeper
[19] ἐντέλλομαι 3s aor mid ind, order
[20] γρηγορέω 3s pres act sub, keep alert
[21] ὀψέ, adv, late = evening
[22] μεσονύκτιον, -ου n, midnight
[23] ἀλεκτοροφωνία, -ας f, before dawn
[24] πρωΐ, adv, early = (early) morning
[25] ἐξαίφνης, adv, suddenly
[26] εὑρίσκω 3s aor act sub, find
[27] καθεύδω pres act ptc m p acc, sleep
[28] γρηγορέω 2p pres act impv, keep alert
[29] πάσχα, n, Passover
[30] ἄζυμος, -ον, without yeast (τὰ ἄζυμα Jewish festival of Unleavened Bread)
[31] δόλος, -ου m, deceit
[32] ἑορτή, -ῆς f, festival
[33] μήποτε, conj, otherwise
[34] θόρυβος, -ου m, riot

The Anointing at Bethany (Mt 26.6-13; Jn 12.1-8)

3 Καὶ ὄντος αὐτοῦ ἐν Βηθανίᾳ ἐν τῇ οἰκίᾳ Σίμωνος τοῦ λεπροῦ[1], κατακειμένου[2] αὐτοῦ ἦλθεν γυνὴ ἔχουσα ἀλάβαστρον[3] μύρου[4] νάρδου[5] πιστικῆς[6] πολυτελοῦς[7], συντρίψασα[8] τὴν ἀλάβαστρον κατέχεεν[9] αὐτοῦ τῆς κεφαλῆς. 4 ἦσαν δέ τινες ἀγανακτοῦντες[10] πρὸς ἑαυτούς· εἰς τί ἡ ἀπώλεια[11] αὕτη τοῦ μύρου γέγονεν; 5 ἠδύνατο γὰρ τοῦτο τὸ μύρον πραθῆναι[12] ἐπάνω[13] δηναρίων[14] τριακοσίων[15] καὶ δοθῆναι[16] τοῖς πτωχοῖς· καὶ ἐνεβριμῶντο[17] αὐτῇ. 6 ὁ δὲ Ἰησοῦς εἶπεν· ἄφετε[18] αὐτήν· τί αὐτῇ κόπους[19] παρέχετε[20]; καλὸν ἔργον ἠργάσατο ἐν ἐμοί· 7 πάντοτε γὰρ τοὺς πτωχοὺς ἔχετε μεθ᾽ ἑαυτῶν καὶ, ὅταν θέλητε, δύνασθε αὐτοῖς εὖ[21] ποιῆσαι, ἐμὲ δὲ οὐ πάντοτε ἔχετε. 8 ὃ ἔσχεν[22] ἐποίησεν· προέλαβεν[23] μυρίσαι[24] τὸ σῶμά μου εἰς τὸν ἐνταφιασμόν[25]. 9 ἀμὴν δὲ λέγω ὑμῖν· ὅπου ἐὰν κηρυχθῇ[26] τὸ εὐαγγέλιον εἰς ὅλον τὸν κόσμον καὶ ὃ ἐποίησεν αὕτη λαληθήσεται εἰς μνημόσυνον[27] αὐτῆς.

Judas' Agreement to Betray Jesus (Mt 26.14-16; Lk 22.3-6)

10 Καὶ Ἰούδας Ἰσκαριὼθ ὁ εἷς τῶν δώδεκα ἀπῆλθεν πρὸς τοὺς ἀρχιερεῖς, ἵνα αὐτὸν παραδοῖ[28] αὐτοῖς. 11 οἱ δὲ ἀκούσαντες ἐχάρησαν[29] καὶ ἐπηγγείλαντο[30] αὐτῷ ἀργύριον[31] δοῦναι. καὶ ἐζήτει πῶς αὐτὸν εὐκαίρως[32] παραδοῖ[33].

The Passover with the Disciples (Mt 26.17-25; Lk 22.7-14, 21-23; Jn 13.21-30)

12 Καὶ τῇ πρώτῃ ἡμέρᾳ τῶν ἀζύμων[34], ὅτε τὸ πάσχα[35] ἔθυον[36], λέγουσιν αὐτῷ οἱ μαθηταὶ αὐτοῦ· ποῦ θέλεις ἀπελθόντες ἑτοιμάσωμεν ἵνα φάγῃς[37] τὸ πάσχα; 13 καὶ ἀποστέλλει δύο τῶν μαθητῶν αὐτοῦ καὶ λέγει αὐτοῖς· ὑπάγετε εἰς τὴν πόλιν,

---

[1] λεπρός, -οῦ m, leper/person with a skin disease
[2] κατάκειμαι pres mid ptc m s gen, sit (for a meal)
[3] ἀλάβαστρος, -ου m & f, alabaster jar
[4] μύρον, -ου n, perfume/ointment
[5] νάρδος, -ου f, oil of nard (an aromatic plant)
[6] πιστικός, -ή/όν, pure
[7] πολυτελής, -ές, expensive
[8] συντρίβω aor act ptc f s nom, break open
[9] καταχέω 3s aor act ind, pour on
[10] ἀγανακτέω pres act ptc m p nom, be angry
[11] ἀπώλεια, -ας f, waste
[12] πιπράσκω aor pas inf, sell
[13] ἐπάνω, prep + gen, more than
[14] δηνάριον, -ου n, denarius (Roman silver coin = day's wages of a common laborer)
[15] τριακόσιοι, -αι/α, three hundred
[16] δίδωμι aor pas inf, give
[17] ἐμβριμάομαι 3p impf mid ind, criticize harshly
[18] ἀφίημι 2p aor act impv, leave alone
[19] κόπος, -ου m, trouble
[20] παρέχω 2p pres act ind, cause
[21] εὖ, adv, well (εὖ ποιῆσαι help)
[22] ἔχω 3s aor act ind, have
[23] προλαμβάνω 3s aor act ind, do ahead of time
[24] μυρίζω aor act inf, pour perfume on
[25] ἐνταφιασμός, -οῦ m, preparation for burial
[26] κηρύσσω 3s aor pas sub, preach
[27] μνημόσυνον, -ου n, remembrance
[28] παραδίδωμι 3s aor act sub, betray
[29] χαίρω 3p aor pas ind, be glad
[30] ἐπαγγέλλομαι 3p aor mid ind, promise
[31] ἀργύριον, -ου n, money
[32] εὐκαίρως, adv, when the time is right
[33] παραδίδωμι 3s aor act sub, betray
[34] ἄζυμος, without yeast (τὰ ἄζυμα Jewish festival of Unleavened Bread)
[35] πάσχα, n, Passover lamb
[36] θύω 3p impf act ind, sacrifice
[37] ἐσθίω 2s aor act sub, eat

καὶ ἀπαντήσει[1] ὑμῖν ἄνθρωπος κεράμιον[2] ὕδατος[3] βαστάζων[4]· ἀκολουθήσατε αὐτῷ 14 καὶ ὅπου ἐὰν εἰσέλθῃ[5] εἴπατε τῷ οἰκοδεσπότῃ[6] ὅτι ὁ διδάσκαλος λέγει· ποῦ ἐστιν τὸ κατάλυμά[7] μου, ὅπου τὸ πάσχα μετὰ τῶν μαθητῶν μου φάγω; 15 καὶ αὐτὸς ὑμῖν δείξει[8] ἀνάγαιον[9] μέγα ἐστρωμένον[10] ἕτοιμον[11]· καὶ ἐκεῖ ἑτοιμάσατε ἡμῖν. 16 καὶ ἐξῆλθον οἱ μαθηταὶ καὶ ἦλθον εἰς τὴν πόλιν καὶ εὗρον καθὼς εἶπεν αὐτοῖς καὶ ἡτοίμασαν τὸ πάσχα. 17 Καὶ ὀψίας[12] γενομένης ἔρχεται μετὰ τῶν δώδεκα. 18 καὶ ἀνακειμένων[13] αὐτῶν καὶ ἐσθιόντων ὁ Ἰησοῦς εἶπεν· ἀμὴν λέγω ὑμῖν ὅτι εἷς ἐξ ὑμῶν παραδώσει[14] με ὁ ἐσθίων μετ' ἐμοῦ. 19 ἤρξαντο[15] λυπεῖσθαι[16] καὶ λέγειν αὐτῷ εἷς κατὰ εἷς· μήτι[17] ἐγώ; 20 ὁ δὲ εἶπεν αὐτοῖς· εἷς τῶν δώδεκα ὁ ἐμβαπτόμενος[18] μετ' ἐμοῦ εἰς τὸ τρύβλιον[19]. 21 ὅτι ὁ μὲν υἱὸς τοῦ ἀνθρώπου ὑπάγει, καθὼς γέγραπται περὶ αὐτοῦ· οὐαὶ δὲ τῷ ἀνθρώπῳ ἐκείνῳ δι' οὗ ὁ υἱὸς τοῦ ἀνθρώπου παραδίδοται· καλὸν αὐτῷ, εἰ οὐκ ἐγεννήθη ὁ ἄνθρωπος ἐκεῖνος.

The Institution of the Lord's Supper (Mt 26.26-30; Lk 22.15-20; 1 Cor 11.23-25)

22 Καὶ ἐσθιόντων αὐτῶν λαβὼν ἄρτον εὐλογήσας ἔκλασεν[20] καὶ ἔδωκεν αὐτοῖς καὶ εἶπεν· λάβετε[21], τοῦτό ἐστιν τὸ σῶμά μου. 23 καὶ λαβὼν ποτήριον εὐχαριστήσας ἔδωκεν αὐτοῖς, καὶ ἔπιον ἐξ αὐτοῦ πάντες. 24 καὶ εἶπεν αὐτοῖς· τοῦτό ἐστιν τὸ αἷμά μου τῆς διαθήκης τὸ ἐκχυννόμενον[22] ὑπὲρ πολλῶν. 25 ἀμὴν λέγω ὑμῖν ὅτι οὐκέτι οὐ μὴ πίω[23] ἐκ τοῦ γενήματος[24] τῆς ἀμπέλου[25] ἕως τῆς ἡμέρας ἐκείνης, ὅταν αὐτὸ πίνω καινὸν ἐν τῇ βασιλείᾳ τοῦ θεοῦ. 26 Καὶ ὑμνήσαντες[26] ἐξῆλθον εἰς τὸ ὄρος τῶν ἐλαιῶν[27].

Peter's Denial Foretold (Mt 26.31-35; Lk 22.31-34; Jn 13.36-38)

27 Καὶ λέγει αὐτοῖς ὁ Ἰησοῦς ὅτι πάντες σκανδαλισθήσεσθε[28], ὅτι γέγραπται·

---

[1] ἀπαντάω 3s fut act ind, meet
[2] κεράμιον, -ου n, jar
[3] ὕδωρ, ὕδατος n, water
[4] βαστάζω pres act ptc m s nom, carry
[5] εἰσέρχομαι 3s aor act sub, come/go in
[6] οἰκοδεσπότης, -ου m, house owner
[7] κατάλυμα, -τος n, (guest) room
[8] δείκνυμι 3s fut act ind, show
[9] ἀνάγαιον, -ου n, upstairs room
[10] στρώννυμι pf pas ptc n s acc, furnish
[11] ἕτοιμος, -η/ον, ready
[12] ὄψιος, -α/ον, late (ἡ ὀψία f evening)
[13] ἀνάκειμαι pres mid ptc m p gen, be seated at table
[14] παραδίδωμι 3s fut act ind, betray
[15] ἄρχω 3p aor mid ind, mid begin
[16] λυπέω pres pas inf, pas be sad
[17] μήτι, usually expects a negative reply
[18] ἐμβάπτω pres mid ptc m s nom, dip
[19] τρύβλιον, -ου n, dish
[20] κλάω 3s aor act ind, break
[21] λαμβάνω 2p aor act imp, take
[22] ἐκχύννω pres pas ptc n s nom, pour out
[23] πίνω 1s aor act sub, drink
[24] γένημα, -τος n, fruit (γ. τῆς ἀμπέλου wine)
[25] ἄμπελος, -ου f, grapevine
[26] ὑμνέω aor act ptc m p nom, sing a hymn
[27] ἐλαία, -ας f, olive
[28] σκανδαλίζω 2p fut pas ind, pas turn away

πατάξω¹ τὸν ποιμένα²,
καὶ τὰ πρόβατα διασκορπισθήσονται³.
28 ἀλλὰ μετὰ τὸ ἐγερθῆναί⁴ με προάξω⁵ ὑμᾶς εἰς τὴν Γαλιλαίαν. 29 ὁ δὲ Πέτρος ἔφη αὐτῷ· εἰ καὶ πάντες σκανδαλισθήσονται, ἀλλ' οὐκ ἐγώ. 30 καὶ λέγει αὐτῷ ὁ Ἰησοῦς· ἀμὴν λέγω σοι ὅτι σὺ σήμερον ταύτῃ τῇ νυκτὶ, πρὶν⁶ ἢ δὶς⁷ ἀλέκτορα⁸ φωνῆσαι, τρίς⁹ με ἀπαρνήσῃ¹⁰. 31 ὁ δὲ ἐκπερισσῶς¹¹ ἐλάλει· ἐὰν με δέῃ¹² συναποθανεῖν σοι, οὐ μή σε ἀπαρνήσομαι. ὡσαύτως¹³ δὲ καὶ πάντες ἔλεγον.

The Prayer in Gethsemane (Mt 26.36-46; Lk 22.39-46)

32 Καὶ ἔρχονται εἰς χωρίον¹⁴ οὗ τὸ ὄνομα Γεθσημανὶ καὶ λέγει τοῖς μαθηταῖς αὐτοῦ· καθίσατε ὧδε, ἕως προσεύξωμαι. 33 καὶ παραλαμβάνει τὸν Πέτρον καὶ τὸν Ἰάκωβον καὶ τὸν Ἰωάννην μετ' αὐτοῦ καὶ ἤρξατο¹⁵ ἐκθαμβεῖσθαι¹⁶ καὶ ἀδημονεῖν¹⁷ 34 καὶ λέγει αὐτοῖς· περίλυπός¹⁸ ἐστιν ἡ ψυχή μου ἕως θανάτου· μείνατε¹⁹ ὧδε καὶ γρηγορεῖτε²⁰. 35 καὶ προελθὼν²¹ μικρὸν ἔπιπτεν ἐπὶ τῆς γῆς καὶ προσηύχετο ἵνα, εἰ δυνατόν ἐστιν, παρέλθῃ²² ἀπ' αὐτοῦ ἡ ὥρα, 36 καὶ ἔλεγεν· αββα²³ ὁ πατήρ, πάντα δυνατά σοι· παρένεγκε²⁴ τὸ ποτήριον τοῦτο ἀπ' ἐμοῦ· ἀλλ' οὐ τί ἐγὼ θέλω, ἀλλὰ τί σύ. 37 καὶ ἔρχεται καὶ εὑρίσκει αὐτοὺς καθεύδοντας²⁵ καὶ λέγει τῷ Πέτρῳ· Σίμων, καθεύδεις; οὐκ ἴσχυσας²⁶ μίαν ὥραν γρηγορῆσαι; 38 γρηγορεῖτε καὶ προσεύχεσθε ἵνα μὴ ἔλθητε²⁷ εἰς πειρασμόν²⁸· τὸ μὲν πνεῦμα πρόθυμον²⁹, ἡ δὲ σὰρξ ἀσθενής³⁰. 39 καὶ πάλιν ἀπελθὼν προσηύξατο³¹ τὸν αὐτὸν λόγον εἰπών. 40 καὶ πάλιν ἐλθὼν εὗρεν αὐτοὺς καθεύδοντας· ἦσαν γὰρ αὐτῶν οἱ ὀφθαλμοὶ καταβαρυνόμενοι³²· καὶ οὐκ ᾔδεισαν³³ τί ἀποκριθῶσιν³⁴ αὐτῷ. 41 καὶ ἔρχεται τὸ τρίτον καὶ λέγει αὐτοῖς· καθεύδετε τὸ λοιπὸν καὶ ἀναπαύεσθε³⁵; ἀπέχει³⁶· ἦλθεν ἡ ὥρα, ἰδοὺ παραδίδοται

---

1 πατάσσω 1s fut act ind, strike down
2 ποιμήν, -ένος m, shepherd
3 διασκορπίζω 3p fut pas ind, scatter
4 ἐγείρω aor pas inf, raise (from death)
5 προάγω 1s fut act ind, go ahead of
6 πρίν and πρὶν ἤ, conj, before
7 δίς, adv, twice
8 ἀλέκτωρ, -ορος m, rooster
9 τρίς, adv, three times
10 ἀπαρνέομαι 2s fut mid ind, disown
11 ἐκπερισσῶς, adv, emphatically
12 δεῖ 3s pres act sub, impers be necessary
13 ὡσαύτως, adv, in the same way
14 χωρίον, -ου n, place
15 ἄρχω 3s aor mid ind, mid begin
16 ἐκθαμβέω pres pas inf, pas be terribly distressed
17 ἀδημονέω pres act inf, be troubled
18 περίλυπος, -ον, very sad
19 μένω 2p aor act impv, stay
20 γρηγορέω 2p pres act impv, keep alert
21 προέρχομαι aor act ptc m s nom, go
22 παρέρχομαι 3s aor act sub, pass
23 αββα, m, Father (Aramaic word used to address God)
24 παραφέρω 2s aor act impv, take away
25 καθεύδω pres act ptc m p acc, sleep
26 ἰσχύω 2s aor act ind, be able
27 ἔρχομαι 2p aor act sub, come
28 πειρασμός, -οῦ m, time of testing/temptation
29 πρόθυμος, -ον, willing
30 ἀσθενής, -ές, weak
31 προσεύχομαι 3s aor mid ind, pray
32 καταβαρύνω pres pas ptc m p nom, be very heavy
33 οἶδα 3p plpf act ind, know
34 ἀποκρίνομαι 3p aor pas sub, answer
35 ἀναπαύω, 2p pres mid impv or ind, mid rest
36 ἀπέχω 3s pres act ind, impers be enough

ὁ υἱὸς τοῦ ἀνθρώπου εἰς τὰς χεῖρας τῶν ἁμαρτωλῶν. **42** ἐγείρεσθε, ἄγωμεν· ἰδοὺ ὁ παραδιδούς¹ με ἤγγικεν².

The Betrayal and Arrest of Jesus (Mt 26.47-56; Lk 22.47-53; Jn 18.3-12)

43 Καὶ εὐθὺς ἔτι αὐτοῦ λαλοῦντος παραγίνεται Ἰούδας εἷς τῶν δώδεκα καὶ μετ' αὐτοῦ ὄχλος μετὰ μαχαιρῶν³ καὶ ξύλων⁴ παρὰ τῶν ἀρχιερέων καὶ τῶν γραμματέων καὶ τῶν πρεσβυτέρων. **44** δεδώκει⁵ δὲ ὁ παραδιδοὺς αὐτὸν σύσσημον⁶ αὐτοῖς λέγων· ὃν ἂν φιλήσω⁷ αὐτός ἐστιν, κρατήσατε αὐτὸν καὶ ἀπαγάγετε⁸ ἀσφαλῶς⁹. **45** καὶ ἐλθὼν εὐθὺς προσελθὼν¹⁰ αὐτῷ λέγει· ῥαββί¹¹, καὶ κατεφίλησεν¹² αὐτόν· **46** οἱ δὲ ἐπέβαλον¹³ τὰς χεῖρας αὐτῷ καὶ ἐκράτησαν αὐτόν. **47** εἷς δέ τις τῶν παρεστηκότων¹⁴ σπασάμενος¹⁵ τὴν μάχαιραν¹⁶ ἔπαισεν¹⁷ τὸν δοῦλον τοῦ ἀρχιερέως καὶ ἀφεῖλεν¹⁸ αὐτοῦ τὸ ὠτάριον.¹⁹ **48** Καὶ ἀποκριθεὶς ὁ Ἰησοῦς εἶπεν αὐτοῖς· ὡς ἐπὶ λῃστὴν²⁰ ἐξήλθατε μετὰ μαχαιρῶν καὶ ξύλων συλλαβεῖν²¹ με; **49** καθ' ἡμέραν ἤμην πρὸς ὑμᾶς ἐν τῷ ἱερῷ διδάσκων, καὶ οὐκ ἐκρατήσατέ με· ἀλλ' ἵνα πληρωθῶσιν αἱ γραφαί. **50** καὶ ἀφέντες²² αὐτὸν ἔφυγον²³ πάντες. **51** καὶ νεανίσκος²⁴ τις συνηκολούθει²⁵ αὐτῷ περιβεβλημένος²⁶ σινδόνα²⁷ ἐπὶ γυμνοῦ²⁸, καὶ κρατοῦσιν αὐτόν· **52** ὁ δὲ καταλιπὼν²⁹ τὴν σινδόνα γυμνὸς ἔφυγεν.

Jesus before the Council (Mt 26.57-68; Lk 22.54-55, 63-71; Jn 18.13-14, 19-24)

53 Καὶ ἀπήγαγον³⁰ τὸν Ἰησοῦν πρὸς τὸν ἀρχιερέα, καὶ συνέρχονται³¹ πάντες οἱ ἀρχιερεῖς καὶ οἱ πρεσβύτεροι καὶ οἱ γραμματεῖς. **54** καὶ ὁ Πέτρος ἀπὸ μακρόθεν³² ἠκολούθησεν αὐτῷ ἕως ἔσω³³ εἰς τὴν αὐλὴν³⁴ τοῦ ἀρχιερέως καὶ ἦν συγκαθήμενος³⁵ μετὰ τῶν ὑπηρετῶν³⁶ καὶ θερμαινόμενος³⁷ πρὸς τὸ φῶς.

---

¹ παραδίδωμι *pres act ptc m s nom*, betray
² ἐγγίζω *3s pf act ind*, come near
³ μάχαιρα, -ης *f*, sword
⁴ ξύλον, -ου *n*, club
⁵ δίδωμι *3s plpf act ind*, give
⁶ σύσσημον, -ου *n*, sign
⁷ φιλέω *1s aor act sub*, kiss
⁸ ἀπάγω *2p aor act impv*, lead away
⁹ ἀσφαλῶς, *adv*, under close guard
¹⁰ προσέρχομαι *aor act ptc m s nom*, come/go to
¹¹ ῥαββί, rabbi/teacher (honorary title of address)
¹² καταφιλέω *3s aor act ind*, kiss
¹³ ἐπιβάλλω *3p aor act ind*, place on
¹⁴ παρίστημι *pf act ptc m p gen*, intrans *pf* dabeistehen
¹⁵ σπάω *aor mid ptc m s nom*, draw (of a sword)
¹⁶ μάχαιρα, -ης *f*, sword
¹⁷ παίω *3s aor act ind*, strike
¹⁸ ἀφαιρέω *3s aor act ind*, cut off
¹⁹ ὠτάριον, -ου *n*, ear
²⁰ λῃστής, -οῦ *m*, criminal
²¹ συλλαμβάνω *aor act inf*, arrest
²² ἀφίημι *aor act ptc m p nom*, leave
²³ φεύγω *3p aor act ind*, run away
²⁴ νεανίσκος, -ου *m*, young man
²⁵ συνακολουθέω *3s impf act ind*, follow
²⁶ περιβάλλω *pf mid ptc m s nom*, wear
²⁷ σινδών, -όνος *f*, linen cloth
²⁸ γυμνός, -ή/όν, naked
²⁹ καταλείπω *aor act ptc m s nom*, leave behind
³⁰ ἀπάγω *3p aor act ind*, lead away
³¹ συνέρχομαι *3p pres mid ind*, meet together
³² μακρόθεν, *adv*, far off (ἀπὸ μ.) at a distance)
³³ ἔσω, *adv*, inside
³⁴ αὐλή, -ῆς *f*, courtyard
³⁵ συγκάθημαι *pres mid ptc m s nom*, sit with
³⁶ ὑπηρέτης, -ου *m*, guard
³⁷ θερμαίνομαι *pres mid ptc m s nom*, warm oneself

55 Οἱ δὲ ἀρχιερεῖς καὶ ὅλον τὸ συνέδριον[1] ἐζήτουν κατὰ τοῦ Ἰησοῦ μαρτυρίαν εἰς τὸ θανατῶσαι[2] αὐτόν καὶ οὐχ ηὕρισκον[3]· 56 πολλοὶ γὰρ ἐψευδομαρτύρουν[4] κατ᾽ αὐτοῦ, καὶ ἴσαι[5] αἱ μαρτυρίαι οὐκ ἦσαν. 57 καί τινες ἀναστάντες[6] ἐψευδομαρτύρουν κατ᾽ αὐτοῦ λέγοντες 58 ὅτι ἡμεῖς ἠκούσαμεν αὐτοῦ λέγοντος ὅτι ἐγὼ καταλύσω[7] τὸν ναὸν τοῦτον τὸν χειροποίητον[8] καὶ διὰ τριῶν ἡμερῶν ἄλλον ἀχειροποίητον[9] οἰκοδομήσω. 59 καὶ οὐδὲ οὕτως ἴση ἦν ἡ μαρτυρία αὐτῶν. 60 καὶ ἀναστὰς[10] ὁ ἀρχιερεὺς εἰς μέσον ἐπηρώτησεν τὸν Ἰησοῦν λέγων· οὐκ ἀποκρίνῃ οὐδὲν τί οὗτοί σου καταμαρτυροῦσιν[11]; 61 ὁ δὲ ἐσιώπα[12] καὶ οὐκ ἀπεκρίνατο οὐδέν. πάλιν ὁ ἀρχιερεὺς ἐπηρώτα αὐτὸν καὶ λέγει αὐτῷ· σὺ εἶ ὁ χριστὸς ὁ υἱὸς τοῦ εὐλογητοῦ[13]; 62 ὁ δὲ Ἰησοῦς εἶπεν· ἐγώ εἰμι, καὶ ὄψεσθε[14] **τὸν υἱὸν τοῦ ἀνθρώπου** ἐκ δεξιῶν καθήμενον τῆς δυνάμεως καὶ **ἐρχόμενον μετὰ τῶν νεφελῶν**[15] **τοῦ οὐρανοῦ**. 63 ὁ δὲ ἀρχιερεὺς διαρρήξας[16] τοὺς χιτῶνας[17] αὐτοῦ λέγει· τί ἔτι χρείαν ἔχομεν μαρτύρων; 64 ἠκούσατε τῆς βλασφημίας[18]· τί ὑμῖν φαίνεται; οἱ δὲ πάντες κατέκριναν[19] αὐτὸν ἔνοχον[20] εἶναι θανάτου.

65 Καὶ ἤρξαντό[21] τινες ἐμπτύειν[22] αὐτῷ καὶ περικαλύπτειν[23] αὐτοῦ τὸ πρόσωπον καὶ κολαφίζειν[24] αὐτὸν καὶ λέγειν αὐτῷ· προφήτευσον[25], καὶ οἱ ὑπηρέται[26] ῥαπίσμασιν[27] αὐτὸν ἔλαβον.

Peter's Denial of Jesus (Mt 26.69-75; Lk 22.56-62; Jn 18.15-18, 25-27)

66 Καὶ ὄντος τοῦ Πέτρου κάτω[28] ἐν τῇ αὐλῇ[29] ἔρχεται μία τῶν παιδισκῶν[30] τοῦ ἀρχιερέως 67 καὶ ἰδοῦσα τὸν Πέτρον θερμαινόμενον[31] ἐμβλέψασα[32] αὐτῷ λέγει· καὶ σὺ μετὰ τοῦ Ναζαρηνοῦ ἦσθα[33] τοῦ Ἰησοῦ. 68 ὁ δὲ ἠρνήσατο λέγων· οὔτε οἶδα οὔτε ἐπίσταμαι[34] σὺ τί λέγεις. καὶ ἐξῆλθεν ἔξω εἰς τὸ προαύλιον[35] καὶ ἀλέκτωρ[36] ἐφώνησεν.

---

[1] συνέδριον, -ου n, council
[2] θανατόω aor act inf, put to death
[3] εὑρίσκω 3p impf act ind, find
[4] ψευδομαρτυρέω 3p impf act ind, give false evidence
[5] ἴσος, -η/ον, in agreement
[6] ἀνίστημι aor act ptc m p nom, stand up
[7] καταλύω 1s fut act ind, tear down
[8] χειροποίητος, -ον, made by human hands
[9] ἀχειροποίητος, -ον, not made by human hands
[10] ἀνίστημι aor act ptc m s nom, stand up
[11] καταμαρτυρέω 3p pres act ind, testify against
[12] σιωπάω 3s impf act ind, be silent
[13] εὐλογητός, -ή/όν, blessed (ὁ εὐ. the Blessed God)
[14] ὁράω 2p fut mid ind, see
[15] νεφέλη, -ης f, cloud
[16] διαρρήσσω aor act ptc m s nom, tear
[17] χιτών, -ῶνος m, shirt (generally of the garment worn next to the skin)
[18] βλασφημία, -ας f, blasphemy
[19] κατακρίνω 3p aor act ind, condemn
[20] ἔνοχος, -ον, guilty
[21] ἄρχω 3p aor mid ind, mid begin
[22] ἐμπτύω pres act inf, spit on
[23] περικαλύπτω pres act inf, blindfold
[24] κολαφίζω pres act inf, hit
[25] προφητεύω 2s aor act impv, prophesy
[26] ὑπηρέτης, -ου m, guard
[27] ῥάπισμα, -τος n, a blow (ῥ. αὐτὸν ἔλαβον they beat him)
[28] κάτω, adv, down
[29] αὐλή, -ῆς f, courtyard
[30] παιδίσκη, -ης f, servant girl
[31] θερμαίνομαι pres mid ptc m s acc, warm oneself
[32] ἐμβλέπω aor act ptc f s nom, look straight at
[33] εἰμί 2s impf mid ind, be
[34] ἐπίσταμαι 1s pres pas ind, understand
[35] προαύλιον, -ου n, gateway
[36] ἀλέκτωρ, -ορος m, rooster

69 Καὶ ἡ παιδίσκη ἰδοῦσα αὐτὸν ἤρξατο[1] πάλιν λέγειν τοῖς παρεστῶσιν[2] ὅτι οὗτος ἐξ αὐτῶν ἐστιν. **70** ὁ δὲ πάλιν ἠρνεῖτο[3]. καὶ μετὰ μικρὸν πάλιν οἱ παρεστῶτες ἔλεγον τῷ Πέτρῳ· ἀληθῶς[4] ἐξ αὐτῶν εἶ· καὶ γὰρ Γαλιλαῖος εἶ. **71** ὁ δὲ ἤρξατο ἀναθεματίζειν[5] καὶ ὀμνύναι[6] ὅτι οὐκ οἶδα τὸν ἄνθρωπον τοῦτον ὃν λέγετε. **72** καὶ εὐθὺς ἐκ δευτέρου ἀλέκτωρ ἐφώνησεν. καὶ ἀνεμνήσθη[7] ὁ Πέτρος τὸ ῥῆμα, ὡς εἶπεν αὐτῷ ὁ Ἰησοῦς ὅτι πρὶν[8] ἀλέκτορα φωνῆσαι δὶς[9], τρίς[10] με ἀπαρνήσῃ[11]· καὶ ἐπιβαλὼν[12] ἔκλαιεν.

Jesus before Pilate (Mt 27.1-2, 11-14; Lk 23.1-5; Jn 18.28-38)

15 Καὶ εὐθὺς πρωῒ[13] συμβούλιον[14] ποιήσαντες οἱ ἀρχιερεῖς μετὰ τῶν πρεσβυτέρων καὶ γραμματέων καὶ ὅλον τὸ συνέδριον[15] δήσαντες[16] τὸν Ἰησοῦν ἀπήνεγκαν[17] καὶ παρέδωκαν Πιλάτῳ. **2** Καὶ ἐπηρώτησεν αὐτὸν ὁ Πιλᾶτος· σὺ εἶ ὁ βασιλεὺς τῶν Ἰουδαίων; ὁ δὲ ἀποκριθεὶς αὐτῷ λέγει· σὺ λέγεις. **3** καὶ κατηγόρουν[18] αὐτοῦ οἱ ἀρχιερεῖς πολλά. **4** ὁ δὲ Πιλᾶτος πάλιν ἐπηρώτα αὐτὸν λέγων· οὐκ ἀποκρίνῃ οὐδέν; ἴδε[19] πόσα[20] σου κατηγοροῦσιν. **5** ὁ δὲ Ἰησοῦς οὐκέτι οὐδὲν ἀπεκρίθη, ὥστε θαυμάζειν τὸν Πιλᾶτον.

Jesus Sentenced to Death (Mt 27.15-26; Lk 23.13-25; Jn 18.39–19.16)

6 Κατὰ δὲ ἑορτὴν[21] ἀπέλυεν αὐτοῖς ἕνα δέσμιον[22] ὃν παρῃτοῦντο[23]. **7** ἦν δὲ ὁ λεγόμενος Βαραββᾶς μετὰ τῶν στασιαστῶν[24] δεδεμένος οἵτινες ἐν τῇ στάσει[25] φόνον[26] πεποιήκεισαν. **8** καὶ ἀναβὰς[27] ὁ ὄχλος ἤρξατο[28] αἰτεῖσθαι καθὼς ἐποίει αὐτοῖς. **9** ὁ δὲ Πιλᾶτος ἀπεκρίθη αὐτοῖς λέγων· θέλετε ἀπολύσω ὑμῖν τὸν βασιλέα τῶν Ἰουδαίων; **10** ἐγίνωσκεν γὰρ ὅτι διὰ φθόνον[29] παραδεδώκεισαν[30] αὐτὸν οἱ ἀρχιερεῖς. **11** οἱ δὲ ἀρχιερεῖς ἀνέσεισαν[31] τὸν ὄχλον, ἵνα μᾶλλον τὸν Βαραββᾶν ἀπολύσῃ αὐτοῖς. **12** ὁ δὲ Πιλᾶτος πάλιν ἀποκριθεὶς ἔλεγεν αὐτοῖς· τί οὖν ποιήσω ὃν λέγετε τὸν βασιλέα τῶν Ἰουδαίων; **13** οἱ δὲ πάλιν ἔκραξαν· σταύρωσον αὐτόν.

---

[1] ἄρχω 3s aor mid ind, mid begin
[2] παρίστημι pf act ptc m p dat, intrans pf dabeistehen
[3] ἀρνέομαι 3s impf mid ind, deny
[4] ἀληθῶς, adv, certainly
[5] ἀναθεματίζω pres act inf, curse/invoke a curse on oneself
[6] ὀμνύω pres act inf, swear
[7] ἀναμιμνήσκω 3s aor pas ind, pas remember
[8] πρίν, conj, before
[9] δίς, adv, twice
[10] τρίς, adv, three times
[11] ἀπαρνέομαι 2s fut mid ind, disown
[12] ἐπιβάλλω aor act ptc m s nom, break down (ἐ. ἔκλαιεν he broke down and cried)
[13] πρωΐ, adv, early = (early) morning
[14] συμβούλιον, -ου n, meeting
[15] συνέδριον, -ου n, council
[16] δέω aor act ptc m p nom, tie up
[17] ἀποφέρω 3p aor act ind, lead away by force
[18] κατηγορέω 3p impf act ind, accuse
[19] ἴδε, interj, Look!
[20] πόσος, -η/ον, how many
[21] ἑορτή, -ῆς f, festival
[22] δέσμιος, -ου m, prisoner
[23] παραιτέομαι 3p impf mid ind, ask for
[24] στασιαστής, -οῦ m, terrorist/insurrectionist
[25] στάσις, -εως f, insurrection
[26] φόνος, -ου m, murder
[27] ἀναβαίνω aor act ptc m s nom come up
[28] ἄρχω 3s aor mid ind, mid begin
[29] φθόνος, -ου m, jealousy
[30] παραδίδωμι 3p plpf act ind, hand over
[31] ἀνασείω 3p aor act ind, incite

14 ὁ δὲ Πιλᾶτος ἔλεγεν αὐτοῖς· τί γὰρ ἐποίησεν κακόν; οἱ δὲ περισσῶς[1] ἔκραξαν· σταύρωσον αὐτόν.

15 Ὁ δὲ Πιλᾶτος βουλόμενος τῷ ὄχλῳ τὸ ἱκανὸν[2] ποιῆσαι ἀπέλυσεν αὐτοῖς τὸν Βαραββᾶν καὶ παρέδωκεν τὸν Ἰησοῦν φραγελλώσας[3], ἵνα σταυρωθῇ.

The Soldiers Mock Jesus (Mt 27.27-31; Jn 19.2-3)

16 Οἱ δὲ στρατιῶται[4] ἀπήγαγον[5] αὐτὸν ἔσω[6] τῆς αὐλῆς[7], ὅ ἐστιν πραιτώριον[8], καὶ συγκαλοῦσιν[9] ὅλην τὴν σπεῖραν[10]. **17** καὶ ἐνδιδύσκουσιν[11] αὐτὸν πορφύραν[12] καὶ περιτιθέασιν[13] αὐτῷ πλέξαντες[14] ἀκάνθινον[15] στέφανον[16] **18** καὶ ἤρξαντο[17] ἀσπάζεσθαι αὐτόν· χαῖρε, βασιλεῦ τῶν Ἰουδαίων· **19** καὶ ἔτυπτον[18] αὐτοῦ τὴν κεφαλὴν καλάμῳ[19] καὶ ἐνέπτυον[20] αὐτῷ καὶ τιθέντες[21] τὰ γόνατα[22] προσεκύνουν αὐτῷ. **20** καὶ ὅτε ἐνέπαιξαν[23] αὐτῷ, ἐξέδυσαν[24] αὐτὸν τὴν πορφύραν καὶ ἐνέδυσαν[25] αὐτὸν τὰ ἱμάτια αὐτοῦ. καὶ ἐξάγουσιν[26] αὐτόν, ἵνα σταυρώσωσιν αὐτόν.

The Crucifixion of Jesus (Mt 27.32-44; Lk 23.26-43; Jn 19.17-27)

21 Καὶ ἀγγαρεύουσιν[27] παράγοντά[28] τινα Σίμωνα Κυρηναῖον ἐρχόμενον ἀπ' ἀγροῦ, τὸν πατέρα Ἀλεξάνδρου καὶ Ῥούφου, ἵνα ἄρῃ[29] τὸν σταυρὸν αὐτοῦ. **22** Καὶ φέρουσιν αὐτὸν ἐπὶ τὸν Γολγοθᾶν τόπον, ὅ ἐστιν μεθερμηνευόμενον[30] Κρανίου[31] Τόπος. **23** καὶ ἐδίδουν[32] αὐτῷ ἐσμυρνισμένον[33] οἶνον· ὃς δὲ οὐκ ἔλαβεν. **24** καὶ σταυροῦσιν αὐτὸν καὶ διαμερίζονται[34] τὰ ἱμάτια αὐτοῦ βάλλοντες κλῆρον[35] ἐπ' αὐτὰ τίς τί ἄρῃ[36]. **25** ἦν δὲ ὥρα τρίτη, καὶ ἐσταύρωσαν αὐτόν. **26** καὶ ἦν ἡ ἐπιγραφὴ[37] τῆς αἰτίας[38] αὐτοῦ ἐπιγεγραμμένη·[39]

ὁ βασιλεὺς τῶν Ἰουδαίων.

---

[1] περισσῶς, adv, even more
[2] ἱκανός, -ή/όν, enough (τῷ ὄχλῳ τὸ ἱ. ποιῆσαι to satisfy the crowd)
[3] φραγελλόω aor act ptc m s nom, beat with a whip
[4] στρατιώτης, -ου m, soldier
[5] ἀπάγω 3p aor act ind, lead away
[6] ἔσω, prep + gen, inside
[7] αὐλή, -ῆς f, fortress/palace (residence of the Roman governor)
[8] πραιτώριον, -ου n, praetorium
[9] συγκαλέω 3p pres act ind, call together
[10] σπεῖρα, -ης f, company (of soldiers)
[11] ἐνδιδύσκω 3p pres act ind, dress in
[12] πορφύρα, -ας f, purple robe
[13] περιτίθημι 3p pres act ind, put on
[14] πλέκω aor act ptc m p nom, twist together
[15] ἀκάνθινος, -η/ον, made of thorns
[16] στέφανος, -ου m, crown
[17] ἄρχω 3p aor mid ind, mid begin
[18] τύπτω 3p impf act ind, beat
[19] κάλαμος, -ου m, stick
[20] ἐμπτύω 3p impf act ind, spit on
[21] τίθημι pres act ptc m p nom, put
[22] γόνυ, γόνατος n, knee (τιθέντες τὰ γ. kneel)
[23] ἐμπαίζω 3p aor act ind, make fun of
[24] ἐκδύω 3p aor act ind, take off
[25] ἐνδύω 3p aor act ind, put on
[26] ἐξάγω 3p pres act ind, lead out
[27] ἀγγαρεύω 3p pres act ind, force

[28] παράγω pres act ptc m s acc, pass by
[29] αἴρω 3s aor act sub, carry
[30] μεθερμηνεύω pres pas ptc n s nom, translate (ὅ ἐστιν μ. which means)
[31] κρανίον, -ου n, skull
[32] δίδωμι 3p impf act ind, give
[33] σμυρνίζω pf pas ptc m s acc, flavor with myrrh
[34] διαμερίζω 3p pres mid ind, divide
[35] κλῆρος, -ου m, lot (of something thrown or drawn to reach a decision)
[36] αἴρω 3s aor act sub, take
[37] ἐπιγραφή, -ῆς f, inscription
[38] αἰτία, -ας f, reason
[39] ἐπιγράφω pf pas ptc fs nom, write on

27 Καὶ σὺν αὐτῷ σταυροῦσιν δύο λῃστάς¹, ἕνα ἐκ δεξιῶν καὶ ἕνα ἐξ εὐωνύμων² αὐτοῦ. ⟦**28** καὶ ἐπληρώθη ἡ γραφὴ ἡ λέγουσα· καὶ μετὰ ἀνόμων³ ἐλογίσθη.⟧ **29** Καὶ οἱ παραπορευόμενοι⁴ ἐβλασφήμουν αὐτὸν κινοῦντες⁵ τὰς κεφαλὰς αὐτῶν καὶ λέγοντες· οὐά⁶ ὁ καταλύων⁷ τὸν ναὸν καὶ οἰκοδομῶν ἐν τρισὶν ἡμέραις, **30** σῶσον σεαυτὸν καταβὰς⁸ ἀπὸ τοῦ σταυροῦ⁹. **31** ὁμοίως¹⁰ καὶ οἱ ἀρχιερεῖς ἐμπαίζοντες¹¹ πρὸς ἀλλήλους μετὰ τῶν γραμματέων ἔλεγον· ἄλλους ἔσωσεν, ἑαυτὸν οὐ δύναται σῶσαι· **32** ὁ χριστὸς ὁ βασιλεὺς Ἰσραὴλ καταβάτω¹² νῦν ἀπὸ τοῦ σταυροῦ, ἵνα ἴδωμεν¹³ καὶ πιστεύσωμεν. καὶ οἱ συνεσταυρωμένοι¹⁴ σὺν αὐτῷ ὠνείδιζον¹⁵ αὐτόν.

The Death of Jesus   (Mt 27.45-56; Lk 23.44-49; Jn 19.28-30)

33 Καὶ γενομένης ὥρας ἕκτης¹⁶ σκότος ἐγένετο ἐφ' ὅλην τὴν γῆν ἕως ὥρας ἐνάτης¹⁷. **34** καὶ τῇ ἐνάτῃ ὥρᾳ ἐβόησεν¹⁸ ὁ Ἰησοῦς φωνῇ μεγάλῃ·

ελωι¹⁹, ελωι, λεμα²⁰ σαβαχθανι²¹;

ὅ ἐστιν μεθερμηνευόμενον²²· ὁ θεός μου, ὁ θεός μου, εἰς τί ἐγκατέλιπές²³ με; **35** καί τινες τῶν παρεστηκότων²⁴ ἀκούσαντες ἔλεγον· ἴδε Ἡλίαν φωνεῖ. **36** δραμὼν²⁵ δέ τις καὶ γεμίσας²⁶ σπόγγον²⁷ ὄξους²⁸ περιθεὶς²⁹ καλάμῳ³⁰ ἐπότιζεν³¹ αὐτὸν λέγων· ἄφετε³² ἴδωμεν³³ εἰ ἔρχεται Ἡλίας καθελεῖν³⁴ αὐτόν. **37** ὁ δὲ Ἰησοῦς ἀφεὶς φωνὴν μεγάλην ἐξέπνευσεν³⁵. **38** Καὶ τὸ καταπέτασμα³⁶ τοῦ ναοῦ ἐσχίσθη³⁷ εἰς δύο ἀπ' ἄνωθεν³⁸ ἕως κάτω³⁹. **39** ἰδὼν δὲ ὁ κεντυρίων⁴⁰ ὁ παρεστηκὼς⁴¹ ἐξ ἐναντίας⁴² αὐτοῦ ὅτι οὕτως ἐξέπνευσεν⁴³ εἶπεν· ἀληθῶς⁴⁴ οὗτος ὁ ἄνθρωπος υἱὸς θεοῦ ἦν.

---

¹ λῃστής, -οῦ *m*, criminal
² εὐώνυμος, -ον, left
³ ἀνόμως, *adv*, lawless
⁴ παραπορεύομαι *pres mid ptc m p nom*, pass by
⁵ κινέω *pres act ptc m p nom*, shake
⁶ οὐά, *interj*, Ha!
⁷ καταλύω *pres act ptc m s nom or voc*, tear down
⁸ καταβαίνω *aor act ptc m s nom*, come down
⁹ σταυρός, -οῦ *m*, cross
¹⁰ ὁμοίως, *adv*, in the same way
¹¹ ἐμπαίζω *pres act ptc m p nom*, make fun of
¹² καταβαίνω *3s aor act impv*, come down
¹³ ὁράω *1p aor act sub*, see
¹⁴ συσταυρόω *pf pas ptc m p nom*, crucify (with someone else)

¹⁵ ὀνειδίζω *3p impf act ind*, insult
¹⁶ ἕκτος, -η/ον, sixth
¹⁷ ἔνατος, -η/ον, ninth
¹⁸ βοάω *3s aor act ind*, shout
¹⁹ ελωι, my God (Aramaic word)
²⁰ λεμα, why (Aramaic word)
²¹ σαβαχθανι, you have forsaken me (Aramaic word)
²² μεθερμηνεύω *pres pas ptc n s nom*, translate (ὅ ἐστιν μ. which means)
²³ ἐγκαταλείπω *2s aor act ind*, forsake
²⁴ παρίστημι *pf act ptc m p gen*, *intrans pf* stand by
²⁵ τρέχω *aor act ptc m s nom*, run
²⁶ γεμίζω *aor act ptc m s nom*, fill
²⁷ σπόγγος, -ου *m*, sponge
²⁸ ὄξος, -ους *n*, sour wine
²⁹ περιτίθημι *aor act ptc m s nom*, put on

³⁰ κάλαμος, -ου *m*, stick
³¹ ποτίζω *3s aor act ind*, give to drink
³² ἀφίημι *2p aor act impv*, Wait!
³³ ὁράω *1p aor act sub*, see
³⁴ καθαιρέω *aor act inf*, take down
³⁵ ἐκπνέω *3s aor act ind*, die
³⁶ καταπέτασμα, -τος *n*, curtain
³⁷ σχίζω *3s aor pas ind*, split
³⁸ ἄνωθεν, *adv*, above
³⁹ κάτω, *adv*, down (ἀπ' ἄνωθεν ἕως κάτω from top to bottom)
⁴⁰ κεντυρίων, -ωνος *m*, centurion (Roman army officer)
⁴¹ παρίστημι *pf act ptc m s nom*, *intrans pf* stand by
⁴² ἐναντίος, opposite (ἐξ ἐν. opposite/facing)
⁴³ ἐκπνέω *3s aor act ind*, die
⁴⁴ ἀληθῶς, *adv*, certainly

40 Ἦσαν δὲ καὶ γυναῖκες ἀπὸ μακρόθεν[1] θεωροῦσαι ἐν αἷς καὶ Μαρία ἡ Μαγδαληνὴ καὶ Μαρία ἡ Ἰακώβου τοῦ μικροῦ καὶ Ἰωσῆτος μήτηρ καὶ Σαλώμη, **41** αἵ, ὅτε ἦν ἐν τῇ Γαλιλαίᾳ, ἠκολούθουν αὐτῷ καὶ διηκόνουν αὐτῷ, καὶ ἄλλαι πολλαὶ αἱ συναναβᾶσαι[2] αὐτῷ εἰς Ἱεροσόλυμα.

The Burial of Jesus (Mt 27.57-61; Lk 23.50-56; Jn 19.38-42)

42 Καὶ ἤδη ὀψίας[3] γενομένης, ἐπεὶ[4] ἦν παρασκευὴ[5], ὅ ἐστιν προσάββατον[6], **43** ἐλθὼν Ἰωσὴφ ὁ ἀπὸ Ἁριμαθαίας εὐσχήμων[7] βουλευτής[8] ὃς καὶ αὐτὸς ἦν προσδεχόμενος[9] τὴν βασιλείαν τοῦ θεοῦ, τολμήσας[10] εἰσῆλθεν πρὸς τὸν Πιλᾶτον καὶ ᾐτήσατο τὸ σῶμα τοῦ Ἰησοῦ. **44** ὁ δὲ Πιλᾶτος ἐθαύμασεν εἰ ἤδη τέθνηκεν[11] καὶ προσκαλεσάμενος[12] τὸν κεντυρίωνα[13] ἐπηρώτησεν αὐτὸν εἰ πάλαι[14] ἀπέθανεν· **45** καὶ γνοὺς[15] ἀπὸ τοῦ κεντυρίωνος ἐδωρήσατο[16] τὸ πτῶμα[17] τῷ Ἰωσήφ. **46** καὶ ἀγοράσας σινδόνα[18] καθελὼν[19] αὐτὸν ἐνείλησεν[20] τῇ σινδόνι καὶ ἔθηκεν[21] αὐτὸν ἐν μνημείῳ ὃ ἦν λελατομημένον[22] ἐκ πέτρας[23] καὶ προσεκύλισεν[24] λίθον ἐπὶ τὴν θύραν τοῦ μνημείου. **47** ἡ δὲ Μαρία ἡ Μαγδαληνὴ καὶ Μαρία ἡ Ἰωσῆτος ἐθεώρουν ποῦ τέθειται[25].

The Resurrection of Jesus (Mt 28.1-8; Lk 24.1-12; Jn 20.1-10)

16 Καὶ διαγενομένου[26] τοῦ σαββάτου Μαρία ἡ Μαγδαληνὴ καὶ Μαρία ἡ τοῦ Ἰακώβου καὶ Σαλώμη ἠγόρασαν ἀρώματα[27], ἵνα ἐλθοῦσαι ἀλείψωσιν[28] αὐτόν. **2** καὶ λίαν[29] πρωῒ[30] τῇ μιᾷ τῶν σαββάτων ἔρχονται ἐπὶ τὸ μνημεῖον ἀνατείλαντος[31] τοῦ ἡλίου. **3** καὶ ἔλεγον πρὸς ἑαυτάς· τίς ἀποκυλίσει[32] ἡμῖν τὸν λίθον ἐκ τῆς θύρας τοῦ μνημείου; **4** καὶ ἀναβλέψασαι[33] θεωροῦσιν ὅτι ἀποκεκύλισται ὁ λίθος· ἦν γὰρ μέγας σφόδρα.[34]

---

[1] μακρόθεν, *adv*, far off (ἀπὸ μ. at a distance)
[2] συναναβαίνω *aor act ptc f p nom*, travel with
[3] ὄψιος, -α/ον, late (ἡ ὀψία f evening)
[4] ἐπεί, *conj*, since
[5] παρασκευή, -ῆς f, day of preparation
[6] προσάββατον, -ου n, the day before the Sabbath
[7] εὐσχήμων, -ον, respected
[8] βουλευτής, -οῦ m, council member
[9] προσδέχομαι *pres mid ptc m s nom*, wait for
[10] τολμάω *aor act ptc m s nom*, be brave
[11] θνῄσκω *3s pf act ind*, die
[12] προσκαλέομαι *aor mid ptc m s nom*, call to oneself
[13] κεντυρίων, -ωνος m, centurion (Roman army officer)
[14] πάλαι, *adv*, already
[15] γινώσκω *aor act ptc m s nom*, find out
[16] δωρέομαι *3s aor mid ind*, give
[17] πτῶμα, -τος n, body
[18] σινδών, -όνος f, linen cloth
[19] καθαιρέω *aor act ptc m s nom*, take down
[20] ἐνειλέω *3s aor act ind*, wrap in
[21] τίθημι *3s aor act ind*, place
[22] λατομέω *pf pas ptc n s nom*, cut
[23] πέτρα, -ας f, rock
[24] προσκυλίω *3s aor act ind*, roll against
[25] τίθημι *3s pf pas ind*, place
[26] διαγίνομαι *aor mid ptc n s gen*, pass (of time)
[27] ἄρωμα, -τος n, spice
[28] ἀλείφω *3p aor act sub*, anoint
[29] λίαν, *adv*, very
[30] πρωΐ, *adv*, early (λίαν π. very early)
[31] ἀνατέλλω *aor act ptc m s gen*, rise
[32] ἀποκυλίω *3s fut act ind*, roll away
[33] ἀναβλέπω *aor act ptc f p nom*, look up
[34] σφόδρα, *adv*, very

5 Καὶ εἰσελθοῦσαι εἰς τὸ μνημεῖον εἶδον νεανίσκον¹ καθήμενον ἐν τοῖς δεξιοῖς περιβεβλημένον² στολὴν³ λευκήν⁴ καὶ ἐξεθαμβήθησαν⁵. **6** ὁ δὲ λέγει αὐταῖς· μὴ ἐκθαμβεῖσθε· Ἰησοῦν ζητεῖτε τὸν Ναζαρηνὸν τὸν ἐσταυρωμένον· ἠγέρθη⁶, οὐκ ἔστιν ὧδε· ἴδε⁷ ὁ τόπος, ὅπου ἔθηκαν⁸ αὐτόν. **7** ἀλλ' ὑπάγετε, εἴπατε⁹ τοῖς μαθηταῖς αὐτοῦ καὶ τῷ Πέτρῳ ὅτι προάγει¹⁰ ὑμᾶς εἰς τὴν Γαλιλαίαν· ἐκεῖ αὐτὸν ὄψεσθε¹¹, καθὼς εἶπεν ὑμῖν.

8 Καὶ ἐξελθοῦσαι ἔφυγον¹² ἀπὸ τοῦ μνημείου· εἶχεν γὰρ αὐτὰς τρόμος¹³ καὶ ἔκστασις¹⁴· καὶ οὐδενὶ οὐδὲν εἶπαν· ἐφοβοῦντο γάρ.

The Shorter Ending of Mark

⟦Πάντα δὲ τὰ παρηγγελμένα¹⁵ τοῖς περὶ τὸν Πέτρον συντόμως¹⁶ ἐξήγγειλαν¹⁷. μετὰ δὲ ταῦτα καὶ αὐτὸς ὁ Ἰησοῦς ἀπὸ ἀνατολῆς¹⁸ καὶ ἄχρι δύσεως¹⁹ ἐξαπέστειλεν²⁰ δι' αὐτῶν τὸ ἱερὸν²¹ καὶ ἄφθαρτον²² κήρυγμα²³ τῆς αἰωνίου σωτηρίας. ἀμήν.⟧

The Longer Ending of Mark

The Appearance to Mary Magdalene (Mt 28.9-10; Jn 20.11-18)

⟦**9** Ἀναστὰς δὲ πρωῒ²⁴ πρώτῃ σαββάτου ἐφάνη²⁵ πρῶτον Μαρίᾳ τῇ Μαγδαληνῇ παρ' ἧς ἐκβεβλήκει²⁶ ἑπτὰ δαιμόνια. **10** ἐκείνη πορευθεῖσα²⁷ ἀπήγγειλεν²⁸ τοῖς μετ' αὐτοῦ γενομένοις πενθοῦσιν²⁹ καὶ κλαίουσιν· **11** κἀκεῖνοι ἀκούσαντες ὅτι ζῇ καὶ ἐθεάθη³⁰ ὑπ' αὐτῆς ἠπίστησαν³¹.

The Appearance to Two Disciples (Lk 24.13-35)

12 Μετὰ δὲ ταῦτα δυσὶν ἐξ αὐτῶν περιπατοῦσιν ἐφανερώθη ἐν ἑτέρᾳ μορφῇ³² πορευομένοις εἰς ἀγρόν· **13** κἀκεῖνοι ἀπελθόντες ἀπήγγειλαν³³ τοῖς λοιποῖς· οὐδὲ ἐκείνοις ἐπίστευσαν.

---

1 νεανίσκος, -ου m, young man
2 περιβάλλω pf mid ptc m s acc, wear
3 στολή, -ῆς f, robe
4 λευκός, -ή/όν, white
5 ἐκθαμβέω 3p aor pas ind, pas be alarmed
6 ἐγείρω 3s aor pas ind, pas intrans rise (from death)
7 ἴδε, interj, Look!
8 τίθημι 3p aor act ind, put
9 λέγω 2p aor act impv, tell
10 προάγω 3s pres act ind, go ahead of
11 ὁράω 2p fut mid ind, see
12 φεύγω 3p aor act ind, run
13 τρόμος, -ου m, trembling
14 ἔκστασις, -εως f, amazement
15 παραγγέλλω pf pas ptc n p acc, tell
16 συντόμως, adv, briefly
17 ἐξαγγέλλω 3p aor act ind, tell
18 ἀνατολή, -ῆς f, east
19 δύσις, -εως f, west
20 ἐξαποστέλλω 3s aor act ind, send
21 ἱερός, -ά/όν, sacred
22 ἄφθαρτος, -ον, everlasting
23 κήρυγμα, -τος n, message
24 πρωΐ, adv, early (morning)
25 φαίνω 3s aor pas ind, mid & pas appear
26 ἐκβάλλω 3s plpf act ind, force out
27 πορεύομαι aor pas ptc f s nom, go
28 ἀπαγγέλλω 3s aor act ind, tell
29 πενθέω pres act ptc m p dat, mourn
30 θεάομαι 3s aor pas ind, see
31 ἀπιστέω 3p aor act ind, fail to believe
32 μορφή, -ῆς f, form
33 ἀπαγγέλλω 3p aor act ind, tell

The Commissioning of the Disciples (Mt 28.16-20; Lk 24.36-49; Jn 20.19-23; Ac 1.6-8)

14 Ὕστερον¹ ἀνακειμένοις² αὐτοῖς τοῖς ἕνδεκα³ ἐφανερώθη καὶ ὠνείδισεν⁴ τὴν ἀπιστίαν⁵ αὐτῶν καὶ σκληροκαρδίαν⁶, ὅτι τοῖς θεασαμένοις⁷ αὐτὸν ἐγηγερμένον⁸ οὐκ ἐπίστευσαν. 15 καὶ εἶπεν αὐτοῖς· πορευθέντες εἰς τὸν κόσμον ἅπαντα κηρύξατε τὸ εὐαγγέλιον πάσῃ τῇ κτίσει⁹. 16 ὁ πιστεύσας καὶ βαπτισθεὶς σωθήσεται, ὁ δὲ ἀπιστήσας¹⁰ κατακριθήσεται¹¹. 17 σημεῖα δὲ τοῖς πιστεύσασιν ταῦτα παρακολουθήσει¹²· ἐν τῷ ὀνόματί μου δαιμόνια ἐκβαλοῦσιν¹³, γλώσσαις λαλήσουσιν καιναῖς, 18 καὶ ἐν ταῖς χερσὶν ὄφεις¹⁴ ἀροῦσιν¹⁵ κἂν¹⁶ θανάσιμόν¹⁷ τι πίωσιν¹⁸, οὐ μὴ αὐτοὺς βλάψῃ¹⁹· ἐπὶ ἀρρώστους²⁰ χεῖρας ἐπιθήσουσιν²¹ καὶ καλῶς ἕξουσιν²².

The Ascension of Jesus (Lk 24.50-53; Ac 1.9-11)

19 Ὁ μὲν οὖν κύριος μετὰ τὸ λαλῆσαι αὐτοῖς ἀνελήμφθη²³ εἰς τὸν οὐρανὸν καὶ ἐκάθισεν ἐκ δεξιῶν τοῦ θεοῦ. 20 ἐκεῖνοι δὲ ἐξελθόντες ἐκήρυξαν πανταχοῦ²⁴ τοῦ κυρίου συνεργοῦντος²⁵ καὶ τὸν λόγον βεβαιοῦντος²⁶ διὰ τῶν ἐπακολουθούντων²⁷ σημείων.]

¹ ὕστερον, adv, later
² ἀνάκειμαι pres mid ptc m p dat, be seated at table
³ ἕνδεκα, eleven
⁴ ὀνειδίζω 3s aor act ind, scold
⁵ ἀπιστία, -ας f, unbelief
⁶ σκληροκαρδία, -ας f, stubbornness
⁷ θεάομαι aor mid ptc m p dat, see
⁸ ἐγείρω pf pas ptc m s acc, pas intrans rise (from death)
⁹ κτίσις, -εως f, person
¹⁰ ἀπιστέω aor act ptc m s nom, fail to believe
¹¹ κατακρίνω 3s fut pas ind, condemn
¹² παρακολουθέω 3s fut act ind, accompany
¹³ ἐκβάλλω 3p fut act ind, force out
¹⁴ ὄφις, -εως m, snake
¹⁵ αἴρω 3p fut act ind, pick up
¹⁶ κἄν, = καὶ ἐάν, and if
¹⁷ θανάσιμος, -ου n, deadly poison
¹⁸ πίνω 3p aor act sub, drink
¹⁹ βλάπτω 3s aor act sub, harm
²⁰ ἄρρωστος, -ον, sick
²¹ ἐπιτίθημι 3p fut act ind, place
²² ἔχω 3p fut act ind, have (καλῶς ἔ. get well)
²³ ἀναλαμβάνω 3s aor pas ind, take up
²⁴ πανταχοῦ, adv, everywhere
²⁵ συνεργέω pres act ptc m s gen, work with
²⁶ βεβαιόω pres act ptc m s gen, confirm
²⁷ ἐπακολουθέω pres act ptc n p gen, accompany

ΚΑΤΑ ΛΟΥΚΑΝ

Dedication to Theophilus

1 Ἐπειδήπερ[1] πολλοὶ ἐπεχείρησαν[2] ἀνατάξασθαι[3] διήγησιν[4] περὶ τῶν πεπληροφορημένων[5] ἐν ἡμῖν πραγμάτων[6], **2** καθὼς παρέδοσαν ἡμῖν οἱ ἀπ' ἀρχῆς αὐτόπται[7] καὶ ὑπηρέται[8] γενόμενοι τοῦ λόγου, **3** ἔδοξεν κἀμοὶ παρηκολουθηκότι[9] ἄνωθεν[10] πᾶσιν ἀκριβῶς[11] καθεξῆς[12] σοι γράψαι, κράτιστε[13] Θεόφιλε, **4** ἵνα ἐπιγνῷς[14] περὶ ὧν κατηχήθης[15] λόγων τὴν ἀσφάλειαν[16].

The Birth of John the Baptist Foretold

5 Ἐγένετο ἐν ταῖς ἡμέραις Ἡρῴδου βασιλέως τῆς Ἰουδαίας ἱερεύς τις ὀνόματι Ζαχαρίας ἐξ ἐφημερίας[17] Ἀβιά, καὶ γυνὴ αὐτῷ ἐκ τῶν θυγατέρων[18] Ἀαρὼν καὶ τὸ ὄνομα αὐτῆς Ἐλισάβετ. **6** ἦσαν δὲ δίκαιοι ἀμφότεροι[19] ἐναντίον[20] τοῦ θεοῦ, πορευόμενοι ἐν πάσαις ταῖς ἐντολαῖς καὶ δικαιώμασιν[21] τοῦ κυρίου ἄμεμπτοι[22]. **7** καὶ οὐκ ἦν αὐτοῖς τέκνον, καθότι[23] ἦν ἡ Ἐλισάβετ στεῖρα[24], καὶ ἀμφότεροι προβεβηκότες[25] ἐν ταῖς ἡμέραις αὐτῶν ἦσαν.

8 Ἐγένετο δὲ ἐν τῷ ἱερατεύειν[26] αὐτὸν ἐν τῇ τάξει[27] τῆς ἐφημερίας αὐτοῦ ἔναντι[28] τοῦ θεοῦ, **9** κατὰ τὸ ἔθος[29] τῆς ἱερατείας[30] ἔλαχεν[31] τοῦ θυμιᾶσαι[32] εἰσελθὼν εἰς τὸν ναὸν τοῦ κυρίου, **10** καὶ πᾶν τὸ πλῆθος ἦν τοῦ λαοῦ προσευχόμενον ἔξω

---

[1] ἐπειδήπερ, *conj*, since
[2] ἐπιχειρέω 3p aor act ind, undertake
[3] ἀνατάσσομαι aor mid inf, compile
[4] διήγησις, -εως f, account
[5] πληροφορέω pf pas ptc n p gen, take place
[6] πρᾶγμα, -τος n, event
[7] αὐτόπτης, -ου m, eyewitness
[8] ὑπηρέτης, -ου m, servant
[9] παρακολουθέω pf act ptc m s dat, give careful attention to
[10] ἄνωθεν, *adv*, from the beginning
[11] ἀκριβῶς, *adv*, carefully
[12] καθεξῆς, *adv*, in order
[13] κράτιστος, -η/ον, honorable (polite address for someone of high status)
[14] ἐπιγινώσκω 2s aor act sub, know
[15] κατηχέω 2s aor pas ind, inform
[16] ἀσφάλεια, -ας f, (full) truth
[17] ἐφημερία, -ας f, division (of priests for daily service)
[18] θυγάτηρ, -τρός f, female descendant
[19] ἀμφότεροι, -αι/α, both
[20] ἐναντίον, prep + gen, in the sight of
[21] δικαίωμα, -τος n, requirement
[22] ἄμεμπτος, -ον, blameless
[23] καθότι, *conj*, because
[24] στεῖρα, -ας f, a woman incapable of having children
[25] προβαίνω pf act ptc m p nom, go on (προ. ἐν ταῖς ἡμέραις be old)
[26] ἱερατεύω pres act inf, serve as a priest
[27] τάξις, -εως f, order
[28] ἔναντι, prep + gen, in the presence of
[29] ἔθος, -ους n, custom
[30] ἱερατεία, -ας f, priestly office
[31] λαγχάνω 3s aor act ind, fall to one's lot
[32] θυμιάω aor act inf, offer incense

τῇ ὥρᾳ τοῦ θυμιάματος[1]. 11 ὤφθη[2] δὲ αὐτῷ ἄγγελος κυρίου ἑστὼς[3] ἐκ δεξιῶν τοῦ θυσιαστηρίου[4] τοῦ θυμιάματος. 12 καὶ ἐταράχθη[5] Ζαχαρίας ἰδὼν καὶ φόβος ἐπέπεσεν[6] ἐπ' αὐτόν. 13 εἶπεν δὲ πρὸς αὐτὸν ὁ ἄγγελος·

μὴ φοβοῦ, Ζαχαρία,
διότι[7] εἰσηκούσθη[8] ἡ δέησίς[9] σου,
καὶ ἡ γυνή σου Ἐλισάβετ γεννήσει υἱόν σοι
καὶ καλέσεις τὸ ὄνομα αὐτοῦ Ἰωάννην.
14 καὶ ἔσται χαρά σοι καὶ ἀγαλλίασις[10]
καὶ πολλοὶ ἐπὶ τῇ γενέσει[11] αὐτοῦ χαρήσονται.[12]
15 ἔσται γὰρ μέγας ἐνώπιον [τοῦ] κυρίου,
καὶ οἶνον καὶ σίκερα[13] οὐ μὴ πίῃ,[14]
καὶ πνεύματος ἁγίου πλησθήσεται[15]
ἔτι ἐκ κοιλίας[16] μητρὸς αὐτοῦ,
16 καὶ πολλοὺς τῶν υἱῶν Ἰσραὴλ ἐπιστρέψει[17]
ἐπὶ κύριον τὸν θεὸν αὐτῶν.
17 καὶ αὐτὸς προελεύσεται[18] ἐνώπιον αὐτοῦ
ἐν πνεύματι καὶ δυνάμει Ἠλίου,
ἐπιστρέψαι καρδίας πατέρων ἐπὶ τέκνα
καὶ ἀπειθεῖς[19] ἐν φρονήσει[20] δικαίων,
ἑτοιμάσαι κυρίῳ λαὸν κατεσκευασμένον[21].

18 καὶ εἶπεν Ζαχαρίας πρὸς τὸν ἄγγελον· κατὰ τί γνώσομαι[22] τοῦτο; ἐγὼ γάρ εἰμι πρεσβύτης[23] καὶ ἡ γυνή μου προβεβηκυῖα[24] ἐν ταῖς ἡμέραις αὐτῆς. 19 καὶ ἀποκριθεὶς ὁ ἄγγελος εἶπεν αὐτῷ· ἐγώ εἰμι Γαβριὴλ ὁ παρεστηκὼς[25] ἐνώπιον τοῦ θεοῦ καὶ ἀπεστάλην[26] λαλῆσαι πρὸς σὲ καὶ εὐαγγελίσασθαί[27] σοι ταῦτα· 20 καὶ ἰδοὺ ἔσῃ[28] σιωπῶν[29] καὶ μὴ δυνάμενος λαλῆσαι ἄχρι ἧς ἡμέρας γένηται ταῦτα, ἀνθ'[30] ὧν οὐκ ἐπίστευσας τοῖς λόγοις μου, οἵτινες πληρωθήσονται[31] εἰς τὸν καιρὸν αὐτῶν.

[1] θυμίαμα, -τος n, incense offering
[2] ὁράω 3s aor pas ind, pas appear
[3] ἵστημι pf act ptc m s nom, intrans stand
[4] θυσιαστήριον, -ου n, altar
[5] ταράσσω 3s aor pas ind, trouble
[6] ἐπιπίπτω 3s aor act ind, fall
[7] διότι, conj, because
[8] εἰσακούω 3s aor pas ind, hear
[9] δέησις, -εως f, prayer
[10] ἀγαλλίασις, -εως f, gladness
[11] γένεσις, -εως f, birth
[12] χαίρω 3p fut pas ind, pas be glad
[13] σίκερα, n, strong drink
[14] πίνω 3s aor act sub, drink
[15] πίμπλημι 3s fut pas ind, fill
[16] κοιλία, -ας f, womb (ἐκ κ. μητρὸς from birth)
[17] ἐπιστρέφω 3s fut act ind, turn (to)
[18] προέρχομαι 3s fut mid ind, go ahead
[19] ἀπειθής, -ές, disobedient
[20] φρόνησις, -εως f, wisdom
[21] κατασκευάζω pf pas ptc m s acc, prepare
[22] γινώσκω 1s fut mid ind, know
[23] πρεσβύτης, -ου m, old man
[24] προβαίνω pf act ptc f s nom, go on (προ. ἐν ταῖς ἡμέραις be old)
[25] παρίστημι pf act ptc m s nom, intrans stand
[26] ἀποστέλλω 1s aor pas ind, send
[27] εὐαγγελίζω aor mid inf, mid bring good news
[28] εἰμί 2s fut mid ind, be
[29] σιωπάω pres act ptc m s nom, be silent
[30] ἀντί, prep + gen, because (ἀνθ' ὧν because)
[31] πληρόω 3p fut pas ind, pas come true

21 Καὶ ἦν ὁ λαὸς προσδοκῶν¹ τὸν Ζαχαρίαν καὶ ἐθαύμαζον ἐν τῷ χρονίζειν² ἐν τῷ ναῷ αὐτόν. 22 ἐξελθὼν δὲ οὐκ ἐδύνατο λαλῆσαι αὐτοῖς, καὶ ἐπέγνωσαν³ ὅτι ὀπτασίαν⁴ ἑώρακεν⁵ ἐν τῷ ναῷ· καὶ αὐτὸς ἦν διανεύων⁶ αὐτοῖς καὶ διέμενεν⁷ κωφός⁸. 23 καὶ ἐγένετο ὡς ἐπλήσθησαν⁹ αἱ ἡμέραι τῆς λειτουργίας¹⁰ αὐτοῦ, ἀπῆλθεν εἰς τὸν οἶκον αὐτοῦ. 24 μετὰ δὲ ταύτας τὰς ἡμέρας συνέλαβεν¹¹ Ἐλισάβετ ἡ γυνὴ αὐτοῦ καὶ περιέκρυβεν¹² ἑαυτὴν μῆνας¹³ πέντε λέγουσα 25 ὅτι οὕτως μοι πεποίηκεν κύριος ἐν ἡμέραις αἷς ἐπεῖδεν¹⁴ ἀφελεῖν¹⁵ ὄνειδός¹⁶ μου ἐν ἀνθρώποις.

The Birth of Jesus Foretold

26 Ἐν δὲ τῷ μηνὶ¹⁷ τῷ ἕκτῳ¹⁸ ἀπεστάλη¹⁹ ὁ ἄγγελος Γαβριὴλ ἀπὸ τοῦ θεοῦ εἰς πόλιν τῆς Γαλιλαίας ᾗ ὄνομα Ναζαρὲθ 27 πρὸς παρθένον²⁰ ἐμνηστευμένην²¹ ἀνδρὶ ᾧ ὄνομα Ἰωσὴφ ἐξ οἴκου Δαυὶδ καὶ τὸ ὄνομα τῆς παρθένου Μαριάμ. 28 καὶ εἰσελθὼν πρὸς αὐτὴν εἶπεν· χαῖρε, κεχαριτωμένη²², ὁ κύριος μετὰ σοῦ. 29 ἡ δὲ ἐπὶ τῷ λόγῳ διεταράχθη²³ καὶ διελογίζετο²⁴ ποταπὸς²⁵ εἴη²⁶ ὁ ἀσπασμὸς²⁷ οὗτος. 30 καὶ εἶπεν ὁ ἄγγελος αὐτῇ·

μὴ φοβοῦ, Μαριάμ, εὗρες²⁸ γὰρ χάριν παρὰ τῷ θεῷ.
31 καὶ ἰδοὺ συλλήμψη²⁹ ἐν γαστρὶ³⁰ καὶ τέξῃ³¹ υἱὸν
καὶ καλέσεις τὸ ὄνομα αὐτοῦ Ἰησοῦν.
32 οὗτος ἔσται μέγας καὶ υἱὸς ὑψίστου³² κληθήσεται³³
καὶ δώσει³⁴ αὐτῷ κύριος ὁ θεὸς τὸν θρόνον Δαυὶδ τοῦ πατρὸς αὐτοῦ,
33 καὶ βασιλεύσει³⁵ ἐπὶ τὸν οἶκον Ἰακὼβ εἰς τοὺς αἰῶνας
καὶ τῆς βασιλείας αὐτοῦ οὐκ ἔσται τέλος.

34 εἶπεν δὲ Μαριὰμ πρὸς τὸν ἄγγελον· πῶς ἔσται τοῦτο, ἐπεὶ³⁶ ἄνδρα οὐ γινώσκω³⁷; 35 καὶ ἀποκριθεὶς ὁ ἄγγελος εἶπεν αὐτῇ·

---

¹ προσδοκάω *pres act ptc m s nom*, wait for
² χρονίζω *pres act inf*, delay
³ ἐπιγινώσκω *3p aor act ind*, know
⁴ ὀπτασία, -ας *f*, vision
⁵ ὁράω *3s pf act ind*, see
⁶ διανεύω *pres act ptc m s nom*, motion
⁷ διαμένω *3s impf act ind*, remain
⁸ κωφός, -ή/όν, unable to speak
⁹ πίμπλημι *3p aor pas ind, aor pas* come to an end
¹⁰ λειτουργία, -ας *f*, service
¹¹ συλλαμβάνω *3s aor act ind*, conceive
¹² περικρύβω *3s impf act ind*, keep in seclusion
¹³ μήν, μηνός *m*, month
¹⁴ ἐφοράω *3s aor act ind*, look upon with favor
¹⁵ ἀφαιρέω *aor act inf*, remove
¹⁶ ὄνειδος, -ους *n*, disgrace
¹⁷ μήν, μηνός *m*, month
¹⁸ ἕκτος, -η/ον, sixth
¹⁹ ἀποστέλλω *3s aor pas ind*, send
²⁰ παρθένος, -ου *f*, virgin
²¹ μνηστεύομαι *pf pas ptc f s acc, pas* be promised in marriage
²² χαριτόω *pf pas ptc f s nom or voc*, greatly bless
²³ διαταράσσομαι *3s aor pas ind*, be confused
²⁴ διαλογίζομαι *3s impf mid ind*, wonder
²⁵ ποταπός, -ή/όν, of what sort
²⁶ εἰμί *3s pres act opt*, be
²⁷ ἀσπασμός, -οῦ *m*, greeting
²⁸ εὑρίσκω *2s aor act ind*, find
²⁹ συλλαμβάνω *2s fut mid ind*, conceive (συλ. ἐν γαστρὶ become pregnant)
³⁰ γαστήρ, -τρός *f*, womb
³¹ τίκτω *2s fut mid ind*, give birth to
³² ὕψιστος, highest (ὁ ὕ the Most High [God])
³³ καλέω *3s fut pas ind*, call
³⁴ δίδωμι *3s fut act ind*, give
³⁵ βασιλεύω *3s fut act ind*, rule
³⁶ ἐπεί, *conj*, since
³⁷ γινώσκω *1s pres act ind*, know (ἄνδρα οὐ γ. I am not married/ I am a virgin)

πνεῦμα ἅγιον ἐπελεύσεται[1] ἐπὶ σὲ
καὶ δύναμις ὑψίστου ἐπισκιάσει[2] σοι·
διὸ καὶ τὸ γεννώμενον ἅγιον κληθήσεται υἱὸς θεοῦ.

36 καὶ ἰδοὺ Ἐλισάβετ ἡ συγγενίς[3] σου καὶ αὐτὴ συνείληφεν[4] υἱὸν ἐν γήρει[5] αὐτῆς καὶ οὗτος μὴν ἕκτος ἐστὶν αὐτῇ τῇ καλουμένῃ στείρᾳ[6]· **37** ὅτι οὐκ ἀδυνατήσει[7] παρὰ τοῦ θεοῦ πᾶν ῥῆμα. **38** εἶπεν δὲ Μαριάμ· ἰδοὺ ἡ δούλη[8] κυρίου· γένοιτό[9] μοι κατὰ τὸ ῥῆμά σου. καὶ ἀπῆλθεν ἀπ' αὐτῆς ὁ ἄγγελος.

Mary Visits Elizabeth

39 Ἀναστᾶσα[10] δὲ Μαριὰμ ἐν ταῖς ἡμέραις ταύταις ἐπορεύθη[11] εἰς τὴν ὀρεινὴν[12] μετὰ σπουδῆς[13] εἰς πόλιν Ἰούδα, **40** καὶ εἰσῆλθεν εἰς τὸν οἶκον Ζαχαρίου καὶ ἠσπάσατο τὴν Ἐλισάβετ. **41** καὶ ἐγένετο ὡς ἤκουσεν τὸν ἀσπασμὸν[14] τῆς Μαρίας ἡ Ἐλισάβετ, ἐσκίρτησεν[15] τὸ βρέφος[16] ἐν τῇ κοιλίᾳ[17] αὐτῆς, καὶ ἐπλήσθη[18] πνεύματος ἁγίου ἡ Ἐλισάβετ, **42** καὶ ἀνεφώνησεν[19] κραυγῇ[20] μεγάλῃ καὶ εἶπεν·
εὐλογημένη σὺ ἐν γυναιξὶν[21]
καὶ εὐλογημένος ὁ καρπὸς τῆς κοιλίας σου.
43 καὶ πόθεν[22] μοι τοῦτο ἵνα ἔλθῃ[23] ἡ μήτηρ τοῦ κυρίου μου πρὸς ἐμέ; **44** ἰδοὺ γὰρ ὡς ἐγένετο ἡ φωνὴ τοῦ ἀσπασμοῦ[24] σου εἰς τὰ ὦτά[25] μου, ἐσκίρτησεν ἐν ἀγαλλιάσει[26] τὸ βρέφος ἐν τῇ κοιλίᾳ μου. **45** καὶ μακαρία ἡ πιστεύσασα ὅτι ἔσται τελείωσις[27] τοῖς λελαλημένοις αὐτῇ παρὰ κυρίου.

Mary's Song of Praise

46 Καὶ εἶπεν Μαριάμ·
μεγαλύνει[28] ἡ ψυχή μου τὸν κύριον,
47 καὶ ἠγαλλίασεν[29] τὸ πνεῦμά μου ἐπὶ τῷ θεῷ τῷ σωτῆρί[30] μου,

---

[1] ἐπέρχομαι 3s fut mid ind, come upon
[2] ἐπισκιάζω 3s fut act ind, overshadow
[3] συγγενίς, -ίδος f, female relative
[4] συλλαμβάνω 3s pf act ind, conceive
[5] γῆρας, -ως or -ους n, dat γήρει, old age
[6] στεῖρα, -ας f, a woman incapable of having children
[7] ἀδυνατέω 3s fut act ind, be impossible
[8] δούλη, -ης f, female servant/slave
[9] γίνομαι 3s aor mid opt, happen
[10] ἀνίστημι aor act ptc f s nom, get up/ready
[11] πορεύομαι 3s aor pas ind, go
[12] ὀρεινή, -ῆς f, hill country
[13] σπουδή, -ῆς f, haste/eagerness
[14] ἀσπασμός, -οῦ m, greeting
[15] σκιρτάω 3s aor act ind, leap/move
[16] βρέφος, -ους n, baby
[17] κοιλία, -ας f, womb
[18] πίμπλημι 3s aor pas ind, fill
[19] ἀναφωνέω 3s aor act ind, exclaim
[20] κραυγή, -ῆς f, shout
[21] γυνή, -αικός f, dat pl γυναιξίν, woman
[22] πόθεν, adv, why
[23] ἔρχομαι 3s aor act sub, come
[24] ἀσπασμός, -οῦ m, greeting
[25] οὖς, ὠτός n, ear
[26] ἀγαλλίασις, -εως f, extreme joy
[27] τελείωσις, -εως f, fulfillment
[28] μεγαλύνω 3s pres act ind, praise/honor
[29] ἀγαλλιάω 3s aor act ind, be extremely joyful
[30] σωτήρ, -ῆρος m, Savior

48 ὅτι ἐπέβλεψεν[1] ἐπὶ τὴν ταπείνωσιν[2] τῆς δούλης[3] αὐτοῦ.
ἰδοὺ γὰρ ἀπὸ τοῦ νῦν μακαριοῦσίν[4] με πᾶσαι αἱ γενεαί,
49 ὅτι ἐποίησέν μοι μεγάλα ὁ δυνατός.
καὶ ἅγιον τὸ ὄνομα αὐτοῦ,
50 καὶ τὸ ἔλεος[5] αὐτοῦ εἰς γενεὰς καὶ γενεὰς
τοῖς φοβουμένοις αὐτόν.
51 ἐποίησεν κράτος[6] ἐν βραχίονι[7] αὐτοῦ,
διεσκόρπισεν[8] ὑπερηφάνους[9] διανοίᾳ[10] καρδίας αὐτῶν·
52 καθεῖλεν[11] δυνάστας[12] ἀπὸ θρόνων
καὶ ὕψωσεν[13] ταπεινούς[14],
53 πεινῶντας[15] ἐνέπλησεν[16] ἀγαθῶν
καὶ πλουτοῦντας[17] ἐξαπέστειλεν[18] κενούς[19].
54 ἀντελάβετο[20] Ἰσραὴλ παιδὸς[21] αὐτοῦ,
μνησθῆναι[22] ἐλέους,
55 καθὼς ἐλάλησεν πρὸς τοὺς πατέρας ἡμῶν,
τῷ Ἀβραὰμ καὶ τῷ σπέρματι αὐτοῦ εἰς τὸν αἰῶνα.
56 Ἔμεινεν[23] δὲ Μαριὰμ σὺν αὐτῇ ὡς μῆνας[24] τρεῖς, καὶ ὑπέστρεψεν εἰς τὸν οἶκον αὐτῆς.

The Birth of John the Baptist

57 Τῇ δὲ Ἐλισάβετ ἐπλήσθη[25] ὁ χρόνος τοῦ τεκεῖν[26] αὐτὴν καὶ ἐγέννησεν υἱόν. **58** καὶ ἤκουσαν οἱ περίοικοι[27] καὶ οἱ συγγενεῖς[28] αὐτῆς ὅτι ἐμεγάλυνεν[29] κύριος τὸ ἔλεος[30] αὐτοῦ μετ' αὐτῆς καὶ συνέχαιρον[31] αὐτῇ. **59** καὶ ἐγένετο ἐν τῇ ἡμέρᾳ τῇ ὀγδόῃ[32] ἦλθον περιτεμεῖν[33] τὸ παιδίον καὶ ἐκάλουν αὐτὸ ἐπὶ τῷ ὀνόματι τοῦ πατρὸς αὐτοῦ Ζαχαρίαν. **60** καὶ ἀποκριθεῖσα ἡ μήτηρ αὐτοῦ εἶπεν· οὐχί, ἀλλὰ κληθήσεται[34]

---

[1] ἐπιβλέπω 3s aor act ind, look upon with care
[2] ταπείνωσις, -εως f, humble state
[3] δούλη, -ης f, female servant/slave
[4] μακαρίζω 3p fut act ind, consider blessed
[5] ἔλεος, -ους n, mercy
[6] κράτος, -ους n, might
[7] βραχίων, -ονος m, arm
[8] διασκορπίζω 3s aor act ind, scatter
[9] ὑπερήφανος, -ον, arrogant
[10] διάνοια, -ας f, thought
[11] καθαιρέω 3s aor act ind, take down
[12] δυνάστης, -ου m, ruler
[13] ὑψόω 3s aor act ind, lift up
[14] ταπεινός, -ή/όν, humble
[15] πεινάω pres act ptc m p acc, be hungry
[16] ἐμπίπλημι 3s aor act ind, fill
[17] πλουτέω pres act ptc m p acc, be rich
[18] ἐξαποστέλλω 3s aor act ind, send away
[19] κενός, -ή/όν, empty
[20] ἀντιλαμβάνομαι 3s aor mid ind, help
[21] παῖς, παιδός m & f, servant/child
[22] μιμνήσκομαι aor pas inf, remember
[23] μένω 3s aor act ind, stay
[24] μήν, μηνός m, month
[25] πίμπλημι 3s aor pas ind, pas come
[26] τίκτω aor act inf, give birth to
[27] περίοικος, -ου m, neighbor
[28] συγγενής, -οῦς m, relative
[29] μεγαλύνω 3s aor act ind, extend
[30] ἔλεος, -ους n, mercy
[31] συγχαίρω 3p impf act ind, rejoice with
[32] ὄγδοος, -η/ον, eighth
[33] περιτέμνω aor act inf, circumcise
[34] καλέω 3s fut pas ind, call

Ἰωάννης. 61 καὶ εἶπαν πρὸς αὐτὴν ὅτι οὐδείς ἐστιν ἐκ τῆς συγγενείας¹ σου ὃς καλεῖται τῷ ὀνόματι τούτῳ. 62 ἐνένευον² δὲ τῷ πατρὶ αὐτοῦ τὸ τί ἂν θέλοι καλεῖσθαι³ αὐτό. 63 καὶ αἰτήσας πινακίδιον⁴ ἔγραψεν λέγων· Ἰωάννης ἐστὶν ὄνομα αὐτοῦ. καὶ ἐθαύμασαν πάντες. 64 ἀνεῴχθη⁵ δὲ τὸ στόμα αὐτοῦ παραχρῆμα⁶ καὶ ἡ γλῶσσα αὐτοῦ, καὶ ἐλάλει εὐλογῶν τὸν θεόν. 65 καὶ ἐγένετο ἐπὶ πάντας φόβος τοὺς περιοικοῦντας⁷ αὐτούς, καὶ ἐν ὅλῃ τῇ ὀρεινῇ⁸ τῆς Ἰουδαίας διελαλεῖτο⁹ πάντα τὰ ῥήματα ταῦτα, 66 καὶ ἔθεντο¹⁰ πάντες οἱ ἀκούσαντες ἐν τῇ καρδίᾳ αὐτῶν λέγοντες· τί ἄρα τὸ παιδίον τοῦτο ἔσται; καὶ γὰρ χεὶρ κυρίου ἦν μετ' αὐτοῦ.

The Prophecy of Zechariah

67 Καὶ Ζαχαρίας ὁ πατὴρ αὐτοῦ ἐπλήσθη¹¹ πνεύματος ἁγίου καὶ ἐπροφήτευσεν¹² λέγων·

68 εὐλογητὸς¹³ κύριος ὁ θεὸς τοῦ Ἰσραήλ,
    ὅτι ἐπεσκέψατο¹⁴ καὶ ἐποίησεν λύτρωσιν¹⁵ τῷ λαῷ αὐτοῦ,
69 καὶ ἤγειρεν κέρας¹⁶ σωτηρίας ἡμῖν
    ἐν οἴκῳ Δαυὶδ παιδὸς¹⁷ αὐτοῦ,
70 καθὼς ἐλάλησεν διὰ στόματος τῶν ἁγίων ἀπ' αἰῶνος προφητῶν αὐτοῦ,
71 σωτηρίαν ἐξ ἐχθρῶν ἡμῶν καὶ ἐκ χειρὸς πάντων τῶν μισούντων ἡμᾶς,
72 ποιῆσαι ἔλεος¹⁸ μετὰ τῶν πατέρων ἡμῶν
    καὶ μνησθῆναι¹⁹ διαθήκης ἁγίας αὐτοῦ,
73 ὅρκον²⁰ ὃν ὤμοσεν²¹ πρὸς Ἀβραὰμ τὸν πατέρα ἡμῶν,
    τοῦ δοῦναι²² ἡμῖν 74 ἀφόβως²³ ἐκ χειρὸς ἐχθρῶν ῥυσθέντας²⁴
λατρεύειν²⁵ αὐτῷ 75 ἐν ὁσιότητι²⁶ καὶ δικαιοσύνῃ
    ἐνώπιον αὐτοῦ πάσαις ταῖς ἡμέραις ἡμῶν.
76 καὶ σὺ δέ, παιδίον, προφήτης ὑψίστου²⁷ κληθήσῃ²⁸·
    προπορεύσῃ²⁹ γὰρ ἐνώπιον κυρίου ἑτοιμάσαι ὁδοὺς αὐτοῦ,

---

1 συγγένεια, -ας f, relatives
2 ἐννεύω 3p impf act ind, ask by making signs
3 καλέω pres pas inf, call
4 πινακίδιον, -ου n, writing tablet
5 ἀνοίγω 3s aor pas ind, open
6 παραχρῆμα, adv, at once
7 περιοικέω pres act ptc m p acc, be a neighbor
8 ὀρεινή, -ῆς f, hill country
9 διαλαλέω 3s impf pas ind, talk about
10 τίθημι 3p aor mid ind, mid place (τ. ἐν καρδίᾳ keep in mind)

11 πίμπλημι 3s aor pas ind, fill
12 προφητεύω 3s aor act ind, prophesy
13 εὐλογητός, -ή/όν, deserving of praise
14 ἐπισκέπτομαι 3s aor mid ind, look after or come to help
15 λύτρωσις, -εως f, redemption
16 κέρας, -ατος n, horn
17 παῖς, παιδός m & f, servant/child
18 ἔλεος, -ους n, mercy
19 μιμνήσκομαι aor pas inf, remember

20 ὅρκος, -ου m, promise
21 ὀμνύω 3s aor act ind, promise
22 δίδωμι aor act inf, give
23 ἀφόβως, adv, without fear
24 ῥύομαι aor pas ptc m p acc, save
25 λατρεύω pres act inf, serve
26 ὁσιότης, -ητος f, holiness
27 ὕψιστος, highest (ὁ ὕ the Most High [God])
28 καλέω 2s fut pas ind, call
29 προπορεύομαι 2s fut mid ind, go before

77 τοῦ δοῦναι γνῶσιν¹ σωτηρίας τῷ λαῷ αὐτοῦ
ἐν ἀφέσει² ἁμαρτιῶν αὐτῶν,
78 διὰ σπλάγχνα³ ἐλέους⁴ θεοῦ ἡμῶν,
ἐν οἷς ἐπισκέψεται⁵ ἡμᾶς ἀνατολὴ⁶ ἐξ ὕψους⁷,
79 ἐπιφᾶναι⁸ τοῖς ἐν σκότει καὶ σκιᾷ⁹ θανάτου καθημένοις,
τοῦ κατευθῦναι¹⁰ τοὺς πόδας ἡμῶν εἰς ὁδὸν εἰρήνης.
80 Τὸ δὲ παιδίον ηὔξανεν¹¹ καὶ ἐκραταιοῦτο¹² πνεύματι, καὶ ἦν ἐν ταῖς ἐρήμοις ἕως ἡμέρας ἀναδείξεως¹³ αὐτοῦ πρὸς τὸν Ἰσραήλ.

The Birth of Jesus (Mt 1.18-25)

2 Ἐγένετο δὲ ἐν ταῖς ἡμέραις ἐκείναις ἐξῆλθεν δόγμα¹⁴ παρὰ Καίσαρος Αὐγούστου ἀπογράφεσθαι¹⁵ πᾶσαν τὴν οἰκουμένην¹⁶. 2 αὕτη ἀπογραφὴ¹⁷ πρώτη ἐγένετο ἡγεμονεύοντος¹⁸ τῆς Συρίας Κυρηνίου. 3 καὶ ἐπορεύοντο πάντες ἀπογράφεσθαι, ἕκαστος εἰς τὴν ἑαυτοῦ πόλιν. 4 ἀνέβη¹⁹ δὲ καὶ Ἰωσὴφ ἀπὸ τῆς Γαλιλαίας ἐκ πόλεως Ναζαρὲθ εἰς τὴν Ἰουδαίαν εἰς πόλιν Δαυὶδ ἥτις καλεῖται Βηθλέεμ, διὰ τὸ εἶναι αὐτὸν ἐξ οἴκου καὶ πατριᾶς²⁰ Δαυίδ, 5 ἀπογράψασθαι σὺν Μαριὰμ τῇ ἐμνηστευμένῃ²¹ αὐτῷ, οὔσῃ ἐγκύῳ²². 6 ἐγένετο δὲ ἐν τῷ εἶναι αὐτοὺς ἐκεῖ ἐπλήσθησαν²³ αἱ ἡμέραι τοῦ τεκεῖν²⁴ αὐτήν, 7 καὶ ἔτεκεν τὸν υἱὸν αὐτῆς τὸν πρωτότοκον²⁵, καὶ ἐσπαργάνωσεν²⁶ αὐτὸν καὶ ἀνέκλινεν²⁷ αὐτὸν ἐν φάτνῃ²⁸, διότι²⁹ οὐκ ἦν αὐτοῖς τόπος ἐν τῷ καταλύματι³⁰.

The Shepherds and the Angels

8 Καὶ ποιμένες³¹ ἦσαν ἐν τῇ χώρᾳ³² τῇ αὐτῇ ἀγραυλοῦντες³³ καὶ φυλάσσοντες φυλακὰς τῆς νυκτὸς ἐπὶ τὴν ποίμνην³⁴ αὐτῶν. 9 καὶ ἄγγελος κυρίου ἐπέστη³⁵ αὐτοῖς καὶ δόξα κυρίου περιέλαμψεν³⁶ αὐτούς, καὶ ἐφοβήθησαν φόβον μέγαν.

1 γνῶσις, -εως f, knowledge
2 ἄφεσις, -εως f, forgiveness
3 σπλάγχνον, -ου n, one's inmost feelings (σπ. ἐλέους θεοῦ God's profound mercy)
4 ἔλεος, -ους n, mercy
5 ἐπισκέπτομαι 3s fut mid ind, shine upon
6 ἀνατολή, -ῆς f, sunrise/dawn
7 ὕψος, -ους n, heaven/sky
8 ἐπιφαίνω aor act inf, give light
9 σκιά, -ᾶς f, shadow
10 κατευθύνω aor act inf, guide
11 αὐξάνω 3s impf act ind, grow
12 κραταιόω 3s impf pas ind, pas become strong
13 ἀνάδειξις, -εως f, public appearance
14 δόγμα, -τος n, decree
15 ἀπογράφω pres pas inf, register
16 οἰκουμένη, -ης f, Roman Empire
17 ἀπογραφή, -ῆς f, registration/census
18 ἡγεμονεύω pres act ptc m s gen, be governor
19 ἀναβαίνω 3s aor act ind, go up
20 πατριά, -ᾶς f, family/lineage
21 μνηστεύω pf pas ptc f s dat, pas be promised in marriage
22 ἔγκυος, -ον, pregnant
23 πίμπλημι 3p aor pas ind, pas come
24 τίκτω aor act inf, give birth to
25 πρωτότοκος, -ον, first-born
26 σπαργανόω 3s aor act ind, wrap in cloths
27 ἀνακλίνω 3s aor act ind, lay
28 φάτνη, -ης f, manger
29 διότι, conj, because
30 κατάλυμα, -τος n, inn/guest room
31 ποιμήν, -ένος m, shepherd
32 χώρα, -ας f, field
33 ἀγραυλέω pres act ptc m p nom, live out of doors
34 ποίμνη, -ης f, flock
35 ἐφίστημι 3s aor act ind, appear
36 περιλάμπω 3s aor act ind, shine around

10 καὶ εἶπεν αὐτοῖς ὁ ἄγγελος· μὴ φοβεῖσθε, ἰδοὺ γὰρ εὐαγγελίζομαι ὑμῖν χαρὰν μεγάλην ἥτις ἔσται παντὶ τῷ λαῷ, 11 ὅτι ἐτέχθη¹ ὑμῖν σήμερον σωτὴρ² ὅς ἐστιν χριστὸς κύριος ἐν πόλει Δαυίδ. 12 καὶ τοῦτο ὑμῖν τὸ σημεῖον, εὑρήσετε³ βρέφος⁴ ἐσπαργανωμένον⁵ καὶ κείμενον⁶ ἐν φάτνῃ⁷. 13 καὶ ἐξαίφνης⁸ ἐγένετο σὺν τῷ ἀγγέλῳ πλῆθος στρατιᾶς⁹ οὐρανίου¹⁰ αἰνούντων¹¹ τὸν θεὸν καὶ λεγόντων·
14 δόξα ἐν ὑψίστοις¹² θεῷ
καὶ ἐπὶ γῆς εἰρήνη
ἐν ἀνθρώποις εὐδοκίας¹³.

15 Καὶ ἐγένετο ὡς ἀπῆλθον ἀπ' αὐτῶν εἰς τὸν οὐρανὸν οἱ ἄγγελοι, οἱ ποιμένες¹⁴ ἐλάλουν πρὸς ἀλλήλους· διέλθωμεν¹⁵ δὴ¹⁶ ἕως Βηθλέεμ καὶ ἴδωμεν¹⁷ τὸ ῥῆμα τοῦτο τὸ γεγονὸς¹⁸ ὃ ὁ κύριος ἐγνώρισεν¹⁹ ἡμῖν. 16 καὶ ἦλθαν σπεύσαντες²⁰ καὶ ἀνεῦραν²¹ τήν τε Μαριὰμ καὶ τὸν Ἰωσὴφ καὶ τὸ βρέφος²² κείμενον²³ ἐν τῇ φάτνῃ²⁴. 17 ἰδόντες δὲ ἐγνώρισαν²⁵ περὶ τοῦ ῥήματος τοῦ λαληθέντος αὐτοῖς περὶ τοῦ παιδίου τούτου. 18 καὶ πάντες οἱ ἀκούσαντες ἐθαύμασαν περὶ τῶν λαληθέντων ὑπὸ τῶν ποιμένων²⁶ πρὸς αὐτούς· 19 ἡ δὲ Μαριὰμ πάντα συνετήρει²⁷ τὰ ῥήματα ταῦτα συμβάλλουσα²⁸ ἐν τῇ καρδίᾳ αὐτῆς. 20 καὶ ὑπέστρεψαν²⁹ οἱ ποιμένες δοξάζοντες καὶ αἰνοῦντες³⁰ τὸν θεὸν ἐπὶ πᾶσιν οἷς ἤκουσαν καὶ εἶδον καθὼς ἐλαλήθη πρὸς αὐτούς.

21 Καὶ ὅτε ἐπλήσθησαν³¹ ἡμέραι ὀκτὼ³² τοῦ περιτεμεῖν³³ αὐτὸν καὶ ἐκλήθη τὸ ὄνομα αὐτοῦ Ἰησοῦς, τὸ κληθὲν³⁴ ὑπὸ τοῦ ἀγγέλου πρὸ τοῦ συλλημφθῆναι³⁵ αὐτὸν ἐν τῇ κοιλίᾳ³⁶.

The Presentation of Jesus in the Temple

22 Καὶ ὅτε ἐπλήσθησαν αἱ ἡμέραι τοῦ καθαρισμοῦ³⁷ αὐτῶν κατὰ τὸν νόμον Μωϋσέως, ἀνήγαγον³⁸ αὐτὸν εἰς Ἱεροσόλυμα παραστῆσαι³⁹ τῷ κυρίῳ, 23 καθὼς

¹ τίκτω 3s aor pas ind, pas be born
² σωτήρ, -ῆρος m, Savior
³ εὑρίσκω 2p fut act ind, find
⁴ βρέφος, -ους n, baby
⁵ σπαργανόω pf pas ptc n s acc, wrap in cloths
⁶ κεῖμαι pres mid ptc n s acc, lie
⁷ φάτνη, -ης f, manger
⁸ ἐξαίφνης, adv, suddenly
⁹ στρατιά, -ᾶς f, multitude
¹⁰ οὐράνιος, -ον, from heaven
¹¹ αἰνέω pres act ptc m p gen, praise
¹² ὕψιστος, highest (ἐν ὕ. in the highest heaven)
¹³ εὐδοκία, -ας f, pleasing (to God)
¹⁴ ποιμήν, -ένος m, shepherd
¹⁵ διέρχομαι 1p aor act sub, go

¹⁶ δή, particle for emphasis, indeed
¹⁷ ὁράω 1p aor act sub, see
¹⁸ γίνομαι pf act ptc n s acc, happen
¹⁹ γνωρίζω 3s aor act ind, make known
²⁰ σπεύδω aor act ptc m p nom, hurry
²¹ ἀνευρίσκω 3p aor act ind, find
²² βρέφος, -ους n, baby
²³ κεῖμαι pres mid ptc n s acc, lie
²⁴ φάτνη, -ης f, manger
²⁵ γνωρίζω 3p aor act ind, make known
²⁶ ποιμήν, -ένος m, shepherd
²⁷ συντηρέω 3s impf act ind, treasure up
²⁸ συμβάλλω pres act ptc f s nom, wonder about

²⁹ ὑποστρέφω 3p aor act ind, return
³⁰ αἰνέω pres act ptc m p nom, praise
³¹ πίμπλημι 3p aor pas ind, pas come
³² ὀκτώ, eight
³³ περιτέμνω aor act inf, circumcise
³⁴ καλέω aor pas ptc n s nom, call
³⁵ συλλαμβάνω aor pas inf, conceive
³⁶ κοιλία, -ας f, womb
³⁷ καθαρισμός, -οῦ m, purification ceremony
³⁸ ἀνάγω 3p aor act ind, bring
³⁹ παρίστημι aor act inf, present

γέγραπται ἐν νόμῳ κυρίου ὅτι πᾶν ἄρσεν[1] διανοῖγον[2] μήτραν[3] ἅγιον τῷ κυρίῳ κληθήσεται[4], 24 καὶ τοῦ δοῦναι[5] θυσίαν[6] κατὰ τὸ εἰρημένον[7] ἐν τῷ νόμῳ κυρίου, ζεῦγος[8] τρυγόνων[9] ἢ δύο νοσσοὺς[10] περιστερῶν[11].

25 Καὶ ἰδοὺ ἄνθρωπος ἦν ἐν Ἰερουσαλὴμ ᾧ ὄνομα Συμεὼν καὶ ὁ ἄνθρωπος οὗτος δίκαιος καὶ εὐλαβὴς[12] προσδεχόμενος[13] παράκλησιν[14] τοῦ Ἰσραήλ, καὶ πνεῦμα ἦν ἅγιον ἐπ᾽ αὐτόν· 26 καὶ ἦν αὐτῷ κεχρηματισμένον[15] ὑπὸ τοῦ πνεύματος τοῦ ἁγίου μὴ ἰδεῖν θάνατον πρὶν[16] [ἢ] ἂν ἴδῃ[17] τὸν χριστὸν κυρίου. 27 καὶ ἦλθεν ἐν τῷ πνεύματι εἰς τὸ ἱερόν· καὶ ἐν τῷ εἰσαγαγεῖν[18] τοὺς γονεῖς[19] τὸ παιδίον Ἰησοῦν τοῦ ποιῆσαι αὐτοὺς κατὰ τὸ εἰθισμένον[20] τοῦ νόμου περὶ αὐτοῦ 28 καὶ αὐτὸς ἐδέξατο[21] αὐτὸ εἰς τὰς ἀγκάλας[22] καὶ εὐλόγησεν τὸν θεὸν καὶ εἶπεν·

29 νῦν ἀπολύεις[23] τὸν δοῦλόν σου, δέσποτα[24],
κατὰ τὸ ῥῆμά σου ἐν εἰρήνῃ·
30 ὅτι εἶδον οἱ ὀφθαλμοί μου τὸ σωτήριόν[25] σου,
31 ὃ ἡτοίμασας κατὰ πρόσωπον πάντων τῶν λαῶν,
32 φῶς εἰς ἀποκάλυψιν[26] ἐθνῶν
καὶ δόξαν λαοῦ σου Ἰσραήλ.

33 καὶ ἦν ὁ πατὴρ αὐτοῦ καὶ ἡ μήτηρ θαυμάζοντες ἐπὶ τοῖς λαλουμένοις περὶ αὐτοῦ. 34 καὶ εὐλόγησεν αὐτοὺς Συμεὼν καὶ εἶπεν πρὸς Μαριὰμ τὴν μητέρα αὐτοῦ· ἰδοὺ οὗτος κεῖται[27] εἰς πτῶσιν[28] καὶ ἀνάστασιν πολλῶν ἐν τῷ Ἰσραὴλ καὶ εἰς σημεῖον ἀντιλεγόμενον[29] – 35 καὶ σοῦ [δὲ] αὐτῆς τὴν ψυχὴν διελεύσεται[30] ῥομφαία[31] – ὅπως ἂν ἀποκαλυφθῶσιν[32] ἐκ πολλῶν καρδιῶν διαλογισμοί[33].

36 Καὶ ἦν Ἅννα προφῆτις[34], θυγάτηρ[35] Φανουήλ, ἐκ φυλῆς Ἀσήρ· αὕτη προβεβηκυῖα[36] ἐν ἡμέραις πολλαῖς, ζήσασα μετὰ ἀνδρὸς ἔτη ἑπτὰ ἀπὸ τῆς παρθενίας[37]

---

[1] ἄρσην, -εν, male
[2] διανοίγω pres act ptc n s nom, open
[3] μήτρα, -ας f, womb (πᾶν ἄρσεν διανοῖγον μ. every firstborn male)
[4] καλέω 3s fut pas ind, call
[5] δίδωμι aor act inf, offer (of a sacrifice)
[6] θυσία, -ας f, sacrifice
[7] λέγω pf pas ptc n s acc, say
[8] ζεῦγος, -ους n, pair
[9] τρυγών, -όνος f, turtledove
[10] νοσσός, -οῦ m, young (of a bird)
[11] περιστερά, -ᾶς f, pigeon
[12] εὐλαβής, -ές, devout
[13] προσδέχομαι pres mid ptc m s nom, wait for
[14] παράκλησις, -εως f, comfort/salvation
[15] χρηματίζω pf pas ptc n s nom, reveal
[16] πρίν and πρὶν ἤ, conj, before
[17] ὁράω 3s aor act sub, see
[18] εἰσάγω aor act inf, bring in
[19] γονεύς, -έως m, parent
[20] ἐθίζω pf pas ptc n s acc, accustom (κατὰ τὸ εἰθισμένον according to the custom)
[21] δέχομαι 3s aor mid ind, take
[22] ἀγκάλη, -ης f, arm
[23] ἀπολύω 2s pres act ind, release
[24] δεσπότης, -ου m, Lord (of God)
[25] σωτήριος, -ον, adj = noun, (bringing) salvation
[26] ἀποκάλυψις, -εως f, revelation
[27] κεῖμαι 3s pres mid ind, be placed
[28] πτῶσις, -εως f, fall
[29] ἀντιλέγω pres pas ptc n s acc, oppose (σημεῖον ἀ. a controversial sign)
[30] διέρχομαι 3s fut mid ind, pierce
[31] ῥομφαία, -ας f, sword
[32] ἀποκαλύπτω 3p aor pas sub, reveal
[33] διαλογισμός, -οῦ m, thought
[34] προφῆτις, -ιδος f, prophet
[35] θυγάτηρ, -τρός f, daughter
[36] προβαίνω pf act ptc f s nom, go on (προ. ἐν ταῖς ἡμέραις be old)
[37] παρθενία, -ας f, virginity (ἀπὸ τῆς π. αὐτῆς from the time of her marriage)

αὐτῆς 37 καὶ αὐτὴ χήρα¹ ἕως ἐτῶν ὀγδοήκοντα² τεσσάρων, ἣ οὐκ ἀφίστατο³ τοῦ ἱεροῦ νηστείαις⁴ καὶ δεήσεσιν⁵ λατρεύουσα⁶ νύκτα καὶ ἡμέραν. 38 καὶ αὐτῇ τῇ ὥρᾳ ἐπιστᾶσα⁷ ἀνθωμολογεῖτο⁸ τῷ θεῷ καὶ ἐλάλει περὶ αὐτοῦ πᾶσιν τοῖς προσδεχομένοις⁹ λύτρωσιν¹⁰ Ἰερουσαλήμ.

The Return to Nazareth

39 Καὶ ὡς ἐτέλεσαν¹¹ πάντα τὰ κατὰ τὸν νόμον κυρίου, ἐπέστρεψαν¹² εἰς τὴν Γαλιλαίαν εἰς πόλιν ἑαυτῶν Ναζαρέθ. 40 τὸ δὲ παιδίον ηὔξανεν¹³ καὶ ἐκραταιοῦτο¹⁴ πληρούμενον σοφίᾳ, καὶ χάρις θεοῦ ἦν ἐπ᾽ αὐτό.

The Boy Jesus in the Temple

41 Καὶ ἐπορεύοντο οἱ γονεῖς¹⁵ αὐτοῦ κατ᾽ ἔτος εἰς Ἰερουσαλὴμ τῇ ἑορτῇ¹⁶ τοῦ πάσχα¹⁷. 42 καὶ ὅτε ἐγένετο ἐτῶν δώδεκα, ἀναβαινόντων αὐτῶν κατὰ τὸ ἔθος¹⁸ τῆς ἑορτῆς 43 καὶ τελειωσάντων¹⁹ τὰς ἡμέρας, ἐν τῷ ὑποστρέφειν αὐτοὺς ὑπέμεινεν²⁰ Ἰησοῦς ὁ παῖς²¹ ἐν Ἰερουσαλήμ, καὶ οὐκ ἔγνωσαν²² οἱ γονεῖς αὐτοῦ. 44 νομίσαντες²³ δὲ αὐτὸν εἶναι ἐν τῇ συνοδίᾳ²⁴ ἦλθον ἡμέρας ὁδὸν καὶ ἀνεζήτουν²⁵ αὐτὸν ἐν τοῖς συγγενεῦσιν²⁶ καὶ τοῖς γνωστοῖς²⁷, 45 καὶ μὴ εὑρόντες²⁸ ὑπέστρεψαν²⁹ εἰς Ἰερουσαλὴμ ἀναζητοῦντες αὐτόν. 46 καὶ ἐγένετο μετὰ ἡμέρας τρεῖς εὗρον αὐτὸν ἐν τῷ ἱερῷ καθεζόμενον³⁰ ἐν μέσῳ τῶν διδασκάλων καὶ ἀκούοντα αὐτῶν καὶ ἐπερωτῶντα αὐτούς· 47 ἐξίσταντο³¹ δὲ πάντες οἱ ἀκούοντες αὐτοῦ ἐπὶ τῇ συνέσει³² καὶ ταῖς ἀποκρίσεσιν³³ αὐτοῦ. 48 καὶ ἰδόντες αὐτὸν ἐξεπλάγησαν³⁴, καὶ εἶπεν πρὸς αὐτὸν ἡ μήτηρ αὐτοῦ· τέκνον, τί ἐποίησας ἡμῖν οὕτως; ἰδοὺ ὁ πατήρ σου κἀγὼ ὀδυνώμενοι³⁵ ἐζητοῦμέν σε. 49 καὶ εἶπεν πρὸς αὐτούς· τί ὅτι ἐζητεῖτέ με; οὐκ ᾔδειτε³⁶ ὅτι

---

[1] χήρα, -ας f, widow
[2] ὀγδοήκοντα, eighty
[3] ἀφίστημι 3s impf mid ind, intrans leave
[4] νηστεία, -ας f, fasting
[5] δέησις, -εως f, prayer
[6] λατρεύω pres act ptc f s nom, serve
[7] ἐφίστημι aor act ptc f s nom, come up
[8] ἀνθωμολογέομαι 3s impf mid ind, give thanks
[9] προσδέχομαι pres mid ptc m p dat, wait for
[10] λύτρωσις, -εως f, redemption
[11] τελέω 3p aor act ind, complete
[12] ἐπιστρέφω 3p aor act ind, intrans return
[13] αὐξάνω 3s impf act ind, grow
[14] κραταιόω 3s impf pas ind, pas become strong
[15] γονεύς, -έως m, parent
[16] ἑορτή, -ῆς f, festival
[17] πάσχα, n, Passover
[18] ἔθος, -ους n, custom
[19] τελειόω aor act ptc m p gen, end
[20] ὑπομένω 3s aor act ind, stay on
[21] παῖς, παιδός m & f, boy
[22] γινώσκω 3p aor act ind, know
[23] νομίζω aor act ptc m p nom, think
[24] συνοδία, -ας f, group of travelers
[25] ἀναζητέω 3p impf act ind, look for
[26] συγγενής, -οῦς m, relative
[27] γνωστός, -ή/όν, known (ὁ γνωστός friend)
[28] εὑρίσκω aor act ptc m p nom, find
[29] ὑποστρέφω 3p aor act ind, return
[30] καθέζομαι pres mid ptc m s acc, sit
[31] ἐξίστημι 3p impf mid ind, be amazed
[32] σύνεσις, -εως f, understanding
[33] ἀπόκρισις, -εως f, answer
[34] ἐκπλήσσω 3p aor pas ind, pas be (completely) amazed
[35] ὀδυνάομαι pres pas ptc m p nom, be in great pain
[36] οἶδα 2p plpf act ind, know

ἐν τοῖς τοῦ πατρός¹ μου δεῖ εἶναί με; 50 καὶ αὐτοὶ οὐ συνῆκαν² τὸ ῥῆμα ὃ ἐλάλησεν αὐτοῖς. 51 καὶ κατέβη³ μετ' αὐτῶν καὶ ἦλθεν εἰς Ναζαρὲθ καὶ ἦν ὑποτασσόμενος αὐτοῖς. καὶ ἡ μήτηρ αὐτοῦ διετήρει⁴ πάντα τὰ ῥήματα ἐν τῇ καρδίᾳ αὐτῆς. 52 καὶ Ἰησοῦς προέκοπτεν⁵ [ἐν τῇ] σοφίᾳ καὶ ἡλικίᾳ⁶ καὶ χάριτι παρὰ θεῷ καὶ ἀνθρώποις.

The Preaching of John the Baptist (Mt 3.1-12; Mk 1.1-8; Jn 1.19-28)

3 Ἐν ἔτει δὲ πεντεκαιδεκάτῳ⁷ τῆς ἡγεμονίας⁸ Τιβερίου Καίσαρος, ἡγεμονεύοντος⁹ Ποντίου Πιλάτου τῆς Ἰουδαίας, καὶ τετρααρχοῦντος¹⁰ τῆς Γαλιλαίας Ἡρῴδου, Φιλίππου δὲ τοῦ ἀδελφοῦ αὐτοῦ τετρααρχοῦντος τῆς Ἰτουραίας καὶ Τραχωνίτιδος χώρας¹¹, καὶ Λυσανίου τῆς Ἀβιληνῆς τετρααρχοῦντος, 2 ἐπὶ ἀρχιερέως Ἄννα καὶ Καϊάφα, ἐγένετο ῥῆμα θεοῦ ἐπὶ Ἰωάννην τὸν Ζαχαρίου υἱὸν ἐν τῇ ἐρήμῳ. 3 καὶ ἦλθεν εἰς πᾶσαν [τὴν] περίχωρον¹² τοῦ Ἰορδάνου κηρύσσων βάπτισμα¹³ μετανοίας¹⁴ εἰς ἄφεσιν¹⁵ ἁμαρτιῶν, 4 ὡς γέγραπται ἐν βίβλῳ¹⁶ λόγων Ἠσαΐου τοῦ προφήτου·

φωνὴ βοῶντος¹⁷ ἐν τῇ ἐρήμῳ·
ἑτοιμάσατε τὴν ὁδὸν κυρίου,
εὐθείας¹⁸ ποιεῖτε τὰς τρίβους¹⁹ αὐτοῦ·
5 πᾶσα φάραγξ²⁰ πληρωθήσεται
καὶ πᾶν ὄρος καὶ βουνὸς²¹ ταπεινωθήσεται²²,
καὶ ἔσται τὰ σκολιὰ²³ εἰς εὐθεῖαν
καὶ αἱ τραχεῖαι²⁴ εἰς ὁδοὺς λείας²⁵·
6 καὶ ὄψεται²⁶ πᾶσα σὰρξ τὸ σωτήριον²⁷ τοῦ θεοῦ.

7 Ἔλεγεν οὖν τοῖς ἐκπορευομένοις ὄχλοις βαπτισθῆναι ὑπ' αὐτοῦ· γεννήματα²⁸ ἐχιδνῶν²⁹, τίς ὑπέδειξεν³⁰ ὑμῖν φυγεῖν³¹ ἀπὸ τῆς μελλούσης ὀργῆς; 8 ποιήσατε οὖν καρποὺς ἀξίους τῆς μετανοίας³² καὶ μὴ ἄρξησθε³³ λέγειν ἐν ἑαυτοῖς· πατέρα

---

¹ πατήρ, πατρός m, father (ἐν τοῖς τοῦ πατρός μου in my Father's house)
² συνίημι 3p aor act ind, understand
³ καταβαίνω 3s aor act ind, go (down)
⁴ διατηρέω 3s impf act ind, treasure up
⁵ προκόπτω 3s impf act ind, increase
⁶ ἡλικία, -ας f, size/strength/age
⁷ πεντεκαιδέκατος, -η/ον, fifteenth
⁸ ἡγεμονία, -ας f, reign
⁹ ἡγεμονεύω pres act ptc m s gen, be governor
¹⁰ τετρααρχέω pres act ptc m s gen, be ruler/tetrarch (a petty ruler with less authority than a king)
¹¹ χώρα, -ας f, region
¹² περίχωρος, -ου f, surrounding region
¹³ βάπτισμα, -τος n, baptism
¹⁴ μετάνοια, -ας f, repentance
¹⁵ ἄφεσις, -εως f, forgiveness
¹⁶ βίβλος, -ου f, book
¹⁷ βοάω pres act ptc m s gen, shout
¹⁸ εὐθύς, -εῖα/ύ, straight
¹⁹ τρίβος, -ου f, path
²⁰ φάραγξ, -αγγος f, valley
²¹ βουνός, -οῦ m, hill
²² ταπεινόω 3s fut pas ind, make low
²³ σκολιός, -ά, -όν, crooked
²⁴ τραχύς, -εῖα/ύ, rough
²⁵ λεῖος, -α/ον, smooth
²⁶ ὁράω 3s fut mid ind, see
²⁷ σωτήριος, -ον, adj = noun, (bringing) salvation
²⁸ γέννημα, -τος n, offspring
²⁹ ἔχιδνα, -ης f, snake
³⁰ ὑποδείκνυμι 3s aor act ind, warn
³¹ φεύγω aor act inf, run
³² μετάνοια, -ας f, repentance
³³ ἄρχω 2p aor mid sub, begin

ἔχομεν τὸν Ἀβραάμ. λέγω γὰρ ὑμῖν ὅτι δύναται ὁ θεὸς ἐκ τῶν λίθων τούτων ἐγεῖραι τέκνα τῷ Ἀβραάμ. 9 ἤδη δὲ καὶ ἡ ἀξίνη¹ πρὸς τὴν ῥίζαν² τῶν δένδρων³ κεῖται⁴· πᾶν οὖν δένδρον μὴ ποιοῦν καρπὸν καλὸν ἐκκόπτεται⁵ καὶ εἰς πῦρ βάλλεται. 10 Καὶ ἐπηρώτων αὐτὸν οἱ ὄχλοι λέγοντες· τί οὖν ποιήσωμεν; 11 ἀποκριθεὶς δὲ ἔλεγεν αὐτοῖς· ὁ ἔχων δύο χιτῶνας⁶ μεταδότω⁷ τῷ μὴ ἔχοντι, καὶ ὁ ἔχων βρώματα⁸ ὁμοίως⁹ ποιείτω. 12 ἦλθον δὲ καὶ τελῶναι¹⁰ βαπτισθῆναι καὶ εἶπαν πρὸς αὐτόν· διδάσκαλε, τί ποιήσωμεν; 13 ὁ δὲ εἶπεν πρὸς αὐτούς· μηδὲν πλέον¹¹ παρὰ τὸ διατεταγμένον¹² ὑμῖν πράσσετε. 14 ἐπηρώτων δὲ αὐτὸν καὶ στρατευόμενοι¹³ λέγοντες· τί ποιήσωμεν καὶ ἡμεῖς; καὶ εἶπεν αὐτοῖς· μηδένα διασείσητε¹⁴ μηδὲ συκοφαντήσητε¹⁵ καὶ ἀρκεῖσθε¹⁶ τοῖς ὀψωνίοις¹⁷ ὑμῶν.

15 Προσδοκῶντος¹⁸ δὲ τοῦ λαοῦ καὶ διαλογιζομένων¹⁹ πάντων ἐν ταῖς καρδίαις αὐτῶν περὶ τοῦ Ἰωάννου, μήποτε²⁰ αὐτὸς εἴη²¹ ὁ χριστός, 16 ἀπεκρίνατο λέγων πᾶσιν ὁ Ἰωάννης· ἐγὼ μὲν ὕδατι βαπτίζω ὑμᾶς· ἔρχεται δὲ ὁ ἰσχυρότερός²² μου, οὗ οὐκ εἰμὶ ἱκανὸς λῦσαι τὸν ἱμάντα²³ τῶν ὑποδημάτων²⁴ αὐτοῦ· αὐτὸς ὑμᾶς βαπτίσει ἐν πνεύματι ἁγίῳ καὶ πυρί· 17 οὗ τὸ πτύον²⁵ ἐν τῇ χειρὶ αὐτοῦ διακαθᾶραι²⁶ τὴν ἅλωνα²⁷ αὐτοῦ καὶ συναγαγεῖν²⁸ τὸν σῖτον²⁹ εἰς τὴν ἀποθήκην³⁰ αὐτοῦ, τὸ δὲ ἄχυρον³¹ κατακαύσει³² πυρὶ ἀσβέστῳ³³.

18 Πολλὰ μὲν οὖν καὶ ἕτερα παρακαλῶν εὐηγγελίζετο τὸν λαόν. 19 ὁ δὲ Ἡρῴδης ὁ τετραάρχης³⁴, ἐλεγχόμενος³⁵ ὑπ' αὐτοῦ περὶ Ἡρῳδιάδος τῆς γυναικὸς τοῦ ἀδελφοῦ αὐτοῦ καὶ περὶ πάντων ὧν ἐποίησεν πονηρῶν ὁ Ἡρῴδης, 20 προσέθηκεν³⁶ καὶ τοῦτο ἐπὶ πᾶσιν [καὶ] κατέκλεισεν³⁷ τὸν Ἰωάννην ἐν φυλακῇ.

---

¹ ἀξίνη, -ης f, axe
² ῥίζα, -ης f, root
³ δένδρον, -ου n, tree
⁴ κεῖμαι 3s pres mid ind, be ready
⁵ ἐκκόπτω 3s pres pas ind, chop down
⁶ χιτών, -ῶνος m, shirt (generally of the garment worn next to the skin)
⁷ μεταδίδωμι 3s aor act impv, give
⁸ βρῶμα, -τος n, food
⁹ ὁμοίως, adv, in the same way
¹⁰ τελώνης, -ου m, tax-collector
¹¹ πολύς, much (comp)
¹² διατάσσω pf pas ptc n s acc, order
¹³ στρατεύομαι pres mid ptc m p nom, serve as a soldier
¹⁴ διασείω 2p aor act sub, take money by force
¹⁵ συκοφαντέω 2p aor act sub, take money by false charges
¹⁶ ἀρκέω 2p pres pas impv, pas be content
¹⁷ ὀψώνιον, -ου n, pay
¹⁸ προσδοκάω pres act ptc m s gen, be in expectation
¹⁹ διαλογίζομαι pres mid ptc m p gen, wonder
²⁰ μήποτε, interrogative particle, whether perhaps
²¹ εἰμί 3s pres act opt, be
²² ἰσχυρός, strong (comp)
²³ ἱμάς, -άντος m, strap
²⁴ ὑπόδημα, -τος n, sandal
²⁵ πτύον, -ου n, winnowing-shovel
²⁶ διακαθαίρω aor act inf, clean out
²⁷ ἅλων, -ος f, threshing floor
²⁸ συνάγω aor act inf, gather
²⁹ σῖτος, -ου m, grain/wheat
³⁰ ἀποθήκη, -ης f, barn
³¹ ἄχυρον, -ου n, chaff
³² κατακαίω 3s fut act ind, burn
³³ ἄσβεστος, -ον, unquenchable
³⁴ τετραάρχης, -ου m, tetrarch (petty ruler with less authority than a king)
³⁵ ἐλέγχω pres pas ptc m s nom, rebuke
³⁶ προστίθημι 3s aor act ind, add to
³⁷ κατακλείω 3s aor act ind, put in

The Baptism of Jesus (Mt 3.13-17; Mk 1.9-11)

21 Ἐγένετο δὲ ἐν τῷ βαπτισθῆναι ἅπαντα τὸν λαὸν καὶ Ἰησοῦ βαπτισθέντος καὶ προσευχομένου ἀνεῳχθῆναι¹ τὸν οὐρανὸν 22 καὶ καταβῆναι² τὸ πνεῦμα τὸ ἅγιον σωματικῷ³ εἴδει⁴ ὡς περιστερὰν⁵ ἐπ' αὐτόν, καὶ φωνὴν ἐξ οὐρανοῦ γενέσθαι· σὺ εἶ ὁ υἱός μου ὁ ἀγαπητός, ἐν σοὶ εὐδόκησα⁶.

The Genealogy of Jesus (Mt 1.1-17)

23 Καὶ αὐτὸς ἦν Ἰησοῦς ἀρχόμενος ὡσεὶ⁷ ἐτῶν τριάκοντα⁸, ὢν υἱός, ὡς ἐνομίζετο⁹, Ἰωσὴφ τοῦ Ἠλὶ 24 τοῦ Μαθθὰτ τοῦ Λευὶ τοῦ Μελχὶ τοῦ Ἰανναὶ τοῦ Ἰωσὴφ 25 τοῦ Ματταθίου τοῦ Ἀμὼς τοῦ Ναοὺμ τοῦ Ἐσλὶ τοῦ Ναγγαὶ 26 τοῦ Μάαθ τοῦ Ματταθίου τοῦ Σεμεῒν τοῦ Ἰωσὴχ τοῦ Ἰωδὰ 27 τοῦ Ἰωανὰν τοῦ Ῥησὰ τοῦ Ζοροβαβὲλ τοῦ Σαλαθιὴλ τοῦ Νηρὶ 28 τοῦ Μελχὶ τοῦ Ἀδδὶ τοῦ Κωσὰμ τοῦ Ἐλμαδὰμ τοῦ Ἤρ 29 τοῦ Ἰησοῦ τοῦ Ἐλιέζερ τοῦ Ἰωρὶμ τοῦ Μαθθὰτ τοῦ Λευὶ 30 τοῦ Συμεὼν τοῦ Ἰούδα τοῦ Ἰωσὴφ τοῦ Ἰωνὰμ τοῦ Ἐλιακὶμ 31 τοῦ Μελεὰ τοῦ Μεννὰ τοῦ Ματταθὰ τοῦ Ναθὰμ τοῦ Δαυὶδ 32 τοῦ Ἰεσσαὶ τοῦ Ἰωβὴδ τοῦ Βόος τοῦ Σαλὰ τοῦ Ναασσὼν 33 τοῦ Ἀμιναδὰβ τοῦ Ἀδμὶν τοῦ Ἀρνὶ τοῦ Ἑσρὼμ τοῦ Φάρες τοῦ Ἰούδα 34 τοῦ Ἰακὼβ τοῦ Ἰσαὰκ τοῦ Ἀβραὰμ τοῦ Θάρα τοῦ Ναχὼρ 35 τοῦ Σεροὺχ τοῦ Ῥαγαὺ τοῦ Φάλεκ τοῦ Ἔβερ τοῦ Σαλὰ 36 τοῦ Καϊνὰμ τοῦ Ἀρφαξὰδ τοῦ Σὴμ τοῦ Νῶε τοῦ Λάμεχ 37 τοῦ Μαθουσαλὰ τοῦ Ἐνὼχ τοῦ Ἰάρετ τοῦ Μαλελεὴλ τοῦ Καϊνὰμ 38 τοῦ Ἐνὼς τοῦ Σὴθ τοῦ Ἀδὰμ τοῦ θεοῦ.

The Temptation of Jesus (Mt 4.1-11; Mk 1.12-13)

4 Ἰησοῦς δὲ πλήρης¹⁰ πνεύματος ἁγίου ὑπέστρεψεν¹¹ ἀπὸ τοῦ Ἰορδάνου καὶ ἤγετο¹² ἐν τῷ πνεύματι ἐν τῇ ἐρήμῳ 2 ἡμέρας τεσσεράκοντα¹³ πειραζόμενος ὑπὸ τοῦ διαβόλου. καὶ οὐκ ἔφαγεν¹⁴ οὐδὲν ἐν ταῖς ἡμέραις ἐκείναις καὶ συντελεσθεισῶν¹⁵ αὐτῶν ἐπείνασεν¹⁶. 3 εἶπεν δὲ αὐτῷ ὁ διάβολος· εἰ υἱὸς εἶ τοῦ θεοῦ, εἰπὲ¹⁷ τῷ λίθῳ τούτῳ ἵνα γένηται ἄρτος. 4 καὶ ἀπεκρίθη πρὸς αὐτὸν ὁ Ἰησοῦς· γέγραπται ὅτι οὐκ ἐπ' ἄρτῳ μόνῳ ζήσεται¹⁸ ὁ ἄνθρωπος. 5 Καὶ ἀναγαγὼν¹⁹ αὐτὸν ἔδειξεν²⁰ αὐτῷ πάσας τὰς βασιλείας τῆς οἰκουμένης²¹ ἐν στιγμῇ²² χρόνου 6 καὶ εἶπεν αὐτῷ ὁ διάβολος· σοὶ δώσω²³ τὴν ἐξουσίαν ταύτην

---

¹ ἀνοίγω aor pas inf, open
² καταβαίνω aor act inf, come down
³ σωματικός, -ή/όν, bodily
⁴ εἶδος, -ους n, (visible) form
⁵ περιστερά, -ᾶς f, dove
⁶ εὐδοκέω 1s aor act ind, be pleased
⁷ ὡσεί, particle of comparison, about
⁸ τριάκοντα, thirty
⁹ νομίζω 3s impf pas ind, think
¹⁰ πλήρης, -ες, full
¹¹ ὑποστρέφω 3s aor act ind, return
¹² ἄγω 3s impf pas ind, lead
¹³ τεσσεράκοντα, forty
¹⁴ ἐσθίω 3s aor act ind, eat
¹⁵ συντελέω aor pas ptc f p gen, end
¹⁶ πεινάω 3s aor act ind, Hunger haben
¹⁷ λέγω 2s aor act impv, say
¹⁸ ζάω 3s fut mid ind, live
¹⁹ ἀνάγω aor act ptc m s nom, lead up
²⁰ δείκνυμι 3s aor act ind, show
²¹ οἰκουμένη, -ης f, world
²² στιγμή, -ῆς f, moment
²³ δίδωμι 1s fut act ind, give

ἄπασαν καὶ τὴν δόξαν αὐτῶν, ὅτι ἐμοὶ παραδέδοται¹ καὶ ᾧ ἐὰν θέλω δίδωμι αὐτήν· 7 σὺ οὖν ἐὰν προσκυνήσῃς ἐνώπιον ἐμοῦ, ἔσται σοῦ πᾶσα. 8 καὶ ἀποκριθεὶς ὁ Ἰησοῦς εἶπεν αὐτῷ· γέγραπται· κύριον τὸν θεόν σου προσκυνήσεις καὶ αὐτῷ μόνῳ λατρεύσεις².

9 Ἤγαγεν³ δὲ αὐτὸν εἰς Ἰερουσαλὴμ καὶ ἔστησεν⁴ ἐπὶ τὸ πτερύγιον⁵ τοῦ ἱεροῦ καὶ εἶπεν αὐτῷ· εἰ υἱὸς εἶ τοῦ θεοῦ, βάλε⁶ σεαυτὸν ἐντεῦθεν⁷ κάτω⁸· 10 γέγραπται γὰρ ὅτι

τοῖς ἀγγέλοις αὐτοῦ ἐντελεῖται⁹ περὶ σοῦ
τοῦ διαφυλάξαι¹⁰ σε

11 καὶ ὅτι

ἐπὶ χειρῶν ἀροῦσίν¹¹ σε,
μήποτε¹² προσκόψῃς¹³ πρὸς λίθον τὸν πόδα σου.

12 καὶ ἀποκριθεὶς εἶπεν αὐτῷ ὁ Ἰησοῦς ὅτι εἴρηται¹⁴· οὐκ ἐκπειράσεις¹⁵ κύριον τὸν θεόν σου.

13 Καὶ συντελέσας¹⁶ πάντα πειρασμὸν¹⁷ ὁ διάβολος ἀπέστη¹⁸ ἀπ' αὐτοῦ ἄχρι καιροῦ.

The Beginning of the Galilean Ministry (Mt 4.12-17; Mk 1.14-15)

14 Καὶ ὑπέστρεψεν¹⁹ ὁ Ἰησοῦς ἐν τῇ δυνάμει τοῦ πνεύματος εἰς τὴν Γαλιλαίαν. καὶ φήμη²⁰ ἐξῆλθεν καθ' ὅλης τῆς περιχώρου²¹ περὶ αὐτοῦ. 15 καὶ αὐτὸς ἐδίδασκεν ἐν ταῖς συναγωγαῖς αὐτῶν δοξαζόμενος ὑπὸ πάντων.

The Rejection of Jesus at Nazareth (Mt 13.53-58; Mk 6.1-6)

16 Καὶ ἦλθεν εἰς Ναζαρά, οὗ²² ἦν τεθραμμένος²³, καὶ εἰσῆλθεν κατὰ τὸ εἰωθὸς²⁴ αὐτῷ ἐν τῇ ἡμέρᾳ τῶν σαββάτων εἰς τὴν συναγωγὴν καὶ ἀνέστη²⁵ ἀναγνῶναι²⁶. 17 καὶ ἐπεδόθη²⁷ αὐτῷ βιβλίον τοῦ προφήτου Ἡσαΐου καὶ ἀναπτύξας²⁸ τὸ βιβλίον εὗρεν²⁹ τὸν τόπον οὗ ἦν γεγραμμένον³⁰·

---

1 παραδίδωμι 3s pf pas ind, give
2 λατρεύω 2s fut act ind, serve
3 ἄγω 3s aor act ind, take
4 ἵστημι 3s aor act ind, put
5 πτερύγιον, -ου n, highest point
6 βάλλω 2s aor act impv, throw
7 ἐντεῦθεν, adv, from here
8 κάτω, adv, down
9 ἐντέλλομαι 3s fut mid ind, give orders
10 διαφυλάσσω aor act inf, protect
11 αἴρω 3p fut act ind, lift up
12 μήποτε, conj, so that ... will not
13 προσκόπτω 2s aor act sub, strike
14 λέγω 3s pf pas ind, say
15 ἐκπειράζω 2s fut act ind, tempt/put to the test
16 συντελέω aor act ptc m s nom, finish
17 πειρασμός, -οῦ m, temptation/act of testing
18 ἀφίστημι 3s aor act ind, intrans leave
19 ὑποστρέφω 3s aor act ind, return
20 φήμη, -ης f, news
21 περίχωρος, -ου f, surrounding region
22 οὗ, adv, where
23 τρέφω pf pas ptc m s nom, bring up
24 εἴωθα pf act ptc n s acc, be accustomed (τὸ εἰωθός custom)
25 ἀνίστημι 3s aor act ind, intrans stand up
26 ἀναγινώσκω aor act inf, read
27 ἐπιδίδωμι 3s aor pas ind, give
28 ἀναπτύσσω aor act ptc m s nom, open (a book)/unroll (a scroll)
29 εὑρίσκω 3s aor act ind, find
30 γράφω pf pas ptc n s nom, write

ΚΑΤΑ ΛΟΥΚΑΝ 4.18-30

18 πνεῦμα κυρίου ἐπ' ἐμὲ
οὗ εἵνεκεν[1] ἔχρισέν[2] με
εὐαγγελίσασθαι πτωχοῖς,
ἀπέσταλκέν[3] με,
κηρύξαι αἰχμαλώτοις[4] ἄφεσιν[5]
καὶ τυφλοῖς ἀνάβλεψιν[6],
ἀποστεῖλαι[7] τεθραυσμένους[8] ἐν ἀφέσει,
19 κηρύξαι ἐνιαυτὸν[9] κυρίου δεκτόν[10].
20 καὶ πτύξας[11] τὸ βιβλίον ἀποδοὺς[12] τῷ ὑπηρέτῃ[13] ἐκάθισεν· καὶ πάντων οἱ ὀφθαλμοὶ ἐν τῇ συναγωγῇ ἦσαν ἀτενίζοντες[14] αὐτῷ. **21** ἤρξατο[15] δὲ λέγειν πρὸς αὐτοὺς ὅτι σήμερον πεπλήρωται ἡ γραφὴ αὕτη ἐν τοῖς ὠσὶν[16] ὑμῶν. **22** καὶ πάντες ἐμαρτύρουν αὐτῷ καὶ ἐθαύμαζον ἐπὶ τοῖς λόγοις τῆς χάριτος τοῖς ἐκπορευομένοις ἐκ τοῦ στόματος αὐτοῦ καὶ ἔλεγον· οὐχὶ υἱός ἐστιν Ἰωσὴφ οὗτος; **23** καὶ εἶπεν πρὸς αὐτούς· πάντως[17] ἐρεῖτέ[18] μοι τὴν παραβολὴν ταύτην· ἰατρέ[19], θεράπευσον σεαυτόν· ὅσα ἠκούσαμεν γενόμενα εἰς τὴν Καφαρναοὺμ ποίησον καὶ ὧδε ἐν τῇ πατρίδι[20] σου. **24** εἶπεν δέ· ἀμὴν λέγω ὑμῖν ὅτι οὐδεὶς προφήτης δεκτός[21] ἐστιν ἐν τῇ πατρίδι αὐτοῦ. **25** ἐπ' ἀληθείας δὲ λέγω ὑμῖν, πολλαὶ χῆραι[22] ἦσαν ἐν ταῖς ἡμέραις Ἠλίου ἐν τῷ Ἰσραήλ, ὅτε ἐκλείσθη[23] ὁ οὐρανὸς ἐπὶ ἔτη τρία καὶ μῆνας[24] ἕξ[25], ὡς ἐγένετο λιμὸς[26] μέγας ἐπὶ πᾶσαν τὴν γῆν, **26** καὶ πρὸς οὐδεμίαν αὐτῶν ἐπέμφθη[27] Ἠλίας εἰ μὴ εἰς Σάρεπτα τῆς Σιδωνίας πρὸς γυναῖκα χήραν. **27** καὶ πολλοὶ λεπροὶ[28] ἦσαν ἐν τῷ Ἰσραὴλ ἐπὶ Ἐλισαίου τοῦ προφήτου, καὶ οὐδεὶς αὐτῶν ἐκαθαρίσθη εἰ μὴ Ναιμὰν ὁ Σύρος. **28** καὶ ἐπλήσθησαν[29] πάντες θυμοῦ[30] ἐν τῇ συναγωγῇ ἀκούοντες ταῦτα **29** καὶ ἀναστάντες[31] ἐξέβαλον[32] αὐτὸν ἔξω τῆς πόλεως καὶ ἤγαγον[33] αὐτὸν ἕως ὀφρύος[34] τοῦ ὄρους ἐφ' οὗ ἡ πόλις ᾠκοδόμητο αὐτῶν ὥστε κατακρημνίσαι[35] αὐτόν· **30** αὐτὸς δὲ διελθὼν[36] διὰ μέσου αὐτῶν ἐπορεύετο.

---

[1] οὗ εἵνεκεν = ἕνεκα, because
[2] χρίω 3s aor act ind, anoint
[3] ἀποστέλλω 3s pf act ind, send
[4] αἰχμάλωτος, -ου m, prisoner
[5] ἄφεσις, -εως f, release
[6] ἀνάβλεψις, -εως f, restoration of sight
[7] ἀποστέλλω aor act inf, send away
[8] θραύω pf pas ptc m p acc, oppress (ἀποστεῖλαι τεθρ. ἐν ἀφέσει to set free the oppressed)
[9] ἐνιαυτός, -οῦ m, year
[10] δεκτός, -ή/όν, acceptable
[11] πτύσσω aor act ptc m s nom, close (a book)/roll (a scroll)
[12] ἀποδίδωμι aor act ptc m s nom, give back
[13] ὑπηρέτης, -ου m, attendant
[14] ἀτενίζω pres act ptc m p nom, fix one's eyes on
[15] ἄρχω 3s aor mid ind, begin
[16] οὕς, ὠτός n, hearing
[17] πάντως, adv, doubtless
[18] λέγω 2p fut act ind, say
[19] ἰατρός, -οῦ m, doctor
[20] πατρίς, -ίδος f, hometown
[21] δεκτός, -ή/όν, acceptable
[22] χήρα, -ας f, widow
[23] κλείω 3s aor pas ind, shut
[24] μήν, μηνός m, month
[25] ἕξ, six
[26] λιμός, -οῦ m & f, famine
[27] πέμπω 3s aor pas ind, send
[28] λεπρός, -οῦ m, leper/person with a skin disease
[29] πίμπλημι 3p aor pas ind, fill
[30] θυμός, -οῦ m, anger
[31] ἀνίστημι aor act ptc m p nom, intrans get up
[32] ἐκβάλλω 3p aor act ind, force out
[33] ἄγω 3p aor act ind, take
[34] ὀφρῦς, -ύος f, brow (of a hill)
[35] κατακρημνίζω aor act inf, throw down from a cliff
[36] διέρχομαι aor act ptc m s nom, go through

ΚΑΤΑ ΛΟΥΚΑΝ

The Man with an Unclean Spirit (Mk 1.21-28)

31 Καὶ κατῆλθεν[1] εἰς Καφαρναοὺμ πόλιν τῆς Γαλιλαίας. καὶ ἦν διδάσκων αὐτοὺς ἐν τοῖς σάββασιν· 32 καὶ ἐξεπλήσσοντο[2] ἐπὶ τῇ διδαχῇ[3] αὐτοῦ, ὅτι ἐν ἐξουσίᾳ ἦν ὁ λόγος αὐτοῦ.

33 Καὶ ἐν τῇ συναγωγῇ ἦν ἄνθρωπος ἔχων πνεῦμα δαιμονίου ἀκαθάρτου καὶ ἀνέκραξεν[4] φωνῇ μεγάλῃ· 34 ἔα[5], τί ἡμῖν καὶ σοί, Ἰησοῦ Ναζαρηνέ; ἦλθες ἀπολέσαι[6] ἡμᾶς; οἶδά σε τίς εἶ, ὁ ἅγιος τοῦ θεοῦ. 35 καὶ ἐπετίμησεν[7] αὐτῷ ὁ Ἰησοῦς λέγων· φιμώθητι[8] καὶ ἔξελθε[9] ἀπ' αὐτοῦ. καὶ ῥῖψαν[10] αὐτὸν τὸ δαιμόνιον εἰς τὸ μέσον ἐξῆλθεν ἀπ' αὐτοῦ μηδὲν βλάψαν[11] αὐτόν. 36 καὶ ἐγένετο θάμβος[12] ἐπὶ πάντας καὶ συνελάλουν[13] πρὸς ἀλλήλους λέγοντες· τίς ὁ λόγος οὗτος ὅτι ἐν ἐξουσίᾳ καὶ δυνάμει ἐπιτάσσει[14] τοῖς ἀκαθάρτοις πνεύμασιν καὶ ἐξέρχονται; 37 καὶ ἐξεπορεύετο ἦχος[15] περὶ αὐτοῦ εἰς πάντα τόπον τῆς περιχώρου[16].

The Healing of Many People (Mt 8.14-17; Mk 1.29-34)

38 Ἀναστὰς[17] δὲ ἀπὸ τῆς συναγωγῆς εἰσῆλθεν εἰς τὴν οἰκίαν Σίμωνος. πενθερὰ[18] δὲ τοῦ Σίμωνος ἦν συνεχομένη[19] πυρετῷ[20] μεγάλῳ καὶ ἠρώτησαν αὐτὸν περὶ αὐτῆς. 39 καὶ ἐπιστὰς[21] ἐπάνω[22] αὐτῆς ἐπετίμησεν[23] τῷ πυρετῷ καὶ ἀφῆκεν[24] αὐτήν· παραχρῆμα[25] δὲ ἀναστᾶσα[26] διηκόνει αὐτοῖς.

40 Δύνοντος[27] δὲ τοῦ ἡλίου ἅπαντες ὅσοι εἶχον ἀσθενοῦντας νόσοις[28] ποικίλαις[29] ἤγαγον[30] αὐτοὺς πρὸς αὐτόν· ὁ δὲ ἑνὶ ἑκάστῳ αὐτῶν τὰς χεῖρας ἐπιτιθεὶς[31] ἐθεράπευεν αὐτούς. 41 ἐξήρχετο δὲ καὶ δαιμόνια ἀπὸ πολλῶν κρ[αυγ]άζοντα[32] καὶ λέγοντα ὅτι σὺ εἶ ὁ υἱὸς τοῦ θεοῦ. καὶ ἐπιτιμῶν[33] οὐκ εἴα[34] αὐτὰ λαλεῖν, ὅτι ᾔδεισαν[35] τὸν χριστὸν αὐτὸν εἶναι.

---

[1] κατέρχομαι 3s aor act ind, go (down)
[2] ἐκπλήσσω 3p impf pas ind, pas be (completely) amazed
[3] διδαχή, -ῆς f, teaching
[4] ἀνακράζω 3s aor act ind, shout
[5] ἔα, interj, ah!
[6] ἀπόλλυμι aor act inf, destroy
[7] ἐπιτιμάω 3s aor act ind, rebuke
[8] φιμόω 2s aor pas impv, pas be silent
[9] ἐξέρχομαι 2s aor act impv, come/go out
[10] ῥίπτω aor act ptc n s nom, throw down
[11] βλάπτω aor act ptc n s nom, harm
[12] θάμβος, -ους n, amazement
[13] συλλαλέω 3p impf act ind, talk (with)
[14] ἐπιτάσσω 3s pres act ind, command
[15] ἦχος, -ου m, news
[16] περίχωρος, -ου f, surrounding region
[17] ἀνίστημι aor act ptc m s nom, intrans get up
[18] πενθερά, -ᾶς f, mother-in-law
[19] συνέχω pres pas ptc f s nom, pas be sick with
[20] πυρετός, -οῦ m, fever
[21] ἐφίστημι aor act ptc m s nom, stand
[22] ἐπάνω, prep + gen, over
[23] ἐπιτιμάω 3s aor act ind, rebuke
[24] ἀφίημι 3s aor act ind, leave
[25] παραχρῆμα, adv, at once
[26] ἀνίστημι aor act ptc f s nom, intrans get up
[27] δύνω pres act ptc m s gen, set
[28] νόσος, -ου f, illness
[29] ποικίλος, -η/ον, all kinds of
[30] ἄγω 3p aor act ind, bring
[31] ἐπιτίθημι pres act ptc m s nom, place
[32] κραυγάζω pres act ptc n p nom, shout
[33] ἐπιτιμάω pres act ptc m s nom, rebuke
[34] ἐάω 3s impf act ind, let
[35] οἶδα 3p plpf act ind, know

A Preaching Tour (Mk 1.35-39)

42 Γενομένης δὲ ἡμέρας ἐξελθὼν ἐπορεύθη εἰς ἔρημον τόπον· καὶ οἱ ὄχλοι ἐπεζήτουν[1] αὐτὸν καὶ ἦλθον ἕως αὐτοῦ καὶ κατεῖχον[2] αὐτὸν τοῦ μὴ πορεύεσθαι ἀπ' αὐτῶν. **43** ὁ δὲ εἶπεν πρὸς αὐτοὺς ὅτι καὶ ταῖς ἑτέραις πόλεσιν εὐαγγελίσασθαί με δεῖ τὴν βασιλείαν τοῦ θεοῦ, ὅτι ἐπὶ τοῦτο ἀπεστάλην[3]. **44** καὶ ἦν κηρύσσων εἰς τὰς συναγωγὰς τῆς Ἰουδαίας.

The Calling of the First Disciples (Mt 4.18-22; Mk 1.16-20)

5 Ἐγένετο δὲ ἐν τῷ τὸν ὄχλον ἐπικεῖσθαι[4] αὐτῷ καὶ ἀκούειν τὸν λόγον τοῦ θεοῦ καὶ αὐτὸς ἦν ἑστὼς[5] παρὰ τὴν λίμνην[6] Γεννησαρὲτ **2** καὶ εἶδεν δύο πλοῖα ἑστῶτα παρὰ τὴν λίμνην· οἱ δὲ ἁλιεῖς[7] ἀπ' αὐτῶν ἀποβάντες[8] ἔπλυνον[9] τὰ δίκτυα[10]. **3** ἐμβὰς[11] δὲ εἰς ἓν τῶν πλοίων, ὃ ἦν Σίμωνος, ἠρώτησεν αὐτὸν ἀπὸ τῆς γῆς ἐπαναγαγεῖν[12] ὀλίγον· καθίσας[13] δὲ ἐκ τοῦ πλοίου ἐδίδασκεν τοὺς ὄχλους.

4 Ὡς δὲ ἐπαύσατο[14] λαλῶν, εἶπεν πρὸς τὸν Σίμωνα· ἐπανάγαγε εἰς τὸ βάθος[15] καὶ χαλάσατε[16] τὰ δίκτυα ὑμῶν εἰς ἄγραν[17]. **5** καὶ ἀποκριθεὶς Σίμων εἶπεν· ἐπιστάτα[18], δι' ὅλης νυκτὸς κοπιάσαντες[19] οὐδὲν ἐλάβομεν· ἐπὶ δὲ τῷ ῥήματί σου χαλάσω[20] τὰ δίκτυα. **6** καὶ τοῦτο ποιήσαντες συνέκλεισαν[21] πλῆθος ἰχθύων[22] πολύ, διερρήσσετο[23] δὲ τὰ δίκτυα αὐτῶν. **7** καὶ κατένευσαν[24] τοῖς μετόχοις[25] ἐν τῷ ἑτέρῳ πλοίῳ τοῦ ἐλθόντας συλλαβέσθαι[26] αὐτοῖς· καὶ ἦλθον καὶ ἔπλησαν[27] ἀμφότερα[28] τὰ πλοῖα ὥστε βυθίζεσθαι[29] αὐτά. **8** ἰδὼν δὲ Σίμων Πέτρος προσέπεσεν[30] τοῖς γόνασιν[31] Ἰησοῦ λέγων· ἔξελθε ἀπ' ἐμοῦ, ὅτι ἀνὴρ ἁμαρτωλός εἰμι, κύριε. **9** θάμβος[32] γὰρ περιέσχεν[33] αὐτὸν καὶ πάντας τοὺς σὺν αὐτῷ ἐπὶ τῇ ἄγρᾳ τῶν ἰχθύων ὧν συνέλαβον[34], **10** ὁμοίως[35] δὲ καὶ Ἰάκωβον καὶ Ἰωάννην υἱοὺς Ζεβεδαίου, οἳ ἦσαν κοινωνοὶ[36] τῷ Σίμωνι. καὶ εἶπεν πρὸς τὸν Σίμωνα ὁ Ἰησοῦς· μὴ φοβοῦ· ἀπὸ τοῦ νῦν

---

[1] ἐπιζητέω 3p impf act ind, look for
[2] κατέχω 3p impf act ind, try to keep from (doing)
[3] ἀποστέλλω 1s aor pas ind, send
[4] ἐπίκειμαι pres mid inf, crowd around
[5] ἵστημι pf act ptc m s nom, intrans stand
[6] λίμνη, -ης f, lake
[7] ἁλιεύς, -έως m, fisherman
[8] ἀποβαίνω aor act ptc m p nom, get out
[9] πλύνω 3p impf act ind, wash
[10] δίκτυον, -ου n, fishing-net
[11] ἐμβαίνω aor act ptc m s nom, get into
[12] ἐπανάγω aor act inf, put out (a boat)
[13] καθίζω aor act ptc m s nom, sit
[14] παύω 3s aor mid ind, mid stop
[15] βάθος, -ους n, deep water
[16] χαλάω 2p aor act impv, let down
[17] ἄγρα, -ας f, catch
[18] ἐπιστάτης, -ου m, Master (of Christ)
[19] κοπιάω aor act ptc m p nom, work hard
[20] χαλάω 1s fut act ind, let down
[21] συγκλείω 3p aor act ind, catch
[22] ἰχθύς, -ύος m, fish
[23] διαρρήγνυμι/διαρήσσω 3s impf pas ind, tear
[24] κατανεύω 3p aor act ind, signal
[25] μέτοχος, -ου m, partner
[26] συλλαμβάνω aor mid inf, help
[27] πίμπλημι 3p aor act ind, fill
[28] ἀμφότεροι, -αι/α, both
[29] βυθίζω pres pas inf, sink
[30] προσπίπτω 3s aor act ind, fall down (before someone)
[31] γόνυ, γόνατος n, knee
[32] θάμβος, -ους n, amazement
[33] περιέχω 3s aor act ind, take hold of
[34] συλλαμβάνω 3p aor act ind, catch
[35] ὁμοίως, adv, in the same way
[36] κοινωνός, -οῦ m, partner

ἀνθρώπους ἔσῃ¹ ζωγρῶν². 11 καὶ καταγαγόντες³ τὰ πλοῖα ἐπὶ τὴν γῆν ἀφέντες⁴ πάντα ἠκολούθησαν αὐτῷ.

The Cleansing of a Man with Leprosy (Mt 8.1-4; Mk 1.40-45)

12 Καὶ ἐγένετο ἐν τῷ εἶναι αὐτὸν ἐν μιᾷ τῶν πόλεων καὶ ἰδοὺ ἀνὴρ πλήρης⁵ λέπρας⁶· ἰδὼν δὲ τὸν Ἰησοῦν, πεσὼν⁷ ἐπὶ πρόσωπον ἐδεήθη⁸ αὐτοῦ λέγων· κύριε, ἐὰν θέλῃς δύνασαί με καθαρίσαι. 13 καὶ ἐκτείνας⁹ τὴν χεῖρα ἥψατο¹⁰ αὐτοῦ λέγων· θέλω, καθαρίσθητι· καὶ εὐθέως ἡ λέπρα ἀπῆλθεν ἀπ' αὐτοῦ. 14 καὶ αὐτὸς παρήγγειλεν αὐτῷ μηδενὶ εἰπεῖν, ἀλλ' ἀπελθὼν δεῖξον¹¹ σεαυτὸν τῷ ἱερεῖ καὶ προσένεγκε¹² περὶ τοῦ καθαρισμοῦ¹³ σου καθὼς προσέταξεν¹⁴ Μωϋσῆς, εἰς μαρτύριον¹⁵ αὐτοῖς. 15 διήρχετο δὲ μᾶλλον ὁ λόγος περὶ αὐτοῦ, καὶ συνήρχοντο¹⁶ ὄχλοι πολλοὶ ἀκούειν καὶ θεραπεύεσθαι ἀπὸ τῶν ἀσθενειῶν¹⁷ αὐτῶν· 16 αὐτὸς δὲ ἦν ὑποχωρῶν¹⁸ ἐν ταῖς ἐρήμοις καὶ προσευχόμενος.

The Healing of a Paralysed Man (Mt 9.1-8; Mk 2.1-12)

17 Καὶ ἐγένετο ἐν μιᾷ τῶν ἡμερῶν καὶ αὐτὸς ἦν διδάσκων, καὶ ἦσαν καθήμενοι Φαρισαῖοι καὶ νομοδιδάσκαλοι¹⁹ οἳ ἦσαν ἐληλυθότες²⁰ ἐκ πάσης κώμης²¹ τῆς Γαλιλαίας καὶ Ἰουδαίας καὶ Ἰερουσαλήμ· καὶ δύναμις κυρίου ἦν εἰς τὸ ἰᾶσθαι²² αὐτόν. 18 καὶ ἰδοὺ ἄνδρες φέροντες ἐπὶ κλίνης²³ ἄνθρωπον ὃς ἦν παραλελυμένος²⁴ καὶ ἐζήτουν αὐτὸν εἰσενεγκεῖν²⁵ καὶ θεῖναι²⁶ [αὐτὸν] ἐνώπιον αὐτοῦ. 19 καὶ μὴ εὑρόντες²⁷ ποίας εἰσενέγκωσιν²⁸ αὐτὸν διὰ τὸν ὄχλον, ἀναβάντες ἐπὶ τὸ δῶμα²⁹ διὰ τῶν κεράμων³⁰ καθῆκαν³¹ αὐτὸν σὺν τῷ κλινιδίῳ³² εἰς τὸ μέσον ἔμπροσθεν τοῦ Ἰησοῦ. 20 καὶ ἰδὼν τὴν πίστιν αὐτῶν εἶπεν· ἄνθρωπε, ἀφέωνταί³³ σοι αἱ ἁμαρτίαι σου. 21 καὶ ἤρξαντο³⁴ διαλογίζεσθαι³⁵ οἱ γραμματεῖς καὶ οἱ Φαρισαῖοι λέγοντες· τίς ἐστιν οὗτος ὃς λαλεῖ

---

¹ εἰμί 2s fut mid ind, be
² ζωγρέω pres act ptc m s nom, catch
³ κατάγω aor act ptc m p nom, bring
⁴ ἀφίημι aor act ptc m p nom, leave
⁵ πλήρης, -ες, covered with
⁶ λέπρα, -ας f, leprosy/skin disease
⁷ πίπτω aor act ptc m s nom, fall
⁸ δέομαι 3s aor pas ind, beg
⁹ ἐκτείνω aor act ptc m s nom, reach out
¹⁰ ἅπτω 3s aor mid ind, mid touch
¹¹ δείκνυμι 2s aor act impv, show
¹² προσφέρω 2s aor act impv, offer (of a gift or sacrifice)

¹³ καθαρισμός, -οῦ m, cleansing
¹⁴ προστάσσω 3s aor act ind, command
¹⁵ μαρτύριον, -ου n, evidence
¹⁶ συνέρχομαι 3p impf mid ind, gather
¹⁷ ἀσθένεια, -ας f, illness
¹⁸ ὑποχωρέω pres act ptc m s nom, withdraw
¹⁹ νομοδιδάσκαλος, -ου m, teacher of the Jewish Law
²⁰ ἔρχομαι pf act ptc m p nom, come
²¹ κώμη, -ης f, village
²² ἰάομαι pres mid inf, heal
²³ κλίνη, -ης f, mat

²⁴ παραλύω pf pas ptc m s nom, pas be paralyzed
²⁵ εἰσφέρω aor act inf, bring in
²⁶ τίθημι aor act inf, place
²⁷ εὑρίσκω aor act ptc m p nom, find
²⁸ εἰσφέρω 3p aor act sub, bring in
²⁹ δῶμα, -τος n, housetop
³⁰ κέραμος, -ου m, roof tile
³¹ καθίημι 3p aor act ind, let down
³² κλινίδιον, -ου n, mat
³³ ἀφίημι 3p pf pas ind, forgive
³⁴ ἄρχω 3p aor mid ind, mid begin
³⁵ διαλογίζομαι pres mid inf, argue/question

βλασφημίας¹; τίς δύναται ἁμαρτίας ἀφεῖναι² εἰ μὴ μόνος ὁ θεός; **22** ἐπιγνοὺς³ δὲ ὁ Ἰησοῦς τοὺς διαλογισμοὺς⁴ αὐτῶν ἀποκριθεὶς εἶπεν πρὸς αὐτούς· τί διαλογίζεσθε ἐν ταῖς καρδίαις ὑμῶν; **23** τί ἐστιν εὐκοπώτερον⁵, εἰπεῖν· ἀφέωνταί σοι αἱ ἁμαρτίαι σου, ἢ εἰπεῖν· ἔγειρε καὶ περιπάτει; **24** ἵνα δὲ εἰδῆτε⁶ ὅτι ὁ υἱὸς τοῦ ἀνθρώπου ἐξουσίαν ἔχει ἐπὶ τῆς γῆς ἀφιέναι⁷ ἁμαρτίας – εἶπεν τῷ παραλελυμένῳ⁸· σοὶ λέγω, ἔγειρε καὶ ἄρας⁹ τὸ κλινίδιόν σου πορεύου εἰς τὸν οἶκόν σου. **25** καὶ παραχρῆμα¹⁰ ἀναστὰς¹¹ ἐνώπιον αὐτῶν, ἄρας ἐφ᾽ ὃ κατέκειτο¹², ἀπῆλθεν εἰς τὸν οἶκον αὐτοῦ δοξάζων τὸν θεόν. **26** καὶ ἔκστασις¹³ ἔλαβεν ἅπαντας καὶ ἐδόξαζον τὸν θεὸν καὶ ἐπλήσθησαν¹⁴ φόβου λέγοντες ὅτι εἴδομεν παράδοξα¹⁵ σήμερον.

The Calling of Levi (Mt 9.9-13; Mk 2.13-17)

27 Καὶ μετὰ ταῦτα ἐξῆλθεν καὶ ἐθεάσατο¹⁶ τελώνην¹⁷ ὀνόματι Λευὶν καθήμενον ἐπὶ τὸ τελώνιον¹⁸, καὶ εἶπεν αὐτῷ· ἀκολούθει μοι. **28** καὶ καταλιπὼν¹⁹ πάντα ἀναστὰς²⁰ ἠκολούθει αὐτῷ. **29** καὶ ἐποίησεν δοχὴν²¹ μεγάλην Λευὶς αὐτῷ ἐν τῇ οἰκίᾳ αὐτοῦ, καὶ ἦν ὄχλος πολὺς τελωνῶν καὶ ἄλλων οἳ ἦσαν μετ᾽ αὐτῶν κατακείμενοι²². **30** καὶ ἐγόγγυζον²³ οἱ Φαρισαῖοι καὶ οἱ γραμματεῖς αὐτῶν πρὸς τοὺς μαθητὰς αὐτοῦ λέγοντες· διὰ τί μετὰ τῶν τελωνῶν καὶ ἁμαρτωλῶν ἐσθίετε καὶ πίνετε; **31** καὶ ἀποκριθεὶς ὁ Ἰησοῦς εἶπεν πρὸς αὐτούς· οὐ χρείαν ἔχουσιν οἱ ὑγιαίνοντες²⁴ ἰατροῦ²⁵ ἀλλ᾽ οἱ κακῶς²⁶ ἔχοντες· **32** οὐκ ἐλήλυθα²⁷ καλέσαι δικαίους ἀλλ᾽ ἁμαρτωλοὺς εἰς μετάνοιαν²⁸.

The Question about Fasting (Mt 9.14-17; Mk 2.18-22)

33 Οἱ δὲ εἶπαν πρὸς αὐτόν· οἱ μαθηταὶ Ἰωάννου νηστεύουσιν²⁹ πυκνὰ³⁰ καὶ δεήσεις³¹ ποιοῦνται ὁμοίως³² καὶ οἱ τῶν Φαρισαίων, οἱ δὲ σοὶ³³ ἐσθίουσιν καὶ πίνουσιν. **34** ὁ δὲ Ἰησοῦς εἶπεν πρὸς αὐτούς· μὴ δύνασθε τοὺς υἱοὺς τοῦ νυμφῶνος³⁴ ἐν

---

[1] βλασφημία, -ας f, blasphemy
[2] ἀφίημι aor act inf, forgive
[3] ἐπιγινώσκω aor act ptc m s nom, know
[4] διαλογισμός, -οῦ m, thought
[5] εὔκοπος, easy (comp)
[6] οἶδα 2p pf act sub, know
[7] ἀφίημι pres act inf, forgive
[8] παραλύω pf pas ptc m s dat, pas be paralyzed
[9] αἴρω aor act ptc m s nom, pick up
[10] παραχρῆμα, adv, at once
[11] ἀνίστημι aor act ptc m s nom, intrans get up
[12] κατάκειμαι 3s impf mid ind, lie (in bed)
[13] ἔκστασις, -εως f, amazement
[14] πίμπλημι 3p aor pas ind, fill
[15] παράδοξος, -ον, incredible
[16] θεάομαι 3s aor mid ind, see
[17] τελώνης, -ου m, tax-collector
[18] τελώνιον, -ου n, tax office
[19] καταλείπω aor act ptc m s nom, leave (behind)
[20] ἀνίστημι aor act ptc m s nom, intrans get up
[21] δοχή, -ῆς f, banquet
[22] κατάκειμαι pres mid ptc m p nom, sit at table
[23] γογγύζω 3p impf act ind, grumble
[24] ὑγιαίνω pres act ptc m p nom, be healthy
[25] ἰατρός, -οῦ m, doctor
[26] κακῶς, badly (κ. ἔχω be sick)
[27] ἔρχομαι 1s pf act ind, come
[28] μετάνοια, -ας f, repentance
[29] νηστεύω 3p pres act ind, fast
[30] πυκνός, adv, often
[31] δέησις, -εως f, prayer
[32] ὁμοίως, adv, in the same way
[33] σός, σή, σόν, your
[34] νυμφών, -ῶνος m, wedding hall (υἱὸς του v. wedding guest)

ᾧ ὁ νυμφίος¹ μετ' αὐτῶν ἐστιν ποιῆσαι νηστεῦσαι; 35 ἐλεύσονται² δὲ ἡμέραι, καὶ ὅταν ἀπαρθῇ³ ἀπ' αὐτῶν ὁ νυμφίος, τότε νηστεύσουσιν ἐν ἐκείναις ταῖς ἡμέραις.

36 Ἔλεγεν δὲ καὶ παραβολὴν πρὸς αὐτοὺς ὅτι οὐδεὶς ἐπίβλημα⁴ ἀπὸ ἱματίου καινοῦ σχίσας⁵ ἐπιβάλλει⁶ ἐπὶ ἱμάτιον παλαιόν⁷· εἰ δὲ μή γε⁸, καὶ τὸ καινὸν σχίσει⁹ καὶ τῷ παλαιῷ οὐ συμφωνήσει¹⁰ τὸ ἐπίβλημα τὸ ἀπὸ τοῦ καινοῦ. 37 καὶ οὐδεὶς βάλλει οἶνον νέον¹¹ εἰς ἀσκοὺς¹² παλαιούς¹³· εἰ δὲ μή γε, ῥήξει¹⁴ ὁ οἶνος ὁ νέος τοὺς ἀσκοὺς καὶ αὐτὸς ἐκχυθήσεται¹⁵ καὶ οἱ ἀσκοὶ ἀπολοῦνται¹⁶· 38 ἀλλ' οἶνον νέον εἰς ἀσκοὺς καινοὺς βλητέον¹⁷. 39 [καὶ] οὐδεὶς πιὼν¹⁸ παλαιὸν θέλει νέον· λέγει γάρ· ὁ παλαιὸς χρηστός¹⁹ ἐστιν.

Plucking Grain on the Sabbath (Mt 12.1-8; Mk 2.23-28)

6 Ἐγένετο δὲ ἐν σαββάτῳ διαπορεύεσθαι²⁰ αὐτὸν διὰ σπορίμων²¹, καὶ ἔτιλλον²² οἱ μαθηταὶ αὐτοῦ καὶ ἤσθιον τοὺς στάχυας²³ ψώχοντες²⁴ ταῖς χερσίν. 2 τινὲς δὲ τῶν Φαρισαίων εἶπαν· τί ποιεῖτε ὃ οὐκ ἔξεστιν τοῖς σάββασιν; 3 καὶ ἀποκριθεὶς πρὸς αὐτοὺς εἶπεν ὁ Ἰησοῦς· οὐδὲ τοῦτο ἀνέγνωτε²⁵ ὃ ἐποίησεν Δαυὶδ ὅτε ἐπείνασεν²⁶ αὐτὸς καὶ οἱ μετ' αὐτοῦ [ὄντες], 4 [ὡς] εἰσῆλθεν εἰς τὸν οἶκον τοῦ θεοῦ καὶ τοὺς ἄρτους τῆς προθέσεως²⁷ λαβὼν ἔφαγεν²⁸ καὶ ἔδωκεν τοῖς μετ' αὐτοῦ, οὓς οὐκ ἔξεστιν φαγεῖν²⁹ εἰ μὴ μόνους τοὺς ἱερεῖς; 5 καὶ ἔλεγεν αὐτοῖς· κύριός ἐστιν τοῦ σαββάτου ὁ υἱὸς τοῦ ἀνθρώπου.

The Man with a Withered Hand (Mt 12.9-14; Mk 3.1-6)

6 Ἐγένετο δὲ ἐν ἑτέρῳ σαββάτῳ εἰσελθεῖν αὐτὸν εἰς τὴν συναγωγὴν καὶ διδάσκειν. καὶ ἦν ἄνθρωπος ἐκεῖ καὶ ἡ χεὶρ αὐτοῦ ἡ δεξιὰ ἦν ξηρά³⁰. 7 παρετηροῦντο³¹ δὲ αὐτὸν οἱ γραμματεῖς καὶ οἱ Φαρισαῖοι εἰ ἐν τῷ σαββάτῳ θεραπεύει, ἵνα εὕρωσιν³² κατηγορεῖν³³ αὐτοῦ. 8 αὐτὸς δὲ ᾔδει³⁴ τοὺς διαλογισμοὺς³⁵ αὐτῶν, εἶπεν δὲ

[1] νυμφίος, -ου m, bridegroom
[2] ἔρχομαι 3p fut mid ind, come
[3] ἀπαίρω 3s aor pas sub, take away
[4] ἐπίβλημα, -τος n, piece
[5] σχίζω aor act ptc m s nom, tear
[6] ἐπιβάλλω 3s pres act ind, put on
[7] παλαιός, -ά/όν, old
[8] γέ, emphatic particle
[9] σχίζω 3s fut act ind, tear
[10] συμφωνέω 3s fut act ind, match
[11] νέος, -α/ον, new
[12] ἀσκός, -οῦ m, wine-skin
[13] παλαιός, -ά/όν, old
[14] ῥήγνυμι/ρήσσω 3s fut act ind, burst
[15] ἐκχύννω 3s fut pas ind, pour out
[16] ἀπόλλυμι 3p fut mid ind, mid be destroyed
[17] βλητέος, -α/ον, must be put
[18] πίνω aor act ptc m s nom, drink
[19] χρηστός, -ή/όν, good
[20] διαπορεύομαι pres mid inf, go through
[21] σπόριμος, -ου n, grain field
[22] τίλλω 3p impf act ind, pick
[23] στάχυς, -υος m, head of grain/wheat
[24] ψώχω pres act ptc m p nom, rub (the husk from grain)
[25] ἀναγινώσκω 2p aor act ind, read
[26] πεινάω 3s aor act ind, be hungry
[27] πρόθεσις, -εως f, something offered to God (ἄρτοι τῆς π. bread offered to God)
[28] ἐσθίω 3s aor act ind, eat
[29] ἐσθίω aor act inf, eat
[30] ξηρός, -ά/όν, paralyzed
[31] παρατηρέω 3p impf mid ind, mid watch closely
[32] εὑρίσκω 3p aor act sub, find
[33] κατηγορέω pres act inf, accuse
[34] οἶδα 3s plpf act ind, know
[35] διαλογισμός, -οῦ m, thought

τῷ ἀνδρὶ τῷ ξηρὰν ἔχοντι τὴν χεῖρα· ἔγειρε καὶ στῆθι¹ εἰς τὸ μέσον· καὶ ἀναστὰς² ἔστη³. 9 εἶπεν δὲ ὁ Ἰησοῦς πρὸς αὐτούς· ἐπερωτῶ ὑμᾶς εἰ ἔξεστιν τῷ σαββάτῳ ἀγαθοποιῆσαι⁴ ἢ κακοποιῆσαι⁵, ψυχὴν σῶσαι ἢ ἀπολέσαι⁶; 10 καὶ περιβλεψάμενος⁷ πάντας αὐτοὺς εἶπεν αὐτῷ· ἔκτεινον⁸ τὴν χεῖρά σου. ὁ δὲ ἐποίησεν καὶ ἀπεκατεστάθη⁹ ἡ χεὶρ αὐτοῦ. 11 αὐτοὶ δὲ ἐπλήσθησαν¹⁰ ἀνοίας¹¹ καὶ διελάλουν¹² πρὸς ἀλλήλους τί ἂν ποιήσαιεν τῷ Ἰησοῦ.

The Choosing of the Twelve (Mt 10.1-4; Mk 3.13-19)

12 Ἐγένετο δὲ ἐν ταῖς ἡμέραις ταύταις ἐξελθεῖν αὐτὸν εἰς τὸ ὄρος προσεύξασθαι, καὶ ἦν διανυκτερεύων¹³ ἐν τῇ προσευχῇ τοῦ θεοῦ. 13 καὶ ὅτε ἐγένετο ἡμέρα, προσεφώνησεν¹⁴ τοὺς μαθητὰς αὐτοῦ, καὶ ἐκλεξάμενος¹⁵ ἀπ' αὐτῶν δώδεκα, οὓς καὶ ἀποστόλους ὠνόμασεν¹⁶· 14 Σίμωνα ὃν καὶ ὠνόμασεν Πέτρον, καὶ Ἀνδρέαν τὸν ἀδελφὸν αὐτοῦ, καὶ Ἰάκωβον καὶ Ἰωάννην καὶ Φίλιππον καὶ Βαρθολομαῖον 15 καὶ Μαθθαῖον καὶ Θωμᾶν καὶ Ἰάκωβον Ἁλφαίου καὶ Σίμωνα τὸν καλούμενον ζηλωτὴν¹⁷ 16 καὶ Ἰούδαν Ἰακώβου καὶ Ἰούδαν Ἰσκαριώθ, ὃς ἐγένετο προδότης¹⁸.

Ministering to a Great Multitude (Mt 4.23-25)

17 Καὶ καταβὰς μετ' αὐτῶν ἔστη¹⁹ ἐπὶ τόπου πεδινοῦ²⁰, καὶ ὄχλος πολὺς μαθητῶν αὐτοῦ, καὶ πλῆθος πολὺ τοῦ λαοῦ ἀπὸ πάσης τῆς Ἰουδαίας καὶ Ἰερουσαλὴμ καὶ τῆς παραλίου²¹ Τύρου καὶ Σιδῶνος, 18 οἳ ἦλθον ἀκοῦσαι αὐτοῦ καὶ ἰαθῆναι²² ἀπὸ τῶν νόσων²³ αὐτῶν· καὶ οἱ ἐνοχλούμενοι²⁴ ἀπὸ πνευμάτων ἀκαθάρτων ἐθεραπεύοντο, 19 καὶ πᾶς ὁ ὄχλος ἐζήτουν ἅπτεσθαι²⁵ αὐτοῦ, ὅτι δύναμις παρ' αὐτοῦ ἐξήρχετο καὶ ἰᾶτο²⁶ πάντας.

---

[1] ἵστημι 2s aor act impv, intrans stand
[2] ἀνίστημι aor act ptc m s nom, intrans get up
[3] ἵστημι 3s aor act ind, intrans stand
[4] ἀγαθοποιέω aor act inf, do good
[5] κακοποιέω aor act inf, do evil
[6] ἀπόλλυμι aor act inf, destroy
[7] περιβλέπω aor mid ptc m s nom, look around
[8] ἐκτείνω 2s aor act impv, stretch out
[9] ἀποκαθίστημι 3s aor pas ind, make well
[10] πίμπλημι 3p aor pas ind, fill
[11] ἄνοια, -ας f, rage
[12] διαλαλέω 3p impf act ind, discuss
[13] διανυκτερεύω pres act ptc m s nom, spend the night
[14] προσφωνέω 3s aor act ind, call to oneself
[15] ἐκλέγομαι aor mid ptc m s nom, choose
[16] ὀνομάζω 3s aor act ind, name
[17] ζηλωτής, -οῦ m, Zealot/one who is eager
[18] προδότης, -ου m, traitor
[19] ἵστημι 3s aor act ind, intrans stand
[20] πεδινός, -ή/όν, level
[21] παράλιος, -ου f, coastal district
[22] ἰάομαι aor pas inf, heal
[23] νόσος, -ου f, illness
[24] ἐνοχλέω pres pas ptc m p nom, trouble
[25] ἅπτω pres mid inf, mid touch
[26] ἰάομαι 3s impf mid ind, heal

Blessings and Woes (Mt 5.1-12)

20 Καὶ αὐτὸς ἐπάρας¹ τοὺς ὀφθαλμοὺς αὐτοῦ εἰς τοὺς μαθητὰς αὐτοῦ ἔλεγεν·
μακάριοι οἱ πτωχοί,
ὅτι ὑμετέρα² ἐστὶν ἡ βασιλεία τοῦ θεοῦ.
21 μακάριοι οἱ πεινῶντες³ νῦν,
ὅτι χορτασθήσεσθε⁴.
μακάριοι οἱ κλαίοντες νῦν,
ὅτι γελάσετε⁵.
22 μακάριοί ἐστε ὅταν μισήσωσιν ὑμᾶς οἱ ἄνθρωποι καὶ ὅταν ἀφορίσωσιν⁶ ὑμᾶς καὶ ὀνειδίσωσιν⁷ καὶ ἐκβάλωσιν τὸ ὄνομα ὑμῶν ὡς πονηρὸν ἕνεκα⁸ τοῦ υἱοῦ τοῦ ἀνθρώπου·
23 Χάρητε ἐν ἐκείνῃ τῇ ἡμέρᾳ καὶ σκιρτήσατε⁹, ἰδοὺ γὰρ ὁ μισθὸς¹⁰ ὑμῶν πολὺς ἐν τῷ οὐρανῷ· κατὰ τὰ αὐτὰ γὰρ ἐποίουν τοῖς προφήταις οἱ πατέρες αὐτῶν.
24 πλὴν οὐαὶ ὑμῖν τοῖς πλουσίοις¹¹,
ὅτι ἀπέχετε¹² τὴν παράκλησιν¹³ ὑμῶν.
25 οὐαὶ ὑμῖν, οἱ ἐμπεπλησμένοι¹⁴ νῦν,
ὅτι πεινάσετε¹⁵.
οὐαί, οἱ γελῶντες νῦν,
ὅτι πενθήσετε¹⁶ καὶ κλαύσετε.
26 οὐαὶ ὅταν ὑμᾶς καλῶς εἴπωσιν¹⁷ πάντες οἱ ἄνθρωποι·
κατὰ τὰ αὐτὰ γὰρ ἐποίουν τοῖς ψευδοπροφήταις¹⁸ οἱ πατέρες αὐτῶν.

Love for Enemies (Mt 5.38-48; 7.12a)

27 Ἀλλ᾽ ὑμῖν λέγω τοῖς ἀκούουσιν· ἀγαπᾶτε τοὺς ἐχθροὺς ὑμῶν, καλῶς ποιεῖτε τοῖς μισοῦσιν ὑμᾶς, 28 εὐλογεῖτε τοὺς καταρωμένους¹⁹ ὑμᾶς, προσεύχεσθε περὶ τῶν ἐπηρεαζόντων²⁰ ὑμᾶς. 29 τῷ τύπτοντί²¹ σε ἐπὶ τὴν σιαγόνα²² πάρεχε²³ καὶ τὴν ἄλλην, καὶ ἀπὸ τοῦ αἴροντός σου τὸ ἱμάτιον καὶ τὸν χιτῶνα²⁴ μὴ κωλύσῃς²⁵. 30 παντὶ αἰτοῦντί σε δίδου²⁶, καὶ ἀπὸ τοῦ αἴροντος τὰ σὰ²⁷ μὴ ἀπαίτει²⁸.

---

¹ ἐπαίρω aor act ptc m s nom, lift up
² ὑμέτερος, -α/ον, your(s)
³ πεινάω pres act ptc m p nom or voc, be hungry
⁴ χορτάζω 2p fut pas ind, satisfy
⁵ γελάω 2p fut act ind, laugh
⁶ ἀφορίζω 3p aor act sub, exclude
⁷ ὀνειδίζω 3p aor act sub, insult
⁸ ἕνεκα, prep + gen, because of
⁹ σκιρτάω 2p aor act impv, jump for joy
¹⁰ μισθός, -οῦ m, reward
¹¹ πλούσιος, -α/ον, rich
¹² ἀπέχω 2p pres act ind, receive in full
¹³ παράκλησις, -εως f, comfort
¹⁴ ἐμπίπλημι pf pas ptc m p nom or voc, fill
¹⁵ πεινάω 2p fut act ind, go hungry
¹⁶ πενθέω 2p fut act ind, mourn
¹⁷ λέγω 3p aor act sub, speak
¹⁸ ψευδοπροφήτης, -ου m, false prophet
¹⁹ καταράομαι pres mid ptc m p acc, curse
²⁰ ἐπηρεάζω pres act ptc m p gen, mistreat
²¹ τύπτω pres act ptc m s dat, hit
²² σιαγών, -όνος f, cheek
²³ παρέχω 2s pres act impv, offer
²⁴ χιτών, -ῶνος m, shirt (generally of the garment worn next to the skin)
²⁵ κωλύω 2s aor act sub, keep back
²⁶ δίδωμι 2s pres act impv, give
²⁷ σός, σή, σόν, yours
²⁸ ἀπαιτέω 2s pres act impv, demand in return

31 Καὶ καθὼς θέλετε ἵνα ποιῶσιν ὑμῖν οἱ ἄνθρωποι ποιεῖτε αὐτοῖς ὁμοίως¹. **32** καὶ εἰ ἀγαπᾶτε τοὺς ἀγαπῶντας ὑμᾶς, ποία ὑμῖν χάρις ἐστίν; καὶ γὰρ οἱ ἁμαρτωλοὶ τοὺς ἀγαπῶντας αὐτοὺς ἀγαπῶσιν. **33** καὶ [γὰρ] ἐὰν ἀγαθοποιῆτε² τοὺς ἀγαθοποιοῦντας ὑμᾶς, ποία ὑμῖν χάρις ἐστίν; καὶ οἱ ἁμαρτωλοὶ τὸ αὐτὸ ποιοῦσιν. **34** καὶ ἐὰν δανίσητε³ παρ' ὧν ἐλπίζετε λαβεῖν, ποία ὑμῖν χάρις [ἐστίν]; καὶ ἁμαρτωλοὶ ἁμαρτωλοῖς δανίζουσιν ἵνα ἀπολάβωσιν⁴ τὰ ἴσα⁵. **35** πλὴν ἀγαπᾶτε τοὺς ἐχθροὺς ὑμῶν καὶ ἀγαθοποιεῖτε καὶ δανίζετε μηδὲν ἀπελπίζοντες⁶· καὶ ἔσται ὁ μισθὸς⁷ ὑμῶν πολύς, καὶ ἔσεσθε⁸ υἱοὶ ὑψίστου⁹, ὅτι αὐτὸς χρηστός¹⁰ ἐστιν ἐπὶ τοὺς ἀχαρίστους¹¹ καὶ πονηρούς. **36** Γίνεσθε οἰκτίρμονες¹² καθὼς [καὶ] ὁ πατὴρ ὑμῶν οἰκτίρμων ἐστίν.

Judging Others (Mt 7.1-5)

37 Καὶ μὴ κρίνετε, καὶ οὐ μὴ κριθῆτε¹³· καὶ μὴ καταδικάζετε¹⁴, καὶ οὐ μὴ καταδικασθῆτε¹⁵. ἀπολύετε, καὶ ἀπολυθήσεσθε· **38** δίδοτε¹⁶, καὶ δοθήσεται¹⁷ ὑμῖν· μέτρον¹⁸ καλὸν πεπιεσμένον¹⁹ σεσαλευμένον²⁰ ὑπερεκχυννόμενον²¹ δώσουσιν εἰς τὸν κόλπον²² ὑμῶν· ᾧ γὰρ μέτρῳ μετρεῖτε²³ ἀντιμετρηθήσεται²⁴ ὑμῖν.

39 Εἶπεν δὲ καὶ παραβολὴν αὐτοῖς· μήτι²⁵ δύναται τυφλὸς τυφλὸν ὁδηγεῖν²⁶; οὐχὶ ἀμφότεροι²⁷ εἰς βόθυνον²⁸ ἐμπεσοῦνται²⁹; **40** οὐκ ἔστιν μαθητὴς ὑπὲρ τὸν διδάσκαλον· κατηρτισμένος³⁰ δὲ πᾶς ἔσται ὡς ὁ διδάσκαλος αὐτοῦ.

41 Τί δὲ βλέπεις τὸ κάρφος³¹ τὸ ἐν τῷ ὀφθαλμῷ τοῦ ἀδελφοῦ σου, τὴν δὲ δοκὸν³² τὴν ἐν τῷ ἰδίῳ ὀφθαλμῷ οὐ κατανοεῖς³³; **42** πῶς δύνασαι λέγειν τῷ ἀδελφῷ σου· ἀδελφέ, ἄφες³⁴ ἐκβάλω³⁵ τὸ κάρφος τὸ ἐν τῷ ὀφθαλμῷ σου, αὐτὸς τὴν ἐν τῷ ὀφθαλμῷ σου δοκὸν οὐ βλέπων; ὑποκριτά³⁶, ἔκβαλε πρῶτον τὴν δοκὸν ἐκ τοῦ ὀφθαλμοῦ σου, καὶ τότε διαβλέψεις³⁷ τὸ κάρφος τὸ ἐν τῷ ὀφθαλμῷ τοῦ ἀδελφοῦ σου ἐκβαλεῖν³⁸.

---

¹ ὁμοίως, *adv*, in the same way
² ἀγαθοποιέω *2p pres act sub*, do good
³ δανείζω *2p aor act sub*, lend
⁴ ἀπολαμβάνω *3p aor act sub*, get back
⁵ ἴσος, -η/ον, (the) same
⁶ ἀπελπίζω *pres act ptc m p nom*, expect in return
⁷ μισθός, -οῦ *m*, reward
⁸ εἰμί *2p fut mid ind*, be
⁹ ὕψιστος, highest (ὁ ὕ the Most High [God])
¹⁰ χρηστός, -ή/όν, good
¹¹ ἀχάριστος, -ον, ungrateful
¹² οἰκτίρμων, -ον, merciful
¹³ κρίνω *2p aor pas sub*, judge
¹⁴ καταδικάζω *2p pres act impv*, condemn
¹⁵ καταδικάζω *2p aor pas sub*, condemn
¹⁶ δίδωμι *2p pres act impv*, give
¹⁷ δίδωμι *3s fut pas ind*, give
¹⁸ μέτρον, -ου *n*, measure
¹⁹ πιέζω *pf pas ptc n s acc*, press down
²⁰ σαλεύω *pf pas ptc n s acc*, shake
²¹ ὑπερεκχύννω *pres pas ptc n s acc, pas* run over
²² κόλπος, -ου *m*, lap
²³ μετρέω *2p pres act ind*, measure out
²⁴ ἀντιμετρέω *3s fut pas ind*, measure out in return
²⁵ μήτι, *usually expects a negative reply*
²⁶ ὁδηγέω *pres act inf*, lead
²⁷ ἀμφότεροι, -αι/α, both
²⁸ βόθυνος, -ου *m*, ditch/pit
²⁹ ἐμπίπτω *3p fut mid ind*, fall into
³⁰ καταρτίζω *pf pas ptc m s nom*, prepare (κατηρτισμένος fully trained)
³¹ κάρφος, -ους *n*, speck
³² δοκός, -οῦ *f*, log
³³ κατανοέω *2s pres act ind*, notice
³⁴ ἀφίημι *2s aor act impv*, let
³⁵ ἐκβάλλω *1s aor act sub*, take out
³⁶ ὑποκριτής, -οῦ *m*, hypocrite
³⁷ διαβλέπω *2s fut act ind*, see clearly
³⁸ ἐκβάλλω *aor act inf*, take out

A Tree Known by Its Fruit (Mt 7.17-20; 12.34b-35)

43 Οὐ γάρ ἐστιν δένδρον[1] καλὸν ποιοῦν καρπὸν σαπρόν[2], οὐδὲ πάλιν δένδρον σαπρὸν ποιοῦν καρπὸν καλόν. 44 ἕκαστον γὰρ δένδρον ἐκ τοῦ ἰδίου καρποῦ γινώσκεται· οὐ γὰρ ἐξ ἀκανθῶν[3] συλλέγουσιν[4] σῦκα[5] οὐδὲ ἐκ βάτου[6] σταφυλὴν[7] τρυγῶσιν[8]. 45 ὁ ἀγαθὸς ἄνθρωπος ἐκ τοῦ ἀγαθοῦ θησαυροῦ[9] τῆς καρδίας προφέρει[10] τὸ ἀγαθόν, καὶ ὁ πονηρὸς ἐκ τοῦ πονηροῦ προφέρει τὸ πονηρόν· ἐκ γὰρ περισσεύματος[11] καρδίας λαλεῖ τὸ στόμα αὐτοῦ.

The Two Foundations (Mt 7.24-27)

46 Τί δέ με καλεῖτε· κύριε κύριε, καὶ οὐ ποιεῖτε ἃ λέγω; 47 πᾶς ὁ ἐρχόμενος πρός με καὶ ἀκούων μου τῶν λόγων καὶ ποιῶν αὐτούς, ὑποδείξω[12] ὑμῖν τίνι ἐστὶν ὅμοιος· 48 ὅμοιός ἐστιν ἀνθρώπῳ οἰκοδομοῦντι οἰκίαν ὃς ἔσκαψεν[13] καὶ ἐβάθυνεν[14] καὶ ἔθηκεν[15] θεμέλιον[16] ἐπὶ τὴν πέτραν[17]· πλημμύρης[18] δὲ γενομένης προσέρηξεν[19] ὁ ποταμὸς[20] τῇ οἰκίᾳ ἐκείνῃ, καὶ οὐκ ἴσχυσεν[21] σαλεῦσαι[22] αὐτὴν διὰ τὸ καλῶς οἰκοδομῆσθαι αὐτήν. 49 ὁ δὲ ἀκούσας καὶ μὴ ποιήσας ὅμοιός ἐστιν ἀνθρώπῳ οἰκοδομήσαντι οἰκίαν ἐπὶ τὴν γῆν χωρὶς θεμελίου, ᾗ προσέρηξεν ὁ ποταμός, καὶ εὐθὺς συνέπεσεν[23] καὶ ἐγένετο τὸ ῥῆγμα[24] τῆς οἰκίας ἐκείνης μέγα.

The Healing of a Centurion's Slave (Mt 8.5-13; Jn 4.43-54)

7 Ἐπειδὴ[25] ἐπλήρωσεν πάντα τὰ ῥήματα αὐτοῦ εἰς τὰς ἀκοὰς[26] τοῦ λαοῦ, εἰσῆλθεν εἰς Καφαρναούμ. 2 ἑκατοντάρχου[27] δέ τινος δοῦλος κακῶς[28] ἔχων ἤμελλεν τελευτᾶν[29], ὃς ἦν αὐτῷ ἔντιμος[30]. 3 ἀκούσας δὲ περὶ τοῦ Ἰησοῦ ἀπέστειλεν[31] πρὸς αὐτὸν πρεσβυτέρους τῶν Ἰουδαίων ἐρωτῶν αὐτὸν ὅπως ἐλθὼν διασώσῃ[32] τὸν δοῦλον αὐτοῦ. 4 οἱ δὲ παραγενόμενοι[33] πρὸς τὸν Ἰησοῦν παρεκάλουν αὐτὸν σπουδαίως[34] λέγοντες ὅτι ἄξιός ἐστιν ᾧ παρέξῃ[35] τοῦτο· 5 ἀγαπᾷ γὰρ τὸ ἔθνος ἡμῶν καὶ τὴν συναγωγὴν αὐτὸς ᾠκοδόμησεν[36] ἡμῖν. 6 ὁ δὲ Ἰησοῦς ἐπορεύετο σὺν

---

[1] δένδρον, -ου n, tree
[2] σαπρός, -ά/όν, bad
[3] ἄκανθα, -ης f, thorn plant
[4] συλλέγω 3p pres act ind, gather
[5] σῦκον, -ου f, fig
[6] βάτος, -ου m & f, thornbush
[7] σταφυλή, -ῆς f, (bunch of) grapes
[8] τρυγάω 3p pres act ind, pick
[9] θησαυρός, -οῦ m, treasure
[10] προφέρω 3s pres act ind, bring out/produce
[11] περίσσευμα, -τος n, abundance
[12] ὑποδείκνυμι 1s fut act ind, show
[13] σκάπτω 3s aor act ind, dig
[14] βαθύνω 3s aor act ind, go deep
[15] τίθημι 3s aor act ind, lay
[16] θεμέλιον, -ου n, foundation
[17] πέτρα, -ας f, rock
[18] πλήμμυρα, -ης f, flood
[19] προσρήγνυμι/προσρήσσω, 3s aor act ind, rush against
[20] ποταμός, -οῦ m, river
[21] ἰσχύω 3s aor act ind, be able
[22] σαλεύω aor act inf, shake
[23] συμπίπτω 3s aor act ind, fall
[24] ῥῆγμα, -τος n, ruin
[25] ἐπειδή, conj, after
[26] ἀκοή, -ῆς f, hearing
[27] ἑκατοντάρχης, -ου m, centurion/officer (of the Roman army)
[28] κακῶς, badly (κ. ἔχω be sick)
[29] τελευτάω pres act inf, die
[30] ἔντιμος, -ον, valuable
[31] ἀποστέλλω 3s aor act ind, send
[32] διασῴζω 3s aor act sub, heal
[33] παραγίνομαι aor mid ptc m p nom, come
[34] σπουδαίως, adv, earnestly
[35] παρέχω 3s fut mid ind, act & mid do
[36] οἰκοδομέω 3s aor act ind, build

αὐτοῖς. ἤδη δὲ αὐτοῦ οὐ μακρὰν¹ ἀπέχοντος² ἀπὸ τῆς οἰκίας ἔπεμψεν φίλους³ ὁ ἑκατοντάρχης λέγων αὐτῷ· κύριε, μὴ σκύλλου⁴, οὐ γὰρ ἱκανός εἰμι ἵνα ὑπὸ τὴν στέγην⁵ μου εἰσέλθης⁶· 7 διὸ οὐδὲ ἐμαυτὸν ἠξίωσα⁷ πρὸς σὲ ἐλθεῖν· ἀλλ' εἰπὲ λόγῳ, καὶ ἰαθήτω⁸ ὁ παῖς⁹ μου. 8 καὶ γὰρ ἐγὼ ἄνθρωπός εἰμι ὑπὸ ἐξουσίαν τασσόμενος¹⁰ ἔχων ὑπ' ἐμαυτὸν στρατιώτας¹¹, καὶ λέγω τούτῳ· πορεύθητι, καὶ πορεύεται, καὶ ἄλλῳ· ἔρχου, καὶ ἔρχεται, καὶ τῷ δούλῳ μου· ποίησον τοῦτο, καὶ ποιεῖ. 9 ἀκούσας δὲ ταῦτα ὁ Ἰησοῦς ἐθαύμασεν αὐτὸν καὶ στραφεὶς¹² τῷ ἀκολουθοῦντι αὐτῷ ὄχλῳ εἶπεν· λέγω ὑμῖν, οὐδὲ ἐν τῷ Ἰσραὴλ τοσαύτην¹³ πίστιν εὗρον¹⁴. 10 καὶ ὑποστρέψαντες εἰς τὸν οἶκον οἱ πεμφθέντες¹⁵ εὗρον τὸν δοῦλον ὑγιαίνοντα¹⁶.

The Raising of the Widow's Son at Nain

11 Καὶ ἐγένετο ἐν τῷ ἑξῆς¹⁷ ἐπορεύθη εἰς πόλιν καλουμένην Ναῒν καὶ συνεπορεύοντο¹⁸ αὐτῷ οἱ μαθηταὶ αὐτοῦ καὶ ὄχλος πολύς. 12 ὡς δὲ ἤγγισεν¹⁹ τῇ πύλῃ²⁰ τῆς πόλεως, καὶ ἰδοὺ ἐξεκομίζετο²¹ τεθνηκὼς²² μονογενὴς²³ υἱὸς τῇ μητρὶ αὐτοῦ καὶ αὐτὴ ἦν χήρα²⁴, καὶ ὄχλος τῆς πόλεως ἱκανὸς ἦν σὺν αὐτῇ. 13 καὶ ἰδὼν αὐτὴν ὁ κύριος ἐσπλαγχνίσθη²⁵ ἐπ' αὐτῇ καὶ εἶπεν αὐτῇ· μὴ κλαῖε. 14 καὶ προσελθὼν²⁶ ἥψατο²⁷ τῆς σοροῦ²⁸, οἱ δὲ βαστάζοντες²⁹ ἔστησαν³⁰, καὶ εἶπεν· νεανίσκε³¹, σοὶ λέγω, ἐγέρθητι³². 15 καὶ ἀνεκάθισεν³³ ὁ νεκρὸς καὶ ἤρξατο³⁴ λαλεῖν, καὶ ἔδωκεν αὐτὸν τῇ μητρὶ αὐτοῦ. 16 ἔλαβεν δὲ φόβος πάντας καὶ ἐδόξαζον τὸν θεὸν λέγοντες ὅτι προφήτης μέγας ἠγέρθη³⁵ ἐν ἡμῖν καὶ ὅτι ἐπεσκέψατο³⁶ ὁ θεὸς τὸν λαὸν αὐτοῦ. 17 καὶ ἐξῆλθεν ὁ λόγος οὗτος ἐν ὅλῃ τῇ Ἰουδαίᾳ περὶ αὐτοῦ καὶ πάσῃ τῇ περιχώρῳ³⁷.

---

[1] μακράν, *adv*, far
[2] ἀπέχω *pres act ptc m s gen*, intrans be distant
[3] φίλος, -ου *m*, friend
[4] σκύλλω *2s pres pas impv, pas* trouble oneself
[5] στέγη, -ης *f*, roof
[6] εἰσέρχομαι *2s aor act sub*, come in
[7] ἀξιόω *1s aor act ind*, consider worthy
[8] ἰάομαι *3s aor pas impv*, heal
[9] παῖς, παιδός *m & f*, servant
[10] τάσσω *pres pas ptc m s nom*, order (ὑπὸ ἐξουσίαν τ. under the authority of superior officers)
[11] στρατιώτης, -ου *m*, soldier
[12] στρέφω *aor pas ptc m s nom*, intrans pas turn
[13] τοσοῦτος, -αύτη/οῦτον, so much
[14] εὑρίσκω *1s aor act ind*, find
[15] πέμπω *aor pas ptc m p nom*, send
[16] ὑγιαίνω *pres act ptc m s acc*, be well
[17] ἑξῆς, *adv*, next (ἐν τῷ ἑ. soon afterward)
[18] συμπορεύομαι *3p impf ind*, go along with
[19] ἐγγίζω *3s aor act ind*, come near
[20] πύλη, -ης *f*, gate
[21] ἐκκομίζω *3s impf pas ind*, carry out for burial
[22] θνήσκω *pf act ptc m s nom*, die
[23] μονογενής, -ές, only
[24] χήρα, -ας *f*, widow
[25] σπλαγχνίζομαι *3s aor pas ind*, have pity
[26] προσέρχομαι *aor act ptc m s nom*, come
[27] ἅπτω *3s aor mid ind, mid* touch
[28] σορός, -οῦ *f*, stretcher (on which a corpse is carried)
[29] βαστάζω *pres act ptc m p nom*, carry
[30] ἵστημι *3p aor act ind*, intrans stand (still)
[31] νεανίσκος, -ου *m*, young man
[32] ἐγείρω *2s aor pas impv, intrans pas* get up
[33] ἀνακαθίζω *3s aor act ind*, sit up
[34] ἄρχω *3s aor mid ind, mid* begin
[35] ἐγείρω *3s aor pas ind, intrans pas* appear
[36] ἐπισκέπτομαι *3s aor mid ind*, come to help
[37] περίχωρος, -ου *f*, surrounding region

The Messengers from John the Baptist (Mt 11.2-19)

18 Καὶ ἀπήγγειλαν¹ Ἰωάννῃ οἱ μαθηταὶ αὐτοῦ περὶ πάντων τούτων. καὶ προσκαλεσάμενος² δύο τινὰς τῶν μαθητῶν αὐτοῦ ὁ Ἰωάννης 19 ἔπεμψεν³ πρὸς τὸν κύριον λέγων· σὺ εἶ ὁ ἐρχόμενος ἢ ἄλλον προσδοκῶμεν⁴; 20 παραγενόμενοι⁵ δὲ πρὸς αὐτὸν οἱ ἄνδρες εἶπαν· Ἰωάννης ὁ βαπτιστὴς⁶ ἀπέστειλεν⁷ ἡμᾶς πρὸς σὲ λέγων· σὺ εἶ ὁ ἐρχόμενος ἢ ἄλλον προσδοκῶμεν; 21 ἐν ἐκείνῃ τῇ ὥρᾳ ἐθεράπευσεν πολλοὺς ἀπὸ νόσων⁸ καὶ μαστίγων⁹ καὶ πνευμάτων πονηρῶν καὶ τυφλοῖς πολλοῖς ἐχαρίσατο¹⁰ βλέπειν. 22 καὶ ἀποκριθεὶς εἶπεν αὐτοῖς· πορευθέντες ἀπαγγείλατε Ἰωάννῃ ἃ εἴδετε καὶ ἠκούσατε·

τυφλοὶ ἀναβλέπουσιν¹¹, χωλοὶ¹² περιπατοῦσιν,
λεπροὶ¹³ καθαρίζονται καὶ κωφοὶ¹⁴ ἀκούουσιν,
νεκροὶ ἐγείρονται, πτωχοὶ εὐαγγελίζονται·
23 καὶ μακάριός ἐστιν ὃς ἐὰν μὴ σκανδαλισθῇ¹⁵ ἐν ἐμοί.

24 Ἀπελθόντων δὲ τῶν ἀγγέλων Ἰωάννου ἤρξατο¹⁶ λέγειν πρὸς τοὺς ὄχλους περὶ Ἰωάννου· τί ἐξήλθατε εἰς τὴν ἔρημον θεάσασθαι¹⁷; κάλαμον¹⁸ ὑπὸ ἀνέμου σαλευόμενον¹⁹; 25 ἀλλὰ τί ἐξήλθατε ἰδεῖν; ἄνθρωπον ἐν μαλακοῖς²⁰ ἱματίοις ἠμφιεσμένον²¹; ἰδοὺ οἱ ἐν ἱματισμῷ²² ἐνδόξῳ²³ καὶ τρυφῇ²⁴ ὑπάρχοντες ἐν τοῖς βασιλείοις²⁵ εἰσίν. 26 ἀλλὰ τί ἐξήλθατε ἰδεῖν; προφήτην; ναὶ λέγω ὑμῖν, καὶ περισσότερον²⁶ προφήτου. 27 οὗτός ἐστιν περὶ οὗ γέγραπται·

ἰδοὺ ἀποστέλλω τὸν ἄγγελόν μου πρὸ προσώπου σου,
ὃς κατασκευάσει²⁷ τὴν ὁδόν σου ἔμπροσθέν σου.
28 λέγω ὑμῖν, μείζων ἐν γεννητοῖς²⁸ γυναικῶν Ἰωάννου οὐδείς ἐστιν· ὁ δὲ μικρότερος²⁹ ἐν τῇ βασιλείᾳ τοῦ θεοῦ μείζων³⁰ αὐτοῦ ἐστιν.

---

1 ἀπαγγέλλω 3p aor act ind, tell
2 προσκαλέομαι aor mid ptc m s nom, call to oneself
3 πέμπω 3s aor act ind, send
4 προσδοκάω 1p pres act ind, look for
5 παραγίνομαι aor mid ptc m p nom, come
6 βαπτιστής, -οῦ m, Baptist/baptizer
7 ἀποστέλλω 3s aor act ind, send
8 νόσος, -ου f, illness
9 μάστιξ, -ιγος f, sickness
10 χαρίζομαι 3s aor mid ind, give

11 ἀναβλέπω 3p pres act ind, regain one's sight
12 χωλός, -ή/όν, lame
13 λεπρός, -οῦ m, leper/person with a skin disease
14 κωφός, -ή/όν, deaf
15 σκανδαλίζω 3s aor pas sub, pas with ἐν: reject
16 ἄρχω 3s aor mid ind, mid begin
17 θεάομαι aor mid inf, see
18 κάλαμος, -ου m, reed
19 σαλεύω pres pas ptc m s acc, shake
20 μαλακός, -ή/όν, fine

21 ἀμφιέννυμι pf pas ptc m s acc, dress in
22 ἱματισμός, -οῦ m, clothes
23 ἔνδοξος, -ον, expensive
24 τρυφή, -ῆς f, luxury
25 βασίλειος, -ον, royal (ἐν τοῖς β. in palaces)
26 περισσότερος, more (comp of περισσός)
27 κατασκευάζω 3s fut act ind, prepare
28 γεννητός, -ή/όν, born
29 μικρός, little (importance) (comp)
30 μέγας, great (comp)

29 Καὶ πᾶς ὁ λαὸς ἀκούσας καὶ οἱ τελῶναι[1] ἐδικαίωσαν τὸν θεὸν βαπτισθέντες τὸ βάπτισμα[2] Ἰωάννου· 30 οἱ δὲ Φαρισαῖοι καὶ οἱ νομικοὶ[3] τὴν βουλὴν[4] τοῦ θεοῦ ἠθέτησαν[5] εἰς ἑαυτοὺς μὴ βαπτισθέντες ὑπ' αὐτοῦ.
31 Τίνι οὖν ὁμοιώσω[6] τοὺς ἀνθρώπους τῆς γενεᾶς ταύτης καὶ τίνι εἰσὶν ὅμοιοι;
32 ὅμοιοί εἰσιν παιδίοις τοῖς ἐν ἀγορᾷ[7] καθημένοις καὶ προσφωνοῦσιν[8] ἀλλήλοις ἃ λέγει·
   ηὐλήσαμεν[9] ὑμῖν καὶ οὐκ ὠρχήσασθε[10],
   ἐθρηνήσαμεν[11] καὶ οὐκ ἐκλαύσατε.
33 ἐλήλυθεν[12] γὰρ Ἰωάννης ὁ βαπτιστὴς[13] μὴ ἐσθίων ἄρτον μήτε πίνων οἶνον, καὶ λέγετε· δαιμόνιον ἔχει. 34 ἐλήλυθεν ὁ υἱὸς τοῦ ἀνθρώπου ἐσθίων καὶ πίνων, καὶ λέγετε· ἰδοὺ ἄνθρωπος φάγος[14] καὶ οἰνοπότης[15], φίλος[16] τελωνῶν[17] καὶ ἁμαρτωλῶν. 35 καὶ ἐδικαιώθη ἡ σοφία ἀπὸ πάντων τῶν τέκνων αὐτῆς.

A Sinful Woman Forgiven

36 Ἠρώτα δέ τις αὐτὸν τῶν Φαρισαίων ἵνα φάγῃ[18] μετ' αὐτοῦ, καὶ εἰσελθὼν εἰς τὸν οἶκον τοῦ Φαρισαίου κατεκλίθη[19]. 37 καὶ ἰδοὺ γυνὴ ἥτις ἦν ἐν τῇ πόλει ἁμαρτωλός, καὶ ἐπιγνοῦσα[20] ὅτι κατάκειται[21] ἐν τῇ οἰκίᾳ τοῦ Φαρισαίου, κομίσασα[22] ἀλάβαστρον[23] μύρου[24] 38 καὶ στᾶσα[25] ὀπίσω παρὰ τοὺς πόδας αὐτοῦ κλαίουσα τοῖς δάκρυσιν[26] ἤρξατο[27] βρέχειν[28] τοὺς πόδας αὐτοῦ καὶ ταῖς θριξὶν[29] τῆς κεφαλῆς αὐτῆς ἐξέμασσεν[30] καὶ κατεφίλει[31] τοὺς πόδας αὐτοῦ καὶ ἤλειφεν[32] τῷ μύρῳ. 39 ἰδὼν δὲ ὁ Φαρισαῖος ὁ καλέσας αὐτὸν εἶπεν ἐν ἑαυτῷ λέγων· οὗτος εἰ ἦν προφήτης, ἐγίνωσκεν ἂν τίς καὶ ποταπὴ[33] ἡ γυνὴ ἥτις ἅπτεται αὐτοῦ, ὅτι ἁμαρτωλός ἐστιν. 40 καὶ ἀποκριθεὶς ὁ Ἰησοῦς εἶπεν πρὸς αὐτόν· Σίμων, ἔχω σοί τι εἰπεῖν. ὁ δέ· διδάσκαλε, εἰπέ, φησίν. 41 δύο χρεοφειλέται[34] ἦσαν δανιστῇ[35] τινι· ὁ εἷς ὤφειλεν δηνάρια[36]

---

[1] τελώνης, -ου m, tax collector
[2] βάπτισμα, -τος n, baptism
[3] νομικός, -ή/όν, pertaining to the Jewish Law (ὁ v. expert in the Jewish Law)
[4] βουλή, -ῆς f, purpose
[5] ἀθετέω 3p aor act ind, reject
[6] ὁμοιόω 1s aor act sub & fut act ind, compare
[7] ἀγορά, -ᾶς f, market place
[8] προσφωνέω pres act ptc n p dat, call to
[9] αὐλέω 1p aor act ind, play a flute
[10] ὀρχέομαι 2p aor mid ind, dance
[11] θρηνέω 1p aor act ind, sing a dirge
[12] ἔρχομαι 3s pf act ind, come
[13] βαπτιστής, -οῦ m, Baptist/baptizer
[14] φάγος, -ου m, someone who eats too much
[15] οἰνοπότης, -ου m, heavy drinker/drunkard
[16] φίλος, -ου m, friend
[17] τελώνης, -ου m, tax collector
[18] ἐσθίω 3s aor act sub, eat
[19] κατακλίνω 3s aor pas ind, pas sit down to eat
[20] ἐπιγινώσκω aor act ptc f s nom, know
[21] κατάκειμαι 3s pres mid ind, dine
[22] κομίζω aor act ptc f s nom, bring
[23] ἀλάβαστρος, -ου m & n, alabaster jar
[24] μύρον, -ου n, perfume/ointment
[25] ἴστημι aor act ptc f s nom, intrans stand
[26] δάκρυον, -ου n, tear (of crying)
[27] ἄρχω 3s aor mid ind, mid begin
[28] βρέχω pres act inf, make wet
[29] θρίξ, τριχός f, hair
[30] ἐκμάσσω 3s impf act ind, wipe
[31] καταφιλέω 3s impf act ind, kiss
[32] ἀλείφω 3s impf act ind, anoint
[33] ποταπός, -ή/όν, of what sort
[34] χρεοφειλέτης, -ου m, debtor
[35] δανιστής, -οῦ m, money lender
[36] δηνάριον, -ου n, denarius (Roman silver coin = laborer's daily wage)

πεντακόσια¹, ὁ δὲ ἕτερος πεντήκοντα². 42 μὴ ἐχόντων αὐτῶν ἀποδοῦναι³ ἀμφοτέροις⁴ ἐχαρίσατο⁵. τίς οὖν αὐτῶν πλεῖον⁶ ἀγαπήσει αὐτόν; 43 ἀποκριθεὶς Σίμων εἶπεν· ὑπολαμβάνω⁷ ὅτι ᾧ τὸ πλεῖον ἐχαρίσατο. ὁ δὲ εἶπεν αὐτῷ· ὀρθῶς⁸ ἔκρινας. 44 καὶ στραφεὶς⁹ πρὸς τὴν γυναῖκα τῷ Σίμωνι ἔφη· βλέπεις ταύτην τὴν γυναῖκα; εἰσῆλθόν σου εἰς τὴν οἰκίαν, ὕδωρ μοι ἐπὶ πόδας οὐκ ἔδωκας· αὕτη δὲ τοῖς δάκρυσιν ἔβρεξέν μου τοὺς πόδας καὶ ταῖς θριξὶν αὐτῆς ἐξέμαξεν. 45 φίλημά¹⁰ μοι οὐκ ἔδωκας· αὕτη δὲ ἀφ' ἧς εἰσῆλθον οὐ διέλιπεν¹¹ καταφιλοῦσά¹² μου τοὺς πόδας. 46 ἐλαίῳ¹³ τὴν κεφαλήν μου οὐκ ἤλειψας¹⁴· αὕτη δὲ μύρῳ ἤλειψεν τοὺς πόδας μου. 47 οὗ χάριν¹⁵ λέγω σοι, ἀφέωνται¹⁶ αἱ ἁμαρτίαι αὐτῆς αἱ πολλαί, ὅτι ἠγάπησεν πολύ· ᾧ δὲ ὀλίγον ἀφίεται¹⁷, ὀλίγον ἀγαπᾷ. 48 εἶπεν δὲ αὐτῇ· ἀφέωνταί σου αἱ ἁμαρτίαι. 49 καὶ ἤρξαντο¹⁸ οἱ συνανακείμενοι¹⁹ λέγειν ἐν ἑαυτοῖς· τίς οὗτός ἐστιν ὃς καὶ ἁμαρτίας ἀφίησιν; 50 εἶπεν δὲ πρὸς τὴν γυναῖκα· ἡ πίστις σου σέσωκέν σε· πορεύου εἰς εἰρήνην.

Some Women Accompany Jesus

8 Καὶ ἐγένετο ἐν τῷ καθεξῆς²⁰ καὶ αὐτὸς διώδευεν²¹ κατὰ πόλιν καὶ κώμην²² κηρύσσων καὶ εὐαγγελιζόμενος τὴν βασιλείαν τοῦ θεοῦ καὶ οἱ δώδεκα σὺν αὐτῷ, 2 καὶ γυναῖκές τινες αἳ ἦσαν τεθεραπευμέναι ἀπὸ πνευμάτων πονηρῶν καὶ ἀσθενειῶν²³, Μαρία ἡ καλουμένη Μαγδαληνή, ἀφ' ἧς δαιμόνια ἑπτὰ ἐξεληλύθει²⁴, 3 καὶ Ἰωάννα γυνὴ Χουζᾶ ἐπιτρόπου²⁵ Ἡρῴδου καὶ Σουσάννα καὶ ἕτεραι πολλαί, αἵτινες διηκόνουν αὐτοῖς ἐκ τῶν ὑπαρχόντων αὐταῖς.

The Parable of the Sower (Mt 13.1-9; Mk 4.1-9)

4 Συνιόντος²⁶ δὲ ὄχλου πολλοῦ καὶ τῶν κατὰ πόλιν ἐπιπορευομένων²⁷ πρὸς αὐτὸν εἶπεν διὰ παραβολῆς· 5 ἐξῆλθεν ὁ σπείρων τοῦ σπεῖραι τὸν σπόρον²⁸ αὐτοῦ. καὶ

---

¹ πεντακόσιοι, -αι/α, five hundred
² πεντήκοντα, fifty
³ ἀποδίδωμι aor act inf, repay
⁴ ἀμφότεροι, -αι/α, both
⁵ χαρίζομαι 3s aor mid ind, forgive
⁶ πολύς, much (comp)
⁷ ὑπολαμβάνω 1s pres act ind, suppose
⁸ ὀρθῶς, adv, correctly
⁹ στρέφω aor pas ptc m s nom, intrans pas turn
¹⁰ φίλημα, -ατος n, kiss
¹¹ διαλείπω 3s aor act ind, stop
¹² καταφιλέω pres act ptc f s nom, kiss
¹³ ἔλαιον, -ου n, olive oil
¹⁴ ἀλείφω 2s aor act ind, anoint
¹⁵ χάριν, prep + gen, because of (οὗ χ. for this reason)
¹⁶ ἀφίημι 3p pf pas ind, forgive
¹⁷ ἀφίημι 3s pres pas ind, forgive
¹⁸ ἄρχω 3p aor mid ind, mid begin
¹⁹ συνανάκειμαι pres mid ptc m p nom, sit at table with (οἱ συν. the dinner guests)
²⁰ καθεξῆς, adv, in order (ἐν τῷ κ. soon after this)
²¹ διοδεύω 3s impf act ind, go about
²² κώμη, -ης f, village
²³ ἀσθένεια, -ας f, illness
²⁴ ἐξέρχομαι 3s plpf act ind, come/go out
²⁵ ἐπίτροπος, -ου m, official in charge of a household
²⁶ σύνειμι pres act ptc m s gen, gather
²⁷ ἐπιπορεύομαι pres mid ptc m p gen, come to
²⁸ σπόρος, -ου m, seed

ἐν τῷ σπείρειν αὐτὸν ὃ μὲν ἔπεσεν[1] παρὰ τὴν ὁδὸν καὶ κατεπατήθη[2], καὶ τὰ πετεινὰ[3] τοῦ οὐρανοῦ κατέφαγεν[4] αὐτό. 6 καὶ ἕτερον κατέπεσεν[5] ἐπὶ τὴν πέτραν[6], καὶ φυὲν[7] ἐξηράνθη[8] διὰ τὸ μὴ ἔχειν ἰκμάδα[9]. 7 καὶ ἕτερον ἔπεσεν ἐν μέσῳ τῶν ἀκανθῶν[10], καὶ συμφυεῖσαι[11] αἱ ἄκανθαι ἀπέπνιξαν[12] αὐτό. 8 καὶ ἕτερον ἔπεσεν εἰς τὴν γῆν τὴν ἀγαθὴν καὶ φυὲν ἐποίησεν καρπὸν ἑκατονταπλασίονα[13]. ταῦτα λέγων ἐφώνει· ὁ ἔχων ὦτα[14] ἀκούειν ἀκουέτω.

The Purpose of the Parables (Mt 13.10-17; Mk 4.10-12)

9 Ἐπηρώτων δὲ αὐτὸν οἱ μαθηταὶ αὐτοῦ τίς αὕτη εἴη[15] ἡ παραβολή. 10 ὁ δὲ εἶπεν· ὑμῖν δέδοται[16] γνῶναι[17] τὰ μυστήρια[18] τῆς βασιλείας τοῦ θεοῦ, τοῖς δὲ λοιποῖς ἐν παραβολαῖς, ἵνα

βλέποντες μὴ βλέπωσιν

καὶ ἀκούοντες μὴ συνιῶσιν[19].

The Parable of the Sower Explained (Mt 13.18-23; Mk 4.13-20)

11 Ἔστιν δὲ αὕτη ἡ παραβολή· ὁ σπόρος[20] ἐστὶν ὁ λόγος τοῦ θεοῦ. 12 οἱ δὲ παρὰ τὴν ὁδόν εἰσιν οἱ ἀκούσαντες, εἶτα[21] ἔρχεται ὁ διάβολος καὶ αἴρει τὸν λόγον ἀπὸ τῆς καρδίας αὐτῶν, ἵνα μὴ πιστεύσαντες σωθῶσιν[22]. 13 οἱ δὲ ἐπὶ τῆς πέτρας οἳ ὅταν ἀκούσωσιν μετὰ χαρᾶς δέχονται τὸν λόγον, καὶ οὗτοι ῥίζαν[23] οὐκ ἔχουσιν, οἳ πρὸς καιρὸν πιστεύουσιν καὶ ἐν καιρῷ πειρασμοῦ[24] ἀφίστανται[25]. 14 τὸ δὲ εἰς τὰς ἀκάνθας πεσόν, οὗτοί εἰσιν οἱ ἀκούσαντες, καὶ ὑπὸ μεριμνῶν[26] καὶ πλούτου[27] καὶ ἡδονῶν[28] τοῦ βίου[29] πορευόμενοι συμπνίγονται[30] καὶ οὐ τελεσφοροῦσιν[31]. 15 τὸ δὲ ἐν τῇ καλῇ γῇ, οὗτοί εἰσιν οἵτινες ἐν καρδίᾳ καλῇ καὶ ἀγαθῇ ἀκούσαντες τὸν λόγον κατέχουσιν[32] καὶ καρποφοροῦσιν[33] ἐν ὑπομονῇ.

---

[1] πίπτω 3s aor act ind, fall
[2] καταπατέω 3s aor pas ind, step on
[3] πετεινόν, -οῦ n, bird
[4] κατεσθίω 3s aor act ind, eat (up)
[5] καταπίπτω 3s aor act ind, fall
[6] πέτρα, -ας f, rock
[7] φύω aor pas ptc n s nom, grow
[8] ξηραίνω 3s aor pas ind, pas dry up
[9] ἰκμάς, -άδος f, moisture
[10] ἄκανθα, -ης f, thorn plant
[11] συμφύω aor pas ptc f p nom, grow up with
[12] ἀποπνίγω 3p aor act ind, choke
[13] ἑκατονταπλασίων, -ον, a hundred times as much
[14] οὖς, ὠτός n, ear
[15] εἰμί 3s pres act opt, be (the meaning of)
[16] δίδωμι 3s pf pas ind, give
[17] γινώσκω aor act inf, know
[18] μυστήριον, -ου n, secret
[19] συνίημι 3p pres act sub, understand
[20] σπόρος, -ου m, seed
[21] εἶτα, adv, then
[22] σῴζω 3p aor pas sub, save
[23] ῥίζα, -ης f, root
[24] πειρασμός, -οῦ m, temptation/testing/difficulty
[25] ἀφίστημι 3p pres mid ind, intrans mid go away
[26] μέριμνα, -ης f, care
[27] πλοῦτος, -ου m, riches
[28] ἡδονή, -ῆς f, pleasure
[29] βίος, -ου m, life
[30] συμπνίγω 3p pres mid ind, choke
[31] τελεσφορέω 3p pres act ind, mature
[32] κατέχω 3p pres act ind, hold fast
[33] καρποφορέω 3p pres act ind, bear fruit

A Lamp on a Lampstand (Mk 4.21-25)

16 Οὐδεὶς δὲ λύχνον¹ ἅψας² καλύπτει³ αὐτὸν σκεύει⁴ ἢ ὑποκάτω⁵ κλίνης⁶ τίθησιν, ἀλλ' ἐπὶ λυχνίας⁷ τίθησιν, ἵνα οἱ εἰσπορευόμενοι⁸ βλέπωσιν τὸ φῶς. 17 οὐ γάρ ἐστιν κρυπτὸν⁹ ὃ οὐ φανερὸν¹⁰ γενήσεται¹¹ οὐδὲ ἀπόκρυφον¹² ὃ οὐ μὴ γνωσθῇ¹³ καὶ εἰς φανερὸν ἔλθῃ¹⁴. 18 Βλέπετε οὖν πῶς ἀκούετε· ὃς ἂν γὰρ ἔχῃ, δοθήσεται¹⁵ αὐτῷ· καὶ ὃς ἂν μὴ ἔχῃ, καὶ ὃ δοκεῖ ἔχειν ἀρθήσεται¹⁶ ἀπ' αὐτοῦ.

The Mother and Brothers of Jesus (Mt 12.46-50; Mk 3.31-35)

19 Παρεγένετο¹⁷ δὲ πρὸς αὐτὸν ἡ μήτηρ καὶ οἱ ἀδελφοὶ αὐτοῦ καὶ οὐκ ἠδύναντο συντυχεῖν¹⁸ αὐτῷ διὰ τὸν ὄχλον. 20 ἀπηγγέλη¹⁹ δὲ αὐτῷ· ἡ μήτηρ σου καὶ οἱ ἀδελφοί σου ἑστήκασιν²⁰ ἔξω ἰδεῖν θέλοντές σε. 21 ὁ δὲ ἀποκριθεὶς εἶπεν πρὸς αὐτούς· μήτηρ μου καὶ ἀδελφοί μου οὗτοί εἰσιν οἱ τὸν λόγον τοῦ θεοῦ ἀκούοντες καὶ ποιοῦντες.

The Calming of a Storm (Mt 8.23-27; Mk 4.35-41)

22 Ἐγένετο δὲ ἐν μιᾷ τῶν ἡμερῶν καὶ αὐτὸς ἐνέβη²¹ εἰς πλοῖον καὶ οἱ μαθηταὶ αὐτοῦ καὶ εἶπεν πρὸς αὐτούς· διέλθωμεν²² εἰς τὸ πέραν²³ τῆς λίμνης²⁴, καὶ ἀνήχθησαν²⁵. 23 πλεόντων²⁶ δὲ αὐτῶν ἀφύπνωσεν²⁷. καὶ κατέβη²⁸ λαῖλαψ²⁹ ἀνέμου εἰς τὴν λίμνην καὶ συνεπληροῦντο³⁰ καὶ ἐκινδύνευον³¹. 24 προσελθόντες³² δὲ διήγειραν³³ αὐτὸν λέγοντες· ἐπιστάτα³⁴ ἐπιστάτα, ἀπολλύμεθα. ὁ δὲ διεγερθεὶς³⁵ ἐπετίμησεν³⁶ τῷ ἀνέμῳ καὶ τῷ κλύδωνι³⁷ τοῦ ὕδατος· καὶ ἐπαύσαντο³⁸ καὶ ἐγένετο γαλήνη³⁹. 25 εἶπεν δὲ αὐτοῖς· ποῦ ἡ πίστις ὑμῶν; φοβηθέντες δὲ ἐθαύμασαν λέγοντες

---

1 λύχνος, -ου m, lamp
2 ἅπτω aor act ptc m s nom, light
3 καλύπτω 3s pres act ind, hide
4 σκεῦος, -ους n, container
5 ὑποκάτω, prep + gen, under
6 κλίνη, -ης f, bed
7 λυχνία, -ας f, lampstand
8 εἰσπορεύομαι pres mid ptc m p nom, come in
9 κρυπτός, -ή/όν, hidden
10 φανερός, -ά/όν, visible
11 γίνομαι 3s fut mid ind, be/become
12 ἀπόκρυφος, -ον, secret
13 γινώσκω 3s aor pas sub, know
14 ἔρχομαι 3s aor act sub, come
15 δίδωμι 3s fut pas ind, give
16 αἴρω 3s fut pas ind, take
17 παραγίνομαι 3s aor mid ind, come
18 συντυγχάνω aor act inf, get near to
19 ἀπαγγέλλω 3s aor pas ind, tell
20 ἵστημι 3p pf act ind, intrans stand
21 ἐμβαίνω 3s aor act ind, get into
22 διέρχομαι 1p aor act sub, cross over
23 πέραν, prep + gen, across (τὸ π. the other side)
24 λίμνη, -ης f, lake
25 ἀνάγω 3p aor pas ind, pas set out
26 πλέω pres act ptc m p gen, sail
27 ἀφυπνόω 3s aor act ind, fall asleep
28 καταβαίνω 3s aor act ind, come down
29 λαῖλαψ, -απος f, storm
30 συμπληρόω 3p impf pas ind, swamp
31 κινδυνεύω 3p impf act ind, be in danger
32 προσέρχομαι aor act ptc m p nom, come/go to
33 διεγείρω 3p aor act ind, wake up
34 ἐπιστάτης, -ου m, Master (of Christ)
35 διεγείρω aor pas ptc m s nom, pas get up
36 ἐπιτιμάω 3s aor act ind, rebuke
37 κλύδων, -ωνος m, wave
38 παύω 3p aor mid ind, mid stop
39 γαλήνη, -ης f, calm

πρὸς ἀλλήλους· τίς ἄρα οὗτός ἐστιν ὅτι καὶ τοῖς ἀνέμοις ἐπιτάσσει[1] καὶ τῷ ὕδατι, καὶ ὑπακούουσιν[2] αὐτῷ;

The Demons and the Pigs (Mt 8.28-34; Mk 5.1-20)

26 Καὶ κατέπλευσαν[3] εἰς τὴν χώραν[4] τῶν Γερασηνῶν, ἥτις ἐστὶν ἀντιπέρα[5] τῆς Γαλιλαίας. 27 ἐξελθόντι δὲ αὐτῷ ἐπὶ τὴν γῆν ὑπήντησεν[6] ἀνήρ τις ἐκ τῆς πόλεως ἔχων δαιμόνια καὶ χρόνῳ ἱκανῷ οὐκ ἐνεδύσατο[7] ἱμάτιον καὶ ἐν οἰκίᾳ οὐκ ἔμενεν ἀλλ' ἐν τοῖς μνήμασιν[8]. 28 ἰδὼν δὲ τὸν Ἰησοῦν ἀνακράξας[9] προσέπεσεν[10] αὐτῷ καὶ φωνῇ μεγάλῃ εἶπεν· τί ἐμοὶ καὶ σοί, Ἰησοῦ υἱὲ τοῦ θεοῦ τοῦ ὑψίστου[11]; δέομαί[12] σου, μή με βασανίσῃς[13]. 29 παρήγγειλεν γὰρ τῷ πνεύματι τῷ ἀκαθάρτῳ ἐξελθεῖν ἀπὸ τοῦ ἀνθρώπου. πολλοῖς γὰρ χρόνοις συνηρπάκει[14] αὐτὸν καὶ ἐδεσμεύετο[15] ἁλύσεσιν[16] καὶ πέδαις[17] φυλασσόμενος καὶ διαρρήσσων[18] τὰ δεσμὰ ἠλαύνετο[19] ὑπὸ τοῦ δαιμονίου εἰς τὰς ἐρήμους. 30 ἐπηρώτησεν[20] δὲ αὐτὸν ὁ Ἰησοῦς· τί σοι ὄνομά ἐστιν; ὁ δὲ εἶπεν· λεγιών[21], ὅτι εἰσῆλθεν δαιμόνια πολλὰ εἰς αὐτόν. 31 καὶ παρεκάλουν αὐτὸν ἵνα μὴ ἐπιτάξῃ[22] αὐτοῖς εἰς τὴν ἄβυσσον[23] ἀπελθεῖν[24]. 32 ἦν δὲ ἐκεῖ ἀγέλη[25] χοίρων[26] ἱκανῶν βοσκομένη[27] ἐν τῷ ὄρει· καὶ παρεκάλεσαν αὐτὸν ἵνα ἐπιτρέψῃ[28] αὐτοῖς εἰς ἐκείνους εἰσελθεῖν· καὶ ἐπέτρεψεν[29] αὐτοῖς. 33 ἐξελθόντα δὲ τὰ δαιμόνια ἀπὸ τοῦ ἀνθρώπου εἰσῆλθον εἰς τοὺς χοίρους, καὶ ὥρμησεν[30] ἡ ἀγέλη κατὰ τοῦ κρημνοῦ[31] εἰς τὴν λίμνην[32] καὶ ἀπεπνίγη[33].

34 Ἰδόντες δὲ οἱ βόσκοντες[34] τὸ γεγονός[35] ἔφυγον[36] καὶ ἀπήγγειλαν[37] εἰς τὴν πόλιν καὶ εἰς τοὺς ἀγρούς. 35 ἐξῆλθον δὲ ἰδεῖν τὸ γεγονὸς καὶ ἦλθον πρὸς τὸν Ἰησοῦν καὶ εὗρον[38] καθήμενον τὸν ἄνθρωπον ἀφ' οὗ τὰ δαιμόνια ἐξῆλθεν ἱματισμένον[39] καὶ σωφρονοῦντα[40] παρὰ τοὺς πόδας τοῦ Ἰησοῦ, καὶ ἐφοβήθησαν. 36 ἀπήγγειλαν[41]

---

[1] ἐπιτάσσω 3s pres act ind, command
[2] ὑπακούω 3p pres act ind, obey
[3] καταπλέω 3p aor act ind, sail
[4] χώρα, -ας f, region
[5] ἀντιπέρα, prep + gen, opposite
[6] ὑπαντάω 3s aor act ind, meet
[7] ἐνδύω 3s aor mid ind, mid wear
[8] μνῆμα, -τος n, tomb
[9] ἀνακράζω aor act ptc m s nom, shout
[10] προσπίπτω 3s aor act ind, fall down before someone
[11] ὕψιστος, highest (ὁ ὕ the Most High [God])
[12] δέομαι 1s pres pas ind, beg
[13] βασανίζω 2s aor act sub, torture
[14] συναρπάζω 3s plpf act ind, seize
[15] δεσμεύω 3s impf pas ind, bind

[16] ἅλυσις, -εως f, chain
[17] πέδη, -ης f, chain (for feet)
[18] διαρρήσσω pres act ptc m s nom, smash to pieces
[19] ἐλαύνω 3s impf pas ind, force out
[20] ἐπερωτάω 3s aor act ind, ask
[21] λεγιών, -ῶνος f, legion (Roman military unit of 5000-6000 troops/figurative for a large number)
[22] ἐπιτάσσω 3s aor act sub, command
[23] ἄβυσσος, -ου f, deep pit (where demons are kept and punished)
[24] ἀπέρχομαι aor act inf, go
[25] ἀγέλη, -ης f, herd
[26] χοῖρος, -ου m, pig
[27] βόσκω pres pas ptc f s nom, pas feed

[28] ἐπιτρέπω 3s aor act sub, let
[29] ἐπιτρέπω 3s aor act ind, let
[30] ὁρμάω 3s aor act ind, rush
[31] κρημνός, -οῦ m, steep bank
[32] λίμνη, -ης f, lake
[33] ἀποπνίγω 3s aor pas ind, pas drown
[34] βόσκω pres act ptc m p nom, tend (ὁ βόσκων herdsman)
[35] γίνομαι pf act ptc n s acc, happen
[36] φεύγω 3p aor act ind, run
[37] ἀπαγγέλλω 3p aor act ind, tell
[38] εὑρίσκω 3p aor act ind, find
[39] ἱματίζω pf mid or pas ptc m s acc, clothe
[40] σωφρονέω pres act ptc m s acc, be in one's right mind
[41] ἀπαγγέλλω 3p aor act ind, tell

δὲ αὐτοῖς οἱ ἰδόντες πῶς ἐσώθη ὁ δαιμονισθείς¹. 37 καὶ ἠρώτησεν αὐτὸν ἅπαν τὸ πλῆθος τῆς περιχώρου² τῶν Γερασηνῶν ἀπελθεῖν³ ἀπ' αὐτῶν, ὅτι φόβῳ μεγάλῳ συνείχοντο⁴· αὐτὸς δὲ ἐμβὰς⁵ εἰς πλοῖον ὑπέστρεψεν⁶. 38 ἐδεῖτο⁷ δὲ αὐτοῦ ὁ ἀνὴρ ἀφ' οὗ ἐξεληλύθει⁸ τὰ δαιμόνια εἶναι σὺν αὐτῷ· ἀπέλυσεν δὲ αὐτὸν λέγων· 39 ὑπόστρεφε εἰς τὸν οἶκόν σου καὶ διηγοῦ⁹ ὅσα σοι ἐποίησεν ὁ θεός. καὶ ἀπῆλθεν καθ' ὅλην τὴν πόλιν κηρύσσων ὅσα ἐποίησεν αὐτῷ ὁ Ἰησοῦς.

Jairus' Daughter and the Woman Who Touched Jesus' Garment (Mt 9.18-26; Mk 5.21-43)

40 Ἐν δὲ τῷ ὑποστρέφειν τὸν Ἰησοῦν ἀπεδέξατο¹⁰ αὐτὸν ὁ ὄχλος· ἦσαν γὰρ πάντες προσδοκῶντες¹¹ αὐτόν. 41 καὶ ἰδοὺ ἦλθεν ἀνὴρ ᾧ ὄνομα Ἰάϊρος καὶ οὗτος ἄρχων τῆς συναγωγῆς ὑπῆρχεν, καὶ πεσὼν¹² παρὰ τοὺς πόδας [τοῦ] Ἰησοῦ παρεκάλει αὐτὸν εἰσελθεῖν εἰς τὸν οἶκον αὐτοῦ, 42 ὅτι θυγάτηρ¹³ μονογενὴς¹⁴ ἦν αὐτῷ ὡς ἐτῶν δώδεκα καὶ αὐτὴ ἀπέθνῃσκεν. ἐν δὲ τῷ ὑπάγειν αὐτὸν οἱ ὄχλοι συνέπνιγον¹⁵ αὐτόν.

43 καὶ γυνὴ οὖσα ἐν ῥύσει¹⁶ αἵματος ἀπὸ ἐτῶν δώδεκα, ἥτις [ἰατροῖς¹⁷ προσαναλώσασα¹⁸ ὅλον τὸν βίον¹⁹] οὐκ ἴσχυσεν²⁰ ἀπ' οὐδενὸς θεραπευθῆναι, 44 προσελθοῦσα²¹ ὄπισθεν²² ἥψατο²³ τοῦ κρασπέδου²⁴ τοῦ ἱματίου αὐτοῦ καὶ παραχρῆμα²⁵ ἔστη²⁶ ἡ ῥύσις τοῦ αἵματος αὐτῆς. 45 καὶ εἶπεν ὁ Ἰησοῦς· τίς ὁ ἁψάμενός²⁷ μου; ἀρνουμένων δὲ πάντων εἶπεν ὁ Πέτρος· ἐπιστάτα²⁸, οἱ ὄχλοι συνέχουσίν²⁹ σε καὶ ἀποθλίβουσιν³⁰. 46 ὁ δὲ Ἰησοῦς εἶπεν· ἥψατό μού τις, ἐγὼ γὰρ ἔγνων³¹ δύναμιν ἐξεληλυθυῖαν³² ἀπ' ἐμοῦ. 47 ἰδοῦσα δὲ ἡ γυνὴ ὅτι οὐκ ἔλαθεν³³, τρέμουσα³⁴ ἦλθεν καὶ προσπεσοῦσα³⁵ αὐτῷ δι' ἣν αἰτίαν³⁶ ἥψατο αὐτοῦ ἀπήγγειλεν³⁷ ἐνώπιον

---

1 δαιμονίζομαι *aor pas ind m s nom*, be demon possessed
2 περίχωρος, -ου *f*, surrounding region
3 ἀπέρχομαι *aor act inf*, go away
4 συνέχω *3p impf pas ind*, overcome
5 ἐμβαίνω *aor act ptc m s nom*, get into
6 ὑποστρέφω *3s aor act ind*, return
7 δέομαι *3s impf pas ind*, beg
8 ἐξέρχομαι *3s plpf act ind*, come/go out
9 διηγέομαι *2s pres mid impv*, tell
10 ἀποδέχομαι *3s aor mid ind*, welcome
11 προσδοκάω *pres act ptc m p nom*, wait for
12 πίπτω *aor act ptc m s nom*, fall

13 θυγάτηρ, -τρός *f*, daughter
14 μονογενής, -ές, only
15 συμπνίγω *3p impf act ind*, crowd around
16 ῥύσις, -εως *f*, flow (ῥ. αἵματος severe bleeding)
17 ἰατρός, -οῦ *m*, doctor
18 προσαναλόω *aor act ptc f s nom*, spend
19 βίος, -ου *m*, livelihood
20 ἰσχύω *3s aor act ind*, be able
21 προσέρχομαι *aor act ptc f s nom*, go to
22 ὄπισθεν, *adv*, from behind
23 ἅπτω *3s aor mid ind*, mid touch
24 κράσπεδον, -ου *n*, edge
25 παραχρῆμα, *adv*, at once
26 ἵστημι *3s aor act ind*, intrans stop

27 ἅπτω *aor mid ptc m s nom*, mid touch
28 ἐπιστάτης, -ου *m*, Master (of Christ)
29 συνέχω *3p pres act ind*, surround
30 ἀποθλίβω *3p pres act ind*, crowd in upon
31 γινώσκω *1s aor act ind*, know
32 ἐξέρχομαι *pf act ptc f s acc*, come/go out
33 λανθάνω *3s aor act ind*, hidden
34 τρέμω *pres act ptc f s nom*, tremble
35 προσπίπτω *aor act ptc f s nom*, fall down before someone
36 αἰτία, -ας *f*, reason
37 ἀπαγγέλλω *3s aor act ind*, tell

παντὸς τοῦ λαοῦ καὶ ὡς ἰάθη¹ παραχρῆμα. 48 ὁ δὲ εἶπεν αὐτῇ· θυγάτηρ², ἡ πίστις σου σέσωκέν σε· πορεύου εἰς εἰρήνην. 49 ἔτι αὐτοῦ λαλοῦντος ἔρχεταί τις παρὰ τοῦ ἀρχισυναγώγου³ λέγων ὅτι τέθνηκεν⁴ ἡ θυγάτηρ σου· μηκέτι⁵ σκύλλε⁶ τὸν διδάσκαλον. 50 ὁ δὲ Ἰησοῦς ἀκούσας ἀπεκρίθη αὐτῷ· μὴ φοβοῦ, μόνον πίστευσον, καὶ σωθήσεται. 51 ἐλθὼν δὲ εἰς τὴν οἰκίαν οὐκ ἀφῆκεν⁷ εἰσελθεῖν τινα σὺν αὐτῷ εἰ μὴ Πέτρον καὶ Ἰωάννην καὶ Ἰάκωβον καὶ τὸν πατέρα τῆς παιδὸς⁸ καὶ τὴν μητέρα. 52 ἔκλαιον δὲ πάντες καὶ ἐκόπτοντο⁹ αὐτήν. ὁ δὲ εἶπεν· μὴ κλαίετε, οὐ γὰρ ἀπέθανεν ἀλλὰ καθεύδει¹⁰. 53 καὶ κατεγέλων¹¹ αὐτοῦ εἰδότες¹² ὅτι ἀπέθανεν. 54 αὐτὸς δὲ κρατήσας τῆς χειρὸς αὐτῆς ἐφώνησεν λέγων· ἡ παῖς, ἔγειρε. 55 καὶ ἐπέστρεψεν¹³ τὸ πνεῦμα αὐτῆς καὶ ἀνέστη¹⁴ παραχρῆμα¹⁵ καὶ διέταξεν¹⁶ αὐτῇ δοθῆναι¹⁷ φαγεῖν¹⁸. 56 καὶ ἐξέστησαν¹⁹ οἱ γονεῖς²⁰ αὐτῆς· ὁ δὲ παρήγγειλεν αὐτοῖς μηδενὶ εἰπεῖν τὸ γεγονός²¹.

The Mission of the Twelve (Mt 10.5-15; Mk 6.7-13)

9 Συγκαλεσάμενος²² δὲ τοὺς δώδεκα ἔδωκεν αὐτοῖς δύναμιν καὶ ἐξουσίαν ἐπὶ πάντα τὰ δαιμόνια καὶ νόσους²³ θεραπεύειν 2 καὶ ἀπέστειλεν²⁴ αὐτοὺς κηρύσσειν τὴν βασιλείαν τοῦ θεοῦ καὶ ἰᾶσθαι²⁵ [τοὺς ἀσθενεῖς²⁶], 3 καὶ εἶπεν πρὸς αὐτούς· μηδὲν αἴρετε εἰς τὴν ὁδόν, μήτε ῥάβδον²⁷ μήτε πήραν²⁸ μήτε ἄρτον μήτε ἀργύριον²⁹ μήτε [ἀνὰ³⁰] δύο χιτῶνας³¹ ἔχειν. 4 καὶ εἰς ἣν ἂν οἰκίαν εἰσέλθητε³², ἐκεῖ μένετε καὶ ἐκεῖθεν³³ ἐξέρχεσθε. 5 καὶ ὅσοι ἂν μὴ δέχωνται ὑμᾶς, ἐξερχόμενοι ἀπὸ τῆς πόλεως ἐκείνης τὸν κονιορτὸν³⁴ ἀπὸ τῶν ποδῶν ὑμῶν ἀποτινάσσετε³⁵ εἰς μαρτύριον³⁶ ἐπ᾽ αὐτούς. 6 ἐξερχόμενοι δὲ διήρχοντο κατὰ τὰς κώμας³⁷ εὐαγγελιζόμενοι καὶ θεραπεύοντες πανταχοῦ³⁸.

---

1 ἰάομαι 3s aor pas ind, heal
2 θυγάτηρ, -τρός f, daughter
3 ἀρχισυνάγωγος, -ου m, synagogue leader
4 θνῄσκω 3s pf act ind, die
5 μηκέτι, adv, no longer
6 σκύλλω 2s pres act impv, trouble
7 ἀφίημι 3s aor act ind, let
8 παῖς, παιδός m & f, child
9 κόπτω 3p impf mid ind, mid weep
10 καθεύδω 3s pres act ind, sleep
11 καταγελάω 3p impf act ind, laugh at
12 οἶδα pf act ptc m p nom, know
13 ἐπιστρέφω 3s aor act ind, intrans return
14 ἀνίστημι 3s aor act ind, intrans get up
15 παραχρῆμα, adv, at once
16 διατάσσω 3s aor act ind, order
17 δίδωμι aor pas inf, give
18 ἐσθίω aor act inf, eat
19 ἐξίστημι 3p aor act ind, be amazed
20 γονεύς, -έως m, parent
21 γίνομαι pf act ptc n s acc, happen
22 συγκαλέω aor mid ptc m s nom, mid call together
23 νόσος, -ου f, illness
24 ἀποστέλλω 3s aor act ind, send
25 ἰάομαι pres mid inf, heal
26 ἀσθενής, -ές, sick
27 ῥάβδος, -ου f, walking stick
28 πήρα, -ας f, bag (either a traveler's bag or a beggar's bag)
29 ἀργύριον, -ου n, money
30 ἀνά, prep + acc, each/each one/apiece
31 χιτών, -ῶνος m, shirt (generally of the garment worn next to the skin)
32 εἰσέρχομαι 2p aor act sub, go/come in
33 ἐκεῖθεν, adv, from there
34 κονιορτός, -οῦ m, dust
35 ἀποτινάσσω 2p pres act impv, shake off
36 μαρτύριον, -ου n, witness
37 κώμη, -ης f, village
38 πανταχοῦ, adv, everywhere

Herod's Perplexity (Mt 14.1-12; Mk 6.14-29)

7 Ἤκουσεν δὲ Ἡρῴδης ὁ τετραάρχης¹ τὰ γινόμενα πάντα καὶ διηπόρει² διὰ τὸ λέγεσθαι ὑπό τινων ὅτι Ἰωάννης ἠγέρθη³ ἐκ νεκρῶν, **8** ὑπό τινων δὲ ὅτι Ἠλίας ἐφάνη⁴, ἄλλων δὲ ὅτι προφήτης τις τῶν ἀρχαίων⁵ ἀνέστη⁶. **9** εἶπεν δὲ Ἡρῴδης· Ἰωάννην ἐγὼ ἀπεκεφάλισα⁷· τίς δέ ἐστιν οὗτος περὶ οὗ ἀκούω τοιαῦτα; καὶ ἐζήτει ἰδεῖν αὐτόν.

The Feeding of the Five Thousand (Mt 14.13-21; Mk 6.30-44; Jn 6.1-14)

10 Καὶ ὑποστρέψαντες⁸ οἱ ἀπόστολοι διηγήσαντο⁹ αὐτῷ ὅσα ἐποίησαν. καὶ παραλαβὼν αὐτοὺς ὑπεχώρησεν¹⁰ κατ' ἰδίαν¹¹ εἰς πόλιν καλουμένην Βηθσαϊδά. **11** οἱ δὲ ὄχλοι γνόντες¹² ἠκολούθησαν αὐτῷ· καὶ ἀποδεξάμενος¹³ αὐτοὺς ἐλάλει αὐτοῖς περὶ τῆς βασιλείας τοῦ θεοῦ, καὶ τοὺς χρείαν ἔχοντας θεραπείας¹⁴ ἰᾶτο¹⁵. **12** Ἡ δὲ ἡμέρα ἤρξατο¹⁶ κλίνειν¹⁷· προσελθόντες¹⁸ δὲ οἱ δώδεκα εἶπαν αὐτῷ· ἀπόλυσον τὸν ὄχλον, ἵνα πορευθέντες εἰς τὰς κύκλῳ¹⁹ κώμας²⁰ καὶ ἀγροὺς καταλύσωσιν²¹ καὶ εὕρωσιν²² ἐπισιτισμόν²³, ὅτι ὧδε ἐν ἐρήμῳ τόπῳ ἐσμέν. **13** εἶπεν δὲ πρὸς αὐτούς· δότε²⁴ αὐτοῖς ὑμεῖς φαγεῖν²⁵. οἱ δὲ εἶπαν· οὐκ εἰσὶν ἡμῖν πλεῖον²⁶ ἢ ἄρτοι πέντε καὶ ἰχθύες²⁷ δύο, εἰ μήτι²⁸ πορευθέντες ἡμεῖς ἀγοράσωμεν εἰς πάντα τὸν λαὸν τοῦτον βρώματα²⁹. **14** ἦσαν γὰρ ὡσεὶ³⁰ ἄνδρες πεντακισχίλιοι³¹. εἶπεν δὲ πρὸς τοὺς μαθητὰς αὐτοῦ· κατακλίνατε³² αὐτοὺς κλισίας³³ [ὡσεὶ] ἀνὰ³⁴ πεντήκοντα³⁵. **15** καὶ ἐποίησαν οὕτως καὶ κατέκλιναν ἅπαντας. **16** λαβὼν δὲ τοὺς πέντε ἄρτους καὶ τοὺς δύο ἰχθύας ἀναβλέψας³⁶ εἰς τὸν οὐρανὸν εὐλόγησεν αὐτοὺς καὶ κατέκλασεν³⁷ καὶ

---

[1] τετραάρχης, -ου m, tetrarch (petty ruler with less authority than a king)
[2] διαπορέω 3s impf act ind, be confused
[3] ἐγείρω 3s aor pas ind, raise
[4] φαίνω 3s aor pas ind, pas appear
[5] ἀρχαῖος, -α/ον, from long ago
[6] ἀνίστημι 3s aor act ind, intrans come back to life
[7] ἀποκεφαλίζω 1s aor act ind, behead
[8] ὑποστρέφω aor act ptc m p nom, return
[9] διηγέομαι 3p aor mid ind, tell
[10] ὑποχωρέω 3s aor act ind, withdraw
[11] ἴδιος, -α/ον, one's own (κατ' ἰδίαν privately)
[12] γινώσκω aor act ptc m p nom, find out
[13] ἀποδέχομαι aor mid ptc m s nom, welcome
[14] θεραπεία, -ας f, healing
[15] ἰάομαι 3s impf mid ind, heal
[16] ἄρχω 3s aor mid ind, mid begin
[17] κλίνω pres act inf, intrans draw to a close
[18] προσέρχομαι aor act ptc m p nom, come/go to
[19] κύκλῳ, adv, surrounding
[20] κώμη, -ης f, village
[21] καταλύω 3p aor act sub, intrans find lodging
[22] εὑρίσκω 3p aor act sub, find
[23] ἐπισιτισμός, -οῦ m, food
[24] δίδωμι 2p aor act impv, give
[25] ἐσθίω aor act inf, eat
[26] πολύς, much (comp)
[27] ἰχθύς, -ύος m, fish
[28] μήτι, usually expects a negative reply
[29] βρῶμα, -τος n, food
[30] ὡσεί, particle of comparison, about
[31] πεντακισχίλιοι, -αι/α, five thousand
[32] κατακλίνω 2p aor act impv, tell (someone) to sit
[33] κλισία, -ας f, group
[34] ἀνά, prep + acc, each/each one/apiece (ἀνὰ π. in groups of fifty)
[35] πεντήκοντα, fifty
[36] ἀναβλέπω aor act ptc m s nom, look up
[37] κατακλάω 3s aor act ind, break in pieces

ἐδίδου¹ τοῖς μαθηταῖς παραθεῖναι² τῷ ὄχλῳ. 17 καὶ ἔφαγον³ καὶ ἐχορτάσθησαν⁴ πάντες, καὶ ἤρθη⁵ τὸ περισσεῦσαν αὐτοῖς κλασμάτων⁶ κόφινοι⁷ δώδεκα.

Peter's Declaration about Jesus (Mt 16.13-21; Mk 8.27-31)

18 Καὶ ἐγένετο ἐν τῷ εἶναι αὐτὸν προσευχόμενον κατὰ μόνας συνῆσαν⁸ αὐτῷ οἱ μαθηταί, καὶ ἐπηρώτησεν αὐτοὺς λέγων· τίνα με λέγουσιν οἱ ὄχλοι εἶναι; 19 οἱ δὲ ἀποκριθέντες εἶπαν· Ἰωάννην τὸν βαπτιστήν⁹, ἄλλοι δὲ Ἠλίαν, ἄλλοι δὲ ὅτι προφήτης τις τῶν ἀρχαίων¹⁰ ἀνέστη¹¹. 20 εἶπεν δὲ αὐτοῖς· ὑμεῖς δὲ τίνα με λέγετε εἶναι; Πέτρος δὲ ἀποκριθεὶς εἶπεν· τὸν χριστὸν τοῦ θεοῦ. 21 ὁ δὲ ἐπιτιμήσας¹² αὐτοῖς παρήγγειλεν μηδενὶ λέγειν τοῦτο 22 εἰπὼν ὅτι δεῖ τὸν υἱὸν τοῦ ἀνθρώπου πολλὰ παθεῖν¹³ καὶ ἀποδοκιμασθῆναι¹⁴ ἀπὸ τῶν πρεσβυτέρων καὶ ἀρχιερέων καὶ γραμματέων καὶ ἀποκτανθῆναι¹⁵ καὶ τῇ τρίτῃ ἡμέρᾳ ἐγερθῆναι¹⁶.

A Call to Discipleship (Mt 16.24-28; Mk 8.34–9.1)

23 Ἔλεγεν δὲ πρὸς πάντας· εἴ τις θέλει ὀπίσω μου ἔρχεσθαι, ἀρνησάσθω ἑαυτὸν καὶ ἀράτω τὸν σταυρὸν¹⁷ αὐτοῦ καθ' ἡμέραν καὶ ἀκολουθείτω μοι. 24 ὃς γὰρ ἂν θέλῃ τὴν ψυχὴν αὐτοῦ σῶσαι ἀπολέσει¹⁸ αὐτήν· ὃς δ' ἂν ἀπολέσῃ τὴν ψυχὴν αὐτοῦ ἕνεκεν¹⁹ ἐμοῦ οὗτος σώσει αὐτήν. 25 τί γὰρ ὠφελεῖται²⁰ ἄνθρωπος κερδήσας²¹ τὸν κόσμον ὅλον ἑαυτὸν δὲ ἀπολέσας²² ἢ ζημιωθείς²³; 26 ὃς γὰρ ἂν ἐπαισχυνθῇ²⁴ με καὶ τοὺς ἐμοὺς λόγους, τοῦτον ὁ υἱὸς τοῦ ἀνθρώπου ἐπαισχυνθήσεται, ὅταν ἔλθῃ²⁵ ἐν τῇ δόξῃ αὐτοῦ καὶ τοῦ πατρὸς καὶ τῶν ἁγίων ἀγγέλων. 27 λέγω δὲ ὑμῖν ἀληθῶς²⁶, εἰσίν τινες τῶν αὐτοῦ²⁷ ἑστηκότων²⁸ οἳ οὐ μὴ γεύσωνται²⁹ θανάτου ἕως ἂν ἴδωσιν³⁰ τὴν βασιλείαν τοῦ θεοῦ.

---

[1] δίδωμι 3s impf act ind, give
[2] παρατίθημι aor act inf, distribute
[3] ἐσθίω 3p aor act ind, eat
[4] χορτάζω 3p aor pas ind, satisfy
[5] αἴρω 3s aor pas ind, pick up
[6] κλάσμα, -τος n, piece
[7] κόφινος, -ου m, basket
[8] σύνειμι 3p impf act ind, be with
[9] βαπτιστής, -οῦ m, Baptist/baptizer
[10] ἀρχαῖος, -α/ον, from long ago
[11] ἀνίστημι 3s aor act ind, intrans come back to life
[12] ἐπιτιμάω aor act ptc m s nom, order
[13] πάσχω aor act inf, suffer
[14] ἀποδοκιμάζω aor pas inf, reject
[15] ἀποκτείνω aor pas inf, kill
[16] ἐγείρω aor pas inf, raise (from the dead)
[17] σταυρός, -οῦ m, cross
[18] ἀπόλλυμι 3s fut act ind, destroy
[19] ἕνεκα, prep + gen, for the sake of
[20] ὠφελέω 3s pres pas ind, profit
[21] κερδαίνω aor act ptc m s nom, gain
[22] ἀπόλλυμι aor act ptc m s nom, destroy
[23] ζημιόω aor pas ptc m s nom, pas lose
[24] ἐπαισχύνομαι 3s aor pas sub, be ashamed
[25] ἔρχομαι 3s aor act sub, come
[26] ἀληθῶς, adv, surely
[27] αὐτοῦ, adv, here
[28] ἵστημι pf act ptc m p gen, intrans stand
[29] γεύομαι 3p aor mid sub, experience
[30] ὁράω 3p aor act sub, see

The Transfiguration of Jesus (Mt 17.1-8; Mk 9.2-8)

28 Ἐγένετο δὲ μετὰ τοὺς λόγους τούτους ὡσεὶ[1] ἡμέραι ὀκτὼ[2] [καὶ] παραλαβὼν Πέτρον καὶ Ἰωάννην καὶ Ἰάκωβον ἀνέβη[3] εἰς τὸ ὄρος προσεύξασθαι. **29** καὶ ἐγένετο ἐν τῷ προσεύχεσθαι αὐτὸν τὸ εἶδος[4] τοῦ προσώπου αὐτοῦ ἕτερον καὶ ὁ ἱματισμὸς[5] αὐτοῦ λευκὸς[6] ἐξαστράπτων[7]. **30** καὶ ἰδοὺ ἄνδρες δύο συνελάλουν[8] αὐτῷ, οἵτινες ἦσαν Μωϋσῆς καὶ Ἠλίας, **31** οἳ ὀφθέντες[9] ἐν δόξῃ ἔλεγον τὴν ἔξοδον[10] αὐτοῦ, ἣν ἤμελλεν πληροῦν ἐν Ἰερουσαλήμ. **32** ὁ δὲ Πέτρος καὶ οἱ σὺν αὐτῷ ἦσαν βεβαρημένοι[11] ὕπνῳ[12]· διαγρηγορήσαντες[13] δὲ εἶδον τὴν δόξαν αὐτοῦ καὶ τοὺς δύο ἄνδρας τοὺς συνεστῶτας[14] αὐτῷ. **33** καὶ ἐγένετο ἐν τῷ διαχωρίζεσθαι[15] αὐτοὺς ἀπ' αὐτοῦ εἶπεν ὁ Πέτρος πρὸς τὸν Ἰησοῦν· ἐπιστάτα[16], καλόν ἐστιν ἡμᾶς ὧδε εἶναι, καὶ ποιήσωμεν σκηνὰς[17] τρεῖς, μίαν σοὶ καὶ μίαν Μωϋσεῖ καὶ μίαν Ἠλίᾳ, μὴ εἰδὼς[18] ὃ λέγει. **34** ταῦτα δὲ αὐτοῦ λέγοντος ἐγένετο νεφέλη[19] καὶ ἐπεσκίαζεν[20] αὐτούς· ἐφοβήθησαν δὲ ἐν τῷ εἰσελθεῖν αὐτοὺς εἰς τὴν νεφέλην. **35** καὶ φωνὴ ἐγένετο ἐκ τῆς νεφέλης λέγουσα· οὗτός ἐστιν ὁ υἱός μου ὁ ἐκλελεγμένος[21], αὐτοῦ ἀκούετε. **36** καὶ ἐν τῷ γενέσθαι τὴν φωνὴν εὑρέθη[22] Ἰησοῦς μόνος. καὶ αὐτοὶ ἐσίγησαν[23] καὶ οὐδενὶ ἀπήγγειλαν[24] ἐν ἐκείναις ταῖς ἡμέραις οὐδὲν ὧν ἑώρακαν[25].

The Healing of a Boy with a Demon (Mt 17.14-18; Mk 9.14-27)

37 Ἐγένετο δὲ τῇ ἑξῆς[26] ἡμέρᾳ κατελθόντων[27] αὐτῶν ἀπὸ τοῦ ὄρους συνήντησεν[28] αὐτῷ ὄχλος πολύς. **38** καὶ ἰδοὺ ἀνὴρ ἀπὸ τοῦ ὄχλου ἐβόησεν[29] λέγων· διδάσκαλε, δέομαί[30] σου ἐπιβλέψαι[31] ἐπὶ τὸν υἱόν μου, ὅτι μονογενής[32] μοί ἐστιν, **39** καὶ ἰδοὺ πνεῦμα λαμβάνει αὐτὸν καὶ ἐξαίφνης[33] κράζει καὶ σπαράσσει[34] αὐτὸν μετὰ ἀφροῦ[35] καὶ μόγις[36] ἀποχωρεῖ[37] ἀπ' αὐτοῦ συντρῖβον[38] αὐτόν· **40** καὶ ἐδεήθην τῶν μαθητῶν σου ἵνα ἐκβάλωσιν[39] αὐτό, καὶ οὐκ ἠδυνήθησαν. **41** ἀποκριθεὶς

---

[1] ὡσεί, *particle of comparison*, about
[2] ὀκτώ, eight
[3] ἀναβαίνω *3s aor act ind*, go up
[4] εἶδος, -ους *n*, appearance
[5] ἱματισμός, -οῦ *m*, clothes
[6] λευκός, -ή/όν, shining white
[7] ἐξαστράπτω *pres act ptc m s nom*, flash like lightning
[8] συλλαλέω *3p impf act ind*, talk (with)
[9] ὁράω *aor pas ptc m p nom*, see
[10] ἔξοδος, -ου *f*, departure/death
[11] βαρέω *pf pas ptc m p nom*, overcome
[12] ὕπνος, -ου *m*, sleep
[13] διαγρηγορέω *aor act ptc m p nom*, wake up
[14] συνίστημι, *pf act ptc m p acc*, intrans stand with
[15] διαχωρίζομαι *pres pas inf*, leave
[16] ἐπιστάτης, -ου *m*, Master (of Christ)
[17] σκηνή, -ῆς *f*, temporary shelter
[18] οἶδα *pf act ptc m s nom*, know
[19] νεφέλη, -ης *f*, cloud
[20] ἐπισκιάζω *3s impf act ind*, overshadow/come over
[21] ἐκλέγομαι *pf pas ptc m s nom*, choose
[22] εὑρίσκω *3s aor pas ind*, find
[23] σιγάω *3p aor act ind*, keep silent
[24] ἀπαγγέλλω *3p aor act ind*, tell
[25] ὁράω *3p pf act ind*, see
[26] ἑξῆς, *adv*, next
[27] κατέρχομαι *aor act ptc m p gen*, go/come down
[28] συναντάω *3s aor act ind*, meet
[29] βοάω *3s aor act ind*, shout
[30] δέομαι *1s pres pas ind*, beg
[31] ἐπιβλέπω *aor act inf*, look upon with care
[32] μονογενής, -ές, only
[33] ἐξαίφνης, *adv*, suddenly
[34] σπαράσσω *3s pres act ind*, throw into convulsions
[35] ἀφρός, -οῦ *m*, foam
[36] μόγις, *adv*, hardly
[37] ἀποχωρέω *3s pres act ind*, leave
[38] συντρίβω *pres act ptc n s nom*, break in pieces
[39] ἐκβάλλω *3s aor act sub*, force out

δὲ ὁ Ἰησοῦς εἶπεν· ὦ¹ γενεὰ ἄπιστος² καὶ διεστραμμένη³, ἕως πότε⁴ ἔσομαι πρὸς ὑμᾶς καὶ ἀνέξομαι⁵ ὑμῶν; προσάγαγε⁶ ὧδε τὸν υἱόν σου. **42** ἔτι δὲ προσερχομένου αὐτοῦ ἔρρηξεν⁷ αὐτὸν τὸ δαιμόνιον καὶ συνεσπάραξεν⁸· ἐπετίμησεν⁹ δὲ ὁ Ἰησοῦς τῷ πνεύματι τῷ ἀκαθάρτῳ καὶ ἰάσατο¹⁰ τὸν παῖδα¹¹ καὶ ἀπέδωκεν αὐτὸν τῷ πατρὶ αὐτοῦ. **43** ἐξεπλήσσοντο¹² δὲ πάντες ἐπὶ τῇ μεγαλειότητι¹³ τοῦ θεοῦ.

Jesus Again Foretells His Death (Mt 17.22-23; Mk 9.30-32)

Πάντων δὲ θαυμαζόντων ἐπὶ πᾶσιν οἷς ἐποίει εἶπεν πρὸς τοὺς μαθητὰς αὐτοῦ· **44** θέσθε¹⁴ ὑμεῖς εἰς τὰ ὦτα¹⁵ ὑμῶν τοὺς λόγους τούτους· ὁ γὰρ υἱὸς τοῦ ἀνθρώπου μέλλει παραδίδοσθαι εἰς χεῖρας ἀνθρώπων. **45** οἱ δὲ ἠγνόουν¹⁶ τὸ ῥῆμα τοῦτο καὶ ἦν παρακεκαλυμμένον¹⁷ ἀπ' αὐτῶν ἵνα μὴ αἴσθωνται¹⁸ αὐτό, καὶ ἐφοβοῦντο ἐρωτῆσαι¹⁹ αὐτὸν περὶ τοῦ ῥήματος τούτου.

Who is the Greatest? (Mt 18.1-5; Mk 9.33-37)

46 Εἰσῆλθεν δὲ διαλογισμὸς²⁰ ἐν αὐτοῖς, τὸ τίς ἂν εἴη²¹ μείζων²² αὐτῶν. **47** ὁ δὲ Ἰησοῦς εἰδὼς²³ τὸν διαλογισμὸν²⁴ τῆς καρδίας αὐτῶν, ἐπιλαβόμενος²⁵ παιδίον ἔστησεν²⁶ αὐτὸ παρ' ἑαυτῷ **48** καὶ εἶπεν αὐτοῖς· ὃς ἐὰν δέξηται²⁷ τοῦτο τὸ παιδίον ἐπὶ τῷ ὀνόματί μου, ἐμὲ δέχεται· καὶ ὃς ἂν ἐμὲ δέξηται, δέχεται τὸν ἀποστείλαντά με· ὁ γὰρ μικρότερος²⁸ ἐν πᾶσιν ὑμῖν ὑπάρχων οὗτός ἐστιν μέγας.

Whoever is Not against You is for You (Mk 9.38-40)

49 Ἀποκριθεὶς δὲ Ἰωάννης εἶπεν· ἐπιστάτα²⁹, εἴδομέν τινα ἐν τῷ ὀνόματί σου ἐκβάλλοντα δαιμόνια καὶ ἐκωλύομεν³⁰ αὐτόν, ὅτι οὐκ ἀκολουθεῖ μεθ' ἡμῶν. **50** εἶπεν δὲ πρὸς αὐτὸν ὁ Ἰησοῦς· μὴ κωλύετε· ὃς γὰρ οὐκ ἔστιν καθ' ὑμῶν, ὑπὲρ ὑμῶν ἐστιν.

---

[1] ὦ, interj, O!
[2] ἄπιστος, -ον, unbelieving
[3] διαστρέφω pf pas ptc f s nom or voc, mislead (pf pas ptc = depraved)
[4] πότε, adv, when? (ἕως πότε how long?)
[5] ἀνέχομαι 1s fut mid ind, put up with
[6] προσάγω 2s aor act impv, bring
[7] ῥήσσω/ῥήγνυμι 3s aor act ind, attack
[8] συσπαράσσω 3s aor act ind, throw into convulsions
[9] ἐπιτιμάω 3s aor act ind, rebuke
[10] ἰάομαι 3s aor mid ind, heal
[11] παῖς, παιδός m, boy
[12] ἐκπλήσσω 3p impf pas ind, pas be amazed
[13] μεγαλειότης, -ητος f, greatness
[14] τίθημι 2p aor mid impv, put
[15] οὖς, ὠτός n, ear
[16] ἀγνοέω 3p impf act ind, fail to understand
[17] παρακαλύπτω pf pas ptc n s nom, pas be hidden
[18] αἰσθάνομαι 3p aor mid sub, perceive the meaning of
[19] ἐρωτάω aor act inf, ask
[20] διαλογισμός, -οῦ m, argument
[21] εἰμί 3s pres act opt, be
[22] μέγας, great (comp)
[23] οἶδα pf act ptc m s nom, know
[24] διαλογισμός, -οῦ m, thought
[25] ἐπιλαμβάνομαι aor mid ptc m s nom, take
[26] ἵστημι 3s aor act ind, put
[27] δέχομαι 3s aor mid sub, receive
[28] μικρός, little (importance) (comp)
[29] ἐπιστάτης, -ου m, Master (of Christ)
[30] κωλύω 1p impf act ind, stop/try to stop

A Samaritan Village Refuses to Receive Jesus

51 Ἐγένετο δὲ ἐν τῷ συμπληροῦσθαι¹ τὰς ἡμέρας τῆς ἀναλήμψεως² αὐτοῦ καὶ αὐτὸς τὸ πρόσωπον ἐστήρισεν³ τοῦ πορεύεσθαι εἰς Ἰερουσαλήμ. 52 καὶ ἀπέστειλεν⁴ ἀγγέλους πρὸ προσώπου αὐτοῦ. καὶ πορευθέντες εἰσῆλθον εἰς κώμην⁵ Σαμαριτῶν ὡς ἑτοιμάσαι αὐτῷ· 53 καὶ οὐκ ἐδέξαντο αὐτόν, ὅτι τὸ πρόσωπον αὐτοῦ ἦν πορευόμενον εἰς Ἰερουσαλήμ. 54 ἰδόντες δὲ οἱ μαθηταὶ Ἰάκωβος καὶ Ἰωάννης εἶπαν· κύριε, θέλεις εἴπωμεν⁶ πῦρ καταβῆναι⁷ ἀπὸ τοῦ οὐρανοῦ καὶ ἀναλῶσαι⁸ αὐτούς; 55 στραφεὶς⁹ δὲ ἐπετίμησεν¹⁰ αὐτοῖς. 56 καὶ ἐπορεύθησαν εἰς ἑτέραν κώμην.

The Would-be Followers of Jesus (Mt 8.19-22)

57 Καὶ πορευομένων αὐτῶν ἐν τῇ ὁδῷ εἶπέν τις πρὸς αὐτόν· ἀκολουθήσω σοι ὅπου ἐὰν ἀπέρχῃ. 58 καὶ εἶπεν αὐτῷ ὁ Ἰησοῦς· αἱ ἀλώπεκες¹¹ φωλεοὺς¹² ἔχουσιν καὶ τὰ πετεινὰ¹³ τοῦ οὐρανοῦ κατασκηνώσεις¹⁴, ὁ δὲ υἱὸς τοῦ ἀνθρώπου οὐκ ἔχει ποῦ τὴν κεφαλὴν κλίνῃ¹⁵. 59 εἶπεν δὲ πρὸς ἕτερον· ἀκολούθει μοι. ὁ δὲ εἶπεν· κύριε, ἐπίτρεψόν¹⁶ μοι ἀπελθόντι πρῶτον θάψαι¹⁷ τὸν πατέρα μου. 60 εἶπεν δὲ αὐτῷ· ἄφες¹⁸ τοὺς νεκροὺς θάψαι τοὺς ἑαυτῶν νεκρούς, σὺ δὲ ἀπελθὼν διάγγελλε¹⁹ τὴν βασιλείαν τοῦ θεοῦ. 61 εἶπεν δὲ καὶ ἕτερος· ἀκολουθήσω σοι, κύριε· πρῶτον δὲ ἐπίτρεψόν μοι ἀποτάξασθαι²⁰ τοῖς εἰς τὸν οἶκόν μου. 62 εἶπεν δὲ [πρὸς αὐτὸν] ὁ Ἰησοῦς· οὐδεὶς ἐπιβαλὼν²¹ τὴν χεῖρα ἐπ' ἄροτρον²² καὶ βλέπων εἰς τὰ ὀπίσω εὔθετός²³ ἐστιν τῇ βασιλείᾳ τοῦ θεοῦ.

The Mission of the Seventy-Two

10 Μετὰ δὲ ταῦτα ἀνέδειξεν²⁴ ὁ κύριος ἑτέρους ἑβδομήκοντα²⁵ [δύο] καὶ ἀπέστειλεν²⁶ αὐτοὺς ἀνὰ²⁷ δύο [δύο] πρὸ προσώπου αὐτοῦ εἰς πᾶσαν πόλιν καὶ τόπον οὗ²⁸ ἤμελλεν αὐτὸς ἔρχεσθαι. 2 ἔλεγεν δὲ πρὸς αὐτούς· ὁ μὲν θερισμὸς²⁹

---

1 συμπληρόω *pres pas inf, pas* come near
2 ἀνάλημψις, -εως *f*, taking up (to heaven)
3 στηρίζω 3s *aor act ind*, make firm (τὸ πρόσωπον ἐ. be determined)
4 ἀποστέλλω 3s *aor act ind*, send
5 κώμη, -ης *f*, village
6 λέγω 1p *aor act sub*, tell
7 καταβαίνω *aor act inf*, come down
8 ἀναλόω/ἀναλίσκω *aor act inf*, consume
9 στρέφω *aor pas ptc m s nom*, *intrans pas* turn
10 ἐπιτιμάω 3s *aor act ind*, rebuke
11 ἀλώπηξ, -εκος *f*, fox
12 φωλεός, -οῦ *m*, hole/den
13 πετεινόν, -οῦ *n*, bird
14 κατασκήνωσις, -εως *f*, nest
15 κλίνω 3s *pres act sub*, lay
16 ἐπιτρέπω 2s *aor act impv*, let
17 θάπτω *aor act inf*, bury
18 ἀφίημι 2s *aor act impv*, let
19 διαγγέλλω 2s *pres act impv*, proclaim
20 ἀποτάσσομαι *aor mid inf*, say goodbye
21 ἐπιβάλλω *aor act ptc m s nom*, put on
22 ἄροτρον, -ου *n*, plow
23 εὔθετος, -ον, fit
24 ἀναδείκνυμι 3s *aor act ind*, appoint
25 ἑβδομήκοντα, seventy
26 ἀποστέλλω 3s *aor act ind*, send
27 ἀνά, *prep + acc*, each/each one/apiece (ἀνὰ δύο δύο two by two)
28 οὗ, *adv*, where
29 θερισμός, -οῦ *m*, harvest

πολύς, οἱ δὲ ἐργάται¹ ὀλίγοι· δεήθητε² οὖν τοῦ κυρίου τοῦ θερισμοῦ ὅπως ἐργάτας ἐκβάλῃ³ εἰς τὸν θερισμὸν αὐτοῦ. 3 ὑπάγετε· ἰδοὺ ἀποστέλλω ὑμᾶς ὡς ἄρνας⁴ ἐν μέσῳ λύκων⁵. 4 μὴ βαστάζετε⁶ βαλλάντιον⁷, μὴ πήραν⁸, μὴ ὑποδήματα⁹, καὶ μηδένα κατὰ τὴν ὁδὸν ἀσπάσησθε. 5 εἰς ἣν δ' ἂν εἰσέλθητε¹⁰ οἰκίαν, πρῶτον λέγετε· εἰρήνη τῷ οἴκῳ τούτῳ. 6 καὶ ἐὰν ἐκεῖ ᾖ υἱὸς εἰρήνης, ἐπαναπαήσεται¹¹ ἐπ' αὐτὸν ἡ εἰρήνη ὑμῶν· εἰ δὲ μή γε¹², ἐφ' ὑμᾶς ἀνακάμψει¹³. 7 ἐν αὐτῇ δὲ τῇ οἰκίᾳ μένετε ἐσθίοντες καὶ πίνοντες τὰ παρ' αὐτῶν· ἄξιος γὰρ ὁ ἐργάτης τοῦ μισθοῦ¹⁴ αὐτοῦ. μὴ μεταβαίνετε¹⁵ ἐξ οἰκίας εἰς οἰκίαν. 8 καὶ εἰς ἣν ἂν πόλιν εἰσέρχησθε καὶ δέχωνται ὑμᾶς, ἐσθίετε τὰ παρατιθέμενα¹⁶ ὑμῖν 9 καὶ θεραπεύετε τοὺς ἐν αὐτῇ ἀσθενεῖς¹⁷ καὶ λέγετε αὐτοῖς· ἤγγικεν¹⁸ ἐφ' ὑμᾶς ἡ βασιλεία τοῦ θεοῦ. 10 εἰς ἣν δ' ἂν πόλιν εἰσέλθητε καὶ μὴ δέχωνται ὑμᾶς, ἐξελθόντες εἰς τὰς πλατείας¹⁹ αὐτῆς εἴπατε²⁰· 11 καὶ τὸν κονιορτὸν²¹ τὸν κολληθέντα²² ἡμῖν ἐκ τῆς πόλεως ὑμῶν εἰς τοὺς πόδας ἀπομασσόμεθα²³ ὑμῖν· πλὴν τοῦτο γινώσκετε ὅτι ἤγγικεν ἡ βασιλεία τοῦ θεοῦ. 12 λέγω ὑμῖν ὅτι Σοδόμοις ἐν τῇ ἡμέρᾳ ἐκείνῃ ἀνεκτότερον²⁴ ἔσται ἢ τῇ πόλει ἐκείνῃ.

Woes to Unrepentant Cities (Mt 11.20-24)

13 Οὐαί σοι, Χοραζίν, οὐαί σοι, Βηθσαϊδά· ὅτι εἰ ἐν Τύρῳ καὶ Σιδῶνι ἐγενήθησαν²⁵ αἱ δυνάμεις αἱ γενόμεναι ἐν ὑμῖν, πάλαι²⁶ ἂν ἐν σάκκῳ²⁷ καὶ σποδῷ²⁸ καθήμενοι μετενόησαν. 14 πλὴν Τύρῳ καὶ Σιδῶνι ἀνεκτότερον ἔσται ἐν τῇ κρίσει ἢ ὑμῖν. 15 καὶ σύ, Καφαρναούμ, μὴ ἕως οὐρανοῦ ὑψωθήσῃ²⁹; ἕως τοῦ ᾅδου³⁰ καταβήσῃ³¹. 16 Ὁ ἀκούων ὑμῶν ἐμοῦ ἀκούει, καὶ ὁ ἀθετῶν³² ὑμᾶς ἐμὲ ἀθετεῖ· ὁ δὲ ἐμὲ ἀθετῶν ἀθετεῖ τὸν ἀποστείλαντά με.

The Return of the Seventy-Two

17 Ὑπέστρεψαν³³ δὲ οἱ ἑβδομήκοντα³⁴ [δύο] μετὰ χαρᾶς λέγοντες· κύριε, καὶ τὰ δαιμόνια ὑποτάσσεται ἡμῖν ἐν τῷ ὀνόματί σου. 18 εἶπεν δὲ αὐτοῖς· ἐθεώρουν

1 ἐργάτης, -ου m, worker
2 δέομαι 2p aor pas impv, pray
3 ἐκβάλλω 3s aor act sub, send out
4 ἀρήν, ἀρνός m, lamb
5 λύκος, -ου m, wolf
6 βαστάζω 2p pres act impv, carry
7 βαλλάντιον, -ου n, money bag
8 πήρα, -ας f, bag (either a traveler's bag or a beggar's bag)
9 ὑπόδημα, -τος n, sandal
10 εἰσέρχομαι 2p aor act sub, go in
11 ἐπαναπαύομαι 3s fut pas ind, rest upon
12 γέ, emphatic particle
13 ἀνακάμπτω 3s fut act ind, return
14 μισθός, -οῦ m, wages
15 μεταβαίνω 2p pres act impv, move
16 παρατίθημι pres pas ptc n p acc, put before
17 ἀσθενής, -ές, sick
18 ἐγγίζω 3s pf act ind, come near
19 πλατεῖα, -ας f, street
20 λέγω 2p aor act impv, say
21 κονιορτός, -οῦ m, dust
22 κολλάομαι aor pas ptc m s acc, stick to
23 ἀπομάσσομαι 1p pres mid ind, wipe off (in protest)
24 ἀνεκτός, bearable (comp)
25 γίνομαι 3p aor pas ind, happen
26 πάλαι, adv, long ago
27 σάκκος, -ου m, sackcloth
28 σποδός, -οῦ f, ashes
29 ὑψόω 2s fut pas ind, lift up
30 ᾅδης, -ου m, hell
31 καταβαίνω 2s fut mid ind, go down
32 ἀθετέω pres act ptc m s nom, reject
33 ὑποστρέφω 3p aor act ind, return
34 ἑβδομήκοντα, seventy

τὸν σατανᾶν ὡς ἀστραπὴν¹ ἐκ τοῦ οὐρανοῦ πεσόντα². 19 ἰδοὺ δέδωκα³ ὑμῖν τὴν ἐξουσίαν τοῦ πατεῖν⁴ ἐπάνω⁵ ὄφεων⁶ καὶ σκορπίων⁷, καὶ ἐπὶ πᾶσαν τὴν δύναμιν τοῦ ἐχθροῦ, καὶ οὐδὲν ὑμᾶς οὐ μὴ ἀδικήσῃ⁸. 20 πλὴν ἐν τούτῳ μὴ χαίρετε ὅτι τὰ πνεύματα ὑμῖν ὑποτάσσεται, χαίρετε δὲ ὅτι τὰ ὀνόματα ὑμῶν ἐγγέγραπται⁹ ἐν τοῖς οὐρανοῖς.

The Rejoicing of Jesus (Mt 11.25-27; 13.16-17)

21 Ἐν αὐτῇ τῇ ὥρᾳ ἠγαλλιάσατο¹⁰ [ἐν] τῷ πνεύματι τῷ ἁγίῳ καὶ εἶπεν· ἐξομολογοῦμαί¹¹ σοι, πάτερ, κύριε τοῦ οὐρανοῦ καὶ τῆς γῆς, ὅτι ἀπέκρυψας¹² ταῦτα ἀπὸ σοφῶν¹³ καὶ συνετῶν¹⁴ καὶ ἀπεκάλυψας¹⁵ αὐτὰ νηπίοις¹⁶· ναὶ ὁ πατήρ, ὅτι οὕτως εὐδοκία¹⁷ ἐγένετο ἔμπροσθέν σου. 22 πάντα μοι παρεδόθη¹⁸ ὑπὸ τοῦ πατρός μου, καὶ οὐδεὶς γινώσκει τίς ἐστιν ὁ υἱὸς εἰ μὴ ὁ πατήρ, καὶ τίς ἐστιν ὁ πατὴρ εἰ μὴ ὁ υἱὸς καὶ ᾧ ἐὰν βούληται ὁ υἱὸς ἀποκαλύψαι. 23 Καὶ στραφεὶς¹⁹ πρὸς τοὺς μαθητὰς κατ᾽ ἰδίαν²⁰ εἶπεν· μακάριοι οἱ ὀφθαλμοὶ οἱ βλέποντες ἃ βλέπετε. 24 λέγω γὰρ ὑμῖν ὅτι πολλοὶ προφῆται καὶ βασιλεῖς ἠθέλησαν ἰδεῖν ἃ ὑμεῖς βλέπετε καὶ οὐκ εἶδαν, καὶ ἀκοῦσαι ἃ ἀκούετε καὶ οὐκ ἤκουσαν.

The Good Samaritan

25 Καὶ ἰδοὺ νομικός²¹ τις ἀνέστη²² ἐκπειράζων²³ αὐτὸν λέγων· διδάσκαλε, τί ποιήσας ζωὴν αἰώνιον κληρονομήσω²⁴; 26 ὁ δὲ εἶπεν πρὸς αὐτόν· ἐν τῷ νόμῳ τί γέγραπται; πῶς ἀναγινώσκεις; 27 ὁ δὲ ἀποκριθεὶς εἶπεν· ἀγαπήσεις κύριον τὸν θεόν σου ἐξ ὅλης [τῆς] καρδίας σου καὶ ἐν ὅλῃ τῇ ψυχῇ σου καὶ ἐν ὅλῃ τῇ ἰσχύϊ²⁵ σου καὶ ἐν ὅλῃ τῇ διανοίᾳ²⁶ σου, καὶ τὸν πλησίον²⁷ σου ὡς σεαυτόν. 28 εἶπεν δὲ αὐτῷ· ὀρθῶς²⁸ ἀπεκρίθης· τοῦτο ποίει καὶ ζήσῃ. 29 ὁ δὲ θέλων δικαιῶσαι ἑαυτὸν εἶπεν πρὸς τὸν Ἰησοῦν· καὶ τίς ἐστίν μου πλησίον;

---

[1] ἀστραπή, -ῆς f, lightning
[2] πίπτω aor act ptc m s acc, fall
[3] δίδωμι 1s pf act ind, give
[4] πατέω pres act inf, trample
[5] ἐπάνω, prep + gen, on
[6] ὄφις, -εως m, snake
[7] σκορπίος, -ου m, scorpion
[8] ἀδικέω 3s aor act sub, harm
[9] ἐγγράφω 3s pf pas ind, write (in)
[10] ἀγαλλιάω 3s aor mid ind, be extremely joyful
[11] ἐξομολογέω 1s pres mid ind, thank/praise
[12] ἀποκρύπτω 2s aor act ind, hide
[13] σοφός, -ή/όν, wise
[14] συνετός, -ή/όν, understanding/educated
[15] ἀποκαλύπτω 2s aor act ind, reveal
[16] νήπιος, -α/ον, infant
[17] εὐδοκία, -ας f, pleasure
[18] παραδίδωμι 3s aor pas ind, give
[19] στρέφω aor pas ptc m s nom, intrans pas turn
[20] ἴδιος, -α/ον, one's own (κατ᾽ ἰδίαν privately)
[21] νομικός, -ή/όν, pertaining to the Jewish Law (ὁ v. expert in the Jewish Law)
[22] ἀνίστημι 3s aor act ind, intrans stand up
[23] ἐκπειράζω pres act ptc m s nom, put to the test
[24] κληρονομέω 1s fut act ind, receive/be given
[25] ἰσχύς, -ύος f, strength
[26] διάνοια, -ας f, mind
[27] πλησίον, prep + gen, near (ὁ π. fellow human being)
[28] ὀρθῶς, adv, correctly

30 Ὑπολαβὼν¹ ὁ Ἰησοῦς εἶπεν· ἄνθρωπός τις κατέβαινεν ἀπὸ Ἰερουσαλὴμ εἰς Ἰεριχὼ καὶ λῃσταῖς² περιέπεσεν³, οἳ καὶ ἐκδύσαντες⁴ αὐτὸν καὶ πληγὰς⁵ ἐπιθέντες⁶ ἀπῆλθον ἀφέντες⁷ ἡμιθανῆ⁸. **31** κατὰ συγκυρίαν⁹ δὲ ἱερεύς τις κατέβαινεν ἐν τῇ ὁδῷ ἐκείνῃ καὶ ἰδὼν αὐτὸν ἀντιπαρῆλθεν¹⁰· **32** ὁμοίως¹¹ δὲ καὶ Λευίτης [γενόμενος] κατὰ τὸν τόπον ἐλθὼν καὶ ἰδὼν ἀντιπαρῆλθεν. **33** Σαμαρίτης δέ τις ὁδεύων¹² ἦλθεν κατ' αὐτὸν καὶ ἰδὼν ἐσπλαγχνίσθη¹³, **34** καὶ προσελθὼν¹⁴ κατέδησεν¹⁵ τὰ τραύματα¹⁶ αὐτοῦ ἐπιχέων¹⁷ ἔλαιον¹⁸ καὶ οἶνον, ἐπιβιβάσας¹⁹ δὲ αὐτὸν ἐπὶ τὸ ἴδιον κτῆνος²⁰ ἤγαγεν²¹ αὐτὸν εἰς πανδοχεῖον²² καὶ ἐπεμελήθη²³ αὐτοῦ. **35** καὶ ἐπὶ τὴν αὔριον²⁴ ἐκβαλὼν²⁵ ἔδωκεν δύο δηνάρια²⁶ τῷ πανδοχεῖ²⁷ καὶ εἶπεν· ἐπιμελήθητι²⁸ αὐτοῦ, καὶ ὅ τι ἂν προσδαπανήσῃς²⁹ ἐγὼ ἐν τῷ ἐπανέρχεσθαί³⁰ με ἀποδώσω³¹ σοι. **36** τίς τούτων τῶν τριῶν πλησίον³² δοκεῖ σοι γεγονέναι τοῦ ἐμπεσόντος³³ εἰς τοὺς λῃστάς; **37** ὁ δὲ εἶπεν· ὁ ποιήσας τὸ ἔλεος³⁴ μετ' αὐτοῦ. εἶπεν δὲ αὐτῷ ὁ Ἰησοῦς· πορεύου καὶ σὺ ποίει ὁμοίως³⁵.

The Visit to Martha and Mary

38 Ἐν δὲ τῷ πορεύεσθαι αὐτοὺς αὐτὸς εἰσῆλθεν εἰς κώμην³⁶ τινά· γυνὴ δέ τις ὀνόματι Μάρθα ὑπεδέξατο³⁷ αὐτόν. **39** καὶ τῇδε³⁸ ἦν ἀδελφὴ³⁹ καλουμένη Μαριάμ, [ἣ] καὶ παρακαθεσθεῖσα⁴⁰ πρὸς τοὺς πόδας τοῦ κυρίου ἤκουεν τὸν λόγον αὐτοῦ. **40** ἡ δὲ Μάρθα περιεσπᾶτο⁴¹ περὶ πολλὴν διακονίαν· ἐπιστᾶσα⁴² δὲ εἶπεν· κύριε, οὐ

---

¹ ὑπολαμβάνω *aor act ptc m s nom*, reply
² λῃστής, -οῦ *m*, robber
³ περιπίπτω *3s aor act ind*, fall into the hands of
⁴ ἐκδύω *aor act ptc m p nom*, strip
⁵ πληγή, -ῆς *f*, beating (αὐτὸν καὶ π. ἐπιθέντες and beating him)
⁶ ἐπιτίθημι *aor act ptc m p nom*, put on
⁷ ἀφίημι *aor act ptc m p nom*, leave
⁸ ἡμιθανής, -ές, half dead
⁹ συγκυρία, -ας *f*, chance (κατὰ σ. by chance)
¹⁰ ἀντιπαρέρχομαι *3s aor act ind*, pass by on the other side of the road
¹¹ ὁμοίως, *adv*, in the same way
¹² ὁδεύω *pres act ptc m s nom*, travel
¹³ σπλαγχνίζομαι *3s aor pas ind*, have pity

¹⁴ προσέρχομαι *aor act ptc m s nom*, go to
¹⁵ καταδέω *3s aor act ind*, bandage
¹⁶ τραῦμα, -τος *n*, wound
¹⁷ ἐπιχέω *pres act ptc m s nom*, pour on
¹⁸ ἔλαιον, -ου *n*, olive oil
¹⁹ ἐπιβιβάζω *aor act ptc m s nom*, place (on)
²⁰ κτῆνος, -ους *n*, pack animal/donkey
²¹ ἄγω *3s aor act ind*, bring
²² πανδοχεῖον, -ου *n*, inn
²³ ἐπιμελέομαι *3s aor pas ind*, take care of
²⁴ αὔριον, *adv*, the next day
²⁵ ἐκβάλλω *aor act ptc m s nom*, take out
²⁶ δηνάριον, -ου *n*, denarius (Roman silver coin = laborer's daily wage)
²⁷ πανδοχεύς, -έως *m*, inn keeper
²⁸ ἐπιμελέομαι *2s aor pas impv*, take care of

²⁹ προσδαπανάω *2s aor act sub*, spend in addition
³⁰ ἐπανέρχομαι *pres mid inf*, return
³¹ ἀποδίδωμι *1s fut act ind*, repay
³² πλησίον, *prep + gen*, near (ὁ π. fellow human being)
³³ ἐμπίπτω *aor act ptc m s gen*, fall among
³⁴ ἔλεος, -ους *n*, mercy
³⁵ ὁμοίως, *adv*, in the same way
³⁶ κώμη, -ης *f*, village
³⁷ ὑποδέχομαι *3s aor mid ind*, welcome as a guest
³⁸ ὅδε, ἥδε, τόδε, *demon pro*, this one
³⁹ ἀδελφή, -ῆς *f*, sister
⁴⁰ παρακαθέζομαι *aor pas ptc f s nom*, sit
⁴¹ περισπάω *3s impf pas ind*, pas be distracted
⁴² ἐφίστημι *aor act ptc f s nom*, come/go to

μέλει¹ σοι ὅτι ἡ ἀδελφή μου μόνην με κατέλιπεν² διακονεῖν; εἰπὲ οὖν αὐτῇ ἵνα μοι συναντιλάβηται³. 41 ἀποκριθεὶς δὲ εἶπεν αὐτῇ ὁ κύριος· Μάρθα Μάρθα, μεριμνᾷς⁴ καὶ θορυβάζῃ⁵ περὶ πολλά, 42 ἑνὸς δέ ἐστιν χρεία· Μαριὰμ γὰρ τὴν ἀγαθὴν μερίδα⁶ ἐξελέξατο⁷ ἥτις οὐκ ἀφαιρεθήσεται⁸ αὐτῆς.

Teaching about Prayer (Mt 6.9-15; 7.7-11)

11 Καὶ ἐγένετο ἐν τῷ εἶναι αὐτὸν ἐν τόπῳ τινὶ προσευχόμενον, ὡς ἐπαύσατο⁹, εἶπέν τις τῶν μαθητῶν αὐτοῦ πρὸς αὐτόν· κύριε, δίδαξον ἡμᾶς προσεύχεσθαι, καθὼς καὶ Ἰωάννης ἐδίδαξεν τοὺς μαθητὰς αὐτοῦ. 2 εἶπεν δὲ αὐτοῖς· ὅταν προσεύχησθε λέγετε·

πάτερ,

ἁγιασθήτω¹⁰ τὸ ὄνομά σου·

ἐλθέτω¹¹ ἡ βασιλεία σου·

3 τὸν ἄρτον ἡμῶν τὸν ἐπιούσιον¹² δίδου¹³ ἡμῖν τὸ καθ' ἡμέραν·

4 καὶ ἄφες¹⁴ ἡμῖν τὰς ἁμαρτίας ἡμῶν,

καὶ γὰρ αὐτοὶ ἀφίομεν παντὶ ὀφείλοντι ἡμῖν·

καὶ μὴ εἰσενέγκῃς¹⁵ ἡμᾶς εἰς πειρασμόν¹⁶.

5 Καὶ εἶπεν πρὸς αὐτούς· τίς ἐξ ὑμῶν ἕξει φίλον¹⁷ καὶ πορεύσεται πρὸς αὐτὸν μεσονυκτίου¹⁸ καὶ εἴπῃ αὐτῷ· φίλε, χρῆσόν¹⁹ μοι τρεῖς ἄρτους, 6 ἐπειδὴ²⁰ φίλος μου παρεγένετο ἐξ ὁδοῦ πρός με καὶ οὐκ ἔχω ὃ παραθήσω²¹ αὐτῷ· 7 κἀκεῖνος ἔσωθεν²² ἀποκριθεὶς εἴπῃ· μή μοι κόπους²³ πάρεχε²⁴· ἤδη ἡ θύρα κέκλεισται²⁵ καὶ τὰ παιδία μου μετ' ἐμοῦ εἰς τὴν κοίτην²⁶ εἰσίν· οὐ δύναμαι ἀναστὰς²⁷ δοῦναί²⁸ σοι. 8 λέγω ὑμῖν, εἰ καὶ οὐ δώσει²⁹ αὐτῷ ἀναστὰς διὰ τὸ εἶναι φίλον αὐτοῦ, διά γε³⁰ τὴν ἀναίδειαν³¹ αὐτοῦ ἐγερθεὶς³² δώσει αὐτῷ ὅσων χρῄζει³³. 9 κἀγὼ ὑμῖν λέγω, αἰτεῖτε καὶ δοθήσεται³⁴ ὑμῖν, ζητεῖτε καὶ εὑρήσετε³⁵, κρούετε³⁶ καὶ ἀνοιγήσεται

¹ μέλει 3s pres act ind, impers it is of concern
² καταλείπω 3s aor act ind, leave
³ συναντιλαμβάνομαι 3s aor mid sub, help
⁴ μεριμνάω 2s pres act ind, be anxious about
⁵ θορυβάζω 2s pres pas ind, pas be troubled
⁶ μερίς, -ίδος f, part
⁷ ἐκλέγομαι 3s aor mid ind, choose
⁸ ἀφαιρέω 3s fut pas ind, take away from
⁹ παύω 3s aor mid ind, mid stop
¹⁰ ἁγιάζω 3s aor pas impv, make holy
¹¹ ἔρχομαι 3s aor act impv, come
¹² ἐπιούσιος, -ον, for today/for the coming day/necessary for existence
¹³ δίδωμι 2s pres act impv, give
¹⁴ ἀφίημι 2s aor act impv, forgive
¹⁵ εἰσφέρω 2s aor act sub, lead in
¹⁶ πειρασμός, -οῦ m, temptation/time of testing
¹⁷ φίλος, -ου m, friend
¹⁸ μεσονύκτιον, -ου n, midnight
¹⁹ κίχρημι 2s aor act impv, lend
²⁰ ἐπειδή, conj, because
²¹ παρατίθημι 1s fut act ind, put before
²² ἔσωθεν, adv, from within
²³ κόπος, -ου m, trouble
²⁴ παρέχω 2s pres act impv, cause
²⁵ κλείω 3s pf pas ind, shut
²⁶ κοίτη, -ης f, bed
²⁷ ἀνίστημι aor act ptc m s nom, intrans get up
²⁸ δίδωμι aor act inf, give
²⁹ δίδωμι 3s fut act ind, give
³⁰ γέ, emphatic particle
³¹ ἀναίδεια, -ας f, shameless persistence
³² ἐγείρω aor pas ptc m s nom, intrans pas get up
³³ χρῄζω 3s pres act ind, need
³⁴ δίδωμι 3s fut pas ind, give
³⁵ εὑρίσκω 2p fut act ind, find
³⁶ κρούω 2p pres act impv, knock (at a door)

ὑμῖν· **10** πᾶς γὰρ ὁ αἰτῶν λαμβάνει καὶ ὁ ζητῶν εὑρίσκει καὶ τῷ κρούοντι ἀνοιγ[ήσ]εται. **11** τίνα δὲ ἐξ ὑμῶν τὸν πατέρα αἰτήσει ὁ υἱὸς ἰχθύν[1], καὶ ἀντὶ[2] ἰχθύος ὄφιν[3] αὐτῷ ἐπιδώσει[4]; **12** ἢ καὶ αἰτήσει ᾠόν[5], ἐπιδώσει αὐτῷ σκορπίον[6]; **13** εἰ οὖν ὑμεῖς πονηροὶ ὑπάρχοντες οἴδατε δόματα[7] ἀγαθὰ διδόναι τοῖς τέκνοις ὑμῶν, πόσῳ[8] μᾶλλον ὁ πατὴρ [ὁ] ἐξ οὐρανοῦ δώσει πνεῦμα ἅγιον τοῖς αἰτοῦσιν αὐτόν.

Jesus and Beelzebul (Mt 12.22-30; Mk 3.20-27)

14 Καὶ ἦν ἐκβάλλων δαιμόνιον [καὶ αὐτὸ ἦν] κωφόν[9]· ἐγένετο δὲ τοῦ δαιμονίου ἐξελθόντος ἐλάλησεν ὁ κωφὸς καὶ ἐθαύμασαν οἱ ὄχλοι. **15** τινὲς δὲ ἐξ αὐτῶν εἶπον· ἐν Βεελζεβοὺλ τῷ ἄρχοντι τῶν δαιμονίων ἐκβάλλει τὰ δαιμόνια· **16** ἕτεροι δὲ πειράζοντες σημεῖον ἐξ οὐρανοῦ ἐζήτουν παρ' αὐτοῦ. **17** αὐτὸς δὲ εἰδὼς[10] αὐτῶν τὰ διανοήματα[11] εἶπεν αὐτοῖς· πᾶσα βασιλεία ἐφ' ἑαυτὴν διαμερισθεῖσα[12] ἐρημοῦται[13] καὶ οἶκος ἐπὶ οἶκον πίπτει. **18** εἰ δὲ καὶ ὁ σατανᾶς ἐφ' ἑαυτὸν διεμερίσθη, πῶς σταθήσεται[14] ἡ βασιλεία αὐτοῦ; ὅτι λέγετε ἐν Βεελζεβοὺλ ἐκβάλλειν με τὰ δαιμόνια. **19** εἰ δὲ ἐγὼ ἐν Βεελζεβοὺλ ἐκβάλλω τὰ δαιμόνια, οἱ υἱοὶ ὑμῶν ἐν τίνι ἐκβάλλουσιν; διὰ τοῦτο αὐτοὶ ὑμῶν κριταὶ[15] ἔσονται. **20** εἰ δὲ ἐν δακτύλῳ[16] θεοῦ [ἐγὼ] ἐκβάλλω τὰ δαιμόνια, ἄρα ἔφθασεν[17] ἐφ' ὑμᾶς ἡ βασιλεία τοῦ θεοῦ. **21** ὅταν ὁ ἰσχυρὸς[18] καθωπλισμένος[19] φυλάσσῃ τὴν ἑαυτοῦ αὐλήν[20], ἐν εἰρήνῃ ἐστὶν τὰ ὑπάρχοντα αὐτοῦ· **22** ἐπὰν[21] δὲ ἰσχυρότερος[22] αὐτοῦ ἐπελθὼν[23] νικήσῃ[24] αὐτόν, τὴν πανοπλίαν[25] αὐτοῦ αἴρει ἐφ' ᾗ ἐπεποίθει[26] καὶ τὰ σκῦλα[27] αὐτοῦ διαδίδωσιν[28]. **23** ὁ μὴ ὢν μετ' ἐμοῦ κατ' ἐμοῦ ἐστιν, καὶ ὁ μὴ συνάγων μετ' ἐμοῦ σκορπίζει[29].

The Return of the Unclean Spirit (Mt 12.43-45)

24 Ὅταν τὸ ἀκάθαρτον πνεῦμα ἐξέλθῃ[30] ἀπὸ τοῦ ἀνθρώπου, διέρχεται δι' ἀνύδρων[31] τόπων ζητοῦν ἀνάπαυσιν[32] καὶ μὴ εὑρίσκον· [τότε] λέγει· ὑποστρέψω εἰς τὸν οἶκόν μου ὅθεν[33] ἐξῆλθον· **25** καὶ ἐλθὸν εὑρίσκει σεσαρωμένον[34] καὶ

---

[1] ἰχθύς, -ύος m, fish
[2] ἀντί, prep + gen, instead of
[3] ὄφις, -εως m, snake
[4] ἐπιδίδωμι 3s fut act ind, give
[5] ᾠόν, -οῦ n, egg
[6] σκορπίος, -ου m, scorpion
[7] δόμα, -τος n, gift
[8] πόσος, -η/ον, pro, how much (πόσῳ μᾶλλον how much more)
[9] κωφός, -ή/όν, unable to speak
[10] οἶδα pf act ptc m s nom, know
[11] διανόημα, -τος n, thought
[12] διαμερίζω aor pas ptc f s nom, divide
[13] ἐρημόω 3s pres pas ind, pas be ruined
[14] ἵστημι 3s fut pas ind, intrans pas stand
[15] κριτής, -οῦ m, judge
[16] δάκτυλος, -ου m, finger
[17] φθάνω 3s aor act ind, come to
[18] ἰσχυρός, -ά/όν, strong
[19] καθοπλίζω pf mid ptc m s nom, mid be fully armed
[20] αὐλή, -ῆς f, house
[21] ἐπάν, conj, when
[22] ἰσχυρός, strong (comp)
[23] ἐπέρχομαι aor act ptc m s nom, attack
[24] νικάω 3s aor act sub, defeat
[25] πανοπλία, -ας f, armor
[26] πείθω 3s plpf act ind, trust
[27] σκῦλον, -ου n, pl spoils/plunder
[28] διαδίδωμι 3s pres act ind, divide
[29] σκορπίζω 3s pres act ind, scatter
[30] ἐξέρχομαι 3s aor act sub, come/go out
[31] ἄνυδρος, -ον, waterless
[32] ἀνάπαυσις, -εως f, place to rest
[33] ὅθεν, adv, (from) where
[34] σαρόω pf pas ptc m s acc, sweep

κεκοσμημένον¹. 26 τότε πορεύεται καὶ παραλαμβάνει ἕτερα πνεύματα πονηρότερα ἑαυτοῦ ἑπτὰ καὶ εἰσελθόντα κατοικεῖ ἐκεῖ· καὶ γίνεται τὰ ἔσχατα τοῦ ἀνθρώπου ἐκείνου χείρονα² τῶν πρώτων.

True Blessedness

27 Ἐγένετο δὲ ἐν τῷ λέγειν αὐτὸν ταῦτα ἐπάρασά³ τις φωνὴν γυνὴ ἐκ τοῦ ὄχλου εἶπεν αὐτῷ· μακαρία ἡ κοιλία⁴ ἡ βαστάσασά⁵ σε καὶ μαστοὶ⁶ οὓς ἐθήλασας⁷. 28 αὐτὸς δὲ εἶπεν· μενοῦν⁸ μακάριοι οἱ ἀκούοντες τὸν λόγον τοῦ θεοῦ καὶ φυλάσσοντες.

The Demand for a Sign (Mt 12.38-42; Mk 8.12)

29 Τῶν δὲ ὄχλων ἐπαθροιζομένων⁹ ἤρξατο¹⁰ λέγειν· ἡ γενεὰ αὕτη γενεὰ πονηρά ἐστιν· σημεῖον ζητεῖ, καὶ σημεῖον οὐ δοθήσεται¹¹ αὐτῇ εἰ μὴ τὸ σημεῖον Ἰωνᾶ. 30 καθὼς γὰρ ἐγένετο Ἰωνᾶς τοῖς Νινευίταις σημεῖον, οὕτως ἔσται καὶ ὁ υἱὸς τοῦ ἀνθρώπου τῇ γενεᾷ ταύτῃ. 31 βασίλισσα¹² νότου¹³ ἐγερθήσεται¹⁴ ἐν τῇ κρίσει μετὰ τῶν ἀνδρῶν τῆς γενεᾶς ταύτης καὶ κατακρινεῖ¹⁵ αὐτούς, ὅτι ἦλθεν ἐκ τῶν περάτων¹⁶ τῆς γῆς ἀκοῦσαι τὴν σοφίαν Σολομῶνος, καὶ ἰδοὺ πλεῖον¹⁷ Σολομῶνος ὧδε. 32 ἄνδρες Νινευῖται ἀναστήσονται¹⁸ ἐν τῇ κρίσει μετὰ τῆς γενεᾶς ταύτης καὶ κατακρινοῦσιν αὐτήν· ὅτι μετενόησαν εἰς τὸ κήρυγμα¹⁹ Ἰωνᾶ, καὶ ἰδοὺ πλεῖον Ἰωνᾶ ὧδε.

The Light of the Body (Mt 5.15; 6.22-23)

33 Οὐδεὶς λύχνον²⁰ ἅψας²¹ εἰς κρύπτην²² τίθησιν [οὐδὲ ὑπὸ τὸν μόδιον²³] ἀλλ' ἐπὶ τὴν λυχνίαν²⁴, ἵνα οἱ εἰσπορευόμενοι²⁵ τὸ φῶς βλέπωσιν. 34 Ὁ λύχνος τοῦ σώματός ἐστιν ὁ ὀφθαλμός σου. ὅταν ὁ ὀφθαλμός σου ἁπλοῦς²⁶ ᾖ, καὶ ὅλον τὸ σῶμά σου φωτεινόν²⁷ ἐστιν· ἐπὰν²⁸ δὲ πονηρὸς ᾖ, καὶ τὸ σῶμά σου σκοτεινόν²⁹. 35 σκόπει³⁰ οὖν μὴ τὸ φῶς τὸ ἐν σοὶ σκότος ἐστίν. 36 εἰ οὖν τὸ σῶμά

---

[1] κοσμέω *pf pas ptc m s acc*, put in order
[2] χείρων, worse (comp of κακός)
[3] ἐπαίρω *aor act ptc f s nom*, raise (ἐ. φωνὴν speak up/shout)
[4] κοιλία, -ας *f*, womb
[5] βαστάζω *aor act ptc f s nom*, carry (a child in the womb)
[6] μαστός, -οῦ *m*, breast
[7] θηλάζω 2s *aor act ind*, nurse (of a mother breast feeding her child)
[8] μενοῦν, *particle of emphasis & contrast*, rather/much more
[9] ἐπαθροίζω *pres pas ptc m p gen*, pas crowd around
[10] ἄρχω 3s *aor mid ind, mid* begin
[11] δίδωμι 3s *fut pas ind*, give
[12] βασίλισσα, -ης *f*, queen
[13] νότος, -ου *m*, south
[14] ἐγείρω 3s *fut pas ind, intrans* pas get up
[15] κατακρίνω 3s *fut act ind*, condemn
[16] πέρας, -ατος *n*, boundary
[17] πολύς, great (comp)
[18] ἀνίστημι 3p *fut mid ind, intrans* stand/get up
[19] κήρυγμα, -τος *n*, message
[20] λύχνος, -ου *m*, lamp
[21] ἅπτω *aor act ptc m s nom*, light
[22] κρύπτη, -ης *f*, hidden place
[23] μόδιος, -ου *m*, basket
[24] λυχνία, -ας *f*, lampstand
[25] εἰσπορεύομαι *pres mid ptc m p nom*, come in
[26] ἁπλοῦς, -ῆ/οῦν, healthy
[27] φωτεινός, -ή/όν, full of light
[28] ἐπάν, *conj*, when
[29] σκοτεινός, -ή/όν, in complete darkness
[30] σκοπέω 2s *pres act impv*, be careful

σου ὅλον φωτεινόν, μὴ ἔχον μέρος τι σκοτεινόν, ἔσται φωτεινὸν ὅλον ὡς ὅταν ὁ λύχνος τῇ ἀστραπῇ¹ φωτίζῃ² σε.

The Denouncing of the Pharisees and Experts in Law (Mt 23.1-36; Mk 12.38-40; Lk 20.45-47)

37 Ἐν δὲ τῷ λαλῆσαι ἐρωτᾷ αὐτὸν Φαρισαῖος ὅπως ἀριστήσῃ³ παρ' αὐτῷ· εἰσελθὼν δὲ ἀνέπεσεν⁴. 38 ὁ δὲ Φαρισαῖος ἰδὼν ἐθαύμασεν ὅτι οὐ πρῶτον ἐβαπτίσθη πρὸ τοῦ ἀρίστου⁵. 39 εἶπεν δὲ ὁ κύριος πρὸς αὐτόν· νῦν ὑμεῖς οἱ Φαρισαῖοι τὸ ἔξωθεν⁶ τοῦ ποτηρίου καὶ τοῦ πίνακος⁷ καθαρίζετε, τὸ δὲ ἔσωθεν⁸ ὑμῶν γέμει⁹ ἁρπαγῆς¹⁰ καὶ πονηρίας¹¹. 40 ἄφρονες¹², οὐχ ὁ ποιήσας τὸ ἔξωθεν καὶ τὸ ἔσωθεν ἐποίησεν; 41 πλὴν τὰ ἐνόντα¹³ δότε¹⁴ ἐλεημοσύνην¹⁵, καὶ ἰδοὺ πάντα καθαρὰ¹⁶ ὑμῖν ἐστιν.

42 Ἀλλ' οὐαὶ ὑμῖν τοῖς Φαρισαίοις, ὅτι ἀποδεκατοῦτε¹⁷ τὸ ἡδύοσμον¹⁸ καὶ τὸ πήγανον¹⁹ καὶ πᾶν λάχανον²⁰ καὶ παρέρχεσθε²¹ τὴν κρίσιν καὶ τὴν ἀγάπην τοῦ θεοῦ· ταῦτα δὲ ἔδει ποιῆσαι κἀκεῖνα μὴ παρεῖναι²².

43 Οὐαὶ ὑμῖν τοῖς Φαρισαίοις, ὅτι ἀγαπᾶτε τὴν πρωτοκαθεδρίαν²³ ἐν ταῖς συναγωγαῖς καὶ τοὺς ἀσπασμοὺς²⁴ ἐν ταῖς ἀγοραῖς²⁵.

44 Οὐαὶ ὑμῖν, ὅτι ἐστὲ ὡς τὰ μνημεῖα τὰ ἄδηλα²⁶, καὶ οἱ ἄνθρωποι [οἱ] περιπατοῦντες ἐπάνω²⁷ οὐκ οἴδασιν.

45 Ἀποκριθεὶς δέ τις τῶν νομικῶν²⁸ λέγει αὐτῷ· διδάσκαλε, ταῦτα λέγων καὶ ἡμᾶς ὑβρίζεις²⁹.

46 Ὁ δὲ εἶπεν· καὶ ὑμῖν τοῖς νομικοῖς οὐαί, ὅτι φορτίζετε³⁰ τοὺς ἀνθρώπους φορτία³¹ δυσβάστακτα³², καὶ αὐτοὶ ἑνὶ τῶν δακτύλων³³ ὑμῶν οὐ προσψαύετε³⁴ τοῖς φορτίοις.

47 Οὐαὶ ὑμῖν, ὅτι οἰκοδομεῖτε τὰ μνημεῖα τῶν προφητῶν, οἱ δὲ πατέρες ὑμῶν ἀπέκτειναν αὐτούς. 48 ἄρα μάρτυρές ἐστε καὶ συνευδοκεῖτε³⁵ τοῖς ἔργοις τῶν πατέρων ὑμῶν, ὅτι αὐτοὶ μὲν ἀπέκτειναν αὐτούς, ὑμεῖς δὲ οἰκοδομεῖτε. 49 διὰ τοῦτο

---

¹ ἀστραπή, -ῆς f, ray
² φωτίζω 3s pres act sub, give light
³ ἀριστάω 3s aor act sub, dine
⁴ ἀναπίπτω 3s aor act ind, sit at table
⁵ ἄριστον, -ου n, meal
⁶ ἔξωθεν, adv, outside (τὸ ἔξ. the outside)
⁷ πίναξ, -ακος m, dish
⁸ ἔσωθεν, adv, inside (τὸ ἔσ. the inside)
⁹ γέμω 3s pres act ind, be full
¹⁰ ἁρπαγή, -ῆς f, greed
¹¹ πονηρία, -ας f, evil
¹² ἄφρων, -ονος m, fool
¹³ ἔνειμι pres act ptc n p acc, be inside
¹⁴ δίδωμι 2p aor act impv, give
¹⁵ ἐλεημοσύνη, -ης f, money given to a needy person
¹⁶ καθαρός, -ά/όν, clean
¹⁷ ἀποδεκατόω 2p pres act ind, give a tenth
¹⁸ ἡδύοσμον, -ου n, mint
¹⁹ πήγανον, -ου n, rue
²⁰ λάχανον, -ου n, garden plant
²¹ παρέρχομαι 2p pres mid ind, neglect
²² παρίημι aor act inf, neglect
²³ πρωτοκαθεδρία, -ας f, place of honor
²⁴ ἀσπασμός, -οῦ m, greeting
²⁵ ἀγορά, -ᾶς f, market place
²⁶ ἄδηλος, -ον, unmarked
²⁷ ἐπάνω, adv, over
²⁸ νομικός, -ή/όν, pertaining to the Jewish Law (ὁ ν. expert in the Jewish Law)
²⁹ ὑβρίζω 2s pres act ind, insult
³⁰ φορτίζω 2p pres act ind, burden
³¹ φορτίον, -ου n, burden
³² δυσβάστακτος, -ον, heavy
³³ δάκτυλος, -ου m, finger
³⁴ προσψαύω 2p pres act ind, touch
³⁵ συνευδοκέω 2p pres act ind, approve of

καὶ ἡ σοφία τοῦ θεοῦ εἶπεν· ἀποστελῶ εἰς αὐτοὺς προφήτας καὶ ἀποστόλους, καὶ ἐξ αὐτῶν ἀποκτενοῦσιν[1] καὶ διώξουσιν, 50 ἵνα ἐκζητηθῇ[2] τὸ αἷμα πάντων τῶν προφητῶν τὸ ἐκκεχυμένον[3] ἀπὸ καταβολῆς[4] κόσμου ἀπὸ τῆς γενεᾶς ταύτης, 51 ἀπὸ αἵματος Ἅβελ ἕως αἵματος Ζαχαρίου τοῦ ἀπολομένου[5] μεταξὺ[6] τοῦ θυσιαστηρίου[7] καὶ τοῦ οἴκου· ναὶ λέγω ὑμῖν, ἐκζητηθήσεται ἀπὸ τῆς γενεᾶς ταύτης.

52 Οὐαὶ ὑμῖν τοῖς νομικοῖς, ὅτι ἤρατε[8] τὴν κλεῖδα[9] τῆς γνώσεως[10]· αὐτοὶ οὐκ εἰσήλθατε καὶ τοὺς εἰσερχομένους ἐκωλύσατε[11].

53 Κἀκεῖθεν[12] ἐξελθόντος αὐτοῦ ἤρξαντο[13] οἱ γραμματεῖς καὶ οἱ Φαρισαῖοι δεινῶς[14] ἐνέχειν[15] καὶ ἀποστοματίζειν[16] αὐτὸν περὶ πλειόνων[17], 54 ἐνεδρεύοντες[18] αὐτὸν θηρεῦσαί[19] τι ἐκ τοῦ στόματος αὐτοῦ.

A Warning against Hypocrisy

12 Ἐν οἷς ἐπισυναχθεισῶν[20] τῶν μυριάδων[21] τοῦ ὄχλου, ὥστε καταπατεῖν[22] ἀλλήλους, ἤρξατο[23] λέγειν πρὸς τοὺς μαθητὰς αὐτοῦ πρῶτον· προσέχετε[24] ἑαυτοῖς ἀπὸ τῆς ζύμης[25], ἥτις ἐστὶν ὑπόκρισις[26], τῶν Φαρισαίων.

2 Οὐδὲν δὲ συγκεκαλυμμένον[27] ἐστὶν ὃ οὐκ ἀποκαλυφθήσεται[28] καὶ κρυπτὸν[29] ὃ οὐ γνωσθήσεται. 3 ἀνθ[30]' ὧν ὅσα ἐν τῇ σκοτίᾳ[31] εἴπατε ἐν τῷ φωτὶ ἀκουσθήσεται, καὶ ὃ πρὸς τὸ οὖς ἐλαλήσατε ἐν τοῖς ταμείοις[32] κηρυχθήσεται[33] ἐπὶ τῶν δωμάτων[34].

Whom to Fear (Mt 10.28-31)

4 Λέγω δὲ ὑμῖν τοῖς φίλοις[35] μου, μὴ φοβηθῆτε ἀπὸ τῶν ἀποκτεινόντων τὸ σῶμα καὶ μετὰ ταῦτα μὴ ἐχόντων περισσότερόν[36] τι ποιῆσαι. 5 ὑποδείξω[37] δὲ ὑμῖν τίνα φοβηθῆτε· φοβήθητε τὸν μετὰ τὸ ἀποκτεῖναι ἔχοντα ἐξουσίαν ἐμβαλεῖν[38] εἰς τὴν γέενναν[39]. ναὶ λέγω ὑμῖν, τοῦτον φοβήθητε. 6 οὐχὶ πέντε στρουθία[40]

[1] ἀποκτείνω 3p fut act ind, kill
[2] ἐκζητέω 3s aor pas sub, require from
[3] ἐκχύννω pf pas ptc n s nom, pour out
[4] καταβολή, -ῆς f, creation
[5] ἀπόλλυμι aor mid ptc m s gen, kill
[6] μεταξύ, prep + gen, between
[7] θυσιαστήριον, -ου n, altar
[8] αἴρω 2p aor act ind, take away
[9] κλείς, κλειδός f, key
[10] γνῶσις, -εως f, knowledge
[11] κωλύω 2p aor act ind, hinder
[12] κἀκεῖθεν, = καὶ ἐκεῖθεν, and from there
[13] ἄρχω 3p aor mid ind, mid begin
[14] δεινῶς, adv, terribly
[15] ἐνέχω pres act inf, have a grudge against
[16] ἀποστοματίζω pres act inf, attack with questions
[17] πολύς, many (comp)
[18] ἐνεδρεύω pres act ptc m p nom, lie in wait
[19] θηρεύω aor act inf, catch
[20] ἐπισυνάγω aor pas ptc f p gen, gather together
[21] μυριάς, -άδος f, countless thousands
[22] καταπατέω pres act inf, step on
[23] ἄρχω 3s aor mid ind, mid begin
[24] προσέχω 2p pres act impv, be on guard (against)
[25] ζύμη, -ης f, yeast
[26] ὑπόκρισις, -εως f, hypocrisy
[27] συγκαλύπτω pf pas ptc n s nom, conceal
[28] ἀποκαλύπτω 3s fut pas ind, reveal
[29] κρυπτός, -ή/όν, hidden
[30] ἀντί, prep + gen, because (ἀνθ' ὧν because)
[31] σκοτία, -ας f, darkness
[32] ταμεῖον, -ου n, private room
[33] κηρύσσω 3s fut pas ind, make known
[34] δῶμα, -τος n, housetop
[35] φίλος, -ου m, friend
[36] περισσότερος, much (comp)
[37] ὑποδείκνυμι 1s fut act ind, show
[38] ἐμβάλλω aor act inf, throw
[39] γέεννα, -ης f, hell
[40] στρουθίον, -ου n, sparrow

πωλοῦνται¹ ἀσσαρίων² δύο; καὶ ἓν ἐξ αὐτῶν οὐκ ἔστιν ἐπιλελησμένον³ ἐνώπιον τοῦ θεοῦ. 7 ἀλλὰ καὶ αἱ τρίχες⁴ τῆς κεφαλῆς ὑμῶν πᾶσαι ἠρίθμηνται⁵. μὴ φοβεῖσθε· πολλῶν στρουθίων διαφέρετε⁶.

Confessing Christ before Men (Mt 10.32-33; 12.32; 10.19-20)

8 Λέγω δὲ ὑμῖν, πᾶς ὃς ἂν ὁμολογήσῃ⁷ ἐν ἐμοὶ ἔμπροσθεν τῶν ἀνθρώπων, καὶ ὁ υἱὸς τοῦ ἀνθρώπου ὁμολογήσει⁸ ἐν αὐτῷ ἔμπροσθεν τῶν ἀγγέλων τοῦ θεοῦ· 9 ὁ δὲ ἀρνησάμενός με ἐνώπιον τῶν ἀνθρώπων ἀπαρνηθήσεται⁹ ἐνώπιον τῶν ἀγγέλων τοῦ θεοῦ.

10 Καὶ πᾶς ὃς ἐρεῖ¹⁰ λόγον εἰς τὸν υἱὸν τοῦ ἀνθρώπου, ἀφεθήσεται¹¹ αὐτῷ· τῷ δὲ εἰς τὸ ἅγιον πνεῦμα βλασφημήσαντι οὐκ ἀφεθήσεται.

11 Ὅταν δὲ εἰσφέρωσιν¹² ὑμᾶς ἐπὶ τὰς συναγωγὰς καὶ τὰς ἀρχὰς καὶ τὰς ἐξουσίας, μὴ μεριμνήσητε¹³ πῶς ἢ τί ἀπολογήσησθε¹⁴ ἢ τί εἴπητε· 12 τὸ γὰρ ἅγιον πνεῦμα διδάξει ὑμᾶς ἐν αὐτῇ τῇ ὥρᾳ ἃ δεῖ εἰπεῖν.

The Parable of the Rich Fool

13 Εἶπεν δέ τις ἐκ τοῦ ὄχλου αὐτῷ· διδάσκαλε, εἰπὲ τῷ ἀδελφῷ μου μερίσασθαι¹⁵ μετ' ἐμοῦ τὴν κληρονομίαν¹⁶. 14 ὁ δὲ εἶπεν αὐτῷ· ἄνθρωπε, τίς με κατέστησεν¹⁷ κριτὴν¹⁸ ἢ μεριστὴν¹⁹ ἐφ' ὑμᾶς; 15 εἶπεν δὲ πρὸς αὐτούς· ὁρᾶτε καὶ φυλάσσεσθε ἀπὸ πάσης πλεονεξίας²⁰, ὅτι οὐκ ἐν τῷ περισσεύειν τινὶ ἡ ζωὴ αὐτοῦ ἐστιν ἐκ τῶν ὑπαρχόντων αὐτῷ.

16 Εἶπεν δὲ παραβολὴν πρὸς αὐτοὺς λέγων· ἀνθρώπου τινὸς πλουσίου²¹ εὐφόρησεν²² ἡ χώρα²³. 17 καὶ διελογίζετο²⁴ ἐν ἑαυτῷ λέγων· τί ποιήσω, ὅτι οὐκ ἔχω ποῦ συνάξω τοὺς καρπούς μου; 18 καὶ εἶπεν· τοῦτο ποιήσω, καθελῶ²⁵ μου τὰς ἀποθήκας²⁶ καὶ μείζονας²⁷ οἰκοδομήσω καὶ συνάξω ἐκεῖ πάντα τὸν σῖτον²⁸ καὶ τὰ ἀγαθά μου 19 καὶ ἐρῶ²⁹ τῇ ψυχῇ μου· ψυχή, ἔχεις πολλὰ ἀγαθὰ κείμενα³⁰ εἰς ἔτη πολλά·

1 πωλέω 3p pres pas ind, sell
2 ἀσσάριον, -ου n, assarion (Roman silver coin = 1/16 denarius)
3 ἐπιλανθάνομαι pf pas ptc n s nom, forget
4 θρίξ, τριχός f, hair
5 ἀριθμέω 3p pf pas ind, count
6 διαφέρω 2p pres act ind, be worth more than
7 ὁμολογέω 3s aor act sub, admit (ὁ. ἐν ἐμοὶ admit to be my follower)
8 ὁμολογέω 3s fut act ind, confess (ὁ. ἐν αὐτῷ admit that person is my follower)

9 ἀπαρνέομαι 3s fut pas ind, disown
10 λέγω 3s fut act ind, say
11 ἀφίημι 3s fut pas ind, forgive
12 εἰσφέρω 3p pres act sub, bring in
13 μεριμνάω 2p aor act sub, be anxious about
14 ἀπολογέομαι 2p aor mid sub, defend oneself
15 μερίζω aor mid inf, share
16 κληρονομία, -ας f, inheritance
17 καθίστημι 3s aor act ind, appoint
18 κριτής, -οῦ m, judge
19 μεριστής, -οῦ m, one who settles property disputes

20 πλεονεξία, -ας f, greed
21 πλούσιος, -α/ον, rich
22 εὐφορέω 3s aor act ind, produce good crops
23 χώρα, -ας f, field
24 διαλογίζομαι 3s impf mid ind, think
25 καθαιρέω 1s fut act ind, tear down
26 ἀποθήκη, -ης f, barn
27 μέγας, large (comp)
28 σῖτος, -ου m, grain
29 λέγω 1s fut act ind, say
30 κεῖμαι pres mid ptc n p acc, store up

ἀναπαύου¹, φάγε², πίε³, εὐφραίνου⁴. 20 εἶπεν δὲ αὐτῷ ὁ θεός· ἄφρων⁵, ταύτῃ τῇ νυκτὶ τὴν ψυχήν σου ἀπαιτοῦσιν⁶ ἀπὸ σοῦ· ἃ δὲ ἡτοίμασας, τίνι ἔσται; 21 οὕτως ὁ θησαυρίζων⁷ ἑαυτῷ καὶ μὴ εἰς θεὸν πλουτῶν⁸.

Care and Anxiety   (Mt 6.25-34, 19-21)

22 Εἶπεν δὲ πρὸς τοὺς μαθητὰς [αὐτοῦ]· διὰ τοῦτο λέγω ὑμῖν· μὴ μεριμνᾶτε⁹ τῇ ψυχῇ τί φάγητε¹⁰, μηδὲ τῷ σώματι τί ἐνδύσησθε¹¹. 23 ἡ γὰρ ψυχὴ πλεῖόν¹² ἐστιν τῆς τροφῆς¹³ καὶ τὸ σῶμα τοῦ ἐνδύματος¹⁴. 24 κατανοήσατε¹⁵ τοὺς κόρακας¹⁶ ὅτι οὐ σπείρουσιν οὐδὲ θερίζουσιν¹⁷, οἷς οὐκ ἔστιν ταμεῖον¹⁸ οὐδὲ ἀποθήκη¹⁹, καὶ ὁ θεὸς τρέφει²⁰ αὐτούς· πόσῳ²¹ μᾶλλον ὑμεῖς διαφέρετε²² τῶν πετεινῶν²³. 25 τίς δὲ ἐξ ὑμῶν μεριμνῶν δύναται ἐπὶ τὴν ἡλικίαν²⁴ αὐτοῦ προσθεῖναι²⁵ πῆχυν²⁶; 26 εἰ οὖν οὐδὲ ἐλάχιστον²⁷ δύνασθε, τί περὶ τῶν λοιπῶν μεριμνᾶτε; 27 κατανοήσατε²⁸ τὰ κρίνα²⁹ πῶς αὐξάνει³⁰· οὐ κοπιᾷ³¹ οὐδὲ νήθει³²· λέγω δὲ ὑμῖν, οὐδὲ Σολομὼν ἐν πάσῃ τῇ δόξῃ αὐτοῦ περιεβάλετο³³ ὡς ἓν τούτων. 28 εἰ δὲ ἐν ἀγρῷ τὸν χόρτον³⁴ ὄντα σήμερον καὶ αὔριον³⁵ εἰς κλίβανον³⁶ βαλλόμενον ὁ θεὸς οὕτως ἀμφιέζει³⁷, πόσῳ μᾶλλον ὑμᾶς, ὀλιγόπιστοι³⁸. 29 καὶ ὑμεῖς μὴ ζητεῖτε τί φάγητε καὶ τί πίητε καὶ μὴ μετεωρίζεσθε³⁹· 30 ταῦτα γὰρ πάντα τὰ ἔθνη τοῦ κόσμου ἐπιζητοῦσιν⁴⁰, ὑμῶν δὲ ὁ πατὴρ οἶδεν ὅτι χρῄζετε⁴¹ τούτων. 31 πλὴν ζητεῖτε τὴν βασιλείαν αὐτοῦ, καὶ ταῦτα προστεθήσεται⁴² ὑμῖν. 32 μὴ φοβοῦ, τὸ μικρὸν ποίμνιον⁴³, ὅτι εὐδόκησεν⁴⁴ ὁ πατὴρ ὑμῶν δοῦναι⁴⁵ ὑμῖν τὴν βασιλείαν.

¹ ἀναπαύω 2s pres mid impv, mid relax
² ἐσθίω 2s aor act impv, eat
³ πίνω 2s aor act impv, drink
⁴ εὐφραίνω 2s pres pas impv, pas be glad
⁵ ἄφρων, -ονος m, fool
⁶ ἀπαιτέω 3p pres act ind, demand
⁷ θησαυρίζω pres act ptc m s nom, store up
⁸ πλουτέω pres act ptc m s nom, be rich
⁹ μεριμνάω 2p pres act impv, be anxious about
¹⁰ ἐσθίω 2p aor act sub, eat
¹¹ ἐνδύω 2p aor mid sub, mid wear
¹² πολύς, much (comp)
¹³ τροφή, -ῆς f, food
¹⁴ ἔνδυμα, -τος n, clothing
¹⁵ κατανοέω 2p aor act impv, consider
¹⁶ κόραξ, -ακος m, crow
¹⁷ θερίζω 3p pres act ind, harvest
¹⁸ ταμεῖον, -ου n, storeroom
¹⁹ ἀποθήκη, -ης f, barn
²⁰ τρέφω 3s pres act ind, take care of
²¹ πόσος, -η/ον, pro, how much (πόσῳ μᾶλλον how much more)
²² διαφέρω, 2p pres act ind, be worth more than
²³ πετεινόν, -οῦ n, bird
²⁴ ἡλικία, -ας f, size/strength/age
²⁵ προστίθημι aor act inf, add to
²⁶ πῆχυς, -εως m, cubit (about 18 inches or 46.2 centimeter)
²⁷ ἐλάχιστος, smallest (super of μικρός)
²⁸ κατανοέω 2p aor act impv, think about
²⁹ κρίνον, -ου n, wild flower
³⁰ αὐξάνω 3s pres act ind, grow
³¹ κοπιάω 3s pres act ind, work hard
³² νήθω 3s pres act ind, spin
³³ περιβάλλω 3s aor mid ind, clothe
³⁴ χόρτος, -ου m, grass
³⁵ αὔριον, adv, tomorrow
³⁶ κλίβανον, -ου m, oven/fire
³⁷ ἀμφιέζω 3s pres act ind, clothe
³⁸ ὀλιγόπιστος, -ov, of little faith
³⁹ μετεωρίζομαι 2p pres pas impv, worry
⁴⁰ ἐπιζητέω 3p pres act ind, anxiously desire
⁴¹ χρῄζω 2p pres act ind, need
⁴² προστίθημι 3s fut pas ind, give
⁴³ ποίμνιον, -ου n, flock
⁴⁴ εὐδοκέω 3s aor act ind, be pleased
⁴⁵ δίδωμι aor act inf, give

33 Πωλήσατε¹ τὰ ὑπάρχοντα ὑμῶν καὶ δότε² ἐλεημοσύνην³· ποιήσατε ἑαυτοῖς βαλλάντια⁴ μὴ παλαιούμενα⁵, θησαυρὸν⁶ ἀνέκλειπτον⁷ ἐν τοῖς οὐρανοῖς, ὅπου κλέπτης⁸ οὐκ ἐγγίζει οὐδὲ σὴς⁹ διαφθείρει¹⁰· **34** ὅπου γάρ ἐστιν ὁ θησαυρὸς ὑμῶν, ἐκεῖ καὶ ἡ καρδία ὑμῶν ἔσται.

Watchful Slaves (Mt 24.45-51)

35 Ἔστωσαν¹¹ ὑμῶν αἱ ὀσφύες¹² περιεζωσμέναι¹³ καὶ οἱ λύχνοι¹⁴ καιόμενοι¹⁵· **36** καὶ ὑμεῖς ὅμοιοι ἀνθρώποις προσδεχομένοις¹⁶ τὸν κύριον ἑαυτῶν πότε¹⁷ ἀναλύσῃ¹⁸ ἐκ τῶν γάμων¹⁹, ἵνα ἐλθόντος καὶ κρούσαντος²⁰ εὐθέως ἀνοίξωσιν αὐτῷ. **37** μακάριοι οἱ δοῦλοι ἐκεῖνοι, οὓς ἐλθὼν ὁ κύριος εὑρήσει γρηγοροῦντας²¹· ἀμὴν λέγω ὑμῖν ὅτι περιζώσεται²² καὶ ἀνακλινεῖ²³ αὐτοὺς καὶ παρελθὼν²⁴ διακονήσει αὐτοῖς. **38** κἂν²⁵ ἐν τῇ δευτέρᾳ κἂν ἐν τῇ τρίτῃ φυλακῇ ἔλθῃ²⁶ καὶ εὕρῃ²⁷ οὕτως, μακάριοί εἰσιν ἐκεῖνοι. **39** τοῦτο δὲ γινώσκετε ὅτι εἰ ᾔδει²⁸ ὁ οἰκοδεσπότης²⁹ ποίᾳ ὥρᾳ ὁ κλέπτης³⁰ ἔρχεται, οὐκ ἂν ἀφῆκεν³¹ διορυχθῆναι³² τὸν οἶκον αὐτοῦ. **40** καὶ ὑμεῖς γίνεσθε ἕτοιμοι³³, ὅτι ᾗ ὥρᾳ οὐ δοκεῖτε ὁ υἱὸς τοῦ ἀνθρώπου ἔρχεται.

41 Εἶπεν δὲ ὁ Πέτρος· κύριε, πρὸς ἡμᾶς τὴν παραβολὴν ταύτην λέγεις ἢ καὶ πρὸς πάντας; **42** καὶ εἶπεν ὁ κύριος· τίς ἄρα ἐστὶν ὁ πιστὸς οἰκονόμος³⁴ ὁ φρόνιμος³⁵, ὃν καταστήσει³⁶ ὁ κύριος ἐπὶ τῆς θεραπείας³⁷ αὐτοῦ τοῦ διδόναι³⁸ ἐν καιρῷ [τὸ] σιτομέτριον³⁹; **43** μακάριος ὁ δοῦλος ἐκεῖνος, ὃν ἐλθὼν ὁ κύριος αὐτοῦ εὑρήσει⁴⁰ ποιοῦντα οὕτως. **44** ἀληθῶς⁴¹ λέγω ὑμῖν ὅτι ἐπὶ πᾶσιν τοῖς ὑπάρχουσιν αὐτοῦ καταστήσει αὐτόν. **45** ἐὰν δὲ εἴπῃ⁴² ὁ δοῦλος ἐκεῖνος ἐν τῇ καρδίᾳ αὐτοῦ· χρονίζει⁴³

---

¹ πωλέω 2p aor act impv, sell
² δίδωμι 2p aor act impv, give
³ ἐλεημοσύνη, -ης f, money given to a needy person
⁴ βαλλάντιον, -ου n, money bag
⁵ παλαιόω pres pas ptc n p acc, pas wear out
⁶ θησαυρός, -οῦ m, treasure
⁷ ἀνέκλειπτος, -ον, inexhaustible
⁸ κλέπτης, -ου m, thief
⁹ σής, σητός m, moth
¹⁰ διαφθείρω 3s pres act ind, destroy
¹¹ εἰμί 3p pres act impv, be
¹² ὀσφῦς, -ύος f, waist
¹³ περιζώννυμι pf pas ptc f p nom, wrap around
¹⁴ λύχνος, -ου m, lamp
¹⁵ καίω pres pas ptc m p nom, pas burn

¹⁶ προσδέχομαι pres mid ptc m p dat, wait for
¹⁷ πότε, adv, when
¹⁸ ἀναλύω 3s aor act sub, return home
¹⁹ γάμος, -ου m, wedding
²⁰ κρούω aor act ptc m s gen, knock (at a door)
²¹ γρηγορέω pres act ptc m p acc, be awake
²² περιζώννυμι 3s fut mid ind, mid make oneself ready
²³ ἀνακλίνω 3s fut act ind, seat at table
²⁴ παρέρχομαι aor act ptc m s nom, come
²⁵ κἄν, = καὶ ἐάν, and if (κἄν ... κἄν if ... or)
²⁶ ἔρχομαι 3s aor act sub, come
²⁷ εὑρίσκω 3s aor act sub, find

²⁸ οἶδα 3s plpf act ind, know
²⁹ οἰκοδεσπότης, -ου m, house owner
³⁰ κλέπτης, -ου m, thief
³¹ ἀφίημι 3s aor act ind, let
³² διορύσσω aor pas inf, break in
³³ ἕτοιμος, -η/ον, ready
³⁴ οἰκονόμος, -ου m, manager
³⁵ φρόνιμος, -ον, wise
³⁶ καθίστημι 3s fut act ind, put in charge
³⁷ θεραπεία, -ας f, household servants
³⁸ δίδωμι pres act inf, give
³⁹ σιτομέτριον, -ου n, food allowance
⁴⁰ εὑρίσκω 3s fut act ind, find
⁴¹ ἀληθῶς, adv, surely
⁴² λέγω 3s aor act sub, say
⁴³ χρονίζω 3s pres act ind, delay

ὁ κύριός μου ἔρχεσθαι, καὶ ἄρξηται[1] τύπτειν[2] τοὺς παῖδας[3] καὶ τὰς παιδίσκας[4], ἐσθίειν τε καὶ πίνειν καὶ μεθύσκεσθαι[5], **46** ἥξει[6] ὁ κύριος τοῦ δούλου ἐκείνου ἐν ἡμέρᾳ ᾗ οὐ προσδοκᾷ[7] καὶ ἐν ὥρᾳ ᾗ οὐ γινώσκει, καὶ διχοτομήσει[8] αὐτὸν καὶ τὸ μέρος αὐτοῦ μετὰ τῶν ἀπίστων[9] θήσει[10]. **47** Ἐκεῖνος δὲ ὁ δοῦλος ὁ γνοὺς[11] τὸ θέλημα τοῦ κυρίου αὐτοῦ καὶ μὴ ἑτοιμάσας ἢ ποιήσας πρὸς τὸ θέλημα αὐτοῦ δαρήσεται[12] πολλάς· **48** ὁ δὲ μὴ γνούς, ποιήσας δὲ ἄξια πληγῶν[13] δαρήσεται ὀλίγας. παντὶ δὲ ᾧ ἐδόθη[14] πολύ, πολὺ ζητηθήσεται παρ' αὐτοῦ, καὶ ᾧ παρέθεντο[15] πολύ, περισσότερον[16] αἰτήσουσιν αὐτόν.

Jesus the Cause of Division (Mt 10.34-36)

49 Πῦρ ἦλθον βαλεῖν[17] ἐπὶ τὴν γῆν, καὶ τί θέλω εἰ ἤδη ἀνήφθη[18]. **50** βάπτισμα[19] δὲ ἔχω βαπτισθῆναι, καὶ πῶς συνέχομαι[20] ἕως ὅτου τελεσθῇ[21]. **51** δοκεῖτε ὅτι εἰρήνην παρεγενόμην δοῦναι ἐν τῇ γῇ; οὐχί, λέγω ὑμῖν, ἀλλ' ἢ διαμερισμόν[22]. **52** ἔσονται[23] γὰρ ἀπὸ τοῦ νῦν πέντε ἐν ἑνὶ οἴκῳ διαμεμερισμένοι[24], τρεῖς ἐπὶ δυσὶν καὶ δύο ἐπὶ τρισίν, **53** διαμερισθήσονται πατὴρ ἐπὶ υἱῷ καὶ **υἱὸς** ἐπὶ **πατρί,** μήτηρ ἐπὶ τὴν θυγατέρα[25] καὶ θυγάτηρ ἐπὶ τὴν μητέρα, πενθερὰ[26] ἐπὶ τὴν νύμφην[27] αὐτῆς καὶ νύμφη ἐπὶ τὴν πενθεράν.

Discerning the Time (Mt 16.2-3)

54 Ἔλεγεν δὲ καὶ τοῖς ὄχλοις· ὅταν ἴδητε[28] [τὴν] νεφέλην[29] ἀνατέλλουσαν[30] ἐπὶ δυσμῶν[31], εὐθέως λέγετε ὅτι ὄμβρος[32] ἔρχεται, καὶ γίνεται οὕτως· **55** καὶ ὅταν νότον[33] πνέοντα[34], λέγετε ὅτι καύσων[35] ἔσται, καὶ γίνεται. **56** ὑποκριταί[36], τὸ πρόσωπον τῆς γῆς καὶ τοῦ οὐρανοῦ οἴδατε δοκιμάζειν[37], τὸν καιρὸν δὲ τοῦτον πῶς οὐκ οἴδατε δοκιμάζειν;

---

[1] ἄρχω 3s aor mid sub, mid begin
[2] τύπτω pres act inf, beat
[3] παῖς, παιδός m, male servant
[4] παιδίσκη, -ης f, female servant
[5] μεθύσκω pres pas inf, pas get drunk
[6] ἥκω 3s fut act ind, come
[7] προσδοκάω 3s pres act ind, expect
[8] διχοτομέω 3s fut act ind, cut in pieces/punish severely
[9] ἄπιστος, -ον, unfaithful
[10] τίθημι 3s fut act ind, put
[11] γινώσκω aor act ptc m s nom, know
[12] δέρω 3s fut pas ind, beat
[13] πληγή, -ῆς f, beating
[14] δίδωμι 3s aor pas ind, give
[15] παρατίθημι 3p aor mid ind, mid be entrusted
[16] περισσότερος, even more (comp of περισσός)
[17] βάλλω aor act inf, throw
[18] ἀνάπτω 3s aor pas ind, kindle
[19] βάπτισμα, -τος n, baptism
[20] συνέχω 1s pres pas ind, pas be distressed
[21] τελέω 3s aor pas sub, complete
[22] διαμερισμός, -οῦ m, division
[23] εἰμί 3p fut mid ind, be
[24] διαμερίζω pf pas ptc m p nom, divide
[25] θυγάτηρ, -τρός f, daughter
[26] πενθερά, -ᾶς f, mother-in-law
[27] νύμφη, -ης f, daughter-in-law
[28] ὁράω 2p aor act sub, see
[29] νεφέλη, -ης f, cloud
[30] ἀνατέλλω pres act ptc f s acc, intrans rise
[31] δυσμή, -ῆς f, pl west
[32] ὄμβρος, -ου m, shower
[33] νότος, -ου m, south wind
[34] πνέω pres act ptc m s acc, blow
[35] καύσων, -ωνος m, (scorching) heat
[36] ὑποκριτής, -οῦ m, hypocrite
[37] δοκιμάζω pres act inf, interpret

Settling with Your Accuser (Mt 5.25-26)

57 Τί δὲ καὶ ἀφ' ἑαυτῶν οὐ κρίνετε τὸ δίκαιον; **58** ὡς γὰρ ὑπάγεις μετὰ τοῦ ἀντιδίκου[1] σου ἐπ' ἄρχοντα, ἐν τῇ ὁδῷ δὸς[2] ἐργασίαν[3] ἀπηλλάχθαι[4] ἀπ' αὐτοῦ, μήποτε[5] κατασύρῃ[6] σε πρὸς τὸν κριτήν[7], καὶ ὁ κριτής σε παραδώσει[8] τῷ πράκτορι[9], καὶ ὁ πράκτωρ σε βαλεῖ εἰς φυλακήν. **59** λέγω σοι, οὐ μὴ ἐξέλθῃς ἐκεῖθεν[10], ἕως καὶ τὸ ἔσχατον λεπτὸν[11] ἀποδῷς[12].

Repent or Perish

13 Παρῆσαν[13] δέ τινες ἐν αὐτῷ τῷ καιρῷ ἀπαγγέλλοντες αὐτῷ περὶ τῶν Γαλιλαίων ὧν τὸ αἷμα Πιλᾶτος ἔμιξεν[14] μετὰ τῶν θυσιῶν[15] αὐτῶν. **2** καὶ ἀποκριθεὶς εἶπεν αὐτοῖς· δοκεῖτε ὅτι οἱ Γαλιλαῖοι οὗτοι ἁμαρτωλοὶ παρὰ πάντας τοὺς Γαλιλαίους ἐγένοντο, ὅτι ταῦτα πεπόνθασιν[16]; **3** οὐχί, λέγω ὑμῖν, ἀλλ' ἐὰν μὴ μετανοῆτε πάντες ὁμοίως[17] ἀπολεῖσθε[18]. **4** ἢ ἐκεῖνοι οἱ δεκαοκτὼ[19] ἐφ' οὓς ἔπεσεν[20] ὁ πύργος[21] ἐν τῷ Σιλωὰμ καὶ ἀπέκτεινεν αὐτούς, δοκεῖτε ὅτι αὐτοὶ ὀφειλέται[22] ἐγένοντο παρὰ πάντας τοὺς ἀνθρώπους τοὺς κατοικοῦντας Ἰερουσαλήμ; **5** οὐχί, λέγω ὑμῖν, ἀλλ' ἐὰν μὴ μετανοῆτε πάντες ὡσαύτως[23] ἀπολεῖσθε.

The Parable of the Barren Fig Tree

6 Ἔλεγεν δὲ ταύτην τὴν παραβολήν· συκῆν[24] εἶχέν[25] τις πεφυτευμένην[26] ἐν τῷ ἀμπελῶνι[27] αὐτοῦ, καὶ ἦλθεν ζητῶν καρπὸν ἐν αὐτῇ καὶ οὐχ εὗρεν. **7** εἶπεν δὲ πρὸς τὸν ἀμπελουργόν[28]· ἰδοὺ τρία ἔτη ἀφ' οὗ ἔρχομαι ζητῶν καρπὸν ἐν τῇ συκῇ ταύτῃ καὶ οὐχ εὑρίσκω· ἔκκοψον[29] [οὖν] αὐτήν, ἱνατί[30] καὶ τὴν γῆν καταργεῖ[31]; **8** ὁ δὲ ἀποκριθεὶς λέγει αὐτῷ· κύριε, ἄφες[32] αὐτὴν καὶ τοῦτο τὸ ἔτος, ἕως ὅτου σκάψω[33] περὶ αὐτὴν καὶ βάλω[34] κόπρια[35], **9** κἂν[36] μὲν ποιήσῃ καρπὸν εἰς τὸ μέλλον· εἰ δὲ μή γε[37], ἐκκόψεις αὐτήν.

---

[1] ἀντίδικος, -ου m, opponent at law
[2] δίδωμι 2s aor act impv, give
[3] ἐργασία, -ας f, doing (something) (δὸς ἐ. make an effort)
[4] ἀπαλλάσσω pf pas inf, set free (ἀ. ἀπ' αὐτοῦ to settle the matter with him)
[5] μήποτε, conj, so that ... will not
[6] κατασύρω 3s pres act sub, drag
[7] κριτής, -οῦ m, judge
[8] παραδίδωμι 3s fut act ind, give
[9] πράκτωρ, -ορος m, officer/jailer
[10] ἐκεῖθεν, adv, from there
[11] λεπτόν, -οῦ n, lepton (copper coin = 1/128 denarius)
[12] ἀποδίδωμι 2s aor act sub, repay
[13] πάρειμι 3p impf act ind, be present
[14] μίγνυμι 3s aor act ind, mix
[15] θυσία, -ας f, sacrifice
[16] πάσχω 3p pf act ind, suffer
[17] ὁμοίως, adv, in the same way
[18] ἀπόλλυμι 2p fut mid ind, mid be destroyed
[19] δεκαοκτώ, eighteen
[20] πίπτω 3s aor act ind, fall
[21] πύργος, -ου m, tower
[22] ὀφειλέτης, -ου m, guilty person
[23] ὡσαύτως, adv, also
[24] συκῆ, -ῆς f, fig tree
[25] ἔχω 3s impf act ind, have
[26] φυτεύω pf pas ptc f s acc, plant
[27] ἀμπελών, -ῶνος m, vineyard
[28] ἀμπελουργός, -οῦ m, gardener
[29] ἐκκόπτω 2s aor act impv, chop down
[30] ἱνατί, why?
[31] καταργέω 3s pres act ind, use up
[32] ἀφίημι 2s aor act impv, let alone
[33] σκάπτω 1s aor act sub, dig
[34] βάλλω 1s aor act sub, throw
[35] κόπριον, -ου n, manure
[36] κἂν = καὶ ἐάν, and if
[37] γέ, emphatic particle

The Healing of a Crippled Woman on the Sabbath

10 Ἦν δὲ διδάσκων ἐν μιᾷ τῶν συναγωγῶν ἐν τοῖς σάββασιν. 11 καὶ ἰδοὺ γυνὴ πνεῦμα ἔχουσα ἀσθενείας¹ ἔτη δεκαοκτὼ² καὶ ἦν συγκύπτουσα³ καὶ μὴ δυναμένη ἀνακύψαι⁴ εἰς τὸ παντελές⁵. 12 ἰδὼν δὲ αὐτὴν ὁ Ἰησοῦς προσεφώνησεν⁶ καὶ εἶπεν αὐτῇ· γύναι, ἀπολέλυσαι⁷ τῆς ἀσθενείας σου, 13 καὶ ἐπέθηκεν⁸ αὐτῇ τὰς χεῖρας· καὶ παραχρῆμα⁹ ἀνωρθώθη¹⁰ καὶ ἐδόξαζεν τὸν θεόν. 14 ἀποκριθεὶς δὲ ὁ ἀρχισυνάγωγος¹¹, ἀγανακτῶν¹² ὅτι τῷ σαββάτῳ ἐθεράπευσεν ὁ Ἰησοῦς, ἔλεγεν τῷ ὄχλῳ ὅτι ἓξ¹³ ἡμέραι εἰσὶν ἐν αἷς δεῖ ἐργάζεσθαι· ἐν αὐταῖς οὖν ἐρχόμενοι θεραπεύεσθε καὶ μὴ τῇ ἡμέρᾳ τοῦ σαββάτου. 15 ἀπεκρίθη δὲ αὐτῷ ὁ κύριος καὶ εἶπεν· ὑποκριταί¹⁴, ἕκαστος ὑμῶν τῷ σαββάτῳ οὐ λύει τὸν βοῦν¹⁵ αὐτοῦ ἢ τὸν ὄνον¹⁶ ἀπὸ τῆς φάτνης¹⁷ καὶ ἀπαγαγὼν¹⁸ ποτίζει¹⁹; 16 ταύτην δὲ θυγατέρα²⁰ Ἀβραὰμ οὖσαν, ἣν ἔδησεν²¹ ὁ σατανᾶς ἰδοὺ δέκα²² καὶ ὀκτὼ²³ ἔτη, οὐκ ἔδει λυθῆναι ἀπὸ τοῦ δεσμοῦ²⁴ τούτου τῇ ἡμέρᾳ τοῦ σαββάτου; 17 καὶ ταῦτα λέγοντος αὐτοῦ κατῃσχύνοντο²⁵ πάντες οἱ ἀντικείμενοι²⁶ αὐτῷ, καὶ πᾶς ὁ ὄχλος ἔχαιρεν ἐπὶ πᾶσιν τοῖς ἐνδόξοις²⁷ τοῖς γινομένοις ὑπ' αὐτοῦ.

The Parables of the Mustard Seed and the Yeast (Mt 13.31-33; Mk 4.30-32)

18 Ἔλεγεν οὖν· τίνι ὁμοία ἐστὶν ἡ βασιλεία τοῦ θεοῦ καὶ τίνι ὁμοιώσω²⁸ αὐτήν; 19 ὁμοία ἐστὶν κόκκῳ²⁹ σινάπεως³⁰, ὃν λαβὼν ἄνθρωπος ἔβαλεν³¹ εἰς κῆπον³² ἑαυτοῦ, καὶ ηὔξησεν³³ καὶ ἐγένετο εἰς δένδρον³⁴, καὶ τὰ πετεινὰ³⁵ τοῦ οὐρανοῦ κατεσκήνωσεν³⁶ ἐν τοῖς κλάδοις³⁷ αὐτοῦ.

20 Καὶ πάλιν εἶπεν· τίνι ὁμοιώσω τὴν βασιλείαν τοῦ θεοῦ; 21 ὁμοία ἐστὶν ζύμῃ³⁸, ἣν λαβοῦσα γυνὴ ἐνέκρυψεν³⁹ εἰς ἀλεύρου⁴⁰ σάτα⁴¹ τρία ἕως οὗ ἐζυμώθη⁴² ὅλον.

---

1 ἀσθένεια, -ας f, illness
2 δεκαοκτώ, eighteen
3 συγκύπτω pres act ptc f s nom, be bent double
4 ἀνακύπτω aor act inf, straighten up
5 παντελής, -ές, complete (εἰς τὸ π. fully/at all)
6 προσφωνέω 3s aor act ind, call to oneself
7 ἀπολύω, 2s pf pas ind, set free
8 ἐπιτίθημι 3s aor act ind, place
9 παραχρῆμα, adv, at once
10 ἀνορθόω 3s aor pas ind, pas straighten up
11 ἀρχισυνάγωγος, -ου m, synagogue leader
12 ἀγανακτέω pres act ptc m s nom, be indignant

13 ἕξ, six
14 ὑποκριτής, -οῦ m, hypocrite
15 βοῦς, βοός m, ox
16 ὄνος, -ου m, donkey
17 φάτνη, -ης f, stable
18 ἀπάγω aor act ptc m s nom, lead out
19 ποτίζω 3s pres act ind, water (an animal)
20 θυγάτηρ, -τρός f, daughter
21 δέω 3s aor act ind, bind
22 δέκα, ten
23 ὀκτώ, eight
24 δεσμός, -οῦ m, bond
25 καταισχύνω 3p impf pas ind, put to shame
26 ἀντίκειμαι pres mid ptc m p nom, oppose (οἱ ἀ. αὐτῷ his enemies)

27 ἔνδοξος, -ον, glorious
28 ὁμοιόω 1s aor act sub & fut act ind, compare
29 κόκκος, -ου m, grain
30 σίναπι, -εως n, mustard
31 βάλλω 3s aor act ind, throw
32 κῆπος, -ου m, garden
33 αὐξάνω 3s aor act ind, grow
34 δένδρον, -ου n, tree
35 πετεινόν, -οῦ n, bird
36 κατασκηνόω 3s aor act ind, nest
37 κλάδος, -ου m, branch
38 ζύμη, -ης f, yeast
39 ἐγκρύπτω 3s aor act ind, mix in
40 ἄλευρον, -ου n, wheat flour
41 σάτον, -ου n, saton (dry measure = 21.6 pints or 13-14 liters)
42 ζυμόω 3s aor pas ind, pas rise

ΚΑΤΑ ΛΟΥΚΑΝ

The Narrow Door (Mt 7.13-14, 21-23)

22 Καὶ διεπορεύετο¹ κατὰ πόλεις καὶ κώμας² διδάσκων καὶ πορείαν³ ποιούμενος εἰς Ἱεροσόλυμα. 23 Εἶπεν δέ τις αὐτῷ· κύριε, εἰ ὀλίγοι οἱ σῳζόμενοι; ὁ δὲ εἶπεν πρὸς αὐτούς· 24 ἀγωνίζεσθε⁴ εἰσελθεῖν διὰ τῆς στενῆς⁵ θύρας, ὅτι πολλοί, λέγω ὑμῖν, ζητήσουσιν εἰσελθεῖν καὶ οὐκ ἰσχύσουσιν⁶. 25 ἀφ' οὗ ἂν ἐγερθῇ⁷ ὁ οἰκοδεσπότης⁸ καὶ ἀποκλείσῃ⁹ τὴν θύραν καὶ ἄρξησθε¹⁰ ἔξω ἑστάναι¹¹ καὶ κρούειν¹² τὴν θύραν λέγοντες· κύριε, ἄνοιξον ἡμῖν, καὶ ἀποκριθεὶς ἐρεῖ¹³ ὑμῖν· οὐκ οἶδα ὑμᾶς πόθεν¹⁴ ἐστέ. 26 τότε ἄρξεσθε λέγειν· ἐφάγομεν¹⁵ ἐνώπιόν σου καὶ ἐπίομεν¹⁶ καὶ ἐν ταῖς πλατείαις¹⁷ ἡμῶν ἐδίδαξας· 27 καὶ ἐρεῖ¹⁸ λέγων ὑμῖν· οὐκ οἶδα [ὑμᾶς] πόθεν ἐστέ· ἀπόστητε¹⁹ ἀπ' ἐμοῦ πάντες ἐργάται²⁰ ἀδικίας.²¹ 28 ἐκεῖ ἔσται ὁ κλαυθμὸς²² καὶ ὁ βρυγμὸς²³ τῶν ὀδόντων²⁴, ὅταν ὄψησθε²⁵ Ἀβραὰμ καὶ Ἰσαὰκ καὶ Ἰακὼβ καὶ πάντας τοὺς προφήτας ἐν τῇ βασιλείᾳ τοῦ θεοῦ, ὑμᾶς δὲ ἐκβαλλομένους ἔξω. 29 καὶ ἥξουσιν²⁶ ἀπὸ ἀνατολῶν²⁷ καὶ δυσμῶν²⁸ καὶ ἀπὸ βορρᾶ²⁹ καὶ νότου³⁰ καὶ ἀνακλιθήσονται³¹ ἐν τῇ βασιλείᾳ τοῦ θεοῦ. 30 καὶ ἰδοὺ εἰσὶν ἔσχατοι οἳ ἔσονται πρῶτοι καὶ εἰσὶν πρῶτοι οἳ ἔσονται ἔσχατοι.

The Lament over Jerusalem (Mt 23.37-39)

31 Ἐν αὐτῇ τῇ ὥρᾳ προσῆλθάν³² τινες Φαρισαῖοι λέγοντες αὐτῷ· ἔξελθε³³ καὶ πορεύου ἐντεῦθεν³⁴, ὅτι Ἡρῴδης θέλει σε ἀποκτεῖναι. 32 καὶ εἶπεν αὐτοῖς· πορευθέντες εἴπατε τῇ ἀλώπεκι³⁵ ταύτῃ· ἰδοὺ ἐκβάλλω δαιμόνια καὶ ἰάσεις³⁶ ἀποτελῶ³⁷ σήμερον καὶ αὔριον³⁸ καὶ τῇ τρίτῃ τελειοῦμαι³⁹. 33 πλὴν δεῖ με σήμερον καὶ αὔριον καὶ τῇ ἐχομένῃ πορεύεσθαι, ὅτι οὐκ ἐνδέχεται⁴⁰ προφήτην ἀπολέσθαι⁴¹ ἔξω Ἱερουσαλήμ.

---

¹ διαπορεύομαι 3s impf mid ind, travel
² κώμη, -ης f, village
³ πορεία, -ας f, journey
⁴ ἀγωνίζομαι 2p pres mid impv, do one's best
⁵ στενός, -ή/όν, narrow
⁶ ἰσχύω 3p fut act ind, be able
⁷ ἐγείρω 3s aor pas sub, intrans pas get up
⁸ οἰκοδεσπότης, -ου m, house owner
⁹ ἀποκλείω 3s aor act sub, lock
¹⁰ ἄρχω 2p aor mid sub, mid begin
¹¹ ἵστημι pf act inf, intrans stand
¹² κρούω pres act inf, knock
¹³ λέγω 3s fut act ind, say
¹⁴ πόθεν, adv, from where

¹⁵ ἐσθίω 1p aor act ind, eat
¹⁶ πίνω 1p aor act ind, drink
¹⁷ πλατεῖα, -ας f, street
¹⁸ λέγω 3s fut act ind, say
¹⁹ ἀφίστημι 2p aor act impv, intrans go away
²⁰ ἐργάτης, -ου m, worker
²¹ ἀδικία, -ας f, evil
²² κλαυθμός, -οῦ m, bitter crying
²³ βρυγμός, -οῦ m, gritting
²⁴ ὀδούς, ὀδόντος m, tooth
²⁵ ὀράω 2p aor mid sub, see
²⁶ ἥκω 3p fut act ind, come
²⁷ ἀνατολή, -ῆς f, pl east
²⁸ δυσμή, -ῆς f, pl west
²⁹ βορρᾶς, -ᾶ m, north
³⁰ νότος, -ου m, south

³¹ ἀνακλίνω 3p fut pas ind, pas sit at table
³² προσέρχομαι 3p aor act ind, come/go to
³³ ἐξέρχομαι 2s aor act impv, leave
³⁴ ἐντεῦθεν, adv, from here
³⁵ ἀλώπηξ, -εκος f, fox
³⁶ ἴασις, -εως f, healing
³⁷ ἀποτελέω 1s pres act ind, perform (ἰάσεις ἀποτελῶ I will heal people)
³⁸ αὔριον, adv, tomorrow
³⁹ τελειόω 1s pres pas ind, finish
⁴⁰ ἐνδέχομαι 3s pres mid ind, impers it is possible
⁴¹ ἀπόλλυμι aor mid inf, mid be killed

34 Ἰερουσαλὴμ Ἰερουσαλήμ, ἡ ἀποκτείνουσα τοὺς προφήτας καὶ λιθοβολοῦσα[1] τοὺς ἀπεσταλμένους[2] πρὸς αὐτήν, ποσάκις[3] ἠθέλησα ἐπισυνάξαι[4] τὰ τέκνα σου ὃν τρόπον[5] ὄρνις[6] τὴν ἑαυτῆς νοσσιὰν[7] ὑπὸ τὰς πτέρυγας[8], καὶ οὐκ ἠθελήσατε. 35 ἰδοὺ ἀφίεται[9] ὑμῖν ὁ οἶκος ὑμῶν. λέγω [δὲ] ὑμῖν, οὐ μὴ ἴδητέ[10] με ἕως [ἥξει[11] ὅτε] εἴπητε· εὐλογημένος ὁ ἐρχόμενος ἐν ὀνόματι κυρίου.

The Healing of the Man with a Swollen Body

14 Καὶ ἐγένετο ἐν τῷ ἐλθεῖν αὐτὸν εἰς οἶκόν τινος τῶν ἀρχόντων [τῶν] Φαρισαίων σαββάτῳ φαγεῖν[12] ἄρτον καὶ αὐτοὶ ἦσαν παρατηρούμενοι[13] αὐτόν. 2 Καὶ ἰδοὺ ἄνθρωπός τις ἦν ὑδρωπικὸς[14] ἔμπροσθεν αὐτοῦ. 3 καὶ ἀποκριθεὶς ὁ Ἰησοῦς εἶπεν πρὸς τοὺς νομικοὺς[15] καὶ Φαρισαίους λέγων· ἔξεστιν τῷ σαββάτῳ θεραπεῦσαι ἢ οὔ; 4 οἱ δὲ ἡσύχασαν[16]. καὶ ἐπιλαβόμενος[17] ἰάσατο[18] αὐτὸν καὶ ἀπέλυσεν[19]. 5 καὶ πρὸς αὐτοὺς εἶπεν· τίνος ὑμῶν υἱὸς ἢ βοῦς[20] εἰς φρέαρ[21] πεσεῖται[22], καὶ οὐκ εὐθέως ἀνασπάσει[23] αὐτὸν ἐν ἡμέρᾳ τοῦ σαββάτου; 6 καὶ οὐκ ἴσχυσαν[24] ἀνταποκριθῆναι[25] πρὸς ταῦτα.

A Lesson to Guests and a Host

7 Ἔλεγεν δὲ πρὸς τοὺς κεκλημένους[26] παραβολήν, ἐπέχων[27] πῶς τὰς πρωτοκλισίας[28] ἐξελέγοντο[29], λέγων πρὸς αὐτούς· 8 ὅταν κληθῇς[30] ὑπό τινος εἰς γάμους[31], μὴ κατακλιθῇς[32] εἰς τὴν πρωτοκλισίαν, μήποτε[33] ἐντιμότερός[34] σου ᾖ κεκλημένος ὑπ' αὐτοῦ, 9 καὶ ἐλθὼν ὁ σὲ καὶ αὐτὸν καλέσας ἐρεῖ[35] σοι· δὸς[36] τούτῳ τόπον, καὶ τότε ἄρξῃ[37] μετὰ αἰσχύνης[38] τὸν ἔσχατον τόπον κατέχειν[39]. 10 ἀλλ' ὅταν κληθῇς,

---

[1] λιθοβολέω pres act ptc f s nom or voc, stone
[2] ἀποστέλλω pf pas ptc m p acc, send
[3] ποσάκις, adv, how often
[4] ἐπισυνάγω aor act inf, gather together
[5] τρόπος, -ου m, way (ὃν τ. just as)
[6] ὄρνις, -ιθος f, hen
[7] νοσσιά, -ᾶς f, brood
[8] πτέρυξ, -υγος f, wing
[9] ἀφίημι 3s pres pas ind, pas be deserted
[10] ὁράω 2p aor act sub, see
[11] ἥκω 3s fut act ind, come
[12] ἐσθίω aor act inf, eat
[13] παρατηρέω pres mid ptc m p nom, mid watch closely
[14] ὑδρωπικός, -ή/όν, suffering from dropsy/abnormal swelling of the body
[15] νομικός, -ή/όν, pertaining to the Jewish Law (ὁ ν. expert in the Jewish Law)
[16] ἡσυχάζω 3p aor act ind, be silent
[17] ἐπιλαμβάνομαι aor mid ptc m s nom, take hold of
[18] ἰάομαι 3s aor mid ind, heal
[19] ἀπολύω 3s aor act ind, send away
[20] βοῦς, βοός m, ox
[21] φρέαρ, -ατος n, well
[22] πίπτω 3s fut mid ind, fall
[23] ἀνασπάω 3s fut act ind, pull out
[24] ἰσχύω 3p aor act ind, be able
[25] ἀνταποκρίνομαι aor pas inf, reply
[26] καλέω pf pas ptc m p acc, invite
[27] ἐπέχω pres act ptc m s nom, notice
[28] πρωτοκλισία, -ας f, place of honor
[29] ἐκλέγομαι 3p impf mid ind, choose
[30] καλέω 2s aor pas sub, invite
[31] γάμος, -ου m, wedding feast
[32] κατακλίνω 2s aor pas sub, pas sit
[33] μήποτε, conj, so that ... will not
[34] ἔντιμος, important (comp)
[35] λέγω 3s fut act ind, say
[36] δίδωμι 2s aor act impv, give
[37] ἄρχω 2s fut mid ind, mid begin
[38] αἰσχύνη, -ης f, embarrassment
[39] κατέχω pres act inf, take

πορευθεὶς ἀνάπεσε¹ εἰς τὸν ἔσχατον τόπον, ἵνα ὅταν ἔλθῃ ὁ κεκληκώς σε ἐρεῖ σοι· φίλε², προσανάβηθι³ ἀνώτερον⁴· τότε ἔσται σοι δόξα ἐνώπιον πάντων τῶν συνανακειμένων⁵ σοι. **11** ὅτι πᾶς ὁ ὑψῶν⁶ ἑαυτὸν ταπεινωθήσεται⁷, καὶ ὁ ταπεινῶν ἑαυτὸν ὑψωθήσεται.

12 Ἔλεγεν δὲ καὶ τῷ κεκληκότι⁸ αὐτόν· ὅταν ποιῇς ἄριστον⁹ ἢ δεῖπνον¹⁰, μὴ φώνει τοὺς φίλους¹¹ σου μηδὲ τοὺς ἀδελφούς σου μηδὲ τοὺς συγγενεῖς¹² σου μηδὲ γείτονας¹³ πλουσίους¹⁴, μήποτε¹⁵ καὶ αὐτοὶ ἀντικαλέσωσίν¹⁶ σε καὶ γένηται ἀνταπόδομά¹⁷ σοι. **13** ἀλλ' ὅταν δοχὴν¹⁸ ποιῇς, κάλει πτωχούς, ἀναπείρους¹⁹, χωλούς²⁰, τυφλούς· **14** καὶ μακάριος ἔσῃ²¹, ὅτι οὐκ ἔχουσιν ἀνταποδοῦναί²² σοι, ἀνταποδοθήσεται γάρ σοι ἐν τῇ ἀναστάσει τῶν δικαίων.

The Parable of the Great Banquet (Mt 22.1-10)

15 Ἀκούσας δέ τις τῶν συνανακειμένων²³ ταῦτα εἶπεν αὐτῷ· μακάριος ὅστις φάγεται²⁴ ἄρτον ἐν τῇ βασιλείᾳ τοῦ θεοῦ.

16 Ὁ δὲ εἶπεν αὐτῷ· ἄνθρωπός τις ἐποίει δεῖπνον μέγα, καὶ ἐκάλεσεν πολλοὺς **17** καὶ ἀπέστειλεν²⁵ τὸν δοῦλον αὐτοῦ τῇ ὥρᾳ τοῦ δείπνου εἰπεῖν τοῖς κεκλημένοις· ἔρχεσθε, ὅτι ἤδη ἕτοιμά²⁶ ἐστιν. **18** καὶ ἤρξαντο²⁷ ἀπὸ μιᾶς πάντες παραιτεῖσθαι²⁸. ὁ πρῶτος εἶπεν αὐτῷ· ἀγρὸν ἠγόρασα καὶ ἔχω ἀνάγκην²⁹ ἐξελθὼν ἰδεῖν αὐτόν· ἐρωτῶ σε, ἔχε με παρῃτημένον³⁰. **19** καὶ ἕτερος εἶπεν· ζεύγη³¹ βοῶν³² ἠγόρασα πέντε καὶ πορεύομαι δοκιμάσαι³³ αὐτά· ἐρωτῶ σε, ἔχε με παρῃτημένον. **20** καὶ ἕτερος εἶπεν· γυναῖκα ἔγημα³⁴ καὶ διὰ τοῦτο οὐ δύναμαι ἐλθεῖν. **21** καὶ παραγενόμενος ὁ δοῦλος ἀπήγγειλεν³⁵ τῷ κυρίῳ αὐτοῦ ταῦτα. τότε ὀργισθεὶς³⁶ ὁ οἰκοδεσπότης³⁷ εἶπεν τῷ δούλῳ αὐτοῦ· ἔξελθε ταχέως³⁸ εἰς τὰς πλατείας³⁹ καὶ ῥύμας⁴⁰ τῆς πόλεως καὶ τοὺς

---

1 ἀναπίπτω 2s aor act impv, sit
2 φίλος, -ου m, friend
3 προσαναβαίνω 2s aor act impv, move up
4 ἀνώτερος, adv, to a better seat
5 συνανάκειμαι pres mid ptc m p gen, eat with (ὁ συν. guest)
6 ὑψόω pres act ptc m s nom, honor
7 ταπεινόω 3s fut pas ind, humble
8 καλέω pf act ptc m s dat, invite
9 ἄριστον, -ου n, dinner
10 δεῖπνον, -ου n, banquet
11 φίλος, -ου m, friend
12 συγγενής, -οῦς m, relative
13 γείτων, -ονος m, neighbor
14 πλούσιος, -α/ον, rich
15 μήποτε, conj, so that ... will not
16 ἀντικαλέω 3p aor act sub, invite in return
17 ἀνταπόδομα, -τος n, repayment
18 δοχή, -ῆς f, banquet
19 ἀνάπειρος, -ου m, crippled
20 χωλός, -ή/όν, lame
21 εἰμί 2s fut mid ind, be
22 ἀνταποδίδωμι aor act inf, repay
23 συνανάκειμαι pres mid ptc m p gen, eat with (ὁ συν. guest)
24 ἐσθίω 3s fut mid ind, eat
25 ἀποστέλλω 3s aor act ind, send
26 ἕτοιμος, -η/ον, ready
27 ἄρχω 3p aor mid ind, mid begin
28 παραιτέομαι pres mid inf, mid make excuses
29 ἀνάγκη, -ης f, necessity
30 παραιτέομαι pf pas ptc m s acc, excuse (ἔχε με π. please accept my apologies)
31 ζεῦγος, -ους n, team
32 βοῦς, βοός m, ox
33 δοκιμάζω aor act inf, try out
34 γαμέω 1s aor act ind, marry
35 ἀπαγγέλλω 3s aor act ind, tell
36 ὀργίζω aor pas ptc m s nom, pas be angry
37 οἰκοδεσπότης, -ου m, house owner
38 ταχέως, adv, quickly
39 πλατεῖα, -ας f, street
40 ῥύμη, -ης f, alley

πτωχοὺς καὶ ἀναπείρους¹ καὶ τυφλοὺς καὶ χωλοὺς² εἰσάγαγε³ ὧδε. 22 καὶ εἶπεν ὁ δοῦλος· κύριε, γέγονεν ὃ ἐπέταξας⁴, καὶ ἔτι τόπος ἐστίν. 23 καὶ εἶπεν ὁ κύριος πρὸς τὸν δοῦλον· ἔξελθε εἰς τὰς ὁδοὺς καὶ φραγμοὺς⁵ καὶ ἀνάγκασον⁶ εἰσελθεῖν, ἵνα γεμισθῇ⁷ μου ὁ οἶκος· 24 λέγω γὰρ ὑμῖν ὅτι οὐδεὶς τῶν ἀνδρῶν ἐκείνων τῶν κεκλημένων γεύσεταί⁸ μου τοῦ δείπνου⁹.

The Cost of Discipleship (Mt 10.37-38)

25 Συνεπορεύοντο¹⁰ δὲ αὐτῷ ὄχλοι πολλοί, καὶ στραφεὶς¹¹ εἶπεν πρὸς αὐτούς· 26 εἴ τις ἔρχεται πρός με καὶ οὐ μισεῖ τὸν πατέρα ἑαυτοῦ καὶ τὴν μητέρα καὶ τὴν γυναῖκα καὶ τὰ τέκνα καὶ τοὺς ἀδελφοὺς καὶ τὰς ἀδελφὰς¹² ἔτι τε καὶ τὴν ψυχὴν ἑαυτοῦ, οὐ δύναται εἶναί μου μαθητής. 27 ὅστις οὐ βαστάζει¹³ τὸν σταυρὸν¹⁴ ἑαυτοῦ καὶ ἔρχεται ὀπίσω μου, οὐ δύναται εἶναί μου μαθητής.

28 Τίς γὰρ ἐξ ὑμῶν θέλων πύργον¹⁵ οἰκοδομῆσαι οὐχὶ πρῶτον καθίσας ψηφίζει¹⁶ τὴν δαπάνην¹⁷, εἰ ἔχει εἰς ἀπαρτισμόν¹⁸; 29 ἵνα μήποτε¹⁹ θέντος²⁰ αὐτοῦ θεμέλιον²¹ καὶ μὴ ἰσχύοντος²² ἐκτελέσαι²³ πάντες οἱ θεωροῦντες ἄρξωνται²⁴ αὐτῷ ἐμπαίζειν²⁵ 30 λέγοντες ὅτι οὗτος ὁ ἄνθρωπος ἤρξατο²⁶ οἰκοδομεῖν καὶ οὐκ ἴσχυσεν ἐκτελέσαι. 31 ἢ τίς βασιλεὺς πορευόμενος ἑτέρῳ βασιλεῖ συμβαλεῖν²⁷ εἰς πόλεμον²⁸ οὐχὶ καθίσας πρῶτον βουλεύσεται²⁹ εἰ δυνατός ἐστιν ἐν δέκα³⁰ χιλιάσιν³¹ ὑπαντῆσαι³² τῷ μετὰ εἴκοσι³³ χιλιάδων ἐρχομένῳ ἐπ' αὐτόν; 32 εἰ δὲ μή γε³⁴, ἔτι αὐτοῦ πόρρω³⁵ ὄντος πρεσβείαν³⁶ ἀποστείλας ἐρωτᾷ τὰ πρὸς εἰρήνην. 33 οὕτως οὖν πᾶς ἐξ ὑμῶν ὃς οὐκ ἀποτάσσεται³⁷ πᾶσιν τοῖς ἑαυτοῦ ὑπάρχουσιν οὐ δύναται εἶναί μου μαθητής.

---

¹ ἀνάπειρος, -ου *m*, a crippled person
² χωλός, -ή/όν, lame
³ εἰσάγω *2s aor act impv*, bring in
⁴ ἐπιτάσσω *2s aor act ind*, order
⁵ φραγμός, -οῦ *m*, fence row
⁶ ἀναγκάζω *2s aor act impv*, compel
⁷ γεμίζω *3s aor pas sub*, fill
⁸ γεύομαι *3s fut mid ind*, taste
⁹ δεῖπνον, -ου *n*, banquet
¹⁰ συμπορεύομαι *3p impf mid ind*, gather around
¹¹ στρέφω *aor pas ptc m s nom*, intrans pas turn
¹² ἀδελφή, -ῆς *f*, sister
¹³ βαστάζω *3s pres act ind*, carry
¹⁴ σταυρός, -οῦ *m*, cross
¹⁵ πύργος, -ου *m*, tower
¹⁶ ψηφίζω *3s pres act ind*, figure out
¹⁷ δαπάνη, -ης *f*, cost
¹⁸ ἀπαρτισμός, -οῦ *m*, completion
¹⁹ μήποτε, *conj*, so that ... will not
²⁰ τίθημι *aor act ptc m s gen*, lay
²¹ θεμέλιον, -ου *n*, foundation
²² ἰσχύω *pres act ptc m s gen*, be able
²³ ἐκτελέω *aor act inf*, finish
²⁴ ἄρχω *3p aor mid sub*, *mid* begin
²⁵ ἐμπαίζω *pres act inf*, make fun of
²⁶ ἄρχω *3s aor mid ind*, *mid* begin
²⁷ συμβάλλω *aor act inf*, meet
²⁸ πόλεμος, -ου *m*, war
²⁹ βουλεύω *3s fut mid ind*, consider
³⁰ δέκα, ten
³¹ χιλιάς, -άδος *f*, (group of) a thousand
³² ὑπαντάω *aor act inf*, oppose
³³ εἴκοσι, twenty
³⁴ γέ, *emphatic particle*
³⁵ πόρρω, *adv*, far away
³⁶ πρεσβεία, -ας *f*, (group of) messengers
³⁷ ἀποτάσσομαι *3s pres mid ind*, give up

Tasteless Salt (Mt 5.13; Mk 9.50)

34 Καλὸν οὖν τὸ ἅλας[1]· ἐὰν δὲ καὶ τὸ ἅλας μωρανθῇ[2], ἐν τίνι ἀρτυθήσεται[3]; **35** οὔτε εἰς γῆν οὔτε εἰς κοπρίαν[4] εὔθετόν[5] ἐστιν, ἔξω βάλλουσιν αὐτό. ὁ ἔχων ὦτα ἀκούειν ἀκουέτω.

The Parable of the Lost Sheep (Mt 18.12-14)

15 Ἦσαν δὲ αὐτῷ ἐγγίζοντες πάντες οἱ τελῶναι[6] καὶ οἱ ἁμαρτωλοὶ ἀκούειν αὐτοῦ. **2** καὶ διεγόγγυζον[7] οἵ τε Φαρισαῖοι καὶ οἱ γραμματεῖς λέγοντες ὅτι οὗτος ἁμαρτωλοὺς προσδέχεται[8] καὶ συνεσθίει[9] αὐτοῖς.

3 Εἶπεν δὲ πρὸς αὐτοὺς τὴν παραβολὴν ταύτην λέγων· **4** τίς ἄνθρωπος ἐξ ὑμῶν ἔχων ἑκατὸν[10] πρόβατα καὶ ἀπολέσας[11] ἐξ αὐτῶν ἓν οὐ καταλείπει[12] τὰ ἐνενήκοντα[13] ἐννέα[14] ἐν τῇ ἐρήμῳ καὶ πορεύεται ἐπὶ τὸ ἀπολωλὸς[15] ἕως εὕρῃ αὐτό; **5** καὶ εὑρὼν[16] ἐπιτίθησιν ἐπὶ τοὺς ὤμους[17] αὐτοῦ χαίρων **6** καὶ ἐλθὼν εἰς τὸν οἶκον συγκαλεῖ[18] τοὺς φίλους[19] καὶ τοὺς γείτονας[20] λέγων αὐτοῖς· συγχάρητέ[21] μοι, ὅτι εὗρον τὸ πρόβατόν μου τὸ ἀπολωλός. **7** λέγω ὑμῖν ὅτι οὕτως χαρὰ ἐν τῷ οὐρανῷ ἔσται ἐπὶ ἑνὶ ἁμαρτωλῷ μετανοοῦντι ἢ ἐπὶ ἐνενήκοντα ἐννέα δικαίοις οἵτινες οὐ χρείαν ἔχουσιν μετανοίας[22].

The Parable of the Lost Coin

8 Ἢ τίς γυνὴ δραχμὰς[23] ἔχουσα δέκα[24] ἐὰν ἀπολέσῃ[25] δραχμὴν μίαν, οὐχὶ ἅπτει λύχνον[26] καὶ σαροῖ[27] τὴν οἰκίαν καὶ ζητεῖ ἐπιμελῶς[28] ἕως οὗ εὕρῃ; **9** καὶ εὑροῦσα συγκαλεῖ τὰς φίλας καὶ γείτονας λέγουσα· συγχάρητέ μοι, ὅτι εὗρον τὴν δραχμὴν ἣν ἀπώλεσα. **10** οὕτως, λέγω ὑμῖν, γίνεται χαρὰ ἐνώπιον τῶν ἀγγέλων τοῦ θεοῦ ἐπὶ ἑνὶ ἁμαρτωλῷ μετανοοῦντι.

---

[1] ἅλας, -ατος n, salt
[2] μωραίνω 3s aor pas sub, pas become tasteless
[3] ἀρτύω 3s fut pas ind, restore flavor
[4] κοπρία, -ας f, manure pile
[5] εὔθετος, -ον, fit
[6] τελώνης, -ου m, tax collector
[7] διαγογγύζω 3p impf act ind, grumble
[8] προσδέχομαι 3s pres mid ind, welcome
[9] συνεσθίω 3s pres act ind, eat with
[10] ἑκατόν, one hundred
[11] ἀπόλλυμι aor act ptc m s nom, lose
[12] καταλείπω 3s pres act ind, leave (behind)
[13] ἐνενήκοντα, ninety
[14] ἐννέα, nine
[15] ἀπόλλυμι pf act ptc n s acc, lose
[16] εὑρίσκω aor act ptc m s nom, find
[17] ὦμος, -ου m, shoulder
[18] συγκαλέω 3s pres act ind, call together
[19] φίλος, -ου m, friend
[20] γείτων, -ονος m, neighbor
[21] συγχαίρω 2p aor pas impv, pas rejoice with
[22] μετάνοια, -ας f, repentance
[23] δραχμή, -ῆς f, drachma (Greek silver coin about = denarius)
[24] δέκα, ten
[25] ἀπόλλυμι 3s aor act sub, lose
[26] λύχνος, -ου m, lamp
[27] σαρόω 3s pres act ind, sweep
[28] ἐπιμελῶς, adv, carefully

The Parable of the Lost Son

11 Εἶπεν δέ· ἄνθρωπός τις εἶχεν δύο υἱούς. 12 καὶ εἶπεν ὁ νεώτερος¹ αὐτῶν τῷ πατρί· πάτερ, δός² μοι τὸ ἐπιβάλλον³ μέρος τῆς οὐσίας⁴. ὁ δὲ διεῖλεν⁵ αὐτοῖς τὸν βίον⁶. 13 καὶ μετ' οὐ πολλὰς ἡμέρας συναγαγὼν πάντα ὁ νεώτερος υἱὸς ἀπεδήμησεν⁷ εἰς χώραν⁸ μακρὰν⁹ καὶ ἐκεῖ διεσκόρπισεν¹⁰ τὴν οὐσίαν¹¹ αὐτοῦ ζῶν ἀσώτως¹². 14 δαπανήσαντος¹³ δὲ αὐτοῦ πάντα ἐγένετο λιμὸς¹⁴ ἰσχυρὰ¹⁵ κατὰ τὴν χώραν¹⁶ ἐκείνην, καὶ αὐτὸς ἤρξατο¹⁷ ὑστερεῖσθαι¹⁸. 15 καὶ πορευθεὶς ἐκολλήθη¹⁹ ἑνὶ τῶν πολιτῶν²⁰ τῆς χώρας ἐκείνης, καὶ ἔπεμψεν αὐτὸν εἰς τοὺς ἀγροὺς αὐτοῦ βόσκειν²¹ χοίρους²², 16 καὶ ἐπεθύμει²³ χορτασθῆναι²⁴ ἐκ τῶν κερατίων²⁵ ὧν ἤσθιον οἱ χοῖροι, καὶ οὐδεὶς ἐδίδου²⁶ αὐτῷ. 17 εἰς ἑαυτὸν δὲ ἐλθὼν ἔφη· πόσοι²⁷ μίσθιοι²⁸ τοῦ πατρός μου περισσεύονται ἄρτων, ἐγὼ δὲ λιμῷ ὧδε ἀπόλλυμαι. 18 ἀναστὰς²⁹ πορεύσομαι πρὸς τὸν πατέρα μου καὶ ἐρῶ³⁰ αὐτῷ· πάτερ, ἥμαρτον εἰς τὸν οὐρανὸν καὶ ἐνώπιόν σου, 19 οὐκέτι εἰμὶ ἄξιος κληθῆναι³¹ υἱός σου· ποίησόν με ὡς ἕνα τῶν μισθίων σου. 20 καὶ ἀναστὰς ἦλθεν πρὸς τὸν πατέρα ἑαυτοῦ. ἔτι δὲ αὐτοῦ μακρὰν³² ἀπέχοντος³³ εἶδεν αὐτὸν ὁ πατὴρ αὐτοῦ καὶ ἐσπλαγχνίσθη³⁴ καὶ δραμὼν³⁵ ἐπέπεσεν³⁶ ἐπὶ τὸν τράχηλον³⁷ αὐτοῦ καὶ κατεφίλησεν³⁸ αὐτόν. 21 εἶπεν δὲ ὁ υἱὸς αὐτῷ· πάτερ, ἥμαρτον εἰς τὸν οὐρανὸν καὶ ἐνώπιόν σου, οὐκέτι εἰμὶ ἄξιος κληθῆναι υἱός σου. 22 εἶπεν δὲ ὁ πατὴρ πρὸς τοὺς δούλους αὐτοῦ· ταχὺ³⁹ ἐξενέγκατε⁴⁰ στολὴν⁴¹ τὴν πρώτην καὶ ἐνδύσατε⁴² αὐτόν, καὶ δότε⁴³ δακτύλιον⁴⁴ εἰς τὴν χεῖρα αὐτοῦ καὶ ὑποδήματα⁴⁵ εἰς τοὺς πόδας, 23 καὶ φέρετε τὸν μόσχον⁴⁶ τὸν σιτευτόν⁴⁷, θύσατε⁴⁸, καὶ φαγόντες⁴⁹ εὐφρανθῶμεν⁵⁰, 24 ὅτι οὗτος ὁ υἱός μου νεκρὸς ἦν καὶ

---

[1] νέος, young (comp)
[2] δίδωμι 2s aor act impv, give
[3] ἐπιβάλλω pres act ptc n s acc, fall to (by inheritance)
[4] οὐσία, -ας f, property
[5] διαιρέω 3s aor act ind, divide
[6] βίος, -ου m, property
[7] ἀποδημέω 3s aor act ind, leave
[8] χώρα, -ας f, country
[9] μακρός, -ά/όν, distant
[10] διασκορπίζω 3s aor act ind, squander
[11] οὐσία, -ας f, money
[12] ἀσώτως, adv, recklessly
[13] δαπανάω aor act ptc m s gen, spend
[14] λιμός, -οῦ m & f, famine
[15] ἰσχυρός, -ά/όν, severe
[16] χώρα, -ας f, country
[17] ἄρχω 3s aor mid ind, mid begin
[18] ὑστερέω pres pas inf, pas be in need

[19] κολλάομαι 3s aor pas ind, hire oneself out to
[20] πολίτης, -ου m, citizen
[21] βόσκω pres act inf, tend
[22] χοῖρος, -ου m, pig
[23] ἐπιθυμέω 3s impf act ind, long (for something)
[24] χορτάζω aor pas inf, pas eat one's fill
[25] κεράτιον, -ου n, pod (of a carob tree)
[26] δίδωμι 3s impf act ind, give
[27] πόσος, -η/ον, how many
[28] μίσθιος, -ου m, hired worker
[29] ἀνίστημι aor act ptc m s nom, intrans get up
[30] λέγω 1s fut act ind, say
[31] καλέω aor pas inf, call
[32] μακράν, adv, far off
[33] ἀπέχω pres act ptc m s gen, intrans be distant

[34] σπλαγχνίζομαι 3s aor pas ind, have pity
[35] τρέχω aor act ptc m s nom, run
[36] ἐπιπίπτω 3s aor act ind, fall
[37] τράχηλος, -ου m, neck
[38] καταφιλέω 3s aor act ind, kiss
[39] ταχύς, adv, quickly
[40] ἐκφέρω 2p aor act impv, bring
[41] στολή, -ῆς f, robe
[42] ἐνδύω 2p aor act impv, put (something) on
[43] δίδωμι 2p aor act impv, give
[44] δακτύλιος, -ου m, ring
[45] ὑπόδημα, -τος n, sandal
[46] μόσχος, -ου m, calf
[47] σιτευτός, -ή/όν, fattened
[48] θύω 2p aor act impv, kill
[49] ἐσθίω aor act ptc m p nom, eat
[50] εὐφραίνω 1p aor pas sub, pas celebrate

ἀνέζησεν¹, ἣν ἀπολωλὼς² καὶ εὑρέθη³. καὶ ἤρξαντο⁴ εὐφραίνεσθαι. 25 ἦν δὲ ὁ υἱὸς αὐτοῦ ὁ πρεσβύτερος ἐν ἀγρῷ· καὶ ὡς ἐρχόμενος ἤγγισεν τῇ οἰκίᾳ, ἤκουσεν συμφωνίας⁵ καὶ χορῶν⁶, 26 καὶ προσκαλεσάμενος⁷ ἕνα τῶν παίδων⁸ ἐπυνθάνετο⁹ τί ἂν εἴη¹⁰ ταῦτα. 27 ὁ δὲ εἶπεν αὐτῷ ὅτι ὁ ἀδελφός σου ἥκει¹¹, καὶ ἔθυσεν¹² ὁ πατήρ σου τὸν μόσχον τὸν σιτευτόν, ὅτι ὑγιαίνοντα¹³ αὐτὸν ἀπέλαβεν¹⁴. 28 ὠργίσθη¹⁵ δὲ καὶ οὐκ ἤθελεν εἰσελθεῖν, ὁ δὲ πατὴρ αὐτοῦ ἐξελθὼν παρεκάλει αὐτόν. 29 ὁ δὲ ἀποκριθεὶς εἶπεν τῷ πατρὶ αὐτοῦ· ἰδοὺ τοσαῦτα¹⁶ ἔτη δουλεύω¹⁷ σοι καὶ οὐδέποτε¹⁸ ἐντολήν σου παρῆλθον¹⁹, καὶ ἐμοὶ οὐδέποτε ἔδωκας ἔριφον²⁰ ἵνα μετὰ τῶν φίλων²¹ μου εὐφρανθῶ²². 30 ὅτε δὲ ὁ υἱός σου οὗτος ὁ καταφαγών²³ σου τὸν βίον²⁴ μετὰ πορνῶν²⁵ ἦλθεν, ἔθυσας αὐτῷ τὸν σιτευτὸν μόσχον. 31 ὁ δὲ εἶπεν αὐτῷ· τέκνον, σὺ πάντοτε μετ' ἐμοῦ εἶ, καὶ πάντα τὰ ἐμὰ σά²⁶ ἐστιν· 32 εὐφρανθῆναι δὲ καὶ χαρῆναι²⁷ ἔδει, ὅτι ὁ ἀδελφός σου οὗτος νεκρὸς ἦν καὶ ἔζησεν, καὶ ἀπολωλὼς²⁸ καὶ εὑρέθη²⁹.

The Parable of the Dishonest Steward

16 Ἔλεγεν δὲ καὶ πρὸς τοὺς μαθητάς· ἄνθρωπός τις ἦν πλούσιος³⁰ ὃς εἶχεν οἰκονόμον³¹, καὶ οὗτος διεβλήθη³² αὐτῷ ὡς διασκορπίζων³³ τὰ ὑπάρχοντα αὐτοῦ. 2 καὶ φωνήσας αὐτὸν εἶπεν αὐτῷ· τί τοῦτο ἀκούω περὶ σοῦ; ἀπόδος³⁴ τὸν λόγον τῆς οἰκονομίας³⁵ σου, οὐ γὰρ δύνῃ³⁶ ἔτι οἰκονομεῖν³⁷. 3 εἶπεν δὲ ἐν ἑαυτῷ ὁ οἰκονόμος· τί ποιήσω, ὅτι ὁ κύριός μου ἀφαιρεῖται³⁸ τὴν οἰκονομίαν ἀπ' ἐμοῦ; σκάπτειν³⁹ οὐκ ἰσχύω⁴⁰, ἐπαιτεῖν⁴¹ αἰσχύνομαι⁴². 4 ἔγνων⁴³ τί ποιήσω, ἵνα ὅταν μετασταθῶ⁴⁴ ἐκ τῆς οἰκονομίας δέξωνταί με εἰς τοὺς οἴκους αὐτῶν. 5 καὶ

---

[1] ἀναζάω 3s aor act ind, come back to life
[2] ἀπόλλυμι pf act ptc m s nom, be lost
[3] εὑρίσκω 3s aor pas ind, find
[4] ἄρχω 3p aor mid ind, mid begin
[5] συμφωνία, -ας f, music
[6] χορός, -οῦ m, dancing
[7] προσκαλέομαι aor mid ptc m s nom, call to oneself
[8] παῖς, παιδός m & f, servant
[9] πυνθάνομαι 3s impf mid ind, ask
[10] εἰμί 3s pres act opt, be
[11] ἥκω 3s pres act ind, (has) come
[12] θύω 3s aor act ind, kill
[13] ὑγιαίνω pres act ptc m s acc, be (safe and) sound
[14] ἀπολαμβάνω 3s aor act ind, get back
[15] ὀργίζω 3s aor pas ind, pas be angry
[16] τοσοῦτος, -αύτη/οῦτον, pl so many
[17] δουλεύω 1s pres act ind, serve
[18] οὐδέποτε, adv, never
[19] παρέρχομαι 1s aor act ind, disobey
[20] ἔριφος, -ου m, goat
[21] φίλος, -ου m, friend
[22] εὐφραίνω 1s aor pas sub, pas celebrate
[23] κατεσθίω aor act ptc m s nom, waste
[24] βίος, -ου m, property
[25] πόρνη, -ης f, prostitute
[26] σός, σή, σόν, your(s)
[27] χαίρω aor pas inf, pas be glad
[28] ἀπόλλυμι pf act ptc m s nom, be lost
[29] εὑρίσκω 3s aor pas ind, find
[30] πλούσιος, -α/ον, rich
[31] οἰκονόμος, -ου m, manager
[32] διαβάλλω 3s aor pas ind, bring charges
[33] διασκορπίζω pres act ptc m s nom, waste
[34] ἀποδίδωμι 2s aor act impv, give (ἀ. τὸν λόγον give account)
[35] οἰκονομία, -ας f, management
[36] δύναμαι 2s pres pas ind, can
[37] οἰκονομέω pres act inf, be manager
[38] ἀφαιρέω 3s pres mid ind, take away
[39] σκάπτω pres act inf, dig
[40] ἰσχύω 1s pres act ind, be able
[41] ἐπαιτέω pres act inf, beg
[42] αἰσχύνω 1s pres mid ind, mid be ashamed
[43] γινώσκω 1s aor act ind, know
[44] μεθίστημι 1s aor pas sub, remove

προσκαλεσάμενος¹ ἕνα ἕκαστον τῶν χρεοφειλετῶν² τοῦ κυρίου ἑαυτοῦ ἔλεγεν τῷ πρώτῳ· πόσον³ ὀφείλεις τῷ κυρίῳ μου; 6 ὁ δὲ εἶπεν· ἑκατὸν⁴ βάτους⁵ ἐλαίου⁶. ὁ δὲ εἶπεν αὐτῷ· δέξαι⁷ σου τὰ γράμματα⁸ καὶ καθίσας ταχέως⁹ γράψον πεντήκοντα¹⁰. 7 ἔπειτα¹¹ ἑτέρῳ εἶπεν· σὺ δὲ πόσον ὀφείλεις; ὁ δὲ εἶπεν· ἑκατὸν κόρους¹² σίτου¹³. λέγει αὐτῷ· δέξαι σου τὰ γράμματα καὶ γράψον ὀγδοήκοντα¹⁴. 8 καὶ ἐπῄνεσεν¹⁵ ὁ κύριος τὸν οἰκονόμον τῆς ἀδικίας¹⁶ ὅτι φρονίμως¹⁷ ἐποίησεν· ὅτι οἱ υἱοὶ τοῦ αἰῶνος τούτου φρονιμώτεροι¹⁸ ὑπὲρ τοὺς υἱοὺς τοῦ φωτὸς εἰς τὴν γενεὰν τὴν ἑαυτῶν εἰσιν. 9 καὶ ἐγὼ ὑμῖν λέγω, ἑαυτοῖς ποιήσατε φίλους¹⁹ ἐκ τοῦ μαμωνᾶ²⁰ τῆς ἀδικίας, ἵνα ὅταν ἐκλίπῃ²¹ δέξωνται ὑμᾶς εἰς τὰς αἰωνίους σκηνάς²².

10 Ὁ πιστὸς ἐν ἐλαχίστῳ²³ καὶ ἐν πολλῷ πιστός ἐστιν, καὶ ὁ ἐν ἐλαχίστῳ ἄδικος²⁴ καὶ ἐν πολλῷ ἄδικός ἐστιν. 11 εἰ οὖν ἐν τῷ ἀδίκῳ μαμωνᾷ πιστοὶ οὐκ ἐγένεσθε, τὸ ἀληθινὸν²⁵ τίς ὑμῖν πιστεύσει; 12 καὶ εἰ ἐν τῷ ἀλλοτρίῳ²⁶ πιστοὶ οὐκ ἐγένεσθε, τὸ ὑμέτερον²⁷ τίς ὑμῖν δώσει²⁸; 13 Οὐδεὶς οἰκέτης²⁹ δύναται δυσὶν κυρίοις δουλεύειν³⁰· ἢ γὰρ τὸν ἕνα μισήσει καὶ τὸν ἕτερον ἀγαπήσει, ἢ ἑνὸς ἀνθέξεται³¹ καὶ τοῦ ἑτέρου καταφρονήσει³². οὐ δύνασθε θεῷ δουλεύειν καὶ μαμωνᾷ.

The Law and the Kingdom of God (Mt 11.12-13)

14 Ἤκουον δὲ ταῦτα πάντα οἱ Φαρισαῖοι φιλάργυροι³³ ὑπάρχοντες καὶ ἐξεμυκτήριζον³⁴ αὐτόν. 15 καὶ εἶπεν αὐτοῖς· ὑμεῖς ἐστε οἱ δικαιοῦντες ἑαυτοὺς ἐνώπιον τῶν ἀνθρώπων, ὁ δὲ θεὸς γινώσκει τὰς καρδίας ὑμῶν· ὅτι τὸ ἐν ἀνθρώποις ὑψηλὸν³⁵ βδέλυγμα³⁶ ἐνώπιον τοῦ θεοῦ.

---

[1] προσκαλέομαι aor mid ptc m s nom, call
[2] χρεοφειλέτης, -ου m, debtor
[3] πόσος, -η/ον, how much?
[4] ἑκατόν, one hundred
[5] βάτος, -ου m, bath (liquid measure = about 8.1 gallons or 39 liters)
[6] ἔλαιον, -ου n, olive oil
[7] δέχομαι 2s aor mid impv, take
[8] γράμμα, -τος n, bill
[9] ταχέως, adv, quickly
[10] πεντήκοντα, fifty
[11] ἔπειτα, adv, then
[12] κόρος, -ου m, cor (a dry measure = about 10-12 bushels or 370 liters)
[13] σῖτος, -ου m, wheat
[14] ὀγδοήκοντα, eighty
[15] ἐπαινέω 3s aor act ind, commend
[16] ἀδικία, -ας f, evil
[17] φρονίμως, adv, shrewdly
[18] φρόνιμος, shrewd (comp)
[19] φίλος, -ου m, friend
[20] μαμωνᾶς, -ᾶ m, wealth
[21] ἐκλείπω 3s aor act sub, give out
[22] σκηνή, -ῆς f, home
[23] ἐλάχιστος, smallest (super of μικρός)
[24] ἄδικος, -ον, dishonest
[25] ἀληθινός, -ή/όν, true
[26] ἀλλότριος, -α/ον, belonging to another
[27] ὑμέτερος, -α/ον, your(s)
[28] δίδωμι 3s fut act ind, give
[29] οἰκέτης, -ου m, servant
[30] δουλεύω pres act inf, serve
[31] ἀντέχομαι 3s fut mid ind, be loyal to
[32] καταφρονέω 3s fut act ind, despise
[33] φιλάργυρος, -ον, fond of money
[34] ἐκμυκτηρίζω 3p impf act ind, make fun of
[35] ὑψηλός, -ή/όν, of high value (τὸ ὑ. something of high value)
[36] βδέλυγμα, -τος n, something detestable

16 Ὁ νόμος καὶ οἱ προφῆται μέχρι¹ Ἰωάννου· ἀπὸ τότε ἡ βασιλεία τοῦ θεοῦ εὐαγγελίζεται καὶ πᾶς εἰς αὐτὴν βιάζεται². 17 εὐκοπώτερον³ δέ ἐστιν τὸν οὐρανὸν καὶ τὴν γῆν παρελθεῖν⁴ ἢ τοῦ νόμου μίαν κεραίαν⁵ πεσεῖν⁶. 18 Πᾶς ὁ ἀπολύων τὴν γυναῖκα αὐτοῦ καὶ γαμῶν⁷ ἑτέραν μοιχεύει⁸, καὶ ὁ ἀπολελυμένην ἀπὸ ἀνδρὸς γαμῶν μοιχεύει.

The Rich Man and Lazarus

19 Ἄνθρωπος δέ τις ἦν πλούσιος⁹, καὶ ἐνεδιδύσκετο¹⁰ πορφύραν¹¹ καὶ βύσσον¹² εὐφραινόμενος¹³ καθ᾽ ἡμέραν λαμπρῶς¹⁴. 20 πτωχὸς δέ τις ὀνόματι Λάζαρος ἐβέβλητο¹⁵ πρὸς τὸν πυλῶνα¹⁶ αὐτοῦ εἱλκωμένος¹⁷ 21 καὶ ἐπιθυμῶν¹⁸ χορτασθῆναι¹⁹ ἀπὸ τῶν πιπτόντων ἀπὸ τῆς τραπέζης²⁰ τοῦ πλουσίου· ἀλλὰ καὶ οἱ κύνες²¹ ἐρχόμενοι ἐπέλειχον²² τὰ ἕλκη²³ αὐτοῦ. 22 ἐγένετο δὲ ἀποθανεῖν²⁴ τὸν πτωχὸν καὶ ἀπενεχθῆναι αὐτὸν ὑπὸ τῶν ἀγγέλων εἰς τὸν κόλπον²⁶ Ἀβραάμ· ἀπέθανεν δὲ καὶ ὁ πλούσιος καὶ ἐτάφη²⁷. 23 καὶ ἐν τῷ ᾅδῃ²⁸ ἐπάρας²⁹ τοὺς ὀφθαλμοὺς αὐτοῦ, ὑπάρχων ἐν βασάνοις³⁰, ὁρᾷ Ἀβραὰμ ἀπὸ μακρόθεν³¹ καὶ Λάζαρον ἐν τοῖς κόλποις αὐτοῦ. 24 καὶ αὐτὸς φωνήσας εἶπεν· πάτερ Ἀβραάμ, ἐλέησόν³² με καὶ πέμψον Λάζαρον ἵνα βάψῃ³³ τὸ ἄκρον³⁴ τοῦ δακτύλου³⁵ αὐτοῦ ὕδατος καὶ καταψύξῃ³⁶ τὴν γλῶσσάν μου, ὅτι ὀδυνῶμαι³⁷ ἐν τῇ φλογὶ³⁸ ταύτῃ. 25 εἶπεν δὲ Ἀβραάμ· τέκνον, μνήσθητι³⁹ ὅτι ἀπέλαβες⁴⁰ τὰ ἀγαθά σου ἐν τῇ ζωῇ σου, καὶ Λάζαρος ὁμοίως⁴¹ τὰ κακά· νῦν δὲ ὧδε παρακαλεῖται, σὺ δὲ ὀδυνᾶσαι. 26 καὶ ἐν πᾶσιν τούτοις μεταξὺ⁴²

---

¹ μέχρι, prep + gen, until
² βιάζω 3s pres mid ind, mid enter by force
³ εὔκοπος, easy (comp)
⁴ παρέρχομαι aor act inf, pass away
⁵ κεραία, -ας f, stroke (of something written)
⁶ πίπτω aor act inf, come to an end
⁷ γαμέω pres act ptc m s nom, marry
⁸ μοιχεύω 3s pres act ind, commit adultery
⁹ πλούσιος, -α/ον, rich
¹⁰ ἐνδιδύσκω 3s impf mid ind, mid wear
¹¹ πορφύρα, -ας f, purple (= expensive) clothing
¹² βύσσος, -ου f, fine linen
¹³ εὐφραίνω pres pas ptc m s nom, pas be glad
¹⁴ λαμπρῶς, adv, (living) in luxury
¹⁵ βάλλω 3s plpf pas ind, place
¹⁶ πυλών, -ῶνος m, gate
¹⁷ ἑλκόω pf pas ptc m s nom, pas be covered with sores
¹⁸ ἐπιθυμέω pres act ptc m s nom, long (for something)
¹⁹ χορτάζω aor pas inf, pas eat one's fill
²⁰ τράπεζα, -ης f, table
²¹ κύων, κυνός m, dog
²² ἐπιλείχω 3p impf act ind, lick
²³ ἕλκος, -ους n, sore
²⁴ ἀποθνήσκω aor act inf, die
²⁵ ἀποφέρω aor pas inf, take (away)
²⁶ κόλπος, -ου m, chest (εἰς τὸν κ. Ἀβραάμ next to Abraham)
²⁷ θάπτω 3s aor pas ind, bury
²⁸ ᾅδης, -ου m, Hades/world of the dead
²⁹ ἐπαίρω aor act ptc m s nom, lift up
³⁰ βάσανος, -ου f, pain
³¹ μακρόθεν, adv, far off (ἀπὸ μ. far off)
³² ἐλεέω/ἐλεάω 2s aor act impv, have pity
³³ βάπτω 3s aor act sub, dip
³⁴ ἄκρον, -ου n, tip
³⁵ δάκτυλος, -ου m, finger
³⁶ καταψύχω 3s aor act sub, cool
³⁷ ὀδυνάομαι 1s pres pas ind, suffer terribly
³⁸ φλόξ, φλογός f, flame
³⁹ μιμνῄσκομαι 2s aor pas impv, remember
⁴⁰ ἀπολαμβάνω 2s aor act ind, receive
⁴¹ ὁμοίως, adv, in the same way
⁴² μεταξύ, prep + gen, between

ἡμῶν καὶ ὑμῶν χάσμα¹ μέγα ἐστήρικται², ὅπως οἱ θέλοντες διαβῆναι³ ἔνθεν⁴ πρὸς ὑμᾶς μὴ δύνωνται, μηδὲ ἐκεῖθεν⁵ πρὸς ἡμᾶς διαπερῶσιν⁶. 27 εἶπεν δέ· ἐρωτῶ σε οὖν, πάτερ, ἵνα πέμψῃς αὐτὸν εἰς τὸν οἶκον τοῦ πατρός μου, 28 ἔχω γὰρ πέντε ἀδελφούς, ὅπως διαμαρτύρηται⁷ αὐτοῖς, ἵνα μὴ καὶ αὐτοὶ ἔλθωσιν⁸ εἰς τὸν τόπον τοῦτον τῆς βασάνου. 29 λέγει δὲ Ἀβραάμ· ἔχουσιν Μωϋσέα καὶ τοὺς προφήτας· ἀκουσάτωσαν αὐτῶν. 30 ὁ δὲ εἶπεν· οὐχί, πάτερ Ἀβραάμ, ἀλλ' ἐάν τις ἀπὸ νεκρῶν πορευθῇ πρὸς αὐτοὺς μετανοήσουσιν. 31 εἶπεν δὲ αὐτῷ· εἰ Μωϋσέως καὶ τῶν προφητῶν οὐκ ἀκούουσιν, οὐδ' ἐάν τις ἐκ νεκρῶν ἀναστῇ⁹ πεισθήσονται¹⁰.

Some Sayings of Jesus (Mt 18.6-7, 21-22; Mk 9.42)

17 Εἶπεν δὲ πρὸς τοὺς μαθητὰς αὐτοῦ· ἀνένδεκτόν¹¹ ἐστιν τοῦ τὰ σκάνδαλα¹² μὴ ἐλθεῖν, πλὴν οὐαὶ δι' οὗ ἔρχεται· 2 λυσιτελεῖ¹³ αὐτῷ εἰ λίθος μυλικὸς¹⁴ περίκειται¹⁵ περὶ τὸν τράχηλον¹⁶ αὐτοῦ καὶ ἔρριπται¹⁷ εἰς τὴν θάλασσαν ἢ ἵνα σκανδαλίσῃ¹⁸ τῶν μικρῶν τούτων ἕνα. 3 προσέχετε¹⁹ ἑαυτοῖς.

Ἐὰν ἁμάρτῃ²⁰ ὁ ἀδελφός σου ἐπιτίμησον²¹ αὐτῷ, καὶ ἐὰν μετανοήσῃ ἄφες²² αὐτῷ. 4 καὶ ἐὰν ἑπτάκις²³ τῆς ἡμέρας ἁμαρτήσῃ εἰς σὲ καὶ ἑπτάκις ἐπιστρέψῃ²⁴ πρὸς σὲ λέγων· μετανοῶ, ἀφήσεις²⁵ αὐτῷ.

5 Καὶ εἶπαν οἱ ἀπόστολοι τῷ κυρίῳ· πρόσθες²⁶ ἡμῖν πίστιν. 6 εἶπεν δὲ ὁ κύριος· εἰ ἔχετε πίστιν ὡς κόκκον²⁷ σινάπεως²⁸, ἐλέγετε ἂν τῇ συκαμίνῳ²⁹ [ταύτῃ]· ἐκριζώθητι³⁰ καὶ φυτεύθητι³¹ ἐν τῇ θαλάσσῃ· καὶ ὑπήκουσεν³² ἂν ὑμῖν.

7 Τίς δὲ ἐξ ὑμῶν δοῦλον ἔχων ἀροτριῶντα³³ ἢ ποιμαίνοντα³⁴, ὃς εἰσελθόντι ἐκ τοῦ ἀγροῦ ἐρεῖ³⁵ αὐτῷ· εὐθέως παρελθὼν³⁶ ἀνάπεσε³⁷, 8 ἀλλ' οὐχὶ ἐρεῖ αὐτῷ· ἑτοίμασον τί δειπνήσω³⁸ καὶ περιζωσάμενος³⁹ διακόνει μοι ἕως φάγω⁴⁰ καὶ πίω⁴¹, καὶ

---

1 χάσμα, -τος n, chasm
2 στηρίζω 3s pf pas ind, set in place
3 διαβαίνω aor act inf, come over
4 ἔνθεν, adv, from here
5 ἐκεῖθεν, adv, from there
6 διαπεράω 3p pres act sub, cross over
7 διαμαρτύρομαι 3s pres mid sub, warn
8 ἔρχομαι 3p aor act sub, come
9 ἀνίστημι 3s aor act sub, intrans rise
10 πείθω 3p fut pas ind, persuade
11 ἀνένδεκτος, -ον, adj, impossible
12 σκάνδαλον, -ου n, stumbling block
13 λυσιτελέω 3s pres act ind, impers it is better
14 μυλικός, -ή/όν, mill
15 περίκειμαι 3s pres mid ind, be tied around
16 τράχηλος, -ου m, neck
17 ῥίπτω 3s pf pas ind, throw
18 σκανδαλίζω 3s aor act sub, cause someone to sin
19 προσέχω 2p pres act impv, pay close attention to
20 ἁμαρτάνω 3s aor act sub, sin
21 ἐπιτιμάω 2s aor act impv, rebuke
22 ἀφίημι 2s aor act impv, forgive
23 ἑπτάκις, adv, seven times
24 ἐπιστρέφω 3s aor act sub, turn
25 ἀφίημι 2s fut act ind, forgive
26 προστίθημι 2s aor act impv, increase
27 κόκκος, -ου m, seed
28 σίναπι, -εως n, mustard
29 συκάμινος, -ου f, mulberry tree
30 ἐκριζόω 2s aor pas impv, uproot
31 φυτεύω 2s aor pas impv, plant
32 ὑπακούω 3s aor act ind, obey
33 ἀροτριάω pres act ptc m s acc, plow
34 ποιμαίνω pres act ptc m s acc, keep sheep
35 λέγω 3s fut act ind, say
36 παρέρχομαι aor act ptc m s nom, come
37 ἀναπίπτω 2s aor act impv, sit at table
38 δειπνέω 1s aor act sub, eat
39 περιζώννυμι aor mid ptc m s nom, mid make oneself ready
40 ἐσθίω 1s aor act sub, eat
41 πίνω 1s aor act sub, drink

μετὰ ταῦτα φάγεσαι καὶ πίεσαι σύ; 9 μὴ ἔχει χάριν τῷ δούλῳ ὅτι ἐποίησεν τὰ διαταχθέντα[1]; 10 οὕτως καὶ ὑμεῖς, ὅταν ποιήσητε πάντα τὰ διαταχθέντα ὑμῖν, λέγετε ὅτι δοῦλοι ἀχρεῖοί[2] ἐσμεν, ὃ ὠφείλομεν ποιῆσαι πεποιήκαμεν.

The Healing of Ten Men with Leprosy

11 Καὶ ἐγένετο ἐν τῷ πορεύεσθαι εἰς Ἰερουσαλὴμ καὶ αὐτὸς διήρχετο διὰ μέσον Σαμαρείας καὶ Γαλιλαίας. 12 Καὶ εἰσερχομένου αὐτοῦ εἴς τινα κώμην[3] ἀπήντησαν[4] [αὐτῷ] δέκα[5] λεπροὶ[6] ἄνδρες, οἳ ἔστησαν[7] πόρρωθεν[8] 13 καὶ αὐτοὶ ἦραν[9] φωνὴν λέγοντες· Ἰησοῦ ἐπιστάτα[10], ἐλέησον[11] ἡμᾶς. 14 καὶ ἰδὼν εἶπεν αὐτοῖς· πορευθέντες ἐπιδείξατε[12] ἑαυτοὺς τοῖς ἱερεῦσιν. καὶ ἐγένετο ἐν τῷ ὑπάγειν αὐτοὺς ἐκαθαρίσθησαν. 15 εἷς δὲ ἐξ αὐτῶν, ἰδὼν ὅτι ἰάθη[13], ὑπέστρεψεν μετὰ φωνῆς μεγάλης δοξάζων τὸν θεόν, 16 καὶ ἔπεσεν[14] ἐπὶ πρόσωπον παρὰ τοὺς πόδας αὐτοῦ εὐχαριστῶν αὐτῷ· καὶ αὐτὸς ἦν Σαμαρίτης. 17 ἀποκριθεὶς δὲ ὁ Ἰησοῦς εἶπεν· οὐχὶ οἱ δέκα ἐκαθαρίσθησαν; οἱ δὲ ἐννέα[15] ποῦ; 18 οὐχ εὑρέθησαν[16] ὑποστρέψαντες[17] δοῦναι δόξαν τῷ θεῷ εἰ μὴ ὁ ἀλλογενὴς[18] οὗτος; 19 καὶ εἶπεν αὐτῷ· ἀναστὰς[19] πορεύου· ἡ πίστις σου σέσωκέν σε.

The Coming of the Kingdom (Mt 24.23-28, 37-41)

20 Ἐπερωτηθεὶς δὲ ὑπὸ τῶν Φαρισαίων πότε[20] ἔρχεται ἡ βασιλεία τοῦ θεοῦ ἀπεκρίθη αὐτοῖς καὶ εἶπεν· οὐκ ἔρχεται ἡ βασιλεία τοῦ θεοῦ μετὰ παρατηρήσεως[21], 21 οὐδὲ ἐροῦσιν[22]· ἰδοὺ ὧδε ἤ· ἐκεῖ, ἰδοὺ γὰρ ἡ βασιλεία τοῦ θεοῦ ἐντὸς[23] ὑμῶν ἐστιν. 22 Εἶπεν δὲ πρὸς τοὺς μαθητάς· ἐλεύσονται[24] ἡμέραι ὅτε ἐπιθυμήσετε[25] μίαν τῶν ἡμερῶν τοῦ υἱοῦ τοῦ ἀνθρώπου ἰδεῖν καὶ οὐκ ὄψεσθε[26]. 23 καὶ ἐροῦσιν ὑμῖν· ἰδοὺ ἐκεῖ, [ἤ·] ἰδοὺ ὧδε· μὴ ἀπέλθητε[27] μηδὲ διώξητε. 24 ὥσπερ γὰρ ἡ ἀστραπὴ[28] ἀστράπτουσα[29] ἐκ τῆς ὑπὸ τὸν οὐρανὸν εἰς τὴν ὑπ' οὐρανὸν λάμπει[30], οὕτως ἔσται ὁ υἱὸς τοῦ ἀνθρώπου [ἐν τῇ ἡμέρᾳ αὐτοῦ]. 25 πρῶτον δὲ δεῖ αὐτὸν πολλὰ παθεῖν[31]

[1] διατάσσω *aor pas ptc n p acc*, order
[2] ἀχρεῖος, -ον, unworthy
[3] κώμη, -ης f, village
[4] ἀπαντάω *3p aor act ind*, meet
[5] δέκα, ten
[6] λεπρός, -οῦ m, leper/person with a skin disease
[7] ἵστημι *3p aor act ind, intrans* stand
[8] πόρρωθεν, *adv*, at a distance
[9] αἴρω *3p aor act ind*, lift up
[10] ἐπιστάτης, -ου m, Master (of Christ)
[11] ἐλεέω/ἐλεάω *2s aor act impv*, have pity
[12] ἐπιδείκνυμι *2p aor act impv*, show
[13] ἰάομαι *3s aor pas ind*, heal
[14] πίπτω *3s aor act ind*, fall
[15] ἐννέα, nine
[16] εὑρίσκω *3p aor pas ind*, find
[17] ὑποστρέφω *aor act ptc m p nom*, return
[18] ἀλλογενής, -οῦς m, foreigner
[19] ἀνίστημι *aor act ptc m s nom, intrans* get up
[20] πότε, *adv*, when
[21] παρατήρησις, -εως f, observation
[22] λέγω *3p fut act ind*, say
[23] ἐντός, *prep + gen*, in the midst of/within
[24] ἔρχομαι *3p fut mid ind*, come
[25] ἐπιθυμέω *2p fut act ind*, long for
[26] ὁράω *2p fut mid ind*, see
[27] ἀπέρχομαι *2p aor act sub*, go
[28] ἀστραπή, -ῆς f, lightning
[29] ἀστράπτω *pres act ptc f s nom*, flash
[30] λάμπω *3s pres act ind*, give light
[31] πάσχω *aor act inf*, suffer

καὶ ἀποδοκιμασθῆναι¹ ἀπὸ τῆς γενεᾶς ταύτης. 26 καὶ καθὼς ἐγένετο ἐν ταῖς ἡμέραις Νῶε, οὕτως ἔσται καὶ ἐν ταῖς ἡμέραις τοῦ υἱοῦ τοῦ ἀνθρώπου· 27 ἤσθιον, ἔπινον, ἐγάμουν², ἐγαμίζοντο³, ἄχρι ἧς ἡμέρας εἰσῆλθεν Νῶε εἰς τὴν κιβωτὸν⁴ καὶ ἦλθεν ὁ κατακλυσμὸς⁵ καὶ ἀπώλεσεν⁶ πάντας. 28 ὁμοίως⁷ καθὼς ἐγένετο ἐν ταῖς ἡμέραις Λώτ· ἤσθιον, ἔπινον, ἠγόραζον, ἐπώλουν⁸, ἐφύτευον⁹, ᾠκοδόμουν· 29 ᾗ δὲ ἡμέρᾳ ἐξῆλθεν Λὼτ ἀπὸ Σοδόμων, ἔβρεξεν¹⁰ πῦρ καὶ θεῖον¹¹ ἀπ' οὐρανοῦ καὶ ἀπώλεσεν πάντας. 30 κατὰ τὰ αὐτὰ ἔσται ᾗ ἡμέρᾳ ὁ υἱὸς τοῦ ἀνθρώπου ἀποκαλύπτεται¹². 31 ἐν ἐκείνῃ τῇ ἡμέρᾳ ὃς ἔσται ἐπὶ τοῦ δώματος¹³ καὶ τὰ σκεύη¹⁴ αὐτοῦ ἐν τῇ οἰκίᾳ, μὴ καταβάτω¹⁵ ἆραι¹⁶ αὐτά, καὶ ὁ ἐν ἀγρῷ ὁμοίως¹⁷ μὴ ἐπιστρεψάτω¹⁸ εἰς τὰ ὀπίσω. 32 μνημονεύετε¹⁹ τῆς γυναικὸς Λώτ. 33 ὃς ἐὰν ζητήσῃ τὴν ψυχὴν αὐτοῦ περιποιήσασθαι²⁰ ἀπολέσει²¹ αὐτήν, ὃς δ' ἂν ἀπολέσῃ ζῳογονήσει²² αὐτήν. 34 λέγω ὑμῖν, ταύτῃ τῇ νυκτὶ ἔσονται δύο ἐπὶ κλίνης²³ μιᾶς, ὁ εἷς παραλημφθήσεται²⁴ καὶ ὁ ἕτερος ἀφεθήσεται²⁵· 35 ἔσονται δύο ἀλήθουσαι²⁶ ἐπὶ τὸ αὐτό, ἡ μία παραλημφθήσεται, ἡ δὲ ἑτέρα ἀφεθήσεται, ⟦36 δύο ἐν τῷ ἀγρῷ, εἷς παραλημφθήσεται καὶ ὁ ἕτερος ἀφεθήσεται.⟧ 37 καὶ ἀποκριθέντες λέγουσιν αὐτῷ· ποῦ, κύριε; ὁ δὲ εἶπεν αὐτοῖς· ὅπου τὸ σῶμα, ἐκεῖ καὶ οἱ ἀετοὶ²⁷ ἐπισυναχθήσονται²⁸.

The Parable of the Widow and the Judge

18 Ἔλεγεν δὲ παραβολὴν αὐτοῖς πρὸς τὸ δεῖν πάντοτε προσεύχεσθαι αὐτοὺς καὶ μὴ ἐγκακεῖν²⁹, 2 λέγων· κριτής³⁰ τις ἦν ἔν τινι πόλει τὸν θεὸν μὴ φοβούμενος καὶ ἄνθρωπον μὴ ἐντρεπόμενος³¹. 3 χήρα³² δὲ ἦν ἐν τῇ πόλει ἐκείνῃ καὶ ἤρχετο πρὸς αὐτὸν λέγουσα· ἐκδίκησόν³³ με ἀπὸ τοῦ ἀντιδίκου³⁴ μου. 4 καὶ οὐκ ἤθελεν ἐπὶ χρόνον. μετὰ δὲ ταῦτα εἶπεν ἐν ἑαυτῷ· εἰ καὶ τὸν θεὸν οὐ φοβοῦμαι οὐδὲ ἄνθρωπον ἐντρέπομαι, 5 διά γε³⁵ τὸ παρέχειν³⁶ μοι κόπον³⁷ τὴν χήραν ταύτην ἐκδικήσω αὐτήν, ἵνα μὴ εἰς τέλος ἐρχομένη ὑπωπιάζῃ³⁸ με. 6 εἶπεν δὲ ὁ κύριος·

1 ἀποδοκιμάζω *aor pas inf*, reject
2 γαμέω *3p impf act ind*, marry
3 γαμίζω *3p impf pas ind*, give (a bride) in marriage
4 κιβωτός, -οῦ *f*, boat
5 κατακλυσμός, -οῦ *m*, flood
6 ἀπόλλυμι *3s aor act ind*, destroy
7 ὁμοίως, *adv*, in the same way
8 πωλέω *3p impf act ind*, sell
9 φυτεύω *3p impf act ind*, plant
10 βρέχω *3s aor act ind*, pour down
11 θεῖον, -ου *n*, sulphur
12 ἀποκαλύπτω *3s pres pas ind*, reveal
13 δῶμα, -τος *n*, housetop
14 σκεῦος, -ους *n*, thing
15 καταβαίνω *3s aor act impv*, go down
16 αἴρω *aor act inf*, take
17 ὁμοίως, *adv*, in the same way
18 ἐπιστρέφω *3s aor act impv*, intrans return
19 μνημονεύω *2p pres act impv*, remember
20 περιποιέω *aor mid inf*, mid save
21 ἀπόλλυμι *3s fut act ind*, lose
22 ζῳογονέω *3s fut act ind*, keep (something) alive
23 κλίνη, -ης *f*, bed
24 παραλαμβάνω *3s fut pas ind*, take
25 ἀφίημι *3s fut pas ind*, leave
26 ἀλήθω *pres act ptc f p nom*, grind
27 ἀετός, -οῦ *m*, eagle/vulture
28 ἐπισυνάγω *3p fut pas ind*, pas gather
29 ἐγκακέω *pres act inf*, give up
30 κριτής, -οῦ *m*, judge
31 ἐντρέπω *pres pas ptc m s nom*, pas regard
32 χήρα, -ας *f*, widow
33 ἐκδικέω *2s aor act impv*, help (someone) get justice
34 ἀντίδικος, -ου *m*, opponent at law
35 γέ, *emphatic particle*
36 παρέχω *pres act inf*, cause
37 κόπος, -ου *m*, trouble
38 ὑπωπιάζω *3s pres act sub*, wear out

ἀκούσατε τί ὁ κριτὴς τῆς ἀδικίας¹ λέγει· 7 ὁ δὲ θεὸς οὐ μὴ ποιήσῃ τὴν ἐκδίκησιν² τῶν ἐκλεκτῶν³ αὐτοῦ τῶν βοώντων⁴ αὐτῷ ἡμέρας καὶ νυκτός, καὶ μακροθυμεῖ⁵ ἐπ' αὐτοῖς; 8 λέγω ὑμῖν ὅτι ποιήσει τὴν ἐκδίκησιν αὐτῶν ἐν τάχει⁶. πλὴν ὁ υἱὸς τοῦ ἀνθρώπου ἐλθὼν ἆρα εὑρήσει⁷ τὴν πίστιν ἐπὶ τῆς γῆς;

The Parable of the Pharisee and the Tax Collector

9 Εἶπεν δὲ καὶ πρός τινας τοὺς πεποιθότας⁸ ἐφ' ἑαυτοῖς ὅτι εἰσὶν δίκαιοι καὶ ἐξουθενοῦντας⁹ τοὺς λοιποὺς τὴν παραβολὴν ταύτην· 10 ἄνθρωποι δύο ἀνέβησαν¹⁰ εἰς τὸ ἱερὸν προσεύξασθαι, ὁ εἷς Φαρισαῖος καὶ ὁ ἕτερος τελώνης¹¹. 11 ὁ Φαρισαῖος σταθεὶς¹² πρὸς ἑαυτὸν ταῦτα προσηύχετο· ὁ θεός, εὐχαριστῶ σοι ὅτι οὐκ εἰμὶ ὥσπερ οἱ λοιποὶ τῶν ἀνθρώπων, ἅρπαγες¹³, ἄδικοι¹⁴, μοιχοί¹⁵, ἢ καὶ ὡς οὗτος ὁ τελώνης· 12 νηστεύω¹⁶ δὶς¹⁷ τοῦ σαββάτου, ἀποδεκατῶ¹⁸ πάντα ὅσα κτῶμαι¹⁹. 13 ὁ δὲ τελώνης μακρόθεν²⁰ ἑστὼς²¹ οὐκ ἤθελεν οὐδὲ τοὺς ὀφθαλμοὺς ἐπᾶραι²² εἰς τὸν οὐρανόν, ἀλλ' ἔτυπτεν²³ τὸ στῆθος²⁴ αὐτοῦ λέγων· ὁ θεός, ἱλάσθητί²⁵ μοι τῷ ἁμαρτωλῷ. 14 λέγω ὑμῖν, κατέβη²⁶ οὗτος δεδικαιωμένος εἰς τὸν οἶκον αὐτοῦ παρ' ἐκεῖνον· ὅτι πᾶς ὁ ὑψῶν²⁷ ἑαυτὸν ταπεινωθήσεται²⁸, ὁ δὲ ταπεινῶν ἑαυτὸν ὑψωθήσεται²⁹.

Little Children Blessed (Mt 19.13-15; Mk 10.13-16)

15 Προσέφερον δὲ αὐτῷ καὶ τὰ βρέφη³⁰ ἵνα αὐτῶν ἅπτηται· ἰδόντες δὲ οἱ μαθηταὶ ἐπετίμων³¹ αὐτοῖς. 16 ὁ δὲ Ἰησοῦς προσεκαλέσατο³² αὐτὰ λέγων· ἄφετε³³ τὰ παιδία ἔρχεσθαι πρός με καὶ μὴ κωλύετε³⁴ αὐτά, τῶν γὰρ τοιούτων ἐστὶν ἡ βασιλεία τοῦ θεοῦ. 17 ἀμὴν λέγω ὑμῖν, ὃς ἂν μὴ δέξηται τὴν βασιλείαν τοῦ θεοῦ ὡς παιδίον, οὐ μὴ εἰσέλθῃ³⁵ εἰς αὐτήν.

---

[1] ἀδικία, -ας f, injustice
[2] ἐκδίκησις, -εως f, rendering of justice
[3] ἐκλεκτός, -ή/όν, chosen
[4] βοάω pres act ptc m p gen, cry out
[5] μακροθυμέω 3s pres act ind, be slow to help (μ. ἐπ' αὐτοῖς put off helping them)
[6] τάχος, -ους n, speed (ἐν τ. quickly)
[7] εὑρίσκω 3s fut act ind, find
[8] πείθω pf act ptc m p acc, convince
[9] ἐξουθενέω pres act ptc m p acc, look down on
[10] ἀναβαίνω 3p aor act ind, go up
[11] τελώνης, -ου m, tax collector
[12] ἵστημι aor pas ptc m s nom, intrans pas stand
[13] ἅρπαξ, -αγος m, greedy (person)
[14] ἄδικος, -ον, dishonest
[15] μοιχός, -οῦ m, adulterer
[16] νηστεύω 1s pres act ind, fast
[17] δίς, adv, twice
[18] ἀποδεκατόω 1s pres act ind, give a tenth
[19] κτάομαι 1s pres mid ind, earn
[20] μακρόθεν, adv, far off
[21] ἵστημι pf act ptc m s nom, intrans stand
[22] ἐπαίρω aor act inf, lift up
[23] τύπτω 3s impf act ind, beat
[24] στῆθος, -ους n, chest
[25] ἱλάσκομαι 2s aor pas impv, pas have mercy
[26] καταβαίνω 3s aor act ind, go (home)
[27] ὑψόω pres act ptc m s nom, exalt
[28] ταπεινόω 3s fut pas ind, humble
[29] ὑψόω 3s fut pas ind, exalt
[30] βρέφος, -ους n, infant
[31] ἐπιτιμάω 3p impf act ind, rebuke
[32] προσκαλέομαι 3s aor mid ind, call to oneself
[33] ἀφίημι 2p aor act impv, let
[34] κωλύω 2p pres act impv, hinder
[35] εἰσέρχομαι 3s aor act sub, go/come in

The Rich Ruler (Mt 19.16-30; Mk 10.17-31)

18 Καὶ ἐπηρώτησέν¹ τις αὐτὸν ἄρχων λέγων· διδάσκαλε ἀγαθέ, τί ποιήσας ζωὴν αἰώνιον κληρονομήσω²; 19 εἶπεν δὲ αὐτῷ ὁ Ἰησοῦς· τί με λέγεις ἀγαθόν; οὐδεὶς ἀγαθὸς εἰ μὴ εἷς ὁ θεός. 20 τὰς ἐντολὰς οἶδας· μὴ μοιχεύσῃς³, μὴ φονεύσῃς⁴, μὴ κλέψῃς⁵, μὴ ψευδομαρτυρήσῃς⁶, τίμα⁷ τὸν πατέρα σου καὶ τὴν μητέρα. 21 ὁ δὲ εἶπεν· ταῦτα πάντα ἐφύλαξα ἐκ νεότητος⁸. 22 ἀκούσας δὲ ὁ Ἰησοῦς εἶπεν αὐτῷ· ἔτι ἕν σοι λείπει⁹· πάντα ὅσα ἔχεις πώλησον¹⁰ καὶ διάδος¹¹ πτωχοῖς, καὶ ἕξεις θησαυρὸν¹² ἐν [τοῖς] οὐρανοῖς, καὶ δεῦρο¹³ ἀκολούθει μοι. 23 ὁ δὲ ἀκούσας ταῦτα περίλυπος¹⁴ ἐγενήθη¹⁵· ἦν γὰρ πλούσιος¹⁶ σφόδρα¹⁷.

24 Ἰδὼν δὲ αὐτὸν ὁ Ἰησοῦς [περίλυπον γενόμενον] εἶπεν· πῶς δυσκόλως¹⁸ οἱ τὰ χρήματα¹⁹ ἔχοντες εἰς τὴν βασιλείαν τοῦ θεοῦ εἰσπορεύονται²⁰· 25 εὐκοπώτερον²¹ γάρ ἐστιν κάμηλον²² διὰ τρήματος²³ βελόνης²⁴ εἰσελθεῖν ἢ πλούσιον εἰς τὴν βασιλείαν τοῦ θεοῦ εἰσελθεῖν. 26 εἶπαν δὲ οἱ ἀκούσαντες· καὶ τίς δύναται σωθῆναι; 27 ὁ δὲ εἶπεν· τὰ ἀδύνατα²⁵ παρὰ ἀνθρώποις δυνατὰ παρὰ τῷ θεῷ ἐστιν.

28 Εἶπεν δὲ ὁ Πέτρος· ἰδοὺ ἡμεῖς ἀφέντες²⁶ τὰ ἴδια ἠκολουθήσαμέν σοι. 29 ὁ δὲ εἶπεν αὐτοῖς· ἀμὴν λέγω ὑμῖν ὅτι οὐδείς ἐστιν ὃς ἀφῆκεν²⁷ οἰκίαν ἢ γυναῖκα ἢ ἀδελφοὺς ἢ γονεῖς²⁸ ἢ τέκνα ἕνεκεν²⁹ τῆς βασιλείας τοῦ θεοῦ, 30 ὃς οὐχὶ μὴ [ἀπο-]λάβῃ³⁰ πολλαπλασίονα³¹ ἐν τῷ καιρῷ τούτῳ καὶ ἐν τῷ αἰῶνι τῷ ἐρχομένῳ ζωὴν αἰώνιον.

A Third Time Jesus Foretells His Death and Resurrection (Mt 20.17-19; Mk 10.32-34)

31 Παραλαβὼν δὲ τοὺς δώδεκα εἶπεν πρὸς αὐτούς· ἰδοὺ ἀναβαίνομεν εἰς Ἰερουσαλήμ, καὶ τελεσθήσεται³² πάντα τὰ γεγραμμένα³³ διὰ τῶν προφητῶν τῷ υἱῷ τοῦ ἀνθρώπου· 32 παραδοθήσεται³⁴ γὰρ τοῖς ἔθνεσιν καὶ ἐμπαιχθήσεται³⁵ καὶ ὑβρισθήσεται³⁶ καὶ ἐμπτυσθήσεται³⁷ 33 καὶ μαστιγώσαντες³⁸ ἀποκτενοῦσιν³⁹ αὐτόν,

---

1 ἐπερωτάω 3s aor act ind, ask
2 κληρονομέω 1s fut act ind, receive
3 μοιχεύω 2s aor act sub, commit adultery
4 φονεύω 2s aor act sub, murder
5 κλέπτω 2s aor act sub, steal
6 ψευδομαρτυρέω 2s aor act sub, give false evidence
7 τιμάω 2s pres act impv, honor
8 νεότης, -ητος f, youth
9 λείπω 3s pres act ind, lack
10 πωλέω 2s aor act impv, sell
11 διαδίδωμι 2s aor act impv, give
12 θησαυρός, -οῦ m, treasure
13 δεῦρο, interj, Come!
14 περίλυπος, -ον, very sad

15 γίνομαι 3s aor pas ind, become
16 πλούσιος, -α/ον, rich
17 σφόδρα, adv, very
18 δυσκόλως, adv, with difficulty
19 χρῆμα, -τος n, wealth
20 εἰσπορεύομαι 3p pres mid ind, enter
21 εὔκοπος, easy (comp)
22 κάμηλος, -ου m & f, camel
23 τρῆμα, -τος n, eye (of a needle)
24 βελόνη, -ης f, sewing needle
25 ἀδύνατος, -ον, impossible
26 ἀφίημι aor act ptc m p nom, leave
27 ἀφίημι 3s aor act ind, leave
28 γονεύς, -έως m, parent

29 ἕνεκα prep + gen, for the sake of
30 ἀπολαμβάνω 3s aor act sub, receive
31 πολλαπλασίων, -ον, gen -ονος, more (n pl = many times more)
32 τελέω, 3s fut pas ind, fulfill
33 γράφω pf pas ptc n p nom, write
34 παραδίδωμι 3s fut pas ind, hand over
35 ἐμπαίζω 3s fut pas ind, make fun of
36 ὑβρίζω 3s fut pas ind, mistreat
37 ἐμπτύω 3s fut pas ind, spit on
38 μαστιγόω aor act ptc m p nom, beat with a whip
39 ἀποκτείνω 3p fut act ind, kill

καὶ τῇ ἡμέρᾳ τῇ τρίτῃ ἀναστήσεται¹. 34 καὶ αὐτοὶ οὐδὲν τούτων συνῆκαν² καὶ ἦν τὸ ῥῆμα τοῦτο κεκρυμμένον³ ἀπ' αὐτῶν καὶ οὐκ ἐγίνωσκον τὰ λεγόμενα.

The Healing of a Blind Beggar near Jericho (Mt 20.29-34; Mk 10.46-52)

35 Ἐγένετο δὲ ἐν τῷ ἐγγίζειν αὐτὸν εἰς Ἰεριχὼ τυφλός τις ἐκάθητο παρὰ τὴν ὁδὸν ἐπαιτῶν⁴. 36 ἀκούσας δὲ ὄχλου διαπορευομένου⁵ ἐπυνθάνετο⁶ τί εἴη⁷ τοῦτο. 37 ἀπήγγειλαν⁸ δὲ αὐτῷ ὅτι Ἰησοῦς ὁ Ναζωραῖος παρέρχεται⁹. 38 καὶ ἐβόησεν¹⁰ λέγων· Ἰησοῦ υἱὲ Δαυίδ, ἐλέησόν¹¹ με. 39 καὶ οἱ προάγοντες¹² ἐπετίμων¹³ αὐτῷ ἵνα σιγήσῃ¹⁴, αὐτὸς δὲ πολλῷ μᾶλλον ἔκραζεν· υἱὲ Δαυίδ, ἐλέησόν με. 40 σταθεὶς¹⁵ δὲ ὁ Ἰησοῦς ἐκέλευσεν¹⁶ αὐτὸν ἀχθῆναι¹⁷ πρὸς αὐτόν. ἐγγίσαντος δὲ αὐτοῦ ἐπηρώτησεν αὐτόν· 41 τί σοι θέλεις ποιήσω; ὁ δὲ εἶπεν· κύριε, ἵνα ἀναβλέψω¹⁸. 42 καὶ ὁ Ἰησοῦς εἶπεν αὐτῷ· ἀνάβλεψον· ἡ πίστις σου σέσωκέν σε. 43 καὶ παραχρῆμα¹⁹ ἀνέβλεψεν καὶ ἠκολούθει αὐτῷ δοξάζων τὸν θεόν. καὶ πᾶς ὁ λαὸς ἰδὼν ἔδωκεν αἶνον²⁰ τῷ θεῷ.

Jesus and Zacchaeus

19 Καὶ εἰσελθὼν διήρχετο τὴν Ἰεριχώ. 2 καὶ ἰδοὺ ἀνὴρ ὀνόματι καλούμενος Ζακχαῖος, καὶ αὐτὸς ἦν ἀρχιτελώνης²¹ καὶ αὐτὸς πλούσιος²². 3 καὶ ἐζήτει ἰδεῖν τὸν Ἰησοῦν τίς ἐστιν καὶ οὐκ ἠδύνατο ἀπὸ τοῦ ὄχλου, ὅτι τῇ ἡλικίᾳ²³ μικρὸς ἦν. 4 καὶ προδραμὼν²⁴ εἰς τὸ ἔμπροσθεν ἀνέβη²⁵ ἐπὶ συκομορέαν²⁶ ἵνα ἴδῃ²⁷ αὐτὸν ὅτι ἐκείνης ἤμελλεν διέρχεσθαι. 5 καὶ ὡς ἦλθεν ἐπὶ τὸν τόπον, ἀναβλέψας²⁸ ὁ Ἰησοῦς εἶπεν πρὸς αὐτόν· Ζακχαῖε, σπεύσας²⁹ κατάβηθι³⁰, σήμερον γὰρ ἐν τῷ οἴκῳ σου δεῖ με μεῖναι³¹. 6 καὶ σπεύσας κατέβη καὶ ὑπεδέξατο³² αὐτὸν χαίρων. 7 καὶ ἰδόντες πάντες διεγόγγυζον³³ λέγοντες ὅτι παρὰ ἁμαρτωλῷ ἀνδρὶ εἰσῆλθεν καταλῦσαι³⁴.

---

1 ἀνίστημι 3s fut mid ind, intrans mid come back to life
2 συνίημι 3p aor act ind, understand
3 κρύπτω pf pas ptc n s nom, hide
4 ἐπαιτέω pres act ptc m s nom, beg
5 διαπορεύομαι pres mid ptc m s gen, go by
6 πυνθάνομαι 3s impf mid ind, ask
7 εἰμί 3s pres act opt, be
8 ἀπαγγέλλω 3p aor act ind, tell
9 παρέρχομαι 3s pres mid ind, pass by
10 βοάω 3s aor act ind, shout
11 ἐλεέω/ἐλεάω 2s aor act impv, have pity (on)
12 προάγω pres act ptc m p nom, go before
13 ἐπιτιμάω 3p impf act ind, rebuke
14 σιγάω 3s aor act sub, be quiet
15 ἵστημι aor pas ptc m s nom, intrans pas stand
16 κελεύω 3s aor act ind, order
17 ἄγω aor pas inf, bring
18 ἀναβλέπω 1s aor act sub, be able to see
19 παραχρῆμα, adv, at once
20 αἶνος, -ου m, praise
21 ἀρχιτελώνης, -ου m, tax superintendent
22 πλούσιος, -α/ον, rich
23 ἡλικία, -ας f, height
24 προτρέχω aor act ptc m s nom, run on ahead
25 ἀναβαίνω 3s aor act ind, climb up
26 συκομορέα, -ας f, sycamore tree/fig mulberry tree
27 ὁράω 3s aor act sub, see
28 ἀναβλέπω aor act ptc m s nom, look up
29 σπεύδω aor act ptc m s nom, hurry
30 καταβαίνω 2s aor act impv, come down
31 μένω aor act inf, stay
32 ὑποδέχομαι 3s aor mid ind, welcome as a guest
33 διαγογγύζω 3p impf act ind, grumble
34 καταλύω aor act inf, intrans be (someone's) guest

8 σταθείς δὲ Ζακχαῖος εἶπεν πρὸς τὸν κύριον· ἰδοὺ τὰ ἡμίσιά[1] μου τῶν ὑπαρχόντων, κύριε, τοῖς πτωχοῖς δίδωμι, καὶ εἴ τινός τι ἐσυκοφάντησα[2] ἀποδίδωμι τετραπλοῦν[3]. 9 εἶπεν δὲ πρὸς αὐτὸν ὁ Ἰησοῦς ὅτι σήμερον σωτηρία τῷ οἴκῳ τούτῳ ἐγένετο, καθότι[4] καὶ αὐτὸς υἱὸς Ἀβραάμ ἐστιν· 10 ἦλθεν γὰρ ὁ υἱὸς τοῦ ἀνθρώπου ζητῆσαι καὶ σῶσαι τὸ ἀπολωλός[5].

The Parable of the Ten Pounds (Mt 25.14-30)

11 Ἀκουόντων δὲ αὐτῶν ταῦτα προσθεὶς[6] εἶπεν παραβολὴν διὰ τὸ ἐγγὺς εἶναι Ἰερουσαλὴμ αὐτὸν καὶ δοκεῖν αὐτοὺς ὅτι παραχρῆμα[7] μέλλει ἡ βασιλεία τοῦ θεοῦ ἀναφαίνεσθαι[8]. 12 εἶπεν οὖν· ἄνθρωπός τις εὐγενὴς[9] ἐπορεύθη εἰς χώραν[10] μακρὰν[11] λαβεῖν ἑαυτῷ βασιλείαν καὶ ὑποστρέψαι. 13 καλέσας δὲ δέκα[12] δούλους ἑαυτοῦ ἔδωκεν αὐτοῖς δέκα μνᾶς[13] καὶ εἶπεν πρὸς αὐτούς· πραγματεύσασθε[14] ἐν ᾧ ἔρχομαι. 14 οἱ δὲ πολῖται[15] αὐτοῦ ἐμίσουν αὐτὸν καὶ ἀπέστειλαν[16] πρεσβείαν[17] ὀπίσω αὐτοῦ λέγοντες· οὐ θέλομεν τοῦτον βασιλεῦσαι[18] ἐφ᾽ ἡμᾶς. 15 καὶ ἐγένετο ἐν τῷ ἐπανελθεῖν[19] αὐτὸν λαβόντα τὴν βασιλείαν καὶ εἶπεν φωνηθῆναι[20] αὐτῷ τοὺς δούλους τούτους οἷς δεδώκει[21] τὸ ἀργύριον[22], ἵνα γνοῖ[23] τί διεπραγματεύσαντο[24]. 16 παρεγένετο[25] δὲ ὁ πρῶτος λέγων· κύριε, ἡ μνᾶ σου δέκα προσηργάσατο[26] μνᾶς. 17 καὶ εἶπεν αὐτῷ· εὖγε[27], ἀγαθὲ δοῦλε, ὅτι ἐν ἐλαχίστῳ[28] πιστὸς ἐγένου[29], ἴσθι[30] ἐξουσίαν ἔχων ἐπάνω[31] δέκα πόλεων. 18 καὶ ἦλθεν ὁ δεύτερος λέγων· ἡ μνᾶ σου, κύριε, ἐποίησεν πέντε μνᾶς. 19 εἶπεν δὲ καὶ τούτῳ· καὶ σὺ ἐπάνω γίνου[32] πέντε πόλεων. 20 καὶ ὁ ἕτερος ἦλθεν λέγων· κύριε, ἰδοὺ ἡ μνᾶ σου ἣν εἶχον[33] ἀποκειμένην[34] ἐν σουδαρίῳ[35]· 21 ἐφοβούμην γάρ σε, ὅτι ἄνθρωπος αὐστηρὸς[36] εἶ, αἴρεις ὃ οὐκ ἔθηκας[37] καὶ θερίζεις[38] ὃ οὐκ ἔσπειρας. 22 λέγει αὐτῷ· ἐκ τοῦ στόματός σου κρινῶ σε, πονηρὲ δοῦλε. ᾔδεις[39] ὅτι ἐγὼ ἄνθρωπος αὐστηρός εἰμι, αἴρων ὃ οὐκ

[1] ἥμισυς, -εια/υ, gen ἡμίσους, half
[2] συκοφαντέω 1s aor act ind, cheat
[3] τετραπλοῦς, -ῆ/οῦν, four times as much
[4] καθότι, conj, because
[5] ἀπόλλυμι pf act ptc n s acc, lose
[6] προστίθημι aor act ptc m s nom, proceed
[7] παραχρῆμα, adv, at once
[8] ἀναφαίνω pres pas inf, pas appear
[9] εὐγενής, -ές, of noble birth
[10] χώρα, -ας f, country
[11] μακρός, -ά/όν, distant
[12] δέκα, ten
[13] μνᾶ, -ᾶς f, mina (Greek coin = 100 denarii)
[14] πραγματεύομαι 2p aor mid impv, do business
[15] πολίτης, -ου m, citizen
[16] ἀποστέλλω 3p aor act ind, send
[17] πρεσβεία, -ας f, (group of) messengers
[18] βασιλεύω aor act inf, rule
[19] ἐπανέρχομαι aor act inf, return
[20] φωνέω aor pas inf, call
[21] δίδωμι 3s plpf act ind, give
[22] ἀργύριον, -ου n, money
[23] γινώσκω 3s aor act sub, find out
[24] διαπραγματεύομαι 3p aor mid ind, earn
[25] παραγίνομαι 3s aor mid ind, come
[26] προσεργάζομαι 3s aor mid ind, make more
[27] εὖγε, adv, well done!
[28] ἐλάχιστος, smallest (super of μικρός)
[29] γίνομαι 2s aor mid ind, be
[30] εἰμί 2s pres act impv, become
[31] ἐπάνω, prep + gen, over
[32] γίνομαι 2s pres mid impv, be
[33] ἔχω 1s impf act ind, have
[34] ἀπόκειμαι pres mid ptc f s acc, be stored away
[35] σουδάριον, -ου n, handkerchief
[36] αὐστηρός, -ά/όν, hard
[37] τίθημι 2s aor act ind, put down
[38] θερίζω 2s pres act ind, harvest
[39] οἶδα 2s plpf act ind, know

ἔθηκα καὶ θερίζων ὃ οὐκ ἔσπειρα; 23 καὶ διὰ τί οὐκ ἔδωκάς μου τὸ ἀργύριον ἐπὶ τράπεζαν¹; κἀγὼ ἐλθὼν σὺν τόκῳ² ἂν αὐτὸ ἔπραξα³. 24 καὶ τοῖς παρεστῶσιν⁴ εἶπεν· ἄρατε⁵ ἀπ' αὐτοῦ τὴν μνᾶν καὶ δότε⁶ τῷ τὰς δέκα μνᾶς ἔχοντι – 25 καὶ εἶπαν αὐτῷ· κύριε, ἔχει δέκα μνᾶς – 26 λέγω ὑμῖν ὅτι παντὶ τῷ ἔχοντι δοθήσεται⁷, ἀπὸ δὲ τοῦ μὴ ἔχοντος καὶ ὃ ἔχει ἀρθήσεται⁸. 27 πλὴν τοὺς ἐχθρούς μου τούτους τοὺς μὴ θελήσαντάς με βασιλεῦσαι⁹ ἐπ' αὐτοὺς ἀγάγετε ὧδε καὶ κατασφάξατε¹⁰ αὐτοὺς ἔμπροσθέν μου.

The Triumphal Entry into Jerusalem (Mt 21.1-11; Mk 11.1-11; Jn 12.12-19)

28 Καὶ εἰπὼν ταῦτα ἐπορεύετο ἔμπροσθεν ἀναβαίνων εἰς Ἱεροσόλυμα.

29 Καὶ ἐγένετο ὡς ἤγγισεν¹¹ εἰς Βηθφαγὴ καὶ Βηθανία[ν] πρὸς τὸ ὄρος τὸ καλούμενον Ἐλαιῶν¹², ἀπέστειλεν¹³ δύο τῶν μαθητῶν 30 λέγων· ὑπάγετε εἰς τὴν κατέναντι¹⁴ κώμην¹⁵, ἐν ᾗ εἰσπορευόμενοι¹⁶ εὑρήσετε¹⁷ πῶλον¹⁸ δεδεμένον¹⁹, ἐφ' ὃν οὐδεὶς πώποτε²⁰ ἀνθρώπων ἐκάθισεν²¹, καὶ λύσαντες αὐτὸν ἀγάγετε. 31 καὶ ἐάν τις ὑμᾶς ἐρωτᾷ· διὰ τί λύετε; οὕτως ἐρεῖτε²²· ὅτι ὁ κύριος αὐτοῦ χρείαν ἔχει. 32 ἀπελθόντες δὲ οἱ ἀπεσταλμένοι²³ εὗρον²⁴ καθὼς εἶπεν αὐτοῖς. 33 λυόντων δὲ αὐτῶν τὸν πῶλον εἶπαν οἱ κύριοι αὐτοῦ πρὸς αὐτούς· τί λύετε τὸν πῶλον; 34 οἱ δὲ εἶπαν· ὅτι ὁ κύριος αὐτοῦ χρείαν ἔχει. 35 καὶ ἤγαγον²⁵ αὐτὸν πρὸς τὸν Ἰησοῦν καὶ ἐπιρίψαντες²⁶ αὐτῶν τὰ ἱμάτια ἐπὶ τὸν πῶλον ἐπεβίβασαν²⁷ τὸν Ἰησοῦν. 36 πορευομένου δὲ αὐτοῦ ὑπεστρώννυον²⁸ τὰ ἱμάτια αὐτῶν ἐν τῇ ὁδῷ. 37 ἐγγίζοντος δὲ αὐτοῦ ἤδη πρὸς τῇ καταβάσει²⁹ τοῦ ὄρους τῶν ἐλαιῶν³⁰ ἤρξαντο³¹ ἅπαν τὸ πλῆθος τῶν μαθητῶν χαίροντες αἰνεῖν³² τὸν θεὸν φωνῇ μεγάλῃ περὶ πασῶν ὧν εἶδον δυνάμεων, 38 λέγοντες·

εὐλογημένος ὁ ἐρχόμενος,
ὁ βασιλεὺς ἐν ὀνόματι κυρίου·
ἐν οὐρανῷ εἰρήνη
καὶ δόξα ἐν ὑψίστοις³³.

¹ τράπεζα, -ης f, bank
² τόκος, -ου m, interest (on money)
³ πράσσω 1s aor act ind, do
⁴ παρίστημι pf act ptc m p dat, intrans stand by
⁵ αἴρω 2p aor act impv, take
⁶ δίδωμι 2p aor act impv, give
⁷ δίδωμι 3s fut pas ind, give
⁸ αἴρω 3s fut pas ind, take (away)
⁹ βασιλεύω aor act inf, rule
¹⁰ κατασφάζω 2p aor act impv, kill
¹¹ ἐγγίζω 3s aor act ind, come near
¹² ἐλαία, -ας f, olive
¹³ ἀποστέλλω 3s aor act ind, send
¹⁴ κατέναντι, adv, opposite
¹⁵ κώμη, -ης f, village
¹⁶ εἰσπορεύομαι pres mid ptc m p nom, enter
¹⁷ εὑρίσκω 2p fut act ind, find
¹⁸ πῶλος, -ου m, young donkey
¹⁹ δέω pf pas ptc m s acc, tie
²⁰ πώποτε, adv, ever
²¹ καθίζω 3s aor act ind, sit
²² λέγω 2p fut act ind, say
²³ ἀποστέλλω pf pas ptc m p nom, send
²⁴ εὑρίσκω 3p aor act ind, find
²⁵ ἄγω 3p aor act ind, bring
²⁶ ἐπιρίπτω aor act ptc m p nom, throw on
²⁷ ἐπιβιβάζω 3p aor act ind, put (on)
²⁸ ὑποστρωννύω 3p impf act ind, spread out
²⁹ κατάβασις, -εως f, slope
³⁰ ἐλαία, -ας f, olive
³¹ ἄρχω 3p aor mid ind, mid begin
³² αἰνέω pres act inf, praise
³³ ὕψιστος, highest (ἐν ὕ. in the highest heaven)

39 καί τινες τῶν Φαρισαίων ἀπὸ τοῦ ὄχλου εἶπαν πρὸς αὐτόν· διδάσκαλε, ἐπιτίμησον¹ τοῖς μαθηταῖς σου. 40 καὶ ἀποκριθεὶς εἶπεν· λέγω ὑμῖν, ἐὰν οὗτοι σιωπήσουσιν², οἱ λίθοι κράξουσιν.

41 Καὶ ὡς ἤγγισεν³ ἰδὼν τὴν πόλιν ἔκλαυσεν⁴ ἐπ' αὐτὴν 42 λέγων ὅτι εἰ ἔγνως⁵ ἐν τῇ ἡμέρᾳ ταύτῃ καὶ σὺ τὰ πρὸς εἰρήνην· νῦν δὲ ἐκρύβη⁶ ἀπὸ ὀφθαλμῶν σου. 43 ὅτι ἥξουσιν⁷ ἡμέραι ἐπὶ σὲ καὶ παρεμβαλοῦσιν⁸ οἱ ἐχθροί σου χάρακά⁹ σοι καὶ περικυκλώσουσίν¹⁰ σε καὶ συνέξουσίν¹¹ σε πάντοθεν¹², 44 καὶ ἐδαφιοῦσίν¹³ σε καὶ τὰ τέκνα σου ἐν σοί, καὶ οὐκ ἀφήσουσιν¹⁴ λίθον ἐπὶ λίθον ἐν σοί, ἀνθ¹⁵' ὧν οὐκ ἔγνως¹⁶ τὸν καιρὸν τῆς ἐπισκοπῆς¹⁷ σου.

The Cleansing of the Temple (Mt 21.12-17; Mk 11.15-19; Jn 2.13-22)

45 Καὶ εἰσελθὼν εἰς τὸ ἱερὸν ἤρξατο¹⁸ ἐκβάλλειν τοὺς πωλοῦντας¹⁹ 46 λέγων αὐτοῖς· γέγραπται·
καὶ ἔσται ὁ οἶκός μου οἶκος προσευχῆς,
ὑμεῖς δὲ αὐτὸν ἐποιήσατε σπήλαιον²⁰ λῃστῶν²¹.

47 Καὶ ἦν διδάσκων τὸ καθ' ἡμέραν ἐν τῷ ἱερῷ. οἱ δὲ ἀρχιερεῖς καὶ οἱ γραμματεῖς ἐζήτουν αὐτὸν ἀπολέσαι²² καὶ οἱ πρῶτοι τοῦ λαοῦ, 48 καὶ οὐχ εὕρισκον τὸ τί ποιήσωσιν, ὁ λαὸς γὰρ ἅπας ἐξεκρέματο²³ αὐτοῦ ἀκούων.

The Authority of Jesus Questioned (Mt 21.23-27; Mk 11.27-33)

20 Καὶ ἐγένετο ἐν μιᾷ τῶν ἡμερῶν διδάσκοντος αὐτοῦ τὸν λαὸν ἐν τῷ ἱερῷ καὶ εὐαγγελιζομένου ἐπέστησαν²⁴ οἱ ἀρχιερεῖς καὶ οἱ γραμματεῖς σὺν τοῖς πρεσβυτέροις 2 καὶ εἶπαν λέγοντες πρὸς αὐτόν· εἰπὸν ἡμῖν ἐν ποίᾳ ἐξουσίᾳ ταῦτα ποιεῖς, ἢ τίς ἐστιν ὁ δούς²⁵ σοι τὴν ἐξουσίαν ταύτην; 3 ἀποκριθεὶς δὲ εἶπεν πρὸς αὐτούς· ἐρωτήσω ὑμᾶς κἀγὼ λόγον, καὶ εἴπατέ²⁶ μοι· 4 τὸ βάπτισμα²⁷ Ἰωάννου ἐξ οὐρανοῦ ἦν ἢ ἐξ ἀνθρώπων; 5 οἱ δὲ συνελογίσαντο²⁸ πρὸς ἑαυτοὺς λέγοντες ὅτι ἐὰν εἴπωμεν²⁹· ἐξ οὐρανοῦ, ἐρεῖ³⁰· διὰ τί οὐκ ἐπιστεύσατε αὐτῷ; 6 ἐὰν δὲ

---

¹ ἐπιτιμάω 2s aor act impv, rebuke
² σιωπάω 3p fut act ind, be silent
³ ἐγγίζω 3s aor act ind, come near
⁴ κλαίω 3s aor act ind, weep
⁵ γινώσκω 2s aor act ind, know
⁶ κρύπτω 3s aor pas ind, hide
⁷ ἥκω 3p fut act ind, come
⁸ παρεμβάλλω 3p fut act ind, set up
⁹ χάραξ, -ακος m, embankment
¹⁰ περικυκλόω 3p fut act ind, surround
¹¹ συνέχω 3p fut act ind, hem in
¹² πάντοθεν, adv, on all sides
¹³ ἐδαφίζω 3p fut act ind, dash to the ground
¹⁴ ἀφίημι 3p fut act ind, leave
¹⁵ ἀντί, prep + gen, because (ἀνθ' ὧν because)
¹⁶ γινώσκω 2s aor act ind, know
¹⁷ ἐπισκοπή, -ῆς f, visitation (of God's saving presence)
¹⁸ ἄρχω 3s aor mid ind, mid begin
¹⁹ πωλέω pres act ptc m p acc, sell
²⁰ σπήλαιον, -ου n, hideout
²¹ λῃστής, -οῦ m, robber
²² ἀπόλλυμι aor act inf, kill
²³ ἐκκρεμάννυμι 3s impf mid ind, hang on (ἅπας ἐξ. αὐτοῦ ἀκούων everyone listened intently to him)
²⁴ ἐφίστημι 3p aor act ind, come up
²⁵ δίδωμι aor act ptc m s nom, give
²⁶ λέγω 2p aor act impv, tell
²⁷ βάπτισμα, -τος n, baptism
²⁸ συλλογίζομαι 3p aor mid ind, discuss
²⁹ λέγω 1p aor act sub, tell
³⁰ λέγω 3s fut act ind, say/tell

εἴπωμεν· ἐξ ἀνθρώπων, ὁ λαὸς ἅπας καταλιθάσει[1] ἡμᾶς, πεπεισμένος[2] γάρ ἐστιν Ἰωάννην προφήτην εἶναι. 7 καὶ ἀπεκρίθησαν μὴ εἰδέναι[3] πόθεν[4]. 8 καὶ ὁ Ἰησοῦς εἶπεν αὐτοῖς· οὐδὲ ἐγὼ λέγω ὑμῖν ἐν ποίᾳ ἐξουσίᾳ ταῦτα ποιῶ.

The Parable of the Vineyard and the Tenants (Mt 21.33-46; Mk 12.1-12)

9 Ἤρξατο[5] δὲ πρὸς τὸν λαὸν λέγειν τὴν παραβολὴν ταύτην· ἄνθρωπός [τις] ἐφύτευσεν[6] ἀμπελῶνα[7] καὶ ἐξέδετο[8] αὐτὸν γεωργοῖς[9] καὶ ἀπεδήμησεν[10] χρόνους ἱκανούς. 10 καὶ καιρῷ ἀπέστειλεν[11] πρὸς τοὺς γεωργοὺς δοῦλον ἵνα ἀπὸ τοῦ καρποῦ τοῦ ἀμπελῶνος δώσουσιν[12] αὐτῷ· οἱ δὲ γεωργοὶ ἐξαπέστειλαν[13] αὐτὸν δείραντες[14] κενόν[15]. 11 καὶ προσέθετο[16] ἕτερον πέμψαι[17] δοῦλον· οἱ δὲ κἀκεῖνον δείραντες καὶ ἀτιμάσαντες[18] ἐξαπέστειλαν κενόν. 12 καὶ προσέθετο τρίτον πέμψαι· οἱ δὲ καὶ τοῦτον τραυματίσαντες[19] ἐξέβαλον[20]. 13 εἶπεν δὲ ὁ κύριος τοῦ ἀμπελῶνος· τί ποιήσω; πέμψω τὸν υἱόν μου τὸν ἀγαπητόν· ἴσως[21] τοῦτον ἐντραπήσονται[22]. 14 ἰδόντες δὲ αὐτὸν οἱ γεωργοὶ διελογίζοντο[23] πρὸς ἀλλήλους λέγοντες· οὗτός ἐστιν ὁ κληρονόμος[24]· ἀποκτείνωμεν αὐτόν, ἵνα ἡμῶν γένηται ἡ κληρονομία[25]. 15 καὶ ἐκβαλόντες αὐτὸν ἔξω τοῦ ἀμπελῶνος ἀπέκτειναν. τί οὖν ποιήσει αὐτοῖς ὁ κύριος τοῦ ἀμπελῶνος; 16 ἐλεύσεται[26] καὶ ἀπολέσει[27] τοὺς γεωργοὺς τούτους καὶ δώσει[28] τὸν ἀμπελῶνα ἄλλοις.

ἀκούσαντες δὲ εἶπαν· μὴ γένοιτο[29]. 17 ὁ δὲ ἐμβλέψας[30] αὐτοῖς εἶπεν· τί οὖν ἐστιν τὸ γεγραμμένον[31] τοῦτο·

λίθον ὃν ἀπεδοκίμασαν[32] οἱ οἰκοδομοῦντες,
οὗτος ἐγενήθη[33] εἰς κεφαλὴν γωνίας[34];

18 πᾶς ὁ πεσὼν[35] ἐπ' ἐκεῖνον τὸν λίθον συνθλασθήσεται[36]· ἐφ' ὃν δ' ἂν πέσῃ, λικμήσει[37] αὐτόν.

---

[1] καταλιθάζω 3s fut act ind, stone
[2] πείθω pf pas ptc m s nom, convince
[3] οἶδα pf act inf, know
[4] πόθεν, adv, from where
[5] ἄρχω 3s aor mid ind, mid begin
[6] φυτεύω 3s aor act ind, plant
[7] ἀμπελών, -ῶνος m, vineyard
[8] ἐκδίδωμι 3s aor mid ind, rent out
[9] γεωργός, -οῦ m, farmer
[10] ἀποδημέω 3s aor act ind, go away
[11] ἀποστέλλω 3s aor act ind, send
[12] δίδωμι 3p fut act ind, give
[13] ἐξαποστέλλω 3p aor act ind, send away
[14] δέρω aor act ptc m p nom, beat
[15] κενός, -ή/όν, empty-handed
[16] προστίθημι 3s aor mid ind, proceed
[17] πέμπω aor act inf, send
[18] ἀτιμάζω aor act ptc m p nom, treat shamefully
[19] τραυματίζω aor act ptc m p nom, injure
[20] ἐκβάλλω 3p aor act ind, throw out
[21] ἴσως, adv, perhaps
[22] ἐντρέπω 3p fut pas ind, pas respect
[23] διαλογίζομαι 3p impf mid ind, discuss
[24] κληρονόμος, -ου m, heir
[25] κληρονομία, -ας f, property
[26] ἔρχομαι 3s fut mid ind, come/go
[27] ἀπόλλυμι 3s fut act ind, destroy
[28] δίδωμι 3s fut act ind, give
[29] γίνομαι 3s aor mid opt, take place
[30] ἐμβλέπω aor act ptc m s nom, look straight at
[31] γράφω pf pas ptc n s nom, write
[32] ἀποδοκιμάζω 3p aor act ind, reject
[33] γίνομαι 3s aor pas ind, become
[34] γωνία, -ας f, corner (κεφαλὴ γ. main corner stone)
[35] πίπτω aor act ptc m s nom, fall
[36] συνθλάω 3s fut pas ind, break to pieces
[37] λικμάω 3s fut act ind, crush

19 Καὶ ἐζήτησαν οἱ γραμματεῖς καὶ οἱ ἀρχιερεῖς ἐπιβαλεῖν[1] ἐπ' αὐτὸν τὰς χεῖρας ἐν αὐτῇ τῇ ὥρᾳ, καὶ ἐφοβήθησαν τὸν λαόν, ἔγνωσαν[2] γὰρ ὅτι πρὸς αὐτοὺς εἶπεν τὴν παραβολὴν ταύτην.

Paying Taxes to Caesar (Mt 22.15-22; Mk 12.13-17)

20 Καὶ παρατηρήσαντες[3] ἀπέστειλαν[4] ἐγκαθέτους[5] ὑποκρινομένους[6] ἑαυτοὺς δικαίους εἶναι, ἵνα ἐπιλάβωνται[7] αὐτοῦ λόγου, ὥστε παραδοῦναι[8] αὐτὸν τῇ ἀρχῇ καὶ τῇ ἐξουσίᾳ τοῦ ἡγεμόνος[9]. 21 καὶ ἐπηρώτησαν[10] αὐτὸν λέγοντες· διδάσκαλε, οἴδαμεν ὅτι ὀρθῶς[11] λέγεις καὶ διδάσκεις καὶ οὐ λαμβάνεις πρόσωπον[12], ἀλλ' ἐπ' ἀληθείας τὴν ὁδὸν τοῦ θεοῦ διδάσκεις· 22 ἔξεστιν ἡμᾶς Καίσαρι φόρον[13] δοῦναι[14] ἢ οὔ; 23 κατανοήσας[15] δὲ αὐτῶν τὴν πανουργίαν[16] εἶπεν πρὸς αὐτούς· 24 δείξατέ[17] μοι δηνάριον[18]· τίνος ἔχει εἰκόνα[19] καὶ ἐπιγραφήν[20]; οἱ δὲ εἶπαν· Καίσαρος. 25 ὁ δὲ εἶπεν πρὸς αὐτούς· τοίνυν[21] ἀπόδοτε[22] τὰ Καίσαρος Καίσαρι καὶ τὰ τοῦ θεοῦ τῷ θεῷ. 26 καὶ οὐκ ἴσχυσαν[23] ἐπιλαβέσθαι[24] αὐτοῦ ῥήματος ἐναντίον[25] τοῦ λαοῦ καὶ θαυμάσαντες ἐπὶ τῇ ἀποκρίσει[26] αὐτοῦ ἐσίγησαν[27].

The Question about the Resurrection (Mt 22.23-33; Mk 12.18-27)

27 Προσελθόντες[28] δέ τινες τῶν Σαδδουκαίων, οἱ [ἀντι]λέγοντες[29] ἀνάστασιν μὴ εἶναι, ἐπηρώτησαν αὐτὸν 28 λέγοντες· διδάσκαλε, Μωϋσῆς ἔγραψεν ἡμῖν, ἐάν τινος ἀδελφὸς ἀποθάνῃ[30] ἔχων γυναῖκα, καὶ οὗτος ἄτεκνος[31] ᾖ, ἵνα λάβῃ[32] ὁ ἀδελφὸς αὐτοῦ τὴν γυναῖκα καὶ ἐξαναστήσῃ[33] σπέρμα τῷ ἀδελφῷ αὐτοῦ. 29 ἑπτὰ οὖν ἀδελφοὶ ἦσαν· καὶ ὁ πρῶτος λαβὼν γυναῖκα ἀπέθανεν ἄτεκνος· 30 καὶ ὁ δεύτερος 31 καὶ ὁ τρίτος ἔλαβεν αὐτήν, ὡσαύτως[34] δὲ καὶ οἱ ἑπτὰ οὐ κατέλιπον[35] τέκνα καὶ ἀπέθανον. 32 ὕστερον[36] καὶ ἡ γυνὴ ἀπέθανεν. 33 ἡ γυνὴ οὖν ἐν τῇ ἀναστάσει τίνος αὐτῶν γίνεται γυνή; οἱ γὰρ ἑπτὰ ἔσχον αὐτὴν γυναῖκα.

[1] ἐπιβάλλω aor act inf, put on
[2] γινώσκω 3p aor act ind, know
[3] παρατηρέω aor act ptc m p nom, watch closely
[4] ἀποστέλλω 3p aor act ind, send
[5] ἐγκάθετος, -ου m, spy
[6] ὑποκρίνομαι pres mid ptc m p acc, pretend
[7] ἐπιλαμβάνομαι 3p aor mid sub, catch
[8] παραδίδωμι aor act inf, hand over
[9] ἡγεμών, -όνος m, governor
[10] ἐπερωτάω 3p aor act ind, ask
[11] ὀρθῶς, adv, rightly
[12] πρόσωπον, -ου n, face (λαμβάνω π. show favoritism)
[13] φόρος, -ου m, tax
[14] δίδωμι aor act inf, pay
[15] κατανοέω aor act ptc m s nom, see through
[16] πανουργία, -ας f, deceit
[17] δείκνυμι 2p aor act impv, show
[18] δηνάριον, -ου n, denarius (Roman silver coin = laborer's daily wage)
[19] εἰκών, -όνος f, picture
[20] ἐπιγραφή, -ῆς f, inscription
[21] τοίνυν, inferential particle, then
[22] ἀποδίδωμι 2p aor act impv, give
[23] ἰσχύω 3p aor act ind, be able
[24] ἐπιλαμβάνομαι aor mid inf, catch
[25] ἐναντίον, prep + gen, in the presence of
[26] ἀπόκρισις, -εως f, answer
[27] σιγάω 3p aor act ind, be silent
[28] προσέρχομαι aor act ptc m p nom, come/go to
[29] ἀντιλέγω pres act ptc m p nom, deny
[30] ἀποθνῄσκω 3s aor act sub, die
[31] ἄτεκνος, -ον, childless
[32] λαμβάνω 3s aor act sub, take
[33] ἐξανίστημι 3s aor act sub, raise up (ἐξα. σπέρμα have children)
[34] ὡσαύτως, adv, also
[35] καταλείπω 3p aor act ind, leave behind
[36] ὕστερον, adv, finally

34 Καὶ εἶπεν αὐτοῖς ὁ Ἰησοῦς· οἱ υἱοὶ τοῦ αἰῶνος τούτου γαμοῦσιν[1] καὶ γαμίσκονται[2], **35** οἱ δὲ καταξιωθέντες[3] τοῦ αἰῶνος ἐκείνου τυχεῖν[4] καὶ τῆς ἀναστάσεως τῆς ἐκ νεκρῶν οὔτε γαμοῦσιν οὔτε γαμίζονται· **36** οὐδὲ γὰρ ἀποθανεῖν ἔτι δύνανται, ἰσάγγελοι[5] γάρ εἰσιν καὶ υἱοί εἰσιν θεοῦ τῆς ἀναστάσεως υἱοὶ ὄντες. **37** ὅτι δὲ ἐγείρονται οἱ νεκροί, καὶ Μωϋσῆς ἐμήνυσεν[6] ἐπὶ τῆς βάτου[7], ὡς λέγει κύριον τὸν θεὸν Ἀβραὰμ καὶ θεὸν Ἰσαὰκ καὶ θεὸν Ἰακώβ. **38** θεὸς δὲ οὐκ ἔστιν νεκρῶν ἀλλὰ ζώντων, πάντες γὰρ αὐτῷ ζῶσιν. **39** Ἀποκριθέντες δέ τινες τῶν γραμματέων εἶπαν· διδάσκαλε, καλῶς εἶπας. **40** οὐκέτι γὰρ ἐτόλμων[8] ἐπερωτᾶν αὐτὸν οὐδέν.

The Question about David's Son (Mt 22.41-46; Mk 12.35-37)

41 Εἶπεν δὲ πρὸς αὐτούς· πῶς λέγουσιν τὸν χριστὸν εἶναι Δαυὶδ υἱόν; **42** αὐτὸς γὰρ Δαυὶδ λέγει ἐν βίβλῳ[9] ψαλμῶν[10]·

εἶπεν κύριος τῷ κυρίῳ μου·

κάθου[11] ἐκ δεξιῶν μου,

43 ἕως ἂν θῶ[12] τοὺς ἐχθρούς σου

ὑποπόδιον[13] τῶν ποδῶν σου.

44 Δαυὶδ οὖν κύριον αὐτὸν καλεῖ, καὶ πῶς αὐτοῦ υἱός ἐστιν;

The Denouncing of the Scribes (Mt 23.1-36; Mk 12.38-40; Lk 11.37-54)

45 Ἀκούοντος δὲ παντὸς τοῦ λαοῦ εἶπεν τοῖς μαθηταῖς [αὐτοῦ]· **46** προσέχετε[14] ἀπὸ τῶν γραμματέων τῶν θελόντων περιπατεῖν ἐν στολαῖς[15] καὶ φιλούντων[16] ἀσπασμοὺς[17] ἐν ταῖς ἀγοραῖς[18] καὶ πρωτοκαθεδρίας[19] ἐν ταῖς συναγωγαῖς καὶ πρωτοκλισίας[20] ἐν τοῖς δείπνοις[21], **47** οἳ κατεσθίουσιν[22] τὰς οἰκίας τῶν χηρῶν[23] καὶ προφάσει[24] μακρὰ[25] προσεύχονται· οὗτοι λήμψονται[26] περισσότερον[27] κρίμα[28].

---

[1] γαμέω 3p pres act ind, marry
[2] γαμίσκω 3p pres pas ind, give (a bride) in marriage
[3] καταξιόω aor pas ptc m p nom, count worthy
[4] τυγχάνω aor act inf, experience
[5] ἰσάγγελος, -ον, like an angel
[6] μηνύω 3s aor act ind, show
[7] βάτος, -ου m & f, bush
[8] τολμάω 3p impf act ind, dare
[9] βίβλος, -ου f, book
[10] ψαλμός, -οῦ m, psalm
[11] κάθημαι 2s pres mid impv, sit
[12] τίθημι 1s aor act sub, put
[13] ὑποπόδιον, -ου n, footstool
[14] προσέχω 2p pres act impv, guard (against)
[15] στολή, -ῆς f, long robe
[16] φιλέω pres act ptc m p gen, like
[17] ἀσπασμός, -οῦ m, greeting
[18] ἀγορά, -ᾶς f, market place
[19] πρωτοκαθεδρία, -ας f, front seat
[20] πρωτοκλισία, -ας f, place of honor
[21] δεῖπνον, -ου n, banquet
[22] κατεσθίω 3p pres act ind, cheat (someone out of something)
[23] χήρα, -ας f, widow
[24] πρόφασις, -εως f, pretense
[25] μακρός, adv, long
[26] λαμβάνω 3p fut mid ind, receive
[27] περισσότερος, greater (comp of περισσός)
[28] κρίμα, -τος n, condemnation

The Widow's Offering (Mk 12.41-44)

21 Ἀναβλέψας[1] δὲ εἶδεν τοὺς βάλλοντας εἰς τὸ γαζοφυλάκιον[2] τὰ δῶρα[3] αὐτῶν πλουσίους[4]. 2 εἶδεν δέ τινα χήραν[5] πενιχρὰν[6] βάλλουσαν ἐκεῖ λεπτὰ[7] δύο, 3 καὶ εἶπεν· ἀληθῶς[8] λέγω ὑμῖν ὅτι ἡ χήρα αὕτη ἡ πτωχὴ πλεῖον[9] πάντων ἔβαλεν[10]· 4 πάντες γὰρ οὗτοι ἐκ τοῦ περισσεύοντος αὐτοῖς ἔβαλον εἰς τὰ δῶρα[11], αὕτη δὲ ἐκ τοῦ ὑστερήματος[12] αὐτῆς πάντα τὸν βίον[13] ὃν εἶχεν ἔβαλεν.

The Destruction of the Temple Foretold (Mt 24.1-2; Mk 13.1-2)

5 Καί τινων λεγόντων περὶ τοῦ ἱεροῦ ὅτι λίθοις καλοῖς καὶ ἀναθήμασιν[14] κεκόσμηται[15] εἶπεν· 6 ταῦτα ἃ θεωρεῖτε ἐλεύσονται[16] ἡμέραι ἐν αἷς οὐκ ἀφεθήσεται[17] λίθος ἐπὶ λίθῳ ὃς οὐ καταλυθήσεται[18].

Signs and Persecutions (Mt 24.3-14; Mk 13.3-13)

7 Ἐπηρώτησαν[19] δὲ αὐτὸν λέγοντες· διδάσκαλε, πότε[20] οὖν ταῦτα ἔσται καὶ τί τὸ σημεῖον ὅταν μέλλῃ ταῦτα γίνεσθαι; 8 ὁ δὲ εἶπεν· βλέπετε μὴ πλανηθῆτε· πολλοὶ γὰρ ἐλεύσονται ἐπὶ τῷ ὀνόματί μου λέγοντες· ἐγώ εἰμι, καί· ὁ καιρὸς ἤγγικεν[21]. μὴ πορευθῆτε ὀπίσω αὐτῶν. 9 ὅταν δὲ ἀκούσητε πολέμους[22] καὶ ἀκαταστασίας[23], μὴ πτοηθῆτε[24]· δεῖ γὰρ ταῦτα γενέσθαι πρῶτον, ἀλλ᾽ οὐκ εὐθέως τὸ τέλος.
10 Τότε ἔλεγεν αὐτοῖς· ἐγερθήσεται[25] ἔθνος ἐπ᾽ ἔθνος καὶ βασιλεία ἐπὶ βασιλείαν, 11 σεισμοί[26] τε μεγάλοι καὶ κατὰ τόπους λιμοὶ[27] καὶ λοιμοὶ[28] ἔσονται[29], φόβητρά[30] τε καὶ ἀπ᾽ οὐρανοῦ σημεῖα μεγάλα ἔσται.
12 Πρὸ δὲ τούτων πάντων ἐπιβαλοῦσιν[31] ἐφ᾽ ὑμᾶς τὰς χεῖρας αὐτῶν καὶ διώξουσιν, παραδιδόντες εἰς τὰς συναγωγὰς καὶ φυλακάς, ἀπαγομένους[32] ἐπὶ βασιλεῖς καὶ ἡγεμόνας[33] ἕνεκεν[34] τοῦ ὀνόματός μου· 13 ἀποβήσεται[35] ὑμῖν εἰς μαρτύριον[36].

---

[1] ἀναβλέπω aor act ptc m s nom, look up
[2] γαζοφυλάκιον, -ου n, offering box
[3] δῶρον, -ου n, gift
[4] πλούσιος, -α/ον, rich
[5] χήρα, -ας f, widow
[6] πενιχρός, -ά/όν, poor
[7] λεπτόν, -ου n, lepton (copper coin = 1/128 denarius)
[8] ἀληθῶς, adv, truly
[9] πολύς, much (comp)
[10] βάλλω 3s aor act ind, give
[11] δῶρον, -ου n, offering box
[12] ὑστέρημα, -τος n, poverty
[13] βίος, -ου m, livelihood
[14] ἀνάθημα, -τος n, offering
[15] κοσμέω 3s pf pas ind, decorate
[16] ἔρχομαι 3p fut mid ind, come
[17] ἀφίημι 3s fut pas ind, leave
[18] καταλύω 3s fut pas ind, tear down
[19] ἐπερωτάω 3p aor act ind, ask
[20] πότε, adv, when?
[21] ἐγγίζω 3s pf act ind, come near
[22] πόλεμος, -ου m, war
[23] ἀκαταστασία, -ας f, uprising
[24] πτοέομαι 2p aor pas sub, be afraid
[25] ἐγείρω 3s fut pas ind, intrans pas rise against
[26] σεισμός, -οῦ m, earthquake
[27] λιμός, -οῦ m, famine
[28] λοιμός, -οῦ m, plague
[29] εἰμί 3p fut mid ind, be
[30] φόβητρον, -ου n, dreadful event
[31] ἐπιβάλλω 3p fut act ind, put on
[32] ἀπάγω pres pas ptc m p acc, lead away
[33] ἡγεμών, -όνος m, governor
[34] ἕνεκα, prep + gen, for the sake of
[35] ἀποβαίνω 3s fut mid ind, mid result in
[36] μαρτύριον, -ου n, opportunity to testify

14 θέτε¹ οὖν ἐν ταῖς καρδίαις ὑμῶν μὴ προμελετᾶν² ἀπολογηθῆναι³· **15** ἐγὼ γὰρ δώσω⁴ ὑμῖν στόμα καὶ σοφίαν ᾗ οὐ δυνήσονται ἀντιστῆναι⁵ ἢ ἀντειπεῖν⁶ ἅπαντες οἱ ἀντικείμενοι⁷ ὑμῖν. **16** παραδοθήσεσθε⁸ δὲ καὶ ὑπὸ γονέων⁹ καὶ ἀδελφῶν καὶ συγγενῶν¹⁰ καὶ φίλων¹¹, καὶ θανατώσουσιν¹² ἐξ ὑμῶν, **17** καὶ ἔσεσθε¹³ μισούμενοι ὑπὸ πάντων διὰ τὸ ὄνομά μου. **18** καὶ θρὶξ¹⁴ ἐκ τῆς κεφαλῆς ὑμῶν οὐ μὴ ἀπόληται¹⁵. **19** ἐν τῇ ὑπομονῇ ὑμῶν κτήσασθε¹⁶ τὰς ψυχὰς ὑμῶν.

The Destruction of Jerusalem Foretold (Mt 24.15-21; Mk 13.14-19)

20 Ὅταν δὲ ἴδητε¹⁷ κυκλουμένην¹⁸ ὑπὸ στρατοπέδων¹⁹ Ἰερουσαλήμ, τότε γνῶτε²⁰ ὅτι ἤγγικεν²¹ ἡ ἐρήμωσις²² αὐτῆς. **21** τότε οἱ ἐν τῇ Ἰουδαίᾳ φευγέτωσαν²³ εἰς τὰ ὄρη καὶ οἱ ἐν μέσῳ αὐτῆς ἐκχωρείτωσαν²⁴ καὶ οἱ ἐν ταῖς χώραις²⁵ μὴ εἰσερχέσθωσαν εἰς αὐτήν, **22** ὅτι ἡμέραι ἐκδικήσεως²⁶ αὗταί εἰσιν τοῦ πλησθῆναι²⁷ πάντα τὰ γεγραμμένα²⁸. **23** οὐαὶ ταῖς ἐν γαστρὶ²⁹ ἐχούσαις καὶ ταῖς θηλαζούσαις³⁰ ἐν ἐκείναις ταῖς ἡμέραις· ἔσται γὰρ ἀνάγκη³¹ μεγάλη ἐπὶ τῆς γῆς καὶ ὀργὴ τῷ λαῷ τούτῳ, **24** καὶ πεσοῦνται³² στόματι μαχαίρης³³ καὶ αἰχμαλωτισθήσονται³⁴ εἰς τὰ ἔθνη πάντα, καὶ Ἰερουσαλὴμ ἔσται πατουμένη³⁵ ὑπὸ ἐθνῶν, ἄχρι οὗ πληρωθῶσιν καιροὶ ἐθνῶν.

The Coming of the Son of Man (Mt 24.29-31; Mk 13.24-27)

25 Καὶ ἔσονται³⁶ σημεῖα ἐν ἡλίῳ καὶ σελήνῃ³⁷ καὶ ἄστροις³⁸, καὶ ἐπὶ τῆς γῆς συνοχὴ³⁹ ἐθνῶν ἐν ἀπορίᾳ⁴⁰ ἤχους⁴¹ θαλάσσης καὶ σάλου⁴², **26** ἀποψυχόντων⁴³ ἀνθρώπων ἀπὸ φόβου καὶ προσδοκίας⁴⁴ τῶν ἐπερχομένων⁴⁵ τῇ οἰκουμένῃ⁴⁶,

---

¹ τίθημι 2p aor act impv, put (θέτε οὖν ἐν ταῖς καρδίαις ὑμῶν make up your minds)
² προμελετάω pres act inf, prepare ahead of time
³ ἀπολογέομαι aor pas inf, pas defend oneself
⁴ δίδωμι 1s fut act ind, give
⁵ ἀνθίστημι aor act inf, oppose
⁶ ἀντιλέγω aor act inf, contradict
⁷ ἀντίκειμαι pres mid ptc m p nom, be an enemy
⁸ παραδίδωμι 2p fut pas ind, hand over
⁹ γονεύς, -έως m, parent
¹⁰ συγγενής, -οῦς m, relative
¹¹ φίλος, -ου m, friend
¹² θανατόω 3p fut act ind, kill
¹³ εἰμί 2p fut mid ind, be
¹⁴ θρίξ, τριχός f, hair
¹⁵ ἀπόλλυμι 3s aor mid sub, mid be lost
¹⁶ κτάομαι 2p aor mid impv, gain
¹⁷ ὁράω 2p aor act sub, see
¹⁸ κυκλόω pres pas ptc f s acc, surround
¹⁹ στρατόπεδον, -ου n, army
²⁰ γινώσκω 2p aor act impv, know
²¹ ἐγγίζω 3s pf act ind, come near
²² ἐρήμωσις, -εως f, destruction
²³ φεύγω 3p pres act impv, run
²⁴ ἐκχωρέω 3p pres act impv, leave
²⁵ χώρα, -ας f, country
²⁶ ἐκδίκησις, -εως f, punishment
²⁷ πίμπλημι aor pas inf, pas come true
²⁸ γράφω pf pas ptc n p acc, write
²⁹ γαστήρ, -τρός f, womb (ἐν γ. ἔχω be pregnant)
³⁰ θηλάζω pres act ptc f p dat, nurse (of a mother breast feeding her child)
³¹ ἀνάγκη, -ης f, trouble
³² πίπτω 3p fut mid ind, mid be killed
³³ μάχαιρα, -ης f, sword
³⁴ αἰχμαλωτίζω 3p fut pas ind, take away as a prisoner
³⁵ πατέω pres pas ptc f s nom, trample
³⁶ εἰμί 3p fut mid ind, be
³⁷ σελήνη, -ης f, moon
³⁸ ἄστρον, -ου n, star
³⁹ συνοχή, -ῆς f, distress
⁴⁰ ἀπορία, -ας f, perplexity
⁴¹ ἦχος, -ου n, sound
⁴² σάλος, -ου m, wave
⁴³ ἀποψύχω pres act ptc m p gen, faint
⁴⁴ προσδοκία, -ας f, expectation
⁴⁵ ἐπέρχομαι pres mid ptc n p gen, come (upon)
⁴⁶ οἰκουμένη, -ης f, world

αἱ γὰρ δυνάμεις τῶν οὐρανῶν σαλευθήσονται[1]. 27 καὶ τότε ὄψονται[2] τὸν υἱὸν τοῦ ἀνθρώπου ἐρχόμενον ἐν νεφέλη[3] μετὰ δυνάμεως καὶ δόξης πολλῆς. 28 ἀρχομένων δὲ τούτων γίνεσθαι ἀνακύψατε[4] καὶ ἐπάρατε[5] τὰς κεφαλὰς ὑμῶν, διότι[6] ἐγγίζει ἡ ἀπολύτρωσις[7] ὑμῶν.

The Lesson of the Fig Tree (Mt 24.32-35; Mk 13.28-31)

29 Καὶ εἶπεν παραβολὴν αὐτοῖς· ἴδετε τὴν συκῆν[8] καὶ πάντα τὰ δένδρα·[9] 30 ὅταν προβάλωσιν[10] ἤδη, βλέποντες ἀφ' ἑαυτῶν γινώσκετε ὅτι ἤδη ἐγγὺς τὸ θέρος[11] ἐστίν· 31 οὕτως καὶ ὑμεῖς, ὅταν ἴδητε[12] ταῦτα γινόμενα, γινώσκετε ὅτι ἐγγύς ἐστιν ἡ βασιλεία τοῦ θεοῦ. 32 ἀμὴν λέγω ὑμῖν ὅτι οὐ μὴ παρέλθη[13] ἡ γενεὰ αὕτη ἕως ἂν πάντα γένηται. 33 ὁ οὐρανὸς καὶ ἡ γῆ παρελεύσονται[14], οἱ δὲ λόγοι μου οὐ μὴ παρελεύσονται.

Exhortation to Watch

34 Προσέχετε[15] δὲ ἑαυτοῖς μήποτε[16] βαρηθῶσιν[17] ὑμῶν αἱ καρδίαι ἐν κραιπάλη[18] καὶ μέθη[19] καὶ μερίμναις[20] βιωτικαῖς[21] καὶ ἐπιστῇ[22] ἐφ' ὑμᾶς αἰφνίδιος[23] ἡ ἡμέρα ἐκείνη 35 ὡς παγίς[24]· ἐπεισελεύσεται[25] γὰρ ἐπὶ πάντας τοὺς καθημένους ἐπὶ πρόσωπον πάσης τῆς γῆς. 36 ἀγρυπνεῖτε[26] δὲ ἐν παντὶ καιρῷ δεόμενοι[27] ἵνα κατισχύσητε[28] ἐκφυγεῖν[29] ταῦτα πάντα τὰ μέλλοντα γίνεσθαι καὶ σταθῆναι[30] ἔμπροσθεν τοῦ υἱοῦ τοῦ ἀνθρώπου.

37 Ἦν δὲ τὰς ἡμέρας ἐν τῷ ἱερῷ διδάσκων, τὰς δὲ νύκτας ἐξερχόμενος ηὐλίζετο[31] εἰς τὸ ὄρος τὸ καλούμενον Ἐλαιῶν[32]· 38 καὶ πᾶς ὁ λαὸς ὤρθριζεν[33] πρὸς αὐτὸν ἐν τῷ ἱερῷ ἀκούειν αὐτοῦ.

---

[1] σαλεύω 3p fut pas ind, shake
[2] ὁράω 3p fut mid ind, see
[3] νεφέλη, -ης f, cloud
[4] ἀνακύπτω 2p aor act impv, look up
[5] ἐπαίρω 2p aor act impv, raise
[6] διότι, conj, because
[7] ἀπολύτρωσις, -εως f, redemption
[8] συκῆ, -ῆς f, fig tree
[9] δένδρον, -ου n, tree
[10] προβάλλω 3p aor act sub, put out leaves
[11] θέρος, -ους n, summer
[12] ὁράω 2p aor act sub, see
[13] παρέρχομαι 3s aor act sub, pass away
[14] παρέρχομαι 3p fut mid ind, pass away
[15] προσέχω 2p pres act impv, pay close attention to
[16] μήποτε, conj, so that ... will not
[17] βαρέω 3p aor pas sub, weigh down
[18] κραιπάλη, -ης f, dissipation
[19] μέθη, -ης f, drunkenness
[20] μέριμνα, -ης f, concern
[21] βιωτικός, -ή/όν, pertaining to everyday life
[22] ἐφίστημι 3s aor act sub, come (upon)
[23] αἰφνίδιος, -ον, sudden
[24] παγίς, -ίδος f, snare
[25] ἐπεισέρχομαι 3s fut mid ind, come upon
[26] ἀγρυπνέω 2p pres act impv, be alert
[27] δέομαι pres pas ptc m p nom, pray
[28] κατισχύω 2p aor act sub, have strength
[29] ἐκφεύγω aor act inf, escape
[30] ἵστημι aor pas inf, intrans pas stand
[31] αὐλίζομαι 3s impf mid ind, spend the night
[32] ἐλαία, -ας f, olive
[33] ὀρθρίζω 3s impf act ind, come early in the morning

The Plot to Kill Jesus (Mt 26.1-5, 14-16; Mk 14.1-2, 10-11; Jn 11.45-53)

22 Ἤγγιζεν δὲ ἡ ἑορτὴ[1] τῶν ἀζύμων[2] ἡ λεγομένη πάσχα[3]. **2** καὶ ἐζήτουν οἱ ἀρχιερεῖς καὶ οἱ γραμματεῖς τὸ πῶς ἀνέλωσιν[4] αὐτόν, ἐφοβοῦντο γὰρ τὸν λαόν. **3** Εἰσῆλθεν δὲ σατανᾶς εἰς Ἰούδαν τὸν καλούμενον Ἰσκαριώτην, ὄντα ἐκ τοῦ ἀριθμοῦ[5] τῶν δώδεκα· **4** καὶ ἀπελθὼν συνελάλησεν[6] τοῖς ἀρχιερεῦσιν καὶ στρατηγοῖς[7] τὸ πῶς αὐτοῖς παραδῷ[8] αὐτόν. **5** καὶ ἐχάρησαν[9] καὶ συνέθεντο[10] αὐτῷ ἀργύριον[11] δοῦναι[12]. **6** καὶ ἐξωμολόγησεν[13], καὶ ἐζήτει εὐκαιρίαν[14] τοῦ παραδοῦναι[15] αὐτὸν ἄτερ[16] ὄχλου αὐτοῖς.

The Preparation of the Passover (Mt 26.17-25; Mk 14.12-21; Jn 13.21-30)

7 Ἦλθεν δὲ ἡ ἡμέρα τῶν ἀζύμων[17], [ἐν] ᾗ ἔδει θύεσθαι[18] τὸ πάσχα[19]· **8** καὶ ἀπέστειλεν[20] Πέτρον καὶ Ἰωάννην εἰπών· πορευθέντες ἑτοιμάσατε ἡμῖν τὸ πάσχα ἵνα φάγωμεν[21]. **9** οἱ δὲ εἶπαν αὐτῷ· ποῦ θέλεις ἑτοιμάσωμεν; **10** ὁ δὲ εἶπεν αὐτοῖς· ἰδοὺ εἰσελθόντων ὑμῶν εἰς τὴν πόλιν συναντήσει[22] ὑμῖν ἄνθρωπος κεράμιον[23] ὕδατος βαστάζων[24]· ἀκολουθήσατε αὐτῷ εἰς τὴν οἰκίαν εἰς ἣν εἰσπορεύεται[25], **11** καὶ ἐρεῖτε[26] τῷ οἰκοδεσπότῃ[27] τῆς οἰκίας· λέγει σοι ὁ διδάσκαλος· ποῦ ἐστιν τὸ κατάλυμα[28] ὅπου τὸ πάσχα μετὰ τῶν μαθητῶν μου φάγω; **12** κἀκεῖνος ὑμῖν δείξει[29] ἀνάγαιον[30] μέγα ἐστρωμένον[31]· ἐκεῖ ἑτοιμάσατε. **13** ἀπελθόντες δὲ εὗρον[32] καθὼς εἰρήκει[33] αὐτοῖς καὶ ἡτοίμασαν τὸ πάσχα.

The Institution of the Lord's Supper (Mt 26.26-30; Mk 14.22-26; 1 Cor 11.23-25)

14 Καὶ ὅτε ἐγένετο ἡ ὥρα, ἀνέπεσεν[34] καὶ οἱ ἀπόστολοι σὺν αὐτῷ. **15** καὶ εἶπεν πρὸς αὐτούς· ἐπιθυμίᾳ ἐπεθύμησα[35] τοῦτο τὸ πάσχα φαγεῖν[36] μεθ' ὑμῶν πρὸ τοῦ

---

[1] ἑορτή, -ῆς f, festival
[2] ἄζυμος, -ον, without yeast (τὰ ἄζυμα Jewish Feast of Unleavened Bread)
[3] πάσχα, n, Passover
[4] ἀναιρέω 3p aor act sub, get rid of
[5] ἀριθμός, -οῦ m, number
[6] συλλαλέω 3s aor act ind, talk (with)
[7] στρατηγός, -οῦ m, officer (of the temple police)
[8] παραδίδωμι 3s aor act sub, betray
[9] χαίρω 3p aor pas ind, be glad
[10] συντίθημι 3p aor mid ind, mid agree
[11] ἀργύριον, -ου n, money
[12] δίδωμι aor act inf, give
[13] ἐξομολογέω 3s aor act ind, consent
[14] εὐκαιρία, -ας f, good chance
[15] παραδίδωμι aor act inf, hand over/betray
[16] ἄτερ, prep + gen, away from
[17] ἄζυμος, -ον, without yeast (τὰ ἄζυμα Jewish Feast of Unleavened Bread)
[18] θύω pres pas inf, kill
[19] πάσχα, n, Passover lamb
[20] ἀποστέλλω 3s aor act ind, send
[21] ἐσθίω 1p aor act sub, eat
[22] συναντάω 3s fut act ind, meet
[23] κεράμιον, -ου, (clay) jar
[24] βαστάζω pres act ptc m s nom, carry
[25] εἰσπορεύομαι 3s pres mid ind, go in
[26] λέγω 2p fut act ind, say
[27] οἰκοδεσπότης, -ου m, house owner
[28] κατάλυμα, -τος n, (guest) room
[29] δείκνυμι 3s fut act ind, show
[30] ἀνάγαιον, -ου n, upstairs room
[31] στρώννυμι pf pas ptc n s acc, furnish
[32] εὑρίσκω 3p aor act ind, find
[33] λέγω 3s plpf act ind, say
[34] ἀναπίπτω 3s aor act ind, sit at table
[35] ἐπιθυμέω 1s aor act ind, want
[36] ἐσθίω aor act inf, eat

με παθεῖν¹· 16 λέγω γὰρ ὑμῖν ὅτι οὐ μὴ φάγω αὐτὸ ἕως ὅτου πληρωθῇ ἐν τῇ βασιλείᾳ τοῦ θεοῦ. 17 καὶ δεξάμενος ποτήριον εὐχαριστήσας εἶπεν· λάβετε τοῦτο καὶ διαμερίσατε² εἰς ἑαυτούς· 18 λέγω γὰρ ὑμῖν, [ὅτι] οὐ μὴ πίω³ ἀπὸ τοῦ νῦν ἀπὸ τοῦ γενήματος⁴ τῆς ἀμπέλου⁵ ἕως οὗ ἡ βασιλεία τοῦ θεοῦ ἔλθῃ⁶. 19 καὶ λαβὼν ἄρτον εὐχαριστήσας ἔκλασεν⁷ καὶ ἔδωκεν αὐτοῖς λέγων· τοῦτό ἐστιν τὸ σῶμά μου τὸ ὑπὲρ ὑμῶν διδόμενον⁸· τοῦτο ποιεῖτε εἰς τὴν ἐμὴν ἀνάμνησιν⁹. 20 καὶ τὸ ποτήριον ὡσαύτως¹⁰ μετὰ τὸ δειπνῆσαι¹¹, λέγων· τοῦτο τὸ ποτήριον ἡ καινὴ διαθήκη ἐν τῷ αἵματί μου τὸ ὑπὲρ ὑμῶν ἐκχυννόμενον¹². 21 Πλὴν ἰδοὺ ἡ χεὶρ τοῦ παραδιδόντος¹³ με μετ' ἐμοῦ ἐπὶ τῆς τραπέζης¹⁴. 22 ὅτι ὁ υἱὸς μὲν τοῦ ἀνθρώπου κατὰ τὸ ὡρισμένον¹⁵ πορεύεται, πλὴν οὐαὶ τῷ ἀνθρώπῳ ἐκείνῳ δι' οὗ παραδίδοται. 23 καὶ αὐτοὶ ἤρξαντο¹⁶ συζητεῖν¹⁷ πρὸς ἑαυτοὺς τὸ τίς ἄρα εἴη¹⁸ ἐξ αὐτῶν ὁ τοῦτο μέλλων πράσσειν.

The Dispute about Greatness

24 Ἐγένετο δὲ καὶ φιλονεικία¹⁹ ἐν αὐτοῖς, τὸ τίς αὐτῶν δοκεῖ εἶναι μείζων²⁰. 25 ὁ δὲ εἶπεν αὐτοῖς· οἱ βασιλεῖς τῶν ἐθνῶν κυριεύουσιν²¹ αὐτῶν καὶ οἱ ἐξουσιάζοντες²² αὐτῶν εὐεργέται²³ καλοῦνται. 26 ὑμεῖς δὲ οὐχ οὕτως, ἀλλ' ὁ μείζων ἐν ὑμῖν γινέσθω ὡς ὁ νεώτερος²⁴ καὶ ὁ ἡγούμενος²⁵ ὡς ὁ διακονῶν. 27 τίς γὰρ μείζων, ὁ ἀνακείμενος²⁶ ἢ ὁ διακονῶν; οὐχὶ ὁ ἀνακείμενος; ἐγὼ δὲ ἐν μέσῳ ὑμῶν εἰμι ὡς ὁ διακονῶν.
28 Ὑμεῖς δέ ἐστε οἱ διαμεμενηκότες²⁷ μετ' ἐμοῦ ἐν τοῖς πειρασμοῖς²⁸ μου· 29 κἀγὼ διατίθεμαι²⁹ ὑμῖν καθὼς διέθετό μοι ὁ πατήρ μου βασιλείαν, 30 ἵνα ἔσθητε³⁰ καὶ πίνητε ἐπὶ τῆς τραπέζης³¹ μου ἐν τῇ βασιλείᾳ μου, καὶ καθήσεσθε ἐπὶ θρόνων τὰς δώδεκα φυλὰς κρίνοντες τοῦ Ἰσραήλ.

---

1 πάσχω aor act inf, suffer
2 διαμερίζω 2p aor act impv, divide (among)
3 πίνω 1s aor act sub, drink
4 γένημα, -τος n, product (γ. τῆς ἀμπέλου wine)
5 ἄμπελος, -ου f, grapevine
6 ἔρχομαι 3s aor act sub, come
7 κλάω 3s aor act ind, break
8 δίδωμι pres pas ptc n s nom, give
9 ἀνάμνησις, -εως f, reminder
10 ὡσαύτως, adv, in the same way
11 δειπνέω aor act inf, eat
12 ἐκχύννω pres pas ptc n s nom, pour out
13 παραδίδωμι pres act ptc m s gen, betray
14 τράπεζα, -ης f, table
15 ὁρίζω pf pas ptc n s acc, determine
16 ἄρχω 3p aor mid ind, mid begin
17 συζητέω pres act inf, question
18 εἰμί 3s pres act opt, be
19 φιλονεικία, -ας f, argument
20 μέγας, great (comp)
21 κυριεύω 3p pres act ind, lord it over
22 ἐξουσιάζω pres act ptc m p nom, have power over
23 εὐεργέτης, -ου m, benefactor (honorary title)
24 νέος, young (comp)
25 ἡγέομαι pres mid ptc m s nom, rule
26 ἀνάκειμαι pres mid ptc m s nom, be seated at table
27 διαμένω pf act ptc m p nom, remain
28 πειρασμός, -οῦ m, time of trouble
29 διατίθημι 1s pres mid ind, give
30 ἐσθίω 2p pres act sub, eat
31 τράπεζα, -ης f, table

Peter's Denial Foretold (Mt 26.31-35; Mk 14.27-31; Jn 13.36-38)

31 Σίμων Σίμων, ἰδοὺ ὁ σατανᾶς ἐξητήσατο[1] ὑμᾶς τοῦ σινιάσαι[2] ὡς τὸν σῖτον[3]· **32** ἐγὼ δὲ ἐδεήθην[4] περὶ σοῦ ἵνα μὴ ἐκλίπῃ[5] ἡ πίστις σου· καὶ σύ ποτε[6] ἐπιστρέψας στήρισον[7] τοὺς ἀδελφούς σου. **33** ὁ δὲ εἶπεν αὐτῷ· κύριε, μετὰ σοῦ ἕτοιμός[8] εἰμι καὶ εἰς φυλακὴν καὶ εἰς θάνατον πορεύεσθαι. **34** ὁ δὲ εἶπεν· λέγω σοι, Πέτρε, οὐ φωνήσει σήμερον ἀλέκτωρ[9] ἕως τρίς[10] με ἀπαρνήσῃ[11] εἰδέναι[12].

Purse, Bag, and Sword

35 Καὶ εἶπεν αὐτοῖς· ὅτε ἀπέστειλα[13] ὑμᾶς ἄτερ[14] βαλλαντίου[15] καὶ πήρας[16] καὶ ὑποδημάτων[17], μή τινος ὑστερήσατε[18]; οἱ δὲ εἶπαν· οὐθενός[19]. **36** εἶπεν δὲ αὐτοῖς· ἀλλὰ νῦν ὁ ἔχων βαλλάντιον ἀράτω[20], ὁμοίως[21] καὶ πήραν, καὶ ὁ μὴ ἔχων πωλησάτω[22] τὸ ἱμάτιον αὐτοῦ καὶ ἀγορασάτω[23] μάχαιραν. **37** λέγω γὰρ ὑμῖν ὅτι τοῦτο τὸ γεγραμμένον[24] δεῖ τελεσθῆναι[25] ἐν ἐμοί, τό· καὶ μετὰ ἀνόμων[26] ἐλογίσθη· καὶ γὰρ τὸ περὶ ἐμοῦ τέλος ἔχει. **38** οἱ δὲ εἶπαν· κύριε, ἰδοὺ μάχαιραι ὧδε δύο. ὁ δὲ εἶπεν αὐτοῖς· ἱκανόν ἐστιν.

The Prayer on the Mount of Olives (Mt 26.36-46; Mk 14.32-42)

39 Καὶ ἐξελθὼν ἐπορεύθη κατὰ τὸ ἔθος[27] εἰς τὸ ὄρος τῶν ἐλαιῶν[28], ἠκολούθησαν δὲ αὐτῷ καὶ οἱ μαθηταί. **40** γενόμενος δὲ ἐπὶ τοῦ τόπου εἶπεν αὐτοῖς· προσεύχεσθε μὴ εἰσελθεῖν εἰς πειρασμόν[29]. **41** καὶ αὐτὸς ἀπεσπάσθη[30] ἀπ᾽ αὐτῶν ὡσεὶ[31] λίθου βολὴν[32] καὶ θεὶς[33] τὰ γόνατα[34] προσηύχετο **42** λέγων· πάτερ, εἰ βούλει παρένεγκε[35] τοῦτο τὸ ποτήριον ἀπ᾽ ἐμοῦ· πλὴν μὴ τὸ θέλημά μου ἀλλὰ τὸ σὸν[36] γινέσθω. ⟦**43** ὤφθη[37] δὲ αὐτῷ ἄγγελος ἀπ᾽ οὐρανοῦ ἐνισχύων[38] αὐτόν. **44** καὶ γενόμενος ἐν ἀγωνίᾳ[39] ἐκτενέστερον[40] προσηύχετο· καὶ ἐγένετο ὁ ἱδρὼς[41] αὐτοῦ ὡσεὶ[42]

---

[1] ἐξαιτέω 3s aor mid ind, mid demand
[2] σινιάζω aor act inf, sift
[3] σῖτος, -ου m, grain
[4] δέομαι 1s aor pas ind, pray
[5] ἐκλείπω 3s aor act sub, fail
[6] ποτέ, temporal adv, when
[7] στηρίζω 2s aor act impv, strengthen
[8] ἕτοιμος, -η/ον, ready
[9] ἀλέκτωρ, -ορος m, rooster
[10] τρίς, adv, three times
[11] ἀπαρνέομαι 2s aor mid sub, deny
[12] οἶδα pf act inf, know
[13] ἀποστέλλω 1s aor act ind, send
[14] ἄτερ, prep + gen, without
[15] βαλλάντιον, -ου n, money bag
[16] πήρα, -ας f, bag (either a traveler's bag or a beggar's bag)
[17] ὑπόδημα, -τος n, sandal
[18] ὑστερέω 2p aor act ind, lack
[19] οὐθείς = οὐδείς, οὐδεμία, οὐδέν, no one/nothing
[20] αἴρω 3s aor act impv, take
[21] ὁμοίως, adv, in the same way
[22] πωλέω 3s aor act impv, sell
[23] ἀγοράζω 3s aor act impv, buy
[24] γράφω pf pas ptc n s acc, write
[25] τελέω aor pas inf, fulfill
[26] ἄνομος, -ον, lawless
[27] ἔθος, -ους n, custom
[28] ἐλαία, -ας f, olive
[29] πειρασμός, -οῦ m, temptation/time of testing
[30] ἀποσπάω 3s aor pas ind, pas go off
[31] ὡσεί, particle of comparison, about
[32] βολή, -ῆς f, a throw (of a stone)
[33] τίθημι aor act ptc m s nom, put/place (τ. τὰ γόνατα kneel)
[34] γόνυ, γόνατος n, knee
[35] παραφέρω 2s aor act impv, take
[36] σός, σή, σόν, your(s)
[37] ὁράω 3s aor pas ind, pas appear
[38] ἐνισχύω pres act ptc m s nom, strengthen
[39] ἀγωνία, -ας f, agony
[40] ἐκτενής, adv, earnestly (comp)
[41] ἱδρώς, -ῶτος m, sweat
[42] ὡσεί, particle of comparison, as/like

θρόμβοι¹ αἵματος καταβαίνοντες ἐπὶ τὴν γῆν]. 45 καὶ ἀναστὰς² ἀπὸ τῆς προσευχῆς ἐλθὼν πρὸς τοὺς μαθητὰς εὗρεν³ κοιμωμένους⁴ αὐτοὺς ἀπὸ τῆς λύπης⁵, 46 καὶ εἶπεν αὐτοῖς· τί καθεύδετε⁶; ἀναστάντες προσεύχεσθε, ἵνα μὴ εἰσέλθητε εἰς πειρασμόν.

The Betrayal and Arrest of Jesus   (Mt 26.47-56; Mk 14.43-50; Jn 18.3-11)

47 Ἔτι αὐτοῦ λαλοῦντος ἰδοὺ ὄχλος, καὶ ὁ λεγόμενος Ἰούδας εἷς τῶν δώδεκα προήρχετο⁷ αὐτοὺς καὶ ἤγγισεν⁸ τῷ Ἰησοῦ φιλῆσαι⁹ αὐτόν. 48 Ἰησοῦς δὲ εἶπεν αὐτῷ· Ἰούδα, φιλήματι¹⁰ τὸν υἱὸν τοῦ ἀνθρώπου παραδίδως¹¹; 49 ἰδόντες δὲ οἱ περὶ αὐτὸν τὸ ἐσόμενον¹² εἶπαν· κύριε, εἰ πατάξομεν¹³ ἐν μαχαίρῃ¹⁴; 50 καὶ ἐπάταξεν¹⁵ εἷς τις ἐξ αὐτῶν τοῦ ἀρχιερέως τὸν δοῦλον καὶ ἀφεῖλεν¹⁶ τὸ οὖς αὐτοῦ τὸ δεξιόν. 51 ἀποκριθεὶς δὲ ὁ Ἰησοῦς εἶπεν· ἐᾶτε¹⁷ ἕως τούτου· καὶ ἁψάμενος¹⁸ τοῦ ὠτίου¹⁹ ἰάσατο²⁰ αὐτόν.

52 Εἶπεν δὲ Ἰησοῦς πρὸς τοὺς παραγενομένους²¹ ἐπ' αὐτὸν ἀρχιερεῖς καὶ στρατηγοὺς²² τοῦ ἱεροῦ καὶ πρεσβυτέρους· ὡς ἐπὶ λῃστὴν²³ ἐξήλθατε μετὰ μαχαιρῶν²⁴ καὶ ξύλων²⁵; 53 καθ' ἡμέραν ὄντος μου μεθ' ὑμῶν ἐν τῷ ἱερῷ οὐκ ἐξετείνατε²⁶ τὰς χεῖρας ἐπ' ἐμέ, ἀλλ' αὕτη ἐστὶν ὑμῶν ἡ ὥρα καὶ ἡ ἐξουσία τοῦ σκότους.

Peter's Denial of Jesus   (Mt 26.57-58, 69-75; Mk 14.53-54, 66-72; Jn 18.12-18, 25-27)

54 Συλλαβόντες²⁷ δὲ αὐτὸν ἤγαγον²⁸ καὶ εἰσήγαγον²⁹ εἰς τὴν οἰκίαν τοῦ ἀρχιερέως· ὁ δὲ Πέτρος ἠκολούθει μακρόθεν³⁰. 55 περιαψάντων³¹ δὲ πῦρ ἐν μέσῳ τῆς αὐλῆς³² καὶ συγκαθισάντων³³ ἐκάθητο ὁ Πέτρος μέσος αὐτῶν. 56 ἰδοῦσα δὲ αὐτὸν παιδίσκη³⁴ τις καθήμενον πρὸς τὸ φῶς καὶ ἀτενίσασα³⁵ αὐτῷ εἶπεν· καὶ οὗτος σὺν αὐτῷ ἦν. 57 ὁ δὲ ἠρνήσατο λέγων· οὐκ οἶδα αὐτόν, γύναι. 58 καὶ μετὰ βραχὺ³⁶ ἕτερος ἰδὼν αὐτὸν ἔφη· καὶ σὺ ἐξ αὐτῶν εἶ. ὁ δὲ Πέτρος ἔφη· ἄνθρωπε, οὐκ εἰμί. 59 καὶ

---

[1] θρόμβος, -ου m, drop
[2] ἀνίστημι aor act ptc m s nom, intrans get up
[3] εὑρίσκω 3s aor act ind, find
[4] κοιμάομαι pres pas ptc m p acc, sleep
[5] λύπη, -ης f, sorrow
[6] καθεύδω 2p pres act ind, sleep
[7] προέρχομαι 3s impf mid ind, lead
[8] ἐγγίζω 3s aor act ind, approach
[9] φιλέω aor act inf, kiss
[10] φίλημα, -τος n, kiss
[11] παραδίδωμι 2s pres act ind, betray
[12] εἰμί fut mid ptc n s acc, happen
[13] πατάσσω 1s fut act ind, strike
[14] μάχαιρα, -ης f, sword
[15] πατάσσω 3s aor act ind, strike
[16] ἀφαιρέω 3s aor act ind, cut off
[17] ἐάω 2p pres act impv, allow (ἐᾶτε ἕως τούτου Enough of this!)
[18] ἅπτω aor mid ptc m s nom, mid touch
[19] ὠτίον, -ου n, ear
[20] ἰάομαι 3s aor mid ind, heal
[21] παραγίνομαι aor mid ptc m p acc, come
[22] στρατηγός, -οῦ m, officer (of the temple police)
[23] λῃστής, -οῦ m, criminal
[24] μάχαιρα, -ης f, sword
[25] ξύλον, -ου n, club
[26] ἐκτείνω 2p aor act ind, reach out
[27] συλλαμβάνω aor act ptc m p nom, arrest
[28] ἄγω 3p aor act ind, lead
[29] εἰσάγω 3p aor act ind, bring in
[30] μακρόθεν, adv, at a distance
[31] περιάπτω aor act ptc m p gen, kindle
[32] αὐλή, -ῆς f, courtyard
[33] συγκαθίζω aor act ptc m p gen, sit down together
[34] παιδίσκη, -ης f, female servant
[35] ἀτενίζω aor act ptc f s nom, look straight at
[36] βραχύς, -εῖα/ύ, little (μετὰ β. a little later)

διαστάσης¹ ὡσεὶ² ὥρας μιᾶς ἄλλος τις διϊσχυρίζετο³ λέγων· ἐπ' ἀληθείας καὶ οὗτος μετ' αὐτοῦ ἦν, καὶ γὰρ Γαλιλαῖός ἐστιν. 60 εἶπεν δὲ ὁ Πέτρος· ἄνθρωπε, οὐκ οἶδα ὃ λέγεις. καὶ παραχρῆμα⁴ ἔτι λαλοῦντος αὐτοῦ ἐφώνησεν ἀλέκτωρ⁵. 61 καὶ στραφεὶς⁶ ὁ κύριος ἐνέβλεψεν⁷ τῷ Πέτρῳ, καὶ ὑπεμνήσθη⁸ ὁ Πέτρος τοῦ ῥήματος τοῦ κυρίου ὡς εἶπεν αὐτῷ ὅτι πρὶν⁹ ἀλέκτορα φωνῆσαι σήμερον ἀπαρνήσῃ¹⁰ με τρίς¹¹. 62 καὶ ἐξελθὼν ἔξω ἔκλαυσεν πικρῶς¹².

The Mocking and Beating of Jesus (Mt 26.67-68; Mk 14.65)

63 Καὶ οἱ ἄνδρες οἱ συνέχοντες¹³ αὐτὸν ἐνέπαιζον¹⁴ αὐτῷ δέροντες¹⁵, 64 καὶ περικαλύψαντες¹⁶ αὐτὸν ἐπηρώτων λέγοντες· προφήτευσον¹⁷, τίς ἐστιν ὁ παίσας¹⁸ σε; 65 καὶ ἕτερα πολλὰ βλασφημοῦντες ἔλεγον εἰς αὐτόν.

Jesus before the Council (Mt 26.59-66; Mk 14.55-64; Jn 18.19-24)

66 Καὶ ὡς ἐγένετο ἡμέρα, συνήχθη¹⁹ τὸ πρεσβυτέριον²⁰ τοῦ λαοῦ, ἀρχιερεῖς τε καὶ γραμματεῖς, καὶ ἀπήγαγον²¹ αὐτὸν εἰς τὸ συνέδριον²² αὐτῶν 67 λέγοντες· εἰ σὺ εἶ ὁ χριστός, εἰπὸν ἡμῖν. εἶπεν δὲ αὐτοῖς· ἐὰν ὑμῖν εἴπω²³, οὐ μὴ πιστεύσητε· 68 ἐὰν δὲ ἐρωτήσω, οὐ μὴ ἀποκριθῆτε²⁴. 69 ἀπὸ τοῦ νῦν δὲ ἔσται ὁ υἱὸς τοῦ ἀνθρώπου καθήμενος ἐκ δεξιῶν τῆς δυνάμεως τοῦ θεοῦ. 70 εἶπαν δὲ πάντες· σὺ οὖν εἶ ὁ υἱὸς τοῦ θεοῦ; ὁ δὲ πρὸς αὐτοὺς ἔφη· ὑμεῖς λέγετε ὅτι ἐγώ εἰμι. 71 οἱ δὲ εἶπαν· τί ἔτι ἔχομεν μαρτυρίας χρείαν; αὐτοὶ γὰρ ἠκούσαμεν ἀπὸ τοῦ στόματος αὐτοῦ.

Jesus before Pilate (Mt 27.1-2, 11-14; Mk 15.1-5; Jn 18.28-38)

23 Καὶ ἀναστὰν²⁵ ἅπαν τὸ πλῆθος αὐτῶν ἤγαγον²⁶ αὐτὸν ἐπὶ τὸν Πιλᾶτον. 2 Ἤρξαντο²⁷ δὲ κατηγορεῖν²⁸ αὐτοῦ λέγοντες· τοῦτον εὕραμεν διαστρέφοντα²⁹ τὸ ἔθνος ἡμῶν καὶ κωλύοντα³⁰ φόρους³¹ Καίσαρι διδόναι³² καὶ λέγοντα

---

¹ διΐστημι aor act ptc f s gen, pass
² ὡσεί, particle of comparison, about
³ διϊσχυρίζομαι 3s impf mid ind, insist
⁴ παραχρῆμα, adv, right then
⁵ ἀλέκτωρ, -ορος m, rooster
⁶ στρέφω aor pas ptc m s nom, intrans pas turn
⁷ ἐμβλέπω 3s aor act ind, look straight at
⁸ ὑπομιμνῄσκω 3s aor pas ind, pas remember
⁹ πρίν, conj, before
¹⁰ ἀπαρνέομαι 2s fut mid ind, disown
¹¹ τρίς, adv, three times
¹² πικρῶς, adv, bitterly
¹³ συνέχω pres act ptc m p nom, surround
¹⁴ ἐμπαίζω 3p impf act ind, make fun of
¹⁵ δέρω pres act ptc m p nom, beat
¹⁶ περικαλύπτω aor act ptc m p nom, blindfold
¹⁷ προφητεύω 2s aor act impv, prophesy
¹⁸ παίω aor act ptc m s nom, strike
¹⁹ συνάγω 3s aor pas ind, pas gather together
²⁰ πρεσβυτέριον, -ου n, body of elders
²¹ ἀπάγω 3p aor act ind, lead away
²² συνέδριον, -ου n, council
²³ λέγω 1s aor act sub, say
²⁴ ἀποκρίνομαι 2p aor pas sub, answer
²⁵ ἀνίστημι aor act ptc n s nom, intrans get up
²⁶ ἄγω 3p aor act ind, lead
²⁷ ἄρχω 3p aor mid ind, mid begin
²⁸ κατηγορέω pres act inf, accuse
²⁹ διαστρέφω pres act ptc m s acc, mislead
³⁰ κωλύω pres act ptc m s acc, forbid
³¹ φόρος, -ου m, tax
³² δίδωμι pres act inf, pay

ἑαυτὸν χριστὸν βασιλέα εἶναι. 3 ὁ δὲ Πιλᾶτος ἠρώτησεν αὐτὸν λέγων· σὺ εἶ ὁ βασιλεὺς τῶν Ἰουδαίων; ὁ δὲ ἀποκριθεὶς αὐτῷ ἔφη· σὺ λέγεις. 4 ὁ δὲ Πιλᾶτος εἶπεν πρὸς τοὺς ἀρχιερεῖς καὶ τοὺς ὄχλους· οὐδὲν εὑρίσκω αἴτιον[1] ἐν τῷ ἀνθρώπῳ τούτῳ. 5 οἱ δὲ ἐπίσχυον[2] λέγοντες ὅτι ἀνασείει[3] τὸν λαὸν διδάσκων καθ᾿ ὅλης τῆς Ἰουδαίας, καὶ ἀρξάμενος ἀπὸ τῆς Γαλιλαίας ἕως ὧδε.

Jesus before Herod

6 Πιλᾶτος δὲ ἀκούσας ἐπηρώτησεν εἰ ὁ ἄνθρωπος Γαλιλαῖός ἐστιν, 7 καὶ ἐπιγνοὺς[4] ὅτι ἐκ τῆς ἐξουσίας Ἡρῴδου ἐστὶν ἀνέπεμψεν[5] αὐτὸν πρὸς Ἡρῴδην, ὄντα καὶ αὐτὸν ἐν Ἱεροσολύμοις ἐν ταύταις ταῖς ἡμέραις.

8 Ὁ δὲ Ἡρῴδης ἰδὼν τὸν Ἰησοῦν ἐχάρη[6] λίαν[7], ἦν γὰρ ἐξ ἱκανῶν χρόνων θέλων ἰδεῖν αὐτὸν διὰ τὸ ἀκούειν περὶ αὐτοῦ καὶ ἤλπιζέν τι σημεῖον ἰδεῖν ὑπ᾿ αὐτοῦ γινόμενον. 9 ἐπηρώτα δὲ αὐτὸν ἐν λόγοις ἱκανοῖς, αὐτὸς δὲ οὐδὲν ἀπεκρίνατο αὐτῷ. 10 εἱστήκεισαν[8] δὲ οἱ ἀρχιερεῖς καὶ οἱ γραμματεῖς εὐτόνως[9] κατηγοροῦντες[10] αὐτοῦ. 11 ἐξουθενήσας[11] δὲ αὐτὸν [καὶ] ὁ Ἡρῴδης σὺν τοῖς στρατεύμασιν[12] αὐτοῦ καὶ ἐμπαίξας[13] περιβαλὼν[14] ἐσθῆτα[15] λαμπρὰν[16] ἀνέπεμψεν[17] αὐτὸν τῷ Πιλάτῳ. 12 ἐγένοντο δὲ φίλοι[18] ὅ τε Ἡρῴδης καὶ ὁ Πιλᾶτος ἐν αὐτῇ τῇ ἡμέρᾳ μετ᾿ ἀλλήλων· προϋπῆρχον[19] γὰρ ἐν ἔχθρᾳ[20] ὄντες πρὸς αὐτούς.

Jesus Sentenced to Death (Mt 27.15-26; Mk 15.6-15; Jn 18.39–19.16)

13 Πιλᾶτος δὲ συγκαλεσάμενος[21] τοὺς ἀρχιερεῖς καὶ τοὺς ἄρχοντας καὶ τὸν λαὸν 14 εἶπεν πρὸς αὐτούς· προσηνέγκατέ[22] μοι τὸν ἄνθρωπον τοῦτον ὡς ἀποστρέφοντα[23] τὸν λαόν, καὶ ἰδοὺ ἐγὼ ἐνώπιον ὑμῶν ἀνακρίνας[24] οὐθὲν[25] εὗρον[26] ἐν τῷ ἀνθρώπῳ τούτῳ αἴτιον[27] ὧν κατηγορεῖτε[28] κατ᾿ αὐτοῦ. 15 ἀλλ᾿ οὐδὲ Ἡρῴδης, ἀνέπεμψεν γὰρ αὐτὸν πρὸς ἡμᾶς, καὶ ἰδοὺ οὐδὲν ἄξιον θανάτου ἐστὶν πεπραγμένον[29]

---

[1] αἴτιος, -ου n, cause (for bringing a criminal charge)
[2] ἐπισχύω 3p impf act ind, insist
[3] ἀνασείω 3s pres act ind, stir up
[4] ἐπιγινώσκω aor act ptc m s nom, know
[5] ἀναπέμπω 3s aor act ind, send
[6] χαίρω 3s aor pas ind, pas be glad
[7] λίαν, adv, very
[8] ἵστημι 3p plpf act ind, intrans pas stand
[9] εὐτόνως, adv, vehemently
[10] κατηγορέω pres act ptc m p nom, accuse
[11] ἐξουθενέω aor act ptc m s nom, ridicule
[12] στράτευμα, -τος n, soldiers
[13] ἐμπαίζω aor act ptc m s nom, make fun of
[14] περιβάλλω aor act ptc m s nom, put on
[15] ἐσθής, -ῆτος f, robe
[16] λαμπρός, -ά/όν, fine (of clothing)
[17] ἀναπέμπω 3s aor act ind, send back
[18] φίλος, -ου m, friend
[19] προϋπάρχω 3p impf act ind, be previously
[20] ἔχθρα, -ας f, hostility
[21] συγκαλέω aor mid ptc m s nom, mid call together
[22] προσφέρω 2p aor act ind, bring
[23] ἀποστρέφω pres act ptc m s acc, mislead
[24] ἀνακρίνω aor act ptc m s nom, question
[25] οὐθείς = οὐδείς, οὐδεμία, οὐδέν, no one/nothing
[26] εὑρίσκω 3p aor act ind, find
[27] αἴτιος, -ου n, cause
[28] κατηγορέω 2p pres act ind, accuse
[29] πράσσω pf pas ptc n s nom, do

αὐτῷ· 16 παιδεύσας¹ οὖν αὐτὸν ἀπολύσω. [17 ἀνάγκην² δὲ εἶχεν ἀπολύειν αὐτοῖς κατὰ ἑορτὴν³ ἕνα.]

18 Ἀνέκραγον⁴ δὲ παμπληθεὶ⁵ λέγοντες· αἶρε⁶ τοῦτον, ἀπόλυσον⁷ δὲ ἡμῖν τὸν Βαραββᾶν· 19 ὅστις ἦν διὰ στάσιν⁸ τινὰ γενομένην ἐν τῇ πόλει καὶ φόνον⁹ βληθεὶς¹⁰ ἐν τῇ φυλακῇ. 20 πάλιν δὲ ὁ Πιλᾶτος προσεφώνησεν¹¹ αὐτοῖς θέλων ἀπολῦσαι τὸν Ἰησοῦν. 21 οἱ δὲ ἐπεφώνουν¹² λέγοντες· σταύρου σταύρου αὐτόν. 22 ὁ δὲ τρίτον εἶπεν πρὸς αὐτούς· τί γὰρ κακὸν ἐποίησεν οὗτος; οὐδὲν αἴτιον¹³ θανάτου εὗρον¹⁴ ἐν αὐτῷ· παιδεύσας¹⁵ οὖν αὐτὸν ἀπολύσω. 23 οἱ δὲ ἐπέκειντο¹⁶ φωναῖς μεγάλαις αἰτούμενοι αὐτὸν σταυρωθῆναι, καὶ κατίσχυον¹⁷ αἱ φωναὶ αὐτῶν.

24 Καὶ Πιλᾶτος ἐπέκρινεν¹⁸ γενέσθαι τὸ αἴτημα¹⁹ αὐτῶν· 25 ἀπέλυσεν²⁰ δὲ τὸν διὰ στάσιν²¹ καὶ φόνον²² βεβλημένον²³ εἰς φυλακὴν ὃν ᾐτοῦντο²⁴, τὸν δὲ Ἰησοῦν παρέδωκεν τῷ θελήματι αὐτῶν.

The Crucifixion of Jesus (Mt 27.32-44; Mk 15.21-32; Jn 19.17-27)

26 Καὶ ὡς ἀπήγαγον²⁵ αὐτόν, ἐπιλαβόμενοι²⁶ Σίμωνά τινα Κυρηναῖον ἐρχόμενον ἀπ' ἀγροῦ ἐπέθηκαν²⁷ αὐτῷ τὸν σταυρὸν²⁸ φέρειν ὄπισθεν²⁹ τοῦ Ἰησοῦ. 27 Ἠκολούθει δὲ αὐτῷ πολὺ πλῆθος τοῦ λαοῦ καὶ γυναικῶν αἳ ἐκόπτοντο³⁰ καὶ ἐθρήνουν³¹ αὐτόν. 28 στραφεὶς³² δὲ πρὸς αὐτὰς [ὁ] Ἰησοῦς εἶπεν· θυγατέρες³³ Ἰερουσαλήμ, μὴ κλαίετε ἐπ' ἐμέ· πλὴν ἐφ' ἑαυτὰς κλαίετε καὶ ἐπὶ τὰ τέκνα ὑμῶν, 29 ὅτι ἰδοὺ ἔρχονται ἡμέραι ἐν αἷς ἐροῦσιν· μακάριαι αἱ στεῖραι³⁴ καὶ αἱ κοιλίαι³⁵ αἳ οὐκ ἐγέννησαν καὶ μαστοὶ³⁶ οἳ οὐκ ἔθρεψαν³⁷. 30 τότε ἄρξονται λέγειν τοῖς ὄρεσιν· πέσετε³⁸ ἐφ' ἡμᾶς, καὶ τοῖς βουνοῖς³⁹· καλύψατε⁴⁰ ἡμᾶς· 31 ὅτι εἰ ἐν τῷ ὑγρῷ⁴¹ ξύλῳ⁴² ταῦτα ποιοῦσιν, ἐν τῷ ξηρῷ⁴³ τί γένηται;

---

1 παιδεύω *aor act ptc m s nom*, punish/beat (with a whip)
2 ἀνάγκη, -ης f, necessity
3 ἑορτή, -ῆς f, festival
4 ἀνακράζω *3p aor act ind*, shout
5 παμπληθεί, *adv*, together
6 αἴρω *2s pres act impv*, do away with/kill
7 ἀπολύω *2s aor act impv*, release
8 στάσις, -εως f, rebellion
9 φόνος, -ου m, murder
10 βάλλω *aor pas ptc m s nom*, throw
11 προσφωνέω *3s aor act ind*, speak to
12 ἐπιφωνέω *3p impf act ind*, shout
13 αἴτιος, -ου n, cause
14 εὑρίσκω *3p aor act ind*, find
15 παιδεύω *aor act ptc m s nom*, punish/beat (with a whip)
16 ἐπίκειμαι *3p impf mid ind*, insist
17 κατισχύω *3p impf act ind*, win
18 ἐπικρίνω *3s aor act ind*, decide
19 αἴτημα, -τος n, demand
20 ἀπολύω *3s aor act ind*, release
21 στάσις, -εως f, rebellion
22 φόνος, -ου m, murder
23 βάλλω *pf pas ptc m s acc*, throw
24 αἰτέω *3p impf mid ind*, demand
25 ἀπάγω *3p aor act ind*, lead away
26 ἐπιλαμβάνομαι *aor mid ptc m p nom*, seize
27 ἐπιτίθημι *3p aor act ind*, put on
28 σταυρός, -οῦ m, cross
29 ὄπισθεν, *prep + gen*, behind
30 κόπτω *3p impf mid ind, mid* mourn
31 θρηνέω *3p impf act ind*, weep
32 στρέφω *aor pas ptc m s nom, intrans pas* turn
33 θυγάτηρ, -τρός f, daughter
34 στεῖρα, -ας f, a woman incapable of having children
35 κοιλία, -ας f, womb
36 μαστός, -οῦ m, breast
37 τρέφω *3p aor act ind*, nurse (at the breast)
38 πίπτω *2p aor act impv*, fall
39 βουνός, -οῦ m, hill
40 καλύπτω *2p aor act impv*, hide
41 ὑγρός, -ά/όν, green (of wood)
42 ξύλον, -ου n, wood
43 ξηρός, -ά, -όν, dry

32 Ἤγοντο¹ δὲ καὶ ἕτεροι κακοῦργοι² δύο σὺν αὐτῷ ἀναιρεθῆναι³.
33 Καὶ ὅτε ἦλθον ἐπὶ τὸν τόπον τὸν καλούμενον Κρανίον⁴, ἐκεῖ ἐσταύρωσαν αὐτὸν καὶ τοὺς κακούργους, ὃν μὲν ἐκ δεξιῶν ὃν δὲ ἐξ ἀριστερῶν⁵. **34** ⟦ὁ δὲ Ἰησοῦς ἔλεγεν· πάτερ, ἄφες⁶ αὐτοῖς, οὐ γὰρ οἴδασιν τί ποιοῦσιν.⟧ διαμεριζόμενοι⁷ δὲ τὰ ἱμάτια αὐτοῦ ἔβαλον⁸ κλήρους⁹.
35 Καὶ εἱστήκει¹⁰ ὁ λαὸς θεωρῶν. ἐξεμυκτήριζον¹¹ δὲ καὶ οἱ ἄρχοντες λέγοντες· ἄλλους ἔσωσεν, σωσάτω ἑαυτόν, εἰ οὗτός ἐστιν ὁ χριστὸς τοῦ θεοῦ ὁ ἐκλεκτός¹².
36 ἐνέπαιξαν¹³ δὲ αὐτῷ καὶ οἱ στρατιῶται¹⁴ προσερχόμενοι, ὄξος¹⁵ προσφέροντες αὐτῷ **37** καὶ λέγοντες· εἰ σὺ εἶ ὁ βασιλεὺς τῶν Ἰουδαίων, σῶσον¹⁶ σεαυτόν. **38** ἦν δὲ καὶ ἐπιγραφὴ¹⁷ ἐπ' αὐτῷ·
ὁ βασιλεὺς τῶν Ἰουδαίων οὗτος.
39 Εἷς δὲ τῶν κρεμασθέντων¹⁸ κακούργων¹⁹ ἐβλασφήμει αὐτὸν λέγων· οὐχὶ σὺ εἶ ὁ χριστός; σῶσον σεαυτὸν καὶ ἡμᾶς. **40** ἀποκριθεὶς δὲ ὁ ἕτερος ἐπιτιμῶν²⁰ αὐτῷ ἔφη· οὐδὲ φοβῇ σὺ τὸν θεόν, ὅτι ἐν τῷ αὐτῷ κρίματι²¹ εἶ; **41** καὶ ἡμεῖς μὲν δικαίως²², ἄξια γὰρ ὧν ἐπράξαμεν²³ ἀπολαμβάνομεν²⁴· οὗτος δὲ οὐδὲν ἄτοπον²⁵ ἔπραξεν. **42** καὶ ἔλεγεν· Ἰησοῦ, μνήσθητί²⁶ μου ὅταν ἔλθῃς²⁷ εἰς τὴν βασιλείαν σου. **43** καὶ εἶπεν αὐτῷ· ἀμήν σοι λέγω, σήμερον μετ' ἐμοῦ ἔσῃ ἐν τῷ παραδείσῳ²⁸.

The Death of Jesus (Mt 27.45-56; Mk 15.33-41; Jn 19.28-30)

44 Καὶ ἦν ἤδη ὡσεὶ²⁹ ὥρα ἕκτη³⁰ καὶ σκότος ἐγένετο ἐφ' ὅλην τὴν γῆν ἕως ὥρας ἐνάτης³¹ **45** τοῦ ἡλίου ἐκλιπόντος³², ἐσχίσθη³³ δὲ τὸ καταπέτασμα³⁴ τοῦ ναοῦ μέσον. **46** καὶ φωνήσας φωνῇ μεγάλῃ ὁ Ἰησοῦς εἶπεν· πάτερ, εἰς χεῖράς σου παρατίθεμαι³⁵ τὸ πνεῦμά μου. τοῦτο δὲ εἰπὼν ἐξέπνευσεν³⁶.

---

1 ἄγω 3p impf pas ind, lead
2 κακοῦργος, -ου m, criminal
3 ἀναιρέω aor pas inf, put to death
4 κρανίον, -ου n, skull
5 ἀριστερός, -ά/όν, left
6 ἀφίημι 2s aor act impv, forgive
7 διαμερίζω pres mid ptc m p nom, divide
8 βάλλω 3p aor act ind, throw
9 κλῆρος, -ου m, lot (of something thrown or drawn to reach a decision)
10 ἵστημι 3s plpf act ind, intrans pas stand
11 ἐκμυκτηρίζω 3p impf act ind, make fun of
12 ἐκλεκτός, -ή/όν, chosen
13 ἐμπαίζω 3p aor act ind, ridicule
14 στρατιώτης, -ου m, soldier
15 ὄξος, -ους n, sour wine
16 σῴζω 2s aor act impv, save
17 ἐπιγραφή, -ῆς f, inscription
18 κρεμάννυμι aor pas ptc m p gen, hang
19 κακοῦργος, -ου m, criminal
20 ἐπιτιμάω pres act ptc m s nom, rebuke
21 κρίμα, -τος n, punishment
22 δικαίως, adv, justly
23 πράσσω 1p aor act ind, do
24 ἀπολαμβάνω 1p pres act ind, receive
25 ἄτοπος, -ον, wrong
26 μιμνῄσκομαι 2s aor pas impv, remember
27 ἔρχομαι 2s aor act sub, come
28 παράδεισος, -ου m, paradise
29 ὡσεί, particle of comparison, about
30 ἕκτος, -η/ον, sixth
31 ἔνατος, -η/ον, ninth
32 ἐκλείπω aor act ptc m s gen, stop shining
33 σχίζω 3s aor pas ind, tear
34 καταπέτασμα, -τος n, curtain
35 παρατίθημι 1s pres mid ind, mid entrust
36 ἐκπνέω 3s aor act ind, die

47 Ἰδὼν δὲ ὁ ἑκατοντάρχης¹ τὸ γενόμενον ἐδόξαζεν τὸν θεὸν λέγων· ὄντως² ὁ ἄνθρωπος οὗτος δίκαιος ἦν. **48** καὶ πάντες οἱ συμπαραγενόμενοι³ ὄχλοι ἐπὶ τὴν θεωρίαν⁴ ταύτην, θεωρήσαντες τὰ γενόμενα, τύπτοντες⁵ τὰ στήθη⁶ ὑπέστρεφον. **49** Εἱστήκεισαν⁷ δὲ πάντες οἱ γνωστοὶ⁸ αὐτῷ ἀπὸ μακρόθεν⁹ καὶ γυναῖκες αἱ συνακολουθοῦσαι¹⁰ αὐτῷ ἀπὸ τῆς Γαλιλαίας ὁρῶσαι ταῦτα.

The Burial of Jesus (Mt 27.57-61; Mk 15.42-47; Jn 19.38-42)

50 Καὶ ἰδοὺ ἀνὴρ ὀνόματι Ἰωσὴφ βουλευτὴς¹¹ ὑπάρχων [καὶ] ἀνὴρ ἀγαθὸς καὶ δίκαιος **51**– οὗτος οὐκ ἦν συγκατατεθειμένος¹² τῇ βουλῇ¹³ καὶ τῇ πράξει¹⁴ αὐτῶν – ἀπὸ Ἁριμαθαίας πόλεως τῶν Ἰουδαίων, ὃς προσεδέχετο¹⁵ τὴν βασιλείαν τοῦ θεοῦ, **52** οὗτος προσελθὼν¹⁶ τῷ Πιλάτῳ ἠτήσατο¹⁷ τὸ σῶμα τοῦ Ἰησοῦ **53** καὶ καθελὼν¹⁸ ἐνετύλιξεν¹⁹ αὐτὸ σινδόνι²⁰ καὶ ἔθηκεν²¹ αὐτὸν ἐν μνήματι²² λαξευτῷ²³ οὗ²⁴ οὐκ ἦν οὐδεὶς οὔπω²⁵ κείμενος²⁶. **54** καὶ ἡμέρα ἦν παρασκευῆς²⁷ καὶ σάββατον ἐπέφωσκεν²⁸. **55** Κατακολουθήσασαι²⁹ δὲ αἱ γυναῖκες, αἵτινες ἦσαν συνεληλυθυῖαι³⁰ ἐκ τῆς Γαλιλαίας αὐτῷ, ἐθεάσαντο³¹ τὸ μνημεῖον καὶ ὡς ἐτέθη³² τὸ σῶμα αὐτοῦ, **56** ὑποστρέψασαι³³ δὲ ἡτοίμασαν ἀρώματα³⁴ καὶ μύρα³⁵. καὶ τὸ μὲν σάββατον ἡσύχασαν³⁶ κατὰ τὴν ἐντολήν.

The Resurrection of Jesus (Mt 28.1-10; Mk 16.1-8; Jn 20.1-10)

24 Τῇ δὲ μιᾷ τῶν σαββάτων ὄρθρου³⁷ βαθέως³⁸ ἐπὶ τὸ μνῆμα³⁹ ἦλθον φέρουσαι ἃ ἡτοίμασαν ἀρώματα⁴⁰. **2** εὗρον⁴¹ δὲ τὸν λίθον ἀποκεκυλισμένον⁴² ἀπὸ τοῦ μνημείου, **3** εἰσελθοῦσαι δὲ οὐχ εὗρον τὸ σῶμα τοῦ κυρίου Ἰησοῦ. **4** καὶ

¹ ἑκατοντάρχης, -ου m, centurion/officer (of the Roman army)
² ὄντως, adv, really
³ συμπαραγίνομαι aor mid ptc m p nom, come together
⁴ θεωρία, -ας f, sight
⁵ τύπτω pres act ptc m p nom, beat
⁶ στῆθος, -ους n, chest
⁷ ἵστημι 3p plpf act ind, intrans stand
⁸ γνωστός, -ή/όν, known
⁹ μακρόθεν, adv, far off (ἀπὸ μ. far off)
¹⁰ συνακολουθέω pres act ptc f p nom, follow
¹¹ βουλευτής, -οῦ m, council member
¹² συγκατατίθημι pf mid ptc m s nom, mid agree
¹³ βουλή, -ῆς f, plan
¹⁴ πρᾶξις, -εως f, action
¹⁵ προσδέχομαι 3s impf mid ind, wait for
¹⁶ προσέρχομαι aor act ptc m s nom, come/go to
¹⁷ αἰτέω 3s aor mid ind, request
¹⁸ καθαιρέω aor act ptc m s nom, take down
¹⁹ ἐντυλίσσω 3s aor act ind, wrap in
²⁰ σινδών, -όνος f, linen cloth
²¹ τίθημι 3s aor act ind, place
²² μνῆμα, -τος n, tomb
²³ λαξευτός, -ή/όν, cut out in the rock
²⁴ οὗ, adv, where
²⁵ οὔπω, adv, not yet (οὐδεὶς οὔπω no one ever before)
²⁶ κεῖμαι pres mid ptc m s nom, be placed
²⁷ παρασκευή, -ῆς f, day of preparation (before a sacred day)
²⁸ ἐπιφώσκω 3s impf act ind, begin
²⁹ κατακολουθέω aor act ptc f p nom, follow
³⁰ συνέρχομαι pf act ptc f p nom, come/go with
³¹ θεάομαι 3p aor mid ind, see
³² τίθημι 3s aor pas ind, place
³³ ὑποστρέφω aor act ptc f p nom, return
³⁴ ἄρωμα, -τος n, aromatic spice
³⁵ μύρον, -ου n, perfume/ointment
³⁶ ἡσυχάζω 3p aor act ind, rest
³⁷ ὄρθρος, -ου m, early morning
³⁸ βαθύς, -εῖα/ύ, deep (ὄρθρου βαθέως at early dawn)
³⁹ μνῆμα, -τος n, tomb
⁴⁰ ἄρωμα, -τος n, aromatic spice
⁴¹ εὑρίσκω 3p aor act ind, find
⁴² ἀποκυλίω pf pas ptc m s acc, roll away

ἐγένετο ἐν τῷ ἀπορεῖσθαι¹ αὐτὰς περὶ τούτου καὶ ἰδοὺ ἄνδρες δύο ἐπέστησαν² αὐταῖς ἐν ἐσθῆτι³ ἀστραπτούσῃ⁴. 5 ἐμφόβων⁵ δὲ γενομένων αὐτῶν καὶ κλινουσῶν⁶ τὰ πρόσωπα εἰς τὴν γῆν εἶπαν πρὸς αὐτάς· τί ζητεῖτε τὸν ζῶντα μετὰ τῶν νεκρῶν; 6 οὐκ ἔστιν ὧδε, ἀλλ' ἠγέρθη⁷. μνήσθητε⁸ ὡς ἐλάλησεν ὑμῖν ἔτι ὢν ἐν τῇ Γαλιλαίᾳ 7 λέγων τὸν υἱὸν τοῦ ἀνθρώπου ὅτι δεῖ παραδοθῆναι⁹ εἰς χεῖρας ἀνθρώπων ἁμαρτωλῶν καὶ σταυρωθῆναι καὶ τῇ τρίτῃ ἡμέρᾳ ἀναστῆναι¹⁰. 8 καὶ ἐμνήσθησαν¹¹ τῶν ῥημάτων αὐτοῦ.

9 Καὶ ὑποστρέψασαι¹² ἀπὸ τοῦ μνημείου ἀπήγγειλαν¹³ ταῦτα πάντα τοῖς ἕνδεκα¹⁴ καὶ πᾶσιν τοῖς λοιποῖς. 10 ἦσαν δὲ ἡ Μαγδαληνὴ Μαρία καὶ Ἰωάννα καὶ Μαρία ἡ Ἰακώβου καὶ αἱ λοιπαὶ σὺν αὐταῖς. ἔλεγον πρὸς τοὺς ἀποστόλους ταῦτα, 11 καὶ ἐφάνησαν¹⁵ ἐνώπιον αὐτῶν ὡσεὶ¹⁶ λῆρος¹⁷ τὰ ῥήματα ταῦτα, καὶ ἠπίστουν¹⁸ αὐταῖς. 12 ὁ δὲ Πέτρος ἀναστὰς¹⁹ ἔδραμεν²⁰ ἐπὶ τὸ μνημεῖον καὶ παρακύψας²¹ βλέπει τὰ ὀθόνια²² μόνα, καὶ ἀπῆλθεν πρὸς ἑαυτὸν θαυμάζων τὸ γεγονός²³.

The Walk to Emmaus (Mk 16.12-13)

13 Καὶ ἰδοὺ δύο ἐξ αὐτῶν ἐν αὐτῇ τῇ ἡμέρᾳ ἦσαν πορευόμενοι εἰς κώμην²⁴ ἀπέχουσαν²⁵ σταδίους²⁶ ἑξήκοντα²⁷ ἀπὸ Ἰερουσαλήμ, ᾗ ὄνομα Ἐμμαοῦς, 14 καὶ αὐτοὶ ὡμίλουν²⁸ πρὸς ἀλλήλους περὶ πάντων τῶν συμβεβηκότων²⁹ τούτων. 15 καὶ ἐγένετο ἐν τῷ ὁμιλεῖν αὐτοὺς καὶ συζητεῖν³⁰ καὶ αὐτὸς Ἰησοῦς ἐγγίσας συνεπορεύετο³¹ αὐτοῖς, 16 οἱ δὲ ὀφθαλμοὶ αὐτῶν ἐκρατοῦντο τοῦ μὴ ἐπιγνῶναι³² αὐτόν. 17 εἶπεν δὲ πρὸς αὐτούς· τίνες οἱ λόγοι οὗτοι οὓς ἀντιβάλλετε³³ πρὸς ἀλλήλους περιπατοῦντες; καὶ ἐστάθησαν³⁴ σκυθρωποί³⁵. 18 ἀποκριθεὶς δὲ εἷς ὀνόματι Κλεοπᾶς εἶπεν πρὸς αὐτόν· σὺ μόνος παροικεῖς³⁶ Ἰερουσαλὴμ καὶ οὐκ ἔγνως³⁷ τὰ γενόμενα ἐν

---

¹ ἀπορέω pres mid inf, mid be at a loss
² ἐφίστημι 3p aor act ind, stand (beside)
³ ἐσθής, -ῆτος f, clothing
⁴ ἀστράπτω pres act ptc f s dat, shine
⁵ ἔμφοβος, -ον, afraid
⁶ κλίνω pres act ptc f p gen, bow
⁷ ἐγείρω 3s aor pas ind, intrans pas rise (from the dead)
⁸ μιμνήσκομαι 2p aor pas impv, remember
⁹ παραδίδωμι aor pas inf, hand over/betray
¹⁰ ἀνίστημι aor act inf, intrans come back to life
¹¹ μιμνήσκομαι 3p aor pas ind, remember (+ gen)
¹² ὑποστρέφω aor act ptc f p nom, return
¹³ ἀπαγγέλλω 3p aor act ind, tell
¹⁴ ἕνδεκα, eleven
¹⁵ φαίνω 3p aor pas ind, pas seem
¹⁶ ὡσεί, particle of comparison, as/like
¹⁷ λῆρος, -ου m, nonsense
¹⁸ ἀπιστέω 3p impf act ind, fail to believe
¹⁹ ἀνίστημι aor act ptc m s nom, intrans stand/get up
²⁰ τρέχω 3s aor act ind, run
²¹ παρακύπτω aor act ptc m s nom, stoop
²² ὀθόνιον, -ου n, linen cloth
²³ γίνομαι pf act ptc n s acc, happen
²⁴ κώμη, -ης f, village
²⁵ ἀπέχω pres act ptc f s acc, intrans be distant
²⁶ στάδιον, -ων m, stadion (about 607 feet or 185 meters)
²⁷ ἑξήκοντα, sixty
²⁸ ὁμιλέω 3p impf act ind, talk
²⁹ συμβαίνω pf act ptc n p gen, happen
³⁰ συζητέω pres act inf, discuss
³¹ συμπορεύομαι 3s impf mid ind, walk along with
³² ἐπιγινώσκω aor act inf, recognize
³³ ἀντιβάλλω 2p pres act ind, exchange (ἀ. λόγους discuss)
³⁴ ἵστημι 3p aor pas ind, intrans pas stand
³⁵ σκυθρωπός, -ή/όν, sad
³⁶ παροικέω 2s pres act ind, live in
³⁷ γινώσκω 2s aor act ind, know

αὐτῇ ἐν ταῖς ἡμέραις ταύταις; 19 καὶ εἶπεν αὐτοῖς· ποῖα; οἱ δὲ εἶπαν αὐτῷ· τὰ περὶ Ἰησοῦ τοῦ Ναζαρηνοῦ, ὃς ἐγένετο ἀνὴρ προφήτης δυνατὸς ἐν ἔργῳ καὶ λόγῳ ἐναντίον[1] τοῦ θεοῦ καὶ παντὸς τοῦ λαοῦ, 20 ὅπως τε παρέδωκαν αὐτὸν οἱ ἀρχιερεῖς καὶ οἱ ἄρχοντες ἡμῶν εἰς κρίμα[2] θανάτου καὶ ἐσταύρωσαν αὐτόν. 21 ἡμεῖς δὲ ἠλπίζομεν ὅτι αὐτός ἐστιν ὁ μέλλων λυτροῦσθαι[3] τὸν Ἰσραήλ· ἀλλά γε[4] καὶ σὺν πᾶσιν τούτοις τρίτην ταύτην ἡμέραν ἄγει ἀφ' οὗ ταῦτα ἐγένετο. 22 ἀλλὰ καὶ γυναῖκές τινες ἐξ ἡμῶν ἐξέστησαν[5] ἡμᾶς, γενόμεναι ὀρθριναὶ[6] ἐπὶ τὸ μνημεῖον, 23 καὶ μὴ εὑροῦσαι[7] τὸ σῶμα αὐτοῦ ἦλθον λέγουσαι καὶ ὀπτασίαν[8] ἀγγέλων ἑωρακέναι[9], οἳ λέγουσιν αὐτὸν ζῆν. 24 καὶ ἀπῆλθόν τινες τῶν σὺν ἡμῖν ἐπὶ τὸ μνημεῖον καὶ εὗρον οὕτως καθὼς καὶ αἱ γυναῖκες εἶπον, αὐτὸν δὲ οὐκ εἶδον. 25 καὶ αὐτὸς εἶπεν πρὸς αὐτούς· ὦ[10] ἀνόητοι[11] καὶ βραδεῖς[12] τῇ καρδίᾳ τοῦ πιστεύειν ἐπὶ πᾶσιν οἷς ἐλάλησαν οἱ προφῆται· 26 οὐχὶ ταῦτα ἔδει παθεῖν[13] τὸν χριστὸν καὶ εἰσελθεῖν εἰς τὴν δόξαν αὐτοῦ; 27 καὶ ἀρξάμενος[14] ἀπὸ Μωϋσέως καὶ ἀπὸ πάντων τῶν προφητῶν διερμήνευσεν[15] αὐτοῖς ἐν πάσαις ταῖς γραφαῖς τὰ περὶ ἑαυτοῦ.

28 Καὶ ἤγγισαν[16] εἰς τὴν κώμην[17] οὗ[18] ἐπορεύοντο, καὶ αὐτὸς προσεποιήσατο[19] πορρώτερον[20] πορεύεσθαι. 29 καὶ παρεβιάσαντο[21] αὐτὸν λέγοντες· μεῖνον[22] μεθ' ἡμῶν, ὅτι πρὸς ἑσπέραν[23] ἐστὶν καὶ κέκλικεν[24] ἤδη ἡ ἡμέρα. καὶ εἰσῆλθεν τοῦ μεῖναι σὺν αὐτοῖς. 30 καὶ ἐγένετο ἐν τῷ κατακλιθῆναι[25] αὐτὸν μετ' αὐτῶν λαβὼν τὸν ἄρτον εὐλόγησεν καὶ κλάσας[26] ἐπεδίδου[27] αὐτοῖς, 31 αὐτῶν δὲ διηνοίχθησαν[28] οἱ ὀφθαλμοὶ καὶ ἐπέγνωσαν[29] αὐτόν· καὶ αὐτὸς ἄφαντος[30] ἐγένετο ἀπ' αὐτῶν. 32 καὶ εἶπαν πρὸς ἀλλήλους· οὐχὶ ἡ καρδία ἡμῶν καιομένη[31] ἦν [ἐν ἡμῖν] ὡς ἐλάλει ἡμῖν ἐν τῇ ὁδῷ, ὡς διήνοιγεν[32] ἡμῖν τὰς γραφάς;

33 Καὶ ἀναστάντες[33] αὐτῇ τῇ ὥρᾳ ὑπέστρεψαν[34] εἰς Ἰερουσαλὴμ καὶ εὗρον ἠθροισμένους[35] τοὺς ἕνδεκα[36] καὶ τοὺς σὺν αὐτοῖς, 34 λέγοντας ὅτι ὄντως[37]

---

[1] ἐναντίον, prep + gen, in the sight of
[2] κρίμα, -τος n, judgment
[3] λυτρόω pres mid inf, mid set free
[4] γέ, emphatic particle
[5] ἐξίστημι 3p aor act ind, amaze
[6] ὀρθρινός, -ή/όν, early in the morning
[7] εὑρίσκω aor act ptc f p nom, find
[8] ὀπτασία, -ας f, vision
[9] ὁράω pf act inf, see
[10] ὦ, interj, O!
[11] ἀνόητος, -ον, foolish
[12] βραδύς, -εῖα/ύ, slow
[13] πάσχω aor act inf, suffer
[14] ἄρχω aor mid ptc m s nom, mid begin

[15] διερμηνεύω 3s aor act ind, explain
[16] ἐγγίζω 3p aor act ind, come near
[17] κώμη, -ης f, village
[18] οὗ, adv, where
[19] προσποιέομαι 3s aor mid ind, seem
[20] πόρρω, far (comp)
[21] παραβιάζομαι 3p aor mid ind, urge
[22] μένω 2s aor act impv, stay
[23] ἑσπέρα, -ας f, evening
[24] κλίνω 3s pf act ind, intrans draw to a close
[25] κατακλίνω aor pas inf, pas sit down to eat
[26] κλάω aor act ptc m s nom, break

[27] ἐπιδίδωμι 3s impf act ind, give
[28] διανοίγω 3p aor pas ind, open
[29] ἐπιγινώσκω 3p aor act ind, recognize
[30] ἄφαντος, -ον, invisible (ἀ. ἐγένετο he disappeared)
[31] καίω pres pas ptc f s nom, pas burn
[32] διανοίγω 3s impf act ind, explain
[33] ἀνίστημι aor act ptc m p nom, intrans get up
[34] ὑποστρέφω 3p aor act ind, return
[35] ἀθροίζω pf pas ptc m p acc, gather together
[36] ἕνδεκα, eleven
[37] ὄντως, adv, really

ἠγέρθη¹ ὁ κύριος καὶ ὤφθη² Σίμωνι. 35 καὶ αὐτοὶ ἐξηγοῦντο³ τὰ ἐν τῇ ὁδῷ καὶ ὡς ἐγνώσθη⁴ αὐτοῖς ἐν τῇ κλάσει⁵ τοῦ ἄρτου.

The Appearance to the Disciples (Mt 28.16-20; Mk 16.14-18; Jn 20.19-23; Ac 1.6-8)

36 Ταῦτα δὲ αὐτῶν λαλούντων αὐτὸς ἔστη⁶ ἐν μέσῳ αὐτῶν καὶ λέγει αὐτοῖς· εἰρήνη ὑμῖν. 37 πτοηθέντες⁷ δὲ καὶ ἔμφοβοι⁸ γενόμενοι ἐδόκουν πνεῦμα θεωρεῖν. 38 καὶ εἶπεν αὐτοῖς· τί τεταραγμένοι⁹ ἐστὲ καὶ διὰ τί διαλογισμοὶ¹⁰ ἀναβαίνουσιν ἐν τῇ καρδίᾳ ὑμῶν; 39 ἴδετε τὰς χεῖράς μου καὶ τοὺς πόδας μου ὅτι ἐγώ εἰμι αὐτός· ψηλαφήσατέ¹¹ με καὶ ἴδετε, ὅτι πνεῦμα σάρκα καὶ ὀστέα¹² οὐκ ἔχει καθὼς ἐμὲ θεωρεῖτε ἔχοντα. 40 καὶ τοῦτο εἰπὼν ἔδειξεν¹³ αὐτοῖς τὰς χεῖρας καὶ τοὺς πόδας. 41 ἔτι δὲ ἀπιστούντων¹⁴ αὐτῶν ἀπὸ τῆς χαρᾶς καὶ θαυμαζόντων εἶπεν αὐτοῖς· ἔχετέ τι βρώσιμον¹⁵ ἐνθάδε¹⁶; 42 οἱ δὲ ἐπέδωκαν¹⁷ αὐτῷ ἰχθύος¹⁸ ὀπτοῦ¹⁹ μέρος· 43 καὶ λαβὼν ἐνώπιον αὐτῶν ἔφαγεν²⁰.

44 Εἶπεν δὲ πρὸς αὐτούς· οὗτοι οἱ λόγοι μου οὓς ἐλάλησα πρὸς ὑμᾶς ἔτι ὢν σὺν ὑμῖν, ὅτι δεῖ πληρωθῆναι πάντα τὰ γεγραμμένα²¹ ἐν τῷ νόμῳ Μωϋσέως καὶ τοῖς προφήταις καὶ ψαλμοῖς²² περὶ ἐμοῦ. 45 τότε διήνοιξεν²³ αὐτῶν τὸν νοῦν²⁴ τοῦ συνιέναι²⁵ τὰς γραφάς· 46 καὶ εἶπεν αὐτοῖς ὅτι οὕτως γέγραπται παθεῖν²⁶ τὸν χριστὸν καὶ ἀναστῆναι²⁷ ἐκ νεκρῶν τῇ τρίτῃ ἡμέρᾳ, 47 καὶ κηρυχθῆναι²⁸ ἐπὶ τῷ ὀνόματι αὐτοῦ μετάνοιαν²⁹ εἰς ἄφεσιν³⁰ ἁμαρτιῶν εἰς πάντα τὰ ἔθνη. ἀρξάμενοι ἀπὸ Ἰερουσαλὴμ 48 ὑμεῖς μάρτυρες τούτων. 49 καὶ [ἰδοὺ] ἐγὼ ἀποστέλλω τὴν ἐπαγγελίαν τοῦ πατρός μου ἐφ᾽ ὑμᾶς· ὑμεῖς δὲ καθίσατε³¹ ἐν τῇ πόλει ἕως οὗ ἐνδύσησθε³² ἐξ ὕψους³³ δύναμιν.

---

1 ἐγείρω 3s aor pas ind, intrans pas rise (from the dead)
2 ὁράω 3s aor pas ind, pas appear
3 ἐξηγέομαι 3p impf mid ind, tell
4 γινώσκω 3s aor pas ind, know
5 κλάσις, -εως f, breaking
6 ἵστημι 3s aor act ind, intrans stand
7 πτοέομαι aor pas ptc m p nom, be afraid
8 ἔμφοβος, -ον, terrified
9 ταράσσω pf pas ptc m p nom, trouble/startle
10 διαλογισμός, -οῦ m, question
11 ψηλαφάω 2p aor act impv, touch
12 ὀστέον, -ου n, bone
13 δείκνυμι 3s aor act ind, show
14 ἀπιστέω pres act ptc m p gen, fail to believe
15 βρώσιμος, -ον, eatable
16 ἐνθάδε, adv, here
17 ἐπιδίδωμι 3p aor act ind, give
18 ἰχθύς, -ύος m, fish
19 ὀπτός, -ή/όν, broiled/baked
20 ἐσθίω 3s aor act ind, eat
21 γράφω pf pas ptc n p acc, write
22 ψαλμός, -οῦ m, psalm
23 διανοίγω 3s aor act ind, open
24 νοῦς, νοός, acc νοῦν m, mind
25 συνίημι pres act inf, understand
26 πάσχω aor act inf, suffer
27 ἀνίστημι aor act inf, intrans rise
28 κηρύσσω aor pas inf, preach
29 μετάνοια, -ας f, repentance
30 ἄφεσις, -εως f, forgiveness
31 καθίζω 2p aor act impv, stay
32 ἐνδύω 2p aor mid/pas sub, clothe
33 ὕψος, -ους n, heaven

The Ascension of Jesus (Mk 16.19-20; Ac 1.9-11)

50 Ἐξήγαγεν[1] δὲ αὐτοὺς [ἔξω] ἕως πρὸς Βηθανίαν, καὶ ἐπάρας[2] τὰς χεῖρας αὐτοῦ εὐλόγησεν αὐτούς. 51 καὶ ἐγένετο ἐν τῷ εὐλογεῖν αὐτὸν αὐτοὺς διέστη[3] ἀπ' αὐτῶν καὶ ἀνεφέρετο[4] εἰς τὸν οὐρανόν. 52 Καὶ αὐτοὶ προσκυνήσαντες αὐτὸν ὑπέστρεψαν[5] εἰς Ἰερουσαλὴμ μετὰ χαρᾶς μεγάλης 53 καὶ ἦσαν διὰ παντὸς ἐν τῷ ἱερῷ εὐλογοῦντες τὸν θεόν.

[1] ἐξάγω 3s aor act ind, lead (out)
[2] ἐπαίρω aor act ptc m s nom, lift up
[3] διΐστημι 3s aor act ind, part
[4] ἀναφέρω 3s impf pas ind, take up
[5] ὑποστρέφω 3p aor act ind, return

ΚΑΤΑ ΙΩΑΝΝΗΝ

The Word Became Flesh

1 Ἐν ἀρχῇ ἦν ὁ λόγος, καὶ ὁ λόγος ἦν πρὸς τὸν θεόν, καὶ θεὸς ἦν ὁ λόγος. 2 οὗτος ἦν ἐν ἀρχῇ πρὸς τὸν θεόν. 3 πάντα δι' αὐτοῦ ἐγένετο, καὶ χωρὶς αὐτοῦ ἐγένετο οὐδὲ ἕν. ὃ γέγονεν[1] 4 ἐν αὐτῷ ζωὴ ἦν, καὶ ἡ ζωὴ ἦν τὸ φῶς τῶν ἀνθρώπων· 5 καὶ τὸ φῶς ἐν τῇ σκοτίᾳ[2] φαίνει, καὶ ἡ σκοτία αὐτὸ οὐ κατέλαβεν[3].

6 Ἐγένετο ἄνθρωπος, ἀπεσταλμένος[4] παρὰ θεοῦ, ὄνομα αὐτῷ Ἰωάννης· 7 οὗτος ἦλθεν εἰς μαρτυρίαν ἵνα μαρτυρήσῃ περὶ τοῦ φωτός, ἵνα πάντες πιστεύσωσιν δι' αὐτοῦ. 8 οὐκ ἦν ἐκεῖνος τὸ φῶς, ἀλλ' ἵνα μαρτυρήσῃ περὶ τοῦ φωτός. 9 Ἦν τὸ φῶς τὸ ἀληθινόν[5], ὃ φωτίζει[6] πάντα ἄνθρωπον, ἐρχόμενον εἰς τὸν κόσμον. 10 ἐν τῷ κόσμῳ ἦν, καὶ ὁ κόσμος δι' αὐτοῦ ἐγένετο, καὶ ὁ κόσμος αὐτὸν οὐκ ἔγνω[7]. 11 εἰς τὰ ἴδια ἦλθεν, καὶ οἱ ἴδιοι αὐτὸν οὐ παρέλαβον. 12 ὅσοι δὲ ἔλαβον αὐτόν, ἔδωκεν αὐτοῖς ἐξουσίαν τέκνα θεοῦ γενέσθαι, τοῖς πιστεύουσιν εἰς τὸ ὄνομα αὐτοῦ, 13 οἳ οὐκ ἐξ αἱμάτων οὐδὲ ἐκ θελήματος σαρκὸς οὐδὲ ἐκ θελήματος ἀνδρὸς ἀλλ' ἐκ θεοῦ ἐγεννήθησαν[8].

14 Καὶ ὁ λόγος σὰρξ ἐγένετο καὶ ἐσκήνωσεν[9] ἐν ἡμῖν, καὶ ἐθεασάμεθα[10] τὴν δόξαν αὐτοῦ, δόξαν ὡς μονογενοῦς[11] παρὰ πατρός, πλήρης[12] χάριτος καὶ ἀληθείας. 15 Ἰωάννης μαρτυρεῖ περὶ αὐτοῦ καὶ κέκραγεν[13] λέγων· οὗτος ἦν ὃν εἶπον· ὁ ὀπίσω μου ἐρχόμενος ἔμπροσθέν μου γέγονεν, ὅτι πρῶτός μου ἦν. 16 ὅτι ἐκ τοῦ πληρώματος[14] αὐτοῦ ἡμεῖς πάντες ἐλάβομεν καὶ χάριν ἀντὶ[15] χάριτος· 17 ὅτι ὁ νόμος διὰ Μωϋσέως ἐδόθη[16], ἡ χάρις καὶ ἡ ἀλήθεια διὰ Ἰησοῦ Χριστοῦ ἐγένετο. 18 θεὸν οὐδεὶς ἑώρακεν[17] πώποτε[18]· μονογενὴς θεὸς ὁ ὢν εἰς τὸν κόλπον[19] τοῦ πατρὸς ἐκεῖνος ἐξηγήσατο[20].

---

[1] γίνομαι 3s pf act ind, become
[2] σκοτία, -ας f, darkness
[3] καταλαμβάνω 3s aor act ind, put out/understand
[4] ἀποστέλλω pf pas ptc m s nom, send
[5] ἀληθινός, -ή/όν, true
[6] φωτίζω 3s pres act ind, give light to
[7] γινώσκω 3s aor act ind, know
[8] γεννάω 3p aor pas ind, pas be born
[9] σκηνόω 3s aor act ind, live
[10] θεάομαι 1p aor mid ind, see
[11] μονογενής, -ές, only
[12] πλήρης, -ες indeclinable here, full
[13] κράζω 3s pf act ind, shout
[14] πλήρωμα, -τος n, fullness
[15] ἀντί, prep + gen, for/upon/in place of
[16] δίδωμι 3s aor pas ind, give
[17] ὁράω 3s pf act ind, see
[18] πώποτε, adv, ever
[19] κόλπος, -ου m, chest (εἰς τὸν κ. close to)
[20] ἐξηγέομαι 3s aor mid ind, reveal

ΚΑΤΑ ΙΩΑΝΝΗΝ

The Testimony of John the Baptist (Mt 3.1-12; Mk 1.2-8; Lk 3.15-17)

19 Καὶ αὕτη ἐστὶν ἡ μαρτυρία τοῦ Ἰωάννου, ὅτε ἀπέστειλαν[1] [πρὸς αὐτὸν] οἱ Ἰουδαῖοι ἐξ Ἱεροσολύμων ἱερεῖς καὶ Λευίτας ἵνα ἐρωτήσωσιν αὐτόν· σὺ τίς εἶ; 20 καὶ ὡμολόγησεν[2] καὶ οὐκ ἠρνήσατο[3], καὶ ὡμολόγησεν ὅτι ἐγὼ οὐκ εἰμὶ ὁ χριστός. 21 καὶ ἠρώτησαν αὐτόν· τί οὖν; σὺ Ἠλίας εἶ; καὶ λέγει· οὐκ εἰμί. ὁ προφήτης εἶ σύ; καὶ ἀπεκρίθη· οὔ. 22 εἶπαν οὖν αὐτῷ· τίς εἶ; ἵνα ἀπόκρισιν[4] δῶμεν[5] τοῖς πέμψασιν[6] ἡμᾶς· τί λέγεις περὶ σεαυτοῦ; 23 ἔφη·

ἐγὼ **φωνὴ βοῶντος**[7] **ἐν τῇ ἐρήμῳ**·
εὐθύνατε[8] **τὴν ὁδὸν κυρίου,**

καθὼς εἶπεν Ἠσαΐας ὁ προφήτης.

24 Καὶ ἀπεσταλμένοι[9] ἦσαν ἐκ τῶν Φαρισαίων. 25 καὶ ἠρώτησαν αὐτὸν καὶ εἶπαν αὐτῷ· τί οὖν βαπτίζεις εἰ σὺ οὐκ εἶ ὁ χριστὸς οὐδὲ Ἠλίας οὐδὲ ὁ προφήτης; 26 ἀπεκρίθη αὐτοῖς ὁ Ἰωάννης λέγων· ἐγὼ βαπτίζω ἐν ὕδατι· μέσος ὑμῶν ἕστηκεν[10] ὃν ὑμεῖς οὐκ οἴδατε, 27 ὁ ὀπίσω μου ἐρχόμενος, οὗ οὐκ εἰμὶ [ἐγὼ] ἄξιος ἵνα λύσω αὐτοῦ τὸν ἱμάντα[11] τοῦ ὑποδήματος[12]. 28 ταῦτα ἐν Βηθανίᾳ ἐγένετο πέραν[13] τοῦ Ἰορδάνου, ὅπου ἦν ὁ Ἰωάννης βαπτίζων.

The Lamb of God

29 Τῇ ἐπαύριον[14] βλέπει τὸν Ἰησοῦν ἐρχόμενον πρὸς αὐτὸν καὶ λέγει· ἴδε[15] ὁ ἀμνὸς[16] τοῦ θεοῦ ὁ αἴρων τὴν ἁμαρτίαν τοῦ κόσμου. 30 οὗτός ἐστιν ὑπὲρ οὗ ἐγὼ εἶπον· ὀπίσω μου ἔρχεται ἀνὴρ ὃς ἔμπροσθέν μου γέγονεν, ὅτι πρῶτός μου ἦν. 31 κἀγὼ οὐκ ᾔδειν[17] αὐτόν, ἀλλ᾽ ἵνα φανερωθῇ τῷ Ἰσραὴλ διὰ τοῦτο ἦλθον ἐγὼ ἐν ὕδατι βαπτίζων. 32 Καὶ ἐμαρτύρησεν Ἰωάννης λέγων ὅτι τεθέαμαι[18] τὸ πνεῦμα καταβαῖνον ὡς περιστερὰν[19] ἐξ οὐρανοῦ καὶ ἔμεινεν[20] ἐπ᾽ αὐτόν. 33 κἀγὼ οὐκ ᾔδειν[21] αὐτόν, ἀλλ᾽ ὁ πέμψας[22] με βαπτίζειν ἐν ὕδατι ἐκεῖνός μοι εἶπεν· ἐφ᾽ ὃν ἂν ἴδῃς[23] τὸ πνεῦμα καταβαῖνον καὶ μένον ἐπ᾽ αὐτόν, οὗτός ἐστιν ὁ βαπτίζων ἐν πνεύματι ἁγίῳ. 34 κἀγὼ ἑώρακα[24] καὶ μεμαρτύρηκα ὅτι οὗτός ἐστιν ὁ υἱὸς τοῦ θεοῦ.

---

[1] ἀποστέλλω 3p aor act ind, send
[2] ὁμολογέω 3s aor act ind, confess
[3] ἀρνέομαι 3s aor mid ind, deny
[4] ἀπόκρισις, -εως f, answer
[5] δίδωμι 1p aor act sub, give
[6] πέμπω aor act ptc m p dat, send
[7] βοάω pres act ptc m s gen, shout
[8] εὐθύνω 2p aor act impv, make straight
[9] ἀποστέλλω pf pas ptc m p nom, send
[10] ἵστημι 3s pf act ind, intrans stand
[11] ἱμάς, -άντος m, strap
[12] ὑπόδημα, -τος n, sandal
[13] πέραν, prep + gen, beyond
[14] ἐπαύριον, adv, the next day
[15] ἴδε, interj, Look!
[16] ἀμνός, -οῦ m, lamb
[17] οἶδα 1s plpf act ind, know
[18] θεάομαι 1s pf mid ind, see
[19] περιστερά, -ᾶς f, dove
[20] μένω 3s aor act ind, intrans remain
[21] οἶδα 1s plpf act ind, know
[22] πέμπω aor act ptc m s nom, send
[23] ὁράω 2s aor act sub, see
[24] ὁράω 1s pf act ind, see

The First Disciples

35 Τῇ ἐπαύριον¹ πάλιν εἱστήκει² ὁ Ἰωάννης καὶ ἐκ τῶν μαθητῶν αὐτοῦ δύο **36** καὶ ἐμβλέψας³ τῷ Ἰησοῦ περιπατοῦντι λέγει· ἴδε⁴ ὁ ἀμνὸς⁵ τοῦ θεοῦ. **37** καὶ ἤκουσαν οἱ δύο μαθηταὶ αὐτοῦ λαλοῦντος καὶ ἠκολούθησαν τῷ Ἰησοῦ. **38** στραφεὶς⁶ δὲ ὁ Ἰησοῦς καὶ θεασάμενος⁷ αὐτοὺς ἀκολουθοῦντας λέγει αὐτοῖς· τί ζητεῖτε; οἱ δὲ εἶπαν αὐτῷ· ῥαββί⁸, ὃ λέγεται μεθερμηνευόμενον⁹ διδάσκαλε, ποῦ μένεις; **39** λέγει αὐτοῖς· ἔρχεσθε καὶ ὄψεσθε¹⁰. ἦλθαν οὖν καὶ εἶδαν ποῦ μένει καὶ παρ' αὐτῷ ἔμειναν¹¹ τὴν ἡμέραν ἐκείνην· ὥρα ἦν ὡς δεκάτη¹². **40** ἦν Ἀνδρέας ὁ ἀδελφὸς Σίμωνος Πέτρου εἷς ἐκ τῶν δύο τῶν ἀκουσάντων παρὰ Ἰωάννου καὶ ἀκολουθησάντων αὐτῷ· **41** εὑρίσκει οὗτος πρῶτον τὸν ἀδελφὸν τὸν ἴδιον Σίμωνα καὶ λέγει αὐτῷ· εὑρήκαμεν¹³ τὸν Μεσσίαν, ὅ ἐστιν μεθερμηνευόμενον χριστός. **42** ἤγαγεν¹⁴ αὐτὸν πρὸς τὸν Ἰησοῦν. ἐμβλέψας¹⁵ αὐτῷ ὁ Ἰησοῦς εἶπεν· σὺ εἶ Σίμων ὁ υἱὸς Ἰωάννου, σὺ κληθήσῃ¹⁶ Κηφᾶς, ὃ ἑρμηνεύεται¹⁷ Πέτρος.

The Calling of Philip and Nathanael

43 Τῇ ἐπαύριον¹⁸ ἠθέλησεν ἐξελθεῖν εἰς τὴν Γαλιλαίαν καὶ εὑρίσκει Φίλιππον. καὶ λέγει αὐτῷ ὁ Ἰησοῦς· ἀκολούθει μοι. **44** ἦν δὲ ὁ Φίλιππος ἀπὸ Βηθσαϊδά, ἐκ τῆς πόλεως Ἀνδρέου καὶ Πέτρου. **45** εὑρίσκει Φίλιππος τὸν Ναθαναὴλ καὶ λέγει αὐτῷ· ὃν ἔγραψεν Μωϋσῆς ἐν τῷ νόμῳ καὶ οἱ προφῆται εὑρήκαμεν¹⁹, Ἰησοῦν υἱὸν τοῦ Ἰωσὴφ τὸν ἀπὸ Ναζαρέτ. **46** καὶ εἶπεν αὐτῷ Ναθαναήλ· ἐκ Ναζαρὲτ δύναταί τι ἀγαθὸν εἶναι; λέγει αὐτῷ [ὁ] Φίλιππος· ἔρχου καὶ ἴδε. **47** εἶδεν ὁ Ἰησοῦς τὸν Ναθαναὴλ ἐρχόμενον πρὸς αὐτὸν καὶ λέγει περὶ αὐτοῦ· ἴδε²⁰ ἀληθῶς²¹ Ἰσραηλίτης ἐν ᾧ δόλος²² οὐκ ἔστιν. **48** λέγει αὐτῷ Ναθαναήλ· πόθεν²³ με γινώσκεις; ἀπεκρίθη Ἰησοῦς καὶ εἶπεν αὐτῷ· πρὸ τοῦ σε Φίλιππον φωνῆσαι ὄντα ὑπὸ τὴν συκῆν²⁴ εἶδόν σε. **49** ἀπεκρίθη αὐτῷ Ναθαναήλ· ῥαββί²⁵, σὺ εἶ ὁ υἱὸς τοῦ θεοῦ, σὺ βασιλεὺς εἶ τοῦ Ἰσραήλ. **50** ἀπεκρίθη Ἰησοῦς καὶ εἶπεν αὐτῷ· ὅτι εἶπόν σοι ὅτι εἶδόν σε ὑποκάτω²⁶ τῆς συκῆς, πιστεύεις; μείζων²⁷ τούτων ὄψῃ²⁸. **51** καὶ λέγει αὐτῷ· ἀμὴν ἀμὴν λέγω

---

1 ἐπαύριον, *adv*, the next day
2 ἵστημι 3s *plpf act ind*, *intrans* stand
3 ἐμβλέπω *aor act ptc m s nom*, look straight at
4 ἴδε, *interj*, Look!
5 ἀμνός, -οῦ *m*, lamb
6 στρέφω *aor pas ptc m s nom*, turn
7 θεάομαι *aor mid ptc m s nom*, see
8 ῥαββί, rabbi (honorary title)
9 μεθερμηνεύω *pres pas ptc n s nom*, translate
10 ὁράω 2p *fut mid ind*, see
11 μένω 3p *aor act ind*, stay
12 δέκατος, -η/ον, tenth
13 εὑρίσκω 1p *pf act ind*, find
14 ἄγω 3s *aor act ind*, lead
15 ἐμβλέπω *aor act ptc m s nom*, look straight at
16 καλέω 2s *fut pas ind*, call
17 ἑρμηνεύω 3s *pres pas ind*, *pas* mean
18 ἐπαύριον, *adv*, the next day
19 εὑρίσκω 1p *pf act ind*, find
20 ἴδε, *interj*, Look!
21 ἀληθῶς, *adv*, truly
22 δόλος, -ου *m*, deceit
23 πόθεν, *adv*, from where
24 συκῆ, -ῆς *f*, fig tree
25 ῥαββί, rabbi (honorary title)
26 ὑποκάτω, *prep + gen*, under
27 μέγας, great (comp)
28 ὁράω 2s *fut mid ind*, see

ὑμῖν, ὄψεσθε¹ τὸν οὐρανὸν ἀνεῳγότα² καὶ τοὺς ἀγγέλους τοῦ θεοῦ ἀναβαίνοντας καὶ καταβαίνοντας ἐπὶ τὸν υἱὸν τοῦ ἀνθρώπου.

The Wedding at Cana

2 Καὶ τῇ ἡμέρᾳ τῇ τρίτῃ γάμος³ ἐγένετο ἐν Κανὰ τῆς Γαλιλαίας, καὶ ἦν ἡ μήτηρ τοῦ Ἰησοῦ ἐκεῖ· 2 ἐκλήθη⁴ δὲ καὶ ὁ Ἰησοῦς καὶ οἱ μαθηταὶ αὐτοῦ εἰς τὸν γάμον. 3 καὶ ὑστερήσαντος⁵ οἴνου λέγει ἡ μήτηρ τοῦ Ἰησοῦ πρὸς αὐτόν· οἶνον οὐκ ἔχουσιν. 4 [καὶ] λέγει αὐτῇ ὁ Ἰησοῦς· τί ἐμοὶ καὶ σοί, γύναι; οὔπω⁶ ἥκει⁷ ἡ ὥρα μου. 5 λέγει ἡ μήτηρ αὐτοῦ τοῖς διακόνοις⁸· ὅ τι ἂν λέγῃ ὑμῖν ποιήσατε. 6 ἦσαν δὲ ἐκεῖ λίθιναι⁹ ὑδρίαι¹⁰ ἓξ¹¹ κατὰ τὸν καθαρισμὸν¹² τῶν Ἰουδαίων κείμεναι¹³, χωροῦσαι¹⁴ ἀνὰ¹⁵ μετρητὰς¹⁶ δύο ἢ τρεῖς. 7 λέγει αὐτοῖς ὁ Ἰησοῦς· γεμίσατε¹⁷ τὰς ὑδρίας ὕδατος. καὶ ἐγέμισαν αὐτὰς ἕως ἄνω¹⁸. 8 καὶ λέγει αὐτοῖς· ἀντλήσατε¹⁹ νῦν καὶ φέρετε τῷ ἀρχιτρικλίνῳ²⁰· οἱ δὲ ἤνεγκαν²¹. 9 ὡς δὲ ἐγεύσατο²² ὁ ἀρχιτρίκλινος τὸ ὕδωρ οἶνον γεγενημένον²³ καὶ οὐκ ᾔδει²⁴ πόθεν²⁵ ἐστίν, οἱ δὲ διάκονοι ᾔδεισαν οἱ ἠντληκότες²⁶ τὸ ὕδωρ, φωνεῖ τὸν νυμφίον²⁷ ὁ ἀρχιτρίκλινος 10 καὶ λέγει αὐτῷ· πᾶς ἄνθρωπος πρῶτον τὸν καλὸν οἶνον τίθησιν καὶ ὅταν μεθυσθῶσιν²⁸ τὸν ἐλάσσω²⁹· σὺ τετήρηκας³⁰ τὸν καλὸν οἶνον ἕως ἄρτι. 11 ταύτην ἐποίησεν ἀρχὴν τῶν σημείων ὁ Ἰησοῦς ἐν Κανὰ τῆς Γαλιλαίας καὶ ἐφανέρωσεν τὴν δόξαν αὐτοῦ, καὶ ἐπίστευσαν εἰς αὐτὸν οἱ μαθηταὶ αὐτοῦ.

12 Μετὰ τοῦτο κατέβη³¹ εἰς Καφαρναοὺμ αὐτὸς καὶ ἡ μήτηρ αὐτοῦ καὶ οἱ ἀδελφοὶ [αὐτοῦ] καὶ οἱ μαθηταὶ αὐτοῦ καὶ ἐκεῖ ἔμειναν³² οὐ πολλὰς ἡμέρας.

The Cleansing of the Temple (Mt 21.12-13; Mk 11.15-17; Lk 19.45-46)

13 Καὶ ἐγγὺς ἦν τὸ πάσχα³³ τῶν Ἰουδαίων, καὶ ἀνέβη³⁴ εἰς Ἱεροσόλυμα ὁ Ἰησοῦς.
14 Καὶ εὗρεν³⁵ ἐν τῷ ἱερῷ τοὺς πωλοῦντας³⁶ βόας³⁷ καὶ πρόβατα καὶ περιστερὰς³⁸

1 ὁράω 2p fut mid ind, see
2 ἀνοίγω pf act ptc m s acc, open
3 γάμος, -ου m, wedding
4 καλέω 3s aor pas ind, invite
5 ὑστερέω aor act ptc m s gen, give out
6 οὔπω, adv, not yet
7 ἥκω 3s pres act ind, come
8 διάκονος, -ου m & f, servant
9 λίθινος, -η/ον, made of stone
10 ὑδρία, -ας f, water jar
11 ἕξ, six
12 καθαρισμός, -οῦ m, purification
13 κεῖμαι pres mid ptc f p nom, stand
14 χωρέω pres act ptc f p nom, hold
15 ἀνά, prep + acc, each (one)
16 μετρητής, -οῦ m, measure (about 9-10 gallons or 39 liters)
17 γεμίζω 2p aor act impv, fill
18 ἄνω, adv, up (ἕως ἄνω to the brim)
19 ἀντλέω 2p aor act impv, draw (water)
20 ἀρχιτρίκλινος, -ου m, person in charge
21 φέρω 3p aor act ind, take
22 γεύομαι 3s aor mid ind, taste
23 γίνομαι pf pas ptc n s acc, become
24 οἶδα 3s plpf act ind, know
25 πόθεν, adv, from where
26 ἀντλέω pf act ptc m p nom, draw (water)
27 νυμφίος, -ου m, bridegroom
28 μεθύσκω 3p aor pas sub, pas get drunk
29 ἐλάσσων, inferior (comp of μικρός)
30 τηρέω 2s pf act ind, keep
31 καταβαίνω 3s aor act ind, go (down)
32 μένω 3p aor act ind, stay
33 πάσχα, n, Passover
34 ἀναβαίνω 3s aor act ind, go (up)
35 εὑρίσκω 3s aor act ind, find
36 πωλέω pres act ptc m p acc, sell
37 βοῦς, βοός m, ox
38 περιστερά, -ᾶς f, dove/pigeon

καὶ τοὺς κερματιστὰς¹ καθημένους, 15 καὶ ποιήσας φραγέλλιον² ἐκ σχοινίων³ πάντας ἐξέβαλεν⁴ ἐκ τοῦ ἱεροῦ τά τε πρόβατα καὶ τοὺς βόας, καὶ τῶν κολλυβιστῶν⁵ ἐξέχεεν⁶ τὸ κέρμα⁷ καὶ τὰς τραπέζας⁸ ἀνέτρεψεν⁹, 16 καὶ τοῖς τὰς περιστερὰς πωλοῦσιν εἶπεν· ἄρατε¹⁰ ταῦτα ἐντεῦθεν¹¹, μὴ ποιεῖτε τὸν οἶκον τοῦ πατρός μου οἶκον ἐμπορίου¹². 17 ἐμνήσθησαν¹³ οἱ μαθηταὶ αὐτοῦ ὅτι γεγραμμένον¹⁴ ἐστίν· ὁ ζῆλος¹⁵ τοῦ οἴκου σου καταφάγεταί¹⁶ με.

18 Ἀπεκρίθησαν οὖν οἱ Ἰουδαῖοι καὶ εἶπαν αὐτῷ· τί σημεῖον δεικνύεις¹⁷ ἡμῖν ὅτι ταῦτα ποιεῖς; 19 ἀπεκρίθη Ἰησοῦς καὶ εἶπεν αὐτοῖς· λύσατε τὸν ναὸν τοῦτον καὶ ἐν τρισὶν ἡμέραις ἐγερῶ¹⁸ αὐτόν. 20 εἶπαν οὖν οἱ Ἰουδαῖοι· τεσσεράκοντα¹⁹ καὶ ἓξ²⁰ ἔτεσιν²¹ οἰκοδομήθη ὁ ναὸς οὗτος, καὶ σὺ ἐν τρισὶν ἡμέραις ἐγερεῖς αὐτόν; 21 ἐκεῖνος δὲ ἔλεγεν περὶ τοῦ ναοῦ τοῦ σώματος αὐτοῦ. 22 ὅτε οὖν ἠγέρθη²² ἐκ νεκρῶν, ἐμνήσθησαν²³ οἱ μαθηταὶ αὐτοῦ ὅτι τοῦτο ἔλεγεν, καὶ ἐπίστευσαν τῇ γραφῇ καὶ τῷ λόγῳ ὃν εἶπεν ὁ Ἰησοῦς.

Jesus Knows All People

23 Ὡς δὲ ἦν ἐν τοῖς Ἱεροσολύμοις ἐν τῷ πάσχα²⁴ ἐν τῇ ἑορτῇ²⁵, πολλοὶ ἐπίστευσαν εἰς τὸ ὄνομα αὐτοῦ θεωροῦντες αὐτοῦ τὰ σημεῖα ἃ ἐποίει· 24 αὐτὸς δὲ Ἰησοῦς οὐκ ἐπίστευεν αὐτὸν αὐτοῖς διὰ τὸ αὐτὸν γινώσκειν πάντας 25 καὶ ὅτι οὐ χρείαν εἶχεν²⁶ ἵνα τις μαρτυρήσῃ περὶ τοῦ ἀνθρώπου· αὐτὸς γὰρ ἐγίνωσκεν τί ἦν ἐν τῷ ἀνθρώπῳ.

Jesus and Nicodemus

3 Ἦν δὲ ἄνθρωπος ἐκ τῶν Φαρισαίων, Νικόδημος ὄνομα αὐτῷ, ἄρχων τῶν Ἰουδαίων· 2 οὗτος ἦλθεν πρὸς αὐτὸν νυκτὸς καὶ εἶπεν αὐτῷ· ῥαββί²⁷, οἴδαμεν ὅτι ἀπὸ θεοῦ ἐλήλυθας²⁸ διδάσκαλος· οὐδεὶς γὰρ δύναται ταῦτα τὰ σημεῖα ποιεῖν ἃ σὺ ποιεῖς, ἐὰν μὴ ᾖ ὁ θεὸς μετ' αὐτοῦ. 3 ἀπεκρίθη Ἰησοῦς καὶ εἶπεν αὐτῷ· ἀμὴν ἀμὴν λέγω σοι, ἐὰν μή τις γεννηθῇ ἄνωθεν²⁹, οὐ δύναται ἰδεῖν τὴν βασιλείαν τοῦ θεοῦ. 4 λέγει πρὸς αὐτὸν [ὁ] Νικόδημος· πῶς δύναται ἄνθρωπος γεννηθῆναι γέρων³⁰ ὤν; μὴ δύναται εἰς τὴν κοιλίαν³¹ τῆς μητρὸς αὐτοῦ δεύτερον εἰσελθεῖν καὶ

---

1 κερματιστής, -οῦ m, money changer
2 φραγέλλιον, -ου n, whip
3 σχοινίον, -ου n, rope
4 ἐκβάλλω 3s aor act ind, force/drive out
5 κολλυβιστής, -οῦ m, money changer
6 ἐκχέω 3s aor act ind, pour out
7 κέρμα, -τος n, coin
8 τράπεζα, -ης f, table
9 ἀνατρέπω 3s aor act ind, overturn
10 αἴρω 2p aor act impv, take
11 ἐντεῦθεν, adv, from here
12 ἐμπόριον, -ου n, market
13 μιμνήσκομαι 3p aor pas ind, remember
14 γράφω pf pas ptc n s nom, write
15 ζῆλος, -ου m, zeal
16 κατεσθίω 3s fut mid ind, consume
17 δεικνύω 2s pres act ind, show
18 ἐγείρω 1s fut act ind, raise up
19 τεσσεράκοντα, forty
20 ἕξ, six
21 ἔτος, -ους n, year
22 ἐγείρω 3s aor pas ind, raise
23 μιμνήσκομαι 3p aor pas ind, remember
24 πάσχα, n, Passover
25 ἑορτή, -ῆς f, festival
26 ἔχω 3s impf act ind, have
27 ῥαββί, rabbi (honorary title)
28 ἔρχομαι 2s pf act ind, come
29 ἄνωθεν, adv, from above/again
30 γέρων, -οντος m, old man
31 κοιλία, -ας f, womb

γεννηθῆναι; 5 ἀπεκρίθη Ἰησοῦς· ἀμὴν ἀμὴν λέγω σοι, ἐὰν μή τις γεννηθῇ ἐξ ὕδατος καὶ πνεύματος, οὐ δύναται εἰσελθεῖν εἰς τὴν βασιλείαν τοῦ θεοῦ. 6 τὸ γεγεννημένον ἐκ τῆς σαρκὸς σάρξ ἐστιν, καὶ τὸ γεγεννημένον ἐκ τοῦ πνεύματος πνεῦμά ἐστιν. 7 μὴ θαυμάσῃς ὅτι εἶπόν σοι· δεῖ ὑμᾶς γεννηθῆναι ἄνωθεν. 8 τὸ πνεῦμα ὅπου θέλει πνεῖ[1] καὶ τὴν φωνὴν αὐτοῦ ἀκούεις, ἀλλ' οὐκ οἶδας πόθεν[2] ἔρχεται καὶ ποῦ ὑπάγει· οὕτως ἐστὶν πᾶς ὁ γεγεννημένος ἐκ τοῦ πνεύματος. 9 ἀπεκρίθη Νικόδημος καὶ εἶπεν αὐτῷ· πῶς δύναται ταῦτα γενέσθαι; 10 ἀπεκρίθη Ἰησοῦς καὶ εἶπεν αὐτῷ· σὺ εἶ ὁ διδάσκαλος τοῦ Ἰσραὴλ καὶ ταῦτα οὐ γινώσκεις; 11 ἀμὴν ἀμὴν λέγω σοι ὅτι ὃ οἴδαμεν λαλοῦμεν καὶ ὃ ἑωράκαμεν[3] μαρτυροῦμεν, καὶ τὴν μαρτυρίαν ἡμῶν οὐ λαμβάνετε. 12 εἰ τὰ ἐπίγεια[4] εἶπον ὑμῖν καὶ οὐ πιστεύετε, πῶς ἐὰν εἴπω ὑμῖν τὰ ἐπουράνια[5] πιστεύσετε; 13 καὶ οὐδεὶς ἀναβέβηκεν[6] εἰς τὸν οὐρανὸν εἰ μὴ ὁ ἐκ τοῦ οὐρανοῦ καταβάς[7], ὁ υἱὸς τοῦ ἀνθρώπου. 14 καὶ καθὼς Μωϋσῆς ὕψωσεν[8] τὸν ὄφιν[9] ἐν τῇ ἐρήμῳ, οὕτως ὑψωθῆναι δεῖ τὸν υἱὸν τοῦ ἀνθρώπου, 15 ἵνα πᾶς ὁ πιστεύων ἐν αὐτῷ ἔχῃ ζωὴν αἰώνιον. 16 οὕτως γὰρ ἠγάπησεν ὁ θεὸς τὸν κόσμον, ὥστε τὸν υἱὸν τὸν μονογενῆ[10] ἔδωκεν, ἵνα πᾶς ὁ πιστεύων εἰς αὐτὸν μὴ ἀπόληται[11] ἀλλ' ἔχῃ ζωὴν αἰώνιον. 17 οὐ γὰρ ἀπέστειλεν[12] ὁ θεὸς τὸν υἱὸν εἰς τὸν κόσμον ἵνα κρίνῃ τὸν κόσμον, ἀλλ' ἵνα σωθῇ[13] ὁ κόσμος δι' αὐτοῦ. 18 ὁ πιστεύων εἰς αὐτὸν οὐ κρίνεται· ὁ δὲ μὴ πιστεύων ἤδη κέκριται[14], ὅτι μὴ πεπίστευκεν εἰς τὸ ὄνομα τοῦ μονογενοῦς υἱοῦ τοῦ θεοῦ. 19 αὕτη δέ ἐστιν ἡ κρίσις ὅτι τὸ φῶς ἐλήλυθεν[15] εἰς τὸν κόσμον καὶ ἠγάπησαν οἱ ἄνθρωποι μᾶλλον τὸ σκότος ἢ τὸ φῶς· ἦν γὰρ αὐτῶν πονηρὰ τὰ ἔργα. 20 πᾶς γὰρ ὁ φαῦλα[16] πράσσων μισεῖ τὸ φῶς καὶ οὐκ ἔρχεται πρὸς τὸ φῶς, ἵνα μὴ ἐλεγχθῇ[17] τὰ ἔργα αὐτοῦ· 21 ὁ δὲ ποιῶν τὴν ἀλήθειαν ἔρχεται πρὸς τὸ φῶς, ἵνα φανερωθῇ αὐτοῦ τὰ ἔργα ὅτι ἐν θεῷ ἐστιν εἰργασμένα[18].

Jesus and John the Baptist

22 Μετὰ ταῦτα ἦλθεν ὁ Ἰησοῦς καὶ οἱ μαθηταὶ αὐτοῦ εἰς τὴν Ἰουδαίαν γῆν καὶ ἐκεῖ διέτριβεν[19] μετ' αὐτῶν καὶ ἐβάπτιζεν.

23 Ἦν δὲ καὶ ὁ Ἰωάννης βαπτίζων ἐν Αἰνὼν ἐγγὺς τοῦ Σαλείμ, ὅτι ὕδατα πολλὰ ἦν ἐκεῖ, καὶ παρεγίνοντο καὶ ἐβαπτίζοντο· 24 οὔπω[20] γὰρ ἦν βεβλημένος[21] εἰς τὴν φυλακὴν ὁ Ἰωάννης.

---

[1] πνέω 3s pres act ind, blow
[2] πόθεν, adv, from where
[3] ὁράω 1p pf act ind, see
[4] ἐπίγειος, -ον, earthly
[5] ἐπουράνιος, -ον, heavenly
[6] ἀναβαίνω 3s pf act ind, go (up)
[7] καταβαίνω aor act ptc m s nom, come down
[8] ὑψόω 3s aor act ind, lift up
[9] ὄφις, -εως m, snake
[10] μονογενής, -ές, only
[11] ἀπόλλυμι 3s aor mid sub, mid be lost/perish
[12] ἀποστέλλω 3s aor act ind, send
[13] σῴζω 3s aor pas sub, save
[14] κρίνω 3s pf pas ind, judge
[15] ἔρχομαι 3s pf act ind, come
[16] φαῦλος, -η/ον, evil
[17] ἐλέγχω 3s aor pas sub, expose
[18] ἐργάζομαι pf pas ptc n p nom, do
[19] διατρίβω 3s impf act ind, stay
[20] οὔπω, adv, not yet
[21] βάλλω pf pas ptc m s nom, put

25 Ἐγένετο οὖν ζήτησις¹ ἐκ τῶν μαθητῶν Ἰωάννου μετὰ Ἰουδαίου περὶ καθαρισμοῦ². 26 καὶ ἦλθον πρὸς τὸν Ἰωάννην καὶ εἶπαν αὐτῷ· ῥαββί³, ὃς ἦν μετὰ σοῦ πέραν⁴ τοῦ Ἰορδάνου, ᾧ σὺ μεμαρτύρηκας, ἴδε⁵ οὗτος βαπτίζει καὶ πάντες ἔρχονται πρὸς αὐτόν. 27 ἀπεκρίθη Ἰωάννης καὶ εἶπεν· οὐ δύναται ἄνθρωπος λαμβάνειν οὐδὲ ἓν ἐὰν μὴ ᾖ δεδομένον⁶ αὐτῷ ἐκ τοῦ οὐρανοῦ. 28 αὐτοὶ ὑμεῖς μοι μαρτυρεῖτε ὅτι εἶπον [ὅτι] οὐκ εἰμὶ ἐγὼ ὁ χριστός, ἀλλ' ὅτι ἀπεσταλμένος⁷ εἰμὶ ἔμπροσθεν ἐκείνου. 29 ὁ ἔχων τὴν νύμφην⁸ νυμφίος⁹ ἐστίν· ὁ δὲ φίλος¹⁰ τοῦ νυμφίου ὁ ἑστηκὼς¹¹ καὶ ἀκούων αὐτοῦ χαρᾷ χαίρει διὰ τὴν φωνὴν τοῦ νυμφίου. αὕτη οὖν ἡ χαρὰ ἡ ἐμὴ πεπλήρωται. 30 ἐκεῖνον δεῖ αὐξάνειν¹², ἐμὲ δὲ ἐλαττοῦσθαι¹³.

The One Who Comes from Heaven

31 Ὁ ἄνωθεν¹⁴ ἐρχόμενος ἐπάνω¹⁵ πάντων ἐστίν· ὁ ὢν ἐκ τῆς γῆς ἐκ τῆς γῆς ἐστιν καὶ ἐκ τῆς γῆς λαλεῖ. ὁ ἐκ τοῦ οὐρανοῦ ἐρχόμενος [ἐπάνω πάντων ἐστίν]· 32 ὃ ἑώρακεν¹⁶ καὶ ἤκουσεν τοῦτο μαρτυρεῖ, καὶ τὴν μαρτυρίαν αὐτοῦ οὐδεὶς λαμβάνει. 33 ὁ λαβὼν αὐτοῦ τὴν μαρτυρίαν ἐσφράγισεν¹⁷ ὅτι ὁ θεὸς ἀληθής¹⁸ ἐστιν. 34 ὃν γὰρ ἀπέστειλεν¹⁹ ὁ θεὸς τὰ ῥήματα τοῦ θεοῦ λαλεῖ, οὐ γὰρ ἐκ μέτρου²⁰ δίδωσιν τὸ πνεῦμα. 35 ὁ πατὴρ ἀγαπᾷ τὸν υἱὸν καὶ πάντα δέδωκεν²¹ ἐν τῇ χειρὶ αὐτοῦ. 36 ὁ πιστεύων εἰς τὸν υἱὸν ἔχει ζωὴν αἰώνιον· ὁ δὲ ἀπειθῶν²² τῷ υἱῷ οὐκ ὄψεται²³ ζωήν, ἀλλ' ἡ ὀργὴ τοῦ θεοῦ μένει ἐπ' αὐτόν.

Jesus and the Woman of Samaria

4 Ὡς οὖν ἔγνω²⁴ ὁ Ἰησοῦς ὅτι ἤκουσαν οἱ Φαρισαῖοι ὅτι Ἰησοῦς πλείονας²⁵ μαθητὰς ποιεῖ καὶ βαπτίζει ἢ Ἰωάννης 2 — καίτοιγε²⁶ Ἰησοῦς αὐτὸς οὐκ ἐβάπτιζεν ἀλλ' οἱ μαθηταὶ αὐτοῦ — 3 ἀφῆκεν²⁷ τὴν Ἰουδαίαν καὶ ἀπῆλθεν πάλιν εἰς τὴν Γαλιλαίαν. 4 Ἔδει²⁸ δὲ αὐτὸν διέρχεσθαι διὰ τῆς Σαμαρείας. 5 ἔρχεται οὖν εἰς πόλιν τῆς Σαμαρείας λεγομένην Συχὰρ πλησίον²⁹ τοῦ χωρίου³⁰ ὃ ἔδωκεν Ἰακὼβ [τῷ] Ἰωσὴφ τῷ υἱῷ αὐτοῦ· 6 ἦν δὲ ἐκεῖ πηγὴ³¹ τοῦ Ἰακώβ. ὁ οὖν Ἰησοῦς κεκοπιακὼς³² ἐκ τῆς

¹ ζήτησις, -εως f, argument
² καθαρισμός, -οῦ m, purification
³ ῥαββί, rabbi (honorary title)
⁴ πέραν, prep + gen, beyond
⁵ ἴδε, interj, Look!
⁶ δίδωμι pf pas ptc n s nom, give
⁷ ἀποστέλλω pf pas ptc m s nom, send
⁸ νύμφη, -ης f, bride
⁹ νυμφίος, -ου m, bridegroom
¹⁰ φίλος, -ου m, friend
¹¹ ἵστημι pf act ptc m s nom, intrans stand

¹² αὐξάνω pres act inf, become more important
¹³ ἐλαττόω pres pas inf, pas become less important
¹⁴ ἄνωθεν, adv, from above
¹⁵ ἐπάνω, prep + gen, above
¹⁶ ὁράω 3s pf act ind, see
¹⁷ σφραγίζω 3s aor act ind, verify
¹⁸ ἀληθής, -ές, truthful
¹⁹ ἀποστέλλω 3s aor act ind, send
²⁰ μέτρον, -ου n, measure (οὐκ ἐκ μ. without measure)
²¹ δίδωμι 3s pf act ind, place

²² ἀπειθέω pres act ptc m s nom, reject
²³ ὁράω 3s fut mid ind, see
²⁴ γινώσκω 3s aor act ind, know
²⁵ πολύς, many (comp)
²⁶ καίτοιγε, conj, although
²⁷ ἀφίημι 3s aor act ind, leave
²⁸ δεῖ 3s impf act ind, impers be necessary
²⁹ πλησίον, prep + gen, near
³⁰ χωρίον, -ου n, field
³¹ πηγή, -ῆς f, well
³² κοπιάω pf act ptc m s nom, become tired

ὁδοιπορίας¹ ἐκαθέζετο² οὕτως ἐπὶ τῇ πηγῇ· ὥρα ἦν ὡς ἕκτη³. 7 ἔρχεται γυνὴ ἐκ τῆς Σαμαρείας ἀντλῆσαι⁴ ὕδωρ. λέγει αὐτῇ ὁ Ἰησοῦς· δός⁵ μοι πεῖν⁶· 8 οἱ γὰρ μαθηταὶ αὐτοῦ ἀπεληλύθεισαν⁷ εἰς τὴν πόλιν ἵνα τροφὰς⁸ ἀγοράσωσιν. 9 λέγει οὖν αὐτῷ ἡ γυνὴ ἡ Σαμαρῖτις· πῶς σὺ Ἰουδαῖος ὢν παρ' ἐμοῦ πεῖν αἰτεῖς γυναικὸς Σαμαρίτιδος οὔσης; οὐ γὰρ συγχρῶνται⁹ Ἰουδαῖοι Σαμαρίταις. 10 ἀπεκρίθη Ἰησοῦς καὶ εἶπεν αὐτῇ· εἰ ᾔδεις¹⁰ τὴν δωρεὰν¹¹ τοῦ θεοῦ καὶ τίς ἐστιν ὁ λέγων σοι· δός¹² μοι πεῖν¹³, σὺ ἂν ᾔτησας¹⁴ αὐτὸν καὶ ἔδωκεν ἄν σοι ὕδωρ ζῶν. 11 λέγει αὐτῷ [ἡ γυνή]· κύριε, οὔτε ἄντλημα¹⁵ ἔχεις καὶ τὸ φρέαρ¹⁶ ἐστὶν βαθύ¹⁷· πόθεν¹⁸ οὖν ἔχεις τὸ ὕδωρ τὸ ζῶν; 12 μὴ σὺ μείζων¹⁹ εἶ τοῦ πατρὸς ἡμῶν Ἰακώβ, ὃς ἔδωκεν ἡμῖν τὸ φρέαρ καὶ αὐτὸς ἐξ αὐτοῦ ἔπιεν²⁰ καὶ οἱ υἱοὶ αὐτοῦ καὶ τὰ θρέμματα²¹ αὐτοῦ; 13 ἀπεκρίθη Ἰησοῦς καὶ εἶπεν αὐτῇ· πᾶς ὁ πίνων ἐκ τοῦ ὕδατος τούτου διψήσει²² πάλιν· 14 ὃς δ' ἂν πίῃ²³ ἐκ τοῦ ὕδατος οὗ ἐγὼ δώσω²⁴ αὐτῷ, οὐ μὴ διψήσει εἰς τὸν αἰῶνα, ἀλλὰ τὸ ὕδωρ ὃ δώσω αὐτῷ γενήσεται²⁵ ἐν αὐτῷ πηγὴ²⁶ ὕδατος ἁλλομένου²⁷ εἰς ζωὴν αἰώνιον. 15 λέγει πρὸς αὐτὸν ἡ γυνή· κύριε, δός μοι τοῦτο τὸ ὕδωρ, ἵνα μὴ διψῶ²⁸ μηδὲ διέρχωμαι ἐνθάδε²⁹ ἀντλεῖν³⁰. 16 λέγει αὐτῇ· ὕπαγε φώνησον τὸν ἄνδρα σου καὶ ἐλθὲ³¹ ἐνθάδε. 17 ἀπεκρίθη ἡ γυνὴ καὶ εἶπεν αὐτῷ· οὐκ ἔχω ἄνδρα. λέγει αὐτῇ ὁ Ἰησοῦς· καλῶς εἶπας ὅτι ἄνδρα οὐκ ἔχω· 18 πέντε γὰρ ἄνδρας ἔσχες³² καὶ νῦν ὃν ἔχεις οὐκ ἔστιν σου ἀνήρ· τοῦτο ἀληθὲς³³ εἴρηκας³⁴. 19 λέγει αὐτῷ ἡ γυνή· κύριε, θεωρῶ ὅτι προφήτης εἶ σύ. 20 οἱ πατέρες ἡμῶν ἐν τῷ ὄρει τούτῳ προσεκύνησαν· καὶ ὑμεῖς λέγετε ὅτι ἐν Ἱεροσολύμοις ἐστὶν ὁ τόπος ὅπου προσκυνεῖν δεῖ. 21 λέγει αὐτῇ ὁ Ἰησοῦς· πίστευέ μοι, γύναι³⁵, ὅτι ἔρχεται ὥρα ὅτε οὔτε ἐν τῷ ὄρει τούτῳ οὔτε ἐν Ἱεροσολύμοις προσκυνήσετε τῷ πατρί. 22 ὑμεῖς προσκυνεῖτε ὃ οὐκ οἴδατε· ἡμεῖς προσκυνοῦμεν ὃ οἴδαμεν, ὅτι ἡ σωτηρία ἐκ τῶν Ἰουδαίων ἐστίν. 23 ἀλλ' ἔρχεται ὥρα καὶ νῦν ἐστιν, ὅτε οἱ ἀληθινοὶ³⁶ προσκυνηταὶ³⁷ προσκυνήσουσιν τῷ πατρὶ ἐν πνεύματι καὶ ἀληθείᾳ· καὶ γὰρ ὁ πατὴρ τοιούτους ζητεῖ τοὺς προσκυνοῦντας αὐτόν. 24 πνεῦμα ὁ θεός, καὶ τοὺς προσκυνοῦντας αὐτὸν ἐν πνεύματι καὶ ἀληθείᾳ

1 ὁδοιπορία, -ας f, journey
2 καθέζομαι 3s impf mid ind, sit down
3 ἕκτος, -η/ον, sixth
4 ἀντλέω aor act inf, draw (water)
5 δίδωμι 2s aor act impv, give
6 πίνω aor act inf, drink
7 ἀπέρχομαι 3p plpf act ind, go
8 τροφή, -ῆς f, food
9 συγχράομαι 3p pres mid ind, associate with/use dishes in common with
10 οἶδα 2s plpf act ind, know
11 δωρεά, -ᾶς f, gift
12 δίδωμι 2s aor act impv, give
13 πίνω aor act inf, drink
14 αἰτέω 2s aor act ind, ask
15 ἄντλημα, -τος n, bucket
16 φρέαρ, -ατος n, well
17 βαθύς, -εῖα/ύ, deep
18 πόθεν, adv, where?
19 μέγας, great (comp)
20 πίνω 3s aor act ind, drink
21 θρέμμα, -τος n, pl cattle
22 διψάω 3s fut act ind, be thirsty
23 πίνω 3s aor act sub, drink
24 δίδωμι 1s fut act ind, give
25 γίνομαι 3s fut mid ind, become
26 πηγή, -ῆς f, spring
27 ἅλλομαι pres mid ptc n s gen, well up
28 διψάω 1s pres act sub, be thirsty
29 ἐνθάδε, adv, here
30 ἀντλέω pres act inf, draw (water)
31 ἔρχομαι 2s aor act impv, come back
32 ἔχω 2s aor act ind, have
33 ἀληθής, -ές, truthful
34 λέγω 2s pf act ind, say
35 γυνή, -αικός f, voc γύναι, woman
36 ἀληθινός, -ή/όν, true
37 προσκυνητής, -οῦ m, worshiper

δεῖ προσκυνεῖν. **25** λέγει αὐτῷ ἡ γυνή· οἶδα ὅτι Μεσσίας¹ ἔρχεται ὁ λεγόμενος χριστός· ὅταν ἔλθῃ² ἐκεῖνος, ἀναγγελεῖ³ ἡμῖν ἅπαντα. **26** λέγει αὐτῇ ὁ Ἰησοῦς· ἐγώ εἰμι, ὁ λαλῶν σοι.

27 Καὶ ἐπὶ τούτῳ ἦλθαν οἱ μαθηταὶ αὐτοῦ καὶ ἐθαύμαζον ὅτι μετὰ γυναικὸς ἐλάλει· οὐδεὶς μέντοι⁴ εἶπεν· τί ζητεῖς ἢ τί λαλεῖς μετ' αὐτῆς; **28** ἀφῆκεν⁵ οὖν τὴν ὑδρίαν⁶ αὐτῆς ἡ γυνὴ καὶ ἀπῆλθεν εἰς τὴν πόλιν καὶ λέγει τοῖς ἀνθρώποις· **29** δεῦτε⁷ ἴδετε⁸ ἄνθρωπον ὃς εἶπέν μοι πάντα ὅσα ἐποίησα, μήτι⁹ οὗτός ἐστιν ὁ χριστός; **30** ἐξῆλθον ἐκ τῆς πόλεως καὶ ἤρχοντο πρὸς αὐτόν.

31 Ἐν τῷ μεταξὺ¹⁰ ἠρώτων αὐτὸν οἱ μαθηταὶ λέγοντες· ῥαββί¹¹, φάγε¹². **32** ὁ δὲ εἶπεν αὐτοῖς· ἐγὼ βρῶσιν¹³ ἔχω φαγεῖν¹⁴ ἣν ὑμεῖς οὐκ οἴδατε. **33** ἔλεγον οὖν οἱ μαθηταὶ πρὸς ἀλλήλους· μή τις ἤνεγκεν¹⁵ αὐτῷ φαγεῖν; **34** λέγει αὐτοῖς ὁ Ἰησοῦς· ἐμὸν βρῶμά¹⁶ ἐστιν ἵνα ποιήσω τὸ θέλημα τοῦ πέμψαντός¹⁷ με καὶ τελειώσω¹⁸ αὐτοῦ τὸ ἔργον. **35** οὐχ ὑμεῖς λέγετε ὅτι ἔτι τετράμηνός¹⁹ ἐστιν καὶ ὁ θερισμὸς²⁰ ἔρχεται; ἰδοὺ λέγω ὑμῖν, ἐπάρατε²¹ τοὺς ὀφθαλμοὺς ὑμῶν καὶ θεάσασθε²² τὰς χώρας²³ ὅτι λευκαί²⁴ εἰσιν πρὸς θερισμόν. ἤδη **36** ὁ θερίζων²⁵ μισθὸν²⁶ λαμβάνει καὶ συνάγει καρπὸν εἰς ζωὴν αἰώνιον, ἵνα ὁ σπείρων ὁμοῦ²⁷ χαίρῃ καὶ ὁ θερίζων. **37** ἐν γὰρ τούτῳ ὁ λόγος ἐστὶν ἀληθινὸς²⁸ ὅτι ἄλλος ἐστὶν ὁ σπείρων καὶ ἄλλος ὁ θερίζων. **38** ἐγὼ ἀπέστειλα²⁹ ὑμᾶς θερίζειν ὃ οὐχ ὑμεῖς κεκοπιάκατε³⁰· ἄλλοι κεκοπιάκασιν καὶ ὑμεῖς εἰς τὸν κόπον³¹ αὐτῶν εἰσεληλύθατε³².

39 Ἐκ δὲ τῆς πόλεως ἐκείνης πολλοὶ ἐπίστευσαν εἰς αὐτὸν τῶν Σαμαριτῶν διὰ τὸν λόγον τῆς γυναικὸς μαρτυρούσης ὅτι εἶπέν μοι πάντα ἃ ἐποίησα. **40** ὡς οὖν ἦλθον πρὸς αὐτὸν οἱ Σαμαρῖται, ἠρώτων αὐτὸν μεῖναι³³ παρ' αὐτοῖς· καὶ ἔμεινεν ἐκεῖ δύο ἡμέρας. **41** καὶ πολλῷ πλείους³⁴ ἐπίστευσαν διὰ τὸν λόγον αὐτοῦ, **42** τῇ τε γυναικὶ ἔλεγον ὅτι οὐκέτι διὰ τὴν σὴν³⁵ λαλιὰν³⁶ πιστεύομεν, αὐτοὶ γὰρ ἀκηκόαμεν³⁷ καὶ οἴδαμεν ὅτι οὗτός ἐστιν ἀληθῶς³⁸ ὁ σωτὴρ³⁹ τοῦ κόσμου.

---

¹ Μεσσίας, -ου *m*, Messiah
² ἔρχομαι 3s aor act sub, come
³ ἀναγγέλλω 3s fut act ind, tell
⁴ μέντοι, *conj*, but
⁵ ἀφίημι, 3s aor act ind leave
⁶ ὑδρία, -ας *f*, water jar
⁷ δεῦτε, *interj*, Come!
⁸ ὁράω 2p aor act impv, see
⁹ μήτι, *usually expects a negative reply*
¹⁰ μεταξύ, *adv*, meanwhile
¹¹ ῥαββί, rabbi (honorary title)
¹² ἐσθίω 2s aor act impv, eat
¹³ βρῶσις, -εως *f*, food
¹⁴ ἐσθίω aor act inf, eat
¹⁵ φέρω 3s aor act ind, bring
¹⁶ βρῶμα, -τος *n*, food
¹⁷ πέμπω aor act ptc m s gen, send
¹⁸ τελειόω 1s aor act sub, complete
¹⁹ τετράμηνος, -ου *f*, period of four months
²⁰ θερισμός, -οῦ *m*, harvest
²¹ ἐπαίρω 2p aor act impv, raise
²² θεάομαι aor mid impv, look at
²³ χώρα, -ας *f*, field
²⁴ λευκός, -ή/όν, white
²⁵ θερίζω pres act ptc m s nom, harvest
²⁶ μισθός, -οῦ *m*, wages
²⁷ ὁμοῦ, *adv*, together
²⁸ ἀληθινός, -ή/όν, true
²⁹ ἀποστέλλω 1s aor act ind, send
³⁰ κοπιάω 2p pf act ind, work (hard)
³¹ κόπος, -ου *m*, (hard) work
³² εἰσέρχομαι 2p pf act ind, enter
³³ μένω aor act inf, stay
³⁴ πολύς, many (comp)
³⁵ σός, σή, σόν, your
³⁶ λαλιά, -ᾶς *f*, something said
³⁷ ἀκούω 1p pf act ind, hear
³⁸ ἀληθῶς, *adv*, truly
³⁹ σωτήρ, -ῆρος *m*, Savior

The Healing of the Official's Son (Mt 8.5-13; Lk 7.1-10)

43 Μετὰ δὲ τὰς δύο ἡμέρας ἐξῆλθεν ἐκεῖθεν[1] εἰς τὴν Γαλιλαίαν· **44** αὐτὸς γὰρ Ἰησοῦς ἐμαρτύρησεν ὅτι προφήτης ἐν τῇ ἰδίᾳ πατρίδι[2] τιμὴν οὐκ ἔχει. **45** ὅτε οὖν ἦλθεν εἰς τὴν Γαλιλαίαν, ἐδέξαντο αὐτὸν οἱ Γαλιλαῖοι πάντα ἑωρακότες[3] ὅσα ἐποίησεν ἐν Ἱεροσολύμοις ἐν τῇ ἑορτῇ[4], καὶ αὐτοὶ γὰρ ἦλθον εἰς τὴν ἑορτήν.

46 Ἦλθεν οὖν πάλιν εἰς τὴν Κανὰ τῆς Γαλιλαίας, ὅπου ἐποίησεν τὸ ὕδωρ οἶνον. Καὶ ἦν τις βασιλικὸς[5] οὗ ὁ υἱὸς ἠσθένει ἐν Καφαρναούμ. **47** οὗτος ἀκούσας ὅτι Ἰησοῦς ἥκει[6] ἐκ τῆς Ἰουδαίας εἰς τὴν Γαλιλαίαν ἀπῆλθεν πρὸς αὐτὸν καὶ ἠρώτα ἵνα καταβῇ[7] καὶ ἰάσηται[8] αὐτοῦ τὸν υἱόν, ἤμελλεν γὰρ ἀποθνῄσκειν. **48** εἶπεν οὖν ὁ Ἰησοῦς πρὸς αὐτόν· ἐὰν μὴ σημεῖα καὶ τέρατα[9] ἴδητε[10], οὐ μὴ πιστεύσητε. **49** λέγει πρὸς αὐτὸν ὁ βασιλικός· κύριε, κατάβηθι[11] πρὶν[12] ἀποθανεῖν[13] τὸ παιδίον μου. **50** λέγει αὐτῷ ὁ Ἰησοῦς· πορεύου[14], ὁ υἱός σου ζῇ. ἐπίστευσεν ὁ ἄνθρωπος τῷ λόγῳ ὃν εἶπεν αὐτῷ ὁ Ἰησοῦς καὶ ἐπορεύετο. **51** ἤδη δὲ αὐτοῦ καταβαίνοντος οἱ δοῦλοι αὐτοῦ ὑπήντησαν[15] αὐτῷ λέγοντες ὅτι ὁ παῖς[16] αὐτοῦ ζῇ[17]. **52** ἐπύθετο[18] οὖν τὴν ὥραν παρ' αὐτῶν ἐν ᾗ κομψότερον[19] ἔσχεν[20]· εἶπον οὖν αὐτῷ ὅτι ἐχθὲς[21] ὥραν ἑβδόμην[22] ἀφῆκεν[23] αὐτὸν ὁ πυρετός[24]. **53** ἔγνω[25] οὖν ὁ πατὴρ ὅτι [ἐν] ἐκείνῃ τῇ ὥρᾳ ἐν ᾗ εἶπεν αὐτῷ ὁ Ἰησοῦς· ὁ υἱός σου ζῇ, καὶ ἐπίστευσεν αὐτὸς καὶ ἡ οἰκία αὐτοῦ ὅλη. **54** τοῦτο [δὲ] πάλιν δεύτερον σημεῖον ἐποίησεν ὁ Ἰησοῦς ἐλθὼν ἐκ τῆς Ἰουδαίας εἰς τὴν Γαλιλαίαν.

The Healing at the Pool

5 Μετὰ ταῦτα ἦν ἑορτὴ[26] τῶν Ἰουδαίων καὶ ἀνέβη[27] Ἰησοῦς εἰς Ἱεροσόλυμα. **2** Ἔστιν δὲ ἐν τοῖς Ἱεροσολύμοις ἐπὶ τῇ προβατικῇ[28] κολυμβήθρα[29] ἡ ἐπιλεγομένη[30] Ἑβραϊστὶ[31] Βηθζαθὰ πέντε στοὰς[32] ἔχουσα. **3** ἐν ταύταις κατέκειτο[33] πλῆθος τῶν ἀσθενούντων, τυφλῶν, χωλῶν[34], ξηρῶν[35] [ἐκδεχομένων[36] τὴν τοῦ

---

[1] ἐκεῖθεν, *adv*, from there
[2] πατρίς, -ίδος *f*, homeland/country
[3] ὁράω *pf act ptc m p nom*, see
[4] ἑορτή, -ῆς *f*, festival
[5] βασιλικός, -ή/όν, (official) of royal status
[6] ἥκω *3s pres act ind*, come
[7] καταβαίνω *3s aor act sub*, come (down)
[8] ἰάομαι *3s aor mid sub*, heal
[9] τέρας, -ατος *n*, a wonder
[10] ὁράω *2p aor act sub*, see
[11] καταβαίνω *2s aor act impv*, come (down)
[12] πρίν, *conj*, before
[13] ἀποθνῄσκω *aor act inf*, die
[14] πορεύομαι *2s pres mid impv*, go
[15] ὑπαντάω *3p aor act ind*, meet
[16] παῖς, παιδός *m*, boy
[17] ζάω *3s pres act ind*, be alive
[18] πυνθάνομαι *3s aor mid ind*, ask
[19] κομψότερον, *adv*, better (κ. ἔχω get better)
[20] ἔχω *3s aor act ind*, have
[21] ἐχθές, *adv*, yesterday
[22] ἕβδομος, -η/ον, seventh
[23] ἀφίημι *3s aor act ind*, leave
[24] πυρετός, -οῦ *m*, fever
[25] γινώσκω *3s aor act ind*, know
[26] ἑορτή, -ῆς *f*, festival
[27] ἀναβαίνω *3s aor act ind*, go (up)
[28] προβατικός, -ή/όν, pertaining to sheep (ἡ π. sheep gate)
[29] κολυμβήθρα, -ας *f*, pool
[30] ἐπιλέγω *pres pas ptc f s nom*, call
[31] Ἑβραϊστί, *adv*, in Hebrew/Aramaic
[32] στοά, -ᾶς *f*, porch/portico
[33] κατάκειμαι *3s impf mid ind*, lie
[34] χωλός, -ή/όν, lame
[35] ξηρός, -ά/όν, paralyzed
[36] ἐκδέχομαι *pres mid ptc m p gen*, wait for

ὕδατος κίνησιν¹. 4 ἄγγελος γὰρ κυρίου κατὰ καιρὸν ἐλούετο² ἐν τῇ κολυμβήθρᾳ καὶ ἐτάρασσεν³ τὸ ὕδωρ, ὁ οὖν πρῶτος ἐμβὰς⁴ μετὰ τὴν ταραχὴν⁵ τοῦ ὕδατος ὑγιὴς⁶ ἐγίνετο⁷ οἵῳ⁸ δήποτ' οὖν κατείχετο⁹ νοσήματι¹⁰.] 5 ἦν δέ τις ἄνθρωπος ἐκεῖ τριάκοντα¹¹ [καὶ] ὀκτὼ¹² ἔτη¹³ ἔχων ἐν τῇ ἀσθενείᾳ¹⁴ αὐτοῦ· 6 τοῦτον ἰδὼν ὁ Ἰησοῦς κατακείμενον καὶ γνοὺς¹⁵ ὅτι πολὺν ἤδη χρόνον ἔχει, λέγει αὐτῷ· θέλεις ὑγιὴς γενέσθαι; 7 ἀπεκρίθη αὐτῷ ὁ ἀσθενῶν· κύριε, ἄνθρωπον οὐκ ἔχω ἵνα ὅταν ταραχθῇ¹⁶ τὸ ὕδωρ βάλῃ¹⁷ με εἰς τὴν κολυμβήθραν· ἐν ᾧ δὲ ἔρχομαι ἐγώ, ἄλλος πρὸ ἐμοῦ καταβαίνει. 8 λέγει αὐτῷ ὁ Ἰησοῦς· ἔγειρε ἆρον¹⁸ τὸν κράβαττόν¹⁹ σου καὶ περιπάτει. 9 καὶ εὐθέως ἐγένετο ὑγιὴς ὁ ἄνθρωπος καὶ ἦρεν²⁰ τὸν κράβαττον αὐτοῦ καὶ περιεπάτει.

Ἦν δὲ σάββατον ἐν ἐκείνῃ τῇ ἡμέρᾳ. 10 ἔλεγον οὖν οἱ Ἰουδαῖοι τῷ τεθεραπευμένῳ· σάββατόν ἐστιν, καὶ οὐκ ἔξεστίν σοι ἆραι²¹ τὸν κράβαττόν σου. 11 ὁ δὲ ἀπεκρίθη αὐτοῖς· ὁ ποιήσας με ὑγιῆ ἐκεῖνός μοι εἶπεν· ἆρον τὸν κράβαττόν σου καὶ περιπάτει. 12 ἠρώτησαν αὐτόν· τίς ἐστιν ὁ ἄνθρωπος ὁ εἰπών σοι· ἆρον καὶ περιπάτει; 13 ὁ δὲ ἰαθεὶς²² οὐκ ᾔδει²³ τίς ἐστιν, ὁ γὰρ Ἰησοῦς ἐξένευσεν²⁴ ὄχλου ὄντος ἐν τῷ τόπῳ. 14 μετὰ ταῦτα εὑρίσκει αὐτὸν ὁ Ἰησοῦς ἐν τῷ ἱερῷ καὶ εἶπεν αὐτῷ· ἴδε²⁵ ὑγιὴς γέγονας, μηκέτι²⁶ ἁμάρτανε, ἵνα μὴ χεῖρόν²⁷ σοί τι γένηται. 15 ἀπῆλθεν ὁ ἄνθρωπος καὶ ἀνήγγειλεν²⁸ τοῖς Ἰουδαίοις ὅτι Ἰησοῦς ἐστιν ὁ ποιήσας αὐτὸν ὑγιῆ. 16 καὶ διὰ τοῦτο ἐδίωκον οἱ Ἰουδαῖοι τὸν Ἰησοῦν, ὅτι ταῦτα ἐποίει ἐν σαββάτῳ.

17 Ὁ δὲ [Ἰησοῦς] ἀπεκρίνατο αὐτοῖς· ὁ πατήρ μου ἕως ἄρτι ἐργάζεται κἀγὼ ἐργάζομαι· 18 διὰ τοῦτο οὖν μᾶλλον ἐζήτουν αὐτὸν οἱ Ἰουδαῖοι ἀποκτεῖναι, ὅτι οὐ μόνον ἔλυεν τὸ σάββατον, ἀλλὰ καὶ πατέρα ἴδιον ἔλεγεν τὸν θεὸν ἴσον²⁹ ἑαυτὸν ποιῶν τῷ θεῷ.

The Authority of the Son

19 Ἀπεκρίνατο οὖν ὁ Ἰησοῦς καὶ ἔλεγεν αὐτοῖς· ἀμὴν ἀμὴν λέγω ὑμῖν, οὐ δύναται ὁ υἱὸς ποιεῖν ἀφ' ἑαυτοῦ οὐδὲν ἐὰν μή τι βλέπῃ τὸν πατέρα ποιοῦντα· ἃ γὰρ ἂν ἐκεῖνος ποιῇ, ταῦτα καὶ ὁ υἱὸς ὁμοίως³⁰ ποιεῖ. 20 ὁ γὰρ πατὴρ φιλεῖ³¹ τὸν υἱὸν

1 κίνησις, -εως, f, movement
2 λούω 3s impf med ind, mid wash
3 ταράσσω 3s impf act ind, stir up
4 ἐμβαίνω aor act ptc m s nom, get into
5 ταραχή, -ῆς f, stirring up
6 ὑγιής, -ές, well
7 γίνομαι 3s impf mid ind, be/become
8 οἷος, -α/ον, rel pro, such as (οἷος δήποτ' οὖν whatever kind of)
9 κατέχω 3s impf pas ind, hold fast
10 νόσημα, -ατος, n, illness
11 τριάκοντα, thirty
12 ὀκτώ, eight
13 ἔτος, -ους n, year
14 ἀσθένεια, -ας f, illness
15 γινώσκω aor act ptc m s nom, know
16 ταράσσω 3s aor pas sub, stir up
17 βάλλω 3s aor act sub, put
18 αἴρω 2s aor act impv, take up
19 κράβαττος, -ου m, mat
20 αἴρω 3s aor act ind, take up
21 αἴρω aor act inf, take up
22 ἰάομαι aor pas ptc m s nom, heal
23 οἶδα 3s plpf act ind, know
24 ἐκνεύω 3s aor act ind, leave without being noticed
25 ἴδε, interj, Look!
26 μηκέτι, adv, no longer
27 χείρων, worse (comp of κακός)
28 ἀναγγέλλω 3s aor act ind, tell
29 ἴσος, -η/ον, equal
30 ὁμοίως, adv, in the same way
31 φιλέω 3s pres act ind, love

καὶ πάντα δείκνυσιν[1] αὐτῷ ἃ αὐτὸς ποιεῖ, καὶ μείζονα[2] τούτων δείξει αὐτῷ ἔργα, ἵνα ὑμεῖς θαυμάζητε. **21** ὥσπερ γὰρ ὁ πατὴρ ἐγείρει τοὺς νεκροὺς καὶ ζῳοποιεῖ[3], οὕτως καὶ ὁ υἱὸς οὓς θέλει ζῳοποιεῖ. **22** οὐδὲ γὰρ ὁ πατὴρ κρίνει οὐδένα, ἀλλὰ τὴν κρίσιν πᾶσαν δέδωκεν[4] τῷ υἱῷ, **23** ἵνα πάντες τιμῶσιν[5] τὸν υἱὸν καθὼς τιμῶσιν τὸν πατέρα. ὁ μὴ τιμῶν τὸν υἱὸν οὐ τιμᾷ τὸν πατέρα τὸν πέμψαντα[6] αὐτόν.

24 Ἀμὴν ἀμὴν λέγω ὑμῖν ὅτι ὁ τὸν λόγον μου ἀκούων καὶ πιστεύων τῷ πέμψαντί με ἔχει ζωὴν αἰώνιον καὶ εἰς κρίσιν οὐκ ἔρχεται, ἀλλὰ μεταβέβηκεν[7] ἐκ τοῦ θανάτου εἰς τὴν ζωήν. **25** ἀμὴν ἀμὴν λέγω ὑμῖν ὅτι ἔρχεται ὥρα καὶ νῦν ἐστιν ὅτε οἱ νεκροὶ ἀκούσουσιν τῆς φωνῆς τοῦ υἱοῦ τοῦ θεοῦ καὶ οἱ ἀκούσαντες ζήσουσιν[8]. **26** ὥσπερ γὰρ ὁ πατὴρ ἔχει ζωὴν ἐν ἑαυτῷ, οὕτως καὶ τῷ υἱῷ ἔδωκεν ζωὴν ἔχειν ἐν ἑαυτῷ. **27** καὶ ἐξουσίαν ἔδωκεν αὐτῷ κρίσιν ποιεῖν, ὅτι υἱὸς ἀνθρώπου ἐστίν. **28** μὴ θαυμάζετε τοῦτο, ὅτι ἔρχεται ὥρα ἐν ᾗ πάντες οἱ ἐν τοῖς μνημείοις ἀκούσουσιν τῆς φωνῆς αὐτοῦ **29** καὶ ἐκπορεύσονται οἱ τὰ ἀγαθὰ ποιήσαντες εἰς ἀνάστασιν ζωῆς, οἱ δὲ τὰ φαῦλα[9] πράξαντες[10] εἰς ἀνάστασιν κρίσεως.

30 Οὐ δύναμαι ἐγὼ ποιεῖν ἀπ' ἐμαυτοῦ οὐδέν· καθὼς ἀκούω κρίνω, καὶ ἡ κρίσις ἡ ἐμὴ δικαία ἐστίν, ὅτι οὐ ζητῶ τὸ θέλημα τὸ ἐμὸν ἀλλὰ τὸ θέλημα τοῦ πέμψαντός[11] με.

Witnesses to Jesus

31 Ἐὰν ἐγὼ μαρτυρῶ περὶ ἐμαυτοῦ, ἡ μαρτυρία μου οὐκ ἔστιν ἀληθής[12]· **32** ἄλλος ἐστὶν ὁ μαρτυρῶν περὶ ἐμοῦ, καὶ οἶδα ὅτι ἀληθής ἐστιν ἡ μαρτυρία ἣν μαρτυρεῖ περὶ ἐμοῦ. **33** ὑμεῖς ἀπεστάλκατε[13] πρὸς Ἰωάννην, καὶ μεμαρτύρηκεν τῇ ἀληθείᾳ· **34** ἐγὼ δὲ οὐ παρὰ ἀνθρώπου τὴν μαρτυρίαν λαμβάνω, ἀλλὰ ταῦτα λέγω ἵνα ὑμεῖς σωθῆτε[14]. **35** ἐκεῖνος ἦν ὁ λύχνος[15] ὁ καιόμενος[16] καὶ φαίνων, ὑμεῖς δὲ ἠθελήσατε ἀγαλλιαθῆναι[17] πρὸς ὥραν ἐν τῷ φωτὶ αὐτοῦ.

36 Ἐγὼ δὲ ἔχω τὴν μαρτυρίαν μείζω[18] τοῦ Ἰωάννου· τὰ γὰρ ἔργα ἃ δέδωκέν[19] μοι ὁ πατὴρ ἵνα τελειώσω[20] αὐτά, αὐτὰ τὰ ἔργα ἃ ποιῶ μαρτυρεῖ περὶ ἐμοῦ ὅτι ὁ πατήρ με ἀπέσταλκεν[21]. **37** καὶ ὁ πέμψας με πατὴρ ἐκεῖνος μεμαρτύρηκεν περὶ ἐμοῦ. οὔτε φωνὴν αὐτοῦ πώποτε[22] ἀκηκόατε[23] οὔτε εἶδος[24] αὐτοῦ ἑωράκατε[25], **38** καὶ τὸν λόγον αὐτοῦ οὐκ ἔχετε ἐν ὑμῖν μένοντα, ὅτι ὃν ἀπέστειλεν ἐκεῖνος, τούτῳ ὑμεῖς

---

[1] δείκνυμι 3s pres act ind, show
[2] μέγας, great (comp)
[3] ζωοποιέω 3s pres act ind, give life to
[4] δίδωμι 3s pf act ind, give
[5] τιμάω 3p pres act subj, honor
[6] πέμπω aor act ptc m s acc, send
[7] μεταβαίνω 3s pf act ind, cross over
[8] ζάω 3p fut act ind, live
[9] φαῦλος, -η/ον, evil
[10] πράσσω aor act ptc m p nom, do
[11] πέμπω aor act ptc m s gen, send
[12] ἀληθής, -ές, true
[13] ἀποστέλλω 2p pf act ind, send
[14] σώζω 2p aor pas sub, save
[15] λύχνος, -ου m, lamp
[16] καίω pres pas ptc m s nom, pas burn
[17] ἀγαλλιάω aor pas inf, be extremely joyful
[18] μέγας, groß (comp)
[19] δίδωμι 3s pf act ind, give
[20] τελειόω 1s aor act sub, complete
[21] ἀποστέλλω 3s pf act ind, send
[22] πώποτε, adv, ever
[23] ἀκούω 2p pf act ind, hear
[24] εἶδος, -ους n, (visible) form
[25] ὁράω 2p pf act ind, see

οὐ πιστεύετε. **39** ἐραυνᾶτε¹ τὰς γραφάς, ὅτι ὑμεῖς δοκεῖτε ἐν αὐταῖς ζωὴν αἰώνιον ἔχειν· καὶ ἐκεῖναί εἰσιν αἱ μαρτυροῦσαι περὶ ἐμοῦ· **40** καὶ οὐ θέλετε ἐλθεῖν πρός με ἵνα ζωὴν ἔχητε. **41** Δόξαν παρὰ ἀνθρώπων οὐ λαμβάνω, **42** ἀλλ' ἔγνωκα² ὑμᾶς ὅτι τὴν ἀγάπην τοῦ θεοῦ οὐκ ἔχετε ἐν ἑαυτοῖς. **43** ἐγὼ ἐλήλυθα³ ἐν τῷ ὀνόματι τοῦ πατρός μου, καὶ οὐ λαμβάνετέ με· ἐὰν ἄλλος ἔλθῃ⁴ ἐν τῷ ὀνόματι τῷ ἰδίῳ, ἐκεῖνον λήμψεσθε⁵. **44** πῶς δύνασθε ὑμεῖς πιστεῦσαι δόξαν παρὰ ἀλλήλων λαμβάνοντες, καὶ τὴν δόξαν τὴν παρὰ τοῦ μόνου θεοῦ οὐ ζητεῖτε; **45** Μὴ δοκεῖτε ὅτι ἐγὼ κατηγορήσω⁶ ὑμῶν πρὸς τὸν πατέρα· ἔστιν ὁ κατηγορῶν ὑμῶν Μωϋσῆς, εἰς ὃν ὑμεῖς ἠλπίκατε⁷. **46** εἰ γὰρ ἐπιστεύετε Μωϋσεῖ, ἐπιστεύετε ἂν ἐμοί· περὶ γὰρ ἐμοῦ ἐκεῖνος ἔγραψεν. **47** εἰ δὲ τοῖς ἐκείνου γράμμασιν⁸ οὐ πιστεύετε, πῶς τοῖς ἐμοῖς ῥήμασιν πιστεύσετε;

The Feeding of the Five Thousand (Mt 14.13-21; Mk 6.30-44; Lk 9.10-17)

6 Μετὰ ταῦτα ἀπῆλθεν ὁ Ἰησοῦς πέραν⁹ τῆς θαλάσσης τῆς Γαλιλαίας τῆς Τιβεριάδος. **2** ἠκολούθει δὲ αὐτῷ ὄχλος πολύς, ὅτι ἐθεώρουν τὰ σημεῖα ἃ ἐποίει ἐπὶ τῶν ἀσθενούντων. **3** ἀνῆλθεν¹⁰ δὲ εἰς τὸ ὄρος Ἰησοῦς καὶ ἐκεῖ ἐκάθητο μετὰ τῶν μαθητῶν αὐτοῦ. **4** ἦν δὲ ἐγγὺς τὸ πάσχα¹¹, ἡ ἑορτὴ¹² τῶν Ἰουδαίων. **5** Ἐπάρας¹³ οὖν τοὺς ὀφθαλμοὺς ὁ Ἰησοῦς καὶ θεασάμενος¹⁴ ὅτι πολὺς ὄχλος ἔρχεται πρὸς αὐτὸν λέγει πρὸς Φίλιππον· πόθεν¹⁵ ἀγοράσωμεν ἄρτους ἵνα φάγωσιν¹⁶ οὗτοι; **6** τοῦτο δὲ ἔλεγεν πειράζων αὐτόν· αὐτὸς γὰρ ᾔδει¹⁷ τί ἔμελλεν ποιεῖν. **7** ἀπεκρίθη αὐτῷ [ὁ] Φίλιππος· διακοσίων¹⁸ δηναρίων¹⁹ ἄρτοι οὐκ ἀρκοῦσιν²⁰ αὐτοῖς ἵνα ἕκαστος βραχύ²¹ [τι] λάβῃ²². **8** λέγει αὐτῷ εἷς ἐκ τῶν μαθητῶν αὐτοῦ, Ἀνδρέας ὁ ἀδελφὸς Σίμωνος Πέτρου· **9** ἔστιν παιδάριον²³ ὧδε ὃς ἔχει πέντε ἄρτους κριθίνους²⁴ καὶ δύο ὀψάρια²⁵· ἀλλὰ ταῦτα τί ἐστιν εἰς τοσούτους²⁶; **10** εἶπεν ὁ Ἰησοῦς· ποιήσατε τοὺς ἀνθρώπους ἀναπεσεῖν²⁷. ἦν δὲ χόρτος²⁸ πολὺς ἐν τῷ τόπῳ. ἀνέπεσαν²⁹ οὖν οἱ ἄνδρες τὸν ἀριθμὸν³⁰ ὡς πεντακισχίλιοι. **11** ἔλαβεν οὖν

---

¹ ἐραυνάω 2p pres act impv & ind, search
² γινώσκω 1s pf act ind, know
³ ἔρχομαι 1s pf act ind, come
⁴ ἔρχομαι 3s aor act sub, come
⁵ λαμβάνω 2p fut mid ind, receive
⁶ κατηγορέω 1s fut act ind, accuse
⁷ ἐλπίζω 2p pf act ind, hope
⁸ γράμμα, -τος n, writing
⁹ πέραν, prep + gen, the other side
¹⁰ ἀνέρχομαι 3s aor act ind, go up
¹¹ πάσχα, n, Passover
¹² ἑορτή, -ῆς f, festival
¹³ ἐπαίρω aor act ptc m s nom, raise
¹⁴ θεάομαι aor mid ptc m s nom, see
¹⁵ πόθεν, adv, where?
¹⁶ ἐσθίω 3p aor act sub, eat
¹⁷ οἶδα 3s plpf act ind, know
¹⁸ διακόσιοι, -αι/α, two hundred
¹⁹ δηνάριον, -ου n, denarius (Roman silver coin = day's wages of a common laborer)
²⁰ ἀρκέω 3p pres act ind, be enough
²¹ βραχύς, -εῖα/ύ, little
²² λαμβάνω 3s aor act sub, have
²³ παιδάριον, -ου n, boy
²⁴ κρίθινος, -η/ον, made of barley
²⁵ ὀψάριον, -ου n, fish
²⁶ τοσοῦτος, -αύτη/οῦτον, pl so many
²⁷ ἀναπίπτω aor act inf, sit
²⁸ χόρτος, -ου m, grass
²⁹ ἀναπίπτω 3p aor act ind, sit
³⁰ ἀριθμός, -οῦ m, number

τοὺς ἄρτους ὁ Ἰησοῦς καὶ εὐχαριστήσας διέδωκεν¹ τοῖς ἀνακειμένοις² ὁμοίως³ καὶ ἐκ τῶν ὀψαρίων ὅσον ἤθελον. 12 ὡς δὲ ἐνεπλήσθησαν⁴, λέγει τοῖς μαθηταῖς αὐτοῦ· συναγάγετε⁵ τὰ περισσεύσαντα κλάσματα⁶, ἵνα μή τι ἀπόληται⁷. 13 συνήγαγον οὖν καὶ ἐγέμισαν⁸ δώδεκα κοφίνους⁹ κλασμάτων ἐκ τῶν πέντε ἄρτων τῶν κριθίνων¹⁰ ἃ ἐπερίσσευσαν τοῖς βεβρωκόσιν¹¹. 14 οἱ οὖν ἄνθρωποι ἰδόντες ὃ ἐποίησεν σημεῖον ἔλεγον ὅτι οὗτός ἐστιν ἀληθῶς¹² ὁ προφήτης ὁ ἐρχόμενος εἰς τὸν κόσμον. 15 Ἰησοῦς οὖν γνοὺς¹³ ὅτι μέλλουσιν ἔρχεσθαι καὶ ἁρπάζειν¹⁴ αὐτὸν ἵνα ποιήσωσιν βασιλέα, ἀνεχώρησεν¹⁵ πάλιν εἰς τὸ ὄρος αὐτὸς μόνος.

Walking on the Water (Mt 14.22-27; Mk 6.45-52)

16 Ὡς δὲ ὀψία¹⁶ ἐγένετο κατέβησαν¹⁷ οἱ μαθηταὶ αὐτοῦ ἐπὶ τὴν θάλασσαν 17 καὶ ἐμβάντες¹⁸ εἰς πλοῖον ἤρχοντο πέραν¹⁹ τῆς θαλάσσης εἰς Καφαρναούμ. καὶ σκοτία²⁰ ἤδη ἐγεγόνει²¹ καὶ οὔπω²² ἐληλύθει²³ πρὸς αὐτοὺς ὁ Ἰησοῦς, 18 ἥ τε θάλασσα ἀνέμου μεγάλου πνέοντος²⁴ διεγείρετο²⁵. 19 ἐληλακότες²⁶ οὖν ὡς σταδίους²⁷ εἴκοσι²⁸ πέντε ἢ τριάκοντα²⁹ θεωροῦσιν τὸν Ἰησοῦν περιπατοῦντα ἐπὶ τῆς θαλάσσης καὶ ἐγγὺς τοῦ πλοίου γινόμενον, καὶ ἐφοβήθησαν. 20 ὁ δὲ λέγει αὐτοῖς· ἐγώ εἰμι· μὴ φοβεῖσθε. 21 ἤθελον οὖν λαβεῖν αὐτὸν εἰς τὸ πλοῖον, καὶ εὐθέως ἐγένετο τὸ πλοῖον ἐπὶ τῆς γῆς εἰς ἣν ὑπῆγον³⁰.

Jesus the Bread of Life

22 Τῇ ἐπαύριον³¹ ὁ ὄχλος ὁ ἑστηκὼς³² πέραν³³ τῆς θαλάσσης εἶδον ὅτι πλοιάριον³⁴ ἄλλο οὐκ ἦν ἐκεῖ εἰ μὴ ἓν καὶ ὅτι οὐ συνεισῆλθεν³⁵ τοῖς μαθηταῖς αὐτοῦ ὁ Ἰησοῦς εἰς τὸ πλοῖον ἀλλὰ μόνοι οἱ μαθηταὶ αὐτοῦ ἀπῆλθον· 23 ἄλλα ἦλθεν

---

[1] διαδίδωμι 3s aor act ind, distribute
[2] ἀνάκειμαι pres mid ptc m p nom, be seated (at table)
[3] ὁμοίως, adv, in the same way
[4] ἐμπίπλημι 3p aor pas ind, satisfy
[5] συνάγω 2p aor act impv, gather
[6] κλάσμα, -τος n, piece
[7] ἀπόλλυμι 3s aor mid sub, mid be lost
[8] γεμίζω 3p aor act ind, fill
[9] κόφινος, -ου m, basket
[10] κρίθινος, -η/ον, made of barley
[11] βιβρώσκω pf act ptc m p dat, eat
[12] ἀληθῶς, adv, truly
[13] γινώσκω aor act ptc m s nom, know
[14] ἁρπάζω pres act inf, take by force
[15] ἀναχωρέω 3s aor act ind, withdraw
[16] ὄψιος, -α/ον, late (ἡ ὀψία f evening)
[17] καταβαίνω 3p aor act ind, go (down)
[18] ἐμβαίνω aor act ptc m p nom, get into
[19] πέραν, prep + gen, across
[20] σκοτία, -ας f, darkness
[21] γίνομαι 3s plpf act ind, become
[22] οὔπω, adv, not yet
[23] ἔρχομαι 3s plpf act ind, come back
[24] πνέω pres act ptc m s gen, blow
[25] διεγείρω 3s impf pas ind, grow rough
[26] ἐλαύνω pf act ptc m p nom, row
[27] στάδιον, -ου m, stadion (about 607 feet or 185 meters)
[28] εἴκοσι, twenty
[29] τριάκοντα, thirty
[30] ὑπάγω 3p impf act ind, go
[31] ἐπαύριον, adv, the next day
[32] ἵστημι pf act ptc m s nom, intrans stand
[33] πέραν, prep + gen, on the other side
[34] πλοιάριον, -ου n, (small) boat
[35] συνεισέρχομαι 3s aor act ind, go in with

πλοιά[ρια] ἐκ Τιβεριάδος ἐγγὺς τοῦ τόπου ὅπου ἔφαγον¹ τὸν ἄρτον εὐχαριστήσαντος τοῦ κυρίου. 24 ὅτε οὖν εἶδεν ὁ ὄχλος ὅτι Ἰησοῦς οὐκ ἔστιν ἐκεῖ οὐδὲ οἱ μαθηταὶ αὐτοῦ, ἐνέβησαν² αὐτοὶ εἰς τὰ πλοιάρια καὶ ἦλθον εἰς Καφαρναοὺμ ζητοῦντες τὸν Ἰησοῦν. 25 καὶ εὑρόντες³ αὐτὸν πέραν τῆς θαλάσσης εἶπον αὐτῷ· ῥαββί⁴, πότε⁵ ὧδε γέγονας⁶;

26 Ἀπεκρίθη αὐτοῖς ὁ Ἰησοῦς καὶ εἶπεν· ἀμὴν ἀμὴν λέγω ὑμῖν, ζητεῖτέ με οὐχ ὅτι εἴδετε σημεῖα, ἀλλ' ὅτι ἐφάγετε⁷ ἐκ τῶν ἄρτων καὶ ἐχορτάσθητε⁸. 27 ἐργάζεσθε μὴ τὴν βρῶσιν⁹ τὴν ἀπολλυμένην ἀλλὰ τὴν βρῶσιν τὴν μένουσαν εἰς ζωὴν αἰώνιον, ἣν ὁ υἱὸς τοῦ ἀνθρώπου ὑμῖν δώσει¹⁰· τοῦτον γὰρ ὁ πατὴρ ἐσφράγισεν¹¹ ὁ θεός. 28 εἶπον οὖν πρὸς αὐτόν· τί ποιῶμεν ἵνα ἐργαζώμεθα τὰ ἔργα τοῦ θεοῦ; 29 ἀπεκρίθη [ὁ] Ἰησοῦς καὶ εἶπεν αὐτοῖς· τοῦτό ἐστιν τὸ ἔργον τοῦ θεοῦ, ἵνα πιστεύητε εἰς ὃν ἀπέστειλεν¹² ἐκεῖνος.

30 Εἶπον οὖν αὐτῷ· τί οὖν ποιεῖς σὺ σημεῖον, ἵνα ἴδωμεν¹³ καὶ πιστεύσωμέν σοι; τί ἐργάζῃ; 31 οἱ πατέρες ἡμῶν τὸ μάννα¹⁴ ἔφαγον¹⁵ ἐν τῇ ἐρήμῳ, καθώς ἐστιν γεγραμμένον¹⁶· **ἄρτον ἐκ τοῦ οὐρανοῦ ἔδωκεν αὐτοῖς φαγεῖν**¹⁷. 32 εἶπεν οὖν αὐτοῖς ὁ Ἰησοῦς· ἀμὴν ἀμὴν λέγω ὑμῖν, οὐ Μωϋσῆς δέδωκεν¹⁸ ὑμῖν τὸν ἄρτον ἐκ τοῦ οὐρανοῦ, ἀλλ' ὁ πατήρ μου δίδωσιν¹⁹ ὑμῖν τὸν ἄρτον ἐκ τοῦ οὐρανοῦ τὸν ἀληθινόν²⁰. 33 ὁ γὰρ ἄρτος τοῦ θεοῦ ἐστιν ὁ καταβαίνων ἐκ τοῦ οὐρανοῦ καὶ ζωὴν διδοὺς²¹ τῷ κόσμῳ. 34 εἶπον οὖν πρὸς αὐτόν· κύριε, πάντοτε δὸς²² ἡμῖν τὸν ἄρτον τοῦτον. 35 εἶπεν αὐτοῖς ὁ Ἰησοῦς· ἐγώ εἰμι ὁ ἄρτος τῆς ζωῆς· ὁ ἐρχόμενος πρὸς ἐμὲ οὐ μὴ πεινάσῃ²³, καὶ ὁ πιστεύων εἰς ἐμὲ οὐ μὴ διψήσει²⁴ πώποτε²⁵.

36 Ἀλλ' εἶπον ὑμῖν ὅτι καὶ ἑωράκατέ²⁶ [με] καὶ οὐ πιστεύετε. 37 πᾶν ὃ δίδωσίν²⁷ μοι ὁ πατὴρ πρὸς ἐμὲ ἥξει²⁸, καὶ τὸν ἐρχόμενον πρὸς ἐμὲ οὐ μὴ ἐκβάλω²⁹ ἔξω, 38 ὅτι καταβέβηκα³⁰ ἀπὸ τοῦ οὐρανοῦ οὐχ ἵνα ποιῶ τὸ θέλημα τὸ ἐμὸν ἀλλὰ τὸ θέλημα τοῦ πέμψαντός³¹ με. 39 τοῦτο δέ ἐστιν τὸ θέλημα τοῦ πέμψαντός με, ἵνα πᾶν ὃ δέδωκέν³² μοι μὴ ἀπολέσω³³ ἐξ αὐτοῦ, ἀλλ' ἀναστήσω³⁴ αὐτὸ [ἐν] τῇ ἐσχάτῃ ἡμέρᾳ. 40 τοῦτο γάρ ἐστιν τὸ θέλημα τοῦ πατρός μου, ἵνα πᾶς ὁ θεωρῶν τὸν

---

[1] ἐσθίω 3p aor act ind, eat
[2] ἐμβαίνω 3p aor act ind, get into
[3] εὑρίσκω aor act ptc m p nom, find
[4] ῥαββί, rabbi (honorary title)
[5] πότε, adv, when
[6] γίνομαι 2s pf act ind, come
[7] ἐσθίω 2p aor act ind, eat
[8] χορτάζω 2p aor pas ind, pas eat one's fill
[9] βρῶσις, -εως f, food
[10] δίδωμι 3s fut act ind, give
[11] σφραγίζω 3s aor act ind, mark with a seal/verify
[12] ἀποστέλλω 3s aor act ind, send
[13] ὁράω 1p aor act sub, see
[14] μάννα, n, manna
[15] ἐσθίω 3p aor act ind, eat
[16] γράφω pf pas ptc n s nom, write
[17] ἐσθίω aor act inf, eat
[18] δίδωμι 3s pf act ind, give
[19] δίδωμι 3s pres act ind, give
[20] ἀληθινός, -ή/όν, true
[21] δίδωμι pres act ptc m s nom, give
[22] δίδωμι 2s aor act impv, give
[23] πεινάω 3s aor act sub, be hungry
[24] διψάω 3s fut act ind, be thirsty
[25] πώποτε, adv, ever
[26] ὁράω 2p pf act ind, see
[27] δίδωμι 3s pres act ind, give
[28] ἥκω 3s fut act ind, come
[29] ἐκβάλλω 1s aor act sub, force out
[30] καταβαίνω 1s pf act ind, come (down)
[31] πέμπω aor act ptc m s gen, send
[32] δίδωμι 3s pf act ind, give
[33] ἀπόλλυμι 1s aor act sub, lose
[34] ἀνίστημι 1s fut act ind & aor act sub, raise (to life)

υἱὸν καὶ πιστεύων εἰς αὐτὸν ἔχῃ ζωὴν αἰώνιον, καὶ ἀναστήσω αὐτὸν ἐγὼ [ἐν] τῇ ἐσχάτῃ ἡμέρᾳ. **41** Ἐγόγγυζον¹ οὖν οἱ Ἰουδαῖοι περὶ αὐτοῦ ὅτι εἶπεν· ἐγώ εἰμι ὁ ἄρτος ὁ καταβὰς² ἐκ τοῦ οὐρανοῦ, **42** καὶ ἔλεγον· οὐχ οὗτός ἐστιν Ἰησοῦς ὁ υἱὸς Ἰωσήφ, οὗ ἡμεῖς οἴδαμεν τὸν πατέρα καὶ τὴν μητέρα; πῶς νῦν λέγει ὅτι ἐκ τοῦ οὐρανοῦ καταβέβηκα³; **43** ἀπεκρίθη Ἰησοῦς καὶ εἶπεν αὐτοῖς· μὴ γογγύζετε μετ' ἀλλήλων. **44** οὐδεὶς δύναται ἐλθεῖν πρός με ἐὰν μὴ ὁ πατὴρ ὁ πέμψας⁴ με ἑλκύσῃ⁵ αὐτόν, κἀγὼ ἀναστήσω⁶ αὐτὸν ἐν τῇ ἐσχάτῃ ἡμέρᾳ. **45** ἔστιν γεγραμμένον ἐν τοῖς προφήταις· καὶ ἔσονται⁷ **πάντες διδακτοὶ⁸ θεοῦ**· πᾶς ὁ ἀκούσας παρὰ τοῦ πατρὸς καὶ μαθὼν⁹ ἔρχεται πρὸς ἐμέ. **46** οὐχ ὅτι τὸν πατέρα ἑώρακέν¹⁰ τις εἰ μὴ ὁ ὢν παρὰ τοῦ θεοῦ, οὗτος ἑώρακεν τὸν πατέρα. **47** ἀμὴν ἀμὴν λέγω ὑμῖν, ὁ πιστεύων ἔχει ζωὴν αἰώνιον. **48** ἐγώ εἰμι ὁ ἄρτος τῆς ζωῆς. **49** οἱ πατέρες ὑμῶν ἔφαγον¹¹ ἐν τῇ ἐρήμῳ τὸ μάννα¹² καὶ ἀπέθανον· **50** οὗτός ἐστιν ὁ ἄρτος ὁ ἐκ τοῦ οὐρανοῦ καταβαίνων, ἵνα τις ἐξ αὐτοῦ φάγῃ¹³ καὶ μὴ ἀποθάνῃ¹⁴. **51** ἐγώ εἰμι ὁ ἄρτος ὁ ζῶν ὁ ἐκ τοῦ οὐρανοῦ καταβάς¹⁵· ἐάν τις φάγῃ ἐκ τούτου τοῦ ἄρτου ζήσει εἰς τὸν αἰῶνα, καὶ ὁ ἄρτος δὲ ὃν ἐγὼ δώσω¹⁶ ἡ σάρξ μού ἐστιν ὑπὲρ τῆς τοῦ κόσμου ζωῆς.

52 Ἐμάχοντο¹⁷ οὖν πρὸς ἀλλήλους οἱ Ἰουδαῖοι λέγοντες· πῶς δύναται οὗτος ἡμῖν δοῦναι¹⁸ τὴν σάρκα [αὐτοῦ] φαγεῖν¹⁹; **53** εἶπεν οὖν αὐτοῖς ὁ Ἰησοῦς· ἀμὴν ἀμὴν λέγω ὑμῖν, ἐὰν μὴ φάγητε²⁰ τὴν σάρκα τοῦ υἱοῦ τοῦ ἀνθρώπου καὶ πίητε²¹ αὐτοῦ τὸ αἷμα, οὐκ ἔχετε ζωὴν ἐν ἑαυτοῖς. **54** ὁ τρώγων²² μου τὴν σάρκα καὶ πίνων μου τὸ αἷμα ἔχει ζωὴν αἰώνιον, κἀγὼ ἀναστήσω²³ αὐτὸν τῇ ἐσχάτῃ ἡμέρᾳ. **55** ἡ γὰρ σάρξ μου ἀληθής²⁴ ἐστιν βρῶσις²⁵, καὶ τὸ αἷμά μου ἀληθής ἐστιν πόσις²⁶. **56** ὁ τρώγων μου τὴν σάρκα καὶ πίνων μου τὸ αἷμα ἐν ἐμοὶ μένει κἀγὼ ἐν αὐτῷ. **57** καθὼς ἀπέστειλέν²⁷ με ὁ ζῶν πατὴρ κἀγὼ ζῶ διὰ τὸν πατέρα, καὶ ὁ τρώγων με κἀκεῖνος ζήσει δι' ἐμέ. **58** οὗτός ἐστιν ὁ ἄρτος ὁ ἐξ οὐρανοῦ καταβάς²⁸, οὐ καθὼς ἔφαγον²⁹ οἱ πατέρες καὶ ἀπέθανον· ὁ τρώγων τοῦτον τὸν ἄρτον ζήσει εἰς τὸν αἰῶνα. **59** Ταῦτα εἶπεν ἐν συναγωγῇ διδάσκων ἐν Καφαρναούμ.

¹ γογγύζω 3p impf act ind, grumble
² καταβαίνω aor act ptc m s nom, come (down)
³ καταβαίνω 1s pf act ind, come (down)
⁴ πέμπω aor act ptc m s nom, send
⁵ ἑλκύω 3s aor act sub, draw (someone to oneself)
⁶ ἀνίστημι 1s fut act ind, raise (to life)
⁷ εἰμί 3p fut mid ind, be
⁸ διδακτός, -ή/όν, taught
⁹ μανθάνω aor act ptc m s nom, learn
¹⁰ ὁράω 3s pf act ind, see
¹¹ ἐσθίω 3p aor act ind, eat
¹² μάννα, n, manna
¹³ ἐσθίω 3s aor act sub, eat
¹⁴ ἀποθνήσκω 3s aor act sub, die
¹⁵ καταβαίνω aor act ptc m s nom, come (down)
¹⁶ δίδωμι 1s fut act ind, give
¹⁷ μάχομαι 3p impf mid ind, quarrel
¹⁸ δίδωμι aor act inf, give
¹⁹ ἐσθίω aor act inf, eat
²⁰ ἐσθίω 2p aor act sub, eat
²¹ πίνω 2p aor act sub, drink
²² τρώγω pres act ptc m s nom, eat
²³ ἀνίστημι 1s fut act ind, raise (to life)
²⁴ ἀληθής, -ές, true
²⁵ βρῶσις, -εως f, food
²⁶ πόσις, -εως f, drink
²⁷ ἀποστέλλω 3s aor act ind, send
²⁸ καταβαίνω aor act ptc m s nom, come (down)
²⁹ ἐσθίω 3p aor act ind, eat

ΚΑΤΑ ΙΩΑΝΝΗΝ

The Words of Eternal Life

60 Πολλοὶ οὖν ἀκούσαντες ἐκ τῶν μαθητῶν αὐτοῦ εἶπαν· σκληρός[1] ἐστιν ὁ λόγος οὗτος· τίς δύναται αὐτοῦ ἀκούειν; **61** εἰδὼς[2] δὲ ὁ Ἰησοῦς ἐν ἑαυτῷ ὅτι γογγύζουσιν[3] περὶ τούτου οἱ μαθηταὶ αὐτοῦ εἶπεν αὐτοῖς· τοῦτο ὑμᾶς σκανδαλίζει[4]; **62** ἐὰν οὖν θεωρῆτε τὸν υἱὸν τοῦ ἀνθρώπου ἀναβαίνοντα ὅπου ἦν τὸ πρότερον[5]; **63** τὸ πνεῦμά ἐστιν τὸ ζῳοποιοῦν[6], ἡ σὰρξ οὐκ ὠφελεῖ[7] οὐδέν· τὰ ῥήματα ἃ ἐγὼ λελάληκα ὑμῖν πνεῦμά ἐστιν καὶ ζωή ἐστιν. **64** ἀλλ᾽ εἰσὶν ἐξ ὑμῶν τινες οἳ οὐ πιστεύουσιν. ᾔδει[8] γὰρ ἐξ ἀρχῆς ὁ Ἰησοῦς τίνες εἰσὶν οἱ μὴ πιστεύοντες καὶ τίς ἐστιν ὁ παραδώσων[9] αὐτόν. **65** καὶ ἔλεγεν· διὰ τοῦτο εἴρηκα[10] ὑμῖν ὅτι οὐδεὶς δύναται ἐλθεῖν πρός με ἐὰν μὴ ᾖ δεδομένον[11] αὐτῷ ἐκ τοῦ πατρός.

66 Ἐκ τούτου πολλοὶ [ἐκ] τῶν μαθητῶν αὐτοῦ ἀπῆλθον εἰς τὰ ὀπίσω καὶ οὐκέτι μετ᾽ αὐτοῦ περιεπάτουν. **67** εἶπεν οὖν ὁ Ἰησοῦς τοῖς δώδεκα· μὴ καὶ ὑμεῖς θέλετε ὑπάγειν; **68** ἀπεκρίθη αὐτῷ Σίμων Πέτρος· κύριε, πρὸς τίνα ἀπελευσόμεθα[12]; ῥήματα ζωῆς αἰωνίου ἔχεις, **69** καὶ ἡμεῖς πεπιστεύκαμεν καὶ ἐγνώκαμεν[13] ὅτι σὺ εἶ ὁ ἅγιος τοῦ θεοῦ. **70** ἀπεκρίθη αὐτοῖς ὁ Ἰησοῦς· οὐκ ἐγὼ ὑμᾶς τοὺς δώδεκα ἐξελεξάμην[14]; καὶ ἐξ ὑμῶν εἷς διάβολός ἐστιν. **71** ἔλεγεν δὲ τὸν Ἰούδαν Σίμωνος Ἰσκαριώτου· οὗτος γὰρ ἔμελλεν παραδιδόναι[15] αὐτόν, εἷς ἐκ τῶν δώδεκα.

The Unbelief of Jesus' Brothers

7 Καὶ μετὰ ταῦτα περιεπάτει ὁ Ἰησοῦς ἐν τῇ Γαλιλαίᾳ· οὐ γὰρ ἤθελεν ἐν τῇ Ἰουδαίᾳ περιπατεῖν, ὅτι ἐζήτουν αὐτὸν οἱ Ἰουδαῖοι ἀποκτεῖναι. **2** Ἦν δὲ ἐγγὺς ἡ ἑορτὴ[16] τῶν Ἰουδαίων ἡ σκηνοπηγία[17]. **3** εἶπον οὖν πρὸς αὐτὸν οἱ ἀδελφοὶ αὐτοῦ· μετάβηθι[18] ἐντεῦθεν[19] καὶ ὕπαγε εἰς τὴν Ἰουδαίαν, ἵνα καὶ οἱ μαθηταί σου θεωρήσουσιν σοῦ τὰ ἔργα ἃ ποιεῖς· **4** οὐδεὶς γάρ τι ἐν κρυπτῷ[20] ποιεῖ καὶ ζητεῖ αὐτὸς ἐν παρρησίᾳ εἶναι. εἰ ταῦτα ποιεῖς, φανέρωσον σεαυτὸν τῷ κόσμῳ. **5** οὐδὲ γὰρ οἱ ἀδελφοὶ αὐτοῦ ἐπίστευον εἰς αὐτόν. **6** λέγει οὖν αὐτοῖς ὁ Ἰησοῦς· ὁ καιρὸς ὁ ἐμὸς οὔπω[21] πάρεστιν[22], ὁ δὲ καιρὸς ὁ ὑμέτερος[23] πάντοτέ ἐστιν ἕτοιμος[24]. **7** οὐ δύναται ὁ κόσμος μισεῖν ὑμᾶς, ἐμὲ δὲ μισεῖ, ὅτι ἐγὼ μαρτυρῶ περὶ αὐτοῦ ὅτι τὰ ἔργα αὐτοῦ πονηρά ἐστιν. **8** ὑμεῖς ἀνάβητε[25] εἰς τὴν ἑορτήν· ἐγὼ οὐκ

---

[1] σκληρός, -ά/όν, hard
[2] οἶδα *pf act ptc m s nom*, know
[3] γογγύζω *3p pres act ind*, grumble
[4] σκανδαλίζω *3s pres act ind*, offend
[5] πρότερος, *adv*, before
[6] ζῳοποιέω *pres act ptc n s nom*, give life
[7] ὠφελέω *3s pres act ind*, achieve
[8] οἶδα *3s plpf act ind*, know
[9] παραδίδωμι *fut act ptc m s nom*, betray
[10] λέγω *1s pf act ind*, say
[11] δίδωμι *pf pas ptc n s nom*, give
[12] ἀπέρχομαι *1p fut mid ind*, go
[13] γινώσκω *1p pf act ind*, know
[14] ἐκλέγομαι *1s aor mid ind*, choose
[15] παραδίδωμι *pres act inf*, betray
[16] ἑορτή, -ῆς *f*, festival
[17] σκηνοπηγία, -ας *f*, booth-making (ἡ ἑορτὴ ἡ σκ. Festival of Tabernacles)
[18] μεταβαίνω *2s aor act impv*, leave
[19] ἐντεῦθεν, *adv*, (from) here
[20] κρυπτός, -ή/όν, secret
[21] οὔπω, *adv*, not yet
[22] πάρειμι *3s pres act ind*, be present
[23] ὑμέτερος, -α/ον, your
[24] ἕτοιμος, -η/ον, present/at hand
[25] ἀναβαίνω *2p aor act impv*, go (up)

ἀναβαίνω εἰς τὴν ἑορτὴν ταύτην, ὅτι ὁ ἐμὸς καιρὸς οὔπω πεπλήρωται. 9 ταῦτα δὲ εἰπὼν αὐτὸς ἔμεινεν[1] ἐν τῇ Γαλιλαίᾳ.

Jesus at the Feast of Tabernacles

10 Ὡς δὲ ἀνέβησαν οἱ ἀδελφοὶ αὐτοῦ εἰς τὴν ἑορτήν, τότε καὶ αὐτὸς ἀνέβη οὐ φανερῶς[2] ἀλλ' [ὡς] ἐν κρυπτῷ[3]. 11 οἱ οὖν Ἰουδαῖοι ἐζήτουν αὐτὸν ἐν τῇ ἑορτῇ καὶ ἔλεγον· ποῦ ἐστιν ἐκεῖνος; 12 καὶ γογγυσμὸς[4] περὶ αὐτοῦ ἦν πολὺς ἐν τοῖς ὄχλοις· οἱ μὲν ἔλεγον ὅτι ἀγαθός ἐστιν, ἄλλοι [δὲ] ἔλεγον· οὔ, ἀλλὰ πλανᾷ τὸν ὄχλον. 13 οὐδεὶς μέντοι[5] παρρησίᾳ ἐλάλει περὶ αὐτοῦ διὰ τὸν φόβον τῶν Ἰουδαίων. 14 Ἤδη δὲ τῆς ἑορτῆς μεσούσης[6] ἀνέβη[7] Ἰησοῦς εἰς τὸ ἱερὸν καὶ ἐδίδασκεν. 15 ἐθαύμαζον οὖν οἱ Ἰουδαῖοι λέγοντες· πῶς οὗτος γράμματα[8] οἶδεν μὴ μεμαθηκώς[9]; 16 ἀπεκρίθη οὖν αὐτοῖς ὁ Ἰησοῦς καὶ εἶπεν· ἡ ἐμὴ διδαχὴ[10] οὐκ ἔστιν ἐμὴ ἀλλὰ τοῦ πέμψαντός[11] με· 17 ἐάν τις θέλῃ τὸ θέλημα αὐτοῦ ποιεῖν, γνώσεται περὶ τῆς διδαχῆς πότερον[12] ἐκ τοῦ θεοῦ ἐστιν ἢ ἐγὼ ἀπ' ἐμαυτοῦ λαλῶ. 18 ὁ ἀφ' ἑαυτοῦ λαλῶν τὴν δόξαν τὴν ἰδίαν ζητεῖ· ὁ δὲ ζητῶν τὴν δόξαν τοῦ πέμψαντος[13] αὐτὸν οὗτος ἀληθής[14] ἐστιν καὶ ἀδικία[15] ἐν αὐτῷ οὐκ ἔστιν. 19 Οὐ Μωϋσῆς δέδωκεν[16] ὑμῖν τὸν νόμον; καὶ οὐδεὶς ἐξ ὑμῶν ποιεῖ τὸν νόμον. τί με ζητεῖτε ἀποκτεῖναι; 20 ἀπεκρίθη ὁ ὄχλος· δαιμόνιον ἔχεις· τίς σε ζητεῖ ἀποκτεῖναι; 21 ἀπεκρίθη Ἰησοῦς καὶ εἶπεν αὐτοῖς· ἓν ἔργον ἐποίησα καὶ πάντες θαυμάζετε. 22 διὰ τοῦτο Μωϋσῆς δέδωκεν ὑμῖν τὴν περιτομήν – οὐχ ὅτι ἐκ τοῦ Μωϋσέως ἐστὶν ἀλλ' ἐκ τῶν πατέρων – καὶ ἐν σαββάτῳ περιτέμνετε[17] ἄνθρωπον. 23 εἰ περιτομὴν λαμβάνει ἄνθρωπος ἐν σαββάτῳ ἵνα μὴ λυθῇ ὁ νόμος Μωϋσέως, ἐμοὶ χολᾶτε[18] ὅτι ὅλον ἄνθρωπον ὑγιῆ[19] ἐποίησα ἐν σαββάτῳ; 24 μὴ κρίνετε κατ' ὄψιν[20], ἀλλὰ τὴν δικαίαν κρίσιν κρίνετε.

Is This the Christ?

25 Ἔλεγον οὖν τινες ἐκ τῶν Ἱεροσολυμιτῶν· οὐχ οὗτός ἐστιν ὃν ζητοῦσιν ἀποκτεῖναι; 26 καὶ ἴδε[21] παρρησίᾳ λαλεῖ καὶ οὐδὲν αὐτῷ λέγουσιν. μήποτε[22] ἀληθῶς[23]

---

[1] μένω 3s aor act ind, intrans remain
[2] φανερῶς, adv, openly
[3] κρυπτός, -ή/όν, secret
[4] γογγυσμός, -οῦ m, quarreling/ whispering
[5] μέντοι, conj, but
[6] μεσόω pres act ptc f s gen, be in the middle
[7] ἀναβαίνω 3s aor act ind, go (up)
[8] γράμμα, -τος n, writing (πῶς οὗτος γ. οἶδεν How does he know so much?)
[9] μανθάνω pf act ptc m s nom, be taught
[10] διδαχή, -ῆς f, teaching
[11] πέμπω aor act ptc m s gen, send
[12] πότερον, adv, whether
[13] πέμπω aor act ptc m s gen, send
[14] ἀληθής, -ές, true
[15] ἀδικία, -ας f, evil
[16] δίδωμι 3s pf act ind, give
[17] περιτέμνω 2p pres act ind, circumcise
[18] χολάω 2p pres act ind, be angry
[19] ὑγιής, -ές, (completely) well
[20] ὄψις, -εως f, face (κατ' ὄψιν by outward appearances)
[21] ἴδε, interj, Look!
[22] μήποτε, interrogative particle, whether perhaps
[23] ἀληθῶς, adv, actually

ἔγνωσαν¹ οἱ ἄρχοντες ὅτι οὗτός ἐστιν ὁ Χριστός; **27** ἀλλὰ τοῦτον οἴδαμεν πόθεν² ἐστίν· ὁ δὲ χριστὸς ὅταν ἔρχηται οὐδεὶς γινώσκει πόθεν ἐστίν. **28** ἔκραξεν οὖν ἐν τῷ ἱερῷ διδάσκων ὁ Ἰησοῦς καὶ λέγων· κἀμὲ οἴδατε καὶ οἴδατε πόθεν εἰμί· καὶ ἀπ' ἐμαυτοῦ οὐκ ἐλήλυθα³, ἀλλ' ἔστιν ἀληθινὸς⁴ ὁ πέμψας⁵ με, ὃν ὑμεῖς οὐκ οἴδατε· **29** ἐγὼ οἶδα αὐτόν, ὅτι παρ' αὐτοῦ εἰμι κἀκεῖνός με ἀπέστειλεν⁶. **30** ἐζήτουν οὖν αὐτὸν πιάσαι⁷, καὶ οὐδεὶς ἐπέβαλεν⁸ ἐπ' αὐτὸν τὴν χεῖρα, ὅτι οὔπω⁹ ἐληλύθει¹⁰ ἡ ὥρα αὐτοῦ. **31** Ἐκ τοῦ ὄχλου δὲ πολλοὶ ἐπίστευσαν εἰς αὐτὸν καὶ ἔλεγον· ὁ χριστὸς ὅταν ἔλθῃ¹¹ μὴ πλείονα¹² σημεῖα ποιήσει ὧν οὗτος ἐποίησεν;

Officers Sent to Arrest Jesus

32 Ἤκουσαν οἱ Φαρισαῖοι τοῦ ὄχλου γογγύζοντος¹³ περὶ αὐτοῦ ταῦτα, καὶ ἀπέστειλαν¹⁴ οἱ ἀρχιερεῖς καὶ οἱ Φαρισαῖοι ὑπηρέτας¹⁵ ἵνα πιάσωσιν¹⁶ αὐτόν. **33** εἶπεν οὖν ὁ Ἰησοῦς· ἔτι χρόνον μικρὸν μεθ' ὑμῶν εἰμι καὶ ὑπάγω πρὸς τὸν πέμψαντά¹⁷ με. **34** ζητήσετέ με καὶ οὐχ εὑρήσετέ [με], καὶ ὅπου εἰμὶ ἐγὼ ὑμεῖς οὐ δύνασθε ἐλθεῖν. **35** εἶπον οὖν οἱ Ἰουδαῖοι πρὸς ἑαυτούς· ποῦ οὗτος μέλλει πορεύεσθαι ὅτι ἡμεῖς οὐχ εὑρήσομεν¹⁸ αὐτόν; μὴ εἰς τὴν διασπορὰν¹⁹ τῶν Ἑλλήνων²⁰ μέλλει πορεύεσθαι καὶ διδάσκειν τοὺς Ἕλληνας; **36** τίς ἐστιν ὁ λόγος οὗτος ὃν εἶπεν· ζητήσετέ με καὶ οὐχ εὑρήσετέ [με], καὶ ὅπου εἰμὶ ἐγὼ ὑμεῖς οὐ δύνασθε ἐλθεῖν;

Rivers of Living Water

37 Ἐν δὲ τῇ ἐσχάτῃ ἡμέρᾳ τῇ μεγάλῃ τῆς ἑορτῆς²¹ εἱστήκει ὁ Ἰησοῦς καὶ ἔκραξεν λέγων· ἐάν τις διψᾷ²² ἐρχέσθω πρός με καὶ πινέτω. **38** ὁ πιστεύων εἰς ἐμέ, καθὼς εἶπεν ἡ γραφή, ποταμοὶ²³ ἐκ τῆς κοιλίας²⁴ αὐτοῦ ῥεύσουσιν²⁵ ὕδατος ζῶντος. **39** τοῦτο δὲ εἶπεν περὶ τοῦ πνεύματος ὃ ἔμελλον λαμβάνειν οἱ πιστεύσαντες εἰς αὐτόν· οὔπω²⁶ γὰρ ἦν πνεῦμα, ὅτι Ἰησοῦς οὐδέπω²⁷ ἐδοξάσθη.

Division among the People

40 Ἐκ τοῦ ὄχλου οὖν ἀκούσαντες τῶν λόγων τούτων ἔλεγον· οὗτός ἐστιν ἀληθῶς²⁸ ὁ προφήτης· **41** ἄλλοι ἔλεγον· οὗτός ἐστιν ὁ χριστός, οἱ δὲ ἔλεγον· μὴ γὰρ ἐκ

---

¹ γινώσκω 3p aor act ind, know
² πόθεν, adv, from where
³ ἔρχομαι 1s pf act ind, come
⁴ ἀληθινός, -ή/όν, true
⁵ πέμπω aor act ptc m s nom, send
⁶ ἀποστέλλω 3s aor act ind, send
⁷ πιάζω aor act inf, arrest
⁸ ἐπιβάλλω 3s aor act ind, lay
⁹ οὔπω, adv, not yet
¹⁰ ἔρχομαι 3s plpf act ind, come
¹¹ ἔρχομαι 3s aor act sub, come
¹² πολύς, many (comp)
¹³ γογγύζω pres act ptc m s gen, grumble
¹⁴ ἀποστέλλω 3p aor act ind, send
¹⁵ ὑπηρέτης, -ου m, temple police
¹⁶ πιάζω 3p aor act sub, arrest
¹⁷ πέμπω aor act ptc m s acc, send
¹⁸ εὑρίσκω 1p fut act ind, find
¹⁹ διασπορά, -ᾶς f, dispersion (of the Jews scattered throughout the Graeco-Roman world)
²⁰ Ἕλλην, -ηνος m, a Greek
²¹ ἑορτή, -ῆς f, festival
²² διψάω 3s pres act sub, be thirsty
²³ ποταμός, -οῦ m, river
²⁴ κοιλία, -ας f, stomach (ἐκ τῆς κ. αὐτοῦ from within that person)
²⁵ ῥέω 3p fut act ind, flow
²⁶ οὔπω, adv, not yet
²⁷ οὐδέπω, adv, not yet
²⁸ ἀληθῶς, adv, truly

τῆς Γαλιλαίας ὁ χριστὸς ἔρχεται; 42 οὐχ ἡ γραφὴ εἶπεν ὅτι ἐκ τοῦ σπέρματος Δαυὶδ καὶ ἀπὸ Βηθλέεμ τῆς κώμης[1] ὅπου ἦν Δαυὶδ ἔρχεται ὁ χριστός; 43 σχίσμα[2] οὖν ἐγένετο ἐν τῷ ὄχλῳ δι' αὐτόν· 44 τινὲς δὲ ἤθελον ἐξ αὐτῶν πιάσαι[3] αὐτόν, ἀλλ' οὐδεὶς ἐπέβαλεν[4] ἐπ' αὐτὸν τὰς χεῖρας.

The Unbelief of Those in Authority

45 Ἦλθον οὖν οἱ ὑπηρέται[5] πρὸς τοὺς ἀρχιερεῖς καὶ Φαρισαίους, καὶ εἶπον αὐτοῖς ἐκεῖνοι· διὰ τί οὐκ ἠγάγετε[6] αὐτόν; 46 ἀπεκρίθησαν οἱ ὑπηρέται· οὐδέποτε[7] ἐλάλησεν οὕτως ἄνθρωπος. 47 ἀπεκρίθησαν οὖν αὐτοῖς οἱ Φαρισαῖοι· μὴ καὶ ὑμεῖς πεπλάνησθε[8]; 48 μή τις ἐκ τῶν ἀρχόντων ἐπίστευσεν εἰς αὐτὸν ἢ ἐκ τῶν Φαρισαίων; 49 ἀλλ' ὁ ὄχλος οὗτος ὁ μὴ γινώσκων τὸν νόμον ἐπάρατοί[9] εἰσιν. 50 λέγει Νικόδημος πρὸς αὐτούς, ὁ ἐλθὼν πρὸς αὐτὸν [τὸ] πρότερον[10], εἷς ὢν ἐξ αὐτῶν· 51 μὴ ὁ νόμος ἡμῶν κρίνει τὸν ἄνθρωπον ἐὰν μὴ ἀκούσῃ πρῶτον παρ' αὐτοῦ καὶ γνῷ[11] τί ποιεῖ; 52 ἀπεκρίθησαν καὶ εἶπαν αὐτῷ· μὴ καὶ σὺ ἐκ τῆς Γαλιλαίας εἶ; ἐραύνησον[12] καὶ ἴδε ὅτι ἐκ τῆς Γαλιλαίας προφήτης οὐκ ἐγείρεται.

The Woman Caught in Adultery

[53 Καὶ ἐπορεύθησαν[13] ἕκαστος εἰς τὸν οἶκον αὐτοῦ,

8 Ἰησοῦς δὲ ἐπορεύθη εἰς τὸ ὄρος τῶν ἐλαιῶν[14]. 2 ὄρθρου[15] δὲ πάλιν παρεγένετο[16] εἰς τὸ ἱερὸν καὶ πᾶς ὁ λαὸς ἤρχετο πρὸς αὐτόν, καὶ καθίσας[17] ἐδίδασκεν αὐτούς. 3 ἄγουσιν δὲ οἱ γραμματεῖς καὶ οἱ Φαρισαῖοι γυναῖκα ἐπὶ μοιχείᾳ[18] κατειλημμένην[19] καὶ στήσαντες[20] αὐτὴν ἐν μέσῳ 4 λέγουσιν αὐτῷ· διδάσκαλε, αὕτη ἡ γυνὴ κατείληπται ἐπ' αὐτοφώρῳ[21] μοιχευομένη[22]. 5 ἐν δὲ τῷ νόμῳ ἡμῖν Μωϋσῆς ἐνετείλατο[23] τὰς τοιαύτας λιθάζειν[24]. σὺ οὖν τί λέγεις; 6 τοῦτο δὲ ἔλεγον πειράζοντες αὐτόν, ἵνα ἔχωσιν κατηγορεῖν[25] αὐτοῦ. ὁ δὲ Ἰησοῦς κάτω[26] κύψας[27] τῷ δακτύλῳ[28] κατέγραφεν[29] εἰς τὴν γῆν. 7 ὡς δὲ ἐπέμενον[30] ἐρωτῶντες αὐτόν, ἀνέκυψεν[31]

---

[1] κώμη, -ης f, village
[2] σχίσμα, -τος n, division
[3] πιάζω aor act inf, arrest
[4] ἐπιβάλλω 3s aor act ind, lay
[5] ὑπηρέτης, -ου m, temple police
[6] ἄγω 2p aor act ind, bring
[7] οὐδέποτε, adv, never
[8] πλανάω 2p pf pas ind, deceive
[9] ἐπάρατος, -ον, under God's curse
[10] πρότερος, adv, previously
[11] γινώσκω 3s aor act sub, know
[12] ἐραυνάω 2s aor act impv, search
[13] πορεύομαι 3p aor pas ind, go
[14] ἐλαία, -ας f, olive
[15] ὄρθρος, -ου m, early morning
[16] παραγίνομαι 3s aor mid ind, come
[17] καθίζω aor act ptc m s nom, sit down
[18] μοιχεία, -ας f, adultery
[19] καταλαμβάνω pf pas ptc f s acc, catch
[20] ἵστημι aor act ptc m p nom, put
[21] αὐτόφωρος, -ον, in the act
[22] μοιχεύω pres pas ptc f s nom, pas commit adultery
[23] ἐντέλλομαι 3s aor mid ind, command
[24] λιθάζω pres act inf, stone
[25] κατηγορέω pres act inf, accuse
[26] κάτω, adv, down
[27] κύπτω aor act ptc m s nom, bend (down)
[28] δάκτυλος, -ου m, finger
[29] καταγράφω 3s impf act ind, write
[30] ἐπιμένω 3p impf act ind, continue
[31] ἀνακύπτω 3s aor act ind, straighten up

καὶ εἶπεν αὐτοῖς· ὁ ἀναμάρτητος¹ ὑμῶν πρῶτος ἐπ' αὐτὴν βαλέτω² λίθον. 8 καὶ πάλιν κατακύψας³ ἔγραφεν εἰς τὴν γῆν. 9 οἱ δὲ ἀκούσαντες ἐξήρχοντο εἷς καθ' εἷς ἀρξάμενοι ἀπὸ τῶν πρεσβυτέρων καὶ κατελείφθη⁴ μόνος καὶ ἡ γυνὴ ἐν μέσῳ οὖσα. 10 ἀνακύψας δὲ ὁ Ἰησοῦς εἶπεν αὐτῇ· γύναι, ποῦ εἰσιν; οὐδείς σε κατέκρινεν⁵; 11 ἡ δὲ εἶπεν· οὐδείς, κύριε. εἶπεν δὲ ὁ Ἰησοῦς· οὐδὲ ἐγώ σε κατακρίνω· πορεύου, [καὶ] ἀπὸ τοῦ νῦν μηκέτι⁶ ἁμάρτανε.]

Jesus the Light of the World

12 Πάλιν οὖν αὐτοῖς ἐλάλησεν ὁ Ἰησοῦς λέγων· ἐγώ εἰμι τὸ φῶς τοῦ κόσμου· ὁ ἀκολουθῶν ἐμοὶ οὐ μὴ περιπατήσῃ ἐν τῇ σκοτίᾳ⁷, ἀλλ' ἕξει τὸ φῶς τῆς ζωῆς. 13 εἶπον οὖν αὐτῷ οἱ Φαρισαῖοι· σὺ περὶ σεαυτοῦ μαρτυρεῖς· ἡ μαρτυρία σου οὐκ ἔστιν ἀληθής⁸. 14 ἀπεκρίθη Ἰησοῦς καὶ εἶπεν αὐτοῖς· κἂν⁹ ἐγὼ μαρτυρῶ περὶ ἐμαυτοῦ, ἀληθής ἐστιν ἡ μαρτυρία μου, ὅτι οἶδα πόθεν¹⁰ ἦλθον καὶ ποῦ ὑπάγω· ὑμεῖς δὲ οὐκ οἴδατε πόθεν ἔρχομαι ἢ ποῦ ὑπάγω. 15 ὑμεῖς κατὰ τὴν σάρκα κρίνετε, ἐγὼ οὐ κρίνω οὐδένα. 16 καὶ ἐὰν κρίνω δὲ ἐγώ, ἡ κρίσις ἡ ἐμὴ ἀληθινή¹¹ ἐστιν, ὅτι μόνος οὐκ εἰμί, ἀλλ' ἐγὼ καὶ ὁ πέμψας¹² με πατήρ. 17 καὶ ἐν τῷ νόμῳ δὲ τῷ ὑμετέρῳ¹³ γέγραπται ὅτι δύο ἀνθρώπων ἡ μαρτυρία ἀληθής ἐστιν. 18 ἐγώ εἰμι ὁ μαρτυρῶν περὶ ἐμαυτοῦ καὶ μαρτυρεῖ περὶ ἐμοῦ ὁ πέμψας με πατήρ. 19 ἔλεγον οὖν αὐτῷ· ποῦ ἐστιν ὁ πατήρ σου; ἀπεκρίθη Ἰησοῦς· οὔτε ἐμὲ οἴδατε οὔτε τὸν πατέρα μου· εἰ ἐμὲ ᾔδειτε¹⁴, καὶ τὸν πατέρα μου ἂν ᾔδειτε. 20 ταῦτα τὰ ῥήματα ἐλάλησεν ἐν τῷ γαζοφυλακίῳ¹⁵ διδάσκων ἐν τῷ ἱερῷ· καὶ οὐδεὶς ἐπίασεν¹⁶ αὐτόν, ὅτι οὔπω¹⁷ ἐληλύθει¹⁸ ἡ ὥρα αὐτοῦ.

Where I am Going You Cannot Come

21 Εἶπεν οὖν πάλιν αὐτοῖς· ἐγὼ ὑπάγω καὶ ζητήσετέ με, καὶ ἐν τῇ ἁμαρτίᾳ ὑμῶν ἀποθανεῖσθε¹⁹· ὅπου ἐγὼ ὑπάγω ὑμεῖς οὐ δύνασθε ἐλθεῖν. 22 ἔλεγον οὖν οἱ Ἰουδαῖοι· μήτι²⁰ ἀποκτενεῖ²¹ ἑαυτόν, ὅτι λέγει· ὅπου ἐγὼ ὑπάγω ὑμεῖς οὐ δύνασθε ἐλθεῖν; 23 καὶ ἔλεγεν αὐτοῖς· ὑμεῖς ἐκ τῶν κάτω²² ἐστέ, ἐγὼ ἐκ τῶν ἄνω²³ εἰμί· ὑμεῖς ἐκ τούτου τοῦ κόσμου ἐστέ, ἐγὼ οὐκ εἰμὶ ἐκ τοῦ κόσμου τούτου. 24 εἶπον οὖν ὑμῖν ὅτι ἀποθανεῖσθε ἐν ταῖς ἁμαρτίαις ὑμῶν· ἐὰν γὰρ μὴ πιστεύσητε ὅτι ἐγώ εἰμι,

---

1 ἀναμάρτητος, -ον, sinless
2 βάλλω 3s aor act impv, throw
3 κατακύπτω aor act ptc m s nom, bend down
4 καταλείπω 3s aor pas ind, leave
5 κατακρίνω 3s aor act ind, condemn
6 μηκέτι, adv, no longer
7 σκοτία, -ας f, darkness
8 ἀληθής, -ές, true
9 κἄν = καὶ ἐάν, even if
10 πόθεν, adv, where
11 ἀληθινός, -ή/όν, true
12 πέμπω aor act ptc m s nom, send
13 ὑμέτερος, -α/ον, your
14 οἶδα 2p plpf act ind, know
15 γαζοφυλάκιον, -ου n, Temple treasury
16 πιάζω 3s aor act ind, arrest
17 οὔπω, adv, not yet
18 ἔρχομαι 3s plpf act ind, come
19 ἀποθνῄσκω 2p fut mid ind, die
20 μήτι, usually expects a negative reply
21 ἀποκτείνω 3s fut act ind, kill
22 κάτω, adv, below
23 ἄνω, adv, above

ἀποθανεῖσθε ἐν ταῖς ἁμαρτίαις ὑμῶν. 25 ἔλεγον οὖν αὐτῷ· σὺ τίς εἶ; εἶπεν αὐτοῖς ὁ Ἰησοῦς· τὴν ἀρχὴν ὅ τι καὶ λαλῶ ὑμῖν; 26 πολλὰ ἔχω περὶ ὑμῶν λαλεῖν καὶ κρίνειν, ἀλλ᾽ ὁ πέμψας με ἀληθής[1] ἐστιν, κἀγὼ ἃ ἤκουσα παρ᾽ αὐτοῦ ταῦτα λαλῶ εἰς τὸν κόσμον. 27 οὐκ ἔγνωσαν[2] ὅτι τὸν πατέρα αὐτοῖς ἔλεγεν. 28 εἶπεν οὖν [αὐτοῖς] ὁ Ἰησοῦς· ὅταν ὑψώσητε[3] τὸν υἱὸν τοῦ ἀνθρώπου, τότε γνώσεσθε ὅτι ἐγώ εἰμι, καὶ ἀπ᾽ ἐμαυτοῦ ποιῶ οὐδέν, ἀλλὰ καθὼς ἐδίδαξέν με ὁ πατὴρ ταῦτα λαλῶ. 29 καὶ ὁ πέμψας με μετ᾽ ἐμοῦ ἐστιν· οὐκ ἀφῆκέν[4] με μόνον, ὅτι ἐγὼ τὰ ἀρεστὰ[5] αὐτῷ ποιῶ πάντοτε. 30 Ταῦτα αὐτοῦ λαλοῦντος πολλοὶ ἐπίστευσαν εἰς αὐτόν.

The Truth Will Make You Free

31 Ἔλεγεν οὖν ὁ Ἰησοῦς πρὸς τοὺς πεπιστευκότας αὐτῷ Ἰουδαίους· ἐὰν ὑμεῖς μείνητε[6] ἐν τῷ λόγῳ τῷ ἐμῷ, ἀληθῶς[7] μαθηταί μού ἐστε 32 καὶ γνώσεσθε[8] τὴν ἀλήθειαν, καὶ ἡ ἀλήθεια ἐλευθερώσει[9] ὑμᾶς. 33 ἀπεκρίθησαν πρὸς αὐτόν· σπέρμα Ἀβραάμ ἐσμεν καὶ οὐδενὶ δεδουλεύκαμεν[10] πώποτε[11]· πῶς σὺ λέγεις ὅτι ἐλεύθεροι[12] γενήσεσθε[13]; 34 ἀπεκρίθη αὐτοῖς ὁ Ἰησοῦς· ἀμὴν ἀμὴν λέγω ὑμῖν ὅτι πᾶς ὁ ποιῶν τὴν ἁμαρτίαν δοῦλός ἐστιν τῆς ἁμαρτίας. 35 ὁ δὲ δοῦλος οὐ μένει ἐν τῇ οἰκίᾳ εἰς τὸν αἰῶνα, ὁ υἱὸς μένει εἰς τὸν αἰῶνα. 36 ἐὰν οὖν ὁ υἱὸς ὑμᾶς ἐλευθερώσῃ, ὄντως[14] ἐλεύθεροι ἔσεσθε[15]. 37 οἶδα ὅτι σπέρμα Ἀβραάμ ἐστε· ἀλλὰ ζητεῖτέ με ἀποκτεῖναι, ὅτι ὁ λόγος ὁ ἐμὸς οὐ χωρεῖ[16] ἐν ὑμῖν. 38 ἃ ἐγὼ ἑώρακα[17] παρὰ τῷ πατρὶ λαλῶ· καὶ ὑμεῖς οὖν ἃ ἠκούσατε παρὰ τοῦ πατρὸς ποιεῖτε.

Your Father the Devil

39 Ἀπεκρίθησαν καὶ εἶπαν αὐτῷ· ὁ πατὴρ ἡμῶν Ἀβραάμ ἐστιν. λέγει αὐτοῖς ὁ Ἰησοῦς· εἰ τέκνα τοῦ Ἀβραάμ ἐστε, τὰ ἔργα τοῦ Ἀβραὰμ ἐποιεῖτε· 40 νῦν δὲ ζητεῖτέ με ἀποκτεῖναι ἄνθρωπον ὃς τὴν ἀλήθειάν ὑμῖν λελάληκα ἣν ἤκουσα παρὰ τοῦ θεοῦ· τοῦτο Ἀβραὰμ οὐκ ἐποίησεν. 41 ὑμεῖς ποιεῖτε τὰ ἔργα τοῦ πατρὸς ὑμῶν. εἶπαν [οὖν] αὐτῷ· ἡμεῖς ἐκ πορνείας[18] οὐ γεγεννήμεθα, ἕνα πατέρα ἔχομεν τὸν θεόν. 42 εἶπεν αὐτοῖς ὁ Ἰησοῦς· εἰ ὁ θεὸς πατὴρ ὑμῶν ἦν ἠγαπᾶτε ἂν ἐμέ, ἐγὼ γὰρ ἐκ τοῦ θεοῦ ἐξῆλθον καὶ ἥκω[19]· οὐδὲ γὰρ ἀπ᾽ ἐμαυτοῦ ἐλήλυθα[20], ἀλλ᾽ ἐκεῖνός με ἀπέστειλεν[21]. 43 διὰ τί τὴν λαλιὰν[22] τὴν ἐμὴν οὐ γινώσκετε; ὅτι οὐ δύνασθε ἀκούειν

---

[1] ἀληθής, -ές, true
[2] γινώσκω 3p aor act ind, know
[3] ὑψόω 2p aor act sub, lift up
[4] ἀφίημι 3s aor act ind, leave
[5] ἀρεστός, -ή/όν, pleasing
[6] μένω 2p aor act sub, remain
[7] ἀληθῶς, adv, truly
[8] γινώσκω 2p fut mid ind, know
[9] ἐλευθερόω 3s fut act ind, (set) free
[10] δουλεύω 1p pf act ind, be a slave
[11] πώποτε, adv, ever
[12] ἐλεύθερος, -α/ον, free
[13] γίνομαι 2p fut mid ind, be
[14] ὄντως, adv, really
[15] εἰμί 2p fut mid ind, be
[16] χωρέω 3s pres act ind, find room
[17] ὁράω 1s pf act ind, see
[18] πορνεία, -ας f, sexual immorality (ἐκ π. οὐκ ἐγεννήθημεν we are not bastards)
[19] ἥκω 1s pres act ind, come
[20] ἔρχομαι 1s pf act ind, come
[21] ἀποστέλλω 3s aor act ind, send
[22] λαλιά, -ᾶς f, something said

τὸν λόγον τὸν ἐμόν. **44** ὑμεῖς ἐκ τοῦ πατρὸς τοῦ διαβόλου ἐστὲ καὶ τὰς ἐπιθυμίας τοῦ πατρὸς ὑμῶν θέλετε ποιεῖν. ἐκεῖνος ἀνθρωποκτόνος[1] ἦν ἀπ' ἀρχῆς καὶ ἐν τῇ ἀληθείᾳ οὐκ ἔστηκεν[2], ὅτι οὐκ ἔστιν ἀλήθεια ἐν αὐτῷ. ὅταν λαλῇ τὸ ψεῦδος[3], ἐκ τῶν ἰδίων λαλεῖ, ὅτι ψεύστης[4] ἐστὶν καὶ ὁ πατὴρ αὐτοῦ. **45** ἐγὼ δὲ ὅτι τὴν ἀλήθειαν λέγω, οὐ πιστεύετέ μοι. **46** τίς ἐξ ὑμῶν ἐλέγχει[5] με περὶ ἁμαρτίας; εἰ ἀλήθειαν λέγω, διὰ τί ὑμεῖς οὐ πιστεύετέ μοι; **47** ὁ ὢν ἐκ τοῦ θεοῦ τὰ ῥήματα τοῦ θεοῦ ἀκούει· διὰ τοῦτο ὑμεῖς οὐκ ἀκούετε, ὅτι ἐκ τοῦ θεοῦ οὐκ ἐστέ.

Before Abraham Was, I Am

48 Ἀπεκρίθησαν οἱ Ἰουδαῖοι καὶ εἶπαν αὐτῷ· οὐ καλῶς λέγομεν ἡμεῖς ὅτι Σαμαρίτης εἶ σὺ καὶ δαιμόνιον ἔχεις; **49** ἀπεκρίθη Ἰησοῦς· ἐγὼ δαιμόνιον οὐκ ἔχω, ἀλλὰ τιμῶ[6] τὸν πατέρα μου, καὶ ὑμεῖς ἀτιμάζετέ[7] με. **50** ἐγὼ δὲ οὐ ζητῶ τὴν δόξαν μου· ἔστιν ὁ ζητῶν καὶ κρίνων. **51** ἀμὴν ἀμὴν λέγω ὑμῖν, ἐάν τις τὸν ἐμὸν λόγον τηρήσῃ, θάνατον οὐ μὴ θεωρήσῃ εἰς τὸν αἰῶνα. **52** εἶπον [οὖν] αὐτῷ οἱ Ἰουδαῖοι· νῦν ἐγνώκαμεν[8] ὅτι δαιμόνιον ἔχεις. Ἀβραὰμ ἀπέθανεν καὶ οἱ προφῆται, καὶ σὺ λέγεις· ἐάν τις τὸν λόγον μου τηρήσῃ, οὐ μὴ γεύσηται[9] θανάτου εἰς τὸν αἰῶνα. **53** μὴ σὺ μείζων[10] εἶ τοῦ πατρὸς ἡμῶν Ἀβραάμ, ὅστις ἀπέθανεν; καὶ οἱ προφῆται ἀπέθανον. τίνα σεαυτὸν ποιεῖς; **54** ἀπεκρίθη Ἰησοῦς· ἐὰν ἐγὼ δοξάσω ἐμαυτόν, ἡ δόξα μου οὐδέν ἐστιν· ἔστιν ὁ πατήρ μου ὁ δοξάζων με, ὃν ὑμεῖς λέγετε ὅτι θεὸς ἡμῶν ἐστιν, **55** καὶ οὐκ ἐγνώκατε αὐτόν, ἐγὼ δὲ οἶδα αὐτόν. κἂν[11] εἴπω[12] ὅτι οὐκ οἶδα αὐτόν, ἔσομαι ὅμοιος ὑμῖν ψεύστης[13]· ἀλλ' οἶδα αὐτὸν καὶ τὸν λόγον αὐτοῦ τηρῶ. **56** Ἀβραὰμ ὁ πατὴρ ὑμῶν ἠγαλλιάσατο[14] ἵνα ἴδῃ[15] τὴν ἡμέραν τὴν ἐμήν, καὶ εἶδεν καὶ ἐχάρη[16]. **57** εἶπον οὖν οἱ Ἰουδαῖοι πρὸς αὐτόν· πεντήκοντα[17] ἔτη οὔπω[18] ἔχεις καὶ Ἀβραὰμ ἑώρακας[19]; **58** εἶπεν αὐτοῖς Ἰησοῦς· ἀμὴν ἀμὴν λέγω ὑμῖν, πρὶν[20] Ἀβραὰμ γενέσθαι ἐγὼ εἰμί. **59** ἦραν[21] οὖν λίθους ἵνα βάλωσιν[22] ἐπ' αὐτόν. Ἰησοῦς δὲ ἐκρύβη[23] καὶ ἐξῆλθεν ἐκ τοῦ ἱεροῦ.

---

[1] ἀνθρωποκτόνος, -ου m, murderer
[2] στήκω 3s impf act ind & pf act ind, stand (firm)
[3] ψεῦδος, -ους n, lie
[4] ψεύστης, -ου m, liar
[5] ἐλέγχω 3s pres act ind, prove guilty
[6] τιμάω 1s pres act ind, honor
[7] ἀτιμάζω 2p pres act ind, dishonor
[8] γινώσκω 1p pf act ind, know
[9] γεύομαι 3s aor mid sub, experience
[10] μέγας, great (comp)
[11] κἂν, = καὶ ἐάν, and if
[12] λέγω 1s aor act sub, say
[13] ψεύστης, -ου m, liar
[14] ἀγαλλιάω 3s aor mid ind, be really glad
[15] ὁράω 3s aor act sub, see
[16] χαίρω 3s aor pas ind, pas be glad
[17] πεντήκοντα, fifty
[18] οὔπω, adv, not yet
[19] ὁράω 2s pf act ind, see
[20] πρίν, conj, before
[21] αἴρω 3p aor act ind, pick up
[22] βάλλω 3p aor act sub, throw
[23] κρύπτω 3s aor pas ind, hide (pas = hide oneself)

The Healing of a Man Born Blind

9 Καὶ παράγων¹ εἶδεν ἄνθρωπον τυφλὸν ἐκ γενετῆς². **2** καὶ ἠρώτησαν αὐτὸν οἱ μαθηταὶ αὐτοῦ λέγοντες· ῥαββί³, τίς ἥμαρτεν, οὗτος ἢ οἱ γονεῖς⁴ αὐτοῦ, ἵνα τυφλὸς γεννηθῇ; **3** ἀπεκρίθη Ἰησοῦς· οὔτε οὗτος ἥμαρτεν οὔτε οἱ γονεῖς αὐτοῦ, ἀλλ' ἵνα φανερωθῇ τὰ ἔργα τοῦ θεοῦ ἐν αὐτῷ. **4** ἡμᾶς δεῖ ἐργάζεσθαι τὰ ἔργα τοῦ πέμψαντός⁵ με ἕως ἡμέρα ἐστίν· ἔρχεται νὺξ ὅτε οὐδεὶς δύναται ἐργάζεσθαι. **5** ὅταν ἐν τῷ κόσμῳ ὦ, φῶς εἰμι τοῦ κόσμου. **6** ταῦτα εἰπὼν ἔπτυσεν⁶ χαμαὶ⁷ καὶ ἐποίησεν πηλὸν⁸ ἐκ τοῦ πτύσματος⁹ καὶ ἐπέχρισεν¹⁰ αὐτοῦ τὸν πηλὸν ἐπὶ τοὺς ὀφθαλμοὺς **7** καὶ εἶπεν αὐτῷ· ὕπαγε νίψαι¹¹ εἰς τὴν κολυμβήθραν¹² τοῦ Σιλωάμ, ὃ ἑρμηνεύεται¹³ ἀπεσταλμένος¹⁴. ἀπῆλθεν οὖν καὶ ἐνίψατο καὶ ἦλθεν βλέπων.

8 Οἱ οὖν γείτονες¹⁵ καὶ οἱ θεωροῦντες αὐτὸν τὸ πρότερον¹⁶ ὅτι προσαίτης¹⁷ ἦν ἔλεγον· οὐχ οὗτός ἐστιν ὁ καθήμενος καὶ προσαιτῶν¹⁸; **9** ἄλλοι ἔλεγον ὅτι οὗτός ἐστιν, ἄλλοι ἔλεγον· οὐχί, ἀλλ' ὅμοιος αὐτῷ ἐστιν. ἐκεῖνος ἔλεγεν ὅτι ἐγώ εἰμι. **10** ἔλεγον οὖν αὐτῷ· πῶς [οὖν] ἠνεῴχθησάν¹⁹ σου οἱ ὀφθαλμοί; **11** ἀπεκρίθη ἐκεῖνος· ὁ ἄνθρωπος ὁ λεγόμενος Ἰησοῦς πηλὸν ἐποίησεν καὶ ἐπέχρισέν μου τοὺς ὀφθαλμοὺς καὶ εἶπέν μοι ὅτι ὕπαγε εἰς τὸν Σιλωὰμ καὶ νίψαι· ἀπελθὼν οὖν καὶ νιψάμενος ἀνέβλεψα²⁰. **12** καὶ εἶπαν αὐτῷ· ποῦ ἐστιν ἐκεῖνος; λέγει· οὐκ οἶδα.

The Pharisees Investigate the Healing

13 Ἄγουσιν²¹ αὐτὸν πρὸς τοὺς Φαρισαίους τόν ποτε²² τυφλόν. **14** ἦν δὲ σάββατον ἐν ᾗ ἡμέρᾳ τὸν πηλὸν²³ ἐποίησεν ὁ Ἰησοῦς καὶ ἀνέῳξεν²⁴ αὐτοῦ τοὺς ὀφθαλμούς. **15** πάλιν οὖν ἠρώτων αὐτὸν καὶ οἱ Φαρισαῖοι πῶς ἀνέβλεψεν²⁵. ὁ δὲ εἶπεν αὐτοῖς· πηλὸν ἐπέθηκέν²⁶ μου ἐπὶ τοὺς ὀφθαλμοὺς καὶ ἐνιψάμην²⁷ καὶ βλέπω. **16** ἔλεγον οὖν ἐκ τῶν Φαρισαίων τινές· οὐκ ἔστιν οὗτος παρὰ θεοῦ ὁ ἄνθρωπος, ὅτι τὸ σάββατον οὐ τηρεῖ. ἄλλοι [δὲ] ἔλεγον· πῶς δύναται ἄνθρωπος ἁμαρτωλὸς τοιαῦτα σημεῖα ποιεῖν; καὶ σχίσμα²⁸ ἦν ἐν αὐτοῖς. **17** λέγουσιν οὖν τῷ τυφλῷ πάλιν· τί σὺ λέγεις περὶ αὐτοῦ, ὅτι ἠνέῳξέν σου τοὺς ὀφθαλμούς; ὁ δὲ εἶπεν ὅτι προφήτης ἐστίν.

---

¹ παράγω *pres act ptc m s nom*, pass by
² γενετή, -ῆς *f*, birth
³ ῥαββί, rabbi (honorary title)
⁴ γονεύς, -έως *m*, parent
⁵ πέμπω *aor act ptc m s gen*, send
⁶ πτύω *3s aor act ind*, spit
⁷ χαμαί, *adv*, on the ground
⁸ πηλός, -οῦ *m*, mud
⁹ πτύσμα, -τος *n*, saliva
¹⁰ ἐπιχρίω *3s aor act ind*, smear
¹¹ νίπτω *2s aor mid impv, mid* wash oneself
¹² κολυμβήθρα, -ας *f*, pool
¹³ ἑρμηνεύω *3s pres pas ind*, pas mean
¹⁴ ἀποστέλλω *pf pas ptc m s nom*, send
¹⁵ γείτων, -ονος *m & f*, neighbor
¹⁶ πρότερος, *adv*, before
¹⁷ προσαίτης, -ου *m*, beggar
¹⁸ προσαιτέω *pres act ptc m s nom*, beg
¹⁹ ἀνοίγω *3p aor pas ind*, open
²⁰ ἀναβλέπω *1s aor act ind*, regain one's sight
²¹ ἄγω *3p pres act ind*, bring
²² ποτέ, *temporal adv*, formerly
²³ πηλός, -οῦ *m*, mud
²⁴ ἀνοίγω *3s aor act ind*, open
²⁵ ἀναβλέπω *3s aor act ind*, regain one's sight
²⁶ ἐπιτίθημι *3s aor act ind*, put (on)
²⁷ νίπτω *1s aor mid ind, mid* wash oneself
²⁸ σχίσμα, -τος *n*, division

18 Οὐκ ἐπίστευσαν οὖν οἱ Ἰουδαῖοι περὶ αὐτοῦ ὅτι ἦν τυφλὸς καὶ ἀνέβλεψεν ἕως ὅτου ἐφώνησαν τοὺς γονεῖς[1] αὐτοῦ τοῦ ἀναβλέψαντος 19 καὶ ἠρώτησαν αὐτοὺς λέγοντες· οὗτός ἐστιν ὁ υἱὸς ὑμῶν, ὃν ὑμεῖς λέγετε ὅτι τυφλὸς ἐγεννήθη; πῶς οὖν βλέπει ἄρτι; 20 ἀπεκρίθησαν οὖν οἱ γονεῖς αὐτοῦ καὶ εἶπαν· οἴδαμεν ὅτι οὗτός ἐστιν ὁ υἱὸς ἡμῶν καὶ ὅτι τυφλὸς ἐγεννήθη· 21 πῶς δὲ νῦν βλέπει οὐκ οἴδαμεν, ἢ τίς ἤνοιξεν[2] αὐτοῦ τοὺς ὀφθαλμοὺς ἡμεῖς οὐκ οἴδαμεν· αὐτὸν ἐρωτήσατε, ἡλικίαν[3] ἔχει, αὐτὸς περὶ ἑαυτοῦ λαλήσει. 22 ταῦτα εἶπαν οἱ γονεῖς αὐτοῦ ὅτι ἐφοβοῦντο τοὺς Ἰουδαίους· ἤδη γὰρ συνετέθειντο[4] οἱ Ἰουδαῖοι ἵνα ἐάν τις αὐτὸν ὁμολογήσῃ[5] χριστόν, ἀποσυνάγωγος[6] γένηται. 23 διὰ τοῦτο οἱ γονεῖς αὐτοῦ εἶπαν ὅτι ἡλικίαν ἔχει, αὐτὸν ἐπερωτήσατε.

24 Ἐφώνησαν οὖν τὸν ἄνθρωπον ἐκ δευτέρου[7] ὃς ἦν τυφλὸς καὶ εἶπαν αὐτῷ· δὸς[8] δόξαν τῷ θεῷ· ἡμεῖς οἴδαμεν ὅτι οὗτος ὁ ἄνθρωπος ἁμαρτωλός ἐστιν. 25 ἀπεκρίθη οὖν ἐκεῖνος· εἰ ἁμαρτωλός ἐστιν οὐκ οἶδα· ἓν οἶδα ὅτι τυφλὸς ὢν ἄρτι βλέπω. 26 εἶπον οὖν αὐτῷ· τί ἐποίησέν σοι; πῶς ἤνοιξέν[9] σου τοὺς ὀφθαλμούς; 27 ἀπεκρίθη αὐτοῖς· εἶπον ὑμῖν ἤδη καὶ οὐκ ἠκούσατε· τί πάλιν θέλετε ἀκούειν; μὴ καὶ ὑμεῖς θέλετε αὐτοῦ μαθηταὶ γενέσθαι; 28 καὶ ἐλοιδόρησαν[10] αὐτὸν καὶ εἶπον· σὺ μαθητὴς εἶ ἐκείνου, ἡμεῖς δὲ τοῦ Μωϋσέως ἐσμὲν μαθηταί· 29 ἡμεῖς οἴδαμεν ὅτι Μωϋσεῖ λελάληκεν ὁ θεός, τοῦτον δὲ οὐκ οἴδαμεν πόθεν[11] ἐστίν. 30 ἀπεκρίθη ὁ ἄνθρωπος καὶ εἶπεν αὐτοῖς· ἐν τούτῳ γὰρ τὸ θαυμαστόν[12] ἐστιν, ὅτι ὑμεῖς οὐκ οἴδατε πόθεν ἐστίν, καὶ ἤνοιξέν μου τοὺς ὀφθαλμούς. 31 οἴδαμεν ὅτι ἁμαρτωλῶν ὁ θεὸς οὐκ ἀκούει, ἀλλ' ἐάν τις θεοσεβὴς[13] ᾖ[14] καὶ τὸ θέλημα αὐτοῦ ποιῇ τούτου ἀκούει. 32 ἐκ τοῦ αἰῶνος οὐκ ἠκούσθη ὅτι ἠνέῳξέν τις ὀφθαλμοὺς τυφλοῦ γεγεννημένου· 33 εἰ μὴ ἦν οὗτος παρὰ θεοῦ, οὐκ ἠδύνατο ποιεῖν οὐδέν. 34 ἀπεκρίθησαν καὶ εἶπαν αὐτῷ· ἐν ἁμαρτίαις σὺ ἐγεννήθης[15] ὅλος καὶ σὺ διδάσκεις ἡμᾶς; καὶ ἐξέβαλον[16] αὐτὸν ἔξω.

Spiritual Blindness

35 Ἤκουσεν Ἰησοῦς ὅτι ἐξέβαλον αὐτὸν ἔξω καὶ εὑρὼν[17] αὐτὸν εἶπεν· σὺ πιστεύεις εἰς τὸν υἱὸν τοῦ ἀνθρώπου; 36 ἀπεκρίθη ἐκεῖνος καὶ εἶπεν· καὶ τίς ἐστιν, κύριε, ἵνα πιστεύσω εἰς αὐτόν; 37 εἶπεν αὐτῷ ὁ Ἰησοῦς· καὶ ἑώρακας[18] αὐτὸν καὶ ὁ λαλῶν μετὰ σοῦ ἐκεῖνός ἐστιν. 38 ὁ δὲ ἔφη· πιστεύω, κύριε· καὶ προσεκύνησεν αὐτῷ.

[1] γονεύς, -έως m, parent
[2] ἀνοίγω 3s aor act ind, open
[3] ἡλικία, -ας f, age (ἡ. ἔχει he is of age)
[4] συντίθημι 3p plpf mid ind, mid agree
[5] ὁμολογέω 3s aor act sub, confess
[6] ἀποσυνάγωγος, -ον, excommunicated from the synagogue
[7] δεύτερος, -α/ον, second (ἐκ δ. a second time)
[8] δίδωμι 2s aor act impv, give
[9] ἀνοίγω 3s aor act ind, open
[10] λοιδορέω 3p aor act ind, insult
[11] πόθεν, adv, from where
[12] θαυμαστός, -ή/όν, amazing
[13] θεοσεβής, -ές, devout
[14] εἰμί 3s pres act sub, be
[15] γεννάω 2s aor pas ind, pas be born
[16] ἐκβάλλω 3p aor act ind, force out
[17] εὑρίσκω aor act ptc m s nom, find
[18] ὁράω 2s pf act ind, see

39 Καὶ εἶπεν ὁ Ἰησοῦς· εἰς κρίμα¹ ἐγὼ εἰς τὸν κόσμον τοῦτον ἦλθον, ἵνα οἱ μὴ βλέποντες βλέπωσιν καὶ οἱ βλέποντες τυφλοὶ γένωνται². **40** ἤκουσαν ἐκ τῶν Φαρισαίων ταῦτα οἱ μετ' αὐτοῦ ὄντες καὶ εἶπον αὐτῷ· μὴ καὶ ἡμεῖς τυφλοί ἐσμεν; **41** εἶπεν αὐτοῖς ὁ Ἰησοῦς· εἰ τυφλοὶ ἦτε, οὐκ ἂν εἴχετε³ ἁμαρτίαν· νῦν δὲ λέγετε ὅτι βλέπομεν, ἡ ἁμαρτία ὑμῶν μένει.

The Parable of the Sheepfold

10 Ἀμὴν ἀμὴν λέγω ὑμῖν, ὁ μὴ εἰσερχόμενος διὰ τῆς θύρας εἰς τὴν αὐλὴν⁴ τῶν προβάτων ἀλλ' ἀναβαίνων ἀλλαχόθεν⁵ ἐκεῖνος κλέπτης⁶ ἐστὶν καὶ λῃστής⁷· **2** ὁ δὲ εἰσερχόμενος διὰ τῆς θύρας ποιμήν⁸ ἐστιν τῶν προβάτων. **3** τούτῳ ὁ θυρωρὸς⁹ ἀνοίγει καὶ τὰ πρόβατα τῆς φωνῆς αὐτοῦ ἀκούει καὶ τὰ ἴδια πρόβατα φωνεῖ κατ' ὄνομα καὶ ἐξάγει¹⁰ αὐτά. **4** ὅταν τὰ ἴδια πάντα ἐκβάλῃ¹¹, ἔμπροσθεν αὐτῶν πορεύεται καὶ τὰ πρόβατα αὐτῷ ἀκολουθεῖ, ὅτι οἴδασιν τὴν φωνὴν αὐτοῦ· **5** ἀλλοτρίῳ¹² δὲ οὐ μὴ ἀκολουθήσουσιν, ἀλλὰ φεύξονται¹³ ἀπ' αὐτοῦ, ὅτι οὐκ οἴδασιν τῶν ἀλλοτρίων τὴν φωνήν. **6** Ταύτην τὴν παροιμίαν¹⁴ εἶπεν αὐτοῖς ὁ Ἰησοῦς, ἐκεῖνοι δὲ οὐκ ἔγνωσαν¹⁵ τίνα ἦν ἃ ἐλάλει αὐτοῖς.

Jesus the Good Shepherd

7 Εἶπεν οὖν πάλιν ὁ Ἰησοῦς· ἀμὴν ἀμὴν λέγω ὑμῖν ὅτι ἐγώ εἰμι ἡ θύρα τῶν προβάτων. **8** πάντες ὅσοι ἦλθον [πρὸ ἐμοῦ] κλέπται¹⁶ εἰσὶν καὶ λῃσταί¹⁷, ἀλλ' οὐκ ἤκουσαν αὐτῶν τὰ πρόβατα. **9** ἐγώ εἰμι ἡ θύρα· δι' ἐμοῦ ἐάν τις εἰσέλθῃ¹⁸ σωθήσεται¹⁹ καὶ εἰσελεύσεται²⁰ καὶ ἐξελεύσεται²¹ καὶ νομὴν²² εὑρήσει. **10** ὁ κλέπτης οὐκ ἔρχεται εἰ μὴ ἵνα κλέψῃ²³ καὶ θύσῃ²⁴ καὶ ἀπολέσῃ²⁵· ἐγὼ ἦλθον ἵνα ζωὴν ἔχωσιν καὶ περισσὸν²⁶ ἔχωσιν. **11** Ἐγώ εἰμι ὁ ποιμὴν²⁷ ὁ καλός. ὁ ποιμὴν ὁ καλὸς τὴν ψυχὴν αὐτοῦ τίθησιν²⁸ ὑπὲρ τῶν προβάτων· **12** ὁ μισθωτὸς²⁹ καὶ οὐκ ὢν ποιμήν, οὗ οὐκ ἔστιν τὰ πρόβατα ἴδια, θεωρεῖ τὸν λύκον³⁰ ἐρχόμενον καὶ ἀφήσιν³¹ τὰ πρόβατα καὶ φεύγει³² – καὶ ὁ

---

¹ κρίμα, -τος n, judgment
² γίνομαι 3p aor mid sub, become
³ ἔχω 2p impf act ind, have
⁴ αὐλή, -ῆς f, (sheep) pen
⁵ ἀλλαχόθεν, adv, by another way
⁶ κλέπτης, -ου m, thief
⁷ λῃστής, -οῦ m, robber
⁸ ποιμήν, -ένος m, shepherd
⁹ θυρωρός, -οῦ m & f, gatekeeper
¹⁰ ἐξάγω 3s pres act ind, lead out
¹¹ ἐκβάλλω 3s aor act sub, lead out
¹² ἀλλότριος, -α/ον, another (ὁ ἀ. stranger)
¹³ φεύγω 3p fut mid ind, run away
¹⁴ παροιμία, -ας f, figure of speech
¹⁵ γινώσκω 3p aor act ind, know
¹⁶ κλέπτης, -ου m, thief
¹⁷ λῃστής, -οῦ m, robber
¹⁸ εἰσέρχομαι 3s aor act sub, enter
¹⁹ σῴζω 3s fut pas ind, save
²⁰ εἰσέρχομαι 3s fut mid ind, enter
²¹ ἐξέρχομαι 3s fut mid ind, go out
²² νομή, -ῆς f, pasture
²³ κλέπτω 3s aor act sub, steal
²⁴ θύω 3s aor act sub, kill
²⁵ ἀπόλλυμι 3s aor act sub, destroy
²⁶ περισσός, adv, to its fullest
²⁷ ποιμήν, -ένος m, shepherd
²⁸ τίθημι 3s pres act ind, lay (something) down
²⁹ μισθωτός, -οῦ m, hired worker
³⁰ λύκος, -ου m, wolf
³¹ ἀφίημι 3s pres act ind, leave
³² φεύγω 3s pres act ind, run away

λύκος ἁρπάζει¹ αὐτὰ καὶ σκορπίζει² – 13 ὅτι μισθωτός ἐστιν καὶ οὐ μέλει³ αὐτῷ περὶ τῶν προβάτων. 14 Ἐγώ εἰμι ὁ ποιμὴν ὁ καλὸς καὶ γινώσκω τὰ ἐμὰ καὶ γινώσκουσίν με τὰ ἐμά, 15 καθὼς γινώσκει με ὁ πατὴρ κἀγὼ γινώσκω τὸν πατέρα, καὶ τὴν ψυχήν μου τίθημι ὑπὲρ τῶν προβάτων. 16 καὶ ἄλλα πρόβατα ἔχω ἃ οὐκ ἔστιν ἐκ τῆς αὐλῆς⁴ ταύτης· κἀκεῖνα δεῖ με ἀγαγεῖν⁵ καὶ τῆς φωνῆς μου ἀκούσουσιν, καὶ γενήσονται⁶ μία ποίμνη⁷, εἷς ποιμήν. 17 Διὰ τοῦτό με ὁ πατὴρ ἀγαπᾷ ὅτι ἐγὼ τίθημι τὴν ψυχήν μου, ἵνα πάλιν λάβω⁸ αὐτήν. 18 οὐδεὶς αἴρει αὐτὴν ἀπ' ἐμοῦ, ἀλλ' ἐγὼ τίθημι αὐτὴν ἀπ' ἐμαυτοῦ. ἐξουσίαν ἔχω θεῖναι⁹ αὐτήν, καὶ ἐξουσίαν ἔχω πάλιν λαβεῖν αὐτήν· ταύτην τὴν ἐντολὴν ἔλαβον παρὰ τοῦ πατρός μου.
19 Σχίσμα¹⁰ πάλιν ἐγένετο ἐν τοῖς Ἰουδαίοις διὰ τοὺς λόγους τούτους. 20 ἔλεγον δὲ πολλοὶ ἐξ αὐτῶν· δαιμόνιον ἔχει καὶ μαίνεται¹¹· τί αὐτοῦ ἀκούετε; 21 ἄλλοι ἔλεγον· ταῦτα τὰ ῥήματα οὐκ ἔστιν δαιμονιζομένου¹²· μὴ δαιμόνιον δύναται τυφλῶν ὀφθαλμοὺς ἀνοῖξαι¹³;

Jesus Rejected by the Jews

22 Ἐγένετο τότε τὰ ἐγκαίνια¹⁴ ἐν τοῖς Ἱεροσολύμοις, χειμὼν¹⁵ ἦν, 23 καὶ περιεπάτει ὁ Ἰησοῦς ἐν τῷ ἱερῷ ἐν τῇ στοᾷ¹⁶ τοῦ Σολομῶνος. 24 ἐκύκλωσαν¹⁷ οὖν αὐτὸν οἱ Ἰουδαῖοι καὶ ἔλεγον αὐτῷ· ἕως πότε¹⁸ τὴν ψυχὴν ἡμῶν αἴρεις; εἰ σὺ εἶ ὁ χριστός, εἰπὲ¹⁹ ἡμῖν παρρησίᾳ. 25 ἀπεκρίθη αὐτοῖς ὁ Ἰησοῦς· εἶπον ὑμῖν καὶ οὐ πιστεύετε· τὰ ἔργα ἃ ἐγὼ ποιῶ ἐν τῷ ὀνόματι τοῦ πατρός μου ταῦτα μαρτυρεῖ περὶ ἐμοῦ· 26 ἀλλ' ὑμεῖς οὐ πιστεύετε, ὅτι οὐκ ἐστὲ ἐκ τῶν προβάτων τῶν ἐμῶν. 27 τὰ πρόβατα τὰ ἐμὰ τῆς φωνῆς μου ἀκούουσιν, κἀγὼ γινώσκω αὐτὰ καὶ ἀκολουθοῦσίν μοι, 28 κἀγὼ δίδωμι αὐτοῖς ζωὴν αἰώνιον καὶ οὐ μὴ ἀπόλωνται²⁰ εἰς τὸν αἰῶνα καὶ οὐχ ἁρπάσει²¹ τις αὐτὰ ἐκ τῆς χειρός μου. 29 ὁ πατήρ μου ὃ δέδωκέν²² μοι πάντων μεῖζόν²³ ἐστιν, καὶ οὐδεὶς δύναται ἁρπάζειν²⁴ ἐκ τῆς χειρὸς τοῦ πατρός. 30 ἐγὼ καὶ ὁ πατὴρ ἕν ἐσμεν.

---

1 ἁρπάζω 3s pres act ind, attack
2 σκορπίζω 3s pres act ind, scatter
3 μέλει 3s pres act ind, impers it is of concern
4 αὐλή, -ῆς f, (sheep) pen
5 ἄγω aor act inf, bring
6 γίνομαι 3p fut mid ind, become
7 ποίμνη, -ης f, flock
8 λαμβάνω 1s aor act sub, receive (back)
9 τίθημι aor act inf, lay (something) down
10 σχίσμα, -τος n, division
11 μαίνομαι 3s pres mid ind, be out of one's mind
12 δαιμονίζομαι pres pas ptc m s gen, be demon possessed
13 ἀνοίγω aor act inf, open
14 ἐγκαίνια, -ων n, Jewish Feast of Dedication
15 χειμών, -ῶνος m, winter
16 στοά, -ᾶς f, porch/portico
17 κυκλόω 3p aor act ind, gather round
18 πότε, adv, when (ἕως πότε how long?)
19 λέγω 2s aor act impv, say/tell
20 ἀπόλλυμι 3p aor mid sub, mid be lost
21 ἁρπάζω 3s fut act ind, snatch
22 δίδωμι 3s pf act ind, give
23 μέγας, great (comp)
24 ἁρπάζω pres act inf, snatch

31 Ἐβάστασαν¹ πάλιν λίθους οἱ Ἰουδαῖοι ἵνα λιθάσωσιν² αὐτόν. **32** ἀπεκρίθη αὐτοῖς ὁ Ἰησοῦς· πολλὰ ἔργα καλὰ ἔδειξα³ ὑμῖν ἐκ τοῦ πατρός· διὰ ποῖον αὐτῶν ἔργον ἐμὲ λιθάζετε; **33** ἀπεκρίθησαν αὐτῷ οἱ Ἰουδαῖοι· περὶ καλοῦ ἔργου οὐ λιθάζομέν σε ἀλλὰ περὶ βλασφημίας⁴, καὶ ὅτι σὺ ἄνθρωπος ὢν ποιεῖς σεαυτὸν θεόν. **34** ἀπεκρίθη αὐτοῖς [ὁ] Ἰησοῦς· οὐκ ἔστιν γεγραμμένον⁵ ἐν τῷ νόμῳ ὑμῶν ὅτι **ἐγὼ εἶπα· θεοί ἐστε; 35** εἰ ἐκείνους εἶπεν θεοὺς πρὸς οὓς ὁ λόγος τοῦ θεοῦ ἐγένετο, καὶ οὐ δύναται λυθῆναι ἡ γραφή, **36** ὃν ὁ πατὴρ ἡγίασεν⁶ καὶ ἀπέστειλεν⁷ εἰς τὸν κόσμον ὑμεῖς λέγετε ὅτι βλασφημεῖς, ὅτι εἶπον· υἱὸς τοῦ θεοῦ εἰμι; **37** εἰ οὐ ποιῶ τὰ ἔργα τοῦ πατρός μου, μὴ πιστεύετέ μοι· **38** εἰ δὲ ποιῶ, κἂν⁸ ἐμοὶ μὴ πιστεύητε, τοῖς ἔργοις πιστεύετε, ἵνα γνῶτε⁹ καὶ γινώσκητε ὅτι ἐν ἐμοὶ ὁ πατὴρ κἀγὼ ἐν τῷ πατρί. **39** ἐζήτουν [οὖν] αὐτὸν πάλιν πιάσαι¹⁰, καὶ ἐξῆλθεν ἐκ τῆς χειρὸς αὐτῶν.

40 Καὶ ἀπῆλθεν πάλιν πέραν¹¹ τοῦ Ἰορδάνου εἰς τὸν τόπον ὅπου ἦν Ἰωάννης τὸ πρῶτον βαπτίζων καὶ ἔμεινεν¹² ἐκεῖ. **41** καὶ πολλοὶ ἦλθον πρὸς αὐτὸν καὶ ἔλεγον ὅτι Ἰωάννης μὲν σημεῖον ἐποίησεν οὐδέν, πάντα δὲ ὅσα εἶπεν Ἰωάννης περὶ τούτου ἀληθῆ¹³ ἦν. **42** καὶ πολλοὶ ἐπίστευσαν εἰς αὐτὸν ἐκεῖ.

The Death of Lazarus

11 Ἦν δέ τις ἀσθενῶν, Λάζαρος ἀπὸ Βηθανίας, ἐκ τῆς κώμης¹⁴ Μαρίας καὶ Μάρθας τῆς ἀδελφῆς¹⁵ αὐτῆς. **2** ἦν δὲ Μαριὰμ ἡ ἀλείψασα¹⁶ τὸν κύριον μύρῳ¹⁷ καὶ ἐκμάξασα¹⁸ τοὺς πόδας αὐτοῦ ταῖς θριξὶν¹⁹ αὐτῆς, ἧς ὁ ἀδελφὸς Λάζαρος ἠσθένει²⁰. **3** ἀπέστειλαν²¹ οὖν αἱ ἀδελφαὶ πρὸς αὐτὸν λέγουσαι· κύριε, ἴδε²² ὃν φιλεῖς²³ ἀσθενεῖ. **4** ἀκούσας δὲ ὁ Ἰησοῦς εἶπεν· αὕτη ἡ ἀσθένεια²⁴ οὐκ ἔστιν πρὸς θάνατον ἀλλ' ὑπὲρ τῆς δόξης τοῦ θεοῦ, ἵνα δοξασθῇ ὁ υἱὸς τοῦ θεοῦ δι' αὐτῆς. **5** ἠγάπα²⁵ δὲ ὁ Ἰησοῦς τὴν Μάρθαν καὶ τὴν ἀδελφὴν αὐτῆς καὶ τὸν Λάζαρον. **6** ὡς οὖν ἤκουσεν ὅτι ἀσθενεῖ, τότε μὲν ἔμεινεν²⁶ ἐν ᾧ ἦν τόπῳ δύο ἡμέρας, **7** ἔπειτα²⁷ μετὰ τοῦτο λέγει τοῖς μαθηταῖς· ἄγωμεν εἰς τὴν Ἰουδαίαν πάλιν. **8** λέγουσιν αὐτῷ οἱ μαθηταί· ῥαββί²⁸, νῦν ἐζήτουν σε λιθάσαι²⁹ οἱ Ἰουδαῖοι, καὶ πάλιν ὑπάγεις ἐκεῖ; **9** ἀπεκρίθη Ἰησοῦς· οὐχὶ δώδεκα ὧραί εἰσιν τῆς ἡμέρας; ἐάν τις περιπατῇ ἐν τῇ ἡμέρᾳ, οὐ

---

¹ βαστάζω 3p aor act ind, pick up
² λιθάζω 3p aor act sub, stone
³ δείκνυμι 1s aor act ind, show
⁴ βλασφημία, -ας f, blasphemy
⁵ γράφω pf pas ptc n s nom, write
⁶ ἁγιάζω 3s aor act ind, set apart (as sacred to God)
⁷ ἀποστέλλω 3s aor act ind, send
⁸ κἄν, = καὶ ἐάν, even if
⁹ γινώσκω 2p aor act sub, know
¹⁰ πιάζω aor act inf, arrest
¹¹ πέραν, prep + gen, across
¹² μένω 3s aor act ind, intrans remain
¹³ ἀληθής, -ές, true
¹⁴ κώμη, -ης f, village
¹⁵ ἀδελφή, -ῆς f, sister
¹⁶ ἀλείφω aor act ptc f s nom, anoint
¹⁷ μύρον, -ου n, perfume/ointment
¹⁸ ἐκμάσσω aor act ptc f s nom, wipe
¹⁹ θρίξ, τριχός f, hair
²⁰ ἀσθενέω 3s impf act ind, be sick
²¹ ἀποστέλλω 3p aor act ind, send
²² ἴδε, interj, Look!
²³ φιλέω 2s pres act ind, love
²⁴ ἀσθένεια, -ας f, illness
²⁵ ἀγαπάω 3s impf act ind, love
²⁶ μένω 3s aor act ind, stay
²⁷ ἔπειτα, adv, then
²⁸ ῥαββί, rabbi (honorary title)
²⁹ λιθάζω aor act inf, stone

προσκόπτει¹, ὅτι τὸ φῶς τοῦ κόσμου τούτου βλέπει· **10** ἐὰν δέ τις περιπατῇ ἐν τῇ νυκτί, προσκόπτει, ὅτι τὸ φῶς οὐκ ἔστιν ἐν αὐτῷ.

11 Ταῦτα εἶπεν, καὶ μετὰ τοῦτο λέγει αὐτοῖς· Λάζαρος ὁ φίλος² ἡμῶν κεκοίμηται³· ἀλλὰ πορεύομαι ἵνα ἐξυπνίσω⁴ αὐτόν. **12** εἶπαν οὖν οἱ μαθηταὶ αὐτῷ· κύριε, εἰ κεκοίμηται σωθήσεται. **13** εἰρήκει⁵ δὲ ὁ Ἰησοῦς περὶ τοῦ θανάτου αὐτοῦ, ἐκεῖνοι δὲ ἔδοξαν ὅτι περὶ τῆς κοιμήσεως⁶ τοῦ ὕπνου⁷ λέγει. **14** τότε οὖν εἶπεν αὐτοῖς ὁ Ἰησοῦς παρρησίᾳ· Λάζαρος ἀπέθανεν, **15** καὶ χαίρω δι' ὑμᾶς ἵνα πιστεύσητε, ὅτι οὐκ ἤμην ἐκεῖ· ἀλλ' ἄγωμεν πρὸς αὐτόν. **16** εἶπεν οὖν Θωμᾶς ὁ λεγόμενος Δίδυμος⁸ τοῖς συμμαθηταῖς⁹· ἄγωμεν καὶ ἡμεῖς ἵνα ἀποθάνωμεν¹⁰ μετ' αὐτοῦ.

Jesus the Resurrection and the Life

17 Ἐλθὼν οὖν ὁ Ἰησοῦς εὗρεν¹¹ αὐτὸν τέσσαρας ἤδη ἡμέρας ἔχοντα ἐν τῷ μνημείῳ. **18** ἦν δὲ ἡ Βηθανία ἐγγὺς τῶν Ἱεροσολύμων ὡς ἀπὸ σταδίων¹² δεκαπέντε¹³. **19** πολλοὶ δὲ ἐκ τῶν Ἰουδαίων ἐληλύθεισαν¹⁴ πρὸς τὴν Μάρθαν καὶ Μαριὰμ ἵνα παραμυθήσωνται¹⁵ αὐτὰς περὶ τοῦ ἀδελφοῦ. **20** ἡ οὖν Μάρθα ὡς ἤκουσεν ὅτι Ἰησοῦς ἔρχεται ὑπήντησεν¹⁶ αὐτῷ· Μαριὰμ δὲ ἐν τῷ οἴκῳ ἐκαθέζετο¹⁷. **21** εἶπεν οὖν ἡ Μάρθα πρὸς τὸν Ἰησοῦν· κύριε, εἰ ἧς ὧδε οὐκ ἂν ἀπέθανεν ὁ ἀδελφός μου· **22** [ἀλλὰ] καὶ νῦν οἶδα ὅτι ὅσα ἂν αἰτήσῃ τὸν θεὸν δώσει¹⁸ σοι ὁ θεός. **23** λέγει αὐτῇ ὁ Ἰησοῦς· ἀναστήσεται¹⁹ ὁ ἀδελφός σου. **24** λέγει αὐτῷ ἡ Μάρθα· οἶδα ὅτι ἀναστήσεται ἐν τῇ ἀναστάσει ἐν τῇ ἐσχάτῃ ἡμέρᾳ. **25** εἶπεν αὐτῇ ὁ Ἰησοῦς· ἐγώ εἰμι ἡ ἀνάστασις καὶ ἡ ζωή· ὁ πιστεύων εἰς ἐμὲ κἂν²⁰ ἀποθάνῃ²¹ ζήσεται²², **26** καὶ πᾶς ὁ ζῶν καὶ πιστεύων εἰς ἐμὲ οὐ μὴ ἀποθάνῃ εἰς τὸν αἰῶνα. πιστεύεις τοῦτο; **27** λέγει αὐτῷ· ναὶ κύριε, ἐγὼ πεπίστευκα ὅτι σὺ εἶ ὁ χριστὸς ὁ υἱὸς τοῦ θεοῦ ὁ εἰς τὸν κόσμον ἐρχόμενος.

Jesus Weeps

28 Καὶ τοῦτο εἰποῦσα ἀπῆλθεν καὶ ἐφώνησεν Μαριὰμ τὴν ἀδελφὴν²³ αὐτῆς λάθρᾳ²⁴ εἰποῦσα· ὁ διδάσκαλος πάρεστιν²⁵ καὶ φωνεῖ σε. **29** ἐκείνη δὲ ὡς ἤκουσεν

---

1 προσκόπτω 3s pres act ind, stumble
2 φίλος, -ου m, friend
3 κοιμάομαι 3s pf pas ind, be asleep
4 ἐξυπνίζω 1s aor act sub, wake up
5 λέγω 3s plpf act ind, speak
6 κοίμησις, -εως f, sleep (κ. τοῦ ὕπνου natural sleep)
7 ὕπνος, -ου m, sleep
8 Δίδυμος, -ου m, Didymus (= twin)

9 συμμαθητής, -οῦ m, fellow disciple
10 ἀποθνῄσκω 1p aor act sub, die
11 εὑρίσκω 3s aor act ind, find
12 στάδιον, -ων m, stadion (about 607 feet or 185 meters)
13 δεκαπέντε, fifteen
14 ἔρχομαι 3p plpf act ind, come
15 παραμυθέομαι 3p aor mid sub, comfort
16 ὑπαντάω 3s aor act ind, meet

17 καθέζομαι 3s impf mid ind, sit (down)
18 δίδωμι 3s fut act ind, give
19 ἀνίστημι 3s fut mid ind, intrans mid rise (to life)
20 κἄν, = καὶ ἐάν, even if
21 ἀποθνῄσκω 3s aor act sub, die
22 ζάω 3s fut mid ind, live
23 ἀδελφή, -ῆς f, sister
24 λάθρᾳ, adv, secretly
25 πάρειμι 3s pres act ind, be present

ἠγέρθη¹ ταχὺ² καὶ ἤρχετο πρὸς αὐτόν. 30 οὔπω³ δὲ ἐληλύθει⁴ ὁ Ἰησοῦς εἰς τὴν κώμην⁵, ἀλλ' ἦν ἔτι ἐν τῷ τόπῳ ὅπου ὑπήντησεν⁶ αὐτῷ ἡ Μάρθα. 31 οἱ οὖν Ἰουδαῖοι οἱ ὄντες μετ' αὐτῆς ἐν τῇ οἰκίᾳ καὶ παραμυθούμενοι⁷ αὐτήν, ἰδόντες τὴν Μαριὰμ ὅτι ταχέως⁸ ἀνέστη⁹ καὶ ἐξῆλθεν, ἠκολούθησαν αὐτῇ δόξαντες ὅτι ὑπάγει εἰς τὸ μνημεῖον ἵνα κλαύσῃ ἐκεῖ. 32 Ἡ οὖν Μαριὰμ ὡς ἦλθεν ὅπου ἦν Ἰησοῦς ἰδοῦσα αὐτὸν ἔπεσεν¹⁰ αὐτοῦ πρὸς τοὺς πόδας λέγουσα αὐτῷ· κύριε, εἰ ἧς ὧδε οὐκ ἄν μου ἀπέθανεν ὁ ἀδελφός. 33 Ἰησοῦς οὖν ὡς εἶδεν αὐτὴν κλαίουσαν καὶ τοὺς συνελθόντας¹¹ αὐτῇ Ἰουδαίους κλαίοντας, ἐνεβριμήσατο¹² τῷ πνεύματι καὶ ἐτάραξεν¹³ ἑαυτὸν 34 καὶ εἶπεν· ποῦ τεθείκατε¹⁴ αὐτόν; λέγουσιν αὐτῷ· κύριε, ἔρχου καὶ ἴδε. 35 ἐδάκρυσεν¹⁵ ὁ Ἰησοῦς. 36 ἔλεγον οὖν οἱ Ἰουδαῖοι· ἴδε¹⁶ πῶς ἐφίλει¹⁷ αὐτόν. 37 τινὲς δὲ ἐξ αὐτῶν εἶπαν· οὐκ ἐδύνατο οὗτος ὁ ἀνοίξας τοὺς ὀφθαλμοὺς τοῦ τυφλοῦ ποιῆσαι ἵνα καὶ οὗτος μὴ ἀποθάνῃ¹⁸;

Lazarus Brought to Life

38 Ἰησοῦς οὖν πάλιν ἐμβριμώμενος¹⁹ ἐν ἑαυτῷ ἔρχεται εἰς τὸ μνημεῖον· ἦν δὲ σπήλαιον²⁰ καὶ λίθος ἐπέκειτο²¹ ἐπ' αὐτῷ. 39 λέγει ὁ Ἰησοῦς· ἄρατε²² τὸν λίθον. λέγει αὐτῷ ἡ ἀδελφὴ²³ ιοῦ τετελευτηκότος²⁴ Μάρθα· κύριε, ἤδη ὄζει²⁵, τεταρταῖος²⁶ γάρ ἐστιν. 40 λέγει αὐτῇ ὁ Ἰησοῦς· οὐκ εἶπόν σοι ὅτι ἐὰν πιστεύσῃς ὄψῃ²⁷ τὴν δόξαν τοῦ θεοῦ; 41 ἦραν²⁸ οὖν τὸν λίθον. ὁ δὲ Ἰησοῦς ἦρεν²⁹ τοὺς ὀφθαλμοὺς ἄνω³⁰ καὶ εἶπεν· πάτερ, εὐχαριστῶ σοι ὅτι ἤκουσάς μου. 42 ἐγὼ δὲ ᾔδειν³¹ ὅτι πάντοτέ μου ἀκούεις, ἀλλὰ διὰ τὸν ὄχλον τὸν περιεστῶτα³² εἶπον, ἵνα πιστεύσωσιν ὅτι σύ με ἀπέστειλας³³. 43 καὶ ταῦτα εἰπὼν φωνῇ μεγάλῃ ἐκραύγασεν³⁴· Λάζαρε, δεῦρο³⁵

---

[1] ἐγείρω 3s aor pas ind, intrans pas get up
[2] ταχύς, adv, quickly
[3] οὔπω, adv, not yet
[4] ἔρχομαι 3s plpf act ind, come
[5] κώμη, -ης f, village
[6] ὑπαντάω 3s aor act ind, meet
[7] παραμυθέομαι pres mid ptc m p nom, comfort
[8] ταχέως, adv, quickly
[9] ἀνίστημι 3s aor act ind, intrans get up
[10] πίπτω 3s aor act ind, fall
[11] συνέρχομαι aor act ptc m p acc, come with
[12] ἐμβριμάομαι 3s aor mid ind, experience deep feelings (ἐ. τῷ πνεύματι be deeply moved)
[13] ταράσσω 3s aor act ind, trouble (τ. ἑαυτὸν be terribly upset)
[14] τίθημι 2p pf act ind, put
[15] δακρύω 3s aor act ind, weep
[16] ἴδε, interj, Look!
[17] φιλέω 3s impf act ind, love
[18] ἀποθνῄσκω 3s aor act sub, die
[19] ἐμβριμάομαι pres mid ptc m s nom, experience deep feelings (ἐ. ἐν ἑαυτῷ be deeply moved)
[20] σπήλαιον, -ου n, cave
[21] ἐπίκειμαι 3s impf mid ind, lie (on)
[22] αἴρω 2p aor act impv, take away
[23] ἀδελφή, -ῆς f, sister
[24] τελευτάω pf act ptc m s gen, die
[25] ὄζω 3s pres act ind, give off an odor
[26] τεταρταῖος, -α/ον, happening on the fourth day (τ. γάρ ἐστιν he has been dead four days)
[27] ὁράω 2s fut mid ind, see
[28] αἴρω 3p aor act ind, take away
[29] αἴρω 3s aor act ind, lift up (of eyes) (ἦρεν τοὺς ὀφθαλμούς he looked up)
[30] ἄνω, adv, upwards
[31] οἶδα 1s plpf act ind, know
[32] περιίστημι pf act ptc m s acc, stand around
[33] ἀποστέλλω 2s aor act ind, send
[34] κραυγάζω 3s aor act ind, shout
[35] δεῦρο, interj, Come!

ἔξω. **44** ἐξῆλθεν ὁ τεθνηκὼς¹ δεδεμένος² τοὺς πόδας καὶ τὰς χεῖρας κειρίαις³ καὶ ἡ ὄψις⁴ αὐτοῦ σουδαρίῳ⁵ περιεδέδετο⁶. λέγει αὐτοῖς ὁ Ἰησοῦς· λύσατε αὐτὸν καὶ ἄφετε⁷ αὐτὸν ὑπάγειν.

The Plot to Kill Jesus (Mt 26.1-5; Mk 14.1-2; Lk 22.1-2)

45 Πολλοὶ οὖν ἐκ τῶν Ἰουδαίων οἱ ἐλθόντες πρὸς τὴν Μαριὰμ καὶ θεασάμενοι⁸ ἃ ἐποίησεν ἐπίστευσαν εἰς αὐτόν· **46** τινὲς δὲ ἐξ αὐτῶν ἀπῆλθον πρὸς τοὺς Φαρισαίους καὶ εἶπαν αὐτοῖς ἃ ἐποίησεν Ἰησοῦς.

47 Συνήγαγον οὖν οἱ ἀρχιερεῖς καὶ οἱ Φαρισαῖοι συνέδριον⁹ καὶ ἔλεγον· τί ποιοῦμεν ὅτι οὗτος ὁ ἄνθρωπος πολλὰ ποιεῖ σημεῖα; **48** ἐὰν ἀφῶμεν¹⁰ αὐτὸν οὕτως, πάντες πιστεύσουσιν εἰς αὐτόν, καὶ ἐλεύσονται¹¹ οἱ Ῥωμαῖοι καὶ ἀροῦσιν¹² ἡμῶν καὶ τὸν τόπον καὶ τὸ ἔθνος. **49** εἷς δέ τις ἐξ αὐτῶν Καϊάφας, ἀρχιερεὺς ὢν τοῦ ἐνιαυτοῦ¹³ ἐκείνου, εἶπεν αὐτοῖς· ὑμεῖς οὐκ οἴδατε οὐδέν, **50** οὐδὲ λογίζεσθε ὅτι συμφέρει¹⁴ ὑμῖν ἵνα εἷς ἄνθρωπος ἀποθάνῃ¹⁵ ὑπὲρ τοῦ λαοῦ καὶ μὴ ὅλον τὸ ἔθνος ἀπόληται¹⁶. **51** τοῦτο δὲ ἀφ' ἑαυτοῦ οὐκ εἶπεν, ἀλλ' ἀρχιερεὺς ὢν τοῦ ἐνιαυτοῦ ἐκείνου ἐπροφήτευσεν¹⁷ ὅτι ἔμελλεν Ἰησοῦς ἀποθνήσκειν ὑπὲρ τοῦ ἔθνους, **52** καὶ οὐχ ὑπὲρ τοῦ ἔθνους μόνον ἀλλ' ἵνα καὶ τὰ τέκνα τοῦ θεοῦ τὰ διεσκορπισμένα¹⁸ συναγάγῃ¹⁹ εἰς ἕν. **53** ἀπ' ἐκείνης οὖν τῆς ἡμέρας ἐβουλεύσαντο²⁰ ἵνα ἀποκτείνωσιν²¹ αὐτόν.

54 Ὁ οὖν Ἰησοῦς οὐκέτι παρρησίᾳ περιεπάτει ἐν τοῖς Ἰουδαίοις, ἀλλ' ἀπῆλθεν ἐκεῖθεν²² εἰς τὴν χώραν²³ ἐγγὺς τῆς ἐρήμου, εἰς Ἐφραὶμ λεγομένην πόλιν, κἀκεῖ ἔμεινεν²⁴ μετὰ τῶν μαθητῶν.

55 Ἦν δὲ ἐγγὺς τὸ πάσχα²⁵ τῶν Ἰουδαίων, καὶ ἀνέβησαν²⁶ πολλοὶ εἰς Ἱεροσόλυμα ἐκ τῆς χώρας πρὸ τοῦ πάσχα ἵνα ἁγνίσωσιν²⁷ ἑαυτούς. **56** ἐζήτουν οὖν τὸν Ἰησοῦν καὶ ἔλεγον μετ' ἀλλήλων ἐν τῷ ἱερῷ ἑστηκότες²⁸· τί δοκεῖ ὑμῖν; ὅτι οὐ μὴ ἔλθῃ²⁹ εἰς

---

¹ θνήσκω *pf act ptc m s nom*, die
² δέω *pf pas ptc m s nom*, bind
³ κειρία, -ας *f*, strip of cloth
⁴ ὄψις, -εως *f*, face
⁵ σουδάριον, -ου *n*, facecloth (used for the dead)
⁶ περιδέω *3s plpf pas ind*, wrap
⁷ ἀφίημι *2p aor act impv*, let
⁸ θεάομαι *aor mid ptc m p nom*, see
⁹ συνέδριον, -ου *n*, council
¹⁰ ἀφίημι *1p aor act sub*, let
¹¹ ἔρχομαι *3p fut mid ind*, come
¹² αἴρω *3p fut act ind*, destroy
¹³ ἐνιαυτός, -οῦ *m*, year
¹⁴ συμφέρω *3s pres act ind, impers* it is better
¹⁵ ἀποθνήσκω *3s aor act sub*, die
¹⁶ ἀπόλλυμι *3s aor mid sub*, mid be destroyed
¹⁷ προφητεύω *3s aor act ind*, prophesy
¹⁸ διασκορπίζω *pf pas ptc n p acc*, scatter
¹⁹ συνάγω *3s aor act sub*, gather together
²⁰ βουλεύω *3p aor mid ind*, mid plan
²¹ ἀποκτείνω *3p aor act sub*, kill
²² ἐκεῖθεν, *adv*, from there
²³ χώρα, -ας *f*, region
²⁴ μένω *3s aor act ind*, stay
²⁵ πάσχα, *n*, Passover
²⁶ ἀναβαίνω *3p aor act ind*, go (up)
²⁷ ἁγνίζω *3p aor act sub*, purify
²⁸ ἵστημι *pf act ptc m p nom*, *intrans* stand
²⁹ ἔρχομαι *3s aor act sub*, come

τὴν ἑορτήν¹; 57 δεδώκεισαν² δὲ οἱ ἀρχιερεῖς καὶ οἱ Φαρισαῖοι ἐντολὰς ἵνα ἐάν τις γνῷ³ ποῦ ἐστιν μηνύσῃ⁴, ὅπως πιάσωσιν⁵ αὐτόν.

The Anointing at Bethany (Mt 26.6-13; Mk 14.3-9)

12 Ὁ οὖν Ἰησοῦς πρὸ ἓξ⁶ ἡμερῶν τοῦ πάσχα⁷ ἦλθεν εἰς Βηθανίαν, ὅπου ἦν Λάζαρος, ὃν ἤγειρεν ἐκ νεκρῶν Ἰησοῦς. 2 ἐποίησαν οὖν αὐτῷ δεῖπνον⁸ ἐκεῖ, καὶ ἡ Μάρθα διηκόνει, ὁ δὲ Λάζαρος εἷς ἦν ἐκ τῶν ἀνακειμένων⁹ σὺν αὐτῷ. 3 Ἡ οὖν Μαριὰμ λαβοῦσα¹⁰ λίτραν¹¹ μύρου¹² νάρδου¹³ πιστικῆς¹⁴ πολυτίμου¹⁵ ἤλειψεν¹⁶ τοὺς πόδας τοῦ Ἰησοῦ καὶ ἐξέμαξεν¹⁷ ταῖς θριξὶν¹⁸ αὐτῆς τοὺς πόδας αὐτοῦ· ἡ δὲ οἰκία ἐπληρώθη ἐκ τῆς ὀσμῆς¹⁹ τοῦ μύρου. 4 λέγει δὲ Ἰούδας ὁ Ἰσκαριώτης εἷς [ἐκ] τῶν μαθητῶν αὐτοῦ, ὁ μέλλων αὐτὸν παραδιδόναι²⁰· 5 διὰ τί τοῦτο τὸ μύρον οὐκ ἐπράθη²¹ τριακοσίων²² δηναρίων²³ καὶ ἐδόθη²⁴ πτωχοῖς; 6 εἶπεν δὲ τοῦτο οὐχ ὅτι περὶ τῶν πτωχῶν ἔμελεν²⁵ αὐτῷ, ἀλλ' ὅτι κλέπτης²⁶ ἦν καὶ τὸ γλωσσόκομον²⁷ ἔχων τὰ βαλλόμενα ἐβάσταζεν²⁸. 7 εἶπεν οὖν ὁ Ἰησοῦς· ἄφες²⁹ αὐτήν, ἵνα εἰς τὴν ἡμέραν τοῦ ἐνταφιασμοῦ³⁰ μου τηρήσῃ αὐτό· 8 τοὺς πτωχοὺς γὰρ πάντοτε ἔχετε μεθ' ἑαυτῶν, ἐμὲ δὲ οὐ πάντοτε ἔχετε.

The Plot against Lazarus

9 Ἔγνω³¹ οὖν [ὁ] ὄχλος πολὺς ἐκ τῶν Ἰουδαίων ὅτι ἐκεῖ ἐστιν καὶ ἦλθον οὐ διὰ τὸν Ἰησοῦν μόνον, ἀλλ' ἵνα καὶ τὸν Λάζαρον ἴδωσιν³² ὃν ἤγειρεν ἐκ νεκρῶν. 10 ἐβουλεύσαντο³³ δὲ οἱ ἀρχιερεῖς ἵνα καὶ τὸν Λάζαρον ἀποκτείνωσιν, 11 ὅτι πολλοὶ δι' αὐτὸν ὑπῆγον τῶν Ἰουδαίων καὶ ἐπίστευον εἰς τὸν Ἰησοῦν.

---

1 ἑορτή, -ῆς f, festival
2 δίδωμι 3p plpf act ind, give
3 γινώσκω 3s aor act sub, know
4 μηνύω 3s aor act sub, report (something)
5 πιάζω 3p aor act sub, arrest
6 ἕξ, six
7 πάσχα, n, Passover
8 δεῖπνον, -ου n, supper
9 ἀνάκειμαι pres mid ptc m p gen, be seated (at table)
10 λαμβάνω aor act ptc f s nom, take
11 λίτρα, -ας f, (Roman) pound (= 11.5 ounces or 327 grams)
12 μύρον, -ου n, perfume/ointment
13 νάρδος, -ου f, oil of nard
14 πιστικός, -ή/όν, pure
15 πολύτιμος, -ον, expensive
16 ἀλείφω 3s aor act ind, anoint
17 ἐκμάσσω 3s aor act ind, wipe
18 θρίξ, τριχός f, hair
19 ὀσμή, -ῆς f, fragrance
20 παραδίδωμι pres act inf, betray
21 πιπράσκω 3s aor pas ind, sell
22 τριακόσιοι, -αι/α, three hundred
23 δηνάριον, -ου n, denarius (Roman silver coin = day's wages of a common laborer)
24 δίδωμι 3s aor pas ind, give
25 μέλει 3s impf act ind, impers it is of concern
26 κλέπτης, -ου m, thief
27 γλωσσόκομον, -ου n, money bag
28 βαστάζω 3s impf act ind, take/steal
29 ἀφίημι 2s aor act impv, let alone
30 ἐνταφιασμός, -οῦ m, burial
31 γινώσκω 3s aor act ind, know
32 ὁράω 3p aor act sub, see
33 βουλεύω 3p aor mid ind, mid plan

The Triumphal Entry into Jerusalem (Mt 21.1-11; Mk 11.1-11; Lk 19.28-40)

12 Τῇ ἐπαύριον¹ ὁ ὄχλος πολὺς ὁ ἐλθὼν εἰς τὴν ἑορτήν², ἀκούσαντες ὅτι ἔρχεται ὁ Ἰησοῦς εἰς Ἱεροσόλυμα **13** ἔλαβον τὰ βαΐα³ τῶν φοινίκων⁴ καὶ ἐξῆλθον εἰς ὑπάντησιν⁵ αὐτῷ καὶ ἐκραύγαζον⁶·

ὡσαννά⁷·
εὐλογημένος ὁ ἐρχόμενος ἐν ὀνόματι κυρίου,
[καὶ] ὁ βασιλεὺς τοῦ Ἰσραήλ.

14 εὑρὼν⁸ δὲ ὁ Ἰησοῦς ὀνάριον⁹ ἐκάθισεν ἐπ' αὐτό, καθώς ἐστιν γεγραμμένον¹⁰·

15 μὴ φοβοῦ, θυγάτηρ¹¹ Σιών·
ἰδοὺ ὁ βασιλεύς σου ἔρχεται,
καθήμενος ἐπὶ πῶλον¹² ὄνου¹³.

16 ταῦτα οὐκ ἔγνωσαν¹⁴ αὐτοῦ οἱ μαθηταὶ τὸ πρῶτον¹⁵, ἀλλ' ὅτε ἐδοξάσθη Ἰησοῦς τότε ἐμνήσθησαν¹⁶ ὅτι ταῦτα ἦν ἐπ' αὐτῷ γεγραμμένα καὶ ταῦτα ἐποίησαν αὐτῷ. **17** ἐμαρτύρει οὖν ὁ ὄχλος ὁ ὢν μετ' αὐτοῦ ὅτε τὸν Λάζαρον ἐφώνησεν ἐκ τοῦ μνημείου καὶ ἤγειρεν αὐτὸν ἐκ νεκρῶν. **18** διὰ τοῦτο [καὶ] ὑπήντησεν¹⁷ αὐτῷ ὁ ὄχλος, ὅτι ἤκουσαν τοῦτο αὐτὸν πεποιηκέναι¹⁸ τὸ σημεῖον. **19** οἱ οὖν Φαρισαῖοι εἶπαν πρὸς ἑαυτούς· θεωρεῖτε ὅτι οὐκ ὠφελεῖτε¹⁹ οὐδέν· ἴδε²⁰ ὁ κόσμος ὀπίσω αὐτοῦ ἀπῆλθεν.

Some Greeks Seek Jesus

20 Ἦσαν δὲ Ἕλληνές τινες ἐκ τῶν ἀναβαινόντων ἵνα προσκυνήσωσιν ἐν τῇ ἑορτῇ²¹· **21** οὗτοι οὖν προσῆλθον²² Φιλίππῳ τῷ ἀπὸ Βηθσαϊδὰ τῆς Γαλιλαίας καὶ ἠρώτων αὐτὸν λέγοντες· κύριε, θέλομεν τὸν Ἰησοῦν ἰδεῖν. **22** ἔρχεται ὁ Φίλιππος καὶ λέγει τῷ Ἀνδρέᾳ, ἔρχεται Ἀνδρέας καὶ Φίλιππος καὶ λέγουσιν τῷ Ἰησοῦ. **23** ὁ δὲ Ἰησοῦς ἀποκρίνεται αὐτοῖς λέγων· ἐλήλυθεν²³ ἡ ὥρα ἵνα δοξασθῇ ὁ υἱὸς τοῦ ἀνθρώπου. **24** ἀμὴν ἀμὴν λέγω ὑμῖν, ἐὰν μὴ ὁ κόκκος²⁴ τοῦ σίτου²⁵ πεσὼν²⁶ εἰς τὴν γῆν ἀποθάνῃ²⁷, αὐτὸς μόνος μένει· ἐὰν δὲ ἀποθάνῃ, πολὺν καρπὸν φέρει. **25** ὁ φιλῶν²⁸ τὴν ψυχὴν αὐτοῦ ἀπολλύει αὐτήν, καὶ ὁ μισῶν τὴν ψυχὴν αὐτοῦ ἐν τῷ κόσμῳ

---

1 ἐπαύριον, *adv*, the next day
2 ἑορτή, -ῆς *f*, festival
3 βαΐον, -ου *n*, palm branch
4 φοῖνιξ, -ικος *m*, palm tree
5 ὑπάντησις, -εως *f*, meeting
6 κραυγάζω 3*p impf act ind*, shout
7 ὡσαννά, hosanna (Aramaic word of praise Please save us!)
8 εὑρίσκω *aor act ptc m s nom*, find
9 ὀνάριον, -ου *n*, (young) donkey
10 γράφω *pf pas ptc n s nom*, write
11 θυγάτηρ, -τρός *f*, daughter
12 πῶλος, -ου *m*, colt
13 ὄνος, -ου *m & f*, donkey
14 γινώσκω 3*p aor act ind*, know
15 πρῶτος, -η/ον, first (τὸ π. at first)
16 μιμνῄσκομαι 3*p aor pas ind*, remember
17 ὑπαντάω 3*s aor act ind*, meet
18 ποιέω *pf act inf*, do
19 ὠφελέω 2*p pres act ind*, accomplish (οὐδὲν ὠ. οὐδέν you're getting nowhere)
20 ἴδε, *interj*, Look!
21 ἑορτή, -ῆς *f*, festival
22 προσέρχομαι 3*p aor act ind*, come/go to
23 ἔρχομαι 3*s pf act ind*, come
24 κόκκος, -ου *m*, grain
25 σῖτος, -ου *m*, wheat
26 πίπτω *aor act ptc m s nom*, fall
27 ἀποθνῄσκω 3*s aor act sub*, die
28 φιλέω *pres act ptc m s nom*, love

τούτῳ εἰς ζωὴν αἰώνιον φυλάξει[1] αὐτήν. 26 ἐάν ἐμοί τις διακονῇ, ἐμοὶ ἀκολουθείτω, καὶ ὅπου εἰμὶ ἐγὼ ἐκεῖ καὶ ὁ διάκονος[2] ὁ ἐμὸς ἔσται· ἐάν τις ἐμοὶ διακονῇ τιμήσει[3] αὐτὸν ὁ πατήρ.

The Son of Man Must be Lifted Up

27 Νῦν ἡ ψυχή μου τετάρακται[4], καὶ τί εἴπω[5]; πάτερ, σῶσόν με ἐκ τῆς ὥρας ταύτης; ἀλλὰ διὰ τοῦτο ἦλθον εἰς τὴν ὥραν ταύτην. 28 πάτερ, δόξασόν σου τὸ ὄνομα. ἦλθεν οὖν φωνὴ ἐκ τοῦ οὐρανοῦ· καὶ ἐδόξασα καὶ πάλιν δοξάσω. 29 ὁ οὖν ὄχλος ὁ ἑστὼς[6] καὶ ἀκούσας ἔλεγεν βροντὴν[7] γεγονέναι[8], ἄλλοι ἔλεγον· ἄγγελος αὐτῷ λελάληκεν. 30 ἀπεκρίθη Ἰησοῦς καὶ εἶπεν· οὐ δι' ἐμὲ ἡ φωνὴ αὕτη γέγονεν ἀλλὰ δι' ὑμᾶς. 31 νῦν κρίσις ἐστὶν τοῦ κόσμου τούτου, νῦν ὁ ἄρχων τοῦ κόσμου τούτου ἐκβληθήσεται[9] ἔξω· 32 κἀγὼ ἐὰν ὑψωθῶ[10] ἐκ τῆς γῆς, πάντας ἑλκύσω[11] πρὸς ἐμαυτόν. 33 τοῦτο δὲ ἔλεγεν σημαίνων[12] ποίῳ θανάτῳ ἤμελλεν ἀποθνῄσκειν.

34 Ἀπεκρίθη οὖν αὐτῷ ὁ ὄχλος· ἡμεῖς ἠκούσαμεν ἐκ τοῦ νόμου ὅτι ὁ χριστὸς μένει εἰς τὸν αἰῶνα, καὶ πῶς λέγεις σὺ ὅτι δεῖ ὑψωθῆναι[13] τὸν υἱὸν τοῦ ἀνθρώπου; τίς ἐστιν οὗτος ὁ υἱὸς τοῦ ἀνθρώπου; 35 εἶπεν οὖν αὐτοῖς ὁ Ἰησοῦς· ἔτι μικρὸν χρόνον τὸ φῶς ἐν ὑμῖν ἐστιν. περιπατεῖτε ὡς τὸ φῶς ἔχετε, ἵνα μὴ σκοτία[14] ὑμᾶς καταλάβῃ[15]· καὶ ὁ περιπατῶν ἐν τῇ σκοτίᾳ οὐκ οἶδεν ποῦ ὑπάγει. 36 ὡς τὸ φῶς ἔχετε, πιστεύετε εἰς τὸ φῶς, ἵνα υἱοὶ φωτὸς γένησθε[16]. ταῦτα ἐλάλησεν Ἰησοῦς, καὶ ἀπελθὼν ἐκρύβη[17] ἀπ' αὐτῶν.

The Unbelief of the People

37 Τοσαῦτα[18] δὲ αὐτοῦ σημεῖα πεποιηκότος ἔμπροσθεν αὐτῶν οὐκ ἐπίστευον εἰς αὐτόν, 38 ἵνα ὁ λόγος Ἠσαΐου τοῦ προφήτου πληρωθῇ ὃν εἶπεν·

κύριε, τίς ἐπίστευσεν τῇ ἀκοῇ[19] ἡμῶν;
καὶ ὁ βραχίων[20] κυρίου τίνι ἀπεκαλύφθη[21];

39 διὰ τοῦτο οὐκ ἠδύναντο πιστεύειν, ὅτι πάλιν εἶπεν Ἠσαΐας·

40 τετύφλωκεν[22] αὐτῶν τοὺς ὀφθαλμοὺς
καὶ ἐπώρωσεν[23] αὐτῶν τὴν καρδίαν,

---

[1] φυλάσσω 3s fut act ind, keep safe
[2] διάκονος, -ου m & f, servant
[3] τιμάω 3s fut act ind, honor
[4] ταράσσω 3s pf pas ind, trouble
[5] λέγω 1s aor act sub, say
[6] ἵστημι pf act ptc m s nom, intrans stand
[7] βροντή, -ῆς f, thunder
[8] γίνομαι pf act inf, be
[9] ἐκβάλλω 3s fut pas ind, force out
[10] ὑψόω 1s aor pas sub, lift up
[11] ἑλκύω 1s fut act ind, draw (someone to oneself)
[12] σημαίνω pres act ptc m s nom, indicate
[13] ὑψόω aor pas inf, lift up
[14] σκοτία, -ας f, darkness
[15] καταλαμβάνω 3s aor act sub, come upon/overtake
[16] γίνομαι 2p aor mid sub, be/become
[17] κρύπτω 3s aor pas ind, hide (pas hide oneself)
[18] τοσοῦτος, -αύτη/οῦτον, pl so many
[19] ἀκοή, -ῆς f, message
[20] βραχίων, -ονος m, arm
[21] ἀποκαλύπτω 3s aor pas ind, reveal
[22] τυφλόω 3s pf act ind, blind
[23] πωρόω 3s aor act ind, made stubborn

ἵνα μὴ ἴδωσιν¹ τοῖς ὀφθαλμοῖς
καὶ νοήσωσιν² τῇ καρδίᾳ³
καὶ στραφῶσιν, καὶ ἰάσομαι⁴ αὐτούς.
41 ταῦτα εἶπεν Ἡσαΐας ὅτι εἶδεν τὴν δόξαν αὐτοῦ, καὶ ἐλάλησεν περὶ αὐτοῦ.
42 ὅμως⁵ μέντοι⁶ καὶ ἐκ τῶν ἀρχόντων πολλοὶ ἐπίστευσαν εἰς αὐτόν, ἀλλὰ διὰ τοὺς Φαρισαίους οὐχ ὡμολόγουν⁷ ἵνα μὴ ἀποσυνάγωγοι⁸ γένωνται⁹· **43** ἠγάπησαν¹⁰ γὰρ τὴν δόξαν τῶν ἀνθρώπων μᾶλλον ἤπερ¹¹ τὴν δόξαν τοῦ θεοῦ.

Judgment and Salvation

44 Ἰησοῦς δὲ ἔκραξεν καὶ εἶπεν· ὁ πιστεύων εἰς ἐμὲ οὐ πιστεύει εἰς ἐμὲ ἀλλ' εἰς τὸν πέμψαντά¹² με, **45** καὶ ὁ θεωρῶν ἐμὲ θεωρεῖ τὸν πέμψαντά με. **46** ἐγὼ φῶς εἰς τὸν κόσμον ἐλήλυθα¹³, ἵνα πᾶς ὁ πιστεύων εἰς ἐμὲ ἐν τῇ σκοτίᾳ¹⁴ μὴ μείνῃ¹⁵. **47** καὶ ἐάν τίς μου ἀκούσῃ τῶν ῥημάτων καὶ μὴ φυλάξῃ¹⁶, ἐγὼ οὐ κρίνω αὐτόν· οὐ γὰρ ἦλθον ἵνα κρίνω τὸν κόσμον, ἀλλ' ἵνα σώσω τὸν κόσμον. **48** ὁ ἀθετῶν¹⁷ ἐμὲ καὶ μὴ λαμβάνων τὰ ῥήματά μου ἔχει τὸν κρίνοντα αὐτόν· ὁ λόγος ὃν ἐλάλησα ἐκεῖνος κρινεῖ αὐτὸν ἐν τῇ ἐσχάτῃ ἡμέρᾳ. **49** ὅτι ἐγὼ ἐξ ἐμαυτοῦ οὐκ ἐλάλησα, ἀλλ' ὁ πέμψας¹⁸ με πατὴρ αὐτός μοι ἐντολὴν δέδωκεν¹⁹ τί εἴπω²⁰ καὶ τί λαλήσω. **50** καὶ οἶδα ὅτι ἡ ἐντολὴ αὐτοῦ ζωὴ αἰώνιός ἐστιν. ἃ οὖν ἐγὼ λαλῶ, καθὼς εἴρηκέν²¹ μοι ὁ πατήρ, οὕτως λαλῶ.

The Washing of the Disciples' Feet

13 Πρὸ δὲ τῆς ἑορτῆς²² τοῦ πάσχα²³ εἰδὼς²⁴ ὁ Ἰησοῦς ὅτι ἦλθεν αὐτοῦ ἡ ὥρα ἵνα μεταβῇ²⁵ ἐκ τοῦ κόσμου τούτου πρὸς τὸν πατέρα, ἀγαπήσας τοὺς ἰδίους τοὺς ἐν τῷ κόσμῳ εἰς τέλος ἠγάπησεν αὐτούς. **2** καὶ δείπνου²⁶ γινομένου, τοῦ διαβόλου ἤδη βεβληκότος²⁷ εἰς τὴν καρδίαν ἵνα παραδοῖ²⁸ αὐτὸν Ἰούδας Σίμωνος Ἰσκαριώτου, **3** εἰδὼς ὅτι πάντα ἔδωκεν αὐτῷ ὁ πατὴρ εἰς τὰς χεῖρας καὶ ὅτι ἀπὸ θεοῦ ἐξῆλθεν καὶ πρὸς τὸν θεὸν ὑπάγει, **4** ἐγείρεται ἐκ τοῦ δείπνου καὶ τίθησιν τὰ

¹ ὁράω 3p aor act sub, see
² νοέω 3p aor act sub, understand
³ στρέφω 3p aor pas sub, intrans pas turn
⁴ ἰάομαι 1s fut mid ind, heal
⁵ ὅμως, adv, nevertheless
⁶ μέντοι, conj, however
⁷ ὁμολογέω 3p impf act ind, confess
⁸ ἀποσυνάγωγος, -ον, excommunicated from the synagogue
⁹ γίνομαι 3p aor mid sub, be/become
¹⁰ ἀγαπάω 3p aor act ind, love
¹¹ ἤπερ, comparative particle, than
¹² πέμπω aor act ptc m s acc, send
¹³ ἔρχομαι 1s pf act ind, come
¹⁴ σκοτία, -ας f, darkness
¹⁵ μένω 3s aor act sub, stay
¹⁶ φυλάσσω 3s aor act sub, obey
¹⁷ ἀθετέω pres act ptc m s nom, reject
¹⁸ πέμπω aor act ptc m s nom, send
¹⁹ δίδωμι 3s pf act ind, give
²⁰ λέγω 1s aor act sub, say
²¹ λέγω 3s pf act ind, say
²² ἑορτή, -ῆς f, festival
²³ πάσχα, n, Passover
²⁴ οἶδα pf act ptc m s nom, know
²⁵ μεταβαίνω 3s aor act sub, leave
²⁶ δεῖπνον, -ου n, supper
²⁷ βάλλω pf act ptc m s gen, put
²⁸ παραδίδωμι 3s aor act sub, betray

ἱμάτια καὶ λαβὼν λέντιον¹ διέζωσεν² ἑαυτόν· 5 εἶτα³ βάλλει ὕδωρ εἰς τὸν νιπτῆρα⁴ καὶ ἤρξατο⁵ νίπτειν⁶ τοὺς πόδας τῶν μαθητῶν καὶ ἐκμάσσειν⁷ τῷ λεντίῳ ᾧ ἦν διεζωσμένος. 6 ἔρχεται οὖν πρὸς Σίμωνα Πέτρον· λέγει αὐτῷ· κύριε, σύ μου νίπτεις τοὺς πόδας; 7 ἀπεκρίθη Ἰησοῦς καὶ εἶπεν αὐτῷ· ὃ ἐγὼ ποιῶ σὺ οὐκ οἶδας ἄρτι, γνώσῃ⁸ δὲ μετὰ ταῦτα. 8 λέγει αὐτῷ Πέτρος· οὐ μὴ νίψῃς⁹ μου τοὺς πόδας εἰς τὸν αἰῶνα. ἀπεκρίθη Ἰησοῦς αὐτῷ· ἐὰν μὴ νίψω σε, οὐκ ἔχεις μέρος μετ' ἐμοῦ. 9 λέγει αὐτῷ Σίμων Πέτρος· κύριε, μὴ τοὺς πόδας μου μόνον ἀλλὰ καὶ τὰς χεῖρας καὶ τὴν κεφαλήν. 10 λέγει αὐτῷ ὁ Ἰησοῦς· ὁ λελουμένος¹⁰ οὐκ ἔχει χρείαν εἰ μὴ τοὺς πόδας νίψασθαι¹¹, ἀλλ' ἔστιν καθαρὸς¹² ὅλος· καὶ ὑμεῖς καθαροί ἐστε, ἀλλ' οὐχὶ πάντες. 11 ᾔδει¹³ γὰρ τὸν παραδιδόντα¹⁴ αὐτόν· διὰ τοῦτο εἶπεν ὅτι οὐχὶ πάντες καθαροί ἐστε.

12 Ὅτε οὖν ἔνιψεν¹⁵ τοὺς πόδας αὐτῶν καὶ ἔλαβεν τὰ ἱμάτια αὐτοῦ καὶ ἀνέπεσεν¹⁶ πάλιν, εἶπεν αὐτοῖς· γινώσκετε τί πεποίηκα ὑμῖν; 13 ὑμεῖς φωνεῖτέ με· ὁ διδάσκαλος, καί· ὁ κύριος, καὶ καλῶς λέγετε· εἰμὶ γάρ. 14 εἰ οὖν ἐγὼ ἔνιψα ὑμῶν τοὺς πόδας ὁ κύριος καὶ ὁ διδάσκαλος, καὶ ὑμεῖς ὀφείλετε ἀλλήλων νίπτειν τοὺς πόδας· 15 ὑπόδειγμα¹⁷ γὰρ ἔδωκα ὑμῖν ἵνα καθὼς ἐγὼ ἐποίησα ὑμῖν καὶ ὑμεῖς ποιῆτε. 16 ἀμὴν ἀμὴν λέγω ὑμῖν, οὐκ ἔστιν δοῦλος μείζων τοῦ κυρίου αὐτοῦ οὐδὲ ἀπόστολος μείζων¹⁸ τοῦ πέμψαντος¹⁹ αὐτόν. 17 εἰ ταῦτα οἴδατε, μακάριοί ἐστε ἐὰν ποιῆτε αὐτά.

18 Οὐ περὶ πάντων ὑμῶν λέγω· ἐγὼ οἶδα τίνας ἐξελεξάμην· ἀλλ' ἵνα ἡ γραφὴ πληρωθῇ· ὁ τρώγων²⁰ μου τὸν ἄρτον ἐπῆρεν²¹ ἐπ' ἐμὲ τὴν πτέρναν²² αὐτοῦ. 19 ἀπ' ἄρτι λέγω ὑμῖν πρὸ τοῦ γενέσθαι, ἵνα πιστεύσητε ὅταν γένηται ὅτι ἐγώ εἰμι. 20 ἀμὴν ἀμὴν λέγω ὑμῖν, ὁ λαμβάνων ἄν τινα πέμψω ἐμὲ λαμβάνει, ὁ δὲ ἐμὲ λαμβάνων λαμβάνει τὸν πέμψαντά με.

Jesus Foretells His Betrayal (Mt 26.20-25; Mk 14.17-21; Lk 22.21-23)

21 Ταῦτα εἰπὼν [ὁ] Ἰησοῦς ἐταράχθη²³ τῷ πνεύματι καὶ ἐμαρτύρησεν καὶ εἶπεν· ἀμὴν ἀμὴν λέγω ὑμῖν ὅτι εἷς ἐξ ὑμῶν παραδώσει²⁴ με. 22 ἔβλεπον εἰς ἀλλήλους οἱ

---

1 λέντιον, -ου n, towel
2 διαζώννυμι 3s aor act ind, wrap around
3 εἶτα, adv, then
4 νιπτήρ, -ῆρος m, washbasin
5 ἄρχω 3s aor mid ind, mid begin
6 νίπτω pres act inf, wash
7 ἐκμάσσω pres act inf, wipe
8 γινώσκω 2s fut mid ind, know
9 νίπτω 2s aor act sub, wash

10 λούω pf mid or pas ptc m s nom, mid wash
11 νίπτω aor mid inf, mid wash oneself
12 καθαρός, -ά/όν, clean
13 οἶδα 3s plpf act ind, know
14 παραδίδωμι pres act ptc m s acc, betray
15 νίπτω 3s aor act ind, wash
16 ἀναπίπτω 3s aor act ind, sit at table

17 ὑπόδειγμα, -τος n, example
18 μέγας, great (comp)
19 πέμπω aor act ptc m s gen, send
20 τρώγω pres act ptc m s nom, eat
21 ἐπαίρω 3s aor act ind, lift up
22 πτέρνα, -ης f, heel
23 ταράσσω 3s aor pas ind, trouble
24 παραδίδωμι 3s fut act ind, betray

μαθηταὶ ἀπορούμενοι[1] περὶ τίνος λέγει. 23 ἦν ἀνακείμενος[2] εἷς ἐκ τῶν μαθητῶν αὐτοῦ ἐν τῷ κόλπῳ[3] τοῦ Ἰησοῦ, ὃν ἠγάπα ὁ Ἰησοῦς. 24 νεύει[4] οὖν τούτῳ Σίμων Πέτρος πυθέσθαι[5] τίς ἂν εἴη[6] περὶ οὗ λέγει. 25 ἀναπεσών[7] οὖν ἐκεῖνος οὕτως ἐπὶ τὸ στῆθος[8] τοῦ Ἰησοῦ λέγει αὐτῷ· κύριε, τίς ἐστιν; 26 ἀποκρίνεται [ὁ] Ἰησοῦς· ἐκεῖνός ἐστιν ᾧ ἐγὼ βάψω[9] τὸ ψωμίον[10] καὶ δώσω[11] αὐτῷ. βάψας[12] οὖν τὸ ψωμίον [λαμβάνει καὶ] δίδωσιν Ἰούδᾳ Σίμωνος Ἰσκαριώτου. 27 καὶ μετὰ τὸ ψωμίον τότε εἰσῆλθεν εἰς ἐκεῖνον ὁ σατανᾶς. λέγει οὖν αὐτῷ ὁ Ἰησοῦς· ὃ ποιεῖς ποίησον τάχιον[13]. 28 τοῦτο δὲ οὐδεὶς ἔγνω[14] τῶν ἀνακειμένων πρὸς τί εἶπεν αὐτῷ· 29 τινὲς γὰρ ἐδόκουν, ἐπεὶ[15] τὸ γλωσσόκομον[16] εἶχεν Ἰούδας, ὅτι λέγει αὐτῷ ὁ Ἰησοῦς· ἀγόρασον ὧν χρείαν ἔχομεν εἰς τὴν ἑορτήν[17], ἢ τοῖς πτωχοῖς ἵνα τι δῷ[18]. 30 λαβὼν οὖν τὸ ψωμίον ἐκεῖνος ἐξῆλθεν εὐθύς. ἦν δὲ νύξ.

The New Commandment

31 Ὅτε οὖν ἐξῆλθεν, λέγει Ἰησοῦς· νῦν ἐδοξάσθη ὁ υἱὸς τοῦ ἀνθρώπου καὶ ὁ θεὸς ἐδοξάσθη ἐν αὐτῷ· 32 [εἰ ὁ θεὸς ἐδοξάσθη ἐν αὐτῷ], καὶ ὁ θεὸς δοξάσει αὐτὸν ἐν αὐτῷ, καὶ εὐθὺς δοξάσει αὐτόν. 33 τεκνία[19], ἔτι μικρὸν μεθ᾽ ὑμῶν εἰμι· ζητήσετέ με, καὶ καθὼς εἶπον τοῖς Ἰουδαίοις ὅτι ὅπου ἐγὼ ὑπάγω ὑμεῖς οὐ δύνασθε ἐλθεῖν, καὶ ὑμῖν λέγω ἄρτι. 34 ἐντολὴν καινὴν δίδωμι ὑμῖν, ἵνα ἀγαπᾶτε ἀλλήλους, καθὼς ἠγάπησα[20] ὑμᾶς ἵνα καὶ ὑμεῖς ἀγαπᾶτε ἀλλήλους. 35 ἐν τούτῳ γνώσονται[21] πάντες ὅτι ἐμοὶ μαθηταί ἐστε, ἐὰν ἀγάπην ἔχητε ἐν ἀλλήλοις.

Peter's Denial Foretold (Mt 26.31-35; Mk 14.27-31; Lk 22.31-34)

36 Λέγει αὐτῷ Σίμων Πέτρος· κύριε, ποῦ ὑπάγεις; ἀπεκρίθη [αὐτῷ] Ἰησοῦς· ὅπου ὑπάγω οὐ δύνασαί μοι νῦν ἀκολουθῆσαι, ἀκολουθήσεις δὲ ὕστερον[22]. 37 λέγει αὐτῷ ὁ Πέτρος· κύριε, διὰ τί οὐ δύναμαί σοι ἀκολουθῆσαι ἄρτι; τὴν ψυχήν μου ὑπὲρ σοῦ θήσω[23]. 38 ἀποκρίνεται Ἰησοῦς· τὴν ψυχήν σου ὑπὲρ ἐμοῦ θήσεις; ἀμὴν ἀμὴν λέγω σοι, οὐ μὴ ἀλέκτωρ[24] φωνήσῃ ἕως οὗ ἀρνήσῃ[25] με τρίς[26].

[1] ἀπορέω *pres mid ptc m p nom*, be confused
[2] ἀνάκειμαι *pres mid ptc m s nom*, be seated (at table)
[3] κόλπος, -ου *m*, chest (ἐν τῷ κ. next to)
[4] νεύω *3s pres act ind*, motion
[5] πυνθάνομαι *aor mid inf*, ask
[6] εἰμί *3s pres act opt*, be
[7] ἀναπίπτω *aor act ptc m s nom*, sit
[8] στῆθος, -ους *n*, chest
[9] βάπτω *1s fut act ind*, dip
[10] ψωμίον, -ου *n*, piece of bread
[11] δίδωμι *1s fut act ind*, give
[12] βάπτω *aor act ptc m s nom*, dip
[13] ταχέως, *adv*, quickly
[14] γινώσκω *3s aor act ind*, know
[15] ἐπεί, *conj*, because
[16] γλωσσόκομον, -ου *n*, money bag
[17] ἑορτή, -ῆς *f*, festival
[18] δίδωμι *3s aor act sub*, give
[19] τεκνίον, -ου *n*, child
[20] ἀγαπάω *1s aor act ind*, love
[21] γινώσκω *3p fut mid ind*, know
[22] ὕστερον, *adv*, later
[23] τίθημι *1s fut act ind*, lay (something) down
[24] ἀλέκτωρ, -ορος *m*, rooster
[25] ἀρνέομαι *2s aor mid sub*, disown
[26] τρίς, *adv*, three times

Jesus the Way to the Father

14 Μὴ ταρασσέσθω¹ ὑμῶν ἡ καρδία· πιστεύετε εἰς τὸν θεὸν καὶ εἰς ἐμὲ πιστεύετε. 2 ἐν τῇ οἰκίᾳ τοῦ πατρός μου μοναὶ² πολλαί εἰσιν· εἰ δὲ μή, εἶπον ἂν ὑμῖν ὅτι πορεύομαι ἑτοιμάσαι τόπον ὑμῖν; 3 καὶ ἐὰν πορευθῶ καὶ ἑτοιμάσω τόπον ὑμῖν, πάλιν ἔρχομαι καὶ παραλήμψομαι³ ὑμᾶς πρὸς ἐμαυτόν, ἵνα ὅπου εἰμὶ ἐγὼ καὶ ὑμεῖς ἦτε. 4 καὶ ὅπου [ἐγὼ] ὑπάγω οἴδατε τὴν ὁδόν.

5 Λέγει αὐτῷ Θωμᾶς· κύριε, οὐκ οἴδαμεν ποῦ ὑπάγεις· πῶς δυνάμεθα τὴν ὁδὸν εἰδέναι⁴; 6 λέγει αὐτῷ ὁ Ἰησοῦς· ἐγώ εἰμι ἡ ὁδὸς καὶ ἡ ἀλήθεια καὶ ἡ ζωή· οὐδεὶς ἔρχεται πρὸς τὸν πατέρα εἰ μὴ δι' ἐμοῦ. 7 εἰ ἐγνώκατέ⁵ με, καὶ τὸν πατέρα μου γνώσεσθε⁶. καὶ ἀπ' ἄρτι γινώσκετε αὐτὸν καὶ ἑωράκατε⁷ αὐτόν.

8 Λέγει αὐτῷ Φίλιππος· κύριε, δεῖξον⁸ ἡμῖν τὸν πατέρα, καὶ ἀρκεῖ⁹ ἡμῖν. 9 λέγει αὐτῷ ὁ Ἰησοῦς· τοσούτῳ¹⁰ χρόνῳ μεθ' ὑμῶν εἰμι καὶ οὐκ ἔγνωκάς¹¹ με, Φίλιππε; ὁ ἑωρακὼς¹² ἐμὲ ἑώρακεν τὸν πατέρα· πῶς σὺ λέγεις· δεῖξον ἡμῖν τὸν πατέρα; 10 οὐ πιστεύεις ὅτι ἐγὼ ἐν τῷ πατρὶ καὶ ὁ πατὴρ ἐν ἐμοί ἐστιν; τὰ ῥήματα ἃ ἐγὼ λέγω ὑμῖν ἀπ' ἐμαυτοῦ οὐ λαλῶ, ὁ δὲ πατὴρ ἐν ἐμοὶ μένων ποιεῖ τὰ ἔργα αὐτοῦ. 11 πιστεύετέ μοι ὅτι ἐγὼ ἐν τῷ πατρὶ καὶ ὁ πατὴρ ἐν ἐμοί· εἰ δὲ μή, διὰ τὰ ἔργα αὐτὰ πιστεύετε.

12 Ἀμὴν ἀμὴν λέγω ὑμῖν, ὁ πιστεύων εἰς ἐμὲ τὰ ἔργα ἃ ἐγὼ ποιῶ κἀκεῖνος ποιήσει καὶ μείζονα¹³ τούτων ποιήσει, ὅτι ἐγὼ πρὸς τὸν πατέρα πορεύομαι· 13 καὶ ὅ τι ἂν αἰτήσητε ἐν τῷ ὀνόματί μου τοῦτο ποιήσω, ἵνα δοξασθῇ ὁ πατὴρ ἐν τῷ υἱῷ. 14 ἐάν τι αἰτήσητέ με ἐν τῷ ὀνόματί μου ἐγὼ ποιήσω.

The Promise of the Spirit

15 Ἐὰν ἀγαπᾶτέ με, τὰς ἐντολὰς τὰς ἐμὰς τηρήσετε· 16 κἀγὼ ἐρωτήσω τὸν πατέρα καὶ ἄλλον παράκλητον¹⁴ δώσει¹⁵ ὑμῖν, ἵνα μεθ' ὑμῶν εἰς τὸν αἰῶνα ᾖ, 17 τὸ πνεῦμα τῆς ἀληθείας, ὃ ὁ κόσμος οὐ δύναται λαβεῖν, ὅτι οὐ θεωρεῖ αὐτὸ οὐδὲ γινώσκει· ὑμεῖς γινώσκετε αὐτό, ὅτι παρ' ὑμῖν μένει καὶ ἐν ὑμῖν ἔσται. 18 οὐκ ἀφήσω¹⁶ ὑμᾶς ὀρφανούς¹⁷, ἔρχομαι πρὸς ὑμᾶς. 19 ἔτι μικρὸν καὶ ὁ κόσμος με οὐκέτι θεωρεῖ, ὑμεῖς δὲ θεωρεῖτέ με, ὅτι ἐγὼ ζῶ καὶ ὑμεῖς ζήσετε¹⁸. 20 ἐν ἐκείνῃ τῇ ἡμέρᾳ γνώσεσθε¹⁹ ὑμεῖς ὅτι ἐγὼ ἐν τῷ πατρί μου καὶ ὑμεῖς ἐν ἐμοὶ κἀγὼ ἐν ὑμῖν. 21 ὁ ἔχων τὰς ἐντολάς μου καὶ τηρῶν αὐτὰς ἐκεῖνός ἐστιν ὁ ἀγαπῶν με· ὁ δὲ ἀγαπῶν με ἀγαπηθήσεται ὑπὸ τοῦ πατρός μου, κἀγὼ ἀγαπήσω αὐτὸν καὶ ἐμφανίσω²⁰ αὐτῷ ἐμαυτόν.

---

1 ταράσσω 3s pres pas impv, trouble
2 μονή, -ῆς f, room
3 παραλαμβάνω 1s fut mid ind, receive
4 οἶδα pf act inf, know
5 γινώσκω 2p pf act ind, know
6 γινώσκω 2p fut mid ind, know
7 ὁράω 2p pf act ind, see
8 δείκνυμι 2s aor act impv, show
9 ἀρκέω 3s pres act ind, be enough
10 τοσοῦτος, -αύτη/οῦτον, so much
11 γινώσκω 2s pf act ind, know
12 ὁράω pf act ptc m s nom, see
13 μέγας, groß (comp)
14 παράκλητος, -ου m, one who comforts/encourages/defends
15 δίδωμι 3s fut act ind, give
16 ἀφίημι 1s fut act ind, leave
17 ὀρφανός, -ή/όν, like an orphan/abandoned
18 ζάω 2p fut act ind, live
19 γινώσκω 2p fut mid ind, know
20 ἐμφανίζω 1s fut act ind, reveal

22 Λέγει αὐτῷ Ἰούδας, οὐχ ὁ Ἰσκαριώτης· κύριε, [καὶ] τί γέγονεν¹ ὅτι ἡμῖν μέλλεις ἐμφανίζειν² σεαυτὸν καὶ οὐχὶ τῷ κόσμῳ; **23** ἀπεκρίθη Ἰησοῦς καὶ εἶπεν αὐτῷ· ἐάν τις ἀγαπᾷ με τὸν λόγον μου τηρήσει, καὶ ὁ πατήρ μου ἀγαπήσει αὐτὸν καὶ πρὸς αὐτὸν ἐλευσόμεθα³ καὶ μονὴν⁴ παρ' αὐτῷ ποιησόμεθα. **24** ὁ μὴ ἀγαπῶν με τοὺς λόγους μου οὐ τηρεῖ· καὶ ὁ λόγος ὃν ἀκούετε οὐκ ἔστιν ἐμὸς ἀλλὰ τοῦ πέμψαντός⁵ με πατρός.

25 Ταῦτα λελάληκα⁶ ὑμῖν παρ' ὑμῖν μένων· **26** ὁ δὲ παράκλητος⁷, τὸ πνεῦμα τὸ ἅγιον, ὃ πέμψει ὁ πατὴρ ἐν τῷ ὀνόματί μου, ἐκεῖνος ὑμᾶς διδάξει πάντα καὶ ὑπομνήσει⁸ ὑμᾶς πάντα ἃ εἶπον ὑμῖν [ἐγώ].

27 Εἰρήνην ἀφίημι ὑμῖν, εἰρήνην τὴν ἐμὴν δίδωμι ὑμῖν· οὐ καθὼς ὁ κόσμος δίδωσιν ἐγὼ δίδωμι ὑμῖν. μὴ ταρασσέσθω⁹ ὑμῶν ἡ καρδία μηδὲ δειλιάτω¹⁰. **28** ἠκούσατε ὅτι ἐγὼ εἶπον ὑμῖν· ὑπάγω καὶ ἔρχομαι πρὸς ὑμᾶς. εἰ ἠγαπᾶτέ με ἐχάρητε ἂν ὅτι πορεύομαι πρὸς τὸν πατέρα, ὅτι ὁ πατὴρ μείζων¹¹ μού ἐστιν. **29** καὶ νῦν εἴρηκα ὑμῖν πρὶν¹² γενέσθαι, ἵνα ὅταν γένηται πιστεύσητε. **30** οὐκέτι πολλὰ λαλήσω μεθ' ὑμῶν, ἔρχεται γὰρ ὁ τοῦ κόσμου ἄρχων· καὶ ἐν ἐμοὶ οὐκ ἔχει οὐδέν, **31** ἀλλ' ἵνα γνῷ¹³ ὁ κόσμος ὅτι ἀγαπῶ τὸν πατέρα, καὶ καθὼς ἐνετείλατό¹⁴ μοι ὁ πατήρ, οὕτως ποιῶ. ἐγείρεσθε, ἄγωμεν ἐντεῦθεν¹⁵.

Jesus the True Vine

15 Ἐγώ εἰμι ἡ ἄμπελος¹⁶ ἡ ἀληθινὴ¹⁷ καὶ ὁ πατήρ μου ὁ γεωργός¹⁸ ἐστιν. **2** πᾶν κλῆμα¹⁹ ἐν ἐμοὶ μὴ φέρον καρπὸν αἴρει αὐτό, καὶ πᾶν τὸ καρπὸν φέρον καθαίρει²⁰ αὐτὸ ἵνα καρπὸν πλείονα²¹ φέρῃ. **3** ἤδη ὑμεῖς καθαροί²² ἐστε διὰ τὸν λόγον ὃν λελάληκα²³ ὑμῖν· **4** μείνατε²⁴ ἐν ἐμοί, κἀγὼ ἐν ὑμῖν. καθὼς τὸ κλῆμα οὐ δύναται καρπὸν φέρειν ἀφ' ἑαυτοῦ ἐὰν μὴ μένῃ ἐν τῇ ἀμπέλῳ, οὕτως οὐδὲ ὑμεῖς ἐὰν μὴ ἐν ἐμοὶ μένητε. **5** ἐγώ εἰμι ἡ ἄμπελος, ὑμεῖς τὰ κλήματα. ὁ μένων ἐν ἐμοὶ κἀγὼ ἐν αὐτῷ οὗτος φέρει καρπὸν πολύν, ὅτι χωρὶς ἐμοῦ οὐ δύνασθε ποιεῖν οὐδέν. **6** ἐὰν μή τις μένῃ ἐν ἐμοί, ἐβλήθη²⁵ ἔξω ὡς τὸ κλῆμα καὶ ἐξηράνθη²⁶ καὶ συνάγουσιν αὐτὰ καὶ εἰς τὸ πῦρ βάλλουσιν καὶ καίεται²⁷. **7** ἐὰν μείνητε²⁸ ἐν ἐμοὶ καὶ τὰ ῥήματά

---

¹ γίνομαι 3s pf act ind, be
² ἐμφανίζω pres act inf, reveal
³ ἔρχομαι 1p fut mid ind, come
⁴ μονή, -ῆς f, room (μ. παρ' αὐτῷ ποιεῖν live with that person)
⁵ πέμπω aor act ptc m s gen, send
⁶ λαλέω 1s pf act ind, say
⁷ παράκλητος, -ου m, one who comforts/encourages/defends
⁸ ὑπομιμνήσκω fut act ind, remind
⁹ ταράσσω 3s pres pas impv, trouble
¹⁰ δειλιάω 3s pres act impv, be afraid
¹¹ μέγας, great (comp)
¹² πρίν, conj, before
¹³ γινώσκω 3s aor act sub, know
¹⁴ ἐντέλλομαι 3s aor mid ind, command
¹⁵ ἐντεῦθεν, adv, from here
¹⁶ ἄμπελος, -ου f, grapevine
¹⁷ ἀληθινός, -ή/όν, true
¹⁸ γεωργός, -οῦ m, gardener
¹⁹ κλῆμα, -τος n, branch
²⁰ καθαίρω 3s pres act ind, prune/trim clean
²¹ πολύς, much (comp)
²² καθαρός, -ά/όν, clean
²³ λαλέω 1s pf act ind, say
²⁴ μένω 2p aor act impv, intrans remain
²⁵ βάλλω 3s aor pas ind, throw
²⁶ ξηραίνω 3s aor pas ind, pas wither
²⁷ καίω 3s pres pas ind, pas burn (up)
²⁸ μένω 2p aor act sub, intrans remain

μου ἐν ὑμῖν μείνῃ, ὃ ἐὰν θέλητε αἰτήσασθε, καὶ γενήσεται¹ ὑμῖν. 8 ἐν τούτῳ ἐδοξάσθη ὁ πατήρ μου, ἵνα καρπὸν πολὺν φέρητε καὶ γένησθε ἐμοὶ μαθηταί. 9 Καθὼς ἠγάπησέν² με ὁ πατήρ, κἀγὼ ὑμᾶς ἠγάπησα· μείνατε³ ἐν τῇ ἀγάπῃ τῇ ἐμῇ. 10 ἐὰν τὰς ἐντολάς μου τηρήσητε, μενεῖτε ἐν τῇ ἀγάπῃ μου, καθὼς ἐγὼ τὰς ἐντολὰς τοῦ πατρός μου τετήρηκα⁴ καὶ μένω αὐτοῦ ἐν τῇ ἀγάπῃ. 11 ταῦτα λελάληκα⁵ ὑμῖν ἵνα ἡ χαρὰ ἡ ἐμὴ ἐν ὑμῖν ᾖ καὶ ἡ χαρὰ ὑμῶν πληρωθῇ. 12 αὕτη ἐστὶν ἡ ἐντολὴ ἡ ἐμή, ἵνα ἀγαπᾶτε ἀλλήλους καθὼς ἠγάπησα ὑμᾶς. 13 μείζονα⁶ ταύτης ἀγάπην οὐδεὶς ἔχει, ἵνα τις τὴν ψυχὴν αὐτοῦ θῇ ὑπὲρ τῶν φίλων⁷ αὐτοῦ. 14 ὑμεῖς φίλοι μού ἐστε ἐὰν ποιῆτε ἃ ἐγὼ ἐντέλλομαι⁸ ὑμῖν. 15 οὐκέτι λέγω ὑμᾶς δούλους, ὅτι ὁ δοῦλος οὐκ οἶδεν τί ποιεῖ αὐτοῦ ὁ κύριος· ὑμᾶς δὲ εἴρηκα φίλους, ὅτι πάντα ἃ ἤκουσα παρὰ τοῦ πατρός μου ἐγνώρισα⁹ ὑμῖν. 16 οὐχ ὑμεῖς με ἐξελέξασθε¹⁰, ἀλλ' ἐγὼ ἐξελεξάμην ὑμᾶς καὶ ἔθηκα¹¹ ὑμᾶς ἵνα ὑμεῖς ὑπάγητε καὶ καρπὸν φέρητε καὶ ὁ καρπὸς ὑμῶν μένῃ, ἵνα ὅ τι ἂν αἰτήσητε τὸν πατέρα ἐν τῷ ὀνόματί μου δῷ¹² ὑμῖν. 17 ταῦτα ἐντέλλομαι ὑμῖν, ἵνα ἀγαπᾶτε ἀλλήλους.

The World's Hatred

18 Εἰ ὁ κόσμος ὑμᾶς μισεῖ, γινώσκετε ὅτι ἐμὲ πρῶτον ὑμῶν μεμίσηκεν. 19 εἰ ἐκ τοῦ κόσμου ἦτε, ὁ κόσμος ἂν τὸ ἴδιον ἐφίλει¹³· ὅτι δὲ ἐκ τοῦ κόσμου οὐκ ἐστέ, ἀλλ' ἐγὼ ἐξελεξάμην¹⁴ ὑμᾶς ἐκ τοῦ κόσμου, διὰ τοῦτο μισεῖ ὑμᾶς ὁ κόσμος. 20 μνημονεύετε¹⁵ τοῦ λόγου οὗ ἐγὼ εἶπον ὑμῖν· οὐκ ἔστιν δοῦλος μείζων¹⁶ τοῦ κυρίου αὐτοῦ. εἰ ἐμὲ ἐδίωξαν¹⁷, καὶ ὑμᾶς διώξουσιν· εἰ τὸν λόγον μου ἐτήρησαν, καὶ τὸν ὑμέτερον¹⁸ τηρήσουσιν. 21 ἀλλὰ ταῦτα πάντα ποιήσουσιν εἰς ὑμᾶς διὰ τὸ ὄνομά μου, ὅτι οὐκ οἴδασιν τὸν πέμψαντά¹⁹ με. 22 εἰ μὴ ἦλθον καὶ ἐλάλησα αὐτοῖς, ἁμαρτίαν οὐκ εἴχοσαν²⁰· νῦν δὲ πρόφασιν²¹ οὐκ ἔχουσιν περὶ τῆς ἁμαρτίας αὐτῶν. 23 ὁ ἐμὲ μισῶν καὶ τὸν πατέρα μου μισεῖ. 24 εἰ τὰ ἔργα μὴ ἐποίησα ἐν αὐτοῖς ἃ οὐδεὶς ἄλλος ἐποίησεν, ἁμαρτίαν οὐκ εἴχοσαν· νῦν δὲ καὶ ἑωράκασιν²² καὶ μεμισήκασιν καὶ ἐμὲ καὶ τὸν πατέρα μου. 25 ἀλλ' ἵνα πληρωθῇ ὁ λόγος ὁ ἐν τῷ νόμῳ αὐτῶν γεγραμμένος²³ ὅτι ἐμίσησάν με δωρεάν²⁴.

---

¹ γίνομαι 3s fut mid ind, be/become
² ἀγαπάω 3s aor act ind, love
³ μένω 2p aor act impv, intrans remain
⁴ τηρέω 1s pf act ind, obey
⁵ λαλέω 1s pf act ind, say
⁶ μέγας, groß (comp)
⁷ φίλος, -ου m, friend
⁸ ἐντέλλομαι 1s pres mid ind, command
⁹ γνωρίζω 1s aor act ind, make known
¹⁰ ἐκλέγομαι 2p aor mid ind, choose
¹¹ τίθημι 1s aor act ind, appoint
¹² δίδωμι 3s aor act sub, give
¹³ φιλέω 3s impf act ind, love
¹⁴ ἐκλέγομαι 1s aor mid ind, choose
¹⁵ μνημονεύω 2p pres act impv, remember
¹⁶ μέγας, groß (comp)
¹⁷ διώκω 3p aor act ind, persecute
¹⁸ ὑμέτερος, -α/ον, your
¹⁹ πέμπω aor act ptc m s acc, send
²⁰ ἔχω 3p impf act ind, have
²¹ πρόφασις, -εως f, excuse
²² ὁράω 3p pf act ind, see
²³ γράφω pf pas ptc m s nom, write
²⁴ δωρεάν, adv, for no reason

26 Ὅταν ἔλθῃ¹ ὁ παράκλητος² ὃν ἐγὼ πέμψω ὑμῖν παρὰ τοῦ πατρός, τὸ πνεῦμα τῆς ἀληθείας ὃ παρὰ τοῦ πατρὸς ἐκπορεύεται, ἐκεῖνος μαρτυρήσει περὶ ἐμοῦ· **27** καὶ ὑμεῖς δὲ μαρτυρεῖτε, ὅτι ἀπ' ἀρχῆς μετ' ἐμοῦ ἐστε.

16

Ταῦτα λελάληκα³ ὑμῖν ἵνα μὴ σκανδαλισθῆτε⁴. **2** ἀποσυναγώγους⁵ ποιήσουσιν ὑμᾶς· ἀλλ' ἔρχεται ὥρα ἵνα πᾶς ὁ ἀποκτείνας ὑμᾶς δόξῃ λατρείαν⁶ προσφέρειν⁷ τῷ θεῷ. **3** καὶ ταῦτα ποιήσουσιν ὅτι οὐκ ἔγνωσαν⁸ τὸν πατέρα οὐδὲ ἐμέ. **4** ἀλλὰ ταῦτα λελάληκα ὑμῖν ἵνα ὅταν ἔλθῃ⁹ ἡ ὥρα αὐτῶν μνημονεύητε¹⁰ αὐτῶν ὅτι ἐγὼ εἶπον ὑμῖν.

The Work of the Spirit

Ταῦτα δὲ ὑμῖν ἐξ ἀρχῆς οὐκ εἶπον, ὅτι μεθ' ὑμῶν ἤμην¹¹. **5** νῦν δὲ ὑπάγω πρὸς τὸν πέμψαντά¹² με, καὶ οὐδεὶς ἐξ ὑμῶν ἐρωτᾷ με· ποῦ ὑπάγεις; **6** ἀλλ' ὅτι ταῦτα λελάληκα¹³ ὑμῖν ἡ λύπη¹⁴ πεπλήρωκεν ὑμῶν τὴν καρδίαν. **7** ἀλλ' ἐγὼ τὴν ἀλήθειαν λέγω ὑμῖν, συμφέρει¹⁵ ὑμῖν ἵνα ἐγὼ ἀπέλθω¹⁶. ἐὰν γὰρ μὴ ἀπέλθω, ὁ παράκλητος¹⁷ οὐκ ἐλεύσεται¹⁸ πρὸς ὑμᾶς· ἐὰν δὲ πορευθῶ¹⁹, πέμψω αὐτὸν πρὸς ὑμᾶς. **8** καὶ ἐλθὼν ἐκεῖνος ἐλέγξει²⁰ τὸν κόσμον περὶ ἁμαρτίας καὶ περὶ δικαιοσύνης καὶ περὶ κρίσεως· **9** περὶ ἁμαρτίας μέν, ὅτι οὐ πιστεύουσιν εἰς ἐμέ· **10** περὶ δικαιοσύνης δέ, ὅτι πρὸς τὸν πατέρα ὑπάγω καὶ οὐκέτι θεωρεῖτέ με· **11** περὶ δὲ κρίσεως, ὅτι ὁ ἄρχων τοῦ κόσμου τούτου κέκριται²¹.

12 Ἔτι πολλὰ ἔχω ὑμῖν λέγειν, ἀλλ' οὐ δύνασθε βαστάζειν²² ἄρτι· **13** ὅταν δὲ ἔλθῃ ἐκεῖνος, τὸ πνεῦμα τῆς ἀληθείας, ὁδηγήσει²³ ὑμᾶς ἐν τῇ ἀληθείᾳ πάσῃ· οὐ γὰρ λαλήσει ἀφ' ἑαυτοῦ, ἀλλ' ὅσα ἀκούσει λαλήσει καὶ τὰ ἐρχόμενα ἀναγγελεῖ²⁴ ὑμῖν. **14** ἐκεῖνος ἐμὲ δοξάσει, ὅτι ἐκ τοῦ ἐμοῦ λήμψεται²⁵ καὶ ἀναγγελεῖ ὑμῖν. **15** πάντα ὅσα ἔχει ὁ πατὴρ ἐμά ἐστιν· διὰ τοῦτο εἶπον ὅτι ἐκ τοῦ ἐμοῦ λαμβάνει καὶ ἀναγγελεῖ ὑμῖν.

---

[1] ἔρχομαι 3s aor act sub, come
[2] παράκλητος, -ου m, one who comforts/encourages/defends
[3] λαλέω 1s pf act ind, say
[4] σκανδαλίζω 2p aor pas sub, pas turn away
[5] ἀποσυνάγωγος, -ον m, excommunicated from the synagogue
[6] λατρεία, -ας f, service
[7] προσφέρω pres act inf, offer
[8] γινώσκω 3p aor act ind, know
[9] ἔρχομαι 3s aor act sub, come
[10] μνημονεύω 2p pres act sub, remember
[11] εἰμί 1s impf mid ind, be
[12] πέμπω aor act ptc m s acc, send
[13] λαλέω 1s pf act ind, say
[14] λύπη, -ης f, sorrow
[15] συμφέρω 3s pres act ind, impers it is better
[16] ἀπέρχομαι 1s aor act sub, go (away)
[17] παράκλητος, -ου m, one who comforts/encourages/defends
[18] ἔρχομαι 3s fut mid ind, come
[19] πορεύομαι 1s aor pas sub, go
[20] ἐλέγχω 3s fut act ind, convince/prove guilty
[21] κρίνω 3s pf pas ind, judge
[22] βαστάζω pres act inf, bear
[23] ὁδηγέω 3s fut act ind, guide
[24] ἀναγγέλλω 3s fut act ind, tell
[25] λαμβάνω 3s fut mid ind, receive

Sorrow Will Turn into Joy

16 Μικρὸν καὶ οὐκέτι θεωρεῖτέ με, καὶ πάλιν μικρὸν καὶ ὄψεσθέ[1] με. **17** εἶπαν οὖν ἐκ τῶν μαθητῶν αὐτοῦ πρὸς ἀλλήλους· τί ἐστιν τοῦτο ὃ λέγει ἡμῖν· μικρὸν καὶ οὐ θεωρεῖτέ με, καὶ πάλιν μικρὸν καὶ ὄψεσθέ με; καί· ὅτι ὑπάγω πρὸς τὸν πατέρα; **18** ἔλεγον οὖν· τί ἐστιν τοῦτο [ὃ λέγει] τὸ μικρόν; οὐκ οἴδαμεν τί λαλεῖ. **19** Ἔγνω[2] ὁ Ἰησοῦς ὅτι ἤθελον αὐτὸν ἐρωτᾶν, καὶ εἶπεν αὐτοῖς· περὶ τούτου ζητεῖτε μετ᾽ ἀλλήλων ὅτι εἶπον· μικρὸν καὶ οὐ θεωρεῖτέ με, καὶ πάλιν μικρὸν καὶ ὄψεσθέ[3] με; **20** ἀμὴν ἀμὴν λέγω ὑμῖν ὅτι κλαύσετε καὶ θρηνήσετε[4] ὑμεῖς, ὁ δὲ κόσμος χαρήσεται[5]· ὑμεῖς λυπηθήσεσθε[6], ἀλλ᾽ ἡ λύπη[7] ὑμῶν εἰς χαρὰν γενήσεται[8]. **21** ἡ γυνὴ ὅταν τίκτῃ[9] λύπην ἔχει, ὅτι ἦλθεν ἡ ὥρα αὐτῆς· ὅταν δὲ γεννήσῃ τὸ παιδίον, οὐκέτι μνημονεύει[10] τῆς θλίψεως διὰ τὴν χαρὰν ὅτι ἐγεννήθη ἄνθρωπος εἰς τὸν κόσμον. **22** καὶ ὑμεῖς οὖν νῦν μὲν λύπην ἔχετε· πάλιν δὲ ὄψομαι ὑμᾶς, καὶ χαρήσεται ὑμῶν ἡ καρδία, καὶ τὴν χαρὰν ὑμῶν οὐδεὶς αἴρει ἀφ᾽ ὑμῶν. **23** Καὶ ἐν ἐκείνῃ τῇ ἡμέρᾳ ἐμὲ οὐκ ἐρωτήσετε οὐδέν. ἀμὴν ἀμὴν λέγω ὑμῖν, ἄν τι αἰτήσητε τὸν πατέρα ἐν τῷ ὀνόματί μου δώσει[11] ὑμῖν. **24** ἕως ἄρτι οὐκ ᾐτήσατε[12] οὐδὲν ἐν τῷ ὀνόματί μου· αἰτεῖτε καὶ λήμψεσθε[13], ἵνα ἡ χαρὰ ὑμῶν ᾖ πεπληρωμένη.

I Have Overcome the World

25 Ταῦτα ἐν παροιμίαις[14] λελάληκα[15] ὑμῖν· ἔρχεται ὥρα ὅτε οὐκέτι ἐν παροιμίαις λαλήσω ὑμῖν, ἀλλὰ παρρησίᾳ περὶ τοῦ πατρὸς ἀπαγγελῶ[16] ὑμῖν. **26** ἐν ἐκείνῃ τῇ ἡμέρᾳ ἐν τῷ ὀνόματί μου αἰτήσεσθε, καὶ οὐ λέγω ὑμῖν ὅτι ἐγὼ ἐρωτήσω τὸν πατέρα περὶ ὑμῶν· **27** αὐτὸς γὰρ ὁ πατὴρ φιλεῖ[17] ὑμᾶς, ὅτι ὑμεῖς ἐμὲ πεφιλήκατε[18] καὶ πεπιστεύκατε ὅτι ἐγὼ παρὰ [τοῦ] θεοῦ ἐξῆλθον. **28** ἐξῆλθον παρὰ τοῦ πατρὸς καὶ ἐλήλυθα[19] εἰς τὸν κόσμον· πάλιν ἀφίημι τὸν κόσμον καὶ πορεύομαι πρὸς τὸν πατέρα.

29 Λέγουσιν οἱ μαθηταὶ αὐτοῦ· ἴδε[20] νῦν ἐν παρρησίᾳ λαλεῖς καὶ παροιμίαν οὐδεμίαν λέγεις. **30** νῦν οἴδαμεν ὅτι οἶδας πάντα καὶ οὐ χρείαν ἔχεις ἵνα τίς σε ἐρωτᾷ· ἐν τούτῳ πιστεύομεν ὅτι ἀπὸ θεοῦ ἐξῆλθες. **31** ἀπεκρίθη αὐτοῖς Ἰησοῦς· ἄρτι πιστεύετε; **32** ἰδοὺ ἔρχεται ὥρα καὶ ἐλήλυθεν[21] ἵνα σκορπισθῆτε[22] ἕκαστος εἰς τὰ ἴδια κἀμὲ μόνον ἀφῆτε[23]. καὶ οὐκ εἰμὶ μόνος, ὅτι ὁ πατὴρ μετ᾽ ἐμοῦ ἐστιν. **33** ταῦτα

---

[1] ὁράω 2p fut mid ind, see
[2] γινώσκω 3s aor act ind, know
[3] ὁράω 2p fut mid ind, see
[4] θρηνέω 2p fut act ind, mourn
[5] χαίρω 3s fut pas ind, pas be glad
[6] λυπέω 2p fut pas ind, pas be sad
[7] λύπη, -ης f, sorrow
[8] γίνομαι 3s fut mid ind, be/become
[9] τίκτω 3s pres act sub, give birth
[10] μνημονεύω 3s pres act ind, remember
[11] δίδωμι 3s fut act ind, give
[12] αἰτέω 2p aor act ind, ask
[13] λαμβάνω 2p fut act ind, receive
[14] παροιμία, -ας f, figure of speech
[15] λαλέω 1s pf act ind, say
[16] ἀπαγγέλλω 1s fut act ind, tell
[17] φιλέω 3s pres act ind, love
[18] φιλέω 2p pf act ind, love
[19] ἔρχομαι 1s pf act ind, come
[20] ἴδε, interj, Look!
[21] ἔρχομαι 3s pf act ind, come
[22] σκορπίζω 2p aor pas sub, scatter
[23] ἀφίημι 2p aor act sub, leave

λελάληκα ὑμῖν ἵνα ἐν ἐμοὶ εἰρήνην ἔχητε. ἐν τῷ κόσμῳ θλῖψιν ἔχετε· ἀλλὰ θαρσεῖτε¹, ἐγὼ νενίκηκα² τὸν κόσμον.

Jesus' Prayer for the Disciples

17 Ταῦτα ἐλάλησεν Ἰησοῦς καὶ ἐπάρας³ τοὺς ὀφθαλμοὺς αὐτοῦ εἰς τὸν οὐρανὸν εἶπεν· πάτερ, ἐλήλυθεν⁴ ἡ ὥρα· δόξασόν σου τὸν υἱόν, ἵνα ὁ υἱὸς δοξάσῃ σέ, **2** καθὼς ἔδωκας αὐτῷ ἐξουσίαν πάσης σαρκός, ἵνα πᾶν ὃ δέδωκας⁵ αὐτῷ δώσῃ⁶ αὐτοῖς ζωὴν αἰώνιον. **3** αὕτη δέ ἐστιν ἡ αἰώνιος ζωὴ ἵνα γινώσκωσιν σὲ τὸν μόνον ἀληθινὸν⁷ θεὸν καὶ ὃν ἀπέστειλας⁸ Ἰησοῦν Χριστόν. **4** ἐγώ σε ἐδόξασα ἐπὶ τῆς γῆς τὸ ἔργον τελειώσας⁹ ὃ δέδωκάς¹⁰ μοι ἵνα ποιήσω· **5** καὶ νῦν δόξασόν με σύ, πάτερ, παρὰ σεαυτῷ τῇ δόξῃ ᾗ εἶχον¹¹ πρὸ τοῦ τὸν κόσμον εἶναι παρὰ σοί.

6 Ἐφανέρωσά σου τὸ ὄνομα τοῖς ἀνθρώποις οὓς ἔδωκάς μοι ἐκ τοῦ κόσμου. σοὶ ἦσαν κἀμοὶ αὐτοὺς ἔδωκας καὶ τὸν λόγον σου τετήρηκαν¹². **7** νῦν ἔγνωκαν¹³ ὅτι πάντα ὅσα δέδωκάς μοι παρὰ σοῦ εἰσιν· **8** ὅτι τὰ ῥήματα ἃ ἔδωκάς μοι δέδωκα αὐτοῖς, καὶ αὐτοὶ ἔλαβον καὶ ἔγνωσαν ἀληθῶς¹⁴ ὅτι παρὰ σοῦ ἐξῆλθον, καὶ ἐπίστευσαν ὅτι σύ με ἀπέστειλας¹⁵.

9 Ἐγὼ περὶ αὐτῶν ἐρωτῶ, οὐ περὶ τοῦ κόσμου ἐρωτῶ ἀλλὰ περὶ ὧν δέδωκάς¹⁶ μοι, ὅτι σοί εἰσιν, **10** καὶ τὰ ἐμὰ πάντα σά ἐστιν καὶ τὰ σὰ ἐμά, καὶ δεδόξασμαι ἐν αὐτοῖς. **11** καὶ οὐκέτι εἰμὶ ἐν τῷ κόσμῳ, καὶ αὐτοὶ ἐν τῷ κόσμῳ εἰσίν, κἀγὼ πρὸς σὲ ἔρχομαι. πάτερ ἅγιε, τήρησον αὐτοὺς ἐν τῷ ὀνόματί σου ᾧ δέδωκάς μοι, ἵνα ὦσιν ἓν καθὼς ἡμεῖς. **12** ὅτε ἤμην μετ' αὐτῶν ἐγὼ ἐτήρουν¹⁷ αὐτοὺς ἐν τῷ ὀνόματί σου ᾧ δέδωκάς μοι, καὶ ἐφύλαξα¹⁸, καὶ οὐδεὶς ἐξ αὐτῶν ἀπώλετο¹⁹ εἰ μὴ ὁ υἱὸς τῆς ἀπωλείας²⁰, ἵνα ἡ γραφὴ πληρωθῇ. **13** νῦν δὲ πρὸς σὲ ἔρχομαι καὶ ταῦτα λαλῶ ἐν τῷ κόσμῳ ἵνα ἔχωσιν τὴν χαρὰν τὴν ἐμὴν πεπληρωμένην ἐν ἑαυτοῖς. **14** ἐγὼ δέδωκα αὐτοῖς τὸν λόγον σου καὶ ὁ κόσμος ἐμίσησεν αὐτούς, ὅτι οὐκ εἰσὶν ἐκ τοῦ κόσμου καθὼς ἐγὼ οὐκ εἰμὶ ἐκ τοῦ κόσμου. **15** οὐκ ἐρωτῶ ἵνα ἄρῃς²¹ αὐτοὺς ἐκ τοῦ κόσμου, ἀλλ' ἵνα τηρήσῃς αὐτοὺς ἐκ τοῦ πονηροῦ. **16** ἐκ τοῦ κόσμου οὐκ εἰσὶν καθὼς ἐγὼ οὐκ εἰμὶ ἐκ τοῦ κόσμου. **17** ἁγίασον²² αὐτοὺς ἐν τῇ ἀληθείᾳ· ὁ λόγος ὁ σὸς ἀλήθειά ἐστιν. **18** καθὼς ἐμὲ ἀπέστειλας²³ εἰς τὸν κόσμον, κἀγὼ ἀπέστειλα αὐτοὺς εἰς τὸν

---

¹ θαρσέω 2p pres act impv, impv only Cheer up!
² νικάω 1s pf act ind, overcome
³ ἐπαίρω aor act ptc m s nom, lift up
⁴ ἔρχομαι 3s pf act ind, come
⁵ δίδωμι 2s pf act ind, give
⁶ δίδωμι 3s aor act sub, give
⁷ ἀληθινός, -ή/όν, true
⁸ ἀποστέλλω 2s aor act ind, send
⁹ τελειόω aor act ptc m s nom, complete
¹⁰ δίδωμι 2s pf act ind, give
¹¹ ἔχω 1s impf act ind, have
¹² τηρέω 3p pf act ind, obey
¹³ γινώσκω 3p pf act ind, know
¹⁴ ἀληθῶς, adv, truly
¹⁵ ἀποστέλλω 2s aor act ind, send
¹⁶ δίδωμι 2s pf act ind, give
¹⁷ τηρέω 1s impf act ind, obey
¹⁸ φυλάσσω 1s aor act ind, keep safe
¹⁹ ἀπόλλυμι 3s aor mid ind, mid be lost
²⁰ ἀπώλεια, -ας f, destruction
²¹ αἴρω 2s aor act sub, take away
²² ἁγιάζω 2s aor act impv, set apart (as sacred to God)
²³ ἀποστέλλω 2s aor act ind, send

κόσμον· **19** καὶ ὑπὲρ αὐτῶν ἐγὼ ἁγιάζω ἐμαυτόν, ἵνα ὦσιν καὶ αὐτοὶ ἡγιασμένοι[1] ἐν ἀληθείᾳ.

20 Οὐ περὶ τούτων δὲ ἐρωτῶ μόνον, ἀλλὰ καὶ περὶ τῶν πιστευόντων διὰ τοῦ λόγου αὐτῶν εἰς ἐμέ, **21** ἵνα πάντες ἓν ὦσιν[2], καθὼς σύ, πάτερ, ἐν ἐμοὶ κἀγὼ ἐν σοί, ἵνα καὶ αὐτοὶ ἐν ἡμῖν ὦσιν, ἵνα ὁ κόσμος πιστεύῃ ὅτι σύ με ἀπέστειλας[3]. **22** κἀγὼ τὴν δόξαν ἣν δέδωκάς[4] μοι δέδωκα αὐτοῖς, ἵνα ὦσιν ἓν καθὼς ἡμεῖς ἕν· **23** ἐγὼ ἐν αὐτοῖς καὶ σὺ ἐν ἐμοί, ἵνα ὦσιν τετελειωμένοι[5] εἰς ἕν, ἵνα γινώσκῃ ὁ κόσμος ὅτι σύ με ἀπέστειλας καὶ ἠγάπησας[6] αὐτοὺς καθὼς ἐμὲ ἠγάπησας.

24 Πάτερ, ὃ δέδωκάς μοι, θέλω ἵνα ὅπου εἰμὶ ἐγὼ κἀκεῖνοι ὦσιν μετ' ἐμοῦ, ἵνα θεωρῶσιν τὴν δόξαν τὴν ἐμήν, ἣν δέδωκάς μοι ὅτι ἠγάπησάς με πρὸ καταβολῆς[7] κόσμου. **25** πάτερ δίκαιε, καὶ ὁ κόσμος σε οὐκ ἔγνω[8], ἐγὼ δέ σε ἔγνων, καὶ οὗτοι ἔγνωσαν ὅτι σύ με ἀπέστειλας[9]· **26** καὶ ἐγνώρισα[10] αὐτοῖς τὸ ὄνομά σου καὶ γνωρίσω, ἵνα ἡ ἀγάπη ἣν ἠγάπησάς με ἐν αὐτοῖς ᾖ κἀγὼ ἐν αὐτοῖς.

The Betrayal and Arrest of Jesus (Mt 26.47-56; Mk 14.43-50; Lk 22.47-53)

18 Ταῦτα εἰπὼν Ἰησοῦς ἐξῆλθεν σὺν τοῖς μαθηταῖς αὐτοῦ πέραν[11] τοῦ χειμάρρου[12] τοῦ Κεδρὼν ὅπου ἦν κῆπος[13], εἰς ὃν εἰσῆλθεν αὐτὸς καὶ οἱ μαθηταὶ αὐτοῦ.

2 Ἤιδει[14] δὲ καὶ Ἰούδας ὁ παραδιδοὺς[15] αὐτὸν τὸν τόπον, ὅτι πολλάκις[16] συνήχθη[17] Ἰησοῦς ἐκεῖ μετὰ τῶν μαθητῶν αὐτοῦ. **3** ὁ οὖν Ἰούδας λαβὼν τὴν σπεῖραν[18] καὶ ἐκ τῶν ἀρχιερέων καὶ ἐκ τῶν Φαρισαίων ὑπηρέτας[19] ἔρχεται ἐκεῖ μετὰ φανῶν[20] καὶ λαμπάδων[21] καὶ ὅπλων[22]. **4** Ἰησοῦς οὖν εἰδὼς[23] πάντα τὰ ἐρχόμενα ἐπ' αὐτὸν ἐξῆλθεν καὶ λέγει αὐτοῖς· τίνα ζητεῖτε; **5** ἀπεκρίθησαν αὐτῷ· Ἰησοῦν τὸν Ναζωραῖον. λέγει αὐτοῖς· ἐγώ εἰμι. εἱστήκει[24] δὲ καὶ Ἰούδας ὁ παραδιδοὺς αὐτὸν μετ' αὐτῶν. **6** ὡς οὖν εἶπεν αὐτοῖς· ἐγώ εἰμι, ἀπῆλθον εἰς τὰ ὀπίσω καὶ ἔπεσαν[25] χαμαί[26]. **7** πάλιν οὖν ἐπηρώτησεν[27] αὐτούς· τίνα ζητεῖτε; οἱ δὲ εἶπαν· Ἰησοῦν τὸν Ναζωραῖον. **8** ἀπεκρίθη Ἰησοῦς· εἶπον ὑμῖν ὅτι ἐγώ εἰμι. εἰ οὖν ἐμὲ ζητεῖτε,

---

[1] ἁγιάζω pf pas ptc m p nom, set apart (as sacred to God)
[2] εἰμί 3p pres act sub, be
[3] ἀποστέλλω 2s aor act ind, send
[4] δίδωμι 2s pf act ind, give
[5] τελειόω pf pas ptc m p nom, make perfect
[6] ἀγαπάω 2s aor act ind, love
[7] καταβολή, -ῆς f, creation
[8] γινώσκω 3s aor act ind, know
[9] ἀποστέλλω 2s aor act ind, send
[10] γνωρίζω 1s aor act ind, make known
[11] πέραν, prep + gen, across
[12] χείμαρρος, -ου m, valley
[13] κῆπος, -ου m, garden
[14] οἶδα 3s plpf act ind, know
[15] παραδίδωμι pres act ptc m s nom, betray
[16] πολλάκις, adv, often
[17] συνάγω 3s aor pas ind, pas meet
[18] σπεῖρα, -ης f, group of (Roman) soldiers
[19] ὑπηρέτης, -ου m, temple police
[20] φανός, -οῦ m, torch
[21] λαμπάς, -άδος f, lantern
[22] ὅπλον, -ου n, weapon
[23] οἶδα pf act ptc m s nom, know
[24] ἵστημι 3s plpf act ind, intrans stand
[25] πίπτω 3p aor act ind, fall
[26] χαμαί, adv, to the ground
[27] ἐπερωτάω 3s aor act ind, ask

ἄφετε¹ τούτους ὑπάγειν· 9 ἵνα πληρωθῇ ὁ λόγος ὃν εἶπεν ὅτι οὓς δέδωκάς² μοι οὐκ ἀπώλεσα³ ἐξ αὐτῶν οὐδένα. 10 Σίμων οὖν Πέτρος ἔχων μάχαιραν⁴ εἵλκυσεν⁵ αὐτὴν καὶ ἔπαισεν⁶ τὸν τοῦ ἀρχιερέως δοῦλον καὶ ἀπέκοψεν⁷ αὐτοῦ τὸ ὠτάριον⁸ τὸ δεξιόν· ἦν δὲ ὄνομα τῷ δούλῳ Μάλχος. 11 εἶπεν οὖν ὁ Ἰησοῦς τῷ Πέτρῳ· βάλε⁹ τὴν μάχαιραν εἰς τὴν θήκην¹⁰· τὸ ποτήριον ὃ δέδωκέν¹¹ μοι ὁ πατὴρ οὐ μὴ πίω¹² αὐτό;

Jesus before the High Priest (Mt 26.57-58; Mk 14.53-54; Lk 22.54)

12 Ἡ οὖν σπεῖρα¹³ καὶ ὁ χιλίαρχος¹⁴ καὶ οἱ ὑπηρέται¹⁵ τῶν Ἰουδαίων συνέλαβον¹⁶ τὸν Ἰησοῦν καὶ ἔδησαν¹⁷ αὐτὸν 13 καὶ ἤγαγον¹⁸ πρὸς Ἄνναν πρῶτον· ἦν γὰρ πενθερὸς¹⁹ τοῦ Καϊάφα, ὃς ἦν ἀρχιερεὺς τοῦ ἐνιαυτοῦ²⁰ ἐκείνου· 14 ἦν δὲ Καϊάφας ὁ συμβουλεύσας²¹ τοῖς Ἰουδαίοις ὅτι συμφέρει²² ἕνα ἄνθρωπον ἀποθανεῖν²³ ὑπὲρ τοῦ λαοῦ.

Peter's Denial of Jesus (Mt 26.69-70; Mk 14.66-68; Lk 22.55-57)

15 Ἠκολούθει δὲ τῷ Ἰησοῦ Σίμων Πέτρος καὶ ἄλλος μαθητής. ὁ δὲ μαθητὴς ἐκεῖνος ἦν γνωστὸς²⁴ τῷ ἀρχιερεῖ καὶ συνεισῆλθεν²⁵ τῷ Ἰησοῦ εἰς τὴν αὐλὴν²⁶ τοῦ ἀρχιερέως, 16 ὁ δὲ Πέτρος εἱστήκει²⁷ πρὸς τῇ θύρᾳ ἔξω. ἐξῆλθεν οὖν ὁ μαθητὴς ὁ ἄλλος ὁ γνωστὸς τοῦ ἀρχιερέως καὶ εἶπεν τῇ θυρωρῷ²⁸ καὶ εἰσήγαγεν²⁹ τὸν Πέτρον. 17 λέγει οὖν τῷ Πέτρῳ ἡ παιδίσκη³⁰ ἡ θυρωρός· μὴ καὶ σὺ ἐκ τῶν μαθητῶν εἶ τοῦ ἀνθρώπου τούτου; λέγει ἐκεῖνος· οὐκ εἰμί. 18 εἱστήκεισαν³¹ δὲ οἱ δοῦλοι καὶ οἱ ὑπηρέται³² ἀνθρακιὰν³³ πεποιηκότες, ὅτι ψῦχος³⁴ ἦν, καὶ ἐθερμαίνοντο³⁵· ἦν δὲ καὶ ὁ Πέτρος μετ' αὐτῶν ἑστὼς³⁶ καὶ θερμαινόμενος.

---

¹ ἀφίημι 2p aor act impv, let
² δίδωμι 2s pf act ind, give
³ ἀπόλλυμι 1s aor act ind, lose
⁴ μάχαιρα, -ης f, sword
⁵ ἑλκύω 3s aor act ind, draw (of a sword)
⁶ παίω 3s aor act ind, strike
⁷ ἀποκόπτω 3s aor act ind, cut off
⁸ ὠτάριον, -ου n, ear
⁹ βάλλω 2s aor act impv, put
¹⁰ θήκη, -ης f, sheath
¹¹ δίδωμι 3s pf act ind, give
¹² πίνω 1s aor act sub, drink
¹³ σπεῖρα, -ης f, group of (Roman) soldiers
¹⁴ χιλίαρχος, -ου m, officer
¹⁵ ὑπηρέτης, -ου m, temple police
¹⁶ συλλαμβάνω 3p aor act ind, arrest
¹⁷ δέω 3p aor act ind, tie up
¹⁸ ἄγω 3p aor act ind, bring
¹⁹ πενθερός, -οῦ m, father-in-law
²⁰ ἐνιαυτός, -οῦ m, year
²¹ συμβουλεύω aor act ptc m s nom, advise
²² συμφέρω 3s pres act ind, impers it is better
²³ ἀποθνῄσκω aor act inf, die
²⁴ γνωστός, -ή/όν, known
²⁵ συνεισέρχομαι 3s aor act ind, go in with
²⁶ αὐλή, -ῆς f, courtyard
²⁷ ἵστημι 3s plpf act ind, intrans stand
²⁸ θυρωρός, -οῦ f, gatekeeper
²⁹ εἰσάγω 3s aor act ind, bring in
³⁰ παιδίσκη, -ης f, young (servant/slave) woman
³¹ ἵστημι 3p plpf act ind, intrans stand
³² ὑπηρέτης, -ου m, temple police
³³ ἀνθρακιά, -ᾶς f, charcoal fire
³⁴ ψῦχος, -ους n, cold
³⁵ θερμαίνω 3p impf mid ind, mid warm oneself
³⁶ ἵστημι pf act ptc m s nom, intrans stand

The High Priest Questions Jesus (Mt 26.59-66; Mk 14.55-64; Lk 22.66-71)

19 Ὁ οὖν ἀρχιερεὺς ἠρώτησεν τὸν Ἰησοῦν περὶ τῶν μαθητῶν αὐτοῦ καὶ περὶ τῆς διδαχῆς[1] αὐτοῦ. 20 ἀπεκρίθη αὐτῷ Ἰησοῦς· ἐγὼ παρρησίᾳ λελάληκα[2] τῷ κόσμῳ, ἐγὼ πάντοτε ἐδίδαξα ἐν συναγωγῇ καὶ ἐν τῷ ἱερῷ, ὅπου πάντες οἱ Ἰουδαῖοι συνέρχονται[3], καὶ ἐν κρυπτῷ[4] ἐλάλησα οὐδέν. 21 τί με ἐρωτᾷς; ἐρώτησον τοὺς ἀκηκοότας[5] τί ἐλάλησα αὐτοῖς· ἴδε[6] οὗτοι οἴδασιν ἃ εἶπον ἐγώ. 22 ταῦτα δὲ αὐτοῦ εἰπόντος εἷς παρεστηκὼς[7] τῶν ὑπηρετῶν ἔδωκεν ῥάπισμα[8] τῷ Ἰησοῦ εἰπών· οὕτως ἀποκρίνῃ τῷ ἀρχιερεῖ; 23 ἀπεκρίθη αὐτῷ Ἰησοῦς· εἰ κακῶς[9] ἐλάλησα, μαρτύρησον περὶ τοῦ κακοῦ· εἰ δὲ καλῶς, τί με δέρεις[10]; 24 ἀπέστειλεν[11] οὖν αὐτὸν ὁ Ἅννας δεδεμένον πρὸς Καϊάφαν τὸν ἀρχιερέα.

Peter Denies Jesus Again (Mt 26.71-75; Mk 14.69-72; Lk 22.58-62)

25 Ἦν δὲ Σίμων Πέτρος ἑστὼς[12] καὶ θερμαινόμενος[13]. εἶπον οὖν αὐτῷ· μὴ καὶ σὺ ἐκ τῶν μαθητῶν αὐτοῦ εἶ; ἠρνήσατο[14] ἐκεῖνος καὶ εἶπεν· οὐκ εἰμί. 26 λέγει εἷς ἐκ τῶν δούλων τοῦ ἀρχιερέως, συγγενὴς[15] ὢν οὗ ἀπέκοψεν[16] Πέτρος τὸ ὠτίον[17]· οὐκ ἐγώ σε εἶδον ἐν τῷ κήπῳ[18] μετ᾽ αὐτοῦ; 27 πάλιν οὖν ἠρνήσατο Πέτρος, καὶ εὐθέως ἀλέκτωρ[19] ἐφώνησεν.

Jesus before Pilate (Mt 27.1-2, 11-14; Mk 15.1-5; Lk 23.1-5)

28 Ἄγουσιν οὖν τὸν Ἰησοῦν ἀπὸ τοῦ Καϊάφα εἰς τὸ πραιτώριον[20]· ἦν δὲ πρωΐ[21]· καὶ αὐτοὶ οὐκ εἰσῆλθον εἰς τὸ πραιτώριον, ἵνα μὴ μιανθῶσιν[22] ἀλλὰ φάγωσιν[23] τὸ πάσχα[24]. 29 ἐξῆλθεν οὖν ὁ Πιλᾶτος ἔξω πρὸς αὐτοὺς καὶ φησίν· τίνα κατηγορίαν[25] φέρετε [κατὰ] τοῦ ἀνθρώπου τούτου; 30 ἀπεκρίθησαν καὶ εἶπαν αὐτῷ· εἰ μὴ ἦν οὗτος κακὸν ποιῶν, οὐκ ἄν σοι παρεδώκαμεν αὐτόν. 31 εἶπεν οὖν αὐτοῖς ὁ Πιλᾶτος· λάβετε αὐτὸν ὑμεῖς καὶ κατὰ τὸν νόμον ὑμῶν κρίνατε αὐτόν. εἶπον αὐτῷ οἱ Ἰουδαῖοι· ἡμῖν οὐκ ἔξεστιν ἀποκτεῖναι οὐδένα· 32 ἵνα ὁ λόγος τοῦ Ἰησοῦ πληρωθῇ ὃν εἶπεν σημαίνων[26] ποίῳ θανάτῳ ἤμελλεν ἀποθνῄσκειν.

---

[1] διδαχή, -ῆς f, teaching
[2] λαλέω 1s pf act ind, say
[3] συνέρχομαι 3p pres mid ind, come together
[4] κρυπτός, -ή/όν, secret
[5] ἀκούω pf act ptc m p acc, hear
[6] ἴδε, interj, Look!
[7] παρίστημι pf act ptc m s nom, intrans stand by
[8] ῥάπισμα, -τος n, a blow
[9] κακῶς, adv, wrongly
[10] δέρω 2s pres act ind, strike
[11] ἀποστέλλω 3s aor act ind, send
[12] ἵστημι pf act ptc m s nom, intrans stand
[13] θερμαίνομαι pres mid ptc m s nom, warm oneself
[14] ἀρνέομαι 3s aor mid ind, deny
[15] συγγενής, -οῦς m, relative
[16] ἀποκόπτω 3s aor act ind, cut off
[17] ὠτίον, -ου n, ear
[18] κῆπος, -ου m, garden
[19] ἀλέκτωρ, -ορος m, rooster
[20] πραιτώριον, -ου n, fortress/palace (residence of the Roman governor)
[21] πρωΐ, adv, early morning
[22] μιαίνω 3p aor pas sub, defile (of ceremonial defilement)
[23] ἐσθίω 3p aor act sub, eat
[24] πάσχα, n, Passover meal
[25] κατηγορία, -ας f, charge
[26] σημαίνω pres act ptc m s nom, indicate

33 Εἰσῆλθεν οὖν πάλιν εἰς τὸ πραιτώριον ὁ Πιλᾶτος καὶ ἐφώνησεν τὸν Ἰησοῦν καὶ εἶπεν αὐτῷ· σὺ εἶ ὁ βασιλεὺς τῶν Ἰουδαίων; **34** ἀπεκρίθη Ἰησοῦς· ἀπὸ σεαυτοῦ σὺ τοῦτο λέγεις ἢ ἄλλοι εἶπόν σοι περὶ ἐμοῦ; **35** ἀπεκρίθη ὁ Πιλᾶτος· μήτι[1] ἐγὼ Ἰουδαῖός εἰμι; τὸ ἔθνος τὸ σὸν[2] καὶ οἱ ἀρχιερεῖς παρέδωκάν σε ἐμοί· τί ἐποίησας; **36** ἀπεκρίθη Ἰησοῦς· ἡ βασιλεία ἡ ἐμὴ οὐκ ἔστιν ἐκ τοῦ κόσμου τούτου· εἰ ἐκ τοῦ κόσμου τούτου ἦν ἡ βασιλεία ἡ ἐμή, οἱ ὑπηρέται[3] οἱ ἐμοὶ ἠγωνίζοντο[4] [ἂν] ἵνα μὴ παραδοθῶ[5] τοῖς Ἰουδαίοις· νῦν δὲ ἡ βασιλεία ἡ ἐμὴ οὐκ ἔστιν ἐντεῦθεν[6]. **37** εἶπεν οὖν αὐτῷ ὁ Πιλᾶτος· οὐκοῦν[7] βασιλεὺς εἶ σύ; ἀπεκρίθη ὁ Ἰησοῦς· σὺ λέγεις ὅτι βασιλεύς εἰμι. ἐγὼ εἰς τοῦτο γεγέννημαι καὶ εἰς τοῦτο ἐλήλυθα[8] εἰς τὸν κόσμον, ἵνα μαρτυρήσω τῇ ἀληθείᾳ· πᾶς ὁ ὢν ἐκ τῆς ἀληθείας ἀκούει μου τῆς φωνῆς. **38** λέγει αὐτῷ ὁ Πιλᾶτος· τί ἐστιν ἀλήθεια;

Jesus Sentenced to Death (Mt 27.15-31; Mk 15.6-20; Lk 23.13-25)

Καὶ τοῦτο εἰπὼν πάλιν ἐξῆλθεν πρὸς τοὺς Ἰουδαίους καὶ λέγει αὐτοῖς· ἐγὼ οὐδεμίαν εὑρίσκω ἐν αὐτῷ αἰτίαν[9]. **39** ἔστιν δὲ συνήθεια[10] ὑμῖν ἵνα ἕνα ἀπολύσω ὑμῖν ἐν τῷ πάσχα[11]· βούλεσθε οὖν ἀπολύσω ὑμῖν τὸν βασιλέα τῶν Ἰουδαίων; **40** ἐκραύγασαν[12] οὖν πάλιν λέγοντες· μὴ τοῦτον ἀλλὰ τὸν Βαραββᾶν. ἦν δὲ ὁ Βαραββᾶς λῃστής[13].

19 Τότε οὖν ἔλαβεν ὁ Πιλᾶτος τὸν Ἰησοῦν καὶ ἐμαστίγωσεν[14]. **2** καὶ οἱ στρατιῶται[15] πλέξαντες[16] στέφανον[17] ἐξ ἀκανθῶν[18] ἐπέθηκαν[19] αὐτοῦ τῇ κεφαλῇ καὶ ἱμάτιον πορφυροῦν[20] περιέβαλον[21] αὐτόν **3** καὶ ἤρχοντο πρὸς αὐτὸν καὶ ἔλεγον· χαῖρε ὁ βασιλεὺς τῶν Ἰουδαίων· καὶ ἐδίδοσαν[22] αὐτῷ ῥαπίσματα[23]. **4** καὶ ἐξῆλθεν πάλιν ἔξω ὁ Πιλᾶτος καὶ λέγει αὐτοῖς· ἴδε[24] ἄγω ὑμῖν αὐτὸν ἔξω, ἵνα γνῶτε[25] ὅτι οὐδεμίαν αἰτίαν[26] εὑρίσκω ἐν αὐτῷ. **5** ἐξῆλθεν οὖν ὁ Ἰησοῦς ἔξω, φορῶν[27] τὸν ἀκάνθινον[28] στέφανον καὶ τὸ πορφυροῦν ἱμάτιον. καὶ λέγει αὐτοῖς· ἰδοὺ ὁ ἄνθρωπος.

---

[1] μήτι, *usually expects a negative reply*
[2] σός, σή, σόν, *your(s)*
[3] ὑπηρέτης, -ου *m*, *servant*
[4] ἀγωνίζομαι *3p impf mid ind, fight*
[5] παραδίδωμι *1s aor pas sub, hand over*
[6] ἐντεῦθεν, *adv*, *from here*
[7] οὐκοῦν, *conj*, *so*
[8] ἔρχομαι *1s pf act ind, come*
[9] αἰτία, -ας *f*, *guilt*
[10] συνήθεια, -ας *f*, *custom*
[11] πάσχα, *n*, *Passover*
[12] κραυγάζω *3p aor act ind, shout*
[13] λῃστής, -οῦ *m*, *insurrectionist*
[14] μαστιγόω *3s aor act ind, beat with a whip*
[15] στρατιώτης, -ου *m*, *soldier*
[16] πλέκω *aor act ptc m p nom, twist together*
[17] στέφανος, -ου *m*, *crown*
[18] ἄκανθα, -ης *f*, *thorn branch*
[19] ἐπιτίθημι *3p aor act ind, put (on)*
[20] πορφυροῦς, -ᾶ/οῦν, *purple*
[21] περιβάλλω *3p aor act ind, clothe*
[22] δίδωμι *3p impf act ind, give*
[23] ῥάπισμα, -τος *n*, *a blow*
[24] ἴδε, *interj*, *Look!*
[25] γινώσκω *2p aor act sub, know*
[26] αἰτία, -ας *f*, *reason*
[27] φορέω *pres act ptc m s nom, wear*
[28] ἀκάνθινος, -η/ον, *made of thorns*

ΚΑΤΑ ΙΩΑΝΝΗΝ 19.6–19

6 Ὅτε οὖν εἶδον αὐτὸν οἱ ἀρχιερεῖς καὶ οἱ ὑπηρέται[1] ἐκραύγασαν[2] λέγοντες· σταύρωσον σταύρωσον. λέγει αὐτοῖς ὁ Πιλᾶτος· λάβετε αὐτὸν ὑμεῖς καὶ σταυρώσατε· ἐγὼ γὰρ οὐχ εὑρίσκω ἐν αὐτῷ αἰτίαν[3]. **7** ἀπεκρίθησαν αὐτῷ οἱ Ἰουδαῖοι· ἡμεῖς νόμον ἔχομεν καὶ κατὰ τὸν νόμον ὀφείλει ἀποθανεῖν[4], ὅτι υἱὸν θεοῦ ἑαυτὸν ἐποίησεν. **8** ὅτε οὖν ἤκουσεν ὁ Πιλᾶτος τοῦτον τὸν λόγον, μᾶλλον ἐφοβήθη, **9** καὶ εἰσῆλθεν εἰς τὸ πραιτώριον[5] πάλιν καὶ λέγει τῷ Ἰησοῦ· πόθεν[6] εἶ σύ; ὁ δὲ Ἰησοῦς ἀπόκρισιν[7] οὐκ ἔδωκεν αὐτῷ. **10** λέγει οὖν αὐτῷ ὁ Πιλᾶτος· ἐμοὶ οὐ λαλεῖς; οὐκ οἶδας ὅτι ἐξουσίαν ἔχω ἀπολῦσαί[8] σε καὶ ἐξουσίαν ἔχω σταυρῶσαί σε; **11** ἀπεκρίθη [αὐτῷ] Ἰησοῦς· οὐκ εἶχες ἐξουσίαν κατ' ἐμοῦ οὐδεμίαν εἰ μὴ ἦν δεδομένον[9] σοι ἄνωθεν[10]· διὰ τοῦτο ὁ παραδούς[11] μέ σοι μείζονα[12] ἁμαρτίαν ἔχει. **12** ἐκ τούτου ὁ Πιλᾶτος ἐζήτει ἀπολῦσαι αὐτόν· οἱ δὲ Ἰουδαῖοι ἐκραύγασαν[13] λέγοντες· ἐὰν τοῦτον ἀπολύσῃς, οὐκ εἶ φίλος[14] τοῦ Καίσαρος· πᾶς ὁ βασιλέα ἑαυτὸν ποιῶν ἀντιλέγει[15] τῷ Καίσαρι. **13** ὁ οὖν Πιλᾶτος ἀκούσας τῶν λόγων τούτων ἤγαγεν[16] ἔξω τὸν Ἰησοῦν καὶ ἐκάθισεν ἐπὶ βήματος[17] εἰς τόπον λεγόμενον Λιθόστρωτον[18], Ἑβραϊστὶ[19] δὲ Γαββαθα[20]. **14** ἦν δὲ παρασκευὴ[21] τοῦ πάσχα[22], ὥρα ἦν ὡς ἕκτη[23]. καὶ λέγει τοῖς Ἰουδαίοις· ἴδε[24] ὁ βασιλεὺς ὑμῶν. **15** ἐκραύγασαν οὖν ἐκεῖνοι· ἆρον[25] ἆρον, σταύρωσον αὐτόν. λέγει αὐτοῖς ὁ Πιλᾶτος· τὸν βασιλέα ὑμῶν σταυρώσω; ἀπεκρίθησαν οἱ ἀρχιερεῖς· οὐκ ἔχομεν βασιλέα εἰ μὴ Καίσαρα. **16** τότε οὖν παρέδωκεν αὐτὸν αὐτοῖς ἵνα σταυρωθῇ.

The Crucifixion of Jesus (Mt 27.32-44; Mk 15.21-32; Lk 23.26-43)

Παρέλαβον οὖν τὸν Ἰησοῦν, **17** καὶ βαστάζων[26] ἑαυτῷ τὸν σταυρὸν[27] ἐξῆλθεν εἰς τὸν λεγόμενον Κρανίου[28] Τόπον, ὃ λέγεται Ἑβραϊστὶ Γολγοθα, **18** ὅπου αὐτὸν ἐσταύρωσαν, καὶ μετ' αὐτοῦ ἄλλους δύο ἐντεῦθεν[29] καὶ ἐντεῦθεν, μέσον δὲ τὸν Ἰησοῦν. **19** ἔγραψεν δὲ καὶ τίτλον[30] ὁ Πιλᾶτος καὶ ἔθηκεν[31] ἐπὶ τοῦ σταυροῦ· ἦν δὲ γεγραμμένον·[32] Ἰησοῦς ὁ Ναζωραῖος ὁ βασιλεὺς τῶν Ἰουδαίων.

---

[1] ὑπηρέτης, -ου *m*, temple police
[2] κραυγάζω 3*p aor act ind*, shout
[3] αἰτία, -ας *f*, reason
[4] ἀποθνῄσκω *aor act inf*, die
[5] πραιτώριον, -ου *n*, fortress/palace (residence of the Roman governor)
[6] πόθεν, *adv*, from where?
[7] ἀπόκρισις, -εως *f*, answer
[8] ἀπολύω *aor act inf*, set free
[9] δίδωμι *pf pas ptc n s nom*, give
[10] ἄνωθεν, *adv*, from above
[11] παραδίδωμι *aor act ptc m s nom*, hand over
[12] μέγας, great (comp)
[13] κραυγάζω 3*p aor act ind*, shout
[14] φίλος, -ου *m*, friend
[15] ἀντιλέγω 3*s pres act ind*, oppose
[16] ἄγω 3*s aor act ind*, bring
[17] βῆμα, -τος *n*, judicial bench
[18] λιθόστρωτος, -ου *n*, The (Stone) Pavement
[19] Ἑβραϊστί, *adv*, in Hebrew/Aramaic
[20] Γαββαθα, Gabbatha (Aramaic word)
[21] παρασκευή, -ῆς *f*, day of preparation
[22] πάσχα, *n*, Passover
[23] ἕκτος, -η/ον, sixth
[24] ἴδε, *interj*, Look!
[25] αἴρω 2*s aor act impv*, take away/kill
[26] βαστάζω *pres act ptc m s nom*, carry
[27] σταυρός, -οῦ *m*, cross
[28] κρανίον, -ου *n*, skull
[29] ἐντεῦθεν, on this side (δύο ἐ. καὶ ἐ. one on each side)
[30] τίτλος, -ου *m*, notice
[31] τίθημι 3*s aor act ind*, put
[32] γράφω *pf pas ptc n s nom*, write

20 τοῦτον οὖν τὸν τίτλον πολλοὶ ἀνέγνωσαν τῶν Ἰουδαίων, ὅτι ἐγγὺς ἦν ὁ τόπος τῆς πόλεως ὅπου ἐσταυρώθη ὁ Ἰησοῦς· καὶ ἦν γεγραμμένον Ἑβραϊστί, Ῥωμαϊστί, Ἑλληνιστί. **21** ἔλεγον οὖν τῷ Πιλάτῳ οἱ ἀρχιερεῖς τῶν Ἰουδαίων· μὴ γράφε· ὁ βασιλεὺς τῶν Ἰουδαίων, ἀλλ' ὅτι ἐκεῖνος εἶπεν· βασιλεύς εἰμι τῶν Ἰουδαίων. **22** ἀπεκρίθη ὁ Πιλᾶτος· ὃ γέγραφα, γέγραφα.

23 Οἱ οὖν στρατιῶται[1], ὅτε ἐσταύρωσαν τὸν Ἰησοῦν, ἔλαβον τὰ ἱμάτια αὐτοῦ καὶ ἐποίησαν τέσσαρα μέρη, ἑκάστῳ στρατιώτῃ μέρος, καὶ τὸν χιτῶνα[2]. ἦν δὲ ὁ χιτὼν ἄραφος[3], ἐκ τῶν ἄνωθεν[4] ὑφαντὸς[5] δι' ὅλου. **24** εἶπαν οὖν πρὸς ἀλλήλους· μὴ σχίσωμεν[6] αὐτόν, ἀλλὰ λάχωμεν[7] περὶ αὐτοῦ τίνος ἔσται· ἵνα ἡ γραφὴ πληρωθῇ [ἡ λέγουσα]·

διεμερίσαντο[8] τὰ ἱμάτιά μου ἑαυτοῖς
καὶ ἐπὶ τὸν ἱματισμόν[9] μου ἔβαλον[10] κλῆρον[11].

οἱ μὲν οὖν στρατιῶται ταῦτα ἐποίησαν.

25 Εἱστήκεισαν[12] δὲ παρὰ τῷ σταυρῷ τοῦ Ἰησοῦ ἡ μήτηρ αὐτοῦ καὶ ἡ ἀδελφὴ[13] τῆς μητρὸς αὐτοῦ, Μαρία ἡ τοῦ Κλωπᾶ καὶ Μαρία ἡ Μαγδαληνή. **26** Ἰησοῦς οὖν ἰδὼν τὴν μητέρα καὶ τὸν μαθητὴν παρεστῶτα[14] ὃν ἠγάπα, λέγει τῇ μητρί· γύναι, ἴδε[15] ὁ υἱός σου. **27** εἶτα[16] λέγει τῷ μαθητῇ· ἴδε ἡ μήτηρ σου. καὶ ἀπ' ἐκείνης τῆς ὥρας ἔλαβεν ὁ μαθητὴς αὐτὴν εἰς τὰ ἴδια[17].

The Death of Jesus (Mt 27.45-56; Mk 15.33-41; Lk 23.44-49)

28 Μετὰ τοῦτο εἰδὼς[18] ὁ Ἰησοῦς ὅτι ἤδη πάντα τετέλεσται[19], ἵνα τελειωθῇ[20] ἡ γραφή, λέγει· διψῶ[21]. **29** σκεῦος[22] ἔκειτο[23] ὄξους[24] μεστόν[25]· σπόγγον[26] οὖν μεστὸν τοῦ ὄξους ὑσσώπῳ[27] περιθέντες[28] προσήνεγκαν[29] αὐτοῦ τῷ στόματι. **30** ὅτε οὖν ἔλαβεν τὸ ὄξος ὁ Ἰησοῦς εἶπεν· τετέλεσται[30], καὶ κλίνας[31] τὴν κεφαλὴν παρέδωκεν τὸ πνεῦμα.

[1] στρατιώτης, -ου m, soldier
[2] χιτών, -ῶνος m, shirt (generally of the garment worn next to the skin)
[3] ἄραφος, -ον, seamless
[4] ἄνωθεν, adv, from top to bottom
[5] ὑφαντός, -ή/όν, woven
[6] σχίζω 1p aor act sub, tear
[7] λαγχάνω 1p aor act sub, cast/draw lots
[8] διαμερίζω 3p aor mid ind, divide
[9] ἱματισμός, -οῦ m, clothing
[10] βάλλω 3p aor act ind, cast (of a lot)
[11] κλῆρος, -ου m, lot (of something thrown or drawn to reach a decision)
[12] ἵστημι 3p plpf act ind, intrans stand
[13] ἀδελφή, -ῆς f, sister
[14] παρίστημι pf act ptc m s acc, intrans stand by
[15] ἴδε, interj, Look!
[16] εἶτα, adv, then
[17] ἴδιος, -α/ον, one's own (εἰς τὰ ἴδια into his home)
[18] οἶδα pf act ptc m s nom, know
[19] τελέω 3s pf pas ind, finish
[20] τελειόω 3s aor pas sub, make come true (of scripture)
[21] διψάω 1s pres act sub, be thirsty
[22] σκεῦος, -ους n, container
[23] κεῖμαι 3s impf mid ind, stand
[24] ὄξος, -ους n, sour wine
[25] μεστός, -ή/όν, full
[26] σπόγγος, -ου m, sponge
[27] ὕσσωπος, -ου f, hyssop (a small bush with aromatic leaves)
[28] περιτίθημι aor act ptc m p nom, put around
[29] προσφέρω 3p aor act ind, hold (something) up
[30] τελέω 3s pf pas ind, finish
[31] κλίνω aor act ptc m s nom, bow

The Piercing of Jesus' Side

31 Οἱ οὖν Ἰουδαῖοι, ἐπεὶ[1] παρασκευή[2] ἦν, ἵνα μὴ μείνῃ[3] ἐπὶ τοῦ σταυροῦ[4] τὰ σώματα ἐν τῷ σαββάτῳ, ἦν γὰρ μεγάλη ἡ ἡμέρα ἐκείνου τοῦ σαββάτου, ἠρώτησαν τὸν Πιλᾶτον ἵνα κατεαγῶσιν[5] αὐτῶν τὰ σκέλη[6] καὶ ἀρθῶσιν[7]. 32 ἦλθον οὖν οἱ στρατιῶται[8] καὶ τοῦ μὲν πρώτου κατέαξαν τὰ σκέλη καὶ τοῦ ἄλλου τοῦ συσταυρωθέντος[9] αὐτῷ· 33 ἐπὶ δὲ τὸν Ἰησοῦν ἐλθόντες, ὡς εἶδον ἤδη αὐτὸν τεθνηκότα[10], οὐ κατέαξαν[11] αὐτοῦ τὰ σκέλη, 34 ἀλλ' εἷς τῶν στρατιωτῶν λόγχῃ[12] αὐτοῦ τὴν πλευρὰν[13] ἔνυξεν[14], καὶ ἐξῆλθεν εὐθὺς αἷμα καὶ ὕδωρ. 35 καὶ ὁ ἑωρακὼς[15] μεμαρτύρηκεν, καὶ ἀληθινὴ[16] αὐτοῦ ἐστιν ἡ μαρτυρία, καὶ ἐκεῖνος οἶδεν ὅτι ἀληθῆ[17] λέγει, ἵνα καὶ ὑμεῖς πιστεύ[σ]ητε. 36 ἐγένετο γὰρ ταῦτα ἵνα ἡ γραφὴ πληρωθῇ· ὀστοῦν[18] οὐ συντριβήσεται[19] αὐτοῦ. 37 καὶ πάλιν ἑτέρα γραφὴ λέγει· ὄψονται[20] εἰς ὃν ἐξεκέντησαν[21].

The Burial of Jesus (Mt 27.57-61; Mk 15.42-47; Lk 23.50-56)

38 Μετὰ δὲ ταῦτα ἠρώτησεν τὸν Πιλᾶτον Ἰωσὴφ [ὁ] ἀπὸ Ἁριμαθαίας, ὢν μαθητὴς τοῦ Ἰησοῦ κεκρυμμένος[22] δὲ διὰ τὸν φόβον τῶν Ἰουδαίων, ἵνα ἄρῃ[23] τὸ σῶμα τοῦ Ἰησοῦ· καὶ ἐπέτρεψεν[24] ὁ Πιλᾶτος. ἦλθεν οὖν καὶ ἦρεν[25] τὸ σῶμα αὐτοῦ. 39 ἦλθεν δὲ καὶ Νικόδημος, ὁ ἐλθὼν πρὸς αὐτὸν νυκτὸς τὸ πρῶτον, φέρων μίγμα[26] σμύρνης[27] καὶ ἀλόης[28] ὡς λίτρας[29] ἑκατόν[30]. 40 ἔλαβον οὖν τὸ σῶμα τοῦ Ἰησοῦ καὶ ἔδησαν[31] αὐτὸ ὀθονίοις[32] μετὰ τῶν ἀρωμάτων[33], καθὼς ἔθος[34] ἐστὶν τοῖς Ἰουδαίοις ἐνταφιάζειν[35]. 41 ἦν δὲ ἐν τῷ τόπῳ ὅπου ἐσταυρώθη κῆπος[36], καὶ ἐν τῷ κήπῳ μνημεῖον καινὸν ἐν ᾧ οὐδέπω[37] οὐδεὶς ἦν τεθειμένος[38]· 42 ἐκεῖ οὖν διὰ τὴν παρασκευὴν[39] τῶν Ἰουδαίων, ὅτι ἐγγὺς ἦν τὸ μνημεῖον, ἔθηκαν[40] τὸν Ἰησοῦν.

---

[1] ἐπεί, conj, because
[2] παρασκευή, -ῆς f, day of preparation
[3] μένω 3s aor act sub, intrans remain
[4] σταυρός, -οῦ m, cross
[5] κατάγνυμι 3p aor pas sub, break
[6] σκέλος, -ους n, leg
[7] αἴρω 3p aor pas sub, take away
[8] στρατιώτης, -ου m, soldier
[9] συσταυρόω aor pas ptc m s gen, pas be crucified with (someone else)
[10] θνῄσκω pf act ptc m s acc, die
[11] κατάγνυμι 3p aor act ind, break
[12] λόγχη, -ης f, spear
[13] πλευρά, -ᾶς f, side
[14] νύσσω 3s aor act ind, pierce
[15] ὁράω pf act ptc m s nom, see
[16] ἀληθινός, -ή/όν, true
[17] ἀληθής, -ές, true
[18] ὀστέον, -οῦ n, bone
[19] συντρίβω 3s fut pas ind, break
[20] ὁράω 3p fut mid ind, see
[21] ἐκκεντέω 3p aor act ind, pierce
[22] κρύπτω pf pas ptc m s nom, hide
[23] αἴρω 3s aor act sub, take away
[24] ἐπιτρέπω 3s aor act ind, let
[25] αἴρω 3s aor act ind, take away
[26] μίγμα, -τος n, mixture
[27] σμύρνα, -ης f, myrrh
[28] ἀλόη, -ης f, aloes
[29] λίτρα, -ας f, (Roman) pound (=11.5 ounces or 327 grams)
[30] ἑκατόν, one hundred
[31] δέω 3p aor act ind, wrap
[32] ὀθόνιον, -ου n, linen cloth
[33] ἄρωμα, -τος n, aromatic spice/oil
[34] ἔθος, -ους n, custom
[35] ἐνταφιάζω pres act inf, prepare for burial
[36] κῆπος, -ου m, garden
[37] οὐδέπω, adv, not yet (οὐ. οὐδείς no one ever before)
[38] τίθημι pf pas ptc m s nom, place
[39] παρασκευή, -ῆς f, day of preparation
[40] τίθημι 3p aor act ind, place

The Resurrection of Jesus (Mt 28.1-10; Mk 16.1-8; Lk 24.1-12)

20 Τῇ δὲ μιᾷ τῶν σαββάτων Μαρία ἡ Μαγδαληνὴ ἔρχεται πρωῒ[1] σκοτίας[2] ἔτι οὔσης εἰς τὸ μνημεῖον καὶ βλέπει τὸν λίθον ἠρμένον[3] ἐκ τοῦ μνημείου. 2 τρέχει[4] οὖν καὶ ἔρχεται πρὸς Σίμωνα Πέτρον καὶ πρὸς τὸν ἄλλον μαθητὴν ὃν ἐφίλει[5] ὁ Ἰησοῦς καὶ λέγει αὐτοῖς· ἦραν[6] τὸν κύριον ἐκ τοῦ μνημείου καὶ οὐκ οἴδαμεν ποῦ ἔθηκαν[7] αὐτόν. 3 ἐξῆλθεν οὖν ὁ Πέτρος καὶ ὁ ἄλλος μαθητὴς καὶ ἤρχοντο εἰς τὸ μνημεῖον. 4 ἔτρεχον[8] δὲ οἱ δύο ὁμοῦ[9]· καὶ ὁ ἄλλος μαθητὴς προέδραμεν[10] τάχιον[11] τοῦ Πέτρου καὶ ἦλθεν πρῶτος εἰς τὸ μνημεῖον, 5 καὶ παρακύψας[12] βλέπει κείμενα[13] τὰ ὀθόνια[14], οὐ μέντοι[15] εἰσῆλθεν. 6 ἔρχεται οὖν καὶ Σίμων Πέτρος ἀκολουθῶν αὐτῷ καὶ εἰσῆλθεν εἰς τὸ μνημεῖον, καὶ θεωρεῖ τὰ ὀθόνια κείμενα, 7 καὶ τὸ σουδάριον[16], ὃ ἦν ἐπὶ τῆς κεφαλῆς αὐτοῦ, οὐ μετὰ τῶν ὀθονίων κείμενον ἀλλὰ χωρὶς ἐντετυλιγμένον[17] εἰς ἕνα τόπον. 8 τότε οὖν εἰσῆλθεν καὶ ὁ ἄλλος μαθητὴς ὁ ἐλθὼν πρῶτος εἰς τὸ μνημεῖον καὶ εἶδεν καὶ ἐπίστευσεν· 9 οὐδέπω[18] γὰρ ᾔδεισαν[19] τὴν γραφὴν ὅτι δεῖ αὐτὸν ἐκ νεκρῶν ἀναστῆναι[20]. 10 ἀπῆλθον οὖν πάλιν πρὸς αὐτοὺς οἱ μαθηταί.

The Appearance to Mary Magdalene (Mk 16.9-11)

11 Μαρία δὲ εἰστήκει[21] πρὸς τῷ μνημείῳ ἔξω κλαίουσα. ὡς οὖν ἔκλαιεν, παρέκυψεν[22] εἰς τὸ μνημεῖον 12 καὶ θεωρεῖ δύο ἀγγέλους ἐν λευκοῖς[23] καθεζομένους[24], ἕνα πρὸς τῇ κεφαλῇ καὶ ἕνα πρὸς τοῖς ποσίν, ὅπου ἔκειτο[25] τὸ σῶμα τοῦ Ἰησοῦ. 13 καὶ λέγουσιν αὐτῇ ἐκεῖνοι· γύναι, τί κλαίεις; λέγει αὐτοῖς ὅτι ἦραν[26] τὸν κύριόν μου, καὶ οὐκ οἶδα ποῦ ἔθηκαν[27] αὐτόν. 14 ταῦτα εἰποῦσα ἐστράφη[28] εἰς τὰ ὀπίσω καὶ θεωρεῖ τὸν Ἰησοῦν ἑστῶτα[29] καὶ οὐκ ᾔδει[30] ὅτι Ἰησοῦς ἐστιν. 15 λέγει αὐτῇ Ἰησοῦς· γύναι, τί κλαίεις; τίνα ζητεῖς; ἐκείνη δοκοῦσα ὅτι ὁ κηπουρός[31] ἐστιν λέγει αὐτῷ· κύριε, εἰ σὺ ἐβάστασας[32] αὐτόν, εἰπέ[33] μοι ποῦ ἔθηκας αὐτόν, κἀγὼ αὐτὸν ἀρῶ[34]. 16 λέγει αὐτῇ Ἰησοῦς· Μαριάμ. στραφεῖσα[35] ἐκείνη λέγει αὐτῷ Ἑβραϊστί·

---

[1] πρωΐ, *adv*, early morning
[2] σκοτία, -ας *f*, darkness
[3] αἴρω *pf pas ptc m s acc*, take away
[4] τρέχω *3s pres act ind*, run
[5] φιλέω *3s impf act ind*, love
[6] αἴρω *3p aor act ind*, take away
[7] τίθημι *3p aor act ind*, place
[8] τρέχω *3p impf act ind*, run
[9] ὁμοῦ, *adv*, together
[10] προτρέχω *3s aor act ind*, run on ahead
[11] ταχέως, *adv*, quicker
[12] παρακύπτω *aor act ptc m s nom*, bend over (to look)
[13] κεῖμαι *pres mid ptc n p acc*, lie (down)
[14] ὀθόνιον, -ου *n*, linen cloth
[15] μέντοι, *conj*, but
[16] σουδάριον, -ου *n*, facecloth (used for the dead)
[17] ἐντυλίσσω *pf pas ptc n s acc*, roll up
[18] οὐδέπω, *adv*, not yet
[19] οἶδα *3p plpf act ind*, know
[20] ἀνίστημι *aor act inf, intrans* rise
[21] ἵστημι *3s plpf act ind, intrans* stand
[22] παρακύπτω *3s aor act ind*, bend over (to look)
[23] λευκός, -ή/όν, white
[24] καθέζομαι *pres mid ptc m p acc*, sit (down)
[25] κεῖμαι *3s impf mid ind*, lie
[26] αἴρω *3p aor act ind*, take away
[27] τίθημι *3p aor act ind*, place
[28] στρέφω *3s aor pas ind, intrans pas* turn
[29] ἵστημι *pf act ptc m s acc, intrans* stand
[30] οἶδα *3s plpf act ind*, know
[31] κηπουρός, -οῦ *m*, gardener
[32] βαστάζω *2s aor act ind*, carry
[33] λέγω *2s aor act impv*, tell
[34] αἴρω *1s fut act ind*, take away
[35] στρέφω *aor pas ptc f s nom, intrans pas* turn

ραββουνι¹, ὃ λέγεται διδάσκαλε. 17 λέγει αὐτῇ Ἰησοῦς· μή μου ἅπτου, οὔπω² γὰρ ἀναβέβηκα³ πρὸς τὸν πατέρα· πορεύου δὲ πρὸς τοὺς ἀδελφούς μου καὶ εἰπὲ αὐτοῖς· ἀναβαίνω πρὸς τὸν πατέρα μου καὶ πατέρα ὑμῶν καὶ θεόν μου καὶ θεὸν ὑμῶν. 18 ἔρχεται Μαριὰμ ἡ Μαγδαληνὴ ἀγγέλλουσα⁴ τοῖς μαθηταῖς ὅτι ἑώρακα⁵ τὸν κύριον, καὶ ταῦτα εἶπεν αὐτῇ.

The Appearance to the Disciples (Mt 28.16-20; Mk 16.14-18; Lk 24.36-49)

19 Οὔσης οὖν ὀψίας⁶ τῇ ἡμέρᾳ ἐκείνῃ τῇ μιᾷ σαββάτων καὶ τῶν θυρῶν κεκλεισμένων⁷ ὅπου ἦσαν οἱ μαθηταὶ διὰ τὸν φόβον τῶν Ἰουδαίων, ἦλθεν ὁ Ἰησοῦς καὶ ἔστη⁸ εἰς τὸ μέσον καὶ λέγει αὐτοῖς· εἰρήνη ὑμῖν. 20 καὶ τοῦτο εἰπὼν ἔδειξεν⁹ τὰς χεῖρας καὶ τὴν πλευρὰν¹⁰ αὐτοῖς. ἐχάρησαν¹¹ οὖν οἱ μαθηταὶ ἰδόντες τὸν κύριον. 21 εἶπεν οὖν αὐτοῖς [ὁ Ἰησοῦς] πάλιν· εἰρήνη ὑμῖν· καθὼς ἀπέσταλκέν¹² με ὁ πατήρ, κἀγὼ πέμπω ὑμᾶς. 22 καὶ τοῦτο εἰπὼν ἐνεφύσησεν¹³ καὶ λέγει αὐτοῖς· λάβετε πνεῦμα ἅγιον· 23 ἄν τινων ἀφῆτε¹⁴ τὰς ἁμαρτίας ἀφέωνται¹⁵ αὐτοῖς, ἄν τινων κρατῆτε κεκράτηνται¹⁶.

Jesus and Thomas

24 Θωμᾶς δὲ εἷς ἐκ τῶν δώδεκα, ὁ λεγόμενος Δίδυμος¹⁷, οὐκ ἦν μετ' αὐτῶν ὅτε ἦλθεν Ἰησοῦς. 25 ἔλεγον οὖν αὐτῷ οἱ ἄλλοι μαθηταί· ἑωράκαμεν¹⁸ τὸν κύριον. ὁ δὲ εἶπεν αὐτοῖς· ἐὰν μὴ ἴδω¹⁹ ἐν ταῖς χερσὶν αὐτοῦ τὸν τύπον²⁰ τῶν ἥλων²¹ καὶ βάλω²² τὸν δάκτυλόν²³ μου εἰς τὸν τύπον τῶν ἥλων καὶ βάλω μου τὴν χεῖρα εἰς τὴν πλευρὰν²⁴ αὐτοῦ, οὐ μὴ πιστεύσω. 26 καὶ μεθ' ἡμέρας ὀκτὼ²⁵ πάλιν ἦσαν ἔσω²⁶ οἱ μαθηταὶ αὐτοῦ καὶ Θωμᾶς μετ' αὐτῶν. ἔρχεται ὁ Ἰησοῦς τῶν θυρῶν κεκλεισμένων²⁷ καὶ ἔστη²⁸ εἰς τὸ μέσον καὶ εἶπεν· εἰρήνη ὑμῖν. 27 εἶτα²⁹ λέγει τῷ Θωμᾷ· φέρε τὸν δάκτυλόν σου ὧδε καὶ ἴδε τὰς χεῖράς μου καὶ φέρε τὴν χεῖρά σου καὶ βάλε εἰς τὴν πλευράν μου, καὶ μὴ γίνου³⁰ ἄπιστος³¹ ἀλλὰ πιστός. 28 ἀπεκρίθη Θωμᾶς καὶ

---

¹ ραββουνι (Aramaic word) = ῥαββί, teacher
² οὔπω, adv, not yet
³ ἀναβαίνω 1s pf act ind, go (up)
⁴ ἀγγέλλω pres act ptc f s nom, tell
⁵ ὁράω 1s pf act ind, see
⁶ ὄψιος, -α/ον, late (ἡ ὀψία f evening)
⁷ κλείω pf pas ptc f p gen, close/lock
⁸ ἵστημι 3s aor act ind, intrans stand
⁹ δείκνυμι 3s aor act ind, show
¹⁰ πλευρά, -ᾶς f, side
¹¹ χαίρω 3p aor pas ind, pas be glad
¹² ἀποστέλλω 3s pf act ind, send
¹³ ἐμφυσάω 3s aor act ind, breathe on
¹⁴ ἀφίημι 2p aor act sub, forgive
¹⁵ ἀφίημι 3p pf pas ind, forgive
¹⁶ κρατέω 3p pf pas ind, hold unforgiven
¹⁷ Δίδυμος, -ου m, Didymus (= twin)
¹⁸ ὁράω 1p pf act ind, see
¹⁹ ὁράω 1s aor act sub, see
²⁰ τύπος, -ου m, scar
²¹ ἧλος, -ου m, nail
²² βάλλω 1s aor act sub, put
²³ δάκτυλος, -ου m, finger
²⁴ πλευρά, -ᾶς f, side
²⁵ ὀκτώ, eight
²⁶ ἔσω, adv, inside
²⁷ κλείω pf pas ptc f p gen, close/lock
²⁸ ἵστημι 3s aor act ind, intrans stand
²⁹ εἶτα, adv, then
³⁰ γίνομαι 2s pres mid impv, be/become
³¹ ἄπιστος, -ον, unbelieving

εἶπεν αὐτῷ· ὁ κύριός μου καὶ ὁ θεός μου. **29** λέγει αὐτῷ ὁ Ἰησοῦς· ὅτι ἑώρακάς[1] με πεπίστευκας; μακάριοι οἱ μὴ ἰδόντες καὶ πιστεύσαντες.

The Purpose of This Book

30 Πολλὰ μὲν οὖν καὶ ἄλλα σημεῖα ἐποίησεν ὁ Ἰησοῦς ἐνώπιον τῶν μαθητῶν [αὐτοῦ], ἃ οὐκ ἔστιν γεγραμμένα[2] ἐν τῷ βιβλίῳ τούτῳ· **31** ταῦτα δὲ γέγραπται ἵνα πιστεύ[σ]ητε ὅτι Ἰησοῦς ἐστιν ὁ χριστὸς ὁ υἱὸς τοῦ θεοῦ, καὶ ἵνα πιστεύοντες ζωὴν ἔχητε ἐν τῷ ὀνόματι αὐτοῦ.

The Appearance to the Seven Disciples

21 Μετὰ ταῦτα ἐφανέρωσεν ἑαυτὸν πάλιν ὁ Ἰησοῦς τοῖς μαθηταῖς ἐπὶ τῆς θαλάσσης τῆς Τιβεριάδος· ἐφανέρωσεν δὲ οὕτως. **2** ἦσαν ὁμοῦ[3] Σίμων Πέτρος καὶ Θωμᾶς ὁ λεγόμενος Δίδυμος[4] καὶ Ναθαναὴλ ὁ ἀπὸ Κανὰ τῆς Γαλιλαίας καὶ οἱ τοῦ Ζεβεδαίου καὶ ἄλλοι ἐκ τῶν μαθητῶν αὐτοῦ δύο. **3** λέγει αὐτοῖς Σίμων Πέτρος· ὑπάγω ἁλιεύειν[5]. λέγουσιν αὐτῷ· ἐρχόμεθα καὶ ἡμεῖς σὺν σοί. ἐξῆλθον καὶ ἐνέβησαν[6] εἰς τὸ πλοῖον, καὶ ἐν ἐκείνῃ τῇ νυκτὶ ἐπίασαν[7] οὐδέν. **4** πρωΐας[8] δὲ ἤδη γενομένης ἔστη[9] Ἰησοῦς εἰς τὸν αἰγιαλόν[10], οὐ μέντοι[11] ᾔδεισαν[12] οἱ μαθηταὶ ὅτι Ἰησοῦς ἐστιν. **5** λέγει οὖν αὐτοῖς [ὁ] Ἰησοῦς· παιδία, μή τι προσφάγιον[13] ἔχετε; ἀπεκρίθησαν αὐτῷ· οὔ. **6** ὁ δὲ εἶπεν αὐτοῖς· βάλετε[14] εἰς τὰ δεξιὰ μέρη τοῦ πλοίου τὸ δίκτυον[15], καὶ εὑρήσετε. ἔβαλον οὖν, καὶ οὐκέτι αὐτὸ ἑλκύσαι[16] ἴσχυον[17] ἀπὸ τοῦ πλήθους τῶν ἰχθύων[18]. **7** λέγει οὖν ὁ μαθητὴς ἐκεῖνος ὃν ἠγάπα ὁ Ἰησοῦς τῷ Πέτρῳ· ὁ κύριός ἐστιν. Σίμων οὖν Πέτρος ἀκούσας ὅτι ὁ κύριός ἐστιν τὸν ἐπενδύτην[19] διεζώσατο[20], ἦν γὰρ γυμνός[21], καὶ ἔβαλεν[22] ἑαυτὸν εἰς τὴν θάλασσαν, **8** οἱ δὲ ἄλλοι μαθηταὶ τῷ πλοιαρίῳ[23] ἦλθον, οὐ γὰρ ἦσαν μακρὰν[24] ἀπὸ τῆς γῆς ἀλλ᾽ ὡς ἀπὸ πηχῶν[25] διακοσίων[26], σύροντες[27] τὸ δίκτυον τῶν ἰχθύων. **9** ὡς οὖν ἀπέβησαν[28] εἰς τὴν γῆν βλέπουσιν ἀνθρακιὰν[29] κειμένην[30] καὶ ὀψάριον[31]

---

[1] ὁράω 2s pf act ind, see
[2] γράφω pf pas ptc n p nom, write
[3] ὁμοῦ, adv, together
[4] Δίδυμος, -ου m, Didymus (= twin)
[5] ἁλιεύω pres act inf, fish
[6] ἐμβαίνω 3p aor act ind, get into
[7] πιάζω 3p aor act ind, catch
[8] πρωΐα, -ας f, morning (π. δὲ ἤδη γενομένης early in the morning)
[9] ἵστημι aor act ind, intrans stand
[10] αἰγιαλός, -οῦ m, shore
[11] μέντοι, conj, but
[12] οἶδα 3p plpf act ind, know
[13] προσφάγιον, -ου n, fish
[14] βάλλω 2p aor act impv, cast (of a fish net)
[15] δίκτυον, -ου n, fish net
[16] ἑλκύω aor act inf, drag (of a fish net)
[17] ἰσχύω 3p impf act ind, can
[18] ἰχθύς, -ύος m, fish
[19] ἐπενδύτης, -ου m, outer garment
[20] διαζώννυμι 3s aor mid ind, put on (clothes)
[21] γυμνός, -ή/όν, naked
[22] βάλλω 3s aor act ind, throw
[23] πλοιάριον, -ου n, (small) boat
[24] μακράν, adv, far
[25] πῆχυς, -εως m, cubit (about 18 inches or 46.2 centimeter)
[26] διακόσιοι, -αι,/α, two hundred
[27] σύρω pres act ptc m p nom, drag
[28] ἀποβαίνω 3p aor act ind, get out
[29] ἀνθρακιά, -ᾶς f, charcoal fire
[30] κεῖμαι pres mid ptc f s acc, be
[31] ὀψάριον, -ου n, fish

ἐπικείμενον¹ καὶ ἄρτον. 10 λέγει αὐτοῖς ὁ Ἰησοῦς· ἐνέγκατε² ἀπὸ τῶν ὀψαρίων ὧν ἐπιάσατε³ νῦν. 11 ἀνέβη⁴ οὖν Σίμων Πέτρος καὶ εἵλκυσεν⁵ τὸ δίκτυον εἰς τὴν γῆν μεστὸν⁶ ἰχθύων μεγάλων ἑκατὸν⁷ πεντήκοντα⁸ τριῶν· καὶ τοσούτων⁹ ὄντων οὐκ ἐσχίσθη¹⁰ τὸ δίκτυον. 12 λέγει αὐτοῖς ὁ Ἰησοῦς· δεῦτε¹¹ ἀριστήσατε¹². οὐδεὶς δὲ ἐτόλμα¹³ τῶν μαθητῶν ἐξετάσαι¹⁴ αὐτόν· σὺ τίς εἶ; εἰδότες¹⁵ ὅτι ὁ κύριός ἐστιν. 13 ἔρχεται Ἰησοῦς καὶ λαμβάνει τὸν ἄρτον καὶ δίδωσιν αὐτοῖς, καὶ τὸ ὀψάριον ὁμοίως¹⁶. 14 τοῦτο ἤδη τρίτον ἐφανερώθη Ἰησοῦς τοῖς μαθηταῖς ἐγερθεὶς¹⁷ ἐκ νεκρῶν.

Jesus and Peter

15 Ὅτε οὖν ἠρίστησαν¹⁸ λέγει τῷ Σίμωνι Πέτρῳ ὁ Ἰησοῦς· Σίμων Ἰωάννου, ἀγαπᾷς με πλέον¹⁹ τούτων; λέγει αὐτῷ· ναὶ κύριε, σὺ οἶδας ὅτι φιλῶ²⁰ σε. λέγει αὐτῷ· βόσκε²¹ τὰ ἀρνία²² μου. 16 λέγει αὐτῷ πάλιν δεύτερον· Σίμων Ἰωάννου, ἀγαπᾷς με; λέγει αὐτῷ· ναὶ κύριε, σὺ οἶδας ὅτι φιλῶ σε. λέγει αὐτῷ· ποίμαινε²³ τὰ πρόβατά μου. 17 λέγει αὐτῷ τὸ τρίτον· Σίμων Ἰωάννου, φιλεῖς με; ἐλυπήθη²⁴ ὁ Πέτρος ὅτι εἶπεν αὐτῷ τὸ τρίτον· φιλεῖς με; καὶ λέγει αὐτῷ· κύριε, πάντα σὺ οἶδας, σὺ γινώσκεις ὅτι φιλῶ σε. λέγει αὐτῷ [ὁ Ἰησοῦς]· βόσκε τὰ πρόβατά μου. 18 ἀμὴν ἀμὴν λέγω σοι, ὅτε ἦς νεώτερος²⁵, ἐζώννυες²⁶ σεαυτὸν καὶ περιεπάτεις ὅπου ἤθελες· ὅταν δὲ γηράσῃς²⁷, ἐκτενεῖς²⁸ τὰς χεῖράς σου, καὶ ἄλλος σε ζώσει²⁹ καὶ οἴσει³⁰ ὅπου οὐ θέλεις. 19 τοῦτο δὲ εἶπεν σημαίνων³¹ ποίῳ θανάτῳ δοξάσει τὸν θεόν. καὶ τοῦτο εἰπὼν λέγει αὐτῷ· ἀκολούθει μοι.

Jesus and the Beloved Disciple

20 Ἐπιστραφεὶς³² ὁ Πέτρος βλέπει τὸν μαθητὴν ὃν ἠγάπα ὁ Ἰησοῦς ἀκολουθοῦντα, ὃς καὶ ἀνέπεσεν³³ ἐν τῷ δείπνῳ³⁴ ἐπὶ τὸ στῆθος³⁵ αὐτοῦ καὶ εἶπεν· κύριε, τίς

---

1 ἐπίκειμαι pres mid ptc n s acc, lie (on)
2 φέρω 2p aor act impv, bring
3 πιάζω 2p aor act ind, catch
4 ἀναβαίνω 3s aor act ind, go aboard
5 ἑλκύω aor act ind, drag (of a fish net)
6 μεστός, -ή/όν, full
7 ἑκατόν, one hundred
8 πεντήκοντα, fifty
9 τοσοῦτος, -αύτη/οῦτον, pl so many
10 σχίζω 3s aor pas ind, tear
11 δεῦτε, interj, Come!
12 ἀριστάω 2p aor act impv, eat breakfast
13 τολμάω 3s impf act ind, dare
14 ἐξετάζω aor act inf, ask
15 οἶδα pf act ptc m p nom, know
16 ὁμοίως, adv, in the same way
17 ἐγείρω aor pas ptc m s nom, raise
18 ἀριστάω 3p aor act ind, eat breakfast
19 πολύς, adv, many (comp)
20 φιλέω 1s pres act ind, love
21 βόσκω 2s pres act impv, feed
22 ἀρνίον, -ου n, lamb
23 ποιμαίνω 2s pres act impv, tend
24 λυπέω 3s aor pas ind, pas be sad
25 νέος, young (comp)
26 ζωννύω/ζώννυμι 2s impf act ind, dress
27 γηράσκω 2s aor act sub, become old
28 ἐκτείνω 2s fut act ind, stretch out
29 ζωννύω/ζώννυμι 3s fut act ind, dress
30 φέρω 3s fut act ind, take
31 σημαίνω pres act ptc m s nom, indicate
32 ἐπιστρέφω aor pas ptc m s nom, intrans turn around
33 ἀναπίπτω 3s aor act ind, sit at table
34 δεῖπνον, -ου n, supper
35 στῆθος, -ους n, chest

ἐστιν ὁ παραδιδούς[1] σε; **21** τοῦτον οὖν ἰδὼν ὁ Πέτρος λέγει τῷ Ἰησοῦ· κύριε, οὗτος δὲ τί; **22** λέγει αὐτῷ ὁ Ἰησοῦς· ἐὰν αὐτὸν θέλω μένειν ἕως ἔρχομαι, τί πρὸς σέ; σύ μοι ἀκολούθει. **23** ἐξῆλθεν οὖν οὗτος ὁ λόγος εἰς τοὺς ἀδελφοὺς ὅτι ὁ μαθητὴς ἐκεῖνος οὐκ ἀποθνῄσκει· οὐκ εἶπεν δὲ αὐτῷ ὁ Ἰησοῦς ὅτι οὐκ ἀποθνῄσκει ἀλλ'· ἐὰν αὐτὸν θέλω μένειν ἕως ἔρχομαι[, τί πρὸς σέ]; **24** Οὗτός ἐστιν ὁ μαθητὴς ὁ μαρτυρῶν περὶ τούτων καὶ ὁ γράψας ταῦτα, καὶ οἴδαμεν ὅτι ἀληθὴς[2] αὐτοῦ ἡ μαρτυρία ἐστίν. **25** ἔστιν δὲ καὶ ἄλλα πολλὰ ἃ ἐποίησεν ὁ Ἰησοῦς, ἅτινα ἐὰν γράφηται καθ' ἕν, οὐδ' αὐτὸν οἶμαι[3] τὸν κόσμον χωρῆσαι[4] τὰ γραφόμενα βιβλία.

[1] παραδίδωμι *pres act ptc m s nom*, betray
[2] ἀληθής, -ές, true
[3] οἴομαι *1s pres mid ind*, suppose
[4] χωρέω *aor act inf*, have room for

ΠΡΑΞΕΙΣ ΑΠΟΣΤΟΛΩΝ

The Promise of the Holy Spirit

1 Τὸν μὲν πρῶτον λόγον ἐποιησάμην περὶ πάντων, ὦ¹ Θεόφιλε, ὧν ἤρξατο² ὁ Ἰησοῦς ποιεῖν τε καὶ διδάσκειν, **2** ἄχρι ἧς ἡμέρας ἐντειλάμενος³ τοῖς ἀποστόλοις διὰ πνεύματος ἁγίου οὓς ἐξελέξατο⁴ ἀνελήμφθη⁵. **3** οἷς καὶ παρέστησεν⁶ ἑαυτὸν ζῶντα μετὰ τὸ παθεῖν⁷ αὐτὸν ἐν πολλοῖς τεκμηρίοις⁸, δι᾽ ἡμερῶν τεσσεράκοντα⁹ ὀπτανόμενος¹⁰ αὐτοῖς καὶ λέγων τὰ περὶ τῆς βασιλείας τοῦ θεοῦ· **4** καὶ συναλιζόμενος¹¹ παρήγγειλεν αὐτοῖς ἀπὸ Ἰεροσολύμων μὴ χωρίζεσθαι¹² ἀλλὰ περιμένειν¹³ τὴν ἐπαγγελίαν τοῦ πατρὸς ἣν ἠκούσατέ μου, **5** ὅτι Ἰωάννης μὲν ἐβάπτισεν ὕδατι, ὑμεῖς δὲ ἐν πνεύματι βαπτισθήσεσθε ἁγίῳ οὐ μετὰ πολλὰς ταύτας ἡμέρας.

The Ascension of Jesus

6 Οἱ μὲν οὖν συνελθόντες¹⁴ ἠρώτων αὐτὸν λέγοντες· κύριε, εἰ ἐν τῷ χρόνῳ τούτῳ ἀποκαθιστάνεις¹⁵ τὴν βασιλείαν τῷ Ἰσραήλ; **7** εἶπεν δὲ πρὸς αὐτούς· οὐχ ὑμῶν ἐστιν γνῶναι¹⁶ χρόνους ἢ καιροὺς οὓς ὁ πατὴρ ἔθετο¹⁷ ἐν τῇ ἰδίᾳ ἐξουσίᾳ, **8** ἀλλὰ λήμψεσθε¹⁸ δύναμιν ἐπελθόντος¹⁹ τοῦ ἁγίου πνεύματος ἐφ᾽ ὑμᾶς καὶ ἔσεσθέ²⁰ μου μάρτυρες ἔν τε Ἰερουσαλὴμ καὶ ἐν πάσῃ τῇ Ἰουδαίᾳ καὶ Σαμαρείᾳ καὶ ἕως ἐσχάτου τῆς γῆς. **9** καὶ ταῦτα εἰπὼν βλεπόντων αὐτῶν ἐπήρθη²¹ καὶ νεφέλη²² ὑπέλαβεν²³ αὐτὸν ἀπὸ τῶν ὀφθαλμῶν αὐτῶν. **10** καὶ ὡς ἀτενίζοντες²⁴ ἦσαν εἰς τὸν οὐρανὸν πορευομένου αὐτοῦ, καὶ ἰδοὺ ἄνδρες δύο παρειστήκεισαν²⁵ αὐτοῖς

---

1 ὦ, interj, O!
2 ἄρχω 3s aor mid ind, mid begin
3 ἐντέλλομαι aor mid ptc m s nom, command
4 ἐκλέγομαι 3s aor mid ind, choose
5 ἀναλαμβάνω 3s aor pas ind, take up
6 παρίστημι 3s aor act ind, show/present
7 πάσχω aor act inf, suffer
8 τεκμήριον, -ου n, (decisive) proof
9 τεσσεράκοντα, forty
10 ὀπτάνομαι pres pas ptc m s nom, appear
11 συναλίζομαι pres mid ptc m s nom, eat with (someone)
12 χωρίζω pres pas inf, leave
13 περιμένω pres act inf, wait for
14 συνέρχομαι aor act ptc m p nom, come together
15 ἀποκαθίστημι 2s pres act ind, restore
16 γινώσκω aor act inf, know
17 τίθημι 3s aor mid ind, place
18 λαμβάνω 2p fut mid ind, receive
19 ἐπέρχομαι aor act ptc n s gen, come upon
20 εἰμί 2p fut mid ind, be
21 ἐπαίρω 3s aor pas ind, lift up
22 νεφέλη, -ης f, cloud
23 ὑπολαμβάνω 3s aor act ind, take away
24 ἀτενίζω pres act ptc m s nom, stare
25 παρίστημι 3p plpf act ind, stand by

ἐν ἐσθῆτι¹ λευκῇ², 11 οἳ καὶ εἶπαν· ἄνδρες Γαλιλαῖοι, τί ἑστήκατε³ ἐμβλέποντες⁴ εἰς τὸν οὐρανόν; οὗτος ὁ Ἰησοῦς ὁ ἀναλημφθεὶς⁵ ἀφ' ὑμῶν εἰς τὸν οὐρανὸν οὕτως ἐλεύσεται⁶ ὃν τρόπον⁷ ἐθεάσασθε⁸ αὐτὸν πορευόμενον εἰς τὸν οὐρανόν.

The Choice of Judas' Successor

12 Τότε ὑπέστρεψαν⁹ εἰς Ἰερουσαλὴμ ἀπὸ ὄρους τοῦ καλουμένου Ἐλαιῶνος¹⁰, ὅ ἐστιν ἐγγὺς Ἰερουσαλὴμ σαββάτου ἔχον ὁδόν¹¹. 13 καὶ ὅτε εἰσῆλθον, εἰς τὸ ὑπερῷον¹² ἀνέβησαν¹³ οὗ¹⁴ ἦσαν καταμένοντες¹⁵, ὅ τε Πέτρος καὶ Ἰωάννης καὶ Ἰάκωβος καὶ Ἀνδρέας, Φίλιππος καὶ Θωμᾶς, Βαρθολομαῖος καὶ Μαθθαῖος, Ἰάκωβος Ἀλφαίου καὶ Σίμων ὁ ζηλωτὴς¹⁶ καὶ Ἰούδας Ἰακώβου. 14 οὗτοι πάντες ἦσαν προσκαρτεροῦντες¹⁷ ὁμοθυμαδὸν¹⁸ τῇ προσευχῇ σὺν γυναιξὶν καὶ Μαριὰμ τῇ μητρὶ τοῦ Ἰησοῦ καὶ τοῖς ἀδελφοῖς αὐτοῦ.

15 Καὶ ἐν ταῖς ἡμέραις ταύταις ἀναστὰς¹⁹ Πέτρος ἐν μέσῳ τῶν ἀδελφῶν εἶπεν· ἦν τε ὄχλος ὀνομάτων ἐπὶ τὸ αὐτὸ ὡς ἑκατὸν²⁰ εἴκοσι·²¹ 16 ἄνδρες ἀδελφοί, ἔδει πληρωθῆναι τὴν γραφὴν ἣν προεῖπεν²² τὸ πνεῦμα τὸ ἅγιον διὰ στόματος Δαυὶδ περὶ Ἰούδα τοῦ γενομένου ὁδηγοῦ²³ τοῖς συλλαβοῦσιν²⁴ Ἰησοῦν, 17 ὅτι κατηριθμημένος²⁵ ἦν ἐν ἡμῖν καὶ ἔλαχεν²⁶ τὸν κλῆρον²⁷ τῆς διακονίας ταύτης. 18 οὗτος μὲν οὖν ἐκτήσατο²⁸ χωρίον²⁹ ἐκ μισθοῦ³⁰ τῆς ἀδικίας³¹ καὶ πρηνὴς³² γενόμενος ἐλάκησεν³³ μέσος καὶ ἐξεχύθη³⁴ πάντα τὰ σπλάγχνα³⁵ αὐτοῦ· 19 καὶ γνωστὸν³⁶ ἐγένετο πᾶσιν τοῖς κατοικοῦσιν Ἰερουσαλήμ, ὥστε κληθῆναι³⁷ τὸ χωρίον ἐκεῖνο τῇ ἰδίᾳ διαλέκτῳ³⁸ αὐτῶν Ἁκελδαμάχ, τοῦτ' ἔστιν χωρίον αἵματος. 20 γέγραπται γὰρ ἐν βίβλῳ³⁹ ψαλμῶν⁴⁰·

¹ ἐσθής, -ῆτος f, clothing
² λευκός, -ή/όν, white
³ ἵστημι 2p pf act ind, intrans stand
⁴ ἐμβλέπω pres act ptc m p nom, look
⁵ ἀναλαμβάνω aor pas ptc m s nom, take up
⁶ ἔρχομαι 3s fut mid ind, come
⁷ τρόπος, -ου m, way/manner (ὃν τ. in the same way as)
⁸ θεάομαι 2p aor mid ind, see
⁹ ὑποστρέφω 3p aor act ind, return
¹⁰ ἐλαιών, -ῶνος m, olive orchard
¹¹ ὁδός, -οῦ f, way (σαββάτου ἔχον ὁ. a Sabbath day's journey = about a half mile or 900 m)
¹² ὑπερῷον, -ου n, upstairs room
¹³ ἀναβαίνω 3p aor act ind, go up
¹⁴ οὗ, adv, where
¹⁵ καταμένω pres act ptc m p nom, stay
¹⁶ ζηλωτής, -οῦ m, Zealot/one who is eager
¹⁷ προσκαρτερέω pres act ptc m p nom, devote oneself to
¹⁸ ὁμοθυμαδόν, adv, with a single purpose
¹⁹ ἀνίστημι aor act ptc m s nom, intrans stand up
²⁰ ἑκατόν, one hundred
²¹ εἴκοσι, twenty
²² προλέγω 3s aor act ind, say (in advance)
²³ ὁδηγός, -οῦ m, guide
²⁴ συλλαμβάνω aor act ptc m p dat, arrest
²⁵ καταριθμέω pf pas ptc m s nom, number (pas with ἐν: be one of)
²⁶ λαγχάνω 3s aor act ind, receive
²⁷ κλῆρος, -ου m, share
²⁸ κτάομαι 3s aor mid ind, buy
²⁹ χωρίον, -ου n, field
³⁰ μισθός, -οῦ m, reward/money
³¹ ἀδικία, -ας f, evil
³² πρηνής, -ές, headfirst
³³ λακάω 3s aor act ind, burst open
³⁴ ἐκχέω/ἐκχύνω 3s aor pas ind, gush out
³⁵ σπλάγχνον, -ου n, entrails
³⁶ γνωστός, -ή/όν, known
³⁷ καλέω aor pas inf, call
³⁸ διάλεκτος, -ου f, language
³⁹ βίβλος, -ου f, book
⁴⁰ ψαλμός, -οῦ m, psalm

γενηθήτω¹ ἡ ἔπαυλις² αὐτοῦ ἔρημος
καὶ μὴ ἔστω³ ὁ κατοικῶν ἐν αὐτῇ,

καί·

τὴν ἐπισκοπὴν⁴ αὐτοῦ λαβέτω⁵ ἕτερος.

21 δεῖ οὖν τῶν συνελθόντων⁶ ἡμῖν ἀνδρῶν ἐν παντὶ χρόνῳ ᾧ εἰσῆλθεν καὶ ἐξῆλθεν ἐφ' ἡμᾶς ὁ κύριος Ἰησοῦς, 22 ἀρξάμενος ἀπὸ τοῦ βαπτίσματος⁷ Ἰωάννου ἕως τῆς ἡμέρας ἧς ἀνελήμφθη⁸ ἀφ' ἡμῶν, μάρτυρα τῆς ἀναστάσεως αὐτοῦ σὺν ἡμῖν γενέσθαι ἕνα τούτων. 23 καὶ ἔστησαν⁹ δύο, Ἰωσὴφ τὸν καλούμενον Βαρσαββᾶν ὃς ἐπεκλήθη¹⁰ Ἰοῦστος, καὶ Μαθθίαν. 24 καὶ προσευξάμενοι εἶπαν· σὺ κύριε καρδιογνῶστα¹¹ πάντων, ἀνάδειξον¹² ὃν ἐξελέξω¹³ ἐκ τούτων τῶν δύο ἕνα 25 λαβεῖν τὸν τόπον τῆς διακονίας ταύτης καὶ ἀποστολῆς¹⁴ ἀφ' ἧς παρέβη¹⁵ Ἰούδας πορευθῆναι εἰς τὸν τόπον τὸν ἴδιον. 26 καὶ ἔδωκαν κλήρους¹⁶ αὐτῶν καὶ ἔπεσεν ὁ κλῆρος ἐπὶ Μαθθίαν καὶ συγκατεψηφίσθη¹⁷ μετὰ τῶν ἕνδεκα¹⁸ ἀποστόλων.

The Coming of the Holy Spirit

2 Καὶ ἐν τῷ συμπληροῦσθαι¹⁹ τὴν ἡμέραν τῆς πεντηκοστῆς²⁰ ἦσαν πάντες ὁμοῦ²¹ ἐπὶ τὸ αὐτό. 2 καὶ ἐγένετο ἄφνω²² ἐκ τοῦ οὐρανοῦ ἦχος²³ ὥσπερ φερομένης πνοῆς²⁴ βιαίας²⁵ καὶ ἐπλήρωσεν ὅλον τὸν οἶκον οὗ²⁶ ἦσαν καθήμενοι 3 καὶ ὤφθησαν²⁷ αὐτοῖς διαμεριζόμεναι²⁸ γλῶσσαι ὡσεὶ²⁹ πυρὸς ἐκάθισεν τε ἐφ' ἕνα ἕκαστον αὐτῶν, 4 καὶ ἐπλήσθησαν³⁰ πάντες πνεύματος ἁγίου καὶ ἤρξαντο³¹ λαλεῖν ἑτέραις γλώσσαις καθὼς τὸ πνεῦμα ἐδίδου³² ἀποφθέγγεσθαι³³ αὐτοῖς.

5 Ἦσαν δὲ ἐν Ἰερουσαλὴμ κατοικοῦντες Ἰουδαῖοι, ἄνδρες εὐλαβεῖς³⁴ ἀπὸ παντὸς ἔθνους τῶν ὑπὸ τὸν οὐρανόν. 6 γενομένης δὲ τῆς φωνῆς ταύτης συνῆλθεν³⁵

---

¹ γίνομαι 3s aor pas impv, be
² ἔπαυλις, -εως f, house
³ εἰμί 3s pres act impv, be
⁴ ἐπισκοπή, -ῆς f, place of service
⁵ λαμβάνω 3s aor act impv, take
⁶ συνέρχομαι aor act ptc m p gen, come together
⁷ βάπτισμα, -τος n, baptism
⁸ ἀναλαμβάνω 3s aor pas ind, take up
⁹ ἵστημι 3p aor act ind, put forward
¹⁰ ἐπικαλέω 3s aor pas ind, call
¹¹ καρδιογνώστης, -ου m, knower of hearts
¹² ἀναδείκνυμι 2s aor act impv, show clearly
¹³ ἐκλέγομαι 2s aor mid ind, choose
¹⁴ ἀποστολή, -ῆς f, apostleship
¹⁵ παραβαίνω 3s aor act ind, intrans turn away
¹⁶ κλῆρος, -ου m, lot (of something thrown or drawn to reach a decision)
¹⁷ συγκαταψηφίζομαι 3s aor pas ind, be included
¹⁸ ἕνδεκα, eleven
¹⁹ συμπληρόω pres pas inf, pas come
²⁰ πεντηκοστή, -ῆς f, Pentecost
²¹ ὁμοῦ, adv, together
²² ἄφνω, adv, suddenly
²³ ἦχος, -ου m, sound
²⁴ πνοή, -ῆς f, wind
²⁵ βίαιος, -α/ον, strong
²⁶ οὗ, adv, where
²⁷ ὁράω 3p aor pas ind, pas appear
²⁸ διαμερίζω pres pas ptc f p nom, divide (δ. γλῶσσαι ὡσεὶ πυρός like fiery tongues spreading out)
²⁹ ὡσεί, particle of comparison, like/as
³⁰ πίμπλημι 3p aor pas ind, fill
³¹ ἄρχω 3p aor mid ind, mid begin
³² δίδωμι 3s impf act ind, give
³³ ἀποφθέγγομαι pres mid inf, speak (often of an inspired utterance)
³⁴ εὐλαβής, -ές, devout
³⁵ συνέρχομαι 3s aor act ind, accompany

τὸ πλῆθος καὶ συνεχύθη¹, ὅτι ἤκουον εἷς ἕκαστος τῇ ἰδίᾳ διαλέκτῳ² λαλούντων αὐτῶν. 7 ἐξίσταντο³ δὲ καὶ ἐθαύμαζον λέγοντες· οὐχ ἰδοὺ ἅπαντες οὗτοί εἰσιν οἱ λαλοῦντες Γαλιλαῖοι; 8 καὶ πῶς ἡμεῖς ἀκούομεν ἕκαστος τῇ ἰδίᾳ διαλέκτῳ ἡμῶν ἐν ᾗ ἐγεννήθημεν⁴; 9 Πάρθοι καὶ Μῆδοι καὶ Ἐλαμῖται καὶ οἱ κατοικοῦντες τὴν Μεσοποταμίαν, Ἰουδαίαν τε καὶ Καππαδοκίαν, Πόντον καὶ τὴν Ἀσίαν, 10 Φρυγίαν τε καὶ Παμφυλίαν, Αἴγυπτον καὶ τὰ μέρη τῆς Λιβύης τῆς κατὰ Κυρήνην, καὶ οἱ ἐπιδημοῦντες⁵ Ῥωμαῖοι, 11 Ἰουδαῖοί τε καὶ προσήλυτοι⁶, Κρῆτες καὶ Ἄραβες, ἀκούομεν λαλούντων αὐτῶν ταῖς ἡμετέραις⁷ γλώσσαις τὰ μεγαλεῖα⁸ τοῦ θεοῦ. 12 ἐξίσταντο⁹ δὲ πάντες καὶ διηπόρουν¹⁰, ἄλλος πρὸς ἄλλον λέγοντες· τί θέλει τοῦτο εἶναι; 13 ἕτεροι δὲ διαχλευάζοντες¹¹ ἔλεγον ὅτι γλεύκους¹² μεμεστωμένοι¹³ εἰσίν.

Peter's Speech at Pentecost

14 Σταθεὶς¹⁴ δὲ ὁ Πέτρος σὺν τοῖς ἕνδεκα¹⁵ ἐπῆρεν¹⁶ τὴν φωνὴν αὐτοῦ καὶ ἀπεφθέγξατο¹⁷ αὐτοῖς· ἄνδρες Ἰουδαῖοι καὶ οἱ κατοικοῦντες Ἰερουσαλὴμ πάντες, τοῦτο ὑμῖν γνωστὸν¹⁸ ἔστω¹⁹ καὶ ἐνωτίσασθε²⁰ τὰ ῥήματά μου. 15 οὐ γὰρ ὡς ὑμεῖς ὑπολαμβάνετε²¹ οὗτοι μεθύουσιν²², ἔστιν γὰρ ὥρα τρίτη τῆς ἡμέρας, 16 ἀλλὰ τοῦτό ἐστιν τὸ εἰρημένον²³ διὰ τοῦ προφήτου Ἰωήλ·

17 καὶ ἔσται ἐν ταῖς ἐσχάταις ἡμέραις, λέγει ὁ θεός,
ἐκχεῶ²⁴ ἀπὸ τοῦ πνεύματός μου ἐπὶ πᾶσαν σάρκα,
καὶ προφητεύσουσιν²⁵ οἱ υἱοὶ ὑμῶν καὶ αἱ θυγατέρες²⁶ ὑμῶν
καὶ οἱ νεανίσκοι²⁷ ὑμῶν ὁράσεις²⁸ ὄψονται²⁹
καὶ οἱ πρεσβύτεροι ὑμῶν ἐνυπνίοις³⁰ ἐνυπνιασθήσονται³¹·
18 καί γε³² ἐπὶ τοὺς δούλους μου καὶ ἐπὶ τὰς δούλας³³ μου ἐν ταῖς
ἡμέραις ἐκείναις
ἐκχεῶ ἀπὸ τοῦ πνεύματός μου, καὶ προφητεύσουσιν.

¹ συγχέω 3s aor pas ind, pas be confused/surprised
² διάλεκτος, -ου f, language
³ ἐξίστημι 3p impf mid ind, be amazed
⁴ γεννάω 1p aor pas ind, pas be born
⁵ ἐπιδημέω pres act ptc m p nom, visit
⁶ προσήλυτος, -ου m, proselyte (convert to Judaism)
⁷ ἡμέτερος, -α/ον, our
⁸ μεγαλεῖον, -ου n, mighty deed
⁹ ἐξίστημι 3p impf mid ind, be amazed
¹⁰ διαπορέω 3p impf act ind, be confused

¹¹ διαχλευάζω pres act ptc m p nom, make fun
¹² γλεῦκος, -ους n, new wine
¹³ μεστόω pf pas ptc m p nom, fill
¹⁴ ἵστημι aor pas ptc m s nom, pas stand
¹⁵ ἕνδεκα, eleven
¹⁶ ἐπαίρω 3s aor act ind, raise
¹⁷ ἀποφθέγγομαι 3s aor mid ind, speak (often of an inspired utterance)
¹⁸ γνωστός, -ή/όν, known
¹⁹ εἰμί 3s pres act impv, be
²⁰ ἐνωτίζομαι 2p aor mid impv, pay close attention to
²¹ ὑπολαμβάνω 2p pres act ind, suppose

²² μεθύω 3p pres act ind, be drunk
²³ λέγω pf pas ptc n s nom, say
²⁴ ἐκχέω 1s fut act ind, pour out
²⁵ προφητεύω 3p fut act ind, prophesy
²⁶ θυγάτηρ, -τρός f, daughter
²⁷ νεανίσκος, -ου m, young man
²⁸ ὅρασις, -εως f, vision
²⁹ ὁράω 3p fut mid ind, see
³⁰ ἐνύπνιον, -ου n, dream
³¹ ἐνυπνιάζομαι 3p fut pas ind, dream
³² γέ, emphatic particle
³³ δούλη, -ης f, female servant/slave

19 καὶ δώσω¹ τέρατα² ἐν τῷ οὐρανῷ ἄνω³
καὶ σημεῖα ἐπὶ τῆς γῆς κάτω⁴,
αἷμα καὶ πῦρ καὶ ἀτμίδα⁵ καπνοῦ⁶.
20 ὁ ἥλιος μεταστραφήσεται⁷ εἰς σκότος
καὶ ἡ σελήνη⁸ εἰς αἷμα,
πρὶν⁹ ἢ ἐλθεῖν τὴν ἡμέραν κυρίου τὴν μεγάλην καὶ ἐπιφανῆ¹⁰.
21 καὶ ἔσται πᾶς ὃς ἂν ἐπικαλέσηται¹¹ τὸ ὄνομα κυρίου σωθήσεται¹².
22 ἄνδρες Ἰσραηλῖται, ἀκούσατε τοὺς λόγους τούτους· Ἰησοῦν τὸν Ναζωραῖον, ἄνδρα ἀποδεδειγμένον¹³ ἀπὸ τοῦ θεοῦ εἰς ὑμᾶς δυνάμεσιν καὶ τέρασιν¹⁴ καὶ σημείοις οἷς ἐποίησεν δι' αὐτοῦ ὁ θεὸς ἐν μέσῳ ὑμῶν καθὼς αὐτοὶ οἴδατε¹⁵, **23** τοῦτον τῇ ὡρισμένῃ¹⁶ βουλῇ¹⁷ καὶ προγνώσει¹⁸ τοῦ θεοῦ ἔκδοτον¹⁹ διὰ χειρὸς ἀνόμων²⁰ προσπήξαντες²¹ ἀνείλατε²², **24** ὃν ὁ θεὸς ἀνέστησεν²³ λύσας τὰς ὠδῖνας²⁴ τοῦ θανάτου, καθότι²⁵ οὐκ ἦν δυνατὸν κρατεῖσθαι αὐτὸν ὑπ' αὐτοῦ. **25** Δαυὶδ γὰρ λέγει εἰς αὐτόν·

προορώμην²⁶ τὸν κύριον ἐνώπιόν μου διὰ παντός,
ὅτι ἐκ δεξιῶν μού ἐστιν ἵνα μὴ σαλευθῶ²⁷.
26 διὰ τοῦτο ηὐφράνθη²⁸ ἡ καρδία μου
καὶ ἠγαλλιάσατο²⁹ ἡ γλῶσσά μου,
ἔτι δὲ καὶ ἡ σάρξ μου κατασκηνώσει³⁰ ἐπ' ἐλπίδι,
27 ὅτι οὐκ ἐγκαταλείψεις³¹ τὴν ψυχήν μου εἰς ᾅδην³²
οὐδὲ δώσεις³³ τὸν ὅσιόν³⁴ σου ἰδεῖν διαφθοράν³⁵.
28 ἐγνώρισάς³⁶ μοι ὁδοὺς ζωῆς,
πληρώσεις με εὐφροσύνης³⁷ μετὰ τοῦ προσώπου σου.

---

1 δίδωμι 1s fut act ind, give
2 τέρας, -ατος n, a wonder
3 ἄνω, adv, above
4 κάτω, adv, below
5 ἀτμίς, -ίδος f, vapor
6 καπνός, -οῦ m, smoke
7 μεταστρέφω 3s fut pas ind, turn
8 σελήνη, -ης f, moon
9 πρίν and πρὶν ἤ, conj, before
10 ἐπιφανής, -ές, glorious
11 ἐπικαλέω 3s aor mid sub, mid call upon
12 σῴζω 3s fut pas ind, save
13 ἀποδείκνυμι pf pas ptc m s acc, commend
14 τέρας, -ατος n, a wonder
15 οἶδα 2p pf act ind, know
16 ὁρίζω pf pas ptc f s dat, decide/determine
17 βουλή, -ῆς f, purpose/plan
18 πρόγνωσις, -εως f, foreknowledge
19 ἔκδοτος, -ον, handed over
20 ἄνομος, -ον, lawless
21 προσπήγνυμι aor act ptc m p nom, crucify
22 ἀναιρέω 2p aor act ind, kill
23 ἀνίστημι 3s aor act ind, raise (to life)
24 ὠδίν, -ῖνος f, pain
25 καθότι, conj, because
26 προοράω 1s impf mid ind, mid see before one
27 σαλεύω 1s aor pas sub, shake
28 εὐφραίνω 3s aor pas ind, pas be glad
29 ἀγαλλιάω 3s aor mid ind, be extremely joyful
30 κατασκηνόω 3s fut act ind, live (lit nest)
31 ἐγκαταλείπω 2s fut act ind, abandon
32 ᾅδης, -ου m, grave/world of the dead
33 δίδωμι 2s fut act ind, let
34 ὅσιος, -α/ον, holy
35 διαφθορά, -ᾶς f, decay
36 γνωρίζω 2s aor act ind, make known
37 εὐφροσύνη, -ης f, gladness

29 ἄνδρες ἀδελφοί, ἐξὸν¹ εἰπεῖν μετὰ παρρησίας πρὸς ὑμᾶς περὶ τοῦ πατριάρχου² Δαυὶδ ὅτι καὶ ἐτελεύτησεν³ καὶ ἐτάφη⁴, καὶ τὸ μνῆμα⁵ αὐτοῦ ἔστιν ἐν ἡμῖν ἄχρι τῆς ἡμέρας ταύτης. 30 προφήτης οὖν ὑπάρχων καὶ εἰδὼς⁶ ὅτι ὅρκῳ⁷ ὤμοσεν⁸ αὐτῷ ὁ θεὸς ἐκ καρποῦ τῆς ὀσφύος⁹ αὐτοῦ καθίσαι¹⁰ ἐπὶ τὸν θρόνον αὐτοῦ, 31 προϊδὼν¹¹ ἐλάλησεν περὶ τῆς ἀναστάσεως τοῦ Χριστοῦ ὅτι οὔτε ἐγκατελείφθη¹² εἰς ἄδην¹³ οὔτε ἡ σὰρξ αὐτοῦ εἶδεν διαφθοράν. 32 τοῦτον τὸν Ἰησοῦν ἀνέστησεν¹⁴ ὁ θεός, οὗ πάντες ἡμεῖς ἐσμεν μάρτυρες· 33 τῇ δεξιᾷ οὖν τοῦ θεοῦ ὑψωθείς¹⁵, τήν τε ἐπαγγελίαν τοῦ πνεύματος τοῦ ἁγίου λαβὼν παρὰ τοῦ πατρός, ἐξέχεεν¹⁶ τοῦτο ὃ ὑμεῖς βλέπετε καὶ ἀκούετε. 34 οὐ γὰρ Δαυὶδ ἀνέβη¹⁷ εἰς τοὺς οὐρανούς, λέγει δὲ αὐτός·

εἶπεν ὁ κύριος τῷ κυρίῳ μου· κάθου¹⁸ ἐκ δεξιῶν μου,
35 ἕως ἂν θῶ¹⁹ τοὺς ἐχθρούς σου ὑποπόδιον²⁰ τῶν ποδῶν σου.

36 ἀσφαλῶς²¹ οὖν γινωσκέτω πᾶς οἶκος Ἰσραὴλ ὅτι καὶ κύριον αὐτὸν καὶ χριστὸν ἐποίησεν ὁ θεός, τοῦτον τὸν Ἰησοῦν ὃν ὑμεῖς ἐσταυρώσατε.

37 Ἀκούσαντες δὲ κατενύγησαν²² τὴν καρδίαν εἶπόν τε πρὸς τὸν Πέτρον καὶ τοὺς λοιποὺς ἀποστόλους· τί ποιήσωμεν, ἄνδρες ἀδελφοί; 38 Πέτρος δὲ πρὸς αὐτούς· μετανοήσατε, φησίν, καὶ βαπτισθήτω ἕκαστος ὑμῶν ἐπὶ τῷ ὀνόματι Ἰησοῦ Χριστοῦ εἰς ἄφεσιν²³ τῶν ἁμαρτιῶν ὑμῶν καὶ λήμψεσθε²⁴ τὴν δωρεὰν²⁵ τοῦ ἁγίου πνεύματος. 39 ὑμῖν γάρ ἐστιν ἡ ἐπαγγελία καὶ τοῖς τέκνοις ὑμῶν καὶ πᾶσιν τοῖς εἰς μακράν²⁶, ὅσους ἂν προσκαλέσηται²⁷ κύριος ὁ θεὸς ἡμῶν. 40 ἑτέροις τε λόγοις πλείοσιν²⁸ διεμαρτύρατο²⁹ καὶ παρεκάλει αὐτοὺς λέγων· σώθητε ἀπὸ τῆς γενεᾶς τῆς σκολιᾶς³⁰ ταύτης. 41 οἱ μὲν οὖν ἀποδεξάμενοι³¹ τὸν λόγον αὐτοῦ ἐβαπτίσθησαν καὶ προσετέθησαν³² ἐν τῇ ἡμέρᾳ ἐκείνῃ ψυχαὶ ὡσεὶ³³ τρισχίλιαι³⁴.

---

1 ἔξεστιν *pres act ptc n s nom*, *impers* it is proper/fitting
2 πατριάρχης, -ου *m*, patriarch/ancestor
3 τελευτάω *3s aor act ind*, die
4 θάπτω *3s aor pas ind*, bury
5 μνῆμα, -τος *n*, tomb
6 οἶδα *pf act ptc m s nom*, know
7 ὅρκος, -ου *m*, oath
8 ὀμνύω *3s aor act ind*, promise
9 ὀσφῦς, -ύος *f*, reproductive organs
10 καθίζω *aor act inf*, sit
11 προοράω *aor act ptc m s nom*, see in advance
12 ἐγκαταλείπω *3s aor pas ind*, abandon
13 ᾄδης, -ου *m*, grave/world of the dead
14 ἀνίστημι *3s aor act ind*, raise (to life)
15 ὑψόω *aor pas ptc m s nom*, exalt
16 ἐκχέω *3s aor act ind*, pour out
17 ἀναβαίνω *3s aor act ind*, go up
18 κάθημαι *2s pres mid impv*, sit
19 τίθημι *1s aor act sub*, put
20 ὑποπόδιον, -ου *n*, footstool
21 ἀσφαλῶς, *adv*, for certain
22 κατανύσσομαι *3p aor pas ind*, be stabbed (κ. τὴν καρδίαν be deeply troubled)
23 ἄφεσις, -εως *f*, forgiveness
24 λαμβάνω *2p fut mid ind*, receive
25 δωρεά, -ᾶς *f*, gift
26 μακράν, *adv*, far off (εἰς μ. far away)
27 προσκαλέομαι *3s aor mid sub*, call to oneself
28 πολύς, many (*comp*)
29 διαμαρτύρομαι *3s aor mid ind*, say emphatically/warn
30 σκολιός, -ά/όν, crooked
31 ἀποδέχομαι *aor mid ptc m p nom*, receive
32 προστίθημι *3p aor pas ind*, add
33 ὡσεί, *particle of comparison*, about
34 τρισχίλιοι, -αι/α, three thousand

Life among the Believers

42 Ἦσαν δὲ προσκαρτεροῦντες¹ τῇ διδαχῇ² τῶν ἀποστόλων καὶ τῇ κοινωνίᾳ³, τῇ κλάσει⁴ τοῦ ἄρτου καὶ ταῖς προσευχαῖς. **43** ἐγίνετο⁵ δὲ πάσῃ ψυχῇ φόβος, πολλά τε τέρατα⁶ καὶ σημεῖα διὰ τῶν ἀποστόλων ἐγίνετο. **44** πάντες δὲ οἱ πιστεύοντες ἦσαν ἐπὶ τὸ αὐτὸ καὶ εἶχον ἅπαντα κοινὰ⁷ **45** καὶ τὰ κτήματα⁸ καὶ τὰς ὑπάρξεις⁹ ἐπίπρασκον¹⁰ καὶ διεμέριζον¹¹ αὐτὰ πᾶσιν καθότι¹² ἄν τις χρείαν εἶχεν· **46** καθ' ἡμέραν τε προσκαρτεροῦντες ὁμοθυμαδὸν¹³ ἐν τῷ ἱερῷ, κλῶντές¹⁴ τε κατ' οἶκον ἄρτον, μετελάμβανον¹⁵ τροφῆς¹⁶ ἐν ἀγαλλιάσει¹⁷ καὶ ἀφελότητι¹⁸ καρδίας **47** αἰνοῦντες¹⁹ τὸν θεὸν καὶ ἔχοντες χάριν πρὸς ὅλον τὸν λαόν. ὁ δὲ κύριος προσετίθει²⁰ τοὺς σῳζομένους καθ' ἡμέραν ἐπὶ τὸ αὐτό.

The Healing at the Temple Gate

3 Πέτρος δὲ καὶ Ἰωάννης ἀνέβαινον εἰς τὸ ἱερὸν ἐπὶ τὴν ὥραν τῆς προσευχῆς τὴν ἐνάτην²¹. **2** καί τις ἀνὴρ χωλὸς²² ἐκ κοιλίας²³ μητρὸς αὐτοῦ ὑπάρχων ἐβαστάζετο²⁴, ὃν ἐτίθουν²⁵ καθ' ἡμέραν πρὸς τὴν θύραν τοῦ ἱεροῦ τὴν λεγομένην Ὡραίαν²⁶ τοῦ αἰτεῖν ἐλεημοσύνην²⁷ παρὰ τῶν εἰσπορευομένων²⁸ εἰς τὸ ἱερόν· **3** ὃς ἰδὼν Πέτρον καὶ Ἰωάννην μέλλοντας εἰσιέναι²⁹ εἰς τὸ ἱερόν, ἠρώτα ἐλεημοσύνην λαβεῖν. **4** ἀτενίσας³⁰ δὲ Πέτρος εἰς αὐτὸν σὺν τῷ Ἰωάννῃ εἶπεν· βλέψον³¹ εἰς ἡμᾶς. **5** ὁ δὲ ἐπεῖχεν³² αὐτοῖς προσδοκῶν³³ τι παρ' αὐτῶν λαβεῖν. **6** εἶπεν δὲ Πέτρος· ἀργύριον³⁴ καὶ χρυσίον³⁵ οὐχ ὑπάρχει μοι, ὃ δὲ ἔχω τοῦτό σοι δίδωμι· ἐν τῷ ὀνόματι Ἰησοῦ Χριστοῦ τοῦ Ναζωραίου ἔγειρε καὶ περιπάτει. **7** καὶ πιάσας³⁶ αὐτὸν τῆς δεξιᾶς χειρὸς ἤγειρεν αὐτόν· παραχρῆμα³⁷ δὲ ἐστερεώθησαν³⁸ αἱ βάσεις³⁹ αὐτοῦ καὶ τὰ σφυδρά⁴⁰,

---

¹ προσκαρτερέω pres act ptc m p nom, devote oneself to
² διδαχή, -ῆς f, teaching
³ κοινωνία, -ας f, fellowship
⁴ κλάσις, -εως f, breaking
⁵ γίνομαι 3s impf mid ind, be/become
⁶ τέρας, -ατος n, a wonder
⁷ κοινός, -ή/όν, in common
⁸ κτῆμα, -τος n, property
⁹ ὕπαρξις, -εως f, possession
¹⁰ πιπράσκω 3p impf act ind, sell
¹¹ διαμερίζω 3p impf act ind, distribute
¹² καθότι, conj, in so far as
¹³ ὁμοθυμαδόν, adv, with a single purpose
¹⁴ κλάω pres act ptc m p nom, break
¹⁵ μεταλαμβάνω 3p impf act ind, share in
¹⁶ τροφή, -ῆς f, food
¹⁷ ἀγαλλίασις, -εως f, gladness
¹⁸ ἀφελότης, -ητος f, generosity/sincerity
¹⁹ αἰνέω pres act ptc m p nom, praise
²⁰ προστίθημι 3s impf act ind, add
²¹ ἔνατος, -η/ον, ninth
²² χωλός, -ή/όν, lame
²³ κοιλία, -ας f, womb (ἐκ κ. μητρός from birth)
²⁴ βαστάζω 3p impf pas ind, carry
²⁵ τίθημι 3p impf act ind, put
²⁶ ὡραῖος, -α/ον, beautiful
²⁷ ἐλεημοσύνη, -ης f, money given to a needy person
²⁸ εἰσπορεύομαι pres mid ptc m p gen, go/come in
²⁹ εἴσειμι pres act inf, enter
³⁰ ἀτενίζω aor act ptc m s nom, look straight at
³¹ βλέπω 2s aor act impv, look
³² ἐπέχω 3s impf act ind, give close attention to
³³ προσδοκάω pres act ptc m s nom, expect
³⁴ ἀργύριον, -ου n, silver coin
³⁵ χρυσίον, -ου n, gold coin
³⁶ πιάζω aor act ptc m s nom, take hold of
³⁷ παραχρῆμα, adv, at once
³⁸ στερεόω 3p aor pas ind, make strong
³⁹ βάσις, -εως f, foot
⁴⁰ σφυδρόν, -οῦ n, ankle

8 καὶ ἐξαλλόμενος¹ ἔστη² καὶ περιεπάτει καὶ εἰσῆλθεν σὺν αὐτοῖς εἰς τὸ ἱερὸν περιπατῶν καὶ ἁλλόμενος³ καὶ αἰνῶν⁴ τὸν θεόν. **9** καὶ εἶδεν πᾶς ὁ λαὸς αὐτὸν περιπατοῦντα καὶ αἰνοῦντα τὸν θεόν· **10** ἐπεγίνωσκον⁵ δὲ αὐτὸν ὅτι αὐτὸς ἦν ὁ πρὸς τὴν ἐλεημοσύνην⁶ καθήμενος ἐπὶ τῇ ὡραίᾳ⁷ πύλῃ⁸ τοῦ ἱεροῦ καὶ ἐπλήσθησαν⁹ θάμβους¹⁰ καὶ ἐκστάσεως¹¹ ἐπὶ τῷ συμβεβηκότι¹² αὐτῷ.

Peter's Speech in Solomon's Portico

11 Κρατοῦντος δὲ αὐτοῦ τὸν Πέτρον καὶ τὸν Ἰωάννην συνέδραμεν¹³ πᾶς ὁ λαὸς πρὸς αὐτοὺς ἐπὶ τῇ στοᾷ¹⁴ τῇ καλουμένῃ Σολομῶντος ἔκθαμβοι¹⁵. **12** ἰδὼν δὲ ὁ Πέτρος ἀπεκρίνατο πρὸς τὸν λαόν· ἄνδρες Ἰσραηλῖται, τί θαυμάζετε ἐπὶ τούτῳ ἢ ἡμῖν τί ἀτενίζετε¹⁶ ὡς ἰδίᾳ δυνάμει ἢ εὐσεβείᾳ¹⁷ πεποιηκόσιν τοῦ περιπατεῖν αὐτόν; **13** ὁ θεὸς Ἀβραὰμ καὶ Ἰσαὰκ καὶ Ἰακώβ, ὁ θεὸς τῶν πατέρων ἡμῶν, ἐδόξασεν τὸν παῖδα αὐτοῦ Ἰησοῦν ὃν ὑμεῖς μὲν παρεδώκατε καὶ ἠρνήσασθε¹⁸ κατὰ πρόσωπον Πιλάτου, κρίναντος ἐκείνου ἀπολύειν· **14** ὑμεῖς δὲ τὸν ἅγιον καὶ δίκαιον ἠρνήσασθε καὶ ᾐτήσασθε¹⁹ ἄνδρα φονέα²⁰ χαρισθῆναι²¹ ὑμῖν, **15** τὸν δὲ ἀρχηγὸν²² τῆς ζωῆς ἀπεκτείνατε ὃν ὁ θεὸς ἤγειρεν ἐκ νεκρῶν, οὗ ἡμεῖς μάρτυρές ἐσμεν. **16** καὶ ἐπὶ τῇ πίστει τοῦ ὀνόματος αὐτοῦ τοῦτον ὃν θεωρεῖτε καὶ οἴδατε, ἐστερέωσεν²³ τὸ ὄνομα αὐτοῦ, καὶ ἡ πίστις ἡ δι᾽ αὐτοῦ ἔδωκεν αὐτῷ τὴν ὁλοκληρίαν²⁴ ταύτην ἀπέναντι²⁵ πάντων ὑμῶν. **17** καὶ νῦν, ἀδελφοί, οἶδα ὅτι κατὰ ἄγνοιαν²⁶ ἐπράξατε²⁷ ὥσπερ καὶ οἱ ἄρχοντες ὑμῶν· **18** ὁ δὲ θεός, ἃ προκατήγγειλεν²⁸ διὰ στόματος πάντων τῶν προφητῶν παθεῖν²⁹ τὸν χριστὸν αὐτοῦ, ἐπλήρωσεν οὕτως. **19** μετανοήσατε οὖν καὶ ἐπιστρέψατε³⁰ εἰς τὸ ἐξαλειφθῆναι³¹ ὑμῶν τὰς ἁμαρτίας, **20** ὅπως ἂν ἔλθωσιν³² καιροὶ ἀναψύξεως³³ ἀπὸ προσώπου τοῦ κυρίου καὶ ἀποστείλῃ³⁴ τὸν προκεχειρισμένον³⁵ ὑμῖν χριστὸν Ἰησοῦν, **21** ὃν δεῖ οὐρανὸν μὲν δέξασθαι³⁶ ἄχρι χρόνων

---

¹ ἐξάλλομαι *pres mid ptc m s nom*, jump up
² ἵστημι *3s aor act ind, intrans* stand
³ ἄλλομαι *pres mid ptc m s nom*, leap
⁴ αἰνέω *pres act ptc m s nom*, praise
⁵ ἐπιγινώσκω *3p impf act ind*, recognize
⁶ ἐλεημοσύνη, -ης *f*, money given to a needy person
⁷ ὡραῖος, -α/ον, beautiful
⁸ πύλη, -ης *f*, gate
⁹ πίμπλημι *3p aor pas ind*, fill
¹⁰ θάμβος, -ους *n*, wonder
¹¹ ἔκστασις, -εως *f*, amazement
¹² συμβαίνω *pf act ptc n s nom*, happen

¹³ συντρέχω *3s aor act ind*, run together
¹⁴ στοά, -ᾶς *f*, porch/portico
¹⁵ ἔκθαμβος, -ον, greatly surprised
¹⁶ ἀτενίζω *2p pres act ind*, stare
¹⁷ εὐσέβεια, -ας *f*, godliness
¹⁸ ἀρνέομαι *2p aor act ind*, deny/disown
¹⁹ αἰτέω *2p aor mid ind*, ask
²⁰ φονεύς, -έως *m*, murderer
²¹ χαρίζομαι *aor pas inf*, give
²² ἀρχηγός, -οῦ *m*, originator
²³ στερεόω *3s aor act ind*, make strong
²⁴ ὁλοκληρία, -ας *f*, perfect health
²⁵ ἀπέναντι, *prep + gen*, in full view of

²⁶ ἄγνοια, -ας *f*, ignorance
²⁷ πράσσω *2p aor act ind, intrans* act
²⁸ προκαταγγέλλω *3s aor act ind*, announce beforehand
²⁹ πάσχω *aor act inf*, suffer
³⁰ ἐπιστρέφω *2p aor act impv, intrans* turn
³¹ ἐξαλείφω *aor pas inf*, wipe away
³² ἔρχομαι *3p aor act sub*, come
³³ ἀνάψυξις, -εως *f*, refreshing/renewal
³⁴ ἀποστέλλω *3s aor act sub*, send
³⁵ προχειρίζομαι *pf mid ptc m s acc, mid* appoint
³⁶ δέχομαι *aor mid inf*, receive

ἀποκαταστάσεως¹ πάντων ὧν ἐλάλησεν ὁ θεὸς διὰ στόματος τῶν ἁγίων ἀπ' αἰῶνος αὐτοῦ προφητῶν. 22 Μωϋσῆς μὲν εἶπεν ὅτι **προφήτην ὑμῖν ἀναστήσει²** κύριος ὁ θεὸς ὑμῶν ἐκ τῶν ἀδελφῶν ὑμῶν ὡς ἐμέ· αὐτοῦ ἀκούσεσθε κατὰ πάντα ὅσα ἂν λαλήσῃ πρὸς ὑμᾶς. 23 ἔσται δὲ πᾶσα ψυχὴ ἥτις ἐὰν μὴ ἀκούσῃ τοῦ προφήτου ἐκείνου ἐξολεθρευθήσεται³ ἐκ τοῦ λαοῦ. 24 καὶ πάντες δὲ οἱ προφῆται ἀπὸ Σαμουὴλ καὶ τῶν καθεξῆς⁴ ὅσοι ἐλάλησαν καὶ κατήγγειλαν⁵ τὰς ἡμέρας ταύτας. 25 ὑμεῖς ἐστε οἱ υἱοὶ τῶν προφητῶν καὶ τῆς διαθήκης ἧς διέθετο⁶ ὁ θεὸς πρὸς τοὺς πατέρας ὑμῶν λέγων πρὸς Ἀβραάμ· **καὶ ἐν τῷ σπέρματί σου ἐνευλογηθήσονται⁷ πᾶσαι αἱ πατριαὶ⁸ τῆς γῆς.** 26 ὑμῖν πρῶτον ἀναστήσας⁹ ὁ θεὸς τὸν παῖδα¹⁰ αὐτοῦ ἀπέστειλεν¹¹ αὐτὸν εὐλογοῦντα ὑμᾶς ἐν τῷ ἀποστρέφειν¹² ἕκαστον ἀπὸ τῶν πονηριῶν¹³ ὑμῶν.

Peter and John before the Council

4 Λαλούντων δὲ αὐτῶν πρὸς τὸν λαὸν ἐπέστησαν¹⁴ αὐτοῖς οἱ ἱερεῖς καὶ ὁ στρατηγὸς¹⁵ τοῦ ἱεροῦ καὶ οἱ Σαδδουκαῖοι, 2 διαπονούμενοι¹⁶ διὰ τὸ διδάσκειν αὐτοὺς τὸν λαὸν καὶ καταγγέλλειν¹⁷ ἐν τῷ Ἰησοῦ τὴν ἀνάστασιν τὴν ἐκ νεκρῶν, 3 καὶ ἐπέβαλον¹⁸ αὐτοῖς τὰς χεῖρας καὶ ἔθεντο¹⁹ εἰς τήρησιν²⁰ εἰς τὴν αὔριον²¹· ἦν γὰρ ἑσπέρα²² ἤδη. 4 πολλοὶ δὲ τῶν ἀκουσάντων τὸν λόγον ἐπίστευσαν καὶ ἐγενήθη²³ ὁ ἀριθμὸς²⁴ τῶν ἀνδρῶν ὡσεὶ²⁵ χιλιάδες²⁶ πέντε.

5 Ἐγένετο δὲ ἐπὶ τὴν αὔριον συναχθῆναι²⁷ αὐτῶν τοὺς ἄρχοντας καὶ τοὺς πρεσβυτέρους καὶ τοὺς γραμματεῖς ἐν Ἰερουσαλήμ, 6 καὶ Ἄννας ὁ ἀρχιερεὺς καὶ Καϊάφας καὶ Ἰωάννης καὶ Ἀλέξανδρος καὶ ὅσοι ἦσαν ἐκ γένους²⁸ ἀρχιερατικοῦ²⁹, 7 καὶ στήσαντες³⁰ αὐτοὺς ἐν τῷ μέσῳ ἐπυνθάνοντο³¹· ἐν ποίᾳ δυνάμει ἢ ἐν ποίῳ ὀνόματι ἐποιήσατε τοῦτο ὑμεῖς; 8 τότε Πέτρος πλησθεὶς³² πνεύματος ἁγίου εἶπεν πρὸς αὐτούς· ἄρχοντες τοῦ λαοῦ καὶ πρεσβύτεροι, 9 εἰ ἡμεῖς σήμερον ἀνακρινόμεθα³³

---

1 ἀποκατάστασις, -εως f, restoration
2 ἀνίστημι 3s fut act ind, raise up
3 ἐξολεθρεύω 3s fut pas ind, destroy/cut off
4 καθεξῆς, adv, in order (οἱ κ. the successors)
5 καταγγέλλω 3p aor act ind, proclaim
6 διατίθημι 3s aor mid ind, make (of a covenant)
7 ἐνευλογέω 3p fut pas ind, bless
8 πατριά, -ᾶς f, nation
9 ἀνίστημι aor act ptc m s nom, raise up
10 παῖς, παιδός m & f, servant/child
11 ἀποστέλλω 3s aor act ind, send
12 ἀποστρέφω pres act inf, turn away
13 πονηρία, -ας f, evil
14 ἐφίστημι 3p aor act ind, come up
15 στρατηγός, -οῦ m, captain (ὁ σ. τοῦ ἱεροῦ captain of the temple guard)
16 διαπονέομαι pres mid ptc m p nom, be greatly annoyed
17 καταγγέλλω pres act inf, proclaim
18 ἐπιβάλλω 3p aor act ind, put on
19 τίθημι 3p aor act ind, mid put
20 τήρησις, -εως f, custody
21 αὔριον, adv, tomorrow
22 ἑσπέρα, -ας f, evening
23 γίνομαι 3s aor pas ind, be/become
24 ἀριθμός, -οῦ m, number
25 ὡσεί, like
26 χιλιάς, -άδος f, (group of) a thousand
27 συνάγω aor pas inf, pas gather together
28 γένος, -ους n, family
29 ἀρχιερατικός, -όν, highpriestly
30 ἵστημι aor act ptc m p nom, set
31 πυνθάνομαι 3p impf mid ind, question
32 πίμπλημι aor pas ptc m s nom, fill
33 ἀνακρίνω 1p pres pas ind, question

ἐπὶ εὐεργεσίᾳ¹ ἀνθρώπου ἀσθενοῦς² ἐν τίνι οὗτος σέσωται³, 10 γνωστὸν⁴ ἔστω⁵ πᾶσιν ὑμῖν καὶ παντὶ τῷ λαῷ Ἰσραὴλ ὅτι ἐν τῷ ὀνόματι Ἰησοῦ Χριστοῦ τοῦ Ναζωραίου ὃν ὑμεῖς ἐσταυρώσατε, ὃν ὁ θεὸς ἤγειρεν ἐκ νεκρῶν, ἐν τούτῳ οὗτος παρέστηκεν⁶ ἐνώπιον ὑμῶν ὑγιής⁷. 11 οὗτός ἐστιν ὁ λίθος, ὁ ἐξουθενηθεὶς⁸ ὑφ' ὑμῶν τῶν οἰκοδόμων⁹, ὁ γενόμενος εἰς κεφαλὴν γωνίας¹⁰. 12 καὶ οὐκ ἔστιν ἐν ἄλλῳ οὐδενὶ ἡ σωτηρία, οὐδὲ γὰρ ὄνομά ἐστιν ἕτερον ὑπὸ τὸν οὐρανὸν τὸ δεδομένον ἐν ἀνθρώποις ἐν ᾧ δεῖ σωθῆναι ἡμᾶς.

13 Θεωροῦντες δὲ τὴν τοῦ Πέτρου παρρησίαν καὶ Ἰωάννου καὶ καταλαβόμενοι¹¹ ὅτι ἄνθρωποι ἀγράμματοί¹² εἰσιν καὶ ἰδιῶται¹³, ἐθαύμαζον ἐπεγίνωσκόν τε αὐτοὺς ὅτι σὺν τῷ Ἰησοῦ ἦσαν, 14 τόν τε ἄνθρωπον βλέποντες σὺν αὐτοῖς ἑστῶτα¹⁴ τὸν τεθεραπευμένον οὐδὲν εἶχον¹⁵ ἀντειπεῖν¹⁶. 15 κελεύσαντες¹⁷ δὲ αὐτοὺς ἔξω τοῦ συνεδρίου¹⁸ ἀπελθεῖν συνέβαλλον¹⁹ πρὸς ἀλλήλους 16 λέγοντες· τί ποιήσωμεν τοῖς ἀνθρώποις τούτοις; ὅτι μὲν γὰρ γνωστὸν²⁰ σημεῖον γέγονεν δι' αὐτῶν πᾶσιν τοῖς κατοικοῦσιν Ἰερουσαλὴμ φανερὸν²¹ καὶ οὐ δυνάμεθα ἀρνεῖσθαι· 17 ἀλλ' ἵνα μὴ ἐπὶ πλεῖον²² διανεμηθῇ²³ εἰς τὸν λαὸν ἀπειλησώμεθα²⁴ αὐτοῖς μηκέτι²⁵ λαλεῖν ἐπὶ τῷ ὀνόματι τούτῳ μηδενὶ ἀνθρώπων. 18 καὶ καλέσαντες αὐτοὺς παρήγγειλαν τὸ καθόλου²⁶ μὴ φθέγγεσθαι²⁷ μηδὲ διδάσκειν ἐπὶ τῷ ὀνόματι τοῦ Ἰησοῦ. 19 ὁ δὲ Πέτρος καὶ Ἰωάννης ἀποκριθέντες εἶπον πρὸς αὐτούς· εἰ δίκαιόν ἐστιν ἐνώπιον τοῦ θεοῦ ὑμῶν ἀκούειν μᾶλλον ἢ τοῦ θεοῦ, κρίνατε· 20 οὐ δυνάμεθα γὰρ ἡμεῖς ἃ εἴδαμεν καὶ ἠκούσαμεν μὴ λαλεῖν. 21 οἱ δὲ προσαπειλησάμενοι²⁸ ἀπέλυσαν αὐτούς, μηδὲν εὑρίσκοντες τὸ πῶς κολάσωνται²⁹ αὐτούς, διὰ τὸν λαόν, ὅτι πάντες ἐδόξαζον τὸν θεὸν ἐπὶ τῷ γεγονότι³⁰· 22 ἐτῶν γὰρ ἦν πλειόνων τεσσεράκοντα³¹ ὁ ἄνθρωπος ἐφ' ὃν γεγόνει τὸ σημεῖον τοῦτο τῆς ἰάσεως³².

---

¹ εὐεργεσία, -ας f, act of kindness
² ἀσθενής, -ές, cripple
³ σῴζω 3s pf pas ind, make well
⁴ γνωστός, -ή/όν, known
⁵ εἰμί 3s pres act impv, be
⁶ παρίστημι 3s pf act ind, intrans stand
⁷ ὑγιής, -ές, well
⁸ ἐξουθενέω aor pas ptc m s nom, despise
⁹ οἰκοδόμος, -ου m, builder
¹⁰ γωνία, -ας f, corner (κεφαλὴ γ. main corner stone)

¹¹ καταλαμβάνω aor mid ptc m p nom, mid realize
¹² ἀγράμματος, -ον, uneducated
¹³ ἰδιώτης, -ου m, ordinary person
¹⁴ ἵστημι pf act ptc m s acc, intrans stand
¹⁵ ἔχω 3p impf act ind, have
¹⁶ ἀντιλέγω aor act inf, oppose
¹⁷ κελεύω aor act ptc m p nom, order
¹⁸ συνέδριον, -ου n, council room
¹⁹ συμβάλλω 3p impf act ind, confer
²⁰ γνωστός, -ή/όν, known
²¹ φανερός, -ά/όν, evident

²² πολύς, much (comp)
²³ διανέμω 3s aor pas sub, spread
²⁴ ἀπειλέω 1p aor mid sub, warn
²⁵ μηκέτι, adv, no longer
²⁶ καθόλου, adv, completely (κ. μὴ under no condition)
²⁷ φθέγγομαι pres mid inf, speak
²⁸ προσαπειλέω aor mid ptc m p nom, threaten further
²⁹ κολάζω 3p aor mid sub, punish
³⁰ γίνομαι pf act ptc n s dat, happen
³¹ τεσσεράκοντα, forty
³² ἴασις, -εως f, healing

The Believers Pray for Boldness

23 Ἀπολυθέντες δὲ ἦλθον πρὸς τοὺς ἰδίους καὶ ἀπήγγειλαν[1] ὅσα πρὸς αὐτοὺς οἱ ἀρχιερεῖς καὶ οἱ πρεσβύτεροι εἶπαν. 24 οἱ δὲ ἀκούσαντες ὁμοθυμαδὸν[2] ἦραν[3] φωνὴν πρὸς τὸν θεὸν καὶ εἶπαν· δέσποτα[4], σὺ ὁ ποιήσας τὸν οὐρανὸν καὶ τὴν γῆν καὶ τὴν θάλασσαν καὶ πάντα τὰ ἐν αὐτοῖς, 25 ὁ τοῦ πατρὸς ἡμῶν διὰ πνεύματος ἁγίου στόματος Δαυὶδ παιδός[5] σου εἰπών·

ἱνατί[6] ἐφρύαξαν[7] ἔθνη
καὶ λαοὶ ἐμελέτησαν[8] κενά[9];
26 παρέστησαν[10] οἱ βασιλεῖς τῆς γῆς
καὶ οἱ ἄρχοντες συνήχθησαν[11] ἐπὶ τὸ αὐτὸ
κατὰ τοῦ κυρίου καὶ κατὰ τοῦ χριστοῦ αὐτοῦ.

27 συνήχθησαν γὰρ ἐπ' ἀληθείας ἐν τῇ πόλει ταύτῃ ἐπὶ τὸν ἅγιον παῖδά σου Ἰησοῦν ὃν ἔχρισας[12], Ἡρώδης τε καὶ Πόντιος Πιλᾶτος σὺν ἔθνεσιν καὶ λαοῖς Ἰσραήλ, 28 ποιῆσαι ὅσα ἡ χείρ σου καὶ ἡ βουλή[13] σου προώρισεν[14] γενέσθαι[15]. 29 καὶ τὰ νῦν, κύριε, ἔπιδε[16] ἐπὶ τὰς ἀπειλὰς[17] αὐτῶν καὶ δὸς[18] τοῖς δούλοις σου μετὰ παρρησίας πάσης λαλεῖν τὸν λόγον σου, 30 ἐν τῷ τὴν χεῖρά σου ἐκτείνειν[19] σε εἰς ἴασιν[20] καὶ σημεῖα καὶ τέρατα[21] γίνεσθαι διὰ τοῦ ὀνόματος τοῦ ἁγίου παιδός σου Ἰησοῦ. 31 καὶ δεηθέντων[22] αὐτῶν ἐσαλεύθη[23] ὁ τόπος ἐν ᾧ ἦσαν συνηγμένοι[24], καὶ ἐπλήσθησαν[25] ἅπαντες τοῦ ἁγίου πνεύματος καὶ ἐλάλουν τὸν λόγον τοῦ θεοῦ μετὰ παρρησίας.

All Things in Common

32 Τοῦ δὲ πλήθους τῶν πιστευσάντων ἦν καρδία καὶ ψυχὴ μία, καὶ οὐδὲ εἷς τι τῶν ὑπαρχόντων αὐτῷ ἔλεγεν ἴδιον εἶναι ἀλλ' ἦν αὐτοῖς ἅπαντα κοινά[26]. 33 καὶ δυνάμει μεγάλῃ ἀπεδίδουν[27] τὸ μαρτύριον[28] οἱ ἀπόστολοι τῆς ἀναστάσεως τοῦ κυρίου Ἰησοῦ, χάρις τε μεγάλη ἦν ἐπὶ πάντας αὐτούς. 34 οὐδὲ γὰρ ἐνδεής[29] τις ἦν ἐν αὐτοῖς· ὅσοι γὰρ κτήτορες[30] χωρίων[31] ἢ οἰκιῶν ὑπῆρχον, πωλοῦντες[32] ἔφερον

---

[1] ἀπαγγέλλω 3p aor act ind, tell
[2] ὁμοθυμαδόν, adv, with a single purpose
[3] αἴρω 3p aor act ind, raise
[4] δεσπότης, -ου m, Lord
[5] παῖς, παιδός m & f, servant/child
[6] ἱνατί, why?
[7] φρυάσσω 3p pres act ind, rage
[8] μελετάω 3p aor act ind, plan
[9] κενός, -ή/όν, foolish
[10] παρίστημι 3p aor act ind, intrans stand together
[11] συνάγω 3p aor pas ind, pas gather together
[12] χρίω 2s aor act ind, anoint
[13] βουλή, -ῆς f, plan
[14] προορίζω 3s aor act ind, decide in advance
[15] γενέσθαι aor mid inf, happen
[16] ἐφοράω 2s aor act impv, take notice of/consider
[17] ἀπειλή, -ῆς f, threat
[18] δίδωμι 2s aor act impv, let/enable
[19] ἐκτείνω pres act inf, stretch out
[20] ἴασις, -εως f, healing
[21] τέρας, -ατος n, a wonder
[22] δέομαι aor pas ptc m p gen, pray
[23] σαλεύω 3s aor pas ind, shake
[24] συνάγω pf pas ptc m p nom, pas gather together
[25] πίμπλημι 3p aor pas ind, fill
[26] κοινός, -ή/όν, in common
[27] ἀποδίδωμι 3p impf act ind, give
[28] μαρτύριον, -ου n, testimony
[29] ἐνδεής, -ές, needy
[30] κτήτωρ, -ορος m, owner
[31] χωρίον, -ου n, field
[32] πωλέω pres act ptc m p nom, sell

τὰς τιμὰς τῶν πιπρασκομένων¹ 35 καὶ ἐτίθουν² παρὰ τοὺς πόδας τῶν ἀποστόλων, διεδίδετο³ δὲ ἑκάστῳ καθότι⁴ ἄν τις χρείαν εἶχεν. 36 Ἰωσὴφ δὲ ὁ ἐπικληθεὶς⁵ Βαρναβᾶς ἀπὸ τῶν ἀποστόλων, ὅ ἐστιν μεθερμηνευόμενον⁶ υἱὸς παρακλήσεως⁷, Λευίτης, Κύπριος τῷ γένει⁸, 37 ὑπάρχοντος αὐτῷ ἀγροῦ πωλήσας ἤνεγκεν⁹ τὸ χρῆμα¹⁰ καὶ ἔθηκεν¹¹ πρὸς τοὺς πόδας τῶν ἀποστόλων.

Ananias and Sapphira

5 Ἀνὴρ δέ τις Ἁνανίας ὀνόματι σὺν Σαπφίρῃ τῇ γυναικὶ αὐτοῦ ἐπώλησεν¹² κτῆμα¹³ 2 καὶ ἐνοσφίσατο¹⁴ ἀπὸ τῆς τιμῆς – συνειδυίης¹⁵ καὶ τῆς γυναικός – καὶ ἐνέγκας¹⁶ μέρος τι παρὰ τοὺς πόδας τῶν ἀποστόλων ἔθηκεν¹⁷. 3 εἶπεν δὲ ὁ Πέτρος· Ἁνανία, διὰ τί ἐπλήρωσεν ὁ σατανᾶς τὴν καρδίαν σου, ψεύσασθαί¹⁸ σε τὸ πνεῦμα τὸ ἅγιον καὶ νοσφίσασθαι¹⁹ ἀπὸ τῆς τιμῆς τοῦ χωρίου²⁰; 4 οὐχὶ μένον σοὶ ἔμενεν καὶ πραθὲν²¹ ἐν τῇ σῇ²² ἐξουσίᾳ ὑπῆρχεν²³; τί ὅτι ἔθου²⁴ ἐν τῇ καρδίᾳ σου τὸ πρᾶγμα²⁵ τοῦτο; οὐκ ἐψεύσω²⁶ ἀνθρώποις ἀλλὰ τῷ θεῷ. 5 ἀκούων δὲ ὁ Ἁνανίας τοὺς λόγους τούτους πεσὼν²⁷ ἐξέψυξεν²⁸, καὶ ἐγένετο φόβος μέγας ἐπὶ πάντας τοὺς ἀκούοντας. 6 ἀναστάντες²⁹ δὲ οἱ νεώτεροι³⁰ συνέστειλαν³¹ αὐτὸν καὶ ἐξενέγκαντες³² ἔθαψαν³³.

7 Ἐγένετο δὲ ὡς ὡρῶν τριῶν διάστημα³⁴, καὶ ἡ γυνὴ αὐτοῦ μὴ εἰδυῖα³⁵ τὸ γεγονὸς³⁶ εἰσῆλθεν. 8 ἀπεκρίθη δὲ πρὸς αὐτὴν Πέτρος· εἰπέ³⁷ μοι, εἰ τοσούτου³⁸ τὸ χωρίον ἀπέδοσθε³⁹; ἡ δὲ εἶπεν· ναί, τοσούτου. 9 ὁ δὲ Πέτρος πρὸς αὐτήν· τί ὅτι συνεφωνήθη⁴⁰ ὑμῖν πειράσαι τὸ πνεῦμα κυρίου; ἰδοὺ οἱ πόδες τῶν θαψάντων⁴¹

---

¹ πιπράσκω *pres pas ptc n p gen*, sell
² τίθημι *3p impf act ind*, place
³ διαδίδωμι *3s impf pas ind*, distribute
⁴ καθότι, *conj*, as
⁵ ἐπικαλέω *aor pas ptc m s nom*, call
⁶ μεθερμηνεύω *pres pas ptc n s nom*, translate (ὅ ἐστιν μ. which means)
⁷ παράκλησις, -εως *f*, encouragement
⁸ γένος, -ους *n*, nation/people
⁹ φέρω *3s aor act ind*, bring
¹⁰ χρῆμα, -τος *n*, money
¹¹ τίθημι *3s aor act ind*, place
¹² πωλέω *3s aor act ind*, sell
¹³ κτῆμα, -τος *n*, piece of land
¹⁴ νοσφίζω *3s aor mid ind, mid* keep back for oneself
¹⁵ σύνοιδα *pf act ptc f s gen*, share knowledge with
¹⁶ φέρω *aor act ptc m s nom*, bring
¹⁷ τίθημι *3s aor act ind*, place
¹⁸ ψεύδομαι *aor mid inf*, lie
¹⁹ νοσφίζω *aor mid inf, mid* keep back for oneself
²⁰ χωρίον, -ου *n*, field
²¹ πιπράσκω *aor pas ptc n s nom*, sell
²² σός, σή, σόν, your
²³ ὑπάρχω *3s impf act ind*, be at one's disposal
²⁴ τίθημι *2s aor mid ind*, place (τ. ἐν καρδίᾳ decide)
²⁵ πρᾶγμα, -τος *n*, deed
²⁶ ψεύδομαι *2s aor mid ind*, lie
²⁷ πίπτω *aor act ptc m s nom*, fall down
²⁸ ἐκψύχω *3s aor act ind*, die
²⁹ ἀνίστημι *aor act ptc m p nom, intrans* stand up
³⁰ νέος, young (comp)
³¹ συστέλλω *3p aor act ind*, wrap up (of the dead)
³² ἐκφέρω *aor act ptc m p nom*, carry out
³³ θάπτω *3p aor act ind*, bury
³⁴ διάστημα, -τος *n*, interval
³⁵ οἶδα *pf act ptc f s nom*, know
³⁶ γίνομαι *pf act ptc n s acc*, happen
³⁷ λέγω *2s aor act impv*, tell
³⁸ τοσοῦτος, -αύτη/οῦτον, so much
³⁹ ἀποδίδωμι *2p aor mid ind*, mid sell
⁴⁰ συμφωνέω *3s aor pas ind*, agree with (συνεφωνήθη ὑμῖν [the two of] you agreed)
⁴¹ θάπτω *aor act ptc m p gen*, bury

τὸν ἄνδρα σου ἐπὶ τῇ θύρᾳ καὶ ἐξοίσουσίν¹ σε. 10 ἔπεσεν² δὲ παραχρῆμα³ πρὸς τοὺς πόδας αὐτοῦ καὶ ἐξέψυξεν⁴· εἰσελθόντες δὲ οἱ νεανίσκοι⁵ εὗρον⁶ αὐτὴν νεκρὰν καὶ ἐξενέγκαντες⁷ ἔθαψαν⁸ πρὸς τὸν ἄνδρα αὐτῆς, 11 καὶ ἐγένετο φόβος μέγας ἐφ' ὅλην τὴν ἐκκλησίαν καὶ ἐπὶ πάντας τοὺς ἀκούοντας ταῦτα.

Many Signs and Wonders

12 Διὰ δὲ τῶν χειρῶν τῶν ἀποστόλων ἐγίνετο⁹ σημεῖα καὶ τέρατα¹⁰ πολλὰ ἐν τῷ λαῷ. καὶ ἦσαν ὁμοθυμαδὸν¹¹ ἅπαντες ἐν τῇ στοᾷ¹² Σολομῶντος, 13 τῶν δὲ λοιπῶν οὐδεὶς ἐτόλμα¹³ κολλᾶσθαι¹⁴ αὐτοῖς, ἀλλ' ἐμεγάλυνεν¹⁵ αὐτοὺς ὁ λαός. 14 μᾶλλον δὲ προσετίθεντο¹⁶ πιστεύοντες τῷ κυρίῳ, πλήθη ἀνδρῶν τε καὶ γυναικῶν, 15 ὥστε καὶ εἰς τὰς πλατείας¹⁷ ἐκφέρειν¹⁸ τοὺς ἀσθενεῖς¹⁹ καὶ τιθέναι²⁰ ἐπὶ κλιναρίων²¹ καὶ κραβάττων²², ἵνα ἐρχομένου Πέτρου κἂν²³ ἡ σκιὰ²⁴ ἐπισκιάσῃ²⁵ τινὶ αὐτῶν. 16 συνήρχετο²⁶ δὲ καὶ τὸ πλῆθος τῶν πέριξ²⁷ πόλεων Ἰερουσαλὴμ φέροντες ἀσθενεῖς²⁸ καὶ ὀχλουμένους²⁹ ὑπὸ πνευμάτων ἀκαθάρτων, οἵτινες ἐθεραπεύοντο ἅπαντες.

Persecution of the Apostles

17 Ἀναστὰς³⁰ δὲ ὁ ἀρχιερεὺς καὶ πάντες οἱ σὺν αὐτῷ, ἡ οὖσα αἵρεσις³¹ τῶν Σαδδουκαίων, ἐπλήσθησαν³² ζήλου³³ 18 καὶ ἐπέβαλον³⁴ τὰς χεῖρας ἐπὶ τοὺς ἀποστόλους καὶ ἔθεντο³⁵ αὐτοὺς ἐν τηρήσει³⁶ δημοσίᾳ³⁷. 19 ἄγγελος δὲ κυρίου διὰ νυκτὸς ἀνοίξας³⁸ τὰς θύρας τῆς φυλακῆς ἐξαγαγών³⁹ τε αὐτοὺς εἶπεν· 20 πορεύεσθε καὶ σταθέντες⁴⁰ λαλεῖτε ἐν τῷ ἱερῷ τῷ λαῷ πάντα τὰ ῥήματα τῆς ζωῆς ταύτης. 21 ἀκούσαντες δὲ εἰσῆλθον ὑπὸ τὸν ὄρθρον⁴¹ εἰς τὸ ἱερὸν καὶ ἐδίδασκον.

---

[1] ἐκφέρω 3p fut act ind, carry out
[2] πίπτω 3s aor act ind, fall down
[3] παραχρῆμα, adv, at once
[4] ἐκψύχω 3s aor act ind, die
[5] νεανίσκος, -ου m, young man
[6] εὑρίσκω 3p aor act ind, find
[7] ἐκφέρω aor act ptc m p nom, carry out
[8] θάπτω 3p aor act ind, bury
[9] γίνομαι 3s impf mid ind, happen
[10] τέρας, -ατος n, a wonder
[11] ὁμοθυμαδόν, adv, with a single purpose
[12] στοά, -ᾶς f, porch/portico
[13] τολμάω 3s impf act ind, dare
[14] κολλάομαι pres pas inf, join
[15] μεγαλύνω 3s impf act ind, greatly respect (someone)
[16] προστίθημι 3p impf pas ind, add (to)
[17] πλατεῖα, -ας f, street
[18] ἐκφέρω pres act inf, carry out
[19] ἀσθενής, -ές, sick
[20] τίθημι pres act inf, place
[21] κλινάριον, -ου n, cot
[22] κράβαττος, -ου m, mat
[23] κἄν, = καὶ ἐάν, at least
[24] σκιά, -ᾶς f, shadow
[25] ἐπισκιάζω 3s aor aor sub, fall upon (of a shadow)
[26] συνέρχομαι 3s impf mid ind, come together
[27] πέριξ, adv, nearby
[28] ἀσθενής, -ές, sick
[29] ὀχλέω pres pas ptc m p acc, trouble
[30] ἀνίστημι aor act ptc m s nom, intrans stand up
[31] αἵρεσις, -εως f, religious party
[32] πίμπλημι 3p aor pas ind, fill
[33] ζῆλος, -ου m, jealousy
[34] ἐπιβάλλω 3p aor act ind, put on
[35] τίθημι 3p aor mid ind, mid put
[36] τήρησις, -εως f, jail
[37] δημόσιος, -α/ον, public
[38] ἀνοίγω aor act ptc m s nom, open
[39] ἐξάγω aor act ptc m s nom, bring out
[40] ἵστημι aor pas ptc m p nom, pas stand
[41] ὄρθρος, -ου m, early morning (ὑπὸ τὸν ὄ. at day break)

παραγενόμενος¹ δὲ ὁ ἀρχιερεὺς καὶ οἱ σὺν αὐτῷ συνεκάλεσαν² τὸ συνέδριον³ καὶ πᾶσαν τὴν γερουσίαν⁴ τῶν υἱῶν Ἰσραὴλ καὶ ἀπέστειλαν⁵ εἰς τὸ δεσμωτήριον⁶ ἀχθῆναι⁷ αὐτούς. 22 οἱ δὲ παραγενόμενοι⁸ ὑπηρέται⁹ οὐχ εὗρον αὐτοὺς ἐν τῇ φυλακῇ· ἀναστρέψαντες¹⁰ δὲ ἀπήγγειλαν¹¹ 23 λέγοντες ὅτι τὸ δεσμωτήριον εὕρομεν κεκλεισμένον¹² ἐν πάσῃ ἀσφαλείᾳ¹³ καὶ τοὺς φύλακας¹⁴ ἑστῶτας¹⁵ ἐπὶ τῶν θυρῶν, ἀνοίξαντες δὲ ἔσω¹⁶ οὐδένα εὕρομεν¹⁷. 24 ὡς δὲ ἤκουσαν τοὺς λόγους τούτους ὅ τε στρατηγὸς¹⁸ τοῦ ἱεροῦ καὶ οἱ ἀρχιερεῖς, διηπόρουν¹⁹ περὶ αὐτῶν τί ἂν γένοιτο²⁰ τοῦτο. 25 παραγενόμενος²¹ δέ τις ἀπήγγειλεν²² αὐτοῖς ὅτι ἰδοὺ οἱ ἄνδρες οὓς ἔθεσθε²³ ἐν τῇ φυλακῇ εἰσὶν ἐν τῷ ἱερῷ ἑστῶτες²⁴ καὶ διδάσκοντες τὸν λαόν. 26 Τότε ἀπελθὼν ὁ στρατηγὸς σὺν τοῖς ὑπηρέταις ἤγαγεν αὐτοὺς οὐ μετὰ βίας²⁵· ἐφοβοῦντο γὰρ τὸν λαὸν μὴ λιθασθῶσιν²⁶.

27 Ἀγαγόντες²⁷ δὲ αὐτοὺς ἔστησαν²⁸ ἐν τῷ συνεδρίῳ²⁹. καὶ ἐπηρώτησεν³⁰ αὐτοὺς ὁ ἀρχιερεὺς 28 λέγων· οὐ παραγγελίᾳ³¹ παρηγγείλαμεν³² ὑμῖν μὴ διδάσκειν ἐπὶ τῷ ὀνόματι τούτῳ, καὶ ἰδοὺ πεπληρώκατε³³ τὴν Ἰερουσαλὴμ τῆς διδαχῆς³⁴ ὑμῶν καὶ βούλεσθε ἐπαγαγεῖν³⁵ ἐφ' ἡμᾶς τὸ αἷμα τοῦ ἀνθρώπου τούτου. 29 ἀποκριθεὶς δὲ Πέτρος καὶ οἱ ἀπόστολοι εἶπαν· πειθαρχεῖν³⁶ δεῖ θεῷ μᾶλλον ἢ ἀνθρώποις. 30 ὁ θεὸς τῶν πατέρων ἡμῶν ἤγειρεν³⁷ Ἰησοῦν ὃν ὑμεῖς διεχειρίσασθε³⁸ κρεμάσαντες³⁹ ἐπὶ ξύλου⁴⁰· 31 τοῦτον ὁ θεὸς ἀρχηγὸν⁴¹ καὶ σωτῆρα⁴² ὕψωσεν⁴³ τῇ δεξιᾷ αὐτοῦ δοῦναι⁴⁴ μετάνοιαν⁴⁵ τῷ Ἰσραὴλ καὶ ἄφεσιν⁴⁶ ἁμαρτιῶν. 32 καὶ ἡμεῖς ἐσμεν μάρτυρες τῶν ῥημάτων τούτων καὶ τὸ πνεῦμα τὸ ἅγιον ὃ ἔδωκεν ὁ θεὸς τοῖς πειθαρχοῦσιν⁴⁷ αὐτῷ.

---

[1] παραγίνομαι aor mid ptc m s nom, come
[2] συγκαλέω 3p aor act ind, call together
[3] συνέδριον, -ου n, council
[4] γερουσία, -ας f, leadership
[5] ἀποστέλλω 3p aor act ind, send
[6] δεσμωτήριον, -ου n, jail
[7] ἄγω aor pas inf, bring
[8] παραγίνομαι aor mid ptc m p nom, come
[9] ὑπηρέτης, -ου m, officer
[10] ἀναστρέφω aor act ptc m p nom, return
[11] ἀπαγγέλλω 3p aor act ind, tell
[12] κλείω pres pas ptc m s acc, lock
[13] ἀσφάλεια, -ας f, security (ἐν πάσῃ ἀ. securely)
[14] φύλαξ, -ακος m, guard
[15] ἵστημι pf act ptc m p acc, intrans stand
[16] ἔσω, adv, inside
[17] εὑρίσκω 1p aor act ind, find
[18] στρατηγός, -οῦ m, captain (ὁ σ. τοῦ ἱεροῦ captain of the temple guard)
[19] διαπορέω 3p impf act ind, be confused
[20] γίνομαι 3s aor mid opt, be/become
[21] παραγίνομαι aor mid ptc m s nom, come
[22] ἀπαγγέλλω 3s aor act ind, tell
[23] τίθημι 2p aor mid ind, mid put
[24] ἵστημι pf act ptc m p nom, intrans stand
[25] βία, -ας f, force
[26] λιθάζω 3p aor pas sub, stone
[27] ἄγω aor act ptc m p nom, lead/bring
[28] ἵστημι 3p aor act ind, make stand
[29] συνέδριον, -ου n, council
[30] ἐπερωτάω 3s aor act ind, question
[31] παραγγελία, -ας f, order
[32] παραγγέλλω 1p aor act ind, command (παραγγελίᾳ π. give strict orders)
[33] πληρόω 2p pf act ind, fill
[34] διδαχή, -ῆς f, teaching
[35] ἐπάγω aor act inf, bring upon
[36] πειθαρχέω aor act inf, obey
[37] ἐγείρω 3s aor act ind, raise (from the dead)
[38] διαχειρίζω 2p aor mid ind, mid kill
[39] κρεμάννυμι aor act ptc m p nom, hang
[40] ξύλον, -ου n, wood
[41] ἀρχηγός, -οῦ m, Leader
[42] σωτήρ, -ῆρος m, Savior
[43] ὑψόω 3s aor act ind, exalt
[44] δίδωμι aor act inf, give
[45] μετάνοια, -ας f, repentance
[46] ἄφεσις, -εως f, forgiveness
[47] πειθαρχέω pres act ptc m p dat, obey

33 Οἱ δὲ ἀκούσαντες διεπρίοντο¹ καὶ ἐβουλεύοντο ἀνελεῖν² αὐτούς. **34** ἀναστὰς δέ τις ἐν τῷ συνεδρίῳ³ Φαρισαῖος ὀνόματι Γαμαλιήλ, νομοδιδάσκαλος⁴ τίμιος⁵ παντὶ τῷ λαῷ, ἐκέλευσεν⁶ ἔξω βραχὺ⁷ τοὺς ἀνθρώπους ποιῆσαι **35** εἶπέν τε πρὸς αὐτούς· ἄνδρες Ἰσραηλῖται, προσέχετε⁸ ἑαυτοῖς ἐπὶ τοῖς ἀνθρώποις τούτοις τί μέλλετε πράσσειν. **36** πρὸ γὰρ τούτων τῶν ἡμερῶν ἀνέστη⁹ Θευδᾶς λέγων εἶναί τινα ἑαυτόν, ᾧ προσεκλίθη¹⁰ ἀνδρῶν ἀριθμὸς¹¹ ὡς τετρακοσίων¹²· ὃς ἀνῃρέθη¹³, καὶ πάντες ὅσοι ἐπείθοντο αὐτῷ διελύθησαν¹⁴ καὶ ἐγένοντο εἰς οὐδέν. **37** μετὰ τοῦτον ἀνέστη Ἰούδας ὁ Γαλιλαῖος ἐν ταῖς ἡμέραις τῆς ἀπογραφῆς¹⁵ καὶ ἀπέστησεν¹⁶ λαὸν ὀπίσω αὐτοῦ· κἀκεῖνος ἀπώλετο¹⁷ καὶ πάντες ὅσοι ἐπείθοντο αὐτῷ διεσκορπίσθησαν¹⁸. **38** καὶ τὰ νῦν λέγω ὑμῖν, ἀπόστητε¹⁹ ἀπὸ τῶν ἀνθρώπων τούτων καὶ ἄφετε²⁰ αὐτούς, ὅτι ἐὰν ᾖ ἐξ ἀνθρώπων ἡ βουλὴ²¹ αὕτη ἢ τὸ ἔργον τοῦτο, καταλυθήσεται²², **39** εἰ δὲ ἐκ θεοῦ ἐστιν, οὐ δυνήσεσθε καταλῦσαι²³ αὐτούς, μήποτε²⁴ καὶ θεομάχοι²⁵ εὑρεθῆτε²⁶. ἐπείσθησαν²⁷ δὲ αὐτῷ **40** καὶ προσκαλεσάμενοι²⁸ τοὺς ἀποστόλους δείραντες²⁹ παρήγγειλαν μὴ λαλεῖν ἐπὶ τῷ ὀνόματι τοῦ Ἰησοῦ καὶ ἀπέλυσαν. **41** οἱ μὲν οὖν ἐπορεύοντο χαίροντες ἀπὸ προσώπου τοῦ συνεδρίου, ὅτι κατηξιώθησαν³⁰ ὑπὲρ τοῦ ὀνόματος ἀτιμασθῆναι³¹, **42** πᾶσάν τε ἡμέραν ἐν τῷ ἱερῷ καὶ κατ' οἴκους οὐκ ἐπαύοντο³² διδάσκοντες καὶ εὐαγγελιζόμενοι τὸν χριστὸν Ἰησοῦν.

The Appointment of the Seven

6 Ἐν δὲ ταῖς ἡμέραις ταύταις πληθυνόντων³³ τῶν μαθητῶν ἐγένετο γογγυσμὸς³⁴ τῶν Ἑλληνιστῶν πρὸς τοὺς Ἑβραίους, ὅτι παρεθεωροῦντο³⁵ ἐν τῇ διακονίᾳ τῇ καθημερινῇ³⁶ αἱ χῆραι³⁷ αὐτῶν. **2** προσκαλεσάμενοι³⁸ δὲ οἱ δώδεκα τὸ πλῆθος τῶν

---

¹ διαπρίω 3p impf pas ind, pas be furious
² ἀναιρέω aor act inf, kill
³ συνέδριον, -ου n, council
⁴ νομοδιδάσκαλος, -ου m, teacher of the Jewish Law
⁵ τίμιος, -α/ον, highly respected
⁶ κελεύω 3s aor act ind, order
⁷ βραχύς, adv, for a little while
⁸ προσέχω 2p pres act impv, be careful
⁹ ἀνίστημι 3s aor act ind, intrans appear
¹⁰ προσκλίνω 3s aor pas ind, pas join
¹¹ ἀριθμός, -οῦ m, number
¹² τετρακόσιοι, -αι/α, four hundred
¹³ ἀναιρέω 3s aor pas ind, kill
¹⁴ διαλύω 3p aor pas ind, scatter
¹⁵ ἀπογραφή, -ῆς f, census
¹⁶ ἀφίστημι 3s aor act ind, trans incite to revolt/mislead
¹⁷ ἀπόλλυμι 3s aor mid ind, mid be killed
¹⁸ διασκορπίζω 3p aor pas ind, scatter
¹⁹ ἀφίστημι 2p aor act impv, intrans stay away from
²⁰ ἀφίημι 2p aor act impv, leave (someone) alone
²¹ βουλή, -ῆς f, plan
²² καταλύω 3s fut pas ind, pas fail
²³ καταλύω aor act inf, stop
²⁴ μήποτε, conj, otherwise
²⁵ θεόμαχος, -ον, opposing God
²⁶ εὑρίσκω 2p aor pas sub, find
²⁷ πείθω 3p aor pas ind, persuade
²⁸ προσκαλέομαι aor mid ptc m p nom, summon
²⁹ δέρω aor act ptc m p nom, beat
³⁰ καταξιόω 3p aor pas ind, count worthy
³¹ ἀτιμάζω aor pas inf, pas suffer disgrace
³² παύω 3p impf mid ind, stop
³³ πληθύνω pres pas ptc m p gen, increase in number
³⁴ γογγυσμός, -οῦ m, complaining
³⁵ παραθεωρέω 3p impf pas ind, neglect
³⁶ καθημερινός, -ή/όν, daily
³⁷ χήρα, -ας f, widow
³⁸ προσκαλέομαι aor mid ptc m p nom, call together

μαθητῶν εἶπαν· οὐκ ἀρεστόν¹ ἐστιν ἡμᾶς καταλείψαντας² τὸν λόγον τοῦ θεοῦ διακονεῖν τραπέζαις³. 3 ἐπισκέψασθε⁴ δέ, ἀδελφοί, ἄνδρας ἐξ ὑμῶν μαρτυρουμένους ἑπτὰ πλήρεις⁵ πνεύματος καὶ σοφίας, οὓς καταστήσομεν⁶ ἐπὶ τῆς χρείας ταύτης, 4 ἡμεῖς δὲ τῇ προσευχῇ καὶ τῇ διακονίᾳ τοῦ λόγου προσκαρτερήσομεν⁷. 5 καὶ ἤρεσεν⁸ ὁ λόγος ἐνώπιον παντὸς τοῦ πλήθους, καὶ ἐξελέξαντο⁹ Στέφανον, ἄνδρα πλήρης πίστεως καὶ πνεύματος ἁγίου, καὶ Φίλιππον καὶ Πρόχορον καὶ Νικάνορα καὶ Τίμωνα καὶ Παρμενᾶν καὶ Νικόλαον προσήλυτον¹⁰ Ἀντιοχέα. 6 οὓς ἔστησαν¹¹ ἐνώπιον τῶν ἀποστόλων, καὶ προσευξάμενοι¹² ἐπέθηκαν¹³ αὐτοῖς τὰς χεῖρας. 7 καὶ ὁ λόγος τοῦ θεοῦ ηὔξανεν¹⁴ καὶ ἐπληθύνετο¹⁵ ὁ ἀριθμὸς¹⁶ τῶν μαθητῶν ἐν Ἰερουσαλὴμ σφόδρα¹⁷, πολύς τε ὄχλος τῶν ἱερέων ὑπήκουον¹⁸ τῇ πίστει.

The Arrest of Stephen

8 Στέφανος δὲ πλήρης¹⁹ χάριτος καὶ δυνάμεως ἐποίει τέρατα²⁰ καὶ σημεῖα μεγάλα ἐν τῷ λαῷ. 9 ἀνέστησαν²¹ δέ τινες τῶν ἐκ τῆς συναγωγῆς τῆς λεγομένης Λιβερτίνων²² καὶ Κυρηναίων καὶ Ἀλεξανδρέων καὶ τῶν ἀπὸ Κιλικίας καὶ Ἀσίας συζητοῦντες²³ τῷ Στεφάνῳ, 10 καὶ οὐκ ἴσχυον²⁴ ἀντιστῆναι²⁵ τῇ σοφίᾳ καὶ τῷ πνεύματι ᾧ ἐλάλει. 11 τότε ὑπέβαλον²⁶ ἄνδρας λέγοντας ὅτι ἀκηκόαμεν²⁷ αὐτοῦ λαλοῦντος ῥήματα βλάσφημα²⁸ εἰς Μωϋσῆν καὶ τὸν θεόν. 12 συνεκίνησάν²⁹ τε τὸν λαὸν καὶ τοὺς πρεσβυτέρους καὶ τοὺς γραμματεῖς καὶ ἐπιστάντες³⁰ συνήρπασαν³¹ αὐτὸν καὶ ἤγαγον³² εἰς τὸ συνέδριον³³, 13 ἔστησάν³⁴ τε μάρτυρας ψευδεῖς³⁵ λέγοντας· ὁ ἄνθρωπος οὗτος οὐ παύεται³⁶ λαλῶν ῥήματα κατὰ τοῦ τόπου τοῦ ἁγίου τούτου καὶ τοῦ νόμου· 14 ἀκηκόαμεν³⁷ γὰρ αὐτοῦ λέγοντος ὅτι Ἰησοῦς ὁ Ναζωραῖος οὗτος καταλύσει³⁸ τὸν τόπον τοῦτον καὶ ἀλλάξει³⁹ τὰ ἔθη⁴⁰ ἃ παρέδωκεν ἡμῖν Μωϋσῆς.

¹ ἀρεστός, -ή/όν, right (οὐκ ἀ. ἐστιν it isn't right)
² καταλείπω aor act ptc m p acc, neglect
³ τράπεζα, -ης f, table
⁴ ἐπισκέπτομαι 2p aor mid impv, pick out
⁵ πλήρης, -ες, full
⁶ καθίστημι 1p fut act ind, put in charge
⁷ προσκαρτερέω 1p fut act ind, devote oneself to
⁸ ἀρέσκω 3s aor act ind, be pleasing
⁹ ἐκλέγομαι 3p aor mid ind, choose
¹⁰ προσήλυτος, -ου m, proselyte (convert to Judaism)
¹¹ ἵστημι 3p aor act ind, place (ἔ. ἐνώπιον τῶν ἀποστόλων they presented to the apostles)
¹² προσεύχομαι aor mid ptc m p nom, pray
¹³ ἐπιτίθημι 3p aor act ind, lay
¹⁴ αὐξάνω 3s impf act ind, spread
¹⁵ πληθύνω 3s impf pas ind, increase
¹⁶ ἀριθμός, -οῦ m, number
¹⁷ σφόδρα, adv, greatly
¹⁸ ὑπακούω 3p impf act ind, obey (ὑ. τῇ πίστει accepted the faith)
¹⁹ πλήρης, -ες, full
²⁰ τέρας, -ατος n, a wonder
²¹ ἀνίστημι 3p aor act ind, intrans stand up
²² Λιβερτῖνος, -ου m, Freedman
²³ συζητέω pres act ptc m p nom, argue (with)
²⁴ ἰσχύω 3p impf act ind, be able
²⁵ ἀνθίστημι aor act inf, oppose
²⁶ ὑποβάλλω 3p aor act ind, secretly persuade
²⁷ ἀκούω 1p pf act ind, hear
²⁸ βλάσφημος, -ον, insulting
²⁹ συγκινέω 3p aor act ind, stir up
³⁰ ἐφίστημι aor act ptc m p nom, come up
³¹ συναρπάζω 3p aor act ind, grab
³² ἄγω 3p aor act ind, lead/bring
³³ συνέδριον, -ου n, council
³⁴ ἵστημι 3p aor act ind, put forward
³⁵ ψευδής, -ές, false/lying
³⁶ παύω 3s pres mid ind, stop
³⁷ ἀκούω 1p pf act ind, hear
³⁸ καταλύω 3s fut act ind, destroy
³⁹ ἀλλάσσω 3s fut act ind, change
⁴⁰ ἔθος, -ους n, custom

15 καὶ ἀτενίσαντες¹ εἰς αὐτὸν πάντες οἱ καθεζόμενοι² ἐν τῷ συνεδρίῳ³ εἶδον τὸ πρόσωπον αὐτοῦ ὡσεὶ⁴ πρόσωπον ἀγγέλου.

Stephen's Speech

7 Εἶπεν δὲ ὁ ἀρχιερεύς· εἰ ταῦτα οὕτως ἔχει; **2** ὁ δὲ ἔφη· ἄνδρες ἀδελφοὶ καὶ πατέρες, ἀκούσατε. ὁ θεὸς τῆς δόξης ὤφθη⁵ τῷ πατρὶ ἡμῶν Ἀβραὰμ ὄντι ἐν τῇ Μεσοποταμίᾳ, πρὶν⁶ ἢ κατοικῆσαι αὐτὸν ἐν Χαρρὰν **3** καὶ εἶπεν πρὸς αὐτόν· ἔξελθε⁷ ἐκ τῆς γῆς σου καὶ ἐκ τῆς συγγενείας⁸ σου, καὶ δεῦρο⁹ εἰς τὴν γῆν ἣν ἄν σοι δείξω¹⁰. **4** τότε ἐξελθὼν ἐκ γῆς Χαλδαίων κατῴκησεν¹¹ ἐν Χαρράν. κἀκεῖθεν¹² μετὰ τὸ ἀποθανεῖν¹³ τὸν πατέρα αὐτοῦ μετῴκισεν¹⁴ αὐτὸν εἰς τὴν γῆν ταύτην εἰς ἣν ὑμεῖς νῦν κατοικεῖτε, **5** καὶ οὐκ ἔδωκεν αὐτῷ κληρονομίαν¹⁵ ἐν αὐτῇ οὐδὲ βῆμα¹⁶ ποδὸς καὶ ἐπηγγείλατο¹⁷ δοῦναι¹⁸ αὐτῷ εἰς κατάσχεσιν¹⁹ αὐτὴν καὶ τῷ σπέρματι αὐτοῦ μετ' αὐτόν, οὐκ ὄντος αὐτῷ τέκνου. **6** ἐλάλησεν δὲ οὕτως ὁ θεὸς ὅτι **ἔσται τὸ σπέρμα αὐτοῦ πάροικον**²⁰ **ἐν γῇ ἀλλοτρίᾳ**²¹**, καὶ δουλώσουσιν**²² **αὐτὸ καὶ κακώσουσιν**²³ **ἔτη τετρακόσια**²⁴· **7 καὶ τὸ ἔθνος ᾧ ἐὰν δουλεύσωσιν**²⁵ **κρινῶ**²⁶ **ἐγώ**, ὁ θεὸς εἶπεν, **καὶ μετὰ ταῦτα ἐξελεύσονται**²⁷ **καὶ λατρεύσουσίν**²⁸ **μοι ἐν τῷ τόπῳ τούτῳ**. **8** καὶ ἔδωκεν αὐτῷ διαθήκην περιτομῆς· καὶ οὕτως ἐγέννησεν τὸν Ἰσαὰκ καὶ περιέτεμεν²⁹ αὐτὸν τῇ ἡμέρᾳ τῇ ὀγδόῃ³⁰, καὶ Ἰσαὰκ τὸν Ἰακώβ, καὶ Ἰακὼβ τοὺς δώδεκα πατριάρχας³¹.

9 Καὶ οἱ πατριάρχαι ζηλώσαντες³² τὸν Ἰωσὴφ ἀπέδοντο³³ εἰς Αἴγυπτον. καὶ ἦν ὁ θεὸς μετ' αὐτοῦ **10** καὶ ἐξείλατο³⁴ αὐτὸν ἐκ πασῶν τῶν θλίψεων αὐτοῦ καὶ ἔδωκεν αὐτῷ χάριν καὶ σοφίαν ἐναντίον³⁵ Φαραὼ βασιλέως Αἰγύπτου καὶ κατέστησεν³⁶ αὐτὸν ἡγούμενον³⁷ ἐπ' Αἴγυπτον καὶ ἐφ' ὅλον τὸν οἶκον αὐτοῦ. **11** ἦλθεν δὲ λιμὸς³⁸

---

¹ ἀτενίζω *aor act ptc m p nom*, look straight at
² καθέζομαι *pres mid ptc m p nom*, sit
³ συνέδριον, -ου *n*, council
⁴ ὡσεί, *particle of comparison*, like
⁵ ὁράω *3s aor pas ind, pas* appear
⁶ πρίν and πρὶν ἤ, *conj*, before
⁷ ἐξέρχομαι *2s aor act impv*, leave
⁸ συγγένεια, -ας *f*, relatives
⁹ δεῦρο, *interj*, Come!
¹⁰ δείκνυμι *1s aor act sub*, show
¹¹ κατοικέω *3s aor act ind*, settle
¹² κἀκεῖθεν, = καὶ ἐκεῖθεν, and from there
¹³ ἀποθνῄσκω *aor act inf*, die
¹⁴ μετοικίζω *3s aor act ind*, make to move
¹⁵ κληρονομία, -ας *f*, property

¹⁶ βῆμα, -τος *n*, very short distance (β. ποδός space enough for a foot)
¹⁷ ἐπαγγέλλομαι *3s aor mid ind*, promise
¹⁸ δίδωμι *aor act inf*, give
¹⁹ κατάσχεσις, -εως *f*, possession
²⁰ πάροικος, -ου *n*, stranger
²¹ ἀλλότριος, -α/ον, belonging to another
²² δουλόω *3p fut act ind*, enslave
²³ κακόω *3p act ind*, mistreat
²⁴ τετρακόσιοι, -αι/α, four hundred
²⁵ δουλεύω *3p aor act sub*, serve (as a slave)
²⁶ κρίνω *1s fut act ind*, judge
²⁷ ἐξέρχομαι *3p fut mid ind*, leave

²⁸ λατρεύω *3p fut act ind*, serve/worship
²⁹ περιτέμνω *3s aor act ind*, circumcise
³⁰ ὄγδοος, -η/ον, eighth
³¹ πατριάρχης, -ου *m*, patriarch/ancestor
³² ζηλόω *aor act ptc m p nom*, be jealous of
³³ ἀποδίδωμι *3p aor mid ind*, *mid* sell
³⁴ ἐξαιρέω *3s aor mid ind*, rescue
³⁵ ἐναντίον, *prep + gen*, in the judgment of
³⁶ καθίστημι *3s aor act ind*, appoint
³⁷ ἡγέομαι *pres mid ptc m s acc*, rule
³⁸ λιμός, -οῦ *m*, famine

ἐφ' ὅλην τὴν Αἴγυπτον καὶ Χανάαν καὶ θλῖψις μεγάλη, καὶ οὐχ ηὕρισκον χορτάσματα[1] οἱ πατέρες ἡμῶν. **12** ἀκούσας δὲ Ἰακὼβ ὄντα σιτία[2] εἰς Αἴγυπτον ἐξαπέστειλεν[3] τοὺς πατέρας ἡμῶν πρῶτον. **13** καὶ ἐν τῷ δευτέρῳ ἀνεγνωρίσθη[4] Ἰωσὴφ τοῖς ἀδελφοῖς αὐτοῦ, καὶ φανερὸν[5] ἐγένετο τῷ Φαραὼ τὸ γένος[6] τοῦ Ἰωσήφ. **14** ἀποστείλας[7] δὲ Ἰωσὴφ μετεκαλέσατο[8] Ἰακὼβ τὸν πατέρα αὐτοῦ καὶ πᾶσαν τὴν συγγένειαν[9] ἐν ψυχαῖς ἑβδομήκοντα[10] πέντε. **15** καὶ κατέβη[11] Ἰακὼβ εἰς Αἴγυπτον καὶ ἐτελεύτησεν[12] αὐτὸς καὶ οἱ πατέρες ἡμῶν, **16** καὶ μετετέθησαν[13] εἰς Συχὲμ καὶ ἐτέθησαν[14] ἐν τῷ μνήματι[15] ᾧ ὠνήσατο[16] Ἀβραὰμ τιμῆς ἀργυρίου[17] παρὰ τῶν υἱῶν Ἐμμὼρ ἐν Συχέμ.

17 Καθὼς δὲ ἤγγιζεν[18] ὁ χρόνος τῆς ἐπαγγελίας ἧς ὡμολόγησεν[19] ὁ θεὸς τῷ Ἀβραάμ, ηὔξησεν[20] ὁ λαὸς καὶ ἐπληθύνθη[21] ἐν Αἰγύπτῳ, **18** ἄχρι οὗ **ἀνέστη**[22] **βασιλεὺς ἕτερος ἐπ' Αἴγυπτον ὃς οὐκ ᾔδει**[23] **τὸν Ἰωσήφ. 19** οὗτος κατασοφισάμενος[24] τὸ γένος ἡμῶν ἐκάκωσεν[25] τοὺς πατέρας ἡμῶν τοῦ ποιεῖν τὰ βρέφη[26] ἔκθετα[27] αὐτῶν εἰς τὸ μὴ ζωογονεῖσθαι[28]. **20** ἐν ᾧ καιρῷ ἐγεννήθη Μωϋσῆς καὶ ἦν ἀστεῖος[29] τῷ θεῷ· ὃς ἀνετράφη[30] μῆνας[31] τρεῖς ἐν τῷ οἴκῳ τοῦ πατρός, **21** ἐκτεθέντος[32] δὲ αὐτοῦ ἀνείλατο[33] αὐτὸν ἡ θυγάτηρ[34] Φαραὼ καὶ ἀνεθρέψατο[35] αὐτὸν ἑαυτῇ εἰς υἱόν. **22** καὶ ἐπαιδεύθη[36] Μωϋσῆς πάσῃ σοφίᾳ Αἰγυπτίων, ἦν δὲ δυνατὸς ἐν λόγοις καὶ ἔργοις αὐτοῦ. **23** ὡς δὲ ἐπληροῦτο αὐτῷ τεσσερακονταετὴς[37] χρόνος, ἀνέβη[38] ἐπὶ τὴν καρδίαν αὐτοῦ ἐπισκέψασθαι[39] τοὺς ἀδελφοὺς αὐτοῦ τοὺς υἱοὺς Ἰσραήλ. **24** καὶ ἰδών τινα ἀδικούμενον[40] ἠμύνατο[41] καὶ ἐποίησεν ἐκδίκησιν[42] τῷ καταπονουμένῳ[43]

---

[1] χόρτασμα, -τος n, food
[2] σιτίον, -ου n, grain
[3] ἐξαποστέλλω 3s aor act ind, send (off)
[4] ἀναγνωρίζω 3s aor pas ind, pas make oneself known
[5] φανερός, -ά/όν, evident
[6] γένος, -ους n, family
[7] ἀποστέλλω aor act ptc m s nom, send
[8] μετακαλέω 3s aor mid ind, mid send for
[9] συγγένεια, -ας f, relatives
[10] ἑβδομήκοντα, seventy
[11] καταβαίνω 3s aor act ind, go down
[12] τελευτάω 3s aor act ind, die
[13] μετατίθημι 3p aor pas ind, take back
[14] τίθημι 3p aor pas ind, put
[15] μνῆμα, -τος n, tomb
[16] ὠνέομαι 3s aor mid ind, buy
[17] ἀργύριον, -ου n, silver
[18] ἐγγίζω 3s impf act ind, come near
[19] ὁμολογέω 3s aor act ind, promise
[20] αὐξάνω 3s aor act ind, grow
[21] πληθύνω 3s aor pas ind, increase
[22] ἀνίστημι 3s aor act ind, intrans come to power (of a king)
[23] οἶδα 3s plpf act ind, know
[24] κατασοφίζομαι aor mid ptc m s nom, take advantage of by deception
[25] κακόω 3s aor act ind, mistreat
[26] βρέφος, -ους n, infant
[27] ἔκθετος, -ον, abandoned out of doors
[28] ζωογονέω pres pas inf, pas stay alive
[29] ἀστεῖος, -α/ον, pleasing
[30] ἀνατρέφω 3s aor pas ind, bring up
[31] μήν, μηνός m, month
[32] ἐκτίθημι aor pas ptc m s gen, abandon out of doors
[33] ἀναιρέω 3s aor mid ind, mid adopt
[34] θυγάτηρ, -τρός f, daughter
[35] ἀνατρέφω 3s aor mid ind, bring up
[36] παιδεύω 3s aor pas ind, instruct
[37] τεσσερακονταετής, -ές, forty years (ὡς δὲ ἐπληροῦτο αὐτῷ τ. χρόνος when he was about forty years old)
[38] ἀναβαίνω 3s aor act ind, enter
[39] ἐπισκέπτομαι aor mid inf, help
[40] ἀδικέω pres pas ptc m s acc, mistreat
[41] ἀμύνομαι 3s aor mid ind, come to help
[42] ἐκδίκησις, -εως f, punishment/revenge
[43] καταπονέω pres pas ptc m s dat, mistreat

πατάξας¹ τὸν Αἰγύπτιον. 25 ἐνόμιζεν² δὲ συνιέναι³ τοὺς ἀδελφοὺς αὐτοῦ ὅτι ὁ θεὸς διὰ χειρὸς αὐτοῦ δίδωσιν σωτηρίαν αὐτοῖς· οἱ δὲ οὐ συνῆκαν⁴. 26 τῇ τε ἐπιούσῃ⁵ ἡμέρᾳ ὤφθη⁶ αὐτοῖς μαχομένοις⁷ καὶ συνήλλασσεν⁸ αὐτοὺς εἰς εἰρήνην εἰπών· ἄνδρες, ἀδελφοί ἐστε· ἱνατί⁹ ἀδικεῖτε ἀλλήλους; 27 ὁ δὲ ἀδικῶν τὸν πλησίον¹⁰ ἀπώσατο¹¹ αὐτὸν εἰπών· τίς σε κατέστησεν¹² ἄρχοντα καὶ δικαστὴν¹³ ἐφ' ἡμῶν; 28 μὴ ἀνελεῖν¹⁴ με σὺ θέλεις ὃν τρόπον¹⁵ ἀνεῖλες ἐχθὲς¹⁶ τὸν Αἰγύπτιον; 29 ἔφυγεν¹⁷ δὲ Μωϋσῆς ἐν τῷ λόγῳ τούτῳ καὶ ἐγένετο πάροικος¹⁸ ἐν γῇ Μαδιάμ, οὗ¹⁹ ἐγέννησεν υἱοὺς δύο. 30 καὶ πληρωθέντων²⁰ ἐτῶν τεσσεράκοντα²¹ ὤφθη αὐτῷ ἐν τῇ ἐρήμῳ τοῦ ὄρους Σινᾶ ἄγγελος ἐν φλογὶ²² πυρὸς βάτου²³. 31 ὁ δὲ Μωϋσῆς ἰδὼν ἐθαύμαζεν τὸ ὅραμα²⁴, προσερχομένου δὲ αὐτοῦ κατανοῆσαι²⁵ ἐγένετο φωνὴ κυρίου· 32 ἐγὼ ὁ θεὸς τῶν πατέρων σου, ὁ θεὸς Ἀβραὰμ καὶ Ἰσαὰκ καὶ Ἰακώβ. ἔντρομος²⁶ δὲ γενόμενος Μωϋσῆς οὐκ ἐτόλμα²⁷ κατανοῆσαι. 33 εἶπεν δὲ αὐτῷ ὁ κύριος· λῦσον τὸ ὑπόδημα²⁸ τῶν ποδῶν σου· ὁ γὰρ τόπος ἐφ' ᾧ ἕστηκας²⁹ γῆ ἁγία ἐστίν. 34 ἰδὼν εἶδον τὴν κάκωσιν³⁰ τοῦ λαοῦ μου τοῦ ἐν Αἰγύπτῳ καὶ τοῦ στεναγμοῦ³¹ αὐτῶν ἤκουσα, καὶ κατέβην³² ἐξελέσθαι³³ αὐτούς· καὶ νῦν δεῦρο³⁴ ἀποστείλω³⁵ σε εἰς Αἴγυπτον. 35 τοῦτον τὸν Μωϋσῆν ὃν ἠρνήσαντο³⁶ εἰπόντες· τίς σε κατέστησεν³⁷ ἄρχοντα καὶ δικαστὴν³⁸; — τοῦτον ὁ θεὸς καὶ ἄρχοντα καὶ λυτρωτὴν³⁹ ἀπέσταλκεν⁴⁰ σὺν χειρὶ ἀγγέλου τοῦ ὀφθέντος⁴¹ αὐτῷ ἐν τῇ βάτῳ. 36 οὗτος ἐξήγαγεν⁴² αὐτοὺς ποιήσας τέρατα⁴³ καὶ σημεῖα ἐν γῇ Αἰγύπτῳ καὶ ἐν ἐρυθρᾷ⁴⁴ θαλάσσῃ καὶ ἐν τῇ ἐρήμῳ ἔτη τεσσεράκοντα⁴⁵. 37 οὗτός ἐστιν ὁ Μωϋσῆς ὁ εἴπας τοῖς υἱοῖς Ἰσραήλ· προφήτην ὑμῖν ἀναστήσει⁴⁶ ὁ θεὸς ἐκ τῶν ἀδελφῶν ὑμῶν ὡς ἐμέ. 38 οὗτός ἐστιν ὁ γενόμενος ἐν τῇ ἐκκλησίᾳ ἐν τῇ ἐρήμῳ μετὰ τοῦ ἀγγέλου τοῦ λαλοῦντος αὐτῷ ἐν

1 πατάσσω aor act ptc m s nom, strike down
2 νομίζω 3s impf act ind, think
3 συνίημι pres act inf, understand
4 συνίημι 3p aor act ind, understand
5 ἔπειμι pres act ptc f s dat, be next (τῇ τε ἑ. ἡμέρᾳ on the next day)
6 ὁράω 3s aor pas ind, pas appear
7 μάχομαι pres mid ptc m p dat, fight
8 συναλλάσσω 3s impf act ind, reconcile (σ. αὐτοὺς εἰς εἰρήνην he tried to make peace between them)
9 ἱνατί, why?
10 πλησίον, prep + gen, near (ὁ π. fellow human being)
11 ἀπωθέω 3s aor mid ind, mid push aside
12 καθίστημι 3s aor act ind, appoint
13 δικαστής, -οῦ m, judge
14 ἀναιρέω aor act inf, kill
15 τρόπος, -ου m, way/manner (ὃν τ. in the same way as)
16 ἐχθές, adv, yesterday
17 φεύγω 3s aor act ind, run away
18 πάροικος, -ου m, foreigner
19 οὗ, adv, where
20 πληρόω aor pas ptc n p gen, pas pass (of time)
21 τεσσεράκοντα, forty
22 φλόξ, φλογός f, flame
23 βάτος, -ου m & f, bush
24 ὅραμα, -τος n, sight
25 κατανοέω aor act inf, look (closer)
26 ἔντρομος, -ον, trembling
27 τολμάω 3s impf act ind, dare
28 ὑπόδημα, -τος n, sandal
29 ἵστημι 2s pf act ind, intrans stand
30 κάκωσις, -εως f, oppression
31 στεναγμός, -οῦ m, groaning
32 καταβαίνω 1s aor act ind, go down
33 ἐξαιρέω aor mid ind, rescue
34 δεῦρο, interj, Come!
35 ἀποστέλλω 1s aor act sub, send
36 ἀρνέομαι 3p aor mid ind, disown
37 καθίστημι 3s aor act ind, appoint
38 δικαστής, οῦ m, judge
39 λυτρωτής, -οῦ m, liberator
40 ἀποστέλλω 3s pf act ind, send
41 ὁράω aor pas ptc m s gen, pas appear
42 ἐξάγω 3s aor act ind, bring out
43 τέρας, -ατος n, a wonder
44 ἐρυθρός, -ά/όν, red
45 τεσσεράκοντα, forty
46 ἀνίστημι 3s fut act ind, appoint

τῷ ὄρει Σινᾶ καὶ τῶν πατέρων ἡμῶν, ὃς ἐδέξατο¹ λόγια² ζῶντα δοῦναι³ ἡμῖν, **39** ᾧ οὐκ ἠθέλησαν ὑπήκοοι⁴ γενέσθαι οἱ πατέρες ἡμῶν, ἀλλ' ἀπώσαντο⁵ καὶ ἐστράφησαν⁶ ἐν ταῖς καρδίαις αὐτῶν εἰς Αἴγυπτον **40** εἰπόντες τῷ Ἀαρών· **ποίησον ἡμῖν θεοὺς οἳ προπορεύσονται⁷ ἡμῶν· ὁ γὰρ Μωϋσῆς οὗτος, ὃς ἐξήγαγεν⁸ ἡμᾶς ἐκ γῆς Αἰγύπτου, οὐκ οἴδαμεν τί ἐγένετο αὐτῷ. 41** καὶ ἐμοσχοποίησαν⁹ ἐν ταῖς ἡμέραις ἐκείναις καὶ ἀνήγαγον¹⁰ θυσίαν¹¹ τῷ εἰδώλῳ¹² καὶ εὐφραίνοντο¹³ ἐν τοῖς ἔργοις τῶν χειρῶν αὐτῶν. **42** ἔστρεψεν¹⁴ δὲ ὁ θεὸς καὶ παρέδωκεν αὐτοὺς λατρεύειν¹⁵ τῇ στρατιᾷ¹⁶ τοῦ οὐρανοῦ, καθὼς γέγραπται ἐν βίβλῳ¹⁷ τῶν προφητῶν·

μὴ σφάγια¹⁸ καὶ θυσίας¹⁹ προσηνέγκατέ²⁰ μοι
ἔτη τεσσεράκοντα²¹ ἐν τῇ ἐρήμῳ, οἶκος Ἰσραήλ;
43 καὶ ἀνελάβετε²² τὴν σκηνὴν²³ τοῦ Μόλοχ
καὶ τὸ ἄστρον²⁴ τοῦ θεοῦ ὑμῶν Ῥαιφάν,
τοὺς τύπους²⁵ οὓς ἐποιήσατε προσκυνεῖν αὐτοῖς,
καὶ μετοικιῶ²⁶ ὑμᾶς ἐπέκεινα²⁷ Βαβυλῶνος.

44 ἡ σκηνὴ²⁸ τοῦ μαρτυρίου²⁹ ἦν τοῖς πατράσιν ἡμῶν ἐν τῇ ἐρήμῳ, καθὼς διετάξατο³⁰ ὁ λαλῶν τῷ Μωϋσῇ ποιῆσαι αὐτὴν κατὰ τὸν τύπον³¹ ὃν ἑωράκει³²· **45** ἣν καὶ εἰσήγαγον³³ διαδεξάμενοι³⁴ οἱ πατέρες ἡμῶν μετὰ Ἰησοῦ ἐν τῇ κατασχέσει³⁵ τῶν ἐθνῶν, ὧν ἐξῶσεν³⁶ ὁ θεὸς ἀπὸ προσώπου τῶν πατέρων ἡμῶν ἕως τῶν ἡμερῶν Δαυὶδ **46** ὃς εὗρεν χάριν ἐνώπιον τοῦ θεοῦ καὶ ᾐτήσατο³⁷ εὑρεῖν³⁸ σκήνωμα³⁹ τῷ οἴκῳ Ἰακώβ. **47** Σολομῶν δὲ οἰκοδόμησεν αὐτῷ οἶκον. **48** ἀλλ' οὐχ ὁ ὕψιστος⁴⁰ ἐν χειροποιήτοις⁴¹ κατοικεῖ, καθὼς ὁ προφήτης λέγει·

---

¹ δέχομαι 3s aor mid ind, receive
² λόγιον, -ου n, message
³ δίδωμι aor act inf, give
⁴ ὑπήκοος, -ον, obedient
⁵ ἀπωθέω 3p aor mid ind, mid reject
⁶ στρέφω 3p aor pas ind, turn
⁷ προπορεύομαι 3p fut mid ind, go before
⁸ ἐξάγω 3s aor act ind, bring out
⁹ μοσχοποιέω 3p aor act ind, make a (metal) calf
¹⁰ ἀνάγω 3p aor act ind, bring/offer
¹¹ θυσία, -ας f, sacrifice
¹² εἴδωλον, -ου n, idol
¹³ εὐφραίνω 3p impf pas ind, pas be glad
¹⁴ στρέφω 3s aor act ind, turn
¹⁵ λατρεύω pres act inf, serve/worship
¹⁶ στρατιά, -ᾶς f, army (σ. τοῦ οὐρανοῦ stars in the sky)
¹⁷ βίβλος, -ου f, book
¹⁸ σφάγιον, -ου n, sacrificial victim
¹⁹ θυσία, -ας f, sacrifice
²⁰ προσφέρω 2p aor act ind, bring
²¹ τεσσεράκοντα, forty
²² ἀναλαμβάνω 2p aor act ind, take up
²³ σκηνή, -ῆς f, tent
²⁴ ἄστρον, -ου n, star
²⁵ τύπος, -ου m, figure
²⁶ μετοικίζω 1s fut act ind, remove
²⁷ ἐπέκεινα, prep + gen, beyond
²⁸ σκηνή, -ῆς f, tent
²⁹ μαρτύριον, -ου n, testimony
³⁰ διατάσσω 3s aor mid ind, command
³¹ τύπος, -ου m, model
³² ὁράω 3s plfp act ind, see
³³ εἰσάγω 3p aor act ind, bring in
³⁴ διαδέχομαι aor mid ptc m p nom, receive
³⁵ κατάσχεσις, -εως f, act of possessing (κ. τῶν ἐθνῶν taking possession of [= dispossessing] the nations)
³⁶ ἐξωθέω 3s aor act ind, force out
³⁷ αἰτέω 3s aor mid ind, ask
³⁸ εὑρίσκω aor act inf, find
³⁹ σκήνωμα, -τος n, dwelling place
⁴⁰ ὕψιστος, highest (ὁ ὕ. the Most High [God])
⁴¹ χειροποίητος, -ον, made by human hands

⁴⁹ ὁ οὐρανός μοι θρόνος,
  ἡ δὲ γῆ ὑποπόδιον¹ τῶν ποδῶν μου·
ποῖον οἶκον οἰκοδομήσετέ μοι, λέγει κύριος,
ἤ τίς τόπος τῆς καταπαύσεώς² μου;
  ⁵⁰ οὐχὶ ἡ χείρ μου ἐποίησεν ταῦτα πάντα;
⁵¹ σκληροτράχηλοι³ καὶ ἀπερίτμητοι⁴ καρδίαις καὶ τοῖς ὠσίν⁵, ὑμεῖς ἀεὶ⁶ τῷ πνεύματι τῷ ἁγίῳ ἀντιπίπτετε⁷ ὡς οἱ πατέρες ὑμῶν καὶ ὑμεῖς. ⁵² τίνα τῶν προφητῶν οὐκ ἐδίωξαν οἱ πατέρες ὑμῶν; καὶ ἀπέκτειναν τοὺς προκαταγγείλαντας⁸ περὶ τῆς ἐλεύσεως⁹ τοῦ δικαίου, οὗ νῦν ὑμεῖς προδόται¹⁰ καὶ φονεῖς¹¹ ἐγένεσθε, ⁵³ οἵτινες ἐλάβετε τὸν νόμον εἰς διαταγὰς¹² ἀγγέλων καὶ οὐκ ἐφυλάξατε¹³.

The Stoning of Stephen

⁵⁴ Ἀκούοντες δὲ ταῦτα διεπρίοντο¹⁴ ταῖς καρδίαις αὐτῶν καὶ ἔβρυχον¹⁵ τοὺς ὀδόντας¹⁶ ἐπ᾽ αὐτόν. ⁵⁵ ὑπάρχων δὲ πλήρης¹⁷ πνεύματος ἁγίου ἀτενίσας¹⁸ εἰς τὸν οὐρανὸν εἶδεν δόξαν θεοῦ καὶ Ἰησοῦν ἑστῶτα¹⁹ ἐκ δεξιῶν τοῦ θεοῦ ⁵⁶ καὶ εἶπεν· ἰδοὺ θεωρῶ τοὺς οὐρανοὺς διηνοιγμένους²⁰ καὶ τὸν υἱὸν τοῦ ἀνθρώπου ἐκ δεξιῶν ἑστῶτα τοῦ θεοῦ. ⁵⁷ κράξαντες δὲ φωνῇ μεγάλῃ συνέσχον²¹ τὰ ὦτα αὐτῶν καὶ ὥρμησαν²² ὁμοθυμαδὸν²³ ἐπ᾽ αὐτόν ⁵⁸ καὶ ἐκβαλόντες²⁴ ἔξω τῆς πόλεως ἐλιθοβόλουν²⁵. καὶ οἱ μάρτυρες ἀπέθεντο²⁶ τὰ ἱμάτια αὐτῶν παρὰ τοὺς πόδας νεανίου²⁷ καλουμένου Σαύλου, ⁵⁹ καὶ ἐλιθοβόλουν τὸν Στέφανον ἐπικαλούμενον²⁸ καὶ λέγοντα· κύριε Ἰησοῦ, δέξαι²⁹ τὸ πνεῦμά μου. ⁶⁰ θεὶς³⁰ δὲ τὰ γόνατα³¹ ἔκραξεν φωνῇ μεγάλῃ· κύριε, μὴ στήσῃς³² αὐτοῖς ταύτην τὴν ἁμαρτίαν. καὶ τοῦτο εἰπὼν ἐκοιμήθη³³. ⁸ ¹ Σαῦλος δὲ ἦν συνευδοκῶν³⁴ τῇ ἀναιρέσει³⁵ αὐτοῦ.

---

¹ ὑποπόδιον, -ου n, footstool
² κατάπαυσις, -εως f, place of rest
³ σκληροτράχηλος, -ον, stubborn
⁴ ἀπερίτμητος, -ον, uncircumcised
⁵ οὖς, ὠτός n, ear
⁶ ἀεί, adv, always
⁷ ἀντιπίπτω 2p pres act ind, fight against
⁸ προκαταγγέλλω aor act ptc m p acc, announce beforehand
⁹ ἔλευσις, -εως f, coming
¹⁰ προδότης, -ου m, betrayer
¹¹ φονεύς, -έως m, murderer
¹² διαταγή, -ῆς f, decree (εἰς δ. ἀγγέλων handed down by angels)
¹³ φυλάσσω 2p aor act ind, obey
¹⁴ διαπρίω 3p impf pas ind, pas be furious
¹⁵ βρύχω 3p impf act ind, grit
¹⁶ ὀδούς, ὀδόντος f, tooth
¹⁷ πλήρης, -ες, full
¹⁸ ἀτενίζω aor act ptc m s nom, look intently
¹⁹ ἵστημι pf act ptc m s acc, intrans stand
²⁰ διανοίγω pf pas ptc m p acc, open
²¹ συνέχω aor act ind, stop up (ears)
²² ὁρμάω 3p aor act ind, rush
²³ ὁμοθυμαδόν, adv, with a single purpose
²⁴ ἐκβάλλω aor act ptc m p nom, throw/drag out
²⁵ λιθοβολέω 3p impf act ind, stone
²⁶ ἀποτίθημι 3p aor mid ind, put
²⁷ νεανίας, -ου m, young man
²⁸ ἐπικαλέω pres mid ptc m s acc, pray
²⁹ δέχομαι 2s aor mid impv, receive
³⁰ τίθημι aor act ptc m s nom, put (τ. τὰ γόνατα kneel)
³¹ γόνυ, γόνατος n, knee
³² ἵστημι 2s aor act sub, blame
³³ κοιμάομαι 3s aor pas ind, die
³⁴ συνευδοκέω pres act ptc m s nom, approve of
³⁵ ἀναίρεσις, -εως f, killing

Saul Persecutes the Church

Ἐγένετο δὲ ἐν ἐκείνῃ τῇ ἡμέρᾳ διωγμὸς¹ μέγας ἐπὶ τὴν ἐκκλησίαν τὴν ἐν Ἱεροσολύμοις, πάντες δὲ διεσπάρησαν² κατὰ τὰς χώρας³ τῆς Ἰουδαίας καὶ Σαμαρείας πλὴν τῶν ἀποστόλων. 2 συνεκόμισαν⁴ δὲ τὸν Στέφανον ἄνδρες εὐλαβεῖς⁵ καὶ ἐποίησαν κοπετὸν⁶ μέγαν ἐπ' αὐτῷ. 3 Σαῦλος δὲ ἐλυμαίνετο⁷ τὴν ἐκκλησίαν κατὰ τοὺς οἴκους εἰσπορευόμενος⁸, σύρων⁹ τε ἄνδρας καὶ γυναῖκας παρεδίδου¹⁰ εἰς φυλακήν.

The Gospel Preached in Samaria

4 Οἱ μὲν οὖν διασπαρέντες¹¹ διῆλθον¹² εὐαγγελιζόμενοι τὸν λόγον. 5 Φίλιππος δὲ κατελθὼν¹³ εἰς τὴν πόλιν τῆς Σαμαρείας ἐκήρυσσεν αὐτοῖς τὸν Χριστόν. 6 προσεῖχον¹⁴ δὲ οἱ ὄχλοι τοῖς λεγομένοις ὑπὸ τοῦ Φιλίππου ὁμοθυμαδὸν¹⁵ ἐν τῷ ἀκούειν αὐτοὺς καὶ βλέπειν τὰ σημεῖα ἃ ἐποίει. 7 πολλοὶ γὰρ τῶν ἐχόντων πνεύματα ἀκάθαρτα βοῶντα¹⁶ φωνῇ μεγάλῃ ἐξήρχοντο, πολλοὶ δὲ παραλελυμένοι¹⁷ καὶ χωλοὶ¹⁸ ἐθεραπεύθησαν· 8 ἐγένετο δὲ πολλὴ χαρὰ ἐν τῇ πόλει ἐκείνῃ.

9 Ἀνὴρ δέ τις ὀνόματι Σίμων προϋπῆρχεν¹⁹ ἐν τῇ πόλει μαγεύων²⁰ καὶ ἐξιστάνων²¹ τὸ ἔθνος τῆς Σαμαρείας, λέγων εἶναί τινα ἑαυτὸν μέγαν. 10 ᾧ προσεῖχον²² πάντες ἀπὸ μικροῦ ἕως μεγάλου λέγοντες· οὗτός ἐστιν ἡ δύναμις τοῦ θεοῦ ἡ καλουμένη μεγάλη. 11 προσεῖχον δὲ αὐτῷ διὰ τὸ ἱκανῷ χρόνῳ ταῖς μαγείαις²³ ἐξεστακέναι²⁴ αὐτούς. 12 ὅτε δὲ ἐπίστευσαν τῷ Φιλίππῳ εὐαγγελιζομένῳ περὶ τῆς βασιλείας τοῦ θεοῦ καὶ τοῦ ὀνόματος Ἰησοῦ Χριστοῦ, ἐβαπτίζοντο ἄνδρες τε καὶ γυναῖκες. 13 ὁ δὲ Σίμων καὶ αὐτὸς ἐπίστευσεν καὶ βαπτισθεὶς ἦν προσκαρτερῶν²⁵ τῷ Φιλίππῳ. θεωρῶν τε σημεῖα καὶ δυνάμεις μεγάλας γινομένας ἐξίστατο²⁶.

---

[1] διωγμός, -οῦ m, persecution
[2] διασπείρω 3p aor pas ind, scatter
[3] χώρα, -ας f, region
[4] συγκομίζω 3p aor act ind, bury
[5] εὐλαβής, -ές, devout
[6] κοπετός, -οῦ m, mourning
[7] λυμαίνομαι 3s impf mid ind, harass
[8] εἰσπορεύομαι pres mid ptc m s nom, go/come in
[9] σύρω pres act ptc m s nom, drag
[10] παραδίδωμι 3s impf act ind, put (in jail)
[11] διασπείρω aor pas ptc m p nom, scatter
[12] διέρχομαι 3p aor act ind, go about
[13] κατέρχομαι aor act ptc m s nom, go down
[14] προσέχω 3p impf act ind, pay close attention to
[15] ὁμοθυμαδόν, adv, with a single purpose
[16] βοάω pres act ptc n p acc, shout
[17] παραλύω pf pas ptc m p nom, pas be paralyzed
[18] χωλός, -ή/όν, lame
[19] προϋπάρχω 3s impf act ind, be previously
[20] μαγεύω pres act ptc m s nom, practice magic
[21] ἐξίστημι pres act ptc m s nom, amaze
[22] προσέχω 3p impf act ind, pay close attention (to)
[23] μαγεία, -ας f, magic
[24] ἐξίστημι pf act inf, amaze
[25] προσκαρτερέω pres act ptc m s nom, stay close (to)
[26] ἐξίστημι impf mid ind, be amazed

14 Ἀκούσαντες δὲ οἱ ἐν Ἱεροσολύμοις ἀπόστολοι ὅτι δέδεκται¹ ἡ Σαμάρεια τὸν λόγον τοῦ θεοῦ, ἀπέστειλαν² πρὸς αὐτοὺς Πέτρον καὶ Ἰωάννην, 15 οἵτινες καταβάντες³ προσηύξαντο⁴ περὶ αὐτῶν ὅπως λάβωσιν⁵ πνεῦμα ἅγιον· 16 οὐδέπω⁶ γὰρ ἦν ἐπ' οὐδενὶ αὐτῶν ἐπιπεπτωκός⁷, μόνον δὲ βεβαπτισμένοι ὑπῆρχον εἰς τὸ ὄνομα τοῦ κυρίου Ἰησοῦ. 17 τότε ἐπετίθεσαν⁸ τὰς χεῖρας ἐπ' αὐτούς, καὶ ἐλάμβανον πνεῦμα ἅγιον. 18 ἰδὼν δὲ ὁ Σίμων ὅτι διὰ τῆς ἐπιθέσεως⁹ τῶν χειρῶν τῶν ἀποστόλων δίδοται τὸ πνεῦμα, προσήνεγκεν¹⁰ αὐτοῖς χρήματα¹¹ 19 λέγων· δότε¹² κἀμοὶ τὴν ἐξουσίαν ταύτην, ἵνα ᾧ ἐὰν ἐπιθῶ¹³ τὰς χεῖρας λαμβάνῃ πνεῦμα ἅγιον. 20 Πέτρος δὲ εἶπεν πρὸς αὐτόν· τὸ ἀργύριόν¹⁴ σου σὺν σοὶ εἴη¹⁵ εἰς ἀπώλειαν¹⁶, ὅτι τὴν δωρεὰν¹⁷ τοῦ θεοῦ ἐνόμισας¹⁸ διὰ χρημάτων¹⁹ κτᾶσθαι²⁰. 21 οὐκ ἔστιν σοι μερὶς²¹ οὐδὲ κλῆρος²² ἐν τῷ λόγῳ τούτῳ, ἡ γὰρ καρδία σου οὐκ ἔστιν εὐθεῖα²³ ἔναντι²⁴ τοῦ θεοῦ. 22 μετανόησον²⁵ οὖν ἀπὸ τῆς κακίας²⁶ σου ταύτης καὶ δεήθητι²⁷ τοῦ κυρίου, εἰ ἄρα ἀφεθήσεταί²⁸ σοι ἡ ἐπίνοια²⁹ τῆς καρδίας σου, 23 εἰς γὰρ χολὴν³⁰ πικρίας³¹ καὶ σύνδεσμον³² ἀδικίας ὁρῶ σε ὄντα. 24 ἀποκριθεὶς δὲ ὁ Σίμων εἶπεν· δεήθητε ὑμεῖς ὑπὲρ ἐμοῦ πρὸς τὸν κύριον ὅπως μηδὲν ἐπέλθῃ³³ ἐπ' ἐμὲ ὧν εἰρήκατε³⁴. 25 οἱ μὲν οὖν διαμαρτυράμενοι³⁵ καὶ λαλήσαντες τὸν λόγον τοῦ κυρίου ὑπέστρεφον εἰς Ἱεροσόλυμα, πολλάς τε κώμας³⁶ τῶν Σαμαριτῶν εὐηγγελίζοντο.

Philip and the Ethiopian Eunuch

26 Ἄγγελος δὲ κυρίου ἐλάλησεν πρὸς Φίλιππον λέγων· ἀνάστηθι³⁷ καὶ πορεύου κατὰ μεσημβρίαν³⁸ ἐπὶ τὴν ὁδὸν τὴν καταβαίνουσαν ἀπὸ Ἱερουσαλὴμ εἰς Γάζαν, αὕτη ἐστὶν ἔρημος. 27 καὶ ἀναστὰς³⁹ ἐπορεύθη. καὶ ἰδοὺ ἀνὴρ Αἰθίοψ εὐνοῦχος⁴⁰ δυνάστης⁴¹ Κανδάκης βασιλίσσης⁴² Αἰθιόπων ὃς ἦν ἐπὶ πάσης τῆς γάζης⁴³ αὐτῆς,

---

1 δέχομαι 3s pf mid ind, accept
2 ἀποστέλλω 3p aor act ind, send
3 καταβαίνω aor act ptc m p nom, come/go down
4 προσεύχομαι 3p aor mid ind, pray
5 λαμβάνω 3p aor act sub, receive
6 οὐδέπω, adv, not yet
7 ἐπιπίπτω pf act ptc n s nom, come upon
8 ἐπιτίθημι 3p impf act ind, lay
9 ἐπίθεσις, -εως f, laying on
10 προσφέρω 3s aor act ind, bring
11 χρῆμα, -τος n, money
12 δίδωμι 2p aor act impv, give
13 ἐπιτίθημι 1s aor act sub, lay
14 ἀργύριον, -ου n, money
15 εἰμί 3s pres act opt, be
16 ἀπώλεια, -ας f, destruction
17 δωρεά, -ᾶς f, gift
18 νομίζω 2s aor act ind, think
19 χρῆμα, -τος n, money
20 κτάομαι aor mid inf, buy
21 μερίς, -ίδος f, part
22 κλῆρος, -ου m, share
23 εὐθύς, -εῖα/ύ, right
24 ἔναντι, prep + gen, in the sight of
25 μετανοέω 2s aor act impv, repent
26 κακία, -ας f, evil
27 δέομαι 2s aor pas impv, pray
28 ἀφίημι 3s fut pas ind, forgive
29 ἐπίνοια, -ας f, intention
30 χολή, -ῆς f, gall
31 πικρία, -ας f, bitterness
32 σύνδεσμος, -ου m, bond/chain
33 ἐπέρχομαι 3s aor act sub, come upon
34 λέγω 2p pf act ind, say
35 διαμαρτύρομαι aor mid ptc m p nom, testify
36 κώμη, -ης f, village
37 ἀνίστημι 2s aor act impv, intrans get up
38 μεσημβρία, -ας f, noon/south (κατὰ μ. about noon/toward the south)
39 ἀνίστημι aor act ptc m s nom, intrans get up
40 εὐνοῦχος, -ου m, eunuch
41 δυνάστης, -ου m, official
42 βασίλισσα, -ης f, queen
43 γάζα, -ης f, treasury

ὃς ἐληλύθει¹ προσκυνήσων εἰς Ἱερουσαλήμ. **28** ἦν τε ὑποστρέφων καὶ καθήμενος ἐπὶ τοῦ ἅρματος² αὐτοῦ καὶ ἀνεγίνωσκεν τὸν προφήτην Ἡσαΐαν. **29** εἶπεν δὲ τὸ πνεῦμα τῷ Φιλίππῳ· πρόσελθε³ καὶ κολλήθητι⁴ τῷ ἅρματι τούτῳ. **30** προσδραμὼν⁵ δὲ ὁ Φίλιππος ἤκουσεν αὐτοῦ ἀναγινώσκοντος Ἡσαΐαν τὸν προφήτην καὶ εἶπεν· ἆρά γε⁶ γινώσκεις ἃ ἀναγινώσκεις; **31** ὁ δὲ εἶπεν· πῶς γὰρ ἂν δυναίμην⁷, ἐὰν μή τις ὁδηγήσῃ⁸ με; παρεκάλεσέν τε τὸν Φίλιππον ἀναβάντα⁹ καθίσαι¹⁰ σὺν αὐτῷ. **32** ἡ δὲ περιοχὴ¹¹ τῆς γραφῆς ἣν ἀνεγίνωσκεν ἦν αὕτη·

ὡς πρόβατον ἐπὶ σφαγὴν¹² ἤχθη¹³
καὶ ὡς ἀμνὸς¹⁴ ἐναντίον¹⁵ τοῦ κείραντος¹⁶ αὐτὸν ἄφωνος¹⁷,
οὕτως οὐκ ἀνοίγει τὸ στόμα αὐτοῦ.
33 ἐν τῇ ταπεινώσει¹⁸ αὐτοῦ ἡ κρίσις αὐτοῦ ἤρθη¹⁹·
τὴν γενεὰν αὐτοῦ τίς διηγήσεται²⁰;
ὅτι αἴρεται ἀπὸ τῆς γῆς ἡ ζωὴ αὐτοῦ.

34 ἀποκριθεὶς δὲ ὁ εὐνοῦχος τῷ Φιλίππῳ εἶπεν· δέομαί²¹ σου, περὶ τίνος ὁ προφήτης λέγει τοῦτο; περὶ ἑαυτοῦ ἢ περὶ ἑτέρου τινός; **35** ἀνοίξας²² δὲ ὁ Φίλιππος τὸ στόμα αὐτοῦ καὶ ἀρξάμενος ἀπὸ τῆς γραφῆς ταύτης εὐηγγελίσατο²³ αὐτῷ τὸν Ἰησοῦν. **36** ὡς δὲ ἐπορεύοντο κατὰ τὴν ὁδόν, ἦλθον ἐπί τι ὕδωρ, καί φησιν ὁ εὐνοῦχος· ἰδοὺ ὕδωρ, τί κωλύει²⁴ με βαπτισθῆναι; [**37** εἶπεν δὲ αὐτῷ· εἰ πιστεύεις ἐξ ὅλης τῆς καρδίας σου, ἔξεστιν. ἀποκριθεὶς δὲ εἶπεν· πιστεύω τὸν υἱὸν τοῦ θεοῦ εἶναι Ἰησοῦν Χριστόν.] **38** καὶ ἐκέλευσεν²⁵ στῆναι²⁶ τὸ ἅρμα²⁷ καὶ κατέβησαν²⁸ ἀμφότεροι²⁹ εἰς τὸ ὕδωρ, ὅ τε Φίλιππος καὶ ὁ εὐνοῦχος, καὶ ἐβάπτισεν αὐτόν. **39** ὅτε δὲ ἀνέβησαν³⁰ ἐκ τοῦ ὕδατος, πνεῦμα κυρίου ἥρπασεν³¹ τὸν Φίλιππον καὶ οὐκ εἶδεν αὐτὸν οὐκέτι ὁ εὐνοῦχος, ἐπορεύετο γὰρ τὴν ὁδὸν αὐτοῦ χαίρων. **40** Φίλιππος δὲ εὑρέθη³² εἰς Ἄζωτον· καὶ διερχόμενος εὐηγγελίζετο τὰς πόλεις πάσας ἕως τοῦ ἐλθεῖν αὐτὸν εἰς Καισάρειαν.

---

¹ ἔρχομαι 3s plpf act ind, come
² ἅρμα, -τος n, chariot
³ προσέρχομαι 2s aor act impv, go (to)
⁴ κολλάομαι 2s aor pas impv, catch up with
⁵ προστρέχω aor act ptc m s nom, run up (to someone/something)
⁶ γέ, emphatic particle
⁷ δύναμαι 1s pres pas opt, can
⁸ ὁδηγέω 3s aor act sub, guide
⁹ ἀναβαίνω aor act ptc m s nom, go/come up
¹⁰ καθίζω aor act inf, sit
¹¹ περιοχή, -ῆς f, passage
¹² σφαγή, -ῆς f, slaughter
¹³ ἄγω 3s aor pas ind, bring
¹⁴ ἀμνός, -οῦ m, lamb
¹⁵ ἐναντίον, prep + gen, before
¹⁶ κείρω aor act ptc m s gen, shear
¹⁷ ἄφωνος, -ον, silent
¹⁸ ταπείνωσις, -εως f, humiliation
¹⁹ αἴρω 3s aor pas ind, pas be denied (of justice)
²⁰ διηγέομαι 3s fut mid ind, tell
²¹ δέομαι 1s pres pas ind, ask
²² ἀνοίγω aor act ptc m s nom, open
²³ εὐαγγελίζω 3s aor mid ind, mid tell the good news
²⁴ κωλύω 3s pres act ind, prevent
²⁵ κελεύω 3s aor act ind, order
²⁶ ἵστημι aor act inf, trans stop
²⁷ ἅρμα, -τος n, chariot
²⁸ καταβαίνω 3p aor act ind, come/go down
²⁹ ἀμφότεροι, -αι/α, both
³⁰ ἀναβαίνω 3p aor act ind, go/come up
³¹ ἁρπάζω 3s aor act ind, carry off
³² εὑρίσκω 3s aor pas ind, find

The Conversion of Saul (Ac 22.6-16; 26.12-18)

9 Ὁ δὲ Σαῦλος ἔτι ἐμπνέων¹ ἀπειλῆς² καὶ φόνου³ εἰς τοὺς μαθητὰς τοῦ κυρίου προσελθὼν⁴ τῷ ἀρχιερεῖ 2 ᾐτήσατο⁵ παρ' αὐτοῦ ἐπιστολὰς⁶ εἰς Δαμασκὸν πρὸς τὰς συναγωγάς, ὅπως ἐάν τινας εὕρῃ⁷ τῆς ὁδοῦ⁸ ὄντας, ἄνδρας τε καὶ γυναῖκας, δεδεμένους⁹ ἀγάγῃ¹⁰ εἰς Ἰερουσαλήμ. 3 ἐν δὲ τῷ πορεύεσθαι ἐγένετο αὐτὸν ἐγγίζειν τῇ Δαμασκῷ, ἐξαίφνης¹¹ τε αὐτὸν περιήστραψεν¹² φῶς ἐκ τοῦ οὐρανοῦ, 4 καὶ πεσὼν¹³ ἐπὶ τὴν γῆν ἤκουσεν φωνὴν λέγουσαν αὐτῷ· Σαοὺλ Σαούλ, τί με διώκεις; 5 εἶπεν δέ· τίς εἶ, κύριε; ὁ δέ· ἐγώ εἰμι Ἰησοῦς ὃν σὺ διώκεις· 6 ἀλλ' ἀνάστηθι¹⁴ καὶ εἴσελθε¹⁵ εἰς τὴν πόλιν, καὶ λαληθήσεταί¹⁶ σοι ὅτι σε δεῖ ποιεῖν. 7 οἱ δὲ ἄνδρες οἱ συνοδεύοντες¹⁷ αὐτῷ εἱστήκεισαν¹⁸ ἐνεοὶ¹⁹ ἀκούοντες μὲν τῆς φωνῆς μηδένα δὲ θεωροῦντες. 8 ἠγέρθη²⁰ δὲ Σαῦλος ἀπὸ τῆς γῆς, ἀνεῳγμένων²¹ δὲ τῶν ὀφθαλμῶν αὐτοῦ οὐδὲν ἔβλεπεν· χειραγωγοῦντες²² δὲ αὐτὸν εἰσήγαγον²³ εἰς Δαμασκόν. 9 καὶ ἦν ἡμέρας τρεῖς μὴ βλέπων καὶ οὐκ ἔφαγεν²⁴ οὐδὲ ἔπιεν²⁵.

10 Ἦν δέ τις μαθητὴς ἐν Δαμασκῷ ὀνόματι Ἁνανίας, καὶ εἶπεν πρὸς αὐτὸν ἐν ὁράματι²⁶ ὁ κύριος· Ἁνανία. ὁ δὲ εἶπεν· ἰδοὺ ἐγώ, κύριε. 11 ὁ δὲ κύριος πρὸς αὐτόν· ἀναστὰς²⁷ πορεύθητι²⁸ ἐπὶ τὴν ῥύμην²⁹ τὴν καλουμένην Εὐθεῖαν³⁰ καὶ ζήτησον ἐν οἰκίᾳ Ἰούδα Σαῦλον ὀνόματι Ταρσέα· ἰδοὺ γὰρ προσεύχεται 12 καὶ εἶδεν ἄνδρα Ἁνανίαν ὀνόματι εἰσελθόντα καὶ ἐπιθέντα³¹ αὐτῷ χεῖρας, ὅπως ἀναβλέψῃ³². 13 ἀπεκρίθη δὲ Ἁνανίας· κύριε, ἤκουσα ἀπὸ πολλῶν περὶ τοῦ ἀνδρὸς τούτου ὅσα κακὰ τοῖς ἁγίοις σου ἐποίησεν ἐν Ἰερουσαλήμ· 14 καὶ ὧδε ἔχει ἐξουσίαν παρὰ τῶν ἀρχιερέων δῆσαι³³ πάντας τοὺς ἐπικαλουμένους³⁴ τὸ ὄνομά σου. 15 εἶπεν δὲ πρὸς αὐτὸν ὁ κύριος· πορεύου, ὅτι σκεῦος³⁵ ἐκλογῆς³⁶ ἐστίν μοι οὗτος τοῦ βαστάσαι³⁷ τὸ ὄνομά μου ἐνώπιον ἐθνῶν τε καὶ βασιλέων υἱῶν τε Ἰσραήλ· 16 ἐγὼ γὰρ ὑποδείξω³⁸

---

¹ ἐμπνέω pres act ptc m s nom, breathe
² ἀπειλή, -ῆς f, threat
³ φόνος, -ου m, killing
⁴ προσέρχομαι aor act ptc m s nom, go (to)
⁵ αἰτέω 3s aor mid ind, ask
⁶ ἐπιστολή, -ῆς f, letter
⁷ εὑρίσκω 3s aor act sub, find
⁸ ὁδός, -οῦ f, way (here: Way of the Christian faith and life)
⁹ δέω pf pas ptc m p acc, tie up
¹⁰ ἄγω 3s aor act sub, bring
¹¹ ἐξαίφνης, adv, suddenly
¹² περιαστράπτω 3s aor act ind, flash around
¹³ πίπτω aor act ptc m s nom, fall down
¹⁴ ἀνίστημι 2s aor act impv, intrans get up
¹⁵ εἰσέρχομαι 2s aor act impv, come/go (in)
¹⁶ λαλέω 3s fut pas ind, tell
¹⁷ συνοδεύω pres act ptc m p nom, travel with
¹⁸ ἵστημι 3p plpf act ind, intrans stand
¹⁹ ἐνεός, -ά/όν, speechless
²⁰ ἐγείρω 3s aor pas ind, intrans pas get up
²¹ ἀνοίγω pf pas ptc m p gen, open
²² χειραγωγέω pres act ptc m p nom, lead by the hand
²³ εἰσάγω 3p aor act ind, bring in
²⁴ ἐσθίω 3s aor act ind, eat
²⁵ πίνω 3s aor act ind, drink
²⁶ ὅραμα, -τος n, vision
²⁷ ἀνίστημι aor act ptc m s nom, intrans get up
²⁸ πορεύομαι 2s aor pas impv, go
²⁹ ῥύμη, -ης f, street
³⁰ εὐθύς, -εῖα/ύ, straight
³¹ ἐπιτίθημι aor act ptc m s acc, lay
³² ἀναβλέπω 3s aor act sub, regain one's sight
³³ δέω aor act inf, tie up
³⁴ ἐπικαλέω pres mid ptc m p acc, mid call upon
³⁵ σκεῦος, -ους n, instrument
³⁶ ἐκλογή, -ῆς f, something chosen
³⁷ βαστάζω aor act inf, carry
³⁸ ὑποδείκνυμι 1s fut act ind, show

αὐτῷ ὅσα δεῖ αὐτὸν ὑπὲρ τοῦ ὀνόματός μου παθεῖν¹. 17 ἀπῆλθεν δὲ Ἀνανίας καὶ εἰσῆλθεν εἰς τὴν οἰκίαν καὶ ἐπιθεὶς² ἐπ' αὐτὸν τὰς χεῖρας εἶπεν· Σαοὺλ ἀδελφέ, ὁ κύριος ἀπέσταλκέν³ με, Ἰησοῦς ὁ ὀφθείς⁴ σοι ἐν τῇ ὁδῷ ᾗ ἤρχου⁵, ὅπως ἀναβλέψῃς⁶ καὶ πλησθῇς⁷ πνεύματος ἁγίου. 18 καὶ εὐθέως ἀπέπεσαν⁸ αὐτοῦ ἀπὸ τῶν ὀφθαλμῶν ὡς λεπίδες⁹, ἀνέβλεψέν¹⁰ τε καὶ ἀναστὰς¹¹ ἐβαπτίσθη 19 καὶ λαβὼν τροφὴν¹² ἐνίσχυσεν¹³.

Saul Preaches in Damascus

Ἐγένετο δὲ μετὰ τῶν ἐν Δαμασκῷ μαθητῶν ἡμέρας τινὰς 20 καὶ εὐθέως ἐν ταῖς συναγωγαῖς ἐκήρυσσεν τὸν Ἰησοῦν ὅτι οὗτός ἐστιν ὁ υἱὸς τοῦ θεοῦ. 21 ἐξίσταντο¹⁴ δὲ πάντες οἱ ἀκούοντες καὶ ἔλεγον· οὐχ οὗτός ἐστιν ὁ πορθήσας¹⁵ ἐν Ἰερουσαλὴμ τοὺς ἐπικαλουμένους¹⁶ τὸ ὄνομα τοῦτο καὶ ὧδε εἰς τοῦτο ἐληλύθει¹⁷, ἵνα δεδεμένους¹⁸ αὐτοὺς ἀγάγῃ¹⁹ ἐπὶ τοὺς ἀρχιερεῖς; 22 Σαῦλος δὲ μᾶλλον ἐνεδυναμοῦτο²⁰ καὶ συνέχυννεν²¹ τοὺς Ἰουδαίους τοὺς κατοικοῦντας ἐν Δαμασκῷ συμβιβάζων²² ὅτι οὗτός ἐστιν ὁ χριστός.

Saul Escapes from the Jews

23 Ὡς δὲ ἐπληροῦντο ἡμέραι ἱκαναί, συνεβουλεύσαντο²³ οἱ Ἰουδαῖοι ἀνελεῖν²⁴ αὐτόν· 24 ἐγνώσθη²⁵ δὲ τῷ Σαύλῳ ἡ ἐπιβουλὴ²⁶ αὐτῶν. παρετηροῦντο²⁷ δὲ καὶ τὰς πύλας²⁸ ἡμέρας τε καὶ νυκτός, ὅπως αὐτὸν ἀνέλωσιν²⁹· 25 λαβόντες δὲ οἱ μαθηταὶ αὐτοῦ νυκτὸς διὰ τοῦ τείχους³⁰ καθῆκαν³¹ αὐτὸν χαλάσαντες³² ἐν σπυρίδι³³.

Saul in Jerusalem

26 Παραγενόμενος³⁴ δὲ εἰς Ἰερουσαλὴμ ἐπείραζεν κολλᾶσθαι³⁵ τοῖς μαθηταῖς, καὶ πάντες ἐφοβοῦντο αὐτὸν μὴ πιστεύοντες ὅτι ἐστὶν μαθητής. 27 Βαρναβᾶς δὲ

---

1 πάσχω *aor act inf*, suffer
2 ἐπιτίθημι *aor act ptc m s nom*, lay
3 ἀποστέλλω *3s pf act ind*, send
4 ὁράω *aor pas ptc m s nom, pas* appear
5 ἔρχομαι *2s impf mid ind*, come/go
6 ἀναβλέπω *2s aor act sub*, regain one's sight
7 πίμπλημι *2s aor pas sub*, fill
8 ἀποπίπτω *3p aor act ind*, fall (from)
9 λεπτίς, -ίδος *f*, (fish) scale
10 ἀναβλέπω *3s aor act ind*, regain one's sight
11 ἀνίστημι *aor act ptc m s nom*, *intrans* get up
12 τροφή, -ῆς *f*, food

13 ἐνισχύω *3s aor act ind, intrans* regain strength
14 ἐξίστημι *3p impf mid ind*, be amazed
15 πορθέω *aor act ptc m s nom*, make trouble for
16 ἐπικαλέω *pres mid ptc m p acc, mid* call upon/pray to
17 ἔρχομαι *3s plpf act ind*, come
18 δέω *pf pas ptc m p acc*, tie up
19 ἄγω *3s aor act sub*, bring
20 ἐνδυναμόω *3s impf pas ind, pas* become strong (ἐ. μᾶλλον grow stronger and stronger)
21 συγχέω *3s impf act ind*, confuse
22 συμβιβάζω *pres act ptc m s nom*, prove

23 συμβουλεύω *3p aor mid ind*, mid plan
24 ἀναιρέω *aor act inf*, kill
25 γινώσκω *3s aor pas ind*, know
26 ἐπιβουλή, -ῆς *f*, plan
27 παρατηρέω *3p impf mid ind*, mid watch closely
28 πύλη, -ης *f*, gate
29 ἀναιρέω *3p aor act sub*, kill
30 τεῖχος, -ους *n*, wall
31 καθίημι *3p aor act ind*, let down
32 χαλάω *aor act ptc m p nom*, lower
33 σπυρίς, -ίδος *f*, basket
34 παραγίνομαι *aor mid ptc m s nom*, come
35 κολλάομαι *pres pas inf*, join

ἐπιλαβόμενος¹ αὐτὸν ἤγαγεν² πρὸς τοὺς ἀποστόλους καὶ διηγήσατο³ αὐτοῖς πῶς ἐν τῇ ὁδῷ εἶδεν τὸν κύριον καὶ ὅτι ἐλάλησεν αὐτῷ καὶ πῶς ἐν Δαμασκῷ ἐπαρρησιάσατο⁴ ἐν τῷ ὀνόματι τοῦ Ἰησοῦ. **28** καὶ ἦν μετ' αὐτῶν εἰσπορευόμενος⁵ καὶ ἐκπορευόμενος εἰς Ἰερουσαλήμ, παρρησιαζόμενος ἐν τῷ ὀνόματι τοῦ κυρίου, **29** ἐλάλει τε καὶ συνεζήτει⁶ πρὸς τοὺς Ἑλληνιστάς, οἱ δὲ ἐπεχείρουν⁷ ἀνελεῖν⁸ αὐτόν. **30** ἐπιγνόντες⁹ δὲ οἱ ἀδελφοὶ κατήγαγον¹⁰ αὐτὸν εἰς Καισάρειαν καὶ ἐξαπέστειλαν¹¹ αὐτὸν εἰς Ταρσόν.

31 Ἡ μὲν οὖν ἐκκλησία καθ' ὅλης τῆς Ἰουδαίας καὶ Γαλιλαίας καὶ Σαμαρείας εἶχεν εἰρήνην οἰκοδομουμένη καὶ πορευομένη τῷ φόβῳ τοῦ κυρίου καὶ τῇ παρακλήσει¹² τοῦ ἁγίου πνεύματος ἐπληθύνετο¹³.

The Healing of Aeneas

32 Ἐγένετο δὲ Πέτρον διερχόμενον διὰ πάντων κατελθεῖν¹⁴ καὶ πρὸς τοὺς ἁγίους τοὺς κατοικοῦντας Λύδδα. **33** εὗρεν δὲ ἐκεῖ ἄνθρωπόν τινα ὀνόματι Αἰνέαν ἐξ ἐτῶν ὀκτὼ¹⁵ κατακείμενον¹⁶ ἐπὶ κραβάττου¹⁷ ὃς ἦν παραλελυμένος¹⁸. **34** καὶ εἶπεν αὐτῷ ὁ Πέτρος· Αἰνέα, ἰᾶταί¹⁹ σε Ἰησοῦς Χριστός· ἀνάστηθι²⁰ καὶ στρῶσον²¹ σεαυτῷ. καὶ εὐθέως ἀνέστη²². **35** καὶ εἶδαν αὐτὸν πάντες οἱ κατοικοῦντες Λύδδα καὶ τὸν Σαρῶνα οἵτινες ἐπέστρεψαν²³ ἐπὶ τὸν κύριον.

Dorcas Restored to Life

36 Ἐν Ἰόππῃ δέ τις ἦν μαθήτρια²⁴ ὀνόματι Ταβιθά ἣ διερμηνευομένη²⁵ λέγεται Δορκάς· αὕτη ἦν πλήρης²⁶ ἔργων ἀγαθῶν καὶ ἐλεημοσυνῶν²⁷ ὧν ἐποίει. **37** ἐγένετο δὲ ἐν ταῖς ἡμέραις ἐκείναις ἀσθενήσασαν αὐτὴν ἀποθανεῖν²⁸· λούσαντες²⁹

¹ ἐπιλαμβάνομαι *aor mid ptc m s nom*, help
² ἄγω *3s aor act ind*, bring
³ διηγέομαι *3s aor mid ind*, tell
⁴ παρρησιάζομαι *3s aor mid ind*, speak boldly
⁵ εἰσπορεύομαι *pres mid ptc m s nom*, go/come in
⁶ συζητέω *3s impf act ind*, argue (with)
⁷ ἐπιχειρέω *3p impf act ind*, try
⁸ ἀναιρέω *aor act inf*, kill
⁹ ἐπιγινώσκω *aor act ptc m p nom*, find out
¹⁰ κατάγω *3p aor act ind*, take (down)
¹¹ ἐξαποστέλλω *3p aor act ind*, send (off)
¹² παράκλησις, -εως f, encouragement
¹³ πληθύνω *3s impf pas ind*, *pas* grow
¹⁴ κατέρχομαι *aor act inf*, go down
¹⁵ ὀκτώ, eight
¹⁶ κατάκειμαι *pres mid ptc m s acc*, lie (in bed)
¹⁷ κράβαττος, -ου m, bed/mat
¹⁸ παραλύω *pf pas ptc m s nom*, *pas* be paralyzed
¹⁹ ἰάομαι *3s pres mid ind*, heal
²⁰ ἀνίστημι *2s act impv*, *intrans* get up
²¹ στρώννυμι *2s aor act impv*, spread (σ. σεαυτῷ make up your bed)
²² ἀνίστημι *3s aor act ind*, *intrans* get up
²³ ἐπιστρέφω *3p aor act ind*, *intrans* turn
²⁴ μαθήτρια, -ας f, woman disciple
²⁵ διερμηνεύω *pres pas ptc f s nom*, translate (ἣ δ. λέγεται which means)
²⁶ πλήρης, -ες, full
²⁷ ἐλεημοσύνη, -ης f, money given to a needy person
²⁸ ἀποθνήσκω *aor act inf*, die
²⁹ λούω *aor act ptc m p nom*, bathe

δὲ ἔθηκαν¹ αὐτὴν ἐν ὑπερῴῳ². 38 ἐγγὺς δὲ οὔσης Λύδδας τῇ Ἰόππῃ οἱ μαθηταὶ ἀκούσαντες ὅτι Πέτρος ἐστὶν ἐν αὐτῇ ἀπέστειλαν³ δύο ἄνδρας πρὸς αὐτὸν παρακαλοῦντες· μὴ ὀκνήσῃς⁴ διελθεῖν⁵ ἕως ἡμῶν. 39 ἀναστὰς⁶ δὲ Πέτρος συνῆλθεν⁷ αὐτοῖς· ὃν παραγενόμενον⁸ ἀνήγαγον⁹ εἰς τὸ ὑπερῷον, καὶ παρέστησαν¹⁰ αὐτῷ πᾶσαι αἱ χῆραι¹¹ κλαίουσαι καὶ ἐπιδεικνύμεναι¹² χιτῶνας¹³ καὶ ἱμάτια ὅσα ἐποίει μετ' αὐτῶν οὖσα ἡ Δορκάς. 40 ἐκβαλὼν¹⁴ δὲ ἔξω πάντας ὁ Πέτρος καὶ θεὶς¹⁵ τὰ γόνατα¹⁶ προσηύξατο¹⁷ καὶ ἐπιστρέψας¹⁸ πρὸς τὸ σῶμα εἶπεν· Ταβιθά, ἀνάστηθι¹⁹. ἡ δὲ ἤνοιξεν²⁰ τοὺς ὀφθαλμοὺς αὐτῆς καὶ ἰδοῦσα τὸν Πέτρον ἀνεκάθισεν²¹. 41 δοὺς²² δὲ αὐτῇ χεῖρα ἀνέστησεν²³ αὐτήν· φωνήσας δὲ τοὺς ἁγίους καὶ τὰς χήρας παρέστησεν²⁴ αὐτὴν ζῶσαν. 42 γνωστὸν²⁵ δὲ ἐγένετο καθ' ὅλης τῆς Ἰόππης, καὶ ἐπίστευσαν πολλοὶ ἐπὶ τὸν κύριον. 43 ἐγένετο δὲ ἡμέρας ἱκανὰς μεῖναι²⁶ ἐν Ἰόππῃ παρά τινι Σίμωνι βυρσεῖ²⁷.

Peter and Cornelius

10 Ἀνὴρ δέ τις ἐν Καισαρείᾳ ὀνόματι Κορνήλιος, ἑκατοντάρχης²⁸ ἐκ σπείρης²⁹ τῆς καλουμένης Ἰταλικῆς, 2 εὐσεβὴς³⁰ καὶ φοβούμενος τὸν θεὸν σὺν παντὶ τῷ οἴκῳ αὐτοῦ, ποιῶν ἐλεημοσύνας³¹ πολλὰς τῷ λαῷ καὶ δεόμενος³² τοῦ θεοῦ διὰ παντός, 3 εἶδεν ἐν ὁράματι³³ φανερῶς³⁴ ὡσεὶ³⁵ περὶ ὥραν ἐνάτην³⁶ τῆς ἡμέρας ἄγγελον τοῦ θεοῦ εἰσελθόντα πρὸς αὐτὸν καὶ εἰπόντα³⁷ αὐτῷ· Κορνήλιε. 4 ὁ δὲ ἀτενίσας³⁸ αὐτῷ καὶ ἔμφοβος³⁹ γενόμενος εἶπεν· τί ἐστιν, κύριε; εἶπεν δὲ αὐτῷ· αἱ προσευχαί σου καὶ αἱ ἐλεημοσύναι σου ἀνέβησαν⁴⁰ εἰς μνημόσυνον⁴¹

¹ τίθημι 3p aor act ind, put
² ὑπερῷον, -ου n, upstairs room
³ ἀποστέλλω 3p aor act ind, send
⁴ ὀκνέω 2s aor act sub, delay
⁵ διέρχομαι aor act inf, come
⁶ ἀνίστημι aor act ptc m s nom, intrans get up
⁷ συνέρχομαι 3s aor act ind, accompany
⁸ παραγίνομαι aor mid ptc m s acc, arrive
⁹ ἀνάγω 3p aor act ind, bring (up)
¹⁰ παρίστημι 3p aor act ind, intrans stand together
¹¹ χήρα, -ας f, widow
¹² ἐπιδείκνυμι pres mid ptc f p nom, show
¹³ χιτών, -ῶνος m, shirt (generally of the garment worn next to the skin)
¹⁴ ἐκβάλλω aor act ptc m s nom, send out
¹⁵ τίθημι aor act ptc m s nom, put (τ. τὰ γόνατα kneel)
¹⁶ γόνυ, γόνατος n, knee
¹⁷ προσεύχομαι 3s aor mid ind, pray
¹⁸ ἐπιστρέφω aor act ptc m s nom, intrans turn
¹⁹ ἀνίστημι 2s aor act impv, intrans stand up
²⁰ ἀνοίγω 3s aor act ind, open
²¹ ἀνακαθίζω 3s aor act ind, sit up
²² δίδωμι aor act ptc m s nom, give
²³ ἀνίστημι 3s aor act ind, lift up
²⁴ παρίστημι 3s aor act ind, present
²⁵ γνωστός, -ή/όν, known
²⁶ μένω aor act inf, stay
²⁷ βυρσεύς, -έως f, leather worker
²⁸ ἑκατοντάρχης, -ου m, centurion (officer of the Roman army)
²⁹ σπείρα, -ης f, company (of soldiers)
³⁰ εὐσεβής, -ές, godly
³¹ ἐλεημοσύνη, -ης f, money given to a needy person
³² δέομαι pres pas ptc m s nom, pray
³³ ὅραμα, -τος n, vision
³⁴ φανερῶς, adv, clearly
³⁵ ὡσεί, particle of comparison, about
³⁶ ἔνατος, -η/ον, ninth
³⁷ λέγω act act ptc m s acc, say
³⁸ ἀτενίζω aor act ptc m s nom, stare
³⁹ ἔμφοβος, -ον, afraid
⁴⁰ ἀναβαίνω 3p aor act ind, go/come up
⁴¹ μνημόσυνον, -ου n, memorial (offering)

ἔμπροσθεν τοῦ θεοῦ. 5 καὶ νῦν πέμψον¹ ἄνδρας εἰς Ἰόππην καὶ μετάπεμψαι² Σίμωνά τινα ὃς ἐπικαλεῖται³ Πέτρος· 6 οὗτος ξενίζεται⁴ παρά τινι Σίμωνι βυρσεῖ⁵ ᾧ ἐστιν οἰκία παρὰ θάλασσαν. 7 ὡς δὲ ἀπῆλθεν ὁ ἄγγελος ὁ λαλῶν αὐτῷ, φωνήσας δύο τῶν οἰκετῶν⁶ καὶ στρατιώτην⁷ εὐσεβῆ⁸ τῶν προσκαρτερούντων⁹ αὐτῷ 8 καὶ ἐξηγησάμενος¹⁰ ἅπαντα αὐτοῖς ἀπέστειλεν¹¹ αὐτοὺς εἰς τὴν Ἰόππην. 9 τῇ δὲ ἐπαύριον¹² ὁδοιπορούντων¹³ αὐτῶν καὶ τῇ πόλει ἐγγιζόντων ἀνέβη¹⁴ Πέτρος ἐπὶ τὸ δῶμα¹⁵ προσεύξασθαι περὶ ὥραν ἕκτην¹⁶. 10 ἐγένετο δὲ πρόσπεινος¹⁷ καὶ ἤθελεν γεύσασθαι¹⁸. παρασκευαζόντων¹⁹ δὲ αὐτῶν ἐγένετο ἐπ' αὐτὸν ἔκστασις²⁰, 11 καὶ θεωρεῖ τὸν οὐρανὸν ἀνεῳγμένον²¹ καὶ καταβαῖνον σκεῦός²² τι ὡς ὀθόνην²³ μεγάλην τέσσαρσιν ἀρχαῖς καθιέμενον²⁴ ἐπὶ τῆς γῆς 12 ἐν ᾧ ὑπῆρχεν πάντα τὰ τετράποδα²⁵ καὶ ἑρπετὰ²⁶ τῆς γῆς καὶ πετεινὰ²⁷ τοῦ οὐρανοῦ. 13 καὶ ἐγένετο φωνὴ πρὸς αὐτόν· ἀναστάς²⁸, Πέτρε, θῦσον²⁹ καὶ φάγε³⁰. 14 ὁ δὲ Πέτρος εἶπεν· μηδαμῶς³¹, κύριε, ὅτι οὐδέποτε³² ἔφαγον³³ πᾶν κοινὸν³⁴ καὶ ἀκάθαρτον. 15 καὶ φωνὴ πάλιν ἐκ δευτέρου πρὸς αὐτόν· ἃ ὁ θεὸς ἐκαθάρισεν, σὺ μὴ κοίνου³⁵. 16 τοῦτο δὲ ἐγένετο ἐπὶ τρὶς³⁶ καὶ εὐθὺς ἀνελήμφθη³⁷ τὸ σκεῦος εἰς τὸν οὐρανόν. 17 ὡς δὲ ἐν ἑαυτῷ διηπόρει³⁸ ὁ Πέτρος τί ἂν εἴη³⁹ τὸ ὅραμα⁴⁰ ὃ εἶδεν, ἰδοὺ οἱ ἄνδρες οἱ ἀπεσταλμένοι⁴¹ ὑπὸ τοῦ Κορνηλίου διερωτήσαντες⁴² τὴν οἰκίαν τοῦ Σίμωνος ἐπέστησαν⁴³ ἐπὶ τὸν πυλῶνα⁴⁴ 18 καὶ φωνήσαντες ἐπυνθάνοντο⁴⁵ εἰ Σίμων ὁ ἐπικαλούμενος⁴⁶ Πέτρος ἐνθάδε⁴⁷ ξενίζεται⁴⁸. 19 τοῦ δὲ Πέτρου διενθυμουμένου⁴⁹ περὶ τοῦ ὁράματος εἶπεν αὐτῷ τὸ πνεῦμα· ἰδοὺ ἄνδρες τρεῖς ζητοῦντές σε, 20 ἀλλ' ἀναστὰς⁵⁰

1 πέμπω 2s aor act impv, send
2 μεταπέμπω 2s aor mid impv, mid send for
3 ἐπικαλέω 3s pres pas ind, call
4 ξενίζω 3s pres pas ind, pas stay (as a guest)
5 βυρσεύς, -έως f, leather worker
6 οἰκέτης, -ου m, house servant
7 στρατιώτης, -ου m, soldier
8 εὐσεβής, -ές, godly
9 προσκαρτερέω pres act ptc m p gen, be a personal attendant
10 ἐξηγέομαι aor mid ptc m s nom, tell
11 ἀποστέλλω 3s aor act ind, send
12 ἐπαύριον, adv, the next day
13 ὁδοιπορέω pres act ptc m p gen, travel
14 ἀναβαίνω 3s aor act ind, go up
15 δῶμα, -τος n, roof
16 ἕκτος, -η/ον, sixth
17 πρόσπεινος, -ον, hungry
18 γεύομαι aor mid inf, eat
19 παρασκευάζω pres act ptc m p gen, prepare a meal
20 ἔκστασις, -εως f, trance/vision
21 ἀνοίγω pf pas ptc m s acc, open
22 σκεῦος, -ους f, thing
23 ὀθόνη, -ης f, sheet
24 καθίημι pres pas ptc n s acc, let down
25 τετράπους, -ποδος n, four-footed animal
26 ἑρπετόν, -οῦ n, reptile
27 πετεινόν, -οῦ n, bird
28 ἀνίστημι aor act ptc m s nom, intrans get up
29 θύω 2s aor act impv, kill
30 ἐσθίω 2s aor act impv, eat
31 μηδαμῶς, adv, by no means
32 οὐδέποτε, adv, never
33 ἐσθίω 1s aor act ind, eat
34 κοινός, -ή/όν, unfit to eat
35 κοινόω 2s pres act impv, call unfit to eat
36 τρίς, adv, three times (ἐπὶ τ. three times/a third time)
37 ἀναλαμβάνω 3s aor pas ind, take up
38 διαπορέω 3s impf act ind, be confused
39 εἰμί 3s pres act opt, be
40 ὅραμα, -τος n, vision
41 ἀποστέλλω pf pas ptc m p nom, send
42 διερωτάω aor act ptc m p nom, learn by inquiry
43 ἐφίστημι 3p aor act ind, stand (at)
44 πυλών, -ῶνος f, gate
45 πυνθάνομαι 3p impf mid ind, ask
46 ἐπικαλέω pres pas ptc m s nom, pas call (out)
47 ἐνθάδε, adv, here
48 ξενίζω 3s pres pas ind, pas stay (as a guest)
49 διενθυμέομαι pres mid ptc m s gen, think (about)
50 ἀνίστημι aor act ptc m s nom, intrans get up

κατάβηθι¹ καὶ πορεύου σὺν αὐτοῖς μηδὲν διακρινόμενος², ὅτι ἐγὼ ἀπέσταλκα³ αὐτούς. 21 καταβὰς⁴ δὲ Πέτρος πρὸς τοὺς ἄνδρας εἶπεν· ἰδοὺ ἐγώ εἰμι ὃν ζητεῖτε· τίς ἡ αἰτία⁵ δι' ἣν πάρεστε⁶; 22 οἱ δὲ εἶπαν· Κορνήλιος ἑκατοντάρχης⁷, ἀνὴρ δίκαιος καὶ φοβούμενος τὸν θεόν, μαρτυρούμενός τε ὑπὸ ὅλου τοῦ ἔθνους τῶν Ἰουδαίων, ἐχρηματίσθη⁸ ὑπὸ ἀγγέλου ἁγίου μεταπέμψασθαί⁹ σε εἰς τὸν οἶκον αὐτοῦ καὶ ἀκοῦσαι ῥήματα παρὰ σοῦ. 23 εἰσκαλεσάμενος¹⁰ οὖν αὐτοὺς ἐξένισεν¹¹. τῇ δὲ ἐπαύριον¹² ἀναστὰς¹³ ἐξῆλθεν σὺν αὐτοῖς, καί τινες τῶν ἀδελφῶν τῶν ἀπὸ Ἰόππης συνῆλθον¹⁴ αὐτῷ. 24 τῇ δὲ ἐπαύριον εἰσῆλθεν εἰς τὴν Καισάρειαν. ὁ δὲ Κορνήλιος ἦν προσδοκῶν¹⁵ αὐτοὺς συγκαλεσάμενος¹⁶ τοὺς συγγενεῖς¹⁷ αὐτοῦ καὶ τοὺς ἀναγκαίους¹⁸ φίλους¹⁹. 25 ὡς δὲ ἐγένετο τοῦ εἰσελθεῖν τὸν Πέτρον, συναντήσας²⁰ αὐτῷ ὁ Κορνήλιος πεσὼν²¹ ἐπὶ τοὺς πόδας προσεκύνησεν. 26 ὁ δὲ Πέτρος ἤγειρεν αὐτὸν λέγων· ἀνάστηθι²²· καὶ ἐγὼ αὐτὸς ἄνθρωπός εἰμι. 27 καὶ συνομιλῶν²³ αὐτῷ εἰσῆλθεν καὶ εὑρίσκει συνεληλυθότας²⁴ πολλούς. 28 ἔφη τε πρὸς αὐτούς· ὑμεῖς ἐπίστασθε²⁵ ὡς ἀθέμιτόν²⁶ ἐστιν ἀνδρὶ Ἰουδαίῳ κολλᾶσθαι²⁷ ἢ προσέρχεσθαι ἀλλοφύλῳ²⁸· κἀμοὶ ὁ θεὸς ἔδειξεν²⁹ μηδένα κοινὸν³⁰ ἢ ἀκάθαρτον λέγειν ἄνθρωπον· 29 διὸ καὶ ἀναντιρρήτως³¹ ἦλθον μεταπεμφθείς³². πυνθάνομαι³³ οὖν τίνι λόγῳ μετεπέμψασθέ με; 30 καὶ ὁ Κορνήλιος ἔφη· ἀπὸ τετάρτης³⁴ ἡμέρας μέχρι³⁵ ταύτης τῆς ὥρας ἤμην τὴν ἐνάτην³⁶ προσευχόμενος ἐν τῷ οἴκῳ μου, καὶ ἰδοὺ ἀνὴρ ἔστη³⁷ ἐνώπιόν μου ἐν ἐσθῆτι³⁸ λαμπρᾷ³⁹ 31 καὶ φησίν· Κορνήλιε, εἰσηκούσθη⁴⁰ σου ἡ προσευχή, καὶ αἱ ἐλεημοσύναι⁴¹ σου ἐμνήσθησαν⁴² ἐνώπιον τοῦ θεοῦ. 32 πέμψον⁴³ οὖν

¹ καταβαίνω 2s aor act impv, come/go down
² διακρίνω pres mid ptc m s nom, mid doubt/hesitate
³ ἀποστέλλω 1s pf act ind, send
⁴ καταβαίνω aor act ptc m s nom, come/go down
⁵ αἰτία, -ας f, reason
⁶ πάρειμι 2p pres act ind, be here
⁷ ἑκατοντάρχης, -ου m, centurion (officer of the Roman army)
⁸ χρηματίζω 3s aor pas ind, tell
⁹ μεταπέμπω aor mid inf, mid send for
¹⁰ εἰσκαλέομαι aor mid ptc m s nom, invite in
¹¹ ξενίζω 3s aor act ind, entertain as a guest
¹² ἐπαύριον, adv, the next day
¹³ ἀνίστημι aor act ptc m s nom, intrans stand up
¹⁴ συνέρχομαι 3p aor act ind, accompany
¹⁵ προσδοκάω pres act ptc m s nom, wait for
¹⁶ συγκαλέω aor mid ptc m s nom, mid call together
¹⁷ συγγενής, -οῦς m, relative
¹⁸ ἀναγκαῖος, -α/ον, close (of friends)
¹⁹ φίλος, -ου m, friend
²⁰ συναντάω aor act ptc m s nom, meet
²¹ πίπτω aor act ptc m s nom, fall
²² ἀνίστημι 2s aor act impv, intrans stand up
²³ συνομιλέω pres act ptc m s nom, talk with
²⁴ συνέρχομαι pres act ptc m p acc, come together
²⁵ ἐπίσταμαι 2p pres pas ind, know
²⁶ ἀθέμιτος, -ον, forbidden
²⁷ κολλάομαι pres pas inf, associate with
²⁸ ἀλλόφυλος, -ον, foreign
²⁹ δείκνυμι 3s aor act ind, show
³⁰ κοινός, -ή/όν, impure
³¹ ἀναντιρρήτως, adv, without objection/hesitation
³² μεταπέμπω aor pas ptc m s nom, send for
³³ πυνθάνομαι 1s pres mid ind, ask
³⁴ τέταρτος, -η/ον, fourth (ἀπὸ τ. ἡμέρας four/three days ago)
³⁵ μέχρι, prep + gen, until
³⁶ ἔνατος, -η/ον, ninth
³⁷ ἵστημι 3s aor act ind, intrans stand
³⁸ ἐσθής, -ῆτος f, clothing
³⁹ λαμπρός, -ά, όν, bright
⁴⁰ εἰσακούω 3s aor pas ind, hear
⁴¹ ἐλεημοσύνη, -ης f, money given to a needy person
⁴² μιμνήσκομαι 3p aor pas ind, remember
⁴³ πέμπω 2s aor act impv, send

εἰς Ἰόππην καὶ μετακάλεσαι¹ Σίμωνα ὃς ἐπικαλεῖται² Πέτρος, οὗτος ξενίζεται³ ἐν οἰκίᾳ Σίμωνος βυρσέως⁴ παρὰ θάλασσαν. 33 ἐξαυτῆς⁵ οὖν ἔπεμψα⁶ πρὸς σέ, σύ τε καλῶς ἐποίησας παραγενόμενος. νῦν οὖν πάντες ἡμεῖς ἐνώπιον τοῦ θεοῦ πάρεσμεν⁷ ἀκοῦσαι πάντα τὰ προστεταγμένα⁸ σοι ὑπὸ τοῦ κυρίου.

Peter Speaks in Cornelius' House

34 Ἀνοίξας⁹ δὲ Πέτρος τὸ στόμα εἶπεν· ἐπ' ἀληθείας καταλαμβάνομαι¹⁰ ὅτι οὐκ ἔστιν προσωπολήμπτης¹¹ ὁ θεός, 35 ἀλλ' ἐν παντὶ ἔθνει ὁ φοβούμενος αὐτὸν καὶ ἐργαζόμενος δικαιοσύνην δεκτὸς¹² αὐτῷ ἐστιν. 36 τὸν λόγον ὃν ἀπέστειλεν¹³ τοῖς υἱοῖς Ἰσραὴλ εὐαγγελιζόμενος εἰρήνην διὰ Ἰησοῦ Χριστοῦ, οὗτός ἐστιν πάντων κύριος, 37 ὑμεῖς οἴδατε¹⁴ τὸ γενόμενον ῥῆμα καθ' ὅλης τῆς Ἰουδαίας, ἀρξάμενος ἀπὸ τῆς Γαλιλαίας μετὰ τὸ βάπτισμα¹⁵ ὃ ἐκήρυξεν¹⁶ Ἰωάννης, 38 Ἰησοῦν τὸν ἀπὸ Ναζαρέθ, ὡς ἔχρισεν¹⁷ αὐτὸν ὁ θεὸς πνεύματι ἁγίῳ καὶ δυνάμει, ὃς διῆλθεν¹⁸ εὐεργετῶν¹⁹ καὶ ἰώμενος²⁰ πάντας τοὺς καταδυναστευομένους²¹ ὑπὸ τοῦ διαβόλου, ὅτι ὁ θεὸς ἦν μετ' αὐτοῦ. 39 καὶ ἡμεῖς μάρτυρες πάντων ὧν ἐποίησεν ἔν τε τῇ χώρᾳ²² τῶν Ἰουδαίων καὶ ἐν Ἱερουσαλήμ. ὃν καὶ ἀνεῖλαν²³ κρεμάσαντες²⁴ ἐπὶ ξύλου²⁵, 40 τοῦτον ὁ θεὸς ἤγειρεν τῇ τρίτῃ ἡμέρᾳ καὶ ἔδωκεν αὐτὸν ἐμφανῆ²⁶ γενέσθαι, 41 οὐ παντὶ τῷ λαῷ, ἀλλὰ μάρτυσιν τοῖς προκεχειροτονημένοις²⁷ ὑπὸ τοῦ θεοῦ, ἡμῖν, οἵτινες συνεφάγομεν²⁸ καὶ συνεπίομεν²⁹ αὐτῷ μετὰ τὸ ἀναστῆναι³⁰ αὐτὸν ἐκ νεκρῶν· 42 καὶ παρήγγειλεν ἡμῖν κηρύξαι³¹ τῷ λαῷ καὶ διαμαρτύρασθαι³² ὅτι οὗτός ἐστιν ὁ ὡρισμένος³³ ὑπὸ τοῦ θεοῦ κριτὴς³⁴ ζώντων καὶ νεκρῶν. 43 τούτῳ πάντες οἱ προφῆται μαρτυροῦσιν ἄφεσιν³⁵ ἁμαρτιῶν λαβεῖν διὰ τοῦ ὀνόματος αὐτοῦ πάντα τὸν πιστεύοντα εἰς αὐτόν.

---

[1] μετακαλέω 2s aor mid impv, mid send for
[2] ἐπικαλέω 3s pres pas ind, call
[3] ξενίζω 3s pres pas ind, pas stay (as a guest)
[4] βυρσεύς, -έως m, leather worker
[5] ἐξαυτῆς, adv, at once
[6] πέμπω 1s aor act ind, send
[7] πάρειμι 1p pres act ind, be here
[8] προστάσσω pres pas ptc n p acc, command
[9] ἀνοίγω aor act ptc m s nom, open
[10] καταλαμβάνω 1s pres mid ind, mid realize
[11] προσωπολήμπτης, -ου m, one who shows favoritism
[12] δεκτός, -ή/όν, acceptable
[13] ἀποστέλλω 3s aor act ind, send
[14] οἶδα 2p pf act ind, know
[15] βάπτισμα, -τος n, baptism
[16] κηρύσσω 3s aor act ind, preach
[17] χρίω 3s aor act ind, anoint
[18] διέρχομαι 3s aor act ind, go about
[19] εὐεργετέω pres act ptc m s nom, do good
[20] ἰάομαι pres mid ptc m s nom, heal
[21] καταδυναστεύω pres pas ptc m p acc, oppress
[22] χώρα, -ας f, country
[23] ἀναιρέω 3p aor act ind, kill
[24] κρεμάννυμι aor act ptc m p nom, hang
[25] ξύλον, -ου n, tree
[26] ἐμφανής, -ές, visible
[27] προχειροτονέω pf pas ptc m p dat, choose in advance
[28] συνεσθίω 1p aor act ind, eat with
[29] συμπίνω 1p aor act ind, drink with
[30] ἀνίστημι aor act inf, raise
[31] κηρύσσω aor act inf, preach
[32] διαμαρτύρομαι aor mid inf, testify
[33] ὁρίζω pf pas ptc m s nom, appoint
[34] κριτής, -οῦ m, judge
[35] ἄφεσις, -εως f, forgiveness

Gentiles Receive the Holy Spirit

44 Ἔτι λαλοῦντος τοῦ Πέτρου τὰ ῥήματα ταῦτα ἐπέπεσεν¹ τὸ πνεῦμα τὸ ἅγιον ἐπὶ πάντας τοὺς ἀκούοντας τὸν λόγον. **45** καὶ ἐξέστησαν² οἱ ἐκ περιτομῆς πιστοὶ ὅσοι συνῆλθαν³ τῷ Πέτρῳ, ὅτι καὶ ἐπὶ τὰ ἔθνη ἡ δωρεὰ⁴ τοῦ ἁγίου πνεύματος ἐκκέχυται⁵· **46** ἤκουον γὰρ αὐτῶν λαλούντων γλώσσαις καὶ μεγαλυνόντων⁶ τὸν θεόν. τότε ἀπεκρίθη Πέτρος· **47** μήτι⁷ τὸ ὕδωρ δύναται κωλῦσαί⁸ τις τοῦ μὴ βαπτισθῆναι τούτους οἵτινες τὸ πνεῦμα τὸ ἅγιον ἔλαβον ὡς καὶ ἡμεῖς; **48** προσέταξεν⁹ δὲ αὐτοὺς ἐν τῷ ὀνόματι Ἰησοῦ Χριστοῦ βαπτισθῆναι. τότε ἠρώτησαν αὐτὸν ἐπιμεῖναι¹⁰ ἡμέρας τινάς.

Peter's Report to the Church at Jerusalem

11 Ἤκουσαν δὲ οἱ ἀπόστολοι καὶ οἱ ἀδελφοὶ οἱ ὄντες κατὰ τὴν Ἰουδαίαν ὅτι καὶ τὰ ἔθνη ἐδέξαντο¹¹ τὸν λόγον τοῦ θεοῦ. **2** ὅτε δὲ ἀνέβη¹² Πέτρος εἰς Ἰερουσαλήμ, διεκρίνοντο¹³ πρὸς αὐτὸν οἱ ἐκ περιτομῆς **3** λέγοντες ὅτι εἰσῆλθες πρὸς ἄνδρας ἀκροβυστίαν¹⁴ ἔχοντας καὶ συνέφαγες¹⁵ αὐτοῖς. **4** ἀρξάμενος δὲ Πέτρος ἐξετίθετο¹⁶ αὐτοῖς καθεξῆς¹⁷ λέγων· **5** ἐγὼ ἤμην¹⁸ ἐν πόλει Ἰόππῃ προσευχόμενος καὶ εἶδον ἐν ἐκστάσει¹⁹ ὅραμα²⁰, καταβαῖνον σκεῦός²¹ τι ὡς ὀθόνην²² μεγάλην τέσσαρσιν ἀρχαῖς καθιεμένην²³ ἐκ τοῦ οὐρανοῦ, καὶ ἦλθεν ἄχρι ἐμοῦ. **6** εἰς ἣν ἀτενίσας²⁴ κατενόουν²⁵ καὶ εἶδον τὰ τετράποδα²⁶ τῆς γῆς καὶ τὰ θηρία καὶ τὰ ἑρπετὰ²⁷ καὶ τὰ πετεινὰ²⁸ τοῦ οὐρανοῦ. **7** ἤκουσα δὲ καὶ φωνῆς λεγούσης μοι· ἀναστάς²⁹, Πέτρε, θῦσον³⁰ καὶ φάγε³¹. **8** εἶπον δέ· μηδαμῶς³², κύριε, ὅτι κοινὸν³³ ἢ ἀκάθαρτον οὐδέποτε³⁴ εἰσῆλθεν εἰς τὸ στόμα μου. **9** ἀπεκρίθη δὲ φωνὴ ἐκ δευτέρου ἐκ τοῦ οὐρανοῦ· ἃ ὁ θεὸς ἐκαθάρισεν, σὺ μὴ κοίνου³⁵. **10** τοῦτο δὲ ἐγένετο ἐπὶ τρίς³⁶, καὶ ἀνεσπάσθη³⁷ πάλιν ἅπαντα εἰς τὸν οὐρανόν. **11** καὶ ἰδοὺ ἐξαυτῆς³⁸ τρεῖς ἄνδρες

---

¹ ἐπιπίπτω 3s aor act ind, come upon
² ἐξίστημι 3p aor act ind, be amazed
³ συνέρχομαι 3p aor act ind, accompany
⁴ δωρεά, -ᾶς f, gift
⁵ ἐκχύννω 3s pf pas ind, pour out
⁶ μεγαλύνω pres act ptc m p gen, praise
⁷ μήτι, usually expects a reply
⁸ κωλύω aor act inf, hinder/stop
⁹ προστάσσω 3s aor act ind, command
¹⁰ ἐπιμένω aor act inf, remain
¹¹ δέχομαι 3p aor mid ind, receive
¹² ἀναβαίνω 3s aor act ind, go/come up
¹³ διακρίνω 3p impf mid ind, mid argue (with)
¹⁴ ἀκροβυστία, -ας f, uncircumcision
¹⁵ συνεσθίω 2s aor act ind, eat with
¹⁶ ἐκτίθημι 3s impf mid ind, mid explain
¹⁷ καθεξῆς, adv, in order
¹⁸ εἰμί 1s impf mid ind, be
¹⁹ ἔκστασις, -εως f, trance
²⁰ ὅραμα, -τος n, vision
²¹ σκεῦος, -ους f, thing
²² ὀθόνη, -ης f, sheet
²³ καθίημι pres pas ptc f s acc, let down
²⁴ ἀτενίζω aor act ptc m s nom, look carefully at
²⁵ κατανοέω 1s impf act ind, notice
²⁶ τετράπους, -ποδος n, four-footed animal
²⁷ ἑρπετόν, -οῦ n, reptile
²⁸ πετεινόν, -οῦ n, bird
²⁹ ἀνίστημι aor act ptc m s nom, intrans get up
³⁰ θύω 2s aor act impv, kill
³¹ ἐσθίω 2s aor act impv, eat
³² μηδαμῶς, adv, by no means
³³ κοινός, -ή/όν, impure
³⁴ οὐδέποτε, adv, never
³⁵ κοινόω 2s pres act impv, call unfit to eat
³⁶ τρίς, adv, three times (ἐπὶ τ. three times/a third time)
³⁷ ἀνασπάω 3s aor pas ind, pull out
³⁸ ἐξαυτῆς, adv, at once

ἐπέστησαν¹ ἐπὶ τὴν οἰκίαν ἐν ᾗ ἦμεν, ἀπεσταλμένοι² ἀπὸ Καισαρείας πρός με. 12 εἶπεν δὲ τὸ πνεῦμά μοι συνελθεῖν³ αὐτοῖς μηδὲν διακρίναντα⁴. ἦλθον δὲ σὺν ἐμοὶ καὶ οἱ ἓξ⁵ ἀδελφοὶ οὗτοι, καὶ εἰσήλθομεν εἰς τὸν οἶκον τοῦ ἀνδρός. 13 ἀπήγγειλεν⁶ δὲ ἡμῖν πῶς εἶδεν τὸν ἄγγελον ἐν τῷ οἴκῳ αὐτοῦ σταθέντα⁷ καὶ εἰπόντα⁸· ἀπόστειλον⁹ εἰς Ἰόππην καὶ μετάπεμψαι¹⁰ Σίμωνα τὸν ἐπικαλούμενον Πέτρον, 14 ὃς λαλήσει ῥήματα πρὸς σὲ ἐν οἷς σωθήσῃ¹¹ σὺ καὶ πᾶς ὁ οἶκός σου. 15 ἐν δὲ τῷ ἄρξασθαί¹² με λαλεῖν ἐπέπεσεν¹³ τὸ πνεῦμα τὸ ἅγιον ἐπ᾽ αὐτοὺς ὥσπερ καὶ ἐφ᾽ ἡμᾶς ἐν ἀρχῇ. 16 ἐμνήσθην¹⁴ δὲ τοῦ ῥήματος τοῦ κυρίου ὡς ἔλεγεν· Ἰωάννης μὲν ἐβάπτισεν ὕδατι, ὑμεῖς δὲ βαπτισθήσεσθε ἐν πνεύματι ἁγίῳ. 17 εἰ οὖν τὴν ἴσην¹⁵ δωρεὰν¹⁶ ἔδωκεν αὐτοῖς ὁ θεὸς ὡς καὶ ἡμῖν πιστεύσασιν ἐπὶ τὸν κύριον Ἰησοῦν Χριστόν, ἐγὼ τίς ἤμην δυνατὸς κωλῦσαι¹⁷ τὸν θεόν; 18 ἀκούσαντες δὲ ταῦτα ἡσύχασαν¹⁸ καὶ ἐδόξασαν τὸν θεὸν λέγοντες· ἄρα καὶ τοῖς ἔθνεσιν ὁ θεὸς τὴν μετάνοιαν¹⁹ εἰς ζωὴν ἔδωκεν.

The Church in Antioch

19 Οἱ μὲν οὖν διασπαρέντες²⁰ ἀπὸ τῆς θλίψεως τῆς γενομένης ἐπὶ Στεφάνῳ διῆλθον²¹ ἕως Φοινίκης καὶ Κύπρου καὶ Ἀντιοχείας μηδενὶ λαλοῦντες τὸν λόγον εἰ μὴ μόνον Ἰουδαίοις. 20 ἦσαν δέ τινες ἐξ αὐτῶν ἄνδρες Κύπριοι καὶ Κυρηναῖοι οἵτινες ἐλθόντες εἰς Ἀντιόχειαν ἐλάλουν καὶ πρὸς τοὺς Ἑλληνιστὰς εὐαγγελιζόμενοι τὸν κύριον Ἰησοῦν. 21 καὶ ἦν χεὶρ κυρίου μετ᾽ αὐτῶν, πολύς τε ἀριθμὸς²² ὁ πιστεύσας ἐπέστρεψεν²³ ἐπὶ τὸν κύριον. 22 ἠκούσθη δὲ ὁ λόγος εἰς τὰ ὦτα τῆς ἐκκλησίας τῆς οὔσης ἐν Ἰερουσαλὴμ περὶ αὐτῶν, καὶ ἐξαπέστειλαν²⁴ Βαρναβᾶν ἕως Ἀντιοχείας. 23 ὃς παραγενόμενος²⁵ καὶ ἰδὼν τὴν χάριν τὴν τοῦ θεοῦ ἐχάρη²⁶ καὶ παρεκάλει πάντας τῇ προθέσει²⁷ τῆς καρδίας προσμένειν²⁸ τῷ κυρίῳ, 24 ὅτι ἦν ἀνὴρ ἀγαθὸς καὶ πλήρης²⁹ πνεύματος ἁγίου καὶ πίστεως. καὶ προσετέθη³⁰ ὄχλος ἱκανὸς τῷ κυρίῳ.

---

1 ἐφίστημι 3p aor act ind, stand (at)
2 ἀποστέλλω pf pas ptc m p nom, send
3 συνέρχομαι aor act inf, accompany
4 διακρίνω aor act ptc m s acc, doubt/hesitate
5 ἕξ, six
6 ἀπαγγέλλω 3s aor act ind, tell
7 ἵστημι aor pas ptc m s acc, pas stand
8 λέγω act act ptc m s acc, say
9 ἀποστέλλω 2s aor act impv, send
10 μεταπέμπω 2s aor mid impv, mid send for
11 σώζω 2s fut pas ind, save
12 ἄρχω aor mid inf, mid begin
13 ἐπιπίπτω 3s aor act ind, come upon
14 μιμνῄσκομαι 1s aor pas ind, remember
15 ἴσος, -η/ον, same
16 δωρεά, -ᾶς f, gift
17 κωλύω aor act inf, hinder/ stop
18 ἡσυχάζω 3p aor act ind, be silent
19 μετάνοια, -ας f, repentance
20 διασπείρω aor pas ptc m p nom, scatter
21 διέρχομαι 3p aor act ind, go about
22 ἀριθμός, -οῦ m, number
23 ἐπιστρέφω 3s aor act ind, intrans turn
24 ἐξαποστέλλω 3p aor act ind, send (off)
25 παραγίνομαι aor mid ptc m s nom, come
26 χαίρω 3s aor pas ind, be glad
27 πρόθεσις, -εως f, purpose
28 προσμένω pres act inf, remain
29 πλήρης, -ες, full
30 προστίθημι 3s aor pas ind, add (to)

25 ἐξῆλθεν δὲ εἰς Ταρσὸν ἀναζητῆσαι¹ Σαῦλον 26 καὶ εὑρὼν² ἤγαγεν³ εἰς Ἀντιόχειαν. ἐγένετο δὲ αὐτοῖς καὶ ἐνιαυτὸν⁴ ὅλον συναχθῆναι⁵ ἐν τῇ ἐκκλησίᾳ καὶ διδάξαι ὄχλον ἱκανὸν χρηματίσαι⁶ τε πρώτως⁷ ἐν Ἀντιοχείᾳ τοὺς μαθητὰς Χριστιανούς⁸. 27 Ἐν ταύταις δὲ ταῖς ἡμέραις κατῆλθον⁹ ἀπὸ Ἱεροσολύμων προφῆται εἰς Ἀντιόχειαν. 28 ἀναστὰς¹⁰ δὲ εἷς ἐξ αὐτῶν ὀνόματι Ἄγαβος ἐσήμανεν¹¹ διὰ τοῦ πνεύματος λιμὸν¹² μεγάλην μέλλειν ἔσεσθαι¹³ ἐφ' ὅλην τὴν οἰκουμένην¹⁴ ἥτις ἐγένετο ἐπὶ Κλαυδίου. 29 τῶν δὲ μαθητῶν, καθὼς εὐπορεῖτό¹⁵ τις, ὥρισαν¹⁶ ἕκαστος αὐτῶν εἰς διακονίαν πέμψαι¹⁷ τοῖς κατοικοῦσιν ἐν τῇ Ἰουδαίᾳ ἀδελφοῖς· 30 ὃ καὶ ἐποίησαν ἀποστείλαντες¹⁸ πρὸς τοὺς πρεσβυτέρους διὰ χειρὸς Βαρναβᾶ καὶ Σαύλου.

James Killed and Peter Imprisoned

12 Κατ' ἐκεῖνον δὲ τὸν καιρὸν ἐπέβαλεν¹⁹ Ἡρῴδης ὁ βασιλεὺς τὰς χεῖρας κακῶσαί²⁰ τινας τῶν ἀπὸ τῆς ἐκκλησίας. 2 ἀνεῖλεν²¹ δὲ Ἰάκωβον τὸν ἀδελφὸν Ἰωάννου μαχαίρῃ²². 3 ἰδὼν δὲ ὅτι ἀρεστόν²³ ἐστιν τοῖς Ἰουδαίοις προσέθετο²⁴ συλλαβεῖν²⁵ καὶ Πέτρον – ἦσαν δὲ αἱ ἡμέραι τῶν ἀζύμων²⁶ – 4 ὃν καὶ πιάσας²⁷ ἔθετο²⁸ εἰς φυλακὴν παραδοὺς²⁹ τέσσαρσιν τετραδίοις³⁰ στρατιωτῶν³¹ φυλάσσειν αὐτὸν βουλόμενος μετὰ τὸ πάσχα³² ἀναγαγεῖν³³ αὐτὸν τῷ λαῷ. 5 ὁ μὲν οὖν Πέτρος ἐτηρεῖτο³⁴ ἐν τῇ φυλακῇ· προσευχὴ δὲ ἦν ἐκτενῶς³⁵ γινομένη ὑπὸ τῆς ἐκκλησίας πρὸς τὸν θεὸν περὶ αὐτοῦ.

Peter Delivered from Prison

6 Ὅτε δὲ ἤμελλεν προαγαγεῖν³⁶ αὐτὸν ὁ Ἡρῴδης, τῇ νυκτὶ ἐκείνῃ ἦν ὁ Πέτρος κοιμώμενος³⁷ μεταξὺ³⁸ δύο στρατιωτῶν δεδεμένος³⁹ ἁλύσεσιν⁴⁰ δυσίν, φύλακές⁴¹ τε πρὸ τῆς θύρας ἐτήρουν τὴν φυλακήν. 7 καὶ ἰδοὺ ἄγγελος κυρίου ἐπέστη⁴² καὶ

---

[1] ἀναζητέω aor act inf, look for
[2] εὑρίσκω aor act ptc m s nom, find
[3] ἄγω 3s aor act ind, bring
[4] ἐνιαυτός, -οῦ m, year
[5] συνάγω aor pas inf, pas gather together
[6] χρηματίζω aor act inf, be called
[7] πρώτως, adv, for the first time
[8] Χριστιανός, -οῦ m, Christian
[9] κατέρχομαι 3p aor act ind, come down
[10] ἀνίστημι aor act ptc m s nom, intrans stand up
[11] σημαίνω 3s aor act ind, predict
[12] λιμός, -οῦ f, famine
[13] εἰμί fut mid inf, be
[14] οἰκουμένη, -ης f, world
[15] εὐπορέω 3s impf mid ind, mid have financial means
[16] ὁρίζω 3p aor act ind, decide
[17] πέμπω aor act inf, send
[18] ἀποστέλλω aor act ptc m p nom, send
[19] ἐπιβάλλω 3s aor act ind, put on
[20] κακόω aor act ind, mistreat
[21] ἀναιρέω 3s aor act ind, kill
[22] μάχαιρα, -ης f, sword
[23] ἀρεστός, -ή/όν, pleasing
[24] προστίθημι 3s aor mid ind, proceed
[25] συλλαμβάνω aor act inf, arrest
[26] ἄζυμος, -ον, without yeast (τὰ ἄζυμα) Jewish Feast of Unleavened Bread)
[27] πιάζω aor act ptc m s nom, seize
[28] τίθημι 3s aor mid ind, mid put
[29] παραδίδωμι aor act ptc m s nom, hand over
[30] τετράδιον, -ου n, squad
[31] στρατιώτης, -ου m, soldier
[32] πάσχα, Passover
[33] ἀνάγω aor act inf, bring before
[34] τηρέω 3s impf pas ind, keep
[35] ἐκτενῶς, adv, earnestly/constantly
[36] προάγω aor act inf, bring out
[37] κοιμάομαι pres pas ptc m s nom, be asleep
[38] μεταξύ, prep + gen, between
[39] δέω pf pas ptc m s nom, tie up
[40] ἅλυσις, -εως f, chain
[41] φύλαξ, -ακος m, guard
[42] ἐφίστημι 3s aor act ind, appear

φῶς ἔλαμψεν¹ ἐν τῷ οἰκήματι²· πατάξας³ δὲ τὴν πλευρὰν⁴ τοῦ Πέτρου ἤγειρεν αὐτὸν λέγων· ἀνάστα⁵ ἐν τάχει⁶. καὶ ἐξέπεσαν⁷ αὐτοῦ αἱ ἁλύσεις ἐκ τῶν χειρῶν. 8 εἶπεν δὲ ὁ ἄγγελος πρὸς αὐτόν· ζῶσαι⁸ καὶ ὑπόδησαι⁹ τὰ σανδάλιά¹⁰ σου. ἐποίησεν δὲ οὕτως. καὶ λέγει αὐτῷ· περιβαλοῦ¹¹ τὸ ἱμάτιόν σου καὶ ἀκολούθει μοι. 9 καὶ ἐξελθὼν ἠκολούθει καὶ οὐκ ᾔδει¹² ὅτι ἀληθές¹³ ἐστιν τὸ γινόμενον διὰ τοῦ ἀγγέλου· ἐδόκει δὲ ὅραμα¹⁴ βλέπειν. 10 διελθόντες¹⁵ δὲ πρώτην φυλακὴν καὶ δευτέραν ἦλθαν ἐπὶ τὴν πύλην¹⁶ τὴν σιδηρᾶν¹⁷ τὴν φέρουσαν εἰς τὴν πόλιν. ἥτις αὐτομάτη¹⁸ ἠνοίγη¹⁹ αὐτοῖς, καὶ ἐξελθόντες προῆλθον²⁰ ῥύμην²¹ μίαν, καὶ εὐθέως ἀπέστη²² ὁ ἄγγελος ἀπ' αὐτοῦ. 11 καὶ ὁ Πέτρος ἐν ἑαυτῷ γενόμενος εἶπεν· νῦν οἶδα ἀληθῶς²³ ὅτι ἐξαπέστειλεν²⁴ κύριος τὸν ἄγγελον αὐτοῦ καὶ ἐξείλατό²⁵ με ἐκ χειρὸς Ἡρῴδου καὶ πάσης τῆς προσδοκίας²⁶ τοῦ λαοῦ τῶν Ἰουδαίων. 12 συνιδών²⁷ τε ἦλθεν ἐπὶ τὴν οἰκίαν τῆς Μαρίας τῆς μητρὸς Ἰωάννου τοῦ ἐπικαλουμένου²⁸ Μάρκου, οὗ²⁹ ἦσαν ἱκανοὶ συνηθροισμένοι³⁰ καὶ προσευχόμενοι. 13 κρούσαντος³¹ δὲ αὐτοῦ τὴν θύραν τοῦ πυλῶνος³² προσῆλθεν³³ παιδίσκη³⁴ ὑπακοῦσαι³⁵ ὀνόματι Ῥόδη, 14 καὶ ἐπιγνοῦσα³⁶ τὴν φωνὴν τοῦ Πέτρου ἀπὸ τῆς χαρᾶς οὐκ ἤνοιξεν³⁷ τὸν πυλῶνα, εἰσδραμοῦσα³⁸ δὲ ἀπήγγειλεν³⁹ ἑστάναι⁴⁰ τὸν Πέτρον πρὸ τοῦ πυλῶνος. 15 οἱ δὲ πρὸς αὐτὴν εἶπαν· μαίνῃ⁴¹. ἡ δὲ διϊσχυρίζετο⁴² οὕτως ἔχειν. οἱ δὲ ἔλεγον· ὁ ἄγγελός ἐστιν αὐτοῦ. 16 ὁ δὲ Πέτρος ἐπέμενεν⁴³ κρούων· ἀνοίξαντες δὲ εἶδαν αὐτὸν καὶ ἐξέστησαν⁴⁴. 17 κατασείσας⁴⁵ δὲ αὐτοῖς τῇ χειρὶ σιγᾶν⁴⁶ διηγήσατο⁴⁷ αὐτοῖς πῶς ὁ

---

1 λάμπω *3s aor act ind*, shine
2 οἴκημα, -τος *n*, prison cell
3 πατάσσω *aor act ptc m s nom*, strike
4 πλευρά, -ᾶς *f*, side
5 ἀνίστημι *2s aor act impv, intrans* stand up
6 τάχος, -ους *n*, quickness (ἐν τ. quick/quickly)
7 ἐκπίπτω *3p aor act ind*, fall off
8 ζώννυμι *2s aor mid impv*, mid dress
9 ὑποδέω *2s aor mid impv*, mid put on
10 σανδάλιον, -ου *n*, sandal
11 περιβάλλω *2s aor mid impv*, mid put on
12 οἶδα *3s plpf act ind*, know
13 ἀληθής, -ές, true
14 ὅραμα, -τος *n*, vision
15 διέρχομαι *aor act ptc m p nom*, pass (by)
16 πύλη, -ης *f*, gate

17 σιδηροῦς, -ᾶ/οῦν, made of iron
18 αὐτόματος, -η/ον, by itself
19 ἀνοίγω *3s aor pas ind*, open
20 προέρχομαι *3p aor act ind*, come to
21 ῥύμη, -ης *f*, street
22 ἀφίστημι *3s aor act ind*, leave
23 ἀληθῶς, *adv*, truly
24 ἐξαποστέλλω *3s aor act ind*, send
25 ἐξαιρέω *3s aor mid ind*, rescue
26 προσδοκία, -ας *f*, expectation
27 συνοράω *aor act ptc m s nom*, become aware of
28 ἐπικαλέω *pres pas ptc m s gen*, call
29 οὗ, *adv*, where
30 συναθροίζω *pf pas ptc m p nom*, gather together
31 κρούω *aor act ptc m s gen*, knock (at a door)
32 πυλών, -ῶνος *m*, gateway

33 προσέρχομαι *3s aor act ind*, come
34 παιδίσκη, -ης *f*, servant
35 ὑπακούω *aor act inf*, answer
36 ἐπιγινώσκω *aor act ptc f s nom*, recognize
37 ἀνοίγω *3s aor act ind*, open
38 εἰστρέχω *aor act ptc f s nom*, run in
39 ἀπαγγέλλω *3s aor act ind*, tell
40 ἵστημι *pf act inf, intrans* stand
41 μαίνομαι *2s pres mid ind*, be out of one's mind
42 διϊσχυρίζομαι *3s impf mid ind*, insist
43 ἐπιμένω *3s impf act ind*, continue
44 ἐξίστημι *3p aor act ind*, be amazed
45 κατασείω *aor act ptc m s nom*, motion
46 σιγάω *pres act inf*, be silent
47 διηγέομαι *3s aor mid ind*, tell

κύριος αὐτὸν ἐξήγαγεν¹ ἐκ τῆς φυλακῆς εἶπέν τε· ἀπαγγείλατε Ἰακώβῳ καὶ τοῖς ἀδελφοῖς ταῦτα. καὶ ἐξελθὼν ἐπορεύθη εἰς ἕτερον τόπον. **18** Γενομένης δὲ ἡμέρας ἦν τάραχος² οὐκ ὀλίγος ἐν τοῖς στρατιώταις³ τί ἄρα ὁ Πέτρος ἐγένετο. **19** Ἡρώδης δὲ ἐπιζητήσας⁴ αὐτὸν καὶ μὴ εὑρὼν⁵ ἀνακρίνας⁶ τοὺς φύλακας⁷ ἐκέλευσεν⁸ ἀπαχθῆναι⁹, καὶ κατελθὼν¹⁰ ἀπὸ τῆς Ἰουδαίας εἰς Καισάρειαν διέτριβεν¹¹.

The Death of Herod

20 Ἦν δὲ θυμομαχῶν¹² Τυρίοις καὶ Σιδωνίοις· ὁμοθυμαδὸν¹³ δὲ παρῆσαν¹⁴ πρὸς αὐτὸν καὶ πείσαντες¹⁵ Βλάστον, τὸν ἐπὶ τοῦ κοιτῶνος¹⁶ τοῦ βασιλέως ᾐτοῦντο¹⁷ εἰρήνην διὰ τὸ τρέφεσθαι¹⁸ αὐτῶν τὴν χώραν¹⁹ ἀπὸ τῆς βασιλικῆς²⁰. **21** τακτῇ²¹ δὲ ἡμέρᾳ ὁ Ἡρώδης ἐνδυσάμενος²² ἐσθῆτα²³ βασιλικὴν καὶ καθίσας ἐπὶ τοῦ βήματος²⁴ ἐδημηγόρει²⁵ πρὸς αὐτούς, **22** ὁ δὲ δῆμος²⁶ ἐπεφώνει²⁷· θεοῦ φωνὴ καὶ οὐκ ἀνθρώπου. **23** παραχρῆμα²⁸ δὲ ἐπάταξεν²⁹ αὐτὸν ἄγγελος κυρίου ἀνθ³⁰· ὧν οὐκ ἔδωκεν τὴν δόξαν τῷ θεῷ, καὶ γενόμενος σκωληκόβρωτος³¹ ἐξέψυξεν³². **24** Ὁ δὲ λόγος τοῦ θεοῦ ηὔξανεν³³ καὶ ἐπληθύνετο³⁴. **25** Βαρναβᾶς δὲ καὶ Σαῦλος ὑπέστρεψαν³⁵ εἰς Ἰερουσαλὴμ πληρώσαντες τὴν διακονίαν συμπαραλαβόντες³⁶ Ἰωάννην τὸν ἐπικληθέντα³⁷ Μᾶρκον.

Barnabas and Saul Commissioned

13 Ἦσαν δὲ ἐν Ἀντιοχείᾳ κατὰ τὴν οὖσαν ἐκκλησίαν προφῆται καὶ διδάσκαλοι ὅ τε Βαρναβᾶς καὶ Συμεὼν ὁ καλούμενος Νίγερ καὶ Λούκιος ὁ Κυρηναῖος, Μαναήν τε Ἡρώδου τοῦ τετραάρχου³⁸ σύντροφος³⁹ καὶ Σαῦλος. **2** λειτουργούντων⁴⁰

---

[1] ἐξάγω *3s aor act ind*, bring out
[2] τάραχος, -ου *m*, commotion
[3] στρατιώτης, -ου *m*, soldier
[4] ἐπιζητέω *aor act ptc m s nom*, look for
[5] εὑρίσκω *aor act ptc m s nom*, find
[6] ἀνακρίνω *aor act ptc m s nom*, question
[7] φύλαξ, -ακος *m*, guard
[8] κελεύω *3s aor act ind*, order
[9] ἀπάγω *aor pas inf*, put to death
[10] κατέρχομαι *aor act ptc m s nom*, go down
[11] διατρίβω *3s impf act ind*, stay
[12] θυμομαχέω *pres act ptc m s nom*, be very angry
[13] ὁμοθυμαδόν, *adv*, together
[14] πάρειμι *3p impf act ind*, be here
[15] πείθω *aor act ptc m p nom*, persuade
[16] κοιτών, -ῶνος *m*, bedroom (ὁ ἐπὶ τοῦ κ. high ranking official)
[17] αἰτέω *3p impf mid ind*, ask (for)
[18] τρέφω *pres pas inf*, provide with food
[19] χώρα, -ας *f*, country
[20] βασιλικός, -ή/όν, belonging to the king
[21] τακτός, -ή/όν, appointed
[22] ἐνδύω *aor mid ptc m s nom*, mid put on
[23] ἐσθής, -ῆτος *f*, clothing
[24] βῆμα, -τος *n*, throne
[25] δημηγορέω *3s impf act ind*, make a speech
[26] δῆμος, -ου *m*, people
[27] ἐπιφωνέω *3s impf act ind*, shout
[28] παραχρῆμα, *adv*, at once
[29] πατάσσω *3s aor act ind*, strike down
[30] ἀντί, *prep + gen*, because (ἀνθ' ὧν because)
[31] σκωληκόβρωτος, -ον, eaten by worms
[32] ἐκψύχω *3s aor act ind*, die
[33] αὐξάνω *3s impf act ind*, grow
[34] πληθύνω *3s impf pas ind*, pas spread
[35] ὑποστρέφω *3p aor act ind*, return
[36] συμπαραλαμβάνω *aor act ptc m p nom*, take along (with)
[37] ἐπικαλέω *aor pas ptc m s acc*, call
[38] τετραάρχης, -ου *m*, tetrarch (petty ruler with less authority than a king)
[39] σύντροφος, -ου *m*, close friend
[40] λειτουργέω *pres act ptc m p gen*, worship

δὲ αὐτῶν τῷ κυρίῳ καὶ νηστευόντων¹ εἶπεν τὸ πνεῦμα τὸ ἅγιον· ἀφορίσατε² δή³ μοι τὸν Βαρναβᾶν καὶ Σαῦλον εἰς τὸ ἔργον ὃ προσκέκλημαι⁴ αὐτούς. **3** τότε νηστεύσαντες καὶ προσευξάμενοι καὶ ἐπιθέντες⁵ τὰς χεῖρας αὐτοῖς ἀπέλυσαν⁶.

The Apostles Preach in Cyprus

4 Αὐτοὶ μὲν οὖν ἐκπεμφθέντες⁷ ὑπὸ τοῦ ἁγίου πνεύματος κατῆλθον⁸ εἰς Σελεύκειαν, ἐκεῖθέν⁹ τε ἀπέπλευσαν¹⁰ εἰς Κύπρον **5** καὶ γενόμενοι ἐν Σαλαμῖνι κατήγγελλον¹¹ τὸν λόγον τοῦ θεοῦ ἐν ταῖς συναγωγαῖς τῶν Ἰουδαίων. εἶχον δὲ καὶ Ἰωάννην ὑπηρέτην¹². **6** Διελθόντες¹³ δὲ ὅλην τὴν νῆσον¹⁴ ἄχρι Πάφου εὗρον¹⁵ ἄνδρα τινὰ μάγον¹⁶ ψευδοπροφήτην¹⁷ Ἰουδαῖον ᾧ ὄνομα Βαριησοῦ **7** ὃς ἦν σὺν τῷ ἀνθυπάτῳ¹⁸ Σεργίῳ Παύλῳ, ἀνδρὶ συνετῷ¹⁹. οὗτος προσκαλεσάμενος²⁰ Βαρναβᾶν καὶ Σαῦλον ἐπεζήτησεν²¹ ἀκοῦσαι τὸν λόγον τοῦ θεοῦ. **8** ἀνθίστατο²² δὲ αὐτοῖς Ἐλύμας ὁ μάγος – οὕτως γὰρ μεθερμηνεύεται²³ τὸ ὄνομα αὐτοῦ – ζητῶν διαστρέψαι²⁴ τὸν ἀνθύπατον ἀπὸ τῆς πίστεως. **9** Σαῦλος δὲ ὁ καὶ Παῦλος πλησθεὶς²⁵ πνεύματος ἁγίου ἀτενίσας²⁶ εἰς αὐτὸν **10** εἶπεν· ὦ²⁷ πλήρης²⁸ παντὸς δόλου²⁹ καὶ πάσης ῥᾳδιουργίας³⁰, υἱὲ διαβόλου, ἐχθρὲ πάσης δικαιοσύνης, οὐ παύσῃ³¹ διαστρέφων³² τὰς ὁδοὺς τοῦ κυρίου τὰς εὐθείας³³; **11** καὶ νῦν ἰδοὺ χεὶρ κυρίου ἐπὶ σὲ καὶ ἔσῃ³⁴ τυφλὸς μὴ βλέπων τὸν ἥλιον ἄχρι καιροῦ. παραχρῆμά³⁵ τε ἐπέπεσεν³⁶ ἐπ' αὐτὸν ἀχλὺς³⁷ καὶ σκότος, καὶ περιάγων³⁸ ἐζήτει χειραγωγούς³⁹. **12** τότε ἰδὼν ὁ ἀνθύπατος τὸ γεγονὸς⁴⁰ ἐπίστευσεν ἐκπλησσόμενος⁴¹ ἐπὶ τῇ διδαχῇ⁴² τοῦ κυρίου.

---

¹ νηστεύω *pres act ptc m p gen*, fast
² ἀφορίζω *2p aor act impv*, set apart
³ δή, *emphatic particle*, then
⁴ προσκαλέομαι *1s pf mid ind*, call
⁵ ἐπιτίθημι *aor act ptc m p nom*, lay
⁶ ἀπολύω *3p aor act ind*, send off
⁷ ἐκπέμπω *aor pas ptc m p nom*, send out
⁸ κατέρχομαι *3p aor act ind*, go down
⁹ ἐκεῖθεν, *adv*, from there
¹⁰ ἀποπλέω *3p aor act ind*, set sail
¹¹ καταγγέλλω *3p impf act ind*, preach
¹² ὑπηρέτης, -ου *m*, helper
¹³ διέρχομαι *aor act ptc m p nom*, pass through
¹⁴ νῆσος, -ου *f*, island

¹⁵ εὑρίσκω *3p aor act ind*, find
¹⁶ μάγος, -ου *m*, sorcerer
¹⁷ ψευδοπροφήτης, -ου *m*, false prophet
¹⁸ ἀνθύπατος, -ου *m*, proconsul (official in charge of a Roman senatorial province)
¹⁹ συνετός, -ή/όν, intelligent
²⁰ προσκαλέομαι *aor mid ptc m s nom*, send for
²¹ ἐπιζητέω *3s aor act ind*, want
²² ἀνθίστημι *3s impf mid ind*, oppose
²³ μεθερμηνεύω *3s pres pas ind*, translate (μ. τὸ ὄνομα αὐτοῦ his name means)
²⁴ διαστρέφω *aor act inf*, turn away
²⁵ πίμπλημι *aor pas ptc m s nom*, fill
²⁶ ἀτενίζω *aor act ptc m s nom*, look straight at
²⁷ ὦ, *interj*, O!

²⁸ πλήρης, -ες, full
²⁹ δόλος, -ου *m*, deceit
³⁰ ῥᾳδιουργία, -ας *f*, unscrupulousness
³¹ παύω *2s fut mid ind*, stop
³² διαστρέφω *pres act ptc m s nom*, distort
³³ εὐθύς, -εῖα/ύ, straight
³⁴ εἰμί *2s fut mid ind*, be
³⁵ παραχρῆμα, *adv*, at once
³⁶ ἐπιπίπτω *3s aor act ind*, fall upon
³⁷ ἀχλύς, -ύος *f*, mistiness
³⁸ περιάγω *pres act ptc m s nom*, *intrans* go about
³⁹ χειραγωγός, -οῦ *m*, one who leads another by the hand
⁴⁰ γίνομαι *pf act ptc n s acc*, happen
⁴¹ ἐκπλήσσω *pres pas ptc m s nom*, pas be amazed
⁴² διδαχή, -ῆς *f*, teaching

Paul and Barnabas in Antioch of Pisidia

13 Ἀναχθέντες[1] δὲ ἀπὸ τῆς Πάφου οἱ περὶ Παῦλον ἦλθον εἰς Πέργην τῆς Παμφυλίας, Ἰωάννης δὲ ἀποχωρήσας[2] ἀπ' αὐτῶν ὑπέστρεψεν[3] εἰς Ἱεροσόλυμα. 14 αὐτοὶ δὲ διελθόντες[4] ἀπὸ τῆς Πέργης παρεγένοντο[5] εἰς Ἀντιόχειαν τὴν Πισιδίαν καὶ εἰσελθόντες εἰς τὴν συναγωγὴν τῇ ἡμέρᾳ τῶν σαββάτων ἐκάθισαν[6]. 15 μετὰ δὲ τὴν ἀνάγνωσιν[7] τοῦ νόμου καὶ τῶν προφητῶν ἀπέστειλαν[8] οἱ ἀρχισυνάγωγοι[9] πρὸς αὐτοὺς λέγοντες· ἄνδρες ἀδελφοί, εἴ τίς ἐστιν ἐν ὑμῖν λόγος παρακλήσεως[10] πρὸς τὸν λαόν, λέγετε. 16 ἀναστὰς[11] δὲ Παῦλος καὶ κατασείσας[12] τῇ χειρὶ εἶπεν· ἄνδρες Ἰσραηλῖται καὶ οἱ φοβούμενοι τὸν θεόν, ἀκούσατε. 17 ὁ θεὸς τοῦ λαοῦ τούτου Ἰσραὴλ ἐξελέξατο[13] τοὺς πατέρας ἡμῶν καὶ τὸν λαὸν ὕψωσεν[14] ἐν τῇ παροικίᾳ[15] ἐν γῇ Αἰγύπτου καὶ μετὰ βραχίονος[16] ὑψηλοῦ[17] ἐξήγαγεν[18] αὐτοὺς ἐξ αὐτῆς 18 καὶ ὡς τεσσερακονταετῆ[19] χρόνον ἐτροποφόρησεν[20] αὐτοὺς ἐν τῇ ἐρήμῳ. 19 καὶ καθελὼν[21] ἔθνη ἑπτὰ ἐν γῇ Χανάαν κατεκληρονόμησεν[22] τὴν γῆν αὐτῶν 20 ὡς ἔτεσιν τετρακοσίοις[23] καὶ πεντήκοντα[24]. καὶ μετὰ ταῦτα ἔδωκεν κριτὰς[25] ἕως Σαμουὴλ τοῦ προφήτου. 21 κἀκεῖθεν[26] ᾐτήσαντο[27] βασιλέα, καὶ ἔδωκεν αὐτοῖς ὁ θεὸς τὸν Σαοὺλ υἱὸν Κίς, ἄνδρα ἐκ φυλῆς Βενιαμίν, ἔτη τεσσεράκοντα[28]. 22 καὶ μεταστήσας[29] αὐτὸν ἤγειρεν τὸν Δαυὶδ αὐτοῖς εἰς βασιλέα ᾧ καὶ εἶπεν μαρτυρήσας· εὗρον Δαυὶδ τὸν τοῦ Ἰεσσαί ἄνδρα κατὰ τὴν καρδίαν μου ὃς ποιήσει πάντα τὰ θελήματά μου. 23 τούτου ὁ θεὸς ἀπὸ τοῦ σπέρματος κατ' ἐπαγγελίαν ἤγαγεν[30] τῷ Ἰσραὴλ σωτῆρα[31] Ἰησοῦν 24 προκηρύξαντος[32] Ἰωάννου πρὸ προσώπου τῆς εἰσόδου[33] αὐτοῦ βάπτισμα[34] μετανοίας[35] παντὶ τῷ λαῷ Ἰσραήλ. 25 ὡς δὲ ἐπλήρου Ἰωάννης τὸν δρόμον[36], ἔλεγεν· τί ἐμὲ ὑπονοεῖτε[37] εἶναι; οὐκ εἰμὶ ἐγώ· ἀλλ' ἰδοὺ ἔρχεται μετ' ἐμὲ οὗ οὐκ εἰμὶ ἄξιος τὸ ὑπόδημα[38] τῶν ποδῶν λῦσαι. 26 ἄνδρες ἀδελφοί, υἱοὶ γένους[39]

---

[1] ἀνάγω aor pas ptc m p nom, pas set sail
[2] ἀποχωρέω aor act ptc m s nom, leave
[3] ὑποστρέφω 3s aor act ind, return
[4] διέρχομαι aor act ptc m p nom, pass through
[5] παραγίνομαι 3p aor mid ind, come
[6] καθίζω 3p aor act ind, sit down
[7] ἀνάγνωσις, -εως f, (public) reading
[8] ἀποστέλλω 3p aor act ind, send
[9] ἀρχισυνάγωγος, -ου m, synagogue leader
[10] παράκλησις, -εως f, encouragement
[11] ἀνίστημι aor act ptc m s nom, intrans stand up
[12] κατασείω aor act ptc m s nom, motion
[13] ἐκλέγομαι 3s aor mid ind, choose
[14] ὑψόω 3s aor act ind, enable (someone) to prosper
[15] παροικία, -ας f, stay (among strangers)
[16] βραχίων, -ονος m, arm
[17] ὑψηλός, -ή/όν, uplifted
[18] ἐξάγω 3s aor act ind, bring out
[19] τεσσερακονταετής, -ές, forty years
[20] τροποφορέω 3s aor act ind, put up with
[21] καθαιρέω aor act ptc m s nom, destroy
[22] κατακληρονομέω 3s aor act ind, give (as an inheritance)
[23] τετρακόσιοι, -αι/α, four hundred
[24] πεντήκοντα, fifty
[25] κριτής, -οῦ m, judge
[26] κἀκεῖθεν, = καὶ ἐκεῖθεν, and then
[27] αἰτέω 3p aor mid ind, ask (for)
[28] τεσσεράκοντα, forty
[29] μεθίστημι aor act ptc m s nom, remove
[30] ἄγω 3s aor act ind, bring
[31] σωτήρ, -ῆρος m, Savior
[32] προκηρύσσω aor act ptc m s gen, preach beforehand
[33] εἴσοδος, -ου f, coming
[34] βάπτισμα, -τος n, baptism
[35] μετάνοια, -ας f, repentance
[36] δρόμος, -ου m, course
[37] ὑπονοέω 2p pres act ind, think
[38] ὑπόδημα, -τος n, sandal
[39] γένος, -ους n, family

Ἀβραὰμ καὶ οἱ ἐν ὑμῖν φοβούμενοι τὸν θεόν, ἡμῖν ὁ λόγος τῆς σωτηρίας ταύτης ἐξαπεστάλη[1]. 27 οἱ γὰρ κατοικοῦντες ἐν Ἰερουσαλὴμ καὶ οἱ ἄρχοντες αὐτῶν τοῦτον ἀγνοήσαντες[2] καὶ τὰς φωνὰς τῶν προφητῶν τὰς κατὰ πᾶν σάββατον ἀναγινωσκομένας κρίναντες ἐπλήρωσαν 28 καὶ μηδεμίαν αἰτίαν[3] θανάτου εὑρόντες[4] ᾐτήσαντο[5] Πιλᾶτον ἀναιρεθῆναι[6] αὐτόν. 29 ὡς δὲ ἐτέλεσαν[7] πάντα τὰ περὶ αὐτοῦ γεγραμμένα[8], καθελόντες[9] ἀπὸ τοῦ ξύλου[10] ἔθηκαν[11] εἰς μνημεῖον. 30 ὁ δὲ θεὸς ἤγειρεν αὐτὸν ἐκ νεκρῶν 31 ὃς ὤφθη[12] ἐπὶ ἡμέρας πλείους[13] τοῖς συναναβᾶσιν[14] αὐτῷ ἀπὸ τῆς Γαλιλαίας εἰς Ἰερουσαλὴμ οἵτινες νῦν εἰσιν μάρτυρες αὐτοῦ πρὸς τὸν λαόν. 32 καὶ ἡμεῖς ὑμᾶς εὐαγγελιζόμεθα τὴν πρὸς τοὺς πατέρας ἐπαγγελίαν γενομένην, 33 ὅτι ταύτην ὁ θεὸς ἐκπεπλήρωκεν[15] τοῖς τέκνοις ἡμῖν ἀναστήσας[16] Ἰησοῦν ὡς καὶ ἐν τῷ ψαλμῷ[17] γέγραπται τῷ δευτέρῳ·

υἱός μου εἶ σύ,

ἐγὼ σήμερον γεγέννηκά σε.

34 ὅτι δὲ ἀνέστησεν[18] αὐτὸν ἐκ νεκρῶν μηκέτι[19] μέλλοντα ὑποστρέφειν εἰς διαφθοράν[20], οὕτως εἴρηκεν[21] ὅτι δώσω[22] ὑμῖν τὰ ὅσια[23] Δαυὶδ τὰ πιστά. 35 διότι[24] καὶ ἐν ἑτέρῳ λέγει· οὐ δώσεις[25] τὸν ὅσιόν σου ἰδεῖν διαφθοράν. 36 Δαυὶδ μὲν γὰρ ἰδίᾳ γενεᾷ ὑπηρετήσας[26] τῇ τοῦ θεοῦ βουλῇ[27] ἐκοιμήθη[28] καὶ προσετέθη[29] πρὸς τοὺς πατέρας αὐτοῦ καὶ εἶδεν διαφθοράν· 37 ὃν δὲ ὁ θεὸς ἤγειρεν, οὐκ εἶδεν διαφθοράν. 38 γνωστὸν[30] οὖν ἔστω[31] ὑμῖν, ἄνδρες ἀδελφοί, ὅτι διὰ τούτου ὑμῖν ἄφεσις[32] ἁμαρτιῶν καταγγέλλεται[33], καὶ ἀπὸ πάντων ὧν οὐκ ἠδυνήθητε[34] ἐν νόμῳ Μωϋσέως δικαιωθῆναι, 39 ἐν τούτῳ πᾶς ὁ πιστεύων δικαιοῦται. 40 βλέπετε οὖν, μὴ ἐπέλθῃ[35] τὸ εἰρημένον[36] ἐν τοῖς προφήταις·

41 ἴδετε, οἱ καταφρονηταί[37],

καὶ θαυμάσατε καὶ ἀφανίσθητε[38],

---

[1] ἐξαποστέλλω 3s aor pas ind, send
[2] ἀγνοέω aor act ptc m p nom, fail to understand
[3] αἰτία, -ας f, reason
[4] εὑρίσκω aor act ptc m p nom, find
[5] αἰτέω 3p aor mid ind, ask
[6] ἀναιρέω aor pas inf, kill
[7] τελέω 3p aor act ind, complete
[8] γράφω pf pas ptc n p acc, write
[9] καθαιρέω aor act ptc m p nom, take down
[10] ξύλον, -ου n, tree
[11] τίθημι 3p aor act ind, put
[12] ὁράω 3s aor pas ind, pas appear
[13] πολύς, many (comp)
[14] συναναβαίνω aor act ptc m p dat, travel with
[15] ἐκπληρόω 3s pf act ind, make come true
[16] ἀνίστημι aor act ptc m s nom, raise (from the dead)
[17] ψαλμός, -οῦ m, psalm
[18] ἀνίστημι 3s aor act ind, raise
[19] μηκέτι, adv, no longer
[20] διαφθορά, -ᾶς f, decay
[21] λέγω 3s pf act ind, say
[22] δίδωμι 1s fut act ind, give
[23] ὅσιος, -α/ον, holy (τὰ ὅ. sacred blessings/promises)
[24] διότι, conj, because
[25] δίδωμι 2s fut act ind, give
[26] ὑπηρετέω aor act ptc m s nom, serve
[27] βουλή, -ῆς f, plan
[28] κοιμάομαι 3s aor pas ind, be asleep
[29] προστίθημι 3s aor pas ind, bury with
[30] γνωστός, -ή/όν, known
[31] εἰμί 3s pres act impv, be
[32] ἄφεσις, -εως f, forgiveness
[33] καταγγέλλω 3s pf pas ind, preach
[34] δύναμαι 2p aor pas ind, be able
[35] ἐπέρχομαι 3s aor act sub, come about
[36] λέγω pf pas ptc n s nom, say
[37] καταφρονητής, -οῦ m, scoffer
[38] ἀφανίζω 2p aor pas impv, pas disappear

ὅτι ἔργον ἐργάζομαι ἐγὼ ἐν ταῖς ἡμέραις ὑμῶν,
ἔργον ὃ οὐ μὴ πιστεύσητε, ἐάν τις ἐκδιηγῆται[1] ὑμῖν.
42 Ἐξιόντων[2] δὲ αὐτῶν παρεκάλουν εἰς τὸ μεταξὺ[3] σάββατον λαληθῆναι αὐτοῖς τὰ ῥήματα ταῦτα. **43** λυθείσης[4] δὲ τῆς συναγωγῆς ἠκολούθησαν πολλοὶ τῶν Ἰουδαίων καὶ τῶν σεβομένων[5] προσηλύτων[6] τῷ Παύλῳ καὶ τῷ Βαρναβᾷ οἵτινες προσλαλοῦντες[7] αὐτοῖς ἔπειθον αὐτοὺς προσμένειν[8] τῇ χάριτι τοῦ θεοῦ. **44** τῷ δὲ ἐρχομένῳ σαββάτῳ σχεδὸν[9] πᾶσα ἡ πόλις συνήχθη[10] ἀκοῦσαι τὸν λόγον τοῦ κυρίου. **45** ἰδόντες δὲ οἱ Ἰουδαῖοι τοὺς ὄχλους ἐπλήσθησαν[11] ζήλου[12] καὶ ἀντέλεγον[13] τοῖς ὑπὸ Παύλου λαλουμένοις βλασφημοῦντες. **46** παρρησιασάμενοί[14] τε ὁ Παῦλος καὶ ὁ Βαρναβᾶς εἶπαν· ὑμῖν ἦν ἀναγκαῖον[15] πρῶτον λαληθῆναι τὸν λόγον τοῦ θεοῦ· ἐπειδὴ[16] ἀπωθεῖσθε[17] αὐτὸν καὶ οὐκ ἀξίους κρίνετε ἑαυτοὺς τῆς αἰωνίου ζωῆς, ἰδοὺ στρεφόμεθα[18] εἰς τὰ ἔθνη. **47** οὕτως γὰρ ἐντέταλται[19] ἡμῖν ὁ κύριος·
τέθεικά[20] σε εἰς φῶς ἐθνῶν
τοῦ εἶναί σε εἰς σωτηρίαν ἕως ἐσχάτου τῆς γῆς.
48 Ἀκούοντα δὲ τὰ ἔθνη ἔχαιρον καὶ ἐδόξαζον τὸν λόγον τοῦ κυρίου καὶ ἐπίστευσαν ὅσοι ἦσαν τεταγμένοι[21] εἰς ζωὴν αἰώνιον· **49** διεφέρετο[22] δὲ ὁ λόγος τοῦ κυρίου δι' ὅλης τῆς χώρας[23]. **50** οἱ δὲ Ἰουδαῖοι παρώτρυναν[24] τὰς σεβομένας[25] γυναῖκας τὰς εὐσχήμονας[26] καὶ τοὺς πρώτους τῆς πόλεως καὶ ἐπήγειραν[27] διωγμὸν[28] ἐπὶ τὸν Παῦλον καὶ Βαρναβᾶν καὶ ἐξέβαλον[29] αὐτοὺς ἀπὸ τῶν ὁρίων[30] αὐτῶν. **51** οἱ δὲ ἐκτιναξάμενοι[31] τὸν κονιορτὸν[32] τῶν ποδῶν ἐπ' αὐτοὺς ἦλθον εἰς Ἰκόνιον, **52** οἵ τε μαθηταὶ ἐπληροῦντο χαρᾶς καὶ πνεύματος ἁγίου.

---

[1] ἐκδιηγέομαι 3s pres mid sub, tell
[2] ἔξειμι pres act ptc m p gen, leave
[3] μεταξύ, adv, after (τὸ μ. σάββατον the next Sabbath)
[4] λύω aor pas ptc f s gen, dismiss
[5] σέβομαι pres mid ptc m p gen, worship (σ. προσηλύτων devout converts)
[6] προσήλυτος, -ου m, proselyte (convert to Judaism)
[7] προσλαλέω pres act ptc m p nom, speak to
[8] προσμένω pres act inf, remain
[9] σχεδόν, adv, almost
[10] συνάγω 3s aor pas ind, pas gather together
[11] πίμπλημι 3p aor pas ind, fill

[12] ζῆλος, -ου m, jealousy
[13] ἀντιλέγω 3p impf act ind, oppose
[14] παρρησιάζομαι aor mid ptc m p nom, speak boldly
[15] ἀναγκαῖος, -α/ον, necessary
[16] ἐπειδή, conj, since
[17] ἀπωθέω 2p pres mid ind, mid reject
[18] στρέφω 1p pres pas ind, intrans pas turn
[19] ἐντέλλομαι 3s pf mid ind, command
[20] τίθημι 1s pf act ind, place
[21] τάσσω pf pas ptc m p nom, choose
[22] διαφέρω 3s impf pas ind, pas spread

[23] χώρα, -ας f, region
[24] παροτρύνω 3p aor act ind, incite
[25] σέβομαι pres mid ptc f p acc, worship (τὰς σ. γυναῖκας the devout women)
[26] εὐσχήμων, -ον, of high standing
[27] ἐπεγείρω 3p aor act ind, stir up
[28] διωγμός, -οῦ m, persecution
[29] ἐκβάλλω 3p aor act ind, force out
[30] ὅριον, -ου n, region
[31] ἐκτινάσσω aor mid ptc m p nom, mid shake off
[32] κονιορτός, -οῦ m, dust

Paul and Barnabas in Iconium

14 Ἐγένετο δὲ ἐν Ἰκονίῳ κατὰ τὸ αὐτὸ εἰσελθεῖν αὐτοὺς εἰς τὴν συναγωγὴν τῶν Ἰουδαίων καὶ λαλῆσαι οὕτως, ὥστε πιστεῦσαι Ἰουδαίων τε καὶ Ἑλλήνων πολὺ πλῆθος. **2** οἱ δὲ ἀπειθήσαντες¹ Ἰουδαῖοι ἐπήγειραν² καὶ ἐκάκωσαν³ τὰς ψυχὰς τῶν ἐθνῶν κατὰ τῶν ἀδελφῶν. **3** ἱκανὸν μὲν οὖν χρόνον διέτριψαν⁴ παρρησιαζόμενοι⁵ ἐπὶ τῷ κυρίῳ τῷ μαρτυροῦντι τῷ λόγῳ τῆς χάριτος αὐτοῦ διδόντι σημεῖα καὶ τέρατα⁶ γίνεσθαι διὰ τῶν χειρῶν αὐτῶν. **4** ἐσχίσθη⁷ δὲ τὸ πλῆθος τῆς πόλεως, καὶ οἱ μὲν ἦσαν σὺν τοῖς Ἰουδαίοις, οἱ δὲ σὺν τοῖς ἀποστόλοις. **5** ὡς δὲ ἐγένετο ὁρμὴ⁸ τῶν ἐθνῶν τε καὶ Ἰουδαίων σὺν τοῖς ἄρχουσιν αὐτῶν ὑβρίσαι⁹ καὶ λιθοβολῆσαι¹⁰ αὐτούς, **6** συνιδόντες¹¹ κατέφυγον¹² εἰς τὰς πόλεις τῆς Λυκαονίας Λύστραν καὶ Δέρβην καὶ τὴν περίχωρον¹³, **7** κἀκεῖ εὐαγγελιζόμενοι ἦσαν.

Paul and Barnabas in Lystra

8 Καί τις ἀνὴρ ἀδύνατος¹⁴ ἐν Λύστροις τοῖς ποσὶν ἐκάθητο, χωλὸς¹⁵ ἐκ κοιλίας¹⁶ μητρὸς αὐτοῦ ὃς οὐδέποτε¹⁷ περιεπάτησεν¹⁸. **9** οὗτος ἤκουσεν τοῦ Παύλου λαλοῦντος· ὃς ἀτενίσας¹⁹ αὐτῷ καὶ ἰδὼν ὅτι ἔχει πίστιν τοῦ σωθῆναι, **10** εἶπεν μεγάλῃ τῇ φωνῇ· ἀνάστηθι²⁰ ἐπὶ τοὺς πόδας σου ὀρθός²¹. καὶ ἥλατο²² καὶ περιεπάτει. **11** οἵ τε ὄχλοι ἰδόντες ὃ ἐποίησεν Παῦλος ἐπῆραν²³ τὴν φωνὴν αὐτῶν Λυκαονιστὶ λέγοντες· οἱ θεοὶ ὁμοιωθέντες²⁴ ἀνθρώποις κατέβησαν²⁵ πρὸς ἡμᾶς, **12** ἐκάλουν τε τὸν Βαρναβᾶν Δία, τὸν δὲ Παῦλον Ἑρμῆν, ἐπειδὴ²⁶ αὐτὸς ἦν ὁ ἡγούμενος²⁷ τοῦ λόγου. **13** ὅ τε ἱερεὺς τοῦ Διὸς²⁸ τοῦ ὄντος πρὸ τῆς πόλεως ταύρους²⁹ καὶ στέμματα³⁰ ἐπὶ τοὺς πυλῶνας³¹ ἐνέγκας³² σὺν τοῖς ὄχλοις ἤθελεν θύειν³³. **14** ἀκούσαντες δὲ οἱ ἀπόστολοι Βαρναβᾶς καὶ Παῦλος διαρρήξαντες³⁴ τὰ ἱμάτια αὐτῶν ἐξεπήδησαν³⁵ εἰς τὸν ὄχλον κράζοντες **15** καὶ λέγοντες· ἄνδρες, τί ταῦτα ποιεῖτε; καὶ ἡμεῖς ὁμοιοπαθεῖς³⁶ ἐσμεν

---

1 ἀπειθέω *aor act ptc m p nom*, be an unbeliever
2 ἐπεγείρω *3p aor act ind*, stir up
3 κακόω *3p aor act ind*, mistreat (κ. τὴν ψυχήν τινος κατά poison someone's mind against)
4 διατρίβω *3p aor act ind*, stay
5 παρρησιάζομαι *pres mid ptc m p nom*, speak boldly
6 τέρας, -ατος *n*, a wonder
7 σχίζω *3s aor pas ind*, divide
8 ὁρμή, -ῆς *f*, attempt
9 ὑβρίζω *aor act inf*, mistreat
10 λιθοβολέω *aor act inf*, stone
11 συνοράω *aor act ptc m p nom*, find out
12 καταφεύγω *3p aor act ind*, flee

13 περίχωρος, -ου *f*, surrounding region
14 ἀδύνατος, -ον, crippled
15 χωλός, -ή/όν, lame
16 κοιλία, -ας *f*, womb (ἐκ κ. μητρός from birth)
17 οὐδέποτε, *adv*, never
18 περιπατέω *3s aor act ind*, walk
19 ἀτενίζω *aor act ptc m s nom*, look straight at
20 ἀνίστημι *2s aor act impv*, *intrans* stand up
21 ὀρθός, -ή/όν, straight
22 ἅλλομαι *3s aor mid ind*, leap
23 ἐπαίρω *3p aor act ind*, raise
24 ὁμοιόω *aor pas ptc m p nom*, *pas* be like (ὁμοιωθεὶς ἀνθρώπῳ in human form)

25 καταβαίνω *3p aor act ind*, come/go down
26 ἐπειδή, *conj*, since
27 ἡγέομαι *pres mid ptc m s nom*, lead (ὁ ἡ. τοῦ λόγου the chief speaker)
28 Διός *m*, Zeus
29 ταῦρος, -ου *m*, bull
30 στέμμα, -τος *n*, wreath
31 πυλών, -ῶνος *m*, gate
32 φέρω *aor act ptc m s nom*, bring
33 θύω *pres act inf*, sacrifice
34 διαρρήσσω *aor act ptc m p nom*, tear
35 ἐκπηδάω *3p aor act ind*, rush out
36 ὁμοιοπαθής, -ές, like in every way

ὑμῖν ἄνθρωποι εὐαγγελιζόμενοι ὑμᾶς ἀπὸ τούτων τῶν ματαίων[1] ἐπιστρέφειν ἐπὶ θεὸν ζῶντα ὃς ἐποίησεν τὸν οὐρανὸν καὶ τὴν γῆν καὶ τὴν θάλασσαν καὶ πάντα τὰ ἐν αὐτοῖς. 16 ὃς ἐν ταῖς παρῳχημέναις[2] γενεαῖς εἴασεν[3] πάντα τὰ ἔθνη πορεύεσθαι ταῖς ὁδοῖς αὐτῶν· 17 καίτοι[4] οὐκ ἀμάρτυρον[5] αὑτὸν ἀφῆκεν[6] ἀγαθουργῶν[7] οὐρανόθεν[8] ὑμῖν ὑετοὺς[9] διδοὺς[10] καὶ καιροὺς καρποφόρους[11] ἐμπιπλῶν[12] τροφῆς[13] καὶ εὐφροσύνης[14] τὰς καρδίας ὑμῶν. 18 καὶ ταῦτα λέγοντες μόλις[15] κατέπαυσαν[16] τοὺς ὄχλους τοῦ μὴ θύειν[17] αὐτοῖς.

19 Ἐπῆλθαν[18] δὲ ἀπὸ Ἀντιοχείας καὶ Ἰκονίου Ἰουδαῖοι καὶ πείσαντες[19] τοὺς ὄχλους καὶ λιθάσαντες[20] τὸν Παῦλον ἔσυρον[21] ἔξω τῆς πόλεως νομίζοντες[22] αὐτὸν τεθνηκέναι[23]. 20 κυκλωσάντων[24] δὲ τῶν μαθητῶν αὐτὸν ἀναστὰς[25] εἰσῆλθεν εἰς τὴν πόλιν.

The Return to Antioch in Syria

Καὶ τῇ ἐπαύριον[26] ἐξῆλθεν σὺν τῷ Βαρναβᾷ εἰς Δέρβην. 21 εὐαγγελισάμενοί τε τὴν πόλιν ἐκείνην καὶ μαθητεύσαντες[27] ἱκανοὺς ὑπέστρεψαν[28] εἰς τὴν Λύστραν καὶ εἰς Ἰκόνιον καὶ εἰς Ἀντιόχειαν 22 ἐπιστηρίζοντες[29] τὰς ψυχὰς τῶν μαθητῶν παρακαλοῦντες ἐμμένειν[30] τῇ πίστει καὶ ὅτι διὰ πολλῶν θλίψεων δεῖ ἡμᾶς εἰσελθεῖν εἰς τὴν βασιλείαν τοῦ θεοῦ. 23 χειροτονήσαντες[31] δὲ αὐτοῖς κατ᾽ ἐκκλησίαν πρεσβυτέρους προσευξάμενοι[32] μετὰ νηστειῶν[33] παρέθεντο[34] αὐτοὺς τῷ κυρίῳ εἰς ὃν πεπιστεύκεισαν. 24 καὶ διελθόντες[35] τὴν Πισιδίαν ἦλθον εἰς τὴν Παμφυλίαν 25 καὶ λαλήσαντες ἐν Πέργῃ τὸν λόγον κατέβησαν[36] εἰς Ἀττάλειαν 26 κἀκεῖθεν[37] ἀπέπλευσαν[38] εἰς Ἀντιόχειαν, ὅθεν[39] ἦσαν παραδεδομένοι[40] τῇ χάριτι τοῦ θεοῦ

[1] μάταιος, -α/ον, worthless
[2] παροίχομαι *pf mid ptc f p dat*, go by
[3] ἐάω *3s aor act ind*, let
[4] καίτοι, *conj*, although
[5] ἀμάρτυρος, -ον, without evidence
[6] ἀφίημι *3s aor act ind*, leave
[7] ἀγαθοεργέω *pres act ptc m s nom*, do good
[8] οὐρανόθεν, *adv*, from heaven
[9] ὑετός, -οῦ *m*, rain
[10] δίδωμι *pres act ptc m s nom*, give
[11] καρποφόρος, -ον, fruitful
[12] ἐμπίπλημι *pres act ptc m s nom*, fill
[13] τροφή, -ῆς *f*, food
[14] εὐφροσύνη, -ης *f*, gladness
[15] μόλις, *adv*, hardly
[16] καταπαύω *3p aor act ind*, prevent
[17] θύω *pres act inf*, sacrifice
[18] ἐπέρχομαι *3p aor act ind*, come
[19] πείθω *aor act ptc m p nom*, persuade
[20] λιθάζω *aor act ptc m p nom*, stone
[21] σύρω *3p impf act ind*, drag
[22] νομίζω *pres act ptc m p nom*, think
[23] θνήσκω *pf act inf*, die
[24] κυκλόω *aor act ptc m p gen*, gather round
[25] ἀνίστημι *aor act ptc m s nom*, *intrans* get up
[26] ἐπαύριον, *adv*, the next day
[27] μαθητεύω *aor act ptc m p nom*, win (someone as) a disciple
[28] ὑποστρέφω *3p aor act ind*, return
[29] ἐπιστηρίζω *pres act ptc m p nom*, strengthen
[30] ἐμμένω *pres act inf*, remain faithful to
[31] χειροτονέω *aor act ptc m p nom*, appoint
[32] προσεύχομαι *aor mid ptc m p nom*, pray
[33] νηστεία, -ας *f*, fasting
[34] παρατίθημι *3p aor mid ind*, *mid* commit
[35] διέρχομαι *aor act ptc m p nom*, pass through
[36] καταβαίνω *3p aor act ind*, come/go down
[37] κἀκεῖθεν, = καὶ ἐκεῖθεν, and from there
[38] ἀποπλέω *3p aor act ind*, set sail
[39] ὅθεν, *adv*, where
[40] παραδίδωμι *pf pas ptc m p nom*, entrust

εἰς τὸ ἔργον ὃ ἐπλήρωσαν. 27παραγενόμενοι¹ δὲ καὶ συναγαγόντες τὴν ἐκκλησίαν ἀνήγγελλον² ὅσα ἐποίησεν ὁ θεὸς μετ' αὐτῶν καὶ ὅτι ἤνοιξεν³ τοῖς ἔθνεσιν θύραν πίστεως. 28διέτριβον⁴ δὲ χρόνον οὐκ ὀλίγον σὺν τοῖς μαθηταῖς.

The Council at Jerusalem

15 Καί τινες κατελθόντες⁵ ἀπὸ τῆς Ἰουδαίας ἐδίδασκον τοὺς ἀδελφοὺς ὅτι, ἐὰν μὴ περιτμηθῆτε⁶ τῷ ἔθει⁷ τῷ Μωϋσέως, οὐ δύνασθε σωθῆναι⁸. 2γενομένης δὲ στάσεως⁹ καὶ ζητήσεως¹⁰ οὐκ ὀλίγης τῷ Παύλῳ καὶ τῷ Βαρναβᾷ πρὸς αὐτοὺς ἔταξαν¹¹ ἀναβαίνειν Παῦλον καὶ Βαρναβᾶν καί τινας ἄλλους ἐξ αὐτῶν πρὸς τοὺς ἀποστόλους καὶ πρεσβυτέρους εἰς Ἰερουσαλὴμ περὶ τοῦ ζητήματος¹² τούτου. 3οἱ μὲν οὖν προπεμφθέντες¹³ ὑπὸ τῆς ἐκκλησίας διήρχοντο τήν τε Φοινίκην καὶ Σαμάρειαν ἐκδιηγούμενοι¹⁴ τὴν ἐπιστροφὴν¹⁵ τῶν ἐθνῶν καὶ ἐποίουν χαρὰν μεγάλην πᾶσιν τοῖς ἀδελφοῖς. 4παραγενόμενοι¹⁶ δὲ εἰς Ἰερουσαλὴμ παρεδέχθησαν¹⁷ ὑπὸ τῆς ἐκκλησίας καὶ τῶν ἀποστόλων καὶ τῶν πρεσβυτέρων ἀνήγγειλάν¹⁸ τε ὅσα ὁ θεὸς ἐποίησεν μετ' αὐτῶν. 5ἐξανέστησαν¹⁹ δέ τινες τῶν ἀπὸ τῆς αἱρέσεως²⁰ τῶν Φαρισαίων πεπιστευκότες λέγοντες ὅτι δεῖ περιτέμνειν²¹ αὐτοὺς παραγγέλλειν τε τηρεῖν τὸν νόμον Μωϋσέως.

6Συνήχθησάν²² τε οἱ ἀπόστολοι καὶ οἱ πρεσβύτεροι ἰδεῖν περὶ τοῦ λόγου τούτου. 7πολλῆς²³ δὲ ζητήσεως²⁴ γενομένης ἀναστὰς²⁵ Πέτρος εἶπεν πρὸς αὐτούς· ἄνδρες ἀδελφοί, ὑμεῖς ἐπίστασθε²⁶ ὅτι ἀφ' ἡμερῶν ἀρχαίων²⁷ ἐν ὑμῖν ἐξελέξατο²⁸ ὁ θεὸς διὰ τοῦ στόματός μου ἀκοῦσαι τὰ ἔθνη τὸν λόγον τοῦ εὐαγγελίου καὶ πιστεῦσαι. 8καὶ ὁ καρδιογνώστης²⁹ θεὸς ἐμαρτύρησεν αὐτοῖς δοὺς³⁰ τὸ πνεῦμα τὸ ἅγιον καθὼς καὶ ἡμῖν 9καὶ οὐθὲν³¹ διέκρινεν³² μεταξὺ³³ ἡμῶν τε καὶ αὐτῶν τῇ πίστει καθαρίσας³⁴ τὰς καρδίας αὐτῶν. 10νῦν οὖν τί πειράζετε τὸν θεὸν ἐπιθεῖναι³⁵

---

¹ παραγίνομαι aor mid ptc
  m p nom, arrive
² ἀναγγέλλω 3p impf act ind, tell
³ ἀνοίγω 3s aor act ind, open
⁴ διατρίβω 3p impf act ind, stay
⁵ κατέρχομαι aor act ptc m p nom,
  go down
⁶ περιτέμνω 2p aor pas sub,
  circumcise
⁷ ἔθος, -ους n, custom
⁸ σῴζω aor pas inf, save
⁹ στάσις, -εως f, dispute
¹⁰ ζήτησις, -εως f, debate
¹¹ τάσσω 3p aor act ind, appoint
¹² ζήτημα, -τος n, question
¹³ προπέμπω aor pas ptc
  m p nom, send on one's way

¹⁴ ἐκδιηγέομαι pres mid ptc
  m p nom, tell
¹⁵ ἐπιστροφή, -ῆς f, conversion
¹⁶ παραγίνομαι aor mid ptc
  m p nom, come
¹⁷ παραδέχομαι 3p aor pas ind,
  receive
¹⁸ ἀναγγέλλω 3p aor act ind, tell
¹⁹ ἐξανίστημι 3p aor act ind,
  intrans stand up
²⁰ αἵρεσις, -εως f, religious party
²¹ περιτέμνω pres act inf,
  circumcise
²² συνάγω 3p aor pas ind, pas
  gather together
²³ πολύς/πολλή/πολύ, much
²⁴ ζήτησις, -εως f, discussion

²⁵ ἀνίστημι aor act ptc m s nom,
  intrans stand up
²⁶ ἐπίσταμαι 2p pres pas ind,
  know
²⁷ ἀρχαῖος, -α/ον, early
²⁸ ἐκλέγομαι 3s aor mid ind,
  choose
²⁹ καρδιογνώστης, -ου m,
  knower of hearts
³⁰ δίδωμι aor act ptc m s nom, give
³¹ οὐδείς/οὐδεμία/οὐδέν, no one
³² διακρίνω 3s aor act ind, make a
  distinction
³³ μεταξύ, prep + gen, between
³⁴ καθαρίζω aor act ptc m s nom,
  cleanse
³⁵ ἐπιτίθημι aor act inf, place

ζυγὸν¹ ἐπὶ τὸν τράχηλον² τῶν μαθητῶν ὃν οὔτε οἱ πατέρες ἡμῶν οὔτε ἡμεῖς ἰσχύσαμεν³ βαστάσαι⁴; 11 ἀλλὰ διὰ τῆς χάριτος τοῦ κυρίου Ἰησοῦ πιστεύομεν σωθῆναι καθ' ὃν τρόπον⁵ κἀκεῖνοι. 12 ἐσίγησεν⁶ δὲ πᾶν τὸ πλῆθος καὶ ἤκουον Βαρναβᾶ καὶ Παύλου ἐξηγουμένων⁷ ὅσα ἐποίησεν ὁ θεὸς σημεῖα καὶ τέρατα⁸ ἐν τοῖς ἔθνεσιν δι' αὐτῶν. 13 μετὰ δὲ τὸ σιγῆσαι αὐτοὺς ἀπεκρίθη Ἰάκωβος λέγων· ἄνδρες ἀδελφοί, ἀκούσατέ μου. 14 Συμεὼν ἐξηγήσατο καθὼς πρῶτον ὁ θεὸς ἐπεσκέψατο⁹ λαβεῖν ἐξ ἐθνῶν λαὸν τῷ ὀνόματι αὐτοῦ. 15 καὶ τούτῳ συμφωνοῦσιν¹⁰ οἱ λόγοι τῶν προφητῶν, καθὼς γέγραπται·

16 μετὰ ταῦτα ἀναστρέψω¹¹
καὶ ἀνοικοδομήσω¹² τὴν σκηνὴν¹³ Δαυὶδ τὴν πεπτωκυῖαν¹⁴
καὶ τὰ κατεσκαμμένα¹⁵ αὐτῆς ἀνοικοδομήσω
καὶ ἀνορθώσω¹⁶ αὐτήν,
17 ὅπως ἂν ἐκζητήσωσιν¹⁷ οἱ κατάλοιποι¹⁸ τῶν ἀνθρώπων τὸν κύριον
καὶ πάντα τὰ ἔθνη ἐφ' οὓς ἐπικέκληται¹⁹ τὸ ὄνομά μου ἐπ' αὐτούς,
λέγει κύριος ὁ ποιῶν ταῦτα 18 γνωστὰ²⁰ ἀπ' αἰῶνος.

19 διὸ ἐγὼ κρίνω μὴ παρενοχλεῖν²¹ τοῖς ἀπὸ τῶν ἐθνῶν ἐπιστρέφουσιν ἐπὶ τὸν θεόν, 20 ἀλλ' ἐπιστεῖλαι²² αὐτοῖς τοῦ ἀπέχεσθαι²³ τῶν ἀλισγημάτων²⁴ τῶν εἰδώλων²⁵ καὶ τῆς πορνείας²⁶ καὶ τοῦ πνικτοῦ²⁷ καὶ τοῦ αἵματος. 21 Μωϋσῆς γὰρ ἐκ γενεῶν ἀρχαίων²⁸ κατὰ πόλιν τοὺς κηρύσσοντας αὐτὸν ἔχει ἐν ταῖς συναγωγαῖς κατὰ πᾶν σάββατον ἀναγινωσκόμενος.

The Reply of the Council

22 Τότε ἔδοξεν τοῖς ἀποστόλοις καὶ τοῖς πρεσβυτέροις σὺν ὅλῃ τῇ ἐκκλησίᾳ ἐκλεξαμένους²⁹ ἄνδρας ἐξ αὐτῶν πέμψαι εἰς Ἀντιόχειαν σὺν τῷ Παύλῳ καὶ Βαρναβᾷ, Ἰούδαν τὸν καλούμενον Βαρσαββᾶν καὶ Σιλᾶν, ἄνδρας ἡγουμένους³⁰ ἐν τοῖς ἀδελφοῖς, 23 γράψαντες διὰ χειρὸς αὐτῶν·

1 ζυγός, -οῦ m, yoke
2 τράχηλος, -ου m, neck
3 ἰσχύω 1p aor act ind, be able
4 βαστάζω aor act inf, bear
5 τρόπος, -ου m, way (καθ' ὃν τ. just as)
6 σιγάω 3s aor act ind, be silent
7 ἐξηγέομαι pres mid ptc m p gen, tell
8 τέρας, -ατος n, a wonder
9 ἐπισκέπτομαι 3s aor mid ind, be concerned (about)
10 συμφωνέω 3p pres act ind, agree with
11 ἀναστρέφω 1s fut act ind, return
12 ἀνοικοδομέω 1s fut act ind, rebuild
13 σκηνή, -ῆς f, home
14 πίπτω pf act ptc f s acc, fall
15 κατασκάπτω pf pas ptc n p acc, destroy
16 ἀνορθόω 1s fut act ind, restore
17 ἐκζητέω 3p aor act sub, seek diligently
18 κατάλοιπος, -ον, rest
19 ἐπικαλέω 3s pf pas ind, pas call upon
20 γνωστός, -ή/όν, known
21 παρενοχλέω pres act inf, add extra difficulties
22 ἐπιστέλλω aor act inf, write
23 ἀπέχω pres mid inf, mid abstain from
24 ἀλίσγημα, -τος n, defilement
25 εἴδωλον, -ου n, idol
26 πορνεία, -ας f, sexual immorality
27 πνικτός, -ή/όν, strangled
28 ἀρχαῖος, -α/ον, early
29 ἐκλέγομαι aor mid ptc m p acc, choose
30 ἡγέομαι pres mid ptc m p acc, lead

Οἱ ἀπόστολοι καὶ οἱ πρεσβύτεροι ἀδελφοὶ τοῖς κατὰ τὴν Ἀντιόχειαν καὶ Συρίαν καὶ Κιλικίαν ἀδελφοῖς τοῖς ἐξ ἐθνῶν χαίρειν. 24 ἐπειδὴ[1] ἠκούσαμεν ὅτι τινὲς ἐξ ἡμῶν ἐξελθόντες ἐτάραξαν[2] ὑμᾶς λόγοις ἀνασκευάζοντες[3] τὰς ψυχὰς ὑμῶν οἷς οὐ διεστειλάμεθα[4], 25 ἔδοξεν ἡμῖν γενομένοις ὁμοθυμαδὸν[5] ἐκλεξαμένοις[6] ἄνδρας πέμψαι πρὸς ὑμᾶς σὺν τοῖς ἀγαπητοῖς ἡμῶν Βαρναβᾷ καὶ Παύλῳ, 26 ἀνθρώποις παραδεδωκόσιν[7] τὰς ψυχὰς αὐτῶν ὑπὲρ τοῦ ὀνόματος τοῦ κυρίου ἡμῶν Ἰησοῦ Χριστοῦ. 27 ἀπεστάλκαμεν[8] οὖν Ἰούδαν καὶ Σιλᾶν καὶ αὐτοὺς διὰ λόγου ἀπαγγέλλοντας τὰ αὐτά. 28 ἔδοξεν γὰρ τῷ πνεύματι τῷ ἁγίῳ καὶ ἡμῖν μηδὲν πλέον[9] ἐπιτίθεσθαι[10] ὑμῖν βάρος[11] πλὴν τούτων τῶν ἐπάναγκες[12], 29 ἀπέχεσθαι[13] εἰδωλοθύτων[14] καὶ αἵματος καὶ πνικτῶν[15] καὶ πορνείας[16] ἐξ ὧν διατηροῦντες[17] ἑαυτοὺς εὖ[18] πράξετε[19]. ἔρρωσθε[20].

30 Οἱ μὲν οὖν ἀπολυθέντες κατῆλθον[21] εἰς Ἀντιόχειαν καὶ συναγαγόντες τὸ πλῆθος ἐπέδωκαν[22] τὴν ἐπιστολήν[23]. 31 ἀναγνόντες[24] δὲ ἐχάρησαν[25] ἐπὶ τῇ παρακλήσει[26]. 32 Ἰούδας τε καὶ Σιλᾶς καὶ αὐτοὶ προφῆται ὄντες διὰ λόγου πολλοῦ[27] παρεκάλεσαν τοὺς ἀδελφοὺς καὶ ἐπεστήριξαν[28], 33 ποιήσαντες δὲ χρόνον ἀπελύθησαν[29] μετ᾽ εἰρήνης ἀπὸ τῶν ἀδελφῶν πρὸς τοὺς ἀποστείλαντας[30] αὐτούς. ⟦34 ἔδοξεν δὲ τῷ Σιλᾷ ἐπιμεῖναι[31] αὐτοῦ.⟧ 35 Παῦλος δὲ καὶ Βαρναβᾶς διέτριβον[32] ἐν Ἀντιοχείᾳ διδάσκοντες καὶ εὐαγγελιζόμενοι μετὰ καὶ ἑτέρων πολλῶν τὸν λόγον τοῦ κυρίου.

Paul and Barnabas Separate

36 Μετὰ δέ τινας ἡμέρας εἶπεν πρὸς Βαρναβᾶν Παῦλος· ἐπιστρέψαντες[33] δὴ[34] ἐπισκεψώμεθα[35] τοὺς ἀδελφοὺς κατὰ πόλιν πᾶσαν ἐν αἷς κατηγγείλαμεν[36] τὸν

---

[1] ἐπειδή, conj, since
[2] ταράσσω 3p aor act ind, trouble
[3] ἀνασκευάζω pres act ptc m p nom, upset
[4] διαστέλλω 1p aor mid ind, mid instruct (to do something)
[5] ὁμοθυμαδόν, adv, with one mind (γινόμενοι ὁ. unanimously)
[6] ἐκλέγομαι aor mid ptc m p dat, choose
[7] παραδίδωμι pf act ptc m p dat, give
[8] ἀποστέλλω 1p pf act ind, send
[9] πολύς, much (comp)
[10] ἐπιτίθημι pres pas inf, place upon
[11] βάρος, -ους n, burden
[12] ἐπάναγκες, adv, necessarily (τὰ ἐ. the necessary things)
[13] ἀπέχω pres mid inf, mid abstain from
[14] εἰδωλόθυτος, -ον, (food) sacrificed to idols
[15] πνικτός, -ή/όν, strangled
[16] πορνεία, -ας f, sexual immorality
[17] διατηρέω pres act ptc m p nom, keep
[18] εὖ, adv, well
[19] πράσσω 2p fut act ind, intrans do
[20] ῥώννυμι 2p pf pas impv, be healthy ("Ἔρρωσθε = Our best wishes to you)
[21] κατέρχομαι 3p aor act ind, go down
[22] ἐπιδίδωμι 3p aor act ind, give
[23] ἐπιστολή, -ῆς f, letter
[24] ἀναγινώσκω aor act ptc m p nom, read
[25] χαίρω 3p aor pas ind, be glad
[26] παράκλησις, -εως f, encouragement
[27] πολύς/πολλή/πολύ, much (διὰ λόγου π. with many words)
[28] ἐπιστηρίζω 3p aor act ind, strengthen
[29] ἀπολύω 3p aor pas ind, send off
[30] ἀποστέλλω aor act ptc m p acc, send
[31] ἐπιμένω aor act inf, remain
[32] διατρίβω 3p impf act ind, stay
[33] ἐπιστρέφω aor act ptc m p nom, return
[34] δή, emphatic particle, then
[35] ἐπισκέπτομαι 1p aor mid sub, visit
[36] καταγγέλλω 1p aor act ind, preach

λόγον τοῦ κυρίου πῶς ἔχουσιν. **37** Βαρναβᾶς δὲ ἐβούλετο συμπαραλαβεῖν[1] καὶ Ἰωάννην τὸν καλούμενον Μᾶρκον· **38** Παῦλος δὲ ἠξίου[2] τὸν ἀποστάντα[3] ἀπ' αὐτῶν ἀπὸ Παμφυλίας καὶ μὴ συνελθόντα[4] αὐτοῖς εἰς τὸ ἔργον μὴ συμπαραλαμβάνειν τοῦτον. **39** ἐγένετο δὲ παροξυσμὸς[5], ὥστε ἀποχωρισθῆναι[6] αὐτοὺς ἀπ' ἀλλήλων τόν τε Βαρναβᾶν παραλαβόντα τὸν Μᾶρκον ἐκπλεῦσαι[7] εἰς Κύπρον. **40** Παῦλος δὲ ἐπιλεξάμενος[8] Σιλᾶν ἐξῆλθεν παραδοθεὶς[9] τῇ χάριτι τοῦ κυρίου ὑπὸ τῶν ἀδελφῶν. **41** διήρχετο δὲ τὴν Συρίαν καὶ Κιλικίαν ἐπιστηρίζων[10] τὰς ἐκκλησίας.

Timothy Accompanies Paul and Silas

16 Κατήντησεν[11] δὲ καὶ εἰς Δέρβην καὶ εἰς Λύστραν. καὶ ἰδοὺ μαθητής τις ἦν ἐκεῖ ὀνόματι Τιμόθεος, υἱὸς γυναικὸς Ἰουδαίας πιστῆς, πατρὸς δὲ Ἕλληνος[12], **2** ὃς ἐμαρτυρεῖτο ὑπὸ τῶν ἐν Λύστροις καὶ Ἰκονίῳ ἀδελφῶν. **3** τοῦτον ἠθέλησεν ὁ Παῦλος σὺν αὐτῷ ἐξελθεῖν καὶ λαβὼν περιέτεμεν[13] αὐτὸν διὰ τοὺς Ἰουδαίους τοὺς ὄντας ἐν τοῖς τόποις ἐκείνοις· ᾔδεισαν[14] γὰρ ἅπαντες ὅτι Ἕλλην ὁ πατὴρ αὐτοῦ ὑπῆρχεν. **4** ὡς δὲ διεπορεύοντο[15] τὰς πόλεις, παρεδίδοσαν[16] αὐτοῖς φυλάσσειν τὰ δόγματα[17] τὰ κεκριμένα[18] ὑπὸ τῶν ἀποστόλων καὶ πρεσβυτέρων τῶν ἐν Ἱεροσολύμοις. **5** αἱ μὲν οὖν ἐκκλησίαι ἐστερεοῦντο[19] τῇ πίστει καὶ ἐπερίσσευον τῷ ἀριθμῷ[20] καθ' ἡμέραν.

Paul's Vision of the Man of Macedonia

6 Διῆλθον[21] δὲ τὴν Φρυγίαν καὶ Γαλατικὴν χώραν[22] κωλυθέντες[23] ὑπὸ τοῦ ἁγίου πνεύματος λαλῆσαι τὸν λόγον ἐν τῇ Ἀσίᾳ. **7** ἐλθόντες δὲ κατὰ τὴν Μυσίαν ἐπείραζον εἰς τὴν Βιθυνίαν πορευθῆναι, καὶ οὐκ εἴασεν[24] αὐτοὺς τὸ πνεῦμα Ἰησοῦ· **8** παρελθόντες[25] δὲ τὴν Μυσίαν κατέβησαν[26] εἰς Τρῳάδα. **9** καὶ ὅραμα[27] διὰ τῆς νυκτὸς τῷ Παύλῳ ὤφθη[28], ἀνὴρ Μακεδών τις ἦν ἑστὼς[29] καὶ παρακαλῶν αὐτὸν καὶ λέγων·

---

[1] συμπαραλαμβάνω *aor act inf*, take along
[2] ἀξιόω *3s impf act ind*, think (something) best
[3] ἀφίστημι *aor act ptc m s acc*, *intrans* leave
[4] συνέρχομαι *aor act ptc m s acc*, accompany
[5] παροξυσμός, -οῦ *m*, fierce argument
[6] ἀποχωρίζω *aor pas inf*, *pas* separate
[7] ἐκπλέω *aor act inf*, sail
[8] ἐπιλέγω *aor mid ptc m s nom*, *mid* choose
[9] παραδίδωμι *aor pas ptc m s nom*, give over
[10] ἐπιστηρίζω *pres act ptc m s nom*, strengthen
[11] καταντάω *3s aor act ind*, arrive
[12] Ἕλλην, -ηνος *m*, a Greek
[13] περιτέμνω *3s aor act ind*, circumcise
[14] οἶδα *3p plpf act ind*, know
[15] διαπορεύομαι *3p impf mid ind*, travel through
[16] παραδίδωμι *3p impf act ind*, give
[17] δόγμα, -τος *n*, decision
[18] κρίνω *pf pas ptc n p acc*, decide
[19] στερεόω *3p impf pas ind*, strengthen
[20] ἀριθμός, -οῦ *m*, number
[21] διέρχομαι *3p aor act ind*, pass through
[22] χώρα, -ας *f*, region
[23] κωλύω *aor pas ptc m p nom*, prevent
[24] ἐάω *3s aor act ind*, let
[25] παρέρχομαι *aor act ptc m p nom*, pass by
[26] καταβαίνω *3p aor act ind*, come/go down
[27] ὅραμα, -τος *n*, vision
[28] ὁράω *3s aor pas ind*, *pas* appear
[29] ἵστημι *pf act ptc m s nom*, *intrans* stand

διαβὰς¹ εἰς Μακεδονίαν βοήθησον² ἡμῖν. 10 ὡς δὲ τὸ ὅραμα εἶδεν, εὐθέως ἐζητήσαμεν ἐξελθεῖν εἰς Μακεδονίαν συμβιβάζοντες³ ὅτι προσκέκληται⁴ ἡμᾶς ὁ θεὸς εὐαγγελίσασθαι⁵ αὐτούς.

The Conversion of Lydia

11 Ἀναχθέντες⁶ οὖν ἀπὸ Τρῳάδος εὐθυδρομήσαμεν⁷ εἰς Σαμοθράκην, τῇ δὲ ἐπιούσῃ⁸ εἰς Νέαν πόλιν 12 κἀκεῖθεν⁹ εἰς Φιλίππους ἥτις ἐστὶν πρώτη τῆς μερίδος¹⁰ Μακεδονίας πόλις, κολωνία¹¹. Ἦμεν δὲ ἐν ταύτῃ τῇ πόλει διατρίβοντες¹² ἡμέρας τινάς. 13 τῇ τε ἡμέρᾳ τῶν σαββάτων ἐξήλθομεν ἔξω τῆς πύλης¹³ παρὰ ποταμὸν¹⁴, οὗ¹⁵ ἐνομίζετο¹⁶ προσευχὴ εἶναι, καὶ καθίσαντες ἐλαλοῦμεν ταῖς συνελθούσαις¹⁷ γυναιξίν¹⁸. 14 καί τις γυνὴ ὀνόματι Λυδία πορφυρόπωλις¹⁹ πόλεως Θυατείρων σεβομένη²⁰ τὸν θεὸν ἤκουεν ἧς ὁ κύριος διήνοιξεν²¹ τὴν καρδίαν προσέχειν²² τοῖς λαλουμένοις ὑπὸ τοῦ Παύλου. 15 ὡς δὲ ἐβαπτίσθη καὶ ὁ οἶκος αὐτῆς, παρεκάλεσεν λέγουσα· εἰ κεκρίκατέ²³ με πιστὴν τῷ κυρίῳ εἶναι, εἰσελθόντες εἰς τὸν οἶκόν μου μένετε. καὶ παρεβιάσατο²⁴ ἡμᾶς.

The Imprisonment at Philippi

16 Ἐγένετο δὲ πορευομένων ἡμῶν εἰς τὴν προσευχὴν παιδίσκην²⁵ τινὰ ἔχουσαν πνεῦμα πύθωνα²⁶ ὑπαντῆσαι²⁷ ἡμῖν ἥτις ἐργασίαν²⁸ πολλὴν²⁹ παρεῖχεν³⁰ τοῖς κυρίοις αὐτῆς μαντευομένη³¹. 17 αὕτη κατακολουθήσασα³² τῷ Παύλῳ καὶ ἡμῖν ἔκραζεν λέγουσα· οὗτοι οἱ ἄνθρωποι δοῦλοι τοῦ θεοῦ τοῦ ὑψίστου³³ εἰσὶν οἵτινες καταγγέλλουσιν³⁴ ὑμῖν ὁδὸν σωτηρίας. 18 τοῦτο δὲ ἐποίει ἐπὶ πολλὰς ἡμέρας. διαπονηθεὶς³⁵ δὲ Παῦλος καὶ ἐπιστρέψας³⁶ τῷ πνεύματι εἶπεν· παραγγέλλω σοι ἐν

1 διαβαίνω aor act ptc m s nom, come over
2 βοηθέω 2s aor act impv, help
3 συμβιβάζω pres act ptc m p nom, conclude
4 προσκαλέομαι 3s pf mid ind, call
5 εὐαγγελίζω aor mid inf, mid preach the good news (to)
6 ἀνάγω aor pas ptc m p nom, pas set sail
7 εὐθυδρομέω 1p aor act ind, sail a straight course
8 ἔπειμι pres act ptc f s dat, be next (ἡ ἐ. the next day)
9 κἀκεῖθεν, = καὶ ἐκεῖθεν, and from there
10 μερίς, -ίδος f, part
11 κολωνία, -ας f, colony
12 διατρίβω pres act ptc m p nom, stay
13 πύλη, -ης f, gate
14 ποταμός, -οῦ m, river
15 οὗ, adv, where
16 νομίζω 3s impf pas ind, think
17 συνέρχομαι aor act ptc f p dat, come together
18 γυνή, -αικός f (dat pl γυναιξίν), woman
19 πορφυρόπωλις, -ιδος f, dealer in purple cloth
20 σέβομαι pres mid ptc f s nom, worship
21 διανοίγω 3s aor act ind, open
22 προσέχω aor act inf, pay close attention (to)
23 κρίνω 2p pf act ind, judge
24 παραβιάζομαι 3s aor mid ind, persuade
25 παιδίσκη, -ης f, slave girl
26 πύθων, -ωνος m, Python (a spirit of divination; ἔχουσαν πνεῦμα π. able to predict the future)
27 ὑπαντάω aor act inf, meet
28 ἐργασία, -ας f, money
29 πολύς/πολλή/πολύ, much
30 παρέχω 3s impf act ind, bring
31 μαντεύομαι pres mid ptc f s nom, tell fortunes
32 κατακολουθέω aor act ptc f s nom, follow
33 ὕψιστος, highest (ὁ ὕ. the Most High [God])
34 καταγγέλλω 3p pres act ind, preach
35 διαπονέομαι aor pas ptc m s nom, be greatly annoyed
36 ἐπιστρέφω aor act ptc m s nom, intrans turn

ὀνόματι Ἰησοῦ Χριστοῦ ἐξελθεῖν ἀπ' αὐτῆς. καὶ ἐξῆλθεν αὐτῇ τῇ ὥρᾳ. **19** ἰδόντες δὲ οἱ κύριοι αὐτῆς ὅτι ἐξῆλθεν ἡ ἐλπὶς τῆς ἐργασίας[1] αὐτῶν, ἐπιλαβόμενοι[2] τὸν Παῦλον καὶ τὸν Σιλᾶν εἵλκυσαν[3] εἰς τὴν ἀγορὰν[4] ἐπὶ τοὺς ἄρχοντας **20** καὶ προσαγαγόντες[5] αὐτοὺς τοῖς στρατηγοῖς[6] εἶπαν· οὗτοι οἱ ἄνθρωποι ἐκταράσσουσιν[7] ἡμῶν τὴν πόλιν Ἰουδαῖοι ὑπάρχοντες **21** καὶ καταγγέλλουσιν[8] ἔθη[9] ἃ οὐκ ἔξεστιν ἡμῖν παραδέχεσθαι[10] οὐδὲ ποιεῖν Ῥωμαίοις οὖσιν. **22** καὶ συνεπέστη[11] ὁ ὄχλος κατ' αὐτῶν καὶ οἱ στρατηγοὶ περιρήξαντες[12] αὐτῶν τὰ ἱμάτια ἐκέλευον[13] ῥαβδίζειν[14] **23** πολλάς τε ἐπιθέντες[15] αὐτοῖς πληγὰς[16] ἔβαλον[17] εἰς φυλακὴν παραγγείλαντες τῷ δεσμοφύλακι[18] ἀσφαλῶς[19] τηρεῖν αὐτούς. **24** ὃς παραγγελίαν[20] τοιαύτην λαβὼν ἔβαλεν αὐτοὺς εἰς τὴν ἐσωτέραν[21] φυλακὴν καὶ τοὺς πόδας ἠσφαλίσατο[22] αὐτῶν εἰς τὸ ξύλον[23]. **25** κατὰ δὲ τὸ μεσονύκτιον[24] Παῦλος καὶ Σιλᾶς προσευχόμενοι ὕμνουν[25] τὸν θεόν, ἐπηκροῶντο[26] δὲ αὐτῶν οἱ δέσμιοι[27]. **26** ἄφνω[28] δὲ σεισμὸς[29] ἐγένετο μέγας, ὥστε σαλευθῆναι[30] τὰ θεμέλια[31] τοῦ δεσμωτηρίου[32]· ἠνεῴχθησαν[33] δὲ παραχρῆμα[34] αἱ θύραι πᾶσαι καὶ πάντων τὰ δεσμὰ[35] ἀνέθη[36]. **27** ἔξυπνος[37] δὲ γενόμενος ὁ δεσμοφύλαξ καὶ ἰδὼν ἀνεῳγμένας[38] τὰς θύρας τῆς φυλακῆς, σπασάμενος[39] μάχαιραν[40] ἤμελλεν ἑαυτὸν ἀναιρεῖν[41] νομίζων[42] ἐκπεφευγέναι[43] τοὺς δεσμίους. **28** ἐφώνησεν δὲ φωνῇ μεγάλῃ ὁ Παῦλος λέγων· μηδὲν πράξῃς[44] σεαυτῷ κακόν, ἅπαντες γάρ ἐσμεν ἐνθάδε[45]. **29** αἰτήσας δὲ φῶτα[46] εἰσεπήδησεν[47] καὶ ἔντρομος[48] γενόμενος προσέπεσεν[49] τῷ Παύλῳ καὶ τῷ Σιλᾷ **30** καὶ προαγαγὼν[50] αὐτοὺς ἔξω ἔφη· κύριοι, τί με δεῖ ποιεῖν, ἵνα σωθῶ[51]; **31** οἱ δὲ εἶπαν· πίστευσον ἐπὶ τὸν κύριον Ἰησοῦν καὶ

---

[1] ἐργασία, -ας f, making money
[2] ἐπιλαμβάνομαι aor mid ptc m p nom, take hold of
[3] ἑλκύω 3p aor act ind, drag
[4] ἀγορά, -ᾶς f, market place
[5] προσάγω aor act ptc m p nom, bring to
[6] στρατηγός, -οῦ m, magistrate
[7] ἐκταράσσω 3p pres act ind, upset
[8] καταγγέλλω 3p pres act ind, teach
[9] ἔθος, -ους n, custom
[10] παραδέχομαι pres mid inf, accept
[11] συνεφίστημι 3s aor act ind, join in an attack
[12] περιρήγνυμι aor act ptc m p nom, tear off
[13] κελεύω 3p impf act ind, order
[14] ῥαβδίζω pres act inf, beat (with a stick)
[15] ἐπιτίθημι aor act ptc m p nom, place upon
[16] πληγή, -ῆς f, beating (ἐπιτίθημι π. beat)
[17] βάλλω 3p aor act ind, throw
[18] δεσμοφύλαξ, -ακος m, jailer
[19] ἀσφαλῶς, adv, under close guard
[20] παραγγελία, -ας f, order
[21] ἐσώτερος, -α/ον, inner
[22] ἀσφαλίζω 3s aor mid ind, secure
[23] ξύλον, -ου n, stocks
[24] μεσονύκτιον, -ου n, midnight
[25] ὑμνέω 3p impf act ind, intrans sing a hymn to
[26] ἐπακροάομαι 3p impf mid ind, listen to
[27] δέσμιος, -ου m, prisoner
[28] ἄφνω, adv, suddenly
[29] σεισμός, -οῦ m, earthquake
[30] σαλεύω aor pas inf, shake
[31] θεμέλιον, -ου n, foundation
[32] δεσμωτήριον, -ου n, jail
[33] ἀνοίγω 3p aor pas ind, open
[34] παραχρῆμα, adv, at once
[35] δεσμός, -οῦ n, chain
[36] ἀνίημι 3s aor pas ind, come loose
[37] ἔξυπνος, -ον, awake
[38] ἀνοίγω pf pas ptc f p acc, open
[39] σπάω aor mid ptc m s nom, mid draw (of a sword)
[40] μάχαιρα, -ης f, sword
[41] ἀναιρέω aor act inf, kill
[42] νομίζω pres act ptc m s nom, think
[43] ἐκφεύγω pf act inf, escape
[44] πράσσω 2s aor act sub, do
[45] ἐνθάδε, adv, here
[46] φῶς, φωτός n, light
[47] εἰσπηδάω 3s aor act ind, rush in
[48] ἔντρομος, -ον, trembling
[49] προσπίπτω 3s aor act ind, fall down before someone
[50] προάγω aor act ptc m s nom, bring out
[51] σῴζω 1s aor pas sub, save

σωθήσῃ σὺ καὶ ὁ οἶκός σου. **32** καὶ ἐλάλησαν αὐτῷ τὸν λόγον τοῦ κυρίου σὺν πᾶσιν τοῖς ἐν τῇ οἰκίᾳ αὐτοῦ. **33** καὶ παραλαβὼν αὐτοὺς ἐν ἐκείνῃ τῇ ὥρᾳ τῆς νυκτὸς ἔλουσεν[1] ἀπὸ τῶν πληγῶν[2], καὶ ἐβαπτίσθη αὐτὸς καὶ οἱ αὐτοῦ πάντες παραχρῆμα[3], **34** ἀναγαγών[4] τε αὐτοὺς εἰς τὸν οἶκον παρέθηκεν[5] τράπεζαν[6] καὶ ἠγαλλιάσατο[7] πανοικεὶ[8] πεπιστευκὼς τῷ θεῷ. **35** ἡμέρας δὲ γενομένης ἀπέστειλαν[9] οἱ στρατηγοὶ[10] τοὺς ῥαβδούχους[11] λέγοντες· ἀπόλυσον τοὺς ἀνθρώπους ἐκείνους. **36** ἀπήγγειλεν[12] δὲ ὁ δεσμοφύλαξ[13] τοὺς λόγους τούτους πρὸς τὸν Παῦλον ὅτι ἀπέσταλκαν[14] οἱ στρατηγοί, ἵνα ἀπολυθῆτε[15]· νῦν οὖν ἐξελθόντες πορεύεσθε ἐν εἰρήνῃ. **37** ὁ δὲ Παῦλος ἔφη πρὸς αὐτούς· δείραντες[16] ἡμᾶς δημοσίᾳ[17] ἀκατακρίτους[18], ἀνθρώπους Ῥωμαίους ὑπάρχοντας ἔβαλαν[19] εἰς φυλακήν· καὶ νῦν λάθρᾳ[20] ἡμᾶς ἐκβάλλουσιν; οὐ γάρ, ἀλλ' ἐλθόντες αὐτοὶ ἡμᾶς ἐξαγαγέτωσαν[21]. **38** ἀπήγγειλαν[22] δὲ τοῖς στρατηγοῖς οἱ ῥαβδοῦχοι τὰ ῥήματα ταῦτα. ἐφοβήθησαν δὲ ἀκούσαντες ὅτι Ῥωμαῖοί εἰσιν, **39** καὶ ἐλθόντες παρεκάλεσαν αὐτοὺς καὶ ἐξαγαγόντες[23] ἠρώτων ἀπελθεῖν ἀπὸ τῆς πόλεως. **40** ἐξελθόντες δὲ ἀπὸ τῆς φυλακῆς εἰσῆλθον πρὸς τὴν Λυδίαν καὶ ἰδόντες παρεκάλεσαν τοὺς ἀδελφοὺς καὶ ἐξῆλθαν.

The Uproar in Thessalonica

17 Διοδεύσαντες[24] δὲ τὴν Ἀμφίπολιν καὶ τὴν Ἀπολλωνίαν ἦλθον εἰς Θεσσαλονίκην, ὅπου ἦν συναγωγὴ τῶν Ἰουδαίων. **2** κατὰ δὲ τὸ εἰωθὸς[25] τῷ Παύλῳ εἰσῆλθεν πρὸς αὐτοὺς καὶ ἐπὶ σάββατα τρία διελέξατο[26] αὐτοῖς ἀπὸ τῶν γραφῶν, **3** διανοίγων[27] καὶ παρατιθέμενος[28] ὅτι τὸν χριστὸν ἔδει παθεῖν[29] καὶ ἀναστῆναι[30] ἐκ νεκρῶν καὶ ὅτι οὗτός ἐστιν ὁ χριστὸς ὁ Ἰησοῦς ὃν ἐγὼ καταγγέλλω[31] ὑμῖν. **4** καί τινες ἐξ αὐτῶν ἐπείσθησαν[32] καὶ προσεκληρώθησαν[33] τῷ Παύλῳ καὶ τῷ Σιλᾷ, τῶν τε σεβομένων[34] Ἑλλήνων πλῆθος πολύ, γυναικῶν τε τῶν πρώτων οὐκ ὀλίγαι.

---

[1] λούω 3s aor act ind, wash
[2] πληγή, -ῆς f, beating
[3] παραχρῆμα, adv, at once
[4] ἀνάγω aor act ptc m s nom, bring (up)
[5] παρατίθημι 3s aor act ind, place (something before someone)
[6] τράπεζα, -ης f, food
[7] ἀγαλλιάω 3s aor mid ind, be extremely joyful
[8] πανοικεί, adv, with one's entire household
[9] ἀποστέλλω 3p aor act ind, send
[10] στρατηγός, -οῦ m, magistrate
[11] ῥαβδοῦχος, -ου m, police
[12] ἀπαγγέλλω 3s aor act ind, tell
[13] δεσμοφύλαξ, -ακος m, jailer
[14] ἀποστέλλω 3p pf act ind, send
[15] ἀπολύω 2p aor pas ptc, set free
[16] δέρω aor act ptc m p nom, beat
[17] δημόσιος, -α/ον, public (δημοσίᾳ in public)
[18] ἀκατάκριτος, -ον, without a trial
[19] βάλλω 3p aor act ind, throw
[20] λάθρᾳ, adv, secretly
[21] ἐξάγω 3p aor act impv, bring out
[22] ἀπαγγέλλω 3p aor act ind, tell
[23] ἐξάγω aor act ptc m p nom, bring out
[24] διοδεύω aor act ptc m p nom, travel through
[25] εἴωθα pf act ptc n s acc, be accustomed (τὸ εἰωθός custom)
[26] διαλέγομαι 3s aor mid ind, reason/argue
[27] διανοίγω pres act ptc m s nom, explain
[28] παρατίθημι pres mid ptc m s nom, mid prove
[29] πάσχω aor act inf, suffer
[30] ἀνίστημι aor act inf, intrans rise
[31] καταγγέλλω 1s pres act ind, preach
[32] πείθω 3p aor pas ind, persuade
[33] προσκληρόω 3p aor pas ind, pas join
[34] σέβομαι pres mid ptc m p gen, worship (ὁ σ. [τὸν θεόν] a Gentile who accepted the one God of Judaism)

5 ζηλώσαντες¹ δὲ οἱ Ἰουδαῖοι καὶ προσλαβόμενοι² τῶν ἀγοραίων³ ἄνδρας τινὰς πονηροὺς καὶ ὀχλοποιήσαντες⁴ ἐθορύβουν⁵ τὴν πόλιν καὶ ἐπιστάντες⁶ τῇ οἰκίᾳ Ἰάσονος ἐζήτουν αὐτοὺς προαγαγεῖν⁷ εἰς τὸν δῆμον⁸· 6 μὴ εὑρόντες⁹ δὲ αὐτοὺς ἔσυρον¹⁰ Ἰάσονα καί τινας ἀδελφοὺς ἐπὶ τοὺς πολιτάρχας¹¹ βοῶντες¹² ὅτι οἱ τὴν οἰκουμένην¹³ ἀναστατώσαντες¹⁴ οὗτοι καὶ ἐνθάδε¹⁵ πάρεισιν¹⁶. 7 οὓς ὑποδέδεκται¹⁷ Ἰάσων, καὶ οὗτοι πάντες ἀπέναντι¹⁸ τῶν δογμάτων¹⁹ Καίσαρος πράσσουσιν βασιλέα ἕτερον λέγοντες εἶναι, Ἰησοῦν. 8 ἐτάραξαν²⁰ δὲ τὸν ὄχλον καὶ τοὺς πολιτάρχας ἀκούοντας ταῦτα, 9 καὶ λαβόντες τὸ ἱκανὸν²¹ παρὰ τοῦ Ἰάσονος καὶ τῶν λοιπῶν ἀπέλυσαν αὐτούς.

The Apostles in Beroea

10 Οἱ δὲ ἀδελφοὶ εὐθέως διὰ νυκτὸς ἐξέπεμψαν²² τόν τε Παῦλον καὶ τὸν Σιλᾶν εἰς Βέροιαν οἵτινες παραγενόμενοι²³ εἰς τὴν συναγωγὴν τῶν Ἰουδαίων ἀπῄεσαν²⁴. 11 οὗτοι δὲ ἦσαν εὐγενέστεροι²⁵ τῶν ἐν Θεσσαλονίκῃ οἵτινες ἐδέξαντο²⁶ τὸν λόγον μετὰ πάσης προθυμίας²⁷ καθ' ἡμέραν ἀνακρίνοντες²⁸ τὰς γραφὰς εἰ ἔχοι²⁹ ταῦτα οὕτως. 12 πολλοὶ μὲν οὖν ἐξ αὐτῶν ἐπίστευσαν καὶ τῶν Ἑλληνίδων γυναικῶν τῶν εὐσχημόνων³⁰ καὶ ἀνδρῶν οὐκ ὀλίγοι. 13 ὡς δὲ ἔγνωσαν³¹ οἱ ἀπὸ τῆς Θεσσαλονίκης Ἰουδαῖοι ὅτι καὶ ἐν τῇ Βεροίᾳ κατηγγέλη³² ὑπὸ τοῦ Παύλου ὁ λόγος τοῦ θεοῦ, ἦλθον κἀκεῖ σαλεύοντες³³ καὶ ταράσσοντες³⁴ τοὺς ὄχλους. 14 εὐθέως δὲ τότε τὸν Παῦλον ἐξαπέστειλαν³⁵ οἱ ἀδελφοὶ πορεύεσθαι ἕως ἐπὶ τὴν θάλασσαν, ὑπέμεινάν³⁶ τε ὅ τε Σιλᾶς καὶ ὁ Τιμόθεος ἐκεῖ. 15 οἱ δὲ καθιστάνοντες³⁷ τὸν Παῦλον ἤγαγον³⁸ ἕως Ἀθηνῶν καὶ λαβόντες ἐντολὴν πρὸς τὸν Σιλᾶν καὶ τὸν Τιμόθεον ἵνα ὡς τάχιστα³⁹ ἔλθωσιν πρὸς αὐτὸν ἐξῄεσαν⁴⁰.

1 ζηλόω *aor act ptc m p nom*, be jealous
2 προσλαμβάνω *aor mid ptc m p nom*, mid take (along)
3 ἀγοραῖος, -ου *m*, loafer
4 ὀχλοποιέω *aor act ptc m p nom*, gather a crowd
5 θορυβέω *3p impf act ind*, set in an uproar
6 ἐφίστημι *aor act ptc m p nom*, go straight to
7 προάγω *aor act inf*, bring out
8 δῆμος, -ου *m*, people
9 εὑρίσκω *aor act ptc m p nom*, find
10 σύρω *3p impf act ind*, drag
11 πολιτάρχης, -ου *m*, city official
12 βοάω *pres act ptc m p nom*, shout
13 οἰκουμένη, -ης *f*, world
14 ἀναστατόω *aor act ptc m p nom*, upset
15 ἐνθάδε, *adv*, here
16 πάρειμι *3p pres act ind*, be here
17 ὑποδέχομαι *3s pf mid ind*, welcome as a guest
18 ἀπέναντι, *prep + gen*, contrary to
19 δόγμα, -τος *n*, decree
20 ταράσσω *3p aor act ind*, upset
21 ἱκανός, -ή/όν, enough (τὸ ἱ. bail money)
22 ἐκπέμπω *3p aor act ind*, send away
23 παραγίνομαι *aor mid ptc m p nom*, arrive
24 ἄπειμι *3p aor act ind*, go
25 εὐγενής, -ές, high minded/ fine (comp)
26 δέχομαι *3p aor mid ind*, receive
27 προθυμία, -ας *f*, eagerness
28 ἀνακρίνω *pres act ptc m p nom*, examine
29 ἔχω *3s pres act opt*, have (ἔ. οὕτως it is so)
30 εὐσχήμων, -ον, important
31 γινώσκω *3p aor act ind*, find out
32 καταγγέλλω *3s aor pas ind*, preach
33 σαλεύω *pres act ptc m p nom*, stir up
34 ταράσσω *pres act ptc m p nom*, upset
35 ἐξαποστέλλω *3p aor act ind*, send (off)
36 ὑπομένω *3p aor act ind*, remain
37 καθίστημι *pres act ptc m p nom*, accompany
38 ἄγω *3p aor act ind*, bring
39 ταχέως, *adv*, soon (super)
40 ἔξειμι *3p impf act ind*, leave

Paul in Athens

16 Ἐν δὲ ταῖς Ἀθήναις ἐκδεχομένου¹ αὐτοὺς τοῦ Παύλου παρωξύνετο² τὸ πνεῦμα αὐτοῦ ἐν αὐτῷ θεωροῦντος κατείδωλον³ οὖσαν τὴν πόλιν. **17** διελέγετο⁴ μὲν οὖν ἐν τῇ συναγωγῇ τοῖς Ἰουδαίοις καὶ τοῖς σεβομένοις⁵ καὶ ἐν τῇ ἀγορᾷ⁶ κατὰ πᾶσαν ἡμέραν πρὸς τοὺς παρατυγχάνοντας⁷. **18** τινὲς δὲ καὶ τῶν Ἐπικουρείων καὶ Στοϊκῶν φιλοσόφων⁸ συνέβαλλον⁹ αὐτῷ, καί τινες ἔλεγον· τί ἂν θέλοι¹⁰ ὁ σπερμολόγος¹¹ οὗτος λέγειν; οἱ δέ· ξένων¹² δαιμονίων δοκεῖ καταγγελεὺς¹³ εἶναι, ὅτι τὸν Ἰησοῦν καὶ τὴν ἀνάστασιν εὐηγγελίζετο. **19** ἐπιλαβόμενοί¹⁴ τε αὐτοῦ ἐπὶ τὸν Ἄρειον πάγον¹⁵ ἤγαγον¹⁶ λέγοντες· δυνάμεθα γνῶναι¹⁷ τίς ἡ καινὴ αὕτη ἡ ὑπὸ σοῦ λαλουμένη διδαχή¹⁸; **20** ξενίζοντα¹⁹ γάρ τινα εἰσφέρεις²⁰ εἰς τὰς ἀκοὰς²¹ ἡμῶν· βουλόμεθα οὖν γνῶναι τίνα θέλει ταῦτα εἶναι. **21** Ἀθηναῖοι δὲ πάντες καὶ οἱ ἐπιδημοῦντες²² ξένοι εἰς οὐδὲν ἕτερον ηὐκαίρουν²³ ἢ λέγειν τι ἢ ἀκούειν τι καινότερον²⁴.

22 Σταθεὶς²⁵ δὲ ὁ Παῦλος ἐν μέσῳ τοῦ Ἀρείου πάγου ἔφη· ἄνδρες Ἀθηναῖοι, κατὰ πάντα ὡς δεισιδαιμονεστέρους²⁶ ὑμᾶς θεωρῶ. **23** διερχόμενος γὰρ καὶ ἀναθεωρῶν²⁷ τὰ σεβάσματα²⁸ ὑμῶν εὗρον²⁹ καὶ βωμὸν³⁰ ἐν ᾧ ἐπεγέγραπτο³¹· ἀγνώστῳ³² θεῷ.

ὃ οὖν ἀγνοοῦντες³³ εὐσεβεῖτε³⁴, τοῦτο ἐγὼ καταγγέλλω³⁵ ὑμῖν. **24** ὁ θεὸς ὁ ποιήσας τὸν κόσμον καὶ πάντα τὰ ἐν αὐτῷ, οὗτος οὐρανοῦ καὶ γῆς ὑπάρχων κύριος οὐκ ἐν χειροποιήτοις³⁶ ναοῖς κατοικεῖ **25** οὐδὲ ὑπὸ χειρῶν ἀνθρωπίνων³⁷ θεραπεύεται προσδεόμενός³⁸ τινος αὐτὸς διδοὺς³⁹ πᾶσιν ζωὴν καὶ πνοὴν⁴⁰ καὶ τὰ πάντα· **26** ἐποίησέν τε ἐξ ἑνὸς πᾶν ἔθνος ἀνθρώπων κατοικεῖν ἐπὶ παντὸς προσώπου τῆς

---

¹ ἐκδέχομαι pres mid ptc m s gen, wait for
² παροξύνω 3s impf mid ind, mid be greatly upset
³ κατείδωλος, -ον, full of idols
⁴ διαλέγομαι 3s impf mid ind, reason/argue
⁵ σέβομαι pres mid ptc m p dat, worship (ὁ σ. [τὸν θεόν] a Gentile who accepted the one God of Judaism)
⁶ ἀγορά, -ᾶς, market place
⁷ παρατυγχάνω pres act ptc m p acc, happen to be present
⁸ φιλόσοφος, -ου m, philosopher
⁹ συμβάλλω 3p impf act ind, meet
¹⁰ θέλω 3s pres act opt, want
¹¹ σπερμολόγος, -ου m, one who picks up scraps of information
¹² ξένος, -η/ον, foreign

¹³ καταγγελεύς, -έως m, proclaimer
¹⁴ ἐπιλαμβάνομαι aor mid ptc m p nom, take hold of
¹⁵ πάγος, -ου m, (rocky) hill
¹⁶ ἄγω 3p aor act ind, bring
¹⁷ γινώσκω aor act inf, find out
¹⁸ διδαχή, -ῆς f, teaching
¹⁹ ξενίζω pres act ptc n p acc, surprise
²⁰ εἰσφέρω 2s pres act ind, bring in
²¹ ἀκοή, -ῆς f, hearing
²² ἐπιδημέω pres act ptc m p nom, visit
²³ εὐκαιρέω 3p impf act ind, spend time
²⁴ καινός, new (comp)
²⁵ ἵστημι aor pas ptc m s nom, pas stand
²⁶ δεισιδαίμων, religious (comp)

²⁷ ἀναθεωρέω pres act ptc m s nom, observe closely
²⁸ σέβασμα, -τος n, object of worship
²⁹ εὑρίσκω 1s aor act ind, find
³⁰ βωμός, -οῦ m, altar
³¹ ἐπιγράφω 3s plpf pas ind, write on
³² ἄγνωστος, -ον, unknown
³³ ἀγνοέω pres act ptc m p nom, be ignorant
³⁴ εὐσεβέω 2p pres act ind, worship
³⁵ καταγγέλλω 1s pres act ind, proclaim
³⁶ χειροποίητος, -ον, made by human hands
³⁷ ἀνθρώπινος, -η/ον, human
³⁸ προσδέομαι pres pas ptc m s nom, need
³⁹ δίδωμι pres act ptc m s nom, give
⁴⁰ πνοή, -ῆς f, breath

γῆς ὁρίσας¹ προστεταγμένους² καιροὺς καὶ τὰς ὁροθεσίας³ τῆς κατοικίας⁴ αὐτῶν 27 ζητεῖν τὸν θεὸν εἰ ἄρα γε⁵ ψηλαφήσειαν⁶ αὐτὸν καὶ εὕροιεν⁷ καί γε οὐ μακρὰν⁸ ἀπὸ ἑνὸς ἑκάστου ἡμῶν ὑπάρχοντα. 28 Ἐν αὐτῷ γὰρ ζῶμεν καὶ κινούμεθα⁹ καὶ ἐσμέν, ὡς καί τινες τῶν καθ' ὑμᾶς ποιητῶν¹⁰ εἰρήκασιν¹¹· τοῦ γὰρ καὶ γένος¹² ἐσμέν. 29 γένος οὖν ὑπάρχοντες τοῦ θεοῦ οὐκ ὀφείλομεν νομίζειν¹³ χρυσῷ¹⁴ ἢ ἀργύρῳ¹⁵ ἢ λίθῳ, χαράγματι¹⁶ τέχνης¹⁷ καὶ ἐνθυμήσεως¹⁸ ἀνθρώπου τὸ θεῖον¹⁹ εἶναι ὅμοιον. 30 τοὺς μὲν οὖν χρόνους τῆς ἀγνοίας²⁰ ὑπεριδὼν²¹ ὁ θεὸς τὰ νῦν παραγγέλλει τοῖς ἀνθρώποις πάντας πανταχοῦ²² μετανοεῖν, 31 καθότι²³ ἔστησεν²⁴ ἡμέραν ἐν ᾗ μέλλει κρίνειν τὴν οἰκουμένην²⁵ ἐν δικαιοσύνῃ ἐν ἀνδρὶ ᾧ ὥρισεν²⁶ πίστιν παρασχὼν²⁷ πᾶσιν ἀναστήσας²⁸ αὐτὸν ἐκ νεκρῶν. 32 ἀκούσαντες δὲ ἀνάστασιν νεκρῶν οἱ μὲν ἐχλεύαζον²⁹, οἱ δὲ εἶπαν· ἀκουσόμεθά σου περὶ τούτου καὶ πάλιν. 33 οὕτως ὁ Παῦλος ἐξῆλθεν ἐκ μέσου αὐτῶν. 34 τινὲς δὲ ἄνδρες κολληθέντες³⁰ αὐτῷ ἐπίστευσαν ἐν οἷς καὶ Διονύσιος ὁ Ἀρεοπαγίτης³¹ καὶ γυνὴ ὀνόματι Δάμαρις καὶ ἕτεροι σὺν αὐτοῖς.

Paul in Corinth

18 Μετὰ ταῦτα χωρισθεὶς³² ἐκ τῶν Ἀθηνῶν ἦλθεν εἰς Κόρινθον. 2 καὶ εὑρών τινα Ἰουδαῖον ὀνόματι Ἀκύλαν, Ποντικὸν τῷ γένει³³ προσφάτως³⁴ ἐληλυθότα³⁵ ἀπὸ τῆς Ἰταλίας καὶ Πρίσκιλλαν γυναῖκα αὐτοῦ διὰ τὸ διατετάχεναι³⁶ Κλαύδιον χωρίζεσθαι³⁷ πάντας τοὺς Ἰουδαίους ἀπὸ τῆς Ῥώμης προσῆλθεν³⁸ αὐτοῖς 3 καὶ διὰ τὸ ὁμότεχνον³⁹ εἶναι ἔμενεν παρ' αὐτοῖς, καὶ ἠργάζετο· ἦσαν γὰρ σκηνοποιοὶ⁴⁰ τῇ

---

¹ ὁρίζω aor act ptc m s nom, determine
² προστάσσω pf pas ptc m p acc, command (π. καιροί appointed times)
³ ὁροθεσία, -ας f, boundary
⁴ κατοικία, -ας f, place in which one lives
⁵ γέ, emphatic particle
⁶ ψηλαφάω 3p aor act opt, feel around for
⁷ εὑρίσκω 3p aor act opt, find
⁸ μακράν, adv, far
⁹ κινέω 1p pres act ind, move
¹⁰ ποιητής, -οῦ m, poet
¹¹ λέγω 3p pf act ind, say
¹² γένος, -ους n, children
¹³ νομίζω pres act inf, think
¹⁴ χρυσός, -οῦ m, gold
¹⁵ ἄργυρος, -ου m, silver
¹⁶ χάραγμα, -τος n, image
¹⁷ τέχνη, -ης f, artistic ability
¹⁸ ἐνθύμησις, -εως f, imagination
¹⁹ θεῖος, -α/ον, divine (τὸ θ. divine being)
²⁰ ἄγνοια, -ας f, ignorance
²¹ ὑπεροράω aor act ptc m s nom, overlook
²² πανταχοῦ, adv, everywhere
²³ καθότι, conj, because
²⁴ ἵστημι 3s aor act ind, set
²⁵ οἰκουμένη, -ης f, world
²⁶ ὁρίζω 3s aor act ind, appoint
²⁷ παρέχω aor act ptc m s nom, give
²⁸ ἀνίστημι aor act ptc m s nom, raise
²⁹ χλευάζω 3p impf act ind, make fun of
³⁰ κολλάομαι aor pas ptc m p nom, join
³¹ Ἀρεοπαγίτης, -ου m, Areopagite (member of the court of Areopagus)
³² χωρίζω aor pas ptc m s nom, pas leave
³³ γένος, -ους n, nationality
³⁴ προσφάτως, adv, recently
³⁵ ἔρχομαι pf act ind m s acc, come
³⁶ διατάσσω pf act inf, command
³⁷ χωρίζω pres pas inf, pas leave
³⁸ προσέρχομαι 3s aor act ind, go (to)
³⁹ ὁμότεχνος, -ον, of the same trade
⁴⁰ σκηνοποιός, -οῦ m, tent-maker

ΠΡΑΞΕΙΣ ΑΠΟΣΤΟΛΩΝ 18.4-16

τέχνῃ¹. 4 διελέγετο² δὲ ἐν τῇ συναγωγῇ κατὰ πᾶν σάββατον ἔπειθέν τε Ἰουδαίους καὶ Ἕλληνας. 5 ὡς δὲ κατῆλθον³ ἀπὸ τῆς Μακεδονίας ὅ τε Σιλᾶς καὶ ὁ Τιμόθεος, συνείχετο⁴ τῷ λόγῳ ὁ Παῦλος διαμαρτυρόμενος⁵ τοῖς Ἰουδαίοις εἶναι τὸν χριστὸν Ἰησοῦν. 6 ἀντιτασσομένων⁶ δὲ αὐτῶν καὶ βλασφημούντων ἐκτιναξάμενος⁷ τὰ ἱμάτια εἶπεν πρὸς αὐτούς· τὸ αἷμα ὑμῶν ἐπὶ τὴν κεφαλὴν ὑμῶν· καθαρὸς⁸ ἐγὼ ἀπὸ τοῦ νῦν εἰς τὰ ἔθνη πορεύσομαι. 7 καὶ μεταβὰς⁹ ἐκεῖθεν¹⁰ εἰσῆλθεν εἰς οἰκίαν τινὸς ὀνόματι Τίτου Ἰούστου σεβομένου¹¹ τὸν θεὸν οὗ ἡ οἰκία ἦν συνομοροῦσα¹² τῇ συναγωγῇ. 8 Κρίσπος δὲ ὁ ἀρχισυνάγωγος¹³ ἐπίστευσεν τῷ κυρίῳ σὺν ὅλῳ τῷ οἴκῳ αὐτοῦ, καὶ πολλοὶ¹⁴ τῶν Κορινθίων ἀκούοντες ἐπίστευον καὶ ἐβαπτίζοντο. 9 εἶπεν δὲ ὁ κύριος ἐν νυκτὶ δι' ὁράματος¹⁵ τῷ Παύλῳ· μὴ φοβοῦ, ἀλλὰ λάλει καὶ μὴ σιωπήσῃς¹⁶, 10 διότι¹⁷ ἐγώ εἰμι μετὰ σοῦ καὶ οὐδεὶς ἐπιθήσεταί¹⁸ σοι τοῦ κακῶσαί¹⁹ σε, διότι λαός ἐστίν μοι πολὺς ἐν τῇ πόλει ταύτῃ. 11 ἐκάθισεν²⁰ δὲ ἐνιαυτὸν²¹ καὶ μῆνας²² ἓξ²³ διδάσκων ἐν αὐτοῖς τὸν λόγον τοῦ θεοῦ.

12 Γαλλίωνος δὲ ἀνθυπάτου²⁴ ὄντος τῆς Ἀχαΐας κατεπέστησαν²⁵ ὁμοθυμαδὸν²⁶ οἱ Ἰουδαῖοι τῷ Παύλῳ καὶ ἤγαγον²⁷ αὐτὸν ἐπὶ τὸ βῆμα²⁸ 13 λέγοντες ὅτι παρὰ τὸν νόμον ἀναπείθει²⁹ οὗτος τοὺς ἀνθρώπους σέβεσθαι³⁰ τὸν θεόν. 14 μέλλοντος δὲ τοῦ Παύλου ἀνοίγειν τὸ στόμα εἶπεν ὁ Γαλλίων πρὸς τοὺς Ἰουδαίους· εἰ μὲν ἦν ἀδίκημά³¹ τι ἢ ῥᾳδιούργημα³² πονηρόν, ὦ³³ Ἰουδαῖοι, κατὰ λόγον ἂν ἀνεσχόμην³⁴ ὑμῶν, 15 εἰ δὲ ζητήματά³⁵ ἐστιν περὶ λόγου καὶ ὀνομάτων καὶ νόμου τοῦ καθ' ὑμᾶς, ὄψεσθε³⁶ αὐτοί· κριτής³⁷ ἐγὼ τούτων οὐ βούλομαι εἶναι. 16 καὶ ἀπήλασεν³⁸ αὐτοὺς

---

1 τέχνη, -ης f, trade
2 διαλέγομαι 3s impf mid ind, reason/argue
3 κατέρχομαι 3p aor act ind, come down
4 συνέχω 3s impf pas ind, pas be occupied with
5 διαμαρτύρομαι pres mid ptc m s nom, preach
6 ἀντιτάσσομαι pres mid ptc m p gen, oppose
7 ἐκτινάσσω aor mid ptc m s nom, mid shake off
8 καθαρός, -ά/όν, innocent
9 μεταβαίνω aor act ptc m s nom, leave
10 ἐκεῖθεν, adv, (from) there
11 σέβομαι pres mid ptc m s gen, worship
12 συνομορέω pres act ptc f s nom, be next door
13 ἀρχισυνάγωγος, -ου m, synagogue leader
14 πολύς/πολλή/πολύ, many
15 ὅραμα, -τος n, vision
16 σιωπάω 2s aor act sub, be silent
17 διότι, conj, because
18 ἐπιτίθημι 3s fut mid ind, attack
19 κακόω aor act inf, harm
20 καθίζω 3s aor act ind, stay
21 ἐνιαυτός, -οῦ m, year
22 μήν, μηνός m, month
23 ἕξ, six
24 ἀνθύπατος, -ου m, proconsul (official in charge of a Roman senatorial province)
25 κατεφίσταμαι 3p aor act ind, mid attack
26 ὁμοθυμαδόν, adv, together
27 ἄγω 3p aor act ind, bring
28 βῆμα, -τος n, court
29 ἀναπείθω 3s pres act ind, persuade
30 σέβομαι pres mid inf, worship
31 ἀδίκημα, -τος n, crime
32 ῥᾳδιούργημα, -τος n, wrongdoing
33 ὦ, interj, O!
34 ἀνέχομαι 1s aor mid ind, be patient with
35 ζήτημα, -τος n, question
36 ὁράω 2p fut mid ind, mid see (that something is done; ὅ. αὐτοί settle the matter yourselves)
37 κριτής, -οῦ m, judge
38 ἀπελαύνω 3s aor act ind, make (someone) leave

ἀπὸ τοῦ βήματος¹. 17ἐπιλαβόμενοι² δὲ πάντες Σωσθένην τὸν ἀρχισυνάγωγον³ ἔτυπτον⁴ ἔμπροσθεν τοῦ βήματος· καὶ οὐδὲν τούτων τῷ Γαλλίωνι ἔμελεν⁵.

Paul's Return to Antioch

18Ὁ δὲ Παῦλος ἔτι προσμείνας⁶ ἡμέρας ἱκανὰς τοῖς ἀδελφοῖς ἀποταξάμενος⁷ ἐξέπλει⁸ εἰς τὴν Συρίαν, καὶ σὺν αὐτῷ Πρίσκιλλα καὶ Ἀκύλας κειράμενος⁹ ἐν Κεγχρεαῖς τὴν κεφαλήν, εἶχεν γὰρ εὐχήν¹⁰. 19κατήντησαν¹¹ δὲ εἰς Ἔφεσον, κἀκείνους κατέλιπεν¹² αὐτοῦ¹³, αὐτὸς δὲ εἰσελθὼν εἰς τὴν συναγωγὴν διελέξατο¹⁴ τοῖς Ἰουδαίοις. 20ἐρωτώντων δὲ αὐτῶν ἐπὶ πλείονα¹⁵ χρόνον μεῖναι¹⁶ οὐκ ἐπένευσεν¹⁷, 21ἀλλ' ἀποταξάμενος καὶ εἰπών· πάλιν ἀνακάμψω¹⁸ πρὸς ὑμᾶς τοῦ θεοῦ θέλοντος, ἀνήχθη¹⁹ ἀπὸ τῆς Ἐφέσου, 22καὶ κατελθὼν²⁰ εἰς Καισάρειαν, ἀναβὰς²¹ καὶ ἀσπασάμενος τὴν ἐκκλησίαν κατέβη²² εἰς Ἀντιόχειαν.

23Καὶ ποιήσας χρόνον τινὰ ἐξῆλθεν διερχόμενος καθεξῆς²³ τὴν Γαλατικὴν χώραν²⁴ καὶ Φρυγίαν ἐπιστηρίζων²⁵ πάντας τοὺς μαθητάς.

Apollos Preaches in Ephesus

24Ἰουδαῖος δέ τις Ἀπολλῶς ὀνόματι, Ἀλεξανδρεὺς τῷ γένει²⁶, ἀνὴρ λόγιος²⁷, κατήντησεν²⁸ εἰς Ἔφεσον, δυνατὸς ὢν ἐν ταῖς γραφαῖς. 25οὗτος ἦν κατηχημένος²⁹ τὴν ὁδὸν τοῦ κυρίου καὶ ζέων³⁰ τῷ πνεύματι ἐλάλει καὶ ἐδίδασκεν ἀκριβῶς³¹ τὰ περὶ τοῦ Ἰησοῦ ἐπιστάμενος³² μόνον τὸ βάπτισμα³³ Ἰωάννου· 26οὗτός τε ἤρξατο³⁴ παρρησιάζεσθαι³⁵ ἐν τῇ συναγωγῇ. ἀκούσαντες δὲ αὐτοῦ Πρίσκιλλα καὶ Ἀκύλας προσελάβοντο³⁶ αὐτὸν καὶ ἀκριβέστερον³⁷ αὐτῷ ἐξέθεντο³⁸ τὴν ὁδὸν

---

1 βῆμα, -τος n, court
2 ἐπιλαμβάνομαι aor mid ptc m p nom, take hold of
3 ἀρχισυνάγωγος, -ου m, synagogue leader
4 τύπτω 3p impf act ind, beat
5 μέλει 3s impf act ind, be of concern
6 προσμένω aor act ptc m s nom, stay on
7 ἀποτάσσομαι aor mid ptc m s nom, say good-bye
8 ἐκπλέω 3s impf act ind, sail
9 κείρω aor mid ptc m s nom, mid have one's hair cut (off)
10 εὐχή, -ῆς f, vow
11 καταντάω 3p aor act ind, arrive
12 καταλείπω 3s aor act ind, leave
13 αὐτοῦ, adv, there
14 διαλέγομαι 3s aor mid ind, reason/argue
15 πολύς, much (comp)
16 μένω aor act inf, stay
17 ἐπινεύω 3s aor act ind, consent
18 ἀνακάμπτω 1s fut act ind, return
19 ἀνάγω 3s aor pas ind, pas set sail
20 κατέρχομαι aor act ptc m s nom, arrive
21 ἀναβαίνω aor act ptc m s nom, go/come up
22 καταβαίνω 3s aor act ind, come/go down
23 καθεξῆς, adv, in order
24 χώρα, -ας f, region
25 ἐπιστηρίζω pres act ptc m s nom, strengthen
26 γένος, -ους n, nationality
27 λόγιος, -α/ον, eloquent/learned
28 καταντάω 3s aor act ind, arrive
29 κατηχέω pf pas ptc m s nom, teach
30 ζέω pres act ptc m s nom, be fervent/enthusiastic
31 ἀκριβῶς, adv, accurately
32 ἐπίσταμαι pres pas ptc m s nom, know
33 βάπτισμα, -τος n, baptism
34 ἄρχω 3s aor mid ind, mid begin
35 παρρησιάζομαι pres mid inf, speak boldly
36 προσλαμβάνω 3p aor mid ind, mid take aside
37 ἀκριβῶς, adv, accurately (comp)
38 ἐκτίθημι 3p aor mid ind, mid explain

τοῦ θεοῦ. 27 βουλομένου δὲ αὐτοῦ διελθεῖν¹ εἰς τὴν Ἀχαΐαν προτρεψάμενοι² οἱ ἀδελφοὶ ἔγραψαν τοῖς μαθηταῖς ἀποδέξασθαι³ αὐτόν. ὃς παραγενόμενος⁴ συνεβάλετο⁵ πολὺ τοῖς πεπιστευκόσιν διὰ τῆς χάριτος· 28 εὐτόνως⁶ γὰρ τοῖς Ἰουδαίοις διακατηλέγχετο⁷ δημοσίᾳ⁸ ἐπιδεικνὺς⁹ διὰ τῶν γραφῶν εἶναι τὸν χριστὸν Ἰησοῦν.

Paul in Ephesus

19 Ἐγένετο δὲ ἐν τῷ τὸν Ἀπολλῶ εἶναι ἐν Κορίνθῳ Παῦλον διελθόντα¹⁰ τὰ ἀνωτερικὰ¹¹ μέρη κατελθεῖν¹² εἰς Ἔφεσον καὶ εὑρεῖν¹³ τινας μαθητὰς 2 εἶπέν τε πρὸς αὐτούς· εἰ πνεῦμα ἅγιον ἐλάβετε πιστεύσαντες; οἱ δὲ πρὸς αὐτόν· ἀλλ᾽ οὐδ᾽ εἰ πνεῦμα ἅγιον ἔστιν ἠκούσαμεν. 3 εἶπέν τε· εἰς τί οὖν ἐβαπτίσθητε; οἱ δὲ εἶπαν· εἰς τὸ Ἰωάννου βάπτισμα¹⁴. 4 εἶπεν δὲ Παῦλος· Ἰωάννης ἐβάπτισεν βάπτισμα μετανοίας¹⁵ τῷ λαῷ λέγων εἰς τὸν ἐρχόμενον μετ᾽ αὐτόν, ἵνα πιστεύσωσιν, τοῦτ᾽ ἔστιν εἰς τὸν Ἰησοῦν. 5 ἀκούσαντες δὲ ἐβαπτίσθησαν εἰς τὸ ὄνομα τοῦ κυρίου Ἰησοῦ, 6 καὶ ἐπιθέντος¹⁶ αὐτοῖς τοῦ Παύλου τὰς χεῖρας ἦλθεν τὸ πνεῦμα τὸ ἅγιον ἐπ᾽ αὐτούς, ἐλάλουν τε γλώσσαις καὶ ἐπροφήτευον¹⁷. 7 ἦσαν δὲ οἱ πάντες ἄνδρες ὡσεὶ¹⁸ δώδεκα.

8 Εἰσελθὼν δὲ εἰς τὴν συναγωγὴν ἐπαρρησιάζετο¹⁹ ἐπὶ μῆνας²⁰ τρεῖς διαλεγόμενος²¹ καὶ πείθων τὰ περὶ τῆς βασιλείας τοῦ θεοῦ. 9 ὡς δέ τινες ἐσκληρύνοντο²² καὶ ἠπείθουν²³ κακολογοῦντες²⁴ τὴν ὁδὸν ἐνώπιον τοῦ πλήθους, ἀποστὰς²⁵ ἀπ᾽ αὐτῶν ἀφώρισεν²⁶ τοὺς μαθητὰς καθ᾽ ἡμέραν διαλεγόμενος ἐν τῇ σχολῇ²⁷ Τυράννου. 10 τοῦτο δὲ ἐγένετο ἐπὶ ἔτη δύο, ὥστε πάντας τοὺς κατοικοῦντας τὴν Ἀσίαν ἀκοῦσαι τὸν λόγον τοῦ κυρίου, Ἰουδαίους τε καὶ Ἕλληνας. 11 δυνάμεις τε οὐ τὰς τυχούσας²⁸ ὁ θεὸς ἐποίει διὰ τῶν χειρῶν Παύλου, 12 ὥστε καὶ ἐπὶ τοὺς ἀσθενοῦντας

---

¹ διέρχομαι *aor act inf*, cross over
² προτρέπω *aor mid ptc m p nom*, mid encourage
³ ἀποδέχομαι *aor mid inf*, welcome
⁴ παραγίνομαι *aor mid ptc m s nom*, arrive
⁵ συμβάλλω *3s aor mid ind*, mid help
⁶ εὐτόνως, *adv*, vigorously/fiercely
⁷ διακατελέγχομαι *3s impf mid ind*, defeat
⁸ δημόσιος, -α/ον, public (δημοσίᾳ in public)
⁹ ἐπιδείκνυμι *pres act ptc m s nom*, show
¹⁰ διέρχομαι *aor act ptc m s acc*, pass through
¹¹ ἀνωτερικός, -ή/όν, upper
¹² κατέρχομαι *aor act inf*, come
¹³ εὑρίσκω *aor act inf*, find
¹⁴ βάπτισμα, -τος *n*, baptism
¹⁵ μετάνοια, -ας *f*, repentance
¹⁶ ἐπιτίθημι *aor act ptc m s gen*, lay
¹⁷ προφητεύω *3s impf act ind*, prophesy
¹⁸ ὡσεί, *particle of comparison*, about
¹⁹ παρρησιάζομαι *3s impf mid ind*, speak boldly
²⁰ μήν, μηνός *m*, month
²¹ διαλέγομαι *pres mid ptc m s nom*, reason/argue
²² σκληρύνω *3p impf pas ind*, pas be stubborn
²³ ἀπειθέω *3p impf act ind*, refuse to believe
²⁴ κακολογέω *pres act ptc m p nom*, speak evil of
²⁵ ἀφίστημι *aor act ptc m s nom*, *intrans* leave
²⁶ ἀφορίζω *3s aor act ind*, take (away)
²⁷ σχολή, -ῆς *f*, lecture hall
²⁸ τυγχάνω *aor act ptc f p acc*, happen (οὐχ ὁ τ. extraordinary)

ἀποφέρεσθαι¹ ἀπὸ τοῦ χρωτὸς² αὐτοῦ σουδάρια³ ἢ σιμικίνθια⁴ καὶ ἀπαλλάσσεσθαι⁵ ἀπ' αὐτῶν τὰς νόσους⁶, τά τε πνεύματα τὰ πονηρὰ ἐκπορεύεσθαι.

The Sons of Sceva

13 Ἐπεχείρησαν⁷ δέ τινες καὶ τῶν περιερχομένων⁸ Ἰουδαίων ἐξορκιστῶν⁹ ὀνομάζειν¹⁰ ἐπὶ τοὺς ἔχοντας τὰ πνεύματα τὰ πονηρὰ τὸ ὄνομα τοῦ κυρίου Ἰησοῦ λέγοντες· ὁρκίζω¹¹ ὑμᾶς τὸν Ἰησοῦν ὃν Παῦλος κηρύσσει. 14 ἦσαν δέ τινες Σκευᾶ Ἰουδαίου ἀρχιερέως ἑπτὰ υἱοὶ τοῦτο ποιοῦντες. 15 ἀποκριθὲν δὲ τὸ πνεῦμα τὸ πονηρὸν εἶπεν αὐτοῖς· τὸν Ἰησοῦν γινώσκω καὶ τὸν Παῦλον ἐπίσταμαι¹², ὑμεῖς δὲ τίνες ἐστέ; 16 καὶ ἐφαλόμενος¹³ ὁ ἄνθρωπος ἐπ' αὐτοὺς ἐν ᾧ ἦν τὸ πνεῦμα τὸ πονηρὸν κατακυριεύσας¹⁴ ἀμφοτέρων¹⁵ ἴσχυσεν¹⁶ κατ' αὐτῶν, ὥστε γυμνοὺς¹⁷ καὶ τετραυματισμένους¹⁸ ἐκφυγεῖν¹⁹ ἐκ τοῦ οἴκου ἐκείνου. 17 τοῦτο δὲ ἐγένετο γνωστὸν²⁰ πᾶσιν Ἰουδαίοις τε καὶ Ἕλλησιν τοῖς κατοικοῦσιν τὴν Ἔφεσον, καὶ ἐπέπεσεν²¹ φόβος ἐπὶ πάντας αὐτοὺς καὶ ἐμεγαλύνετο²² τὸ ὄνομα τοῦ κυρίου Ἰησοῦ. 18 πολλοί τε τῶν πεπιστευκότων ἤρχοντο ἐξομολογούμενοι²³ καὶ ἀναγγέλλοντες²⁴ τὰς πράξεις²⁵ αὐτῶν. 19 ἱκανοὶ δὲ τῶν τὰ περίεργα²⁶ πραξάντων²⁷ συνενέγκαντες²⁸ τὰς βίβλους²⁹ κατέκαιον³⁰ ἐνώπιον πάντων, καὶ συνεψήφισαν³¹ τὰς τιμὰς αὐτῶν καὶ εὗρον³² ἀργυρίου³³ μυριάδας³⁴ πέντε. 20 οὕτως κατὰ κράτος³⁵ τοῦ κυρίου ὁ λόγος ηὔξανεν³⁶ καὶ ἴσχυεν³⁷.

The Riot in Ephesus

21 Ὡς δὲ ἐπληρώθη ταῦτα, ἔθετο³⁸ ὁ Παῦλος ἐν τῷ πνεύματι διελθὼν³⁹ τὴν Μακεδονίαν καὶ Ἀχαΐαν πορεύεσθαι εἰς Ἱεροσόλυμα εἰπὼν ὅτι μετὰ τὸ γενέσθαι με

---

[1] ἀποφέρω pres pas inf, carry away
[2] χρώς, χρωτός m, surface of the body
[3] σουδάριον, -ου n, handkerchief
[4] σιμικίνθιον, -ου n, (worker's) apron
[5] ἀπαλλάσσω pres pas inf, pas depart
[6] νόσος, -ου f, illness
[7] ἐπιχειρέω 3p aor act ind, try
[8] περιέρχομαι pres mid ptc m p gen, travel about
[9] ἐξορκιστής, -οῦ m, exorcist
[10] ὀνομάζω pres act inf, pronounce
[11] ὁρκίζω 1s pres act ind, command
[12] ἐπίσταμαι 1s pres pas ind, know
[13] ἐφάλλομαι aor mid ptc m s nom, jump on
[14] κατακυριεύω aor act ptc m s nom, overpower
[15] ἀμφότεροι, -αι/α, both
[16] ἰσχύω 3s aor act ind, beat up (lit be strong)
[17] γυμνός, -ή/όν, naked
[18] τραυματίζω pf pas ptc m p acc, injure
[19] ἐκφεύγω aor act inf, run away
[20] γνωστός, -ή/όν, known
[21] ἐπιπίπτω 3s aor act ind, come upon
[22] μεγαλύνω 3s impf pas ind, praise
[23] ἐξομολογέω pres mid ptc m p nom, confess
[24] ἀναγγέλλω pres act ptc m p nom, tell
[25] πρᾶξις, -εως f, what one does
[26] περίεργος, -ον, relating to witchcraft/magic
[27] πράσσω aor act ptc m p gen, do/practice
[28] συμφέρω aor act ptc m p nom, bring together
[29] βίβλος, -ου f, book
[30] κατακαίω 3p impf act ind, burn
[31] συμψηφίζω 3p aor act ind, add up
[32] εὑρίσκω 3p aor act ind, find
[33] ἀργύριον, -ου n, silver coin
[34] μυριάς, -άδος f, group of ten thousand
[35] κράτος, -ους n, power (κατὰ κ. powerfully)
[36] αὐξάνω 3s impf act ind, grow
[37] ἰσχύω 3s impf act ind, be strong
[38] τίθημι 3s aor mid ind, put (τ. ἐν τῷ πνεύματι decided/was led by the Spirit)
[39] διέρχομαι aor act ptc m s nom, pass through

ἐκεῖ δεῖ με καὶ ῾Ρώμην ἰδεῖν. 22 ἀποστείλας¹ δὲ εἰς τὴν Μακεδονίαν δύο τῶν διακονούντων αὐτῷ, Τιμόθεον καὶ Ἔραστον, αὐτὸς ἐπέσχεν² χρόνον εἰς τὴν Ἀσίαν. 23 Ἐγένετο δὲ κατὰ τὸν καιρὸν ἐκεῖνον τάραχος³ οὐκ ὀλίγος περὶ τῆς ὁδοῦ⁴. 24 Δημήτριος γάρ τις ὀνόματι, ἀργυροκόπος⁵, ποιῶν ναοὺς ἀργυροῦς⁶ Ἀρτέμιδος παρείχετο⁷ τοῖς τεχνίταις⁸ οὐκ ὀλίγην ἐργασίαν⁹. 25 οὓς συναθροίσας¹⁰ καὶ τοὺς περὶ τὰ τοιαῦτα ἐργάτας¹¹ εἶπεν· ἄνδρες, ἐπίστασθε¹² ὅτι ἐκ ταύτης τῆς ἐργασίας ἡ εὐπορία¹³ ἡμῖν ἐστιν 26 καὶ θεωρεῖτε καὶ ἀκούετε ὅτι οὐ μόνον Ἐφέσου ἀλλὰ σχεδὸν¹⁴ πάσης τῆς Ἀσίας ὁ Παῦλος οὗτος πείσας¹⁵ μετέστησεν¹⁶ ἱκανὸν ὄχλον λέγων ὅτι οὐκ εἰσὶν θεοὶ οἱ διὰ χειρῶν γινόμενοι. 27 οὐ μόνον δὲ τοῦτο κινδυνεύει¹⁷ ἡμῖν τὸ μέρος εἰς ἀπελεγμὸν¹⁸ ἐλθεῖν ἀλλὰ καὶ τὸ τῆς μεγάλης θεᾶς¹⁹ Ἀρτέμιδος ἱερὸν εἰς οὐθὲν²⁰ λογισθῆναι, μέλλειν τε καὶ καθαιρεῖσθαι²¹ τῆς μεγαλειότητος²² αὐτῆς ἣν ὅλη ἡ Ἀσία καὶ ἡ οἰκουμένη²³ σέβεται²⁴. 28 ἀκούσαντες δὲ καὶ γενόμενοι πλήρεις²⁵ θυμοῦ²⁶ ἔκραζον λέγοντες· μεγάλη ἡ Ἄρτεμις Ἐφεσίων. 29 καὶ ἐπλήσθη²⁷ ἡ πόλις τῆς συγχύσεως²⁸, ὥρμησάν²⁹ τε ὁμοθυμαδὸν³⁰ εἰς τὸ θέατρον³¹ συναρπάσαντες³² Γάϊον καὶ Ἀρίσταρχον Μακεδόνας, συνεκδήμους³³ Παύλου. 30 Παύλου δὲ βουλομένου εἰσελθεῖν εἰς τὸν δῆμον³⁴ οὐκ εἴων³⁵ αὐτὸν οἱ μαθηταί· 31 τινὲς δὲ καὶ τῶν Ἀσιαρχῶν ὄντες αὐτῷ φίλοι³⁶ πέμψαντες³⁷ πρὸς αὐτὸν παρεκάλουν μὴ δοῦναι³⁸ ἑαυτὸν εἰς τὸ θέατρον. 32 ἄλλοι μὲν οὖν ἄλλο τι ἔκραζον· ἦν γὰρ ἡ ἐκκλησία συγκεχυμένη³⁹, καὶ οἱ πλείους⁴⁰ οὐκ ᾔδεισαν⁴¹ τίνος ἕνεκα⁴² συνεληλύθεισαν⁴³. 33 ἐκ δὲ τοῦ ὄχλου συνεβίβασαν⁴⁴ Ἀλέξανδρον, προβαλόντων⁴⁵ αὐτὸν τῶν Ἰουδαίων· ὁ δὲ

---

¹ ἀποστέλλω *aor act ptc m s nom*, send
² ἐπέχω *3s aor act ind*, stay
³ τάραχος, -ου *m*, disturbance
⁴ ὁδός, -οῦ *f*, way (here: Way of the Christian faith and life)
⁵ ἀργυροκόπος, -ου *m*, silversmith
⁶ ἀργυροῦς, -ᾶ/οῦν, made of silver
⁷ παρέχω *3s impf mid ind*, bring
⁸ τεχνίτης, -ου *m*, craftsman
⁹ ἐργασία, -ας *f*, business
¹⁰ συναθροίζω *aor act ptc m s nom*, gather together
¹¹ ἐργάτης, -ου *m*, worker
¹² ἐπίσταμαι *2p pres pas ind*, know
¹³ εὐπορία, -ας *f*, wealth
¹⁴ σχεδόν, *adv*, almost
¹⁵ πείθω *aor act ptc m s nom*, persuade
¹⁶ μεθίστημι *3s aor act ind*, mislead
¹⁷ κινδυνεύω *3s pres act ind*, be in danger
¹⁸ ἀπελεγμός, -οῦ *m*, a bad reputation
¹⁹ θεά, -ᾶς *f*, goddess
²⁰ οὐδείς/οὐδεμία/οὐδέν, no one/nothing (εἰς ο. λογισθῆναι be counted as nothing)
²¹ καθαιρέω *pres pas inf, pas* be brought down from
²² μεγαλειότης, -ητος *f*, greatness
²³ οἰκουμένη, -ης *f*, world
²⁴ σέβομαι *3s pres mid ind*, worship
²⁵ πλήρης, -ες, full
²⁶ θυμός, -οῦ *m*, anger
²⁷ πίμπλημι *3s aor pas ind*, fill
²⁸ σύγχυσις, -εως *f*, confusion
²⁹ ὁρμάω *3p aor act ind*, rush
³⁰ ὁμοθυμαδόν, *adv*, together
³¹ θέατρον, -ου *n*, theatre
³² συναρπάζω *aor act ptc m p nom*, grab
³³ συνέκδημος, -ου *m*, traveling companion
³⁴ δῆμος, -ου *m*, crowd
³⁵ ἐάω *3p impf act ind*, let
³⁶ φίλος, -ου *m*, friend
³⁷ πέμπω *aor act ptc m p nom*, send
³⁸ δίδωμι *aor act inf*, put
³⁹ συγχέω *pf pas ptc f s nom, pas* be confused
⁴⁰ πολύς, many (comp)
⁴¹ οἶδα *3p plpf act ind*, know
⁴² ἕνεκα, *prep* + *gen*, because of (τίνος ἕ. why)
⁴³ συνέρχομαι *3p plpf act ind*, come together
⁴⁴ συμβιβάζω *3p aor act ind*, instruct
⁴⁵ προβάλλω *aor act ptc m p gen*, push to the front

Ἀλέξανδρος κατασείσας¹ τὴν χεῖρα ἤθελεν ἀπολογεῖσθαι² τῷ δήμῳ³. 34 ἐπιγνόντες⁴ δὲ ὅτι Ἰουδαῖός ἐστιν, φωνὴ ἐγένετο μία ἐκ πάντων ὡς ἐπὶ ὥρας δύο κραζόντων· μεγάλη ἡ Ἄρτεμις Ἐφεσίων. 35 καταστείλας⁵ δὲ ὁ γραμματεὺς τὸν ὄχλον φησίν· ἄνδρες Ἐφέσιοι, τίς γάρ ἐστιν ἀνθρώπων ὃς οὐ γινώσκει τὴν Ἐφεσίων πόλιν νεωκόρον⁶ οὖσαν τῆς μεγάλης Ἀρτέμιδος καὶ τοῦ διοπετοῦς⁷; 36 ἀναντιρρήτων⁸ οὖν ὄντων τούτων δέον⁹ ἐστὶν ὑμᾶς κατεσταλμένους ὑπάρχειν καὶ μηδὲν προπετὲς¹⁰ πράσσειν. 37 ἠγάγετε¹¹ γὰρ τοὺς ἄνδρας τούτους οὔτε ἱεροσύλους¹² οὔτε βλασφημοῦντας τὴν θεὸν ἡμῶν. 38 εἰ μὲν οὖν Δημήτριος καὶ οἱ σὺν αὐτῷ τεχνῖται¹³ ἔχουσιν πρός τινα λόγον, ἀγοραῖοι¹⁴ ἄγονται¹⁵ καὶ ἀνθύπατοί¹⁶ εἰσιν, ἐγκαλείτωσαν¹⁷ ἀλλήλοις. 39 εἰ δέ τι περαιτέρω¹⁸ ἐπιζητεῖτε¹⁹, ἐν τῇ ἐννόμῳ²⁰ ἐκκλησίᾳ ἐπιλυθήσεται²¹. 40 καὶ γὰρ κινδυνεύομεν²² ἐγκαλεῖσθαι²³ στάσεως²⁴ περὶ τῆς σήμερον μηδενὸς αἰτίου²⁵ ὑπάρχοντος περὶ οὗ οὐ δυνησόμεθα²⁶ ἀποδοῦναι²⁷ λόγον περὶ τῆς συστροφῆς²⁸ ταύτης. καὶ ταῦτα εἰπὼν ἀπέλυσεν τὴν ἐκκλησίαν.

Paul's Journey to Macedonia and Greece

20 Μετὰ δὲ τὸ παύσασθαι²⁹ τὸν θόρυβον³⁰ μεταπεμψάμενος³¹ ὁ Παῦλος τοὺς μαθητὰς καὶ παρακαλέσας, ἀσπασάμενος ἐξῆλθεν πορεύεσθαι εἰς Μακεδονίαν. 2 διελθὼν³² δὲ τὰ μέρη ἐκεῖνα καὶ παρακαλέσας αὐτοὺς λόγῳ πολλῷ³³ ἦλθεν εἰς τὴν Ἑλλάδα 3 ποιήσας τε μῆνας³⁴ τρεῖς γενομένης ἐπιβουλῆς³⁵ αὐτῷ ὑπὸ τῶν Ἰουδαίων μέλλοντι ἀνάγεσθαι³⁶ εἰς τὴν Συρίαν ἐγένετο γνώμης³⁷ τοῦ ὑποστρέφειν διὰ Μακεδονίας. 4 συνείπετο³⁸ δὲ αὐτῷ Σώπατρος Πύρρου Βεροιαῖος, Θεσσαλονικέων δὲ Ἀρίσταρχος καὶ Σεκοῦνδος καὶ Γάϊος Δερβαῖος καὶ Τιμόθεος, Ἀσιανοὶ δὲ Τύχικος καὶ Τρόφιμος. 5 οὗτοι δὲ προσελθόντες ἔμενον ἡμᾶς ἐν

---

¹ κατασείω *aor act ptc m s nom*, motion
² ἀπολογέομαι *pres mid inf*, make a defense
³ δῆμος, -ου *m*, crowd
⁴ ἐπιγινώσκω *aor act ptc m p nom*, recognize
⁵ καταστέλλω *aor act ptc m s nom*, quieten
⁶ νεωκόρος, -ου *m*, temple keeper
⁷ διοπετής, -ές, fallen from heaven
⁸ ἀναντίρρητος, -ον, undeniable
⁹ δεῖ *pres act ptc n s nom*, be necessary
¹⁰ προπετής, -ές, reckless
¹¹ ἄγω *2p aor act ind*, bring

¹² ἱερόσυλος, -ου *m*, a temple robber
¹³ τεχνίτης, -ου *m*, craftsman
¹⁴ ἀγοραῖος, -ου *f*, court session (ἁ. ἄγονται the courts are open)
¹⁵ ἄγω *3p pres pas ptc*, hold (a session)
¹⁶ ἀνθύπατος, -ου *m*, proconsul (official in charge of a Roman senatorial province)
¹⁷ ἐγκαλέω *3p pres act impv*, bring charges against
¹⁸ περαιτέρω, *adv*, further
¹⁹ ἐπιζητέω *2p pres act ind*, want
²⁰ ἔννομος, -ον, legal
²¹ ἐπιλύω *3s fut pas ind*, settle
²² κινδυνεύω *1p pres act ind*, be in danger

²³ ἐγκαλέω *pres pas inf*, accuse
²⁴ στάσις, -εως *f*, riot
²⁵ αἴτιος, -ου *n*, cause
²⁶ δύναμαι *1p fut mid ind*, be able
²⁷ ἀποδίδωμι *aor act inf*, give
²⁸ συστροφή, -ῆς *f*, uproar
²⁹ παύω *aor mid inf*, mid stop
³⁰ θόρυβος, -ου *m*, riot
³¹ μεταπέμπω *aor mid ptc m s nom*, mid send for
³² διέρχομαι *aor act ptc m s nom*, go through
³³ πολύς/πολλή/πολύ, many
³⁴ μήν, μηνός *m*, month
³⁵ ἐπιβουλή, -ῆς *f*, plot
³⁶ ἀνάγω *pres pas inf, pas* set sail
³⁷ γνώμη, -ης *f*, decision
³⁸ συνέπομαι *3s impf mid ind*, accompany

Τρῳάδι, 6 ἡμεῖς δὲ ἐξεπλεύσαμεν¹ μετὰ τὰς ἡμέρας τῶν ἀζύμων² ἀπὸ Φιλίππων καὶ ἤλθομεν πρὸς αὐτοὺς εἰς τὴν Τρῳάδα ἄχρι ἡμερῶν πέντε, οὗ διετρίψαμεν³ ἡμέρας ἑπτά.

Paul's Farewell Visit to Troas

7 Ἐν δὲ τῇ μιᾷ τῶν σαββάτων συνηγμένων⁴ ἡμῶν κλάσαι⁵ ἄρτον, ὁ Παῦλος διελέγετο⁶ αὐτοῖς μέλλων ἐξιέναι⁷ τῇ ἐπαύριον⁸ παρέτεινέν⁹ τε τὸν λόγον μέχρι¹⁰ μεσονυκτίου¹¹. 8 ἦσαν δὲ λαμπάδες¹² ἱκαναὶ ἐν τῷ ὑπερῴῳ¹³, οὗ¹⁴ ἦμεν συνηγμένοι. 9 καθεζόμενος¹⁵ δέ τις νεανίας¹⁶ ὀνόματι Εὔτυχος ἐπὶ τῆς θυρίδος¹⁷ καταφερόμενος¹⁸ ὕπνῳ¹⁹ βαθεῖ²⁰ διαλεγομένου²¹ τοῦ Παύλου ἐπὶ πλεῖον²², κατενεχθεὶς²³ ἀπὸ τοῦ ὕπνου ἔπεσεν²⁴ ἀπὸ τοῦ τριστέγου²⁵ κάτω²⁶ καὶ ἤρθη²⁷ νεκρός. 10 καταβὰς²⁸ δὲ ὁ Παῦλος ἐπέπεσεν²⁹ αὐτῷ καὶ συμπεριλαβὼν³⁰ εἶπεν· μὴ θορυβεῖσθε³¹, ἡ γὰρ ψυχὴ αὐτοῦ ἐν αὐτῷ ἐστιν. 11 ἀναβὰς³² δὲ καὶ κλάσας τὸν ἄρτον καὶ γευσάμενος³³ ἐφ' ἱκανόν τε ὁμιλήσας³⁴ ἄχρι αὐγῆς³⁵ οὕτως ἐξῆλθεν. 12 ἤγαγον³⁶ δὲ τὸν παῖδα³⁷ ζῶντα καὶ παρεκλήθησαν οὐ μετρίως³⁸.

The Voyage from Troas to Miletus

13 Ἡμεῖς δὲ προελθόντες³⁹ ἐπὶ τὸ πλοῖον ἀνήχθημεν⁴⁰ ἐπὶ τὴν Ἄσσον ἐκεῖθεν⁴¹ μέλλοντες ἀναλαμβάνειν⁴² τὸν Παῦλον· οὕτως γὰρ διατεταγμένος⁴³ ἦν μέλλων αὐτὸς πεζεύειν⁴⁴. 14 ὡς δὲ συνέβαλλεν⁴⁵ ἡμῖν εἰς τὴν Ἄσσον, ἀναλαβόντες⁴⁶ αὐτὸν

---

1 ἐκπλέω 1p aor act ind, sail
2 ἄζυμος, -ον; without yeast (τὰ ἄζυμα Jewish Feast of Unleavened Bread)
3 διατρίβω 1p aor act ind, stay
4 συνάγω pf pas ptc m p gen, pas gather together
5 κλάω aor act inf, break
6 διαλέγομαι 3s impf mid ind, speak
7 ἔξειμι pres act inf, leave
8 ἐπαύριον, adv, the next day
9 παρατείνω 3s impf act ind, prolong
10 μέχρι, prep + gen, until
11 μεσονύκτιον, -ου n, midnight
12 λαμπάς, -άδος f, lamp
13 ὑπερῷον, -ου n, upstairs room
14 οὗ, adv, where
15 καθέζομαι pres mid ptc m s nom, sit
16 νεανίας, -ου m, young man
17 θυρίς, -ίδος f, window
18 καταφέρω pres pas ptc m s nom, pas be overcome
19 ὕπνος, -ου m, sleep
20 βαθύς, -εῖα/ύ, deep
21 διαλέγομαι pres mid ptc m s gen, speak
22 πολύς, much (comp)
23 καταφέρω aor pas ptc m s nom, pas be overcome
24 πίπτω 3s aor act ind, fall
25 τρίστεγον, -ου n, third floor
26 κάτω, adv, down
27 αἴρω 3s aor pas ind, take up
28 καταβαίνω aor act ptc m s nom, come/go down
29 ἐπιπίπτω 3s aor act ind, bend over
30 συμπεριλαμβάνω aor act ptc m s nom, take in one's arms
31 θορυβέω 2p pres pas impv, worry
32 ἀναβαίνω aor act ptc m s nom, go/come up
33 γεύομαι aor mid ptc m s nom, eat
34 ὁμιλέω aor act ptc m s nom, converse
35 αὐγή, -ῆς f, daybreak
36 ἄγω 3p aor act ind, take away
37 παῖς, παιδός m & f, boy
38 μετρίως, adv, measurably (οὐ μ. greatly)
39 προέρχομαι aor act ptc m p nom, go ahead
40 ἀνάγω 1p aor pas ind, pas set sail
41 ἐκεῖθεν, adv, (from) there
42 ἀναλαμβάνω pres act inf, take aboard
43 διατάσσω pf mid ptc m s nom, arrange
44 πεζεύω pres act inf, travel by land
45 συμβάλλω 3s impf act ind, meet
46 ἀναλαμβάνω aor act ptc m p nom, take aboard

ἤλθομεν εἰς Μιτυλήνην 15 κἀκεῖθεν[1] ἀποπλεύσαντες[2] τῇ ἐπιούσῃ[3] κατηντήσαμεν[4] ἄντικρυς[5] Χίου, τῇ δὲ ἑτέρᾳ παρεβάλομεν[6] εἰς Σάμον, τῇ δὲ ἐχομένῃ ἤλθομεν εἰς Μίλητον. 16 κεκρίκει[7] γὰρ ὁ Παῦλος παραπλεῦσαι[8] τὴν Ἔφεσον, ὅπως μὴ γένηται αὐτῷ χρονοτριβῆσαι[9] ἐν τῇ Ἀσίᾳ· ἔσπευδεν[10] γάρ, εἰ δυνατὸν εἴη[11] αὐτῷ, τὴν ἡμέραν τῆς πεντηκοστῆς[12] γενέσθαι εἰς Ἱεροσόλυμα.

Paul Speaks to the Ephesian Elders

17 Ἀπὸ δὲ τῆς Μιλήτου πέμψας εἰς Ἔφεσον μετεκαλέσατο[13] τοὺς πρεσβυτέρους τῆς ἐκκλησίας. 18 ὡς δὲ παρεγένοντο[14] πρὸς αὐτόν, εἶπεν αὐτοῖς· ὑμεῖς ἐπίστασθε[15] ἀπὸ πρώτης ἡμέρας ἀφ' ἧς ἐπέβην[16] εἰς τὴν Ἀσίαν, πῶς μεθ' ὑμῶν τὸν πάντα χρόνον ἐγενόμην 19 δουλεύων[17] τῷ κυρίῳ μετὰ πάσης ταπεινοφροσύνης[18] καὶ δακρύων[19] καὶ πειρασμῶν[20] τῶν συμβάντων[21] μοι ἐν ταῖς ἐπιβουλαῖς[22] τῶν Ἰουδαίων, 20 ὡς οὐδὲν ὑπεστειλάμην[23] τῶν συμφερόντων[24] τοῦ μὴ ἀναγγεῖλαι[25] ὑμῖν καὶ διδάξαι ὑμᾶς δημοσίᾳ[26] καὶ κατ' οἴκους 21 διαμαρτυρόμενος[27] Ἰουδαίοις τε καὶ Ἕλλησιν τὴν εἰς θεὸν μετάνοιαν[28] καὶ πίστιν εἰς τὸν κύριον ἡμῶν Ἰησοῦν Χριστόν. 22 καὶ νῦν ἰδοὺ δεδεμένος ἐγὼ τῷ πνεύματι πορεύομαι εἰς Ἱερουσαλὴμ τὰ ἐν αὐτῇ συναντήσοντά[29] μοι μὴ εἰδὼς[30] 23 πλὴν ὅτι τὸ πνεῦμα τὸ ἅγιον κατὰ πόλιν διαμαρτύρεταί μοι λέγον ὅτι δεσμά[31] καὶ θλίψεις με μένουσιν. 24 ἀλλ' οὐδενὸς λόγου ποιοῦμαι τὴν ψυχὴν τιμίαν[32] ἐμαυτῷ ὡς τελειῶσαι[33] τὸν δρόμον[34] μου καὶ τὴν διακονίαν ἣν ἔλαβον παρὰ τοῦ κυρίου Ἰησοῦ, διαμαρτύρασθαι τὸ εὐαγγέλιον τῆς χάριτος τοῦ θεοῦ. 25 καὶ νῦν ἰδοὺ ἐγὼ οἶδα ὅτι οὐκέτι ὄψεσθε[35] τὸ πρόσωπόν μου ὑμεῖς πάντες ἐν οἷς διῆλθον[36] κηρύσσων τὴν βασιλείαν. 26 διότι[37] μαρτύρομαι[38] ὑμῖν ἐν τῇ σήμερον ἡμέρᾳ ὅτι καθαρός[39] εἰμι ἀπὸ τοῦ αἵματος πάντων·

---

[1] κἀκεῖθεν, = καὶ ἐκεῖθεν, and from there
[2] ἀποπλέω aor act ptc m p nom, set sail
[3] ἔπειμι pres act ptc f s dat, be next (ἡ ἐ. the next day)
[4] καταντάω 1p aor act ind, arrive
[5] ἄντικρυς, prep + gen, opposite
[6] παραβάλλω 1p aor act ind, come near/cross over to
[7] κρίνω 3s plpf act ind, decide
[8] παραπλέω aor act inf, sail past
[9] χρονοτριβέω aor act inf, spend time
[10] σπεύδω 3s impf act ind, hurry
[11] εἰμί 3s pres act opt, be
[12] πεντηκοστή, -ῆς f, Pentecost
[13] μετακαλέω 3s aor mid ind, mid send for

[14] παραγίνομαι 3p aor mid ind, come
[15] ἐπίσταμαι 2p pres pas ind, pas know
[16] ἐπιβαίνω 1s aor act ind, arrive
[17] δουλεύω pres act ptc m s nom, serve
[18] ταπεινοφροσύνη, -ης f, humility
[19] δάκρυον, -ου n, tear
[20] πειρασμός, -οῦ m, severe testing
[21] συμβαίνω aor act ptc m p gen, happen
[22] ἐπιβουλή, -ῆς f, plot
[23] ὑποστέλλω 1s aor mid ind, mid keep back
[24] συμφέρω pres act ptc n p gen, be helpful
[25] ἀναγγέλλω aor act inf, tell

[26] δημόσιος, -α/ον, public (δημοσίᾳ in public)
[27] διαμαρτύρομαι pres mid ptc m s nom, testify
[28] μετάνοια, -ας f, repentance
[29] συναντάω fut act ptc n p acc, happen
[30] οἶδα pf act ptc m s nom, know
[31] δεσμός, -οῦ n, imprisonment
[32] τίμιος, -α/ον, valuable
[33] τελειόω aor act inf, complete
[34] δρόμος, -ου m, course
[35] ὁράω 2p fut mid ind, see
[36] διέρχομαι 1s aor act ind, go about
[37] διότι, conj, therefore
[38] μαρτύρομαι 1s pres mid ind, testify
[39] καθαρός, -ά/ον, innocent

27 οὐ γὰρ ὑπεστειλάμην¹ τοῦ μὴ ἀναγγεῖλαι² πᾶσαν τὴν βουλὴν³ τοῦ θεοῦ ὑμῖν. **28** προσέχετε⁴ ἑαυτοῖς καὶ παντὶ τῷ ποιμνίῳ⁵ ἐν ᾧ ὑμᾶς τὸ πνεῦμα τὸ ἅγιον ἔθετο⁶ ἐπισκόπους⁷ ποιμαίνειν⁸ τὴν ἐκκλησίαν τοῦ θεοῦ ἣν περιεποιήσατο⁹ διὰ τοῦ αἵματος τοῦ ἰδίου. **29** ἐγὼ οἶδα ὅτι εἰσελεύσονται¹⁰ μετὰ τὴν ἄφιξίν¹¹ μου λύκοι¹² βαρεῖς¹³ εἰς ὑμᾶς μὴ φειδόμενοι¹⁴ τοῦ ποιμνίου, **30** καὶ ἐξ ὑμῶν αὐτῶν ἀναστήσονται¹⁵ ἄνδρες λαλοῦντες διεστραμμένα¹⁶ τοῦ ἀποσπᾶν¹⁷ τοὺς μαθητὰς ὀπίσω αὐτῶν. **31** διὸ γρηγορεῖτε¹⁸ μνημονεύοντες¹⁹ ὅτι τριετίαν²⁰ νύκτα καὶ ἡμέραν οὐκ ἐπαυσάμην²¹ μετὰ δακρύων²² νουθετῶν²³ ἕνα ἕκαστον. **32** καὶ τὰ νῦν παρατίθεμαι²⁴ ὑμᾶς τῷ θεῷ καὶ τῷ λόγῳ τῆς χάριτος αὐτοῦ τῷ δυναμένῳ οἰκοδομῆσαι καὶ δοῦναι τὴν κληρονομίαν²⁵ ἐν τοῖς ἡγιασμένοις²⁶ πᾶσιν. **33** ἀργυρίου²⁷ ἢ χρυσίου²⁸ ἢ ἱματισμοῦ²⁹ οὐδενὸς ἐπεθύμησα³⁰· **34** αὐτοὶ γινώσκετε ὅτι ταῖς χρείαις μου καὶ τοῖς οὖσιν μετ' ἐμοῦ ὑπηρέτησαν³¹ αἱ χεῖρες αὗται. **35** πάντα ὑπέδειξα³² ὑμῖν ὅτι οὕτως κοπιῶντας³³ δεῖ ἀντιλαμβάνεσθαι³⁴ τῶν ἀσθενούντων μνημονεύειν³⁵ τε τῶν λόγων τοῦ κυρίου Ἰησοῦ, ὅτι αὐτὸς εἶπεν· μακάριόν ἐστιν μᾶλλον διδόναι³⁶ ἢ λαμβάνειν. **36** καὶ ταῦτα εἰπὼν θεὶς³⁷ τὰ γόνατα³⁸ αὐτοῦ σὺν πᾶσιν αὐτοῖς προσηύξατο. **37** ἱκανὸς δὲ κλαυθμὸς³⁹ ἐγένετο πάντων, καὶ ἐπιπεσόντες⁴⁰ ἐπὶ τὸν τράχηλον⁴¹ τοῦ Παύλου κατεφίλουν⁴² αὐτὸν **38** ὀδυνώμενοι⁴³ μάλιστα⁴⁴ ἐπὶ τῷ λόγῳ ᾧ εἰρήκει⁴⁵, ὅτι οὐκέτι μέλλουσιν τὸ πρόσωπον αὐτοῦ θεωρεῖν. προέπεμπον⁴⁶ δὲ αὐτὸν εἰς τὸ πλοῖον.

---

¹ ὑποστέλλω 1s aor mid ind, mid keep back
² ἀναγγέλλω aor act inf, tell
³ βουλή, -ῆς f, purpose
⁴ προσέχω 2p pres act impv, pay close attention to
⁵ ποίμνιον, -ου n, flock
⁶ τίθημι 3s aor mid ind, mid put
⁷ ἐπίσκοπος, -ου m, overseer
⁸ ποιμαίνω pres act inf, tend like a shepherd
⁹ περιποιέω 3s aor mid ind, mid obtain
¹⁰ εἰσέρχομαι 3p fut mid ind, come/go (in)
¹¹ ἄφιξις, -εως f, departure
¹² λύκος, -ου m, wolf
¹³ βαρύς, -εῖα/ύ, fierce
¹⁴ φείδομαι pres mid ptc m p nom, spare
¹⁵ ἀνίστημι 3p fut mid ind, intrans rise
¹⁶ διαστρέφω pf pas ptc n p acc, distort
¹⁷ ἀποσπάω pres act inf, lead away
¹⁸ γρηγορέω 2p pres act impv, be alert
¹⁹ μνημονεύω pres act ptc m p nom, remember
²⁰ τριετία, -ας f, period of three years
²¹ παύω 1s aor mid ind, mid stop
²² δάκρυον, -ου n, tear
²³ νουθετέω pres act ptc m s nom, warn
²⁴ παρατίθημι 1s pres mid ind, mid commit
²⁵ κληρονομία, -ας f, share
²⁶ ἁγιάζω pf pas ptc m p dat, set apart as sacred to God
²⁷ ἀργύριον, -ου n, silver
²⁸ χρυσίον, -ου n, gold
²⁹ ἱματισμός, -οῦ m, clothing
³⁰ ἐπιθυμέω 1s aor act ind, covet
³¹ ὑπηρετέω 3p aor act ind, provide for
³² ὑποδείκνυμι 1s aor act ind, show
³³ κοπιάω pres act ptc m p acc, work hard
³⁴ ἀντιλαμβάνομαι pres mid inf, help
³⁵ μνημονεύω pres act inf, remember
³⁶ δίδωμι pres act inf, give
³⁷ τίθημι aor act ptc m s nom, mid put (τ. τὰ γόνατα kneel)
³⁸ γόνυ, γόνατος n, knee
³⁹ κλαυθμός, -οῦ m, crying
⁴⁰ ἐπιπίπτω aor act ptc m p nom, embrace
⁴¹ τράχηλος, -ου m, neck
⁴² καταφιλέω 3p impf act ind, kiss
⁴³ ὀδυνάομαι pres pas ptc m p nom, be sad
⁴⁴ μάλιστα, adv, especially
⁴⁵ λέγω 3s plpf act ind, say
⁴⁶ προπέμπω 3p impf act ind, accompany

Paul's Journey to Jerusalem

21 Ὡς δὲ ἐγένετο ἀναχθῆναι¹ ἡμᾶς ἀποσπασθέντας² ἀπ' αὐτῶν, εὐθυδρομήσαντες³ ἤλθομεν εἰς τὴν Κῶ, τῇ δὲ ἑξῆς⁴ εἰς τὴν Ῥόδον κἀκεῖθεν⁵ εἰς Πάταρα, **2** καὶ εὑρόντες πλοῖον διαπερῶν⁶ εἰς Φοινίκην ἐπιβάντες⁷ ἀνήχθημεν⁸. **3** ἀναφάναντες⁹ δὲ τὴν Κύπρον καὶ καταλιπόντες¹⁰ αὐτὴν εὐώνυμον¹¹ ἐπλέομεν¹² εἰς Συρίαν καὶ κατήλθομεν¹³ εἰς Τύρον· ἐκεῖσε¹⁴ γὰρ τὸ πλοῖον ἦν ἀποφορτιζόμενον¹⁵ τὸν γόμον¹⁶. **4** ἀνευρόντες¹⁷ δὲ τοὺς μαθητὰς ἐπεμείναμεν¹⁸ αὐτοῦ¹⁹ ἡμέρας ἑπτά. οἵτινες τῷ Παύλῳ ἔλεγον διὰ τοῦ πνεύματος μὴ ἐπιβαίνειν²⁰ εἰς Ἱεροσόλυμα. **5** ὅτε δὲ ἐγένετο ἡμᾶς ἐξαρτίσαι²¹ τὰς ἡμέρας, ἐξελθόντες ἐπορευόμεθα προπεμπόντων²² ἡμᾶς πάντων σὺν γυναιξὶν καὶ τέκνοις ἕως ἔξω τῆς πόλεως καὶ θέντες²³ τὰ γόνατα²⁴ ἐπὶ τὸν αἰγιαλὸν²⁵ προσευξάμενοι **6** ἀπησπασάμεθα²⁶ ἀλλήλους καὶ ἀνέβημεν²⁷ εἰς τὸ πλοῖον, ἐκεῖνοι δὲ ὑπέστρεψαν²⁸ εἰς τὰ ἴδια.

7 Ἡμεῖς δὲ τὸν πλοῦν²⁹ διανύσαντες³⁰ ἀπὸ Τύρου κατηντήσαμεν³¹ εἰς Πτολεμαΐδα καὶ ἀσπασάμενοι τοὺς ἀδελφοὺς ἐμείναμεν³² ἡμέραν μίαν παρ' αὐτοῖς. **8** τῇ δὲ ἐπαύριον³³ ἐξελθόντες ἤλθομεν εἰς Καισάρειαν καὶ εἰσελθόντες εἰς τὸν οἶκον Φιλίππου τοῦ εὐαγγελιστοῦ³⁴ ὄντος ἐκ τῶν ἑπτὰ ἐμείναμεν παρ' αὐτῷ. **9** τούτῳ δὲ ἦσαν θυγατέρες³⁵ τέσσαρες παρθένοι³⁶ προφητεύουσαι³⁷. **10** ἐπιμενόντων³⁸ δὲ ἡμέρας πλείους³⁹ κατῆλθέν⁴⁰ τις ἀπὸ τῆς Ἰουδαίας προφήτης ὀνόματι Ἅγαβος. **11** καὶ ἐλθὼν πρὸς ἡμᾶς καὶ ἄρας τὴν ζώνην⁴¹ τοῦ Παύλου, δήσας⁴² ἑαυτοῦ τοὺς πόδας καὶ τὰς χεῖρας εἶπεν· τάδε⁴³ λέγει τὸ πνεῦμα τὸ ἅγιον· τὸν ἄνδρα οὗ ἐστιν ἡ

---

¹ ἀνάγω *aor pas inf, pas* set sail
² ἀποσπάω *aor pas ptc m p acc, pas* leave
³ εὐθυδρομέω *aor act ptc m p nom,* sail a straight course
⁴ ἑξῆς, *adv,* on the next day
⁵ κἀκεῖθεν, = καὶ ἐκεῖθεν, and from there
⁶ διαπεράω *pres act ptc n s nom,* cross over
⁷ ἐπιβαίνω *aor act ptc m p nom,* go on board
⁸ ἀνάγω *1p aor pas ind, pas* set sail
⁹ ἀναφαίνω *aor act ptc m p nom,* come in sight of
¹⁰ καταλείπω *aor act ptc m p nom,* leave
¹¹ εὐώνυμος, -ον, left
¹² πλέω *1p impf act ind,* sail
¹³ κατέρχομαι *1p aor act ind,* arrive
¹⁴ ἐκεῖσε, *adv,* there

¹⁵ ἀποφορτίζομαι *pres mid ptc n s nom,* unload
¹⁶ γόμος, -ου *m,* cargo
¹⁷ ἀνευρίσκω *aor act ptc m p nom,* find
¹⁸ ἐπιμένω *1p aor act ind,* stay
¹⁹ αὐτοῦ, *adv,* there
²⁰ ἐπιβαίνω *pres act inf,* go on
²¹ ἐξαρτίζω *aor act inf,* come to an end
²² προπέμπω *pres act ptc m p gen,* accompany
²³ τίθημι *aor act ptc m p nom, mid* put (τ. τὰ γόνατα kneel)
²⁴ γόνυ, γόνατος *n,* knee
²⁵ αἰγιαλός, -οῦ *m,* beach
²⁶ ἀπασπάζομαι *1p aor mid ind,* say good-bye to
²⁷ ἀναβαίνω *1p aor act ind,* go aboard
²⁸ ὑποστρέφω *3p aor act ind,* return

²⁹ πλοῦς, πλοός *m, acc* πλοῦν, voyage
³⁰ διανύω *aor act ptc m p nom,* complete
³¹ καταντάω *1p aor act ind,* arrive
³² ἐπιμένω *1p aor act ind,* stay
³³ ἐπαύριον, *adv,* the next day
³⁴ εὐαγγελιστής, -οῦ *m,* evangelist
³⁵ θυγάτηρ, -τρός *f,* daughter
³⁶ παρθένος, -ου *n,* unmarried woman
³⁷ προφητεύω *pres art ptc f p nom,* prophesy
³⁸ ἐπιμένω *pres act ptc m p gen,* stay
³⁹ πολύς, many (comp)
⁴⁰ κατέρχομαι *3s aor act ind,* come down
⁴¹ ζώνη, -ης *f,* belt
⁴² δέω *aor act ptc m s nom,* tie up
⁴³ ὅδε, ἥδε, τόδε, this

ζώνη αὕτη οὕτως δήσουσιν¹ ἐν Ἰερουσαλὴμ οἱ Ἰουδαῖοι καὶ παραδώσουσιν² εἰς χεῖρας ἐθνῶν. 12 ὡς δὲ ἠκούσαμεν ταῦτα, παρεκαλοῦμεν ἡμεῖς τε καὶ οἱ ἐντόπιοι³ τοῦ μὴ ἀναβαίνειν αὐτὸν εἰς Ἰερουσαλήμ. 13 τότε ἀπεκρίθη ὁ Παῦλος· τί ποιεῖτε κλαίοντες καὶ συνθρύπτοντές⁴ μου τὴν καρδίαν; ἐγὼ γὰρ οὐ μόνον δεθῆναι⁵ ἀλλὰ καὶ ἀποθανεῖν⁶ εἰς Ἰερουσαλὴμ ἑτοίμως⁷ ἔχω ὑπὲρ τοῦ ὀνόματος τοῦ κυρίου Ἰησοῦ. 14 μὴ πειθομένου δὲ αὐτοῦ ἡσυχάσαμεν⁸ εἰπόντες· τοῦ κυρίου τὸ θέλημα γινέσθω⁹.

15 Μετὰ δὲ τὰς ἡμέρας ταύτας ἐπισκευασάμενοι¹⁰ ἀνεβαίνομεν εἰς Ἱεροσόλυμα· 16 συνῆλθον¹¹ δὲ καὶ τῶν μαθητῶν ἀπὸ Καισαρείας σὺν ἡμῖν ἄγοντες παρ' ᾧ ξενισθῶμεν¹², Μνάσωνί τινι Κυπρίῳ ἀρχαίῳ¹³ μαθητῇ. 17 γενομένων δὲ ἡμῶν εἰς Ἱεροσόλυμα ἀσμένως¹⁴ ἀπεδέξαντο¹⁵ ἡμᾶς οἱ ἀδελφοί.

Paul Visits James

18 Τῇ δὲ ἐπιούσῃ¹⁶ εἰσῄει¹⁷ ὁ Παῦλος σὺν ἡμῖν πρὸς Ἰάκωβον, πάντες τε παρεγένοντο¹⁸ οἱ πρεσβύτεροι. 19 καὶ ἀσπασάμενος αὐτοὺς ἐξηγεῖτο¹⁹ καθ' ἓν ἕκαστον ὧν ἐποίησεν ὁ θεὸς ἐν τοῖς ἔθνεσιν διὰ τῆς διακονίας αὐτοῦ. 20 οἱ δὲ ἀκούσαντες ἐδόξαζον τὸν θεὸν εἶπόν τε αὐτῷ· θεωρεῖς, ἀδελφέ, πόσαι²⁰ μυριάδες²¹ εἰσὶν ἐν τοῖς Ἰουδαίοις τῶν πεπιστευκότων καὶ πάντες ζηλωταὶ²² τοῦ νόμου ὑπάρχουσιν· 21 κατηχήθησαν²³ δὲ περὶ σοῦ ὅτι ἀποστασίαν²⁴ διδάσκεις ἀπὸ Μωϋσέως τοὺς κατὰ τὰ ἔθνη πάντας Ἰουδαίους λέγων μὴ περιτέμνειν²⁵ αὐτοὺς τὰ τέκνα μηδὲ τοῖς ἔθεσιν²⁶ περιπατεῖν. 22 τί οὖν ἐστιν; πάντως²⁷ ἀκούσονται ὅτι ἐλήλυθας²⁸. 23 τοῦτο οὖν ποίησον ὅ σοι λέγομεν· εἰσὶν ἡμῖν ἄνδρες τέσσαρες εὐχὴν²⁹ ἔχοντες ἐφ' ἑαυτῶν. 24 τούτους παραλαβὼν ἁγνίσθητι³⁰ σὺν αὐτοῖς καὶ δαπάνησον³¹ ἐπ' αὐτοῖς, ἵνα ξυρήσονται³² τὴν κεφαλήν, καὶ γνώσονται πάντες ὅτι ὧν κατήχηνται³³

---

¹ δέω 3p fut act ind, tie up
² παραδίδωμι 3p fut act ind, hand over
³ ἐντόπιος, -α/ον, local (οἱ ἐν. the people there)
⁴ συνθρύπτω pres act ptc m p nom, break
⁵ δέω aor pas inf, tie up
⁶ ἀποθνήσκω aor act inf, die
⁷ ἑτοίμως, adv, readily (ἑ. ἔχω be ready)
⁸ ἡσυχάζω 1p aor act ind, stop
⁹ γίνομαι 3s pres mid impv, take place
¹⁰ ἐπισκευάζομαι aor mid ptc m p nom, get ready

¹¹ συνέρχομαι 3p aor act ind, go with
¹² ξενίζω 1p aor act sub, pas stay (as a guest)
¹³ ἀρχαῖος, -α/ον, early
¹⁴ ἀσμένως, adv, warmly
¹⁵ ἀποδέχομαι 3p aor mid ind, welcome
¹⁶ ἔπειμι pres act ptc f s dat, be next (ἡ ἑ. the next day)
¹⁷ εἴσειμι 3s impf act ind, go in
¹⁸ παραγίνομαι 3p aor act ind, be present
¹⁹ ἐξηγέομαι 3s impf mid ind, tell
²⁰ πόσος, -η/ον, how many
²¹ μυριάς, -άδος f, countless thousands

²² ζηλωτής, -οῦ m, one who is eager
²³ κατηχέω 3p aor pas ind, tell
²⁴ ἀποστασία, -ας f, apostasy
²⁵ περιτέμνω pres act inf, circumcise
²⁶ ἔθος, -ους n, custom
²⁷ πάντως, adv, surely
²⁸ ἔρχομαι 2s pf act ind, come
²⁹ εὐχή, -ῆς f, vow
³⁰ ἁγνίζω 2p aor pas impv, purify
³¹ δαπανάω 2s aor act impv, spend (δ. ἐπ' αὐτοῖς pay their expenses)
³² ξυράω 3p fut mid ind, mid shave
³³ κατηχέω 3p pf pas ind, tell

περὶ σοῦ οὐδέν ἐστιν, ἀλλὰ στοιχεῖς¹ καὶ αὐτὸς φυλάσσων τὸν νόμον. **25** περὶ δὲ τῶν πεπιστευκότων ἐθνῶν ἡμεῖς ἐπεστείλαμεν² κρίναντες φυλάσσεσθαι αὐτοὺς τό τε εἰδωλόθυτον³ καὶ αἷμα καὶ πνικτὸν⁴ καὶ πορνείαν⁵. **26** τότε ὁ Παῦλος παραλαβὼν τοὺς ἄνδρας τῇ ἐχομένῃ ἡμέρᾳ σὺν αὐτοῖς ἁγνισθεὶς εἰσῄει⁶ εἰς τὸ ἱερὸν διαγγέλλων⁷ τὴν ἐκπλήρωσιν⁸ τῶν ἡμερῶν τοῦ ἁγνισμοῦ⁹, ἕως οὗ προσηνέχθη¹⁰ ὑπὲρ ἑνὸς ἑκάστου αὐτῶν ἡ προσφορά¹¹.

Paul Arrested in the Temple

27 Ὡς δὲ ἔμελλον αἱ ἑπτὰ ἡμέραι συντελεῖσθαι¹², οἱ ἀπὸ τῆς Ἀσίας Ἰουδαῖοι θεασάμενοι αὐτὸν ἐν τῷ ἱερῷ συνέχεον¹³ πάντα τὸν ὄχλον καὶ ἐπέβαλον¹⁴ ἐπ' αὐτὸν τὰς χεῖρας **28** κράζοντες· ἄνδρες Ἰσραηλῖται, βοηθεῖτε¹⁵· οὗτός ἐστιν ὁ ἄνθρωπος ὁ κατὰ τοῦ λαοῦ καὶ τοῦ νόμου καὶ τοῦ τόπου τούτου πάντας πανταχῇ¹⁶ διδάσκων ἔτι τε καὶ Ἕλληνας εἰσήγαγεν¹⁷ εἰς τὸ ἱερὸν καὶ κεκοίνωκεν¹⁸ τὸν ἅγιον τόπον τοῦτον. **29** ἦσαν γὰρ προεωρακότες¹⁹ Τρόφιμον τὸν Ἐφέσιον ἐν τῇ πόλει σὺν αὐτῷ ὃν ἐνόμιζον²⁰ ὅτι εἰς τὸ ἱερὸν εἰσήγαγεν ὁ Παῦλος. **30** ἐκινήθη²¹ τε ἡ πόλις ὅλη καὶ ἐγένετο συνδρομὴ²² τοῦ λαοῦ, καὶ ἐπιλαβόμενοι²³ τοῦ Παύλου εἷλκον²⁴ αὐτὸν ἔξω τοῦ ἱεροῦ, καὶ εὐθέως ἐκλείσθησαν²⁵ αἱ θύραι. **31** ζητούντων τε αὐτὸν ἀποκτεῖναι ἀνέβη²⁶ φάσις²⁷ τῷ χιλιάρχῳ²⁸ τῆς σπείρης²⁹ ὅτι ὅλη συγχύννεται³⁰ Ἰερουσαλήμ. **32** ὃς ἐξαυτῆς³¹ παραλαβὼν στρατιώτας³² καὶ ἑκατοντάρχας³³ κατέδραμεν³⁴ ἐπ' αὐτούς, οἱ δὲ ἰδόντες τὸν χιλίαρχον καὶ τοὺς στρατιώτας ἐπαύσαντο³⁵ τύπτοντες³⁶ τὸν Παῦλον. **33** τότε ἐγγίσας³⁷ ὁ χιλίαρχος ἐπελάβετο³⁸ αὐτοῦ καὶ ἐκέλευσεν³⁹ δεθῆναι⁴⁰ ἁλύσεσιν⁴¹ δυσίν, καὶ ἐπυνθάνετο⁴² τίς εἴη⁴³ καὶ τί ἐστιν πεποιηκώς. **34** ἄλλοι

¹ στοιχέω 2s pres act ind, live
² ἐπιστέλλω 1p aor act ind, instruct by letter
³ εἰδωλόθυτος, -ον, (food) sacrificed to idols
⁴ πνικτός, -ή/όν, strangled
⁵ πορνεία, -ας f, sexual immorality
⁶ εἴσειμι 3s impf act ind, go in
⁷ διαγγέλλω pres act ptc m s nom, give notice of
⁸ ἐκπλήρωσις, -εως f, completion
⁹ ἁγνισμός, -οῦ m, purification
¹⁰ προσφέρω 3s aor pas ind, present
¹¹ προσφορά, -ᾶς f, offering
¹² συντελέω pres pas inf, complete
¹³ συγχέω 3p impf act ind, stir up
¹⁴ ἐπιβάλλω 3p aor act ind, put on
¹⁵ βοηθέω 2p pres act impv, help
¹⁶ πανταχῇ, adv, everywhere
¹⁷ εἰσάγω 3s aor act ind, bring in
¹⁸ κοινόω 3s pf act ind, defile
¹⁹ προοράω pf act ptc m p nom, see previously
²⁰ νομίζω 3p impf act ind, suppose
²¹ κινέω 3s aor pas ind, arouse
²² συνδρομή, -ῆς f, rushing together
²³ ἐπιλαμβάνομαι aor mid ptc m p nom, take hold of
²⁴ ἕλκω 3p impf act ind, drag
²⁵ κλείω 3p aor pas ind, shut
²⁶ ἀναβαίνω 3s aor act ind, go/come up
²⁷ φάσις, -εως f, news
²⁸ χιλίαρχος, -ου m, commander
²⁹ σπεῖρα, -ης f, band of Roman soldiers
³⁰ συγχέω 3s pres pas ind, pas be confused
³¹ ἐξαυτῆς, adv, at once
³² στρατιώτης, -ου m, soldier
³³ ἑκατοντάρχης, -ου m, centurion (officer of the Roman army)
³⁴ κατατρέχω 3s aor act ind, run down
³⁵ παύω 3p aor mid ind, mid stop
³⁶ τύπτω pres act ptc m p nom, beat
³⁷ ἐγγίζω aor act ptc m s nom, come up
³⁸ ἐπιλαμβάνομαι 3s aor mid ind, arrest
³⁹ κελεύω 3s aor act ind, order
⁴⁰ δέω aor pas inf, tie up
⁴¹ ἅλυσις, -εως f, chain
⁴² πυνθάνομαι 3s impf mid ind, ask
⁴³ εἰμί 3s pres act opt, be

δὲ ἄλλο τι ἐπεφώνουν¹ ἐν τῷ ὄχλῳ. μὴ δυναμένου δὲ αὐτοῦ γνῶναι² τὸ ἀσφαλὲς³ διὰ τὸν θόρυβον⁴ ἐκέλευσεν⁵ ἄγεσθαι αὐτὸν εἰς τὴν παρεμβολήν⁶. 35 ὅτε δὲ ἐγένετο ἐπὶ τοὺς ἀναβαθμούς⁷, συνέβη⁸ βαστάζεσθαι⁹ αὐτὸν ὑπὸ τῶν στρατιωτῶν διὰ τὴν βίαν¹⁰ τοῦ ὄχλου, 36 ἠκολούθει γὰρ τὸ πλῆθος τοῦ λαοῦ κράζοντες· αἶρε αὐτόν.

Paul Defends Himself

37 Μέλλων τε εἰσάγεσθαι¹¹ εἰς τὴν παρεμβολὴν ὁ Παῦλος λέγει τῷ χιλιάρχῳ· εἰ ἔξεστίν μοι εἰπεῖν τι πρός σέ; ὁ δὲ ἔφη· Ἑλληνιστὶ γινώσκεις; 38 οὐκ ἄρα σὺ εἶ ὁ Αἰγύπτιος ὁ πρὸ τούτων τῶν ἡμερῶν ἀναστατώσας¹² καὶ ἐξαγαγὼν¹³ εἰς τὴν ἔρημον τοὺς τετρακισχιλίους¹⁴ ἄνδρας τῶν σικαρίων¹⁵; 39 εἶπεν δὲ ὁ Παῦλος· ἐγὼ ἄνθρωπος μέν εἰμι Ἰουδαῖος, Ταρσεὺς τῆς Κιλικίας, οὐκ ἀσήμου¹⁶ πόλεως πολίτης¹⁷· δέομαι¹⁸ δέ σου, ἐπίτρεψόν¹⁹ μοι λαλῆσαι πρὸς τὸν λαόν. 40 ἐπιτρέψαντος²⁰ δὲ αὐτοῦ ὁ Παῦλος ἑστὼς²¹ ἐπὶ τῶν ἀναβαθμῶν²² κατέσεισεν²³ τῇ χειρὶ τῷ λαῷ. πολλῆς δὲ σιγῆς²⁴ γενομένης προσεφώνησεν²⁵ τῇ Ἑβραΐδι διαλέκτῳ²⁶ λέγων·

22 Ἄνδρες ἀδελφοὶ καὶ πατέρες, ἀκούσατέ μου τῆς πρὸς ὑμᾶς νυνὶ²⁷ ἀπολογίας²⁸. 2 ἀκούσαντες δὲ ὅτι τῇ Ἑβραΐδι διαλέκτῳ²⁹ προσεφώνει³⁰ αὐτοῖς μᾶλλον παρέσχον³¹ ἡσυχίαν³². καὶ φησίν· 3 ἐγώ εἰμι ἀνὴρ Ἰουδαῖος, γεγεννημένος ἐν Ταρσῷ τῆς Κιλικίας, ἀνατεθραμμένος³³ δὲ ἐν τῇ πόλει ταύτῃ, παρὰ τοὺς πόδας Γαμαλιὴλ πεπαιδευμένος³⁴ κατὰ ἀκρίβειαν³⁵ τοῦ πατρῴου³⁶ νόμου, ζηλωτὴς³⁷ ὑπάρχων τοῦ θεοῦ, καθὼς πάντες ὑμεῖς ἐστε σήμερον, 4 ὃς ταύτην τὴν ὁδὸν³⁸ ἐδίωξα ἄχρι θανάτου δεσμεύων³⁹ καὶ παραδιδοὺς⁴⁰ εἰς φυλακὰς ἄνδρας τε καὶ γυναῖκας, 5 ὡς καὶ ὁ ἀρχιερεὺς μαρτυρεῖ μοι καὶ πᾶν τὸ πρεσβυτέριον⁴¹ παρ' ὧν καὶ

---

1 ἐπιφωνέω 3p impf act ind, shout
2 γινώσκω aor act inf, find out
3 ἀσφαλής, -ές, definite (τὸ ἀ. the truth)
4 θόρυβος, -ου m, uproar
5 κελεύω 3s aor act ind, order
6 παρεμβολή, -ῆς f, barracks
7 ἀναβαθμός, -οῦ m, steps
8 συμβαίνω 3s aor act ind, happen
9 βαστάζω pres pas inf, carry
10 βία, -ας f, violence
11 εἰσάγω pres pas inf, bring in
12 ἀναστατόω aor act ptc m s nom, incite a revolt
13 ἐξάγω aor act ptc m s nom, lead out
14 τετρακισχίλιοι, -αι/α, four thousand

15 σικάριος, -ου m, terrorist
16 ἄσημος, -ον, insignificant
17 πολίτης, -ου m, citizen
18 δέομαι 1s pres pas ind, beg (= please)
19 ἐπιτρέπω 2s aor act impv, let
20 ἐπιτρέπω aor act ptc m s gen, let
21 ἵστημι pf act ptc m s nom, intrans stand
22 ἀναβαθμός, -οῦ m, steps
23 κατασείω 3s aor act ind, motion
24 σιγή, -ῆς f, silence
25 προσφωνέω 3s aor act ind, speak
26 διάλεκτος, -ου f, language
27 νυνί, adv, now
28 ἀπολογία, -ας f, defense
29 διάλεκτος, -ου f, language

30 προσφωνέω 3s impf act ind, speak
31 παρέχω 3p aor act ind, give
32 ἡσυχία, -ας f, silence
33 ἀνατρέφω pf pas ptc m s nom, bring up
34 παιδεύω pf pas ptc m s nom, instruct
35 ἀκρίβεια, -ας f, strictness
36 πατρῷος, -α/ον, ancestral
37 ζηλωτής, -οῦ m, one who is eager
38 ὁδός, -οῦ f, way (here: Way of the Christian faith and life)
39 δεσμεύω pres act ptc m s nom, tie up
40 παραδίδωμι pres act ptc m s nom, hand over
41 πρεσβυτέριον, -ου n, body of elders

ἐπιστολὰς¹ δεξάμενος πρὸς τοὺς ἀδελφοὺς εἰς Δαμασκὸν ἐπορευόμην ἄξων² καὶ τοὺς ἐκεῖσε³ ὄντας δεδεμένους εἰς Ἰερουσαλήμ, ἵνα τιμωρηθῶσιν⁴.

Paul Tells of His Conversion   (Ac 9.1-19; 26.12-18)

6 Ἐγένετο δέ μοι πορευομένῳ καὶ ἐγγίζοντι τῇ Δαμασκῷ περὶ μεσημβρίαν⁵ ἐξαίφνης⁶ ἐκ τοῦ οὐρανοῦ περιαστράψαι⁷ φῶς ἱκανὸν περὶ ἐμέ, 7 ἔπεσά⁸ τε εἰς τὸ ἔδαφος⁹ καὶ ἤκουσα φωνῆς λεγούσης μοι· Σαοὺλ Σαούλ, τί με διώκεις; 8 ἐγὼ δὲ ἀπεκρίθην· τίς εἶ, κύριε; εἶπέν τε πρός με· ἐγώ εἰμι Ἰησοῦς ὁ Ναζωραῖος ὃν σὺ διώκεις. 9 οἱ δὲ σὺν ἐμοὶ ὄντες τὸ μὲν φῶς ἐθεάσαντο¹⁰, τὴν δὲ φωνὴν οὐκ ἤκουσαν τοῦ λαλοῦντός μοι. 10 εἶπον δέ· τί ποιήσω, κύριε; ὁ δὲ κύριος εἶπεν πρός με· ἀναστὰς¹¹ πορεύου εἰς Δαμασκὸν, κἀκεῖ¹² σοι λαληθήσεται¹³ περὶ πάντων ὧν τέτακταί¹⁴ σοι ποιῆσαι. 11 ὡς δὲ οὐκ ἐνέβλεπον¹⁵ ἀπὸ τῆς δόξης τοῦ φωτὸς ἐκείνου, χειραγωγούμενος¹⁶ ὑπὸ τῶν συνόντων¹⁷ μοι ἦλθον εἰς Δαμασκόν. 12 Ἁνανίας δέ τις, ἀνὴρ εὐλαβὴς¹⁸ κατὰ τὸν νόμον, μαρτυρούμενος ὑπὸ πάντων τῶν κατοικούντων Ἰουδαίων, 13 ἐλθὼν πρός με καὶ ἐπιστὰς¹⁹ εἶπέν μοι· Σαοὺλ ἀδελφέ, ἀνάβλεψον²⁰. κἀγὼ αὐτῇ τῇ ὥρᾳ ἀνέβλεψα εἰς αὐτόν. 14 ὁ δὲ εἶπεν· ὁ θεὸς τῶν πατέρων ἡμῶν προεχειρίσατό²¹ σε γνῶναι²² τὸ θέλημα αὐτοῦ καὶ ἰδεῖν τὸν δίκαιον καὶ ἀκοῦσαι φωνὴν ἐκ τοῦ στόματος αὐτοῦ, 15 ὅτι ἔσῃ²³ μάρτυς αὐτῷ πρὸς πάντας ἀνθρώπους ὧν ἑώρακας²⁴ καὶ ἤκουσας. 16 καὶ νῦν τί μέλλεις; ἀναστὰς²⁵ βάπτισαι καὶ ἀπόλουσαι²⁶ τὰς ἁμαρτίας σου ἐπικαλεσάμενος²⁷ τὸ ὄνομα αὐτοῦ.

Paul Sent to the Gentiles

17 Ἐγένετο δέ μοι ὑποστρέψαντι²⁸ εἰς Ἰερουσαλὴμ καὶ προσευχομένου μου ἐν τῷ ἱερῷ γενέσθαι με ἐν ἐκστάσει²⁹ 18 καὶ ἰδεῖν αὐτὸν λέγοντά μοι· σπεῦσον³⁰ καὶ

---

¹ ἐπιστολή, -ῆς f, letter
² ἄγω fut act ptc m s nom, take away
³ ἐκεῖσε, adv, there
⁴ τιμωρέω 3p aor pas sub , punish
⁵ μεσημβρία, -ας f, noon
⁶ ἐξαίφνης, adv, suddenly
⁷ περιαστράπτω aor act inf, flash around
⁸ πίπτω 1s aor act ind, fall
⁹ ἔδαφος, -ους n, ground
¹⁰ θεάομαι 3p aor mid ind, see
¹¹ ἀνίστημι aor act ptc m s nom, intrans get up
¹² κἀκεῖ, = καὶ ἐκεῖ, and there
¹³ λαλέω 3s fut pas ind, tell
¹⁴ τάσσω 3s pf pas ind, appoint
¹⁵ ἐμβλέπω 1s impf act ind, see
¹⁶ χειραγωγέω pf pas ptc m s nom, lead by the hand
¹⁷ σύνειμι pres act ptc m p gen, be with
¹⁸ εὐλαβής, -ές, devout
¹⁹ ἐφίστημι aor act ptc m s nom, stand (by someone)
²⁰ ἀναβλέπω 2s aor act impv, regain one's sight
²¹ προχειρίζομαι 3s aor mid ind, mid choose
²² γινώσκω aor act inf, know
²³ εἰμί 2s fut mid ind, be
²⁴ ὁράω 2s pf act ind, see
²⁵ ἀνίστημι aor act ptc m s nom, intrans get up
²⁶ ἀπολούω 2s aor mid impv, mid wash away
²⁷ ἐπικαλέω aor mid ptc m s nom, mid call upon
²⁸ ὑποστρέφω aor act ptc m s dat, return
²⁹ ἔκστασις, -εως f, trance
³⁰ σπεύδω 2s aor act impv, hurry

ἔξελθε¹ ἐν τάχει² ἐξ Ἰερουσαλήμ, διότι³ οὐ παραδέξονταί⁴ σου μαρτυρίαν περὶ ἐμοῦ. 19 κἀγὼ εἶπον· κύριε, αὐτοὶ ἐπίστανται⁵ ὅτι ἐγὼ ἤμην φυλακίζων⁶ καὶ δέρων⁷ κατὰ τὰς συναγωγὰς τοὺς πιστεύοντας ἐπὶ σέ, 20 καὶ ὅτε ἐξεχύννετο⁸ τὸ αἷμα Στεφάνου τοῦ μάρτυρός σου, καὶ αὐτὸς ἤμην ἐφεστὼς⁹ καὶ συνευδοκῶν¹⁰ καὶ φυλάσσων τὰ ἱμάτια τῶν ἀναιρούντων¹¹ αὐτόν. 21 καὶ εἶπεν πρός με· πορεύου, ὅτι ἐγὼ εἰς ἔθνη μακρὰν¹² ἐξαποστελῶ¹³ σε.

Paul and the Roman Tribune

22 Ἤκουον δὲ αὐτοῦ ἄχρι τούτου τοῦ λόγου καὶ ἐπῆραν¹⁴ τὴν φωνὴν αὐτῶν λέγοντες· αἶρε¹⁵ ἀπὸ τῆς γῆς τὸν τοιοῦτον, οὐ γὰρ καθῆκεν¹⁶ αὐτὸν ζῆν. 23 κραυγαζόντων¹⁷ τε αὐτῶν καὶ ῥιπτούντων¹⁸ τὰ ἱμάτια καὶ κονιορτὸν¹⁹ βαλλόντων εἰς τὸν ἀέρα²⁰ 24 ἐκέλευσεν²¹ ὁ χιλίαρχος²² εἰσάγεσθαι²³ αὐτὸν εἰς τὴν παρεμβολὴν²⁴ εἴπας μάστιξιν²⁵ ἀνετάζεσθαι²⁶ αὐτόν, ἵνα ἐπιγνῷ²⁷ δι' ἣν αἰτίαν²⁸ οὕτως ἐπεφώνουν²⁹ αὐτῷ. 25 ὡς δὲ προέτειναν³⁰ αὐτὸν τοῖς ἱμᾶσιν³¹, εἶπεν πρὸς τὸν ἑστῶτα³² ἑκατόνταρχον³³ ὁ Παῦλος· εἰ ἄνθρωπον Ῥωμαῖον καὶ ἀκατάκριτον³⁴ ἔξεστιν ὑμῖν μαστίζειν³⁵; 26 ἀκούσας δὲ ὁ ἑκατοντάρχης προσελθὼν³⁶ τῷ χιλιάρχῳ ἀπήγγειλεν³⁷ λέγων· τί μέλλεις ποιεῖν; ὁ γὰρ ἄνθρωπος οὗτος Ῥωμαῖός ἐστιν. 27 προσελθὼν δὲ ὁ χιλίαρχος εἶπεν αὐτῷ· λέγε μοι, σὺ Ῥωμαῖος εἶ; ὁ δὲ ἔφη· ναί. 28 ἀπεκρίθη δὲ ὁ χιλίαρχος· ἐγὼ πολλοῦ κεφαλαίου³⁸ τὴν πολιτείαν³⁹ ταύτην ἐκτησάμην⁴⁰. ὁ δὲ Παῦλος ἔφη· ἐγὼ δὲ καὶ γεγέννημαι. 29 εὐθέως οὖν ἀπέστησαν⁴¹ ἀπ' αὐτοῦ οἱ μέλλοντες αὐτὸν ἀνετάζειν⁴², καὶ ὁ χιλίαρχος δὲ ἐφοβήθη ἐπιγνοὺς⁴³ ὅτι Ῥωμαῖός ἐστιν καὶ ὅτι αὐτὸν ἦν δεδεκὼς⁴⁴.

1 ἐξέρχομαι 2s aor act impv, leave
2 τάχος, -ους n, quickness (ἐν τ. quick/quickly)
3 διότι, conj, because
4 παραδέχομαι 3p fut mid ind, accept
5 ἐπίσταμαι 3p pres pas ind, pas know
6 φυλακίζω pres act ptc m s nom, imprison
7 δέρω pres act ptc m s nom, beat
8 ἐκχύννω 3s impf pas ind, pour out
9 ἐφίστημι pf act ptc m s nom, stand (by someone)
10 συνευδοκέω pres act ptc m s nom, approve of
11 ἀναιρέω pres act ptc m p gen, kill
12 μακράν, adv, far away
13 ἐξαποστέλλω 1s fut act ind, send
14 ἐπαίρω 3p aor act ind, raise
15 αἴρω 2s pres act impv, take away
16 καθήκω 3s impf act ind, impers it is fitting
17 κραυγάζω pres act ptc m p gen, shout
18 ῥιπτέω pres act ptc m p gen, throw down
19 κονιορτός, -οῦ m, dust
20 ἀήρ, -έρος m, air
21 κελεύω 3s aor act ind, order
22 χιλίαρχος, -ου m, commander
23 εἰσάγω pres act inf, bring in
24 παρεμβολή, -ῆς f, barracks
25 μάστιξ, -ιγος f, whip
26 ἀνετάζω pres pas inf, interrogate
27 ἐπιγινώσκω 3s aor act sub, find out
28 αἰτία, -ας f, reason
29 ἐπιφωνέω 3p impf act ind, shout
30 προτείνω 3p aor act ind, tie up
31 ἱμάς, -άντος m, strap
32 ἵστημι pf act ptc m s acc, intrans stand
33 ἑκατοντάρχης, -ου m, centurion (officer of the Roman army)
34 ἀκατάκριτος, -ον, uncondemned
35 μαστίζω pres act inf, beat with a whip
36 προσέρχομαι aor act ptc m s nom, go (to)
37 ἀπαγγέλλω 3s aor act ind, tell
38 κεφάλαιον, -ου n, sum of money
39 πολιτεία, -ας f, citizenship
40 κτάομαι 1s aor mid ind, buy
41 ἀφίστημι 3p aor act ind, intrans leave
42 ἀνετάζω pres act inf, interrogate
43 ἐπιγινώσκω aor act ptc m s nom, find out
44 δέω pf act ptc m s nom, tie up

Paul before the Council

30 Τῇ δὲ ἐπαύριον¹ βουλόμενος γνῶναι² τὸ ἀσφαλὲς³ τὸ τί κατηγορεῖται⁴ ὑπὸ τῶν Ἰουδαίων ἔλυσεν αὐτὸν καὶ ἐκέλευσεν συνελθεῖν⁵ τοὺς ἀρχιερεῖς καὶ πᾶν τὸ συνέδριον⁶ καὶ καταγαγὼν⁷ τὸν Παῦλον ἔστησεν⁸ εἰς αὐτούς.

23 Ἀτενίσας⁹ δὲ τῷ συνεδρίῳ¹⁰ ὁ Παῦλος εἶπεν· ἄνδρες ἀδελφοί, ἐγὼ πάσῃ συνειδήσει¹¹ ἀγαθῇ πεπολίτευμαι¹² τῷ θεῷ ἄχρι ταύτης τῆς ἡμέρας. **2** ὁ δὲ ἀρχιερεὺς Ἀνανίας ἐπέταξεν¹³ τοῖς παρεστῶσιν¹⁴ αὐτῷ τύπτειν¹⁵ αὐτοῦ τὸ στόμα. **3** τότε ὁ Παῦλος πρὸς αὐτὸν εἶπεν· τύπτειν σε μέλλει ὁ θεός, τοῖχε¹⁶ κεκονιαμένε¹⁷· καὶ σὺ κάθῃ¹⁸ κρίνων με κατὰ τὸν νόμον καὶ παρανομῶν¹⁹ κελεύεις²⁰ με τύπτεσθαι²¹; **4** οἱ δὲ παρεστῶτες²² εἶπαν· τὸν ἀρχιερέα τοῦ θεοῦ λοιδορεῖς²³; **5** ἔφη τε ὁ Παῦλος· οὐκ ᾔδειν²⁴, ἀδελφοί, ὅτι ἐστὶν ἀρχιερεύς· γέγραπται γὰρ **ἄρχοντα τοῦ λαοῦ σου οὐκ ἐρεῖς**²⁵ **κακῶς**²⁶. **6** γνοὺς²⁷ δὲ ὁ Παῦλος ὅτι τὸ ἓν μέρος ἐστὶν Σαδδουκαίων τὸ δὲ ἕτερον Φαρισαίων ἔκραζεν ἐν τῷ συνεδρίῳ· ἄνδρες ἀδελφοί, ἐγὼ Φαρισαῖός εἰμι, υἱὸς Φαρισαίων, περὶ ἐλπίδος καὶ ἀναστάσεως νεκρῶν ἐγὼ κρίνομαι. **7** τοῦτο δὲ αὐτοῦ εἰπόντος ἐγένετο στάσις²⁸ τῶν Φαρισαίων καὶ Σαδδουκαίων, καὶ ἐσχίσθη²⁹ τὸ πλῆθος. **8** Σαδδουκαῖοι μὲν γὰρ λέγουσιν μὴ εἶναι ἀνάστασιν μήτε ἄγγελον μήτε πνεῦμα, Φαρισαῖοι δὲ ὁμολογοῦσιν³⁰ τὰ ἀμφότερα³¹. **9** ἐγένετο δὲ κραυγὴ³² μεγάλη, καὶ ἀναστάντες³³ τινὲς τῶν γραμματέων τοῦ μέρους τῶν Φαρισαίων διεμάχοντο³⁴ λέγοντες· οὐδὲν κακὸν εὑρίσκομεν ἐν τῷ ἀνθρώπῳ τούτῳ· εἰ δὲ πνεῦμα ἐλάλησεν αὐτῷ ἢ ἄγγελος; **10** πολλῆς³⁵ δὲ γενομένης στάσεως φοβηθεὶς ὁ χιλίαρχος³⁶ μὴ διασπασθῇ³⁷ ὁ Παῦλος ὑπ' αὐτῶν ἐκέλευσεν³⁸ τὸ στράτευμα³⁹ καταβὰν⁴⁰ ἁρπάσαι⁴¹ αὐτὸν ἐκ μέσου αὐτῶν ἄγειν τε εἰς τὴν παρεμβολήν⁴². **11** τῇ

---

¹ ἐπαύριον, adv, the next day
² γινώσκω aor act inf, know
³ ἀσφαλής, -ές, definite (τὸ ἀ. the truth)
⁴ κατηγορέω 3s pres pas ind, accuse
⁵ συνέρχομαι aor act inf, meet
⁶ συνέδριον, -ου n, council
⁷ κατάγω aor act ptc m s nom, bring (down)
⁸ ἵστημι 3s aor act ind, trans make stand
⁹ ἀτενίζω aor act ptc m s nom, look straight at
¹⁰ συνέδριον, -ου n, council
¹¹ συνείδησις, -εως f, conscience
¹² πολιτεύομαι 1s pf mid ind, live
¹³ ἐπιτάσσω 3s aor act ind, order
¹⁴ παρίστημι pf act ptc m p dat, intrans stand by
¹⁵ τύπτω pres act inf, hit
¹⁶ τοῖχος, -ου m, wall
¹⁷ κονιάω pf pas ptc m s voc, whitewash
¹⁸ κάθημαι 2s pres mid ind, sit
¹⁹ παρανομέω pres act ptc m s nom, act contrary to the law
²⁰ κελεύω 2s pres act ind, order
²¹ τύπτω pres pas inf, hit
²² παρίστημι pf act ptc m p nom, intrans stand by
²³ λοιδορέω 2s pres act ind, insult
²⁴ οἶδα 1s plpf act ind, know
²⁵ λέγω 2s fut act ind, say
²⁶ κακῶς adv, badly
²⁷ γινώσκω aor act ptc m s nom, realize
²⁸ στάσις, -εως f, dispute
²⁹ σχίζω 3s aor pas ind, divide
³⁰ ὁμολογέω 3p pres act ind, admit
³¹ ἀμφότεροι, -αι/α, both
³² κραυγή, -ῆς f, shout
³³ ἀνίστημι aor act ptc m p nom, intrans stand up
³⁴ διαμάχομαι 3p impf mid ind, protest violently
³⁵ πολύς/πολλή/πολύ, violent
³⁶ χιλίαρχος, -ου m, commander
³⁷ διασπάω 3s aor pas sub, tear apart
³⁸ κελεύω 3s aor act ind, order
³⁹ στράτευμα, -τος n, troops
⁴⁰ καταβαίνω aor act ptc n s acc, go down
⁴¹ ἁρπάζω aor act inf, carry off
⁴² παρεμβολή, -ῆς f, barracks

δὲ ἐπιούσῃ[1] νυκτὶ ἐπιστὰς[2] αὐτῷ ὁ κύριος εἶπεν· θάρσει[3]· ὡς γὰρ διεμαρτύρω[4] τὰ περὶ ἐμοῦ εἰς Ἰερουσαλήμ, οὕτως σε δεῖ καὶ εἰς Ῥώμην μαρτυρῆσαι.

The Plot against Paul's Life

12 Γενομένης δὲ ἡμέρας ποιήσαντες συστροφὴν[5] οἱ Ἰουδαῖοι ἀνεθεμάτισαν[6] ἑαυτοὺς λέγοντες μήτε φαγεῖν[7] μήτε πιεῖν[8], ἕως οὗ ἀποκτείνωσιν τὸν Παῦλον. **13** ἦσαν δὲ πλείους[9] τεσσεράκοντα[10] οἱ ταύτην τὴν συνωμοσίαν[11] ποιησάμενοι **14** οἵτινες προσελθόντες[12] τοῖς ἀρχιερεῦσιν καὶ τοῖς πρεσβυτέροις εἶπαν· ἀναθέματι[13] ἀνεθεματίσαμεν ἑαυτοὺς μηδενὸς γεύσασθαι[14], ἕως οὗ ἀποκτείνωμεν τὸν Παῦλον. **15** νῦν οὖν ὑμεῖς ἐμφανίσατε[15] τῷ χιλιάρχῳ[16] σὺν τῷ συνεδρίῳ[17] ὅπως καταγάγῃ[18] αὐτὸν εἰς ὑμᾶς ὡς μέλλοντας διαγινώσκειν[19] ἀκριβέστερον[20] τὰ περὶ αὐτοῦ· ἡμεῖς δὲ πρὸ τοῦ ἐγγίσαι αὐτὸν ἕτοιμοί[21] ἐσμεν τοῦ ἀνελεῖν[22] αὐτόν. **16** ἀκούσας δὲ ὁ υἱὸς τῆς ἀδελφῆς[23] Παύλου τὴν ἐνέδραν[24] παραγενόμενος[25] καὶ εἰσελθὼν εἰς τὴν παρεμβολὴν[26] ἀπήγγειλεν[27] τῷ Παύλῳ. **17** προσκαλεσάμενος[28] δὲ ὁ Παῦλος ἕνα τῶν ἑκατονταρχῶν[29] ἔφη· τὸν νεανίαν[30] τοῦτον ἀπάγαγε[31] πρὸς τὸν χιλίαρχον, ἔχει γὰρ ἀπαγγεῖλαί[32] τι αὐτῷ. **18** ὁ μὲν οὖν παραλαβὼν αὐτὸν ἤγαγεν[33] πρὸς τὸν χιλίαρχον καὶ φησίν· ὁ δέσμιος[34] Παῦλος προσκαλεσάμενός με ἠρώτησεν τοῦτον τὸν νεανίσκον[35] ἀγαγεῖν[36] πρὸς σὲ ἔχοντά τι λαλῆσαί σοι. **19** ἐπιλαβόμενος[37] δὲ τῆς χειρὸς αὐτοῦ ὁ χιλίαρχος καὶ ἀναχωρήσας[38] κατ' ἰδίαν[39] ἐπυνθάνετο[40]· τί ἐστιν ὃ ἔχεις ἀπαγγεῖλαί μοι; **20** εἶπεν δὲ ὅτι οἱ Ἰουδαῖοι συνέθεντο[41] τοῦ ἐρωτῆσαί[42] σε ὅπως αὔριον[43] τὸν Παῦλον καταγάγῃς[44] εἰς τὸ συνέδριον[45] ὡς μέλλον τι ἀκριβέστερον

---

[1] ἔπειμι *pres act ptc f s dat*, be next (τῇ ἐ. νυκτί the following night)
[2] ἐφίστημι *aor act ptc m s nom*, stand (by someone)
[3] θαρσέω *2s pres act impv*, Cheer up!
[4] διαμαρτύρομαι *2s aor mid ind*, testify
[5] συστροφή, -ῆς *f*, plot
[6] ἀναθεματίζω *3p aor act ind*, bind by a solemn vow
[7] ἐσθίω *aor act inf*, eat
[8] πίνω *aor act inf*, drink
[9] πολύς, much (comp)
[10] τεσσεράκοντα, forty
[11] συνωμοσία, -ας *f*, conspiracy
[12] προσέρχομαι *aor act ptc m p nom*, go (to)
[13] ἀνάθεμα, -τος *n*, solemn oath
[14] γεύομαι *aor mid inf*, eat
[15] ἐμφανίζω *2p aor act impv*, inform
[16] χιλίαρχος, -ου *m*, commander
[17] συνέδριον, -ου *n*, council
[18] κατάγω *3s aor act sub*, bring (down)
[19] διαγινώσκω *pres act inf*, determine
[20] ἀκριβῶς, *adv*, accurately (comp)
[21] ἕτοιμος, -η/ον, ready
[22] ἀναιρέω *aor act inf*, kill
[23] ἀδελφή, -ῆς *f*, sister
[24] ἐνέδρα, -ας *f*, ambush
[25] παραγίνομαι *aor mid ptc m s nom*, come
[26] παρεμβολή, -ῆς *f*, barracks
[27] ἀπαγγέλλω *3s aor act ind*, tell
[28] προσκαλέομαι *aor mid ptc m s nom*, send for
[29] ἑκατοντάρχης, -ου *m*, centurion (officer of the Roman army)
[30] νεανίας, -ου *m*, young man
[31] ἀπάγω *2s aor act impv*, take
[32] ἀπαγγέλλω *aor act inf*, tell
[33] ἄγω *3s aor act ind*, bring
[34] δέσμιος, -ου *m*, prisoner
[35] νεανίσκος, -ου *m*, young man
[36] ἄγω *aor act inf*, bring
[37] ἐπιλαμβάνομαι *aor mid ptc m s nom*, take hold of
[38] ἀναχωρέω *aor act ptc m s nom*, go aside
[39] ἴδιος, -α/ον, one's own (κατ' ἰδίαν privately)
[40] πυνθάνομαι *3s impf mid ind*, ask
[41] συντίθημι *3p aor mid ind, mid* agree
[42] ἐρωτάω *aor act inf*, ask
[43] αὔριον, *adv*, tomorrow
[44] κατάγω *2s aor act sub*, bring (down)
[45] συνέδριον, -ου *n*, council

πυνθάνεσθαι¹ περὶ αὐτοῦ. 21 σὺ οὖν μὴ πεισθῇς² αὐτοῖς· ἐνεδρεύουσιν³ γὰρ αὐτὸν ἐξ αὐτῶν ἄνδρες πλείους τεσσεράκοντα οἵτινες ἀνεθεμάτισαν⁴ ἑαυτοὺς μήτε φαγεῖν⁵ μήτε πιεῖν⁶, ἕως οὗ ἀνέλωσιν⁷ αὐτόν, καὶ νῦν εἰσιν ἕτοιμοι⁸ προσδεχόμενοι⁹ τὴν ἀπὸ σοῦ ἐπαγγελίαν. 22 ὁ μὲν οὖν χιλίαρχος ἀπέλυσεν τὸν νεανίσκον παραγγείλας μηδενὶ ἐκλαλῆσαι¹⁰ ὅτι ταῦτα ἐνεφάνισας¹¹ πρός με.

Paul Sent to Felix the Governor

23 Καὶ προσκαλεσάμενος¹² δύο τινὰς τῶν ἑκατονταρχῶν¹³ εἶπεν· ἑτοιμάσατε στρατιώτας¹⁴ διακοσίους¹⁵, ὅπως πορευθῶσιν ἕως Καισαρείας, καὶ ἱππεῖς¹⁶ ἑβδομήκοντα¹⁷ καὶ δεξιολάβους¹⁸ διακοσίους ἀπὸ τρίτης ὥρας τῆς νυκτὸς 24 κτήνη¹⁹ τε παραστῆσαι²⁰, ἵνα ἐπιβιβάσαντες²¹ τὸν Παῦλον διασώσωσιν²² πρὸς Φήλικα τὸν ἡγεμόνα²³, 25 γράψας ἐπιστολὴν²⁴ ἔχουσαν τὸν τύπον²⁵ τοῦτον· 26 Κλαύδιος Λυσίας τῷ κρατίστῳ²⁶ ἡγεμόνι Φήλικι χαίρειν. 27 τὸν ἄνδρα τοῦτον συλλημφθέντα²⁷ ὑπὸ τῶν Ἰουδαίων καὶ μέλλοντα ἀναιρεῖσθαι²⁸ ὑπ' αὐτῶν ἐπιστὰς²⁹ σὺν τῷ στρατεύματι³⁰ ἐξειλάμην³¹ μαθὼν³² ὅτι Ῥωμαῖός ἐστιν. 28 βουλόμενός τε ἐπιγνῶναι³³ τὴν αἰτίαν³⁴ δι' ἣν ἐνεκάλουν³⁵ αὐτῷ κατήγαγον³⁶ εἰς τὸ συνέδριον³⁷ αὐτῶν 29 ὃν εὗρον³⁸ ἐγκαλούμενον³⁹ περὶ ζητημάτων⁴⁰ τοῦ νόμου αὐτῶν, μηδὲν δὲ ἄξιον θανάτου ἢ δεσμῶν⁴¹ ἔχοντα ἔγκλημα⁴². 30 μηνυθείσης⁴³ δέ μοι ἐπιβουλῆς⁴⁴ εἰς τὸν ἄνδρα ἔσεσθαι⁴⁵ ἐξαυτῆς⁴⁶ ἔπεμψα⁴⁷ πρὸς σὲ παραγγείλας καὶ τοῖς κατηγόροις⁴⁸ λέγειν τὰ πρὸς αὐτὸν ἐπὶ σοῦ.

¹ πυνθάνομαι *pres mid inf*, learn (by inquiry)
² πείθω *2s aor pas sub*, persuade
³ ἐνεδρεύω *3p pres act ind*, lie in ambush
⁴ ἀναθεματίζω *3p aor act ind*, bind by a solemn vow
⁵ ἐσθίω *aor act inf*, eat
⁶ πίνω *aor act inf*, drink
⁷ ἀναιρέω *3p aor act sub*, kill
⁸ ἕτοιμος, -η/ον, ready
⁹ προσδέχομαι *pres mid ptc m p nom*, wait for
¹⁰ ἐκλαλέω *aor act inf*, tell
¹¹ ἐμφανίζω *2s aor act ind*, inform
¹² προσκαλέομαι *aor mid ptc m s nom*, send for
¹³ ἑκατοντάρχης, -ου *m*, centurion
¹⁴ στρατιώτης, -ου *m*, soldier
¹⁵ διακόσιοι, -αι/α, two hundred
¹⁶ ἱππεύς, -έως *m*, horseman
¹⁷ ἑβδομήκοντα, seventy
¹⁸ δεξιολάβος, -ου *m*, infantryman/spearman
¹⁹ κτῆνος, -ους *n*, horse
²⁰ παρίστημι *aor act inf*, provide
²¹ ἐπιβιβάζω *aor act ptc m p nom*, set upon
²² διασώζω *3p aor act sub*, bring safely through
²³ ἡγεμών, -όνος *m*, governor
²⁴ ἐπιστολή, -ῆς *f*, letter
²⁵ τύπος, -ου *m*, style (ἔχουσαν τὸν τ. τοῦτον as follows)
²⁶ κράτιστος, -η/ον, honorable (polite address for someone of high status)
²⁷ συλλαμβάνω *aor pas ptc m s acc*, seize
²⁸ ἀναιρέω *pres pas inf*, kill
²⁹ ἐφίστημι *aor act ptc m s nom*, come upon
³⁰ στράτευμα, -τος *n*, troops
³¹ ἐξαιρέω *1s aor mid ind*, rescue
³² μανθάνω, *aor act ptc m s nom*, learn
³³ ἐπιγινώσκω *aor act inf*, find out
³⁴ αἰτία, -ας *f*, reason
³⁵ ἐγκαλέω *3p impf act ind*, accuse
³⁶ κατάγω *1s aor act ind*, bring (down)
³⁷ συνέδριον, -ου *n*, council
³⁸ εὑρίσκω *1s aor act ind*, find
³⁹ ἐγκαλέω *pres pas ptc m s acc*, accuse
⁴⁰ ζήτημα, -τος *n*, question
⁴¹ δεσμός, -οῦ *m*, imprisonment
⁴² ἔγκλημα, -τος *n*, charge
⁴³ μηνύω *aor pas ptc f s gen*, disclose
⁴⁴ ἐπιβουλή, -ῆς *f*, plot
⁴⁵ εἰμί *fut mid inf*, be
⁴⁶ ἐξαυτῆς, *adv*, at once
⁴⁷ πέμπω *1s aor act ind*, send
⁴⁸ κατήγορος, -ου *m*, accuser

31 Οἱ μὲν οὖν στρατιῶται¹ κατὰ τὸ διατεταγμένον² αὐτοῖς ἀναλαβόντες³ τὸν Παῦλον ἤγαγον⁴ διὰ νυκτὸς εἰς τὴν Ἀντιπατρίδα, **32** τῇ δὲ ἐπαύριον⁵ ἐάσαντες⁶ τοὺς ἱππεῖς⁷ ἀπέρχεσθαι σὺν αὐτῷ ὑπέστρεψαν⁸ εἰς τὴν παρεμβολήν⁹· **33** οἵτινες εἰσελθόντες εἰς τὴν Καισάρειαν καὶ ἀναδόντες¹⁰ τὴν ἐπιστολὴν¹¹ τῷ ἡγεμόνι¹² παρέστησαν¹³ καὶ τὸν Παῦλον αὐτῷ. **34** ἀναγνοὺς¹⁴ δὲ καὶ ἐπερωτήσας¹⁵ ἐκ ποίας ἐπαρχείας¹⁶ ἐστὶν καὶ πυθόμενος¹⁷ ὅτι ἀπὸ Κιλικίας· **35** διακούσομαί¹⁸ σου, ἔφη, ὅταν καὶ οἱ κατήγοροί¹⁹ σου παραγένωνται²⁰, κελεύσας²¹ ἐν τῷ πραιτωρίῳ²² τοῦ Ἡρῴδου φυλάσσεσθαι αὐτόν.

The Case against Paul

24 Μετὰ δὲ πέντε ἡμέρας κατέβη²³ ὁ ἀρχιερεὺς Ἁνανίας μετὰ πρεσβυτέρων τινῶν καὶ ῥήτορος²⁴ Τερτύλλου τινὸς οἵτινες ἐνεφάνισαν²⁵ τῷ ἡγεμόνι²⁶ κατὰ τοῦ Παύλου. **2** κληθέντος²⁷ δὲ αὐτοῦ ἤρξατο²⁸ κατηγορεῖν²⁹ ὁ Τέρτυλλος λέγων· πολλῆς εἰρήνης τυγχάνοντες³⁰ διὰ σοῦ καὶ διορθωμάτων³¹ γινομένων τῷ ἔθνει τούτῳ διὰ τῆς σῆς³² προνοίας³³ **3** πάντῃ³⁴ τε καὶ πανταχοῦ³⁵ ἀποδεχόμεθα³⁶, κράτιστε³⁷ Φῆλιξ, μετὰ πάσης εὐχαριστίας³⁸. **4** ἵνα δὲ μὴ ἐπὶ πλεῖόν³⁹ σε ἐγκόπτω⁴⁰, παρακαλῶ ἀκοῦσαί σε ἡμῶν συντόμως⁴¹ τῇ σῇ ἐπιεικείᾳ⁴². **5** εὑρόντες⁴³ γὰρ τὸν ἄνδρα τοῦτον λοιμὸν⁴⁴ καὶ κινοῦντα⁴⁵ στάσεις⁴⁶ πᾶσιν τοῖς Ἰουδαίοις τοῖς κατὰ τὴν οἰκουμένην⁴⁷ πρωτοστάτην⁴⁸ τε τῆς τῶν Ναζωραίων αἱρέσεως⁴⁹ **6** ὃς καὶ τὸ ἱερὸν ἐπείρασεν βεβηλῶσαι⁵⁰, ὃν καὶ ἐκρατήσαμεν. [καὶ κατὰ τὸν ἡμέτερον⁵¹ νόμον

---

¹ στρατιώτης, -ου *m*, soldier
² διατάσσω *pf pas ptc m s acc*, order
³ ἀναλαμβάνω *aor act ptc m p nom*, take
⁴ ἄγω *3p aor act ind*, bring
⁵ ἐπαύριον, *adv*, the next day
⁶ ἐάω *aor act ptc m p nom*, let
⁷ ἱππεύς, -έως *m*, horseman
⁸ ὑποστρέφω *3p aor act ind*, return
⁹ παρεμβολή, -ῆς *f*, barracks
¹⁰ ἀναδίδωμι *aor act ptc m p nom*, deliver
¹¹ ἐπιστολή, -ῆς *f*, letter
¹² ἡγεμών, -όνος *m*, governor
¹³ παρίστημι *3p aor act ind*, present
¹⁴ ἀναγινώσκω *aor act ptc m s nom*, read
¹⁵ ἐπερωτάω *aor act ptc m s nom*, ask
¹⁶ ἐπαρχεία, -ας *f*, province
¹⁷ πυνθάνομαι *aor mid ptc m s nom*, learn (by inquiry)
¹⁸ διακούω *1s fut mid ind*, hear
¹⁹ κατήγορος, -ου *m*, accuser
²⁰ παραγίνομαι *3p aor mid sub*, arrive
²¹ κελεύω *aor act ptc m s nom*, order
²² πραιτώριον, -ου *n*, headquarters/palace
²³ καταβαίνω *3s aor act ind*, come/go down
²⁴ ῥήτωρ, -ορος *m*, spokesman
²⁵ ἐμφανίζω *3p aor act ind*, inform (ἐ. κατά bring charges against)
²⁶ ἡγεμών, -όνος *m*, governor
²⁷ καλέω *aor act ptc m s gen*, call
²⁸ ἄρχω *3s aor mid ind*, mid begin
²⁹ κατηγορέω *pres act inf*, accuse
³⁰ τυγχάνω *pres act ptc m p nom*, obtain
³¹ διόρθωμα, -τος *n*, reform
³² σός, σή, σόν, your
³³ πρόνοια, -ας *f*, provision/foresight
³⁴ πάντῃ, *adv*, in every way
³⁵ πανταχοῦ, *adv*, everywhere
³⁶ ἀποδέχομαι *1p pres mid ind*, accept
³⁷ κράτιστος, -η/ον, honorable (polite address for someone of high status)
³⁸ εὐχαριστία, -ας *f*, gratitude
³⁹ πολύς, much (comp)
⁴⁰ ἐγκόπτω *1s pres act sub*, detain
⁴¹ συντόμως, *adv*, briefly
⁴² ἐπιείκεια, -ας *f*, kindness
⁴³ εὑρίσκω *aor act ptc m p nom*, find
⁴⁴ λοιμός, -οῦ *m*, troublemaker
⁴⁵ κινέω *pres act ptc m s acc*, stir up
⁴⁶ στάσις, -εως *f*, riot
⁴⁷ οἰκουμένη, -ης *f*, world
⁴⁸ πρωτοστάτης, -ου *m*, ringleader
⁴⁹ αἵρεσις, -εως *f*, sect
⁵⁰ βεβηλόω *aor act inf*, desecrate
⁵¹ ἡμέτερος, -α/ον, our

ἠθελήσαμεν κρῖναι. **7** παρελθὼν¹ δὲ Λυσίας ὁ χιλίαρχος² μετὰ πολλῆς βίας³ ἐκ τῶν χειρῶν ἡμῶν ἀπήγαγεν⁴ **8** κελεύσας⁵ τοὺς κατηγόρους⁶ αὐτοῦ ἔρχεσθαι ἐπὶ σέ.] παρ' οὗ δυνήσῃ αὐτὸς ἀνακρίνας⁷ περὶ πάντων τούτων ἐπιγνῶναι⁸ ὧν ἡμεῖς κατηγοροῦμεν⁹ αὐτοῦ. **9** συνεπέθεντο¹⁰ δὲ καὶ οἱ Ἰουδαῖοι φάσκοντες¹¹ ταῦτα οὕτως ἔχειν.

Paul Defends Himself before Felix

10 Ἀπεκρίθη τε ὁ Παῦλος νεύσαντος¹² αὐτῷ τοῦ ἡγεμόνος¹³ λέγειν· ἐκ πολλῶν ἐτῶν ὄντα σε κριτὴν¹⁴ τῷ ἔθνει τούτῳ ἐπιστάμενος¹⁵ εὐθύμως¹⁶ τὰ περὶ ἐμαυτοῦ ἀπολογοῦμαι¹⁷ **11** δυναμένου σου ἐπιγνῶναι¹⁸ ὅτι οὐ πλείους¹⁹ εἰσίν μοι ἡμέραι δώδεκα ἀφ' ἧς ἀνέβην²⁰ προσκυνήσων εἰς Ἰερουσαλήμ. **12** καὶ οὔτε ἐν τῷ ἱερῷ εὗρόν²¹ με πρός τινα διαλεγόμενον²² ἢ ἐπίστασιν²³ ποιοῦντα ὄχλου οὔτε ἐν ταῖς συναγωγαῖς οὔτε κατὰ τὴν πόλιν **13** οὐδὲ παραστῆσαι²⁴ δύνανταί σοι περὶ ὧν νυνὶ²⁵ κατηγοροῦσίν²⁶ μου. **14** ὁμολογῶ²⁷ δὲ τοῦτό σοι ὅτι κατὰ τὴν ὁδὸν²⁸ ἣν λέγουσιν αἵρεσιν²⁹ οὕτως λατρεύω³⁰ τῷ πατρῴῳ³¹ θεῷ πιστεύων πᾶσιν τοῖς κατὰ τὸν νόμον καὶ τοῖς ἐν τοῖς προφήταις γεγραμμένοις³², **15** ἐλπίδα ἔχων εἰς τὸν θεὸν ἣν καὶ αὐτοὶ οὗτοι προσδέχονται³³, ἀνάστασιν μέλλειν ἔσεσθαι³⁴ δικαίων τε καὶ ἀδίκων³⁵. **16** ἐν τούτῳ καὶ αὐτὸς ἀσκῶ³⁶ ἀπρόσκοπον³⁷ συνείδησιν³⁸ ἔχειν πρὸς τὸν θεὸν καὶ τοὺς ἀνθρώπους διὰ παντός. **17** δι' ἐτῶν δὲ πλειόνων³⁹ ἐλεημοσύνας⁴⁰ ποιήσων εἰς τὸ ἔθνος μου παρεγενόμην καὶ προσφοράς⁴¹. **18** ἐν αἷς εὗρόν⁴² με ἡγνισμένον⁴³ ἐν τῷ ἱερῷ οὐ μετὰ ὄχλου οὐδὲ μετὰ θορύβου⁴⁴, **19** τινὲς δὲ ἀπὸ τῆς Ἀσίας Ἰουδαῖοι οὓς ἔδει ἐπὶ σοῦ παρεῖναι⁴⁵ καὶ κατηγορεῖν⁴⁶ εἴ τι ἔχοιεν⁴⁷ πρὸς ἐμέ. **20** ἢ αὐτοὶ

---

¹ παρέρχομαι *aor act ptc m s nom*, come
² χιλίαρχος, -ου *m*, commander
³ βία, -ας *f*, force
⁴ ἀπάγω *3s aor act ind*, lead away
⁵ κελεύω *aor act ptc m s nom*, command
⁶ κατήγορος, -ου *m*, accuser
⁷ ἀνακρίνω *aor act ptc m s nom*, interrogate
⁸ ἐπιγινώσκω *aor act inf*, find out
⁹ κατηγορέω *1p pres act ind*, accuse
¹⁰ συνεπιτίθημι *3p aor mid ind*, mid join in making an accusation
¹¹ φάσκω *pres act ptc m p nom*, claim
¹² νεύω *aor act ptc m s gen*, motion
¹³ ἡγεμών, -όνος *m*, governor
¹⁴ κριτής, -οῦ *m*, judge
¹⁵ ἐπίσταμαι *pres pas ptc m s nom*, pas know
¹⁶ εὐθύμως, *adv*, cheerfully
¹⁷ ἀπολογέομαι *1s pres mid ind*, make a defense
¹⁸ ἐπιγινώσκω *aor act inf*, find out
¹⁹ πολύς, many (comp)
²⁰ ἀναβαίνω *1s aor act ind*, go/come up
²¹ εὑρίσκω *3p aor act ind*, find
²² διαλέγομαι *pres mid ptc m s acc*, reason/argue
²³ ἐπίστασις, -εως *f*, stirring up
²⁴ παρίστημι *aor act inf*, prove
²⁵ νυνί, *adv*, now
²⁶ κατηγορέω *3p pres act ind*, accuse
²⁷ ὁμολογέω *1s pres act ind*, admit
²⁸ ὁδός, -οῦ *f*, way (here: Way of the Christian faith and life)
²⁹ αἵρεσις, -εως *f*, sect
³⁰ λατρεύω *1s pres act ind*, worship
³¹ πατρῷος, -α/ον, ancestral
³² γράφω *pf pas ptc n p dat*, write
³³ προσδέχομαι *3s pres mid ind*, accept
³⁴ εἰμί *fut mid inf*, be
³⁵ ἄδικος, -ον *m*, evil
³⁶ ἀσκέω *1s pres act ind*, do one's best
³⁷ ἀπρόσκοπος, -ον, clear
³⁸ συνείδησις, -εως *f*, conscience
³⁹ πολύς, several (comp)
⁴⁰ ἐλεημοσύνη, -ης *f*, gift for the needy
⁴¹ προσφορά, -ᾶς *f*, offering
⁴² εὑρίσκω *3p aor act ind*, find
⁴³ ἁγνίζω *pf pas ptc m s acc*, purify
⁴⁴ θόρυβος, -ου *m*, uproar
⁴⁵ πάρειμι *pres act inf*, be here
⁴⁶ κατηγορέω *pres act inf*, accuse
⁴⁷ ἔχω *3p pres act opt*, have

οὗτοι εἰπάτωσαν¹ τί εὗρον ἀδίκημα² στάντος³ μου ἐπὶ τοῦ συνεδρίου⁴ 21 ἢ περὶ μιᾶς ταύτης φωνῆς ἧς ἐκέκραξα⁵ ἐν αὐτοῖς ἑστὼς⁶, ὅτι περὶ ἀναστάσεως νεκρῶν ἐγὼ κρίνομαι σήμερον ἐφ' ὑμῶν.

22 Ἀνεβάλετο⁷ δὲ αὐτοὺς ὁ Φῆλιξ ἀκριβέστερον⁸ εἰδὼς⁹ τὰ περὶ τῆς ὁδοῦ¹⁰ εἴπας· ὅταν Λυσίας ὁ χιλίαρχος¹¹ καταβῇ¹², διαγνώσομαι¹³ τὰ καθ' ὑμᾶς, 23 διαταξάμενος¹⁴ τῷ ἑκατοντάρχῃ¹⁵ τηρεῖσθαι αὐτὸν ἔχειν τε ἄνεσιν¹⁶ καὶ μηδένα κωλύειν¹⁷ τῶν ἰδίων αὐτοῦ ὑπηρετεῖν¹⁸ αὐτῷ.

Paul Held in Custody

24 Μετὰ δὲ ἡμέρας τινὰς παραγενόμενος¹⁹ ὁ Φῆλιξ σὺν Δρουσίλλῃ τῇ ἰδίᾳ γυναικὶ οὔσῃ Ἰουδαίᾳ μετεπέμψατο²⁰ τὸν Παῦλον καὶ ἤκουσεν αὐτοῦ περὶ τῆς εἰς Χριστὸν Ἰησοῦν πίστεως. 25 διαλεγομένου²¹ δὲ αὐτοῦ περὶ δικαιοσύνης καὶ ἐγκρατείας²² καὶ τοῦ κρίματος²³ τοῦ μέλλοντος ἔμφοβος²⁴ γενόμενος ὁ Φῆλιξ ἀπεκρίθη· τὸ νῦν ἔχον πορεύου, καιρὸν δὲ μεταλαβὼν²⁵ μετακαλέσομαί²⁶ σε, 26 ἅμα²⁷ καὶ ἐλπίζων ὅτι χρήματα²⁸ δοθήσεται²⁹ αὐτῷ ὑπὸ τοῦ Παύλου· διὸ καὶ πυκνότερον³⁰ αὐτὸν μεταπεμπόμενος³¹ ὡμίλει³² αὐτῷ. 27 διετίας³³ δὲ πληρωθείσης³⁴ ἔλαβεν διάδοχον³⁵ ὁ Φῆλιξ Πόρκιον Φῆστον· θέλων τε χάριτα καταθέσθαι³⁶ τοῖς Ἰουδαίοις ὁ Φῆλιξ κατέλιπεν³⁷ τὸν Παῦλον δεδεμένον.

Paul Appeals to Caesar

25 Φῆστος οὖν ἐπιβὰς³⁸ τῇ ἐπαρχείᾳ³⁹ μετὰ τρεῖς ἡμέρας ἀνέβη⁴⁰ εἰς Ἱεροσόλυμα ἀπὸ Καισαρείας, 2 ἐνεφάνισάν⁴¹ τε αὐτῷ οἱ ἀρχιερεῖς καὶ οἱ πρῶτοι

---

1 λέγω 3p aor act impv, say
2 ἀδίκημα, -τος n, crime
3 ἵστημι aor act ptc m s gen, intrans stand
4 συνέδριον, -ου n, council
5 κράζω 1s aor act ind, shout
6 ἵστημι pf act ptc m s nom, intrans stand
7 ἀναβάλλω 3s aor mid ind, adjourn
8 ἀκριβῶς, adv, accurately (comp)
9 οἶδα pf act ptc m s nom, know
10 ὁδός, -οῦ f, way (here: Way of the Christian faith and life)
11 χιλίαρχος, -ου m, commander
12 καταβαίνω 3s aor act sub, come
13 διαγινώσκω 1s fut mid ind, decide
14 διατάσσω aor mid ptc m s nom, order
15 ἑκατοντάρχης, -ου m, centurion
16 ἄνεσις, -εως f, relief (ἔχειν τε ἄν. to have some freedom)
17 κωλύω pres act inf, stop
18 ὑπηρετέω pres act inf, look after
19 παραγίνομαι aor mid ptc m s nom, come
20 μεταπέμπω 3s aor mid ind, mid send for
21 διαλέγομαι pres mid ptc m s gen, speak
22 ἐγκράτεια, -ας f, self-control
23 κρίμα, -τος n, judgment
24 ἔμφοβος, -ον, terrified
25 μεταλαμβάνω aor act ptc m s nom, have
26 μετακαλέω 1s fut mid ind, mid send for
27 ἅμα, adv, at the same time
28 χρῆμα, -τος n, money
29 δίδωμι 3s fut pas ind, give
30 πυκνός, adv, often (comp)
31 μεταπέμπω pres mid ptc m s nom, mid send for
32 ὁμιλέω 3s impf act ind, talk with
33 διετία, -ας f, two-year period
34 πληρόω aor pas ptc f s gen, pas pass (of time)
35 διάδοχος, -ου m, successor (ἔλαβεν δ. he succeeded)
36 κατατίθημι aor act inf, place (χάριτα κ. gain favor with)
37 καταλείπω 3s aor act ind, leave
38 ἐπιβαίνω aor act ptc m s nom, arrive
39 ἐπαρχεία, -ας f, province
40 ἀναβαίνω 3s aor act ind, go/come up
41 ἐμφανίζω 3p aor act ind, inform

τῶν Ἰουδαίων κατὰ τοῦ Παύλου καὶ παρεκάλουν[1] αὐτὸν 3 αἰτούμενοι χάριν κατ᾽ αὐτοῦ ὅπως μεταπέμψηται[2] αὐτὸν εἰς Ἰερουσαλὴμ ἐνέδραν[3] ποιοῦντες ἀνελεῖν[4] αὐτὸν κατὰ τὴν ὁδόν. 4 ὁ μὲν οὖν Φῆστος ἀπεκρίθη τηρεῖσθαι[5] τὸν Παῦλον εἰς Καισάρειαν, ἑαυτὸν δὲ μέλλειν ἐν τάχει[6] ἐκπορεύεσθαι. 5 οἱ οὖν ἐν ὑμῖν, φησίν, δυνατοὶ συγκαταβάντες[7], εἴ τί ἐστιν ἐν τῷ ἀνδρὶ ἄτοπον[8], κατηγορείτωσαν[9] αὐτοῦ.

6 Διατρίψας[10] δὲ ἐν αὐτοῖς ἡμέρας οὐ πλείους[11] ὀκτὼ[12] ἢ δέκα[13] καταβὰς[14] εἰς Καισάρειαν τῇ ἐπαύριον[15] καθίσας ἐπὶ τοῦ βήματος[16] ἐκέλευσεν[17] τὸν Παῦλον ἀχθῆναι[18]. 7 παραγενομένου[19] δὲ αὐτοῦ περιέστησαν[20] αὐτὸν οἱ ἀπὸ Ἱεροσολύμων καταβεβηκότες[21] Ἰουδαῖοι πολλὰ καὶ βαρέα[22] αἰτιώματα[23] καταφέροντες[24] ἃ οὐκ ἴσχυον[25] ἀποδεῖξαι[26] 8 τοῦ Παύλου ἀπολογουμένου[27] ὅτι οὔτε εἰς τὸν νόμον τῶν Ἰουδαίων οὔτε εἰς τὸ ἱερὸν οὔτε εἰς Καίσαρά τι ἥμαρτον[28]. 9 ὁ Φῆστος δὲ θέλων τοῖς Ἰουδαίοις χάριν καταθέσθαι[29] ἀποκριθεὶς τῷ Παύλῳ εἶπεν· θέλεις εἰς Ἱεροσόλυμα ἀναβὰς[30] ἐκεῖ περὶ τούτων κριθῆναι[31] ἐπ᾽ ἐμοῦ; 10 εἶπεν δὲ ὁ Παῦλος· ἐπὶ τοῦ βήματος[32] Καίσαρος ἑστώς[33] εἰμι, οὗ[34] με δεῖ κρίνεσθαι. Ἰουδαίους οὐδὲν ἠδίκησα[35] ὡς καὶ σὺ κάλλιον[36] ἐπιγινώσκεις. 11 εἰ μὲν οὖν ἀδικῶ καὶ ἄξιον θανάτου πέπραχά[37] τι, οὐ παραιτοῦμαι[38] τὸ ἀποθανεῖν[39]· εἰ δὲ οὐδέν ἐστιν ὧν οὗτοι κατηγοροῦσίν[40] μου, οὐδείς με δύναται αὐτοῖς χαρίσασθαι[41]· Καίσαρα ἐπικαλοῦμαι[42]. 12 τότε ὁ Φῆστος συλλαλήσας[43] μετὰ τοῦ συμβουλίου[44] ἀπεκρίθη· Καίσαρα ἐπικέκλησαι[45], ἐπὶ Καίσαρα πορεύσῃ.

---

[1] παρακαλέω 3p impf act ind, urge
[2] μεταπέμπω 3s aor mid sub, mid send for
[3] ἐνέδρα, -ας f, ambush
[4] ἀναιρέω aor act inf, kill
[5] τηρέω pres pas inf, keep
[6] τάχος, -ους n, quickness (ἐν τ. soon)
[7] συγκαταβαίνω aor act ptc m p nom, come/go down with
[8] ἄτοπος, -ον, wrong
[9] κατηγορέω, accuse
[10] διατρίβω aor act ptc m s nom, stay
[11] πολύς, much (comp)
[12] ὀκτώ, eight
[13] δέκα, ten
[14] καταβαίνω aor act ptc m s nom, come/go down
[15] ἐπαύριον, adv, the next day
[16] βῆμα, -τος n, judicial bench
[17] κελεύω 3s aor act ind, order
[18] ἄγω aor pas inf, bring
[19] παραγίνομαι aor mid ptc m s gen, arrive
[20] περιΐστημι 3p aor act ind, stand around
[21] καταβαίνω pf act ptc m p nom, come/go down
[22] βαρύς, -εῖα/ύ, serious
[23] αἰτίωμα, -τος n, charge
[24] καταφέρω pres act ptc m p nom, bring
[25] ἰσχύω 3p impf act ind, be able
[26] ἀποδείκνυμι aor act inf, prove
[27] ἀπολογέομαι pres mid ptc m s gen, make a defense
[28] ἁμαρτάνω 1s aor act ind, do wrong
[29] κατατίθημι aor mid inf, place (χάριν κ. gain favor with)
[30] ἀναβαίνω aor act ptc m s nom, go/come up
[31] κρίνω aor pas inf, judge
[32] βῆμα, -τος n, court
[33] ἵστημι pf act ptc m s nom, intrans stand
[34] οὗ, adv, where
[35] ἀδικέω 1s aor act ind, be guilty
[36] καλῶς, adv, correctly (comp)
[37] πράσσω 1s pf act ind, do
[38] παραιτέομαι 1s pres mid ind, ask to escape
[39] ἀποθνῄσκω aor act inf, die
[40] κατηγορέω 3p pres act ind, accuse
[41] χαρίζομαι aor mid inf, hand over
[42] ἐπικαλέω 1s pres mid ind, mid call upon
[43] συλλαλέω aor act ptc m s nom, talk (with)
[44] συμβούλιον, -ου n, council
[45] ἐπικαλέω 2s pf mid ind, mid call upon

Paul Brought before Agrippa and Bernice

13 Ἡμερῶν δὲ διαγενομένων¹ τινῶν Ἀγρίππας ὁ βασιλεὺς καὶ Βερνίκη κατήντησαν² εἰς Καισάρειαν ἀσπασάμενοι τὸν Φῆστον. **14** ὡς δὲ πλείους³ ἡμέρας διέτριβον⁴ ἐκεῖ, ὁ Φῆστος τῷ βασιλεῖ ἀνέθετο⁵ τὰ κατὰ τὸν Παῦλον λέγων· ἀνήρ τίς ἐστιν καταλελειμμένος⁶ ὑπὸ Φήλικος δέσμιος⁷, **15** περὶ οὗ γενομένου μου εἰς Ἱεροσόλυμα ἐνεφάνισαν⁸ οἱ ἀρχιερεῖς καὶ οἱ πρεσβύτεροι τῶν Ἰουδαίων αἰτούμενοι κατ' αὐτοῦ καταδίκην⁹. **16** πρὸς οὓς ἀπεκρίθην ὅτι οὐκ ἔστιν ἔθος¹⁰ Ῥωμαίοις χαρίζεσθαί¹¹ τινα ἄνθρωπον, πρὶν¹² ἢ ὁ κατηγορούμενος¹³ κατὰ πρόσωπον ἔχοι¹⁴ τοὺς κατηγόρους¹⁵ τόπον τε ἀπολογίας¹⁶ λάβοι¹⁷ περὶ τοῦ ἐγκλήματος¹⁸. **17** συνελθόντων¹⁹ οὖν αὐτῶν ἐνθάδε²⁰ ἀναβολὴν²¹ μηδεμίαν ποιησάμενος τῇ ἑξῆς²² καθίσας ἐπὶ τοῦ βήματος²³ ἐκέλευσα²⁴ ἀχθῆναι²⁵ τὸν ἄνδρα· **18** περὶ οὗ σταθέντες²⁶ οἱ κατήγοροι²⁷ οὐδεμίαν αἰτίαν²⁸ ἔφερον ὧν ἐγὼ ὑπενόουν²⁹ πονηράν, **19** ζητήματα³⁰ δέ τινα περὶ τῆς ἰδίας δεισιδαιμονίας³¹ εἶχον πρὸς αὐτὸν καὶ περί τινος Ἰησοῦ τεθνηκότος³² ὃν ἔφασκεν³³ ὁ Παῦλος ζῆν³⁴. **20** ἀπορούμενος³⁵ δὲ ἐγὼ τὴν περὶ τούτων ζήτησιν³⁶ ἔλεγον εἰ βούλοιτο³⁷ πορεύεσθαι εἰς Ἱεροσόλυμα κἀκεῖ κρίνεσθαι περὶ τούτων. **21** τοῦ δὲ Παύλου ἐπικαλεσαμένου³⁸ τηρηθῆναι αὐτὸν εἰς τὴν τοῦ Σεβαστοῦ διάγνωσιν³⁹ ἐκέλευσα⁴⁰ τηρεῖσθαι⁴¹ αὐτόν, ἕως οὗ ἀναπέμψω⁴² αὐτὸν πρὸς Καίσαρα. **22** Ἀγρίππας δὲ πρὸς τὸν Φῆστον· ἐβουλόμην καὶ αὐτὸς τοῦ ἀνθρώπου ἀκοῦσαι. αὔριον⁴³, φησίν, ἀκούσῃ αὐτοῦ.

23 Τῇ οὖν ἐπαύριον⁴⁴ ἐλθόντος τοῦ Ἀγρίππα καὶ τῆς Βερνίκης μετὰ πολλῆς φαντασίας⁴⁵ καὶ εἰσελθόντων εἰς τὸ ἀκροατήριον⁴⁶ σύν τε χιλιάρχοις⁴⁷ καὶ ἀνδράσιν τοῖς κατ' ἐξοχὴν⁴⁸ τῆς πόλεως καὶ κελεύσαντος⁴⁹ τοῦ Φήστου ἤχθη ὁ Παῦλος.

---

¹ διαγίνομαι *aor mid ptc f p gen*, pass
² καταντάω *3p aor act ind*, arrive
³ πολύς, many (comp)
⁴ διατρίβω *3p impf act ind*, stay
⁵ ἀνατίθημι *3s aor mid ind*, mid present
⁶ καταλείπω *pf pas ptc m s nom*, leave
⁷ δέσμιος, -ου *m*, prisoner
⁸ ἐμφανίζω *3p aor act ind*, inform
⁹ καταδίκη, -ης *f*, sentence
¹⁰ ἔθος, -ους *n*, custom
¹¹ χαρίζομαι *pres mid inf*, hand over
¹² πρίν and πρὶν ἤ, *conj*, before
¹³ κατηγορέω *pres pas ptc m s nom*, accuse
¹⁴ ἔχω *3s pres act opt*, have
¹⁵ κατήγορος, -ου *m*, accuser
¹⁶ ἀπολογία, -ας *f*, defense
¹⁷ λαμβάνω *3s aor act opt*, obtain
¹⁸ ἔγκλημα, -τος *n*, charge
¹⁹ συνέρχομαι *aor act ptc m p gen*, come together
²⁰ ἐνθάδε, *adv*, here
²¹ ἀναβολή, -ῆς *f*, delay
²² ἑξῆς, *adv*, on the next day
²³ βῆμα, -τος *n*, court
²⁴ κελεύω *1s aor act ind*, order
²⁵ ἄγω *aor pas inf*, bring
²⁶ ἵστημι *aor pas ptc m p nom*, *intrans* stand
²⁷ κατήγορος, -ου *m*, accuser
²⁸ αἰτία, -ας *f*, reason
²⁹ ὑπονοέω *1s impf act ind*, suppose
³⁰ ζήτημα, -τος *n*, question
³¹ δεισιδαιμονία, -ας *f*, religion
³² θνήσκω *pres pb ptc m s gen*, die
³³ φάσκω *3s impf act ind*, claim
³⁴ ζάω *pres act inf*, be alive
³⁵ ἀπορέω *pres mid ptc m s nom*, be at a loss
³⁶ ζήτησις, -εως *f*, investigation
³⁷ βούλομαι *3s pres mid opt*, be willing
³⁸ ἐπικαλέω *aor mid ptc m s gen*, mid request
³⁹ διάγνωσις, -εως *f*, decision
⁴⁰ κελεύω *1s aor act ind*, order
⁴¹ τηρέω *pres pas inf*, keep in custody
⁴² ἀναπέμπω *1s aor act sub*, send
⁴³ αὔριον, *adv*, tomorrow
⁴⁴ ἐπαύριον, *adv*, the next day
⁴⁵ φαντασία, -ας *f*, pomp
⁴⁶ ἀκροατήριον, -ου *n*, audience hall
⁴⁷ χιλίαρχος, -ου *m*, high ranking officer
⁴⁸ ἐξοχή, -ῆς *f*, prominence
⁴⁹ κελεύω *aor act ptc m s gen*, order

24 καί φησιν ὁ Φῆστος· Ἀγρίππα βασιλεῦ καὶ πάντες οἱ συμπαρόντες[1] ἡμῖν ἄνδρες, θεωρεῖτε τοῦτον περὶ οὗ ἅπαν τὸ πλῆθος τῶν Ἰουδαίων ἐνέτυχόν[2] μοι ἔν τε Ἱεροσολύμοις καὶ ἐνθάδε[3] βοῶντες[4] μὴ δεῖν αὐτὸν ζῆν μηκέτι[5]. **25** ἐγὼ δὲ κατελαβόμην[6] μηδὲν ἄξιον αὐτὸν θανάτου πεπραχέναι[7], αὐτοῦ δὲ τούτου ἐπικαλεσαμένου[8] τὸν Σεβαστὸν ἔκρινα πέμπειν. **26** περὶ οὗ ἀσφαλές[9] τι γράψαι[10] τῷ κυρίῳ οὐκ ἔχω, διὸ προήγαγον[11] αὐτὸν ἐφ' ὑμῶν καὶ μάλιστα[12] ἐπὶ σοῦ, βασιλεῦ Ἀγρίππα, ὅπως τῆς ἀνακρίσεως[13] γενομένης σχῶ[14] τί γράψω· **27** ἄλογον[15] γάρ μοι δοκεῖ πέμποντα δέσμιον[16] μὴ καὶ τὰς κατ' αὐτοῦ αἰτίας[17] σημᾶναι[18].

Paul Defends Himself before Agrippa

26 Ἀγρίππας δὲ πρὸς τὸν Παῦλον ἔφη· ἐπιτρέπεταί[19] σοι περὶ σεαυτοῦ λέγειν. τότε ὁ Παῦλος ἐκτείνας[20] τὴν χεῖρα ἀπελογεῖτο[21]· **2** περὶ πάντων ὧν ἐγκαλοῦμαι[22] ὑπὸ Ἰουδαίων, βασιλεῦ Ἀγρίππα, ἥγημαι[23] ἐμαυτὸν μακάριον ἐπὶ σοῦ μέλλων σήμερον ἀπολογεῖσθαι[24] **3** μάλιστα[25] γνώστην[26] ὄντα σε πάντων τῶν κατὰ Ἰουδαίους ἐθῶν[27] τε καὶ ζητημάτων[28], διὸ δέομαι[29] μακροθύμως[30] ἀκοῦσαί μου. **4** τὴν μὲν οὖν βίωσίν[31] μου τὴν ἐκ νεότητος[32] τὴν ἀπ' ἀρχῆς γενομένην ἐν τῷ ἔθνει μου ἔν τε Ἱεροσολύμοις ἴσασιν[33] πάντες οἱ Ἰουδαῖοι **5** προγινώσκοντές[34] με ἄνωθεν[35], ἐὰν θέλωσιν μαρτυρεῖν, ὅτι κατὰ τὴν ἀκριβεστάτην[36] αἵρεσιν[37] τῆς ἡμετέρας[38] θρησκείας[39] ἔζησα Φαρισαῖος. **6** καὶ νῦν ἐπ' ἐλπίδι τῆς εἰς τοὺς πατέρας ἡμῶν ἐπαγγελίας γενομένης ὑπὸ τοῦ θεοῦ ἕστηκα[40] κρινόμενος **7** εἰς ἣν τὸ δωδεκάφυλον[41] ἡμῶν ἐν ἐκτενείᾳ[42] νύκτα καὶ ἡμέραν λατρεῦον[43] ἐλπίζει καταντῆσαι[44], περὶ ἧς ἐλπίδος ἐγκαλοῦμαι[45] ὑπὸ Ἰουδαίων, βασιλεῦ. **8** τί ἄπιστον[46] κρίνεται παρ' ὑμῖν, εἰ ὁ θεὸς νεκροὺς ἐγείρει; **9** ἐγὼ μὲν οὖν ἔδοξα ἐμαυτῷ πρὸς τὸ ὄνομα Ἰησοῦ

---

[1] συμπάρειμι pres act ptc m p nom or voc, be present with
[2] ἐντυγχάνω 3p aor act ind, petition/bring complaints
[3] ἐνθάδε, adv, here
[4] βοάω pres act ptc m p nom, shout
[5] μηκέτι, adv, no longer
[6] καταλαμβάνω 1s aor mid ind, mid found
[7] πράσσω pf act inf, do
[8] ἐπικαλέω aor mid ptc m s gen, mid request
[9] ἀσφαλής, -ές, definite
[10] γράφω aor act inf, write
[11] προάγω 1s aor act ind, trans bring before
[12] μάλιστα, adv, especially
[13] ἀνάκρισις, -εως f, investigation
[14] ἔχω 1s aor act sub, have
[15] ἄλογος, -ον, unreasonable
[16] δέσμιος, -ου m, prisoner
[17] αἰτία, -ας f, charge
[18] σημαίνω aor act inf, indicate
[19] ἐπιτρέπω 3s pres pas ind, let
[20] ἐκτείνω aor act ptc m s nom, stretch out
[21] ἀπολογέομαι 3s impf mid ind, make a defense
[22] ἐγκαλέω 1s pres pas ind, accuse
[23] ἡγέομαι 1s pf mid ind, consider
[24] ἀπολογέομαι pres mid inf, make a defense
[25] μάλιστα, adv, especially
[26] γνώστης, -ου m, one familiar with
[27] ἔθος, -ους n, custom
[28] ζήτημα, -τος n, controversial question
[29] δέομαι 1s pres pas ind, beg (= please)
[30] μακροθύμως, adv, patiently
[31] βίωσις, -εως f, way of life
[32] νεότης, -ητος f, youth
[33] οἶδα 3p pf act ind, know
[34] προγινώσκω pres act ptc m p nom, know already
[35] ἄνωθεν, adv, for a long time
[36] ἀκριβής, strict (super)
[37] αἵρεσις, -εως f, sect
[38] ἡμέτερος, -α/ον, our
[39] θρησκεία, -ας f, religion
[40] ἵστημι 1s pf act ind, intrans stand
[41] δωδεκάφυλον, -ου n, (the) twelve tribes
[42] ἐκτένεια, -ας f, earnestness
[43] λατρεύω pres act ptc n s nom, serve/worship
[44] καταντάω aor act inf, attain
[45] ἐγκαλέω 1s pres pas ind, accuse
[46] ἄπιστος, -ον, incredible

τοῦ Ναζωραίου δεῖν¹ πολλὰ ἐναντία² πρᾶξαι³. 10 ὃ καὶ ἐποίησα ἐν Ἱεροσολύμοις καὶ πολλούς τε τῶν ἁγίων ἐγὼ ἐν φυλακαῖς κατέκλεισα⁴ τὴν παρὰ τῶν ἀρχιερέων ἐξουσίαν λαβὼν ἀναιρουμένων⁵ τε αὐτῶν κατήνεγκα⁶ ψῆφον⁷. 11 καὶ κατὰ πάσας τὰς συναγωγὰς πολλάκις⁸ τιμωρῶν⁹ αὐτοὺς ἠνάγκαζον¹⁰ βλασφημεῖν περισσῶς¹¹ τε ἐμμαινόμενος¹² αὐτοῖς ἐδίωκον ἕως καὶ εἰς τὰς ἔξω πόλεις.

Paul Tells of His Conversion (Ac 9.1-19; 22.6-16)

12 Ἐν οἷς πορευόμενος εἰς τὴν Δαμασκὸν μετ' ἐξουσίας καὶ ἐπιτροπῆς¹³ τῆς τῶν ἀρχιερέων 13 ἡμέρας μέσης κατὰ τὴν ὁδὸν εἶδον, βασιλεῦ, οὐρανόθεν¹⁴ ὑπὲρ τὴν λαμπρότητα¹⁵ τοῦ ἡλίου περιλάμψαν¹⁶ με φῶς καὶ τοὺς σὺν ἐμοὶ πορευομένους. 14 πάντων τε καταπεσόντων¹⁷ ἡμῶν εἰς τὴν γῆν ἤκουσα φωνὴν λέγουσαν πρός με τῇ Ἑβραΐδι διαλέκτῳ¹⁸· Σαοὺλ Σαούλ, τί με διώκεις; σκληρόν¹⁹ σοι πρὸς κέντρα²⁰ λακτίζειν²¹. 15 ἐγὼ δὲ εἶπα· τίς εἶ, κύριε; ὁ δὲ κύριος εἶπεν· ἐγώ εἰμι Ἰησοῦς ὃν σὺ διώκεις. 16 ἀλλ' ἀνάστηθι²² καὶ στῆθι²³ ἐπὶ τοὺς πόδας σου· εἰς τοῦτο γὰρ ὤφθην²⁴ σοι, προχειρίσασθαί²⁵ σε ὑπηρέτην²⁶ καὶ μάρτυρα ὧν τε εἶδές με ὧν τε ὀφθήσομαί σοι, 17 ἐξαιρούμενός²⁷ σε ἐκ τοῦ λαοῦ καὶ ἐκ τῶν ἐθνῶν εἰς οὓς ἐγὼ ἀποστέλλω σε 18 ἀνοῖξαι²⁸ ὀφθαλμοὺς αὐτῶν τοῦ ἐπιστρέψαι²⁹ ἀπὸ σκότους εἰς φῶς καὶ τῆς ἐξουσίας τοῦ σατανᾶ ἐπὶ τὸν θεὸν τοῦ λαβεῖν αὐτοὺς ἄφεσιν³⁰ ἁμαρτιῶν καὶ κλῆρον³¹ ἐν τοῖς ἡγιασμένοις³² πίστει τῇ εἰς ἐμέ.

Paul's Testimony to Jews and Gentiles

19 Ὅθεν³³, βασιλεῦ Ἀγρίππα, οὐκ ἐγενόμην ἀπειθὴς³⁴ τῇ οὐρανίῳ³⁵ ὀπτασίᾳ³⁶, 20 ἀλλὰ τοῖς ἐν Δαμασκῷ πρῶτόν τε καὶ Ἱεροσολύμοις, πᾶσάν τε τὴν χώραν³⁷ τῆς Ἰουδαίας καὶ τοῖς ἔθνεσιν ἀπήγγελλον μετανοεῖν καὶ ἐπιστρέφειν ἐπὶ τὸν θεὸν

[1] δεῖ *pres act inf*, be necessary
[2] ἐναντίος, -α/ον, against
[3] πράσσω *aor act inf*, do
[4] κατακλείω 1s *aor act ind*, put in
[5] ἀναιρέω *pres pas ptc m p gen*, condemn to death
[6] καταφέρω 1s *aor act ind*, cast against
[7] ψῆφος, -ου *f*, vote
[8] πολλάκις, *adv*, often
[9] τιμωρέω *pres act ptc m s nom*, punish
[10] ἀναγκάζω 1s *impf act ind*, force
[11] περισσῶς, *adv*, all the more
[12] ἐμμαίνομαι *pres mid ptc m s nom*, be enraged
[13] ἐπιτροπή, -ῆς *f*, commission
[14] οὐρανόθεν, *adv*, from heaven
[15] λαμπρότης, -ητος *f*, brightness
[16] περιλάμπω *aor act ptc n s acc*, shine around
[17] καταπίπτω *aor act ptc m p gen*, fall
[18] διάλεκτος, -ου *f*, language
[19] σκληρός, -ά/όν, hard
[20] κέντρον, -ου *n*, goad
[21] λακτίζω *pres act inf*, kick (λ. πρός kick against)
[22] ἀνίστημι 2s *aor act impv*, *intrans* get up
[23] ἵστημι 2s *aor act impv*, *intrans* stand
[24] ὁράω 1s *aor pas ind*, *pas* appear
[25] προχειρίζομαι *aor mid inf*, *mid* choose
[26] ὑπηρέτης, -ου *m*, servant
[27] ἐξαιρέω *pres mid ptc m s nom*, rescue
[28] ἀνοίγω *aor act inf*, open
[29] ἐπιστρέφω *aor act inf*, *intrans* turn
[30] ἄφεσις, -εως *f*, forgiveness
[31] κλῆρος, -ου *m*, share
[32] ἁγιάζω *pf pas ptc m p dat*, set apart as sacred to God
[33] ὅθεν, *adv*, and so
[34] ἀπειθής, -ές, disobedient
[35] οὐράνιος, -ον, from heaven
[36] ὀπτασία, -ας *f*, vision
[37] χώρα, -ας *f*, region

ἄξια τῆς μετανοίας¹ ἔργα πράσσοντας. 21 ἕνεκα² τούτων με Ἰουδαῖοι συλλαβόμενοι³ ὄντα ἐν τῷ ἱερῷ ἐπειρῶντο⁴ διαχειρίσασθαι⁵. 22 ἐπικουρίας⁶ οὖν τυχὼν⁷ τῆς ἀπὸ τοῦ θεοῦ ἄχρι τῆς ἡμέρας ταύτης ἕστηκα⁸ μαρτυρόμενος⁹ μικρῷ τε καὶ μεγάλῳ οὐδὲν ἐκτὸς¹⁰ λέγων ὧν τε οἱ προφῆται ἐλάλησαν μελλόντων γίνεσθαι¹¹ καὶ Μωϋσῆς, 23 εἰ παθητὸς¹² ὁ χριστός, εἰ πρῶτος ἐξ ἀναστάσεως νεκρῶν φῶς μέλλει καταγγέλλειν¹³ τῷ τε λαῷ καὶ τοῖς ἔθνεσιν.

Paul Appeals to Agrippa to Believe

24 Ταῦτα δὲ αὐτοῦ ἀπολογουμένου¹⁴ ὁ Φῆστος μεγάλῃ τῇ φωνῇ φησιν· μαίνῃ¹⁵, Παῦλε· τὰ πολλά σε γράμματα¹⁶ εἰς μανίαν¹⁷ περιτρέπει¹⁸. 25 ὁ δὲ Παῦλος· οὐ μαίνομαι¹⁹, φησίν, κράτιστε²⁰ Φῆστε, ἀλλ' ἀληθείας καὶ σωφροσύνης²¹ ῥήματα ἀποφθέγγομαι²². 26 ἐπίσταται²³ γὰρ περὶ τούτων ὁ βασιλεὺς πρὸς ὃν καὶ παρρησιαζόμενος²⁴ λαλῶ· λανθάνειν²⁵ γὰρ αὐτόν τι τούτων οὐ πείθομαι οὐθέν, οὐ γάρ ἐστιν ἐν γωνίᾳ²⁶ πεπραγμένον²⁷ τοῦτο. 27 πιστεύεις, βασιλεῦ Ἀγρίππα, τοῖς προφήταις; οἶδα ὅτι πιστεύεις. 28 ὁ δὲ Ἀγρίππας πρὸς τὸν Παῦλον· ἐν ὀλίγῳ²⁸ με πείθεις Χριστιανὸν ποιῆσαι. 29 ὁ δὲ Παῦλος· εὐξαίμην²⁹ ἂν τῷ θεῷ καὶ ἐν ὀλίγῳ καὶ ἐν μεγάλῳ οὐ μόνον σὲ ἀλλὰ καὶ πάντας τοὺς ἀκούοντάς μου σήμερον γενέσθαι τοιούτους ὁποῖος³⁰ καὶ ἐγώ εἰμι παρεκτὸς³¹ τῶν δεσμῶν³² τούτων. 30 ἀνέστη³³ τε ὁ βασιλεὺς καὶ ὁ ἡγεμὼν³⁴ ἥ τε Βερνίκη καὶ οἱ συγκαθήμενοι³⁵ αὐτοῖς 31 καὶ ἀναχωρήσαντες³⁶ ἐλάλουν πρὸς ἀλλήλους λέγοντες ὅτι οὐδὲν θανάτου ἢ δεσμῶν³⁷ ἄξιόν τι πράσσει ὁ ἄνθρωπος οὗτος. 32 Ἀγρίππας δὲ τῷ Φήστῳ ἔφη· ἀπολελύσθαι³⁸ ἐδύνατο ὁ ἄνθρωπος οὗτος, εἰ μὴ ἐπεκέκλητο³⁹ Καίσαρα.

¹ μετάνοια, -ας f, repentance
² ἕνεκα, prep + gen, because of
³ συλλαμβάνω aor mid ptc m p nom, seize
⁴ πειράζομαι 3p impf mid ind, try
⁵ διαχειρίζω aor mid inf, mid kill
⁶ ἐπικουρία, -ας f, help
⁷ τυγχάνω aor act ptc m s nom, receive
⁸ ἵστημι 1s pf act ind, intrans stand
⁹ μαρτύρομαι pres mid ptc m s nom, testify
¹⁰ ἐκτός, prep + gen, except
¹¹ γίνομαι pres mid inf, take place
¹² παθητός, -ή/όν, must suffer
¹³ καταγγέλλω pres act inf, proclaim
¹⁴ ἀπολογέομαι pres mid ptc m s gen, make a defense
¹⁵ μαίνομαι 2s pres mid ind, be out of one's mind

¹⁶ γράμμα, -τος n, learning
¹⁷ μανία, -ας f, madness
¹⁸ περιτρέπω 3s pres act ind, turn (from one condition to its opposite; εἰς μανίαν π. drive insane)
¹⁹ μαίνομαι 1s pres mid ind, be out of one's mind
²⁰ κράτιστος, -η/ον, honorable (polite address for someone of high status)
²¹ σωφροσύνη, -ης f, good sense
²² ἀποφθέγγομαι 1s pres mid ind, speak
²³ ἐπίσταμαι 3s pres pas ind, pas know
²⁴ παρρησιάζομαι pres mid ptc m s nom, speak boldly
²⁵ λανθάνω pres act inf, be hidden

²⁶ γωνία, -ας f, corner
²⁷ πράσσω pf pas ptc n s nom, do
²⁸ ὀλίγος, -η/ον, little (ἐν ὀ. in such a short time)
²⁹ εὔχομαι 1s aor mid opt, wish
³⁰ ὁποῖος, -α/ον, such as
³¹ παρεκτός, prep + gen, except for
³² δεσμός, -οῦ m, chain
³³ ἀνίστημι 3s aor act ind, intrans get up
³⁴ ἡγεμών, -όνος m, governor
³⁵ συγκάθημαι pres mid ptc m p nom, sit with
³⁶ ἀναχωρέω aor act ptc m p nom, leave (the room)
³⁷ δεσμός, -οῦ m, imprisonment
³⁸ ἀπολύω pf pas inf, set free
³⁹ ἐπικαλέω 3s plpf mid ind, mid make an appeal to

Paul Sails for Rome

27 ¹Ὡς δὲ ἐκρίθη¹ τοῦ ἀποπλεῖν² ἡμᾶς εἰς τὴν Ἰταλίαν, παρεδίδουν³ τόν τε Παῦλον καί τινας ἑτέρους δεσμώτας⁴ ἑκατοντάρχῃ⁵ ὀνόματι Ἰουλίῳ σπείρης⁶ Σεβαστῆς. ²ἐπιβάντες⁷ δὲ πλοίῳ Ἀδραμυττηνῷ μέλλοντι πλεῖν⁸ εἰς τοὺς κατὰ τὴν Ἀσίαν τόπους ἀνήχθημεν⁹ ὄντος σὺν ἡμῖν Ἀριστάρχου Μακεδόνος Θεσσαλονικέως. ³τῇ τε ἑτέρᾳ κατήχθημεν¹⁰ εἰς Σιδῶνα, φιλανθρώπως¹¹ τε ὁ Ἰούλιος τῷ Παύλῳ χρησάμενος¹² ἐπέτρεψεν¹³ πρὸς τοὺς φίλους¹⁴ πορευθέντι ἐπιμελείας¹⁵ τυχεῖν¹⁶. ⁴κἀκεῖθεν¹⁷ ἀναχθέντες¹⁸ ὑπεπλεύσαμεν¹⁹ τὴν Κύπρον διὰ τὸ τοὺς ἀνέμους εἶναι ἐναντίους²⁰. ⁵τό τε πέλαγος²¹ τὸ κατὰ τὴν Κιλικίαν καὶ Παμφυλίαν διαπλεύσαντες²² κατήλθομεν²³ εἰς Μύρα τῆς Λυκίας. ⁶κἀκεῖ²⁴ εὑρὼν²⁵ ὁ ἑκατοντάρχης πλοῖον Ἀλεξανδρῖνον πλέον²⁶ εἰς τὴν Ἰταλίαν ἐνεβίβασεν²⁷ ἡμᾶς εἰς αὐτό. ⁷ἐν ἱκαναῖς δὲ ἡμέραις βραδυπλοοῦντες²⁸ καὶ μόλις²⁹ γενόμενοι κατὰ τὴν Κνίδον, μὴ προσεῶντος³⁰ ἡμᾶς τοῦ ἀνέμου ὑπεπλεύσαμεν³¹ τὴν Κρήτην κατὰ Σαλμώνην ⁸μόλις τε παραλεγόμενοι³² αὐτὴν ἤλθομεν εἰς τόπον τινὰ καλούμενον Καλοὺς λιμένας³³ ᾧ ἐγγὺς ἦν πόλις Λασαία.

⁹Ἱκανοῦ δὲ χρόνου διαγενομένου³⁴ καὶ ὄντος ἤδη ἐπισφαλοῦς³⁵ τοῦ πλοὸς³⁶ διὰ τὸ καὶ τὴν νηστείαν³⁷ ἤδη παρεληλυθέναι³⁸ παρῄνει³⁹ ὁ Παῦλος **10** λέγων αὐτοῖς· ἄνδρες, θεωρῶ ὅτι μετὰ ὕβρεως⁴⁰ καὶ πολλῆς ζημίας⁴¹ οὐ μόνον τοῦ φορτίου⁴² καὶ τοῦ πλοίου, ἀλλὰ καὶ τῶν ψυχῶν ἡμῶν μέλλειν ἔσεσθαι⁴³ τὸν πλοῦν. **11** ὁ δὲ ἑκατοντάρχης⁴⁴ τῷ κυβερνήτῃ⁴⁵ καὶ τῷ ναυκλήρῳ⁴⁶ μᾶλλον ἐπείθετο ἢ τοῖς ὑπὸ

---

1 κρίνω 3s aor pas ind, decide
2 ἀποπλέω pres act inf, set sail
3 παραδίδωμι 3p impf act ind, hand over
4 δεσμώτης, -ου m, prisoner
5 ἑκατοντάρχης, -ου m, centurion (officer of the Roman army)
6 σπεῖρα, -ης f, company (of Roman soldiers)
7 ἐπιβαίνω aor act ptc m p nom, board
8 πλέω pres act inf, sail
9 ἀνάγω 1p aor pas ind, pas put to sea
10 κατάγω 1p aor pas ind, put in
11 φιλανθρώπως, adv, kindly
12 χράομαι aor mid ptc m s nom, act/behave
13 ἐπιτρέπω 3s aor act ind, let
14 φίλος, -ου, friend
15 ἐπιμέλεια, -ας f, care
16 τυγχάνω aor act inf, receive
17 κἀκεῖθεν, = καὶ ἐκεῖθεν, and from there
18 ἀνάγω aor pas ptc m p nom, pas put to sea
19 ὑποπλέω 1p aor act ind, sail under the shelter of
20 ἐναντίος, -α/ον, against
21 πέλαγος, -ους n, open sea
22 διαπλέω aor act ptc m p nom, sail across
23 κατέρχομαι 1p aor act ind, come
24 κἀκεῖ, = καὶ ἐκεῖ, and there
25 εὑρίσκω aor act ptc m s nom, find
26 πλέω pres act ptc n s acc, sail
27 ἐμβιβάζω 3s aor act ind, put aboard
28 βραδυπλοέω pres act ptc m p nom, sail slowly
29 μόλις, adv, with difficulty
30 προσεάω pres act ptc m s gen, allow to go farther
31 ὑποπλέω 1p aor act ind, sail under the shelter of
32 παραλέγομαι pres mid ptc m p nom, coast along
33 λιμήν, -ένος m, harbor (Καλοὺς λ. Fair Havens)
34 διαγίνομαι aor mid ptc m s gen, pass/be lost
35 ἐπισφαλής, -ές, dangerous
36 πλοῦς, πλοός m, voyage
37 νηστεία, -ας f, fast (τὴν v. the Day of Atonement)
38 παρέρχομαι pf act inf, go by
39 παραινέω 3s impf act ind, urge
40 ὕβρις, -εως f, damage
41 ζημία, -ας f, loss
42 φορτίον, -ου n, cargo
43 εἰμί fut mid inf, be
44 ἑκατοντάρχης, -ου m, centurion
45 κυβερνήτης, -ου m, captain/pilot
46 ναύκληρος, -ου m, ship-owner

Παύλου λεγομένοις. 12 ἀνευθέτου¹ δὲ τοῦ λιμένος² ὑπάρχοντος πρὸς παραχειμασίαν³ οἱ πλείονες⁴ ἔθεντο⁵ βουλὴν⁶ ἀναχθῆναι⁷ ἐκεῖθεν⁸, εἴ πως⁹ δύναιντο¹⁰ καταντήσαντες¹¹ εἰς Φοίνικα παραχειμάσαι¹² λιμένα τῆς Κρήτης βλέποντα κατὰ λίβα¹³ καὶ κατὰ χῶρον¹⁴.

The Storm at Sea

13 Ὑποπνεύσαντος¹⁵ δὲ νότου¹⁶ δόξαντες τῆς προθέσεως¹⁷ κεκρατηκέναι¹⁸ ἄραντες¹⁹ ἆσσον²⁰ παρελέγοντο²¹ τὴν Κρήτην. 14 μετ᾽ οὐ πολὺ δὲ ἔβαλεν²² κατ᾽ αὐτῆς ἄνεμος τυφωνικὸς²³ ὁ καλούμενος εὐρακύλων²⁴· 15 συναρπασθέντος²⁵ δὲ τοῦ πλοίου καὶ μὴ δυναμένου ἀντοφθαλμεῖν²⁶ τῷ ἀνέμῳ ἐπιδόντες²⁷ ἐφερόμεθα. 16 νησίον²⁸ δέ τι ὑποδραμόντες²⁹ καλούμενον Καῦδα ἰσχύσαμεν³⁰ μόλις³¹ περικρατεῖς³² γενέσθαι τῆς σκάφης³³. 17 ἣν ἄραντες³⁴ βοηθείαις³⁵ ἐχρῶντο³⁶ ὑποζωννύντες³⁷ τὸ πλοῖον, φοβούμενοί τε μὴ εἰς τὴν Σύρτιν ἐκπέσωσιν³⁸ χαλάσαντες³⁹ τὸ σκεῦος⁴⁰ οὕτως ἐφέροντο. 18 σφοδρῶς⁴¹ δὲ χειμαζομένων⁴² ἡμῶν τῇ ἑξῆς⁴³ ἐκβολὴν⁴⁴ ἐποιοῦντο 19 καὶ τῇ τρίτῃ αὐτόχειρες⁴⁵ τὴν σκευὴν⁴⁶ τοῦ πλοίου ἔρριψαν⁴⁷. 20 μήτε δὲ ἡλίου μήτε ἄστρων⁴⁸ ἐπιφαινόντων⁴⁹ ἐπὶ πλείονας⁵⁰ ἡμέρας χειμῶνός⁵¹ τε οὐκ ὀλίγου ἐπικειμένου⁵² λοιπὸν περιῃρεῖτο⁵³ ἐλπὶς πᾶσα τοῦ σῴζεσθαι ἡμᾶς.

¹ ἀνεύθετος, -ον, unsuitable
² λιμήν, -ένος m, harbor
³ παραχειμασία, -ας f, wintering
⁴ πολύς, many (comp)
⁵ τίθημι 3p aor mid ind, mid put
⁶ βουλή, -ῆς f, advise (τίθημι β. advise/decide)
⁷ ἀνάγω aor pas inf, pas put to sea
⁸ ἐκεῖθεν, adv, (from) there
⁹ πώς, particle, somehow
¹⁰ δύναμαι 3p pres pas opt, be able
¹¹ καταντάω aor act ptc m p nom, reach
¹² παραχειμάζω aor act inf, spend the winter
¹³ λίψ, λίβος m, acc λίβα, southwest wind (βλέποντα κατὰ λ. facing southwest/northeast)
¹⁴ χῶρος, -ου m, northwest wind (βλέποντα κατὰ χ. facing northwest/southeast)
¹⁵ ὑποπνέω aor act ptc m s gen, blow gently
¹⁶ νότος, -ου m, south wind
¹⁷ πρόθεσις, -εως f, purpose
¹⁸ κρατέω pf act inf, achieve
¹⁹ αἴρω aor act ptc m p nom, weigh anchor
²⁰ ἆσσον, adv, closer
²¹ παραλέγομαι 3p impf mid ind, sail along
²² βάλλω 3s aor act ind, sweep down
²³ τυφωνικός, -ή/όν, like a whirlwind (τ. ἄνεμος hurricane)
²⁴ εὐρακύλων, -ωνος m, northeast wind
²⁵ συναρπάζω aor act ptc n s gen, seize/drag off course
²⁶ ἀντοφθαλμέω pres act inf, head into
²⁷ ἐπιδίδωμι aor act ptc m p nom, give way
²⁸ νησίον, -ου n, small island
²⁹ ὑποτρέχω aor act ptc m p nom, run under the shelter of
³⁰ ἰσχύω 1p aor act ind, be able
³¹ μόλις, adv, with difficulty
³² περικρατής, -ές, in control of
³³ σκάφη, -ης f, lifeboat
³⁴ αἴρω aor act ptc m p nom, take up/hoist
³⁵ βοήθεια, -ας f, help/rope
³⁶ χράομαι 3p impf mid ind, use

³⁷ ὑποζώννυμι pres act ptc m p nom, brace
³⁸ ἐκπίπτω 3p aor act sub, run aground
³⁹ χαλάω aor act ptc m p nom, lower
⁴⁰ σκεῦος, -ους n, sea anchor/ship's gear
⁴¹ σφοδρῶς, adv, violently
⁴² χειμάζω pres pas ptc m p gen, pas be storm tossed
⁴³ ἑξῆς, adv, on the next day
⁴⁴ ἐκβολή, -ῆς f, throwing overboard
⁴⁵ αὐτόχειρ, -ρος, with one's own hands
⁴⁶ σκευή, -ῆς f, gear/tackle
⁴⁷ ῥίπτω 3p aor act ind, throw overboard
⁴⁸ ἄστρον, -ου n, star
⁴⁹ ἐπιφαίνω pres act ptc n p gen, appear
⁵⁰ πολύς, many (comp)
⁵¹ χειμών, -ῶνος m, storm
⁵² ἐπίκειμαι pres mid ptc m s gen, lie on
⁵³ περιαιρέω 3s impf pas ind, pas be given up

ΠΡΑΞΕΙΣ ΑΠΟΣΤΟΛΩΝ 27.21-31

21 Πολλῆς τε ἀσιτίας[1] ὑπαρχούσης τότε σταθεὶς[2] ὁ Παῦλος ἐν μέσῳ αὐτῶν εἶπεν· ἔδει μέν, ὦ[3] ἄνδρες, πειθαρχήσαντάς[4] μοι μὴ ἀνάγεσθαι[5] ἀπὸ τῆς Κρήτης κερδῆσαί[6] τε τὴν ὕβριν[7] ταύτην καὶ τὴν ζημίαν[8]. 22 καὶ τὰ νῦν παραινῶ[9] ὑμᾶς εὐθυμεῖν[10]· ἀποβολὴ[11] γὰρ ψυχῆς οὐδεμία ἔσται ἐξ ὑμῶν πλὴν τοῦ πλοίου. 23 παρέστη[12] γάρ μοι ταύτῃ τῇ νυκτὶ τοῦ θεοῦ – οὗ εἰμι, ᾧ καὶ λατρεύω[13] – ἄγγελος 24 λέγων· μὴ φοβοῦ, Παῦλε, Καίσαρί σε δεῖ παραστῆναι[14], καὶ ἰδοὺ κεχάρισταί[15] σοι ὁ θεὸς πάντας τοὺς πλέοντας[16] μετὰ σοῦ. 25 διὸ εὐθυμεῖτε, ἄνδρες· πιστεύω γὰρ τῷ θεῷ ὅτι οὕτως ἔσται[17], καθ' ὃν τρόπον[18] λελάληταί μοι. 26 εἰς νῆσον[19] δέ τινα δεῖ ἡμᾶς ἐκπεσεῖν[20].

27 Ὡς δὲ τεσσαρεσκαιδεκάτη[21] νὺξ ἐγένετο διαφερομένων[22] ἡμῶν ἐν τῷ Ἀδρίᾳ, κατὰ μέσον τῆς νυκτὸς ὑπενόουν[23] οἱ ναῦται[24] προσάγειν[25] τινὰ αὐτοῖς χώραν[26]. 28 καὶ βολίσαντες[27] εὗρον[28] ὀργυιὰς[29] εἴκοσι[30], βραχὺ[31] δὲ διαστήσαντες[32] καὶ πάλιν βολίσαντες εὗρον ὀργυιὰς δεκαπέντε[33]. 29 φοβούμενοί τε μή που[34] κατὰ τραχεῖς[35] τόπους ἐκπέσωμεν[36] ἐκ πρύμνης[37] ῥίψαντες[38] ἀγκύρας[39] τέσσαρας ηὔχοντο[40] ἡμέραν γενέσθαι. 30 τῶν δὲ ναυτῶν ζητούντων φυγεῖν[41] ἐκ τοῦ πλοίου καὶ χαλασάντων[42] τὴν σκάφην[43] εἰς τὴν θάλασσαν προφάσει[44] ὡς ἐκ πρῴρης[45] ἀγκύρας μελλόντων ἐκτείνειν[46] 31 εἶπεν ὁ Παῦλος τῷ ἑκατοντάρχῃ[47] καὶ τοῖς στρατιώταις[48]· ἐὰν μὴ οὗτοι μείνωσιν[49] ἐν τῷ πλοίῳ, ὑμεῖς σωθῆναι[50] οὐ

[1] ἀσιτία, -ας f, lack of appetite (Πολλῆς τε ἀ. ὑπαρχούσης after they had gone for a long time without eating)
[2] ἵστημι aor pas ptc m s nom, intrans stand
[3] ὦ, interj, O!
[4] πειθαρχέω aor act ptc m p acc, listen to
[5] ἀνάγω pres pas inf, pas set sail
[6] κερδαίνω aor act inf, spare oneself
[7] ὕβρις, -εως f, damage
[8] ζημία, -ας f, loss
[9] παραινέω 1s pres act ind, urge
[10] εὐθυμέω pres act inf, take courage
[11] ἀποβολή, -ῆς f, loss
[12] παρίστημι 3s aor act ind, intrans stand by
[13] λατρεύω 1s pres act ind, serve/worship
[14] παρίστημι aor act inf, intrans stand before
[15] χαρίζομαι 3s pf mid ind, give
[16] πλέω pres act ptc m p acc, sail

[17] εἰμί 3s fut mid ind, be
[18] τρόπος, -ου m, way (καθ' ὃν τ. just as)
[19] νῆσος, -ου f, island
[20] ἐκπίπτω aor act inf, run aground
[21] τεσσαρεσκαιδέκατος, -η/ον, fourteenth
[22] διαφέρω pres pas ptc m p gen, pas drift
[23] ὑπονοέω 3p impf act ind, think
[24] ναύτης, -ου m, sailor
[25] προσάγω pres act inf, come near
[26] χώρα, -ας f, land
[27] βολίζω aor act ptc m p nom, take a sounding
[28] εὑρίσκω 3p aor act ind, find
[29] ὀργυιά, -ᾶς f, fathom (measurement for water = 6 feet/1.85 meters)
[30] εἴκοσι, twenty
[31] βραχύς, adv, a short time/distance later
[32] διΐστημι aor act ptc m p nom, sail farther on

[33] δεκαπέντε, fifteen
[34] πού, indefinite particle, somewhere
[35] τραχύς, -εῖα/ύ, rough (κατὰ τ. τόπους on a rocky coast)
[36] ἐκπίπτω 1p aor act sub, run aground
[37] πρύμνα, -ης f, stern
[38] ῥίπτω aor act ptc m p nom, let down
[39] ἄγκυρα, -ας f, anchor
[40] εὔχομαι 3p impf mid ind, pray
[41] φεύγω aor act inf, escape
[42] χαλάω aor act ptc m p gen, lower
[43] σκάφη, -ης f, lifeboat
[44] πρόφασις, -εως f, pretense (προφάσει pretending)
[45] πρῷρα, -ης f, bow
[46] ἐκτείνω pres act inf, lay out
[47] ἑκατοντάρχης, -ου m, centurion
[48] στρατιώτης, -ου m, soldier
[49] μένω 3p aor act sub, stay
[50] σῴζω aor pas inf, save

δύνασθε. 32 τότε ἀπέκοψαν¹ οἱ στρατιῶται τὰ σχοινία² τῆς σκάφης καὶ εἴασαν³ αὐτὴν ἐκπεσεῖν⁴.

33 Ἄχρι δὲ οὗ ἡμέρα ἤμελλεν γίνεσθαι, παρεκάλει ὁ Παῦλος ἅπαντας μεταλαβεῖν⁵ τροφῆς⁶ λέγων· τεσσαρεσκαιδεκάτην⁷ σήμερον ἡμέραν προσδοκῶντες⁸ ἄσιτοι⁹ διατελεῖτε¹⁰ μηθὲν προσλαβόμενοι¹¹. 34 διὸ παρακαλῶ ὑμᾶς μεταλαβεῖν τροφῆς· τοῦτο γὰρ πρὸς τῆς ὑμετέρας¹² σωτηρίας ὑπάρχει, οὐδενὸς γὰρ ὑμῶν θρὶξ¹³ ἀπὸ τῆς κεφαλῆς ἀπολεῖται¹⁴. 35 εἴπας δὲ ταῦτα καὶ λαβὼν ἄρτον εὐχαρίστησεν τῷ θεῷ ἐνώπιον πάντων καὶ κλάσας¹⁵ ἤρξατο¹⁶ ἐσθίειν. 36 εὔθυμοι¹⁷ δὲ γενόμενοι πάντες καὶ αὐτοὶ προσελάβοντο¹⁸ τροφῆς. 37 ἤμεθα¹⁹ δὲ αἱ πᾶσαι ψυχαὶ ἐν τῷ πλοίῳ διακόσιαι²⁰ ἑβδομήκοντα²¹ ἕξ²². 38 κορεσθέντες²³ δὲ τροφῆς ἐκούφιζον²⁴ τὸ πλοῖον ἐκβαλλόμενοι τὸν σῖτον²⁵ εἰς τὴν θάλασσαν.

The Shipwreck

39 Ὅτε δὲ ἡμέρα ἐγένετο, τὴν γῆν οὐκ ἐπεγίνωσκον, κόλπον²⁶ δέ τινα κατενόουν²⁷ ἔχοντα αἰγιαλὸν²⁸ εἰς ὃν ἐβουλεύοντο²⁹, εἰ δύναιντο, ἐξῶσαι³⁰ τὸ πλοῖον. 40 καὶ τὰς ἀγκύρας³¹ περιελόντες³² εἴων³³ εἰς τὴν θάλασσαν, ἅμα³⁴ ἀνέντες³⁵ τὰς ζευκτηρίας³⁶ τῶν πηδαλίων³⁷ καὶ ἐπάραντες³⁸ τὸν ἀρτέμωνα³⁹ τῇ πνεούσῃ⁴⁰ κατεῖχον⁴¹ εἰς τὸν αἰγιαλόν. 41 περιπεσόντες⁴² δὲ εἰς τόπον διθάλασσον⁴³ ἐπέκειλαν⁴⁴ τὴν ναῦν⁴⁵ καὶ ἡ μὲν πρῷρα⁴⁶ ἐρείσασα⁴⁷ ἔμεινεν⁴⁸ ἀσάλευτος⁴⁹, ἡ δὲ πρύμνα⁵⁰ ἐλύετο⁵¹ ὑπὸ τῆς βίας⁵² τῶν κυμάτων⁵³. 42 τῶν δὲ στρατιωτῶν⁵⁴ βουλὴ⁵⁵

[1] ἀποκόπτω 3p aor act ind, cut away
[2] σχοινίον, -ου n, rope
[3] ἐάω 3p aor act ind, let
[4] ἐκπίπτω aor act inf, drift away
[5] μεταλαμβάνω aor act inf, take
[6] τροφή, -ῆς f, food
[7] τεσσαρεσκαιδέκατος, -η/ον, fourteenth
[8] προσδοκάω pres act ptc m p nom, live in suspense
[9] ἄσιτος, -ον, without food
[10] διατελέω 2p pres act ind, go
[11] προσλαμβάνω aor mid ptc m p nom, mid eat
[12] ὑμέτερος, -α/ον, your
[13] θρίξ, τριχός f, hair
[14] ἀπόλλυμι 3s fut mid ind, mid be lost
[15] κλάω aor act ptc m s nom, break
[16] ἄρχω 3s aor mid ind, mid begin
[17] εὔθυμος, -ον, encouraged
[18] προσλαμβάνω 3p aor mid ind, mid eat
[19] εἰμί 1p impf mid ind, be
[20] διακόσιοι, -αι/α, two hundred
[21] ἑβδομήκοντα, seventy
[22] ἕξ, six
[23] κορέννυμι aor pas ptc m p nom, have enough
[24] κουφίζω 3p impf act ind, lighten
[25] σῖτος, -ου m, grain
[26] κόλπος, -ου m, bay
[27] κατανοέω 3p impf act ind, notice
[28] αἰγιαλός, -οῦ m, beach
[29] βουλεύω 3p impf mid ind, mid decide
[30] ἐξωθέω aor act inf, run aground
[31] ἄγκυρα, -ας f, anchor
[32] περιαιρέω aor act ptc m p nom, cut away
[33] ἐάω 3p impf act ind, let go
[34] ἅμα, adv, at the same time
[35] ἀνίημι aor act ptc m p nom, untie
[36] ζευκτηρία, -ας f, rope
[37] πηδάλιον, -ου n, rudder
[38] ἐπαίρω aor act ptc m p nom, hoist
[39] ἀρτέμων, -ωνος m, foresail
[40] πνέω pres act ptc f s dat, blow
[41] κατέχω 3p impf act ind, head (for)
[42] περιπίπτω aor act ptc m p nom, strike
[43] διθάλασσος, -ον, between the seas (τόπος δ. sandbar)
[44] ἐπικέλλω 3p aor act ind, run aground
[45] ναῦς, f, acc ναῦν, ship
[46] πρῷρα, -ης f, bow
[47] ἐρείδω aor act ptc f s nom, stick fast
[48] μένω 3s aor act ind, stay
[49] ἀσάλευτος, -ον, immovable
[50] πρύμνα, -ης f, stern
[51] λύω 3s impf pas ind, break
[52] βία, -ας f, force
[53] κῦμα, -τος n, wave
[54] στρατιώτης, -ου m, soldier
[55] βουλή, -ῆς f, plan

ἐγένετο ἵνα τοὺς δεσμώτας¹ ἀποκτείνωσιν, μή τις ἐκκολυμβήσας² διαφύγῃ³. 43 ὁ δὲ ἑκατοντάρχης⁴ βουλόμενος διασῶσαι⁵ τὸν Παῦλον ἐκώλυσεν⁶ αὐτοὺς τοῦ βουλήματος⁷, ἐκέλευσέν⁸ τε τοὺς δυναμένους κολυμβᾶν⁹ ἀπορίψαντας¹⁰ πρώτους ἐπὶ τὴν γῆν ἐξιέναι¹¹ 44 καὶ τοὺς λοιποὺς οὓς μὲν ἐπὶ σανίσιν¹², οὓς δὲ ἐπί τινων τῶν ἀπὸ τοῦ πλοίου. καὶ οὕτως ἐγένετο πάντας διασωθῆναι¹³ ἐπὶ τὴν γῆν.

Paul on the Island of Malta

28 Καὶ διασωθέντες¹⁴ τότε ἐπέγνωμεν¹⁵ ὅτι Μελίτη ἡ νῆσος¹⁶ καλεῖται. 2 οἵ τε βάρβαροι¹⁷ παρεῖχον¹⁸ οὐ τὴν τυχοῦσαν¹⁹ φιλανθρωπίαν²⁰ ἡμῖν· ἅψαντες²¹ γὰρ πυρὰν²² προσελάβοντο²³ πάντας ἡμᾶς διὰ τὸν ὑετὸν²⁴ τὸν ἐφεστῶτα²⁵ καὶ διὰ τὸ ψῦχος²⁶. 3 συστρέψαντος²⁷ δὲ τοῦ Παύλου φρυγάνων²⁸ τι πλῆθος²⁹ καὶ ἐπιθέντος³⁰ ἐπὶ τὴν πυρὰν ἔχιδνα³¹ ἀπὸ τῆς θέρμης³² ἐξελθοῦσα καθῆψεν³³ τῆς χειρὸς αὐτοῦ. 4 ὡς δὲ εἶδον οἱ βάρβαροι κρεμάμενον³⁴ τὸ θηρίον ἐκ τῆς χειρός αὐτοῦ, πρὸς ἀλλήλους ἔλεγον· πάντως³⁵ φονεύς³⁶ ἐστιν ὁ ἄνθρωπος οὗτος ὃν διασωθέντα³⁷ ἐκ τῆς θαλάσσης ἡ δίκη³⁸ ζῆν οὐκ εἴασεν³⁹. 5 ὁ μὲν οὖν ἀποτιναξάμενος⁴⁰ τὸ θηρίον εἰς τὸ πῦρ ἔπαθεν⁴¹ οὐδὲν κακόν, 6 οἱ δὲ προσεδόκων⁴² αὐτὸν μέλλειν πίμπρασθαι⁴³ ἢ καταπίπτειν⁴⁴ ἄφνω⁴⁵ νεκρόν. ἐπὶ πολὺ δὲ αὐτῶν προσδοκώντων καὶ θεωρούντων μηδὲν ἄτοπον⁴⁶ εἰς αὐτὸν γινόμενον μεταβαλόμενοι⁴⁷ ἔλεγον αὐτὸν εἶναι θεόν.

---

¹ δεσμώτης, -ου m, prisoner
² ἐκκολυμβάω aor act ptc m s nom, swim away
³ διαφεύγω 3s aor act sub, escape
⁴ ἑκατοντάρχης, -ου m, centurion
⁵ διασῴζω aor act inf, rescue
⁶ κωλύω 3s aor act ind, prevent
⁷ βούλημα, -τος n, intention
⁸ κελεύω 3s aor act ind, order
⁹ κολυμβάω pres act inf, swim
¹⁰ ἀπορίπτω aor act ptc m p acc, jump overboard
¹¹ ἔξειμι pres act inf, head for
¹² σανίς, -ίδος f, plank
¹³ διασῴζω aor pas inf, come safely
¹⁴ διασῴζω aor pas ptc m p nom, escape
¹⁵ ἐπιγινώσκω 1p aor act ind, find out
¹⁶ νῆσος, -ου f, island
¹⁷ βάρβαρος, -ον, non-Greek/native
¹⁸ παρέχω 3p impf act ind, give
¹⁹ τυγχάνω aor act ptc fs acc, intrans happen (οὐχ ὁ τυχών unusual)
²⁰ φιλανθρωπία, -ας f, kindness
²¹ ἅπτω aor act ptc m p nom, light
²² πυρά, -ᾶς f, a fire
²³ προσλαμβάνω 3p aor mid ind, mid welcome
²⁴ ὑετός, -οῦ m, rain
²⁵ ἐφίστημι pf act ptc m s acc, come upon
²⁶ ψῦχος, -ους n, cold
²⁷ συστρέφω aor act ptc m s gen, gather up
²⁸ φρύγανον, -ου n, stick
²⁹ πλῆθος, -ους n, number
³⁰ ἐπιτίθημι aor act ptc m s gen, lay/place
³¹ ἔχιδνα, -ης f, snake
³² θέρμη, -ης f, heat
³³ καθάπτω 3s aor act ind, fasten on (+ gen)
³⁴ κρεμάννυμι pres mid ptc n s acc, hang
³⁵ πάντως, adv, surely
³⁶ φονεύς, -έως m, murderer
³⁷ διασῴζω aor pas ptc m s acc, pas escape
³⁸ δίκη, -ης f, the goddess Justice
³⁹ ἐάω 3s aor act ind, allow
⁴⁰ ἀποτινάσσω aor mid ptc m s nom, shake off
⁴¹ πάσχω 3s aor act ind, suffer
⁴² προσδοκάω 3p impf act ind, expect
⁴³ πίμπρημι pres pas inf, pas swell up
⁴⁴ καταπίπτω pres act inf, fall down
⁴⁵ ἄφνω, adv, suddenly
⁴⁶ ἄτοπος, -ον, unusual
⁴⁷ μεταβάλλω aor mid ptc m p nom, mid change one's mind

7 Ἐν δὲ τοῖς περὶ τὸν τόπον ἐκεῖνον ὑπῆρχεν χωρία¹ τῷ πρώτῳ τῆς νήσου ὀνόματι Ποπλίῳ ὃς ἀναδεξάμενος² ἡμᾶς τρεῖς ἡμέρας φιλοφρόνως³ ἐξένισεν⁴. 8 ἐγένετο δὲ τὸν πατέρα τοῦ Ποπλίου πυρετοῖς⁵ καὶ δυσεντερίῳ⁶ συνεχόμενον⁷ κατακεῖσθαι⁸. πρὸς ὃν ὁ Παῦλος εἰσελθὼν καὶ προσευξάμενος ἐπιθεὶς⁹ τὰς χεῖρας αὐτῷ ἰάσατο¹⁰ αὐτόν. 9 τούτου δὲ γενομένου καὶ οἱ λοιποὶ οἱ ἐν τῇ νήσῳ ἔχοντες ἀσθενείας¹¹ προσήρχοντο¹² καὶ ἐθεραπεύοντο, 10 οἳ καὶ πολλαῖς τιμαῖς ἐτίμησαν¹³ ἡμᾶς καὶ ἀναγομένοις¹⁴ ἐπέθεντο¹⁵ τὰ πρὸς τὰς χρείας.

Paul Arrives at Rome

11 Μετὰ δὲ τρεῖς μῆνας¹⁶ ἀνήχθημεν¹⁷ ἐν πλοίῳ παρακεχειμακότι¹⁸ ἐν τῇ νήσῳ, Ἀλεξανδρίνῳ, παρασήμῳ¹⁹ Διοσκούροις²⁰. 12 καὶ καταχθέντες²¹ εἰς Συρακούσας ἐπεμείναμεν²² ἡμέρας τρεῖς, 13 ὅθεν²³ περιελόντες²⁴ κατηντήσαμεν²⁵ εἰς Ῥήγιον. καὶ μετὰ μίαν ἡμέραν ἐπιγενομένου²⁶ νότου²⁷ δευτεραῖοι²⁸ ἤλθομεν εἰς Ποτιόλους, 14 οὗ²⁹ εὑρόντες³⁰ ἀδελφοὺς παρεκλήθημεν³¹ παρ' αὐτοῖς ἐπιμεῖναι³² ἡμέρας ἑπτά· καὶ οὕτως εἰς τὴν Ῥώμην ἤλθαμεν. 15 κἀκεῖθεν³³ οἱ ἀδελφοὶ ἀκούσαντες τὰ περὶ ἡμῶν ἦλθαν εἰς ἀπάντησιν³⁴ ἡμῖν ἄχρι Ἀππίου φόρου³⁵ καὶ Τριῶν ταβερνῶν³⁶· οὓς ἰδὼν ὁ Παῦλος εὐχαριστήσας τῷ θεῷ ἔλαβεν θάρσος³⁷. 16 ὅτε δὲ εἰσήλθομεν εἰς Ῥώμην, ἐπετράπη³⁸ τῷ Παύλῳ μένειν καθ' ἑαυτὸν σὺν τῷ φυλάσσοντι αὐτὸν στρατιώτῃ³⁹.

---

¹ χωρίον, -ου n, piece of land
² ἀναδέχομαι aor mid ptc m s nom, welcome (into one's home)
³ φιλοφρόνως, adv, hospitably
⁴ ξενίζω 3s aor act ind, entertain as a guest
⁵ πυρετός, -οῦ m, fever
⁶ δυσεντέριον, -ου n, dysentery
⁷ συνέχω pres pas ptc m s acc, pas suffer with
⁸ κατάκειμαι pres mid inf, lie (in bed)
⁹ ἐπιτίθημι aor act ptc m s nom, lay
¹⁰ ἰάομαι 3s aor mid ind, heal
¹¹ ἀσθένεια, -ας f, illness
¹² προσέρχομαι 3p impf mid/pas ind, come/go to
¹³ τιμάω 3p aor act ind, honor
¹⁴ ἀνάγω pres pas ptc m p dat, pas set sail
¹⁵ ἐπιτίθημι 3p aor mid ind, supply
¹⁶ μήν, μηνός m, month
¹⁷ ἀνάγω 1p aor pas ind, pas set sail
¹⁸ παραχειμάζω pf act ptc n s dat, spend the winter
¹⁹ παράσημος, -ον, marked with a figurehead
²⁰ Διόσκουροι, -ων m, twin gods (Castor and Pollux)
²¹ κατάγω aor pas ptc m p nom, put in
²² ἐπιμένω 1p aor act ind, stay
²³ ὅθεν, adv, from where
²⁴ περιαιρέω aor act ptc m p nom, cut away (of anchors)/set sail
²⁵ καταντάω 1p aor act ind, arrive
²⁶ ἐπιγίνομαι aor mid ptc m s gen, come up
²⁷ νότος, -ου m, south wind
²⁸ δευτεραῖος, -α/ον, on the second day
²⁹ οὗ, adv, where
³⁰ εὑρίσκω aor act ptc m p nom, find
³¹ παρακαλέω 1p aor pas ind, invite
³² ἐπιμένω aor act inf, stay
³³ κἀκεῖθεν, = καὶ ἐκεῖθεν, and from there
³⁴ ἀπάντησις, -εως f, meeting
³⁵ φόρον, -ου n, Forum (Ἀππίου φ. Forum of Appius = town)
³⁶ ταβέρνη, -ης f, tavern (Τριῶν τ. Three Taverns = town)
³⁷ θάρσος, -ους n, encouragement
³⁸ ἐπιτρέπω 3s aor pas ind, allow
³⁹ στρατιώτης, -ου m, soldier

Paul Preaches in Rome

17 Ἐγένετο δὲ μετὰ ἡμέρας τρεῖς συγκαλέσασθαι¹ αὐτὸν τοὺς ὄντας τῶν Ἰουδαίων πρώτους· συνελθόντων² δὲ αὐτῶν ἔλεγεν πρὸς αὐτούς· ἐγώ, ἄνδρες ἀδελφοί, οὐδὲν ἐναντίον³ ποιήσας τῷ λαῷ ἢ τοῖς ἔθεσιν⁴ τοῖς πατρῴοις⁵ δέσμιος⁶ ἐξ Ἱεροσολύμων παρεδόθην⁷ εἰς τὰς χεῖρας τῶν Ῥωμαίων **18** οἵτινες ἀνακρίναντές⁸ με ἐβούλοντο ἀπολῦσαι διὰ τὸ μηδεμίαν αἰτίαν⁹ θανάτου ὑπάρχειν ἐν ἐμοί. **19** ἀντιλεγόντων¹⁰ δὲ τῶν Ἰουδαίων ἠναγκάσθην¹¹ ἐπικαλέσασθαι¹² Καίσαρα οὐχ ὡς τοῦ ἔθνους μου ἔχων τι κατηγορεῖν¹³. **20** διὰ ταύτην οὖν τὴν αἰτίαν παρεκάλεσα ὑμᾶς ἰδεῖν καὶ προσλαλῆσαι¹⁴· ἕνεκεν¹⁵ γὰρ τῆς ἐλπίδος τοῦ Ἰσραὴλ τὴν ἅλυσιν¹⁶ ταύτην περίκειμαι¹⁷. **21** οἱ δὲ πρὸς αὐτὸν εἶπαν· ἡμεῖς οὔτε γράμματα¹⁸ περὶ σοῦ ἐδεξάμεθα ἀπὸ τῆς Ἰουδαίας οὔτε παραγενόμενός¹⁹ τις τῶν ἀδελφῶν ἀπήγγειλεν²⁰ ἢ ἐλάλησέν τι περὶ σοῦ πονηρόν. **22** ἀξιοῦμεν²¹ δὲ παρὰ σοῦ ἀκοῦσαι ἃ φρονεῖς²²· περὶ μὲν γὰρ τῆς αἱρέσεως²³ ταύτης γνωστὸν²⁴ ἡμῖν ἐστιν ὅτι πανταχοῦ²⁵ ἀντιλέγεται²⁶.

23 Ταξάμενοι²⁷ δὲ αὐτῷ ἡμέραν ἦλθον πρὸς αὐτὸν εἰς τὴν ξενίαν²⁸ πλείονες²⁹ οἷς ἐξετίθετο³⁰ διαμαρτυρόμενος³¹ τὴν βασιλείαν τοῦ θεοῦ πείθων τε αὐτοὺς περὶ τοῦ Ἰησοῦ ἀπό τε τοῦ νόμου Μωϋσέως καὶ τῶν προφητῶν, ἀπὸ πρωΐ³² ἕως ἑσπέρας³³. **24** καὶ οἱ μὲν ἐπείθοντο τοῖς λεγομένοις, οἱ δὲ ἠπίστουν³⁴. **25** ἀσύμφωνοι³⁵ δὲ ὄντες πρὸς ἀλλήλους ἀπελύοντο εἰπόντος τοῦ Παύλου ῥῆμα ἓν ὅτι καλῶς τὸ πνεῦμα τὸ ἅγιον ἐλάλησεν διὰ Ἠσαΐου τοῦ προφήτου πρὸς τοὺς πατέρας ὑμῶν **26** λέγων·

πορεύθητι³⁶ πρὸς τὸν λαὸν τοῦτον καὶ εἰπόν³⁷·
ἀκοῇ³⁸ ἀκούσετε καὶ οὐ μὴ συνῆτε³⁹
καὶ βλέποντες βλέψετε καὶ οὐ μὴ ἴδητε⁴⁰·
27 ἐπαχύνθη⁴¹ γὰρ ἡ καρδία τοῦ λαοῦ τούτου

---

¹ συγκαλέω *aor mid inf, mid* call together
² συνέρχομαι *aor act ptc m p gen*, come together
³ ἐναντίος, -α/ον, contrary
⁴ ἔθος, -ους *n*, custom
⁵ πατρῷος, -α/ον, ancestral
⁶ δέσμιος, -ου *m*, prisoner
⁷ παραδίδωμι 1s *aor pas ind*, hand over
⁸ ἀνακρίνω *aor act ptc m p nom*, interrogate
⁹ αἰτία, -ας *f*, reason
¹⁰ ἀντιλέγω *pres act ptc m p gen*, object
¹¹ ἀναγκάζω 1s *aor pas ind*, compel
¹² ἐπικαλέω *aor mid inf, mid* make an appeal to
¹³ κατηγορέω *pres act inf*, accuse
¹⁴ προσλαλέω *aor act inf*, speak to/with
¹⁵ ἕνεκα, *prep + gen*, because of
¹⁶ ἅλυσις, -εως *f*, chain
¹⁷ περίκειμαι 1s *pres mid ind, mid* be bound
¹⁸ γράμμα, -τος *n*, letter
¹⁹ παραγίνομαι *aor mid ptc m s nom*, come
²⁰ ἀπαγγέλλω 3s *aor act ind*, tell
²¹ ἀξιόω 1p *pres act ind*, consider worthwhile/want
²² φρονέω 2s *pres act ind*, think
²³ αἵρεσις, -εως *f*, sect
²⁴ γνωστός, -ή/όν, known
²⁵ πανταχοῦ, *adv*, everywhere
²⁶ ἀντιλέγω 3s *pres pas ind*, oppose
²⁷ τάσσω *aor mid ptc m p nom, mid* set
²⁸ ξενία, -ας *f*, place of lodging
²⁹ πολύς, many (comp)
³⁰ ἐκτίθημι 3s *aor mid ind, mid* explain
³¹ διαμαρτύρομαι *pres mid ptc m s nom*, testify
³² πρωΐ, *adv*, early morning
³³ ἑσπέρα, -ας *f*, evening
³⁴ ἀπιστέω 3p *impf act ind*, fail/refuse to believe
³⁵ ἀσύμφωνος, -ον, in disagreement
³⁶ πορεύομαι 2s *aor pas impv*, go
³⁷ λέγω 2s *aor act impv*, say
³⁸ ἀκοή, -ῆς *f*, hearing
³⁹ συνίημι 2p *aor act sub*, understand
⁴⁰ ὁράω 2p *aor act sub*, see
⁴¹ παχύνω 3s *aor pas ind, pas* grow dull

καὶ τοῖς ὠσὶν¹ βαρέως² ἤκουσαν
καὶ τοὺς ὀφθαλμοὺς αὐτῶν ἐκάμμυσαν³,
μήποτε⁴ ἴδωσιν⁵ τοῖς ὀφθαλμοῖς
καὶ τοῖς ὠσὶν ἀκούσωσιν
καὶ τῇ καρδίᾳ συνῶσιν⁶
καὶ ἐπιστρέψωσιν⁷, καὶ ἰάσομαι⁸ αὐτούς.
28 γνωστὸν⁹ οὖν ἔστω¹⁰ ὑμῖν ὅτι τοῖς ἔθνεσιν ἀπεστάλη¹¹ τοῦτο τὸ σωτήριον¹² τοῦ θεοῦ· αὐτοὶ καὶ ἀκούσονται. ⟦**29** καὶ ταῦτα αὐτοῦ εἰπόντος ἀπῆλθον οἱ Ἰουδαῖοι πολλὴν ἔχοντες ἐν ἑαυτοῖς συζήτησιν¹³.⟧
30 Ἐνέμεινεν¹⁴ δὲ διετίαν¹⁵ ὅλην ἐν ἰδίῳ μισθώματι¹⁶ καὶ ἀπεδέχετο¹⁷ πάντας τοὺς εἰσπορευομένους¹⁸ πρὸς αὐτόν, **31** κηρύσσων τὴν βασιλείαν τοῦ θεοῦ καὶ διδάσκων τὰ περὶ τοῦ κυρίου Ἰησοῦ Χριστοῦ μετὰ πάσης παρρησίας ἀκωλύτως¹⁹.

---

[1] οὖς, ὠτός *n*, ear
[2] βαρέως, *adv*, with difficulty
[3] καμμύω *3p aor act ind*, close
[4] μήποτε, *conj*, otherwise
[5] ὁράω *3p aor act sub*, see
[6] συνίημι *3p aor act sub*, understand
[7] ἐπιστρέφω *3p aor act sub*, *intrans* turn
[8] ἰάομαι *1s fut mid ind*, heal
[9] γνωστός, -ή/όν, known
[10] εἰμί *3s pres act impv*, be
[11] ἀποστέλλω *3s aor pas ind*, send
[12] σωτήριος, -ον, bringing salvation
[13] συζήτησις, εως, *f*, argument
[14] ἐμμένω *3s aor act ind*, stay
[15] διετία, -ας *f*, two-year period
[16] μίσθωμα, -τος *n*, rented quarters
[17] ἀποδέχομαι *3s impf mid ind*, welcome
[18] εἰσπορεύομαι *pres mid ptc m p acc*, come
[19] ἀκωλύτως, *adv*, unhindered

ΙΑΚΩΒΟΥ ΕΠΙΣΤΟΛΗ

Salutation

1 Ἰάκωβος θεοῦ καὶ κυρίου Ἰησοῦ Χριστοῦ δοῦλος ταῖς δώδεκα φυλαῖς ταῖς ἐν τῇ διασπορᾷ[1] χαίρειν.

Faith and Wisdom

2 Πᾶσαν χαρὰν ἡγήσασθε[2], ἀδελφοί μου, ὅταν πειρασμοῖς[3] περιπέσητε[4] ποικίλοις[5], **3** γινώσκοντες ὅτι τὸ δοκίμιον[6] ὑμῶν τῆς πίστεως κατεργάζεται[7] ὑπομονήν. **4** ἡ δὲ ὑπομονὴ ἔργον τέλειον[8] ἐχέτω, ἵνα ἦτε τέλειοι[9] καὶ ὁλόκληροι[10] ἐν μηδενὶ λειπόμενοι[11]. **5** Εἰ δέ τις ὑμῶν λείπεται σοφίας, αἰτείτω παρὰ τοῦ διδόντος[12] θεοῦ πᾶσιν ἁπλῶς[13] καὶ μὴ ὀνειδίζοντος[14], καὶ δοθήσεται[15] αὐτῷ. **6** αἰτείτω δὲ ἐν πίστει μηδὲν διακρινόμενος[16]· ὁ γὰρ διακρινόμενος ἔοικεν[17] κλύδωνι[18] θαλάσσης ἀνεμιζομένῳ[19] καὶ ῥιπιζομένῳ[20]. **7** μὴ γὰρ οἰέσθω[21] ὁ ἄνθρωπος ἐκεῖνος ὅτι λήμψεταί[22] τι παρὰ τοῦ κυρίου, **8** ἀνὴρ δίψυχος[23], ἀκατάστατος[24] ἐν πάσαις ταῖς ὁδοῖς αὐτοῦ.

Poverty and Riches

9 Καυχάσθω δὲ ὁ ἀδελφὸς ὁ ταπεινὸς[25] ἐν τῷ ὕψει[26] αὐτοῦ, **10** ὁ δὲ πλούσιος[27] ἐν τῇ ταπεινώσει[28] αὐτοῦ, ὅτι ὡς ἄνθος[29] χόρτου[30] παρελεύσεται[31]. **11** ἀνέτειλεν[32]

---

[1] διασπορά, -ᾶς f, dispersion
[2] ἡγέομαι 2p aor mid impv, consider
[3] πειρασμός, -οῦ m, trial
[4] περιπίπτω 2p aor act sub, encounter
[5] ποικίλος, -η/ον, various kinds of
[6] δοκίμιον, -ου n, testing
[7] κατεργάζομαι 3s pres mid ind, produce
[8] τέλειος, -α/ον, perfect (ἔργον τ. full effect)
[9] τέλειος, -α/ον, mature
[10] ὁλόκληρος, -α/ον, complete
[11] λείπω pres pas ptc m p nom, lack
[12] δίδωμι pres act ptc m s gen, give
[13] ἁπλῶς, adv, generously
[14] ὀνειδίζω pres act ptc m s gen, reproach
[15] δίδωμι 3s fut pas ind, give
[16] διακρίνω pres mid ptc m s nom, doubt
[17] ἔοικα 3s pf act ind, be like
[18] κλύδων, -ωνος m, wave
[19] ἀνεμίζω pres pas ptc m s dat, pas be blown about by the wind
[20] ῥιπίζω pres pas ptc m s dat, toss about
[21] οἴομαι 3s pres mid impv, suppose
[22] λαμβάνω 3s fut mid ind, receive
[23] δίψυχος, -ον, of divided loyalty
[24] ἀκατάστατος, -ον, unstable
[25] ταπεινός, -ή/όν, of humble circumstances
[26] ὕψος, -ους n, high position
[27] πλούσιος, -α/ον, rich
[28] ταπείνωσις, -εως f, humiliation
[29] ἄνθος, -ους n, flower
[30] χόρτος, -ου m, grass
[31] παρέρχομαι 3s fut mid ind, disappear
[32] ἀνατέλλω 3s aor act ind, rise

γὰρ ὁ ἥλιος σὺν τῷ καύσωνι[1] καὶ ἐξήρανεν[2] τὸν χόρτον[3], καὶ τὸ ἄνθος αὐτοῦ ἐξέπεσεν[4], καὶ ἡ εὐπρέπεια[5] τοῦ προσώπου αὐτοῦ ἀπώλετο[6]· οὕτως καὶ ὁ πλούσιος ἐν ταῖς πορείαις[7] αὐτοῦ μαρανθήσεται[8].

Trial and Temptation

12 Μακάριος ἀνὴρ ὃς ὑπομένει[9] πειρασμόν[10], ὅτι δόκιμος[11] γενόμενος λήμψεται[12] τὸν στέφανον[13] τῆς ζωῆς ὃν ἐπηγγείλατο[14] τοῖς ἀγαπῶσιν αὐτόν. **13** μηδεὶς πειραζόμενος λεγέτω ὅτι ἀπὸ θεοῦ πειράζομαι· ὁ γὰρ θεὸς ἀπείραστός[15] ἐστιν κακῶν, πειράζει δὲ αὐτὸς οὐδένα. **14** ἕκαστος δὲ πειράζεται ὑπὸ τῆς ἰδίας ἐπιθυμίας ἐξελκόμενος[16] καὶ δελεαζόμενος[17]· **15** εἶτα[18] ἡ ἐπιθυμία συλλαβοῦσα[19] τίκτει[20] ἁμαρτίαν, ἡ δὲ ἁμαρτία ἀποτελεσθεῖσα[21] ἀποκύει[22] θάνατον.
16 Μὴ πλανᾶσθε, ἀδελφοί μου ἀγαπητοί. **17** πᾶσα δόσις[23] ἀγαθὴ καὶ πᾶν δώρημα[24] τέλειον[25] ἄνωθέν[26] ἐστιν καταβαῖνον ἀπὸ τοῦ πατρὸς τῶν φώτων, παρ' ᾧ οὐκ ἔνι[27] παραλλαγὴ[28] ἢ τροπῆς[29] ἀποσκίασμα[30]. **18** βουληθεὶς[31] ἀπεκύησεν ἡμᾶς λόγῳ ἀληθείας εἰς τὸ εἶναι ἡμᾶς ἀπαρχήν[32] τινα τῶν αὐτοῦ κτισμάτων[33].

19 Ἴστε[34], ἀδελφοί μου ἀγαπητοί· ἔστω[35] δὲ πᾶς ἄνθρωπος ταχὺς[36] εἰς τὸ ἀκοῦσαι, βραδὺς[37] εἰς τὸ λαλῆσαι, βραδὺς εἰς ὀργήν· **20** ὀργὴ γὰρ ἀνδρὸς δικαιοσύνην θεοῦ οὐ κατεργάζεται[38]. **21** διὸ ἀποθέμενοι[39] πᾶσαν ῥυπαρίαν[40] καὶ περισσείαν[41] κακίας[42] ἐν πραΰτητι[43] δέξασθε[44] τὸν ἔμφυτον[45] λόγον τὸν δυνάμενον σῶσαι τὰς ψυχὰς ὑμῶν.

---

[1] καύσων, -ωνος m, (scorching) heat
[2] ξηραίνω 3s aor act ind, wither
[3] χόρτος, -ου m, grass
[4] ἐκπίπτω 3s aor act ind, fall off
[5] εὐπρέπεια, -ας f, beauty
[6] ἀπόλλυμι 3s aor mid ind, mid perish
[7] πορεία, -ας f, pursuit
[8] μαραίνω 3s fut pas ind, pas wither away
[9] ὑπομένω 3s pres act ind, endure
[10] πειρασμός, -οῦ m, trial
[11] δόκιμος, -ον, approved (δ. γίνομαι stand the test)
[12] λαμβάνω 3s fut mid ind, receive
[13] στέφανος, -ου m, crown
[14] ἐπαγγέλλομαι 3s aor mid ind, promise
[15] ἀπείραστος, -ον, unable to be tempted
[16] ἐξέλκω pres pas ptc m s nom, drag away
[17] δελεάζω pres pas ptc m s nom, entice
[18] εἶτα, adv, then
[19] συλλαμβάνω aor act ptc f s nom, conceive
[20] τίκτω 3s pres act ind, give birth to
[21] ἀποτελέω aor pas ptc f s nom, be full grown
[22] ἀποκύω 3s pres act ind, give birth to
[23] δόσις, -εως f, gift
[24] δώρημα, -τος n, gift
[25] τέλειος, -α/ον, perfect
[26] ἄνωθεν, adv, from above
[27] ἔνι 3s pres act ind, there is (= ἔνεστιν)
[28] παραλλαγή, -ῆς f, variation
[29] τροπή, -ῆς f, change
[30] ἀποσκίασμα, -τος n, shadow
[31] βούλομαι aor pas ptc m s nom, want
[32] ἀπαρχή, -ῆς f, first-portion
[33] κτίσμα, -τος n, what is created
[34] οἶδα 2p pf act impv, know
[35] εἰμί 3s pres act impv, be
[36] ταχύς, -εῖα/ύ, quick
[37] βραδύς, -εῖα/ύ, slow
[38] κατεργάζομαι 3s pres mid ind, produce
[39] ἀποτίθημι aor mid ptc m p nom, be done with
[40] ῥυπαρία, -ας f, moral filth
[41] περισσεία, -ας f, abundance
[42] κακία, -ας f, evil
[43] πραΰτης, -ητος f, humility
[44] δέχομαι 2p aor mid impv, receive
[45] ἔμφυτος, -ον, implanted

22 Γίνεσθε¹ δὲ ποιηταὶ² λόγου καὶ μὴ μόνον ἀκροαταὶ³ παραλογιζόμενοι⁴ ἑαυτούς. **23** ὅτι εἴ τις ἀκροατὴς λόγου ἐστὶν καὶ οὐ ποιητής, οὗτος ἔοικεν⁵ ἀνδρὶ κατανοοῦντι⁶ τὸ πρόσωπον τῆς γενέσεως⁷ αὐτοῦ ἐν ἐσόπτρῳ⁸· **24** κατενόησεν γὰρ ἑαυτὸν καὶ ἀπελήλυθεν⁹ καὶ εὐθέως ἐπελάθετο¹⁰ ὁποῖος¹¹ ἦν. **25** ὁ δὲ παρακύψας¹² εἰς νόμον τέλειον¹³ τὸν τῆς ἐλευθερίας¹⁴ καὶ παραμείνας¹⁵ οὐκ ἀκροατὴς ἐπιλησμονῆς¹⁶ γενόμενος¹⁷ ἀλλὰ ποιητὴς ἔργου, οὗτος μακάριος ἐν τῇ ποιήσει¹⁸ αὐτοῦ ἔσται¹⁹. **26** Εἴ τις δοκεῖ θρησκὸς²⁰ εἶναι μὴ χαλιναγωγῶν²¹ γλῶσσαν αὐτοῦ ἀλλ' ἀπατῶν²² καρδίαν αὐτοῦ, τούτου μάταιος²³ ἡ θρησκεία²⁴. **27** θρησκεία καθαρὰ²⁵ καὶ ἀμίαντος²⁶ παρὰ τῷ θεῷ καὶ πατρὶ αὕτη ἐστίν, ἐπισκέπτεσθαι²⁷ ὀρφανοὺς²⁸ καὶ χήρας²⁹ ἐν τῇ θλίψει αὐτῶν, ἄσπιλον³⁰ ἑαυτὸν τηρεῖν ἀπὸ τοῦ κόσμου.

Warning against Partiality

2 Ἀδελφοί μου, μὴ ἐν προσωπολημψίαις³¹ ἔχετε τὴν πίστιν τοῦ κυρίου ἡμῶν Ἰησοῦ Χριστοῦ τῆς δόξης. **2** ἐὰν γὰρ εἰσέλθῃ³² εἰς συναγωγὴν ὑμῶν ἀνὴρ χρυσοδακτύλιος³³ ἐν ἐσθῆτι³⁴ λαμπρᾷ³⁵, εἰσέλθῃ δὲ καὶ πτωχὸς ἐν ῥυπαρᾷ³⁶ ἐσθῆτι, **3** ἐπιβλέψητε³⁷ δὲ ἐπὶ τὸν φοροῦντα³⁸ τὴν ἐσθῆτα τὴν λαμπρὰν καὶ εἴπητε³⁹· σὺ κάθου⁴⁰ ὧδε καλῶς, καὶ τῷ πτωχῷ εἴπητε· σὺ στῆθι⁴¹ ἢ κάθου ἐκεῖ ὑπὸ τὸ ὑποπόδιόν⁴² μου, **4** καὶ οὐ διεκρίθητε⁴³ ἐν ἑαυτοῖς καὶ ἐγένεσθε κριταὶ⁴⁴ διαλογισμῶν⁴⁵ πονηρῶν; **5** ἀκούσατε, ἀδελφοί μου ἀγαπητοί· οὐχ ὁ θεὸς ἐξελέξατο⁴⁶

---

1 γίνομαι 2p pres mid impv, be
2 ποιητής, -οῦ m, doer
3 ἀκροατής, -οῦ m, a hearer
4 παραλογίζομαι pres mid ptc m p nom, deceive
5 ἔοικα 3s pf act ind, be like
6 κατανοέω pres act ptc m s dat, observe
7 γένεσις, -εως f, birth (τὸ πρόσωπον τῆς γ. one's natural face)
8 ἔσοπτρον, -ου n, mirror
9 ἀπέρχομαι 3s pf act ind, go away
10 ἐπιλανθάνομαι 3s aor mid ind, forget
11 ὁποῖος, -α/ον, of what sort
12 παρακύπτω aor act ptc m s nom, look into
13 τέλειος, -α/ον, perfect
14 ἐλευθερία, -ας f, freedom
15 παραμένω aor act ptc m s nom, remain
16 ἐπιλησμονή, -ῆς f, forgetfulness
17 γίνομαι aor pas ptc m s nom, become
18 ποίησις, -εως f, doing
19 εἰμί 3s fut mid ind, be
20 θρησκός, -όν, religious
21 χαλιναγωγέω pres act ptc m s nom, control
22 ἀπατάω pres act ptc m s nom, deceive
23 μάταιος, -α/ον, worthless
24 θρησκεία, -ας f, religion
25 καθαρός, -ά/όν, pure
26 ἀμίαντος, -ον, undefiled
27 ἐπισκέπτομαι pres mid inf, care for
28 ὀρφανός, -ή/όν, orphaned
29 χήρα, -ας f, widow
30 ἄσπιλος, -ον, spotless
31 προσωπολημψία, -ας f, favoritism
32 εἰσέρχομαι 3s aor act sub, come
33 χρυσοδακτύλιος, -ον, wearing a gold ring
34 ἐσθής, -ῆτος f, clothing
35 λαμπρός, -ά/όν, fine
36 ῥυπαρός, -ά/όν, shabby
37 ἐπιβλέπω 2p aor act sub, show more respect to
38 φορέω pres act ptc m s acc, wear
39 λέγω 2p aor act sub, say
40 κάθημαι 2s pres mid impv, sit
41 ἵστημι 2s aor act impv, stand
42 ὑποπόδιον, -ου n, footstool (ὑπὸ τὸ ὑ. at my feet)
43 διακρίνω 2p aor pas ind, make a distinction
44 κριτής, -οῦ m, judge
45 διαλογισμός, -οῦ m, thought
46 ἐκλέγομαι 3s aor mid ind, choose

τοὺς πτωχοὺς τῷ κόσμῳ πλουσίους[1] ἐν πίστει καὶ κληρονόμους[2] τῆς βασιλείας ἧς ἐπηγγείλατο[3] τοῖς ἀγαπῶσιν αὐτόν; **6** ὑμεῖς δὲ ἠτιμάσατε[4] τὸν πτωχόν. οὐχ οἱ πλούσιοι καταδυναστεύουσιν[5] ὑμῶν καὶ αὐτοὶ ἕλκουσιν[6] ὑμᾶς εἰς κριτήρια[7]; **7** οὐκ αὐτοὶ βλασφημοῦσιν τὸ καλὸν ὄνομα τὸ ἐπικληθὲν[8] ἐφ᾽ ὑμᾶς; **8** Εἰ μέντοι[9] νόμον τελεῖτε[10] βασιλικὸν[11] κατὰ τὴν γραφήν· **ἀγαπήσεις τὸν πλησίον**[12] **σου ὡς σεαυτόν**, καλῶς ποιεῖτε· **9** εἰ δὲ προσωπολημπτεῖτε[13], ἁμαρτίαν ἐργάζεσθε ἐλεγχόμενοι[14] ὑπὸ τοῦ νόμου ὡς παραβάται[15]. **10** ὅστις γὰρ ὅλον τὸν νόμον τηρήσῃ, πταίσῃ[16] δὲ ἐν ἑνί, γέγονεν[17] πάντων ἔνοχος[18]. **11** ὁ γὰρ εἰπών· **μὴ μοιχεύσῃς**[19], εἶπεν καί· **μὴ φονεύσῃς**[20]· εἰ δὲ οὐ μοιχεύεις, φονεύεις δέ, γέγονας παραβάτης νόμου.
12 Οὕτως λαλεῖτε καὶ οὕτως ποιεῖτε ὡς διὰ νόμου ἐλευθερίας[21] μέλλοντες κρίνεσθαι. **13** ἡ γὰρ κρίσις ἀνέλεος[22] τῷ μὴ ποιήσαντι ἔλεος[23]· κατακαυχᾶται[24] ἔλεος κρίσεως.

Faith and Works

14 Τί τὸ ὄφελος[25], ἀδελφοί μου, ἐὰν πίστιν λέγῃ τις ἔχειν, ἔργα δὲ μὴ ἔχῃ; μὴ δύναται ἡ πίστις σῶσαι[26] αὐτόν; **15** ἐὰν ἀδελφὸς ἢ ἀδελφὴ[27] γυμνοὶ[28] ὑπάρχωσιν καὶ λειπόμενοι[29] ὦσιν τῆς ἐφημέρου[30] τροφῆς[31], **16** εἴπῃ[32] δέ τις αὐτοῖς ἐξ ὑμῶν· ὑπάγετε ἐν εἰρήνῃ, θερμαίνεσθε[33] καὶ χορτάζεσθε[34], μὴ δῶτε[35] δὲ αὐτοῖς τὰ ἐπιτήδεια[36] τοῦ σώματος, τί τὸ ὄφελος; **17** οὕτως καὶ ἡ πίστις, ἐὰν μὴ ἔχῃ ἔργα, νεκρά ἐστιν καθ᾽ ἑαυτήν.
18 Ἀλλ᾽ ἐρεῖ[37] τις· σὺ πίστιν ἔχεις, κἀγὼ ἔργα ἔχω. δεῖξόν[38] μοι τὴν πίστιν σου χωρὶς τῶν ἔργων, κἀγώ σοι δείξω ἐκ τῶν ἔργων μου τὴν πίστιν. **19** σὺ πιστεύεις ὅτι εἷς ἐστιν ὁ θεός, καλῶς ποιεῖς· καὶ τὰ δαιμόνια πιστεύουσιν καὶ φρίσσουσιν[39].

---

[1] πλούσιος, -α/ον, rich
[2] κληρονόμος, -ου m, heir
[3] ἐπαγγέλλομαι 3s aor mid ind, promise
[4] ἀτιμάζω 2p aor act ind, dishonor
[5] καταδυναστεύω 3p pres act ind, oppress
[6] ἕλκω 3p pres act ind, drag
[7] κριτήριον, -ου n, court
[8] ἐπικαλέω aor pas ptc n s acc, name
[9] μέντοι, conj, however
[10] τελέω 2p pres act ind, fulfill
[11] βασιλικός, -ή/όν, royal
[12] πλησίον, prep + gen, near (ὁ π. neighbor/friend)
[13] προσωπολημπτέω 2p pres act ind, show favoritism
[14] ἐλέγχω pres pas ptc m p nom, convict
[15] παραβάτης, -ου m, lawbreaker
[16] πταίω 3s aor act sub, stumble
[17] γίνομαι 3s pf act ind, become
[18] ἔνοχος, -ον, guilty
[19] μοιχεύω 2s aor act sub, commit adultery
[20] φονεύω 2s aor act sub, murder
[21] ἐλευθερία, -ας f, freedom
[22] ἀνέλεος, -ον, merciless
[23] ἔλεος, -ους n, mercy
[24] κατακαυχάομαι 3s pres mid ind, triumph over
[25] ὄφελος, -ους n, gain (τί τὸ ὄ. what good is it?)
[26] σῴζω aor act inf, save
[27] ἀδελφή, -ῆς f, sister
[28] γυμνός, -ή/όν, without clothes
[29] λείπω pres pas ptc m p nom, lack
[30] ἐφήμερος, -ον f, daily
[31] τροφή, -ῆς f, food
[32] λέγω 3s aor act sub, say
[33] θερμαίνομαι 2p pres mid impv, warm oneself
[34] χορτάζω 2p pres pas impv, satisfy
[35] δίδωμι 2p aor act sub, give
[36] ἐπιτήδειος, -α/ον, necessary
[37] λέγω 3s fut act ind, say
[38] δείκνυμι 2s aor act impv, show
[39] φρίσσω 3p pres act ind, tremble

20 Θέλεις δὲ γνῶναι¹, ὦ² ἄνθρωπε κενέ³, ὅτι ἡ πίστις χωρὶς τῶν ἔργων ἀργή⁴ ἐστιν; **21** Ἀβραὰμ ὁ πατὴρ ἡμῶν οὐκ ἐξ ἔργων ἐδικαιώθη ἀνενέγκας⁵ Ἰσαὰκ τὸν υἱὸν αὐτοῦ ἐπὶ τὸ θυσιαστήριον⁶; **22** βλέπεις ὅτι ἡ πίστις συνήργει⁷ τοῖς ἔργοις αὐτοῦ καὶ ἐκ τῶν ἔργων ἡ πίστις ἐτελειώθη⁸, **23** καὶ ἐπληρώθη ἡ γραφὴ ἡ λέγουσα· ἐπίστευσεν δὲ Ἀβραὰμ τῷ θεῷ, καὶ ἐλογίσθη αὐτῷ εἰς δικαιοσύνην καὶ φίλος⁹ θεοῦ ἐκλήθη. **24** ὁρᾶτε ὅτι ἐξ ἔργων δικαιοῦται ἄνθρωπος καὶ οὐκ ἐκ πίστεως μόνον. **25** ὁμοίως¹⁰ δὲ καὶ Ῥαὰβ ἡ πόρνη¹¹ οὐκ ἐξ ἔργων ἐδικαιώθη ὑποδεξαμένη¹² τοὺς ἀγγέλους καὶ ἑτέρᾳ ὁδῷ ἐκβαλοῦσα¹³; **26** ὥσπερ γὰρ τὸ σῶμα χωρὶς πνεύματος νεκρόν ἐστιν, οὕτως καὶ ἡ πίστις χωρὶς ἔργων νεκρά ἐστιν.

The Tongue

3 Μὴ πολλοὶ διδάσκαλοι γίνεσθε¹⁴, ἀδελφοί μου, εἰδότες¹⁵ ὅτι μεῖζον¹⁶ κρίμα¹⁷ λημψόμεθα¹⁸. **2** πολλὰ γὰρ πταίομεν¹⁹ ἅπαντες. εἴ τις ἐν λόγῳ οὐ πταίει, οὗτος τέλειος²⁰ ἀνὴρ δυνατὸς χαλιναγωγῆσαι²¹ καὶ ὅλον τὸ σῶμα. **3** εἰ δὲ τῶν ἵππων²² τοὺς χαλινοὺς²³ εἰς τὰ στόματα βάλλομεν εἰς τὸ πείθεσθαι αὐτοὺς ἡμῖν, καὶ ὅλον τὸ σῶμα αὐτῶν μετάγομεν²⁴. **4** ἰδοὺ καὶ τὰ πλοῖα τηλικαῦτα²⁵ ὄντα καὶ ὑπὸ ἀνέμων σκληρῶν²⁶ ἐλαυνόμενα²⁷ μετάγεται ὑπὸ ἐλαχίστου²⁸ πηδαλίου²⁹ ὅπου ἡ ὁρμὴ³⁰ τοῦ εὐθύνοντος³¹ βούλεται. **5** οὕτως καὶ ἡ γλῶσσα μικρὸν μέλος ἐστὶν καὶ μεγάλα αὐχεῖ³². ἰδοὺ ἡλίκον³³ πῦρ ἡλίκην ὕλην³⁴ ἀνάπτει³⁵. **6** καὶ ἡ γλῶσσα πῦρ. ὁ κόσμος τῆς ἀδικίας³⁶ ἡ γλῶσσα καθίσταται³⁷ ἐν τοῖς μέλεσιν ἡμῶν ἡ σπιλοῦσα³⁸ ὅλον τὸ σῶμα καὶ φλογίζουσα³⁹ τὸν τροχὸν⁴⁰ τῆς γενέσεως⁴¹ καὶ φλογιζομένη ὑπὸ τῆς γεέννης⁴². **7** πᾶσα γὰρ φύσις⁴³ θηρίων τε καὶ πετεινῶν⁴⁴, ἑρπετῶν⁴⁵ τε καὶ ἐναλίων⁴⁶

¹ γινώσκω aor act inf, know
² ὦ, interj, O!
³ κενός, -ή/όν, foolish
⁴ ἀργός, -ή/-όν, useless
⁵ ἀναφέρω aor act ptc m s nom, offer
⁶ θυσιαστήριον, -ου n, altar
⁷ συνεργέω 3s impf act ind, work together
⁸ τελειόω 3s aor pas ind, make complete
⁹ φίλος, -ου m, friend
¹⁰ ὁμοίως, adv, in the same way
¹¹ πόρνη, -ης f, prostitute
¹² ὑποδέχομαι aor mid ptc f s nom, welcome as a guest
¹³ ἐκβάλλω aor act ptc f s nom, send off
¹⁴ γίνομαι 2p pres mid impv, become
¹⁵ οἶδα pf act ptc m p nom, know
¹⁶ μέγας, strict (comp)
¹⁷ κρίμα, -τος n, judgment
¹⁸ λαμβάνω 1p fut mid ind, receive
¹⁹ πταίω 1p pres act ind, stumble
²⁰ τέλειος, -α/ον, perfect
²¹ χαλιναγωγέω aor act inf, control
²² ἵππος, -ου m, horse
²³ χαλινός, -οῦ m, bit
²⁴ μετάγω 1p pres act ind, guide
²⁵ τηλικοῦτος, -αύτη/οῦτο, so large
²⁶ σκληρός, -ά/όν, strong
²⁷ ἐλαύνω pres pas ptc n p nom, drive (of wind)
²⁸ ἐλάχιστος, smallest (super of μικρός)
²⁹ πηδάλιον, -ου n, rudder
³⁰ ὁρμή, -ῆς f, will
³¹ εὐθύνω pres act ptc m s gen, steer
³² αὐχέω 3s pres act ind, boast
³³ ἡλίκος, -η/ον, how small/large
³⁴ ὕλη, -ης f, forest
³⁵ ἀνάπτω 3s pres act ind, set ablaze
³⁶ ἀδικία, -ας f, evil
³⁷ καθίστημι 3s pres pas ind, be
³⁸ σπιλόω pres act ptc f s nom, pollute
³⁹ φλογίζω pres act ptc f s nom, set on fire
⁴⁰ τροχός, -οῦ m, cycle (τ. τῆς γενέσεως one's entire life)
⁴¹ γένεσις, -εως f, birth
⁴² γέεννα, -ης f, hell
⁴³ φύσις, -εως f, kind/species
⁴⁴ πετεινόν, -οῦ n, bird
⁴⁵ ἑρπετόν, -οῦ n, reptile
⁴⁶ ἐνάλιος, -ου n, sea creature

δαμάζεται¹ καὶ δεδάμασται τῇ φύσει τῇ ἀνθρωπίνῃ², 8 τὴν δὲ γλῶσσαν οὐδεὶς δαμάσαι δύναται ἀνθρώπων, ἀκατάστατον³ κακόν, μεστὴ⁴ ἰοῦ⁵ θανατηφόρου⁶. 9 ἐν αὐτῇ εὐλογοῦμεν τὸν κύριον καὶ πατέρα καὶ ἐν αὐτῇ καταρώμεθα⁷ τοὺς ἀνθρώπους τοὺς καθ᾽ ὁμοίωσιν⁸ θεοῦ γεγονότας· 10 ἐκ τοῦ αὐτοῦ στόματος ἐξέρχεται εὐλογία⁹ καὶ κατάρα¹⁰. οὐ χρή¹¹, ἀδελφοί μου, ταῦτα οὕτως γίνεσθαι. 11 μήτι¹² ἡ πηγὴ¹³ ἐκ τῆς αὐτῆς ὀπῆς¹⁴ βρύει¹⁵ τὸ γλυκὺ¹⁶ καὶ τὸ πικρόν¹⁷; 12 μὴ δύναται, ἀδελφοί μου, συκῆ¹⁸ ἐλαίας¹⁹ ποιῆσαι ἢ ἄμπελος²⁰ σῦκα²¹; οὔτε ἁλυκὸν²² γλυκὺ ποιῆσαι ὕδωρ.

The Wisdom from Above

13 Τίς σοφὸς²³ καὶ ἐπιστήμων²⁴ ἐν ὑμῖν; δειξάτω²⁵ ἐκ τῆς καλῆς ἀναστροφῆς²⁶ τὰ ἔργα αὐτοῦ ἐν πραΰτητι²⁷ σοφίας. 14 εἰ δὲ ζῆλον²⁸ πικρὸν²⁹ ἔχετε καὶ ἐριθείαν³⁰ ἐν τῇ καρδίᾳ ὑμῶν, μὴ κατακαυχᾶσθε³¹ καὶ ψεύδεσθε³² κατὰ τῆς ἀληθείας. 15 οὐκ ἔστιν αὕτη ἡ σοφία ἄνωθεν³³ κατερχομένη³⁴ ἀλλ᾽ ἐπίγειος³⁵, ψυχική³⁶, δαιμονιώδης³⁷. 16 ὅπου γὰρ ζῆλος καὶ ἐριθεία, ἐκεῖ ἀκαταστασία³⁸ καὶ πᾶν φαῦλον³⁹ πρᾶγμα⁴⁰. 17 ἡ δὲ ἄνωθεν⁴¹ σοφία πρῶτον μὲν ἁγνή⁴² ἐστιν, ἔπειτα⁴³ εἰρηνική⁴⁴, ἐπιεικής⁴⁵, εὐπειθής⁴⁶, μεστὴ⁴⁷ ἐλέους⁴⁸ καὶ καρπῶν ἀγαθῶν, ἀδιάκριτος⁴⁹, ἀνυπόκριτος⁵⁰. 18 καρπὸς δὲ δικαιοσύνης ἐν εἰρήνῃ σπείρεται τοῖς ποιοῦσιν εἰρήνην.

---

1 δαμάζω 3s pres pas ind, tame
2 ἀνθρώπινος, -η/ον, human
3 ἀκατάστατος, -ον, restless
4 μεστός, -ή/όν, full
5 ἰός, -οῦ m, poison
6 θανατηφόρος, -ον, deadly
7 καταράομαι 1p pres mid ind, curse
8 ὁμοίωσις, -εως f, likeness
9 εὐλογία, -ας f, blessing
10 κατάρα, -ας f, curse
11 χρή, impers verb, it should
12 μήτι, usually expects a negative reply
13 πηγή, -ῆς f, spring
14 ὀπή, -ῆς f, opening
15 βρύω 3s pres act ind, pour out
16 γλυκύς, -εῖα/ύ, sweet
17 πικρός, -ά/όν, bitter
18 συκῆ, -ῆς f, fig tree
19 ἐλαία, -ας f, olive tree
20 ἄμπελος, -ου f, grapevine
21 σῦκον, -ου n, fig
22 ἁλυκός, -ή/όν, salty
23 σοφός, -ή/όν, wise
24 ἐπιστήμων, -ον, understanding
25 δείκνυμι 3s aor act impv, show
26 ἀναστροφή, -ῆς f, manner of life
27 πραΰτης, -ητος f, humility
28 ζῆλος, -ου m, jealousy
29 πικρός, -ά/όν, bitter
30 ἐριθεία, -ας f, selfish ambition
31 κατακαυχάομαι 2p pres mid impv, boast
32 ψεύδομαι 2p pres mid impv, lie
33 ἄνωθεν, adv, from above
34 κατέρχομαι pres mid ptc f s nom, come down
35 ἐπίγειος, -ον, earthly
36 ψυχικός, -ή/όν, unspiritual
37 δαιμονιώδης, -ες, demonic
38 ἀκαταστασία, -ας f, disorder
39 φαῦλος, -η/ον, evil
40 πρᾶγμα, -τος n, deed
41 ἄνωθεν, adv, from above
42 ἁγνός, -ή/όν, pure
43 ἔπειτα, adv, then
44 εἰρηνικός, -ή/όν, peaceful
45 ἐπιεικής, -ές, gentle
46 εὐπειθής, -ές, reasonable
47 μεστός, -ή/όν, full
48 ἔλεος, -ους n, mercy
49 ἀδιάκριτος, -ον, impartial
50 ἀνυπόκριτος, -ον, sincere

Friendship with the World

4 Πόθεν¹ πόλεμοι² καὶ πόθεν μάχαι³ ἐν ὑμῖν; οὐκ ἐντεῦθεν⁴, ἐκ τῶν ἡδονῶν⁵ ὑμῶν τῶν στρατευομένων⁶ ἐν τοῖς μέλεσιν ὑμῶν; 2 ἐπιθυμεῖτε⁷ καὶ οὐκ ἔχετε, φονεύετε⁸ καὶ ζηλοῦτε⁹ καὶ οὐ δύνασθε ἐπιτυχεῖν¹⁰, μάχεσθε¹¹ καὶ πολεμεῖτε¹², οὐκ ἔχετε διὰ τὸ μὴ αἰτεῖσθαι ὑμᾶς, 3 αἰτεῖτε καὶ οὐ λαμβάνετε, διότι¹³ κακῶς¹⁴ αἰτεῖσθε, ἵνα ἐν ταῖς ἡδοναῖς ὑμῶν δαπανήσητε¹⁵. 4 μοιχαλίδες¹⁶, οὐκ οἴδατε ὅτι ἡ φιλία¹⁷ τοῦ κόσμου ἔχθρα¹⁸ τοῦ θεοῦ ἐστιν; ὃς ἐὰν οὖν βουληθῇ φίλος¹⁹ εἶναι τοῦ κόσμου, ἐχθρὸς τοῦ θεοῦ καθίσταται²⁰. 5 ἢ δοκεῖτε ὅτι κενῶς²¹ ἡ γραφὴ λέγει· πρὸς φθόνον²² ἐπιποθεῖ²³ τὸ πνεῦμα ὃ κατῴκισεν²⁴ ἐν ἡμῖν, 6 μείζονα²⁵ δὲ δίδωσιν χάριν; διὸ λέγει·

ὁ θεὸς ὑπερηφάνοις²⁶ ἀντιτάσσεται²⁷,

ταπεινοῖς²⁸ δὲ δίδωσιν χάριν.

7 ὑποτάγητε²⁹ οὖν τῷ θεῷ, ἀντίστητε³⁰ δὲ τῷ διαβόλῳ, καὶ φεύξεται³¹ ἀφ' ὑμῶν· 8 ἐγγίσατε τῷ θεῷ καὶ ἐγγιεῖ³² ὑμῖν. καθαρίσατε χεῖρας, ἁμαρτωλοί, καὶ ἁγνίσατε³³ καρδίας, δίψυχοι³⁴. 9 ταλαιπωρήσατε³⁵ καὶ πενθήσατε³⁶ καὶ κλαύσατε. ὁ γέλως³⁷ ὑμῶν εἰς πένθος³⁸ μετατραπήτω³⁹ καὶ ἡ χαρὰ εἰς κατήφειαν⁴⁰. 10 ταπεινώθητε⁴¹ ἐνώπιον τοῦ κυρίου καὶ ὑψώσει⁴² ὑμᾶς.

Judging Another

11 Μὴ καταλαλεῖτε⁴³ ἀλλήλων, ἀδελφοί. ὁ καταλαλῶν ἀδελφοῦ ἢ κρίνων τὸν ἀδελφὸν αὐτοῦ καταλαλεῖ νόμου καὶ κρίνει νόμον· εἰ δὲ νόμον κρίνεις, οὐκ εἶ ποιητὴς⁴⁴

---

¹ πόθεν, conj, from where
² πόλεμος, -ου m, conflict
³ μάχη, -ης f, quarrel
⁴ ἐντεῦθεν, adv, from here
⁵ ἡδονή, -ῆς f, desire
⁶ στρατεύομαι pres mid ptc fp gen, fight
⁷ ἐπιθυμέω 2p pres act ind, desire
⁸ φονεύω 2p pres act ind, murder
⁹ ζηλόω 2p pres act ind, covet
¹⁰ ἐπιτυγχάνω aor act inf, obtain
¹¹ μάχομαι 2p pres mid ind, quarrel
¹² πολεμέω 2p pres act ind, fight
¹³ διότι, conj, because
¹⁴ κακῶς, adv, with wrong motives
¹⁵ δαπανάω 2p aor act sub, spend
¹⁶ μοιχαλίς, -ίδος f, unfaithful (person)
¹⁷ φιλία, -ας f, friendship
¹⁸ ἔχθρα, -ας f, enmity
¹⁹ φίλος, -ου m, friend
²⁰ καθίστημι 3s pres pas ind, be
²¹ κενῶς, adv, in vain
²² φθόνος, -ου m, jealousy
²³ ἐπιποθέω 3s pres act ind, long for/yearn over
²⁴ κατοικίζω 3s aor act ind, cause to dwell
²⁵ μέγας, great (comp)
²⁶ ὑπερήφανος, -ον, proud
²⁷ ἀντιτάσσομαι 3s pres mid ind, oppose
²⁸ ταπεινός, -ή/όν, humble
²⁹ ὑποτάσσω 2p aor pas impv, pas submit to
³⁰ ἀνθίστημι 2p aor act impv, resist
³¹ φεύγω 3s fut mid ind, run away
³² ἐγγίζω 3s fut act ind, draw near
³³ ἁγνίζω 2p aor act impv, purify
³⁴ δίψυχος, -ov, of divided loyalty
³⁵ ταλαιπωρέω 2p aor act impv, grieve
³⁶ πενθέω 2p aor act impv, mourn
³⁷ γέλως, -ωτος m, laughter
³⁸ πένθος, -ους n, mourning
³⁹ μετατρέπω 3s aor pas impv, change
⁴⁰ κατήφεια, -ας f, gloom
⁴¹ ταπεινόω 2p aor pas impv, humble
⁴² ὑψόω 3s fut act ind, exalt
⁴³ καταλαλέω 2p pres act impv, slander
⁴⁴ ποιητής, -οῦ m, doer

νόμου ἀλλὰ κριτής[1]. 12 εἷς ἐστιν ὁ νομοθέτης[2] καὶ κριτὴς ὁ δυνάμενος σῶσαι καὶ ἀπολέσαι[3]· σὺ δὲ τίς εἶ ὁ κρίνων τὸν πλησίον[4];

Warning against Boasting

13 Ἄγε[5] νῦν οἱ λέγοντες· σήμερον ἢ αὔριον[6] πορευσόμεθα εἰς τήνδε[7] τὴν πόλιν καὶ ποιήσομεν ἐκεῖ ἐνιαυτὸν[8] καὶ ἐμπορευσόμεθα[9] καὶ κερδήσομεν[10], 14 οἵτινες οὐκ ἐπίστασθε[11] τὸ τῆς αὔριον ποία ἡ ζωὴ ὑμῶν – ἀτμὶς[12] γάρ ἐστε ἡ πρὸς ὀλίγον φαινομένη, ἔπειτα[13] καὶ ἀφανιζομένη[14] – 15 ἀντὶ[15] τοῦ λέγειν ὑμᾶς· ἐὰν ὁ κύριος θελήσῃ καὶ ζήσομεν[16] καὶ ποιήσομεν τοῦτο ἢ ἐκεῖνο. 16 νῦν δὲ καυχᾶσθε ἐν ταῖς ἀλαζονείαις[17] ὑμῶν· πᾶσα καύχησις[18] τοιαύτη πονηρά ἐστιν. 17 εἰδότι[19] οὖν καλὸν ποιεῖν καὶ μὴ ποιοῦντι, ἁμαρτία αὐτῷ ἐστιν.

Warning to the Rich

5 Ἄγε[20] νῦν οἱ πλούσιοι[21], κλαύσατε ὀλολύζοντες[22] ἐπὶ ταῖς ταλαιπωρίαις[23] ὑμῶν ταῖς ἐπερχομέναις[24]. 2 ὁ πλοῦτος[25] ὑμῶν σέσηπεν[26] καὶ τὰ ἱμάτια ὑμῶν σητόβρωτα[27] γέγονεν[28], 3 ὁ χρυσὸς[29] ὑμῶν καὶ ὁ ἄργυρος[30] κατίωται[31] καὶ ὁ ἰὸς[32] αὐτῶν εἰς μαρτύριον[33] ὑμῖν ἔσται καὶ φάγεται[34] τὰς σάρκας ὑμῶν ὡς πῦρ. ἐθησαυρίσατε[35] ἐν ἐσχάταις ἡμέραις. 4 ἰδοὺ ὁ μισθὸς[36] τῶν ἐργατῶν[37] τῶν ἀμησάντων[38] τὰς χώρας[39] ὑμῶν ὁ ἀπεστερημένος[40] ἀφ᾽ ὑμῶν κράζει, καὶ αἱ βοαὶ[41] τῶν θερισάντων[42] εἰς τὰ ὦτα κυρίου σαβαὼθ[43] εἰσεληλύθασιν[44]. 5 ἐτρυφήσατε[45] ἐπὶ τῆς γῆς

---

[1] κριτής, -οῦ m, judge
[2] νομοθέτης, -ου m, lawgiver
[3] ἀπόλλυμι aor act inf, destroy
[4] πλησίον, prep + gen, near (ὁ π. neighbor/friend)
[5] ἄγε 2s pres act impv, go (ἄγε νῦν now listen)
[6] αὔριον, adv, tomorrow
[7] ὅδε, ἥδε, τόδε, this (εἰς τ. τὴν πόλιν to this or that town)
[8] ἐνιαυτός, -οῦ m, year
[9] ἐμπορεύομαι 1p fut mid ind, do business
[10] κερδαίνω 1p fut act ind, make money
[11] ἐπίσταμαι 2p pres pas ind, know
[12] ἀτμίς, -ίδος f, mist
[13] ἔπειτα, adv, then
[14] ἀφανίζω pres pas ptc f s nom, pas vanish
[15] ἀντί, prep + gen, instead of
[16] ζάω 1p fut act ind, live
[17] ἀλαζονεία, -ας f, arrogance
[18] καύχησις, -εως f, boasting
[19] οἶδα pf act ptc m s dat, know
[20] ἄγε 2s pres act impv, go (ἄγε νῦν now listen)
[21] πλούσιος, -α/ον, rich
[22] ὀλολύζω pres act ptc m p nom, weep
[23] ταλαιπωρία, -ας f, misery
[24] ἐπέρχομαι pres mid ptc f p dat, come upon
[25] πλοῦτος, -ου m, riches
[26] σήπω 3s pf act ind, rot
[27] σητόβρωτος, -ον, motheaten
[28] γίνομαι 3s pf act ind, be
[29] χρυσός, -οῦ m, gold
[30] ἄργυρος, -ου m, silver
[31] κατιόω 3s pf act ind, pas rust
[32] ἰός, -οῦ m, rust
[33] μαρτύριον, -ου n, evidence
[34] ἐσθίω 3s fut mid ind, mid eat
[35] θησαυρίζω 2p aor act ind, store up
[36] μισθός, -οῦ m, wages
[37] ἐργάτης, -ου m, worker
[38] ἀμάω aor act ptc m p gen, mow
[39] χώρα, -ας f, field
[40] ἀποστερέω pf pas ptc m s nom, defraud
[41] βοή, -ῆς f, cry
[42] θερίζω aor act ptc m p gen, harvest
[43] Σαβαώθ, Hebrew word, of the armies (κύριος Σ. Lord All Mighty)
[44] εἰσέρχομαι 3p pf act ind, reach
[45] τρυφάω 2p aor act ind, live in luxury

καὶ ἐσπαταλήσατε¹, ἐθρέψατε² τὰς καρδίας ὑμῶν ἐν ἡμέρᾳ σφαγῆς³, 6 κατεδικάσατε⁴, ἐφονεύσατε⁵ τὸν δίκαιον· οὐκ ἀντιτάσσεται⁶ ὑμῖν.

Patience and Prayer

7 Μακροθυμήσατε⁷ οὖν, ἀδελφοί, ἕως τῆς παρουσίας⁸ τοῦ κυρίου. ἰδοὺ ὁ γεωργὸς⁹ ἐκδέχεται¹⁰ τὸν τίμιον¹¹ καρπὸν τῆς γῆς μακροθυμῶν ἐπ᾽ αὐτῷ, ἕως λάβῃ¹² πρόϊμον¹³ καὶ ὄψιμον¹⁴. 8 μακροθυμήσατε καὶ ὑμεῖς, στηρίξατε¹⁵ τὰς καρδίας ὑμῶν, ὅτι ἡ παρουσία τοῦ κυρίου ἤγγικεν¹⁶. 9 μὴ στενάζετε¹⁷, ἀδελφοί, κατ᾽ ἀλλήλων, ἵνα μὴ κριθῆτε¹⁸· ἰδοὺ ὁ κριτὴς¹⁹ πρὸ τῶν θυρῶν ἕστηκεν²⁰. 10 ὑπόδειγμα²¹ λάβετε, ἀδελφοί, τῆς κακοπαθείας²² καὶ τῆς μακροθυμίας²³ τοὺς προφήτας οἳ ἐλάλησαν ἐν τῷ ὀνόματι κυρίου. 11 ἰδοὺ μακαρίζομεν²⁴ τοὺς ὑπομείναντας²⁵· τὴν ὑπομονὴν Ἰὼβ ἠκούσατε καὶ τὸ τέλος κυρίου εἴδετε, ὅτι πολύσπλαγχνός²⁶ ἐστιν ὁ κύριος καὶ οἰκτίρμων²⁷.

12 Πρὸ πάντων δέ, ἀδελφοί μου, μὴ ὀμνύετε²⁸ μήτε τὸν οὐρανὸν μήτε τὴν γῆν μήτε ἄλλον τινὰ ὅρκον²⁹· ἤτω³⁰ δὲ ὑμῶν τὸ ναὶ ναὶ καὶ τὸ οὒ οὔ, ἵνα μὴ ὑπὸ κρίσιν πέσητε³¹.

13 Κακοπαθεῖ³² τις ἐν ὑμῖν, προσευχέσθω· εὐθυμεῖ³³ τις, ψαλλέτω³⁴. 14 ἀσθενεῖ τις ἐν ὑμῖν, προσκαλεσάσθω³⁵ τοὺς πρεσβυτέρους τῆς ἐκκλησίας καὶ προσευξάσθωσαν³⁶ ἐπ᾽ αὐτὸν ἀλείψαντες³⁷ αὐτὸν ἐλαίῳ³⁸ ἐν τῷ ὀνόματι τοῦ κυρίου. 15 καὶ ἡ εὐχὴ³⁹ τῆς πίστεως σώσει⁴⁰ τὸν κάμνοντα⁴¹ καὶ ἐγερεῖ⁴² αὐτὸν ὁ κύριος· κἂν⁴³ ἁμαρτίας ᾖ πεποιηκώς, ἀφεθήσεται⁴⁴ αὐτῷ. 16 ἐξομολογεῖσθε⁴⁵ οὖν ἀλλήλοις τὰς

---

1 σπαταλάω 2p aor act ind, live in self-indulgence
2 τρέφω 2p pres act ind, fatten
3 σφαγή, -ῆς f, slaughter
4 καταδικάζω 2p aor act ind, condemn
5 φονεύω 2p aor act ind, murder
6 ἀντιτάσσομαι 3s pres mid ind, oppose
7 μακροθυμέω 2p aor act imp, be patient
8 παρουσία, -ας f, coming
9 γεωργός, -οῦ m, farmer
10 ἐκδέχομαι 3s pres mid ind, wait for
11 τίμιος, -α/ον, valuable
12 λαμβάνω 3s aor act sub, receive
13 πρόϊμος, -ου m, autumn rain
14 ὄψιμος, -ου m, spring rain
15 στηρίζω 2p aor act impv, strengthen
16 ἐγγίζω 3s pf act ind, draw near
17 στενάζω 2p pres act impv, grumble
18 κρίνω 2p aor pas sub, judge
19 κριτής, -οῦ m, judge
20 ἵστημι 3s pf act ind, stand
21 ὑπόδειγμα, -τος n, example
22 κακοπάθεια, -ας f, suffering
23 μακροθυμία, -ας f, patience
24 μακαρίζω 1p pres act ind, consider fortunate
25 ὑπομένω aor act ptc m p acc, endure
26 πολύσπλαγχνος, -ον, very compassionate
27 οἰκτίρμων, -ον, merciful
28 ὀμνύω 2p pres act impv, swear
29 ὅρκος, -ου m, oath
30 εἰμί 3s pres act impv, be
31 πίπτω 2p aor act sub, fall
32 κακοπαθέω 3s pres act ind, suffer
33 εὐθυμέω 3s pres act ind, be happy
34 ψάλλω 3s pres act impv, sing praise
35 προσκαλέομαι 3s aor mid impv, call (for)
36 προσεύχομαι 3p aor mid impv, pray
37 ἀλείφω aor act ptc m p nom, anoint
38 ἔλαιον, -ου n, olive oil
39 εὐχή, -ῆς f, prayer
40 σῴζω 3s fut act ind, make well
41 κάμνω pres act ptc m s acc, be sick
42 ἐγείρω 3s fut act ind, raise up
43 κἄν, = καὶ ἐάν, and if
44 ἀφίημι 3s fut pas ind, forgive
45 ἐξομολογέω 2p pres mid impv, mid confess

ἁμαρτίας καὶ εὔχεσθε¹ ὑπὲρ ἀλλήλων, ὅπως ἰαθῆτε². πολὺ ἰσχύει³ δέησις⁴ δικαίου ἐνεργουμένη⁵. 17 Ἠλίας ἄνθρωπος ἦν ὁμοιοπαθὴς⁶ ἡμῖν καὶ προσευχῇ προσηύξατο⁷ τοῦ μὴ βρέξαι⁸, καὶ οὐκ ἔβρεξεν ἐπὶ τῆς γῆς ἐνιαυτοὺς⁹ τρεῖς καὶ μῆνας¹⁰ ἕξ¹¹. 18 καὶ πάλιν προσηύξατο, καὶ ὁ οὐρανὸς ὑετὸν¹² ἔδωκεν καὶ ἡ γῆ ἐβλάστησεν¹³ τὸν καρπὸν αὐτῆς.

19 Ἀδελφοί μου, ἐάν τις ἐν ὑμῖν πλανηθῇ ἀπὸ τῆς ἀληθείας καὶ ἐπιστρέψῃ τις αὐτόν, 20 γινωσκέτω ὅτι ὁ ἐπιστρέψας ἁμαρτωλὸν ἐκ πλάνης¹⁴ ὁδοῦ αὐτοῦ σώσει¹⁵ ψυχὴν αὐτοῦ ἐκ θανάτου καὶ καλύψει¹⁶ πλῆθος ἁμαρτιῶν.

¹ εὔχομαι 2p pres mid impv, pray
² ἰάομαι 2p aor pas sub, heal
³ ἰσχύω 3s pres act ind, be strong
⁴ δέησις, -εως f, prayer
⁵ ἐνεργέω pres mid ptc f s nom, work (πολὺ ἰσχύει ἐ. has powerful effects)
⁶ ὁμοιοπαθής, -ές, like in every way
⁷ προσεύχομαι 3s aor mid ind, pray
⁸ βρέχω aor act inf, rain
⁹ ἐνιαυτός, -οῦ m, year
¹⁰ μήν, μηνός m, month
¹¹ ἕξ, six
¹² ὑετός, -οῦ m, rain
¹³ βλαστάνω 3s aor act ind, produce
¹⁴ πλάνη, -ης f, error
¹⁵ σῴζω 3s fut act ind, save
¹⁶ καλύπτω 3s fut act ind, cover

ΠΕΤΡΟΥ Α'

Salutation

1 Πέτρος ἀπόστολος Ἰησοῦ Χριστοῦ ἐκλεκτοῖς¹ παρεπιδήμοις² διασπορᾶς³ Πόντου, Γαλατίας, Καππαδοκίας, Ἀσίας καὶ Βιθυνίας **2** κατὰ πρόγνωσιν⁴ θεοῦ πατρὸς ἐν ἁγιασμῷ⁵ πνεύματος εἰς ὑπακοὴν⁶ καὶ ῥαντισμὸν⁷ αἵματος Ἰησοῦ Χριστοῦ, χάρις ὑμῖν καὶ εἰρήνη πληθυνθείη⁸.

A Living Hope

3 Εὐλογητὸς⁹ ὁ θεὸς καὶ πατὴρ τοῦ κυρίου ἡμῶν Ἰησοῦ Χριστοῦ ὁ κατὰ τὸ πολὺ αὐτοῦ ἔλεος¹⁰ ἀναγεννήσας¹¹ ἡμᾶς εἰς ἐλπίδα ζῶσαν δι' ἀναστάσεως Ἰησοῦ Χριστοῦ ἐκ νεκρῶν **4** εἰς κληρονομίαν¹² ἄφθαρτον¹³ καὶ ἀμίαντον¹⁴ καὶ ἀμάραντον¹⁵ τετηρημένην¹⁶ ἐν οὐρανοῖς εἰς ὑμᾶς **5** τοὺς ἐν δυνάμει θεοῦ φρουρουμένους¹⁷ διὰ πίστεως εἰς σωτηρίαν ἑτοίμην¹⁸ ἀποκαλυφθῆναι¹⁹ ἐν καιρῷ ἐσχάτῳ **6** ἐν ᾧ ἀγαλλιᾶσθε²⁰, ὀλίγον ἄρτι, εἰ δέον²¹ ἐστίν, λυπηθέντας²² ἐν ποικίλοις²³ πειρασμοῖς²⁴, **7** ἵνα τὸ δοκίμιον²⁵ ὑμῶν τῆς πίστεως πολυτιμότερον²⁶ χρυσίου²⁷ τοῦ ἀπολλυμένου²⁸, διὰ πυρὸς δὲ δοκιμαζομένου²⁹ εὑρεθῇ³⁰ εἰς ἔπαινον³¹ καὶ δόξαν καὶ τιμὴν ἐν ἀποκαλύψει³² Ἰησοῦ Χριστοῦ **8** ὃν οὐκ ἰδόντες ἀγαπᾶτε, εἰς ὃν ἄρτι μὴ ὁρῶντες, πιστεύοντες δὲ ἀγαλλιᾶσθε χαρᾷ ἀνεκλαλήτῳ³³ καὶ δεδοξασμένῃ **9** κομιζόμενοι³⁴ τὸ τέλος τῆς πίστεως ὑμῶν σωτηρίαν ψυχῶν. **10** περὶ ἧς σωτηρίας ἐξεζήτησαν³⁵

---

1 ἐκλεκτός, -ή/όν, chosen
2 παρεπίδημος, -ου m, foreigner
3 διασπορά, -ᾶς f, dispersion
4 πρόγνωσις, -εως f, foreknowledge
5 ἁγιασμός, -οῦ m, sanctification
6 ὑπακοή, -ῆς f, obedience
7 ῥαντισμός, -οῦ m, sprinkling
8 πληθύνω 3s aor pas opt, increase
9 εὐλογητός, -ή/όν, praised
10 ἔλεος, -ους n, mercy
11 ἀναγεννάω aor act ptc m s nom, give new birth to
12 κληρονομία, -ας f, inheritance
13 ἄφθαρτος, -ον, imperishable
14 ἀμίαντος, -ον, undefiled
15 ἀμάραντος, -ον, unfading
16 τηρέω pf pas ptc f s acc, keep
17 φρουρέω pres pas ptc m p acc, protect
18 ἕτοιμος, -η/ον, ready
19 ἀποκαλύπτω aor pas inf, reveal
20 ἀγαλλιάω 2p pres mid ind, rejoice
21 δεῖ pres act ptc n s nom, be necessary
22 λυπέω aor pas ptc m p acc, pas suffer
23 ποικίλος, -η/ον, all kinds of
24 πειρασμός, -οῦ m, trial
25 δοκίμιον, -ου n, genuineness
26 πολύτιμος, precious (comp)
27 χρυσίον, -ου n, gold
28 ἀπόλλυμι pres mid ptc n s gen, mid vergehen
29 δοκιμάζω pres pas ptc n s gen, test
30 εὑρίσκω 3s aor pas sub, find
31 ἔπαινος, -ου m, praise
32 ἀποκάλυψις, -εως f, revelation
33 ἀνεκλάλητος, -ον, inexpressible
34 κομίζω pres mid ptc m p nom, receive
35 ἐκζητέω 3p aor act ind, search diligently

καὶ ἐξηραύνησαν¹ προφῆται οἱ περὶ τῆς εἰς ὑμᾶς χάριτος προφητεύσαντες² **11** ἐραυνῶντες³ εἰς τίνα ἢ ποῖον καιρὸν ἐδήλου⁴ τὸ ἐν αὐτοῖς πνεῦμα Χριστοῦ προμαρτυρόμενον⁵ τὰ εἰς Χριστὸν παθήματα⁶ καὶ τὰς μετὰ ταῦτα δόξας. **12** οἷς ἀπεκαλύφθη⁷ ὅτι οὐχ ἑαυτοῖς, ὑμῖν δὲ διηκόνουν⁸ αὐτὰ ἃ νῦν ἀνηγγέλη⁹ ὑμῖν διὰ τῶν εὐαγγελισαμένων ὑμᾶς ἐν πνεύματι ἁγίῳ ἀποσταλέντι¹⁰ ἀπ' οὐρανοῦ, εἰς ἃ ἐπιθυμοῦσιν¹¹ ἄγγελοι παρακύψαι¹².

A Call to Holy Living

13 Διὸ ἀναζωσάμενοι¹³ τὰς ὀσφύας¹⁴ τῆς διανοίας¹⁵ ὑμῶν νήφοντες¹⁶ τελείως¹⁷ ἐλπίσατε ἐπὶ τὴν φερομένην ὑμῖν χάριν ἐν ἀποκαλύψει¹⁸ Ἰησοῦ Χριστοῦ. **14** ὡς τέκνα ὑπακοῆς¹⁹ μὴ συσχηματιζόμενοι²⁰ ταῖς πρότερον²¹ ἐν τῇ ἀγνοίᾳ²² ὑμῶν ἐπιθυμίαις, **15** ἀλλὰ κατὰ τὸν καλέσαντα ὑμᾶς ἅγιον καὶ αὐτοὶ ἅγιοι ἐν πάσῃ ἀναστροφῇ²³ γενήθητε²⁴, **16** διότι²⁵ γέγραπται· **ἅγιοι ἔσεσθε**²⁶**, ὅτι ἐγὼ ἅγιος. 17** καὶ εἰ πατέρα ἐπικαλεῖσθε²⁷ τὸν ἀπροσωπολήμπτως²⁸ κρίνοντα κατὰ τὸ ἑκάστου ἔργον, ἐν φόβῳ τὸν τῆς παροικίας²⁹ ὑμῶν χρόνον ἀναστράφητε³⁰

18 εἰδότες³¹ ὅτι οὐ φθαρτοῖς³², ἀργυρίῳ³³ ἢ χρυσίῳ³⁴, ἐλυτρώθητε³⁵ ἐκ τῆς ματαίας³⁶ ὑμῶν ἀναστροφῆς πατροπαραδότου³⁷

19 ἀλλὰ τιμίῳ³⁸ αἵματι ὡς ἀμνοῦ³⁹ ἀμώμου⁴⁰ καὶ ἀσπίλου⁴¹ Χριστοῦ

20 προεγνωσμένου⁴² μὲν πρὸ καταβολῆς⁴³ κόσμου, φανερωθέντος δὲ ἐπ' ἐσχάτου τῶν χρόνων δι' ὑμᾶς **21** τοὺς δι' αὐτοῦ πιστοὺς εἰς θεὸν

---

¹ ἐξεραυνάω *3p aor act ind*, search carefully
² προφητεύω *aor act ptc m p nom*, prophesy
³ ἐραυνάω *pres act ptc m p nom*, try to find out
⁴ δηλόω *3s impf act ind*, indicate
⁵ προμαρτύρομαι *pres mid ptc n s nom*, predict
⁶ πάθημα, -τος *n*, suffering
⁷ ἀποκαλύπτω *3s aor pas ind*, reveal
⁸ διακονέω *3p impf act ind*, serve
⁹ ἀναγγέλλω *3s aor pas ind*, preach
¹⁰ ἀποστέλλω *aor pas ptc n s dat*, send
¹¹ ἐπιθυμέω *3p pres act ind*, long for
¹² παρακύπτω *aor act inf*, look into

¹³ ἀναζώννυμι *aor mid ptc m p nom*, bind up (ἀ. τὰς ὀσφύας τῆς διανοίας have one's mind ready)
¹⁴ ὀσφῦς, -ύος *f*, waist
¹⁵ διάνοια, -ας *f*, mind
¹⁶ νήφω *pres act ptc m p nom*, be sober
¹⁷ τελείως, *adv*, fully
¹⁸ ἀποκάλυψις, -εως *f*, revelation
¹⁹ ὑπακοή, -ῆς *f*, obedience
²⁰ συσχηματίζω *pres pas ptc m p nom*, conform to
²¹ πρότερον, *adv*, previously
²² ἄγνοια, -ας *f*, ignorance
²³ ἀναστροφή, -ῆς *f*, conduct/way of life
²⁴ γίνομαι *2p aor pas impv*, be
²⁵ διότι, *conj*, because
²⁶ εἰμί *2p fut mid ind*, be
²⁷ ἐπικαλέω *2p pres mid ind, mid* call upon

²⁸ ἀπροσωπολήμπτως, *adv*, impartially
²⁹ παροικία, -ας *f*, stay (among strangers)
³⁰ ἀναστρέφω *2p aor pas impv*, live
³¹ οἶδα *pf act ptc m p nom*, know
³² φθαρτός, -ή/όν, perishable
³³ ἀργύριον, -ου *n*, silver
³⁴ χρυσίον, -ου *n*, gold
³⁵ λυτρόω *2p aor pas ind*, redeem
³⁶ μάταιος, -α/ον, futile
³⁷ πατροπαράδοτος, -ον, handed down from one's ancestors
³⁸ τίμιος, -α/ον, precious
³⁹ ἀμνός, -οῦ *m*, lamb
⁴⁰ ἄμωμος, -ον, without blemish
⁴¹ ἄσπιλος, -ον, without defect
⁴² προγινώσκω *pf pas ptc m s gen*, choose beforehand
⁴³ καταβολή, -ῆς *f*, creation

τὸν ἐγείραντα¹ αὐτὸν ἐκ νεκρῶν καὶ δόξαν αὐτῷ δόντα², ὥστε τὴν πίστιν ὑμῶν καὶ ἐλπίδα εἶναι εἰς θεόν.

22 Τὰς ψυχὰς ὑμῶν ἡγνικότες³ ἐν τῇ ὑπακοῇ⁴ τῆς ἀληθείας εἰς φιλαδελφίαν⁵ ἀνυπόκριτον⁶ ἐκ καθαρᾶς⁷ καρδίας ἀλλήλους ἀγαπήσατε ἐκτενῶς⁸ **23** ἀναγεγεννημένοι⁹ οὐκ ἐκ σπορᾶς¹⁰ φθαρτῆς¹¹ ἀλλ' ἀφθάρτου¹² διὰ λόγου ζῶντος θεοῦ καὶ μένοντος. **24** διότι¹³

πᾶσα σὰρξ ὡς χόρτος¹⁴
καὶ πᾶσα δόξα αὐτῆς ὡς ἄνθος¹⁵ χόρτου·
ἐξηράνθη¹⁶ ὁ χόρτος καὶ τὸ ἄνθος ἐξέπεσεν¹⁷·
25 τὸ δὲ ῥῆμα κυρίου μένει εἰς τὸν αἰῶνα.

τοῦτο δέ ἐστιν τὸ ῥῆμα τὸ εὐαγγελισθὲν εἰς ὑμᾶς.

The Living Stone and the Holy Nation

2 Ἀποθέμενοι¹⁸ οὖν πᾶσαν κακίαν¹⁹ καὶ πάντα δόλον²⁰ καὶ ὑποκρίσεις²¹ καὶ φθόνους²² καὶ πάσας καταλαλιὰς²³ **2** ὡς ἀρτιγέννητα²⁴ βρέφη²⁵ τὸ λογικὸν²⁶ ἄδολον²⁷ γάλα²⁸ ἐπιποθήσατε²⁹, ἵνα ἐν αὐτῷ αὐξηθῆτε³⁰ εἰς σωτηρίαν, **3** εἰ ἐγεύσασθε³¹ ὅτι χρηστὸς³² ὁ κύριος. **4** πρὸς ὃν προσερχόμενοι λίθον ζῶντα ὑπὸ ἀνθρώπων μὲν ἀποδεδοκιμασμένον³³, παρὰ δὲ θεῷ ἐκλεκτὸν³⁴ ἔντιμον³⁵, **5** καὶ αὐτοὶ ὡς λίθοι ζῶντες οἰκοδομεῖσθε οἶκος πνευματικὸς³⁶ εἰς ἱεράτευμα³⁷ ἅγιον ἀνενέγκαι³⁸ πνευματικὰς θυσίας³⁹ εὐπροσδέκτους⁴⁰ θεῷ διὰ Ἰησοῦ Χριστοῦ. **6** διότι⁴¹ περιέχει⁴² ἐν γραφῇ·

ἰδοὺ τίθημι ἐν Σιὼν λίθον ἀκρογωνιαῖον⁴³ ἐκλεκτὸν ἔντιμον,
καὶ ὁ πιστεύων ἐπ' αὐτῷ οὐ μὴ καταισχυνθῇ⁴⁴.

---

1 ἐγείρω aor act ptc m s acc, raise
2 δίδωμι aor act ptc m s acc, give
3 ἁγνίζω pf act ptc m p nom, purify
4 ὑπακοή, -ῆς f, obedience
5 φιλαδελφία, -ας f, love of one another
6 ἀνυπόκριτος, -ον, sincere
7 καθαρός, -ά/όν, pure
8 ἐκτενῶς, adv, earnestly
9 ἀναγεννάω pf pas ptc m p nom, give new birth to
10 σπορά, -ᾶς f, seed
11 φθαρτός, -ή/όν, perishable
12 ἄφθαρτος, -ον, imperishable
13 διότι, conj, because
14 χόρτος, -ου m, grass
15 ἄνθος, -ους n, flower
16 ξηραίνω 3s aor pas ind, dry up
17 ἐκπίπτω 3s aor act ind, fall off
18 ἀποτίθημι aor mid ptc m p nom, be done with
19 κακία, -ας f, evil
20 δόλος, -ου m, deceit
21 ὑπόκρισις, -εως f, insincerity
22 φθόνος, -ου m, envy
23 καταλαλιά, -ᾶς f, slander
24 ἀρτιγέννητος, -ον, newborn
25 βρέφος, -ους n, baby
26 λογικός, -ή/όν, spiritual
27 ἄδολος, -ον, pure
28 γάλα, γάλακτος n, milk
29 ἐπιποθέω 2p aor act impv, long for
30 αὔξω/αὐξάνω 2p aor pas sub, grow
31 γεύομαι 2p aor mid ind, taste
32 χρηστός, -ή/όν, kind
33 ἀποδοκιμάζω pf pas ptc m s acc, reject
34 ἐκλεκτός, -ή/όν, chosen
35 ἔντιμος, -ον, precious
36 πνευματικός, -ή/όν, spiritual
37 ἱεράτευμα, -τος n, priesthood
38 ἀναφέρω aor act inf, offer
39 θυσία, -ας f, sacrifice
40 εὐπρόσδεκτος, -ον, acceptable
41 διότι, conj, because
42 περιέχω 3s pres act ind, say (of Scripture)
43 ἀκρογωνιαῖος, -α/ον, cornerstone
44 καταισχύνω 3s aor pas sub, put to shame

7 ὑμῖν οὖν ἡ τιμὴ τοῖς πιστεύουσιν, ἀπιστοῦσιν[1] δὲ **λίθος ὃν ἀπεδοκίμασαν**[2] **οἱ οἰκοδομοῦντες, οὗτος ἐγενήθη**[3] **εἰς κεφαλὴν γωνίας**[4] **8** καὶ **λίθος προσκόμματος**[5] **καὶ πέτρα**[6] **σκανδάλου**[7]· οἳ προσκόπτουσιν[8] τῷ λόγῳ ἀπειθοῦντες[9] εἰς ὃ καὶ ἐτέθησαν[10]. **9** ὑμεῖς δὲ **γένος**[11] **ἐκλεκτόν, βασίλειον**[12] **ἱεράτευμα, ἔθνος ἅγιον, λαὸς εἰς περιποίησιν**[13], ὅπως τὰς ἀρετὰς[14] ἐξαγγείλητε[15] τοῦ ἐκ σκότους ὑμᾶς καλέσαντος εἰς τὸ θαυμαστὸν[16] αὐτοῦ φῶς· **10** οἵ ποτε [17]**οὐ λαός, νῦν δὲ λαὸς θεοῦ, οἱ οὐκ ἠλεημένοι**[18]**, νῦν δὲ ἐλεηθέντες**[19].

Live as Servants of God

11 Ἀγαπητοί, παρακαλῶ ὡς παροίκους[20] καὶ παρεπιδήμους[21] ἀπέχεσθαι[22] τῶν σαρκικῶν[23] ἐπιθυμιῶν αἵτινες στρατεύονται[24] κατὰ τῆς ψυχῆς· **12** τὴν ἀναστροφὴν[25] ὑμῶν ἐν τοῖς ἔθνεσιν ἔχοντες καλήν, ἵνα ἐν ᾧ καταλαλοῦσιν[26] ὑμῶν ὡς κακοποιῶν[27] ἐκ τῶν καλῶν ἔργων ἐποπτεύοντες[28] δοξάσωσιν τὸν θεὸν ἐν ἡμέρᾳ ἐπισκοπῆς[29].

13 Ὑποτάγητε[30] πάσῃ ἀνθρωπίνῃ[31] κτίσει[32] διὰ τὸν κύριον, εἴτε βασιλεῖ ὡς ὑπερέχοντι[33] **14** εἴτε ἡγεμόσιν[34] ὡς δι' αὐτοῦ πεμπομένοις εἰς ἐκδίκησιν[35] κακοποιῶν, ἔπαινον[36] δὲ ἀγαθοποιῶν[37], **15** ὅτι οὕτως ἐστὶν τὸ θέλημα τοῦ θεοῦ ἀγαθοποιοῦντας[38] φιμοῦν[39] τὴν τῶν ἀφρόνων[40] ἀνθρώπων ἀγνωσίαν[41], **16** ὡς ἐλεύθεροι[42] καὶ μὴ ὡς ἐπικάλυμμα[43] ἔχοντες τῆς κακίας[44] τὴν ἐλευθερίαν[45] ἀλλ' ὡς θεοῦ δοῦλοι. **17** πάντας τιμήσατε[46], τὴν ἀδελφότητα[47] ἀγαπᾶτε, τὸν θεὸν φοβεῖσθε, τὸν βασιλέα τιμᾶτε.

---

[1] ἀπιστέω pres act ptc m p dat, fail to believe
[2] ἀποδοκιμάζω 3p aor act ind, reject
[3] γίνομαι 3s aor pas ind, become
[4] γωνία, -ας f, corner (κεφαλὴ γ. main corner stone)
[5] πρόσκομμα, -τος n, something that causes stumbling
[6] πέτρα, -ας f, rock
[7] σκάνδαλον, -ου n, something that causes falling
[8] προσκόπτω 3p pres act ind, stumble
[9] ἀπειθέω pres act ptc m p nom, disobey
[10] τίθημι 3p aor pas ind, place
[11] γένος, -ους n, race
[12] βασίλειος, -ον, royal
[13] περιποίησις, -εως f, possession
[14] ἀρετή, -ῆς f, goodness
[15] ἐξαγγέλλω 2p aor act sub, proclaim
[16] θαυμαστός, -ή/όν, marvelous
[17] ποτέ, temporal adv, once
[18] ἐλεάω/ἐλεέω pf pas ptc m p nom, pas be shown mercy
[19] ἐλεάω/ἐλεέω aor pas ptc m p nom, pas be shown mercy
[20] πάροικος, -ου m, foreigner
[21] παρεπίδημος, -ου m, stranger
[22] ἀπέχω pres mid inf, abstain from
[23] σαρκικός, -ή/όν, sinful
[24] στρατεύομαι 3p pres mid ind, fight
[25] ἀναστροφή, -ῆς f, conduct/ way of life
[26] καταλαλέω 3p pres act ind, accuse
[27] κακοποιός, -οῦ m, wrongdoer
[28] ἐποπτεύω pres act ptc m p nom, see
[29] ἐπισκοπή, -ῆς f, visitation
[30] ὑποτάσσω 2p aor pas impv, pas be subject to
[31] ἀνθρώπινος, -η/ον, human
[32] κτίσις, -εως f, authority
[33] ὑπερέχω pres act ptc m s dat, rule
[34] ἡγεμών, -όνος m, governor
[35] ἐκδίκησις, -εως f, punishment
[36] ἔπαινος, -ου m, praise
[37] ἀγαθοποιός, -οῦ m, one who does right
[38] ἀγαθοποιέω pres act ptc m p acc, do good
[39] φιμόω pres act inf, silence
[40] ἄφρων, -ον, gen -ονος, foolish
[41] ἀγνωσία, -ας f, ignorance
[42] ἐλεύθερος, -α/ον, free
[43] ἐπικάλυμμα, -τος n, excuse
[44] κακία, -ας f, evil
[45] ἐλευθερία, -ας f, freedom
[46] τιμάω 2p aor act impv, respect
[47] ἀδελφότης, -ητος f, group of fellow believers

The Example of Christ's Suffering

18 Οἱ οἰκέται¹ ὑποτασσόμενοι ἐν παντὶ φόβῳ τοῖς δεσπόταις², οὐ μόνον τοῖς ἀγαθοῖς καὶ ἐπιεικέσιν³ ἀλλὰ καὶ τοῖς σκολιοῖς⁴. **19** τοῦτο γὰρ χάρις, εἰ διὰ συνείδησιν⁵ θεοῦ ὑποφέρει⁶ τις λύπας⁷ πάσχων ἀδίκως⁸. **20** ποῖον γὰρ κλέος⁹, εἰ ἁμαρτάνοντες καὶ κολαφιζόμενοι¹⁰ ὑπομενεῖτε¹¹; ἀλλ' εἰ ἀγαθοποιοῦντες καὶ πάσχοντες ὑπομενεῖτε, τοῦτο χάρις παρὰ θεῷ.

21 εἰς τοῦτο γὰρ ἐκλήθητε¹²,
ὅτι καὶ Χριστὸς ἔπαθεν¹³ ὑπὲρ ὑμῶν
ὑμῖν ὑπολιμπάνων¹⁴ ὑπογραμμόν¹⁵,
ἵνα ἐπακολουθήσητε¹⁶ τοῖς ἴχνεσιν¹⁷ αὐτοῦ,
22 ὃς ἁμαρτίαν οὐκ ἐποίησεν
οὐδὲ εὑρέθη¹⁸ δόλος¹⁹ ἐν τῷ στόματι αὐτοῦ,
23 ὃς λοιδορούμενος²⁰ οὐκ ἀντελοιδόρει²¹,
πάσχων οὐκ ἠπείλει²²,
παρεδίδου²³ δὲ τῷ κρίνοντι δικαίως,²⁴
24 ὃς τὰς ἁμαρτίας ἡμῶν αὐτὸς ἀνήνεγκεν²⁵
ἐν τῷ σώματι αὐτοῦ ἐπὶ τὸ ξύλον²⁶,
ἵνα ταῖς ἁμαρτίαις ἀπογενόμενοι²⁷
τῇ δικαιοσύνῃ ζήσωμεν,
οὗ τῷ μώλωπι²⁸ ἰάθητε.²⁹
25 ἦτε γὰρ ὡς πρόβατα πλανώμενοι,
ἀλλ' ἐπεστράφητε³⁰ νῦν ἐπὶ τὸν ποιμένα³¹
καὶ ἐπίσκοπον³² τῶν ψυχῶν ὑμῶν.

---

[1] οἰκέτης, -ου f, servant
[2] δεσπότης, -ου m, master
[3] ἐπιεικής, -ές, gentle
[4] σκολιός, -ά/όν, cruel
[5] συνείδησις, -εως f, consciousness
[6] ὑποφέρω 3s pres act ind, endure
[7] λύπη, -ης f, pain
[8] ἀδίκως, adv, unjustly
[9] κλέος, -ους n, credit
[10] κολαφίζω pres pas ptc m p nom, beat
[11] ὑπομένω 2p fut act ind, endure
[12] καλέω 2p aor pas ind, call
[13] πάσχω 3s aor act ind, suffer
[14] ὑπολιμπάνω pres act ptc m s nom, leave
[15] ὑπογραμμός, -οῦ m, example
[16] ἐπακολουθέω 2p aor act sub, follow
[17] ἴχνος, -ους n, footstep
[18] εὑρίσκω 3s aor pas ind, find
[19] δόλος, -ου m, deceit
[20] λοιδορέω pres pas ptc m s nom, insult
[21] ἀντιλοιδορέω 3s impf act ind, reply with an insult
[22] ἀπειλέω 3s impf act ind, threaten
[23] παραδίδωμι 3s impf act ind, entrust oneself
[24] δικαίως, adv, justly
[25] ἀναφέρω 3s aor act ind, bear the burden of
[26] ξύλον, -ου n, tree
[27] ἀπογίνομαι aor mid ptc m p nom, die
[28] μώλωψ, -ωπος m, wound
[29] ἰάομαι 2p aor pas ind, heal
[30] ἐπιστρέφω 2p aor pas ind, return
[31] ποιμήν, -ένος m, shepherd
[32] ἐπίσκοπος, -ου m, guardian

Wives and Husbands

3 Ὁμοίως¹ αἱ γυναῖκες, ὑποτασσόμεναι τοῖς ἰδίοις ἀνδράσιν, ἵνα καὶ εἴ τινες ἀπειθοῦσιν² τῷ λόγῳ, διὰ τῆς τῶν γυναικῶν ἀναστροφῆς³ ἄνευ⁴ λόγου κερδηθήσονται⁵ 2 ἐποπτεύσαντες⁶ τὴν ἐν φόβῳ ἁγνὴν⁷ ἀναστροφὴν ὑμῶν. 3 ὧν ἔστω⁸ οὐχ ὁ ἔξωθεν⁹ ἐμπλοκῆς¹⁰ τριχῶν¹¹ καὶ περιθέσεως¹² χρυσίων¹³ ἢ ἐνδύσεως¹⁴ ἱματίων κόσμος, 4 ἀλλ' ὁ κρυπτὸς¹⁵ τῆς καρδίας ἄνθρωπος ἐν τῷ ἀφθάρτῳ¹⁶ τοῦ πραέως¹⁷ καὶ ἡσυχίου¹⁸ πνεύματος ὅ ἐστιν ἐνώπιον τοῦ θεοῦ πολυτελές¹⁹. 5 οὕτως γάρ ποτε²⁰ καὶ αἱ ἅγιαι γυναῖκες αἱ ἐλπίζουσαι εἰς θεὸν ἐκόσμουν²¹ ἑαυτὰς ὑποτασσόμεναι τοῖς ἰδίοις ἀνδράσιν, 6 ὡς Σάρρα ὑπήκουσεν²² τῷ Ἀβραὰμ κύριον αὐτὸν καλοῦσα ἧς ἐγενήθητε²³ τέκνα ἀγαθοποιοῦσαι²⁴ καὶ μὴ φοβούμεναι μηδεμίαν πτόησιν²⁵.

7 Οἱ ἄνδρες ὁμοίως²⁶, συνοικοῦντες²⁷ κατὰ γνῶσιν²⁸ ὡς ἀσθενεστέρῳ²⁹ σκεύει³⁰ τῷ γυναικείῳ³¹, ἀπονέμοντες³² τιμὴν ὡς καὶ συγκληρονόμοις³³ χάριτος ζωῆς εἰς τὸ μὴ ἐγκόπτεσθαι³⁴ τὰς προσευχὰς ὑμῶν.

Suffering for Righteousness' Sake

8 Τὸ δὲ τέλος πάντες ὁμόφρονες³⁵, συμπαθεῖς³⁶, φιλάδελφοι³⁷, εὔσπλαγχνοι³⁸, ταπεινόφρονες³⁹, 9 μὴ ἀποδιδόντες⁴⁰ κακὸν ἀντὶ⁴¹ κακοῦ ἢ λοιδορίαν⁴² ἀντὶ λοιδορίας, τοὐναντίον⁴³ δὲ εὐλογοῦντες, ὅτι εἰς τοῦτο ἐκλήθητε, ἵνα εὐλογίαν⁴⁴ κληρονομήσητε⁴⁵.

10 ὁ γὰρ θέλων ζωὴν ἀγαπᾶν
καὶ ἰδεῖν ἡμέρας ἀγαθὰς

¹ ὁμοίως, adv, in the same way
² ἀπειθέω 3p pres act ind, disobey
³ ἀναστροφή, -ῆς f, conduct/ way of life
⁴ ἄνευ, prep + gen, without
⁵ κερδαίνω 3p fut pas ind, win over
⁶ ἐποπτεύω aor act ptc m p nom, see
⁷ ἁγνός, -ή/όν, holy
⁸ εἰμί 3s pres act impv, be
⁹ ἔξωθεν, adv, outward
¹⁰ ἐμπλοκή, -ῆς f, elaborate braiding
¹¹ θρίξ, τριχός f, hair
¹² περίθεσις, -εως f, wearing
¹³ χρυσίον, -ου n, gold (jewelry)
¹⁴ ἔνδυσις, -εως f, wearing
¹⁵ κρυπτός, -ή/όν, inward
¹⁶ ἄφθαρτος, -ον, imperishable
¹⁷ πραΰς, πραεῖα, πραΰ, gentle
¹⁸ ἡσύχιος, -ον, quiet
¹⁹ πολυτελής, -ές, very precious
²⁰ ποτέ, temporal adv, once
²¹ κοσμέω 3p impf act ind, adorn
²² ὑπακούω 3s aor act ind, obey
²³ γίνομαι 2p aor pas ind, become
²⁴ ἀγαθοποιέω pres act ptc f p nom, do good
²⁵ πτόησις, -εως f, fear
²⁶ ὁμοίως, adv, in the same way
²⁷ συνοικέω pres act ptc m p nom, live with
²⁸ γνῶσις, -εως f, consideration
²⁹ ἀσθενής, weak (comp)
³⁰ σκεῦος, -ους n, vessel (ἀσθενεστέρῳ σ. the weaker sex)
³¹ γυναικεῖος, -α/ον, female (γ. σκεῦος wife)
³² ἀπονέμω pres act ptc m p nom, show
³³ συγκληρονόμος, -ον, sharing together
³⁴ ἐγκόπτω pres pas inf, hinder
³⁵ ὁμόφρων, -ον, of one mind
³⁶ συμπαθής, -ές, sympathetic
³⁷ φιλάδελφος, -ον, loving fellow believers
³⁸ εὔσπλαγχνος, -ον, compassionate
³⁹ ταπεινόφρων, -ον, gen -ονος, humble
⁴⁰ ἀποδίδωμι pres act ptc m p nom, return
⁴¹ ἀντί, prep + gen, for
⁴² λοιδορία, -ας f, insult
⁴³ τοὐναντίον, on the contrary
⁴⁴ εὐλογία, -ας f, blessing
⁴⁵ κληρονομέω 2p aor act sub, receive

παυσάτω¹ τὴν γλῶσσαν ἀπὸ κακοῦ
καὶ χείλη² τοῦ μὴ λαλῆσαι δόλον³,
11 ἐκκλινάτω⁴ δὲ ἀπὸ κακοῦ καὶ ποιησάτω ἀγαθόν,
ζητησάτω εἰρήνην καὶ διωξάτω αὐτήν·
12 ὅτι ὀφθαλμοὶ κυρίου ἐπὶ δικαίους
καὶ ὦτα αὐτοῦ εἰς δέησιν⁵ αὐτῶν,
πρόσωπον δὲ κυρίου ἐπὶ ποιοῦντας κακά.

13 Καὶ τίς ὁ κακώσων⁶ ὑμᾶς, ἐὰν τοῦ ἀγαθοῦ ζηλωταὶ⁷ γένησθε⁸; **14** ἀλλ' εἰ καὶ πάσχοιτε⁹ διὰ δικαιοσύνην, μακάριοι. τὸν δὲ φόβον αὐτῶν μὴ φοβηθῆτε μηδὲ ταραχθῆτε¹⁰, **15** κύριον δὲ τὸν Χριστὸν ἁγιάσατε¹¹ ἐν ταῖς καρδίαις ὑμῶν, ἕτοιμοι¹² ἀεὶ¹³ πρὸς ἀπολογίαν¹⁴ παντὶ τῷ αἰτοῦντι ὑμᾶς λόγον περὶ τῆς ἐν ὑμῖν ἐλπίδος, **16** ἀλλὰ μετὰ πραΰτητος¹⁵ καὶ φόβου, συνείδησιν¹⁶ ἔχοντες ἀγαθήν, ἵνα ἐν ᾧ καταλαλεῖσθε¹⁷ καταισχυνθῶσιν¹⁸ οἱ ἐπηρεάζοντες¹⁹ ὑμῶν τὴν ἀγαθὴν ἐν Χριστῷ ἀναστροφήν²⁰. **17** κρεῖττον²¹ γὰρ ἀγαθοποιοῦντας²², εἰ θέλοι²³ τὸ θέλημα τοῦ θεοῦ, πάσχειν ἢ κακοποιοῦντας²⁴.

18 ὅτι καὶ Χριστὸς ἅπαξ²⁵ περὶ ἁμαρτιῶν ἔπαθεν²⁶,
δίκαιος ὑπὲρ ἀδίκων²⁷,
ἵνα ὑμᾶς προσαγάγῃ²⁸ τῷ θεῷ
θανατωθεὶς²⁹ μὲν σαρκί,
ζῳοποιηθεὶς³⁰ δὲ πνεύματι·
19 ἐν ᾧ καὶ τοῖς ἐν φυλακῇ πνεύμασιν πορευθεὶς ἐκήρυξεν³¹
20 ἀπειθήσασίν³² ποτε³³, ὅτε ἀπεξεδέχετο³⁴ ἡ τοῦ θεοῦ μακροθυμία³⁵ ἐν ἡμέραις Νῶε κατασκευαζομένης³⁶ κιβωτοῦ³⁷ εἰς ἣν ὀλίγοι, τοῦτ' ἔστιν ὀκτὼ³⁸ ψυχαί,

---

¹ παύω 3s aor act impv, stop
² χεῖλος, -ους n, lip
³ δόλος, -ου m, deceit
⁴ ἐκκλίνω 3s aor act impv, turn away
⁵ δέησις, -εως f, prayer
⁶ κακόω fut act ptc m s nom, harm
⁷ ζηλωτής, -οῦ m, one who is eager
⁸ γίνομαι 2p aor mid sub, be
⁹ πάσχω 2p pres act opt, suffer
¹⁰ ταράσσω 2p aor pas sub, disturb
¹¹ ἁγιάζω 2p aor act impv, revere
¹² ἕτοιμος, -η/ον, ready
¹³ ἀεί, adv, always
¹⁴ ἀπολογία, -ας f, answer
¹⁵ πραΰτης, -ητος f, gentleness
¹⁶ συνείδησις, -εως f, conscience
¹⁷ καταλαλέω 2p pres pas ind, speak evil of
¹⁸ καταισχύνω 3p aor pas sub, put to shame
¹⁹ ἐπηρεάζω pres act ptc m p nom, slander
²⁰ ἀναστροφή, -ῆς f, conduct/way of life
²¹ κρείττων, better (comp of ἀγαθός)
²² ἀγαθοποιέω pres act ptc m p acc, do good
²³ θέλω 3s pres act opt, will
²⁴ κακοποιέω pres act ptc m p acc, do wrong
²⁵ ἅπαξ, adv, once for all
²⁶ πάσχω 3s aor act ind, suffer
²⁷ ἄδικος, -ον, unrighteous
²⁸ προσάγω 3s aor act sub, bring to
²⁹ θανατόω aor pas ptc m s nom, put to death
³⁰ ζῳοποιέω aor pas ptc m s nom, make alive
³¹ κηρύσσω 3s aor act ind, preach
³² ἀπειθέω aor act ptc m p dat, disobey
³³ ποτέ, temporal adv, formerly
³⁴ ἀπεκδέχομαι 3s impf mid ind, wait
³⁵ μακροθυμία, -ας f, patience
³⁶ κατασκευάζω pres pas ptc f s gen, build
³⁷ κιβωτός, -οῦ f, ark (= big boat)
³⁸ ὀκτώ, eight

διεσώθησαν¹ δι' ὕδατος 21 ὃ καὶ ὑμᾶς ἀντίτυπον² νῦν σῴζει βάπτισμα³, οὐ σαρκὸς ἀπόθεσις⁴ ῥύπου⁵ ἀλλὰ συνειδήσεως ἀγαθῆς ἐπερώτημα⁶ εἰς θεόν, δι' ἀναστάσεως Ἰησοῦ Χριστοῦ 22 ὅς ἐστιν ἐν δεξιᾷ τοῦ θεοῦ πορευθεὶς εἰς οὐρανὸν ὑποταγέντων⁷ αὐτῷ ἀγγέλων καὶ ἐξουσιῶν καὶ δυνάμεων.

Good Stewards of God's Grace

4 Χριστοῦ οὖν παθόντος⁸ σαρκὶ καὶ ὑμεῖς τὴν αὐτὴν ἔννοιαν⁹ ὁπλίσασθε¹⁰, ὅτι ὁ παθὼν σαρκὶ πέπαυται¹¹ ἁμαρτίας 2 εἰς τὸ μηκέτι¹² ἀνθρώπων ἐπιθυμίαις ἀλλὰ θελήματι θεοῦ τὸν ἐπίλοιπον¹³ ἐν σαρκὶ βιῶσαι¹⁴ χρόνον. 3 ἀρκετὸς¹⁵ γὰρ ὁ παρεληλυθὼς¹⁶ χρόνος τὸ βούλημα¹⁷ τῶν ἐθνῶν κατειργάσθαι¹⁸ πεπορευμένους ἐν ἀσελγείαις¹⁹, ἐπιθυμίαις, οἰνοφλυγίαις²⁰, κώμοις²¹, πότοις²² καὶ ἀθεμίτοις²³ εἰδωλολατρίαις²⁴. 4 ἐν ᾧ ξενίζονται²⁵ μὴ συντρεχόντων²⁶ ὑμῶν εἰς τὴν αὐτὴν τῆς ἀσωτίας²⁷ ἀνάχυσιν²⁸ βλασφημοῦντες, 5 οἳ ἀποδώσουσιν²⁹ λόγον τῷ ἑτοίμως³⁰ ἔχοντι κρῖναι ζῶντας καὶ νεκρούς. 6 εἰς τοῦτο γὰρ καὶ νεκροῖς εὐηγγελίσθη³¹, ἵνα κριθῶσιν³² μὲν κατὰ ἀνθρώπους σαρκί, ζῶσιν³³ δὲ κατὰ θεὸν πνεύματι.

7 Πάντων δὲ τὸ τέλος ἤγγικεν³⁴. σωφρονήσατε³⁵ οὖν καὶ νήψατε³⁶ εἰς προσευχὰς 8 πρὸ πάντων τὴν εἰς ἑαυτοὺς ἀγάπην ἐκτενῆ³⁷ ἔχοντες, ὅτι ἀγάπη καλύπτει³⁸ πλῆθος ἁμαρτιῶν, 9 φιλόξενοι³⁹ εἰς ἀλλήλους ἄνευ⁴⁰ γογγυσμοῦ⁴¹, 10 ἕκαστος καθὼς ἔλαβεν χάρισμα⁴² εἰς ἑαυτοὺς αὐτὸ διακονοῦντες ὡς καλοὶ οἰκονόμοι⁴³ ποικίλης⁴⁴ χάριτος θεοῦ. 11 εἴ τις λαλεῖ, ὡς λόγια⁴⁵ θεοῦ· εἴ τις διακονεῖ, ὡς ἐξ ἰσχύος⁴⁶ ἧς χορηγεῖ⁴⁷ ὁ θεός, ἵνα ἐν πᾶσιν δοξάζηται ὁ θεὸς διὰ Ἰησοῦ Χριστοῦ ᾧ ἐστιν ἡ δόξα καὶ τὸ κράτος⁴⁸ εἰς τοὺς αἰῶνας τῶν αἰώνων, ἀμήν.

---

¹ διασῴζω 3p aor pas ind, save
² ἀντίτυπος, -ον, serving as a symbol
³ βάπτισμα, -τος n, baptism
⁴ ἀπόθεσις, -εως f, removal
⁵ ῥύπος, -ου m, dirt
⁶ ἐπερώτημα, -τος n, promise
⁷ ὑποτάσσω aor pas ptc m p gen, pas be subject to
⁸ πάσχω aor act ptc m s gen, suffer
⁹ ἔννοια, -ας f, attitude
¹⁰ ὁπλίζω 2p aor mid impv, mid arm oneself with
¹¹ παύω 3s pf mid ind, mid cease from
¹² μηκέτι, adv, no longer
¹³ ἐπίλοιπον, -ον, remaining
¹⁴ βιόω aor act inf, live
¹⁵ ἀρκετός, -ή/όν, it is enough
¹⁶ παρέρχομαι pf act ptc m s nom, pass by
¹⁷ βούλημα, -τος n, desire
¹⁸ κατεργάζομαι pf mid inf, do
¹⁹ ἀσέλγεια, -ας f, indecency
²⁰ οἰνοφλυγία, -ας f, drunkenness
²¹ κῶμος, -ου m, orgy
²² πότος, -ου m, carousing
²³ ἀθέμιτος, -ον, disgusting
²⁴ εἰδωλολατρία, -ας f, idolatry
²⁵ ξενίζω 3p pres pas ind, surprise
²⁶ συντρέχω pres act ptc m p gen, join with
²⁷ ἀσωτία, -ας f, reckless living
²⁸ ἀνάχυσις, -εως f, excess
²⁹ ἀποδίδωμι 3p fut act ind, give (ἁ. λόγον give account)
³⁰ ἑτοίμως, adv, readily (ἑ. ἔχω be ready)
³¹ εὐαγγελίζω 3s aor pas ind, preach the good news
³² κρίνω 3p aor pas sub, judge
³³ ζάω 3p pres act sub, live
³⁴ ἐγγίζω 3s pf act ind, come near
³⁵ σωφρονέω 2p aor act impv, be sensible
³⁶ νήφω 2p aor act impv, be sober
³⁷ ἐκτενής, -ές, unfailing
³⁸ καλύπτω 3s pres act ind, cover
³⁹ φιλόξενος, -ον, hospitable
⁴⁰ ἄνευ, prep + gen, without
⁴¹ γογγυσμός, -οῦ m, complaining
⁴² χάρισμα, -τος n, gift
⁴³ οἰκονόμος, -ου m, steward
⁴⁴ ποικίλος, -η/ον, various kinds of
⁴⁵ λόγιον, -ου n, word
⁴⁶ ἰσχύς, -ύος f, strength
⁴⁷ χορηγέω 3s pres act ind, provide
⁴⁸ κράτος, -ους n, power

Suffering as a Christian

12 Ἀγαπητοί, μὴ ξενίζεσθε¹ τῇ ἐν ὑμῖν πυρώσει² πρὸς πειρασμὸν³ ὑμῖν γινομένῃ ὡς ξένου⁴ ὑμῖν συμβαίνοντος⁵, **13** ἀλλὰ καθὸ⁶ κοινωνεῖτε⁷ τοῖς τοῦ Χριστοῦ παθήμασιν⁸, χαίρετε, ἵνα καὶ ἐν τῇ ἀποκαλύψει⁹ τῆς δόξης αὐτοῦ χαρῆτε¹⁰ ἀγαλλιώμενοι¹¹. **14** εἰ ὀνειδίζεσθε¹² ἐν ὀνόματι Χριστοῦ, μακάριοι, ὅτι τὸ τῆς δόξης καὶ τὸ τοῦ θεοῦ πνεῦμα ἐφ' ὑμᾶς ἀναπαύεται¹³. **15** μὴ γάρ τις ὑμῶν πασχέτω ὡς φονεὺς¹⁴ ἢ κλέπτης¹⁵ ἢ κακοποιὸς¹⁶ ἢ ὡς ἀλλοτριεπίσκοπος¹⁷· **16** εἰ δὲ ὡς χριστιανός¹⁸, μὴ αἰσχυνέσθω¹⁹, δοξαζέτω δὲ τὸν θεὸν ἐν τῷ μέρει τούτῳ. **17** ὅτι ὁ καιρὸς τοῦ ἄρξασθαι²⁰ τὸ κρίμα²¹ ἀπὸ τοῦ οἴκου τοῦ θεοῦ· εἰ δὲ πρῶτον ἀφ' ἡμῶν, τί τὸ τέλος τῶν ἀπειθούντων²² τῷ τοῦ θεοῦ εὐαγγελίῳ; **18** καὶ εἰ ὁ δίκαιος μόλις²³ σῴζεται, ὁ ἀσεβὴς²⁴ καὶ ἁμαρτωλὸς ποῦ φανεῖται²⁵; **19** ὥστε καὶ οἱ πάσχοντες κατὰ τὸ θέλημα τοῦ θεοῦ πιστῷ κτίστῃ²⁶ παρατιθέσθωσαν²⁷ τὰς ψυχὰς αὐτῶν ἐν ἀγαθοποιΐᾳ²⁸.

Tending the Flock of God

5 Πρεσβυτέρους τοὺς ἐν ὑμῖν παρακαλῶ ὁ συμπρεσβύτερος²⁹ καὶ μάρτυς τῶν τοῦ Χριστοῦ παθημάτων³⁰, ὁ καὶ τῆς μελλούσης ἀποκαλύπτεσθαι³¹ δόξης κοινωνός³²· **2** ποιμάνατε³³ τὸ ἐν ὑμῖν ποίμνιον³⁴ τοῦ θεοῦ ἐπισκοποῦντες³⁵ μὴ ἀναγκαστῶς³⁶ ἀλλ' ἑκουσίως³⁷ κατὰ θεόν, μηδὲ αἰσχροκερδῶς³⁸ ἀλλὰ προθύμως³⁹, **3** μηδ' ὡς κατακυριεύοντες⁴⁰ τῶν κλήρων⁴¹ ἀλλὰ τύποι⁴² γινόμενοι τοῦ ποιμνίου· **4** καὶ φανερωθέντος τοῦ ἀρχιποίμενος⁴³ κομιεῖσθε⁴⁴ τὸν ἀμαράντινον⁴⁵ τῆς δόξης στέφανον⁴⁶. **5** ὁμοίως⁴⁷, νεώτεροι⁴⁸, ὑποτάγητε⁴⁹ πρεσβυτέροις· πάντες δὲ ἀλλήλοις

---

¹ ξενίζω 2p pres pas imp, surprise
² πύρωσις, -εως f, fiery ordeal
³ πειρασμός, -οῦ m, test
⁴ ξένος, -η/ον, strange
⁵ συμβαίνω pres act ptc n s gen, happen
⁶ καθό, conj, inasmuch as
⁷ κοινωνέω 2p pres act ind, take part
⁸ πάθημα, -τος n, suffering
⁹ ἀποκάλυψις, -εως f, revelation
¹⁰ χαίρω 2p aor pas sub, pas be glad
¹¹ ἀγαλλιάω pres mid ptc m p nom, rejoice
¹² ὀνειδίζω 2p pres pas ind, insult
¹³ ἀναπαύω 3s pres mid ind, rest upon
¹⁴ φονεύς, -έως m, murderer
¹⁵ κλέπτης, -ου m, thief
¹⁶ κακοποιός, -οῦ m, criminal
¹⁷ ἀλλοτριεπίσκοπος, -ου m, busybody

¹⁸ Χριστιανός, -οῦ m, Christian
¹⁹ αἰσχύνω 3s pres mid impv, mid be ashamed
²⁰ ἄρχω aor mid inf, begin
²¹ κρίμα, -τος n, judgment
²² ἀπειθέω pres act ptc m p gen, disobey
²³ μόλις, adv, barely
²⁴ ἀσεβής, -ές, godless
²⁵ φαίνω 3s fut mid ind, mid appear
²⁶ κτίστης, -ου m, Creator
²⁷ παρατίθημι 3p pres mid impv, place
²⁸ ἀγαθοποιΐα, -ας f, doing right
²⁹ συμπρεσβύτερος, -ου m, fellow-elder
³⁰ πάθημα, -τος n, suffering
³¹ ἀποκαλύπτω pres pas inf, reveal
³² κοινωνός, -οῦ m, partner
³³ ποιμαίνω 2p aor act impv, tend like a shepherd
³⁴ ποίμνιον, -ου n, flock

³⁵ ἐπισκοπέω pres act ptc m p nom, take care
³⁶ ἀναγκαστῶς, adv, under compulsion
³⁷ ἑκουσίως, adv, willingly
³⁸ αἰσχροκερδῶς, adv, greedily for gain
³⁹ προθύμως, adv, eagerly
⁴⁰ κατακυριεύω pres act ptc m p nom, lord it over
⁴¹ κλῆρος, -ου m, those under one's care
⁴² τύπος, -ου m, example
⁴³ ἀρχιποίμην, -ενος m, chief shepherd
⁴⁴ κομίζω 2p fut mid ind, receive
⁴⁵ ἀμαράντινος, -η/ον, unfading
⁴⁶ στέφανος, -ου m, crown
⁴⁷ ὁμοίως, adv, in the same way
⁴⁸ νέος, young (comp)
⁴⁹ ὑποτάσσω 2p aor pas impv, pas be subject to

τὴν ταπεινοφροσύνην¹ ἐγκομβώσασθε², ὅτι ὁ θεὸς ὑπερηφάνοις³ ἀντιτάσσεται⁴, ταπεινοῖς⁵ δὲ δίδωσιν χάριν.

6 Ταπεινώθητε⁶ οὖν ὑπὸ τὴν κραταιὰν⁷ χεῖρα τοῦ θεοῦ, ἵνα ὑμᾶς ὑψώσῃ⁸ ἐν καιρῷ, 7 πᾶσαν τὴν μέριμναν⁹ ὑμῶν ἐπιρίψαντες¹⁰ ἐπ' αὐτόν, ὅτι αὐτῷ μέλει¹¹ περὶ ὑμῶν. 8 νήψατε¹², γρηγορήσατε¹³. ὁ ἀντίδικος¹⁴ ὑμῶν διάβολος ὡς λέων¹⁵ ὠρυόμενος¹⁶ περιπατεῖ ζητῶν τινα καταπιεῖν¹⁷· 9 ᾧ ἀντίστητε¹⁸ στερεοὶ¹⁹ τῇ πίστει εἰδότες²⁰ τὰ αὐτὰ τῶν παθημάτων²¹ τῇ ἐν κόσμῳ ὑμῶν ἀδελφότητι²² ἐπιτελεῖσθαι²³. 10 ὁ δὲ θεὸς πάσης χάριτος, ὁ καλέσας ὑμᾶς εἰς τὴν αἰώνιον αὐτοῦ δόξαν ἐν Χριστῷ ὀλίγον παθόντας²⁴ αὐτὸς καταρτίσει²⁵, στηρίξει²⁶, σθενώσει²⁷, θεμελιώσει²⁸. 11 αὐτῷ τὸ κράτος²⁹ εἰς τοὺς αἰῶνας, ἀμήν.

Final Greetings

12 Διὰ Σιλουανοῦ ὑμῖν τοῦ πιστοῦ ἀδελφοῦ, ὡς λογίζομαι, δι' ὀλίγων ἔγραψα παρακαλῶν καὶ ἐπιμαρτυρῶν³⁰ ταύτην εἶναι ἀληθῆ³¹ χάριν τοῦ θεοῦ εἰς ἣν στῆτε³². 13 ἀσπάζεται ὑμᾶς ἡ ἐν Βαβυλῶνι συνεκλεκτὴ³³ καὶ Μᾶρκος ὁ υἱός μου. 14 ἀσπάσασθε ἀλλήλους ἐν φιλήματι³⁴ ἀγάπης.

Εἰρήνη ὑμῖν πᾶσιν τοῖς ἐν Χριστῷ.

---

¹ ταπεινοφροσύνη, -ης f, humility
² ἐγκομβόομαι 2p aor mid impv, put on
³ ὑπερήφανος, -ον, proud
⁴ ἀντιτάσσομαι 3s pres mid ind, oppose
⁵ ταπεινός, -ή/όν, humble
⁶ ταπεινόω 2p aor pas impv, pas humble oneself
⁷ κραταιός, -ά/όν, mighty
⁸ ὑψόω 3s aor act sub, exalt
⁹ μέριμνα, -ης f, concern
¹⁰ ἐπιρίπτω aor act ptc m p nom, cast
¹¹ μέλει 3s pres act ind, impers it is of concern

¹² νήφω 2p aor act impv, be sober minded
¹³ γρηγορέω 2p aor act impv, be alert
¹⁴ ἀντίδικος, -ου m, enemy
¹⁵ λέων, -οντος m, lion
¹⁶ ὠρύομαι pres mid ptc m s nom, roar
¹⁷ καταπίνω, aor act inf, devour
¹⁸ ἀνθίστημι 2p aor act impv, resist
¹⁹ στερεός, -ά/όν, firm
²⁰ οἶδα pf act ptc m p nom, know
²¹ πάθημα, -τος n, suffering
²² ἀδελφότης, -ητος f, group of fellow believers
²³ ἐπιτελέω pres pas inf, place upon

²⁴ πάσχω aor act ptc m p acc, suffer
²⁵ καταρτίζω 3s fut act ind, restore
²⁶ στηρίζω 3s fut act ind, make firm
²⁷ σθενόω 3s fut act ind, make strong
²⁸ θεμελιόω 3s fut act ind, make steadfast
²⁹ κράτος, -ους n, power
³⁰ ἐπιμαρτυρέω pres act ptc m s nom, declare
³¹ ἀληθής, -ές, true
³² ἵστημι 2p aor act impv, stand (firmly)
³³ συνεκλεκτός, -ῆς f, one who is also chosen
³⁴ φίλημα, -τος n, kiss

ΠΕΤΡΟΥ Β'

Salutation

1 Συμεὼν Πέτρος δοῦλος καὶ ἀπόστολος Ἰησοῦ Χριστοῦ τοῖς ἰσότιμον[1] ἡμῖν λαχοῦσιν[2] πίστιν ἐν δικαιοσύνῃ τοῦ θεοῦ ἡμῶν καὶ σωτῆρος[3] Ἰησοῦ Χριστοῦ, **2** χάρις ὑμῖν καὶ εἰρήνη πληθυνθείη[4] ἐν ἐπιγνώσει[5] τοῦ θεοῦ καὶ Ἰησοῦ τοῦ κυρίου ἡμῶν.

The Christian's Call and Election

3 Ὡς πάντα ἡμῖν τῆς θείας[6] δυνάμεως αὐτοῦ τὰ πρὸς ζωὴν καὶ εὐσέβειαν[7] δεδωρημένης[8] διὰ τῆς ἐπιγνώσεως τοῦ καλέσαντος ἡμᾶς ἰδίᾳ δόξῃ καὶ ἀρετῇ[9] **4** δι' ὧν τὰ τίμια[10] καὶ μέγιστα[11] ἡμῖν ἐπαγγέλματα[12] δεδώρηται, ἵνα διὰ τούτων γένησθε[13] θείας κοινωνοὶ[14] φύσεως[15] ἀποφυγόντες[16] τῆς ἐν τῷ κόσμῳ ἐν ἐπιθυμίᾳ φθορᾶς[17].

5 καὶ αὐτὸ τοῦτο δὲ σπουδὴν[18] πᾶσαν παρεισενέγκαντες[19] ἐπιχορηγήσατε[20] ἐν τῇ πίστει ὑμῶν τὴν ἀρετήν, ἐν δὲ τῇ ἀρετῇ τὴν γνῶσιν[21], **6** ἐν δὲ τῇ γνώσει τὴν ἐγκράτειαν[22], ἐν δὲ τῇ ἐγκρατείᾳ τὴν ὑπομονήν, ἐν δὲ τῇ ὑπομονῇ τὴν εὐσέβειαν[23], **7** ἐν δὲ τῇ εὐσεβείᾳ τὴν φιλαδελφίαν[24], ἐν δὲ τῇ φιλαδελφίᾳ τὴν ἀγάπην. **8** ταῦτα γὰρ ὑμῖν ὑπάρχοντα καὶ πλεονάζοντα[25] οὐκ ἀργοὺς[26] οὐδὲ ἀκάρπους[27] καθίστησιν[28] εἰς τὴν τοῦ κυρίου ἡμῶν Ἰησοῦ Χριστοῦ ἐπίγνωσιν· **9** ᾧ γὰρ μὴ πάρεστιν[29] ταῦτα, τυφλός ἐστιν μυωπάζων[30] λήθην[31] λαβὼν τοῦ καθαρισμοῦ[32] τῶν πάλαι[33] αὐτοῦ

[1] ἰσότιμος, -ον, equally valuable
[2] λαγχάνω *aor act ptc m p dat*, receive
[3] σωτήρ, -ῆρος *m*, Savior
[4] πληθύνω *3s aor pas opt*, increase
[5] ἐπίγνωσις, -εως *f*, knowledge
[6] θεῖος, -α/ον, divine
[7] εὐσέβεια, -ας *f*, godliness
[8] δωρέομαι *pf mid ptc f s gen*, give
[9] ἀρετή, -ῆς *f*, goodness
[10] τίμιος, -α/ον, precious
[11] μέγας, great (super)
[12] ἐπάγγελμα, -τος *n*, promise
[13] γίνομαι *2p aor mid sub*, become
[14] κοινωνός, -οῦ *m*, sharer
[15] φύσις, -εως *f*, nature
[16] ἀποφεύγω *aor act ptc m p nom*, escape
[17] φθορά, -ᾶς *f*, corruption
[18] σπουδή, -ῆς *f*, effort
[19] παρεισφέρω *aor act ptc m p nom*, exert (σπουδὴν πᾶσαν π. do one's best)
[20] ἐπιχορηγέω *2p aor act impv*, provide/add to
[21] γνῶσις, -εως *f*, knowledge
[22] ἐγκράτεια, -ας *f*, self-control
[23] εὐσέβεια, -ας *f*, godliness
[24] φιλαδελφία, -ας *f*, love of one another
[25] πλεονάζω *pres act ptc n p nom*, increase
[26] ἀργός, -ή/όν, idle
[27] ἄκαρπος, -ον, unfruitful
[28] καθίστημι *3s pres act ind*, make (someone to become something)
[29] πάρειμι *3s pres act ind*, be present
[30] μυωπάζω *pres act ptc m s nom*, be shortsighted
[31] λήθη, -ης *f*, forgetfulness
[32] καθαρισμός, -οῦ *m*, cleansing
[33] πάλαι, *adv*, formerly

ἁμαρτιῶν. 10 διὸ μᾶλλον, ἀδελφοί, σπουδάσατε¹ βεβαίαν² ὑμῶν τὴν κλῆσιν³ καὶ ἐκλογὴν⁴ ποιεῖσθαι· ταῦτα γὰρ ποιοῦντες οὐ μὴ πταίσητέ⁵ ποτε⁶. 11 οὕτως γὰρ πλουσίως⁷ ἐπιχορηγηθήσεται ὑμῖν ἡ εἴσοδος⁸ εἰς τὴν αἰώνιον βασιλείαν τοῦ κυρίου ἡμῶν καὶ σωτῆρος Ἰησοῦ Χριστοῦ. 12 Διὸ μελλήσω ἀεὶ⁹ ὑμᾶς ὑπομιμνῄσκειν¹⁰ περὶ τούτων καίπερ¹¹ εἰδότας¹² καὶ ἐστηριγμένους¹³ ἐν τῇ παρούσῃ¹⁴ ἀληθείᾳ. 13 δίκαιον δὲ ἡγοῦμαι¹⁵, ἐφ᾽ ὅσον εἰμὶ ἐν τούτῳ τῷ σκηνώματι¹⁶, διεγείρειν¹⁷ ὑμᾶς ἐν ὑπομνήσει¹⁸ 14 εἰδὼς¹⁹ ὅτι ταχινή²⁰ ἐστιν ἡ ἀπόθεσις²¹ τοῦ σκηνώματός μου, καθὼς καὶ ὁ κύριος ἡμῶν Ἰησοῦς Χριστὸς ἐδήλωσέν²² μοι. 15 σπουδάσω²³ δὲ καὶ ἑκάστοτε²⁴ ἔχειν ὑμᾶς μετὰ τὴν ἐμὴν ἔξοδον²⁵ τὴν τούτων μνήμην²⁶ ποιεῖσθαι.

Christ's Glory and the Prophetic Word

16 Οὐ γὰρ σεσοφισμένοις²⁷ μύθοις²⁸ ἐξακολουθήσαντες²⁹ ἐγνωρίσαμεν³⁰ ὑμῖν τὴν τοῦ κυρίου ἡμῶν Ἰησοῦ Χριστοῦ δύναμιν καὶ παρουσίαν³¹ ἀλλ᾽ ἐπόπται³² γενηθέντες τῆς ἐκείνου μεγαλειότητος³³. 17 λαβὼν γὰρ παρὰ θεοῦ πατρὸς τιμὴν καὶ δόξαν φωνῆς ἐνεχθείσης³⁴ αὐτῷ τοιᾶσδε³⁵ ὑπὸ τῆς μεγαλοπρεποῦς³⁶ δόξης· ὁ υἱός μου ὁ ἀγαπητός μου οὗτός ἐστιν εἰς ὃν ἐγὼ εὐδόκησα³⁷ 18 καὶ ταύτην τὴν φωνὴν ἡμεῖς ἠκούσαμεν ἐξ οὐρανοῦ ἐνεχθεῖσαν σὺν αὐτῷ ὄντες ἐν τῷ ἁγίῳ ὄρει. 19 καὶ ἔχομεν βεβαιότερον³⁸ τὸν προφητικὸν³⁹ λόγον ᾧ καλῶς ποιεῖτε προσέχοντες⁴⁰ ὡς λύχνῳ⁴¹ φαίνοντι ἐν αὐχμηρῷ⁴² τόπῳ, ἕως οὗ ἡμέρα διαυγάσῃ⁴³ καὶ φωσφόρος⁴⁴ ἀνατείλῃ⁴⁵ ἐν ταῖς καρδίαις ὑμῶν, 20 τοῦτο πρῶτον γινώσκοντες

---

¹ σπουδάζω 2p aor act impv, do one's best
² βέβαιος, -α/ον, certain
³ κλῆσις, -εως f, calling
⁴ ἐκλογή, -ῆς f, election
⁵ πταίω 2p aor act sub, stumble
⁶ ποτέ, temporal adv, ever
⁷ πλουσίως, adv, richly
⁸ εἴσοδος, -ου f, entrance
⁹ ἀεί, adv, always
¹⁰ ὑπομιμνῄσκω pres act inf, remind
¹¹ καίπερ, conj, though
¹² οἶδα pf act ptc m p acc, know
¹³ στηρίζω pf pas ptc m p acc, establish
¹⁴ πάρειμι pres act ptc f s dat, be present (ἡ π. ἀληθεία the truth that you have)
¹⁵ ἡγέομαι 1s pres mid ind, think
¹⁶ σκήνωμα, -τος n, tent (= body)
¹⁷ διεγείρω pres act inf, awake
¹⁸ ὑπόμνησις, -εως f, reminder
¹⁹ οἶδα pf act ptc m s nom, know
²⁰ ταχινός, -ή/όν, soon
²¹ ἀπόθεσις, -εως f, removal (ἀ. τοῦ σκηνώματος death)
²² δηλόω 3s aor act ind, make clear
²³ σπουδάζω 1s fut act ind, do one's best
²⁴ ἑκάστοτε, adv, always
²⁵ ἔξοδος, -ου f, departure
²⁶ μνήμη, -ης f, remembrance
²⁷ σοφίζω pf pas ptc m p dat, cleverly devise (something)
²⁸ μῦθος, -ου m, fanciful story
²⁹ ἐξακολουθέω aor act ptc m p nom, follow
³⁰ γνωρίζω 1p aor act ind, make known
³¹ παρουσία, -ας f, coming
³² ἐπόπτης, -ου m, eyewitness
³³ μεγαλειότης, -ητος f, greatness
³⁴ φέρω aor pas ptc f s gen, bring
³⁵ τοιόσδε, -άδε/όνδε, gen -οῦδε/ᾶσδε/οῦδε, of such kind
³⁶ μεγαλοπρεπής, -ές, majestic (μ. δόξα Majestic Glory = God)
³⁷ εὐδοκέω 1s aor act ind, be pleased
³⁸ βέβαιος, certain (comp)
³⁹ προφητικός, -ή/όν, prophetic
⁴⁰ προσέχω pres act ptc m p nom, pay attention to
⁴¹ λύχνος, -ου m, lamp
⁴² αὐχμηρός, -ά/όν, dark
⁴³ διαυγάζω 3s aor act sub, dawn
⁴⁴ φωσφόρος, -ου m, morning star
⁴⁵ ἀνατέλλω 3s aor art sub, rise

ὅτι πᾶσα προφητεία¹ γραφῆς ἰδίας ἐπιλύσεως² οὐ γίνεται· **21** οὐ γὰρ θελήματι ἀνθρώπου ἠνέχθη³ προφητεία ποτέ, ἀλλ' ὑπὸ πνεύματος ἁγίου φερόμενοι ἐλάλησαν ἀπὸ θεοῦ ἄνθρωποι.

False Prophets and Teachers (Jude 4-13)

2 Ἐγένοντο δὲ καὶ ψευδοπροφῆται⁴ ἐν τῷ λαῷ, ὡς καὶ ἐν ὑμῖν ἔσονται⁵ ψευδοδιδάσκαλοι⁶ οἵτινες παρεισάξουσιν⁷ αἱρέσεις⁸ ἀπωλείας⁹ καὶ τὸν ἀγοράσαντα αὐτοὺς δεσπότην¹⁰ ἀρνούμενοι ἐπάγοντες¹¹ ἑαυτοῖς ταχινὴν¹² ἀπώλειαν. **2** καὶ πολλοὶ ἐξακολουθήσουσιν¹³ αὐτῶν ταῖς ἀσελγείαις¹⁴ δι' οὓς ἡ ὁδὸς τῆς ἀληθείας βλασφημηθήσεται, **3** καὶ ἐν πλεονεξίᾳ¹⁵ πλαστοῖς¹⁶ λόγοις ὑμᾶς ἐμπορεύσονται¹⁷ οἷς τὸ κρίμα¹⁸ ἔκπαλαι¹⁹ οὐκ ἀργεῖ²⁰ καὶ ἡ ἀπώλεια αὐτῶν οὐ νυστάζει²¹.

4 Εἰ γὰρ ὁ θεὸς ἀγγέλων ἁμαρτησάντων οὐκ ἐφείσατο²² ἀλλὰ σειραῖς²³ ζόφου²⁴ ταρταρώσας²⁵ παρέδωκεν εἰς κρίσιν τηρουμένους **5** καὶ ἀρχαίου²⁶ κόσμου οὐκ ἐφείσατο ἀλλ' ὄγδοον²⁷ Νῶε δικαιοσύνης κήρυκα²⁸ ἐφύλαξεν²⁹ κατακλυσμὸν³⁰ κόσμῳ ἀσεβῶν³¹ ἐπάξας³², **6** καὶ πόλεις Σοδόμων καὶ Γομόρρας τεφρώσας³³ καταστροφῇ³⁴ κατέκρινεν³⁵ ὑπόδειγμα³⁶ μελλόντων ἀσεβεῖν τεθεικὼς³⁷ **7** καὶ δίκαιον Λὼτ καταπονούμενον³⁸ ὑπὸ τῆς τῶν ἀθέσμων³⁹ ἐν ἀσελγείᾳ ἀναστροφῆς⁴⁰ ἐρρύσατο⁴¹· **8** βλέμματι⁴² γὰρ καὶ ἀκοῇ⁴³ ὁ δίκαιος ἐγκατοικῶν⁴⁴ ἐν αὐτοῖς ἡμέραν ἐξ ἡμέρας ψυχὴν δικαίαν ἀνόμοις⁴⁵ ἔργοις ἐβασάνιζεν⁴⁶. **9** οἶδεν κύριος εὐσεβεῖς⁴⁷ ἐκ πειρασμοῦ⁴⁸ ῥύεσθαι, ἀδίκους⁴⁹ δὲ εἰς ἡμέραν κρίσεως κολαζομένους⁵⁰ τηρεῖν,

---

¹ προφητεία, -ας f, prophecy
² ἐπίλυσις, -εως f, interpretation
³ φέρω 3s aor pas ind, bring
⁴ ψευδοπροφήτης, -ου m, false prophet
⁵ εἰμί 3p fut mid ind, be
⁶ ψευδοδιδάσκαλος, -ου m, false teacher
⁷ παρεισάγω 3p fut act ind, secretly bring in
⁸ αἵρεσις, -εως f, heresy
⁹ ἀπώλεια, -ας f, destruction
¹⁰ δεσπότης, -ου m, Lord
¹¹ ἐπάγω pres act ptc m p nom, bring upon
¹² ταχινός, -ή/όν, swift
¹³ ἐξακολουθέω 3p fut act ind, follow
¹⁴ ἀσέλγεια, -ας f, indecency
¹⁵ πλεονεξία, -ας f, greed
¹⁶ πλαστός, -ή/όν, made-up
¹⁷ ἐμπορεύομαι 3p fut mid ind, exploit
¹⁸ κρίμα, -τος n, condemnation
¹⁹ ἔκπαλαι, adv, for a long time
²⁰ ἀργέω 3s pres act ind, be idle
²¹ νυστάζω 3s pres act ind, be asleep
²² φείδομαι 3s aor mid ind, spare
²³ σειρά, -ᾶς f, chain
²⁴ ζόφος, -ου m, gloom/darkness
²⁵ ταρταρόω aor act ptc m s nom, put in hell/Tartarus
²⁶ ἀρχαῖος, -α/ον, ancient
²⁷ ὄγδοος, -η/ον, eighth
²⁸ κῆρυξ, -υκος m, preacher
²⁹ φυλάσσω 3s aor act ind, protect
³⁰ κατακλυσμός, -οῦ m, flood
³¹ ἀσεβής, -ές, godless
³² ἐπάγω aor act ptc m s nom, bring upon
³³ τεφρόω aor act ptc m s nom, reduce to ashes
³⁴ καταστροφή, -ῆς f, destruction
³⁵ κατακρίνω 3s aor act ind, condemn
³⁶ ὑπόδειγμα, -τος n, example
³⁷ τίθημι pf act ptc m s nom, make
³⁸ καταπονέω pres pas ptc m s acc, trouble
³⁹ ἄθεσμος, -ον, lawless
⁴⁰ ἀναστροφή, -ῆς f, conduct
⁴¹ ῥύομαι 3s aor mid ind, rescue
⁴² βλέμμα, -τος n, what is seen
⁴³ ἀκοή, -ῆς f, what is heard
⁴⁴ ἐγκατοικέω pres act ptc m s nom, live (ἐν) among
⁴⁵ ἄνομος, -ον, lawless
⁴⁶ βασανίζω 3s impf act ind, torment
⁴⁷ εὐσεβής, -ές, godly
⁴⁸ πειρασμός, -οῦ m, trial
⁴⁹ ἄδικος, -ον, evil
⁵⁰ κολάζω pres pas ptc m p acc, punish

10 μάλιστα¹ δὲ τοὺς ὀπίσω σαρκὸς ἐν ἐπιθυμίᾳ μιασμοῦ² πορευομένους καὶ κυριότητος³ καταφρονοῦντας⁴. τολμηταὶ⁵ αὐθάδεις⁶ δόξας οὐ τρέμουσιν⁷ βλασφημοῦντες, 11 ὅπου ἄγγελοι ἰσχύϊ⁸ καὶ δυνάμει μείζονες⁹ ὄντες οὐ φέρουσιν κατ' αὐτῶν παρὰ κυρίῳ βλάσφημον¹⁰ κρίσιν.

12 Οὗτοι δὲ ὡς ἄλογα¹¹ ζῷα¹² γεγεννημένα¹³ φυσικὰ¹⁴ εἰς ἅλωσιν¹⁵ καὶ φθορὰν¹⁶ ἐν οἷς ἀγνοοῦσιν¹⁷ βλασφημοῦντες ἐν τῇ φθορᾷ αὐτῶν καὶ φθαρήσονται¹⁸ 13 ἀδικούμενοι¹⁹ μισθὸν²⁰ ἀδικίας²¹ ἡδονὴν²² ἡγούμενοι²³ τὴν ἐν ἡμέρᾳ τρυφήν²⁴, σπίλοι²⁵ καὶ μῶμοι²⁶ ἐντρυφῶντες²⁷ ἐν ταῖς ἀπάταις²⁸ αὐτῶν συνευωχούμενοι²⁹ ὑμῖν, 14 ὀφθαλμοὺς ἔχοντες μεστοὺς³⁰ μοιχαλίδος³¹ καὶ ἀκαταπαύστους³² ἁμαρτίας, δελεάζοντες³³ ψυχὰς ἀστηρίκτους³⁴, καρδίαν γεγυμνασμένην³⁵ πλεονεξίας³⁶ ἔχοντες, κατάρας³⁷ τέκνα. 15 καταλιπόντες³⁸ εὐθεῖαν³⁹ ὁδὸν ἐπλανήθησαν⁴⁰ ἐξακολουθήσαντες τῇ ὁδῷ τοῦ Βαλαὰμ τοῦ Βοσὸρ ὃς μισθὸν⁴¹ ἀδικίας ἠγάπησεν⁴², 16 ἔλεγξιν⁴³ δὲ ἔσχεν⁴⁴ ἰδίας παρανομίας⁴⁵· ὑποζύγιον⁴⁶ ἄφωνον⁴⁷ ἐν ἀνθρώπου φωνῇ φθεγξάμενον⁴⁸ ἐκώλυσεν⁴⁹ τὴν τοῦ προφήτου παραφρονίαν⁵⁰. 17 οὗτοί εἰσιν πηγαὶ⁵¹ ἄνυδροι⁵² καὶ ὁμίχλαι⁵³ ὑπὸ λαίλαπος⁵⁴ ἐλαυνόμεναι⁵⁵ οἷς ὁ ζόφος⁵⁶ τοῦ σκότους τετήρηται⁵⁷. 18 ὑπέρογκα⁵⁸ γὰρ ματαιότητος⁵⁹ φθεγγόμενοι⁶⁰ δελεάζουσιν⁶¹ ἐν ἐπιθυμίαις σαρκὸς ἀσελγείαις⁶² τοὺς ὄντως⁶³ ἀποφεύγοντας⁶⁴ τοὺς ἐν

¹ μάλιστα, adv, especially
² μιασμός, -οῦ m, defilement
³ κυριότης, -ητος f, authority
⁴ καταφρονέω pres act ptc m p acc, despise
⁵ τολμητής, -οῦ m, bold person
⁶ αὐθάδης, -ες, arrogant
⁷ τρέμω 3p pres act ind, be afraid
⁸ ἰσχύς, -ύος f, might
⁹ μέγας, great (comp)
¹⁰ βλάσφημος, -ον, blasphemous
¹¹ ἄλογος, -ον, irrational
¹² ζῷον, -ου n, animal
¹³ γεννάω pf pas ptc n p nom, pas be born
¹⁴ φυσικός, -ή/όν, natural (φυσικὰ creatures of instinct)
¹⁵ ἅλωσις, -εως f, capture
¹⁶ φθορά, -ᾶς f, destruction (εἰς ἅλωσιν καὶ φ. to be caught and killed)
¹⁷ ἀγνοέω 3p pres act ind, be ignorant
¹⁸ φθείρω 3p fut pas ind, destroy
¹⁹ ἀδικέω pres pas or mid ptc m p nom, pas & mid suffer wrong
²⁰ μισθός, -οῦ m, retribution

²¹ ἀδικία, -ας f, wrongdoing
²² ἡδονή, -ῆς f, pleasure
²³ ἡγέομαι pres mid ptc m p nom, consider
²⁴ τρυφή, -ῆς f, self-indulgence
²⁵ σπίλος, -ου m, spot
²⁶ μῶμος, -ου m, blemish
²⁷ ἐντρυφάω pres act ptc m p nom, carouse/delight
²⁸ ἀπάτη, -ης f, deception/lust
²⁹ συνευωχέομαι pres pas ptc m p nom, eat together
³⁰ μεστός, -ή/όν, full
³¹ μοιχαλίς, -ίδος f, adultery
³² ἀκατάπαυστος, -ον, insatiable
³³ δελεάζω pres act ptc m p nom, entice
³⁴ ἀστήρικτος, -ον, unsteady
³⁵ γυμνάζω pf pas ptc f s acc, train
³⁶ πλεονεξία, -ας f, greed
³⁷ κατάρα, -ας f, curse (κ. τέκνα they are doomed!)
³⁸ καταλείπω aor act ptc m p nom, leave behind
³⁹ εὐθύς, -εῖα/ύ, right
⁴⁰ πλανάω 2p aor pas ind, pas go astray
⁴¹ μισθός, -οῦ m, wages

⁴² ἀγαπάω 3s aor act ind, love
⁴³ ἔλεγξις, -εως f, rebuke (ἔχω ἔ. be rebuked)
⁴⁴ ἔχω 3s aor act ind, have
⁴⁵ παρανομία, -ας f, wrongdoing
⁴⁶ ὑποζύγιον, -ου n, donkey
⁴⁷ ἄφωνος, -ον, unable to speak
⁴⁸ φθέγγομαι aor act ptc n s nom, speak
⁴⁹ κωλύω 3s aor act ind, restrain
⁵⁰ παραφρονία, -ας f, madness
⁵¹ πηγή, -ῆς f, spring
⁵² ἄνυδρος, -ον, waterless
⁵³ ὁμίχλη, -ης f, mist
⁵⁴ λαῖλαψ, -απος f, storm
⁵⁵ ἐλαύνω pres pas ptc f p nom, drive (of wind)
⁵⁶ ζόφος, -ου m, gloom
⁵⁷ τηρέω 3s pf pas ind, reserve
⁵⁸ ὑπέρογκος, -ον, boastful
⁵⁹ ματαιότης, -ητος f, futility
⁶⁰ φθέγγομαι pres mid ptc m p nom, speak
⁶¹ δελεάζω 3p pres act ind, entice
⁶² ἀσέλγεια, -ας f, indecency
⁶³ ὄντως, adv, really
⁶⁴ ἀποφεύγω pres act ptc m p acc, escape

πλάνη¹ ἀναστρεφομένους², 19 ἐλευθερίαν³ αὐτοῖς ἐπαγγελλόμενοι⁴ αὐτοὶ δοῦλοι ὑπάρχοντες τῆς φθορᾶς⁵· ᾧ γάρ τις ἥττηται⁶, τούτῳ δεδούλωται⁷. 20 εἰ γὰρ ἀποφυγόντες τὰ μιάσματα⁸ τοῦ κόσμου ἐν ἐπιγνώσει⁹ τοῦ κυρίου καὶ σωτῆρος¹⁰ Ἰησοῦ Χριστοῦ, τούτοις δὲ πάλιν ἐμπλακέντες¹¹ ἡττῶνται, γέγονεν¹² αὐτοῖς τὰ ἔσχατα χείρονα¹³ τῶν πρώτων. 21 κρεῖττον¹⁴ γὰρ ἦν αὐτοῖς μὴ ἐπεγνωκέναι τὴν ὁδὸν τῆς δικαιοσύνης ἢ ἐπιγνοῦσιν ὑποστρέψαι ἐκ τῆς παραδοθείσης¹⁵ αὐτοῖς ἁγίας ἐντολῆς. 22 συμβέβηκεν¹⁶ αὐτοῖς τὸ τῆς ἀληθοῦς¹⁷ παροιμίας¹⁸· κύων¹⁹ ἐπιστρέψας²⁰ ἐπὶ τὸ ἴδιον ἐξέραμα²¹, καί· ὗς²² λουσαμένη²³ εἰς κυλισμὸν²⁴ βορβόρου²⁵.

The Promise of the Lord's Coming

3 Ταύτην ἤδη, ἀγαπητοί, δευτέραν ὑμῖν γράφω ἐπιστολήν²⁶ ἐν αἷς διεγείρω²⁷ ὑμῶν ἐν ὑπομνήσει²⁸ τὴν εἰλικρινῆ²⁹ διάνοιαν³⁰ 2 μνησθῆναι³¹ τῶν προειρημένων³² ῥημάτων ὑπὸ τῶν ἁγίων προφητῶν καὶ τῆς τῶν ἀποστόλων ὑμῶν ἐντολῆς τοῦ κυρίου καὶ σωτῆρος³³. 3 τοῦτο πρῶτον γινώσκοντες ὅτι ἐλεύσονται³⁴ ἐπ' ἐσχάτων τῶν ἡμερῶν ἐν ἐμπαιγμονῇ³⁵ ἐμπαῖκται³⁶ κατὰ τὰς ἰδίας ἐπιθυμίας αὐτῶν πορευόμενοι 4 καὶ λέγοντες· ποῦ ἐστιν ἡ ἐπαγγελία τῆς παρουσίας³⁷ αὐτοῦ; ἀφ' ἧς γὰρ οἱ πατέρες ἐκοιμήθησαν³⁸, πάντα οὕτως διαμένει³⁹ ἀπ' ἀρχῆς κτίσεως⁴⁰. 5 λανθάνει⁴¹ γὰρ αὐτοὺς τοῦτο θέλοντας ὅτι οὐρανοὶ ἦσαν ἔκπαλαι⁴² καὶ γῆ ἐξ ὕδατος καὶ δι' ὕδατος συνεστῶσα⁴³ τῷ τοῦ θεοῦ λόγῳ 6 δι' ὃν ὁ τότε κόσμος ὕδατι κατακλυσθεὶς⁴⁴ ἀπώλετο⁴⁵· 7 οἱ δὲ νῦν οὐρανοὶ καὶ ἡ γῆ τῷ αὐτῷ λόγῳ τεθησαυρισμένοι⁴⁶ εἰσὶν πυρὶ τηρούμενοι εἰς ἡμέραν κρίσεως καὶ ἀπωλείας⁴⁷ τῶν ἀσεβῶν⁴⁸ ἀνθρώπων.

1 πλάνη, -ης f, error
2 ἀναστρέφω pres pas ptc m p acc, live
3 ἐλευθερία, -ας f, freedom
4 ἐπαγγέλλομαι pres mid ptc m p nom, promise
5 φθορά, -ᾶς f, corruption
6 ἡττάομαι 3s pf pas ind, control
7 δουλόω 3s pf pas ind, enslave
8 μίασμα, -τος n, defilement
9 ἐπίγνωσις, -εως f, knowledge
10 σωτήρ, -ῆρος m, Savior
11 ἐμπλέκω aor pas ptc m p nom, pas be entangled
12 γίνομαι 3s pf act ind, become
13 χείρων, worse (comp of κακός)
14 κρείττων, better (comp of ἀγαθός)
15 παραδίδωμι aor pas ptc fs gen, give
16 συμβαίνω 3s pf act ind, happen
17 ἀληθής, -ές, true
18 παροιμία, -ας f, proverb
19 κύων, κυνός m, dog
20 ἐπιστρέφω aor act ptc m s nom, return
21 ἐξέραμα, -τος n, vomit
22 ὗς, ὑός f, sow
23 λούω aor mid ptc fs nom, wash
24 κυλισμός, -οῦ m, wallowing
25 βόρβορος, -ου m, mud
26 ἐπιστολή, -ῆς f, letter
27 διεγείρω 1s pres act ind, awake
28 ὑπόμνησις, -εως f, reminder
29 εἰλικρινής, -ές f, sincere
30 διάνοια, -ας f, mind
31 μιμνήσκομαι aor pas inf, remember
32 προλέγω pf pas ptc n p gen, predict
33 σωτήρ, -ῆρος m, Savior
34 ἔρχομαι 3p fut mid ind, come
35 ἐμπαιγμονή, -ῆς f, scoffing
36 ἐμπαίκτης, -ου m, scoffer
37 παρουσία, -ας f, coming
38 κοιμάομαι 3p aor pas ind, die
39 διαμένω 3s pres act ind, remain
40 κτίσις, -εως f, creation
41 λανθάνω 3s pres act ind, ignore
42 ἔκπαλαι, adv, long ago
43 συνίστημι pf act ptc fs nom, be formed
44 κατακλύζω aor pas ptc m s nom, flood
45 ἀπόλλυμι 3s aor mid ind, mid be destroyed
46 θησαυρίζω pf pas ptc m p nom, store up
47 ἀπώλεια, -ας f, destruction
48 ἀσεβής, -ές, godless

8 Ἓν δὲ τοῦτο μὴ λανθανέτω ὑμᾶς, ἀγαπητοί, ὅτι μία ἡμέρα παρὰ κυρίῳ ὡς χίλια¹ ἔτη καὶ χίλια ἔτη ὡς ἡμέρα μία. 9 οὐ βραδύνει² κύριος τῆς ἐπαγγελίας, ὥς τινες βραδύτητα³ ἡγοῦνται⁴, ἀλλὰ μακροθυμεῖ⁵ εἰς ὑμᾶς μὴ βουλόμενός τινας ἀπολέσθαι⁶ ἀλλὰ πάντας εἰς μετάνοιαν⁷ χωρῆσαι⁸.

10 Ἥξει⁹ δὲ ἡμέρα κυρίου ὡς κλέπτης¹⁰ ἐν ᾗ οἱ οὐρανοὶ ῥοιζηδὸν¹¹ παρελεύσονται¹², στοιχεῖα¹³ δὲ καυσούμενα¹⁴ λυθήσεται, καὶ γῆ καὶ τὰ ἐν αὐτῇ ἔργα οὐχ εὑρεθήσεται¹⁵. 11 τούτων οὕτως πάντων λυομένων ποταποὺς¹⁶ δεῖ ὑπάρχειν ὑμᾶς ἐν ἁγίαις ἀναστροφαῖς¹⁷ καὶ εὐσεβείαις¹⁸ 12 προσδοκῶντας¹⁹ καὶ σπεύδοντας²⁰ τὴν παρουσίαν²¹ τῆς τοῦ θεοῦ ἡμέρας δι' ἣν οὐρανοὶ πυρούμενοι²² λυθήσονται καὶ στοιχεῖα καυσούμενα τήκεται²³. 13 καινοὺς δὲ οὐρανοὺς καὶ γῆν καινὴν κατὰ τὸ ἐπάγγελμα²⁴ αὐτοῦ προσδοκῶμεν ἐν οἷς δικαιοσύνη κατοικεῖ.

14 Διό, ἀγαπητοί, ταῦτα προσδοκῶντες σπουδάσατε²⁵ ἄσπιλοι²⁶ καὶ ἀμώμητοι²⁷ αὐτῷ εὑρεθῆναι²⁸ ἐν εἰρήνῃ 15 καὶ τὴν τοῦ κυρίου ἡμῶν μακροθυμίαν²⁹ σωτηρίαν ἡγεῖσθε, καθὼς καὶ ὁ ἀγαπητὸς ἡμῶν ἀδελφὸς Παῦλος κατὰ τὴν δοθεῖσαν³⁰ αὐτῷ σοφίαν ἔγραψεν ὑμῖν, 16 ὡς καὶ ἐν πάσαις ταῖς ἐπιστολαῖς³¹ λαλῶν ἐν αὐταῖς περὶ τούτων ἐν αἷς ἐστιν δυσνόητά³² τινα ἃ οἱ ἀμαθεῖς³³ καὶ ἀστήρικτοι³⁴ στρεβλώσουσιν³⁵ ὡς καὶ τὰς λοιπὰς γραφὰς πρὸς τὴν ἰδίαν αὐτῶν ἀπώλειαν³⁶.

17 Ὑμεῖς οὖν, ἀγαπητοί, προγινώσκοντες³⁷ φυλάσσεσθε, ἵνα μὴ τῇ τῶν ἀθέσμων³⁸ πλάνῃ³⁹ συναπαχθέντες⁴⁰ ἐκπέσητε⁴¹ τοῦ ἰδίου στηριγμοῦ⁴², 18 αὐξάνετε⁴³ δὲ ἐν χάριτι καὶ γνώσει⁴⁴ τοῦ κυρίου ἡμῶν καὶ σωτῆρος⁴⁵ Ἰησοῦ Χριστοῦ. αὐτῷ ἡ δόξα καὶ νῦν καὶ εἰς ἡμέραν αἰῶνος.

¹ χίλιοι, -αι/α, thousand
² βραδύνω 3s pres act ind, be slow
³ βραδύτης, -ητος f, slowness
⁴ ἡγέομαι 3p pres mid ind, consider
⁵ μακροθυμέω 3s pres act ind, be patient
⁶ ἀπόλλυμι aor mid inf, mid be destroyed
⁷ μετάνοια, -ας f, repentance
⁸ χωρέω aor act inf, intrans come (εἰς μετάνοιαν χ. repent)
⁹ ἥκω 3s fut act ind, come
¹⁰ κλέπτης, -ου m, thief
¹¹ ῥοιζηδόν, adv, with a roar
¹² παρέρχομαι 3p fut mid ind, disappear
¹³ στοιχεῖον, -ου n, element
¹⁴ καυσόω pres pas ptc n p nom, burn up

¹⁵ εὑρίσκω 3s fut pas ind, find
¹⁶ ποταπός, -ή/όν, of what sort
¹⁷ ἀναστροφή, -ῆς f, manner of life
¹⁸ εὐσέβεια, -ας f, godliness
¹⁹ προσδοκάω pres act ptc m p acc, wait for
²⁰ σπεύδω pres act ptc m p acc, hasten/earnestly desire
²¹ παρουσία, -ας f, coming
²² πυρόω pres pas ptc m p nom, pas burn
²³ τήκω 3s pres pas ind, pas melt
²⁴ ἐπάγγελμα, -τος n, promise
²⁵ σπουδάζω 2p aor act impv, do one's best
²⁶ ἄσπιλος, -ον, spotless
²⁷ ἀμώμητος, -ον, blameless
²⁸ εὑρίσκω aor pas inf, find
²⁹ μακροθυμία, -ας f, patience
³⁰ δίδωμι aor pas ptc f s acc, give

³¹ ἐπιστολή, -ῆς f, letter
³² δυσνόητος, -ον, hard to understand
³³ ἀμαθής, -ές, ignorant
³⁴ ἀστήρικτος, -ον, unstable
³⁵ στρεβλόω 3p fut act ind, twist
³⁶ ἀπώλεια, -ας f, destruction
³⁷ προγινώσκω pres act ptc m p nom, know beforehand
³⁸ ἄθεσμος, -ον, lawless
³⁹ πλάνη, -ης f, error
⁴⁰ συναπάγω aor pas ptc m p nom, lead astray
⁴¹ ἐκπίπτω 2p aor act sub, fall from
⁴² στηριγμός, -οῦ m, firm position
⁴³ αὐξάνω 2p pres act impv, grow
⁴⁴ γνῶσις, -εως f, knowledge
⁴⁵ σωτήρ, -ῆρος m, Savior

ΙΩΑΝΝΟΥ Α΄

The Word of Life

1 Ὃ ἦν ἀπ' ἀρχῆς, ὃ ἀκηκόαμεν¹, ὃ ἑωράκαμεν² τοῖς ὀφθαλμοῖς ἡμῶν, ὃ ἐθεασάμεθα³ καὶ αἱ χεῖρες ἡμῶν ἐψηλάφησαν⁴ περὶ τοῦ λόγου τῆς ζωῆς – **2** καὶ ἡ ζωὴ ἐφανερώθη, καὶ ἑωράκαμεν καὶ μαρτυροῦμεν καὶ ἀπαγγέλλομεν ὑμῖν τὴν ζωὴν τὴν αἰώνιον ἥτις ἦν πρὸς τὸν πατέρα καὶ ἐφανερώθη ἡμῖν – **3** ὃ ἑωράκαμεν καὶ ἀκηκόαμεν, ἀπαγγέλλομεν καὶ ὑμῖν, ἵνα καὶ ὑμεῖς κοινωνίαν⁵ ἔχητε μεθ' ἡμῶν. καὶ ἡ κοινωνία δὲ ἡ ἡμετέρα⁶ μετὰ τοῦ πατρὸς καὶ μετὰ τοῦ υἱοῦ αὐτοῦ Ἰησοῦ Χριστοῦ. **4** καὶ ταῦτα γράφομεν ἡμεῖς, ἵνα ἡ χαρὰ ἡμῶν ᾖ πεπληρωμένη.

God is Light

5 Καὶ ἔστιν αὕτη ἡ ἀγγελία⁷ ἣν ἀκηκόαμεν ἀπ' αὐτοῦ καὶ ἀναγγέλλομεν⁸ ὑμῖν, ὅτι ὁ θεὸς φῶς ἐστιν καὶ σκοτία⁹ ἐν αὐτῷ οὐκ ἔστιν οὐδεμία. **6** ἐὰν εἴπωμεν¹⁰ ὅτι κοινωνίαν ἔχομεν μετ' αὐτοῦ καὶ ἐν τῷ σκότει περιπατῶμεν, ψευδόμεθα¹¹ καὶ οὐ ποιοῦμεν τὴν ἀλήθειαν· **7** ἐὰν ἐν τῷ φωτὶ περιπατῶμεν, ὡς αὐτός ἐστιν ἐν τῷ φωτί, κοινωνίαν ἔχομεν μετ' ἀλλήλων, καὶ τὸ αἷμα Ἰησοῦ τοῦ υἱοῦ αὐτοῦ καθαρίζει ἡμᾶς ἀπὸ πάσης ἁμαρτίας. **8** ἐὰν εἴπωμεν ὅτι ἁμαρτίαν οὐκ ἔχομεν, ἑαυτοὺς πλανῶμεν καὶ ἡ ἀλήθεια οὐκ ἔστιν ἐν ἡμῖν. **9** ἐὰν ὁμολογῶμεν¹² τὰς ἁμαρτίας ἡμῶν, πιστός ἐστιν καὶ δίκαιος, ἵνα ἀφῇ¹³ ἡμῖν τὰς ἁμαρτίας καὶ καθαρίσῃ ἡμᾶς ἀπὸ πάσης ἀδικίας¹⁴. **10** ἐὰν εἴπωμεν ὅτι οὐχ ἡμαρτήκαμεν¹⁵, ψεύστην¹⁶ ποιοῦμεν αὐτόν, καὶ ὁ λόγος αὐτοῦ οὐκ ἔστιν ἐν ἡμῖν.

---

[1] ἀκούω 1p pf act ind, hear
[2] ὁράω 1p pf act ind, see
[3] θεάομαι 1p aor mid ind, look at
[4] ψηλαφάω 3p aor act ind, touch
[5] κοινωνία, -ας f, fellowship
[6] ἡμέτερος, -α/ον, our
[7] ἀγγελία, -ας f, message
[8] ἀναγγέλλω 1p pres act ind, proclaim
[9] σκοτία, -ας f, darkness
[10] λέγω 1p aor act sub, say
[11] ψεύδομαι 1p pres mid ind, lie
[12] ὁμολογέω 1p pres act sub, confess
[13] ἀφίημι 3s aor act sub, forgive
[14] ἀδικία, -ας f, sin
[15] ἁμαρτάνω 1p pf act ind, sin
[16] ψεύστης, -ου m, liar

Christ Our Advocate

2 Τεκνία¹ μου, ταῦτα γράφω ὑμῖν ἵνα μὴ ἁμάρτητε². καὶ ἐάν τις ἁμάρτῃ, παράκλητον³ ἔχομεν πρὸς τὸν πατέρα Ἰησοῦν Χριστὸν δίκαιον· **2** καὶ αὐτὸς ἱλασμός⁴ ἐστιν περὶ τῶν ἁμαρτιῶν ἡμῶν, οὐ περὶ τῶν ἡμετέρων⁵ δὲ μόνον ἀλλὰ καὶ περὶ ὅλου τοῦ κόσμου. **3** Καὶ ἐν τούτῳ γινώσκομεν ὅτι ἐγνώκαμεν⁶ αὐτόν, ἐὰν τὰς ἐντολὰς αὐτοῦ τηρῶμεν. **4** ὁ λέγων ὅτι ἔγνωκα αὐτὸν καὶ τὰς ἐντολὰς αὐτοῦ μὴ τηρῶν ψεύστης⁷ ἐστίν, καὶ ἐν τούτῳ ἡ ἀλήθεια οὐκ ἔστιν· **5** ὃς δ' ἂν τηρῇ αὐτοῦ τὸν λόγον, ἀληθῶς⁸ ἐν τούτῳ ἡ ἀγάπη τοῦ θεοῦ τετελείωται⁹· ἐν τούτῳ γινώσκομεν ὅτι ἐν αὐτῷ ἐσμεν. **6** ὁ λέγων ἐν αὐτῷ μένειν ὀφείλει, καθὼς ἐκεῖνος περιεπάτησεν¹⁰, καὶ αὐτὸς οὕτως περιπατεῖν.

The New Commandment

7 Ἀγαπητοί, οὐκ ἐντολὴν καινὴν γράφω ὑμῖν ἀλλ' ἐντολὴν παλαιὰν¹¹ ἣν εἴχετε¹² ἀπ' ἀρχῆς· ἡ ἐντολὴ ἡ παλαιά ἐστιν ὁ λόγος ὃν ἠκούσατε. **8** πάλιν ἐντολὴν καινὴν γράφω ὑμῖν ὅ ἐστιν ἀληθὲς¹³ ἐν αὐτῷ καὶ ἐν ὑμῖν, ὅτι ἡ σκοτία¹⁴ παράγεται¹⁵ καὶ τὸ φῶς τὸ ἀληθινὸν¹⁶ ἤδη φαίνει¹⁷. **9** ὁ λέγων ἐν τῷ φωτὶ εἶναι καὶ τὸν ἀδελφὸν αὐτοῦ μισῶν ἐν τῇ σκοτίᾳ ἐστὶν ἕως ἄρτι. **10** ὁ ἀγαπῶν τὸν ἀδελφὸν αὐτοῦ ἐν τῷ φωτὶ μένει, καὶ σκάνδαλον¹⁸ ἐν αὐτῷ οὐκ ἔστιν· **11** ὁ δὲ μισῶν τὸν ἀδελφὸν αὐτοῦ ἐν τῇ σκοτίᾳ ἐστὶν καὶ ἐν τῇ σκοτίᾳ περιπατεῖ καὶ οὐκ οἶδεν ποῦ ὑπάγει, ὅτι ἡ σκοτία ἐτύφλωσεν¹⁹ τοὺς ὀφθαλμοὺς αὐτοῦ.

12 γράφω ὑμῖν, τεκνία²⁰, ὅτι ἀφέωνται²¹ ὑμῖν αἱ ἁμαρτίαι διὰ τὸ ὄνομα αὐτοῦ.

13 γράφω ὑμῖν, πατέρες, ὅτι ἐγνώκατε²² τὸν ἀπ' ἀρχῆς.

γράφω ὑμῖν, νεανίσκοι²³, ὅτι νενικήκατε²⁴ τὸν πονηρόν.

14 ἔγραψα ὑμῖν, παιδία, ὅτι ἐγνώκατε τὸν πατέρα.

ἔγραψα ὑμῖν, πατέρες, ὅτι ἐγνώκατε τὸν ἀπ' ἀρχῆς.

ἔγραψα ὑμῖν, νεανίσκοι, ὅτι ἰσχυροί²⁵ ἐστε καὶ ὁ λόγος τοῦ θεοῦ ἐν ὑμῖν μένει καὶ νενικήκατε τὸν πονηρόν.

15 Μὴ ἀγαπᾶτε τὸν κόσμον μηδὲ τὰ ἐν τῷ κόσμῳ. ἐάν τις ἀγαπᾷ τὸν κόσμον, οὐκ ἔστιν ἡ ἀγάπη τοῦ πατρὸς ἐν αὐτῷ· **16** ὅτι πᾶν τὸ ἐν τῷ κόσμῳ, ἡ ἐπιθυμία τῆς

---

[1] τεκνίον, -ου n, child
[2] ἁμαρτάνω 2p aor act sub, sin
[3] παράκλητος, -ου m, advocate
[4] ἱλασμός, -οῦ m, means by which sins are forgiven
[5] ἡμέτερος, -α/ον, our
[6] γινώσκω 1p pf act ind, know
[7] ψεύστης, -ου m, liar
[8] ἀληθῶς, adv, truly
[9] τελειόω 3s pf pas ind, make perfect
[10] περιπατέω 3s aor act ind, walk
[11] παλαιός, -ά/όν, old
[12] ἔχω 2p impf act ind, have
[13] ἀληθής, -ές, true
[14] σκοτία, -ας f, darkness
[15] παράγω 3s pres pas ind, pas pass away
[16] ἀληθινός, -ή/όν, true
[17] φαίνω 3s pres act ind, shine
[18] σκάνδαλον, -ου n, something that causes stumbling
[19] τυφλόω 3s aor act ind, blind
[20] τεκνίον, -ου n, child
[21] ἀφίημι 3p pf pas ind, forgive
[22] γινώσκω 2p pf act ind, know
[23] νεανίσκος, -ου m, young man
[24] νικάω 2p pf act ind, overcome
[25] ἰσχυρός, -ά/όν, strong

σαρκὸς καὶ ἡ ἐπιθυμία τῶν ὀφθαλμῶν καὶ ἡ ἀλαζονεία¹ τοῦ βίου², οὐκ ἔστιν ἐκ τοῦ πατρὸς ἀλλ' ἐκ τοῦ κόσμου ἐστίν. **17** καὶ ὁ κόσμος παράγεται³ καὶ ἡ ἐπιθυμία αὐτοῦ, ὁ δὲ ποιῶν τὸ θέλημα τοῦ θεοῦ μένει εἰς τὸν αἰῶνα.

The Antichrist

18 Παιδία, ἐσχάτη ὥρα ἐστίν, καὶ καθὼς ἠκούσατε ὅτι ἀντίχριστος⁴ ἔρχεται, καὶ νῦν ἀντίχριστοι πολλοὶ γεγόνασιν⁵, ὅθεν⁶ γινώσκομεν ὅτι ἐσχάτη ὥρα ἐστίν. **19** ἐξ ἡμῶν ἐξῆλθαν ἀλλ' οὐκ ἦσαν ἐξ ἡμῶν, εἰ γὰρ ἐξ ἡμῶν ἦσαν, μεμενήκεισαν⁷ ἂν μεθ' ἡμῶν – ἀλλ' ἵνα φανερωθῶσιν ὅτι οὐκ εἰσὶν πάντες ἐξ ἡμῶν. **20** καὶ ὑμεῖς χρῖσμα⁸ ἔχετε ἀπὸ τοῦ ἁγίου καὶ οἴδατε πάντες. **21** οὐκ ἔγραψα ὑμῖν ὅτι οὐκ οἴδατε τὴν ἀλήθειαν ἀλλ' ὅτι οἴδατε αὐτὴν καὶ ὅτι πᾶν ψεῦδος⁹ ἐκ τῆς ἀληθείας οὐκ ἔστιν. **22** Τίς ἐστιν ὁ ψεύστης¹⁰ εἰ μὴ ὁ ἀρνούμενος ὅτι Ἰησοῦς οὐκ ἔστιν ὁ Χριστός; οὗτός ἐστιν ὁ ἀντίχριστος, ὁ ἀρνούμενος τὸν πατέρα καὶ τὸν υἱόν. **23** πᾶς ὁ ἀρνούμενος τὸν υἱὸν οὐδὲ τὸν πατέρα ἔχει, ὁ ὁμολογῶν¹¹ τὸν υἱὸν καὶ τὸν πατέρα ἔχει. **24** ὑμεῖς ὃ ἠκούσατε ἀπ' ἀρχῆς, ἐν ὑμῖν μενέτω. ἐὰν ἐν ὑμῖν μείνῃ¹² ὃ ἀπ' ἀρχῆς ἠκούσατε, καὶ ὑμεῖς ἐν τῷ υἱῷ καὶ ἐν τῷ πατρὶ μενεῖτε. **25** καὶ αὕτη ἐστὶν ἡ ἐπαγγελία ἣν αὐτὸς ἐπηγγείλατο¹³ ἡμῖν, τὴν ζωὴν τὴν αἰώνιον.

26 Ταῦτα ἔγραψα ὑμῖν περὶ τῶν πλανώντων ὑμᾶς. **27** καὶ ὑμεῖς τὸ χρῖσμα ὃ ἐλάβετε ἀπ' αὐτοῦ μένει ἐν ὑμῖν, καὶ οὐ χρείαν ἔχετε ἵνα τις διδάσκῃ ὑμᾶς, ἀλλ' ὡς τὸ αὐτοῦ χρῖσμα διδάσκει ὑμᾶς περὶ πάντων, καὶ ἀληθές¹⁴ ἐστιν καὶ οὐκ ἔστιν ψεῦδος, καὶ καθὼς ἐδίδαξεν ὑμᾶς, μένετε ἐν αὐτῷ.

Children of God

28 Καὶ νῦν, τεκνία, μένετε ἐν αὐτῷ, ἵνα ἐὰν φανερωθῇ, σχῶμεν¹⁵ παρρησίαν καὶ μὴ αἰσχυνθῶμεν¹⁶ ἀπ' αὐτοῦ ἐν τῇ παρουσίᾳ¹⁷ αὐτοῦ. **29** ἐὰν εἰδῆτε¹⁸ ὅτι δίκαιός ἐστιν, γινώσκετε ὅτι καὶ πᾶς ὁ ποιῶν τὴν δικαιοσύνην ἐξ αὐτοῦ γεγέννηται.

3 Ἴδετε¹⁹ ποταπὴν²⁰ ἀγάπην δέδωκεν²¹ ἡμῖν ὁ πατήρ, ἵνα τέκνα θεοῦ κληθῶμεν²², καὶ ἐσμέν. διὰ τοῦτο ὁ κόσμος οὐ γινώσκει ἡμᾶς, ὅτι οὐκ ἔγνω²³ αὐτόν. **2** ἀγαπητοὶ νῦν τέκνα θεοῦ ἐσμεν, καὶ οὔπω²⁴ ἐφανερώθη τί ἐσόμεθα²⁵. οἴδαμεν

---

¹ ἀλαζονεία, -ας f, arrogance
² βίος, -ου m, Leben
³ παράγω 3s pres pas ind, pas pass away
⁴ ἀντίχριστος, -ου m, Antichrist
⁵ γίνομαι 3p pf act ind, come
⁶ ὅθεν, conj, and so
⁷ μένω 3p plpf act ind, remain
⁸ χρῖσμα, -τος n, anointing
⁹ ψεῦδος, -ους n, lie
¹⁰ ψεύστης, -ου m, liar
¹¹ ὁμολογέω pres act ptc m s nom, confess
¹² μένω 3s aor act sub, remain
¹³ ἐπαγγέλλομαι 3s aor mid ind, promise
¹⁴ ἀληθής, -ές, true
¹⁵ ἔχω 1p aor act sub, have
¹⁶ αἰσχύνω 1p aor pas sub, put to shame
¹⁷ παρουσία, -ας f, coming
¹⁸ οἶδα 2p pf act sub, know
¹⁹ ὁράω 2p aor act impv, see
²⁰ ποταπός, -ή/όν, what wonderful
²¹ δίδωμι 3s pf act ind, give
²² καλέω 1p aor pas sub, call
²³ γινώσκω 3s aor act ind, know
²⁴ οὔπω, adv, not yet
²⁵ εἰμί 1p fut mid ind, be

ὅτι ἐὰν φανερωθῇ, ὅμοιοι αὐτῷ ἐσόμεθα, ὅτι ὀψόμεθα[1] αὐτόν, καθώς ἐστιν. 3 καὶ πᾶς ὁ ἔχων τὴν ἐλπίδα ταύτην ἐπ' αὐτῷ ἁγνίζει[2] ἑαυτόν, καθὼς ἐκεῖνος ἁγνός[3] ἐστιν. 4 Πᾶς ὁ ποιῶν τὴν ἁμαρτίαν καὶ τὴν ἀνομίαν[4] ποιεῖ, καὶ ἡ ἁμαρτία ἐστὶν ἡ ἀνομία. 5 καὶ οἴδατε ὅτι ἐκεῖνος ἐφανερώθη, ἵνα τὰς ἁμαρτίας ἄρῃ[5], καὶ ἁμαρτία ἐν αὐτῷ οὐκ ἔστιν. 6 πᾶς ὁ ἐν αὐτῷ μένων οὐχ ἁμαρτάνει· πᾶς ὁ ἁμαρτάνων οὐχ ἑώρακεν[6] αὐτὸν οὐδὲ ἔγνωκεν[7] αὐτόν.

7 Παιδία, μηδεὶς πλανάτω ὑμᾶς· ὁ ποιῶν τὴν δικαιοσύνην δίκαιός ἐστιν, καθὼς ἐκεῖνος δίκαιός ἐστιν· 8 ὁ ποιῶν τὴν ἁμαρτίαν ἐκ τοῦ διαβόλου ἐστίν, ὅτι ἀπ' ἀρχῆς ὁ διάβολος ἁμαρτάνει. εἰς τοῦτο ἐφανερώθη ὁ υἱὸς τοῦ θεοῦ, ἵνα λύσῃ τὰ ἔργα τοῦ διαβόλου. 9 πᾶς ὁ γεγεννημένος[8] ἐκ τοῦ θεοῦ ἁμαρτίαν οὐ ποιεῖ, ὅτι σπέρμα αὐτοῦ ἐν αὐτῷ μένει, καὶ οὐ δύναται ἁμαρτάνειν, ὅτι ἐκ τοῦ θεοῦ γεγέννηται. 10 ἐν τούτῳ φανερά[9] ἐστιν τὰ τέκνα τοῦ θεοῦ καὶ τὰ τέκνα τοῦ διαβόλου· πᾶς ὁ μὴ ποιῶν δικαιοσύνην οὐκ ἔστιν ἐκ τοῦ θεοῦ καὶ ὁ μὴ ἀγαπῶν τὸν ἀδελφὸν αὐτοῦ.

Love One Another

11 Ὅτι αὕτη ἐστὶν ἡ ἀγγελία[10] ἣν ἠκούσατε ἀπ' ἀρχῆς, ἵνα ἀγαπῶμεν ἀλλήλους, 12 οὐ καθὼς Κάϊν ἐκ τοῦ πονηροῦ ἦν καὶ ἔσφαξεν[11] τὸν ἀδελφὸν αὐτοῦ· καὶ χάριν[12] τίνος ἔσφαξεν αὐτόν; ὅτι τὰ ἔργα αὐτοῦ πονηρὰ ἦν, τὰ δὲ τοῦ ἀδελφοῦ αὐτοῦ δίκαια.

13 Καὶ μὴ θαυμάζετε, ἀδελφοί, εἰ μισεῖ ὑμᾶς ὁ κόσμος. 14 ἡμεῖς οἴδαμεν ὅτι μεταβεβήκαμεν[13] ἐκ τοῦ θανάτου εἰς τὴν ζωήν, ὅτι ἀγαπῶμεν τοὺς ἀδελφούς· ὁ μὴ ἀγαπῶν μένει ἐν τῷ θανάτῳ. 15 πᾶς ὁ μισῶν τὸν ἀδελφὸν αὐτοῦ ἀνθρωποκτόνος[14] ἐστίν, καὶ οἴδατε ὅτι πᾶς ἀνθρωποκτόνος οὐκ ἔχει ζωὴν αἰώνιον ἐν αὐτῷ μένουσαν. 16 ἐν τούτῳ ἐγνώκαμεν[15] τὴν ἀγάπην, ὅτι ἐκεῖνος ὑπὲρ ἡμῶν τὴν ψυχὴν αὐτοῦ ἔθηκεν[16], καὶ ἡμεῖς ὀφείλομεν ὑπὲρ τῶν ἀδελφῶν τὰς ψυχὰς θεῖναι[17]. 17 ὃς δ' ἂν ἔχῃ τὸν βίον[18] τοῦ κόσμου καὶ θεωρῇ τὸν ἀδελφὸν αὐτοῦ χρείαν ἔχοντα καὶ κλείσῃ[19] τὰ σπλάγχνα[20] αὐτοῦ ἀπ' αὐτοῦ, πῶς ἡ ἀγάπη τοῦ θεοῦ μένει ἐν αὐτῷ; 18 τεκνία[21], μὴ ἀγαπῶμεν λόγῳ μηδὲ τῇ γλώσσῃ, ἀλλ' ἐν ἔργῳ καὶ ἀληθείᾳ,

---

[1] ὁράω 1p fut mid ind, see
[2] ἁγνίζω 3s pres act ind, purify
[3] ἁγνός, -ή/όν, pure
[4] ἀνομία, -ας f, lawlessness
[5] αἴρω 3s aor act sub, take away
[6] ὁράω 3s pf act ind, see
[7] γινώσκω 3s pf act ind, know
[8] γεννάω pf pas ptc m s nom, pas be born
[9] φανερός, -ά/όν, evident
[10] ἀγγελία, -ας f, message
[11] σφάζω 3s aor act ind, murder
[12] χάριν, prep + gen, because of (χ. τίνος why?)
[13] μεταβαίνω 1p pf act ind, cross over
[14] ἀνθρωποκτόνος, -ου m, murderer
[15] γινώσκω 1p pf act ind, know
[16] τίθημι 3s aor act ind, lay down
[17] τίθημι aor act inf, lay down
[18] βίος, -ου m, possessions
[19] κλείω 3s aor act sub, shut off
[20] σπλάγχνον, -ου n, feelings
[21] τεκνίον, -ου n, child

Confidence before God

19 Καὶ ἐν τούτῳ γνωσόμεθα¹ ὅτι ἐκ τῆς ἀληθείας ἐσμέν, καὶ ἔμπροσθεν αὐτοῦ πείσομεν² τὴν καρδίαν ἡμῶν, **20** ὅτι ἐὰν καταγινώσκῃ³ ἡμῶν ἡ καρδία, ὅτι μείζων⁴ ἐστὶν ὁ θεὸς τῆς καρδίας ἡμῶν καὶ γινώσκει πάντα. **21** ἀγαπητοί, ἐὰν ἡ καρδία ἡμῶν μὴ καταγινώσκῃ, παρρησίαν ἔχομεν πρὸς τὸν θεὸν **22** καὶ ὃ ἐὰν αἰτῶμεν, λαμβάνομεν ἀπ' αὐτοῦ, ὅτι τὰς ἐντολὰς αὐτοῦ τηροῦμεν καὶ τὰ ἀρεστὰ⁵ ἐνώπιον αὐτοῦ ποιοῦμεν.

23 Καὶ αὕτη ἐστὶν ἡ ἐντολὴ αὐτοῦ, ἵνα πιστεύσωμεν τῷ ὀνόματι τοῦ υἱοῦ αὐτοῦ Ἰησοῦ Χριστοῦ καὶ ἀγαπῶμεν ἀλλήλους, καθὼς ἔδωκεν ἐντολὴν ἡμῖν. **24** καὶ ὁ τηρῶν τὰς ἐντολὰς αὐτοῦ ἐν αὐτῷ μένει καὶ αὐτὸς ἐν αὐτῷ· καὶ ἐν τούτῳ γινώσκομεν ὅτι μένει ἐν ἡμῖν, ἐκ τοῦ πνεύματος οὗ ἡμῖν ἔδωκεν.

Testing the Spirits

4 Ἀγαπητοί, μὴ παντὶ πνεύματι πιστεύετε ἀλλὰ δοκιμάζετε⁶ τὰ πνεύματα εἰ ἐκ τοῦ θεοῦ ἐστιν, ὅτι πολλοὶ ψευδοπροφῆται⁷ ἐξεληλύθασιν⁸ εἰς τὸν κόσμον. **2** ἐν τούτῳ γινώσκετε τὸ πνεῦμα τοῦ θεοῦ· πᾶν πνεῦμα ὃ ὁμολογεῖ⁹ Ἰησοῦν Χριστὸν ἐν σαρκὶ ἐληλυθότα¹⁰ ἐκ τοῦ θεοῦ ἐστιν, **3** καὶ πᾶν πνεῦμα ὃ μὴ ὁμολογεῖ τὸν Ἰησοῦν ἐκ τοῦ θεοῦ οὐκ ἔστιν· καὶ τοῦτό ἐστιν τὸ τοῦ ἀντιχρίστου¹¹ ὃ ἀκηκόατε¹² ὅτι ἔρχεται, καὶ νῦν ἐν τῷ κόσμῳ ἐστὶν ἤδη.

4 Ὑμεῖς ἐκ τοῦ θεοῦ ἐστε, τεκνία¹³, καὶ νενικήκατε¹⁴ αὐτούς, ὅτι μείζων¹⁵ ἐστὶν ὁ ἐν ὑμῖν ἢ ὁ ἐν τῷ κόσμῳ. **5** αὐτοὶ ἐκ τοῦ κόσμου εἰσίν, διὰ τοῦτο ἐκ τοῦ κόσμου λαλοῦσιν καὶ ὁ κόσμος αὐτῶν ἀκούει. **6** ἡμεῖς ἐκ τοῦ θεοῦ ἐσμεν· ὁ γινώσκων τὸν θεὸν ἀκούει ἡμῶν· ὃς οὐκ ἔστιν ἐκ τοῦ θεοῦ, οὐκ ἀκούει ἡμῶν. ἐκ τούτου γινώσκομεν τὸ πνεῦμα τῆς ἀληθείας καὶ τὸ πνεῦμα τῆς πλάνης¹⁶.

God is Love

7 ἀγαπητοί, ἀγαπῶμεν ἀλλήλους,
ὅτι ἡ ἀγάπη ἐκ τοῦ θεοῦ ἐστιν,
καὶ πᾶς ὁ ἀγαπῶν ἐκ τοῦ θεοῦ γεγέννηται¹⁷
καὶ γινώσκει τὸν θεόν.
8 ὁ μὴ ἀγαπῶν οὐκ ἔγνω¹⁸ τὸν θεόν,
ὅτι ὁ θεὸς ἀγάπη ἐστίν.

---

1 γινώσκω 1p fut mid ind, know
2 πείθω 1p fut act ind, reassure
3 καταγινώσκω 3s pres act sub, condemn
4 μέγας, great (comp)
5 ἀρεστός, -ή/όν, pleasing
6 δοκιμάζω 2p pres act impv, test
7 ψευδοπροφήτης, -ου m, false prophet
8 ἐξέρχομαι 3p pf act ind, come
9 ὁμολογέω 3s pres act ind, confess
10 ἔρχομαι pf act ptc m s acc, come
11 ἀντίχριστος, -ου m, Antichrist
12 ἀκούω 2p pf act ind, hear
13 τεκνίον, -ου n, child
14 νικάω 2p pf act ind, overcome
15 μέγας, great (comp)
16 πλάνη, -ης f, error
17 γεννάω 3s pf pas ind, pas be born
18 γινώσκω 3s aor act ind, know

9 ἐν τούτῳ ἐφανερώθη ἡ ἀγάπη τοῦ θεοῦ ἐν ἡμῖν, ὅτι τὸν υἱὸν αὐτοῦ τὸν μονογενῆ[1] ἀπέσταλκεν[2] ὁ θεὸς εἰς τὸν κόσμον, ἵνα ζήσωμεν[3] δι' αὐτοῦ. **10** ἐν τούτῳ ἐστὶν ἡ ἀγάπη, οὐχ ὅτι ἡμεῖς ἠγαπήκαμεν[4] τὸν θεόν, ἀλλ' ὅτι αὐτὸς ἠγάπησεν ἡμᾶς καὶ ἀπέστειλεν[5] τὸν υἱὸν αὐτοῦ ἱλασμὸν[6] περὶ τῶν ἁμαρτιῶν ἡμῶν. **11** ἀγαπητοί, εἰ οὕτως ὁ θεὸς ἠγάπησεν ἡμᾶς, καὶ ἡμεῖς ὀφείλομεν ἀλλήλους ἀγαπᾶν. **12** θεὸν οὐδεὶς πώποτε[7] τεθέαται[8]. ἐὰν ἀγαπῶμεν ἀλλήλους, ὁ θεὸς ἐν ἡμῖν μένει καὶ ἡ ἀγάπη αὐτοῦ ἐν ἡμῖν τετελειωμένη[9] ἐστίν. **13** ἐν τούτῳ γινώσκομεν ὅτι ἐν αὐτῷ μένομεν καὶ αὐτὸς ἐν ἡμῖν, ὅτι ἐκ τοῦ πνεύματος αὐτοῦ δέδωκεν[10] ἡμῖν. **14** καὶ ἡμεῖς τεθεάμεθα[11] καὶ μαρτυροῦμεν ὅτι ὁ πατὴρ ἀπέσταλκεν[12] τὸν υἱὸν σωτῆρα[13] τοῦ κόσμου. **15** ὃς ἐὰν ὁμολογήσῃ[14] ὅτι Ἰησοῦς ἐστιν ὁ υἱὸς τοῦ θεοῦ, ὁ θεὸς ἐν αὐτῷ μένει καὶ αὐτὸς ἐν τῷ θεῷ. **16** καὶ ἡμεῖς ἐγνώκαμεν[15] καὶ πεπιστεύκαμεν τὴν ἀγάπην ἣν ἔχει ὁ θεὸς ἐν ἡμῖν.

Ὁ θεὸς ἀγάπη ἐστίν, καὶ ὁ μένων ἐν τῇ ἀγάπῃ ἐν τῷ θεῷ μένει, καὶ ὁ θεὸς ἐν αὐτῷ μένει. **17** ἐν τούτῳ τετελείωται[16] ἡ ἀγάπη μεθ' ἡμῶν, ἵνα παρρησίαν ἔχωμεν ἐν τῇ ἡμέρᾳ τῆς κρίσεως, ὅτι καθὼς ἐκεῖνός ἐστιν, καὶ ἡμεῖς ἐσμεν ἐν τῷ κόσμῳ τούτῳ. **18** φόβος οὐκ ἔστιν ἐν τῇ ἀγάπῃ, ἀλλ' ἡ τελεία[17] ἀγάπη ἔξω βάλλει τὸν φόβον, ὅτι ὁ φόβος κόλασιν[18] ἔχει, ὁ δὲ φοβούμενος οὐ τετελείωται ἐν τῇ ἀγάπῃ. **19** ἡμεῖς ἀγαπῶμεν, ὅτι αὐτὸς πρῶτος ἠγάπησεν[19] ἡμᾶς. **20** ἐάν τις εἴπῃ[20] ὅτι ἀγαπῶ τὸν θεὸν καὶ τὸν ἀδελφὸν αὐτοῦ μισῇ, ψεύστης[21] ἐστίν· ὁ γὰρ μὴ ἀγαπῶν τὸν ἀδελφὸν αὐτοῦ ὃν ἑώρακεν[22], τὸν θεὸν ὃν οὐχ ἑώρακεν οὐ δύναται ἀγαπᾶν. **21** καὶ ταύτην τὴν ἐντολὴν ἔχομεν ἀπ' αὐτοῦ, ἵνα ὁ ἀγαπῶν τὸν θεὸν ἀγαπᾷ καὶ τὸν ἀδελφὸν αὐτοῦ.

Faith is Victory over the World

5 Πᾶς ὁ πιστεύων ὅτι Ἰησοῦς ἐστιν ὁ Χριστὸς ἐκ τοῦ θεοῦ γεγέννηται[23], καὶ πᾶς ὁ ἀγαπῶν τὸν γεννήσαντα ἀγαπᾷ καὶ τὸν γεγεννημένον ἐξ αὐτοῦ. **2** ἐν τούτῳ γινώσκομεν ὅτι ἀγαπῶμεν τὰ τέκνα τοῦ θεοῦ, ὅταν τὸν θεὸν ἀγαπῶμεν καὶ τὰς

---

[1] μονογενής, -ές, only
[2] ἀποστέλλω 3s pf act ind, send
[3] ζάω 1p aor act sub, live
[4] ἀγαπάω 1p pf act ind, love
[5] ἀποστέλλω 3s aor act ind, send
[6] ἱλασμός, -οῦ m, means by which sins are forgiven
[7] πώποτε, adv, ever
[8] θεάομαι 3s pf mid ind, see
[9] τελειόω pf pas ptc f s nom, make perfect
[10] δίδωμι 3s pf act ind, give
[11] θεάομαι 1p pf mid ind, see
[12] ἀποστέλλω 3s pf act ind, send
[13] σωτήρ, -ῆρος m, Savior
[14] ὁμολογέω 3s aor act sub, confess
[15] γινώσκω 1p pf act ind, know
[16] τελειόω 3s pf pas ind, make perfect
[17] τέλειος, -α/ον, perfect
[18] κόλασις, -εως f, punishment (κ. ἔχω fear has to do with punishment)
[19] ἀγαπάω 3s aor act ind, love
[20] λέγω 3s aor act sub, say
[21] ψεύστης, -ου m, liar
[22] ὁράω 3s pf act ind, see
[23] γεννάω 3s pf pas ind, pas be born

ἐντολὰς αὐτοῦ ποιῶμεν. **3** αὕτη γάρ ἐστιν ἡ ἀγάπη τοῦ θεοῦ, ἵνα τὰς ἐντολὰς αὐτοῦ τηρῶμεν, καὶ αἱ ἐντολαὶ αὐτοῦ βαρεῖαι[1] οὐκ εἰσίν. **4** ὅτι πᾶν τὸ γεγεννημένον ἐκ τοῦ θεοῦ νικᾷ[2] τὸν κόσμον· καὶ αὕτη ἐστὶν ἡ νίκη[3] ἡ νικήσασα τὸν κόσμον, ἡ πίστις ἡμῶν. **5** τίς δέ ἐστιν ὁ νικῶν τὸν κόσμον εἰ μὴ ὁ πιστεύων ὅτι Ἰησοῦς ἐστιν ὁ υἱὸς τοῦ θεοῦ;

Testimony concerning the Son of God

6 Οὗτός ἐστιν ὁ ἐλθὼν δι' ὕδατος[4] καὶ αἵματος, Ἰησοῦς Χριστός, οὐκ ἐν τῷ ὕδατι μόνον, ἀλλ' ἐν τῷ ὕδατι καὶ ἐν τῷ αἵματι· καὶ τὸ πνεῦμά ἐστιν τὸ μαρτυροῦν, ὅτι τὸ πνεῦμά ἐστιν ἡ ἀλήθεια. **7** ὅτι τρεῖς εἰσιν οἱ μαρτυροῦντες, **8** τὸ πνεῦμα καὶ τὸ ὕδωρ καὶ τὸ αἷμα, καὶ οἱ τρεῖς εἰς τὸ ἕν εἰσιν. **9** εἰ τὴν μαρτυρίαν τῶν ἀνθρώπων λαμβάνομεν, ἡ μαρτυρία τοῦ θεοῦ μείζων[5] ἐστίν· ὅτι αὕτη ἐστὶν ἡ μαρτυρία τοῦ θεοῦ, ὅτι μεμαρτύρηκεν περὶ τοῦ υἱοῦ αὐτοῦ. **10** ὁ πιστεύων εἰς τὸν υἱὸν τοῦ θεοῦ ἔχει τὴν μαρτυρίαν ἐν αὐτῷ, ὁ μὴ πιστεύων τῷ θεῷ ψεύστην[6] πεποίηκεν αὐτόν, ὅτι οὐ πεπίστευκεν εἰς τὴν μαρτυρίαν ἣν μεμαρτύρηκεν ὁ θεὸς περὶ τοῦ υἱοῦ αὐτοῦ. **11** καὶ αὕτη ἐστὶν ἡ μαρτυρία, ὅτι ζωὴν αἰώνιον ἔδωκεν ἡμῖν ὁ θεός, καὶ αὕτη ἡ ζωὴ ἐν τῷ υἱῷ αὐτοῦ ἐστιν. **12** ὁ ἔχων τὸν υἱὸν ἔχει τὴν ζωήν· ὁ μὴ ἔχων τὸν υἱὸν τοῦ θεοῦ τὴν ζωὴν οὐκ ἔχει.

The Knowledge of Eternal Life

13 Ταῦτα ἔγραψα ὑμῖν, ἵνα εἰδῆτε[7] ὅτι ζωὴν ἔχετε αἰώνιον, τοῖς πιστεύουσιν εἰς τὸ ὄνομα τοῦ υἱοῦ τοῦ θεοῦ. **14** καὶ αὕτη ἐστὶν ἡ παρρησία ἣν ἔχομεν πρὸς αὐτόν, ὅτι ἐάν τι αἰτώμεθα κατὰ τὸ θέλημα αὐτοῦ ἀκούει ἡμῶν. **15** καὶ ἐὰν οἴδαμεν ὅτι ἀκούει ἡμῶν ὃ ἐὰν αἰτώμεθα, οἴδαμεν ὅτι ἔχομεν τὰ αἰτήματα[8] ἃ ᾐτήκαμεν[9] ἀπ' αὐτοῦ.

16 Ἐάν τις ἴδῃ[10] τὸν ἀδελφὸν αὐτοῦ ἁμαρτάνοντα ἁμαρτίαν μὴ πρὸς θάνατον, αἰτήσει καὶ δώσει[11] αὐτῷ ζωήν, τοῖς ἁμαρτάνουσιν μὴ πρὸς θάνατον. ἔστιν ἁμαρτία πρὸς θάνατον· οὐ περὶ ἐκείνης λέγω ἵνα ἐρωτήσῃ. **17** πᾶσα ἀδικία[12] ἁμαρτία ἐστίν, καὶ ἔστιν ἁμαρτία οὐ πρὸς θάνατον.

18 Οἴδαμεν ὅτι πᾶς ὁ γεγεννημένος ἐκ τοῦ θεοῦ οὐχ ἁμαρτάνει, ἀλλ' ὁ γεννηθεὶς ἐκ τοῦ θεοῦ τηρεῖ ἑαυτὸν καὶ ὁ πονηρὸς οὐχ ἅπτεται αὐτοῦ. **19** οἴδαμεν ὅτι ἐκ τοῦ θεοῦ ἐσμεν καὶ ὁ κόσμος ὅλος ἐν τῷ πονηρῷ κεῖται[13]. **20** οἴδαμεν δὲ ὅτι ὁ υἱὸς τοῦ θεοῦ ἥκει[14] καὶ δέδωκεν[15] ἡμῖν διάνοιαν[16], ἵνα γινώσκωμεν τὸν ἀληθινόν[17], καὶ

---

[1] βαρύς, -εῖα/ύ, burdensome
[2] νικάω 3s pres act ind, overcome
[3] νίκη, -ης f, victory
[4] ὕδωρ, ὕδατος n, water
[5] μέγας, great (comp)
[6] ψεύστης, -ου m, liar
[7] οἶδα 2p pf act sub, know
[8] αἴτημα, -τος n, request
[9] αἰτέω 1p pf act ind, ask
[10] ὁράω 3s aor act sub, see
[11] δίδωμι 3s fut act ind, give
[12] ἀδικία, -ας f, wrongdoing
[13] κεῖμαι 3s pres mid ind, be
[14] ἥκω 3s pres act ind, has come
[15] δίδωμι 3s pf act ind, give
[16] διάνοια, -ας f, understanding
[17] ἀληθινός, -ή/όν, true

ἐσμὲν ἐν τῷ ἀληθινῷ, ἐν τῷ υἱῷ αὐτοῦ Ἰησοῦ Χριστῷ. οὗτός ἐστιν ὁ ἀληθινὸς θεὸς καὶ ζωὴ αἰώνιος. 21 Τεκνία¹, φυλάξατε ἑαυτὰ ἀπὸ τῶν εἰδώλων².

ΙΩΑΝΝΟΥ Β'

Salutation

1 Ὁ πρεσβύτερος ἐκλεκτῇ³ κυρίᾳ⁴ καὶ τοῖς τέκνοις αὐτῆς, οὓς ἐγὼ ἀγαπῶ ἐν ἀληθείᾳ, καὶ οὐκ ἐγὼ μόνος ἀλλὰ καὶ πάντες οἱ ἐγνωκότες⁵ τὴν ἀλήθειαν, 2 διὰ τὴν ἀλήθειαν τὴν μένουσαν ἐν ἡμῖν καὶ μεθ' ἡμῶν ἔσται εἰς τὸν αἰῶνα. 3 ἔσται μεθ' ἡμῶν χάρις ἔλεος⁶ εἰρήνη παρὰ θεοῦ πατρὸς καὶ παρὰ Ἰησοῦ Χριστοῦ τοῦ υἱοῦ τοῦ πατρὸς ἐν ἀληθείᾳ καὶ ἀγάπῃ.

Truth and Love

4 Ἐχάρην⁷ λίαν⁸ ὅτι εὕρηκα⁹ ἐκ τῶν τέκνων σου περιπατοῦντας ἐν ἀληθείᾳ, καθὼς ἐντολὴν ἐλάβομεν παρὰ τοῦ πατρός. 5 καὶ νῦν ἐρωτῶ σε, κυρία, οὐχ ὡς ἐντολὴν γράφων σοι καινὴν ἀλλ' ἣν εἴχομεν¹⁰ ἀπ' ἀρχῆς, ἵνα ἀγαπῶμεν ἀλλήλους. 6 καὶ αὕτη ἐστὶν ἡ ἀγάπη, ἵνα περιπατῶμεν κατὰ τὰς ἐντολὰς αὐτοῦ· αὕτη ἡ ἐντολή ἐστιν, καθὼς ἠκούσατε ἀπ' ἀρχῆς, ἵνα ἐν αὐτῇ περιπατῆτε.

7 Ὅτι πολλοὶ πλάνοι¹¹ ἐξῆλθον εἰς τὸν κόσμον, οἱ μὴ ὁμολογοῦντες¹² Ἰησοῦν Χριστὸν ἐρχόμενον ἐν σαρκί· οὗτός ἐστιν ὁ πλάνος καὶ ὁ ἀντίχριστος¹³. 8 βλέπετε ἑαυτούς, ἵνα μὴ ἀπολέσητε¹⁴ ἃ εἰργασάμεθα¹⁵ ἀλλὰ μισθὸν¹⁶ πλήρη¹⁷ ἀπολάβητε¹⁸.

9 Πᾶς ὁ προάγων¹⁹ καὶ μὴ μένων ἐν τῇ διδαχῇ²⁰ τοῦ Χριστοῦ θεὸν οὐκ ἔχει· ὁ μένων ἐν τῇ διδαχῇ, οὗτος καὶ τὸν πατέρα καὶ τὸν υἱὸν ἔχει. 10 εἴ τις ἔρχεται πρὸς ὑμᾶς καὶ ταύτην τὴν διδαχὴν οὐ φέρει, μὴ λαμβάνετε αὐτὸν εἰς οἰκίαν καὶ χαίρειν αὐτῷ μὴ λέγετε· 11 ὁ λέγων γὰρ αὐτῷ χαίρειν κοινωνεῖ²¹ τοῖς ἔργοις αὐτοῦ τοῖς πονηροῖς.

¹ τεκνίον, -ου n, child
² εἴδωλον, -ου n, idol
³ ἐκλεκτός, -ή/όν, chosen
⁴ κυρία, -ας f, lady
⁵ γινώσκω pf act ptc m p nom, know
⁶ ἔλεος, -ους n, mercy
⁷ χαίρω 1s aor pas ind, be glad
⁸ λίαν, adv, very
⁹ εὑρίσκω 1s pf act ind, find
¹⁰ ἔχω 1p impf act ind, have
¹¹ πλάνος, -ον m, deceiver
¹² ὁμολογέω pres act ptc m p nom, confess
¹³ ἀντίχριστος, -ου m, Antichrist
¹⁴ ἀπόλλυμι 2p aor act sub, lose
¹⁵ ἐργάζομαι 1p aor mid ind, work for
¹⁶ μισθός, -οῦ m, reward
¹⁷ πλήρης, -ες, full
¹⁸ ἀπολαμβάνω 2p aor act sub, receive
¹⁹ προάγω pres act ptc m s nom, go (too far) ahead
²⁰ διδαχή, -ῆς f, teaching
²¹ κοινωνέω 3s pres act ind, share

Final Greetings

12 Πολλὰ ἔχων ὑμῖν γράφειν οὐκ ἐβουλήθην διὰ χάρτου¹ καὶ μέλανος², ἀλλ' ἐλπίζω γενέσθαι πρὸς ὑμᾶς καὶ στόμα πρὸς στόμα λαλῆσαι, ἵνα ἡ χαρὰ ἡμῶν ᾖ πεπληρωμένη. 13 Ἀσπάζεταί σε τὰ τέκνα τῆς ἀδελφῆς³ σου τῆς ἐκλεκτῆς⁴.

ΙΩΑΝΝΟΥ Γʹ

Salutation

1 Ὁ πρεσβύτερος Γαΐῳ τῷ ἀγαπητῷ, ὃν ἐγὼ ἀγαπῶ ἐν ἀληθείᾳ. 2 Ἀγαπητέ, περὶ πάντων εὔχομαί⁵ σε εὐοδοῦσθαι⁶ καὶ ὑγιαίνειν⁷, καθὼς εὐοδοῦταί σου ἡ ψυχή. 3 ἐχάρην⁸ γὰρ λίαν⁹ ἐρχομένων ἀδελφῶν καὶ μαρτυρούντων σου τῇ ἀληθείᾳ, καθὼς σὺ ἐν ἀληθείᾳ περιπατεῖς 4 μειζοτέραν¹⁰ τούτων οὐκ ἔχω χαράν, ἵνα ἀκούω τὰ ἐμὰ τέκνα ἐν ἀληθείᾳ περιπατοῦντα.

Cooperation and Opposition

5 Ἀγαπητέ, πιστὸν ποιεῖς ὃ ἐὰν ἐργάσῃ εἰς τοὺς ἀδελφοὺς καὶ τοῦτο ξένους¹¹, 6 οἳ ἐμαρτύρησάν σου τῇ ἀγάπῃ ἐνώπιον ἐκκλησίας, οὓς καλῶς ποιήσεις προπέμψας¹² ἀξίως¹³ τοῦ θεοῦ· 7 ὑπὲρ γὰρ τοῦ ὀνόματος ἐξῆλθον μηδὲν λαμβάνοντες ἀπὸ τῶν ἐθνικῶν¹⁴. 8 ἡμεῖς οὖν ὀφείλομεν ὑπολαμβάνειν¹⁵ τοὺς τοιούτους, ἵνα συνεργοὶ¹⁶ γινώμεθα τῇ ἀληθείᾳ.

9 Ἔγραψά τι τῇ ἐκκλησίᾳ· ἀλλ' ὁ φιλοπρωτεύων¹⁷ αὐτῶν Διοτρέφης οὐκ ἐπιδέχεται¹⁸ ἡμᾶς. 10 διὰ τοῦτο, ἐὰν ἔλθω¹⁹, ὑπομνήσω²⁰ αὐτοῦ τὰ ἔργα ἃ ποιεῖ λόγοις

---

[1] χάρτης, -ου, paper
[2] μέλας, -αινα/αν, gen -ανος/ αίνης/ανος, black (τὸ μ. ink)
[3] ἀδελφή, -ῆς f, sister
[4] ἐκλεκτός, -ή/όν, chosen
[5] εὔχομαι 1s pres mid ind, pray
[6] εὐοδόω pres pas inf, pas go well
[7] ὑγιαίνω pres act inf, be in good health
[8] χαίρω 1s aor pas ind, be glad
[9] λίαν, adv, very
[10] μέγας, great (comp)
[11] ξένος, -η/ον, strange (ὁ ξ. stranger)
[12] προπέμπω aor act ptc m s nom, send on one's way
[13] ἀξίως, adv, in a manner worthy of
[14] ἐθνικός, -ή/όν, unbeliever
[15] ὑπολαμβάνω pres act inf, support
[16] συνεργός, -οῦ m, fellow-worker
[17] φιλοπρωτεύω pres act ptc m s nom, love to be first
[18] ἐπιδέχομαι 3s pres mid ind, pay attention to
[19] ἔρχομαι 1s aor act sub, come
[20] ὑπομιμνήσκω 1s fut act ind, remind

πονηροῖς φλυαρῶν¹ ἡμᾶς, καὶ μὴ ἀρκούμενος² ἐπὶ τούτοις οὔτε αὐτὸς ἐπιδέχεται τοὺς ἀδελφοὺς καὶ τοὺς βουλομένους κωλύει³ καὶ ἐκ τῆς ἐκκλησίας ἐκβάλλει. **11** Ἀγαπητέ, μὴ μιμοῦ⁴ τὸ κακὸν ἀλλὰ τὸ ἀγαθόν. ὁ ἀγαθοποιῶν⁵ ἐκ τοῦ θεοῦ ἐστιν· ὁ κακοποιῶν⁶ οὐχ ἑώρακεν⁷ τὸν θεόν. **12** Δημητρίῳ μεμαρτύρηται ὑπὸ πάντων καὶ ὑπὸ αὐτῆς τῆς ἀληθείας· καὶ ἡμεῖς δὲ μαρτυροῦμεν, καὶ οἶδας ὅτι ἡ μαρτυρία ἡμῶν ἀληθής⁸ ἐστιν.

Final Greetings

13 Πολλὰ εἶχον⁹ γράψαι¹⁰ σοι ἀλλ' οὐ θέλω διὰ μέλανος¹¹ καὶ καλάμου¹² σοι γράφειν· **14** ἐλπίζω δὲ εὐθέως σε ἰδεῖν, καὶ στόμα πρὸς στόμα λαλήσομεν. **15** Εἰρήνη σοι. ἀσπάζονταί σε οἱ φίλοι¹³. ἀσπάζου τοὺς φίλους κατ' ὄνομα.

¹ φλυαρέω *pres act ptc m s nom*, slander
² ἀρκέω *pres pas ptc m s nom, pas* be content
³ κωλύω *3s pres act ind*, stop
⁴ μιμέομαι *2s pres mid impv*, imitate
⁵ ἀγαθοποιέω *pres act ptc m s nom*, do good
⁶ κακοποιέω *pres act ptc m s nom*, do evil
⁷ ὁράω *3s pf act ind*, see
⁸ ἀληθής, -ές, true
⁹ ἔχω *1s impf act ind*, have
¹⁰ γράφω *aor act inf*, write
¹¹ μέλας, -αινα/αν, *gen* -ανος/ αίνης/ανος, black (τὸ μ. ink)
¹² κάλαμος, -ου *m*, pen
¹³ φίλος, -ου *m*, friend

ΙΟΥΔΑ ΕΠΙΣΤΟΛΗ

Salutation

1 Ἰούδας Ἰησοῦ Χριστοῦ δοῦλος, ἀδελφὸς δὲ Ἰακώβου, τοῖς ἐν θεῷ πατρὶ ἠγαπημένοις¹ καὶ Ἰησοῦ Χριστῷ τετηρημένοις κλητοῖς²· **2** ἔλεος³ ὑμῖν καὶ εἰρήνη καὶ ἀγάπη πληθυνθείη⁴.

Judgment on False Teachers (2 Pe 2.1-17)

3 Ἀγαπητοί, πᾶσαν σπουδὴν⁵ ποιούμενος γράφειν ὑμῖν περὶ τῆς κοινῆς⁶ ἡμῶν σωτηρίας ἀνάγκην⁷ ἔσχον⁸ γράψαι⁹ ὑμῖν παρακαλῶν ἐπαγωνίζεσθαι¹⁰ τῇ ἅπαξ¹¹ παραδοθείσῃ¹² τοῖς ἁγίοις πίστει. **4** παρεισέδυσαν¹³ γάρ τινες ἄνθρωποι, οἱ πάλαι¹⁴ προγεγραμμένοι¹⁵ εἰς τοῦτο τὸ κρίμα¹⁶, ἀσεβεῖς¹⁷, τὴν τοῦ θεοῦ ἡμῶν χάριτα μετατιθέντες¹⁸ εἰς ἀσέλγειαν¹⁹ καὶ τὸν μόνον δεσπότην²⁰ καὶ κύριον ἡμῶν Ἰησοῦν Χριστὸν ἀρνούμενοι.

5 Ὑπομνῆσαι²¹ δὲ ὑμᾶς βούλομαι, εἰδότας²² ὑμᾶς ἅπαξ πάντα ὅτι Ἰησοῦς λαὸν ἐκ γῆς Αἰγύπτου σώσας²³ τὸ δεύτερον τοὺς μὴ πιστεύσαντας ἀπώλεσεν²⁴, **6** ἀγγέλους τε τοὺς μὴ τηρήσαντας τὴν ἑαυτῶν ἀρχὴν ἀλλ᾽ ἀπολιπόντας²⁵ τὸ ἴδιον οἰκητήριον²⁶ εἰς κρίσιν μεγάλης ἡμέρας δεσμοῖς²⁷ ἀϊδίοις²⁸ ὑπὸ ζόφον²⁹ τετήρηκεν³⁰, **7** ὡς Σόδομα καὶ Γόμορρα καὶ αἱ περὶ αὐτὰς πόλεις τὸν ὅμοιον τρόπον³¹ τούτοις

---

¹ ἀγαπάω *pf pas ptc m p dat*, love
² κλητός, -ή/όν, called
³ ἔλεος, -ους *n*, mercy
⁴ πληθύνω *3s aor pas opt*, increase
⁵ σπουδή, -ῆς *f*, eagerness
⁶ κοινός, -ή/όν, common
⁷ ἀνάγκη, -ης *f*, necessity
⁸ ἔχω *1s aor act ind*, have
⁹ γράφω *aor act inf*, write
¹⁰ ἐπαγωνίζομαι *pres mid inf*, struggle in behalf of
¹¹ ἅπαξ, *adv*, once for all
¹² παραδίδωμι *aor pas ptc f s dat*, give
¹³ παρεισδύνω *3p aor act ind*, sneak in
¹⁴ πάλαι, *adv*, long ago
¹⁵ προγράφω *pf pas ptc m p nom*, write in former times
¹⁶ κρίμα, -τος *n*, condemnation
¹⁷ ἀσεβής, -ές, godless
¹⁸ μετατίθημι *pres act ptc m p nom*, change
¹⁹ ἀσέλγεια, -ας *f*, indecency
²⁰ δεσπότης, -ου *m*, Master
²¹ ὑπομιμνήσκω *aor act inf*, remind
²² οἶδα *pf act ptc m p acc*, know
²³ σῴζω *aor act ptc m s nom*, save
²⁴ ἀπόλλυμι *3s aor act ind*, destroy
²⁵ ἀπολείπω *aor act ptc m p acc*, leave
²⁶ οἰκητήριον, -ου *n*, dwelling
²⁷ δεσμός, -οῦ *m*, chain
²⁸ ἀΐδιος, -ον, eternal
²⁹ ζόφος, -ου, gloom/darkness
³⁰ τηρέω *3s pf act ind*, keep
³¹ τρόπος, -ου *m*, way

ἐκπορνεύσαισαι¹ καὶ ἀπελθοῦσαι ὀπίσω σαρκὸς ἑτέρας, πρόκεινται² δεῖγμα³ πυρὸς αἰωνίου δίκην⁴ ὑπέχουσαι⁵. 8 Ὁμοίως⁶ μέντοι⁷ καὶ οὗτοι ἐνυπνιαζόμενοι⁸ σάρκα μὲν μιαίνουσιν⁹ κυριότητα¹⁰ δὲ ἀθετοῦσιν¹¹ δόξας δὲ βλασφημοῦσιν. 9 ὁ δὲ Μιχαὴλ ὁ ἀρχάγγελος¹², ὅτε τῷ διαβόλῳ διακρινόμενος¹³ διελέγετο¹⁴ περὶ τοῦ Μωϋσέως σώματος, οὐκ ἐτόλμησεν¹⁵ κρίσιν ἐπενεγκεῖν¹⁶ βλασφημίας¹⁷ ἀλλ' εἶπεν· ἐπιτιμήσαι¹⁸ σοι κύριος. 10 οὗτοι δὲ ὅσα μὲν οὐκ οἴδασιν βλασφημοῦσιν, ὅσα δὲ φυσικῶς¹⁹ ὡς τὰ ἄλογα²⁰ ζῷα²¹ ἐπίστανται²², ἐν τούτοις φθείρονται²³. 11 οὐαὶ αὐτοῖς, ὅτι τῇ ὁδῷ τοῦ Κάϊν ἐπορεύθησαν καὶ τῇ πλάνῃ²⁴ τοῦ Βαλαὰμ μισθοῦ²⁵ ἐξεχύθησαν²⁶ καὶ τῇ ἀντιλογίᾳ²⁷ τοῦ Κόρε ἀπώλοντο²⁸. 12 οὗτοί εἰσιν οἱ ἐν ταῖς ἀγάπαις ὑμῶν σπιλάδες²⁹ συνευωχούμενοι³⁰ ἀφόβως³¹, ἑαυτοὺς ποιμαίνοντες³², νεφέλαι³³ ἄνυδροι³⁴ ὑπὸ ἀνέμων παραφερόμεναι³⁵, δένδρα³⁶ φθινοπωρινὰ³⁷ ἄκαρπα³⁸ δὶς³⁹ ἀποθανόντα ἐκριζωθέντα⁴⁰, 13 κύματα⁴¹ ἄγρια⁴² θαλάσσης ἐπαφρίζοντα⁴³ τὰς ἑαυτῶν αἰσχύνας⁴⁴, ἀστέρες⁴⁵ πλανῆται⁴⁶ οἷς ὁ ζόφος⁴⁷ τοῦ σκότους εἰς αἰῶνα τετήρηται.

14 Προεφήτευσεν⁴⁸ δὲ καὶ τούτοις ἕβδομος⁴⁹ ἀπὸ Ἀδὰμ Ἑνὼχ λέγων· ἰδοὺ ἦλθεν κύριος ἐν ἁγίαις μυριάσιν⁵⁰ αὐτοῦ 15 ποιῆσαι κρίσιν κατὰ πάντων καὶ ἐλέγξαι⁵¹ πᾶσαν ψυχὴν περὶ πάντων τῶν ἔργων ἀσεβείας⁵² αὐτῶν ὧν ἠσέβησαν⁵³ καὶ περὶ πάντων τῶν σκληρῶν⁵⁴ ὧν ἐλάλησαν κατ' αὐτοῦ ἁμαρτωλοὶ ἀσεβεῖς⁵⁵. 16 οὗτοί εἰσιν

¹ ἐκπορνεύω aor act ptc f p nom, live immorally
² πρόκειμαι 3p pres mid ind, be present (π. δεῖγμα serve as an example)
³ δεῖγμα, -τος n, example
⁴ δίκη, -ης f, punishment
⁵ ὑπέχω pres act ptc f p nom, suffer (punishment)
⁶ ὁμοίως, adv, in the same way
⁷ μέντοι, conj, however
⁸ ἐνυπνιάζομαι pres pas ptc m p nom, dream
⁹ μιαίνω 3p pres act ind, defile
¹⁰ κυριότης, -ητος f, authority
¹¹ ἀθετέω 3p pres act ind, reject
¹² ἀρχάγγελος, -ου m, archangel
¹³ διακρίνω pres mid ptc m s nom, mid dispute
¹⁴ διαλέγομαι 3s impf mid ind, argue
¹⁵ τολμάω 3s aor act ind, dare
¹⁶ ἐπιφέρω aor act inf, pronounce
¹⁷ βλασφημία, -ας f, blasphemy

¹⁸ ἐπιτιμάω 3s aor act opt, rebuke
¹⁹ φυσικῶς, adv, by instinct
²⁰ ἄλογος, -ον, irrational
²¹ ζῷον, -ου n, animal
²² ἐπίσταμαι 3p pres pas ind, understand
²³ φθείρω 3p pres pas ind, destroy
²⁴ πλάνη, -ης f, error
²⁵ μισθός, -οῦ m, gain
²⁶ ἐκχύννω 3p aor pas ind, pas abandon oneself
²⁷ ἀντιλογία, -ας f, rebellion
²⁸ ἀπόλλυμι 3p aor mid ind, mid perish
²⁹ σπιλάς, -άδος f, blemish
³⁰ συνευωχέομαι pres pas ptc m p nom, eat together
³¹ ἀφόβως, adv, without fear
³² ποιμαίνω pres act ptc m p nom, take care of (π. ἑαυτόν care only for oneself)
³³ νεφέλη, -ης f, cloud
³⁴ ἄνυδρος, -ον, waterless
³⁵ παραφέρω pres pas ptc f p nom, blow along

³⁶ δένδρον, -ου n, tree
³⁷ φθινοπωρινός, -ή/όν, in harvest season
³⁸ ἄκαρπος, -ον, fruitless
³⁹ δίς, adv, twice
⁴⁰ ἐκριζόω aor pas ptc n p nom, uproot
⁴¹ κῦμα, -τος n, wave
⁴² ἄγριος, -α/ον, wild
⁴³ ἐπαφρίζω pres act ptc n p nom, foam up
⁴⁴ αἰσχύνη, -ης f, shame
⁴⁵ ἀστήρ, -έρος m, star
⁴⁶ πλανήτης, -ου m, wanderer
⁴⁷ ζόφος, -ου m, gloom
⁴⁸ προφητεύω 3s aor act ind, prophesy
⁴⁹ ἕβδομος, -η/ον, seventh
⁵⁰ μυριάς, -άδος f, countless thousands
⁵¹ ἐλέγχω aor act inf, convict
⁵² ἀσέβεια, -ας f, godlessness
⁵³ ἀσεβέω 3p aor act ind, live ungodly
⁵⁴ σκληρός, -ά/όν, terrible
⁵⁵ ἀσεβής, -ές, godless

γογγυσταὶ¹ μεμψίμοιροι² κατὰ τὰς ἐπιθυμίας ἑαυτῶν πορευόμενοι, καὶ τὸ στόμα αὐτῶν λαλεῖ ὑπέρογκα³, θαυμάζοντες⁴ πρόσωπα ὠφελείας⁵ χάριν⁶.

Warnings and Exhortations

17 Ὑμεῖς δέ, ἀγαπητοί, μνήσθητε⁷ τῶν ῥημάτων τῶν προειρημένων⁸ ὑπὸ τῶν ἀποστόλων τοῦ κυρίου ἡμῶν Ἰησοῦ Χριστοῦ **18** ὅτι ἔλεγον ὑμῖν ἐπ' ἐσχάτου χρόνου ἔσονται ἐμπαῖκται⁹ κατὰ τὰς ἑαυτῶν ἐπιθυμίας πορευόμενοι τῶν ἀσεβειῶν. **19** οὗτοί εἰσιν οἱ ἀποδιορίζοντες¹⁰, ψυχικοί¹¹, πνεῦμα μὴ ἔχοντες.

20 Ὑμεῖς δέ, ἀγαπητοί, ἐποικοδομοῦντες¹² ἑαυτοὺς τῇ ἁγιωτάτῃ ὑμῶν πίστει, ἐν πνεύματι ἁγίῳ προσευχόμενοι, **21** ἑαυτοὺς ἐν ἀγάπῃ θεοῦ τηρήσατε προσδεχόμενοι¹³ τὸ ἔλεος¹⁴ τοῦ κυρίου ἡμῶν Ἰησοῦ Χριστοῦ εἰς ζωὴν αἰώνιον. **22** καὶ οὓς μὲν ἐλεᾶτε¹⁵ διακρινομένους¹⁶, **23** οὓς δὲ σῴζετε ἐκ πυρὸς ἁρπάζοντες¹⁷, οὓς δὲ ἐλεᾶτε ἐν φόβῳ μισοῦντες καὶ τὸν ἀπὸ τῆς σαρκὸς ἐσπιλωμένον¹⁸ χιτῶνα¹⁹.

Benediction

24 Τῷ δὲ δυναμένῳ φυλάξαι²⁰ ὑμᾶς ἀπταίστους²¹ καὶ στῆσαι²² κατενώπιον²³ τῆς δόξης αὐτοῦ ἀμώμους²⁴ ἐν ἀγαλλιάσει²⁵, **25** μόνῳ θεῷ σωτῆρι²⁶ ἡμῶν διὰ Ἰησοῦ Χριστοῦ τοῦ κυρίου ἡμῶν δόξα μεγαλωσύνη²⁷ κράτος²⁸ καὶ ἐξουσία πρὸ παντὸς τοῦ αἰῶνος καὶ νῦν καὶ εἰς πάντας τοὺς αἰῶνας, ἀμήν.

1 γογγυστής, -οῦ m, grumbler
2 μεμψίμοιρος, -ον, complaining
3 ὑπέρογκος, -ον, boastful
4 θαυμάζω pres act ptc m p nom, trans admire (θ. πρόσωπα flatter people)
5 ὠφέλεια, -ας f, advantage
6 χάριν prep, for the sake of
7 μιμνήσκομαι 2p aor pas impv, remember
8 προλέγω pf pas ptc n p gen, predict
9 ἐμπαίκτης, -ου m, mocker
10 ἀποδιορίζω pres act ptc m p nom, cause divisions
11 ψυχικός, -ή/όν, worldly minded
12 ἐποικοδομέω pres act ptc m p nom, build up
13 προσδέχομαι pres mid ptc m p nom, wait for
14 ἔλεος, -ους n, mercy
15 ἐλεάω 2p pres act impv, be merciful to
16 διακρίνω pres mid ptc m p acc, doubt
17 ἁρπάζω pres act ptc m p nom, snatch
18 σπιλόω pf pas ptc m s acc, stain
19 χιτών, -ῶνος m, clothing
20 φυλάσσω aor act inf, keep
21 ἄπταιστος, -ον, free from stumbling
22 ἵστημι aor act inf, present
23 κατενώπιον, prep + gen, before
24 ἄμωμος, -ον, faultless
25 ἀγαλλίασις, -εως f, extreme joy
26 σωτήρ, -ῆρος m, Savior
27 μεγαλωσύνη, -ης f, majesty
28 κράτος, -ους n, power

ΠΡΟΣ ΡΩΜΑΙΟΥΣ

Salutation

1 Παῦλος δοῦλος Χριστοῦ Ἰησοῦ, κλητὸς[1] ἀπόστολος ἀφωρισμένος[2] εἰς εὐαγγέλιον θεοῦ, **2** ὃ προεπηγγείλατο[3] διὰ τῶν προφητῶν αὐτοῦ ἐν γραφαῖς ἁγίαις **3** περὶ τοῦ υἱοῦ αὐτοῦ τοῦ γενομένου ἐκ σπέρματος Δαυὶδ κατὰ σάρκα, **4** τοῦ ὁρισθέντος[4] υἱοῦ θεοῦ ἐν δυνάμει κατὰ πνεῦμα ἁγιωσύνης[5] ἐξ ἀναστάσεως νεκρῶν, Ἰησοῦ Χριστοῦ τοῦ κυρίου ἡμῶν, **5** δι' οὗ ἐλάβομεν χάριν καὶ ἀποστολὴν[6] εἰς ὑπακοὴν[7] πίστεως ἐν πᾶσιν τοῖς ἔθνεσιν ὑπὲρ τοῦ ὀνόματος αὐτοῦ, **6** ἐν οἷς ἐστε καὶ ὑμεῖς κλητοὶ Ἰησοῦ Χριστοῦ, **7** πᾶσιν τοῖς οὖσιν ἐν Ῥώμῃ ἀγαπητοῖς θεοῦ, κλητοῖς ἁγίοις, χάρις ὑμῖν καὶ εἰρήνη ἀπὸ θεοῦ πατρὸς ἡμῶν καὶ κυρίου Ἰησοῦ Χριστοῦ.

Paul's Desire to Visit Rome

8 Πρῶτον μὲν εὐχαριστῶ τῷ θεῷ μου διὰ Ἰησοῦ Χριστοῦ περὶ πάντων ὑμῶν ὅτι ἡ πίστις ὑμῶν καταγγέλλεται[8] ἐν ὅλῳ τῷ κόσμῳ. **9** μάρτυς γάρ μού ἐστιν ὁ θεός, ᾧ λατρεύω[9] ἐν τῷ πνεύματί μου ἐν τῷ εὐαγγελίῳ τοῦ υἱοῦ αὐτοῦ, ὡς ἀδιαλείπτως[10] μνείαν[11] ὑμῶν ποιοῦμαι **10** πάντοτε ἐπὶ τῶν προσευχῶν μου δεόμενος[12] εἴ πως[13] ἤδη ποτὲ[14] εὐοδωθήσομαι[15] ἐν τῷ θελήματι τοῦ θεοῦ ἐλθεῖν πρὸς ὑμᾶς. **11** ἐπιποθῶ[16] γὰρ ἰδεῖν ὑμᾶς, ἵνα τι μεταδῶ[17] χάρισμα[18] ὑμῖν πνευματικὸν[19] εἰς τὸ στηριχθῆναι[20] ὑμᾶς, **12** τοῦτο δέ ἐστιν συμπαρακληθῆναι[21] ἐν ὑμῖν διὰ τῆς ἐν ἀλλήλοις πίστεως ὑμῶν τε καὶ ἐμοῦ. **13** οὐ θέλω δὲ ὑμᾶς ἀγνοεῖν[22], ἀδελφοί, ὅτι πολλάκις[23] προεθέμην[24] ἐλθεῖν πρὸς ὑμᾶς, καὶ ἐκωλύθην[25] ἄχρι τοῦ δεῦρο[26], ἵνα τινὰ καρπὸν σχῶ[27] καὶ ἐν ὑμῖν καθὼς καὶ ἐν τοῖς λοιποῖς ἔθνεσιν. **14** Ἕλλησίν[28] τε καὶ

---

[1] κλητός, -ή/όν, called
[2] ἀφορίζω pf pas ptc m s nom, set apart
[3] προεπαγγέλλομαι 3s aor mid ind, promise beforehand
[4] ὁρίζω aor pas ptc m s gen, designate
[5] ἁγιωσύνη, -ης f, holiness
[6] ἀποστολή, -ῆς f, apostleship
[7] ὑπακοή, -ῆς f, obedience
[8] καταγγέλλω 3s pres pas ind, proclaim
[9] λατρεύω 1s pres act ind, serve
[10] ἀδιαλείπτως, adv, constantly
[11] μνεία, -ας f, remembrance/mention
[12] δέομαι pres pas ptc m s nom, ask
[13] πώς, particle, somehow
[14] ποτέ, temporal adv, at last
[15] εὐοδόω 1s fut pas ind, pas succeed
[16] ἐπιποθέω 1s pres act ind, long (for)
[17] μεταδίδωμι 1s aor act sub, impart
[18] χάρισμα, -τος n, gift
[19] πνευματικός, -ή/όν, spiritual
[20] στηρίζω aor pas inf, strengthen
[21] συμπαρακαλέω aor pas inf, pas be mutually encouraged
[22] ἀγνοέω pres act inf, be unaware
[23] πολλάκις, adv, often
[24] προτίθημι 1s aor mid ind, mid plan
[25] κωλύω 1s aor pas ind, prevent
[26] δεῦρο, adv, until now (ἄχρι τοῦ δ. so far)
[27] ἔχω 1s aor act sub, have
[28] Ἕλλην, -ηνος m, a Greek

βαρβάροις¹, σοφοῖς² τε καὶ ἀνοήτοις³ ὀφειλέτης⁴ εἰμί, 15 οὕτως τὸ κατ' ἐμὲ πρόθυμον⁵ καὶ ὑμῖν τοῖς ἐν Ῥώμῃ εὐαγγελίσασθαι.

The Power of the Gospel

16 Οὐ γὰρ ἐπαισχύνομαι⁶ τὸ εὐαγγέλιον, δύναμις γὰρ θεοῦ ἐστιν εἰς σωτηρίαν παντὶ τῷ πιστεύοντι, Ἰουδαίῳ τε πρῶτον καὶ Ἕλληνι. 17 δικαιοσύνη γὰρ θεοῦ ἐν αὐτῷ ἀποκαλύπτεται⁷ ἐκ πίστεως εἰς πίστιν, καθὼς γέγραπται· ὁ δὲ δίκαιος ἐκ πίστεως ζήσεται⁸.

The Guilt of Humankind

18 Ἀποκαλύπτεται γὰρ ὀργὴ θεοῦ ἀπ' οὐρανοῦ ἐπὶ πᾶσαν ἀσέβειαν⁹ καὶ ἀδικίαν¹⁰ ἀνθρώπων τῶν τὴν ἀλήθειαν ἐν ἀδικίᾳ κατεχόντων¹¹, 19 διότι¹² τὸ γνωστὸν¹³ τοῦ θεοῦ φανερόν¹⁴ ἐστιν ἐν αὐτοῖς· ὁ θεὸς γὰρ αὐτοῖς ἐφανέρωσεν. 20 τὰ γὰρ ἀόρατα¹⁵ αὐτοῦ ἀπὸ κτίσεως¹⁶ κόσμου τοῖς ποιήμασιν¹⁷ νοούμενα¹⁸ καθορᾶται¹⁹, ἥ τε ἀΐδιος²⁰ αὐτοῦ δύναμις καὶ θειότης²¹, εἰς τὸ εἶναι αὐτοὺς ἀναπολογήτους²², 21 διότι²³ γνόντες²⁴ τὸν θεὸν οὐχ ὡς θεὸν ἐδόξασαν ἢ ηὐχαρίστησαν, ἀλλ' ἐματαιώθησαν²⁵ ἐν τοῖς διαλογισμοῖς²⁶ αὐτῶν καὶ ἐσκοτίσθη²⁷ ἡ ἀσύνετος²⁸ αὐτῶν καρδία. 22 φάσκοντες²⁹ εἶναι σοφοὶ³⁰ ἐμωράνθησαν³¹ 23 καὶ ἤλλαξαν³² τὴν δόξαν τοῦ ἀφθάρτου³³ θεοῦ ἐν ὁμοιώματι³⁴ εἰκόνος³⁵ φθαρτοῦ³⁶ ἀνθρώπου καὶ πετεινῶν³⁷ καὶ τετραπόδων³⁸ καὶ ἑρπετῶν³⁹. 24 διὸ παρέδωκεν αὐτοὺς ὁ θεὸς ἐν ταῖς ἐπιθυμίαις τῶν καρδιῶν αὐτῶν εἰς ἀκαθαρσίαν⁴⁰ τοῦ ἀτιμάζεσθαι⁴¹ τὰ σώματα αὐτῶν ἐν αὐτοῖς· 25 οἵτινες μετήλλαξαν⁴² τὴν ἀλήθειαν τοῦ θεοῦ ἐν τῷ ψεύδει⁴³ καὶ

---

1 βάρβαρος, -ον, non-Greek
2 σοφός, -ή/όν, wise
3 ἀνόητος, -ον, foolish
4 ὀφειλέτης, -ου m, one who is under obligation
5 πρόθυμος, -ον, eager (τὸ π. eagerness)
6 ἐπαισχύνομαι 1s pres mid ind, be ashamed
7 ἀποκαλύπτω 3s pres pas ind, reveal
8 ζάω 3s fut mid ind, live
9 ἀσέβεια, -ας f, godlessness
10 ἀδικία, -ας f, wickedness
11 κατέχω pres act ptc m p gen, suppress
12 διότι, conj, because
13 γνωστός, -ή/όν, known
14 φανερός, -ά/όν, plain
15 ἀόρατος, -ον, invisible
16 κτίσις, -εως f, creation
17 ποίημα, -τος n, what is made
18 νοέω pres pas ptc n p nom, understand
19 καθοράω 3s pres pas ind, perceive clearly
20 ἀΐδιος, -ον, eternal
21 θειότης, -ητος f, divine nature
22 ἀναπολόγητος, -ον, without excuse
23 διότι, conj, although
24 γινώσκω aor act ptc m p nom, know
25 ματαιόω 3p aor pas ind, pas be futile
26 διαλογισμός, -οῦ m, thought
27 σκοτίζομαι 3s aor pas ind, darken
28 ἀσύνετος, -ον, senseless
29 φάσκω pres act ptc m p nom, claim
30 σοφός, -ή/όν, wise
31 μωραίνω 3p aor pas ind, make foolish
32 ἀλλάσσω 3p aor act ind, exchange
33 ἄφθαρτος, -ον, immortal
34 ὁμοίωμα, -τος n, image
35 εἰκών, -όνος f, form
36 φθαρτός, -ή/όν, mortal
37 πετεινόν, -οῦ n, bird
38 τετράπους, -ποδος n, four-footed animal
39 ἑρπετόν, -οῦ n, reptile
40 ἀκαθαρσία, -ας f, impurity
41 ἀτιμάζω pres pas or mid inf, degrade
42 μεταλλάσσω 3p aor act ind, exchange
43 ψεῦδος, -ους n, lie

ἐσεβάσθησαν¹ καὶ ἐλάτρευσαν² τῇ κτίσει³ παρὰ τὸν κτίσαντα⁴, ὅς ἐστιν εὐλογητὸς⁵ εἰς τοὺς αἰῶνας, ἀμήν. 26 διὰ τοῦτο παρέδωκεν αὐτοὺς ὁ θεὸς εἰς πάθη⁶ ἀτιμίας⁷, αἵ τε γὰρ θήλειαι⁸ αὐτῶν μετήλλαξαν τὴν φυσικὴν⁹ χρῆσιν¹⁰ εἰς τὴν παρὰ φύσιν¹¹, 27 ὁμοίως¹² τε καὶ οἱ ἄρσενες¹³ ἀφέντες¹⁴ τὴν φυσικὴν χρῆσιν τῆς θηλείας ἐξεκαύθησαν¹⁵ ἐν τῇ ὀρέξει¹⁶ αὐτῶν εἰς ἀλλήλους, ἄρσενες ἐν ἄρσεσιν τὴν ἀσχημοσύνην¹⁷ κατεργαζόμενοι¹⁸ καὶ τὴν ἀντιμισθίαν¹⁹ ἣν ἔδει τῆς πλάνης²⁰ αὐτῶν ἐν ἑαυτοῖς ἀπολαμβάνοντες²¹. 28 καὶ καθὼς οὐκ ἐδοκίμασαν²² τὸν θεὸν ἔχειν ἐν ἐπιγνώσει²³, παρέδωκεν αὐτοὺς ὁ θεὸς εἰς ἀδόκιμον²⁴ νοῦν²⁵, ποιεῖν τὰ μὴ καθήκοντα²⁶, 29 πεπληρωμένους²⁷ πάσῃ ἀδικίᾳ²⁸ πονηρίᾳ²⁹ πλεονεξίᾳ³⁰ κακίᾳ³¹, μεστοὺς³² φθόνου³³ φόνου³⁴ ἔριδος³⁵ δόλου³⁶ κακοηθείας³⁷, ψιθυριστὰς³⁸ 30 καταλάλους³⁹ θεοστυγεῖς⁴⁰ ὑβριστὰς⁴¹ ὑπερηφάνους⁴² ἀλαζόνας⁴³, ἐφευρετὰς⁴⁴ κακῶν, γονεῦσιν⁴⁵ ἀπειθεῖς⁴⁶, 31 ἀσυνέτους⁴⁷ ἀσυνθέτους⁴⁸ ἀστόργους⁴⁹ ἀνελεήμονας⁵⁰· 32 οἵτινες τὸ δικαίωμα⁵¹ τοῦ θεοῦ ἐπιγνόντες⁵² ὅτι οἱ τὰ τοιαῦτα πράσσοντες ἄξιοι θανάτου εἰσίν, οὐ μόνον αὐτὰ ποιοῦσιν ἀλλὰ καὶ συνευδοκοῦσιν⁵³ τοῖς πράσσουσιν.

The Righteous Judgment of God

2 Διὸ ἀναπολόγητος⁵⁴ εἶ, ὦ⁵⁵ ἄνθρωπε πᾶς ὁ κρίνων· ἐν ᾧ γὰρ κρίνεις τὸν ἕτερον, σεαυτὸν κατακρίνεις⁵⁶, τὰ γὰρ αὐτὰ πράσσεις ὁ κρίνων. 2 οἴδαμεν δὲ ὅτι

¹ σεβάζομαι 3p aor pas ind, worship
² λατρεύω 3p aor act ind, serve
³ κτίσις, -εως f, creation
⁴ κτίζω aor act ptc m s acc, create
⁵ εὐλογητός, -ή/όν, blessed
⁶ πάθος, -ους n, passion
⁷ ἀτιμία, -ας f, disgrace
⁸ θῆλυς, -εια/υ, female (ἡ θ. woman)
⁹ φυσικός, -ή/όν, natural
¹⁰ χρῆσις, -εως f, function
¹¹ φύσις, -εως f, nature
¹² ὁμοίως, adv, in the same way
¹³ ἄρσην, -εν, male (ὁ ἄ. man)
¹⁴ ἀφίημι aor act ptc m p nom, leave
¹⁵ ἐκκαίω 3p aor pas ind, pas be inflamed
¹⁶ ὄρεξις, -εως f, lustful passion
¹⁷ ἀσχημοσύνη, -ης f, shameless act
¹⁸ κατεργάζομαι pres mid ptc m p nom, do
¹⁹ ἀντιμισθία, -ας f, punishment
²⁰ πλάνη, -ης f, error
²¹ ἀπολαμβάνω pres act ptc m p nom, receive
²² δοκιμάζω 3p aor act ind, approve
²³ ἐπίγνωσις, -εως f, knowledge
²⁴ ἀδόκιμος, -ον, corrupted
²⁵ νοῦς, -ός, acc νοῦν m, mind
²⁶ καθήκω pres act ptc n p acc, be proper
²⁷ πληρόω pf pas ptc m p acc, fill
²⁸ ἀδικία, -ας f, wickedness
²⁹ πονηρία, -ας f, evil
³⁰ πλεονεξία, -ας f, greed
³¹ κακία, -ας f, depravity
³² μεστός, -ή/όν, full
³³ φθόνος, -ου m, envy
³⁴ φόνος, -ου m, murder
³⁵ ἔρις, -ιδος f, strife
³⁶ δόλος, -ου m, deceit
³⁷ κακοήθεια, -ας f, meanness
³⁸ ψιθυριστής, -οῦ m, gossiper
³⁹ κατάλαλος, -ου m, slanderer
⁴⁰ θεοστυγής, -ές, hating God
⁴¹ ὑβριστής, -οῦ m, insolent person
⁴² ὑπερήφανος, -ον, arrogant
⁴³ ἀλαζών, -όνος m, boaster
⁴⁴ ἐφευρετής, -οῦ m, inventor
⁴⁵ γονεύς, -έως m, parent
⁴⁶ ἀπειθής, -ές, disobedient
⁴⁷ ἀσύνετος, -ον, senseless
⁴⁸ ἀσύνθετος, -ον, untrustworthy
⁴⁹ ἄστοργος, -ον, inhuman
⁵⁰ ἀνελεήμων, -ον, unmerciful
⁵¹ δικαίωμα, -τος n, decree
⁵² ἐπιγινώσκω aor act ptc m p nom, know
⁵³ συνευδοκέω 3p pres act ind, approve of
⁵⁴ ἀναπολόγητος, -ον, without excuse
⁵⁵ ὦ, interj, O!
⁵⁶ κατακρίνω 2s pres act ind, condemn

τὸ κρίμα¹ τοῦ θεοῦ ἐστιν κατὰ ἀλήθειαν ἐπὶ τοὺς τὰ τοιαῦτα πράσσοντας. 3 λογίζῃ δὲ τοῦτο, ὦ ἄνθρωπε ὁ κρίνων τοὺς τὰ τοιαῦτα πράσσοντας καὶ ποιῶν αὐτά, ὅτι σὺ ἐκφεύξῃ² τὸ κρίμα τοῦ θεοῦ; 4 ἢ τοῦ πλούτου³ τῆς χρηστότητος⁴ αὐτοῦ καὶ τῆς ἀνοχῆς⁵ καὶ τῆς μακροθυμίας⁶ καταφρονεῖς⁷, ἀγνοῶν⁸ ὅτι τὸ χρηστὸν⁹ τοῦ θεοῦ εἰς μετάνοιάν¹⁰ σε ἄγει; 5 κατὰ δὲ τὴν σκληρότητά¹¹ σου καὶ ἀμετανόητον¹² καρδίαν θησαυρίζεις¹³ σεαυτῷ ὀργὴν ἐν ἡμέρᾳ ὀργῆς καὶ ἀποκαλύψεως¹⁴ δικαιοκρισίας¹⁵ τοῦ θεοῦ 6 ὃς ἀποδώσει¹⁶ ἑκάστῳ κατὰ τὰ ἔργα αὐτοῦ· 7 τοῖς μὲν καθ' ὑπομονὴν ἔργου ἀγαθοῦ δόξαν καὶ τιμὴν καὶ ἀφθαρσίαν¹⁷ ζητοῦσιν ζωὴν αἰώνιον, 8 τοῖς δὲ ἐξ ἐριθείας¹⁸ καὶ ἀπειθοῦσιν¹⁹ τῇ ἀληθείᾳ πειθομένοις δὲ τῇ ἀδικίᾳ²⁰ ὀργὴ καὶ θυμός²¹. 9 θλῖψις καὶ στενοχωρία²² ἐπὶ πᾶσαν ψυχὴν ἀνθρώπου τοῦ κατεργαζομένου²³ τὸ κακόν, Ἰουδαίου τε πρῶτον καὶ Ἕλληνος²⁴· 10 δόξα δὲ καὶ τιμὴ καὶ εἰρήνη παντὶ τῷ ἐργαζομένῳ τὸ ἀγαθόν, Ἰουδαίῳ τε πρῶτον καὶ Ἕλληνι· 11 οὐ γάρ ἐστιν προσωπολημψία²⁵ παρὰ τῷ θεῷ.

12 Ὅσοι γὰρ ἀνόμως²⁶ ἥμαρτον, ἀνόμως καὶ ἀπολοῦνται²⁷, καὶ ὅσοι ἐν νόμῳ ἥμαρτον, διὰ νόμου κριθήσονται²⁸· 13 οὐ γὰρ οἱ ἀκροαταὶ²⁹ νόμου δίκαιοι παρὰ τῷ θεῷ, ἀλλ' οἱ ποιηταὶ³⁰ νόμου δικαιωθήσονται. 14 ὅταν γὰρ ἔθνη τὰ μὴ νόμον ἔχοντα φύσει³¹ τὰ τοῦ νόμου ποιῶσιν, οὗτοι νόμον μὴ ἔχοντες ἑαυτοῖς εἰσιν νόμος· 15 οἵτινες ἐνδείκνυνται³² τὸ ἔργον τοῦ νόμου γραπτὸν³³ ἐν ταῖς καρδίαις αὐτῶν, συμμαρτυρούσης³⁴ αὐτῶν τῆς συνειδήσεως³⁵ καὶ μεταξὺ³⁶ ἀλλήλων τῶν λογισμῶν³⁷ κατηγορούντων³⁸ ἢ καὶ ἀπολογουμένων³⁹, 16 ἐν ἡμέρᾳ ὅτε κρίνει ὁ θεὸς τὰ κρυπτὰ⁴⁰ τῶν ἀνθρώπων κατὰ τὸ εὐαγγέλιόν μου διὰ Χριστοῦ Ἰησοῦ.

---

[1] κρίμα, -τος n, judgment
[2] ἐκφεύγω 2s fut mid ind, escape
[3] πλοῦτος, -ου m & n, riches
[4] χρηστότης, -ητος f, kindness
[5] ἀνοχή, -ῆς f, tolerance
[6] μακροθυμία, -ας f, patience
[7] καταφρονέω 2p pres act ind, despise
[8] ἀγνοέω pres act ptc m s nom, fail to understand
[9] χρηστός, -ή/όν, kind (τὸ χ. kindness)
[10] μετάνοια, -ας f, repentance
[11] σκληρότης, -ητος f, stubbornness
[12] ἀμετανόητος, -ον, unrepentant
[13] θησαυρίζω 2s pres act ind, store up
[14] ἀποκάλυψις, -εως f, revelation
[15] δικαιοκρισία, -ας f, righteous judgment
[16] ἀποδίδωμι 3s fut act ind, repay
[17] ἀφθαρσία, -ας f, immortality
[18] ἐριθεία, -ας f, selfishness
[19] ἀπειθέω pres act ptc m p dat, disobey
[20] ἀδικία, -ας f, wickedness
[21] θυμός, -οῦ m, anger
[22] στενοχωρία, -ας, distress
[23] κατεργάζομαι pres mid ptc m s gen, do
[24] Ἕλλην, -ηνος m, a Greek
[25] προσωπολημψία, -ας f, favoritism
[26] ἀνόμως, adv, apart from the (Jewish) law
[27] ἀπόλλυμι 3p fut mid ind, perish
[28] κρίνω 3p fut pas ind, judge
[29] ἀκροατής, -οῦ m, a hearer
[30] ποιητής, -οῦ m, doer
[31] φύσις, -εως f, nature
[32] ἐνδείκνυμι 3p pres mid ind, mid show
[33] γραπτός, -ή/όν, written
[34] συμμαρτυρέω pres act ptc fs gen, bear witness
[35] συνείδησις, -εως f, conscience
[36] μεταξύ, prep + gen, between
[37] λογισμός, -οῦ m, thought
[38] κατηγορέω pres act ptc m p gen, accuse
[39] ἀπολογέομαι pres mid ptc m p gen, defend oneself
[40] κρυπτός, -ή/όν, secret

The Jews and the Law

17 Εἰ δὲ σὺ Ἰουδαῖος ἐπονομάζῃ[1] καὶ ἐπαναπαύῃ[2] νόμῳ καὶ καυχᾶσαι ἐν θεῷ 18 καὶ γινώσκεις τὸ θέλημα καὶ δοκιμάζεις[3] τὰ διαφέροντα[4] κατηχούμενος[5] ἐκ τοῦ νόμου, 19 πέποιθάς[6] τε σεαυτὸν ὁδηγὸν[7] εἶναι τυφλῶν, φῶς τῶν ἐν σκότει, 20 παιδευτὴν[8] ἀφρόνων[9], διδάσκαλον νηπίων[10], ἔχοντα τὴν μόρφωσιν[11] τῆς γνώσεως[12] καὶ τῆς ἀληθείας ἐν τῷ νόμῳ· 21 ὁ οὖν διδάσκων ἕτερον σεαυτὸν οὐ διδάσκεις; ὁ κηρύσσων μὴ κλέπτειν[13] κλέπτεις; 22 ὁ λέγων μὴ μοιχεύειν[14] μοιχεύεις; ὁ βδελυσσόμενος[15] τὰ εἴδωλα[16] ἱεροσυλεῖς[17]; 23 ὃς ἐν νόμῳ καυχᾶσαι, διὰ τῆς παραβάσεως[18] τοῦ νόμου τὸν θεὸν ἀτιμάζεις[19]· 24 τὸ γὰρ ὄνομα τοῦ θεοῦ δι' ὑμᾶς βλασφημεῖται ἐν τοῖς ἔθνεσιν, καθὼς γέγραπται.

25 Περιτομὴ μὲν γὰρ ὠφελεῖ[20] ἐὰν νόμον πράσσῃς· ἐὰν δὲ παραβάτης[21] νόμου ᾖς, ἡ περιτομή σου ἀκροβυστία[22] γέγονεν[23]. 26 ἐὰν οὖν ἡ ἀκροβυστία τὰ δικαιώματα[24] τοῦ νόμου φυλάσσῃ, οὐχ ἡ ἀκροβυστία αὐτοῦ εἰς περιτομὴν λογισθήσεται[25]; 27 καὶ κρινεῖ ἡ ἐκ φύσεως ἀκροβυστία τὸν νόμον τελοῦσα[26] σὲ τὸν διὰ γράμματος[27] καὶ περιτομῆς παραβάτην νόμου. 28 οὐ γὰρ ὁ ἐν τῷ φανερῷ[28] Ἰουδαῖός ἐστιν οὐδὲ ἡ ἐν τῷ φανερῷ ἐν σαρκὶ περιτομή, 29 ἀλλ' ὁ ἐν τῷ κρυπτῷ[29] Ἰουδαῖος, καὶ περιτομὴ καρδίας ἐν πνεύματι οὐ γράμματι[30], οὗ ὁ ἔπαινος[31] οὐκ ἐξ ἀνθρώπων ἀλλ' ἐκ τοῦ θεοῦ.

3 Τί οὖν τὸ περισσὸν[32] τοῦ Ἰουδαίου ἢ τίς ἡ ὠφέλεια[33] τῆς περιτομῆς; 2 πολὺ κατὰ πάντα τρόπον[34]. πρῶτον μὲν [γὰρ] ὅτι ἐπιστεύθησαν τὰ λόγια[35] τοῦ θεοῦ. 3 τί γάρ; εἰ ἠπίστησάν[36] τινες, μὴ ἡ ἀπιστία[37] αὐτῶν τὴν πίστιν τοῦ θεοῦ καταργήσει[38]; 4 μὴ γένοιτο[39]. γινέσθω δὲ ὁ θεὸς ἀληθής[40], πᾶς δὲ ἄνθρωπος ψεύστης[41], καθὼς γέγραπται·

---

[1] ἐπονομάζω 2s pres pas or mid ind, pas & mid call oneself
[2] ἐπαναπαύομαι 2s pres mid ind, rely upon
[3] δοκιμάζω 2s pres act ind, approve
[4] διαφέρω pres act ptc n p acc, be superior
[5] κατηχέω pres pas ptc m s nom, instruct
[6] πείθω 2s pf act ind, convince
[7] ὁδηγός, -οῦ m, guide
[8] παιδευτής, -οῦ m, one who corrects
[9] ἄφρων, -ον, gen -ονος, foolish
[10] νήπιος, -α/ον, infant
[11] μόρφωσις, -εως f, outward form
[12] γνῶσις, -εως f, knowledge
[13] κλέπτω pres act inf, steal
[14] μοιχεύω pres act inf, commit adultery
[15] βδελύσσομαι pres mid ptc m s nom or voc, detest
[16] εἴδωλον, -ου n, idol
[17] ἱεροσυλέω 2s pres act ind, rob temples
[18] παράβασις, -εως f, breaking
[19] ἀτιμάζω 2s pres act ind, dishonor
[20] ὠφελέω 3s pres act ind, be of value
[21] παραβάτης, -ου m, one who breaks
[22] ἀκροβυστία, -ας f, uncircumcision
[23] γίνομαι 3s pf act ind, become
[24] δικαίωμα, -τος n, decree
[25] λογίζομαι 3s fut pas ind, consider
[26] τελέω pres act ptc f s nom, obey
[27] γράμμα, -τος n, written text
[28] φανερός, -ά/όν, visible (ἐν τῷ φ. outwardly)
[29] κρυπτός, -ή/όν, hidden (ἐν τῷ κ. inwardly)
[30] γράμμα, -τος n, written text
[31] ἔπαινος, -ου m, praise
[32] περισσός, -ή/όν, more (τὸ π. the advantage)
[33] ὠφέλεια, -ας f, benefit
[34] τρόπος, -ου m, way
[35] λόγιον, -ον n, message
[36] ἀπιστέω 3p aor act ind, fail to believe
[37] ἀπιστία, -ας f, unbelief
[38] καταργέω 3s fut act ind, nullify
[39] γίνομαι 3s aor mid opt, happen
[40] ἀληθής, -ές, true
[41] ψεύστης, -ου m, liar

ὅπως ἂν δικαιωθῇς ἐν τοῖς λόγοις σου
καὶ νικήσεις¹ ἐν τῷ κρίνεσθαί σε.

5 εἰ δὲ ἡ ἀδικία² ἡμῶν θεοῦ δικαιοσύνην συνίστησιν³, τί ἐροῦμεν⁴; μὴ ἄδικος⁵ ὁ θεὸς ὁ ἐπιφέρων⁶ τὴν ὀργήν; κατὰ ἄνθρωπον λέγω. 6 μὴ γένοιτο· ἐπεὶ⁷ πῶς κρινεῖ ὁ θεὸς τὸν κόσμον; 7 εἰ δὲ ἡ ἀλήθεια τοῦ θεοῦ ἐν τῷ ἐμῷ ψεύσματι⁸ ἐπερίσσευσεν εἰς τὴν δόξαν αὐτοῦ, τί ἔτι κἀγὼ ὡς ἁμαρτωλὸς κρίνομαι; 8 καὶ μὴ καθὼς βλασφημούμεθα καὶ καθώς φασίν τινες ἡμᾶς λέγειν ὅτι ποιήσωμεν τὰ κακά, ἵνα ἔλθῃ⁹ τὰ ἀγαθά; ὧν τὸ κρίμα¹⁰ ἔνδικόν¹¹ ἐστιν.

No One is Righteous

9 Τί οὖν; προεχόμεθα¹²; οὐ πάντως¹³· προῃτιασάμεθα¹⁴ γὰρ Ἰουδαίους τε καὶ Ἕλληνας¹⁵ πάντας ὑφ' ἁμαρτίαν εἶναι, 10 καθὼς γέγραπται ὅτι
    οὐκ ἔστιν δίκαιος οὐδὲ εἷς,
    11 οὐκ ἔστιν ὁ συνίων¹⁶,
    οὐκ ἔστιν ὁ ἐκζητῶν¹⁷ τὸν θεόν.
    12 πάντες ἐξέκλιναν¹⁸ ἅμα¹⁹ ἠχρεώθησαν²⁰·
    οὐκ ἔστιν ὁ ποιῶν χρηστότητα²¹,
    οὐκ ἔστιν ἕως ἑνός.
    13 τάφος²² ἀνεῳγμένος²³ ὁ λάρυγξ²⁴ αὐτῶν,
    ταῖς γλώσσαις αὐτῶν ἐδολιοῦσαν²⁵,
    ἰὸς²⁶ ἀσπίδων²⁷ ὑπὸ τὰ χείλη²⁸ αὐτῶν·
    14 ὧν τὸ στόμα ἀρᾶς²⁹ καὶ πικρίας³⁰ γέμει³¹,
    15 ὀξεῖς³² οἱ πόδες αὐτῶν ἐκχέαι³³ αἷμα,
    16 σύντριμμα³⁴ καὶ ταλαιπωρία³⁵ ἐν ταῖς ὁδοῖς αὐτῶν,
    17 καὶ ὁδὸν εἰρήνης οὐκ ἔγνωσαν.
    18 οὐκ ἔστιν φόβος θεοῦ ἀπέναντι³⁶ τῶν ὀφθαλμῶν αὐτῶν.

---

1 νικάω 2s fut act ind, prevail
2 ἀδικία, -ας f, wrongdoing
3 συνίστημι 3s pres act ind, show
4 λέγω 1p fut act ind, say
5 ἄδικος, -ον, unjust
6 ἐπιφέρω pres act ptc m s nom, bring upon
7 ἐπεί, conj, otherwise
8 ψεῦσμα, -τος n, untruthfulness
9 ἔρχομαι 3s aor act sub, come
10 κρίμα, -τος n, condemnation
11 ἔνδικος, -ον, just
12 προέχω 1p pres mid ind, mid be better off
13 πάντως, adv, by all means
14 προαιτιάομαι 1p aor mid ind, accuse beforehand
15 Ἕλλην, -ηνος m, a Greek
16 συνίημι pres act ptc m s nom, understand
17 ἐκζητέω pres act ptc m s nom, seek diligently
18 ἐκκλίνω 3p aor act ind, turn aside
19 ἅμα, adv, together
20 ἀχρειόω 3p aor pas ind, pas become worthless
21 χρηστότης, -ητος f, what is right
22 τάφος, -ου m, grave
23 ἀνοίγω pf pas ptc m s nom, open
24 λάρυγξ, -γγος m, throat
25 δολιόω 3p impf act ind, deceive
26 ἰός, -οῦ m, poison
27 ἀσπίς, -ίδος f, snake
28 χεῖλος, -ους n, lip
29 ἀρά, -ᾶς f, curse
30 πικρία, -ας f, bitterness
31 γέμω 3s pres act ind, be full
32 ὀξύς, -εῖα/ύ, swift
33 ἐκχέω aor act inf, shed
34 σύντριμμα, -τος n, ruin
35 ταλαιπωρία, -ας f, misery
36 ἀπέναντι, prep + gen, before

19 οἴδαμεν δὲ ὅτι ὅσα ὁ νόμος λέγει τοῖς ἐν τῷ νόμῳ λαλεῖ, ἵνα πᾶν στόμα φραγῇ[1] καὶ ὑπόδικος[2] γένηται[3] πᾶς ὁ κόσμος τῷ θεῷ· 20 διότι[4] ἐξ ἔργων νόμου οὐ δικαιωθήσεται πᾶσα σὰρξ ἐνώπιον αὐτοῦ, διὰ γὰρ νόμου ἐπίγνωσις[5] ἁμαρτίας.

Righteousness through Faith

21 Νυνὶ[6] δὲ χωρὶς νόμου δικαιοσύνη θεοῦ πεφανέρωται μαρτυρουμένη ὑπὸ τοῦ νόμου καὶ τῶν προφητῶν, 22 δικαιοσύνη δὲ θεοῦ διὰ πίστεως Ἰησοῦ Χριστοῦ εἰς πάντας τοὺς πιστεύοντας. οὐ γάρ ἐστιν διαστολή[7], 23 πάντες γὰρ ἥμαρτον[8] καὶ ὑστεροῦνται[9] τῆς δόξης τοῦ θεοῦ 24 δικαιούμενοι δωρεὰν[10] τῇ αὐτοῦ χάριτι διὰ τῆς ἀπολυτρώσεως[11] τῆς ἐν Χριστῷ Ἰησοῦ· 25 ὃν προέθετο[12] ὁ θεὸς ἱλαστήριον[13] διὰ [τῆς] πίστεως ἐν τῷ αὐτοῦ αἵματι εἰς ἔνδειξιν[14] τῆς δικαιοσύνης αὐτοῦ διὰ τὴν πάρεσιν[15] τῶν προγεγονότων[16] ἁμαρτημάτων[17] 26 ἐν τῇ ἀνοχῇ[18] τοῦ θεοῦ, πρὸς τὴν ἔνδειξιν τῆς δικαιοσύνης αὐτοῦ ἐν τῷ νῦν καιρῷ, εἰς τὸ εἶναι αὐτὸν δίκαιον καὶ δικαιοῦντα τὸν ἐκ πίστεως Ἰησοῦ. 27 Ποῦ οὖν ἡ καύχησις[19]; ἐξεκλείσθη[20]. διὰ ποίου νόμου; τῶν ἔργων; οὐχί, ἀλλὰ διὰ νόμου πίστεως. 28 λογιζόμεθα γὰρ δικαιοῦσθαι πίστει ἄνθρωπον χωρὶς ἔργων νόμου. 29 ἢ Ἰουδαίων ὁ θεὸς μόνον; οὐχὶ καὶ ἐθνῶν; ναὶ καὶ ἐθνῶν, 30 εἴπερ[21] εἷς ὁ θεὸς ὃς δικαιώσει περιτομὴν ἐκ πίστεως καὶ ἀκροβυστίαν[22] διὰ τῆς πίστεως. 31 νόμον οὖν καταργοῦμεν[23] διὰ τῆς πίστεως; μὴ γένοιτο[24]· ἀλλὰ νόμον ἱστάνομεν.

The Example of Abraham

4 Τί οὖν ἐροῦμεν[25] εὑρηκέναι Ἀβραὰμ τὸν προπάτορα[26] ἡμῶν κατὰ σάρκα; 2 εἰ γὰρ Ἀβραὰμ ἐξ ἔργων ἐδικαιώθη, ἔχει καύχημα[27], ἀλλ' οὐ πρὸς θεόν. 3 τί γὰρ ἡ γραφὴ λέγει; ἐπίστευσεν δὲ Ἀβραὰμ τῷ θεῷ καὶ ἐλογίσθη[28] αὐτῷ εἰς δικαιοσύνην. 4 τῷ δὲ ἐργαζομένῳ ὁ μισθὸς[29] οὐ λογίζεται κατὰ χάριν ἀλλὰ κατὰ ὀφείλημα[30], 5 τῷ δὲ μὴ ἐργαζομένῳ πιστεύοντι δὲ ἐπὶ τὸν δικαιοῦντα τὸν ἀσεβῆ[31] λογίζεται

---

[1] φράσσω 3s aor pas sub, silence
[2] ὑπόδικος, -ov, answerable to
[3] γίνομαι 3s aor mid sub, become
[4] διότι, conj, because
[5] ἐπίγνωσις, -εως f, knowledge
[6] νυνί, adv, now
[7] διαστολή, -ῆς f, difference
[8] ἁμαρτάνω 3p aor act ind, sin
[9] ὑστερέω 3p pres pas ind, pas fall short of
[10] δωρεάν, adv, freely
[11] ἀπολύτρωσις, -εως f, redemption
[12] προτίθημι 3s aor mid ind, mid put forward
[13] ἱλαστήριον, -ου n, means by which sins are forgiven
[14] ἔνδειξις, -εως f, indication
[15] πάρεσις, -εως f, passing over
[16] προγίνομαι pf act ptc n p gen, happen previously
[17] ἁμάρτημα, -τος n, sin
[18] ἀνοχή, -ῆς f, forbearance
[19] καύχησις, -εως f, boasting
[20] ἐκκλείω 3s aor pas ind, exclude
[21] εἴπερ, conj, since
[22] ἀκροβυστία, -ας f, uncircumcision
[23] καταργέω 1p pres act ind, nullify
[24] γίνομαι 3s aor mid opt, happen
[25] λέγω 1p fut act ind, say
[26] προπάτωρ, -ορος m, forefather
[27] καύχημα, -τος n, something to boast about
[28] λογίζομαι 3s aor pas ind, credit
[29] μισθός, -οῦ m, wages
[30] ὀφείλημα, -τος n, something owed
[31] ἀσεβής, -ές, godless

ἡ πίστις αὐτοῦ εἰς δικαιοσύνην· 6 καθάπερ¹ καὶ Δαυὶδ λέγει τὸν μακαρισμὸν² τοῦ ἀνθρώπου ᾧ ὁ θεὸς λογίζεται δικαιοσύνην χωρὶς ἔργων·
7 μακάριοι ὧν ἀφέθησαν³ αἱ ἀνομίαι⁴
καὶ ὧν ἐπεκαλύφθησαν⁵ αἱ ἁμαρτίαι·
8 μακάριος ἀνὴρ οὗ οὐ μὴ λογίσηται κύριος ἁμαρτίαν.
9 Ὁ μακαρισμὸς οὖν οὗτος ἐπὶ τὴν περιτομὴν ἢ καὶ ἐπὶ τὴν ἀκροβυστίαν⁶; λέγομεν γάρ· ἐλογίσθη τῷ Ἀβραὰμ ἡ πίστις εἰς δικαιοσύνην. 10 πῶς οὖν ἐλογίσθη; ἐν περιτομῇ ὄντι ἢ ἐν ἀκροβυστίᾳ; οὐκ ἐν περιτομῇ ἀλλ' ἐν ἀκροβυστίᾳ· 11 καὶ σημεῖον ἔλαβεν περιτομῆς σφραγῖδα⁷ τῆς δικαιοσύνης τῆς πίστεως τῆς ἐν τῇ ἀκροβυστίᾳ, εἰς τὸ εἶναι αὐτὸν πατέρα πάντων τῶν πιστευόντων δι' ἀκροβυστίας, εἰς τὸ λογισθῆναι [καὶ] αὐτοῖς [τὴν] δικαιοσύνην, 12 καὶ πατέρα περιτομῆς τοῖς οὐκ ἐκ περιτομῆς μόνον ἀλλὰ καὶ τοῖς στοιχοῦσιν⁸ τοῖς ἴχνεσιν⁹ τῆς ἐν ἀκροβυστίᾳ πίστεως τοῦ πατρὸς ἡμῶν Ἀβραάμ.

The Promise Made Real through Faith

13 Οὐ γὰρ διὰ νόμου ἡ ἐπαγγελία τῷ Ἀβραὰμ ἢ τῷ σπέρματι αὐτοῦ, τὸ κληρονόμον¹⁰ αὐτὸν εἶναι κόσμου, ἀλλὰ διὰ δικαιοσύνης πίστεως. 14 εἰ γὰρ οἱ ἐκ νόμου κληρονόμοι, κεκένωται¹¹ ἡ πίστις καὶ κατήργηται¹² ἡ ἐπαγγελία· 15 ὁ γὰρ νόμος ὀργὴν κατεργάζεται¹³· οὗ¹⁴ δὲ οὐκ ἔστιν νόμος οὐδὲ παράβασις¹⁵. 16 διὰ τοῦτο ἐκ πίστεως, ἵνα κατὰ χάριν, εἰς τὸ εἶναι βεβαίαν¹⁶ τὴν ἐπαγγελίαν παντὶ τῷ σπέρματι, οὐ τῷ ἐκ τοῦ νόμου μόνον ἀλλὰ καὶ τῷ ἐκ πίστεως Ἀβραάμ, ὅς ἐστιν πατὴρ πάντων ἡμῶν, 17 καθὼς γέγραπται ὅτι πατέρα πολλῶν ἐθνῶν τέθεικά¹⁷ σε, κατέναντι¹⁸ οὗ ἐπίστευσεν θεοῦ τοῦ ζῳοποιοῦντος¹⁹ τοὺς νεκροὺς καὶ καλοῦντος τὰ μὴ ὄντα ὡς ὄντα. 18 ὃς παρ' ἐλπίδα ἐπ' ἐλπίδι ἐπίστευσεν εἰς τὸ γενέσθαι αὐτὸν πατέρα πολλῶν ἐθνῶν κατὰ τὸ εἰρημένον²⁰· οὕτως ἔσται τὸ σπέρμα σου, 19 καὶ μὴ ἀσθενήσας τῇ πίστει κατενόησεν²¹ τὸ ἑαυτοῦ σῶμα [ἤδη] νενεκρωμένον²², ἑκατονταετής²³ που²⁴ ὑπάρχων, καὶ τὴν νέκρωσιν²⁵ τῆς μήτρας²⁶ Σάρρας· 20 εἰς δὲ τὴν ἐπαγγελίαν

---

¹ καθάπερ, conj, just as
² μακαρισμός, -οῦ m, blessing
³ ἀφίημι 3p aor pas ind, forgive
⁴ ἀνομία, -ας f, transgression
⁵ ἐπικαλύπτω 3p aor pas ind, cover
⁶ ἀκροβυστία, -ας f, uncircumcision
⁷ σφραγίς, -ῖδος f, seal
⁸ στοιχέω pres act ptc m p dat, walk
⁹ ἴχνος, -ους n, footprint
¹⁰ κληρονόμος, -ου m, heir
¹¹ κενόω 3s pf pas ind, empty of meaning
¹² καταργέω 3s pf pas ind, nullify
¹³ κατεργάζομαι 3s pres mid ind, bring
¹⁴ οὗ, adv, where
¹⁵ παράβασις, -εως f, transgression
¹⁶ βέβαιος, -α/ον, confirmed
¹⁷ τίθημι 1s pf act ind, place/make
¹⁸ κατέναντι, prep + gen, in the sight of
¹⁹ ζῳοποιέω pres act ptc m s gen, give life to
²⁰ λέγω pf pas ptc n s acc, say
²¹ κατανοέω 3s aor act ind, consider
²² νεκρόω pf pas ptc n s acc, put to death (pf pas ptc be as good as dead)
²³ ἑκατονταετής, -ές, a hundred years old
²⁴ πού, adv, almost
²⁵ νέκρωσις, -εως f, barrenness
²⁶ μήτρα, -ας f, womb

τοῦ θεοῦ οὐ διεκρίθη¹ τῇ ἀπιστίᾳ² ἀλλ' ἐνεδυναμώθη³ τῇ πίστει, δοὺς δόξαν τῷ θεῷ **21** καὶ πληροφορηθεὶς⁴ ὅτι ὃ ἐπήγγελται⁵ δυνατός ἐστιν καὶ ποιῆσαι. **22** διὸ καὶ ἐλογίσθη αὐτῷ εἰς δικαιοσύνην. **23** οὐκ ἐγράφη δὲ δι' αὐτὸν μόνον ὅτι ἐλογίσθη αὐτῷ **24** ἀλλὰ καὶ δι' ἡμᾶς, οἷς μέλλει λογίζεσθαι, τοῖς πιστεύουσιν ἐπὶ τὸν ἐγείραντα Ἰησοῦν τὸν κύριον ἡμῶν ἐκ νεκρῶν, **25** ὃς παρεδόθη⁶ διὰ τὰ παραπτώματα⁷ ἡμῶν καὶ ἠγέρθη⁸ διὰ τὴν δικαίωσιν⁹ ἡμῶν.

Results of Justification

5 Δικαιωθέντες οὖν ἐκ πίστεως εἰρήνην ἔχομεν πρὸς τὸν θεὸν διὰ τοῦ κυρίου ἡμῶν Ἰησοῦ Χριστοῦ **2** δι' οὗ καὶ τὴν προσαγωγὴν¹⁰ ἐσχήκαμεν¹¹ [τῇ πίστει] εἰς τὴν χάριν ταύτην ἐν ᾗ ἑστήκαμεν¹² καὶ καυχώμεθα ἐπ' ἐλπίδι τῆς δόξης τοῦ θεοῦ. **3** οὐ μόνον δέ, ἀλλὰ καὶ καυχώμεθα ἐν ταῖς θλίψεσιν, εἰδότες¹³ ὅτι ἡ θλῖψις ὑπομονὴν κατεργάζεται¹⁴, **4** ἡ δὲ ὑπομονὴ δοκιμήν¹⁵, ἡ δὲ δοκιμὴ ἐλπίδα. **5** ἡ δὲ ἐλπὶς οὐ καταισχύνει¹⁶, ὅτι ἡ ἀγάπη τοῦ θεοῦ ἐκκέχυται¹⁷ ἐν ταῖς καρδίαις ἡμῶν διὰ πνεύματος ἁγίου τοῦ δοθέντος ἡμῖν. **6** ἔτι γὰρ Χριστὸς ὄντων ἡμῶν ἀσθενῶν¹⁸ ἔτι κατὰ καιρὸν ὑπὲρ ἀσεβῶν¹⁹ ἀπέθανεν. **7** μόλις²⁰ γὰρ ὑπὲρ δικαίου τις ἀποθανεῖται²¹· ὑπὲρ γὰρ τοῦ ἀγαθοῦ τάχα²² τις καὶ τολμᾷ²³ ἀποθανεῖν²⁴· **8** συνίστησιν²⁵ δὲ τὴν ἑαυτοῦ ἀγάπην εἰς ἡμᾶς ὁ θεός, ὅτι ἔτι ἁμαρτωλῶν ὄντων ἡμῶν Χριστὸς ὑπὲρ ἡμῶν ἀπέθανεν. **9** πολλῷ οὖν μᾶλλον δικαιωθέντες νῦν ἐν τῷ αἵματι αὐτοῦ σωθησόμεθα δι' αὐτοῦ ἀπὸ τῆς ὀργῆς. **10** εἰ γὰρ ἐχθροὶ ὄντες κατηλλάγημεν²⁶ τῷ θεῷ διὰ τοῦ θανάτου τοῦ υἱοῦ αὐτοῦ, πολλῷ μᾶλλον καταλλαγέντες σωθησόμεθα²⁷ ἐν τῇ ζωῇ αὐτοῦ· **11** οὐ μόνον δέ, ἀλλὰ καὶ καυχώμενοι ἐν τῷ θεῷ διὰ τοῦ κυρίου ἡμῶν Ἰησοῦ Χριστοῦ δι' οὗ νῦν τὴν καταλλαγὴν²⁸ ἐλάβομεν.

Adam and Christ

12 Διὰ τοῦτο ὥσπερ δι' ἑνὸς ἀνθρώπου ἡ ἁμαρτία εἰς τὸν κόσμον εἰσῆλθεν καὶ διὰ τῆς ἁμαρτίας ὁ θάνατος, καὶ οὕτως εἰς πάντας ἀνθρώπους ὁ θάνατος διῆλθεν²⁹,

---

¹ διακρίνω 3s aor pas ind, pas doubt
² ἀπιστία, -ας f, unbelief
³ ἐνδυναμόω 3s aor pas ind, make strong
⁴ πληροφορέω aor pas ptc m s nom, convince fully
⁵ ἐπαγγέλλομαι 3s pf mid ind, promise
⁶ παραδίδωμι 3s aor pas ind, give over (to death)
⁷ παράπτωμα, -τος n, sin
⁸ ἐγείρω 3s aor pas ind, raise (from death)
⁹ δικαίωσις, -εως f, justification
¹⁰ προσαγωγή, -ῆς f, access
¹¹ ἔχω 1p pf act ind, obtain
¹² ἵστημι 1p pf act ind, stand
¹³ οἶδα pf act ptc m p nom, know
¹⁴ κατεργάζομαι 3s pf mid ind, produce
¹⁵ δοκιμή, -ῆς f, character
¹⁶ καταισχύνω 3s pres act ind, disappoint
¹⁷ ἐκχύννω 3s pf pas ind, pour out
¹⁸ ἀσθενής, -ές, weak
¹⁹ ἀσεβής, -ές, godless
²⁰ μόλις, adv, hardly
²¹ ἀποθνήσκω 3s fut mid ind, die
²² τάχα, adv, perhaps
²³ τολμάω 3s pres act ind, dare
²⁴ ἀποθνήσκω aor act inf, die
²⁵ συνίστημι 3s pres act ind, demonstrate
²⁶ καταλλάσσω 1p aor pas ind, reconcile
²⁷ σῴζω 1p fut pas ind, save
²⁸ καταλλαγή, -ῆς f, reconciliation
²⁹ διέρχομαι 3s aor act ind, spread

ἐφ' ᾧ πάντες ἥμαρτον· 13 ἄχρι γὰρ νόμου ἁμαρτία ἦν ἐν κόσμῳ, ἁμαρτία δὲ οὐκ ἐλλογεῖται¹ μὴ ὄντος νόμου, 14 ἀλλ' ἐβασίλευσεν² ὁ θάνατος ἀπὸ Ἀδὰμ μέχρι³ Μωϋσέως καὶ ἐπὶ τοὺς μὴ ἁμαρτήσαντας ἐπὶ τῷ ὁμοιώματι⁴ τῆς παραβάσεως⁵ Ἀδὰμ ὅς ἐστιν τύπος⁶ τοῦ μέλλοντος. 15 ἀλλ' οὐχ ὡς τὸ παράπτωμα⁷, οὕτως καὶ τὸ χάρισμα⁸· εἰ γὰρ τῷ τοῦ ἑνὸς παραπτώματι οἱ πολλοὶ ἀπέθανον, πολλῷ μᾶλλον ἡ χάρις τοῦ θεοῦ καὶ ἡ δωρεὰ⁹ ἐν χάριτι τῇ τοῦ ἑνὸς ἀνθρώπου Ἰησοῦ Χριστοῦ εἰς τοὺς πολλοὺς ἐπερίσσευσεν. 16 καὶ οὐχ ὡς δι' ἑνὸς ἁμαρτήσαντος τὸ δώρημα¹⁰· τὸ μὲν γὰρ κρίμα¹¹ ἐξ ἑνὸς εἰς κατάκριμα¹², τὸ δὲ χάρισμα ἐκ πολλῶν παραπτωμάτων εἰς δικαίωμα¹³. 17 εἰ γὰρ τῷ τοῦ ἑνὸς παραπτώματι ὁ θάνατος ἐβασίλευσεν διὰ τοῦ ἑνός, πολλῷ μᾶλλον οἱ τὴν περισσείαν¹⁴ τῆς χάριτος καὶ τῆς δωρεᾶς τῆς δικαιοσύνης λαμβάνοντες ἐν ζωῇ βασιλεύσουσιν διὰ τοῦ ἑνὸς Ἰησοῦ Χριστοῦ. 18 ἄρα οὖν ὡς δι' ἑνὸς παραπτώματος εἰς πάντας ἀνθρώπους εἰς κατάκριμα, οὕτως καὶ δι' ἑνὸς δικαιώματος εἰς πάντας ἀνθρώπους εἰς δικαίωσιν¹⁵ ζωῆς· 19 ὥσπερ γὰρ διὰ τῆς παρακοῆς¹⁶ τοῦ ἑνὸς ἀνθρώπου ἁμαρτωλοὶ κατεστάθησαν¹⁷ οἱ πολλοί, οὕτως καὶ διὰ τῆς ὑπακοῆς¹⁸ τοῦ ἑνὸς δίκαιοι κατασταθήσονται οἱ πολλοί. 20 νόμος δὲ παρεισῆλθεν¹⁹, ἵνα πλεονάσῃ²⁰ τὸ παράπτωμα· οὗ²¹ δὲ ἐπλεόνασεν ἡ ἁμαρτία, ὑπερεπερίσσευσεν²² ἡ χάρις, 21 ἵνα ὥσπερ ἐβασίλευσεν ἡ ἁμαρτία ἐν τῷ θανάτῳ, οὕτως καὶ ἡ χάρις βασιλεύσῃ διὰ δικαιοσύνης εἰς ζωὴν αἰώνιον διὰ Ἰησοῦ Χριστοῦ τοῦ κυρίου ἡμῶν.

Dead to Sin but Alive in Christ

6 Τί οὖν ἐροῦμεν²³; ἐπιμένωμεν²⁴ τῇ ἁμαρτίᾳ, ἵνα ἡ χάρις πλεονάσῃ²⁵; 2 μὴ γένοιτο²⁶. οἵτινες ἀπεθάνομεν τῇ ἁμαρτίᾳ, πῶς ἔτι ζήσομεν²⁷ ἐν αὐτῇ; 3 ἢ ἀγνοεῖτε²⁸ ὅτι, ὅσοι ἐβαπτίσθημεν εἰς Χριστὸν Ἰησοῦν, εἰς τὸν θάνατον αὐτοῦ ἐβαπτίσθημεν; 4 συνετάφημεν²⁹ οὖν αὐτῷ διὰ τοῦ βαπτίσματος³⁰ εἰς τὸν θάνατον, ἵνα ὥσπερ ἠγέρθη³¹ Χριστὸς ἐκ νεκρῶν διὰ τῆς δόξης τοῦ πατρός, οὕτως καὶ ἡμεῖς ἐν καινότητι³² ζωῆς περιπατήσωμεν. 5 εἰ γὰρ σύμφυτοι³³ γεγόναμεν³⁴ τῷ

¹ ἐλλογέω 3s pres pas ind, charge to one's account
² βασιλεύω 3s aor act ind, reign
³ μέχρι, prep + gen, until
⁴ ὁμοίωμα, -τος n, likeness
⁵ παράβασις, -εως f, transgression
⁶ τύπος, -ου m, pattern
⁷ παράπτωμα, -τος n, sin
⁸ χάρισμα, -τος n, gift
⁹ δωρεά, -ᾶς f, gift
¹⁰ δώρημα, -τος n, gift
¹¹ κρίμα, -τος n, judgment
¹² κατάκριμα, -τος n, condemnation
¹³ δικαίωμα, -τος n, justification
¹⁴ περισσεία, -ας f, abundance
¹⁵ δικαίωσις, -εως f, acquittal
¹⁶ παρακοή, -ῆς f, disobedience
¹⁷ καθίστημι 3p aor pas ind, make
¹⁸ ὑπακοή, -ῆς f, obedience
¹⁹ παρεισέρχομαι 3s aor act ind, come in
²⁰ πλεονάζω 3s aor act sub, increase
²¹ οὗ, adv, where
²² ὑπερπερισσεύω 3s aor act ind, increase much more
²³ λέγω 1p fut act ind, say
²⁴ ἐπιμένω 1p pres act sub, continue
²⁵ πλεονάζω 3s aor act sub, increase
²⁶ γίνομαι 3s aor mid opt, happen
²⁷ ζάω 1p fut act ind, live
²⁸ ἀγνοέω 2p pres act ind, fail to understand
²⁹ συνθάπτω 1p aor pas ind, pas be buried with
³⁰ βάπτισμα, -τος n, baptism
³¹ ἐγείρω 3s aor pas ind, raise
³² καινότης, -ητος f, newness
³³ σύμφυτος, -ον, united with
³⁴ γίνομαι 1p pf act ind, become

ὁμοιώματι¹ τοῦ θανάτου αὐτοῦ, ἀλλὰ καὶ τῆς ἀναστάσεως ἐσόμεθα²· 6 τοῦτο γινώσκοντες ὅτι ὁ παλαιὸς³ ἡμῶν ἄνθρωπος συνεσταυρώθη⁴, ἵνα καταργηθῇ⁵ τὸ σῶμα τῆς ἁμαρτίας, τοῦ μηκέτι⁶ δουλεύειν⁷ ἡμᾶς τῇ ἁμαρτίᾳ· 7 ὁ γὰρ ἀποθανὼν δεδικαίωται ἀπὸ τῆς ἁμαρτίας. 8 εἰ δὲ ἀπεθάνομεν σὺν Χριστῷ, πιστεύομεν ὅτι καὶ συζήσομεν⁸ αὐτῷ, 9 εἰδότες⁹ ὅτι Χριστὸς ἐγερθεὶς¹⁰ ἐκ νεκρῶν οὐκέτι ἀποθνῄσκει, θάνατος αὐτοῦ οὐκέτι κυριεύει¹¹. 10 ὃ γὰρ ἀπέθανεν, τῇ ἁμαρτίᾳ ἀπέθανεν ἐφάπαξ¹²· ὃ δὲ ζῇ, ζῇ τῷ θεῷ. 11 οὕτως καὶ ὑμεῖς λογίζεσθε ἑαυτοὺς [εἶναι] νεκροὺς μὲν τῇ ἁμαρτίᾳ ζῶντας δὲ τῷ θεῷ ἐν Χριστῷ Ἰησοῦ.

12 Μὴ οὖν βασιλευέτω¹³ ἡ ἁμαρτία ἐν τῷ θνητῷ¹⁴ ὑμῶν σώματι εἰς τὸ ὑπακούειν¹⁵ ταῖς ἐπιθυμίαις αὐτοῦ, 13 μηδὲ παριστάνετε¹⁶ τὰ μέλη ὑμῶν ὅπλα¹⁷ ἀδικίας¹⁸ τῇ ἁμαρτίᾳ, ἀλλὰ παραστήσατε¹⁹ ἑαυτοὺς τῷ θεῷ ὡσεὶ²⁰ ἐκ νεκρῶν ζῶντας καὶ τὰ μέλη ὑμῶν ὅπλα δικαιοσύνης τῷ θεῷ. 14 ἁμαρτία γὰρ ὑμῶν οὐ κυριεύσει· οὐ γάρ ἐστε ὑπὸ νόμον ἀλλ' ὑπὸ χάριν.

Slaves of Righteousness

15 Τί οὖν; ἁμαρτήσωμεν, ὅτι οὐκ ἐσμὲν ὑπὸ νόμον ἀλλ' ὑπὸ χάριν; μὴ γένοιτο²¹. 16 οὐκ οἴδατε ὅτι ᾧ παριστάνετε²² ἑαυτοὺς δούλους εἰς ὑπακοήν²³, δοῦλοί ἐστε ᾧ ὑπακούετε, ἤτοι²⁴ ἁμαρτίας εἰς θάνατον ἢ ὑπακοῆς εἰς δικαιοσύνην; 17 χάρις δὲ τῷ θεῷ ὅτι ἦτε δοῦλοι τῆς ἁμαρτίας ὑπηκούσατε²⁵ δὲ ἐκ καρδίας εἰς ὃν παρεδόθητε²⁶ τύπον²⁷ διδαχῆς²⁸, 18 ἐλευθερωθέντες²⁹ δὲ ἀπὸ τῆς ἁμαρτίας ἐδουλώθητε³⁰ τῇ δικαιοσύνῃ. 19 ἀνθρώπινον³¹ λέγω διὰ τὴν ἀσθένειαν³² τῆς σαρκὸς ὑμῶν. ὥσπερ γὰρ παρεστήσατε³³ τὰ μέλη ὑμῶν δοῦλα τῇ ἀκαθαρσίᾳ³⁴ καὶ τῇ ἀνομίᾳ³⁵ εἰς τὴν ἀνομίαν, οὕτως νῦν παραστήσατε τὰ μέλη ὑμῶν δοῦλα τῇ δικαιοσύνῃ εἰς ἁγιασμόν³⁶. 20 ὅτε γὰρ δοῦλοι ἦτε τῆς ἁμαρτίας, ἐλεύθεροι³⁷ ἦτε τῇ δικαιοσύνῃ. 21 τίνα οὖν καρπὸν εἴχετε τότε; ἐφ' οἷς νῦν ἐπαισχύνεσθε³⁸, τὸ γὰρ τέλος ἐκείνων

---

1 ὁμοίωμα, -τος n, likeness
2 εἰμί 1p fut mid ind, be
3 παλαιός, -ά/όν, old
4 συσταυρόω 3s aor pas ind, pas be crucified together (with someone)
5 καταργέω 3s aor pas sub, destroy
6 μηκέτι, adv, no longer
7 δουλεύω pres act inf, be a slave
8 συζάω 1p fut act ind, live with
9 οἶδα pf act ptc m p nom, know
10 ἐγείρω aor pas ptc m s nom, raise
11 κυριεύω 3s pres act ind, have power over
12 ἐφάπαξ, adv, once for all time
13 βασιλεύω 3s pres act impv, reign
14 θνητός, -ή/όν, mortal
15 ὑπακούω pres act inf, obey
16 παρίστημι 2p pres act impv, offer
17 ὅπλον, -ου n, instrument
18 ἀδικία, -ας f, wickedness
19 παρίστημι 2p aor act impv, offer
20 ὡσεί, particle of comparison, as
21 γίνομαι 3s aor mid opt, happen
22 παρίστημι 2p pres act impv, offer
23 ὑπακοή, -ῆς f, obedience
24 ἤτοι, conj, either
25 ὑπακούω 2p aor act ind, obey
26 παραδίδωμι 2p aor pas ind, entrust
27 τύπος, -ου m, pattern
28 διδαχή, -ῆς f, teaching
29 ἐλευθερόω aor pas ptc m p nom, free
30 δουλόω 2p aor pas ind, enslave
31 ἀνθρώπινος, -η/ον, human (ἀ. λέγω speak in everyday terms)
32 ἀσθένεια, -ας f, weakness
33 παρίστημι 2p aor act ind, offer
34 ἀκαθαρσία, -ας f, impurity
35 ἀνομία, -ας f, wickedness
36 ἁγιασμός, -οῦ m, holiness
37 ἐλεύθερος, -α/ον, free
38 ἐπαισχύνομαι 2p pres pas ind, be ashamed

θάνατος. **22** νυνὶ¹ δὲ ἐλευθερωθέντες² ἀπὸ τῆς ἁμαρτίας δουλωθέντες δὲ τῷ θεῷ ἔχετε τὸν καρπὸν ὑμῶν εἰς ἁγιασμόν, τὸ δὲ τέλος ζωὴν αἰώνιον. **23** τὰ γὰρ ὀψώνια³ τῆς ἁμαρτίας θάνατος, τὸ δὲ χάρισμα⁴ τοῦ θεοῦ ζωὴ αἰώνιος ἐν Χριστῷ Ἰησοῦ τῷ κυρίῳ ἡμῶν.

An Analogy from Marriage

7 Ἢ ἀγνοεῖτε⁵, ἀδελφοί, γινώσκουσιν γὰρ νόμον λαλῶ, ὅτι ὁ νόμος κυριεύει⁶ τοῦ ἀνθρώπου ἐφ' ὅσον χρόνον ζῇ; **2** ἡ γὰρ ὕπανδρος⁷ γυνὴ τῷ ζῶντι ἀνδρὶ δέδεται νόμῳ· ἐὰν δὲ ἀποθάνῃ⁸ ὁ ἀνήρ, κατήργηται⁹ ἀπὸ τοῦ νόμου τοῦ ἀνδρός. **3** ἄρα οὖν ζῶντος τοῦ ἀνδρὸς μοιχαλὶς¹⁰ χρηματίσει¹¹ ἐὰν γένηται ἀνδρὶ ἑτέρῳ· ἐὰν δὲ ἀποθάνῃ ὁ ἀνήρ, ἐλευθέρα¹² ἐστὶν ἀπὸ τοῦ νόμου, τοῦ μὴ εἶναι αὐτὴν μοιχαλίδα γενομένην ἀνδρὶ ἑτέρῳ. **4** ὥστε, ἀδελφοί μου, καὶ ὑμεῖς ἐθανατώθητε¹³ τῷ νόμῳ διὰ τοῦ σώματος τοῦ Χριστοῦ, εἰς τὸ γενέσθαι ὑμᾶς ἑτέρῳ, τῷ ἐκ νεκρῶν ἐγερθέντι¹⁴, ἵνα καρποφορήσωμεν¹⁵ τῷ θεῷ. **5** ὅτε γὰρ ἦμεν ἐν τῇ σαρκί, τὰ παθήματα¹⁶ τῶν ἁμαρτιῶν τὰ διὰ τοῦ νόμου ἐνηργεῖτο¹⁷ ἐν τοῖς μέλεσιν¹⁸ ἡμῶν, εἰς τὸ καρποφορῆσαι τῷ θανάτῳ· **6** νυνὶ¹⁹ δὲ κατηργήθημεν²⁰ ἀπὸ τοῦ νόμου ἀποθανόντες ἐν ᾧ κατειχόμεθα²¹, ὥστε δουλεύειν²² ἡμᾶς ἐν καινότητι²³ πνεύματος καὶ οὐ παλαιότητι²⁴ γράμματος²⁵.

The Problem of Indwelling Sin

7 Τί οὖν ἐροῦμεν²⁶; ὁ νόμος ἁμαρτία; μὴ γένοιτο²⁷· ἀλλὰ τὴν ἁμαρτίαν οὐκ ἔγνων²⁸ εἰ μὴ διὰ νόμου· τήν τε γὰρ ἐπιθυμίαν οὐκ ᾔδειν²⁹ εἰ μὴ ὁ νόμος ἔλεγεν· οὐκ ἐπιθυμήσεις³⁰. **8** ἀφορμὴν³¹ δὲ λαβοῦσα³² ἡ ἁμαρτία διὰ τῆς ἐντολῆς κατειργάσατο³³ ἐν ἐμοὶ πᾶσαν ἐπιθυμίαν· χωρὶς γὰρ νόμου ἁμαρτία νεκρά. **9** ἐγὼ δὲ ἔζων χωρὶς νόμου ποτέ³⁴, ἐλθούσης δὲ τῆς ἐντολῆς ἡ ἁμαρτία ἀνέζησεν³⁵, **10** ἐγὼ δὲ

---

1 νυνί, *adv*, now
2 ἐλευθερόω *aor pas ptc m p nom*, set free
3 ὀψώνιον, -ου *n*, wages
4 χάρισμα, -τος *n*, gift
5 ἀγνοέω *2p pres act ind*, fail to understand
6 κυριεύω *3s pres act ind*, have power over
7 ὕπανδρος, -ον, married
8 ἀποθνῄσκω *3s aor act sub*, die
9 καταργέω *3s pf pas ind*, release
10 μοιχαλίς, -ίδος *f*, adulteress
11 χρηματίζω *3s fut act ind*, call
12 ἐλεύθερος, -α/ον, free
13 θανατόω *2p aor pas ind*, put to death
14 ἐγείρω *aor pas ptc m s dat*, raise
15 καρποφορέω *1p aor act sub*, bear fruit
16 πάθημα, -τος *n*, desire
17 ἐνεργέω *3s impf mid ind*, intrans be at work
18 μέλος, -ους *n, dat pl* μέλεσιν, a bodily part
19 νυνί, *adv*, now
20 καταργέω *1p aor pas ind*, release
21 κατέχω *1p impf pas ind*, hold fast
22 δουλεύω *pres act inf*, serve
23 καινότης, -ητος *f*, newness
24 παλαιότης, -ητος *f*, oldness
25 γράμμα, -τος *n*, written text
26 λέγω *1p fut act ind*, say
27 γίνομαι *3s aor mid opt*, happen
28 γινώσκω *1s aor act ind*, know
29 οἶδα *1s plpf act ind*, know
30 ἐπιθυμέω *2s fut act ind*, covet
31 ἀφορμή, -ῆς *f*, opportunity
32 λαμβάνω *aor act ptc f s nom*, take
33 κατεργάζομαι *3s aor mid ind*, produce
34 ποτέ, *temporal adv*, once
35 ἀναζάω *3s aor act ind*, come to life

ἀπέθανον καὶ εὑρέθη¹ μοι ἡ ἐντολὴ ἡ εἰς ζωήν, αὕτη εἰς θάνατον· **11** ἡ γὰρ ἁμαρτία ἀφορμὴν λαβοῦσα διὰ τῆς ἐντολῆς ἐξηπάτησέν² με καὶ δι' αὐτῆς ἀπέκτεινεν. **12** ὥστε ὁ μὲν νόμος ἅγιος καὶ ἡ ἐντολὴ ἁγία καὶ δικαία καὶ ἀγαθή. **13** τὸ οὖν ἀγαθὸν ἐμοὶ ἐγένετο θάνατος; μὴ γένοιτο³· ἀλλ' ἡ ἁμαρτία, ἵνα φανῇ⁴ ἁμαρτία, διὰ τοῦ ἀγαθοῦ μοι κατεργαζομένη⁵ θάνατον, ἵνα γένηται καθ' ὑπερβολὴν⁶ ἁμαρτωλὸς ἡ ἁμαρτία διὰ τῆς ἐντολῆς. **14** Οἴδαμεν γὰρ ὅτι ὁ νόμος πνευματικός⁷ ἐστιν, ἐγὼ δὲ σάρκινός⁸ εἰμι πεπραμένος⁹ ὑπὸ τὴν ἁμαρτίαν. **15** ὃ γὰρ κατεργάζομαι¹⁰ οὐ γινώσκω· οὐ γὰρ ὃ θέλω τοῦτο πράσσω, ἀλλ' ὃ μισῶ τοῦτο ποιῶ. **16** εἰ δὲ ὃ οὐ θέλω τοῦτο ποιῶ, σύμφημι¹¹ τῷ νόμῳ ὅτι καλός. **17** νυνὶ¹² δὲ οὐκέτι ἐγὼ κατεργάζομαι αὐτὸ ἀλλ' ἡ οἰκοῦσα¹³ ἐν ἐμοὶ ἁμαρτία. **18** οἶδα γὰρ ὅτι οὐκ οἰκεῖ ἐν ἐμοί, τοῦτ' ἔστιν ἐν τῇ σαρκί μου, ἀγαθόν· τὸ γὰρ θέλειν παράκειταί¹⁴ μοι, τὸ δὲ κατεργάζεσθαι τὸ καλὸν οὔ· **19** οὐ γὰρ ὃ θέλω ποιῶ ἀγαθόν, ἀλλ' ὃ οὐ θέλω κακὸν τοῦτο πράσσω. **20** εἰ δὲ ὃ οὐ θέλω [ἐγὼ] τοῦτο ποιῶ, οὐκέτι ἐγὼ κατεργάζομαι αὐτὸ ἀλλ' ἡ οἰκοῦσα ἐν ἐμοὶ ἁμαρτία. **21** εὑρίσκω ἄρα τὸν νόμον, τῷ θέλοντι ἐμοὶ ποιεῖν τὸ καλόν, ὅτι ἐμοὶ τὸ κακὸν παράκειται· **22** συνήδομαι¹⁵ γὰρ τῷ νόμῳ τοῦ θεοῦ κατὰ τὸν ἔσω¹⁶ ἄνθρωπον, **23** βλέπω δὲ ἕτερον νόμον ἐν τοῖς μέλεσίν μου ἀντιστρατευόμενον¹⁷ τῷ νόμῳ τοῦ νοός¹⁸ μου καὶ αἰχμαλωτίζοντά¹⁹ με ἐν τῷ νόμῳ τῆς ἁμαρτίας τῷ ὄντι ἐν τοῖς μέλεσίν μου. **24** ταλαίπωρος²⁰ ἐγὼ ἄνθρωπος· τίς με ῥύσεται²¹ ἐκ τοῦ σώματος τοῦ θανάτου τούτου; **25** χάρις δὲ τῷ θεῷ διὰ Ἰησοῦ Χριστοῦ τοῦ κυρίου ἡμῶν. ἄρα οὖν αὐτὸς ἐγὼ τῷ μὲν νοΐ δουλεύω νόμῳ θεοῦ τῇ δὲ σαρκὶ νόμῳ ἁμαρτίας.

Life in the Spirit

8 Οὐδὲν ἄρα νῦν κατάκριμα²² τοῖς ἐν Χριστῷ Ἰησοῦ. **2** ὁ γὰρ νόμος τοῦ πνεύματος τῆς ζωῆς ἐν Χριστῷ Ἰησοῦ ἠλευθέρωσέν²³ σε ἀπὸ τοῦ νόμου τῆς ἁμαρτίας καὶ τοῦ θανάτου. **3** τὸ γὰρ ἀδύνατον²⁴ τοῦ νόμου ἐν ᾧ ἠσθένει διὰ τῆς σαρκός, ὁ θεὸς τὸν ἑαυτοῦ υἱὸν πέμψας ἐν ὁμοιώματι²⁵ σαρκὸς ἁμαρτίας καὶ περὶ ἁμαρτίας

---

¹ εὑρίσκω 3s aor pas ind, find
² ἐξαπατάω 3s aor act ind, deceive
³ γίνομαι 3s aor mid opt, happen
⁴ φαίνω 3s aor pas sub, mid & pas appear
⁵ κατεργάζομαι pf mid ptc f s nom, produce
⁶ ὑπερβολή, -ῆς f, outstanding quality (καθ' ὑ. beyond measure)
⁷ πνευματικός, -ή/όν, spiritual
⁸ σάρκινος, -η/ον, unspiritual

⁹ πιπράσκω pf pas ptc m s nom, sell
¹⁰ κατεργάζομαι 1s pres mid ind, do
¹¹ σύμφημι 1s pres act ind, agree with
¹² νυνί, adv, now
¹³ οἰκέω pres act ptc f s nom, live
¹⁴ παράκειμαι 3s pres mid ind, be present
¹⁵ συνήδομαι 1s pres mid ind, delight in
¹⁶ ἔσω, adv, within

¹⁷ ἀντιστρατεύομαι pres mid ptc m s acc, war against
¹⁸ νοῦς, νοός m, mind
¹⁹ αἰχμαλωτίζω pres act ptc m s acc, make prisoner
²⁰ ταλαίπωρος, -ον, miserable
²¹ ῥύομαι 3s fut mid ind, rescue
²² κατάκριμα, -τος n, condemnation
²³ ἐλευθερόω 3s aor act ind, set free
²⁴ ἀδύνατος, -ον, impossible
²⁵ ὁμοίωμα, -τος n, likeness

κατέκρινεν¹ τὴν ἁμαρτίαν ἐν τῇ σαρκί, 4 ἵνα τὸ δικαίωμα² τοῦ νόμου πληρωθῇ ἐν ἡμῖν τοῖς μὴ κατὰ σάρκα περιπατοῦσιν ἀλλὰ κατὰ πνεῦμα. 5 οἱ γὰρ κατὰ σάρκα ὄντες τὰ τῆς σαρκὸς φρονοῦσιν³, οἱ δὲ κατὰ πνεῦμα τὰ τοῦ πνεύματος. 6 τὸ γὰρ φρόνημα⁴ τῆς σαρκὸς θάνατος, τὸ δὲ φρόνημα τοῦ πνεύματος ζωὴ καὶ εἰρήνη· 7 διότι⁵ τὸ φρόνημα τῆς σαρκὸς ἔχθρα⁶ εἰς θεόν, τῷ γὰρ νόμῳ τοῦ θεοῦ οὐχ ὑποτάσσεται, οὐδὲ γὰρ δύναται· 8 οἱ δὲ ἐν σαρκὶ ὄντες θεῷ ἀρέσαι⁷ οὐ δύνανται. 9 ὑμεῖς δὲ οὐκ ἐστὲ ἐν σαρκὶ ἀλλ᾽ ἐν πνεύματι, εἴπερ⁸ πνεῦμα θεοῦ οἰκεῖ⁹ ἐν ὑμῖν. εἰ δέ τις πνεῦμα Χριστοῦ οὐκ ἔχει, οὗτος οὐκ ἔστιν αὐτοῦ. 10 εἰ δὲ Χριστὸς ἐν ὑμῖν, τὸ μὲν σῶμα νεκρὸν διὰ ἁμαρτίαν τὸ δὲ πνεῦμα ζωὴ διὰ δικαιοσύνην. 11 εἰ δὲ τὸ πνεῦμα τοῦ ἐγείραντος τὸν Ἰησοῦν ἐκ νεκρῶν οἰκεῖ ἐν ὑμῖν, ὁ ἐγείρας Χριστὸν ἐκ νεκρῶν ζωοποιήσει¹⁰ καὶ τὰ θνητὰ¹¹ σώματα ὑμῶν διὰ τοῦ ἐνοικοῦντος¹² αὐτοῦ πνεύματος ἐν ὑμῖν.

12 Ἄρα οὖν, ἀδελφοί, ὀφειλέται¹³ ἐσμὲν οὐ τῇ σαρκὶ τοῦ κατὰ σάρκα ζῆν¹⁴, 13 εἰ γὰρ κατὰ σάρκα ζῆτε, μέλλετε ἀποθνῄσκειν· εἰ δὲ πνεύματι τὰς πράξεις¹⁵ τοῦ σώματος θανατοῦτε¹⁶, ζήσεσθε. 14 ὅσοι γὰρ πνεύματι θεοῦ ἄγονται, οὗτοι υἱοὶ θεοῦ εἰσιν. 15 οὐ γὰρ ἐλάβετε πνεῦμα δουλείας¹⁷ πάλιν εἰς φόβον ἀλλ᾽ ἐλάβετε πνεῦμα υἱοθεσίας¹⁸ ἐν ᾧ κράζομεν· αββα¹⁹ ὁ πατήρ. 16 αὐτὸ τὸ πνεῦμα συμμαρτυρεῖ²⁰ τῷ πνεύματι ἡμῶν ὅτι ἐσμὲν τέκνα θεοῦ. 17 εἰ δὲ τέκνα, καὶ κληρονόμοι²¹· κληρονόμοι μὲν θεοῦ, συγκληρονόμοι²² δὲ Χριστοῦ, εἴπερ²³ συμπάσχομεν²⁴ ἵνα καὶ συνδοξασθῶμεν²⁵.

Future Glory

18 Λογίζομαι γὰρ ὅτι οὐκ ἄξια τὰ παθήματα²⁶ τοῦ νῦν καιροῦ πρὸς τὴν μέλλουσαν δόξαν ἀποκαλυφθῆναι²⁷ εἰς ἡμᾶς. 19 ἡ γὰρ ἀποκαραδοκία²⁸ τῆς κτίσεως²⁹ τὴν ἀποκάλυψιν³⁰ τῶν υἱῶν τοῦ θεοῦ ἀπεκδέχεται³¹. 20 τῇ γὰρ ματαιότητι³² ἡ κτίσις ὑπετάγη³³, οὐχ ἑκοῦσα³⁴ ἀλλὰ διὰ τὸν ὑποτάξαντα³⁵, ἐφ᾽ ἑλπίδι 21 ὅτι καὶ αὐτὴ ἡ

---

1 κατακρίνω 3s aor act ind, condemn
2 δικαίωμα, -τος n, requirement
3 φρονέω 3p pres act ind, have in mind
4 φρόνημα, -τος n, mind
5 διότι, conj, because
6 ἔχθρα, -ας f, hostility
7 ἀρέσκω aor act inf, please
8 εἴπερ, conj, since
9 οἰκέω 3s pres act ind, live
10 ζωοποιέω 3s fut act ind, make alive
11 θνητός, -ή/όν, mortal
12 ἐνοικέω pres act ptc n s gen, live in
13 ὀφειλέτης, -ου m, one who is under obligation
14 ζάω pres act inf, live
15 πρᾶξις, -εως f, deed
16 θανατόω 2p pres act ind, put to death
17 δουλεία, -ας f, slavery
18 υἱοθεσία, -ας f, adoption
19 αββα, Father (of address to God) (Aramaic word)
20 συμμαρτυρέω 3s pres act ind, bear witness
21 κληρονόμος, -ου m, heir
22 συγκληρονόμος, -ου m, co-heir
23 εἴπερ, conj, since
24 συμπάσχω 1p pres act ind, suffer together
25 συνδοξάζω 1p aor pas sub, pas share in another's glory
26 πάθημα, -τος n, suffering
27 ἀποκαλύπτω aor pas inf, reveal
28 ἀποκαραδοκία, -ας f, eager expectation
29 κτίσις, -εως f, creation
30 ἀποκάλυψις, -εως f, revelation
31 ἀπεκδέχομαι 3s pres mid ind, await expectantly
32 ματαιότης, -ητος f, futility
33 ὑποτάσσω 3s aor pas ind, pas be subject
34 ἑκών, -οῦσα/όν, of one's own will
35 ὑποτάσσω aor act ptc m s acc, subject

κτίσις ἐλευθερωθήσεται¹ ἀπὸ τῆς δουλείας² τῆς φθορᾶς³ εἰς τὴν ἐλευθερίαν⁴ τῆς δόξης τῶν τέκνων τοῦ θεοῦ. 22 οἴδαμεν γὰρ ὅτι πᾶσα ἡ κτίσις συστενάζει⁵ καὶ συνωδίνει⁶ ἄχρι τοῦ νῦν· 23 οὐ μόνον δέ, ἀλλὰ καὶ αὐτοὶ τὴν ἀπαρχὴν⁷ τοῦ πνεύματος ἔχοντες, ἡμεῖς καὶ αὐτοὶ ἐν ἑαυτοῖς στενάζομεν⁸ υἱοθεσίαν ἀπεκδεχόμενοι, τὴν ἀπολύτρωσιν⁹ τοῦ σώματος ἡμῶν. 24 τῇ γὰρ ἐλπίδι ἐσώθημεν¹⁰· ἐλπὶς δὲ βλεπομένη οὐκ ἔστιν ἐλπίς· ὃ γὰρ βλέπει τίς ἐλπίζει; 25 εἰ δὲ ὃ οὐ βλέπομεν ἐλπίζομεν, δι' ὑπομονῆς ἀπεκδεχόμεθα. 26 ὡσαύτως¹¹ δὲ καὶ τὸ πνεῦμα συναντιλαμβάνεται¹² τῇ ἀσθενείᾳ¹³ ἡμῶν· τὸ γὰρ τί προσευξώμεθα καθὸ¹⁴ δεῖ οὐκ οἴδαμεν, ἀλλ' αὐτὸ τὸ πνεῦμα ὑπερεντυγχάνει¹⁵ στεναγμοῖς¹⁶ ἀλαλήτοις¹⁷· 27 ὁ δὲ ἐραυνῶν¹⁸ τὰς καρδίας οἶδεν τί τὸ φρόνημα¹⁹ τοῦ πνεύματος, ὅτι κατὰ θεὸν ἐντυγχάνει²⁰ ὑπὲρ ἁγίων. 28 οἴδαμεν δὲ ὅτι τοῖς ἀγαπῶσιν τὸν θεὸν πάντα συνεργεῖ²¹ εἰς ἀγαθόν, τοῖς κατὰ πρόθεσιν²² κλητοῖς²³ οὖσιν. 29 ὅτι οὓς προέγνω²⁴, καὶ προώρισεν²⁵ συμμόρφους²⁶ τῆς εἰκόνος²⁷ τοῦ υἱοῦ αὐτοῦ, εἰς τὸ εἶναι αὐτὸν πρωτότοκον²⁸ ἐν πολλοῖς ἀδελφοῖς· 30 οὓς δὲ προώρισεν, τούτους καὶ ἐκάλεσεν· καὶ οὓς ἐκάλεσεν, τούτους καὶ ἐδικαίωσεν· οὓς δὲ ἐδικαίωσεν, τούτους καὶ ἐδόξασεν.

God's Love

31 Τί οὖν ἐροῦμεν²⁹ πρὸς ταῦτα; εἰ ὁ θεὸς ὑπὲρ ἡμῶν, τίς καθ' ἡμῶν; 32 ὅς γε³⁰ τοῦ ἰδίου υἱοῦ οὐκ ἐφείσατο³¹ ἀλλ' ὑπὲρ ἡμῶν πάντων παρέδωκεν αὐτόν, πῶς οὐχὶ καὶ σὺν αὐτῷ τὰ πάντα ἡμῖν χαρίσεται³²; 33 τίς ἐγκαλέσει³³ κατὰ ἐκλεκτῶν³⁴ θεοῦ; θεὸς ὁ δικαιῶν· 34 τίς ὁ κατακρινῶν³⁵; Χριστὸς ['Ιησοῦς] ὁ ἀποθανών, μᾶλλον δὲ ἐγερθείς³⁶, ὃς καί ἐστιν ἐν δεξιᾷ τοῦ θεοῦ, ὃς καὶ ἐντυγχάνει ὑπὲρ ἡμῶν. 35 τίς

---

¹ ἐλευθερόω 3s fut pas ind, set free
² δουλεία, -ας f, slavery
³ φθορά, -ᾶς f, decay
⁴ ἐλευθερία, -ας f, freedom
⁵ συστενάζω 3s pres act ind, groan together
⁶ συνωδίνω 3s pres act ind, suffer great pain together
⁷ ἀπαρχή, -ῆς f, first-portion
⁸ στενάζω 1p pres act ind, groan
⁹ ἀπολύτρωσις, -εως f, redemption
¹⁰ σῴζω 1p aor pas ind, save
¹¹ ὡσαύτως, adv, in the same way
¹² συναντιλαμβάνομαι 3s pres mid ind, help
¹³ ἀσθένεια, -ας f, weakness
¹⁴ καθό, adv, as
¹⁵ ὑπερεντυγχάνω 3s pres act ind, intercede
¹⁶ στεναγμός, -οῦ m, sigh
¹⁷ ἀλάλητος, -ον, beyond words
¹⁸ ἐραυνάω pres act ptc m s nom, search
¹⁹ φρόνημα, -τος n, mind
²⁰ ἐντυγχάνω 3s pres act ind, intercede
²¹ συνεργέω 3s pres act ind, work (with)
²² πρόθεσις, -εως f, purpose
²³ κλητός, -ή/όν, called
²⁴ προγινώσκω 3s aor act ind, know beforehand
²⁵ προορίζω 3s aor act ind, chose beforehand
²⁶ σύμμορφος, -ον, having the same form
²⁷ εἰκών, -όνος f, likeness
²⁸ πρωτότοκος, -ον, firstborn
²⁹ λέγω 1p fut act ind, say
³⁰ γέ, emphatic particle
³¹ φείδομαι 3s aor mid ind, spare
³² χαρίζομαι 3s fut mid ind, give
³³ ἐγκαλέω 3s fut ind act, bring charges against
³⁴ ἐκλεκτός, -ή/όν, chosen
³⁵ κατακρίνω fut act ptc m s nom, condemn
³⁶ ἐγείρω aor pas ptc m s nom, raise (from death)

ἡμᾶς χωρίσει¹ ἀπὸ τῆς ἀγάπης τοῦ Χριστοῦ; θλῖψις ἢ στενοχωρία² ἢ διωγμὸς³ ἢ λιμὸς⁴ ἢ γυμνότης⁵ ἢ κίνδυνος⁶ ἢ μάχαιρα⁷; **36** καθὼς γέγραπται ὅτι

ἕνεκεν⁸ σοῦ θανατούμεθα⁹ ὅλην τὴν ἡμέραν,
ἐλογίσθημεν¹⁰ ὡς πρόβατα σφαγῆς¹¹.

37 ἀλλ' ἐν τούτοις πᾶσιν ὑπερνικῶμεν¹² διὰ τοῦ ἀγαπήσαντος ἡμᾶς. **38** πέπεισμαι¹³ γὰρ ὅτι οὔτε θάνατος οὔτε ζωὴ οὔτε ἄγγελοι οὔτε ἀρχαὶ οὔτε ἐνεστῶτα¹⁴ οὔτε μέλλοντα οὔτε δυνάμεις **39** οὔτε ὕψωμα¹⁵ οὔτε βάθος¹⁶ οὔτε τις κτίσις¹⁷ ἑτέρα δυνήσεται ἡμᾶς χωρίσαι ἀπὸ τῆς ἀγάπης τοῦ θεοῦ τῆς ἐν Χριστῷ Ἰησοῦ τῷ κυρίῳ ἡμῶν.

God's Election of Israel

9 Ἀλήθειαν λέγω ἐν Χριστῷ, οὐ ψεύδομαι¹⁸, συμμαρτυρούσης¹⁹ μοι τῆς συνειδήσεώς²⁰ μου ἐν πνεύματι ἁγίῳ, **2** ὅτι λύπη²¹ μοί ἐστιν μεγάλη καὶ ἀδιάλειπτος²² ὀδύνη²³ τῇ καρδίᾳ μου. **3** ηὐχόμην²⁴ γὰρ ἀνάθεμα²⁵ εἶναι αὐτὸς ἐγὼ ἀπὸ τοῦ Χριστοῦ ὑπὲρ τῶν ἀδελφῶν μου τῶν συγγενῶν²⁶ μου κατὰ σάρκα, **4** οἵτινές εἰσιν Ἰσραηλῖται, ὧν ἡ υἱοθεσία²⁷ καὶ ἡ δόξα καὶ αἱ διαθῆκαι καὶ ἡ νομοθεσία²⁸ καὶ ἡ λατρεία²⁹ καὶ αἱ ἐπαγγελίαι, **5** ὧν οἱ πατέρες καὶ ἐξ ὧν ὁ Χριστὸς τὸ κατὰ σάρκα, ὁ ὢν ἐπὶ πάντων θεὸς εὐλογητὸς³⁰ εἰς τοὺς αἰῶνας, ἀμήν.

6 Οὐχ οἷον³¹ δὲ ὅτι ἐκπέπτωκεν³² ὁ λόγος τοῦ θεοῦ. οὐ γὰρ πάντες οἱ ἐξ Ἰσραὴλ οὗτοι Ἰσραήλ· **7** οὐδ' ὅτι εἰσὶν σπέρμα Ἀβραὰμ πάντες τέκνα, ἀλλ'· ἐν Ἰσαὰκ κληθήσεταί³³ σοι σπέρμα. **8** τοῦτ' ἔστιν, οὐ τὰ τέκνα τῆς σαρκὸς ταῦτα τέκνα τοῦ θεοῦ ἀλλὰ τὰ τέκνα τῆς ἐπαγγελίας λογίζεται εἰς σπέρμα. **9** ἐπαγγελίας γὰρ ὁ λόγος οὗτος· κατὰ τὸν καιρὸν τοῦτον ἐλεύσομαι³⁴ καὶ ἔσται³⁵ τῇ Σάρρᾳ υἱός.

10 Οὐ μόνον δέ, ἀλλὰ καὶ Ῥεβέκκα ἐξ ἑνὸς κοίτην³⁶ ἔχουσα, Ἰσαὰκ τοῦ πατρὸς ἡμῶν· **11** μήπω³⁷ γὰρ γεννηθέντων³⁸ μηδὲ πραξάντων³⁹ τι ἀγαθὸν ἢ φαῦλον⁴⁰, ἵνα

---

¹ χωρίζω 3s fut act ind, separate
² στενοχωρία, -ας f, distress
³ διωγμός, -οῦ m, persecution
⁴ λιμός, -οῦ m & f, famine
⁵ γυμνότης, -ητος f, nakedness
⁶ κίνδυνος, -ου m, danger
⁷ μάχαιρα, -ης f, sword
⁸ ἕνεκα, prep + gen, for the sake of
⁹ θανατόω 1p pres pas ind, kill
¹⁰ λογίζομαι 1p aor pas ind, consider
¹¹ σφαγή, -ῆς f, slaughter
¹² ὑπερνικάω 1p pres act ind, be completely victorious
¹³ πείθω 1s pf pas ind, convince
¹⁴ ἐνίστημι pf act ptc n p nom, be present
¹⁵ ὕψωμα, -τος n, height
¹⁶ βάθος, -ους n, depth
¹⁷ κτίσις, -εως f, what is created
¹⁸ ψεύδομαι 1s pres mid ind, lie
¹⁹ συμμαρτυρέω pres act ptc f s gen, bear witness
²⁰ συνείδησις, -εως f, conscience
²¹ λύπη, -ης f, sorrow
²² ἀδιάλειπτος, -ον, endless
²³ ὀδύνη, -ης f, pain
²⁴ εὔχομαι 1s impf mid ind, wish
²⁵ ἀνάθεμα, -τος n, under God's curse
²⁶ συγγενής, -οῦς m, relative
²⁷ υἱοθεσία, -ας f, adoption
²⁸ νομοθεσία, -ας f, giving of the law
²⁹ λατρεία, -ας f, worship
³⁰ εὐλογητός, -ή/όν, praised
³¹ οἷος,-α/ον, rel pro, such as (οὐχ ο. δὲ ὅτι but it is not as though)
³² ἐκπίπτω 3s pf act ind, fail
³³ καλέω 3s fut pas ind, call
³⁴ ἔρχομαι 1s fut mid ind, come
³⁵ εἰμί 3s fut mid ind, be
³⁶ κοίτη, -ης f, sperm (κ. ἔχουσα conceive)
³⁷ μήπω, adv, not yet
³⁸ γεννάω aor pas ptc m p gen, pas be born
³⁹ πράσσω aor act ptc m p gen, do
⁴⁰ φαῦλος, -η/ον, bad

ἡ κατ' ἐκλογὴν¹ πρόθεσις² τοῦ θεοῦ μένῃ, **12** οὐκ ἐξ ἔργων ἀλλ' ἐκ τοῦ καλοῦντος, ἐρρέθη³ αὐτῇ ὅτι ὁ μείζων⁴ δουλεύσει⁵ τῷ ἐλάσσονι⁶, **13** καθὼς γέγραπται· τὸν Ἰακὼβ ἠγάπησα, τὸν δὲ Ἠσαῦ ἐμίσησα.

God's Wrath and Mercy

14 Τί οὖν ἐροῦμεν⁷; μὴ ἀδικία⁸ παρὰ τῷ θεῷ; μὴ γένοιτο⁹. **15** τῷ Μωϋσεῖ γὰρ λέγει· ἐλεήσω¹⁰ ὃν ἂν ἐλεῶ καὶ οἰκτιρήσω¹¹ ὃν ἂν οἰκτίρω. **16** ἄρα οὖν οὐ τοῦ θέλοντος οὐδὲ τοῦ τρέχοντος¹² ἀλλὰ τοῦ ἐλεῶντος θεοῦ. **17** λέγει γὰρ ἡ γραφὴ τῷ Φαραὼ ὅτι εἰς αὐτὸ τοῦτο ἐξήγειρά¹³ σε ὅπως ἐνδείξωμαι¹⁴ ἐν σοὶ τὴν δύναμίν μου καὶ ὅπως διαγγελῇ¹⁵ τὸ ὄνομά μου ἐν πάσῃ τῇ γῇ. **18** ἄρα οὖν ὃν θέλει ἐλεεῖ, ὃν δὲ θέλει σκληρύνει¹⁶.

19 Ἐρεῖς¹⁷ μοι οὖν· τί [οὖν] ἔτι μέμφεται¹⁸; τῷ γὰρ βουλήματι¹⁹ αὐτοῦ τίς ἀνθέστηκεν²⁰; **20** ὦ²¹ ἄνθρωπε, μενοῦνγε²² σὺ τίς εἶ ὁ ἀνταποκρινόμενος²³ τῷ θεῷ; μὴ ἐρεῖ²⁴ τὸ πλάσμα²⁵ τῷ πλάσαντι²⁶· τί με ἐποίησας οὕτως; **21** ἢ οὐκ ἔχει ἐξουσίαν ὁ κεραμεὺς²⁷ τοῦ πηλοῦ²⁸ ἐκ τοῦ αὐτοῦ φυράματος²⁹ ποιῆσαι ὃ μὲν εἰς τιμὴν σκεῦος³⁰ ὃ δὲ εἰς ἀτιμίαν³¹; **22** εἰ δὲ θέλων ὁ θεὸς ἐνδείξασθαι³² τὴν ὀργὴν καὶ γνωρίσαι³³ τὸ δυνατὸν αὐτοῦ ἤνεγκεν³⁴ ἐν πολλῇ μακροθυμίᾳ³⁵ σκεύη ὀργῆς κατηρτισμένα³⁶ εἰς ἀπώλειαν³⁷, **23** καὶ ἵνα γνωρίσῃ τὸν πλοῦτον³⁸ τῆς δόξης αὐτοῦ ἐπὶ σκεύη ἐλέους³⁹ ἃ προητοίμασεν⁴⁰ εἰς δόξαν; **24** οὓς καὶ ἐκάλεσεν ἡμᾶς οὐ μόνον ἐξ Ἰουδαίων ἀλλὰ καὶ ἐξ ἐθνῶν, **25** ὡς καὶ ἐν τῷ Ὡσηὲ λέγει·

καλέσω τὸν οὐ λαόν μου λαόν μου
καὶ τὴν οὐκ ἠγαπημένην⁴¹ ἠγαπημένην·

---

¹ ἐκλογή, -ῆς f, election
² πρόθεσις, -εως f, purpose
³ λέγω 3s aor pas ind, say
⁴ μέγας, great (comp)
⁵ δουλεύω 3s fut act ind, serve
⁶ ἐλάσσων, less (comp of μικρός)
⁷ λέγω 1p fut act ind, say
⁸ ἀδικία, -ας f, injustice
⁹ γίνομαι 3s aor mid opt, happen
¹⁰ ἐλεάω/ἐλεέω 1s fut act ind, have mercy
¹¹ οἰκτίρω 1s fut act ind, have compassion on
¹² τρέχω pres act ptc m s gen, exert oneself
¹³ ἐξεγείρω 1s aor act ind, bring into power
¹⁴ ἐνδείκνυμι 1s aor mid sub, mid show
¹⁵ διαγγέλλω 3s aor pas sub, proclaim
¹⁶ σκληρύνω 3s pres act ind, make stubborn
¹⁷ λέγω 2s fut act ind, say
¹⁸ μέμφομαι 3s pres mid ind, find fault with
¹⁹ βούλημα, -τος n, will
²⁰ ἀνθίστημι 3s pf act ind, resist
²¹ ὦ, interj, O!
²² μενοῦνγε, emphatic particle, indeed
²³ ἀνταποκρίνομαι pres mid ptc m s nom, answer back
²⁴ λέγω 3s fut act ind, say
²⁵ πλάσμα, -τος n, what is molded (of clay)
²⁶ πλάσσω aor act ptc m s dat, mold
²⁷ κεραμεύς, -έως m, potter
²⁸ πηλός, -οῦ m, clay
²⁹ φύραμα, -τος n, lump
³⁰ σκεῦος, -ους n, vessel
³¹ ἀτιμία, -ας f, disgrace (εἰς ἀ. for common use)
³² ἐνδείκνυμι aor mid inf, mid show
³³ γνωρίζω aor act inf, make known
³⁴ φέρω 3s aor act ind, endure
³⁵ μακροθυμία, -ας f, patience
³⁶ καταρτίζω pf pas or mid ptc n p acc, make
³⁷ ἀπώλεια, -ας f, destruction
³⁸ πλοῦτος, -ου m, riches
³⁹ ἔλεος, -ους n, mercy
⁴⁰ προετοιμάζω 3s aor act ind, prepare beforehand
⁴¹ ἀγαπάω pf pas ptc f s acc, love

26 καὶ ἔσται ἐν τῷ τόπῳ οὗ¹ ἐρρέθη² αὐτοῖς· οὐ λαός μου ὑμεῖς,
ἐκεῖ κληθήσονται υἱοὶ θεοῦ ζῶντος.
27 Ἠσαΐας δὲ κράζει ὑπὲρ τοῦ Ἰσραήλ·
ἐὰν ᾖ ὁ ἀριθμὸς³ τῶν υἱῶν Ἰσραὴλ ὡς ἡ ἄμμος⁴ τῆς θαλάσσης,
τὸ ὑπόλειμμα⁵ σωθήσεται·
28 λόγον γὰρ συντελῶν⁶ καὶ συντέμνων⁷ ποιήσει κύριος ἐπὶ τῆς γῆς.
29 καὶ καθὼς προείρηκεν⁸ Ἠσαΐας·
εἰ μὴ κύριος σαβαὼθ⁹ ἐγκατέλιπεν¹⁰ ἡμῖν σπέρμα,
ὡς Σόδομα ἂν ἐγενήθημεν¹¹ καὶ ὡς Γόμορρα ἂν ὡμοιώθημεν¹².

Israel and the Gospel

30 Τί οὖν ἐροῦμεν¹³; ὅτι ἔθνη τὰ μὴ διώκοντα δικαιοσύνην κατέλαβεν¹⁴ δικαιοσύνην, δικαιοσύνην δὲ τὴν ἐκ πίστεως, 31 Ἰσραὴλ δὲ διώκων νόμον δικαιοσύνης εἰς νόμον οὐκ ἔφθασεν¹⁵. 32 διὰ τί; ὅτι οὐκ ἐκ πίστεως ἀλλ' ὡς ἐξ ἔργων· προσέκοψαν¹⁶ τῷ λίθῳ τοῦ προσκόμματος¹⁷, 33 καθὼς γέγραπται·
ἰδοὺ τίθημι ἐν Σιὼν λίθον προσκόμματος καὶ πέτραν¹⁸ σκανδάλου¹⁹,
καὶ ὁ πιστεύων ἐπ' αὐτῷ οὐ καταισχυνθήσεται²⁰.

10 Ἀδελφοί, ἡ μὲν εὐδοκία²¹ τῆς ἐμῆς καρδίας καὶ ἡ δέησις²² πρὸς τὸν θεὸν ὑπὲρ αὐτῶν εἰς σωτηρίαν. 2 μαρτυρῶ γὰρ αὐτοῖς ὅτι ζῆλον²³ θεοῦ ἔχουσιν ἀλλ' οὐ κατ' ἐπίγνωσιν²⁴. 3 ἀγνοοῦντες²⁵ γὰρ τὴν τοῦ θεοῦ δικαιοσύνην καὶ τὴν ἰδίαν [δικαιοσύνην] ζητοῦντες στῆσαι²⁶, τῇ δικαιοσύνῃ τοῦ θεοῦ οὐχ ὑπετάγησαν²⁷.
4 τέλος γὰρ νόμου Χριστὸς εἰς δικαιοσύνην παντὶ τῷ πιστεύοντι.

Salvation for All

5 Μωϋσῆς γὰρ γράφει τὴν δικαιοσύνην τὴν ἐκ τοῦ νόμου ὅτι ὁ ποιήσας αὐτὰ ἄνθρωπος ζήσεται²⁸ ἐν αὐτοῖς. 6 ἡ δὲ ἐκ πίστεως δικαιοσύνη οὕτως λέγει· μὴ εἴπῃς

---

¹ οὗ, adv, where
² λέγω 3s aor pas ind, say
³ ἀριθμός, -οῦ m, number
⁴ ἄμμος, -ου f, sand
⁵ ὑπόλειμμα, -τος n, remnant
⁶ συντελέω pres act ptc m s nom, carry out
⁷ συντέμνω pres act ptc m s nom, bring about swiftly
⁸ προλέγω 3s pf act ind, say previously
⁹ Σαβαώθ, Hebrew, of the armies (κύριος Σ. Lord Almighty)
¹⁰ ἐγκαταλείπω 3s aor act ind, leave
¹¹ γίνομαι 1p aor pas ind, become
¹² ὁμοιόω 1p aor pas ind, pas be like
¹³ λέγω 1p fut act ind, say
¹⁴ καταλαμβάνω 3s aor act ind, obtain
¹⁵ φθάνω 3s aor act ind, attain
¹⁶ προσκόπτω 3p aor act ind, stumble
¹⁷ πρόσκομμα, -τος n, something that causes stumbling
¹⁸ πέτρα, -ας f, rock
¹⁹ σκάνδαλον, -ου n, something that causes falling
²⁰ καταισχύνω 3s fut pas ind, put to shame
²¹ εὐδοκία, -ας f, desire
²² δέησις, -εως f, prayer
²³ ζῆλος, -ου m, zeal
²⁴ ἐπίγνωσις, -εως f, knowledge
²⁵ ἀγνοέω pres act ptc m p nom, be unaware
²⁶ ἴστημι aor act inf, establish
²⁷ ὑποτάσσω 3p aor pas ind, pas be subject
²⁸ ζάω 3s fut mid ind, live

ἐν τῇ καρδίᾳ σου· τίς ἀναβήσεται εἰς τὸν οὐρανόν; τοῦτ' ἔστιν Χριστὸν καταγαγεῖν[1]· 7 ἤ· τίς καταβήσεται[2] εἰς τὴν ἄβυσσον[3]; τοῦτ' ἔστιν Χριστὸν ἐκ νεκρῶν ἀναγαγεῖν[4]. 8 ἀλλὰ τί λέγει; ἐγγύς σου τὸ ῥῆμά ἐστιν ἐν τῷ στόματί σου καὶ ἐν τῇ καρδίᾳ σου, τοῦτ' ἔστιν τὸ ῥῆμα τῆς πίστεως ὃ κηρύσσομεν. 9 ὅτι ἐὰν ὁμολογήσῃς[5] ἐν τῷ στόματί σου κύριον Ἰησοῦν καὶ πιστεύσῃς ἐν τῇ καρδίᾳ σου ὅτι ὁ θεὸς αὐτὸν ἤγειρεν ἐκ νεκρῶν, σωθήσῃ· 10 καρδίᾳ γὰρ πιστεύεται εἰς δικαιοσύνην, στόματι δὲ ὁμολογεῖται εἰς σωτηρίαν. 11 λέγει γὰρ ἡ γραφή· πᾶς ὁ πιστεύων ἐπ' αὐτῷ οὐ καταισχυνθήσεται[6]. 12 οὐ γάρ ἐστιν διαστολὴ[7] Ἰουδαίου τε καὶ Ἕλληνος[8], ὁ γὰρ αὐτὸς κύριος πάντων, πλουτῶν[9] εἰς πάντας τοὺς ἐπικαλουμένους[10] αὐτόν· 13 πᾶς γὰρ ὃς ἂν ἐπικαλέσηται τὸ ὄνομα κυρίου σωθήσεται.

14 Πῶς οὖν ἐπικαλέσωνται εἰς ὃν οὐκ ἐπίστευσαν; πῶς δὲ πιστεύσωσιν οὗ οὐκ ἤκουσαν; πῶς δὲ ἀκούσωσιν χωρὶς κηρύσσοντος; 15 πῶς δὲ κηρύξωσιν ἐὰν μὴ ἀποσταλῶσιν[11]; καθὼς γέγραπται· ὡς ὡραῖοι[12] οἱ πόδες τῶν εὐαγγελιζομένων [τὰ] ἀγαθά. 16 ἀλλ' οὐ πάντες ὑπήκουσαν[13] τῷ εὐαγγελίῳ. Ἡσαΐας γὰρ λέγει· κύριε, τίς ἐπίστευσεν τῇ ἀκοῇ[14] ἡμῶν; 17 ἄρα ἡ πίστις ἐξ ἀκοῆς[15], ἡ δὲ ἀκοὴ διὰ ῥήματος Χριστοῦ. 18 ἀλλὰ λέγω, μὴ οὐκ ἤκουσαν; μενοῦνγε[16]·

εἰς πᾶσαν τὴν γῆν ἐξῆλθεν ὁ φθόγγος[17] αὐτῶν

καὶ εἰς τὰ πέρατα[18] τῆς οἰκουμένης[19] τὰ ῥήματα αὐτῶν.

19 ἀλλὰ λέγω, μὴ Ἰσραὴλ οὐκ ἔγνω[20]; πρῶτος Μωϋσῆς λέγει·

ἐγὼ παραζηλώσω[21] ὑμᾶς ἐπ' οὐκ ἔθνει,

ἐπ' ἔθνει ἀσυνέτῳ[22] παροργιῶ[23] ὑμᾶς.

20 Ἡσαΐας δὲ ἀποτολμᾷ[24] καὶ λέγει·

εὑρέθην[25] [ἐν] τοῖς ἐμὲ μὴ ζητοῦσιν,

ἐμφανὴς[26] ἐγενόμην[27] τοῖς ἐμὲ μὴ ἐπερωτῶσιν[28].

---

[1] κατάγω aor act inf, bring down
[2] καταβαίνω 3s fut mid ind, go down
[3] ἄβυσσος, -ου f, abyss
[4] ἀνάγω aor act inf, bring up
[5] ὁμολογέω 2s aor act sub, confess
[6] καταισχύνω 3s fut pas ind, put to shame
[7] διαστολή, -ῆς f, difference
[8] Ἕλλην, -ηνος m, a Greek
[9] πλουτέω pres act ptc m s nom, be generous
[10] ἐπικαλέω pres mid ptc m p acc, mid call upon
[11] ἀποστέλλω 3p aor pas sub, send
[12] ὡραῖος, -α/ον, beautiful
[13] ὑπακούω 3p aor act ind, obey
[14] ἀκοή, -ῆς f, report
[15] ἀκοή, -ῆς f, hearing
[16] μενοῦνγε, emphatic particle, indeed
[17] φθόγγος, -ου m, voice
[18] πέρας, -ατος n, end
[19] οἰκουμένη, -ης f, world
[20] γινώσκω 3s aor act ind, understand
[21] παραζηλόω 1s fut act ind, make jealous
[22] ἀσύνετος, -ον, senseless
[23] παροργίζω 1s fut act ind, make angry
[24] ἀποτολμάω 3s pres act ind, become bold
[25] εὑρίσκω 1s aor pas ind, find
[26] ἐμφανής, -ές, revealed
[27] γίνομαι 1s aor mid ind, be
[28] ἐπερωτάω pres act ptc m p dat, ask

21 πρὸς δὲ τὸν Ἰσραὴλ λέγει·
ὅλην τὴν ἡμέραν ἐξεπέτασα¹ τὰς χεῖράς μου
πρὸς λαὸν ἀπειθοῦντα² καὶ ἀντιλέγοντα³.

The Remnant of Israel

11 Λέγω οὖν, μὴ ἀπώσατο⁴ ὁ θεὸς τὸν λαὸν αὐτοῦ; μὴ γένοιτο⁵· καὶ γὰρ ἐγὼ Ἰσραηλίτης εἰμί, ἐκ σπέρματος Ἀβραάμ, φυλῆς Βενιαμίν. **2** οὐκ ἀπώσατο ὁ θεὸς τὸν λαὸν αὐτοῦ ὃν προέγνω⁶. ἢ οὐκ οἴδατε ἐν Ἠλίᾳ τί λέγει ἡ γραφή, ὡς ἐντυγχάνει⁷ τῷ θεῷ κατὰ τοῦ Ἰσραήλ; **3** κύριε, τοὺς προφήτας σου ἀπέκτειναν, τὰ θυσιαστήριά⁸ σου κατέσκαψαν⁹, κἀγὼ ὑπελείφθην¹⁰ μόνος καὶ ζητοῦσιν τὴν ψυχήν μου. **4** ἀλλὰ τί λέγει αὐτῷ ὁ χρηματισμός¹¹; κατέλιπον¹² ἐμαυτῷ ἑπτακισχιλίους¹³ ἄνδρας, οἵτινες οὐκ ἔκαμψαν¹⁴ γόνυ¹⁵ τῇ Βάαλ. **5** οὕτως οὖν καὶ ἐν τῷ νῦν καιρῷ λεῖμμα¹⁶ κατ' ἐκλογὴν¹⁷ χάριτος γέγονεν¹⁸· **6** εἰ δὲ χάριτι, οὐκέτι ἐξ ἔργων, ἐπεὶ¹⁹ ἡ χάρις οὐκέτι γίνεται χάρις. **7** τί οὖν; ὃ ἐπιζητεῖ²⁰ Ἰσραήλ, τοῦτο οὐκ ἐπέτυχεν²¹, ἡ δὲ ἐκλογὴ²² ἐπέτυχεν²³· οἱ δὲ λοιποὶ ἐπωρώθησαν²⁴, **8** καθὼς γέγραπται·

ἔδωκεν αὐτοῖς ὁ θεὸς πνεῦμα κατανύξεως²⁵,
ὀφθαλμοὺς τοῦ μὴ βλέπειν καὶ ὦτα τοῦ μὴ ἀκούειν,
ἕως τῆς σήμερον ἡμέρας.

9 καὶ Δαυὶδ λέγει·

γενηθήτω²⁶ ἡ τράπεζα²⁷ αὐτῶν εἰς παγίδα²⁸ καὶ εἰς θήραν²⁹
καὶ εἰς σκάνδαλον³⁰ καὶ εἰς ἀνταπόδομα³¹ αὐτοῖς,

10 σκοτισθήτωσαν³² οἱ ὀφθαλμοὶ αὐτῶν τοῦ μὴ βλέπειν
καὶ τὸν νῶτον³³ αὐτῶν διὰ παντὸς σύγκαμψον³⁴.

---

¹ ἐκπετάννυμι 1s aor act ind, hold out
² ἀπειθέω pres act ptc m s acc, disobey
³ ἀντιλέγω pres act ptc m s acc, be obstinate
⁴ ἀπωθέω 3s aor mid ind, mid reject
⁵ γίνομαι 3s aor mid opt, happen
⁶ προγινώσκω 3s aor act ind, know beforehand
⁷ ἐντυγχάνω 3s pres act ind, appeal
⁸ θυσιαστήριον, -ου n, altar
⁹ κατασκάπτω 3p aor act ind, destroy
¹⁰ ὑπολείπω 1s aor pas ind, leave
¹¹ χρηματισμός, -οῦ m, reply (from God)
¹² καταλείπω 1s aor act ind, keep
¹³ ἑπτακισχίλιοι, -αι/α, seven thousand
¹⁴ κάμπτω 3p aor act ind, bend
¹⁵ γόνυ, γόνατος n, knee
¹⁶ λεῖμμα, -τος n, remnant
¹⁷ ἐκλογή, -ῆς f, choosing
¹⁸ γίνομαι 3s pf act ind, become
¹⁹ ἐπεί, conj, otherwise
²⁰ ἐπιζητέω 3s pres act ind, seek
²¹ ἐπιτυγχάνω 3s aor act ind, obtain
²² ἐκλογή, -ῆς f, what is chosen
²³ ἐπιτυγχάνω 3s aor act ind, obtain
²⁴ πωρόω 3p aor pas ind, pas be stubborn/be made stubborn
²⁵ κατάνυξις, -εως f, stupor
²⁶ γίνομαι 3s aor pas impv, become
²⁷ τράπεζα, -ης f, table
²⁸ παγίς, -ίδος f, snare
²⁹ θήρα, -ας f, trap
³⁰ σκάνδαλον, -ου n, stumbling block
³¹ ἀνταπόδομα, -τος n, retribution
³² σκοτίζομαι 3p aor pas impv, be darkened
³³ νῶτος, -ου m, back
³⁴ συγκάμπτω 2s aor act impv, bend

The Salvation of the Gentiles

11 Λέγω οὖν, μὴ ἔπταισαν¹ ἵνα πέσωσιν²; μὴ γένοιτο³· ἀλλὰ τῷ αὐτῶν παραπτώματι⁴ ἡ σωτηρία τοῖς ἔθνεσιν εἰς τὸ παραζηλῶσαι⁵ αὐτούς. **12** εἰ δὲ τὸ παράπτωμα αὐτῶν πλοῦτος⁶ κόσμου καὶ τὸ ἥττημα⁷ αὐτῶν πλοῦτος ἐθνῶν, πόσῳ⁸ μᾶλλον τὸ πλήρωμα⁹ αὐτῶν. **13** ὑμῖν δὲ λέγω τοῖς ἔθνεσιν· ἐφ' ὅσον μὲν οὖν εἰμι ἐγὼ ἐθνῶν ἀπόστολος, τὴν διακονίαν μου δοξάζω, **14** εἴ πως¹⁰ παραζηλώσω¹¹ μου τὴν σάρκα καὶ σώσω τινὰς ἐξ αὐτῶν. **15** εἰ γὰρ ἡ ἀποβολὴ¹² αὐτῶν καταλλαγὴ¹³ κόσμου, τίς ἡ πρόσλημψις¹⁴ εἰ μὴ ζωὴ ἐκ νεκρῶν; **16** εἰ δὲ ἡ ἀπαρχὴ¹⁵ ἁγία, καὶ τὸ φύραμα¹⁶· καὶ εἰ ἡ ῥίζα¹⁷ ἁγία, καὶ οἱ κλάδοι¹⁸. **17** εἰ δέ τινες τῶν κλάδων ἐξεκλάσθησαν¹⁹, σὺ δὲ ἀγριέλαιος²⁰ ὢν ἐνεκεντρίσθης²¹ ἐν αὐτοῖς καὶ συγκοινωνὸς²² τῆς ῥίζης τῆς πιότητος²³ τῆς ἐλαίας²⁴ ἐγένου²⁵, **18** μὴ κατακαυχῶ²⁶ τῶν κλάδων· εἰ δὲ κατακαυχᾶσαι οὐ σὺ τὴν ῥίζαν βαστάζεις²⁷ ἀλλ' ἡ ῥίζα σέ. **19** ἐρεῖς²⁸ οὖν· ἐξεκλάσθησαν²⁹ κλάδοι ἵνα ἐγὼ ἐγκεντρισθῶ. **20** καλῶς· τῇ ἀπιστίᾳ³⁰ ἐξεκλάσθησαν, σὺ δὲ τῇ πίστει ἕστηκας³¹. μὴ ὑψηλὰ³² φρόνει³³ ἀλλὰ φοβοῦ· **21** εἰ γὰρ ὁ θεὸς τῶν κατὰ φύσιν³⁴ κλάδων οὐκ ἐφείσατο³⁵, [μή πως³⁶] οὐδὲ σοῦ φείσεται. **22** ἴδε οὖν χρηστότητα³⁷ καὶ ἀποτομίαν³⁸ θεοῦ· ἐπὶ μὲν τοὺς πεσόντας ἀποτομία, ἐπὶ δὲ σὲ χρηστότης θεοῦ, ἐὰν ἐπιμένῃς³⁹ τῇ χρηστότητι, ἐπεὶ⁴⁰ καὶ σὺ ἐκκοπήσῃ⁴¹. **23** κἀκεῖνοι δέ, ἐὰν μὴ ἐπιμένωσι τῇ ἀπιστίᾳ, ἐγκεντρισθήσονται· δυνατὸς γάρ ἐστιν ὁ θεὸς πάλιν ἐγκεντρίσαι⁴² αὐτούς. **24** εἰ γὰρ σὺ ἐκ τῆς κατὰ φύσιν ἐξεκόπης ἀγριελαίου καὶ παρὰ φύσιν ἐνεκεντρίσθης εἰς καλλιέλαιον⁴³, πόσῳ⁴⁴ μᾶλλον⁴⁵ οὗτοι οἱ κατὰ φύσιν ἐγκεντρισθήσονται τῇ ἰδίᾳ ἐλαίᾳ.

---

1 πταίω 3p aor act ind, stumble
2 πίπτω 3p aor act sub, fall
3 γίνομαι 3s aor mid opt, happen
4 παράπτωμα, -τος n, sin
5 παραζηλόω aor act inf, make jealous
6 πλοῦτος, -ου m, riches
7 ἥττημα, -τος n, failure
8 πόσος, -η/ον, how much
9 πλήρωμα, -τος n, fullness
10 πώς, particle, somehow
11 παραζηλόω 1s fut act ind or aor act sub, make jealous
12 ἀποβολή, -ῆς f, rejection
13 καταλλαγή, -ῆς f, reconciliation
14 πρόσλημψις, -εως f, acceptance
15 ἀπαρχή, -ῆς f, first-portion
16 φύραμα, -τος n, lump
17 ῥίζα, -ης f, root
18 κλάδος, -ου m, branch
19 ἐκκλάω 3p aor pas ind, break off
20 ἀγριέλαιος, -ου f, wild olive tree
21 ἐγκεντρίζω 2s aor pas ind, graft
22 συγκοινωνός, -οῦ m, sharer
23 πιότης, -ητος f, richness
24 ἐλαία, -ας f, olive tree
25 γίνομαι 2s aor mid ind, become
26 κατακαυχάομαι 2s pres mid impv, boast against
27 βαστάζω 2s pres act ind, support
28 λέγω 2s fut act ind, say
29 ἐκκλάω 3p aor pas ind, break off
30 ἀπιστία, -ας f, unbelief
31 ἵστημι 2s pf act ind, stand
32 ὑψηλός, -ή/όν, proud
33 φρονέω 2s pres act impv, think (ὑψηλὰ φ. be proud)
34 φύσις, -εως f, nature
35 φείδομαι 3s aor act ind, spare
36 πώς, particle, somehow
37 χρηστότης, -ητος f, kindness
38 ἀποτομία, -ας f, severity
39 ἐπιμένω 2s pres act sub, continue
40 ἐπεί, conj, otherwise
41 ἐκκόπτω 2s fut pas ind, cut off
42 ἐγκεντρίζω aor act inf, graft
43 καλλιέλαιος, -ου f, cultivated olive tree
44 πόσος, -η/ον, how much
45 μᾶλλον, adv, more

The Restoration of Israel

25 Οὐ γὰρ θέλω ὑμᾶς ἀγνοεῖν¹, ἀδελφοί, τὸ μυστήριον² τοῦτο, ἵνα μὴ ἦτε³ [παρ'] ἑαυτοῖς φρόνιμοι⁴, ὅτι πώρωσις⁵ ἀπὸ μέρους τῷ Ἰσραὴλ γέγονεν ἄχρι οὗ τὸ πλήρωμα⁶ τῶν ἐθνῶν εἰσέλθῃ⁷ **26** καὶ οὕτως πᾶς Ἰσραὴλ σωθήσεται, καθὼς γέγραπται·

ἥξει⁸ ἐκ Σιὼν ὁ ῥυόμενος⁹,
ἀποστρέψει¹⁰ ἀσεβείας¹¹ ἀπὸ Ἰακώβ.
27 καὶ αὕτη αὐτοῖς ἡ παρ' ἐμοῦ διαθήκη,
ὅταν ἀφέλωμαι¹² τὰς ἁμαρτίας αὐτῶν.

28 κατὰ μὲν τὸ εὐαγγέλιον ἐχθροὶ δι' ὑμᾶς, κατὰ δὲ τὴν ἐκλογὴν¹³ ἀγαπητοὶ διὰ τοὺς πατέρας· **29** ἀμεταμέλητα¹⁴ γὰρ τὰ χαρίσματα¹⁵ καὶ ἡ κλῆσις¹⁶ τοῦ θεοῦ. **30** ὥσπερ γὰρ ὑμεῖς ποτε¹⁷ ἠπειθήσατε¹⁸ τῷ θεῷ, νῦν δὲ ἠλεήθητε¹⁹ τῇ τούτων ἀπειθείᾳ, **31** οὕτως καὶ οὗτοι νῦν ἠπείθησαν τῷ ὑμετέρῳ²⁰ ἐλέει²¹, ἵνα καὶ αὐτοὶ [νῦν] ἐλεηθῶσιν²². **32** συνέκλεισεν²³ γὰρ ὁ θεὸς τοὺς πάντας εἰς ἀπείθειαν²⁴, ἵνα τοὺς πάντας ἐλεήσῃ.

33 ὦ²⁵ βάθος²⁶ πλούτου²⁷
καὶ σοφίας καὶ γνώσεως²⁸ θεοῦ·
ὡς ἀνεξεραύνητα²⁹ τὰ κρίματα³⁰ αὐτοῦ
καὶ ἀνεξιχνίαστοι³¹ αἱ ὁδοὶ αὐτοῦ.
34 τίς γὰρ ἔγνω³² νοῦν³³ κυρίου;
ἢ τίς σύμβουλος³⁴ αὐτοῦ ἐγένετο;
35 ἢ τίς προέδωκεν³⁵ αὐτῷ,
καὶ ἀνταποδοθήσεται³⁶ αὐτῷ;
36 ὅτι ἐξ αὐτοῦ καὶ δι' αὐτοῦ καὶ εἰς αὐτὸν τὰ πάντα·
αὐτῷ ἡ δόξα εἰς τοὺς αἰῶνας, ἀμήν.

---

1 ἀγνοέω *pres act inf*, be ignorant
2 μυστήριον, -ου *n*, mystery
3 εἰμί *2p pres act sub*, be
4 φρόνιμος, -ον, wise
5 πώρωσις, -εως *f*, hardening
6 πλήρωμα, -τος *n*, fullness
7 εἰσέρχομαι *3s aor act sub*, come in
8 ἥκω *3s fut act ind*, come
9 ῥύομαι *pres mid ptc m s nom*, rescue
10 ἀποστρέφω *3s fut act ind*, turn away
11 ἀσέβεια, -ας *f*, godlessness
12 ἀφαιρέω *1s aor mid sub*, take away
13 ἐκλογή, -ῆς *f*, election
14 ἀμεταμέλητος, -ον, irrevocable
15 χάρισμα, -τος *n*, gift
16 κλῆσις, -εως *f*, call
17 ποτέ, *temporal adv*, once
18 ἀπειθέω *2p aor act ind*, disobey
19 ἐλεάω/ἐλεέω *2p aor pas ind*, pas receive mercy
20 ὑμέτερος, -α/ον, your
21 ἔλεος, -ους *n*, mercy
22 ἐλεάω/ἐλεέω *3p aor pas sub*, have mercy
23 συγκλείω *3s aor act ind*, make (someone) a prisoner
24 ἀπείθεια, -ας *f*, disobedience
25 ὦ, *interj*, O!
26 βάθος, -ους *n*, depth
27 πλοῦτος, -ου *m & n*, riches
28 γνῶσις, -εως *f*, knowledge
29 ἀνεξεραύνητος, -ον, unfathomable
30 κρίμα, -τος *n*, judgment
31 ἀνεξιχνίαστος, -ον, untraceable
32 γινώσκω *3s aor act ind*, understand
33 νοῦς, νοός, *acc* νοῦν *f*, mind
34 σύμβουλος, -ου *m*, counselor
35 προδίδωμι *3s aor act ind*, give first
36 ἀνταποδίδωμι *3s fut pas ind*, repay

The New Life in Christ

12 Παρακαλῶ οὖν ὑμᾶς, ἀδελφοί, διὰ τῶν οἰκτιρμῶν[1] τοῦ θεοῦ παραστῆσαι[2] τὰ σώματα ὑμῶν θυσίαν[3] ζῶσαν ἁγίαν εὐάρεστον[4] τῷ θεῷ, τὴν λογικὴν[5] λατρείαν[6] ὑμῶν· **2** καὶ μὴ συσχηματίζεσθε[7] τῷ αἰῶνι τούτῳ, ἀλλὰ μεταμορφοῦσθε[8] τῇ ἀνακαινώσει[9] τοῦ νοὸς[10] εἰς τὸ δοκιμάζειν[11] ὑμᾶς τί τὸ θέλημα τοῦ θεοῦ, τὸ ἀγαθὸν καὶ εὐάρεστον καὶ τέλειον[12].

3 Λέγω γὰρ διὰ τῆς χάριτος τῆς δοθείσης[13] μοι παντὶ τῷ ὄντι ἐν ὑμῖν μὴ ὑπερφρονεῖν[14] παρ᾽ ὃ δεῖ φρονεῖν[15] ἀλλὰ φρονεῖν εἰς τὸ σωφρονεῖν[16], ἑκάστῳ ὡς ὁ θεὸς ἐμέρισεν[17] μέτρον[18] πίστεως. **4** καθάπερ[19] γὰρ ἐν ἑνὶ σώματι πολλὰ μέλη ἔχομεν, τὰ δὲ μέλη πάντα οὐ τὴν αὐτὴν ἔχει πρᾶξιν[20], **5** οὕτως οἱ πολλοὶ ἓν σῶμά ἐσμεν ἐν Χριστῷ, τὸ δὲ καθ᾽ εἷς ἀλλήλων μέλη. **6** ἔχοντες δὲ χαρίσματα[21] κατὰ τὴν χάριν τὴν δοθεῖσαν[22] ἡμῖν διάφορα[23], εἴτε προφητείαν[24] κατὰ τὴν ἀναλογίαν[25] τῆς πίστεως, **7** εἴτε διακονίαν ἐν τῇ διακονίᾳ, εἴτε ὁ διδάσκων ἐν τῇ διδασκαλίᾳ[26], **8** εἴτε ὁ παρακαλῶν ἐν τῇ παρακλήσει[27]· ὁ μεταδιδοὺς[28] ἐν ἁπλότητι[29], ὁ προϊστάμενος[30] ἐν σπουδῇ[31], ὁ ἐλεῶν[32] ἐν ἱλαρότητι[33].

Christian Characteristics

9 Ἡ ἀγάπη ἀνυπόκριτος[34]. ἀποστυγοῦντες[35] τὸ πονηρόν, κολλώμενοι[36] τῷ ἀγαθῷ, **10** τῇ φιλαδελφίᾳ[37] εἰς ἀλλήλους φιλόστοργοι[38], τῇ τιμῇ ἀλλήλους προηγούμενοι[39], **11** τῇ σπουδῇ[40] μὴ ὀκνηροί[41], τῷ πνεύματι ζέοντες[42], τῷ κυρίῳ δουλεύοντες[43], **12** τῇ ἐλπίδι χαίροντες, τῇ θλίψει ὑπομένοντες[44], τῇ προσευχῇ

---

[1] οἰκτιρμός, -οῦ m, mercy
[2] παρίστημι aor act inf, offer
[3] θυσία, -ας f, sacrifice
[4] εὐάρεστος, -ον, acceptable
[5] λογικός, -ή/όν, rational/spiritual
[6] λατρεία, -ας f, worship
[7] συσχηματίζω 2p pres pas impv, pas conform to
[8] μεταμορφόω 2p pres pas impv, pas be transformed
[9] ἀνακαίνωσις, -εως f, renewal
[10] νοῦς, νοός f mind
[11] δοκιμάζω pres act inf, approve/prove
[12] τέλειος, -α/ον, perfect
[13] δίδωμι aor pas ptc f s gen, give
[14] ὑπερφρονέω pres act inf, hold too high an opinion of oneself
[15] φρονέω pres act inf, think
[16] σωφρονέω pres act inf, think sensibly
[17] μερίζω 3s aor act ind, distribute
[18] μέτρον, -ου n, measure
[19] καθάπερ, conj, just as
[20] πρᾶξις, -εως f, function
[21] χάρισμα, -τος n, gift
[22] δίδωμι aor pas ptc f s acc, give
[23] διάφορος, -ον, different
[24] προφητεία, -ας f, prophecy
[25] ἀναλογία, -ας f, proportion
[26] διδασκαλία, -ας f, teaching
[27] παράκλησις, -εως f, encouragement
[28] μεταδίδωμι pres act ptc m s nom, give
[29] ἁπλότης, -ητος f, generosity
[30] προΐστημι pres mid ptc m s nom, give help/be a leader
[31] σπουδή, -ῆς f, diligence
[32] ἐλεάω/ἐλεέω pres act ptc m s nom, be merciful
[33] ἱλαρότης, -ητος f, cheerfulness
[34] ἀνυπόκριτος, -ον f, sincere
[35] ἀποστυγέω pres act ptc m p nom, hate
[36] κολλάομαι pres pas ptc m p nom, hold tight
[37] φιλαδελφία, -ας f, love of one another
[38] φιλόστοργος, -ον, devoted
[39] προηγέομαι pres mid ptc m p nom, outdo
[40] σπουδή, -ῆς f, zeal
[41] ὀκνηρός, -ά/όν, lazy
[42] ζέω pres act ptc m p nom, boil/be aglow
[43] δουλεύω pres act ptc m p nom, serve
[44] ὑπομένω pres act ptc m p nom, be patient

προσκαρτεροῦντες¹, 13 ταῖς χρείαις τῶν ἁγίων κοινωνοῦντες², τὴν φιλοξενίαν³ διώκοντες. 14 εὐλογεῖτε τοὺς διώκοντας [ὑμᾶς], εὐλογεῖτε καὶ μὴ καταρᾶσθε⁴. 15 χαίρειν μετὰ χαιρόντων, κλαίειν μετὰ κλαιόντων. 16 τὸ αὐτὸ εἰς ἀλλήλους φρονοῦντες⁵, μὴ τὰ ὑψηλὰ⁶ φρονοῦντες⁷ ἀλλὰ τοῖς ταπεινοῖς⁸ συναπαγόμενοι⁹. μὴ γίνεσθε φρόνιμοι¹⁰ παρ' ἑαυτοῖς. 17 μηδενὶ κακὸν ἀντὶ¹¹ κακοῦ ἀποδιδόντες, προνοούμενοι¹² καλὰ ἐνώπιον πάντων ἀνθρώπων· 18 εἰ δυνατὸν τὸ ἐξ ὑμῶν, μετὰ πάντων ἀνθρώπων εἰρηνεύοντες¹³· 19 μὴ ἑαυτοὺς ἐκδικοῦντες¹⁴, ἀγαπητοί, ἀλλὰ δότε¹⁵ τόπον τῇ ὀργῇ, γέγραπται γάρ· ἐμοὶ ἐκδίκησις¹⁶, ἐγὼ ἀνταποδώσω¹⁷, λέγει κύριος. 20 ἀλλ' ἐὰν πεινᾷ¹⁸ ὁ ἐχθρός σου, ψώμιζε¹⁹ αὐτόν· ἐὰν διψᾷ²⁰, πότιζε²¹ αὐτόν· τοῦτο γὰρ ποιῶν ἄνθρακας²² πυρὸς σωρεύσεις²³ ἐπὶ τὴν κεφαλὴν αὐτοῦ. 21 μὴ νικῶ²⁴ ὑπὸ τοῦ κακοῦ ἀλλὰ νίκα ἐν τῷ ἀγαθῷ τὸ κακόν.

Being Subject to Authorities

13 Πᾶσα ψυχὴ ἐξουσίαις ὑπερεχούσαις²⁵ ὑποτασσέσθω. οὐ γὰρ ἔστιν ἐξουσία εἰ μὴ ὑπὸ θεοῦ, αἱ δὲ οὖσαι ὑπὸ θεοῦ τεταγμέναι²⁶ εἰσίν. 2 ὥστε ὁ ἀντιτασσόμενος²⁷ τῇ ἐξουσίᾳ τῇ τοῦ θεοῦ διαταγῇ²⁸ ἀνθέστηκεν²⁹, οἱ δὲ ἀνθεστηκότες ἑαυτοῖς κρίμα³⁰ λήμψονται³¹. 3 οἱ γὰρ ἄρχοντες οὐκ εἰσὶν φόβος τῷ ἀγαθῷ ἔργῳ ἀλλὰ τῷ κακῷ. θέλεις δὲ μὴ φοβεῖσθαι τὴν ἐξουσίαν· τὸ ἀγαθὸν ποίει, καὶ ἕξεις ἔπαινον³² ἐξ αὐτῆς· 4 θεοῦ γὰρ διάκονός³³ ἐστιν σοὶ εἰς τὸ ἀγαθόν. ἐὰν δὲ τὸ κακὸν ποιῇς, φοβοῦ· οὐ γὰρ εἰκῇ³⁴ τὴν μάχαιραν³⁵ φορεῖ³⁶· θεοῦ γὰρ διάκονός ἐστιν ἔκδικος³⁷ εἰς ὀργὴν τῷ τὸ κακὸν πράσσοντι. 5 διὸ ἀνάγκη³⁸ ὑποτάσσεσθαι, οὐ μόνον διὰ τὴν ὀργὴν ἀλλὰ καὶ

---

¹ προσκαρτερέω pres act ptc m p nom, continue
² κοινωνέω pres act ptc m p nom, contribute
³ φιλοξενία, -ας f, hospitality
⁴ καταράομαι 2p pres mid impv, curse
⁵ φρονέω pres act ptc m p nom, think (τὸ αὐτὸ εἰς ἀλλήλους φ. live in harmony with one another)
⁶ ὑψηλός, -ή/ό ν, proud
⁷ φρονέω pres act ptc m p nom, think (ὑψηλὰ φ. be proud)
⁸ ταπεινός, -ή/όν, humble (of people/tasks)
⁹ συναπάγω pres pas ptc m p nom, pas associate with/be engaged in
¹⁰ φρόνιμος, -ον, wise (μὴ γίνεσθε φ. παρ' ἑαυτοῖς don't feel smarter than others)

¹¹ ἀντί, prep + gen, for
¹² προνοέω pres mid ptc m p nom, have in mind to do
¹³ εἰρηνεύω pres act ptc m p nom, live at peace
¹⁴ ἐκδικέω pres act ptc m p nom, avenge (ἑ. ἐμαυτόν take revenge)
¹⁵ δίδωμι 2p aor act impv, give
¹⁶ ἐκδίκησις, -εως f, revenge
¹⁷ ἀνταποδίδωμι 1s fut act ind, repay
¹⁸ πεινάω 3s pres act sub, be hungry
¹⁹ ψωμίζω 2s pres act impv, feed
²⁰ διψάω 3s pres act sub, be thirsty
²¹ ποτίζω 2s pres act impv, give to drink
²² ἄνθραξ, -ακος m, charcoal
²³ σωρεύω 2s fut act ind, heap

²⁴ νικάω 2s pres pas impv, overcome
²⁵ ὑπερέχω pres act ptc f p dat, govern
²⁶ τάσσω pf pas ptc f p nom, institute
²⁷ ἀντιτάσσομαι pres mid ptc m s nom, resist
²⁸ διαταγή, -ῆς f, decree
²⁹ ἀνθίστημι 3s pf act ind, resist
³⁰ κρίμα, -τος n, judgment
³¹ λαμβάνω 3p fut mid ind, receive
³² ἔπαινος, -ου m, approval
³³ διάκονος, -ου m, servant
³⁴ εἰκῇ, adv, in vain
³⁵ μάχαιρα, -ης f, sword
³⁶ φορέω 3s pres act ind, wear
³⁷ ἔκδικος, -ου m, one who punishes
³⁸ ἀνάγκη, -ης f, necessity

διὰ τὴν συνείδησιν¹. 6 διὰ τοῦτο γὰρ καὶ φόρους² τελεῖτε³· λειτουργοὶ⁴ γὰρ θεοῦ εἰσιν εἰς αὐτὸ τοῦτο προσκαρτεροῦντες⁵. 7 ἀπόδοτε⁶ πᾶσιν τὰς ὀφειλάς⁷, τῷ τὸν φόρον⁸ τὸν φόρον, τῷ τὸ τέλος⁹ τὸ τέλος, τῷ τὸν φόβον τὸν φόβον, τῷ τὴν τιμὴν τὴν τιμήν.

Love for One Another

8 Μηδενὶ μηδὲν ὀφείλετε εἰ μὴ τὸ ἀλλήλους ἀγαπᾶν· ὁ γὰρ ἀγαπῶν τὸν ἕτερον νόμον πεπλήρωκεν. 9 τὸ γὰρ **οὐ μοιχεύσεις¹⁰, οὐ φονεύσεις¹¹, οὐ κλέψεις¹², οὐκ ἐπιθυμήσεις¹³**, καὶ εἴ τις ἑτέρα ἐντολή, ἐν τῷ λόγῳ τούτῳ ἀνακεφαλαιοῦται¹⁴ [ἐν τῷ]· **ἀγαπήσεις τὸν πλησίον¹⁵ σου ὡς σεαυτόν**. 10 ἡ ἀγάπη τῷ πλησίον κακὸν οὐκ ἐργάζεται· πλήρωμα¹⁶ οὖν νόμου ἡ ἀγάπη.

The Approach of the Day of Christ

11 Καὶ τοῦτο εἰδότες τὸν καιρόν, ὅτι ὥρα ἤδη ὑμᾶς ἐξ ὕπνου¹⁷ ἐγερθῆναι¹⁸, νῦν γὰρ ἐγγύτερον ἡμῶν ἡ σωτηρία ἢ ὅτε ἐπιστεύσαμεν. 12 ἡ νὺξ προέκοψεν¹⁹, ἡ δὲ ἡμέρα ἤγγικεν²⁰. ἀποθώμεθα²¹ οὖν τὰ ἔργα τοῦ σκότους, ἐνδυσώμεθα²² δὲ τὰ ὅπλα²³ τοῦ φωτός. 13 ὡς ἐν ἡμέρᾳ εὐσχημόνως²⁴ περιπατήσωμεν, μὴ κώμοις²⁵ καὶ μέθαις²⁶, μὴ κοίταις²⁷ καὶ ἀσελγείαις²⁸, μὴ ἔριδι²⁹ καὶ ζήλῳ³⁰, 14 ἀλλ' ἐνδύσασθε τὸν κύριον Ἰησοῦν Χριστὸν καὶ τῆς σαρκὸς πρόνοιαν³¹ μὴ ποιεῖσθε εἰς ἐπιθυμίας.

Do Not Judge Another

14 Τὸν δὲ ἀσθενοῦντα τῇ πίστει προσλαμβάνεσθε³², μὴ εἰς διακρίσεις³³ διαλογισμῶν³⁴. 2 ὃς μὲν πιστεύει φαγεῖν³⁵ πάντα, ὁ δὲ ἀσθενῶν λάχανα³⁶ ἐσθίει. 3 ὁ ἐσθίων τὸν μὴ ἐσθίοντα μὴ ἐξουθενείτω³⁷, ὁ δὲ μὴ ἐσθίων τὸν ἐσθίοντα μὴ κρινέτω, ὁ θεὸς γὰρ αὐτὸν προσελάβετο. 4 σὺ τίς εἶ ὁ κρίνων ἀλλότριον³⁸

---

¹ συνείδησις, -εως f, conscience
² φόρος, -ου m, tax
³ τελέω 2p pres act ind, pay
⁴ λειτουργός, -οῦ m, servant
⁵ προσκαρτερέω pres act ptc m p nom, devote oneself to
⁶ ἀποδίδωμι 2p aor act impv, pay
⁷ ὀφειλή, -ῆς f, what is due
⁸ φόρος, -ου m, revenue
⁹ τέλος, -ους n, tax
¹⁰ μοιχεύω 2s fut act ind, commit adultery
¹¹ φονεύω 2s fut act ind, murder
¹² κλέπτω 2s fut act ind, steal
¹³ ἐπιθυμέω 2s fut act ind, covet
¹⁴ ἀνακεφαλαιόω 3s pres pas ind, sum up
¹⁵ πλησίον, prep + gen, near (ὁ π. fellow human being)
¹⁶ πλήρωμα, -τος n, fulfillment
¹⁷ ὕπνος, -ου m, sleep
¹⁸ ἐγείρω aor pas inf, intrans pas wake up
¹⁹ προκόπτω 3s aor act ind, be far gone
²⁰ ἐγγίζω 3s pf act ind, come near
²¹ ἀποτίθημι 1p aor mid sub, put aside
²² ἐνδύω 1p aor mid sub, mid put on
²³ ὅπλον, -ου n, armor
²⁴ εὐσχημόνως, adv, properly
²⁵ κῶμος, -ου m, carousing
²⁶ μέθη, -ης f, drunkenness
²⁷ κοίτη, -ης f, sexual immorality
²⁸ ἀσέλγεια, -ας f, indecency
²⁹ ἔρις, -ιδος f, quarreling
³⁰ ζῆλος, -ου/ους m & n, jealousy
³¹ πρόνοια, -ας f, provision
³² προσλαμβάνω 2p pres mid impv, mid welcome
³³ διάκρισις, -εως f, dispute
³⁴ διαλογισμός, -οῦ m, opinion
³⁵ ἐσθίω aor act inf, eat
³⁶ λάχανον, -ου n, vegetable
³⁷ ἐξουθενέω 3s pres act impv, despise
³⁸ ἀλλότριος, -α/ον, belonging to another

οἰκέτην¹; τῷ ἰδίῳ κυρίῳ στήκει² ἢ πίπτει· σταθήσεται³ δέ, δυνατεῖ⁴ γὰρ ὁ κύριος στῆσαι⁵ αὐτόν. 5 ὃς μὲν [γὰρ] κρίνει ἡμέραν παρ' ἡμέραν, ὃς δὲ κρίνει πᾶσαν ἡμέραν· ἕκαστος ἐν τῷ ἰδίῳ νοΐ⁶ πληροφορείσθω⁷. 6 ὁ φρονῶν⁸ τὴν ἡμέραν κυρίῳ φρονεῖ· καὶ ὁ ἐσθίων κυρίῳ ἐσθίει, εὐχαριστεῖ γὰρ τῷ θεῷ· καὶ ὁ μὴ ἐσθίων κυρίῳ οὐκ ἐσθίει καὶ εὐχαριστεῖ τῷ θεῷ. 7 οὐδεὶς γὰρ ἡμῶν ἑαυτῷ ζῇ καὶ οὐδεὶς ἑαυτῷ ἀποθνῄσκει· 8 ἐάν τε γὰρ ζῶμεν, τῷ κυρίῳ ζῶμεν, ἐάν τε ἀποθνῄσκωμεν, τῷ κυρίῳ ἀποθνῄσκομεν. ἐάν τε οὖν ζῶμεν ἐάν τε ἀποθνῄσκωμεν, τοῦ κυρίου ἐσμέν. 9 εἰς τοῦτο γὰρ Χριστὸς ἀπέθανεν καὶ ἔζησεν, ἵνα καὶ νεκρῶν καὶ ζώντων κυριεύσῃ⁹. 10 σὺ δὲ τί κρίνεις τὸν ἀδελφόν σου; ἢ καὶ σὺ τί ἐξουθενεῖς¹⁰ τὸν ἀδελφόν σου; πάντες γὰρ παραστησόμεθα¹¹ τῷ βήματι¹² τοῦ θεοῦ, 11 γέγραπται γάρ·

ζῶ ἐγώ, λέγει κύριος, ὅτι ἐμοὶ κάμψει¹³ πᾶν γόνυ¹⁴
καὶ πᾶσα γλῶσσα ἐξομολογήσεται¹⁵ τῷ θεῷ.

12 ἄρα [οὖν] ἕκαστος ἡμῶν περὶ ἑαυτοῦ λόγον δώσει¹⁶ [τῷ θεῷ].

Do Not Make Another Stumble

13 Μηκέτι¹⁷ οὖν ἀλλήλους κρίνωμεν· ἀλλὰ τοῦτο κρίνατε μᾶλλον, τὸ μὴ τιθέναι¹⁸ πρόσκομμα¹⁹ τῷ ἀδελφῷ ἢ σκάνδαλον²⁰. 14 οἶδα καὶ πέπεισμαι²¹ ἐν κυρίῳ Ἰησοῦ ὅτι οὐδὲν κοινὸν²² δι' ἑαυτοῦ, εἰ μὴ τῷ λογιζομένῳ τι κοινὸν εἶναι, ἐκείνῳ κοινόν. 15 εἰ γὰρ διὰ βρῶμα²³ ὁ ἀδελφός σου λυπεῖται²⁴, οὐκέτι κατὰ ἀγάπην περιπατεῖς· μὴ τῷ βρώματί σου ἐκεῖνον ἀπόλλυε ὑπὲρ οὗ Χριστὸς ἀπέθανεν. 16 μὴ βλασφημείσθω οὖν ὑμῶν τὸ ἀγαθόν. 17 οὐ γάρ ἐστιν ἡ βασιλεία τοῦ θεοῦ βρῶσις²⁵ καὶ πόσις²⁶ ἀλλὰ δικαιοσύνη καὶ εἰρήνη καὶ χαρὰ ἐν πνεύματι ἁγίῳ· 18 ὁ γὰρ ἐν τούτῳ δουλεύων²⁷ τῷ Χριστῷ εὐάρεστος²⁸ τῷ θεῷ καὶ δόκιμος²⁹ τοῖς ἀνθρώποις. 19 ἄρα οὖν τὰ τῆς εἰρήνης διώκωμεν καὶ τὰ τῆς οἰκοδομῆς³⁰ τῆς εἰς ἀλλήλους. 20 μὴ ἕνεκεν³¹ βρώματος κατάλυε³² τὸ ἔργον τοῦ θεοῦ. πάντα μὲν καθαρά³³, ἀλλὰ κακὸν τῷ

---

¹ οἰκέτης, -ου m, servant
² στήκω 3s pres act ind, stand
³ ἵστημι 3s fut pas ind, make stand
⁴ δυνατέω 3s pres act ind, be able
⁵ ἵστημι aor act inf, make stand
⁶ νοῦς, -ός, dat νοΐ m, mind
⁷ πληροφορέω 3s pres pas impv, convince fully
⁸ φρονέω pres act ptc m s nom, regard as special
⁹ κυριεύω 3s aor act sub, be Lord of
¹⁰ ἐξουθενέω 2s pres act ind, despise
¹¹ παρίστημι 1p fut mid ind, intrans stand before
¹² βῆμα, -τος n, place of judgment
¹³ κάμπτω 3s fut act ind, bow
¹⁴ γόνυ, γόνατος n, knee
¹⁵ ἐξομολογέω 3s fut mid ind, confess/praise
¹⁶ δίδωμι 3s fut act ind, give
¹⁷ μηκέτι, adv, no longer
¹⁸ τίθημι pres act inf, place
¹⁹ πρόσκομμα, -τος n, stumbling block
²⁰ σκάνδαλον, -ου n, obstacle
²¹ πείθω 1s pf pas ind, convince
²² κοινός, -ή/όν, unclean
²³ βρῶμα, -τος n, food
²⁴ λυπέω 3s pres pas ind, injure
²⁵ βρῶσις, -εως f, eating
²⁶ πόσις, -εως f, drinking
²⁷ δουλεύω pres act ptc m s nom, serve
²⁸ εὐάρεστος, -ον, pleasing
²⁹ δόκιμος, -ον, approved
³⁰ οἰκοδομή, -ῆς f, upbuilding
³¹ ἕνεκα, prep + gen, for the sake of
³² καταλύω 2s pres act impv, destroy
³³ καθαρός, -ά/όν, clean

ἀνθρώπῳ τῷ διὰ προσκόμματος ἐσθίοντι. 21 καλὸν τὸ μὴ φαγεῖν¹ κρέα² μηδὲ πιεῖν οἶνον μηδὲ ἐν ᾧ ὁ ἀδελφός σου προσκόπτει³. 22 σὺ πίστιν [ἣν] ἔχεις κατὰ σεαυτὸν ἔχε ἐνώπιον τοῦ θεοῦ. μακάριος ὁ μὴ κρίνων ἑαυτὸν ἐν ᾧ δοκιμάζει⁴· 23 ὁ δὲ διακρινόμενος⁵ ἐὰν φάγῃ⁶ κατακέκριται⁷, ὅτι οὐκ ἐκ πίστεως· πᾶν δὲ ὃ οὐκ ἐκ πίστεως ἁμαρτία ἐστίν.

Please Others, Not Yourself

15 Ὀφείλομεν δὲ ἡμεῖς οἱ δυνατοὶ τὰ ἀσθενήματα⁸ τῶν ἀδυνάτων⁹ βαστάζειν¹⁰ καὶ μὴ ἑαυτοῖς ἀρέσκειν¹¹. 2 ἕκαστος ἡμῶν τῷ πλησίον¹² ἀρεσκέτω εἰς τὸ ἀγαθὸν πρὸς οἰκοδομήν¹³· 3 καὶ γὰρ ὁ Χριστὸς οὐχ ἑαυτῷ ἤρεσεν¹⁴, ἀλλὰ καθὼς γέγραπται· οἱ ὀνειδισμοὶ¹⁵ τῶν ὀνειδιζόντων¹⁶ σε ἐπέπεσαν¹⁷ ἐπ' ἐμέ. 4 ὅσα γὰρ προεγράφη¹⁸, εἰς τὴν ἡμετέραν¹⁹ διδασκαλίαν²⁰ ἐγράφη, ἵνα διὰ τῆς ὑπομονῆς καὶ διὰ τῆς παρακλήσεως²¹ τῶν γραφῶν τὴν ἐλπίδα ἔχωμεν. 5 ὁ δὲ θεὸς τῆς ὑπομονῆς καὶ τῆς παρακλήσεως δῴη²² ὑμῖν τὸ αὐτὸ φρονεῖν²³ ἐν ἀλλήλοις κατὰ Χριστὸν Ἰησοῦν, 6 ἵνα ὁμοθυμαδὸν²⁴ ἐν ἑνὶ στόματι δοξάζητε τὸν θεὸν καὶ πατέρα τοῦ κυρίου ἡμῶν Ἰησοῦ Χριστοῦ.

The Gospel for Jews and Gentiles Alike

7 Διὸ προσλαμβάνεσθε²⁵ ἀλλήλους, καθὼς καὶ ὁ Χριστὸς προσελάβετο ὑμᾶς εἰς δόξαν τοῦ θεοῦ. 8 λέγω γὰρ Χριστὸν διάκονον²⁶ γεγενῆσθαι²⁷ περιτομῆς ὑπὲρ ἀληθείας θεοῦ, εἰς τὸ βεβαιῶσαι²⁸ τὰς ἐπαγγελίας τῶν πατέρων, 9 τὰ δὲ ἔθνη ὑπὲρ ἐλέους²⁹ δοξάσαι τὸν θεόν, καθὼς γέγραπται·

διὰ τοῦτο ἐξομολογήσομαί³⁰ σοι ἐν ἔθνεσιν
καὶ τῷ ὀνόματί σου ψαλῶ³¹.

10 καὶ πάλιν λέγει·

εὐφράνθητε³², ἔθνη, μετὰ τοῦ λαοῦ αὐτοῦ.

---

¹ ἐσθίω aor act inf, eat
² κρέας, κρέατος & κρέως, acc pl κρέα n, meat
³ προσκόπτω 3s pres act ind, stumble
⁴ δοκιμάζω 3s pres act ind, approve
⁵ διακρίνω pres mid ptc m s nom, mid doubt
⁶ ἐσθίω 3s aor act sub, eat
⁷ κατακρίνω 3s pf pas ind, condemn
⁸ ἀσθένημα, -τος n, failing
⁹ ἀδύνατος, -ον, weak
¹⁰ βαστάζω pres act inf, bear with
¹¹ ἀρέσκω pres act inf, please
¹² πλησίον, prep + gen, near (ὁ π. fellow human being)
¹³ οἰκοδομή, -ῆς f, upbuilding
¹⁴ ἀρέσκω 3s aor act ind, please
¹⁵ ὀνειδισμός, -οῦ m, insult
¹⁶ ὀνειδίζω pres act ptc m p gen, insult
¹⁷ ἐπιπίπτω 3p aor act ind, fall on
¹⁸ προγράφω 3s aor pas ind, write in the past
¹⁹ ἡμέτερος, -α/ον, our
²⁰ διδασκαλία, -ας f, instruction
²¹ παράκλησις, -εως f, encouragement
²² δίδωμι 3s aor act opt, give
²³ φρονέω pres act inf, think (τὸ αὐτὸ φ. have the same attitude)
²⁴ ὁμοθυμαδόν, adv, with one mind
²⁵ προσλαμβάνω 2p pres mid impv, mid welcome
²⁶ διάκονος, -ου m, servant
²⁷ γίνομαι pf pas inf, become
²⁸ βεβαιόω aor act inf, confirm
²⁹ ἔλεος, -ους n, mercy
³⁰ ἐξομολογέω 1s fut mid ind, confess/praise
³¹ ψάλλω 1s fut act ind, sing
³² εὐφραίνω 2p aor pas impv, pas rejoice

11 καὶ πάλιν·
  αἰνεῖτε¹, πάντα τὰ ἔθνη, τὸν κύριον
  καὶ ἐπαινεσάτωσαν² αὐτὸν πάντες οἱ λαοί.
12 καὶ πάλιν Ἡσαΐας λέγει·
  ἔσται ἡ ῥίζα³ τοῦ Ἰεσσαὶ
  καὶ ὁ ἀνιστάμενος⁴ ἄρχειν ἐθνῶν,
  ἐπ' αὐτῷ ἔθνη ἐλπιοῦσιν⁵.
13 ὁ δὲ θεὸς τῆς ἐλπίδος πληρώσαι ὑμᾶς πάσης χαρᾶς καὶ εἰρήνης ἐν τῷ πιστεύειν, εἰς τὸ περισσεύειν ὑμᾶς ἐν τῇ ἐλπίδι ἐν δυνάμει πνεύματος ἁγίου.

Paul's Missionary Commission

14 Πέπεισμαι⁶ δέ, ἀδελφοί μου, καὶ αὐτὸς ἐγὼ περὶ ὑμῶν ὅτι καὶ αὐτοὶ μεστοί⁷ ἐστε ἀγαθωσύνης⁸, πεπληρωμένοι πάσης [τῆς] γνώσεως⁹, δυνάμενοι καὶ ἀλλήλους νουθετεῖν¹⁰. **15** τολμηρότερον¹¹ δὲ ἔγραψα ὑμῖν ἀπὸ μέρους ὡς ἐπαναμιμνῄσκων¹² ὑμᾶς διὰ τὴν χάριν τὴν δοθεῖσάν¹³ μοι ὑπὸ τοῦ θεοῦ **16** εἰς τὸ εἶναί με λειτουργὸν¹⁴ Χριστοῦ Ἰησοῦ εἰς τὰ ἔθνη, ἱερουργοῦντα¹⁵ τὸ εὐαγγέλιον τοῦ θεοῦ, ἵνα γένηται ἡ προσφορὰ¹⁶ τῶν ἐθνῶν εὐπρόσδεκτος¹⁷, ἡγιασμένη¹⁸ ἐν πνεύματι ἁγίῳ. **17** ἔχω οὖν [τὴν] καύχησιν¹⁹ ἐν Χριστῷ Ἰησοῦ τὰ πρὸς τὸν θεόν· **18** οὐ γὰρ τολμήσω²⁰ τι λαλεῖν ὧν οὐ κατειργάσατο²¹ Χριστὸς δι' ἐμοῦ εἰς ὑπακοὴν²² ἐθνῶν, λόγῳ καὶ ἔργῳ, **19** ἐν δυνάμει σημείων καὶ τεράτων²³, ἐν δυνάμει πνεύματος [θεοῦ]· ὥστε με ἀπὸ Ἱερουσαλὴμ καὶ κύκλῳ²⁴ μέχρι²⁵ τοῦ Ἰλλυρικοῦ πεπληρωκέναι τὸ εὐαγγέλιον τοῦ Χριστοῦ, **20** οὕτως δὲ φιλοτιμούμενον²⁶ εὐαγγελίζεσθαι οὐχ ὅπου ὠνομάσθη²⁷ Χριστός, ἵνα μὴ ἐπ' ἀλλότριον²⁸ θεμέλιον²⁹ οἰκοδομῶ, **21** ἀλλὰ καθὼς γέγραπται·
  οἷς οὐκ ἀνηγγέλη³⁰ περὶ αὐτοῦ ὄψονται³¹,
  καὶ οἳ οὐκ ἀκηκόασιν συνήσουσιν³².

---

1 αἰνέω *2p pres act impv*, praise
2 ἐπαινέω *3p aor act impv*, praise
3 ῥίζα, -ης *f*, root
4 ἀνίστημι *pres mid ptc m s nom*, rise
5 ἐλπίζω *3p fut act ind*, hope
6 πείθω *1s pf pas ind*, convince
7 μεστός, -ή/όν, full
8 ἀγαθωσύνη, -ης *f*, goodness
9 γνῶσις, -εως *f*, knowledge
10 νουθετέω *pres act inf*, instruct
11 τολμηρότερον, *adv*, rather boldly
12 ἐπαναμιμνῄσκω *pres act ptc m s nom*, remind
13 δίδωμι *aor pas ptc f s acc*, give
14 λειτουργός, -οῦ *m*, minister
15 ἱερουργέω *pres act ptc m s acc*, serve as a priest
16 προσφορά, -ᾶς *f*, offering
17 εὐπρόσδεκτος, -ον, acceptable
18 ἁγιάζω *pf pas ptc f s nom*, sanctify
19 καύχησις, -εως *f*, pride
20 τολμάω *1s fut act ind*, dare
21 κατεργάζομαι *3s aor mid ind*, do
22 ὑπακοή, -ῆς *f*, obedience
23 τέρας, -ατος *n*, a wonder
24 κύκλῳ, *adv*, round about
25 μέχρι, *prep + gen*, until
26 φιλοτιμέομαι *pres mid ptc m s acc*, make it one's ambition
27 ὀνομάζω *3s aor pas ind*, *pas* be known
28 ἀλλότριος, -α/ον, belonging to another
29 θεμέλιος, -ου *m*, foundation
30 ἀναγγέλλω *3s aor pas ind*, tell
31 ὁράω *3p fut mid ind*, see
32 συνίημι *3p fut act ind*, understand

Paul's Plan to Visit Rome

22 Διὸ καὶ ἐνεκοπτόμην¹ τὰ πολλὰ τοῦ ἐλθεῖν πρὸς ὑμᾶς· **23** νυνὶ² δὲ μηκέτι³ τόπον ἔχων ἐν τοῖς κλίμασιν⁴ τούτοις, ἐπιποθίαν⁵ δὲ ἔχων τοῦ ἐλθεῖν πρὸς ὑμᾶς ἀπὸ πολλῶν ἐτῶν, **24** ὡς ἂν πορεύωμαι εἰς τὴν Σπανίαν· ἐλπίζω γὰρ διαπορευόμενος⁶ θεάσασθαι⁷ ὑμᾶς καὶ ὑφ᾽ ὑμῶν προπεμφθῆναι⁸ ἐκεῖ ἐὰν ὑμῶν πρῶτον ἀπὸ μέρους ἐμπλησθῶ⁹. **25** νυνὶ δὲ πορεύομαι εἰς Ἰερουσαλὴμ διακονῶν τοῖς ἁγίοις. **26** εὐδόκησαν¹⁰ γὰρ Μακεδονία καὶ Ἀχαΐα κοινωνίαν¹¹ τινὰ ποιήσασθαι εἰς τοὺς πτωχοὺς τῶν ἁγίων τῶν ἐν Ἰερουσαλήμ. **27** εὐδόκησαν γὰρ καὶ ὀφειλέται¹² εἰσὶν αὐτῶν· εἰ γὰρ τοῖς πνευματικοῖς¹³ αὐτῶν ἐκοινώνησαν¹⁴ τὰ ἔθνη, ὀφείλουσιν καὶ ἐν τοῖς σαρκικοῖς¹⁵ λειτουργῆσαι¹⁶ αὐτοῖς. **28** τοῦτο οὖν ἐπιτελέσας¹⁷ καὶ σφραγισάμενος¹⁸ αὐτοῖς τὸν καρπὸν τοῦτον, ἀπελεύσομαι¹⁹ δι᾽ ὑμῶν εἰς Σπανίαν· **29** οἶδα δὲ ὅτι ἐρχόμενος πρὸς ὑμᾶς ἐν πληρώματι²⁰ εὐλογίας²¹ Χριστοῦ ἐλεύσομαι²².

30 Παρακαλῶ δὲ ὑμᾶς[, ἀδελφοί,] διὰ τοῦ κυρίου ἡμῶν Ἰησοῦ Χριστοῦ καὶ διὰ τῆς ἀγάπης τοῦ πνεύματος συναγωνίσασθαί²³ μοι ἐν ταῖς προσευχαῖς ὑπὲρ ἐμοῦ πρὸς τὸν θεόν, **31** ἵνα ῥυσθῶ²⁴ ἀπὸ τῶν ἀπειθούντων²⁵ ἐν τῇ Ἰουδαίᾳ καὶ ἡ διακονία μου ἡ εἰς Ἰερουσαλὴμ εὐπρόσδεκτος²⁶ τοῖς ἁγίοις γένηται, **32** ἵνα ἐν χαρᾷ ἐλθὼν πρὸς ὑμᾶς διὰ θελήματος θεοῦ συναναπαύσωμαι²⁷ ὑμῖν. **33** ὁ δὲ θεὸς τῆς εἰρήνης μετὰ πάντων ὑμῶν, ἀμήν.

Personal Greetings

16 Συνίστημι²⁸ δὲ ὑμῖν Φοίβην τὴν ἀδελφὴν²⁹ ἡμῶν, οὖσαν [καὶ] διάκονον³⁰ τῆς ἐκκλησίας τῆς ἐν Κεγχρεαῖς, **2** ἵνα αὐτὴν προσδέξησθε³¹ ἐν κυρίῳ ἀξίως³² τῶν ἁγίων καὶ παραστῆτε³³ αὐτῇ ἐν ᾧ ἂν ὑμῶν χρῄζῃ³⁴ πράγματι³⁵· καὶ γὰρ αὐτὴ προστάτις³⁶ πολλῶν ἐγενήθη³⁷ καὶ ἐμοῦ αὐτοῦ.

---

¹ ἐγκόπτω 1s impf pas ind, prevent
² νυνί, adv, now
³ μηκέτι, adv, no longer
⁴ κλίμα, -τος n, region
⁵ ἐπιποθία, -ας f, longing
⁶ διαπορεύομαι pres mid ptc m s nom, travel through
⁷ θεάομαι aor mid inf, visit
⁸ προπέμπω aor pas inf, send on one's way
⁹ ἐμπίπλημι 1s aor pas sub, pas enjoy
¹⁰ εὐδοκέω 3p aor act ind, be pleased
¹¹ κοινωνία, -ας f, contribution
¹² ὀφειλέτης, -ου m, one who is under obligation
¹³ πνευματικός, -ή/όν, spiritual
¹⁴ κοινωνέω 3p aor act ind, participate
¹⁵ σαρκικός, -ή/όν, material
¹⁶ λειτουργέω aor act inf, serve
¹⁷ ἐπιτελέω aor act ptc m s nom, complete
¹⁸ σφραγίζω aor mid ptc m s nom, guarantee (σ. αὐτοῖς τὸν καρπὸν τοῦτον I safely deliver this money to them)
¹⁹ ἀπέρχομαι 1s fut mid ind, go
²⁰ πλήρωμα, -τος n, fullness
²¹ εὐλογία, -ας f, blessing
²² ἔρχομαι 1s fut mid ind, come
²³ συναγωνίζομαι aor mid inf, struggle together
²⁴ ῥύομαι 1s aor pas sub, rescue
²⁵ ἀπειθέω pres act ptc m p gen, be an unbeliever
²⁶ εὐπρόσδεκτος, -ον, acceptable
²⁷ συναναπαύομαι 1s aor mid sub, be refreshed
²⁸ συνίστημι 1s pres act ind, commend
²⁹ ἀδελφή, -ῆς f, sister
³⁰ διάκονος, -ου m & f, deacon
³¹ προσδέχομαι 2p aor mid sub, receive
³² ἀξίως, adv, in a way that's worthy
³³ παρίστημι 2p aor act sub, help
³⁴ χρῄζω 3s pres act sub, need
³⁵ πρᾶγμα, -τος n, matter
³⁶ προστάτις, -ιδος f, helper
³⁷ γίνομαι 3s aor pas ind, be

ΠΡΟΣ ΡΩΜΑΙΟΥΣ 16.3-20

3 Ἀσπάσασθε Πρίσκαν καὶ Ἀκύλαν τοὺς συνεργούς[1] μου ἐν Χριστῷ Ἰησοῦ, **4** οἵτινες ὑπὲρ τῆς ψυχῆς μου τὸν ἑαυτῶν τράχηλον[2] ὑπέθηκαν[3], οἷς οὐκ ἐγὼ μόνος εὐχαριστῶ ἀλλὰ καὶ πᾶσαι αἱ ἐκκλησίαι τῶν ἐθνῶν, **5** καὶ τὴν κατ᾽ οἶκον αὐτῶν ἐκκλησίαν. ἀσπάσασθε Ἐπαίνετον τὸν ἀγαπητόν μου, ὅς ἐστιν ἀπαρχὴ[4] τῆς Ἀσίας εἰς Χριστόν. **6** ἀσπάσασθε Μαρίαν, ἥτις πολλὰ[5] ἐκοπίασεν[6] εἰς ὑμᾶς. **7** ἀσπάσασθε Ἀνδρόνικον καὶ Ἰουνίαν τοὺς συγγενεῖς[7] μου καὶ συναιχμαλώτους[8] μου, οἵτινές εἰσιν ἐπίσημοι[9] ἐν τοῖς ἀποστόλοις, οἳ καὶ πρὸ ἐμοῦ γέγοναν[10] ἐν Χριστῷ. **8** ἀσπάσασθε Ἀμπλιᾶτον τὸν ἀγαπητόν μου ἐν κυρίῳ. **9** ἀσπάσασθε Οὐρβανὸν τὸν συνεργὸν ἡμῶν ἐν Χριστῷ καὶ Στάχυν τὸν ἀγαπητόν μου. **10** ἀσπάσασθε Ἀπελλῆν τὸν δόκιμον[11] ἐν Χριστῷ. ἀσπάσασθε τοὺς ἐκ τῶν Ἀριστοβούλου. **11** ἀσπάσασθε Ἡρῳδίωνα τὸν συγγενῆ μου. ἀσπάσασθε τοὺς ἐκ τῶν Ναρκίσσου τοὺς ὄντας ἐν κυρίῳ. **12** ἀσπάσασθε Τρύφαιναν καὶ Τρυφῶσαν τὰς κοπιώσας[12] ἐν κυρίῳ. ἀσπάσασθε Περσίδα τὴν ἀγαπητήν, ἥτις πολλὰ ἐκοπίασεν ἐν κυρίῳ. **13** ἀσπάσασθε Ῥοῦφον τὸν ἐκλεκτὸν[13] ἐν κυρίῳ καὶ τὴν μητέρα αὐτοῦ καὶ ἐμοῦ. **14** ἀσπάσασθε Ἀσύγκριτον, Φλέγοντα, Ἑρμῆν, Πατροβᾶν, Ἑρμᾶν καὶ τοὺς σὺν αὐτοῖς ἀδελφούς. **15** ἀσπάσασθε Φιλόλογον καὶ Ἰουλίαν, Νηρέα καὶ τὴν ἀδελφὴν[14] αὐτοῦ, καὶ Ὀλυμπᾶν καὶ τοὺς σὺν αὐτοῖς πάντας ἁγίους. **16** ἀσπάσασθε ἀλλήλους ἐν φιλήματι[15] ἁγίῳ. ἀσπάζονται ὑμᾶς αἱ ἐκκλησίαι πᾶσαι τοῦ Χριστοῦ.

17 Παρακαλῶ δὲ ὑμᾶς, ἀδελφοί, σκοπεῖν[16] τοὺς τὰς διχοστασίας[17] καὶ τὰ σκάνδαλα[18] παρὰ τὴν διδαχὴν[19] ἣν ὑμεῖς ἐμάθετε[20] ποιοῦντας, καὶ ἐκκλίνετε[21] ἀπ᾽ αὐτῶν· **18** οἱ γὰρ τοιοῦτοι τῷ κυρίῳ ἡμῶν Χριστῷ οὐ δουλεύουσιν[22] ἀλλὰ τῇ ἑαυτῶν κοιλίᾳ[23], καὶ διὰ τῆς χρηστολογίας[24] καὶ εὐλογίας[25] ἐξαπατῶσιν[26] τὰς καρδίας τῶν ἀκάκων[27]. **19** ἡ γὰρ ὑμῶν ὑπακοὴ[28] εἰς πάντας ἀφίκετο[29]· ἐφ᾽ ὑμῖν οὖν χαίρω, θέλω δὲ ὑμᾶς σοφοὺς[30] εἶναι εἰς τὸ ἀγαθόν, ἀκεραίους[31] δὲ εἰς τὸ κακόν. **20** ὁ δὲ θεὸς τῆς εἰρήνης συντρίψει[32] τὸν σατανᾶν ὑπὸ τοὺς πόδας ὑμῶν ἐν τάχει[33]. ἡ χάρις τοῦ κυρίου ἡμῶν Ἰησοῦ μεθ᾽ ὑμῶν.

---

[1] συνεργός, -οῦ m, fellow-worker
[2] τράχηλος, -ου m, neck
[3] ὑποτίθημι 3p aor act ind, risk
[4] ἀπαρχή, -ῆς f, first convert
[5] πολύς, much, hard (n.pl = adv)
[6] κοπιάω 3s aor act ind, work (πολλὰ κ. work hard)
[7] συγγενής, -οῦς m, relative
[8] συναιχμάλωτος, -ου m, fellow-prisoner
[9] ἐπίσημος, -ον, well known
[10] γίνομαι 3p pf act ind, be
[11] δόκιμος, -ον, approved
[12] κοπιάω pres act ptc f p acc, work
[13] ἐκλεκτός, -ή/όν, chosen
[14] ἀδελφή, -ῆς f, sister
[15] φίλημα, -τος n, kiss
[16] σκοπέω pres act inf, watch out for
[17] διχοστασία, -ας f, division
[18] σκάνδαλον, -ου n, obstacle
[19] διδαχή, -ῆς f, teaching
[20] μανθάνω 2p aor act ind, learn
[21] ἐκκλίνω 2p pres act impv, keep away
[22] δουλεύω 3p pres act ind, serve
[23] κοιλία, -ας f, stomach
[24] χρηστολογία, -ας f, smooth talk
[25] εὐλογία, -ας f, flattery
[26] ἐξαπατάω 3p pres act ind, deceive
[27] ἄκακος, -ον, unsuspecting
[28] ὑπακοή, -ῆς f, obedience
[29] ἀφικνέομαι 3s aor mid ind, be known to
[30] σοφός, -ή/όν, wise
[31] ἀκέραιος, -ον, innocent
[32] συντρίβω 3s fut act ind, crush
[33] τάχος, -ους n, speed (ἐν τ. soon)

21 Ἀσπάζεται ὑμᾶς Τιμόθεος ὁ συνεργός¹ μου καὶ Λούκιος καὶ Ἰάσων καὶ Σωσίπατρος οἱ συγγενεῖς² μου. 22 ἀσπάζομαι ὑμᾶς ἐγὼ Τέρτιος ὁ γράψας τὴν ἐπιστολὴν³ ἐν κυρίῳ. 23 ἀσπάζεται ὑμᾶς Γάϊος ὁ ξένος⁴ μου καὶ ὅλης τῆς ἐκκλησίας. ἀσπάζεται ὑμᾶς Ἔραστος ὁ οἰκονόμος⁵ τῆς πόλεως καὶ Κούαρτος ὁ ἀδελφός. ⟦24 ἡ χάρις τοῦ κυρίου ἡμῶν Ἰησοῦ Χριστοῦ μετὰ πάντων ὑμῶν. ἀμήν.⟧

Doxology

[25 Τῷ δὲ δυναμένῳ ὑμᾶς στηρίξαι⁶ κατὰ τὸ εὐαγγέλιόν μου καὶ τὸ κήρυγμα⁷ Ἰησοῦ Χριστοῦ, κατὰ ἀποκάλυψιν⁸ μυστηρίου⁹ χρόνοις αἰωνίοις σεσιγημένου¹⁰, 26 φανερωθέντος δὲ νῦν διά τε γραφῶν προφητικῶν¹¹ κατ' ἐπιταγὴν¹² τοῦ αἰωνίου θεοῦ εἰς ὑπακοὴν¹³ πίστεως εἰς πάντα τὰ ἔθνη γνωρισθέντος¹⁴, 27 μόνῳ σοφῷ¹⁵ θεῷ, διὰ Ἰησοῦ Χριστοῦ, ᾧ ἡ δόξα εἰς τοὺς αἰῶνας, ἀμήν].

1 συνεργός, -οῦ m, fellow-worker
2 συγγενής, -οῦς m, relative
3 ἐπιστολή, -ῆς f, letter
4 ξένος, -η/ον, strange (ὁ ξ. μου my host)
5 οἰκονόμος, -ου m, treasurer
6 στηρίζω aor act inf, strengthen
7 κήρυγμα, -τος n, message
8 ἀποκάλυψις, -εως f, revelation
9 μυστήριον, -ου n, mystery
10 σιγάω pf pas ptc n s gen, keep silent
11 προφητικός, -ή/όν, prophetic
12 ἐπιταγή, -ῆς f, command
13 ὑπακοή, -ῆς f, obedience
14 γνωρίζω aor pas ptc n s gen, make known
15 σοφός, -ή/όν, wise

ΠΡΟΣ ΚΟΡΙΝΘΙΟΥΣ Α΄

Salutation

1 Παῦλος κλητὸς[1] ἀπόστολος Χριστοῦ Ἰησοῦ διὰ θελήματος θεοῦ καὶ Σωσθένης ὁ ἀδελφὸς **2** τῇ ἐκκλησίᾳ τοῦ θεοῦ τῇ οὔσῃ ἐν Κορίνθῳ, ἡγιασμένοις[2] ἐν Χριστῷ Ἰησοῦ, κλητοῖς ἁγίοις, σὺν πᾶσιν τοῖς ἐπικαλουμένοις[3] τὸ ὄνομα τοῦ κυρίου ἡμῶν Ἰησοῦ Χριστοῦ ἐν παντὶ τόπῳ, αὐτῶν καὶ ἡμῶν· **3** χάρις ὑμῖν καὶ εἰρήνη ἀπὸ θεοῦ πατρὸς ἡμῶν καὶ κυρίου Ἰησοῦ Χριστοῦ.

4 Εὐχαριστῶ τῷ θεῷ μου πάντοτε περὶ ὑμῶν ἐπὶ τῇ χάριτι τοῦ θεοῦ τῇ δοθείσῃ[4] ὑμῖν ἐν Χριστῷ Ἰησοῦ, **5** ὅτι ἐν παντὶ ἐπλουτίσθητε[5] ἐν αὐτῷ, ἐν παντὶ λόγῳ καὶ πάσῃ γνώσει[6], **6** καθὼς τὸ μαρτύριον[7] τοῦ Χριστοῦ ἐβεβαιώθη[8] ἐν ὑμῖν, **7** ὥστε ὑμᾶς μὴ ὑστερεῖσθαι[9] ἐν μηδενὶ χαρίσματι[10] ἀπεκδεχομένους[11] τὴν ἀποκάλυψιν[12] τοῦ κυρίου ἡμῶν Ἰησοῦ Χριστοῦ· **8** ὃς καὶ βεβαιώσει ὑμᾶς ἕως τέλους ἀνεγκλήτους[13] ἐν τῇ ἡμέρᾳ τοῦ κυρίου ἡμῶν Ἰησοῦ Χριστοῦ. **9** πιστὸς ὁ θεός, δι᾽ οὗ ἐκλήθητε[14] εἰς κοινωνίαν[15] τοῦ υἱοῦ αὐτοῦ Ἰησοῦ Χριστοῦ τοῦ κυρίου ἡμῶν.

Divisions in the Church

10 Παρακαλῶ δὲ ὑμᾶς, ἀδελφοί, διὰ τοῦ ὀνόματος τοῦ κυρίου ἡμῶν Ἰησοῦ Χριστοῦ, ἵνα τὸ αὐτὸ λέγητε πάντες καὶ μὴ ᾖ ἐν ὑμῖν σχίσματα[16], ἦτε δὲ κατηρτισμένοι[17] ἐν τῷ αὐτῷ νοΐ[18] καὶ ἐν τῇ αὐτῇ γνώμῃ[19]. **11** ἐδηλώθη[20] γάρ μοι περὶ ὑμῶν, ἀδελφοί μου, ὑπὸ τῶν Χλόης ὅτι ἔριδες[21] ἐν ὑμῖν εἰσιν. **12** λέγω δὲ τοῦτο ὅτι ἕκαστος ὑμῶν λέγει· ἐγὼ μέν εἰμι Παύλου, ἐγὼ δὲ Ἀπολλῶ, ἐγὼ δὲ Κηφᾶ, ἐγὼ δὲ Χριστοῦ. **13** μεμέρισται[22] ὁ Χριστός; μὴ Παῦλος ἐσταυρώθη ὑπὲρ ὑμῶν, ἢ εἰς τὸ ὄνομα Παύλου ἐβαπτίσθητε; **14** εὐχαριστῶ [τῷ θεῷ] ὅτι οὐδένα ὑμῶν ἐβάπτισα εἰ μὴ Κρίσπον καὶ Γάϊον, **15** ἵνα μή τις εἴπῃ[23] ὅτι εἰς τὸ ἐμὸν ὄνομα ἐβαπτίσθητε. **16** ἐβάπτισα δὲ καὶ

---

[1] κλητός, -ή/όν, called
[2] ἁγιάζω pf pas ptc m p dat, sanctify
[3] ἐπικαλέω pres mid ptc m p dat, mid call upon
[4] δίδωμι aor pas ptc f s dat, give
[5] πλουτίζω 2p aor pas ind, enrich
[6] γνῶσις, -εως f, knowledge
[7] μαρτύριον, -ου n, testimony
[8] βεβαιόω 3s aor pas ind, confirm
[9] ὑστερέω pres pas inf, pas lack
[10] χάρισμα, -τος n, gift
[11] ἀπεκδέχομαι pres mid ptc m p acc, await expectantly
[12] ἀποκάλυψις, -εως f, revelation
[13] ἀνέγκλητος, -ον, beyond reproach
[14] καλέω 2p aor pas ind, call
[15] κοινωνία, -ας f, fellowship
[16] σχίσμα, -τος n, division
[17] καταρτίζω pf pas ptc m p nom, make complete
[18] νοῦς, -ός, dat νοΐ m, mind
[19] γνώμη, -ης f, purpose
[20] δηλόω 3s aor pas ind, make clear
[21] ἔρις, -ιδος f, quarreling
[22] μερίζω 3s pf pas ind, divide
[23] λέγω 3s aor act sub, say

τὸν Στεφανᾶ οἶκον, λοιπὸν οὐκ οἶδα εἴ τινα ἄλλον ἐβάπτισα. 17 οὐ γὰρ ἀπέστειλέν[1] με Χριστὸς βαπτίζειν ἀλλ᾽ εὐαγγελίζεσθαι, οὐκ ἐν σοφίᾳ λόγου, ἵνα μὴ κενωθῇ[2] ὁ σταυρὸς[3] τοῦ Χριστοῦ.

Christ the Power and Wisdom of God

18 Ὁ λόγος γὰρ ὁ τοῦ σταυροῦ τοῖς μὲν ἀπολλυμένοις[4] μωρία[5] ἐστίν, τοῖς δὲ σῳζομένοις ἡμῖν δύναμις θεοῦ ἐστιν. 19 γέγραπται γάρ·

ἀπολῶ[6] τὴν σοφίαν τῶν σοφῶν[7]
καὶ τὴν σύνεσιν[8] τῶν συνετῶν[9] ἀθετήσω[10].

20 ποῦ σοφός; ποῦ γραμματεύς; ποῦ συζητητὴς[11] τοῦ αἰῶνος τούτου; οὐχὶ ἐμώρανεν[12] ὁ θεὸς τὴν σοφίαν τοῦ κόσμου; 21 ἐπειδὴ[13] γὰρ ἐν τῇ σοφίᾳ τοῦ θεοῦ οὐκ ἔγνω[14] ὁ κόσμος διὰ τῆς σοφίας τὸν θεόν, εὐδόκησεν[15] ὁ θεὸς διὰ τῆς μωρίας τοῦ κηρύγματος[16] σῶσαι τοὺς πιστεύοντας· 22 ἐπειδὴ καὶ Ἰουδαῖοι σημεῖα αἰτοῦσιν καὶ Ἕλληνες σοφίαν ζητοῦσιν, 23 ἡμεῖς δὲ κηρύσσομεν Χριστὸν ἐσταυρωμένον, Ἰουδαίοις μὲν σκάνδαλον[17], ἔθνεσιν δὲ μωρίαν, 24 αὐτοῖς δὲ τοῖς κλητοῖς[18], Ἰουδαίοις τε καὶ Ἕλλησιν, Χριστὸν θεοῦ δύναμιν καὶ θεοῦ σοφίαν· 25 ὅτι τὸ μωρὸν[19] τοῦ θεοῦ σοφώτερον[20] τῶν ἀνθρώπων ἐστὶν καὶ τὸ ἀσθενὲς[21] τοῦ θεοῦ ἰσχυρότερον[22] τῶν ἀνθρώπων.

26 Βλέπετε γὰρ τὴν κλῆσιν[23] ὑμῶν, ἀδελφοί, ὅτι οὐ πολλοὶ σοφοὶ κατὰ σάρκα, οὐ πολλοὶ δυνατοί, οὐ πολλοὶ εὐγενεῖς[24]· 27 ἀλλὰ τὰ μωρὰ τοῦ κόσμου ἐξελέξατο[25] ὁ θεός, ἵνα καταισχύνῃ[26] τοὺς σοφούς, καὶ τὰ ἀσθενῆ τοῦ κόσμου ἐξελέξατο ὁ θεός, ἵνα καταισχύνῃ τὰ ἰσχυρά, 28 καὶ τὰ ἀγενῆ[27] τοῦ κόσμου καὶ τὰ ἐξουθενημένα[28] ἐξελέξατο ὁ θεός, τὰ μὴ ὄντα, ἵνα τὰ ὄντα καταργήσῃ[29], 29 ὅπως μὴ καυχήσηται πᾶσα σὰρξ ἐνώπιον τοῦ θεοῦ. 30 ἐξ αὐτοῦ δὲ ὑμεῖς ἐστε ἐν Χριστῷ Ἰησοῦ, ὃς ἐγενήθη[30] σοφία ἡμῖν ἀπὸ θεοῦ, δικαιοσύνη τε καὶ ἁγιασμὸς[31] καὶ ἀπολύτρωσις[32], 31 ἵνα καθὼς γέγραπται· **ὁ καυχώμενος ἐν κυρίῳ καυχάσθω.**

[1] ἀποστέλλω 3s aor act ind, send
[2] κενόω 3s aor pas sub, empty of power
[3] σταυρός, -οῦ m, cross
[4] ἀπόλλυμι pres mid ptc m p dat, mid be lost
[5] μωρία, -ας f, foolishness
[6] ἀπόλλυμι 1s fut act ind, destroy
[7] σοφός, -ή/όν, wise
[8] σύνεσις, -εως f, intelligence
[9] συνετός, -ή/όν, intelligent
[10] ἀθετέω 1s fut act ind, confuse
[11] συζητητής, -οῦ m, skillful debater
[12] μωραίνω 3s aor act ind, make foolish
[13] ἐπειδή, conj, since
[14] γινώσκω 3s aor act ind, know
[15] εὐδοκέω 3s aor act ind, be pleased
[16] κήρυγμα, -τος n, what is preached
[17] σκάνδαλον, -ου n, stumbling block
[18] κλητός, -ή/όν, called
[19] μωρός, -ά/όν, foolish (τὸ μ. foolishness)
[20] σοφός, wise (comp)
[21] ἀσθενής, -ές, weak
[22] ἰσχυρός, strong (comp)
[23] κλῆσις, -εως f, calling
[24] εὐγενής, -ές, of noble birth
[25] ἐκλέγομαι 3s aor mid ind, choose
[26] καταισχύνω 3s pres act sub, put to shame
[27] ἀγενής, -ές, insignificant
[28] ἐξουθενέω pf pas ptc n p acc, despise
[29] καταργέω 3s aor act sub, make ineffective
[30] γίνομαι 3s aor pas ind, become
[31] ἁγιασμός, -οῦ m, holiness
[32] ἀπολύτρωσις, -εως f, redemption

Proclaiming Christ Crucified

2 Κἀγὼ ἐλθὼν πρὸς ὑμᾶς, ἀδελφοί, ἦλθον οὐ καθ' ὑπεροχὴν¹ λόγου ἢ σοφίας καταγγέλλων² ὑμῖν τὸ μυστήριον³ τοῦ θεοῦ. **2** οὐ γὰρ ἔκρινά τι εἰδέναι⁴ ἐν ὑμῖν εἰ μὴ Ἰησοῦν Χριστὸν καὶ τοῦτον ἐσταυρωμένον. **3** κἀγὼ ἐν ἀσθενείᾳ⁵ καὶ ἐν φόβῳ καὶ ἐν τρόμῳ⁶ πολλῷ ἐγενόμην⁷ πρὸς ὑμᾶς, **4** καὶ ὁ λόγος μου καὶ τὸ κήρυγμά⁸ μου οὐκ ἐν πειθοῖ[ς]⁹ σοφίας [λόγοις] ἀλλ' ἐν ἀποδείξει¹⁰ πνεύματος καὶ δυνάμεως, **5** ἵνα ἡ πίστις ὑμῶν μὴ ᾖ ἐν σοφίᾳ ἀνθρώπων ἀλλ' ἐν δυνάμει θεοῦ.

Revelation through the Spirit

6 Σοφίαν δὲ λαλοῦμεν ἐν τοῖς τελείοις¹¹, σοφίαν δὲ οὐ τοῦ αἰῶνος τούτου οὐδὲ τῶν ἀρχόντων τοῦ αἰῶνος τούτου τῶν καταργουμένων¹²· **7** ἀλλὰ λαλοῦμεν θεοῦ σοφίαν ἐν μυστηρίῳ τὴν ἀποκεκρυμμένην¹³, ἣν προώρισεν¹⁴ ὁ θεὸς πρὸ τῶν αἰώνων εἰς δόξαν ἡμῶν, **8** ἣν οὐδεὶς τῶν ἀρχόντων τοῦ αἰῶνος τούτου ἔγνωκεν¹⁵· εἰ γὰρ ἔγνωσαν¹⁶, οὐκ ἂν τὸν κύριον τῆς δόξης ἐσταύρωσαν. **9** ἀλλὰ καθὼς γέγραπται·

ἃ ὀφθαλμὸς οὐκ εἶδεν καὶ οὖς οὐκ ἤκουσεν
καὶ ἐπὶ καρδίαν ἀνθρώπου οὐκ ἀνέβη¹⁷,
ἃ ἡτοίμασεν ὁ θεὸς τοῖς ἀγαπῶσιν αὐτόν.

10 ἡμῖν δὲ ἀπεκάλυψεν¹⁸ ὁ θεὸς διὰ τοῦ πνεύματος· τὸ γὰρ πνεῦμα πάντα ἐραυνᾷ¹⁹, καὶ τὰ βάθη²⁰ τοῦ θεοῦ. **11** τίς γὰρ οἶδεν ἀνθρώπων τὰ τοῦ ἀνθρώπου εἰ μὴ τὸ πνεῦμα τοῦ ἀνθρώπου τὸ ἐν αὐτῷ; οὕτως καὶ τὰ τοῦ θεοῦ οὐδεὶς ἔγνωκεν εἰ μὴ τὸ πνεῦμα τοῦ θεοῦ. **12** ἡμεῖς δὲ οὐ τὸ πνεῦμα τοῦ κόσμου ἐλάβομεν ἀλλὰ τὸ πνεῦμα τὸ ἐκ τοῦ θεοῦ, ἵνα εἰδῶμεν²¹ τὰ ὑπὸ τοῦ θεοῦ χαρισθέντα²² ἡμῖν· **13** ἃ καὶ λαλοῦμεν οὐκ ἐν διδακτοῖς²³ ἀνθρωπίνης²⁴ σοφίας λόγοις ἀλλ' ἐν διδακτοῖς πνεύματος, πνευματικοῖς²⁵ πνευματικὰ συγκρίνοντες²⁶. **14** ψυχικὸς²⁷ δὲ ἄνθρωπος οὐ δέχεται τὰ τοῦ πνεύματος τοῦ θεοῦ· μωρία²⁸ γὰρ αὐτῷ ἐστιν καὶ οὐ δύναται γνῶναι²⁹, ὅτι πνευματικῶς³⁰ ἀνακρίνεται³¹. **15** ὁ δὲ πνευματικὸς ἀνακρίνει [τὰ] πάντα, αὐτὸς

---

[1] ὑπεροχή, -ῆς f, position of authority (καθ' ὑ. λόγου high sounding words)
[2] καταγγέλλω pres act ptc m s nom, proclaim
[3] μυστήριον, -ου n, mystery
[4] οἶδα pf act inf, know
[5] ἀσθένεια, -ας f, weakness
[6] τρόμος, -ου m, trembling
[7] γίνομαι 1s aor mid ind, be
[8] κήρυγμα, -τος n, message
[9] πειθός, -ή/όν, persuasive
[10] ἀπόδειξις, -εως f, demonstration
[11] τέλειος, -α/ον, mature
[12] καταργέω pres pas ptc m p gen, do away with
[13] ἀποκρύπτω pf pas ptc f s acc, keep secret
[14] προορίζω 3s aor act ind, decide beforehand
[15] γινώσκω 3s pf act ind, know
[16] γινώσκω 3p aor act ind, know
[17] ἀναβαίνω 3s aor act ind, occur to
[18] ἀποκαλύπτω 3s aor act ind, reveal
[19] ἐραυνάω 3s pres act ind, search
[20] βάθος, -ους n, depth
[21] οἶδα 1p pf act sub, understand
[22] χαρίζομαι aor pas ptc n p acc, give
[23] διδακτός, -ή/όν, taught
[24] ἀνθρώπινος, -η/ον, human
[25] πνευματικός, -ή/όν, spiritual
[26] συγκρίνω pres act ptc m p nom, interpret
[27] ψυχικός, -ή/όν, unspiritual
[28] μωρία, -ας f, foolishness
[29] γινώσκω aor act inf, know
[30] πνευματικῶς, adv, spiritually
[31] ἀνακρίνω 3s pres pas ind, discern

δὲ ὑπ' οὐδενὸς ἀνακρίνεται. **16** τίς γὰρ ἔγνω¹ νοῦν² κυρίου, ὃς συμβιβάσει³ αὐτόν; ἡμεῖς δὲ νοῦν Χριστοῦ ἔχομεν.

Fellow Workers for God

3 Κἀγώ, ἀδελφοί, οὐκ ἠδυνήθην λαλῆσαι ὑμῖν ὡς πνευματικοῖς ἀλλ' ὡς σαρκίνοις⁴, ὡς νηπίοις⁵ ἐν Χριστῷ. **2** γάλα⁶ ὑμᾶς ἐπότισα⁷, οὐ βρῶμα⁸· οὔπω⁹ γὰρ ἐδύνασθε. ἀλλ' οὐδὲ ἔτι νῦν δύνασθε, **3** ἔτι γὰρ σαρκικοί¹⁰ ἐστε. ὅπου γὰρ ἐν ὑμῖν ζῆλος¹¹ καὶ ἔρις¹², οὐχὶ σαρκικοί ἐστε καὶ κατὰ ἄνθρωπον περιπατεῖτε; **4** ὅταν γὰρ λέγῃ τις· ἐγὼ μέν εἰμι Παύλου, ἕτερος δέ· ἐγὼ Ἀπολλῶ, οὐκ ἄνθρωποί ἐστε; **5** τί οὖν ἐστιν Ἀπολλῶς; τί δέ ἐστιν Παῦλος; διάκονοι¹³ δι' ὧν ἐπιστεύσατε, καὶ ἑκάστῳ ὡς ὁ κύριος ἔδωκεν. **6** ἐγὼ ἐφύτευσα¹⁴, Ἀπολλῶς ἐπότισεν¹⁵, ἀλλ' ὁ θεὸς ηὔξανεν¹⁶· **7** ὥστε οὔτε ὁ φυτεύων ἐστίν τι οὔτε ὁ ποτίζων ἀλλ' ὁ αὐξάνων θεός. **8** ὁ φυτεύων δὲ καὶ ὁ ποτίζων ἕν εἰσιν, ἕκαστος δὲ τὸν ἴδιον μισθὸν¹⁷ λήμψεται¹⁸ κατὰ τὸν ἴδιον κόπον¹⁹· **9** θεοῦ γάρ ἐσμεν συνεργοί²⁰, θεοῦ γεώργιον²¹, θεοῦ οἰκοδομή²² ἐστε. **10** κατὰ τὴν χάριν τοῦ θεοῦ τὴν δοθεῖσάν²³ μοι ὡς σοφὸς²⁴ ἀρχιτέκτων²⁵ θεμέλιον²⁶ ἔθηκα²⁷, ἄλλος δὲ ἐποικοδομεῖ²⁸. ἕκαστος δὲ βλεπέτω πῶς ἐποικοδομεῖ. **11** θεμέλιον γὰρ ἄλλον οὐδεὶς δύναται θεῖναι²⁹ παρὰ τὸν κείμενον³⁰, ὅς ἐστιν Ἰησοῦς Χριστός. **12** εἰ δέ τις ἐποικοδομεῖ ἐπὶ τὸν θεμέλιον χρυσόν³¹, ἄργυρον³², λίθους τιμίους³³, ξύλα³⁴, χόρτον³⁵, καλάμην³⁶, **13** ἑκάστου τὸ ἔργον φανερὸν³⁷ γενήσεται³⁸, ἡ γὰρ ἡμέρα δηλώσει³⁹, ὅτι ἐν πυρὶ ἀποκαλύπτεται⁴⁰· καὶ ἑκάστου τὸ ἔργον ὁποῖόν⁴¹ ἐστιν τὸ πῦρ [αὐτὸ] δοκιμάσει⁴². **14** εἴ τινος τὸ ἔργον μενεῖ ὃ ἐποικοδόμησεν, μισθὸν λήμψεται⁴³· **15** εἴ τινος τὸ ἔργον κατακαήσεται⁴⁴, ζημιωθήσεται⁴⁵, αὐτὸς δὲ σωθήσεται, οὕτως δὲ ὡς διὰ πυρός. **16** οὐκ οἴδατε ὅτι ναὸς θεοῦ ἐστε καὶ

---

1 γινώσκω 3s aor act ind, know
2 νοῦς, -ός, acc νοῦν m, mind
3 συμβιβάζω 3s fut act ind, instruct
4 σάρκινος, -η/ον, worldly
5 νήπιος, -α/ον, baby
6 γάλα, γάλακτος n, milk
7 ποτίζω 1s aor act ind, give to drink
8 βρῶμα, -τος n, solid food
9 οὔπω, adv, not yet
10 σαρκικός, -ή/όν, worldly
11 ζῆλος, -ου m, jealousy
12 ἔρις, -ιδος f, quarreling
13 διάκονος, -ου m, servant
14 φυτεύω 1s aor act ind, plant
15 ποτίζω 3s aor act ind, water
16 αὐξάνω 3s impf act ind, make grow
17 μισθός, -οῦ m, wages
18 λαμβάνω 3s fut mid ind, receive
19 κόπος, -ου m, work
20 συνεργός, -οῦ m, fellow-worker
21 γεώργιον, -ου n, (cultivated) field
22 οἰκοδομή, -ῆς f, building
23 δίδωμι aor pas ptc f s acc, give
24 σοφός, -ή/όν, wise
25 ἀρχιτέκτων, -ονος m, expert builder
26 θεμέλιος, -ου m, foundation
27 τίθημι 1s aor act ind, lay
28 ἐποικοδομέω 3s pres act ind, build on
29 τίθημι aor act inf, lay
30 κεῖμαι pres mid/pas ptc m s acc, be laid
31 χρυσός, -οῦ m, gold
32 ἄργυρος, -ου m, silver
33 τίμιος, -α/ον, precious
34 ξύλον, -ου n, wood
35 χόρτος, -ου m, hay
36 καλάμη, -ης f, straw
37 φανερός, -ά/όν, visible
38 γίνομαι 3s fut mid ind, become
39 δηλόω 3s fut act ind, make clear
40 ἀποκαλύπτω 3s pres pas ind, reveal
41 ὁποῖος, -α/ον pro, of what sort
42 δοκιμάζω 3s fut act ind, test
43 λαμβάνω 3s fut mid ind, receive
44 κατακαίω 3s fut pas ind, burn up
45 ζημιόω 3s fut pas ind, pas suffer loss

τὸ πνεῦμα τοῦ θεοῦ οἰκεῖ[1] ἐν ὑμῖν; 17 εἴ τις τὸν ναὸν τοῦ θεοῦ φθείρει[2], φθερεῖ τοῦτον ὁ θεός· ὁ γὰρ ναὸς τοῦ θεοῦ ἅγιός ἐστιν, οἵτινές ἐστε ὑμεῖς.

18 Μηδεὶς ἑαυτὸν ἐξαπατάτω[3]· εἴ τις δοκεῖ σοφὸς[4] εἶναι ἐν ὑμῖν ἐν τῷ αἰῶνι τούτῳ, μωρὸς[5] γενέσθω[6], ἵνα γένηται σοφός. 19 ἡ γὰρ σοφία τοῦ κόσμου τούτου μωρία[7] παρὰ τῷ θεῷ ἐστιν. γέγραπται γάρ· ὁ δρασσόμενος[8] τοὺς σοφοὺς ἐν τῇ πανουργίᾳ[9] αὐτῶν· 20 καὶ πάλιν· κύριος γινώσκει τοὺς διαλογισμοὺς[10] τῶν σοφῶν[11] ὅτι εἰσὶν μάταιοι[12]. 21 ὥστε μηδεὶς καυχάσθω ἐν ἀνθρώποις· πάντα γὰρ ὑμῶν ἐστιν, 22 εἴτε Παῦλος εἴτε Ἀπολλῶς εἴτε Κηφᾶς, εἴτε κόσμος εἴτε ζωὴ εἴτε θάνατος, εἴτε ἐνεστῶτα[13] εἴτε μέλλοντα· πάντα ὑμῶν, 23 ὑμεῖς δὲ Χριστοῦ, Χριστὸς δὲ θεοῦ.

The Ministry of the Apostles

4 Οὕτως ἡμᾶς λογιζέσθω ἄνθρωπος ὡς ὑπηρέτας[14] Χριστοῦ καὶ οἰκονόμους[15] μυστηρίων[16] θεοῦ. 2 ὧδε λοιπὸν ζητεῖται ἐν τοῖς οἰκονόμοις, ἵνα πιστός τις εὑρεθῇ[17]. 3 ἐμοὶ δὲ εἰς ἐλάχιστόν[18] ἐστιν, ἵνα ὑφ' ὑμῶν ἀνακριθῶ[19] ἢ ὑπὸ ἀνθρωπίνης[20] ἡμέρας· ἀλλ' οὐδὲ ἐμαυτὸν ἀνακρίνω. 4 οὐδὲν γὰρ ἐμαυτῷ σύνοιδα[21], ἀλλ' οὐκ ἐν τούτῳ δεδικαίωμαι, ὁ δὲ ἀνακρίνων με κύριός ἐστιν. 5 ὥστε μὴ πρὸ καιροῦ τι κρίνετε ἕως ἂν ἔλθῃ[22] ὁ κύριος, ὃς καὶ φωτίσει[23] τὰ κρυπτὰ[24] τοῦ σκότους καὶ φανερώσει τὰς βουλὰς[25] τῶν καρδιῶν· καὶ τότε ὁ ἔπαινος[26] γενήσεται[27] ἑκάστῳ ἀπὸ τοῦ θεοῦ.

6 Ταῦτα δέ, ἀδελφοί, μετεσχημάτισα[28] εἰς ἐμαυτὸν καὶ Ἀπολλῶν δι' ὑμᾶς, ἵνα ἐν ἡμῖν μάθητε[29] τὸ μὴ ὑπὲρ ἃ γέγραπται, ἵνα μὴ εἷς ὑπὲρ τοῦ ἑνὸς φυσιοῦσθε[30] κατὰ τοῦ ἑτέρου. 7 τίς γάρ σε διακρίνει[31]; τί δὲ ἔχεις ὃ οὐκ ἔλαβες; εἰ δὲ καὶ ἔλαβες, τί καυχᾶσαι ὡς μὴ λαβών; 8 ἤδη κεκορεσμένοι[32] ἐστέ, ἤδη ἐπλουτήσατε[33], χωρὶς ἡμῶν ἐβασιλεύσατε[34]· καὶ ὄφελόν[35] γε[36] ἐβασιλεύσατε, ἵνα καὶ ἡμεῖς ὑμῖν συμβασιλεύσωμεν[37]. 9 δοκῶ γάρ, ὁ θεὸς ἡμᾶς τοὺς ἀποστόλους ἐσχάτους ἀπέδειξεν[38] ὡς

---

1 οἰκέω 3s pres act ind, live
2 φθείρω 3s pres act ind, destroy
3 ἐξαπατάω 3s pres act impv, deceive
4 σοφός, -ή/όν, wise
5 μωρός, -ά/όν, foolish
6 γίνομαι 3s aor mid impv, become
7 μωρία, -ας f, foolishness
8 δράσσομαι pres mid ptc m s acc, catch
9 πανουργία, -ας f, craftiness
10 διαλογισμός, -οῦ m, thought
11 σοφός, -ή, -όν, wise
12 μάταιος, -α/ον, futile
13 ἐνίστημι pf act ptc n p nom, be present
14 ὑπηρέτης, -ου m, servant
15 οἰκονόμος, -ου m, steward
16 μυστήριον, -ου n, mystery
17 εὑρίσκω 3s aor pas sub, find
18 ἐλάχιστος, least important (super of μικρός)
19 ἀνακρίνω 1s aor pas sub, judge
20 ἀνθρώπινος, -η/ον, human
21 σύνοιδα 1s pf act ind, be aware (οὐδὲν γὰρ ἐμαυτῷ σ. my conscience is clear)
22 ἔρχομαι 3s aor act sub, come
23 φωτίζω 3s fut act ind, bring to light
24 κρυπτός, -ή/όν, hidden
25 βουλή, -ῆς f, purpose
26 ἔπαινος, -ου m, praise
27 γίνομαι 3s fut mid ind, come
28 μετασχηματίζω 1s aor act ind, apply
29 μανθάνω 2p aor act sub, learn
30 φυσιόω 2p pres pas sub, pas be conceited
31 διακρίνω 3s pres act ind, make different
32 κορέννυμι pf pas ptc m p nom, fill
33 πλουτέω 2p aor act ind, be rich
34 βασιλεύω 2p aor act ind, reign
35 ὄφελον, fixed form introducing an unattainable wish, I wish
36 γε emphatic particle
37 συμβασιλεύω 1p aor act sub, reign with
38 ἀποδείκνυμι 3s aor act ind, place

ἐπιθανατίους¹, ὅτι θέατρον² ἐγενήθημεν³ τῷ κόσμῳ καὶ ἀγγέλοις καὶ ἀνθρώποις. 10 ἡμεῖς μωροὶ⁴ διὰ Χριστόν, ὑμεῖς δὲ φρόνιμοι⁵ ἐν Χριστῷ· ἡμεῖς ἀσθενεῖς⁶, ὑμεῖς δὲ ἰσχυροί⁷· ὑμεῖς ἔνδοξοι⁸, ἡμεῖς δὲ ἄτιμοι⁹. 11 ἄχρι τῆς ἄρτι ὥρας καὶ πεινῶμεν¹⁰ καὶ διψῶμεν¹¹ καὶ γυμνιτεύομεν¹² καὶ κολαφιζόμεθα¹³ καὶ ἀστατοῦμεν¹⁴ 12 καὶ κοπιῶμεν¹⁵ ἐργαζόμενοι ταῖς ἰδίαις χερσίν· λοιδορούμενοι¹⁶ εὐλογοῦμεν, διωκόμενοι ἀνεχόμεθα¹⁷, 13 δυσφημούμενοι¹⁸ παρακαλοῦμεν· ὡς περικαθάρματα¹⁹ τοῦ κόσμου ἐγενήθημεν, πάντων περίψημα²⁰ ἕως ἄρτι. 14 Οὐκ ἐντρέπων²¹ ὑμᾶς γράφω ταῦτα ἀλλ' ὡς τέκνα μου ἀγαπητὰ νουθετῶ[ν]²². 15 ἐὰν γὰρ μυρίους²³ παιδαγωγοὺς²⁴ ἔχητε ἐν Χριστῷ ἀλλ' οὐ πολλοὺς πατέρας· ἐν γὰρ Χριστῷ Ἰησοῦ διὰ τοῦ εὐαγγελίου ἐγὼ ὑμᾶς ἐγέννησα. 16 παρακαλῶ οὖν ὑμᾶς, μιμηταί²⁵ μου γίνεσθε²⁶. 17 Διὰ τοῦτο ἔπεμψα²⁷ ὑμῖν Τιμόθεον, ὅς ἐστίν μου τέκνον ἀγαπητὸν καὶ πιστὸν ἐν κυρίῳ, ὃς ὑμᾶς ἀναμνήσει²⁸ τὰς ὁδούς μου τὰς ἐν Χριστῷ [Ἰησοῦ], καθὼς πανταχοῦ²⁹ ἐν πάσῃ ἐκκλησίᾳ διδάσκω. 18 ὡς μὴ ἐρχομένου δέ μου πρὸς ὑμᾶς ἐφυσιώθησάν³⁰ τινες· 19 ἐλεύσομαι³¹ δὲ ταχέως³² πρὸς ὑμᾶς ἐὰν ὁ κύριος θελήσῃ, καὶ γνώσομαι³³ οὐ τὸν λόγον τῶν πεφυσιωμένων ἀλλὰ τὴν δύναμιν· 20 οὐ γὰρ ἐν λόγῳ ἡ βασιλεία τοῦ θεοῦ ἀλλ' ἐν δυνάμει. 21 τί θέλετε; ἐν ῥάβδῳ³⁴ ἔλθω³⁵ πρὸς ὑμᾶς ἢ ἐν ἀγάπῃ πνεύματί τε πραΰτητος³⁶;

Judgment against Immorality

5 Ὅλως³⁷ ἀκούεται ἐν ὑμῖν πορνεία³⁸, καὶ τοιαύτη πορνεία ἥτις οὐδὲ ἐν τοῖς ἔθνεσιν, ὥστε γυναῖκά τινα τοῦ πατρὸς ἔχειν. 2 καὶ ὑμεῖς πεφυσιωμένοι³⁹ ἐστὲ καὶ οὐχὶ μᾶλλον ἐπενθήσατε⁴⁰, ἵνα ἀρθῇ⁴¹ ἐκ μέσου ὑμῶν ὁ τὸ ἔργον τοῦτο πράξας⁴²;

1 ἐπιθανάτιος, -ον, sentenced to death
2 θέατρον, -ου n, spectacle
3 γίνομαι 1p aor pas ind, become
4 μωρός, -ά/όν, foolish
5 φρόνιμος, -ον, wise
6 ἀσθενής, -ές, weak
7 ἰσχυρός, -ά/όν, strong
8 ἔνδοξος, -ον, honored
9 ἄτιμος, -ον, despised
10 πεινάω 1p pres act ind, be hungry
11 διψάω 1p pres act ind, be thirsty
12 γυμνιτεύω 1p pres act ind, be dressed in rags
13 κολαφίζω 1p pres pas ind, beat
14 ἀστατέω 1p pres act ind, be homeless
15 κοπιάω 1p pres act ind, work
16 λοιδορέω pres pas ptc m p nom, insult
17 ἀνέχομαι 1p pres mid ind, endure
18 δυσφημέω pres pas ptc m p nom, slander
19 περικάθαρμα, -τος n, rubbish
20 περίψημα, -τος n, scum
21 ἐντρέπω pres act ptc m s nom, make ashamed
22 νουθετέω 1s pres act ind, warn
23 μυρίος, -α/ον, countless
24 παιδαγωγός, -οῦ m, guide
25 μιμητής, -οῦ m, imitator
26 γίνομαι 2p pres mid impv, become
27 πέμπω 1s aor act ind, send
28 ἀναμιμνῄσκω 3s fut act ind, remind
29 πανταχοῦ, adv, everywhere
30 φυσιόω 3p aor pas ind, pas be arrogant
31 ἔρχομαι 1s fut mid ind, come
32 ταχέως, adv, soon
33 γινώσκω 1s fut mid ind, know
34 ῥάβδος, -ου f, stick
35 ἔρχομαι 1s aor act sub, come
36 πραΰτης, -ητος f, gentleness
37 ὅλως, adv, actually
38 πορνεία, -ας f, sexual immorality
39 φυσιόω pf pas ptc m p nom, pas be conceited
40 πενθέω 2p aor act ind, mourn
41 αἴρω 3s aor pas sub, take
42 πράσσω aor act ptc m s nom, do

3 ἐγὼ μὲν γάρ, ἀπὼν¹ τῷ σώματι παρὼν² δὲ τῷ πνεύματι, ἤδη κέκρικα³ ὡς παρὼν τὸν οὕτως τοῦτο κατεργασάμενον⁴· 4 ἐν τῷ ὀνόματι τοῦ κυρίου [ἡμῶν] Ἰησοῦ συναχθέντων⁵ ὑμῶν καὶ τοῦ ἐμοῦ πνεύματος σὺν τῇ δυνάμει τοῦ κυρίου ἡμῶν Ἰησοῦ, 5 παραδοῦναι⁶ τὸν τοιοῦτον τῷ σατανᾷ εἰς ὄλεθρον⁷ τῆς σαρκός, ἵνα τὸ πνεῦμα σωθῇ⁸ ἐν τῇ ἡμέρᾳ τοῦ κυρίου. 6 οὐ καλὸν τὸ καύχημα⁹ ὑμῶν. οὐκ οἴδατε ὅτι μικρὰ ζύμη¹⁰ ὅλον τὸ φύραμα¹¹ ζυμοῖ¹²; 7 ἐκκαθάρατε¹³ τὴν παλαιὰν¹⁴ ζύμην, ἵνα ἦτε¹⁵ νέον¹⁶ φύραμα, καθώς ἐστε ἄζυμοι¹⁷· καὶ γὰρ τὸ πάσχα¹⁸ ἡμῶν ἐτύθη¹⁹ Χριστός. 8 ὥστε ἑορτάζωμεν²⁰ μὴ ἐν ζύμῃ παλαιᾷ μηδὲ ἐν ζύμῃ κακίας²¹ καὶ πονηρίας²² ἀλλ' ἐν ἀζύμοις εἰλικρινείας²³ καὶ ἀληθείας. 9 ἔγραψα ὑμῖν ἐν τῇ ἐπιστολῇ²⁴ μὴ συναναμίγνυσθαι²⁵ πόρνοις²⁶, 10 οὐ πάντως²⁷ τοῖς πόρνοις τοῦ κόσμου τούτου ἢ τοῖς πλεονέκταις²⁸ καὶ ἅρπαξιν²⁹ ἢ εἰδωλολάτραις³⁰, ἐπεὶ³¹ ὠφείλετε ἄρα ἐκ τοῦ κόσμου ἐξελθεῖν. 11 νῦν δὲ ἔγραψα ὑμῖν μὴ συναναμίγνυσθαι ἐάν τις ἀδελφὸς ὀνομαζόμενος³² ᾖ πόρνος ἢ πλεονέκτης ἢ εἰδωλολάτρης ἢ λοίδορος³³ ἢ μέθυσος³⁴ ἢ ἅρπαξ, τῷ τοιούτῳ μηδὲ συνεσθίειν³⁵. 12 τί γάρ μοι τοὺς ἔξω κρίνειν; οὐχὶ τοὺς ἔσω³⁶ ὑμεῖς κρίνετε; 13 τοὺς δὲ ἔξω ὁ θεὸς κρινεῖ. ἐξάρατε³⁷ τὸν πονηρὸν ἐξ ὑμῶν αὐτῶν.

Lawsuits among Believers

6 Τολμᾷ³⁸ τις ὑμῶν πρᾶγμα³⁹ ἔχων πρὸς τὸν ἕτερον κρίνεσθαι ἐπὶ τῶν ἀδίκων⁴⁰ καὶ οὐχὶ ἐπὶ τῶν ἁγίων; 2 ἢ οὐκ οἴδατε ὅτι οἱ ἅγιοι τὸν κόσμον κρινοῦσιν; καὶ εἰ ἐν ὑμῖν κρίνεται ὁ κόσμος, ἀνάξιοί⁴¹ ἐστε κριτηρίων⁴² ἐλαχίστων⁴³; 3 οὐκ οἴδατε ὅτι ἀγγέλους κρινοῦμεν, μήτι γε⁴⁴ βιωτικά⁴⁵; 4 βιωτικὰ μὲν οὖν κριτήρια ἐὰν ἔχητε,

---

1 ἄπειμι *pres act ptc m s nom*, be away
2 πάρειμι *pres act ptc m s nom*, be present
3 κρίνω 1s *pf act ind*, pass judgment
4 κατεργάζομαι *aor mid ptc m s acc*, do
5 συνάγω *aor pas ptc m p gen, pas* assemble
6 παραδίδωμι *aor act inf*, hand over
7 ὄλεθρος, -ου *m*, destruction
8 σῴζω 3s *aor pas sub*, save
9 καύχημα, -τος *n*, boasting
10 ζύμη, -ης *f*, yeast
11 φύραμα, -τος *n*, batch
12 ζυμόω 3s *pres act ind*, cause to rise
13 ἐκκαθαίρω 2p *aor act impv*, clean out
14 παλαιός, -ά/όν, old

15 εἰμί 2p *pres act sub*, be
16 νέος, -α/ον, new
17 ἄζυμος, -ον, without yeast
18 πάσχα, *n*, Passover
19 θύω 3s *aor pas ind*, sacrifice
20 ἑορτάζω 1p *pres act sub*, observe a festival
21 κακία, -ας *f*, evil
22 πονηρία, -ας *f*, wickedness
23 εἰλικρίνεια, -ας *f*, sincerity
24 ἐπιστολή, -ῆς *f*, letter
25 συναναμίγνυμι *pres mid inf*, associate with
26 πόρνος, -ου *m*, one who is sexually immoral
27 πάντως, *adv*, by all means (οὐ π. I did not mean)
28 πλεονέκτης, -ου *m*, one who is greedy
29 ἅρπαξ, -αγος, grasping (ὁ ἅ. swindler)

30 εἰδωλολάτρης, -ου *m*, idolater
31 ἐπεί, *conj*, since
32 ὀνομάζω *pres pas ptc m s nom*, call
33 λοίδορος, -ου *m*, slanderer
34 μέθυσος, -ου *m*, drunkard
35 συνεσθίω *pres act inf*, eat with
36 ἔσω, *adv*, inside
37 ἐξαίρω 2p *aor act impv*, remove
38 τολμάω 3s *pres act ind*, dare
39 πρᾶγμα, -τος *n*, dispute
40 ἄδικος, -ον, unbeliever
41 ἀνάξιος, -ον, incompetent
42 κριτήριον, -ου *n*, case (κ. ἐλαχίστων trivial matters)
43 ἐλάχιστος, least important (super of μικρός)
44 μήτι γε, how much more
45 βιωτικός, -ή/όν, pertaining to everyday life

τοὺς ἐξουθενημένους¹ ἐν τῇ ἐκκλησίᾳ, τούτους καθίζετε; 5 πρὸς ἐντροπὴν² ὑμῖν λέγω. οὕτως οὐκ ἔνι³ ἐν ὑμῖν οὐδεὶς σοφός⁴, ὃς δυνήσεται διακρῖναι⁵ ἀνὰ⁶ μέσον τοῦ ἀδελφοῦ αὐτοῦ; 6 ἀλλ᾽ ἀδελφὸς μετὰ ἀδελφοῦ κρίνεται καὶ τοῦτο ἐπὶ ἀπίστων⁷; 7 ἤδη μὲν [οὖν] ὅλως⁸ ἥττημα⁹ ὑμῖν ἐστιν ὅτι κρίματα¹⁰ ἔχετε μεθ᾽ ἑαυτῶν. διὰ τί οὐχὶ μᾶλλον ἀδικεῖσθε¹¹; διὰ τί οὐχὶ μᾶλλον ἀποστερεῖσθε¹²; 8 ἀλλ᾽ ὑμεῖς ἀδικεῖτε καὶ ἀποστερεῖτε, καὶ τοῦτο ἀδελφούς. 9 ἢ οὐκ οἴδατε ὅτι ἄδικοι¹³ θεοῦ βασιλείαν οὐ κληρονομήσουσιν¹⁴; μὴ πλανᾶσθε· οὔτε πόρνοι¹⁵ οὔτε εἰδωλολάτραι¹⁶ οὔτε μοιχοὶ¹⁷ οὔτε μαλακοὶ¹⁸ οὔτε ἀρσενοκοῖται¹⁹ 10 οὔτε κλέπται²⁰ οὔτε πλεονέκται²¹, οὐ μέθυσοι²², οὐ λοίδοροι²³, οὐχ ἅρπαγες²⁴ βασιλείαν θεοῦ κληρονομήσουσιν. 11 καὶ ταῦτά τινες ἦτε· ἀλλ᾽ ἀπελούσασθε²⁵, ἀλλ᾽ ἡγιάσθητε²⁶, ἀλλ᾽ ἐδικαιώθητε ἐν τῷ ὀνόματι τοῦ κυρίου Ἰησοῦ Χριστοῦ καὶ ἐν τῷ πνεύματι τοῦ θεοῦ ἡμῶν.

Glorify God in Your Body

12 Πάντα μοι ἔξεστιν ἀλλ᾽ οὐ πάντα συμφέρει²⁷· πάντα μοι ἔξεστιν ἀλλ᾽ οὐκ ἐγὼ ἐξουσιασθήσομαι²⁸ ὑπό τινος. 13 τὰ βρώματα²⁹ τῇ κοιλίᾳ³⁰ καὶ ἡ κοιλία τοῖς βρώμασιν, ὁ δὲ θεὸς καὶ ταύτην καὶ ταῦτα καταργήσει³¹. τὸ δὲ σῶμα οὐ τῇ πορνείᾳ³² ἀλλὰ τῷ κυρίῳ, καὶ ὁ κύριος τῷ σώματι· 14 ὁ δὲ θεὸς καὶ τὸν κύριον ἤγειρεν καὶ ἡμᾶς ἐξεγερεῖ³³ διὰ τῆς δυνάμεως αὐτοῦ. 15 οὐκ οἴδατε ὅτι τὰ σώματα ὑμῶν μέλη Χριστοῦ ἐστιν; ἄρας³⁴ οὖν τὰ μέλη τοῦ Χριστοῦ ποιήσω πόρνης³⁵ μέλη; μὴ γένοιτο³⁶. 16 [ἢ] οὐκ οἴδατε ὅτι ὁ κολλώμενος³⁷ τῇ πόρνῃ ἓν σῶμά ἐστιν; ἔσονται³⁸ γάρ, φησίν, οἱ δύο εἰς σάρκα μίαν. 17 ὁ δὲ κολλώμενος τῷ κυρίῳ ἓν πνεῦμά ἐστιν. 18 φεύγετε³⁹ τὴν πορνείαν⁴⁰. πᾶν ἁμάρτημα⁴¹ ὃ ἐὰν ποιήσῃ ἄνθρωπος ἐκτὸς⁴² τοῦ σώματός ἐστιν·

---

¹ ἐξουθενέω pf pas ptc m p acc, treat with contempt
² ἐντροπή, -ῆς f, shame
³ ἔνι 3s pres act ind (= ἔνεστιν), there is
⁴ σοφός, -ή/όν, wise
⁵ διακρίνω aor act inf, judge
⁶ ἀνά, prep + acc, each (ἀνὰ μέσον between)
⁷ ἄπιστος, -ον, unbelieving
⁸ ὅλως, adv, actually
⁹ ἥττημα, -τος n, defeat
¹⁰ κρίμα, -τος, lawsuit
¹¹ ἀδικέω 2p pres pas ind, wrong
¹² ἀποστερέω 2p pres pas ind, cheat
¹³ ἄδικος, -ον, unjust
¹⁴ κληρονομέω 3p fut act ind, receive

¹⁵ πόρνος, -ου m, one who is sexually immoral
¹⁶ εἰδωλολάτρης, -ου m, idolater
¹⁷ μοιχός, -οῦ m, adulterer
¹⁸ μαλακός, -ή/όν, soft (noun possibly = male prostitute)
¹⁹ ἀρσενοκοίτης, -ου m, male sexual pervert
²⁰ κλέπτης, -ου m, thief
²¹ πλεονέκτης, -ου m, one who is greedy
²² μέθυσος, -ου m, drunkard
²³ λοίδορος, -ου m, slanderer
²⁴ ἅρπαξ, -αγος, grasping (ὁ ἅ. swindler)
²⁵ ἀπολούω 2p aor mid ind, wash
²⁶ ἁγιάζω 2p aor pas ind, sanctify
²⁷ συμφέρω 3s pres act ind, be helpful

²⁸ ἐξουσιάζω 1s fut pas ind, enslave
²⁹ βρῶμα, -τος n, food
³⁰ κοιλία, -ας f, stomach
³¹ καταργέω 3s fut act ind, destroy
³² πορνεία, -ας f, sexual immorality
³³ ἐξεγείρω 3s fut act ind, raise
³⁴ αἴρω aor act ptc m s nom, take
³⁵ πόρνη, -ης f, prostitute
³⁶ γίνομαι 2p aor mid opt, happen
³⁷ κολλάομαι pres pas ptc m s nom, unite oneself with
³⁸ εἰμί 3s fut mid ind, be
³⁹ φεύγω 2p pres act impv, run from
⁴⁰ πορνεία, -ας f, sexual immorality
⁴¹ ἁμάρτημα, -τος n, sin
⁴² ἐκτός, prep + gen, outside

ὁ δὲ πορνεύων¹ εἰς τὸ ἴδιον σῶμα ἁμαρτάνει. 19 ἢ οὐκ οἴδατε ὅτι τὸ σῶμα ὑμῶν ναὸς τοῦ ἐν ὑμῖν ἁγίου πνεύματός ἐστιν οὗ ἔχετε ἀπὸ θεοῦ, καὶ οὐκ ἐστὲ ἑαυτῶν; 20 ἠγοράσθητε² γὰρ τιμῆς· δοξάσατε δὴ³ τὸν θεὸν ἐν τῷ σώματι ὑμῶν.

Directions concerning Marriage

7 Περὶ δὲ ὧν ἐγράψατε, καλὸν ἀνθρώπῳ γυναικὸς μὴ ἅπτεσθαι⁴· 2 διὰ δὲ τὰς πορνείας⁵ ἕκαστος τὴν ἑαυτοῦ γυναῖκα ἐχέτω καὶ ἑκάστη τὸν ἴδιον ἄνδρα ἐχέτω. 3 τῇ γυναικὶ ὁ ἀνὴρ τὴν ὀφειλὴν⁶ ἀποδιδότω, ὁμοίως⁷ δὲ καὶ ἡ γυνὴ τῷ ἀνδρί. 4 ἡ γυνὴ τοῦ ἰδίου σώματος οὐκ ἐξουσιάζει⁸ ἀλλ' ὁ ἀνήρ, ὁμοίως δὲ καὶ ὁ ἀνὴρ τοῦ ἰδίου σώματος οὐκ ἐξουσιάζει ἀλλ' ἡ γυνή. 5 μὴ ἀποστερεῖτε⁹ ἀλλήλους, εἰ μήτι¹⁰ ἂν ἐκ συμφώνου¹¹ πρὸς καιρόν, ἵνα σχολάσητε¹² τῇ προσευχῇ καὶ πάλιν ἐπὶ τὸ αὐτὸ ἦτε¹³, ἵνα μὴ πειράζῃ ὑμᾶς ὁ σατανᾶς διὰ τὴν ἀκρασίαν¹⁴ ὑμῶν. 6 τοῦτο δὲ λέγω κατὰ συγγνώμην¹⁵ οὐ κατ' ἐπιταγήν¹⁶. 7 θέλω δὲ πάντας ἀνθρώπους εἶναι ὡς καὶ ἐμαυτόν· ἀλλ' ἕκαστος ἴδιον ἔχει χάρισμα¹⁷ ἐκ θεοῦ, ὁ μὲν οὕτως, ὁ δὲ οὕτως.

8 Λέγω δὲ τοῖς ἀγάμοις¹⁸ καὶ ταῖς χήραις¹⁹, καλὸν αὐτοῖς ἐὰν μείνωσιν²⁰ ὡς κἀγώ· 9 εἰ δὲ οὐκ ἐγκρατεύονται²¹, γαμησάτωσαν²², κρεῖττον²³ γάρ ἐστιν γαμῆσαι ἢ πυροῦσθαι²⁴. 10 τοῖς δὲ γεγαμηκόσιν²⁵ παραγγέλλω, οὐκ ἐγὼ ἀλλ' ὁ κύριος, γυναῖκα ἀπὸ ἀνδρὸς μὴ χωρισθῆναι²⁶, 11 – ἐὰν δὲ καὶ χωρισθῇ, μενέτω ἄγαμος²⁷ ἢ τῷ ἀνδρὶ καταλλαγήτω²⁸, – καὶ ἄνδρα γυναῖκα μὴ ἀφιέναι²⁹. 12 τοῖς δὲ λοιποῖς λέγω ἐγὼ οὐχ ὁ κύριος· εἴ τις ἀδελφὸς γυναῖκα ἔχει ἄπιστον³⁰ καὶ αὕτη συνευδοκεῖ³¹ οἰκεῖν³² μετ' αὐτοῦ, μὴ ἀφιέτω³³ αὐτήν· 13 καὶ γυνὴ εἴ τις ἔχει ἄνδρα ἄπιστον καὶ οὗτος συνευδοκεῖ οἰκεῖν μετ' αὐτῆς, μὴ ἀφιέτω τὸν ἄνδρα. 14 ἡγίασται³⁴ γὰρ ὁ ἀνὴρ ὁ ἄπιστος ἐν τῇ γυναικὶ καὶ ἡγίασται ἡ γυνὴ ἡ ἄπιστος ἐν τῷ ἀδελφῷ· ἐπεὶ³⁵ ἄρα τὰ τέκνα ὑμῶν ἀκάθαρτά ἐστιν, νῦν δὲ ἅγιά ἐστιν. 15 εἰ δὲ ὁ ἄπιστος χωρίζεται³⁶, χωριζέσθω·

---

¹ πορνεύω pres act ptc m s nom, commit sexual immorality
² ἀγοράζω 2p aor pas ind, buy
³ δή, emphatic particle, then
⁴ ἅπτομαι pres mid inf, have sex (with)
⁵ πορνεία, -ας f, sexual immorality
⁶ ὀφειλή, -ῆς f, sexual obligations
⁷ ὁμοίως, adv, in the same way
⁸ ἐξουσιάζω 3s pres act ind, have authority over
⁹ ἀποστερέω 2p pres act impv, deprive
¹⁰ μήτι, particle, perhaps (εἰ μήτι unless perhaps)
¹¹ σύμφωνος, -ου n, mutual consent
¹² σχολάζω 2p aor act sub, devote oneself to
¹³ εἰμί 2p pres act sub, be
¹⁴ ἀκρασία, -ας f, lack of self-control
¹⁵ συγγνώμη, -ης f, concession
¹⁶ ἐπιταγή, -ῆς f, command
¹⁷ χάρισμα, -τος n, gift
¹⁸ ἄγαμος, -ου m & f, unmarried/widower
¹⁹ χήρα, -ας f, widow
²⁰ μένω 3p aor act sub, remain
²¹ ἐγκρατεύομαι 3p pres mid ind, exercise self-control
²² γαμέω 3p aor act impv, marry
²³ κρείττων, better (comp of ἀγαθός)
²⁴ πυρόω pres pas inf, pas burn with passion
²⁵ γαμέω pf act ptc m p dat, marry
²⁶ χωρίζω aor pas inf, pas separate
²⁷ ἄγαμος, -ου f, single
²⁸ καταλλάσσω 3s aor pas impv, reconcile
²⁹ ἀφίημι pres act inf, divorce
³⁰ ἄπιστος, -ον, unbelieving
³¹ συνευδοκέω 3s pres act ind, be willing
³² οἰκέω pres act inf, live
³³ ἀφίημι 3s pres act impv, divorce
³⁴ ἁγιάζω 3s pf pas ind, sanctify
³⁵ ἐπεί, conj, otherwise
³⁶ χωρίζω 3s pres pas ind, pas separate

οὐ δεδούλωται¹ ὁ ἀδελφὸς ἢ ἡ ἀδελφὴ² ἐν τοῖς τοιούτοις· ἐν δὲ εἰρήνῃ κέκληκεν³ ὑμᾶς ὁ θεός. 16 τί γὰρ οἶδας, γύναι, εἰ τὸν ἄνδρα σώσεις; ἢ τί οἶδας, ἄνερ, εἰ τὴν γυναῖκα σώσεις;

The Life the Lord Has Assigned

17 Εἰ μὴ ἑκάστῳ ὡς ἐμέρισεν⁴ ὁ κύριος, ἕκαστον ὡς κέκληκεν⁵ ὁ θεός, οὕτως περιπατείτω. καὶ οὕτως ἐν ταῖς ἐκκλησίαις πάσαις διατάσσομαι⁶. 18 περιτετμημένος⁷ τις ἐκλήθη, μὴ ἐπισπάσθω⁸· ἐν ἀκροβυστίᾳ⁹ κέκληταί τις, μὴ περιτεμνέσθω. 19 ἡ περιτομὴ οὐδέν ἐστιν καὶ ἡ ἀκροβυστία οὐδέν ἐστιν, ἀλλὰ τήρησις¹⁰ ἐντολῶν θεοῦ. 20 ἕκαστος ἐν τῇ κλήσει¹¹ ᾗ ἐκλήθη, ἐν ταύτῃ μενέτω. 21 δοῦλος ἐκλήθης, μή σοι μελέτω¹²· ἀλλ' εἰ καὶ δύνασαι ἐλεύθερος¹³ γενέσθαι, μᾶλλον χρῆσαι¹⁴. 22 ὁ γὰρ ἐν κυρίῳ κληθεὶς¹⁵ δοῦλος ἀπελεύθερος¹⁶ κυρίου ἐστίν, ὁμοίως¹⁷ ὁ ἐλεύθερος κληθεὶς δοῦλός ἐστιν Χριστοῦ. 23 τιμῆς ἠγοράσθητε¹⁸· μὴ γίνεσθε δοῦλοι ἀνθρώπων. 24 ἕκαστος ἐν ᾧ ἐκλήθη, ἀδελφοί, ἐν τούτῳ μενέτω παρὰ θεῷ.

The Unmarried and Widows

25 Περὶ δὲ τῶν παρθένων¹⁹ ἐπιταγὴν²⁰ κυρίου οὐκ ἔχω, γνώμην²¹ δὲ δίδωμι ὡς ἠλεημένος²² ὑπὸ κυρίου πιστὸς εἶναι. 26 νομίζω²³ οὖν τοῦτο καλὸν ὑπάρχειν διὰ τὴν ἐνεστῶσαν²⁴ ἀνάγκην²⁵, ὅτι καλὸν ἀνθρώπῳ τὸ οὕτως εἶναι. 27 δέδεσαι²⁶ γυναικί, μὴ ζήτει λύσιν²⁷· λέλυσαι²⁸ ἀπὸ γυναικός, μὴ ζήτει γυναῖκα. 28 ἐὰν δὲ καὶ γαμήσῃς²⁹, οὐχ ἥμαρτες³⁰, καὶ ἐὰν γήμῃ ἡ παρθένος, οὐχ ἥμαρτεν· θλῖψιν δὲ τῇ σαρκὶ ἕξουσιν οἱ τοιοῦτοι, ἐγὼ δὲ ὑμῶν φείδομαι³¹. 29 τοῦτο δέ φημι, ἀδελφοί, ὁ καιρὸς συνεσταλμένος³² ἐστίν· τὸ λοιπόν, ἵνα καὶ οἱ ἔχοντες γυναῖκας ὡς μὴ ἔχοντες ὦσιν 30 καὶ οἱ κλαίοντες ὡς μὴ κλαίοντες καὶ οἱ χαίροντες ὡς μὴ χαίροντες καὶ οἱ

---

¹ δουλόω 3s pf pas ind, pas be bound
² ἀδελφή, -ῆς f, sister
³ καλέω 3s pf act ind, call
⁴ μερίζω 3s aor act ind, assign
⁵ καλέω 3s pf act ind, call
⁶ διατάσσω 1s pres mid ind, command
⁷ περιτέμνω pf pas ptc m s nom, circumcise
⁸ ἐπισπάομαι 3s pres mid impv, remove the marks of circumcision
⁹ ἀκροβυστία, -ας f, uncircumcision
¹⁰ τήρησις, -εως f, obeying
¹¹ κλῆσις, -εως f, station of life
¹² μέλει 3s pres act impv, impers it is of concern
¹³ ἐλεύθερος, -α/ον, free
¹⁴ χράομαι 2s aor mid impv, do so
¹⁵ καλέω aor pas ptc m s nom, call
¹⁶ ἀπελεύθερος, -ου m, a free person
¹⁷ ὁμοίως, adv, in the same way
¹⁸ ἀγοράζω 2p aor pas ind, buy
¹⁹ παρθένος, -ου f, virgin/unmarried woman
²⁰ ἐπιταγή, -ῆς f, command
²¹ γνώμη, -ης f, opinion
²² ἐλεάω/ἐλεέω pb pas ptc m s mom, pas, be shown mercy
²³ νομίζω 1s pres act ind, think
²⁴ ἐνίστημι pf act ptc f s acc, be present
²⁵ ἀνάγκη, -ης f, trouble
²⁶ δέω 2s pf pas ind, bind
²⁷ λύσις, -εως f, release
²⁸ λύω 2s pf pas ind, set free
²⁹ γαμέω 2s aor act sub, marry
³⁰ ἁμαρτάνω 2s aor act ind, sin
³¹ φείδομαι 1s pres mid ind, spare
³² συστέλλω pf pas ptc m s nom, grow short

ἀγοράζοντες ὡς μὴ κατέχοντες¹, **31** καὶ οἱ χρώμενοι² τὸν κόσμον ὡς μὴ καταχρώμενοι³· παράγει⁴ γὰρ τὸ σχῆμα⁵ τοῦ κόσμου τούτου. **32** θέλω δὲ ὑμᾶς ἀμερίμνους⁶ εἶναι. ὁ ἄγαμος⁷ μεριμνᾷ⁸ τὰ τοῦ κυρίου, πῶς ἀρέσῃ⁹ τῷ κυρίῳ· **33** ὁ δὲ γαμήσας¹⁰ μεριμνᾷ τὰ τοῦ κόσμου, πῶς ἀρέσῃ τῇ γυναικί, **34** καὶ μεμέρισται¹¹. καὶ ἡ γυνὴ ἡ ἄγαμος καὶ ἡ παρθένος¹² μεριμνᾷ τὰ τοῦ κυρίου, ἵνα ᾖ ἁγία καὶ τῷ σώματι καὶ τῷ πνεύματι· ἡ δὲ γαμήσασα μεριμνᾷ τὰ τοῦ κόσμου, πῶς ἀρέσῃ τῷ ἀνδρί. **35** τοῦτο δὲ πρὸς τὸ ὑμῶν αὐτῶν σύμφορον¹³ λέγω, οὐχ ἵνα βρόχον¹⁴ ὑμῖν ἐπιβάλω¹⁵ ἀλλὰ πρὸς τὸ εὔσχημον¹⁶ καὶ εὐπάρεδρον¹⁷ τῷ κυρίῳ ἀπερισπάστως¹⁸. **36** εἰ δέ τις ἀσχημονεῖν¹⁹ ἐπὶ τὴν παρθένον²⁰ αὐτοῦ νομίζει, ἐὰν ᾖ ὑπέρακμος²¹ καὶ οὕτως ὀφείλει γίνεσθαι, ὃ θέλει ποιείτω, οὐχ ἁμαρτάνει, γαμείτωσαν. **37** ὃς δὲ ἕστηκεν²² ἐν τῇ καρδίᾳ αὐτοῦ ἑδραῖος²³ μὴ ἔχων ἀνάγκην²⁴, ἐξουσίαν δὲ ἔχει περὶ τοῦ ἰδίου θελήματος καὶ τοῦτο κέκρικεν ἐν τῇ ἰδίᾳ καρδίᾳ, τηρεῖν τὴν ἑαυτοῦ παρθένον, καλῶς ποιήσει. **38** ὥστε καὶ ὁ γαμίζων²⁵ τὴν ἑαυτοῦ παρθένον καλῶς ποιεῖ καὶ ὁ μὴ γαμίζων κρεῖσσον²⁶ ποιήσει. **39** γυνὴ δέδεται ἐφ' ὅσον χρόνον ζῇ ὁ ἀνὴρ αὐτῆς· ἐὰν δὲ κοιμηθῇ²⁷ ὁ ἀνήρ, ἐλευθέρα²⁸ ἐστὶν ᾧ θέλει γαμηθῆναι, μόνον ἐν κυρίῳ. **40** μακαριωτέρα²⁹ δέ ἐστιν ἐὰν οὕτως μείνῃ³⁰, κατὰ τὴν ἐμὴν γνώμην³¹· δοκῶ δὲ κἀγὼ πνεῦμα θεοῦ ἔχειν.

Food Offered to Idols

8 Περὶ δὲ τῶν εἰδωλοθύτων³², οἴδαμεν ὅτι πάντες γνῶσιν³³ ἔχομεν. ἡ γνῶσις φυσιοῖ³⁴, ἡ δὲ ἀγάπη οἰκοδομεῖ· **2** εἴ τις δοκεῖ ἐγνωκέναι³⁵ τι, οὔπω³⁶ ἔγνω³⁷ καθὼς δεῖ γνῶναι³⁸· **3** εἰ δέ τις ἀγαπᾷ τὸν θεόν, οὗτος ἔγνωσται³⁹ ὑπ' αὐτοῦ. **4** περὶ

---

¹ κατέχω *pres act ptc m p nom*, possess
² χράομαι *pres mid ptc m p nom*, use
³ καταχράομαι *pres mid ptc m p nom*, make full use of
⁴ παράγω *3s pres act ind*, pass away
⁵ σχῆμα, -τος *n*, present form
⁶ ἀμέριμνος, -ον, free from worry
⁷ ἄγαμος, -ου *m*, unmarried
⁸ μεριμνάω *3s pres act ind*, be concerned about
⁹ ἀρέσκω *3s aor act sub*, please
¹⁰ γαμέω *aor act ptc m s nom*, marry
¹¹ μερίζω *3s pf pas ind*, *pas* be of divided interest
¹² παρθένος, -ου *f*, virgin/ unmarried woman
¹³ σύμφορος, -ου *n*, benefit
¹⁴ βρόχος, -ου *m*, restriction
¹⁵ ἐπιβάλλω *1s aor act sub*, place on
¹⁶ εὐσχήμων, -ον, respected (τὸ ε. good order)
¹⁷ εὐπάρεδρος, -ου *n*, devotion
¹⁸ ἀπερισπάστως, *adv*, without distraction
¹⁹ ἀσχημονέω *pres act inf*, behave improperly
²⁰ παρθένος, -ου *f*, virgin/unmarried woman (τὴν π. αὐτοῦ the woman to whom he is engaged)
²¹ ὑπέρακμος, -ον, past the best age for marriage (of women)/ having strong passions (of men)
²² ἵστημι *3s pf act ind*, determine (ὃς δὲ ἕ. ἐν τῇ καρδίᾳ αὐτοῦ whoever has made up his mind)
²³ ἑδραῖος, -α/ον, firm
²⁴ ἀνάγκη, -ης *f*, necessity
²⁵ γαμίζω *pres act ptc m s nom*, marry/give (a bride) in marriage
²⁶ κρείττων, better (comp of ἀγαθός)
²⁷ κοιμάομαι *3s aor pas sub*, die
²⁸ ἐλεύθερος, -α/ον, free
²⁹ μακάριος, happy (comp)
³⁰ μένω *3s aor act sub*, remain
³¹ γνώμη, -ης *f*, opinion
³² εἰδωλόθυτος, -ον, (food) sacrificed to idols
³³ γνῶσις, -εως *f*, knowledge
³⁴ φυσιόω *3s pres act ind*, cause conceit
³⁵ γινώσκω *pf act inf*, know
³⁶ οὔπω, *adv*, not yet
³⁷ γινώσκω *3s aor act ind*, know
³⁸ γινώσκω *aor act inf*, know
³⁹ γινώσκω *3s pf pas ind*, know

τῆς βρώσεως¹ οὖν τῶν εἰδωλοθύτων, οἴδαμεν ὅτι οὐδὲν εἴδωλον² ἐν κόσμῳ καὶ ὅτι οὐδεὶς θεὸς εἰ μὴ εἷς. 5 καὶ γὰρ εἴπερ³ εἰσὶν λεγόμενοι θεοὶ εἴτε ἐν οὐρανῷ εἴτε ἐπὶ γῆς, ὥσπερ εἰσὶν θεοὶ πολλοὶ καὶ κύριοι πολλοί,
 6 ἀλλ' ἡμῖν εἷς θεὸς ὁ πατὴρ
 ἐξ οὗ τὰ πάντα καὶ ἡμεῖς εἰς αὐτόν,
 καὶ εἷς κύριος Ἰησοῦς Χριστὸς
 δι' οὗ τὰ πάντα καὶ ἡμεῖς δι' αὐτοῦ.

7 Ἀλλ' οὐκ ἐν πᾶσιν ἡ γνῶσις⁴· τινὲς δὲ τῇ συνηθείᾳ⁵ ἕως ἄρτι τοῦ εἰδώλου ὡς εἰδωλόθυτον ἐσθίουσιν, καὶ ἡ συνείδησις⁶ αὐτῶν ἀσθενὴς⁷ οὖσα μολύνεται⁸. 8 βρῶμα⁹ δὲ ἡμᾶς οὐ παραστήσει¹⁰ τῷ θεῷ· οὔτε ἐὰν μὴ φάγωμεν¹¹ ὑστερούμεθα¹², οὔτε ἐὰν φάγωμεν περισσεύομεν. 9 βλέπετε δὲ μή πως¹³ ἡ ἐξουσία ὑμῶν αὕτη πρόσκομμα¹⁴ γένηται τοῖς ἀσθενέσιν. 10 ἐὰν γάρ τις ἴδῃ¹⁵ σὲ τὸν ἔχοντα γνῶσιν ἐν εἰδωλείῳ¹⁶ κατακείμενον¹⁷, οὐχὶ ἡ συνείδησις αὐτοῦ ἀσθενοῦς ὄντος οἰκοδομηθήσεται εἰς τὸ τὰ εἰδωλόθυτα ἐσθίειν; 11 ἀπόλλυται γὰρ ὁ ἀσθενῶν ἐν τῇ σῇ¹⁸ γνώσει, ὁ ἀδελφὸς δι' ὃν Χριστὸς ἀπέθανεν. 12 οὕτως δὲ ἁμαρτάνοντες εἰς τοὺς ἀδελφοὺς καὶ τύπτοντες¹⁹ αὐτῶν τὴν συνείδησιν ἀσθενοῦσαν εἰς Χριστὸν ἁμαρτάνετε. 13 διόπερ²⁰ εἰ βρῶμα σκανδαλίζει²¹ τὸν ἀδελφόν μου, οὐ μὴ φάγω²² κρέα²³ εἰς τὸν αἰῶνα, ἵνα μὴ τὸν ἀδελφόν μου σκανδαλίσω.

The Rights of an Apostle

9 Οὐκ εἰμὶ ἐλεύθερος²⁴; οὐκ εἰμὶ ἀπόστολος; οὐχὶ Ἰησοῦν τὸν κύριον ἡμῶν ἑόρακα²⁵; οὐ τὸ ἔργον μου ὑμεῖς ἐστε ἐν κυρίῳ; 2 εἰ ἄλλοις οὐκ εἰμὶ ἀπόστολος, ἀλλά γε²⁶ ὑμῖν εἰμι· ἡ γὰρ σφραγίς²⁷ μου τῆς ἀποστολῆς²⁸ ὑμεῖς ἐστε ἐν κυρίῳ. 3 ἡ ἐμὴ ἀπολογία²⁹ τοῖς ἐμὲ ἀνακρίνουσίν³⁰ ἐστιν αὕτη. 4 μὴ οὐκ ἔχομεν ἐξουσίαν φαγεῖν³¹ καὶ πεῖν³²; 5 μὴ οὐκ ἔχομεν ἐξουσίαν ἀδελφὴν³³ γυναῖκα περιάγειν³⁴ ὡς καὶ οἱ λοιποὶ ἀπόστολοι καὶ οἱ ἀδελφοὶ τοῦ κυρίου καὶ Κηφᾶς; 6 ἢ μόνος ἐγὼ καὶ

---

[1] βρῶσις, -εως f, eating
[2] εἴδωλον, -ου n, idol
[3] εἴπερ, conj, although
[4] γνῶσις, -εως f, knowledge
[5] συνήθεια, -ας f, custom
[6] συνείδησις, -εως f, conscience
[7] ἀσθενής, -ές, weak
[8] μολύνω 3s pres pas ind, defile
[9] βρῶμα, -τος n, food
[10] παρίστημι 3s fut act ind, bring close to
[11] ἐσθίω 1p aor act sub, eat
[12] ὑστερέω 1p pres pas ind, pas be worse off
[13] πώς, particle, somehow
[14] πρόσκομμα, -τος n, stumbling block
[15] ὁράω 3s aor act sub, see
[16] εἰδωλεῖον, -ου n, idol's temple
[17] κατάκειμαι pres mid ptc m s acc, sit at table
[18] σός, σή, σόν, your
[19] τύπτω pres act ptc m p nom, wound
[20] διόπερ, conj, for this reason
[21] σκανδαλίζω 3s pres act ind, cause to sin
[22] ἐσθίω 1s aor act sub, eat
[23] κρέας, κρέατος & κρέως, acc pl κρέα n, meat
[24] ἐλεύθερος, -α/ον, free
[25] ὁράω 1s pf act ind, see
[26] γέ, emphatic particle
[27] σφραγίς, -ίδος f, proof
[28] ἀποστολή, -ῆς f, apostleship
[29] ἀπολογία, -ας f, defense
[30] ἀνακρίνω pres act ptc m p dat, judge
[31] ἐσθίω aor act inf, eat
[32] πίνω aor act inf, drink
[33] ἀδελφή, -ῆς f, sister
[34] περιάγω pres act inf, trans take along

ΠΡΟΣ ΚΟΡΙΝΘΙΟΥΣ Α' 9.7-20

Βαρναβᾶς οὐκ ἔχομεν ἐξουσίαν μὴ ἐργάζεσθαι; 7 τίς στρατεύεται[1] ἰδίοις ὀψωνίοις[2] ποτέ[3]; τίς φυτεύει[4] ἀμπελῶνα[5] καὶ τὸν καρπὸν αὐτοῦ οὐκ ἐσθίει; ἢ τίς ποιμαίνει[6] ποίμνην[7] καὶ ἐκ τοῦ γάλακτος[8] τῆς ποίμνης οὐκ ἐσθίει; 8 μὴ κατὰ ἄνθρωπον ταῦτα λαλῶ ἢ καὶ ὁ νόμος ταῦτα οὐ λέγει; 9 ἐν γὰρ τῷ Μωϋσέως νόμῳ γέγραπται· οὐ κημώσεις[9] βοῦν[10] ἀλοῶντα[11]. μὴ τῶν βοῶν μέλει[12] τῷ θεῷ 10 ἢ δι' ἡμᾶς πάντως[13] λέγει; δι' ἡμᾶς γὰρ ἐγράφη ὅτι ὀφείλει ἐπ' ἐλπίδι ὁ ἀροτριῶν ἀροτριᾶν καὶ ὁ ἀλοῶν ἐπ' ἐλπίδι τοῦ μετέχειν[14]. 11 εἰ ἡμεῖς ὑμῖν τὰ πνευματικὰ[15] ἐσπείραμεν, μέγα εἰ ἡμεῖς ὑμῶν τὰ σαρκικὰ[16] θερίσομεν[17]; 12 εἰ ἄλλοι τῆς ὑμῶν ἐξουσίας μετέχουσιν[18], οὐ μᾶλλον ἡμεῖς; ἀλλ' οὐκ ἐχρησάμεθα[19] τῇ ἐξουσίᾳ ταύτῃ, ἀλλὰ πάντα στέγομεν[20], ἵνα μή τινα ἐγκοπὴν[21] δῶμεν[22] τῷ εὐαγγελίῳ τοῦ Χριστοῦ. 13 οὐκ οἴδατε ὅτι οἱ τὰ ἱερὰ[23] ἐργαζόμενοι [τὰ] ἐκ τοῦ ἱεροῦ ἐσθίουσιν, οἱ τῷ θυσιαστηρίῳ[24] παρεδρεύοντες[25] τῷ θυσιαστηρίῳ συμμερίζονται[26]; 14 οὕτως καὶ ὁ κύριος διέταξεν[27] τοῖς τὸ εὐαγγέλιον καταγγέλλουσιν[28] ἐκ τοῦ εὐαγγελίου ζῆν. 15 ἐγὼ δὲ οὐ κέχρημαι[29] οὐδενὶ τούτων. οὐκ ἔγραψα δὲ ταῦτα, ἵνα οὕτως γένηται ἐν ἐμοί· καλὸν γάρ μοι μᾶλλον ἀποθανεῖν[30] ἢ - τὸ καύχημά[31] μου οὐδεὶς κενώσει[32]. 16 ἐὰν γὰρ εὐαγγελίζωμαι, οὐκ ἔστιν μοι καύχημα· ἀνάγκη[33] γάρ μοι ἐπίκειται[34]· οὐαὶ γάρ μοί ἐστιν ἐὰν μὴ εὐαγγελίσωμαι. 17 εἰ γὰρ ἑκὼν[35] τοῦτο πράσσω, μισθὸν[36] ἔχω· εἰ δὲ ἄκων[37], οἰκονομίαν[38] πεπίστευμαι· 18 τίς οὖν μού ἐστιν ὁ μισθός[39]; ἵνα εὐαγγελιζόμενος ἀδάπανον[40] θήσω[41] τὸ εὐαγγέλιον εἰς τὸ μὴ καταχρήσασθαι[42] τῇ ἐξουσίᾳ μου ἐν τῷ εὐαγγελίῳ.

19 Ἐλεύθερος[43] γὰρ ὢν ἐκ πάντων πᾶσιν ἐμαυτὸν ἐδούλωσα[44], ἵνα τοὺς πλείονας[45] κερδήσω[46]· 20 καὶ ἐγενόμην τοῖς Ἰουδαίοις ὡς Ἰουδαῖος, ἵνα Ἰουδαίους

---

[1] στρατεύομαι 3s pres mid ind, serve as a soldier
[2] ὀψώνιον, -ου n, wages
[3] ποτέ, temporal adv, ever
[4] φυτεύω 3s pres act ind, plant
[5] ἀμπελών, -ῶνος m, vineyard
[6] ποιμαίνω 3s pres act ind, tend
[7] ποίμνη, -ένος f, flock
[8] γάλα, γάλακτος n, milk
[9] κημόω 2s fut act ind, muzzle
[10] βοῦς, βοός m, ox
[11] ἀλοάω pres act ptc m s acc, thresh
[12] μέλει 3s pres act ind, impers it is of concern
[13] πάντως, adv, certainly
[14] μετέχω pres act inf, share (in the harvest)
[15] πνευματικός, -ή/όν, spiritual
[16] σαρκικός, -ή/όν, material
[17] θερίζω 1p fut act ind, reap
[18] μετέχω 3p pres act ind, share in
[19] χράομαι 1p aor mid ind, use
[20] στέγω 1p pres act ind, endure
[21] ἐγκοπή, -ῆς f, obstacle
[22] δίδωμι 1p aor act sub, put
[23] ἱερός, -ά/όν, pertaining to the temple
[24] θυσιαστήριον, -ου n, altar
[25] παρεδρεύω pres act ptc m p nom, serve
[26] συμμερίζω 3p pres mid ind, mid share (in what is offered)
[27] διατάσσω 3s aor act ind, command
[28] καταγγέλλω pres act ptc m p dat, proclaim
[29] χράομαι 1s pf mid ind, use
[30] ἀποθνῄσκω aor act inf, die
[31] καύχημα, -τος n, ground for boasting
[32] κενόω 3s fut act ind, deprive
[33] ἀνάγκη, -ης f, necessity
[34] ἐπίκειμαι 3s pres mid ind, lie on
[35] ἑκών, -οῦσα/όν, of one's own free will
[36] μισθός, -οῦ m, reward
[37] ἄκων, adv, unwillingly
[38] οἰκονομία, -ας f, responsibility
[39] μισθός, -οῦ m, reward
[40] ἀδάπανος, -ον, free of charge
[41] τίθημι 1s fut act ind, present
[42] καταχράομαι aor mid inf, make full use of
[43] ἐλεύθερος, -α/ον, free
[44] δουλόω 1s aor act ind, make (someone) a slave
[45] πολύς, much (comp)
[46] κερδαίνω 1s aor act sub, win

κερδήσω· τοῖς ὑπὸ νόμον ὡς ὑπὸ νόμον, μὴ ὢν αὐτὸς ὑπὸ νόμον, ἵνα τοὺς ὑπὸ νόμον κερδήσω· **21** τοῖς ἀνόμοις¹ ὡς ἄνομος, μὴ ὢν ἄνομος θεοῦ ἀλλ' ἔννομος² Χριστοῦ, ἵνα κερδάνω τοὺς ἀνόμους· **22** ἐγενόμην³ τοῖς ἀσθενέσιν⁴ ἀσθενής, ἵνα τοὺς ἀσθενεῖς κερδήσω· τοῖς πᾶσιν γέγονα πάντα, ἵνα πάντως⁵ τινὰς σώσω. **23** πάντα δὲ ποιῶ διὰ τὸ εὐαγγέλιον, ἵνα συγκοινωνὸς⁶ αὐτοῦ γένωμαι⁷.
24 Οὐκ οἴδατε ὅτι οἱ ἐν σταδίῳ⁸ τρέχοντες⁹ πάντες μὲν τρέχουσιν, εἷς δὲ λαμβάνει τὸ βραβεῖον¹⁰; οὕτως τρέχετε ἵνα καταλάβητε¹¹. **25** πᾶς δὲ ὁ ἀγωνιζόμενος¹² πάντα ἐγκρατεύεται¹³, ἐκεῖνοι μὲν οὖν ἵνα φθαρτὸν¹⁴ στέφανον¹⁵ λάβωσιν, ἡμεῖς δὲ ἄφθαρτον¹⁶. **26** ἐγὼ τοίνυν¹⁷ οὕτως τρέχω ὡς οὐκ ἀδήλως¹⁸, οὕτως πυκτεύω¹⁹ ὡς οὐκ ἀέρα²⁰ δέρων²¹· **27** ἀλλ' ὑπωπιάζω²² μου τὸ σῶμα καὶ δουλαγωγῶ²³, μή πως²⁴ ἄλλοις κηρύξας αὐτὸς ἀδόκιμος²⁵ γένωμαι.

Warning against Idolatry

10 Οὐ θέλω γὰρ ὑμᾶς ἀγνοεῖν²⁶, ἀδελφοί, ὅτι οἱ πατέρες ἡμῶν πάντες ὑπὸ τὴν νεφέλην²⁷ ἦσαν καὶ πάντες διὰ τῆς θαλάσσης διῆλθον²⁸ **2** καὶ πάντες εἰς τὸν Μωϋσῆν ἐβαπτίσθησαν ἐν τῇ νεφέλῃ καὶ ἐν τῇ θαλάσσῃ **3** καὶ πάντες τὸ αὐτὸ πνευματικὸν²⁹ βρῶμα³⁰ ἔφαγον³¹ **4** καὶ πάντες τὸ αὐτὸ πνευματικὸν ἔπιον³² πόμα³³· ἔπινον γὰρ ἐκ πνευματικῆς ἀκολουθούσης πέτρας³⁴, ἡ πέτρα δὲ ἦν ὁ Χριστός. **5** ἀλλ' οὐκ ἐν τοῖς πλείοσιν³⁵ αὐτῶν εὐδόκησεν³⁶ ὁ θεός, κατεστρώθησαν³⁷ γὰρ ἐν τῇ ἐρήμῳ. **6** ταῦτα δὲ τύποι³⁸ ἡμῶν ἐγενήθησαν³⁹, εἰς τὸ μὴ εἶναι ἡμᾶς ἐπιθυμητὰς⁴⁰ κακῶν, καθὼς κἀκεῖνοι ἐπεθύμησαν⁴¹. **7** μηδὲ εἰδωλολάτραι⁴² γίνεσθε καθὼς τινες αὐτῶν, ὥσπερ γέγραπται· ἐκάθισεν ὁ λαὸς φαγεῖν⁴³

---

[1] ἄνομος, -ον, outside the (Jewish) law
[2] ἔννομος, -ον, subject to law
[3] γίνομαι 1s aor mid ind, be
[4] ἀσθενής, -ές, weak
[5] πάντως, adv, by all means
[6] συγκοινωνός, -οῦ m, participant
[7] γίνομαι 1s aor mid sub, become
[8] στάδιον, -ου n, stadium
[9] τρέχω pres act ptc m p nom, run
[10] βραβεῖον, -ου n, prize
[11] καταλαμβάνω 2p aor act sub, obtain
[12] ἀγωνίζομαι pres mid ptc m s nom, struggle
[13] ἐγκρατεύομαι 3s pres mid ind, exercise self-control
[14] φθαρτός, -ή/όν, perishable
[15] στέφανος, -ου m, crown
[16] ἄφθαρτος, -ον, imperishable
[17] τοίνυν, conj, for that reason
[18] ἀδήλως, adv, aimlessly
[19] πυκτεύω 1s pres act ind, box
[20] ἀήρ, -έρος m, air
[21] δέρω pres act ptc m s nom, beat
[22] ὑπωπιάζω 1s pres act ind, treat with severity
[23] δουλαγωγέω 1s pres act ind, bring under control
[24] πώς, particle, somehow
[25] ἀδόκιμος, -ον, disqualified
[26] ἀγνοέω pres act inf, fail to understand
[27] νεφέλη, -ης f, cloud
[28] διέρχομαι 3p aor act ind, go through
[29] πνευματικός, -ή/όν, spiritual
[30] βρῶμα, -τος n, food
[31] ἐσθίω 3p aor act ind, eat
[32] πίνω 3p aor act ind, drink
[33] πόμα, -τος n, drink
[34] πέτρα, -ας f, rock
[35] πολύς, many (comp)
[36] εὐδοκέω 3s aor act ind, be pleased
[37] καταστρώννυμι 3p aor pas ind, scatter (of bodies)
[38] τύπος, -ου m, example
[39] γίνομαι 3p aor pas ind, become
[40] ἐπιθυμητής, -οῦ m, one who desires
[41] ἐπιθυμέω 3p aor act ind, desire
[42] εἰδωλολάτρης, -ου m, idolater
[43] ἐσθίω aor act inf, eat

καὶ πεῖν¹ καὶ ἀνέστησαν² παίζειν³. 8 μηδὲ πορνεύωμεν⁴, καθώς τινες αὐτῶν ἐπόρνευσαν καὶ ἔπεσαν⁵ μιᾷ ἡμέρᾳ εἴκοσι⁶ τρεῖς χιλιάδες⁷. 9 μηδὲ ἐκπειράζωμεν⁸ τὸν Χριστόν, καθώς τινες αὐτῶν ἐπείρασαν καὶ ὑπὸ τῶν ὄφεων⁹ ἀπώλλυντο¹⁰. 10 μηδὲ γογγύζετε¹¹, καθάπερ¹² τινὲς αὐτῶν ἐγόγγυσαν καὶ ἀπώλοντο¹³ ὑπὸ τοῦ ὀλοθρευτοῦ¹⁴. 11 ταῦτα δὲ τυπικῶς¹⁵ συνέβαινεν¹⁶ ἐκείνοις, ἐγράφη δὲ πρὸς νουθεσίαν¹⁷ ἡμῶν, εἰς οὓς τὰ τέλη τῶν αἰώνων κατήντηκεν¹⁸. 12 ὥστε ὁ δοκῶν ἑστάναι¹⁹ βλεπέτω μὴ πέσῃ²⁰. 13 πειρασμὸς²¹ ὑμᾶς οὐκ εἴληφεν²² εἰ μὴ ἀνθρώπινος²³· πιστὸς δὲ ὁ θεός, ὃς οὐκ ἐάσει²⁴ ὑμᾶς πειρασθῆναι ὑπὲρ ὃ δύνασθε ἀλλὰ ποιήσει σὺν τῷ πειρασμῷ καὶ τὴν ἔκβασιν²⁵ τοῦ δύνασθαι ὑπενεγκεῖν²⁶.

14 Διόπερ²⁷, ἀγαπητοί μου, φεύγετε²⁸ ἀπὸ τῆς εἰδωλολατρίας²⁹. 15 ὡς φρονίμοις³⁰ λέγω· κρίνατε ὑμεῖς ὅ φημι. 16 τὸ ποτήριον τῆς εὐλογίας³¹ ὃ εὐλογοῦμεν, οὐχὶ κοινωνία³² ἐστὶν τοῦ αἵματος τοῦ Χριστοῦ; τὸν ἄρτον ὃν κλῶμεν³³, οὐχὶ κοινωνία τοῦ σώματος τοῦ Χριστοῦ ἐστιν; 17 ὅτι εἷς ἄρτος, ἓν σῶμα οἱ πολλοί ἐσμεν, οἱ γὰρ πάντες ἐκ τοῦ ἑνὸς ἄρτου μετέχομεν³⁴. 18 βλέπετε τὸν Ἰσραὴλ κατὰ σάρκα· οὐχ οἱ ἐσθίοντες τὰς θυσίας³⁵ κοινωνοὶ³⁶ τοῦ θυσιαστηρίου³⁷ εἰσίν; 19 τί οὖν φημι; ὅτι εἰδωλόθυτόν³⁸ τί ἐστιν ἢ ὅτι εἴδωλόν³⁹ τί ἐστιν; 20 ἀλλ' ὅτι ἃ θύουσιν⁴⁰, δαιμονίοις καὶ οὐ θεῷ θύουσιν· οὐ θέλω δὲ ὑμᾶς κοινωνοὺς τῶν δαιμονίων γίνεσθαι. 21 οὐ δύνασθε ποτήριον κυρίου πίνειν καὶ ποτήριον δαιμονίων, οὐ δύνασθε τραπέζης⁴¹ κυρίου μετέχειν⁴² καὶ τραπέζης δαιμονίων. 22 ἢ παραζηλοῦμεν⁴³ τὸν κύριον; μὴ ἰσχυρότεροι⁴⁴ αὐτοῦ ἐσμεν;

---

1 πίνω *aor act inf*, drink
2 ἀνίστημι *3p aor act ind, intrans* stand up
3 παίζω *pres act inf*, dance/amuse oneself
4 πορνεύω *1p pres act sub*, commit sexual immorality
5 πίπτω *3p aor act ind*, fall
6 εἴκοσι, twenty
7 χιλιάς, -άδος *f*, a thousand
8 ἐκπειράζω *1p pres act sub*, put to the test
9 ὄφις, -εως *m*, snake
10 ἀπόλλυμι *3p impf pas ind*, destroy
11 γογγύζω *2p pres act impv*, grumble
12 καθάπερ, *conj*, just as
13 ἀπόλλυμι *3p aor mid ind*, destroy
14 ὀλοθρευτής, -οῦ *m*, destroying angel
15 τυπικῶς, *adv*, as a warning
16 συμβαίνω *3s impf act ind*, happen
17 νουθεσία, -ας *f*, instruction
18 καταντάω *3s pf act ind*, come
19 ἵστημι *pf act inf, intrans* stand
20 πίπτω *3s aor act sub*, fall
21 πειρασμός, -οῦ *m*, temptation/testing
22 λαμβάνω *3s pf act ind*, overtake
23 ἀνθρώπινος, -η/ον, common to humans
24 ἐάω *3s fut act ind*, let
25 ἔκβασις, -εως *f*, way out
26 ὑποφέρω *aor act inf*, endure
27 διόπερ, *conj*, and so
28 φεύγω *2p pres act impv*, run from
29 εἰδωλολατρία, -ας *f*, idolatry
30 φρόνιμος, -ον, sensible
31 εὐλογία, -ας *f*, blessing
32 κοινωνία, -ας *f*, fellowship
33 κλάω *1p pres act ind*, break
34 μετέχω *1p pres act ind*, share in
35 θυσία, -ας *f*, sacrifice
36 κοινωνός, -οῦ *m*, participant
37 θυσιαστήριον, -ου *n*, altar
38 εἰδωλόθυτος, -ον, (food) sacrificed to idols
39 εἴδωλον, -ου *n*, idol
40 θύω *3p pres act ind*, sacrifice
41 τράπεζα, -ης *f*, table
42 μετέχω *pres act inf*, share in
43 παραζηλόω *1p pres act ind*, make jealous
44 ἰσχυρός, strong (comp)

Do All to the Glory of God

23 Πάντα ἔξεστιν ἀλλ' οὐ πάντα συμφέρει[1]· πάντα ἔξεστιν ἀλλ' οὐ πάντα οἰκοδομεῖ. **24** μηδεὶς τὸ ἑαυτοῦ ζητείτω ἀλλὰ τὸ τοῦ ἑτέρου. **25** πᾶν τὸ ἐν μακέλλῳ[2] πωλούμενον[3] ἐσθίετε μηδὲν ἀνακρίνοντες[4] διὰ τὴν συνείδησιν[5]· **26** τοῦ κυρίου γὰρ ἡ γῆ καὶ τὸ πλήρωμα[6] αὐτῆς. **27** εἴ τις καλεῖ ὑμᾶς τῶν ἀπίστων[7] καὶ θέλετε πορεύεσθαι, πᾶν τὸ παρατιθέμενον[8] ὑμῖν ἐσθίετε μηδὲν ἀνακρίνοντες διὰ τὴν συνείδησιν. **28** ἐὰν δέ τις ὑμῖν εἴπῃ[9]· τοῦτο ἱερόθυτόν[10] ἐστιν, μὴ ἐσθίετε δι' ἐκεῖνον τὸν μηνύσαντα[11] καὶ τὴν συνείδησιν· **29** συνείδησιν δὲ λέγω οὐχὶ τὴν ἑαυτοῦ ἀλλὰ τὴν τοῦ ἑτέρου. ἱνατί[12] γὰρ ἡ ἐλευθερία[13] μου κρίνεται ὑπὸ ἄλλης συνειδήσεως; **30** εἰ ἐγὼ χάριτι μετέχω[14], τί βλασφημοῦμαι ὑπὲρ οὗ ἐγὼ εὐχαριστῶ; **31** εἴτε οὖν ἐσθίετε εἴτε πίνετε εἴτε τι ποιεῖτε, πάντα εἰς δόξαν θεοῦ ποιεῖτε. **32** ἀπρόσκοποι[15] καὶ Ἰουδαίοις γίνεσθε καὶ Ἕλλησιν καὶ τῇ ἐκκλησίᾳ τοῦ θεοῦ, **33** καθὼς κἀγὼ πάντα πᾶσιν ἀρέσκω[16] μὴ ζητῶν τὸ ἐμαυτοῦ σύμφορον[17] ἀλλὰ τὸ τῶν πολλῶν, ἵνα σωθῶσιν. **11 1** μιμηταί[18] μου γίνεσθε καθὼς κἀγὼ Χριστοῦ.

Head Coverings

2 Ἐπαινῶ[19] δὲ ὑμᾶς ὅτι πάντα μου μέμνησθε[20] καί, καθὼς παρέδωκα ὑμῖν, τὰς παραδόσεις[21] κατέχετε[22]. **3** θέλω δὲ ὑμᾶς εἰδέναι[23] ὅτι παντὸς ἀνδρὸς ἡ κεφαλὴ ὁ Χριστός ἐστιν, κεφαλὴ δὲ γυναικὸς ὁ ἀνήρ, κεφαλὴ δὲ τοῦ Χριστοῦ ὁ θεός. **4** πᾶς ἀνὴρ προσευχόμενος ἢ προφητεύων[24] κατὰ κεφαλῆς ἔχων καταισχύνει[25] τὴν κεφαλὴν αὐτοῦ. **5** πᾶσα δὲ γυνὴ προσευχομένη ἢ προφητεύουσα ἀκατακαλύπτῳ[26] τῇ κεφαλῇ καταισχύνει τὴν κεφαλὴν αὐτῆς· ἓν γάρ ἐστιν καὶ τὸ αὐτὸ τῇ ἐξυρημένῃ[27]. **6** εἰ γὰρ οὐ κατακαλύπτεται[28] γυνή, καὶ κειράσθω[29]· εἰ δὲ αἰσχρὸν[30] γυναικὶ τὸ κείρασθαι ἢ ξυρᾶσθαι, κατακαλυπτέσθω. **7** ἀνὴρ μὲν γὰρ οὐκ ὀφείλει κατακαλύπτεσθαι τὴν κεφαλὴν εἰκὼν[31] καὶ δόξα θεοῦ ὑπάρχων· ἡ γυνὴ δὲ δόξα ἀνδρός ἐστιν. **8** οὐ γάρ ἐστιν ἀνὴρ ἐκ γυναικὸς ἀλλὰ γυνὴ ἐξ ἀνδρός· **9** καὶ γὰρ οὐκ ἐκτίσθη[32]

---

[1] συμφέρω 3s pres act ind, be helpful
[2] μάκελλον, -ου n, meat market
[3] πωλέω pres pas ptc n s acc, sell
[4] ἀνακρίνω pres act ptc m p nom, raise a question
[5] συνείδησις, -εως f, conscience
[6] πλήρωμα, -ατος n, contents
[7] ἄπιστος, -ον, unbelieving
[8] παρατίθημι pres pas ptc n s acc, put before
[9] λέγω 3s aor act sub, say
[10] ἱερόθυτος, -ον, offered in sacrifice
[11] μηνύω aor act ptc m s acc, inform
[12] ἱνατί, why?
[13] ἐλευθερία, -ας f, freedom
[14] μετέχω 1s pres act ind, take part in
[15] ἀπρόσκοπος, -ον, inoffensive
[16] ἀρέσκω 1s pres act ind, please
[17] σύμφορος, -ου n, benefit
[18] μιμητής, -οῦ m, imitator
[19] ἐπαινέω 1s pres act ind, commend
[20] μιμνήσκομαι 2p pf pas ind, remember
[21] παράδοσις, -εως f, tradition
[22] κατέχω 2p pres act ind, hold fast
[23] οἶδα pf act inf, understand
[24] προφητεύω pres act ptc m s nom, prophesy
[25] καταισχύνω 3s pres act ind, dishonor
[26] ἀκατακάλυπτος, -ον, uncovered
[27] ξυράω pf pas ptc f s dat, shave
[28] κατακαλύπτω 3s pres mid ind, mid cover one's head
[29] κείρω 3s aor mid impv, cut off
[30] αἰσχρός, -ά/όν, disgraceful
[31] εἰκών, -όνος f, image
[32] κτίζω 3s aor pas ind, create

ἀνὴρ διὰ τὴν γυναῖκα ἀλλὰ γυνὴ διὰ τὸν ἄνδρα. **10** διὰ τοῦτο ὀφείλει ἡ γυνὴ ἐξουσίαν ἔχειν ἐπὶ τῆς κεφαλῆς διὰ τοὺς ἀγγέλους. **11** πλὴν οὔτε γυνὴ χωρὶς ἀνδρὸς οὔτε ἀνὴρ χωρὶς γυναικὸς ἐν κυρίῳ· **12** ὥσπερ γὰρ ἡ γυνὴ ἐκ τοῦ ἀνδρός, οὕτως καὶ ὁ ἀνὴρ διὰ τῆς γυναικός· τὰ δὲ πάντα ἐκ τοῦ θεοῦ. **13** ἐν ὑμῖν αὐτοῖς κρίνατε· πρέπον[1] ἐστὶν γυναῖκα ἀκατακάλυπτον[2] τῷ θεῷ προσεύχεσθαι; **14** οὐδὲ ἡ φύσις[3] αὐτὴ διδάσκει ὑμᾶς ὅτι ἀνὴρ μὲν ἐὰν κομᾷ[4] ἀτιμία[5] αὐτῷ ἐστιν, **15** γυνὴ δὲ ἐὰν κομᾷ δόξα αὐτῇ ἐστιν; ὅτι ἡ κόμη[6] ἀντὶ[7] περιβολαίου[8] δέδοται[9] [αὐτῇ]. **16** εἰ δέ τις δοκεῖ φιλόνεικος[10] εἶναι, ἡμεῖς τοιαύτην συνήθειαν[11] οὐκ ἔχομεν οὐδὲ αἱ ἐκκλησίαι τοῦ θεοῦ.

Abuses at the Lord's Supper

17 Τοῦτο δὲ παραγγέλλων οὐκ ἐπαινῶ[12] ὅτι οὐκ εἰς τὸ κρεῖσσον[13] ἀλλ' εἰς τὸ ἧσσον[14] συνέρχεσθε[15]. **18** πρῶτον μὲν γὰρ συνερχομένων ὑμῶν ἐν ἐκκλησίᾳ ἀκούω σχίσματα[16] ἐν ὑμῖν ὑπάρχειν καὶ μέρος τι πιστεύω. **19** δεῖ γὰρ καὶ αἱρέσεις[17] ἐν ὑμῖν εἶναι, ἵνα [καὶ] οἱ δόκιμοι[18] φανεροὶ[19] γένωνται[20] ἐν ὑμῖν. **20** συνερχομένων οὖν ὑμῶν ἐπὶ τὸ αὐτὸ οὐκ ἔστιν κυριακὸν[21] δεῖπνον[22] φαγεῖν[23]· **21** ἕκαστος γὰρ τὸ ἴδιον δεῖπνον προλαμβάνει[24] ἐν τῷ φαγεῖν[25], καὶ ὃς μὲν πεινᾷ[26] ὃς δὲ μεθύει[27]. **22** μὴ γὰρ οἰκίας οὐκ ἔχετε εἰς τὸ ἐσθίειν καὶ πίνειν; ἢ τῆς ἐκκλησίας τοῦ θεοῦ καταφρονεῖτε[28], καὶ καταισχύνετε[29] τοὺς μὴ ἔχοντας; τί εἴπω ὑμῖν; ἐπαινέσω ὑμᾶς; ἐν τούτῳ οὐκ ἐπαινῶ.

The Institution of the Lord's Supper (Mt 26.26-29; Mk 14.22-25; Lk 22.14-20)

23 Ἐγὼ γὰρ παρέλαβον ἀπὸ τοῦ κυρίου, ὃ καὶ παρέδωκα ὑμῖν, ὅτι ὁ κύριος Ἰησοῦς ἐν τῇ νυκτὶ ᾗ παρεδίδετο[30] ἔλαβεν ἄρτον **24** καὶ εὐχαριστήσας ἔκλασεν[31] καὶ εἶπεν· τοῦτό μού ἐστιν τὸ σῶμα τὸ ὑπὲρ ὑμῶν· τοῦτο ποιεῖτε εἰς τὴν ἐμὴν ἀνάμνησιν[32]. **25** ὡσαύτως[33] καὶ τὸ ποτήριον μετὰ τὸ δειπνῆσαι[34] λέγων· τοῦτο τὸ ποτήριον

---

[1] πρέπω *pres act ptc n s nom, impers* it is proper
[2] ἀκατακάλυπτος, -ον, uncovered
[3] φύσις, -εως f, nature
[4] κομάω *3s pres act sub*, wear long hair
[5] ἀτιμία, -ας f, disgrace
[6] κόμη, -ης f, hair
[7] ἀντί, *prep + gen*, for
[8] περιβόλαιον, -ου n, covering
[9] δίδωμι *3s pf pas ind*, give
[10] φιλόνεικος, -ον, argumentative
[11] συνήθεια, -ας f, practice
[12] ἐπαινέω *1s pres act ind*, commend
[13] κρείττων, better (comp of ἀγαθός)
[14] ἥσσων, worse (comp w/o a positive)
[15] συνέρχομαι *2p pres mid ind*, come together
[16] σχίσμα, -τος n, division
[17] αἵρεσις, -εως f, difference
[18] δόκιμος, -ον, genuine
[19] φανερός, -ά/όν, evident
[20] γίνομαι *3p aor mid sub*, become
[21] κυριακός, -ή/όν, belonging to the Lord
[22] δεῖπνον, -ου n, supper
[23] ἐσθίω *aor act inf*, eat
[24] προλαμβάνω *3s pres act ind*, go ahead (of others)
[25] ἐσθίω *aor act inf*, eat
[26] πεινάω *3s pres act ind*, be hungry
[27] μεθύω *3s pres act ind*, be drunk
[28] καταφρονέω *2p pres act ind*, despise
[29] καταισχύνω *2p pres act ind*, humiliate
[30] παραδίδωμι *3s impf pas ind*, betray
[31] κλάω *3s aor act ind*, break
[32] ἀνάμνησις, -εως f, remembrance
[33] ὡσαύτως, *adv*, in the same way
[34] δειπνέω *aor act inf*, eat

ἡ καινὴ διαθήκη ἐστὶν ἐν τῷ ἐμῷ αἵματι· τοῦτο ποιεῖτε, ὁσάκις¹ ἐὰν πίνητε, εἰς τὴν ἐμὴν ἀνάμνησιν. **26** ὁσάκις γὰρ ἐὰν ἐσθίητε τὸν ἄρτον τοῦτον καὶ τὸ ποτήριον πίνητε, τὸν θάνατον τοῦ κυρίου καταγγέλλετε² ἄχρι οὗ ἔλθῃ³.

Unworthy Participation in the Supper

27 Ὥστε ὃς ἂν ἐσθίῃ τὸν ἄρτον ἢ πίνῃ τὸ ποτήριον τοῦ κυρίου ἀναξίως⁴, ἔνοχος⁵ ἔσται τοῦ σώματος καὶ τοῦ αἵματος τοῦ κυρίου. **28** δοκιμαζέτω⁶ δὲ ἄνθρωπος ἑαυτὸν καὶ οὕτως ἐκ τοῦ ἄρτου ἐσθιέτω καὶ ἐκ τοῦ ποτηρίου πινέτω· **29** ὁ γὰρ ἐσθίων καὶ πίνων κρίμα⁷ ἑαυτῷ ἐσθίει καὶ πίνει μὴ διακρίνων⁸ τὸ σῶμα. **30** διὰ τοῦτο ἐν ὑμῖν πολλοὶ ἀσθενεῖς⁹ καὶ ἄρρωστοι¹⁰ καὶ κοιμῶνται¹¹ ἱκανοί. **31** εἰ δὲ ἑαυτοὺς διεκρίνομεν, οὐκ ἂν ἐκρινόμεθα· **32** κρινόμενοι δὲ ὑπὸ [τοῦ] κυρίου παιδευόμεθα¹², ἵνα μὴ σὺν τῷ κόσμῳ κατακριθῶμεν¹³. **33** ὥστε, ἀδελφοί μου, συνερχόμενοι¹⁴ εἰς τὸ φαγεῖν¹⁵ ἀλλήλους ἐκδέχεσθε¹⁶. **34** εἴ τις πεινᾷ¹⁷, ἐν οἴκῳ ἐσθιέτω, ἵνα μὴ εἰς κρίμα¹⁸ συνέρχησθε. τὰ δὲ λοιπὰ ὡς ἂν ἔλθω¹⁹ διατάξομαι²⁰.

Spiritual Gifts

12 Περὶ δὲ τῶν πνευματικῶν²¹, ἀδελφοί, οὐ θέλω ὑμᾶς ἀγνοεῖν²². **2** οἴδατε ὅτι ὅτε ἔθνη ἦτε πρὸς τὰ εἴδωλα²³ τὰ ἄφωνα²⁴ ὡς ἂν ἤγεσθε²⁵ ἀπαγόμενοι²⁶. **3** διὸ γνωρίζω²⁷ ὑμῖν ὅτι οὐδεὶς ἐν πνεύματι θεοῦ λαλῶν λέγει· ἀνάθεμα²⁸ Ἰησοῦς, καὶ οὐδεὶς δύναται εἰπεῖν· Κύριος Ἰησοῦς, εἰ μὴ ἐν πνεύματι ἁγίῳ.

4 Διαιρέσεις²⁹ δὲ χαρισμάτων³⁰ εἰσίν, τὸ δὲ αὐτὸ πνεῦμα· **5** καὶ διαιρέσεις διακονιῶν εἰσιν, καὶ ὁ αὐτὸς κύριος· **6** καὶ διαιρέσεις ἐνεργημάτων³¹ εἰσίν, ὁ δὲ αὐτὸς θεὸς ὁ ἐνεργῶν³² τὰ πάντα ἐν πᾶσιν. **7** ἑκάστῳ δὲ δίδοται³³ ἡ φανέρωσις³⁴ τοῦ πνεύματος πρὸς τὸ συμφέρον³⁵. **8** ᾧ μὲν γὰρ διὰ τοῦ πνεύματος δίδοται λόγος

---

¹ ὁσάκις, *adv*, whenever
² καταγγέλλω *2p pres act ind*, proclaim
³ ἔρχομαι *3s aor act sub*, come
⁴ ἀναξίως, *adv*, in an unworthy manner
⁵ ἔνοχος, -ον, guilty
⁶ δοκιμάζω *3s pres act impv*, examine
⁷ κρίμα, -τος *n*, judgment
⁸ διακρίνω *pres act ptc m s nom*, discern
⁹ ἀσθενής, -ές, weak
¹⁰ ἄρρωστος, -ον, sick
¹¹ κοιμάομαι *3p pres pas ind*, die
¹² παιδεύω *1p pres pas ind*, instruct
¹³ κατακρίνω *1p aor pas sub*, condemn
¹⁴ συνέρχομαι *pres mid ptc m p nom*, come together
¹⁵ ἐσθίω *aor act inf*, eat
¹⁶ ἐκδέχομαι *2p pres mid impv*, wait for
¹⁷ πεινάω *3s pres act ind*, be hungry
¹⁸ κρίμα, -τος *n*, condemnation
¹⁹ ἔρχομαι *1s aor act sub*, come
²⁰ διατάσσω *1s fut mid ind*, give instructions
²¹ πνευματικός, -ή/όν, spiritual (gift/person)
²² ἀγνοέω *pres act inf*, be uninformed
²³ εἴδωλον, -ου *n*, idol
²⁴ ἄφωνος, -ον, unable to speak
²⁵ ἄγω *2p impf pas ind*, lead
²⁶ ἀπάγω *pres pas ptc m p nom*, lead astray
²⁷ γνωρίζω *1s pres act ind*, make known
²⁸ ἀνάθεμα, -τος *n*, under God's curse
²⁹ διαίρεσις, -εως *f*, variety
³⁰ χάρισμα, -τος *n*, gift
³¹ ἐνέργημα, -τος *n*, working
³² ἐνεργέω *pres act ptc m s nom*, work/be at work
³³ δίδωμι *3s pres pas ind*, give
³⁴ φανέρωσις, -εως *f*, manisfestation
³⁵ συμφέρω *pres act ptc n s acc*, be helpful

σοφίας, ἄλλῳ δὲ λόγος γνώσεως¹ κατὰ τὸ αὐτὸ πνεῦμα, **9** ἑτέρῳ πίστις ἐν τῷ αὐτῷ πνεύματι, ἄλλῳ δὲ χαρίσματα ἰαμάτων² ἐν τῷ ἑνὶ πνεύματι, **10** ἄλλῳ δὲ ἐνεργήματα³ δυνάμεων, ἄλλῳ [δὲ] προφητεία⁴, ἄλλῳ [δὲ] διακρίσεις⁵ πνευμάτων, ἑτέρῳ γένη⁶ γλωσσῶν, ἄλλῳ δὲ ἑρμηνεία⁷ γλωσσῶν· **11** πάντα δὲ ταῦτα ἐνεργεῖ τὸ ἓν καὶ τὸ αὐτὸ πνεῦμα διαιροῦν⁸ ἰδίᾳ ἑκάστῳ καθὼς βούλεται.

One Body with Many Members

12 Καθάπερ⁹ γὰρ τὸ σῶμα ἕν ἐστιν καὶ μέλη πολλὰ ἔχει, πάντα δὲ τὰ μέλη τοῦ σώματος πολλὰ ὄντα ἕν ἐστιν σῶμα, οὕτως καὶ ὁ Χριστός· **13** καὶ γὰρ ἐν ἑνὶ πνεύματι ἡμεῖς πάντες εἰς ἓν σῶμα ἐβαπτίσθημεν, εἴτε Ἰουδαῖοι εἴτε Ἕλληνες εἴτε δοῦλοι εἴτε ἐλεύθεροι¹⁰, καὶ πάντες ἓν πνεῦμα ἐποτίσθημεν¹¹. **14** καὶ γὰρ τὸ σῶμα οὐκ ἔστιν ἓν μέλος ἀλλὰ πολλά. **15** ἐὰν εἴπῃ¹² ὁ πούς· ὅτι οὐκ εἰμὶ χείρ, οὐκ εἰμὶ ἐκ τοῦ σώματος, οὐ παρὰ τοῦτο οὐκ ἔστιν ἐκ τοῦ σώματος; **16** καὶ ἐὰν εἴπῃ τὸ οὖς· ὅτι οὐκ εἰμὶ ὀφθαλμός, οὐκ εἰμὶ ἐκ τοῦ σώματος, οὐ παρὰ τοῦτο οὐκ ἔστιν ἐκ τοῦ σώματος; **17** εἰ ὅλον τὸ σῶμα ὀφθαλμός, ποῦ ἡ ἀκοή¹³; εἰ ὅλον ἀκοή, ποῦ ἡ ὄσφρησις¹⁴; **18** νυνὶ¹⁵ δὲ ὁ θεὸς ἔθετο¹⁶ τὰ μέλη, ἓν ἕκαστον αὐτῶν ἐν τῷ σώματι καθὼς ἠθέλησεν¹⁷. **19** εἰ δὲ ἦν τὰ πάντα ἓν μέλος, ποῦ τὸ σῶμα; **20** νῦν δὲ πολλὰ μὲν μέλη, ἓν δὲ σῶμα. **21** οὐ δύναται δὲ ὁ ὀφθαλμὸς εἰπεῖν τῇ χειρί· χρείαν σου οὐκ ἔχω, ἢ πάλιν ἡ κεφαλὴ τοῖς ποσίν· χρείαν ὑμῶν οὐκ ἔχω· **22** ἀλλὰ πολλῷ μᾶλλον τὰ δοκοῦντα μέλη τοῦ σώματος ἀσθενέστερα¹⁸ ὑπάρχειν ἀναγκαῖά¹⁹ ἐστιν, **23** καὶ ἃ δοκοῦμεν ἀτιμότερα²⁰ εἶναι τοῦ σώματος τούτοις τιμὴν περισσοτέραν²¹ περιτίθεμεν²², καὶ τὰ ἀσχήμονα²³ ἡμῶν εὐσχημοσύνην²⁴ περισσοτέραν ἔχει, **24** τὰ δὲ εὐσχήμονα²⁵ ἡμῶν οὐ χρείαν ἔχει. ἀλλ' ὁ θεὸς συνεκέρασεν²⁶ τὸ σῶμα τῷ ὑστερουμένῳ²⁷ περισσοτέραν δοὺς²⁸ τιμήν, **25** ἵνα μὴ ᾖ σχίσμα²⁹ ἐν τῷ σώματι ἀλλὰ τὸ αὐτὸ ὑπὲρ ἀλλήλων μεριμνῶσιν³⁰ τὰ μέλη. **26** καὶ εἴτε πάσχει ἓν μέλος, συμπάσχει³¹ πάντα τὰ μέλη· εἴτε δοξάζεται [ἓν] μέλος, συγχαίρει³² πάντα τὰ μέλη. **27** ὑμεῖς δέ ἐστε

---

[1] γνῶσις, -εως f, knowledge
[2] ἴαμα, -τος n, healing
[3] ἐνέργημα, -τος n, working
[4] προφητεία, -ας f, prophecy
[5] διάκρισις, -εως f, ability to distinguish
[6] γένος, -ους n, kind
[7] ἑρμηνεία, -ας f, interpretation
[8] διαιρέω pres act ptc n s nom, distribute
[9] καθάπερ, conj, just as
[10] ἐλεύθερος, -α/ον, free
[11] ποτίζω 1p aor pas ind, give to drink
[12] λέγω 3s aor act sub, say
[13] ἀκοή, -ῆς f, hearing
[14] ὄσφρησις, -εως f, sense of smell
[15] νυνί, adv, now
[16] τίθημι 3s aor mid ind, put
[17] θέλω 3s aor act ind, want
[18] ἀσθενής, weak (comp)
[19] ἀναγκαῖος, -α/ον, necessary
[20] ἄτιμος, dishonored (comp)
[21] περισσότερος, greater (comp of περισσός)
[22] περιτίθημι 1p pres act ind, treat
[23] ἀσχήμων, -ον, unpresentable
[24] εὐσχημοσύνη, -ης f, modesty
[25] εὐσχήμων, -ον, gen -ονος, more presentable
[26] συγκεράννυμι 3s aor act ind, put together
[27] ὑστερέω pres pas ptc n s dat, pas lack
[28] δίδωμι aor act ptc m s nom, give
[29] σχίσμα, -τος n, division
[30] μεριμνάω 3p pres act sub, be concerned about
[31] συμπάσχω 3s pres act ind, suffer together
[32] συγχαίρω 3s pres act ind, rejoice together

σῶμα Χριστοῦ καὶ μέλη ἐκ μέρους. 28 καὶ οὓς μὲν ἔθετο¹ ὁ θεὸς ἐν τῇ ἐκκλησίᾳ πρῶτον ἀποστόλους, δεύτερον προφήτας, τρίτον διδασκάλους, ἔπειτα² δυνάμεις, ἔπειτα χαρίσματα³ ἰαμάτων⁴, ἀντιλήμψεις⁵, κυβερνήσεις⁶, γένη⁷ γλωσσῶν. 29 μὴ πάντες ἀπόστολοι; μὴ πάντες προφῆται; μὴ πάντες διδάσκαλοι; μὴ πάντες δυνάμεις; 30 μὴ πάντες χαρίσματα ἔχουσιν ἰαμάτων; μὴ πάντες γλώσσαις λαλοῦσιν; μὴ πάντες διερμηνεύουσιν⁸; 31 ζηλοῦτε⁹ δὲ τὰ χαρίσματα τὰ μείζονα¹⁰.

Love

Καὶ ἔτι καθ᾽ ὑπερβολὴν¹¹ ὁδὸν ὑμῖν δείκνυμι¹².

13 Ἐὰν ταῖς γλώσσαις τῶν ἀνθρώπων λαλῶ καὶ τῶν ἀγγέλων, ἀγάπην δὲ μὴ ἔχω, γέγονα¹³ χαλκὸς¹⁴ ἠχῶν¹⁵ ἢ κύμβαλον¹⁶ ἀλαλάζον¹⁷. 2 καὶ ἐὰν ἔχω προφητείαν¹⁸ καὶ εἰδῶ¹⁹ τὰ μυστήρια²⁰ πάντα καὶ πᾶσαν τὴν γνῶσιν²¹ καὶ ἐὰν ἔχω πᾶσαν τὴν πίστιν ὥστε ὄρη μεθιστάναι²², ἀγάπην δὲ μὴ ἔχω, οὐθέν²³ εἰμι. 3 κἂν²⁴ ψωμίσω²⁵ πάντα τὰ ὑπάρχοντά μου καὶ ἐὰν παραδῶ²⁶ τὸ σῶμά μου ἵνα καυχήσωμαι, ἀγάπην δὲ μὴ ἔχω, οὐδὲν ὠφελοῦμαι²⁷.

4 Ἡ ἀγάπη μακροθυμεῖ²⁸, χρηστεύεται²⁹ ἡ ἀγάπη, οὐ ζηλοῖ³⁰, [ἡ ἀγάπη] οὐ περπερεύεται³¹, οὐ φυσιοῦται³², 5 οὐκ ἀσχημονεῖ³³, οὐ ζητεῖ τὰ ἑαυτῆς, οὐ παροξύνεται³⁴, οὐ λογίζεται τὸ κακόν, 6 οὐ χαίρει ἐπὶ τῇ ἀδικίᾳ³⁵, συγχαίρει³⁶ δὲ τῇ ἀληθείᾳ· 7 πάντα στέγει³⁷, πάντα πιστεύει, πάντα ἐλπίζει, πάντα ὑπομένει³⁸.

8 Ἡ ἀγάπη οὐδέποτε³⁹ πίπτει· εἴτε δὲ προφητεῖαι⁴⁰, καταργηθήσονται⁴¹· εἴτε γλῶσσαι, παύσονται⁴²· εἴτε γνῶσις, καταργηθήσεται. 9 ἐκ μέρους γὰρ γινώσκομεν

---

[1] τίθημι 3s aor mid ind, place
[2] ἔπειτα, adv, then
[3] χάρισμα, -τος n, gift
[4] ἴαμα, -τος n, healing
[5] ἀντίλημψις, -εως f, ability to help
[6] κυβέρνησις, -εως f, ability to lead
[7] γένος, -ους n, kind
[8] διερμηνεύω 3p pres act ind, interpret
[9] ζηλόω 2p pres act impv, eagerly desire
[10] μέγας, great (comp)
[11] ὑπερβολή, -ῆς f, a surpassing quality
[12] δείκνυμι 1s pres act ind, show
[13] γίνομαι 1s pf act ind, become
[14] χαλκός, -οῦ m, gong
[15] ἠχέω pres act ptc m s nom, be noisy
[16] κύμβαλον, -ου n, cymbal
[17] ἀλαλάζω pres act ptc n s nom, clang
[18] προφητεία, -ας f, prophecy
[19] οἶδα 1s pf act sub, understand
[20] μυστήριον, -ου n, mystery
[21] γνῶσις, -εως f, knowledge
[22] μεθίστημι pres act inf, move
[23] οὐδείς/οὐδεμία/οὐδέν, nothing
[24] κἄν, = καὶ ἐάν, and if
[25] ψωμίζω 1s aor act sub, give away
[26] παραδίδωμι 1s aor act sub, give
[27] ὠφελέω 1s pres mid/pas ind, pas gain
[28] μακροθυμέω 3s pres act ind, be patient
[29] χρηστεύομαι 3s pres mid ind, be kind
[30] ζηλόω 3s pres act ind, be jealous
[31] περπερεύομαι 3s pres mid ind, be boastful
[32] φυσιόω 3s pres pas ind, pas be arrogant
[33] ἀσχημονέω 3s pres act ind, be rude
[34] παροξύνω 3s pres pas ind, pas be irritable
[35] ἀδικία, -ας f, evil
[36] συγχαίρω 3s pres act ind, rejoice together
[37] στέγω 3s pres act ind, put up with
[38] ὑπομένω 3s pres act ind, endure
[39] οὐδέποτε, adv, never
[40] προφητεία, -ας f, prophecy
[41] καταργέω 3p fut pas ind, pas pass away
[42] παύω 3p fut mid ind, cease

καὶ ἐκ μέρους προφητεύομεν¹· 10 ὅταν δὲ ἔλθῃ² τὸ τέλειον³, τὸ ἐκ μέρους καταργηθήσεται. 11 ὅτε ἤμην νήπιος⁴, ἐλάλουν ὡς νήπιος, ἐφρόνουν⁵ ὡς νήπιος, ἐλογιζόμην ὡς νήπιος· ὅτε γέγονα ἀνήρ, κατήργηκα⁶ τὰ τοῦ νηπίου. 12 βλέπομεν γὰρ ἄρτι δι' ἐσόπτρου⁷ ἐν αἰνίγματι⁸, τότε δὲ πρόσωπον πρὸς πρόσωπον· ἄρτι γινώσκω ἐκ μέρους, τότε δὲ ἐπιγνώσομαι καθὼς καὶ ἐπεγνώσθην⁹. 13 νυνὶ¹⁰ δὲ μένει πίστις, ἐλπίς, ἀγάπη, τὰ τρία ταῦτα· μείζων¹¹ δὲ τούτων ἡ ἀγάπη.

Tongues and Prophecy

14 Διώκετε τὴν ἀγάπην, ζηλοῦτε¹² δὲ τὰ πνευματικά¹³, μᾶλλον δὲ ἵνα προφητεύητε¹⁴. 2 ὁ γὰρ λαλῶν γλώσσῃ οὐκ ἀνθρώποις λαλεῖ ἀλλὰ θεῷ· οὐδεὶς γὰρ ἀκούει, πνεύματι δὲ λαλεῖ μυστήρια¹⁵· 3 ὁ δὲ προφητεύων ἀνθρώποις λαλεῖ οἰκοδομὴν¹⁶ καὶ παράκλησιν¹⁷ καὶ παραμυθίαν¹⁸. 4 ὁ λαλῶν γλώσσῃ ἑαυτὸν οἰκοδομεῖ· ὁ δὲ προφητεύων ἐκκλησίαν οἰκοδομεῖ. 5 θέλω δὲ πάντας ὑμᾶς λαλεῖν γλώσσαις, μᾶλλον δὲ ἵνα προφητεύητε· μείζων¹⁹ δὲ ὁ προφητεύων ἢ ὁ λαλῶν γλώσσαις ἐκτὸς²⁰ εἰ μὴ διερμηνεύῃ²¹, ἵνα ἡ ἐκκλησία οἰκοδομὴν λάβῃ²².

6 Νῦν δέ, ἀδελφοί, ἐὰν ἔλθω²³ πρὸς ὑμᾶς γλώσσαις λαλῶν, τί ὑμᾶς ὠφελήσω²⁴ ἐὰν μὴ ὑμῖν λαλήσω ἢ ἐν ἀποκαλύψει²⁵ ἢ ἐν γνώσει²⁶ ἢ ἐν προφητείᾳ²⁷ ἢ [ἐν] διδαχῇ²⁸; 7 ὅμως²⁹ τὰ ἄψυχα³⁰ φωνὴν διδόντα³¹, εἴτε αὐλὸς³² εἴτε κιθάρα³³, ἐὰν διαστολὴν³⁴ τοῖς φθόγγοις³⁵ μὴ δῷ³⁶, πῶς γνωσθήσεται³⁷ τὸ αὐλούμενον³⁸ ἢ τὸ κιθαριζόμενον³⁹; 8 καὶ γὰρ ἐὰν ἄδηλον⁴⁰ σάλπιγξ⁴¹ φωνὴν δῷ, τίς παρασκευάσεται⁴² εἰς πόλεμον⁴³; 9 οὕτως καὶ ὑμεῖς διὰ τῆς γλώσσης ἐὰν μὴ εὔσημον⁴⁴ λόγον δῶτε⁴⁵, πῶς γνωσθήσεται τὸ λαλούμενον; ἔσεσθε⁴⁶ γὰρ εἰς ἀέρα⁴⁷ λαλοῦντες. 10 τοσαῦτα⁴⁸ εἰ

1 προφητεύω 1p pres act ind, prophesy
2 ἔρχομαι 3s aor act sub, come
3 τέλειος, -α/ον, complete
4 νήπιος, -α/ον, child
5 φρονέω 1s impf act ind, think
6 καταργέω 1s pf act ind, do away with
7 ἔσοπτρον, -ου n, mirror
8 αἴνιγμα, -τος n, dim image
9 ἐπιγινώσκω 1s aor pas ind, know
10 νυνί, adv, now
11 μέγας, great (comp)
12 ζηλόω 2p pres act impv, eagerly desire
13 πνευματικός, -ή/όν, spiritual (gift)
14 προφητεύω 2p pres act sub, prophesy
15 μυστήριον, -ου n, mystery
16 οἰκοδομή, -ῆς f, strengthening
17 παράκλησις, -εως f, encouragement
18 παραμυθία, -ας f, comfort
19 μέγας, great (comp)
20 ἐκτός, conj, except (ἐ. εἰ μή unless)
21 διερμηνεύω 3s pres act sub, interpret
22 λαμβάνω 3s aor act sub, receive
23 ἔρχομαι 1s aor act sub, come
24 ὠφελέω 1s fut act ind, benefit
25 ἀποκάλυψις, -εως f, revelation
26 γνῶσις, -εως f, knowledge
27 προφητεία, -ας f, prophecy
28 διδαχή, -ῆς f, teaching
29 ὅμως, adv, even
30 ἄψυχος, -ον n, inanimate
31 δίδωμι pres act ptc n p nom, give
32 αὐλός, -οῦ m, flute
33 κιθάρα, -ας f, harp
34 διαστολή, -ῆς f, distinction
35 φθόγγος, -ου m, sound
36 δίδωμι 3s aor act sub, give
37 γινώσκω 3s fut pas ind, know
38 αὐλέω pres pas ptc n s nom, play a flute
39 κιθαρίζω pres ptc ptc n s nom, play a harp
40 ἄδηλος, -ον f, indistinct
41 σάλπιγξ, -ιγγος f, trumpet
42 παρασκευάζω 3s fut mid ind, get ready
43 πόλεμος, -ου m, battle
44 εὔσημος, -ον, intelligible
45 δίδωμι 2p aor act sub, give
46 εἰμί 2p fut mid ind, be
47 ἀήρ, -έρος m, air
48 τοσοῦτος, -αύτη/οῦτον, pl so many

τύχοι¹ γένη² φωνῶν εἰσιν ἐν κόσμῳ καὶ οὐδὲν ἄφωνον³· 11 ἐὰν οὖν μὴ εἰδῶ⁴ τὴν δύναμιν τῆς φωνῆς, ἔσομαι⁵ τῷ λαλοῦντι βάρβαρος⁶ καὶ ὁ λαλῶν ἐν ἐμοὶ βάρβαρος. 12 οὕτως καὶ ὑμεῖς, ἐπεὶ⁷ ζηλωταί⁸ ἐστε πνευμάτων, πρὸς τὴν οἰκοδομὴν⁹ τῆς ἐκκλησίας ζητεῖτε ἵνα περισσεύητε. 13 Διὸ ὁ λαλῶν γλώσσῃ προσευχέσθω ἵνα διερμηνεύῃ¹⁰. 14 ἐὰν [γὰρ] προσεύχωμαι γλώσσῃ, τὸ πνεῦμά μου προσεύχεται, ὁ δὲ νοῦς¹¹ μου ἄκαρπός¹² ἐστιν. 15 τί οὖν ἐστιν; προσεύξομαι τῷ πνεύματι, προσεύξομαι δὲ καὶ τῷ νοΐ· ψαλῶ¹³ τῷ πνεύματι, ψαλῶ δὲ καὶ τῷ νοΐ. 16 ἐπεὶ¹⁴ ἐὰν εὐλογῇς [ἐν] πνεύματι, ὁ ἀναπληρῶν¹⁵ τὸν τόπον τοῦ ἰδιώτου¹⁶ πῶς ἐρεῖ¹⁷ τὸ ἀμὴν ἐπὶ τῇ σῇ¹⁸ εὐχαριστίᾳ¹⁹; ἐπειδὴ²⁰ τί λέγεις οὐκ οἶδεν· 17 σὺ μὲν γὰρ καλῶς εὐχαριστεῖς ἀλλ' ὁ ἕτερος οὐκ οἰκοδομεῖται. 18 εὐχαριστῶ τῷ θεῷ, πάντων ὑμῶν μᾶλλον γλώσσαις λαλῶ· 19 ἀλλ' ἐν ἐκκλησίᾳ θέλω πέντε λόγους τῷ νοΐ μου λαλῆσαι, ἵνα καὶ ἄλλους κατηχήσω²¹, ἢ μυρίους²² λόγους ἐν γλώσσῃ. 20 Ἀδελφοί, μὴ παιδία γίνεσθε ταῖς φρεσὶν²³ ἀλλὰ τῇ κακίᾳ²⁴ νηπιάζετε²⁵, ταῖς δὲ φρεσὶν τέλειοι²⁶ γίνεσθε. 21 ἐν τῷ νόμῳ γέγραπται ὅτι

ἐν ἑτερογλώσσοις καὶ ἐν χείλεσιν²⁷ ἑτέρων λαλήσω τῷ λαῷ τούτῳ²⁸
καὶ οὐδ' οὕτως εἰσακούσονταί²⁹ μου, λέγει κύριος.

22 ὥστε αἱ γλῶσσαι εἰς σημεῖόν εἰσιν οὐ τοῖς πιστεύουσιν ἀλλὰ τοῖς ἀπίστοις³⁰, ἡ δὲ προφητεία³¹ οὐ τοῖς ἀπίστοις ἀλλὰ τοῖς πιστεύουσιν. 23 ἐὰν οὖν συνέλθῃ³² ἡ ἐκκλησία ὅλη ἐπὶ τὸ αὐτὸ καὶ πάντες λαλῶσιν γλώσσαις, εἰσέλθωσιν³³ δὲ ἰδιῶται ἢ ἄπιστοι, οὐκ ἐροῦσιν³⁴ ὅτι μαίνεσθε³⁵; 24 ἐὰν δὲ πάντες προφητεύωσιν, εἰσέλθῃ δέ τις ἄπιστος ἢ ἰδιώτης, ἐλέγχεται³⁶ ὑπὸ πάντων, ἀνακρίνεται³⁷ ὑπὸ πάντων, 25 τὰ κρυπτὰ³⁸ τῆς καρδίας αὐτοῦ φανερὰ³⁹ γίνεται, καὶ οὕτως πεσών⁴⁰ ἐπὶ πρόσωπον προσκυνήσει τῷ θεῷ ἀπαγγέλλων ὅτι ὄντως⁴¹ ὁ θεὸς ἐν ὑμῖν ἐστιν.

¹ τυγχάνω 3s aor act opt, obtain (εἰ τ. there are doubtless)
² γένος, -ους n, kind
³ ἄφωνος, -ον, without meaning
⁴ οἶδα 1s pf act sub, know
⁵ εἰμί 1s fut mid ind, be
⁶ βάρβαρος, -ον, foreign (noun foreigner)
⁷ ἐπεί, conj, since
⁸ ζηλωτής, -οῦ m, one who is eager
⁹ οἰκοδομή, -ῆς f, strengthening
¹⁰ διερμηνεύω 3s pres act sub, interpret
¹¹ νοῦς, -ός m, mind
¹² ἄκαρπος, -ον, useless
¹³ ψάλλω 1s fut act ind, sing
¹⁴ ἐπεί, conj, otherwise
¹⁵ ἀναπληρόω pres act ptc m s nom, occupy
¹⁶ ἰδιώτης, -ου m, outsider
¹⁷ λέγω 3s fut act ind, say
¹⁸ σός, σή, σόν, your
¹⁹ εὐχαριστία, -ας f, thanksgiving
²⁰ ἐπειδή, conj, when
²¹ κατηχέω 1s aor act sub, instruct
²² μυρίος, -α/ον, thousands
²³ φρήν, φρενός f, thinking
²⁴ κακία, -ας f, evil
²⁵ νηπιάζω 2p pres act impv, be a child
²⁶ τέλειος, -α/ον, mature
²⁷ χεῖλος, -ους n, lip
²⁸ ἑτερόγλωσσος, -ον, speaking a foreign language
²⁹ εἰσακούω 3p fut mid ind, listen
³⁰ ἄπιστος, -ον, unbelieving
³¹ προφητεία, -ας f, prophecy
³² συνέρχομαι 3s aor act sub, come together
³³ εἰσέρχομαι 3p aor act sub, come in
³⁴ λέγω 3p fut act ind, say
³⁵ μαίνομαι 2p pres mid ind, be out of one's mind
³⁶ ἐλέγχω 3s pres pas ind, convict (of sin)
³⁷ ἀνακρίνω 3s pres pas ind, call to account
³⁸ κρυπτός, -ή/όν, secret
³⁹ φανερός, -ή/όν, evident
⁴⁰ πίπτω aor act ptc m s nom, fall
⁴¹ ὄντως, adv, really

Orderly Worship

26 Τί οὖν ἐστιν, ἀδελφοί; ὅταν συνέρχησθε[1], ἕκαστος ψαλμὸν[2] ἔχει, διδαχὴν[3] ἔχει, ἀποκάλυψιν[4] ἔχει, γλῶσσαν ἔχει, ἑρμηνείαν[5] ἔχει· πάντα πρὸς οἰκοδομὴν[6] γινέσθω. **27** εἴτε γλώσσῃ τις λαλεῖ, κατὰ δύο ἢ τὸ πλεῖστον[7] τρεῖς καὶ ἀνὰ[8] μέρος, καὶ εἷς διερμηνευέτω[9]· **28** ἐὰν δὲ μὴ ᾖ διερμηνευτής[10], σιγάτω[11] ἐν ἐκκλησίᾳ, ἑαυτῷ δὲ λαλείτω καὶ τῷ θεῷ. **29** προφῆται δὲ δύο ἢ τρεῖς λαλείτωσαν καὶ οἱ ἄλλοι διακρινέτωσαν[12]· **30** ἐὰν δὲ ἄλλῳ ἀποκαλυφθῇ[13] καθημένῳ, ὁ πρῶτος σιγάτω. **31** δύνασθε γὰρ καθ' ἕνα πάντες προφητεύειν, ἵνα πάντες μανθάνωσιν[14] καὶ πάντες παρακαλῶνται. **32** καὶ πνεύματα προφητῶν προφήταις ὑποτάσσεται, **33** οὐ γάρ ἐστιν ἀκαταστασίας[15] ὁ θεὸς ἀλλ' εἰρήνης.

Ὡς ἐν πάσαις ταῖς ἐκκλησίαις τῶν ἁγίων **34** αἱ γυναῖκες ἐν ταῖς ἐκκλησίαις σιγάτωσαν· οὐ γὰρ ἐπιτρέπεται[16] αὐταῖς λαλεῖν, ἀλλ' ὑποτασσέσθωσαν, καθὼς καὶ ὁ νόμος λέγει. **35** εἰ δέ τι μαθεῖν[17] θέλουσιν, ἐν οἴκῳ τοὺς ἰδίους ἄνδρας ἐπερωτάτωσαν· αἰσχρὸν[18] γάρ ἐστιν γυναικὶ λαλεῖν ἐν ἐκκλησίᾳ. **36** ἢ ἀφ' ὑμῶν ὁ λόγος τοῦ θεοῦ ἐξῆλθεν, ἢ εἰς ὑμᾶς μόνους κατήντησεν[19];

37 Εἴ τις δοκεῖ προφήτης εἶναι ἢ πνευματικός[20], ἐπιγινωσκέτω ἃ γράφω ὑμῖν ὅτι κυρίου ἐστὶν ἐντολή· **38** εἰ δέ τις ἀγνοεῖ[21], ἀγνοεῖται. **39** ὥστε, ἀδελφοί [μου], ζηλοῦτε[22] τὸ προφητεύειν καὶ τὸ λαλεῖν μὴ κωλύετε[23] γλώσσαις· **40** πάντα δὲ εὐσχημόνως[24] καὶ κατὰ τάξιν[25] γινέσθω[26].

The Resurrection of Christ

15 Γνωρίζω[27] δὲ ὑμῖν, ἀδελφοί, τὸ εὐαγγέλιον ὃ εὐηγγελισάμην[28] ὑμῖν, ὃ καὶ παρελάβετε, ἐν ᾧ καὶ ἑστήκατε[29], **2** δι' οὗ καὶ σῴζεσθε, τίνι λόγῳ εὐηγγελισάμην ὑμῖν εἰ κατέχετε[30], ἐκτὸς[31] εἰ μὴ εἰκῇ[32] ἐπιστεύσατε. **3** παρέδωκα γὰρ ὑμῖν ἐν πρώτοις, ὃ καὶ παρέλαβον, ὅτι Χριστὸς ἀπέθανεν ὑπὲρ τῶν ἁμαρτιῶν ἡμῶν κατὰ

---

[1] συνέρχομαι 2p pres mid sub, come together
[2] ψαλμός, -οῦ m, hymn
[3] διδαχή, -ῆς f, teaching
[4] ἀποκάλυψις, -εως f, revelation
[5] ἑρμηνεία, -ας f, interpretation
[6] οἰκοδομή, -ῆς f, strengthening
[7] πολύς, much (super)
[8] ἀνά, prep + acc, each (ἀνὰ μέρος one at a time)
[9] διερμηνεύω 3s pres act impv, interpret
[10] διερμηνευτής, -οῦ m, interpreter
[11] σιγάω 3s pres act impv, keep silent
[12] διακρίνω 3p pres act impv, evaluate
[13] ἀποκαλύπτω 3s aor pas sub, reveal
[14] μανθάνω 3p pres act sub, learn
[15] ἀκαταστασία, -ας f, disorder
[16] ἐπιτρέπω 3s pres pas ind, let
[17] μανθάνω aor act inf, learn
[18] αἰσχρός, -ά/όν, disgraceful
[19] καταντάω 3s aor act ind, reach
[20] πνευματικός, -ή/όν, spiritual
[21] ἀγνοέω 3s pres act ind, disregard
[22] ζηλόω 2p pres act impv, eagerly desire
[23] κωλύω 2p pres act impv, forbid
[24] εὐσχημόνως, adv, properly
[25] τάξις, -εως f, order (κατὰ τ. in order)
[26] γίνομαι 3s pres mid impv, be
[27] γνωρίζω 1s pres act ind, make known
[28] εὐαγγελίζω 1s aor mid ind, mid preach
[29] ἵστημι 2p pf act ind, intrans stand
[30] κατέχω 2p pres act ind, hold fast
[31] ἐκτός, conj, except (ἐ. εἰ μή unless)
[32] εἰκῇ, adv, in vain

τὰς γραφὰς 4 καὶ ὅτι ἐτάφη¹ καὶ ὅτι ἐγήγερται² τῇ ἡμέρᾳ τῇ τρίτῃ κατὰ τὰς γραφὰς 5 καὶ ὅτι ὤφθη³ Κηφᾷ εἶτα⁴ τοῖς δώδεκα· 6 ἔπειτα⁵ ὤφθη ἐπάνω⁶ πεντακοσίοις⁷ ἀδελφοῖς ἐφάπαξ⁸, ἐξ ὧν οἱ πλείονες⁹ μένουσιν ἕως ἄρτι, τινὲς δὲ ἐκοιμήθησαν¹⁰· 7 ἔπειτα ὤφθη Ἰακώβῳ εἶτα τοῖς ἀποστόλοις πᾶσιν· 8 ἔσχατον δὲ πάντων ὡσπερεὶ¹¹ τῷ ἐκτρώματι¹² ὤφθη κἀμοί. 9 ἐγὼ γάρ εἰμι ὁ ἐλάχιστος¹³ τῶν ἀποστόλων ὃς οὐκ εἰμὶ ἱκανὸς καλεῖσθαι ἀπόστολος, διότι¹⁴ ἐδίωξα¹⁵ τὴν ἐκκλησίαν τοῦ θεοῦ· 10 χάριτι δὲ θεοῦ εἰμι ὅ εἰμι, καὶ ἡ χάρις αὐτοῦ ἡ εἰς ἐμὲ οὐ κενὴ¹⁶ ἐγενήθη¹⁷, ἀλλὰ περισσότερον¹⁸ αὐτῶν πάντων ἐκοπίασα¹⁹, οὐκ ἐγὼ δὲ ἀλλ᾽ ἡ χάρις τοῦ θεοῦ [ἡ] σὺν ἐμοί. 11 εἴτε οὖν ἐγὼ εἴτε ἐκεῖνοι, οὕτως κηρύσσομεν καὶ οὕτως ἐπιστεύσατε.

The Resurrection of the Dead

12 Εἰ δὲ Χριστὸς κηρύσσεται ὅτι ἐκ νεκρῶν ἐγήγερται²⁰, πῶς λέγουσιν ἐν ὑμῖν τινες ὅτι ἀνάστασις νεκρῶν οὐκ ἔστιν; 13 εἰ δὲ ἀνάστασις νεκρῶν οὐκ ἔστιν, οὐδὲ Χριστὸς ἐγήγερται· 14 εἰ δὲ Χριστὸς οὐκ ἐγήγερται, κενὸν²¹ ἄρα [καὶ] τὸ κήρυγμα²² ἡμῶν, κενὴ καὶ ἡ πίστις ὑμῶν· 15 εὑρισκόμεθα δὲ καὶ ψευδομάρτυρες²³ τοῦ θεοῦ, ὅτι ἐμαρτυρήσαμεν κατὰ τοῦ θεοῦ ὅτι ἤγειρεν τὸν Χριστόν, ὃν οὐκ ἤγειρεν εἴπερ²⁴ ἄρα νεκροὶ οὐκ ἐγείρονται. 16 εἰ γὰρ νεκροὶ οὐκ ἐγείρονται, οὐδὲ Χριστὸς ἐγήγερται· 17 εἰ δὲ Χριστὸς οὐκ ἐγήγερται, ματαία²⁵ ἡ πίστις ὑμῶν, ἔτι ἐστὲ ἐν ταῖς ἁμαρτίαις ὑμῶν, 18 ἄρα καὶ οἱ κοιμηθέντες²⁶ ἐν Χριστῷ ἀπώλοντο²⁷. 19 εἰ ἐν τῇ ζωῇ ταύτῃ ἐν Χριστῷ ἠλπικότες²⁸ ἐσμὲν μόνον, ἐλεεινότεροι²⁹ πάντων ἀνθρώπων ἐσμέν.

20 Νυνὶ³⁰ δὲ Χριστὸς ἐγήγερται ἐκ νεκρῶν ἀπαρχὴ³¹ τῶν κεκοιμημένων³². 21 ἐπειδὴ³³ γὰρ δι᾽ ἀνθρώπου θάνατος, καὶ δι᾽ ἀνθρώπου ἀνάστασις νεκρῶν. 22 ὥσπερ γὰρ ἐν τῷ Ἀδὰμ πάντες ἀποθνῄσκουσιν, οὕτως καὶ ἐν τῷ Χριστῷ πάντες ζῳοποιηθήσονται³⁴. 23 ἕκαστος δὲ ἐν τῷ ἰδίῳ τάγματι³⁵· ἀπαρχὴ³⁶ Χριστός, ἔπειτα³⁷ οἱ τοῦ Χριστοῦ ἐν τῇ παρουσίᾳ³⁸ αὐτοῦ, 24 εἶτα³⁹ τὸ τέλος, ὅταν παραδιδῷ⁴⁰

[1] θάπτω 3s aor pas ind, bury
[2] ἐγείρω 3s pf pas ind, raise (to life)
[3] ὁράω 3s aor pas ind, pas appear
[4] εἶτα, adv, then
[5] ἔπειτα, adv, then
[6] ἐπάνω, adv, more than
[7] πεντακόσιοι, -αι/α, five hundred
[8] ἐφάπαξ, adv, at one time
[9] πολύς, many (comp)
[10] κοιμάομαι 3p aor pas ind, die
[11] ὡσπερεί, particle, as though
[12] ἔκτρωμα, -τος n, abnormal birth
[13] ἐλάχιστος, least important (super of μικρός)
[14] διότι, conj, because
[15] διώκω 1s aor act ind, persecute
[16] κενός, -ή/όν, in vain
[17] γίνομαι 3s aor pas ind, be
[18] περισσότερος, much (comp of περισσός)
[19] κοπιάω 1s aor act ind, work hard
[20] ἐγείρω 3s pf pas ind, raise
[21] κενός, -ή/όν, in vain
[22] κήρυγμα, -τος n, message
[23] ψευδόμαρτυς, -υρος m, false witness
[24] εἴπερ, conj, although
[25] μάταιος, -α/ον, futile
[26] κοιμάομαι aor pas ptc m p nom, die
[27] ἀπόλλυμι 3p aor mid ind, mid be lost
[28] ἐλπίζω pf act ptc m p nom, hope
[29] ἐλεεινός, pitiable (comp)
[30] νυνί, adv, now
[31] ἀπαρχή, -ῆς f, first
[32] κοιμάομαι pf pas ptc m p gen, die
[33] ἐπειδή, conj, since
[34] ζῳοποιέω 3p fut pas ind, make alive
[35] τάγμα, -τος n, proper order
[36] ἀπαρχή, -ῆς f, first
[37] ἔπειτα, adv, then
[38] παρουσία, -ας f, coming
[39] εἶτα, adv, then
[40] παραδίδωμι 3s pres act sub, hand over

τὴν βασιλείαν τῷ θεῷ καὶ πατρί, ὅταν καταργήσῃ¹ πᾶσαν ἀρχὴν καὶ πᾶσαν ἐξουσίαν καὶ δύναμιν. 25 δεῖ γὰρ αὐτὸν βασιλεύειν² ἄχρι οὗ θῇ³ πάντας τοὺς ἐχθροὺς ὑπὸ τοὺς πόδας αὐτοῦ. 26 ἔσχατος ἐχθρὸς καταργεῖται⁴ ὁ θάνατος· 27 πάντα γὰρ ὑπέταξεν⁵ ὑπὸ τοὺς πόδας αὐτοῦ. ὅταν δὲ εἴπῃ⁶ ὅτι πάντα ὑποτέτακται⁷, δῆλον⁸ ὅτι ἐκτὸς⁹ τοῦ ὑποτάξαντος¹⁰ αὐτῷ τὰ πάντα. 28 ὅταν δὲ ὑποταγῇ¹¹ αὐτῷ τὰ πάντα, τότε [καὶ] αὐτὸς ὁ υἱὸς ὑποταγήσεται¹² τῷ ὑποτάξαντι αὐτῷ τὰ πάντα, ἵνα ᾖ ὁ θεὸς [τὰ] πάντα ἐν πᾶσιν.

29 Ἐπεὶ¹³ τί ποιήσουσιν οἱ βαπτιζόμενοι ὑπὲρ τῶν νεκρῶν; εἰ ὅλως¹⁴ νεκροὶ οὐκ ἐγείρονται, τί καὶ βαπτίζονται ὑπὲρ αὐτῶν; 30 Τί καὶ ἡμεῖς κινδυνεύομεν¹⁵ πᾶσαν ὥραν; 31 καθ' ἡμέραν ἀποθνῄσκω, νὴ¹⁶ τὴν ὑμετέραν¹⁷ καύχησιν¹⁸, [ἀδελφοί], ἣν ἔχω ἐν Χριστῷ Ἰησοῦ τῷ κυρίῳ ἡμῶν. 32 εἰ κατὰ ἄνθρωπον ἐθηριομάχησα¹⁹ ἐν Ἐφέσῳ, τί μοι τὸ ὄφελος²⁰; εἰ νεκροὶ οὐκ ἐγείρονται, **φάγωμεν²¹ καὶ πίωμεν²²**, **αὔριον²³ γὰρ ἀποθνῄσκομεν.** 33 μὴ πλανᾶσθε·
φθείρουσιν²⁴ ἤθη²⁵ χρηστὰ²⁶ ὁμιλίαι²⁷ κακαί.

34 ἐκνήψατε²⁸ δικαίως²⁹ καὶ μὴ ἁμαρτάνετε, ἀγνωσίαν³⁰ γὰρ θεοῦ τινες ἔχουσιν, πρὸς ἐντροπὴν³¹ ὑμῖν λαλῶ.

The Resurrection Body

35 Ἀλλ' ἐρεῖ³² τις· πῶς ἐγείρονται οἱ νεκροί; ποίῳ δὲ σώματι ἔρχονται; 36 ἄφρων³³, σὺ ὃ σπείρεις, οὐ ζωοποιεῖται³⁴ ἐὰν μὴ ἀποθάνῃ³⁵· 37 καὶ ὃ σπείρεις, οὐ τὸ σῶμα τὸ γενησόμενον³⁶ σπείρεις ἀλλὰ γυμνὸν³⁷ κόκκον³⁸ εἰ τύχοι³⁹ σίτου⁴⁰ ἤ τινος τῶν λοιπῶν· 38 ὁ δὲ θεὸς δίδωσιν αὐτῷ σῶμα καθὼς ἠθέλησεν, καὶ ἑκάστῳ τῶν σπερμάτων ἴδιον σῶμα. 39 οὐ πᾶσα σὰρξ ἡ αὐτὴ σὰρξ ἀλλ' ἄλλη μὲν ἀνθρώπων, ἄλλη δὲ σὰρξ κτηνῶν⁴¹, ἄλλη δὲ σὰρξ πτηνῶν⁴², ἄλλη δὲ ἰχθύων⁴³. 40 καὶ σώματα

---

¹ καταργέω 3s aor act sub, destroy
² βασιλεύω pres act inf, reign
³ τίθημι 3s aor act sub, put
⁴ καταργέω 3s pres pas ind, destroy
⁵ ὑποτάσσω 3s aor act ind, put in subjection
⁶ λέγω 3s aor act sub, say
⁷ ὑποτάσσω 3s pf pas ind, put in subjection
⁸ δῆλος, -η/ον, it is evident
⁹ ἐκτός, prep + gen, except
¹⁰ ὑποτάσσω aor act ptc m s gen, put in subjection
¹¹ ὑποτάσσω 3s aor pas sub, put in subjection
¹² ὑποτάσσω 3s fut pas ind, put in subjection
¹³ ἐπεί, conj, otherwise
¹⁴ ὅλως, adv, actually
¹⁵ κινδυνεύω 1p pres act ind, be in danger
¹⁶ νή, emphatic particle + acc, by
¹⁷ ὑμέτερος, -α/ον, your
¹⁸ καύχησις, -εως f, pride
¹⁹ θηριομαχέω 1s aor act ind, fight wild animals
²⁰ ὄφελος, -ους n, benefit
²¹ ἐσθίω 1p aor act sub, eat
²² πίνω 1p aor act sub, drink
²³ αὔριον, adv, tomorrow
²⁴ φθείρω 3p pres act ind, ruin
²⁵ ἦθος, -ους n, habit (pl morals)
²⁶ χρηστός, -ή/όν, good
²⁷ ὁμιλία, -ας f, company
²⁸ ἐκνήφω 2p aor act impv, come to one's senses
²⁹ δικαίως, adv, as you ought
³⁰ ἀγνωσία, -ας f, ignorance
³¹ ἐντροπή, -ῆς f, shame
³² λέγω 3s fut act ind, say
³³ ἄφρων, -ον, foolish
³⁴ ζωοποιέω 3s pres pas ind, come to life
³⁵ ἀποθνῄσκω 3s aor act sub, die
³⁶ γίνομαι fut mid ptc n s acc, become
³⁷ γυμνός, -ή/όν, bare
³⁸ κόκκος, -ου m, seed
³⁹ τυγχάνω 3s aor act opt, obtain (εἰ τ. perhaps)
⁴⁰ σῖτος, -ου m, grain
⁴¹ κτῆνος, -ους n, animal
⁴² πτηνός, -οῦ n, bird
⁴³ ἰχθύς, -ύος m, fish

ἐπουράνια[1], καὶ σώματα ἐπίγεια[2]· ἀλλ' ἑτέρα μὲν ἡ τῶν ἐπουρανίων δόξα, ἑτέρα δὲ ἡ τῶν ἐπιγείων. **41** ἄλλη δόξα ἡλίου, καὶ ἄλλη δόξα σελήνης[3], καὶ ἄλλη δόξα ἀστέρων[4]· ἀστὴρ γὰρ ἀστέρος διαφέρει[5] ἐν δόξῃ. **42** Οὕτως καὶ ἡ ἀνάστασις τῶν νεκρῶν. σπείρεται ἐν φθορᾷ[6], ἐγείρεται ἐν ἀφθαρσίᾳ·[7] **43** σπείρεται ἐν ἀτιμίᾳ[8], ἐγείρεται ἐν δόξῃ· σπείρεται ἐν ἀσθενείᾳ[9], ἐγείρεται ἐν δυνάμει· **44** σπείρεται σῶμα ψυχικόν[10], ἐγείρεται σῶμα πνευματικόν[11]. εἰ ἔστιν σῶμα ψυχικόν, ἔστιν καὶ πνευματικόν. **45** οὕτως καὶ γέγραπται· ἐγένετο ὁ πρῶτος **ἄνθρωπος Ἀδὰμ εἰς ψυχὴν ζῶσαν**, ὁ ἔσχατος Ἀδὰμ εἰς πνεῦμα ζῳοποιοῦν[12]. **46** ἀλλ' οὐ πρῶτον τὸ πνευματικὸν ἀλλὰ τὸ ψυχικόν, ἔπειτα[13] τὸ πνευματικόν. **47** ὁ πρῶτος ἄνθρωπος ἐκ γῆς χοϊκός[14], ὁ δεύτερος ἄνθρωπος ἐξ οὐρανοῦ. **48** οἷος[15] ὁ χοϊκός, τοιοῦτοι καὶ οἱ χοϊκοί, καὶ οἷος ὁ ἐπουράνιος[16], τοιοῦτοι καὶ οἱ ἐπουράνιοι· **49** καὶ καθὼς ἐφορέσαμεν[17] τὴν εἰκόνα[18] τοῦ χοϊκοῦ, φορέσομεν καὶ τὴν εἰκόνα τοῦ ἐπουρανίου.

50 Τοῦτο δέ φημι, ἀδελφοί, ὅτι σὰρξ καὶ αἷμα βασιλείαν θεοῦ κληρονομῆσαι[19] οὐ δύναται οὐδὲ ἡ φθορὰ τὴν ἀφθαρσίαν κληρονομεῖ. **51** ἰδοὺ μυστήριον[20] ὑμῖν λέγω· πάντες οὐ κοιμηθησόμεθα[21], πάντες δὲ ἀλλαγησόμεθα[22], **52** ἐν ἀτόμῳ[23], ἐν ῥιπῇ[24] ὀφθαλμοῦ, ἐν τῇ ἐσχάτῃ σάλπιγγι[25]· σαλπίσει[26] γὰρ καὶ οἱ νεκροὶ ἐγερθήσονται[27] ἄφθαρτοι[28] καὶ ἡμεῖς ἀλλαγησόμεθα[29]. **53** δεῖ γὰρ τὸ φθαρτὸν[30] τοῦτο ἐνδύσασθαι[31] ἀφθαρσίαν καὶ τὸ θνητὸν[32] τοῦτο ἐνδύσασθαι ἀθανασίαν[33]. **54** ὅταν δὲ τὸ φθαρτὸν τοῦτο ἐνδύσηται ἀφθαρσίαν καὶ τὸ θνητὸν τοῦτο ἐνδύσηται ἀθανασίαν, τότε γενήσεται ὁ λόγος ὁ γεγραμμένος[34]·

κατεπόθη[35] **ὁ θάνατος εἰς νῖκος**[36].
55 ποῦ σου, θάνατε, τὸ νῖκος;
ποῦ σου, θάνατε, τὸ κέντρον[37]**;**

56 τὸ δὲ κέντρον τοῦ θανάτου ἡ ἁμαρτία, ἡ δὲ δύναμις τῆς ἁμαρτίας ὁ νόμος· **57** τῷ δὲ θεῷ χάρις τῷ διδόντι[38] ἡμῖν τὸ νῖκος διὰ τοῦ κυρίου ἡμῶν Ἰησοῦ Χριστοῦ.

---

[1] ἐπουράνιος, -ον, celestial
[2] ἐπίγειος, earthly
[3] σελήνη, -ης f, moon
[4] ἀστήρ, -έρος m, star
[5] διαφέρω 3s pres act ind, differ from
[6] φθορά, -ᾶς f, something perishable
[7] ἀφθαρσία, -ας f, imperishability
[8] ἀτιμία, -ας f, dishonor
[9] ἀσθένεια, -ας f, weakness
[10] ψυχικός, -ή/όν, physical
[11] πνευματικός, -ή/όν, spiritual
[12] ζῳοποιέω pres act ptc n s acc, give life to
[13] ἔπειτα, adv, then
[14] χοϊκός, -ή/όν, made of earth
[15] οἷος, -α/ον, rel pro, such as
[16] ἐπουράνιος, -ον, of heaven
[17] φορέω 1p aor act ind, bear
[18] εἰκών, -όνος f, image
[19] κληρονομέω aor act inf, receive
[20] μυστήριον, -ου n, mystery
[21] κοιμάομαι 1p fut pass ind, die
[22] ἀλλάσσω 1p fut pass ind, change
[23] ἄτομος, -ον, indivisible (ἐν ἀ. in a moment)
[24] ῥιπή, -ῆς f, blinking
[25] σάλπιγξ, -ιγγος f, trumpet
[26] σαλπίζω 3s fut act ind, sound a trumpet
[27] ἐγείρω 3p fut pas ind, raise (to life)
[28] ἄφθαρτος, -ον, imperishable
[29] ἀλλάσσω 1p fut pas ind, change
[30] φθαρτός, -ή/όν, perishable
[31] ἐνδύω aor pas or mid inf, mid/pas put on
[32] θνητός, -ή/όν, mortal
[33] ἀθανασία, -ας f, immortality
[34] γράφω pf pas ptc m s nom, write
[35] καταπίνω 3s aor pas ind, swallow up
[36] νῖκος, -ους n, victory
[37] κέντρον, -ου n, sting
[38] δίδωμι pres act ptc m s dat, give

58 ὥστε, ἀδελφοί μου ἀγαπητοί, ἑδραῖοι[1] γίνεσθε, ἀμετακίνητοι[2], περισσεύοντες ἐν τῷ ἔργῳ τοῦ κυρίου πάντοτε, εἰδότες[3] ὅτι ὁ κόπος[4] ὑμῶν οὐκ ἔστιν κενὸς[5] ἐν κυρίῳ.

The Collection for Jerusalem

16 Περὶ δὲ τῆς λογείας[6] τῆς εἰς τοὺς ἁγίους ὥσπερ διέταξα[7] ταῖς ἐκκλησίαις τῆς Γαλατίας, οὕτως καὶ ὑμεῖς ποιήσατε. **2** κατὰ μίαν σαββάτου ἕκαστος ὑμῶν παρ᾽ ἑαυτῷ τιθέτω[8] θησαυρίζων[9] ὅ τι ἐὰν εὐοδῶται[10], ἵνα μὴ ὅταν ἔλθω[11] τότε λογεῖαι γίνωνται. **3** ὅταν δὲ παραγένωμαι[12], οὓς ἐὰν δοκιμάσητε[13], δι᾽ ἐπιστολῶν[14] τούτους πέμψω ἀπενεγκεῖν[15] τὴν χάριν[16] ὑμῶν εἰς Ἰερουσαλήμ· **4** ἐὰν δὲ ἄξιον ᾖ τοῦ κἀμὲ πορεύεσθαι, σὺν ἐμοὶ πορεύσονται.

Plans for Travel

5 Ἐλεύσομαι[17] δὲ πρὸς ὑμᾶς ὅταν Μακεδονίαν διέλθω[18]· Μακεδονίαν γὰρ διέρχομαι, **6** πρὸς ὑμᾶς δὲ τυχὸν[19] παραμενῶ[20] ἢ καὶ παραχειμάσω[21], ἵνα ὑμεῖς με προπέμψητε[22] οὗ[23] ἐὰν πορεύωμαι. **7** οὐ θέλω γὰρ ὑμᾶς ἄρτι ἐν παρόδῳ[24] ἰδεῖν, ἐλπίζω γὰρ χρόνον τινὰ ἐπιμεῖναι[25] πρὸς ὑμᾶς ἐὰν ὁ κύριος ἐπιτρέψῃ[26]. **8** ἐπιμενῶ δὲ ἐν Ἐφέσῳ ἕως τῆς πεντηκοστῆς[27]· **9** θύρα γάρ μοι ἀνέῳγεν[28] μεγάλη καὶ ἐνεργής[29], καὶ ἀντικείμενοι[30] πολλοί.

10 Ἐὰν δὲ ἔλθῃ Τιμόθεος, βλέπετε, ἵνα ἀφόβως[31] γένηται πρὸς ὑμᾶς· τὸ γὰρ ἔργον κυρίου ἐργάζεται ὡς κἀγώ· **11** μή τις οὖν αὐτὸν ἐξουθενήσῃ[32]. προπέμψατε[33] δὲ αὐτὸν ἐν εἰρήνῃ, ἵνα ἔλθῃ[34] πρός με· ἐκδέχομαι[35] γὰρ αὐτὸν μετὰ τῶν ἀδελφῶν. **12** περὶ δὲ Ἀπολλῶ τοῦ ἀδελφοῦ, πολλὰ παρεκάλεσα αὐτόν, ἵνα ἔλθῃ[36] πρὸς ὑμᾶς μετὰ τῶν ἀδελφῶν· καὶ πάντως[37] οὐκ ἦν θέλημα ἵνα νῦν ἔλθῃ· ἐλεύσεται[38] δὲ ὅταν εὐκαιρήσῃ[39].

---

[1] ἑδραῖος, -α/ον, firm
[2] ἀμετακίνητος, -ον, immovable
[3] οἶδα pf act ptc m p nom, know
[4] κόπος, -ου m, work
[5] κενός, -ή/όν, in vain
[6] λογεία, -ας f, collection
[7] διατάσσω 1s aor act ind, instruct
[8] τίθημι 3s pres act impv, put
[9] θησαυρίζω pres act ptc m s nom, put aside
[10] εὐοδόω 3s pres pas sub, pas earn
[11] ἔρχομαι 1s aor act sub, come
[12] παραγίνομαι 1s aor mid sub, arrive
[13] δοκιμάζω 2p aor act sub, approve
[14] ἐπιστολή, -ῆς f, letter
[15] ἀποφέρω aor act inf, take
[16] χάρις, -ιτος f, gift
[17] ἔρχομαι 1s fut mid ind, come
[18] διέρχομαι 1s aor act sub, go through
[19] τυγχάνω aor act ptc n s acc, obtain (τυχὸν perhaps)
[20] παραμένω 1s fut act ind, stay
[21] παραχειμάζω 1s fut act ind, spend the winter
[22] προπέμπω 2p aor act sub, send
[23] οὗ, adv, where
[24] πάροδος, -ου f, passage (ἐν π. in passing)
[25] ἐπιμένω aor act inf, remain
[26] ἐπιτρέπω 3s aor act sub, allow
[27] πεντηκοστή, -ῆς f, Pentecost
[28] ἀνοίγω 3s pf act ind, open
[29] ἐνεργής, -ές f, effective
[30] ἀντίκειμαι pres mid ptc m p nom, oppose
[31] ἀφόβως, adv, without fear
[32] ἐξουθενέω 3s aor act sub, treat with contempt
[33] προπέμπω 2p aor act impv, send on one's way
[34] ἔρχομαι 3s aor act sub, come
[35] ἐκδέχομαι 1s pres mid ind, expect
[36] ἔρχομαι 3s aor act sub, come
[37] πάντως, adv, by all means (π. οὔ by no means)
[38] ἔρχομαι 3s fut mid ind, come
[39] εὐκαιρέω 3s aor act sub, have time

Final Request and Greetings

13 Γρηγορεῖτε[1], στήκετε[2] ἐν τῇ πίστει, ἀνδρίζεσθε[3], κραταιοῦσθε[4]. **14** πάντα ὑμῶν ἐν ἀγάπῃ γινέσθω[5].

15 Παρακαλῶ δὲ ὑμᾶς, ἀδελφοί· οἴδατε τὴν οἰκίαν Στεφανᾶ, ὅτι ἐστὶν ἀπαρχὴ[6] τῆς Ἀχαΐας καὶ εἰς διακονίαν τοῖς ἁγίοις ἔταξαν[7] ἑαυτούς· **16** ἵνα καὶ ὑμεῖς ὑποτάσσησθε τοῖς τοιούτοις καὶ παντὶ τῷ συνεργοῦντι[8] καὶ κοπιῶντι[9]. **17** χαίρω δὲ ἐπὶ τῇ παρουσίᾳ[10] Στεφανᾶ καὶ Φορτουνάτου καὶ Ἀχαϊκοῦ, ὅτι τὸ ὑμέτερον[11] ὑστέρημα[12] οὗτοι ἀνεπλήρωσαν·[13] **18** ἀνέπαυσαν[14] γὰρ τὸ ἐμὸν πνεῦμα καὶ τὸ ὑμῶν. ἐπιγινώσκετε οὖν τοὺς τοιούτους.

19 Ἀσπάζονται ὑμᾶς αἱ ἐκκλησίαι τῆς Ἀσίας. ἀσπάζεται ὑμᾶς ἐν κυρίῳ πολλὰ Ἀκύλας καὶ Πρίσκα σὺν τῇ κατ᾽ οἶκον αὐτῶν ἐκκλησίᾳ. **20** ἀσπάζονται ὑμᾶς οἱ ἀδελφοὶ πάντες. ἀσπάσασθε ἀλλήλους ἐν φιλήματι[15] ἁγίῳ.

21 Ὁ ἀσπασμὸς[16] τῇ ἐμῇ χειρὶ Παύλου. **22** εἴ τις οὐ φιλεῖ[17] τὸν κύριον, ἤτω[18] ἀνάθεμα[19]. μαράνα θά[20]. **23** ἡ χάρις τοῦ κυρίου Ἰησοῦ μεθ᾽ ὑμῶν. **24** ἡ ἀγάπη μου μετὰ πάντων ὑμῶν ἐν Χριστῷ Ἰησοῦ.

ΠΡΟΣ ΚΟΡΙΝΘΙΟΥΣ Β΄

Salutation

1 Παῦλος ἀπόστολος Χριστοῦ Ἰησοῦ διὰ θελήματος θεοῦ καὶ Τιμόθεος ὁ ἀδελφὸς τῇ ἐκκλησίᾳ τοῦ θεοῦ τῇ οὔσῃ ἐν Κορίνθῳ σὺν τοῖς ἁγίοις πᾶσιν τοῖς οὖσιν ἐν ὅλῃ τῇ Ἀχαΐᾳ, **2** χάρις ὑμῖν καὶ εἰρήνη ἀπὸ θεοῦ πατρὸς ἡμῶν καὶ κυρίου Ἰησοῦ Χριστοῦ.

---

[1] γρηγορέω 2p pres act impv, be alert
[2] στήκω 2p pres act impv, stand firm
[3] ἀνδρίζομαι 2p pres mid impv, be courageous
[4] κραταιόω 2p pres pas impv, pas be strong
[5] γίνομαι 3s pres mid impv, be
[6] ἀπαρχή, -ῆς f, first (converts)
[7] τάσσω 3p aor act ind, devote
[8] συνεργέω pres act ptc m s dat, work with
[9] κοπιάω pres act ptc m s dat, work hard
[10] παρουσία, -ας f, coming
[11] ὑμέτερος, -α/ον, your
[12] ὑστέρημα, -τος n, absence
[13] ἀναπληρόω 3p aor act ind, make up for
[14] ἀναπαύω 3p aor act ind, refresh
[15] φίλημα, -τος n, kiss
[16] ἀσπασμός, -οῦ m, greeting
[17] φιλέω 3s pres act ind, love
[18] εἰμί 3s pres act impv, be
[19] ἀνάθεμα, -τος n, under God's curse
[20] μαρανα θα (Aramaic words), our Lord, come! or μαραν αθα, our Lord has come!

Paul's Thanksgiving after Affliction

3 Εὐλογητὸς¹ ὁ θεὸς καὶ πατὴρ τοῦ κυρίου ἡμῶν Ἰησοῦ Χριστοῦ, ὁ πατὴρ τῶν οἰκτιρμῶν² καὶ θεὸς πάσης παρακλήσεως³, **4** ὁ παρακαλῶν ἡμᾶς ἐπὶ πάσῃ τῇ θλίψει ἡμῶν εἰς τὸ δύνασθαι ἡμᾶς παρακαλεῖν τοὺς ἐν πάσῃ θλίψει διὰ τῆς παρακλήσεως ἧς παρακαλούμεθα αὐτοὶ ὑπὸ τοῦ θεοῦ. **5** ὅτι καθὼς περισσεύει τὰ παθήματα⁴ τοῦ Χριστοῦ εἰς ἡμᾶς, οὕτως διὰ τοῦ Χριστοῦ περισσεύει καὶ ἡ παράκλησις ἡμῶν. **6** εἴτε δὲ θλιβόμεθα⁵, ὑπὲρ τῆς ὑμῶν παρακλήσεως καὶ σωτηρίας· εἴτε παρακαλούμεθα, ὑπὲρ τῆς ὑμῶν παρακλήσεως τῆς ἐνεργουμένης⁶ ἐν ὑπομονῇ τῶν αὐτῶν παθημάτων ὧν καὶ ἡμεῖς πάσχομεν. **7** καὶ ἡ ἐλπὶς ἡμῶν βεβαία⁷ ὑπὲρ ὑμῶν εἰδότες⁸ ὅτι ὡς κοινωνοί⁹ ἐστε τῶν παθημάτων, οὕτως καὶ τῆς παρακλήσεως.

8 Οὐ γὰρ θέλομεν ὑμᾶς ἀγνοεῖν¹⁰, ἀδελφοί, ὑπὲρ τῆς θλίψεως ἡμῶν τῆς γενομένης ἐν τῇ Ἀσίᾳ, ὅτι καθ᾽ ὑπερβολὴν¹¹ ὑπὲρ δύναμιν ἐβαρήθημεν¹² ὥστε ἐξαπορηθῆναι¹³ ἡμᾶς καὶ τοῦ ζῆν· **9** ἀλλ᾽ αὐτοὶ ἐν ἑαυτοῖς τὸ ἀπόκριμα¹⁴ τοῦ θανάτου ἐσχήκαμεν¹⁵, ἵνα μὴ πεποιθότες¹⁶ ὦμεν ἐφ᾽ ἑαυτοῖς ἀλλ᾽ ἐπὶ τῷ θεῷ τῷ ἐγείροντι τοὺς νεκρούς· **10** ὃς ἐκ τηλικούτου¹⁷ θανάτου ἐρρύσατο¹⁸ ἡμᾶς καὶ ῥύσεται, εἰς ὃν ἠλπίκαμεν¹⁹ [ὅτι] καὶ ἔτι ῥύσεται, **11** συνυπουργούντων²⁰ καὶ ὑμῶν ὑπὲρ ἡμῶν τῇ δεήσει²¹, ἵνα ἐκ πολλῶν προσώπων τὸ εἰς ἡμᾶς χάρισμα²² διὰ πολλῶν εὐχαριστηθῇ ὑπὲρ ἡμῶν.

The Postponement of Paul's Visit

12 Ἡ γὰρ καύχησις²³ ἡμῶν αὕτη ἐστίν, τὸ μαρτύριον²⁴ τῆς συνειδήσεως²⁵ ἡμῶν, ὅτι ἐν ἁπλότητι²⁶ καὶ εἰλικρινείᾳ²⁷ τοῦ θεοῦ, [καὶ] οὐκ ἐν σοφίᾳ σαρκικῇ²⁸ ἀλλ᾽ ἐν χάριτι θεοῦ, ἀνεστράφημεν²⁹ ἐν τῷ κόσμῳ, περισσοτέρως³⁰ δὲ πρὸς ὑμᾶς. **13** οὐ γὰρ ἄλλα γράφομεν ὑμῖν ἀλλ᾽ ἢ ἃ ἀναγινώσκετε ἢ καὶ ἐπιγινώσκετε· ἐλπίζω δὲ ὅτι

---

¹ εὐλογητός, -ή/όν, blessed
² οἰκτιρμός, -οῦ *m*, mercy
³ παράκλησις, -εως *f*, comfort
⁴ πάθημα, -τος *n*, suffering
⁵ θλίβω 1p pres pas ind, pas experience trouble
⁶ ἐνεργέω pres mid ptc f s gen, mid be effective
⁷ βέβαιος, -α/ον, firm
⁸ οἶδα pf act ptc m p nom, know
⁹ κοινωνός, -οῦ *m*, partner
¹⁰ ἀγνοέω pres act inf, be uninformed
¹¹ ὑπερβολή, -ῆς *f*, excess

¹² βαρέω 1p aor pas ind, burden down (καθ᾽ ὑπερβολὴν ὑπὲρ δύναμιν ἐβ. we were burdened down beyond our our strength to endure)
¹³ ἐξαπορέω aor pas inf, pas despair
¹⁴ ἀπόκριμα, -τος *n*, sentence
¹⁵ ἔχω 1p pf act ind, receive
¹⁶ πείθω pf act ptc m p nom, pas rely upon
¹⁷ τηλικοῦτος, -αύτη/οῦτο, so great (ἐκ τ. θανάτου from the danger of death)
¹⁸ ῥύομαι 3s aor mid ind, rescue

¹⁹ ἐλπίζω 1p pf act ind, hope
²⁰ συνυπουργέω pres act ptc m p gen, help
²¹ δέησις, -εως *f*, prayer
²² χάρισμα, -τος, gift
²³ καύχησις, -εως *f*, boasting
²⁴ μαρτύριον, -ου *n*, testimony
²⁵ συνείδησις, -εως *f*, conscience
²⁶ ἁπλότης, -ητος *f*, honesty
²⁷ εἰλικρίνεια, -ας *f*, sincerity
²⁸ σαρκικός, -ή/όν, earthly
²⁹ ἀναστρέφω 1p aor pas ind, conduct oneself
³⁰ περισσοτέρως, *adv*, all the more

ἕως τέλους ἐπιγνώσεσθε, **14** καθὼς καὶ ἐπέγνωτε[1] ἡμᾶς ἀπὸ μέρους, ὅτι καύχημα ὑμῶν ἐσμεν καθάπερ[2] καὶ ὑμεῖς ἡμῶν ἐν τῇ ἡμέρᾳ τοῦ κυρίου [ἡμῶν] Ἰησοῦ.

15 Καὶ ταύτῃ τῇ πεποιθήσει[3] ἐβουλόμην πρότερον[4] πρὸς ὑμᾶς ἐλθεῖν, ἵνα δευτέραν χάριν σχῆτε[5], **16** καὶ δι' ὑμῶν διελθεῖν[6] εἰς Μακεδονίαν καὶ πάλιν ἀπὸ Μακεδονίας ἐλθεῖν πρὸς ὑμᾶς καὶ ὑφ' ὑμῶν προπεμφθῆναι[7] εἰς τὴν Ἰουδαίαν. **17** τοῦτο οὖν βουλόμενος μήτι[8] ἄρα τῇ ἐλαφρίᾳ[9] ἐχρησάμην[10]; ἢ ἃ βουλεύομαι[11] κατὰ σάρκα βουλεύομαι, ἵνα ᾖ παρ' ἐμοὶ τὸ ναὶ ναὶ καὶ τὸ οὒ οὔ; **18** πιστὸς δὲ ὁ θεὸς ὅτι ὁ λόγος ἡμῶν ὁ πρὸς ὑμᾶς οὐκ ἔστιν ναὶ καὶ οὔ. **19** ὁ τοῦ θεοῦ γὰρ υἱὸς Ἰησοῦς Χριστὸς ὁ ἐν ὑμῖν δι' ἡμῶν κηρυχθείς[12], δι' ἐμοῦ καὶ Σιλουανοῦ καὶ Τιμοθέου, οὐκ ἐγένετο ναὶ καὶ οὒ ἀλλὰ ναὶ ἐν αὐτῷ γέγονεν. **20** ὅσαι γὰρ ἐπαγγελίαι θεοῦ, ἐν αὐτῷ τὸ ναί· διὸ καὶ δι' αὐτοῦ τὸ ἀμὴν τῷ θεῷ πρὸς δόξαν δι' ἡμῶν. **21** ὁ δὲ βεβαιῶν[13] ἡμᾶς σὺν ὑμῖν εἰς Χριστὸν καὶ χρίσας[14] ἡμᾶς θεός, **22** ὁ καὶ σφραγισάμενος[15] ἡμᾶς καὶ δοὺς[16] τὸν ἀρραβῶνα[17] τοῦ πνεύματος ἐν ταῖς καρδίαις ἡμῶν.

23 Ἐγὼ δὲ μάρτυρα τὸν θεὸν ἐπικαλοῦμαι[18] ἐπὶ τὴν ἐμὴν ψυχήν, ὅτι φειδόμενος[19] ὑμῶν οὐκέτι ἦλθον εἰς Κόρινθον. **24** οὐχ ὅτι κυριεύομεν[20] ὑμῶν τῆς πίστεως ἀλλὰ συνεργοί[21] ἐσμεν τῆς χαρᾶς ὑμῶν· τῇ γὰρ πίστει ἑστήκατε[22].

2 Ἔκρινα[23] γὰρ ἐμαυτῷ τοῦτο τὸ μὴ πάλιν ἐν λύπῃ[24] πρὸς ὑμᾶς ἐλθεῖν. **2** εἰ γὰρ ἐγὼ λυπῶ[25] ὑμᾶς, καὶ τίς ὁ εὐφραίνων[26] με εἰ μὴ ὁ λυπούμενος ἐξ ἐμοῦ; **3** καὶ ἔγραψα τοῦτο αὐτό, ἵνα μὴ ἐλθὼν λύπην σχῶ[27] ἀφ' ὧν ἔδει με χαίρειν, πεποιθὼς[28] ἐπὶ πάντας ὑμᾶς ὅτι ἡ ἐμὴ χαρὰ πάντων ὑμῶν ἐστιν. **4** ἐκ γὰρ πολλῆς θλίψεως καὶ συνοχῆς[29] καρδίας ἔγραψα ὑμῖν διὰ πολλῶν δακρύων[30], οὐχ ἵνα λυπηθῆτε ἀλλὰ τὴν ἀγάπην ἵνα γνῶτε[31] ἣν ἔχω περισσοτέρως[32] εἰς ὑμᾶς.

---

[1] ἐπιγινώσκω 2p aor act ind, know
[2] καθάπερ, conj, just as
[3] πεποίθησις, -εως f, confidence
[4] πρότερος, adv, first
[5] ἔχω 2p aor act sub, receive
[6] διέρχομαι aor act inf, go through (δι' ὑμῶν δ. visit you on my way)
[7] προπέμπω aor pas inf, send on one's way
[8] μήτι, usually expects a negative reply
[9] ἐλαφρία, -ας f, vacillation (τῇ ἐ. χρῶμαι be fickle)
[10] χράομαι 1s aor mid ind, use
[11] βουλεύω 1s pres mid ind, mid plan
[12] κηρύσσω aor pas ptc m s nom, preach
[13] βεβαιόω pres act ptc m s nom, make firm
[14] χρίω aor act ptc m s nom, anoint
[15] σφραγίζω aor mid ptc m s nom, secure with a seal
[16] δίδωμι aor act ptc m s nom, give
[17] ἀρραβών, -ῶνος m, guarantee
[18] ἐπικαλέω 1s pres mid ind, mid call
[19] φείδομαι pres mid ptc m s nom, spare
[20] κυριεύω 1p pres act ind, lord it over
[21] συνεργός, -οῦ m, fellow-worker
[22] ἵστημι 2p pf act ind, intrans stand
[23] κρίνω 1s aor act ind, consider
[24] λύπη, -ης f, pain
[25] λυπέω 1s pres act ind, cause pain
[26] εὐφραίνω pres act ptc m s nom, make glad
[27] ἔχω 1s aor act sub, receive
[28] πείθω pf act ptc m s nom, have confidence
[29] συνοχή, -ῆς f, distress
[30] δάκρυον, -ου n, tear (of crying)
[31] γινώσκω 2p aor act sub, know
[32] περισσοτέρως, adv, all the more

Forgiveness for the Offender

5 Εἰ δέ τις λελύπηκεν¹, οὐκ ἐμὲ λελύπηκεν, ἀλλ' ἀπὸ μέρους, ἵνα μὴ ἐπιβαρῶ², πάντας ὑμᾶς. 6 ἱκανὸν τῷ τοιούτῳ ἡ ἐπιτιμία³ αὕτη ἡ ὑπὸ τῶν πλειόνων⁴, 7 ὥστε τοὐναντίον⁵ μᾶλλον ὑμᾶς χαρίσασθαι⁶ καὶ παρακαλέσαι, μή πως⁷ τῇ περισσοτέρᾳ⁸ λύπῃ καταποθῇ⁹ ὁ τοιοῦτος. 8 διὸ παρακαλῶ ὑμᾶς κυρῶσαι¹⁰ εἰς αὐτὸν ἀγάπην· 9 εἰς τοῦτο γὰρ καὶ ἔγραψα, ἵνα γνῶ¹¹ τὴν δοκιμὴν¹² ὑμῶν, εἰ εἰς πάντα ὑπήκοοί¹³ ἐστε. 10 ᾧ δέ τι χαρίζεσθε, κἀγώ· καὶ γὰρ ἐγὼ ὃ κεχάρισμαι¹⁴, εἴ τι κεχάρισμαι, δι' ὑμᾶς ἐν προσώπῳ Χριστοῦ, 11 ἵνα μὴ πλεονεκτηθῶμεν¹⁵ ὑπὸ τοῦ σατανᾶ· οὐ γὰρ αὐτοῦ τὰ νοήματα¹⁶ ἀγνοοῦμεν¹⁷.

Paul's Anxiety and Relief

12 Ἐλθὼν δὲ εἰς τὴν Τρῳάδα εἰς τὸ εὐαγγέλιον τοῦ Χριστοῦ καὶ θύρας μοι ἀνεῳγμένης¹⁸ ἐν κυρίῳ, 13 οὐκ ἔσχηκα¹⁹ ἄνεσιν²⁰ τῷ πνεύματί μου τῷ μὴ εὑρεῖν²¹ με Τίτον τὸν ἀδελφόν μου, ἀλλ' ἀποταξάμενος²² αὐτοῖς ἐξῆλθον εἰς Μακεδονίαν. 14 Τῷ δὲ θεῷ χάρις τῷ πάντοτε θριαμβεύοντι²³ ἡμᾶς ἐν τῷ Χριστῷ καὶ τὴν ὀσμὴν²⁴ τῆς γνώσεως²⁵ αὐτοῦ φανεροῦντι δι' ἡμῶν ἐν παντὶ τόπῳ· 15 ὅτι Χριστοῦ εὐωδία²⁶ ἐσμὲν τῷ θεῷ ἐν τοῖς σῳζομένοις καὶ ἐν τοῖς ἀπολλυμένοις²⁷, 16 οἷς μὲν ὀσμὴ ἐκ θανάτου εἰς θάνατον, οἷς δὲ ὀσμὴ ἐκ ζωῆς εἰς ζωήν. καὶ πρὸς ταῦτα τίς ἱκανός; 17 οὐ γάρ ἐσμεν ὡς οἱ πολλοὶ καπηλεύοντες²⁸ τὸν λόγον τοῦ θεοῦ, ἀλλ' ὡς ἐξ εἰλικρινείας²⁹, ἀλλ' ὡς ἐκ θεοῦ κατέναντι³⁰ θεοῦ ἐν Χριστῷ λαλοῦμεν.

Ministers of the New Covenant

3 Ἀρχόμεθα πάλιν ἑαυτοὺς συνιστάνειν³¹; ἢ μὴ χρῄζομεν³² ὥς τινες συστατικῶν³³ ἐπιστολῶν³⁴ πρὸς ὑμᾶς ἢ ἐξ ὑμῶν; 2 ἡ ἐπιστολὴ ἡμῶν ὑμεῖς ἐστε, ἐγγεγραμμένη³⁵ ἐν ταῖς καρδίαις ἡμῶν, γινωσκομένη καὶ ἀναγινωσκομένη ὑπὸ πάντων

---

¹ λυπέω 3s pf act ind, cause pain
² ἐπιβαρέω 1s pres act sub, place a burden on/speak severely
³ ἐπιτιμία, -ας f, punishment
⁴ πολύς, many (comp) (= majority)
⁵ τοὐναντίον, rather
⁶ χαρίζομαι aor mid ind, forgive
⁷ πώς, particle, somehow
⁸ περισσότερος, great (comp of περισσός)
⁹ καταπίνω 3s aor pas sub, overwhelm
¹⁰ κυρόω aor act inf, confirm
¹¹ γινώσκω 1s aor act sub, know
¹² δοκιμή, -ῆς f, character
¹³ ὑπήκοος, -ον, obedient
¹⁴ χαρίζομαι 1s pf mid ind, forgive
¹⁵ πλεονεκτέω 1p aor pas sub, get the better of
¹⁶ νόημα, -τος n, thought
¹⁷ ἀγνοέω 1p pres act ind, be ignorant of
¹⁸ ἀνοίγω pf pas ptc f s gen, open
¹⁹ ἔχω 1s pf act ind, receive
²⁰ ἄνεσις, -εως f, relief
²¹ εὑρίσκω aor act inf, find
²² ἀποτάσσομαι aor mid ptc m s nom, say goodbye
²³ θριαμβεύω pres act ptc m s dat, lead (someone) in a victory procession
²⁴ ὀσμή, -ῆς f, fragrance
²⁵ γνῶσις, -εως f, knowledge
²⁶ εὐωδία, -ας f, fragrant aroma
²⁷ ἀπόλλυμι pres mid ptc m p dat, mid be lost
²⁸ καπηλεύω pres act ptc m p nom, peddle for profit
²⁹ εἰλικρίνεια, -ας f, sincerity
³⁰ κατέναντι, prep + gen, in the sight of
³¹ συνίστημι pres act inf, commend
³² χρῄζω 1p pres act ind, need
³³ συστατικός, -ή/όν, commendatory
³⁴ ἐπιστολή, -ῆς f, letter
³⁵ ἐγγράφω pf pas ptc f s nom, write

ἀνθρώπων, 3 φανερούμενοι ὅτι ἐστὲ ἐπιστολὴ Χριστοῦ διακονηθεῖσα ὑφ' ἡμῶν, ἐγγεγραμμένη οὐ μέλανι[1] ἀλλὰ πνεύματι θεοῦ ζῶντος, οὐκ ἐν πλαξὶν[2] λιθίναις[3] ἀλλ' ἐν πλαξὶν καρδίαις σαρκίναις[4]. 4 Πεποίθησιν[5] δὲ τοιαύτην ἔχομεν διὰ τοῦ Χριστοῦ πρὸς τὸν θεόν. 5 οὐχ ὅτι ἀφ' ἑαυτῶν ἱκανοί ἐσμεν λογίσασθαί[6] τι ὡς ἐξ ἑαυτῶν, ἀλλ' ἡ ἱκανότης[7] ἡμῶν ἐκ τοῦ θεοῦ, 6 ὃς καὶ ἱκάνωσεν[8] ἡμᾶς διακόνους[9] καινῆς διαθήκης, οὐ γράμματος[10] ἀλλὰ πνεύματος· τὸ γὰρ γράμμα ἀποκτέννει, τὸ δὲ πνεῦμα ζῳοποιεῖ[11]. 7 εἰ δὲ ἡ διακονία τοῦ θανάτου ἐν γράμμασιν ἐντετυπωμένη[12] λίθοις ἐγενήθη[13] ἐν δόξῃ, ὥστε μὴ δύνασθαι ἀτενίσαι[14] τοὺς υἱοὺς Ἰσραὴλ εἰς τὸ πρόσωπον Μωϋσέως διὰ τὴν δόξαν τοῦ προσώπου αὐτοῦ τὴν καταργουμένην[15], 8 πῶς οὐχὶ μᾶλλον ἡ διακονία τοῦ πνεύματος ἔσται ἐν δόξῃ; 9 εἰ γὰρ τῇ διακονίᾳ τῆς κατακρίσεως[16] δόξα, πολλῷ μᾶλλον περισσεύει ἡ διακονία τῆς δικαιοσύνης δόξῃ. 10 καὶ γὰρ οὐ δεδόξασται τὸ δεδοξασμένον ἐν τούτῳ τῷ μέρει εἵνεκεν[17] τῆς ὑπερβαλλούσης[18] δόξης. 11 εἰ γὰρ τὸ καταργούμενον διὰ δόξης, πολλῷ μᾶλλον τὸ μένον ἐν δόξῃ.

12 Ἔχοντες οὖν τοιαύτην ἐλπίδα πολλῇ παρρησίᾳ χρώμεθα[19] 13 καὶ οὐ καθάπερ[20] Μωϋσῆς ἐτίθει[21] κάλυμμα[22] ἐπὶ τὸ πρόσωπον αὐτοῦ πρὸς τὸ μὴ ἀτενίσαι[23] τοὺς υἱοὺς Ἰσραὴλ εἰς τὸ τέλος τοῦ καταργουμένου[24]. 14 ἀλλ' ἐπωρώθη[25] τὰ νοήματα[26] αὐτῶν. ἄχρι γὰρ τῆς σήμερον ἡμέρας τὸ αὐτὸ κάλυμμα ἐπὶ τῇ ἀναγνώσει[27] τῆς παλαιᾶς[28] διαθήκης μένει, μὴ ἀνακαλυπτόμενον[29] ὅτι ἐν Χριστῷ καταργεῖται[30]· 15 ἀλλ' ἕως σήμερον ἡνίκα[31] ἂν ἀναγινώσκηται Μωϋσῆς, κάλυμμα ἐπὶ τὴν καρδίαν αὐτῶν κεῖται[32]. 16 ἡνίκα δὲ ἐὰν ἐπιστρέψῃ[33] πρὸς κύριον, περιαιρεῖται[34] τὸ κάλυμμα. 17 ὁ δὲ κύριος τὸ πνεῦμά ἐστιν· οὗ[35] δὲ τὸ πνεῦμα κυρίου, ἐλευθερία[36]. 18 ἡμεῖς δὲ πάντες ἀνακεκαλυμμένῳ προσώπῳ τὴν δόξαν κυρίου κατοπτριζόμενοι[37] τὴν

[1] μέλας, -αινα/αν, gen -ανος, -αίνης, -ανος, black (τὸ μ. ink)
[2] πλάξ, πλακός f, tablet
[3] λίθινος, -η/ον, made of stone
[4] σάρκινος, -η/ον, human
[5] πεποίθησις, -εως f, confidence
[6] λογίζομαι aor mid inf, consider
[7] ἱκανότης, -ητος f, competence
[8] ἱκανόω 3s aor act ind, make competent
[9] διάκονος, -ου m & f, minister
[10] γράμμα, -τος n, letter of the alphabet
[11] ζῳοποιέω 3s pres act ind, make alive
[12] ἐντυπόω pf pas ptc f s nom, carve
[13] γίνομαι 3s aor pas ind, become
[14] ἀτενίζω aor act inf, look at
[15] καταργέω pres pas ptc f s acc, pas fade away
[16] κατάκρισις, -εως f, condemnation
[17] εἵνεκεν = ἕνεκα, prep + gen, because of
[18] ὑπερβάλλω pres act ptc f s gen, surpass
[19] χράομαι 1p pres mid ind, make use of (πολλῇ παρρησίᾳ χ. we are very bold)
[20] καθάπερ, conj, as
[21] τίθημι 3s impf act ind, put
[22] κάλυμμα, -τος n, veil
[23] ἀτενίζω aor act inf, look at
[24] καταργέω pres pas ptc n s gen, pas fade away
[25] πωρόω 3s aor pas ind, pas be stubborn
[26] νόημα, -τος n, mind
[27] ἀνάγνωσις, -εως f, reading
[28] παλαιός, -ά/όν, old
[29] ἀνακαλύπτω pres pas ptc n s nom, uncover
[30] καταργέω 3s pres pas ind, take away
[31] ἡνίκα, conj, when (ἡ. ἂν whenever)
[32] κεῖμαι 3s pres mid ind, lie
[33] ἐπιστρέφω 3s aor act sub, intrans turn
[34] περιαιρέω 3s pres pas ind, remove
[35] οὗ, adv, where
[36] ἐλευθερία, -ας f, freedom
[37] κατοπτρίζω pres mid ptc m p nom, mid reflect/contemplate

αὐτὴν εἰκόνα¹ μεταμορφούμεθα² ἀπὸ δόξης εἰς δόξαν καθάπερ³ ἀπὸ κυρίου πνεύματος.

Treasure in Clay Jars

4 Διὰ τοῦτο, ἔχοντες τὴν διακονίαν ταύτην καθὼς ἠλεήθημεν⁴, οὐκ ἐγκακοῦμεν⁵ 2 ἀλλ' ἀπειπάμεθα⁶ τὰ κρυπτὰ⁷ τῆς αἰσχύνης⁸, μὴ περιπατοῦντες ἐν πανουργίᾳ⁹ μηδὲ δολοῦντες¹⁰ τὸν λόγον τοῦ θεοῦ ἀλλὰ τῇ φανερώσει¹¹ τῆς ἀληθείας συνιστάνοντες¹² ἑαυτοὺς πρὸς πᾶσαν συνείδησιν¹³ ἀνθρώπων ἐνώπιον τοῦ θεοῦ. 3 εἰ δὲ καὶ ἔστιν κεκαλυμμένον¹⁴ τὸ εὐαγγέλιον ἡμῶν, ἐν τοῖς ἀπολλυμένοις ἐστὶν κεκαλυμμένον, 4 ἐν οἷς ὁ θεὸς τοῦ αἰῶνος τούτου ἐτύφλωσεν¹⁵ τὰ νοήματα¹⁶ τῶν ἀπίστων¹⁷ εἰς τὸ μὴ αὐγάσαι¹⁸ τὸν φωτισμὸν¹⁹ τοῦ εὐαγγελίου τῆς δόξης τοῦ Χριστοῦ, ὅς ἐστιν εἰκὼν²⁰ τοῦ θεοῦ. 5 οὐ γὰρ ἑαυτοὺς κηρύσσομεν ἀλλ' Ἰησοῦν Χριστὸν κύριον, ἑαυτοὺς δὲ δούλους ὑμῶν διὰ Ἰησοῦν. 6 ὅτι ὁ θεὸς ὁ εἰπών· ἐκ σκότους φῶς λάμψει²¹, ὃς ἔλαμψεν²² ἐν ταῖς καρδίαις ἡμῶν πρὸς φωτισμὸν²³ τῆς γνώσεως²⁴ τῆς δόξης τοῦ θεοῦ ἐν προσώπῳ [Ἰησοῦ] Χριστοῦ.

7 Ἔχομεν δὲ τὸν θησαυρὸν²⁵ τοῦτον ἐν ὀστρακίνοις²⁶ σκεύεσιν²⁷, ἵνα ἡ ὑπερβολὴ²⁸ τῆς δυνάμεως ᾖ τοῦ θεοῦ καὶ μὴ ἐξ ἡμῶν· 8 ἐν παντὶ θλιβόμενοι²⁹ ἀλλ' οὐ στενοχωρούμενοι³⁰, ἀπορούμενοι³¹ ἀλλ' οὐκ ἐξαπορούμενοι³², 9 διωκόμενοι ἀλλ' οὐκ ἐγκαταλειπόμενοι³³, καταβαλλόμενοι³⁴ ἀλλ' οὐκ ἀπολλύμενοι³⁵, 10 πάντοτε τὴν νέκρωσιν³⁶ τοῦ Ἰησοῦ ἐν τῷ σώματι περιφέροντες³⁷, ἵνα καὶ ἡ ζωὴ τοῦ Ἰησοῦ ἐν τῷ σώματι ἡμῶν φανερωθῇ. 11 ἀεὶ³⁸ γὰρ ἡμεῖς οἱ ζῶντες εἰς θάνατον παραδιδόμεθα³⁹ διὰ Ἰησοῦν, ἵνα καὶ ἡ ζωὴ τοῦ Ἰησοῦ φανερωθῇ ἐν τῇ θνητῇ⁴⁰ σαρκὶ ἡμῶν. 12 ὥστε

---

1 εἰκών, -όνος f, likeness
2 μεταμορφόω 1p pres pas ind, pas be transformed
3 καθάπερ, conj, just as
4 ἐλεάω/ἐλεέω 1p aor pas ind, show mercy
5 ἐγκακέω 1p pres act ind, become discouraged
6 ἀπεῖπον 1p aor mid ind, mid renounce (aor only)
7 κρυπτός, -ή/ό, secret
8 αἰσχύνη, -ης f, shame
9 πανουργία, -ας f, deceit
10 δολόω pres act ptc m p nom, distort
11 φανέρωσις, -εως f, full disclosure
12 συνίστημι pres act ptc m p nom, commend
13 συνείδησις, -εως f, conscience
14 καλύπτω pf pas ptc n s nom, hide
15 τυφλόω 3s aor act ind, blind
16 νόημα, -τος n, mind
17 ἄπιστος, -ον, unbelieving
18 αὐγάζω aor act inf, see
19 φωτισμός, -οῦ m, light
20 εἰκών, -όνος f, likeness
21 λάμπω 3s fut act ind, shine
22 λάμπω 3s aor act ind, shine
23 φωτισμός, -οῦ m, light
24 γνῶσις, -εως f, knowledge
25 θησαυρός, -οῦ m, treasure
26 ὀστράκινος, -η/ον, made of clay
27 σκεῦος, -ους n, jar
28 ὑπερβολή, -ῆς f, surpassing quality
29 θλίβω pres pas ptc m p nom, pas experience trouble
30 στενοχωρέω pres pas ptc m p nom, crush
31 ἀπορέω pres mid ptc m p nom, mid be at a loss
32 ἐξαπορέω pres mid ptc m p nom, mid despair
33 ἐγκαταλείπω pres pas ptc m p nom, abandon
34 καταβάλλω pres pas ptc m p nom, knock down
35 ἀπόλλυμι pres mid ptc m p nom, mid be lost
36 νέκρωσις, -εως f, death
37 περιφέρω pres act ptc m p nom, carry about
38 ἀεί, adv, always
39 παραδίδωμι 1p pres pas ind, hand over
40 θνητός, -ή/όν, mortal

ὁ θάνατος ἐν ἡμῖν ἐνεργεῖται¹, ἡ δὲ ζωὴ ἐν ὑμῖν. **13** ἔχοντες δὲ τὸ αὐτὸ πνεῦμα τῆς πίστεως κατὰ τὸ γεγραμμένον²· **ἐπίστευσα, διὸ ἐλάλησα,** καὶ ἡμεῖς πιστεύομεν, διὸ καὶ λαλοῦμεν, **14** εἰδότες³ ὅτι ὁ ἐγείρας τὸν κύριον Ἰησοῦν καὶ ἡμᾶς σὺν Ἰησοῦ ἐγερεῖ⁴ καὶ παραστήσει⁵ σὺν ὑμῖν. **15** τὰ γὰρ πάντα δι᾽ ὑμᾶς, ἵνα ἡ χάρις πλεονάσασα⁶ διὰ τῶν πλειόνων⁷ τὴν εὐχαριστίαν⁸ περισσεύσῃ εἰς τὴν δόξαν τοῦ θεοῦ.

Living by Faith

16 Διὸ οὐκ ἐγκακοῦμεν⁹, ἀλλ᾽ εἰ καὶ ὁ ἔξω ἡμῶν ἄνθρωπος διαφθείρεται¹⁰, ἀλλ᾽ ὁ ἔσω¹¹ ἡμῶν ἀνακαινοῦται¹² ἡμέρᾳ καὶ ἡμέρᾳ. **17** τὸ γὰρ παραυτίκα¹³ ἐλαφρὸν¹⁴ τῆς θλίψεως ἡμῶν καθ᾽ ὑπερβολὴν¹⁵ εἰς ὑπερβολὴν αἰώνιον βάρος¹⁶ δόξης κατεργάζεται¹⁷ ἡμῖν, **18** μὴ σκοπούντων¹⁸ ἡμῶν τὰ βλεπόμενα ἀλλὰ τὰ μὴ βλεπόμενα· τὰ γὰρ βλεπόμενα πρόσκαιρα¹⁹, τὰ δὲ μὴ βλεπόμενα αἰώνια.

5 Οἴδαμεν γὰρ ὅτι ἐὰν ἡ ἐπίγειος²⁰ ἡμῶν οἰκία τοῦ σκήνους²¹ καταλυθῇ²², οἰκοδομὴν²³ ἐκ θεοῦ ἔχομεν, οἰκίαν ἀχειροποίητον²⁴ αἰώνιον ἐν τοῖς οὐρανοῖς. **2** καὶ γὰρ ἐν τούτῳ στενάζομεν²⁵ τὸ οἰκητήριον²⁶ ἡμῶν τὸ ἐξ οὐρανοῦ ἐπενδύσασθαι²⁷ ἐπιποθοῦντες²⁸, **3** εἴ γε²⁹ καὶ ἐκδυσάμενοι³⁰ οὐ γυμνοὶ³¹ εὑρεθησόμεθα³². **4** καὶ γὰρ οἱ ὄντες ἐν τῷ σκήνει στενάζομεν βαρούμενοι³³, ἐφ᾽ ᾧ οὐ θέλομεν ἐκδύσασθαι ἀλλ᾽ ἐπενδύσασθαι, ἵνα καταποθῇ³⁴ τὸ θνητὸν³⁵ ὑπὸ τῆς ζωῆς. **5** ὁ δὲ κατεργασάμενος³⁶ ἡμᾶς εἰς αὐτὸ τοῦτο θεός, ὁ δοὺς³⁷ ἡμῖν τὸν ἀρραβῶνα³⁸ τοῦ πνεύματος. **6** θαρροῦντες³⁹ οὖν πάντοτε καὶ εἰδότες⁴⁰ ὅτι ἐνδημοῦντες⁴¹ ἐν τῷ σώματι ἐκδημοῦμεν⁴² ἀπὸ τοῦ κυρίου· **7** διὰ πίστεως γὰρ περιπατοῦμεν, οὐ διὰ εἴδους⁴³· **8** θαρροῦμεν δὲ καὶ εὐδοκοῦμεν⁴⁴ μᾶλλον ἐκδημῆσαι ἐκ τοῦ σώματος καὶ ἐνδημῆσαι πρὸς τὸν κύριον.

---

¹ ἐνεργέω *3s pres mid ind, intrans* be at work
² γράφω *pf pas ptc n s acc,* write
³ οἶδα *pf act ptc m p nom,* know
⁴ ἐγείρω *3s fut act ind,* raise (to life)
⁵ παρίστημι *3s fut act ind,* bring into one's presence
⁶ πλεονάζω *aor act ptc f s nom,* extend
⁷ πολύς, many (comp)
⁸ εὐχαριστία, -ας *f,* thanksgiving
⁹ ἐγκακέω *1p pres act ind,* become discouraged
¹⁰ διαφθείρω *3s pres pas ind,* decay
¹¹ ἔσω, *adv,* inside (ὁ ἔσω inner being)
¹² ἀνακαινόω *3s pres pas ind,* renew
¹³ παραυτίκα, *adv,* momentary
¹⁴ ἐλαφρός, -ά/όν, slight
¹⁵ ὑπερβολή, -ῆς *f,* surpassing quality
¹⁶ βάρος, -ους *n,* weight
¹⁷ κατεργάζομαι *3s pres mid ind,* produce
¹⁸ σκοπέω *pres act ptc m p gen,* fix attention on
¹⁹ πρόσκαιρος, -ον, temporary
²⁰ ἐπίγειος, -ον, earthly
²¹ σκῆνος, -ους *n,* tent
²² καταλύω *3s aor pas sub,* destroy
²³ οἰκοδομή, -ῆς *f,* building
²⁴ ἀχειροποίητος, -ον, not made by human hands
²⁵ στενάζω *1p pres act ind,* groan
²⁶ οἰκητήριον, -ου *n,* dwelling
²⁷ ἐπενδύομαι *aor mid inf,* put on
²⁸ ἐπιποθέω *pres act ptc m p nom,* long (for something)
²⁹ γέ, *emphatic particle*
³⁰ ἐκδύω *aor mid ptc m p nom,* take off
³¹ γυμνός, -ή/όν, naked
³² εὑρίσκω *1p fut pas ind,* find
³³ βαρέω *pres pas ptc m p nom,* burden down
³⁴ καταπίνω *3s aor pas sub,* swallow up
³⁵ θνητός, -ή/όν, mortal
³⁶ κατεργάζομαι *aor mid ptc m s nom,* prepare
³⁷ δίδωμι *aor act ptc m s nom,* give
³⁸ ἀρραβών, -ῶνος *m,* guarantee
³⁹ θαρρέω *pres act ptc m p nom,* be confident
⁴⁰ οἶδα *pf act ptc m p nom,* know
⁴¹ ἐνδημέω *pres act ptc m p nom,* be at home
⁴² ἐκδημέω *1p pres act ind,* be away from home
⁴³ εἶδος, -ους *n,* sight
⁴⁴ εὐδοκέω *1p pres act ind,* be pleased

9 διὸ καὶ φιλοτιμούμεθα¹, εἴτε ἐνδημοῦντες εἴτε ἐκδημοῦντες, εὐάρεστοι² αὐτῷ εἶναι. 10 τοὺς γὰρ πάντας ἡμᾶς φανερωθῆναι δεῖ ἔμπροσθεν τοῦ βήματος³ τοῦ Χριστοῦ, ἵνα κομίσηται⁴ ἕκαστος τὰ διὰ τοῦ σώματος πρὸς ἃ ἔπραξεν⁵, εἴτε ἀγαθὸν εἴτε φαῦλον⁶.

The Ministry of Reconciliation

11 Εἰδότες⁷ οὖν τὸν φόβον τοῦ κυρίου ἀνθρώπους πείθομεν, θεῷ δὲ πεφανερώμεθα· ἐλπίζω δὲ καὶ ἐν ταῖς συνειδήσεσιν⁸ ὑμῶν πεφανερῶσθαι⁹. 12 οὐ πάλιν ἑαυτοὺς συνιστάνομεν¹⁰ ὑμῖν ἀλλ᾽ ἀφορμὴν¹¹ διδόντες ὑμῖν καυχήματος¹² ὑπὲρ ἡμῶν, ἵνα ἔχητε πρὸς τοὺς ἐν προσώπῳ καυχωμένους καὶ μὴ ἐν καρδίᾳ. 13 εἴτε γὰρ ἐξέστημεν¹³, θεῷ· εἴτε σωφρονοῦμεν¹⁴, ὑμῖν. 14 ἡ γὰρ ἀγάπη τοῦ Χριστοῦ συνέχει¹⁵ ἡμᾶς, κρίναντας τοῦτο, ὅτι εἷς ὑπὲρ πάντων ἀπέθανεν, ἄρα οἱ πάντες ἀπέθανον· 15 καὶ ὑπὲρ πάντων ἀπέθανεν, ἵνα οἱ ζῶντες μηκέτι¹⁶ ἑαυτοῖς ζῶσιν ἀλλὰ τῷ ὑπὲρ αὐτῶν ἀποθανόντι καὶ ἐγερθέντι¹⁷. 16 ὥστε ἡμεῖς ἀπὸ τοῦ νῦν οὐδένα οἴδαμεν κατὰ σάρκα· εἰ καὶ ἐγνώκαμεν κατὰ σάρκα Χριστόν, ἀλλὰ νῦν οὐκέτι γινώσκομεν. 17 ὥστε εἴ τις ἐν Χριστῷ, καινὴ κτίσις¹⁸· τὰ ἀρχαῖα¹⁹ παρῆλθεν²⁰, ἰδοὺ γέγονεν²¹ καινά. 18 τὰ δὲ πάντα ἐκ τοῦ θεοῦ τοῦ καταλλάξαντος²² ἡμᾶς ἑαυτῷ διὰ Χριστοῦ καὶ δόντος²³ ἡμῖν τὴν διακονίαν τῆς καταλλαγῆς²⁴, 19 ὡς ὅτι θεὸς ἦν ἐν Χριστῷ κόσμον καταλλάσσων²⁵ ἑαυτῷ, μὴ λογιζόμενος αὐτοῖς τὰ παραπτώματα²⁶ αὐτῶν καὶ θέμενος²⁷ ἐν ἡμῖν τὸν λόγον τῆς καταλλαγῆς. 20 ὑπὲρ Χριστοῦ οὖν πρεσβεύομεν²⁸ ὡς τοῦ θεοῦ παρακαλοῦντος δι᾽ ἡμῶν· δεόμεθα²⁹ ὑπὲρ Χριστοῦ, καταλλάγητε³⁰ τῷ θεῷ. 21 τὸν μὴ γνόντα³¹ ἁμαρτίαν ὑπὲρ ἡμῶν ἁμαρτίαν ἐποίησεν, ἵνα ἡμεῖς γενώμεθα³² δικαιοσύνη θεοῦ ἐν αὐτῷ.

6 Συνεργοῦντες³³ δὲ καὶ παρακαλοῦμεν μὴ εἰς κενὸν³⁴ τὴν χάριν τοῦ θεοῦ δέξασθαι ὑμᾶς· 2 λέγει γάρ·

---

¹ φιλοτιμέομαι 1p pres mid ind, make it one's aim
² εὐάρεστος, -ον, pleasing
³ βῆμα, -τος n, judicial bench
⁴ κομίζω 3s aor mid sub, receive
⁵ πράσσω 3s aor act ind, do
⁶ φαῦλος, -η/ον, evil
⁷ οἶδα pf act ptc m p nom, know
⁸ συνείδησις, -εως f, conscience
⁹ φανερόω pf pas ptc, make known
¹⁰ συνίστημι 1p pres act ind, commend
¹¹ ἀφορμή, -ῆς f, opportunity
¹² καύχημα, -τος n, pride
¹³ ἐξίστημι 1p aor act ind, be out of one's mind
¹⁴ σωφρονέω 1p pres act ind, be in one's right mind
¹⁵ συνέχω 3s pres act ind, control
¹⁶ μηκέτι, adv, no longer
¹⁷ ἐγείρω aor pas ptc m s dat, raise (to life)
¹⁸ κτίσις, -εως f, creation
¹⁹ ἀρχαῖος, -α/ον, old
²⁰ παρέρχομαι 3s aor act ind, go away
²¹ γίνομαι 3s pf act ind, become
²² καταλλάσσω aor act ptc m s gen, reconcile
²³ δίδωμι aor act ptc m s gen, give
²⁴ καταλλαγή, -ῆς f, reconciliation
²⁵ καταλλάσσω pres act ptc m s nom, reconcile
²⁶ παράπτωμα, -τος n, wrongdoing
²⁷ τίθημι aor mid ptc m s nom, place
²⁸ πρεσβεύω 1p pres act ind, be an ambassador
²⁹ δέομαι 1p pres pas ind, beg
³⁰ καταλλάσσω 2p aor pas impv, reconcile
³¹ γινώσκω aor act ptc m s acc, know
³² γίνομαι 1p aor mid sub, become
³³ συνεργέω pres act ptc m p nom, work together (with God)
³⁴ κενός, -ή/όν, in vain

καιρῷ δεκτῷ¹ ἐπήκουσά² σου
καὶ ἐν ἡμέρᾳ σωτηρίας ἐβοήθησά³ σοι.
ἰδοὺ νῦν καιρὸς εὐπρόσδεκτος⁴, ἰδοὺ νῦν ἡμέρα σωτηρίας. **3** μηδεμίαν ἐν μηδενὶ διδόντες προσκοπήν⁵, ἵνα μὴ μωμηθῇ⁶ ἡ διακονία, **4** ἀλλ' ἐν παντὶ συνιστάντες⁷ ἑαυτοὺς ὡς θεοῦ διάκονοι⁸, ἐν ὑπομονῇ πολλῇ, ἐν θλίψεσιν, ἐν ἀνάγκαις⁹, ἐν στενοχωρίαις¹⁰, **5** ἐν πληγαῖς¹¹, ἐν φυλακαῖς, ἐν ἀκαταστασίαις¹², ἐν κόποις¹³, ἐν ἀγρυπνίαις¹⁴, ἐν νηστείαις¹⁵, **6** ἐν ἁγνότητι¹⁶, ἐν γνώσει¹⁷, ἐν μακροθυμίᾳ¹⁸, ἐν χρηστότητι¹⁹, ἐν πνεύματι ἁγίῳ, ἐν ἀγάπῃ ἀνυποκρίτῳ²⁰, **7** ἐν λόγῳ ἀληθείας, ἐν δυνάμει θεοῦ· διὰ τῶν ὅπλων²¹ τῆς δικαιοσύνης τῶν δεξιῶν καὶ ἀριστερῶν²², **8** διὰ δόξης καὶ ἀτιμίας²³, διὰ δυσφημίας²⁴ καὶ εὐφημίας²⁵· ὡς πλάνοι²⁶ καὶ ἀληθεῖς²⁷, **9** ὡς ἀγνοούμενοι²⁸ καὶ ἐπιγινωσκόμενοι, ὡς ἀποθνῄσκοντες καὶ ἰδοὺ ζῶμεν, ὡς παιδευόμενοι²⁹ καὶ μὴ θανατούμενοι³⁰, **10** ὡς λυπούμενοι³¹ ἀεὶ³² δὲ χαίροντες, ὡς πτωχοὶ πολλοὺς δὲ πλουτίζοντες³³, ὡς μηδὲν ἔχοντες καὶ πάντα κατέχοντες³⁴.

11 Τὸ στόμα ἡμῶν ἀνέῳγεν³⁵ πρὸς ὑμᾶς, Κορίνθιοι, ἡ καρδία ἡμῶν πεπλάτυνται³⁶· **12** οὐ στενοχωρεῖσθε³⁷ ἐν ἡμῖν, στενοχωρεῖσθε δὲ ἐν τοῖς σπλάγχνοις³⁸ ὑμῶν· **13** τὴν δὲ αὐτὴν ἀντιμισθίαν³⁹, ὡς τέκνοις λέγω, πλατύνθητε καὶ ὑμεῖς.

The Temple of the Living God

14 Μὴ γίνεσθε ἑτεροζυγοῦντες⁴⁰ ἀπίστοις⁴¹· τίς γὰρ μετοχὴ⁴² δικαιοσύνῃ καὶ ἀνομίᾳ⁴³, ἢ τίς κοινωνία⁴⁴ φωτὶ πρὸς σκότος; **15** τίς δὲ συμφώνησις⁴⁵ Χριστοῦ πρὸς Βελιάρ, ἢ τίς μερὶς⁴⁶ πιστῷ μετὰ ἀπίστου; **16** τίς δὲ συγκατάθεσις⁴⁷ ναῷ θεοῦ μετὰ εἰδώλων⁴⁸; ἡμεῖς γὰρ ναὸς θεοῦ ἐσμεν ζῶντος, καθὼς εἶπεν ὁ θεὸς ὅτι

---

[1] δεκτός, -ή/όν, acceptable
[2] ἐπακούω 1s aor act ind, listen to
[3] βοηθέω 1s aor act ind, help
[4] εὐπρόσδεκτος, -ον, acceptable
[5] προσκοπή, -ῆς f, cause for offense
[6] μωμάομαι 3s aor pas sub, aor pas be found fault with
[7] συνίστημι pres act ptc m p nom, commend
[8] διάκονος, -ου m, servant
[9] ἀνάγκη, -ης f, hardship
[10] στενοχωρία, -ης f, distress
[11] πληγή, -ῆς f, beating
[12] ἀκαταστασία, -ας f, riot
[13] κόπος, -ου m, hard work
[14] ἀγρυπνία, -ας f, sleeplessness
[15] νηστεία, -ας f, hunger
[16] ἁγνότης, -ητος f, purity
[17] γνῶσις, -εως f, knowledge
[18] μακροθυμία, -ας f, patience
[19] χρηστότης, -ητος f, kindness
[20] ἀνυπόκριτος, -ον, genuine
[21] ὅπλον, -ου n, weapon
[22] ἀριστερός, -ά/όν, left (hand)
[23] ἀτιμία, -ας f, disgrace
[24] δυσφημία, -ας f, bad reputation
[25] εὐφημία, -ας f, good reputation
[26] πλάνος, -ον, deceitful (ὁ π. imposter)
[27] ἀληθής, -ές, truthful
[28] ἀγνοέω pres pas ptc m p nom, pas be unknown
[29] παιδεύω pres pas ptc m p nom, punish
[30] θανατόω pres pas ptc m p nom, kill
[31] λυπέω pres pas ptc m p nom, pas be sad
[32] ἀεί, adv, always
[33] πλουτίζω pres act ptc m p nom, make rich
[34] κατέχω pres act ptc m p nom, possess
[35] ἀνοίγω 3s pf act ind, open
[36] πλατύνω 3s pf pas ind, open wide
[37] στενοχωρέω 2p pres pas ind, restrict
[38] σπλάγχνον, -ου n, affection
[39] ἀντιμισθία, -ας f, response
[40] ἑτεροζυγέω pres act ptc m p nom, be mismated
[41] ἄπιστος, -ον, unbelieving
[42] μετοχή, -ῆς f, partnership
[43] ἀνομία, -ας f, wickedness
[44] κοινωνία, -ας f, fellowship
[45] συμφώνησις, -εως f, common ground
[46] μερίς, -ίδος f, part
[47] συγκατάθεσις, -εως f, agreement
[48] εἴδωλον, -ου n, idol

ἐνοικήσω¹ ἐν αὐτοῖς καὶ ἐμπεριπατήσω²
καὶ ἔσομαι αὐτῶν θεὸς καὶ αὐτοὶ ἔσονταί μου λαός.

17 διὸ ἐξέλθατε³ ἐκ μέσου αὐτῶν
καὶ ἀφορίσθητε⁴, λέγει κύριος,
καὶ ἀκαθάρτου μὴ ἅπτεσθε·
κἀγὼ εἰσδέξομαι⁵ ὑμᾶς
18 καὶ ἔσομαι ὑμῖν εἰς πατέρα
καὶ ὑμεῖς ἔσεσθέ μοι εἰς υἱοὺς καὶ θυγατέρας⁶,
λέγει κύριος παντοκράτωρ.⁷

7 Ταύτας οὖν ἔχοντες τὰς ἐπαγγελίας, ἀγαπητοί, καθαρίσωμεν ἑαυτοὺς ἀπὸ παντὸς μολυσμοῦ⁸ σαρκὸς καὶ πνεύματος, ἐπιτελοῦντες⁹ ἁγιωσύνην¹⁰ ἐν φόβῳ θεοῦ.

Paul's Joy at the Church's Repentance

2 Χωρήσατε¹¹ ἡμᾶς· οὐδένα ἠδικήσαμεν¹², οὐδένα ἐφθείραμεν¹³, οὐδένα ἐπλεονεκτήσαμεν¹⁴. 3 πρὸς κατάκρισιν¹⁵ οὐ λέγω· προείρηκα¹⁶ γὰρ ὅτι ἐν ταῖς καρδίαις ἡμῶν ἐστε εἰς τὸ συναποθανεῖν¹⁷ καὶ συζῆν¹⁸. 4 πολλή μοι παρρησία πρὸς ὑμᾶς, πολλή μοι καύχησις¹⁹ ὑπὲρ ὑμῶν· πεπλήρωμαι τῇ παρακλήσει²⁰, ὑπερπερισσεύομαι²¹ τῇ χαρᾷ ἐπὶ πάσῃ τῇ θλίψει ἡμῶν.

5 Καὶ γὰρ ἐλθόντων ἡμῶν εἰς Μακεδονίαν οὐδεμίαν ἔσχηκεν²² ἄνεσιν²³ ἡ σὰρξ ἡμῶν ἀλλ' ἐν παντὶ θλιβόμενοι²⁴· ἔξωθεν²⁵ μάχαι²⁶, ἔσωθεν²⁷ φόβοι. 6 ἀλλ' ὁ παρακαλῶν τοὺς ταπεινοὺς²⁸ παρεκάλεσεν ἡμᾶς ὁ θεὸς ἐν τῇ παρουσίᾳ²⁹ Τίτου, 7 οὐ μόνον δὲ ἐν τῇ παρουσίᾳ αὐτοῦ ἀλλὰ καὶ ἐν τῇ παρακλήσει ᾗ παρεκλήθη ἐφ' ὑμῖν, ἀναγγέλλων³⁰ ἡμῖν τὴν ὑμῶν ἐπιπόθησιν³¹, τὸν ὑμῶν ὀδυρμόν³², τὸν ὑμῶν

---

1 ἐνοικέω 1s fut act ind, live in
2 ἐμπεριπατέω 1s fut act ind, live (among)
3 ἐξέρχομαι 2p aor act impv, come out
4 ἀφορίζω 2p aor pas impv, separate
5 εἰσδέχομαι 1s fut mid ind, welcome
6 θυγάτηρ, -τρός f, daughter
7 παντοκράτωρ, -ορος m, the Almighty
8 μολυσμός, -οῦ m, defilement
9 ἐπιτελέω pres act ptc m p nom, make perfect
10 ἁγιωσύνη, -ης f, holiness
11 χωρέω 2p aor act impv, make room for
12 ἀδικέω 1p aor act ind, mistreat
13 φθείρω 1p aor act ind, corrupt
14 πλεονεκτέω 1p aor act ind, take advantage of
15 κατάκρισις, -εως f, condemnation
16 προλέγω 1s pf act ind, say before
17 συναποθνήσκω aor act inf, die together
18 συζάω pres act inf, live together
19 καύχησις, -εως f, pride
20 παράκλησις, -εως f, encouragement
21 ὑπερπερισσεύω 1s pres pas ind, overflow
22 ἔχω 3s pf act ind, receive
23 ἄνεσις, -εως f, relief
24 θλίβω pres pas ptc m p nom, pas experience trouble
25 ἔξωθεν, adv, outside
26 μάχη, -ης f, fighting
27 ἔσωθεν, adv, within
28 ταπεινός, -ή/όν, downcast
29 παρουσία, -ας f, coming
30 ἀναγγέλλω pres act ptc m s nom, tell
31 ἐπιπόθησις, -εως f, longing
32 ὀδυρμός, -οῦ m, sorrow

ζῆλον¹ ὑπὲρ ἐμοῦ ὥστε με μᾶλλον χαρῆναι². **8** ὅτι εἰ καὶ ἐλύπησα³ ὑμᾶς ἐν τῇ ἐπιστολῇ⁴, οὐ μεταμέλομαι⁵· εἰ καὶ μετεμελόμην, βλέπω [γὰρ] ὅτι ἡ ἐπιστολὴ ἐκείνη εἰ καὶ πρὸς ὥραν ἐλύπησεν ὑμᾶς, **9** νῦν χαίρω, οὐχ ὅτι ἐλυπήθητε ἀλλ᾽ ὅτι ἐλυπήθητε εἰς μετάνοιαν⁶· ἐλυπήθητε γὰρ κατὰ θεόν, ἵνα ἐν μηδενὶ ζημιωθῆτε⁷ ἐξ ἡμῶν. **10** ἡ γὰρ κατὰ θεὸν λύπη⁸ μετάνοιαν εἰς σωτηρίαν ἀμεταμέλητον⁹ ἐργάζεται· ἡ δὲ τοῦ κόσμου λύπη θάνατον κατεργάζεται¹⁰. **11** ἰδοὺ γὰρ αὐτὸ τοῦτο τὸ κατὰ θεὸν λυπηθῆναι πόσην¹¹ κατειργάσατο ὑμῖν σπουδήν¹², ἀλλ᾽ ἀπολογίαν¹³, ἀλλ᾽ ἀγανάκτησιν¹⁴, ἀλλὰ φόβον, ἀλλ᾽ ἐπιπόθησιν¹⁵, ἀλλὰ ζῆλον¹⁶, ἀλλ᾽ ἐκδίκησιν¹⁷. ἐν παντὶ συνεστήσατε¹⁸ ἑαυτοὺς ἁγνοὺς¹⁹ εἶναι τῷ πράγματι²⁰. **12** ἄρα εἰ καὶ ἔγραψα ὑμῖν, οὐχ ἕνεκεν²¹ τοῦ ἀδικήσαντος²² οὐδὲ ἕνεκεν τοῦ ἀδικηθέντος ἀλλ᾽ ἕνεκεν τοῦ φανερωθῆναι τὴν σπουδὴν ὑμῶν τὴν ὑπὲρ ἡμῶν πρὸς ὑμᾶς ἐνώπιον τοῦ θεοῦ. **13** διὰ τοῦτο παρακεκλήμεθα²³. ἐπὶ δὲ τῇ παρακλήσει²⁴ ἡμῶν περισσοτέρως²⁵ μᾶλλον ἐχάρημεν²⁶ ἐπὶ τῇ χαρᾷ Τίτου, ὅτι ἀναπέπαυται²⁷ τὸ πνεῦμα αὐτοῦ ἀπὸ πάντων ὑμῶν· **14** ὅτι εἴ τι αὐτῷ ὑπὲρ ὑμῶν κεκαύχημαι, οὐ κατῃσχύνθην²⁸, ἀλλ᾽ ὡς πάντα ἐν ἀληθείᾳ ἐλαλήσαμεν ὑμῖν, οὕτως καὶ ἡ καύχησις²⁹ ἡμῶν ἡ ἐπὶ Τίτου ἀλήθεια ἐγενήθη³⁰. **15** καὶ τὰ σπλάγχνα³¹ αὐτοῦ περισσοτέρως εἰς ὑμᾶς ἐστιν ἀναμιμνῃσκομένου³² τὴν πάντων ὑμῶν ὑπακοήν³³, ὡς μετὰ φόβου καὶ τρόμου³⁴ ἐδέξασθε³⁵ αὐτόν. **16** χαίρω ὅτι ἐν παντὶ θαρρῶ³⁶ ἐν ὑμῖν.

Generous Giving

8 Γνωρίζομεν³⁷ δὲ ὑμῖν, ἀδελφοί, τὴν χάριν τοῦ θεοῦ τὴν δεδομένην³⁸ ἐν ταῖς ἐκκλησίαις τῆς Μακεδονίας, **2** ὅτι ἐν πολλῇ δοκιμῇ³⁹ θλίψεως ἡ περισσεία⁴⁰ τῆς

---

¹ ζῆλος, -ου *m*, concern
² χαίρω *aor pas inf, pas* rejoice
³ λυπέω 1s *aor act ind,* cause pain
⁴ ἐπιστολή, -ῆς *f,* letter
⁵ μεταμέλομαι 1s *pres pas ind,* regret
⁶ μετάνοια, -ας *f,* repentance
⁷ ζημιόω 2p *aor pas sub, pas* suffer loss
⁸ λύπη, -ης *f,* pain
⁹ ἀμεταμέλητος, -ον *f,* free from regret
¹⁰ κατεργάζομαι 3s *pres mid ind,* produce
¹¹ πόσος, -η/ον, how much
¹² σπουδή, -ῆς *f,* eagerness
¹³ ἀπολογία, -ας *f,* defense
¹⁴ ἀγανάκτησις, -εως *f,* indignation
¹⁵ ἐπιπόθησις, -εως *f,* longing
¹⁶ ζῆλος, -ου *m,* concern
¹⁷ ἐκδίκησις, -εως *f,* rendering of justice
¹⁸ συνίστημι 2p *aor act ind,* prove
¹⁹ ἁγνός, -ή/όν, innocent
²⁰ πρᾶγμα, -τος *n,* matter
²¹ ἕνεκα, *prep + gen,* because of
²² ἀδικέω *aor act ptc m s gen,* mistreat
²³ παρακαλέω 1p *pf pas ind,* encourage
²⁴ παράκλησις, -εως *f,* encouragement
²⁵ περισσοτέρως, *adv,* all the more
²⁶ χαίρω 1p *aor pas ind, pas* rejoice
²⁷ ἀναπαύω 3s *pf pas ind,* refresh
²⁸ καταισχύνω 1s *aor pas ind,* put to shame
²⁹ καύχησις, -εως *f,* pride
³⁰ γίνομαι 3s *aor pas ind,* become
³¹ σπλάγχνον, -ου *n,* feelings
³² ἀναμιμνῄσκω *pres pas ptc m s gen,* remember
³³ ὑπακοή, -ῆς *f,* obedience
³⁴ τρόμος, -ου *m,* trembling
³⁵ δέχομαι 2p *aor mid ind,* receive
³⁶ θαρρέω 1s *pres act ind,* be confident
³⁷ γνωρίζω 1p *pres act ind,* make known
³⁸ δίδωμι *pf pas ptc f s acc,* give
³⁹ δοκιμή, -ῆς *f,* testing (πολλῇ δ. severe ordeal)
⁴⁰ περισσεία, -ας *f,* abundance

ΠΡΟΣ ΚΟΡΙΝΘΙΟΥΣ Β' 8.3-17

χαρᾶς αὐτῶν καὶ ἡ κατὰ βάθους¹ πτωχεία² αὐτῶν ἐπερίσσευσεν εἰς τὸ πλοῦτος³ τῆς ἁπλότητος⁴ αὐτῶν· **3** ὅτι κατὰ δύναμιν, μαρτυρῶ, καὶ παρὰ δύναμιν, αὐθαίρετοι⁵ **4** μετὰ πολλῆς παρακλήσεως⁶ δεόμενοι⁷ ἡμῶν τὴν χάριν καὶ τὴν κοινωνίαν⁸ τῆς διακονίας τῆς εἰς τοὺς ἁγίους, **5** καὶ οὐ καθὼς ἠλπίσαμεν⁹ ἀλλ' ἑαυτοὺς ἔδωκαν πρῶτον τῷ κυρίῳ καὶ ἡμῖν διὰ θελήματος θεοῦ **6** εἰς τὸ παρακαλέσαι ἡμᾶς Τίτον, ἵνα καθὼς προενήρξατο¹⁰ οὕτως καὶ ἐπιτελέσῃ¹¹ εἰς ὑμᾶς καὶ τὴν χάριν ταύτην. **7** ἀλλ' ὥσπερ ἐν παντὶ περισσεύετε, πίστει καὶ λόγῳ καὶ γνώσει¹² καὶ πάσῃ σπουδῇ¹³ καὶ τῇ ἐξ ἡμῶν ἐν ὑμῖν ἀγάπῃ, ἵνα καὶ ἐν ταύτῃ τῇ χάριτι περισσεύητε. **8** οὐ κατ' ἐπιταγὴν¹⁴ λέγω ἀλλὰ διὰ τῆς ἑτέρων σπουδῆς¹⁵ καὶ τὸ τῆς ὑμετέρας¹⁶ ἀγάπης γνήσιον¹⁷ δοκιμάζων¹⁸· **9** γινώσκετε γὰρ τὴν χάριν τοῦ κυρίου ἡμῶν Ἰησοῦ Χριστοῦ, ὅτι δι' ὑμᾶς ἐπτώχευσεν¹⁹ πλούσιος²⁰ ὤν, ἵνα ὑμεῖς τῇ ἐκείνου πτωχείᾳ²¹ πλουτήσητε²². **10** καὶ γνώμην²³ ἐν τούτῳ δίδωμι· τοῦτο γὰρ ὑμῖν συμφέρει²⁴, οἵτινες οὐ μόνον τὸ ποιῆσαι ἀλλὰ καὶ τὸ θέλειν προενήρξασθε²⁵ ἀπὸ πέρυσι²⁶. **11** νυνὶ²⁷ δὲ καὶ τὸ ποιῆσαι ἐπιτελέσατε²⁸, ὅπως καθάπερ²⁹ ἡ προθυμία³⁰ τοῦ θέλειν, οὕτως καὶ τὸ ἐπιτελέσαι ἐκ τοῦ ἔχειν. **12** εἰ γὰρ ἡ προθυμία πρόκειται³¹, καθὸ³² ἐὰν ἔχῃ εὐπρόσδεκτος³³, οὐ καθὸ οὐκ ἔχει. **13** οὐ γὰρ ἵνα ἄλλοις ἄνεσις³⁴, ὑμῖν θλῖψις, ἀλλ' ἐξ ἰσότητος³⁵. **14** ἐν τῷ νῦν καιρῷ τὸ ὑμῶν περίσσευμα³⁶ εἰς τὸ ἐκείνων ὑστέρημα³⁷, ἵνα καὶ τὸ ἐκείνων περίσσευμα γένηται εἰς τὸ ὑμῶν ὑστέρημα, ὅπως γένηται ἰσότης, **15** καθὼς γέγραπται· ὁ τὸ πολὺ οὐκ ἐπλεόνασεν³⁸, καὶ ὁ τὸ ὀλίγον οὐκ ἠλαττόνησεν³⁹.

Titus and His Companions

16 Χάρις δὲ τῷ θεῷ τῷ δόντι⁴⁰ τὴν αὐτὴν σπουδὴν⁴¹ ὑπὲρ ὑμῶν ἐν τῇ καρδίᾳ Τίτου, **17** ὅτι τὴν μὲν παράκλησιν⁴² ἐδέξατο, σπουδαιότερος⁴³ δὲ ὑπάρχων

---

¹ βάθος, -ους n, depth
² πτωχεία, -ας f, poverty (ἡ κατὰ βάθους π. extreme poverty)
³ πλοῦτος, -ου n, wealth
⁴ ἁπλότης, -ητος f, generosity
⁵ αὐθαίρετος, -ον, of one's own accord
⁶ παράκλησις, -εως f, encouragement
⁷ δέομαι pres pas ptc m p nom, beg
⁸ κοινωνία, -ας f, fellowship
⁹ ἐλπίζω 1p aor act ind, hope
¹⁰ προενάρχομαι 3s aor mid ind, already begin
¹¹ ἐπιτελέω 3s aor act sub, complete
¹² γνῶσις, -εως f, knowledge
¹³ σπουδή, -ῆς f, eagerness
¹⁴ ἐπιταγή, -ῆς f, command
¹⁵ σπουδή, -ῆς f, earnestness
¹⁶ ὑμέτερος, -α/ον, your
¹⁷ γνήσιος, -α/ον, genuine
¹⁸ δοκιμάζω pres act ptc m s nom, test
¹⁹ πτωχεύω 3s aor act ind, become poor
²⁰ πλούσιος, -α/ον, rich
²¹ πτωχεία, -ας f, poverty
²² πλουτέω 2p aor act sub, be rich
²³ γνώμη, -ης f, opinion
²⁴ συμφέρω 3s pres act ind, it is better
²⁵ προενάρχομαι 2p aor mid ind, begin
²⁶ πέρυσι, adv, a year ago
²⁷ νυνί, adv, now
²⁸ ἐπιτελέω 2p aor act impv, complete
²⁹ καθάπερ, conj, just as
³⁰ προθυμία, -ας f, willingness
³¹ πρόκειμαι 3s pres mid ind, be present
³² καθό, adv, according as
³³ εὐπρόσδεκτος, -ον, acceptable
³⁴ ἄνεσις, -εως f, relief
³⁵ ἰσότης, -ητος f, equality
³⁶ περίσσευμα, -τος n, abundance
³⁷ ὑστέρημα, -τος n, need
³⁸ πλεονάζω 3s aor act ind, have too much
³⁹ ἐλαττονέω 3s aor act ind, have too little
⁴⁰ δίδωμι aor act ptc m s dat, give
⁴¹ σπουδή, -ῆς f, earnestness
⁴² παράκλησις, -εως f, encouragement
⁴³ σπουδαῖος, earnest (comp)

αὐθαίρετος¹ ἐξῆλθεν πρὸς ὑμᾶς. 18 συνεπέμψαμεν² δὲ μετ' αὐτοῦ τὸν ἀδελφὸν οὗ ὁ ἔπαινος³ ἐν τῷ εὐαγγελίῳ διὰ πασῶν τῶν ἐκκλησιῶν, 19 οὐ μόνον δέ, ἀλλὰ καὶ χειροτονηθεὶς⁴ ὑπὸ τῶν ἐκκλησιῶν συνέκδημος⁵ ἡμῶν σὺν τῇ χάριτι ταύτῃ τῇ διακονουμένῃ ὑφ' ἡμῶν πρὸς τὴν [αὐτοῦ] τοῦ κυρίου δόξαν καὶ προθυμίαν⁶ ἡμῶν, 20 στελλόμενοι⁷ τοῦτο, μή τις ἡμᾶς μωμήσηται⁸ ἐν τῇ ἁδρότητι⁹ ταύτῃ τῇ διακονουμένῃ ὑφ' ἡμῶν· 21 προνοοῦμεν¹⁰ γὰρ καλὰ οὐ μόνον ἐνώπιον κυρίου ἀλλὰ καὶ ἐνώπιον ἀνθρώπων. 22 συνεπέμψαμεν¹¹ δὲ αὐτοῖς τὸν ἀδελφὸν ἡμῶν ὃν ἐδοκιμάσαμεν¹² ἐν πολλοῖς πολλάκις¹³ σπουδαῖον¹⁴ ὄντα, νυνὶ¹⁵ δὲ πολὺ σπουδαιότερον πεποιθήσει¹⁶ πολλῇ τῇ εἰς ὑμᾶς. 23 εἴτε ὑπὲρ Τίτου, κοινωνὸς¹⁷ ἐμὸς καὶ εἰς ὑμᾶς συνεργός¹⁸· εἴτε ἀδελφοὶ ἡμῶν, ἀπόστολοι ἐκκλησιῶν, δόξα Χριστοῦ. 24 τὴν οὖν ἔνδειξιν¹⁹ τῆς ἀγάπης ὑμῶν καὶ ἡμῶν καυχήσεως²⁰ ὑπὲρ ὑμῶν εἰς αὐτοὺς ἐνδεικνύμενοι²¹ εἰς πρόσωπον τῶν ἐκκλησιῶν.

The Collection for Jerusalem

9 Περὶ μὲν γὰρ τῆς διακονίας τῆς εἰς τοὺς ἁγίους περισσόν²² μοί ἐστιν τὸ γράφειν ὑμῖν· 2 οἶδα γὰρ τὴν προθυμίαν²³ ὑμῶν ἣν ὑπὲρ ὑμῶν καυχῶμαι Μακεδόσιν, ὅτι Ἀχαΐα παρεσκεύασται²⁴ ἀπὸ πέρυσι²⁵, καὶ τὸ ὑμῶν ζῆλος²⁶ ἠρέθισεν²⁷ τοὺς πλείονας²⁸. 3 ἔπεμψα²⁹ δὲ τοὺς ἀδελφούς, ἵνα μὴ τὸ καύχημα³⁰ ἡμῶν τὸ ὑπὲρ ὑμῶν κενωθῇ³¹ ἐν τῷ μέρει τούτῳ, ἵνα καθὼς ἔλεγον παρεσκευασμένοι³² ἦτε³³, 4 μή πως³⁴ ἐὰν ἔλθωσιν³⁵ σὺν ἐμοὶ Μακεδόνες καὶ εὕρωσιν³⁶ ὑμᾶς ἀπαρασκευάστους³⁷ καταισχυνθῶμεν³⁸ ἡμεῖς, ἵνα μὴ λέγω ὑμεῖς, ἐν τῇ ὑποστάσει³⁹ ταύτῃ. 5 ἀναγκαῖον⁴⁰ οὖν ἡγησάμην⁴¹ παρακαλέσαι τοὺς ἀδελφούς, ἵνα προέλθωσιν⁴² εἰς ὑμᾶς καὶ

---

¹ αὐθαίρετος, -ον, of one's own accord
² συμπέμπω 1p aor act ind, send along with
³ ἔπαινος, -ου m, praise
⁴ χειροτονέω aor pas ptc m s nom, appoint
⁵ συνέκδημος, -ου m, traveling companion
⁶ προθυμία, -ας f, eagerness
⁷ στέλλω pres mid ptc m p nom, mid avoid
⁸ μωμάομαι 3s aor mid sub, mid find fault with
⁹ ἁδρότης, -ητος f, generous amount
¹⁰ προνοέω 1p pres act ind, have in mind to do
¹¹ συμπέμπω 1p aor act ind, send along with
¹² δοκιμάζω 1p aor act ind, test/approve
¹³ πολλάκις, adv, often
¹⁴ σπουδαῖος, -α/ον, earnest
¹⁵ νυνί, adv, now
¹⁶ πεποίθησις, -εως f, confidence
¹⁷ κοινωνός, -οῦ m, partner
¹⁸ συνεργός, -οῦ m, fellow-worker
¹⁹ ἔνδειξις, -εως f, evidence
²⁰ καύχησις, -εως f, boasting
²¹ ἐνδείκνυμι pres mid ptc m p nom, mid give proof
²² περισσός, -ή/όν, unnecessary
²³ προθυμία, -ας f, eagerness
²⁴ παρασκευάζω 3s pf mid ind, be ready
²⁵ πέρυσι, adv, a year ago
²⁶ ζῆλος, -ους n, zeal
²⁷ ἐρεθίζω 3s aor act ind, stir up
²⁸ πολύς, many (comp)
²⁹ πέμπω 1s aor act ind, send
³⁰ καύχημα, -τος n, boasting
³¹ κενόω 3s aor pas sub, pas prove to be invalid
³² παρασκευάζω pf mid ptc m p nom, be ready
³³ εἰμί 2p pres act sub, be
³⁴ πώς, particle, somehow
³⁵ ἔρχομαι 3p aor act sub, come
³⁶ εὑρίσκω 3p aor act sub, find
³⁷ ἀπαρασκεύαστος, -ον, unprepared
³⁸ καταισχύνω 1p aor pas sub, put to shame
³⁹ ὑπόστασις, -εως f, confidence
⁴⁰ ἀναγκαῖος, -α/ον, necessary
⁴¹ ἡγέομαι 1s aor mid ind, consider
⁴² προέρχομαι 3p aor act sub, go before

προκαταρτίσωσιν¹ τὴν προεπηγγελμένην² εὐλογίαν³ ὑμῶν, ταύτην ἑτοίμην⁴ εἶναι οὕτως ὡς εὐλογίαν καὶ μὴ ὡς πλεονεξίαν⁵. **6** Τοῦτο δέ, ὁ σπείρων φειδομένως⁶ φειδομένως καὶ θερίσει⁷, καὶ ὁ σπείρων ἐπ' εὐλογίαις⁸ ἐπ' εὐλογίαις καὶ θερίσει. **7** ἕκαστος καθὼς προῄρηται⁹ τῇ καρδίᾳ, μὴ ἐκ λύπης¹⁰ ἢ ἐξ ἀνάγκης¹¹· ἱλαρὸν¹² γὰρ δότην¹³ ἀγαπᾷ ὁ θεός. **8** δυνατεῖ¹⁴ δὲ ὁ θεὸς πᾶσαν χάριν περισσεῦσαι εἰς ὑμᾶς, ἵνα ἐν παντὶ πάντοτε πᾶσαν αὐτάρκειαν¹⁵ ἔχοντες περισσεύητε εἰς πᾶν ἔργον ἀγαθόν, **9** καθὼς γέγραπται·

    ἐσκόρπισεν¹⁶, ἔδωκεν τοῖς πένησιν¹⁷,
    ἡ δικαιοσύνη αὐτοῦ μένει εἰς τὸν αἰῶνα.

10 ὁ δὲ ἐπιχορηγῶν¹⁸ σπόρον¹⁹ τῷ σπείροντι καὶ ἄρτον εἰς βρῶσιν²⁰ χορηγήσει²¹ καὶ πληθυνεῖ²² τὸν σπόρον ὑμῶν καὶ αὐξήσει²³ τὰ γενήματα²⁴ τῆς δικαιοσύνης ὑμῶν. **11** ἐν παντὶ πλουτιζόμενοι²⁵ εἰς πᾶσαν ἁπλότητα²⁶, ἥτις κατεργάζεται²⁷ δι' ἡμῶν εὐχαριστίαν²⁸ τῷ θεῷ· **12** ὅτι ἡ διακονία τῆς λειτουργίας²⁹ ταύτης οὐ μόνον ἐστὶν προσαναπληροῦσα³⁰ τὰ ὑστερήματα³¹ τῶν ἁγίων, ἀλλὰ καὶ περισσεύουσα διὰ πολλῶν εὐχαριστιῶν τῷ θεῷ. **13** διὰ τῆς δοκιμῆς³² τῆς διακονίας ταύτης δοξάζοντες τὸν θεὸν ἐπὶ τῇ ὑποταγῇ³³ τῆς ὁμολογίας³⁴ ὑμῶν εἰς τὸ εὐαγγέλιον τοῦ Χριστοῦ καὶ ἁπλότητι³⁵ τῆς κοινωνίας³⁶ εἰς αὐτοὺς καὶ εἰς πάντας, **14** καὶ αὐτῶν δεήσει³⁷ ὑπὲρ ὑμῶν ἐπιποθούντων³⁸ ὑμᾶς διὰ τὴν ὑπερβάλλουσαν³⁹ χάριν τοῦ θεοῦ ἐφ' ὑμῖν. **15** χάρις τῷ θεῷ ἐπὶ τῇ ἀνεκδιηγήτῳ⁴⁰ αὐτοῦ δωρεᾷ⁴¹.

---

¹ προκαταρτίζω 3p aor act sub, prepare in advance
² προεπαγγέλλομαι pf pas ptc f s acc, promise earlier
³ εὐλογία, -ας f, (generous) gift
⁴ ἕτοιμος, -η/ον, ready
⁵ πλεονεξία, -ας f, something one feels forced to do
⁶ φειδομένως, adv, sparingly
⁷ θερίζω 3s fut act ind, reap
⁸ εὐλογία, -ας f, (generous) gift (ἐπ' εὐ. bountifully)
⁹ προαιρέω 3s pf mid ind, mid decide
¹⁰ λύπη, -ης f, pain (ἐκ λ. reluctantly)
¹¹ ἀνάγκη, -ης f, compulsion
¹² ἱλαρός, -ά/όν, cheerful
¹³ δότης, -ου m, giver
¹⁴ δυνατέω 3s pres act ind, be able
¹⁵ αὐτάρκεια, -ας f, what is necessary
¹⁶ σκορπίζω 3s aor act ind, scatter
¹⁷ πένης, -ητος m, poor
¹⁸ ἐπιχορηγέω pres act ptc m s nom, supply
¹⁹ σπόρος, -ου m, seed
²⁰ βρῶσις, -εως f, food
²¹ χορηγέω 3s fut act ind, supply
²² πληθύνω 3s fut act ind, increase
²³ αὔξω/αὐξάνω 3s fut act ind, increase
²⁴ γένημα, -τος n, harvest
²⁵ πλουτίζω pres pas ptc m p nom, enrich
²⁶ ἁπλότης, -ητος f, generosity
²⁷ κατεργάζομαι 3s pres mid ind, produce
²⁸ εὐχαριστία, -ας f, thanksgiving
²⁹ λειτουργία, -ας f, service
³⁰ προσαναπληρόω pres act ptc f s nom, supply
³¹ ὑστέρημα, -τος n, need
³² δοκιμή, -ῆς f, testing
³³ ὑποταγή, -ῆς f, obedience
³⁴ ὁμολογία, -ας f, confession
³⁵ ἁπλότης, -ητος f, generosity
³⁶ κοινωνία, -ας f, contribution
³⁷ δέησις, -εως f, prayer
³⁸ ἐπιποθέω pres act ptc m p gen, long (for)
³⁹ ὑπερβάλλω pres act ptc f s acc, surpass
⁴⁰ ἀνεκδιήγητος, -ον, indescribable
⁴¹ δωρεά, -ᾶς f, gift

Paul Defends His Ministry

10 Αὐτὸς δὲ ἐγὼ Παῦλος παρακαλῶ ὑμᾶς διὰ τῆς πραΰτητος[1] καὶ ἐπιεικείας[2] τοῦ Χριστοῦ, ὃς κατὰ πρόσωπον μὲν ταπεινὸς[3] ἐν ὑμῖν, ἀπὼν[4] δὲ θαρρῶ[5] εἰς ὑμᾶς· **2** δέομαι[6] δὲ τὸ μὴ παρὼν[7] θαρρῆσαι τῇ πεποιθήσει[8] ᾗ λογίζομαι τολμῆσαι[9] ἐπί τινας τοὺς λογιζομένους ἡμᾶς ὡς κατὰ σάρκα περιπατοῦντας. **3** ἐν σαρκὶ γὰρ περιπατοῦντες οὐ κατὰ σάρκα στρατευόμεθα[10], **4** τὰ γὰρ ὅπλα[11] τῆς στρατείας[12] ἡμῶν οὐ σαρκικὰ[13] ἀλλὰ δυνατὰ τῷ θεῷ πρὸς καθαίρεσιν[14] ὀχυρωμάτων[15], λογισμοὺς[16] καθαιροῦντες **5** καὶ πᾶν ὕψωμα[17] ἐπαιρόμενον[18] κατὰ τῆς γνώσεως[19] τοῦ θεοῦ, καὶ αἰχμαλωτίζοντες[20] πᾶν νόημα[21] εἰς τὴν ὑπακοὴν[22] τοῦ Χριστοῦ, **6** καὶ ἐν ἑτοίμῳ[23] ἔχοντες ἐκδικῆσαι[24] πᾶσαν παρακοήν[25], ὅταν πληρωθῇ ὑμῶν ἡ ὑπακοή[26].

7 Τὰ κατὰ πρόσωπον βλέπετε. εἴ τις πέποιθεν[27] ἑαυτῷ Χριστοῦ εἶναι, τοῦτο λογιζέσθω πάλιν ἐφ᾽ ἑαυτοῦ, ὅτι καθὼς αὐτὸς Χριστοῦ, οὕτως καὶ ἡμεῖς. **8** ἐάν [τε] γὰρ περισσότερόν[28] τι καυχήσωμαι περὶ τῆς ἐξουσίας ἡμῶν ἧς ἔδωκεν ὁ κύριος εἰς οἰκοδομὴν[29] καὶ οὐκ εἰς καθαίρεσιν[30] ὑμῶν, οὐκ αἰσχυνθήσομαι[31]. **9** ἵνα μὴ δόξω ὡς ἂν ἐκφοβεῖν[32] ὑμᾶς διὰ τῶν ἐπιστολῶν[33.] **10** ὅτι αἱ ἐπιστολαὶ μέν, φησίν, βαρεῖαι[34] καὶ ἰσχυραί[35], ἡ δὲ παρουσία[36] τοῦ σώματος ἀσθενὴς[37] καὶ ὁ λόγος ἐξουθενημένος[38]. **11** τοῦτο λογιζέσθω ὁ τοιοῦτος, ὅτι οἷοί[39] ἐσμεν τῷ λόγῳ δι᾽ ἐπιστολῶν ἀπόντες[40], τοιοῦτοι καὶ παρόντες[41] τῷ ἔργῳ.

12 Οὐ γὰρ τολμῶμεν[42] ἐγκρῖναι[43] ἢ συγκρῖναι[44] ἑαυτούς τισιν τῶν ἑαυτοὺς συνιστανόντων[45], ἀλλ᾽ αὐτοὶ ἐν ἑαυτοῖς ἑαυτοὺς μετροῦντες[46] καὶ συγκρίνοντες

---

[1] πραΰτης, -ητος f, humility
[2] ἐπιείκεια, -ας f, gentleness
[3] ταπεινός, -ή/όν, humble
[4] ἄπειμι pres act ptc m s nom, be away
[5] θαρρέω 1s pres act ind, be bold
[6] δέομαι 1s pres pas ind, beg
[7] πάρειμι pres act ptc m s nom, be present
[8] πεποίθησις, -εως f, confidence
[9] τολμάω aor act inf, take upon oneself (to do something)
[10] στρατεύομαι 1p pres mid ind, wage war
[11] ὅπλον, -ου n, weapon
[12] στρατεία, -ας f, warfare
[13] σαρκικός, -ή/όν, belonging to this world
[14] καθαίρεσις, -εως f, destruction
[15] ὀχύρωμα, -τος n, stronghold
[16] λογισμός, -οῦ m, argument
[17] ὕψωμα, -τος n, proud obstacle
[18] ἐπαίρω pres pas ptc n s acc, pas rise up in opposition
[19] γνῶσις, -εως f, knowledge
[20] αἰχμαλωτίζω pres act ptc m p nom, capture
[21] νόημα, -τος n, thought
[22] ὑπακοή, -ῆς f, obedience
[23] ἕτοιμος, -η/ον, ready
[24] ἐκδικέω aor act inf, punish
[25] παρακοή, -ῆς f, disobedience
[26] ὑπακοή, -ῆς f, obedience
[27] πείθω 3s pf act ind, have confidence
[28] περισσότερος, more (comp of περισσός)
[29] οἰκοδομή, -ῆς f, building up
[30] καθαίρεσις, -εως f, tearing down
[31] αἰσχύνω 1s fut pas ind, pas be ashamed
[32] ἐκφοβέω pres act inf, frighten
[33] ἐπιστολή, -ῆς f, letter
[34] βαρύς, -εῖα/ύ, weighty
[35] ἰσχυρός, -ά/όν, strong
[36] παρουσία, -ας f, presence
[37] ἀσθενής, -ές f, weak
[38] ἐξουθενέω pf pas ptc m s nom, pas amount to nothing
[39] οἷος, -α/ον, rel pro, such as
[40] ἄπειμι pres act ptc m p nom, be away
[41] πάρειμι pres act ptc m p nom, be present
[42] τολμάω 1p pres act ind, take upon oneself (to do something)
[43] ἐγκρίνω aor act inf, class
[44] συγκρίνω aor act inf, compare
[45] συνίστημι pres act ptc m p gen, commend
[46] μετρέω pres act ptc m p nom, measure

ἑαυτοὺς ἑαυτοῖς οὐ συνιᾶσιν¹. **13** ἡμεῖς δὲ οὐκ εἰς τὰ ἄμετρα² καυχησόμεθα ἀλλὰ κατὰ τὸ μέτρον³ τοῦ κανόνος⁴ οὗ ἐμέρισεν⁵ ἡμῖν ὁ θεὸς μέτρου, ἐφικέσθαι⁶ ἄχρι καὶ ὑμῶν. **14** οὐ γὰρ ὡς μὴ ἐφικνούμενοι εἰς ὑμᾶς ὑπερεκτείνομεν⁷ ἑαυτούς, ἄχρι γὰρ καὶ ὑμῶν ἐφθάσαμεν⁸ ἐν τῷ εὐαγγελίῳ τοῦ Χριστοῦ, **15** οὐκ εἰς τὰ ἄμετρα καυχώμενοι ἐν ἀλλοτρίοις⁹ κόποις¹⁰, ἐλπίδα δὲ ἔχοντες αὐξανομένης¹¹ τῆς πίστεως ὑμῶν ἐν ὑμῖν μεγαλυνθῆναι¹² κατὰ τὸν κανόνα ἡμῶν εἰς περισσείαν¹³ **16** εἰς τὰ ὑπερέκεινα¹⁴ ὑμῶν εὐαγγελίσασθαι, οὐκ ἐν ἀλλοτρίῳ κανόνι εἰς τὰ ἕτοιμα¹⁵ καυχήσασθαι. **17** ὁ δὲ **καυχώμενος ἐν κυρίῳ καυχάσθω· 18** οὐ γὰρ ὁ ἑαυτὸν συνιστάνων¹⁶, ἐκεῖνός ἐστιν δόκιμος¹⁷, ἀλλ' ὃν ὁ κύριος συνίστησιν.

Paul and the False Apostles

11 Ὄφελον¹⁸ ἀνείχεσθέ¹⁹ μου μικρόν τι ἀφροσύνης²⁰· ἀλλὰ καὶ ἀνέχεσθέ μου. **2** ζηλῶ²¹ γὰρ ὑμᾶς θεοῦ ζήλῳ²², ἡρμοσάμην²³ γὰρ ὑμᾶς ἑνὶ ἀνδρὶ παρθένον²⁴ ἁγνὴν²⁵ παραστῆσαι²⁶ τῷ Χριστῷ· **3** φοβοῦμαι δὲ μή πως²⁷, ὡς ὁ ὄφις²⁸ ἐξηπάτησεν²⁹ Εὕαν ἐν τῇ πανουργίᾳ³⁰ αὐτοῦ, φθαρῇ³¹ τὰ νοήματα³² ὑμῶν ἀπὸ τῆς ἁπλότητος³³ καὶ τῆς ἁγνότητος³⁴ τῆς εἰς τὸν Χριστόν. **4** εἰ μὲν γὰρ ὁ ἐρχόμενος ἄλλον Ἰησοῦν κηρύσσει ὃν οὐκ ἐκηρύξαμεν, ἢ πνεῦμα ἕτερον λαμβάνετε ὃ οὐκ ἐλάβετε, ἢ εὐαγγέλιον ἕτερον ὃ οὐκ ἐδέξασθε³⁵, καλῶς ἀνέχεσθε³⁶. **5** Λογίζομαι γὰρ μηδὲν ὑστερηκέναι³⁷ τῶν ὑπερλίαν³⁸ ἀποστόλων. **6** εἰ δὲ καὶ ἰδιώτης³⁹ τῷ λόγῳ, ἀλλ' οὐ τῇ γνώσει⁴⁰, ἀλλ' ἐν παντὶ φανερώσαντες ἐν πᾶσιν εἰς ὑμᾶς. **7** ἢ ἁμαρτίαν ἐποίησα ἐμαυτὸν ταπεινῶν⁴¹ ἵνα ὑμεῖς ὑψωθῆτε⁴², ὅτι δωρεὰν⁴³

---

[1] συνίημι 3p pres act ind, understand
[2] ἄμετρος, -ον, immeasurable (εἰς τὰ ἄ. beyond limits)
[3] μέτρον, -ου n, measure (κατὰ τὸ μ. τοῦ κανόνος οὗ ἐμέρισεν ἡμῖν ὁ θεὸς μέτρου within the limits God assigned to us)
[4] κανών, -όνος m, limits
[5] μερίζω 3s aor act ind, assign
[6] ἐφικνέομαι aor mid inf, reach
[7] ὑπερεκτείνω 1p pres act ind, over extend
[8] φθάνω 1p aor act ind, come as far as
[9] ἀλλότριος, -α/ον, belonging to another
[10] κόπος, -ου m, work
[11] αὐξάνω pres pas ptc f s gen, increase
[12] μεγαλύνω aor pas inf, enlarge
[13] περισσεία, -ας f, abundance (εἰς π. much greater)
[14] ὑπερέκεινα, prep + gen, beyond (τὰ ὑ. ὑμῶν lands beyond you)
[15] ἕτοιμος, -η/ον, ready (τὰ ἕ. work already done)
[16] συνίστημι pres act ptc m s nom, commend
[17] δόκιμος, -ον m, approved
[18] ὄφελον, fixed form introducing an unattainable wish, I wish
[19] ἀνέχομαι 2p impf mid ind, be patient with
[20] ἀφροσύνη, -ης f, foolishness
[21] ζηλόω 1s pres act ind, be jealous
[22] ζῆλος, -ου m, jealousy
[23] ἁρμόζω 1s aor mid ind, mid give in marriage
[24] παρθένος, -ου f, virgin
[25] ἁγνός, -ή/όν, pure
[26] παρίστημι aor act inf, present
[27] πώς, particle, somehow
[28] ὄφις, -εως m, snake
[29] ἐξαπατάω 3s aor act ind, deceive
[30] πανουργία, -ας f, cunning
[31] φθείρω 3s aor pas sub, lead astray
[32] νόημα, -τος n, mind
[33] ἁπλότης, -ητος f, sincerity
[34] ἁγνότης, -ητος f, purity
[35] δέχομαι 2p aor mid ind, accept
[36] ἀνέχομαι 2p pres mid ind, put up with
[37] ὑστερέω pf act inf, lack
[38] ὑπερλίαν, adv = adj, super
[39] ἰδιώτης, -ου m, untrained
[40] γνῶσις, -εως f, knowledge
[41] ταπεινόω pres act ptc m s nom, lower
[42] ὑψόω 2p aor pas sub, exalt
[43] δωρεάν, adv, without cost

τὸ τοῦ θεοῦ εὐαγγέλιον εὐηγγελισάμην ὑμῖν; 8 ἄλλας ἐκκλησίας ἐσύλησα¹ λαβὼν ὀψώνιον² πρὸς τὴν ὑμῶν διακονίαν, 9 καὶ παρὼν³ πρὸς ὑμᾶς καὶ ὑστερηθεὶς⁴ οὐ κατενάρκησα⁵ οὐθενός⁶· τὸ γὰρ ὑστέρημά⁷ μου προσανεπλήρωσαν⁸ οἱ ἀδελφοὶ ἐλθόντες ἀπὸ Μακεδονίας, καὶ ἐν παντὶ ἀβαρῆ⁹ ἐμαυτὸν ὑμῖν ἐτήρησα καὶ τηρήσω. 10 ἔστιν ἀλήθεια Χριστοῦ ἐν ἐμοὶ ὅτι ἡ καύχησις¹⁰ αὕτη οὐ φραγήσεται¹¹ εἰς ἐμὲ ἐν τοῖς κλίμασιν¹² τῆς Ἀχαΐας. 11 διὰ τί; ὅτι οὐκ ἀγαπῶ ὑμᾶς; ὁ θεὸς οἶδεν.

12 Ὃ δὲ ποιῶ, καὶ ποιήσω, ἵνα ἐκκόψω¹³ τὴν ἀφορμὴν¹⁴ τῶν θελόντων ἀφορμήν, ἵνα ἐν ᾧ καυχῶνται εὑρεθῶσιν¹⁵ καθὼς καὶ ἡμεῖς. 13 οἱ γὰρ τοιοῦτοι ψευδαπόστολοι¹⁶, ἐργάται¹⁷ δόλιοι¹⁸, μετασχηματιζόμενοι¹⁹ εἰς ἀποστόλους Χριστοῦ. 14 καὶ οὐ θαῦμα²⁰· αὐτὸς γὰρ ὁ σατανᾶς μετασχηματίζεται εἰς ἄγγελον φωτός. 15 οὐ μέγα οὖν εἰ καὶ οἱ διάκονοι²¹ αὐτοῦ μετασχηματίζονται ὡς διάκονοι δικαιοσύνης· ὧν τὸ τέλος ἔσται κατὰ τὰ ἔργα αὐτῶν.

Paul's Sufferings as an Apostle

16 Πάλιν λέγω, μή τίς με δόξῃ ἄφρονα²² εἶναι· εἰ δὲ μή γε²³, κἂν²⁴ ὡς ἄφρονα δέξασθέ με, ἵνα κἀγὼ μικρόν τι καυχήσωμαι. 17 ὃ λαλῶ, οὐ κατὰ κύριον λαλῶ ἀλλ' ὡς ἐν ἀφροσύνῃ²⁵, ἐν ταύτῃ τῇ ὑποστάσει²⁶ τῆς καυχήσεως²⁷. 18 ἐπεὶ²⁸ πολλοὶ καυχῶνται κατὰ σάρκα, κἀγὼ καυχήσομαι. 19 ἡδέως²⁹ γὰρ ἀνέχεσθε³⁰ τῶν ἀφρόνων φρόνιμοι³¹ ὄντες· 20 ἀνέχεσθε γὰρ εἴ τις ὑμᾶς καταδουλοῖ³², εἴ τις κατεσθίει³³, εἴ τις λαμβάνει, εἴ τις ἐπαίρεται³⁴, εἴ τις εἰς πρόσωπον ὑμᾶς δέρει³⁵. 21 κατὰ ἀτιμίαν³⁶ λέγω, ὡς ὅτι ἡμεῖς ἠσθενήκαμεν³⁷.

Ἐν ᾧ δ' ἄν τις τολμᾷ³⁸, ἐν ἀφροσύνῃ λέγω, τολμῶ κἀγώ. 22 Ἑβραῖοί εἰσιν; κἀγώ. Ἰσραηλῖταί εἰσιν; κἀγώ. σπέρμα Ἀβραάμ εἰσιν; κἀγώ. 23 διάκονοι³⁹ Χριστοῦ εἰσιν; παραφρονῶν⁴⁰ λαλῶ, ὑπὲρ ἐγώ· ἐν κόποις⁴¹ περισσοτέρως⁴², ἐν φυλακαῖς

---

1 συλάω 1s aor act ind, rob
2 ὀψώνιον, -ου n, support
3 πάρειμι pres act ptc m s nom, be present
4 ὑστερέω aor pas ptc m s nom, pas be in need
5 καταναρκάω 1s aor act ind, be a burden to
6 οὐδείς/οὐδεμία/οὐδέν, no one
7 ὑστέρημα, -τος n, need
8 προσαναπληρόω 3p aor act ind, supply
9 ἀβαρής, -ές, of no burden
10 καύχησις, -εως f, boasting
11 φράσσω 3s fut pas ind, silence
12 κλίμα, -τος n, region
13 ἐκκόπτω 1s aor act sub, cut off
14 ἀφορμή, -ῆς f, opportunity
15 εὑρίσκω 3p aor pas sub, find
16 ψευδαπόστολος, -ου m, false
17 ἐργάτης, -ου m, worker
18 δόλιος, -α/ον, deceitful
19 μετασχηματίζω pres mid ptc m p nom, change
20 θαῦμα, -τος n, a wonder
21 διάκονος, -ου m, servant
22 ἄφρων, -ον, gen -ονος, foolish
23 γέ, emphatic particle
24 κἄν, = καὶ ἐάν, at least
25 ἀφροσύνη, -ης f, foolishness (ἐν ἀ. foolishly)
26 ὑπόστασις, -εως f, confidence
27 καύχησις, -εως f, boasting
28 ἐπεί, conj, since
29 ἡδέως, adv, gladly
30 ἀνέχομαι 2p pres mid ind, put up with
31 φρόνιμος, -ον m, wise
32 καταδουλόω 3s pres act ind, take advantage of
33 κατεσθίω 3s pres act ind, exploit
34 ἐπαίρω 3s pres mid ind, mid put on airs
35 δέρω 3s pres act ind, hit
36 ἀτιμία, -ας f, shame
37 ἀσθενέω 1p pf act ind, be weak
38 τολμάω 3s pres act sub, dare
39 διάκονος, -ου m, servant
40 παραφρονέω pres act ptc m s nom, be out of one's mind
41 κόπος, -ου m, work
42 περισσοτέρως, adv, to a greater degree/all the more

περισσοτέρως, ἐν πληγαῖς¹ ὑπερβαλλόντως², ἐν θανάτοις πολλάκις³. 24 ὑπὸ Ἰουδαίων πεντάκις⁴ τεσσεράκοντα⁵ παρὰ μίαν ἔλαβον, 25 τρὶς⁶ ἐρραβδίσθην⁷, ἅπαξ⁸ ἐλιθάσθην⁹, τρὶς ἐναυάγησα¹⁰, νυχθήμερον¹¹ ἐν τῷ βυθῷ¹² πεποίηκα¹³· 26 ὁδοιπορίαις¹⁴ πολλάκις, κινδύνοις¹⁵ ποταμῶν¹⁶, κινδύνοις λῃστῶν¹⁷, κινδύνοις ἐκ γένους¹⁸, κινδύνοις ἐξ ἐθνῶν, κινδύνοις ἐν πόλει, κινδύνοις ἐν ἐρημίᾳ¹⁹, κινδύνοις ἐν θαλάσσῃ, κινδύνοις ἐν ψευδαδέλφοις²⁰, 27 κόπῳ καὶ μόχθῳ²¹, ἐν ἀγρυπνίαις²² πολλάκις, ἐν λιμῷ²³ καὶ δίψει²⁴, ἐν νηστείαις²⁵ πολλάκις, ἐν ψύχει²⁶ καὶ γυμνότητι²⁷· 28 χωρὶς τῶν παρεκτὸς²⁸ ἡ ἐπίστασίς²⁹ μοι ἡ καθ᾽ ἡμέραν, ἡ μέριμνα³⁰ πασῶν τῶν ἐκκλησιῶν. 29 τίς ἀσθενεῖ καὶ οὐκ ἀσθενῶ; τίς σκανδαλίζεται³¹ καὶ οὐκ ἐγὼ πυροῦμαι³²; 30 εἰ καυχᾶσθαι δεῖ, τὰ τῆς ἀσθενείας³³ μου καυχήσομαι. 31 ὁ θεὸς καὶ πατὴρ τοῦ κυρίου Ἰησοῦ οἶδεν, ὁ ὢν εὐλογητὸς³⁴ εἰς τοὺς αἰῶνας, ὅτι οὐ ψεύδομαι³⁵. 32 ἐν Δαμασκῷ ὁ ἐθνάρχης³⁶ Ἀρέτα τοῦ βασιλέως ἐφρούρει³⁷ τὴν πόλιν Δαμασκηνῶν πιάσαι³⁸ με, 33 καὶ διὰ θυρίδος³⁹ ἐν σαργάνῃ⁴⁰ ἐχαλάσθην⁴¹ διὰ τοῦ τείχους⁴² καὶ ἐξέφυγον⁴³ τὰς χεῖρας αὐτοῦ.

Visions and Revelations

12 Καυχᾶσθαι δεῖ, οὐ συμφέρον⁴⁴ μέν, ἐλεύσομαι⁴⁵ δὲ εἰς ὀπτασίας⁴⁶ καὶ ἀποκαλύψεις⁴⁷ κυρίου. 2 οἶδα ἄνθρωπον ἐν Χριστῷ πρὸ ἐτῶν δεκατεσσάρων⁴⁸, εἴτε ἐν σώματι οὐκ οἶδα, εἴτε ἐκτὸς⁴⁹ τοῦ σώματος οὐκ οἶδα, ὁ θεὸς οἶδεν, ἁρπαγέντα⁵⁰ τὸν τοιοῦτον ἕως τρίτου οὐρανοῦ. 3 καὶ οἶδα τὸν τοιοῦτον ἄνθρωπον, εἴτε ἐν σώματι εἴτε χωρὶς τοῦ σώματος οὐκ οἶδα, ὁ θεὸς οἶδεν, 4 ὅτι ἡρπάγη εἰς

---

1 πληγή, -ῆς f, beating
2 ὑπερβαλλόντως, adv, much more
3 πολλάκις, adv, often
4 πεντάκις, adv, five times
5 τεσσεράκοντα, forty
6 τρίς, adv, three times
7 ῥαβδίζω 1s aor pas ind, beat (with a stick)
8 ἅπαξ, adv, once
9 λιθάζω 1s aor pas ind, stone
10 ναυαγέω 1s aor act ind, be shipwrecked
11 νυχθήμερον, -ου n, a night and a day
12 βυθός, -οῦ m, open sea
13 ποιέω 1s pf act ind, do
14 ὁδοιπορία, -ας f, journey
15 κίνδυνος, -ου m, danger
16 ποταμός, -οῦ m, river
17 λῃστής, -οῦ m, robber
18 γένος, -ους n, my own people
19 ἐρημία, -ας f, deserted place
20 ψευδάδελφος, -ου m, false believer
21 μόχθος, -ου m, hardship
22 ἀγρυπνία, -ας f, sleeplessness
23 λιμός, -οῦ m, hunger
24 δίψος, -ους n, thirst
25 νηστεία, -ας f, fasting
26 ψῦχος, -ους n, cold
27 γυμνότης, -ητος f, nakedness
28 παρεκτός, adv, apart from (χωρὶς τῶν π. apart from other things)
29 ἐπίστασις, -εως f, burden
30 μέριμνα, -ης f, concern
31 σκανδαλίζω 3s pres pas ind, fall into sin
32 πυρόω 1s pres pas ind, pas burn with distress/anger
33 ἀσθένεια, -ας f, weakness
34 εὐλογητός, -ή/όν, praised
35 ψεύδομαι 1s pres mid ind, lie
36 ἐθνάρχης, -ου m, governor
37 φρουρέω 3s impf act ind, guard
38 πιάζω aor act inf, arrest
39 θυρίς, -ίδος f, window
40 σαργάνη, -ης f, basket
41 χαλάω 1s aor pas ind, let down
42 τεῖχος, -ους n, wall
43 ἐκφεύγω 1s aor act ind, escape
44 συμφέρω pres act ptc n s nom, be helpful
45 ἔρχομαι 1s fut mid ind, come
46 ὀπτασία, -ας f, vision
47 ἀποκάλυψις, -εως f, revelation
48 δεκατέσσαρες, fourteen
49 ἐκτός, prep + gen, out of
50 ἁρπάζω aor pas ptc m s acc, take up

τὸν παράδεισον¹ καὶ ἤκουσεν ἄρρητα² ῥήματα ἃ οὐκ ἐξὸν³ ἀνθρώπῳ λαλῆσαι. **5** ὑπὲρ τοῦ τοιούτου καυχήσομαι, ὑπὲρ δὲ ἐμαυτοῦ οὐ καυχήσομαι εἰ μὴ ἐν ταῖς ἀσθενείαις⁴. **6** ἐὰν γὰρ θελήσω καυχήσασθαι, οὐκ ἔσομαι ἄφρων⁵, ἀλήθειαν γὰρ ἐρῶ⁶· φείδομαι⁷ δέ, μή τις εἰς ἐμὲ λογίσηται ὑπὲρ ὃ βλέπει με ἢ ἀκούει [τι] ἐξ ἐμοῦ **7** καὶ τῇ ὑπερβολῇ⁸ τῶν ἀποκαλύψεων. διὸ ἵνα μὴ ὑπεραίρωμαι⁹, ἐδόθη μοι σκόλοψ¹⁰ τῇ σαρκί, ἄγγελος σατανᾶ, ἵνα με κολαφίζῃ¹¹, ἵνα μὴ ὑπεραίρωμαι. **8** ὑπὲρ τούτου τρὶς¹² τὸν κύριον παρεκάλεσα ἵνα ἀποστῇ¹³ ἀπ' ἐμοῦ. **9** καὶ εἴρηκέν¹⁴ μοι· ἀρκεῖ¹⁵ σοι ἡ χάρις μου, ἡ γὰρ δύναμις ἐν ἀσθενείᾳ τελεῖται¹⁶. ἥδιστα¹⁷ οὖν μᾶλλον καυχήσομαι ἐν ταῖς ἀσθενείαις μου, ἵνα ἐπισκηνώσῃ¹⁸ ἐπ' ἐμὲ ἡ δύναμις τοῦ Χριστοῦ. **10** διὸ εὐδοκῶ¹⁹ ἐν ἀσθενείαις, ἐν ὕβρεσιν²⁰, ἐν ἀνάγκαις²¹, ἐν διωγμοῖς²² καὶ στενοχωρίαις²³, ὑπὲρ Χριστοῦ· ὅταν γὰρ ἀσθενῶ, τότε δυνατός εἰμι.

Paul's Concern for the Corinthian Church

11 Γέγονα²⁴ ἄφρων²⁵, ὑμεῖς με ἠναγκάσατε²⁶. ἐγὼ γὰρ ὤφειλον ὑφ' ὑμῶν συνίστασθαι²⁷· οὐδὲν γὰρ ὑστέρησα²⁸ τῶν ὑπερλίαν²⁹ ἀποστόλων εἰ καὶ οὐδέν εἰμι. **12** τὰ μὲν σημεῖα τοῦ ἀποστόλου κατειργάσθη³⁰ ἐν ὑμῖν ἐν πάσῃ ὑπομονῇ, σημείοις τε καὶ τέρασιν³¹ καὶ δυνάμεσιν. **13** τί γάρ ἐστιν ὃ ἡσσώθητε³² ὑπὲρ τὰς λοιπὰς ἐκκλησίας, εἰ μὴ ὅτι αὐτὸς ἐγὼ οὐ κατενάρκησα³³ ὑμῶν; χαρίσασθέ³⁴ μοι τὴν ἀδικίαν³⁵ ταύτην.

14 Ἰδοὺ τρίτον τοῦτο ἑτοίμως³⁶ ἔχω ἐλθεῖν πρὸς ὑμᾶς, καὶ οὐ καταναρκήσω· οὐ γὰρ ζητῶ τὰ ὑμῶν ἀλλ' ὑμᾶς. οὐ γὰρ ὀφείλει τὰ τέκνα τοῖς γονεῦσιν³⁷ θησαυρίζειν³⁸

---

¹ παράδεισος, -ου *m*, paradise
² ἄρρητος, -ον, too wonderful to tell
³ ἔξεστιν *pres act ptc n s nom, impers* it is proper/fitting
⁴ ἀσθένεια, -ας *f*, weakness
⁵ ἄφρων, -ον, foolish
⁶ λέγω *1s fut act ind*, say
⁷ φείδομαι *1s pres mid ind*, refrain from
⁸ ὑπερβολή, -ῆς *f*, surpassing quality
⁹ ὑπεραίρω *1s pres pas sub*, *pas* be puffed up with pride
¹⁰ σκόλοψ, -οπος *m*, thorn
¹¹ κολαφίζω *3s pres act sub*, torment
¹² τρίς, *adv*, three times
¹³ ἀφίστημι *3s aor act sub, intrans* go away
¹⁴ λέγω *3s pf act ind*, say
¹⁵ ἀρκέω *3s pres act ind*, be sufficient
¹⁶ τελέω *3s pres pas ind*, make perfect
¹⁷ ἡδέως, glad (super)
¹⁸ ἐπισκηνόω *3s aor act sub*, rest upon
¹⁹ εὐδοκέω *1s pres act ind*, be content
²⁰ ὕβρις, -εως *f*, insult
²¹ ἀνάγκη, -ης *f*, hardship
²² διωγμός, -οῦ *m*, persecution
²³ στενοχωρία, -ας *f*, difficulty
²⁴ γίνομαι *1s pf act ind*, become
²⁵ ἄφρων, -ον, foolish
²⁶ ἀναγκάζω *2p aor act ind*, force
²⁷ συνίστημι *pres pas inf*, commend
²⁸ ὑστερέω *1s aor act ind*, be inferior to
²⁹ ὑπερλίαν, *adv* = *adj*, super
³⁰ κατεργάζομαι *3s aor pas ind*, produce
³¹ τέρας, -ατος *n*, a wonder
³² ἑσσόομαι *2p aor pas ind*, be treated worse
³³ καταναρκάω *1s aor act ind*, be a burden to
³⁴ χαρίζομαι *2p aor mid impv*, forgive
³⁵ ἀδικία, -ας *f*, wrong
³⁶ ἑτοίμως, *adv*, readily (ἑ. ἔχω I am ready)
³⁷ γονεύς, -έως *m*, parent
³⁸ θησαυρίζω *pres act inf*, save

ἀλλ' οἱ γονεῖς τοῖς τέκνοις. 15 ἐγὼ δὲ ἥδιστα[1] δαπανήσω[2] καὶ ἐκδαπανηθήσομαι[3] ὑπὲρ τῶν ψυχῶν ὑμῶν. εἰ περισσοτέρως[4] ὑμᾶς ἀγαπῶ[ν], ἧσσον[5] ἀγαπῶμαι; 16 ἔστω[6] δέ, ἐγὼ οὐ κατεβάρησα[7] ὑμᾶς· ἀλλ' ὑπάρχων πανοῦργος[8] δόλῳ[9] ὑμᾶς ἔλαβον. 17 μή τινα ὧν ἀπέσταλκα[10] πρὸς ὑμᾶς, δι' αὐτοῦ ἐπλεονέκτησα[11] ὑμᾶς; 18 παρεκάλεσα[12] Τίτον καὶ συναπέστειλα[13] τὸν ἀδελφόν· μήτι[14] ἐπλεονέκτησεν ὑμᾶς Τίτος; οὐ τῷ αὐτῷ πνεύματι περιεπατήσαμεν; οὐ τοῖς αὐτοῖς ἴχνεσιν[15]; 19 Πάλαι[16] δοκεῖτε ὅτι ὑμῖν ἀπολογούμεθα[17]. κατέναντι[18] θεοῦ ἐν Χριστῷ λαλοῦμεν· τὰ δὲ πάντα, ἀγαπητοί, ὑπὲρ τῆς ὑμῶν οἰκοδομῆς[19]. 20 φοβοῦμαι γὰρ μή πως[20] ἐλθὼν οὐχ οἵους[21] θέλω εὕρω[22] ὑμᾶς κἀγὼ εὑρεθῶ[23] ὑμῖν οἷον οὐ θέλετε· μή πως ἔρις[24], ζῆλος[25], θυμοί[26], ἐριθεῖαι[27], καταλαλιαί[28], ψιθυρισμοί[29], φυσιώσεις[30], ἀκαταστασίαι[31]· 21 μὴ πάλιν ἐλθόντος μου ταπεινώσῃ[32] με ὁ θεός μου πρὸς ὑμᾶς καὶ πενθήσω[33] πολλοὺς τῶν προημαρτηκότων[34] καὶ μὴ μετανοησάντων ἐπὶ τῇ ἀκαθαρσίᾳ[35] καὶ πορνείᾳ[36] καὶ ἀσελγείᾳ[37] ᾗ ἔπραξαν[38].

Final Warnings and Greetings

13 Τρίτον τοῦτο ἔρχομαι πρὸς ὑμᾶς· ἐπὶ στόματος δύο μαρτύρων καὶ τριῶν σταθήσεται[39] πᾶν ῥῆμα. 2 προείρηκα[40] καὶ προλέγω, ὡς παρὼν[41] τὸ δεύτερον καὶ ἀπὼν[42] νῦν, τοῖς προημαρτηκόσιν[43] καὶ τοῖς λοιποῖς πᾶσιν, ὅτι ἐὰν ἔλθω[44] εἰς τὸ πάλιν οὐ φείσομαι[45], 3 ἐπεὶ[46] δοκιμὴν[47] ζητεῖτε τοῦ ἐν ἐμοὶ λαλοῦντος Χριστοῦ, ὃς εἰς ὑμᾶς οὐκ ἀσθενεῖ ἀλλὰ δυνατεῖ[48] ἐν ὑμῖν. 4 καὶ γὰρ ἐσταυρώθη

---

[1] ἡδέως, adv, gladly (super)
[2] δαπανάω 1s fut act ind, spend
[3] ἐκδαπανάω 1s fut pas ind, pas fully spend oneself
[4] περισσοτέρως, adv, more
[5] ἥσσων, adv, less
[6] εἰμί 3s pres act impv, be
[7] καταβαρέω 1s aor act ind, be a burden to
[8] πανοῦργος, -ον, cunning
[9] δόλος, -ου m, deceit
[10] ἀποστέλλω 1s pf act ind, send
[11] πλεονεκτέω 1s aor act ind, take advantage of
[12] παρακαλέω 1s aor act ind, urge
[13] συναποστέλλω 1s aor act ind, send along with
[14] μήτι, expects a negative reply
[15] ἴχνος, -ους n, footstep
[16] πάλαι, adv, all this time
[17] ἀπολογέομαι 1p pres mid ind, defend oneself
[18] κατέναντι, prep + gen, in the sight of
[19] οἰκοδομή, -ῆς f, strengthening
[20] πώς, particle, somehow
[21] οἷος, -α/ον, rel pro, such as
[22] εὑρίσκω 1s aor act sub, find
[23] εὑρίσκω 1s aor pas sub, find
[24] ἔρις, -ιδος f, quarreling
[25] ζῆλος, -ους n, jealousy
[26] θυμός, -οῦ m, anger
[27] ἐριθεία, -ας f, selfishness
[28] καταλαλιά, -ᾶς f, slander
[29] ψιθυρισμός, -οῦ m, gossip
[30] φυσίωσις, -εως f, conceit
[31] ἀκαταστασία, -ας f, disorder
[32] ταπεινόω 3s aor act sub, humble
[33] πενθέω 1s aor act sub, mourn over
[34] προαμαρτάνω pf act ptc m p gen, sin previously
[35] ἀκαθαρσία, -ας f, impurity
[36] πορνεία, -ας f, sexual immorality
[37] ἀσέλγεια, -ας f, indecency
[38] πράσσω 3p aor act ind, do
[39] ἵστημι 3s fut pas ind, establish
[40] προλέγω 1s pf act ind, say/warn before
[41] πάρειμι pres act ptc m s nom, be present
[42] ἄπειμι pres act ptc m s nom, be away
[43] προαμαρτάνω pf act ptc m p dat, sin previously
[44] ἔρχομαι 1s aor act sub, come
[45] φείδομαι 1s fut mid ind, spare
[46] ἐπεί, conj, since
[47] δοκιμή, -ῆς f, proof
[48] δυνατέω 3s pres act ind, be powerful

ἐξ ἀσθενείας¹, ἀλλὰ ζῇ ἐκ δυνάμεως θεοῦ. καὶ γὰρ ἡμεῖς ἀσθενοῦμεν ἐν αὐτῷ, ἀλλὰ ζήσομεν σὺν αὐτῷ ἐκ δυνάμεως θεοῦ εἰς ὑμᾶς.

5 Ἑαυτοὺς πειράζετε εἰ ἐστὲ ἐν τῇ πίστει, ἑαυτοὺς δοκιμάζετε²· ἢ οὐκ ἐπιγινώσκετε ἑαυτοὺς ὅτι Ἰησοῦς Χριστὸς ἐν ὑμῖν; εἰ μήτι³ ἀδόκιμοί⁴ ἐστε. **6** ἐλπίζω δὲ ὅτι γνώσεσθε ὅτι ἡμεῖς οὐκ ἐσμὲν ἀδόκιμοι. **7** εὐχόμεθα⁵ δὲ πρὸς τὸν θεὸν μὴ ποιῆσαι ὑμᾶς κακὸν μηδέν, οὐχ ἵνα ἡμεῖς δόκιμοι⁶ φανῶμεν⁷, ἀλλ᾽ ἵνα ὑμεῖς τὸ καλὸν ποιῆτε, ἡμεῖς δὲ ὡς ἀδόκιμοι ὦμεν. **8** οὐ γὰρ δυνάμεθά τι κατὰ τῆς ἀληθείας ἀλλ᾽ ὑπὲρ τῆς ἀληθείας. **9** χαίρομεν γὰρ ὅταν ἡμεῖς ἀσθενῶμεν, ὑμεῖς δὲ δυνατοὶ ἦτε· τοῦτο καὶ εὐχόμεθα, τὴν ὑμῶν κατάρτισιν⁸. **10** διὰ τοῦτο ταῦτα ἀπὼν⁹ γράφω, ἵνα παρὼν¹⁰ μὴ ἀποτόμως¹¹ χρήσωμαι¹² κατὰ τὴν ἐξουσίαν ἣν ὁ κύριος ἔδωκέν μοι εἰς οἰκοδομὴν¹³ καὶ οὐκ εἰς καθαίρεσιν¹⁴.

11 Λοιπόν, ἀδελφοί, χαίρετε, καταρτίζεσθε¹⁵, παρακαλεῖσθε, τὸ αὐτὸ φρονεῖτε¹⁶, εἰρηνεύετε¹⁷, καὶ ὁ θεὸς τῆς ἀγάπης καὶ εἰρήνης ἔσται μεθ᾽ ὑμῶν. **12** ἀσπάσασθε ἀλλήλους ἐν ἁγίῳ φιλήματι¹⁸. ἀσπάζονται ὑμᾶς οἱ ἅγιοι πάντες.

13 Ἡ χάρις τοῦ κυρίου Ἰησοῦ Χριστοῦ καὶ ἡ ἀγάπη τοῦ θεοῦ καὶ ἡ κοινωνία¹⁹ τοῦ ἁγίου πνεύματος μετὰ πάντων ὑμῶν.

---

[1] ἀσθένεια, -ας f, weakness
[2] δοκιμάζω 2p pres act impv, test
[3] μήτι, unless (εἰ μήτι unless indeed)
[4] ἀδόκιμος, -ον, failing to meet the test
[5] εὔχομαι 1p pres mid ind, pray
[6] δόκιμος, -ον m, stand the test
[7] φαίνω 1p aor pas sub, appear
[8] κατάρτισις, -εως f, being made complete
[9] ἄπειμι pres act ptc m s nom, be away
[10] πάρειμι pres act ptc m s nom, be present
[11] ἀποτόμως, adv, severely
[12] χράομαι 1s aor mid sub, use
[13] οἰκοδομή, -ῆς f, building up
[14] καθαίρεσις, -εως f, tearing down
[15] καταρτίζω 2p pres pas impv, do better
[16] φρονέω 2p pres act impv, think (τὸ αὐτὸ φ. be of one mind)
[17] εἰρηνεύω 2p pres act impv, live at peace
[18] φίλημα, -τος n, kiss
[19] κοινωνία, -ας f, fellowship

ΠΡΟΣ ΓΑΛΑΤΑΣ

Salutation

1 Παῦλος ἀπόστολος οὐκ ἀπ' ἀνθρώπων οὐδὲ δι' ἀνθρώπου ἀλλὰ διὰ Ἰησοῦ Χριστοῦ καὶ θεοῦ πατρὸς τοῦ ἐγείραντος αὐτὸν ἐκ νεκρῶν, **2** καὶ οἱ σὺν ἐμοὶ πάντες ἀδελφοὶ ταῖς ἐκκλησίαις τῆς Γαλατίας, **3** χάρις ὑμῖν καὶ εἰρήνη ἀπὸ θεοῦ πατρὸς ἡμῶν καὶ κυρίου Ἰησοῦ Χριστοῦ **4** τοῦ δόντος[1] ἑαυτὸν ὑπὲρ τῶν ἁμαρτιῶν ἡμῶν, ὅπως ἐξέληται[2] ἡμᾶς ἐκ τοῦ αἰῶνος τοῦ ἐνεστῶτος[3] πονηροῦ κατὰ τὸ θέλημα τοῦ θεοῦ καὶ πατρὸς ἡμῶν, **5** ᾧ ἡ δόξα εἰς τοὺς αἰῶνας τῶν αἰώνων, ἀμήν.

There is No Other Gospel

6 Θαυμάζω ὅτι οὕτως ταχέως[4] μετατίθεσθε[5] ἀπὸ τοῦ καλέσαντος ὑμᾶς ἐν χάριτι [Χριστοῦ] εἰς ἕτερον εὐαγγέλιον, **7** ὃ οὐκ ἔστιν ἄλλο, εἰ μή τινές εἰσιν οἱ ταράσσοντες[6] ὑμᾶς καὶ θέλοντες μεταστρέψαι[7] τὸ εὐαγγέλιον τοῦ Χριστοῦ. **8** ἀλλὰ καὶ ἐὰν ἡμεῖς ἢ ἄγγελος ἐξ οὐρανοῦ εὐαγγελίζηται [ὑμῖν] παρ' ὃ εὐηγγελισάμεθα ὑμῖν, ἀνάθεμα[8] ἔστω[9]. **9** ὡς προειρήκαμεν[10] καὶ ἄρτι πάλιν λέγω· εἴ τις ὑμᾶς εὐαγγελίζεται παρ' ὃ παρελάβετε, ἀνάθεμα ἔστω.

10 Ἄρτι γὰρ ἀνθρώπους πείθω ἢ τὸν θεόν; ἢ ζητῶ ἀνθρώποις ἀρέσκειν[11]; εἰ ἔτι ἀνθρώποις ἤρεσκον[12], Χριστοῦ δοῦλος οὐκ ἂν ἤμην[13].

How Paul Became an Apostle

11 Γνωρίζω[14] γὰρ ὑμῖν, ἀδελφοί, τὸ εὐαγγέλιον τὸ εὐαγγελισθὲν[15] ὑπ' ἐμοῦ ὅτι οὐκ ἔστιν κατὰ ἄνθρωπον· **12** οὐδὲ γὰρ ἐγὼ παρὰ ἀνθρώπου παρέλαβον αὐτὸ οὔτε ἐδιδάχθην[16], ἀλλὰ δι' ἀποκαλύψεως[17] Ἰησοῦ Χριστοῦ. **13** ἠκούσατε γὰρ τὴν ἐμὴν

---

[1] δίδωμι *aor act ptc m s gen*, give
[2] ἐξαιρέω *3s aor mid sub, mid* rescue
[3] ἐνίστημι *pf act ptc m s gen*, be present
[4] ταχέως, *adv*, quickly (οὕτως τ. so quickly)
[5] μετατίθημι *2p pres mid ind, mid* desert
[6] ταράσσω *pres act ptc m p nom*, trouble
[7] μεταστρέφω *aor act inf*, pervert
[8] ἀνάθεμα, -τος *n*, under the curse of God
[9] εἰμί *3s pres act impv*, be
[10] προλέγω *1p pf act ind*, say before
[11] ἀρέσκω *pres act inf*, please
[12] ἀρέσκω *1s impf act ind*, please
[13] εἰμί *1s impf mid ind*, be
[14] γνωρίζω *1s pres act ind*, make known
[15] εὐαγγελίζω *aor pas ptc n s acc*, preach
[16] διδάσκω *1s aor pas ind*, teach
[17] ἀποκάλυψις, -εως *f*, revelation

ἀναστροφήν¹ ποτε² ἐν τῷ Ἰουδαϊσμῷ, ὅτι καθ' ὑπερβολὴν³ ἐδίωκον τὴν ἐκκλησίαν τοῦ θεοῦ καὶ ἐπόρθουν⁴ αὐτήν, **14** καὶ προέκοπτον⁵ ἐν τῷ Ἰουδαϊσμῷ ὑπὲρ πολλοὺς συνηλικιώτας⁶ ἐν τῷ γένει⁷ μου, περισσοτέρως⁸ ζηλωτὴς⁹ ὑπάρχων τῶν πατρικῶν¹⁰ μου παραδόσεων¹¹. **15** ὅτε δὲ εὐδόκησεν¹² ὁ θεὸς ὁ ἀφορίσας¹³ με ἐκ κοιλίας¹⁴ μητρός μου καὶ καλέσας διὰ τῆς χάριτος αὐτοῦ **16** ἀποκαλύψαι¹⁵ τὸν υἱὸν αὐτοῦ ἐν ἐμοί, ἵνα εὐαγγελίζωμαι αὐτὸν ἐν τοῖς ἔθνεσιν, εὐθέως οὐ προσανεθέμην¹⁶ σαρκὶ καὶ αἵματι **17** οὐδὲ ἀνῆλθον¹⁷ εἰς Ἱεροσόλυμα πρὸς τοὺς πρὸ ἐμοῦ ἀποστόλους, ἀλλ' ἀπῆλθον εἰς Ἀραβίαν καὶ πάλιν ὑπέστρεψα¹⁸ εἰς Δαμασκόν. **18** ἔπειτα¹⁹ μετὰ ἔτη τρία ἀνῆλθον εἰς Ἱεροσόλυμα ἱστορῆσαι²⁰ Κηφᾶν καὶ ἐπέμεινα²¹ πρὸς αὐτὸν ἡμέρας δεκαπέντε²², **19** ἕτερον δὲ τῶν ἀποστόλων οὐκ εἶδον εἰ μὴ Ἰάκωβον τὸν ἀδελφὸν τοῦ κυρίου. **20** ἃ δὲ γράφω ὑμῖν, ἰδοὺ ἐνώπιον τοῦ θεοῦ ὅτι οὐ ψεύδομαι²³. **21** ἔπειτα ἦλθον εἰς τὰ κλίματα²⁴ τῆς Συρίας καὶ τῆς Κιλικίας· **22** ἤμην δὲ ἀγνοούμενος²⁵ τῷ προσώπῳ ταῖς ἐκκλησίαις τῆς Ἰουδαίας ταῖς ἐν Χριστῷ. **23** μόνον δὲ ἀκούοντες ἦσαν ὅτι ὁ διώκων ἡμᾶς ποτε²⁶ νῦν εὐαγγελίζεται τὴν πίστιν ἥν ποτε ἐπόρθει²⁷, **24** καὶ ἐδόξαζον ἐν ἐμοὶ τὸν θεόν.

Paul Accepted by the Other Apostles

2 Ἔπειτα²⁸ διὰ δεκατεσσάρων²⁹ ἐτῶν πάλιν ἀνέβην³⁰ εἰς Ἱεροσόλυμα μετὰ Βαρναβᾶ συμπαραλαβὼν³¹ καὶ Τίτον· **2** ἀνέβην δὲ κατὰ ἀποκάλυψιν³²· καὶ ἀνεθέμην³³ αὐτοῖς τὸ εὐαγγέλιον ὃ κηρύσσω ἐν τοῖς ἔθνεσιν, κατ' ἰδίαν³⁴ δὲ τοῖς δοκοῦσιν, μή πως³⁵ εἰς κενὸν³⁶ τρέχω³⁷ ἢ ἔδραμον³⁸. **3** ἀλλ' οὐδὲ Τίτος ὁ σὺν ἐμοί, Ἕλλην ὤν, ἠναγκάσθη³⁹ περιτμηθῆναι⁴⁰· **4** διὰ δὲ τοὺς παρεισάκτους⁴¹ ψευδαδέλφους⁴²,

¹ ἀναστροφή, -ῆς f, manner of life
² ποτέ, temporal adv, formerly
³ ὑπερβολή, -ῆς f, surpassing quality (καθ' ὑ. beyond measure)
⁴ πορθέω 1s impf act ind, (try to) destroy
⁵ προκόπτω 1s impf act ind, advance
⁶ συνηλικιώτης, -ου m, contemporary
⁷ γένος, -ους n, one's own people
⁸ περισσοτέρως, adv, all the more
⁹ ζηλωτής, -οῦ m, one who is eager
¹⁰ πατρικός, -ή/όν, ancestral
¹¹ παράδοσις, -εως f, tradition
¹² εὐδοκέω 3s aor act ind, be pleased
¹³ ἀφορίζω aor act ptc m s nom, appoint
¹⁴ κοιλία, -ας f, womb (ἐκ κ. μητρός from birth)
¹⁵ ἀποκαλύπτω aor act inf, reveal
¹⁶ προσανατίθημι 1s aor mid ind, mid consult (with)
¹⁷ ἀνέρχομαι 1s aor act ind, go up
¹⁸ ὑποστρέφω 1s aor act ind, return
¹⁹ ἔπειτα, adv, then
²⁰ ἱστορέω aor act inf, visit
²¹ ἐπιμένω 1s aor act ind, stay
²² δεκαπέντε, fifteen
²³ ψεύδομαι 1s pres mid ind, lie
²⁴ κλίμα, -τος n, region
²⁵ ἀγνοέω pres pas ptc m s nom, pas be unknown
²⁶ ποτέ, temporal adv, once
²⁷ πορθέω 3s impf act ind, (try to) destroy
²⁸ ἔπειτα, adv, then
²⁹ δεκατέσσαρες, fourteen
³⁰ ἀναβαίνω 1s aor act ind, go up
³¹ συμπαραλαμβάνω aor act ptc m s nom, take along with
³² ἀποκάλυψις, -εως f, revelation
³³ ἀνατίθημι 1s aor mid ind, mid set before
³⁴ ἴδιος, -α/ον, one's own (κατ' ἰδίαν privately)
³⁵ πώς, particle, somehow
³⁶ κενός, -ή/όν, empty (εἰς κ. in vain)
³⁷ τρέχω 1s pres act sub, run
³⁸ τρέχω 1s aor act ind, run
³⁹ ἀναγκάζω 3s aor pas ind, compel
⁴⁰ περιτέμνω aor pas inf, circumcise
⁴¹ παρείσακτος, -ον, brought in under false pretenses
⁴² ψευδάδελφος, -ου m, false believer

οἵτινες παρεισῆλθον¹ κατασκοπῆσαι² τὴν ἐλευθερίαν³ ἡμῶν ἣν ἔχομεν ἐν Χριστῷ Ἰησοῦ, ἵνα ἡμᾶς καταδουλώσουσιν⁴, 5 οἷς οὐδὲ πρὸς ὥραν εἴξαμεν⁵ τῇ ὑποταγῇ⁶, ἵνα ἡ ἀλήθεια τοῦ εὐαγγελίου διαμείνῃ⁷ πρὸς ὑμᾶς. 6 ἀπὸ δὲ τῶν δοκούντων εἶναί τι, – ὁποῖοί⁸ ποτε⁹ ἦσαν οὐδέν μοι διαφέρει¹⁰· πρόσωπον [ὁ] θεὸς ἀνθρώπου οὐ λαμβάνει – ἐμοὶ γὰρ οἱ δοκοῦντες οὐδὲν προσανέθεντο¹¹, 7 ἀλλὰ τοὐναντίον¹² ἰδόντες ὅτι πεπίστευμαι τὸ εὐαγγέλιον τῆς ἀκροβυστίας¹³ καθὼς Πέτρος τῆς περιτομῆς, 8 ὁ γὰρ ἐνεργήσας¹⁴ Πέτρῳ εἰς ἀποστολὴν¹⁵ τῆς περιτομῆς ἐνήργησεν καὶ ἐμοὶ εἰς τὰ ἔθνη, 9 καὶ γνόντες¹⁶ τὴν χάριν τὴν δοθεῖσάν¹⁷ μοι, Ἰάκωβος καὶ Κηφᾶς καὶ Ἰωάννης, οἱ δοκοῦντες στῦλοι¹⁸ εἶναι, δεξιὰς ἔδωκαν ἐμοὶ καὶ Βαρναβᾷ κοινωνίας¹⁹, ἵνα ἡμεῖς εἰς τὰ ἔθνη, αὐτοὶ δὲ εἰς τὴν περιτομήν· 10 μόνον τῶν πτωχῶν ἵνα μνημονεύωμεν²⁰, ὃ καὶ ἐσπούδασα²¹ αὐτὸ τοῦτο ποιῆσαι.

Paul Rebukes Peter at Antioch

11 Ὅτε δὲ ἦλθεν Κηφᾶς εἰς Ἀντιόχειαν, κατὰ πρόσωπον αὐτῷ ἀντέστην²², ὅτι κατεγνωσμένος²³ ἦν. 12 πρὸ τοῦ γὰρ ἐλθεῖν τινας ἀπὸ Ἰακώβου μετὰ τῶν ἐθνῶν συνήσθιεν²⁴· ὅτε δὲ ἦλθον, ὑπέστελλεν²⁵ καὶ ἀφώριζεν²⁶ ἑαυτὸν φοβούμενος τοὺς ἐκ περιτομῆς. 13 καὶ συνυπεκρίθησαν²⁷ αὐτῷ [καὶ] οἱ λοιποὶ Ἰουδαῖοι, ὥστε καὶ Βαρναβᾶς συναπήχθη²⁸ αὐτῶν τῇ ὑποκρίσει²⁹. 14 ἀλλ' ὅτε εἶδον ὅτι οὐκ ὀρθοποδοῦσιν³⁰ πρὸς τὴν ἀλήθειαν τοῦ εὐαγγελίου, εἶπον τῷ Κηφᾷ ἔμπροσθεν πάντων· εἰ σὺ Ἰουδαῖος ὑπάρχων ἐθνικῶς³¹ καὶ οὐχὶ Ἰουδαϊκῶς ζῇς, πῶς τὰ ἔθνη ἀναγκάζεις³² ἰουδαΐζειν³³; 15 ἡμεῖς φύσει³⁴ Ἰουδαῖοι καὶ οὐκ ἐξ ἐθνῶν ἁμαρτωλοί· 16 εἰδότες³⁵ [δὲ] ὅτι οὐ δικαιοῦται ἄνθρωπος ἐξ ἔργων νόμου ἐὰν μὴ διὰ πίστεως Ἰησοῦ Χριστοῦ, καὶ ἡμεῖς εἰς Χριστὸν Ἰησοῦν ἐπιστεύσαμεν, ἵνα δικαιωθῶμεν ἐκ

¹ παρεισέρχομαι 3p aor act ind, slip in
² κατασκοπέω aor act inf, spy on
³ ἐλευθερία, -ας f, freedom
⁴ καταδουλόω 3p fut act ind, make a slave of
⁵ εἴκω 1p aor act ind, give in to
⁶ ὑποταγή, -ῆς f, submission
⁷ διαμένω 3s aor act sub, remain
⁸ ὁποῖος, -α/ον, such as (ὁπ. ποτε whatever)
⁹ ποτέ, temporal adv, ever
¹⁰ διαφέρω 3s pres act ind, make a difference (οὐδέν μοι δ. made no difference to me)
¹¹ προσανατίθημι 3p aor mid ind, mid add to
¹² τοὐναντίον, on the contrary

¹³ ἀκροβυστία, -ας f, uncircumcision
¹⁴ ἐνεργέω aor act ptc m s nom, work (in)
¹⁵ ἀποστολή, -ῆς f, mission
¹⁶ γινώσκω aor act ptc m p nom, know
¹⁷ δίδωμι aor pas ptc f s acc, give
¹⁸ στῦλος, -ου m, pillar
¹⁹ κοινωνία, -ας f, fellowship
²⁰ μνημονεύω 1p pres act sub, remember
²¹ σπουδάζω 1s aor act ind, be eager
²² ἀνθίστημι 1s aor act ind, oppose
²³ καταγινώσκω pf pas ptc m s nom, condemn
²⁴ συνεσθίω 3s impf act ind, eat with

²⁵ ὑποστέλλω 3s impf act ind, draw back
²⁶ ἀφορίζω 3s impf act ind, separate
²⁷ συνυποκρίνομαι 3p aor pas ind, join in acting with insincerity
²⁸ συναπάγω 3s aor pas ind, pas be led astray
²⁹ ὑπόκρισις, -εως f, insincerity
³⁰ ὀρθοποδέω 3p pres act ind, be consistent with
³¹ ἐθνικῶς, adv, like a Gentile
³² ἀναγκάζω 2s pres act ind, force
³³ ἰουδαΐζω pres act inf, live like a Jew
³⁴ φύσις, -εως f, nature (φύσει by birth)
³⁵ οἶδα pf act ptc m p nom, know

πίστεως Χριστοῦ καὶ οὐκ ἐξ ἔργων νόμου, ὅτι ἐξ ἔργων νόμου οὐ δικαιωθήσεται πᾶσα σάρξ. **17** εἰ δὲ ζητοῦντες δικαιωθῆναι ἐν Χριστῷ εὑρέθημεν[1] καὶ αὐτοὶ ἁμαρτωλοί, ἆρα[2] Χριστὸς ἁμαρτίας διάκονος[3]; μὴ γένοιτο[4]. **18** εἰ γὰρ ἃ κατέλυσα[5] ταῦτα πάλιν οἰκοδομῶ, παραβάτην[6] ἐμαυτὸν συνιστάνω[7]. **19** ἐγὼ γὰρ διὰ νόμου νόμῳ ἀπέθανον, ἵνα θεῷ ζήσω. Χριστῷ συνεσταύρωμαι[8]· **20** ζῶ δὲ οὐκέτι ἐγώ, ζῇ δὲ ἐν ἐμοὶ Χριστός· ὃ δὲ νῦν ζῶ ἐν σαρκί, ἐν πίστει ζῶ τῇ τοῦ υἱοῦ τοῦ θεοῦ τοῦ ἀγαπήσαντός με καὶ παραδόντος[9] ἑαυτὸν ὑπὲρ ἐμοῦ. **21** οὐκ ἀθετῶ[10] τὴν χάριν τοῦ θεοῦ· εἰ γὰρ διὰ νόμου δικαιοσύνη, ἄρα Χριστὸς δωρεὰν[11] ἀπέθανεν.

Law or Faith

3 Ὦ[12] ἀνόητοι[13] Γαλάται, τίς ὑμᾶς ἐβάσκανεν[14], οἷς κατ᾽ ὀφθαλμοὺς Ἰησοῦς Χριστὸς προεγράφη[15] ἐσταυρωμένος; **2** τοῦτο μόνον θέλω μαθεῖν[16] ἀφ᾽ ὑμῶν· ἐξ ἔργων νόμου τὸ πνεῦμα ἐλάβετε ἢ ἐξ ἀκοῆς[17] πίστεως; **3** οὕτως ἀνόητοί[18] ἐστε, ἐναρξάμενοι[19] πνεύματι νῦν σαρκὶ ἐπιτελεῖσθε[20]; **4** τοσαῦτα[21] ἐπάθετε[22] εἰκῇ[23]; εἴ γε[24] καὶ εἰκῇ. **5** ὁ οὖν ἐπιχορηγῶν[25] ὑμῖν τὸ πνεῦμα καὶ ἐνεργῶν[26] δυνάμεις ἐν ὑμῖν, ἐξ ἔργων νόμου ἢ ἐξ ἀκοῆς πίστεως;

6 Καθὼς Ἀβραὰμ **ἐπίστευσεν τῷ θεῷ, καὶ ἐλογίσθη αὐτῷ εἰς δικαιοσύνην**· **7** γινώσκετε ἄρα ὅτι οἱ ἐκ πίστεως, οὗτοι υἱοί εἰσιν Ἀβραάμ. **8** προϊδοῦσα[27] δὲ ἡ γραφὴ ὅτι ἐκ πίστεως δικαιοῖ τὰ ἔθνη ὁ θεός, προευηγγελίσατο[28] τῷ Ἀβραὰμ ὅτι **ἐνευλογηθήσονται[29] ἐν σοὶ πάντα τὰ ἔθνη**· **9** ὥστε οἱ ἐκ πίστεως εὐλογοῦνται σὺν τῷ πιστῷ Ἀβραάμ.

10 Ὅσοι γὰρ ἐξ ἔργων νόμου εἰσίν, ὑπὸ κατάραν[30] εἰσίν· γέγραπται γὰρ ὅτι **ἐπικατάρατος[31] πᾶς ὃς οὐκ ἐμμένει[32] πᾶσιν τοῖς γεγραμμένοις ἐν τῷ βιβλίῳ τοῦ νόμου τοῦ ποιῆσαι αὐτά**. **11** ὅτι δὲ ἐν νόμῳ οὐδεὶς δικαιοῦται παρὰ τῷ θεῷ δῆλον[33], ὅτι ὁ **δίκαιος ἐκ πίστεως ζήσεται**[34]. **12** ὁ δὲ νόμος οὐκ ἔστιν ἐκ πίστεως, ἀλλ᾽ ὁ ποιήσας

---

[1] εὑρίσκω 1p aor pas ind, find
[2] ἆρα, interrogative particle, here expecting a negative reply
[3] διάκονος, -ου m, servant
[4] γίνομαι 3s aor mid opt, happen
[5] καταλύω 1s aor act ind, tear down
[6] παραβάτης, -ου m, lawbreaker
[7] συνίστημι 1s pres act ind, prove
[8] συσταυρόω 1s pf pas ind, pas be crucified together with
[9] παραδίδωμι aor act ptc m s gen, give
[10] ἀθετέω 1s pres act ind, reject
[11] δωρεάν, adv, for nothing
[12] ὦ, interj, O!
[13] ἀνόητος, -ον, foolish
[14] βασκαίνω 3s aor act ind, place under a spell
[15] προγράφω 3s aor pas ind, portray
[16] μανθάνω aor act inf, find out
[17] ἀκοή, -ῆς f, hearing
[18] ἀνόητος, -ον, foolish
[19] ἐνάρχομαι aor mid ptc m p nom, begin (with)
[20] ἐπιτελέω 2p pres pas or mid ind, finish (with)
[21] τοσοῦτος, -αύτη/οῦτον, so many
[22] πάσχω 2p aor act ind, experience
[23] εἰκῇ, adv, in vain
[24] γέ, emphatic particle
[25] ἐπιχορηγέω pres act ptc m s nom, supply
[26] ἐνεργέω pres act ptc m s nom, work (in)
[27] προοράω aor act ptc f s nom, foresee
[28] προευαγγελίζομαι 3s aor mid ind, preach ahead of time
[29] ἐνευλογέω 3p fut pas ind, bless
[30] κατάρα, -ας f, curse
[31] ἐπικατάρατος, -ον, under a curse
[32] ἐμμένω 3s pres act ind, obey
[33] δῆλος, -η/ον, evident
[34] ζάω 3s fut mid ind, live

αὐτὰ ζήσεται ἐν αὐτοῖς. 13 Χριστὸς ἡμᾶς ἐξηγόρασεν[1] ἐκ τῆς κατάρας τοῦ νόμου γενόμενος ὑπὲρ ἡμῶν κατάρα, ὅτι γέγραπται· ἐπικατάρατος[2] πᾶς ὁ κρεμάμενος[3] ἐπὶ ξύλου[4], 14 ἵνα εἰς τὰ ἔθνη ἡ εὐλογία[5] τοῦ Ἀβραὰμ γένηται ἐν Χριστῷ Ἰησοῦ, ἵνα τὴν ἐπαγγελίαν τοῦ πνεύματος λάβωμεν[6] διὰ τῆς πίστεως.

The Law and the Promise

15 Ἀδελφοί, κατὰ ἄνθρωπον λέγω· ὅμως[7] ἀνθρώπου κεκυρωμένην[8] διαθήκην οὐδεὶς ἀθετεῖ[9] ἢ ἐπιδιατάσσεται[10]. 16 τῷ δὲ Ἀβραὰμ ἐρρέθησαν[11] αἱ ἐπαγγελίαι καὶ τῷ σπέρματι αὐτοῦ. οὐ λέγει· καὶ τοῖς σπέρμασιν, ὡς ἐπὶ πολλῶν ἀλλ' ὡς ἐφ' ἑνός· καὶ τῷ σπέρματί σου, ὅς ἐστιν Χριστός. 17 τοῦτο δὲ λέγω· διαθήκην προκεκυρωμένην[12] ὑπὸ τοῦ θεοῦ ὁ μετὰ τετρακόσια[13] καὶ τριάκοντα[14] ἔτη γεγονὼς[15] νόμος οὐκ ἀκυροῖ[16] εἰς τὸ καταργῆσαι[17] τὴν ἐπαγγελίαν. 18 εἰ γὰρ ἐκ νόμου ἡ κληρονομία[18], οὐκέτι ἐξ ἐπαγγελίας· τῷ δὲ Ἀβραὰμ δι' ἐπαγγελίας κεχάρισται[19] ὁ θεός.

19 Τί οὖν ὁ νόμος; τῶν παραβάσεων[20] χάριν[21] προσετέθη[22], ἄχρις οὗ ἔλθῃ[23] τὸ σπέρμα ᾧ ἐπήγγελται[24], διαταγεὶς[25] δι' ἀγγέλων ἐν χειρὶ μεσίτου[26]. 20 ὁ δὲ μεσίτης ἑνὸς οὐκ ἔστιν, ὁ δὲ θεὸς εἷς ἐστιν. 21 ὁ οὖν νόμος κατὰ τῶν ἐπαγγελιῶν τοῦ θεοῦ; μὴ γένοιτο[27]. εἰ γὰρ ἐδόθη[28] νόμος ὁ δυνάμενος ζωοποιῆσαι[29], ὄντως[30] ἐκ νόμου ἂν ἦν ἡ δικαιοσύνη· 22 ἀλλὰ συνέκλεισεν[31] ἡ γραφὴ τὰ πάντα ὑπὸ ἁμαρτίαν, ἵνα ἡ ἐπαγγελία ἐκ πίστεως Ἰησοῦ Χριστοῦ δοθῇ[32] τοῖς πιστεύουσιν.

Slaves and Heirs

23 Πρὸ τοῦ δὲ ἐλθεῖν τὴν πίστιν ὑπὸ νόμον ἐφρουρούμεθα[33] συγκλειόμενοι[34] εἰς τὴν μέλλουσαν πίστιν ἀποκαλυφθῆναι[35], 24 ὥστε ὁ νόμος παιδαγωγὸς[36] ἡμῶν γέγονεν[37] εἰς Χριστόν, ἵνα ἐκ πίστεως δικαιωθῶμεν· 25 ἐλθούσης δὲ τῆς πίστεως

---

[1] ἐξαγοράζω 3s aor act ind, set free
[2] ἐπικατάρατος, -ον, under a curse
[3] κρεμάννυμι pf mid ptc m s nom, hang
[4] ξύλον, -ου n, tree
[5] εὐλογία, -ας f, blessing
[6] λαμβάνω 1p aor act sub, receive
[7] ὅμως, adv, even
[8] κυρόω pf pas ptc f s acc, put into effect
[9] ἀθετέω 3s pres act ind, cancel
[10] ἐπιδιατάσσομαι 3s pres mid ind, add to
[11] λέγω 3p aor pas ind, say
[12] προκυρόω pf pas ptc f s acc, make previously
[13] τετρακόσιοι, -αι/α, four hundred
[14] τριάκοντα, thirty
[15] γίνομαι pf act ptc m s nom, come
[16] ἀκυρόω 3s pres act ind, cancel
[17] καταργέω aor act inf, render ineffective
[18] κληρονομία, -ας f, inheritance
[19] χαρίζομαι 3s pf mid ind, give
[20] παράβασις, -εως f, violation
[21] χάριν, prep + gen, usually follows its object, because of
[22] προστίθημι 3s aor pas ind, add
[23] ἔρχομαι 3s aor act sub, come
[24] ἐπαγγέλλομαι 3s pf pas ind, promise
[25] διατάσσω aor pas ptc m s nom, give
[26] μεσίτης, -ου, mediator
[27] γίνομαι 3s aor mid opt, happen
[28] δίδωμι 3s aor pas ind, give
[29] ζωοποιέω aor act inf, make alive
[30] ὄντως, adv, really
[31] συγκλείω 3s aor act ind, imprison
[32] δίδωμι 3s aor pas sub, give
[33] φρουρέω 1p impf pas ind, hold as a prisoner
[34] συγκλείω pres pas ptc m p nom, lock up
[35] ἀποκαλύπτω aor pas inf, reveal
[36] παιδαγωγός, -οῦ m, teacher
[37] γίνομαι 3s pf act ind, come

οὐκέτι ὑπὸ παιδαγωγόν ἐσμεν. **26** πάντες γὰρ υἱοὶ θεοῦ ἐστε διὰ τῆς πίστεως ἐν Χριστῷ Ἰησοῦ· **27** ὅσοι γὰρ εἰς Χριστὸν ἐβαπτίσθητε, Χριστὸν ἐνεδύσασθε[1]. **28** οὐκ ἔνι[2] Ἰουδαῖος οὐδὲ Ἕλλην, οὐκ ἔνι δοῦλος οὐδὲ ἐλεύθερος[3], οὐκ ἔνι ἄρσεν[4] καὶ θῆλυ[5]· πάντες γὰρ ὑμεῖς εἷς ἐστε ἐν Χριστῷ Ἰησοῦ. **29** εἰ δὲ ὑμεῖς Χριστοῦ, ἄρα τοῦ Ἀβραὰμ σπέρμα ἐστέ, κατ' ἐπαγγελίαν κληρονόμοι[6].

4 Λέγω δέ, ἐφ' ὅσον χρόνον ὁ κληρονόμος νήπιός[7] ἐστιν, οὐδὲν διαφέρει[8] δούλου κύριος πάντων ὤν, **2** ἀλλ' ὑπὸ ἐπιτρόπους[9] ἐστὶν καὶ οἰκονόμους[10] ἄχρι τῆς προθεσμίας[11] τοῦ πατρός. **3** οὕτως καὶ ἡμεῖς, ὅτε ἦμεν νήπιοι, ὑπὸ τὰ στοιχεῖα[12] τοῦ κόσμου ἤμεθα δεδουλωμένοι[13]· **4** ὅτε δὲ ἦλθεν τὸ πλήρωμα[14] τοῦ χρόνου, ἐξαπέστειλεν[15] ὁ θεὸς τὸν υἱὸν αὐτοῦ, γενόμενον ἐκ γυναικός, γενόμενον ὑπὸ νόμον, **5** ἵνα τοὺς ὑπὸ νόμον ἐξαγοράσῃ[16], ἵνα τὴν υἱοθεσίαν[17] ἀπολάβωμεν[18]. **6** ὅτι δέ ἐστε υἱοί, ἐξαπέστειλεν ὁ θεὸς τὸ πνεῦμα τοῦ υἱοῦ αὐτοῦ εἰς τὰς καρδίας ἡμῶν κρᾶζον· αββα[19] ὁ πατήρ. **7** ὥστε οὐκέτι εἶ δοῦλος ἀλλ' υἱός· εἰ δὲ υἱός, καὶ κληρονόμος[20] διὰ θεοῦ.

Paul's Concern for the Galatians

8 Ἀλλὰ τότε μὲν οὐκ εἰδότες[21] θεὸν ἐδουλεύσατε[22] τοῖς φύσει[23] μὴ οὖσιν θεοῖς· **9** νῦν δὲ γνόντες[24] θεόν, μᾶλλον δὲ γνωσθέντες[25] ὑπὸ θεοῦ, πῶς ἐπιστρέφετε πάλιν ἐπὶ τὰ ἀσθενῆ[26] καὶ πτωχὰ στοιχεῖα οἷς πάλιν ἄνωθεν[27] δουλεύειν θέλετε; **10** ἡμέρας παρατηρεῖσθε[28] καὶ μῆνας[29] καὶ καιροὺς καὶ ἐνιαυτούς[30], **11** φοβοῦμαι ὑμᾶς μή πως[31] εἰκῇ[32] κεκοπίακα[33] εἰς ὑμᾶς.

12 Γίνεσθε ὡς ἐγώ, ὅτι κἀγὼ ὡς ὑμεῖς, ἀδελφοί, δέομαι[34] ὑμῶν. οὐδέν με ἠδικήσατε[35]. **13** οἴδατε δὲ ὅτι δι' ἀσθένειαν[36] τῆς σαρκὸς εὐηγγελισάμην ὑμῖν τὸ πρότερον[37], **14** καὶ τὸν πειρασμὸν[38] ὑμῶν ἐν τῇ σαρκί μου οὐκ ἐξουθενήσατε[39] οὐδὲ

---

[1] ἐνδύω 2p aor mid ind, put on
[2] ἔνι 3s pres act ind, there is (= ἔνεστιν)
[3] ἐλεύθερος, -α/ον, free
[4] ἄρσην, -εν, male
[5] θῆλυς, -εια/υ, female
[6] κληρονόμος, -ου m, heir
[7] νήπιος, -α/ον, under age
[8] διαφέρω 3s pres act ind, differ from
[9] ἐπίτροπος, -ου m, guardian
[10] οἰκονόμος, -ου m, trustee
[11] προθεσμία, -ας f, set time
[12] στοιχεῖον, -ου n, elemental spiritual force
[13] δουλόω pf pas ptc m p nom, enslave
[14] πλήρωμα, -τος n, fullness
[15] ἐξαποστέλλω 3s aor act ind, send
[16] ἐξαγοράζω 3s aor act sub, set free
[17] υἱοθεσία, -ας f, adoption
[18] ἀπολαμβάνω 1p aor act sub, receive
[19] αββα, Father (Aramaic word)
[20] κληρονόμος, -ου m, heir
[21] οἶδα pf act ptc m p nom, know
[22] δουλεύω 2p aor act ind, be a slave
[23] φύσις, -εως f, nature
[24] γινώσκω aor act ptc m p nom, know
[25] γινώσκω aor pas ptc m p nom, know
[26] ἀσθενής, -ές, weak
[27] ἄνωθεν, adv, again (πάλιν ἀ. once again)
[28] παρατηρέω 2p pres mid ind, mid observe
[29] μήν, μηνός m, month
[30] ἐνιαυτός, -οῦ m, year
[31] πῶς, particle, somehow
[32] εἰκῇ, adv, in vain
[33] κοπιάω 1s pf act ind, work
[34] δέομαι 1s pres pas ind, beg
[35] ἀδικέω 2p aor act ind, wrong
[36] ἀσθένεια, -ας f, weakness
[37] πρότερος, adv, former (τὸ π. at first)
[38] πειρασμός, -οῦ m, trial
[39] ἐξουθενέω 2p aor act ind, despise

ἐξεπτύσατε¹, ἀλλ' ὡς ἄγγελον θεοῦ ἐδέξασθέ² με, ὡς Χριστὸν Ἰησοῦν. **15** ποῦ οὖν ὁ μακαρισμὸς³ ὑμῶν; μαρτυρῶ γὰρ ὑμῖν ὅτι εἰ δυνατὸν τοὺς ὀφθαλμοὺς ὑμῶν ἐξορύξαντες⁴ ἐδώκατέ μοι. **16** ὥστε ἐχθρὸς ὑμῶν γέγονα ἀληθεύων⁵ ὑμῖν; **17** ζηλοῦσιν⁶ ὑμᾶς οὐ καλῶς, ἀλλ' ἐκκλεῖσαι⁷ ὑμᾶς θέλουσιν, ἵνα αὐτοὺς ζηλοῦτε· **18** καλὸν δὲ ζηλοῦσθαι ἐν καλῷ πάντοτε καὶ μὴ μόνον ἐν τῷ παρεῖναί⁸ με πρὸς ὑμᾶς. **19** τέκνα μου, οὓς πάλιν ὠδίνω⁹ μέχρις¹⁰ οὗ μορφωθῇ¹¹ Χριστὸς ἐν ὑμῖν· **20** ἤθελον δὲ παρεῖναι¹² πρὸς ὑμᾶς ἄρτι καὶ ἀλλάξαι¹³ τὴν φωνήν μου, ὅτι ἀποροῦμαι¹⁴ ἐν ὑμῖν.

The Allegory of Hagar and Sarah

21 Λέγετέ μοι, οἱ ὑπὸ νόμον θέλοντες εἶναι, τὸν νόμον οὐκ ἀκούετε; **22** γέγραπται γὰρ ὅτι Ἀβραὰμ δύο υἱοὺς ἔσχεν¹⁵, ἕνα ἐκ τῆς παιδίσκης¹⁶ καὶ ἕνα ἐκ τῆς ἐλευθέρας¹⁷. **23** ἀλλ' ὁ μὲν ἐκ τῆς παιδίσκης κατὰ σάρκα γεγέννηται¹⁸, ὁ δὲ ἐκ τῆς ἐλευθέρας δι' ἐπαγγελίας. **24** ἅτινά ἐστιν ἀλληγορούμενα¹⁹· αὗται γάρ εἰσιν δύο διαθῆκαι, μία μὲν ἀπὸ ὄρους Σινᾶ εἰς δουλείαν²⁰ γεννῶσα, ἥτις ἐστὶν Ἁγάρ. **25** τὸ δὲ Ἁγὰρ Σινᾶ ὄρος ἐστὶν ἐν τῇ Ἀραβίᾳ· συστοιχεῖ²¹ δὲ τῇ νῦν Ἰερουσαλήμ, δουλεύει²² γὰρ μετὰ τῶν τέκνων αὐτῆς. **26** ἡ δὲ ἄνω²³ Ἰερουσαλὴμ ἐλευθέρα ἐστίν, ἥτις ἐστὶν μήτηρ ἡμῶν· **27** γέγραπται γάρ·

εὐφράνθητι²⁴, στεῖρα²⁵ ἡ οὐ τίκτουσα²⁶,
ῥῆξον²⁷ καὶ βόησον²⁸, ἡ οὐκ ὠδίνουσα²⁹·
ὅτι πολλὰ τὰ τέκνα τῆς ἐρήμου
μᾶλλον ἢ τῆς ἐχούσης τὸν ἄνδρα.

28 ὑμεῖς δέ, ἀδελφοί, κατὰ Ἰσαὰκ ἐπαγγελίας τέκνα ἐστέ. **29** ἀλλ' ὥσπερ τότε ὁ κατὰ σάρκα γεννηθεὶς ἐδίωκεν τὸν κατὰ πνεῦμα, οὕτως καὶ νῦν. **30** ἀλλὰ τί λέγει ἡ γραφή; ἔκβαλε³⁰ τὴν παιδίσκην³¹ καὶ τὸν υἱὸν αὐτῆς· οὐ γὰρ μὴ κληρονομήσει³²

---

¹ ἐκπτύω 2p aor act ind, reject
² δέχομαι 2p aor mid ind, welcome
³ μακαρισμός, -οῦ m, happiness
⁴ ἐξορύσσω aor act ptc m p nom, dig out
⁵ ἀληθεύω pres act ptc m s nom, speak the truth
⁶ ζηλόω 3p pres act ind, pay a lot of attention to
⁷ ἐκκλείω aor act inf, exclude
⁸ πάρειμι pres act inf, be present
⁹ ὠδίνω 1s pres act ind, suffer birth-pains
¹⁰ μέχρι, prep + gen, until (μ. οὗ until)
¹¹ μορφόω 3s aor pas sub, form
¹² πάρειμι pres act inf, be present
¹³ ἀλλάσσω aor act inf, change
¹⁴ ἀπορέω 1s pres mid ind, mid be puzzled
¹⁵ ἔχω 3s aor act ind, have
¹⁶ παιδίσκη, -ης f, slave
¹⁷ ἐλεύθερος, -α/ον, free
¹⁸ γεννάω 3s pf pas ind, pas be born
¹⁹ ἀλληγορέω pres pas ptc n p nom, speak of allegorically
²⁰ δουλεία, -ας f, slavery
²¹ συστοιχέω 3s pres act ind, correspond to
²² δουλεύω 3s pres act ind, be a slave
²³ ἄνω, adv, above
²⁴ εὐφραίνω 2s aor pas impv, pas rejoice
²⁵ στεῖρα, -ας f, a woman incapable of having children
²⁶ τίκτω pres act ptc f s nom or voc, give birth to
²⁷ ῥήσσω/ῥήγνυμι 2s aor act impv, break forth (of a shout)
²⁸ βοάω 2s aor act impv, shout
²⁹ ὠδίνω pres act ptc f s nom or voc, suffer birth-pains
³⁰ ἐκβάλλω 2s aor act impv, force out
³¹ παιδίσκη, -ης f, slave
³² κληρονομέω 3s fut act ind, inherit

ὁ υἱὸς τῆς παιδίσκης μετὰ τοῦ υἱοῦ τῆς ἐλευθέρας¹. 31 διό, ἀδελφοί, οὐκ ἐσμὲν παιδίσκης τέκνα ἀλλὰ τῆς ἐλευθέρας.

Christian Freedom

5 Τῇ ἐλευθερίᾳ² ἡμᾶς Χριστὸς ἠλευθέρωσεν³· στήκετε⁴ οὖν καὶ μὴ πάλιν ζυγῷ⁵ δουλείας⁶ ἐνέχεσθε⁷.

2 Ἴδε⁸ ἐγὼ Παῦλος λέγω ὑμῖν ὅτι ἐὰν περιτέμνησθε⁹, Χριστὸς ὑμᾶς οὐδὲν ὠφελήσει¹⁰. 3 μαρτύρομαι¹¹ δὲ πάλιν παντὶ ἀνθρώπῳ περιτεμνομένῳ ὅτι ὀφειλέτης¹² ἐστὶν ὅλον τὸν νόμον ποιῆσαι. 4 κατηργήθητε¹³ ἀπὸ Χριστοῦ, οἵτινες ἐν νόμῳ δικαιοῦσθε, τῆς χάριτος ἐξεπέσατε¹⁴. 5 ἡμεῖς γὰρ πνεύματι ἐκ πίστεως ἐλπίδα δικαιοσύνης ἀπεκδεχόμεθα¹⁵. 6 ἐν γὰρ Χριστῷ Ἰησοῦ οὔτε περιτομή τι ἰσχύει¹⁶ οὔτε ἀκροβυστία¹⁷ ἀλλὰ πίστις δι' ἀγάπης ἐνεργουμένη¹⁸.

7 Ἐτρέχετε¹⁹ καλῶς· τίς ὑμᾶς ἐνέκοψεν²⁰ τῇ ἀληθείᾳ μὴ πείθεσθαι; 8 ἡ πεισμονὴ²¹ οὐκ ἐκ τοῦ καλοῦντος ὑμᾶς. 9 μικρὰ ζύμη²² ὅλον τὸ φύραμα²³ ζυμοῖ²⁴. 10 ἐγὼ πέποιθα²⁵ εἰς ὑμᾶς ἐν κυρίῳ ὅτι οὐδὲν ἄλλο φρονήσετε²⁶· ὁ δὲ ταράσσων²⁷ ὑμᾶς βαστάσει²⁸ τὸ κρίμα²⁹, ὅστις ἐὰν ᾖ. 11 ἐγὼ δέ, ἀδελφοί, εἰ περιτομὴν ἔτι κηρύσσω, τί ἔτι διώκομαι; ἄρα κατήργηται³⁰ τὸ σκάνδαλον³¹ τοῦ σταυροῦ³². 12 Ὄφελον³³ καὶ ἀποκόψονται³⁴ οἱ ἀναστατοῦντες³⁵ ὑμᾶς.

Life in the Spirit

13 Ὑμεῖς γὰρ ἐπ' ἐλευθερίᾳ³⁶ ἐκλήθητε³⁷, ἀδελφοί· μόνον μὴ τὴν ἐλευθερίαν εἰς ἀφορμὴν³⁸ τῇ σαρκί, ἀλλὰ διὰ τῆς ἀγάπης δουλεύετε³⁹ ἀλλήλοις. 14 ὁ γὰρ πᾶς

---

1 ἐλεύθερος, -α/ον, free
2 ἐλευθερία, -ας f, freedom
3 ἐλευθερόω 3s aor act ind, set free
4 στήκω 2p pres act impv, stand firm
5 ζυγός, -οῦ m, yoke
6 δουλεία, -ας f, slavery
7 ἐνέχω 2p pres pas impv, pas be subject to
8 ἴδε, interj, Look!
9 περιτέμνω 2p pres pas sub, circumcise
10 ὠφελέω 3s fut act ind, profit
11 μαρτύρομαι 1s pres mid ind, testify
12 ὀφειλέτης, -ου m, one who is under obligation
13 καταργέω 2p aor pas ind, pas cut one's self off (from)
14 ἐκπίπτω 2p aor act ind, fall away from
15 ἀπεκδέχομαι 1p pres mid ind, wait
16 ἰσχύω 3s pres act ind, be of value
17 ἀκροβυστία, -ας f, uncircumcision
18 ἐνεργέω pres mid ptc f s nom, be at work
19 τρέχω 2p impf act ind, run
20 ἐγκόπτω 3s aor act ind, hinder
21 πεισμονή, -ῆς f, persuasion
22 ζύμη, -ης f, yeast
23 φύραμα, -τος n, batch (of dough)
24 ζυμόω 3s pres act ind, cause to rise
25 πείθω 1s pf act ind, convince
26 φρονέω 2p fut act ind, think
27 ταράσσω pres act ptc m s nom, trouble
28 βαστάζω 3s fut act ind, bear
29 κρίμα, -τος n, judgment
30 καταργέω 3s pf pas ind, render ineffective
31 σκάνδαλον, -ου n, problem
32 σταυρός, -οῦ m, cross
33 ὄφελον, fixed form introducing an unattainable wish, I wish
34 ἀποκόπτω 3p fut mid ind, castrate oneself
35 ἀναστατόω pres act ptc m p nom, agitate
36 ἐλευθερία, -ας f, freedom
37 καλέω 2p aor pas ind, call
38 ἀφορμή, -ῆς f, opportunity
39 δουλεύω 2p pres act impv, serve

νόμος ἐν ἑνὶ λόγῳ πεπλήρωται, ἐν τῷ· ἀγαπήσεις τὸν πλησίον¹ σου ὡς σεαυτόν. **15** εἰ δὲ ἀλλήλους δάκνετε² καὶ κατεσθίετε³, βλέπετε μὴ ὑπ' ἀλλήλων ἀναλωθῆτε⁴. **16** λέγω δέ, πνεύματι περιπατεῖτε καὶ ἐπιθυμίαν σαρκὸς οὐ μὴ τελέσητε⁵. **17** ἡ γὰρ σὰρξ ἐπιθυμεῖ⁶ κατὰ τοῦ πνεύματος, τὸ δὲ πνεῦμα κατὰ τῆς σαρκός, ταῦτα γὰρ ἀλλήλοις ἀντίκειται⁷, ἵνα μὴ ἃ ἐὰν θέλητε ταῦτα ποιῆτε. **18** εἰ δὲ πνεύματι ἄγεσθε, οὐκ ἐστὲ ὑπὸ νόμον. **19** φανερὰ⁸ δέ ἐστιν τὰ ἔργα τῆς σαρκός, ἅτινά ἐστιν πορνεία⁹, ἀκαθαρσία¹⁰, ἀσέλγεια¹¹, **20** εἰδωλολατρία¹², φαρμακεία¹³, ἔχθραι¹⁴, ἔρις¹⁵, ζῆλος¹⁶, θυμοί¹⁷, ἐριθεῖαι¹⁸, διχοστασίαι¹⁹, αἱρέσεις²⁰, **21** φθόνοι²¹, μέθαι²², κῶμοι²³ καὶ τὰ ὅμοια τούτοις, ἃ προλέγω²⁴ ὑμῖν, καθὼς προεῖπον²⁵ ὅτι οἱ τὰ τοιαῦτα πράσσοντες βασιλείαν θεοῦ οὐ κληρονομήσουσιν²⁶. **22** ὁ δὲ καρπὸς τοῦ πνεύματός ἐστιν ἀγάπη χαρὰ εἰρήνη, μακροθυμία²⁷ χρηστότης²⁸ ἀγαθωσύνη²⁹, πίστις **23** πραΰτης³⁰ ἐγκράτεια³¹· κατὰ τῶν τοιούτων οὐκ ἔστιν νόμος. **24** οἱ δὲ τοῦ Χριστοῦ [Ἰησοῦ] τὴν σάρκα ἐσταύρωσαν σὺν τοῖς παθήμασιν³² καὶ ταῖς ἐπιθυμίαις. **25** εἰ ζῶμεν πνεύματι, πνεύματι καὶ στοιχῶμεν³³. **26** μὴ γινώμεθα κενόδοξοι³⁴, ἀλλήλους προκαλούμενοι³⁵, ἀλλήλοις φθονοῦντες³⁶.

Bear One Another's Burdens

6 Ἀδελφοί, ἐὰν καὶ προλημφθῇ³⁷ ἄνθρωπος ἔν τινι παραπτώματι³⁸, ὑμεῖς οἱ πνευματικοὶ³⁹ καταρτίζετε⁴⁰ τὸν τοιοῦτον ἐν πνεύματι πραΰτητος⁴¹, σκοπῶν⁴² σεαυτὸν μὴ καὶ σὺ πειρασθῇς. **2** ἀλλήλων τὰ βάρη⁴³ βαστάζετε⁴⁴ καὶ οὕτως ἀναπληρώσετε⁴⁵ τὸν νόμον τοῦ Χριστοῦ. **3** εἰ γὰρ δοκεῖ τις εἶναί τι μηδὲν ὤν, φρεναπατᾷ⁴⁶

---

1 πλησίον, *prep + gen*, near (ὁ π. fellow human)
2 δάκνω *2p pres act ind*, bite
3 κατεσθίω *2p pres act ind*, devour
4 ἀναλόω/ἀναλίσκω *2p aor pas sub*, destroy
5 τελέω *2p aor act sub*, gratify
6 ἐπιθυμέω *3s pres act ind*, desire
7 ἀντίκειμαι *3s pres mid ind*, oppose
8 φανερός, -ά/όν, evident
9 πορνεία, -ας *f*, sexual immorality
10 ἀκαθαρσία, -ας *f*, impurity
11 ἀσέλγεια, -ας *f*, indecency
12 εἰδωλολατρία, -ας *f*, idolatry
13 φαρμακεία, -ας *f*, witchcraft
14 ἔχθρα, -ας *f*, hatred
15 ἔρις, -ιδος *f*, quarreling
16 ζῆλος, -ου *m*, jealousy
17 θυμός, -οῦ *m*, anger
18 ἐριθεία, -ας *f*, selfishness
19 διχοστασία, -ας *f*, dissension
20 αἵρεσις, -εως *f*, division
21 φθόνος, -ου *m*, envy
22 μέθη, -ης *f*, drunkenness
23 κῶμος, -ου *m*, carousing
24 προλέγω *1s pres act ind*, warn
25 προλέγω *1s aor act ind*, warn
26 κληρονομέω *3p fut act ind*, share (in)
27 μακροθυμία, -ας *f*, patience
28 χρηστότης, -ητος *f*, kindness
29 ἀγαθωσύνη, -ης *f*, goodness
30 πραΰτης, -ητος *f*, gentleness
31 ἐγκράτεια, -ας *f*, self-control
32 πάθημα, -τος *n*, passion
33 στοιχέω *1p pres act sub*, walk
34 κενόδοξος, -ον, conceited
35 προκαλέω *pres mid ptc m p nom*, mid provoke
36 φθονέω *pf act ptc m p nom*, envy
37 προλαμβάνω *3s aor pas sub*, catch
38 παράπτωμα, -τος *n*, wrongdoing
39 πνευματικός, -ή/όν, spiritual
40 καταρτίζω *2p pres act impv*, restore
41 πραΰτης, -ητος *f*, gentleness
42 σκοπέω *pres act ptc m s nom*, pay attention to
43 βάρος, -ους *n*, burden
44 βαστάζω *2p pres act impv*, bear
45 ἀναπληρόω *2p fut act ind*, fulfill
46 φρεναπατάω *3s pres act ind*, deceive

ἑαυτόν. **4** τὸ δὲ ἔργον ἑαυτοῦ δοκιμαζέτω[1] ἕκαστος, καὶ τότε εἰς ἑαυτὸν μόνον τὸ καύχημα[2] ἕξει καὶ οὐκ εἰς τὸν ἕτερον· **5** ἕκαστος γὰρ τὸ ἴδιον φορτίον[3] βαστάσει[4]. **6** Κοινωνείτω[5] δὲ ὁ κατηχούμενος[6] τὸν λόγον τῷ κατηχοῦντι ἐν πᾶσιν ἀγαθοῖς. **7** Μὴ πλανᾶσθε, θεὸς οὐ μυκτηρίζεται[7]. ὃ γὰρ ἐὰν σπείρῃ ἄνθρωπος, τοῦτο καὶ θερίσει[8]· **8** ὅτι ὁ σπείρων εἰς τὴν σάρκα ἑαυτοῦ ἐκ τῆς σαρκὸς θερίσει φθοράν[9], ὁ δὲ σπείρων εἰς τὸ πνεῦμα ἐκ τοῦ πνεύματος θερίσει ζωὴν αἰώνιον. **9** τὸ δὲ καλὸν ποιοῦντες μὴ ἐγκακῶμεν[10], καιρῷ γὰρ ἰδίῳ θερίσομεν μὴ ἐκλυόμενοι[11]. **10** Ἄρα οὖν ὡς καιρὸν ἔχομεν, ἐργαζώμεθα τὸ ἀγαθὸν πρὸς πάντας, μάλιστα[12] δὲ πρὸς τοὺς οἰκείους[13] τῆς πίστεως.

Final Warning and Benediction

11 Ἴδετε πηλίκοις[14] ὑμῖν γράμμασιν[15] ἔγραψα τῇ ἐμῇ χειρί. **12** ὅσοι θέλουσιν εὐπροσωπῆσαι[16] ἐν σαρκί, οὗτοι ἀναγκάζουσιν[17] ὑμᾶς περιτέμνεσθαι[18], μόνον ἵνα τῷ σταυρῷ[19] τοῦ Χριστοῦ μὴ διώκωνται. **13** οὐδὲ γὰρ οἱ περιτεμνόμενοι αὐτοὶ νόμον φυλάσσουσιν ἀλλὰ θέλουσιν ὑμᾶς περιτέμνεσθαι, ἵνα ἐν τῇ ὑμετέρᾳ[20] σαρκὶ καυχήσωνται. **14** ἐμοὶ δὲ μὴ γένοιτο[21] καυχᾶσθαι εἰ μὴ ἐν τῷ σταυρῷ τοῦ κυρίου ἡμῶν Ἰησοῦ Χριστοῦ, δι' οὗ ἐμοὶ κόσμος ἐσταύρωται κἀγὼ κόσμῳ. **15** οὔτε γὰρ περιτομή τί ἐστιν οὔτε ἀκροβυστία[22] ἀλλὰ καινὴ κτίσις[23]. **16** καὶ ὅσοι τῷ κανόνι[24] τούτῳ στοιχήσουσιν[25], εἰρήνη ἐπ' αὐτοὺς καὶ ἔλεος[26] καὶ ἐπὶ τὸν Ἰσραὴλ τοῦ θεοῦ.
17 Τοῦ λοιποῦ κόπους[27] μοι μηδεὶς παρεχέτω[28]· ἐγὼ γὰρ τὰ στίγματα[29] τοῦ Ἰησοῦ ἐν τῷ σώματί μου βαστάζω[30].
18 Ἡ χάρις τοῦ κυρίου ἡμῶν Ἰησοῦ Χριστοῦ μετὰ τοῦ πνεύματος ὑμῶν, ἀδελφοί· ἀμήν.

---

[1] δοκιμάζω 3s pres act impv, examine
[2] καύχημα, -τος n, reason to boast
[3] φορτίον, -ου n, burden
[4] βαστάζω 3s fut act ind, bear
[5] κοινωνέω 3s pres act impv, share
[6] κατηχέω pres pas ptc m s nom, teach
[7] μυκτηρίζω 3s pres pas ind, make a fool of
[8] θερίζω 3s fut act ind, reap
[9] φθορά, -ᾶς f, corruption
[10] ἐγκακέω 1p pres act sub, tire of
[11] ἐκλύομαι pres pas ptc m p nom, give up
[12] μάλιστα, adv, especially
[13] οἰκεῖος, -ου m, member of the household
[14] πηλίκος, -η/ον, how large
[15] γράμμα, -τος n, letter of the alphabet
[16] εὐπροσωπέω aor act inf, make a good showing
[17] ἀναγκάζω 3p pres act ind, force
[18] περιτέμνω pres pas inf, circumcise
[19] σταυρός, -οῦ m, cross
[20] ὑμέτερος, -α/ον, your
[21] γίνομαι 3s aor mid opt, happen
[22] ἀκροβυστία, -ας f, uncircumcision
[23] κτίσις, -εως f, creation
[24] κανών, -όνος m, rule
[25] στοιχέω 3p fut act ind, walk
[26] ἔλεος, -ους n, mercy
[27] κόπος, -ου m, trouble
[28] παρέχω 3s pres act impv, cause
[29] στίγμα, -τος n, mark
[30] βαστάζω 1s pres act ind, bear

ΠΡΟΣ ΕΦΕΣΙΟΥΣ

Salutation

1 Παῦλος ἀπόστολος Χριστοῦ Ἰησοῦ διὰ θελήματος θεοῦ τοῖς ἁγίοις τοῖς οὖσιν [ἐν Ἐφέσῳ] καὶ πιστοῖς ἐν Χριστῷ Ἰησοῦ, **2** χάρις ὑμῖν καὶ εἰρήνη ἀπὸ θεοῦ πατρὸς ἡμῶν καὶ κυρίου Ἰησοῦ Χριστοῦ.

Spiritual Blessings in Christ

3 Εὐλογητὸς[1] ὁ θεὸς καὶ πατὴρ τοῦ κυρίου ἡμῶν Ἰησοῦ Χριστοῦ, ὁ εὐλογήσας ἡμᾶς ἐν πάσῃ εὐλογίᾳ[2] πνευματικῇ[3] ἐν τοῖς ἐπουρανίοις[4] ἐν Χριστῷ, **4** καθὼς ἐξελέξατο[5] ἡμᾶς ἐν αὐτῷ πρὸ καταβολῆς[6] κόσμου εἶναι ἡμᾶς ἁγίους καὶ ἀμώμους[7] κατενώπιον[8] αὐτοῦ ἐν ἀγάπῃ, **5** προορίσας[9] ἡμᾶς εἰς υἱοθεσίαν[10] διὰ Ἰησοῦ Χριστοῦ εἰς αὐτόν, κατὰ τὴν εὐδοκίαν[11] τοῦ θελήματος αὐτοῦ, **6** εἰς ἔπαινον[12] δόξης τῆς χάριτος αὐτοῦ ἧς ἐχαρίτωσεν[13] ἡμᾶς ἐν τῷ ἠγαπημένῳ[14]. **7** ἐν ᾧ ἔχομεν τὴν ἀπολύτρωσιν[15] διὰ τοῦ αἵματος αὐτοῦ, τὴν ἄφεσιν[16] τῶν παραπτωμάτων[17], κατὰ τὸ πλοῦτος[18] τῆς χάριτος αὐτοῦ **8** ἧς ἐπερίσσευσεν εἰς ἡμᾶς, ἐν πάσῃ σοφίᾳ καὶ φρονήσει[19], **9** γνωρίσας[20] ἡμῖν τὸ μυστήριον[21] τοῦ θελήματος αὐτοῦ, κατὰ τὴν εὐδοκίαν[22] αὐτοῦ ἣν προέθετο[23] ἐν αὐτῷ **10** εἰς οἰκονομίαν[24] τοῦ πληρώματος[25] τῶν καιρῶν, ἀνακεφαλαιώσασθαι[26] τὰ πάντα ἐν τῷ Χριστῷ, τὰ ἐπὶ τοῖς οὐρανοῖς καὶ τὰ ἐπὶ τῆς γῆς ἐν αὐτῷ. **11** ἐν ᾧ καὶ ἐκληρώθημεν[27] προορισθέντες[28] κατὰ πρόθεσιν[29] τοῦ τὰ πάντα ἐνεργοῦντος[30] κατὰ τὴν βουλὴν[31] τοῦ θελήματος αὐτοῦ **12** εἰς τὸ εἶναι ἡμᾶς εἰς

---

[1] εὐλογητός, -ή/όν, blessed
[2] εὐλογία, -ας f, blessing
[3] πνευματικός, -ή/όν, spiritual
[4] ἐπουράνιος, -ον, heavenly
[5] ἐκλέγομαι 3s aor mid ind, choose
[6] καταβολή, -ῆς f, creation
[7] ἄμωμος, -ον, faultless
[8] κατενώπιον, prep + gen, in the presence of
[9] προορίζω aor act ptc m s nom, chose beforehand
[10] υἱοθεσία, -ας f, adoption
[11] εὐδοκία, -ας f, purpose
[12] ἔπαινος, -ου m, praise
[13] χαριτόω 3s aor act ind, bestow on freely
[14] ἀγαπάω pf pas ptc m s dat, love
[15] ἀπολύτρωσις, -εως f, redemption
[16] ἄφεσις, -εως f, forgiveness
[17] παράπτωμα, -τος n, wrongdoing
[18] πλοῦτος, -ου n, riches
[19] φρόνησις, -εως f, insight
[20] γνωρίζω aor act ptc m s nom, make known
[21] μυστήριον, -ου n, mystery
[22] εὐδοκία, -ας f, purpose
[23] προτίθημι 3s aor mid ind, mid put forward
[24] οἰκονομία, -ας f, plan
[25] πλήρωμα, -τος n, fullness
[26] ἀνακεφαλαιόω aor mid inf, unite
[27] κληρόω 1p aor pas ind, choose (as an heir)
[28] προορίζω aor pas ptc m p nom, chose beforehand
[29] πρόθεσις, -εως f, purpose
[30] ἐνεργέω pres act ptc m s gen, accomplish
[31] βουλή, -ῆς f, purpose

ἔπαινον¹ δόξης αὐτοῦ τοὺς προηλπικότας² ἐν τῷ Χριστῷ. **13** ἐν ᾧ καὶ ὑμεῖς ἀκούσαντες τὸν λόγον τῆς ἀληθείας, τὸ εὐαγγέλιον τῆς σωτηρίας ὑμῶν, ἐν ᾧ καὶ πιστεύσαντες ἐσφραγίσθητε³ τῷ πνεύματι τῆς ἐπαγγελίας τῷ ἁγίῳ, **14** ὅ ἐστιν ἀρραβὼν⁴ τῆς κληρονομίας⁵ ἡμῶν, εἰς ἀπολύτρωσιν τῆς περιποιήσεως⁶, εἰς ἔπαινον τῆς δόξης αὐτοῦ.

Paul's Prayer

15 Διὰ τοῦτο κἀγὼ ἀκούσας τὴν καθ᾽ ὑμᾶς πίστιν ἐν τῷ κυρίῳ Ἰησοῦ καὶ τὴν ἀγάπην τὴν εἰς πάντας τοὺς ἁγίους **16** οὐ παύομαι⁷ εὐχαριστῶν ὑπὲρ ὑμῶν μνείαν⁸ ποιούμενος ἐπὶ τῶν προσευχῶν μου, **17** ἵνα ὁ θεὸς τοῦ κυρίου ἡμῶν Ἰησοῦ Χριστοῦ, ὁ πατὴρ τῆς δόξης, δώῃ⁹ ὑμῖν πνεῦμα σοφίας καὶ ἀποκαλύψεως¹⁰ ἐν ἐπιγνώσει¹¹ αὐτοῦ, **18** πεφωτισμένους¹² τοὺς ὀφθαλμοὺς τῆς καρδίας ὑμῶν εἰς τὸ εἰδέναι¹³ ὑμᾶς τίς ἐστιν ἡ ἐλπὶς τῆς κλήσεως¹⁴ αὐτοῦ, τίς ὁ πλοῦτος¹⁵ τῆς δόξης τῆς κληρονομίας¹⁶ αὐτοῦ ἐν τοῖς ἁγίοις, **19** καὶ τί τὸ ὑπερβάλλον¹⁷ μέγεθος¹⁸ τῆς δυνάμεως αὐτοῦ εἰς ἡμᾶς τοὺς πιστεύοντας κατὰ τὴν ἐνέργειαν¹⁹ τοῦ κράτους²⁰ τῆς ἰσχύος²¹ αὐτοῦ. **20** ἣν ἐνήργησεν²² ἐν τῷ Χριστῷ ἐγείρας αὐτὸν ἐκ νεκρῶν καὶ καθίσας²³ ἐν δεξιᾷ αὐτοῦ ἐν τοῖς ἐπουρανίοις²⁴ **21** ὑπεράνω²⁵ πάσης ἀρχῆς καὶ ἐξουσίας καὶ δυνάμεως καὶ κυριότητος²⁶ καὶ παντὸς ὀνόματος ὀνομαζομένου²⁷, οὐ μόνον ἐν τῷ αἰῶνι τούτῳ ἀλλὰ καὶ ἐν τῷ μέλλοντι· **22** καὶ **πάντα ὑπέταξεν²⁸ ὑπὸ τοὺς πόδας αὐτοῦ** καὶ αὐτὸν ἔδωκεν κεφαλὴν ὑπὲρ πάντα τῇ ἐκκλησίᾳ, **23** ἥτις ἐστὶν τὸ σῶμα αὐτοῦ, τὸ πλήρωμα²⁹ τοῦ τὰ πάντα ἐν πᾶσιν πληρουμένου.

From Death to Life

2 Καὶ ὑμᾶς ὄντας νεκροὺς τοῖς παραπτώμασιν³⁰ καὶ ταῖς ἁμαρτίαις ὑμῶν, **2** ἐν αἷς ποτε³¹ περιεπατήσατε³² κατὰ τὸν αἰῶνα τοῦ κόσμου τούτου, κατὰ τὸν ἄρχοντα τῆς ἐξουσίας τοῦ ἀέρος³³, τοῦ πνεύματος τοῦ νῦν ἐνεργοῦντος³⁴ ἐν τοῖς

---

1 ἔπαινος, -ου *m*, praise
2 προελπίζω *pf act ptc m p acc*, be the first to hope
3 σφραγίζω *2p aor pas ind*, mark with a seal
4 ἀρραβών, -ῶνος *m*, guarantee
5 κληρονομία, -ας *f*, inheritance
6 περιποίησις, -εως *f*, possession
7 παύω *1s pres mid ind*, mid stop
8 μνεία, -ας *f*, remembrance
9 δίδωμι *3s aor act sub*, give
10 ἀποκάλυψις, -εως *f*, revelation
11 ἐπίγνωσις, -εως *f*, knowledge
12 φωτίζω *pf pas ptc m p acc*, enlighten
13 οἶδα *pf act inf*, know
14 κλῆσις, -εως *f*, calling
15 πλοῦτος, -ου *n*, riches
16 κληρονομία, -ας *f*, inheritance
17 ὑπερβάλλω *pres act ptc n s nom*, surpass
18 μέγεθος, -ους *n*, greatness
19 ἐνέργεια, -ας *f*, working
20 κράτος, -ους *n*, might
21 ἰσχύς, -ύος *f*, strength
22 ἐνεργέω *3s aor act ind*, accomplish
23 καθίζω *aor act ptc m s nom*, let sit
24 ἐπουράνιος, -ον, heavenly
25 ὑπεράνω, *prep + gen*, far above
26 κυριότης, -ητος *f*, dominion
27 ὀνομάζω *pres pas ptc n s gen*, name
28 ὑποτάσσω *3s aor act ind*, subject
29 πλήρωμα, -τος *n*, fullness
30 παράπτωμα, -τος *n*, wrongdoing
31 ποτέ, *temporal adv*, formerly
32 περιπατέω *2p aor act ind*, walk
33 ἀήρ, -έρος *m*, ethereal region above the earth
34 ἐνεργέω *pres act ptc n s gen*, be at work

υἱοῖς τῆς ἀπειθείας·[1] 3 ἐν οἷς καὶ ἡμεῖς πάντες ἀνεστράφημέν[2] ποτε ἐν ταῖς ἐπιθυμίαις τῆς σαρκὸς ἡμῶν ποιοῦντες τὰ θελήματα τῆς σαρκὸς καὶ τῶν διανοιῶν[3], καὶ ἤμεθα τέκνα φύσει[4] ὀργῆς ὡς καὶ οἱ λοιποί· 4 ὁ δὲ θεὸς πλούσιος[5] ὢν ἐν ἐλέει[6], διὰ τὴν πολλὴν ἀγάπην αὐτοῦ ἣν ἠγάπησεν ἡμᾶς, 5 καὶ ὄντας ἡμᾶς νεκροὺς τοῖς παραπτώμασιν συνεζωοποίησεν[7] τῷ Χριστῷ, – χάριτί ἐστε σεσῳσμένοι[8] – 6 καὶ συνήγειρεν[9] καὶ συνεκάθισεν[10] ἐν τοῖς ἐπουρανίοις[11] ἐν Χριστῷ Ἰησοῦ, 7 ἵνα ἐνδείξηται[12] ἐν τοῖς αἰῶσιν τοῖς ἐπερχομένοις[13] τὸ ὑπερβάλλον[14] πλοῦτος[15] τῆς χάριτος αὐτοῦ ἐν χρηστότητι[16] ἐφ' ἡμᾶς ἐν Χριστῷ Ἰησοῦ. 8 τῇ γὰρ χάριτί ἐστε σεσῳσμένοι[17] διὰ πίστεως· καὶ τοῦτο οὐκ ἐξ ὑμῶν, θεοῦ τὸ δῶρον[18]· 9 οὐκ ἐξ ἔργων, ἵνα μή τις καυχήσηται. 10 αὐτοῦ γάρ ἐσμεν ποίημα[19], κτισθέντες[20] ἐν Χριστῷ Ἰησοῦ ἐπὶ ἔργοις ἀγαθοῖς οἷς προητοίμασεν[21] ὁ θεός, ἵνα ἐν αὐτοῖς περιπατήσωμεν.

One in Christ

11 Διὸ μνημονεύετε[22] ὅτι ποτὲ[23] ὑμεῖς τὰ ἔθνη ἐν σαρκί, οἱ λεγόμενοι ἀκροβυστία[24] ὑπὸ τῆς λεγομένης περιτομῆς ἐν σαρκὶ χειροποιήτου[25], 12 ὅτι ἦτε τῷ καιρῷ ἐκείνῳ χωρὶς Χριστοῦ, ἀπηλλοτριωμένοι[26] τῆς πολιτείας[27] τοῦ Ἰσραὴλ καὶ ξένοι[28] τῶν διαθηκῶν τῆς ἐπαγγελίας, ἐλπίδα μὴ ἔχοντες καὶ ἄθεοι[29] ἐν τῷ κόσμῳ. 13 νυνὶ[30] δὲ ἐν Χριστῷ Ἰησοῦ ὑμεῖς οἵ ποτε ὄντες μακρὰν[31] ἐγενήθητε[32] ἐγγὺς ἐν τῷ αἵματι τοῦ Χριστοῦ. 14 αὐτὸς γάρ ἐστιν ἡ εἰρήνη ἡμῶν, ὁ ποιήσας τὰ ἀμφότερα[33] ἓν καὶ τὸ μεσότοιχον[34] τοῦ φραγμοῦ[35] λύσας, τὴν ἔχθραν[36] ἐν τῇ σαρκὶ αὐτοῦ, 15 τὸν νόμον τῶν ἐντολῶν ἐν δόγμασιν[37] καταργήσας[38], ἵνα τοὺς δύο κτίσῃ[39] ἐν αὐτῷ εἰς ἕνα καινὸν ἄνθρωπον ποιῶν εἰρήνην 16 καὶ ἀποκαταλλάξῃ[40] τοὺς ἀμφοτέρους

---

[1] ἀπείθεια, -ας f, disobedience
[2] ἀναστρέφω 1p aor pas ind, pas live
[3] διάνοια, -ας f, mind
[4] φύσις, -εως f, nature
[5] πλούσιος, -α/ον, rich
[6] ἔλεος, -ους n, mercy
[7] συζωοποιέω 3s aor act ind, make alive together with
[8] σῴζω pf pas ptc m p nom, save
[9] συνεγείρω 3s aor act ind, raise together with
[10] συγκαθίζω 3s aor act ind, trans let seat with
[11] ἐπουράνιος, -ον, heavenly
[12] ἐνδείκνυμι 3s aor mid sub, mid show
[13] ἐπέρχομαι pres mid ptc m p dat, come
[14] ὑπερβάλλω pres act ptc n s nom, surpass
[15] πλοῦτος, -ου n, riches
[16] χρηστότης, -ητος f, kindness
[17] σῴζω pf pas ptc m p nom, save
[18] δῶρον, -ου n, gift
[19] ποίημα, -τος n, what is made
[20] κτίζω aor pas ptc m p nom, create
[21] προετοιμάζω 3s aor act ind, prepare beforehand
[22] μνημονεύω 2p pres act impv, remember
[23] ποτέ, temporal adv, formerly
[24] ἀκροβυστία, -ας f, uncircumcision
[25] χειροποίητος, -ον, made by human hands
[26] ἀπαλλοτριόω pf pas ptc m p nom, exclude
[27] πολιτεία, -ας f, citizenship
[28] ξένος, -η/ον, strange (ὁ ξ. stranger)
[29] ἄθεος, -ον, without God
[30] νυνί, adv, now
[31] μακράν, adv, far away
[32] γίνομαι 2p aor pas ind, become
[33] ἀμφότεροι, -αι/α, both
[34] μεσότοιχον, -ου n, dividing wall (τὸ μ. τοῦ φραγμοῦ the barrier formed by the dividing wall)
[35] φραγμός, -οῦ m, wall
[36] ἔχθρα, -ας f, hostility
[37] δόγμα, -τος n, rule
[38] καταργέω aor act ptc m s nom, abolish
[39] κτίζω 3s aor act sub, create
[40] ἀποκαταλλάσσω 3s aor act sub, reconcile

ἐν ἑνὶ σώματι τῷ θεῷ διὰ τοῦ σταυροῦ¹, ἀποκτείνας τὴν ἔχθραν ἐν αὐτῷ. 17 καὶ ἐλθὼν εὐηγγελίσατο² εἰρήνην ὑμῖν τοῖς μακρὰν³ καὶ εἰρήνην τοῖς ἐγγύς· 18 ὅτι δι' αὐτοῦ ἔχομεν τὴν προσαγωγὴν⁴ οἱ ἀμφότεροι ἐν ἑνὶ πνεύματι πρὸς τὸν πατέρα. 19 ἄρα οὖν οὐκέτι ἐστὲ ξένοι⁵ καὶ πάροικοι⁶ ἀλλ' ἐστὲ συμπολῖται⁷ τῶν ἁγίων καὶ οἰκεῖοι⁸ τοῦ θεοῦ, 20 ἐποικοδομηθέντες⁹ ἐπὶ τῷ θεμελίῳ¹⁰ τῶν ἀποστόλων καὶ προφητῶν, ὄντος ἀκρογωνιαίου¹¹ αὐτοῦ Χριστοῦ Ἰησοῦ, 21 ἐν ᾧ πᾶσα οἰκοδομὴ¹² συναρμολογουμένη¹³ αὔξει¹⁴ εἰς ναὸν ἅγιον ἐν κυρίῳ, 22 ἐν ᾧ καὶ ὑμεῖς συνοικοδομεῖσθε¹⁵ εἰς κατοικητήριον¹⁶ τοῦ θεοῦ ἐν πνεύματι.

Paul's Ministry to the Gentiles

3 Τούτου χάριν¹⁷ ἐγὼ Παῦλος ὁ δέσμιος¹⁸ τοῦ Χριστοῦ [Ἰησοῦ] ὑπὲρ ὑμῶν τῶν ἐθνῶν 2— εἴ γε¹⁹ ἠκούσατε τὴν οἰκονομίαν²⁰ τῆς χάριτος τοῦ θεοῦ τῆς δοθείσης²¹ μοι εἰς ὑμᾶς, 3 ὅτι κατὰ ἀποκάλυψιν²² ἐγνωρίσθη²³ μοι τὸ μυστήριον²⁴, καθὼς προέγραψα²⁵ ἐν ὀλίγῳ²⁶, 4 πρὸς ὃ δύνασθε ἀναγινώσκοντες²⁷ νοῆσαι²⁸ τὴν σύνεσίν²⁹ μου ἐν τῷ μυστηρίῳ τοῦ Χριστοῦ, 5 ὃ ἑτέραις γενεαῖς οὐκ ἐγνωρίσθη τοῖς υἱοῖς τῶν ἀνθρώπων ὡς νῦν ἀπεκαλύφθη³⁰ τοῖς ἁγίοις ἀποστόλοις αὐτοῦ καὶ προφήταις ἐν πνεύματι, 6 εἶναι τὰ ἔθνη συγκληρονόμα³¹ καὶ σύσσωμα³² καὶ συμμέτοχα³³ τῆς ἐπαγγελίας ἐν Χριστῷ Ἰησοῦ διὰ τοῦ εὐαγγελίου, 7 οὗ ἐγενήθην³⁴ διάκονος³⁵ κατὰ τὴν δωρεὰν³⁶ τῆς χάριτος τοῦ θεοῦ τῆς δοθείσης μοι κατὰ τὴν ἐνέργειαν³⁷ τῆς δυνάμεως αὐτοῦ.

8 Ἐμοὶ τῷ ἐλαχιστοτέρῳ³⁸ πάντων ἁγίων ἐδόθη³⁹ ἡ χάρις αὕτη, τοῖς ἔθνεσιν εὐαγγελίσασθαι τὸ ἀνεξιχνίαστον⁴⁰ πλοῦτος⁴¹ τοῦ Χριστοῦ 9 καὶ φωτίσαι⁴² πάντας

---

[1] σταυρός, -οῦ m, cross
[2] εὐαγγελίζω 3s aor mid ind, mid preach
[3] μακράν, adv, far away
[4] προσαγωγή, -ῆς f, access
[5] ξένος, -η/ον, strange (ὁ ξ. stranger)
[6] πάροικος, -ου m, foreigner
[7] συμπολίτης, -ου m, fellow-citizen
[8] οἰκεῖος, -ου m, member of the household
[9] ἐποικοδομέω aor pas ptc m p nom, build on
[10] θεμέλιος, -ου m, foundation
[11] ἀκρογωνιαῖος, -α/ον, cornerstone
[12] οἰκοδομή, -ῆς f, structure
[13] συναρμολογέω pres pas ptc f s nom, pas be joined together
[14] αὔξω/αὐξάνω 3s pres act ind, grow
[15] συνοικοδομέω 2p pres pas ind, build together
[16] κατοικητήριον, -ου n, dwelling
[17] χάριν, prep + gen, because of (τούτου χ. for this reason)
[18] δέσμιος, -ου m, prisoner
[19] γέ, emphatic particle
[20] οἰκονομία, -ας f, stewardship
[21] δίδωμι aor pas ptc f s gen, give
[22] ἀποκάλυψις, -εως f, revelation
[23] γνωρίζω 3s aor pas ind, make known
[24] μυστήριον, -ου n, mystery
[25] προγράφω 1s aor act ind, write already
[26] ὀλίγος, -η/ον, little (ἐν ὀ. briefly)
[27] ἀναγινώσκω pres act ptc m p nom, read
[28] νοέω aor act inf, understand
[29] σύνεσις, -εως f, insight
[30] ἀποκαλύπτω 3s aor pas ind, reveal
[31] συγκληρονόμος, -ον, sharing together
[32] σύσσωμος, -ον, member of the same body
[33] συμμέτοχος, -ου n, participant
[34] γίνομαι 1s aor pas ind, become
[35] διάκονος, -ου m, servant/minister
[36] δωρεά, -ᾶς f, gift
[37] ἐνέργεια, -ας f, working
[38] ἐλάχιστος, least (super of μικρός)
[39] δίδωμι 3s aor pas ind, give
[40] ἀνεξιχνίαστος, -ον, fathomless
[41] πλοῦτος, -ου n, riches
[42] φωτίζω aor act inf, enlighten

τίς ἡ οἰκονομία¹ τοῦ μυστηρίου τοῦ ἀποκεκρυμμένου² ἀπὸ τῶν αἰώνων ἐν τῷ θεῷ τῷ τὰ πάντα κτίσαντι³, **10** ἵνα γνωρισθῇ⁴ νῦν ταῖς ἀρχαῖς καὶ ταῖς ἐξουσίαις ἐν τοῖς ἐπουρανίοις⁵ διὰ τῆς ἐκκλησίας ἡ πολυποίκιλος⁶ σοφία τοῦ θεοῦ, **11** κατὰ πρόθεσιν⁷ τῶν αἰώνων ἣν ἐποίησεν ἐν τῷ Χριστῷ Ἰησοῦ τῷ κυρίῳ ἡμῶν, **12** ἐν ᾧ ἔχομεν τὴν παρρησίαν καὶ προσαγωγὴν⁸ ἐν πεποιθήσει⁹ διὰ τῆς πίστεως αὐτοῦ. **13** διὸ αἰτοῦμαι μὴ ἐγκακεῖν¹⁰ ἐν ταῖς θλίψεσίν μου ὑπὲρ ὑμῶν, ἥτις ἐστὶν δόξα ὑμῶν.

To Know the Love of Christ

14 Τούτου χάριν¹¹ κάμπτω¹² τὰ γόνατά¹³ μου πρὸς τὸν πατέρα, **15** ἐξ οὗ πᾶσα πατριὰ¹⁴ ἐν οὐρανοῖς καὶ ἐπὶ γῆς ὀνομάζεται¹⁵, **16** ἵνα δῷ¹⁶ ὑμῖν κατὰ τὸ πλοῦτος¹⁷ τῆς δόξης αὐτοῦ δυνάμει κραταιωθῆναι¹⁸ διὰ τοῦ πνεύματος αὐτοῦ εἰς τὸν ἔσω¹⁹ ἄνθρωπον, **17** κατοικῆσαι τὸν Χριστὸν διὰ τῆς πίστεως ἐν ταῖς καρδίαις ὑμῶν, ἐν ἀγάπῃ ἐρριζωμένοι²⁰ καὶ τεθεμελιωμένοι²¹, **18** ἵνα ἐξισχύσητε²² καταλαβέσθαι²³ σὺν πᾶσιν τοῖς ἁγίοις τί τὸ πλάτος²⁴ καὶ μῆκος²⁵ καὶ ὕψος²⁶ καὶ βάθος²⁷, **19** γνῶναί²⁸ τε τὴν ὑπερβάλλουσαν²⁹ τῆς γνώσεως³⁰ ἀγάπην τοῦ Χριστοῦ, ἵνα πληρωθῆτε εἰς πᾶν τὸ πλήρωμα³¹ τοῦ θεοῦ.

20 Τῷ δὲ δυναμένῳ ὑπὲρ πάντα ποιῆσαι ὑπερεκπερισσοῦ³² ὧν αἰτούμεθα ἢ νοοῦμεν³³ κατὰ τὴν δύναμιν τὴν ἐνεργουμένην³⁴ ἐν ἡμῖν, **21** αὐτῷ ἡ δόξα ἐν τῇ ἐκκλησίᾳ καὶ ἐν Χριστῷ Ἰησοῦ εἰς πάσας τὰς γενεὰς τοῦ αἰῶνος τῶν αἰώνων, ἀμήν.

The Unity of the Body

4 Παρακαλῶ οὖν ὑμᾶς ἐγὼ ὁ δέσμιος³⁵ ἐν κυρίῳ ἀξίως³⁶ περιπατῆσαι τῆς κλήσεως³⁷ ἧς ἐκλήθητε³⁸, **2** μετὰ πάσης ταπεινοφροσύνης³⁹ καὶ πραΰτητος⁴⁰,

---

¹ οἰκονομία, -ας f, plan
² ἀποκρύπτω pf pas ptc n s gen, hide
³ κτίζω aor act ptc m s dat, create
⁴ γνωρίζω 3s aor pas sub, make known
⁵ ἐπουράνιος, -ον, heavenly
⁶ πολυποίκιλος, -ον, in varied forms
⁷ πρόθεσις, -εως f, purpose
⁸ προσαγωγή, -ῆς f, access
⁹ πεποίθησις, -εως f, confidence
¹⁰ ἐγκακέω pres act inf, become discouraged
¹¹ χάριν, prep + gen, because of (τούτου χ. for this reason)
¹² κάμπτω 1s pres act ind, bow
¹³ γόνυ, γόνατος n, knee
¹⁴ πατριά, -ᾶς f, family
¹⁵ ὀνομάζω 3s pres pas ind, name
¹⁶ δίδωμι 3s aor act sub, give
¹⁷ πλοῦτος, -ου n, riches
¹⁸ κραταιόω aor pas inf, pas become strong
¹⁹ ἔσω, adv, inside
²⁰ ῥιζόω pf pas ptc m p nom, pas be firmly rooted
²¹ θεμελιόω pf pas ptc m p nom, establish firmly
²² ἐξισχύω 3p aor act sub, be fully able
²³ καταλαμβάνω aor mid inf, understand
²⁴ πλάτος, -ους n, width
²⁵ μῆκος, -ους n, length
²⁶ ὕψος, -ους n, height
²⁷ βάθος, -ους n, depth
²⁸ γινώσκω aor act inf, know
²⁹ ὑπερβάλλω pres act ptc f s acc, surpass
³⁰ γνῶσις, -εως f, knowledge
³¹ πλήρωμα, -τος n, fullness
³² ὑπερεκπερισσοῦ, prep + gen, so much more than
³³ νοέω 1p pres act ind, understand
³⁴ ἐνεργέω pres mid ptc f s acc, be at work
³⁵ δέσμιος, -ου m, prisoner
³⁶ ἀξίως, adv, worthily
³⁷ κλῆσις, -εως f, calling
³⁸ καλέω 2p aor pas ind, call
³⁹ ταπεινοφροσύνη, -ης f, humility
⁴⁰ πραΰτης, -ητος f, gentleness

ΠΡΟΣ ΕΦΕΣΙΟΥΣ

μετὰ μακροθυμίας¹, ἀνεχόμενοι² ἀλλήλων ἐν ἀγάπῃ, **3** σπουδάζοντες³ τηρεῖν τὴν ἑνότητα⁴ τοῦ πνεύματος ἐν τῷ συνδέσμῳ⁵ τῆς εἰρήνης· **4** ἓν σῶμα καὶ ἓν πνεῦμα, καθὼς καὶ ἐκλήθητε ἐν μιᾷ ἐλπίδι τῆς κλήσεως ὑμῶν·
5 εἷς κύριος, μία πίστις, ἓν βάπτισμα⁶,
6 εἷς θεὸς καὶ πατὴρ πάντων,
ὁ ἐπὶ πάντων καὶ διὰ πάντων καὶ ἐν πᾶσιν.
7 ἑνὶ δὲ ἑκάστῳ ἡμῶν ἐδόθη⁷ ἡ χάρις κατὰ τὸ μέτρον⁸ τῆς δωρεᾶς⁹ τοῦ Χριστοῦ.
8 διὸ λέγει·
ἀναβὰς¹⁰ εἰς ὕψος¹¹ ᾐχμαλώτευσεν¹² αἰχμαλωσίαν¹³,
ἔδωκεν δόματα¹⁴ τοῖς ἀνθρώποις.
9 τὸ δὲ **ἀνέβη**¹⁵ τί ἐστιν, εἰ μὴ ὅτι καὶ κατέβη¹⁶ εἰς τὰ κατώτερα¹⁷ [μέρη] τῆς γῆς; **10** ὁ καταβὰς¹⁸ αὐτός ἐστιν καὶ ὁ **ἀναβὰς** ὑπεράνω¹⁹ πάντων τῶν οὐρανῶν, ἵνα πληρώσῃ τὰ πάντα. **11** καὶ αὐτὸς ἔδωκεν τοὺς μὲν ἀποστόλους, τοὺς δὲ προφήτας, τοὺς δὲ εὐαγγελιστάς²⁰, τοὺς δὲ ποιμένας²¹ καὶ διδασκάλους, **12** πρὸς τὸν καταρτισμὸν²² τῶν ἁγίων εἰς ἔργον διακονίας, εἰς οἰκοδομὴν²³ τοῦ σώματος τοῦ Χριστοῦ, **13** μέχρι²⁴ καταντήσωμεν²⁵ οἱ πάντες εἰς τὴν ἑνότητα²⁶ τῆς πίστεως καὶ τῆς ἐπιγνώσεως²⁷ τοῦ υἱοῦ τοῦ θεοῦ, εἰς ἄνδρα τέλειον²⁸, εἰς μέτρον²⁹ ἡλικίας³⁰ τοῦ πληρώματος³¹ τοῦ Χριστοῦ, **14** ἵνα μηκέτι³² ὦμεν³³ νήπιοι³⁴, κλυδωνιζόμενοι³⁵ καὶ περιφερόμενοι³⁶ παντὶ ἀνέμῳ τῆς διδασκαλίας³⁷ ἐν τῇ κυβείᾳ³⁸ τῶν ἀνθρώπων, ἐν πανουργίᾳ³⁹ πρὸς τὴν μεθοδείαν⁴⁰ τῆς πλάνης⁴¹, **15** ἀληθεύοντες⁴² δὲ ἐν ἀγάπῃ αὐξήσωμεν⁴³ εἰς αὐτὸν τὰ πάντα, ὅς ἐστιν ἡ κεφαλή, Χριστός, **16** ἐξ οὗ πᾶν τὸ σῶμα συναρμολογούμενον⁴⁴ καὶ συμβιβαζόμενον⁴⁵ διὰ πάσης ἁφῆς⁴⁶ τῆς ἐπιχορηγίας⁴⁷

---

[1] μακροθυμία, -ας f, patience
[2] ἀνέχομαι pres mid ptc m p nom, put up with
[3] σπουδάζω pres act ptc m p nom, do one's best
[4] ἑνότης, -ητος f, unity
[5] σύνδεσμος, -ου m, bond
[6] βάπτισμα, -τος n, baptism
[7] δίδωμι 3s aor pas ind, give
[8] μέτρον, -ου n, measure
[9] δωρεά, -ᾶς f, gift
[10] ἀναβαίνω aor act ptc m s nom, go up
[11] ὕψος, -ους n, height
[12] αἰχμαλωτεύω 3s aor act ind, capture
[13] αἰχμαλωσία, -ας f, group of captives
[14] δόμα, -τος n, gift
[15] ἀναβαίνω 3s aor act ind, go up
[16] καταβαίνω 3s aor act ind, go down
[17] κατώτερος, -α/ον, lower
[18] καταβαίνω aor act ptc m s nom, go down
[19] ὑπεράνω, prep + gen, far above
[20] εὐαγγελιστής, -οῦ m, evangelist
[21] ποιμήν, -ένος m, pastor
[22] καταρτισμός, -οῦ m, equipping
[23] οἰκοδομή, -ῆς f, building up
[24] μέχρι, conj, until
[25] καταντάω 1p aor act sub, attain
[26] ἑνότης, -ητος f, unity
[27] ἐπίγνωσις, -εως f, knowledge
[28] τέλειος, -α/ον, mature
[29] μέτρον, -ου n, measure
[30] ἡλικία, -ας f, maturity
[31] πλήρωμα, -τος n, fullness
[32] μηκέτι, adv, no longer
[33] εἰμί 1p pres act sub, be
[34] νήπιος, -α/ον, infant
[35] κλυδωνίζομαι pres pas ptc m p nom, be tossed by the sea
[36] περιφέρω pres pas ptc m p nom, blow about
[37] διδασκαλία, -ας f, teaching
[38] κυβεία, -ας f, cunning
[39] πανουργία, -ας f, trickery
[40] μεθοδεία, -ας f, scheme
[41] πλάνη, -ης f, deceit
[42] ἀληθεύω pres act ptc m p nom, speak the truth
[43] αὔξω/αὐξάνω 1p aor act sub, grow
[44] συναρμολογέω pres pas ptc n s nom, pas be joined together
[45] συμβιβάζω pres pas ptc n s nom, hold together
[46] ἁφή, -ῆς f, ligament
[47] ἐπιχορηγία, -ας f, support

κατ' ἐνέργειαν¹ ἐν μέτρῳ² ἑνὸς ἑκάστου μέρους τὴν αὔξησιν³ τοῦ σώματος ποιεῖται εἰς οἰκοδομὴν⁴ ἑαυτοῦ ἐν ἀγάπῃ.

The Old Life and the New

17 Τοῦτο οὖν λέγω καὶ μαρτύρομαι⁵ ἐν κυρίῳ, μηκέτι⁶ ὑμᾶς περιπατεῖν, καθὼς καὶ τὰ ἔθνη περιπατεῖ ἐν ματαιότητι⁷ τοῦ νοὸς⁸ αὐτῶν, **18** ἐσκοτωμένοι⁹ τῇ διανοίᾳ¹⁰ ὄντες, ἀπηλλοτριωμένοι¹¹ τῆς ζωῆς τοῦ θεοῦ διὰ τὴν ἄγνοιαν¹² τὴν οὖσαν ἐν αὐτοῖς, διὰ τὴν πώρωσιν¹³ τῆς καρδίας αὐτῶν, **19** οἵτινες ἀπηλγηκότες¹⁴ ἑαυτοὺς παρέδωκαν τῇ ἀσελγείᾳ¹⁵ εἰς ἐργασίαν¹⁶ ἀκαθαρσίας¹⁷ πάσης ἐν πλεονεξίᾳ¹⁸.

20 Ὑμεῖς δὲ οὐχ οὕτως ἐμάθετε¹⁹ τὸν Χριστόν, **21** εἴ γε²⁰ αὐτὸν ἠκούσατε καὶ ἐν αὐτῷ ἐδιδάχθητε²¹, καθώς ἐστιν ἀλήθεια ἐν τῷ Ἰησοῦ, **22** ἀποθέσθαι²² ὑμᾶς κατὰ τὴν προτέραν²³ ἀναστροφὴν²⁴ τὸν παλαιὸν²⁵ ἄνθρωπον τὸν φθειρόμενον²⁶ κατὰ τὰς ἐπιθυμίας τῆς ἀπάτης²⁷, **23** ἀνανεοῦσθαι²⁸ δὲ τῷ πνεύματι τοῦ νοὸς²⁹ ὑμῶν **24** καὶ ἐνδύσασθαι³⁰ τὸν καινὸν ἄνθρωπον τὸν κατὰ θεὸν κτισθέντα³¹ ἐν δικαιοσύνῃ καὶ ὁσιότητι³² τῆς ἀληθείας.

Rules for the New Life

25 Διὸ ἀποθέμενοι³³ τὸ ψεῦδος³⁴ λαλεῖτε ἀλήθειαν ἕκαστος μετὰ τοῦ πλησίον³⁵ αὐτοῦ, ὅτι ἐσμὲν ἀλλήλων μέλη. **26** ὀργίζεσθε³⁶ καὶ μὴ ἁμαρτάνετε· ὁ ἥλιος μὴ ἐπιδυέτω³⁷ ἐπὶ [τῷ] παροργισμῷ³⁸ ὑμῶν, **27** μηδὲ δίδοτε³⁹ τόπον τῷ διαβόλῳ. **28** ὁ κλέπτων⁴⁰ μηκέτι⁴¹ κλεπτέτω, μᾶλλον δὲ κοπιάτω⁴² ἐργαζόμενος ταῖς [ἰδίαις] χερσὶν τὸ ἀγαθόν, ἵνα ἔχῃ μεταδιδόναι⁴³ τῷ χρείαν ἔχοντι. **29** πᾶς λόγος σαπρὸς⁴⁴ ἐκ τοῦ στόματος ὑμῶν μὴ ἐκπορευέσθω, ἀλλ' εἴ τις ἀγαθὸς πρὸς οἰκοδομὴν⁴⁵ τῆς

---

¹ ἐνέργεια, -ας f, working
² μέτρον, -ου n, measure
³ αὔξησις, -εως f, growth
⁴ οἰκοδομή, -ῆς f, building up
⁵ μαρτύρομαι 1s pres mid ind, testify
⁶ μηκέτι, adv, no longer
⁷ ματαιότης, -ητος f, futility
⁸ νοῦς, νοός m, mind
⁹ σκοτόομαι pf pas ptc m p nom, be/become dark
¹⁰ διάνοια, -ας f, understanding
¹¹ ἀπαλλοτριόω pf pas ptc m p nom, separate
¹² ἄγνοια, -ας f, ignorance
¹³ πώρωσις, -εως f, stubbornness
¹⁴ ἀπαλγέω pf act ptc m p nom, become insensitive
¹⁵ ἀσέλγεια, -ας f, sensuality

¹⁶ ἐργασία, -ας f, practice
¹⁷ ἀκαθαρσία, -ας f, impurity
¹⁸ πλεονεξία, -ας f, greed
¹⁹ μανθάνω 2p aor act ind, learn
²⁰ γέ, emphatic particle
²¹ διδάσκω 2p aor pas ind, teach
²² ἀποτίθημι aor mid inf, put away
²³ πρότερος, -α/ον, former
²⁴ ἀναστροφή, -ῆς f, manner of life
²⁵ παλαιός, -ά/όν, old
²⁶ φθείρω pres pas ptc m s nom, corrupt
²⁷ ἀπάτη, -ης f, deception
²⁸ ἀνανεόω pres pas inf, renew
²⁹ νοῦς, -ός m, mind
³⁰ ἐνδύω aor mid inf, mid put on
³¹ κτίζω aor pas ptc m s acc, create

³² ὁσιότης, -ητος f, holiness
³³ ἀποτίθημι aor mid ptc m p nom, put away
³⁴ ψεῦδος, -ους n, lie
³⁵ πλησίον, prep + gen, near (ὁ π. neighbor/friend)
³⁶ ὀργίζω 2p pres pas impv, pas be angry
³⁷ ἐπιδύω 3s pres act impv, set
³⁸ παροργισμός, -οῦ f, anger
³⁹ δίδωμι 2p pres act impv, give
⁴⁰ κλέπτω pres act ptc m s nom, steal
⁴¹ μηκέτι, adv, no more
⁴² κοπιάω 3s pres act impv, work
⁴³ μεταδίδωμι pres act inf, give
⁴⁴ σαπρός, -ά/όν, bad
⁴⁵ οἰκοδομή, -ῆς f, encouragement

χρείας, ἵνα δῷ¹ χάριν τοῖς ἀκούουσιν. 30 καὶ μὴ λυπεῖτε² τὸ πνεῦμα τὸ ἅγιον τοῦ θεοῦ, ἐν ᾧ ἐσφραγίσθητε³ εἰς ἡμέραν ἀπολυτρώσεως⁴. 31 πᾶσα πικρία⁵ καὶ θυμὸς⁶ καὶ ὀργὴ καὶ κραυγὴ⁷ καὶ βλασφημία⁸ ἀρθήτω⁹ ἀφ' ὑμῶν σὺν πάσῃ κακίᾳ¹⁰. 32 γίνεσθε [δὲ] εἰς ἀλλήλους χρηστοί¹¹, εὔσπλαγχνοι¹², χαριζόμενοι¹³ ἑαυτοῖς, καθὼς καὶ ὁ θεὸς ἐν Χριστῷ ἐχαρίσατο ὑμῖν.

5 Γίνεσθε¹⁴ οὖν μιμηταὶ¹⁵ τοῦ θεοῦ ὡς τέκνα ἀγαπητὰ 2 καὶ περιπατεῖτε ἐν ἀγάπῃ, καθὼς καὶ ὁ Χριστὸς ἠγάπησεν¹⁶ ἡμᾶς καὶ παρέδωκεν ἑαυτὸν ὑπὲρ ἡμῶν προσφορὰν¹⁷ καὶ θυσίαν¹⁸ τῷ θεῷ εἰς ὀσμὴν¹⁹ εὐωδίας²⁰.

3 Πορνεία²¹ δὲ καὶ ἀκαθαρσία²² πᾶσα ἢ πλεονεξία²³ μηδὲ ὀνομαζέσθω²⁴ ἐν ὑμῖν, καθὼς πρέπει²⁵ ἁγίοις, 4 καὶ αἰσχρότης²⁶ καὶ μωρολογία²⁷ ἢ εὐτραπελία²⁸, ἃ οὐκ ἀνῆκεν²⁹, ἀλλὰ μᾶλλον εὐχαριστία³⁰. 5 τοῦτο γὰρ ἴστε γινώσκοντες, ὅτι πᾶς πόρνος³¹ ἢ ἀκάθαρτος ἢ πλεονέκτης³², ὅ ἐστιν εἰδωλολάτρης³³, οὐκ ἔχει κληρονομίαν³⁴ ἐν τῇ βασιλείᾳ τοῦ Χριστοῦ καὶ θεοῦ.

Walk as Children of Light

6 Μηδεὶς ὑμᾶς ἀπατάτω³⁵ κενοῖς³⁶ λόγοις· διὰ ταῦτα γὰρ ἔρχεται ἡ ὀργὴ τοῦ θεοῦ ἐπὶ τοὺς υἱοὺς τῆς ἀπειθείας³⁷. 7 μὴ οὖν γίνεσθε συμμέτοχοι³⁸ αὐτῶν· 8 ἦτε γάρ ποτε³⁹ σκότος, νῦν δὲ φῶς ἐν κυρίῳ· ὡς τέκνα φωτὸς περιπατεῖτε 9— ὁ γὰρ καρπὸς τοῦ φωτὸς ἐν πάσῃ ἀγαθωσύνῃ⁴⁰ καὶ δικαιοσύνῃ καὶ ἀληθείᾳ — 10 δοκιμάζοντες⁴¹ τί ἐστιν εὐάρεστον⁴² τῷ κυρίῳ, 11 καὶ μὴ συγκοινωνεῖτε⁴³ τοῖς ἔργοις τοῖς ἀκάρποις⁴⁴ τοῦ σκότους, μᾶλλον δὲ καὶ ἐλέγχετε⁴⁵. 12 τὰ γὰρ κρυφῇ⁴⁶ γινόμενα ὑπ' αὐτῶν αἰσχρόν⁴⁷ ἐστιν καὶ λέγειν, 13 τὰ δὲ πάντα ἐλεγχόμενα ὑπὸ τοῦ φωτὸς φανεροῦται, 14 πᾶν γὰρ τὸ φανερούμενον φῶς ἐστιν. διὸ λέγει·

---

¹ δίδωμι 3s aor act sub, give
² λυπέω 2p pres act impv, grieve
³ σφραγίζω 2p aor pas ind, seal
⁴ ἀπολύτρωσις, -εως f, redemption
⁵ πικρία, -ας f, bitterness
⁶ θυμός, -οῦ m, rage
⁷ κραυγή, -ῆς f, yelling
⁸ βλασφημία, -ας f, slander
⁹ αἴρω 3s aor pas impv, set aside
¹⁰ κακία, -ας f, evil
¹¹ χρηστός, -ή/όν, kind
¹² εὔσπλαγχνος, -ον, compassionate
¹³ χαρίζομαι pres mid ptc m p nom, forgive
¹⁴ γίνομαι 2p pres mid impv, become
¹⁵ μιμητής, -οῦ m, imitator
¹⁶ ἀγαπάω 3s aor act ind, love

¹⁷ προσφορά, -ᾶς f, offering
¹⁸ θυσία, -ας f, sacrifice
¹⁹ ὀσμή, -ῆς f, fragrance
²⁰ εὐωδία, -ας f, sweet smell
²¹ πορνεία, -ας f, sexual immorality
²² ἀκαθαρσία, -ας f, impurity
²³ πλεονεξία, -ας f, greed
²⁴ ὀνομάζω 3s pres pas impv, mention
²⁵ πρέπω 3s pres act ind, impers it is fitting
²⁶ αἰσχρότης, -ητος f, obscenity
²⁷ μωρολογία, -ας f, foolish talk
²⁸ εὐτραπελία, -ας f, vulgar talk
²⁹ ἀνήκω 3s impf act ind, impers be proper
³⁰ εὐχαριστία, -ας f, thanksgiving
³¹ πόρνος, -ου m, immoral person

³² πλεονέκτης, -ου m, greedy person
³³ εἰδωλολάτρης, -ου m, idolater
³⁴ κληρονομία, -ας f, inheritance
³⁵ ἀπατάω 3s pres act impv, deceive
³⁶ κενός, -ή/όν, empty
³⁷ ἀπείθεια, -ας f, disobedience
³⁸ συμμέτοχος, -ου m, participant
³⁹ ποτέ, temporal adv, formerly
⁴⁰ ἀγαθωσύνη, -ης f, goodness
⁴¹ δοκιμάζω pres act ptc m p nom, discern
⁴² εὐάρεστος, -ον, acceptable
⁴³ συγκοινωνέω 2p pres act impv, take part in
⁴⁴ ἄκαρπος, -ον, useless
⁴⁵ ἐλέγχω 2p pres act impv, expose
⁴⁶ κρυφῇ, adv, in secret
⁴⁷ αἰσχρός, -ά/όν, shameful

ἔγειρε, ὁ καθεύδων¹,
καὶ ἀνάστα² ἐκ τῶν νεκρῶν,
καὶ ἐπιφαύσει³ σοι ὁ Χριστός.

15 Βλέπετε οὖν ἀκριβῶς⁴ πῶς περιπατεῖτε μὴ ὡς ἄσοφοι⁵ ἀλλ' ὡς σοφοί⁶, **16** ἐξαγοραζόμενοι⁷ τὸν καιρόν, ὅτι αἱ ἡμέραι πονηραί εἰσιν. **17** διὰ τοῦτο μὴ γίνεσθε ἄφρονες⁸, ἀλλὰ συνίετε⁹ τί τὸ θέλημα τοῦ κυρίου. **18** καὶ μὴ μεθύσκεσθε¹⁰ οἴνῳ, ἐν ᾧ ἐστιν ἀσωτία¹¹, ἀλλὰ πληροῦσθε ἐν πνεύματι, **19** λαλοῦντες ἑαυτοῖς [ἐν] ψαλμοῖς¹² καὶ ὕμνοις¹³ καὶ ᾠδαῖς¹⁴ πνευματικαῖς¹⁵, ᾄδοντες¹⁶ καὶ ψάλλοντες¹⁷ τῇ καρδίᾳ ὑμῶν τῷ κυρίῳ, **20** εὐχαριστοῦντες πάντοτε ὑπὲρ πάντων ἐν ὀνόματι τοῦ κυρίου ἡμῶν Ἰησοῦ Χριστοῦ τῷ θεῷ καὶ πατρί.

Wives and Husbands

21 Ὑποτασσόμενοι ἀλλήλοις ἐν φόβῳ Χριστοῦ, **22** αἱ γυναῖκες τοῖς ἰδίοις ἀνδράσιν ὡς τῷ κυρίῳ, **23** ὅτι ἀνήρ ἐστιν κεφαλὴ τῆς γυναικὸς ὡς καὶ ὁ Χριστὸς κεφαλὴ τῆς ἐκκλησίας, αὐτὸς σωτὴρ¹⁸ τοῦ σώματος· **24** ἀλλ' ὡς ἡ ἐκκλησία ὑποτάσσεται τῷ Χριστῷ, οὕτως καὶ αἱ γυναῖκες τοῖς ἀνδράσιν ἐν παντί.

25 Οἱ ἄνδρες, ἀγαπᾶτε τὰς γυναῖκας, καθὼς καὶ ὁ Χριστὸς ἠγάπησεν τὴν ἐκκλησίαν καὶ ἑαυτὸν παρέδωκεν ὑπὲρ αὐτῆς, **26** ἵνα αὐτὴν ἁγιάσῃ¹⁹ καθαρίσας τῷ λουτρῷ²⁰ τοῦ ὕδατος ἐν ῥήματι, **27** ἵνα παραστήσῃ αὐτὸς ἑαυτῷ ἔνδοξον²¹ τὴν ἐκκλησίαν, μὴ ἔχουσαν σπίλον²² ἢ ῥυτίδα²³ ἤ τι τῶν τοιούτων, ἀλλ' ἵνα ᾖ ἁγία καὶ ἄμωμος²⁴. **28** οὕτως ὀφείλουσιν [καὶ] οἱ ἄνδρες ἀγαπᾶν τὰς ἑαυτῶν γυναῖκας ὡς τὰ ἑαυτῶν σώματα. ὁ ἀγαπῶν τὴν ἑαυτοῦ γυναῖκα ἑαυτὸν ἀγαπᾷ. **29** οὐδεὶς γάρ ποτε²⁵ τὴν ἑαυτοῦ σάρκα ἐμίσησεν ἀλλ' ἐκτρέφει²⁶ καὶ θάλπει²⁷ αὐτήν, καθὼς καὶ ὁ Χριστὸς τὴν ἐκκλησίαν, **30** ὅτι μέλη ἐσμὲν τοῦ σώματος αὐτοῦ. **31** ἀντὶ²⁸ τούτου καταλείψει²⁹ ἄνθρωπος [τὸν] πατέρα καὶ [τὴν] μητέρα καὶ προσκολληθήσεται³⁰ πρὸς τὴν γυναῖκα αὐτοῦ, καὶ ἔσονται³¹ οἱ δύο εἰς σάρκα μίαν. **32** τὸ μυστήριον³²

---

¹ καθεύδω *pres act ptc m s nom or voc*, sleep/be dead
² ἀνίστημι *2s aor act impv, intrans* rise
³ ἐπιφαύσκω *3s fut act ind*, shine
⁴ ἀκριβῶς, *adv*, with care
⁵ ἄσοφος, -ον, unwise
⁶ σοφός, -ή/όν, wise
⁷ ἐξαγοράζω *pres mid ptc m p nom, mid* make the most of
⁸ ἄφρων, -ον, *gen* -ονος, foolish
⁹ συνίημι *2p pres act impv*, understand
¹⁰ μεθύσκω *2p pres pas impv, mid* get drunk
¹¹ ἀσωτία, -ας *f*, dissipation
¹² ψαλμός, -οῦ *m*, psalm
¹³ ὕμνος, -ου *m*, hymn
¹⁴ ᾠδή, -ῆς *f*, song
¹⁵ πνευματικός, -ή/όν, spiritual
¹⁶ ᾄδω *pres act ptc m p nom*, sing
¹⁷ ψάλλω *pres act ptc m p nom*, make music
¹⁸ σωτήρ, -ῆρος *m*, Savior
¹⁹ ἁγιάζω *3s aor act sub*, cleanse
²⁰ λουτρόν, -οῦ *n*, washing
²¹ ἔνδοξος, -ον, glorious
²² σπίλος, -ου *m*, stain
²³ ῥυτίς, -ίδος *f*, wrinkle
²⁴ ἄμωμος, -ον, without blemish
²⁵ ποτέ, *temporal adv*, ever
²⁶ ἐκτρέφω *3s pres act ind*, feed
²⁷ θάλπω *3s pres act ind*, take care of
²⁸ ἀντί, *prep + gen*, because of
²⁹ καταλείπω *3s fut act ind*, leave
³⁰ προσκολλάω *3s fut pas ind, pas* be united
³¹ εἰμί *3p fut mid ind*, be
³² μυστήριον, -ου *n*, mystery

τοῦτο μέγα ἐστίν· ἐγὼ δὲ λέγω εἰς Χριστὸν καὶ εἰς τὴν ἐκκλησίαν. **33** πλὴν καὶ ὑμεῖς οἱ καθ' ἕνα, ἕκαστος τὴν ἑαυτοῦ γυναῖκα οὕτως ἀγαπάτω ὡς ἑαυτόν, ἡ δὲ γυνὴ ἵνα φοβῆται τὸν ἄνδρα.

Children and Parents

6 Τὰ τέκνα, ὑπακούετε¹ τοῖς γονεῦσιν² ὑμῶν [ἐν κυρίῳ]· τοῦτο γάρ ἐστιν δίκαιον. **2** τίμα³ τὸν πατέρα σου καὶ τὴν μητέρα, ἥτις ἐστὶν ἐντολὴ πρώτη ἐν ἐπαγγελίᾳ, **3** ἵνα εὖ⁴ σοι γένηται⁵ καὶ ἔσῃ⁶ μακροχρόνιος⁷ ἐπὶ τῆς γῆς. **4** καὶ οἱ πατέρες, μὴ παροργίζετε⁸ τὰ τέκνα ὑμῶν ἀλλ' ἐκτρέφετε⁹ αὐτὰ ἐν παιδείᾳ¹⁰ καὶ νουθεσίᾳ¹¹ κυρίου.

Slaves and Masters

5 Οἱ δοῦλοι, ὑπακούετε¹² τοῖς κατὰ σάρκα κυρίοις μετὰ φόβου καὶ τρόμου¹³ ἐν ἁπλότητι¹⁴ τῆς καρδίας ὑμῶν ὡς τῷ Χριστῷ, **6** μὴ κατ' ὀφθαλμοδουλίαν¹⁵ ὡς ἀνθρωπάρεσκοι¹⁶ ἀλλ' ὡς δοῦλοι Χριστοῦ ποιοῦντες τὸ θέλημα τοῦ θεοῦ ἐκ ψυχῆς, **7** μετ' εὐνοίας¹⁷ δουλεύοντες¹⁸ ὡς τῷ κυρίῳ καὶ οὐκ ἀνθρώποις, **8** εἰδότες¹⁹ ὅτι ἕκαστος ἐάν τι ποιήσῃ ἀγαθόν, τοῦτο κομίσεται²⁰ παρὰ κυρίου εἴτε δοῦλος εἴτε ἐλεύθερος²¹. **9** καὶ οἱ κύριοι, τὰ αὐτὰ ποιεῖτε πρὸς αὐτούς, ἀνιέντες²² τὴν ἀπειλήν²³, εἰδότες ὅτι καὶ αὐτῶν καὶ ὑμῶν ὁ κύριός ἐστιν ἐν οὐρανοῖς καὶ προσωπολημψία²⁴ οὐκ ἔστιν παρ' αὐτῷ.

The Battle against Evil

10 Τοῦ λοιποῦ, ἐνδυναμοῦσθε²⁵ ἐν κυρίῳ καὶ ἐν τῷ κράτει²⁶ τῆς ἰσχύος²⁷ αὐτοῦ. **11** ἐνδύσασθε²⁸ τὴν πανοπλίαν²⁹ τοῦ θεοῦ πρὸς τὸ δύνασθαι ὑμᾶς στῆναι³⁰ πρὸς τὰς μεθοδείας³¹ τοῦ διαβόλου· **12** ὅτι οὐκ ἔστιν ἡμῖν ἡ πάλη³² πρὸς αἷμα καὶ σάρκα ἀλλὰ πρὸς τὰς ἀρχάς, πρὸς τὰς ἐξουσίας, πρὸς τοὺς κοσμοκράτορας³³ τοῦ

---

1 ὑπακούω 2p pres act impv, obey
2 γονεύς, -έως m, parent
3 τιμάω 2s pres act impv, honor
4 εὖ, adv, well
5 γίνομαι 3s aor mid sub, be
6 εἰμί 2s fut mid ind, be
7 μακροχρόνιος, -ον, long-lived
8 παροργίζω 2p pres act impv, make angry
9 ἐκτρέφω 2p pres act impv, raise
10 παιδεία, -ας f, discipline
11 νουθεσία, -ας f, instruction
12 ὑπακούω 2p pres act impv, obey
13 τρόμος, -ου m, trembling
14 ἁπλότης, -ητος f, sincerity
15 ὀφθαλμοδουλία, -ας f, eye-service
16 ἀνθρωπάρεσκος, -ον, one who tries to please humans
17 εὔνοια, -ας f, goodwill
18 δουλεύω pres act ptc m p nom, serve
19 οἶδα pf act ptc m p nom, know
20 κομίζω 3s fut mid ind, receive
21 ἐλεύθερος, -α/ον, free
22 ἀνίημι pres act ptc m p nom, stop
23 ἀπειλή, -ῆς f, threatening
24 προσωπολημψία, -ας f, favoritism
25 ἐνδυναμόω 2p pres pas impv, pas become strong
26 κράτος, -ους n, strength
27 ἰσχύς, -ύος f, might
28 ἐνδύω 2p aor mid impv, mid put on
29 πανοπλία, -ας f, whole armor
30 ἵστημι aor act inf, stand (against)
31 μεθοδεία, -ας f, scheme
32 πάλη, -ης f, struggle
33 κοσμοκράτωρ, -ορος m, world ruler

σκότους τούτου, πρὸς τὰ πνευματικὰ¹ τῆς πονηρίας² ἐν τοῖς ἐπουρανίοις³. 13 διὰ τοῦτο ἀναλάβετε⁴ τὴν πανοπλίαν τοῦ θεοῦ, ἵνα δυνηθῆτε ἀντιστῆναι⁵ ἐν τῇ ἡμέρᾳ τῇ πονηρᾷ καὶ ἅπαντα κατεργασάμενοι⁶ στῆναι⁷. 14 στῆτε⁸ οὖν περιζωσάμενοι⁹ τὴν ὀσφὺν¹⁰ ὑμῶν ἐν ἀληθείᾳ καὶ ἐνδυσάμενοι¹¹ τὸν θώρακα¹² τῆς δικαιοσύνης 15 καὶ ὑποδησάμενοι¹³ τοὺς πόδας ἐν ἑτοιμασίᾳ¹⁴ τοῦ εὐαγγελίου τῆς εἰρήνης, 16 ἐν πᾶσιν ἀναλαβόντες τὸν θυρεὸν¹⁵ τῆς πίστεως, ἐν ᾧ δυνήσεσθε πάντα τὰ βέλη¹⁶ τοῦ πονηροῦ τὰ πεπυρωμένα¹⁷ σβέσαι¹⁸· 17 καὶ τὴν περικεφαλαίαν¹⁹ τοῦ σωτηρίου²⁰ δέξασθε καὶ τὴν μάχαιραν²¹ τοῦ πνεύματος, ὅ ἐστιν ῥῆμα θεοῦ. 18 διὰ πάσης προσευχῆς καὶ δεήσεως²² προσευχόμενοι ἐν παντὶ καιρῷ ἐν πνεύματι, καὶ εἰς αὐτὸ ἀγρυπνοῦντες²³ ἐν πάσῃ προσκαρτερήσει²⁴ καὶ δεήσει περὶ πάντων τῶν ἁγίων 19 καὶ ὑπὲρ ἐμοῦ, ἵνα μοι δοθῇ²⁵ λόγος ἐν ἀνοίξει²⁶ τοῦ στόματός μου, ἐν παρρησίᾳ γνωρίσαι²⁷ τὸ μυστήριον²⁸ τοῦ εὐαγγελίου, 20 ὑπὲρ οὗ πρεσβεύω²⁹ ἐν ἁλύσει³⁰, ἵνα ἐν αὐτῷ παρρησιάσωμαι³¹ ὡς δεῖ με λαλῆσαι.

Final Greetings

21 Ἵνα δὲ εἰδῆτε³² καὶ ὑμεῖς τὰ κατ' ἐμέ, τί πράσσω, πάντα γνωρίσει ὑμῖν Τύχικος ὁ ἀγαπητὸς ἀδελφὸς καὶ πιστὸς διάκονος³³ ἐν κυρίῳ, 22 ὃν ἔπεμψα³⁴ πρὸς ὑμᾶς εἰς αὐτὸ τοῦτο, ἵνα γνῶτε³⁵ τὰ περὶ ἡμῶν καὶ παρακαλέσῃ τὰς καρδίας ὑμῶν.

23 Εἰρήνη τοῖς ἀδελφοῖς καὶ ἀγάπη μετὰ πίστεως ἀπὸ θεοῦ πατρὸς καὶ κυρίου Ἰησοῦ Χριστοῦ. 24 ἡ χάρις μετὰ πάντων τῶν ἀγαπώντων τὸν κύριον ἡμῶν Ἰησοῦν Χριστὸν ἐν ἀφθαρσίᾳ³⁶.

---

[1] πνευματικός, -ή/όν, spiritual
[2] πονηρία, -ας f, evil
[3] ἐπουράνιος, -ον, heavenly (realm)
[4] ἀναλαμβάνω 2p aor act impv, take up
[5] ἀνθίστημι aor act inf, hold one's ground
[6] κατεργάζομαι aor mid ptc m p nom, do
[7] ἵστημι aor act inf, stand
[8] ἵστημι 2p aor act impv, stand
[9] περιζώννυμι aor mid ptc m p nom, wrap around
[10] ὀσφῦς, -ύος f, waist
[11] ἐνδύω aor mid ptc m p nom, mid put on
[12] θώραξ, -ακος m, breastplate
[13] ὑποδέω aor mid ptc m p nom, mid put (something) on
[14] ἑτοιμασία, -ας f, readiness
[15] θυρεός, -οῦ m, shield
[16] βέλος, -ους n, arrow
[17] πυρόω pf pas ptc n p acc, pas be in flames
[18] σβέννυμι aor act inf, put out
[19] περικεφαλαία, -ας f, helmet
[20] σωτήριος, -ον, bringing salvation
[21] μάχαιρα, -ης f, sword
[22] δέησις, -εως f, petition
[23] ἀγρυπνέω pres act ptc m p nom, be alert
[24] προσκαρτέρησις, -εως f, perseverance
[25] δίδωμι 3s aor pas sub, give
[26] ἄνοιξις, -εως f, opening
[27] γνωρίζω aor act inf, make known
[28] μυστήριον, -ου n, mystery
[29] πρεσβεύω 1s pres act ind, be an ambassador
[30] ἅλυσις, -εως f, chain
[31] παρρησιάζομαι 1s aor mid sub, speak boldly
[32] οἶδα 2p pf act sub, know
[33] διάκονος, -ου m, servant/minister
[34] πέμπω 1s aor act ind, send
[35] γινώσκω 2p aor act sub, know
[36] ἀφθαρσία, -ας f, imperishability (ἐν ἀ. with undying love)

ΠΡΟΣ ΦΙΛΙΠΠΗΣΙΟΥΣ

Salutation

1 Παῦλος καὶ Τιμόθεος δοῦλοι Χριστοῦ Ἰησοῦ πᾶσιν τοῖς ἁγίοις ἐν Χριστῷ Ἰησοῦ τοῖς οὖσιν ἐν Φιλίπποις σὺν ἐπισκόποις[1] καὶ διακόνοις[2], **2** χάρις ὑμῖν καὶ εἰρήνη ἀπὸ θεοῦ πατρὸς ἡμῶν καὶ κυρίου Ἰησοῦ Χριστοῦ.

Paul's Prayer for the Philippians

3 Εὐχαριστῶ τῷ θεῷ μου ἐπὶ πάσῃ τῇ μνείᾳ[3] ὑμῶν **4** πάντοτε ἐν πάσῃ δεήσει[4] μου ὑπὲρ πάντων ὑμῶν, μετὰ χαρᾶς τὴν δέησιν ποιούμενος, **5** ἐπὶ τῇ κοινωνίᾳ[5] ὑμῶν εἰς τὸ εὐαγγέλιον ἀπὸ τῆς πρώτης ἡμέρας ἄχρι τοῦ νῦν, **6** πεποιθὼς[6] αὐτὸ τοῦτο, ὅτι ὁ ἐναρξάμενος[7] ἐν ὑμῖν ἔργον ἀγαθὸν ἐπιτελέσει[8] ἄχρι ἡμέρας Χριστοῦ Ἰησοῦ· **7** καθώς ἐστιν δίκαιον ἐμοὶ τοῦτο φρονεῖν[9] ὑπὲρ πάντων ὑμῶν διὰ τὸ ἔχειν με ἐν τῇ καρδίᾳ ὑμᾶς, ἔν τε τοῖς δεσμοῖς[10] μου καὶ ἐν τῇ ἀπολογίᾳ[11] καὶ βεβαιώσει[12] τοῦ εὐαγγελίου συγκοινωνούς[13] μου τῆς χάριτος πάντας ὑμᾶς ὄντας. **8** μάρτυς γάρ μου ὁ θεὸς ὡς ἐπιποθῶ[14] πάντας ὑμᾶς ἐν σπλάγχνοις[15] Χριστοῦ Ἰησοῦ. **9** καὶ τοῦτο προσεύχομαι, ἵνα ἡ ἀγάπη ὑμῶν ἔτι μᾶλλον καὶ μᾶλλον περισσεύῃ ἐν ἐπιγνώσει[16] καὶ πάσῃ αἰσθήσει[17] **10** εἰς τὸ δοκιμάζειν[18] ὑμᾶς τὰ διαφέροντα[19], ἵνα ἦτε εἰλικρινεῖς[20] καὶ ἀπρόσκοποι[21] εἰς ἡμέραν Χριστοῦ, **11** πεπληρωμένοι καρπὸν δικαιοσύνης τὸν διὰ Ἰησοῦ Χριστοῦ εἰς δόξαν καὶ ἔπαινον[22] θεοῦ.

To Live is Christ

12 Γινώσκειν δὲ ὑμᾶς βούλομαι, ἀδελφοί, ὅτι τὰ κατ' ἐμὲ μᾶλλον εἰς προκοπὴν[23] τοῦ εὐαγγελίου ἐλήλυθεν[24], **13** ὥστε τοὺς δεσμοὺς[25] μου φανεροὺς[26] ἐν Χριστῷ

---

[1] ἐπίσκοπος, -ου m, overseer/bishop
[2] διάκονος, -ου m, deacon
[3] μνεία, -ας f, remembrance
[4] δέησις, -εως f, prayer
[5] κοινωνία, -ας f, fellowship
[6] πείθω pf act ptc m s nom, convince
[7] ἐνάρχομαι aor mid ptc m s nom, begin
[8] ἐπιτελέω 3s fut act ind, complete
[9] φρονέω pres act inf, think
[10] δεσμός, -οῦ m, imprisonment
[11] ἀπολογία, -ας f, defense
[12] βεβαίωσις, -εως f, confirmation
[13] συγκοινωνός, -οῦ m, participant
[14] ἐπιποθέω 1s pres act ind, long for
[15] σπλάγχνον, -ου n, affection
[16] ἐπίγνωσις, -εως f, knowledge
[17] αἴσθησις, -εως f, insight
[18] δοκιμάζω pres act inf, approve/discern
[19] διαφέρω pres act ptc n p acc, be superior to
[20] εἰλικρινής, -ές, pure
[21] ἀπρόσκοπος, -ον, blameless
[22] ἔπαινος, -ου m, praise
[23] προκοπή, -ῆς f, advancement
[24] ἔρχομαι 3s pf act ind, come
[25] δεσμός, -οῦ m, imprisonment
[26] φανερός, -οῦ m, known

γενέσθαι ἐν ὅλῳ τῷ πραιτωρίῳ¹ καὶ τοῖς λοιποῖς πᾶσιν, **14** καὶ τοὺς πλείονας² τῶν ἀδελφῶν ἐν κυρίῳ πεποιθότας³ τοῖς δεσμοῖς μου περισσοτέρως⁴ τολμᾶν⁵ ἀφόβως⁶ τὸν λόγον λαλεῖν. **15** τινὲς μὲν καὶ διὰ φθόνον⁷ καὶ ἔριν⁸, τινὲς δὲ καὶ δι' εὐδοκίαν⁹ τὸν Χριστὸν κηρύσσουσιν· **16** οἱ μὲν ἐξ ἀγάπης, εἰδότες¹⁰ ὅτι εἰς ἀπολογίαν¹¹ τοῦ εὐαγγελίου κεῖμαι¹², **17** οἱ δὲ ἐξ ἐριθείας¹³ τὸν Χριστὸν καταγγέλλουσιν¹⁴, οὐχ ἁγνῶς¹⁵, οἰόμενοι¹⁶ θλῖψιν ἐγείρειν τοῖς δεσμοῖς μου. **18** τί γάρ; πλὴν ὅτι παντὶ τρόπῳ¹⁷, εἴτε προφάσει¹⁸ εἴτε ἀληθείᾳ, Χριστὸς καταγγέλλεται, καὶ ἐν τούτῳ χαίρω.

Ἀλλὰ καὶ χαρήσομαι¹⁹, **19** οἶδα γὰρ ὅτι τοῦτό μοι ἀποβήσεται²⁰ εἰς σωτηρίαν διὰ τῆς ὑμῶν δεήσεως²¹ καὶ ἐπιχορηγίας²² τοῦ πνεύματος Ἰησοῦ Χριστοῦ **20** κατὰ τὴν ἀποκαραδοκίαν²³ καὶ ἐλπίδα μου, ὅτι ἐν οὐδενὶ αἰσχυνθήσομαι²⁴ ἀλλ' ἐν πάσῃ παρρησίᾳ ὡς πάντοτε καὶ νῦν μεγαλυνθήσεται²⁵ Χριστὸς ἐν τῷ σώματί μου, εἴτε διὰ ζωῆς εἴτε διὰ θανάτου. **21** ἐμοὶ γὰρ τὸ ζῆν Χριστὸς καὶ τὸ ἀποθανεῖν²⁶ κέρδος²⁷. **22** εἰ δὲ τὸ ζῆν ἐν σαρκί, τοῦτό μοι καρπὸς ἔργου, καὶ τί αἱρήσομαι²⁸ οὐ γνωρίζω²⁹. **23** συνέχομαι³⁰ δὲ ἐκ τῶν δύο, τὴν ἐπιθυμίαν ἔχων εἰς τὸ ἀναλῦσαι³¹ καὶ σὺν Χριστῷ εἶναι, πολλῷ [γὰρ] μᾶλλον κρεῖσσον³². **24** τὸ δὲ ἐπιμένειν³³ [ἐν] τῇ σαρκὶ ἀναγκαιότερον³⁴ δι' ὑμᾶς. **25** καὶ τοῦτο πεποιθὼς³⁵ οἶδα ὅτι μενῶ καὶ παραμενῶ³⁶ πᾶσιν ὑμῖν εἰς τὴν ὑμῶν προκοπὴν³⁷ καὶ χαρὰν τῆς πίστεως, **26** ἵνα τὸ καύχημα³⁸ ὑμῶν περισσεύῃ ἐν Χριστῷ Ἰησοῦ ἐν ἐμοὶ διὰ τῆς ἐμῆς παρουσίας³⁹ πάλιν πρὸς ὑμᾶς.

27 Μόνον ἀξίως⁴⁰ τοῦ εὐαγγελίου τοῦ Χριστοῦ πολιτεύεσθε⁴¹, ἵνα εἴτε ἐλθὼν καὶ ἰδὼν ὑμᾶς εἴτε ἀπὼν⁴² ἀκούω τὰ περὶ ὑμῶν, ὅτι στήκετε⁴³ ἐν ἑνὶ πνεύματι, μιᾷ ψυχῇ συναθλοῦντες⁴⁴ τῇ πίστει τοῦ εὐαγγελίου **28** καὶ μὴ πτυρόμενοι⁴⁵ ἐν μηδενὶ

---

¹ πραιτώριον, -ου n, palace (guard)
² πολύς, many (comp)
³ πείθω pf act ptc m p acc, be confident
⁴ περισσοτέρως, adv, all the more
⁵ τολμάω pres act inf, be bold enough
⁶ ἀφόβως, adv, without fear
⁷ φθόνος, -ου m, envy
⁸ ἔρις, -ιδος f, rivalry
⁹ εὐδοκία, -ας f, good will
¹⁰ οἶδα pf act ptc m p nom, know
¹¹ ἀπολογία, -ας f, defense
¹² κεῖμαι 1s pres mid ind, be here
¹³ ἐριθεία, -ας f, selfish ambition
¹⁴ καταγγέλλω 3p pres act ind, proclaim
¹⁵ ἁγνῶς, adv, with pure motive
¹⁶ οἴομαι pres mid ptc m p nom, suppose
¹⁷ τρόπος, -ου m, way
¹⁸ πρόφασις, -εως f, false motive
¹⁹ χαίρω 1s fut pas ind, rejoice
²⁰ ἀποβαίνω 3s fut mid ind, result in
²¹ δέησις, -εως f, prayer
²² ἐπιχορηγία, -ας f, supply
²³ ἀποκαραδοκία, -ας f, eager expectation
²⁴ αἰσχύνω 1s fut pas ind, pas be ashamed
²⁵ μεγαλύνω 3s fut pas ind, highly honor
²⁶ ἀποθνήσκω aor act inf, die
²⁷ κέρδος, -ους n, gain
²⁸ αἱρέω 1s fut mid ind, mid choose
²⁹ γνωρίζω 1s pres act ind, know
³⁰ συνέχω 1s pres pas ind, pas be caught
³¹ ἀναλύω aor act inf, die
³² κρείττων, better (comp of ἀγαθός)
³³ ἐπιμένω pres act inf, remain
³⁴ ἀναγκαῖος, necessary (comp)
³⁵ πείθω pf act ptc m s nom, be confident
³⁶ παραμένω 1s fut act ind, continue
³⁷ προκοπή, -ῆς f, progress
³⁸ καύχημα, -τος n, ground for boasting
³⁹ παρουσία, -ας f, coming
⁴⁰ ἀξίως, adv, worthily
⁴¹ πολιτεύομαι 2p pres mid impv, live
⁴² ἄπειμι pres act ptc m s nom, be away
⁴³ στήκω 2p pres act ind, stand firm
⁴⁴ συναθλέω pres act ptc m p nom, struggle side by side
⁴⁵ πτύρω pres pas ptc m p nom, pas be frightened

ὑπὸ τῶν ἀντικειμένων¹, ἥτις ἐστὶν αὐτοῖς ἔνδειξις² ἀπωλείας³, ὑμῶν δὲ σωτηρίας, καὶ τοῦτο ἀπὸ θεοῦ· **29** ὅτι ὑμῖν ἐχαρίσθη⁴ τὸ ὑπὲρ Χριστοῦ, οὐ μόνον τὸ εἰς αὐτὸν πιστεύειν ἀλλὰ καὶ τὸ ὑπὲρ αὐτοῦ πάσχειν, **30** τὸν αὐτὸν ἀγῶνα⁵ ἔχοντες, οἷον⁶ εἴδετε ἐν ἐμοὶ καὶ νῦν ἀκούετε ἐν ἐμοί.

Imitating Christ's Humility

2 Εἴ τις οὖν παράκλησις⁷ ἐν Χριστῷ, εἴ τι παραμύθιον⁸ ἀγάπης, εἴ τις κοινωνία⁹ πνεύματος, εἴ τις σπλάγχνα¹⁰ καὶ οἰκτιρμοί¹¹, **2** πληρώσατέ μου τὴν χαρὰν ἵνα τὸ αὐτὸ φρονῆτε¹², τὴν αὐτὴν ἀγάπην ἔχοντες, σύμψυχοι¹³, τὸ ἓν φρονοῦντες¹⁴, **3** μηδὲν κατ᾽ ἐριθείαν¹⁵ μηδὲ κατὰ κενοδοξίαν¹⁶ ἀλλὰ τῇ ταπεινοφροσύνῃ¹⁷ ἀλλήλους ἡγούμενοι¹⁸ ὑπερέχοντας¹⁹ ἑαυτῶν, **4** μὴ τὰ ἑαυτῶν ἕκαστος σκοποῦντες²⁰ ἀλλὰ καὶ τὰ ἑτέρων ἕκαστοι.

5 Τοῦτο φρονεῖτε²¹ ἐν ὑμῖν ὃ καὶ ἐν Χριστῷ Ἰησοῦ,
 6 ὃς ἐν μορφῇ²² θεοῦ ὑπάρχων
 οὐχ ἁρπαγμὸν²³ ἡγήσατο²⁴
  τὸ εἶναι ἴσα²⁵ θεῷ,
 7 ἀλλ᾽ ἑαυτὸν ἐκένωσεν²⁶
 μορφὴν δούλου λαβών,
 ἐν ὁμοιώματι²⁷ ἀνθρώπων γενόμενος·
 καὶ σχήματι²⁸ εὑρεθεὶς ὡς ἄνθρωπος
 8 ἐταπείνωσεν²⁹ ἑαυτὸν
 γενόμενος ὑπήκοος³⁰ μέχρι³¹ θανάτου,
  θανάτου δὲ σταυροῦ.³²
 9 διὸ καὶ ὁ θεὸς αὐτὸν ὑπερύψωσεν³³
 καὶ ἐχαρίσατο³⁴ αὐτῷ τὸ ὄνομα
  τὸ ὑπὲρ πᾶν ὄνομα,

---

¹ ἀντίκειμαι *pres mid ptc m p gen*, oppose
² ἔνδειξις, -εως *f*, evidence
³ ἀπώλεια, -ας *f*, destruction
⁴ χαρίζομαι *3s aor pas ind*, grant
⁵ ἀγών, -ῶνος *m*, struggle
⁶ οἷος, -α/ον, *rel pro*, such as
⁷ παράκλησις, -εως *f*, encouragement
⁸ παραμύθιον, -ου *n*, comfort/incentive
⁹ κοινωνία, -ας *f*, fellowship
¹⁰ σπλάγχνον, -ου *n*, affection
¹¹ οἰκτιρμός, -οῦ *m*, compassion
¹² φρονέω *2p pres act sub*, think (τὸ αὐτὸ φ. be of one mind)
¹³ σύμψυχος, -ον, united in spirit
¹⁴ φρονέω *pres act ptc m p nom*, think
¹⁵ ἐριθεία, -ας *f*, selfish ambition
¹⁶ κενοδοξία, -ας *f*, conceit
¹⁷ ταπεινοφροσύνη, -ης *f*, humility
¹⁸ ἡγέομαι *pres mid ptc m p nom*, consider
¹⁹ ὑπερέχω *pres act ptc m p acc*, be of more value than
²⁰ σκοπέω *pres act ptc m p nom*, be concerned about
²¹ φρονέω *2p pres act impv*, think
²² μορφή, -ῆς *f*, very nature
²³ ἁρπαγμός, -οῦ *m*, something to grasp after
²⁴ ἡγέομαι *3s aor mid ind*, regard
²⁵ ἴσος, -η/ον, equal (τὸ εἶναι ἴσα equality)
²⁶ κενόω *3s aor act ind*, empty
²⁷ ὁμοίωμα, -τος *n*, likeness
²⁸ σχῆμα, -τος *n*, form
²⁹ ταπεινόω *3s aor act ind*, humble
³⁰ ὑπήκοος, -ον *m*, obedient
³¹ μέχρι, *prep + gen*, to the point
³² σταυρός, -οῦ *m*, cross
³³ ὑπερυψόω *3s aor act ind*, exalt to the highest position
³⁴ χαρίζομαι *3s aor mid ind*, give

10 ἵνα ἐν τῷ ὀνόματι Ἰησοῦ
πᾶν γόνυ¹ κάμψῃ²
ἐπουρανίων³ καὶ ἐπιγείων⁴ καὶ καταχθονίων⁵
11 καὶ πᾶσα γλῶσσα ἐξομολογήσηται⁶ ὅτι
κύριος Ἰησοῦς Χριστὸς
εἰς δόξαν θεοῦ πατρός.

Shining as Lights in the World

12 Ὥστε, ἀγαπητοί μου, καθὼς πάντοτε ὑπηκούσατε⁷, μὴ ὡς ἐν τῇ παρουσίᾳ⁸ μου μόνον ἀλλὰ νῦν πολλῷ μᾶλλον ἐν τῇ ἀπουσίᾳ⁹ μου, μετὰ φόβου καὶ τρόμου¹⁰ τὴν ἑαυτῶν σωτηρίαν κατεργάζεσθε¹¹· 13 θεὸς γάρ ἐστιν ὁ ἐνεργῶν¹² ἐν ὑμῖν καὶ τὸ θέλειν καὶ τὸ ἐνεργεῖν ὑπὲρ τῆς εὐδοκίας¹³. 14 πάντα ποιεῖτε χωρὶς γογγυσμῶν¹⁴ καὶ διαλογισμῶν¹⁵, 15 ἵνα γένησθε¹⁶ ἄμεμπτοι¹⁷ καὶ ἀκέραιοι¹⁸, τέκνα θεοῦ ἄμωμα¹⁹ μέσον γενεᾶς σκολιᾶς²⁰ καὶ διεστραμμένης²¹, ἐν οἷς φαίνεσθε ὡς φωστῆρες²² ἐν κόσμῳ, 16 λόγον ζωῆς ἐπέχοντες²³, εἰς καύχημα²⁴ ἐμοὶ εἰς ἡμέραν Χριστοῦ, ὅτι οὐκ εἰς κενὸν²⁵ ἔδραμον²⁶ οὐδὲ εἰς κενὸν ἐκοπίασα²⁷. 17 ἀλλ᾽ εἰ καὶ σπένδομαι²⁸ ἐπὶ τῇ θυσίᾳ²⁹ καὶ λειτουργίᾳ³⁰ τῆς πίστεως ὑμῶν, χαίρω καὶ συγχαίρω³¹ πᾶσιν ὑμῖν· 18 τὸ δὲ αὐτὸ καὶ ὑμεῖς χαίρετε καὶ συγχαίρετέ μοι.

Timothy and Epaphroditus

19 Ἐλπίζω δὲ ἐν κυρίῳ Ἰησοῦ Τιμόθεον ταχέως³² πέμψαι³³ ὑμῖν, ἵνα κἀγὼ εὐψυχῶ³⁴ γνοὺς³⁵ τὰ περὶ ὑμῶν. 20 οὐδένα γὰρ ἔχω ἰσόψυχον³⁶, ὅστις γνησίως³⁷ τὰ περὶ ὑμῶν μεριμνήσει³⁸· 21 οἱ πάντες γὰρ τὰ ἑαυτῶν ζητοῦσιν, οὐ τὰ Ἰησοῦ Χριστοῦ.

---

[1] γόνυ, γόνατος n, knee
[2] κάμπτω 3s aor act sub, bow
[3] ἐπουράνιος, -ον, in the heavenly world
[4] ἐπίγειος, -ον, on the earth
[5] καταχθόνιος, -ον, under the earth
[6] ἐξομολογέω 3s aor mid sub, confess
[7] ὑπακούω 2p aor act ind, obey
[8] παρουσία, -ας f, presence
[9] ἀπουσία, -ας f, absence
[10] τρόμος, -ου m, trembling
[11] κατεργάζομαι 2p pres mid impv, work out
[12] ἐνεργέω pres act ptc m s nom, accomplish (trans)
[13] εὐδοκία, -ας f, good pleasure
[14] γογγυσμός, -οῦ m, grumbling
[15] διαλογισμός, -οῦ m, arguing
[16] γίνομαι 2p aor mid sub, become
[17] ἄμεμπτος, -ον, pure
[18] ἀκέραιος, -ον, innocent
[19] ἄμωμος, -ον, without fault
[20] σκολιός, -ά/όν, crooked
[21] διαστρέφω pf pas ptc f s gen, distort (pf pas ptc depraved)
[22] φωστήρ, -ῆρος m, light
[23] ἐπέχω pres act ptc m p nom, hold firmly to
[24] καύχημα, -τος n, ground for boasting
[25] κενός, -ή/όν, empty (εἰς κ. in vain)
[26] τρέχω 1s aor act ind, run
[27] κοπιάω 1s aor act ind, work
[28] σπένδω 1s pres pas ind, pour out like a drink offering
[29] θυσία, -ας f, sacrifice
[30] λειτουργία, -ας f, offering
[31] συγχαίρω 1s pres act ind, rejoice with
[32] ταχέως, adv, quickly
[33] πέμπω aor act inf, send
[34] εὐψυχέω 1s pres act sub, be encouraged
[35] γινώσκω aor act ptc m s nom, know
[36] ἰσόψυχος, -ον, sharing the same feelings
[37] γνησίως, adv, genuinely
[38] μεριμνάω 3s fut act ind, care about

22 τὴν δὲ δοκιμὴν[1] αὐτοῦ γινώσκετε, ὅτι ὡς πατρὶ τέκνον σὺν ἐμοὶ ἐδούλευσεν[2] εἰς τὸ εὐαγγέλιον. **23** τοῦτον μὲν οὖν ἐλπίζω πέμψαι ὡς ἂν ἀφίδω[3] τὰ περὶ ἐμὲ ἐξαυτῆς·[4] **24** πέποιθα[5] δὲ ἐν κυρίῳ ὅτι καὶ αὐτὸς ταχέως ἐλεύσομαι[6]. **25** Ἀναγκαῖον[7] δὲ ἡγησάμην[8] Ἐπαφρόδιτον τὸν ἀδελφὸν καὶ συνεργὸν[9] καὶ συστρατιώτην[10] μου, ὑμῶν δὲ ἀπόστολον καὶ λειτουργὸν[11] τῆς χρείας μου, πέμψαι πρὸς ὑμᾶς, **26** ἐπειδὴ[12] ἐπιποθῶν[13] ἦν πάντας ὑμᾶς καὶ ἀδημονῶν[14], διότι[15] ἠκούσατε ὅτι ἠσθένησεν[16]. **27** καὶ γὰρ ἠσθένησεν παραπλήσιον[17] θανάτῳ· ἀλλ᾽ ὁ θεὸς ἠλέησεν[18] αὐτόν, οὐκ αὐτὸν δὲ μόνον ἀλλὰ καὶ ἐμέ, ἵνα μὴ λύπην[19] ἐπὶ λύπην σχῶ[20]. **28** σπουδαιοτέρως[21] οὖν ἔπεμψα[22] αὐτόν, ἵνα ἰδόντες αὐτὸν πάλιν χαρῆτε κἀγὼ ἀλυπότερος[23] ὦ. **29** προσδέχεσθε[24] οὖν αὐτὸν ἐν κυρίῳ μετὰ πάσης χαρᾶς καὶ τοὺς τοιούτους ἐντίμους[25] ἔχετε, **30** ὅτι διὰ τὸ ἔργον Χριστοῦ μέχρι[26] θανάτου ἤγγισεν[27] παραβολευσάμενος[28] τῇ ψυχῇ, ἵνα ἀναπληρώσῃ[29] τὸ ὑμῶν ὑστέρημα[30] τῆς πρός με λειτουργίας[31].

The True Righteousness

3 Τὸ λοιπόν, ἀδελφοί μου, χαίρετε ἐν κυρίῳ. τὰ αὐτὰ γράφειν ὑμῖν ἐμοὶ μὲν οὐκ ὀκνηρόν[32], ὑμῖν δὲ ἀσφαλές[33].

2 Βλέπετε τοὺς κύνας[34], βλέπετε τοὺς κακοὺς ἐργάτας[35], βλέπετε τὴν κατατομήν[36]. **3** ἡμεῖς γάρ ἐσμεν ἡ περιτομή, οἱ πνεύματι θεοῦ λατρεύοντες[37] καὶ καυχώμενοι ἐν Χριστῷ Ἰησοῦ καὶ οὐκ ἐν σαρκὶ πεποιθότες[38], **4** καίπερ[39] ἐγὼ ἔχων πεποίθησιν[40] καὶ ἐν σαρκί. εἴ τις δοκεῖ ἄλλος πεποιθέναι[41] ἐν σαρκί, ἐγὼ μᾶλλον· **5** περιτομῇ ὀκταήμερος[42], ἐκ γένους[43] Ἰσραήλ, φυλῆς Βενιαμίν, Ἑβραῖος ἐξ Ἑβραίων, κατὰ νόμον Φαρισαῖος, **6** κατὰ ζῆλος[44] διώκων τὴν ἐκκλησίαν, κατὰ

---

[1] δοκιμή, -ῆς f, character
[2] δουλεύω 3s aor act ind, serve
[3] ἀφοράω 1s aor act sub, see/find out
[4] ἐξαυτῆς, adv, at once
[5] πείθω 1s pf act ind, be confident
[6] ἔρχομαι 1s fut mid ind, come
[7] ἀναγκαῖος, -α/ον, necessary
[8] ἡγέομαι 1s aor mid ind, consider
[9] συνεργός, -οῦ m, fellow worker
[10] συστρατιώτης, -ου m, fellow soldier
[11] λειτουργός, -οῦ m, servant
[12] ἐπειδή, conj, for
[13] ἐπιποθέω pres act ptc m s nom, long for
[14] ἀδημονέω pres act ptc m s nom, be distressed
[15] διότι, conj, because
[16] ἀσθενέω 3s aor act ind, be sick
[17] παραπλήσιος, adv, nearly
[18] ἐλεάω/ἐλεέω 3s aor act ind, be merciful to
[19] λύπη, -ης f, sorrow
[20] ἔχω 1s aor act sub, have
[21] σπουδαίως, adv, eagerly (comp)
[22] πέμπω 1s aor act ind, send
[23] ἄλυπος, -α/ον, relieved of anxiety
[24] προσδέχομαι 2p pres mid impv, welcome
[25] ἔντιμος, -ον, honored
[26] μέχρι, prep + gen, to the point
[27] ἐγγίζω 3s aor act ind, come near
[28] παραβολεύομαι aor mid ptc m s nom, risk
[29] ἀναπληρόω 3s aor act sub, make up for
[30] ὑστέρημα, -τος n, what is lacking
[31] λειτουργία, -ας f, service
[32] ὀκνηρός, -ά/όν, troublesome
[33] ἀσφαλής, -ές, safe(guard)
[34] κύων, κυνός m, dog
[35] ἐργάτης, -ου m, worker
[36] κατατομή, -ῆς f, mutilation
[37] λατρεύω pres act ptc m p nom, worship/serve
[38] πείθω pf act ptc m p nom, be confident
[39] καίπερ, conj, although
[40] πεποίθησις, -εως f, confidence
[41] πείθω pf act inf, be confident
[42] ὀκταήμερος, -ον, on the eighth day
[43] γένος, -ους n, nation
[44] ζῆλος, -ους n, zeal

δικαιοσύνην τὴν ἐν νόμῳ γενόμενος ἄμεμπτος¹. 7 [ἀλλ'] ἅτινα ἦν μοι κέρδη², ταῦτα ἥγημαι³ διὰ τὸν Χριστὸν ζημίαν⁴. 8 ἀλλὰ μενοῦνγε⁵ καὶ ἡγοῦμαι πάντα ζημίαν εἶναι διὰ τὸ ὑπερέχον⁶ τῆς γνώσεως⁷ Χριστοῦ Ἰησοῦ τοῦ κυρίου μου, δι' ὃν τὰ πάντα ἐζημιώθην⁸, καὶ ἡγοῦμαι σκύβαλα⁹, ἵνα Χριστὸν κερδήσω¹⁰ 9 καὶ εὑρεθῶ¹¹ ἐν αὐτῷ, μὴ ἔχων ἐμὴν δικαιοσύνην τὴν ἐκ νόμου ἀλλὰ τὴν διὰ πίστεως Χριστοῦ, τὴν ἐκ θεοῦ δικαιοσύνην ἐπὶ τῇ πίστει, 10 τοῦ γνῶναι¹² αὐτὸν καὶ τὴν δύναμιν τῆς ἀναστάσεως αὐτοῦ καὶ τὴν κοινωνίαν¹³ τῶν παθημάτων¹⁴ αὐτοῦ, συμμορφιζόμενος¹⁵ τῷ θανάτῳ αὐτοῦ, 11 εἴ πως¹⁶ καταντήσω¹⁷ εἰς τὴν ἐξανάστασιν¹⁸ τὴν ἐκ νεκρῶν.

Pressing toward the Goal

12 Οὐχ ὅτι ἤδη ἔλαβον ἢ ἤδη τετελείωμαι¹⁹, διώκω δὲ εἰ καὶ καταλάβω²⁰, ἐφ' ᾧ καὶ κατελήμφθην ὑπὸ Χριστοῦ Ἰησοῦ. 13 ἀδελφοί, ἐγὼ ἐμαυτὸν οὐ λογίζομαι κατειληφέναι²¹· ἓν δέ, τὰ μὲν ὀπίσω ἐπιλανθανόμενος²² τοῖς δὲ ἔμπροσθεν ἐπεκτεινόμενος²³, 14 κατὰ σκοπὸν²⁴ διώκω εἰς τὸ βραβεῖον²⁵ τῆς ἄνω²⁶ κλήσεως²⁷ τοῦ θεοῦ ἐν Χριστῷ Ἰησοῦ. 15 ὅσοι οὖν τέλειοι²⁸, τοῦτο φρονῶμεν²⁹· καὶ εἴ τι ἑτέρως³⁰ φρονεῖτε, καὶ τοῦτο ὁ θεὸς ὑμῖν ἀποκαλύψει³¹· 16 πλὴν εἰς ὃ ἐφθάσαμεν³², τῷ αὐτῷ στοιχεῖν³³.

17 Συμμιμηταί³⁴ μου γίνεσθε, ἀδελφοί, καὶ σκοπεῖτε³⁵ τοὺς οὕτως περιπατοῦντας καθὼς ἔχετε τύπον³⁶ ἡμᾶς. 18 πολλοὶ γὰρ περιπατοῦσιν οὓς πολλάκις³⁷ ἔλεγον ὑμῖν, νῦν δὲ καὶ κλαίων λέγω, τοὺς ἐχθροὺς τοῦ σταυροῦ³⁸ τοῦ Χριστοῦ, 19 ὧν τὸ τέλος ἀπώλεια³⁹, ὧν ὁ θεὸς ἡ κοιλία⁴⁰ καὶ ἡ δόξα ἐν τῇ αἰσχύνῃ⁴¹ αὐτῶν, οἱ τὰ ἐπίγεια⁴² φρονοῦντες⁴³. 20 ἡμῶν γὰρ τὸ πολίτευμα⁴⁴ ἐν οὐρανοῖς ὑπάρχει, ἐξ οὗ

---

[1] ἄμεμπτος, -ον, faultless
[2] κέρδος, -ους n, gain
[3] ἡγέομαι 1s pf mid ind, consider
[4] ζημία, -ας f, loss
[5] μενοῦνγε, emphatic particle, indeed
[6] ὑπερέχω pres act ptc n s acc, surpass
[7] γνῶσις, -εως f, knowledge
[8] ζημιόω 1s aor pas ind, pas suffer loss
[9] σκύβαλον, -ου n, garbage
[10] κερδαίνω 1s aor act sub, gain
[11] εὑρίσκω 1s aor pas sub, find
[12] γινώσκω aor act inf, know
[13] κοινωνία, -ας f, fellowship
[14] πάθημα, -τος n, suffering
[15] συμμορφίζω pres pas ptc m s nom, pas become like (someone)
[16] πώς, particle, somehow
[17] καταντάω 1s aor act sub, attain
[18] ἐξανάστασις, -εως f, resurrection
[19] τελειόω 1s pf pas ind, make perfect
[20] καταλαμβάνω 1s aor act sub, take hold of
[21] καταλαμβάνω pf act inf, take hold of
[22] ἐπιλανθάνομαι pres mid ptc m s nom, forget
[23] ἐπεκτείνομαι pres mid ptc m s nom, stretch out/strain
[24] σκοπός, -οῦ m, goal
[25] βραβεῖον, -ου m, prize
[26] ἄνω, adv, upward
[27] κλῆσις, -εως f, calling
[28] τέλειος, -α/ον, mature
[29] φρονέω 1p pres act sub, think (about)
[30] ἑτέρως, adv, differently
[31] ἀποκαλύπτω 3s fut act ind, reveal
[32] φθάνω 1p aor act ind, attain
[33] στοιχέω pres act inf, live
[34] συμμιμητής, -οῦ m, imitator
[35] σκοπέω 2p pres act impv, pay attention to
[36] τύπος, -ου m, example
[37] πολλάκις, adv, often
[38] σταυρός, -οῦ m, cross
[39] ἀπώλεια, -ας f, destruction
[40] κοιλία, -ας f, stomach
[41] αἰσχύνη, -ης f, shame
[42] ἐπίγειος, -ον n, earthly
[43] φρονέω pres act ptc m p nom, think (about)
[44] πολίτευμα, -τος n, place of citizenship

καὶ σωτῆρα¹ ἀπεκδεχόμεθα² κύριον Ἰησοῦν Χριστόν, **21** ὃς μετασχηματίσει³ τὸ σῶμα τῆς ταπεινώσεως⁴ ἡμῶν σύμμορφον⁵ τῷ σώματι τῆς δόξης αὐτοῦ κατὰ τὴν ἐνέργειαν⁶ τοῦ δύνασθαι αὐτὸν καὶ ὑποτάξαι⁷ αὐτῷ τὰ πάντα.

4 Ὥστε, ἀδελφοί μου ἀγαπητοὶ καὶ ἐπιπόθητοι⁸, χαρὰ καὶ στέφανός⁹ μου, οὕτως στήκετε¹⁰ ἐν κυρίῳ, ἀγαπητοί.

Exhortations

2 Εὐοδίαν παρακαλῶ καὶ Συντύχην παρακαλῶ τὸ αὐτὸ φρονεῖν¹¹ ἐν κυρίῳ. **3** ναὶ ἐρωτῶ καὶ σέ, γνήσιε¹² σύζυγε¹³, συλλαμβάνου¹⁴ αὐταῖς, αἵτινες ἐν τῷ εὐαγγελίῳ συνήθλησάν¹⁵ μοι μετὰ καὶ Κλήμεντος καὶ τῶν λοιπῶν συνεργῶν¹⁶ μου, ὧν τὰ ὀνόματα ἐν βίβλῳ¹⁷ ζωῆς.

4 Χαίρετε ἐν κυρίῳ πάντοτε· πάλιν ἐρῶ, χαίρετε. **5** τὸ ἐπιεικὲς¹⁸ ὑμῶν γνωσθήτω πᾶσιν ἀνθρώποις. ὁ κύριος ἐγγύς. **6** μηδὲν μεριμνᾶτε¹⁹, ἀλλ' ἐν παντὶ τῇ προσευχῇ καὶ τῇ δεήσει²⁰ μετὰ εὐχαριστίας²¹ τὰ αἰτήματα²² ὑμῶν γνωριζέσθω²³ πρὸς τὸν θεόν. **7** καὶ ἡ εἰρήνη τοῦ θεοῦ ἡ ὑπερέχουσα²⁴ πάντα νοῦν²⁵ φρουρήσει²⁶ τὰς καρδίας ὑμῶν καὶ τὰ νοήματα²⁷ ὑμῶν ἐν Χριστῷ Ἰησοῦ.

8 Τὸ λοιπόν, ἀδελφοί, ὅσα ἐστὶν ἀληθῆ²⁸, ὅσα σεμνά²⁹, ὅσα δίκαια, ὅσα ἁγνά³⁰, ὅσα προσφιλῆ³¹, ὅσα εὔφημα³², εἴ τις ἀρετὴ³³ καὶ εἴ τις ἔπαινος³⁴, ταῦτα λογίζεσθε· **9** ἃ καὶ ἐμάθετε³⁵ καὶ παρελάβετε καὶ ἠκούσατε καὶ εἴδετε ἐν ἐμοί, ταῦτα πράσσετε· καὶ ὁ θεὸς τῆς εἰρήνης ἔσται μεθ' ὑμῶν.

---

[1] σωτήρ, -ῆρος *m*, Savior
[2] ἀπεκδέχομαι *1p pres mid ind*, eagerly wait
[3] μετασχηματίζω *3s fut act ind*, change
[4] ταπείνωσις, -εως *f*, lowliness
[5] σύμμορφος, -ον, sharing the likeness
[6] ἐνέργεια, -ας *f*, power
[7] ὑποτάσσω *aor act inf*, subject
[8] ἐπιπόθητος, -ον, longed for
[9] στέφανος, -ου *m*, crown
[10] στήκω *2p pres act impv*, stand firm
[11] φρονέω *pres act inf*, think (τὸ αὐτό φ. be of one mind)
[12] γνήσιος, -α/ον, true
[13] σύζυγος, -ου *m*, partner
[14] συλλαμβάνω *2s pres mid impv*, help
[15] συναθλέω *3p aor act ind*, struggle side by side
[16] συνεργός, -οῦ *m*, fellow worker
[17] βίβλος, -ου *f*, book
[18] ἐπιεικής, -ές, gentle (τὸ ἐ. gentleness)
[19] μεριμνάω *2p pres act impv*, be anxious
[20] δέησις, -εως *f*, petition
[21] εὐχαριστία, -ας *f*, thanksgiving
[22] αἴτημα, -τος *n*, request
[23] γνωρίζω *3s pres pas impv*, make known
[24] ὑπερέχω *pres act ptc f s nom*, surpass
[25] νοῦς, -ός, *acc* νοῦν *m*, understanding
[26] φρουρέω *3s fut act ind*, guard
[27] νόημα, -τος *n*, mind
[28] ἀληθής, -ές, true
[29] σεμνός, -ή/όν, honorable
[30] ἁγνός, -ή/όν, pure
[31] προσφιλής, -ές, lovely
[32] εὔφημος, -ον, worthy of praise
[33] ἀρετή, -ῆς *f*, virtue
[34] ἔπαινος, -ου *m*, praise
[35] μανθάνω *2p aor act ind*, learn

Acknowledgment of the Philippians' Gift

10 Ἐχάρην¹ δὲ ἐν κυρίῳ μεγάλως² ὅτι ἤδη ποτὲ³ ἀνεθάλετε⁴ τὸ ὑπὲρ ἐμοῦ φρονεῖν⁵, ἐφ' ᾧ καὶ ἐφρονεῖτε, ἠκαιρεῖσθε⁶ δέ. 11 οὐχ ὅτι καθ' ὑστέρησιν⁷ λέγω, ἐγὼ γὰρ ἔμαθον⁸ ἐν οἷς εἰμι αὐτάρκης⁹ εἶναι. 12 οἶδα καὶ ταπεινοῦσθαι¹⁰, οἶδα καὶ περισσεύειν· ἐν παντὶ καὶ ἐν πᾶσιν μεμύημαι¹¹, καὶ χορτάζεσθαι¹² καὶ πεινᾶν¹³ καὶ περισσεύειν καὶ ὑστερεῖσθαι¹⁴. 13 πάντα ἰσχύω¹⁵ ἐν τῷ ἐνδυναμοῦντί¹⁶ με. 14 πλὴν καλῶς ἐποιήσατε συγκοινωνήσαντές¹⁷ μου τῇ θλίψει. 15 οἴδατε δὲ καὶ ὑμεῖς, Φιλιππήσιοι, ὅτι ἐν ἀρχῇ τοῦ εὐαγγελίου, ὅτε ἐξῆλθον ἀπὸ Μακεδονίας, οὐδεμία μοι ἐκκλησία ἐκοινώνησεν¹⁸ εἰς λόγον δόσεως¹⁹ καὶ λήμψεως²⁰ εἰ μὴ ὑμεῖς μόνοι, 16 ὅτι καὶ ἐν Θεσσαλονίκῃ καὶ ἅπαξ²¹ καὶ δὶς²² εἰς τὴν χρείαν μοι ἐπέμψατε²³. 17 οὐχ ὅτι ἐπιζητῶ²⁴ τὸ δόμα²⁵, ἀλλ' ἐπιζητῶ τὸν καρπὸν τὸν πλεονάζοντα²⁶ εἰς λόγον ὑμῶν. 18 ἀπέχω²⁷ δὲ πάντα καὶ περισσεύω· πεπλήρωμαι δεξάμενος²⁸ παρὰ Ἐπαφροδίτου τὰ παρ' ὑμῶν, ὀσμὴν²⁹ εὐωδίας³⁰, θυσίαν³¹ δεκτήν³², εὐάρεστον³³ τῷ θεῷ. 19 ὁ δὲ θεός μου πληρώσει πᾶσαν χρείαν ὑμῶν κατὰ τὸ πλοῦτος³⁴ αὐτοῦ ἐν δόξῃ ἐν Χριστῷ Ἰησοῦ. 20 τῷ δὲ θεῷ καὶ πατρὶ ἡμῶν ἡ δόξα εἰς τοὺς αἰῶνας τῶν αἰώνων, ἀμήν.

Final Greetings

21 Ἀσπάσασθε πάντα ἅγιον ἐν Χριστῷ Ἰησοῦ. ἀσπάζονται ὑμᾶς οἱ σὺν ἐμοὶ ἀδελφοί. 22 ἀσπάζονται ὑμᾶς πάντες οἱ ἅγιοι, μάλιστα³⁵ δὲ οἱ ἐκ τῆς Καίσαρος οἰκίας. 23 Ἡ χάρις τοῦ κυρίου Ἰησοῦ Χριστοῦ μετὰ τοῦ πνεύματος ὑμῶν.

---

¹ χαίρω 1s aor pas ind, pas rejoice
² μεγάλως, adv, greatly
³ ποτέ, temporal adv, at last
⁴ ἀναθάλλω 2p aor act ind, revive
⁵ φρονέω pres act inf, think (about)
⁶ ἀκαιρέομαι 2p impf mid ind, be without opportunity
⁷ ὑστέρησις, -εως f, need
⁸ μανθάνω 1s aor act ind, learn
⁹ αὐτάρκης, -ες, satisfied
¹⁰ ταπεινόω pres pas inf, pas live in humble circumstances
¹¹ μυέω 1s pf pas ind, pas learn the secret of
¹² χορτάζω pres pas inf, pas have plenty
¹³ πεινάω pres act inf, be hungry
¹⁴ ὑστερέω pres mid inf, mid be in need
¹⁵ ἰσχύω 1s pres act ind, be able (to do)
¹⁶ ἐνδυναμόω pres act ptc m s dat, strengthen
¹⁷ συγκοινωνέω aor act ptc m p nom, share
¹⁸ κοινωνέω 3s aor act ind, take part
¹⁹ δόσις, -εως f, giving
²⁰ λῆμψις, -εως f, receiving
²¹ ἅπαξ, adv, once
²² δίς, adv, twice
²³ πέμπω 2p aor act ind, send
²⁴ ἐπιζητέω 1s pres act ind, want
²⁵ δόμα, -τος n, gift
²⁶ πλεονάζω pres act ptc m s acc, increase
²⁷ ἀπέχω 1s pres act ind, receive in full
²⁸ δέχομαι aor mid ptc m s nom, receive
²⁹ ὀσμή, -ῆς f, fragrance
³⁰ εὐωδία, -ας f, sweet smell
³¹ θυσία, -ας f, offering
³² δεκτός, -ή/όν, acceptable
³³ εὐάρεστος, -ον, pleasing
³⁴ πλοῦτος, -ου n, riches
³⁵ μάλιστα, adv, especially

ΠΡΟΣ ΚΟΛΟΣΣΑΕΙΣ

Salutation

1 Παῦλος ἀπόστολος Χριστοῦ Ἰησοῦ διὰ θελήματος θεοῦ καὶ Τιμόθεος ὁ ἀδελφὸς **2** τοῖς ἐν Κολοσσαῖς ἁγίοις καὶ πιστοῖς ἀδελφοῖς ἐν Χριστῷ, χάρις ὑμῖν καὶ εἰρήνη ἀπὸ θεοῦ πατρὸς ἡμῶν.

Paul Thanks God for the Colossians

3 Εὐχαριστοῦμεν τῷ θεῷ πατρὶ τοῦ κυρίου ἡμῶν Ἰησοῦ Χριστοῦ πάντοτε περὶ ὑμῶν προσευχόμενοι, **4** ἀκούσαντες τὴν πίστιν ὑμῶν ἐν Χριστῷ Ἰησοῦ καὶ τὴν ἀγάπην ἣν ἔχετε εἰς πάντας τοὺς ἁγίους **5** διὰ τὴν ἐλπίδα τὴν ἀποκειμένην[1] ὑμῖν ἐν τοῖς οὐρανοῖς, ἣν προηκούσατε[2] ἐν τῷ λόγῳ τῆς ἀληθείας τοῦ εὐαγγελίου **6** τοῦ παρόντος[3] εἰς ὑμᾶς, καθὼς καὶ ἐν παντὶ τῷ κόσμῳ ἐστὶν καρποφορούμενον[4] καὶ αὐξανόμενον[5] καθὼς καὶ ἐν ὑμῖν, ἀφ' ἧς ἡμέρας ἠκούσατε καὶ ἐπέγνωτε[6] τὴν χάριν τοῦ θεοῦ ἐν ἀληθείᾳ· **7** καθὼς ἐμάθετε[7] ἀπὸ Ἐπαφρᾶ τοῦ ἀγαπητοῦ συνδούλου[8] ἡμῶν, ὅς ἐστιν πιστὸς ὑπὲρ ὑμῶν διάκονος[9] τοῦ Χριστοῦ, **8** ὁ καὶ δηλώσας[10] ἡμῖν τὴν ὑμῶν ἀγάπην ἐν πνεύματι.

The Person and Work of Christ

9 Διὰ τοῦτο καὶ ἡμεῖς, ἀφ' ἧς ἡμέρας ἠκούσαμεν, οὐ παυόμεθα[11] ὑπὲρ ὑμῶν προσευχόμενοι καὶ αἰτούμενοι, ἵνα πληρωθῆτε τὴν ἐπίγνωσιν[12] τοῦ θελήματος αὐτοῦ ἐν πάσῃ σοφίᾳ καὶ συνέσει[13] πνευματικῇ[14], **10** περιπατῆσαι ἀξίως[15] τοῦ κυρίου εἰς πᾶσαν ἀρεσκείαν[16], ἐν παντὶ ἔργῳ ἀγαθῷ καρποφοροῦντες καὶ αὐξανόμενοι τῇ ἐπιγνώσει[17] τοῦ θεοῦ, **11** ἐν πάσῃ δυνάμει δυναμούμενοι[18] κατὰ τὸ κράτος[19] τῆς δόξης αὐτοῦ εἰς πᾶσαν ὑπομονὴν καὶ μακροθυμίαν[20].

[1] ἀπόκειμαι *pres mid ptc f s acc*, be stored away
[2] προακούω *2p aor act ind*, hear before
[3] πάρειμι *pres act ptc n s gen*, be present
[4] καρποφορέω *pres mid ptc n s nom*, bear fruit
[5] αὐξάνω *pres pas ptc n s nom*, grow
[6] ἐπιγινώσκω *2p aor act ind*, know
[7] μανθάνω *2p aor act ind*, learn
[8] σύνδουλος, -ου *m*, fellow-servant
[9] διάκονος, -ου *m*, servant
[10] δηλόω *aor act ptc m s nom*, inform
[11] παύω *1p pres mid ind*, stop
[12] ἐπίγνωσις, -εως *f*, knowledge
[13] σύνεσις, -εως *f*, understanding
[14] πνευματικός, -ή/όν, spiritual
[15] ἀξίως, *adv*, worthily
[16] ἀρεσκεία, -ας *f*, desire to please
[17] ἐπίγνωσις, -εως *f*, knowledge
[18] δυναμόω *pres pas ptc m p nom*, strengthen
[19] κράτος, -ους *n*, might
[20] μακροθυμία, -ας *f*, patience

ΠΡΟΣ ΚΟΛΟΣΣΑΕΙΣ

Μετὰ χαρᾶς 12 εὐχαριστοῦντες τῷ πατρὶ τῷ ἱκανώσαντι[1] ὑμᾶς εἰς τὴν μερίδα[2] τοῦ κλήρου[3] τῶν ἁγίων ἐν τῷ φωτί· 13 ὃς ἐρρύσατο[4] ἡμᾶς ἐκ τῆς ἐξουσίας τοῦ σκότους καὶ μετέστησεν[5] εἰς τὴν βασιλείαν τοῦ υἱοῦ τῆς ἀγάπης αὐτοῦ, 14 ἐν ᾧ ἔχομεν τὴν ἀπολύτρωσιν[6], τὴν ἄφεσιν[7] τῶν ἁμαρτιῶν·
15 ὅς ἐστιν εἰκὼν[8] τοῦ θεοῦ τοῦ ἀοράτου[9],
πρωτότοκος[10] πάσης κτίσεως,[11]
16 ὅτι ἐν αὐτῷ ἐκτίσθη[12] τὰ πάντα
ἐν τοῖς οὐρανοῖς καὶ ἐπὶ τῆς γῆς,
τὰ ὁρατὰ[13] καὶ τὰ ἀόρατα,
εἴτε θρόνοι εἴτε κυριότητες[14]
εἴτε ἀρχαὶ εἴτε ἐξουσίαι·
τὰ πάντα δι' αὐτοῦ καὶ εἰς αὐτὸν ἔκτισται·[15]
17 καὶ αὐτός ἐστιν πρὸ πάντων
καὶ τὰ πάντα ἐν αὐτῷ συνέστηκεν,[16]
18 καὶ αὐτός ἐστιν ἡ κεφαλὴ τοῦ σώματος τῆς ἐκκλησίας·
ὅς ἐστιν ἀρχή,
πρωτότοκος ἐκ τῶν νεκρῶν,
ἵνα γένηται ἐν πᾶσιν αὐτὸς πρωτεύων,[17]
19 ὅτι ἐν αὐτῷ εὐδόκησεν[18] πᾶν τὸ πλήρωμα[19] κατοικῆσαι
20 καὶ δι' αὐτοῦ ἀποκαταλλάξαι[20] τὰ πάντα εἰς αὐτόν,
εἰρηνοποιήσας[21] διὰ τοῦ αἵματος τοῦ σταυροῦ[22] αὐτοῦ,
[δι' αὐτοῦ] εἴτε τὰ ἐπὶ τῆς γῆς
εἴτε τὰ ἐν τοῖς οὐρανοῖς.
21 Καὶ ὑμᾶς ποτε[23] ὄντας ἀπηλλοτριωμένους[24] καὶ ἐχθροὺς τῇ διανοίᾳ[25] ἐν τοῖς ἔργοις τοῖς πονηροῖς, 22 νυνὶ[26] δὲ ἀποκατήλλαξεν[27] ἐν τῷ σώματι τῆς σαρκὸς αὐτοῦ διὰ τοῦ θανάτου παραστῆσαι[28] ὑμᾶς ἁγίους καὶ ἀμώμους[29] καὶ ἀνεγκλήτους[30]

---

[1] ἱκανόω aor act ptc m s dat, make fit
[2] μερίς, -ίδος f, part
[3] κλῆρος, -ου m, share
[4] ῥύομαι 3s aor mid ind, rescue
[5] μεθίστημι 3s aor act ind, bring into
[6] ἀπολύτρωσις, -εως f, redemption
[7] ἄφεσις, -εως f, forgiveness
[8] εἰκών, -όνος f, likeness
[9] ἀόρατος, -ον, invisible
[10] πρωτότοκος, -ον, first-born
[11] κτίσις, -εως f, creation
[12] κτίζω 3s aor pas ind, create
[13] ὁρατός, -ή/όν, visible
[14] κυριότης, -ητος f, power
[15] κτίζω 3s pf pas ind, create
[16] συνίστημι 3s pf act ind, hold together
[17] πρωτεύω pres act ptc m s nom, have supremacy
[18] εὐδοκέω 3s aor act ind, be pleased
[19] πλήρωμα, -τος n, fullness
[20] ἀποκαταλλάσσω aor act inf, reconcile
[21] εἰρηνοποιέω aor act ptc m s nom, make peace
[22] σταυρός, -οῦ m, cross
[23] ποτέ, temporal adv, formerly
[24] ἀπαλλοτριόω pf pas ptc m p acc, pas be alienated
[25] διάνοια, -ας f, mind
[26] νυνί, adv, now
[27] ἀποκαταλλάσσω 3s aor act ind, reconcile
[28] παρίστημι aor act inf, present
[29] ἄμωμος, -ον, without blemish
[30] ἀνέγκλητος, -ον, beyond reproach

κατενώπιον¹ αὐτοῦ, 23 εἴ γε² ἐπιμένετε³ τῇ πίστει τεθεμελιωμένοι⁴ καὶ ἑδραῖοι⁵ καὶ μὴ μετακινούμενοι⁶ ἀπὸ τῆς ἐλπίδος τοῦ εὐαγγελίου οὗ ἠκούσατε, τοῦ κηρυχθέντος⁷ ἐν πάσῃ κτίσει⁸ τῇ ὑπὸ τὸν οὐρανόν, οὗ ἐγενόμην⁹ ἐγὼ Παῦλος διάκονος.

Paul's Ministry to the Church

24 Νῦν χαίρω ἐν τοῖς παθήμασιν¹⁰ ὑπὲρ ὑμῶν καὶ ἀνταναπληρῶ¹¹ τὰ ὑστερήματα¹² τῶν θλίψεων τοῦ Χριστοῦ ἐν τῇ σαρκί μου ὑπὲρ τοῦ σώματος αὐτοῦ, ὅ ἐστιν ἡ ἐκκλησία, 25 ἧς ἐγενόμην ἐγὼ διάκονος κατὰ τὴν οἰκονομίαν¹³ τοῦ θεοῦ τὴν δοθεῖσάν¹⁴ μοι εἰς ὑμᾶς πληρῶσαι τὸν λόγον τοῦ θεοῦ, 26 τὸ μυστήριον¹⁵ τὸ ἀποκεκρυμμένον¹⁶ ἀπὸ τῶν αἰώνων καὶ ἀπὸ τῶν γενεῶν – νῦν δὲ ἐφανερώθη τοῖς ἁγίοις αὐτοῦ, 27 οἷς ἠθέλησεν ὁ θεὸς γνωρίσαι¹⁷ τί τὸ πλοῦτος¹⁸ τῆς δόξης τοῦ μυστηρίου τούτου ἐν τοῖς ἔθνεσιν, ὅ ἐστιν Χριστὸς ἐν ὑμῖν, ἡ ἐλπὶς τῆς δόξης· 28 ὃν ἡμεῖς καταγγέλλομεν¹⁹ νουθετοῦντες²⁰ πάντα ἄνθρωπον καὶ διδάσκοντες πάντα ἄνθρωπον ἐν πάσῃ σοφίᾳ, ἵνα παραστήσωμεν πάντα ἄνθρωπον τέλειον²¹ ἐν Χριστῷ· 29 εἰς ὃ καὶ κοπιῶ²² ἀγωνιζόμενος²³ κατὰ τὴν ἐνέργειαν²⁴ αὐτοῦ τὴν ἐνεργουμένην²⁵ ἐν ἐμοὶ ἐν δυνάμει.

2 Θέλω γὰρ ὑμᾶς εἰδέναι²⁶ ἡλίκον²⁷ ἀγῶνα²⁸ ἔχω ὑπὲρ ὑμῶν καὶ τῶν ἐν Λαοδικείᾳ καὶ ὅσοι οὐχ ἑόρακαν²⁹ τὸ πρόσωπόν μου ἐν σαρκί, 2 ἵνα παρακληθῶσιν αἱ καρδίαι αὐτῶν συμβιβασθέντες³⁰ ἐν ἀγάπῃ καὶ εἰς πᾶν πλοῦτος³¹ τῆς πληροφορίας³² τῆς συνέσεως³³, εἰς ἐπίγνωσιν³⁴ τοῦ μυστηρίου³⁵ τοῦ θεοῦ, Χριστοῦ, 3 ἐν ᾧ εἰσιν πάντες οἱ θησαυροὶ³⁶ τῆς σοφίας καὶ γνώσεως³⁷ ἀπόκρυφοι³⁸. 4 τοῦτο λέγω, ἵνα μηδεὶς ὑμᾶς παραλογίζηται³⁹ ἐν πιθανολογίᾳ⁴⁰. 5 εἰ γὰρ καὶ τῇ σαρκὶ ἄπειμι⁴¹,

---

¹ κατενώπιον, *prep + gen*, in the presence of
² γέ, *emphatic particle*
³ ἐπιμένω *2p pres act ind*, stay
⁴ θεμελιόω *pf pas ptc m p nom*, establish firmly
⁵ ἑδραῖος, -α/ον, steadfast
⁶ μετακινέω *pres pas ptc m p nom*, shift
⁷ κηρύσσω *aor act ptc n s gen*, preach
⁸ κτίσις, -εως f, creature
⁹ γίνομαι *1s aor mid ind*, be
¹⁰ πάθημα, -τος n, suffering
¹¹ ἀνταναπληρόω *1s pres act ind*, complete
¹² ὑστέρημα, -τος n, what is lacking
¹³ οἰκονομία, -ας f, responsibility
¹⁴ δίδωμι *aor pas ptc f s acc*, give
¹⁵ μυστήριον, -ου n, mystery
¹⁶ ἀποκρύπτω *pf pas ptc n s acc*, hide
¹⁷ γνωρίζω *aor act inf*, make known
¹⁸ πλοῦτος, -ου n, riches
¹⁹ καταγγέλλω *1p pres act ind*, proclaim
²⁰ νουθετέω *pres act ptc m p nom*, warn
²¹ τέλειος, -α/ον, mature
²² κοπιάω *1s pres act ind*, work
²³ ἀγωνίζομαι *pres mid ptc m s nom*, struggle
²⁴ ἐνέργεια, -ας f, working
²⁵ ἐνεργέω *pres mid ptc f s acc*, be at work
²⁶ οἶδα *pres act inf*, know
²⁷ ἡλίκος, -η/ον, how great
²⁸ ἀγών, -ῶνος m, struggle
²⁹ ὁράω *3p pf act ind*, see
³⁰ συμβιβάζω *aor pas ptc m p nom*, unite
³¹ πλοῦτος, -ου n, riches
³² πληροφορία, -ας f, full assurance
³³ σύνεσις, -εως f, understanding
³⁴ ἐπίγνωσις, -εως f, knowledge
³⁵ μυστήριον, -ου n, mystery
³⁶ θησαυρός, -οῦ m, treasure
³⁷ γνῶσις, -εως f, knowledge
³⁸ ἀπόκρυφος, -ον, hidden
³⁹ παραλογίζομαι *3s pres mid sub*, deceive
⁴⁰ πιθανολογία, -ας f, attractive argument
⁴¹ ἄπειμι *1s pres act ind*, be away

ἀλλὰ τῷ πνεύματι σὺν ὑμῖν εἰμι, χαίρων καὶ βλέπων ὑμῶν τὴν τάξιν¹ καὶ τὸ στερέωμα² τῆς εἰς Χριστὸν πίστεως ὑμῶν.

Fullness of Life in Christ

6 Ὡς οὖν παρελάβετε τὸν Χριστὸν Ἰησοῦν τὸν κύριον, ἐν αὐτῷ περιπατεῖτε, 7 ἐρριζωμένοι³ καὶ ἐποικοδομούμενοι⁴ ἐν αὐτῷ καὶ βεβαιούμενοι⁵ τῇ πίστει καθὼς ἐδιδάχθητε⁶, περισσεύοντες ἐν εὐχαριστίᾳ⁷. 8 βλέπετε μή τις ὑμᾶς ἔσται ὁ συλαγωγῶν⁸ διὰ τῆς φιλοσοφίας⁹ καὶ κενῆς¹⁰ ἀπάτης¹¹ κατὰ τὴν παράδοσιν¹² τῶν ἀνθρώπων, κατὰ τὰ στοιχεῖα¹³ τοῦ κόσμου καὶ οὐ κατὰ Χριστόν· 9 ὅτι ἐν αὐτῷ κατοικεῖ πᾶν τὸ πλήρωμα¹⁴ τῆς θεότητος¹⁵ σωματικῶς¹⁶, 10 καὶ ἐστὲ ἐν αὐτῷ πεπληρωμένοι, ὅς ἐστιν ἡ κεφαλὴ πάσης ἀρχῆς καὶ ἐξουσίας. 11 ἐν ᾧ καὶ περιετμήθητε¹⁷ περιτομῇ ἀχειροποιήτῳ¹⁸ ἐν τῇ ἀπεκδύσει¹⁹ τοῦ σώματος τῆς σαρκός, ἐν τῇ περιτομῇ τοῦ Χριστοῦ, 12 συνταφέντες²⁰ αὐτῷ ἐν τῷ βαπτισμῷ²¹, ἐν ᾧ καὶ συνηγέρθητε²² διὰ τῆς πίστεως τῆς ἐνεργείας²³ τοῦ θεοῦ τοῦ ἐγείραντος αὐτὸν ἐκ νεκρῶν· 13 καὶ ὑμᾶς νεκροὺς ὄντας [ἐν] τοῖς παραπτώμασιν²⁴ καὶ τῇ ἀκροβυστίᾳ²⁵ τῆς σαρκὸς ὑμῶν, συνεζωοποίησεν²⁶ ὑμᾶς σὺν αὐτῷ, χαρισάμενος²⁷ ἡμῖν πάντα τὰ παραπτώματα. 14 ἐξαλείψας²⁸ τὸ καθ᾽ ἡμῶν χειρόγραφον²⁹ τοῖς δόγμασιν³⁰ ὃ ἦν ὑπεναντίον³¹ ἡμῖν, καὶ αὐτὸ ἦρκεν³² ἐκ τοῦ μέσου προσηλώσας³³ αὐτὸ τῷ σταυρῷ³⁴· 15 ἀπεκδυσάμενος³⁵ τὰς ἀρχὰς καὶ τὰς ἐξουσίας ἐδειγμάτισεν³⁶ ἐν παρρησίᾳ, θριαμβεύσας³⁷ αὐτοὺς ἐν αὐτῷ.

---

¹ τάξις, -εως f, good order
² στερέωμα, -τος n, steadfastness
³ ῥιζόω pf pas ptc m p nom, pas be firmly rooted
⁴ ἐποικοδομέω pres pas ptc m p nom, build up
⁵ βεβαιόω pres pas ptc m p nom, strengthen
⁶ διδάσκω 2p aor pas ind, teach
⁷ εὐχαριστία, -ας f, thanksgiving
⁸ συλαγωγέω pres act ptc m s nom, make a captive of
⁹ φιλοσοφία, -ας f, human wisdom
¹⁰ κενός, -ή/όν, empty
¹¹ ἀπάτη, -ης f, deceit
¹² παράδοσις, -εως f, tradition
¹³ στοιχεῖον, -ου n, elemental spirit force
¹⁴ πλήρωμα, -τος n, fullness
¹⁵ θεότης, -ητος f, deity
¹⁶ σωματικῶς, adv, in bodily form
¹⁷ περιτέμνω 2p aor pas ind, circumcise
¹⁸ ἀχειροποίητος, -ον, not made by human hands
¹⁹ ἀπέκδυσις, -εως f, putting off
²⁰ συνθάπτω aor pas ptc m p nom, pas be buried together with
²¹ βαπτισμός, -οῦ n, baptism
²² συνεγείρω 2p aor pas ind, raise together with
²³ ἐνέργεια, -ας f, working
²⁴ παράπτωμα, -τος n, sin
²⁵ ἀκροβυστία, -ας f, uncircumcision
²⁶ συζωοποιέω 3s aor act ind, make alive together with
²⁷ χαρίζομαι aor mid ptc m s nom, forgive
²⁸ ἐξαλείφω aor act ptc m s nom, wipe away
²⁹ χειρόγραφον, -ου n, record of one's debts
³⁰ δόγμα, -τος n, regulation
³¹ ὑπεναντίος, -α/ον, against
³² αἴρω 3s pf act ind, take away
³³ προσηλόω aor act ptc m s nom, nail to
³⁴ σταυρός, -οῦ m, cross
³⁵ ἀπεκδύομαι aor mid ptc m s nom, disarm
³⁶ δειγματίζω 3s aor act ind, disgrace (δ. ἐν παρρησίᾳ make a public spectacle of)
³⁷ θριαμβεύω aor act ptc m s nom, triumph over

16 Μὴ οὖν τις ὑμᾶς κρινέτω ἐν βρώσει¹ καὶ ἐν πόσει² ἢ ἐν μέρει ἑορτῆς³ ἢ νεομηνίας⁴ ἢ σαββάτων· 17 ἅ ἐστιν σκιὰ⁵ τῶν μελλόντων, τὸ δὲ σῶμα τοῦ Χριστοῦ. 18 μηδεὶς ὑμᾶς καταβραβευέτω⁶ θέλων ἐν ταπεινοφροσύνῃ⁷ καὶ θρησκείᾳ⁸ τῶν ἀγγέλων, ἃ ἑόρακεν⁹ ἐμβατεύων¹⁰, εἰκῇ¹¹ φυσιούμενος¹² ὑπὸ τοῦ νοὸς¹³ τῆς σαρκὸς αὐτοῦ, 19 καὶ οὐ κρατῶν τὴν κεφαλήν, ἐξ οὗ πᾶν τὸ σῶμα διὰ τῶν ἁφῶν¹⁴ καὶ συνδέσμων¹⁵ ἐπιχορηγούμενον¹⁶ καὶ συμβιβαζόμενον¹⁷ αὔξει¹⁸ τὴν αὔξησιν¹⁹ τοῦ θεοῦ.

The New Life in Christ

20 Εἰ ἀπεθάνετε σὺν Χριστῷ ἀπὸ τῶν στοιχείων²⁰ τοῦ κόσμου, τί ὡς ζῶντες ἐν κόσμῳ δογματίζεσθε²¹; 21 μὴ ἅψῃ²² μηδὲ γεύσῃ²³ μηδὲ θίγῃς²⁴, 22 ἅ ἐστιν πάντα εἰς φθορὰν²⁵ τῇ ἀποχρήσει²⁶, κατὰ τὰ ἐντάλματα²⁷ καὶ διδασκαλίας²⁸ τῶν ἀνθρώπων, 23 ἅτινά ἐστιν λόγον μὲν ἔχοντα σοφίας ἐν ἐθελοθρησκίᾳ²⁹ καὶ ταπεινοφροσύνῃ³⁰ καὶ ἀφειδίᾳ³¹ σώματος, οὐκ ἐν τιμῇ τινι πρὸς πλησμονὴν³² τῆς σαρκός.

3 Εἰ οὖν συνηγέρθητε³³ τῷ Χριστῷ, τὰ ἄνω³⁴ ζητεῖτε, οὗ³⁵ ὁ Χριστός ἐστιν ἐν δεξιᾷ τοῦ θεοῦ καθήμενος· 2 τὰ ἄνω φρονεῖτε³⁶, μὴ τὰ ἐπὶ τῆς γῆς. 3 ἀπεθάνετε γὰρ καὶ ἡ ζωὴ ὑμῶν κέκρυπται³⁷ σὺν τῷ Χριστῷ ἐν τῷ θεῷ· 4 ὅταν ὁ Χριστὸς φανερωθῇ, ἡ ζωὴ ὑμῶν, τότε καὶ ὑμεῖς σὺν αὐτῷ φανερωθήσεσθε ἐν δόξῃ.

5 Νεκρώσατε³⁸ οὖν τὰ μέλη τὰ ἐπὶ τῆς γῆς, πορνείαν³⁹ ἀκαθαρσίαν⁴⁰ πάθος⁴¹ ἐπιθυμίαν κακήν, καὶ τὴν πλεονεξίαν⁴², ἥτις ἐστὶν εἰδωλολατρία⁴³, 6 δι' ἃ ἔρχεται ἡ ὀργὴ τοῦ θεοῦ ἐπὶ τοὺς υἱοὺς τῆς ἀπειθείας⁴⁴. 7 ἐν οἷς καὶ ὑμεῖς περιεπατήσατέ

---

1 βρῶσις, -εως f, food
2 πόσις, -εως f, drinking
3 ἑορτή, -ῆς f, festival
4 νεομηνία, -ας f, new moon festival
5 σκιά, -ᾶς f, shadow
6 καταβραβεύω 3s pres act impv, disqualify
7 ταπεινοφροσύνη, -ης f, false humility
8 θρησκεία, -ας f, worship
9 ὁράω 3s pf act ind, see
10 ἐμβατεύω pres act ptc m s nom, take one's stand on
11 εἰκῇ, adv, in vain
12 φυσιόω pres pas ptc m s nom, make conceited
13 νοῦς, -ός m, mind
14 ἁφή, -ῆς f, joint
15 σύνδεσμος, -ου m, ligament
16 ἐπιχορηγέω pres pas ptc n s nom, nourish
17 συμβιβάζω pres pas ptc n s nom, hold together
18 αὔξω/αὐξάνω 3s pres act ind, grow
19 αὔξησις, -εως f, growth
20 στοιχεῖον, -ου n, elemental spiritual force
21 δογματίζω 2p pres pas ind, pas obey rules
22 ἅπτω 2s aor mid sub, mid handle
23 γεύομαι 2s aor mid sub, taste
24 θιγγάνω 2s aor act sub, touch
25 φθορά, -ᾶς f, destruction
26 ἀπόχρησις, -εως f, process of being used
27 ἔνταλμα, -τος n, rule
28 διδασκαλία, -ας f, doctrine
29 ἐθελοθρησκία, -ας f, self-imposed piety
30 ταπεινοφροσύνη, -ης f, false humility
31 ἀφειδία, -ας f, severe discipline
32 πλησμονή, -ῆς f, satisfaction
33 συνεγείρω 2p aor pas ind, raise together with
34 ἄνω, adv, above
35 οὗ, adv, where
36 φρονέω 2p pres act impv, think (about)
37 κρύπτω 3s pf pas ind, hide
38 νεκρόω 2p aor act impv, put to death
39 πορνεία, -ας f, sexual immorality
40 ἀκαθαρσία, -ας f, impurity
41 πάθος, -ους n, lustful passion
42 πλεονεξία, -ας f, greed
43 εἰδωλολατρία, -ας f, idolatry
44 ἀπείθεια, -ας f, disobedience

ποτε¹, ὅτε ἐζῆτε ἐν τούτοις· 8 νυνὶ² δὲ ἀπόθεσθε³ καὶ ὑμεῖς τὰ πάντα, ὀργήν, θυμόν⁴, κακίαν⁵, βλασφημίαν⁶, αἰσχρολογίαν⁷ ἐκ τοῦ στόματος ὑμῶν· 9 μὴ ψεύδεσθε⁸ εἰς ἀλλήλους, ἀπεκδυσάμενοι⁹ τὸν παλαιὸν¹⁰ ἄνθρωπον σὺν ταῖς πράξεσιν¹¹ αὐτοῦ 10 καὶ ἐνδυσάμενοι¹² τὸν νέον¹³ τὸν ἀνακαινούμενον¹⁴ εἰς ἐπίγνωσιν¹⁵ κατ' εἰκόνα¹⁶ τοῦ κτίσαντος¹⁷ αὐτόν, 11 ὅπου οὐκ ἔνι¹⁸ Ἕλλην καὶ Ἰουδαῖος, περιτομὴ καὶ ἀκροβυστία¹⁹, βάρβαρος²⁰, Σκύθης²¹, δοῦλος, ἐλεύθερος²², ἀλλὰ τὰ πάντα καὶ ἐν πᾶσιν Χριστός.

12 Ἐνδύσασθε²³ οὖν, ὡς ἐκλεκτοὶ²⁴ τοῦ θεοῦ ἅγιοι καὶ ἠγαπημένοι, σπλάγχνα²⁵ οἰκτιρμοῦ²⁶ χρηστότητα²⁷ ταπεινοφροσύνην²⁸ πραΰτητα²⁹ μακροθυμίαν³⁰, 13 ἀνεχόμενοι³¹ ἀλλήλων καὶ χαριζόμενοι³² ἑαυτοῖς ἐάν τις πρός τινα ἔχῃ μομφήν³³· καθὼς καὶ ὁ κύριος ἐχαρίσατο ὑμῖν, οὕτως καὶ ὑμεῖς· 14 ἐπὶ πᾶσιν δὲ τούτοις τὴν ἀγάπην, ὅ ἐστιν σύνδεσμος³⁴ τῆς τελειότητος³⁵. 15 καὶ ἡ εἰρήνη τοῦ Χριστοῦ βραβευέτω³⁶ ἐν ταῖς καρδίαις ὑμῶν, εἰς ἣν καὶ ἐκλήθητε ἐν ἑνὶ σώματι· καὶ εὐχάριστοι³⁷ γίνεσθε. 16 ὁ λόγος τοῦ Χριστοῦ ἐνοικείτω³⁸ ἐν ὑμῖν πλουσίως³⁹, ἐν πάσῃ σοφίᾳ διδάσκοντες καὶ νουθετοῦντες⁴⁰ ἑαυτούς, ψαλμοῖς⁴¹ ὕμνοις⁴² ᾠδαῖς⁴³ πνευματικαῖς⁴⁴ ἐν [τῇ] χάριτι ᾄδοντες⁴⁵ ἐν ταῖς καρδίαις ὑμῶν τῷ θεῷ· 17 καὶ πᾶν ὅ τι ἐὰν ποιῆτε ἐν λόγῳ ἢ ἐν ἔργῳ, πάντα ἐν ὀνόματι κυρίου Ἰησοῦ, εὐχαριστοῦντες τῷ θεῷ πατρὶ δι' αὐτοῦ.

Social Duties of the New Life

18 Αἱ γυναῖκες, ὑποτάσσεσθε τοῖς ἀνδράσιν ὡς ἀνῆκεν⁴⁶ ἐν κυρίῳ. 19 οἱ ἄνδρες, ἀγαπᾶτε τὰς γυναῖκας καὶ μὴ πικραίνεσθε⁴⁷ πρὸς αὐτάς. 20 τὰ τέκνα, ὑπακούετε⁴⁸

1 ποτέ, *temporal adv,* formerly
2 νυνί, *adv,* now
3 ἀποτίθημι *2p aor mid impv,* be done with
4 θυμός, -οῦ *m,* anger
5 κακία, -ας *f,* evil
6 βλασφημία, -ας *f,* slander
7 αἰσχρολογία, -ας *f,* obscene speech
8 ψεύδομαι *2p pres mid impv,* lie
9 ἀπεκδύομαι *aor mid ptc m p nom,* put off
10 παλαιός, -ά/όν, old
11 πρᾶξις, -εως *f,* practice
12 ἐνδύω *aor mid ptc m p nom,* put on
13 νέος, -α/ον, new
14 ἀνακαινόω *pres pas ptc m s acc,* renew
15 ἐπίγνωσις, -εως *f,* knowledge
16 εἰκών, -όνος *f,* likeness
17 κτίζω *aor act ptc m s gen,* create
18 ἔνι, there is (= ἔνεστιν)
19 ἀκροβυστία, -ας *f,* uncircumcision
20 βάρβαρος, -ον, barbarian
21 Σκύθης, -ου *m,* Scythian
22 ἐλεύθερος, -α/ον, free
23 ἐνδύω *2p aor mid impv,* mid put on
24 ἐκλεκτός, -ή/όν, chosen
25 σπλάγχνον, -ου *n,* feelings
26 οἰκτιρμός, -οῦ *m,* compassion
27 χρηστότης, -ητος *f,* kindness
28 ταπεινοφροσύνη, -ης *f,* humility
29 πραΰτης, -ητος *f,* gentleness
30 μακροθυμία, -ας *f,* patience
31 ἀνέχομαι *pres mid ptc m p nom,* put up with
32 χαρίζομαι *pres mid ptc m p nom,* forgive
33 μομφή, -ῆς *f,* complaint
34 σύνδεσμος, -ου *m,* bond
35 τελειότης, -ητος *f,* completeness (σύνδεσμος τῆς τ. what ties everything completely together)
36 βραβεύω *3s pres act impv,* rule
37 εὐχάριστος, -ον, thankful
38 ἐνοικέω *3s pres act impv,* live in
39 πλουσίως, *adv,* richly
40 νουθετέω *pres act ptc m p nom,* instruct
41 ψαλμός, -οῦ *m,* psalm
42 ὕμνος, -ου *m,* hymn
43 ᾠδή, -ῆς *f,* song
44 πνευματικός, -ή/όν, spiritual
45 ᾄδω *pres act ptc m p nom,* sing
46 ἀνήκω *3s impf act ind, impers* it is proper
47 πικραίνω *2p pres pas impv,* be harsh
48 ὑπακούω *2p pres act impv,* obey

τοῖς γονεῦσιν¹ κατὰ πάντα, τοῦτο γὰρ εὐάρεστόν² ἐστιν ἐν κυρίῳ. **21** οἱ πατέρες, μὴ ἐρεθίζετε³ τὰ τέκνα ὑμῶν, ἵνα μὴ ἀθυμῶσιν⁴.

22 Οἱ δοῦλοι, ὑπακούετε⁵ κατὰ πάντα τοῖς κατὰ σάρκα κυρίοις, μὴ ἐν ὀφθαλμοδουλίᾳ⁶ ὡς ἀνθρωπάρεσκοι⁷, ἀλλ' ἐν ἁπλότητι⁸ καρδίας φοβούμενοι τὸν κύριον. **23** ὃ ἐὰν ποιῆτε, ἐκ ψυχῆς ἐργάζεσθε ὡς τῷ κυρίῳ καὶ οὐκ ἀνθρώποις, **24** εἰδότες⁹ ὅτι ἀπὸ κυρίου ἀπολήμψεσθε¹⁰ τὴν ἀνταπόδοσιν¹¹ τῆς κληρονομίας¹². τῷ κυρίῳ Χριστῷ δουλεύετε¹³· **25** ὁ γὰρ ἀδικῶν¹⁴ κομίσεται¹⁵ ὃ ἠδίκησεν, καὶ οὐκ ἔστιν προσωπολημψία¹⁶.

4 Οἱ κύριοι, τὸ δίκαιον καὶ τὴν ἰσότητα¹⁷ τοῖς δούλοις παρέχεσθε¹⁸, εἰδότες¹⁹ ὅτι καὶ ὑμεῖς ἔχετε κύριον ἐν οὐρανῷ.

Exhortations

2 Τῇ προσευχῇ προσκαρτερεῖτε²⁰, γρηγοροῦντες²¹ ἐν αὐτῇ ἐν εὐχαριστίᾳ²², **3** προσευχόμενοι ἅμα²³ καὶ περὶ ἡμῶν, ἵνα ὁ θεὸς ἀνοίξῃ ἡμῖν θύραν τοῦ λόγου λαλῆσαι τὸ μυστήριον²⁴ τοῦ Χριστοῦ, δι' ὃ καὶ δέδεμαι²⁵, **4** ἵνα φανερώσω αὐτὸ ὡς δεῖ με λαλῆσαι. **5** ἐν σοφίᾳ περιπατεῖτε πρὸς τοὺς ἔξω τὸν καιρὸν ἐξαγοραζόμενοι²⁶. **6** ὁ λόγος ὑμῶν πάντοτε ἐν χάριτι, ἅλατι²⁷ ἠρτυμένος²⁸, εἰδέναι²⁹ πῶς δεῖ ὑμᾶς ἑνὶ ἑκάστῳ ἀποκρίνεσθαι.

Final Greetings

7 Τὰ κατ' ἐμὲ πάντα γνωρίσει³⁰ ὑμῖν Τύχικος ὁ ἀγαπητὸς ἀδελφὸς καὶ πιστὸς διάκονος³¹ καὶ σύνδουλος³² ἐν κυρίῳ, **8** ὃν ἔπεμψα³³ πρὸς ὑμᾶς εἰς αὐτὸ τοῦτο, ἵνα γνῶτε³⁴ τὰ περὶ ἡμῶν καὶ παρακαλέσῃ τὰς καρδίας ὑμῶν, **9** σὺν Ὀνησίμῳ τῷ πιστῷ καὶ ἀγαπητῷ ἀδελφῷ, ὅς ἐστιν ἐξ ὑμῶν· πάντα ὑμῖν γνωρίσουσιν τὰ ὧδε.

---

1 γονεύς, -έως m, parent
2 εὐάρεστος, -ον, pleasing
3 ἐρεθίζω 2p pres act impv, embitter
4 ἀθυμέω 3p pres act sub, become discouraged
5 ὑπακούω 2p pres act impv, obey
6 ὀφθαλμοδουλία, -ας f, eye-service
7 ἀνθρωπάρεσκος, -ον, pleasing humans
8 ἁπλότης, -ητος f, sincerity
9 οἶδα pf act ptc m p nom, know
10 ἀπολαμβάνω 2p fut mid ind, receive
11 ἀνταπόδοσις, -εως f, compensation
12 κληρονομία, -ας f, inheritance
13 δουλεύω 2p pres act ind or impv, serve
14 ἀδικέω pres act ptc m s nom, do wrong
15 κομίζω 3s fut mid ind, mid be repaid
16 προσωπολημψία, -ας f, favoritism
17 ἰσότης, -ητος f, fairness
18 παρέχω 2p pres mid impv, act & mid give
19 οἶδα pf act ptc m p nom, know
20 προσκαρτερέω 2p pres act impv, continue in
21 γρηγορέω pres act ptc m p nom, be watchful
22 εὐχαριστία, -ας f, thanksgiving
23 ἅμα, adv, also
24 μυστήριον, -ου n, mystery
25 δέω 1s pf pas ind, imprison
26 ἐξαγοράζω pres mid ptc m p nom, make the most of
27 ἅλας, -ατος n, salt
28 ἀρτύω pf pas ptc m s nom, season
29 οἶδα pres act inf, know
30 γνωρίζω 3s fut act ind, make known
31 διάκονος, -ου m, servant/minister
32 σύνδουλος, -ου m, fellow-servant
33 πέμπω 1s aor act ind, send
34 γινώσκω 2p aor act sub, know

ΠΡΟΣ ΚΟΛΟΣΣΑΕΙΣ 4.10-18

10 Ἀσπάζεται ὑμᾶς Ἀρίσταρχος ὁ συναιχμάλωτός[1] μου καὶ Μᾶρκος ὁ ἀνεψιὸς[2] Βαρναβᾶ (περὶ οὗ ἐλάβετε ἐντολάς, ἐὰν ἔλθῃ[3] πρὸς ὑμᾶς, δέξασθε αὐτόν) **11** καὶ Ἰησοῦς ὁ λεγόμενος Ἰοῦστος, οἱ ὄντες ἐκ περιτομῆς, οὗτοι μόνοι συνεργοὶ[4] εἰς τὴν βασιλείαν τοῦ θεοῦ, οἵτινες ἐγενήθησάν[5] μοι παρηγορία[6]. **12** ἀσπάζεται ὑμᾶς Ἐπαφρᾶς ὁ ἐξ ὑμῶν, δοῦλος Χριστοῦ [Ἰησοῦ], πάντοτε ἀγωνιζόμενος[7] ὑπὲρ ὑμῶν ἐν ταῖς προσευχαῖς, ἵνα σταθῆτε[8] τέλειοι[9] καὶ πεπληροφορημένοι[10] ἐν παντὶ θελήματι τοῦ θεοῦ. **13** μαρτυρῶ γὰρ αὐτῷ ὅτι ἔχει πολὺν πόνον[11] ὑπὲρ ὑμῶν καὶ τῶν ἐν Λαοδικείᾳ καὶ τῶν ἐν Ἱεραπόλει. **14** ἀσπάζεται ὑμᾶς Λουκᾶς ὁ ἰατρὸς[12] ὁ ἀγαπητὸς καὶ Δημᾶς. **15** Ἀσπάσασθε τοὺς ἐν Λαοδικείᾳ ἀδελφοὺς καὶ Νύμφαν καὶ τὴν κατ᾽ οἶκον αὐτῆς ἐκκλησίαν. **16** καὶ ὅταν ἀναγνωσθῇ[13] παρ᾽ ὑμῖν ἡ ἐπιστολή[14], ποιήσατε ἵνα καὶ ἐν τῇ Λαοδικέων ἐκκλησίᾳ ἀναγνωσθῇ, καὶ τὴν ἐκ Λαοδικείας ἵνα καὶ ὑμεῖς ἀναγνῶτε[15]. **17** καὶ εἴπατε[16] Ἀρχίππῳ· βλέπε τὴν διακονίαν ἣν παρέλαβες ἐν κυρίῳ, ἵνα αὐτὴν πληροῖς[17]. **18** Ὁ ἀσπασμὸς[18] τῇ ἐμῇ χειρὶ Παύλου. μνημονεύετέ[19] μου τῶν δεσμῶν[20]. ἡ χάρις μεθ᾽ ὑμῶν.

[1] συναιχμάλωτος, -ου *m*, fellow-prisoner
[2] ἀνεψιός, -οῦ *m*, cousin
[3] ἔρχομαι 3s aor act sub, come
[4] συνεργός, -οῦ *m*, fellow-worker
[5] γίνομαι 3p aor pas ind, be
[6] παρηγορία, -ας *f*, comfort
[7] ἀγωνίζομαι pres mid ptc *m s nom*, struggle
[8] ἵστημι 2p aor pas sub, pas stand
[9] τέλειος, -α/ον, mature
[10] πληροφορέω *pf pas ptc m n nom*, assure fully
[11] πόνος, -ου *m*, hard work
[12] ἰατρός, -οῦ *m*, doctor
[13] ἀναγινώσκω 3s aor pas sub, read
[14] ἐπιστολή, -ῆς *f*, letter
[15] ἀναγινώσκω 2p aor act sub, read
[16] λέγω 2p aor act impv, say
[17] πληρόω 2s pres act sub, complete
[18] ἀσπασμός, -οῦ *m*, greeting
[19] μνημονεύω 2p pres act impv, remember
[20] δεσμός, -οῦ *m*, chain

ΠΡΟΣ ΘΕΣΣΑΛΟΝΙΚΕΙΣ Α'

Salutation

1 Παῦλος καὶ Σιλουανὸς καὶ Τιμόθεος τῇ ἐκκλησίᾳ Θεσσαλονικέων ἐν θεῷ πατρὶ καὶ κυρίῳ Ἰησοῦ Χριστῷ, χάρις ὑμῖν καὶ εἰρήνη.

The Thessalonians' Faith and Example

2 Εὐχαριστοῦμεν τῷ θεῷ πάντοτε περὶ πάντων ὑμῶν μνείαν[1] ποιούμενοι ἐπὶ τῶν προσευχῶν ἡμῶν, ἀδιαλείπτως[2] **3** μνημονεύοντες[3] ὑμῶν τοῦ ἔργου τῆς πίστεως καὶ τοῦ κόπου[4] τῆς ἀγάπης καὶ τῆς ὑπομονῆς τῆς ἐλπίδος τοῦ κυρίου ἡμῶν Ἰησοῦ Χριστοῦ ἔμπροσθεν τοῦ θεοῦ καὶ πατρὸς ἡμῶν, **4** εἰδότες[5], ἀδελφοὶ ἠγαπημένοι[6] ὑπὸ [τοῦ] θεοῦ, τὴν ἐκλογὴν[7] ὑμῶν, **5** ὅτι τὸ εὐαγγέλιον ἡμῶν οὐκ ἐγενήθη[8] εἰς ὑμᾶς ἐν λόγῳ μόνον ἀλλὰ καὶ ἐν δυνάμει καὶ ἐν πνεύματι ἁγίῳ καὶ ἐν πληροφορίᾳ[9] πολλῇ, καθὼς οἴδατε οἷοι[10] ἐγενήθημεν[11] [ἐν] ὑμῖν δι' ὑμᾶς. **6** καὶ ὑμεῖς μιμηταὶ[12] ἡμῶν ἐγενήθητε καὶ τοῦ κυρίου, δεξάμενοι τὸν λόγον ἐν θλίψει πολλῇ μετὰ χαρᾶς πνεύματος ἁγίου, **7** ὥστε γενέσθαι ὑμᾶς τύπον[13] πᾶσιν τοῖς πιστεύουσιν ἐν τῇ Μακεδονίᾳ καὶ ἐν τῇ Ἀχαΐᾳ. **8** ἀφ' ὑμῶν γὰρ ἐξήχηται[14] ὁ λόγος τοῦ κυρίου οὐ μόνον ἐν τῇ Μακεδονίᾳ καὶ ἐν τῇ Ἀχαΐᾳ, ἀλλ' ἐν παντὶ τόπῳ ἡ πίστις ὑμῶν ἡ πρὸς τὸν θεὸν ἐξελήλυθεν[15], ὥστε μὴ χρείαν ἔχειν ἡμᾶς λαλεῖν τι. **9** αὐτοὶ γὰρ περὶ ἡμῶν ἀπαγγέλλουσιν ὁποίαν[16] εἴσοδον[17] ἔσχομεν[18] πρὸς ὑμᾶς, καὶ πῶς ἐπεστρέψατε[19] πρὸς τὸν θεὸν ἀπὸ τῶν εἰδώλων[20] δουλεύειν[21] θεῷ ζῶντι καὶ ἀληθινῷ[22] **10** καὶ ἀναμένειν[23] τὸν υἱὸν αὐτοῦ ἐκ τῶν οὐρανῶν, ὃν ἤγειρεν ἐκ [τῶν] νεκρῶν, Ἰησοῦν τὸν ῥυόμενον[24] ἡμᾶς ἐκ τῆς ὀργῆς τῆς ἐρχομένης.

---

[1] μνεία, -ας f, mention
[2] ἀδιαλείπτως, adv, constantly
[3] μνημονεύω pres act ptc m p nom, remember
[4] κόπος, -ου m, work
[5] οἶδα pf act ptc m p nom, know
[6] ἀγαπάω pf pas ptc m p nom or voc, love
[7] ἐκλογή, -ῆς f, choosing
[8] γίνομαι 3s aor pas ind, come
[9] πληροφορία, -ας f, conviction
[10] οἷος, -α/ον, rel pro, what kind
[11] γίνομαι 1p aor pas ind, be
[12] μιμητής, -οῦ m, imitator
[13] τύπος, -ου m, example
[14] ἐξηχέω 3s pf pas ind, sound forth
[15] ἐξέρχομαι 3s pf act ind, go out
[16] ὁποῖος, -α/ον, of what sort
[17] εἴσοδος, -ου f, visit
[18] ἔχω 1p aor act ind, have
[19] ἐπιστρέφω 2p aor act ind, intrans turn
[20] εἴδωλον, -ου n, idol
[21] δουλεύω pres act inf, serve
[22] ἀληθινός, -ή/όν, true
[23] ἀναμένω pres act inf, wait expectantly
[24] ῥύομαι pres mid ptc m s acc, rescue

Paul's Ministry in Thessalonica

2 Αὐτοὶ γὰρ οἴδατε, ἀδελφοί, τὴν εἴσοδον¹ ἡμῶν τὴν πρὸς ὑμᾶς ὅτι οὐ κενὴ² γέγονεν³, **2** ἀλλὰ προπαθόντες⁴ καὶ ὑβρισθέντες⁵, καθὼς οἴδατε, ἐν Φιλίπποις ἐπαρρησιασάμεθα⁶ ἐν τῷ θεῷ ἡμῶν λαλῆσαι πρὸς ὑμᾶς τὸ εὐαγγέλιον τοῦ θεοῦ ἐν πολλῷ ἀγῶνι⁷. **3** ἡ γὰρ παράκλησις⁸ ἡμῶν οὐκ ἐκ πλάνης⁹ οὐδὲ ἐξ ἀκαθαρσίας¹⁰ οὐδὲ ἐν δόλῳ¹¹, **4** ἀλλὰ καθὼς δεδοκιμάσμεθα¹² ὑπὸ τοῦ θεοῦ πιστευθῆναι τὸ εὐαγγέλιον, οὕτως λαλοῦμεν, οὐχ ὡς ἀνθρώποις ἀρέσκοντες¹³ ἀλλὰ θεῷ τῷ δοκιμάζοντι¹⁴ τὰς καρδίας ἡμῶν. **5** οὔτε γάρ ποτε¹⁵ ἐν λόγῳ κολακείας¹⁶ ἐγενήθημεν¹⁷, καθὼς οἴδατε, οὔτε ἐν προφάσει¹⁸ πλεονεξίας¹⁹, θεὸς μάρτυς, **6** οὔτε ζητοῦντες ἐξ ἀνθρώπων δόξαν οὔτε ἀφ' ὑμῶν οὔτε ἀπ' ἄλλων, **7** δυνάμενοι ἐν βάρει²⁰ εἶναι ὡς Χριστοῦ ἀπόστολοι, ἀλλ' ἐγενήθημεν νήπιοι²¹ ἐν μέσῳ ὑμῶν. ὡς ἐὰν τροφὸς²² θάλπῃ²³ τὰ ἑαυτῆς τέκνα, **8** οὕτως ὀμειρόμενοι²⁴ ὑμῶν εὐδοκοῦμεν²⁵ μεταδοῦναι²⁶ ὑμῖν οὐ μόνον τὸ εὐαγγέλιον τοῦ θεοῦ ἀλλὰ καὶ τὰς ἑαυτῶν ψυχάς, διότι²⁷ ἀγαπητοὶ ἡμῖν ἐγενήθητε²⁸. **9** μνημονεύετε²⁹ γάρ, ἀδελφοί, τὸν κόπον³⁰ ἡμῶν καὶ τὸν μόχθον³¹· νυκτὸς καὶ ἡμέρας ἐργαζόμενοι πρὸς τὸ μὴ ἐπιβαρῆσαί³² τινα ὑμῶν ἐκηρύξαμεν εἰς ὑμᾶς τὸ εὐαγγέλιον τοῦ θεοῦ. **10** ὑμεῖς μάρτυρες καὶ ὁ θεός, ὡς ὁσίως³³ καὶ δικαίως³⁴ καὶ ἀμέμπτως³⁵ ὑμῖν τοῖς πιστεύουσιν ἐγενήθημεν³⁶, **11** καθάπερ³⁷ οἴδατε, ὡς ἕνα ἕκαστον ὑμῶν ὡς πατὴρ τέκνα ἑαυτοῦ **12** παρακαλοῦντες ὑμᾶς καὶ παραμυθούμενοι³⁸ καὶ μαρτυρόμενοι³⁹ εἰς τὸ περιπατεῖν ὑμᾶς ἀξίως⁴⁰ τοῦ θεοῦ τοῦ καλοῦντος ὑμᾶς εἰς τὴν ἑαυτοῦ βασιλείαν καὶ δόξαν.

13 Καὶ διὰ τοῦτο καὶ ἡμεῖς εὐχαριστοῦμεν τῷ θεῷ ἀδιαλείπτως⁴¹, ὅτι παραλαβόντες λόγον ἀκοῆς⁴² παρ' ἡμῶν τοῦ θεοῦ ἐδέξασθε οὐ λόγον ἀνθρώπων ἀλλὰ καθὼς

---

¹ εἴσοδος, -ου f, visit
² κενός, -ή/όν, empty (κενὴ in vain)
³ γίνομαι 3s pf act ind, be
⁴ προπάσχω aor act ptc m p nom, suffer previously
⁵ ὑβρίζω aor pas ptc m p nom, treat disgracefully
⁶ παρρησιάζομαι 1p aor mid ind, have courage
⁷ ἀγών, -ῶνος m, opposition
⁸ παράκλησις, -εως f, appeal
⁹ πλάνη, -ης f, error
¹⁰ ἀκαθαρσία, -ας f, impure motive
¹¹ δόλος, -ου m, deceit
¹² δοκιμάζω 1p pf pas ind, approve
¹³ ἀρέσκω pres act ptc m p nom, please
¹⁴ δοκιμάζω pres act ptc m s dat, test
¹⁵ ποτέ, temporal adv, ever
¹⁶ κολακεία, -ας f, flattery
¹⁷ γίνομαι 1p aor pas ind, come
¹⁸ πρόφασις, -εως f, pretense
¹⁹ πλεονεξία, -ας f, greed
²⁰ βάρος, -ους n, weight (ἐν β. εἶναι make demands)
²¹ νήπιος, -α/ον, child
²² τροφός, -οῦ f, nursing mother
²³ θάλπω 3s pres act sub, take care of
²⁴ ὁμείρομαι pres mid ptc m p nom, care so much for
²⁵ εὐδοκέω 1p impf act ind, take pleasure in
²⁶ μεταδίδωμι aor act inf, share
²⁷ διότι, conj, because
²⁸ γίνομαι 2p aor pas ind, become
²⁹ μνημονεύω 2p pres act ind, remember
³⁰ κόπος, -ου m, work
³¹ μόχθος, -ου m, hardship
³² ἐπιβαρέω aor act inf, be a burden
³³ ὁσίως, adv, holy
³⁴ δικαίως, adv, uprightly
³⁵ ἀμέμπτως, adv, blamelessly
³⁶ γίνομαι 1p aor pas ind, become
³⁷ καθάπερ, conj, just as
³⁸ παραμυθέομαι pres mid ptc m p nom, comfort
³⁹ μαρτύρομαι pres mid ptc m p nom, urge
⁴⁰ ἀξίως, adv, worthily
⁴¹ ἀδιαλείπτως, adv, constantly
⁴² ἀκοή, -ῆς f, hearing

ἐστιν ἀληθῶς¹ λόγον θεοῦ, ὃς καὶ ἐνεργεῖται² ἐν ὑμῖν τοῖς πιστεύουσιν. **14** ὑμεῖς γὰρ μιμηταὶ³ ἐγενήθητε, ἀδελφοί, τῶν ἐκκλησιῶν τοῦ θεοῦ τῶν οὐσῶν ἐν τῇ Ἰουδαίᾳ ἐν Χριστῷ Ἰησοῦ, ὅτι τὰ αὐτὰ ἐπάθετε⁴ καὶ ὑμεῖς ὑπὸ τῶν ἰδίων συμφυλετῶν⁵ καθὼς καὶ αὐτοὶ ὑπὸ τῶν Ἰουδαίων, **15** τῶν καὶ τὸν κύριον ἀποκτεινάντων Ἰησοῦν καὶ τοὺς προφήτας καὶ ἡμᾶς ἐκδιωξάντων⁶ καὶ θεῷ μὴ ἀρεσκόντων⁷ καὶ πᾶσιν ἀνθρώποις ἐναντίων⁸, **16** κωλυόντων⁹ ἡμᾶς τοῖς ἔθνεσιν λαλῆσαι ἵνα σωθῶσιν¹⁰, εἰς τὸ ἀναπληρῶσαι¹¹ αὐτῶν τὰς ἁμαρτίας πάντοτε. ἔφθασεν¹² δὲ ἐπ' αὐτοὺς ἡ ὀργὴ εἰς τέλος.

Paul's Desire to Visit the Church Again

17 Ἡμεῖς δέ, ἀδελφοί, ἀπορφανισθέντες¹³ ἀφ' ὑμῶν πρὸς καιρὸν ὥρας, προσώπῳ οὐ καρδίᾳ, περισσοτέρως¹⁴ ἐσπουδάσαμεν¹⁵ τὸ πρόσωπον ὑμῶν ἰδεῖν ἐν πολλῇ ἐπιθυμίᾳ. **18** διότι¹⁶ ἠθελήσαμεν ἐλθεῖν πρὸς ὑμᾶς, ἐγὼ μὲν Παῦλος καὶ ἅπαξ¹⁷ καὶ δίς¹⁸, καὶ ἐνέκοψεν¹⁹ ἡμᾶς ὁ σατανᾶς. **19** τίς γὰρ ἡμῶν ἐλπὶς ἢ χαρὰ ἢ στέφανος²⁰ καυχήσεως²¹ – ἢ οὐχὶ καὶ ὑμεῖς – ἔμπροσθεν τοῦ κυρίου ἡμῶν Ἰησοῦ ἐν τῇ αὐτοῦ παρουσίᾳ²²; **20** ὑμεῖς γάρ ἐστε ἡ δόξα ἡμῶν καὶ ἡ χαρά.

3 Διὸ μηκέτι²³ στέγοντες²⁴ εὐδοκήσαμεν²⁵ καταλειφθῆναι²⁶ ἐν Ἀθήναις μόνοι **2** καὶ ἐπέμψαμεν²⁷ Τιμόθεον, τὸν ἀδελφὸν ἡμῶν καὶ συνεργὸν²⁸ τοῦ θεοῦ ἐν τῷ εὐαγγελίῳ τοῦ Χριστοῦ, εἰς τὸ στηρίξαι²⁹ ὑμᾶς καὶ παρακαλέσαι ὑπὲρ τῆς πίστεως ὑμῶν **3** τὸ μηδένα σαίνεσθαι³⁰ ἐν ταῖς θλίψεσιν ταύταις. αὐτοὶ γὰρ οἴδατε ὅτι εἰς τοῦτο κείμεθα³¹. **4** καὶ γὰρ ὅτε πρὸς ὑμᾶς ἦμεν, προελέγομεν³² ὑμῖν ὅτι μέλλομεν θλίβεσθαι³³, καθὼς καὶ ἐγένετο καὶ οἴδατε. **5** διὰ τοῦτο κἀγὼ μηκέτι³⁴ στέγων³⁵

---

¹ ἀληθῶς, *adv*, truly
² ἐνεργέω *3s pres mid ind*, be at work
³ μιμητής, -οῦ *m*, imitator
⁴ πάσχω *2p aor act ind*, suffer
⁵ συμφυλέτης, -ου *m*, one's people
⁶ ἐκδιώκω *aor act ptc m p gen*, force out
⁷ ἀρέσκω *pres act ptc m p gen*, please
⁸ ἐναντίος, -α/ον, opposed
⁹ κωλύω *pres act ptc m p gen*, hinder
¹⁰ σῴζω *3p aor pas sub*, save
¹¹ ἀναπληρόω *aor act inf*, complete the full measure of
¹² φθάνω *3s aor act ind*, come upon
¹³ ἀπορφανίζω *aor pas ptc m p nom*, separate from
¹⁴ περισσοτέρως, *adv*, all the more
¹⁵ σπουδάζω *1p aor act ind*, do one's best
¹⁶ διότι, *conj*, because
¹⁷ ἅπαξ, *adv*, once
¹⁸ δίς, *adv*, twice
¹⁹ ἐγκόπτω *3s aor act ind*, prevent
²⁰ στέφανος, -ου *m*, crown
²¹ καύχησις, -εως *f*, boasting
²² παρουσία, -ας *f*, coming
²³ μηκέτι, *adv*, no longer
²⁴ στέγω *pres act ptc m p nom*, endure
²⁵ εὐδοκέω *1p aor act ind*, be willing
²⁶ καταλείπω *aor pas inf*, leave behind
²⁷ πέμπω *1p aor act ind*, send
²⁸ συνεργός, -οῦ *m*, fellow-worker
²⁹ στηρίζω *aor act inf*, strengthen
³⁰ σαίνω *pres pas inf*, pas be disturbed
³¹ κεῖμαι *1p pres mid ind*, mid be one's destiny
³² προλέγω *1p impf act ind*, tell in advance
³³ θλίβω *pres pas inf*, experience trouble
³⁴ μηκέτι, *adv*, no longer
³⁵ στέγω *pres act ptc m s nom*, endure

ἔπεμψα¹ εἰς τὸ γνῶναι² τὴν πίστιν ὑμῶν, μή πως³ ἐπείρασεν ὑμᾶς ὁ πειράζων καὶ εἰς κενὸν⁴ γένηται ὁ κόπος⁵ ἡμῶν.

6 Ἄρτι δὲ ἐλθόντος Τιμοθέου πρὸς ἡμᾶς ἀφ᾽ ὑμῶν καὶ εὐαγγελισαμένου ἡμῖν τὴν πίστιν καὶ τὴν ἀγάπην ὑμῶν καὶ ὅτι ἔχετε μνείαν⁶ ἡμῶν ἀγαθὴν πάντοτε, ἐπιποθοῦντες⁷ ἡμᾶς ἰδεῖν καθάπερ⁸ καὶ ἡμεῖς ὑμᾶς, **7** διὰ τοῦτο παρεκλήθημεν⁹, ἀδελφοί, ἐφ᾽ ὑμῖν ἐπὶ πάσῃ τῇ ἀνάγκῃ¹⁰ καὶ θλίψει ἡμῶν διὰ τῆς ὑμῶν πίστεως, **8** ὅτι νῦν ζῶμεν ἐὰν ὑμεῖς στήκετε¹¹ ἐν κυρίῳ. **9** τίνα γὰρ εὐχαριστίαν¹² δυνάμεθα τῷ θεῷ ἀνταποδοῦναι¹³ περὶ ὑμῶν ἐπὶ πάσῃ τῇ χαρᾷ ᾗ χαίρομεν δι᾽ ὑμᾶς ἔμπροσθεν τοῦ θεοῦ ἡμῶν, **10** νυκτὸς καὶ ἡμέρας ὑπερεκπερισσοῦ¹⁴ δεόμενοι¹⁵ εἰς τὸ ἰδεῖν ὑμῶν τὸ πρόσωπον καὶ καταρτίσαι¹⁶ τὰ ὑστερήματα¹⁷ τῆς πίστεως ὑμῶν;

11 Αὐτὸς δὲ ὁ θεὸς καὶ πατὴρ ἡμῶν καὶ ὁ κύριος ἡμῶν Ἰησοῦς κατευθύναι¹⁸ τὴν ὁδὸν ἡμῶν πρὸς ὑμᾶς· **12** ὑμᾶς δὲ ὁ κύριος πλεονάσαι¹⁹ καὶ περισσεύσαι τῇ ἀγάπῃ εἰς ἀλλήλους καὶ εἰς πάντας καθάπερ²⁰ καὶ ἡμεῖς εἰς ὑμᾶς, **13** εἰς τὸ στηρίξαι²¹ ὑμῶν τὰς καρδίας ἀμέμπτους²² ἐν ἁγιωσύνῃ²³ ἔμπροσθεν τοῦ θεοῦ καὶ πατρὸς ἡμῶν ἐν τῇ παρουσίᾳ²⁴ τοῦ κυρίου ἡμῶν Ἰησοῦ μετὰ πάντων τῶν ἁγίων αὐτοῦ[, ἀμήν].

A Life Pleasing to God

4 Λοιπὸν οὖν, ἀδελφοί, ἐρωτῶμεν ὑμᾶς καὶ παρακαλοῦμεν ἐν κυρίῳ Ἰησοῦ, ἵνα καθὼς παρελάβετε παρ᾽ ἡμῶν τὸ πῶς δεῖ ὑμᾶς περιπατεῖν καὶ ἀρέσκειν²⁵ θεῷ, καθὼς καὶ περιπατεῖτε, ἵνα περισσεύητε μᾶλλον. **2** οἴδατε γὰρ τίνας παραγγελίας²⁶ ἐδώκαμεν ὑμῖν διὰ τοῦ κυρίου Ἰησοῦ.

3 Τοῦτο γάρ ἐστιν θέλημα τοῦ θεοῦ, ὁ ἁγιασμὸς²⁷ ὑμῶν, ἀπέχεσθαι²⁸ ὑμᾶς ἀπὸ τῆς πορνείας²⁹, **4** εἰδέναι³⁰ ἕκαστον ὑμῶν τὸ ἑαυτοῦ σκεῦος³¹ κτᾶσθαι³² ἐν ἁγιασμῷ καὶ τιμῇ, **5** μὴ ἐν πάθει³³ ἐπιθυμίας καθάπερ³⁴ καὶ τὰ ἔθνη τὰ μὴ εἰδότα³⁵ τὸν θεόν, **6** τὸ μὴ ὑπερβαίνειν³⁶ καὶ πλεονεκτεῖν³⁷ ἐν τῷ πράγματι³⁸ τὸν ἀδελφὸν

---

[1] πέμπω 1s aor act ind, send
[2] γινώσκω aor act inf, find out
[3] πώς, particle, somehow
[4] κενός, -ή/όν, empty (εἰς κ. in vain)
[5] κόπος, -ου m, work
[6] μνεία, -ας f, remembrance
[7] ἐπιποθέω pres act ptc m p nom, long (for)
[8] καθάπερ, conj, just as
[9] παρακαλέω 1p aor pas ind, encourage
[10] ἀνάγκη, -ης f, distress
[11] στήκω 2p pres act ind, stand firm
[12] εὐχαριστία, -ας f, thanks
[13] ἀνταποδίδωμι aor act inf, repay
[14] ὑπερεκπερισσοῦ, adv, earnestly
[15] δέομαι pres pas ptc m p nom, pray
[16] καταρτίζω aor act inf, supply
[17] ὑστέρημα, -τος n, what is lacking
[18] κατευθύνω 3s aor act opt, direct
[19] πλεονάζω 3s aor act opt, increase
[20] καθάπερ, conj, just as
[21] στηρίζω aor act inf, strengthen
[22] ἄμεμπτος, -ον, blameless
[23] ἁγιωσύνη, -ης f, holiness
[24] παρουσία, -ας f, coming
[25] ἀρέσκω pres act inf, please
[26] παραγγελία, -ας f, instruction
[27] ἁγιασμός, -οῦ m, holiness
[28] ἀπέχω pres mid inf, abstain
[29] πορνεία, -ας f, sexual immorality
[30] οἶδα pf act inf, know
[31] σκεῦος, -ους n, body/wife
[32] κτάομαι pres mid inf, control (one's body)/live with (one's wife)
[33] πάθος, -ους n, lustful passion
[34] καθάπερ, conj, just as
[35] οἶδα pf act ptc n p nom, know
[36] ὑπερβαίνω pres act inf, wrong
[37] πλεονεκτέω pres act inf, take advantage of
[38] πρᾶγμα, -τος n, matter

αὐτοῦ, διότι¹ ἔκδικος² κύριος περὶ πάντων τούτων, καθὼς καὶ προείπαμεν³ ὑμῖν καὶ διεμαρτυράμεθα⁴. 7 οὐ γὰρ ἐκάλεσεν ἡμᾶς ὁ θεὸς ἐπὶ ἀκαθαρσίᾳ⁵ ἀλλ' ἐν ἁγιασμῷ. 8 τοιγαροῦν⁶ ὁ ἀθετῶν⁷ οὐκ ἄνθρωπον ἀθετεῖ ἀλλὰ τὸν θεὸν τὸν [καὶ] διδόντα⁸ τὸ πνεῦμα αὐτοῦ τὸ ἅγιον εἰς ὑμᾶς.

9 Περὶ δὲ τῆς φιλαδελφίας⁹ οὐ χρείαν ἔχετε γράφειν ὑμῖν, αὐτοὶ γὰρ ὑμεῖς θεοδίδακτοί¹⁰ ἐστε εἰς τὸ ἀγαπᾶν ἀλλήλους, 10 καὶ γὰρ ποιεῖτε αὐτὸ εἰς πάντας τοὺς ἀδελφοὺς τοὺς ἐν ὅλῃ τῇ Μακεδονίᾳ. παρακαλοῦμεν δὲ ὑμᾶς, ἀδελφοί, περισσεύειν μᾶλλον 11 καὶ φιλοτιμεῖσθαι¹¹ ἡσυχάζειν¹² καὶ πράσσειν τὰ ἴδια καὶ ἐργάζεσθαι ταῖς [ἰδίαις] χερσὶν ὑμῶν, καθὼς ὑμῖν παρηγγείλαμεν, 12 ἵνα περιπατῆτε εὐσχημόνως¹³ πρὸς τοὺς ἔξω καὶ μηδενὸς χρείαν ἔχητε.

The Lord's Coming

13 Οὐ θέλομεν δὲ ὑμᾶς ἀγνοεῖν¹⁴, ἀδελφοί, περὶ τῶν κοιμωμένων¹⁵, ἵνα μὴ λυπῆσθε¹⁶ καθὼς καὶ οἱ λοιποὶ οἱ μὴ ἔχοντες ἐλπίδα. 14 εἰ γὰρ πιστεύομεν ὅτι Ἰησοῦς ἀπέθανεν καὶ ἀνέστη¹⁷, οὕτως καὶ ὁ θεὸς τοὺς κοιμηθέντας διὰ τοῦ Ἰησοῦ ἄξει¹⁸ σὺν αὐτῷ. 15 Τοῦτο γὰρ ὑμῖν λέγομεν ἐν λόγῳ κυρίου, ὅτι ἡμεῖς οἱ ζῶντες οἱ περιλειπόμενοι¹⁹ εἰς τὴν παρουσίαν²⁰ τοῦ κυρίου οὐ μὴ φθάσωμεν²¹ τοὺς κοιμηθέντας· 16 ὅτι αὐτὸς ὁ κύριος ἐν κελεύσματι²², ἐν φωνῇ ἀρχαγγέλου²³ καὶ ἐν σάλπιγγι²⁴ θεοῦ, καταβήσεται²⁵ ἀπ' οὐρανοῦ καὶ οἱ νεκροὶ ἐν Χριστῷ ἀναστήσονται²⁶ πρῶτον, 17 ἔπειτα²⁷ ἡμεῖς οἱ ζῶντες οἱ περιλειπόμενοι ἅμα²⁸ σὺν αὐτοῖς ἁρπαγησόμεθα²⁹ ἐν νεφέλαις³⁰ εἰς ἀπάντησιν³¹ τοῦ κυρίου εἰς ἀέρα³²· καὶ οὕτως πάντοτε σὺν κυρίῳ ἐσόμεθα³³. 18 ὥστε παρακαλεῖτε ἀλλήλους ἐν τοῖς λόγοις τούτοις.

5 Περὶ δὲ τῶν χρόνων καὶ τῶν καιρῶν, ἀδελφοί, οὐ χρείαν ἔχετε ὑμῖν γράφεσθαι, 2 αὐτοὶ γὰρ ἀκριβῶς³⁴ οἴδατε ὅτι ἡμέρα κυρίου ὡς κλέπτης³⁵ ἐν νυκτὶ οὕτως ἔρχεται. 3 ὅταν λέγωσιν· εἰρήνη καὶ ἀσφάλεια³⁶, τότε αἰφνίδιος³⁷ αὐτοῖς

1 διότι, *conj*, because
2 ἔκδικος, -ου *m*, one who punishes
3 προλέγω 1p *aor act ind*, warn in advance
4 διαμαρτύρομαι 1p *aor mid ind*, say emphatically
5 ἀκαθαρσία, -ας *f*, impurity
6 τοιγαροῦν, *conj*, therefore
7 ἀθετέω *pres act ptc m s nom*, reject
8 δίδωμι *pres act ptc m s nom*, give
9 φιλαδελφία, -ας *f*, love of one another
10 θεοδίδακτος, -ον *m*, taught by God
11 φιλοτιμέομαι *pres mid inf*, endeavor
12 ἡσυχάζω *pres act inf*, live a quiet life
13 εὐσχημόνως, *adv*, respectably
14 ἀγνοέω *pres act inf*, fail to understand
15 κοιμάομαι *pres pas ptc m p gen*, be dead
16 λυπέω 2p *pres pas sub*, *pas* grieve
17 ἀνίστημι 3s *aor act ind*, *intrans* rise
18 ἄγω 3s *fut act ind*, bring
19 περιλείπομαι *pres pas ptc m p nom*, be left
20 παρουσία, -ας *f*, coming
21 φθάνω 1p *aor act sub*, precede
22 κέλευσμα, -τος *n*, command
23 ἀρχάγγελος, -ου *m*, archangel
24 σάλπιγξ, -ιγγος *f*, trumpet
25 καταβαίνω 3s *fut mid ind*, come down
26 ἀνίστημι 3p *fut mid ind*, *intrans* rise
27 ἔπειτα, *adv*, then
28 ἅμα, *adv*, together
29 ἁρπάζω 1p *fut pas ind*, catch up
30 νεφέλη, -ης *f*, cloud
31 ἀπάντησις, -εως *f*, meeting
32 ἀήρ, -έρος *m*, air
33 εἰμί 1p *fut mid ind*, be
34 ἀκριβῶς, *adv*, very well
35 κλέπτης, -ου *m*, thief
36 ἀσφάλεια, -ας *f*, security
37 αἰφνίδιος, -ον, sudden

ἐφίσταται¹ ὄλεθρος² ὥσπερ ἡ ὠδὶν³ τῇ ἐν γαστρὶ⁴ ἐχούσῃ, καὶ οὐ μὴ ἐκφύγωσιν⁵. 4 ὑμεῖς δέ, ἀδελφοί, οὐκ ἐστὲ ἐν σκότει, ἵνα ἡ ἡμέρα ὑμᾶς ὡς κλέπτης καταλάβῃ⁶· 5 πάντες γὰρ ὑμεῖς υἱοὶ φωτός ἐστε καὶ υἱοὶ ἡμέρας. Οὐκ ἐσμὲν νυκτὸς οὐδὲ σκότους· 6 ἄρα οὖν μὴ καθεύδωμεν⁷ ὡς οἱ λοιποὶ ἀλλὰ γρηγορῶμεν⁸ καὶ νήφωμεν⁹. 7 οἱ γὰρ καθεύδοντες νυκτὸς καθεύδουσιν καὶ οἱ μεθυσκόμενοι¹⁰ νυκτὸς μεθύουσιν· 8 ἡμεῖς δὲ ἡμέρας ὄντες νήφωμεν ἐνδυσάμενοι¹¹ θώρακα¹² πίστεως καὶ ἀγάπης καὶ περικεφαλαίαν¹³ ἐλπίδα σωτηρίας· 9 ὅτι οὐκ ἔθετο¹⁴ ἡμᾶς ὁ θεὸς εἰς ὀργὴν ἀλλ' εἰς περιποίησιν¹⁵ σωτηρίας διὰ τοῦ κυρίου ἡμῶν Ἰησοῦ Χριστοῦ 10 τοῦ ἀποθανόντος ὑπὲρ ἡμῶν, ἵνα εἴτε γρηγορῶμεν εἴτε καθεύδωμεν ἅμα¹⁶ σὺν αὐτῷ ζήσωμεν. 11 Διὸ παρακαλεῖτε ἀλλήλους καὶ οἰκοδομεῖτε εἷς τὸν ἕνα, καθὼς καὶ ποιεῖτε.

Final Exhortations and Greetings

12 Ἐρωτῶμεν δὲ ὑμᾶς, ἀδελφοί, εἰδέναι¹⁷ τοὺς κοπιῶντας¹⁸ ἐν ὑμῖν καὶ προϊσταμένους¹⁹ ὑμῶν ἐν κυρίῳ καὶ νουθετοῦντας²⁰ ὑμᾶς 13 καὶ ἡγεῖσθαι²¹ αὐτοὺς ὑπερεκπερισσοῦ²² ἐν ἀγάπῃ διὰ τὸ ἔργον αὐτῶν. εἰρηνεύετε²³ ἐν ἑαυτοῖς. 14 παρακαλοῦμεν δὲ ὑμᾶς, ἀδελφοί, νουθετεῖτε τοὺς ἀτάκτους²⁴, παραμυθεῖσθε²⁵ τοὺς ὀλιγοψύχους²⁶, ἀντέχεσθε²⁷ τῶν ἀσθενῶν²⁸, μακροθυμεῖτε²⁹ πρὸς πάντας. 15 ὁρᾶτε μή τις κακὸν ἀντὶ³⁰ κακοῦ τινι ἀποδῷ³¹, ἀλλὰ πάντοτε τὸ ἀγαθὸν διώκετε [καὶ] εἰς ἀλλήλους καὶ εἰς πάντας.

16 πάντοτε χαίρετε,
17 ἀδιαλείπτως³² προσεύχεσθε,
18 ἐν παντὶ εὐχαριστεῖτε· τοῦτο γὰρ θέλημα θεοῦ ἐν Χριστῷ Ἰησοῦ εἰς ὑμᾶς.
19 τὸ πνεῦμα μὴ σβέννυτε³³,
20 προφητείας³⁴ μὴ ἐξουθενεῖτε³⁵,

1 ἐφίστημι 3s pres mid ind, come up
2 ὄλεθρος, -ου m, destruction
3 ὠδίν, -ῖνος f, birth-pains
4 γαστήρ, -τρός f, womb (ἐν γ. ἔχω be pregnant)
5 ἐκφεύγω 3p aor act sub, escape
6 καταλαμβάνω 3s aor act sub, surprise
7 καθεύδω 1p pres act sub, sleep
8 γρηγορέω 1p pres act sub, keep awake
9 νήφω 1p pres act sub, be sober
10 μεθύσκω pres pas ptc m p nom, pas get drunk
11 ἐνδύω aor mid ptc m p nom, mid put on
12 θώραξ, -ακος m, breastplate
13 περικεφαλαία, -ας f, helmet
14 τίθημι 3s aor mid ind, appoint
15 περιποίησις, -εως f, obtaining
16 ἅμα, adv, together
17 οἶδα pf act inf, respect
18 κοπιάω pres act ptc m p acc, work hard
19 προΐστημι pres mid ptc m p acc, be a leader/care for
20 νουθετέω pres act ptc m p acc, instruct/warn
21 ἡγέομαι pres mid inf, regard
22 ὑπερεκπερισσοῦ, adv, with the greatest respect
23 εἰρηνεύω 2p pres act impv, live at peace
24 ἄτακτος, -ον, lazy
25 παραμυθέομαι 2p pres mid impv, encourage
26 ὀλιγόψυχος, -ον, discouraged
27 ἀντέχομαι 2p pres mid impv, help
28 ἀσθενής, -ές, weak
29 μακροθυμέω 2p pres act impv, be patient
30 ἀντί, prep + gen, for
31 ἀποδίδωμι 3s aor act sub, repay
32 ἀδιαλείπτως, adv, constantly
33 σβέννυμι 2p pres act impv, extinguish
34 προφητεία, -ας f, prophecy
35 ἐξουθενέω 2p pres act impv, despise

21 πάντα δὲ δοκιμάζετε¹, τὸ καλὸν κατέχετε², **22** ἀπὸ παντὸς εἴδους³ πονηροῦ ἀπέχεσθε⁴.

23 Αὐτὸς δὲ ὁ θεὸς τῆς εἰρήνης ἁγιάσαι⁵ ὑμᾶς ὁλοτελεῖς⁶, καὶ ὁλόκληρον⁷ ὑμῶν τὸ πνεῦμα καὶ ἡ ψυχὴ καὶ τὸ σῶμα ἀμέμπτως⁸ ἐν τῇ παρουσίᾳ⁹ τοῦ κυρίου ἡμῶν Ἰησοῦ Χριστοῦ τηρηθείη¹⁰. **24** πιστὸς ὁ καλῶν ὑμᾶς, ὃς καὶ ποιήσει.
25 Ἀδελφοί, προσεύχεσθε [καὶ] περὶ ἡμῶν.
26 Ἀσπάσασθε τοὺς ἀδελφοὺς πάντας ἐν φιλήματι ἁγίῳ. **27** ἐνορκίζω¹¹ ὑμᾶς τὸν κύριον ἀναγνωσθῆναι τὴν ἐπιστολὴν πᾶσιν τοῖς ἀδελφοῖς.
28 Ἡ χάρις τοῦ κυρίου ἡμῶν Ἰησοῦ Χριστοῦ μεθ' ὑμῶν.

ΠΡΟΣ ΘΕΣΣΑΛΟΝΙΚΕΙΣ Β'

Salutation

1 Παῦλος καὶ Σιλουανὸς καὶ Τιμόθεος τῇ ἐκκλησίᾳ Θεσσαλονικέων ἐν θεῷ πατρὶ ἡμῶν καὶ κυρίῳ Ἰησοῦ Χριστῷ, **2** χάρις ὑμῖν καὶ εἰρήνη ἀπὸ θεοῦ πατρὸς ἡμῶν καὶ κυρίου Ἰησοῦ Χριστοῦ.

The Judgment at Christ's Coming

3 Εὐχαριστεῖν ὀφείλομεν τῷ θεῷ πάντοτε περὶ ὑμῶν, ἀδελφοί, καθὼς ἄξιόν ἐστιν, ὅτι ὑπεραυξάνει¹² ἡ πίστις ὑμῶν καὶ πλεονάζει¹³ ἡ ἀγάπη ἑνὸς ἑκάστου πάντων ὑμῶν εἰς ἀλλήλους, **4** ὥστε αὐτοὺς ἡμᾶς ἐν ὑμῖν ἐγκαυχᾶσθαι¹⁴ ἐν ταῖς ἐκκλησίαις τοῦ θεοῦ ὑπὲρ τῆς ὑπομονῆς ὑμῶν καὶ πίστεως ἐν πᾶσιν τοῖς διωγμοῖς¹⁵ ὑμῶν καὶ ταῖς θλίψεσιν αἷς ἀνέχεσθε¹⁶, **5** ἔνδειγμα¹⁷ τῆς δικαίας κρίσεως τοῦ θεοῦ εἰς τὸ καταξιωθῆναι¹⁸ ὑμᾶς τῆς βασιλείας τοῦ θεοῦ, ὑπὲρ ἧς καὶ πάσχετε, **6** εἴπερ¹⁹ δίκαιον παρὰ θεῷ ἀνταποδοῦναι²⁰ τοῖς θλίβουσιν²¹ ὑμᾶς θλῖψιν **7** καὶ ὑμῖν τοῖς

---

¹ δοκιμάζω 2p pres act impv, test
² κατέχω 2p pres act impv, hold fast
³ εἶδος, -ους n, kind
⁴ ἀπέχω 2p pres mid impv, abstain from
⁵ ἁγιάζω 3s aor act opt, sanctify
⁶ ὁλοτελής, -ές, completely
⁷ ὁλόκληρος, -ον, sound
⁸ ἀμέμπτως, adv, blamelessly
⁹ παρουσία, -ας f, coming
¹⁰ τηρέω 3s aor pas opt, keep
¹¹ ἐνορκίζω 1s pres act inf, beg (someone to do something)
¹² ὑπεραυξάνω 3s pres act ind, grow abundantly
¹³ πλεονάζω 3s pres act ind, increase
¹⁴ ἐγκαυχάομαι pres mid inf, boast
¹⁵ διωγμός, -οῦ m, persecution
¹⁶ ἀνέχομαι 2p pres mid ind, endure
¹⁷ ἔνδειγμα, -τος n, evidence
¹⁸ καταξιόω aor pas inf, make worthy
¹⁹ εἴπερ, conj, since
²⁰ ἀνταποδίδωμι aor act inf, repay
²¹ θλίβω pres act ptc m p dat, trouble

θλιβομένοις ἄνεσιν¹ μεθ' ἡμῶν, ἐν τῇ ἀποκαλύψει² τοῦ κυρίου Ἰησοῦ ἀπ' οὐρανοῦ μετ' ἀγγέλων δυνάμεως αὐτοῦ **8** ἐν πυρὶ φλογός³, διδόντος⁴ ἐκδίκησιν⁵ τοῖς μὴ εἰδόσιν⁶ θεὸν καὶ τοῖς μὴ ὑπακούουσιν⁷ τῷ εὐαγγελίῳ τοῦ κυρίου ἡμῶν Ἰησοῦ, **9** οἵτινες δίκην⁸ τίσουσιν⁹ ὄλεθρον¹⁰ αἰώνιον ἀπὸ προσώπου τοῦ κυρίου καὶ ἀπὸ τῆς δόξης τῆς ἰσχύος¹¹ αὐτοῦ, **10** ὅταν ἔλθῃ¹² ἐνδοξασθῆναι¹³ ἐν τοῖς ἁγίοις αὐτοῦ καὶ θαυμασθῆναι ἐν πᾶσιν τοῖς πιστεύσασιν, ὅτι ἐπιστεύθη τὸ μαρτύριον¹⁴ ἡμῶν ἐφ' ὑμᾶς, ἐν τῇ ἡμέρᾳ ἐκείνῃ. **11** εἰς ὃ καὶ προσευχόμεθα πάντοτε περὶ ὑμῶν, ἵνα ὑμᾶς ἀξιώσῃ¹⁵ τῆς κλήσεως¹⁶ ὁ θεὸς ἡμῶν καὶ πληρώσῃ πᾶσαν εὐδοκίαν¹⁷ ἀγαθωσύνης¹⁸ καὶ ἔργον πίστεως ἐν δυνάμει, **12** ὅπως ἐνδοξασθῇ τὸ ὄνομα τοῦ κυρίου ἡμῶν Ἰησοῦ ἐν ὑμῖν, καὶ ὑμεῖς ἐν αὐτῷ, κατὰ τὴν χάριν τοῦ θεοῦ ἡμῶν καὶ κυρίου Ἰησοῦ Χριστοῦ.

The Man of Lawlessness

2 Ἐρωτῶμεν δὲ ὑμᾶς, ἀδελφοί, ὑπὲρ τῆς παρουσίας¹⁹ τοῦ κυρίου ἡμῶν Ἰησοῦ Χριστοῦ καὶ ἡμῶν ἐπισυναγωγῆς²⁰ ἐπ' αὐτὸν **2** εἰς τὸ μὴ ταχέως²¹ σαλευθῆναι²² ὑμᾶς ἀπὸ τοῦ νοὸς²³ μηδὲ θροεῖσθαι²⁴, μήτε διὰ πνεύματος μήτε διὰ λόγου μήτε δι' ἐπιστολῆς²⁵ ὡς δι' ἡμῶν, ὡς ὅτι ἐνέστηκεν²⁶ ἡ ἡμέρα τοῦ κυρίου· **3** Μή τις ὑμᾶς ἐξαπατήσῃ²⁷ κατὰ μηδένα τρόπον²⁸. ὅτι ἐὰν μὴ ἔλθῃ²⁹ ἡ ἀποστασία³⁰ πρῶτον καὶ ἀποκαλυφθῇ³¹ ὁ ἄνθρωπος τῆς ἀνομίας³², ὁ υἱὸς τῆς ἀπωλείας³³, **4** ὁ ἀντικείμενος³⁴ καὶ ὑπεραιρόμενος³⁵ ἐπὶ πάντα λεγόμενον θεὸν ἢ σέβασμα³⁶, ὥστε αὐτὸν εἰς τὸν ναὸν τοῦ θεοῦ καθίσαι³⁷ ἀποδεικνύντα³⁸ ἑαυτὸν ὅτι ἐστὶν θεός. **5** οὐ μνημονεύετε³⁹ ὅτι ἔτι ὢν πρὸς ὑμᾶς ταῦτα ἔλεγον ὑμῖν; **6** καὶ νῦν τὸ κατέχον⁴⁰ οἴδατε εἰς τὸ ἀποκαλυφθῆναι⁴¹ αὐτὸν ἐν τῷ ἑαυτοῦ καιρῷ. **7** τὸ γὰρ μυστήριον⁴²

---

[1] ἄνεσις, -εως f, relief
[2] ἀποκάλυψις, -εως f, revelation
[3] φλόξ, φλογός f, flame
[4] δίδωμι pres act ptc m s gen, give
[5] ἐκδίκησις, -εως f, punishment
[6] οἶδα pf act ptc m p dat, know
[7] ὑπακούω pres act ptc m p dat, obey
[8] δίκη, -ης f, punishment
[9] τίνω 3p fut act ind, suffer
[10] ὄλεθρος, -ου m, destruction
[11] ἰσχύς, -ύος f, strength
[12] ἔρχομαι 3s aor act sub, come
[13] ἐνδοξάζομαι aor pas inf, receive glory
[14] μαρτύριον, -ου n, testimony
[15] ἀξιόω 3s aor act sub, make worthy
[16] κλῆσις, -εως f, calling
[17] εὐδοκία, -ας f, desire
[18] ἀγαθωσύνη, -ης f, goodness
[19] παρουσία, -ας f, coming
[20] ἐπισυναγωγή, -ῆς f, gathering
[21] ταχέως, adv, quickly
[22] σαλεύω aor pas inf, shake
[23] νοῦς, -ός m, mind
[24] θροέω pres pas inf, pas be alarmed
[25] ἐπιστολή, -ῆς f, letter
[26] ἐνίστημι 3s pf act ind, be present (pf = has come)
[27] ἐξαπατάω 3s aor act sub, deceive
[28] τρόπος, -ου m, way
[29] ἔρχομαι 3s aor act sub, come
[30] ἀποστασία, -ας f, rebellion
[31] ἀποκαλύπτω 3s aor pas sub, reveal
[32] ἀνομία, -ας f, lawlessness
[33] ἀπώλεια, -ας f, destruction
[34] ἀντίκειμαι pres mid ptc m s nom, oppose
[35] ὑπεραίρω pres mid ptc m s nom, mid exalt oneself
[36] σέβασμα, -τος n, object of worship
[37] καθίζω aor act inf, sit
[38] ἀποδείκνυμι pres act ptc m s voc, claim
[39] μνημονεύω 2p pres act ind, remember
[40] κατέχω pres act ptc n s acc, hold back
[41] ἀποκαλύπτω aor pas inf, reveal
[42] μυστήριον, -ου n, mystery

ἤδη ἐνεργεῖται¹ τῆς ἀνομίας²· μόνον ὁ κατέχων ἄρτι ἕως ἐκ μέσου γένηται. **8** καὶ τότε ἀποκαλυφθήσεται³ ὁ ἄνομος⁴, ὃν ὁ κύριος Ἰησοῦς ἀνελεῖ⁵ τῷ πνεύματι τοῦ στόματος αὐτοῦ καὶ καταργήσει⁶ τῇ ἐπιφανείᾳ⁷ τῆς παρουσίας⁸ αὐτοῦ, **9** οὗ ἐστιν ἡ παρουσία κατ᾽ ἐνέργειαν⁹ τοῦ σατανᾶ ἐν πάσῃ δυνάμει καὶ σημείοις καὶ τέρασιν¹⁰ ψεύδους¹¹ **10** καὶ ἐν πάσῃ ἀπάτῃ¹² ἀδικίας¹³ τοῖς ἀπολλυμένοις¹⁴, ἀνθ¹⁵' ὧν τὴν ἀγάπην τῆς ἀληθείας οὐκ ἐδέξαντο¹⁶ εἰς τὸ σωθῆναι¹⁷ αὐτούς. **11** καὶ διὰ τοῦτο πέμπει αὐτοῖς ὁ θεὸς ἐνέργειαν πλάνης¹⁸ εἰς τὸ πιστεῦσαι αὐτοὺς τῷ ψεύδει, **12** ἵνα κριθῶσιν¹⁹ πάντες οἱ μὴ πιστεύσαντες τῇ ἀληθείᾳ ἀλλ᾽ εὐδοκήσαντες²⁰ τῇ ἀδικίᾳ.

Chosen for Salvation

13 Ἡμεῖς δὲ ὀφείλομεν εὐχαριστεῖν τῷ θεῷ πάντοτε περὶ ὑμῶν, ἀδελφοὶ ἠγαπημένοι²¹ ὑπὸ κυρίου, ὅτι εἵλατο²² ὑμᾶς ὁ θεὸς ἀπαρχὴν²³ εἰς σωτηρίαν ἐν ἁγιασμῷ²⁴ πνεύματος καὶ πίστει ἀληθείας, **14** εἰς ὃ [καὶ] ἐκάλεσεν ὑμᾶς διὰ τοῦ εὐαγγελίου ἡμῶν εἰς περιποίησιν²⁵ δόξης τοῦ κυρίου ἡμῶν Ἰησοῦ Χριστοῦ.

15 Ἄρα οὖν, ἀδελφοί, στήκετε²⁶ καὶ κρατεῖτε τὰς παραδόσεις²⁷ ἃς ἐδιδάχθητε²⁸ εἴτε διὰ λόγου εἴτε δι᾽ ἐπιστολῆς²⁹ ἡμῶν. **16** αὐτὸς δὲ ὁ κύριος ἡμῶν Ἰησοῦς Χριστὸς καὶ ὁ θεὸς ὁ πατὴρ ἡμῶν ὁ ἀγαπήσας ἡμᾶς καὶ δοὺς³⁰ παράκλησιν³¹ αἰωνίαν καὶ ἐλπίδα ἀγαθὴν ἐν χάριτι, **17** παρακαλέσαι ὑμῶν τὰς καρδίας καὶ στηρίξαι³² ἐν παντὶ ἔργῳ καὶ λόγῳ ἀγαθῷ.

Pray for Us

3 Τὸ λοιπὸν προσεύχεσθε, ἀδελφοί, περὶ ἡμῶν, ἵνα ὁ λόγος τοῦ κυρίου τρέχῃ³³ καὶ δοξάζηται καθὼς καὶ πρὸς ὑμᾶς, **2** καὶ ἵνα ῥυσθῶμεν³⁴ ἀπὸ τῶν ἀτόπων³⁵ καὶ πονηρῶν ἀνθρώπων· οὐ γὰρ πάντων ἡ πίστις. **3** πιστὸς δέ ἐστιν ὁ κύριος,

---

1 ἐνεργέω 3s pres mid ind, be at work
2 ἀνομία, -ας f, lawlessness
3 ἀποκαλύπτω 3s fut pas ind, reveal
4 ἄνομος, -ον, lawless
5 ἀναιρέω 3s fut act ind, do away with
6 καταργέω 3s fut act ind, destroy
7 ἐπιφάνεια, -ας f, appearing
8 παρουσία, -ας f, coming
9 ἐνέργεια, -ας f, activity
10 τέρας, -ατος n, a wonder
11 ψεῦδος, -ους n, lie/imitation
12 ἀπάτη, -ης f, deception
13 ἀδικία, -ας f, evil
14 ἀπόλλυμι pres mid ptc m p dat, mid be lost
15 ἀντί, prep + gen, because (ἀνθ᾽ ὧν because)
16 δέχομαι 3p aor mid ind, accept
17 σῴζω aor pas inf, save
18 πλάνη, -ης f, deception
19 κρίνω 3p aor pas sub, condemn
20 εὐδοκέω aor act ptc m p nom, take pleasure in
21 ἀγαπάω pf pas ptc m p nom or voc, love
22 αἱρέω 3s aor mid ind, mid choose
23 ἀπαρχή, -ῆς f, first
24 ἁγιασμός, -οῦ m, sanctification
25 περιποίησις, -εως f, possession
26 στήκω 2p pres act impv, stand firm
27 παράδοσις, -εως f, tradition
28 διδάσκω 2p aor pas ind, teach
29 ἐπιστολή, -ῆς f, letter
30 δίδωμι aor act ptc m s nom, give
31 παράκλησις, -εως f, encouragement
32 στηρίζω 3s aor act opt, strengthen
33 τρέχω 3s pres act sub, speed on
34 ῥύομαι 1p aor pas sub, rescue
35 ἄτοπος, -ον, wicked

ὃς στηρίξει¹ ὑμᾶς καὶ φυλάξει² ἀπὸ τοῦ πονηροῦ. **4** πεποίθαμεν³ δὲ ἐν κυρίῳ ἐφ' ὑμᾶς, ὅτι ἃ παραγγέλλομεν καὶ ποιεῖτε καὶ ποιήσετε. **5** ὁ δὲ κύριος κατευθύναι⁴ ὑμῶν τὰς καρδίας εἰς τὴν ἀγάπην τοῦ θεοῦ καὶ εἰς τὴν ὑπομονὴν τοῦ Χριστοῦ.

Warning against Idleness

6 Παραγγέλλομεν δὲ ὑμῖν, ἀδελφοί, ἐν ὀνόματι τοῦ κυρίου ἡμῶν Ἰησοῦ Χριστοῦ στέλλεσθαι⁵ ὑμᾶς ἀπὸ παντὸς ἀδελφοῦ ἀτάκτως⁶ περιπατοῦντος καὶ μὴ κατὰ τὴν παράδοσιν⁷ ἣν παρελάβοσαν παρ' ἡμῶν. **7** αὐτοὶ γὰρ οἴδατε πῶς δεῖ μιμεῖσθαι⁸ ἡμᾶς, ὅτι οὐκ ἠτακτήσαμεν⁹ ἐν ὑμῖν **8** οὐδὲ δωρεὰν¹⁰ ἄρτον ἐφάγομεν¹¹ παρά τινος, ἀλλ' ἐν κόπῳ¹² καὶ μόχθῳ¹³ νυκτὸς καὶ ἡμέρας ἐργαζόμενοι πρὸς τὸ μὴ ἐπιβαρῆσαί¹⁴ τινα ὑμῶν· **9** οὐχ ὅτι οὐκ ἔχομεν ἐξουσίαν, ἀλλ' ἵνα ἑαυτοὺς τύπον¹⁵ δῶμεν¹⁶ ὑμῖν εἰς τὸ μιμεῖσθαι ἡμᾶς. **10** καὶ γὰρ ὅτε ἦμεν πρὸς ὑμᾶς, τοῦτο παρηγγέλλομεν ὑμῖν, ὅτι εἴ τις οὐ θέλει ἐργάζεσθαι μηδὲ ἐσθιέτω. **11** ἀκούομεν γάρ τινας περιπατοῦντας ἐν ὑμῖν ἀτάκτως μηδὲν ἐργαζομένους ἀλλὰ περιεργαζομένους¹⁷· **12** τοῖς δὲ τοιούτοις παραγγέλλομεν καὶ παρακαλοῦμεν ἐν κυρίῳ Ἰησοῦ Χριστῷ, ἵνα μετὰ ἡσυχίας¹⁸ ἐργαζόμενοι τὸν ἑαυτῶν ἄρτον ἐσθίωσιν. **13** ὑμεῖς δέ, ἀδελφοί, μὴ ἐγκακήσητε¹⁹ καλοποιοῦντες²⁰.

14 Εἰ δέ τις οὐχ ὑπακούει²¹ τῷ λόγῳ ἡμῶν διὰ τῆς ἐπιστολῆς²², τοῦτον σημειοῦσθε²³ μὴ συναναμίγνυσθαι²⁴ αὐτῷ, ἵνα ἐντραπῇ²⁵· **15** καὶ μὴ ὡς ἐχθρὸν ἡγεῖσθε²⁶, ἀλλὰ νουθετεῖτε²⁷ ὡς ἀδελφόν.

Benediction

16 Αὐτὸς δὲ ὁ κύριος τῆς εἰρήνης δῴη²⁸ ὑμῖν τὴν εἰρήνην διὰ παντὸς ἐν παντὶ τρόπῳ²⁹. ὁ κύριος μετὰ πάντων ὑμῶν.

17 Ὁ ἀσπασμὸς³⁰ τῇ ἐμῇ χειρὶ Παύλου, ὅ ἐστιν σημεῖον ἐν πάσῃ ἐπιστολῇ· οὕτως γράφω. **18** ἡ χάρις τοῦ κυρίου ἡμῶν Ἰησοῦ Χριστοῦ μετὰ πάντων ὑμῶν.

---

1 στηρίζω 3s fut act ind, strengthen
2 φυλάσσω 3s fut act ind, protect
3 πείθω 1p pf act ind, convince
4 κατευθύνω 3s aor act opt, direct
5 στέλλω pres mid inf, mid keep away from
6 ἀτάκτως, adv, in laziness
7 παράδοσις, -εως f, tradition
8 μιμέομαι pres mid inf, imitate
9 ἀτακτέω 1p aor act ind, be lazy
10 δωρεάν, adv, without paying
11 ἐσθίω 1p aor act ind, eat
12 κόπος, -ου m, work
13 μόχθος, -ου m, labor
14 ἐπιβαρέω aor act inf, be a burden
15 τύπος, -ου m, example
16 δίδωμι 1p aor act sub, give
17 περιεργάζομαι pres mid ptc m p acc, be a busybody
18 ἡσυχία, -ας f, quietness
19 ἐγκακέω 2p aor act sub, tire of
20 καλοποιέω pres act ptc m p nom, do what is good
21 ὑπακούω 3s pres act ind, obey
22 ἐπιστολή, -ῆς f, letter
23 σημειόω 2p pres mid impv, mid take note of
24 συναναμίγνυμι pres mid inf, associate with
25 ἐντρέπω 3s aor pas sub, pas be ashamed
26 ἡγέομαι 2p pres mid impv, consider
27 νουθετέω 2p pres act impv, warn
28 δίδωμι 3s aor act opt, give
29 τρόπος, -ου m, way
30 ἀσπασμός, -οῦ m, greeting

ΠΡΟΣ ΕΒΡΑΙΟΥΣ

God Has Spoken by His Son

1 Πολυμερῶς¹ καὶ πολυτρόπως² πάλαι³ ὁ θεὸς λαλήσας⁴ τοῖς πατράσιν ἐν τοῖς προφήταις 2 ἐπ' ἐσχάτου τῶν ἡμερῶν τούτων ἐλάλησεν ἡμῖν ἐν υἱῷ, ὃν ἔθηκεν⁵ κληρονόμον⁶ πάντων, δι' οὗ καὶ ἐποίησεν τοὺς αἰῶνας· 3 Ὃς ὢν ἀπαύγασμα⁷ τῆς δόξης καὶ χαρακτὴρ⁸ τῆς ὑποστάσεως⁹ αὐτοῦ, φέρων τε τὰ πάντα τῷ ῥήματι τῆς δυνάμεως αὐτοῦ, καθαρισμὸν¹⁰ τῶν ἁμαρτιῶν ποιησάμενος ἐκάθισεν ἐν δεξιᾷ τῆς μεγαλωσύνης¹¹ ἐν ὑψηλοῖς,¹² 4 τοσούτῳ¹³ κρείττων¹⁴ γενόμενος τῶν ἀγγέλων ὅσῳ διαφορώτερον¹⁵ παρ' αὐτοὺς κεκληρονόμηκεν¹⁶ ὄνομα.

The Son Superior to Angels

5 Τίνι γὰρ εἶπέν ποτε¹⁷ τῶν ἀγγέλων·
    υἱός μου εἶ σύ,
    ἐγὼ σήμερον γεγέννηκά¹⁸ σε;
καὶ πάλιν·
    ἐγὼ ἔσομαι¹⁹ αὐτῷ εἰς πατέρα,
    καὶ αὐτὸς ἔσται μοι εἰς υἱόν;
6 ὅταν δὲ πάλιν εἰσαγάγῃ²⁰ τὸν πρωτότοκον²¹ εἰς τὴν οἰκουμένην²², λέγει·
    καὶ προσκυνησάτωσαν αὐτῷ πάντες ἄγγελοι θεοῦ.
7 καὶ πρὸς μὲν τοὺς ἀγγέλους λέγει·
    ὁ ποιῶν τοὺς ἀγγέλους αὐτοῦ πνεύματα
    καὶ τοὺς λειτουργοὺς²³ αὐτοῦ πυρὸς φλόγα²⁴,

---

¹ πολυμερῶς, *adv*, many times
² πολυτρόπως, *adv*, in many ways
³ πάλαι, *adv*, in the past
⁴ λαλέω *aor act ptc m s nom*, speak
⁵ τίθημι *3s aor act ind*, place
⁶ κληρονόμος, -ου *m*, heir
⁷ ἀπαύγασμα, -τος *n*, brightness
⁸ χαρακτήρ, -ῆρος *m*, exact likeness
⁹ ὑπόστασις, -εως *f*, nature
¹⁰ καθαρισμός, -οῦ *m*, purification
¹¹ μεγαλωσύνη, -ης *f*, Majesty (of God)
¹² ὑψηλός, -ή/όν, high (ἐν ὑ. in heaven)
¹³ τοσοῦτος, -αύτη/οῦτον, so much
¹⁴ κρείττων, better (comp of ἀγαθός)
¹⁵ διαφορώτερος, superior
¹⁶ κληρονομέω *3s pf act ind*, inherit/receive
¹⁷ ποτέ, *temporal adv*, ever
¹⁸ γεννάω *1s pf act ind*, be father of
¹⁹ εἰμί *1s fut act ind*, be
²⁰ εἰσάγω *3s aor act sub*, bring into
²¹ πρωτότοκος, -ον, first-born
²² οἰκουμένη, -ης *f*, world
²³ λειτουργός, -οῦ *m*, servant
²⁴ φλόξ, φλογός *f*, flame

8 πρὸς δὲ τὸν υἱόν·

ὁ θρόνος σου ὁ θεὸς εἰς τὸν αἰῶνα τοῦ αἰῶνος,
καὶ ἡ ῥάβδος[1] τῆς εὐθύτητος[2] ῥάβδος τῆς βασιλείας σου.
9 ἠγάπησας[3] δικαιοσύνην καὶ ἐμίσησας ἀνομίαν[4]·
διὰ τοῦτο ἔχρισέν[5] σε ὁ θεὸς ὁ θεός σου
ἔλαιον[6] ἀγαλλιάσεως[7] παρὰ τοὺς μετόχους[8] σου.
10 καί·

σὺ κατ' ἀρχάς, κύριε, τὴν γῆν ἐθεμελίωσας[9],
καὶ ἔργα τῶν χειρῶν σού εἰσιν οἱ οὐρανοί·
11 αὐτοὶ ἀπολοῦνται[10], σὺ δὲ διαμένεις[11],
καὶ πάντες ὡς ἱμάτιον παλαιωθήσονται[12],
12 καὶ ὡσεὶ[13] περιβόλαιον[14] ἑλίξεις[15] αὐτούς,
ὡς ἱμάτιον καὶ ἀλλαγήσονται[16]·
σὺ δὲ ὁ αὐτὸς εἶ καὶ τὰ ἔτη σου οὐκ ἐκλείψουσιν[17].
13 πρὸς τίνα δὲ τῶν ἀγγέλων εἴρηκέν[18] ποτε·
κάθου[19] ἐκ δεξιῶν μου,
ἕως ἂν θῶ[20] τοὺς ἐχθρούς σου ὑποπόδιον[21] τῶν ποδῶν σου;
14 οὐχὶ πάντες εἰσὶν λειτουργικὰ πνεύματα εἰς διακονίαν ἀποστελλόμενα διὰ τοὺς μέλλοντας κληρονομεῖν[22] σωτηρίαν;

The Great Salvation

2 Διὰ τοῦτο δεῖ περισσοτέρως[23] προσέχειν[24] ἡμᾶς τοῖς ἀκουσθεῖσιν, μήποτε[25] παραρυῶμεν[26]. **2** εἰ γὰρ ὁ δι' ἀγγέλων λαληθεὶς λόγος ἐγένετο βέβαιος[27] καὶ πᾶσα παράβασις[28] καὶ παρακοὴ[29] ἔλαβεν ἔνδικον[30] μισθαποδοσίαν[31], **3** πῶς ἡμεῖς ἐκφευξόμεθα[32] τηλικαύτης[33] ἀμελήσαντες[34] σωτηρίας, ἥτις ἀρχὴν λαβοῦσα[35]

---

[1] ῥάβδος, -ου f, scepter
[2] εὐθύτης, -ητος f, justice
[3] ἀγαπάω 2s aor act ind, love
[4] ἀνομία, -ας f, wickedness
[5] χρίω 3s aor act ind, anoint
[6] ἔλαιον, -ου f, olive oil
[7] ἀγαλλίασις, -εως f, gladness
[8] μέτοχος, -ου m, companion
[9] θεμελιόω 2s aor act ind, lay a foundation for
[10] ἀπόλλυμι 3p fut mid ind, mid perish
[11] διαμένω 2s pres act ind, remain
[12] παλαιόω 3p fut pas ind, pas become old
[13] ὡσεί, particle of comparison, like
[14] περιβόλαιον, -ου n, robe
[15] ἑλίσσω 2s fut act ind, roll up
[16] ἀλλάσσω 3p fut pas ind, change
[17] ἐκλείπω 3p fut act ind, end
[18] λέγω 3s pf act ind, say
[19] κάθημαι 2s pres mid impv, sit
[20] τίθημι 1s aor act sub, put
[21] ὑποπόδιον, -ου n, footstool
[22] κληρονομέω pres act inf, inherit/receive
[23] περισσοτέρως, adv, all the more
[24] προσέχω pres act inf, pay close attention to
[25] μήποτε, conj, so that ... will not
[26] παραρρέω 1p aor pas sub, drift away
[27] βέβαιος, -α/ον, valid
[28] παράβασις, -εως f, violation
[29] παρακοή, -ῆς f, disobedience
[30] ἔνδικος, -ον, just
[31] μισθαποδοσία, -ας f, retribution
[32] ἐκφεύγω 1p fut mid ind, escape
[33] τηλικοῦτος, -αύτη/οῦτο, so great
[34] ἀμελέω aor act ptc m p nom, neglect
[35] λαμβάνω aor act ptc fs nom, receive

λαλεῖσθαι¹ διὰ τοῦ κυρίου ὑπὸ τῶν ἀκουσάντων εἰς ἡμᾶς ἐβεβαιώθη², 4 συνεπιμαρτυροῦντος³ τοῦ θεοῦ σημείοις τε καὶ τέρασιν⁴ καὶ ποικίλαις⁵ δυνάμεσιν καὶ πνεύματος ἁγίου μερισμοῖς⁶ κατὰ τὴν αὐτοῦ θέλησιν⁷·

The Pioneer of Salvation

5 Οὐ γὰρ ἀγγέλοις ὑπέταξεν⁸ τὴν οἰκουμένην⁹ τὴν μέλλουσαν, περὶ ἧς λαλοῦμεν. 6 διεμαρτύρατο¹⁰ δέ πού¹¹ τις λέγων·

τί ἐστιν ἄνθρωπος ὅτι μιμνήσκῃ¹² αὐτοῦ,
ἢ υἱὸς ἀνθρώπου ὅτι ἐπισκέπτῃ¹³ αὐτόν;
7 ἠλάττωσας¹⁴ αὐτὸν βραχύ¹⁵ τι παρ' ἀγγέλους,
δόξῃ καὶ τιμῇ ἐστεφάνωσας¹⁶ αὐτόν,
8 πάντα ὑπέταξας ὑποκάτω¹⁷ τῶν ποδῶν αὐτοῦ.

ἐν τῷ γὰρ ὑποτάξαι¹⁸ αὐτῷ τὰ πάντα οὐδὲν ἀφῆκεν¹⁹ αὐτῷ ἀνυπότακτον²⁰. νῦν δὲ οὔπω²¹ ὁρῶμεν αὐτῷ τὰ πάντα ὑποτεταγμένα²². 9 τὸν δὲ βραχύ τι παρ' ἀγγέλους ἠλαττωμένον²³ βλέπομεν Ἰησοῦν διὰ τὸ πάθημα²⁴ τοῦ θανάτου δόξῃ καὶ τιμῇ ἐστεφανωμένον²⁵, ὅπως χάριτι θεοῦ ὑπὲρ παντὸς γεύσηται²⁶ θανάτου.

10 Ἔπρεπεν²⁷ γὰρ αὐτῷ, δι' ὃν τὰ πάντα καὶ δι' οὗ τὰ πάντα, πολλοὺς υἱοὺς εἰς δόξαν ἀγαγόντα²⁸ τὸν ἀρχηγὸν²⁹ τῆς σωτηρίας αὐτῶν διὰ παθημάτων τελειῶσαι³⁰. 11 ὅ τε γὰρ ἁγιάζων³¹ καὶ οἱ ἁγιαζόμενοι ἐξ ἑνὸς πάντες· δι' ἣν αἰτίαν³² οὐκ ἐπαισχύνεται³³ ἀδελφοὺς αὐτοὺς καλεῖν 12 λέγων·

ἀπαγγελῶ τὸ ὄνομά σου τοῖς ἀδελφοῖς μου,
ἐν μέσῳ ἐκκλησίας ὑμνήσω³⁴ σε,

13 καὶ πάλιν·

ἐγὼ ἔσομαι πεποιθὼς³⁵ ἐπ' αὐτῷ,

---

[1] λαλέω pres pas inf, speak
[2] βεβαιόω 3s aor pas ind, confirm
[3] συνεπιμαρτυρέω pres act ptc m s gen, add further testimony
[4] τέρας, -ατος n, a wonder
[5] ποικίλος, -η/ον, all kinds of
[6] μερισμός, -οῦ m, distribution
[7] θέλησις, -εως f, will
[8] ὑποτάσσω 3s aor act ind, subject
[9] οἰκουμένη, -ης f, world
[10] διαμαρτύρομαι 3s aor mid ind, testify
[11] πού, indefinite particle, somewhere
[12] μιμνήσκομαι 2s pres pas ind, keep in mind
[13] ἐπισκέπτομαι 2s pres mid ind, care for
[14] ἐλαττόω 2s aor act ind, make lower
[15] βραχύς, adv, for a little while
[16] στεφανόω 2s aor act ind, crown
[17] ὑποκάτω, prep + gen, under
[18] ὑποτάσσω aor act inf, subject
[19] ἀφίημι 3s aor act ind, leave
[20] ἀνυπότακτος, -ον, not made subject
[21] οὔπω, adv, not yet
[22] ὑποτάσσω pf pas ptc n p acc, subject
[23] ἐλαττόω pf pas ptc m s acc, make lower
[24] πάθημα, -τος n, suffering
[25] στεφανόω pf pas ptc m s acc, crown
[26] γεύομαι 3s aor mid sub, experience
[27] πρέπω 3s impf act ind, impers it is fitting
[28] ἄγω aor act ptc m s acc, bring
[29] ἀρχηγός, -οῦ m, originator
[30] τελειόω aor act inf, make perfect
[31] ἁγιάζω pres act ptc m s nom, sanctify
[32] αἰτία, -ας f, reason
[33] ἐπαισχύνομαι 3s pres pas ind, be ashamed
[34] ὑμνέω 1s fut act ind, sing praises to
[35] πείθω pf act ptc m s nom, (place one's) trust

καὶ πάλιν·
 ἰδοὺ ἐγὼ καὶ τὰ παιδία ἅ μοι ἔδωκεν ὁ θεός.

14 ἐπεὶ[1] οὖν τὰ παιδία κεκοινώνηκεν[2] αἵματος καὶ σαρκός, καὶ αὐτὸς παραπλησίως[3] μετέσχεν[4] τῶν αὐτῶν, ἵνα διὰ τοῦ θανάτου καταργήσῃ[5] τὸν τὸ κράτος[6] ἔχοντα τοῦ θανάτου, τοῦτ' ἔστιν τὸν διάβολον, **15** καὶ ἀπαλλάξῃ[7] τούτους, ὅσοι φόβῳ θανάτου διὰ παντὸς τοῦ ζῆν ἔνοχοι[8] ἦσαν δουλείας[9]. **16** οὐ γὰρ δήπου[10] ἀγγέλων ἐπιλαμβάνεται[11] ἀλλὰ σπέρματος Ἀβραὰμ ἐπιλαμβάνεται. **17** ὅθεν[12] ὤφειλεν κατὰ πάντα τοῖς ἀδελφοῖς ὁμοιωθῆναι[13], ἵνα ἐλεήμων[14] γένηται καὶ πιστὸς ἀρχιερεὺς τὰ πρὸς τὸν θεὸν εἰς τὸ ἱλάσκεσθαι[15] τὰς ἁμαρτίας τοῦ λαοῦ. **18** ἐν ᾧ γὰρ πέπονθεν[16] αὐτὸς πειρασθείς[17], δύναται τοῖς πειραζομένοις βοηθῆσαι[18].

Jesus Superior to Moses

3 Ὅθεν[19], ἀδελφοὶ ἅγιοι, κλήσεως[20] ἐπουρανίου[21] μέτοχοι[22], κατανοήσατε[23] τὸν ἀπόστολον καὶ ἀρχιερέα τῆς ὁμολογίας[24] ἡμῶν Ἰησοῦν, **2** πιστὸν ὄντα τῷ ποιήσαντι αὐτὸν ὡς καὶ Μωϋσῆς ἐν ὅλῳ τῷ οἴκῳ αὐτοῦ. **3** πλείονος[25] γὰρ οὗτος δόξης παρὰ Μωϋσῆν ἠξίωται[26], καθ' ὅσον πλείονα τιμὴν ἔχει τοῦ οἴκου ὁ κατασκευάσας[27] αὐτόν· **4** πᾶς γὰρ οἶκος κατασκευάζεται ὑπό τινος, ὁ δὲ πάντα κατασκευάσας θεός. **5** καὶ Μωϋσῆς μὲν πιστὸς ἐν ὅλῳ τῷ οἴκῳ αὐτοῦ ὡς **θεράπων**[28] εἰς μαρτύριον[29] τῶν λαληθησομένων[30], **6** Χριστὸς δὲ ὡς υἱὸς ἐπὶ τὸν οἶκον αὐτοῦ· οὗ οἶκός ἐσμεν ἡμεῖς, ἐάν[περ][31] τὴν παρρησίαν καὶ τὸ καύχημα[32] τῆς ἐλπίδος κατάσχωμεν[33].

A Rest for the People of God

7 Διό, καθὼς λέγει τὸ πνεῦμα τὸ ἅγιον·
 σήμερον ἐὰν τῆς φωνῆς αὐτοῦ ἀκούσητε,

---

[1] ἐπεί, *conj*, since
[2] κοινωνέω *3s pf act ind*, take part
[3] παραπλησίως, *adv*, likewise
[4] μετέχω *3s aor act ind*, share in
[5] καταργέω *3s aor act sub*, destroy
[6] κράτος, -ους *n*, power
[7] ἀπαλλάσσω *3s aor act sub*, set free
[8] ἔνοχος, -ον, subject to (ἐ. δουλείας enslaved)
[9] δουλεία, -ας *f*, slavery
[10] δήπου, *adv*, it is clear
[11] ἐπιλαμβάνομαι *3s pres mid ind*, help
[12] ὅθεν, *conj*, and so
[13] ὁμοιόω *aor pas inf*, *pas* be like
[14] ἐλεήμων, -ον, merciful
[15] ἱλάσκομαι *pres mid inf*, atone for/expiate
[16] πάσχω *3s pf act ind*, suffer
[17] πειράζω *aor pas ptc m s nom*, tempt
[18] βοηθέω *aor act inf*, help
[19] ὅθεν, *conj*, and so
[20] κλῆσις, -εως *f*, calling
[21] ἐπουράνιος, -ον, heavenly
[22] μέτοχος, -ου *m*, one who shares in
[23] κατανοέω *2p aor act impv*, consider
[24] ὁμολογία, -ας *f*, confession
[25] πολύς, great (comp)
[26] ἀξιόω *3s pf pas ind*, consider worthy
[27] κατασκευάζω *aor act ptc m s nom*, build
[28] θεράπων, -οντος *m*, servant
[29] μαρτύριον, -ου *n*, testimony
[30] λαλέω *fut pas ptc n p gen*, speak
[31] ἐάνπερ, *conj*, if only
[32] καύχημα, -τος *n*, (ground for) boasting
[33] κατέχω *1p aor act sub*, hold fast

8 μὴ σκληρύνητε¹ τὰς καρδίας ὑμῶν ὡς ἐν τῷ παραπικρασμῷ²
κατὰ τὴν ἡμέραν τοῦ πειρασμοῦ³ ἐν τῇ ἐρήμῳ,
9 οὗ⁴ ἐπείρασαν⁵ οἱ πατέρες ὑμῶν ἐν δοκιμασίᾳ⁶
καὶ εἶδον τὰ ἔργα μου **10** τεσσεράκοντα⁷ ἔτη·
διὸ προσώχθισα⁸ τῇ γενεᾷ ταύτῃ
καὶ εἶπον· ἀεὶ⁹ πλανῶνται τῇ καρδίᾳ,
αὐτοὶ δὲ οὐκ ἔγνωσαν¹⁰ τὰς ὁδούς μου,
11 ὡς ὤμοσα¹¹ ἐν τῇ ὀργῇ μου·
εἰ εἰσελεύσονται¹² εἰς τὴν κατάπαυσίν¹³ μου.

12 βλέπετε, ἀδελφοί, μήποτε¹⁴ ἔσται ἔν τινι ὑμῶν καρδία πονηρὰ ἀπιστίας¹⁵ ἐν τῷ ἀποστῆναι¹⁶ ἀπὸ θεοῦ ζῶντος, **13** ἀλλὰ παρακαλεῖτε ἑαυτοὺς καθ' ἑκάστην ἡμέραν, ἄχρις οὗ τὸ σήμερον καλεῖται, ἵνα μὴ σκληρυνθῇ¹⁷ τις ἐξ ὑμῶν ἀπάτῃ¹⁸ τῆς ἁμαρτίας – **14** μέτοχοι¹⁹ γὰρ τοῦ Χριστοῦ γεγόναμεν²⁰, ἐάνπερ²¹ τὴν ἀρχὴν τῆς ὑποστάσεως²² μέχρι²³ τέλους βεβαίαν²⁴ κατάσχωμεν²⁵ – **15** ἐν τῷ λέγεσθαι·
σήμερον ἐὰν τῆς φωνῆς αὐτοῦ ἀκούσητε,
μὴ σκληρύνητε τὰς καρδίας ὑμῶν ὡς ἐν τῷ παραπικρασμῷ²⁶.

16 τίνες γὰρ ἀκούσαντες παρεπίκραναν²⁷; ἀλλ' οὐ πάντες οἱ ἐξελθόντες ἐξ Αἰγύπτου διὰ Μωϋσέως; **17** τίσιν δὲ προσώχθισεν²⁸ τεσσεράκοντα ἔτη; οὐχὶ τοῖς ἁμαρτήσασιν, ὧν τὰ κῶλα²⁹ ἔπεσεν³⁰ ἐν τῇ ἐρήμῳ; **18** τίσιν δὲ ὤμοσεν³¹ μὴ εἰσελεύσεσθαι³² εἰς τὴν κατάπαυσιν³³ αὐτοῦ εἰ μὴ τοῖς ἀπειθήσασιν³⁴; **19** καὶ βλέπομεν ὅτι οὐκ ἠδυνήθησαν³⁵ εἰσελθεῖν δι' ἀπιστίαν³⁶.

---

¹ σκληρύνω *2p aor act sub*, make stubborn
² παραπικρασμός, -οῦ *m*, rebellion
³ πειρασμός, -οῦ *m*, testing
⁴ οὗ, *adv*, where
⁵ πειράζω *3p aor act ind*, put to the test
⁶ δοκιμασία, -ας *f*, testing
⁷ τεσσεράκοντα, forty
⁸ προσοχθίζω *1s aor act ind*, be angry
⁹ ἀεί, *adv*, always
¹⁰ γινώσκω *3p aor act ind*, know
¹¹ ὀμνύω/ὄμνυμι *1s aor act ind*, swear
¹² εἰσέρχομαι *3p fut mid ind*, enter
¹³ κατάπαυσις, -εως *f*, rest
¹⁴ μήποτε, *conj*, so that ... will not
¹⁵ ἀπιστία, -ας *f*, unbelief
¹⁶ ἀφίστημι *aor act inf*, turn away
¹⁷ σκληρύνω *3s aor pas sub*, pas be stubborn
¹⁸ ἀπάτη, -ης *f*, deceitfulness
¹⁹ μέτοχος, -ου *m*, one who shares in
²⁰ γίνομαι *1p pf act ind*, become
²¹ ἐάνπερ, *conj*, if only
²² ὑπόστασις, -εως *f*, conviction
²³ μέχρι, *prep + gen*, until
²⁴ βέβαιος, -α/ον, firm
²⁵ κατέχω *1p aor act sub*, hold fast
²⁶ παραπικρασμός, -οῦ *m*, rebellion
²⁷ παραπικραίνω *3p aor act ind*, rebel
²⁸ προσοχθίζω *3s aor act ind*, be angry
²⁹ κῶλον, -ου *n*, dead body
³⁰ πίπτω *3s aor act ind*, fall
³¹ ὀμνύω/ὄμνυμι *3s aor act ind*, swear
³² εἰσέρχομαι *fut mid inf*, enter
³³ κατάπαυσις, -εως *f*, rest
³⁴ ἀπειθέω *aor act ptc m p dat*, disobey
³⁵ δύναμαι *3p aor pas ind*, be able to
³⁶ ἀπιστία, -ας *f*, unbelief

ΠΡΟΣ ΕΒΡΑΙΟΥΣ 4.1-12

4 Φοβηθῶμεν οὖν, μήποτε[1] καταλειπομένης[2] ἐπαγγελίας εἰσελθεῖν εἰς τὴν κατάπαυσιν[3] αὐτοῦ δοκῇ τις ἐξ ὑμῶν ὑστερηκέναι[4]. **2** καὶ γάρ ἐσμεν[5] εὐηγγελισμένοι[6] καθάπερ[7] κἀκεῖνοι· ἀλλ᾽ οὐκ ὠφέλησεν[8] ὁ λόγος τῆς ἀκοῆς[9] ἐκείνους μὴ συγκεκερασμένους[10] τῇ πίστει τοῖς ἀκούσασιν. **3** εἰσερχόμεθα γὰρ εἰς τὴν κατάπαυσιν οἱ πιστεύσαντες, καθὼς εἴρηκεν[11]·

ὡς ὤμοσα[12] ἐν τῇ ὀργῇ μου·
εἰ εἰσελεύσονται[13] εἰς τὴν κατάπαυσίν μου,

καίτοι[14] τῶν ἔργων ἀπὸ καταβολῆς[15] κόσμου γενηθέντων[16]. **4** εἴρηκεν[17] γάρ που[18] περὶ τῆς ἑβδόμης[19] οὕτως· **καὶ κατέπαυσεν**[20] **ὁ θεὸς ἐν τῇ ἡμέρᾳ τῇ ἑβδόμῃ ἀπὸ πάντων τῶν ἔργων αὐτοῦ**, **5** καὶ ἐν τούτῳ πάλιν· εἰ εἰσελεύσονται εἰς τὴν κατάπαυσίν μου. **6** ἐπεὶ[21] οὖν ἀπολείπεται[22] τινὰς εἰσελθεῖν εἰς αὐτήν, καὶ οἱ πρότερον[23] εὐαγγελισθέντες οὐκ εἰσῆλθον δι᾽ ἀπείθειαν[24], **7** πάλιν τινὰ ὁρίζει[25] ἡμέραν, σήμερον, ἐν Δαυὶδ λέγων μετὰ τοσοῦτον[26] χρόνον, καθὼς προείρηται[27]·

σήμερον ἐὰν τῆς φωνῆς αὐτοῦ ἀκούσητε,
μὴ σκληρύνητε[28] τὰς καρδίας ὑμῶν.

8 εἰ γὰρ αὐτοὺς Ἰησοῦς κατέπαυσεν[29], οὐκ ἂν περὶ ἄλλης ἐλάλει μετὰ ταῦτα ἡμέρας. **9** ἄρα ἀπολείπεται σαββατισμὸς[30] τῷ λαῷ τοῦ θεοῦ. **10** ὁ γὰρ εἰσελθὼν εἰς τὴν κατάπαυσιν αὐτοῦ καὶ αὐτὸς κατέπαυσεν[31] ἀπὸ τῶν ἔργων αὐτοῦ ὥσπερ ἀπὸ τῶν ἰδίων ὁ θεός. **11** σπουδάσωμεν[32] οὖν εἰσελθεῖν εἰς ἐκείνην τὴν κατάπαυσιν, ἵνα μὴ ἐν τῷ αὐτῷ τις ὑποδείγματι[33] πέσῃ[34] τῆς ἀπειθείας[35]. **12** ζῶν γὰρ ὁ λόγος τοῦ θεοῦ καὶ ἐνεργὴς[36] καὶ τομώτερος[37] ὑπὲρ πᾶσαν μάχαιραν[38] δίστομον[39] καὶ διϊκνούμενος[40] ἄχρι μερισμοῦ[41] ψυχῆς καὶ πνεύματος, ἁρμῶν[42] τε καὶ μυελῶν[43], καὶ

---

[1] μήποτε, *conj*, so that ... will not
[2] καταλείπω *pres pas ptc f s gen*, remain
[3] κατάπαυσις, -εως *f*, rest
[4] ὑστερέω *pf act inf*, fall short
[5] εἰμί *1p pres act ind*, be
[6] εὐαγγελίζω *pf pas ptc m p nom*, pas hear a message
[7] καθάπερ, *conj*, just as
[8] ὠφελέω *3s aor act ind*, benefit
[9] ἀκοή, -ῆς *f*, hearing
[10] συγκεράννυμι *pf pas ptc m p acc*, unite
[11] λέγω *3s pf act ind*, say
[12] ὀμνύω/ὄμνυμι *1s aor act ind*, swear
[13] εἰσέρχομαι *3p fut mid ind*, enter
[14] καίτοι, *conj*, although
[15] καταβολή, -ῆς *f*, creation
[16] γίνομαι *aor pas ptc n p gen*, be
[17] λέγω *3s pf act ind*, say
[18] πού, *adv*, somewhere
[19] ἕβδομος, -η/ον, seventh
[20] καταπαύω *3s aor act ind*, *intrans* rest
[21] ἐπεί, *conj*, since
[22] ἀπολείπω *3s pres pas ind*, *pas* remain
[23] πρότερον, *adv*, formerly
[24] ἀπείθεια, -ας *f*, disobedience
[25] ὁρίζω *3s pres act ind*, appoint
[26] τοσοῦτος, -αύτη/οῦτον, so much
[27] προλέγω *3s pf pas ind*, quote previously
[28] σκληρύνω *2p aor act sub*, *pas* be stubborn
[29] καταπαύω *3s aor act ind*, give rest
[30] σαββατισμός, -οῦ *m*, a Sabbath day's rest
[31] καταπαύω *3s aor act ind*, *intrans* rest
[32] σπουδάζω *1p aor act sub*, do one's best
[33] ὑπόδειγμα, -τος *n*, example
[34] πίπτω *3s aor act sub*, fall
[35] ἀπείθεια, -ας *f*, disobedience
[36] ἐνεργής, -ές, active
[37] τομός, sharp (comp)
[38] μάχαιρα, -ης *f*, sword
[39] δίστομος, -ον, double-edged
[40] διϊκνέομαι *pres mid ptc m s nom*, penetrate
[41] μερισμός, -οῦ *m*, separation
[42] ἁρμός, -οῦ *m*, joint
[43] μυελός, -οῦ *m*, marrow

κριτικὸς¹ ἐνθυμήσεων² καὶ ἐννοιῶν³ καρδίας· 13 καὶ οὐκ ἔστιν κτίσις⁴ ἀφανὴς⁵ ἐνώπιον αὐτοῦ, πάντα δὲ γυμνὰ⁶ καὶ τετραχηλισμένα⁷ τοῖς ὀφθαλμοῖς αὐτοῦ, πρὸς ὃν ἡμῖν ὁ λόγος.

Jesus the Great High Priest

14 Ἔχοντες οὖν ἀρχιερέα μέγαν διεληλυθότα⁸ τοὺς οὐρανούς, Ἰησοῦν τὸν υἱὸν τοῦ θεοῦ, κρατῶμεν τῆς ὁμολογίας⁹. 15 οὐ γὰρ ἔχομεν ἀρχιερέα μὴ δυνάμενον συμπαθῆσαι¹⁰ ταῖς ἀσθενείαις¹¹ ἡμῶν, πεπειρασμένον¹² δὲ κατὰ πάντα καθ᾽ ὁμοιότητα¹³ χωρὶς ἁμαρτίας. 16 προσερχώμεθα οὖν μετὰ παρρησίας τῷ θρόνῳ τῆς χάριτος, ἵνα λάβωμεν¹⁴ ἔλεος¹⁵ καὶ χάριν εὕρωμεν¹⁶ εἰς εὔκαιρον¹⁷ βοήθειαν¹⁸.

5 Πᾶς γὰρ ἀρχιερεὺς ἐξ ἀνθρώπων λαμβανόμενος ὑπὲρ ἀνθρώπων καθίσταται¹⁹ τὰ πρὸς τὸν θεόν, ἵνα προσφέρῃ δῶρά²⁰ τε καὶ θυσίας²¹ ὑπὲρ ἁμαρτιῶν, 2 μετριοπαθεῖν²² δυνάμενος τοῖς ἀγνοοῦσιν²³ καὶ πλανωμένοις, ἐπεὶ²⁴ καὶ αὐτὸς περίκειται²⁵ ἀσθένειαν²⁶ 3 καὶ δι᾽ αὐτὴν ὀφείλει, καθὼς περὶ τοῦ λαοῦ, οὕτως καὶ περὶ αὑτοῦ προσφέρειν περὶ ἁμαρτιῶν. 4 καὶ οὐχ ἑαυτῷ τις λαμβάνει τὴν τιμὴν ἀλλὰ καλούμενος ὑπὸ τοῦ θεοῦ καθώσπερ²⁷ καὶ Ἀαρών.

5 Οὕτως καὶ ὁ Χριστὸς οὐχ ἑαυτὸν ἐδόξασεν γενηθῆναι²⁸ ἀρχιερέα ἀλλ᾽ ὁ λαλήσας πρὸς αὐτόν·

υἱός μου εἶ σύ, ἐγὼ σήμερον γεγέννηκά²⁹ σε·

6 καθὼς καὶ ἐν ἑτέρῳ λέγει·

σὺ ἱερεὺς εἰς τὸν αἰῶνα κατὰ τὴν τάξιν³⁰ Μελχισέδεκ,

7 ὃς ἐν ταῖς ἡμέραις τῆς σαρκὸς αὐτοῦ δεήσεις³¹ τε καὶ ἱκετηρίας³² πρὸς τὸν δυνάμενον σῴζειν αὐτὸν ἐκ θανάτου μετὰ κραυγῆς³³ ἰσχυρᾶς³⁴ καὶ δακρύων³⁵ προσενέγκας³⁶ καὶ εἰσακουσθεὶς³⁷ ἀπὸ τῆς εὐλαβείας³⁸, 8 καίπερ³⁹ ὢν υἱός, ἔμαθεν⁴⁰

1 κριτικός, -ή/όν, able to judge
2 ἐνθύμησις, -εως f, thought
3 ἔννοια, -ας f, intention
4 κτίσις, -εως f, living being
5 ἀφανής, -ές f, hidden
6 γυμνός, -ή/όν, naked
7 τραχηλίζω pf pas ptc n p nom, pas be laid bare
8 διέρχομαι pf act ptc m s acc, go into
9 ὁμολογία, -ας f, confession
10 συμπαθέω aor act inf, sympathize
11 ἀσθένεια, -ας f, weakness
12 πειράζω pf pas ptc m s acc, tempt
13 ὁμοιότης, -ητος f, likeness (πάντα καθ᾽ ὁ. in every way)
14 λαμβάνω 1p aor act sub, receive
15 ἔλεος, -ους n, mercy
16 εὑρίσκω 1p aor act sub, find
17 εὔκαιρος, -ον, timely
18 βοήθεια, -ας f, help
19 καθίστημι 3s pres pas ind, appoint
20 δῶρον, -ου n, gift
21 θυσία, -ας f, sacrifice
22 μετριοπαθέω pres act inf, deal gently
23 ἀγνοέω pres act ptc m p dat, be ignorant
24 ἐπεί, conj, since
25 περίκειμαι 3s pres mid ind, be subject to
26 ἀσθένεια, -ας f, weakness
27 καθώσπερ, conj, just as
28 γίνομαι aor pas inf, become
29 γεννάω 1s pf act ind, be father of
30 τάξις, -εως f, order
31 δέησις, -εως f, prayer
32 ἱκετηρία, -ας f, request
33 κραυγή, -ῆς f, outcry
34 ἰσχυρός, -ά/όν, loud
35 δάκρυον, -ου n, tear (of crying)
36 προσφέρω aor act ptc m s nom, offer
37 εἰσακούω aor pas ptc m s nom, hear
38 εὐλάβεια, -ας f, reverent devotion
39 καίπερ, conj, although
40 μανθάνω 3s aor act ind, learn

ἀφ' ὧν ἔπαθεν[1] τὴν ὑπακοήν[2], 9 καὶ τελειωθεὶς[3] ἐγένετο πᾶσιν τοῖς ὑπακούουσιν[4] αὐτῷ αἴτιος[5] σωτηρίας αἰωνίου, 10 προσαγορευθεὶς[6] ὑπὸ τοῦ θεοῦ ἀρχιερεὺς κατὰ τὴν τάξιν Μελχισέδεκ.

Warning Against Falling Away

11 Περὶ οὗ πολὺς ἡμῖν ὁ λόγος καὶ δυσερμήνευτος[7] λέγειν, ἐπεὶ[8] νωθροὶ[9] γεγόνατε[10] ταῖς ἀκοαῖς[11]. 12 καὶ γὰρ ὀφείλοντες εἶναι διδάσκαλοι διὰ τὸν χρόνον, πάλιν χρείαν ἔχετε τοῦ διδάσκειν ὑμᾶς τίνα τὰ στοιχεῖα[12] τῆς ἀρχῆς τῶν λογίων[13] τοῦ θεοῦ καὶ γεγόνατε χρείαν ἔχοντες γάλακτος[14] [καὶ] οὐ στερεᾶς[15] τροφῆς[16]. 13 πᾶς γὰρ ὁ μετέχων[17] γάλακτος ἄπειρος[18] λόγου δικαιοσύνης, νήπιος[19] γάρ ἐστιν· 14 τελείων[20] δέ ἐστιν ἡ στερεὰ τροφή, τῶν διὰ τὴν ἕξιν[21] τὰ αἰσθητήρια[22] γεγυμνασμένα[23] ἐχόντων πρὸς διάκρισιν[24] καλοῦ τε καὶ κακοῦ.

6 Διὸ ἀφέντες[25] τὸν τῆς ἀρχῆς τοῦ Χριστοῦ λόγον ἐπὶ τὴν τελειότητα[26] φερώμεθα, μὴ πάλιν θεμέλιον[27] καταβαλλόμενοι[28] μετανοίας[29] ἀπὸ νεκρῶν ἔργων καὶ πίστεως ἐπὶ θεόν, 2 βαπτισμῶν[30] διδαχῆς[31] ἐπιθέσεώς[32] τε χειρῶν, ἀναστάσεώς τε νεκρῶν καὶ κρίματος[33] αἰωνίου. 3 καὶ τοῦτο ποιήσομεν, ἐάνπερ[34] ἐπιτρέπῃ[35] ὁ θεός.

4 Ἀδύνατον[36] γὰρ τοὺς ἅπαξ[37] φωτισθέντας[38], γευσαμένους[39] τε τῆς δωρεᾶς[40] τῆς ἐπουρανίου[41] καὶ μετόχους[42] γενηθέντας[43] πνεύματος ἁγίου 5 καὶ καλὸν γευσαμένους θεοῦ ῥῆμα δυνάμεις τε μέλλοντος αἰῶνος 6 καὶ παραπεσόντας[44], πάλιν ἀνακαινίζειν[45] εἰς μετάνοιαν[46], ἀνασταυροῦντας[47] ἑαυτοῖς τὸν υἱὸν τοῦ θεοῦ

---

[1] πάσχω 3s aor act ind, suffer
[2] ὑπακοή, -ῆς f, obedience
[3] τελειόω aor pres ptc m s nom, make perfect
[4] ὑπακούω pres act ptc m p dat, obey
[5] αἴτιος, -ου m, source
[6] προσαγορεύω aor pas ptc m s nom, designate
[7] δυσερμήνευτος, -ον, hard to explain
[8] ἐπεί, conj, since
[9] νωθρός, -ά/όν, hard (of hearing)
[10] γίνομαι 2p pf act ind, become
[11] ἀκοή, -ῆς f, hearing
[12] στοιχεῖον, -ου n, basic principle
[13] λόγιον, -ου n, word
[14] γάλα, γάλακτος n, milk
[15] στερεός, -ά/όν, solid
[16] τροφή, -ῆς f, food
[17] μετέχω pres act ptc m s nom, live on
[18] ἄπειρος, -ον, inexperienced in
[19] νήπιος, -α/ον, infant
[20] τέλειος, -α/ον, mature
[21] ἕξις, -εως f, use
[22] αἰσθητήριον, -ου n, power of discernment
[23] γυμνάζω pf pas ptc n p acc, train
[24] διάκρισις, -εως f, ability to discriminate
[25] ἀφίημι aor act ptc m p nom, leave
[26] τελειότης, -ητος f, maturity
[27] θεμέλιον, -ου m, foundation
[28] καταβάλλω pres mid ptc m p nom, mid lay (a foundation)
[29] μετάνοια, -ας f, repentance
[30] βαπτισμός, -οῦ m, ritual washing
[31] διδαχή, -ῆς f, teaching
[32] ἐπίθεσις, -εως f, laying on
[33] κρίμα, -τος n, judgment
[34] ἐάνπερ, conj, if only
[35] ἐπιτρέπω 3s pres act sub, permit
[36] ἀδύνατος, -ον, impossible
[37] ἅπαξ, adv, once
[38] φωτίζω aor pas ptc m p acc, enlighten
[39] γεύομαι aor mid ptc m p acc, experience
[40] δωρεά, -ᾶς f, gift
[41] ἐπουράνιος, -ον, heavenly
[42] μέτοχος, -ου m, one who shares in
[43] γίνομαι aor pas ptc m p acc, become
[44] παραπίπτω aor act ptc m p acc, fall away
[45] ἀνακαινίζω pres act inf, renew
[46] μετάνοια, -ας f, repentance
[47] ἀνασταυρόω pres act ptc m p acc, crucify again

καὶ παραδειγματίζοντας[1]. **7** γῆ γὰρ ἡ πιοῦσα[2] τὸν ἐπ' αὐτῆς ἐρχόμενον πολλάκις[3] ὑετὸν[4] καὶ τίκτουσα[5] βοτάνην[6] εὔθετον[7] ἐκείνοις δι' οὓς καὶ γεωργεῖται[8], μεταλαμβάνει[9] εὐλογίας[10] ἀπὸ τοῦ θεοῦ· **8** ἐκφέρουσα[11] δὲ ἀκάνθας[12] καὶ τριβόλους[13], ἀδόκιμος[14] καὶ κατάρας[15] ἐγγύς, ἧς τὸ τέλος εἰς καῦσιν[16].
9 Πεπείσμεθα δὲ περὶ ὑμῶν, ἀγαπητοί, τὰ κρείσσονα[17] καὶ ἐχόμενα σωτηρίας, εἰ καὶ οὕτως λαλοῦμεν. **10** οὐ γὰρ ἄδικος[18] ὁ θεὸς ἐπιλαθέσθαι[19] τοῦ ἔργου ὑμῶν καὶ τῆς ἀγάπης ἧς ἐνεδείξασθε[20] εἰς τὸ ὄνομα αὐτοῦ, διακονήσαντες τοῖς ἁγίοις καὶ διακονοῦντες. **11** ἐπιθυμοῦμεν[21] δὲ ἕκαστον ὑμῶν τὴν αὐτὴν ἐνδείκνυσθαι σπουδὴν[22] πρὸς τὴν πληροφορίαν[23] τῆς ἐλπίδος ἄχρι τέλους, **12** ἵνα μὴ νωθροὶ[24] γένησθε[25], μιμηταὶ[26] δὲ τῶν διὰ πίστεως καὶ μακροθυμίας[27] κληρονομούντων[28] τὰς ἐπαγγελίας.

God's Sure Promise

13 Τῷ γὰρ Ἀβραὰμ ἐπαγγειλάμενος[29] ὁ θεός, ἐπεὶ[30] κατ' οὐδενὸς εἶχεν μείζονος[31] ὀμόσαι[32], ὤμοσεν[33] καθ' ἑαυτοῦ **14** λέγων·

εἰ μὴν[34] εὐλογῶν εὐλογήσω σε καὶ πληθύνων[35] πληθυνῶ σε·

15 καὶ οὕτως μακροθυμήσας[36] ἐπέτυχεν[37] τῆς ἐπαγγελίας. **16** ἄνθρωποι γὰρ κατὰ τοῦ μείζονος ὀμνύουσιν, καὶ πάσης αὐτοῖς ἀντιλογίας[38] πέρας[39] εἰς βεβαίωσιν[40] ὁ ὅρκος[41]. **17** ἐν ᾧ περισσότερον[42] βουλόμενος ὁ θεὸς ἐπιδεῖξαι[43] τοῖς κληρονόμοις[44] τῆς ἐπαγγελίας τὸ ἀμετάθετον[45] τῆς βουλῆς[46] αὐτοῦ ἐμεσίτευσεν[47] ὅρκῳ, **18** ἵνα

[1] παραδειγματίζω pres act ptc m p acc, expose to public ridicule
[2] πίνω aor act ptc f s nom, drink
[3] πολλάκις, adv, often
[4] ὑετός, -οῦ m, rain
[5] τίκτω pres act ptc f s nom, produce
[6] βοτάνη, -ης f, vegetation
[7] εὔθετος, -ον, useful
[8] γεωργέω 3s pres pas ind, cultivate
[9] μεταλαμβάνω 3s pres act ind, receive
[10] εὐλογία, -ας f, blessing
[11] ἐκφέρω pres act ptc f s nom, produce
[12] ἄκανθα, -ης f, thorn
[13] τρίβολος, -ης f, thistle
[14] ἀδόκιμος, -ον, worthless
[15] κατάρα, -ας f, something accursed
[16] καῦσις, -εως f, burning
[17] κρείττων, better (comp of ἀγαθός)
[18] ἄδικος, -ον, unjust
[19] ἐπιλανθάνομαι aor mid inf, forget
[20] ἐνδείκνυμι 2p aor mid ind, mid show
[21] ἐπιθυμέω 1p pres act ind, desire
[22] σπουδή, -ῆς f, eagerness
[23] πληροφορία, -ας f, full assurance
[24] νωθρός, -ά/όν, lazy
[25] γίνομαι 2p aor mid sub, become
[26] μιμητής, -οῦ m, imitator
[27] μακροθυμία, -ας f, patience
[28] κληρονομέω pres act ptc m p gen, inherit/receive
[29] ἐπαγγέλλομαι aor mid ptc m s nom, promise
[30] ἐπεί, conj, since
[31] μέγας, great (comp)
[32] ὀμνύω aor act inf, swear
[33] ὀμνύω 3s aor act ind, swear
[34] μήν, intensive particle, indeed
[35] πληθύνω pres act ptc m s nom, increase
[36] μακροθυμέω aor act ptc m s nom, be patient
[37] ἐπιτυγχάνω 3s aor act ind, receive
[38] ἀντιλογία, -ας f, dispute
[39] πέρας, -ατος n, end (of a dispute)
[40] βεβαίωσις, -εως f, confirmation
[41] ὅρκος, -ου m, oath
[42] περισσότερος, adv, greater
[43] ἐπιδείκνυμι aor act inf, point out
[44] κληρονόμος, -ου m, heir
[45] ἀμετάθετος, -ον, unchangeable
[46] βουλή, -ῆς f, purpose
[47] μεσιτεύω 3s aor act ind, confirm

διὰ δύο πραγμάτων¹ ἀμεταθέτων, ἐν οἷς ἀδύνατον² ψεύσασθαι³ [τὸν] θεόν, ἰσχυρὰν⁴ παράκλησιν⁵ ἔχωμεν οἱ καταφυγόντες⁶ κρατῆσαι τῆς προκειμένης⁷ ἐλπίδος· 19 ἣν ὡς ἄγκυραν⁸ ἔχομεν τῆς ψυχῆς ἀσφαλῆ⁹ τε καὶ βεβαίαν¹⁰ καὶ εἰσερχομένην εἰς τὸ ἐσώτερον¹¹ τοῦ καταπετάσματος¹², 20 ὅπου πρόδρομος¹³ ὑπὲρ ἡμῶν εἰσῆλθεν Ἰησοῦς, κατὰ τὴν τάξιν¹⁴ Μελχισέδεκ ἀρχιερεὺς γενόμενος εἰς τὸν αἰῶνα.

The Priestly Order of Melchizedek

7 Οὗτος γὰρ ὁ **Μελχισέδεκ, βασιλεὺς Σαλήμ**, ἱερεὺς τοῦ θεοῦ τοῦ ὑψίστου¹⁵, ὁ συναντήσας¹⁶ Ἀβραὰμ ὑποστρέφοντι ἀπὸ τῆς κοπῆς¹⁷ τῶν βασιλέων καὶ εὐλογήσας αὐτόν, 2 ᾧ καὶ δεκάτην¹⁸ ἀπὸ πάντων ἐμέρισεν¹⁹ Ἀβραάμ, πρῶτον μὲν ἑρμηνευόμενος²⁰ βασιλεὺς δικαιοσύνης ἔπειτα²¹ δὲ καὶ **βασιλεὺς Σαλήμ**, ὅ ἐστιν βασιλεὺς εἰρήνης, 3 ἀπάτωρ²² ἀμήτωρ²³ ἀγενεαλόγητος²⁴, μήτε ἀρχὴν ἡμερῶν μήτε ζωῆς τέλος ἔχων, ἀφωμοιωμένος²⁵ δὲ τῷ υἱῷ τοῦ θεοῦ, μένει ἱερεὺς εἰς τὸ διηνεκές²⁶.

4 Θεωρεῖτε δὲ πηλίκος²⁷ οὗτος, ᾧ [καὶ] δεκάτην Ἀβραὰμ ἔδωκεν ἐκ τῶν ἀκροθινίων²⁸ ὁ πατριάρχης²⁹. 5 καὶ οἱ μὲν ἐκ τῶν υἱῶν Λευὶ τὴν ἱερατείαν³⁰ λαμβάνοντες ἐντολὴν ἔχουσιν ἀποδεκατοῦν³¹ τὸν λαὸν κατὰ τὸν νόμον, τοῦτ᾽ ἔστιν τοὺς ἀδελφοὺς αὐτῶν, καίπερ³² ἐξεληλυθότας³³ ἐκ τῆς ὀσφύος³⁴ Ἀβραάμ· 6 ὁ δὲ μὴ γενεαλογούμενος³⁵ ἐξ αὐτῶν δεδεκάτωκεν³⁶ Ἀβραὰμ καὶ τὸν ἔχοντα τὰς ἐπαγγελίας εὐλόγηκεν. 7 χωρὶς δὲ πάσης ἀντιλογίας³⁷ τὸ ἔλαττον³⁸ ὑπὸ τοῦ κρείττονος³⁹ εὐλογεῖται. 8 καὶ ὧδε μὲν δεκάτας⁴⁰ ἀποθνῄσκοντες ἄνθρωποι λαμβάνουσιν, ἐκεῖ δὲ μαρτυρούμενος ὅτι ζῇ. 9 καὶ ὡς ἔπος⁴¹ εἰπεῖν, δι᾽ Ἀβραὰμ καὶ Λευὶ ὁ δεκάτας

¹ πρᾶγμα, -τος n, thing
² ἀδύνατος, -ον, impossible
³ ψεύδομαι aor mid inf, tell a lie
⁴ ἰσχυρός, -ά/όν, strong
⁵ παράκλησις, -εως f, encouragement
⁶ καταφεύγω aor act ptc m p nom, run for safety
⁷ πρόκειμαι pres mid ptc f s gen, be set before
⁸ ἄγκυρα, -ας f, anchor
⁹ ἀσφαλής, -ές, sure
¹⁰ βέβαιος, -ας, secure
¹¹ ἐσώτερος, prep + gen, behind
¹² καταπέτασμα, -τος n, curtain
¹³ πρόδρομος, -ου m, forerunner
¹⁴ τάξις, -εως f, order
¹⁵ ὕψιστος, highest (ὁ ὕ. the Most High [God])
¹⁶ συναντάω aor act ptc m s nom, meet
¹⁷ κοπή, -ῆς f, slaughter
¹⁸ δέκατος, -η/ον, tenth
¹⁹ μερίζω 3s aor act ind, give
²⁰ ἑρμηνεύω pres pas ptc m s nom, pas be translated/mean
²¹ ἔπειτα, adv, then
²² ἀπάτωρ, -ορος, without a father
²³ ἀμήτωρ, -ορος, without a mother
²⁴ ἀγενεαλόγητος, -ον, without a genealogy
²⁵ ἀφομοιόω pf pas ptc m s nom, be like
²⁶ διηνεκής, -ές, continuous (εἰς τὸ δ. forever)
²⁷ πηλίκος, -η/ον, how great
²⁸ ἀκροθίνιον, -ου n, spoils
²⁹ πατριάρχης, -ου m, patriarch/ancestor
³⁰ ἱερατεία, -ας f, priestly office
³¹ ἀποδεκατόω pres act inf, collect a tenth (from)
³² καίπερ, conj, although
³³ ἐξέρχομαι pf act ptc m p acc, come
³⁴ ὀσφῦς, -ύος f, reproductive organs
³⁵ γενεαλογέω pres pas ptc m s nom, pas descend from
³⁶ δεκατόω 3s pf act ind, collect a tenth
³⁷ ἀντιλογία, -ας f, dispute
³⁸ ἐλάσσων, less (comp of μικρός)
³⁹ κρείττων, greater (comp of ἀγαθός)
⁴⁰ δέκατος, -η/ον, tenth
⁴¹ ἔπος, -ους n, word (ὡς ἔ. εἰπεῖν so to speak)

λαμβάνων δεδεκάτωται· 10 ἔτι γὰρ ἐν τῇ ὀσφύϊ τοῦ πατρὸς ἦν ὅτε συνήντησεν[1] αὐτῷ Μελχισέδεκ.

11 Εἰ μὲν οὖν τελείωσις[2] διὰ τῆς Λευιτικῆς[3] ἱερωσύνης[4] ἦν, ὁ λαὸς γὰρ ἐπ' αὐτῆς νενομοθέτηται[5], τίς ἔτι χρεία κατὰ τὴν τάξιν[6] Μελχισέδεκ ἕτερον ἀνίστασθαι[7] ἱερέα καὶ οὐ κατὰ τὴν τάξιν Ἀαρὼν λέγεσθαι; 12 μετατιθεμένης[8] γὰρ τῆς ἱερωσύνης ἐξ ἀνάγκης[9] καὶ νόμου μετάθεσις[10] γίνεται. 13 ἐφ' ὃν γὰρ λέγεται ταῦτα, φυλῆς ἑτέρας μετέσχηκεν[11], ἀφ' ἧς οὐδεὶς προσέσχηκεν[12] τῷ θυσιαστηρίῳ[13]· 14 πρόδηλον[14] γὰρ ὅτι ἐξ Ἰούδα ἀνατέταλκεν[15] ὁ κύριος ἡμῶν, εἰς ἣν φυλὴν περὶ ἱερέων οὐδὲν Μωϋσῆς ἐλάλησεν. 15 καὶ περισσότερον[16] ἔτι κατάδηλόν[17] ἐστιν, εἰ κατὰ τὴν ὁμοιότητα[18] Μελχισέδεκ ἀνίσταται[19] ἱερεὺς ἕτερος, 16 ὃς οὐ κατὰ νόμον ἐντολῆς σαρκίνης[20] γέγονεν[21] ἀλλὰ κατὰ δύναμιν ζωῆς ἀκαταλύτου[22]. 17 μαρτυρεῖται γὰρ ὅτι

σὺ ἱερεὺς εἰς τὸν αἰῶνα κατὰ τὴν τάξιν Μελχισέδεκ.

18 ἀθέτησις[23] μὲν γὰρ γίνεται προαγούσης[24] ἐντολῆς διὰ τὸ αὐτῆς ἀσθενὲς[25] καὶ ἀνωφελές[26] – 19 οὐδὲν γὰρ ἐτελείωσεν[27] ὁ νόμος – ἐπεισαγωγὴ[28] δὲ κρείττονος[29] ἐλπίδος δι' ἧς ἐγγίζομεν τῷ θεῷ.

20 Καὶ καθ' ὅσον οὐ χωρὶς ὁρκωμοσίας[30]· οἱ μὲν γὰρ χωρὶς ὁρκωμοσίας εἰσὶν ἱερεῖς γεγονότες[31], 21 ὁ δὲ μετὰ ὁρκωμοσίας διὰ τοῦ λέγοντος πρὸς αὐτόν·

ὤμοσεν[32] κύριος καὶ οὐ μεταμεληθήσεται[33]·

σὺ ἱερεὺς εἰς τὸν αἰῶνα.

22 κατὰ τοσοῦτο[34] [καὶ] κρείττονος διαθήκης γέγονεν ἔγγυος[35] Ἰησοῦς. 23 καὶ οἱ μὲν πλείονές[36] εἰσιν γεγονότες ἱερεῖς διὰ τὸ θανάτῳ κωλύεσθαι[37] παραμένειν[38]· 24 ὁ δὲ διὰ τὸ μένειν αὐτὸν εἰς τὸν αἰῶνα ἀπαράβατον[39] ἔχει τὴν ἱερωσύνην[40]·

---

[1] συναντάω 3s aor act ind, meet
[2] τελείωσις, -εως f, perfection
[3] Λευιτικός, -ή/όν, Levitical
[4] ἱερωσύνη, -ης f, priesthood
[5] νομοθετέω 3s pf pas ind, pas be given
[6] τάξις, -εως f, order
[7] ἀνίστημι pres mid inf, mid come
[8] μετατίθημι pf pas ptc f s gen, change
[9] ἀνάγκη, -ης f, necessity
[10] μετάθεσις, -εως f, change
[11] μετέχω 3s pf act ind, belong to
[12] προσέχω 3s pf act ind, serve
[13] θυσιαστήριον, -ου n, altar
[14] πρόδηλος, -ον, obvious
[15] ἀνατέλλω 3s pf act ind, descend
[16] περισσότερος, adv, even more
[17] κατάδηλος, -ον, (very) obvious
[18] ὁμοιότης, -ητος f, likeness
[19] ἀνίστημι 3s pres mid ind, mid come
[20] σάρκινος, -η/ον, human
[21] γίνομαι 3s pf act ind, become
[22] ἀκατάλυτος, -ον, without end
[23] ἀθέτησις, -εως f, putting aside
[24] προάγω pres act ptc f s gen, come before
[25] ἀσθενής, -ές, weak
[26] ἀνωφελής, -ές, useless
[27] τελειόω 3s aor act ind, make perfect
[28] ἐπεισαγωγή, -ῆς f, bringing in
[29] κρείττων, better (comp of ἀγαθός)
[30] ὁρκωμοσία, -ας f, (taking an) oath
[31] γίνομαι pf act ptc m p nom, become
[32] ὀμνύω 3s aor act ind, swear
[33] μεταμέλομαι 3s fut pas ind, change one's mind
[34] τοσοῦτος, -αύτη/οῦτον, so much
[35] ἔγγυος, -ου m, guarantor
[36] πολύς, many (comp)
[37] κωλύω pres pas inf, prevent
[38] παραμένω pres act inf, continue in office
[39] ἀπαράβατος, -ον, permanent
[40] ἱερωσύνη, -ης f, priesthood

25 ὅθεν¹ καὶ σῴζειν εἰς τὸ παντελὲς² δύναται τοὺς προσερχομένους δι' αὐτοῦ τῷ θεῷ, πάντοτε ζῶν εἰς τὸ ἐντυγχάνειν³ ὑπὲρ αὐτῶν. **26** Τοιοῦτος γὰρ ἡμῖν καὶ ἔπρεπεν⁴ ἀρχιερεύς, ὅσιος⁵ ἄκακος⁶ ἀμίαντος⁷, κεχωρισμένος⁸ ἀπὸ τῶν ἁμαρτωλῶν καὶ ὑψηλότερος⁹ τῶν οὐρανῶν γενόμενος, **27** ὃς οὐκ ἔχει καθ' ἡμέραν ἀνάγκην¹⁰, ὥσπερ οἱ ἀρχιερεῖς, πρότερον¹¹ ὑπὲρ τῶν ἰδίων ἁμαρτιῶν θυσίας¹² ἀναφέρειν¹³ ἔπειτα¹⁴ τῶν τοῦ λαοῦ· τοῦτο γὰρ ἐποίησεν ἐφάπαξ¹⁵ ἑαυτὸν ἀνενέγκας¹⁶. **28** ὁ νόμος γὰρ ἀνθρώπους καθίστησιν¹⁷ ἀρχιερεῖς ἔχοντας ἀσθένειαν¹⁸, ὁ λόγος δὲ τῆς ὁρκωμοσίας¹⁹ τῆς μετὰ τὸν νόμον υἱὸν εἰς τὸν αἰῶνα τετελειωμένον²⁰.

The High Priest of a Better Covenant

8 Κεφάλαιον²¹ δὲ ἐπὶ τοῖς λεγομένοις, τοιοῦτον ἔχομεν ἀρχιερέα, ὃς ἐκάθισεν²² ἐν δεξιᾷ τοῦ θρόνου τῆς μεγαλωσύνης²³ ἐν τοῖς οὐρανοῖς, **2** τῶν ἁγίων λειτουργὸς²⁴ καὶ τῆς σκηνῆς²⁵ τῆς ἀληθινῆς²⁶, ἣν ἔπηξεν²⁷ ὁ κύριος, οὐκ ἄνθρωπος. **3** πᾶς γὰρ ἀρχιερεὺς εἰς τὸ προσφέρειν δῶρά²⁸ τε καὶ θυσίας²⁹ καθίσταται³⁰· ὅθεν³¹ ἀναγκαῖον³² ἔχειν τι καὶ τοῦτον ὃ προσενέγκη³³. **4** εἰ μὲν οὖν ἦν ἐπὶ γῆς, οὐδ' ἂν ἦν ἱερεύς, ὄντων τῶν προσφερόντων κατὰ νόμον τὰ δῶρα· **5** οἵτινες ὑποδείγματι³⁴ καὶ σκιᾷ³⁵ λατρεύουσιν τῶν ἐπουρανίων³⁶, καθὼς κεχρημάτισται³⁷ Μωϋσῆς μέλλων ἐπιτελεῖν³⁸ τὴν σκηνήν· **ὅρα**³⁹ γάρ φησιν, **ποιήσεις πάντα κατὰ τὸν τύπον⁴⁰ τὸν δειχθέντα⁴¹ σοι ἐν τῷ ὄρει·** **6** νυνὶ⁴² δὲ διαφορωτέρας⁴³ τέτυχεν⁴⁴ λειτουργίας⁴⁵, ὅσῳ καὶ κρείττονός⁴⁶ ἐστιν διαθήκης μεσίτης⁴⁷, ἥτις ἐπὶ κρείττοσιν ἐπαγγελίαις νενομοθέτηται⁴⁸.

¹ ὅθεν, *conj*, and so
² παντελής, -ές, completely
³ ἐντυγχάνω *pres act inf*, intercede
⁴ πρέπω *3s impf act ind, impers* it is fitting
⁵ ὅσιος, -α/ον, holy
⁶ ἄκακος, -ον, blameless
⁷ ἀμίαντος, -ον, pure
⁸ χωρίζω *pf pas ptc m s nom*, separate
⁹ ὑψηλός, high (comp)
¹⁰ ἀνάγκη, -ης *f*, necessity
¹¹ πρότερον, *adv*, formerly
¹² θυσία, -ας *f*, sacrifice
¹³ ἀναφέρω *pres act inf*, offer
¹⁴ ἔπειτα, *adv*, then
¹⁵ ἐφάπαξ, *adv*, once for all
¹⁶ ἀναφέρω *aor act ptc m s nom*, offer
¹⁷ καθίστημι *3s pres act ind*, appoint
¹⁸ ἀσθένεια, -ας *f*, weakness
¹⁹ ὁρκωμοσία, -ας *f*, (taking an) oath
²⁰ τελειόω *pf pas ptc m s acc*, make perfect
²¹ κεφάλαιον, -ου *n*, main point
²² καθίζω *3s aor act ind*, sit
²³ μεγαλωσύνη, -ης *f*, Majesty
²⁴ λειτουργός, -οῦ *m*, one who serves (as a priest)
²⁵ σκηνή, -ῆς *f*, tent (of worship)
²⁶ ἀληθινός, -ή/όν, true
²⁷ πήγνυμι *3s aor act ind*, set up
²⁸ δῶρον, -ου *n*, gift
²⁹ θυσία, -ας *f*, sacrifice
³⁰ καθίστημι *3s pres pas ind*, appoint
³¹ ὅθεν, *conj*, and so
³² ἀναγκαῖος, -α/ον, necessary
³³ προσφέρω *3s aor act sub*, offer
³⁴ ὑπόδειγμα, -τος *n*, example
³⁵ σκιά, -ᾶς *f*, shadow
³⁶ ἐπουράνιος, -ον, heavenly
³⁷ χρηματίζω *3s pf pas ind*, instruct
³⁸ ἐπιτελέω *pres act inf*, complete
³⁹ ὁράω *2s pres act impv*, see
⁴⁰ τύπος, -ου *m*, pattern
⁴¹ δείκνυμι *aor pas ptc m s acc*, show
⁴² νυνί, *adv*, now
⁴³ διαφορώτερος, superior
⁴⁴ τυγχάνω *3s pf act ind*, receive
⁴⁵ λειτουργία, -ας *f*, ministry
⁴⁶ κρείττων, greater (comp of ἀγαθός)
⁴⁷ μεσίτης, -ου *m*, mediator
⁴⁸ νομοθετέω *3s pf pas ind*, *pas* be established

7 Εἰ γὰρ ἡ πρώτη ἐκείνη ἦν ἄμεμπτος¹, οὐκ ἂν δευτέρας ἐζητεῖτο τόπος. **8** μεμφόμενος² γὰρ αὐτοὺς λέγει·
ἰδοὺ ἡμέραι ἔρχονται, λέγει κύριος,
καὶ συντελέσω³ ἐπὶ τὸν οἶκον Ἰσραὴλ
καὶ ἐπὶ τὸν οἶκον Ἰούδα διαθήκην καινήν,
9 οὐ κατὰ τὴν διαθήκην, ἣν ἐποίησα τοῖς πατράσιν αὐτῶν
ἐν ἡμέρᾳ ἐπιλαβομένου⁴ μου τῆς χειρὸς αὐτῶν
ἐξαγαγεῖν⁵ αὐτοὺς ἐκ γῆς Αἰγύπτου,
ὅτι αὐτοὶ οὐκ ἐνέμειναν⁶ ἐν τῇ διαθήκῃ μου,
κἀγὼ ἠμέλησα⁷ αὐτῶν, λέγει κύριος·
10 ὅτι αὕτη ἡ διαθήκη, ἣν διαθήσομαι⁸ τῷ οἴκῳ Ἰσραὴλ
μετὰ τὰς ἡμέρας ἐκείνας, λέγει κύριος·
διδοὺς⁹ νόμους μου εἰς τὴν διάνοιαν¹⁰ αὐτῶν
καὶ ἐπὶ καρδίας αὐτῶν ἐπιγράψω¹¹ αὐτούς,
καὶ ἔσομαι¹² αὐτοῖς εἰς θεόν,
καὶ αὐτοὶ ἔσονταί μοι εἰς λαόν·
11 καὶ οὐ μὴ διδάξωσιν ἕκαστος τὸν πολίτην ¹³ αὐτοῦ
καὶ ἕκαστος τὸν ἀδελφὸν αὐτοῦ λέγων· γνῶθι¹⁴ τὸν κύριον,
ὅτι πάντες εἰδήσουσίν¹⁵ με
ἀπὸ μικροῦ ἕως μεγάλου αὐτῶν,
12 ὅτι ἵλεως¹⁶ ἔσομαι ταῖς ἀδικίαις¹⁷ αὐτῶν
καὶ τῶν ἁμαρτιῶν αὐτῶν οὐ μὴ μνησθῶ¹⁸ ἔτι.
13 ἐν τῷ λέγειν καινὴν πεπαλαίωκεν¹⁹ τὴν πρώτην· τὸ δὲ παλαιούμενον καὶ γηράσκον²⁰ ἐγγὺς ἀφανισμοῦ²¹.

---

¹ ἄμεμπτος, -ον, faultless
² μέμφομαι pres mid ptc m s nom, find fault with
³ συντελέω 1s fut act ind, make (of a covenant)
⁴ ἐπιλαμβάνομαι aor mid ptc m s gen, take hold of
⁵ ἐξάγω aor act inf, lead out
⁶ ἐμμένω 3p aor act ind, remain faithful to
⁷ ἀμελέω 1s aor act ind, reject
⁸ διατίθημι 1s fut mid ind, mid make (of a covenant)
⁹ δίδωμι pres act ptc m s nom, give
¹⁰ διάνοια, -ας f, mind
¹¹ ἐπιγράφω 1s fut act ind, write on
¹² εἰμί 1s fut act ind, be
¹³ πολίτης, -ου m, neighbor
¹⁴ γινώσκω 2s aor act impv, know
¹⁵ οἶδα 3p fut act ind, know
¹⁶ ἵλεως, -ων, merciful
¹⁷ ἀδικία, -ας f, evil
¹⁸ μιμνήσκομαι 1s aor pas sub, pas keep in mind
¹⁹ παλαιόω 3s pf act ind, make obsolete
²⁰ γηράσκω pres act ptc n s nom, become out-of-date
²¹ ἀφανισμός, -οῦ m, disappearing

The Earthly and the Heavenly Sanctuaries

9 Εἶχεν¹ μὲν οὖν [καὶ] ἡ πρώτη δικαιώματα² λατρείας³ τό τε ἅγιον κοσμικόν⁴. 2 σκηνὴ⁵ γὰρ κατεσκευάσθη⁶ ἡ πρώτη ἐν ᾗ ἥ τε λυχνία⁷ καὶ ἡ τράπεζα⁸ καὶ ἡ πρόθεσις⁹ τῶν ἄρτων, ἥτις λέγεται Ἅγια· 3 μετὰ δὲ τὸ δεύτερον καταπέτασμα¹⁰ σκηνὴ¹¹ ἡ λεγομένη Ἅγια Ἁγίων, 4 χρυσοῦν¹² ἔχουσα θυμιατήριον¹³ καὶ τὴν κιβωτὸν¹⁴ τῆς διαθήκης περικεκαλυμμένην¹⁵ πάντοθεν¹⁶ χρυσίῳ¹⁷, ἐν ᾗ στάμνος¹⁸ χρυσῆ ἔχουσα τὸ μάννα¹⁹ καὶ ἡ ῥάβδος²⁰ Ἀαρὼν ἡ βλαστήσασα²¹ καὶ αἱ πλάκες²² τῆς διαθήκης, 5 ὑπεράνω²³ δὲ αὐτῆς Χερουβὶν²⁴ δόξης κατασκιάζοντα²⁵ τὸ ἱλαστήριον²⁶· περὶ ὧν οὐκ ἔστιν νῦν λέγειν κατὰ μέρος. 6 τούτων δὲ οὕτως κατεσκευασμένων²⁷ εἰς μὲν τὴν πρώτην σκηνὴν²⁸ διὰ παντὸς εἰσίασιν²⁹ οἱ ἱερεῖς τὰς λατρείας³⁰ ἐπιτελοῦντες³¹, 7 εἰς δὲ τὴν δευτέραν ἅπαξ³² τοῦ ἐνιαυτοῦ³³ μόνος ὁ ἀρχιερεύς, οὐ χωρὶς αἵματος ὃ προσφέρει ὑπὲρ ἑαυτοῦ καὶ τῶν τοῦ λαοῦ ἀγνοημάτων³⁴, 8 τοῦτο δηλοῦντος³⁵ τοῦ πνεύματος τοῦ ἁγίου, μήπω³⁶ πεφανερῶσθαι τὴν τῶν ἁγίων ὁδὸν ἔτι τῆς πρώτης σκηνῆς³⁷ ἐχούσης στάσιν³⁸, 9 ἥτις παραβολὴ εἰς τὸν καιρὸν τὸν ἐνεστηκότα³⁹, καθ' ἣν δῶρά⁴⁰ τε καὶ θυσίαι⁴¹ προσφέρονται⁴² μὴ δυνάμεναι κατὰ συνείδησιν⁴³ τελειῶσαι⁴⁴ τὸν λατρεύοντα⁴⁵, 10 μόνον ἐπὶ βρώμασιν⁴⁶ καὶ πόμασιν⁴⁷ καὶ διαφόροις⁴⁸ βαπτισμοῖς⁴⁹, δικαιώματα⁵⁰ σαρκὸς μέχρι⁵¹ καιροῦ διορθώσεως⁵² ἐπικείμενα⁵³.

---

¹ ἔχω 3s impf act ind, have
² δικαίωμα, -τος n, regulation
³ λατρεία, -ας f, worship
⁴ κοσμικός, -ή/όν, earthly
⁵ σκηνή, -ῆς f, tent (of worship)
⁶ κατασκευάζω 3s aor pas ind, set up
⁷ λυχνία, -ας f, lampstand
⁸ τράπεζα, -ης f, table
⁹ πρόθεσις, -εως f, presentation (ἄρτοι τῆς π. bread offered to God)
¹⁰ καταπέτασμα, -τος n, curtain
¹¹ σκηνή, -ῆς f, room (of the tent of worship)
¹² χρυσοῦς, -ῆ/οῦν, made of gold
¹³ θυμιατήριον, -ου n, altar of incense
¹⁴ κιβωτός, -οῦ f, chest
¹⁵ περικαλύπτω pf pas ptc f s acc, cover
¹⁶ πάντοθεν, adv, on all sides
¹⁷ χρυσίον, -ου n, gold
¹⁸ στάμνος, -ου f, jar
¹⁹ μάννα, n, manna
²⁰ ῥάβδος, -ου f, staff
²¹ βλαστάνω aor act ptc f s nom, bud
²² πλάξ, -πλακός f, tablet
²³ ὑπεράνω, prep + gen, above
²⁴ Χερούβ, n, cherub
²⁵ κατασκιάζω pres act ptc n p nom, overshadow
²⁶ ἱλαστήριον, -ου n, place where sins are forgiven
²⁷ κατασκευάζω pf pas ptc n p gen, arrange
²⁸ σκηνή, -ῆς f, room (of the tent of worship)
²⁹ εἴσειμι 3p pres act ind, enter
³⁰ λατρεία, -ας f, pl duties
³¹ ἐπιτελέω pres act ptc m p nom, perform
³² ἅπαξ, adv, once
³³ ἐνιαυτός, -οῦ m, year
³⁴ ἀγνόημα, -τος n, a sin committed through ignorance
³⁵ δηλόω pres act ptc n s gen, show
³⁶ μήπω, adv, not yet
³⁷ σκηνή, -ῆς f, tent (of worship)
³⁸ στάσις, -εως f, standing
³⁹ ἐνίστημι pf act ptc m s acc, be present
⁴⁰ δῶρον, -ου n, gift
⁴¹ θυσία, -ας f, sacrifice
⁴² προσφέρω 3p pres pas ind, offer
⁴³ συνείδησις, -εως f, conscience
⁴⁴ τελειόω aor act inf, make perfect
⁴⁵ λατρεύω pres act ptc m s acc, worship
⁴⁶ βρῶμα, -τος n, food
⁴⁷ πόμα, -τος n, drink
⁴⁸ διάφορος, -ον, various
⁴⁹ βαπτισμός, -οῦ m, ritual washing
⁵⁰ δικαίωμα, -τος n, regulation
⁵¹ μέχρι, prep + gen, until
⁵² διόρθωσις, -εως f, new order
⁵³ ἐπίκειμαι pres mid ptc n p nom, be imposed

11 Χριστὸς δὲ παραγενόμενος¹ ἀρχιερεὺς τῶν γενομένων ἀγαθῶν διὰ τῆς μείζονος² καὶ τελειοτέρας³ σκηνῆς οὐ χειροποιήτου⁴, τοῦτ' ἔστιν οὐ ταύτης τῆς κτίσεως⁵, **12** οὐδὲ δι' αἵματος τράγων⁶ καὶ μόσχων⁷ διὰ δὲ τοῦ ἰδίου αἵματος εἰσῆλθεν ἐφάπαξ⁸ εἰς τὰ ἅγια αἰωνίαν λύτρωσιν⁹ εὑράμενος¹⁰. **13** εἰ γὰρ τὸ αἷμα τράγων καὶ ταύρων καὶ σποδὸς¹¹ δαμάλεως¹² ῥαντίζουσα¹³ τοὺς κεκοινωμένους¹⁴ ἁγιάζει¹⁵ πρὸς τὴν τῆς σαρκὸς καθαρότητα¹⁶, **14** πόσῳ¹⁷ μᾶλλον τὸ αἷμα τοῦ Χριστοῦ, ὃς διὰ πνεύματος αἰωνίου ἑαυτὸν προσήνεγκεν¹⁸ ἄμωμον¹⁹ τῷ θεῷ, καθαριεῖ τὴν συνείδησιν²⁰ ἡμῶν ἀπὸ νεκρῶν ἔργων εἰς τὸ λατρεύειν²¹ θεῷ ζῶντι.

15 Καὶ διὰ τοῦτο διαθήκης καινῆς μεσίτης²² ἐστίν, ὅπως θανάτου γενομένου εἰς ἀπολύτρωσιν²³ τῶν ἐπὶ τῇ πρώτῃ διαθήκῃ παραβάσεων²⁴ τὴν ἐπαγγελίαν λάβωσιν²⁵ οἱ κεκλημένοι²⁶ τῆς αἰωνίου κληρονομίας²⁷. **16** ὅπου γὰρ διαθήκη, θάνατον ἀνάγκη²⁸ φέρεσθαι τοῦ διαθεμένου²⁹· **17** διαθήκη γὰρ ἐπὶ νεκροῖς βεβαία³⁰, ἐπεὶ³¹ μήποτε³² ἰσχύει³³ ὅτε ζῇ ὁ διαθέμενος³⁴. **18** ὅθεν³⁵ οὐδὲ ἡ πρώτη χωρὶς αἵματος ἐγκεκαίνισται³⁶· **19** λαληθείσης γὰρ πάσης ἐντολῆς κατὰ τὸν νόμον ὑπὸ Μωϋσέως παντὶ τῷ λαῷ, λαβὼν τὸ αἷμα τῶν μόσχων [καὶ τῶν τράγων] μετὰ ὕδατος καὶ ἐρίου³⁷ κοκκίνου³⁸ καὶ ὑσσώπου³⁹ αὐτό τε τὸ βιβλίον καὶ πάντα τὸν λαὸν ἐρράντισεν⁴⁰ **20** λέγων·

τοῦτο τὸ αἷμα τῆς διαθήκης ἧς ἐνετείλατο⁴¹ πρὸς ὑμᾶς ὁ θεός.

21 καὶ τὴν σκηνὴν⁴² δὲ καὶ πάντα τὰ σκεύη⁴³ τῆς λειτουργίας⁴⁴ τῷ αἵματι ὁμοίως⁴⁵ ἐρράντισεν. **22** καὶ σχεδὸν⁴⁶ ἐν αἵματι πάντα καθαρίζεται κατὰ τὸν νόμον καὶ χωρὶς αἱματεκχυσίας⁴⁷ οὐ γίνεται ἄφεσις⁴⁸.

---

¹ παραγίνομαι *aor mid ptc m s nom*, come
² μέγας, great (comp)
³ τέλειος, perfect (comp)
⁴ χειροποίητος, -ον, made by human hands
⁵ κτίσις, -εως f, creation
⁶ τράγος, -ου m, goat
⁷ μόσχος, -ου m, calf
⁸ ἐφάπαξ, *adv*, once for all
⁹ λύτρωσις, -εως f, redemption
¹⁰ εὑρίσκω *aor mid ptc m s nom*, find
¹¹ σποδός, -οῦ f, ashes
¹² δάμαλις, -εως f, heifer
¹³ ῥαντίζω *pres act ptc f s nom*, sprinkle
¹⁴ κοινόω *pf pas ptc m p acc*, defile
¹⁵ ἁγιάζω *3s pres act ind*, sanctify
¹⁶ καθαρότης, -ητος f, purification
¹⁷ πόσος, -η/ον, how much
¹⁸ προσφέρω *3s aor act ind*, offer
¹⁹ ἄμωμος, -ον, without blemish
²⁰ συνείδησις, -εως f, conscience
²¹ λατρεύω *pres act inf*, serve
²² μεσίτης, -ου m, mediator
²³ ἀπολύτρωσις, -εως f, redemption
²⁴ παράβασις, -εως f, violation
²⁵ λαμβάνω *3p aor act sub*, receive
²⁶ καλέω *pf pas ptc m p nom*, call
²⁷ κληρονομία, -ας f, inheritance
²⁸ ἀνάγκη, -ης f, necessity
²⁹ διατίθημι *aor mid ptc m s gen*, *mid* make (of a covenant)
³⁰ βέβαιος, -α/ον, effective
³¹ ἐπεί, *conj*, since
³² μήποτε, *particle*, not
³³ ἰσχύω *3s pres act ind*, be in effect
³⁴ διατίθημι *aor mid ptc m s nom*, *mid* make (of a covenant)
³⁵ ὅθεν, *conj*, and so
³⁶ ἐγκαινίζω *3s pf pas ind*, put into force
³⁷ ἔριον, -ου n, wool
³⁸ κόκκινος, -η/ον, scarlet
³⁹ ὕσσωπος, -ου f, hyssop
⁴⁰ ῥαντίζω *3s aor act ind*, sprinkle
⁴¹ ἐντέλλομαι *3s aor mid ind*, command
⁴² σκηνή, -ῆς f, tent of worship
⁴³ σκεῦος, -ους n, vessel
⁴⁴ λειτουργία, -ας f, worship
⁴⁵ ὁμοίως, *adv*, in the same way
⁴⁶ σχεδόν, *adv*, almost
⁴⁷ αἱματεκχυσία, -ας, shedding of blood
⁴⁸ ἄφεσις, -εως f, forgiveness

Christ's Sacrifice Once for All

23 Ἀνάγκη¹ οὖν τὰ μὲν ὑποδείγματα² τῶν ἐν τοῖς οὐρανοῖς τούτοις καθαρίζεσθαι, αὐτὰ δὲ τὰ ἐπουράνια³ κρείττοσιν⁴ θυσίαις⁵ παρὰ ταύτας. 24 οὐ γὰρ εἰς χειροποίητα⁶ εἰσῆλθεν ἅγια Χριστός, ἀντίτυπα⁷ τῶν ἀληθινῶν⁸, ἀλλ᾽ εἰς αὐτὸν τὸν οὐρανόν, νῦν ἐμφανισθῆναι⁹ τῷ προσώπῳ τοῦ θεοῦ ὑπὲρ ἡμῶν· 25 οὐδ᾽ ἵνα πολλάκις¹⁰ προσφέρῃ ἑαυτόν, ὥσπερ ὁ ἀρχιερεὺς εἰσέρχεται εἰς τὰ ἅγια κατ᾽ ἐνιαυτὸν¹¹ ἐν αἵματι ἀλλοτρίῳ¹², 26 ἐπεὶ¹³ ἔδει αὐτὸν πολλάκις παθεῖν ἀπὸ καταβολῆς¹⁴ κόσμου· νυνὶ¹⁵ δὲ ἅπαξ¹⁶ ἐπὶ συντελείᾳ¹⁷ τῶν αἰώνων εἰς ἀθέτησιν¹⁸ [τῆς] ἁμαρτίας διὰ τῆς θυσίας αὐτοῦ πεφανέρωται. 27 καὶ καθ᾽ ὅσον ἀπόκειται¹⁹ τοῖς ἀνθρώποις ἅπαξ ἀποθανεῖν²⁰, μετὰ δὲ τοῦτο κρίσις, 28 οὕτως καὶ ὁ Χριστὸς ἅπαξ προσενεχθεὶς²¹ εἰς τὸ πολλῶν ἀνενεγκεῖν²² ἁμαρτίας ἐκ δευτέρου χωρὶς ἁμαρτίας ὀφθήσεται²³ τοῖς αὐτὸν ἀπεκδεχομένοις²⁴ εἰς σωτηρίαν.

10 Σκιὰν²⁵ γὰρ ἔχων ὁ νόμος τῶν μελλόντων ἀγαθῶν, οὐκ αὐτὴν τὴν εἰκόνα²⁶ τῶν πραγμάτων²⁷, κατ᾽ ἐνιαυτὸν²⁸ ταῖς αὐταῖς θυσίαις²⁹ ἃς προσφέρουσιν εἰς τὸ διηνεκὲς³⁰ οὐδέποτε³¹ δύναται τοὺς προσερχομένους τελειῶσαι³²· 2 ἐπεὶ³³ οὐκ ἂν ἐπαύσαντο³⁴ προσφερόμεναι διὰ τὸ μηδεμίαν ἔχειν ἔτι συνείδησιν³⁵ ἁμαρτιῶν τοὺς λατρεύοντας³⁶ ἅπαξ³⁷ κεκαθαρισμένους³⁸; 3 ἀλλ᾽ ἐν αὐταῖς ἀνάμνησις³⁹ ἁμαρτιῶν κατ᾽ ἐνιαυτόν· 4 ἀδύνατον⁴⁰ γὰρ αἷμα ταύρων⁴¹ καὶ τράγων⁴² ἀφαιρεῖν⁴³ ἁμαρτίας. 5 διὸ εἰσερχόμενος εἰς τὸν κόσμον λέγει·

    θυσίαν⁴⁴ καὶ προσφορὰν⁴⁵ οὐκ ἠθέλησας,
    σῶμα δὲ κατηρτίσω⁴⁶ μοι·

---

¹ ἀνάγκη, -ης f, necessity
² ὑπόδειγμα, -τος n, copy
³ ἐπουράνιος, -ον, heavenly
⁴ κρείττων, greater (comp of ἀγαθός)
⁵ θυσία, -ας f, sacrifice
⁶ χειροποίητος, -ον, made by human hands
⁷ ἀντίτυπος, -ον n, copy
⁸ ἀληθινός, -ή/όν, true
⁹ ἐμφανίζω aor pas inf, pas appear
¹⁰ πολλάκις, adv, repeatedly
¹¹ ἐνιαυτός, -οῦ m, year (κατ᾽ ἐ. yearly)
¹² ἀλλότριος, -α/ον, belonging to another
¹³ ἐπεί, conj, since
¹⁴ καταβολή, -ῆς f, creation
¹⁵ νυνί, adv, now
¹⁶ ἅπαξ, adv, once for all

¹⁷ συντέλεια, -ας f, end
¹⁸ ἀθέτησις, -εως f, putting aside
¹⁹ ἀπόκειμαι 3s pres mid ind, be one's lot
²⁰ ἀποθνήσκω aor act inf, die
²¹ προσφέρω aor pas ptc m s nom, offer
²² ἀναφέρω aor act inf, take away
²³ ὁράω 3s fut pas ind, pas appear
²⁴ ἀπεκδέχομαι pres mid ptc m p dat, wait eagerly
²⁵ σκιά, -ᾶς f, shadow
²⁶ εἰκών, -όνος f, (true) form
²⁷ πρᾶγμα, -τος n, thing/reality
²⁸ ἐνιαυτός, -οῦ m, year (κατ᾽ ἐ. yearly)
²⁹ θυσία, -ας f, sacrifice
³⁰ διηνεκής, -ές, continuous (εἰς τὸ δ. continually)
³¹ οὐδέποτε, adv, never

³² τελειόω aor act inf, make perfect
³³ ἐπεί, conj, since
³⁴ παύω 3p aor mid ind, mid stop
³⁵ συνείδησις, -εως f, consciousness
³⁶ λατρεύω pres act ptc m p acc, worship
³⁷ ἅπαξ, adv, once for all
³⁸ καθαρίζω pf pas ptc m p acc, cleanse
³⁹ ἀνάμνησις, -εως f, reminder
⁴⁰ ἀδύνατος, -ον, impossible
⁴¹ ταῦρος, -ου m, bull
⁴² τράγος, -ου m, goat
⁴³ ἀφαιρέω pres act inf, take away
⁴⁴ θυσία, -ας f, sacrifice
⁴⁵ προσφορά, -ᾶς f, offering
⁴⁶ καταρτίζω 2s aor mid ind, prepare

6 ὁλοκαυτώματα¹ καὶ περὶ ἁμαρτίας οὐκ εὐδόκησας².
7 τότε εἶπον· ἰδοὺ ἥκω³,
ἐν κεφαλίδι⁴ βιβλίου γέγραπται περὶ ἐμοῦ,
τοῦ ποιῆσαι ὁ θεὸς τὸ θέλημά σου.
8 ἀνώτερον⁵ λέγων ὅτι
θυσίας καὶ προσφορὰς καὶ ὁλοκαυτώματα καὶ περὶ ἁμαρτίας
οὐκ ἠθέλησας οὐδὲ εὐδόκησας,
αἵτινες κατὰ νόμον προσφέρονται, 9 τότε εἴρηκεν⁶· ἰδοὺ ἥκω τοῦ ποιῆσαι τὸ θέλημά σου. ἀναιρεῖ⁷ τὸ πρῶτον ἵνα τὸ δεύτερον στήσῃ⁸, 10 ἐν ᾧ θελήματι ἡγιασμένοι⁹ ἐσμὲν διὰ τῆς προσφορᾶς¹⁰ τοῦ σώματος Ἰησοῦ Χριστοῦ ἐφάπαξ¹¹.

11 Καὶ πᾶς μὲν ἱερεὺς ἕστηκεν¹² καθ᾽ ἡμέραν λειτουργῶν¹³ καὶ τὰς αὐτὰς πολλάκις¹⁴ προσφέρων θυσίας, αἵτινες οὐδέποτε¹⁵ δύνανται περιελεῖν¹⁶ ἁμαρτίας, 12 οὗτος δὲ μίαν ὑπὲρ ἁμαρτιῶν προσενέγκας¹⁷ θυσίαν εἰς τὸ διηνεκὲς ἐκάθισεν ἐν δεξιᾷ τοῦ θεοῦ, 13 τὸ λοιπὸν ἐκδεχόμενος¹⁸ ἕως τεθῶσιν¹⁹ οἱ ἐχθροὶ αὐτοῦ ὑποπόδιον²⁰ τῶν ποδῶν αὐτοῦ. 14 μιᾷ γὰρ προσφορᾷ²¹ τετελείωκεν²² εἰς τὸ διηνεκὲς²³ τοὺς ἁγιαζομένους²⁴. 15 μαρτυρεῖ δὲ ἡμῖν καὶ τὸ πνεῦμα τὸ ἅγιον· μετὰ γὰρ τὸ εἰρηκέναι²⁵·

16 αὕτη ἡ διαθήκη ἣν διαθήσομαι²⁶ πρὸς αὐτοὺς
μετὰ τὰς ἡμέρας ἐκείνας, λέγει κύριος·
διδοὺς²⁷ νόμους μου ἐπὶ καρδίας αὐτῶν
καὶ ἐπὶ τὴν διάνοιαν²⁸ αὐτῶν ἐπιγράψω²⁹ αὐτούς,
17 καὶ τῶν ἁμαρτιῶν αὐτῶν καὶ τῶν ἀνομιῶν³⁰ αὐτῶν
οὐ μὴ μνησθήσομαι³¹ ἔτι.
18 ὅπου δὲ ἄφεσις³² τούτων, οὐκέτι προσφορὰ περὶ ἁμαρτίας.

---

¹ ὁλοκαύτωμα, -τος n, whole burnt offering
² εὐδοκέω 2s aor act ind, desire
³ ἥκω 1s pres act ind, come
⁴ κεφαλίς, -ίδος f, roll (of a scroll or book)
⁵ ἀνώτερος, adv, above
⁶ λέγω 3s pf act ind, say
⁷ ἀναιρέω 3s pres act ind, do away with
⁸ ἵστημι 3s aor act sub, establish
⁹ ἁγιάζω pf pas ptc m p nom, sanctify
¹⁰ προσφορά, -ᾶς f, offering
¹¹ ἐφάπαξ, adv, once for all
¹² ἵστημι 3s pf act ind, intrans stand
¹³ λειτουργέω pres act ptc m s nom, serve (as a priest)
¹⁴ πολλάκις, adv, repeatedly
¹⁵ οὐδέποτε, adv, never
¹⁶ περιαιρέω aor act inf, take away
¹⁷ προσφέρω aor act ptc m s nom, offer
¹⁸ ἐκδέχομαι pres mid ptc m s nom, wait
¹⁹ τίθημι 3p aor pas sub, make
²⁰ ὑποπόδιον, -ου n, footstool
²¹ προσφορά, -ᾶς f, offering
²² τελειόω 3s pf act ind, make perfect
²³ διηνεκής, -ές, continuous (εἰς τὸ δ. for all time)
²⁴ ἁγιάζω pres pas ptc m p acc, sanctify
²⁵ λέγω pf act inf, say
²⁶ διατίθημι 1s fut mid ind, mid make (of a covenant)
²⁷ δίδωμι pres act ptc m s nom, put
²⁸ διάνοια, -ας f, mind
²⁹ ἐπιγράφω 1s fut act ind, write on
³⁰ ἀνομία, -ας f, wickedness
³¹ μιμνήσκομαι 1s fut pas ind, pas keep in mind
³² ἄφεσις, -εως f, forgiveness

Exhortation and Warning

19 Ἔχοντες οὖν, ἀδελφοί, παρρησίαν εἰς τὴν εἴσοδον¹ τῶν ἁγίων ἐν τῷ αἵματι Ἰησοῦ, 20 ἣν ἐνεκαίνισεν² ἡμῖν ὁδὸν πρόσφατον³ καὶ ζῶσαν διὰ τοῦ καταπετάσματος⁴, τοῦτ' ἔστιν τῆς σαρκὸς αὐτοῦ, 21 καὶ ἱερέα μέγαν ἐπὶ τὸν οἶκον τοῦ θεοῦ, 22 προσερχώμεθα μετὰ ἀληθινῆς⁵ καρδίας ἐν πληροφορίᾳ⁶ πίστεως ῥεραντισμένοι⁷ τὰς καρδίας ἀπὸ συνειδήσεως⁸ πονηρᾶς καὶ λελουσμένοι⁹ τὸ σῶμα ὕδατι καθαρῷ·¹⁰ 23 κατέχωμεν¹¹ τὴν ὁμολογίαν¹² τῆς ἐλπίδος ἀκλινῆ¹³, πιστὸς γὰρ ὁ ἐπαγγειλάμενος¹⁴, 24 καὶ κατανοῶμεν¹⁵ ἀλλήλους εἰς παροξυσμὸν¹⁶ ἀγάπης καὶ καλῶν ἔργων, 25 μὴ ἐγκαταλείποντες¹⁷ τὴν ἐπισυναγωγὴν¹⁸ ἑαυτῶν, καθὼς ἔθος¹⁹ τισίν, ἀλλὰ παρακαλοῦντες, καὶ τοσούτῳ²⁰ μᾶλλον ὅσῳ βλέπετε ἐγγίζουσαν τὴν ἡμέραν.

26 Ἑκουσίως²¹ γὰρ ἁμαρτανόντων ἡμῶν μετὰ τὸ λαβεῖν τὴν ἐπίγνωσιν²² τῆς ἀληθείας, οὐκέτι περὶ ἁμαρτιῶν ἀπολείπεται²³ θυσία²⁴, 27 φοβερὰ²⁵ δέ τις ἐκδοχὴ²⁶ κρίσεως καὶ πυρὸς ζῆλος²⁷ ἐσθίειν μέλλοντος τοὺς ὑπεναντίους²⁸. 28 ἀθετήσας²⁹ τις νόμον Μωϋσέως χωρὶς οἰκτιρμῶν³⁰ ἐπὶ δυσὶν ἢ τρισὶν μάρτυσιν ἀποθνήσκει· 29 πόσῳ³¹ δοκεῖτε χείρονος³² ἀξιωθήσεται³³ τιμωρίας³⁴ ὁ τὸν υἱὸν τοῦ θεοῦ καταπατήσας³⁵ καὶ τὸ αἷμα τῆς διαθήκης κοινὸν³⁶ ἡγησάμενος³⁷, ἐν ᾧ ἡγιάσθη³⁸, καὶ τὸ πνεῦμα τῆς χάριτος ἐνυβρίσας³⁹; 30 οἴδαμεν γὰρ τὸν εἰπόντα·

ἐμοὶ ἐκδίκησις⁴⁰, ἐγὼ ἀνταποδώσω⁴¹.

καὶ πάλιν·

κρινεῖ κύριος τὸν λαὸν αὐτοῦ.

31 φοβερὸν τὸ ἐμπεσεῖν⁴² εἰς χεῖρας θεοῦ ζῶντος.

---

¹ εἴσοδος, -ου f, access
² ἐγκαινίζω 3s aor act ind, open
³ πρόσφατος, -ον, new
⁴ καταπέτασμα, -τος n, curtain
⁵ ἀληθινός, -ή/όν, true
⁶ πληροφορία, -ας f, full assurance
⁷ ῥαντίζω pf pas ptc m p nom, sprinkle clean
⁸ συνείδησις, -εως f, conscience
⁹ λούω pf mid or pas ptc m p nom, wash
¹⁰ καθαρός, -ά/όν, pure
¹¹ κατέχω 1p pres act sub, hold fast
¹² ὁμολογία, -ας f, confession
¹³ ἀκλινής, -ές, without wavering
¹⁴ ἐπαγγέλλομαι aor mid ptc m s nom, promise

¹⁵ κατανοέω 1p pres act sub, consider
¹⁶ παροξυσμός, -οῦ m, encouragement
¹⁷ ἐγκαταλείπω pres act ptc m p nom, leave behind
¹⁸ ἐπισυναγωγή, -ῆς f, assembling
¹⁹ ἔθος, -ους n, custom
²⁰ τοσοῦτος, -αύτη/οῦτον, so much
²¹ ἑκουσίως, adv, willingly
²² ἐπίγνωσις, -εως f, knowledge
²³ ἀπολείπω 3s pres pas ind, pas remain
²⁴ θυσία, -ας f, sacrifice
²⁵ φοβερός, -ά/όν, fearful
²⁶ ἐκδοχή, -ῆς f, expectation
²⁷ ζῆλος, -ου m, fury
²⁸ ὑπεναντίος, -α/ον, opposed to (ὁ ὑ. enemy)

²⁹ ἀθετέω aor act ptc m s nom, reject
³⁰ οἰκτιρμός, -οῦ m, mercy
³¹ πόσος, -η/ον, how much
³² χείρων, worse (comp of κακός)
³³ ἀξιόω 3s fut pas ind, deserve
³⁴ τιμωρία, -ας f, punishment
³⁵ καταπατέω aor act ptc m s nom, trample on
³⁶ κοινός, -ή/όν, profane
³⁷ ἡγέομαι aor mid ptc m s nom, consider
³⁸ ἁγιάζω 3s aor pas ind, sanctify
³⁹ ἐνυβρίζω aor act ptc m s nom, insult
⁴⁰ ἐκδίκησις, -εως f, vengeance
⁴¹ ἀνταποδίδωμι 1s fut act ind, repay
⁴² ἐμπίπτω aor act inf, fall into

32 Ἀναμιμνῄσκεσθε¹ δὲ τὰς πρότερον² ἡμέρας, ἐν αἷς φωτισθέντες³ πολλὴν ἄθλησιν⁴ ὑπεμείνατε⁵ παθημάτων⁶, **33** τοῦτο μὲν ὀνειδισμοῖς⁷ τε καὶ θλίψεσιν θεατριζόμενοι⁸, τοῦτο δὲ κοινωνοὶ⁹ τῶν οὕτως ἀναστρεφομένων¹⁰ γενηθέντες¹¹. **34** καὶ γὰρ τοῖς δεσμίοις¹² συνεπαθήσατε¹³ καὶ τὴν ἁρπαγὴν¹⁴ τῶν ὑπαρχόντων ὑμῶν μετὰ χαρᾶς προσεδέξασθε¹⁵ γινώσκοντες ἔχειν ἑαυτοὺς κρείττονα¹⁶ ὕπαρξιν¹⁷ καὶ μένουσαν. **35** μὴ ἀποβάλητε¹⁸ οὖν τὴν παρρησίαν ὑμῶν, ἥτις ἔχει μεγάλην μισθαποδοσίαν¹⁹. **36** ὑπομονῆς γὰρ ἔχετε χρείαν ἵνα τὸ θέλημα τοῦ θεοῦ ποιήσαντες κομίσησθε²⁰ τὴν ἐπαγγελίαν.

37 ἔτι γὰρ **μικρὸν ὅσον ὅσον,**
ὁ ἐρχόμενος ἥξει²¹ καὶ οὐ χρονίσει²²·
38 ὁ **δὲ δίκαιός μου ἐκ πίστεως ζήσεται²³,**
καὶ ἐὰν ὑποστείληται²⁴, οὐκ εὐδοκεῖ²⁵ ἡ ψυχή μου ἐν αὐτῷ.
39 ἡμεῖς δὲ οὐκ ἐσμὲν ὑποστολῆς²⁶ εἰς ἀπώλειαν²⁷ ἀλλὰ πίστεως εἰς περιποίησιν²⁸ ψυχῆς.

Faith

11 Ἔστιν δὲ πίστις ἐλπιζομένων ὑπόστασις²⁹, πραγμάτων³⁰ ἔλεγχος³¹ οὐ βλεπομένων. **2** ἐν ταύτῃ γὰρ ἐμαρτυρήθησαν³² οἱ πρεσβύτεροι. **3** πίστει νοοῦμεν³³ κατηρτίσθαι³⁴ τοὺς αἰῶνας ῥήματι θεοῦ, εἰς τὸ μὴ ἐκ φαινομένων τὸ βλεπόμενον γεγονέναι³⁵. **4** πίστει πλείονα³⁶ θυσίαν³⁷ Ἅβελ παρὰ Κάϊν προσήνεγκεν³⁸ τῷ θεῷ, δι᾽ ἧς ἐμαρτυρήθη εἶναι δίκαιος, μαρτυροῦντος ἐπὶ τοῖς δώροις³⁹ αὐτοῦ τοῦ θεοῦ, καὶ δι᾽ αὐτῆς ἀποθανὼν ἔτι λαλεῖ. **5** πίστει Ἑνὼχ μετετέθη⁴⁰ τοῦ μὴ ἰδεῖν θάνατον, καὶ οὐχ ηὑρίσκετο διότι⁴¹ μετέθηκεν αὐτὸν ὁ θεός. πρὸ γὰρ τῆς

---

1 ἀναμιμνῄσκω 2p pres pas impv, pas remember
2 πρότερος, -α/ον, former
3 φωτίζω aor pas ptc m p nom, enlighten
4 ἄθλησις, -εως f, struggle
5 ὑπομένω 2p aor act ind, endure
6 πάθημα, -τος n, suffering
7 ὀνειδισμός, -οῦ m, abuse
8 θεατρίζω pres pas ptc m p nom, expose to public shame
9 κοινωνός, -οῦ m, partner
10 ἀναστρέφω pres pas ptc m p gen, live
11 γίνομαι aor pas ptc m p nom, become
12 δέσμιος, -ου m, prisoner
13 συμπαθέω 2p aor act ind, suffer together with
14 ἁρπαγή, -ῆς f, seizure
15 προσδέχομαι 2p aor mid ind, accept
16 κρείττων, greater (comp of ἀγαθός)
17 ὕπαρξις, -εως f, possession
18 ἀποβάλλω 2p aor act sub, throw away
19 μισθαποδοσία, -ας f, reward
20 κομίζω 2p aor mid sub, receive
21 ἥκω 3s fut act ind, come
22 χρονίζω 3s fut act ind, delay
23 ζάω 3s fut mid ind, live
24 ὑποστέλλω 3s aor mid sub, mid turn back
25 εὐδοκέω 3s pres act ind, be pleased
26 ὑποστολή, -ῆς f, turning back
27 ἀπώλεια, -ας f, destruction
28 περιποίησις, -εως f, saving
29 ὑπόστασις, -εως f, assurance
30 πρᾶγμα, -τος n, thing
31 ἔλεγχος, -ου m, certainty
32 μαρτυρέω 3p aor pas ind, pas receive approval
33 νοέω 1p pres act ind, understand
34 καταρτίζω pf pas inf, create
35 γίνομαι pf act inf, come
36 πολύς, great (comp)
37 θυσία, -ας f, sacrifice
38 προσφέρω 3s aor act ind, offer
39 δῶρον, -ου n, gift
40 μετατίθημι 3s aor pas ind, take up
41 διότι, conj, because

μεταθέσεως¹ μεμαρτύρηται εὐαρεστηκέναι² τῷ θεῷ· 6 χωρὶς δὲ πίστεως ἀδύνατον³ εὐαρεστῆσαι· πιστεῦσαι γὰρ δεῖ τὸν προσερχόμενον τῷ θεῷ ὅτι ἔστιν καὶ τοῖς ἐκζητοῦσιν⁴ αὐτὸν μισθαποδότης⁵ γίνεται. 7 πίστει χρηματισθεὶς⁶ Νῶε περὶ τῶν μηδέπω⁷ βλεπομένων, εὐλαβηθεὶς⁸ κατεσκεύασεν⁹ κιβωτὸν¹⁰ εἰς σωτηρίαν τοῦ οἴκου αὐτοῦ δι' ἧς κατέκρινεν¹¹ τὸν κόσμον, καὶ τῆς κατὰ πίστιν δικαιοσύνης ἐγένετο κληρονόμος¹². 8 Πίστει καλούμενος Ἀβραὰμ ὑπήκουσεν¹³ ἐξελθεῖν εἰς τόπον ὃν ἤμελλεν λαμβάνειν εἰς κληρονομίαν¹⁴, καὶ ἐξῆλθεν μὴ ἐπιστάμενος¹⁵ ποῦ ἔρχεται. 9 πίστει παρῴκησεν¹⁶ εἰς γῆν τῆς ἐπαγγελίας ὡς ἀλλοτρίαν¹⁷ ἐν σκηναῖς¹⁸ κατοικήσας μετὰ Ἰσαὰκ καὶ Ἰακὼβ τῶν συγκληρονόμων¹⁹ τῆς ἐπαγγελίας τῆς αὐτῆς· 10 ἐξεδέχετο²⁰ γὰρ τὴν τοὺς θεμελίους²¹ ἔχουσαν πόλιν ἧς τεχνίτης²² καὶ δημιουργὸς²³ ὁ θεός. 11 πίστει καὶ αὐτὴ Σάρρα στεῖρα²⁴ δύναμιν εἰς καταβολὴν²⁵ σπέρματος ἔλαβεν καὶ παρὰ καιρὸν ἡλικίας²⁶, ἐπεὶ²⁷ πιστὸν ἡγήσατο²⁸ τὸν ἐπαγγειλάμενον²⁹. 12 διὸ καὶ ἀφ' ἑνὸς ἐγεννήθησαν, καὶ ταῦτα νενεκρωμένου³⁰, καθὼς τὰ ἄστρα³¹ τοῦ οὐρανοῦ τῷ πλήθει καὶ ὡς ἡ ἄμμος³² ἡ παρὰ τὸ χεῖλος³³ τῆς θαλάσσης ἡ ἀναρίθμητος³⁴.

13 Κατὰ πίστιν ἀπέθανον οὗτοι πάντες, μὴ λαβόντες τὰς ἐπαγγελίας ἀλλὰ πόρρωθεν³⁵ αὐτὰς ἰδόντες καὶ ἀσπασάμενοι καὶ ὁμολογήσαντες³⁶ ὅτι ξένοι³⁷ καὶ παρεπίδημοί³⁸ εἰσιν ἐπὶ τῆς γῆς. 14 οἱ γὰρ τοιαῦτα λέγοντες ἐμφανίζουσιν³⁹ ὅτι πατρίδα⁴⁰ ἐπιζητοῦσιν⁴¹. 15 καὶ εἰ μὲν ἐκείνης ἐμνημόνευον⁴² ἀφ' ἧς ἐξέβησαν⁴³, εἶχον⁴⁴ ἂν καιρὸν ἀνακάμψαι⁴⁵· 16 νῦν δὲ κρείττονος⁴⁶ ὀρέγονται⁴⁷, τοῦτ' ἔστιν

---

¹ μετάθεσις, -ου f, taking up
² εὐαρεστέω pf act inf, please
³ ἀδύνατος, -ον, impossible
⁴ ἐκζητέω pres act ptc m p dat, search earnestly
⁵ μισθαποδότης, -ου m, rewarder
⁶ χρηματίζω aor pas ptc m s nom, warn
⁷ μηδέπω, adv, not yet
⁸ εὐλαβέομαι aor pas ptc m s nom, act from godly fear
⁹ κατασκευάζω 3s aor act ind, build
¹⁰ κιβωτός, -οῦ f, ark (= big boat)
¹¹ κατακρίνω 3s aor act ind, condemn
¹² κληρονόμος, -ου m, heir
¹³ ὑπακούω 3s aor act ind, obey
¹⁴ κληρονομία, -ας f, inheritance
¹⁵ ἐπίσταμαι pres pas ptc m s nom, know
¹⁶ παροικέω 3s aor act ind, live
¹⁷ ἀλλότριος, -α/ον, foreign
¹⁸ σκηνή, -ῆς f, tent
¹⁹ συγκληρονόμος, -ον, sharing together (noun = fellow heir)
²⁰ ἐκδέχομαι 3s impf mid ind, look forward to
²¹ θεμέλιος, -ου m, foundation
²² τεχνίτης, -ου m, architect
²³ δημιουργός, -οῦ m, builder
²⁴ στεῖρα, -ας f, a woman incapable of having children
²⁵ καταβολή, -ῆς f, conception
²⁶ ἡλικία, -ας f, age (παρὰ καιρὸν ἡ. past the age)
²⁷ ἐπεί, conj, since
²⁸ ἡγέομαι 3s aor mid ind, consider
²⁹ ἐπαγγέλλομαι aor mid ptc m s acc, promise
³⁰ νεκρόω pf pas ptc m s gen, put to death (pf pas ptc = as good as dead)
³¹ ἄστρον, -ου n, star
³² ἄμμος, -ου f, sand
³³ χεῖλος, -ους n, shore
³⁴ ἀναρίθμητος, -ον, innumerable
³⁵ πόρρωθεν, adv, from a distance
³⁶ ὁμολογέω aor act ptc m p nom, confess
³⁷ ξένος, -η/ον, strange (noun = stranger)
³⁸ παρεπίδημος, -ου m, alien
³⁹ ἐμφανίζω 3p pres act ind, make known
⁴⁰ πατρίς, -ίδος f, homeland
⁴¹ ἐπιζητέω 3p pres act ind, seek
⁴² μνημονεύω 3p impf act ind, think of
⁴³ ἐκβαίνω 3p aor act ind, go out
⁴⁴ ἔχω 3p impf act ind, have
⁴⁵ ἀνακάμπτω aor act inf, return
⁴⁶ κρείττων, better (comp of ἀγαθός)
⁴⁷ ὀρέγω 3p pres mid ind, mid long for

ἐπουρανίου¹. διὸ οὐκ ἐπαισχύνεται² αὐτοὺς ὁ θεὸς θεὸς ἐπικαλεῖσθαι³ αὐτῶν· ἡτοίμασεν γὰρ αὐτοῖς πόλιν.

17 Πίστει προσενήνοχεν⁴ Ἀβραὰμ τὸν Ἰσαὰκ πειραζόμενος καὶ τὸν μονογενῆ⁵ προσέφερεν, ὁ τὰς ἐπαγγελίας ἀναδεξάμενος⁶, **18** πρὸς ὃν ἐλαλήθη ὅτι **ἐν Ἰσαὰκ κληθήσεταί⁷ σοι σπέρμα, 19** λογισάμενος ὅτι καὶ ἐκ νεκρῶν ἐγείρειν δυνατὸς ὁ θεός, ὅθεν⁸ αὐτὸν καὶ ἐν παραβολῇ ἐκομίσατο⁹. **20** πίστει καὶ περὶ μελλόντων εὐλόγησεν Ἰσαὰκ τὸν Ἰακὼβ καὶ τὸν Ἠσαῦ. **21** πίστει Ἰακὼβ ἀποθνῄσκων ἕκαστον τῶν υἱῶν Ἰωσὴφ εὐλόγησεν καὶ **προσεκύνησεν ἐπὶ τὸ ἄκρον¹⁰ τῆς ῥάβδου¹¹ αὐτοῦ. 22** πίστει Ἰωσὴφ τελευτῶν¹² περὶ τῆς ἐξόδου¹³ τῶν υἱῶν Ἰσραὴλ ἐμνημόνευσεν¹⁴ καὶ περὶ τῶν ὀστέων¹⁵ αὐτοῦ ἐνετείλατο¹⁶.

23 Πίστει Μωϋσῆς γεννηθεὶς ἐκρύβη¹⁷ τρίμηνον¹⁸ ὑπὸ τῶν πατέρων αὐτοῦ, διότι¹⁹ εἶδον ἀστεῖον²⁰ τὸ παιδίον καὶ οὐκ ἐφοβήθησαν τὸ διάταγμα²¹ τοῦ βασιλέως. **24** πίστει Μωϋσῆς μέγας γενόμενος ἠρνήσατο²² λέγεσθαι υἱὸς θυγατρὸς Φαραώ, **25** μᾶλλον ἑλόμενος²³ συγκακουχεῖσθαι²⁴ τῷ λαῷ τοῦ θεοῦ ἢ πρόσκαιρον²⁵ ἔχειν ἁμαρτίας ἀπόλαυσιν²⁶, **26** μείζονα²⁷ πλοῦτον²⁸ ἡγησάμενος²⁹ τῶν Αἰγύπτου θησαυρῶν³⁰ τὸν ὀνειδισμὸν³¹ τοῦ Χριστοῦ· ἀπέβλεπεν³² γὰρ εἰς τὴν μισθαποδοσίαν³³. **27** πίστει κατέλιπεν³⁴ Αἴγυπτον μὴ φοβηθεὶς τὸν θυμὸν³⁵ τοῦ βασιλέως· τὸν γὰρ ἀόρατον³⁶ ὡς ὁρῶν ἐκαρτέρησεν³⁷. **28** πίστει πεποίηκεν τὸ πάσχα³⁸ καὶ τὴν πρόσχυσιν³⁹ τοῦ αἵματος, ἵνα μὴ ὁ ὀλοθρεύων⁴⁰ τὰ πρωτότοκα⁴¹ θίγῃ⁴² αὐτῶν. **29** πίστει διέβησαν⁴³ τὴν ἐρυθρὰν⁴⁴ θάλασσαν ὡς διὰ ξηρᾶς⁴⁵ γῆς, ἧς πεῖραν⁴⁶ λαβόντες οἱ Αἰγύπτιοι κατεπόθησαν⁴⁷. **30** πίστει τὰ τείχη⁴⁸ Ἰεριχὼ ἔπεσαν⁴⁹

---

1 ἐπουράνιος, -ον, heavenly
2 ἐπαισχύνομαι 3s pres pas ind, be ashamed
3 ἐπικαλέω pres pas inf, call
4 προσφέρω 3s pf act ind, offer
5 μονογενής, -ές, only
6 ἀναδέχομαι aor mid ptc m s nom, receive
7 καλέω 3s fut pas ind, call
8 ὅθεν, conj, and so
9 κομίζω 3s aor mid ind, mid receive
10 ἄκρον, -ου n, tip
11 ῥάβδος, -ου f, staff
12 τελευτάω pres act ptc m s nom, die
13 ἔξοδος, -ου f, exodus
14 μνημονεύω 3s aor act ind, make mention of
15 ὀστέον, -ου n, bone
16 ἐντέλλομαι 3s aor mid ind, give instructions

17 κρύπτω 3s aor pas ind, hide
18 τρίμηνος, -ου n, period of three months
19 διότι, conj, because
20 ἀστεῖος, -α/ον, beautiful
21 διάταγμα, -τος n, order
22 ἀρνέομαι 3s aor mid ind, refuse
23 αἱρέω aor mid ptc m s nom, mid choose
24 συγκακουχέομαι pres mid inf, be mistreated with
25 πρόσκαιρος, -ον, temporary
26 ἀπόλαυσις, -εως f, pleasure
27 μέγας, greater (comp)
28 πλοῦτος, -ου m, wealth
29 ἡγέομαι aor mid ptc m s nom, consider
30 θησαυρός, -οῦ m, treasure
31 ὀνειδισμός, -οῦ m, abuse
32 ἀποβλέπω 3s impf act ind, look forward

33 μισθαποδοσία, -ας f, reward
34 καταλείπω 3s aor act ind, leave
35 θυμός, -οῦ m, anger
36 ἀόρατος, -ον, unseen
37 καρτερέω 3s aor act ind, endure
38 πάσχα, n, Passover
39 πρόσχυσις, -εως f, sprinkling
40 ὀλοθρεύω pres act ptc m s nom, destroy
41 πρωτότοκος, -ον, first-born
42 θιγγάνω 3s aor act sub, touch
43 διαβαίνω 3p aor act ind, cross
44 ἐρυθρός, -ά/όν, red
45 ξηρός, -ά/όν, dry
46 πεῖρα, -ας f, attempt
47 καταπίνω 3p aor pas ind, drown
48 τεῖχος, -ους n, wall
49 πίπτω 3p aor act ind, fall

κυκλωθέντα¹ ἐπὶ ἑπτὰ ἡμέρας. **31** πίστει Ῥαὰβ ἡ πόρνη² οὐ συναπώλετο³ τοῖς ἀπειθήσασιν⁴ δεξαμένη τοὺς κατασκόπους⁵ μετ' εἰρήνης.

32 Καὶ τί ἔτι λέγω; ἐπιλείψει⁶ με γὰρ διηγούμενον⁷ ὁ χρόνος περὶ Γεδεών, Βαράκ, Σαμψών, Ἰεφθάε, Δαυίδ τε καὶ Σαμουὴλ καὶ τῶν προφητῶν, **33** οἳ διὰ πίστεως κατηγωνίσαντο⁸ βασιλείας, εἰργάσαντο⁹ δικαιοσύνην, ἐπέτυχον¹⁰ ἐπαγγελιῶν, ἔφραξαν¹¹ στόματα λεόντων¹², **34** ἔσβεσαν¹³ δύναμιν πυρός, ἔφυγον¹⁴ στόματα μαχαίρης¹⁵, ἐδυναμώθησαν¹⁶ ἀπὸ ἀσθενείας¹⁷, ἐγενήθησαν¹⁸ ἰσχυροὶ¹⁹ ἐν πολέμῳ²⁰, παρεμβολὰς²¹ ἔκλιναν²² ἀλλοτρίων²³. **35** ἔλαβον γυναῖκες ἐξ ἀναστάσεως τοὺς νεκροὺς αὐτῶν· ἄλλοι δὲ ἐτυμπανίσθησαν²⁴ οὐ προσδεξάμενοι²⁵ τὴν ἀπολύτρωσιν²⁶, ἵνα κρείττονος²⁷ ἀναστάσεως τύχωσιν²⁸. **36** ἕτεροι δὲ ἐμπαιγμῶν²⁹ καὶ μαστίγων³⁰ πεῖραν³¹ ἔλαβον, ἔτι δὲ δεσμῶν³² καὶ φυλακῆς· **37** ἐλιθάσθησαν³³, ἐπρίσθησαν³⁴, ἐν φόνῳ³⁵ μαχαίρης ἀπέθανον, περιῆλθον³⁶ ἐν μηλωταῖς³⁷, ἐν αἰγείοις³⁸ δέρμασιν³⁹, ὑστερούμενοι⁴⁰, θλιβόμενοι⁴¹, κακουχούμενοι⁴², **38** ὧν οὐκ ἦν ἄξιος ὁ κόσμος, ἐπὶ ἐρημίαις⁴³ πλανώμενοι καὶ ὄρεσιν καὶ σπηλαίοις⁴⁴ καὶ ταῖς ὀπαῖς⁴⁵ τῆς γῆς. **39** καὶ οὗτοι πάντες μαρτυρηθέντες διὰ τῆς πίστεως οὐκ ἐκομίσαντο⁴⁶ τὴν ἐπαγγελίαν, **40** τοῦ θεοῦ περὶ ἡμῶν κρεῖττόν τι προβλεψαμένου⁴⁷, ἵνα μὴ χωρὶς ἡμῶν τελειωθῶσιν⁴⁸.

---

[1] κυκλόω aor pas ptc n p nom, march round
[2] πόρνη, -ης f, prostitute
[3] συναπόλλυμι 3s aor mid ind, mid be killed with
[4] ἀπειθέω aor act ptc m p dat, disobey
[5] κατάσκοπος, -ου m, spy
[6] ἐπιλείπω 3s fut act ind, run short
[7] διηγέομαι pres mid ptc m s acc, tell
[8] καταγωνίζομαι 3p aor mid ind, defeat
[9] ἐργάζομαι 3p aor mid ind, bring about
[10] ἐπιτυγχάνω 3p aor act ind, receive
[11] φράσσω 3p aor act ind, shut
[12] λέων, -οντος m, lion
[13] σβέννυμι 3p aor act ind, extinguish
[14] φεύγω 3p aor act ind, escape
[15] μάχαιρα, -ης f, sword
[16] δυναμόω 3p aor pas ind, make strong
[17] ἀσθένεια, -ας f, weakness
[18] γίνομαι 3p aor pas ind, become
[19] ἰσχυρός, -ά/όν, strong
[20] πόλεμος, -ου m, war
[21] παρεμβολή, -ῆς f, army
[22] κλίνω 3p aor act ind, rout
[23] ἀλλότριος, -α/ον, foreign (noun = foreigner)
[24] τυμπανίζω 3p aor pas ind, torture
[25] προσδέχομαι aor mid ptc m p nom, accept
[26] ἀπολύτρωσις, -εως f, release
[27] κρείττων, better (comp of ἀγαθός)
[28] τυγχάνω 3p aor act sub, receive
[29] ἐμπαιγμός, -οῦ m, public ridicule
[30] μάστιξ, -ιγος f, beating with a whip
[31] πεῖρα, -ας f, experience (ἐμπαιγμῶν ... π. ἔλαβον experience public ridicule)
[32] δεσμός, -οῦ m, chain
[33] λιθάζω 3p aor pas ind, stone
[34] πρίζω 3p aor pas ind, saw in two
[35] φόνος, -ου m, killing
[36] περιέρχομαι 3p aor act ind, go about
[37] μηλωτή, -ῆς f, sheepskin
[38] αἴγειος, -α/ον, of a goat
[39] δέρμα, -τος n, skin
[40] ὑστερέω pres pas ptc m p nom, pas be in need
[41] θλίβω pres pas ptc m p nom, persecute
[42] κακουχέω pres pas ptc m p nom, pas be mistreated
[43] ἐρημία, -ας f, desert
[44] σπήλαιον, -ου n, cave
[45] ὀπή, -ῆς f, hole
[46] κομίζω 3p aor mid ind, mid receive
[47] προβλέπω aor mid ptc m s gen, mid have in store
[48] τελειόω 3p aor pas sub, make perfect

The Discipline of the Lord

12 Τοιγαροῦν[1] καὶ ἡμεῖς τοσοῦτον[2] ἔχοντες περικείμενον[3] ἡμῖν νέφος[4] μαρτύρων, ὄγκον[5] ἀποθέμενοι[6] πάντα καὶ τὴν εὐπερίστατον[7] ἁμαρτίαν, δι' ὑπομονῆς τρέχωμεν[8] τὸν προκείμενον[9] ἡμῖν ἀγῶνα[10] **2** ἀφορῶντες[11] εἰς τὸν τῆς πίστεως ἀρχηγὸν[12] καὶ τελειωτὴν[13] Ἰησοῦν, ὃς ἀντὶ[14] τῆς προκειμένης αὐτῷ χαρᾶς ὑπέμεινεν[15] σταυρὸν[16] αἰσχύνης[17] καταφρονήσας[18] ἐν δεξιᾷ τε τοῦ θρόνου τοῦ θεοῦ κεκάθικεν[19]. **3** ἀναλογίσασθε[20] γὰρ τὸν τοιαύτην ὑπομεμενηκότα[21] ὑπὸ τῶν ἁμαρτωλῶν εἰς ἑαυτὸν ἀντιλογίαν[22], ἵνα μὴ κάμητε[23] ταῖς ψυχαῖς ὑμῶν ἐκλυόμενοι[24].

4 Οὔπω[25] μέχρις[26] αἵματος ἀντικατέστητε[27] πρὸς τὴν ἁμαρτίαν ἀνταγωνιζόμενοι[28]. **5** καὶ ἐκλέλησθε[29] τῆς παρακλήσεως[30], ἥτις ὑμῖν ὡς υἱοῖς διαλέγεται[31]·

υἱέ μου, μὴ ὀλιγώρει[32] παιδείας[33] κυρίου
μηδὲ ἐκλύου ὑπ' αὐτοῦ ἐλεγχόμενος[34]·
6 ὃν γὰρ ἀγαπᾷ κύριος παιδεύει[35],
μαστιγοῖ[36] δὲ πάντα υἱὸν ὃν παραδέχεται[37].

7 εἰς παιδείαν[38] ὑπομένετε[39], ὡς υἱοῖς ὑμῖν προσφέρεται[40] ὁ θεός. τίς γὰρ υἱὸς ὃν οὐ παιδεύει πατήρ; **8** εἰ δὲ χωρίς ἐστε παιδείας ἧς μέτοχοι[41] γεγόνασιν[42] πάντες, ἄρα νόθοι[43] καὶ οὐχ υἱοί ἐστε. **9** εἶτα[44] τοὺς μὲν τῆς σαρκὸς ἡμῶν πατέρας εἴχομεν[45] παιδευτὰς[46] καὶ ἐνετρεπόμεθα[47]· οὐ πολὺ [δὲ] μᾶλλον ὑποταγησόμεθα[48]

---

[1] τοιγαροῦν, *conj*, therefore
[2] τοσοῦτος, -αύτη/οῦτον, so great
[3] περίκειμαι *pres mid ptc n s acc*, be surrounded
[4] νέφος, -ους *n*, cloud
[5] ὄγκος, -ου *m*, impediment
[6] ἀποτίθημι *aor mid ptc m p nom*, throw off
[7] εὐπερίστατος, -ον, easily ensnaring
[8] τρέχω *1p pres act sub*, run
[9] πρόκειμαι *pres mid ptc m s acc*, be set before
[10] ἀγών, -ῶνος *m*, race
[11] ἀφοράω *pres act ptc m p nom*, fix one's eyes on
[12] ἀρχηγός, -οῦ *m*, originator
[13] τελειωτής, -οῦ *m*, perfecter
[14] ἀντί, *prep + gen*, because of
[15] ὑπομένω *3s aor act ind*, endure
[16] σταυρός, -οῦ *m*, cross
[17] αἰσχύνη, -ης *f*, shame
[18] καταφρονέω *aor act ptc m s nom*, despise
[19] καθίζω *3s pf act ind*, sit
[20] ἀναλογίζομαι *2p aor mid impv*, consider
[21] ὑπομένω *pf act ptc m s acc*, endure
[22] ἀντιλογία, -ας *f*, hostility
[23] κάμνω *2p aor act sub*, be discouraged
[24] ἐκλύομαι *pres pas ptc m p nom*, give up
[25] οὔπω, *adv*, not yet
[26] μέχρι, *prep + gen*, to the extent
[27] ἀντικαθίστημι *2p aor act ind*, resist
[28] ἀνταγωνίζομαι *pres mid ptc m p nom*, struggle
[29] ἐκλανθάνομαι *2p pf mid ind*, forget completely
[30] παράκλησις, -εως *f*, encouragement
[31] διαλέγομαι *3s pres mid ind*, speak
[32] ὀλιγωρέω *2s pres act impv*, think lightly of
[33] παιδεία, -ας *f*, discipline
[34] ἐλέγχω *pres pas ptc m s nom*, correct
[35] παιδεύω *3s pres act ind*, discipline
[36] μαστιγόω *3s pres act ind*, punish
[37] παραδέχομαι *3s pres mid ind*, accept
[38] παιδεία, -ας *f*, discipline
[39] ὑπομένω *2p pres act ind*, endure
[40] προσφέρω *3s pres pas ind*, treat
[41] μέτοχος, -ου *m*, one who shares in
[42] γίνομαι *3p pf act ind*, become
[43] νόθος, -η/ον, illegitimate
[44] εἶτα, *adv*, moreover
[45] ἔχω *1p impf act ind*, have
[46] παιδευτής, -οῦ *m*, one who disciplines
[47] ἐντρέπω *1p impf pas ind, pas* respect
[48] ὑποτάσσω *1p fut pas ind*, subject

τῷ πατρὶ τῶν πνευμάτων καὶ ζήσομεν[1]; **10** οἱ μὲν γὰρ πρὸς ὀλίγας ἡμέρας κατὰ τὸ δοκοῦν αὐτοῖς ἐπαίδευον, ὁ δὲ ἐπὶ τὸ συμφέρον[2] εἰς τὸ μεταλαβεῖν[3] τῆς ἁγιότητος[4] αὐτοῦ. **11** πᾶσα δὲ παιδεία πρὸς μὲν τὸ παρὸν[5] οὐ δοκεῖ χαρᾶς εἶναι ἀλλὰ λύπης[6], ὕστερον[7] δὲ καρπὸν εἰρηνικὸν[8] τοῖς δι' αὐτῆς γεγυμνασμένοις[9] ἀποδίδωσιν δικαιοσύνης.

12 Διὸ τὰς παρειμένας[10] χεῖρας καὶ τὰ παραλελυμένα[11] γόνατα[12] ἀνορθώσατε[13], **13** καὶ τροχιὰς[14] ὀρθὰς[15] ποιεῖτε τοῖς ποσὶν ὑμῶν, ἵνα μὴ τὸ χωλὸν[16] ἐκτραπῇ[17], ἰαθῇ[18] δὲ μᾶλλον. **14** εἰρήνην διώκετε μετὰ πάντων καὶ τὸν ἁγιασμόν[19], οὗ χωρὶς οὐδεὶς ὄψεται[20] τὸν κύριον, **15** ἐπισκοποῦντες[21] μή τις ὑστερῶν[22] ἀπὸ τῆς χάριτος τοῦ θεοῦ, μή τις ῥίζα[23] πικρίας[24] ἄνω[25] φύουσα[26] ἐνοχλῇ[27] καὶ δι' αὐτῆς μιανθῶσιν[28] πολλοί, **16** μή τις πόρνος[29] ἢ βέβηλος[30] ὡς Ἠσαῦ, ὃς ἀντὶ[31] βρώσεως[32] μιᾶς ἀπέδετο[33] τὰ πρωτοτόκια[34] ἑαυτοῦ. **17** ἴστε[35] γὰρ ὅτι καὶ μετέπειτα[36] θέλων κληρονομῆσαι[37] τὴν εὐλογίαν[38] ἀπεδοκιμάσθη[39], μετανοίας[40] γὰρ τόπον οὐχ εὗρεν[41] καίπερ[42] μετὰ δακρύων[43] ἐκζητήσας[44] αὐτήν.

Warning against Rejecting God's Grace

18 Οὐ γὰρ προσεληλύθατε[45] ψηλαφωμένῳ[46] καὶ κεκαυμένῳ[47] πυρὶ καὶ γνόφῳ[48] καὶ ζόφῳ[49] καὶ θυέλλῃ[50] **19** καὶ σάλπιγγος[51] ἤχῳ[52] καὶ φωνῇ ῥημάτων, ἧς οἱ ἀκούσαντες παρῃτήσαντο[53] μὴ προστεθῆναι[54] αὐτοῖς λόγον, **20** οὐκ ἔφερον γὰρ τὸ

---

[1] ζάω 1p fut act ind, live
[2] συμφέρω pres act ptc n s acc, impers it is for one's good
[3] μεταλαμβάνω aor act inf, receive
[4] ἁγιότης, -ητος f, holiness
[5] πάρειμι pres act ptc n s acc, be present
[6] λύπη, -ης f, pain
[7] ὕστερον, adv, later
[8] εἰρηνικός, -ή/όν, peaceful
[9] γυμνάζω pf pas ptc m p dat, train
[10] παρίημι pf pas ptc f p acc, droop
[11] παραλύω pf pas ptc n p acc, pas be weak
[12] γόνυ, γόνατος n, knee
[13] ἀνορθόω 2p aor act impv, strengthen
[14] τροχιά, -ᾶς f, path
[15] ὀρθός, -ή/όν, straight
[16] χωλός, -ή/όν, lame
[17] ἐκτρέπω 3s aor pas sub, pas be disabled
[18] ἰάομαι 3s aor pas sub, heal
[19] ἁγιασμός, -οῦ m, holiness
[20] ὁράω 3s fut mid ind, see
[21] ἐπισκοπέω pres act ptc m p nom, take care
[22] ὑστερέω pres act ptc m s nom, fall short
[23] ῥίζα, -ης f, root
[24] πικρία, -ας f, bitterness
[25] ἄνω, adv, up
[26] φύω pres act ptc f s nom, grow
[27] ἐνοχλέω 3s pres act sub, cause trouble
[28] μιαίνω 3p aor pas sub, defile
[29] πόρνος, -ου m, immoral person
[30] βέβηλος, -ον, irreligious
[31] ἀντί, prep + gen, for
[32] βρῶσις, -εως f, a meal
[33] ἀποδίδωμι 3s aor mid ind, sell
[34] πρωτοτόκια, -ων n, birthright
[35] οἶδα 2p pf act ind, know
[36] μετέπειτα, adv, afterwards
[37] κληρονομέω aor act inf, inherit/receive
[38] εὐλογία, -ας f, blessing
[39] ἀποδοκιμάζω 3s aor pas ind, reject
[40] μετάνοια, -ας f, repentance
[41] εὑρίσκω 3s aor act ind, find
[42] καίπερ, conj, although
[43] δάκρυον, -ου n, tear (of crying)
[44] ἐκζητέω aor act ptc m s nom, seek
[45] προσέρχομαι 2p pf act ind, come
[46] ψηλαφάω pres pas ptc n s dat, touch
[47] καίω pf pas ptc n s dat, pas burn
[48] γνόφος, -ου m, darkness
[49] ζόφος, -ου m, gloom
[50] θύελλα, -ης f, wind storm
[51] σάλπιγξ, -ιγγος f, trumpet
[52] ἦχος, -ου m, sound
[53] παραιτέομαι 3p aor mid ind, beg
[54] προστίθημι aor pas inf, add to

διαστελλόμενον¹· κἂν² θηρίον θίγῃ³ τοῦ ὄρους, λιθοβοληθήσεται⁴· **21** καί, οὕτως φοβερὸν⁵ ἦν τὸ φανταζόμενον⁶, Μωϋσῆς εἶπεν· **ἔκφοβός⁷ εἰμι καὶ ἔντρομος⁸**.

22 ἀλλὰ προσεληλύθατε Σιὼν ὄρει καὶ πόλει θεοῦ ζῶντος, Ἱερουσαλὴμ ἐπουρανίῳ⁹, καὶ μυριάσιν¹⁰ ἀγγέλων, πανηγύρει¹¹ **23** καὶ ἐκκλησίᾳ πρωτοτόκων¹² ἀπογεγραμμένων¹³ ἐν οὐρανοῖς καὶ κριτῇ¹⁴ θεῷ πάντων καὶ πνεύμασιν δικαίων τετελειωμένων¹⁵ **24** καὶ διαθήκης νέας¹⁶ μεσίτῃ¹⁷ Ἰησοῦ καὶ αἵματι ῥαντισμοῦ¹⁸ κρεῖττον¹⁹ λαλοῦντι παρὰ τὸν Ἄβελ.

25 Βλέπετε μὴ παραιτήσησθε²⁰ τὸν λαλοῦντα· εἰ γὰρ ἐκεῖνοι οὐκ ἐξέφυγον²¹ ἐπὶ γῆς παραιτησάμενοι τὸν χρηματίζοντα²², πολὺ μᾶλλον ἡμεῖς οἱ τὸν ἀπ' οὐρανῶν ἀποστρεφόμενοι²³, **26** οὗ ἡ φωνὴ τὴν γῆν ἐσάλευσεν²⁴ τότε, νῦν δὲ ἐπήγγελται²⁵ λέγων·

ἔτι ἅπαξ²⁶ ἐγὼ σείσω²⁷ οὐ μόνον **τὴν γῆν** ἀλλὰ **καὶ τὸν οὐρανόν**.

27 τὸ δὲ **ἔτι ἅπαξ** δηλοῖ²⁸ [τὴν] τῶν σαλευομένων μετάθεσιν²⁹ ὡς πεποιημένων, ἵνα μείνῃ³⁰ τὰ μὴ σαλευόμενα. **28** διὸ βασιλείαν ἀσάλευτον³¹ παραλαμβάνοντες ἔχωμεν χάριν, δι' ἧς λατρεύωμεν³² εὐαρέστως³³ τῷ θεῷ μετὰ εὐλαβείας³⁴ καὶ δέους.³⁵ **29** καὶ γὰρ ὁ θεὸς ἡμῶν **πῦρ καταναλίσκον.** ³⁶

Service Well-Pleasing to God

13 Ἡ φιλαδελφία³⁷ μενέτω. **2** τῆς φιλοξενίας³⁸ μὴ ἐπιλανθάνεσθε³⁹, διὰ ταύτης γὰρ ἔλαθόν⁴⁰ τινες ξενίσαντες⁴¹ ἀγγέλους. **3** μιμνήσκεσθε⁴² τῶν δεσμίων⁴³ ὡς συνδεδεμένοι⁴⁴, τῶν κακουχουμένων⁴⁵ ὡς καὶ αὐτοὶ ὄντες ἐν σώματι.

---

¹ διαστέλλω *pres pas ptc n s acc*, command
² κἄν, = καὶ ἐάν, even if
³ θιγγάνω *3s aor act sub*, touch
⁴ λιθοβολέω *3s fut pas ind*, stone
⁵ φοβερός, -ά/όν, fearful
⁶ φαντάζω *pres pas ptc n s nom*, *pas* appear
⁷ ἔκφοβος, -ον, terrified
⁸ ἔντρομος, -ον, trembling
⁹ ἐπουράνιος, -ον, heavenly
¹⁰ μυριάς, -άδος f, countless thousands
¹¹ πανήγυρις, -εως f, joyful gathering
¹² πρωτότοκος, -ον, first-born
¹³ ἀπογράφω *pf pas ptc m p gen*, write
¹⁴ κριτής, οῦ m, judge
¹⁵ τελειόω *pf pas ptc m p gen*, make perfect
¹⁶ νέος, -α/ον, new

¹⁷ μεσίτης, -ου *m*, mediator
¹⁸ ῥαντισμός, -οῦ *m*, sprinkling
¹⁹ κρείττων, better (comp of ἀγαθός)
²⁰ παραιτέομαι *2p aor mid ind*, refuse (to hear)
²¹ ἐκφεύγω *3p aor act ind*, escape
²² χρηματίζω *pres act ptc m s acc*, warn
²³ ἀποστρέφω *pres mid ptc m p nom, mid* turn away
²⁴ σαλεύω *3s aor act ind*, shake
²⁵ ἐπαγγέλλομαι *3s pf mid ind*, promise
²⁶ ἅπαξ, *adv*, once for all
²⁷ σείω *1s fut act ind*, shake
²⁸ δηλόω *3s pres act ind*, indicate
²⁹ μετάθεσις, -εως f, removal
³⁰ μένω *3s aor act sub*, remain
³¹ ἀσάλευτος, -ον, unshakable
³² λατρεύω *1p pres act sub*, worship

³³ εὐαρέστως, *adv*, in an acceptable way
³⁴ εὐλάβεια, -ας f, reverence
³⁵ δέος, -ους n, respect
³⁶ καταναλίσκω *pres act ptc n s nom*, consume
³⁷ φιλαδελφία, -ας f, love of one another
³⁸ φιλοξενία, -ας f, hospitality
³⁹ ἐπιλανθάνομαι *2p pres mid impv*, neglect
⁴⁰ λανθάνω *3p aor act ind*, be unaware
⁴¹ ξενίζω *aor act ptc m p nom*, entertain as a guest
⁴² μιμνήσκομαι *2p pres pas impv*, *pas* remember
⁴³ δέσμιος, -ου *m*, prisoner
⁴⁴ συνδέω *pf pas ptc m p nom, pas* be in prison with
⁴⁵ κακουχέω *pres pas ptc m p gen*, *pas* be mistreated

4 τίμιος¹ ὁ γάμος² ἐν πᾶσιν καὶ ἡ κοίτη³ ἀμίαντος⁴, πόρνους⁵ γὰρ καὶ μοιχοὺς⁶ κρινεῖ ὁ θεός. **5** ἀφιλάργυρος⁷ ὁ τρόπος⁸, ἀρκούμενοι⁹ τοῖς παροῦσιν¹⁰. αὐτὸς γὰρ εἴρηκεν¹¹· οὐ μή σε ἀνῶ¹² οὐδ' οὐ μή σε ἐγκαταλίπω¹³, **6** ὥστε θαρροῦντας¹⁴ ἡμᾶς λέγειν·

κύριος ἐμοὶ βοηθός, καὶ οὐ φοβηθήσομαι¹⁵,
τί ποιήσει μοι ἄνθρωπος;

7 Μνημονεύετε¹⁶ τῶν ἡγουμένων¹⁷ ὑμῶν, οἵτινες ἐλάλησαν ὑμῖν τὸν λόγον τοῦ θεοῦ, ὧν ἀναθεωροῦντες¹⁸ τὴν ἔκβασιν¹⁹ τῆς ἀναστροφῆς²⁰ μιμεῖσθε²¹ τὴν πίστιν. **8** Ἰησοῦς Χριστὸς ἐχθὲς²² καὶ σήμερον ὁ αὐτὸς καὶ εἰς τοὺς αἰῶνας. **9** διδαχαῖς²³ ποικίλαις²⁴ καὶ ξέναις²⁵ μὴ παραφέρεσθε²⁶· καλὸν γὰρ χάριτι βεβαιοῦσθαι²⁷ τὴν καρδίαν, οὐ βρώμασιν²⁸ ἐν οἷς οὐκ ὠφελήθησαν²⁹ οἱ περιπατοῦντες. **10** ἔχομεν θυσιαστήριον³⁰ ἐξ οὗ φαγεῖν³¹ οὐκ ἔχουσιν ἐξουσίαν οἱ τῇ σκηνῇ³² λατρεύοντες³³. **11** ὧν γὰρ εἰσφέρεται³⁴ ζῴων³⁵ τὸ αἷμα περὶ ἁμαρτίας εἰς τὰ ἅγια διὰ τοῦ ἀρχιερέως, τούτων τὰ σώματα κατακαίεται³⁶ ἔξω τῆς παρεμβολῆς³⁷. **12** διὸ καὶ Ἰησοῦς, ἵνα ἁγιάσῃ³⁸ διὰ τοῦ ἰδίου αἵματος τὸν λαόν, ἔξω τῆς πύλης³⁹ ἔπαθεν⁴⁰. **13** τοίνυν⁴¹ ἐξερχώμεθα πρὸς αὐτὸν ἔξω τῆς παρεμβολῆς τὸν ὀνειδισμὸν⁴² αὐτοῦ φέροντες· **14** οὐ γὰρ ἔχομεν ὧδε μένουσαν πόλιν ἀλλὰ τὴν μέλλουσαν ἐπιζητοῦμεν⁴³. **15** δι' αὐτοῦ [οὖν] ἀναφέρωμεν⁴⁴ θυσίαν⁴⁵ αἰνέσεως⁴⁶ διὰ παντὸς τῷ θεῷ, τοῦτ' ἔστιν καρπὸν χειλέων⁴⁷ ὁμολογούντων⁴⁸ τῷ ὀνόματι αὐτοῦ. **16** τῆς δὲ εὐποιΐας⁴⁹

---

¹ τίμιος, -α/ον, held in honor
² γάμος, -ου m, marriage
³ κοίτη, -ης f, marital relationship
⁴ ἀμίαντος, -ον, pure
⁵ πόρνος, -ου m, sexually immoral person
⁶ μοιχός, -οῦ m, adulterer
⁷ ἀφιλάργυρος, -ον, not greedy for money
⁸ τρόπος, -ου m, way of life
⁹ ἀρκέω pres pas ptc m p nom, pas be content
¹⁰ πάρειμι pres act ptc n p dat, be present (τὰ π. what one has)
¹¹ λέγω 3s pf act ind, say
¹² ἀνίημι 1s aor act sub, fail
¹³ ἐγκαταλείπω 1s aor act sub, forsake
¹⁴ θαρρέω pres act ptc m p acc, be confident
¹⁵ βοηθός, -οῦ m, helper
¹⁶ μνημονεύω 2p pres act impv, remember

¹⁷ ἡγέομαι pres mid ptc m p gen, lead
¹⁸ ἀναθεωρέω pres act ptc m p nom, consider
¹⁹ ἔκβασις, -εως f, outcome
²⁰ ἀναστροφή, -ῆς f, manner of life
²¹ μιμέομαι 2p pres mid impv, imitate
²² ἐχθές, adv, yesterday
²³ διδαχή, -ῆς f, teaching
²⁴ ποικίλος, -η/ον, all kinds of
²⁵ ξένος, -η/ον, strange
²⁶ παραφέρω 2p pres pas impv, lead away
²⁷ βεβαιόω pres pas inf, strengthen
²⁸ βρῶμα, -τος n, food
²⁹ ὠφελέω 3p aor pas ind, pas benefit
³⁰ θυσιαστήριον, -ου n, altar
³¹ ἐσθίω aor act inf, eat
³² σκηνή, -ῆς f, tent (of worship)

³³ λατρεύω pres act ptc m p nom, serve
³⁴ εἰσφέρω 3s pres pas ind, bring in
³⁵ ζῷον, -ου n, animal
³⁶ κατακαίω 3s pres pas ind, burn
³⁷ παρεμβολή, -ῆς f, camp
³⁸ ἁγιάζω 3s aor act sub, sanctify
³⁹ πύλη, -ης f, gate
⁴⁰ πάσχω 3s aor act ind, suffer
⁴¹ τοίνυν, conj, therefore
⁴² ὀνειδισμός, -οῦ m, abuse
⁴³ ἐπιζητέω 1p pres act ind, look for
⁴⁴ ἀναφέρω 1p pres act sub, offer
⁴⁵ θυσία, -ας f, sacrifice
⁴⁶ αἴνεσις, -εως f, praise
⁴⁷ χεῖλος, -ους n, lip
⁴⁸ ὁμολογέω pres act ptc n p gen, confess
⁴⁹ εὐποιΐα, -ας f, doing of good

καὶ κοινωνίας¹ μὴ ἐπιλανθάνεσθε²· τοιαύταις γὰρ θυσίαις εὐαρεστεῖται³ ὁ θεός.

17 πείθεσθε τοῖς ἡγουμένοις⁴ ὑμῶν καὶ ὑπείκετε⁵, αὐτοὶ γὰρ ἀγρυπνοῦσιν⁶ ὑπὲρ τῶν ψυχῶν ὑμῶν ὡς λόγον ἀποδώσοντες⁷, ἵνα μετὰ χαρᾶς τοῦτο ποιῶσιν καὶ μὴ στενάζοντες⁸· ἀλυσιτελὲς⁹ γὰρ ὑμῖν τοῦτο.

18 Προσεύχεσθε περὶ ἡμῶν· πειθόμεθα γὰρ ὅτι καλὴν συνείδησιν¹⁰ ἔχομεν, ἐν πᾶσιν καλῶς θέλοντες ἀναστρέφεσθαι¹¹. **19** περισσοτέρως¹² δὲ παρακαλῶ τοῦτο ποιῆσαι, ἵνα τάχιον¹³ ἀποκατασταθῶ¹⁴ ὑμῖν.

Benediction and Final Greetings

20 Ὁ δὲ θεὸς τῆς εἰρήνης, ὁ ἀναγαγὼν¹⁵ ἐκ νεκρῶν τὸν ποιμένα¹⁶ τῶν προβάτων τὸν μέγαν ἐν αἵματι διαθήκης αἰωνίου, τὸν κύριον ἡμῶν Ἰησοῦν, **21** καταρτίσαι¹⁷ ὑμᾶς ἐν παντὶ ἀγαθῷ εἰς τὸ ποιῆσαι τὸ θέλημα αὐτοῦ, ποιῶν ἐν ἡμῖν τὸ εὐάρεστον¹⁸ ἐνώπιον αὐτοῦ διὰ Ἰησοῦ Χριστοῦ, ᾧ ἡ δόξα εἰς τοὺς αἰῶνας [τῶν αἰώνων], ἀμήν.

22 Παρακαλῶ δὲ ὑμᾶς, ἀδελφοί, ἀνέχεσθε¹⁹ τοῦ λόγου τῆς παρακλήσεως²⁰, καὶ γὰρ διὰ βραχέων²¹ ἐπέστειλα²² ὑμῖν. **23** γινώσκετε τὸν ἀδελφὸν ἡμῶν Τιμόθεον ἀπολελυμένον²³, μεθ' οὗ ἐὰν τάχιον²⁴ ἔρχηται ὄψομαι²⁵ ὑμᾶς.

24 Ἀσπάσασθε πάντας τοὺς ἡγουμένους²⁶ ὑμῶν καὶ πάντας τοὺς ἁγίους. Ἀσπάζονται ὑμᾶς οἱ ἀπὸ τῆς Ἰταλίας.

25 Ἡ χάρις μετὰ πάντων ὑμῶν.

---

[1] κοινωνία, -ας f, fellowship
[2] ἐπιλανθάνομαι 2p pres mid impv, neglect
[3] εὐαρεστέω 3s pres pas ind, please
[4] ἡγέομαι pres mid ptc m p dat, lead
[5] ὑπείκω 2p pres act impv, submit to
[6] ἀγρυπνέω 3p pres act ind, watch over
[7] ἀποδίδωμι fut act ptc m p nom, give (ἀ. λόγον give account)
[8] στενάζω pres act ptc m p nom, complain
[9] ἀλυσιτελής, -ές, of no advantage
[10] συνείδησις, -εως f, conscience
[11] ἀναστρέφω pres pas inf, live
[12] περισσοτέρως, adv, all the more
[13] ταχέως, adv, soon
[14] ἀποκαθίστημι 1s aor pas sub, bring back
[15] ἀνάγω aor act ptc m s nom, bring back
[16] ποιμήν, -ένος m, shepherd
[17] καταρτίζω 3s aor act opt, equip
[18] εὐάρεστος, -ον, pleasing
[19] ἀνέχομαι 2p pres mid impv, give close attention to
[20] παράκλησις, -εως f, encouragement
[21] βραχύς, -εῖα/ύ, little (διὰ β. briefly)
[22] ἐπιστέλλω 1s aor act ind, write
[23] ἀπολύω pf pas ptc m s acc, release
[24] ταχέως, adv, soon (comp)
[25] ὁράω 1s fut mid ind, see
[26] ἡγέομαι pres mid ptc m p acc, lead

ΠΡΟΣ ΤΙΜΟΘΕΟΝ Α΄

Salutation

1 Παῦλος ἀπόστολος Χριστοῦ Ἰησοῦ κατ' ἐπιταγὴν[1] θεοῦ σωτῆρος[2] ἡμῶν καὶ Χριστοῦ Ἰησοῦ τῆς ἐλπίδος ἡμῶν **2** Τιμοθέῳ γνησίῳ[3] τέκνῳ ἐν πίστει, χάρις ἔλεος[4] εἰρήνη ἀπὸ θεοῦ πατρὸς καὶ Χριστοῦ Ἰησοῦ τοῦ κυρίου ἡμῶν.

Warning against False Doctrine

3 Καθὼς παρεκάλεσά σε προσμεῖναι[5] ἐν Ἐφέσῳ πορευόμενος εἰς Μακεδονίαν, ἵνα παραγγείλῃς[6] τισὶν μὴ ἑτεροδιδασκαλεῖν[7] **4** μηδὲ προσέχειν[8] μύθοις[9] καὶ γενεαλογίαις[10] ἀπεράντοις[11], αἵτινες ἐκζητήσεις[12] παρέχουσιν[13] μᾶλλον ἢ οἰκονομίαν[14] θεοῦ τὴν ἐν πίστει. **5** τὸ δὲ τέλος τῆς παραγγελίας[15] ἐστὶν ἀγάπη ἐκ καθαρᾶς[16] καρδίας καὶ συνειδήσεως[17] ἀγαθῆς καὶ πίστεως ἀνυποκρίτου[18], **6** ὧν τινες ἀστοχήσαντες[19] ἐξετράπησαν[20] εἰς ματαιολογίαν[21] **7** θέλοντες εἶναι νομοδιδάσκαλοι[22], μὴ νοοῦντες[23] μήτε ἃ λέγουσιν μήτε περὶ τίνων διαβεβαιοῦνται[24]. **8** οἴδαμεν δὲ ὅτι καλὸς ὁ νόμος, ἐάν τις αὐτῷ νομίμως[25] χρῆται[26], **9** εἰδὼς[27] τοῦτο, ὅτι δικαίῳ νόμος οὐ κεῖται[28], ἀνόμοις[29] δὲ καὶ ἀνυποτάκτοις[30], ἀσεβέσιν[31] καὶ ἁμαρτωλοῖς, ἀνοσίοις[32] καὶ βεβήλοις[33], πατρολῴαις[34] καὶ μητρολῴαις[35], ἀνδροφόνοις[36] **10** πόρνοις[37]

---

[1] ἐπιταγή, -ῆς f, command
[2] σωτήρ, -ῆρος m, Savior
[3] γνήσιος, -α/ον, true
[4] ἔλεος, -ους n, mercy
[5] προσμένω aor act inf, stay on
[6] παραγγέλλω 2s aor act sub, command
[7] ἑτεροδιδασκαλέω pres act inf, teach something different
[8] προσέχω pres act inf, be occupied with
[9] μῦθος, -ου m, myth
[10] γενεαλογία, -ας f, genealogy
[11] ἀπέραντος, -ον, endless
[12] ἐκζήτησις, -εως f, senseless speculation
[13] παρέχω 3p pres act ind, cause
[14] οἰκονομία, -ας f, plan/work
[15] παραγγελία, -ας f, command
[16] καθαρός, -ά/όν, pure
[17] συνείδησις, -εως f, conscience
[18] ἀνυπόκριτος, -ον, sincere
[19] ἀστοχέω aor act ptc m p nom, leave the way
[20] ἐκτρέπω 3p aor pas ind, pas stray after
[21] ματαιολογία, -ας f, empty talk
[22] νομοδιδάσκαλος, -ου m, teacher of the Jewish law
[23] νοέω pres act ptc m p nom, understand
[24] διαβεβαιόομαι 3p pres mid ind, speak confidently
[25] νομίμως, adv, lawfully
[26] χράομαι 3s pres mid sub, use
[27] οἶδα pf act ptc m s nom, know
[28] κεῖμαι 3s pres mid ind, exist
[29] ἄνομος, -ον, lawless
[30] ἀνυπότακτος, -ον, disobedient
[31] ἀσεβής, -ές, godless
[32] ἀνόσιος, -ον, unholy
[33] βέβηλος, -ον, irreligious
[34] πατρολῴας, -ου m, killer of one's father
[35] μητρολῴας, -ου m, killer of one's mother
[36] ἀνδροφόνος, -ου m, murderer
[37] πόρνος, -ου m, one who is sexually immoral

ἀρσενοκοίταις¹ ἀνδραποδισταῖς² ψεύσταις³ ἐπιόρκοις⁴, καὶ εἴ τι ἕτερον τῇ ὑγιαινούσῃ⁵ διδασκαλίᾳ⁶ ἀντίκειται⁷ **11** κατὰ τὸ εὐαγγέλιον τῆς δόξης τοῦ μακαρίου θεοῦ, ὃ ἐπιστεύθην ἐγώ.

Thankfulness for Mercy

12 Χάριν ἔχω τῷ ἐνδυναμώσαντί⁸ με Χριστῷ Ἰησοῦ τῷ κυρίῳ ἡμῶν, ὅτι πιστόν με ἡγήσατο⁹ θέμενος¹⁰ εἰς διακονίαν **13** τὸ πρότερον¹¹ ὄντα βλάσφημον¹² καὶ διώκτην¹³ καὶ ὑβριστήν¹⁴, ἀλλ᾽ ἠλεήθην¹⁵, ὅτι ἀγνοῶν¹⁶ ἐποίησα ἐν ἀπιστίᾳ¹⁷. **14** ὑπερεπλεόνασεν¹⁸ δὲ ἡ χάρις τοῦ κυρίου ἡμῶν μετὰ πίστεως καὶ ἀγάπης τῆς ἐν Χριστῷ Ἰησοῦ. **15** πιστὸς ὁ λόγος καὶ πάσης ἀποδοχῆς¹⁹ ἄξιος, ὅτι Χριστὸς Ἰησοῦς ἦλθεν εἰς τὸν κόσμον ἁμαρτωλοὺς σῶσαι²⁰, ὧν πρῶτός εἰμι ἐγώ. **16** ἀλλὰ διὰ τοῦτο ἠλεήθην, ἵνα ἐν ἐμοὶ πρώτῳ ἐνδείξηται²¹ Χριστὸς Ἰησοῦς τὴν ἅπασαν μακροθυμίαν²² πρὸς ὑποτύπωσιν²³ τῶν μελλόντων πιστεύειν ἐπ᾽ αὐτῷ εἰς ζωὴν αἰώνιον. **17** τῷ δὲ βασιλεῖ τῶν αἰώνων, ἀφθάρτῳ²⁴ ἀοράτῳ²⁵ μόνῳ θεῷ, τιμὴ καὶ δόξα εἰς τοὺς αἰῶνας τῶν αἰώνων, ἀμήν.

18 Ταύτην τὴν παραγγελίαν²⁶ παρατίθεμαί²⁷ σοι, τέκνον Τιμόθεε, κατὰ τὰς προαγούσας²⁸ ἐπὶ σὲ προφητείας²⁹, ἵνα στρατεύῃ³⁰ ἐν αὐταῖς τὴν καλὴν στρατείαν³¹ **19** ἔχων πίστιν καὶ ἀγαθὴν συνείδησιν³², ἥν τινες ἀπωσάμενοι³³ περὶ τὴν πίστιν ἐναυάγησαν³⁴, **20** ὧν ἐστιν Ὑμέναιος καὶ Ἀλέξανδρος, οὓς παρέδωκα τῷ σατανᾷ, ἵνα παιδευθῶσιν³⁵ μὴ βλασφημεῖν.

---

[1] ἀρσενοκοίτης, -ου m, sexual pervert
[2] ἀνδραποδιστής, -οῦ m, kidnapper
[3] ψεύστης, -ου m, liar
[4] ἐπίορκος, -ου m, perjurer
[5] ὑγιαίνω pres act ptc f s dat, be sound
[6] διδασκαλία, -ας f, teaching
[7] ἀντίκειμαι 3s pres mid ind, oppose
[8] ἐνδυναμόω aor act ptc m s dat, strengthen
[9] ἡγέομαι 3s aor mid ind, consider
[10] τίθημι aor mid ptc m s nom, put
[11] πρότερος, adv, formerly
[12] βλάσφημος, -ον, blasphemous
[13] διώκτης, -ου m, persecutor
[14] ὑβριστής, -οῦ m, insolent person
[15] ἐλεάω/ἐλεέω 1s aor pas ind, pas be shown mercy
[16] ἀγνοέω pres act ptc m s nom, be ignorant
[17] ἀπιστία, -ας f, unbelief
[18] ὑπερπλεονάζω 3p aor act ind, overflow
[19] ἀποδοχή, -ῆς f, acceptance
[20] σῴζω aor act inf, save
[21] ἐνδείκνυμι 3s aor mid sub, mid show
[22] μακροθυμία, -ας f, patience
[23] ὑποτύπωσις, -εως f, example
[24] ἄφθαρτος, -ον, immortal
[25] ἀόρατος, -ον, invisible
[26] παραγγελία, -ας f, command
[27] παρατίθημι 1s pres mid ind, commit
[28] προάγω pres act ptc f p acc, go before
[29] προφητεία, -ας f, prophecy
[30] στρατεύομαι 2s pres mid sub, fight
[31] στρατεία, -ας f, fight
[32] συνείδησις, -εως f, conscience
[33] ἀπωθέω aor mid ptc m p nom, mid reject
[34] ναυαγέω 3p aor act ind, be shipwrecked
[35] παιδεύω 3p aor pas sub, teach

Instructions concerning Prayer

2 Παρακαλῶ οὖν πρῶτον πάντων ποιεῖσθαι δεήσεις¹ προσευχὰς ἐντεύξεις² εὐχαριστίας³ ὑπὲρ πάντων ἀνθρώπων, **2** ὑπὲρ βασιλέων καὶ πάντων τῶν ἐν ὑπεροχῇ⁴ ὄντων, ἵνα ἤρεμον⁵ καὶ ἡσύχιον⁶ βίον⁷ διάγωμεν⁸ ἐν πάσῃ εὐσεβείᾳ⁹ καὶ σεμνότητι¹⁰. **3** τοῦτο καλὸν καὶ ἀπόδεκτον¹¹ ἐνώπιον τοῦ σωτῆρος¹² ἡμῶν θεοῦ, **4** ὃς πάντας ἀνθρώπους θέλει σωθῆναι¹³ καὶ εἰς ἐπίγνωσιν¹⁴ ἀληθείας ἐλθεῖν.

5 εἷς γὰρ θεός,
εἷς καὶ μεσίτης¹⁵ θεοῦ καὶ ἀνθρώπων,
ἄνθρωπος Χριστὸς Ἰησοῦς,
6 ὁ δοὺς¹⁶ ἑαυτὸν ἀντίλυτρον¹⁷ ὑπὲρ πάντων,
τὸ μαρτύριον¹⁸ καιροῖς ἰδίοις.

7 εἰς ὃ ἐτέθην¹⁹ ἐγὼ κῆρυξ²⁰ καὶ ἀπόστολος, ἀλήθειαν λέγω οὐ ψεύδομαι²¹, διδάσκαλος ἐθνῶν ἐν πίστει καὶ ἀληθείᾳ.

8 Βούλομαι οὖν προσεύχεσθαι τοὺς ἄνδρας ἐν παντὶ τόπῳ ἐπαίροντας²² ὁσίους²³ χεῖρας χωρὶς ὀργῆς καὶ διαλογισμοῦ²⁴. **9** ὡσαύτως²⁵ [καὶ] γυναῖκας ἐν καταστολῇ²⁶ κοσμίῳ²⁷ μετὰ αἰδοῦς²⁸ καὶ σωφροσύνης²⁹ κοσμεῖν³⁰ ἑαυτάς, μὴ ἐν πλέγμασιν³¹ καὶ χρυσίῳ³² ἢ μαργαρίταις³³ ἢ ἱματισμῷ³⁴ πολυτελεῖ³⁵, **10** ἀλλ' ὃ πρέπει³⁶ γυναιξὶν ἐπαγγελλομέναις³⁷ θεοσέβειαν³⁸, δι' ἔργων ἀγαθῶν. **11** γυνὴ ἐν ἡσυχίᾳ³⁹ μανθανέτω⁴⁰ ἐν πάσῃ ὑποταγῇ⁴¹· **12** διδάσκειν δὲ γυναικὶ οὐκ ἐπιτρέπω⁴² οὐδὲ αὐθεντεῖν⁴³ ἀνδρός, ἀλλ' εἶναι ἐν ἡσυχίᾳ⁴⁴. **13** Ἀδὰμ γὰρ πρῶτος ἐπλάσθη⁴⁵, εἶτα⁴⁶ Εὔα. **14** καὶ Ἀδὰμ οὐκ ἠπατήθη⁴⁷, ἡ δὲ γυνὴ ἐξαπατηθεῖσα⁴⁸ ἐν παραβάσει⁴⁹ γέγονεν·

---

¹ δέησις, -εως f, petition
² ἔντευξις, -εως f, intercession
³ εὐχαριστία, -ας f, thanksgiving
⁴ ὑπεροχή, -ῆς f, position of authority
⁵ ἤρεμος, -ον, peaceful
⁶ ἡσύχιος, -ον, quiet
⁷ βίος, -ου m, life
⁸ διάγω 1p pres act sub, lead
⁹ εὐσέβεια, -ας f, godliness
¹⁰ σεμνότης, -ητος f, seriousness
¹¹ ἀπόδεκτος, -ον, pleasing
¹² σωτήρ, -ῆρος m, Savior
¹³ σῴζω aor pas inf, save
¹⁴ ἐπίγνωσις, -εως f, knowledge
¹⁵ μεσίτης, -ου m, mediator
¹⁶ δίδωμι aor act ptc m s nom, give
¹⁷ ἀντίλυτρον, -ου n, ransom
¹⁸ μαρτύριον, -ου n, testimony
¹⁹ τίθημι 1s aor pas ind, put

²⁰ κῆρυξ, -υκος m, preacher
²¹ ψεύδομαι 1s pres mid ind, lie
²² ἐπαίρω pres act ptc m p acc, lift up
²³ ὅσιος, -α/ον, holy
²⁴ διαλογισμός, -οῦ m, quarreling
²⁵ ὡσαύτως, adv, in the same way
²⁶ καταστολή, -ῆς f, manner of dress
²⁷ κόσμιος, -ον, modest
²⁸ αἰδώς, -οῦς f, decency
²⁹ σωφροσύνη, -ης f, good sense/modesty
³⁰ κοσμέω pres act inf, adorn
³¹ πλέγμα, -τος n, elaborate hairstyle
³² χρυσίον, -ου n, gold
³³ μαργαρίτης, -ου m, pearl
³⁴ ἱματισμός, -οῦ m, clothing

³⁵ πολυτελής, -ές, expensive
³⁶ πρέπω 3s pres act ind, impers it is proper
³⁷ ἐπαγγέλλομαι pres mid ptc f p dat, profess
³⁸ θεοσέβεια, -ας f, religion
³⁹ ἡσυχία, -ας f, silence
⁴⁰ μανθάνω 3s pres act impv, learn
⁴¹ ὑποταγή, -ῆς f, submission
⁴² ἐπιτρέπω 1s pres act ind, let
⁴³ αὐθεντέω pres act inf, have authority over
⁴⁴ ἡσυχία, -ας f, silence
⁴⁵ πλάσσω 3s aor pas ind, form
⁴⁶ εἶτα, adv, then
⁴⁷ ἀπατάω 3s aor pas ind, deceive
⁴⁸ ἐξαπατάω aor pas ptc f s nom, lead astray
⁴⁹ παράβασις, -εως f, disobedience

15 σωθήσεται δὲ διὰ τῆς τεκνογονίας[1], ἐὰν μείνωσιν[2] ἐν πίστει καὶ ἀγάπῃ καὶ ἁγιασμῷ[3] μετὰ σωφροσύνης[4]. **1** Πιστὸς ὁ λόγος.

Qualifications of Bishops

Εἴ τις ἐπισκοπῆς[5] ὀρέγεται[6], καλοῦ ἔργου ἐπιθυμεῖ[7]. **2** δεῖ οὖν τὸν ἐπίσκοπον ἀνεπίλημπτον[8] εἶναι, μιᾶς γυναικὸς ἄνδρα, νηφάλιον[9] σώφρονα[10] κόσμιον[11] φιλόξενον[12] διδακτικόν[13], **3** μὴ πάροινον[14] μὴ πλήκτην[15], ἀλλ' ἐπιεικῆ[16] ἄμαχον[17] ἀφιλάργυρον[18], **4** τοῦ ἰδίου οἴκου καλῶς προϊστάμενον[19], τέκνα ἔχοντα ἐν ὑποταγῇ[20], μετὰ πάσης σεμνότητος[21] **5** (εἰ δέ τις τοῦ ἰδίου οἴκου προστῆναι[22] οὐκ οἶδεν, πῶς ἐκκλησίας θεοῦ ἐπιμελήσεται[23];), **6** μὴ νεόφυτον[24], ἵνα μὴ τυφωθεὶς[25] εἰς κρίμα[26] ἐμπέσῃ[27] τοῦ διαβόλου. **7** δεῖ δὲ καὶ μαρτυρίαν καλὴν ἔχειν ἀπὸ τῶν ἔξωθεν[28], ἵνα μὴ εἰς ὀνειδισμὸν[29] ἐμπέσῃ καὶ παγίδα[30] τοῦ διαβόλου.

Qualifications of Deacons

8 Διακόνους[31] ὡσαύτως[32] σεμνούς[33], μὴ διλόγους[34], μὴ οἴνῳ πολλῷ προσέχοντας[35], μὴ αἰσχροκερδεῖς[36], **9** ἔχοντας τὸ μυστήριον[37] τῆς πίστεως ἐν καθαρᾷ[38] συνειδήσει[39]. **10** καὶ οὗτοι δὲ δοκιμαζέσθωσαν[40] πρῶτον, εἶτα[41] διακονείτωσαν ἀνέγκλητοι[42] ὄντες. **11** γυναῖκας ὡσαύτως σεμνάς, μὴ διαβόλους, νηφαλίους[43], πιστὰς ἐν πᾶσιν. **12** διάκονοι ἔστωσαν[44] μιᾶς γυναικὸς ἄνδρες, τέκνων καλῶς προϊστάμενοι[45] καὶ τῶν ἰδίων οἴκων. **13** οἱ γὰρ καλῶς διακονήσαντες βαθμὸν[46] ἑαυτοῖς καλὸν περιποιοῦνται[47] καὶ πολλὴν παρρησίαν ἐν πίστει τῇ ἐν Χριστῷ Ἰησοῦ.

---

[1] τεκνογονία, -ας f, bearing of children
[2] μένω 3p aor act sub, remain
[3] ἁγιασμός, -οῦ m, holiness
[4] σωφροσύνη, -ης f, good sense/modesty
[5] ἐπισκοπή, -ῆς f, office of overseer/bishop
[6] ὀρέγω 3s pres mid ind, mid aspire to
[7] ἐπιθυμέω 3s pres act ind, desire
[8] ἀνεπίλημπτος, -ον, above reproach
[9] νηφάλιος, -α/ον, temperate
[10] σώφρων, -ον, gen -ονος, sensible
[11] κόσμιος, -ον, respectable
[12] φιλόξενος, -ον, hospitable
[13] διδακτικός, -ή/όν, able to teach
[14] πάροινος, -ου m, drunkard
[15] πλήκτης, -ου m, violent person
[16] ἐπιεικής, -ές, gentle
[17] ἄμαχος, -ον, peaceful
[18] ἀφιλάργυρος, -ον, not greedy for money
[19] προΐστημι pres mid ptc m s acc, manage
[20] ὑποταγή, -ῆς f, obedience
[21] σεμνότης, -ητος f, respectability
[22] προΐστημι aor act inf, manage
[23] ἐπιμελέομαι 3s fut pas ind, take care of
[24] νεόφυτος, -ον, recently converted
[25] τυφόω aor pas ptc m s nom, pas be conceited
[26] κρίμα, -τος n, condemnation
[27] ἐμπίπτω 3s aor act sub, fall into
[28] ἔξωθεν, adv, outside
[29] ὀνειδισμός, -οῦ m, reproach
[30] παγίς, -ίδος f, snare
[31] διάκονος, -ου m, deacon
[32] ὡσαύτως, adv, in the same way
[33] σεμνός, -ή/όν, serious
[34] δίλογος, -ον, insincere
[35] προσέχω pres act ptc m p acc, indulge in
[36] αἰσχροκερδής, -ές, greedy for money
[37] μυστήριον, -ου n, mystery
[38] καθαρός, -ά/όν, pure
[39] συνείδησις, -εως f, conscience
[40] δοκιμάζω 3p pres pas impv, test
[41] εἶτα, adv, then
[42] ἀνέγκλητος, -ον, beyond reproach
[43] νηφάλιος, -α/ον, temperate
[44] εἰμί 3p pres act impv, be
[45] προΐστημι pres mid ptc m p nom, manage
[46] βαθμός, -οῦ m, standing
[47] περιποιέω 3p pres mid ind, mid obtain

The Mystery of God

14 Ταῦτά σοι γράφω ἐλπίζων ἐλθεῖν πρὸς σὲ ἐν τάχει[1]· 15 ἐὰν δὲ βραδύνω[2], ἵνα εἰδῇς[3] πῶς δεῖ ἐν οἴκῳ θεοῦ ἀναστρέφεσθαι[4], ἥτις ἐστὶν ἐκκλησία θεοῦ ζῶντος[5], στῦλος[6] καὶ ἑδραίωμα[7] τῆς ἀληθείας. 16 καὶ ὁμολογουμένως[8] μέγα ἐστὶν τὸ τῆς εὐσεβείας[9] μυστήριον[10]·

ὃς ἐφανερώθη ἐν σαρκί,
ἐδικαιώθη ἐν πνεύματι,
ὤφθη[11] ἀγγέλοις,
ἐκηρύχθη[12] ἐν ἔθνεσιν,
ἐπιστεύθη ἐν κόσμῳ,
ἀνελήμφθη[13] ἐν δόξῃ.

False Observances

4 Τὸ δὲ πνεῦμα ῥητῶς[14] λέγει ὅτι ἐν ὑστέροις[15] καιροῖς ἀποστήσονταί[16] τινες τῆς πίστεως προσέχοντες[17] πνεύμασιν πλάνοις[18] καὶ διδασκαλίαις[19] δαιμονίων, 2 ἐν ὑποκρίσει[20] ψευδολόγων[21], κεκαυστηριασμένων[22] τὴν ἰδίαν συνείδησιν[23], 3 κωλυόντων[24] γαμεῖν[25], ἀπέχεσθαι[26] βρωμάτων[27], ἃ ὁ θεὸς ἔκτισεν[28] εἰς μετάλημψιν[29] μετὰ εὐχαριστίας[30] τοῖς πιστοῖς καὶ ἐπεγνωκόσιν[31] τὴν ἀλήθειαν. 4 ὅτι πᾶν κτίσμα[32] θεοῦ καλὸν καὶ οὐδὲν ἀπόβλητον[33] μετὰ εὐχαριστίας λαμβανόμενον· 5 ἁγιάζεται[34] γὰρ διὰ λόγου θεοῦ καὶ ἐντεύξεως[35].

A Good Minister of Christ

6 Ταῦτα ὑποτιθέμενος[36] τοῖς ἀδελφοῖς καλὸς ἔσῃ[37] διάκονος[38] Χριστοῦ Ἰησοῦ, ἐντρεφόμενος[39] τοῖς λόγοις τῆς πίστεως καὶ τῆς καλῆς διδασκαλίας[40] ἧ

---

[1] τάχος, -ους n, quickness (ἐν τ. quickly)
[2] βραδύνω 1s pres act sub, be delayed
[3] οἶδα 2s pf act sub, know
[4] ἀναστρέφω pres pas inf, pas conduct oneself
[5] ζάω pres act ptc m s gen, live
[6] στῦλος, -ου m, pillar
[7] ἑδραίωμα, -τος n, foundation
[8] ὁμολογουμένως, adv, undeniably
[9] εὐσέβεια, -ας f, godliness
[10] μυστήριον, -ου n, mystery
[11] ὁράω 3s aor pas ind, pas appear
[12] κηρύσσω 3s aor pas ind, preach
[13] ἀναλαμβάνω 3s aor pas ind, take up
[14] ῥητῶς, adv, specifically
[15] ὕστερος, -α/ον, last
[16] ἀφίστημι 3p fut mid ind, mid turn from
[17] προσέχω pres act ptc m p nom, give oneself to
[18] πλάνος, -ον, deceitful
[19] διδασκαλία, -ας f, teaching
[20] ὑπόκρισις, -εως f, pretense
[21] ψευδολόγος, -ου m, liar
[22] καυστηριάζω pf pas ptc m p nom, sear
[23] συνείδησις, -εως f, conscience
[24] κωλύω pres act ptc m p gen, forbid
[25] γαμέω aor act inf, marry
[26] ἀπέχω pres mid inf, mid abstain from
[27] βρῶμα, -τος n, food
[28] κτίζω 3s aor act ind, create
[29] μετάλημψις, -εως f, receiving
[30] εὐχαριστία, -ας f, thanksgiving
[31] ἐπιγινώσκω pf act ptc m p dat, know
[32] κτίσμα, -τος n, what is created
[33] ἀπόβλητος, -ον, rejected
[34] ἁγιάζω 3s pres pas ind, make holy
[35] ἔντευξις, -εως f, prayer
[36] ὑποτίθημι pres mid ptc m s nom, mid point out
[37] εἰμί 2s fut mid ind, be
[38] διάκονος, -ου m, minister
[39] ἐντρέφω pres pas ptc m s nom, pas nourish on
[40] διδασκαλία, -ας f, teaching

παρηκολούθηκας¹· **7** τοὺς δὲ βεβήλους² καὶ γραώδεις³ μύθους⁴ παραιτοῦ⁵. γύμναζε⁶ δὲ σεαυτὸν πρὸς εὐσέβειαν⁷· **8** ἡ γὰρ σωματικὴ⁸ γυμνασία⁹ πρὸς ὀλίγον ἐστὶν ὠφέλιμος¹⁰, ἡ δὲ εὐσέβεια πρὸς πάντα ὠφέλιμός ἐστιν ἐπαγγελίαν ἔχουσα ζωῆς τῆς νῦν καὶ τῆς μελλούσης. **9** πιστὸς ὁ λόγος καὶ πάσης ἀποδοχῆς¹¹ ἄξιος· **10** εἰς τοῦτο γὰρ κοπιῶμεν¹² καὶ ἀγωνιζόμεθα¹³, ὅτι ἠλπίκαμεν¹⁴ ἐπὶ θεῷ ζῶντι, ὅς ἐστιν σωτὴρ¹⁵ πάντων ἀνθρώπων μάλιστα¹⁶ πιστῶν.

11 Παράγγελλε ταῦτα καὶ δίδασκε. **12** μηδείς σου τῆς νεότητος¹⁷ καταφρονείτω¹⁸, ἀλλὰ τύπος¹⁹ γίνου²⁰ τῶν πιστῶν ἐν λόγῳ, ἐν ἀναστροφῇ²¹, ἐν ἀγάπῃ, ἐν πίστει, ἐν ἁγνείᾳ²². **13** ἕως ἔρχομαι πρόσεχε²³ τῇ ἀναγνώσει²⁴, τῇ παρακλήσει²⁵, τῇ διδασκαλίᾳ²⁶. **14** μὴ ἀμέλει²⁷ τοῦ ἐν σοὶ χαρίσματος²⁸, ὃ ἐδόθη²⁹ σοι διὰ προφητείας³⁰ μετὰ ἐπιθέσεως³¹ τῶν χειρῶν τοῦ πρεσβυτερίου³². **15** ταῦτα μελέτα³³, ἐν τούτοις ἴσθι³⁴, ἵνα σου ἡ προκοπὴ³⁵ φανερὰ³⁶ ᾖ πᾶσιν. **16** ἔπεχε³⁷ σεαυτῷ καὶ τῇ διδασκαλίᾳ, ἐπίμενε³⁸ αὐτοῖς· τοῦτο γὰρ ποιῶν καὶ σεαυτὸν σώσεις καὶ τοὺς ἀκούοντάς σου.

Duties toward Others

5 Πρεσβυτέρῳ μὴ ἐπιπλήξῃς³⁹ ἀλλὰ παρακάλει ὡς πατέρα, νεωτέρους⁴⁰ ὡς ἀδελφούς, **2** πρεσβυτέρας ὡς μητέρας, νεωτέρας ὡς ἀδελφὰς⁴¹ ἐν πάσῃ ἁγνείᾳ⁴².

3 Χήρας⁴³ τίμα⁴⁴ τὰς ὄντως⁴⁵ χήρας. **4** εἰ δέ τις χήρα τέκνα ἢ ἔκγονα⁴⁶ ἔχει, μανθανέτωσαν⁴⁷ πρῶτον τὸν ἴδιον οἶκον εὐσεβεῖν⁴⁸ καὶ ἀμοιβὰς⁴⁹ ἀποδιδόναι⁵⁰ τοῖς

---

¹ παρακολουθέω 2p pf act ind, follow closely
² βέβηλος, -ον, godless
³ γραώδης, -ες, silly
⁴ μῦθος, -ου m, tale
⁵ παραιτέομαι 2s pres mid impv, have nothing to do with
⁶ γυμνάζω 2s pres act impv, train
⁷ εὐσέβεια, -ας f, godliness
⁸ σωματικός, -ή/όν, physical
⁹ γυμνασία, -ας f, training
¹⁰ ὠφέλιμος, -ον, valuable
¹¹ ἀποδοχή, -ῆς f, acceptance
¹² κοπιάω 1p pres act ind, work
¹³ ἀγωνίζομαι 1p pres mid ind, struggle
¹⁴ ἐλπίζω 1p pf act ind, hope
¹⁵ σωτήρ, -ῆρος m, Savior
¹⁶ μάλιστα, adv, especially
¹⁷ νεότης, -ητος f, youth
¹⁸ καταφρονέω 3s pres act impv, despise
¹⁹ τύπος, -ου m, example
²⁰ γίνομαι 2s pres mid impv, become
²¹ ἀναστροφή, -ῆς f, manner of life
²² ἁγνεία, -ας f, purity
²³ προσέχω 2s pres act impv, devote oneself to
²⁴ ἀνάγνωσις, -εως f, reading
²⁵ παράκλησις, -εως f, encouragement
²⁶ διδασκαλία, -ας f, teaching
²⁷ ἀμελέω 2s pres act impv, neglect
²⁸ χάρισμα, -τος n, gift
²⁹ δίδωμι 3s aor pas ind, give
³⁰ προφητεία, -ας f, prophecy
³¹ ἐπίθεσις, -εως f, laying on
³² πρεσβυτέριον, -ου n, body of elders
³³ μελετάω 2s pres act impv, practice
³⁴ εἰμί 2s pres act impv, be
³⁵ προκοπή, -ῆς f, progress
³⁶ φανερός, -ά/όν, evident
³⁷ ἐπέχω 2s pres act impv, pay close attention to
³⁸ ἐπιμένω 2s pres act impv, continue (in)
³⁹ ἐπιπλήσσω 2s aor act sub, rebuke
⁴⁰ νέος, -α, -ον, young (comp)
⁴¹ ἀδελφή, -ῆς f, sister
⁴² ἁγνεία, -ας f, purity
⁴³ χήρα, -ας f, widow
⁴⁴ τιμάω 2s pres act impv, honor
⁴⁵ ὄντως, adv, really
⁴⁶ ἔκγονος, -ου n, grandchild
⁴⁷ μανθάνω 3p pres act impv, learn
⁴⁸ εὐσεβέω pres act inf, perform one's religious duties (to)
⁴⁹ ἀμοιβή, -ῆς f, repayment
⁵⁰ ἀποδίδωμι pres act inf, give

ΠΡΟΣ ΤΙΜΟΘΕΟΝ Α' 5.5–16

προγόνοις¹· τοῦτο γάρ ἐστιν ἀπόδεκτον² ἐνώπιον τοῦ θεοῦ. 5 ἡ δὲ ὄντως χήρα καὶ μεμονωμένη³ ἤλπικεν⁴ ἐπὶ θεὸν καὶ προσμένει⁵ ταῖς δεήσεσιν⁶ καὶ ταῖς προσευχαῖς νυκτὸς καὶ ἡμέρας, 6 ἡ δὲ σπαταλῶσα⁷ ζῶσα τέθνηκεν⁸. 7 καὶ ταῦτα παράγγελλε, ἵνα ἀνεπίλημπτοι⁹ ὦσιν¹⁰. 8 εἰ δέ τις τῶν ἰδίων καὶ μάλιστα¹¹ οἰκείων¹² οὐ προνοεῖ¹³, τὴν πίστιν ἤρνηται¹⁴ καὶ ἔστιν ἀπίστου¹⁵ χείρων¹⁶.

9 Χήρα καταλεγέσθω¹⁷ μὴ ἔλαττον¹⁸ ἐτῶν ἑξήκοντα¹⁹ γεγονυῖα²⁰, ἑνὸς ἀνδρὸς γυνή, 10 ἐν ἔργοις καλοῖς μαρτυρουμένη, εἰ ἐτεκνοτρόφησεν²¹, εἰ ἐξενοδόχησεν²², εἰ ἁγίων πόδας ἔνιψεν²³, εἰ θλιβομένοις²⁴ ἐπήρκεσεν²⁵, εἰ παντὶ ἔργῳ ἀγαθῷ ἐπηκολούθησεν²⁶. 11 νεωτέρας δὲ χήρας παραιτοῦ²⁷· ὅταν γὰρ καταστρηνιάσωσιν²⁸ τοῦ Χριστοῦ, γαμεῖν²⁹ θέλουσιν 12 ἔχουσαι κρίμα³⁰ ὅτι τὴν πρώτην πίστιν ἠθέτησαν³¹· 13 ἅμα³² δὲ καὶ ἀργαὶ³³ μανθάνουσιν³⁴ περιερχόμεναι³⁵ τὰς οἰκίας, οὐ μόνον δὲ ἀργαὶ ἀλλὰ καὶ φλύαροι³⁶ καὶ περίεργοι³⁷, λαλοῦσαι τὰ μὴ δέοντα. 14 βούλομαι οὖν νεωτέρας γαμεῖν, τεκνογονεῖν³⁸, οἰκοδεσποτεῖν³⁹, μηδεμίαν ἀφορμὴν⁴⁰ διδόναι⁴¹ τῷ ἀντικειμένῳ⁴² λοιδορίας⁴³ χάριν⁴⁴· 15 ἤδη γάρ τινες ἐξετράπησαν⁴⁵ ὀπίσω τοῦ σατανᾶ. 16 εἴ τις πιστὴ ἔχει χήρας, ἐπαρκείτω⁴⁶ αὐταῖς καὶ μὴ βαρείσθω⁴⁷ ἡ ἐκκλησία, ἵνα ταῖς ὄντως⁴⁸ χήραις ἐπαρκέσῃ.

---

¹ πρόγονος, -ου m, parent
² ἀπόδεκτος, -ον, pleasing
³ μονόω pf pas ptc f s nom, pas be left all alone
⁴ ἐλπίζω 3s pf act ind, hope
⁵ προσμένω 3s pres act ind, continue in
⁶ δέησις, -εως f, petition
⁷ σπαταλάω pres act ptc f s nom, be self-indulgent
⁸ θνήσκω 3s pf act ind, die
⁹ ἀνεπίλημπτος, -ον, above reproach
¹⁰ εἰμί 3p pres act sub, be
¹¹ μάλιστα, adv, especially
¹² οἰκεῖος, -ου m, member of a family
¹³ προνοέω 3s pres act ind, take care of
¹⁴ ἀρνέομαι 3s pf mid ind, deny
¹⁵ ἄπιστος, -ον, unbelieving
¹⁶ χείρων, worse (comp of κακός)
¹⁷ καταλέγω 3s pres pas impv, enroll
¹⁸ ἐλάσσων, younger (comp of μικρός)
¹⁹ ἑξήκοντα, sixty
²⁰ γίνομαι pf act ptc f s nom, be
²¹ τεκνοτροφέω 3s aor act ind, bring up children
²² ξενοδοχέω 3s aor act ind, show hospitality
²³ νίπτω 3s aor act ind, wash
²⁴ θλίβω pres pas ptc m p dat, experience trouble
²⁵ ἐπαρκέω 3s aor act ind, help
²⁶ ἐπακολουθέω 3s aor act ind, devote oneself to
²⁷ παραιτέομαι 2s pres mid impv, do not include
²⁸ καταστρηνιάω 3p aor act sub, have strong desires
²⁹ γαμέω aor act inf, marry
³⁰ κρίμα, -τος n, condemnation
³¹ ἀθετέω 3p aor act ind, break
³² ἅμα, adv, besides
³³ ἀργός, -ή/όν, idle
³⁴ μανθάνω 3p pres act ind, learn to be
³⁵ περιέρχομαι pres mid ptc f p nom, go about (π. τὰς οἰκίας go from house to house)
³⁶ φλύαρος, -ον, gossipy
³⁷ περίεργος, -ον, meddlesome (ὁ π. = busybody)
³⁸ τεκνογονέω pres act inf, have children
³⁹ οἰκοδεσποτέω pres act inf, run the household
⁴⁰ ἀφορμή, -ῆς f, opportunity
⁴¹ δίδωμι pres act inf, give
⁴² ἀντίκειμαι pres mid ptc m s dat, oppose (ὁ ἀ. the enemy)
⁴³ λοιδορία, -ας f, speaking evil
⁴⁴ χάριν, prep + gen, reason for
⁴⁵ ἐκτρέπω 3p aor pas ind, pas stray after
⁴⁶ ἐπαρκέω 3s pres act impv, help
⁴⁷ βαρέω 3s pres pas impv, burden
⁴⁸ ὄντως, adv, really

17 Οἱ καλῶς προεστῶτες¹ πρεσβύτεροι διπλῆς² τιμῆς ἀξιούσθωσαν³, μάλιστα⁴ οἱ κοπιῶντες⁵ ἐν λόγῳ καὶ διδασκαλίᾳ⁶. **18** λέγει γὰρ ἡ γραφή· βοῦν⁷ ἀλοῶντα⁸ οὐ φιμώσεις⁹, καί· ἄξιος ὁ ἐργάτης¹⁰ τοῦ μισθοῦ¹¹ αὐτοῦ. **19** κατὰ πρεσβυτέρου κατηγορίαν¹² μὴ παραδέχου¹³, ἐκτὸς¹⁴ εἰ μὴ ἐπὶ δύο ἢ τριῶν μαρτύρων. **20** τοὺς ἁμαρτάνοντας ἐνώπιον πάντων ἔλεγχε¹⁵, ἵνα καὶ οἱ λοιποὶ φόβον ἔχωσιν. **21** διαμαρτύρομαι¹⁶ ἐνώπιον τοῦ θεοῦ καὶ Χριστοῦ Ἰησοῦ καὶ τῶν ἐκλεκτῶν¹⁷ ἀγγέλων, ἵνα ταῦτα φυλάξῃς¹⁸ χωρὶς προκρίματος¹⁹, μηδὲν ποιῶν κατὰ πρόσκλισιν²⁰. **22** χεῖρας ταχέως²¹ μηδενὶ ἐπιτίθει μηδὲ κοινώνει²² ἁμαρτίαις ἀλλοτρίαις²³· σεαυτὸν ἁγνὸν²⁴ τήρει.

23 Μηκέτι²⁵ ὑδροπότει²⁶, ἀλλ' οἴνῳ ὀλίγῳ χρῶ²⁷ διὰ τὸν στόμαχον²⁸ καὶ τὰς πυκνάς²⁹ σου ἀσθενείας³⁰. **24** τινῶν ἀνθρώπων αἱ ἁμαρτίαι πρόδηλοί³¹ εἰσιν προάγουσαι³² εἰς κρίσιν, τισὶν δὲ καὶ ἐπακολουθοῦσιν³³· **25** ὡσαύτως³⁴ καὶ τὰ ἔργα τὰ καλὰ πρόδηλα, καὶ τὰ ἄλλως³⁵ ἔχοντα κρυβῆναι³⁶ οὐ δύνανται.

6 Ὅσοι εἰσὶν ὑπὸ ζυγὸν³⁷ δοῦλοι, τοὺς ἰδίους δεσπότας³⁸ πάσης τιμῆς ἀξίους ἡγείσθωσαν³⁹, ἵνα μὴ τὸ ὄνομα τοῦ θεοῦ καὶ ἡ διδασκαλία⁴⁰ βλασφημῆται. **2** οἱ δὲ πιστοὺς ἔχοντες δεσπότας μὴ καταφρονείτωσαν⁴¹, ὅτι ἀδελφοί εἰσιν, ἀλλὰ μᾶλλον δουλευέτωσαν⁴², ὅτι πιστοί εἰσιν καὶ ἀγαπητοὶ οἱ τῆς εὐεργεσίας⁴³ ἀντιλαμβανόμενοι⁴⁴.

False Teaching and True Wealth

Ταῦτα δίδασκε καὶ παρακάλει. **3** εἴ τις ἑτεροδιδασκαλεῖ⁴⁵ καὶ μὴ προσέρχεται ὑγιαίνουσιν⁴⁶ λόγοις τοῖς τοῦ κυρίου ἡμῶν Ἰησοῦ Χριστοῦ καὶ τῇ κατ' εὐσέβειαν⁴⁷

---

¹ προΐστημι pf act ptc m p nom, be a leader
² διπλοῦς, -ῆ/οῦν, double
³ ἀξιόω 3p pres pas impv, consider worthy
⁴ μάλιστα, adv, especially
⁵ κοπιάω pres act ptc m p nom, work
⁶ διδασκαλία, -ας f, teaching
⁷ βοῦς, βοός m, ox
⁸ ἀλοάω pres act ptc m s acc, thresh
⁹ φιμόω 2s fut act ind, muzzle
¹⁰ ἐργάτης, -ου m, worker
¹¹ μισθός, -οῦ m, wages
¹² κατηγορία, -ας f, accusation
¹³ παραδέχομαι 2s pres mid impv, accept
¹⁴ ἐκτός, prep+gen, except (ἐ. εἰ μή except)
¹⁵ ἐλέγχω 2s pres act impv, rebuke
¹⁶ διαμαρτύρομαι 1s pres mid ind, charge (under solemn oath)
¹⁷ ἐκλεκτός, -ή/όν, chosen
¹⁸ φυλάσσω 2s aor act sub, guard
¹⁹ πρόκριμα, -τος n, prejudice
²⁰ πρόσκλισις, -εως f, favoritism
²¹ ταχέως, adv, quickly
²² κοινωνέω 2s pres act impv, take part
²³ ἀλλότριος, -α/ον, another
²⁴ ἁγνός, -ή/όν, pure
²⁵ μηκέτι, adv, no longer
²⁶ ὑδροποτέω 2s pres act impv, drink water
²⁷ χράομαι 2s pres mid impv, use
²⁸ στόμαχος, -ου m, stomach
²⁹ πυκνός, -ή/όν, frequent
³⁰ ἀσθένεια, -ας f, illness
³¹ πρόδηλος, -ον, evident
³² προάγω pres act ptc f p nom, go before
³³ ἐπακολουθέω 3p pres act ind, follow
³⁴ ὡσαύτως, adv, in the same way
³⁵ ἄλλως, adv, otherwise
³⁶ κρύπτω aor pas inf, hide
³⁷ ζυγός, -οῦ m, yoke
³⁸ δεσπότης, -ου m, master
³⁹ ἡγέομαι 3p pres mid impv, regard
⁴⁰ διδασκαλία, -ας f, teaching
⁴¹ καταφρονέω 3p pres act impv, despise
⁴² δουλεύω 3p pres act impv, serve
⁴³ εὐεργεσία, -ας f, service
⁴⁴ ἀντιλαμβάνομαι pres mid ptc m p nom, help
⁴⁵ ἑτεροδιδασκαλέω 3s pres act ind, teach something different
⁴⁶ ὑγιαίνω pres act ptc m p dat, be sound
⁴⁷ εὐσέβεια, -ας f, godliness

διδασκαλία, 4 τετύφωται¹, μηδὲν ἐπιστάμενος², ἀλλὰ νοσῶν³ περὶ ζητήσεις⁴ καὶ λογομαχίας⁵, ἐξ ὧν γίνεται φθόνος⁶ ἔρις⁷ βλασφημίαι⁸, ὑπόνοιαι⁹ πονηραί, 5 διαπαρατριβαὶ¹⁰ διεφθαρμένων¹¹ ἀνθρώπων τὸν νοῦν¹² καὶ ἀπεστερημένων¹³ τῆς ἀληθείας, νομιζόντων¹⁴ πορισμὸν¹⁵ εἶναι τὴν εὐσέβειαν.

6 Ἔστιν δὲ πορισμὸς μέγας ἡ εὐσέβεια μετὰ αὐταρκείας·¹⁶
7 οὐδὲν γὰρ εἰσηνέγκαμεν¹⁷ εἰς τὸν κόσμον,
ὅτι οὐδὲ ἐξενεγκεῖν¹⁸ τι δυνάμεθα·
8 ἔχοντες δὲ διατροφὰς¹⁹ καὶ σκεπάσματα²⁰,
τούτοις ἀρκεσθησόμεθα.²¹
9 οἱ δὲ βουλόμενοι πλουτεῖν²² ἐμπίπτουσιν²³ εἰς πειρασμὸν²⁴ καὶ παγίδα²⁵ καὶ ἐπιθυμίας πολλὰς ἀνοήτους²⁶ καὶ βλαβεράς²⁷, αἵτινες βυθίζουσιν²⁸ τοὺς ἀνθρώπους εἰς ὄλεθρον²⁹ καὶ ἀπώλειαν³⁰. 10 ῥίζα³¹ γὰρ πάντων τῶν κακῶν ἐστιν ἡ φιλαργυρία³², ἧς τινες ὀρεγόμενοι³³ ἀπεπλανήθησαν³⁴ ἀπὸ τῆς πίστεως καὶ ἑαυτοὺς περιέπειραν³⁵ ὀδύναις³⁶ πολλαῖς.

The Good Fight of Faith

11 σὺ δέ, ὦ³⁷ ἄνθρωπε θεοῦ, ταῦτα φεῦγε·³⁸
δίωκε δὲ δικαιοσύνην εὐσέβειαν³⁹ πίστιν,
ἀγάπην ὑπομονὴν πραϋπαθίαν.⁴⁰
12 ἀγωνίζου⁴¹ τὸν καλὸν ἀγῶνα⁴² τῆς πίστεως,
ἐπιλαβοῦ⁴³ τῆς αἰωνίου ζωῆς, εἰς ἣν ἐκλήθης⁴⁴

---

¹ τυφόω 3s pf pas ind, pas be conceited
² ἐπίσταμαι pres pas ptc m s nom, know
³ νοσέω pres act ptc m s nom, have an unhealthy desire
⁴ ζήτησις, -εως f, controversy
⁵ λογομαχία, -ας f, quarrel about words
⁶ φθόνος, -ου m, envy
⁷ ἔρις, -ιδος f, quarreling
⁸ βλασφημία, -ας f, slander
⁹ ὑπόνοια, -ας f, suspicion
¹⁰ διαπαρατριβή, -ῆς f, constant friction
¹¹ διαφθείρω pf pas ptc m p gen, pas be depraved
¹² νοῦς, -ός, acc νοῦν m, mind
¹³ ἀποστερέω pf pas ptc m p gen, rob
¹⁴ νομίζω pres act ptc m p gen, suppose
¹⁵ πορισμός, -οῦ m, means of gain
¹⁶ αὐτάρκεια, -ας f, contentment
¹⁷ εἰσφέρω 1p aor act ind, bring in
¹⁸ ἐκφέρω aor act inf, carry out
¹⁹ διατροφή, -ῆς, food
²⁰ σκέπασμα, -τος n, clothing
²¹ ἀρκέω 1p fut pas ind, pas be content
²² πλουτέω pres act inf, be rich
²³ ἐμπίπτω 3p pres act ind, fall into
²⁴ πειρασμός, -οῦ m, temptation
²⁵ παγίς, -ίδος f, snare
²⁶ ἀνόητος, -ον, foolish
²⁷ βλαβερός, -ά/όν, harmful
²⁸ βυθίζω 3p pres act ind, plunge
²⁹ ὄλεθρος, -ου m, ruin
³⁰ ἀπώλεια, -ας f, destruction
³¹ ῥίζα, -ης f, root
³² φιλαργυρία, -ας f, love of money
³³ ὀρέγω pres mid ptc m p nom, mid desire
³⁴ ἀποπλανάω 3p aor pas ind, pas wander (away)
³⁵ περιπείρω 3p aor act ind, pierce
³⁶ ὀδύνη, -ης f, pain
³⁷ ὦ, interj, O!
³⁸ φεύγω 2s pres act impv, run away
³⁹ εὐσέβεια, -ας f, godliness
⁴⁰ πραϋπάθεια, -ας f, gentleness
⁴¹ ἀγωνίζομαι 2s pres mid impv, fight
⁴² ἀγών, -ῶνος m, fight
⁴³ ἐπιλαμβάνομαι 2s aor mid impv, take hold of
⁴⁴ καλέω 2s aor pas ind, call

καὶ ὡμολόγησας¹ τὴν καλὴν ὁμολογίαν²
ἐνώπιον πολλῶν μαρτύρων.

13 παραγγέλλω [σοι] ἐνώπιον τοῦ θεοῦ τοῦ ζῳογονοῦντος³ τὰ πάντα καὶ Χριστοῦ Ἰησοῦ τοῦ μαρτυρήσαντος ἐπὶ Ποντίου Πιλάτου τὴν καλὴν ὁμολογίαν, **14** τηρῆσαί σε τὴν ἐντολὴν ἄσπιλον⁴ ἀνεπίλημπτον⁵ μέχρι⁶ τῆς ἐπιφανείας⁷ τοῦ κυρίου ἡμῶν Ἰησοῦ Χριστοῦ, **15** ἣν καιροῖς ἰδίοις δείξει⁸

ὁ μακάριος καὶ μόνος δυνάστης⁹,
ὁ βασιλεὺς τῶν βασιλευόντων¹⁰
καὶ κύριος τῶν κυριευόντων,¹¹
16 ὁ μόνος ἔχων ἀθανασίαν¹²,
φῶς οἰκῶν¹³ ἀπρόσιτον¹⁴,
ὃν εἶδεν οὐδεὶς ἀνθρώπων οὐδὲ ἰδεῖν δύναται·
ᾧ τιμὴ καὶ κράτος¹⁵ αἰώνιον, ἀμήν.

17 Τοῖς πλουσίοις¹⁶ ἐν τῷ νῦν αἰῶνι παράγγελλε μὴ ὑψηλοφρονεῖν¹⁷ μηδὲ ἠλπικέναι¹⁸ ἐπὶ πλούτου ἀδηλότητι¹⁹ ἀλλ' ἐπὶ θεῷ τῷ παρέχοντι²⁰ ἡμῖν πάντα πλουσίως²¹ εἰς ἀπόλαυσιν²², **18** ἀγαθοεργεῖν²³, πλουτεῖν²⁴ ἐν ἔργοις καλοῖς, εὐμεταδότους²⁵ εἶναι, κοινωνικούς²⁶, **19** ἀποθησαυρίζοντας²⁷ ἑαυτοῖς θεμέλιον²⁸ καλὸν εἰς τὸ μέλλον, ἵνα ἐπιλάβωνται²⁹ τῆς ὄντως³⁰ ζωῆς.

20 Ὦ Τιμόθεε, τὴν παραθήκην³¹ φύλαξον³² ἐκτρεπόμενος³³ τὰς βεβήλους³⁴ κενοφωνίας³⁵ καὶ ἀντιθέσεις³⁶ τῆς ψευδωνύμου³⁷ γνώσεως³⁸, **21** ἥν τινες ἐπαγγελλόμενοι³⁹ περὶ τὴν πίστιν ἠστόχησαν⁴⁰.

Ἡ χάρις μεθ' ὑμῶν.

---

1 ὁμολογέω 2s aor act ind, confess
2 ὁμολογία, -ας f, confession
3 ζῳογονέω pres act ptc m s gen, give life to
4 ἄσπιλος, -ον, spotless
5 ἀνεπίλημπτος, -ον, above reproach
6 μέχρι, prep + gen, until
7 ἐπιφάνεια, -ας f, appearing
8 δείκνυμι 3s fut act ind, reveal
9 δυνάστης, -ου m, Sovereign
10 βασιλεύω pres act ptc m p gen, rule
11 κυριεύω pres act ptc m p gen, be lord of
12 ἀθανασία, -ας f, immortality
13 οἰκέω pres act ptc m s nom, live
14 ἀπρόσιτος, -ον, unapproachable
15 κράτος, -ους n, might
16 πλούσιος, -α/ον, rich
17 ὑψηλοφρονέω pres act inf, be arrogant
18 ἐλπίζω pf act inf, hope
19 ἀδηλότης, -ητος f, uncertainty
20 παρέχω pres act ptc m s dat, give
21 πλουσίως, adv, richly
22 ἀπόλαυσις, -εως f, enjoyment
23 ἀγαθοεργέω pres act inf, do good
24 πλουτέω pres act inf, be rich
25 εὐμετάδοτος, -ον, generous
26 κοινωνικός, -ή/όν, willing to share
27 ἀποθησαυρίζω pres act ptc m p acc, lay up as a treasure
28 θεμέλιος, -ου m, foundation
29 ἐπιλαμβάνομαι 3p aor mid sub, take hold of
30 ὄντως, adv, really
31 παραθήκη, -ης f, what is entrusted to one's care
32 φυλάσσω 2s aor act impv, guard
33 ἐκτρέπω pres mid ptc m s nom, mid avoid
34 βέβηλος, -ον, godless
35 κενοφωνία, -ας f, foolish talk
36 ἀντίθεσις, -εως f, contradiction
37 ψευδώνυμος, -ον, falsely called
38 γνῶσις, -εως f, knowledge
39 ἐπαγγέλλομαι pres mid ptc m p nom, profess
40 ἀστοχέω 3p aor act ind, miss the mark

ΠΡΟΣ ΤΙΜΟΘΕΟΝ Β'

Salutation

1 Παῦλος ἀπόστολος Χριστοῦ Ἰησοῦ διὰ θελήματος θεοῦ κατ' ἐπαγγελίαν ζωῆς τῆς ἐν Χριστῷ Ἰησοῦ **2** Τιμοθέῳ ἀγαπητῷ τέκνῳ, χάρις ἔλεος[1] εἰρήνη ἀπὸ θεοῦ πατρὸς καὶ Χριστοῦ Ἰησοῦ τοῦ κυρίου ἡμῶν.

Loyalty to the Gospel

3 Χάριν ἔχω τῷ θεῷ, ᾧ λατρεύω[2] ἀπὸ προγόνων[3] ἐν καθαρᾷ[4] συνειδήσει[5], ὡς ἀδιάλειπτον[6] ἔχω τὴν περὶ σοῦ μνείαν[7] ἐν ταῖς δεήσεσίν[8] μου νυκτὸς καὶ ἡμέρας, **4** ἐπιποθῶν[9] σε ἰδεῖν, μεμνημένος[10] σου τῶν δακρύων[11], ἵνα χαρᾶς πληρωθῶ, **5** ὑπόμνησιν[12] λαβὼν τῆς ἐν σοὶ ἀνυποκρίτου[13] πίστεως, ἥτις ἐνῴκησεν[14] πρῶτον ἐν τῇ μάμμῃ[15] σου Λωΐδι καὶ τῇ μητρί σου Εὐνίκῃ, πέπεισμαι[16] δὲ ὅτι καὶ ἐν σοί. **6** Δι' ἣν αἰτίαν[17] ἀναμιμνῄσκω[18] σε ἀναζωπυρεῖν[19] τὸ χάρισμα[20] τοῦ θεοῦ, ὅ ἐστιν ἐν σοὶ διὰ τῆς ἐπιθέσεως[21] τῶν χειρῶν μου. **7** οὐ γὰρ ἔδωκεν ἡμῖν ὁ θεὸς πνεῦμα δειλίας[22] ἀλλὰ δυνάμεως καὶ ἀγάπης καὶ σωφρονισμοῦ[23]. **8** μὴ οὖν ἐπαισχυνθῇς[24] τὸ μαρτύριον[25] τοῦ κυρίου ἡμῶν μηδὲ ἐμὲ τὸν δέσμιον[26] αὐτοῦ, ἀλλὰ συγκακοπάθησον[27] τῷ εὐαγγελίῳ κατὰ δύναμιν θεοῦ,
9 τοῦ σώσαντος[28] ἡμᾶς
καὶ καλέσαντος κλήσει[29] ἁγίᾳ,
οὐ κατὰ τὰ ἔργα ἡμῶν
ἀλλὰ κατὰ ἰδίαν πρόθεσιν[30] καὶ χάριν,

[1] ἔλεος, -ους n, mercy
[2] λατρεύω 1s pres act ind, serve
[3] πρόγονος, -ου m, ancestor
[4] καθαρός, -ά/όν, pure
[5] συνείδησις, -εως f, conscience
[6] ἀδιάλειπτος, -ον, constant
[7] μνεία, -ας f, mention
[8] δέησις, -εως f, prayer
[9] ἐπιποθέω pres act ptc m s nom, long (for)
[10] μιμνῄσκομαι pf pas ptc m s nom, remember
[11] δάκρυον, -ου n, tear (as in crying)
[12] ὑπόμνησις, -εως f, remembrance
[13] ἀνυπόκριτος, -ον, sincere
[14] ἐνοικέω 3s aor act ind, live in
[15] μάμμη, -ης f, grandmother
[16] πείθω 1s pf pas ind, persuade
[17] αἰτία, -ας f, reason
[18] ἀναμιμνῄσκω 1s pres act ind, remind
[19] ἀναζωπυρέω pres act inf, stir into flame
[20] χάρισμα, -τος n, gift
[21] ἐπίθεσις, -εως f, laying on
[22] δειλία, -ας f, timidity
[23] σωφρονισμός, -οῦ m, self-control
[24] ἐπαισχύνομαι 2s aor pas sub, be ashamed
[25] μαρτύριον, -ου n, testimony
[26] δέσμιος, -ου m, prisoner
[27] συγκακοπαθέω 2s aor act impv, share in suffering with someone
[28] σῴζω aor act ptc m s gen, save
[29] κλῆσις, -εως f, calling
[30] πρόθεσις, -εως f, purpose

τὴν δοθεῖσαν¹ ἡμῖν ἐν Χριστῷ Ἰησοῦ
πρὸ χρόνων αἰωνίων,
10 φανερωθεῖσαν δὲ νῦν
διὰ τῆς ἐπιφανείας² τοῦ σωτῆρος³ ἡμῶν Χριστοῦ Ἰησοῦ,
καταργήσαντος⁴ μὲν τὸν θάνατον
φωτίσαντος⁵ δὲ ζωὴν καὶ ἀφθαρσίαν⁶ διὰ τοῦ εὐαγγελίου
11 εἰς ὃ ἐτέθην⁷ ἐγὼ κῆρυξ⁸ καὶ ἀπόστολος καὶ διδάσκαλος, **12** δι' ἣν αἰτίαν⁹ καὶ ταῦτα πάσχω· ἀλλ' οὐκ ἐπαισχύνομαι¹⁰, οἶδα γὰρ ᾧ πεπίστευκα καὶ πέπεισμαι¹¹ ὅτι δυνατός ἐστιν τὴν παραθήκην¹² μου φυλάξαι¹³ εἰς ἐκείνην τὴν ἡμέραν. **13** ὑποτύπωσιν¹⁴ ἔχε ὑγιαινόντων¹⁵ λόγων ὧν παρ' ἐμοῦ ἤκουσας ἐν πίστει καὶ ἀγάπῃ τῇ ἐν Χριστῷ Ἰησοῦ· **14** τὴν καλὴν παραθήκην φύλαξον διὰ πνεύματος ἁγίου τοῦ ἐνοικοῦντος¹⁶ ἐν ἡμῖν.

15 Οἶδας τοῦτο, ὅτι ἀπεστράφησάν¹⁷ με πάντες οἱ ἐν τῇ Ἀσίᾳ, ὧν ἐστιν Φύγελος καὶ Ἑρμογένης. **16** δῴη¹⁸ ἔλεος¹⁹ ὁ κύριος τῷ Ὀνησιφόρου οἴκῳ, ὅτι πολλάκις²⁰ με ἀνέψυξεν²¹ καὶ τὴν ἅλυσίν²² μου οὐκ ἐπαισχύνθη²³, **17** ἀλλὰ γενόμενος ἐν Ῥώμῃ σπουδαίως²⁴ ἐζήτησέν με καὶ εὗρεν²⁵· **18** δῴη²⁶ αὐτῷ ὁ κύριος εὑρεῖν²⁷ ἔλεος παρὰ κυρίου ἐν ἐκείνῃ τῇ ἡμέρᾳ. καὶ ὅσα ἐν Ἐφέσῳ διηκόνησεν²⁸, βέλτιον²⁹ σὺ γινώσκεις.

A Good Soldier of Christ Jesus

2 Σὺ οὖν, τέκνον μου, ἐνδυναμοῦ³⁰ ἐν τῇ χάριτι τῇ ἐν Χριστῷ Ἰησοῦ, **2** καὶ ἃ ἤκουσας παρ' ἐμοῦ διὰ πολλῶν μαρτύρων, ταῦτα παράθου³¹ πιστοῖς ἀνθρώποις, οἵτινες ἱκανοὶ ἔσονται³² καὶ ἑτέρους διδάξαι³³. **3** συγκακοπάθησον³⁴ ὡς καλὸς στρατιώτης³⁵ Χριστοῦ Ἰησοῦ. **4** οὐδεὶς στρατευόμενος³⁶ ἐμπλέκεται³⁷ ταῖς

¹ δίδωμι aor pas ptc f s acc, give
² ἐπιφάνεια, -ας f, appearing
³ σωτήρ, -ῆρος m, Savior
⁴ καταργέω aor act ptc m s gen, destroy
⁵ φωτίζω aor act ptc m s gen, bring to light
⁶ ἀφθαρσία, -ας f, immortality
⁷ τίθημι 1s aor pas ind, appoint
⁸ κῆρυξ, -υκος m, preacher
⁹ αἰτία, -ας f, reason
¹⁰ ἐπαισχύνομαι 1s pres pas ind, be ashamed
¹¹ πείθω 1s pf pas ind, pas be sure
¹² παραθήκη, -ης f, what is entrusted to one's care
¹³ φυλάσσω aor act inf, guard
¹⁴ ὑποτύπωσις, -εως f, example
¹⁵ ὑγιαίνω pres act ptc m p gen, be sound
¹⁶ ἐνοικέω pres act ptc n s gen, live in
¹⁷ ἀποστρέφω 3p aor pas ind, pas turn away from
¹⁸ δίδωμι 3s aor act opt, give
¹⁹ ἔλεος, -ους n, mercy
²⁰ πολλάκις, adv, often
²¹ ἀναψύχω 3s aor act ind, refresh
²² ἅλυσις, -εως f, chain/imprisonment
²³ ἐπαισχύνομαι 3s aor pas ind, be ashamed
²⁴ σπουδαίως, adv, eagerly
²⁵ εὑρίσκω 3s aor act ind, find
²⁶ δίδωμι 3s aor act opt, grant
²⁷ εὑρίσκω aor act inf, find
²⁸ διακονέω 3s aor act ind, care for
²⁹ βελτίων, adv, well
³⁰ ἐνδυναμόω 2s pres pas impv, pas be strong
³¹ παρατίθημι 2s aor mid impv, entrust
³² εἰμί 3p fut mid ind, be
³³ διδάσκω aor act inf, teach
³⁴ συγκακοπαθέω 2s aor act impv, share in suffering with someone
³⁵ στρατιώτης, -ου m, soldier
³⁶ στρατεύομαι pres mid ptc m s nom, serve as a soldier
³⁷ ἐμπλέκω 3s pres pas ind, pas be involved in

τοῦ βίου¹ πραγματείαις², ἵνα τῷ στρατολογήσαντι³ ἀρέσῃ⁴. 5 ἐὰν δὲ καὶ ἀθλῇ⁵ τις, οὐ στεφανοῦται⁶ ἐὰν μὴ νομίμως⁷ ἀθλήσῃ. 6 τὸν κοπιῶντα⁸ γεωργὸν⁹ δεῖ πρῶτον τῶν καρπῶν μεταλαμβάνειν¹⁰. 7 νόει¹¹ ὃ λέγω· δώσει¹² γάρ σοι ὁ κύριος σύνεσιν¹³ ἐν πᾶσιν.

8 Μνημόνευε¹⁴ Ἰησοῦν Χριστὸν ἐγηγερμένον¹⁵ ἐκ νεκρῶν, ἐκ σπέρματος Δαυίδ, κατὰ τὸ εὐαγγέλιόν μου, 9 ἐν ᾧ κακοπαθῶ¹⁶ μέχρι¹⁷ δεσμῶν¹⁸ ὡς κακοῦργος¹⁹, ἀλλ' ὁ λόγος τοῦ θεοῦ οὐ δέδεται· 10 διὰ τοῦτο πάντα ὑπομένω²⁰ διὰ τοὺς ἐκλεκτούς²¹, ἵνα καὶ αὐτοὶ σωτηρίας τύχωσιν²² τῆς ἐν Χριστῷ Ἰησοῦ μετὰ δόξης αἰωνίου. 11 πιστὸς ὁ λόγος·

εἰ γὰρ συναπεθάνομεν²³, καὶ συζήσομεν²⁴·

12 εἰ ὑπομένομεν²⁵, καὶ συμβασιλεύσομεν²⁶·

εἰ ἀρνησόμεθα, κἀκεῖνος ἀρνήσεται ἡμᾶς·

13 εἰ ἀπιστοῦμεν²⁷, ἐκεῖνος πιστὸς μένει,

ἀρνήσασθαι γὰρ ἑαυτὸν οὐ δύναται.

A Worker Approved by God

14 Ταῦτα ὑπομίμνῃσκε²⁸ διαμαρτυρόμενος²⁹ ἐνώπιον τοῦ θεοῦ μὴ λογομαχεῖν³⁰, ἐπ' οὐδὲν χρήσιμον³¹, ἐπὶ καταστροφῇ³² τῶν ἀκουόντων. 15 σπούδασον³³ σεαυτὸν δόκιμον³⁴ παραστῆσαι³⁵ τῷ θεῷ, ἐργάτην³⁶ ἀνεπαίσχυντον³⁷, ὀρθοτομοῦντα³⁸ τὸν λόγον τῆς ἀληθείας. 16 τὰς δὲ βεβήλους³⁹ κενοφωνίας⁴⁰ περιΐστασο⁴¹· ἐπὶ πλεῖον⁴²

---

¹ βίος, -ου m, life
² πραγματεῖαι, -ῶν f, pursuits
³ στρατολογέω aor act ptc m s dat, enlist (someone) as a soldier
⁴ ἀρέσκω 3s aor act sub, please
⁵ ἀθλέω 3s pres act sub, compete (as an athlete)
⁶ στεφανόω 3s pres pas ind, crown
⁷ νομίμως, adv, according to the rules
⁸ κοπιάω pres act ptc m s acc, work
⁹ γεωργός, -οῦ m, farmer
¹⁰ μεταλαμβάνω pres act inf, share in
¹¹ νοέω 2s pres act impv, understand
¹² δίδωμι 3s fut act ind, give
¹³ σύνεσις, -εως f, understanding
¹⁴ μνημονεύω 2s pres act impv, remember
¹⁵ ἐγείρω pf pas ptc m s acc, raise
¹⁶ κακοπαθέω 1s pres act ind, suffer
¹⁷ μέχρι, prep + gen, to the extent of
¹⁸ δεσμός, -οῦ m, chain
¹⁹ κακοῦργος, -ου m, criminal
²⁰ ὑπομένω 1s pres act ind, endure
²¹ ἐκλεκτός, -ή/όν, chosen
²² τυγχάνω 3p aor act sub, receive
²³ συναποθνῄσκω 1p aor act ind, die together with
²⁴ συζάω 1p fut act ind, live together with
²⁵ ὑπομένω 1p pres act ind, endure
²⁶ συμβασιλεύω 1p fut act ind, reign with
²⁷ ἀπιστέω 1p pres act ind, prove unfaithful
²⁸ ὑπομιμνῄσκω 2s pres act impv, remind
²⁹ διαμαρτύρομαι pres mid ptc m s nom, warn
³⁰ λογομαχέω pres act inf, quarrel about words
³¹ χρήσιμος, -ου n, value
³² καταστροφή, -ῆς f, ruin
³³ σπουδάζω 2s aor act impv, do one's best
³⁴ δόκιμος, -ον m, approved
³⁵ παρίστημι aor act inf, present
³⁶ ἐργάτης, -ου m, worker
³⁷ ἀνεπαίσχυντος, -ον, with no need to be ashamed
³⁸ ὀρθοτομέω pres act ptc m s acc, use correctly
³⁹ βέβηλος, -ον, godless
⁴⁰ κενοφωνία, -ας f, foolish talk
⁴¹ περιΐστημι 2s pres mid impv, avoid
⁴² πολύς, much (comp)

γὰρ προκόψουσιν¹ ἀσεβείας² **17** καὶ ὁ λόγος αὐτῶν ὡς γάγγραινα³ νομὴν⁴ ἕξει. ὧν ἐστιν Ὑμέναιος καὶ Φίλητος, **18** οἵτινες περὶ τὴν ἀλήθειαν ἠστόχησαν⁵, λέγοντες [τὴν] ἀνάστασιν ἤδη γεγονέναι⁶, καὶ ἀνατρέπουσιν⁷ τήν τινων πίστιν. **19** ὁ μέντοι⁸ στερεὸς⁹ θεμέλιος¹⁰ τοῦ θεοῦ ἕστηκεν¹¹, ἔχων τὴν σφραγῖδα¹² ταύτην· ἔγνω¹³ κύριος τοὺς ὄντας αὐτοῦ, καί· ἀποστήτω¹⁴ ἀπὸ ἀδικίας¹⁵ πᾶς ὁ ὀνομάζων¹⁶ τὸ ὄνομα κυρίου. **20** ἐν μεγάλῃ δὲ οἰκίᾳ οὐκ ἔστιν μόνον σκεύη¹⁷ χρυσᾶ¹⁸ καὶ ἀργυρᾶ¹⁹ ἀλλὰ καὶ ξύλινα²⁰ καὶ ὀστράκινα²¹, καὶ ἃ μὲν εἰς τιμὴν ἃ δὲ εἰς ἀτιμίαν²². **21** ἐὰν οὖν τις ἐκκαθάρῃ²³ ἑαυτὸν ἀπὸ τούτων, ἔσται σκεῦος εἰς τιμήν, ἡγιασμένον²⁴, εὔχρηστον²⁵ τῷ δεσπότῃ²⁶, εἰς πᾶν ἔργον ἀγαθὸν ἡτοιμασμένον²⁷.

22 Τὰς δὲ νεωτερικὰς²⁸ ἐπιθυμίας φεῦγε²⁹, δίωκε δὲ δικαιοσύνην πίστιν ἀγάπην εἰρήνην μετὰ τῶν ἐπικαλουμένων³⁰ τὸν κύριον ἐκ καθαρᾶς³¹ καρδίας. **23** τὰς δὲ μωρὰς³² καὶ ἀπαιδεύτους³³ ζητήσεις³⁴ παραιτοῦ³⁵, εἰδὼς³⁶ ὅτι γεννῶσιν μάχας.³⁷ **24** δοῦλον δὲ κυρίου οὐ δεῖ μάχεσθαι³⁸ ἀλλ᾽ ἤπιον³⁹ εἶναι πρὸς πάντας, διδακτικόν⁴⁰, ἀνεξίκακον⁴¹, **25** ἐν πραΰτητι⁴² παιδεύοντα⁴³ τοὺς ἀντιδιατιθεμένους⁴⁴, μήποτε⁴⁵ δώῃ⁴⁶ αὐτοῖς ὁ θεὸς μετάνοιαν⁴⁷ εἰς ἐπίγνωσιν⁴⁸ ἀληθείας **26** καὶ ἀνανήψωσιν⁴⁹ ἐκ τῆς τοῦ διαβόλου παγίδος⁵⁰, ἐζωγρημένοι⁵¹ ὑπ᾽ αὐτοῦ εἰς τὸ ἐκείνου θέλημα.

---

¹ προκόπτω 3p fut act ind, lead to
² ἀσέβεια, -ας f, godlessness
³ γάγγραινα, -ης f, gangrene
⁴ νομή, -ῆς f, spreading (v. ἔχω spread)
⁵ ἀστοχέω 3p aor act ind, leave the way
⁶ γίνομαι pf act inf, take place
⁷ ἀνατρέπω 3p pres act ind, bring ruin to
⁸ μέντοι, conj, but
⁹ στερεός, -ά/όν, firm
¹⁰ θεμέλιος, -ου m, foundation
¹¹ ἵστημι 3s pf act ind, intrans stand
¹² σφραγίς, -ῖδος f, seal with an inscription
¹³ γινώσκω 3s aor act ind, know
¹⁴ ἀφίστημι 3s aor act impv, depart from
¹⁵ ἀδικία, -ας f, evil
¹⁶ ὀνομάζω pres act ptc m s nom, confess the name
¹⁷ σκεῦος, -ους n, vessel
¹⁸ χρυσοῦς, -ῆ/οῦν, made of gold
¹⁹ ἀργυροῦς, -ᾶ/οῦν, made of silver
²⁰ ξύλινος, -η/ον, wooden
²¹ ὀστράκινος, -η/ον, made of baked clay
²² ἀτιμία, -ας f, common use
²³ ἐκκαθαίρω 3s aor act sub, cleanse
²⁴ ἁγιάζω pf pas ptc n s nom, consecrate
²⁵ εὔχρηστος, -ον, useful
²⁶ δεσπότης, -ου m, Master
²⁷ ἑτοιμάζω pf pas ptc n s nom, prepare
²⁸ νεωτερικός, -ή/όν, youthful
²⁹ φεύγω 2s pres act impv, run from
³⁰ ἐπικαλέω pres mid ptc m p gen, mid call upon
³¹ καθαρός, -ά/όν, pure
³² μωρός, -ά/όν, foolish
³³ ἀπαίδευτος, -ον, stupid
³⁴ ζήτησις, -εως f, controversy
³⁵ παραιτέομαι 2s pres mid impv, have nothing to do with
³⁶ οἶδα pf act ptc m s nom, know
³⁷ μάχη, -ης f, quarrel
³⁸ μάχομαι pres mid inf, quarrel
³⁹ ἤπιος, -α/ον, gentle
⁴⁰ διδακτικός, -ή/όν, able to teach
⁴¹ ἀνεξίκακος, -ον, patient
⁴² πραΰτης, -ητος f, gentleness
⁴³ παιδεύω pres act ptc m s acc, correct
⁴⁴ ἀντιδιατίθημι pres mid ptc m p acc, mid oppose
⁴⁵ μήποτε, conj, perhaps
⁴⁶ δίδωμι 3s aor act sub, give
⁴⁷ μετάνοια, -ας f, repentance
⁴⁸ ἐπίγνωσις, -εως f, knowledge
⁴⁹ ἀνανήφω 3s aor act sub, regain one's senses and escape
⁵⁰ παγίς, -ίδος f, snare
⁵¹ ζωγρέω pf pas ptc m p nom, capture

Godlessness in the Last Days

3 Τοῦτο δὲ γίνωσκε, ὅτι ἐν ἐσχάταις ἡμέραις ἐνστήσονται[1] καιροὶ χαλεποί[2]. 2 ἔσονται[3] γὰρ οἱ ἄνθρωποι φίλαυτοι[4] φιλάργυροι[5] ἀλαζόνες[6] ὑπερήφανοι[7] βλάσφημοι[8], γονεῦσιν[9] ἀπειθεῖς[10], ἀχάριστοι[11] ἀνόσιοι[12] 3 ἄστοργοι[13] ἄσπονδοι[14] διάβολοι ἀκρατεῖς[15] ἀνήμεροι[16] ἀφιλάγαθοι[17] 4 προδόται[18] προπετεῖς[19] τετυφωμένοι[20], φιλήδονοι[21] μᾶλλον ἢ φιλόθεοι[22], 5 ἔχοντες μόρφωσιν[23] εὐσεβείας[24] τὴν δὲ δύναμιν αὐτῆς ἠρνημένοι[25]· καὶ τούτους ἀποτρέπου[26]. 6 ἐκ τούτων γάρ εἰσιν οἱ ἐνδύνοντες[27] εἰς τὰς οἰκίας καὶ αἰχμαλωτίζοντες[28] γυναικάρια[29] σεσωρευμένα[30] ἁμαρτίαις, ἀγόμενα[31] ἐπιθυμίαις ποικίλαις[32], 7 πάντοτε μανθάνοντα[33] καὶ μηδέποτε[34] εἰς ἐπίγνωσιν[35] ἀληθείας ἐλθεῖν δυνάμενα. 8 ὃν τρόπον[36] δὲ Ἰάννης καὶ Ἰαμβρῆς ἀντέστησαν[37] Μωϋσεῖ, οὕτως καὶ οὗτοι ἀνθίστανται τῇ ἀληθείᾳ, ἄνθρωποι κατεφθαρμένοι[38] τὸν νοῦν[39], ἀδόκιμοι[40] περὶ τὴν πίστιν. 9 ἀλλ᾽ οὐ προκόψουσιν[41] ἐπὶ πλεῖον[42]· ἡ γὰρ ἄνοια[43] αὐτῶν ἔκδηλος[44] ἔσται πᾶσιν, ὡς καὶ ἡ ἐκείνων ἐγένετο.

Paul's Exhortation to Timothy

10 Σὺ δὲ παρηκολούθησάς[45] μου τῇ διδασκαλίᾳ[46], τῇ ἀγωγῇ[47], τῇ προθέσει[48], τῇ πίστει, τῇ μακροθυμίᾳ[49], τῇ ἀγάπῃ, τῇ ὑπομονῇ, **11** τοῖς διωγμοῖς[50], τοῖς παθήμασιν[51], οἷά[52] μοι ἐγένετο ἐν Ἀντιοχείᾳ, ἐν Ἰκονίῳ, ἐν Λύστροις, οἵους διωγμοὺς ὑπήνεγκα[53] καὶ ἐκ πάντων με ἐρρύσατο[54] ὁ κύριος. **12** καὶ πάντες δὲ οἱ θέλοντες

---

[1] ἐνίστημι 3p fut mid ind, come
[2] χαλεπός, -ή/όν, terrible
[3] εἰμί 3p fut mid ind, be
[4] φίλαυτος, -ον, lover of oneself
[5] φιλάργυρος, -ον, lover of money
[6] ἀλαζών, -όνος m, boaster
[7] ὑπερήφανος, -ον, arrogant
[8] βλάσφημος, -ον, abusive
[9] γονεύς, -έως m, parent
[10] ἀπειθής, -ές, disobedient
[11] ἀχάριστος, -ον, ungrateful
[12] ἀνόσιος, irreligious
[13] ἄστοργος, -ον, inhuman
[14] ἄσπονδος, -ον, unforgiving
[15] ἀκρατής, -ές, lacking self-control
[16] ἀνήμερος, -ον, brutal
[17] ἀφιλάγαθος, -ον, hating what is good
[18] προδότης, -ου m, treacherous person
[19] προπετής, -ές, gen -οῦς, reckless
[20] τυφόω pf pas ptc m p nom, pas be conceited
[21] φιλήδονος, -ον, loving pleasure
[22] φιλόθεος, -ον, loving God
[23] μόρφωσις, -εως f, outward form
[24] εὐσέβεια, -ας f, godliness
[25] ἀρνέομαι pf mid ptc m p nom, deny
[26] ἀποτρέπω 2s pres mid impv, mid avoid
[27] ἐνδύνω pres act ptc m p nom, enter by deception
[28] αἰχμαλωτίζω pres act ptc m p nom, get control of
[29] γυναικάριον, -ου n, weak woman
[30] σωρεύω pf pas ptc n p acc, weigh down
[31] ἄγω pres pas ptc n p acc, sway
[32] ποικίλος, -η/ον, all kinds of
[33] μανθάνω pres act ptc n p acc, learn
[34] μηδέποτε, adv, never
[35] ἐπίγνωσις, -εως f, knowledge
[36] τρόπος, -ου m, way (ὃν τ. just like)
[37] ἀνθίστημι 3p aor act ind, oppose
[38] καταφθείρω pf pas ptc m p nom, corrupt
[39] νοῦς, νοός, acc νοῦν m, mind
[40] ἀδόκιμος, -ον, false/rejected
[41] προκόπτω 3p fut act ind, lead to
[42] πολύς, much (comp)
[43] ἄνοια, -ας f, foolishness
[44] ἔκδηλος, -ον, clearly evident
[45] παρακολουθέω 2s aor act ind, give careful attention to
[46] διδασκαλία, -ας f, teaching
[47] ἀγωγή, -ῆς f, conduct
[48] πρόθεσις, -εως f, purpose
[49] μακροθυμία, -ας f, patience
[50] διωγμός, -οῦ m, persecution
[51] πάθημα, -τος n, suffering
[52] οἷος, -α/ον, rel pro, such as
[53] ὑποφέρω 1s aor act ind, endure
[54] ῥύομαι 3s aor mid ind, rescue

εὐσεβῶς¹ ζῆν ἐν Χριστῷ Ἰησοῦ διωχθήσονται². 13 πονηροὶ δὲ ἄνθρωποι καὶ γόητες³ προκόψουσιν⁴ ἐπὶ τὸ χεῖρον⁵ πλανῶντες καὶ πλανώμενοι. 14 σὺ δὲ μένε ἐν οἷς ἔμαθες⁶ καὶ ἐπιστώθης⁷, εἰδὼς⁸ παρὰ τίνων ἔμαθες, 15 καὶ ὅτι ἀπὸ βρέφους⁹ [τὰ] ἱερὰ¹⁰ γράμματα¹¹ οἶδας, τὰ δυνάμενά σε σοφίσαι¹² εἰς σωτηρίαν διὰ πίστεως τῆς ἐν Χριστῷ Ἰησοῦ. 16 πᾶσα γραφὴ θεόπνευστος¹³ καὶ ὠφέλιμος¹⁴ πρὸς διδασκαλίαν¹⁵, πρὸς ἐλεγμόν¹⁶, πρὸς ἐπανόρθωσιν¹⁷, πρὸς παιδείαν¹⁸ τὴν ἐν δικαιοσύνῃ, 17 ἵνα ἄρτιος¹⁹ ᾖ ὁ τοῦ θεοῦ ἄνθρωπος, πρὸς πᾶν ἔργον ἀγαθὸν ἐξηρτισμένος²⁰.

4 Διαμαρτύρομαι²¹ ἐνώπιον τοῦ θεοῦ καὶ Χριστοῦ Ἰησοῦ τοῦ μέλλοντος κρίνειν ζῶντας καὶ νεκρούς, καὶ τὴν ἐπιφάνειαν²² αὐτοῦ καὶ τὴν βασιλείαν αὐτοῦ· 2 κήρυξον τὸν λόγον, ἐπίστηθι²³ εὐκαίρως²⁴ ἀκαίρως²⁵, ἔλεγξον²⁶, ἐπιτίμησον²⁷, παρακάλεσον, ἐν πάσῃ μακροθυμίᾳ²⁸ καὶ διδαχῇ²⁹. 3 ἔσται³⁰ γὰρ καιρὸς ὅτε τῆς ὑγιαινούσης³¹ διδασκαλίας³² οὐκ ἀνέξονται³³ ἀλλὰ κατὰ τὰς ἰδίας ἐπιθυμίας ἑαυτοῖς ἐπισωρεύσουσιν³⁴ διδασκάλους κνηθόμενοι³⁵ τὴν ἀκοὴν³⁶ 4 καὶ ἀπὸ μὲν τῆς ἀληθείας τὴν ἀκοὴν ἀποστρέψουσιν³⁷, ἐπὶ δὲ τοὺς μύθους³⁸ ἐκτραπήσονται³⁹. 5 σὺ δὲ νῆφε⁴⁰ ἐν πᾶσιν, κακοπάθησον⁴¹, ἔργον ποίησον εὐαγγελιστοῦ⁴², τὴν διακονίαν σου πληροφόρησον⁴³.

6 Ἐγὼ γὰρ ἤδη σπένδομαι⁴⁴, καὶ ὁ καιρὸς τῆς ἀναλύσεώς⁴⁵ μου ἐφέστηκεν⁴⁶. 7 τὸν καλὸν ἀγῶνα⁴⁷ ἠγώνισμαι⁴⁸, τὸν δρόμον⁴⁹ τετέλεκα⁵⁰, τὴν πίστιν τετήρηκα·

---

¹ εὐσεβῶς, adv, in a godly manner
² διώκω 3p fut pas ind, persecute
³ γόης, -ητος m, imposter
⁴ προκόπτω 3p fut act ind, lead to (π. ἐπὶ τὸ χεῖρον go from bad to worse)
⁵ χείρων, worse (comp of κακός)
⁶ μανθάνω 2s aor act ind, learn
⁷ πιστόω 2s aor pas ind, pas firmly believe
⁸ οἶδα pf act ptc m s nom, know
⁹ βρέφος, -ους n, childhood
¹⁰ ἱερός, -ά/όν, sacred
¹¹ γράμμα, -τος n, Scripture
¹² σοφίζω aor act inf, give wisdom
¹³ θεόπνευστος, -ον, inspired by God
¹⁴ ὠφέλιμος, -ον, useful
¹⁵ διδασκαλία, -ας f, teaching
¹⁶ ἐλεγμός, -οῦ m, refutation of error
¹⁷ ἐπανόρθωσις, -εως f, correcting faults
¹⁸ παιδεία, -ας f, training
¹⁹ ἄρτιος, -α/ον, fully qualified
²⁰ ἐξαρτίζω pf pas ptc m s nom, be completed
²¹ διαμαρτύρομαι 1s pres mid ind, charge under solemn oath
²² ἐπιφάνεια, -ας f, appearing
²³ ἐφίστημι 2s aor act impv, be ready
²⁴ εὐκαίρως, adv, when it's popular
²⁵ ἀκαίρως, adv, when it's not popular
²⁶ ἐλέγχω 2s aor act impv, convince
²⁷ ἐπιτιμάω 2s aor act impv, rebuke
²⁸ μακροθυμία, -ας f, patience
²⁹ διδαχή, -ῆς f, teaching
³⁰ εἰμί 3s fut mid ind, come
³¹ ὑγιαίνω pres act ptc f s gen, be sound
³² διδασκαλία, -ας f, teaching
³³ ἀνέχομαι 3p fut mid ind, endure
³⁴ ἐπισωρεύω 3p fut act ind, accumulate
³⁵ κνήθω pres pas ptc m p nom, pas feel an itching
³⁶ ἀκοή, -ῆς f, ear(s)
³⁷ ἀποστρέφω 3p fut act ind, turn away
³⁸ μῦθος, -ου m, fanciful story
³⁹ ἐκτρέπω 3p fut pas ind, pas stray after
⁴⁰ νήφω 2s pres act impv, be calm
⁴¹ κακοπαθέω 2s aor act impv, endure suffering
⁴² εὐαγγελιστής, -οῦ m, evangelist
⁴³ πληροφορέω 2s aor act impv, carry out fully
⁴⁴ σπένδω 1s pres pas ind, pas be poured out as a drink offering
⁴⁵ ἀνάλυσις, -εως f, death
⁴⁶ ἐφίστημι 3s pf act ind, be near
⁴⁷ ἀγών, -ῶνος m, fight
⁴⁸ ἀγωνίζομαι 1s pf mid ind, fight
⁴⁹ δρόμος, -ου m, course
⁵⁰ τελέω 1s pf act ind, finish

8 λοιπὸν ἀπόκειταί[1] μοι ὁ τῆς δικαιοσύνης στέφανος[2], ὃν ἀποδώσει[3] μοι ὁ κύριος ἐν ἐκείνῃ τῇ ἡμέρᾳ, ὁ δίκαιος κριτής[4], οὐ μόνον δὲ ἐμοὶ ἀλλὰ καὶ πᾶσιν τοῖς ἠγαπηκόσιν[5] τὴν ἐπιφάνειαν[6] αὐτοῦ.

Personal Instructions

9 Σπούδασον[7] ἐλθεῖν πρός με ταχέως[8]. **10** Δημᾶς γάρ με ἐγκατέλιπεν[9] ἀγαπήσας τὸν νῦν αἰῶνα καὶ ἐπορεύθη εἰς Θεσσαλονίκην, Κρήσκης εἰς Γαλατίαν, Τίτος εἰς Δαλματίαν· **11** Λουκᾶς ἐστιν μόνος μετ' ἐμοῦ. Μᾶρκον ἀναλαβὼν[10] ἄγε μετὰ σεαυτοῦ, ἔστιν γάρ μοι εὔχρηστος[11] εἰς διακονίαν. **12** Τύχικον δὲ ἀπέστειλα[12] εἰς Ἔφεσον. **13** τὸν φαιλόνην[13] ὃν ἀπέλιπον[14] ἐν Τρῳάδι παρὰ Κάρπῳ ἐρχόμενος φέρε, καὶ τὰ βιβλία μάλιστα[15] τὰς μεμβράνας[16]. **14** Ἀλέξανδρος ὁ χαλκεὺς[17] πολλά μοι κακὰ ἐνεδείξατο[18]· ἀποδώσει[19] αὐτῷ ὁ κύριος κατὰ τὰ ἔργα αὐτοῦ· **15** ὃν καὶ σὺ φυλάσσου, λίαν[20] γὰρ ἀντέστη[21] τοῖς ἡμετέροις[22] λόγοις. **16** ἐν τῇ πρώτῃ μου ἀπολογίᾳ[23] οὐδείς μοι παρεγένετο[24], ἀλλὰ πάντες με ἐγκατέλιπον[25]· μὴ αὐτοῖς λογισθείη[26]. **17** ὁ δὲ κύριός μοι παρέστη[27] καὶ ἐνεδυνάμωσέν[28] με, ἵνα δι' ἐμοῦ τὸ κήρυγμα[29] πληροφορηθῇ[30] καὶ ἀκούσωσιν πάντα τὰ ἔθνη, καὶ ἐρρύσθην[31] ἐκ στόματος λέοντος[32]. **18** ῥύσεταί με ὁ κύριος ἀπὸ παντὸς ἔργου πονηροῦ καὶ σώσει εἰς τὴν βασιλείαν αὐτοῦ τὴν ἐπουράνιον[33]· ᾧ ἡ δόξα εἰς τοὺς αἰῶνας τῶν αἰώνων, ἀμήν.

Final Greetings

19 Ἄσπασαι Πρίσκαν καὶ Ἀκύλαν καὶ τὸν Ὀνησιφόρου οἶκον. **20** Ἔραστος ἔμεινεν[34] ἐν Κορίνθῳ, Τρόφιμον δὲ ἀπέλιπον[35] ἐν Μιλήτῳ ἀσθενοῦντα. **21** Σπούδασον[36] πρὸ χειμῶνος[37] ἐλθεῖν. ἀσπάζεταί σε Εὔβουλος καὶ Πούδης καὶ Λίνος καὶ Κλαυδία καὶ οἱ ἀδελφοὶ πάντες. **22** Ὁ κύριος μετὰ τοῦ πνεύματός σου. ἡ χάρις μεθ' ὑμῶν.

---

[1] ἀπόκειμαι 3s pres mid ind, be stored away
[2] στέφανος, -ου m, crown
[3] ἀποδίδωμι 3s fut act ind, give
[4] κριτής, -οῦ m, judge
[5] ἀγαπάω pf act ptc m p dat, love
[6] ἐπιφάνεια, -ας f, appearing
[7] σπουδάζω 2s aor act impv, do one's best
[8] ταχέως, adv, quickly
[9] ἐγκαταλείπω 3s aor act ind, forsake
[10] ἀναλαμβάνω aor act ptc m s nom, bring
[11] εὔχρηστος, -ον, useful
[12] ἀποστέλλω 1s aor act ind, send
[13] φαιλόνης, -ου m, cloak
[14] ἀπολείπω 1s aor act ind, leave behind
[15] μάλιστα, adv, especially
[16] μεμβράνα, -ης f, parchment
[17] χαλκεύς, -έως m, coppersmith
[18] ἐνδείκνυμι 3s aor mid ind, do
[19] ἀποδίδωμι 3s fut act ind, repay
[20] λίαν, adv, very much
[21] ἀνθίστημι 3s aor act ind, oppose
[22] ἡμέτερος, -α/ον, our
[23] ἀπολογία, -ας f, defense
[24] παραγίνομαι 3s aor mid ind, stand by
[25] ἐγκαταλείπω 3p aor act ind, forsake
[26] λογίζομαι 3s aor pas opt, charge against
[27] παρίστημι 3s aor act ind, stand beside
[28] ἐνδυναμόω 3s aor act ind, strengthen
[29] κήρυγμα, -τος n, message
[30] πληροφορέω 3s aor pas sub, proclaim fully
[31] ῥύομαι 1s aor pas ind, rescue
[32] λέων, -οντος m, lion
[33] ἐπουράνιος, -ον, heavenly
[34] μένω 3s aor act ind, stay
[35] ἀπολείπω 1s aor act ind, leave behind
[36] σπουδάζω 2s aor act impv, do one's best
[37] χειμών, -ῶνος m, winter

ΠΡΟΣ ΤΙΤΟΝ

Salutation

1 Παῦλος δοῦλος θεοῦ, ἀπόστολος δὲ Ἰησοῦ Χριστοῦ κατὰ πίστιν ἐκλεκτῶν[1] θεοῦ καὶ ἐπίγνωσιν[2] ἀληθείας τῆς κατ' εὐσέβειαν[3] **2** ἐπ' ἐλπίδι ζωῆς αἰωνίου, ἣν ἐπηγγείλατο[4] ὁ ἀψευδὴς[5] θεὸς πρὸ χρόνων αἰωνίων, **3** ἐφανέρωσεν δὲ καιροῖς ἰδίοις τὸν λόγον αὐτοῦ ἐν κηρύγματι[6], ὃ ἐπιστεύθην ἐγὼ κατ' ἐπιταγὴν[7] τοῦ σωτῆρος[8] ἡμῶν θεοῦ, **4** Τίτῳ γνησίῳ[9] τέκνῳ κατὰ κοινὴν[10] πίστιν, χάρις καὶ εἰρήνη ἀπὸ θεοῦ πατρὸς καὶ Χριστοῦ Ἰησοῦ τοῦ σωτῆρος ἡμῶν.

Titus' Work in Crete

5 Τούτου χάριν[11] ἀπέλιπον[12] σε ἐν Κρήτῃ, ἵνα τὰ λείποντα[13] ἐπιδιορθώσῃ[14] καὶ καταστήσῃς[15] κατὰ πόλιν πρεσβυτέρους, ὡς ἐγώ σοι διεταξάμην[16], **6** εἴ τίς ἐστιν ἀνέγκλητος[17], μιᾶς γυναικὸς ἀνήρ, τέκνα ἔχων πιστά, μὴ ἐν κατηγορίᾳ[18] ἀσωτίας[19] ἢ ἀνυπότακτα[20]. **7** δεῖ γὰρ τὸν ἐπίσκοπον[21] ἀνέγκλητον εἶναι ὡς θεοῦ οἰκονόμον[22], μὴ αὐθάδη[23], μὴ ὀργίλον[24], μὴ πάροινον[25], μὴ πλήκτην[26], μὴ αἰσχροκερδῆ[27], **8** ἀλλὰ φιλόξενον[28] φιλάγαθον[29] σώφρονα[30] δίκαιον ὅσιον[31] ἐγκρατῆ[32], **9** ἀντεχόμενον[33] τοῦ κατὰ τὴν διδαχὴν[34] πιστοῦ λόγου, ἵνα δυνατὸς ᾖ καὶ παρακαλεῖν ἐν τῇ διδασκαλίᾳ[35] τῇ ὑγιαινούσῃ[36] καὶ τοὺς ἀντιλέγοντας[37] ἐλέγχειν[38].

[1] ἐκλεκτός, -ή/όν, chosen
[2] ἐπίγνωσις, -εως f, knowledge
[3] εὐσέβεια, -ας f, godliness
[4] ἐπαγγέλλομαι 3s aor mid ind, promise
[5] ἀψευδής, -ές, who never lies
[6] κήρυγμα, -τος n, message
[7] ἐπιταγή, -ῆς f, command
[8] σωτήρ, -ῆρος m, Savior
[9] γνήσιος, -α/ον, true
[10] κοινός, -ή/όν, in common
[11] χάριν, prep + gen, because of
[12] ἀπολείπω 1s aor act ind, leave behind
[13] λείπω pres act ptc n p acc, lack
[14] ἐπιδιορθόω 2s aor mid sub, put in order
[15] καθίστημι 2s aor act sub, appoint
[16] διατάσσω 1s aor mid ind, direct
[17] ἀνέγκλητος, -ον, beyond reproach
[18] κατηγορία, -ας f, accusation
[19] ἀσωτία, -ας f, reckless living
[20] ἀνυπότακτος, -ον, disorderly
[21] ἐπίσκοπος, -ου m, overseer/bishop
[22] οἰκονόμος, -ου m, steward
[23] αὐθάδης, -ες m, arrogant
[24] ὀργίλος, -η/ον, quick-tempered
[25] πάροινος, -ου m, drunkard
[26] πλήκτης, -ου m, a quick-tempered
[27] αἰσχροκερδής, -ές m, greedy for dishonest gain
[28] φιλόξενος, -ον, hospitable
[29] φιλάγαθος, -ον, loving what is good
[30] σώφρων, -ον, gen -ονος, sensible
[31] ὅσιος, -α/ον, holy
[32] ἐγκρατής, -ές, self-controlled
[33] ἀντέχομαι pres mid ptc m s acc, hold firmly to
[34] διδαχή, -ῆς f, what is taught
[35] διδασκαλία, -ας f, doctrine
[36] ὑγιαίνω pres act ptc f s dat, be sound
[37] ἀντιλέγω pres act ptc m p acc, oppose
[38] ἐλέγχω pres act inf, refute

10 Εἰσὶν γὰρ πολλοὶ [καὶ] ἀνυπότακτοι¹, ματαιολόγοι² καὶ φρεναπάται³, μάλιστα⁴ οἱ ἐκ τῆς περιτομῆς, **11** οὓς δεῖ ἐπιστομίζειν⁵, οἵτινες ὅλους οἴκους ἀνατρέπουσιν⁶ διδάσκοντες ἃ μὴ δεῖ αἰσχροῦ⁷ κέρδους⁸ χάριν⁹. **12** εἶπέν τις ἐξ αὐτῶν ἴδιος αὐτῶν προφήτης·

Κρῆτες ἀεὶ¹⁰ ψεῦσται¹¹, κακὰ θηρία, γαστέρες¹² ἀργαί.¹³

13 ἡ μαρτυρία αὕτη ἐστὶν ἀληθής¹⁴. δι' ἣν αἰτίαν¹⁵ ἔλεγχε¹⁶ αὐτοὺς ἀποτόμως¹⁷, ἵνα ὑγιαίνωσιν¹⁸ ἐν τῇ πίστει, **14** μὴ προσέχοντες¹⁹ Ἰουδαϊκοῖς μύθοις²⁰ καὶ ἐντολαῖς ἀνθρώπων ἀποστρεφομένων²¹ τὴν ἀλήθειαν. **15** πάντα καθαρὰ²² τοῖς καθαροῖς· τοῖς δὲ μεμιαμμένοις²³ καὶ ἀπίστοις²⁴ οὐδὲν καθαρόν, ἀλλὰ μεμίανται αὐτῶν καὶ ὁ νοῦς²⁵ καὶ ἡ συνείδησις²⁶. **16** θεὸν ὁμολογοῦσιν²⁷ εἰδέναι²⁸, τοῖς δὲ ἔργοις ἀρνοῦνται, βδελυκτοὶ²⁹ ὄντες καὶ ἀπειθεῖς³⁰ καὶ πρὸς πᾶν ἔργον ἀγαθὸν ἀδόκιμοι³¹.

The Teaching of Sound Doctrine

2 Σὺ δὲ λάλει ἃ πρέπει³² τῇ ὑγιαινούσῃ³³ διδασκαλίᾳ³⁴. **2** πρεσβύτας³⁵ νηφαλίους³⁶ εἶναι, σεμνούς³⁷, σώφρονας³⁸, ὑγιαίνοντας τῇ πίστει, τῇ ἀγάπῃ, τῇ ὑπομονῇ· **3** πρεσβύτιδας³⁹ ὡσαύτως⁴⁰ ἐν καταστήματι⁴¹ ἱεροπρεπεῖς⁴², μὴ διαβόλους μὴ οἴνῳ πολλῷ δεδουλωμένας⁴³, καλοδιδασκάλους⁴⁴, **4** ἵνα σωφρονίζωσιν⁴⁵ τὰς νέας⁴⁶ φιλάνδρους⁴⁷ εἶναι, φιλοτέκνους⁴⁸ **5** σώφρονας ἁγνὰς⁴⁹ οἰκουργοὺς⁵⁰ ἀγαθάς, ὑποτασσομένας τοῖς ἰδίοις ἀνδράσιν, ἵνα μὴ ὁ λόγος τοῦ θεοῦ βλασφημῆται.

---

¹ ἀνυπότακτος, -ον, rebellious
² ματαιολόγος, -ου *m*, empty talker
³ φρεναπάτης, -ου *m*, deceiver
⁴ μάλιστα, *adv*, especially
⁵ ἐπιστομίζω *pres act inf*, silence
⁶ ἀνατρέπω *3p pres act ind*, upset
⁷ αἰσχρός, -ά/όν, dishonest
⁸ κέρδος, -ους *n*, gain
⁹ χάριν, *prep + gen*, for the sake of
¹⁰ ἀεί, *adv*, always
¹¹ ψεύστης, -ου *m*, liar
¹² γαστήρ, -τρός *f*, glutton
¹³ ἀργός, -ή/όν, lazy
¹⁴ ἀληθής, -ές *f*, true
¹⁵ αἰτία, -ας *f*, reason
¹⁶ ἐλέγχω *2s pres act impv*, rebuke
¹⁷ ἀποτόμως, *adv*, sharply
¹⁸ ὑγιαίνω *3p pres act sub*, be sound
¹⁹ προσέχω *pres act ptc m p nom*, pay attention to
²⁰ μῦθος, -ου *m*, myth
²¹ ἀποστρέφω *pres mid ptc m p gen*, mid turn away
²² καθαρός, -ά/όν, pure
²³ μιαίνω *pf pas ptc m p dat*, be corrupt
²⁴ ἄπιστος, -ον, unbelieving
²⁵ νοῦς, νοός *m*, mind
²⁶ συνείδησις, -εως *f*, conscience
²⁷ ὁμολογέω *3p pres act ind*, confess
²⁸ οἶδα *pres act inf*, know
²⁹ βδελυκτός, -ή/όν, detestable
³⁰ ἀπειθής, -ές, disobedient
³¹ ἀδόκιμος, -ον, unfit
³² πρέπω *3s pres act ind, impers*, it is fitting
³³ ὑγιαίνω *pres act ptc f s dat*, be sound
³⁴ διδασκαλία, -ας *f*, doctrine
³⁵ πρεσβύτης, -ου *m*, older man
³⁶ νηφάλιος, -α/ον, temperate
³⁷ σεμνός, -ή/όν, serious
³⁸ σώφρων, -ον, *gen* -ονος, sensible
³⁹ πρεσβῦτις, -ιδος *f*, older woman
⁴⁰ ὡσαύτως, *adv*, in the same way
⁴¹ κατάστημα, -τος *n*, behavior
⁴² ἱεροπρεπής, -ές, reverent
⁴³ δουλόω *pres pas ptc f p acc, pas* be a slave
⁴⁴ καλοδιδάσκαλος, -ον, teaching what is good
⁴⁵ σωφρονίζω *3s pres act sub*, train
⁴⁶ νέος, -α/ον, young
⁴⁷ φίλανδρος, loving one's husband
⁴⁸ φιλότεκνος, -ον, loving one's children
⁴⁹ ἁγνός, -ή/όν, pure
⁵⁰ οἰκουργός, -όν, devoted to home duties

6 Τοὺς νεωτέρους¹ ὡσαύτως² παρακάλει σωφρονεῖν³ 7 περὶ πάντα, σεαυτὸν παρεχόμενος⁴ τύπον⁵ καλῶν ἔργων, ἐν τῇ διδασκαλίᾳ ἀφθορίαν⁶, σεμνότητα⁷, 8 λόγον ὑγιῆ⁸ ἀκατάγνωστον⁹, ἵνα ὁ ἐξ ἐναντίας¹⁰ ἐντραπῇ¹¹ μηδὲν ἔχων λέγειν περὶ ἡμῶν φαῦλον¹².

9 Δούλους ἰδίοις δεσπόταις¹³ ὑποτάσσεσθαι ἐν πᾶσιν, εὐαρέστους¹⁴ εἶναι, μὴ ἀντιλέγοντας¹⁵, 10 μὴ νοσφιζομένους¹⁶, ἀλλὰ πᾶσαν πίστιν ἐνδεικνυμένους¹⁷ ἀγαθήν, ἵνα τὴν διδασκαλίαν¹⁸ τὴν τοῦ σωτῆρος¹⁹ ἡμῶν θεοῦ κοσμῶσιν²⁰ ἐν πᾶσιν.

11 Ἐπεφάνη²¹ γὰρ ἡ χάρις τοῦ θεοῦ σωτήριος²² πᾶσιν ἀνθρώποις 12 παιδεύουσα²³ ἡμᾶς, ἵνα ἀρνησάμενοι τὴν ἀσέβειαν²⁴ καὶ τὰς κοσμικὰς²⁵ ἐπιθυμίας σωφρόνως²⁶ καὶ δικαίως²⁷ καὶ εὐσεβῶς²⁸ ζήσωμεν ἐν τῷ νῦν αἰῶνι, 13 προσδεχόμενοι²⁹ τὴν μακαρίαν ἐλπίδα καὶ ἐπιφάνειαν³⁰ τῆς δόξης τοῦ μεγάλου θεοῦ καὶ σωτῆρος ἡμῶν Ἰησοῦ Χριστοῦ, 14 ὃς ἔδωκεν ἑαυτὸν ὑπὲρ ἡμῶν, ἵνα λυτρώσηται³¹ ἡμᾶς ἀπὸ πάσης ἀνομίας³² καὶ καθαρίσῃ ἑαυτῷ λαὸν περιούσιον³³, ζηλωτὴν³⁴ καλῶν ἔργων. 15 ταῦτα λάλει καὶ παρακάλει καὶ ἔλεγχε³⁵ μετὰ πάσης ἐπιταγῆς³⁶· μηδείς σου περιφρονείτω³⁷.

Maintain Good Deeds

3 Ὑπομίμνησκε³⁸ αὐτοὺς ἀρχαῖς ἐξουσίαις ὑποτάσσεσθαι, πειθαρχεῖν³⁹, πρὸς πᾶν ἔργον ἀγαθὸν ἑτοίμους⁴⁰ εἶναι, 2 μηδένα βλασφημεῖν, ἀμάχους⁴¹ εἶναι, ἐπιεικεῖς⁴², πᾶσαν ἐνδεικνυμένους⁴³ πραΰτητα⁴⁴ πρὸς πάντας ἀνθρώπους. 3 ἦμεν γάρ ποτε⁴⁵ καὶ ἡμεῖς ἀνόητοι⁴⁶, ἀπειθεῖς⁴⁷, πλανώμενοι, δουλεύοντες⁴⁸

---

[1] νέος, young (comp)
[2] ὡσαύτως, adv, in the same way
[3] σωφρονέω pres act inf, be sensible
[4] παρέχω pres mid ptc m s nom, present
[5] τύπος, -ου m, example
[6] ἀφθορία, -ας f, integrity
[7] σεμνότης, -ητος f, seriousness
[8] ὑγιής, -ές, sound
[9] ἀκατάγνωστος, -ον, above criticism
[10] ἐναντίος, -α/ον, opposed
[11] ἐντρέπω 3s aor pas sub, pas be made ashamed
[12] φαῦλος, -η/ον, evil
[13] δεσπότης, -ου m, master
[14] εὐάρεστος, -ον, pleasing
[15] ἀντιλέγω pres act ptc m p acc, talk back
[16] νοσφίζω pres mid ptc m p acc, mid steal
[17] ἐνδείκνυμι pres mid ptc m p acc, mid show
[18] διδασκαλία, -ας f, doctrine
[19] σωτήρ, -ῆρος m, Savior
[20] κοσμέω 3p pres act sub, make attractive
[21] ἐπιφαίνω 3s aor pas ind, appear
[22] σωτήριος, -ον, bringing salvation
[23] παιδεύω pres act ptc f s nom, train
[24] ἀσέβεια, -ας f, godlessness
[25] κοσμικός, -ή/όν, worldly
[26] σωφρόνως, adv, according to good sense
[27] δικαίως, adv, uprightly
[28] εὐσεβῶς, adv, godly
[29] προσδέχομαι pres mid ptc m p nom, wait for
[30] ἐπιφάνεια, -ας f, appearing
[31] λυτρόω 3s aor mid sub, mid redeem
[32] ἀνομία, -ας f, wickedness
[33] περιούσιος, -ον, special
[34] ζηλωτής, -οῦ m, one who is eager
[35] ἐλέγχω 2s pres act impv, rebuke
[36] ἐπιταγή, -ῆς f, authority
[37] περιφρονέω 3s pres act impv, disrespect
[38] ὑπομιμνήσκω 2s pres act impv, remind
[39] πειθαρχέω pres act inf, obey
[40] ἕτοιμος, -η/ον, ready
[41] ἄμαχος, -ον, peaceable
[42] ἐπιεικής, -ές, gentle
[43] ἐνδείκνυμι pres mid ptc m p acc, mid show
[44] πραΰτης, -ητος f, gentleness
[45] ποτέ, temporal adv, formerly
[46] ἀνόητος, -ον, foolish
[47] ἀπειθής, -ές, disobedient
[48] δουλεύω pres act ptc m p nom, serve

ἐπιθυμίαις καὶ ἡδοναῖς[1] ποικίλαις[2], ἐν κακίᾳ[3] καὶ φθόνῳ[4] διάγοντες[5], στυγητοί[6], μισοῦντες ἀλλήλους.

4 ὅτε δὲ ἡ χρηστότης[7] καὶ ἡ φιλανθρωπία[8] ἐπεφάνη[9] τοῦ σωτῆρος[10] ἡμῶν θεοῦ, **5** οὐκ ἐξ ἔργων τῶν ἐν δικαιοσύνῃ ἃ ἐποιήσαμεν ἡμεῖς ἀλλὰ κατὰ τὸ αὐτοῦ ἔλεος[11] ἔσωσεν[12] ἡμᾶς διὰ λουτροῦ[13] παλιγγενεσίας[14] καὶ ἀνακαινώσεως[15] πνεύματος ἁγίου, **6** οὗ ἐξέχεεν[16] ἐφ' ἡμᾶς πλουσίως[17] διὰ Ἰησοῦ Χριστοῦ τοῦ σωτῆρος ἡμῶν, **7** ἵνα δικαιωθέντες τῇ ἐκείνου χάριτι κληρονόμοι[18] γενηθῶμεν[19] κατ' ἐλπίδα ζωῆς αἰωνίου.

8 Πιστὸς ὁ λόγος· καὶ περὶ τούτων βούλομαί σε διαβεβαιοῦσθαι[20], ἵνα φροντίζωσιν[21] καλῶν ἔργων προΐστασθαι[22] οἱ πεπιστευκότες θεῷ· ταῦτά ἐστιν καλὰ καὶ ὠφέλιμα[23] τοῖς ἀνθρώποις. **9** μωρὰς[24] δὲ ζητήσεις[25] καὶ γενεαλογίας[26] καὶ ἔρεις[27] καὶ μάχας[28] νομικὰς[29] περιΐστασο[30]· εἰσὶν γὰρ ἀνωφελεῖς[31] καὶ μάταιοι[32]. **10** αἱρετικὸν[33] ἄνθρωπον μετὰ μίαν καὶ δευτέραν νουθεσίαν[34] παραιτοῦ[35], **11** εἰδὼς[36] ὅτι ἐξέστραπται[37] ὁ τοιοῦτος καὶ ἁμαρτάνει ὢν αὐτοκατάκριτος[38].

Personal Instructions and Greetings

12 Ὅταν πέμψω Ἀρτεμᾶν πρὸς σὲ ἢ Τύχικον, σπούδασον[39] ἐλθεῖν πρός με εἰς Νικόπολιν, ἐκεῖ γὰρ κέκρικα[40] παραχειμάσαι[41]. **13** Ζηνᾶν τὸν νομικὸν[42] καὶ

---

[1] ἡδονή, -ῆς f, pleasure
[2] ποικίλος, -η/ον, all kinds of
[3] κακία, -ας f, evil
[4] φθόνος, -ου m, envy
[5] διάγω pres act ptc m p nom, spend (of a life)
[6] στυγητός, -ή/όν, hated
[7] χρηστότης, -ητος f, goodness
[8] φιλανθρωπία, -ας f, kindness
[9] ἐπιφαίνω 3s aor pas ind, appear
[10] σωτήρ, -ῆρος m, Savior
[11] ἔλεος, -ους n, mercy
[12] σῴζω 3s aor act ind, save
[13] λουτρόν, -οῦ n, washing
[14] παλιγγενεσία, -ας f, rebirth
[15] ἀνακαίνωσις, -εως f, renewal
[16] ἐκχέω 3s aor act ind, pour out
[17] πλουσίως, adv, richly
[18] κληρονόμος, -ου m, heir
[19] γίνομαι 1p aor pas sub, become
[20] διαβεβαιόομαι pres mid inf, insist on
[21] φροντίζω 3p pres act sub, concentrate upon
[22] προΐστημι pres mid inf, practice
[23] ὠφέλιμος, -ον, useful
[24] μωρός, -ά/όν, foolish
[25] ζήτησις, -εως f, controversy
[26] γενεαλογία, -ας f, genealogy
[27] ἔρις, -ιδος f, quarreling
[28] μάχη, -ης f, quarrel
[29] νομικός, -ή/όν, concerning the law of Moses
[30] περιΐστημι 2s pres mid impv, avoid
[31] ἀνωφελής, -ές, useless
[32] μάταιος, -α/ον, worthless
[33] αἱρετικός, -ή/όν, causing divisions
[34] νουθεσία, -ας f, warning
[35] παραιτέομαι 2s pres mid impv, have nothing to do with
[36] οἶδα pf act ptc m s nom, know
[37] ἐκστρέφω 3s pf pas ind, pas be corrupt
[38] αὐτοκατάκριτος, -ον, self-condemned
[39] σπουδάζω 2s aor act impv, do one's best
[40] κρίνω 1s pf act ind, decide
[41] παραχειμάζω aor act inf, spend the winter
[42] νομικός, -ή/όν, pertaining to the law (ὁ v. lawyer)

Ἀπολλῶν σπουδαίως¹ πρόπεμψον², ἵνα μηδὲν αὐτοῖς λείπῃ³. **14** μανθανέτωσαν⁴ δὲ καὶ οἱ ἡμέτεροι⁵ καλῶν ἔργων προΐστασθαι⁶ εἰς τὰς ἀναγκαίας⁷ χρείας, ἵνα μὴ ὦσιν ἄκαρποι⁸. **15** Ἀσπάζονταί⁹ σε οἱ μετ' ἐμοῦ πάντες. ἄσπασαι τοὺς φιλοῦντας¹⁰ ἡμᾶς ἐν πίστει. Ἡ χάρις μετὰ πάντων ὑμῶν.

ΠΡΟΣ ΦΙΛΗΜΟΝΑ

Salutation

1 Παῦλος δέσμιος¹¹ Χριστοῦ Ἰησοῦ καὶ Τιμόθεος ὁ ἀδελφὸς Φιλήμονι τῷ ἀγαπητῷ καὶ συνεργῷ¹² ἡμῶν **2** καὶ Ἀπφίᾳ τῇ ἀδελφῇ¹³ καὶ Ἀρχίππῳ τῷ συστρατιώτῃ¹⁴ ἡμῶν καὶ τῇ κατ' οἶκόν σου ἐκκλησίᾳ, **3** χάρις ὑμῖν καὶ εἰρήνη ἀπὸ θεοῦ πατρὸς ἡμῶν καὶ κυρίου Ἰησοῦ Χριστοῦ.

Philemon's Love and Faith

4 Εὐχαριστῶ τῷ θεῷ μου πάντοτε μνείαν¹⁵ σου ποιούμενος ἐπὶ τῶν προσευχῶν μου, **5** ἀκούων σου τὴν ἀγάπην καὶ τὴν πίστιν, ἣν ἔχεις πρὸς τὸν κύριον Ἰησοῦν καὶ εἰς πάντας τοὺς ἁγίους, **6** ὅπως ἡ κοινωνία¹⁶ τῆς πίστεώς σου ἐνεργὴς¹⁷ γένηται ἐν ἐπιγνώσει¹⁸ παντὸς ἀγαθοῦ τοῦ ἐν ἡμῖν εἰς Χριστόν. **7** χαρὰν γὰρ πολλὴν ἔσχον καὶ παράκλησιν¹⁹ ἐπὶ τῇ ἀγάπῃ σου, ὅτι τὰ σπλάγχνα²⁰ τῶν ἁγίων ἀναπέπαυται²¹ διὰ σοῦ, ἀδελφέ.

---

[1] σπουδαίως, *adv*, diligently
[2] προπέμπω *2s aor act impv*, send
[3] λείπω *3s pres act sub*, lack
[4] μανθάνω *3p pres act impv*, learn
[5] ἡμέτερος, -α/ον, our
[6] προΐστημι *pres mid inf*, practice
[7] ἀναγκαῖος, -α/ον, urgent
[8] ἄκαρπος, -ον, unfruitful
[9] ἀσπάζομαι *2s aor mid impv*, greet
[10] φιλέω *pres act ptc m p acc*, love
[11] δέσμιος, -ου *m*, prisoner
[12] συνεργός, -οῦ *m*, fellow-worker
[13] ἀδελφή, -ῆς *f*, sister
[14] συστρατιώτης, -ου *m*, fellow-soldier
[15] μνεία, -ας *f*, mention
[16] κοινωνία, -ας *f*, sharing
[17] ἐνεργής, -ές, effective
[18] ἐπίγνωσις, -εως *f*, knowledge
[19] παράκλησις, -εως *f*, encouragement
[20] σπλάγχνον, -ου *n*, heart
[21] ἀναπαύω *3s pf pas ind*, refresh

Paul Pleads for Onesimus

8 Διὸ πολλὴν ἐν Χριστῷ παρρησίαν ἔχων ἐπιτάσσειν¹ σοι τὸ ἀνῆκον² **9** διὰ τὴν ἀγάπην μᾶλλον παρακαλῶ, τοιοῦτος ὢν ὡς Παῦλος πρεσβύτης³ νυνὶ⁴ δὲ καὶ δέσμιος⁵ Χριστοῦ Ἰησοῦ· **10** παρακαλῶ σε περὶ τοῦ ἐμοῦ τέκνου, ὃν ἐγέννησα⁶ ἐν τοῖς δεσμοῖς⁷, Ὀνήσιμον, **11** τόν ποτέ⁸ σοι ἄχρηστον⁹ νυνὶ δὲ [καὶ] σοὶ καὶ ἐμοὶ εὔχρηστον¹⁰, **12** ὃν ἀνέπεμψα¹¹ σοι, αὐτόν, τοῦτ' ἔστιν τὰ ἐμὰ σπλάγχνα¹²· **13** ὃν ἐγὼ ἐβουλόμην πρὸς ἐμαυτὸν κατέχειν¹³, ἵνα ὑπὲρ σοῦ μοι διακονῇ ἐν τοῖς δεσμοῖς τοῦ εὐαγγελίου, **14** χωρὶς δὲ τῆς σῆς¹⁴ γνώμης¹⁵ οὐδὲν ἠθέλησα ποιῆσαι, ἵνα μὴ ὡς κατὰ ἀνάγκην¹⁶ τὸ ἀγαθόν σου ᾖ ἀλλὰ κατὰ ἑκούσιον¹⁷.

15 Τάχα¹⁸ γὰρ διὰ τοῦτο ἐχωρίσθη¹⁹ πρὸς ὥραν, ἵνα αἰώνιον αὐτὸν ἀπέχῃς²⁰, **16** οὐκέτι ὡς δοῦλον ἀλλ' ὑπὲρ δοῦλον, ἀδελφὸν ἀγαπητόν, μάλιστα²¹ ἐμοί, πόσῳ²² δὲ μᾶλλον σοὶ καὶ ἐν σαρκὶ καὶ ἐν κυρίῳ. **17** εἰ οὖν με ἔχεις κοινωνόν²³, προσλαβοῦ²⁴ αὐτὸν ὡς ἐμέ. **18** εἰ δέ τι ἠδίκησέν²⁵ σε ἢ ὀφείλει, τοῦτο ἐμοὶ ἐλλόγα²⁶. **19** ἐγὼ Παῦλος ἔγραψα τῇ ἐμῇ χειρί, ἐγὼ ἀποτίσω²⁷· ἵνα μὴ λέγω σοι ὅτι καὶ σεαυτόν μοι προσοφείλεις²⁸. **20** ναὶ ἀδελφέ, ἐγώ σου ὀναίμην²⁹ ἐν κυρίῳ· ἀνάπαυσόν³⁰ μου τὰ σπλάγχνα³¹ ἐν Χριστῷ.

21 Πεποιθὼς³² τῇ ὑπακοῇ³³ σου ἔγραψά σοι, εἰδὼς³⁴ ὅτι καὶ ὑπὲρ ἃ λέγω ποιήσεις. **22** ἅμα³⁵ δὲ καὶ ἑτοίμαζέ μοι ξενίαν³⁶· ἐλπίζω γὰρ ὅτι διὰ τῶν προσευχῶν ὑμῶν χαρισθήσομαι³⁷ ὑμῖν.

Final Greetings

23 Ἀσπάζεταί σε Ἐπαφρᾶς ὁ συναιχμάλωτός³⁸ μου ἐν Χριστῷ Ἰησοῦ, **24** Μᾶρκος, Ἀρίσταρχος, Δημᾶς, Λουκᾶς, οἱ συνεργοί³⁹ μου.

25 Ἡ χάρις τοῦ κυρίου Ἰησοῦ Χριστοῦ μετὰ τοῦ πνεύματος ὑμῶν.

---

¹ ἐπιτάσσω pres act inf, command
² ἀνήκω pres act ptc n s acc, impers be appropriate
³ πρεσβύτης, -ου m, old man
⁴ νυνί, adv, now
⁵ δέσμιος, -ου m, prisoner
⁶ γεννάω 1s aor act ind, be father of
⁷ δεσμός, -οῦ m, imprisonment
⁸ ποτέ, temporal adv, formerly
⁹ ἄχρηστος, -ον, useless
¹⁰ εὔχρηστος, -ον, useful
¹¹ ἀναπέμπω 1s aor act ind, send back
¹² σπλάγχνον, -ου n, heart
¹³ κατέχω pres act inf, keep
¹⁴ σός, σή, σόν, your
¹⁵ γνώμη, -ης f, consent
¹⁶ ἀνάγκη, -ης f, compulsion
¹⁷ ἑκούσιος, -α/ον, willing
¹⁸ τάχα, adv, perhaps
¹⁹ χωρίζω 3s aor pas ind, separate
²⁰ ἀπέχω 2s pres act sub, have back
²¹ μάλιστα, adv, especially
²² πόσος, -η/ον, how much
²³ κοινωνός, -οῦ m, partner
²⁴ προσλαμβάνω 2s aor mid impv, mid welcome
²⁵ ἀδικέω 3s aor act ind, wrong
²⁶ ἐλλογέω 2s pres act impv, charge to one's account
²⁷ ἀποτίνω 1s fut act ind, repay
²⁸ προσοφείλω 2s pres act ind, owe
²⁹ ὀνίνημι/ὀνίναμαι 1s aor mid opt, mid benefit
³⁰ ἀναπαύω 2s aor act impv, refresh
³¹ σπλάγχνον, -ου n, heart
³² πείθω pf act ptc m s nom, convince
³³ ὑπακοή, -ῆς f, obedience
³⁴ οἶδα pf act ptc m s nom, know
³⁵ ἅμα, adv, at the same time
³⁶ ξενία, -ας f, guest room
³⁷ χαρίζομαι 1s fut pas ind, be returned
³⁸ συναιχμάλωτος, -ου m, fellow-prisoner
³⁹ συνεργός, -οῦ m, fellow-worker

ΑΠΟΚΑΛΥΨΙΣ ΙΩΑΝΝΟΥ

Introduction and Salutation

1 Ἀποκάλυψις[1] Ἰησοῦ Χριστοῦ ἣν ἔδωκεν αὐτῷ ὁ θεὸς δεῖξαι[2] τοῖς δούλοις αὐτοῦ ἃ δεῖ γενέσθαι ἐν τάχει[3], καὶ ἐσήμανεν[4] ἀποστείλας[5] διὰ τοῦ ἀγγέλου αὐτοῦ τῷ δούλῳ αὐτοῦ Ἰωάννῃ, **2** ὃς ἐμαρτύρησεν τὸν λόγον τοῦ θεοῦ καὶ τὴν μαρτυρίαν Ἰησοῦ Χριστοῦ ὅσα εἶδεν. **3** μακάριος ὁ ἀναγινώσκων καὶ οἱ ἀκούοντες τοὺς λόγους τῆς προφητείας[6] καὶ τηροῦντες τὰ ἐν αὐτῇ γεγραμμένα[7], ὁ γὰρ καιρὸς ἐγγύς[8].

4 Ἰωάννης ταῖς ἑπτὰ ἐκκλησίαις ταῖς ἐν τῇ Ἀσίᾳ· χάρις ὑμῖν καὶ εἰρήνη ἀπὸ ὁ ὢν καὶ ὁ ἦν καὶ ὁ ἐρχόμενος καὶ ἀπὸ τῶν ἑπτὰ πνευμάτων ἃ ἐνώπιον τοῦ θρόνου αὐτοῦ **5** καὶ ἀπὸ Ἰησοῦ Χριστοῦ, ὁ μάρτυς, ὁ πιστός, ὁ πρωτότοκος[9] τῶν νεκρῶν καὶ ὁ ἄρχων τῶν βασιλέων τῆς γῆς. τῷ ἀγαπῶντι ἡμᾶς καὶ λύσαντι ἡμᾶς ἐκ τῶν ἁμαρτιῶν ἡμῶν ἐν τῷ αἵματι αὐτοῦ, **6** καὶ ἐποίησεν ἡμᾶς βασιλείαν, ἱερεῖς τῷ θεῷ καὶ πατρὶ αὐτοῦ, αὐτῷ ἡ δόξα καὶ τὸ κράτος[10] εἰς τοὺς αἰῶνας τῶν αἰώνων· ἀμήν.

7 ἰδοὺ ἔρχεται μετὰ τῶν νεφελῶν[11],
   καὶ ὄψεται[12] αὐτὸν πᾶς ὀφθαλμὸς
   καὶ οἵτινες αὐτὸν ἐξεκέντησαν[13],
   καὶ κόψονται[14] ἐπ' αὐτὸν πᾶσαι αἱ φυλαὶ τῆς γῆς.
ναί, ἀμήν.
8 Ἐγώ εἰμι τὸ ἄλφα[15] καὶ τὸ ὦ[16], λέγει κύριος ὁ θεός, ὁ ὢν καὶ ὁ ἦν καὶ ὁ ἐρχόμενος, ὁ παντοκράτωρ[17].

---

[1] ἀποκάλυψις, -εως f, revelation
[2] δείκνυμι aor act inf, show
[3] τάχος, -ους n, quickness (ἐν τ. soon)
[4] σημαίνω 3s aor act ind, make known
[5] ἀποστέλλω aor act ptc m s nom, send
[6] προφητεία, -ας f, prophecy
[7] γράφω pf pas ptc n p acc, write
[8] ἐγγύς, adv, near
[9] πρωτότοκος, -ον, first-born
[10] κράτος, -ους n, power
[11] νεφέλη, -ης f, cloud
[12] ὁράω 3s fut mid ind, see
[13] ἐκκεντέω 3p aor act ind, pierce
[14] κόπτω 3p fut mid ind, mid mourn
[15] ἄλφα, alpha (metaph., τὸ ἄ. καὶ τὸ ὦ the first and last)
[16] ὦ, omega
[17] παντοκράτωρ, -ορος m, the Almighty

A Vision of Christ

9 Ἐγὼ Ἰωάννης, ὁ ἀδελφὸς ὑμῶν καὶ συγκοινωνὸς[1] ἐν τῇ θλίψει καὶ βασιλείᾳ καὶ ὑπομονῇ ἐν Ἰησοῦ, ἐγενόμην[2] ἐν τῇ νήσῳ[3] τῇ καλουμένῃ Πάτμῳ διὰ τὸν λόγον τοῦ θεοῦ καὶ διὰ τὴν μαρτυρίαν Ἰησοῦ. **10** ἐγενόμην ἐν πνεύματι ἐν τῇ κυριακῇ[4] ἡμέρᾳ καὶ ἤκουσα ὀπίσω μου φωνὴν μεγάλην ὡς σάλπιγγος[5] **11** λεγούσης· ὃ βλέπεις γράψον[6] εἰς βιβλίον καὶ πέμψον[7] ταῖς ἑπτὰ ἐκκλησίαις, εἰς Ἔφεσον καὶ εἰς Σμύρναν καὶ εἰς Πέργαμον καὶ εἰς Θυάτειρα καὶ εἰς Σάρδεις καὶ εἰς Φιλαδέλφειαν καὶ εἰς Λαοδίκειαν.

12 Καὶ ἐπέστρεψα[8] βλέπειν τὴν φωνὴν ἥτις ἐλάλει μετ' ἐμοῦ, καὶ ἐπιστρέψας εἶδον ἑπτὰ λυχνίας[9] χρυσᾶς[10] **13** καὶ ἐν μέσῳ τῶν λυχνιῶν ὅμοιον υἱῷ ἀνθρώπου ἐνδεδυμένον[11] ποδήρη[12] καὶ περιεζωσμένον[13] πρὸς τοῖς μαστοῖς[14] ζώνην[15] χρυσᾶν. **14** ἡ δὲ κεφαλὴ αὐτοῦ καὶ αἱ τρίχες[16] λευκαὶ[17] ὡς ἔριον[18] λευκὸν ὡς χιὼν[19] καὶ οἱ ὀφθαλμοὶ αὐτοῦ ὡς φλὸξ[20] πυρός **15** καὶ οἱ πόδες αὐτοῦ ὅμοιοι χαλκολιβάνῳ[21] ὡς ἐν καμίνῳ[22] πεπυρωμένης[23] καὶ ἡ φωνὴ αὐτοῦ ὡς φωνὴ ὑδάτων[24] πολλῶν, **16** καὶ ἔχων ἐν τῇ δεξιᾷ χειρὶ αὐτοῦ ἀστέρας[25] ἑπτὰ καὶ ἐκ τοῦ στόματος αὐτοῦ ῥομφαία[26] δίστομος[27] ὀξεῖα[28] ἐκπορευομένη καὶ ἡ ὄψις[29] αὐτοῦ ὡς ὁ ἥλιος φαίνει ἐν τῇ δυνάμει αὐτοῦ.

17 Καὶ ὅτε εἶδον αὐτόν, ἔπεσα[30] πρὸς τοὺς πόδας αὐτοῦ ὡς νεκρός, καὶ ἔθηκεν[31] τὴν δεξιὰν αὐτοῦ ἐπ' ἐμὲ λέγων· μὴ φοβοῦ· ἐγώ εἰμι ὁ πρῶτος καὶ ὁ ἔσχατος **18** καὶ ὁ ζῶν[32], καὶ ἐγενόμην νεκρὸς καὶ ἰδοὺ ζῶν εἰμι εἰς τοὺς αἰῶνας τῶν αἰώνων καὶ ἔχω τὰς κλεῖς[33] τοῦ θανάτου καὶ τοῦ ᾅδου[34]. **19** γράψον οὖν ἃ εἶδες καὶ ἃ εἰσὶν καὶ ἃ μέλλει γενέσθαι μετὰ ταῦτα. **20** τὸ μυστήριον[35] τῶν ἑπτὰ ἀστέρων οὓς εἶδες ἐπὶ τῆς δεξιᾶς μου καὶ τὰς ἑπτὰ λυχνίας τὰς χρυσᾶς· οἱ ἑπτὰ ἀστέρες ἄγγελοι τῶν ἑπτὰ ἐκκλησιῶν εἰσιν καὶ αἱ λυχνίαι αἱ ἑπτὰ ἑπτὰ ἐκκλησίαι εἰσίν.

---

[1] συγκοινωνός, -οῦ *m*, sharer
[2] γίνομαι *1s aor mid ind*, be
[3] νῆσος, -ου *f*, island
[4] κυριακός, -ή/όν, belonging to the Lord
[5] σάλπιγξ, -ιγγος *f*, trumpet
[6] γράφω *2s aor act impv*, write
[7] πέμπω *2s aor act impv*, send
[8] ἐπιστρέφω *1s aor act ind*, turn
[9] λυχνία, -ας *f*, lampstand
[10] χρυσοῦς, -ῆ/οῦν, made of gold
[11] ἐνδύω *pf mid ptc m s acc*, mid wear
[12] ποδήρης, -ους *m*, long robe
[13] περιζώννυμι *pf pas or mid ptc m s acc*, wrap around
[14] μαστός, -οῦ *m*, chest
[15] ζώνη, -ης *f*, belt
[16] θρίξ, τριχός *f*, hair
[17] λευκός, -ή/όν, white
[18] ἔριον, -ου *n*, wool
[19] χιών, -όνος *f*, snow
[20] φλόξ, φλογός *f*, flame
[21] χαλκολίβανον, -ου *n*, brass
[22] κάμινος, -ου *f*, furnace
[23] πυρόω *pf pas ptc f s gen*, refine
[24] ὕδωρ, ὕδατος *n*, water
[25] ἀστήρ, -έρος *m*, star
[26] ῥομφαία, -ας *f*, sword
[27] δίστομος, -ον, double-edged
[28] ὀξύς, -εῖα/ύ, sharp
[29] ὄψις, -εως *f*, face
[30] πίπτω *1s aor act ind*, fall
[31] τίθημι *3s aor act ind*, put
[32] ζάω *pres act ptc m s nom*, be alive
[33] κλείς, κλειδός *f*, key
[34] ᾅδης, -ου *m*, Hades/world of the dead
[35] μυστήριον, -ου *n*, mystery

The Message to Ephesus

2 Τῷ ἀγγέλῳ τῆς ἐν Ἐφέσῳ ἐκκλησίας γράψον[1]· τάδε[2] λέγει ὁ κρατῶν τοὺς ἑπτὰ ἀστέρας[3] ἐν τῇ δεξιᾷ αὐτοῦ, ὁ περιπατῶν ἐν μέσῳ τῶν ἑπτὰ λυχνιῶν[4] τῶν χρυσῶν[5]· **2** οἶδα τὰ ἔργα σου καὶ τὸν κόπον[6] καὶ τὴν ὑπομονήν σου καὶ ὅτι οὐ δύνῃ[7] βαστάσαι[8] κακούς, καὶ ἐπείρασας[9] τοὺς λέγοντας ἑαυτοὺς ἀποστόλους καὶ οὐκ εἰσὶν καὶ εὗρες[10] αὐτοὺς ψευδεῖς[11], **3** καὶ ὑπομονὴν ἔχεις καὶ ἐβάστασας διὰ τὸ ὄνομά μου καὶ οὐκ ἐκοπίασας[12]. **4** ἀλλ' ἔχω κατὰ σοῦ ὅτι τὴν ἀγάπην σου τὴν πρώτην ἀφῆκες[13]. **5** μνημόνευε[14] οὖν πόθεν[15] πέπτωκας[16] καὶ μετανόησον[17] καὶ τὰ πρῶτα ἔργα ποίησον· εἰ δὲ μή, ἔρχομαί σοι καὶ κινήσω[18] τὴν λυχνίαν σου ἐκ τοῦ τόπου αὐτῆς, ἐὰν μὴ μετανοήσῃς. **6** ἀλλὰ τοῦτο ἔχεις, ὅτι μισεῖς τὰ ἔργα τῶν Νικολαϊτῶν ἃ κἀγὼ μισῶ.

7 Ὁ ἔχων οὖς ἀκουσάτω τί τὸ πνεῦμα λέγει ταῖς ἐκκλησίαις. τῷ νικῶντι[19] δώσω[20] αὐτῷ φαγεῖν[21] ἐκ τοῦ ξύλου[22] τῆς ζωῆς, ὅ ἐστιν ἐν τῷ παραδείσῳ[23] τοῦ θεοῦ.

The Message to Smyrna

8 Καὶ τῷ ἀγγέλῳ τῆς ἐν Σμύρνῃ ἐκκλησίας γράψον· τάδε λέγει ὁ πρῶτος καὶ ὁ ἔσχατος, ὃς ἐγένετο νεκρὸς καὶ ἔζησεν[24]· **9** οἶδά σου τὴν θλῖψιν καὶ τὴν πτωχείαν[25], ἀλλὰ πλούσιος[26] εἶ, καὶ τὴν βλασφημίαν[27] ἐκ τῶν λεγόντων Ἰουδαίους εἶναι ἑαυτοὺς καὶ οὐκ εἰσὶν ἀλλὰ συναγωγὴ τοῦ σατανᾶ. **10** μηδὲν φοβοῦ ἃ μέλλεις πάσχειν. ἰδοὺ μέλλει βάλλειν ὁ διάβολος ἐξ ὑμῶν εἰς φυλακὴν ἵνα πειρασθῆτε[28] καὶ ἕξετε θλῖψιν ἡμερῶν δέκα[29]. γίνου[30] πιστὸς ἄχρι θανάτου, καὶ δώσω σοι τὸν στέφανον[31] τῆς ζωῆς.

11 Ὁ ἔχων οὖς ἀκουσάτω τί τὸ πνεῦμα λέγει ταῖς ἐκκλησίαις. ὁ νικῶν οὐ μὴ ἀδικηθῇ[32] ἐκ τοῦ θανάτου τοῦ δευτέρου.

---

[1] γράφω 2s aor act impv, write
[2] ὅδε, ἥδε, τόδε, this
[3] ἀστήρ, -έρος m, star
[4] λυχνία, -ας f, lampstand
[5] χρυσοῦς, -ῆ/οῦν, made of gold
[6] κόπος, -ου m, hard work
[7] δύναμαι 2s pres pas ind, can
[8] βαστάζω aor act inf, endure
[9] πειράζω 2s aor act ind, put to the test
[10] εὑρίσκω 2s aor act ind, find
[11] ψευδής, -ές, false
[12] κοπιάω 2s aor act ind, grow weary
[13] ἀφίημι 2s aor act ind, leave
[14] μνημονεύω 2s pres act impv, remember
[15] πόθεν, adv, from where
[16] πίπτω 2s pf act ind, fall
[17] μετανοέω 2s aor act impv, repent
[18] κινέω 1s fut act ind, remove
[19] νικάω pres act ptc m s dat, be victorious
[20] δίδωμι 1s fut act ind, give
[21] ἐσθίω aor act inf, eat
[22] ξύλον, -ου n, tree
[23] παράδεισος, -ου m, paradise
[24] ζάω 3s aor act ind, be alive
[25] πτωχεία, -ας f, poverty
[26] πλούσιος, -α/ον, rich
[27] βλασφημία, -ας f, slander
[28] πειράζω 2p aor pas sub, put to the test
[29] δέκα, ten
[30] γίνομαι 2s pres mid impv, be
[31] στέφανος, -ου m, crown
[32] ἀδικέω 3s aor pas sub, hurt

The Message to Pergamum

12 Καὶ τῷ ἀγγέλῳ τῆς ἐν Περγάμῳ ἐκκλησίας γράψον· τάδε[1] λέγει ὁ ἔχων τὴν ῥομφαίαν[2] τὴν δίστομον[3] τὴν ὀξεῖαν[4]· **13** οἶδα ποῦ κατοικεῖς, ὅπου ὁ θρόνος τοῦ σατανᾶ, καὶ κρατεῖς τὸ ὄνομά μου καὶ οὐκ ἠρνήσω[5] τὴν πίστιν μου καὶ ἐν ταῖς ἡμέραις ἀντίπας[6] ὁ μάρτυς μου ὁ πιστός, ὃς ἀπεκτάνθη[7] παρ' ὑμῖν, ὅπου ὁ σατανᾶς κατοικεῖ. **14** ἀλλ' ἔχω κατὰ σοῦ ὀλίγα ὅτι ἔχεις ἐκεῖ κρατοῦντας τὴν διδαχὴν[8] Βαλαάμ, ὃς ἐδίδασκεν τῷ Βαλὰκ βαλεῖν[9] σκάνδαλον[10] ἐνώπιον τῶν υἱῶν Ἰσραὴλ φαγεῖν[11] εἰδωλόθυτα[12] καὶ πορνεῦσαι[13]. **15** οὕτως ἔχεις καὶ σὺ κρατοῦντας τὴν διδαχὴν τῶν Νικολαϊτῶν ὁμοίως[14]. **16** μετανόησον[15] οὖν· εἰ δὲ μή, ἔρχομαί σοι ταχὺ[16] καὶ πολεμήσω[17] μετ' αὐτῶν ἐν τῇ ῥομφαίᾳ τοῦ στόματός μου. **17** Ὁ ἔχων οὖς ἀκουσάτω τί τὸ πνεῦμα λέγει ταῖς ἐκκλησίαις. τῷ νικῶντι[18] δώσω[19] αὐτῷ τοῦ μάννα[20] τοῦ κεκρυμμένου[21] καὶ δώσω αὐτῷ ψῆφον[22] λευκήν[23], καὶ ἐπὶ τὴν ψῆφον ὄνομα καινὸν γεγραμμένον[24] ὃ οὐδεὶς οἶδεν εἰ μὴ ὁ λαμβάνων.

The Message to Thyatira

18 Καὶ τῷ ἀγγέλῳ τῆς ἐν Θυατείροις ἐκκλησίας γράψον· τάδε[25] λέγει ὁ υἱὸς τοῦ θεοῦ, ὁ ἔχων τοὺς ὀφθαλμοὺς αὐτοῦ ὡς φλόγα[26] πυρὸς καὶ οἱ πόδες αὐτοῦ ὅμοιοι χαλκολιβάνῳ[27]· **19** οἶδά σου τὰ ἔργα καὶ τὴν ἀγάπην καὶ τὴν πίστιν καὶ τὴν διακονίαν καὶ τὴν ὑπομονήν σου, καὶ τὰ ἔργα σου τὰ ἔσχατα πλείονα[28] τῶν πρώτων. **20** ἀλλ' ἔχω κατὰ σοῦ ὅτι ἀφεῖς[29] τὴν γυναῖκα Ἰεζάβελ, ἡ λέγουσα ἑαυτὴν προφῆτιν[30] καὶ διδάσκει καὶ πλανᾷ τοὺς ἐμοὺς δούλους πορνεῦσαι καὶ φαγεῖν εἰδωλόθυτα. **21** καὶ ἔδωκα αὐτῇ χρόνον ἵνα μετανοήσῃ, καὶ οὐ θέλει μετανοῆσαι ἐκ τῆς πορνείας[31] αὐτῆς. **22** ἰδοὺ βάλλω αὐτὴν εἰς κλίνην[32] καὶ τοὺς μοιχεύοντας[33] μετ' αὐτῆς εἰς θλῖψιν μεγάλην, ἐὰν μὴ μετανοήσωσιν ἐκ τῶν ἔργων αὐτῆς, **23** καὶ τὰ τέκνα αὐτῆς ἀποκτενῶ[34] ἐν θανάτῳ. καὶ γνώσονται[35] πᾶσαι αἱ ἐκκλησίαι

---

[1] ὅδε, ἥδε, τόδε, this
[2] ῥομφαία, -ας f, sword
[3] δίστομος, -ον, double-edged
[4] ὀξύς, -εῖα/ύ, sharp
[5] ἀρνέομαι 2s aor mid ind, deny
[6] ἀντιλέγω aor act ptc m s nom, contradict or: Ἀντιπᾶς, Antipas (proper name)
[7] ἀποκτείνω 3s aor pas ind, kill
[8] διδαχή, -ῆς f, teaching
[9] βάλλω aor act inf, put
[10] σκάνδαλον, -ου n, stumbling block
[11] ἐσθίω aor act inf, eat
[12] εἰδωλόθυτος, -ον, (food) sacrificed to idols
[13] πορνεύω aor act inf, commit sexual immorality
[14] ὁμοίως, adv, in the same way
[15] μετανοέω 2s aor act impv, repent
[16] ταχύς, adv, quick
[17] πολεμέω 1s fut act ind, fight
[18] νικάω pres act ptc m s dat, be victorious
[19] δίδωμι 1s fut act ind, give
[20] μάννα, n, manna
[21] κρύπτω pf pas ptc n s gen, hide
[22] ψῆφος, -ου f, stone
[23] λευκός, -ή/όν, white
[24] γράφω pf pas ptc n s acc, write
[25] ὅδε, ἥδε, τόδε, this
[26] φλόξ, φλογός f, flame
[27] χαλκολίβανον, -ου n, brass
[28] πολύς, much (comp)
[29] ἀφίημι 2s pres act ind, tolerate
[30] προφῆτις, -ιδος f, prophetess
[31] πορνεία, -ας f, sexual immorality
[32] κλίνη, -ης f, bed
[33] μοιχεύω pres act ptc m p acc, commit adultery
[34] ἀποκτείνω 1s fut act ind, kill
[35] γινώσκω 3p fut mid ind, know

ὅτι ἐγώ εἰμι ὁ ἐραυνῶν¹ νεφροὺς² καὶ καρδίας, καὶ δώσω ὑμῖν ἑκάστῳ κατὰ τὰ ἔργα ὑμῶν. 24 ὑμῖν δὲ λέγω τοῖς λοιποῖς τοῖς ἐν Θυατείροις, ὅσοι οὐκ ἔχουσιν τὴν διδαχὴν³ ταύτην, οἵτινες οὐκ ἔγνωσαν⁴ τὰ βαθέα⁵ τοῦ σατανᾶ ὡς λέγουσιν· οὐ βάλλω ἐφ᾽ ὑμᾶς ἄλλο βάρος⁶, 25 πλὴν ὃ ἔχετε κρατήσατε ἄχρις οὗ ἂν ἥξω.⁷
26 Καὶ ὁ νικῶν καὶ ὁ τηρῶν ἄχρι τέλους τὰ ἔργα μου, δώσω αὐτῷ ἐξουσίαν ἐπὶ τῶν ἐθνῶν 27 καὶ **ποιμανεῖ**⁸ **αὐτοὺς ἐν ῥάβδῳ**⁹ **σιδηρᾷ**¹⁰ **ὡς τὰ σκεύη**¹¹ **τὰ κεραμικὰ**¹² **συντρίβεται**¹³, 28 ὡς κἀγὼ εἴληφα¹⁴ παρὰ τοῦ πατρός μου, καὶ δώσω αὐτῷ τὸν ἀστέρα¹⁵ τὸν πρωϊνόν¹⁶. 29 ὁ ἔχων οὖς ἀκουσάτω τί τὸ πνεῦμα λέγει ταῖς ἐκκλησίαις.

The Message to Sardis

3 Καὶ τῷ ἀγγέλῳ τῆς ἐν Σάρδεσιν ἐκκλησίας γράψον¹⁷· τάδε¹⁸ λέγει ὁ ἔχων τὰ ἑπτὰ πνεύματα τοῦ θεοῦ καὶ τοὺς ἑπτὰ ἀστέρας¹⁹· οἶδά σου τὰ ἔργα ὅτι ὄνομα ἔχεις ὅτι ζῇς, καὶ νεκρὸς εἶ. 2 γίνου²⁰ γρηγορῶν²¹ καὶ στήρισον²² τὰ λοιπὰ ἃ ἔμελλον ἀποθανεῖν²³, οὐ γὰρ εὕρηκά²⁴ σου τὰ ἔργα πεπληρωμένα ἐνώπιον τοῦ θεοῦ μου. 3 μνημόνευε²⁵ οὖν πῶς εἴληφας²⁶ καὶ ἤκουσας καὶ τήρει καὶ μετανόησον²⁷. ἐὰν οὖν μὴ γρηγορήσῃς²⁸, ἥξω²⁹ ὡς κλέπτης³⁰, καὶ οὐ μὴ γνῷς³¹ ποίαν ὥραν ἥξω ἐπὶ σέ. 4 ἀλλ᾽ ἔχεις ὀλίγα ὀνόματα ἐν Σάρδεσιν ἃ οὐκ ἐμόλυναν³² τὰ ἱμάτια αὐτῶν, καὶ περιπατήσουσιν μετ᾽ ἐμοῦ ἐν λευκοῖς³³, ὅτι ἄξιοί εἰσιν.

5 Ὁ νικῶν³⁴ οὕτως περιβαλεῖται³⁵ ἐν ἱματίοις λευκοῖς καὶ οὐ μὴ ἐξαλείψω³⁶ τὸ ὄνομα αὐτοῦ ἐκ τῆς βίβλου³⁷ τῆς ζωῆς καὶ ὁμολογήσω³⁸ τὸ ὄνομα αὐτοῦ ἐνώπιον τοῦ πατρός μου καὶ ἐνώπιον τῶν ἀγγέλων αὐτοῦ. 6 ὁ ἔχων οὖς ἀκουσάτω τί τὸ πνεῦμα λέγει ταῖς ἐκκλησίαις.

---

[1] ἐραυνάω pres act ptc m s nom, search
[2] νεφρός, -οῦ m, thought
[3] διδαχή, -ῆς f, teaching
[4] γινώσκω 3p aor act ind, know
[5] βαθύς, -εῖα/ύ, deep (τὰ β. the deep secrets)
[6] βάρος, -ους n, burden
[7] ἥκω 1s aor act sub, come
[8] ποιμαίνω 3s fut act ind, rule
[9] ῥάβδος, -ου f, rod
[10] σιδηροῦς, -ᾶ/οῦν, made of iron
[11] σκεῦος, -ους n, dish
[12] κεραμικός, -ή/όν, made of clay
[13] συντρίβω 3s pres pas ind, break in pieces
[14] λαμβάνω 1s pf act ind, receive
[15] ἀστήρ, -έρος m, star
[16] πρωϊνός, -ή/όν, morning
[17] γράφω 2s aor act impv, write
[18] ὅδε, ἥδε, τόδε, this
[19] ἀστήρ, -έρος m, star
[20] γίνομαι 2s pres mid impv, be
[21] γρηγορέω pres act ptc m s nom, be awake
[22] στηρίζω 2s aor act impv, strengthen
[23] ἀποθνήσκω aor act inf, die
[24] εὑρίσκω 1s pf act ind, find
[25] μνημονεύω 2s pres act impv, remember
[26] λαμβάνω 2s pf act ind, receive
[27] μετανοέω 2s aor act impv, repent
[28] γρηγορέω 2s aor act sub, wake up
[29] ἥκω 1s aor act sub, come
[30] κλέπτης, -ου m, thief
[31] γινώσκω 2s aor act sub, know
[32] μολύνω 3p aor act ind, defile
[33] λευκός, -ή/όν, white
[34] νικάω pres act ptc m s nom, be victorious
[35] περιβάλλω 3s fut mid ind, clothe
[36] ἐξαλείφω 1s aor act sub, wipe away
[37] βίβλος, -ου f, book
[38] ὁμολογέω 1s fut act ind, confess

The Message to Philadelphia

7 Καὶ τῷ ἀγγέλῳ τῆς ἐν Φιλαδελφείᾳ ἐκκλησίας γράψον· τάδε[1] λέγει ὁ ἅγιος, ὁ ἀληθινός[2], ὁ ἔχων τὴν κλεῖν[3] τοῦ Δαυίδ, ὁ ἀνοίγων καὶ οὐδεὶς κλείσει[4] καὶ κλείων καὶ οὐδεὶς ἀνοίγει· **8** οἶδά σου τὰ ἔργα, ἰδοὺ δέδωκα[5] ἐνώπιόν σου θύραν ἠνεῳγμένην[6], ἣν οὐδεὶς δύναται κλεῖσαι αὐτήν, ὅτι μικρὰν ἔχεις δύναμιν καὶ ἐτήρησάς[7] μου τὸν λόγον καὶ οὐκ ἠρνήσω[8] τὸ ὄνομά μου. **9** ἰδοὺ διδῶ[9] ἐκ τῆς συναγωγῆς τοῦ σατανᾶ τῶν λεγόντων ἑαυτοὺς Ἰουδαίους εἶναι, καὶ οὐκ εἰσὶν ἀλλὰ ψεύδονται[10]. ἰδοὺ ποιήσω αὐτοὺς ἵνα ἥξουσιν καὶ προσκυνήσουσιν ἐνώπιον τῶν ποδῶν σου καὶ γνῶσιν[11] ὅτι ἐγὼ ἠγάπησά[12] σε. **10** ὅτι ἐτήρησας τὸν λόγον τῆς ὑπομονῆς μου, κἀγώ σε τηρήσω ἐκ τῆς ὥρας τοῦ πειρασμοῦ[13] τῆς μελλούσης ἔρχεσθαι ἐπὶ τῆς οἰκουμένης[14] ὅλης πειράσαι τοὺς κατοικοῦντας ἐπὶ τῆς γῆς. **11** ἔρχομαι ταχύ[15]· κράτει ὃ ἔχεις, ἵνα μηδεὶς λάβῃ[16] τὸν στέφανόν[17] σου.

12 Ὁ νικῶν ποιήσω αὐτὸν στῦλον[18] ἐν τῷ ναῷ τοῦ θεοῦ μου καὶ ἔξω οὐ μὴ ἐξέλθῃ[19] ἔτι καὶ γράψω ἐπ᾽ αὐτὸν τὸ ὄνομα τοῦ θεοῦ μου καὶ τὸ ὄνομα τῆς πόλεως τοῦ θεοῦ μου, τῆς καινῆς Ἰερουσαλὴμ ἡ καταβαίνουσα ἐκ τοῦ οὐρανοῦ ἀπὸ τοῦ θεοῦ μου, καὶ τὸ ὄνομά μου τὸ καινόν. **13** ὁ ἔχων οὖς ἀκουσάτω τί τὸ πνεῦμα λέγει ταῖς ἐκκλησίαις.

The Message to Laodicea

14 Καὶ τῷ ἀγγέλῳ τῆς ἐν Λαοδικείᾳ ἐκκλησίας γράψον· τάδε λέγει ὁ ἀμήν, ὁ μάρτυς ὁ πιστὸς καὶ ἀληθινός[20], ἡ ἀρχὴ τῆς κτίσεως[21] τοῦ θεοῦ· **15** οἶδά σου τὰ ἔργα ὅτι οὔτε ψυχρὸς[22] εἶ οὔτε ζεστός[23]. ὄφελον[24] ψυχρὸς ἦς ἢ ζεστός. **16** οὕτως ὅτι χλιαρὸς[25] εἶ καὶ οὔτε ζεστὸς οὔτε ψυχρός, μέλλω σε ἐμέσαι[26] ἐκ τοῦ στόματός μου. **17** ὅτι λέγεις πλούσιός[27] εἰμι καὶ πεπλούτηκα[28] καὶ οὐδενὸς χρείαν ἔχω, καὶ οὐκ οἶδας ὅτι σὺ εἶ ὁ ταλαίπωρος[29] καὶ ὁ ἐλεεινὸς[30] καὶ πτωχὸς καὶ τυφλὸς καὶ γυμνός[31], **18** συμβουλεύω[32] σοι ἀγοράσαι παρ᾽ ἐμοῦ χρυσίον[33] πεπυρωμένον[34] ἐκ πυρὸς ἵνα πλουτήσῃς, καὶ ἱμάτια λευκὰ[35] ἵνα περιβάλῃ[36] καὶ μὴ φανερωθῇ ἡ

---

[1] ὅδε, ἥδε, τόδε, this
[2] ἀληθινός, -ή/όν, true
[3] κλείς, κλειδός f, key
[4] κλείω 3s fut act ind, shut
[5] δίδωμι 1s pf act ind, give
[6] ἀνοίγω pf pas ptc f s acc, open
[7] τηρέω 2s aor act ind, obey
[8] ἀρνέομαι 2s aor mid ind, deny
[9] δίδωμι 1s pres act ind, make (someone do something)
[10] ψεύδομαι 3p pres mid ind, lie
[11] γινώσκω 3p aor act sub, know
[12] ἀγαπάω 1s aor act ind, love
[13] πειρασμός, -οῦ m, trial
[14] οἰκουμένη, -ης f, world
[15] ταχύς, -εῖα/ύ, quick
[16] λαμβάνω 3s aor act sub, take away
[17] στέφανος, -ου m, crown
[18] στῦλος, -ου m, pillar
[19] ἐξέρχομαι 3s aor act sub, go out
[20] ἀληθινός, -ή/όν, true
[21] κτίσις, -εως f, creation
[22] ψυχρός, -ά/όν, cold
[23] ζεστός, -ά/όν, hot
[24] ὄφελον, fixed form introducing an unattainable wish, I wish
[25] χλιαρός, -ά/όν, lukewarm
[26] ἐμέω aor act inf, spit out
[27] πλούσιος, -α/ον, rich
[28] πλουτέω 1s pf act ind, prosper
[29] ταλαίπωρος, -ον, wretched
[30] ἐλεεινός, -ή/όν, pitiable
[31] γυμνός, -ή/όν, naked
[32] συμβουλεύω 1s pres act ind, advise
[33] χρυσίον, -ου n, gold
[34] πυρόω pf pas ptc n s acc, refine
[35] λευκός, -ή/όν, white
[36] περιβάλλω 2s aor mid sub, clothe

αἰσχύνη¹ τῆς γυμνότητός² σου, καὶ κολλούριον³ ἐγχρῖσαι⁴ τοὺς ὀφθαλμούς σου ἵνα βλέπῃς. **19** ἐγὼ ὅσους ἐὰν φιλῶ⁵ ἐλέγχω⁶ καὶ παιδεύω⁷· ζήλευε⁸ οὖν καὶ μετανόησον⁹. **20** ἰδοὺ ἕστηκα¹⁰ ἐπὶ τὴν θύραν καὶ κρούω¹¹· ἐάν τις ἀκούσῃ τῆς φωνῆς μου καὶ ἀνοίξῃ τὴν θύραν, καὶ εἰσελεύσομαι¹² πρὸς αὐτὸν καὶ δειπνήσω¹³ μετ' αὐτοῦ καὶ αὐτὸς μετ' ἐμοῦ. **21** Ὁ νικῶν¹⁴ δώσω¹⁵ αὐτῷ καθίσαι¹⁶ μετ' ἐμοῦ ἐν τῷ θρόνῳ μου, ὡς κἀγὼ ἐνίκησα καὶ ἐκάθισα μετὰ τοῦ πατρός μου ἐν τῷ θρόνῳ αὐτοῦ. **22** ὁ ἔχων οὖς ἀκουσάτω τί τὸ πνεῦμα λέγει ταῖς ἐκκλησίαις.

The Heavenly Worship

4 Μετὰ ταῦτα εἶδον, καὶ ἰδοὺ θύρα ἠνεῳγμένη¹⁷ ἐν τῷ οὐρανῷ, καὶ ἡ φωνὴ ἡ πρώτη ἣν ἤκουσα ὡς σάλπιγγος¹⁸ λαλούσης μετ' ἐμοῦ λέγων· ἀνάβα¹⁹ ὧδε, καὶ δείξω²⁰ σοι ἃ δεῖ γενέσθαι μετὰ ταῦτα. **2** Εὐθέως ἐγενόμην²¹ ἐν πνεύματι, καὶ ἰδοὺ θρόνος ἔκειτο²² ἐν τῷ οὐρανῷ, καὶ ἐπὶ τὸν θρόνον καθήμενος, **3** καὶ ὁ καθήμενος ὅμοιος ὁράσει²³ λίθῳ ἰάσπιδι²⁴ καὶ σαρδίῳ²⁵, καὶ ἶρις²⁶ κυκλόθεν²⁷ τοῦ θρόνου ὅμοιος ὁράσει σμαραγδίνῳ²⁸. **4** καὶ κυκλόθεν τοῦ θρόνου θρόνους εἴκοσι²⁹ τέσσαρες, καὶ ἐπὶ τοὺς θρόνους εἴκοσι τέσσαρας πρεσβυτέρους καθημένους περιβεβλημένους³⁰ ἐν ἱματίοις λευκοῖς³¹ καὶ ἐπὶ τὰς κεφαλὰς αὐτῶν στεφάνους³² χρυσοῦς³³. **5** καὶ ἐκ τοῦ θρόνου ἐκπορεύονται ἀστραπαὶ³⁴ καὶ φωναὶ καὶ βρονταί³⁵, καὶ ἑπτὰ λαμπάδες³⁶ πυρὸς καιόμεναι³⁷ ἐνώπιον τοῦ θρόνου, ἅ εἰσιν τὰ ἑπτὰ πνεύματα τοῦ θεοῦ, **6** καὶ ἐνώπιον τοῦ θρόνου ὡς θάλασσα ὑαλίνη³⁸ ὁμοία κρυστάλλῳ³⁹. καὶ ἐν μέσῳ τοῦ θρόνου καὶ κύκλῳ⁴⁰ τοῦ θρόνου τέσσαρα ζῷα⁴¹ γέμοντα⁴² ὀφθαλμῶν ἔμπροσθεν καὶ ὄπισθεν⁴³. **7** καὶ

---

[1] αἰσχύνη, -ης f, shame
[2] γυμνότης, -ητος f, nakedness
[3] κολλούριον, -ου n, eye salve
[4] ἐγχρίω aor act inf, rub on
[5] φιλέω 1s pres act sub, love
[6] ἐλέγχω 1s pres act ind, correct
[7] παιδεύω 1s pres act ind, discipline
[8] ζηλεύω 2s pres act impv, be earnest
[9] μετανοέω 2s aor act impv, repent
[10] ἵστημι 1s pf act ind, intrans stand
[11] κρούω 1s pres act ind, knock
[12] εἰσέρχομαι 1s fut mid ind, come in
[13] δειπνέω 1s fut act ind, eat
[14] νικάω pres act ptc m s nom, be victorious
[15] δίδωμι 1s fut act ind, let
[16] καθίζω aor act inf, sit
[17] ἀνοίγω pf pas ptc f s nom, open
[18] σάλπιγξ, -ιγγος f, trumpet
[19] ἀναβαίνω 2s aor act impv, come up
[20] δείκνυμι 1s fut act ind, show
[21] γίνομαι 1s aor mid ind, be
[22] κεῖμαι 3s impf mid ind, be
[23] ὅρασις, -εως f, appearance
[24] ἴασπις, -ιδος f, jasper
[25] σάρδιον, -ου n, carnelian
[26] ἶρις, -ιδος f, rainbow
[27] κυκλόθεν, prep + gen, around
[28] σμαράγδινος, -η/ον, made of emerald
[29] εἴκοσι, twenty
[30] περιβάλλω pf mid ptc m p acc, clothe
[31] λευκός, -ή/όν, white
[32] στέφανος, -ου m, crown
[33] χρυσοῦς, -ῆ/οῦν, made of gold
[34] ἀστραπή, -ῆς f, lightning
[35] βροντή, -ῆς f, thunder
[36] λαμπάς, -άδος f, lamp
[37] καίω pres pas ptc f p nom, pas burn
[38] ὑάλινος, -η/ον, of glass
[39] κρύσταλλος, -ου m, crystal
[40] κύκλῳ, prep + gen, around
[41] ζῷον, -ου n, living creature
[42] γέμω pres act ptc n p nom, be covered with
[43] ὄπισθεν, adv, behind

τὸ ζῷον τὸ πρῶτον ὅμοιον λέοντι[1] καὶ τὸ δεύτερον ζῷον ὅμοιον μόσχῳ[2] καὶ τὸ τρίτον ζῷον ἔχον τὸ πρόσωπον ὡς ἀνθρώπου καὶ τὸ τέταρτον ζῷον ὅμοιον ἀετῷ[3] πετομένῳ[4]. 8 καὶ τὰ τέσσαρα ζῷα, ἓν καθ' ἓν αὐτῶν ἔχον ἀνὰ[5] πτέρυγας[6] ἕξ[7], κυκλόθεν καὶ ἔσωθεν[8] γέμουσιν ὀφθαλμῶν, καὶ ἀνάπαυσιν[9] οὐκ ἔχουσιν ἡμέρας καὶ νυκτὸς λέγοντες·
    ἅγιος ἅγιος ἅγιος κύριος ὁ θεὸς ὁ παντοκράτωρ[10],
    ὁ ἦν καὶ ὁ ὢν καὶ ὁ ἐρχόμενος.

9 καὶ ὅταν δώσουσιν[11] τὰ ζῷα δόξαν καὶ τιμὴν καὶ εὐχαριστίαν[12] τῷ καθημένῳ ἐπὶ τοῦ θρόνου τῷ ζῶντι εἰς τοὺς αἰῶνας τῶν αἰώνων, 10 πεσοῦνται[13] οἱ εἴκοσι[14] τέσσαρες πρεσβύτεροι ἐνώπιον τοῦ καθημένου ἐπὶ τοῦ θρόνου καὶ προσκυνήσουσιν τῷ ζῶντι[15] εἰς τοὺς αἰῶνας τῶν αἰώνων καὶ βαλοῦσιν[16] τοὺς στεφάνους αὐτῶν ἐνώπιον τοῦ θρόνου λέγοντες·

11 ἄξιος εἶ, ὁ κύριος καὶ ὁ θεὸς ἡμῶν,
    λαβεῖν τὴν δόξαν καὶ τὴν τιμὴν καὶ τὴν δύναμιν,
ὅτι σὺ ἔκτισας[17] τὰ πάντα
καὶ διὰ τὸ θέλημά σου ἦσαν καὶ ἐκτίσθησαν.

The Scroll and the Lamb

5 Καὶ εἶδον ἐπὶ τὴν δεξιὰν τοῦ καθημένου ἐπὶ τοῦ θρόνου βιβλίον γεγραμμένον[18] ἔσωθεν[19] καὶ ἔξωθεν[20] κατεσφραγισμένον[21] σφραγῖσιν[22] ἑπτά. 2 καὶ εἶδον ἄγγελον ἰσχυρὸν[23] κηρύσσοντα ἐν φωνῇ μεγάλῃ· τίς ἄξιος ἀνοῖξαι τὸ βιβλίον καὶ λῦσαι τὰς σφραγῖδας αὐτοῦ; 3 καὶ οὐδεὶς ἐδύνατο ἐν τῷ οὐρανῷ οὐδὲ ἐπὶ τῆς γῆς οὐδὲ ὑποκάτω[24] τῆς γῆς ἀνοῖξαι τὸ βιβλίον οὔτε βλέπειν αὐτό. 4 καὶ ἔκλαιον πολύ, ὅτι οὐδεὶς ἄξιος εὑρέθη[25] ἀνοῖξαι τὸ βιβλίον οὔτε βλέπειν αὐτό. 5 καὶ εἷς ἐκ τῶν πρεσβυτέρων λέγει μοι· μὴ κλαῖε, ἰδοὺ ἐνίκησεν[26] ὁ λέων[27] ὁ ἐκ τῆς φυλῆς Ἰούδα, ἡ ῥίζα[28] Δαυίδ, ἀνοῖξαι τὸ βιβλίον καὶ τὰς ἑπτὰ σφραγῖδας αὐτοῦ.

6 Καὶ εἶδον ἐν μέσῳ τοῦ θρόνου καὶ τῶν τεσσάρων ζῴων[29] καὶ ἐν μέσῳ τῶν πρεσβυτέρων ἀρνίον[30] ἑστηκὸς ὡς ἐσφαγμένον[31] ἔχον κέρατα[32] ἑπτὰ καὶ ὀφθαλμοὺς

---

[1] λέων, -οντος m, lion
[2] μόσχος, -ου m, bull
[3] ἀετός, -οῦ m, eagle
[4] πέτομαι pres mid ptc m s dat, fly
[5] ἀνά, prep + acc, each one
[6] πτέρυξ, -υγος f, wing
[7] ἕξ, six
[8] ἔσωθεν, adv, within
[9] ἀνάπαυσις, -εως f, stopping
[10] παντοκράτωρ, -ορος m, the Almighty
[11] δίδωμι 3p fut act ind, give
[12] εὐχαριστία, -ας f, thanks
[13] πίπτω 3p fut mid ind, fall
[14] εἴκοσι, twenty
[15] ζάω pres act ptc m s dat, live
[16] βάλλω 3p fut act ind, place
[17] κτίζω 2s aor act ind, create
[18] γράφω pf pas ptc n s acc, write
[19] ἔσωθεν, adv, on the inside
[20] ἔξωθεν, adv, on the outside
[21] κατασφραγίζω pf pas ptc n s acc, seal
[22] σφραγίς, -ῖδος f, seal
[23] ἰσχυρός, -ά/όν, strong
[24] ὑποκάτω, prep + gen, under
[25] εὑρίσκω 3s aor pas ind, find
[26] νικάω 3s aor act ind, be victorious
[27] λέων, -οντος m, lion
[28] ῥίζα, -ης f, root
[29] ζῷον, -ου n, living creature
[30] ἀρνίον, -ου n, lamb
[31] σφάζω pf pas ptc n s acc, kill
[32] κέρας, -ατος n, horn

ἑπτὰ οἵ εἰσιν τὰ ἑπτὰ πνεύματα τοῦ θεοῦ ἀποστελλόμενα[1] εἰς πᾶσαν τὴν γῆν. **7** καὶ ἦλθεν καὶ εἴληφεν[2] ἐκ τῆς δεξιᾶς τοῦ καθημένου ἐπὶ τοῦ θρόνου.

8 Καὶ ὅτε ἔλαβεν τὸ βιβλίον, τὰ τέσσαρα ζῷα καὶ οἱ εἴκοσι[3] τέσσαρες πρεσβύτεροι ἔπεσαν[4] ἐνώπιον τοῦ ἀρνίου ἔχοντες ἕκαστος κιθάραν[5] καὶ φιάλας[6] χρυσᾶς[7] γεμούσας[8] θυμιαμάτων[9], αἵ εἰσιν αἱ προσευχαὶ τῶν ἁγίων, **9** καὶ ᾄδουσιν[10] ᾠδὴν[11] καινὴν λέγοντες·

ἄξιος εἶ λαβεῖν τὸ βιβλίον καὶ ἀνοῖξαι τὰς σφραγῖδας αὐτοῦ,
ὅτι ἐσφάγης καὶ ἠγόρασας τῷ θεῷ ἡμᾶς ἐν τῷ αἵματί σου
ἐκ πάσης φυλῆς καὶ γλώσσης καὶ λαοῦ καὶ ἔθνους
10 καὶ ἐποίησας αὐτοὺς τῷ θεῷ ἡμῶν βασιλείαν καὶ ἱερεῖς,
καὶ βασιλεύσουσιν[12] ἐπὶ τῆς γῆς.

11 Καὶ εἶδον, καὶ ἤκουσα φωνὴν ἀγγέλων πολλῶν κύκλῳ[13] τοῦ θρόνου καὶ τῶν ζῴων καὶ τῶν πρεσβυτέρων, καὶ ἦν ὁ ἀριθμὸς[14] αὐτῶν μυριάδες[15] μυριάδων καὶ χιλιάδες[16] χιλιάδων **12** λέγοντες φωνῇ μεγάλῃ·

ἄξιόν ἐστιν τὸ ἀρνίον τὸ ἐσφαγμένον λαβεῖν
τὴν δύναμιν καὶ πλοῦτον[17] καὶ σοφίαν
καὶ ἰσχὺν[18] καὶ τιμὴν καὶ δόξαν καὶ εὐλογίαν[19].

13 καὶ πᾶν κτίσμα[20] ὃ ἐν τῷ οὐρανῷ καὶ ἐπὶ τῆς γῆς καὶ ὑποκάτω[21] τῆς γῆς καὶ ἐπὶ τῆς θαλάσσης καὶ τὰ ἐν αὐτοῖς πάντα ἤκουσα λέγοντας·

τῷ καθημένῳ ἐπὶ τῷ θρόνῳ καὶ τῷ ἀρνίῳ
ἡ εὐλογία καὶ ἡ τιμὴ καὶ ἡ δόξα καὶ τὸ κράτος
εἰς τοὺς αἰῶνας τῶν αἰώνων.

14 καὶ τὰ τέσσαρα ζῷα ἔλεγον· ἀμήν. καὶ οἱ πρεσβύτεροι ἔπεσαν καὶ προσεκύνησαν[22].

---

[1] ἀποστέλλω pres pas ptc n p nom, send
[2] λαμβάνω 3s pf act ind, receive
[3] εἴκοσι, twenty
[4] πίπτω 3p aor act ind, fall
[5] κιθάρα, -ας f, harp
[6] φιάλη, -ης f, bowl
[7] χρυσοῦς, -ῆ/οῦν, made of gold
[8] γέμω pres act ptc f p acc, be full
[9] θυμίαμα, -τος n, incense
[10] ᾄδω 3p pres act ind, sing
[11] ᾠδή, -ῆς f, song
[12] βασιλεύω 3p fut act ind, reign
[13] κύκλῳ, prep + gen, around
[14] ἀριθμός, -οῦ m, number
[15] μυριάς, -άδος f, countless thousands
[16] χιλιάς, -άδος f, a thousand
[17] πλοῦτος, -ου m, riches
[18] ἰσχύς, -ύος f, might
[19] εὐλογία, -ας f, praise
[20] κτίσμα, -τος n, creature
[21] ὑποκάτω, prep + gen, under
[22] προσκυνέω 3p aor act ind, worship

The Seals

6 Καὶ εἶδον ὅτε ἤνοιξεν τὸ ἀρνίον¹ μίαν ἐκ τῶν ἑπτὰ σφραγίδων², καὶ ἤκουσα ἑνὸς ἐκ τῶν τεσσάρων ζῴων³ λέγοντος ὡς φωνὴ βροντῆς⁴· ἔρχου. **2** καὶ εἶδον, καὶ ἰδοὺ ἵππος⁵ λευκός⁶, καὶ ὁ καθήμενος ἐπ' αὐτὸν ἔχων τόξον⁷ καὶ ἐδόθη⁸ αὐτῷ στέφανος⁹ καὶ ἐξῆλθεν νικῶν¹⁰ καὶ ἵνα νικήσῃ.

3 Καὶ ὅτε ἤνοιξεν¹¹ τὴν σφραγῖδα τὴν δευτέραν, ἤκουσα τοῦ δευτέρου ζῴου λέγοντος· ἔρχου. **4** καὶ ἐξῆλθεν ἄλλος ἵππος πυρρός¹², καὶ τῷ καθημένῳ ἐπ' αὐτὸν ἐδόθη αὐτῷ λαβεῖν τὴν εἰρήνην ἐκ τῆς γῆς καὶ ἵνα ἀλλήλους σφάξωσιν¹³ καὶ ἐδόθη αὐτῷ μάχαιρα¹⁴ μεγάλη.

5 Καὶ ὅτε ἤνοιξεν¹⁵ τὴν σφραγῖδα τὴν τρίτην, ἤκουσα τοῦ τρίτου ζῴου λέγοντος· ἔρχου. καὶ εἶδον, καὶ ἰδοὺ ἵππος μέλας¹⁶, καὶ ὁ καθήμενος ἐπ' αὐτὸν ἔχων ζυγὸν¹⁷ ἐν τῇ χειρὶ αὐτοῦ. **6** καὶ ἤκουσα ὡς φωνὴν ἐν μέσῳ τῶν τεσσάρων ζῴων λέγουσαν· χοῖνιξ¹⁸ σίτου¹⁹ δηναρίου²⁰ καὶ τρεῖς χοίνικες κριθῶν²¹ δηναρίου, καὶ τὸ ἔλαιον²² καὶ τὸν οἶνον μὴ ἀδικήσῃς²³.

7 Καὶ ὅτε ἤνοιξεν τὴν σφραγῖδα τὴν τετάρτην²⁴, ἤκουσα φωνὴν τοῦ τετάρτου ζῴου λέγοντος· ἔρχου. **8** καὶ εἶδον, καὶ ἰδοὺ ἵππος χλωρός²⁵, καὶ ὁ καθήμενος ἐπάνω²⁶ αὐτοῦ ὄνομα αὐτῷ ὁ θάνατος, καὶ ὁ ᾅδης²⁷ ἠκολούθει μετ' αὐτοῦ καὶ ἐδόθη αὐτοῖς ἐξουσία ἐπὶ τὸ τέταρτον τῆς γῆς ἀποκτεῖναι²⁸ ἐν ῥομφαίᾳ²⁹ καὶ ἐν λιμῷ³⁰ καὶ ἐν θανάτῳ καὶ ὑπὸ τῶν θηρίων τῆς γῆς.

9 Καὶ ὅτε ἤνοιξεν τὴν πέμπτην³¹ σφραγῖδα, εἶδον ὑποκάτω³² τοῦ θυσιαστηρίου³³ τὰς ψυχὰς τῶν ἐσφαγμένων³⁴ διὰ τὸν λόγον τοῦ θεοῦ καὶ διὰ τὴν μαρτυρίαν ἣν εἶχον³⁵. **10** καὶ ἔκραξαν φωνῇ μεγάλῃ λέγοντες· ἕως πότε³⁶, ὁ δεσπότης³⁷ ὁ ἅγιος καὶ ἀληθινός³⁸, οὐ κρίνεις καὶ ἐκδικεῖς³⁹ τὸ αἷμα ἡμῶν ἐκ τῶν κατοικούντων ἐπὶ τῆς γῆς; **11** καὶ ἐδόθη αὐτοῖς ἑκάστῳ στολὴ⁴⁰ λευκὴ⁴¹ καὶ ἐρρέθη⁴² αὐτοῖς ἵνα

---

[1] ἀρνίον, -ου n, lamb
[2] σφραγίς, -ῖδος f, seal
[3] ζῷον, -ου n, living creature
[4] βροντή, -ῆς f, thunder
[5] ἵππος, -ου m, horse
[6] λευκός, -ή/όν, white
[7] τόξον, -ου n, bow
[8] δίδωμι 3s aor pas ind, give
[9] στέφανος, -ου m, crown
[10] νικάω pres act ptc m s nom, conquer
[11] ἀνοίγω 3s aor act ind, open
[12] πυρρός, -ά/όν, fiery red
[13] σφάζω 3p aor act sub, kill
[14] μάχαιρα, -ης f, sword
[15] ἀνοίγω 3s aor act ind, open
[16] μέλας, -αινα/αν, gen -ανος/ αίνης/ανος, black
[17] ζυγός, -οῦ m, balance scales
[18] χοῖνιξ, -ικος f, quart
[19] σῖτος, -ου m, wheat
[20] δηνάριον, -ου n, denarius/day's wages
[21] κριθή, -ῆς f, barley
[22] ἔλαιον, -ου n, olive oil
[23] ἀδικέω 2s aor act sub, harm
[24] τέταρτος, -η/ον, fourth
[25] χλωρός, -ά/όν, pale (green)
[26] ἐπάνω, prep + gen, on
[27] ᾅδης, -ου m, world of the dead
[28] ἀποκτείνω aor act inf, kill
[29] ῥομφαία, -ας f, sword
[30] λιμός, -οῦ m, famine
[31] πέμπτος, -η/ον, fifth
[32] ὑποκάτω, prep + gen, under
[33] θυσιαστήριον, -ου n, altar
[34] σφάζω pf pas ptc m p nom, slaughter
[35] ἔχω 3p impf act ind, have
[36] πότε, adv, when
[37] δεσπότης, -ου m, Lord
[38] ἀληθινός, -ή/όν, true
[39] ἐκδικέω 2s pres act ind, avenge
[40] στολή, -ῆς f, robe
[41] λευκός, -ή/όν, white
[42] λέγω 3s aor pas ind, tell

ἀναπαύσωνται¹ ἔτι χρόνον μικρόν, ἕως πληρώσωσιν καὶ οἱ σύνδουλοι² αὐτῶν καὶ οἱ ἀδελφοὶ αὐτῶν οἱ μέλλοντες ἀποκτέννεσθαι³ ὡς καὶ αὐτοί.

12 Καὶ εἶδον ὅτε ἤνοιξεν τὴν σφραγῖδα τὴν ἕκτην⁴, καὶ σεισμὸς⁵ μέγας ἐγένετο καὶ ὁ ἥλιος ἐγένετο μέλας⁶ ὡς σάκκος⁷ τρίχινος⁸ καὶ ἡ σελήνη⁹ ὅλη ἐγένετο ὡς αἷμα **13** καὶ οἱ ἀστέρες¹⁰ τοῦ οὐρανοῦ ἔπεσαν¹¹ εἰς τὴν γῆν, ὡς συκῆ¹² βάλλει τοὺς ὀλύνθους¹³ αὐτῆς ὑπὸ ἀνέμου μεγάλου σειομένη¹⁴, **14** καὶ ὁ οὐρανὸς ἀπεχωρίσθη¹⁵ ὡς βιβλίον ἑλισσόμενον¹⁶ καὶ πᾶν ὄρος καὶ νῆσος¹⁷ ἐκ τῶν τόπων αὐτῶν ἐκινήθησαν¹⁸. **15** καὶ οἱ βασιλεῖς τῆς γῆς καὶ οἱ μεγιστᾶνες¹⁹ καὶ οἱ χιλίαρχοι²⁰ καὶ οἱ πλούσιοι²¹ καὶ οἱ ἰσχυροὶ²² καὶ πᾶς δοῦλος καὶ ἐλεύθερος²³ ἔκρυψαν²⁴ ἑαυτοὺς εἰς τὰ σπήλαια²⁵ καὶ εἰς τὰς πέτρας²⁶ τῶν ὀρέων **16** καὶ λέγουσιν τοῖς ὄρεσιν καὶ ταῖς πέτραις· πέσετε²⁷ ἐφ' ἡμᾶς καὶ κρύψατε ἡμᾶς ἀπὸ προσώπου τοῦ καθημένου ἐπὶ τοῦ θρόνου καὶ ἀπὸ τῆς ὀργῆς τοῦ ἀρνίου²⁸, **17** ὅτι ἦλθεν ἡ ἡμέρα ἡ μεγάλη τῆς ὀργῆς αὐτοῦ, καὶ τίς δύναται σταθῆναι²⁹;

The 144,000 of Israel Sealed

7 Καὶ μετὰ τοῦτο εἶδον τέσσαρας ἀγγέλους ἑστῶτας³⁰ ἐπὶ τὰς τέσσαρας γωνίας³¹ τῆς γῆς, κρατοῦντας τοὺς τέσσαρας ἀνέμους τῆς γῆς ἵνα μὴ πνέῃ³² ἄνεμος ἐπὶ τῆς γῆς μήτε ἐπὶ τῆς θαλάσσης μήτε ἐπὶ πᾶν δένδρον³³. **2** καὶ εἶδον ἄλλον ἄγγελον ἀναβαίνοντα ἀπὸ ἀνατολῆς³⁴ ἡλίου ἔχοντα σφραγῖδα³⁵ θεοῦ ζῶντος, καὶ ἔκραξεν φωνῇ μεγάλῃ τοῖς τέσσαρσιν ἀγγέλοις οἷς ἐδόθη³⁶ αὐτοῖς ἀδικῆσαι³⁷ τὴν γῆν καὶ τὴν θάλασσαν **3** λέγων· μὴ ἀδικήσητε τὴν γῆν μήτε τὴν θάλασσαν μήτε τὰ δένδρα, ἄχρι σφραγίσωμεν³⁸ τοὺς δούλους τοῦ θεοῦ ἡμῶν ἐπὶ τῶν μετώπων³⁹ αὐτῶν.

4 Καὶ ἤκουσα τὸν ἀριθμὸν⁴⁰ τῶν ἐσφραγισμένων, ἑκατὸν⁴¹ τεσσεράκοντα⁴² τέσσαρες χιλιάδες⁴³, ἐσφραγισμένοι ἐκ πάσης φυλῆς υἱῶν Ἰσραήλ·

---

[1] ἀναπαύω *3p aor mid sub*, rest
[2] σύνδουλος, -ου *m*, fellow-servant
[3] ἀποκτείνω *pres pas inf*, kill
[4] ἕκτος, -η/ον, sixth
[5] σεισμός, -οῦ *m*, earthquake
[6] μέλας, -αινα/αν, *gen* -ανος/αίνης/ανος, black
[7] σάκκος, -ου *m*, sackcloth
[8] τρίχινος, -η/ον, of hair
[9] σελήνη, -ης *f*, moon
[10] ἀστήρ, -έρος *m*, star
[11] πίπτω *3p aor act ind*, fall
[12] συκῆ, -ῆς *f*, fig tree
[13] ὄλυνθος, -ου *m*, fig
[14] σείω *pres pas ptc f s nom*, shake
[15] ἀποχωρίζω *3s aor pas ind, pas* split open/vanish
[16] ἑλίσσω *pres pas ptc n s nom*, roll up
[17] νῆσος, -ου *f*, island
[18] κινέω *3p aor pas ind*, remove
[19] μεγιστάν, -ᾶνος *m*, person of high status
[20] χιλίαρχος, -ου *m*, high ranking officer
[21] πλούσιος, -α/ον, rich
[22] ἰσχυρός, -ά/όν, mighty
[23] ἐλεύθερος, -α/ον, free
[24] κρύπτω *3p aor act ind*, hide
[25] σπήλαιον, -ου *n*, cave
[26] πέτρα, -ας *f*, rock
[27] πίπτω *2p aor act impv*, fall
[28] ἀρνίον, -ου *n*, lamb
[29] ἵστημι *aor pas inf, intrans pas* stand
[30] ἵστημι *pf act ptc m p acc, intrans* stand
[31] γωνία, -ας *f*, corner
[32] πνέω *3s pres act sub*, blow
[33] δένδρον, -ου *n*, tree
[34] ἀνατολή, -ῆς *f*, rising (ἀ. ἡλίου east)
[35] σφραγίς, -ῖδος *f*, seal
[36] δίδωμι *3s aor pas ind*, give
[37] ἀδικέω *aor act inf*, harm
[38] σφραγίζω *1p aor act sub*, seal
[39] μέτωπον, -ου *n*, forehead
[40] ἀριθμός, -οῦ *m*, number
[41] ἑκατόν, one hundred
[42] τεσσεράκοντα, forty
[43] χιλιάς, -άδος *f*, a thousand

5 ἐκ φυλῆς Ἰούδα δώδεκα χιλιάδες ἐσφραγισμένοι,
ἐκ φυλῆς Ῥουβὴν δώδεκα χιλιάδες,
ἐκ φυλῆς Γὰδ δώδεκα χιλιάδες,
6 ἐκ φυλῆς Ἀσὴρ δώδεκα χιλιάδες,
ἐκ φυλῆς Νεφθαλὶμ δώδεκα χιλιάδες,
ἐκ φυλῆς Μανασσῆ δώδεκα χιλιάδες,
7 ἐκ φυλῆς Συμεὼν δώδεκα χιλιάδες,
ἐκ φυλῆς Λευὶ δώδεκα χιλιάδες,
ἐκ φυλῆς Ἰσσαχὰρ δώδεκα χιλιάδες,
8 ἐκ φυλῆς Ζαβουλὼν δώδεκα χιλιάδες,
ἐκ φυλῆς Ἰωσὴφ δώδεκα χιλιάδες,
ἐκ φυλῆς Βενιαμὶν δώδεκα χιλιάδες ἐσφραγισμένοι.

The Multitude from Every Nation

9 Μετὰ ταῦτα εἶδον, καὶ ἰδοὺ ὄχλος πολύς, ὃν ἀριθμῆσαι[1] αὐτὸν οὐδεὶς ἐδύνατο, ἐκ παντὸς ἔθνους καὶ φυλῶν καὶ λαῶν καὶ γλωσσῶν ἑστῶτες[2] ἐνώπιον τοῦ θρόνου καὶ ἐνώπιον τοῦ ἀρνίου[3] περιβεβλημένους[4] στολὰς[5] λευκὰς[6] καὶ φοίνικες[7] ἐν ταῖς χερσὶν[8] αὐτῶν, **10** καὶ κράζουσιν φωνῇ μεγάλῃ λέγοντες·
ἡ σωτηρία τῷ θεῷ ἡμῶν τῷ καθημένῳ ἐπὶ τῷ θρόνῳ καὶ τῷ ἀρνίῳ.

11 καὶ πάντες οἱ ἄγγελοι εἱστήκεισαν[9] κύκλῳ[10] τοῦ θρόνου καὶ τῶν πρεσβυτέρων καὶ τῶν τεσσάρων ζῴων[11] καὶ ἔπεσαν[12] ἐνώπιον τοῦ θρόνου ἐπὶ τὰ πρόσωπα αὐτῶν καὶ προσεκύνησαν τῷ θεῷ **12** λέγοντες·
ἀμήν, ἡ εὐλογία[13] καὶ ἡ δόξα καὶ ἡ σοφία καὶ ἡ εὐχαριστία[14] καὶ ἡ τιμὴ καὶ ἡ δύναμις καὶ ἡ ἰσχὺς[15] τῷ θεῷ ἡμῶν εἰς τοὺς αἰῶνας τῶν αἰώνων· ἀμήν.

13 Καὶ ἀπεκρίθη εἷς ἐκ τῶν πρεσβυτέρων λέγων μοι· οὗτοι οἱ περιβεβλημένοι τὰς στολὰς τὰς λευκὰς τίνες εἰσὶν καὶ πόθεν[16] ἦλθον; **14** καὶ εἴρηκα[17] αὐτῷ· κύριέ μου, σὺ οἶδας. καὶ εἶπέν μοι·
οὗτοί εἰσιν οἱ ἐρχόμενοι ἐκ τῆς θλίψεως τῆς μεγάλης
καὶ ἔπλυναν[18] τὰς στολὰς αὐτῶν
καὶ ἐλεύκαναν[19] αὐτὰς ἐν τῷ αἵματι τοῦ ἀρνίου.

---

[1] ἀριθμέω *aor act inf*, count
[2] ἵστημι *pf act ptc m p nom, intrans* stand
[3] ἀρνίον, -ου *n*, lamb
[4] περιβάλλω *pf pas ptc m p acc*, clothe
[5] στολή, -ῆς *f*, robe
[6] λευκός, -ή/όν, white
[7] φοῖνιξ, -ικος *m*, palm branch
[8] χείρ, χειρός, *f* hand
[9] ἵστημι *3p pf act ind, intrans* stand
[10] κύκλῳ, *prep + gen*, around
[11] ζῷον, -ου *n*, living creature
[12] πίπτω *3p aor act ind*, fall
[13] εὐλογία, -ας *f*, praise
[14] εὐχαριστία, -ας *f*, thanks
[15] ἰσχύς, -ύος *f*, might
[16] πόθεν, *adv*, from where
[17] λέγω *1s pf act ind*, say
[18] πλύνω *3p aor act ind*, wash
[19] λευκαίνω *3p aor act ind*, make white

15 διὰ τοῦτό εἰσιν ἐνώπιον τοῦ θρόνου τοῦ θεοῦ
καὶ λατρεύουσιν[1] αὐτῷ ἡμέρας καὶ νυκτὸς[2] ἐν τῷ ναῷ αὐτοῦ,
καὶ ὁ καθήμενος ἐπὶ τοῦ θρόνου σκηνώσει[3] ἐπ' αὐτούς.
16 οὐ πεινάσουσιν[4] ἔτι οὐδὲ διψήσουσιν[5] ἔτι
οὐδὲ μὴ πέσῃ[6] ἐπ' αὐτοὺς ὁ ἥλιος οὐδὲ πᾶν καῦμα,[7]
17 ὅτι τὸ ἀρνίον τὸ ἀνὰ[8] μέσον τοῦ θρόνου ποιμανεῖ[9] αὐτοὺς
καὶ ὁδηγήσει[10] αὐτοὺς ἐπὶ ζωῆς πηγὰς[11] ὑδάτων[12],
καὶ ἐξαλείψει[13] ὁ θεὸς πᾶν δάκρυον[14] ἐκ τῶν ὀφθαλμῶν αὐτῶν.

The Seventh Seal and the Golden Censer

8 Καὶ ὅτε ἤνοιξεν[15] τὴν σφραγῖδα[16] τὴν ἑβδόμην[17], ἐγένετο σιγὴ[18] ἐν τῷ οὐρανῷ ὡς ἡμιώριον[19]. **2** καὶ εἶδον τοὺς ἑπτὰ ἀγγέλους οἳ ἐνώπιον τοῦ θεοῦ ἑστήκασιν[20], καὶ ἐδόθησαν[21] αὐτοῖς ἑπτὰ σάλπιγγες[22]. **3** καὶ ἄλλος ἄγγελος ἦλθεν καὶ ἐστάθη[23] ἐπὶ τοῦ θυσιαστηρίου[24] ἔχων λιβανωτὸν[25] χρυσοῦν[26], καὶ ἐδόθη[27] αὐτῷ θυμιάματα[28] πολλά, ἵνα δώσει[29] ταῖς προσευχαῖς τῶν ἁγίων πάντων ἐπὶ τὸ θυσιαστήριον τὸ χρυσοῦν τὸ ἐνώπιον τοῦ θρόνου. **4** καὶ ἀνέβη[30] ὁ καπνὸς[31] τῶν θυμιαμάτων[32] ταῖς προσευχαῖς τῶν ἁγίων ἐκ χειρὸς τοῦ ἀγγέλου ἐνώπιον τοῦ θεοῦ. **5** καὶ εἴληφεν[33] ὁ ἄγγελος τὸν λιβανωτὸν καὶ ἐγέμισεν[34] αὐτὸν ἐκ τοῦ πυρὸς τοῦ θυσιαστηρίου καὶ ἔβαλεν[35] εἰς τὴν γῆν, καὶ ἐγένοντο βρονταὶ[36] καὶ φωναὶ καὶ ἀστραπαὶ[37] καὶ σεισμός[38].

The Trumpets

6 Καὶ οἱ ἑπτὰ ἄγγελοι οἱ ἔχοντες τὰς ἑπτὰ σάλπιγγας ἡτοίμασαν ἑαυτοὺς ἵνα σαλπίσωσιν[39].

---

[1] λατρεύω 3p pres act ind, serve
[2] νύξ, νυκτός f night
[3] σκηνόω 3s fut act ind, live
[4] πεινάω 3p fut act ind, be hungry
[5] διψάω 3p fut act ind, be thirsty
[6] πίπτω 3s aor act sub, fall
[7] καῦμα, -τος n, scorching heat
[8] ἀνά, prep + acc, each (ἀ. μέσον in the center of)
[9] ποιμαίνω 3s fut act ind, tend like a shepherd
[10] ὁδηγέω 3s fut act ind, lead
[11] πηγή, -ῆς f, spring
[12] ὕδωρ, ὕδατος n, water
[13] ἐξαλείφω 3s fut act ind, wipe away
[14] δάκρυον, -ου n, tear
[15] ἀνοίγω 3s aor act ind, open
[16] σφραγίς, -ῖδος f, seal
[17] ἕβδομος, -η/ον, seventh
[18] σιγή, -ῆς f, silence
[19] ἡμίωρον, -ου n, half an hour
[20] ἵστημι 3p pf act ind, intrans stand
[21] δίδωμι 3p aor pas ind, give
[22] σάλπιγξ, -ιγγος f, trumpet
[23] ἵστημι 3s aor pas ind, intrans pas stand
[24] θυσιαστήριον, -ου n, altar
[25] λιβανωτός, -οῦ m, censer
[26] χρυσοῦς, -ῆ/οῦν, made of gold
[27] δίδωμι 3s aor pas ind, give
[28] θυμίαμα, -τος n, incense
[29] δίδωμι 3s fut act ind, give
[30] ἀναβαίνω 3s aor act ind, come up
[31] καπνός, -οῦ m, smoke
[32] θυμίαμα, -τος n, incense
[33] λαμβάνω 3s pf act ind, take
[34] γεμίζω 3s aor act ind, fill
[35] βάλλω 3s aor act ind, throw
[36] βροντή, -ῆς f, thunder
[37] ἀστραπή, -ῆς f, lightning
[38] σεισμός, -οῦ m, earthquake
[39] σαλπίζω 3p aor act sub, sound a trumpet

ΑΠΟΚΑΛΥΨΙΣ ΙΩΑΝΝΟΥ

7 Καὶ ὁ πρῶτος ἐσάλπισεν· καὶ ἐγένετο χάλαζα¹ καὶ πῦρ μεμιγμένα² ἐν αἵματι καὶ ἐβλήθη³ εἰς τὴν γῆν, καὶ τὸ τρίτον τῆς γῆς κατεκάη⁴ καὶ τὸ τρίτον τῶν δένδρων⁵ κατεκάη καὶ πᾶς χόρτος⁶ χλωρὸς⁷ κατεκάη.

8 Καὶ ὁ δεύτερος ἄγγελος ἐσάλπισεν· καὶ ὡς ὄρος μέγα πυρὶ καιόμενον⁸ ἐβλήθη εἰς τὴν θάλασσαν, καὶ ἐγένετο τὸ τρίτον τῆς θαλάσσης αἷμα **9** καὶ ἀπέθανεν τὸ τρίτον τῶν κτισμάτων⁹ τῶν ἐν τῇ θαλάσσῃ τὰ ἔχοντα ψυχὰς καὶ τὸ τρίτον τῶν πλοίων διεφθάρησαν¹⁰.

10 Καὶ ὁ τρίτος ἄγγελος ἐσάλπισεν· καὶ ἔπεσεν¹¹ ἐκ τοῦ οὐρανοῦ ἀστὴρ¹² μέγας καιόμενος ὡς λαμπὰς¹³ καὶ ἔπεσεν ἐπὶ τὸ τρίτον τῶν ποταμῶν¹⁴ καὶ ἐπὶ τὰς πηγὰς¹⁵ τῶν ὑδάτων¹⁶, **11** καὶ τὸ ὄνομα τοῦ ἀστέρος λέγεται ὁ Ἄψινθος¹⁷, καὶ ἐγένετο τὸ τρίτον τῶν ὑδάτων εἰς ἄψινθον καὶ πολλοὶ τῶν ἀνθρώπων ἀπέθανον ἐκ τῶν ὑδάτων ὅτι ἐπικράνθησαν¹⁸.

12 Καὶ ὁ τέταρτος¹⁹ ἄγγελος ἐσάλπισεν· καὶ ἐπλήγη²⁰ τὸ τρίτον τοῦ ἡλίου καὶ τὸ τρίτον τῆς σελήνης²¹ καὶ τὸ τρίτον τῶν ἀστέρων, ἵνα σκοτισθῇ²² τὸ τρίτον αὐτῶν καὶ ἡ ἡμέρα μὴ φάνῃ²³ τὸ τρίτον αὐτῆς καὶ ἡ νὺξ ὁμοίως²⁴.

13 Καὶ εἶδον, καὶ ἤκουσα ἑνὸς ἀετοῦ²⁵ πετομένου²⁶ ἐν μεσουρανήματι²⁷ λέγοντος φωνῇ μεγάλῃ· οὐαὶ οὐαὶ οὐαὶ τοὺς κατοικοῦντας ἐπὶ τῆς γῆς ἐκ τῶν λοιπῶν φωνῶν τῆς σάλπιγγος τῶν τριῶν ἀγγέλων τῶν μελλόντων σαλπίζειν.

9 Καὶ ὁ πέμπτος²⁸ ἄγγελος ἐσάλπισεν²⁹· καὶ εἶδον ἀστέρα³⁰ ἐκ τοῦ οὐρανοῦ πεπτωκότα³¹ εἰς τὴν γῆν, καὶ ἐδόθη³² αὐτῷ ἡ κλεὶς³³ τοῦ φρέατος³⁴ τῆς ἀβύσσου³⁵ **2** καὶ ἤνοιξεν³⁶ τὸ φρέαρ τῆς ἀβύσσου, καὶ ἀνέβη³⁷ καπνὸς³⁸ ἐκ τοῦ φρέατος ὡς καπνὸς καμίνου³⁹ μεγάλης, καὶ ἐσκοτίσθη⁴⁰ ὁ ἥλιος καὶ ὁ ἀὴρ⁴¹ ἐκ τοῦ καπνοῦ⁴² τοῦ φρέατος. **3** καὶ ἐκ τοῦ καπνοῦ ἐξῆλθον ἀκρίδες⁴³ εἰς τὴν γῆν, καὶ ἐδόθη⁴⁴ αὐταῖς ἐξουσία ὡς ἔχουσιν ἐξουσίαν οἱ σκορπίοι⁴⁵ τῆς γῆς. **4** καὶ ἐρρέθη⁴⁶ αὐταῖς ἵνα μὴ

---

¹ χάλαζα, -ης f, hail
² μίγνυμι pf pas ptc n p nom, mix
³ βάλλω 3s aor pas ind, throw
⁴ κατακαίω 3s aor pas ind, burn up
⁵ δένδρον, -ου n, tree
⁶ χόρτος, -ου m, grass
⁷ χλωρός, -ά/όν, green
⁸ καίω pres mid/pas ptc n s nom, pas burn
⁹ κτίσμα, -τος n, creature
¹⁰ διαφθείρω 3p aor pas ind, destroy
¹¹ πίπτω 3s aor act ind, fall
¹² ἀστήρ, -έρος m, star
¹³ λαμπάς, -άδος f, torch
¹⁴ ποταμός, -οῦ m, river
¹⁵ πηγή, -ῆς f, spring
¹⁶ ὕδωρ, ὕδατος n, water

¹⁷ ἄψινθος, -ου m, wormwood
¹⁸ πικραίνω 3p aor pas ind, pas become bitter
¹⁹ τέταρτος, -η/ον, fourth
²⁰ πλήσσω 3s aor pas ind, strike
²¹ σελήνη, -ης f, moon
²² σκοτίζομαι 3s aor pas sub, turn dark
²³ φαίνω 3s aor act sub, shine
²⁴ ὁμοίως, adv, in the same way
²⁵ ἀετός, -οῦ m, eagle
²⁶ πέτομαι pres mid ptc m s gen, fly
²⁷ μεσουράνημα, -τος n, midair
²⁸ πέμπτος, -η/ον, fifth
²⁹ σαλπίζω 3s aor act ind, sound a trumpet
³⁰ ἀστήρ, -έρος m, star

³¹ πίπτω pf act ptc m s acc, fall
³² δίδωμι 3s aor pas ind, give
³³ κλείς, κλειδός f, key
³⁴ φρέαρ, -ατος n, pit
³⁵ ἄβυσσος, -ου f, abyss
³⁶ ἀνοίγω 3s aor act ind, open
³⁷ ἀναβαίνω 3s aor act ind, come up
³⁸ καπνός, -οῦ m, smoke
³⁹ κάμινος, -ου f, furnace
⁴⁰ σκοτίζομαι 3s aor pas ind, turn dark
⁴¹ ἀήρ, -έρος m, air
⁴² καπνός, -οῦ m, smoke
⁴³ ἀκρίς, -ίδος f, locust
⁴⁴ δίδωμι 3s aor pas ind, give
⁴⁵ σκορπίος, -ου m, scorpion
⁴⁶ λέγω 3s aor pas ind, tell

ἀδικήσωσιν¹ τὸν χόρτον² τῆς γῆς οὐδὲ πᾶν χλωρὸν³ οὐδὲ πᾶν δένδρον⁴, εἰ μὴ τοὺς ἀνθρώπους οἵτινες οὐκ ἔχουσιν τὴν σφραγῖδα⁵ τοῦ θεοῦ ἐπὶ τῶν μετώπων⁶. **5** καὶ ἐδόθη⁷ αὐταῖς ἵνα μὴ ἀποκτείνωσιν⁸ αὐτούς, ἀλλ' ἵνα βασανισθήσονται⁹ μῆνας¹⁰ πέντε, καὶ ὁ βασανισμὸς¹¹ αὐτῶν ὡς βασανισμὸς σκορπίου ὅταν παίσῃ¹² ἄνθρωπον. **6** καὶ ἐν ταῖς ἡμέραις ἐκείναις ζητήσουσιν οἱ ἄνθρωποι τὸν θάνατον καὶ οὐ μὴ εὑρήσουσιν¹³ αὐτόν, καὶ ἐπιθυμήσουσιν¹⁴ ἀποθανεῖν¹⁵ καὶ φεύγει¹⁶ ὁ θάνατος ἀπ' αὐτῶν.

7 Καὶ τὰ ὁμοιώματα¹⁷ τῶν ἀκρίδων ὅμοια ἵπποις¹⁸ ἡτοιμασμένοις¹⁹ εἰς πόλεμον²⁰, καὶ ἐπὶ τὰς κεφαλὰς αὐτῶν ὡς στέφανοι²¹ ὅμοιοι χρυσῷ²², καὶ τὰ πρόσωπα αὐτῶν ὡς πρόσωπα ἀνθρώπων, **8** καὶ εἶχον²³ τρίχας²⁴ ὡς τρίχας γυναικῶν, καὶ οἱ ὀδόντες²⁵ αὐτῶν ὡς λεόντων²⁶ ἦσαν, **9** καὶ εἶχον θώρακας²⁷ ὡς θώρακας σιδηροῦς²⁸, καὶ ἡ φωνὴ τῶν πτερύγων²⁹ αὐτῶν ὡς φωνὴ ἁρμάτων³⁰ ἵππων πολλῶν³¹ τρεχόντων³² εἰς πόλεμον, **10** καὶ ἔχουσιν οὐρὰς³³ ὁμοίας σκορπίοις καὶ κέντρα³⁴, καὶ ἐν ταῖς οὐραῖς αὐτῶν ἡ ἐξουσία αὐτῶν ἀδικῆσαι τοὺς ἀνθρώπους μῆνας³⁵ πέντε, **11** ἔχουσιν ἐπ' αὐτῶν βασιλέα τὸν ἄγγελον τῆς ἀβύσσου, ὄνομα αὐτῷ Ἑβραϊστὶ Ἀβαδδών³⁶, καὶ ἐν τῇ Ἑλληνικῇ ὄνομα ἔχει Ἀπολλύων³⁷.

12 Ἡ οὐαὶ ἡ μία ἀπῆλθεν· ἰδοὺ ἔρχεται ἔτι δύο οὐαὶ μετὰ ταῦτα.

13 Καὶ ὁ ἕκτος³⁸ ἄγγελος ἐσάλπισεν³⁹· καὶ ἤκουσα φωνὴν μίαν ἐκ τῶν τεσσάρων κεράτων⁴⁰ τοῦ θυσιαστηρίου⁴¹ τοῦ χρυσοῦ⁴² τοῦ ἐνώπιον τοῦ θεοῦ, **14** λέγουσαν τῷ ἕκτῳ ἀγγέλῳ, ὁ ἔχων τὴν σάλπιγγα⁴³· λῦσον τοὺς τέσσαρας ἀγγέλους τοὺς δεδεμένους⁴⁴ ἐπὶ τῷ ποταμῷ⁴⁵ τῷ μεγάλῳ Εὐφράτῃ. **15** καὶ ἐλύθησαν οἱ τέσσαρες ἄγγελοι οἱ ἡτοιμασμένοι⁴⁶ εἰς τὴν ὥραν καὶ ἡμέραν καὶ μῆνα καὶ ἐνιαυτόν⁴⁷, ἵνα

---

1 ἀδικέω 3p aor act sub, harm
2 χόρτος, -ου m, grass
3 χλωρός, -ά/όν, green
4 δένδρον, -ου n, tree
5 σφραγίς, -ῖδος f, seal
6 μέτωπον, -ου n, forehead
7 δίδωμι 3s aor pas ind, allow
8 ἀποκτείνω 3p aor act sub, kill
9 βασανίζω 3p fut pas ind, torture/torment
10 μήν, μηνός m, month
11 βασανισμός, -οῦ m, torture
12 παίω 3s aor act sub, sting
13 εὑρίσκω 3p fut act ind, find
14 ἐπιθυμέω 3p fut act ind, want
15 ἀποθνῄσκω aor act inf, die
16 φεύγω 3s pres act ind, escape
17 ὁμοίωμα, -τος n, appearance
18 ἵππος, -ου m, horse
19 ἑτοιμάζω pf pas ptc m p dat, prepare
20 πόλεμος, -ου m, battle
21 στέφανος, -ου m, crown
22 χρυσός, -οῦ m, gold
23 ἔχω 3p impf act ind, have
24 θρίξ, τριχός f, hair
25 ὀδούς, ὀδόντος f, tooth
26 λέων, -οντος m, lion
27 θώραξ, -ακος m, breastplate
28 σιδηροῦς, -ᾶ/οῦν, made of iron
29 πτέρυξ, -υγος f, wing
30 ἅρμα, -τος n, chariot
31 πολύς, πολλή, πολύ, many
32 τρέχω pres act ptc m p gen, run
33 οὐρά, -ᾶς f, tail
34 κέντρον, -ου n, sting
35 μήν, μηνός m, month
36 Ἀβαδδών, Destroyer
37 Ἀπολλύων, Destroyer
38 ἕκτος, -η/ον, sixth
39 σαλπίζω 3s aor act ind, sound a trumpet
40 κέρας, -ατος n, horn
41 θυσιαστήριον, -ου n, altar
42 χρυσοῦς, -ῆ/οῦν, made of gold
43 σάλπιγξ, -ιγγος f, trumpet
44 δέω pf pas ptc m p acc, bind
45 ποταμός, -οῦ m, river
46 ἑτοιμάζω pf pas ptc m p nom, prepare
47 ἐνιαυτός, -οῦ m, year

ἀποκτείνωσιν τὸ τρίτον τῶν ἀνθρώπων. **16** καὶ ὁ ἀριθμὸς[1] τῶν στρατευμάτων[2] τοῦ ἱππικοῦ[3] δισμυριάδες[4] μυριάδων[5], ἤκουσα τὸν ἀριθμὸν αὐτῶν.

17 Καὶ οὕτως εἶδον τοὺς ἵππους ἐν τῇ ὁράσει[6] καὶ τοὺς καθημένους ἐπ' αὐτῶν, ἔχοντας θώρακας[7] πυρίνους[8] καὶ ὑακινθίνους[9] καὶ θειώδεις[10], καὶ αἱ κεφαλαὶ τῶν ἵππων ὡς κεφαλαὶ λεόντων[11], καὶ ἐκ τῶν στομάτων αὐτῶν ἐκπορεύεται πῦρ καὶ καπνὸς[12] καὶ θεῖον[13]. **18** ἀπὸ τῶν τριῶν πληγῶν[14] τούτων ἀπεκτάνθησαν[15] τὸ τρίτον τῶν ἀνθρώπων, ἐκ τοῦ πυρὸς καὶ τοῦ καπνοῦ καὶ τοῦ θείου τοῦ ἐκπορευομένου ἐκ τῶν στομάτων αὐτῶν. **19** ἡ γὰρ ἐξουσία τῶν ἵππων ἐν τῷ στόματι αὐτῶν ἐστιν καὶ ἐν ταῖς οὐραῖς[16] αὐτῶν, αἱ γὰρ οὐραὶ αὐτῶν ὅμοιαι ὄφεσιν[17], ἔχουσαι κεφαλὰς καὶ ἐν αὐταῖς ἀδικοῦσιν[18].

20 Καὶ οἱ λοιποὶ τῶν ἀνθρώπων, οἳ οὐκ ἀπεκτάνθησαν ἐν ταῖς πληγαῖς ταύταις, οὐδὲ μετενόησαν ἐκ τῶν ἔργων τῶν χειρῶν αὐτῶν, ἵνα μὴ προσκυνήσωσιν τὰ δαιμόνια καὶ τὰ εἴδωλα[19] τὰ χρυσᾶ καὶ τὰ ἀργυρᾶ[20] καὶ τὰ χαλκᾶ[21] καὶ τὰ λίθινα[22] καὶ τὰ ξύλινα[23], ἃ οὔτε βλέπειν δύνανται οὔτε ἀκούειν οὔτε περιπατεῖν, **21** καὶ οὐ μετενόησαν ἐκ τῶν φόνων[24] αὐτῶν οὔτε ἐκ τῶν φαρμάκων[25] αὐτῶν οὔτε ἐκ τῆς πορνείας[26] αὐτῶν οὔτε ἐκ τῶν κλεμμάτων[27] αὐτῶν.

The Angel and the Little Scroll

10 Καὶ εἶδον ἄλλον ἄγγελον ἰσχυρὸν[28] καταβαίνοντα ἐκ τοῦ οὐρανοῦ περιβεβλημένον[29] νεφέλην[30], καὶ ἡ ἶρις[31] ἐπὶ τῆς κεφαλῆς αὐτοῦ καὶ τὸ πρόσωπον αὐτοῦ ὡς ὁ ἥλιος καὶ οἱ πόδες αὐτοῦ ὡς στῦλοι[32] πυρός, **2** καὶ ἔχων ἐν τῇ χειρὶ αὐτοῦ βιβλαρίδιον[33] ἠνεῳγμένον[34]. καὶ ἔθηκεν[35] τὸν πόδα αὐτοῦ τὸν δεξιὸν ἐπὶ τῆς θαλάσσης, τὸν δὲ εὐώνυμον[36] ἐπὶ τῆς γῆς, **3** καὶ ἔκραξεν φωνῇ μεγάλῃ ὥσπερ λέων[37] μυκᾶται[38]. καὶ ὅτε ἔκραξεν, ἐλάλησαν αἱ ἑπτὰ βρονταὶ[39] τὰς ἑαυτῶν φωνάς.

---

[1] ἀριθμός, -οῦ m, number
[2] στράτευμα, -τος n, troops
[3] ἱππικός, -οῦ n, calvary
[4] δισμυριάς, -άδος f, twenty thousand
[5] μυριάς, -άδος f, countless thousands
[6] ὅρασις, -εως f, vision
[7] θώραξ, -ακος m, breastplate
[8] πύρινος, -η/ον, fiery red
[9] ὑακίνθινος, -η/ον, dark blue
[10] θειώδης, -ες, yellow (as sulphur)
[11] λέων, -οντος m, lion
[12] καπνός, -οῦ, smoke
[13] θεῖον, -ου n, sulphur
[14] πληγή, -ῆς f, plague
[15] ἀποκτείνω 3p aor pas ind, kill
[16] οὐρά, -ᾶς f, tail
[17] ὄφις, -εως m, snake
[18] ἀδικέω 3p pres act ind, harm
[19] εἴδωλον, -ου n, idol
[20] ἀργυροῦς, -ᾶ/οῦν, made of silver
[21] χαλκοῦς, -ῆ/οῦν, made of bronze
[22] λίθινος, -η/ον, made of stone
[23] ξύλινος, -η/ον, wooden
[24] φόνος, -ου m, murder
[25] φάρμακον, -ου n, witchcraft
[26] πορνεία, -ας f, sexual immorality
[27] κλέμμα, -τος n, theft
[28] ἰσχυρός, -ά/όν, mighty
[29] περιβάλλω pf pas ptc m s acc, clothe
[30] νεφέλη, -ης f, cloud
[31] ἶρις, -ιδος f, rainbow
[32] στῦλος, -ου m, pillar
[33] βιβλαρίδιον, -ου n, little scroll
[34] ἀνοίγω pf pas ptc n s acc, open
[35] τίθημι 3s aor act ind, put
[36] εὐώνυμος, -ον, left
[37] λέων, -οντος m, lion
[38] μυκάομαι 3s pres mid ind, roar
[39] βροντή, -ῆς f, thunder

4 καὶ ὅτε ἐλάλησαν αἱ ἑπτὰ βρονταί, ἤμελλον γράφειν, καὶ ἤκουσα φωνὴν ἐκ τοῦ οὐρανοῦ λέγουσαν· σφράγισον[1] ἃ ἐλάλησαν αἱ ἑπτὰ βρονταί, καὶ μὴ αὐτὰ γράψῃς[2].

5 Καὶ ὁ ἄγγελος, ὃν εἶδον ἑστῶτα[3] ἐπὶ τῆς θαλάσσης καὶ ἐπὶ τῆς γῆς, ἦρεν[4] τὴν χεῖρα αὐτοῦ τὴν δεξιὰν εἰς τὸν οὐρανὸν **6** καὶ ὤμοσεν[5] ἐν τῷ ζῶντι[6] εἰς τοὺς αἰῶνας τῶν αἰώνων, ὃς ἔκτισεν[7] τὸν οὐρανὸν καὶ τὰ ἐν αὐτῷ καὶ τὴν γῆν καὶ τὰ ἐν αὐτῇ καὶ τὴν θάλασσαν καὶ τὰ ἐν αὐτῇ, ὅτι χρόνος οὐκέτι ἔσται, **7** ἀλλ' ἐν ταῖς ἡμέραις τῆς φωνῆς τοῦ ἑβδόμου[8] ἀγγέλου, ὅταν μέλλῃ σαλπίζειν[9], καὶ ἐτελέσθη[10] τὸ μυστήριον[11] τοῦ θεοῦ, ὡς εὐηγγέλισεν[12] τοὺς ἑαυτοῦ δούλους τοὺς προφήτας.

8 Καὶ ἡ φωνὴ ἣν ἤκουσα ἐκ τοῦ οὐρανοῦ πάλιν λαλοῦσαν μετ' ἐμοῦ καὶ λέγουσαν· ὕπαγε λάβε τὸ βιβλίον τὸ ἠνεῳγμένον ἐν τῇ χειρὶ τοῦ ἀγγέλου τοῦ ἑστῶτος[13] ἐπὶ τῆς θαλάσσης καὶ ἐπὶ τῆς γῆς. **9** καὶ ἀπῆλθα πρὸς τὸν ἄγγελον λέγων αὐτῷ δοῦναί[14] μοι τὸ βιβλαρίδιον[15]. καὶ λέγει μοι· λάβε καὶ κατάφαγε[16] αὐτό, καὶ πικρανεῖ[17] σου τὴν κοιλίαν[18], ἀλλ' ἐν τῷ στόματί σου ἔσται γλυκὺ[19] ὡς μέλι[20]. **10** Καὶ ἔλαβον τὸ βιβλαρίδιον ἐκ τῆς χειρὸς τοῦ ἀγγέλου καὶ κατέφαγον αὐτό, καὶ ἦν ἐν τῷ στόματί μου ὡς μέλι γλυκὺ καὶ ὅτε ἔφαγον[21] αὐτό, ἐπικράνθη ἡ κοιλία μου. **11** καὶ λέγουσίν μοι· δεῖ σε πάλιν προφητεῦσαι[22] ἐπὶ λαοῖς καὶ ἔθνεσιν καὶ γλώσσαις καὶ βασιλεῦσιν πολλοῖς.

The Two Witnesses

11 Καὶ ἐδόθη[23] μοι κάλαμος[24] ὅμοιος ῥάβδῳ[25], λέγων· ἔγειρε καὶ μέτρησον[26] τὸν ναὸν τοῦ θεοῦ καὶ τὸ θυσιαστήριον[27] καὶ τοὺς προσκυνοῦντας ἐν αὐτῷ. **2** καὶ τὴν αὐλὴν[28] τὴν ἔξωθεν[29] τοῦ ναοῦ ἔκβαλε[30] ἔξωθεν καὶ μὴ αὐτὴν μετρήσῃς, ὅτι ἐδόθη τοῖς ἔθνεσιν, καὶ τὴν πόλιν τὴν ἁγίαν πατήσουσιν[31] μῆνας[32] τεσσεράκοντα[33] δύο.

---

[1] σφραγίζω 2s aor act impv, seal
[2] γράφω 2s aor act sub, write
[3] ἵστημι pf act ptc m s acc, intrans stand
[4] αἴρω 3s aor act ind, raise
[5] ὀμνύω 3s aor act ind, swear
[6] ζάω pres act ptc m s dat, live
[7] κτίζω 3s aor act ind, create
[8] ἕβδομος, -η/ον, seventh
[9] σαλπίζω pres act inf, sound a trumpet
[10] τελέω 3s aor pas ind, accomplish
[11] μυστήριον, -ου n, mystery
[12] εὐαγγελίζω 3s aor act ind, announce
[13] ἵστημι pf act ptc m s gen, intrans stand
[14] δίδωμι aor act inf, give
[15] βιβλαρίδιον, -ου n, little scroll
[16] κατεσθίω 2s aor act impv, eat
[17] πικραίνω 3s fut act ind, make bitter
[18] κοιλία, -ας f, stomach
[19] γλυκύς, -εῖα/ύ, sweet
[20] μέλι, -ιτος n, honey
[21] ἐσθίω 1s aor act ind, eat
[22] προφητεύω aor act inf, prophesy
[23] δίδωμι 3s aor pas ind, give
[24] κάλαμος, -ου m, (measuring) rod
[25] ῥάβδος, -ου f, stick
[26] μετρέω 2s aor act impv, measure
[27] θυσιαστήριον, -ου n, altar
[28] αὐλή, -ῆς f, court(yard)
[29] ἔξωθεν, adv, outer
[30] ἐκβάλλω 2s aor act impv, leave (out)
[31] πατέω 3p fut act ind, trample
[32] μήν, μηνός m, month
[33] τεσσεράκοντα, forty

3 Καὶ δώσω¹ τοῖς δυσὶν μάρτυσίν μου καὶ προφητεύσουσιν ἡμέρας χιλίας² διακοσίας³ ἑξήκοντα⁴ περιβεβλημένοι⁵ σάκκους⁶. **4** οὗτοί εἰσιν αἱ δύο ἐλαῖαι⁷ καὶ αἱ δύο λυχνίαι⁸ αἱ ἐνώπιον τοῦ κυρίου τῆς γῆς ἑστῶτες⁹. **5** καὶ εἴ τις αὐτοὺς θέλει ἀδικῆσαι¹⁰ πῦρ ἐκπορεύεται ἐκ τοῦ στόματος αὐτῶν καὶ κατεσθίει¹¹ τοὺς ἐχθροὺς αὐτῶν· καὶ εἴ τις θέλει αὐτοὺς ἀδικῆσαι, οὕτως δεῖ αὐτὸν ἀποκτανθῆναι¹². **6** οὗτοι ἔχουσιν τὴν ἐξουσίαν κλεῖσαι¹³ τὸν οὐρανόν, ἵνα μὴ ὑετὸς¹⁴ βρέχῃ¹⁵ τὰς ἡμέρας τῆς προφητείας¹⁶ αὐτῶν, καὶ ἐξουσίαν ἔχουσιν ἐπὶ τῶν ὑδάτων¹⁷ στρέφειν¹⁸ αὐτὰ εἰς αἷμα καὶ πατάξαι¹⁹ τὴν γῆν ἐν πάσῃ πληγῇ²⁰ ὁσάκις²¹ ἐὰν θελήσωσιν.

7 Καὶ ὅταν τελέσωσιν²² τὴν μαρτυρίαν αὐτῶν, τὸ θηρίον τὸ ἀναβαῖνον ἐκ τῆς ἀβύσσου²³ ποιήσει μετ' αὐτῶν πόλεμον²⁴ καὶ νικήσει²⁵ αὐτοὺς καὶ ἀποκτενεῖ²⁶ αὐτούς. **8** καὶ τὸ πτῶμα²⁷ αὐτῶν ἐπὶ τῆς πλατείας²⁸ τῆς πόλεως τῆς μεγάλης, ἥτις καλεῖται πνευματικῶς²⁹ Σόδομα καὶ Αἴγυπτος, ὅπου καὶ ὁ κύριος αὐτῶν ἐσταυρώθη. **9** καὶ βλέπουσιν ἐκ τῶν λαῶν καὶ φυλῶν καὶ γλωσσῶν καὶ ἐθνῶν τὸ πτῶμα αὐτῶν ἡμέρας τρεῖς καὶ ἥμισυ³⁰ καὶ τὰ πτώματα αὐτῶν οὐκ ἀφίουσιν³¹ τεθῆναι³² εἰς μνῆμα³³. **10** καὶ οἱ κατοικοῦντες ἐπὶ τῆς γῆς χαίρουσιν ἐπ' αὐτοῖς καὶ εὐφραίνονται³⁴ καὶ δῶρα³⁵ πέμψουσιν ἀλλήλοις, ὅτι οὗτοι οἱ δύο προφῆται ἐβασάνισαν³⁶ τοὺς κατοικοῦντας ἐπὶ τῆς γῆς.

11 Καὶ μετὰ τὰς τρεῖς ἡμέρας καὶ ἥμισυ³⁷ πνεῦμα ζωῆς ἐκ τοῦ θεοῦ εἰσῆλθεν αὐτοῖς, καὶ ἔστησαν³⁸ ἐπὶ τοὺς πόδας αὐτῶν, καὶ φόβος μέγας ἐπέπεσεν³⁹ ἐπὶ τοὺς θεωροῦντας αὐτούς. **12** καὶ ἤκουσαν φωνῆς μεγάλης ἐκ τοῦ οὐρανοῦ λεγούσης αὐτοῖς· ἀνάβατε⁴⁰ ὧδε. καὶ ἀνέβησαν εἰς τὸν οὐρανὸν ἐν τῇ νεφέλῃ⁴¹, καὶ ἐθεώρησαν αὐτοὺς οἱ ἐχθροὶ αὐτῶν. **13** καὶ ἐν ἐκείνῃ τῇ ὥρᾳ ἐγένετο σεισμὸς⁴² μέγας καὶ τὸ δέκατον⁴³ τῆς πόλεως ἔπεσεν⁴⁴ καὶ ἀπεκτάνθησαν⁴⁵ ἐν τῷ σεισμῷ ὀνόματα

---

[1] δίδωμι 1s fut act ind, give
[2] χίλιοι, -αι/α, thousand
[3] διακόσιοι, -αι/α, two hundred
[4] ἑξήκοντα, sixty
[5] περιβάλλω pf pas ptc m p nom, clothe
[6] σάκκος, -ου m, sackcloth
[7] ἐλαία, -ας f, olive tree
[8] λυχνία, -ας f, lampstand
[9] ἵστημι pf act ptc m p nom, intrans stand
[10] ἀδικέω aor act inf, harm
[11] κατεσθίω 3s pres act ind, consume
[12] ἀποκτείνω aor pas inf, kill
[13] κλείω aor act inf, shut
[14] ὑετός, -οῦ m, rain
[15] βρέχω 3s pres act sub, rain
[16] προφητεία, -ας f, prophecy
[17] ὕδωρ, ὕδατος n, water
[18] στρέφω pres act inf, change
[19] πατάσσω aor act inf, strike
[20] πληγή, -ῆς f, plague
[21] ὁσάκις, adv, whenever
[22] τελέω 3p aor act sub, finish
[23] ἄβυσσος, -ου f, abyss
[24] πόλεμος, -ου m, war
[25] νικάω 3s fut act ind, conquer
[26] ἀποκτείνω 3s fut act ind, kill
[27] πτῶμα, -τος n, body
[28] πλατεῖα, -ας f, street
[29] πνευματικῶς, adv, figuratively
[30] ἥμισυς, -εια/υ, one half
[31] ἀφίημι 3p pres act ind, let
[32] τίθημι aor pas inf, put
[33] μνῆμα, -τος n, tomb
[34] εὐφραίνω 3p pres pas ind, pas celebrate
[35] δῶρον, -ου n, gift
[36] βασανίζω 3p aor act ind, torture/torment
[37] ἥμισυς, -εια, -υ, one half
[38] ἵστημι 3p aor act ind, intrans stand
[39] ἐπιπίπτω 3s aor act ind, come upon
[40] ἀναβαίνω 2p aor act impv, come up
[41] νεφέλη, -ης f, cloud
[42] σεισμός, -οῦ m, earthquake
[43] δέκατος, -η/ον, tenth
[44] πίπτω 3s aor act ind, fall
[45] ἀποκτείνω 3p aor pas ind, kill

ἀνθρώπων χιλιάδες[1] ἑπτὰ καὶ οἱ λοιποὶ ἔμφοβοι[2] ἐγένοντο καὶ ἔδωκαν δόξαν τῷ θεῷ τοῦ οὐρανοῦ.
14 Ἡ οὐαὶ ἡ δευτέρα ἀπῆλθεν· ἰδοὺ ἡ οὐαὶ ἡ τρίτη ἔρχεται ταχύ[3].

The Seventh Trumpet

15 Καὶ ὁ ἕβδομος[4] ἄγγελος ἐσάλπισεν[5]· καὶ ἐγένοντο φωναὶ μεγάλαι ἐν τῷ οὐρανῷ λέγουσαι·
    ἐγένετο ἡ βασιλεία τοῦ κόσμου τοῦ κυρίου ἡμῶν
    καὶ τοῦ χριστοῦ αὐτοῦ,
    καὶ βασιλεύσει[6] εἰς τοὺς αἰῶνας τῶν αἰώνων.
16 καὶ οἱ εἴκοσι[7] τέσσαρες πρεσβύτεροι οἱ ἐνώπιον τοῦ θεοῦ καθήμενοι ἐπὶ τοὺς θρόνους αὐτῶν ἔπεσαν ἐπὶ τὰ πρόσωπα αὐτῶν καὶ προσεκύνησαν[8] τῷ θεῷ **17** λέγοντες·
    εὐχαριστοῦμέν σοι, κύριε ὁ θεὸς ὁ παντοκράτωρ[9],
    ὁ ὢν καὶ ὁ ἦν,
    ὅτι εἴληφας[10] τὴν δύναμίν σου τὴν μεγάλην
    καὶ ἐβασίλευσας.
18 καὶ τὰ ἔθνη ὠργίσθησαν[11],
    καὶ ἦλθεν ἡ ὀργή σου
    καὶ ὁ καιρὸς τῶν νεκρῶν κριθῆναι[12]
    καὶ δοῦναι[13] τὸν μισθὸν[14] τοῖς δούλοις σου τοῖς προφήταις
    καὶ τοῖς ἁγίοις καὶ τοῖς φοβουμένοις τὸ ὄνομά σου,
    τοῖς μικροῖς καὶ τοῖς μεγάλοις,
    καὶ διαφθεῖραι[15] τοὺς διαφθείροντας τὴν γῆν.
19 Καὶ ἠνοίγη[16] ὁ ναὸς τοῦ θεοῦ ὁ ἐν τῷ οὐρανῷ καὶ ὤφθη[17] ἡ κιβωτὸς[18] τῆς διαθήκης αὐτοῦ ἐν τῷ ναῷ αὐτοῦ, καὶ ἐγένοντο ἀστραπαὶ[19] καὶ φωναὶ καὶ βρονταὶ[20] καὶ σεισμὸς καὶ χάλαζα[21] μεγάλη.

---

[1] χιλιάς, -άδος f, a thousand
[2] ἔμφοβος, -ον, terrified
[3] ταχύ, adv, soon
[4] ἕβδομος, -η/ον, seventh
[5] σαλπίζω 3s aor act ind, sound a trumpet
[6] βασιλεύω 3s fut act ind, reign
[7] εἴκοσι, twenty
[8] προσκυνέω 3p aor act ind, worship
[9] παντοκράτωρ, -ορος m, the Almighty
[10] λαμβάνω 2s pf act ind, take
[11] ὀργίζω 3p aor pas ind, pas be angry
[12] κρίνω aor pas inf, judge
[13] δίδωμι aor act inf, give
[14] μισθός, -οῦ m, reward
[15] διαφθείρω aor act inf, destroy
[16] ἀνοίγω 3s aor pas ind, open
[17] ὁράω 3s aor pas ind, see
[18] κιβωτός, -οῦ f, ark
[19] ἀστραπή, -ῆς f, lightning
[20] βροντή, -ῆς f, thunder
[21] χάλαζα, -ης f, hail

The Woman and the Dragon

12 Καὶ σημεῖον μέγα ὤφθη[1] ἐν τῷ οὐρανῷ, γυνὴ περιβεβλημένη[2] τὸν ἥλιον, καὶ ἡ σελήνη[3] ὑποκάτω[4] τῶν ποδῶν αὐτῆς καὶ ἐπὶ τῆς κεφαλῆς αὐτῆς στέφανος[5] ἀστέρων[6] δώδεκα, **2** καὶ ἐν γαστρὶ[7] ἔχουσα, κράζει ὠδίνουσα[8] καὶ βασανιζομένη[9] τεκεῖν[10]. **3** καὶ ὤφθη ἄλλο σημεῖον ἐν τῷ οὐρανῷ, καὶ ἰδοὺ δράκων[11] μέγας πυρρὸς[12] ἔχων κεφαλὰς ἑπτὰ καὶ κέρατα[13] δέκα[14] καὶ ἐπὶ τὰς κεφαλὰς αὐτοῦ ἑπτὰ διαδήματα[15], **4** καὶ ἡ οὐρὰ[16] αὐτοῦ σύρει[17] τὸ τρίτον τῶν ἀστέρων τοῦ οὐρανοῦ καὶ ἔβαλεν[18] αὐτοὺς εἰς τὴν γῆν. καὶ ὁ δράκων ἔστηκεν[19] ἐνώπιον τῆς γυναικὸς τῆς μελλούσης τεκεῖν, ἵνα ὅταν τέκῃ τὸ τέκνον αὐτῆς καταφάγῃ[20]. **5** καὶ ἔτεκεν[21] υἱὸν ἄρρενα[22], ὃς μέλλει ποιμαίνειν[23] πάντα τὰ ἔθνη ἐν ῥάβδῳ[24] σιδηρᾷ[25]. καὶ ἡρπάσθη[26] τὸ τέκνον αὐτῆς πρὸς τὸν θεὸν καὶ πρὸς τὸν θρόνον αὐτοῦ. **6** καὶ ἡ γυνὴ ἔφυγεν[27] εἰς τὴν ἔρημον, ὅπου ἔχει ἐκεῖ τόπον ἡτοιμασμένον[28] ἀπὸ τοῦ θεοῦ, ἵνα ἐκεῖ τρέφωσιν[29] αὐτὴν ἡμέρας χιλίας[30] διακοσίας[31] ἑξήκοντα[32].

7 Καὶ ἐγένετο πόλεμος[33] ἐν τῷ οὐρανῷ, ὁ Μιχαὴλ καὶ οἱ ἄγγελοι αὐτοῦ τοῦ πολεμῆσαι[34] μετὰ τοῦ δράκοντος. καὶ ὁ δράκων ἐπολέμησεν καὶ οἱ ἄγγελοι αὐτοῦ, **8** καὶ οὐκ ἴσχυσαν[35] οὐδὲ τόπος εὑρέθη[36] αὐτῶν ἔτι ἐν τῷ οὐρανῷ. **9** καὶ ἐβλήθη[37] ὁ δράκων ὁ μέγας, ὁ ὄφις[38] ὁ ἀρχαῖος[39], ὁ καλούμενος Διάβολος καὶ ὁ Σατανᾶς, ὁ πλανῶν τὴν οἰκουμένην[40] ὅλην, ἐβλήθη εἰς τὴν γῆν, καὶ οἱ ἄγγελοι αὐτοῦ μετ᾽ αὐτοῦ ἐβλήθησαν. **10** καὶ ἤκουσα φωνὴν μεγάλην ἐν τῷ οὐρανῷ λέγουσαν·

ἄρτι ἐγένετο ἡ σωτηρία καὶ ἡ δύναμις
    καὶ ἡ βασιλεία τοῦ θεοῦ ἡμῶν
    καὶ ἡ ἐξουσία τοῦ χριστοῦ αὐτοῦ,
ὅτι ἐβλήθη ὁ κατήγορος[41] τῶν ἀδελφῶν ἡμῶν,
ὁ κατηγορῶν[42] αὐτοὺς ἐνώπιον τοῦ θεοῦ ἡμῶν ἡμέρας καὶ νυκτός.

---

[1] ὁράω 3s aor pas ind, pas appear
[2] περιβάλλω pf pas ptc f s nom, clothe
[3] σελήνη, -ης f, moon
[4] ὑποκάτω, prep + gen, under
[5] στέφανος, -ου m, crown
[6] ἀστήρ, -έρος m, star
[7] γαστήρ, -τρός f, womb (ἐν γ. ἔχω be pregnant)
[8] ὠδίνω pres act ptc f s nom, suffer birth-pains
[9] βασανίζω pres pas ptc f s nom, pas suffer terrible pain
[10] τίκτω aor act inf, give birth (to)
[11] δράκων, -οντος m, dragon
[12] πυρρός, -ά/όν, fiery red
[13] κέρας, -ατος n, horn
[14] δέκα, ten
[15] διάδημα, -τος n, crown
[16] οὐρά, -ᾶς f, tail
[17] σύρω 3s pres act ind, sweep down
[18] βάλλω 3s aor act ind, throw
[19] ἵστημι 3s pf or impf act ind, intrans stand
[20] κατεσθίω 3s aor act sub, eat
[21] τίκτω 3s aor act ind, give birth (to)
[22] ἄρρην, -εν = ἄρσην, male
[23] ποιμαίνω pres act inf, rule
[24] ῥάβδος, -ου f, rod
[25] σιδηροῦς, -ᾶ/οῦν, made of iron
[26] ἁρπάζω 3s aor pas ind, take away
[27] φεύγω 3s aor act ind, run away
[28] ἑτοιμάζω pf pas ptc m s acc, prepare
[29] τρέφω 3p pres act sub, take care of
[30] χίλιοι, -αι/α, thousand
[31] διακόσιοι, -αι/α, two hundred
[32] ἑξήκοντα, sixty
[33] πόλεμος, -ου m, war
[34] πολεμέω aor act inf, fight
[35] ἰσχύω 3p aor act ind, be strong enough
[36] εὑρίσκω 3s aor pas ind, find
[37] βάλλω 3s aor pas ind, throw
[38] ὄφις, -εως m, snake
[39] ἀρχαῖος, -α/ον, ancient
[40] οἰκουμένη, -ης f, world
[41] κατήγορος, -ου m, accuser
[42] κατηγορέω pres act ptc m s nom, accuse

11 καὶ αὐτοὶ ἐνίκησαν¹ αὐτὸν διὰ τὸ αἷμα τοῦ ἀρνίου²
καὶ διὰ τὸν λόγον τῆς μαρτυρίας αὐτῶν
καὶ οὐκ ἠγάπησαν³ τὴν ψυχὴν αὐτῶν ἄχρι θανάτου.
12 διὰ τοῦτο εὐφραίνεσθε⁴, οὐρανοὶ
καὶ οἱ ἐν αὐτοῖς σκηνοῦντες⁵.
οὐαὶ τὴν γῆν καὶ τὴν θάλασσαν,
ὅτι κατέβη⁶ ὁ διάβολος πρὸς ὑμᾶς
ἔχων θυμὸν⁷ μέγαν,
εἰδὼς⁸ ὅτι ὀλίγον καιρὸν ἔχει.
13 Καὶ ὅτε εἶδεν ὁ δράκων ὅτι ἐβλήθη εἰς τὴν γῆν, ἐδίωξεν⁹ τὴν γυναῖκα ἥτις ἔτεκεν τὸν ἄρσενα. **14** καὶ ἐδόθησαν¹⁰ τῇ γυναικὶ αἱ δύο πτέρυγες¹¹ τοῦ ἀετοῦ¹² τοῦ μεγάλου, ἵνα πέτηται¹³ εἰς τὴν ἔρημον εἰς τὸν τόπον αὐτῆς, ὅπου τρέφεται¹⁴ ἐκεῖ καιρὸν καὶ καιροὺς καὶ ἥμισυ¹⁵ καιροῦ ἀπὸ προσώπου τοῦ ὄφεως. **15** καὶ ἔβαλεν ὁ ὄφις ἐκ τοῦ στόματος αὐτοῦ ὀπίσω τῆς γυναικὸς ὕδωρ ὡς ποταμόν¹⁶, ἵνα αὐτὴν ποταμοφόρητον¹⁷ ποιήσῃ. **16** καὶ ἐβοήθησεν¹⁸ ἡ γῆ τῇ γυναικὶ καὶ ἤνοιξεν¹⁹ ἡ γῆ τὸ στόμα αὐτῆς καὶ κατέπιεν²⁰ τὸν ποταμὸν ὃν ἔβαλεν ὁ δράκων ἐκ τοῦ στόματος αὐτοῦ. **17** καὶ ὠργίσθη²¹ ὁ δράκων ἐπὶ τῇ γυναικὶ καὶ ἀπῆλθεν ποιῆσαι πόλεμον²² μετὰ τῶν λοιπῶν τοῦ σπέρματος αὐτῆς τῶν τηρούντων τὰς ἐντολὰς τοῦ θεοῦ καὶ ἐχόντων τὴν μαρτυρίαν Ἰησοῦ.
18 Καὶ ἐστάθη²³ ἐπὶ τὴν ἄμμον²⁴ τῆς θαλάσσης.

The Two Beasts

13 Καὶ εἶδον ἐκ τῆς θαλάσσης θηρίον ἀναβαῖνον, ἔχον κέρατα²⁵ δέκα²⁶ καὶ κεφαλὰς ἑπτὰ καὶ ἐπὶ τῶν κεράτων αὐτοῦ δέκα διαδήματα²⁷ καὶ ἐπὶ τὰς κεφαλὰς αὐτοῦ ὄνομα βλασφημίας²⁸. **2** καὶ τὸ θηρίον ὃ εἶδον ἦν ὅμοιον παρδάλει²⁹ καὶ οἱ πόδες αὐτοῦ ὡς ἄρκου³⁰ καὶ τὸ στόμα αὐτοῦ ὡς στόμα λέοντος³¹. καὶ ἔδωκεν αὐτῷ ὁ δράκων³² τὴν δύναμιν αὐτοῦ καὶ τὸν θρόνον αὐτοῦ καὶ ἐξουσίαν μεγάλην.

---

[1] νικάω 3p aor act ind, conquer
[2] ἀρνίον, -ου n, lamb
[3] ἀγαπάω 3p aor act ind, love
[4] εὐφραίνω 2p pres pas impv, pas celebrate
[5] σκηνόω pres act ptc m p nom or voc, live
[6] καταβαίνω 3s aor act ind, go down
[7] θυμός, -οῦ m, anger
[8] οἶδα pf act ptc m s nom, know
[9] διώκω 3s aor act ind, pursue
[10] δίδωμι 3p aor pas ind, give
[11] πτέρυξ, -υγος f, wing
[12] ἀετός, -οῦ m, eagle
[13] πέτομαι 3s pres mid sub, fly
[14] τρέφω 3s pres pas ind, take care of
[15] ἥμισυς, -εια/υ, one half
[16] ποταμός, -οῦ m, river
[17] ποταμοφόρητος, -ον, swept away by a river
[18] βοηθέω 3s aor act ind, help
[19] ἀνοίγω 3s aor act ind, open
[20] καταπίνω 3s aor act ind, swallow
[21] ὀργίζω 3s aor pas ind, pas be angry
[22] πόλεμος, -ου m, war
[23] ἵστημι 3s aor pas ind, intrans pas stand
[24] ἄμμος, -ου f, sand
[25] κέρας, -ατος n, horn
[26] δέκα, ten
[27] διάδημα, -τος n, crown
[28] βλασφημία, -ας f, blasphemy
[29] πάρδαλις, -εως f, leopard
[30] ἄρκος, -ου m, bear
[31] λέων, -οντος m, lion
[32] δράκων, -οντος m, dragon

ΑΠΟΚΑΛΥΨΙΣ ΙΩΑΝΝΟΥ 13.3-17

3 καὶ μίαν ἐκ τῶν κεφαλῶν αὐτοῦ ὡς ἐσφαγμένην[1] εἰς θάνατον, καὶ ἡ πληγὴ[2] τοῦ θανάτου αὐτοῦ ἐθεραπεύθη.

Καὶ ἐθαύμασεν ὅλη ἡ γῆ ὀπίσω τοῦ θηρίου 4 καὶ προσεκύνησαν[3] τῷ δράκοντι, ὅτι ἔδωκεν τὴν ἐξουσίαν τῷ θηρίῳ, καὶ προσεκύνησαν τῷ θηρίῳ λέγοντες· τίς ὅμοιος τῷ θηρίῳ καὶ τίς δύναται πολεμῆσαι[4] μετ' αὐτοῦ; 5 Καὶ ἐδόθη[5] αὐτῷ στόμα λαλοῦν μεγάλα καὶ βλασφημίας[6] καὶ ἐδόθη αὐτῷ ἐξουσία ποιῆσαι μῆνας[7] τεσσεράκοντα[8] δύο. 6 καὶ ἤνοιξεν[9] τὸ στόμα αὐτοῦ εἰς βλασφημίας πρὸς τὸν θεὸν βλασφημῆσαι τὸ ὄνομα αὐτοῦ καὶ τὴν σκηνὴν[10] αὐτοῦ, τοὺς ἐν τῷ οὐρανῷ σκηνοῦντας[11]. 7 καὶ ἐδόθη αὐτῷ ποιῆσαι πόλεμον[12] μετὰ τῶν ἁγίων καὶ νικῆσαι[13] αὐτούς, καὶ ἐδόθη αὐτῷ ἐξουσία ἐπὶ πᾶσαν φυλὴν καὶ λαὸν καὶ γλῶσσαν καὶ ἔθνος. 8 καὶ προσκυνήσουσιν αὐτὸν πάντες οἱ κατοικοῦντες ἐπὶ τῆς γῆς, οὗ οὐ γέγραπται τὸ ὄνομα αὐτοῦ ἐν τῷ βιβλίῳ τῆς ζωῆς τοῦ ἀρνίου[14] τοῦ ἐσφαγμένου[15] ἀπὸ καταβολῆς[16] κόσμου.

9 Εἴ τις ἔχει οὖς ἀκουσάτω.

10 εἴ τις εἰς αἰχμαλωσίαν[17], ὑπάγει·

εἴ τις ἐν μαχαίρῃ ἀποκτενεῖ, δεῖ αὐτὸν ἐν μαχαίρῃ[18] ἀποκτανθῆναι[19].

ὡδέ ἐστιν ἡ ὑπομονὴ καὶ ἡ πίστις τῶν ἁγίων.

11 Καὶ εἶδον ἄλλο θηρίον ἀναβαῖνον ἐκ τῆς γῆς, καὶ εἶχεν κέρατα[20] δύο ὅμοια ἀρνίῳ καὶ ἐλάλει ὡς δράκων. 12 καὶ τὴν ἐξουσίαν τοῦ πρώτου θηρίου πᾶσαν ποιεῖ ἐνώπιον αὐτοῦ, καὶ ποιεῖ τὴν γῆν καὶ τοὺς ἐν αὐτῇ κατοικοῦντας ἵνα προσκυνήσωσιν τὸ θηρίον τὸ πρῶτον, οὗ ἐθεραπεύθη ἡ πληγὴ[21] τοῦ θανάτου αὐτοῦ. 13 καὶ ποιεῖ σημεῖα μεγάλα, ἵνα καὶ πῦρ ποιῇ ἐκ τοῦ οὐρανοῦ καταβαίνειν εἰς τὴν γῆν ἐνώπιον τῶν ἀνθρώπων, 14 καὶ πλανᾷ τοὺς κατοικοῦντας ἐπὶ τῆς γῆς διὰ τὰ σημεῖα ἃ ἐδόθη αὐτῷ ποιῆσαι ἐνώπιον τοῦ θηρίου, λέγων τοῖς κατοικοῦσιν ἐπὶ τῆς γῆς ποιῆσαι εἰκόνα[22] τῷ θηρίῳ, ὃς ἔχει τὴν πληγὴν τῆς μαχαίρης καὶ ἔζησεν.

15 Καὶ ἐδόθη αὐτῷ δοῦναι πνεῦμα τῇ εἰκόνι τοῦ θηρίου, ἵνα καὶ λαλήσῃ ἡ εἰκὼν τοῦ θηρίου καὶ ποιήσῃ ἵνα ὅσοι ἐὰν μὴ προσκυνήσωσιν τῇ εἰκόνι τοῦ θηρίου ἀποκτανθῶσιν. 16 καὶ ποιεῖ πάντας, τοὺς μικροὺς καὶ τοὺς μεγάλους, καὶ τοὺς πλουσίους[23] καὶ τοὺς πτωχούς, καὶ τοὺς ἐλευθέρους[24] καὶ τοὺς δούλους, ἵνα δῶσιν αὐτοῖς χάραγμα[25] ἐπὶ τῆς χειρὸς αὐτῶν τῆς δεξιᾶς ἢ ἐπὶ τὸ μέτωπον[26] αὐτῶν 17 καὶ ἵνα μὴ

---

[1] σφάζω pf pas ptc f s acc, kill (ἑ. εἰς θάνατον be fatally wounded)
[2] πληγή, -ῆς f, plague
[3] προσκυνέω 3p aor act ind, worship
[4] πολεμέω aor act inf, fight
[5] δίδωμι 3s aor pas ind, give
[6] βλασφημία, -ας f, blasphemy
[7] μήν, μηνός m, month
[8] τεσσεράκοντα, forty
[9] ἀνοίγω 3s aor act ind, open
[10] σκηνή, -ῆς f, dwelling place
[11] σκηνόω pres act ptc m p acc, live
[12] πόλεμος, -ου m, war
[13] νικάω aor act inf, conquer
[14] ἀρνίον, -ου n, lamb
[15] σφάζω pf pas ptc n s gen, kill
[16] καταβολή, -ῆς f, creation
[17] αἰχμαλωσία, -ας f, captivity
[18] μάχαιρα, -ας f, sword
[19] ἀποκτείνω aor pas inf, kill
[20] κέρας, -ατος n, horn
[21] πληγή, -ῆς f, plague
[22] εἰκών, -όνος f, image
[23] πλούσιος, -α/ον, rich
[24] ἐλεύθερος, -α/ον, free
[25] χάραγμα, -τος n, mark
[26] μέτωπον, -ου n, forehead

τις δύνηται ἀγοράσαι ἢ πωλῆσαι[1] εἰ μὴ ὁ ἔχων τὸ χάραγμα τὸ ὄνομα τοῦ θηρίου ἢ τὸν ἀριθμὸν[2] τοῦ ὀνόματος αὐτοῦ. **18** Ὧδε ἡ σοφία ἐστίν. ὁ ἔχων νοῦν[3] ψηφισάτω[4] τὸν ἀριθμὸν τοῦ θηρίου, ἀριθμὸς γὰρ ἀνθρώπου ἐστίν, καὶ ὁ ἀριθμὸς αὐτοῦ ἐστίν ἑξακόσιοι[5] ἑξήκοντα[6] ἕξ[7].

The Song of the 144,000

14 Καὶ εἶδον, καὶ ἰδοὺ τὸ ἀρνίον[8] ἑστὸς[9] ἐπὶ τὸ ὄρος Σιὼν καὶ μετ' αὐτοῦ ἑκατὸν[10] τεσσεράκοντα[11] τέσσαρες χιλιάδες[12] ἔχουσαι τὸ ὄνομα αὐτοῦ καὶ τὸ ὄνομα τοῦ πατρὸς αὐτοῦ γεγραμμένον[13] ἐπὶ τῶν μετώπων[14] αὐτῶν. **2** καὶ ἤκουσα φωνὴν ἐκ τοῦ οὐρανοῦ ὡς φωνὴν ὑδάτων[15] πολλῶν[16] καὶ ὡς φωνὴν βροντῆς[17] μεγάλης, καὶ ἡ φωνὴ ἣν ἤκουσα ὡς κιθαρῳδῶν[18] κιθαριζόντων[19] ἐν ταῖς κιθάραις[20] αὐτῶν. **3** καὶ ᾄδουσιν[21] ὡς ᾠδὴν[22] καινὴν ἐνώπιον τοῦ θρόνου καὶ ἐνώπιον τῶν τεσσάρων ζῴων[23] καὶ τῶν πρεσβυτέρων, καὶ οὐδεὶς ἐδύνατο μαθεῖν[24] τὴν ᾠδὴν εἰ μὴ αἱ ἑκατὸν τεσσεράκοντα τέσσαρες χιλιάδες, οἱ ἠγορασμένοι[25] ἀπὸ τῆς γῆς.
4 οὗτοί εἰσιν οἳ μετὰ γυναικῶν οὐκ ἐμολύνθησαν[26], παρθένοι[27] γάρ εἰσιν, οὗτοι οἱ ἀκολουθοῦντες τῷ ἀρνίῳ ὅπου ἂν ὑπάγῃ. οὗτοι ἠγοράσθησαν[28] ἀπὸ τῶν ἀνθρώπων ἀπαρχὴ[29] τῷ θεῷ καὶ τῷ ἀρνίῳ, **5** καὶ ἐν τῷ στόματι αὐτῶν οὐχ εὑρέθη[30] ψεῦδος[31], ἄμωμοί[32] εἰσιν.

The Messages of the Three Angels

6 Καὶ εἶδον ἄλλον ἄγγελον πετόμενον[33] ἐν μεσουρανήματι[34], ἔχοντα εὐαγγέλιον αἰώνιον εὐαγγελίσαι ἐπὶ τοὺς καθημένους ἐπὶ τῆς γῆς καὶ ἐπὶ πᾶν ἔθνος καὶ φυλὴν καὶ γλῶσσαν καὶ λαόν, **7** λέγων ἐν φωνῇ μεγάλῃ·
φοβήθητε τὸν θεὸν καὶ δότε[35] αὐτῷ δόξαν, ὅτι ἦλθεν ἡ ὥρα τῆς κρίσεως αὐτοῦ, καὶ προσκυνήσατε τῷ ποιήσαντι τὸν οὐρανὸν καὶ τὴν γῆν καὶ θάλασσαν καὶ πηγὰς[36] ὑδάτων.

---

[1] πωλέω *aor act inf*, sell
[2] ἀριθμός, -οῦ *m*, number
[3] νοῦς, νοός, *acc* νοῦν *m*, understanding
[4] ψηφίζω 3s *aor act impv*, figure out
[5] ἑξακόσιοι, -αι/α, six hundred
[6] ἑξήκοντα, sixty
[7] ἕξ, six
[8] ἀρνίον, -ου *n*, lamb
[9] ἵστημι *pf act ptc n s nom, intrans* stand
[10] ἑκατόν, one hundred
[11] τεσσεράκοντα, forty
[12] χιλιάς, -άδος *f*, a thousand
[13] γράφω *pf pas ptc n s acc*, write
[14] μέτωπον, -ου *n*, forehead
[15] ὕδωρ, ὕδατος *n*, water
[16] πολύς, πολλή, πολύ, many
[17] βροντή, -ῆς *f*, thunder
[18] κιθαρῳδός, -οῦ *m*, harpist
[19] κιθαρίζω *pres act ptc m p gen*, play a harp
[20] κιθάρα, -ας *f*, harp
[21] ᾄδω 3p *pres act ind*, sing
[22] ᾠδή, -ῆς *f*, song
[23] ζῷον, -ου *n*, living creature
[24] μανθάνω *aor act inf*, learn
[25] ἀγοράζω *pf pas ptc m p nom*, ransom/redeem
[26] μολύνω 3p *aor pas ind*, defile
[27] παρθένος, -ου *f*, virgin
[28] ἀγοράζω 3p *aor pas ind*, ransom/redeem
[29] ἀπαρχή, -ῆς *f*, first-fruit
[30] εὑρίσκω 3s *aor pas ind*, find
[31] ψεῦδος, -ους *n*, lie
[32] ἄμωμος, -ον, faultless
[33] πέτομαι *pres mid ptc m s acc*, fly
[34] μεσουράνημα, -τος *n*, midair
[35] δίδωμι 2p *aor act impv*, give
[36] πηγή, -ῆς *f*, spring

8 Καὶ ἄλλος ἄγγελος δεύτερος ἠκολούθησεν λέγων·
ἔπεσεν[1] ἔπεσεν Βαβυλὼν ἡ μεγάλη ἐκ τοῦ οἴνου τοῦ θυμοῦ[2] τῆς πορνείας[3]
αὐτῆς πεπότικεν[4] πάντα τὰ ἔθνη.

9 Καὶ ἄλλος ἄγγελος τρίτος ἠκολούθησεν αὐτοῖς λέγων ἐν φωνῇ μεγάλῃ·
εἴ τις προσκυνεῖ τὸ θηρίον καὶ τὴν εἰκόνα[5] αὐτοῦ καὶ λαμβάνει χάραγμα[6] ἐπὶ
τοῦ μετώπου αὐτοῦ ἢ ἐπὶ τὴν χεῖρα αὐτοῦ, **10** καὶ αὐτὸς πίεται[7] ἐκ
τοῦ οἴνου τοῦ θυμοῦ[8] τοῦ θεοῦ τοῦ κεκερασμένου[9] ἀκράτου[10] ἐν τῷ
ποτηρίῳ τῆς ὀργῆς αὐτοῦ καὶ βασανισθήσεται[11] ἐν πυρὶ καὶ θείῳ[12]
ἐνώπιον ἀγγέλων ἁγίων καὶ ἐνώπιον τοῦ ἀρνίου. **11** καὶ ὁ καπνὸς[13] τοῦ
βασανισμοῦ[14] αὐτῶν εἰς αἰῶνας αἰώνων ἀναβαίνει, καὶ οὐκ ἔχουσιν
ἀνάπαυσιν[15] ἡμέρας καὶ νυκτὸς οἱ προσκυνοῦντες τὸ θηρίον καὶ τὴν
εἰκόνα αὐτοῦ καὶ εἴ τις λαμβάνει τὸ χάραγμα τοῦ ὀνόματος αὐτοῦ.
12 ὧδε ἡ ὑπομονὴ τῶν ἁγίων ἐστίν, οἱ τηροῦντες τὰς ἐντολὰς τοῦ θεοῦ
καὶ τὴν πίστιν Ἰησοῦ.

13 Καὶ ἤκουσα φωνῆς ἐκ τοῦ οὐρανοῦ λεγούσης· γράψον[16]·
μακάριοι οἱ νεκροὶ οἱ ἐν κυρίῳ ἀποθνῄσκοντες ἀπ' ἄρτι. ναί, λέγει τὸ
πνεῦμα, ἵνα ἀναπαήσονται[17] ἐκ τῶν κόπων[18] αὐτῶν, τὰ γὰρ ἔργα
αὐτῶν ἀκολουθεῖ μετ' αὐτῶν.

The Harvest of the Earth

14 Καὶ εἶδον, καὶ ἰδοὺ νεφέλη[19] λευκή[20], καὶ ἐπὶ τὴν νεφέλην καθήμενον ὅμοιον
υἱὸν ἀνθρώπου, ἔχων ἐπὶ τῆς κεφαλῆς αὐτοῦ στέφανον[21] χρυσοῦν[22] καὶ ἐν τῇ χειρὶ αὐτοῦ δρέπανον[23] ὀξύ[24]. **15** καὶ ἄλλος ἄγγελος ἐξῆλθεν ἐκ τοῦ ναοῦ κράζων ἐν
φωνῇ μεγάλῃ τῷ καθημένῳ ἐπὶ τῆς νεφέλης·
πέμψον[25] τὸ δρέπανόν σου καὶ θέρισον[26], ὅτι ἦλθεν ἡ ὥρα θερίσαι, ὅτι ἐξηράνθη[27] ὁ θερισμὸς[28] τῆς γῆς.
16 καὶ ἔβαλεν[29] ὁ καθήμενος ἐπὶ τῆς νεφέλης τὸ δρέπανον αὐτοῦ ἐπὶ τὴν γῆν καὶ
ἐθερίσθη ἡ γῆ.

---

[1] πίπτω 3s aor act ind, fall
[2] θυμός, -οῦ m, passion
[3] πορνεία, -ας f, sexual immorality
[4] ποτίζω 3s pf act ind, give to drink
[5] εἰκών, -όνος f, image
[6] χάραγμα, -τος n, mark
[7] πίνω 3s fut mid ind, drink
[8] θυμός, -οῦ m, anger
[9] κεράννυμι pf pas ptc m s gen, pour
[10] ἄκρατος, -ον, undiluted
[11] βασανίζω 3s fut pas ind, pas suffer terrible pain
[12] θεῖον, -ου n, sulphur
[13] καπνός, -οῦ m, smoke
[14] βασανισμός, -οῦ m, torment
[15] ἀνάπαυσις, -εως f, stopping
[16] γράφω 2s aor act impv, write
[17] ἀναπαύω 3p fut pas ind, pas rest
[18] κόπος, -ου m, hard work
[19] νεφέλη, -ης f, cloud
[20] λευκός, -ή/όν, white
[21] στέφανος, -ου m, crown
[22] χρυσοῦς, -ῆ/οῦν, made of gold
[23] δρέπανον, -ου n, sickle
[24] ὀξύς, -εῖα/ύ, sharp
[25] πέμπω 2s aor act impv, send
[26] θερίζω 2s aor act impv, reap
[27] ξηραίνω 3s aor pas ind, pas be ripe
[28] θερισμός, -οῦ m, harvest
[29] βάλλω 3s aor act ind, swing

17 Καὶ ἄλλος ἄγγελος ἐξῆλθεν ἐκ τοῦ ναοῦ τοῦ ἐν τῷ οὐρανῷ ἔχων καὶ αὐτὸς δρέπανον ὀξύ. **18** καὶ ἄλλος ἄγγελος ἐξῆλθεν ἐκ τοῦ θυσιαστηρίου[1] ἔχων ἐξουσίαν ἐπὶ τοῦ πυρός, καὶ ἐφώνησεν κραυγῇ[2] μεγάλῃ τῷ ἔχοντι τὸ δρέπανον τὸ ὀξὺ λέγων· πέμψον σου τὸ δρέπανον τὸ ὀξὺ καὶ τρύγησον[3] τοὺς βότρυας[4] τῆς ἀμπέλου[5] τῆς γῆς, ὅτι ἤκμασαν[6] αἱ σταφυλαὶ[7] αὐτῆς. **19** καὶ ἔβαλεν ὁ ἄγγελος τὸ δρέπανον αὐτοῦ εἰς τὴν γῆν καὶ ἐτρύγησεν τὴν ἄμπελον τῆς γῆς καὶ ἔβαλεν εἰς τὴν ληνὸν[8] τοῦ θυμοῦ[9] τοῦ θεοῦ τὸν μέγαν. **20** καὶ ἐπατήθη[10] ἡ ληνὸς[11] ἔξωθεν[12] τῆς πόλεως καὶ ἐξῆλθεν αἷμα ἐκ τῆς ληνοῦ ἄχρι τῶν χαλινῶν[13] τῶν ἵππων[14] ἀπὸ σταδίων[15] χιλίων[16] ἑξακοσίων[17].

The Angels with the Last Plagues

15 Καὶ εἶδον ἄλλο σημεῖον ἐν τῷ οὐρανῷ μέγα καὶ θαυμαστόν[18], ἀγγέλους ἑπτὰ ἔχοντας πληγὰς[19] ἑπτὰ τὰς ἐσχάτας, ὅτι ἐν αὐταῖς ἐτελέσθη[20] ὁ θυμὸς[21] τοῦ θεοῦ.

2 Καὶ εἶδον ὡς θάλασσαν ὑαλίνην[22] μεμιγμένην[23] πυρὶ καὶ τοὺς νικῶντας[24] ἐκ τοῦ θηρίου καὶ ἐκ τῆς εἰκόνος[25] αὐτοῦ καὶ ἐκ τοῦ ἀριθμοῦ[26] τοῦ ὀνόματος αὐτοῦ ἑστῶτας[27] ἐπὶ τὴν θάλασσαν τὴν ὑαλίνην ἔχοντας κιθάρας[28] τοῦ θεοῦ. **3** καὶ ᾄδουσιν[29] τὴν ᾠδὴν[30] Μωϋσέως τοῦ δούλου τοῦ θεοῦ καὶ τὴν ᾠδὴν τοῦ ἀρνίου[31] λέγοντες·

   μεγάλα καὶ θαυμαστὰ τὰ ἔργα σου,
      κύριε ὁ θεὸς ὁ παντοκράτωρ·[32]
   δίκαιαι καὶ ἀληθιναὶ[33] αἱ ὁδοί σου,
     ὁ βασιλεὺς τῶν ἐθνῶν·
  4 τίς οὐ μὴ φοβηθῇ[34], κύριε,
   καὶ δοξάσει τὸ ὄνομά σου;

---

[1] θυσιαστήριον, -ου n, altar
[2] κραυγή, -ῆς f, shout
[3] τρυγάω 2s aor act impv, gather
[4] βότρυς, -υος m, bunch
[5] ἄμπελος, -ου f, grapevine
[6] ἀκμάζω 3p aor act ind, become ripe
[7] σταφυλή, -ῆς f, (bunch of) grapes
[8] ληνός, -οῦ f, wine press
[9] θυμός, -οῦ m, anger
[10] πατέω 3s aor pas ind, trample
[11] ληνός, -οῦ f, wine press
[12] ἔξωθεν, prep + gen, outside
[13] χαλινός, -οῦ m, bridle
[14] ἵππος, -ου m, horse
[15] στάδιον, -ων m, stadion (about 607 feet or 185 meters)
[16] χίλιοι, -αι/α, thousand
[17] ἑξακόσιοι, -αι/α, six hundred
[18] θαυμαστός, -ή/όν, wonderful
[19] πληγή, -ῆς f, plague
[20] τελέω 3s aor pas ind, complete
[21] θυμός, -οῦ m, anger
[22] ὑάλινος, -η/ον, of glass
[23] μίγνυμι pf pas ptc f s acc, mix
[24] νικάω pres act ptc m p acc, conquer
[25] εἰκών, -όνος f, image
[26] ἀριθμός, -οῦ m, number
[27] ἵστημι pf act ptc m p acc, intrans stand
[28] κιθάρα, -ας f, harp
[29] ᾄδω 3p pres act ind, sing
[30] ᾠδή, -ῆς f, song
[31] ἀρνίον, -ου n, lamb
[32] παντοκράτωρ, -οροs m, the Almighty
[33] ἀληθινός, -ή/όν, true
[34] φοβέω 3s aor pas sub, pas fear

ὅτι μόνος ὅσιος[1],
ὅτι πάντα τὰ ἔθνη ἥξουσιν[2]
καὶ προσκυνήσουσιν ἐνώπιόν σου,
ὅτι τὰ δικαιώματά[3] σου ἐφανερώθησαν.

5 Καὶ μετὰ ταῦτα εἶδον, καὶ ἠνοίγη[4] ὁ ναὸς τῆς σκηνῆς[5] τοῦ μαρτυρίου[6] ἐν τῷ οὐρανῷ, **6** καὶ ἐξῆλθον οἱ ἑπτὰ ἄγγελοι οἱ ἔχοντες τὰς ἑπτὰ πληγὰς ἐκ τοῦ ναοῦ ἐνδεδυμένοι[7] λίνον[8] καθαρὸν[9] λαμπρὸν[10] καὶ περιεζωσμένοι[11] περὶ τὰ στήθη[12] ζώνας[13] χρυσᾶς[14]. **7** καὶ ἓν ἐκ τῶν τεσσάρων ζῴων[15] ἔδωκεν τοῖς ἑπτὰ ἀγγέλοις ἑπτὰ φιάλας[16] χρυσᾶς γεμούσας[17] τοῦ θυμοῦ τοῦ θεοῦ τοῦ ζῶντος εἰς τοὺς αἰῶνας τῶν αἰώνων. **8** καὶ ἐγεμίσθη[18] ὁ ναὸς καπνοῦ[19] ἐκ τῆς δόξης τοῦ θεοῦ καὶ ἐκ τῆς δυνάμεως αὐτοῦ, καὶ οὐδεὶς ἐδύνατο εἰσελθεῖν εἰς τὸν ναὸν ἄχρι τελεσθῶσιν αἱ ἑπτὰ πληγαὶ τῶν ἑπτὰ ἀγγέλων.

The Bowls of God's Wrath

16 Καὶ ἤκουσα φωνῆς μεγάλης ἐκ τοῦ ναοῦ λεγούσης τοῖς ἑπτὰ ἀγγέλοις· ὑπάγετε καὶ ἐκχέετε[20] τὰς ἑπτὰ φιάλας[21] τοῦ θυμοῦ τοῦ θεοῦ εἰς τὴν γῆν.

2 Καὶ ἀπῆλθεν ὁ πρῶτος καὶ ἐξέχεεν[22] τὴν φιάλην αὐτοῦ εἰς τὴν γῆν, καὶ ἐγένετο ἕλκος[23] κακὸν καὶ πονηρὸν ἐπὶ τοὺς ἀνθρώπους τοὺς ἔχοντας τὸ χάραγμα[24] τοῦ θηρίου καὶ τοὺς προσκυνοῦντας τῇ εἰκόνι[25] αὐτοῦ.

3 Καὶ ὁ δεύτερος ἐξέχεεν τὴν φιάλην αὐτοῦ εἰς τὴν θάλασσαν, καὶ ἐγένετο αἷμα ὡς νεκροῦ, καὶ πᾶσα ψυχὴ ζωῆς ἀπέθανεν τὰ ἐν τῇ θαλάσσῃ.

4 Καὶ ὁ τρίτος ἐξέχεεν τὴν φιάλην αὐτοῦ εἰς τοὺς ποταμοὺς[26] καὶ τὰς πηγὰς[27] τῶν ὑδάτων[28], καὶ ἐγένετο αἷμα. **5** καὶ ἤκουσα τοῦ ἀγγέλου τῶν ὑδάτων λέγοντος·
δίκαιος εἶ, ὁ ὢν καὶ ὁ ἦν, ὁ ὅσιος[29],
ὅτι ταῦτα ἔκρινας,
6 ὅτι αἷμα ἁγίων καὶ προφητῶν ἐξέχεαν
καὶ αἷμα αὐτοῖς ἔδωκας πιεῖν[30],
ἄξιοί εἰσιν.

---

[1] ὅσιος, -α/ον, holy
[2] ἥκω 3p fut act ind, come
[3] δικαίωμα, -τος n, judgment
[4] ἀνοίγω 3s aor pas ind, open
[5] σκηνή, -ῆς f, tent
[6] μαρτύριον, -ου n, testimony
[7] ἐνδύω pf mid ptc m p nom, mid wear
[8] λίνον, -ου n, linen
[9] καθαρός, -ά/όν, pure
[10] λαμπρός, -ά/όν, bright
[11] περιζώννυμι pf pas or mid ptc m p nom, wrap around
[12] στῆθος, -ους n, chest
[13] ζώνη, -ης f, belt
[14] χρυσοῦς, -ῆ/οῦν, made of gold
[15] ζῷον, -ου n, living creature
[16] φιάλη, -ης f, bowl
[17] γέμω pres act ptc f p acc, be full
[18] γεμίζω 3s aor pas ind, fill
[19] καπνός, -οῦ m, smoke
[20] ἐκχέω 2p pres or aor act impv, pour out
[21] φιάλη, -ης f, bowl
[22] ἐκχέω 3s aor act ind, pour out
[23] ἕλκος, -ους n, sore
[24] χάραγμα, -τος n, mark
[25] εἰκών, -όνος f, image
[26] ποταμός, -οῦ m, river
[27] πηγή, -ῆς f, spring
[28] ὕδωρ, ὕδατος n, water
[29] ὅσιος, -α/ον, holy
[30] πίνω aor act inf, drink

7 καὶ ἤκουσα τοῦ θυσιαστηρίου[1] λέγοντος·
ναὶ κύριε ὁ θεὸς ὁ παντοκράτωρ[2],
ἀληθιναὶ[3] καὶ δίκαιαι αἱ κρίσεις σου.

8 Καὶ ὁ τέταρτος[4] ἐξέχεεν τὴν φιάλην αὐτοῦ ἐπὶ τὸν ἥλιον, καὶ ἐδόθη[5] αὐτῷ καυματίσαι[6] τοὺς ἀνθρώπους ἐν πυρί. **9** καὶ ἐκαυματίσθησαν οἱ ἄνθρωποι καῦμα[7] μέγα καὶ ἐβλασφήμησαν τὸ ὄνομα τοῦ θεοῦ τοῦ ἔχοντος τὴν ἐξουσίαν ἐπὶ τὰς πληγὰς ταύτας καὶ οὐ μετενόησαν δοῦναι[8] αὐτῷ δόξαν.

10 Καὶ ὁ πέμπτος[9] ἐξέχεεν τὴν φιάλην αὐτοῦ ἐπὶ τὸν θρόνον τοῦ θηρίου, καὶ ἐγένετο ἡ βασιλεία αὐτοῦ ἐσκοτωμένη[10], καὶ ἐμασῶντο[11] τὰς γλώσσας αὐτῶν ἐκ τοῦ πόνου[12], **11** καὶ ἐβλασφήμησαν τὸν θεὸν τοῦ οὐρανοῦ ἐκ τῶν πόνων αὐτῶν καὶ ἐκ τῶν ἑλκῶν αὐτῶν καὶ οὐ μετενόησαν ἐκ τῶν ἔργων αὐτῶν.

12 Καὶ ὁ ἕκτος[13] ἐξέχεεν τὴν φιάλην αὐτοῦ ἐπὶ τὸν ποταμὸν τὸν μέγαν τὸν Εὐφράτην, καὶ ἐξηράνθη[14] τὸ ὕδωρ αὐτοῦ, ἵνα ἑτοιμασθῇ ἡ ὁδὸς τῶν βασιλέων τῶν ἀπὸ ἀνατολῆς[15] ἡλίου. **13** καὶ εἶδον ἐκ τοῦ στόματος τοῦ δράκοντος[16] καὶ ἐκ τοῦ στόματος τοῦ θηρίου καὶ ἐκ τοῦ στόματος τοῦ ψευδοπροφήτου[17] πνεύματα τρία ἀκάθαρτα ὡς βάτραχοι[18]. **14** εἰσὶν γὰρ πνεύματα δαιμονίων ποιοῦντα σημεῖα, ἃ ἐκπορεύεται ἐπὶ τοὺς βασιλεῖς τῆς οἰκουμένης[19] ὅλης συναγαγεῖν[20] αὐτοὺς εἰς τὸν πόλεμον[21] τῆς ἡμέρας τῆς μεγάλης τοῦ θεοῦ τοῦ παντοκράτορος. **15** ἰδοὺ ἔρχομαι ὡς κλέπτης[22]. μακάριος ὁ γρηγορῶν[23] καὶ τηρῶν τὰ ἱμάτια αὐτοῦ, ἵνα μὴ γυμνὸς[24] περιπατῇ καὶ βλέπωσιν τὴν ἀσχημοσύνην[25] αὐτοῦ. **16** καὶ συνήγαγεν αὐτοὺς εἰς τὸν τόπον τὸν καλούμενον Ἑβραϊστὶ Ἁρμαγεδών.

17 Καὶ ὁ ἕβδομος[26] ἐξέχεεν τὴν φιάλην αὐτοῦ ἐπὶ τὸν ἀέρα[27], καὶ ἐξῆλθεν φωνὴ μεγάλη ἐκ τοῦ ναοῦ ἀπὸ τοῦ θρόνου λέγουσα· γέγονεν[28]. **18** καὶ ἐγένοντο ἀστραπαὶ[29] καὶ φωναὶ καὶ βρονταὶ[30] καὶ σεισμὸς[31] ἐγένετο μέγας, οἷος[32] οὐκ ἐγένετο ἀφ' οὗ ἄνθρωποι ἐγένοντο ἐπὶ τῆς γῆς τηλικοῦτος[33] σεισμὸς οὕτως μέγας. **19** καὶ ἐγένετο ἡ πόλις ἡ μεγάλη εἰς τρία μέρη καὶ αἱ πόλεις τῶν ἐθνῶν ἔπεσαν[34]. καὶ Βαβυλὼν

---

[1] θυσιαστήριον, -ου n, altar
[2] παντοκράτωρ, -ορος m, the Almighty
[3] ἀληθινός, -ή/όν, true
[4] τέταρτος, -η/ον, fourth
[5] δίδωμι 3s aor pas ind, allow
[6] καυματίζω aor act inf, scorch
[7] καῦμα, -τος n, heat
[8] δίδωμι aor act inf, give
[9] πέμπτος, -η/ον, fifth
[10] σκοτόομαι pf pas ptc f s nom, be covered in darkness
[11] μασάομαι 3p impf mid ind, gnaw
[12] πόνος, -ου m, pain
[13] ἕκτος, -η/ον, sixth
[14] ξηραίνω 3s aor pas ind, pas dry up
[15] ἀνατολή, -ῆς f, rising (ἁ. ἡλίου east)
[16] δράκων, -οντος m, dragon
[17] ψευδοπροφήτης, -ου m, false prophet
[18] βάτραχος, -ου m, frog
[19] οἰκουμένη, -ης f, world
[20] συνάγω aor act inf, gather
[21] πόλεμος, -ου m, battle
[22] κλέπτης, -ου m, thief
[23] γρηγορέω pres act ptc m s nom, be awake
[24] γυμνός, -ή/όν, naked
[25] ἀσχημοσύνη, -ης f, shame
[26] ἕβδομος, -η/ον, seventh
[27] ἀήρ, -έρος m, air
[28] γίνομαι 3s pf act ind, happen
[29] ἀστραπή, -ῆς f, lightning
[30] βροντή, -ῆς f, thunder
[31] σεισμός, -οῦ m, earthquake
[32] οἷος, -α/ον, rel pro, such as
[33] τηλικοῦτος, -αύτη/οῦτο, so terrible
[34] πίπτω 3p aor act ind, fall

ἡ μεγάλη ἐμνήσθη[1] ἐνώπιον τοῦ θεοῦ δοῦναι αὐτῇ τὸ ποτήριον τοῦ οἴνου τοῦ θυμοῦ τῆς ὀργῆς αὐτοῦ. **20** καὶ πᾶσα νῆσος[2] ἔφυγεν[3] καὶ ὄρη οὐχ εὑρέθησαν[4]. **21** καὶ χάλαζα[5] μεγάλη ὡς ταλαντιαία[6] καταβαίνει ἐκ τοῦ οὐρανοῦ ἐπὶ τοὺς ἀνθρώπους, καὶ ἐβλασφήμησαν οἱ ἄνθρωποι τὸν θεὸν ἐκ τῆς πληγῆς τῆς χαλάζης, ὅτι μεγάλη ἐστὶν ἡ πληγὴ αὐτῆς σφόδρα[7].

The Great Whore and the Beast

17 Καὶ ἦλθεν εἷς ἐκ τῶν ἑπτὰ ἀγγέλων τῶν ἐχόντων τὰς ἑπτὰ φιάλας καὶ ἐλάλησεν μετ' ἐμοῦ λέγων· δεῦρο[8], δείξω[9] σοι τὸ κρίμα[10] τῆς πόρνης[11] τῆς μεγάλης τῆς καθημένης ἐπὶ ὑδάτων[12] πολλῶν[13], **2** μεθ' ἧς ἐπόρνευσαν[14] οἱ βασιλεῖς τῆς γῆς καὶ ἐμεθύσθησαν[15] οἱ κατοικοῦντες τὴν γῆν ἐκ τοῦ οἴνου τῆς πορνείας[16] αὐτῆς. **3** καὶ ἀπήνεγκέν[17] με εἰς ἔρημον ἐν πνεύματι.

Καὶ εἶδον γυναῖκα καθημένην ἐπὶ θηρίον κόκκινον[18], γέμον[19] ὀνόματα βλασφημίας[20], ἔχον κεφαλὰς ἑπτὰ καὶ κέρατα[21] δέκα[22]. **4** καὶ ἡ γυνὴ ἦν περιβεβλημένη[23] πορφυροῦν[24] καὶ κόκκινον καὶ κεχρυσωμένη[25] χρυσίῳ[26] καὶ λίθῳ τιμίῳ[27] καὶ μαργαρίταις[28], ἔχουσα ποτήριον χρυσοῦν[29] ἐν τῇ χειρὶ αὐτῆς γέμον βδελυγμάτων[30] καὶ τὰ ἀκάθαρτα τῆς πορνείας αὐτῆς **5** καὶ ἐπὶ τὸ μέτωπον[31] αὐτῆς ὄνομα γεγραμμένον[32], μυστήριον[33], Βαβυλὼν ἡ μεγάλη, ἡ μήτηρ τῶν πορνῶν καὶ τῶν βδελυγμάτων τῆς γῆς. **6** καὶ εἶδον τὴν γυναῖκα μεθύουσαν ἐκ τοῦ αἵματος τῶν ἁγίων καὶ ἐκ τοῦ αἵματος τῶν μαρτύρων Ἰησοῦ. καὶ ἐθαύμασα ἰδὼν αὐτὴν θαῦμα[34] μέγα.

7 Καὶ εἶπέν μοι ὁ ἄγγελος· διὰ τί ἐθαύμασας; ἐγὼ ἐρῶ[35] σοι τὸ μυστήριον τῆς γυναικὸς καὶ τοῦ θηρίου τοῦ βαστάζοντος[36] αὐτὴν τοῦ ἔχοντος τὰς ἑπτὰ κεφαλὰς καὶ τὰ δέκα κέρατα. **8** τὸ θηρίον ὃ εἶδες ἦν καὶ οὐκ ἔστιν καὶ μέλλει ἀναβαίνειν ἐκ τῆς ἀβύσσου[37] καὶ εἰς ἀπώλειαν[38] ὑπάγειν, καὶ θαυμάσονται οἱ κατοικοῦντες

---

[1] μιμνήσκομαι 3s aor pas ind, remember
[2] νῆσος, -ου f, island
[3] φεύγω 3s aor act ind, run away
[4] εὑρίσκω 3p aor pas ind, find
[5] χάλαζα, -ης f, hail
[6] ταλαντιαῖος, -α/ον, weighing a talent (Greek coin of variable weight)
[7] σφόδρα, adv, very much
[8] δεῦρο, interj, Come!
[9] δείκνυμι 1s fut act ind, show
[10] κρίμα, -τος n, judgment
[11] πόρνη, -ης f, prostitute
[12] ὕδωρ, ὕδατος n, water
[13] πολύς, πολλή, πολύ, many
[14] πορνεύω 3p aor act ind, commit sexual immorality
[15] μεθύσκω 3p aor pas ind, pas get drunk
[16] πορνεία, -ας f, sexual immorality
[17] ἀποφέρω 3s aor act ind, take
[18] κόκκινος, -η/ον, scarlet
[19] γέμω pres act ptc n s acc, be full
[20] βλασφημία, -ας f, blasphemy
[21] κέρας, -ατος n, horn
[22] δέκα, ten
[23] περιβάλλω pf pas ptc f s nom, clothe
[24] πορφυροῦς, -ᾶ/οῦν, purple
[25] χρυσόω pf pas ptc f s nom, adorn with gold
[26] χρυσίον, -ου n, gold
[27] τίμιος, -α/ον, precious
[28] μαργαρίτης, -ου m, pearl
[29] χρυσοῦς, -ῆ/οῦν, made of gold
[30] βδέλυγμα, -τος n, something detestable
[31] μέτωπον, -ου n, forehead
[32] γράφω pf pas ptc n s nom, write
[33] μυστήριον, -ου n, mystery
[34] θαῦμα, -τος n, wonder
[35] λέγω 1s fut act ind, explain
[36] βαστάζω pres act ptc n s gen, carry
[37] ἄβυσσος, -ου f, abyss
[38] ἀπώλεια, -ας f, destruction

ἐπὶ τῆς γῆς, ὧν οὐ γέγραπται τὸ ὄνομα ἐπὶ τὸ βιβλίον τῆς ζωῆς ἀπὸ καταβολῆς[1] κόσμου, βλεπόντων τὸ θηρίον ὅτι ἦν καὶ οὐκ ἔστιν καὶ παρέσται[2]. **9** ὧδε ὁ νοῦς[3] ὁ ἔχων σοφίαν. αἱ ἑπτὰ κεφαλαὶ ἑπτὰ ὄρη εἰσίν, ὅπου ἡ γυνὴ κάθηται ἐπ' αὐτῶν. καὶ βασιλεῖς ἑπτά εἰσιν· **10** οἱ πέντε ἔπεσαν[4], ὁ εἷς ἔστιν, ὁ ἄλλος οὔπω[5] ἦλθεν, καὶ ὅταν ἔλθῃ[6] ὀλίγον αὐτὸν δεῖ μεῖναι[7]. **11** καὶ τὸ θηρίον ὃ ἦν καὶ οὐκ ἔστιν καὶ αὐτὸς ὄγδοός[8] ἐστιν καὶ ἐκ τῶν ἑπτά ἐστιν, καὶ εἰς ἀπώλειαν ὑπάγει. **12** καὶ τὰ δέκα κέρατα ἃ εἶδες δέκα βασιλεῖς εἰσιν, οἵτινες βασιλείαν οὔπω ἔλαβον, ἀλλ' ἐξουσίαν ὡς βασιλεῖς μίαν ὥραν λαμβάνουσιν μετὰ τοῦ θηρίου. **13** οὗτοι μίαν γνώμην[9] ἔχουσιν καὶ τὴν δύναμιν καὶ ἐξουσίαν αὐτῶν τῷ θηρίῳ διδόασιν[10]. **14** οὗτοι μετὰ τοῦ ἀρνίου[11] πολεμήσουσιν[12] καὶ τὸ ἀρνίον νικήσει[13] αὐτούς, ὅτι κύριος κυρίων ἐστὶν καὶ βασιλεὺς βασιλέων καὶ οἱ μετ' αὐτοῦ κλητοὶ[14] καὶ ἐκλεκτοὶ[15] καὶ πιστοί.

15 Καὶ λέγει μοι· τὰ ὕδατα ἃ εἶδες οὗ[16] ἡ πόρνη[17] κάθηται, λαοὶ καὶ ὄχλοι εἰσὶν καὶ ἔθνη καὶ γλῶσσαι. **16** καὶ τὰ δέκα κέρατα ἃ εἶδες καὶ τὸ θηρίον οὗτοι μισήσουσιν τὴν πόρνην καὶ ἠρημωμένην[18] ποιήσουσιν αὐτὴν καὶ γυμνὴν[19] καὶ τὰς σάρκας αὐτῆς φάγονται[20] καὶ αὐτὴν κατακαύσουσιν[21] ἐν πυρί. **17** ὁ γὰρ θεὸς ἔδωκεν εἰς τὰς καρδίας αὐτῶν ποιῆσαι τὴν γνώμην αὐτοῦ καὶ ποιῆσαι μίαν γνώμην καὶ δοῦναι[22] τὴν βασιλείαν αὐτῶν τῷ θηρίῳ ἄχρι τελεσθήσονται[23] οἱ λόγοι τοῦ θεοῦ. **18** καὶ ἡ γυνὴ ἣν εἶδες ἔστιν ἡ πόλις ἡ μεγάλη ἡ ἔχουσα βασιλείαν ἐπὶ τῶν βασιλέων τῆς γῆς.

The Fall of Babylon

18 Μετὰ ταῦτα εἶδον ἄλλον ἄγγελον καταβαίνοντα ἐκ τοῦ οὐρανοῦ ἔχοντα ἐξουσίαν μεγάλην, καὶ ἡ γῆ ἐφωτίσθη[24] ἐκ τῆς δόξης αὐτοῦ. **2** καὶ ἔκραξεν ἐν ἰσχυρᾷ[25] φωνῇ λέγων·

ἔπεσεν[26] ἔπεσεν Βαβυλὼν ἡ μεγάλη, καὶ ἐγένετο κατοικητήριον[27] δαιμόνων καὶ φυλακὴ παντὸς πνεύματος ἀκαθάρτου καὶ φυλακὴ παντὸς ὀρνέου[28] ἀκαθάρτου καὶ μεμισημένου[29],

---

[1] καταβολή, -ῆς f, creation
[2] πάρειμι 3s fut mid ind, be here
[3] νοῦς, νοός m, mind
[4] πίπτω 3p aor act ind, fall
[5] οὔπω, adv, not yet
[6] ἔρχομαι 3s aor act sub, come
[7] μένω aor act inf, remain
[8] ὄγδοος, -η/ον, eighth
[9] γνώμη, -ης f, purpose
[10] δίδωμι 3p pres act ind, give
[11] ἀρνίον, -ου n, lamb
[12] πολεμέω 3p fut act ind, make war
[13] νικάω 3s fut act ind, defeat
[14] κλητός, -ή/όν, called
[15] ἐκλεκτός, -ή/όν, chosen
[16] οὗ, adv, where
[17] πόρνη, -ης f, prostitute
[18] ἐρημόω pf pas ptc f s acc, make desolate
[19] γυμνός, -ή/όν, naked
[20] ἐσθίω 3p fut mid ind, eat
[21] κατακαίω 3p fut act ind, burn up
[22] δίδωμι aor act inf, give
[23] τελέω 3p fut pas ind, fulfill
[24] φωτίζω 3s aor pas ind, make bright
[25] ἰσχυρός, -ά/όν, mighty
[26] πίπτω 3s aor act ind, fall
[27] κατοικητήριον, -ου n, home
[28] ὄρνεον, -ου n, bird
[29] μισέω pf pas ptc n s gen, hate

ΑΠΟΚΑΛΥΨΙΣ ΙΩΑΝΝΟΥ

3 ὅτι ἐκ τοῦ οἴνου τοῦ θυμοῦ[1] τῆς πορνείας[2] αὐτῆς πεπτώκασιν[3] πάντα τὰ ἔθνη καὶ οἱ βασιλεῖς τῆς γῆς μετ' αὐτῆς ἐπόρνευσαν[4] καὶ οἱ ἔμποροι[5] τῆς γῆς ἐκ τῆς δυνάμεως τοῦ στρήνους[6] αὐτῆς ἐπλούτησαν[7].
4 Καὶ ἤκουσα ἄλλην φωνὴν ἐκ τοῦ οὐρανοῦ λέγουσαν·
ἐξέλθατε ἐξ αὐτῆς[8] ὁ λαός μου ἵνα μὴ συγκοινωνήσητε[9] ταῖς ἁμαρτίαις αὐτῆς, καὶ ἐκ τῶν πληγῶν[10] αὐτῆς ἵνα μὴ λάβητε[11],
5 ὅτι ἐκολλήθησαν[12] αὐτῆς αἱ ἁμαρτίαι ἄχρι τοῦ οὐρανοῦ καὶ ἐμνημόνευσεν[13] ὁ θεὸς τὰ ἀδικήματα[14] αὐτῆς. **6** ἀπόδοτε[15] αὐτῇ ὡς καὶ αὐτὴ ἀπέδωκεν καὶ διπλώσατε[16] διπλᾶ[17] κατὰ τὰ ἔργα αὐτῆς, ἐν τῷ ποτηρίῳ ᾧ ἐκέρασεν[18] κεράσατε αὐτῇ διπλοῦν, **7** ὅσα ἐδόξασεν ἑαυτὴν καὶ ἐστρηνίασεν[19], τοσοῦτον[20] δότε[21] αὐτῇ βασανισμὸν[22] καὶ πένθος[23]. ὅτι ἐν τῇ καρδίᾳ αὐτῆς λέγει ὅτι κάθημαι βασίλισσα[24] καὶ χήρα[25] οὐκ εἰμὶ καὶ πένθος οὐ μὴ ἴδω[26]. **8** διὰ τοῦτο ἐν μιᾷ ἡμέρᾳ ἥξουσιν[27] αἱ πληγαὶ αὐτῆς, θάνατος καὶ πένθος καὶ λιμός[28], καὶ ἐν πυρὶ κατακαυθήσεται[29], ὅτι ἰσχυρὸς κύριος ὁ θεὸς ὁ κρίνας αὐτήν.
9 Καὶ κλαύσουσιν καὶ κόψονται[30] ἐπ' αὐτὴν οἱ βασιλεῖς τῆς γῆς οἱ μετ' αὐτῆς πορνεύσαντες καὶ στρηνιάσαντες, ὅταν βλέπωσιν τὸν καπνὸν[31] τῆς πυρώσεως[32] αὐτῆς, **10** ἀπὸ μακρόθεν[33] ἑστηκότες[34] διὰ τὸν φόβον τοῦ βασανισμοῦ αὐτῆς λέγοντες·
οὐαὶ οὐαί, ἡ πόλις ἡ μεγάλη,
Βαβυλὼν ἡ πόλις ἡ ἰσχυρά,
ὅτι μιᾷ ὥρᾳ ἦλθεν ἡ κρίσις σου.
11 Καὶ οἱ ἔμποροι τῆς γῆς κλαίουσιν καὶ πενθοῦσιν[35] ἐπ' αὐτήν, ὅτι τὸν γόμον[36] αὐτῶν οὐδεὶς ἀγοράζει οὐκέτι **12** γόμον χρυσοῦ[37] καὶ ἀργύρου[38] καὶ λίθου τιμίου[39]

---

[1] θυμός, -οῦ m, passion
[2] πορνεία, -ας f, sexual immorality
[3] πίπτω 3p pf act ind, fallen
[4] πορνεύω 3p aor act ind, commit sexual immorality
[5] ἔμπορος, -ου m, merchant
[6] στρῆνος, -ους n, sensuality/luxury
[7] πλουτέω 3p aor act ind, grow rich
[8] ἐξέρχομαι 2p aor act impv, come out
[9] συγκοινωνέω 2p aor act sub, take part in
[10] πληγή, -ῆς f, plague
[11] λαμβάνω 2p aor act sub, receive
[12] κολλάομαι 3p aor pas ind, pile up
[13] μνημονεύω 3s aor act ind, remember
[14] ἀδίκημα, -τος n, crime
[15] ἀποδίδωμι 2p aor act impv, give
[16] διπλόω 2p aor act impv, double
[17] διπλοῦς, -ῆ/οῦν, double (διπλόω τὰ δ. repay double)
[18] κεράννυμι 3s aor act ind, mix
[19] στρηνιάω 3s aor act ind, live in sensuality/luxury
[20] τοσοῦτος, -αύτη/οῦτον, as much
[21] δίδωμι 2p aor act impv, give
[22] βασανισμός, -οῦ m, torment
[23] πένθος, -ους n, sorrow
[24] βασίλισσα, -ης f, queen
[25] χήρα, -ας f, widow
[26] ὁράω 1s aor act sub, experience
[27] ἥκω 3p fut act ind, come
[28] λιμός, -οῦ m, famine
[29] κατακαίω 3s fut pas ind, burn up
[30] κόπτω 3p fut mid ind, mid mourn
[31] καπνός, -οῦ m, smoke
[32] πύρωσις, -εως f, burning
[33] μακρόθεν, adv, far off (ἀπὸ μ. far off)
[34] ἵστημι pf act ptc m p nom, intrans stand
[35] πενθέω 3p pres act ind, mourn
[36] γόμος, -ου m, cargo
[37] χρυσός, -ῆ/οῦν, gold
[38] ἄργυρος, -ου m, silver
[39] τίμιος, -α/ον, precious

καὶ μαργαριτῶν[1] καὶ βυσσίνου[2] καὶ πορφύρας[3] καὶ σιρικοῦ[4] καὶ κοκκίνου[5], καὶ πᾶν ξύλον[6] θύϊνον[7] καὶ πᾶν σκεῦος[8] ἐλεφάντινον[9] καὶ πᾶν σκεῦος ἐκ ξύλου τιμιωτάτου[10] καὶ χαλκοῦ[11] καὶ σιδήρου[12] καὶ μαρμάρου[13], **13** καὶ κιννάμωμον[14] καὶ ἄμωμον[15] καὶ θυμιάματα[16] καὶ μύρον[17] καὶ λίβανον[18] καὶ οἶνον καὶ ἔλαιον[19] καὶ σεμίδαλιν[20] καὶ σῖτον[21] καὶ κτήνη[22] καὶ πρόβατα, καὶ ἵππων[23] καὶ ῥεδῶν[24] καὶ σωμάτων, καὶ ψυχὰς ἀνθρώπων.

14 καὶ ἡ ὀπώρα[25] σου τῆς ἐπιθυμίας τῆς ψυχῆς ἀπῆλθεν ἀπὸ σοῦ,
καὶ πάντα τὰ λιπαρὰ[26] καὶ τὰ λαμπρὰ[27] ἀπώλετο[28] ἀπὸ σοῦ
καὶ οὐκέτι αὐτὰ οὐ μὴ εὑρήσουσιν[29].

15 Οἱ ἔμποροι τούτων οἱ πλουτήσαντες[30] ἀπ' αὐτῆς ἀπὸ μακρόθεν[31] στήσονται[32] διὰ τὸν φόβον τοῦ βασανισμοῦ αὐτῆς κλαίοντες καὶ πενθοῦντες **16** λέγοντες·
οὐαὶ οὐαί, ἡ πόλις ἡ μεγάλη,
ἡ περιβεβλημένη[33] βύσσινον καὶ πορφυροῦν[34] καὶ κόκκινον
καὶ κεχρυσωμένη[35] ἐν χρυσίῳ καὶ λίθῳ τιμίῳ καὶ μαργαρίτῃ,
17 ὅτι μιᾷ ὥρᾳ ἠρημώθη[36] ὁ τοσοῦτος[37] πλοῦτος[38].

Καὶ πᾶς κυβερνήτης[39] καὶ πᾶς ὁ ἐπὶ τόπον πλέων[40] καὶ ναῦται[41] καὶ ὅσοι τὴν θάλασσαν ἐργάζονται, ἀπὸ μακρόθεν ἔστησαν **18** καὶ ἔκραζον βλέποντες τὸν καπνὸν[42] τῆς πυρώσεως[43] αὐτῆς λέγοντες· τίς ὁμοία τῇ πόλει τῇ μεγάλῃ; **19** καὶ ἔβαλον[44] χοῦν[45] ἐπὶ τὰς κεφαλὰς αὐτῶν καὶ ἔκραζον κλαίοντες καὶ πενθοῦντες καὶ λέγοντες·
οὐαὶ οὐαί, ἡ πόλις ἡ μεγάλη,
ἐν ᾗ ἐπλούτησαν πάντες οἱ ἔχοντες τὰ πλοῖα ἐν τῇ θαλάσσῃ ἐκ τῆς τιμιότητος[46] αὐτῆς,
ὅτι μιᾷ ὥρᾳ ἠρημώθη.

---

[1] μαργαρίτης, -ου m, pearl
[2] βύσσινος, -η/ον, made of fine linen
[3] πορφύρα, -ας f, purple cloth
[4] σιρικός, -οῦ n, silk cloth
[5] κόκκινος, -η/ον, scarlet
[6] ξύλον, -ου n, wood
[7] θύϊνος, -η/ον, scented
[8] σκεῦος, -ους n, object
[9] ἐλεφάντινος, -η/ον, of ivory
[10] τίμιος, costly (super)
[11] χαλκός, -οῦ m, brass
[12] σίδηρος, -ου m, iron
[13] μάρμαρος, -ου m, marble
[14] κιννάμωμον, -ου n, cinnamon
[15] ἄμωμον, -ου n, spice
[16] θυμίαμα, -τος n, incense
[17] μύρον, -ου n, perfume/ointment
[18] λίβανος, -ου m, frankincense
[19] ἔλαιον, -ου n, olive oil
[20] σεμίδαλις, -εως f, fine flour
[21] σῖτος, -ου m, wheat
[22] κτῆνος, -ους n, pl cattle
[23] ἵππος, -ου m, horse
[24] ῥεδή, -ῆς f, carriage
[25] ὀπώρα, -ας f, fruit
[26] λιπαρός, -ά/όν, luxurious
[27] λαμπρός, -ά/όν, splendid
[28] ἀπόλλυμι 3s aor mid ind, mid be lost
[29] εὑρίσκω 3p fut act ind, find
[30] πλουτέω aor act ptc m p nom, prosper
[31] μακρόθεν, adv, far off (ἀπὸ μ. far off)
[32] ἵστημι 3p fut mid ind, intrans stand
[33] περιβάλλω pf pas ptc f s nom or voc, clothe
[34] πορφυροῦς, -ᾶ/οῦν, purple
[35] χρυσόω pf pas ptc f s nom or voc, adorn with gold
[36] ἐρημόω 3s aor pas ind, make desolate
[37] τοσοῦτος, -αύτη/οῦτον, so much
[38] πλοῦτος, -ου m, wealth
[39] κυβερνήτης, -ου m, ship captain
[40] πλέω pres act ptc m s nom, sail
[41] ναύτης, -ου m, sailor
[42] καπνός, -οῦ m, smoke
[43] πύρωσις, -εως f, burning
[44] βάλλω 3p aor act ind, throw
[45] χοῦς, χοός, acc χοῦν m, dust
[46] τιμιότης, -ητος f, wealth

20 εὐφραίνου[1] ἐπ' αὐτῇ, οὐρανὲ
καὶ οἱ ἅγιοι καὶ οἱ ἀπόστολοι καὶ οἱ προφῆται,
ὅτι ἔκρινεν ὁ θεὸς τὸ κρίμα ὑμῶν ἐξ αὐτῆς.
21 Καὶ ἦρεν[2] εἷς ἄγγελος ἰσχυρὸς[3] λίθον ὡς μύλον[4] μέγαν καὶ ἔβαλεν εἰς τὴν θάλασσαν λέγων·
οὕτως ὁρμήματι[5] βληθήσεται[6] Βαβυλὼν ἡ μεγάλη πόλις
καὶ οὐ μὴ εὑρεθῇ[7] ἔτι.
22 καὶ φωνὴ κιθαρῳδῶν[8] καὶ μουσικῶν[9] καὶ αὐλητῶν[10] καὶ σαλπιστῶν[11]
οὐ μὴ ἀκουσθῇ ἐν σοὶ ἔτι,
καὶ πᾶς τεχνίτης[12] πάσης τέχνης[13]
οὐ μὴ εὑρεθῇ ἐν σοὶ ἔτι,
καὶ φωνὴ μύλου
οὐ μὴ ἀκουσθῇ ἐν σοὶ ἔτι,
23 καὶ φῶς λύχνου[14]
οὐ μὴ φάνῃ[15] ἐν σοὶ ἔτι,
καὶ φωνὴ νυμφίου[16] καὶ νύμφης[17]
οὐ μὴ ἀκουσθῇ ἐν σοὶ ἔτι·
ὅτι οἱ ἔμποροί σου ἦσαν οἱ μεγιστᾶνες[18] τῆς γῆς,
ὅτι ἐν τῇ φαρμακείᾳ[19] σου ἐπλανήθησαν[20] πάντα τὰ ἔθνη,
24 καὶ ἐν αὐτῇ αἷμα προφητῶν καὶ ἁγίων εὑρέθη
καὶ πάντων τῶν ἐσφαγμένων[21] ἐπὶ τῆς γῆς.

19 Μετὰ ταῦτα ἤκουσα ὡς φωνὴν μεγάλην ὄχλου πολλοῦ[22] ἐν τῷ οὐρανῷ λεγόντων·
ἁλληλουϊά[23]·
ἡ σωτηρία καὶ ἡ δόξα καὶ ἡ δύναμις τοῦ θεοῦ ἡμῶν,
2 ὅτι ἀληθιναὶ[24] καὶ δίκαιαι αἱ κρίσεις αὐτοῦ·
ὅτι ἔκρινεν τὴν πόρνην[25] τὴν μεγάλην
ἥτις ἔφθειρεν[26] τὴν γῆν ἐν τῇ πορνείᾳ[27] αὐτῆς,
καὶ ἐξεδίκησεν[28] τὸ αἷμα τῶν δούλων αὐτοῦ ἐκ χειρὸς αὐτῆς.

---

[1] εὐφραίνω 2s pres pas impv, pas celebrate
[2] αἴρω 3s aor act ind, take up
[3] ἰσχυρός, -ά/όν, mighty
[4] μύλος, -ου m, millstone
[5] ὅρμημα, -τος n, violence
[6] βάλλω 3s fut pas ind, throw
[7] εὑρίσκω 3s aor pas sub, find
[8] κιθαρῳδός, -οῦ m, harpist
[9] μουσικός, -οῦ m, musician
[10] αὐλητής, -οῦ m, flute player
[11] σαλπιστής, -οῦ m, trumpeter
[12] τεχνίτης, -ου m, worker
[13] τέχνη, -ης f, trade
[14] λύχνος, -ου m, lamp
[15] φαίνω 3s aor act sub, shine
[16] νυμφίος, -ου m, bridegroom
[17] νύμφη, -ης f, bride
[18] μεγιστάν, -άνος m, important person
[19] φαρμακεία, -ας f, sorcery
[20] πλανάω 3p aor pas ind, deceive
[21] σφάζω pf pas ptc m p gen, kill
[22] πολύς, πολλή, πολύ, gen πολλοῦ, -ῆς/οῦ, great
[23] ἁλληλουϊά, hallelujah
[24] ἀληθινός, -ή/όν, true
[25] πόρνη, -ης f, prostitute
[26] φθείρω 3s aor act ind, corrupt
[27] πορνεία, -ας f, sexual immorality
[28] ἐκδικέω 3s aor act ind, avenge

3 καὶ δεύτερον εἴρηκαν¹·
ἁλληλουϊά·
καὶ ὁ καπνὸς² αὐτῆς ἀναβαίνει εἰς τοὺς αἰῶνας τῶν αἰώνων.
4 καὶ ἔπεσαν οἱ πρεσβύτεροι οἱ εἴκοσι³ τέσσαρες καὶ τὰ τέσσαρα ζῷα⁴ καὶ προσεκύνησαν τῷ θεῷ τῷ καθημένῳ ἐπὶ τῷ θρόνῳ λέγοντες·
ἀμὴν ἁλληλουϊά.

The Marriage Supper of the Lamb

5 Καὶ φωνὴ ἀπὸ τοῦ θρόνου ἐξῆλθεν λέγουσα·
αἰνεῖτε⁵ τῷ θεῷ ἡμῶν
πάντες οἱ δοῦλοι αὐτοῦ
καὶ οἱ φοβούμενοι αὐτόν,
οἱ μικροὶ καὶ οἱ μεγάλοι.
6 καὶ ἤκουσα ὡς φωνὴν ὄχλου πολλοῦ καὶ ὡς φωνὴν ὑδάτων⁶ πολλῶν καὶ ὡς φωνὴν βροντῶν⁷ ἰσχυρῶν⁸ λεγόντων·
ἁλληλουϊά,
ὅτι ἐβασίλευσεν⁹ κύριος ὁ θεὸς ἡμῶν ὁ παντοκράτωρ¹⁰.
7 χαίρωμεν καὶ ἀγαλλιῶμεν¹¹ καὶ δώσωμεν¹² τὴν δόξαν αὐτῷ,
ὅτι ἦλθεν ὁ γάμος¹³ τοῦ ἀρνίου¹⁴ καὶ ἡ γυνὴ αὐτοῦ ἡτοίμασεν¹⁵ ἑαυτὴν
8 καὶ ἐδόθη¹⁶ αὐτῇ ἵνα περιβάληται¹⁷ βύσσινον¹⁸ λαμπρὸν¹⁹ καθαρόν²⁰·
τὸ γὰρ βύσσινον τὰ δικαιώματα²¹ τῶν ἁγίων ἐστίν.
9 Καὶ λέγει μοι· γράψον²²· μακάριοι οἱ εἰς τὸ δεῖπνον²³ τοῦ γάμου τοῦ ἀρνίου κεκλημένοι²⁴. καὶ λέγει μοι· οὗτοι οἱ λόγοι ἀληθινοὶ τοῦ θεοῦ εἰσιν. **10** καὶ ἔπεσα²⁵ ἔμπροσθεν τῶν ποδῶν αὐτοῦ προσκυνῆσαι αὐτῷ. καὶ λέγει μοι· ὅρα μή· σύνδουλός²⁶ σού εἰμι καὶ τῶν ἀδελφῶν σου τῶν ἐχόντων τὴν μαρτυρίαν Ἰησοῦ· τῷ θεῷ προσκύνησον. ἡ γὰρ μαρτυρία Ἰησοῦ ἐστιν τὸ πνεῦμα τῆς προφητείας²⁷.

---

¹ λέγω 3p pf act ind, say
² καπνός, -οῦ m, smoke
³ εἴκοσι, twenty
⁴ ζῷον, -ου n, living creature
⁵ αἰνέω 2p pres act impv, praise
⁶ ὕδωρ, ὕδατος n, water
⁷ βροντή, ῆς f, thunder
⁸ ἰσχυρός, -ά/όν, mighty
⁹ βασιλεύω 3s aor act ind, reign
¹⁰ παντοκράτωρ, -ορος m, the Almighty
¹¹ ἀγαλλιάω 1p pres act sub, be extremely joyful
¹² δίδωμι 1p aor act sub, give
¹³ γάμος, -ου m, wedding
¹⁴ ἀρνίον, -ου n, lamb
¹⁵ ἑτοιμάζω 3s aor act ind, prepare
¹⁶ δίδωμι 3s aor pas ind, give
¹⁷ περιβάλλω 3s aor mid sub, clothe oneself
¹⁸ βύσσινος, -η/ον, made of fine linen
¹⁹ λαμπρός, -ά/όν, bright
²⁰ καθαρός, -ά/όν, pure
²¹ δικαίωμα, -τος n, righteous deed
²² γράφω 2s aor act impv, write
²³ δεῖπνον, -ου n, feast
²⁴ καλέω pf pas ptc m p nom, invite
²⁵ πίπτω 1s aor act ind, fall
²⁶ σύνδουλος, -ου m, fellow-servant
²⁷ προφητεία, -ας f, prophecy

The Rider on the White Horse

11 Καὶ εἶδον τὸν οὐρανὸν ἠνεῳγμένον¹, καὶ ἰδοὺ ἵππος² λευκός³ καὶ ὁ καθήμενος ἐπ᾽ αὐτὸν καλούμενος πιστὸς καὶ ἀληθινός, καὶ ἐν δικαιοσύνῃ κρίνει καὶ πολεμεῖ⁴. **12** οἱ δὲ ὀφθαλμοὶ αὐτοῦ φλὸξ πυρός, καὶ ἐπὶ τὴν κεφαλὴν αὐτοῦ διαδήματα⁵ πολλά, ἔχων ὄνομα γεγραμμένον⁶ ὃ οὐδεὶς οἶδεν εἰ μὴ αὐτός, **13** καὶ περιβεβλημένος⁷ ἱμάτιον βεβαμμένον⁸ αἵματι, καὶ κέκληται⁹ τὸ ὄνομα αὐτοῦ ὁ λόγος τοῦ θεοῦ. **14** καὶ τὰ στρατεύματα¹⁰ τὰ ἐν τῷ οὐρανῷ ἠκολούθει αὐτῷ ἐφ᾽ ἵπποις λευκοῖς, ἐνδεδυμένοι¹¹ βύσσινον λευκὸν καθαρόν. **15** καὶ ἐκ τοῦ στόματος αὐτοῦ ἐκπορεύεται ῥομφαία¹² ὀξεῖα¹³, ἵνα ἐν αὐτῇ πατάξῃ¹⁴ τὰ ἔθνη, καὶ αὐτὸς ποιμανεῖ¹⁵ αὐτοὺς ἐν ῥάβδῳ¹⁶ σιδηρᾷ¹⁷, καὶ αὐτὸς πατεῖ¹⁸ τὴν ληνὸν¹⁹ τοῦ οἴνου τοῦ θυμοῦ²⁰ τῆς ὀργῆς τοῦ θεοῦ τοῦ παντοκράτορος²¹, **16** καὶ ἔχει ἐπὶ τὸ ἱμάτιον καὶ ἐπὶ τὸν μηρὸν²² αὐτοῦ ὄνομα γεγραμμένον· Βασιλεὺς βασιλέων καὶ κύριος κυρίων.

17 Καὶ εἶδον ἕνα ἄγγελον ἑστῶτα²³ ἐν τῷ ἡλίῳ καὶ ἔκραξεν ἐν φωνῇ μεγάλῃ λέγων πᾶσιν τοῖς ὀρνέοις²⁴ τοῖς πετομένοις²⁵ ἐν μεσουρανήματι²⁶· δεῦτε²⁷ συνάχθητε²⁸ εἰς τὸ δεῖπνον²⁹ τὸ μέγα τοῦ θεοῦ **18** ἵνα φάγητε³⁰ σάρκας βασιλέων καὶ σάρκας χιλιάρχων³¹ καὶ σάρκας ἰσχυρῶν³² καὶ σάρκας ἵππων καὶ τῶν καθημένων ἐπ᾽ αὐτῶν καὶ σάρκας πάντων ἐλευθέρων³³ τε καὶ δούλων καὶ μικρῶν καὶ μεγάλων.

19 Καὶ εἶδον τὸ θηρίον καὶ τοὺς βασιλεῖς τῆς γῆς καὶ τὰ στρατεύματα αὐτῶν συνηγμένα³⁴ ποιῆσαι τὸν πόλεμον μετὰ τοῦ καθημένου ἐπὶ τοῦ ἵππου καὶ μετὰ τοῦ στρατεύματος αὐτοῦ. **20** καὶ ἐπιάσθη³⁵ τὸ θηρίον καὶ μετ᾽ αὐτοῦ ὁ ψευδοπροφήτης³⁶ ὁ ποιήσας τὰ σημεῖα ἐνώπιον αὐτοῦ, ἐν οἷς ἐπλάνησεν τοὺς λαβόντας³⁷ τὸ χάραγμα³⁸ τοῦ θηρίου καὶ τοὺς προσκυνοῦντας τῇ εἰκόνι³⁹ αὐτοῦ· ζῶντες ἐβλήθησαν⁴⁰ οἱ δύο εἰς τὴν λίμνην⁴¹ τοῦ πυρὸς τὴν καιομένην⁴² ἐν θείῳ⁴³. **21** καὶ οἱ λοιποὶ

---

¹ ἀνοίγω pf pas ptc n s acc, open
² ἵππος, -ου m, horse
³ λευκός, -ή/όν, white
⁴ πολεμέω 3s pres act ind, make war
⁵ διάδημα, -τος n, crown
⁶ γράφω pf pas ptc n s nom, write
⁷ περιβάλλω pf pas ptc m s nom, clothe
⁸ βάπτω pf pas ptc n s acc, dip
⁹ καλέω 3s pf pas ind, call
¹⁰ στράτευμα, -τος n, army
¹¹ ἐνδύω pf mid ptc m p nom, mid wear
¹² ῥομφαία, -ας f, sword
¹³ ὀξύς, -εῖα/ύ, sharp
¹⁴ πατάσσω 3s aor act sub, strike down
¹⁵ ποιμαίνω 3s fut act ind, rule
¹⁶ ῥάβδος, -ου f, rod
¹⁷ σιδηροῦς, -ᾶ/οῦν, made of iron
¹⁸ πατέω 3s pres act ind, trample
¹⁹ ληνός, -οῦ f, wine press
²⁰ θυμός, -οῦ m, anger
²¹ παντοκράτωρ, -ορος m, the Almighty
²² μηρός, -οῦ m, thigh
²³ ἵστημι pf act ptc m s acc, intrans stand
²⁴ ὄρνεον, -ου n, bird
²⁵ πέτομαι pres mid ptc n p dat, fly
²⁶ μεσουράνημα, -τος n, midair
²⁷ δεῦτε, interj, Come!
²⁸ συνάγω 2p aor pas impv, pas gather together
²⁹ δεῖπνον, -ου n, feast
³⁰ ἐσθίω 2p aor act sub, eat
³¹ χιλίαρχος, -ου m, high ranking officer
³² ἰσχυρός, -ά/όν, mighty
³³ ἐλεύθερος, -α/ον, free
³⁴ συνάγω pf pas ptc n p nom, pas gather together
³⁵ πιάζω 3s aor pas ind, capture
³⁶ ψευδοπροφήτης, -ου m, false prophet
³⁷ λαμβάνω aor act ptc m p acc, receive
³⁸ χάραγμα, -τος n, mark
³⁹ εἰκών, -όνος f, image
⁴⁰ βάλλω 3p aor pas ind, throw
⁴¹ λίμνη, -ης f, lake
⁴² καίω pres pas ptc f s acc, pas burn
⁴³ θεῖον, -ου n, sulphur

ἀπεκτάνθησαν[1] ἐν τῇ ῥομφαίᾳ τοῦ καθημένου ἐπὶ τοῦ ἵππου τῇ ἐξελθούσῃ ἐκ τοῦ στόματος αὐτοῦ, καὶ πάντα τὰ ὄρνεα ἐχορτάσθησαν[2] ἐκ τῶν σαρκῶν αὐτῶν.

The Thousand Years

20 Καὶ εἶδον ἄγγελον καταβαίνοντα ἐκ τοῦ οὐρανοῦ ἔχοντα τὴν κλεῖν[3] τῆς ἀβύσσου[4] καὶ ἄλυσιν[5] μεγάλην ἐπὶ τὴν χεῖρα αὐτοῦ. **2** καὶ ἐκράτησεν τὸν δράκοντα[6], τὸν ὄφιν[7] τὸν ἀρχαῖον[8], ὅς ἐστιν Διάβολος καὶ ὁ Σατανᾶς, καὶ ἔδησεν αὐτὸν χίλια[9] ἔτη **3** καὶ ἔβαλεν[10] αὐτὸν εἰς τὴν ἄβυσσον καὶ ἔκλεισεν[11] καὶ ἐσφράγισεν[12] ἐπάνω[13] αὐτοῦ, ἵνα μὴ πλανήσῃ ἔτι τὰ ἔθνη ἄχρι τελεσθῇ[14] τὰ χίλια ἔτη. μετὰ ταῦτα δεῖ λυθῆναι αὐτὸν μικρὸν χρόνον.

4 Καὶ εἶδον θρόνους καὶ ἐκάθισαν ἐπ' αὐτοὺς καὶ κρίμα[15] ἐδόθη[16] αὐτοῖς, καὶ τὰς ψυχὰς τῶν πεπελεκισμένων[17] διὰ τὴν μαρτυρίαν Ἰησοῦ καὶ διὰ τὸν λόγον τοῦ θεοῦ καὶ οἵτινες οὐ προσεκύνησαν τὸ θηρίον οὐδὲ τὴν εἰκόνα[18] αὐτοῦ καὶ οὐκ ἔλαβον τὸ χάραγμα[19] ἐπὶ τὸ μέτωπον[20] καὶ ἐπὶ τὴν χεῖρα αὐτῶν. καὶ ἔζησαν καὶ ἐβασίλευσαν[21] μετὰ τοῦ Χριστοῦ χίλια[22] ἔτη.

5 Αὕτη ἡ ἀνάστασις ἡ πρώτη. **6** μακάριος καὶ ἅγιος ὁ ἔχων μέρος ἐν τῇ ἀναστάσει τῇ πρώτῃ· ἐπὶ τούτων ὁ δεύτερος θάνατος οὐκ ἔχει ἐξουσίαν, ἀλλ' ἔσονται[23] ἱερεῖς τοῦ θεοῦ καὶ τοῦ Χριστοῦ καὶ βασιλεύσουσιν μετ' αὐτοῦ χίλια ἔτη.

The Defeat of Satan

7 Καὶ ὅταν τελεσθῇ τὰ χίλια ἔτη, λυθήσεται ὁ σατανᾶς ἐκ τῆς φυλακῆς αὐτοῦ **8** καὶ ἐξελεύσεται[24] πλανῆσαι τὰ ἔθνη τὰ ἐν ταῖς τέσσαρσιν γωνίαις[25] τῆς γῆς, τὸν Γὼγ καὶ Μαγώγ, συναγαγεῖν[26] αὐτοὺς εἰς τὸν πόλεμον[27], ὧν ὁ ἀριθμὸς[28] αὐτῶν ὡς ἡ ἄμμος[29] τῆς θαλάσσης. **9** καὶ ἀνέβησαν[30] ἐπὶ τὸ πλάτος[31] τῆς γῆς καὶ ἐκύκλευσαν[32] τὴν παρεμβολὴν[33] τῶν ἁγίων καὶ τὴν πόλιν τὴν ἠγαπημένην[34], καὶ κατέβη[35] πῦρ ἀπὸ τοῦ θεοῦ ἐκ τοῦ οὐρανοῦ καὶ κατέφαγεν[36] αὐτούς. **10** καὶ ὁ διάβολος ὁ

---

[1] ἀποκτείνω 3p aor pas ind, kill
[2] χορτάζω 3p aor pas ind, pas gorge oneself
[3] κλείς, κλειδός f, key
[4] ἄβυσσος, -ου f, abyss
[5] ἅλυσις, -εως f, chain
[6] δράκων, -οντος m, dragon
[7] ὄφις, -εως m, snake
[8] ἀρχαῖος, -α/ον, ancient
[9] χίλιοι, -αι/α, thousand
[10] βάλλω 3s aor act ind, throw
[11] κλείω 3s aor act ind, shut
[12] σφραγίζω 3s aor act ind, seal
[13] ἐπάνω, prep + gen, on
[14] τελέω 3s aor pas sub, end
[15] κρίμα, -τος n, judgment
[16] δίδωμι 3s aor pas ind, give
[17] πελεκίζω pf pas ptc m p gen, behead
[18] εἰκών, -όνος f, image
[19] χάραγμα, -τος n, mark
[20] μέτωπον, -ου n, forehead
[21] βασιλεύω 3p aor act ind, reign
[22] χίλιοι, -αι/α, thousand
[23] εἰμί 3p fut act ind, be
[24] ἐξέρχομαι 3s fut mid ind, come out
[25] γωνία, -ας f, corner
[26] συνάγω aor act inf, gather
[27] πόλεμος, -ου m, battle
[28] ἀριθμός, -οῦ m, number
[29] ἄμμος, -ου f, sand
[30] ἀναβαίνω 3p aor act ind, come up
[31] πλάτος, -ους n, breadth
[32] κυκλεύω 3p aor act ind, surround
[33] παρεμβολή, -ῆς f, camp
[34] ἀγαπάω pf pas ptc f s acc, love
[35] καταβαίνω 3s aor act ind, come down
[36] κατεσθίω 3s aor act ind, consume

πλανῶν αὐτοὺς ἐβλήθη¹ εἰς τὴν λίμνην² τοῦ πυρὸς καὶ θείου³ ὅπου καὶ τὸ θηρίον καὶ ὁ ψευδοπροφήτης⁴, καὶ βασανισθήσονται⁵ ἡμέρας καὶ νυκτὸς εἰς τοὺς αἰῶνας τῶν αἰώνων.

The Judgment at the Great White Throne

11 Καὶ εἶδον θρόνον μέγαν λευκὸν⁶ καὶ τὸν καθήμενον ἐπ' αὐτόν, οὗ ἀπὸ τοῦ προσώπου ἔφυγεν⁷ ἡ γῆ καὶ ὁ οὐρανὸς καὶ τόπος οὐχ εὑρέθη⁸ αὐτοῖς. **12** καὶ εἶδον τοὺς νεκρούς, τοὺς μεγάλους καὶ τοὺς μικρούς, ἑστῶτας⁹ ἐνώπιον τοῦ θρόνου. καὶ βιβλία ἠνοίχθησαν¹⁰, καὶ ἄλλο βιβλίον ἠνοίχθη, ὅ ἐστιν τῆς ζωῆς, καὶ ἐκρίθησαν οἱ νεκροὶ ἐκ τῶν γεγραμμένων¹¹ ἐν τοῖς βιβλίοις κατὰ τὰ ἔργα αὐτῶν. **13** καὶ ἔδωκεν ἡ θάλασσα τοὺς νεκροὺς τοὺς ἐν αὐτῇ καὶ ὁ θάνατος καὶ ὁ ᾅδης¹² ἔδωκαν τοὺς νεκροὺς τοὺς ἐν αὐτοῖς, καὶ ἐκρίθησαν¹³ ἕκαστος κατὰ τὰ ἔργα αὐτῶν. **14** καὶ ὁ θάνατος καὶ ὁ ᾅδης ἐβλήθησαν εἰς τὴν λίμνην τοῦ πυρός. οὗτος ὁ θάνατος ὁ δεύτερός ἐστιν, ἡ λίμνη τοῦ πυρός. **15** καὶ εἴ τις οὐχ εὑρέθη ἐν τῇ βίβλῳ τῆς ζωῆς γεγραμμένος, ἐβλήθη εἰς τὴν λίμνην τοῦ πυρός.

The New Heaven and the New Earth

21 Καὶ εἶδον οὐρανὸν καινὸν καὶ γῆν καινήν. ὁ γὰρ πρῶτος οὐρανὸς καὶ ἡ πρώτη γῆ ἀπῆλθαν καὶ ἡ θάλασσα οὐκ ἔστιν ἔτι. **2** καὶ τὴν πόλιν τὴν ἁγίαν Ἰερουσαλὴμ καινὴν εἶδον καταβαίνουσαν ἐκ τοῦ οὐρανοῦ ἀπὸ τοῦ θεοῦ ἡτοιμασμένην¹⁴ ὡς νύμφην¹⁵ κεκοσμημένην¹⁶ τῷ ἀνδρὶ αὐτῆς. **3** καὶ ἤκουσα φωνῆς μεγάλης ἐκ τοῦ θρόνου λεγούσης·

ἰδοὺ ἡ σκηνὴ¹⁷ τοῦ θεοῦ μετὰ τῶν ἀνθρώπων, καὶ σκηνώσει¹⁸ μετ' αὐτῶν, καὶ αὐτοὶ λαοὶ αὐτοῦ ἔσονται¹⁹, καὶ αὐτὸς ὁ θεὸς μετ' αὐτῶν ἔσται αὐτῶν θεός, **4** καὶ ἐξαλείψει²⁰ πᾶν δάκρυον²¹ ἀπὸ τῶν ὀφθαλμῶν αὐτῶν, καὶ ὁ θάνατος οὐκ ἔσται ἔτι οὔτε πένθος²² οὔτε κραυγὴ²³ οὔτε πόνος²⁴ οὐκ ἔσται ἔτι, τὰ πρῶτα ἀπῆλθαν.

5 Καὶ εἶπεν ὁ καθήμενος ἐπὶ τῷ θρόνῳ· ἰδοὺ καινὰ ποιῶ πάντα καὶ λέγει· γράψον²⁵, ὅτι οὗτοι οἱ λόγοι πιστοὶ καὶ ἀληθινοί²⁶ εἰσιν. **6** καὶ εἶπέν μοι· γέγονα²⁷ ἐγώ

---

1 βάλλω 3s aor pas ind, throw
2 λίμνη, -ης f, lake
3 θεῖον, -ου n, sulphur
4 ψευδοπροφήτης, -ου m, false prophet
5 βασανίζω 3p fut pas ind, torment
6 λευκός, -ή/όν, white
7 φεύγω 3s aor act ind, run away
8 εὑρίσκω 3s aor pas ind, find
9 ἵστημι pf act ptc m p acc, intrans stand
10 ἀνοίγω 3p aor pas ind, open
11 γράφω pf pas ptc n p gen, write
12 ᾅδης, -ου m, Hades/world of the dead
13 κρίνω 3p aor pas ind, judge
14 ἑτοιμάζω pf pas ptc f s acc, prepare
15 νύμφη, -ης f, bride
16 κοσμέω pf pas ptc f s acc, adorn
17 σκηνή, -ῆς f, dwelling place
18 σκηνόω 3s fut act ind, live
19 εἰμί 3p fut act ind, be
20 ἐξαλείφω 3s fut act ind, wipe away
21 δάκρυον, -ου n, tear
22 πένθος, -ους n, sorrow
23 κραυγή, -ῆς f, crying
24 πόνος, -ου m, pain
25 γράφω 2s aor act impv, write
26 ἀληθινός, -ή/όν, true
27 γίνομαι 1s pf act ind, become

τὸ ἄλφα[1] καὶ τὸ ὦ[2], ἡ ἀρχὴ καὶ τὸ τέλος. ἐγὼ τῷ διψῶντι[3] δώσω[4] ἐκ τῆς πηγῆς[5] τοῦ ὕδατος[6] τῆς ζωῆς δωρεάν[7]. **7** ὁ νικῶν[8] κληρονομήσει[9] ταῦτα καὶ ἔσομαι αὐτῷ θεὸς καὶ αὐτὸς ἔσται μοι υἱός. **8** τοῖς δὲ δειλοῖς[10] καὶ ἀπίστοις[11] καὶ ἐβδελυγμένοις[12] καὶ φονεῦσιν[13] καὶ πόρνοις[14] καὶ φαρμάκοις[15] καὶ εἰδωλολάτραις[16] καὶ πᾶσιν τοῖς ψευδέσιν[17] τὸ μέρος αὐτῶν ἐν τῇ λίμνῃ[18] τῇ καιομένῃ[19] πυρὶ καὶ θείῳ[20], ὅ ἐστιν ὁ θάνατος ὁ δεύτερος.

The New Jerusalem

9 Καὶ ἦλθεν εἷς ἐκ τῶν ἑπτὰ ἀγγέλων τῶν ἐχόντων τὰς ἑπτὰ φιάλας[21] τῶν γεμόντων[22] τῶν ἑπτὰ πληγῶν[23] τῶν ἐσχάτων καὶ ἐλάλησεν μετ' ἐμοῦ λέγων· δεῦρο[24], δείξω[25] σοι τὴν νύμφην[26] τὴν γυναῖκα τοῦ ἀρνίου[27]. **10** καὶ ἀπήνεγκέν[28] με ἐν πνεύματι ἐπὶ ὄρος μέγα καὶ ὑψηλόν[29], καὶ ἔδειξέν μοι τὴν πόλιν τὴν ἁγίαν Ἰερουσαλὴμ καταβαίνουσαν ἐκ τοῦ οὐρανοῦ ἀπὸ τοῦ θεοῦ **11** ἔχουσαν τὴν δόξαν τοῦ θεοῦ, ὁ φωστὴρ[30] αὐτῆς ὅμοιος λίθῳ τιμιωτάτῳ[31] ὡς λίθῳ ἰάσπιδι[32] κρυσταλλίζοντι[33]. **12** ἔχουσα τεῖχος[34] μέγα καὶ ὑψηλόν, ἔχουσα πυλῶνας[35] δώδεκα καὶ ἐπὶ τοῖς πυλῶσιν ἀγγέλους δώδεκα καὶ ὀνόματα ἐπιγεγραμμένα[36], ἅ ἐστιν τῶν δώδεκα φυλῶν υἱῶν Ἰσραήλ· **13** ἀπὸ ἀνατολῆς[37] πυλῶνες τρεῖς καὶ ἀπὸ βορρᾶ[38] πυλῶνες τρεῖς καὶ ἀπὸ νότου[39] πυλῶνες τρεῖς καὶ ἀπὸ δυσμῶν[40] πυλῶνες τρεῖς. **14** καὶ τὸ τεῖχος τῆς πόλεως ἔχον θεμελίους[41] δώδεκα καὶ ἐπ' αὐτῶν δώδεκα ὀνόματα τῶν δώδεκα ἀποστόλων τοῦ ἀρνίου.

15 Καὶ ὁ λαλῶν μετ' ἐμοῦ εἶχεν μέτρον[42] κάλαμον[43] χρυσοῦν[44], ἵνα μετρήσῃ[45] τὴν πόλιν καὶ τοὺς πυλῶνας αὐτῆς καὶ τὸ τεῖχος αὐτῆς. **16** καὶ ἡ πόλις τετράγωνος[46]

---

[1] ἄλφα, alpha (metaph., τὸ ἄ. καὶ τὸ ὦ the first and last)
[2] ὦ, omega
[3] διψάω pres act ptc m s dat, be thirsty
[4] δίδωμι 1s fut act ind, give
[5] πηγή, -ῆς f, spring
[6] ὕδωρ, ὕδατος n, water
[7] δωρεάν, adv, without cost
[8] νικάω pres act ptc m s nom, conquer
[9] κληρονομέω 3s fut act ind, receive
[10] δειλός, -ή/όν, cowardly
[11] ἄπιστος, -ον, unfaithful
[12] βδελύσσομαι pf pas ptc m p dat, detest
[13] φονεύς, -έως m, murderer
[14] πόρνος, -ου m, one who is sexually immoral
[15] φάρμακος, -ου m, one who practices witchcraft
[16] εἰδωλολάτρης, -ου m, idolater
[17] ψευδής, -ές, lying
[18] λίμνη, -ης f, lake
[19] καίω pres pas ptc f s dat, pas burn
[20] θεῖον, -ου n, sulphur
[21] φιάλη, -ης f, bowl
[22] γέμω pres act ptc f p gen, be full
[23] πληγή, -ῆς f, plague
[24] δεῦρο, interj, Come!
[25] δείκνυμι 1s fut act ind, show
[26] νύμφη, -ης f, bride
[27] ἀρνίον, -ου n, lamb
[28] ἀποφέρω 3s aor act ind, take
[29] ὑψηλός, -ή/όν, high
[30] φωστήρ, -ῆρος m, brilliance
[31] τίμιος, precious (super)
[32] ἴασπις, -ιδος f, jasper
[33] κρυσταλλίζω pres act ptc m s dat, be clear as crystal
[34] τεῖχος, -ους n, wall
[35] πυλών, -ῶνος m, gate
[36] ἐπιγράφω pf pas ptc n p acc, write on
[37] ἀνατολή, -ῆς f, east
[38] βορρᾶς, -ᾶ m, north
[39] νότος, -ου m, south
[40] δυσμή, -ῆς f, pl, west
[41] θεμέλιος, -ου m, foundation
[42] μέτρον, -ου n, measure
[43] κάλαμος, -ου m, (measuring) rod
[44] χρυσοῦς, -ῆ/οῦν, made of gold
[45] μετρέω 3s aor act sub, measure
[46] τετράγωνος, -ον, in a square

κεῖται[1] καὶ τὸ μῆκος[2] αὐτῆς ὅσον τὸ πλάτος[3]. καὶ ἐμέτρησεν τὴν πόλιν τῷ καλάμῳ ἐπὶ σταδίων[4] δώδεκα χιλιάδων[5], τὸ μῆκος καὶ τὸ πλάτος καὶ τὸ ὕψος[6] αὐτῆς ἴσα[7] ἐστίν. **17** καὶ ἐμέτρησεν τὸ τεῖχος αὐτῆς ἑκατὸν[8] τεσσεράκοντα[9] τεσσάρων πηχῶν[10] μέτρον ἀνθρώπου, ὅ ἐστιν ἀγγέλου. **18** καὶ ἦν ἡ ἐνδώμησις[11] τοῦ τείχους αὐτῆς ἴασπις[12] καὶ ἡ πόλις χρυσίον[13] καθαρὸν[14] ὅμοιον ὑάλῳ[15] καθαρῷ. **19** οἱ θεμέλιοι τοῦ τείχους τῆς πόλεως παντὶ λίθῳ τιμίῳ κεκοσμημένοι[16]· ὁ θεμέλιος ὁ πρῶτος ἴασπις, ὁ δεύτερος σάπφιρος[17], ὁ τρίτος χαλκηδών[18], ὁ τέταρτος[19] σμάραγδος[20], **20** ὁ πέμπτος[21] σαρδόνυξ[22], ὁ ἕκτος[23] σάρδιον[24], ὁ ἕβδομος[25] χρυσόλιθος[26], ὁ ὄγδοος[27] βήρυλλος[28], ὁ ἔνατος[29] τοπάζιον[30], ὁ δέκατος[31] χρυσόπρασος[32], ὁ ἑνδέκατος[33] ὑάκινθος[34], ὁ δωδέκατος[35] ἀμέθυστος[36], **21** καὶ οἱ δώδεκα πυλῶνες δώδεκα μαργαρῖται[37], ἀνὰ[38] εἷς ἕκαστος τῶν πυλώνων ἦν ἐξ ἑνὸς μαργαρίτου. καὶ ἡ πλατεῖα[39] τῆς πόλεως χρυσίον καθαρὸν ὡς ὕαλος διαυγής[40].

22 Καὶ ναὸν οὐκ εἶδον ἐν αὐτῇ, ὁ γὰρ κύριος ὁ θεὸς ὁ παντοκράτωρ[41] ναὸς αὐτῆς ἐστιν καὶ τὸ ἀρνίον. **23** καὶ ἡ πόλις οὐ χρείαν ἔχει τοῦ ἡλίου οὐδὲ τῆς σελήνης[42] ἵνα φαίνωσιν αὐτῇ, ἡ γὰρ δόξα τοῦ θεοῦ ἐφώτισεν[43] αὐτήν, καὶ ὁ λύχνος[44] αὐτῆς τὸ ἀρνίον. **24** καὶ περιπατήσουσιν τὰ ἔθνη διὰ τοῦ φωτὸς αὐτῆς, καὶ οἱ βασιλεῖς τῆς γῆς φέρουσιν τὴν δόξαν αὐτῶν εἰς αὐτήν, **25** καὶ οἱ πυλῶνες αὐτῆς οὐ μὴ κλεισθῶσιν[45] ἡμέρας, νὺξ γὰρ οὐκ ἔσται ἐκεῖ, **26** καὶ οἴσουσιν[46] τὴν δόξαν καὶ τὴν τιμὴν τῶν ἐθνῶν εἰς αὐτήν. **27** καὶ οὐ μὴ εἰσέλθῃ[47] εἰς αὐτὴν πᾶν κοινὸν[48] καὶ ὁ ποιῶν βδέλυγμα[49] καὶ ψεῦδος[50] εἰ μὴ οἱ γεγραμμένοι[51] ἐν τῷ βιβλίῳ τῆς ζωῆς τοῦ ἀρνίου.

---

[1] κεῖμαι 3s pres mid ind, be laid out
[2] μῆκος, -ους n, length
[3] πλάτος, -ους n, breadth
[4] στάδιον, -ων m, stadion (about 607 feet or 185 meters)
[5] χιλιάς, -άδος f, a thousand
[6] ὕψος, -ους n, height
[7] ἴσος, -η/ον, the same
[8] ἑκατόν, one hundred
[9] τεσσεράκοντα, forty
[10] πῆχυς, -εως m, cubit (about 18 inches or 46.2 centimeter)
[11] ἐνδώμησις, -εως f, construction material
[12] ἴασπις, -ιδος f, jasper
[13] χρυσίον, -ου n, gold
[14] καθαρός, -ά/όν, pure/clear
[15] ὕαλος, -ου m, glass
[16] κοσμέω pf pas ptc m p nom, adorn
[17] σάπφιρος, -ου f, sapphire
[18] χαλκηδών, -όνος m, agate
[19] τέταρτος, -η/ον, fourth
[20] σμάραγδος, -ου m, emerald
[21] πέμπτος, -η/ον, fifth
[22] σαρδόνυξ, -υχος m, sardonyx
[23] ἕκτος, -η/ον, sixth
[24] σάρδιον, -ου n, carnelian
[25] ἕβδομος, -η/ον, seventh
[26] χρυσόλιθος, -ου m, chrysolite
[27] ὄγδοος, -η/ον, eighth
[28] βήρυλλος, -ου m, beryl
[29] ἔνατος, -η/ον, ninth
[30] τοπάζιον, -ου n, topaz
[31] δέκατος, -η/ον, tenth
[32] χρυσόπρασος, -ου m, chrysoprase
[33] ἑνδέκατος, -η/ον, eleventh
[34] ὑάκινθος, -ου m, jacinth
[35] δωδέκατος, -η/ον, twelfth
[36] ἀμέθυστος, -ου f, amethyst
[37] μαργαρίτης, -ου m, pearl
[38] ἀνά, adv, each
[39] πλατεῖα, -ας f, (main) street
[40] διαυγής, -ές, transparent
[41] παντοκράτωρ, -ορος m, the Almighty
[42] σελήνη, -ης f, moon
[43] φωτίζω 3s aor act ind, give light to
[44] λύχνος, -ου m, lamp
[45] κλείω 3p aor pas sub, shut
[46] φέρω 3p fut act ind, bring
[47] εἰσέρχομαι 3s aor act sub, enter
[48] κοινός, -ή/όν, unclean
[49] βδέλυγμα, -τος n, something detestable
[50] ψεῦδος, -ους n, lie
[51] γράφω pf pas ptc m p nom, write

22 Καὶ ἔδειξέν[1] μοι ποταμὸν[2] ὕδατος[3] ζωῆς λαμπρὸν[4] ὡς κρύσταλλον[5], ἐκπορευόμενον ἐκ τοῦ θρόνου τοῦ θεοῦ καὶ τοῦ ἀρνίου[6]. **2** ἐν μέσῳ τῆς πλατείας[7] αὐτῆς καὶ τοῦ ποταμοῦ ἐντεῦθεν[8] καὶ ἐκεῖθεν[9] ξύλον[10] ζωῆς ποιοῦν καρποὺς δώδεκα, κατὰ μῆνα[11] ἕκαστον ἀποδιδοῦν[12] τὸν καρπὸν αὐτοῦ, καὶ τὰ φύλλα[13] τοῦ ξύλου εἰς θεραπείαν[14] τῶν ἐθνῶν. **3** καὶ πᾶν κατάθεμα[15] οὐκ ἔσται ἔτι. καὶ ὁ θρόνος τοῦ θεοῦ καὶ τοῦ ἀρνίου ἐν αὐτῇ ἔσται[16], καὶ οἱ δοῦλοι αὐτοῦ λατρεύσουσιν[17] αὐτῷ **4** καὶ ὄψονται[18] τὸ πρόσωπον αὐτοῦ, καὶ τὸ ὄνομα αὐτοῦ ἐπὶ τῶν μετώπων[19] αὐτῶν. **5** καὶ νὺξ οὐκ ἔσται ἔτι καὶ οὐκ ἔχουσιν χρείαν φωτὸς λύχνου[20] καὶ φωτὸς ἡλίου, ὅτι κύριος ὁ θεὸς φωτίσει[21] αὐτούς, καὶ βασιλεύσουσιν[22] εἰς τοὺς αἰῶνας τῶν αἰώνων.

The Coming of Christ

6 Καὶ εἶπέν μοι· οὗτοι οἱ λόγοι πιστοὶ καὶ ἀληθινοί[23], καὶ ὁ κύριος ὁ θεὸς τῶν πνευμάτων τῶν προφητῶν ἀπέστειλεν[24] τὸν ἄγγελον αὐτοῦ δεῖξαι[25] τοῖς δούλοις αὐτοῦ ἃ δεῖ γενέσθαι ἐν τάχει[26]. **7** καὶ ἰδοὺ ἔρχομαι ταχύ[27]. μακάριος ὁ τηρῶν τοὺς λόγους τῆς προφητείας[28] τοῦ βιβλίου τούτου.

8 Κἀγὼ Ἰωάννης ὁ ἀκούων καὶ βλέπων ταῦτα. καὶ ὅτε ἤκουσα καὶ ἔβλεψα, ἔπεσα[29] προσκυνῆσαι ἔμπροσθεν τῶν ποδῶν τοῦ ἀγγέλου τοῦ δεικνύοντός μοι ταῦτα. **9** καὶ λέγει μοι· ὅρα μή· σύνδουλός[30] σού εἰμι καὶ τῶν ἀδελφῶν σου τῶν προφητῶν καὶ τῶν τηρούντων τοὺς λόγους τοῦ βιβλίου τούτου· τῷ θεῷ προσκύνησον.

10 Καὶ λέγει μοι· μὴ σφραγίσῃς[31] τοὺς λόγους τῆς προφητείας τοῦ βιβλίου τούτου, ὁ καιρὸς γὰρ ἐγγύς ἐστιν. **11** ὁ ἀδικῶν[32] ἀδικησάτω ἔτι καὶ ὁ ῥυπαρὸς[33] ῥυπαρευθήτω[34] ἔτι, καὶ ὁ δίκαιος δικαιοσύνην ποιησάτω ἔτι καὶ ὁ ἅγιος ἁγιασθήτω[35] ἔτι.

12 Ἰδοὺ ἔρχομαι ταχύ, καὶ ὁ μισθός[36] μου μετ' ἐμοῦ ἀποδοῦναι[37] ἑκάστῳ ὡς τὸ ἔργον ἔσται αὐτοῦ. **13** ἐγὼ τὸ ἄλφα[38] καὶ τὸ ὦ[39], ὁ πρῶτος καὶ ὁ ἔσχατος, ἡ ἀρχὴ καὶ τὸ τέλος.

---

[1] δείκνυμι 3s *aor act ind*, show
[2] ποταμός, -οῦ *m*, river
[3] ὕδωρ, ὕδατος *n*, water
[4] λαμπρός, -ά/όν, bright/clear
[5] κρύσταλλος, -ου *m*, crystal
[6] ἀρνίον, -ου *n*, lamb
[7] πλατεῖα, -ας *f*, (main) street
[8] ἐντεῦθεν, *adv*, from here (ἐ. καὶ ἐ. on each side)
[9] ἐκεῖθεν, *adv*, from there
[10] ξύλον, -ου *n*, tree
[11] μήν, μηνός *m*, month (κατὰ μ. each month)
[12] ἀποδίδωμι *pres act ptc n s nom*, give
[13] φύλλον, -ου *n*, leaf
[14] θεραπεία, -ας *f*, healing
[15] κατάθεμα, -τος *n*, (God's) curse
[16] εἰμί 3s *fut mid ind*, be
[17] λατρεύω 3p *fut act ind*, serve
[18] ὁράω 3p *fut mid ind*, see
[19] μέτωπον, -ου *n*, forehead
[20] λύχνος, -ου *m*, lamp
[21] φωτίζω 3s *fut act ind*, give light to
[22] βασιλεύω 3p *fut act ind*, reign
[23] ἀληθινός, -ή/όν, true
[24] ἀποστέλλω 3s *aor act ind*, send
[25] δείκνυμι *aor act inf*, show
[26] τάχος, -ους *n*, quickness (ἐν τ. soon)
[27] ταχύ, *adv*, soon
[28] προφητεία, -ας *f*, prophecy
[29] πίπτω 1s *aor act ind*, fall
[30] σύνδουλος, -ου *m*, fellow-servant
[31] σφραγίζω 2s *aor act sub*, seal
[32] ἀδικέω *pres act ptc m s nom*, do evil
[33] ῥυπαρός, -ά/όν, impure
[34] ῥυπαρεύω 3s *aor mid impv*, be impure
[35] ἁγιάζω 3s *aor pas impv*, be holy
[36] μισθός, -οῦ *m*, reward
[37] ἀποδίδωμι *aor act inf*, give
[38] ἄλφα, alpha (metaph., τὸ ἄ. καὶ τὸ ὦ the first and last)
[39] ὦ, omega

14 Μακάριοι οἱ πλύνοντες¹ τὰς στολὰς² αὐτῶν, ἵνα ἔσται ἡ ἐξουσία αὐτῶν ἐπὶ τὸ ξύλον τῆς ζωῆς καὶ τοῖς πυλῶσιν³ εἰσέλθωσιν⁴ εἰς τὴν πόλιν. **15** ἔξω οἱ κύνες⁵ καὶ οἱ φάρμακοι⁶ καὶ οἱ πόρνοι⁷ καὶ οἱ φονεῖς⁸ καὶ οἱ εἰδωλολάτραι⁹ καὶ πᾶς φιλῶν¹⁰ καὶ ποιῶν ψεῦδος¹¹. **16** Ἐγὼ Ἰησοῦς ἔπεμψα¹² τὸν ἄγγελόν μου μαρτυρῆσαι ὑμῖν ταῦτα ἐπὶ ταῖς ἐκκλησίαις. ἐγώ εἰμι ἡ ῥίζα¹³ καὶ τὸ γένος¹⁴ Δαυίδ, ὁ ἀστὴρ¹⁵ ὁ λαμπρὸς¹⁶ ὁ πρωϊνός¹⁷. **17** Καὶ τὸ πνεῦμα καὶ ἡ νύμφη¹⁸ λέγουσιν· ἔρχου. καὶ ὁ ἀκούων εἰπάτω¹⁹· ἔρχου. καὶ ὁ διψῶν²⁰ ἐρχέσθω, ὁ θέλων λαβέτω²¹ ὕδωρ ζωῆς δωρεάν²².

18 Μαρτυρῶ ἐγὼ παντὶ τῷ ἀκούοντι τοὺς λόγους τῆς προφητείας²³ τοῦ βιβλίου τούτου· ἐάν τις ἐπιθῇ²⁴ ἐπ' αὐτά, ἐπιθήσει ὁ θεὸς ἐπ' αὐτὸν τὰς πληγὰς²⁵ τὰς γεγραμμένας²⁶ ἐν τῷ βιβλίῳ τούτῳ, **19** καὶ ἐάν τις ἀφέλῃ²⁷ ἀπὸ τῶν λόγων τοῦ βιβλίου τῆς προφητείας ταύτης, ἀφελεῖ ὁ θεὸς τὸ μέρος αὐτοῦ ἀπὸ τοῦ ξύλου τῆς ζωῆς καὶ ἐκ τῆς πόλεως τῆς ἁγίας τῶν γεγραμμένων ἐν τῷ βιβλίῳ τούτῳ.

20 Λέγει ὁ μαρτυρῶν ταῦτα· ναί, ἔρχομαι ταχύ. ἀμήν, ἔρχου κύριε Ἰησοῦ.

21 Ἡ χάρις τοῦ κυρίου Ἰησοῦ μετὰ πάντων τῶν ἁγίων. ἀμήν.

---

1 πλύνω pres act ptc m p nom, wash
2 στολή, -ῆς f, robe
3 πυλών, -ῶνος m, gate
4 εἰσέρχομαι 3p aor act sub, enter
5 κύων, κυνός m, dog
6 φάρμακος, -ου m, one who practices witchcraft
7 πόρνος, -ου m, one who is sexually immoral
8 φονεύς, -έως m, murderer
9 εἰδωλολάτρης, -ου m, idolater
10 φιλέω pres act ptc m s nom, love
11 ψεῦδος, -ους n, lie
12 πέμπω 1s aor act ind, send
13 ῥίζα, -ης f, root
14 γένος, -ους n, offspring
15 ἀστήρ, -έρος m, star
16 λαμπρός, -ά/όν, bright
17 πρωϊνός, -ά/όν, morning
18 νύμφη, -ης f, bride
19 λέγω 3s aor act impv, say
20 διψάω pres act ptc m s nom, be thirsty
21 λαμβάνω 3s aor act impv, take
22 δωρεάν, adv, without cost
23 προφητεία, -ας f, prophecy
24 ἐπιτίθημι 3s aor act sub, add
25 πληγή, -ῆς f, plague
26 γράφω pf pas ptc f p acc, write
27 ἀφαιρέω 3s aor act sub, take away

INDEX OF QUOTATIONS

In the Biblical text, quotations from the Old Testament are emphasised in bold. The following list gives their sources according to the verse numbering of modern English translations. Sometimes, the source is identified as coming from the Greek Septuagint (LXX), when its wording differs from the Hebrew Masoretic Text. In these cases, too, verse numbering is based on English translations, but not on the Septuagint, which might differ in individual cases.

The abbreviations used for Old Testament books can be found at the end of the list.

Matthew

1.23 (ἰδοὺ ... Ἐμμανουήλ)	Is 7.14
1.23 (μεθ' ... θεός)	Is 8.8, 10 LXX
2.6 (καὶ ... ἡγούμενος)	Mic 5.2
2.6 (ποιμανεῖ ... Ἰσραήλ)	2Sm 5.2; 1Chr 11.2
2.15	Ho 11.1
2.18	Jr 31.15
3.3	Is 40.3
4.4	Dt 8.3
4.6	Ps 91.11-12
4.7	Dt 6.16
4.10	Dt 6.13
4.15-16	Is 9.1-2
5.21	Ex 20.13; Dt 5.17
5.27	Ex 20.14; Dt 5.18
5.38	Ex 21.24; Lv 24.20; Dt 19.21
5.43	Lv 19.18
7.23	Ps 6.9
8.17	Is 53.4
9.13	Ho 6.6
10.35	Mic 7.6
11.10	Ex 23.20; Mal 3.1
11.29	Jr 6.16
12.7	Ho 6.6
12.18	Is 42.1-4
12.40	Jon 1.17
13.14-15	Is 6.9-10
13.35	Ps 78.2
13.42	Dn 3.6
13.50	Dn 3.6
15.4 (τίμα ... μητέρα)	Ex 20.12; Dt 5.16
15.4 (ὁ ... τελευτάτω)	Ex 21.17
15.8-9	Is 29.13 (LXX)
18.16	Dt 19.15
19.4	Gn 1.27; 5.2
19.5	Gn 2.24
19.18-19	Ex 20.12-16; Dt 5.16-20
19.19 (ἀγαπήσεις ... σεαυτόν)	Lv 19.18
21.5	Is 62.11; Zch 9.9
21.9	Ps 118.25-26
21.13 (ὁ ... κληθήσεται)	Is 56.7
21.13 (σπήλαιον λῃστῶν)	Jr 7.11
21.16	Ps 8.2 (LXX)
21.42	Ps 118.22-23
22.32	Ex 3.6,15,16

22.37	Dt 6.5; Jos 22.5	13.14	Dn 11.31; 12.11
22.39	Lv 19.18	13.24	Is 13.10
22.44	Ps 110.1	13.26	Dn 7.13-14
23.39	Ps 118.26	14.27	Zch 13.7
24.15	Dn 11.31; 12.11	14.62	Dn 7.13
24.29	Is 13.10	15.24	Ps 22.18
24.30	Dn 7.13	15.34	Ps 22.1
26.31	Zch 13.7		
26.64	Dn 7.13	**Luke**	
27.9	Zch 11.13	2.23	Ex 13.2, 12, 15
27.35	Ps 22.18	2.24	Lv 12.8
27.43	Ps 22.8	3.4-6	Is 40.3-5
27.46	Ps 22.1	4.4	Dt 8.3
		4.8	Dt 6.13; 10.20
Mark		4.10	Ps 91.11
1.2	Ex 23.20; Mal 3.1	4.11	Ps 91.12
1.3	Is 40.3	4.12	Dt 6.16
4.12	Is 6.9-10	4.18-19	Is 61.1-2
7.6b-7	Is 29.13 (LXX)	4.18 (ἀποστεῖλαι ... ἀφέσει)	Is 58.6 (LXX)
7.10 (τίμα ... σου)	Ex 20.12; Dt 5.16	7.27	Mal 3.1; Ex 23.20
7.10 (ὁ ... τελευτάτω)	Ex 21.17; Lv 20.9	10.27 (ἀγαπήσεις ... διανοίᾳ σου)	Dt 6.5; Jos 22.5
9.48	Is 66.24		
10.6	Gn 1.27; 5.2	10.27 (καὶ τόν ... σεαυτόν)	Lv 19.18
10.7-8	Gn 2.24	13.27	Ps 6.8
10.19	Ex 20.12-16; Dt 5.16-20	13.35	Ps 118.26
11.9	Ps 118.25-26	18.20	Ex 20.12-16; Dt 5.16-20
11.17 (ὁ ... ἔθνεσιν)	Is 56.7		
11.17 (σπήλαιον λῃστῶν)	Jr 7.11	19.38	Ps 118.26
12.10-11	Ps 118.22-23	19.46 (ἔσται ... προσευχῆς)	Is 56.7
12.26	Ex 3.6	19.46 (σπήλαιον λῃστῶν)	Jr 7.11
12.29	Dt 6.4	20.17	Ps 118.22
12.30	Dt 6.5; Jos 22.5	20.37	Ex 3.6
12.31	Lv 19.18	20.42-43	Ps 110.1
12.32	Dt 6.4; Dt 4.35; Is 45.21	21.27	Dn 7.13
		22.37	Is 53.12
12.33	Dt 6.5; Jos 22.5	23.30	Ho 10.8
12.33 (ἀγαπᾶν ... ἰσχύος)	Lv 19.18	23.34	Ps 22.18
12.36 (ἀγαπᾶν ... ἑαυτόν)	Ps 110.1	23.46	Ps 31.5

John

1.23	Is 40.3
1.51	Gn 28.12
2.17	Ps 69.9
6.31	Ps 78.24
6.45	Is 54.13
10.34	Ps 86.2
12.13	Ps 118.25-26
12.15	Zch 9.9
12.38	Is 53.1
12.40	Is 6.10
13.18	Ps 41.9
15.25	Ps 35.19; 69.4
19.24	Ps 22.18
19.36	Ex 12.10 (LXX); 12.46; Ps 34.20
19.37	Zch 12.10

Acts

1.20 (γενηθήτω ... αὐτῇ,)	Ps 69.25
1.20 (τὴν ... ἕτερος)	Ps 109.8
2.17-21	Jl 2.28-32 (3.1-5 lxx)
2.25-28	Ps 16.8-11
2.34-35	Ps 110.1
3.13	Ex 3.6
3.22	Dt 18.15-16
3.23	Dt 18.19; Lv 23.29
3.25	Gn 22.18; 26.4
4.11	Ps 118.22
4.25-26	Ps 2.1-2
7.3	Gn 12.1
7.5	Gn 17.8; 48.4
7.6-7	Gn 15.13-14
7.18	Ex 1.8
7.27-28	Ex 2.14
7.32	Ex 3.6
7.33	Ex 3.5
7.34	Ex 3.7-8, 10
7.35	Ex 2.14
7.37	Dt 18.15
7.40	Ex 32.1, 23
7.42-43	Am 5.25-27
7.49-50	Is 66.1-2
8.32-33	Is 53.7-8 (LXX)
13.33	Ps 2.7
13.34	Is 55.3 (LXX)
13.35	Ps 16.10 (LXX)
13.41	Hab 1.5 (LXX)
13.47	Is 49.6
15.16-17	Am 9.11-12
23.5	Ex 22.28
28.26-27	Is 6.9-10

James

2.8	Lv 19.18
2.11	Ex 20.13-14; Dt 5.17-18
2.23	Gn 15.6
4.6	Pr 3.34 (LXX)

1 Peter

1.16	Lv 11.44-45; 19.2
1.24	Is 40.6-7
1.25	Is 40.8
2.6	Is 28.16
2.7	Ps 118.22
2.8	Is 8.14
2.22	Is 53.9
3.10-12	Ps 34.12-16
4.18	Pr 11.31 (LXX)
5.5	Pr 3.34 (LXX)

Romans

1.17	Hab 2.4
2.24	Is 52.5
3.4	Ps 51.4
3.10-12	Ps 14.1-3; 53.1-3
3.13 (τάφος ... ἐδολιοῦσαν)	Ps 5.9

3.13 (ἰὸς ... αὐτῶν)	Ps 140.3
3.14	Ps 10.7
3.15-17	Is 59.7-8; Pr 1.16
3.18	Ps 36.1
4.3	Gn 15.6
4.7-8	Ps 32.1-2
4.17	Gn 17.5
4.18	Gn 15.5
7.7	Ex 20.17; Dt 5.21
8.36	Ps 44.22
9.7	Gn 21.12
9.9	Gn 18.10, 14
9.12	Gn 25.23
9.13	Mal 1.2-3
9.15	Ex 33.19
9.17	Ex 9.16
9.20	Is 29.16 (LXX)
9.25	Ho 2.23
9.26	Ho 1.10
9.27-28	Is 10.22-23; Ho 1.10
9.29	Is 1.9
9.33	Is 28.16
10.5	Lv 18.5
10.6 (μή ... σου)	Dt 9.4
10.6 (τίς ...οὐρανόν)	Dt 30.12
10.8	Dt 30.14
10.11	Is 28.16
10.13	Jl 2.32
10.15	Is 52.7; Na 1.15
10.16	Is 53.1
10.18	Ps 19.4
10.19	Dt 32.21
10.20	Is 65.1
10.21	Is 65.2 (LXX)
11.3	1Kgs 19.10, 14
11.4	1Kgs 19.18
11.8	Dt 29.4; Is 29.10
11.9-10	Ps 69.22-23
11.26-27	Is 59.20-21
11.34	Is 40.13 (LXX)
11.35	Job 41.3
12.19	Dt 32.25
12.20	Pr 25.21-22
13.9 (οὐ ... ἐπιθυμήσεις)	Ex 20.13-17; Dt 5.17-21
13.9 (ἀγαπήσεις ... σεαυτόν)	Lv 19.18
14.11 (ζῶ ... κύριος)	Is 49.18 etc.
14.11 (ὅτι ... θεῷ)	Is 45.23 LXX
15.3	Ps 69.9
15.9	2Sm 22.50; Ps 18.49
15.10	Dt 32.43
15.11	Ps 117.1
15.12	Is 11.10
15.21	Is 52.15

1 Corinthians

1.19	Is 29.14
1.31	Jr 9.23-24
2.9	Is 64.4 (?)
2.16	Is 40.13 (LXX)
3.19	Job 5.13
3.20	Ps 94.11
5.13	Dt 17.7
6.16	Gn 2.24
9.9	Dt 25.4
9.10	Source unclear
10.7	Ex 32.6
10.26	Ps 24.1
14.21	Is 28.11-12
15.25	Ps 110.1
15.27	Ps 8.6
15.32	Is 22.13
15.45	Gn 2.7
15.54	Is 25.8
15.55	Ho 13.14

2 Corinthians

4.13	Ps 116.10
6.2	Is 49.8
6.16	Lv 26.11-12; Eze 37.27
6.17	Is 52.11; Eze 20.34, 41
6.18	2Sm 7.14
8.15	Ex 16.18
9.9	Ps 112.9
10.17	Jr 9.23-24
13.1	Dt 19.15

Galatians

3.6	Gn 15.6
3.8	Gn 12.3
3.10	Dt 27.26
3.11	Hab 2.4
3.12	Lv 18.5
3.13	Dt 21.23
3.16	Gn 12.7 etc.
4.27	Is 54.1
4.30	Gn 21.10
5.14	Lv 19.18

Ephesians

1.22	Ps 8.6
4.8	Ps 68.18
4.25	Zch 8.16
4.26	Ps 4.4
5.31	Gn 2.24
6.2-3	Ex 20.12; Dt 5.16

Hebrews

1.5 (υἱός ... σε)	Ps 2.7
1.5 (ἐγὼ ... υἱόν)	2Sm 7.14; 1Chr 17.13
1.6	Dt 32.43 (LXX); Ps 97.7 (LXX)
1.7	Ps 104.4
1.8-9	Ps 45.6-7
1.10-12	Ps 102.25-27
1.13	Ps 110.1
2.6-8	Ps 8.4-6 (LXX)
2.12	Ps 22.22
2.13 (ἐγὼ ... αὐτῷ)	Is 8.17; 12,2 (LXX)
2.13 (ἰδοὺ ... θεός)	Is 8.18 (LXX)
3.5	Nu 12.7 (LXX)
3.7-11	Ps 95.7-11
3.15	Ps 95.7-8
4.3	Ps 95.11
4.4	Gn 2.2
4.5	Ps 95.11
4.7	Ps 95.7-8
5.5	Ps 2.7
5.6	Ps 110.4
6.14	Gn 22.17
7.1-2	Gn 14.17-20
7.17	Ps 110.4
7.21	Ps 110.4
8.5	Ex 25.40
8.8-12	Jr 31.31-34
9.20	Ex 24.8
10.5-9	Ps 40.6-8
10.16	Jr 31.33
10.17	Jr 31.34
10.30 (ἐμοί ... ἀνταποδώσω)	Dt 32.35
10.30 (κρινεῖ ... αὐτοῦ)	Dt 32.36; Ps 135.14
10.37 (μικρόν ... ὅσον)	Is 26.20 (LXX)
10.37b-38	Hab 2.3-4 (LXX)
11.18	Gn 21.12
11.21	Gn 47.31 (LXX)
12.5-6	Pr 3.11-12
12.21	Dt 9.19
12.26	Hg 2.6
12.29	Dt 4.24
13.5	Dt 31.6.8 etc.
13.6	Ps 118.6

1 Timothy

5.18 (βοῦν … φιμώσεις) . . . . Dt 25.4
5.18 (ἄξιος … αὐτοῦ) . . . . Source unclear

Revelation

2.27. . . . . Ps 2.8-9
7.16. . . . . Is 49.10

2 Timothy

2.19. . . . . Nu 16.5

Abbreviations of Old Testament Books

Gn . . . . Genesis	Sol . . . . Song of Solomon
Ex . . . . Exodus	Is . . . . Isaiah
Lv . . . . Leviticus	Jr . . . . Jeremiah
Nu . . . . Numbers	Lm . . . . Lamentations
Dt . . . . Deuteronomy	Eze . . . . Ezekiel
Jos. . . . . Joshua	Dn. . . . . Daniel
Jdg . . . . Judges	Ho. . . . . Hosea
Ru . . . . Ruth	Jl . . . . Joel
1,2 Sm . . . . 1, 2 Samuel	Am . . . . Amos
1,2 Kgs . . . . 1, 2 Kings	Oh. . . . . Obadiah
1,2 Chr . . . . 1, 2 Chronicles	Jon . . . . Jonah
Ezr . . . . Ezra	Mic. . . . . Micah
Ne. . . . . Nehemiah	Na. . . . . Nahum
Est . . . . Esther	Hab . . . . Habakkuk
Job . . . . Job	Zph. . . . . Zephaniah
Ps . . . . Psalms	Hg. . . . . Haggai
Pr . . . . Proverbs	Zch . . . . Zechariah
Ec . . . . Ecclesiastes	Mal. . . . . Malachi

DEFINITIONS OF WORDS THAT OCCUR MORE THAN 30 TIMES IN THE NEW TESTAMENT

The following list of words is an excerpt from 'A Concise Greek-English Dictionary of the New Testament' by Barclay M. Newman. It uses a cross-referencing system in which the simple verb usually serves as the primary entry with the other words keyed to it:

    ἀγαπάω (ἀγάπη, ἀγαπητός)
    ἀγάπη, ης f (ἀγαπάω)
    ἀγαπητός, ή, όν (ἀγαπάω)

Note that that there is not a lemma for all primary forms in the following list, as it is an excerpt.

A

Ἀβραάμ m *Abraham*

ἀγαθός, ή, όν (ἀγαθο|εργέω, ἀγαθο|ποιέω, ἀγαθο|ποιΐα, ἀγαθο|ποιός, ἀγαθ|ουργέω, ἀγαθωσύνη, ἀ|φιλ|άγαθος, φιλ|άγαθος) *good; useful, satisfactory for one's (its) purpose, fitting, beneficial; sound* (of trees), *fertile* (of soil), *happy* (of days); in a moral sense *upright, just; kind, generous; clear* (of conscience); *perfect, inherently good* (of God); τὸ ἀγαθόν *the good, what is good; what is right; what is beneficial or advantageous;* τὰ ἀγαθά *goods, possessions; good things* (Lk 16.25); *good deeds* (Jn 5.29)

ἀγαπάω (ἀγάπη, ἀγαπητός) *love* (primarily of Christian love), *cherish; show or prove one's love; long for, desire, place first in one's affections*

ἀγάπη, ης f (ἀγαπάω) *love* (primarily of Christian love); *concern, interest; sacred meal, love-feast* (of the early Church: Jd 12)

ἀγαπητός, ή, όν (ἀγαπάω) *beloved, dear(est); only*

ἄγγελος, ου m (ἀγγέλλω) *angel; messenger, one who is sent*

ἅγιος, α, ον (ἁγιάζω) *set apart to or by God, sacred, consecrated; holy, morally pure, upright;* οἱ ἅγιοι *God's people;* τὸ ἅγιον *or* τὰ ἅγια *the sanctuary* (He 9.1, 25; 13.11); superl. **ἁγιώτατος** *most sacred* (Jd 20)

ἀγρός, οῦ m (ἀγρ|αυλέω, ἀγρι|έλαιος, ἄγριος) *field; farm; countryside*

ἄγω (ἀγωγή, ἀν|άγω, ἀν|εκ|διήγητος, ἀπ|άγω, ἀπο|συν|άγωγος, ἀρχη|γός, ἀρχι|συν|άγωγος, δι|άγω, δι|ηγέομαι, δι|ήγησις, δουλ|αγωγέω, εἰσ|άγω, ἐκ|δι|ηγέομαι, ἐξ|άγω, ἐξ|ηγέομαι, ἐπ|άγω, ἐπ|αν|άγω, ἐπ|εισ|αγωγή, ἐπι|συν|άγω, ἐπι|συν|αγωγή, ἡγεμονεύω, ἡγεμονία, ἡγεμών, ἡγέομαι, καθ|ηγητής, κατ|άγω, μετ|άγω, ὁδ|ηγέω, παιδ|αγωγός, παρ|άγω, παρ|εισ|άγω, παρ|είσ|ακτος, περι|άγω, προ|άγω, προ|ηγέομαι, προσ|άγω, προσ|αγωγή, συλ|αγωγέω, συν|άγω, συν|αγωγή, συν|απ|άγομαι, ὑπ|άγω, χαλιν|αγωγέω, χειρ|αγωγέω, χειρ|αγωγός, χορ|ηγέω) aor. **ἤγαγον**, inf. **ἀγαγεῖν**; aor. pass. **ἤχθην**; fut. pass. **ἀχθήσομαι**. *lead, bring; go;* τρίτην ταύτην ἡμέραν ἄγει *this is the third day* (Lk 24.21); ἄγονται ἀγοραῖοι (see ἀγοραῖος, Ac 19.38); ἄγε νῦν *now listen, just a minute* (Jas 4.13; 5.1)

ἀδελφός, οῦ m (ἀδελφή, ἀδελφότης, φιλ|αδελφία, φιλ|άδελφος, ψευδ|άδελφος) *brother; fellow believer; citizen of the same country; person of the same nationality or race*

αἷμα, τος n (αἱματ|εκ|χυσία, αἱμο|ρροέω) *blood; death; murder;* σὰρξ καὶ αἷμα *a human being, human nature;* ἐξ αἱμάτων *through human procreation* (Jn 1.13)

αἴρω (ἀπ|αίρω, ἐκ|καθ|αίρω, ἐξ|αίρω, ἐπ|αίρω, καθ|αίρω, μετ|αίρω, συν|αίρω) fut. 3 sg. **ἀρεῖ**; aor. **ἦρα**, inf. **ἆραι**; pf. **ἦρκα**; pf. pass. **ἦρμαι**; aor. pass. **ἤρθην**; fut. pass. **ἀρθήσομαι**. *take, take up; take away, remove* (αὐτὸ ἦρκεν ἐκ τοῦ μέσου *he set it aside* Col 2.14); *carry; sweep away* (of a flood); *raise* (of one's voice); *take over, conquer* (Jn 11.48); *kill* (Jn 19.15); ἕως πότε τὴν ψυχὴν ἡμῶν αἴρεις *how long will you keep us in suspense?* (Jn 10.24)

αἰτέω (αἴτημα, ἀπ|αιτέω, ἐξ|αιτέομαι, ἐπ|αιτέω, παρ|αιτέομαι, προσ|αιτέω, προσ|αίτης) *ask, request; require, demand*

αἰών, ῶνος m (αἰώνιος) *age; world order; very long time, eternity* (ἀπ' αἰῶνος *or* πρὸ τῶν αἰώνων *from the beginning;* εἰς αἰῶνας [εἰς τὸν αἰῶνα] *and the strengthened form* εἰς τοὺς αἰῶνας τῶν αἰώνων *always, forever*); *Aeon* (personified as an evil force); *existence, the present life* (Mt 13.22; Mk 4.19)

αἰώνιος, ον (αἰών) *eternal* (primarily of quality rather than of time); *unending, everlasting, for all time*

ἀ|κάθαρτος, ον (καθαρίζω) *unclean, defiling; unclean in God's sight* (1 Cor 7.14)

ἀκολουθέω, (ἐξ|ακολουθέω, ἐπ|ακολουθέω, κατ|ακολουθέω, παρ|ακολουθέω, συν|ακολουθέω) *accompany; follow, be a disciple*

ἀκούω (ἀκοή, δι|ακούω, εἰσ|ακούω, ἐπ|ακούω, παρ|ακοή, παρ|ακούω, προ|ακούω, ὑπ|ακούω, ὑπ|ήκοος) pf. **ἀκήκοα**; aor. pass. ptc. **ἀκουσθείς**. *hear; receive news of; pay attention to; understand; recover one's hearing; give a judicial hearing* (Jn 7.51; Ac 25.22)

ἀ|λήθεια, ας f (λήθω [older form of λανθάνω]) *truth, truthfulness; reality*; ἐπ' ἀληθείας or ἐν ἀληθείᾳ often *truly, indeed*; ἀληθείᾳ *truly, in reality* (Php 1.18)

ἀλλά conj. *but, rather, on the contrary*; with καί, γε καί, ἤ, or οὐδέ adds emphasis or contrast; *not only this, but also* (2 Cor 7.11)

ἀλλήλων, οις, ους (ἀλλάσσω) reciprocal pro. *one another, each other*; ἐν ἀλλήλοις *mutual* (Ro 1.12)

ἄλλος, η, ο (ἀλλάσσω) *another, other* (ἄλλος... ἄλλος *one ... another*); *more, additional*

ἁμαρτάνω (ἁμάρτημα, ἁμαρτία, ἁμαρτωλός, ἀν|αμάρτητος, προ|αμαρτάνω) aor. **ἥμαρτον** (often **ἁμαρτησ-** in moods other than the ind.); pf. **ἡμάρτηκα**. *sin, commit a sin, do wrong*

ἁμαρτία, ας f (ἁμαρτάνω) *sin* (ἔχω ἁμαρτίαν *be sinful*); περὶ ἁμαρτίας often *sin offering*

ἁμαρτωλός, όν (ἁμαρτάνω) *sinful, irreligious; sinner*

ἀμήν (Hebrew) *amen* (of prayer); *truly, indeed; Amen* (of Christ)

ἄν particle indicating contingency in certain constructions

ἀνα|βαίνω (βαίνω = *go, walk*) aor. **ἀνέβην**; pf. **ἀναβέβηκα**. *go up, come up, ascend; grow; go aboard* (of ships); *arise* (Lk 24.38); *enter, occur to* (1 Cor 2.9)

ἀνα|γινώσκω (γινώσκω) aor. **ἀνέγνων**, inf. **ἀναγνῶναι**, ptc. **ἀναγνούς**; aor. pass. inf. **ἀναγνωσθῆναι**. *read; read aloud* (in public worship)

ἀνά|στασις, εως f (ἵστημι) *resurrection; rise* (εἰς πτῶσιν καὶ ἀνάστασιν πολλῶν *for the fall and rise of many* Lk 2.34)

ἄνεμος, ου m (ἀνεμίζομαι) *wind*; ἐκ τῶν τεσσάρων ἀνέμων ἀπ' ἄκρων οὐρανῶν ἕως [τῶν] ἄκρων αὐτῶν *from everywhere on earth* (Mt 24.31)

ἀνήρ, ἀνδρός m (ἀνδρίζομαι) *man; husband* (ἄνδρα οὐ γινώσκω *I don't have a husband* Lk 1.34); *person*

ἄνθρωπος, ου m (ἀνθρωπ|άρεσκος, ἀνθρώπινος, ἀνθρωπο|κτόνος, φιλ|ανθρωπία, φιλ|ανθρώπως) *man, human being, person, one* (*friend, sir* in address); pl. *people; humankind* (κατὰ ἄνθρωπον *according to human standards*); *husband* (Mt 19.10); *son* (Mt 10.35); *servant* (Lk 12.36)

ἀν|ίστημι (ἵστημι) fut. **ἀναστήσω**; 1 aor. **ἀνέστησα**, ptc. **ἀναστήσας**; 2 aor. **ἀνέστην**, subj. **ἀναστῶ**, impv. **ἀνάστα** and **ἀνάστηθι**, inf. **ἀναστῆναι**, ptc. **ἀναστάς**. trans. (in fut. and 1 aor. act.) *raise* (of the dead); *appoint* (of prophets); *help* (someone) *get up* (Ac 9.41); ἀναστήσει σπέρμα τῷ ἀδελφῷ αὐτοῦ *he will have children in the name of his (deceased) brother* (Mt 22.24); intrans. (in 2 aor. and all midd. forms) *rise, stand up; appear,* *come; depart; get ready* (to go); *rebel* (Ac 5.36f); *come back to life* (Lk 9.8, 19)

ἀν|οίγω (οἴγνυμι = *open*, ἄνοιξις, δι|αν|οίγω) aor. **ἀνέῳξα** (**ἠνέῳξα** and **ἤνοιξα**); pf. **ἀνέῳγα**; pf. pass. **ἀνέῳγμαι** and **ἠνέῳγμαι**; aor. pass. **ἀνεῴχθην** (**ἠνεῴχθην, ἠνοίχθην** and **ἠνοίγην**). trans. *open* (ἀνοίγω τὸ στόμα *speak, teach*); *restore, heal* (of sight or hearing); intrans. (only in pf. **ἀνέῳγα**) *open* (τὸ στόμα ἡμῶν ἀνέῳγεν πρὸς ὑμᾶς *we have spoken frankly to you* 2 Cor 6.11)

ἄξιος, α, ον (ἀξιόω) *worthy, deserving; in keeping with, as evidence of (repentance); proper, fitting* (1 Cor 16.4; 2 Th 1.3); οὐκ ἄξιος πρός *not to be compared with* (Ro 8.18)

ἀπ|αγγέλλω (ἀγγέλλω) fut. **ἀπαγγελῶ**; aor. **ἀπήγγειλα**, opt. 3 sg. **ἀπαγγείλοι**; aor. pass. **ἀπηγγέλην**. *tell, inform; proclaim, announce; call upon, command; acknowledge, confess*

ἅ|πας, ασα, αν (alternative form of **πᾶς**) *all; whole*; pl. *everyone, everything*

ἀπ|έρχομαι (ἔρχομαι) fut. **ἀπελεύσομαι**; aor. **ἀπῆλθον**; pf. **ἀπελήλυθα**. *go; go away, leave; go after, follow* (ἀπῆλθον ὀπίσω αὐτοῦ *they followed him* Mk 1.20); *be over or past; spread* (Mt 4.24); ἀπελθοῦσαι ὀπίσω σαρκὸς ἑτέρας *to commit sexual immorality* (Jd 7)

ἀπό prep. with gen. *from; away from; by means of; of; because of, as a result of; since, ever since; about, for; with;* ἀπὸ μιᾶς πάντες *one after another, one and all* (Lk 14.18)

ἀπο|δίδωμι (δίδωμι) ptc. **ἀποδιδούς**, ptc. neut. **ἀποδιδοῦν** (Re 22.2); impf. **ἀπεδίδουν**; aor. subj. 2 sg. **ἀποδῷς**, 3 sg. **ἀπόδῳ** and **ἀποδοῖ**, impv. **ἀπόδος**, inf. **ἀποδοῦναι**, ptc. **ἀποδούς**; aor. midd. **ἀπεδόμην**; aor. pass. inf. **ἀποδοθῆναι**. *give; pay, render; give back, repay, return; reward* (with good or evil); *keep, fulfill* (of vows); *yield* (Re 22.2); ἀποδίδωμι λόγον *give account*

ἀπο|θνήσκω (θνήσκω) fut. **ἀποθανοῦμαι**; aor. **ἀπέθανον**. *die; face death, be at death's door; be mortal*

ἀπο|κρίνομαι (κρίνω) aor. pass. **ἀπεκρίθην**, ptc. **ἀποκριθείς**. act. in mng. *answer, reply; respond* (e.g. Mk 9.5); *say, declare; continue* (of discourse)

ἀπο|κτείνω and **ἀπο|κτέννω, -ννύω** (κτείνω = *kill*) fut. **ἀποκτενῶ**; aor. **ἀπέκτεινα**; aor. pass. **ἀπεκτάνθην**. *kill, put to death; murder*

ἀπ|όλλυμι (ὄλλυμι = *destroy*, ὄλεθρος) fut. **ἀπολέσω** and **ἀπολῶ**; aor. **ἀπώλεσα**, subj. 3 sg. **ἀπολέσῃ**, inf. **ἀπολέσαι**; pf. ptc. **ἀπολωλώς**; fut. midd. **ἀπολοῦμαι**; aor. midd. **ἀπωλόμην**. *destroy; kill; lose*; midd. *be lost, perish, be ruined; die; pass away* (He 1.11); pf. ptc. *lost*

ἀπο|λύω (λύω) *release, set free; send away; send off; divorce; forgive*; midd. *leave* (Ac 28.25)

ἀπο|στέλλω (στέλλομαι) fut. **ἀποστελῶ**; aor. **ἀπέστειλα**, subj. **ἀποστείλω** (in Ac 7.33 this may be a dialectical peculiarity of the pres.

ind.); pf. **ἀπέσταλκα**; aor. pass.
ἀπεστάλην. *send; send out or away*
ἀπό|στολος, ου m (στέλλομαι) *apostle; messenger*
ἅπτω (ἀν|ἅπτω, ἀφή, καθ|άπτω, περι|άπτω) aor. ptc. **ἅψας**; aor. midd. **ἡψάμην**. *light, ignite*; midd. *take hold of, touch* (καλὸν ἀνθρώπῳ γυναικὸς μὴ ἅπτεσθαι *it is best not to marry* or *not to have sex* 1 Cor 7.1); *harm, injure*
ἆρα *interrogative particle expecting a negative response*
ἀρνέομαι (ἀπ|αρνέομαι) *deny; disown, renounce; refuse, reject* (He 11.24)
ἄρτι (ἀρτίζω = *prepare*, ἀπ|αρτισμός, ἀρτι|γέννητος, ἄρτιος, ἐξ|αρτίζω, κατ|αρτίζω, κατ|άρτισις, κατ|αρτισμός, προ|κατ|αρτίζω) adv. *now, at the present time* (ἀπ' ἄρτι *hereafter, from now on, again); just now; at once*
ἄρτος, ου m *bread, a loaf of bread; food;* ἄρτοι τῆς προθέσεως *see* πρόθεσις
ἀρχή, ῆς f (ἄρχω) *beginning, first* (τὴν ἀρχὴν ὅ τι καὶ λαλῶ ὑμῖν *what I have told you from the very beginning* or *why do I talk to you at all?* Jn 8.25); *origin, first cause; ruling power, authority, ruler* (*whether earthly or spiritual*); *what is elementary, elementary principle* (He 5.12; 6.1); *corner* (*of a sheet*) (Ac 10.11; 11.5)
ἀρχι|ερεύς, έως m (ἄρχω + ἱερατεύω) *high priest; member of high priestly family*
ἄρχω (ἀπ|αρχή, ἀρχη|γός, ἀρχι|ερατικός, ἀρχι|ερεύς,

ἀρχι|ποίμην, ἀρχι|συν|άγωγος, ἀρχι|τέκτων, ἀρχι|τελώνης, ἀρχι|τρί|κλινος, ἀρχο|στασία, ἄρχων, ἐθν|άρχης, ἑκατοντ|άρχης, ἐν|άρχομαι, ἐπ|αρκέω, πατρι|άρχης, πειθ|αρχέω, πολιτ|άρχης, προ|εν|άρχομαι, προ|ϋπ|άρχω, στρατο|πεδ|άρχης, τετρα|αρχέω, τετρα|άρχης, ὕπ|αρξις, ὑπ|άρχω, χιλί|αρχος) *rule, govern*; midd. *begin; often redundant adding little meaning, if any, to the verb with which it is associated*
ἄρχων, οντος m (ἄρχω) *ruler; official, authority; judge* (Lk 12.58); ἄρχων τῶν Ἰουδαίων *member of the Sanhedrin* (Jn 3.1)
ἀ|σθενέω (σθενόω) *be sick* or *ill; be weak*
ἀσπάζομαι (ἀπ|ασπάζομαι, ἀσπασμός) *greet* (perhaps *greet with politeness* or *respect* Mt 5.47); *welcome; visit briefly, pay one's respects; take leave of, say goodbye*; impv. *remember me* (*to someone*)
αὐτός, ή, ό (αὐτ|άρκης, αὐτο|κατά|κριτος, αὐτόματος, αὐτ|όπτης, αὐτοῦ, αὐτό|φωρος, αὐτό|χειρ, ἑαυτοῦ, ἐνι|αυτός, ἐξ|αυτῆς, παρ|αυτίκα, σε|αυτοῦ, φίλ|αυτος) *self, of oneself, even, very*; preceded by the article *the same*; as a third person pro. *he, she, it*; ἐπὶ τὸ αὐτό *together*; κατὰ τὸ αὐτό *so, the same way; at the same time*
ἀφ|ίημι (ἵημι = *send, set in motion*, ἄφ|εσις, παρ|αφ|ίημι, προσ|αφ|ίημι) pres. 2 sg. **ἀφεῖς**,

1 pl. **ἀφίομεν**, 3 pl. **ἀφίουσιν**, inf. **ἀφιέναι**; impf. 3 sg. **ἤφιεν**; fut. **ἀφήσω**; aor. **ἀφῆκα**, impv. **ἄφες**, 2 pl. **ἄφετε**, subj. **ἀφῶ**, ptc. **ἀφείς**; aor. pass. **ἀφέθην**; fut. pass. **ἀφεθήσομαι**; pf. pass. 3 pl. **ἀφέωνται**. *cancel, forgive, remit (of sins or debts); allow, let be, tolerate* (ἄφες ἴδωμεν *Wait! Let us see!* or simply *Let us see!* Mt 27.49; Mk 15.36); *leave; leave behind, forsake, neglect; let go, dismiss, divorce;* ἀθῆκεν τὸ πνεῦμα *he died* (Mt 27.50); ἀφίημι φωνὴν μεγάλην *give a loud cry* (Mk 15.37)

ἄχρι, before vowels **ἄχρις** (ἄκρον) (1) prep. with gen. *until; to, as far as;* (2) conj. *until;* ἄχρι οὗ *until; as; when; while, as long as*

Β

βάλλω (ἀμφι|βάλλω, ἀμφί|βληστρον, ἀνα|βάλλομαι, ἀνα|βολή, ἀντι|βάλλω, ἀπο|βάλλω, ἀπό|βλητος, ἀπο|βολή, βελόνη, βέλος, βλητέος, βολή, βολίζω, δια|βάλλω, διά|βολος, ἐκ|βάλλω, ἐκ|βολή, ἐμ|βάλλω, ἐπι|βάλλω, ἐπί|βλημα, κατα|βάλλω, κατα|βολή, λιθο|βολέω, μετα|βάλλομαι, παρα|βάλλω, παρ|εμ|βάλλω, παρ|εμ|βολή, περι|βάλλω, περι|βόλαιον, προ|βάλλω, συμ|βάλλω, τρί|βολος, ὑπερ|βαλλόντως, ὑπερ|βολή, ὑπο|βάλλω) fut. **βαλῶ**; aor. **ἔβαλον**; pf. **βέβληκα**; pass. aor. **ἐβλήθην**; fut. **βληθήσομαι**; pf. **βέβλημαι**; plpf. **ἐβεβλήμην**. trans. *throw, throw down; put, place* (pf. pass. ptc. often *lying); offer, give; pour; sow (seed); bring (peace); invest, deposit (money); banish (fear); shed (figs); swing (a sickle);* τὰ βαλλόμενα *money put into a purse* (Jn 12.6); intrans. *sweep down (of a storm)*

βαπτίζω (βάπτω) *baptize; wash*

βασιλεία, ας f (βασιλεύω) *kingship, reign, rule; kingdom, domain* (λαβεῖν ἑαυτῷ βασιλείαν *to be crowned king* Lk 19.12, 15)

βασιλεύς, έως m (βασιλεύω) *king*

βιβλίον, ου n (βίβλος) *book, scroll; certificate (of divorce)*

βλασ|φημέω (βλάξ = *lazy* + φημί, βλασ|φημία, βλάσ|φημος) *speak against God, blaspheme; speak against, slander, insult*

βλέπω (ἀνα|βλέπω, ἀνά|βλεψις, ἀπο|βλέπω, ἀπό|βλητος, βλέμμα, δια|βλέπω, ἐμ|βλέπω, ἐπι|βλέπω, περι|βλέπομαι) *see; look (on or at); be able to see, gain one's sight; beware of; consider, regard; see to (something); perceive, discover, find*

βούλομαι (βουλεύομαι, βουλευτής, βουλή, βούλημα, ἐπι|βουλή, παρα|βολεύομαι, παρα|βολή, συμ|βουλεύω, συμ|βούλιον, σύμ|βουλος) aor. **ἐβουλήθην**. *want, desire, wish; be willing; intend, plan*

Γ

Γαλιλαία, ας f *Galilee*

γάρ conj. *for, since, then; indeed, certainly;* τί γάρ *what! why!*

γενεά, ᾶς f (γίνομαι) *generation, contemporaries; period, age (of time); family, posterity*

γεννάω (ἀνα|γεννάω, ἀρτι|γέννητος, γέννημα, γέννησις, γεννητός) *be father of; bear, give birth to* (perhaps *conceive*); pass. *be born; lead to, cause* (2 Tm 2.23)

γῆ, γῆς f (ἀνά|γαιον, ἐπί|γειος) *the earth; land, country, region; soil, ground; humankind*

γίνομαι (ἀ|γενεα|λόγητος, ἀ|γενής, ἄλλο|γενής, ἀπο|γίνομαι, γενεά, γενεα|λογέομαι, γενεα|λογία, γενέσια, γένεσις, γενετή, γένημα, γένος, γνήσιος, γνησίως, γονεύς, δια|γίνομαι, ἔκ|γονον, ἐπι|γίνομαι, εὐ|γενής, ζῳο|γονέω, μονο|γενής, παλιγ|γενεσία, παρα|γίνομαι, προ|γίνομαι, πρό|γονος, συγ|γένεια, συγ|γενής, συγ|γενίς, συμ|παρα|γίνομαι, τεκνο|γονέω, τεκνο|γονία) fut. **γενήσομαι**; aor. **ἐγενόμην**, opt. 3 sg. **γένοιτο**, inf. **γενέσθαι**, ptc. **γενόμενος**; pf. **γέγονα** and **γεγένημαι**; aor. pass. **ἐγενήθην**, impv. 3 sg. **γενηθήτω**; plpf. 3 sg. **ἐγεγόνει** and **γεγόνει**. *become, be; happen, take place, arise* (aor. often impers. *it happened* or *came about*); *come into being, be born* or *created; be done* (of things), *become something* (of persons); *come, go* (γενόμενοι κατὰ τὴν Κνίδον *arrived off Cnidus* Ac 27.7); *appear* (Mk 1.4; Jn 1.6); *marry, live with, belong to* (Ro 7.3, 4); μὴ γένοιτο *no indeed!*; sometimes with dat. of person *have, possess, receive* (e.g. Mt 18.12)

γινώσκω (ἀ|γνοέω, ἀ|γνόημα, ἄ|γνοια, ἀ|γνωσία, ἄ|γνωστος, ἀ|κατά|γνωστος, ἀνα|γινώσκω, ἀνα|γνωρίζω, καρδιο|γνώστης, κατα|γινώσκω, προ|γινώσκω, πρό|γνωσις, συγ|γνώμη) fut. **γνώσομαι**; aor. **ἔγνων**, impv. **γνῶθι**, **γνώτω**, subj. 3 sg. **γνῷ** and **γνοῖ**, inf. **γνῶναι**, ptc. **γνούς**; pf. **ἔγνωκα**; plpf. **ἐγνώκειν**; aor. pass. **ἐγνώσθην**; fut. pass. **γνωσθήσομαι**. *know, have knowledge of* (of sexual relations Mt 1.25; Lk 1.34); *find out, learn, understand; perceive, discern; possess knowledge; acknowledge, recognize*; impv. *be very certain, remember*

γλῶσσα, ης f (γλωσσό|κομον, ἑτερό|γλωσσος) *tongue; language; utterance*

γραμματεύς, έως m (γράφω) *scribe, expert in the Jewish law* (possibly with reference to Christians Mt 13.52; 23.34); *town clerk* (Ac 19.35); *educated person, scholar* (1 Cor 1.20)

γραφή, ῆς f (γράφω) *Scripture; sacred writing; passage of Scripture* (sg.), *OT Scriptures* (pl.)

γράφω (ἀ|γράμματος, ἀπο|γραφή, ἀπο|γράφω, γράμμα, γραμματεύς, γραπτός, γραφή, ἐγ|γράφω, ἐπι|γραφή, ἐπι|γράφω, κατα|γράφω, προ|γράφω, ὑπο|γραμμός, χειρό|γραφον) pf. **γέγραφα**; pf. pass. 3 sg. **γέγραπται**; aor. pass. **ἐγράφην**. *write, write (to) someone; record, compose; sign one's name* (2 Th 3.17); *cover with writing* (Re 5.1)

γυνή, αικός f (γυναικάριον, γυναικεῖος) *woman, wife*

Δ

δαιμόνιον, ου n (δαιμονίζομαι) *demon, evil spirit; a god* (Ac 17.18)

Δαυίδ m *David*

δέ *but, to the contrary, rather; and; now, then, so;* δὲ καί *but also, but even;* μέν ... δέ *on the one hand ... on the other hand*

δεῖ (δέω) subj. **δέῃ**, inf. **δεῖν**, ptc. **δέον**; impf. **ἔδει**. impers. *be necessary, must; should, ought; be proper;* impf. *had to, should have*

δεξιός, ά, όν *right* (opposite left); ἐν δεξιᾷ, ἐκ δεξιῶν, ἐπὶ δεξιᾶς *at the right hand;* δεξιὰς ἔδωκαν *they shook hands* (Ga 2.9); διὰ τῶν ὅπλων ... τῶν δεξιῶν καὶ ἀριστερῶν *by means of offensive and defensive weapons* (2 Cor 6.7)

δεύτερος, α, ον (δύο) *second* (τὸ) δεύτερον, πάλιν δεύτερον, ἐν τῷ δευτέρῳ or ἐκ δευτέρου *a second time; in the second place, secondly* (1 Cor 12.28); *afterward, the next time* (Jd 5)

δέχομαι (ἀ|δόκιμος, ἀνα|δέχομαι, ἀν|έν|δεκτος, ἀπ|εκ|δέχομαι, ἀπό|δεκτος, ἀπο|δέχομαι, ἀπο|δοκιμάζω, ἀπο|δοχή, δεκτός, δια|δέχομαι, διά|δοχος, δοκιμάζω, δοκιμασία, δοκιμή, δοκίμιον, δόκιμος, δοχή, εἰσ|δέχομαι, ἐκ|δέχομαι, ἐκ|δοχή, ἐν|δέχεται, ἐπι|δέχομαι, εὐ|πρόσ|δεκτος, ξενο|δοχέω, παν|δοχεῖον, παν|δοχεύς, παρα|δέχομαι, προσ|δέχομαι, ὑπο|δέχομαι) pf. 3 sg. **δέδεκται**. *receive, accept; take, grasp; welcome; bear with, tolerate, put up with* (2 Cor 11.16)

δέω (δεῖ, δεσμεύω, δέσμη, δέσμιος, δεσμός, δεσμο|φύλαξ, δεσμωτήριον, δεσμώτης, δεσπότης, διά|δημα, κατα|δέω, οἰκο|δεσποτέω, οἰκο|δεσπότης, περι|δέω, συν|δέομαι, σύν|δεσμος, ὑπο|δέομαι, ὑπό|δημα) aor. **ἔδησα**, subj. **δήσω**; pf. ptc. **δεδεκώς**; pf. pass. **δέδεμαι**; aor. pass. inf. **δεθῆναι**. *bind, tie* (δέδεμαι γυναικί *be a married man* 1 Cor 7.27); *imprison; compel* (Ac 20.22); *forbid, prohibit* (Mt 16.19; 18.18)

διά prep. with: (1) gen. *through, by means of, with; during, throughout* (διὰ παντός *continually*); *through, among, throughout;* (2) acc. *because of, on account of, for the sake of; through, by* (rarely); διὰ τοῦτο *therefore, for this reason;* διὰ (τό) with inf. *because;* διὰ τί *why?*

διά|βολος, ου m (βάλλω) *the Devil;* as adj. **ος, ον** *slanderous, given to malicious gossip*

δια|θήκη, ης f (τίθημι) *covenant;* pl. *ordinances (of a covenant) or simply covenant; will, testament* (Ga 3.15); both *covenant and will* (He 9.16, 17; Ga 3.17)

διακονέω (διακονία, διάκονος) *serve, wait on; care for, see after, provide for; serve as a deacon* (1 Tm 3.10, 13)

διακονία, ας f (διακονέω) *ministry, service; contribution, help, support; mission; service as a deacon* (Ro 12.7)

διδάσκαλος, ου m (διδάσκω) *teacher, rabbi*

διδάσκω (διδακτικός, διδακτός, διδασκαλία, διδάσκαλος, διδαχή, ἕτερο|διδασκαλέω, θεο|δίδακτος, καλο|διδάσκαλος, νομο|διδάσκαλος, ψευδο|διδάσκαλος) aor. pass. **ἐδιδάχθην**. *teach, instruct; tell*

δίδωμι (**διδῶ** Re 3.9) (ἀνα|δίδωμι, ἀντ|από|δομα, ἀντ|από|δοσις, ἀπο|δίδωμι, δια|δίδωμι, δόσις, δότης, ἐκ|δίδομαι, ἔκ|δοτος, ἐπι|δίδωμι, εὐ|μετά|δοτος, μισθ|απο|δοσία, μισθ|απο|δότης, παρα|δίδωμι, παρά|δοσις, πατρο|παρά|δοτος, προ|δίδωμι, προ|δότης) 3 pl. **διδόασιν**, impv. 2 sg. **δίδου**, inf. **διδόναι**, ptc. **διδούς**; impf. 3 sg. **ἐδίδου**, 3 pl. **ἐδίδουν** and **ἐδίδοσαν**; fut. **δώσω**; aor. **ἔδωκα**, subj. 3 sg. **δῷ, δοῖ** and **δώῃ**, opt. 3 sg. **δώῃ**, impv. **δός**, inf. **δοῦναι**, ptc. **δούς**; pf. **δέδωκα**; pf. pass. **δέδομαι**; plpf. (**ἐ**)**δεδώκειν**; aor. pass. **ἐδόθην**, ptc. **δοθείς**; fut. pass. **δοθήσομαι**. *give; grant, allow, permit; place, put; appoint; establish; give out, pay; produce, yield, cause; entrust; bring (offerings); inflict (punishment);* μὴ δοῦναι ἑαυτὸν εἰς τὸ θέατρον *not to go into the theater* (Ac 19.31)

δι|έρχομαι (ἔρχομαι) fut. **διελεύσομαι**; aor. **διῆλθον**, inf. **διελθεῖν**; pf. **διελήλυθα**, ptc. **διεληλυθώς**. *go or pass through; cross over; go or pass by; go about; come, go; spread (news)* (Lk 5.15)

δίκαιος, α, ον (δικαιόω) *conforming to the standard, will, or character of God; upright, righteous, good; just, right; proper; in a right relationship with God, acceptable to God; fair, honest; innocent*

δικαιοσύνη, ης f (δικαιόω) *what God requires; what is right, righteousness, uprightness, justice; righting wrong; God's putting someone in a right relationship with himself, God's making someone acceptable to himself; religious duties or acts of charity* (Mt 6.1)

δικαιόω (ἀ|δικέω, ἀ|δίκημα, ἀ|δικία, ἄ|δικος, ἀ|δίκως, ἀντί|δικος, δικαιο|κρισία, δίκαιος, δικαιοσύνη, δικαίωμα, δικαίως, δικαίωσις, δικαστής, δίκη, ἐκ|δικέω, ἐκ|δίκησις, ἔκ|δικος, ἔν|δικος, κατα|δικάζω, κατα|δίκη, ὑπό|δικος) *put into a right relationship with God, make acceptable to God; acquit, declare and treat as righteous; show or prove to be right; set free* (Ac 13.38; Ro 6.7); οἱ τελῶναι ἐδικαίωσαν τὸν θεόν *the tax collectors acknowledge God's justice or obey God's righteous demands* (Lk 7.29)

δι|ό conj. (διά + ὅς) *therefore, for this reason*

διώκω (διωγμός, διώκτης, ἐκ|διώκω, κατα|διώκω) *persecute; (pursue, chase* Re 12.13); *seek after, strive for; force out or away; practice (hospitality); follow, run after* (Lk 17.23)

δοκέω (ἀπο|καρα|δοκία, δόγμα, δογματίζομαι, δόξα, δοξάζω, ἐν|δοξάζομαι, ἔν|δοξος, εὐ|δοκέω, εὐ|δοκία, κενο|δοξία, κενό|δοξος, παρά|δοξος, προσ|δοκία, συν|δοξάζομαι, συν|ευ|δοκέω) aor. **ἔδοξα**. trans. *think, suppose, believe; consider, imagine;* intrans. *seem; be recognized, have a reputation (for something)* (Mk 10.42; Ga 2.2, 6, 9); *be set on*

doing something (1 Cor 11.16); impers.
it seems, it seems good, proper or *best*
δόξα, ης f (δοκέω) *glory, splendor, grandeur* (in gen. often *glorious*); *power, kingdom; praise, honor; pride* (δόξα καὶ χαρά *pride and joy* 1 Th 2.20); *brightness, brilliance; revealed presence of God, God himself; heaven* (1 Tm 3.16); *glorious heavenly being* (2 Pe 2.10; Jd 8); δὸς δόξαν τῷ θεῷ *promise before God to tell the truth* (Jn 9.24)
δοξάζω (δοκέω) *praise, honor; glorify, exalt*; pf. pass. ptc. *glorious* (1 Pe 1.8)
δοῦλος, η, ον (δουλόω) *as a slave, in slavery*
δοῦλος, ου m (δουλόω) *slave, servant*
δύναμαι (ἁ|δυνατεῖ, ἁ|δύνατος, δύναμις, δυναμόω, δυνάστης, δυνατέω, δυνατός, ἐν|δυναμόω, κατα|δυναστεύω) 2 sg. **δύνῃ, δύνασε** and **δύνασαι**; opt. **δυναίμην**; impf. **ἐδυν-** and **ἠδυν-**; aor. **ἠδυνάσθην** and **ἠδυνήθην**. *can, be able to, be capable of; can do, able to do*
δύναμις, εως f (δύναμαι) *power, strength, might; act of power, miracle* (miracle worker 1 Cor 12.28f); *supernatural power(s), the Power, God* (Mt 26.64; Mk 14.62; cf. Ac 8.10); *ability, capacity, means* (Mt 25.15; 2 Cor 1.8; 8.3); *meaning, significance* (1 Cor 14.11)
δυνατός, ή, όν (δύναμαι) *possible; strong; powerful; able, capable of; influential, leading* (Ac 25.5; 1 Cor 1.26); *person of strong faith* or *conscience* (Ro 15.1); *well versed (in the Scriptures)* (Ac 18.24); ὁ δυνατός *the Mighty God* (Lk 1.49)

δύο gen. and acc. **δύο** dat. **δυσίν** (δεύτερος, δίς, δισ|μυριάς, δί|στομος, δισ|χίλιοι, δι|χάζω, διχο|στασία, διχο|τομέω, δώ|δεκα, δω|δέκατος) *two*; δύο δύο or ἀνὰ δύο *two by two, in twos*; κατὰ δύο *two at a time*; εἰς δύο *in two*
δώ|δεκα (δύο + δέκα) *twelve*

E

ἐάν conj. (εἰ + ἄν) *if; even if, though; when*; sometimes equivalent to **ἄν** (e.g. Mt 5.19); ἐὰν μή *unless*; ἐάνπερ *if only*
ἑαυτοῦ, ῆς, οῦ (αὐτός) reflexive pro., not used in nominative *himself, herself, itself, themselves*; possessive pro. *his, hers*, etc.; reciprocal pro. *one another, each other*; τὸ ἑαυτοῦ *one's own interest* or *advantage*
ἐγγίζω (ἐγγύς, ἐγγύτερον, προσ|εγγίζω) *approach, come* or *draw near*
ἐγγύς (ἐγγίζω) adv. *near, close to; on the verge of*
ἐγείρω (γρηγορέω, δια|γρηγορέω, δι|εγείρω, ἔγερσις, ἐξ|εγείρω, ἐπ|εγείρω, συν|εγείρω) fut. **ἐγερῶ**; aor. **ἤγειρα**; pf. pass. **ἐγήγερμαι**; aor. pass. **ἠγέρθην**; fut. pass. **ἐγερθήσομαι**. trans. *raise (the dead) to life; raise up, bring into being; wake, rouse* (Mt 8.25; Ac 12.7); *cause, stir up* (Php 1.17); *lift out* (Mt 12.11); *make* (Mt 3.9; Lk 3.8); intrans. act. (impv. only) *Get up! Come!* intrans. pass. *get up, rise* (impv. *Get up! Come!*) *appear* (of prophets); *rise up in arms*

ἐγώ 1 pers. pro. **ἐμοῦ (μου), ἐμοί (μοι), ἐμέ (με)** *I, me*; pl. **ἡμεῖς, ἡμῶν, ἡμῖν, ἡμᾶς** *we, us* (ἡμέτερος)

ἔθνος, ους n (ἐθν|άρχης, ἐθνικός, ἐθνικῶς) *nation, people*; **τὰ ἔθνη** *non-Jews, Gentiles; pagans, heathens, unbelievers*

εἰμί (ἀπ|ειμι, ἀπ|ουσία, ἔν|ειμι, ἔξ|εστι, ἐξ|ουσία, ἐξ|ουσιάζω, ἐξ|ουσιαστικός, ἐπι|οῦσα, ἐπι|ούσιος, κατ|εξ|ουσιάζω, ὄντως, οὐσία, πάρ|ειμι, παρ|ουσία, περι|ούσιος, συμ|πάρ|ειμι, σύν|ειμι) impv. **ἴσθι, ἔστω** and **ἤτω**, 3 pl. **ἔστωσαν**; inf. **εἶναι**; impf. **ἦν** and **ἤμην**; fut. **ἔσομαι**. *be, exist; happen, take place; live; be located in; remain, stay; come* (Jn 7.28, 29; 19.9); *go* (Jn 7.34, 36); οὐκ ἔστιν *it is not possible* (1 Cor 11.20; He 9.5); ὅ ἐστιν and τοῦτ' ἔστιν *that means, that is to say*; εἰμὶ ἐκ *belong to, be one of*

εἶπον aor. of **λέγω**

εἰρήνη, ης f (εἰρηνεύω) *peace, harmony*; often used in invocations and greetings; *order* (opposite *disorder*)

εἰς (ἔσω, ἔσ|ωθεν, ἐσ|ώτερος) prep. with acc. *into, to; in, at, on, upon, by, near; among; against; concerning; as*; εἰς τό with inf. denotes purpose and sometimes result

εἷς, μία, ἕν gen. **ἑνός, μιᾶς, ἑνός** (ἑν|ότης) *one; a, an, single; only one*; εἷς τις = τις *a certain one, someone, one*; οἰκοδομεῖτε εἰς τὸν ἕνα *encourage one another* (1 Th 5.11); καθ' ἕνα *one by one* (1 Cor 14.31)

εἰσ|έρχομαι (ἔρχομαι) fut. **εἰσελεύσομαι**; aor. **εἰσῆλθον**; pf. **εἰσελήλυθα**. *come* or *go (in* or *into), enter; have part in, share in; fall into* (of *temptation*); *arise* (of arguments); εἰσέρχομαι καὶ ἐξέρχομαι *live among*

εἴ|τε (εἰ + τέ) conj. *if, whether;* εἴτε... εἴτε *whether ... or, if ... if*

ἐκ (**ἐξ** before vowels) prep. with gen. *from, out from, away from; by, by means of, by reason of, because; for; on, at; of*

ἕκαστος, η, ον *each, every*

ἐκ|βάλλω (βάλλω) fut. **ἐκβαλῶ**; aor. **ἐξέβαλον**; plpf. **ἐκβεβλήκειν**; aor. pass. **ἐξεβλήθην**; fut. pass. **ἐκβληθήσομαι**. *force* or *drive out, expel, exclude, reject*; without exercise of force: *send away* or *out; lead out; take out; bring out;* ἔκβαλε ἔξωθεν *leave (that) out* (Re 11.2); ἕως ἂν ἐκβάλῃ εἰς νῖκος τὴν κρίσιν *until he causes justice to triumph* (Mt 12.20)

ἐκεῖ (ἐκεῖ|θεν, ἐκεῖνος, ἐκεῖσε, κά|κεῖνος, ὑπερ|έκεινα) adv. *there, in that place; there, to that place*

ἐκεῖνος, η, ο (ἐκεῖ) demon. adj. *that; he, she, it;* ἐκείνης adv. *there* (Lk 19.4)

ἐκ|κλησία, ας f (καλέω) *church, congregation; assembly, gathering* (of religious, political, or unofficial groups)

ἐκ|πορεύομαι (πορεύομαι) *go* or *come out* (ἐκπορεύομαι εἰς ὁδόν *set out on a journey* Mk 10.17); *come from; rise* (of the dead); *spread* (Lk 4.37)

ἐλπίζω (ἀπ|ελπίζω, ἐλπίς, προ|ελπίζω) fut. **ἐλπιῶ**; aor. **ἤλπισα**; pf. **ἤλπικα**. *hope, hope for; hope in; expect*

ἐλπίς, ίδος f (ἐλπίζω) *hope* (παρ' ἐλπίδα ἐπ' ἐλπίδι *hoping against hope*

Ro 4.18); *grounds or basis of hope; what is hoped for*

ἐμ|αυτοῦ, ῆς (ἐγώ + αὐτός) reflexive pro. *myself*; possessive pro. *my own* (1 Cor 10.33)

ἐμός, ή, όν (ἐγώ) possessive adj. *my, mine*

ἔμ|προσ|θεν (ἐν + πρός) (1) prep. with gen. *before, in front of*; (2) adv. *ahead, forward, in front*

ἐν prep. with dat. *in, on, at; near, by, before; among, within; by, with; into* (= εἰς); *to, for* (rarely); ἐν τῷ with inf. *during, while, as*; ἐν ὀνόματι ὅτι *because* (Mk 9.41)

ἐν|τολή, ῆς f (τέλλομαι = *arise,* ἐν|τέλλομαι) *commandment; command, order; instruction* (Ac 17.15)

ἐν|ώπιον (ὤψ = *eyes, face,* ὁράω) prep. with gen. *before, in the presence of, in front of; in the judgment of; among;* ἥμαρτον ... ἐνώπιόν σου *I sinned against you* (Lk 15.18, 21)

ἐξ|έρχομαι (ἔρχομαι) fut. ἐξελεύσομαι; aor. ἐξῆλθον; pf. ἐξελήλυθα. *come or go out or forth; get out, escape, get away; originate* (ἐξεληλυθότας ἐκ τῆς ὀσφύος Ἀβραάμ *they are descendents of Abraham* He 7.5); *be gone, disappear* (Ac 16.19); ἐκ τοῦ κόσμου ἐξελθεῖν *die* (1 Cor 5.10)

ἐξ|ουσία, ας f (εἰμί) *authority, right, liberty; ability, capability; supernatural power; ruling power, government, official; jurisdiction* (Lk 23.7); *disposal* (Ac 5.4); ἐξουσίαν ἔχειν ἐπὶ τῆς κεφαλῆς *have a covering on her head* (either *as a symbol of authority* or *of her husband's authority* 1 Cor 11.10)

ἔξω (1) adv. *out, outside; away;* (2) prep. with gen. *out of, outside;* (3) ὁ ἔξω *outsider, unbeliever; outer, physical* (2 Cor 4.16); εἰς τὰς ἔξω πόλεις *to foreign cities* (Ac 26.11)

ἐπ|αγγελία, ας f (ἀγγέλλω) *promise, what is promised; assurance*

ἐπ|ερωτάω (ἐρωτάω) *ask; ask for* (Mt 16.1)

ἐπί prep. with: (1) gen. *on, upon; over; at, by; before, in the presence of; when, under, at the time of; in the passage about* (Mk 12.26; Lk 20.37); ἐπί or ἐπί στόματος *on the evidence of* (Mt 18.16; 2 Cor 13.1; 1 Tm 5.19); (2) dat. *on, at, in; with, by, near; over; because of, on the basis of; to, for; against; in addition to; about, concerning; of, from* (rarely); *after* (Lk 1.59); (3) acc. *on, upon; in; against; over; to, for; around, about, concerning; towards; among* (rarely); ἐπὶ τὸ αὐτό *together;* ἐφ' ὅσον χρόνον *while, as long as;* ἐπὶ τοῦτο *for this purpose* (Lk 4.43)

ἐπι|γινώσκω (γινώσκω) fut. ἐπιγνώσομαι; aor. ἐπέγνων, subj. ἐπιγνῶ, ptc. ἐπιγνούς; pf. ἐπέγνωκα; aor. pass. ἐπεγνώσθην. *know, perceive, understand; recognize, acknowledge; find out, learn; know well*

ἐπι|θυμία, ας f (θυμόομαι) *desire, longing; lust, passion; covetousness*

ἐπι|στρέφω (στρέφω) aor. pass. ἐπεστράφην, ptc. ἐπιστραφείς. intrans. (including midd. and aor. pass.) *turn back, return; turn to; turn around;* trans. *turn, turn back*

ἐπι|τίθημι (τίθημι) 3 pl. ἐπιτιθέασιν, impv. ἐπιτίθει; impf. 3 pl.

ἑπτά – ἔσχατος

ἐπετίθεσαν; fut. **ἐπιθήσω**; aor.
ἐπέθηκα, impv. **ἐπίθες**, subj.
ἐπιθῶ, inf. **ἐπιθεῖναι**, ptc. **ἐπιθείς**;
fut. midd. **ἐπιθήσομαι**; aor. midd.
ἐπεθέμην. *lay* or *put on; place, put;
add* (Re 22.18a); ἐπέθηκεν ὄνομα ...
Πέτρον *he surnamed (him) Peter*
(Mk 3.16); ἐπιτίθημι πληγάς *beat*
(Lk 10.30; Ac 16.23); midd. *give, put on
board* (Ac 28.10); *attack* (Ac 18.10)
ἑπτά (ἑβδομ|ήκοντα, ἑβδομ|ηκοντάκις,
ἕβδομος, ἑπτά|κις, ἑπτα|κισ|χίλιοι,
ἑπτα|πλασίων) *seven*
ἐργάζομαι (ἀγαθο|εργέω,
ἀμπελ|ουργός, ἀ|ργέω, ἀ|ργός,
γε|ωργέω, γε|ώργιον, γε|ωργός,
δημι|ουργός, ἐν|έργεια, ἐν|εργέω,
ἐν|έργημα, ἐν|εργής, ἐργασία,
ἐργάτης, ἔργον, εὐ|εργεσία,
εὐ|εργετέω, εὐ|εργέτης,
ἱερ|ουργέω, κακ|οῦργος, κατ|αργέω,
κατ|εργάζομαι, λειτ|ουργέω,
λειτ|ουργία, λειτ|ουργικός,
λειτ|ουργός, οἰκ|ουργός,
παν|ουργία, παν|οῦργος,
περι|εργάζομαι, περί|εργος,
προσ|εργάζομαι, ῥᾳδι|ούργημα,
ῥᾳδι|ουργία, συν|εργέω, συν|εργός,
συν|υπ|ουργέω) aor. **ειρ-** and **ἠρ-**;
pf. **εἴργασμαι**. intrans. *work; trade, invest* (Mt 25.16); trans. *do, bring about;
perform* (of temple duties); *work for
(food)* Jn 6.27; ὅσοι τὴν θάλασσαν
ἐργάζονται *those who make their living by traveling on the sea* (Re 18.17)
ἔργον, ου n (ἐργάζομαι) *work, deed,
action; task, occupation, undertaking;
practical expression; handiwork, work-
manship* (1 Cor 9.1); perhaps *effect,
result* or *product* (Jas 1.4)
ἔρημος, ου f (ἐρημόομαι) *deserted
place, uninhabited region, desert*
ἔρημος, ον (ἐρημόομαι) *lonely, deserted,
uninhabited; desolate*
ἔρχομαι (ἀν|έρχομαι,
ἀντι|παρ|έρχομαι, ἀπ|έρχομαι,
δι|έρχομαι, εἰσ|έρχομαι, ἔλευσις,
ἐξ|έρχομαι, ἐπ|αν|έρχομαι,
ἐπ|εισ|έρχομαι, ἐπ|έρχομαι,
κατ|έρχομαι, παρ|εισ|έρχομαι,
παρ|έρχομαι, περι|έρχομαι,
προ|έρχομαι, προσ|έρχομαι,
συν|εισ|έρχομαι, συν|έρχομαι)
imperf. **ἠρχόμην**, fut. **ἐλεύσομαι**;
aor. **ἦλθον** and **ἦλθα**, inf. **ἐλθεῖν**;
pf. **ἐλήλυθα**. *come* (εἰς τὸ χεῖρον
ἐλθοῦσα *[it] grew worse* Mk 5.26);
appear, make an appearance; go; return
(Jn 4.27, 30; Ro 9.9); *be brought*
(Mk 4.21); εἰς προκοπὴν τοῦ
εὐαγγελίου ἐλήλυθεν *helped to spread
the gospel* (Php 1.12)
ἐρωτάω (ἀν|εξ|εραύνητος, δι|ερωτάω,
ἐξ|εραυνάω, ἐπ|ερωτάω,
ἐπ|ερώτημα) *ask (a question); ask,
request; beg, request urgently, urge*
ἐσθίω and **ἔσθω** (κατ|εσθίω,
συν|εσθίω) fut. **φάγομαι**; aor.
ἔφαγον, inf. **φαγεῖν**. *eat; consume,
devour*
ἔσχατος, η, ον (1) adj. *last, final; lowest,
most insignificant;* ἕως ἐσχάτου τῆς
γῆς *to the very ends of the earth*, i.e. *for
the whole world* (Ac 1.8; 13.47); (2) adv.
ἔσχατον πάντων *last of all* (Mk 12.22;
1 Cor 15.8)

ἕτερος, α, ον (ἑτερό|γλωσσος, ἑτερο|διδασκαλέω, ἑτερο|ζυγέω, ἑτέρως, πότ|ερον) *other, another* (ἐν ἑτέρῳ *in another passage* Ac 13.35; He 5.6; ἐγένετο … τὸ εἶδος τοῦ προσώπου αὐτοῦ ἕτερον *his face changed* Lk 9.29; εἰς οὐδὲν ἕτερον ηὐκαίρουν ἢ *they spent their time doing nothing else except* Ac 17.21); *different, strange* (ἀπελθοῦσαι ὀπίσω σαρκὸς ἑτέρας *committing all sorts of sexual sins* Jd 7); *next* (τῇ … ἐχομένη *the next day* Ac 20.15; 27.3)

ἔτι adv. *still, yet* (οὐκ ἔτι *no longer*; οὐδὲ ἔτι νῦν *not even yet* 1 Cor 3.2); *even; further, in addition, moreover* (τίς ἔτι χρεία *what further need?* He 7.11)

ἑτοιμάζω (ἑτοιμασία, ἕτοιμος, ἑτοίμως, προ|ετοιμάζω) *prepare, make ready; get everything ready* (Lk 9.52)

ἔτος, ους n (δι|ετία, ἑκατοντ|αετής, τεσσερακοντ|αετής, τρι|ετία) *year* πεντήκοντα ἔτη οὔπω ἔχεις *you're not even fifty years old* Jn 8.57; ὡσεὶ ἐτῶν τριάκοντα *about thirty years old* Lk 3.23; κατ' ἔτος *every year* Lk 2.41)

εὐ|αγγελίζω (ἀγγέλλω) act. and midd. *bring the good news, preach the good news* (sometimes *preach the good news to*, e.g. Ac 8.25); *preach, proclaim;* pass. *hear the good news* (of persons); *be preached* (of a message)

εὐ|αγγέλιον, ου, n (ἀγγέλλω) *good news, gospel*

εὐ|θέως (εὐθύς) adv. *immediately, at once; soon*

εὐθύς, εῖα, ύ gen. **έως** *straight; right, upright*

εὐθύς (εὐ|θέως, εὐθυ|δρομέω, εὐ|θύνω, εὐ|θύτης, κατ|ευ|θύνω) adv. *immediately, at once; then*

εὐ|λογέω (λέγω) *bestow a blessing upon, act graciously toward* (with God or Christ as subj.); *praise* (with God or Christ as obj.); *ask God's blessing upon* (food)

εὑρίσκω (ἀν|ευρίσκω, ἐφ|ευρετής) impf. **εὑ-** and **ηὑ-**; fut. **εὑρήσω**; aor. **εὗρον**, opt. 3 pl. **εὕροιεν**; pf. **εὕρηκα**; aor. pass. **εὑρέθην**; fut. pass. **εὑρεθήσομαι**. *find, discover, come upon; obtain, secure, receive;* pass. *be found, be, appear;* εὑρέθη … εἰς θάνατον *proved to mean death* (Ro 7.10)

εὐ|χαριστέω (χαίρω) *thank, give thanks; be thankful, be grateful* (Ro 16.4)

ἐχθρός, ή, όν (ἔχθρα) *enemy; hated*

ἔχω (ἀν|εκτός, ἀν|εξί|κακος, ἀν|έχομαι, ἀν|οχή, ἀ|σχημονέω, ἀ|σχημοσύνη, ἀ|σχήμων, ἐν|έχω, ἔν|οχος, ἑξῆς, ἕξις, ἐξ|οχή, ἐπ|έχω, εὐν|ουχίζω, εὐν|οῦχος, εὐ|σχημόνως, εὐ|σχημοσύνη, εὐ|σχήμων, καθ|εξῆς, κακ|ουχέομαι, κατά|σχεσις, κατ|έχω, μετα|σχηματίζω, μετ|έχω, μετ|οχή, μέτ|οχος, νουν|εχῶς, παρ|έχω, περι|έχω, περι|οχή, πλεον|εκτέω, πλεον|έκτης, πλεον|εξία, προ|έχομαι, προ|κατ|έχω, προσ|αν|έχω, προσ|έχω, ῥαβδ|οῦχος, συγ|κακ|ουχέομαι, συμ|μέτ|οχος, συν|ευ|ωχέομαι, συν|έχω, συν|οχή, συ|σχηματίζομαι, σχεδόν, ὑπερ|έχω, ὑπερ|οχή, ὑπ|έχω) impf. **εἶχον**; fut. **ἕξω**; aor.

ἔσχον, subj. **σχῶ**; pf. **ἔσχηκα**. trans. have, hold, possess; keep; receive, get; regard, consider, think; can, be able, must (with inf.); be married to; wear (of clothes); be situated (σαββάτου ἔχον ὁδόν a Sabbath day's journey away Ac 1.12); τὸ νῦν ἔχον for the present (Ac 24.25); intrans. be, feel; impers. it is (οὕτως ἔχει it is so); midd. ptc. next, neighboring (τῇ ἐχομένῃ the next day Lk 13.33)

ἕως (1) conj. (and ἕως ὅτου or ἕως οὗ) until (with any tense); while (with pres. ind. only); (2) prep. with gen. to, until, as far as, to the point of (ἕως τέλους to the end, fully; ἕως τοῦ νῦν until now; ἕως τούτου cf. ἐάω); as many as (of numerals); (3) ἕως ἄνω to the brim (Jn 2.7); ἕως ἄρτι until now, so far, still; ἕως ἐπί to (Ac 17.14); ἕως ἔξω outside (Ac 21.5); ἕως καὶ εἰς even into (Ac 26.11); ἕως πότε how long? ἕως πρός as far as (Lk 24.50); ἕως ὧδε as far as this place (Lk 23.5)

Z

ζάω (ἀνα|ζάω, ἀνα|ζω|πυρέω, ζω|γρέω, ζωή, ζῳο|γονέω, ζῷον, συ|ζάω, συ|ζῳο|ποιέω) contracted to **ζῶ**; impf. **ἔζην**. live, be alive or lively; remain alive; come back to life

ζητέω (ἀνα|ζητέω, ἐκ|ζητέω, ἐκ|ζήτησις, ἐπι|ζητέω, ζήτημα, ζήτησις, συ|ζητέω, συ|ζήτησις, συ|ζητητής) seek, search or look for; try, attempt, strive for (ζητέω τὸ ἐμαυτοῦ or ζητέω τὰ ἐμαυτοῦ strive for one's own interest or advantage); want, ask, ask for; demand, require, expect; consider, deliberate, examine, investigate

ζωή, ῆς f (ζάω) life; ψυχὴ ζωῆς living thing (Re 16.3)

H

ἤ particle or (ἤ … ἤ either … or; ἢ καί or even; with negatives nor, or); than (of comparison); πρὶν ἤ before; ἀλλ' ἤ but rather (Lk 12.51)

ἤδη adv. now, already; ἤδη ποτέ now at last, finally

ἥλιος, ου m (εἰλι|κρίνεια) the sun

ἡμέρα, ας f (ἐφ|ημερία, ἐφ|ήμερος, καθ|ημερινός, μεσ|ημβρία, νυχθ|ήμερον, ὀκτα|ήμερος, σήμερον) day (καθ' ἡμέραν daily; διὰ τριῶν ἡμερῶν in three days; δι' ἡμερῶν some days later); time; legal day (ὑπὸ ἀνθρωπίνης ἡμέρας by any human court 1 Cor 4.3)

Ἡρῴδης, ου m Herod: (1) Herod I, the Great; (2) Herod Antipas; (3) Herod Agrippa I

Θ

θάλασσα, ης f (ἁλίζω) sea; lake

θάνατος, ου m (θανατόω) death; ἐσφαγμένην εἰς θάνατον a mortal wound (Re 13.3); ἁμαρτία πρὸς θάνατον a deadly sin (1 Jn 5.16f); ἐν θανάτοις near death, in danger of death (2 Cor 11.23)

θαυμάζω (ἐκ|θαυμάζω, θαῦμα, θαυμάσιος, θαυμαστός) intrans. marvel, wonder, be amazed (ἐθαυμάσθη ὅλη ἡ γῆ ὀπίσω the whole earth *followed with amazement* Re 13.3); trans. *marvel or wonder at, admire* (θαυμάζοντες πρόσωπα *flattering people* Jd 16)

θέλημα, τος n (θέλω) *will; wish, desire*

θέλω (ἐθελο|θρησκία, θέλημα, θέλησις) impf. **ἤθελον**. *wish, desire, want; will; like;* τί θέλει τοῦτο εἶναι *what does this mean?* (Ac 2.12; cf. 17.20)

θεός, οῦ m (ἄ|θεος, θεά, θεῖος, θειότης, θεο|δίδακτος, θεο|μάχομαι, θεο|μάχος, θεό|πνευστος, θεο|σέβεια, θεο|σεβής, θεο|στυγής, θεότης, φιλό|θεος) *God* (κατὰ θεόν *according to God's will, godly; after the likeness of God* Eph 4.24); *god;* f *goddess* (Ac 19.37)

θεραπεύω (θεραπεία, θεράπων) *heal, cure; serve* (Ac 17.25)

θεωρέω (θεωρία, παρα|θεωρέω) *see; watch, look on, observe; perceive, notice; experience* (of death)

θηρίον, ου n (θηρεύω) *animal, beast; wild animal; snake* (Ac 28.4, 5)

θλῖψις, εως f (θλίβω) *trouble, distress, difficult circumstances, suffering*

θρόνος, ου m *throne*

θύρα, ας f (θυρεός, θυρίς, θυρωρός) *door, gate; entrance* (of a tomb); *opportunity*

I

Ἰάκωβος, ου m *James:* (1) *brother of John, son of Zebedee;* (2) *brother of Jesus;* (3) *son of Alphaeus and one of the twelve;* (4) *father of Judas* (Lk 6.16; Ac 1.13); (5) *tax-collector* (Mk 2.14)

ἴδιος, α, ον (ἰδιώτης) *one's own, belonging to one, personal;* τὰ ἴδια *home, possessions, property;* κατ' ἰδίαν *privately, alone, apart;* ἰδίᾳ *individually, separately* (1 Cor 12.11)

ἰδού (from εἶδον = aor. of ὁράω) *Look! See! Listen!; there* or *here is (are), there* or *here was (were); there* or *here comes (came); then, suddenly; even, yet* (of emphasis)

ἱερεύς, έως m (ἱερατεύω) *priest*

ἱερόν, οῦ n (ἱερατεύω) *temple; temple precincts*

Ἱεροσόλυμα n pl. and f sg. and **Ἱερουσαλήμ** f *Jerusalem*

Ἰησοῦς gen. **οῦ** dat. **οῦ** acc. **οῦν** m (1) *Jesus:* (a) *of the Lord;* (b) *Jesus Barabbas;* (c) *Jesus Justus* (Col 4.11); (d) *in the genealogy of Jesus* (Lk 3.29); (2) *Joshua* (Ac 7.45; He 4.8)

ἱκανός, ή, όν (ἱκανόω) *worthy, fit; sufficient, able* (ἱκανόν ἐστιν *it is enough!* Lk 22.38; τῷ ὄχλῳ τὸ ἱκανὸν ποιῆσαι *to satisfy the crowd* Mk 15.15; τὸ ἱκανὸν *bail money, peace bond* Ac 17.9); *large, great, much,* pl. *many* or *some* (ἐν λόγοις ἱκανοῖς *at some length, in detail* Lk 23.9); *long, considerable* (ἐφ' ἱκανόν *for a long while* Ac 20.11)

ἱμάτιον, ου n (ἱματίζω) *garment, clothing; coat, robe, cloak* (of outer garments)

ἵνα conj. *in order that* (of purpose); *so that* (of result); *that* (indirect statement); with subj. sometimes = impv. (e.g. ἡ δὲ γυνὴ ἵνα φοβῆται τὸν ἄνδρα *but the wife must respect her husband* Eph 5.33)

Ἰουδαία, ας f *Judea*
Ἰουδαῖος, α, ον *a Jew; Jewish; Judean*
Ἰούδας, α m (1) *Judah:* (a) son of Jacob, his tribe, his territory; (b) person in the genealogy of Jesus (Lk 3.30); (2) *Judas:* (a) the betrayer of Jesus; (b) a brother of Jesus; (c) an apostle, the son of James; (d) member of the Jerusalem church, called Barsabbas; (e) a disciple in Damsacus (Ac 9.11); (f) revolutionary leader (Ac 5.37)
Ἰσραήλ m *Israel*
ἵστημι and **ἱστάνω** (ἀ|κατα|στασία, ἀ|κατά|στατος, ἀνά|στασις, ἀνα|στατόω, ἀνθ|ίστημι, ἀν|ίστημι, ἀντι|καθ|ίστημι, ἀπο|κατά|στασις, ἀπο|στασία, ἀπο|στάσιον, ἀρχο|στασία, ἀ|στατέω, ἀφ|ίσταμαι, διά|στημα, δι|ΐστημι, διχο|στασία, ἔκ|στασις, ἐν|ίστημι, ἐξ|ανά|στασις, ἐξ|αν|ίστημι, ἐξ|ίστημι, ἐπ|αν|ίσταμαι, ἐπ|ίσταμαι, ἐπ|ίστασις, ἐπ|ιστάτης, ἐπ|ιστήμων, εὐ|περί|στατος, ἐφ|ίστημι, καθ|ιστάνω, καθ|ίστημι, κατά|στημα, κατ|εφ|ίστημι, μεθ|ίστημι, μετα|δίδωμι, μετά|θεσις, παρ|ίστημι and παρ|ιστάνω, περι|ΐστημι, προ|ΐστημι, πρωτο|στάτης, στάμνος, στασιαστής, στάσις, προ|στάτις, στάμνος, στασιαστής, στάσις, συν|εφ|ίστημι, συν|ίστημι, συ|στατικός, ὑπό|στασις) fut. **στήσω**; 1 aor. **ἔστησα**; 2 aor. **ἔστην**, impv. **στῆθι**, inf. **στῆναι**, ptc. **στάς**; pf. **ἕστηκα**, inf. **ἑστάναι**, ptc. **ἑστηκώς** and **ἑστώς**; plpf. **εἱστήκειν**; fut. midd. **στήσομαι**; aor. pass. **ἐστάθην**, inf. **σταθῆναι**, ptc. **σταθείς**; fut. pass. **σταθήσομαι**. trans. (in all act. tenses except 2 aor., pf. and plpf.) *set, place, put; establish, set up, make stand; put forward; fix (a day of judgment); pay, count out (money); hold against* (Ac 7.60); intrans. (in 2 aor., pf., plpf. act.; all midd. and pass. forms) *stand; stop, stand still; be confirmed* or *established; stand firm, hold one's ground; be, exist; stand up; be moored* (of boats)
Ἰωάννης, ου m *John:* (1) the Baptist; (2) son of Zebedee, one of the twelve; (3) author of Revelation; (4) John Mark; (5) father of Peter and Andrew; (6) member of the Jewish council (Ac 4.6)
Ἰωσήφ m *Joseph:* (1) son of Jacob the patriarch; (2) husband of Mary, mother of Jesus; (3) of Arimathea, member of the Sanhedrin; (4) brother of Jesus (Mt 13.55); (5) surnamed Barnabas; (6) son of a Mary (Mt 27.56); (7, 8) persons in the genealogy of Jesus (Lk 3.24, 30)

Κ

καθαρίζω (ἀ|καθαρσία, ἀ|κάθαρτος, δια|καθαίρω, δια|καθαρίζω, ἐκ|καθαίρω, καθαρισμός, καθαρός, καθαρότης, περι|κάθαρμα) fut. **καθαριῶ**. *cleanse, make clean, purify; declare ritually acceptable*
κάθ|ημαι (from pf. of καθίζω) 2 sg. **κάθῃ**, impv. **κάθου**. *sit; sit down; live, stay, be*
καθ|ίζω (ἵζω = *sit; cause to sit*, ἀνα|καθ|ίζω, ἐπι|καθ|ίζω, κάθ|ημαι,

παρα|καθ|έζομαι, συγ|κάθ|ημαι, συγ|καθ|ίζω) intrans. *sit down, sit, take one's seat* (midd. Mt 19.28); *stay* (Ac 18.11); trans. *cause to sit, set* (Ac 2.30; Eph 1.20); *select (someone) as a judge* (1 Cor 6.4)

καθ|ώς (ὡς) adv. *as, just as; inasmuch as, because; in so far as, to the degree that; how, that* (of indirect discourse)

καί conj. *and, also, but, even; that is, namely;* καὶ ... καί *both ... and, not only ... but also;* frequently used merely to mark the beginning of a sentence

καινός, ή, όν (ἀνα|καινίζω, ἀνα|καινόω, ἐγ|καίνια, ἐγ|καινίζω, καινότης, καίνωσις) *new; of new quality; unused; unknown, strange, remarkable;* τι καινότερον *the latest thing* (Ac 17.21)

καιρός, οῦ m (ἀ|καιρέομαι, ἀ|καίρως, εὐ|καιρέω, εὐ|καιρία, εὔ|καιρος, εὐ|καίρως, πρόσ|καιρος) *time* (viewed primarily as an occasion rather than an extent), *appointed or proper time, season, age* (ἄχρι καιροῦ *for a while;* ἐν παντὶ καιρῷ *always, at all times* Lk 21.36; ἐν ᾧ καιρῷ *at this time* Ac 7.20; πρὸς καιρόν or πρὸς καιρὸν ὥρας *for a brief while;* κατὰ καιρόν *at the right time* Ro 5.6, *from time to time* Jn 5.4; κατὰ τὸν καιρὸν τοῦτον [ἐκεῖνον] *about this [that] time* Ro 9.9; Ac 19.23); *opportunity; the last times*

κακός, ή, όν (κακόω) *evil, bad, wrong; injury, harm* (as a noun); *foul, troublesome* (of a sore)

καλέω (ἀν|έγ|κλητος, ἀντι|καλέω, ἐγ|καλέω, ἔγ|κλημα, εἰσ|καλέομαι, ἐκ|κλησία, ἐπι|καλέω, κλῆσις, κλητός, μετα|καλέομαι, παρα|καλέω, παρά|κλησις, παρά|κλητος, προ|καλέομαι, προσ|καλέομαι, συγ|καλέω, συμ|παρα|καλέομαι) pf. **κέκληκα**; aor. pass. **ἐκλήθην**; fut. pass. **κληθήσομαι**. *call, name, address; invite; summon, call in*

καλός, ή, όν (καλλι|έλαιος, κάλλιον, καλο|διδάσκαλος, καλο|ποιέω) *good; right, proper, fitting; better; honorable, honest; fine, beautiful, precious*

καλῶς (καλός) adv. *well* (οὐ καλῶς *for no good purpose* Ga 4.17); *rightly, correctly; very well, well enough; please* (Jas 2.3); καλῶς ἔχω *be well;* καλῶς ποιῶ *do good* (Mt 12.12; Lk 6.27), *be kind* (Ac 10.33; Php 4.14)

καρδία, ας f (καρδιο|γνώστης, σκληρο|καρδία) *heart, inner self; mind; will, desire, intention; interior* (of the earth)

καρπός, οῦ m (ἄ|καρπος, καρπο|φορέω) *fruit, grain; harvest; result, outcome; deed, action; return, gain, advantage; tribute, praise* (of the lips); *offspring* (Lk 1.42); *descendant* (Ac 2.30)

κατά prep. with: (1) acc. *according to, corresponding to, with reference to, just as* (τὰ κατά τινα *one's case* or *circumstances;* κατὰ τὰ αὐτά *so, in the same way;* κατὰ ἐμέ *my;* κατὰ τὸ αὐτό *together* Ac 14.1; κατὰ τί *how* Lk 1.18); used distributively with numerals and places; *in; for; for the purpose of; at, about,* (of time); *on, upon, along, through, to,* *toward; off, opposite, near, bordering on; with, by means of, because of;* (2) gen. *against; down, down from; throughout; by* (of oaths); *over* (of authority)

κατα|βαίνω (βαίνω = *go, walk*) fut. **καταβήσομαι**; aor. **κατέβην**, impv. **κατάβηθι** and **κατάβα**, inf. **καταβῆναι**, ptc. **καταβάς**; pf. **καταβέβηκα**. *come* or *go down, descend; fall, fall down; be brought down* (Mt 11.23; Lk 10.15); *get out* (Mt 14.29)

κατ|οικέω (οἰκέω) aor. **κατῴκησα**. intrans. *live, settle;* trans. *inhabit, live in*

καυχάομαι (ἐγ|καυχάομαι, κατα|καυχάομαι, καύχημα, καύχησις) *boast, boast about, take pride in; rejoice, be glad*

κεφαλή, ῆς f (κεφαλιόω) *head* (κατὰ κεφαλῆς ἔχων *with his head covered* 1 Cor 11.4); *head* (of superior rank, etc.); κεφαλὴ γωνίας *main corner-stone*

κηρύσσω (κήρυγμα, κῆρυξ, προ|κηρύσσω) *proclaim, make known, preach*

κλαίω (κλάδος) aor. **ἔκλαυσα**. intrans. *weep, cry;* trans. *weep for* (Mt 2.18)

κόσμος, ου m (κοσμέω) *world, world order, universe; world inhabitants, humankind* (especially of persons hostile to God); *world, realm of existence, way of life* (especially as opposed to the purpose of God); *adornment* (1 Pe 3.3)

κράζω (ἀνα|κράζω) aor. in Ac 24.21 **ἐκέκραξα**; pf. with pres. mng. **κέκραγα**. *call out, cry out, shout, scream*

κρατέω (ἀ|κρασία, ἀ|κρατής, ἐγ|κράτεια, ἐγ|κρατεύομαι, ἐγ|κρατής, κραταιόομαι, κραταιός, κράτιστος, κράτος, παντο|κράτωρ, περι|κρατής) *hold, hold fast; take, take hold of; seize, arrest; hold back, restrain; hold unforgiven* (Jn 20.23); *carry out, achieve* (Ac 27.13)

κρίνω (ἀ|διά|κριτος, ἀ|κατά|κριτος, ἀνα|κρίνω, ἀνά|κρισις, ἀντ|απο|κρίνομαι, ἀν|υπό|κριτος, ἀπό|κριμα, ἀπο|κρίνομαι, ἀπό|κρισις, αὐτο|κατά|κριτος, δια|κρίνω, διά|κρισις, δικαιο|κρισία, ἐγ|κρίνω, εἰλι|κρίνεια, εἰλι|κρινής, ἐπι|κρίνω, κατά|κριμα, κατα|κρίνω, κατά|κρισις, κρίμα, κρίσις, κριτήριον, κριτής, κριτικός, πρό|κριμα, συγ|κρίνω, συν|υπο|κρίνομαι, ὑπο|κρίνομαι, ὑπό|κρισις, ὑπο|κριτής) pf. **κέκρικα**; aor. pass. **ἐκρίθην**, inf. **κριθῆναι**; fut. pass. **κριθήσομαι**. *judge, pass judgment on* (midd. and pass. often *stand trial, go to law*); *condemn; decide, determine; consider, regard, think; prefer*

κρίσις, εως f (κρίνω) *judgment, judging; condemnation, punishment; justice;* perhaps *court* (Mt 5.21f)

κύριος, ου m (κυριεύω) *Lord* (of God and Christ); *master, lord, owner; sir* (of address)

Λ

λαλέω (ἀ|λάλητος, ἄ|λαλος, ἀν|εκ|λάλητος, δια|λαλέω, ἐκ|λαλέω, κατα|λαλέω, κατα|λαλιά, λαλιά, μογγι|λάλος, μογι|λάλος, συλ|λαλέω) *speak, talk, say; preach, proclaim; tell; be able to speak; address,* λαμβάνω – λογίζομαι

converse (with); promise (of God); sound (of thunder)

λαμβάνω (ἀνα|λαμβάνω, ἀνά|λημψις, ἀν|επί|λημπτος, ἀντι|λαμβάνομαι, ἀντί|λημψις, ἀπο|λαμβάνω, ἀ|προσωπο|λήμπτως, δεξιο|λάβος, ἐπι|λαμβάνομαι, εὐ|λάβεια, εὐ|λαβέομαι, εὐ|λαβής, κατα|λαμβάνω, λῆμψις, λήθη, μετα|λαμβάνω, μετά|λημψις, παρα|λαμβάνω, προ|λαμβάνω, προσ|λαμβάνομαι, πρόσ|λημψις, προσ|ωπο|λημπτέω, προσ|ωπο|λήμπτης, προσ|ωπο|λημψία, συλ|λαμβάνω, συμ|παρα|λαμβάνω, συμ|περι|λαμβάνω, συν|αντι|λαμβάνομαι, ὑπο|λαμβάνω) fut. **λήμψομαι**; aor. **ἔλαβον**, inf. **λαβεῖν**, ptc. **λαβών**, opt. 3 sg. **λάβοι**; pf. **εἴληπται**. *take, take hold of, grasp; receive, get, obtain; take away, remove; receive, collect* (of taxes, etc.); *choose* (He 5.1); *put on* (Jn 13.12); *catch* (Lk 5.5); *trap, take advantage of* (2 Cor 11.20; 12.16); συμβούλιον ἔλαβον κατ' αὐτοῦ *they made plans against him* (Mt 12.14); οὐ λαμβάνεις πρόσωπον *you don't show partiality* (Lk 20.21)

λαός, οῦ m (λειτ|ουργέω, λειτ|ουργία, λειτ|ουργικός, λειτ|ουργός) *people; nation; crowd;* often of the Jews or the church as the people of God

λέγω (ἀ|γενεα|λόγητος, αἰσχρο|λογία, ἄ|λογος, ἀνα|λογία, ἀνα|λογίζομαι, ἀν|απο|λόγητος, ἀνθ|ομο|λογέομαι, ἀντι|λέγω, ἀντι|λογία, ἀπ|ειπάμην, ἀπο|λογέομαι, ἀπο|λογία, βαττα|λογέω, γενεα|λογέομαι, γενεα|λογία, δια|λέγομαι, διά|λεκτος, δια|λογίζομαι, δια|λογισμός, δί|λογος, ἐκ|λέγομαι, ἐκ|λεκτός, ἐκ|λογή, ἐλ|λογέω, ἐν|ευ|λογέω, ἐξ|ομο|λογέω, ἐπι|λέγω, εὐ|λογέω, εὐ|λογητός, εὐ|λογία, κακο|λογέω, κατα|λέγω, κατ|ευ|λογέω, λογεία, λόγια, λογίζομαι, λογικός, λόγιος, λογισμός, λογο|μαχέω, λογο|μαχία, λόγος, ματαιο|λογία, ματαιο|λόγος, μωρο|λογία, ὁμο|λογέω, ὁμο|λογία, ὁμο|λογουμένως, παρα|λέγομαι, παρα|λογίζομαι, πιθανο|λογία, πολυ|λογία, προ|λέγω, προσ|λέγω, σπερμο|λόγος, στρατο|λογέω, συλ|λέγω, συλ|λογίζομαι, συν|αρμο|λογέομαι, συν|εκ|λεκτή, Φιλό|λογος, χρηστο|λογία, ψευδο|διδάσκαλος, ψευδο|λόγος) fut. **ἐρῶ**; aor. **εἶπον** and **εἶπα**, inf. **εἰπεῖν**; pf. **εἴρηκα**; plpf. 3 sg. **εἰρήκει**; pf. pass. **εἴρημαι**; aor. pass. **ἐρρέθην**, ptc. **ῥηθείς**. *say, speak, tell* (λέγων in discourse is often redundant); *call, name; maintain, assert, declare; mean, intend; think* (to oneself), *conclude; command, order; answer* or *ask* (dependent on context)

λίθος, ου m (λιθάζω) *stone; precious stone; stone image* (Ac 17.29)

λογίζομαι (λέγω) *count, reckon, calculate, take into account; credit, place to one's account; consider, think, suppose; evaluate, look upon as, class; maintain, claim; think on, reflect upon, reason*

λόγος, ου m (λέγω) *something said* (e.g. *word; saying; message, teaching; talk, conversation; question* after ἐρωτάω; *preaching* 1 Tm 5.17; πολὺς ἡμῖν ὁ λόγος *we have much to say* He 5.11); *Word* (in Johannine Christology); *account, settlement of an account* (πρὸς ὃν ἡμῖν ὁ λόγος *to whom we must render an account* He 4.13); *value* (Ac 20.24); *reason, grounds* (κατὰ λόγον *reasonably, patiently* Ac 18.14); *charge* (Ac 19.38); *matter, thing* (Ac 8.21); *book* (Ac 1.1)

λοιπός, ή, όν (λείπω) (1) adj. *rest, remaining, other*; (2) adv. (τὸ) λοιπόν *finally; from now on, henceforth; still; beyond that, in addition*; τοῦ λοιποῦ *henceforth, in the future; finally*; ὧδε λοιπόν *moreover, in this connection*

λύω (ἀ|κατά|λυτος, ἀ|λυσι|τελής, ἀνά|λυσις, ἀνα|λύω, ἀντί|λυτρον, ἀπο|λύτρωσις, ἀπο|λύω, δια|λύω, ἐκ|λύομαι, ἐπί|λυσις, ἐπι|λύω, κατά|λυμα, κατα|λύω, λύσις, λυσι|τελεῖ, λύτρον, λυτρόομαι, λύτρωσις, λυτρωτής, παρα|λύομαι, παρα|λυτικός) *loose, untie; release, set free; break, set aside; destroy, pull down; break up; allow* (Mt 16.19; 18.18)

Μ

μαθητής, οῦ m (μαθητεύω) *disciple, pupil; follower, believer*

μακάριος, α, ον (μακαρίζω) *blessed, fortunate, happy*; τοῦ μακαρίου θεοῦ *of God who is worthy to be praised* (1 Tm 1.11; 6.15)

μᾶλλον (μάλιστα) adv. *more* (πολλῷ μᾶλλον *much more, all the more*; πόσῳ μᾶλλον *how much more*; καλόν ἐστιν μᾶλλον *it is better*; μᾶλλον διαφέρω *be of more value than*; πολλῷ μᾶλλον κρεῖσσον *better by far* Php 1.23; μᾶλλον περισσότερον *all the more* Mk 7.36); *rather, instead* (μᾶλλον ἤ *rather than, more than*); *all the more, more than ever, more than that*

μαρτυρέω (ἀ|μάρτυρος, δια|μαρτύρομαι, ἐπι|μαρτυρέω, κατα|μαρτυρέω, μαρτυρία, μαρτύριον, μαρτύρομαι, μάρτυς, προ|μαρτύρομαι, συμ|μαρτυρέω, συν|επι|μαρτυρέω, ψευδο|μαρτυρέω, ψευδο|μαρτυρία, ψευδό|μαρτυς) *bear witness, testify, be a witness; attest, affirm, confirm; speak well of, approve* (pass. *be well spoken of, receive approval*)

μαρτυρία, ας f (μαρτυρέω) *testimony, witness, evidence; reputation* (1 Tm 3.7)

μάρτυς, μάρτυρος dat. pl. **μάρτυσιν** m (μαρτυρέω) *witness; martyr*

μέγας, μεγάλη, μέγα (μεγαλύνω) *large, great* (of a loud sound; strong wind; high fever; etc.); *greatest; surprising* (2 Cor 11.15)

μέλλω before an inf. *be going to, be about to, intend to; must, be destined*; ptc. without inf. *coming, future*; finite verb without inf. *delay, wait* (τί μέλλεις *what are you waiting for?* Ac 22.16)

μέλος, ους n *a bodily part, member*

μέν particle indicating contrast, emphasis or continuation; μὲν ... δέ *on the one hand ... on the other hand*; μὲν ... ἀλλά or μὲν ... πλήν *indeed ... but*;

ὅς μὲν... καὶ ἄλλος (ἕτερος) one ... another; μὲν οὖν so, then; now, indeed

μένω (ἀνα|μένω, δια|μένω, ἐμ|μένω, ἐπι|μένω, κατα|μένω, παρα|μένω, περι|μένω, προσ|μένω, ὑπο|μένω, ὑπο|μονή) aor. **ἔμεινα**, impv. **μεῖνον**, inf. **μεῖναι**; plpf. 3 pl. **μεμενήκεισαν**. intrans. *remain, stay, abide; live, dwell; last, endure, continue*; trans. *await, wait for*

μέρος, ους n (μερίζω) *part, piece* (ἀνὰ μέρος *one at a time* 1 Cor 14.27; ἀπὸ μέρους *partially, partly* 2 Cor 1.14; *at times, at some points* Ro 15.15; *for a while* Ro 15.24; *to some degree* 2 Cor 2.5; πώρωσις ἀπὸ μέρους *a partial hardening* Ro 11.25; ἐκ μέρους *individually* 1 Cor 12.27; *partially, imperfectly* 1 Cor 13.9ff; τὸ ἐκ μέρους *the partial* or *incomplete* 1 Cor 13.10; κατὰ μέρος *in detail* He 9.5); *place, region, district; share, portion; case, matter, circumstance* (ἐν μέρει ἑορτῆς *with regard to a festival* Col 2.16); *trade, business* (Ac 19.27); *party, sect* (Ac 23.9); *side* (Jn 21.6); ἐν τῷ μέρει τούτῳ *on that account* (1 Pe 4.16)

μέσος, η, ον (μεσόω) (1) adj. *middle, in the middle* (ἀνὰ μέσον *among* Mt 13.25; *between* 1 Cor 6.5; *through* Mk 7.31; *at the center* Re 7.17; ἐν μέσῳ or εἰς μέσον *in the middle, in the midst, among*; ἐν τῷ μέσῳ *before the guests* Mt 14.6; ἐν μέσῳ αὐτῆς *inside the city* Lk 21.21; ἐκ μέσου *from, from among*; αἴρω ἐκ τοῦ μέσου *set aside* Col 2.14; γίνομαι ἐκ μέσου *be removed, disappear* 2 Th 2.7; διέρχομαι διὰ μέσον *cross the borderland between* Lk 17.11; σχίζω μέσον *tear in two* Lk 23.45); (2) prep. with gen. *in the middle, in the midst* (Mt 14.24; Php 2.15)

μετά prep. with: (1) gen. *with, in company with, among; by, in; on the side of; against*; (2) acc. *after, behind* (μετὰ τό with inf. *after*); μετὰ τοῦτο or μετὰ ταῦτα with inf. *after, after this*

μετα|νοέω (νοέω) *repent, have a change of heart, turn from one's sins, change one's ways*

μή *not* generally used with non-indicative verbs; used in questions when a negative answer is expected; used with οὐ for emphasis or solemn assertion

μη|δέ negative particle *nor, and not* (μηδὲ ... μηδέ *neither ... nor*); *not even*

μη|δείς, μη|δεμία, μη|δέν (μή + δέ + εἷς) (1) *no one, nothing*; (2) adj. *no*; (3) **μηδέν** adv. *not at all, in no way*

μή|τε (μή + τέ) *and not* (μήτε ... μήτε *neither ... nor*)

μήτηρ, τρος f (ἀ|μήτωρ, μήτρα, μητρο|λῴας) *mother*

μικρός, ά, όν *little, small; of least importance, insignificant, humble* (ἀπὸ μικροῦ ἕως μεγάλου *from the least to the greatest* Ac 8.10; He 8.11); *younger* (Mk 15.40); adv. μικρόν *a little while, a little farther* (ἔτι μικρόν *a little longer* Jn 13.33; 14.19; μετὰ μικρόν *a little later* Mt. 26.73); μικρότερος *least, smallest*

μισέω *hate, despise; disregard, be indifferent to* (Mt 6.24; Lk 16.13)

μνημεῖον, ου n (μιμνῄσκομαι) *grave, tomb; monument* (Lk 11.47)

μόνος, η, ον (μονόομαι) (1) adj. *only, alone* (Mt 12.4; Php 4.15), κατὰ μόνας *alone*; (2) adv. **μόνον** *only, alone*

Μωϋσῆς, έως m *Moses*

N

ναί *yes; yes indeed, indeed, certainly; certainly so, surely*

ναός, οῦ m (νεω|κόρος) *temple, inner part of Jewish temple, sanctuary; model of a temple or shrine* (Ac 19.24)

νεκρός, ά, όν (νεκρόω) *dead, lifeless* (ὁ νεκρός *a dead person, corpse*; ἐπὶ νεκροῖς *in the case of dead persons* or *at death* He 9.17); *useless, ineffective*

νόμος, ου m (νομίζω) *law* (often of the Jewish sacred tradition; ὁ νόμος καὶ οἱ προφῆται *the Hebrew Scriptures*; νόμος τοῦ ἀνδρός *marriage law* Ro 7.2); *principle, rule*

νῦν adv. *now, at the present* (often with article as equivalent of adj. *now, present* or noun *the present, the present time*, e.g. ἀπὸ τοῦ νῦν *from now on*; τὰ νῦν *but now, and now*; τὸ νῦν ἔχον *for the present* Ac 24.25); *now, then, indeed* (νῦν δὲ *but rather*, 2 Cor 5.11, etc.); ἄγε νῦν cf. **ἄγω**

νύξ, νυκτός f (δια|νυκτερεύω, ἔν|νυχα, μεσο|νύκτιον, νυχθ|ήμερον) *night*

O

ὁδός, οῦ f (ὁδεύω) *way, road; journey* (σαββάτου ἔχον ὁδόν *a Sabbath day's journey away*, i.e. *about half a mile* Ac 1.12); *way of life, conduct; Way* (of the Christian faith and life)

οἶδα (σύν|οιδα) pf. with pres. mng. ἴστε may be 2 pl. ind. or impv., ind. 3 pl. **οἴδασι** and **ἴσασι**, subj. **εἰδῶ**, inf. **εἰδέναι**, masc. ptc. **εἰδώς**, fem. ptc. **εἰδυῖα**; plpf. **ᾔδειν**; fut. **εἰδήσω**. *know, know (about); understand, perceive* (τοῦτο γὰρ ἴστε γινώσκοντες *be very sure of this* or *you know this very well* Eph 5.5); *experience, learn, know how; be acquainted with, recognize, acknowledge; remember* (1 Cor 1.16); *pay proper respect to* (1 Th 5.12)

οἰκία, ας f (οἰκέω) *house, home, property; family, household*

οἰκο|δομέω (οἰκέω + δῶμα) *build, erect; build up, encourage, strengthen, edify; rebuild, restore*

οἶκος, ου m (οἰκέω) *house, home* (κατ᾽ οἶκον or κατὰ [τοὺς] οἴκους *from house to house*; ἡ κατ᾽ οἶκον αὐτῶν ἐκκλησία *the church in their house*); *family household; nation, people; temple, sanctuary*

οἶνος, ου m (οἰνο|πότης, οἰνο|φλυγία, πάρ|οινος) *wine*

ὀλίγος, η, ον (ὀλιγωρέω) *little, small*, pl. *few* (ἐν ὀλίγῳ *in a short while, briefly*; πρὸς ὀλίγον *for a little while, in only a small way*; δι᾽ ὀλίγων *briefly*); adv. ὀλίγον *a little, only a little*

ὅλος, η, ον (καθ|όλου, ὁλο|καύτωμα, ὁλο|κληρία, ὁλό|κληρος, ὁλο|τελής, ὅλως) *whole, all, complete, entire* (δι᾽ ὅλου *throughout*); *altogether, wholly* (Jn 9.34; 13.10)

ὅμοιος, α, ον (ὁμοιόω) *of the same nature, like, similar*

ὄνομα, τος n (ὀνομάζω) *name* (κατ᾽ ὄνομα *by name*); *title; person; authority, power; status, category* (e.g.

εἰς ὄνομα προφήτου *because he is a prophet*; ἐν ὀνόματι ὅτι Χριστοῦ ἐστε *because you are followers of Christ* Mk 9.41); *reputation* (Mk 6.14; Re 3.1)

ὀπίσω (ὄπισθεν) (1) prep. with gen. *after* (after ἔρχομαι or related verbs often *follow, be a disciple*); *behind*; *away from* (Mt 16.23; Mk 8.33); (2) adv. *back, behind* (εἰς τὰ ὀπίσω *back*; *around* Jn 20.14; τὰ ὀπίσω *what lies behind* Php 3.13)

ὅπου adv. (ποῦ) *where* (ὅπου ἄν or ὅπου ἐάν *wherever, whenever*); *whereas, while*

ὅπως or **ὅπως ἄν** (ποῦ) *that, in order that*

ὁράω (ἀ|όρατος, αὐτ|όπτης, ἀφ|οράω, ἐν|ώπιον, ἐπ|οπτεύω, ἐπ|όπτης, ἔσ|οπτρον, εὐ|προσ|ωπέω, ἐφ|οράω, καθ|οράω, κατ|εν|ώπιον, μυ|ωπάζω, ὀπτάνομαι, ὀπτασία, ὅραμα, ὅρασις, ὁρατός, ὀφθαλμο|δουλία, ὄψις, προ|οράω, προσ|ωπο|λημπτέω, προσ|ωπο|λήμπτης, προσ|ωπο|λημψία, πρόσ|ωπον, σκυθρ|ωπός, συν|οράω, ὑπερ|οράω, ὑπ|ωπιάζω, φρουρέω) impf. 3 pl. ἑώρων; fut. **ὄψομαι**; aor. **εἶδα** and **εἶδον**, ptc. **ἰδών**, impv. **ἴδετε**; pf. ἑώρακα and ἑόρακα; aor. pass. **ὤφθην**, ptc. **ὀφθείς**; fut. pass. **ὀφθήσομαι**. trans. *see, observe, notice* (pass. *appear*); *perceive, understand, recognize; experience; visit, come to see* (He 13.23); intrans. *make sure, see to, take care* (ὅρα μή *do not do that*)

ὀργή, ῆς f (ὀργίζομαι) *wrath, anger; retribution, punishment; revenge*

ὄρος, ους n *mountain, hill, mount*

ὅς, ἥ, ὅ (οὗ, πόθεν) relative pro. *who, which, what, that* (ὃς ἄν or ὃς ἐάν *whoever*; ὃς μὲν ... ὃς δέ *one ... another*); *he, she*

ὅσ|ος, η, ον (ὁσάκις) correlative pro. *as much as, how much; as great as, how great; as far as, how far; whoever* (= ὅσος ἄν, ὅσος ἐάν); pl. *as many as, all, everyone*; ἐφ' ὅσον *inasmuch as, while*; καθ' ὅσον *just as, as* (καθ' ὅσον ... κατὰ τοσοῦτο or ὅσα ... τοσοῦτον *to the degree that ... to the same degree*; κατὰ πάντα ὅσα ἄν *whatever* Ac 3.22); ὅσῳ *as, just as, to the degree that* (He 8.6); ὅσον ... μᾶλλον περισσότερον *the more ... the more* (Mk 7.36); τοσούτῳ ... ὅσῳ (by) *as much ... as* (He 1.4); ὅσον χρόνον *as long as* (Mk 2.19); ἔτι γὰρ μικρὸν ὅσον ὅσον *for in a very short while* (He 10.37)

ὅστις, ἥτις, ὅ τι (ὅς, ἥ, ὅ + τίς) *who, which; whoever, whichever; anyone, someone*

ὅτ|αν (ὅς + ἄν) *when, whenever, as often as* (εἰ μὴ ὅταν *until* Mk 9.9)

ὅ|τε conj. (ὅς + τέ) *when, at which time; while, as long as*

ὅ|τι conj. (ὅς + τίς) *that* (τί ὅτι *why?* ὡς ὅτι *that* generally introducing the subjective opinion of the writer, e.g. 2 Cor 5.19; 11.21; 2 Th 2.2); *because, for, since*; may mark the beginning of direct discourse

οὐαί (1) interj. *how horrible it will be!* (2) f noun *horror, disaster, calamity*

οὐ|δέ (οὐ + δέ) *neither, nor, and not* (οὐδὲ ... οὐδέ *neither ... nor*; ἀλλ' οὐδέ *neither, not even*); *not, not even* οὐ|δείς, οὐδε|μία, οὐ|δέν (οὐ + δέ + εἷς, μία, ἕν) *no one, nothing; no; worth nothing;* οὐδέν *not at all, in no respect*

οὐκ|έτι adv. (οὐ + ἔτι) *no longer, no more* (οὐκέτι οὐ μή *never again*)

οὖν *therefore, then; thus, so, accordingly*

οὐρανός, οῦ m (ἐπ|ουράνιος, μεσ|ουράνημα, οὐράνιος, οὐρανό|θεν) *heaven (also used of God to avoid mention of the sacred name); sky*

οὖς, ὠτός n (ἐν|ωτίζομαι, ὠτάριον, ὠτίον) *ear* (πρὸς τὸ οὖς λαλέω *whisper* Lk 12.3); *hearing*

οὔ|τε adv. (οὐ + τέ) *not, no, nor* (οὔτε ... οὔτε *neither ... nor*)

οὗτος, αὕτη, τοῦτο (οὕτω, οὕτως) demonstrative pro. and adj. *this, this one; he, she, it;* τοῦτ' ἔστιν *that is, which means*

οὕτω and οὕτως (οὗτος) (1) adv. *in this way, thus, so, in the same way, like this* (ἔχειν οὕτως often *be so* or *true;* τὸ οὕτως εἶναι *to remain as one is* 1 Cor 7.26); *as follows;* (2) adj. *such, of such kind* (ὁ μὲν οὕτως, ὁ δὲ οὕτως *one of one kind and one of another* 1 Cor 7.7)

οὐχί (emphatic form of οὐ) *not; no, no indeed;* used in questions when an affirmative answer is expected

ὀφείλω (ὀφειλέτης, ὀφειλή, ὀφείλημα, ὄφελον, προσ|οφείλω) *owe; ought, must, be bound* or *obligated; sin against, wrong* (Lk 11.4)

ὀφθαλμός, οῦ m (ἀντ|οφθαλμέω, μον|όφθαλμος, ὁράω, ὀφθαλμο|δουλία) *eye* (ὀφθαλμὸς πονηρός *envy, jealousy* Mk 7.22; οἷς κατ' ὀφθαλμούς *before whose eyes* Ga 3.1); *sight* (Ac 1.9)

ὄχλος, ου m (ὀχλέω) *crowd, multitude; (common) people; mob*

Π

παιδίον, ου n (παίζω) *child; infant*

πάλιν adv. (παλιγ|γενεσία) *again, once more* (εἰς τὸ πάλιν = πάλιν 2 Cor 13.2); *back; furthermore; on the other hand, yet*

πάντοτε adv. (πᾶς) *always, at all times*

παρά prep. with: (1) gen. *from, of* (τὰ παρά τινος *one's provisions, money* or *gift;* οἱ παρ' αὐτοῦ *his family* Mk 3.21; ἡ παρ' ἐμοῦ διαθήκη *my covenant* Ro 11.27); *by, with;* (2) dat. *with, in the presence of, before; in the judgment of; near, beside; for;* (3) acc. *beside, by, at; on, along; to; than, more than, above; rather than; contrary to;* παρὰ τοῦτο *because of this* (1 Cor 12.15, 16); παρὰ μίαν *less one* (2 Cor 11.24)

παρα|βολή, ῆς f (βολεύομαι) *parable, proverb; figure, symbol* (ἥτις παραβολὴ εἰς *figuratively this refers to* He 9.9; ἐν παραβολῇ *so to speak, figuratively speaking* He 11.19)

παρ|αγγέλλω (ἀγγέλλω) aor. παρήγγειλα, ptc. παραγγείλας. *command, order, instruct* (παραγγελίᾳ παραγγέλλω *give strict orders* Ac 5.28)

παρα|γίνομαι (γίνομαι) aor. παρεγενόμην, subj. παραγένωμαι. *come, arrive; appear; come to one's defense, stand by* (2 Tm 4.16)

παρα|δίδωμι (δίδωμι) pres. 2 sg. παραδίδως, subj. 3 sg. παραδιδῷ and **παραδιδοῖ**, inf. **παραδιδόναι**, ptc. **παραδιδούς**; impf. 3 sg. **παρεδίδου**, 3 pl. **παρεδίδουν** and **παρεδίδοσαν**; fut. **παραδώσω**; aor. **παρέδωκα**, 3 pl. **παρέδωκαν** and **παρέδοσαν**, subj. 3 sg. **παραδῷ** and **παραδοῖ**, inf. **παραδοῦναι**, ptc. **παραδούς**; pf. ptc. **παραδεδωκώς**; plpf. 3 pl. **παραδεδώκεισαν**; pf. midd. **παραδέδομαι**; aor. pass. **παρεδόθην**, subj. **παραδοθῶ**, inf. **παραδοθῆναι**, ptc. **παραδοθείς**; fut. pass. **παραδοθήσομαι**. hand or give over, deliver up (pass. often be arrested); betray, deliver (to death); deliver, entrust, commit, give; hand down, pass on; commend (Ac 14.26; 15.40); risk (Ac 15.26); permit (ὅταν παραδοῖ ὁ καρπός when the crop permits, i.e. is ripe Mk 4.29)

παρα|καλέω (καλέω) pf. pass. **παρακέκλημαι**; aor. pass. **παρεκλήθην**, subj. **παρακληθῶ**; fut. pass. **παρακληθήσομαι**. beg, urge; encourage, speak words of encouragement; request, ask, appeal to; console, comfort, cheer up; invite, summon

παρα|λαμβάνω (λαμβάνω) fut. **παραλήμψομαι**; aor. **παρέλαβον**, impv. **παράλαβε**; fut. pass. **παραλημφθήσομαι**. take, take along; receive, accept (often of a tradition); learn (1 Th 4.1); take charge of (Jn 19.16b); παραλαβὼν αὐτοὺς ... κατ' ἰδίαν having taken them aside (Lk 9.10)

παρ|ίστημι and **παρ|ιστάνω** (ἵστημι) fut. **παραστήσω**; 1 aor. **παρέστησα**; 2 aor. **παρέστην**; pf. **παρέστηκα**, ptc. **παρεστώς** and **παρεστηκώς**; plpf. **παρειστήκειν**; fut. midd. **παραστήσομαι**. trans. present, bring into one's presence, show; offer, yield, dedicate; provide, send; prove (Ac 24.13); intrans. (pf., plpf., 2 aor. act.; all midd.) stand by, be present, stand; come; stand before; stand together (Ac 4.26)

παρ|ρησία, ας f (πᾶς + ῥῆμα) openness, frankness (παρρησίᾳ openly, plainly, freely); boldness, confidence, assurance; before the public (ἐν παρρησίᾳ εἶναι to be known publicly Jn 7.4; δειγματίζω ἐν παρρησίᾳ make a public example of Col 2.15)

πᾶς, πᾶσα, πᾶν gen. **παντός, πάσης, παντός** (παμ|πληθεί, παν|δοχεῖον, παν|ήγυρις, παν|οικεί, παν|οπλία, παν|ουργία, παν|οῦργος, πανταχῇ, πανταχοῦ, παν|τελής, πάντῃ, πάντοθεν, παντο|κράτωρ, πάντοτε, πάντως, παρ|ρησία, παρ|ρησιάζομα) (1) without the article each, every (pl. all); every kind of; all, full, absolute, greatest; (2) with the article entire, whole; all (πᾶς ὁ with ptc. everyone who); (3) everyone, everything (διὰ παντός always, continually, forever; κατὰ πάντα in everything, in every respect)

πάσχω (κακο|πάθεια, μετριο|παθέω, ὁμοιο|παθής, πάθημα, παθητός, πάθος, πραϋ|πάθεια, προ|πάσχω, συγ|κακο|παθέω, συμ|παθέω, συμ|παθής, συμ|πάσχω) aor. **ἔπαθον**, inf. **παθεῖν**, ptc. **παθών**, fem. ptc. **παθοῦσα**; pf. **πέπονθα**. suffer, endure, undergo; experience

πατήρ, πατρός m (πατριά, πατρι|άρχης, πατρικός, πατρίς, πατρ|ολώας, πατρο|παρά|δοτος, πατρῷος, προ|πάτωρ) *father (sometimes as an honorary title for a noted person); Father (of God); forefather, ancestor*

Παῦλος, ου m *Paul:* (1) *the apostle;* (2) *Sergius Paulus, governor of Cyprus* (Ac 13.7)

πείθω (ἀνα|πείθω, ἀ|πείθεια, ἀ|πειθέω, ἀ|πειθής, εὐ|πειθής, πειθ|αρχέω, πειθός, πειθώ, πεισμονή, πεποίθησις, πιθανο|λογία) aor. **ἔπεισα**; pf. **πέποιθα**; plpf. **ἐπεποίθειν**; pf. pass. **πέπεισμαι**; fut. pass. **πεισθήσομαι**. *persuade, convince, win over; conciliate, satisfy* (Mt 28.14); *seek favor or approval from* (Ga 1.10); *reassure* (1 Jn 3.19); pass. *obey, pay attention to, listen to; be a follower* (Ac 5.36, 37); pf. act. and pass. *trust, rely on; have confidence, be confident; be certain or sure*

πειράζω (ἀ|πείραστος, ἄ|πειρος, ἐκ|πειράζω, πεῖρα, πειράομαι, πειρασμός) aor. pass. **ἐπειράσθην** and **ἐπιράσθην**. *test, put to the test; tempt; try, attempt*

πέμπω (ἀνα|πέμπω, ἐκ|πέμπω, μετα|πέμπομαι, προ|πέμπω, συμ|πέμπω) *send; commission, appoint*

πέντε (πεντα|κισ|χίλιοι, πεντα|κόσιοι, πεντε|και|δέκατος, πεντή|κοντα, πεντη|κοστή) *five*

περί (πέριξ) prep. with: (1) gen. *about, concerning, of, with reference to; for; on account of* (περὶ ἁμαρτίας often *sin offering*); (2) acc. *around, about; near; of, with reference to, regarding* (οἱ περὶ τὰ τοιαῦτα ἐργάται *workmen of the same trade* Ac 19.25; τὰ περὶ ἐμέ *what is going to happen to me* Php 2.23); *with, in company with*

περι|πατέω (πατέω) *walk, go or move about; live, conduct oneself*

περισσεύω (περισσεία, περίσσευμα, περισσός, περισσότερος, περισσοτέρως, περισσῶς, ὑπερ|εκ|περισσοῦ, ὑπερ|περισσεύω, ὑπερ|περισσῶς) intrans. *be left over, be more than enough* (τὸ περισσεῦον *what is left; wealth, ample possessions); increase, abound, overflow; excel, exceed; have plenty, have more than enough; be better off* (1 Cor 8.8); περισσεύω μᾶλλον *do even more* (1 Th 4.1, 10); trans. *cause to increase or abound; provide in abundance*

περι|τομή, ῆς f (τομός) *circumcision (as a religious rite); those who are circumcised, Jews* (also ὁ ἐκ περιτομῆς = *Jew*)

Πέτρος, ου m *Peter*

Πιλᾶτος, ου m *Pilate*

πίνω (κατα|πίνω, οἰνο|πότης, πόμα, πόσις, ποτήριον, ποτίζω, πότος, συμ|πίνω, συμ|πόσιον, ὑδρο|ποτέω) fut. **πίομαι**, 2 sg. **πίεσαι**; aor. **ἔπιον**, subj. **πίω**, impv. **πίε**, inf. **πιεῖν** and **πεῖν**; pf. **πέπωκα**. *drink*

πίπτω (ἀνα|πίπτω, ἀντι|πίπτω, ἀπο|πίπτω, γονυ|πετέω, διο|πετής, ἐκ|πίπτω, ἐμ|πίπτω, ἐπι|πίπτω, κατα|πίπτω, παρα|πίπτω, παρά|πτωμα, περι|πίπτω, προ|πετής, προσ|πίπτω, πτῶμα, πτῶσις, συμ|πίπτω) fut. **πεσοῦμαι**; aor. **ἔπεσα**, inf. **πεσεῖν**, ptc. **πεσών**; pf. **πέπτωκα**, 2 sg. **πέπτωκες**. *fall, fall down; fall to one's ruin or destruction; fall to one's knees, bow (of worship); be done away with, come to an end* (Lk 16.17; 1 Cor 13.8); *die* (Lk 21.24; 1 Cor 10.8); *strike, beat on* (of the sun's heat); ἔπεσεν ὁ κλῆρος ἐπί *the choice fell upon* (Ac 1.26)

πιστεύω (ἀ|πιστέω, ἀ|πιστία, ἄ|πιστος, ὀλιγο|πιστία, ὀλιγό|πιστος, πιστικός, πίστις, πιστόομαι, πιστός) *believe (in), have faith (in)* (with God or Christ as object); *believe, believe in; have confidence* (in someone or something), *entrust* (something to another); ὅς μὲν πιστεύει φαγεῖν πάντα *one person's faith allows for eating anything* (Ro 14.2)

πίστις, εως f (πιστεύω) *faith, trust, belief; the Christian faith; conviction, good conscience* (Ro 14.22, 23); perhaps *body of faith, doctrine* (Jd 3, 20); *assurance, proof* (Ac 17.31); *promise* (1 Tm 5.12)

πιστός, ή, όν (πιστεύω) *faithful, trustworthy, reliable; believing* (often *believer, Christian*; ὁ ἐκ περιτομῆς πιστός *Jewish Christian* Ac 10.45); *sure, true, unfailing* (τὰ πιστά *sure promises* or *blessings* Ac 13.34)

πλανάω (πλάνη, πλανήτης, πλάνος) *lead astray, mislead, deceive*; pass. *stray away, go astray; be mistaken; be deceived* or *misled; wander about* (He 11.38)

πλῆθος, ους n (πίμπλημι) *crowd; quantity, number; people, population; congregation; assembly*

πλήν (πληρόω) (1) conj. *but, yet, nevertheless, however* (πλὴν ὅτι *except that, only that* Ac 20.23; Php 1.18); (2) prep. with gen. *except, but, besides*

πληρόω (ἀνα|πληρόω, ἀντ|ανα|πληρόω, ἀπο|πληρόω, ἐκ|πληρόω, ἐκ|πλήρωσις, πλήν, πλήρης, πληρο|φορέω, πληρο|φορία, πλήρωμα, προσ|ανα|πληρόω, συμ|πληρόω) *fulfill, make come true, bring about* (of Scripture); *fill, make full; bring to completion; complete, accomplish, finish; make fully known, proclaim fully* (Ro 15.19; Col 1.25); *supply fully* (Php 4.18, 19); pass. *elapse, pass* (of time)

πλοῖον, ου n (πλέω) *boat; ship, sailing vessel*

πνεῦμα, τος n (πνέω) *Spirit* (of God); *spirit, inner life, self; disposition, state of mind; spirit, spirit being* or *power, power* (often of evil spirits); *life* (ἀφίημι τὸ πνεῦμα *die* Mt 27.50); *wind* (He 1.7; perhaps Jn 3.8); *breath* (2 Th 2.8); *ghost, apparition* (Lk 24.37, 39)

ποιέω (ἀγαθο|ποιέω, ἀγαθο|ποιΐα, ἀγαθο|ποιός, ἀ|χειρο|ποίητος, εἰρηνο|ποιέω, εἰρηνο|ποιός, εὐ|ποιΐα, ζῳο|ποιέω, κακο|ποιέω, κακο|ποιός, καλο|ποιέω, μοσχο|ποιέω, ὀχλο|ποιέω, περι|ποιέομαι, περι|ποίησις, ποίημα, ποίησις, ποιητής, προσ|ποιέομαι, σκηνο|ποιός, συ|ζωο|ποιέω, χειρο|ποίητος) unaugmented plpf. 3 pl. **πεποιήκεισαν**. *make, do, cause, effect, bring about, accomplish, perform, provide; create* (of God); *produce, yield, bear, put forth; give, prepare, keep, celebrate* (of feasts, etc.); *claim, pretend* (to be somebody); *show* (of mercy, etc.); *work, be active; live, practice, act* (καλῶς ποιέω *do good, act benevolently* or *kindly*); *spend, stay* (of time); *exercise* (of authority); *wage* (of war); *execute* (of judgment); *give* (of alms); *appoint* (Mk 3.14; He 3.2); *consider, count* (Ac 20.24); often with a noun as a verb equivalent, e.g. ποιέω δέησιν *pray* (Lk 5.33); ποιέω τὸ ἱκανόν *please, satisfy* (Mk 15.15); ποιέω λύτρωσιν *redeem, set free* (Lk 1.68)

ποῖος, α, ον interrog. pro. *what, which; what kind of*

πόλις, εως f (πολιτεύομαι) *city, town* (κατὰ πόλιν and κατὰ πόλεις *town after town, in every town*); *inhabitants* (of a city)

πολύς, πολλή, πολύ gen. **πολλοῦ, ῆς, οῦ** (πολλάκις, πολλα|πλασίων, πολυ|λογία, πολυ|μερῶς, πολυ|ποίκιλος, πολύ|σπλαγχνος, πολυ|τελής, πολύ|τιμος, πολυ|τρόπως) (1) *much, many* (of great crowds; *loud* mourning; *plentiful* harvest; *deep* soil; *late* hour; *long* time; etc.); (2) πολλά *many things*; adv. *often, frequently; strictly; insistently; strongly; hard; heartily*; etc.; πολύ *much, greatly* (ἐπὶ πολύ *a long time* Ac 28.6; μετ᾽ οὐ πολύ *soon* Ac 27.14; πολύ μᾶλλον *much more, all the more* He 12.9, 25); πολλῷ μᾶλλον *much more, all the more*; πολλῷ πλείους *many more* (Jn 4.41); πολλοῦ *for a large sum* (Mt 26.9)

πονηρός, ά, όν (πονηρία) *evil, bad, wicked, sinful*; (noun *evil person; Evil One* [of the Devil]; τὸ πονηρόν *evil, what is evil*); *guilty* (of conscience); *unsound* (eye); *bad, worthless* (of fruit); *malignant* or *painful* (of sores); ὀφθαλμὸς πονηρός *envy, jealousy* (Mk 7.22)

πορεύομαι (ἀ|πορέω, ἀ|πορία, δια|πορεύομαι, δια|πορέω, εἰσ|πορεύομαι, ἐκ|πορεύομαι, ἐμ|πορεύομαι, ἐμ|πορία, ἐμ|πόριον, ἔμ|πορος, ἐξ|α|πορέομαι, ἐπι|πορεύομαι, εὐ|πορέω, εὐ|πορία, ὁδοι|πορέω, ὁδοι|πορία, παρα|πορεύομαι, πορεία, πορισμός, προ|πορεύομαι, προσ|πορεύομαι, συμ|πορεύομαι) *go, proceed; travel, journey; leave; live, conduct one's life; go to one's death, die* (Lk 22.22)

ποτήριον, ου n (πίνω) *cup, drinking vessel*

ποῦ (ποτ|απός, ποτέ, πότε, πότ|ερον, που) interrog. adv. *where, at what place; to what place*; οὐκ ἔχω ποῦ *have nowhere* (to do something)

πούς, ποδός m (ἀνδρα|ποδιστής, ὀρθο|ποδέω, ποδήρης, στρατο|πεδ|άρχης, στρατό|πεδον, τετρά|πουν) *foot* (of the body); perhaps *leg* (Re 10.1)

πράσσω (δια|πραγματεύομαι, πρᾶγμα, πράκτωρ, πρᾶξις, πρασιά, χρυσό|πρασος) pf. **πέπραχα**; pf. pass. **πέπραγμαι**. trans. *do, practice; collect* (of taxes or interest); πράσσω τὰ ἴδια *mind one's own business* (1 Th 4.11); intrans. *act, do; get along* (Eph 6.21)

πρεσβύτερος, α, ον (πρεσβεύω) *elder* (of the Jewish religious leaders and of church leaders); *elder* (of two sons); *eldest* (Jn 8.9); *old man or woman* (Ac 2.17; 1 Tm 5.2); παράδοσις τῶν πρεσβυτέρων *the tradition of pronouncements by earlier Jewish leaders*

πρό (πρωτεύω) prep. with gen. *before* (of time or place); πρὸ ἐτῶν δεκατεσσάρων *fourteen years ago* (2 Cor 12.2); πρὸ ἓξ ἡμερῶν τοῦ πάσχα *six days before Passover* (Jn 12.1); πρὸ πάντων *above all else* (Jas 5.12; 1 Pe 4.8)

πρό|βατον, ου n (βαίνω = *go, walk*) *sheep*

πρός prep. with: (1) acc. *to; toward; for the sake or purpose of, in order to, so that* (especially of πρὸς τό with inf.); *for; against; with, in company with; at, about, near, beside* (μηδὲ τὰ πρὸς τὴν θύραν *not even at the door* Mk 2.2); *pertaining to, with reference to* (τί πρὸς ἡμᾶς *what is it to us?* Mt 27.4; πρὸς οὐδὲ ἓν ῥῆμα *not even one word* Mt 27.14); *before, in the presence of; in comparison with* (Ro 8.18); (2) dat. *at, on, near*; (3) gen. *for, for the sake of* (Ac 27.34)

προσ|έρχομαι (ἔρχομαι) fut. **προσελεύσομαι**; aor. **προσῆλθον**, impv. **πρόσελθε**; pf. **προσελήλυθα**. *come or go to, visit, approach; agree with* (1 Tm 6.3)

προσ|ευχή, ῆς f (εὔχομαι) *prayer; place of prayer* (Ac 16.13, 16)

προσ|εύχομαι (εὔχομαι) *pray*

προσ|κυνέω (κυνέω = *kiss, plead*) *worship; fall down and worship, kneel, bow low, fall at another's feet*

προσ|φέρω (φέρω) aor. **προσήνεγκα**, impv. **προσένεγκον** and **προσένεγκε**, inf. **προσενέγκαι** and **προσενεγκεῖν**; pf. **προσενήνοχα**; aor. pass. **προσηνέχθην**, ptc. **προσενεχθείς**. *offer, present* (especially of gifts and sacrifices); *bring; bring* (someone) *before* (an official); *perform, do* (of service); *hold* (something) *up* (Jn 19.29); pass. *treat, deal with* (He 12.7)

πρόσ|ωπον, ου n (ὁράω) *face, countenance, appearance* (τὰ κατὰ πρόσωπον *what is before one's eyes* 2 Cor 10.7; ἐν προσώπῳ καυχῶμαι *put on an outward show* 2 Cor 5.12; πρόσωπον τῆς γενέσεως *one's natural face* Jas 1.23); *presence* (ἀπὸ προσώπου *from, from the presence of*; κατὰ πρόσωπον *in the presence of, face to face*; πρὸ προσώπου *before, ahead of*; εἰς πρόσωπον *in the presence of* 2 Cor 8.24); *person* (λαμβάνω πρόσωπον or βλέπω εἰς πρόσωπον *show favoritism or partiality*; θαυμάζω πρόσωπον *flatter someone* Jd 16); *surface* (of the earth)

προ|φήτης, ου m (φημί) *prophet* (of one who has insight into the divine will and possesses the power* of inspired utterance); προφῆται *prophetic books of the OT* (νόμος καὶ προφῆται = *the OT*)

πρῶτος, η, ον (πρωτεύω) *first; leading, foremost, prominent, most important; earlier, former, before*

πτωχός, ή, όν (πτωχεύω) *poor; miserable, begging; pitiful* or *inferior* (τὰ ἀσθενῆ καὶ πτωχὰ στοιχεῖα *those weak and pitiful powers* Ga 4.9)

πῦρ, ός n (πυρόομαι) *fire*

πῶς (ὅς) interrog. particle *how? in what way? how is it possible?*

Ρ

ῥῆμα, τος n (ἐρέω = *say*, ῥέω = *say*, ἀν|ἀντί|ρρητος, ἀν|ἀντι|ρρήτως, παρ|ρησία, παρ|ρησιάζομα, ῥήτωρ, ῥητῶς) *what is said, word, saying; thing, matter, event, happening*

Σ

σάββατον, ου n (προ|σάββατον, σαββατισμός) often in pl.; *Jewish sacred day of worship and rest the seventh day, Sabbath* (ἡμέρα σαββάτου *the Sabbath*); *week* (μία or πρώτη σαββάτων *the first day of the week;* κατὰ μίαν σάββατον *on the first day of each week, each Sunday* 1 Cor 16.2; δὶς τοῦ σαββάτου *twice a week* Lk 18.12); σαββάτου ... ὁδόν cf. ὁδός

σάρξ, σαρκός f (σαρκικός, σάρκινος) *flesh, physical body; human nature, earthly descent* (κατὰ σάρκα *by earthly descent*, τὰ τέκνα τῆς σαρκὸς *physical descendants* Ro 9.8; εἴ πως παραζηλώσω μου τὴν σάρκα *perhaps I can make the people of my own race jealous* Ro 11.14); *one's lower nature, sinful human nature* (κατὰ σάρκα or ἐν τῇ σαρκί *under the control of one's sinful nature*); *human being, person, man* (κατὰ σάρκα *by human standards, from a human point of view, as far as externals are concerned*); *earthly life, human realm of existence* (ὁ κατὰ σάρκα κύριος *earthly master* Col 3.22; ὁ τῆς σαρκὸς πατήρ *human father* He 12.9; ἐν ταῖς ἡμέραις τῆς σαρκὸς αὐτοῦ *during his earthly life* He 5.7); *sexual impulse* (ἐκ θελήματος σαρκός *from sexual desire* Jn 1.13; ἀπέρχομαι ὀπίσω σαρκὸς ἑτέρας *commit sexual immorality* Jd 7)

σε|αυτοῦ, ῆς reflexive pro. (σύ + αὐτός) *yourself* (κατὰ σεαυτὸν ἔχε ἐνώπιον τοῦ θεοῦ *keep it a matter between yourself and God* Ro 14.22)

σημεῖον, ου n (σημαίνω) *miraculous sign, miracle; sign, that by which something is known* or *distinguished, indication, mark, signal; portent, warning sign*

σήμερον adv. (ἡμέρα) *today;* ἡ σήμερον or ἡ σήμερον ἡμέρα *today, this very day*

Σίμων, ωνος m *Simon:* (1) Simon Peter; (2) Simon ὁ Καναναῖος (ὁ ζηλωτής), one of the twelve; (3) brother of Jesus (Mt 13.55; Mk 6.3); (4) Simon of Cyrene (Mt 27.32; Mk 15.21; Lk 23.26); (5) father of Judas Iscariot (Jn 6.71; 13.2, 26); (6) a tanner in Joppa (Ac 9.43; 10.6, 17, 32b); (7) a magician of Samaria (Ac 8.9, 13, 18, 24); (8) the leper

(Mt 26.6; Mk 14.3); (9) the Pharisee
(Lk 7.40, 43, 44)
σκότος, ους n (σκοτίζομαι) *darkness;
sin, evil*
σοφία, ας f (σοφίζω) *wisdom, insight,
intelligence, knowledge; Wisdom (of
God)*
σπείρω (δια|σπείρω, δια|σπορά,
ἐπι|σπείρω, σπέρμα,
σπερμο|λόγος, σπορά, σπόριμα,
σπόρος) aor. pass. ptc. **σπαρείς**; pf.
pass. **ἔσπαρμαι.** *sow*
σπέρμα, τος n (σπείρω) *seed; offspring,
children, descendants, posterity;* perhaps *nature, character* (1 Jn 3.9)
σταυρόω (ἀνα|σταυρόω, σταυρός,
συ|σταυρόομαι) *crucify*
στόμα, τος n (ἀπο|στοματίζω,
δί|στομος, ἐπι|στομίζω, στόμαχος)
mouth (στόμα πρὸς στόμα λαλέω
speak face to face 2 Jn 12; 3 Jn 14);
word(s), utterance; power of speech
(ἀνεῴχθη δὲ τὸ στόμα αὐτοῦ
παραχρῆμα καὶ ἡ γλῶσσα αὐτοῦ *and
immediately he was able to speak*
Lk 1.64); *eloquence, ability to speak
with persuasion* (Lk 21.15); *evidence,
testimony* (Mt 18.16); *edge (of a sword)*
σύ 2 pers. pro. **σοῦ** (**σου**), **σοί** (**σοι**), **σέ**
(**σε**); pl. **ὑμεῖς, ὑμῶν, ὑμῖν, ὑμᾶς** *you*
σύν prep. with dat. *with, in company
with, along with, together with; by,
through* (Ac 7.35); σὺν πᾶσιν τούτοις
besides all this (Lk 24.21)
συν|άγω (ἄγω) aor. **συνήγαγον**,
inf. **συναγαγεῖν**; pf. pass. ptc.
συνηγμένος; aor. pass. **συνήχθην**; fut.
pass. **συναχθήσομαι.** *gather; gather
together, assemble, call together; welcome, receive as a guest (of strangers);
catch (of fish); store up* (Lk 12.17, 18);
pass. often equivalent to intrans.
gather, assemble, come together; meet
συν|αγωγή, ῆς f (ἄγω) *synagogue,
Jewish place of worship* (the same
building was also used for judicial
proceedings, e.g. Mt 10.17); *congregation of a synagogue; assembly, meeting
(for worship)*
σῴζω (ἀ|σωτία, ἀ|σώτως, δια|σῴζω,
ἐκ|σῴζω, σωτήρ, σωτηρία,
σωτήριον, σω|φρονέω, σω|φρονίζω,
σω|φρονισμός, σω|φρόνως,
σω|φροσύνη, σώ|φρων) *save (of
Christian salvation); save, rescue, deliver; keep safe, preserve; cure, make well*
σῶμα, τος n (σύσ|σωμος, σωματικός,
σωματικῶς) *body, living body, physical
body; the body (of Christ), the church;
dead body, corpse; the reality or substance (as opposed to a shadow);* pl.
slaves (Re 18.13)
σωτηρία, ας f (σῴζω) *salvation (in the
Christian sense); deliverance, preservation, release*

T

τε *enclitic particle and; and so, so;* τὲ ...
τέ or τὲ ... δέ *both ... and, not only ...
but also*
τέκνον, ου n (τίκτω) *child (my child* in the
vocative for familiar address); pl. *descendants; posterity; people, inhabitants*
τέλος, ους n (τελέω) *end, termination,
conclusion* (ἄχρι τέλους *until the end;*
εἰς τέλος *to the end, forever, continually,*

at last; ἕως τέλους *to the end, fully;* μέχρι τέλους *to the end;* ἔχω τέλος *be at an end;* τὸ δὲ τέλος *finally, to sum up* 1 Pe 3.8); *outcome, result, goal, aim, fulfillment* (τὸ περὶ ἐμοῦ τέλος ἔχει *what was written about me is coming true or my life's work is completed* Lk 22.37); *tax, revenue* (Mt 17.25; Ro 13.7)

τέσσαρες neut. **τέσσαρα** gen. **τεσσάρων** (τεσσεράκοντα, τεσσαρεσ|και|δέκατος, τεταρταῖος, τέταρτος, τετρα|αρχέω, τετρα|άρχης, τετρά|γωνος, τετράδιον, τετρα|κισ|χίλιοι, τετρακόσιοι, τετρά|μηνος, τετραπλοῦς, τετρά|πουν, τρά|πεζα, τρα|πεζίτης) *four*

τηρέω (δια|τηρέω, παρα|τηρέω, παρα|τήρησις, συν|τηρέω) *keep, observe, obey, pay attention to; keep under guard, keep in custody* (οἱ τηροῦντες *the guards* Mt 28.4); *keep back, hold, reserve; maintain, keep firm;* τηρεῖν τὴν ἑαυτοῦ παρθένον (if of an engaged couple) *not to marry the girl to whom he is engaged* or (if of one's daughter) *to keep his daughter from marrying* (1 Cor 7.37)

τίθημι (ἄ|θεσμος, ἀ|θετέω, ἀ|θέτησις, ἀ|θῷος, ἀ|μετά|θετος, ἀνά|θεμα, ἀνα|θεματίζω, ἀνά|θημα, ἀνα|τίθεμαι, ἀν|εύ|θετος, ἀντι|δια|τίθημι, ἀντί|θεσις, ἀπο|θήκη, ἀπο|τίθημι, ἀ|σύν|θετος, δια|θήκη, δια|τίθεμαι, ἔκ|θετος, ἐκ|τίθεμαι, ἐπί|θεσις, ἐπι|τίθημι, εὔ|θετος, θεμέλιον, θεμέλιος, θεμελιόω, θήκη, κατά|θεμα, κατα|θεματίζω, κατα|τίθημι, μετά|θεσις, μετα|τίθημι, νομο|θεσία, νομο|θετέομαι, νομο|θέτης, νου|θεσία, νου|θετέω, ὁρο|θεσία, παρα|θήκη, παρα|τίθημι, περί|θεσις, περι|τίθημι, πρό|θεσις, προ|θεσμία, προσ|ανα|τίθεμαι, προσ|τίθημι, προ|τίθεμαι, συγ|κατά|θεσις, συγ|κατα|τίθεμαι, συν|επι|τίθεμαι, συν|τίθεμαι, υἱο|θεσία, ὑπο|τίθημι) 3 pl. **τιθέασιν**, ptc. **τιθείς**; impf. 3 sg. **ἐτίθει**, 3 pl. **ἐτίθουν** and **ἐτίθεσαν**; fut. **θήσω**; aor. **ἔθηκα**, subj. **θῶ**, impv. 2 pl. **θέτε**, inf. **θεῖναι**, ptc. **θείς**; pf. **τέθεικα**, ptc. **τεθεικώς**; aor. midd. 2 sg. **ἔθου**, 3 pl. **ἔθεντο**, impv. 2 pl. **θέσθε**; pf. pass. 3 sg. **τέθειται**; aor. pass. **ἐτέθην**, subj. **τεθῶ**, inf. **τεθῆναι**. *put, place, lay, set* (τίθημι τὰ γόνατα *kneel;* τίθημι ἐν καρδίᾳ *make up one's mind* Lk 21.14); *lay down, give up (one's life); set aside, store up* (ἕκαστος ὑμῶν παρ' ἑαυτῷ τιθέτω θησαυρίζων *each of you is to put something aside* 1 Cor 16.2); *make (someone/something of a person), appoint, destine* (τίθημι τὸ μέρος τινός *assign one a place* Mt 24.51; Lk 12.46); *present, describe* (by a parable); *lay aside, remove* (of clothes); *serve* (of wine); midd. *put, place, lay, set* (θέσθε ὑμεῖς εἰς τὰ ὦτα ὑμῶν τοὺς λόγους τούτους *keep these words in mind* Lk 9.44; ἔθεντο πάντες οἱ ἀκούσαντες ἐν τῇ καρδίᾳ αὐτῶν *everyone who heard these things kept them in mind* Lk 1.66; *think of, decide* Ac 5.4; οἱ πλείονες ἔθεντο βουλὴν *the majority were in favor of* Ac 27.12); *make (someone/something of a person), appoint, destine; arrange (parts of the body)*; ἔθετο ὁ Παῦλος *Paul resolved, made up his mind* (Ac 19.21)

τιμή, ῆς f (τιμάω) *honor, respect, recognition; price, value* (τιμὴ αἵματος *blood money* Mt 27.6); *sum (of money); proceeds (of a sale); place of honor, honor* (He 5.4); perhaps *pay, compensation* (1 Tm 5.17)

τίς, τί gen. **τίνος** dat. **τίνι** acc. **τίνα, τί** interrog. pro. and adj. *who? which? what? what sort of?* τί, διὰ τί, εἰς τί, τί ὅτι *why? for what reason or purpose?* τί γάρ, τί οὖν *why then?* (τί γάρ *how?* 1 Cor 7.16); τί ἡμῖν (ἐμοὶ) καὶ σοί *what have you to do with us (me)?* κατὰ τί *how?* (Lk 1.18); τί θέλω εἰ *how I wish that* (Lk 12.49)

τις, τι gen. **τινος** dat. **τινι** acc. **τινα, τι** enclitic pro. and adj. *anyone, anything; someone, something; any, some, a certain, several;* ἐάν τις (τι), εἴ τις (τι) *whoever (whatever);* εἶναί τις (τι) *be someone (something) of importance*

τοι|οῦτος, αύτη, οῦτον correlative pro. and adj. (ὁ + οὖτος) *such, of such kind; similar, like* (ὁ περὶ τὰ τοιαῦτα ἐργάτης *person of a similar trade* Ac 19.25)

τόπος, ου m (ἄ|τοπος, ἐν|τόπιος) *place, location, region, vicinity, spot* (κατὰ τόπους *in various places;* κατὰ τὸν τόπον *to that place* Lk 10.32); *station, position, office; chance, opportunity; (Jerusalem) temple; passage (of Scripture); seaport* (Ac 27.2)

τότε adv. (ὅς + τέ) *then, at that time* (ἀπὸ τότε *from that time on, after that;* ὁ τότε κόσμος *the then-existing world* 2 Pe 3.6); *thereupon, next, after that*

τρεῖς, τρία gen. **τριῶν** dat. **τρισίν** (τριάκοντα, τριακόσιοι, τρί|βολος, τρι|ετία, τρί|μηνον, τρίς, τρί|στεγον, τρισ|χίλιοι, τρίτον, τρίτος) *three* (διὰ τριῶν ἡμερῶν *in three days*)

τρίτος, η, ον (τρεῖς) adj. *third* (ἐκ τρίτου *for the third time* Mt 26.44); τὸ τρίτον *one-third, a third*

τυφλός, ή, όν (τυφλόω) *blind, incapable of understanding*

Υ

ὕδωρ, ὕδατος n (ἄν|υδρος, ὑγρός, ὑδρία, ὑδρο|ποτέω, ὑδρωπικός, ὑετός) *water*

υἱός, οῦ m (υἱο|θεσία) *son; Son (of Jesus); descendant, offspring, heir;* (with gen.) often *one who shares a special relationship with or a likeness to someone or something; disciple, follower*

ὑπ|άγω (ἄγω) *go, go one's way; go away, depart* (ὕπαγε ὀπίσω μου *get away from me* Mt 16.23; Mk 8.33); *go home; go back, return*

ὑπ|άρχω (ἄρχω) *be* (= **εἰμί**); *be at one's disposal* (τὰ ὑπάρχοντα *possessions, property; means, resources*)

ὑπέρ prep. with: (1) gen. *for, in behalf of, for the sake of* (εἶναι ὑπέρ τινος *be on someone's side, be in favor of someone; of, about, concerning;* ὑπὲρ (τῶν) ἁμαρτιῶν *to remove or atone for (the)* sins; (2) acc. *over and above, beyond; more than, than;* (3) adv. ὑπὲρ ἐγώ *I am even more* (2 Cor 11.23)

ὑπό prep. with: (1) gen. *by, by means of; at the hands of;* (2) acc. *under, below; under the authority of;* ὑπὸ τὸν ὄρθρον *at daybreak* (Ac 5.21)

ὑπο|μονή, ῆς f (μένω) *patient endurance, steadfastness, perseverance*

ὑπο|στρέφω (στρέφω) *return, turn back; go home;* ὑποστρέφω ἐκ *turn from, abandon* (2 Pe 2.21)

ὑπο|τάσσω (τάσσω) aor. ὑπέταξα; pf. pass. ὑποτέταγμαι; aor. pass. ὑπετάγην; fut. pass. ὑποταγήσομαι. *put in subjection, subject, subordinate;* pass. *be subject, submit to, obey, be under the authority of; take a subordinate place* (1 Cor 14.34)

Φ

φαίνω (ἀνα|φαίνω, ἀ|φανής, ἀ|φανίζω, ἀ|φανισμός, ἄ|φαντος, ἐμ|φανής, ἐμ|φανίζω, ἐπι|φαίνω, ἐπι|φάνεια, ἐπι|φανής, ἐπι|φαύσκω, ἐπι|φώσκω, κατή|φεια, πρό|φασις, συκο|φαντέω, ὑπερη|φανία, ὑπερή|φανος, φανερός, φανερόω, φανερῶς, φανέρωσις, φανός, φαντάζομαι, φαντασία, φάντασμα, φάσις, φῶς, φωστήρ, φωσ|φόρος, φωτεινός, φωτίζω, φωτισμός) aor. subj. 3 sg. φάνῃ; fut. midd. 3 sg. φανεῖται; aor. pass. ἐφάνην, subj. φανῶ; fut. pass. φανήσομαι. *shine, give light* (midd. Php 2.15); midd. and pass. *appear, be seen, be* or *become visible, be revealed (be revealed as* Ro 7.13; ἁμαρτωλὸς ποῦ φανεῖται *what will become of the sinner?* 1 Pe 4.18); *appear to be something, put on an appearance; seem, appear* (τί ὑμῖν φαίνεται *what is your decision?* Mk 14.64)

φανερόω (φαίνω) *make known, reveal, show; make evident* or *plain;* pass. *be revealed* or *made known; be evident* or *plain; appear, reveal oneself*

Φαρισαῖος, ου m *Pharisee* (member of a Jewish religious sect)

φέρω (ἀνα|φέρω, ἀπο|φέρω, ἀπο|φορτίζομαι, δια|φέρω, διά|φορος, δι|ηνεκής, δωρο|φορία, εἰσ|φέρω, ἐπι|φέρω, εὐ|φορέω, θανατη|φόρος, καρπο|φορέω, καρπο|φόρος, κατα|φέρω, παρα|φέρω, παρ|εισ|φέρω, περι|φέρω, πληρο|φορέω, πληρο|φορία, ποταμο|φόρητος, προσ|φέρω, προσ|φορά, συμ|φέρω, σύμ|φορον, τελεσ|φορέω, τροπο|φορέω, τροφο|φορέω, ὑπο|φέρω, φορέω, φόρος, φορτίζω, φορτίον, φωσ|φόρος) fut. οἴσω; aor. ἤνεγκα, inf. ἐνεγκεῖν and ἐνέγκαι, ptc. ἐνέγκας; aor. pass. ἠνέχθην, ptc. ἐνεχθείς. *bring, bring along, carry; endure, bear, put up with; yield, produce* (of fruit); *drive* (of wind; midd. *rush* Ac 2.2); *bring against* (of charges); *move, guide* (by the Holy Spirit); *lead* (of a gate); *sustain, support* (He 1.3); *establish, validate, prove* (θάνατον ἀνάγκη φέρεσθαι τοῦ διαθεμένου *the death of the one who made the will must be established* He 9.16); *put, reach out* (Jn 20.27)

φημί (βλασ|φημέω, βλασ|φημία, βλάσ|φημος, δια|φημίζω, δυσ|φημέω, δυσ|φημία, εὐ|φημία, εὔ|φημος, προ|φητεία, προ|φητεύω, προ|φήτης, προ|φητικός, προ|φῆτις, σύμ|φημι, φάσις, φήμη, ψευδο|προφήτης) 3 sg. **φησίν**, 3 pl. **φασίν**; impf. 3 sg. **ἔφη**. *say* (impers. φησίν *it is said* 2 Cor 10.10); *mean, imply*

Φίλιππος, ου m *Philip:* (1) one of the twelve apostles; (2) son of Herod the Great and tetrarch of territories in northeast Palestine; (3) one of the seven "deacons" of the Jerusalem church; (4) first husband of Herodias (Mt 14.3; Mk 6.17)

φόβος, ου m (φοβέομαι) *fear, terror; fear, reverence* (for God); *respect* (for persons)

φυλακή, ῆς f (φυλάσσω) *prison, jail, place of imprisonment; watch* (one of the three or four periods of time into which the night was divided from 6 p.m. to 6 a.m., cf. Mk 13.35); *guard* or *guard post* (Ac 12.10); *haunt, lair* (of evil spirits); φυλάσσοντες φυλακὰς ... ἐπὶ τὴν ποίμνην αὐτῶν *keeping watch over their flock* (Lk 2.8)

φυλάσσω (γαζο|φυλάκιον, δεσμο|φύλαξ, δια|φυλάσσω, φυλακή, φυλακίζω, φύλαξ) *guard, keep under guard; keep, obey, follow; keep safe, protect, defend;* midd. *guard against, avoid; abstain from* (of food offered in sacrifice to idols); *keep, obey* (Mk 10.20)

φυλή, ῆς f (φύω) *tribe; nation, people*

φωνέω (ἀλεκτορο|φωνία, ἀνα|φωνέω, ἀ|σύμ|φωνος, ἄ|φωνος, ἐπι|φωνέω, κενο|φωνία, προσ|φωνέω, συμ|φωνέω, συμ|φώνησις, συμ|φωνία, σύμ|φωνον, φωνή) *call, call to; call out, speak loudly; call for, summon; crow* (of roosters); *invite* (Lk 14.12); *address as* (Jn 13.13)

φωνή, ῆς f (φωνέω) *voice; sound, note; noise, roar; outcry, cry; language, utterance*

φῶς, φωτός n (φαίνω) *light* (often with theological connotations); *fire* (Mk 14.54; Lk 22.56); ἐν τῷ φωτί *openly, publicly* (Mt 10.27; Lk 12.3)

Χ

χαίρω (ἀ|χάριστος, εὐ|χαριστέω, εὐ|χαριστία, εὐ|χάριστος, συγ|χαίρω, χαρά, χαρίζομαι, χάριν, χάρις, χάρισμα, χαριτόω) fut. **χαρήσομαι**; aor. pass. **ἐχάρην**, inf. **χαρῆναι**. *rejoice, be glad;* χαῖρε, χαίρετε, χαίρειν various greetings: *greetings, glad to see you, hello, goodbye,* etc.

χαρά, ᾶς f (χαίρω) *joy, gladness, happiness; cause* or *object of joy*

χάρις, ιτος f (χαίρω) *grace, favor, kindness, mercy, goodwill* (ἔχω χάριν πρός *have the goodwill of* Ac 2.47; ποία ὑμῖν χάρις ἐστίν *What credit is that to you?* Lk 6.32,33,34); *a special manifestation of the divine presence, activity, power* or *glory; a favor, expression of kindness, gift,* *blessing* (κατὰ χάριν *as a gift* Ro 4.4, 16; ἵνα δευτέραν χάριν σχῆτε *in order that you might be blessed twice/a second time* 2 Cor 1.15); *thanks, gratitude; graciousness* (ὁ λόγος ὑμῶν πάντοτε ἐν χάριτι *your speech should always be pleasant* Col 4.6)

χείρ, χειρός f (αὐτό|χειρ, ἀ|χειρο|ποίητος, δια|χειρίζομαι, ἐπι|χειρέω, προ|χειρίζομαι, προ|χειρο|τονέω, χειρ|αγωγέω, χειρ|αγωγός, χειρό|γραφον, χειρο|ποίητος, χειρο|τονέω) *hand* (ἐπέβαλον τὰς χεῖρας ἐπὶ τὸν Ἰησοῦν *they grabbed and arrested Jesus*); *power, authority; activity; finger* (Lk 15.22)

χρεία, ας f (χράομαι) *need, necessity* (ἔχω χρείαν τινός *have need of something or somebody*); *need, want, lack* (ἔχω χρείαν *be in need, lack*; τῆς χρείας *as the occasion requires* Eph 4.29); *duty, task, function* (Ac 6.3)

Χριστός, οῦ m (χρίω) *Christ* (lit. the *Anointed One*, equivalent to the Hebrew *Messiah*)

χρόνος, ου m (χρονίζω) *time, extension or period of time* (ἐφ' ὅσον χρόνον or ὅσον χρόνον *as long as, while*; ἐπὶ χρόνον or χρόνον τινά *for a while* Lk 18.5; 1 Cor 16.7; πρὸ χρόνων αἰωνίων or χρόνοις αἰωνίοις *before time began, from all eternity* 2 Tm 1.9; Tt 1.2; Ro 16.25; πόσος χρόνος *how long?* Mk 9.21); *time, moment of time, occasion; delay* (Re 10.6)

χωρίς (χωρίζω) (1) prep. with gen. *without, apart from, without relation to* (occurs postpositive in He 12.14 οὗ χωρίς *without which*); *besides, in addition to;* (2) adv. *separately, by itself* (Jn 20.7)

Ψ

ψυχή, ῆς f (ψύχομαι) *self, inner life, one's inmost being, soul;* (*physical*) *life; living creature, person, human being* (πᾶσα ψυχὴ ζωῆς *every living creature* Re 16.3) ἐκ ψυχῆς *from the heart;* μιᾷ ψυχῇ *with one mind* Php 1.27

Ω

ὧδε adv. *here, in this place* (πάντα τὰ ὧδε *all that is happening here* Col 4.9); *here, to this place* (ἕως ὧδε *here, to this place, this far* Lk 23.5); *under these circumstances, in this case* (ὧδε λοιπόν *moreover, in this connection* 1 Cor 4.2)

ὥρα, ας f (ἡμί|ωρον) *moment, instant, occasion; time, brief indefinite period of time; hour of the day* (i.e. a twelfth part of the period between sunrise and sunset, sometimes longer and sometimes shorter than 60 minutes); ὥρα πολλή *late* (Mk 6.35); ἀπὸ τῆς ὥρας ἐκείνης *at that very moment, from that time on;* αὐτῇ τῇ ὥρᾳ *at that time*

ὡς (1) particle of comparison *as, like* (ὡς ἔπος εἰπεῖν *so to speak* He 7.9); *as though, as if, on the grounds that, on the pretext of*; with numerals *about* (ὡς ἀπὸ σταδίων δεκαπέντε *about fifteen stades away* Jn 11.18; cf. 21.8; ὡς ἐπὶ ὥρας δύο *for about two hours* Ac 19.34); introducing discourse *how, that* (ὡς ὅτι *how* **ὥσ|περ**, *that*);

intensifying an adv. or adj. *very, how* (ὡς τάχιστα *as soon as possible* Ac 17.15; ὡς ὡραῖοι *how welcome* Ro 10.15; cf. Ro 11.33; Ac 17.22); *as in the sense to be* (e.g. ὡς προφήτην αὐτὸν εἶχον *they considered him a prophet* Mt 14.5); (2) temporal and consequential particle *as, as long as, while, when* (with pres. or impf.); *when, after* (with aor.); *so that, in order that, because;* ὡς ἄν (ἐάν) *when, as soon as;* ὡς τάχιστα *as soon as possible* (Ac 17.15)

ὥσ|περ (ὡς + -πέρ) *as, just as, even as; like*

ὥσ|τε (ὡς + τέ) *that, so that, with the result that; in order that, for the purpose of; therefore, thus, so, accordingly*